W0207591

DAS EURASISCHE SCHACHBRETT

Veröffentlichung der Stiftung
KULTURKREIS 2000
Band XVIII

Bernhard Rode

Das Eurasische Schachbrett

Amerikas neuer Kalter Krieg gegen Rußland

HOHENRAIN TÜBINGEN

Rode, Bernhard :
Das Eurasische Schachbrett :
Amerikas neuer Kalter Krieg gegen Rußland /
Bernhard Rode.- Tübingen : Hohenrain-Verlag 2012
Veröffentlichung der Stiftung Kulturkreis 2000 ; Bd. 18
ISBN 978-3-89180-092-8
NE: Rode, Bernhard; Kulturkreis Zweitausend:
Veröffentlichung des Kulturkreis. . .

ISBN 978-3-89180-092-8
ISSN 0931-640X

© 2012 by Hohenrain-Verlag GmbH
Postfach 1611, D-72006 Tübingen
www.hohenrainverlag.de

Gedruckt in Deutschland

Alle Rechte, insbesondere das der Übersetzung in fremde Sprachen, vorbehalten. Ohne ausdrückliche Genehmigung des Verlages sind Vervielfältigungen dieses Buches oder von Buchteilen auf fotomechanischem Weg (Fotokopie, Mikrokopie) nicht gestattet.

Inhaltsverzeichnis

Kapitel 2

Die Grundlagen der russischen Geopolitik seit dem Zerfall der Sowjetunion – 141

Kapitel 4

Die siebziger Jahre – den USA droht der Verlust ihrer unipolaren Hegemonialposition – 337

Kapitel 5

Der islamische Fundamentalismus als Schöpfung und Verbündeter des angelsächsischen Imperialismus. Die Afghanistan-Falle – 355

Kapitel 6

Die Reagan-Ära – die Sowjetunion wird in den Untergang getrieben – 385

Kapitel 10

Die Konfrontationslinien des neuen Kalten Krieges zwischen dem transatlantischen Bündnis und der Russischen Föderation – 833

Kapitel 11

Die neue US-Agenda der militärischen Einkreisung Rußlands: Raketenabwehrprogramm und Georgienkrieg – 907

Vorwort

Alain de Benoist

Die Geopolitik hatte lange Zeit einen schlechten Ruf. Nach dem Ersten Weltkrieg wurde sie zur ›ungeliebten‹ Disziplin unter den Sozialwissenschaften. Man hat ihr sogar vorgeworfen, eine ›deutsche Wissenschaft‹ zu sein, was nicht allzuviel besagte, außer daß sie einen Teil ihres ursprünglichen Aufschwungs den vom deutschen Geographen Friedrich RATZEL (1844–1904) dargelegten Grundlagen der politischen Geographie verdankt – wobei der Begriff ›Geopolitik‹ zum ersten Mal 1889 vom schwedischen Geographen Rudolf KJÉLLEN benutzt wurde. In seinem Buch *Politische Geographie oder die Geographie der Staaten, des Verkehrs und des Krieges* (1907) untersuchte RATZEL die Wechselbeziehung zwischen dem als Lebewesen aufgefaßten Staat und seiner Geographie bzw. seinem Raum. Zu seinen Schülern gehörte der bayerische General Karl HAUSHOFER (1869–1946), der die *Zeitschrift für Geopolitik* gründete. Indem man den Raum im geopolitischen Sinne und den ›Lebensraum‹ offensichtlich verwechselte, hielt man Karl HAUSHOFER eine gewisse Nähe zum Nationalsozialismus vor – zu Unrecht, nicht nur, weil HAUSHOFER zu keinem Zeitpunkt ein Ideologe des Dritten Reichs war. HITLER empfand mehr Sympathie für die Angelsachsen als für die Slawen. Er führte Krieg gegen Rußland, eine Kontinentalmacht, und hätte sich jederzeit gern mit der Seemacht England verbündet. Hätte er sich zu den Thesen der Geopolitik bekannt, dann hätte er genau umgekehrt handeln müssen.

Andere wiederum haben der Geopolitik einen gewissen Determinismus vorgeworfen. Sie stützt sich nämlich auf eine gewisse Zahl von unveränderlichen Größen, die mit dem ›Territorium‹, dem ›Boden‹, zusammenhängen und aufgrund deren sie verschiedene räumlich-politische Kausalzusammenhänge sichtbar zu machen versucht. Ist aber das ›Territorium‹ immer ein bestimmender Faktor? Frankreich – als Beispiel unter vielen anderen – war ursprünglich als Einheit geopolitisch sehr unwahrscheinlich, was seine Entstehung keineswegs verhinderte. Hinzu kommt, daß sich die Welt seither verändert hat. Wir haben das Zeitalter der rein territorialen Großeroberungen verlassen. Heutzutage ist man mehr darauf bedacht, den Raum zu organisieren, als ihn zu erobern. Die Eroberung eines Territoriums ist außerdem nur eine Form der Eroberung unter anderen. »Jeder Raum hat politische Bedeutung«, meinte RATZEL. Doch der Raum hat nicht mehr dieselbe Bedeutung wie früher. Wir leben heute in einer Welt, in der die Grenzen nichts mehr aufhalten und vor allem nichts mehr garantieren.

Vor allem die Definition ihres Betätigungsfelds und ihres Status warf immer wieder Fragen auf: Die Geopolitik untersucht den Einfluß der Geographie auf die Politik und die Geschichte, mit anderen Worten die Beziehungen zwischen Raum und (politischer, wirtschaftlicher usw.) Macht. Doch diese Definition bleibt unklar, weshalb die Bedeutung ihres Gegenstands angezweifelt und angefochten wurde.

Die Geopolitik wurde öfter als Disziplin beschrieben, die historische Ereignisse oder politische Entscheidungen rückblickend zu rechtfertigen versuche: Sie sei lediglich ein künstliches, auf Auslegungen *ex eventu* gründendes Konstrukt. Diese Kritik wurde dadurch bekräftigt, daß sich die Geopolitik oftmals im Gefolge der politischen Macht entwickelte und diese manchmal beeinflußte.

Diese Kritiken treffen den Kern der SaChe jedoch nicht: Daß man in der Geschichte geographische Konstanten des politischen Handelns entdecken kann, ist unbestreitbar. Fachleute haben unzählige Beispiele aufgezählt. Die Geopolitik bleibt also eine wertvolle und sehr wichtige Disziplin. Sie ist sogar unverzichtbar in einer Welt im Übergang, in der überall die Karten neu verteilt werden. Die Geopolitik relativiert die Bedeutung der bloßen ideologischen Faktoren, die definitionsgemäß sich wandeln, und erinnert an die Existenz großer Konstanten, die die politischen Systeme ebenso wie die Ideendebatten übersteigen.

Außerdem beginge man einen Fehler zu glauben, daß die Geopolitik sich auf die Berliner Schule beschränke. Das hieße, die großen nichtdeutschen Schulen der Geopolitik hintanzusetzen, allen voran die angelsächsische, zu deren bedeutendsten Vertretern der Admiral Alfred MAHAN (1840–1914), der Politologe Nicholas SPYKMAN (1893–1943) und der Geograph Halford MACKINDER (1861–1947) zählten. In Frankreich wurde die Geopolitik, deren Vorläufer Paul VIDAL DE LA BLACHE und Jacques ANCEL hießen, vor allem in der Zwischenkriegszeit durch den Admiral Raoul CASTEX (1878–1968) vertreten, dessen Schrift *Theories stratégiques* (1929) sich hauptsächlich mit der See-Strategie befaßt. Diese Schule wurde in letzter Zeit wiederbelebt, sowohl ›links‹ vor allem mit Yves LACOSTE, dem Gründer der Zeitschrift *Hérodote*, der die Geopolitik bezeichnet als »das Studium der Wechselbeziehungen zwischen dem Politischen und dem Territorium, den Rivalitäten oder Spannungen, die auf dem Territorium ihren Ursprung haben oder sich dort entwickeln« – oder mit Michel KORINMAN, dem wir die Übersetzung zahlreicher Texte von Karl HAUSHOFER verdanken, als auch in ›rechten Kreisen‹ vor allem mit Aymeric CHAUPRADE. Inzwischen gibt es ein französisches Institut für Geopolitik, das an der Universität Saint-Denis untergebracht ist und von Béatrice GIBLIN-DELVALLET geleitet wird.

Von allen Begriffen, die der Geopolitik eigen sind, ist das dialektische Gegensatzpaar ›Land und Meer‹ zweifelsohne der bezeichnendste. »Die Weltgeschichte«, schrieb Carl SCHMITT, »ist eine Geschichte des Kampfes von Seemächten gegen Landmächte und von Landmächten gegen Seemächte.« Diese Ansicht teilten auch der Admiral CASTEX und viele andere Geopolitiker. Halford MACKINDER, zum Beispiel, definiert die britische Macht aufgrund der Beherrschung der Meere und Ozeane. Er faßt die Erde als eine Einheit auf, die aus einem »Weltozean«, einer »Weltinsel«, die Eurasien sowie Afrika entspricht, und »Randinseln«, Amerika und Australien, besteht. Um die Welt zu beherrschen, müsse man sich der Weltinsel bemächtigen, insbesondere ihres ›Herzens‹, des *Heartland*, ein echter geographischer Dreh- und Angelpunkt der Welt, der sich von Mitteleuropa bis Westsibirien und bis in Richtung Mittelmeer, Mittleren Osten und Südasien erstreckt.

In der Geschichte der Menschheit entspricht die Auseinandersetzung zwischen Land und Meer dem jahrhundertealten Kampf zwischen der europäischen kontinentalen Logik und der sogenannten ›insularen‹ Logik, die zunächst von England, später von den Vereinigten Staaten von Amerika verkörpert wurde. Carl SCHMITT (*Land und Meer*, 1942) hatte es schon festgestellt: Durch die moderne Technik wurde das Meer verwandelt und durch den Raum abgelöst. Das Meer sei kein Element mehr, sondern genauso wie die Luft Raum geworden, »ein Kraftfeld menschlicher Energie, Aktivität und Leistung«. Wie gestern die britische, beruht die amerikanische Vorherrschaft auf der weltweiten Beherrschung der Meere, ergänzt durch die Beherrschung der Luft, sowie auf der fehlenden Einheit des eurasischen Raums. Das sind gewiß alte Problematiken, die sich allerdings nunmehr in ganz anderen Dimensionen äußern. Amerika hat die britische Macht abgelöst. Ganz Eurasien nimmt die Bedeutung ein, die einst Deutschland und Rußland zuteil wurde. Gleichzeitig taucht das ›Große Spiel‹ (*great game*) wieder auf, in dem sich gestern England und Rußland gegenüberstanden und dessen wichtigste Schachfiguren nach wie vor Zentralasien, Mesopotamien, der Iran und Afghanistan sind.

Der Gegensatz von Land und Meer geht übrigens weit über die Perspektiven hinaus, die die Geopolitik eröffnet. Das Land ist ein Raum, der sich aus Territorien zusammensetzt, die durch Grenzen voneinander getrennt sind. Die Logik des Landes stützt sich auf klare Unterschiede zwischen Krieg und Frieden, zwischen Kombattanten und Nichtkombattanten, zwischen Politik und Handel. Das Land ist schlechthin der Ort der Politik und der Geschichte. »Die politische Existenz ist von rein tellurischem Charakter.« (Adriano SCIENCA) Das Meer ist dagegen eine uniforme Weite, die Negierung der Unterschiede und der Grenzen. Es bildet einen Raum der Ununterscheidbarkeit, es ist die flüssige Entsprechung der Wüste. Da es keinen Mittelpunkt hat, kennt es nur Ebbe und Flut, nur Strömungen, und hierin ist es mit der postmodernen Globalisierung verwandt. Die gegenwärtige Welt ist nämlich eine »flüssige« Welt (Zygmunt BAUMAN), die dazu neigt, alles, was ›geerdet‹, gefestigt, standfest, beständig, dauerhaft, differenziert ist, verschwinden zu lassen. Die heutige Welt ist eine Welt von Strömungen, die von Netzen übertragen werden.

Einer der ersten englischen Seefahrer, Walter RALEIGH, meinte schon: »Wer die See beherrscht, beherrscht den Handel dieser Welt; wer den Handel der Welt beherrscht, herrscht über die Reichtümer dieser Welt und damit über sie selbst.« Die Einförmigkeit, die Globalisierung und Handel verwirklichen, rührt von einer ›maritimen Logik‹ her: Der Monotheismus des Marktes folgt der ›maritimen‹ Logik, und es ist kein Zufall, wenn der Kapitalismus vor allem die Züge der Seeräuberei trägt.

*

Mit den einzelnen Konflikten, die in den siebziger Jahren des vorigen Jahrhunderts ausbrachen, hat die Geopolitik ihre ganze Legitimität wiedergefunden. Die meisten dieser Konflikte wurden von den USA geführt. Seit ihren puritanischen Ursprüngen von der Überzeugung geprägt, das ›neue auserwählte Volk‹ zu sein, wollten die Amerikaner sich als universales Modell etablieren, das der ganzen Welt die ›Wohltaten‹ des ›American Way of Life‹ bringen würde, das heißt ein Modell der kommerziellen Zivilisation, das auf dem Vorrang der kommerziellen Werte und auf der Logik des Profits gründet. Diese planetarische Mission sei ihr ›offenkundiges Schicksal‹ (*Manifest Destinity*). Die Geopolitik nun ist genau das Fach, das die Konstanten ihrer Außenpolitik zu erklären ermöglicht.

Der Zusammenbruch des sowjetischen Systems, wodurch zugleich die Globalisierung ermöglicht wurde, bedeutete für die US-amerikanische Macht die Beseitigung eines gefürchteten Wettstreiters, und sie war nun bemüht, eine unter ihrer Vorherrschaft stehende unipolare Welt zu formen (was man seinerzeit die ›Neue Weltordnung‹) nannte. Da ihr alter Feind nicht mehr existierte, brauchten die USA ein neues Schreckbild, ein neues ›Reich des Bösen‹ (*empire of evil*). Sie haben sich für den radikalen Islamismus entschieden, den sie allerdings in den Jahrzehnten davor ständig gefördert hatten. Doch in Wirklichkeit ist ihr Hauptziel das gleiche geblieben. Es geht darum, überall auf der Welt das Auftauchen eines Herausforderers zu verhindern, der mit ihnen wettteifern könnte, und vor allem das ›Heartland‹, die ›Weltinsel‹, zu kontrollieren.

In seinem 1997 erschienenen Buch *The Grand Chessborard* zählt Zbigniew BRZEZINSKI ohne Umschweife die »geostrategischen Imperative« auf, die die USA zur Aufrechterhaltung ihrer Welthegemonie einhalten müssen. Bei der Beschreibung eines Projekts des »globalen Managements« warnt er vor der Schaffung oder dem Auftauchen einer eurasischen Koalition, die versucht sein könnte, sich der amerikanischen Vorherrschaft zu widersetzen. Im Jahre 2001 meinte schon Henry KISSINGER: »Amerika muß seine Präsenz in Asien aufrechterhalten, und sein geopolitisches Ziel muß es sein, die Umwandlung Asiens in einen feindlichen Block zu verhindern.« Auch BRZEZINSKI erinnert daran: »Wer Eurasien kontrolliert, kontrolliert die Welt.«

Eurasien zu kontrollieren bedeutet vor allem, eine Strategie der Einkreisung Rußlands und Chinas voranzutreiben. Die Strategie der Einkreisung Rußlands beinhaltet die Errichtung neuer Militärbasen in Osteuropa, die Aufstellung von Antiraketenabwehrsystemen in Polen, Tschechien und Rumänien, die Unterstützung des Nato-Beitritts Georgiens und der Ukraine, die Forsetzung einer aggressiven Politik, die darauf abzielt, den russischen Einfluß in den neuralgischen Regionen am Schwarzen und Kaspischen Meer sowie im Kaukasus zu zerrütten. Im Bereich der Energieversorgung führt diese Strategie dazu, die Ölpipelines des in ein US-Protektorat umgewandelten Zentralasiens zu kontrollieren, den Bau von Ölpipelines zu fördern, die vom Kaspischen Meer aus Rußland umgehen und Richtung Türkei führen, und den Zugang der russischen Tanker zu den Meerengen des Bosporus und der Dardanellen möglichst zu verhindern.

Im selben Zusammenhang sei an jene ›schillernden‹ farbigen Revolutionen in

Serbien (2000), Georgien (2003), der Ukraine (2004) und Kirgistan erinnert, die keineswegs spontanen Bewegungen entsprachen, sondern von außen mit der Unterstützung des ›National Endowment for Democracy‹, einem ›Wandschirm‹ des CIA, organisiert und gefördert wurden. Die Einrichtung eines ›Krisenbogens‹, der den traditionellen Einflußraum Rußlands im Kaukasus, in Afghanistan und Zentralasien destabilisieren soll, ist nur aus dieser Perspektive zu verstehen. Unter dem Deckmantel des in Afghanistan eingeleiteten ›Kampfes gegen den Terrorismus‹ haben die US-Amerikaner Militärbasen in den ehemaligen Sowjetrepubliken Usbekistan, Takistan und Kirgistan installiert (sie mußten allerdings Usbekistan im November 2005 räumen, nachdem das Land sich Moskau angenähert hatte). Das Hauptziel der US-Amerikaner läßt sich mit drei Wörtern zusammenfassen: einkreisen, destabilisieren, balkanisieren.

Gleichzeitig geht es darum, eine Erweiterung der NATO auf breiter Basis in Osteuropa und auf dem Balkan bis zu den Grenzen Rußlands, also innerhalb der ehemaligen Sowjetunion, voranzutreiben.

Die NATO, die bei der Unterzeichnung des Nordatlantikvertrags am 4. April 1949 gegründet wurde, und zwar zum Schutz Westeuropas gegen die damals als Gefahr angesehene sowjetrussische Macht, ist ein reines Produkt des Kalten Krieges. Nach dem Fall der Berliner Mauer hätte sie aufgelöst werden müssen, wie der Warschauer Pakt aufgelöst wurde, und zwar aus einem ganz verständlichen Grund: Ein Bündnis überlebt nicht die Gründe, die zu seiner Entstehung geführt haben. Dem war aber nicht so, ganz im Gegenteil. Statt zusammen mit der Sowjetunion zu verschwinden, wurde die NATO mit einer neuen Ausdehnung weitergeführt. Die US-Amerikaner haben ohne jegliche Abstimmung oder eingehende Beratung mit ihren Verbündeten deren Mission neu definiert und ihren Zuständigkeitsbereich immer mehr erweitert, zunächst Richtung Mittel- und Osteuropa. Beim Krieg im ehemaligen Jugoslawien konnte man sehen, wie die Atlantische Allianz die militärische Verwaltung der Krise und später die Kontrolle über die Umsetzung der Friedensvereinbarungen in die Hand nahm. Die NATO hat sich völlig verändert. Sie richtet mittlerweile Kräfte und Macht auf zuvor völlig ungangbare Bereiche (*›out of area‹*). Gleichzeitig setzt sie ihren Marsch Richtung Osten fort und verletzt damit eindeutig jene Zusicherungen, die die USA Michail GORBATSCHOW anläßlich der deutschen Wiedervereinigung gegeben hatten. Bereits am 11. September 2001 hatte sich US-Präsident George W. BUSH übrigens für eine »große NATO von der Ostsee bis zum Schwarzen Meer« ausgesprochen, um sich den Weg zum Kaspischen und zum Schwarzen Meer zu öffnen. Diese Zielsetzung wurde auf dem atlantischen Gipfel von Prag im November 2002 bekräftigt: Die atlantische Organisation entwickelt sich damit eindeutig von einem begrenzten geographischen Selbstverständnis zu einer globalen funktionalen Auffassung der Sicherheitseinsätze. Die Prager Gipfelerklärung vom 21. November 2001 legt nämlich fest, daß die NATO nunmehr Kräfte müsse einsetzen können, »die schnell dorthin verlegt werden können, und zwar überall, wo sie nach Entscheidung durch den Nordatlantikrat benötigt werden und die Fähigkeit besitzen, Operationen über Zeit und Raum zu führen«. Mit anderen Worten: Man geht von einer relativ statischen Struktur zu einem Modell neokolonialer Strafexpeditionen in alle Himmelsrichtungen über, wobei sich der Schwerpunkt der Welt-Geostrategie Richtung Mittleren Osten und Asien verlagert.

Die NATO wurde in zweifacher Hinsicht erweitert, zunächst hinsichtlich ihrer Mitgliederzahl (sie umfaßt heute 28 europäische und zwei nordamerikanische Staaten), sodann und vor allem hinsichtlich ihrer Vorgehensmöglichkeiten. Die NATO wurde in eine breite politisch-militärische Koalition der Westler umgewandelt, gefestigt durch die ›westlichen Werte‹ und das immer wieder bekräftigte Postulat einer transatlantischen Interessengemeinschaft. Da das internationale Recht inzwischen mehr oder weniger verschwunden ist, ist die NATO somit eine Art Weltpolizei geworden, die im Dienst der amerikanischen Interessen den Zustand der ›Ordnung‹ garantieren soll.

Die Aufrechterhaltung der NATO hatte aber noch zwei Ziele. Zum einen die Europäische Union weiterhin davon abzubringen, eine gemeinsame und selbständige europäische Verteidigung aufzubauen. Die Amerikaner waren schon immer der Ansicht, daß sich die europäische Verteidigung darauf beschränke, einen ›europäischen Pfeiler‹ der NATO zu bilden. Der Krieg in Afghanistan hat bereits ermöglicht, Westeuropa nach den Zielen der außenpolitischen Agenda der USA auszurichten. Das zweite Ziel ist die Schwächung der Beziehungen zwischen Rußland und Westeuropa. Die USA haben dabei ganz besonders Deutschland im Visier, angesichts des Ausmaßes der deutschen Verbindungen mit dem Kreml in den Bereichen Technologie, Energie, Wirtschaft und Handel. Zur Stärkung ihres ›transatlantischen ›*leadership*‹ auf dem europäischen Festland instrumentalisieren die USA den Begriff des ›Neuen Europa‹ (dieses entspricht den proamerikanischen Staaten Mittel- und Osteuropas), um das ›Gespenst‹ eines deutsch-russischen Bündnisses auszutreiben und jegliche Möglichkeit einer Achse Paris–Berlin–Moskau im Keim zu ersticken. In diesem Entwurf wird die Europäische Union zum bloßen amerikanischen Brückenkopf in Eurasien.

Die USA haben leider bis jetzt von der Gefälligkeit der Europäer profitiert. Letztere wollen keine europäische Verteidigung, die von der NATO unabhängig wäre, sie wollen ebensowenig eine Macht Europa, die sich außerhalb der atlantischen Bindungen aufbauen würde. Sie wollen nicht, was General de Gaulle am 23. Juli 1964 eine »unabhängige europäische Politik« nannte. Die Entscheidung Nicolas Sarkozys, die französischen Militärstrukturen wieder in die NATO einzugliedern, aus der General de Gaulle sie im Jahre 1966 herausgenommen hatte, ist ein gutes Beispiel für die Folgsamkeit der europäischen Vasallen.

Parallel zur Einkreisung Rußlands und zur NATO-Erweiterung verstärken die USA ihre Beziehungen zu Australien, Neuseeland, Singapur, Japan und Südkorea – Länder, mit denen sie dank einer ganzen Reihe von militärischen und zwischenstaatlichen Vereinbarungen verbunden sind. Das Militärbündnis zwischen Washington und Japan wurde zum Eckpfeiler der US-amerikanischen Sicherheitsstrategie im pazifischen Asienraum. Die Verstärkung der Beziehungen zu Australien ist ebenfalls Bestandteil einer Politik der Eindämmung (›*containment*‹) Chinas.

Im Nahen Osten, wo sie größeren Herausforderungen gegenüberstehen – wegen der Instabilität der Region, wegen ihrer gescheiterten Militärinterventionen am Golf und vor allem wegen der zunehmenden Isolierung ihres ›unfehlbaren‹ israelischen Verbündeten –, entwickeln die USA eine offensive Strategie, um die zunehmende Bedeutung des Iran zu unterlaufen, der sie beunruhigt wegen seines Energiereichstums, wegen seiner privilegierten Beziehungen zu China und Rußland und wegen seines wachsenden Einflusses im Irak und in den Golfstaaten, wo sich bedeutende schiitische Minderheiten befinden. Schließlich vollziehen die USA gegenwärtig eine spektakuläre Rückkehr in Schwarzafrika, sowohl um den dortigen Einfluß Chinas einzudämmen, als auch um der immer größeren Bedeutung des schwarzen Kontinents für die Energieversorgung der Welt Rechnung zu tragen.

Um diese aggressive Politik zu entwickeln, fehlt es den USA nicht an technologischen und finanziellen Mitteln. Trotz ihrer großen finanziellen Schwierigkeiten und ihrer ungeheuerlichen Defizite kam ihr ständig wachsender Militäretat im Jahre 2010 der Marke von 683 Milliarden Dollar nahe (gegen 316 Milliarden Dollar 2001!). Er dürfte 2011 708 Milliarden Dollar erreichen, ein kolossaler Betrag, der alle anderen Militäretats der Welt zusammen übersteigt, auch den Etat, der während des Zweiten Weltkriegs, des Kalten Kriegs und der Korea- und Vietnamkriege unterhalten wurde. Allein diese Zahl ermöglicht, den Grad der Militarisierung der US-Außenpolitik zu ermessen.

Es fragt sich dennoch, ob die USA nicht die Grenzen ihrer ›imperialen‹ Expansion erreicht haben. Ihre Schwierigkeiten im Inland verschärfen sich. Das Dollar-System, von dem sie soviel profitiert haben, wackelt. Die Weltfinanzkrise, die bei ihnen 2008 begann, haben sie mit voller Wucht zu spüren bekommen. Die Ratingagenturen haben sie im August 2011 erstmals herabgestuft, indem sie ihnen die oberste Bonitätsnote entzogen haben. In Rußland hat Wladimir PUTIN, der die US-Absichten klar erkannt zu haben scheint, mit Boris JELZINS katastrophaler Ära, die die Allmacht der ›Oligarchen‹ verankert und abgesichert hatte, eindeutig gebrochen. China ist in dem Prozeß seines Erwachens nicht zu bremsen. Die zunehmende Bedeutung der ›Schwellenländer‹ ist für die USA nicht günstig.

Die eurasische Strategie der USA bewirkte eine vorhersehbare Annäherung zwischen Rußland und China, die unter anderem im Rahmen der am 15. Juni 2001 gegründeten Shanghai Cooperation Organisation (SCO) konkretisiert wurde. Der SCO gehören außerdem vier zentralasiatische Staaten an, wobei der Iran einen Beobachterstatus hat. Bereits im Juli 2001, also zwei Monate vor den Ereignissen des 11. September, haben China und Rußland ein Freundschafts- und Kooperationsabkommen unterzeichnet, das eindeutig gegen die USA und das unter ihrer Kontrolle stehende asiatische Militärbündnis gerichtet ist. Im übrigen beabsichtigt Rußland, ein neues Rüstungsprogramm im Wert von 650 Milliarden Dollar bis 2020 zu entwickeln, das über 600 Kampfflugzeuge und 20 U-Boote, davon 8 nuklear getriebene, vorsieht. In China beträgt der Verteidigungsetat für 2011 92,5 Milliarden Dollar, das entspricht einer Steigerung von 12,7 Prozent gegenüber 2010. Ein jüngst erschienener Bericht der ›Strategic Group‹ des ›National Intelligence Council‹ rechnet damit, daß China im Jahre 2020 die gleiche Stufe der militärischen Macht erreicht haben wird wie die USA.

*

In seinem monumentalen Werk hat Bernard RODE diese ganze Problematik hervorragend dargelegt. Mit einer beeindruckenden Fülle von Einzelheiten stellt er die Grundlagen der anglo-amerikanischen Geopolitik und die Taktiken dar, die immer wieder zur Einkreisung Rußlands und Chinas in Gang gesetzt wurden. Ebenso genau beschreibt er die geopolitischen Strategien Rußlands seit der Auflösung des sowjetischen Systems. Er schildert in allen Einzelheiten die gesamte Geschichte dieses ›Großen Spiels‹, das sich heute vor unseren Augen fortsetzt. Um es zu kennzeichnen, spricht er von einem »neuen Kalten Krieg«. Man könnte ebensogut sagen, daß auf den Kalten Krieg der ›heiße Frieden‹ gefolgt ist.

Seit dem Ende des sowjetischen Systems befinden wir uns in einem Interregnum, in einer *Zwischen-Zeit.* Der ehemalige *Nomos* der Erde (im SCHMITTschen Sinne einer Raumordnung) besteht nicht mehr, und doch lassen sich die Umrisse eines neuen *Nomos* lassen nur erahnen. Der heutige große Weltkonflikt stellt die kontinentale eurasische Macht und die amerikanische Thalassokratie gegeneinander. Es fragt sich nun vor allen Dingen, ob wir uns auf eine unipolare Welt, ein *Universum,* zubewegen oder auf eine multipolare, ein *Pluriversum.* Das Problem ist, daß die Europäer sich dessen sehr selten bewußt sind. Die Amerikaner haben zwar viele Fehler, aber eines kann man ihnen nicht absprechen, nämlich sich dessen bewußt zu sein, was global auf dem Spiel steht, und zu versuchen, die künftige Welt zu durchdenken. Auch in Rußland und China denkt man an die kommende Welt. Die Europäer ihrerseits denken – nichts. Sie kümmern sich nur um den gegenwärtigen Augenblick. Sie leben unter dem Horizont der Fatalität, der Unabwendbarkeit.

In der Vergangenheit übte die Geopolitik ihre Zwänge hauptsächlich auf der Ebene der Staaten aus, die heutzutage, zumindest in der westlichen Hemisphäre, offensichtlich in eine unumkehrbare Krise geraten sind. Heute bringt die Geopolitik kontinentale Logiken ans Licht, die die unkontrollierten Machenschaften der Staaten lange Zeit verdeckt haben, die aber in Zukunft grundlegender sind denn je. Sie hilft, nicht nur in den Kategorien der Staaten zu denken, sondern auch in denen der Kontinente (JORDIS VON LOHAUSEN). ›Meer gegen Land‹ – das bedeutet heute: USA gegen den ›Rest der Welt‹, vor allem gegen den eurasischen und europäischen Kontinentalblock. Das deutsch-russische Ensemble bleibt im Mittelpunkt des ›Weltzentrums‹. Dieses Gebilde macht das aus, was hauptsächlich auf dem Spiel steht. Deshalb hängt das Schicksal der Welt größtenteils von einem Bündnis zwischen Deutschland und Rußland ab. Auch da hat der Sturz des sowjetischen Systems die Fronten aufgehellt; die chinesiche Unbekannte beherrscht das übrige.

Vorwort

Bernhard Rode

Mit dem Beginn des 21. Jahrhunderts ist deutlich geworden, daß die Weltpolitik von einem Gegensatz zwischen der eurasischen Landmacht Rußland im Bündnis mit der Volksrepublik China und der atlantischen Seemacht USA bestimmt wird. Glaubte man noch, mit der Jahreswende 1991, als die sowjetische Führung das Ende ihres Imperiums als geopolitischen Faktor erklärte, sei die Konfliktkonstellation des Kalten Krieges endgültig Geschichte geworden, so treten jetzt die Konturen eines ›neuen Kalten Krieges‹ immer mehr zutage.

»Der Zerfall der Sowjetunion Ende 1991«, schreibt der ehemalige Gorbatschow-Berater Wjatscheslaw DASCHITSCHEW, »änderte von Grund auf die geopolitische und geostrategische Kräftekonstellation in der Welt«.[1] In der Tat befindet sich der geographische Raum, den einstmals das Sowjetreich umfaßte, auch gut 20 Jahre nach dessen Ende nach wie vor in Bewegung. Die Russische Föderation selbst hat es geschafft, sich nach den chaotischen Verhältnissen der JELZIN-Ära in den neunziger Jahren, die den Staat in eine Agonie, ja gewissermaßen in eine neue ›Smuta‹[2] gestoßen hatten, endlich staatlich und ökonomisch neu zu rekonstruieren. Nachdem Rußland in den neunziger Jahren im Westen spöttisch als ›Obervolta mit Atomwaffen‹ betrachtet worden war, haben Anfang des 21. Jahrhunderts unter der Präsidentschaft PUTINS Erdgas und Erdöl die Voraussetzung für den Wiederaufstieg Rußlands zur Weltmacht und zu einem fundamentalen geopolitischen Spieler geschaffen. In den Brennpunkten des eurasischen Raumes, in der Kaukasusregion und Zentralasien, sind heute die Schlachtfelder des verdeckten indirekten Krieges zwischen den USA und der Russischen Föderation zu orten. Was vordergründig wie zwischenethnische Konflikte und Sezessionskriege aussieht, entpuppt sich bei näherem Hinsehen als ›Stellvertreterkrieg‹ um die Kontrolle der Rohstoffe Eurasiens, und mit dem Vorwand der ›Terrorismusbekämpfung‹ ist der US-Militärmacht der Vorstoß in den ›weichen Unterleib‹ der ehemaligen Sowjetunion gelungen.

Fragt man heute nach den Ursachen der Implosion der Sowjetunion, des damaligen eurasischen Herausforderers der US-Hegemonie, wird sofort auf die politische Unfähigkeit und Widersprüchlichkeit des kommunistischen Systems und dessen ökonomische Unwirksamkeit hingewiesen, wodurch latente Konfliktherde lediglich dauerhaft unterdrückt worden seien, die sich nunmehr nach dem zwangsläufigen Zusammenbruch des Systems gewaltsam entladen würden.

Diese Betrachtungsweise ist jedoch nur die halbe Wahrheit und läßt die Rolle der USA und ihrer Machtelite gänzlich außer Betracht, deren strategisches Ziel von Anfang an die Beseitigung des kontinental-eurasischen Gegenspielers war und ist, um ein globales, nach ihren ökonomischen und politischen Prinzipien konstruiertes Ordnungskonzept umsetzen zu können. Diesem Ziel aber stand ein möglicher

Erfolg des Gegenspielers im Weg: »Die ganze Welt«, so erklärte US-Präsident TRUMAN seinerzeit, »sollte daher das amerikanische System übernehmen.« Denn »das amerikanische System kann (selbst) in Amerika nur überleben, wenn es das System der ganzen Welt wird«.[3] Mit anderen Worten: Wir Amerikaner müssen unser System der ganzen Welt auferlegen, oder wir werden zugrunde gehen. Die Herrschaft, die wir über die Welt ausüben, ist die Voraussetzung unserer eigenen Existenz. An diesem Ziel hat sich bis heute nichts geändert: »Wenn die Globalisierung funktionieren soll, darf sich Amerika nicht davor fürchten, als die unüberwindliche Supermacht zu handeln, die es in Wirklichkeit ist... Die unsichtbare Hand des Markts wird ohne sichtbare Faust nicht funktionieren. McDonald's kann nicht expandieren ohne McDonnel Douglas, den Hersteller der F-15. Und die sichtbare Faust, die die globale Sicherheit der Technologie des Silicon Valley verbürgt, heißt US-Armee, US-Luftwaffe, US-Kriegsmarine und US-Marinekorps.«[4]

Derjenige, der das sagte, war nicht irgendein unbedeutender Zeitungsredakteur, sondern Thomas FRIEDMAN, ehemaliger Sonderberater der US-Außenministerin Madeleine ALBRIGHT unter der Regierung CLINTON. Dieses Ziel kann aber nicht erreicht werden ohne die ökonomische Inbesitznahme des eurasischen Kontinents, des ›heartland‹ (Herzland), von dessen strategischem Besitz nach den Ansichten des englischen Geopolitikers Halford MACKINDER die Weltherrschaft abhängt. Und um dieses Ziel zu erreichen, haben die USA unterschiedliche Anläufe gestartet: Sie finanzierten die Oktoberrevolution, mit deren Hilfe sich die amerikanische Industrie den Zugriff auf die Bodenschätze dieses Raumes sichern wollte. Als sich aber das neue Regime von diesen Geldgebern loslöste (bekanntlich wurden die von den USA finanzierten Revolutionäre – wie z. B. Leo TROTZKI – während der STALIN-Ära im Rahmen der großen Säuberungen liquidiert) und sich insbesondere nach dem Zweiten Weltkrieg nicht mehr in den Dachverband der neuen Weltordnung eingliedern wollte, brachen die USA den Kalten Krieg gegen die Sowjetunion vom Zaun, und zwar – wie in diesem Buch aufgezeigt wird – mit offensiven Mitteln. Es waren »die Vertreter der Großbanken, der Großindustrie und des internationalen Handels«, die einen solchen Kurswechsel seit langem befürwortet hatten.[5]

Daß das kommunistische System weder ökonomisch noch politisch-militärisch geeignet war, die Integrität des Vielvölkerreiches und seinen Status als konkurrierende Weltmacht aufrechtzuerhalten, hatten bereits hellsichtige Politikexperten frühzeitig erkannt.[6] Diese systemimmanente Schwäche förderten die USA mit allen Mitteln, um dem Imperium den Todesstoß zu versetzen. Sie erzwangen einen Rüstungswettlauf unter dem Vorwand, der Westen sei dem militärischen Potential des Ostens unterlegen, und versuchten, durch Organisation und Finanzierung wahabitisch-islamistischer Gotteskrieger an der südlichen Peripherie des Sowjetreiches einen Brandherd zu legen, um es zu einem zehnjährigen Abnutzungskrieg herauszufordern, an dessen Konsequenzen das Land ökonomisch zusammenbrechen mußte.

Damit war die Zeit reif für eine ökonomische Inbesitznahme und Unterwerfung des Landes. Hierbei spielten die Einrichtungen der westlichen Hochfinanz wie IWF und Weltbank eine überaus wichtige Rolle, deren Reformen das Sozialgefüge der russischen Gesellschaft zerstörten, mit der westlichen Hochfinanz liierte Mafiakräfte entstehen ließen, aber die volkwirtschaftliche Lähmung Rußlands verstärkten. Bei dieser Filetierung des eurasischen Raumes richtete sich das Augenmerk der USA auf die Region des Kaukasus und der Kaspischen Region mit ihrem auch heute noch nicht ganz ausgeloteten Erdöl- und Erdgasreservoir. Dem ökonomischen Vorstoß der USA in diese Region, der offiziell 1994 mit der Unterzeichnung des ›Jahrhundertvertrages‹ zwischen Aserbaidschan und anglo-amerikanischen Erdölkonzernen begann und mit der Verwirklichung von Pipelineprojekten, die die Isolierung und Abdrängung Rußlands vom zentralasiatischen Rohstoffmarkt zum Ziel haben, fortgesetzt wurde, folgte im Zuge der Ereignisse des 11. September 2001 unter dem Vorwand der Terrorismusbekämpfung die militärische Einbeziehung der US-Macht. Rußland versucht, durch diplomatischen und militärischen Druck und nicht zuletzt unter Einsatz der ›Energiewaffe‹, dieses verlorene Terrain wiederzugewinnen.

Diesem neuen ›Great Game‹ (›Großen Spiel›) wird im US-Außenministerium höchste Aufmerksamkeit entgegengebracht, und jede Reaktion Rußlands, seine Defensivlage zu überwinden, wird dort empfindlich wahrgenommen. Schon im Jahre 2000 schrieb Peter SCHOLL-LATOUR, daß mit einem Wiedererstarken der russischen Stellung in der Region zwischen Kaspischem Meer und der chinesischen Xinjiang-Provinz es zu einer ökonomischen und strategischen Umschichtung kommen könnte, was in Washington helle Sorgen auslösen dürfte. »Noch vor einem Jahr glaubte jeder, es sei den großen amerikanischen Energiekonzernen gelungen, die Russen aus ihren Einflußzonen im Südkaukasus und Zentralasien zu verdrängen. Es schien, als hätten sie die Ausbeutung der gewaltigen Vorkommen an Erdöl und Erdgas dieser Region sowie deren Abtransport über nichtrussisches Territorium endgültig an sich gerissen.«[7]

Man befürchtete, daß sich PUTIN hier gegen die Allmacht der US-Konzerne durchsetzen könnte. In dieser Region wird deutlich, daß zwischen den expansiv ausgerichteten USA und dem nach strategischer und geopolitischer Selbstbehauptung strebenden Rußland der Kalte Krieg nicht beendet, sondern vielmehr seine Fortsetzung gefunden hat.

Der Wiederaufstieg Rußlands zur ›Energiesupermacht‹ unter PUTIN hat die US-Machtelite vor ernsthafte Herausforderungen gestellt: Man hatte erkannt, daß eine Einflußnahme auf die inneren Verhältnisse nicht ausreichend war, um den Endkampf um die Kontrolle Eurasiens erfolgreich zum Abschluß bringen zu können. Zur Verwirklichung des Beherrschungskonzepts gehen die USA deshalb daran, durch Förderung der Loslösung der Randstaaten der 1991 neugegründeten Gemeinschaft Unabhängiger Staaten (GUS) Rußland einzukreisen und in die Zange zu nehmen. Die Ost- und Südostexpansion der NATO, die seit 1997 offensiv betrieben wird und mit der Errichtung eines antirussischen Regionalbündnisses der GUUAM

1999 sowie dem Erweiterungsprozeß von Istanbul 2004 noch nicht abgeschlossen ist, spielt hierbei eine besondere Rolle und macht deutlich, daß das atlantische Bündnis bereits von Anfang an als ein Instrumentarium amerikanischer Hegemonialbestrebungen aufgefaßt war mit dem Zweck, die USA – wie es US-Präsident George Bush 1990 formuliert hatte – als »europäische (eigentlich eurasische, der Verf.) Macht« zu errichten.

Auch irreguläre ›covert actions‹ stehen auf dieser Agenda – mit der Finanzierung und Organisation prowestlicher Umstürze wie in der Ukraine und Georgien durch die westliche Hochfinanz wie der ›Soros-Foundation‹ und verschiedener CIA-gesteuerter ›Non-Gouvernment-Organisations‹ wird die dauerhafte Ausschaltung des russischen Einflusses an neuralgischen geopolitischen Punkten der GUS angestrebt. Durch die Förderung großräumiger Pipelineprojekte wie der Transkaukasus-Erdölpipeline Baku–Tiflis–Ceyhan oder der Erdgaspipeline ›Nabucco‹ sollen alternative Ost-West-Energiekorridore – militärisch durch die NATO abgesichert – geschaffen werden, deren Absicht in der Abdrängung Rußlands in die strategische Isolation liegt. Notfalls schreckt die US-Machtelite auch vor der Inszenierung eines Stellvertreterkrieges – beispielsweise des Georgienkrieges im August/September 2008 – nicht zurück, um ihre geopolitischen Vorhaben zu beschleunigen.

Rußland auf der anderen Seite ist bestrebt, diese Strategie der USA zu unterlaufen: Es fördert einerseits die Entstehung bündnispolitischer Gegengewichte wie der ›Shanghaier Organisation für Zusammenarbeit‹ (SCO), der eurasischen Vertragsorganisation von Taschkent oder des wirtschaftspolitischen Konsultationsforums BRIC, bestehend aus den neuen aufsteigenden Wirtschaftmächten Brasilien, Rußland, Indien und China. Ferner setzt Moskau auf den Machtfaktor Energie: Mit Hilfe seines ›energiegeopolitischen Schwertes‹, des Gasprom-Konzerns, strebt es den Aufbau eines Energieförderungs- und -transportmonopols in Eurasien an, um das Ziel der USA – die Abspaltung der kaukasisch-zentralasiatischen Ressourcen vom russischen Einfluß und deren Eingliederung in ihr eigenes ›informelles Imperium‹ – zu durchkreuzen.

Um die Hintergründe dieser Entwicklungen nachvollziehen zu können, wird es unvermeidbar sein, auf die Grundsätze kontinentaler und amerikanischer Geopolitik näher einzugehen. Sie liefern gewissermaßen die Blaupause, das Handlungskonzept der Mächte, ohne deren Kenntnis ihr Handeln nicht verstanden werden kann. Geopolitik ist – wie es in *Webster's New Encyclopaedic Dictionary* 1990 definiert wurde – »die Untersuchung des Einflusses von Faktoren wie Geographie, Ökonomie und Bevölkerungszahl auf die Politik, insbesondere die Außenpolitik eines Staates«, oder, um mit dem französischen Geopolitiker Yves Lacoste zu sprechen, die Lehre von der »Rivalität um Macht und Territorium«,[8] auf die nunmehr einzugehen ist. Dies gilt um so mehr für Deutschland, denn gerade dort hat man – so der Redakteur der *Frankfurter Allgemeinen Zeitung* Nikolas Busse – es versäumt, wieder geopolitisch zu denken, zu debattieren und zu handeln.

Einleitung

Nach Ansicht sämtlicher US-amerikanischen Strategen wird die Weltpolitik des 21. Jahrhunderts bestimmt sein durch den Gegensatz zwischen den USA und der Volksrepublik China. »Die Volksrepublik China...«, so die Strategen Richard BERNSTEIN und Ross M. MUNRO,[9] »und die Vereinigten Staaten von Amerika... haben sich zu globalen Gegnern entwickelt. Ihr Verhältnis ist angespannt, ihre Interessen widersprechen einander, und ihrer Beziehung stehen gefährliche Zeiten bevor. Etwa vor einem Jahrzehnt, Mitte der achtziger Jahre, betrachteten die beiden Großmächte des Pazifiks einander als gegenwärtige und zukünftige strategische Partner, deren Notgemeinschaft auf dem gemeinsamen Interesse, die Vorherrschaft der Sowjetunion in Asien zu verhindern, beruhte... Sollten China in seiner aggressiven und die Vereinigten Staaten in ihrer naiven Haltung verharren, könnte der sich zwischen den beiden Länden abzeichnende Konflikt sogar zu militärischen Auseinandersetzungen führen.«[10]

Dabei heben die Autoren deutlich den Hintergrund dieses Konfliktes hervor: »Immerhin waren die Vereinigten Staaten im letzten halben Jahrhundert dreimal an bedeutenden Kriegen in Asien beteiligt, *um stets aufs neue zu verhindern, daß ein einziges Land die Vorherrschaft in dieser Region der Welt erringt* (Hervorhebung durch den Verf.). Und es besteht kaum ein Zweifel daran, daß China innerhalb der nächsten ein oder zwei Jahrzehnte an seiner Seite des Pazifiks zur dominanten Großmacht aufsteigen wird. Aber auch ohne einen echten Krieg wird die Rivalität zwischen China und den USA der erste große weltweite Konflikt des 21. Jahrhunderts sein.« In ihrem Werk beschreiben BERNSTEIN und MUNRO das strategische Ziel der USA in Asien über einen Zeitraum von zumindest 100 Jahren mit folgender Maxime: *die Vorherrschaft eines einzelnen Landes in dieser Region zu verhindern.*[11] Da im 21. Jahrhundert China diejenige Macht sei, die genau danach strebe, müßten seine Bestrebungen und die amerikanischen Interessen zwangsläufig kollidieren.

Damit scheint nach dem Zerfall der Sowjetunion China die Rolle des kontinentalen Gegenspielers der amerikanischen Thalassokratie (Seemacht) übernommen zu haben. Doch wie verhält es sich nunmehr mit der Rolle der Nachfolgestaaten der Sowjetunion, insbesondere der Russischen Föderation, in dieser Phase geopolitischer Neuorientierung und Neupositionierung? Spielen sie als strategische Faktoren keine entscheidende Rolle mehr? Welche strategischen Interessen verfolgten die Vereinigten Staaten in bezug auf diesen Raum in der jüngeren Geschichte und insbesondere nach dem Zerfall der Sowjetunion? Von welchen Leitlinien wird die Eurasienpolitik der USA bestimmt, und wie und mit welchen Konzepten definiert demgegenüber die Russische Föderation ihre Position? In diesem Buch wird aufzuzeigen sein, mit welchen Mitteln die Vereinigten Staaten ihre Zielsetzung, die Vorherrschaft einer einzigen Macht auf dem eurasischen Kontinent zu verhindern, sicherzustellen bestrebt waren und immer noch sind. Insbesondere wird auch die

Rolle der NATO zu untersuchen sein, die in den vergangenen 20 Jahren seit ihrem Gipfel in Rom im Jahre 1990 eine Umwandlung zu einem globalen neoimperialistischen Interventionsbündnis erlebt.

Zur Zeiten des Kalten Krieges, so meint der französische geopolitische Schriftsteller Yves LACOSTE, Herausgeber des politisch-geographischen Magazins *Hérodote,* hätte man geopolitische Faktoren ohne weiteres in den ›Eisschrank‹ legen können. In Deutschland war die geopolitische Wissenschaft als Erklärungsmodell weltpolitischer Vorgänge und des diplomatisch-militärisch-ökonomischen Handelns von Großmächten ohnehin zur einer vergessenen Disziplin geworden. Seit dem Fall der Berliner Mauer und der Implosion des Sowjetreichs aber gewinnt diese Dimension erneut an Bedeutung. Insoweit – so LACOSTE – sei nunmehr von einer Wiedergeburt der Geopolitik zu sprechen[12] – die sich mittlerweile bereits in außerordentlichem Maß zur (alleinigen) Handlungsmaxime der großen Mächte entwickelt hat.

Sichtbar wird dies nicht nur in dem oben beschriebenen sino-amerikanischen Gegensatz, sondern auch in den Entwicklungen im übrigen eurasischen Raum, in dem sich gerade die Russische Föderation nach der Sezession ihrer Peripherien an mehreren Fronten neu behaupten muß. Ohne Berücksichtigung fundamentaler geopolitischer Grundsätze können die Vorgänge in Eurasien und das diplomatisch-militärische Verhalten der Russischen Föderation und ihres Gegenspielers, der USA, nicht begriffen werden. Allein durch das Verständnis geopolitischer Konzeptionen wird überhaupt erst nachvollziehbar, warum die Weltpolitik auch des 21. Jahrhunderts von einem amerikanisch-eurasischen Gegensatz bestimmt sein muß: »Charakteristisch für geopolitisch geprägte Weltbilder ist es, daß zwischen den wie auch immer definierten regionalen Einheiten eine zumindest latente Konkurrenz angenommen wird. Unter diesem Blickwinkel erscheinen globale Wandlungsprozesse . . . als Ergebnis der Auseinandersetzung zwischen verschiedenen regional verankerten Kräften: zwischen Land- und Seemächten, zwischen der ›freien‹ und der ›unfreien‹ Welt, zwischen religiösen und kulturellen Strömungen oder zwischen wirtschaftlichen Wachstumspolen. Geopolitische Weltbilder sind daher auf Dynamik angelegt.«[13]

Wie kann aber die gegenwärtige sicherheitspolitische Lage Rußlands beschrieben werden?

Mit oder ohne die übrigen Staaten der 1991 gegründeten Gemeinschaft Unabhängiger Staaten (GUS) wird Rußland aufgrund seiner Fläche, Bevölkerung und Streitkräfte den Status einer Großmacht von globalem Gewicht behalten und neben China nach wie vor ein entscheidender Spieler auf dem eurasischen Schachbrett bleiben. Allerdings ist sich die Russische Föderation mit der Sezession der Randstaaten 1991 ihrer nachteiligen geopolitischen Lage bewußt geworden. Rußland wurde gewissermaßen zurückgedrängt in die Isolation des eurasischen Kernraumes. Die Beschränkung des Zugangs zur Ostsee auf St. Petersburg und der Region Nordostpreußen mit Königsberg, die mit der Unabhängigkeit der baltischen

Staatenwelt eingetreten ist, der Verlust der Schwarzmeerküste bis auf einen schmalen Küstenstreifen zwischen der Mündung des Don und der von Georgien beanspruchten Provinz Abchasien, das Ausfransen des Kaukasus und das Vorrücken des wahabitisch-islamischen Fundamentalismus in der kaspisch-zentralasiatischen Region sowie die ökonomisch-demographische Abdrängung in Ostsibirien und der Amurregion durch China unterstreichen dies. Verschärft wird diese Konfliktsituation weiterhin mit den Verlust von Einflußzonen durch das Vordringen des westlichen Militärbündnisses in jene Region, die Rußland für sich als das ›Nahe Ausland‹ als strategische Pufferzone beansprucht.

Zum realistischen Verständnis des außenpolitischen Verhaltens Rußlands weist der geopolitische Schrifsteller Alfred ZÄNKER darauf hin, daß nicht vergessen werden dürfe, daß das russische Staatswesen in einem langen Kampf gegen äußere Invasoren entstanden sei: gegen Tataren, Schweden, Polen, gegen NAPOLEON und HITLER. In seiner wechselvollen Geschichte habe sich Rußland oftmals in die Defensive begeben müssen mit raschen Rückzügen in den russischen Kernraum, passivem Widerstand in Zeiten äußerer Bedrohungen und innerer Schwäche, um später zum Gegenschlag ausholen zu können und verlorenen Boden zurückzugewinnen.[14]

Vor diesem Hintergrund ist die Außen- und Sicherheitspolitik sowohl der Zaren als auch der kommunistischen Machthaber auszulegen: Es kommt darauf an, den Kernraum, der aufgrund seiner Zentrallage stets Einkreisungsgefahren ausgesetzt ist, und dessen langgezogene, offene Grenzen im Osten, Westen und Süden mit einem Glacis,[15] einer weit ausgedehnten Pufferzone auszustatten. Der Besitz von derartigen Vorfeldern ist das Anliegen aller Staaten, die sich in einer exponierten Zentrallage befinden und wegen des Fehlens natürlicher Bastionen wie Flüsse und Gebirge gegen potentielle Invasoren einer extremen territorialen Verwundbarkeit ausgesetzt sind. Die Sicherung des Glacis sowie idealerweise auch natürlicher Barrieren bildet deshalb den Idealfall einer kontinentalen Verteidigung, denn erst solche Vorfelder machen das Zentralland zu einer vollendeten Festung und somit zu einer strategischen Insel.[16]

Die Weite des eurasischen Kontinents, die fehlenden natürlichen Grenzen und der ebensogroße Mangel an einem Zugang zum offenen Meer waren (und sind) deshalb prägende Faktoren für die Entwicklung des russischen Staatswesens,[17] dessen geostrategisches Kernstück innerhalb des großen Dreiecks Moskau im Westen, Omsk in Sibirien sowie Baku an der Küste des Kaspischen Meeres angesiedelt ist.[18] Die Vorfelder, die um dieses strategische Zentrum herum angesiedelt sind, lassen sich in zwei Einflußbereiche einteilen: zum einen den slawischen und baltischen Bereich im Westen und Nordwesten, zu dem Estland, Lettland, Litauen sowie Weißrußland und die Ukraine gehören, und zum anderen die Regionen, die heute der übrigen Gemeinschaft Unabhängiger Staaten im Kaukasus und Mittelasien entsprechen.[19] Die großen Entfernungen, durch die der russische Kernraum von den Aufmarschräumen etwaiger Invasoren getrennt ist, verbessern mit der Kontrolle dieser Peripherien die sicherheitspolitischen Interessen Rußlands erheblich: Das ostmitteleuropäische Vorfeld im Westen, die kalte Klimazone im Norden, die sibirische Taiga im Osten sowie die Wüsten und Gebirge in Zentralasien bilden zusammen einen äußeren Verteidigungsring von großer Tiefe, die einem Angreifer zu Land nur wenig Möglichkeiten läßt.[20]

Aus diesem Grund zog die Sowjetunion – Heinz Brill zufolge – nach 1945 gerade vor dem Hintergrund der Verwüstungen des Zweiten Weltkriegs auf ihrem Territorium und der Tatsache, daß zuvor schon die imperialistischen Siegermächte des Ersten Weltkrieges die durch Bürgerkrieg hervorgerufene Schwäche des russischen Reiches ausnutzten, um sich der Rohstofflager dieses Raumes zu bemächtigen und die Region zu zerstückeln, den Schluß, zwei geostrategische Maximen zu verwirklichen:

1. Die Staatenwelt Ostmitteleuropas, die in den Pariser Vorortverträgen 1919 sowohl als antideutscher wie auch als antirussischer Cordon sanitaire konstruiert und bündnispolitisch zur sogenannten ›Kleinen Entente‹ zusammengefaßt wurde,[21] dem eigenen Einflußbereich einzuverleiben und

2. auf einem Machtzuwachs zu beharren, der der Sowjetunion die Kontrolle über die östlichen Teile Deutschlands gestattete und so den alten Sicherheitsgürtel um einige hundert Kilometer nach Westen vorverlegte.[22]

Die Durchdringung der Staatenwelt des ›Cordon sanitaire‹ durch die jeweiligen kommunistischen Bewegungen, die von Moskau auch nach Kräften gefördert wurden, hatte dabei nur den Zweck, eine ideologische Klammer zwischen Zentrum und Peripherie herzustellen. Zum gleichen Zweck trug die Sowjetunion auch Sorge dafür, daß der ideologische Kurs in den kommunistischen Bewegungen Ostmitteleuropas in Moskau definiert wurde und nationale abweichlerische Bestrebungen innerhalb des Blocks keinen politischen Einfluß bekamen.[23]

Die Durchsetzung dieser Kriegsziele hatte der Sowjetunion insbesondere im mittel- und osteuropäischen Raum durch eine kontrollierte innere Linie erhebliche strategische Vorteile gebracht. »Das Vorfeld zwischen der Ostsee und dem Schwarzen Meer erfüllte für die Sowjetunion eine doppelte Funktion: Einmal bildete es einen ›Cordon sanitaire‹, der die Sowjetunion gegen fremde Einflüsse abschirmte, zum anderen diente es als Ausgangsbasis offensiver sowjetischer Politik.«[24]

Zusammenfassend läßt sich daher sagen, daß ein kontinentaler Zentralstaat, der unter extremen Einkreisungsgefahren steht, stets zu Autarkie, Vertrags- und Bündnispolitik in Gestalt von Nichtangriffspakten, Schaffung von Einflußsphären/Vorfeldern/Pufferzonen/Sicherheitszonen sowie zu militärisch-diplomatischen Präventiv- und Interventionsmaßnahmen neigen muß,[25] um seine Handlungsfähigkeit sicherzustellen und eine Zersplitterung seiner Kräfte zu verhindern.

Neben der Gewinnung von strategischen Vorfeldern und Sicherheitszonen ist auch das Bestreben, einen Zugang zum warmen Meer zu erlangen, grundlegender Bestandteil russischer Sicherheitspolitik. Diese Bestrebung als Äußerungsform einer bloßen imperialen Hybris einzuschätzen, wäre hier zu kurz gegriffen und hieße, die tatsächliche Bedeutung des Meeres auch für eine Kontinentalmacht zu verkennen. Gerade im Zeitalter globaler Verkehrs- und Handelsströme erweist sich das Meer – um mit den Worten des Begründers der deutschen Geopolitik, Friedrich RATZEL, zu sprechen – als die »Quelle der Völkergröße«. Anteil an einer ausreichend langen und schiffbaren Meeresküste mit entsprechenden Tiefseehäfen zu haben ist eine entscheidende Voraussetzung für eine Teilhabe am Welthandel. »Die weltwirtschaftliche Verflechtung, insbesondere der überseeische Handel, ist jetzt für jedes halbwegs kultivierte Land eine Angelegenheit von so lebenswichtiger Bedeutung, daß jeder Staat unabhängig zu sein wünscht vom guten oder bösen Willen seiner Nachbarn, die ihm nach Gefallen die Vorteile des Seehandels durch Abschneidung von den Häfen zu rauben oder mit Durchgangszöllen empfindlich zu verteuern vermögen. Deshalb drängt heute jeder Kulturstaat ans Meer, und zwar an eine mit guten Häfen ausgestattete oder auszustattende, möglichst das ganze Jahr hindurch benutzbare Küste. . . Seeküsten sind heute die wirtschaftlichen Lungen der Staaten.«[26]

Diese vor 70 Jahren getroffene Aussage in einem Lehrbuch für Geopolitik hat auch heute im Zeitalter globaler Datennetze, der Telekommunikation und der Informationstechnologie nicht an Bedeutung eingebüßt. Die Neudefinition Rußlands in der heutigen Weltwirtschaft als »Energiesupermacht« (so der russische Präsident Wladimir PUTIN) kann nur dann erfolgreich sein, wenn es sich der Kontrolle nicht nur der Pipelinekorridore für russisches Erdgas und Erdöl als solche, sondern auch ihrer Endpunkte an Erdöl- und Erdgasterminals entsprechend ausgestatteter Tiefseehäfen mit Verschiffungsmöglichkeiten sicher sein kann. Der Verlust einer solchen Küste hingegen begründet für einen solchen Staat einen dauerhaften Krisenherd: »Abschrankung vom Meer durch Entstehung von Küstensaumstaaten führt in neuerer Zeit stets entweder zum Durchbruch des abgeriegelten Binnenlandstaates an die Küste oder aber zu seiner Aufsaugung durch den Küstenstaat.«[27]

Infolgedessen blieb auch das Streben nach Überwindung der Isolation des eurasischen Kernraums und des Abgeschlossenseins von den internationalen Verkehrswegen der See eine Konstante russischer Außenpolitik, durch die der russische Staat ein größeres Gewicht in der internationalen Politik und im internationalen Handel sowie eine Maximierung seiner Handlungsfähigkeit zu erreichen glaubte.

»Von einer ›Abschneidung‹ vom Meer muß man ebenfalls sprechen, wenn ein Staat zwar Küstenbesitz aufweist, der aber von der Natur allzu stiefmütterlich bedacht ist. Rußland ist seit etwa 1600 mit der größten Festlandsküste ausgestattet, die jemals ein Land der Erde besessen hat. Die Gesamtlänge seiner Kontinentalküste betrug in Luftlinie 13000, mit allen Buchten 49000 km, aber dieser gesamte ungeheure Küstenbesitz konnte dennoch nicht verhindern, daß Rußland sich – mit vollem Recht – vom Meere ›abgeschnitten‹ fühlte. An nicht weniger als sieben Meere grenzt der russische Staatskörper an, und dennoch ist sein Drang nach dem Meer nicht gestillt, denn jene sieben Meeresküsten (Ostsee, Weißes Meer, Eismeer, Schwarzes Meer, Kaspisches Meer, Stiller Ozean, Japanisches Meer) müssen in der Tat zumeist als unzureichend bezeichnet werden. Das Moskowiterreich der Zaren, vorher ein reiner Binnenlandstaat, hatte bereits im 16. Jahrhundert am Weißen Meer eine eigene Seeküste erlangt. PETER DER GROSSE eroberte dann mit den bezeichnenden Worten, ›Ich suche nicht Land, ich suche Wasser‹ die schwedisch-baltischen Ostseeprovinzen. Vorher schon (1696) hatte er sein Reich südwärts bis ans Schwarze Meer ausgedehnt. Aber Rußlands Meeresverlangen war nicht gestillt. Alle Häfen waren alljährlich monatelang durch Eis gesperrt; das *dauernd* benutzbare, das ›warme‹ Meer hatte es nicht erreicht! Zudem waren die neuen russischen Häfen politisch aufs stärkste entwertet, da sowohl an der Ostsee wie am Schwarzen Meer die russischen Schiffe... gefangen waren und nur durch schlauchartig enge Zugänge, die leicht zu überwachen und zu sperren waren, mit dem offenen Weltmeer Verbindung hatten. Auch die Erwerbung Finnlands im Frieden von Frederikshamm (17. September 1809) führte nicht weiter. Am Schwarzen Meer erwirkte die englische Eifersucht sogar eigene Staatsverträge, die den russischen Kriegsschiffen die Ausfahrt durch den Bosporus ausdrücklich verboten (Londoner Abkommen vom 13. Juli 1841, Pariser Friede vom 30. März 1856, Berliner Kongreßakte vom 13. Juli 1878). Erst seit 1936 hat Rußland durch die neuen Abmachungen von Montreux für seine Schiffe in Friedenszeiten die nahezu ungehinderte Durchfahrt durch die Meerengen erlangt...

Das dritte große Meer Rußlands, das Kaspische, steht mit dem Weltmeer überhaupt nicht in Verbindung. Als es dem Zarenreich endlich 1860 gelang, in Ostasien an die besser schiffbaren Meere heranzukommen und Wladiwostok, die ›Herrin des Ostens‹, zum neuen russischen Hafen zu machen, war auch dort dasselbe Unheil wie an der Ostsee und am Schwarzen Meer zu beobachten: vier- bis fünfmonatige Vereisung des Hafens in jedem Jahr, dazu Lage an einem Meer, das allseitig von japanischen Inseln umrahmt und nur durch enge, leicht zu versperrende Zugänge erreichbar war. Infolge dieser ›raffiniert ungünstigen‹ Lage... drängte die russische Politik immer stärker nach Süden, zum ›warmen‹ Meer. Gegen den Bosporus, gegen den Golf von Alexandrette, vor allem gegen den Persischen Golf und – im Osten – gegen das Gelbe Meer wollte man in Petersburg abwechselnd vorstoßen... Nur im Osten hatte man einen kurzen Erfolg: 1898 ›pachtete‹ Rußland von China die Kwangtung-Halbinsel mit Port Arthur. Um die Jahrhundertwende stand Rußland, wenn auch nur mit einem vorgeschobenen Posten, am warmen Meer. Aber dieser hing nur durch einen einzigen, leicht abzuschneidenden Schienenstrang, die Nordmandschurische Bahn, über chinesisches Gebiet mit dem Mutterland zusammen. Überdies entriß schon 1905 das siegreiche Japan dem Zarenreich den heißbegehrten Küstenbesitz wieder... Der Kriegsausgang (1918, der Verf.) hat dann Rußland auch noch seine relativ eisfreiesten Häfen an der Ostsee genommen (Libau, Windau, Riga, Pernau, Baltischport, Reval, Wiborg, Helsingfors, Abo) und ihm nur Petersburg-Leningrad als einzigen Ostseehafen gelassen, der jährlich vier Monate lang vereist ist.«[28]

Die Bedeutung der See für die russische Kontinentalmacht wurde auch zu Sowjetzeiten weiterhin diskutiert. Der Schöpfer der sowjetischen Kriegsflotte, Sergej G. GORTSCHKOW, erkannte die ungeheure Bedeutung der Weltmeere für den Anspruch der Sowjetunion, eine den USA ebenbürtige Weltmacht zu sein. Er spottete über das »Märchen von der Landgebundenheit der russischen Nation und aller sowjetischen Menschen«. Vielmehr habe die industrielle und die waffentechnische Entwicklung den klassischen Unterschied zwischen Landmacht und Seemacht aufgehoben, wodurch Rußlands traditionelle Rolle als Verkörperung einer reinen Kontinentalmacht beseitigt sei.

Die Wendung zur See vollzog sich in der Sowjetunion in dem Augenblick, da man in Moskau erkannt hatte, daß im 20. Jahrhundert ein Großstaat, der sich nur auf den kontinentalen Raum stützt, unfähig sei, Weltpolitik als Weltmacht zu betreiben, daß Weltmacht also nichts anderes heiße als Seemacht. Admiral GORTSCHKOW erschien es unerläßlich, die sowjetische Flotte in eine reale Kraft zu verwandeln, die die staatlichen Interessen der Sowjetunion auf den Weltmeeren vertrete und ebenso jene der gesamten sozialistischen Staatengemeinschaft.[29]

»Die Bedeutung der Meere für die Entwicklung der Produktivkräfte und die Anhäufung von Reichtümern durch die Staaten«, so schreibt Admiral GORTSCHKOW,[30] »läßt sich nicht hoch genug einschätzen. . . Staaten mit einer seefahrenden Bevölkerung haben es früher als andere zu wirtschaftlicher Macht gebracht. In einer bestimmten Phase der Geschichte der Menschheit wurde es dann dringend notwendig, die großen Weiten der Meere und ihre Reichtümer zu nutzen. Je größer die Möglichkeiten zur Nutzung dieser Reichtümer wurden, desto deutlicher traten die Voraussetzungen für die Entstehung und Entwicklung der Kategorie ›Seemacht des Staates‹ zutage, die in einem bestimmten Maße die wirtschaftliche und militärische Macht des Staates und folglich auch seine Rolle in der Welt charakterisiert.«

GORTSCHKOW definierte somit die See als elementaren Faktor für die wirtschaftliche Macht eines Staates und erkannte den Zusammenhang zwischen Wirtschafts- und Militärmacht, was seiner Einschätzung nach durch den Zugang zur See bestimmt ist: »Die Seemacht muß vor allem als die Fähigkeit des Staates betrachtet werden, alle Schätze der Weltmeere und alle Möglichkeiten, die die Weltmeere bieten, dem Menschen dienstbar zu machen und in vollem Umfang zur Entwicklung der Wirtschaft zu nutzen; durch den Stand der Wirtschaft werden nämlich letztlich alle Lebensbereiche unseres Landes bestimmt, auch die Verteidigungsfähigkeit. Der Begriff Seemacht läßt sich in dieser Hinsicht bis zu einem gewissen Grade mit dem Begriff der wirtschaftlichen Macht des Staates gleichsetzen. So gesehen kann die Seemacht als ein Bestandteil der wirtschaftlichen Macht betrachtet werden. Ebenso wie letztere für die militärische Macht bestimmend ist, besitzt auch die Seemacht, die von der Wirtschaft des Staates abhängig ist und ihrerseits einen Einfluß auf sie ausübt, eine wirtschaftliche und eine militärische Grundlage.«

Flottenadmiral GORTSCHKOW hatte die See aber auch als einen für die Sowjetunion fundamentalen sicherheitspolitischen Faktor erkannt. Im Zeitalter des Kalten Krieges konnte als Faustformel für das militärische Kräfteverhältnis gelten, daß der sowjetischen Überlegenheit in der konventionellen Rüstung zu Lande die amerikanische Überlegenheit zur See gegenüberstand. Die Vereinigten Staaten standen den russischen Territorialstreitkräften mit einem sehr großen Flottenbestand gegenüber, der trotz des Einmottens zahlreicher Schiffe in einer unverhältnismäßigen Form auf den Weltmeeren präsent blieb.[31] Admiral GORTSCHKOW kam zu dem Schluß, daß die USA ihre maritime Überlegenheit nunmehr dazu zu verwenden schienen, von der See aus allseitig den sowjetischen Raum zu bedrohen: »Die Seemacht bleibt... nicht mehr auf die großen Weiten der Weltmeere beschränkt, sondern erstreckt sich jetzt auch über die Landmassen der Kontinente, wobei sie die Militärmacht ergänzt und sogar ersetzt, deren Stand vor allem durch die Fähigkeit bestimmt wird, mit Atomschlägen Landziele zu bekämpfen, die sich in der Tiefe des gegnerischen Territoriums befinden, und zwar in jedem Teil der Erde.«[32] Die amerikanischen Streitkräfte wurden den Analysen GORTSCHKOWS zufolge in einer Form umgerüstet, daß in einem Krieg die Hauptaufgaben auf jeden Fall durch die Führung starker Schläge von See her gelöst werden sollten, und zwar mit Hilfe der drei Grundelemente der Seestreitkräfte: der ballistischen Raketen, der atomar betriebenen U-Bootflotte, der bordgeschützten Fliegerkräfte und der Streitkräfte der Marineinfanterie. Mit dieser maritimen Konzeption der USA ist die Abhängigkeit der Flotten von der Lage der strategischen Positionen auf den Meeren und Seekriegsschauplätzen und von der geographischen Lage ihrer Stützpunkte verringert. Vielmehr sind den USA damit alle Möglichkeiten eröffnet, »die Sphäre der aggressiven Bestrebungen auf neue Gebiete der Weltmeere auszudehnen«.[33]

Zur Verdeutlichung dieser Strategie zitiert GORTSCHKOW den US-Admiral C. RICKETTS[34] mit den Worten: »Das Territorium der USA wäre außerordentlich gefährdet, wenn es die einzige Basis für den Einsatz moderner (sprich atomarer, der Verf.) Waffen wäre. Der Gegner würde in diesem Fall die gesamte geballte Kraft seiner Waffen gegen das Territorium der USA richten. Die Seestreitkräfte schaffen wirklich hervorragende Alternativmöglichkeiten. Sie ermöglichen es uns, die Weltmeere als Stützpunkte für Waffensysteme zu nutzen, wobei das Territorium des Gegners im Wirkungsbereich dieser Systeme bleibt. Die Vorteile der Marinewaffensysteme wird nur das Land nutzen können, das die hervorragenden Eigenschaften der Meere und Ozeane erkennt und das lernt, diese zu nutzen.«

Die Vorherrschaft zur See bedeutet für die USA damit die Verfügungsgewalt über globale, flexibel dislozierbare Abschußbasen, mit denen die raumgebundene Landmacht Sowjetrußland allseitig bedroht und im Ernstfall auch vernichtet werden kann. »In der zweiten Hälfte der fünfziger Jahre traten einschneidende und prinzipielle Änderungen in den Ansichten über die Rolle und den Stellenwert der Seestreitkräfte im Krieg und über die Bedeutung der Seekriegsschauplätze ein. Unter Berücksichtigung des Kräfteverhältnisses in der Welt und der begrenzten Möglichkeiten der sowjetischen Seestreitkräfte verwiesen die Amerikaner ihr traditionelles Problem, den Schutz der Seeverbindungen, das ihnen fast ein Jahrhundert lang Sorge bereitet hatte, in ihren Überlegungen auf den zweiten Platz... Die Ozeane und Meere wurden nicht mehr als Gebiete betrachtet, in denen der Kampf um die Seeverbindungen stattfindet, sondern als riesige Räume für den Abschuß von Einsatzmitteln verschiedener Art für strategische Atomwaffen, die wichtige Ziele auf dem Territorium des Gegners vernichten sollten.«[35]

Moderne Seemacht in diesem Sinne hatte deshalb für die Globalstrategie der USA den Zweck, die gesamte Kraft ihrer Flottenverbände auf die gegnerische Küste zu konzentrieren und das Gebiet des Gegners von allen Seiten her – ohne an spezifische fixe Ausgangsbasen und Stützpunkte gebunden zu sein – flexibel und von global beweglichen Abschußbasen aus bedrohen zu können. Auf der anderen Seite bedeutete für die Sowjetunion dagegen der Begriff ›Seemacht‹, daß ihre Seestreitkräfte imstande sein mußten, die angelsächsische Bedrohung noch auf dem Meer zu neutralisieren oder gar zu beseitigen. »Wenn sich aus diesem operativen Auftrag ein Kampf auf See entwickelt«, so die Einschätzung des Historikers Hellmut Diwald, »dient er auf amerikanischer Seite dem Erhalt des landbedrohenden Träger- und U-Boot-Potentials, auf sowjetischer dagegen zu dessen Vernichtung. Was dabei als offensiv wirken kann, ist das Bemühen (der sowjetischen Strategie, der Verf.), die Grenzen des Sperrings, der um die Sowjetunion und ihren Interessenbereich gezogen wurde, durch die sogenannte ›Vorwärts-Dislokation‹ von sich wegzudrängen, ihn zu durchbrechen und der neuen ›ozeanischen Strategie‹ der Vereinigten Staaten durch eigene Seestreitkräfte zu begegnen. Dazu wurde die Sowjetunion buchstäblich gezwungen, denn die ›ozeanische Strategie‹ verlagerte die entscheidende Schlagkraft der strategischen Offensivwaffen auf die Meere der Welt.«[36]

Das Bestreben, Seemacht zu sein, ist für die eurasische Landmacht deshalb nicht nur eine Voraussetzung zur Umsetzung ihres Anspruchs, Weltmacht zu sein, sondern wurzelt ebenso wie die Sicherung territorialer strategischer Vorfelder in elementaren existentiellen Sicherheitsinteressen, um Aggressionen von See her begegnen zu können. Die Verwirklichung einer solchen maritimen Sicherheitsstrategie verlangt allerdings die Sicherstellung eines Zugangs zum Meer. Die Verfügung über schiffahrtstaugliche warme Küsten mit ausbaufähigen Tiefseehäfen erst ermöglicht es der russischen Landmacht, ein entsprechendes maritimes Potential auszubauen und die Sicherung ihres Gebiets auch vom Meer her zu gewährleisten.

Der Zerfall der Sowjetunion, die Abtrennung ihrer Randzonen, deren Überführung in das westliche Bündnissystem von den USA eindringlich gefördert wird, ist deshalb nicht nur einfach ein territorialer Verlust; diese Entwicklung – vom damaligen russischen Staatspräsidenten Wladimir Putin nicht ohne Grund als »größte geopolitische Katastrophe des zwanzigsten Jahrhunderts« bezeichnet – stellt vielmehr einen Verlust elementarer Sicherheitspositionen und eine Abdrängung Rußlands in die räumliche Defensive dar. Die geographischen Veränderungen hatten für Rußland katastrophale Folgen. Dreihundert Jahre russischer Expansionsbestrebungen und des Ausbaus einer russischen Weltmachtposition wurden mit einer Unterschrift – der Verfügung über die Auflösung der Sowjetunion – gewissermaßen gegenstandlos oder, besser gesagt, annuliert. Seine Grenzen schrumpften ungefähr auf den Stand Mitte des 18. Jahrhunderts, innerhalb des europäischen Teils sogar auf den Stand von 1613, das Land verlor schätzungsweise 50 Millionen Menschen, die Russisch als ihre Muttersprache betrachteten.

Beim Zerfall der Sowjetunion – so schildert es der Rußland-Experte Michael THUMANN – hat sich Rußland gewissermaßen in den Grenzen des 17. Jahrhunderts neu definiert.[37] In der Tat genügt ein einfacher Blick auf die Landkarte, um zu erkennen, daß das Land zu den Grenzen des vorpetrinischen Rußland zurückgekehrt ist. Smolensk ist wieder wie vor 300 Jahren der westliche Vorposten des Staates. Das Problem des Zugangs zu den Weltmeeren ist erneut aktuell für Rußland wie auch das Problem sicherer Wege nach Westen. »Die geopolitischen Positionen Rußlands«, so formulierte es Wladimir LUKIN, ehemals Vorsitzender des auswärtigen Ausschusses in der Staatsduma, im Jahre 1994, »haben außerordentliche Veränderungen erfahren. Rußland steht jetzt nicht mehr drohend über den westlichen und südlichen Ausläufern Eurasiens. Es ist in die Wälder und Steppen zurückgedrängt, zur Grenze des Dauerfrosts im Nordosten, zum Wolgabecken im Südwesten. Die früheren Freunde, von Bulgarien bis Polen, streben in das andere Lager. Die angrenzenden Gebiete haben sich zu Partnern gewandelt, die sich selbst behaupten, mit einer Bandbreite der strategischen Orientierung von Neutralität bis zu recht amorphen Formen der militärischen und politischen Zusammenarbeit mit der NATO. 70 Prozent der Grenzen Rußlands sind unsicher. Es gibt jetzt dreimal mehr angrenzende Staaten als noch vor fünf Jahren. Rußland ist immer noch ein großes europäisches Land, aber sein ›Druck‹ auf Europa ist praktisch nicht mehr spürbar, und seine Präsenz in Europa hat sich beträchtlich verringert. Entsprechend ist die relative Bedeutung der asiatischen Komponente gestiegen. *Das unerschlossene, riesige Sibirien wird immer mehr zum geopolitischen Zentrum des Staates* (Hervorhebung durch den Verf.). Ich möchte daran erinnern, daß Rußland, das nicht durch ein natürliches geographisches Relief geschützt ist, historisch die ständige geopolitische Angreifbarkeit als unumstößlichen Faktor seines Schicksals spürt. Angreifbarkeit vom Westen, vom Süden, vom Osten. Im historischen Gedächtnis des Landes ist diese Furcht, die Angst vor gegnerischen Koalitionen an den weiten, verletzbaren Grenzen lebendig.«

Durch die Entwicklungen nach 1991 ist aber nicht nur das Bedrohungspotential an den Außengrenzen der Russischen Föderation gewachsen, auch deren Staatlichkeit selbst ist in Frage gestellt. Die Frage nach dem inneren Zusammenhalt Rußlands gehört seitdem zu den heikelsten im Lande. Der Feind, den die russische Politik zusätzlich fürchten muß, steht im Innern des Landes selbst: Sabotageakte, die Erosion der Staatsstrukturen, Terrorismus und Separatismus. Aus diesem Grund ist es für die russische Staatsführung unerläßlich, dafür Sorge zu tragen, daß sich Russen und Tataren, Jakuten und Tschetschenen gemeinsam als ein ›russländisches Volk› (*rossijskij narod*) fühlen, um damit die Einheit und staatliche Integration der Russischen Föderation zu bewahren.

Insbesondere die – wie noch zu zeigen wird, von den USA geschürte und organisierte – Ausbreitung des wahabitisch geprägten islamischen Fundamentalismus stellt das Staatswesen der Russischen Förderation vor einer Zerreißprobe. 1999, als der tschetschenische Guerillaführer Schamil BASSAJEW von Tschetschenien aus die russische Teilrepublik Dagestan überfiel, formulierte der damalige russische Generalstabschef Leonid IWASCHOW in einer Pressekonferenz, daß Rußland heute von Süden her bedroht sei, denn in Tadschikistan an der afghanischen Grenze, im Kaukasus nördlich des Terek und an der inneren Front bedrohe der heranbrandende islamische Extremismus Rußland.[38]

In der Tat fürchtet die russische Politik, daß der Implosion der Sowjetunion die Zersplitterung der Russischen Föderation folgen könnte. Immerhin leben auf ihrem Territorium je nach Zählweise mindestens 84 oder bis zu 172 verschiedene Völker und ethnische Gruppen, die fast allen Weltreligionen angehören. 1990 erklärten viele autonome Republiken der – damals genannten – Russischen Sozialistischen Föderativen Sowjetrepublik (RSFSR) ihre Souveränität, doch sie spalteten sich nicht ab. Das Ergebnis langwieriger Verhandlungen und zahlloser Kompromisse zwischen den Regionen und dem Zentrum war die Geburt der Russischen Föderation 1991. Die Unabhängigkeitserklärung der Republik Tatarstan am 30. August 1990 rund 800 Kilometer östlich von Moskau, die in ihrer Verfassung von 1992 erklärte, daß sie nicht zu Rußland gehöre, sondern sich nur als mit Rußland assoziiert betrachte, scheint die Russische Föderation sogar noch auf die Zeit vor der Krönung des Zaren IWANS IV. zurückgeworfen zu haben, der im Jahre 1552 die tatarischen Khanate Kasan und Astrachan eroberte.

Insgesamt erscheint nach Einschätzung der Rußland-Experten Eberhard SCHNEIDER und Heinrich VOGEL die Gefahr recht groß, ob nicht eines Tages die Streitigkeiten zwischen den sogenannten ›Förderationssubjekten‹ innerhalb der Russischen Förderation und ihre Eigeninteressen einmal so beherrschend werden, daß sie von Moskau nicht mehr unter Kontrolle gehalten werden können.[39] Fasse man die drei Risikofaktoren Geopolitik, Nationalität und Wirtschaft zu einer Komponente zusammen, so ergäben sich drei Desintegrationsregionen: der Nordkaukasus mit dem Kern Tschetschenien, die Föderationssubjekte an der Wolga und im Ural mit dem De-facto-Führer Tatarstan sowie die Föderationssubjekte im südlichen Sibirien mit der Anführerschaft der Republik Tuwa.[40] Mittelfristig – so die Vermutung von Sicherheitsexperten – ist mit einem endgültigen Ausscheiden Tschetscheniens sowie der von Moskau aus kaum noch zu kontrollierenden übrigen kaukasischen Republiken Adygeja, Inguschetien, Dagestan, Kabardino-Balkarien sowie Karatschaisch-Tscherkessien zu rechnen.[41]

Ein Zerfall der Russischen Föderation in mehrere Teile kann vor diesem Hintergrund deshalb nicht mehr völlig ausgeschlossen werden, sollten sich die Sprengsätze der angespannten sozioökonomischen Lage, der Finanzkrise und der in den Regionen vorhandenen Gefährdungspotentiale noch verstärken.[42] Gerade der Kaukasus ist für Moskau mittlerweile zum Sicherheitsproblem ersten Ranges geworden. Terroristische Aktivitäten islamisch-fundamentalistischer Separatisten in Dagestan, Tschetschenien und Inguschetien, die für ein grenzübergreifendes Kalifat im Zeichen der Scharia kämpfen, stellen nach Ansicht russischer Sicherheits-Experten den Kreml vor ernsthafte Herausforderungen: Allein in den ersten fünf Monaten des Jahres 2009 gab es dort mehr als 300 Anschläge. »In der Region töten Untergrundkämpfer Vertreter der Staatsmacht inzwischen im Tagestakt, und Moskau schlägt mit ebensolcher Brutalität zurück«, so das Nachrichtenmagazin *Der Spiegel*.[43]

Löst sich der Kaukasus, dann hätte dies nicht nur eine Signalwirkung für andere (islamische) Teilrepubliken der Russischen Föderation, sondern würde auch den endgültigen Verlust der Einflußmöglichkeiten Moskaus auf den Südkaukasus und seine Energietransportkorridore bedeuten. Moskau wäre dann – wie von den USA auch gewünscht – endgültig aus dem Energiepoker am Kaspischen Meer ausgeschieden. Eine solche Entwicklung droht sich zwischenzeitlich abzuzeichnen: »Der restliche Südkaukasus mit seinen Rohstoffen und Energiekorridoren geht meist eigene Wege – während im Nordkaukasus von Tag zu Tag mehr die Gesetzlosigkeit um sich greift.«[44] Und in der Tat ist es nicht ausgeschlossen, daß der Kreml alsbald die Kaukasusregion fallen lassen muß, so wie dereinst auch Charles DE GAULLE Algerien in die Unabhängigkeit entlassen mußte. Der finanzielle und militärische Aufwand zur Aufrechterhaltung seiner Stellung in der Region strapaziert den Haushalt des Kreml in außerordentlichem Maße; er alimentiert den Kaukasus mit Milliarden, allein Dagestan zahlt er 80 Prozent des Budgets. Der Kaukasus ist sein Armenhaus.[45] Dabei nehmen auch die Schwierigkeiten Moskaus zu, seine Faustpfänder in der Region – Abchasien und Südossetien – zu kontrollieren. Armenien, der letzte Verbündete Moskaus im Kaukasus, ist seit dem Georgienkrieg 2008 und durch die transatlantische Orientierung Tiflis' in eine strategische Isolation geraten und versucht, diese durch eine Annäherung an den Erzfeind Türkei auszugleichen – was die Situation für Moskau noch unsicherer gestaltet.

Der bereits zitierte russische Geopolitiker Wladimir LUKIN hat seinerzeit – im Jahre 1994 – bereits erkannt, daß der Westen diese katastrophale Lage zu seinen Gunsten ausnutzt. »Er verdrängt nicht nur den Einfluß Rußlands aus Osteuropa, sondern ist auch bestrebt, die Einbeziehung der früheren Verbündeten Rußlands in seinen Block organisatorisch zu sichern. Daher das Problem der Ost-Erweiterung der NATO.«

Wie in einem späteren Kapitel noch aufzuzeigen sein wird, kann man hier aber nicht nur von einem bloßen »Ausnutzen der Situation« von seiten der USA und ihres Bündnissystems sprechen. Auch eine Einstufung der geschilderten Bedrohungsszenarien als lediglich Folge innerer Entwicklungen ist nur eine vordergründige Wahrheit. Tatsächlich spielte die Rußlandpolitik der US-amerkanischen Machtelite bei der inneren Frakturierung Rußlands eine nicht unerhebliche Rolle. Die der Russischen Föderation durch den US-dominierten IWF aufgezwungenen Reformen wie auch die ›*covert actions*‹ CIA-finanzierter NGOs hatten an der Balkanisierung des eurasischen Raumes einen gewichtigen Anteil. Diese US-Strategie, auf die im einzelnen noch einzugehen sein wird, ist aber keinesfalls ein Zufallsprodukt einer *post-cold-war*-Lage, sondern vielmehr Bestandteil eines langfristig geplanten Weltordnungskonzepts amerikanischer Think-tanks, der die Wiederauferstehung einer konkurrierenden eurasischen Kontinentalmacht dauerhaft verhindern soll.

Daß mit der Auflösung der Sowjetunion 1991 der Kalte Krieg, den die neokonservativen Vordenker der US-Außenpolitik auch als den dritten Weltkrieg bezeichnen, ein Ende gefunden haben soll, ist deshalb auch nur eine Legende. »Man kann es« – so der deutsche Rußland-Experte und Putin-Berater Wolfgang SEIFFERT – »auch so formulieren: Der Kalte Krieg wurde mit dem Zerfall der UdSSR, des Warschauer Pakts und des Comecon nicht als beendet angesehen, sondern mit anderen Mitteln fortgeführt.« An anderer Stelle weist SEIFFERT auch darauf hin, daß die Rußlandpolitik der USA nach 1990 dafür verantwortlich sein dürfte, daß das Land wirtschaftpolitisch, militärisch und politisch schwächer ist denn je.[46]

Konkret verfolgt die US-Außenpolitik den Analysen Emmanuel TODDS zufolge in der russischen Frage zwei Zielsetzungen: *Das erste Ziel* ist die Auflösung Rußlands, die die USA durch eine Förderung der Unabhängigkeitsbestrebungen im Kaukasus und durch eine amerikanische Militärpräsenz in Mittelasien zu beschleunigen gedenken. Diese Demonstration militärisch-politischer Stärke soll die separatistischen Kräfte innerhalb der Russischen Föderation stärken. *Das zweite Ziel:* Mit der Aufrechterhaltung eines gewissen Spannungsverhältnisses zwischen den Vereinigten Staaten und Rußland soll die Annäherung zwischen Europa und Rußland – die Wiedervereinigung des Westteils von Eurasien – verhindert und auf diese Weise der Gegensatz, wie er aus den Zeiten des Kalten Krieges bekannt war, möglichst lange am Leben gehalten werden,[47] damit sich hier kein konkurrierender Kontinentalblock auf der Grundlage der Vereinigung von russisch-europäischem Industriepotential und russischen Bodenschätzen herausbilden kann.

Im Jahre 2001 hat Rußland mit den Vereinigten Staaten Güter im Wert von 10 Milliarden Euro ausgetauscht, im Handel mit der Europäischen Union hingegen betrug das Volumen 75 Milliarden, also das 7,5fache. Rußland kommt ökonomisch also ohne weiteres gut ohne die USA aus, nicht hingegen ohne die Europäische Union. Auch auf militärischer Ebene bietet sich Rußland für Europa als Gegengewicht zum amerikanischen Einfluß an und ermöglicht dem Kontinent eine gesicherte Energieversorgung.[48] Diese Option, die den amerikanischen Einfluß auf die Politik der europäischen Staaten erheblich verringern würde, erscheint in den Augen der US-Strategen geradezu als ein Alptraum. Nicht umsonst haben die amerikanischen Politikwissenschaftler Stephen G. BROOKS und William C. WOHLFORTH in der Ausgabe der *Foreign Affairs* vom Juli 2002 vor einem strategischen Zusammenschluß von Rußland, China, Japan und Deutschland gewarnt, da allein eine solche Bündniskonstellation imstande wäre, die globale Vormachtstellung der USA zu gefährden.[49]

Es liegt deshalb im Interesse der USA, daß Rußland dauerhaft in seiner strategischen Isolation verbleibt. »Eine der größten Herausforderungen an die Beziehungen der atlantischen Nationen zu Rußland ist die Frage, ob Rußland dazu gebracht werden kann, von seiner traditionellen Definition der Sicherheit abzugehen«, schlußfolgert Henry KISSINGER, der nach wie vor erheblichen Einfluß auf die Definition der außenpolitischen Zielsetzungen der USA besitzt.[50] Es muß seiner Ansicht nach dafür Sorge getragen werden, daß Rußland keinen Einfluß mehr auf seine (seit 1991 abgespaltenen) Nachbarstaaten ausübt. Statt dessen sollten die Vereinigten Staaten Rußland dazu bringen, sich an den Verlust seines Reiches zu gewöhnen,[51] und es darauf verweisen, im Inneren Strukturen eines »historisch ungewohnten« politischen Pluralismus und einer liberalkapitalistischen Marktwirtschaft aufzubauen. »Doch wenn die Reform ein gestärktes Rußland hervorbringt, das zu einer Politik der Hegemonie zurückkehrt. . ., so würde es unweigerlich wieder zu Spannungen nach Art des Kalten Krieges kommen.«[52] Der NATO sei deshalb auch die Rolle zuzuweisen, »als Absicherung gegen eine Reimperialisierung Rußlands« zu wirken.[53]

Kapitel 1

Die Grundlagen der anglo-amerikanischen Geopolitik. Der Gegensatz zwischen Land und Meer

1 Allgemeines

Mit dem Ende des Jahres 1991 schien mit dem Zerfall der Sowjetunion der universale Hegemonialanspruch der USA verwirklicht zu sein. Der Zusammenbruch der Sowjetunion hinterließ, so Charles KRAUTHAMMER, einer der Chefideologen der Neokonservativen, einen »unipolaren Augenblick«, der von den USA nunmehr auszunutzen sei, um sich wie einst das Imperium Romanum als globale unantastbare Ordnungsmacht zu positionieren. »Tatsache ist«, so schreibt dieser Vordenker, »daß seit dem späten Imperium Romanum kein Land in der Geschichte mehr kulturell, ökonomisch, technologisch und militärisch so dominant war.«[54] Und ein weiterer Vordenker, Robert KAPLAN, meint: »Der Sieg Roms im Zweiten Punischen Krieg, so wie der Amerikas im Zweiten Weltkrieg, machte es zur Weltmacht.« Amerika solle dem Beispiel Roms folgen, unerschrocken die »Politik des Kriegers« entwickeln und die Augen offen halten.[55]

Der neuen globalen Machtverteilung entsprachen – wie in diesen Worten eines der Vordenker heutiger amerikanischer Außenpolitik erkennbar ist – die Selbsteinschätzung und der sich daraus ergebende weltweite Führungsanspruch der USA, welcher sich auch in zahlreichen Verlautbarungen der amerikanischen Regierung äußerte. In seinem Bericht zur Lage der Nation vom 28. Januar 1992 feierte Präsident George BUSH im Rückblick auf das Jahr 1991 die Veränderungen in der Welt von geradezu »biblischem Ausmaß«: Der Kommunismus sei in diesem Jahr gestorben, Amerika habe durch die Gnade Gottes den Kalten Krieg gewonnen. »Eine einstmals in zwei bewaffnete Lager geteilte Welt erkennt heute eine einzige und überragende Macht an: die Vereinigten Staaten von Amerika«. Die USA seien von der »Führungsmacht des Westens« zur »Führungsmacht der Welt« geworden, seien die »unbestrittene Führungsmacht dieses Zeitalters«.

BUSHS Nachfolger hat dieses Selbstverständnis wiederholt bestätigt. Die USA seien, so Präsident CLINTON, »die herausragende Weltmacht« (*A National Security Strategy of Engagement and Enlargement*, Juli 1994), die »amerikanische Führungsrolle« sei »unerläßlich«, »weil zum gegenwärtigen Zeitpunkt niemand außer uns dasselbe für die Förderung von Frieden, Freiheit und Demokratie leisten« könne (Rede des Präsidenten vom 5. August 1996); eine »weltweite Führungsrolle« müsse von dieser »unerläßlichen Nation« ausgeübt werden (Bericht zur Lage der Nation vom 4. Februar 1997).[56] Der Politologe Werner LINK faßt die säkularen Ziele der Weltführungsmacht USA wie folgt zusammen: Erhaltung der Spitzenposition der USA, Verhinderung einer den USA feindlich gegenüberstehenden Hegemonie auf dem europäischen Kontinent oder im asiatisch-pazifischen Raum, Ausbreitung des westlichen Demokratie- und des amerikanischen Wertesystems, Öffnung und Sicherung der Märkte für amerikanische Kapitalinvestitionen, Waren und Informationen.[57]

Es sind damit zwei Faktoren, durch die die amerikanische Außenpolitik bestimmt ist: Messianismus – der Anspruch, eine Weltordnung nach amerikanischen Grundsätzen aufzubauen – und globale Hegemonie, die keinen Konkurrenten zuläßt.

Die Wurzeln dieses politischen Denkens liegen im Wesen der USA als Seemacht begründet, zu der sie durch ihre Geographie bestimmt sind. Der amerikanische Kontinent ist »ringsum von Meeren umgeben, deren Seewege ihn auf dem nördlichen Globus nach Osten hin mit den Gegenküsten des europäischen Kontinents und im Westen mit der pazifischen Insel- und Kontinentalwelt (Australien) sowie den ostasiatischen Gegenküsten verbinden«.[58] Diese Lage bedeutet einerseits Isolationismus, auf der anderen Seite aber auch maritime Bewegungsfreiheit, die dazu führt, daß dem »Seemacht-Denken« in der US-Außen- und Sicherheitspolitik eine hohe Priorität eingeräumt wird.[59] »Seemacht«, so erklärt der britische Historiker Sir Herbert RICHMOND, »ist die Form nationaler Stärke, die dem, der sie besitzt, die Möglichkeit gibt, seine Truppen und seinen Handel über die Randmeere und Ozeane hinweg, zwischen dem eigenen Land oder den Ländern der Verbündeten und den Territorien, zu denen er im Kriegsfall Zugang haben muß, sicher verkehren zu lassen, und den Gegner daran zu hindern, das Gleiche zu tun.«[60]

Wenn es einer Nation gelingt, ihren Verkehr und ihren Handel auf diesen Pfaden zu sichern und diese einem Konkurrenten zu verwehren, dann besitzt sie also eine tatsächliche Seeherrschaft: Ihr Handel blüht, ihre überseeischen Verbindungen bleiben erhalten, und ihre Truppen können ungehindert über See an jeden beliebigen Ort der Welt gebracht werden. Die Befähigung einer Nation zur Seemacht setzt also zum einen die Fähigkeit zur Kontrolle des Handelsverkehrs und der Handelsstraßen zur See voraus, die gegebenenfalls durch ein weltweites Netzwerk von Stützpunkten abzusichern sind. Zum anderen verlangt sie die Fähigkeit, einen Konkurrenten daran zu hindern, diese Stützpunkte einzunehmen und gleichfalls einen Zugang zum Meer zu erlangen. Ein solcher Konkurrent kann Raymond Aron zufolge die unipolare Stellung einer Seemacht nur dann bedrohen, wenn er zwei Gesichtspunkte berücksichtigt: Erstens durch das Gesetz der großen Zahl, denn eine Seemacht kann trotz der Qualität ihrer Flotte und der Kampfkraft ihrer Seeleute nicht überleben, wenn sie sich einem Rivalen gegenübersieht, der allzu überlegene materielle und menschliche Hilfsquellen besitzt. Zweites kann eine Seemacht sowohl vom Land als auch vom Meer her unter der Voraussetzung besiegt werden, wenn es dem Rivalen gelingen sollte, sich aller Stützpunkte zu bemächtigen, denn dann gibt es für die Seemacht keinen Raum mehr. Das Meer ist dann ein geschlossenes Meer, und die Seemacht sieht sich gewissermaßen einer Einkreisung ausgesetzt.[61]

2 Die ideengeschichtliche Entwicklung geopolitischer Lehren der USA vor dem Hintergrund ihrer Expansionsgeschichte

Vor diesem Hintergrund sollen nunmehr die ideengeschichtlichen Entwicklungen der amerikanischen Geopolitik und Geostrategie insbesondere unter Berücksichtigung des wechselseitigen Einflusses von Kontinent und Meer dargestellt werden. Auf diese Weise erst werden diejenigen Zusammenhänge erkennbar, die die Globalpolitik der USA gerade heute noch in ihrem Kern kennzeichnen: Die Erde gilt als ihr ureigenster Entfaltungsraum, und zur Absicherung ihrer Interessen bedient sie sich globaler Strategien, wobei sie sich zu deren Verwirklichung die hierfür erforderlichen ökonomischen Grundlagen sichert, wie zum Beispiel den freien Zugang zu sogenannten strategischen Rohstoffen.[62]

2.1 Die kontinentale Expansion und anschließende Ausdehnung in die ›westliche Hemisphäre‹

Zunächst allerdings gilt es festzuhalten, daß die maritime Ausrichtung amerikanischer Geopolitik nicht von vornherein feststand. Vielmehr stimmen Inhalt und Zielsetzung der geopolitischen Interessen der USA mit dem jeweiligen Entwicklungsstadium ihrer Expansion überein, so daß die amerikanische Geschichte – Stefan Fröhlich zufolge bis Anfang des 20. Jahrhunderts – hier insgesamt vier Denkschulen aufweist: kontinentaler oder hemisphärischer Isolationismus, global ausgerichteter Navalismus, Atlantizismus und fernöstlich ausgerichtete Weltpolitik.[63]

Die Zeit nach der Gründung der Vereinigten Staaten war geprägt von einer ausschließlich kontinentalen Ausrichtung, einer reinen pan-amerikanischen Binnenexpansion, deren Hauptverfechter seinerzeit Thomas Jefferson war. Er formulierte recht früh die Idee der westlichen Hemisphäre, wobei er auch schon eine Vorherrschaft der USA über den gesamten Kontinent unter gleichzeitiger Beseitigung europäischer kolonialer Herrschaft ins Auge faßte. »Erst zu dem Zeitpunkt, da die nordamerikanische Bevölkerung in der Lage sei, den mittleren und südlichen Teil des Doppelkontinents Stück für Stück zu ›übernehmen‹, wünschte er sich das Abtreten der Spanier von der amerikanischen Bühne.«[64]

Die Schlagworte jener Zeit, mit denen das kontinentale Expansionsstreben der USA gerechtfertigt wurden, waren der Begriff der ›*frontier*‹ und des ›*Manifest Destiny*‹. Es war Frederick Jackson Turner, der Ende des 19. Jahrhunderts die These von der »Bedeutung der Grenze in der amerikanischen Geschichte« aufstellte und damit meinte, daß ein Zusammenhang mit dem Fortschreiten der Westexpansion einerseits und der Herausbildung spezifischer Verhaltensweisen, eines »amerikanischen Charakters«, andererseits bestehe.

Ferner sollte mit diesem Begriff die eigenständige Identität Amerikas als Gegenpol zu Europa unterstrichen werden. Schließlich waren die amerikanischen Staatsmänner der Gründergeneration von dem Gedanken beherrscht, daß nicht nur ihre innere staatliche Ordnung, sondern auch ihre Außenpolitik sich bewußt von der europäischen Tradition lösen müßte. Diese Emanzipation Amerikas als eines ›Anti-Europas‹ verband sich bereits in den Anfängen mit einem messianischen Sendungsbewußtsein, das sich gegen Europa selbst richtete: In seinem Parteiorgan *National Gazette* stellte Thomas JEFFERSON einen Artikel heraus, der es als die Sendung der Vereinigten Staaten bezeichnete, freie Institutionen nach amerikanischem Vorbild in Europa errichten zu helfen.[65]

Der weitere ideologische Gesichtspunkt, mit dem die amerikanische Kontinentalexpansion gerechtfertigt wurde, wurde mit dem Begriff des ›*Manifest Destiny*‹ umschrieben, einer ›offenbaren Bestimmung‹ der Vereinigten Staaten, den gesamten nordamerikanischen Kontinent zu unterwerfen und zu beherrschen. »Unter dem Schlagwort *Manifest Destiny* sammelten sich Mitte der vierziger Jahre des vorigen (des 19., der Verf.) Jahrhunderts die amerikanischen Expansionisten. Im nördlichen Mittelwesten gab es Gruppen, die immer noch nicht die Hoffnung auf eine Einbeziehung Kanadas in die USA aufgegeben hatten. . . Im fernen Westen begann 1843 die große transkontinentale Wanderungsbewegung ins südliche Oregon, wo jährlich Tausende neuer Siedler den amerikanischen Anspruch auf dieses noch mit Großbritannien gemeinsam beherrschte Gebiet bekräftigten. Auch in die mexikanische Provinz Kalifornien wanderten nun vereinzelte Siedlergruppen und Abenteurer aus den USA ein. Die erfolgreiche Rebellion in Texas und die Eingliederung dieses Staates in die Union erhitzte die politische Phantasie im ganzen Land. Das Erbe der amerikanischen Revolution, die vage, immer noch im Volk lebendig gebliebene Vorstellung eines besonderen amerikanischen Sendungsauftrags, der eine neue, bessere Welt in der westlichen Hemisphäre zum Ziel haben sollte, verband sich mit dem selbstsicheren Nationalismus der wachsenden amerikanischen Republik. In den Forderungen nach mehr Land und immer größerer Ausdehnung der USA über die bisherigen Grenzen hinweg schien sich ein reales politisches Programm für die Anhänger solcher Gedanken anzubieten. Tief überzeugt vom Fortschrittsglauben der Zeit. . ., konnten die Expansionisten dem schnellen Bevölkerungswachstum und den frühen Erfolgen ihres Landes nur eine Deutung geben: Es mußte die Bestimmung der Vereinigten Staaten sein, den ganzen nordamerikanischen Kontinent zu beherrschen und mit den freien Institutionen ihrer Verfassung zu versehen. So sahen sie die große zivilisatorische Aufgabe ihrer Nation.«[66] Es war der Journalist John O'SULLIVAN, der als erster den Begriff des ›*Manifest Destiny*‹ in die politische Diskussion einwarf und schrieb, »es sei der natürliche Llauf der Dinge«, daß die USA Oregon, Kalifornien, weite Teile Nordmexikos und sogar Kanada und Kuba annektieren müßten.[67]

Diese Bestimmung der USA, sich den amerikanischen Kontinent zu unterwerfen, verband sich mit einer antieuropäischen Zielsetzung: Mit ihrem Machtanspruch war die Existenz europäischer Kolonialmächte auf dem amerikanischen Doppelkontinent und, damit verbunden, deren Mitsprache in dessen Angelegenheiten nicht vereinbar. Im Gegenteil: Die Beseitigung noch bestehender Elemente europäischer Kolonialherrschaft war überhaupt Voraussetzung für die Verwirklichung des ›*Ma*-

nifest Destiny‹, der US-Hegemonie über den Kontinent. Den Anlaß hierfür bot sich für die USA, als sich die südamerikanischen Kolonien 1821 von der Herrschaft Spaniens befreiten. Umgehend erkannten die USA die neu entstandenen Staaten an. Dies war aber kein Akt politischer Selbstlosigkeit: Der Sprecher des Repräsentantenhauses zu jener Zeit, Henry CLAY, sah in der lateinamerikanischen Entwicklung eine Aufforderung an die Vereinigten Staaten, ihre Expansion – nachdem die Unterwerfung Kanadas 1812 gescheitert war – nach Süden auszurichten. Er sprach von der Vision eines amerikanischen Systems, das in den USA die Schutzmacht und das Vorbild der gesamten westlichen Hemisphäre finden sollte.[68] Erst dann gewährte die geographische Lage den USA völlige Sicherheit an ihren Küsten und Grenzen. Lediglich von einer sehr viel stärkeren Macht als Spanien oder aber einer Koalition europäischer Mächte konnte den Vereinigten Staaten die Sonderstellung auf dem amerikanischen Doppelkontinent streitig gemacht werden.

Tatsächlich aber schienen die USA mit einer europäischen Intervention in Lateinamerika zu rechnen, zumal vor dem Hintergrund der sogenannten ›Heiligen Allianz‹ von 1815 die restaurierten europäischen Monarchien sich wechselseitig verpflichteten, revolutionären Bestrebungen Einhalt zu gebieten. In der Tat versuchte deshalb Frankreich, das seebeherrschende Großbritannien zu einer militärischen Intervention in Lateinamerika zu überreden. Doch dieses verweigerte sich, schließlich wollte es den Zugriff auf den lateinamerikanischen Markt, dessen Öffnung mit dem Niedergang des spanischen Kolonialreichs einherging, nicht wieder verlieren, so daß es an einer Wiederherstellung der spanischen Herrschaft nicht interessiert sein konnte. Im Gegenteil: In dieser Situation bildete sich zum ersten Mal der Versuch einer gemeinsamen angelsächsischen Koalition gegen kontinentaleuropäische Interessen heraus. Der britische Außenminister George CANNING fühlte bei dem US-amerikanischen Botschafter in London vor, ob die Vereinigten Staaten bereit seien, mit Großbritannien in einer gemeinsamen Erklärung gegen jede kontinentaleuropäische Intervention zur Wiederherstellung der Kolonialherrschaft Spaniens oder anderer Nationen vorzugehen.[69] Dies lehnten die USA allerdings ab, da sie ihrerseits fürchteten, daß anstelle der spanischen nunmehr die britische Kolonialherrschaft treten könnte.

Dem US-amerikanischen Vorhaben, sich im Sinne des ›*Manifest Destiny*‹ den amerikanischen Kontinent zu unterwerfen, trat zudem eine weitere Bedrohung durch den Vorstoß Rußlands auf den amerikanischen Kontinent entgegen. Dieses aber hatte seine Gebietsansprüche zunächst auf den Küstenstreifen nördlich des 55. Breitengrades beschränkt. Ein Erlaß des Zaren aus dem Jahre 1821 jedoch erweiterte ohne Berücksichtigung der Ansprüche anderer Nationen den russischen Anspruch an der Pazifikküste nach Süden bis zum 51. Breitengrad. Die russischen Ansprüche standen – so Klaus SCHOENTHAL – damit im direkten Widerspruch zu den von Großbritannien und den USA gemeinsam formulierten Interessen in bezug auf das Oregongebiet.

Diese Interessenkollision der Mächte bildete die Grundlage für eine geopolitische Doktrin der USA, die – wenn auch in abgewandelten Formen – bis heute das

Verhältnis der USA zum amerikanischen Doppelkontinent prägt. Es handelt sich um eine raumgebundene kontinentale Abgrenzung von Interessensphären mit wechselseitigen Einmischungsverboten. Präsident ADAMS nahm den russischen Vorstoß zum Anlaß, dem russischen Gesandten in Washington zu erklären, daß die amerikanischen Kontinente nicht mehr Gegenstand irgendwelcher neuen europäischen Kolonialisierungsversuche seien. Diesen Anspruch formulierte er auch gegenüber Großbritannien. Erst der Nachfolger ADAMS', James MONROE, machte das Interventions- und Kolonisierungsverbot zum Kernpunkt seiner Regierungserklärung vom 2. Dezember 1823. MONROE selbst stellte sich an die Spitze der CLAYschen Vision des ›Amerikanischen Systems‹, das ja eine amerikanische Vormachtstellung in der westlichen Halbkugel vorsah. In der endgültigen Fassung dieser sogenannten ›MONROE-Doktrin‹, die eine endgültige und grundsätzliche Trennung der Neuen von der Alten Welt definierte, heißt es:

»Das politische System der verbündeten Mächte Europas unterscheidet sich... wesentlich von dem Amerikas... Wir sind es der Aufrichtigkeit und den freundlichen Beziehungen zwischen den Vereinigten Staaten und diesen Mächten schuldig zu erklären, daß wir jeden Versuch ihrerseits, ihr System auf irgendeinen Teil dieser Hemisphäre zu übertragen, als gefährlich für unseren Frieden und unsere Sicherheit betrachten würden.«[70]

Mit dieser Doktrin stellten die USA ihre zunächst hemisphärengebundene Hegemonie auf zweierlei Weise sicher: Zum einen war ein Interventionsverbot raumfremder Mächte auf dem amerikanischen Kontinent sichergestellt, und zum anderen bot diese Doktrin gleichermaßen eine Legitimationsgrundlage für die USA zu eigenen Interventionen gegen ihre südlichen lateinamerikanischen Nachbarn, wie es in der Folgezeit dann auch geschehen sollte: Unter dem Vorwand, diese Staatenwelt vor europäischen Mächten zu schützen, konnten diese gezwungen werden, US-amerikanische Militärstützpunkte einzuräumen und US-Interventionen – seien sie militärischer, ökonomischer oder diplomatischer Art – hinzunehmen. Diese völkerrechtliche Verschleierung der späteren imperialistischen US-Politik in Lateinamerika offenbarte sich beispielsweise sehr deutlich in dem sogenannten ›Platt-Amendment‹ für Kuba von 1904, das sich nach dem amerikanisch-spanischen Krieg und seiner Unabhängigkeit von Spanien verpflichten mußte, eine in jeder Hinsicht US-freundliche Politik zu betreiben und gegebenenfalls eine US-Intervention zu akzeptieren, wenn die USA ihre Interessen bedroht sahen. »Aus einem zunächst rein defensiven Prinzip zur Abgrenzung der Erdteile wurde ein imperialistisches Offensivinstrument erster Ordnung.«[71]

Die MONROE-Doktrin enthält aber ein entscheidendes Moment: Es bildete sich nunmehr offiziell eine klare raumgebundene Hemisphären- und Erdteilpolitik der USA heraus. Die MONROE-Doktrin verkörperte – so Giselher WIRSING – in ihrem ursprünglichen Wesen *zunächst* einen auf einen Erdteil beschränkten Regionalismus und formulierte einen Gegensatz zum britischen Universalprinzip, das in einer Allgegenwart in allen Erdteilen mit einer Vielzahl von Einflußzonen in allen

Ecken und Enden der Welt sichtbar war. »Mit der Aufstellung dieses raumgebundenen außenpolitischen Prinzips ist damals unversehens eine der großen Wendepunkte der Politik der großen Mächte erreicht worden.«[72] Der bekannte deutsche Staatslehrer Carl SCHMITT sollte sie rund 100 Jahre später als eine »völkerrechtliche Großraumordnung mit Interventionsverbot für raumfremde Mächte« bezeichnen.

In der Tat beinhaltete die MONROE-Doktrin eine genau bestimmte raum- und kontinentalgebundene Abgrenzung von Interessensphären mit wechselseitigem Einmischungsverbot. Sie führte weiterhin aus, daß die USA im Hinblick auf die lateinamerikanischen Staaten, »die ihre Unabhängigkeit erklärt und aufrechterhalten haben und deren Unabhängigkeit wir nach gründlicher Erwägung und aus Gründen der Gerechtigkeit anerkannt haben, . . . ein irgendwie geartetes Eingreifen einer europäischen Macht, um sie zu unterjochen oder sonstwie Gewalt über ihr Schicksal zu erlangen, nur als den Beweis einer unfreundlichen Einstellung gegen die Vereinigten Staaten ansehen« können.[73] Die Politik gegenüber Europa wird dann schließlich folgendermaßen umrissen: »Unsere Politik Europa gegenüber. . . bleibt dieselbe, nämlich: Jede Einmischung in die inneren Angelegenheiten eines seiner Staaten zu vermeiden, die jeweilige de-facto-Regierung als die für uns legitime anzusehen, freundliche Beziehungen zu ihr zu pflegen und diese Beziehungen durch eine freimütige, feste und mannhafte Politik dauernd zu gestalten. . .«[74]

Das Moderne und Zukunftsweisende an der MONROE-Doktrin – so schreibt Giselher WIRSING – war nicht etwa, daß durch diese Lehre überhaupt hätten Kriege verhindert werden können, wohl aber – und das ist das Entscheidende –, daß mit ihrer Aufstellung und der stillschweigenden Billigung durch die Großmächte für einen langen Zeitraum Kontinentalkriege ausgeschaltet worden waren, die sonst wohl unvermeidlich entstanden wären. »Der südamerikanische Raum hätte ohne MONROE-Doktrin zum Schlachtfeld der aufeinanderstoßenden Interessen der verschiedenen europäischen Großmachtsvölker wie auch der Vereinigten Staaten und so zum Keimboden für Weltkriege werden können. Der positive Gehalt der MONROE-Doktrin war also, der ursprünglichen Idee ihrer Urheber nach, eine Abgrenzung der Erdteile und ihrer politischen Einflußsphären. Sie widersprach damit der universalistischen Theorie der Engländer, deren entgegengesetztes Prinzip es war, daß England in allen Weltteilen ›Interessenzonen‹ errichtete, die dazu dienten, daß England überall, sei es in Asien, sei es in Europa oder in Amerika, den Anspruch erhob, auf die politische Gestaltung der verschiedenen Räume einzuwirken und sie besonderen britischen Zwecken dienstbar zu machen.«[75]

Konkret beruhte die MONROE-Doktrin also darauf, daß die Vereinigten Staaten jegliche Intervention einer europäischen Macht in die amerikanische Sphäre ablehnten und als Angriff auf ihre eigene Staatshoheit betrachteten, während sie umgekehrt versprachen, ihre eigene Machtsphäre nicht in fremde Räume auszudehnen, sich der Einmischung in die außenpolitischen Streitigkeiten und in die Innenpolitik der europäischen Staaten zu enthalten und die jeweils tatsächlich herrschende Regierung als legitim anzuerkennen. Zusammengefaßt ist für die gesamte amerikanische Sphäre die MONROE-Doktrin von vornherein »nichts anderes als eine politisch-völkerrechtliche Umschreibung der Unantastbarkeit des amerikanischen Lebensraumes, aus der die Vereinigten Staaten allerdings das Recht ableiteten, die Ordnung der gesamten amerikanischen Welt selbst verantwortlich in die Hand zu nehmen. Nach außen beruhte das Prinzip auf der von den Vereinigten Staaten versprochenen Gegenseitigkeit der Nichteinmischung«.[76] In diesem Sinne verbarg sich hinter dieser raumgebundenen Hemisphärendoktrin – wie es Karl HAUSHOFER treffend erkannt hatte – »reine Geopolitik«.[77]

Diese Doktrin sollte knapp vierzig Jahre nach ihrer Verkündung ihrer erste Erprobung erfolgreich bestehen. Nach dem Ende des amerikanischen Bürgerkrieges versuchte der französische Kaiser NAPOLEON III. in Mexiko eine von ihm abhängige Vasallenmonarchie unter dem österreichischen Erzherzog MAXIMILIAN zu errichten. Die USA entsandten jedoch Truppen an die Grenze zu Mexiko und zwangen NAPOLEON III. 1867 durch ein Ultimatum, sein Expeditionskorps zurückzuziehen. »Zum erstenmal hatten die Vereinigten Staaten die Befolgung der MONROE-Doktrin unter Gewaltandrohung erzwungen. Zum erstenmal hatte sich eine europäische Großmacht vor einer solchen Drohung zurückziehen müssen. Die Vereinigten Staaten hatten damit einen weiteren Schritt auf dem Weg zur Vormachtstellung in der westlichen Hemisphäre zurückgelegt.«[78]

Allerdings sollte sich schon alsbald zeigen, daß die MONROE-Doktrin mit der unaufhaltsamen Expansion der USA einem Wandel von einem – wie oben dargestellt – rein defensiven Prinzip zur Abgrenzung der Erdteile und kontinentaler Einflußsphären zu einem imperialistischen Offensivinstrument erster Ordnung unterworfen wurde. Diese Wandlung – oder besser gesagt Verfälschung[79] – erfuhr diese Lehre durch den unter den Präsidenten Abraham LINCOLN und dessen Nachfolger Andrew JOHNSON als US-Außenminister tätigen William H. SEWARD. Dieser »war nicht nur bestrebt, die MONROE-Doktrin vor aller Welt zur Geltung zu bringen, er war auch ein ehrgeiziger Expansionist«,[80] dessen bekannteste außenpolitische Aktion der Erwerb Alaskas vom Russischen Reich im Jahre 1867 darstellte. SEWARD verkündete eine erweiterte Form des ›Manifest Destiny‹, welches ganz Nordamerika (also gerade unter Einschluß Alaskas) sogar unter Inkaufnahme eines Krieges mit Rußland umfaßte und sich sogar auf die Ebene der Mandschurei sowie auf eine Herrschaft im Fernen Osten erstrecken sollte.[81]

In einer Rede von 1860 entfaltete er die Grundlagen, auf denen seine Politik gründete: Demzufolge folgte die friedliche Expansion über den gesamten nordamerikanischen Kontinent praktisch einer historischen Gesetzmäßigkeit, wonach die politische Macht fortlaufend nach Westen wandere, »bis sich die Gezeiten einer verjüngten und einer niedergehenden Weltzivilisation (schließlich) an den Gestaden des Pazifischen Ozeans begegnen«.[82] Nach dem Ende des Sezessionskrieges fand SEWARD die Festigung der Expansion der USA auf dem Kontinent für abgeschlossen, so daß es seiner Ansicht nach Zeit war, sich überseeischen Zielsetzungen zu widmen. »Zu seinen. . . Plänen gehörten die Annexion der dänischen Besitzungen auf der westlichen Hemisphäre und die Abtretung einer Bucht in Santo Domingo ebenso wie die Einnahme Hawaiis, Santo Domingos und Haitis, der Bau eines interozeanischen Kanals über die Nicaragua-Route und schließlich die Annexion Kanadas; Kuba und Puerto Rico, so empfahl er, sollten auf friedliche Weise von Spanien erworben werden. Am Ende blieb ihm der Abschluß eines Vertrages mit China zum Ausbau der nordamerikanisch-chinesischen Beziehungen. . .«[83] Seine Politik rechtfertigte er mit den Worten: »Es ist dieser Geist der Expansion oder, wenn man will, der Aggression, der diese Republik schon zu einer der großen Mächte gemacht hat und der sie möglicherweise zur Herrin der Welt machen wird.«[84]

Insgesamt faßte SEWARD Weltpolitik auf als einen »Kampf zwischen einer Freiheits- und einer Unterdrückungspartei«, in dem Nordamerika eben »zugunsten jener die führende Rolle in der Welt übernehmen müsse«. Er bezeichnete die dem Pazifik zugewandte Seite des asiatischen Kontinents als »Amerikas fernen Westen« und erkannte diese bereits als den künftigen Schauplatz künftigen Wirtschaftswachstums, freien Handels und damit der friedlichen Entwicklung der menschlichen Gesellschaft, auf dem die USA führend aktiv werden müßten. Mit dieser Expansion Richtung Pazifik konzipierte SEWARD das Modell einer künftigen Weltzivilisation unter amerikanischer Hegemonie.[85] Um dieses Ziel zu erreichen, befand SEWARD, müsse die westliche Expansion als Voraussetzung für die innere Festigung der USA unter Beseitigung letzter »unguter« europäischer Besitzungen vorangetrieben werden, wozu sich die MONROE-Doktrin hervorragend instrumentalisieren ließ.

Diese Visionen vermischten sich im Laufe der Zeit mit rassistischen Theorien von der Überlegenheit der angelsächsischen Rasse, die ihren Verfechtern zufolge zu einer globalen Führungsposition bestimmt sei. Einer der wichtigsten Vertreter dieser biologisch begründeten Weltherrschaftstheorie war der Historiker John FISKE, der der Vision der ›Manifest Destiny‹ den Inhalt gab, daß es nunmehr Aufgabe der angelsächsischen Rasse sein müsse, ein globales, von angelsächsischen Institutionen beherrschtes Empire zu schaffen: »Die Arbeit, die die englische Rasse mit der Kolonisation Nordamerikas begann, ist mit dem Ziel fortzusetzen, bis jedes Land auf der Erdoberfläche, das nicht von einer alten Zivilisation besiedelt ist, Englisch wird in seiner Sprache, seiner Religion, seiner politischen Ordnung und Tradition. . .«[86] Vor diesem ideologischen Hintergrund kannten John FISKES Expansionsvorstellungen »mit Ausnahme der nördlichen und südlichen Polarregionen keine Grenzen. Der Vision eines dem Angelsachsentum von Gott zugewiesenen Weltauftrages entsprach eine unverhüllt sozialdarwinistische, an den Begriffen Höherrangigkeit, Beherrschung und Ausbeutung ausgerichete Tendenz«.[87]

Eine noch größere Bedeutung hatte in diesem Zusammenhang der Schriftsteller und Pfarrer Josiah STRONG, der in der energischen kolonialen Ausdehungspolitik der Vereinigten Staaten einen Auftrag Gottes sah. In seinem Buch *Our country* sowie in zahllosen Predigten und Vorträgen verbreitete STRONG eine aus christlichem Missionseifer und sozialem Darwinismus gemischte Populartheologie. Der Angelsachse, so verkündete er, habe »die göttliche Mission, seines Bruders Hüter zu sein«.

Er prophezeite, daß »diese unvergleichlich energische Rasse sich über die Erde verbreiten wird. Wenn ich nicht fehlgehe, dann wird diese machtvolle Rasse sich über Mexiko ausbreiten, über Zentral- und Südamerika, über die Inseln der Meere, über Afrika und noch darüber hinaus. Wer könnte daran zweifeln, daß das Ergebnis dieses Wettstreits der Rassen das Überleben der Tüchtigsten... sein wird«.[88]

Wie oben bereits angedeutet, erfuhr in dieser Zeit die MONROE-Doktrin ihre inhaltliche Verfälschung von einem rein defensiven Prinzip der Abgrenzung von erdteilgebundenen Interessensphären zu einem imperialistischen Offensivinstrument erster Ordnung. Unter dem Vorwand, Lateinamerika zu schützen – in Wirklichkeit ging es um die Sicherung von Handelsmonopolen – instrumentalisierten die USA diese Doktrin zur Vertreibung ihrer europäischen Konkurrenten aus diesem Raum. Zu den ersten Persönlichkeiten der Diplomatiegeschichte der Vereinigten Staaten, die dieses Prinzip gezielt in die Praxis umzusetzen verstanden, gehörte James G. BLAINE, der unter der Präsidentschaft HARRISONS Außenminister war. Zu dieser Zeit war Großbritannien die wirtschaftlich und politische einflußreichste Macht in Lateinamerika. Ihre Herrschaft mußte also beseitigt werden, wollten doch die USA ihrerseits dort politisch sowie ökonomisch Einfluß und Kontrolle übernehmen. Die lateinamerikanische Staatenwelt befand sich in regelmäßigen Grenzkonflikten (wie z.B. der Salpeterkrieg zwischen Chile, Bolivien und Peru), und das lieferte den USA die Möglichkeit, die Funktion eines Schlichters zu übernehmen. Dies sollte im Wege der Errichtung einer Panamerikanischen Union geschehen, in der den USA die Funktion eingeräumt werden sollte, Richter in inneramerikanischen Streitigkeiten zu sein. Parallel dazu sollte eine panamerikanische Zollunion geschaffen werden. BLAINES Panamerikanismus unter gleichzeitiger Zuhilfenahme der MONROE-Doktrin diente dazu, den Herrschaftsanspruch der USA über Lateinamerika durchzusetzen und die von SEWARD so genannten »unguten« Reste europäischer Kolonialherrschaft zu beseitigen.

Dies gelang auch in der Zukunft hervorragend: Als es im Jahre 1895 zwischen der britischen Kolonie Britisch-Guayana und Venezuela zu einem Grenzstreit um Bodenschätze kam, bat Venezuela die USA, den Streit zu schlichten, was diese annahmen, das britische Empire aber ablehnte. Daraufhin entsandte der US-Außenminister Richard OLNEY eine Protestnote an die Briten, die – so Klaus Schoenthal – in außergewöhnlich scharfer Form den Vormachtanspruch der USA in der westlichen Hemisphäre geltend machte. Eine friedliche Schlichtung des Grenzkonflikts durch die Vereinigten Staaten wurde als der einzige Weg hingestellt, den Konflikt zu beseitigen. Der britische Druck auf Venezuela wurde als Verletzung der MONROE-Doktrin bezeichnet. Konkret formulierte OLNEY weiter: »Heute sind die Vereinigten Staaten praktisch der Souverän auf diesem Kontinent, und ihr Machtspruch ist Gesetz für seine Bewohner... das ist so, weil neben allen anderen Gründen ihre unbeschränkten Hilfsquellen und ihre isolierte Position sie zum Herrn der Lage und praktisch unverwundbar gemacht haben gegen jede einzelne oder alle anderen Mächte zusammen.«[89]

Damit war gewissermaßen die zweite Phase des amerikanischen Imperialismus abgeschlossen (die erste Phase stellte die kontinentale Expansion mit dem Ergebnis der staatlichen Festigung dar), nämlich die Sicherung des Anspruchs auf Kontrolle des amerikanischen Doppelkontinents und seiner Küsten. In diesem geschichtlichen Abschnitt erfuhr ein weiteres Element der amerikanischen Geopolitik seine inhaltliche Bestimmung, nämlich die Lehre von der westlichen Hemisphäre. Diese, so der Historiker Charles BEARD, forderte, daß diese Hemisphäre, der Sitz der amerikanischen Macht, unabhängig und frei von Einmischung europäischer Mächte sein sollte, wobei die Sicherung und die Ausbreitung der amerikanischen Macht in dieser kontinentalen Sphäre als das vorrangige Ziel der Außenpolitik der USA auch in ihren Beziehungen zu auswärtigen Mächten bestimmt wurde.

Wie sich aber später zeigen sollte, war die Lehre von der ›westlichen Hemisphäre‹ ein ideologisches Werkzeug, um die anschließende Phase der außenpolitischen Geschichte der USA, nämlich die der maritimen Expansion, zu rechtfertigen.

2.2 Der Eintritt in die Phase maritimer Expansion

Erst ab 1890 begann, so Charles BEARD, eine Neudefinition der bisherigen vorrangig kontinental ausgerichteten Expansionspolitik, die auf eine aktive Intervention in fernöstlich-asiatische und europäische Angelegenheiten ausgerichtet war und die Umwandlung der USA in eine große Weltmacht zum Ziel hatte. Begleitet oder besser gesagt ausgelöst wurde diese Entwicklung von wirtschaftlichen Umwälzungen, die die USA massiv erschütterten. Anfang der neunziger Jahre des 19. Jahrhunderts wurde das Land von einer schweren Wirtschaftskrise erfaßt, die »in merkwürdiger Weise mit stürmischer industrieller Expansion« gekoppelt war.[90] Diese Krise verstärkte – Erich ANGERMANN (*Die Vereinigten Staaten von Amerika,* S. 12) zufolge – die kräftige Tendenz zur Kapitalkonzentration und zur Festigung ganzer Industriezweige in monopol- oder oligopolartigen »Mammutunternehmen, die gerade damals in zunehmendem Maß unter die Kontrolle der Hochfinanz gerieten«.[91] Diese wirtschaftlichen Umstände verlangten nunmehr einen Ausgriff in die Welt. Der Historiker Frederick Jackson TURNER, ein Studienfreund des US-Präsidenten Woodrow WILSON, wies in diesem Zusammenhang auf die Notwendigkeit einer Neubestimmung der ›*frontier*‹ hin, welche als Auffangbecken der überschüssigen ökonomischen Kräfte dienen sollte. Sollte etwa, so fragte er sich, die einzigartige amerikanische Entwicklung, auf die man stolz war, nun vorbei sein? Wohin mit den überschüssigen Kräften, die der ›*Manifest Destiny*‹ zugute gekommen waren, der »offenbaren Bestimmung«, sich über den gesamten amerikanischen Kontinent auszudehnen? Sollten die USA innerhalb ihrer Grenzen zu ersticken drohen?

Charles A. CONANT, ein bekannter Wirtschaftspublizist jener Zeit, forderte vor diesem Hintergrund die Hinwendung zu einer aktiven Weltmachtpolitik sowie die Annexion der Philippinen als Ausgangspunkt für ein amerikanisches Ausgreifen in Richtung der ostasiatischen Märkte.[92] Wolle man nicht, so die Vertreter dieser

Denkschule, im eigenen Überfluß ersticken und wolle man für die expansive Erzeugung auf Dauer die preiswerte Zufuhr wichtiger Rohstoffe sichern, so müsse der amerikanische Außenhandel sich gegen die immer härtere Konkurrenz der europäischen Mächte und gegen die Tendenz zur Aufteilung der Welt in Einflußzonen zur Wehr setzen und den Vereinigten Staaten einen angemessen Anteil am Welthandel sichern. Die Ausdehnung des Außenhandels wurde als Voraussetzung für die wachsende amerikanische Wirtschaft eingestuft.[93]

Dieser Wandel war mit einer neuen Doktrin verknüpft, die die amerikanische Außenpolitik seit dem US-Präsidenten McKINLEY und dem Außenminister John HAY bestimmen sollte, nämlich die sogenannte ›*Open-door-Policy*‹. Die ›Politik der Offenen Tür‹ – so Erich ANGERMANN – bildete die Möglichkeit zum Ausbau eines wesentlich auf wirtschaftlicher Durchdringung statt politischer Beherrschung beruhenden »formlosen Weltreichs«[94] und beinhaltete folgendes:

»Formell lediglich die Forderung nach völliger Gleichberechtigung aller Handelspartner auch in den besonderen Interessensphären, die sich einzelne Mächte in China oder anderwärts gesichert hatten. Dahinter stand ganz bewußt die Überzeugung, daß sich amerikanisches Kapital und Wirtschaftskraft bei solcher ungehinderter Konkurrenz denen anderer Nationen als überlegen erweisen würden, also auf die Dauer mit einer Ausweitung amerikanischen Handels und amerikanischen Einflusses zu rechnen sei. Unter dieser Voraussetzung war in der Tat die Offene Tür das beste, was sich für eine Expansion der amerikanischen Außenwirtschaft erreichen ließ, zumal in einer Welt, die bereits weitgehend in Interessensphären und koloniale Besitzungen aufgeteilt war, wo also ohne machtpolitischen Konflikt nicht mehr allzuviel zu holen war. Nun war man sich durchaus darüber klar, daß in wirtschaftlich unentwickelten Regionen erst die Voraussetzungen für einen ausgedehnten Handel geschaffen werden mußten, daß dazu Investitionen. . ., Ausbau des Verkehrswesens. . ., vor allem aber eine Gestaltung des Rechtslebens und der politischen Herrschaft gehörten, die dem amerikanischen Kapital und Handel Sicherheit und Stabilität gewährleisteten. Hier war dem Sendungsbewußtsein des amerikanischen Volkes und dem Missionseifer seiner Reformer ein weites Feld eröffnet, wobei man. . . von der Vorbildlichkeit amerikanischer Ideen und Institutionen ausging und diese auf ganz andersgeartete Gesellschaften zu übertragen versuchte.«[95]

Diesem zunächst auf China bezogenen, dann aber allgemein in der Weltpolitik vertretenen Prinzip der ›Offenen Tür‹ wurde seitdem, so der Historiker William A. WILLIAMS, die gleiche grundlegende Bedeutung für die amerikanische Außenpolitik des 20. Jahrhunderts zugemessen wie der MONROE-Doktrin im 19. Jahrhundert.

Diese Überlegungen waren logischerweise mit einem geopolitischen Prämissenwandel verbunden: Die Fixierung auf den amerikanischen Doppelkontinent und das in der MONROE-Doktrin verkörperte Prinzip der Abgrenzung kontinentaler Interessensphären mit wechselseitigen Nichteinmischungsverboten trat zusehends in den Hintergrund. In den Mittelpunkt US-amerikanischer Imperialpolitik rückte statt dessen die See. »Seit Ende der zweiten Hälfte des 19. Jahrhunderts«, schreibt der

Amerika-Experte Stefan FRÖHLICH, »wurden dann auch die Weltmeere weniger als natürlicher Schutzschild denn als Tor zur Welt empfunden.« Diesen Wandel beschrieb vor Beginn des amerikanisch-spanischen Krieges 1898 der US-Senator BEVERIDGE mit folgenden Worten:

»Die Vorsehung hat uns unsere Politik vorgeschrieben; der Handel der Welt muß und wird unser sein. . . Wir werden in der ganzen Welt Handelsniederlassungen als Verteilerzentren für amerikanische Erzeugnisse einrichten. . . Wir werden eine Kriegsmarine aufbauen, die unserer Größe entspricht. Große Kolonien, die sich selbst verwalten, unsere Fahne führen und mit uns Handel treiben, werden aus unseren Handelsniederlassungen erwachsen. Auf den Flügeln unserer Wirtschaft wird unsere Lebensweise unserem Handel folgen. Und amerikanisches Gesetz, amerikanische Ordnung, amerikanische Zivilisation und die amerikanische Flagge werden sich an Küsten entfalten, die, so lange von Verdammnis und Dunkel umfangen, hinfort durch diese Werkzeuge Gottes schön und hell sein werden.«

Und im gleichen Sinne rief Senator Cabot LODGE am 7. Januar 1901 aus: »Man kann den Vormarsch der USA nicht abstoppen. Das amerikanische Volk und die ökonomischen Kräfte, die allem zugrunde liegen, tragen uns vorwärts zur ökonomischen Suprematie über die Welt.«[96]

Damit war die imperialistische Zielsetzung eindeutig: die Erringung der Weltherrschaft auf dem Wege der Expansion und Aggression, um damit ein ›informelles Imperium ohne Grenzen‹ zu errichten, in dem auch der universale Messianismus der USA offenbar wird, der noch in den achtziger Jahren des 20. Jahrhunderts vom amerikanischen Historiker William Cullan DENNIS so beschrieben wurde: »Ausgehend von dem Glauben, daß uns Gott bevorzugt hat, haben wir das Recht, darauf zu dringen, daß sich andere Nationen unserem Willen unterwerfen.«[97] Zur Umsetzung dieser Weltherrschaftspläne war die Schaffung einer mächtigen Flotte notwendig, die unter dem Präsidenten HARRISON und seinem Außenminister James Gillespie BLAINE in den Jahren 1888 bis 1893 geradezu übertrieben verwirklicht wurde. Damit wurde die See zum Sprungbrett einer offensiven, ja aggressiven Weltpolitik gedeutet.

Mit dieser Entwicklung wurden auch in der amerikanischen Geopolitik Denkansätze zur Definition des Verhältnisses zwischen Landmacht und Seemacht entwickelt, da man bei dem Versuch, sich im Pazifik und auf dem ostasiatischen Kontinent festzusetzen, nicht nur auf die Konkurrenz der europäischen Kolonialmächte, sondern auch auf die Kontinentalmacht Rußland traf, die im Begriff war, in Nordchina und die Mandschurei vorzustoßen. Tatsächlich wurde das Verhältnis zwischen Landmacht und Seemacht als Gegensatz wahrgenommen. So lehrt schon der deutsche Staatsdenker Carl SCHMITT, daß es zum ältesten Bestand menschlicher Geschichtsdeutung gehöre, »in dem Gegensatz zwischen See- und Landmächten eine Urtatsache, einen Motor und Hauptinhalt der Weltgeschichte zu sehen: *La mer contre la terre.* Populäre Vergleiche sprechen vom Kampf des Walfisches mit dem Bären, mythische Bilder von dem des Leviathan mit dem Behemoth«.

Die große geschichtliche Entscheidung, so Carl SCHMITT, gipfele in der heutigen Zeit in der Alternative zwischen der Welt des Meeres und der Welt des Landes, und zwar in einer Form, wie sie in ihrer Gegensätzlichkeit und Tiefe bislang noch nicht dagewesen sei. Denn der Gegensatz von Land und Meer erscheine jetzt zum ersten Mal in der Weltgeschichte nicht mehr in dem Gesichtspunkt des Kampfes um ein Meeresbecken, sondern in dem gewaltigen Horizont des planetarischen Bildes der Erde und der Weltozeane. Es sei das Wesen einer Seemacht, den Globus nicht als Pluriversum verschiedener raumgebundener souveräner Einheiten und voneinander abgegrenzter Einflußsphären mit gegenseitigen Einmischungsverboten anzusehen, sondern als eine Art ›*global village*‹, in dem Entwicklungen gleich welcher Art in irgendeinem Winkel des Globus automatisch ihre Widerspiegelung in jeder anderen Region der Welt fänden, gewissermaßen in einer Form globaler wechseitiger Abhängigkeit.

Mit dem Wandel von einer terristischen zu einer maritimen Macht verbindet sich auch ein Wandel der geschichtlichen und politischen Betrachtungsweise: Politik orientiert sich nicht mehr an raumbegrenzten souveränen Einheiten, sondern vielmehr an einem Universalismus. Die See ist dabei nicht mehr Grenze und Schutzwall einer territorial geschlossenen Einheit, sondern vielmehr die Straße, auf der Zugang, Einfluß und Macht auf andere Erdteile projiziert werden können. Unter der Betrachtung der See als Entfaltungsraum politischer Macht »beherrscht die See das Land und bestimmt sich die Ordnung des Landes vom Meere her« (Carl SCHMITT). Diese Grundsätze wirkten sich schließlich auf das geopolitische Selbstverständnis der USA aus. Ihre insulare geopolitische Lage fordert – wie oben bereits angedeutet – geradezu zur Formulierung globaler Interessen heraus.

2.2.1 Homer Lea

Homer LEA (Jahrgang 1876) war einer der ersten, die die Verdrängung des kontinentalen durch das maritime Denken thematisierten. LEA widmete sich schon sehr früh dem Studium der Militär- und Kriegswissenschaft. Um die Jahrhundertwende trat er in China in die Dienste des Revolutionärs SUN YAT-SEN und wurde dessen engster militärischer Berater, später sogar in den Generalsrang erhoben. In seinen beiden Werken *The Valor of ignorance* (1909) und *The day of the saxon* (1912) erkannte er bereits früh, daß ein Entscheidungskampf zwischen einer chinesisch-angelsächsischen und einer japanisch-russisch-deutschen Allianz stattfinden werde. In diesem Zusammenhang betrachtete er das britische Empire als eine bereits zerfallende Größe. Statt dessen wies LEA den USA die Rolle einer auserwählten Nation zu, die die Sendung hätte, den Weltführungsanspruch des Anglo-Saxonismus zu fördern. Dem britischen Empire, dessen Existenz nach seiner Einschätzung für die Aufrechterhaltung des Weltgleichgewichts unerläßlich sei, gab er nur dann eine Überlebensschance, wenn es sich mit den USA im Sinne einer Weltallianz der angelsächsischen Rasse verbündete.

In seinem Werk *The Valor of ignorance* verurteilte LEA scharf die Denkschulen des Isolationismus und des Atlantizismus in den USA. Diese seien »sich weder der weltpolitischen Verantwortung der USA bewußt noch hätten sie begriffen, daß nur eine von beiden Küstenseiten des Pazifiks aus operierende und ausstrahlende Weltmacht USA in der Lage sei, der künftigen Weltbedrohung durch die slawischen Völker entgegenzutreten«.[98] Diese Weltbedrohung ergebe sich aus einem Bündnis der slawischen Macht Rußland mit Japan und Deutschland: »Für die Bildung einer Koalition gegen das Britische Empire (und somit gegen den angelsächsischen, sprich englisch-amerikanischen Weltführungsanspruch, der Verf.) gibt es überhaupt nur drei Nationen, Japan, Rußland und Deutschland, die Partner eines solchen Bündnisses sein können... Das ergibt sich aus drei Gründen: 1. Die Politik dieser drei Nationen ist in allen wichtigen Fragen nicht gegensätzlich, solange das Britische Empire nicht aufgeteilt ist, weil die entscheidenden Ziele ihrer politischen und geographischen Expansion gegen die Besitzungen Englands gerichtet sind. 2. Solange in diesen drei Ländern eine normale politische Intelligenz regiert..., wird es keinen inneren Bruch innerhalb dieser natürlichen Koalition geben, denn a) ein Krieg zwischen Rußland und Deutschland... bringt dem Sieger keinen Gewinn, der auch nur einigermaßen Aufwand und Opfer lohnt, b) ein Krieg zwischen Japan und Deutschland würde für Sieger und Besiegten gleich negativ ausgehen, während Rußland keinerlei Vorteil davon hätte, da die geographische Lage und die ungefähr gleiche militärische Stärke Deutschlands und Japans einen entscheidenden Schlag verhindern und beide Nationen am Ende des Krieges militärisch stärker sein würden als am Anfang... c) ein neuer Krieg zwischen Rußland und Japan würde für beide Nationen wiederum ergebnislos enden, mit Ausnahme gewisser territorialer Gewinne aus dem Leib Chinas, die den Kraftaufwand nicht lohnen. Aber auch Deutschland würde keinen Vorteil haben, sondern würde in einem gewissen Sinn ebenfalls der Verlierer sein, da sowohl Rußland wie Japan durch ihren gegenseitigen Krieg militärisch stärker werden würden. Ein japanischer Sieg würde darüber hinaus sogar einen Unsicherheitsfaktor für seine Besitzungen in Ostasien und im Pazifik darstellen. Ein Sieg Rußlands würde eine Abnahme seiner Stoßkraft gegen den Balkan zur Folge haben. 3. Die Aufteilung oder mindestens die Niederlage des Britischen Empires würde aber andererseits für Deutschland, Japan und Rußland gleich vorteilhaft sein. Der Gewinn dieser Nationen würde abhängen von dem Ausmaß des britischen Ruins. In jedem Fall aber würde der für diese Reiche aus der Zerstörung des Britischen Empires sich ergebende Gewinn um ein Vielfaches größer sein als die Opfer, die von jedem Einzelnen von ihnen oder von allen zusammen dafür erbracht werden müßten... In jedem Fall würde an Japan die Vorherrschaft über den Pazifischen Ozean und seine Inseln fallen, an Rußland jene über den Süden des Asiatischen Kontinents und über den Indischen Ozean, an Deutschland schließlich die Vorherrschaft über West- und Süd-Europa, das Mittelmeer und den Atlantik.«[99]

LEA erkannte in diesem Zusammenhang einen weiteren Gesichtspunkt, der zur Aufrechterhaltung der globalen Vorherrschaft der angelsächsischen Koalition von entscheidender Bedeutung ist, nämlich die Verhinderung eines kontinentalen Zusammenschlusses: »Sobald irgendein europäischer Staat sich eine derartige Herrschaft in Europa sichert, die durch keine äußere Koalition, einschließlich des Britischen Empires, gefährdet werden kann, ist die britische Weltherrschaft eigentlich schon zu Ende. Die Aufrechterhaltung des Britischen Empires beruht nämlich entscheidend auf der Aufrechterhaltung des politischen Gleichgewichts in Europa. England muß daher für dieses Gleichgewicht mehr kämpfen als für seine wertvollste Besitzung, denn auf ihm ruht die Sicherheit aller seiner Besitzungen. *Damit England in der Lage ist, dieses politische Gleichgewicht der Kräfte in Europa aufrechtzuerhalten, muß es die politische und territoriale Ausdehnung jedes europäischen Staates entsprechend einschränken.*«[100] (Hervorhebung durch den Verf.)

Damit hat Homer Lea das Bedrohungsszenario für den anglo-amerikanischen Weltherrschaftsanspruch bereits hinreichend deutlich beschrieben. Aus diesem entwickelte er dann auch Forderungen, die an eine erfolgreiche Aufrechterhaltung der maritimen Vorherrschaft der angelsächsischen Koalition zu stellen sind: »1. Die Sicherheit eines Inselreiches wird nicht durch die Verteidigung seiner eigenen Küsten bestimmt, sondern durch die Herrschaft über die Küsten des Meeres, in welchem das Inselreich liegt. 2. Die Seemacht eines Inselreiches kann nicht an der Zahl seiner Kriegsschiffe gemessen werden, sondern an seiner Fähigkeit, die Seeherrschaft jedes an dem gleichen Meer liegenden Staates zu verhindern. Diese Fähigkeit hängt nicht nur von der Seemacht, sondern von der gesamten militärischen Macht des Landes ab. 3. Wenn eine Kontinentalmacht die See erreicht, in der das Inselreich gelegen ist, und sich eine ungefähr gleich starke Seemacht aufbaut, dann liegt die Wahrscheinlichkeit des Sieges stets bei dieser Kontinentalmacht.«[101]

Wenn es also den Kontinentalmächten oder einer deutsch-russischen Koalition gelingen sollte, ihre terristische Isolation, ihre Abschrankung vom Meer zu überwinden, stellt dies den Anfang vom Ende der angelsächsischen Herrschaft dar: »If. . . the Atlantic and Pacific are controlled by the European and Asiatic Nations respectively, then the United States are powerless«,[102] wobei Homer Lea der Überzeugung war, daß die amerikanischen Seestreitkräfte beide Ozeane nicht zu schützen in der Lage seien ohne eine starke militärische Präsenz auf dem asiatischen Kontinent.

Dabei erkannte Lea, daß die Seemacht deshalb stets vor der Notwendigkeit gestellt ist, auf das innenpolitische oder militärische Wachstum von Kontinentalstaaten, deren Entwicklung nicht von der See abhängig ist, Einfluß zu nehmen, um eine Bedrohung vom Kontinent her von vornherein zu unterbinden. Am Beispiel des britischen Weltreichs definierte er dieses Erfordernis wie folgt: »Seeherrschaft übt niemals einen ausschlaggebenden Einfluß auf das innenpolitische oder militärische Wachstum von Kontinentalstaaten aus, deren Entwicklung nicht von der See abhängig ist.

Die britische Seeherrschaft konnte daher nichts tun, um die Einigung und die Entwicklung jener europäischen Macht zu verhindern oder auch nur zu verzögern, die sich zu gegebener Zeit gegen England auftun wird. Diese Verhinderung oder

Verzögerung hätte allein durch den Einsatz britischer Militärmacht auf dem Kontinent selbst erreicht werden können.«[103]

Dieses Erfordernis wird um so größer, als Technisierung und Industrialisierung einen erhöhten Rohstoffbedarf von aufstrebenden (Kontinental-) Mächten und somit deren Bemühungen, Zugang zur See und zu überseeischen Rohstofflagern zu erlangen, nach sich ziehen und somit die Konkurrenz für die Seemacht zusehends wächst: »Die Technik hat heute nicht nur die Überquerung der Meere von Monaten auf Tage reduziert und alle Nationen in enge Konkurrenz um diese Meeresstraßen gebracht, sondern sie hat vor allem den Hunger der Völker – der Kontinental- wie der Inselvölker – so vergrößert, daß der Besitz unentwickelter Rohstofflager der Welt lebenswichtig für das Wachstum und die Erhaltung der Völker geworden ist. Je größer einst die Meere waren – gemäß den beschränkten Möglichkeiten, sie zu überqueren –, desto ausschließlicher kamen sie unter die Herrschaft von Inselmächten. Als aber die wirtschaftliche Notwendigkeit die Kontinentalvölker zwang, ihrerseits Überseegebiete aufzusuchen, und gleichzeitig die Technik die riesigen Weiten der Meere bezwungen hatte, so daß es kaum viel schwieriger war, über die Meere zu gehen, als ihre Landgrenzen zu überschreiten, da traten sie in einen Wettkampf mit den Inselmächten um deren Besitzungen ein.«[104]

Für die Seemacht ergibt sich daraus folgendes: »Wenn die Vorherrschaft einer Inselmacht ausschließlich auf ihrer Flotte aufgebaut ist, dann ist sie bald zerstört!« Diese Vorherrschaft hängt also nicht nur von der Fähigkeit zur Verteidigung der eigenen Küste ab, sondern zusätzlich von der Kontrolle aller Küsten des Meeres, die diese Inselmacht umspült. »Diese Verteidigung muß notwendigerweise in mancher Hinsicht eher militärischer als maritimer Natur sein. Die Kontinentalmächte, die heute mit den Angelsachsen um die Kontrolle der Meere wetteifern, drücken alle auf das Britische Empire, da jeder Schritt von ihren Küsten auf das Meer ein Eindringen in irgendeine Herrschaftssphäre dieser Inselnationen darstellt. Die Seemacht eines Inselreichs kann also nicht an der Zahl ihrer Kriegsschiffe gemessen werden, sondern ausschließlich an ihrer Fähigkeit, die militärische Überlegenheit irgendeines Staates an den Küsten des umspülenden Meeres zu verhindern. Diese Fähigkeit ist nicht nur von ihrer Seemacht, sondern von ihrer Militärmacht im ganzen abhängig. Sobald ein Kontinentalstaat auf das Meer vorstößt, in dem ein Inselreich gelegen ist, und sobald er eine ungefähre Flottengleichheit mit diesem Inselstaat erreicht hat, liegt der mutmaßliche Sieg auf seiten der Kontinentalmacht.«[105]

Lea hebt deshalb mehrfach deutlich hervor, daß »Kontrolle der See« also nicht einfach die Kontrolle der Seewege durch eine starke Flotte beinhaltet, sondern darüber hinaus die Fähigkeit verlangt, militärisch-amphibische Landungen durchführen zu können[106] und politisch die Gegenküsten sowie das Hinterland der konkurrierenden Kontinentalmacht zu kontrollieren sowie auf deren Entwicklungen Einfluß zu nehmen. »Kontrolle der Meere bedeutet eigentlich nur die Möglichkeit, Länder, die durch Ozeane getrennt sind, zu verteidigen oder anzugreifen... Die Bedeutung der Seeherrschaft für ein militärisches Unternehmen besteht im Grunde nur darin, daß sie eine sichere Verbindung zwischen Kriegsschauplätzen gewährleistet, die durch das Meer getrennt sind. Der Wert der Beherrschung dieser Verbindungslinie hängt aber nicht nur von der Linie als solcher ab, sondern von dem Wert der Gebiete an ihren beiden Enden und von der Macht, die durch den Besitz dieser Seeverbindungslinie über die Landgebiete ausgeübt werden kann. . . *Beherrschung des Meeres bedeutet nicht Herrschaft über das Meer, sondern über die Nationen, die an seinen Küsten liegen. Sie bedeutet die Kontrolle über deren Verbindungslinien und die Isolierung einer Nation von der anderen zum Vorteil der herrschenden Seemacht.*«[107] (Hervorhebung durch den Verf.)

Diese Problematik sieht Lea gerade in bezug auf Rußland gegeben. Die Kontrolle der See, so schlußfolgert er weiterhin, hat für die Unterwerfung der Kontinentalmacht dann keinen Wert mehr, wenn diese ein Stadium wirtschaftlicher Autarkie erreicht hat. »An keiner Stelle kommt der russische Vormarsch mit der See in Berührung, ausgenommen beim Abschluß dieser Eroberungen an den Küsten Ostasiens, Persiens, Kleinasiens und Indiens. Erst wenn Rußland nach Eroberung dieser Gebiete versuchen sollte, den Pazifik oder den Indischen Ozean mit seinen Seestreitkräften zu beherrschen, erst dann wird die englische Flotte ein Faktor in diesem Kampf.«[108] Autarke Kontinentalmächte können sich nach Lea somit unproblematisch einer Erpressung und Kontrolle von See her entziehen, ein solcher Versuch hat für sie keine negativen Auswirkungen und muß von vornherein als zum Scheitern verurteilt angesehen werden.

Autarkie einer expandierenden Kontinentalmacht stellt deshalb für eine Seemacht eine außerordentliche Bedrohung dar, eben weil die Kontinentalmacht aufgrund ihrer Unabhängigkeit von überseeischen Ein- und Ausfuhren von See her nicht abgeschnürt werden kann. Folglich sieht Lea auch die wirtschaftliche Unabhängigkeit der Kontinentalstaaten von der Seeherrschaft der Inselstaaten als »Vorarbeit für de Zerstörung der britischen Seeherrschaft« an. Aufgrund der Tatsache, daß die Grenzen einer Inselnation nicht die eigenen Küsten, sondern die jenseitigen Küsten des Meeres sind, in dem der Inselstaat gelegen ist, muß auch die Machtprojektion auf verschiedene neuralgische Punkte des eurasischen Kontinents erfolgen: »Wenn aber der zerstörende Vorstoß über Land erfolgt – wie wir eben in der Ausdehnung Rußlands gegen Indien, Persien und Ostasien gesehen haben –, dann muß die Flotte jenen Kriegsmitteln Platz machen, die auf dem Lande wirksam sind.«[109]

Zu diesen neuralgischen Punkten gehört nach Lea auch der zentralasiatische Raum – er hebt in seinem Buch *The day of the Saxon* den Raum Herat in Afghanistan hervor, da diese Region den notwendigen Durchgang Richtung Indischer Ozean darstellt. Zusätzlich kann die angelsächsische Seemacht Lea zufolge Europa nur dann weiterhin ihrem Willen unterwerfen, wenn sie folgende strategisch wichtige Gebiete beherrscht: das Mittelmeer, innerhalb dessen die angelsächsische Sicherheitssphäre einen Teil russischer Interessengebiete umfaßt, die Türkei, Südosteuropa, Italien und einen Teil Frankreichs und Spaniens, und weiterhin die Nord- und Ostseeregion einschließlich Dänemarks, Hollands und Belgiens, um zum einen Deutschlands Drang zum Meer zu unterbinden und – mit der Besetzung Dänemarks – Rußland im Ostseeraum einzuschließen.

In seinen geopolitischen Überlegungen entwickelte LEA bereits die grundlegenden Konstanten der angelsächsischen Geopolitik, die von einem ewigen Gegensatz zwischen Land und Meer ausgehen und bis auf das heutige strategische Denken der USA Ausstrahlung haben. Hervorzuheben ist dabei, mit welcher Akribie bereits der Gegensatz zwischen einer global ausgerichteten angelsächsischen Thalassokratie und einem Kontinentalbündnis zwischen Rußland, Deutschland und Japan (welches nach LEA aber gleichfalls eine maritime Tendenz hat) herausgearbeitet wurde. Das von Carl SCHMITT definierte Wesen des Politischen – die Unterscheidung zwischen Freund und Feind – ist von HOMER LEA in seinen genannten Büchern eindeutig vorgenommen worden: Der Feind der anglo-amerikanischen Herrschaft wird schon von ihm in einer Arrondierung des eurasischen Kontinentalraumes durch eine Zusammenarbeit zwischen Deutschland, Rußland und Japan gesehen, deren Entfaltung durch eine Mobilisierung der Randstaaten des eurasischen Kontinents eingedämmt werden muß, will die angelsächsische Seemacht – zu LEAS Zeiten das britische Empire im Bündnis mit den USA, heute die USA allein – ihre Rolle als globale Führungsmacht behalten.

2.2.2 »The influence of sea-power on modern history«: Alfred Thayer Mahan, der Haupttheoretiker des angelsächsischen Navalismus

Die Behandlung der amerikanischen Geopolitik wäre unvollständig ohne die Behandlung des Denkens des amerikanischen Marinehistorikers Alfred Thayer MAHAN. Die Entwicklung seiner Theorien vollzog sich in der Zeit, als die USA unter den Präsidenten MCKINLEY und Theodore ROOSEVELT in die imperialistische maritime Phase eintraten und die Bedeutung der Ozeane für ihren Anspruch, Weltführungsmacht zu sein, erkannten. In seinen beiden Hauptwerken, *The Influence of Sea Power upon History 1660–1783* und *The Influence of Sea Power upon the French Revolution and Empire* definierte er nicht nur seinen Ausspruch von der grundsätzlichen strukturellen Überlegenheit der Seemacht gegenüber der Landmacht; »von größerer Bedeutung sind seine geostrategischen Überlegungen im Sinne der Vorformulierung einer aus nationalem Interesse und christlichem Sendungsbewußtsein heraus motivierten Stützpunkt- und Außenhandelspolitik«.[110]

Die Bedeutung MAHANS für die heutige amerikanische Außenpolitik begründet der USA-Experte Stefan FRÖHLICH damit, daß »amerikanische Außenpolitik nach 1945 trotz der idealistischen Komponente immer auch als Versuch begriffen wurde, Ideologie und Strategie zu entkoppeln, und Macht und Rivalität als dauerhafte Stoffe, aus denen die Geschichte Muster der Gewalt webt, eben im Sinne des MAHANschen Diktums eines durch ›*presence of force*‹ permanent zu stabilisierenden Weltgleichgewichts zu interpretieren«.[111] ›Sea-Power‹ im MAHANschen Sinne bedeutet die Sicherstellung einer absoluten Vormachtstellung zur See, »die des Feindes Flagge von ihr vertreibt oder nur zur flüchtigen Erscheinung werden läßt, und die durch

Beherrschung der weiten See die Straßen sperrt, über die der Handel zu und von des Feindes Küsten fließt«.[112] Entscheidend ist damit nach MAHAN nicht allein die Fähigkeit einer Nation, Truppen über See zu schicken. Vielmehr – und in noch höherem Maße – gehört hierzu die Fähigkeit zur Kontrolle des Handelsverkehrs und der Handelsstraßen. MAHAN stellte in seinen genannten Werken dar, wie sich der Seemachtsgedanke seit dem 17. Jahrhundert derart entwickelt und ausgedehnt hatte, daß dessen Förderung und Schutz als äußerst wichtig für das nationale Wohl angesehen wurde. Durch überseeische Entdeckungsreisen und die Errichtung von Handelsniederlassungen und Kolonien in Amerika und Asien wurde Europas Wohlstand in steigendem Maße von der See abhängig. All dies hatte zur Folge, daß die Nationalstaaten Kriegsflotten bauten und ständig unterhielten.

Bei seiner Analyse der Seeherrschaft kam MAHAN zu dem Ergebnis, daß sechs Grundbedingungen vorhanden sein müsssen, um die bestmögliche Entfaltung von Seemacht zu gewährleisten: 1. geographische Lage, 2. physikalische Beschaffenheit, 3. Größe des Machtbereichs, 4. Bevölkerungszahl, 5. Nationalcharakter, 6. Charakter und Politik der Regierungen.

Zusammengefaßt bedeutete dies nach MAHAN, daß »ein Staat, der sich zu Lande weder verteidigen noch ausdehnen mußte, sehr viel günstigere Voraussetzungen hatte, sich auf das Wachsen seiner Seemacht zu konzentrieren, als ein Staat, der gezwungen war, sich gegen seine Landnachbarn gerüstet zu halten«.[113] Des weiteren hieß das, daß »eine günstige Lage an den Hochsee-Handelsstraßen einen weiteren wesentlichen Vorteil brachte, ebenso wie gute Häfen und eine Küste, die nicht zu hohe Anforderungen an die Verteidigungsaufwendungen des Landes stellte und nicht. . . auf zwei Seegebiete aufgeteilt war«.[114] Als weiteres begründendes Element einer Seemacht betrachtete MAHAN die klimatische Beschaffenheit des Landes: Karger Boden und ungünstiges Klima waren oft Anlaß, sich überseeischen Gebieten zuzuwenden, während die Bewohner eines wohlhabenden Landes weniger geneigt waren, dies zu tun. Mit dem ›Nationalcharakter‹ meinte MAHAN die generelle Bereitschaft, »alles, was die See bietet, zu nutzen: einträglichen Handel, stetiges Geschäft, überseeische Kolonien – eine Nation unternehmender Handels- und Geschäftsleute, die auch bereit und in der Lage sind, ausreichende Mittel in die Verteidigung der See zu investieren, um ihre Interessen auf und über See zu schützen«.[115] Dabei wies MAHAN auch der Regierung eines Staates eine entscheidende Rolle zu: »Durch Förderung des Flotten- und Handelspotentials des Landes in Friedenszeiten und durch geschickte Nutzung der Seemacht in Kriegszeiten konnte sie dafür sorgen, daß die Aussichten für einen Sieg – und somit eine weitere Verbesserung der Position des Landes in der Welt – günstig waren.«[116]

MAHANS Studien kamen zu der Schlußfolgerung, daß Weltmacht grundsätzlich identisch sei mit Seemacht. Derjenige Staat also, der die Seeherrschaft besitzt, hält damit die Mittel einer globalen Herrschaft überhaupt in der Hand und nimmt bestimmend auf den Verlauf der Geschichte Einfluß. Schließlich sei es auch die See gewesen, die bei der Verbreitung der Zivilisation eine führende Rolle gespielt habe:

»Trotz der bekannten und unbekannten Gefahren der See sind Reisen und Warentransport zu Wasser stets leichter und billiger als zu Lande... Wer will daran vorbeigehen, daß die Macht, über die die englische Regierung während des Siebenjährigen Krieges in ihrem kleinen und an Rohstoffen armen Lande verfügte, unmittelbar auf der See beruhte? Die richtige Nutzung und Beherrschung der See ist nur ein Glied in der Kette des Handelsverkehrs, durch den ein Land zu Wohlstand gelangt. Aber es ist das bestimmende Glied, das die anderen Nationen zum Nutzen derer, die die See beherrschen, in Pflicht nimmt und das – wie die Geschichte zu beweisen scheint – mehr als alles andere und am sichersten zu Reichtum führt... In diesen drei Dingen – Produktion, die zwangsläufig zum Handel mit Produkten führt, Schiffahrt, durch die der Handel erfolgt, und Kolonien, die die Schiffahrt erleichtern, ihren Aktionsradius erweitern und in hohem Maße zu ihrer Sicherheit beitragen – liegt zu einem wesentlichen Teil der Schlüssel für die Geschichte und die Politik der an die See angrenzenden Nationen.«[117]

Diese Elemente besaßen für MAHAN nicht nur universale Gültigkeit, vielmehr waren (und sind) diese Gedanken auch Handlungsanweisungen für den maritimen Hochimperialismus der USA. Der Politikwissenschaftler Tilman MEYER schreibt hierzu treffend: »Zuvor hatte bereits der amerikanische Admiral Alfred Thayer MAHAN die Bedeutung der Seemächte hervorgehoben, und zwar im engeren Sinne als überlegene Kriegsflotten, vor allem aber als Mächte, die Überseehandel mit dem Erwerb von Stützpunkten und entsprechend weitläufigen, seegestützten Kontrollen von Weltrouten und Küstenstreifen verbanden. Man könnte sagen, daß die USA bis heute navalistisch geblieben sind. Mehr noch, diese Seemachtspolitik ist heute auch dafür verantwortlich, daß der Globalisierungsprozeß abgesichert werden kann. Die weltweite Präsenz der USA in der Tradition des britischen und später des amerikanischen Stützpunktdenkens sichert den globalen Kapitalismus, ja macht ihn überhaupt erst möglich. MAHANS expansionistisches Denken war mit der Empfehlung zur Bildung von Kolonien, Überseemärkten und Handelsflotten klar in den britischen imperialen Traditionen eingebettet. Er dachte in der Tradition von Seemächten: ›In any operation, under all circumstances, a decisive naval superiority is to be considered as a fundamental principle, and the basis upon which every hope of success must ultimately depend.‹«[118] (In jeder Operation, unter allen Umständen, muß eine entscheidende Vorherrschaft zur See als ein fundamentales Prinzip erkannt werden, und als Basis, von der jede Hoffnung auf Erfolg letztlich abhängt). Insoweit kann MAHAN ohne weiteres als ein Vordenker des US-amerikanischen Globalkapitalismus und können seine Schriften als Theoriemodell des Globalisierungsprozesses nach amerikanischen Grundsätzen verstanden werden.

Der Historiker Walter LAFEBER[119] kam bei einer Analyse des MAHANschen Werkes daher auch zu dem Ergebnis, daß MAHAN lediglich nach neuen Absatzmöglichkeiten für die heimische Überschußproduktion gesucht und im süd- und mittelamerikanischen wie im ostasiatischen Raum die geeigneten Absatzmärkte gesehen habe. Die Rolle der Seestreitkräfte sei es – so LAFEBER – dabei, die Handelsrouten, also den Zugang zu den ausländischen Märkten gegen konkurrierende Handelsmächte, zu sichern. Tatsächlich – so Stefan FRÖHLICH – kristallisieren sich in MAHANS Werken auch zwei entscheidende Gesichtspunkte der Seemacht heraus: »Erstens, Seemacht im Sinne von Überlegenheit der eigenen Kriegsflotte; und zweitens, Seemacht eben als Kombination von Überseehandel, Erwerb von Stützpunkten und privilegiertem bzw. kontrolliertem Zugang zu den ausländischen Märkten zur Mehrung des eigenen ›Wohlstandes‹ und nationaler ›Größe‹.«[120] MAHAN definierte deshalb Handel, Politik und Militär als so eng miteinander verflochen, daß sie gewissermaßen als ein Problem anzusehen sind. Die Elemente eines »ökonomisch motivierten Seemacht-Verständnisses« (Stefan FRÖHLICH) sah er in drei Punkten: »Danach benötigte jede Handelsflotte erstens eine erhöhte Produktionskapazität; zweitens, für den Fall, daß nicht selber entwickelbar, zumindest die Verfügbarkeit von Schiffsraum (Werften, Häfen), notfalls durch Ankauf; drittens Kolonien und Überseemärkte, um das Interesse von potentiellen Handelspartnern zu wecken. . . Somit lautete MAHANS Botschaft an die Amerikaner, daß Produktion, Seehandel, Kolonien und damit die Seemacht an sich der Schlüssel zu einer erfolgreichen Weltpolitik sind.«[121]

MAHAN selber war sich der Bedeutung seiner Werke in diesem Sinne auch durchaus bewußt. Er war überzeugt davon, daß die Begriffe und Grundsätze, die er für das »Wachstum einer Nation zur See dargelegt hatte, zur unwandelbaren, feststehenden Ordnung der Dinge gehören, die in Ursache und Wirkung für alle Zeiten gleich bleibt. Sie gehören von Anfang an gewissermaßen zur Ordnung der Natur, von deren Unabänderlichkeit in unseren Tagen soviel gesprochen wird. Dagegen ist die Taktik, die von Menschen geschaffene Waffen als Mittel benutzt, dem Wandel und Fortschritt der Menschheit von Generation zu Generation verhaftet. Deshalb muß von Zeit zu Zeit das ganze Gebäude der Taktik geändert oder völlig niedergerissen werden, die Fundamente der Strategie jedoch müssen bleiben, wie auf Fels gegründet«.[122]

Für das in diesem Buch zu behandelnde Thema kommt MAHAN nicht nur als den entscheidenden Theoretiker des amerikanischen Navalismus eine wichtige Rolle zu; er machte sich in seinen Schriften zudem Gedanken über das Verhältnis der amerikanischen Seemacht zum eurasischen Kontinent: »Bereits ein halbes Jahrhundert bevor George KENNANS Lagebeurteilung aus Moskau der amerikanischen Nachkriegsplanung ihre entscheidende Wende gab, wurde der amerikanische Seestratege Alfred Thayer MAHAN zum Advokaten einer *Containment*-Philosophie über den gesamten eurasischen Kontinent hinweg.«[123] Er erkannte bereits die Bedeutung des riesigen ostasiatischen, insbesondere des chinesischen Marktes für die monopolkapitalistische Ökonomie der Vereinigten Staaten und sah in dem Vorstoß Rußlands Richtung Mandschurei und Chinesisches Meer eine Bedrohung der eigenen imperialen Zielsetzungen.

Mit Blick auf den ostasiatischen Raum – so Stefan FRÖHLICH – galt das Interesse MAHANS zunächst einer starken maritimen Stellung vor den Hawaii-Inseln, denen die US-Strategen eine Schlüsselstellung für die kommerzielle und militärische Kontrolle des Pazifiks einräumten. Der Besitz dieser Inseln war nach Ansicht MAHANS unerläßlich für die strategische Kontrolle des ostasiatischen Raumes. »Eine Abordnung amerikanischer Seestreitkräfte in der Region bedrohe jede feindliche Verbindungslinie im Fall eines Angriffs auf die Pazifikküste aus dem ostasiatischen Raum. Seien die Inseln hingegen in feindlichen oder auch nur neutralen Händen, so wäre die Wahrscheinlichkeit einer Invasion (der Westküste der USA, der Verf.) ungleich größer und würde eine entsprechend stärkere Einsatzbereitschaft amerikanischer Seestreitkräfte im Pazifik zum Schutz der Westküste erforderlich machen.«[124] Überdies teilte er die Politik der Offenen Tür der USA gegenüber China, die von Außenminister John HAY vorangetrieben wurde.

1899 sandte HAY den europäischen Kolonialmächten, die sich großer Teile Chinas bereits bemächtigt hatten, eine Verlautbarung, in der er die amerikanische China-Politik der Offenen Tür verdeutlichte: Jede Nation – einschließlich der USA – sollte danach eine bestimmte Zone Chinas kontrollieren. Es sollte – so die Darstellung Jürgen BRUHNS (*Schlachtfeld Europa, S. 36)* – ein aus Amerikanern und Europäern bestehendes Komitee gegründet werden, das das Recht haben sollte, alle anfallenden Zollgebühren in den chinesischen Häfen zu erheben und einzuziehen. Die USA besaßen eine solche Zone nicht; Japan, das sich als einzige asiatische Nation aus eigener Kraft heraus modernisiert hatte, besaß in China eine Zone, wurde von den USA aber nicht berücksichtigt. Vielmehr wurde dieses Land bereits als eine Bedrohung der amerikanischen Freihandelspolitik und als Handelskonkurrent angesehen.

Nach der Niederschlagung des Boxer-Aufstandes übersandte HAY den europäischen Mächten eine zweite Verlautbarung, in der er »der Welt das amerikanische Prinzip eines gleichberechtigten, freien und neutralen Handels mit allen Teilen des chinesischen Reiches« vorschlug. Fünf Monate später erteilte HAY dem US-Gesandten in Peking den geheimen Auftrag, den USA in der Provinz Fukien eine Zone und einen Seestützpunkt zu verschaffen. Auf US-amerikanischen Druck hin kam es dann zur Unterzeichnung des Protokolls von 1901, das aus China ein Protektorat der Kolonialmächte machte. »Dieses Protokoll erweiterte die wirtschaftlichen Rechte der Siegermächte, räumte ihnen, nach amerikanischem Vorschlag, die totale Zollhoheit ein, unterstellte das Diplomatenviertel in Peking dem dauernden Schutz einer internationalen Armee und zwang China zur Zahlung einer enormen Kriegsentschädigungssumme. . ., die durch die kontrollierte Entrichtung der Zolleinkünfte in den Zonen garantiert wurde. Mit anderen Worten: Das von den USA vorgeschlagene und von ihnen bereits in Mittelamerika und der Karibik. . . praktizierte Ausbeutungssystem der Zollhoheit und des totalen Zolleinzugs wurde in China verwirklicht.«[125]

Vor diesem Hintergrund der wirtschaftlichen Herrschaftsinteressen der USA in China liefen die weitergehenden weltwirtschaftlichen und damit weltpolitischen Überlegungen MAHANS darauf hinaus, Rußland und die ›gelbe Gefahr‹ aus China (mit letzterer bezeichneten die imperialistischen Mächte das Streben Chinas nach Unabhängigkeit) abzudrängen. Die Fernhaltung Rußlands war für MAHAN eine Voraussetzung für die oben geschilderte Offenhaltung des amerikanischen Prinzips der ›Offenen Tür‹, des Freihandels in Ostasien.[126] MAHAN sprach davon, daß das »drückendste Problem« die unmittelbare russische Gefahr einer Expansion Richtung Ostasien darstelle. Dieser sei nur durch eine maritime Überlegenheit der Japaner zu begegnen.[127] Deshalb galt es, Japan als Schachbrettfigur gegen die eurasische Kontinentalmacht Rußland aufzubauen. Dem aufstrebenden Reich der Sonne wurde die Funktion zugewiesen, einer Ausbreitung der Einflußsphäre Rußlands im Sinne einer Containment-Politik den Riegel vorzuschieben, wenngleich das Augenmerk der USA gleichermaßen darauf ausgerichtet war, daß der Einfluß Japans nicht derart groß wurde, daß es imstande war, eine ernsthafte Gefährdung der Interessen der USA darzustellen.[128]

MAHAN sprach sich deshalb für eine Einbindung Japans in eine Allianz gegen der »großen slawischen Staat« aus. Die Mandschurei sah er an Rußland bereits verlorengegangen; »einem weiteren Vordringen Rußlands, so schrieb er am 12. März 1901 an ROOSEVELT, könne nur noch durch die entschlossene militärische Präsenz deutscher, britischer, japanischer und amerikanischer Seestreitkräfte im Bereich der Yangste-Mündung vorgebeugt werden«.[129] Neben Rußland erblickte er auch in dem gewaltigen Potential Chinas eine Gefahr für die Weltmachtstellung der USA, sollte dieses sich in einer wirksamen politischen Organisation, ausgestattet mit moderner Ausrüstung, in einem geschlossenen Gebiet formieren. Die Lösung dieses Problems lag für MAHAN in einer Christianisierung Chinas, aber weniger in Gestalt militärischer Unterwerfung als vielmehr durch wirtschaftliche Durchdringung im Namen des amerikanischen Freihandels.[130] Gleichfalls erkannte MAHAN aber auch schon – obgleich er von einer strukurellen Überlegenheit der Seemacht über die Landmacht ausging – die außerordentliche Bedeutung des eurasischen Kernraumes als das zentrale künftige geopolitische Kraftzentrum, als Gegenpol zur angelsächsischen Thalassokratie: »Upon a glance at the map, one enormous fact immediately obtrudes itself upon the attention – the vast uninterrupted mass of the Russian Empire.«[131] (Bei einem Blick auf die Landkarte erregt eine enorme Tatsache die Aufmerksamkeit – die weite ununterbrochene Masse des russischen Reiches.)

2.2.3 »The Geopolitics Man«[132] – Sir Halford Mackinder und sein Weltsystem

Die zentrale und entscheidende Persönlichkeit, die die Geopolitik überhaupt populär machte und deren Denken die geopolitischen Schulen vieler Länder entscheidend prägte, ist der Engländer Halford MACKINDER. Ihn darf man zu Recht als den Vater jener angelsächsischen Geopolitik ansehen, die die Entwicklung der Welt als einen dynamischen Prozeß ansieht, der auf die Rivalitäten zwischen kontinentalen und maritimen Kräften zurückzuführen ist. Geschichte ist nach MACKINDERS Ansicht daher immer ein ständiger Kampf zwischen Land- und Seemacht. Aufgrund seiner außerordentlichen Bedeutung soll das MACKINDERsche Schema in diesem Kapitel genauer beleuchtet werden.

Am 25. Januar 1904 hielt Halford MACKINDER vor der Royal Geographical Society eine Vorlesung mit dem Titel *The Geographical Pivot of History* (Der geographische Dreh- und Angelpunkt der Geschichte), in der sich erstmals das zentrale Thema des MACKINDERschen Denkens dargestellt findet. 1905 folgte ein Artikel im *National Review* mit dem Überschrift »Man-power as a measure of national and imperial strength«, in dem er die Bedeutung der menschlichen wirtschaftlichen Produktivität für das politische Gewicht einer Nation darlegte. Das Wesentliche des MACKINDERschen Schemas ist in der 1919 erschienenen Schrift *Democratic Ideals and reality* enthalten. Ein Vierteljahrhundert später, 1943, veröffentlichte er in der Zeitschrift *Foreign Affairs* einen Artikel, der gewissermaßen als sein politisches Testament angesehen werden kann: »*The Round World and the Winning of the Peace*«.[133]

In seiner Vorlesung *The Geographical Pivot of History* legte MACKINDER die Grundlagen seines geopolitischen Schemas dar. Er ging davon aus, daß die kolumbianische Epoche – also der 400jährige Zeitraum überseeischer Entdeckungen und Eroberungen durch die europäischen Mächte – nunmehr ihrem Ende entgegengegangen sei und statt dessen ein neues, gänzlich anders geartetes Zeitalter vor der Tür stehe. Da es auf der Welt nur noch wenig zu erobern gebe, würde sich »jede Explosion gesellschaftlicher Kräfte« in einer viel abgeschlosseneren Umwelt abspielen und könne sich nicht mehr in unbekannte Regionen verflüchtigen. Leistungssteigerung und innere Entwicklung würden den Expansionismus als Hauptziel moderner Staaten ersetzen. Zum ersten Mal werde es in der Geschichte »eine Wechselwirkung zwischen den großen geographischen und den großen historischen Grundgesetzen« geben; Größe und Zahl würden sich bei internationalen Entwicklungen stärker niederschlagen.[134] Als Ergebnis des von ihm so bezeichneten »kolumbianischen Zeitalters« ist die Welt zu einem geschlossenen politischen System geworden: Jede Explosion sozialer Kräfte, die sich nun nicht mehr in einen unbekannten Raum verflüchtigen kann, findet ihren Widerhall auf der entgegengesetzten Seite des Globus, und schwache Elemente im politischen oder ökonomischen Organismus würden hier beseitigt werden.

Vor diesem Hintergrund, so MACKINDER, gelte es nunmehr, die Entwicklung auf der »Drehscheibe der Welt« – also Zentralrußland – im Auge zu behalten. MACKINDERS Überlegungen gehen dabei davon aus, daß die innere Region Eurasiens der Dreh- und Angelpunkt (»Pivot«) der Weltpolitik sei.[135] »Diese weite Region, einst Ausgangspunkt vieler Invasionen, die sich jahrhundertelang nach Europa und dem Nahen Osten ergossen hatten, war durch die Seefahrer der kolumbischen Ära, die den größten Teil der übrigen Welt westlichem Einfluß geöffnet hatten, an den Rand gedrückt und neutralisiert worden und hatte viel an Bedeutung verloren. 400 Jahre lang hatte sich der Welthandel über See entwickelt, hatte der größte Teil der Weltbevölkerung nahe der See gelebt, waren politische und militärische Veränderungen durch Seemacht beeinflußt worden.«[136] Mit der Industrialisierung, dem Eisenbahnbau sowie infolge neuer landwirtschaflicher und Bergbau-Techniken waren MACKINDER zufolge aber Voraussetzungen geschaffen worden, durch die Zentralasien seine ursprüngliche Bedeutung wiedererlangen konnte:

»Die Ausmaße des russischen Reiches und der Mongolei sind so gewaltig, das dort enthaltene Potential an Bevölkerung, Weizen, Baumwolle, Brennstoffen und Metallen ist so unermeßlich groß, daß sich dort unvermeidlich ein riesiges Wirtschaftsreich mehr oder weniger für sich entwickeln wird, das für den ozeanischen Handel unzugänglich ist.«[137] Eine derart erneuerte eurasische Großmacht stellt nach Ansicht MACKINDERS die entscheidende Bedrohung für die Seemächte dar: Unter Ausnutzung seiner Ressourcen und der neuen Infrastruktur könnte diese Macht dann bis an die Peripherien des eurasischen Kontinents vordringen und seine kontinentale Eroberung durch einen Zugang zum Meer ergänzen. Dies aber würde nach MACKINDER das Ende der Seemacht bedeuten: Wenn sich die Kontinentalmacht aller Stützpunkte bemächtigt hat, gibt es für die Seemacht schließlich keinen Raum mehr. Das Meer wird dann ein geschlossenes Meer, das einem Landreich unterworfen ist. Die Weltmachtposition der Seemacht läuft also Gefahr, so schlußfolgert MACKINDER, dann zerstört zu werden, entweder, wenn ein Festlandsstaat erdrükkende Hilfsquellen ansammelt, oder, wenn das Netz der Stützpunkte der Seemacht, das auf den Inseln und Halbinseln im Bereich der eurasischen Landmasse liegt, vom Land aus zerstört oder besetzt wird.[138]

Damit stand für MACKINDER fest, daß die Kontrolle des eurasischen Blocks (der *»pivot area«*) gleich durch welchen Staat Voraussetzung für die Überlegenheit über die maritime Welt ist und damit den Schlüssel für die Weltherrschaft darstellt.[139] Das Zentrum des eurasischen Blocks, das Kerngebiet oder der Kernraum (»Heartland«) umfaßt den nördlichen Teil und das Innere der eurasischen Landmasse. Er dehnt sich von der arktischen Küste bis zu den Wüsten Zentralasiens aus, hat als westliche Grenze die Landenge zwischen der Ostsee und dem Schwarzen Meer und ist staatlich-politisch mit Rußland identisch. Dieses ›Heartland‹ wiederum ist umgeben von Randgebieten (›marginal regions‹), die es in einem großen Bogen umlagern und deren Besonderheit ihr Zugang zum Meer ist. Dieser die russische ›Pivot area‹ umschließende »inner or marginal crescent« (innerer Halbmond, zu dem Skandinavien, Westeuropa einschließlich Spanien und Italien, die Balkanhalbinsel und die peripheren Staaten Nordafrikas, des Nahen Ostens und Ostasiens, einschließlich Indien und China gehören) hat seine geopolitische Bedeutung darin, daß sie die Kontaktzone zwischen dem ›Heartland‹ und den Meeren darstellt. Dieser ›innere Halbmond‹ ist seinerseits von einem ›outer crescent‹ (äußeren Halbmond) umgeben, der aus Großbritannien, dem amerikanischen Doppelkontinent, dem südlichen Afrika, Australien und Japan besteht. Die Verbindung von dem ›marginal or inner crescent‹ und dem ›heartland‹ bildet für MACKINDER die sogenannte ›World Island‹ (Weltinsel).[140]

Aus diesem geographischen Weltbild heraus entwickelte MACKINDER eine andauernde Konfliktkonstellation zwischen der Seemacht, die auf dem ›äußeren Halb-

Alfred THAYER-MAYAN.

Halford MACKINDER.

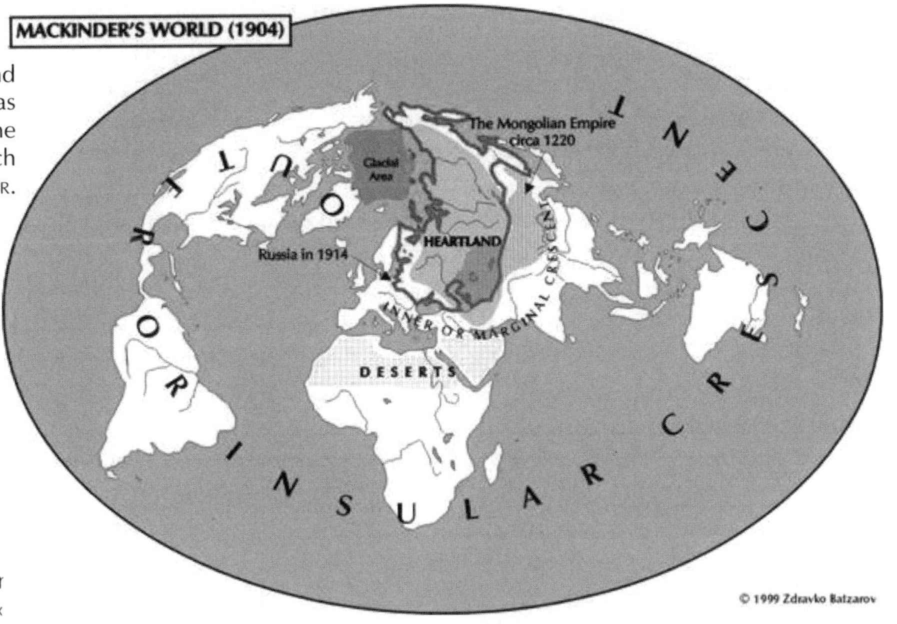

Das Heartland und das eurasische Reich nach MACKINDER.

MACKINDERS Weltinsel ur ›Pivot Area‹

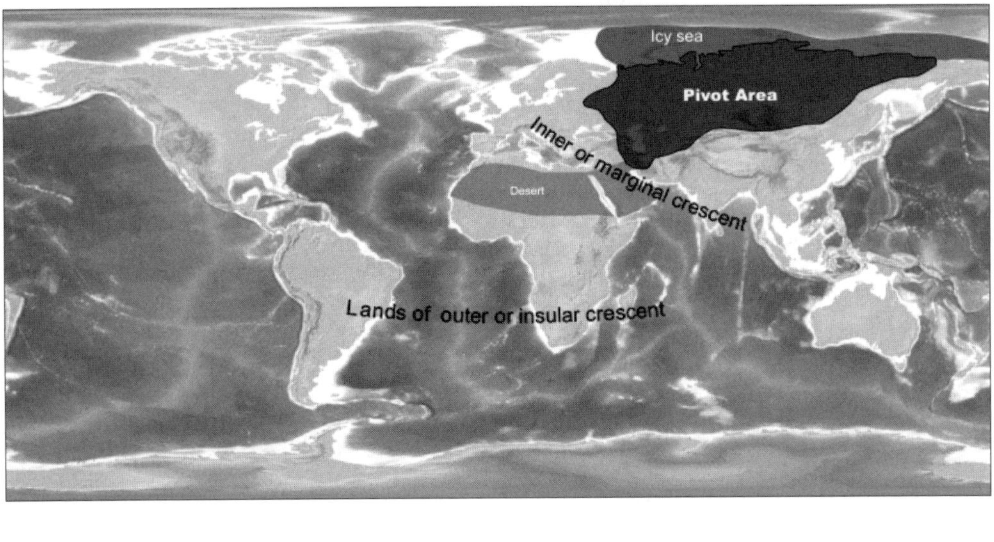

mond‹ angesiedelt und von den Ozeanen umspült ist und den ›inneren Halbmond‹ kontrolliert, und der Kontinentalmacht, die das ›Herzland‹ beherrscht. Die Bedrohung für die Seemacht sah MACKINDER in einem sich modernisierenden Rußland, das sich anschickte, unter Mobilisierung seines strategischen Potentials zur Küste vorzustoßen und eine Flotte aufzubauen. Die Beherrschung des ›inneren Halbmondes‹ durch die Macht des Kernraumes würde aber schließlich auf kurz oder lang zu einer Eroberung des ›äußeren Halbmondes‹, also der Seemacht selbst, führen. Von der Beherrschung des ›inneren Halbmondes‹ hängt damit also die Stellung der Seemacht als Weltmacht ab. Deshalb ist, so MACKINDER, nicht nur die territoriale Ausbreitung Rußlands insbesondere nach Süden und Westen eine Gefahr für die Seemacht, sondern auch ein Bündnis zwischen Deutschland und Rußland.

Im Jahre 1919 konnte MACKINDER seine Thesen vervollkommnen und aktualisieren. Vor dem Hintergrund der Bestrebungen der Sieger des Ersten Weltkrieges, das unterlegene Deutsche Reich weitgehend zu isolieren und insbesondere von einer Zusammenarbeit mit Rußland abzuhalten, die vor allem Frankreich als Voraussetzung für die Revision der von ihm in den Pariser Vorortverträgen diktierten Neuordnung ansah, kamen MACKINDERS Ansätze zum Tragen. In seinem Werk aus dem Jahre 1919, *Democratic Ideals and Reality*, heißt es: »Die Bedingung der Stabilität der territorialen Neuordnung Osteuropas ist, daß die Teilung in drei Staatensysteme erfolgen soll, und nicht in zwei Staatensysteme. Es ist eine vitale Notwendigkeit, daß eine ganze Reihe von unabhängigen Staaten zwischen Deutschland und Rußland entstehe. . .«[141] MACKINDER warnte hier vor einem aufstrebenden Deutschland, »das eine schwache, an den Folgen des Krieges und der Revolution leidende Sowjetunion erobern könnte, um zur führenden Landmacht aufzusteigen. Oder aber es werde zum deutsch-sowjetischen Bündnis kommen, um Rußlands enorme Naturschätze und seine starke strategische Stellung mit der beruflich hochqualifizierten und gut organisierten deutschen Bevölkerung zu vereinen und Englands Vorherrschaft zu brechen. MACKINDER plädierte für. . . eine Pufferzone unabhängiger, zum Teil neugeschaffener Staaten von Finnland bis zum Schwarzen Meer mit dem Ziel, Berlin und Moskau, ›den germanischen und den slawischen Giganten zu trennen‹«.[142]

Damit wurde zum erstenmal die Idee eines sowohl gegen Deutschland als auch gegen Rußland gerichteten *Cordon sanitaire* dargelegt. Dieser Staatengürtel Ostmitteleuropas – also der westliche Teil des ›inneren Halbmondes‹ – wurde damit die Funktion zugewiesen, Deutschland und Rußland voneinander fernzuhalten, um eine Verschmelzung der Potentiale beider Nationen zu verhindern. In diesem Zusammenhang prägte MACKINDER auch die berühmten Sätze: »Wer Osteuropa beherrscht, beherrscht den Kernraum. Wer den Kernraum beherrscht, beherrscht die Weltinsel. Wer die Weltinsel beherrscht, beherrscht die Welt.« Mit einer Herrschaft über Ostmitteleuropa hat Rußland schließlich ein strategisches Vorfeld, einen Brükkenkopf Richtung See (ein solcher Zugang aber ist MACKINDER zufolge für Rußland zu versperren), während umgekehrt die strategische Kontrolle der atlantischen Seemacht über das ostmitteleuropäische Territorium Rußland den Weg zum Meer abschneidet, womit die Weltmachtposition der Seemacht gewahrt bliebe.

Erstmalig wurde damit die Bedeutung der osteuropäischen Staatenwelt, die aus der Sicht der Vereinigten Staaten den Worten des früheren US-Verteidigungsministers RUMSFELD zufolge das »Neue Europa – sprich einen aktualisierten proatlantischen *Cordon sanitaire* – darstellt, für die anglo-amerikanische Geopolitik hervorgehoben. Wer diese Theorien MACKINDERS berücksichtigt, wird sich deshalb auch der Sprengkraft bewußt sein, die in der gegenwärtigen NATO-Osterweiterung und in der Aufstellung eines US-Raketenabwehrsystems in Polen und der Tschechischen Republik liegt. Bei diesen strategischen Maßnahmen der USA geht es nicht um bloße regionale Sicherheitsfragen; es geht – wie MACKINDER es formuliert – hierbei um die von den USA offensiv durchgesetzten Bestrebungen zur Beherrschung der Weltinsel, was von der Russischen Föderation heute auch als solches erkannt wird. Hierin liegt die Aktualität MACKINDERS.

Die oft zitierte Formel, daß die Herrschaft über Eurasien von der Herrschaft über Osteuropa abhängt, ergibt sich nach MACKINDER auch aufgrund einer gründlichen geographischen Betrachtung des eurasischen Raumes: »Das Heartland ist die größte natürliche Festung auf der Welt«, schrieb er, die durch folgende geographische Faktoren bewacht sei: Zum einen durch das Polarmeer im Norden, durch die Sümpfe und Wälder Ostsibiriens im Osten sowie durch die Wüsten und Berglandschaften Zentralasiens im Süden. Die einzige Schwachstelle befinde sich im Westen, in jenem Landstreifen zwischen der Ostsee und dem Schwarzen Meer. Wer dieses Glacis kontrolliere, mache die Einschließung und damit die Isolation und Handlungsunfähigkeit der Macht des ›Heartland‹ perfekt.

Während des Zweiten Weltkrieges begann man in den Vereinigten Staaten die Bedeutung MACKINDERS für die Entwicklung einer eigenen Strategie gegenüber der Sowjetunion zu erkennen. In dieser Zeit »wuchs gerade in den USA das Interesse an MACKINDERS Theorien in dem Maße, wie die Sowjetunion sich anschickte, in der Nachkriegszeit eben jenes Gebiet zu kontrollieren, welches sich mit dem Herzland MACKINDERS deckte«.[143] Parallel sah sich MACKINDER veranlaßt, sein geopolitisches Programm zu verändern, und fügte 1943 seinen ursprünglichen Theorien ein weiteres geopolitisches Konzept bei, das auf die Errichtung eines angemessenen Gegengewichts zum *›pivot state‹* ausgerichtet war und das Stefan FRÖHLICH zufolge dann tatsächlich die Gestaltung der Nachkriegsordnung beeinflussen sollte: MACKINDER sprach von einem »Midland Ocean«, einem Westeuropa, Großbritannien, den Atlantik und den östlichen Teil Nordamerikas umfassenden Verteidigungsring zwischen dem ›heartland‹ und dem ›outer crescent‹. Damit wurde das MACKINDERsche Weltbild, das bislang aus drei Elementen – Herzland, innerem und äußerem Halbmond – bestand, um eine vierte Komponente ergänzt, die als ›atlantische Sicherheitszone‹ bezeichnet werden kann.

Entwickelt wurde diese vierte Komponente in Anbetracht des dynamischen Vorstoßes der Sowjetunion nach Osteuropa und der Tatsache, daß diese im Begriff war, durch die Besetzung der Staatenwelt des ›inneren Halbmondes‹ das Kräftegewicht zu Lasten der angelsächsischen Seemächte zu verschieben. Damit mußte, um das Kräfteverhältnis zugunsten der angelsächsischen Seemächte wiederherzustellen, das geopolitische Element des ›Midland Ocean‹ hinzugefügt werden. Das Hauptmotiv des ›Midland Ocean‹-Konzepts lag dabei ja auch in der Verhinderung einer Verschiebung der ›Balance of Power‹ auf der eurasischen Landmasse zugunsten der UdSSR.[144] Dabei setzte MACKINDER das ›Heartland‹ mit dem Territorium der Sowjetunion gleich. Insoweit erwies sich dieser britische Gelehrte bereits als Vordenker des nordatlantischen Bündnisses, dessen Funktion – wie noch gezeigt wird – in der Umsetzung nicht nur der MACKINDERschen Vorstellungen, sondern auch der weiterer amerikanischer Geopolitiker zu sehen ist.

In seinem Aufsatz »The Round World and the Winning of the Peace«, erschienen in den *Foreign Affairs* vom Juli 1943, beschrieb MACKINDER sein Konzept wie folgt: »Der ›Midland Ocean‹. . . in seinen drei Elementen: ein Brückenkopf in Frankreich, eine Luftflottenbasis in Großbritannien und eine Reserve leistungsfähiger Menschen, Landwirtschaft und Industrie in den östlichen Vereinigten Staaten und Kanada. Solange der Krieg möglicherweise andauert, bleiben sowohl die Vereinigten Staaten als auch Kanada atlantische Mächte, und sobald eine Landkriegführung in Sicht ist, sind sowohl der Brückenkopf als auch die Luftflottenbasis notwendig, um amphibische Macht (auf dem eurasischen Kontinent, der Verf.) ausüben zu können.«[145]

Das Denkmodell Halford MACKINDERS, das sich im Zeitraum 1904–1943 in seinen verschiedenen Variationen herauskristallisierte, ist für das Verständnis der heutigen geopolitischen Praxis der USA von großer Bedeutung. MACKINDER lieferte gewissermaßen die Grundlage, auf der die weiteren Vordenker des amerikanischen Weltmachtstrebens wie Nicholas SPYKMAN und Zbigniew BRZEZINSKI ihre Ansätze formulieren konnten: Danach hat die Errichtung des Imperium Americanum zwei wesentliche Voraussetzungen, nämlich erstens die Zurückdrängung und Isolation der eurasischen Landmacht und – hierfür entscheidend – zweitens die strategische Kontrolle des ›inneren Halbmondes‹, also insbesondere West- und Ostmitteleuropas sowie des Nahen und Mittleren Ostens. »Osteuropa ist damit eine der wichtigsten strategischen Zonen der Welt«, so beschreibt der französische Geopolitiker Alexandre DEL VALLE die Auswirkungen der MACKINDERschen Gedankenwelt für Europa, »nicht nur der Balkan verbindet das Heartland mit dem Mittelmeer, uraltes russisches Interessengebiet, sondern auch Zentraleuropa ist von ebensogroßer Bedeutung, denn es bildet den Schlußstein, die Brücke, die Europa mit Eurasien verbindet. Man begreift daher, weswegen das Vereinigte Königreich, dann die USA – die Kräfte des Meeres – immer beträchtliche Anstrengungen unternommen haben, um Rußland seine strategische Tiefe und seinen Zugang zu den warmen Meeren, zum Kaukasus und zum Balkan zu entziehen«.[146]

Der Amerika-Experte Stefan FRÖHLICH weist deshalb auch treffend darauf hin, daß dem MACKINDERschen Konzept notwendigerweise eine »antirussische Ideologie« innewohne.[147] In diesem Zusammenhang begründet der amerikanische Politologe Christopher J. FETTWEIS die nach wie vor bestehende Aktualität MACKINDERS mit dem Streben der USA, Rußland aus der kaspisch-zentralasiatischen Region zu verdrängen. Für die heutige US-Außenpolitik stellten das Kaspische Becken, der Kaukasus und Zentralasien aufgrund ihres Rohstoffvorkommens eine der wichtigsten Regionen der Erde dar, die gewissermaßen die Rolle eines »neuen Saudi-Arabiens« spiele. Da nach dem Zerfall der Sowjetunion in dieser Wetterzone der Welt ein Machtvakuum entstanden sei, sei diese Region ein Interessenobjekt sowohl eines sich erneuernden Rußland als auch der rohstoffabhängigen USA. Zur Entwicklung eines Strategiekonzeptes für die zentralasiatische Region einerseits und zum Verständnis des amerikanisch-russischen Interessengegensatzes andererseits, so FETTWEIS, seien deshalb MACKINDERS Ideen eine unerschöpfliche Quelle.[148]

2.2.4 Freier Welthandel und Internationalismus

In der Zeit von der Jahrhundertwende bis zum Ende des Zweiten Weltkrieges wurde in den USA – trotz der Tatsache, daß diese nach dem Ende des Ersten Weltkrieges durch die Finanzierung der Oktoberrevolution wie auch durch militärische Intervention in Rußland bemüht waren, den eurasischen Großraum unter ihre Kontrolle zu bekommen – jedoch kein spezifisches geopolitisches Eurasienkonzept entwikkelt. Dies blieb der Zeit nach dem Ende des Zweiten Weltkrieges vorbehalten. Dennoch sollten die geopolitischen und außenpolitischen Theorien dieser Zeit nicht zur Gänze außer acht bleiben, da auch sie wichtiger Bestandteil des US-amerikanischen Imperialismusmodells sind.

Zum einen war diese Ära von einem Bemühen der USA geprägt, ein globales Freihandelsregime durchzusetzen. Dieser Ansatz hängt wiederum mit dem sozioökonomischen Wandel in den Vereinigten Staaten zusammen, der um die Jahrhundertwende eintrat und, wie oben bereits beschrieben, von einer Herausbildung der Trusts und Konzernkartelle geprägt war, auf die wiederum die Hochfinanz erheblichen Einfluß gewann. Dieser ökonomische Konzentrationsprozeß, der auch die politischen Entscheidungen des Landes in immer stärkerem Ausmaß bestimmte, verlangte schließlich die Erschließung neuer bzw. die – wenn nötig auch gewaltsame – Öffnung bestehender Märkte: »Da es für den Handel keine nationalen Grenzen gibt«, so schrieb 1907 Woodrow WILSON, »und der Industrielle die gesamte Welt als Markt verlangt, muß die Flagge seiner Nation ihm folgen; und die Türen jener Nationen, die verschlossen sind, müssen niedergerissen werden«.

Im Mai 1914 bekannte WILSONS Handelsminister William REDFIELD vor dem National Council of Foreign Trade: »Weil wir stark sind, gehen wir. . . hinaus auf die Märkte der Welt, um uns unseren Anteil zu holen.« US-Außenminister William Jennings BRYAN klärte die Geschäftsleute darüber auf, daß es Amerikas offizielle Politik sei, »die Türen aller schwächeren Länder für eine Invasion amerikanischen Kapitals und amerikanischer Unternehmungen zu öffnen«. US-Präsident WILSON präzisierte diese Politik, indem er darauf verwies, daß die Durchsetzung eines derartigen Freihandelsregimes gleichfalls auch das Ende der Souveränität der Nationen beinhalten müsse: »Die von den Finanziers erworbenen Konzessionen müßten vom Außenministerium geschützt werden, selbst wenn dabei die Souveränität sich weigernder Staaten verletzt wird.«[149]

Diese Politik blieb auch nach dem Ersten Weltkrieg, der für die USA ein gewaltiges Geschäft darstellte und sie in die Stellung einer weltweiten Gläubigernation erhob,[150] ohne Abstriche bestehen: »Das eigene nationale Interesse aber schien wie zu allen Zeiten seit der Krise von 1893/97 und mit besonderem Nachdruck in der Nachkriegsdepression von 1920/21 in einer expansiven Außenwirtschaft der Vereinigten Staaten zu liegen. Kurz, es war die Fortsetzung der Politik der Offenen Tür, die um die Jahrhundertwende eingeleitet und von WILSON mit spezifisch reformerischem Nachdruck weitergeführt worden war. Nicht irgendein legendärer ›Isolationismus‹ also, sondern dieser unter der Ernüchterung und der Vorherrschaft der großen Geschäftsinteressen nach dem Krieg besonders deutlich hervortretende nationale Egoismus ist der Schlüssel zum Verständnis der amerikanischen Außenpolitik in den beiden Jahrzehnten zwischen den Weltkriegen.«[151]

Die Politik der ›Offenen Tür‹, die nicht nur in Lateinamerika oder Ostasien, sondern auch auf dem europäischen Kontinent einschließlich Rußlands umgesetzt werden sollte, hatte Erich ANGERMANN zufolge folgende Funktion: Sie sollte mit Hilfe amerikanischen Kapitalzuflusses zur Gewinnung und zum Ausbau von Absatz- und Rohstoffmärkten dienen und damit sowohl die organisatorischen als auch die sozialen und politisch-rechtlichen Voraussetzungen für eine gewinnbringende Zusammenarbeit schaffen. Es ging mithin darum, auf den auswärtigen Absatzmärkten Reformen verschiedenster Art durchzusetzen, deren Zweck im wesentlichen die Schaffung politischer Voraussetzungen zur Sicherstellung der wirtschaftlichen Gewinnoptimierung war – mithin also die Befestigung von Regierungsformen, die der amerikanischen liberalen Demokratie und einer auf privatem Kapital gründenden Wirtschaftsform entgegenkamen. Man wollte in diesen Ländern die Anpassung der alten Gesellschafts- und Staatenordnung an die Erfordernisse des Industriezeitalters erzwingen[152] – natürlich im amerikanischen Profitinteresse. In diesem Zusammenhang definierte der Geopolitiker Isiah BOWMAN das amerikanische Interesse 1930 als weltweit und mit dem Großbritanniens vergleichbar, gerichtet auf eine Region, deren Ausdehnung bis jenseits des Polarkreises in Alaska, nach Süden bis Samoa und östlich und westlich von China über die Philippinen bis Liberia und Tanger reichte. BOWMAN fügte hinzu: ». . . wenn auch unsere territorialen Besitztümer nicht so weit verbreitet sind wie die Großbritanniens, so sind doch unsere gesamte wirtschaftliche Macht und unsere Handelsbeziehungen nicht weniger ausgedehnt.«[153]

In der Zwischenkriegszeit waren daher Dollarimperialismus und Internationalismus prägende Elemente, mit denen die USA ihren globalen Führungsanspruch geltend zu machen versuchten. Nach Ende des Ersten Weltkrieges reichte der Dollarimperialismus weit über die westliche Hemisphäre hinaus. »Er trat in Deutschland ebenso auf wie in Iran. Er hatte Südamerika fast völlig unterworfen und sah nun im Fernen Osten das wichtigste aller zukünftigen Betätigungsfelder. Hier, so glaubte man in Washington und New York, biete sich für die amerikanische Macht die größte Chance der Errichtung einer Interessenzone von ungekannten Ausmaßen. Ganz China, so hoffte man, würde sich in eine mittelbare amerikanische Kolonie verwandeln lassen.«[154]

Mit diesem Expansionismus entwickelten sich in der US-Außenpolitik aber auch Doktrinen, mit denen die USA solche Regierungen und deren Maßnahmen entlegitimierten, die nach Ansicht Washingtons das Prinzip der ›Offenen Tür‹ verletzten. Einher ging dies mit einem Bruch der Grundsätze der MONROE-Doktrin. Das sollte sich am Beispiel der japanischen Expansion in China zeigen: »Der Ferne Osten gab denn auch nach dem Kriege den nächsten Anlaß zu einem abermaligen Bruch mit den Prinzipien der MONROE-Doktrin,[155] der im letzten Jahre der Präsidentschaft HOOVERS durch den Staatssekretär Henry STIMSON erfolgte. Die MONROE-Doktrin sieht ausdrücklich die Anerkennung der de facto-Regierungen in Europa als Grundprinzip der amerikanischen Außenpolitik vor. Der Ferne Osten ist in ihr naturgemäß nicht erwähnt, weil er um 1823 als weltpolitisches Problem noch gar nicht existierte. Als Staatssekretär STIMSON nach der Eroberung der Mandschurei durch Japan am 7. Januar 1932 in einer Note an die japanische und chinesische Regierung, die später als die ›STIMSON-Doktrin‹ bekanntgeworden ist, mitteilte, die Vereinigten Staaten würden Gebietsveränderungen, die sich aufgrund kriegerischer Ereignisse ergeben hätten, nicht anerkennen, war damit ohne allen Zweifel das Prinzip der MONROE-Doktrin der Nichteinmischung ebenso grundsätzlich durchbrochen wie durch den Kriegseintritt von 1917. Entsprechend dem weltweiten Einfluß, den der Dollarimperialismus des größten Tributgläubigers sich erworben hatte, konnte dieser Schritt nur bedeuten, daß die Vereinigten Staaten in Zukunft die gegenüber den südamerikanischen Ländern geübte Oberherrschaft nun auf wichtige andere Gebiete der Welt jenseits der westlichen Hemisphäre zu übertragen beabsichtigen. Die Anerkennung oder Nichtanerkennung einer Regierung hatte sich. . . zu einer der wichtigsten Waffen der amerikanischen Außenpolitik in der westlichen Hemisphäre entwickelt. . . Die STIMSON-Doktrin stellt daher den Übergang der Vereinigten Staaten vom imperialistischen Isolationismus der Zeit nach dem Weltkrieg zu einem neuen expansiven Imperialismus dar, der in der Epoche Franklin ROOSEVELTS sich dann voll entfalten sollte.«[156] Denn die STIMSON-Doktrin räumte den USA den Rang eines Schiedsrichters über jeden Streitfall in der ganzen Welt ein.

Ein weiteres Instrument, das den USA die Legitimation zu weltweiten Interventionen eröffnete, war der sogenannte ›BRIAND-KELLOGG-Pakt‹ von 1928. Dieser war – wie der Historiker Dirk BAVENDAMM erklärt – ein völkerrechtliches Unikum: kein Vertrag im eigentlichen Sinne, sondern eine Erklärung zur Ächtung des Krieges »als Werkzeug nationaler Politik«. Die Besonderheit dieser Abmachung lag darin, daß sie den Krieg zwar als *Mittel der nationalen Politik* abschaffte, jedoch nicht als *Mittel der internationalen Politik*, also der von den USA bevorzugten Politik der kollektiven Sicherheit. Problematisch war in diesem Pakt ferner, daß er nicht definierte, was ein verbotener nationaler Krieg und ein erlaubter internationaler Krieg waren. »Dies sollte. . . von Fall zu Fall entschieden werden mit der stillschweigend erwarteten Folge, daß die Vereinigten Staaten dann ihre Neutralität aufheben und in den gerechten Krieg gegen den nicht gerechtfertigten Aggressor eintreten würden. . . Auf jeden Fall war der diskriminierende Unterschied zwischen einem ungerechten ›nationalen Krieg‹ und einem gerechten ›internationalen‹ Krieg jetzt festgeschrieben, und es lag fortan faktisch in der Hand der Vereinigten Staaten, welchen Staat der Bannstrahl des Aggressionsvorwurfs im Fall eines Konflikts treffen würde.«[157]

Der Sinn dieser beiden Instrumente lag darin, jegliche territoriale Veränderung, die den ökonomischen Einfluß der USA in irgendeiner Form hätte schmälern können, von vornherein zu unterbinden, gegebenenfalls auch mit militärischer Intervention. »Durch die Dollardiplomatie waren ungeheure Gebiete der Welt außerhalb der westlichen Hemisphäre praktisch dem amerikanischen Finanzdiktat unterworfen. Auch vom amerikanischen Gesichtspunkt aus war die Welt ›endgültig‹ verteilt. An dieser Weltordnung sollte nicht mehr gerüttelt werden. Der KELLOGG-Pakt wie die STIMSON-Doktrin waren der Ausdruck dieser politischen Machttheorie. Mit der tatsächlichen Verbannung des Krieges hatten sie nichts zu tun, da die Nutznießer der bestehenden Weltordnung sich weder in Asien noch in Europa Mühe gaben, vorsorglich die Ursachen und Gründe für etwa zu befürchtende Kriege durch eine gerechte Verteilung der Weltrohstoffe. . . zu beseitigen. Zugrunde lag also mit einem Wort der Versuch, die großen zivilisierten Nationen in Völker erster und zweiter Klasse einzuteilen und mit allen Mitteln zu verhindern, daß die Völker zweiter Klasse an den Vorrechten der Völker erster Klasse teilhaben konnten«, so beurteilte der Amerika-Kenner Giselher WIRSING Sinn und Zweck der STIMSON-Doktrin und des KELLOGG-Paktes. Tatsächlich blieb die Sicherung des Zugangs zu den Weltmärkten oberstes Leitprinzip der amerikanischen Außenpolitik, und nichts fürchteten die USA so sehr, als daß anstelle des globalen Freihandelsregimes unter Führung der Vereinigten Staaten nunmehr sich ein multipolares System geschlossener wirtschaftlicher Großraumeinheiten entwickeln würde.

Die Handels- und Expansionspolitik des Dritten Reiches wie auch des japanischen Kaiserreiches verfolgte aber genau eine solche Richtung, so daß sich die USA ihrerseits zu einer Intervention gezwungen sahen. Henry WALLACE stellte in seinem Buch *The American Choice* folgerichtig fest, daß es den USA durch die Methode Hitlerdeutschlands, den Welthandel zu kontrollieren und zu beschneiden, unmöglich geworden sei, »ein adäquates Exportvolumen zu erreichen. . . Ein politischer Eingriff der Regierung wird immer unvermeidlicher«.[158] Nach dem Scheitern der ROOSEVELTschen Wirtschaftspolitik des ›New Deal‹ – so Lloyd C. GAYDNER – gewann die Machtelite in den USA immer mehr die Überzeugung, daß die weltweite Wiederherstellung offener Märkte viel erfolgversprechender sein werde als die Reglementierung und Abschließung des amerikanischen Binnenmarktes.

»Amerikas Frontstellung gegen Japan im Fernen Osten resultierte aus der Open-Door-Politik. Der Versuch Japans, dort eine für das eigene Land ertragreiche Einflußsphäre zu schaffen, war das deutlichste Beispiel für jene Strategie, die versuchte, bestimmte Gebiete abzugrenzen und in feudaler Abhängigkeit zu halten – Gebiete, die Amerika immer als zum eigenen äußersten Einflußbereich gehörend betrachtet hatte. Ganz ähnlich stellte der Verlust bedeutender Handelsgebiete an Deutschland eine doppelte Gefahr dar. Der Berater... von Außenminister STIMSON, John J. MCCLOY, stellte diese doppelte Herausforderung gegen Ende einer seiner Reden dar: ›Wenn man sich ansieht, wie Deutschland die Käufe in Europa kontrolliert und qua Regierungsgewalt zudem fast den ganzen Handel in der Kontrolle hat, so kann man sich ganz gut vorstellen, daß Deutschland durchaus in der Lage wäre, den ganzen Handel (der USA, der Verf.) mit Europa, Südamerika und dem Fernen Osten zu unterbinden‹.«[159] Mit einem derartigen Sieg Deutschlands, so schlußfolgerte MCCLOY weiterhin, würden die USA »der Früchte (ihrer) wirtschaftlichen Entwicklung im letzten Jahrhundert beraubt«.[160]

Was sich also bereits gegen Ende des 19. Jahrhunderts andeutete, trat in den dreißiger Jahren des 20. Jahrhunderts immer deutlicher hervor: Der globale Freihandel und seine Durchsetzung sind ein Kernelement amerikanischer Geopolitik. Dies wird für die USA nicht nur das auslösende Moment für den Kalten Krieg sein, sondern auch tragendes Element für die Gestaltung der Weltordnung nach dem Kalten Krieg. Die Gedankengänge, die der Pentagon-Berater Thomas BARNETT im 21. Jahrhundert zum Zusammenhang zwischen Globalisierung und US-Interventionspolitik entwickelt hat,[161] finden hier ihre Wurzeln.

2.2.5 Atlantismus

Neben dem Dollarimperialismus gewannen in dieser Zeit auch Grundzüge der Ideologie des Atlantizismus an Boden. Diesen beschreibt der Amerika-Experte Stefan FRÖHLICH als eine »Synthese von Sendungsbewußtsein und einem von der ›*civilized union of the nations*‹, d.h. vom Westen getragenen Internationalismus«.[162] Dessen inhaltliche Bestimmung wurde im wesentlichen vom Publizisten Walter LIPPMAN vorgenommen und beinhaltete bereits – wenn man es so bezeichnen will – einen antieurasischen Containmentgedanken: Im wesentlichen geht es der Denkschule des Atlantizismus um eine mehr oder weniger stark ausgeprägte Interessengemeinschaft der USA mit Großbritannien zur *Prävention eines kontinentaleuropäischen Zusammenschlusses unter einer starken Vormacht*.[163] Weltpolitik sah diese Denkschule eher in einer europäischen denn einer asiatischen Politik; deren Ziel war die Schaffung einer ›*world community*‹,[164] die aber nur über eine Pax Britannica oder eine sie ablösende Pax americana verwirklicht werden konnte. Dieses Modell sollte die klassische europäische Kontinentalordnung des ›Gleichgewichts der Mächte‹ beseitigen. An deren Stelle forderte Walter LIPPMAN eine angelsächsische »Community of Power« – ähnlich wie sie bereits US-Admiral MAHAN vorgedacht hatte – unter der Weltführungsrolle der USA.[165] Um dieses Ordnungsmodell durchsetzen zu können, forderte LIPPMAN auch den Eintritt der USA in den Ersten Weltkrieg, denn ein möglicher Sieg Deutschlands »gefährdete die britische Seemacht und damit jene für die Sicherheit der Atlantikrouten entscheidende anglo-amerikanische Seeallianz«. Amerika habe deshalb nur die Wahl gehabt, das passive Opfer internationaler Unordnung zu werden oder den Entschluß zu fassen, aktiv und führend den Krieg zu beenden.[166] LIPPMANS Vorstellung von einer »Atlantic community« sollte überdies darauf ausgerichtet sein, den westlichen Machterhalt in Asien sicherzustellen und die Entstehung eines kontinentalen Gegenspielers verhindern zu helfen.

Genau dieser Ansatz fand sich schließlich auch in der außenpolitischen Konzeption des Präsidenten Franklin D. ROOSEVELT wieder. In seinen Augen war die Errichtung einer anglo-amerikanischen Gemeinschaft im Sinne Walter LIPPMANS erforderlich, um die Ausbreitung einer konkurrierenden Macht auf dem eurasischen Kontinent einzudämmen. ROOSEVELT übernahm hier das ›Midland-Ocean-Konzept‹ MACKINDERS. Vor diesem Hintergrund stellt Stefan FRÖHLICH fest, daß seit der ROOSEVELTschen Quarantäne-Rede in Chicago 1937, spätestens aber seit 1939 der eurasische Kontinent in einer Form in den Fokus der amerikanischen Politik geriet, »wie sie zumindest einem der zentralen Punkte des MACKINDERschen ›heartland‹-Konzepts sehr nahe kam: Gewinnt eine der europäischen Mächte die Kontrolle über die eurasische Landmasse, so mündet diese augenblicklich in ein gewaltiges Flottenbau-Programm der Hegemonialmacht und wird so zu einer ernsthaften Herausforderung der amerikanischen Seeüberlegenheit«.[167]

Der amerikanische Geopolitiker Isiah BOWMAN, zu dem der Präsident eine sehr enge Verbindung unterhielt und mit dem er über lange Zeit in einem intensiven Gedankenaustausch über Fragen der Geopolitik stand, machte ROOSEVELT auf diesen Zusammenhang aufmerksam, indem er in einem Brief ausführte, daß die Stärkung Rußlands eine derartige verheerende Auswirkung auf HITLERS Pläne habe, daß es nicht übertrieben sei zu sagen, daß in spätestens zehn Jahren Frankreich und England an der Seite mit Deutschland gegen Rußland kämpfen würden, um dieses in Schach zu halten.[168] Allerdings war nicht die Sowjetunion, sondern Japan und Deutschland im Fadenkreuz der US-Politik, und ROOSEVELT griff hier – in Anlehnung an MAHAN – zu einer Stützpunktpolitik auf den jeweiligen Gegenküsten, die das Ziel haben sollte, die westliche Hemisphäre zu sichern.

ROOSEVELT ging in diesem Zusammenhang so weit, darauf hinzuweisen, daß aufgrund der Tatsache, daß infolge der neuen Techniken in der See- und Luftfahrt die Ozeane keinen unüberwindlichen Wassergraben mehr darstellten und ihre Kontrolle nicht mehr zur Aufrechterhaltung der Sicherheit der westlichen Hemisphäre ausreichend sei, nunmehr die Sicherheit der westlichen Hemisphäre von der Kontrolle der asiatischen und europäischen Gegenküste abhängig sei. Deshalb müsse der rivalisierenden Macht auf dem europäischen bzw. asiatischen Kontinent die Möglichkeit verwehrt werden, Zugang zu den Ozeanen zu gewinnen, die dieser Macht den Zugang zur westlichen Hemisphäre erlauben würde. In diesem Zusammenhang betonte ROOSEVELT noch einmal die Bedeutung der atlantischen ›Community‹, die er als Voraussetzung zur Kontrolle der europäischen Gegenküste ansah: Wenn Großbritannien falle, werde es den konkurrierenden Mächten des eurasischen Kontinents (in diesem Falle Deutschland und Japan) gelingen, die Herrschaft über ganz Europa, Asien, Afrika und Australien zu errichten, und damit würden sie in den Besitz von Ressourcen gelangen, die es ihnen erlaubten, gegen die westliche Hemisphäre vorzugehen.[169]

Zusammengefaßt gesagt, wird durch den Atlantizismus noch einmal das Stützpunktdenken des US-Admirals Alfred Thayer MAHAN aktualisiert, dessen Denkmodell davon ausgeht, daß zur Aufrechterhaltung einer Seemachtstellung mit globalem Machtanspruch Stützpunkte auf den gegenüberliegenden Küsten erforderlich sind, um weltweiten Handel und globale Machtprojektion durchführen zu können. ROOSEVELT präzisierte diesen Gedanken mit der Betonung der Notwendigkeit, die europäische und die asiatische Gegenküste zu sichern und die Stellung der USA als Führungsmacht der westlichen Hemisphäre von der Fähigkeit abhängig zu machen, Einfluß und Sicherheit der Verbündeten auf der Gegenküste zu garantieren.

2.3 Der Übergang zum Kalten Krieg – der eurasische Raum rückt endgültig in den Fokus der amerikanischen Geopolitik

Während des Zweiten Weltkrieges begann man in Militär-, Diplomaten- und Geheimdienstkreisen zunehmend die Bedeutung Eurasiens für die amerikanische Macht zu erkennen. Deren Überlegungen hatten grundsätzlich eines gemeinsam, nämlich daß für die USA die Kontrolle Eurasiens durch eine Kontinentalmacht – welche es auch immer sei – nicht hinnehmbar sei. Der stellvertretende US-Außenminister Adolph BERLE stellte in diesem Zusammenhang die These auf, daß sowohl eine Naziherrschaft über Eurasien als auch eine russische Herrschaft über die ›*world-island*‹ eine Bedrohung für die Sicherheitsinteressen der Seemacht USA sei. Gerade in den Kreisen des amerikanischen Militärs wurden diese Gedanken weiterentwikkelt. Zwar glaubten einige Kreise – die auch erheblichen Einfluß auf die Nachkriegsvorstellungen ROOSEVELTS hatten –, daß eine dauerhafte Zusammenarbeit mit der Sowjetunion im Sinne einer amerikanisch-sowjetischen Weltpolizei möglich sei, doch stand im wesentlichen schon eine Weltsicht im Vordergrund, daß dem amerikanischen Weltführungsanspruch durch die Sowjetunion ein kontinentaler Konkurrent entgegentreten könne: George LINCOLN beispielsweise, Mitglied der 1942 gegründeten ›Operations Division‹, warnte vor den Gefahren einer schleichenden sowjetischen Hegemonie über »Ressourcen und manpower« Europas und Asiens, verwarf das Konzept einer lediglich hemisphärischen Verteidigung als wertlos und forderte statt dessen ein enges Zusammenrücken mit Großbritannien zur Verhinderung der sowjetischen Macht in Eurasien.[170]

Marineminister James FORRESTAL begünstigte in diesem Zusammenhang die Idee eines globalen Stützpunktsystems, das die Kontrolle des Pazifischen und des Atlantischen Ozeans durch die USA sicherstellen sollte. Zudem sollten auch die Erdölvorkommen im Nahen und Mittleren Osten unter amerikanische Kontrolle gestellt werden. Dabei betonte FORRESTAL auch die Notwendigkeit des Aufbaus eines wirkungsvollen strategischen Verteidigungssystems in dieser Region.[171] Doch blieb der europäische Kontinent nach wie vor im Blickpunkt der strategischen Planer für eine kommende Auseinandersetzung mit der eurasischen Kontinentalmacht.

In dieser Zeit gewann auch der Denkansatz Walter LIPPMANS wieder an Aktualität: Dessen Einschätzung zufolge sei – im Sinne der Gedankenwelt MAHANS – allein eine amerikanisch-britische Seeallianz imstande, das Überleben der westlichen Zivilisation zu sichern. Selbst die bewaffneten Massen Eurasiens würden an der geballten Kampfkraft der Royal und US Navy zerschellen.[172] Er sprach sich für die Schaffung von Allianzen unter amerikanischer Führung aus, »die bereit waren, der russischen Macht entgegenzutreten, und vor offenen Interventionen nicht zurückschreckten. . . Die amerikanische Sicherheit sah er auf drei fundamentalen Prinzipien beruhen: entschlossene Verteidigung der Hemisphäre; permanente Pflege der Atlantischen Allianz; Einsicht, daß schließlich nur Großmächte Kriege wagten und deren gegenseitige Anerkennung bestimmter Interessensphären daher von größter Bedeutung für die internationale Ordnung war«.[173]

LIPPMAN nahm hier bereits die Idee der NATO vorweg: Die bereits erwähnte anglo-amerikanische Allianz war für ihn die Grundlage einer zu schaffenden transatlantischen Allianz. Der Atlantische Ozean ist LIPPMAN zufolge nicht die Grenze zwischen Europa und Amerika. Er ist gewissermaßen der Binnensee einer Gemeinschaft von Staaten, die miteinander durch Geographie, Geschichte und übereinstimmende Lebensinteressen verbunden sind. Von MACKINDER übernahm LIPPMAN lediglich den Ansatz, daß die strategische Kontrolle Europas als eines Teils des ›inneren Halbmondes‹ zur Aufrechterhaltung der transatlantischen Sicherheit ausreichend sei. Zur Eindämmung einer eurasischen Machtkonzentration empfahl er die Errichtung eines Systems regionaler Staatenbündnisse, die auf dem Prinzip aufgebaut werden sollten, daß der jeweiligen Vormacht »die quasi-Kontrolle über eine bestimmte ›strategische Zone‹ eingeräumt wurde, während die Einmischung in die inneren Angelegenheiten eines Staates in einer anderen Zone einen flagranten Verstoß gegen das *Nichteinmischungsprinzip* bedeutete«.[174] Neben der Atlantischen Gemeinschaft sollten zu einem solchen Bündnissystem eine chinesische Einflußsphäre gehören, die Indochina, Korea, Burma, Thailand und Malaya umfaßte, sowie vergleichbare Bündnisse in der hinduistischen wie auch in der islamischen Welt.

Diese Denkansätze LIPPMANS sind deshalb von großer Bedeutung, weil sie wesentliche Elemente der künftigen Nachkriegs-Weltordnung der USA vorwegnehmen. Der anti-eurasische Containment-Gedanke, der in der Einforderung von regionalen Bündnissystemen auf dem eurasischen Kontinent zum Ausdruck kommt, findet sich in der Gründung von Bündnissen wie der NATO, der SEATO oder dem Bagdad-Pakt nach dem Zweiten Weltkrieg wieder. Insoweit hat die LIPPMANsche Gedankenwelt vor diesem Hintergrund einen nicht zu unterschätzenden Einfluß auf die Planungen der amerikanischen Machtelite, der auch bis heute anhält. So läßt sich beispielsweise die Schaffung des gegen den russischen Einfluß gerichteten osteuropäisch-zentralasiatischen Bündnisses der GUUAM, auf das später noch einzugehen ist, ohne weiteres auf den LIPPMANschen Gedanken zurückführen.

2.4 Das Grundmodell der Nachkriegsordnung – die Strategie der ›Grand Area‹

Wie die Weltordnung nach dem Zweiten Weltkrieg nach den Vorstellungen der amerikanischen Machtelite aussehen sollte, wurde im sogenannten ›Politbüro des internationalen Kapitalismus‹, nämlich im ›Council on Foreign Relations‹, noch in der Anfangsphase des Zweiten Weltkriegs geplant und entschieden. Noch vor dem offiziellen Eintritt der USA in den Krieg gingen hochrangige Strategen davon aus, daß die Vereinigten Staaten in der Nachkriegsära eine »unhinterfragte Machtposition« einnehmen und »jedwede Ausübung von Souveränität« durch Staaten, die Washingtons globale Plane gefährden könnten, beschränken müßten. Um diese Ziele zu erreichen, war es unbedingt notwendig, »so schnell wie möglich das Programm einer vollständigen Wiederbewaffnung in die Tat umzusetzen« mit dem Ziel »einer Politik, die den USA gleichermaßen die ökonomische wie auch die militärische Vorherrschaft sichern wird«. Dieses Konzept sollte zunächst auf den nichtdeutschen Machtbereich begrenzt sein,[175] der unter der Vorherrschaft der USA als ›Grand Area‹ entstehen sollte. Basis der ›Grand Area‹ war also »ein großes Restgebiet, das potentiell uns zur Verfügung steht und *auf dessen Grundlage die amerikanische Außenpolitik entworfen werden kann*« (so die Denkschrift *E-B 19).*[176] »Zu diesem geopolitischen Großraum gehörten die westliche Hemisphäre, das ehemalige britische Empire und der Ferne Osten. Als die Niederlage Deutschlands sich abzuzeichnen begann, *wurden diese Pläne auch auf Eurasien ausgedehnt.*« (Hervorhebung durch den Verfasser)[177]

Grundlage des ›Grand Area‹-Plans war die Sicherstellung der Voraussetzungen für eine globale Expansion der amerikanischen Wirtschaft, nämlich der Zugang zu Absatzmärkten, zu Rohstofflagern unter Gewährleistung unbeschränkter Investitionsfreiheit. Dieser Prozeß aber sollte militärisch abgesichert werden. Die strategischen Planer gingen davon aus, daß ein Verlust von äußeren Märkten und Rohstoffen ernsthafte wirtschaftliche Veränderungen innerhalb des Gebietes des amerikanischen Kontinents und auch für die USA und ihre Gesellschaft selbst erzwingen werde. Um dies zu verhindern, sei eine Erweiterung der Wirtschaftsdomäne der USA und, dadurch bedingt, eine Steigerung des notwendigen militärischen Engagements der USA im Laufe der Zeit äußerst wesentlich. »Das erste Erfordernis der USA in einer Welt, *in der sie eine unangezweifelte Machtposition zu halten versucht*, ist der schnellste Vollzug eines Programms vollständiger Wiederbewaffnung.«[178]

Das Dokument *E-B 19* schloß mit einer Erklärung, daß die wichtigsten Bestandteile der amerikanischen Außenpolitik in »einer integrierten Politik *zur Erlangung militärischer und ökonomischer Vorherrschaft der USA innerhalb der nichtdeutschen Welt*« bestünden. Ein wichtiges Element hierbei war die »Koordinierung und Zusammenarbeit der USA mit anderen Ländern zur Begrenzung jeder Machtausübung durch andere Staaten, welche die für Sicherheit und Wachstum der USA und der amerikanischen Kontinente grundlegende minimale Zone bedrohen könnte«. Für die

Beilegung von Streitigkeiten würde eine Gruppenautorität unter amerikanischer Führung gebraucht, eine Art nichtdeutscher weltpolitischer Organisation. Außerdem verlangte dieses Programm geeignete Maßnahmen auf den Gebieten Handel, Investition und Währungsordnung, so daß jedes Land in Frieden existieren konnte.[179]

»Der Großraum, wie der nichtdeutsche Block unter Führung der USA 1941 genannt wurde, war nur eine vorübergehende Maßnahme, um mit der Ausnahmesituation von 1940/41 fertigzuwerden. Das angestrebte Ideal war noch grandioser: Eine Weltwirtschaft geeint unter der Herrschaft der USA.«[180] Nach den Plänen der Arbeitsgruppe ›Wirtschaft und Finanzen‹ des ›Council on Foreign Relations‹ war der ›Großraum‹ für die USA »nicht wünschenswerter als eine Weltwirtschaft, er ist auch kein völlig zufriedenstellender Ersatz dafür«. Die Arbeitsgruppe schlug in diesem Zusammenhang vor, »die Pläne für eine Integration des bestehenden Großraums unter amerikanischer Führung als kurzfristige Kriegs- und Verteidigungsmaßnahme zu betreiben. Dieser Raum könnte dann als organisierter Kern für den Aufbau einer integrierten Weltwirtschaft nach dem Krieg dienen. Der nächste notwendige Schritt war die Entscheidung über die Mittel, mit denen dieser bestehende Raum ökonomisch vereinigt werden konnte«.[181]

Das Großraumkonzept beruhte auf der Überlegung, daß die »Wirtschaft der USA auf den Export gewisser Fertigwaren und Agrarprodukte und den Import zahlreicher Rohstoffe und Nahrungsmittel eingestellt ist« (so das weiterführende Dokument *E-B 34*). Man befand, eine autarke Wirtschaft der USA und des amerikanischen Kontinents sei unmöglich ohne große Veränderungen des amerikanischen Wirtschaftssystems. »Um diese Veränderungen am amerikanischen Wirtschaftssystem zu vermeiden, hatte der CFR (Council on Foreign Relations, der Verf.). . . ›die Ellbogenfreiheit zu bestimmen versucht, die die amerikanische Wirtschaft braucht, um ohne größere Veränderungen zu überleben‹. Dieser Lebensraum mußte die wesentlichen von der einheimischen Industrie benötigten Rohstoffe einschließen und ›möglichst wenig inneren Konfliktstoff wie übergroße Exportüberschüsse oder gravierende Mängel an Verkaufsgütern enthalten, was zu seinem Auseinanderbrechen führen könnte‹. Die ausführlichen Studien und Diskussionen der Arbeitsgruppen führten zu dem Ergebnis, daß die USA den größten Teil der nicht-germanischen Welt, den Großraum, als ›Ellbogenraum‹ benötigen würden. Dieser Raum bestand in seinen endgültigen Dimensionen aus den amerikanischen Kontinenten, Großbritannien, dem Rest des britischen Weltreiches, Holländisch-Ostindien und schließlich Japan. Die Empfehlung erklärte, daß bei einem Scheitern der militärischen Verteidigung und der wirtschaftlichen Integration dieses Gebietes die amerikanische Wirtschaft ernsthaft unter Druck käme, sei es durch Abschneiden lebenswichtiger Einfuhren wie Gummi, Zinn, Jute und pflanzlicher Öle, sei es, daß der normale Export von Überschüssen behindert würde. . . Die militärische Verteidigung des Großraums machte es nötig, der doppelten Gefahr Deutschland/Japan entgegenzutreten. Da die unter deutscher Kontrolle stehende Zone ein hohes Maß an Autarkie besaß und nicht durch Blockade in die Knie zu zwingen war, wurde sie langfristig als Hauptbedrohung der anglo-amerikanischen Region betrachtet. Dokument *E-B 34* riet, Deutschland daran zu hindern, die Kontrolle über Nordafrika, den Nahen Osten und die Sowjetunion zu gewinnen und seine eigenen ökonomischen Gewinne in Europa zu festigen. Die Studien der Gruppe Wirtschaft und Finanzen hatten gezeigt, wie gefährlich ein vereintes Europa – ob unter Nazi-Herrschaft oder nicht – den Vereinigten Staaten werden würde. Fish AMSTRONG wies Mitte Juni 1941 darauf hin, die Entwicklung eines vereinigten Europas könne nicht zugelassen werden, da seine Stärke zu einer konkreten Gefahr für den amerikanischen Großraum würde. Ein vereinigtes Europa wurde als grundlegend unvereinbar mit dem amerikanischen Wirtschaftssystem angesehen.«[182]

Wie bereits angedeutet, war dieser Großraum keine statische feststehende Größe, sondern nur das Grundmodell einer nach amerikanischen Grundsätzen definierten und organisierten Weltwirtschaftsordnung, das einer dauerhaften dynamischen Expansion unterworfen war: »Im Falle eines amerikanisch-britischen Sieges müßte viel für eine Neuordnung der Welt getan werden, besonders in Europa. Dabei sollte sich der Großraum als nützlich erweisen. Während einer Übergangsperiode der Anpassung und des Wiederaufbaus könnte der Großraum ein wichtiger Stabilisator der Weltwirtschaft sein. Die für die Integration des Großraums entwickelten Institutionen könnten sehr wahrscheinlich nützliche Erfahrungen zur Bewältigung europäischer Probleme liefern; vielleicht wäre es sogar möglich, die europäischen Ökonomien in die des Großraums einzuflechten.« (so das Dokument *E-B 34*)[183]

Demnach galt der Großraum also als Kernregion, die jederzeit um weitere Länder vergrößert werden konnte. L. VINER, Berater des Finanzministeriums und Mitberichterstatter der Gruppe Wirtschaft und Finanzen, führte im Mai 1941 aus: »Es wäre das Ziel amerikanischer Politik, das Gebiet des Großraums zu erweitern.« Auch Gruppenmitglied RIEFLER betont »den dynamischen Charakter des Raumes und den Nutzen, den er als organisierter Kern für die Weltwirtschaft der Nachkriegszeit hätte«.[184] Damit sollte ein großräumiger Absatzmarkt für die US-Wirtschaft geschaffen werden, denn nach den Analysen des ›Council on Foreign Relations‹ konnte die US-Wirtschaft in ihrer bestehenden Form nur überleben, wenn die westliche Hemisphäre, das britische Empire und der Ferne Osten zum besagten ›Großraum‹ einbezogen würden.[185]

Gegen Ende des Krieges wurden diese Pläne schließlich konkreter. Der bereits erwähnte Geopolitiker Isaiah BOWMAN erklärte, daß die USA nunmehr in die Lage versetzt seien, »die Organisation der Welt ganz neu zu überdenken. So wie die USA das Arsenal der Demokratien sind, werden sie das letzte Arsenal im Augenblick des Sieges sein. Wir können den Gehalt dieses Arsenals nicht einfach wegwerfen. *Wir müssen die Weltverantwortung akzeptieren*... Der Gradmesser unseres Sieges wird der Grad unserer Herrschaft nach dem Sieg sein.« Notwendig sei eine Definition eines erweiterten Konzeptes der amerikanischen Interessen, um sich mit den Gebieten auseinandersetzen zu können, »die strategisch für die Weltherrschaft notwendig sind«.[186] Der Präsident des ›Council on Foreign Relations‹, Norman DAVIS, legte in diesem Zusammenhang dar, daß aller Voraussicht nach »das britische Weltreich der Vergangenheit nie wieder erstehen wird und die USA wohl an seine Stelle treten müssen«.[187] Noch weitergehend forderte General STRONG, die USA müßten »nach diesem Krieg eine geistige Einstellung zur Einrichtung der Welt an den Tag legen, die uns in die Lage versetzt, unsere Bedingungen zu diktieren, vielleicht sogar im Sinne einer Pax Americana«.[188] Die Amerikaner müßten den Verbündeten gegenüber auf der zu erwartenden Friedenskonferenz eine harte Linie verfolgen. DAVIS ergänzte hierzu, die USA könnten »sich nicht länger leisten, den Weltgeschehnissen gleichgültig gegenüberzustehen«. Ärger müßte im Keim erstickt werden, wo immer auch auf auftreten möge.[189]

»Der Grund für diese Hervorhebung der amerikanischen Hegemonie war der gleiche, den der CFR (Council on Foreign Relations, der Verf.) 1940 und 1941 betont hatte: Das Wirtschaftsleben der USA in der derzeitigen Form war eng mit der Außenwelt verbunden. Die nationale Wirtschaft war schon länger auf Exportmärkte angewiesen, deren Verlust. . . zu einem Sinken des Sozialeinkommens und Ansteigen der Arbeitslosigkeit führen mußte. . . Das hieß notwendigerweise, daß die amerikanischen Planer sich mit der Politik und der Wirtschaft anderer Staaten zu beschäftigen hatten. Zumindest mußten die USA in die inneren Angelegenheiten der wichtigsten Länder für industrielle Schlüsselprodukte und Rohstoffe einsteigen. Sollten einer oder mehrere dieser Staaten nicht in dem neuen Weltwirtschaftssystem mitmachen, könnten sie sich möglicherweise nicht rasch genug entwickeln, um ihre Einkaufsziffern bei den USA zu erhöhen, wodurch die Gefahr einer Depression zunähme.«[190]

Genau in diesem formulierten globalen ökonomischen Führungsanspruch der USA, den diese auch militärisch abzusichern gedachten, lagen schließlich – wie in einem späteren Kapitel noch aufzuzeigen sein wird – die tieferen Ursachen für den Startschuß der USA zum Kalten Krieg gegen die Sowjetunion. »Die ganze Welt«, so sollte später US-Präsident TRUMAN erklären, »sollte daher das amerikanische System übernehmen.« Denn »das amerikanische System kann (selbst) in Amerika nur dann überleben, wenn es das System der ganzen Welt wird«.[191]

2.5 Die geopolitische Doktrin des Kalten Krieges – Nicholas Spykman und seine Konzeption des ›Heartland and Rimland‹

Am Ende der bewaffneten Auseinandersetzungen des Zweiten Weltkrieges blieben die Seemacht USA und die Kontinentalmacht Sowjetunion als globale Kontrahenten übrig. Die USA sahen sich nunmehr in die Lage versetzt, den im vorherigen Kapitel dargelegten Weltführungsanspruch gegen den eurasischen Konkurrenten, der seinen Einfluß nach 1945 gleichfalls erheblich ausweiten konnte, erfolgreich durchsetzen zu müssen. Hier gewannen die Ideen MACKINDERS und seine Theorien vom Gegensatz zwischen Landmacht und Seemacht wieder an Aktualität. Es blieb allerdings einem anderen Geopolitiker vorbehalten, dieses Denkmodell wieder aufzugreifen und den aktuellen Bedürfnissen am Ende des Zweiten Weltkrieges neu anzupassen, nämlich dem aus den Niederlanden stammenden Politikwissenschaftler Nicholas SPYKMAN. SPYKMAN kritisierte hierbei vor allem die Festlegung MACKINDERS auf den als grundlegend angesehenen Gegensatz von Land- und Seemacht und kehrte MACKINDERS Formeln von der Abhängigkeit der Weltherrschaft von der Beherrschung des Herzlandes und Osteuropas um.

MACKINDER definierte die zweikontinentale Landmasse Eurasien-Afrika als »Weltinsel« und sah in Eurasien eine für Seemächte unzugängliche Kernzone, die er »Herzland« nannte und genau mit dem Gebiet Rußlands bzw. der Sowjetunion gleichsetzte. Als Gegensatz zu dieser Kernzone betrachtete MACKINDER die geographische Region des ›äußeren Halbmondes‹ (amerikanischer Doppelkontinent, südliches Afrika und Australien), die nach seiner Auffassung gegen einen direkten Einfluß der Kontinentalmacht unverwundbar war. Zwischen Herzland und dem äußeren Halbmond lag der ›innere Halbmond‹ (bestehend aus Europa, der Mittelmeerregion, dem Nahen und Mittleren Osten, dem indischen Subkontinent sowie der südostasiatischen Region). Die Verbindung von ›innerem Halbmond‹ und dem ›Herzland‹ bildet die Weltinsel. Aus dieser Betrachtungsweise leitete MACKINDER seine Formel ab, daß die Weltherrschaft von der Beherrschung der Weltinsel und diese wiederum von der Herrschaft über das Herzland und Osteuropa abhängig sei.

In seinem Hauptwerk *America's Strategy* legte SPYKMAN seine Überlegungen zur amerikanischen Strategie der Weltherrschaft dar. Er ging dabei »von drei globalen Machtzentren aus: den atlantischen Küstenregionen Nordamerikas, dem europäischen Littoral (Küstenregion) und dem fernöstlichen Küstenstreifen Eurasiens. Er übernahm MACKINDERS Weltbild von einem eurasischen Block, dessen Mittelstück (heartland) im Norden (Rußland) lag. Auch anerkannte er die beherrschende Position Rußlands in dieser von MACKINDER als geographischer Angelpunkt Eurasiens (›*pivot area*‹) bezeichneten Region. Schließlich ging er 1942 noch wie MACKINDER davon aus, daß die Kontrolle über die drei eurasischen Machtzentren (Herzland, fernöstlicher und europäischer Littoral) durch eine deutsch-japanische Allianz eine Bedrohung des Weltmachtstatus der USA bedeutet hätte«.[192]

SPYKMANS Weltbild war gewissermaßen bestimmt von einem Gegensatz zweier Kontinentalräume, nämlich von der strategischen Konfrontation des amerikanischen Doppelkontinents einerseits mit einem eurasischen Block auf der anderen Seite. »Wenn die Neue Welt in einer Form geeint und organisiert werden kann, daß ihre Kräfte für Aktionen über den Ozean verfügbar sind, so kann dies die Politik Europas und Asiens beeinflussen. Und wenn auf der anderen Seite die Alte Welt zersplittert im Kräftegleichgewicht verbleibt, so kann die auswärtige Macht eine entscheidende Wirkung auf ihr politisches Leben ausüben. Und wenn andererseits die Alte Welt in einer Form geeint und organisiert werden kann, daß sie ihre Kraft für Aktionen über den Ozean entfalten kann, wird die Neue Welt eingekreist sein und... sich dem Diktat der Alten Welt unterwerfen müssen.«[193]

SPYKMANS Ansatz unterscheidet sich von dem MACKINDERschen Modell aber dadurch, daß er – so Stefan FRÖHLICH – die Anstöße für Veränderungen von Machtkonstellationen in Eurasien nicht vom ›Herzland‹, sondern vom ›inneren Halbmond‹ ausgehen sah – also MACKINDERS »inner crescent«, den SPYKMAN über den gesamten europäischen Kontinent westlich der Landverbindung zwischen Ostsee und Schwarzem Meer, die innerasiatischen Hochlande und China ausdehnte und dem er den Namen »Rimland« gab.[194] In diesem »Rimland« erblickte er »die aufgrund von Bevölkerungen, Ressourcen, Industriepotentialen und der direkten Verbindungen zu den umliegenden Weltmeeren weitaus besseren Voraussetzungen für künftiges weltpolitisches Gewicht – vorausgesetzt, es unterhielt sowohl ausreichende See- als auch Landstreitkräfte, um sich in beide ›Richtungen‹ verteidigen zu können«.[195] Dieses »Rimland« stellt nach SPYKMAN die Pufferzone zwischen dem Zentrum der eurasischen Landmasse und den dieses umgebenden Meeresrouten dar, die West- und Zentraleuropa, die Länder des Nahen Ostens, die Türkei, den Iran und Afghanistan, Tibet, China und Ostsibirien sowie die drei Halbinseln von Arabien, Indien und Thailand umfaßt.

In dem Weltbild SPYKMANS lagen jenseits der das ›Rimland‹ umgebenden Seewege die sogenannten *›off-shore-islands‹*, zu denen Afrika, der malaiische Archipel, Australien und Japan gehören – jene Staatenwelt, die MACKINDER noch dem ›äußeren Halbmond‹ zugehörig zählte und die nach SPYKMAN Bestandteil des amerikanischen Machtbereichs sein sollte.[196]

Im Gegensatz zu MACKINDER sah SPYKMAN den Schlüssel nicht in der Kontrolle des ›Herzlandes‹; das wahre Machtpotential lag vielmehr im ›Rimland‹. Das ›Herzland‹ hat seiner Einschätzung nach aufgrund des Klimas und der Bevölkerungsstärke nicht die notwendige Voraussetzung für eine beherrschende Stellung. Das ›Rimland‹ hingegen weist die notwendige Mobilität und Industrialisierung auf, um sowohl für die Landmacht als auch die Seemacht eine verwundbare Pufferzone und eine entscheidende Einflußzone darzustellen: »Das ›Rimland‹ der Eurasischen Landmasse muß als eine Zwischenregion angesehen werden, eingekeilt zwischen dem Herzland und dem Meer. Seine Funktion liegt darin, Pufferzone in einer Auseinandersetzung zwischen See- und Landmacht zu sein. In beide Richtungen blikkend, muß es gewissermaßen amphibisch funktionieren und sich selbst sowohl auf dem Land als auch zur See verteidigen können. In der Vergangenheit hatte es gegen die Landmacht des Herzlandes und gegen die Seemacht der ›Off-shore-islands‹ Großbritannien und Japan zu kämpfen. Sein amphibischer Charakter ist sein grundlegendes Sicherheitsproblem.«[197]

Dieses Sicherheitsproblem äußert sich SPYKMANS Ansicht nach darin, daß sich Bündnisse entweder zwischen Land- und Seemacht gegen eine ›Rimland‹-Macht oder -Mächteallianz oder aber zwischen dem beherrschenden Staat bzw. Staatenbündnis des ›Rimlands‹ und dem Herzland gegen andere Staaten des ›Rimlands‹ im Bündnis mit der Seemacht bildeten: In der Geschichte »hat es niemals einen bloßen Landmacht-Seemacht-Gegensatz gegeben. Die Bündnisse in der Geschichte

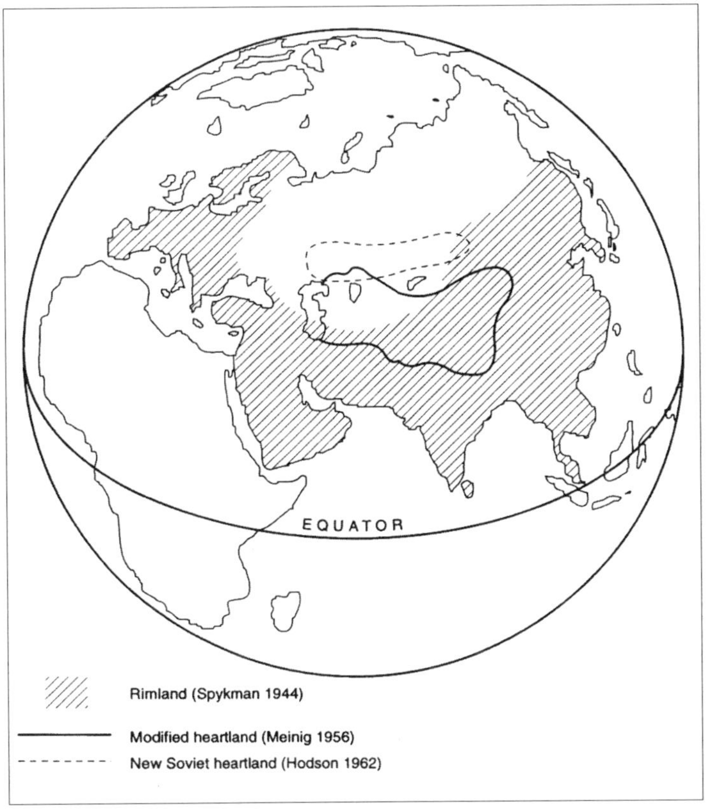

Nicholas SPYKMAN.

In der Mitte des eurasischen Kontinents befindet sich das ›Heartland‹ nach der Auffassung von HODSON (gestrichelte Linie) und D. S. MEINIG.

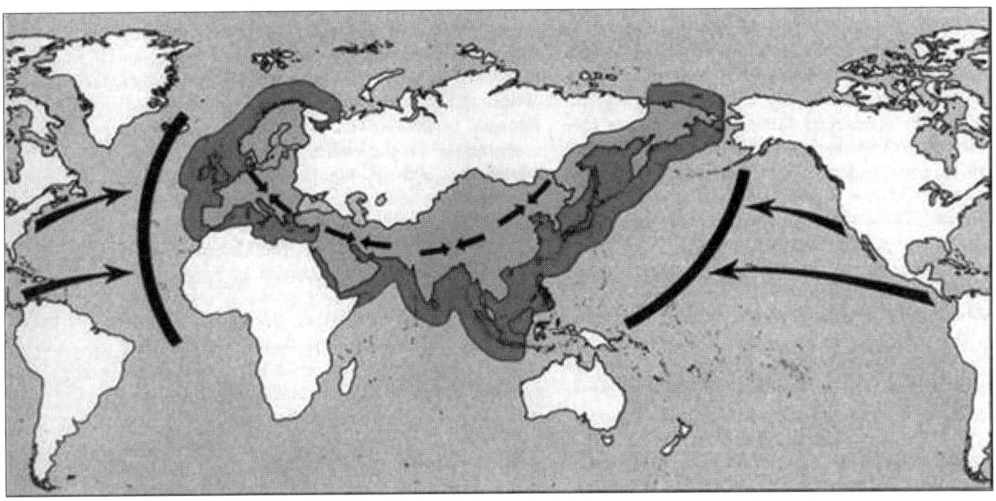

Nicholas SPYKMANS Rimand (1944).

waren immer derart gestaltet, daß einige Mitglieder der Rimland-Staaten mit Großbritannien gegen andere Mitglieder der Rimland-Staatenwelt mit Rußland, oder Großbritannien und Rußland zusammen gegen eine beherrschende Rimland-Macht verbündet waren«.[198] Aus diesen Überlegungen heraus kehrte SPYKMAN die Formel MACKINDERS gewissermaßen um: »Wer das Rimland kontrolliert, beherrscht Eurasien; wer Eurasien beherrscht, kontrolliert die Geschicke der Welt.«[199]

Nach SPYKMAN bedeutet dies, daß die Herrschaft über das Rimland durch einen Staat oder eine Staatenkoalition eine politische und strategische Einkreisung der USA darstellt. Vor diesem Hintergrund liegt »die erste Verteidigunglinie der Vereinigten Staaten in der Aufrechterhaltung einer balance of power in Europa und Asien«.[200] Diese geopolitische Logik muß sich SPYKMAN zufolge auch auf die Rohstoffpolitik der USA auswirken: Da die USA in wachsendem Maße rohstoffimportabhängig sind und diese Rohstoffe hauptsächlich auf den ›Rimlands‹ gelegen sind, müssen die USA darauf achten, daß diese Staatenwelt nicht in einen geschlossenen funktionsfähigen eurasischen Wirtschaftskreislauf eingebunden wird.[201] Das bedeutet also, daß die globale Vorherrschaftsstellung der USA abhängig ist von der Uneinigkeit und Desintegration des eurasischen Raumes im Sinne einer eurasischen *balance of power*.

Für die Sicherung des seit dem amerikanisch-spanischen Krieg erlangten Weltmachtstatus der USA leitet SPYKMAN ab, daß die bloße Verteidigung einer wie auch immer definierten ›westlichen Hemisphäre‹ oder des amerikanischen Doppelkontinents nicht ausreichend ist. Nicht zuletzt aufgrund der wachsenden Rohstoffabhängigkeit der USA von der Welt und der Tatsache, daß die Ozeane keine wirklich trennende Funktion mehr darstellen, haben die USA dafür Sorge zu tragen, daß eine konkurrierende eurasische Landmacht nicht die Kontrolle über die Staatenwelt des Rimlands – mithin der eurasischen Gegenküste – erhält: »Der Grund dafür, daß die USA in den letzten dreißig Jahre zweimal in den Krieg gegangen sind. . ., war die Möglichkeit, daß die Rimlandregionen der eurasischen Landmasse von einer einzigen Macht beherrscht werden könnten. . . Ihre hauptsächliche Pflicht muß es deshalb in ihrem eigenen Interesse sowohl in Friedens- als auch in Kriegszeiten sein, die Vereinigung der Machtzentren der Alten Welt zu einer feindlichen Koalition zu verhindern. . . Ein Gleichgewicht der Kräfte auf dem eurasischen Kontinent sicherzustellen ist eine der Aufgaben, für die wir kämpfen werden, und die Errichtung eines solchen Gleichgewichts und seine Bewahrung werden unser Ziel sein, wenn der Kampf gewonnen ist.«[202] Stefan FRÖHLICH spricht hier von SPYKMANS »Idealbild eines fragmentierten Europas«.[203]

Um ein solches »Equilibrium of Powers« auf der eurasischen Gegenküste auch sicherstellen zu können, sollten regionale Sicherheitsbündnisse unter maßgeblicher Beteiligung der USA abgeschlossen werden, da nach SPYKMANS Ansicht nur auf diese Weise eine Ordnung kollektiver Sicherheit aufrechterhalten werden kann. Mit dieser Strategie regionaler Mächtegruppierungen unter maßgeblicher amerikanischer Beteiligung hat SPYKMAN bereits die Konzeption der NATO vorweggenommen. In

Anlehnung an die Theorien des amerikanischen Navalisten Alfred Thayer MAHAN sah SPYKMAN aber ein System von Stützpunkten um den eurasischen Kontinent herum, um der Sowjetunion den Zugang zur europäisch-afrikanischen Transatlantikzone, zum Nahen und Mittleren Osten sowie zur Pazifikregion zu versperren, nicht mehr als ausreichend an.[204] Bündnisse mit anderen Seemächten zur Sicherstellung der Kontrolle über die maritimen Handelsrouten mußten SPYKMAN zufolge durch eine ständige Präsenz US-amerikanischer Streitkräfte in Europa ergänzt werden. Entscheidend war also eine militärische Machtprojektion in die Tiefe des eurasischen Raums. »Dazu bedurfte es der permanenten amerikanischen Präsenz durch die Besetzung strategischer Schlüs-selpositionen auf dem europäischen Kontinent und eines von moralischen und legalistischen Scheinargumenten freien, entschlossenen Interventionismus in die europäische Kontinentalpolitik.«[205]

SPYKMAN kann deshalb neben MACKINDER als der Vater einer anti-eurasischen Eindämmungspolitik angesehen werden. Sein Denkansatz ist gewissermaßen die Grundlage für eine Politik, die Staatenwelt an der eurasischen Peripherie als antirussische Bollwerke aufzubauen und damit der eurasischen Randregion eine entscheidende geostrategische Bedeutung einzuräumen. SPYKMANS Pläne in bezug auf Europa sahen die USA als Schutzmacht »im Sinne der unbedingten Kontrolle über den westlichen Teil des Kontinents« vor.[206]

Die Besonderheit SPYKMANS liegt darin, daß er zur Formulierung einer derartigen Containment-Politik die Ideen MACKINDERS und MAHANS miteinander verband. Wie diese beiden Denker sah er die Welt als ein geschlossenes System wechselseitiger Abhängigkeiten an, die es den USA verbietet, eine isolationistische Politik zu betreiben, wobei eine existentielle Gefahr für die atlantische Seemacht sowohl nach MACKINDER als auch nach SPYKMAN von Eurasien ausgeht. SPYKMAN übernahm zwar den Grundsatz MACKINDERS von dem ewigen Gegensatz zwischen Seemacht und Kontinentalmacht, dessen Bedeutung allerdings relativierte er: »›Inner Crescent‹ und ›coastlands‹ faßte er zu einer neuen Kategorie, dem ›rimland‹, zusammen. ›Outer Crescent‹ ersetzte er durch die sogenannten ›offshore continents‹, Großbritannien und Japan betrachtete er als ›offshore islands‹. ›Rimland‹ schien ihm aus Sicht der Seemacht die passendere Definition für den eurasischen Littoral zu sein aufgrund der direkten Verbindung zu den Randgewässern und dem Mittelmeerraum, welche es von den Weltmeeren trennen. Neben dem Konflikt zwischen Land- und Seemacht sah SPYKMAN einen zweiten zwischen der Neuen und der Alten Welt inklusive ihrer ›offshore continents‹. Dessen Bedeutung wähnte er in der geographischen Umrandung der Neuen Welt – westliche Hemisphäre – durch die Alte Welt vom Pazifik und Atlantik wie vom Nordpolarmeer.«[207]

Schnittstelle der Alten wie auch der Neuen Welt sind nach SPYKMAN aber nicht die Ozeane, sondern ist die zwischen ihnen und dem eurasischen Herzland gelegene Staatenwelt der ›Rimlands‹. Diese ist für SPYKMAN der Ausgangspunkt für die Kontrolle über Eurasien. »Für die Formulierung einer geopolitischen Strategie für die USA führt SPYKMAN an Stelle der Kategorie ›See- und Landmacht‹ nun die Unterscheidung Alte und Neue Welt ein, wobei die Neue Welt von der Alten Welt eingekreist werde. Da nur die Staaten des *Rimlands* in der Lage seien, die USA einzukreisen, geht für SPYKMAN keinerlei Gefahr von eurasischen *Heartland* für Amerika aus, sondern nur von *Rimland*-Staaten. . . Ziel einer US-Strategie muß für ihn sein, unabhängige Mächte auf dem *Rimland* zu verhindern. Er sieht wie MACKINDER in dem Konzept der *Balance of power* die geeignete Vorgehensweise.«[208] Dabei folgt SPYKMAN der Ansicht, daß die Einkreisung der USA nur durch sich gegenseitig ausbalancierende Machtverhältnisse der Alten Welt verhindert werden kann.[209]

Vor diesem Hintergrund hat die geopolitische Doktrin SPYKMANS eine eindeutig antieuropäische Stoßrichtung. Mit Blick auf die USA galt seine Sorge einer möglichen Einkreisung der USA durch die Verschiebung des Kräftegleichgewichts in Europa oder Asien. Ein geeintes eurasisches ›Rimland‹ wäre den USA ungeachtet der eigenen Stärke in jedem Fall überlegen. Die Gefahr einer Einkreisung der atlantischen Seemacht ginge also vom ›Rimland‹, nicht vom Herzland aus. Die Aufhebung eines Kräftegleichgewichts in Europa ist für SPYKMAN die Voraussetzung für das Entstehen einer vorherrschenden Kräftekonstellation auf dem Rimland als die eigentliche Bedrohung für die USA. »Für SPYKMAN war es geopolitisch irrelevant, ob Europa durch Eroberung oder freiwillige Föderation geeint war, die Tatsache an sich relativierte die Bedeutung der USA sowohl als atlantische Macht wie auch als Zentralmacht der westlichen Hemisphäre. . . Aus diesem Grund läge ein ausgewogenes Kräftegleichgewicht auf dem Kontinent im nationalen Interesse der USA.«[210] Diese Equilibrium-of-Powers-Politik war dabei gleichzeitig auch gegen Rußland gerichtet: »Ein russischer Staat vom Ural bis zur Nordsee kann keine große Verbesserung darstellen gegenüber einem deutschen Staat von der Nordsee bis zum Ural.«[211]

2.6 Zusammenfassung

Nach einer zusammenfassenden Betrachtungsweise müssen Alfred Thayer MAHAN, Halford MACKINDER und Nicholas SPYKMAN als die eigentlichen und wesentlichen Vordenker einer besonderen amerikanischen Eurasienpolitik begriffen werden, wie sie sich schließlich im Kalten Krieg mit der Sowjetunion auch äußern sollte. Dabei sollte sich herausstellen, daß die spätere antirussische Containment- und Roll-Back-Politik der USA sowohl nach 1945 als auch nach 1991 eine Verbindung von jeweiligen Elementen der Strategien MAHANS, MACKINDERS oder SPYKMANS darstellt. Keine dieser Strategien hat also die alleinige Grundlage dieser Politik gebildet. Treffend führt daher auch die Amerika-Expertin Sabine FEINER aus: »In den ›Containment-Code‹ gingen die geopolitischen Annahmen sowohl MACKINDERS als auch SPYKMANS ein. . . Erstens, Amerikas Sicherheit ist stark gefährdet, wenn ein Teil oder ganz Eurasien politisch von einer feindlichen Macht oder einer Koalition feindlicher Staaten dominiert würde. Diese Sorge wird sowohl von MAHAN, MACKINDER als auch von SPYKMAN formuliert. . .«[212] Damit aber war eine (Selbst-)Beschränkung des US-amerikanischen Machteinflusses, wie sie die MONROE-Doktrin vorgesehen hatte, nicht mehr vereinbar: »Neu an den geopolitischen Denkern ist, daß sie sich generell für eine internationalistische Politik der USA einsetzen. Isolationismus ist nicht mehr denkbar, denn die Welt wird als ein interdependentes, geschlossenes System betrachtet. Zweitens hat der Staat, der das eurasische *Heartland* kontrolliert, die größte Chance auf eine Herrschaft über ganz Eurasien (MACKINDER). Die Sowjetunion wurde somit als der Aspirant für eine Ausdehnung über das eurasische *Heartland* hinaus beurteilt... Zur Umsetzung der Containmentpolitik wurden weltweit Allianzsysteme geschaffen, um dem Druck der Sowjetunion auf das *Rimland* Eurasiens entgegenzuwirken. Damit wird zwar der These SPYKMANS Rechnung getragen, daß eine Macht, die das *Rimland* dominiert, die Welt kontrollieren könnte, und deshalb von den USA verhindert werden müsse. Allerdings wird die Gefahr nicht in den Staaten des *Rimlands* gesehen, sondern in der expansionistischen *Heartland*-Macht, der Sowjetunion. An dieser Stelle wird deutlich, daß MACKINDERS Konzept, das die Gefahr von der *Heartland*-Macht ausgehend interpretiert, in diesem Zusammenhang stärker zu wirken schien... Der *Containment-Code* als strategische Grundorientierung der USA hatte eine globale und interventionistische Politik der USA zur Folge, die mit einem klaren Feindbild operierte.«[213]

Diese Denkansätze verloren auch im Atomzeitalter nicht an Bedeutung: »Colin S. GRAY... wendet, stark beeinflußt von MACKINDER und SPYKMAN, als einer der ersten eine geopolitische Analyse auf den Konflikt der USA und der UdSSR im nuklearen Zeitalter an. Gerade wegen der Entwicklung von Nuklearwaffen, die aufgrund technologischer Verbesserungen ohne geographische Beschränkungen global einsatzfähig waren, war ein Rückgang am Interesse einer klassischen geopolitischen Analyse gesehen worden. Denn Nuklearwaffen von kontinentaler Reichweite schienen geopolitische Betrachtungen zwischen Land- und Seemacht unnötig zu machen... GRAY diagnostiziert..., die USA und die Sowjetunion befänden sich in einem ›*permanent struggle*‹. Ziel der USA sei dabei, eine Ausdehnung der Sowjetunion auf das *Rimland*... Europas und Asiens zu verhindern. Nuklearwaffen stellen für GRAY keine maßgebliche Veränderung dieses Konflikts dar. Auch diese Waffen sollten seiner Ansicht nach innerhalb dieses geopolitischen Rahmens gesehen werden, denn das Wesen der Politik hätte sich dadurch nicht verändert.«[214]

In diesem Zusammenhang sprach sich GRAY dafür aus, daß die USA ihre atomare Überlegenheit sicherstellen sollten, um den Einfluß der UdSSR auf das europäische und asiatische Rimland zu schmälern. In seinem Buch *The Geopolitics of Super Power* befürwortete Colin GRAY deshalb, daß die Containment-Politik auch künftig Leitlinie der amerikanischen Geopolitik bleiben müsse[215] und die nukleare Option in diese Gesamtstrategie einzubetten sei.

2.7 »Eurasien als der Siegespokal der Auseinandersetzung zwischen Sowjetunion/Rußland und den USA« – die geopolitische Konzeption Zbigniew Brzezinskis

Aus diesen geopolitischen Ideengängen ein Konzept der globalen Vorherrschaft der USA und der Unterwerfung Eurasiens zu entwickeln blieb dem sicherheitspolitischen Berater der Präsidentschaft CARTERS, Zbigniew BRZEZINSKI, vorbehalten. Dieser gilt nicht zu Unrecht als einer der heute wohl einflußreichsten Geopolitiker im außenpolitischen Establishment der USA. Er zeichnete sich schon recht früh als ein grundsätzlicher Gegner Rußlands aus. Während der Präsidentschaft Jimmy CARTERS vertrat er »gegenüber der Sowjetunion eine sehr viel härtere, die militärische Macht bevorzugende Linie als der Außenminister (Cyrus VANCE, der Verf.)«.[216] In seiner außenpolitischen Konzeption ging es BRZEZINSKI »vor allem um die Eindämmung der Sowjetunion und die dafür erforderliche amerikanische militärische Stärke«.[217] BRZEZINSKI ist Vertreter der neorealistischen Schule des US-Politologen Hans MORGENTHAU, dem zufolge die Politik zwischen Staaten immer als Kampf um die Macht definiert werden müsse.[218]

Politischen Einfluß gewann BRZEZINSKI in den siebziger Jahren, also in einer Zeit, die von einem schwindenden Machteinfluß der USA sowohl im wirtschaftlichen als auch im militärisch-politischen Sinn geprägt war. Wegen des allgemeinen wirtschaftlichen Fortschrittes in Westeuropa wie auch in Japan, des Bedeutungsverlusts des Dollar als goldgedeckter Weltleitwährung, des Rückzugs aus Vietnam, aber auch wegen der rüstungstechnischen Verbesserungen der Sowjetunion (Ersatz der alten SS-4,5-Mittelstreckenraketen durch die zielgenaueren SS-20) schrumpften die ökonomischen und militärischen Machtressourcen der USA im Vergleich zu den fünfziger und auch noch den sechziger Jahren. BRZEZINSKI faßte dieses Jahrzehnt als ein Zeitalter auf, in dem die USA sich zunehmend einer feindlichen Umwelt ausgesetzt sahen.[219]

Für BRZEZINSKI war es deswegen an der Zeit, das Modell der amerikanischen Weltvorherrschaft neu zu bestimmen. Für ihn sind die USA als unverzichtbare Nation zur Weltführung vorgesehen. Da durch fortschreitende Technologie und Handel ein Bedeutungsverlust der Nationalstaaten einhergehe und die Weltordnung gewissermaßen auf einen chaotischen Zustand einer globalen Anarchie zusteuere, der, einmal außer Kontrolle geraten, nicht mehr beherrscht werden könne, sei nunmehr eine politische Steuerung erforderlich, um diesem Anarchisierungsprozeß entgegenzuwirken. Dies aber könne nur durch eine Macht geschehen, die zum einen an der Spitze der technisch-ökonomischen Revolution stehe und zum anderen zu einer wirklichen Machtausübung und somit zur Gestaltung der Weltordnung fähig und imstande sei, steuernd auf diese Entwicklung Einfluß zu nehmen. Die Schaffung einer internationalen Ordnung ist nach Ansicht von BRZEZINSKI deshalb abhängig von einer Weltführungsmacht,[220] und zwar von den USA, die BRZEZINSKI zufolge nicht irgendeine Hegemonialmacht, sondern die Weltmacht schlechthin ist. Die Legitimation der USA, Weltführungsmacht zu sein, gründet sich nach der

Anschauung BRZEZINSKIS wie bei den Imperien vergangener Zeitalter – etwa dem Imperium Romanum, dem chinesischen und mongolischen Reich bis hin zu den Hegemonialstaaten Europas vom 16. bis 20. Jahrhundert – auf ihre tatsächliche Macht. Die Überlegenheit dieser Imperien beruhte, wie BRZEZINSKI betont, in einem hohen Maß auf der wirkungsvollen Organisation, der Fähigkeit, wirtschaftliche Ressourcen umgehend für militärische Zwecke umzusetzen, sowie auf einem gut funktionierenden System der Herrschaftssicherung.

Allen diesen Imperien war gemein, daß sie neben diesen Machtressourcen über eine kulturelle Überlegenheit verfügten, was zur Folge hatte, daß Herrscher wie Beherrschte die imperiale Macht als selbstverständlich betrachteten und anerkannten. »Diese Imperien gründeten ihre Macht auf eine Hierarchie von Vasallenstaaten, tributpflichtigen Provinzen, Protektoraten und Kolonien«, schreibt BRZEZINSKI und legt dar, daß sie die Völker jenseits der Grenzen gemeinhin als ›Barbaren‹ betrachteten. »Bis zu einem gewissen Grad lassen sich diese anachronistischen Begriffe durchaus auf einige Staaten anwenden, die sich gegenwärtig innerhalb des amerikanischen Orbit befinden. . . Wie in der Vergangenheit beruht auch die imperiale Macht Amerikas in hohem Maße auf der überlegenen Organisation und auf der Fähigkeit, riesige wirtschaftliche und technologische Ressourcen umgehend für militärische Zwecke einzusetzen, auf dem nicht genauer bestimmbaren, aber erheblichen kulturellen Reiz des American Way of Life sowie auf der Dynamik und dem ihr innewohnenden Wettbewerbsgeist der Führungskräfte in Gesellschaft und Politik.«

Für das Funktionieren einer Weltordnung ist die Weltführung der USA deshalb nach BRZEZINSKI eine unerläßliche Notwendigkeit. Ein anderer sehr bekannter Geopolitiker der USA, Samuel HUNTINGTON, der mit BRZEZINSKI programmatisch-ideologisch eng verbunden ist, beschreibt dieses Erfordernis wie folgt: »Eine Welt ohne amerikanische Führung wird eine Welt mit mehr Gewalt, Unordnung und weniger Demokratie und Wirtschaftswachstum sein als eine Welt, in der die USA fortfahren, mehr Einfluß auf das Weltgeschehen zu nehmen als irgendeine andere Nation. Die Fortdauer der amerikanischen Vorherrschaft ist sowohl für das Wohlergehen und die Sicherheit der Amerikaner als auch für die Zukunft von Freiheit, Demokratie, freier Marktwirtschaft und internationaler Ordnung in der Welt von zentraler Bedeutung.«[221] Ein Rückzug der USA würde diese Ordnung zerstören, ebenso wie auch das Auftreten eines erfolgreichen Gegners. Die USA sind somit die »unverzichtbare Nation«, weniger für das eigene Wohlergehen als vielmehr für den internationalen Frieden, deren Macht vor der Geschichte zum gegenwärtigen Zeitpunkt einzigartig zu sein scheint: »Nicht nur beherrschen die Vereinigten Staaten sämtliche Ozeane und Meere, sie verfügen mittlerweile auch über die militärischen Mittel, die Küsten mit Amphibienfahrzeugen unter Kontrolle zu halten, mit denen sie bis ins Innere eines Landes vorstoßen und ihrer Macht politisch Geltung verschaffen können. Amerikanische Armeeverbände stehen an den westlichen und östlichen Randgebieten des eurasischen Kontinents und kontrollieren außerdem den Persischen Golf.«

Diesem globalen Führungsanspruch mißt Brzezinski zudem eine moralische Komponente bei: Das weltpolitische Engagement der USA sei nicht das Ergebnis ihrer nationalen Interessen, sondern ihnen von der übergeordneten Instanz, der geschichtlichen Vorsehung, geradezu zugewiesen worden. »Weltpolitisches Engagement ist für die USA folglich keine Verfolgung nationaler Interessen, sondern die Akzeptanz einer historischen Verpflichtung. Die Voraussetzungen, ihre einzigartige Position und ihre Machtfülle legen den USA die moralische Pflicht auf, eine globale Verantwortung zu übernehmen.«[222] Brzezinski formuliert hier – wenn man es denn so nennen will – eine Aktualisierung des ›Manifest Destiny‹ – einer offenkundigen Bestimmung der USA, mit ihrem Aufstieg zur Weltmacht seit dem amerikanisch-spanischen Krieg 1898 die Welt zu führen und ihr eine Ordnung aufzuerlegen.

Ein weiteres zentrales Element der geopolitischen Konzeption Brzezinskis ist die Deutung der Geschichte als eines ewigen Gegensatzes zwischen Kontinentalmacht und Seemacht. Seiner Einschätzung zufolge muß auch jede Strategie der USA in der Überzeugung verwurzelt sein, daß die strategische Beziehung zwischen den Vereinigten Staaten und der Sowjetunion/Rußland im wesentlichen gegensätzlich ist: »Die amerikanisch-sowjetische Auseinandersetzung ist nicht ein zeitweiliger Irrweg, sondern ein lang andauernder geschichtlicher Gegensatz globalen Ausmaßes, jedoch mit klaren geopolitischen Prioritäten; und wenn die Vereinigten Staaten ihn bestehen wollen, müssen sie den Kampf auf der Basis einer folgerichtigen und breit angelegten strategischen Perspektive führen.«[223]

Brzezinski geht dementsprechend also von einem ewigen Gegensatz zwischen Land und Meer aus: »Auch wenn der Konflikt zwischen neuen Parteien ausgetragen wird, ist er dennoch der Legatar jenes alten, weitgehend traditionellen und sicherlich geopolitischen Zusammenstoßes zwischen den großen Seemächten und den beherrschenden Landmächten. In dieser Hinsicht waren die Vereinigten Staaten der Nachfolger Großbritanniens (und noch früher Spaniens oder Hollands), und die Sowjetunion der des Dritten Reiches (und des Deutschen Kaiserreiches oder des napoleonischen Frankreich). Die seefahrenden Nationen übten ihre Macht in der Weise aus, daß sie die zugänglichen Seewege nutzten, um transozeanische Exklaven politischen und wirtschaftlichen Einflusses zu errichten. Die Landmächte ihrerseits strebten nach kontinentaler Vorherrschaft, um so die Hegemonie des von See her kommenden Eindringlings herausfordern zu können.«[224]

Vor diesem Hintergrund erkannte Brzezinski, daß die Frage, welche Macht nunmehr zur Ausübung der Weltherrschaft imstande ist, von der Fähigkeit zur Beherrschung des eurasischen Raumes abhängt: »Wer Eurasien kontrollierte, dominierte den Globus.«[225] In seinem Buch *Planspiel*, in dem Brzezinski sich zum ersten Mal – noch zu Zeiten des Kalten Krieges – ausführlich mit der Bedeutung Eurasiens für die amerikanische Globalhegemonie beschäftigt, nennt er daher auch folgerichtig Eurasien das zentrale Objekt des Konfliktes zwischen den USA und der Sowjetunion oder Rußland: »Der amerikanisch-sowjetische Konflikt ist zwar global, doch liegt Eurasien eindeutig im geopolitischen Brennpunkt der Auseinandersetzung und ist deren geopolitischer Siegespreis.«[226] Auch nach dem Zusammenbruch der Sowjetunion ändert sich für BRZEZINSKI an dieser strategischen Voraussetzung nichts. In seinem Werk, *The Grand Chessboard – American Primacy and its geostrategic Imperatives* (deutsch: *Die Einzige Weltmacht – Amerikas Strategie der Vorherrschaft*), in dem er den amerikanischen Plan zur Unterwerfung Eurasiens für die Zeit nach 1990 im einzelnen entwickelt, heißt es: »Amerikas geopolitischer Hauptgewinn ist Eurasien. Ein halbes Jahrhundert lang haben europäische und asiatische Mächte und Völker in dem Ringen um die regionale Vorherrschaft und dem Streben nach Weltmacht die Weltgeschichte bestimmt. Nun gibt dort eine nichteurasische Macht den Ton an – und der Fortbestand der globalen Vormachtstellung Amerikas hängt unmittelbar davon ab, wie lange und wie effektiv es sich in Eurasien behaupten kann.«[227]

Die geopolitische Bedeutung des eurasischen Großraumes für die Weltherrschaft begründet BRZEZINSKI wie folgt:

- Eurasien ist der größte Kontinent der Erde;
- 75 Prozent der Weltbevölkerung leben auf dem eurasischen Kontinent;
- Zwei der drei weltweit am weitesten fortgeschrittenen und wirtschaftlich produktivsten Regionen sind in Eurasien, nämlich Westeuropa und Japan;
- In Eurasien werden 60 Prozent des Weltbruttosozialproduktes erwirtschaftet;
- Ungefähr drei Viertel aller bekannten Ressourcen der Welt liegen in Eurasien;
- Auf dem eurasischen Kontinent befinden sich außerdem die politisch maßgeblichen und dynamischen Staaten (nach den USA die sechs größten Wirtschaftsnationen mit den höchsten Rüstungsausgaben);
- Mit einer Ausnahme liegen alle Atommächte und alle Staaten, die über heimliche Nuklearwaffenpotentiale verfügen, in Eurasien;
- Die beiden bevölkerungsreichsten Anwärter auf eine regionale Vormachtstellung und weltweiten Einfluß befinden sich auf diesem Kontinent (China und Indien);
- Alle potentiellen Herausforderer der USA auf politischem und/oder wirtschaftlichem Gebiet sind ausnahmslos eurasische Staaten;
- Wegen seiner geographischen Lage auf dem Globus zieht die Herrschaft über Eurasien den Einfluß auf Afrika nach sich und drängt damit die westliche Hemisphäre, also Nord-, Mittel- und Südamerika sowie Ozeanien an den Rand des Weltgeschehens.[228]

Die Sicherstellung der globalen Vorherrschaftsstellung liegt für die USA demzufolge auf dem eurasischen Kontinent und verpflichtet diese dazu, sich selbst auch als eurasische Macht einzuführen: »Wie die Sowjetunion, so mußten sich auch die USA den geopolitischen Notwendigkeiten stellen. *Denn wer die Macht über Eurasien hatte, beherrschte auch die Erde.*[229] Wenn die Sowjetunion die Peripherie dieser Landmasse – Westeuropa, den Fernen Osten und Südasien – in die Hand bekäme, würde sie nicht nur gewaltige menschliche, wirtschaftliche und militärische Ressourcen gewinnen, sondern auch die geostrategischen Zugänge zur westlichen Hemisphäre, nämlich den Atlantik und den Pazifik. Die geostrategischen Linien sind kein geschichtlicher Zufall. So wie die Kremlführer die amerikanische Anwesenheit auf dem eurasischen Kontinent als Haupthindernis für das Erreichen ihrer geopolitischen Ziele betrachten, so sind für die Vereinigten Staaten ihre transozeanischen Stellungen die vordere Verteidigungslinie, die sie davor bewahrt, sich in Nordamerika selbst verteidigen zu müssen.«[230] In diesem Denkansatz spiegeln sich die klassischen Theorien der anglo-amerikanischen Geopolitik wider, wie sie durch MACKINDER und SPYKMAN entwickelt und von BRZEZINSKI erweitert und aktualisiert worden sind.

BRZEZINSKI selbst sieht die größte Gefahr für die Weltherrschaftsstellung der USA in einer Integration, in einem Zusammenschluß des eurasischen Raumes, gleichgültig ob politischer, militärischer oder auch wirtschaftlicher Art: »Als Ganzes genommen, stellt das Machtpotential dieses Kontinents das der USA weit in den Schatten. *Zum Glück für Amerika ist Eurasien zu groß, um eine politische Einheit zu bilden. Eurasien ist mithin das Schachbrett, auf dem der Kampf um globale Vorherrschaft auch in Zukunft ausgetragen wird.*«[231] (Hervorhebung durch den Verfasser) Vor diesem Hintergrund muß eine amerikanische Gesamtstrategie für Eurasien nach BRZEZINSKI deshalb auf eine politische und ökonomische Zersplitterung und Lähmung des eurasischen Raumes abzielen: »*Kurzfristig ist es in Amerikas Interesse, den derzeit herrschenden Pluralismus auf der Landkarte Eurasiens zu festigen und fortzuschreiben. Dies erfordert ein hohes Maß an Taktieren und Manipulieren, damit keine gegnerische Koalition zustande kommt, die schließlich Amerikas Vorrangstellung in Frage stellen könnte... Zunächst besteht die Aufgabe darin, sicherzustellen, daß kein Staat oder keine Gruppe von Staaten die Fähigkeit erlangt, die Vereinigten Staaten aus Eurasien zu vertreiben oder auch nur deren Schiedsrichterrolle entscheidend zu beeinträchtigen.*«[232] (Hervorhebung durch den Verfasser) »Eurasische Geostrategie« bedeutet demnach heute für die USA, so BRZEZINSKI, »die drei großen Imperative imperialer Geostrategie« zu beherzigen: Absprachen zwischen den Vasallen zu verhindern und ihre Abhängigkeit in Fragen der Sicherheit zu bewahren, die tributpflichtigen Staaten fügsam zu halten, zu schützen und dafür zu sorgen, daß sich die eurasischen ›Barbarenvölker‹ nicht zusammenschließen.

Eine Strategie zur Auflösung des sowjetischen Machtblocks hatte BRZEZINSKI bereits in seinem Buch *Planspiel* entwickelt. Der Kampf gegen Eurasien wird seiner Einschätzung zufolge an drei strategischen Hauptfronten geführt:

1. in Westeuropa einschließlich des Balkans,
2. im ost- und südostasiatischen Raum und
3. im Nahen und Mittleren Osten.

»Das politische Ergebnis der Auseinandersetzung wird an jeder der drei strategischen Hauptfronten wahrscheinlich davon bestimmt, wer über verschiedene Länder, die eine Schlüsselrolle in ihrer jeweiligen Region gewonnen haben, die Kontrolle erlangt oder behält. Ein Schlüsselstaat ist ein Staat, der aus sich heraus schon eine besondere Bedeutung besitzt und außerdem in gewisser Hinsicht ›auf dem Präsentierteller‹ liegt. Das Gewicht eines Schlüsselstaates kann von seiner geopolitischen Position herrühren, durch die er einen regionalen politischen und/oder wirtschaftlichen Einfluß ausübt, oder auch von seiner geostrategischen Lage, die ihn militärisch bedeutsam macht. Durch seine Verwundbarkeit ist er anfällig für Verführung oder Machtübernahme, wobei letztere sich wiederum auf seine bestehenden äußeren Bindungen auswirkt.«[233]

Anschließend analysiert Brzezinski ausführlich diese Schlüsselstaaten und ihre geopolitische Bedeutung in bezug auf die Sowjetunion: »Diese Schlüsselstaaten sind Polen und Deutschland an der westlichen, Südkorea und die Philippinen an der fernöstlichen und entweder der Iran oder Afghanistan zusammen mit Pakistan an der südwestlichen Front. Die sowjetische Herrschaft über Polen ist für Moskaus Kontrolle über Osteuropa von zentraler Bedeutung, und eine Unterordnung oder Verführung Westdeutschlands würde die Waage in Europa zugunsten Rußlands neigen. Die Herrschaft der Sowjets über Südkorea und die Philippinen würde zu einer Einkreisung Chinas führen, von Korea aus die Sicherheit Japans unmittelbar bedrohen und von den Philippinen aus Japans lebenswichtigen Hauptseeweg gefährden. Eine sowjetische Herrschaft entweder über den Iran oder über Afghanistan und Pakistan würde Moskau die Kontrolle über den Zugang zum Persischen Golf oder eine Präsenz im Indischen Ozean ermöglichen, von wo aus die sowjetische Macht in verwundbare Gebiete nach Südwesten und Südosten vorgeschoben werden könnte. Wird andererseits zumindest Westdeutschland der Sowjetunion verwehrt, so bleibt damit die Unabhängigkeit Westeuropas gesichert, *während eine Verringerung der Kontrolle Moskaus über Polen letztlich auf eine Schwächung der Sowjetherrschaft über Osteuropa hinausliefe*.[234] Der Zugang zu Südkorea und den Philippinen ermöglicht es den Vereinigten Staaten, am fernöstlichen Rand des eurasischen Festlandes militärisch und politisch präsent zu sein, was Japan sichert und breiten Zugang zu China erlaubt. Werden der Iran beziehungsweise Afghanistan und Pakistan der Sowjetunion verwehrt, so wird Moskau daran gehindert, seine alten strategischen Ziele ›südlich von Batum und Baku‹ zu erreichen, so werden dadurch der Persische Golf und der Nahe Osten gegen eine militärische und politische Präsenz in unmittelbarer Nachbarschaft abgeschirmt.«[235]

Polen spielt eine entscheidende Rolle in dem geopolitischen Handlungsplan Brzezinskis. Er erkennt, daß eine Unabhängigkeit dieses Staates entscheidende Auswirkung auf die staatliche Integrität der Sowjetunion selbst hat. In diesem Staat ist der geostrategische Hebel zu finden, mit dem nicht nur die russische Kontrolle über das osteuropäische Glacis, sondern das russische Staatswesen selbst aufgebrochen werden kann: »Moskaus Herrschaft über Polen erleichtert auch die Kontrolle der Tschechoslowakei und Ungarns und riegelt die westlich orientierten nichtrussischen Völker der Sowjetunion vor westlichem Einfluß ab. Ein Polen mit mehr Selbständigkeit würde zwangsläufig das Ende der sowjetischen Gewalt über Litauen und die Ukraine herbeiführen. Zwischen Polen und diesen Ländern bestehen tiefe geschichtliche und religiöse Bindungen, und ein von Moskaus Herrschaft freies Polen würde wahrscheinlich Loslösungsbestrebungen zum Schaden der großrussischen Vorherrschaft wecken... Polen ist ein ruheloser Besitz, kostspielig für Moskau, ihn zu beherrschen, aber noch kostspieliger, ihn aufzugeben.«[236] In den achtziger Jahren haben die amerikanischen Strategen diese ungeheure strategische Bedeutung Polens auch treffend erkannt, als sie über geheimdienstliche Kanäle die Unabhängigkeitsbewegung ›Solidarnosc‹ aufbauen und unterstützen halfen, worauf in einem späteren Kapitel noch genauer einzugehen sein wird.

Als geopolitischen Gewinn von gewaltigen Ausmaßen sieht BRZEZINSKI ferner die Staaten Afghanistan, Pakistan und Iran, den Schlüsselstaaten der dritten strategischen Hauptfront, an. Gerade beim Iran geht es »hier um ein Land mit reichen Erdölvorkommen, das die gesamte Nordostküste des Persischen Golfes kontrolliert und in unmittelbarer Nähe zu einer Reihe von Golfstaaten liegt, deren politische Stabilität unsicher und deren militärische Kräfte verhältnismäßig schwach sind. Der geopolitische Gewinn wäre gewaltig. Ein Erfolg der Sowjets im Iran würde viel bedeutsamer sein als alles, was die UdSSR in Afghanistan oder selbst in Pakistan erreichen könnte«.[237]

Dennoch sind auch Afghanistan und Pakistan von entscheidender geopolitischer Bedeutung für die Eurasienstrategie: Würde die Sowjetunion »diese beiden Staaten zusammen unter ihre Kontrolle bringen, hätte dies genauso schwerwiegende geopolitische Folgen. Die Sowjetunion würde breiten Zugang zum Indischen Ozean erlangen, und, was noch wichtiger ist, sie würde einen Ausgangspunkt für die Entwicklung größeren politischen Einflusses an den Küsten des Arabischen Meeres und des Indischen Ozeans gewinnen. Eine Festigung der sowjetischen Herrschaft über Afghanistan würde sowohl den Iran als auch Pakistan entlang einer ausgedehnten Front dem sowjetischen Druck aussetzen, und eine dauernde Kontrolle Afghanistans durch die Sowjetunion würde auch innerhalb Pakistans zu enormen Spannungen führen. Dieses Land, das zusammen mit den Vereinigten Staaten und China den afghanischen Widerstand gegen die sowjetische Besetzung unterstützt, fühlt sich seit langem durch Indiens Wünsche in dieser Region bedroht. Eine fortdauernde sowjetische Präsenz an der Nordwestgrenze Pakistans, mit der eine anhaltende Bedrohung durch Indien einherginge, würde Pakistan... in eine strategische Zwangslage bringen. Dadurch ergäben sich ein unüberwindliches Sicherheitsproblem und wahrscheinlich auch zunehmend innere Spannungen. Unter diesen Umständen könnte eine widerstrebende Anpassung an die regionale Vorherrschaft Moskaus zur einzigen Möglichkeit werden, ein Auseinanderbrechen des Staates zu vermeiden... Eine grundlegende Umorientierung des Iran oder Pakistans, die entweder einen oder beide Staaten in den Bereich der strategischen Vorherrschaft Moskaus brächte, wäre mehr als ein regionaler Erfolg und Durchbruch der Sowjets an der dritten strategischen Hauptfront«.[238]

BRZEZINSKI weist diesen Staaten der dritten strategischen Hauptfront ein »katalysatorisches Potential« zu, das weit über ihren regionalen geopolitischen Umkreis hinausgeht, wobei er darauf hinweist, daß diese Katalysatorfunktion der genannten Staaten auch gegen die Sowjetunion und ihren moslemischen »weichen Unterleib«

selbst gerichtet ist. Die Staaten Afghanistan und Pakistan sollten in der Agenda der amerikanischen Geopolitik, wie noch zu schildern sein wird, die Funktion übernehmen, ein »Ausfransen« des moslemischen Unterleibes durch Förderung von wahabitisch-islamistischen Bewegungen herbeizuführen, und damit Destablilisierungsprozesse im südlichen sowjetischen Machtraum in Gang setzen, die letztlich auf die Herbeiführung eines Zusammenbruchs der Sowjetunion selbst abzielte.

Einen weiteren Ansatz zur Destabilisierung des eurasischen Herausforderers sieht Brzezinski im inneren Gefüge des sowjetischen Staates an sich. Für ihn ist die Sowjetunion lediglich ein »eindimensionaler Rivale«, das heißt, sie ist lediglich in der militärischen Machtdimension imstande, die USA zu übertreffen, während sie nach Brzezinskis Einschätzung aber nicht über die wirtschaftliche und kulturelle Machtdimension vergleichbarer Imperien der Geschichte verfügt. Die Schwäche der Sowjetunion sieht er in ihrer sozio-ökonomischen Rückständigkeit, zudem belastet durch einen gewaltigen Militärhaushalt, und der fehlenden kulturell-ideologischen Integrationskraft des politischen Systems, so daß nach Brzezinskis Ansicht die UdSSR im Vergleich zu den Imperien der Geschichte gar nicht »weltmachtfähig« ist. Den Kommunismus in Rußland bezeichnet Brzezinski deshalb sogar als einen Glücksfall für Amerika, da er die Entstehung eines strategischen kontinentalen Rivalen verhinderte: »Paradoxerweise ist für Amerika der Kommunismus in Rußland ein Segen der Geschichte, denn der Kommunismus hat dieses hochbegabte und geduldige russische Volk in ein System gezwungen, in dem seine großen Fähigkeiten unterdrückt, verschwendet und gar geopfert werden.«[239]

Deshalb ist für ihn die Sowjetunion auch kein wirklicher ebenbürtiger Rivale, sondern lediglich ein Störenfried einer von den Vereinigten Staaten geschaffenen und erhaltenen globalen Ordnung, der auch »nur eine militärische Herausforderung« darstellt.[240] »Die Einzigartigkeit der globalen Herausforderung der Sowjetunion besteht im wesentlichen darin, daß sie nachweislich nicht in der Lage ist, eine konstruktive und dauerhafte Führung zu bieten, falls es ihr einmal gelingen sollte, mit Hilfe ihrer militärischen Stärke die Vereinigten Staaten vom Platz der Weltführungsmacht zu verdrängen. Die Sowjetunion kann in der Welt nicht die finanzielle Führungsrolle übernehmen. Ihre Wirtschaft kann nicht Lokomotive für eine globale wirtschaftliche Entwicklung und eine technologische Erneuerung sein. Ihre Massenkultur besitzt keine größere Anziehungskraft, und immer wieder verlassen sowjetische Künstler und Intellektuelle ihre Heimat. Einem globalen Machtverlust Amerikas kann kein globaler Machtgewinn der Sowjetunion folgen.«[241]

Gerade der Vielvölkercharakter der Sowjetunion ist nach Brzezinski ein wesentlicher Faktor, der im Zusammenspiel mit dem wirtschaftlichen Niedergang einen Auflösungsprozeß begünstigen könnte: »Ein Reich dezentralisieren heißt es auflösen. Die russische Elite fühlt ganz instinktiv, daß jede wirkliche Dezentralisierung, auch wenn sie anfänglich nur auf den wirtschaftlichen Bereich beschränkt wäre, die separatistischen Bestrebungen der nichtrussischen Völkerschaften der Sowjetunion bestärken würde. Wirtschaftliche Dezentralisierung würde unvermeidlich

Der Vater der antirussischen US-Geopolitik: Zbigniew Brzezinski. Oben bei einem Vortrag als ›Former National Security Advisor‹

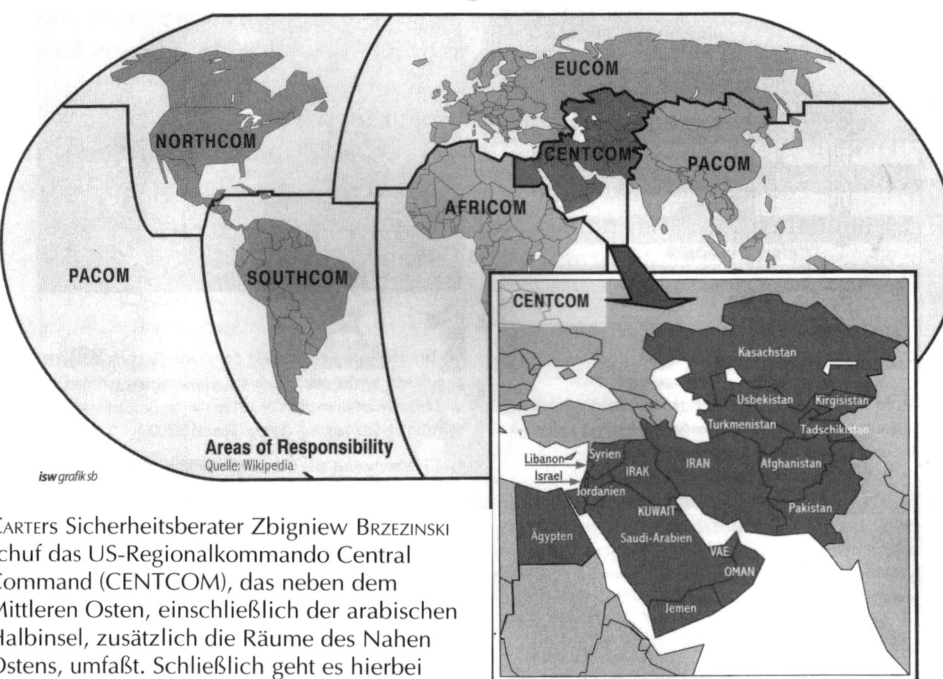

Carters Sicherheitsberater Zbigniew Brzezinski schuf das US-Regionalkommando Central Command (CENTCOM), das neben dem Mittleren Osten, einschließlich der arabischen Halbinsel, zusätzlich die Räume des Nahen Ostens, umfaßt. Schließlich geht es hierbei auch um die Zuständigkeit für die Gegenküste des Roten Meeres, damit Ägypten, Somalia und Kenia zusammen mit dem Iran, dem Kaukasus, Mittelasien, Afghanistan sowie Pakistan kontrolliert werden können.

zu politischer Dezentralisierung führen und damit zur ersten Stufe auf dem Weg zur nationalen Emanzipation. Die russischen Sorgen werden durch die demographische Entwicklung noch verstärkt. Sie deuten auf einen Rückgang der Vormachtstellung der Großrussen. Während der 70er Jahre verloren die Russen die Majorität unter den Sowjetvölkern, und ein weiterer Rückgang ist unvermeidlich. 1980 waren von den 18 Jahre alten Einwohnern der Sowjetunion 48 % Russen, 19 % andere Slawen, 13 % Moslems und 2 % ›andere‹. 1990 werden es voraussichtlich 43 % Russen, 18 % andere Slawen, 20 % Moslems und 19 % ›andere‹ sein. Die politischen Ansprüche der Nichtrussen bilden auf lange Sicht die Achillesferse der Sowjetunion.«[242]

Brzezinski setzte deshalb auf die Desintegrationstendenzen der nichtrussischen Völker: »*Schon die Existenz dieser nichtrussischen Völker verhindert eine positive Entwicklung der Sowjetunion in Richtung auf ein moderneres System. Und mit der Zeit könnten die Nichtrussen politisch aktiver werden, besonders, wenn sie dazu von außen ermutigt würden. Auf die Moslems wirkt heute die Existenz unabhängiger islamischer Staaten, von denen einige von tiefgreifender religiöser Erneuerung geprägt sind, auf die Dauer ansteckend.*[243] Für die 50 Millionen Ukrainer, die, wenn sie frei wären, unter den europäischen Völkern einen hohen Rang einnähmen, stellt die fortdauernde Unterwerfung unter Moskau eine Quelle wachsender Frustration dar... Und was hieße außerdem ›nur wirtschaftliche‹ Dezentralisierung für die Politik der Sowjetunion? Sie beinhaltete einen größeren Grad an Autonomie für die Nichtrussen, die dann in der Lage wären, eine größere wirtschaftliche Selbstbestimmung in eine zunehmende politische Selbstbestimmung umzuwandeln. Für die meisten Großrussen ist dies eine bedrohliche Aussicht. Jede nachhaltige nationale Selbstbehauptung von seiten der Nichtrussen bedeutet eine Herausforderung an die russische territoriale Überlegenheit und möglicherweise sogar eine biologische Gefahr für das Überleben des großrussischen Volkes. Wo würde eine wirkliche Dezentralisierung enden, oder die Einführung mehr demokratischer Normen, oder schließlich die Institutionalisierung des Pluralismus? Wo könnte man denn nach der Vermischung der letzten Jahrzehnte zutreffende Grenzlinien zwischen den Großrussen und den anderen Völkerschaften ziehen? Die Spannungen würden sich nur steigern. In verschiedenen Gegenden könnte es sogar zu unmittelbaren Auseinandersetzungen kommen, zum Beispiel in den baltischen Republiken, die von den wenig geliebten Großrussen nachhaltig besiedelt werden, oder in dem kulturell mit der Ukraine verbundenen Gebiet von Weißrußland, und sicherlich an den Grenzen der kaukasischen und zentralasiatischen Republiken.«[244]

Tatsächlich liest sich Brzezinskis Buch *Planspiel* wie ein amerikanischer Handlungsleitfaden zur Destabilisierung und Unterwerfung der Sowjetunion unter die US-beherrschte Weltordnung. Tatsächlich beschreibt Brzezinski selbst sein Buch als einen wertneutralen »practical guide to action« (praktischen Führer zum Handeln), der folgende Schachzüge vorschlägt:

– Förderung von nationalen Unabhängigkeitsbestrebungen in den Schlüsselstaaten der drei strategischen Hauptfronten, wobei Polen, Pakistan und Afghanistan eine entscheidende Funktion haben. Die Mobilisierung der nationalen politischen und religiösen Kräfte dieser Staaten werden Ausstrahlungskräfte auf das Staatsgefüge der Sowjetunion selbst in der Form entfachen, daß sie an den Peripherien separatistische Kräfte wachrufen, die zwingend zu einem Verlust der sowjetischen Machtstellung in Osteuropa sowie im Mittleren Osten und Zentralasien führen.

– Ermutigung der nichtrussischen Völker, sich von Moskau loszulösen und einen Weg eines von Rußland unabhängigen wirtschaftlichen und politischen Kurses zu wählen. Amerika muß »den vom Streben nach größerer Vielfalt und Toleranz ausgehenden inneren Druck in den sowjetisch beherrschten Staaten Osteuropas und sogar in der Sowjetunion selbst noch verstärken. Doch um eine Überdehnung zu vermeiden, werden die Vereinigten Staaten ihren Einfluß umsichtig gebrauchen müssen. In Europa sollte sich Amerika vorwiegend auf der politischen Ebene bemühen und die Bedeutung seines militärischen Schwerpunktes etwas zurücknehmen. Im Fernen Osten sollte es vor allem die Wirtschaft zur Festigung von Beziehungen nutzen, die auch strategisch sehr bedeutsam sind. In Südwestasien sollte es seine Anstrengungen verstärken und erkennen, daß hier militärisch defensiv und politisch offensiv gehandelt werden muß. Für die Beeinflussung des Sowjetblocks sollte Amerika nachdrücklich die moderne Kommunikationstechnik als Hauptmittel zur Herbeiführung eines positiven Wandels nutzen«.[245]

Mit dieser Politik soll die politische Macht Moskaus im wesentlichen unterminiert werden: »Die unterdrückten Hoffnungen der osteuropäischen Nationen und die inneren Widersprüche im heutigen Großrussischen Reich sind Ausgangsbasis für das Streben nach zwei zentralen und zusammenhängenden Zielen. Das erste besteht darin, die Offensivfähigkeit des Kremls durch Vergrößerung seiner innerstaatlichen Probleme zu binden, das zweite, durch vorsichtige Ermutigung nationalen Selbstbewußtseins die Pluralisierung des Sowjetblocks und schließlich der Sowjetunion selbst zu fördern. . . Bei einer Schwächung der imperialen Macht Moskaus steht naturgemäß Osteuropa im Brennpunkt. Die politische Grundformel, die vor einem Vierteljahrhundert im *Foreign Affairs* von William Griffith und dem Verfasser dieses Buches (also Zbigniew Brzezinski, der Verf.) vorgetragen wurde, bleibt allgemein gültig: . . . Die Vereinigten Staaten sollten eine Politik verfolgen, die als friedliche Einmischung in Osteuropa bezeichnet werden könnte. Diese Politik sollte 1. auf größere Vielfalt im kommunistischen Block hinarbeiten, wodurch 2. die Wahrscheinlichkeit zunimmt, daß die osteuropäischen Staaten ein größeres Maß an politischer Unabhängigkeit von der sowjetischen Herrschaft erlangen können, was 3. letztlich zur Schaffung eines neutralen Gürtels von Staaten führt, die in inneren Angelegenheiten echte und allgemeine Entscheidungsfreiheit besitzen, während sie der Sowjetunion nicht feindlich gegenüberstehen und westlichen Militärbündnissen nicht angehören.«[246]

Warum Osteuropa im Brennpunkt der amerikanischen Politik stehen soll, wird verständlich, wenn man sich noch einmal die von Halford Mackinder geprägte Fundamentalformel zur Unterwerfung Eurasiens vergegenwärtigt: »Wer Osteuropa beherrscht, beherrscht das Herzland; wer über das Herzland herrscht, beherrscht die Weltinsel; wer über die Weltinsel herrscht, beherrscht die Welt.« BRZEZINSKI scheint insoweit die Schriften MACKINDERS sehr gut gelesen zu haben und liefert hier mit seinen *Planspiel*-Gedanken eine überzeugende Aktualisierung dieser geopolitischen Theorie.

– Erzwingung eines Rüstungswettlaufes, der die wirtschaftliche Schwäche Rußlands und die Ineffizienz des kommunistischen Systems noch verstärkt und die politische Führung wiederum zu wirtschaftlichen Reformen und Dezentralisierungen gezwungen wird, was zwangsläufig zum Ende des russischen Reiches führt, denn – wie bereits ausgeführt – führt jede Dezentralisierung, auch eine wirtschaftliche, zur Auflösung eines Reiches. BRZEZINSKI hat hierfür die Bedeutung der militärtechnologischen Überlegenheit der USA zur Erreichung dieses Ziels durchaus erkannt. Er betont die Notwendigkeit, daß die Vereinigten Staaten ihren Hauptvorteil, die technologische Überlegenheit, nutzen und bewahren müssen. »Diese hat bisher die Sowjetunion um die Früchte ihrer massiven Militärausgaben und der der eigenen Bevölkerung abgepreßten Opfer gebracht. Ohne die technologische Überlegenheit Amerikas besäße die Sowjetunion inzwischen wahrscheinlich einen entscheidenden strategischen und konventionellen Vorsprung, mit all seinen weitreichenden geopolitischen Folgen.«[247]

– Unterstützung der islamischen Staaten Afghanistan und Pakistan; Aufbau einer amerikanischen ›Rapid Force‹, die dazu dienen soll, die Sowjetunion von einer Intervention in diesen Staaten abzuschrecken. Dabei ist auch die Zusammenarbeit mit islamistischen Kräften in Betracht zu ziehen. Im Iran werden »der anti-russische Nationalismus und die religiös bedingten anti-kommunistischen Gefühle. . . ebenso wie der Wunsch nach wirtschaftlicher Entwicklung. . . früher oder später zu einem von mehr Zusammenarbeit geprägten Verhältnis zum Westen führen«[248] und eine Eindämmung des strategischen Einflusses Sowjetrußlands im Mittleren Osten wie in Zentralasien bewirken. In Afghanistan müssen die Vereinigten Staaten fortfahren, den Widerstand mit Geld, Waffen und Munition zu versorgen. Sie müssen den Mudschaheddin höherwertige Ausrüstung liefern, was beispielsweise auch die Lieferung moderner wärmesuchender Luftabwehrraketen einschließt.

Dieser Schachzug soll natürlich auf das sowjetische Territorium selbst abzielen: »Vielleicht existiert die wirksamste Abschreckung für einen fortwährenden Drang der Sowjets nach Süden in der Sowjetunion selbst – und sie stellt eine Möglichkeit dar, die die Vereinigten Staaten bislang nicht genutzt haben. Die Zahl der Moslems in der Sowjetunion beläuft sich derzeit auf annähernd 55 Millionen, und sie sind nur nach außen hin unterworfen – oder ›sowjetisiert‹. Man sollte jedoch daran erinnern, daß es mehr als ein Jahrzehnt des Kampfes bedurfte, um den örtlichen Widerstand gegen die sowjetische – in Wirklichkeit großrussische – Herrschaft zu unterdrücken, und daß er erst in den frühen dreißiger Jahren endete. Heute gibt es deutliche Anzeichen für zähen örtlichen Widerstand gegen Moskaus Politik der Russifizierung. Da außerdem der Islam nicht ausgerottet worden ist, sind die sowjetischen Moslems zweifelsohne vom weltweiten Wiederaufleben der islamischen Kultur und Religion beeinflußt. Und hierin liegt das Potential für eine ernsthafte religiös-ethnische Herausforderung der Moskauer Herrschaft über Sowjetisch-Zentralasien. Der ›Heilige Krieg‹ gegen die Sowjets in Afghanistan, die fundamentalistische Revolution im Iran, die starke Unterstürzung für die afghanischen Mudschahedin und die Einsetzung des Islamischen Rechts in Pakistan, sie alle spiegeln ein ähnliches Phänomen wider: das breite Erwachen einer selbstbewußteren, auf Volkszugehörigkeit und den islamischen Glauben begründeten Orientierung. Diese neue Einstellung kollidierte nun mit dem sowjetischen Expansionismus. Zunächst reagierten die sowjetischen Moslems auf den Zusammenstoß zwiespältig, doch inzwischen wächst die Ablehnung. Die Vereinigten Staaten können diese Allianz der Feindschaft durch mit höherer Leistung nach Sowjetisch-Zentralasien ausgestrahlte Rundfunksendungen beschleunigen. Die Führung im Kreml wird eher Zurückhaltung üben, wenn sie zu der Überzeugung gelangt, daß die regionale Unruhe zwangsläufig auf die Sowjetunion selbst übergreifen wird.«[249]

Hiermit entlarvt sich Brzezinski selbst als der eigentliche Inspirator einer Strategie, deren Folgen die heutige Weltpolitik mit dem Phänomen ›Al Qaida‹ verbindet und die in der Schaffung eines islamistischen Krisenbogens als Instrumentarium zur Aufbrechung und Unterwerfung des russischen Machtbereiches besteht.

Mit seinem Buch *The Grand Chessboard – American Primacy and its geostrategic Imperatives* entwickelt Brezezinski seine Strategie zur Unterwerfung Eurasiens für die Zeit nach dem Zusammenbruch der Sowjetunion weiter und überarbeitet seine Gedanken, die er in dem Buch *Planspiel* dargelegt hatte: Die eingetretene politisch-staatliche Pluralisierung des eurasischen Raumes, deren Herbeiführung im *Planspiel* beschrieben worden ist, gilt es nunmehr dauerhaft zu erhalten und die Entstehung eines Rivalen sowie einer eurasischen Kontinentalkoalition gegen Amerika zu verhindern.

Um aber die Herrschaft über Eurasien zu gewinnen, sind nach wie vor – wie auch schon zu Zeiten des Kalten Krieges, wie im *Planspiel* beschrieben – die strategischen Schachzüge in bestimmten Regionen an der Peripherie von entscheidender Bedeutung. Nach dem Zusammenfall der Sowjetunion ist ein direkter Herausforderer der globalen amerikanischen Machtstellung auf absehbare Zeit nicht in Sicht. Dennoch behalten die Peripherien Eurasiens – vor allem der Westen und der Osten – weiterhin ihre Bedeutung. Mit dem Zerfall der Sowjetunion ist auch das Zentrum des eurasischen Kontinents für die amerikanische Politik und Einflußnahme offener als bisher. Brzezinski teilt das eurasische Schachbrett nach der Bipolarität auf in »Middle Space, »West«, »South« und »East«.«[250]

»Das riesige merkwürdig geformte eurasische Schachbrett – das sich von Lissabon bis Wladiwostok erstreckt – ist der Schauplatz des globalen Spiels.«[251] Im Westen und Osten Eurasiens liegen die bevölkerungsreichsten und wirtschaftlich am meisten entwickelten Regionen. Der Einfluß der USA ist im Westen am größten, der deshalb als »demokratischer Brückenkopf« auch das Hauptgebiet für die Aufrechterhaltung der amerikanischen Machtstellung darstellt. Deutschland und Frankreich sind hier die maßgeblichen Akteure, während im Osten Japan gewissermaßen als Statthalter der amerikanischen Macht wirkt. In dieser Region entwickelt sich auch gleichzeitig China als ein von den USA unabhängiger Staat, der im Begriff ist, eine fernöstliche Regionalmacht zu werden. Der Süden hingegen, die »politisch anarchische, aber an Energievorräten reiche Region, die sowohl für die europäischen als auch die ostasiatischen Staaten wichtig werden könnte«, bildet eine »global zone of percolating violence«. In dieser Region fehlt es an einem maßgeblichen Akteur. Im Zentrum wiederum dehnt sich ein gewaltiger dünnbesiedelter und nach der Auflösung der Sowjetunion politisch instabiler und in organisatorischer Auflösung begriffener Raum aus.

Als größte Bedrohung für die Vormachtstellung der USA sieht BRZEZINSKI eine immer dynamischer werdende eurasische Entwicklungsallianz zwischen Rußland, China und dem Iran (gegebenenfalls auch unter Einschluß Indiens) an: »Das gefährlichste Szenario wäre möglicherweise eine große Koalition zwischen China, Rußland und vielleicht dem Iran, ein nicht durch Ideologie, sondern durch die tiefsitzende Unzufriedenheit aller Beteiligten geeintes anti-hegemoniales Bündnis.«[252] Demzufolge sieht BRZEZINSKI nach wie vor Rußland als den wesentlichen Herausforderer des amerikanischen Hegemonialanspruchs an, dessen geopolitische Erneuerung es zu verhindern gelte.

Mit dem Zusammenbruch der Sowjetunion, so BRZEZINSKI, sei ein »schwarzes Loch«, ein Vakuum entstanden, und die geopolitischen Erschütterungen Anfang der neunziger Jahre hätten zu einem sehr bedeutsamen Wandel im Status des Kaspischen Meeres wie auch Zentralasiens geführt. Nunmehr, nach dem Zerfall der Sowjetunion, muß alles daran gesetzt werden, daß sich ein unabhängiges Eurasien unter russischer Führung nicht wieder aufbauen kann und statt dessen eine euroatlantische Ordnung unter amerikanischer Führung entwickelt wird, in welche Rußland einzubinden ist:

»Als langfristige Aufgabe jedoch bleibt das Problem zu lösen, wie man. . . das erneute Entstehen eines eurasischen Imperiums vermeiden kann, das Amerika an der Verwirklichung seines geostrategischen Ziels hindern könnte, ein größeres euroatlantisches System zu entwerfen, in welches sich dann Rußland dauerhaft und sicher integrieren läßt.«[253] Entscheidend für die Eindämmung Rußlands als Hauptziel der amerikanischen Geopolitik ist deshalb der sogenannte »Eurasische Balkan«, der geprägt ist von einem »ethnischen Hexenkessel« und der von den künftigen Transportwegen, die zwischen den reichsten und produktivsten westlichen und östlichen Randzonen Eurasiens bessere Verbindungen herstellen sollen, durchzogen wird.[254]

Für die Frage, wie eine Erneuerung der Vorherrschaft Rußlands im Kaukasus oder Zentralasien verhindert und somit sein Einfluß in Eurasien vermindert werden kann, ist nach BRZEZINSKI also der »Eurasische Balkan« der entscheidende Faktor: »Rußlands Verlust seiner beherrschenden Position an der Ostsee fand sein Pendant am Schwarzen Meer, zum einen wegen der Unabhängigkeit der Ukraine, zum anderen, weil die jetzt unabhängigen Staaten – Georgien, Armenien und Aserbaidschan – die Möglichkeiten der Türkei verbesserten, ihren verlorengegangenen Einfluß in der Region aufs neue geltend zu machen. . . Mitte der neunziger Jahre verfügte Rußland nur noch über einen schmalen Küstenstreifen am Schwarzen Meer und war mit der Ukraine in einen ungelösten Streit um die Stützpunkterechte auf der Krim für die Reste der sowjetischen Schwarzmeerflotte verstrickt, während es mit offenkundiger Verärgerung zusah, wie NATO- und ukrainische Streitkräfte gemeinsam See- und Landemanöver durchführten und der türkische Einfluß in der Schwarzmeerregion wuchs. Außerdem verdächtigte Rußland die Türkei, den tschetschenischen Widerstand mit Hilfslieferungen unterstützt zu haben.«[255]

Mit der Unabhängigkeit der kaspisch-zentralasiatischen Region würde sich BRZEZINSKI zufolge die dortige Staatenwelt zu einem ernsthaften Konkurrenten Rußlands um die Energieressourcen entwickeln, wobei er die kaspisch-zentralasiatischen Staaten als wichtige Schachbrettfiguren zur langfristigen Verdrängung Rußlands ansieht: »Weiter nach Südosten hin führt die geopolitische Erschütterung einen ähnlich bedeutsamen Wandel im Status des Kaspischen Beckens und Zentralasiens herbei. Vor dem Zusammenbruch der Sowjetunion war das Kaspische Meer. . . ein nahezu rein russisches Gewässer gewesen. Als nun ein unabhängiges und stark nationalistisches Aserbaidschan entstand – gestärkt durch den Zustrom geschäftstüchtiger Ölinvestoren aus dem Westen – und auch Kasachstan und Turkmenistan als unabhängige Staaten auftraten, meldeten plötzlich außer Rußland weitere vier Länder Ansprüche auf die Reichtümer des Kaspischen Beckens an. Rußland konnte nicht mehr selbstverständlich von der alleinigen Verfügungsgewalt über diese Bodenschätze ausgehen. Mit der Unabhängigkeit der zentralasiatischen Staaten hatte sich Rußlands südöstliche Grenze an einigen Stellen um mehr als tausend Meilen nach Norden verschoben. . . Da sie von der Türkei, dem Iran, Pakistan und Saudi-Arabien unterstützt wurden, waren die zentralasiatischen Staaten entgegen russischen Hoffnungen nicht geneigt, ihre neue politische Souveränität gegen eine selbst gnädige wirtschaftliche Integration mit Rußland zu tauschen. . . Für die Russen muß das Gespenst eines möglichen Konflikts mit den islamischen Staaten entlang der gesamten Südflanke Rußlands (die zusammen mit der Türkei, dem Iran und Pakistan mehr als 300 Millionen Menschen aufbieten) Anlaß zur ernster Besorgnis sein.«[256]

Um die Wiedergeburt eines unabhängigen russischen Rivalen, der sich der geplanten Einbindung in euroatlantische Bündnisstrukturen unter amerikanischer Vorherrschaft entziehen kann, zu verhindern, spricht sich BRZEZINSKI konsequenterweise dann auch für die Unterstützung und Förderung der kaukasischen und zentralasiatischen Staatenwelt und insbesondere auch der Ukraine aus: »Die politische und wirtschaftliche Stabilisierung der jungen postsowjetischen Staaten ist ein wesentlicher Faktor, um Rußland zu einem historisch neuen Selbstverständnis zu nötigen. Somit muß die Rückendeckung für die neuen postsowjetischen Staaten – für einen geopolitischen Pluralismus im Raum der früheren Sowjetmacht – ein integraler Bestandteil einer Politik sein, die Rußland dazu bringen soll, seine europäische Option (sprich die Einbindung in die militärischen und wirtschaftlichen Bündnissysteme des Westens und der USA, der Verf.) ohne Wenn und Aber auszuüben. Drei dieser Staaten fallen geopolitisch besonders ins Gewicht, nämlich Aserbaidschan, Usbekistan und die Ukraine. Ein unabhängiges Aserbaidschan kann dem Westen den Zugang zu dem an Ölquellen reichen Kaspischen Becken und Zentralasien eröffnen. Umgekehrt würde ein unterworfenes Aserbaidschan bedeuten, daß Zentralasien von der Außenwelt abgeriegelt wird und somit politisch dem russischen Druck nach einer Wiedereingliederung ausgesetzt sein könnte. Usbekistan, volksmäßig der vitalste und am dichtesten besiedelte zentralasiatische Staat, stellt ein Haupthindernis für jede neuerliche Kontrolle Rußlands über die Region dar. Seine Unabhängigkeit ist von entscheidender Bedeutung für das Überleben der anderen zentralasiatischen Staaten, und es versteht sich, des russischen Drucks noch am besten zu erwehren. Am wichtigsten allerdings ist die Ukraine. Da die EU und die NATO sich nach Osten ausdehnen, wird die Ukraine schließlich vor der Wahl stehen, ob sie Teil einer dieser Organisationen werden möchte.«[257]

Brzezinski geht davon aus, daß die NATO-Osterweiterung dereinst auch die Ukraine umfassen wird, was seiner Einschätzung nach für diese auch von entscheidender Bedeutung ist, wenn sie ihre Unabhängigkeit behalten will. Damit jedoch werde auch auf Rußland Druck dahingehend ausgeübt werden, sich in die euroatlantischen Strukturen zu integrieren: »Doch wenn die Ukraine als unabhängiger Staat überleben soll, wird sie eher mit Mitteleuropa als mit Eurasien zusammengehen müssen. Soll sie zu Mitteleuropa gehören, wird sie an den Bindungen Mitteleuropas zur NATO und der Europäischen Union voll teilhaben müssen. Akzeptiert Rußland diese Bindungen, dann legt es sich damit in seiner Entscheidung fest, selbst Teil von Europa zu werden. Rußlands Weigerung wäre gleichbedeutend mit dem Eingeständnis, daß es Europa zugunsten einer eurasischen Identität und Existenz den Rücken kehrt.«[258]

In der Förderung der Unabhängigkeit der Ukraine sieht Brzezinski deshalb eine grundlegende Voraussetzung, Rußland vor die Wahl zu stellen, sich entweder in die Isolation des eurasischen Kernraumes zurückzuziehen oder eingebunden zu werden in das System der Europäischen Union. Diese europäische Variante – nach Brzezinski die für Rußland einzig in Frage kommende Option – wird aber nicht verstanden als Idee einer vom amerikanischen Universalanspruch unabhängigen eurasischen Union, sondern lediglich als transatlantische Institution, bestehend aus einer erweiterten Europäischen Union und einer ebenso erweiterten NATO. Und »wenn sich Rußland in der Folge dieser Ausrichtung zu einem demokratischen und zunehmend europäischen Staat entwickelt, kann auch eine engere russische Einbindung in die Europäische Union und die NATO erfolgen. Der engere Kreis des *American global systems* kann dann um ein verwestlichtes Rußland ergänzt werden«.[259]

Für eine solche Strategie bildet die Ukraine in der geopolitischen Konzeption Brzezinskis die Rolle eines Schlüsselstaates: »Ohne die Ukraine kann Rußland nicht zu Europa gehören, wohingegen die Ukraine ohne Rußland durchaus Teil von Europa sein kann. Sollte Rußland beschließen, sich mit Europa zusammenzutun (natürlich nur im Sinne einer transatlantischen Option, der Verf.), liegt es letztendlich in seinem ureigenen Interesse, daß die Ukraine in ein größer werdendes europäisches Haus aufgenommen wird. Tatsächlich könnte die Beziehung der Ukraine zu Europa der Wendepunkt für Rußland selbst sein. Das heißt aber, daß der Zeitpunkt, an dem Rußland über sein Verhältnis zu Europa entscheidet, noch nicht in Sicht ist – entscheidet in dem Sinne, daß die Wahl der Ukraine zugunsten Europas auch Rußland zu einer Entscheidung drängt, wie es mit ihm weitergehen soll: ob es ein Teil von Europa oder ein eurasischer Außenseiter werden will, der im Grunde weder zu Europa noch zu Asien gehört und aus seinen Konflikten mit dem nahen Ausland nicht mehr herausfindet.«[260]

Für die USA ist Rußland Brzezinski zufolge kein gleichberechtigter Partner, denn dazu ist es viel zu schwach, aber um Amerikas »Patient« zu werden, ist es einfach zu stark. Deshalb ist es für die Eurasienstrategie der Vereinigten Staaten von entscheidender Bedeutung, einen geopolitischen Rahmen zu schaffen, der Rußland gewissermaßen dazu zwingt, bereitwillig die Einbindung in die westlichen transatlantischen Bündnissysteme auf sich zu nehmen. Auf diese Weise soll Rußland davon abgehalten werden, eine territioriale Rekonstruktion seines Reichs vorzunehmen. »Wenn sich Rußland für den Wiederaufbau seines Imperiums entscheidet, votiert es automatisch gegen eine demokratische und damit europäische Identität. Denn die Entscheidung für die eine Möglichkeit bedingt den Ausschluß der anderen.«[261] Als strategische Handlungsmaxime formuliert Brzezinski infolgedessen: »Wie schnell dieser Prozeß (in Richtung Westen, der Verf.) vonstatten gehen wird, läßt sich nicht vorhersagen, aber eines ist sicher: Er wird sich beschleunigen, wenn ein geopolitischer Kontext geschaffen ist, der Rußland in diese Richtung treibt und zugleich andere Versuchungen ausschließt.«[262]

Welche Bedeutung diese transatlantische Gemeinschaft, in die Rußland eingebunden werden soll, für die amerikanische Geopolitik hat, beschreibt Brzezinski sehr genau: Um die Vorherrschaft Amerikas in Eurasien zu sichern, muß Europa und in zunehmendem Maße auch Mitteleuropa ein amerikanisches Protektorat bleiben, »dessen alliierte Staaten an Vasallen und Tributpflichtige von einst erinnern«.[263] Europa ist deshalb, wie Brzezinski es ausdrücklich auch darlegt, »Amerikas unverzichtbarer geopolitischer Brückenkopf auf dem eurasischen Kontinent. Die Alte Welt ist für die USA von enormem geostrategischen Interesse. Anders als die Bindungen an Japan verankert das Atlantische Bündnis den politischen Einfluß und die militärische Macht Amerikas unmittelbar auf dem eurasischen Festland. Beim derzeitigen Stand der amerikanisch-europäischen Beziehungen, da die verbündeten europäischen Nationen immer noch stark auf den Sicherheitsschild der USA angewiesen sind, erweitert sich mit jeder Ausdehnung des europäischen Geltungsbereichs automatisch auch die direkte Einflußsphäre der Vereinigten Staaten. Umgekehrt wäre ohne diese engen transatlantischen Bindungen Amerikas Vormachtstellung in Eurasien schnell dahin. Seine Kontrolle über den Atlantischen Ozean und die Fähigkeit, Einfluß und Macht tiefer in den euroasiatischen Raum hinein geltend zu machen, wären dann äußerst begrenzt«.[264]

Die Kontrolle Eurasiens setzt somit die Kontrolle Europas voraus. Nur durch eine transatlantische Partnerschaft – so Sabine FEINER – kann der »Brückenkopf der USA auf dem eurasischen Kontinent so gefestigt werden, daß ein wachsendes Europa ein brauchbares Sprungbrett werden kann, von dem aus sich eine internationale Ordnung der Demokratie und Zusammenarbeit nach Eurasien hinein ausbreiten läßt«. Daraus folgt, daß ein größeres Europa und eine erweiterte NATO den kurz- und längerfristigen Zielen der US-Politik ohne weiteres entgegenkommt: »Ein größeres Europa wird den Einflußbereich Amerikas erweitern – und mit der Aufnahme neuer Mitglieder aus Mitteleuropa in den Gremien der Europäischen Union auch die Zahl der Staaten erhöhen, die den USA zuneigen –, ohne daß ein politisch derart geschlossenes Europa entsteht, das bald schon die Vereinigten Staaten in für sie bedeutsamen geopolitischen Belangen anderswo, insbesondere im Nahen Osten, herausfordern könnte. Ein politisch klar definiertes Europa ist nicht zuletzt für die fortschreitende Einbindung Rußlands in ein System globaler Zusammenarbeit unverzichtbar.« (Sabine FEINER) EU und NATO haben nach der Vorstellung BRZEZINSKIS für die USA also ausschließlich transatlantische Brückenfunktion, die sowohl den europäischen Kontinent als auch Rußland in die transatlantischen Systeme einbinden und gleichzeitig verhindern sollen, daß sich in diesem Großraum geopolitische Konkurrenten und Herausforderer bilden können.

Diese Bedeutung Europas stellte BRZEZINSKI in einem Artikel der neokonservativen Zeitschrift *The National Interest* im Sommer 2000 unter dem Titel »Leben mit dem neuen Europa« näher dar. In der Herbstausgabe desselben Jahres schloß sich ein weiterer Artikel unter dem Titel »Leben mit Rußland« an. Diese Aufsatzreihe wurde unter dem Titel *Geostrategic Triad: Living with China, Europe and Russia* im Jahre 2001 in Buchform veröffentlicht.[265]

In diesem Buch – zusammengefaßt in der EIRNA-Studie *11. September – Die Lüge aus Staatsräson und ihre verhängnisvollen Konsequenzen* – wird die Rolle Europas wie folgt beschrieben: »Die transatlantische Allianz ist das Sprungbrett für das globale Engagement der USA und gibt Amerika die Möglichkeit, seine Rolle als Schiedsrichter in Eurasien, der zentralen Arena der Macht, wahrzunehmen.« Trotz seiner wirtschaftlichen Stärke bleibe Europa ein »Protektorat der USA«. »Es ist nicht nur eine Tatsache«, so BRZEZINSKI, »daß das Bündnis zwischen Amerika und Europa ungleich ist, es ist auch wahr, daß sich die vorhandene Asymmetrie zwischen den beiden wahrscheinlich noch zugunsten Amerikas ausweiten wird.« Schließlich sei das vereinte Europa auch nicht imstande, mit dem »Wirtschaftsboom und der technologischen Innovation« in den USA Schritt zu halten. Aus diesem Grund »werden die USA wahrscheinlich noch für mindestens eine Generation die einzige wirkliche globale Macht« und »die dominierende Macht der transatlantischen Allianz im ersten Viertel des 21. Jahrhunderts« bleiben. Europa wird deshalb aus amerikanischer Sichtweise nach Brzezinski infolgedessen als »Satrapie« bezeichnet: Ideal für die USA wäre ein politisch vereinigtes Europa, das als NATO-Mitglied bereit sei, Einsätze der NATO »out of Area« mitzutragen, um die globale politische Last Amerikas zu verringern und »Amerikas geopolitische Interessen in bezug auf Rußland und den Nahen Osten zu unterstützen«, so Brzezinski[266].

Einen Aufstieg Europas als geopolitischen Konkurrenten fürchtet er in diesem Zusammenhang nicht: »Wie das Dilemma im Kosovo deutlich gemacht habe, seien die politisch-militärischen Kapazitäten Europas äußerst begrenzt; Europa sei nicht einmal in einem schwachen Land in der Lage, eine Friedensmission durchzustehen. Dies mache erneut deutlich, daß Europa ›kein unabhängiger Akteur auf der internationalen Bühne werden kann‹. Amerika brauche sich daher definitiv keine Sorgen über einen potentiellen Rivalen Europa zu machen. Denn Europa werde angesichts seiner begrenzten militärischen Kapazitäten und der ›geographischen Nähe‹ zu den die Stabilität bedrohenden (›Schurken‹)-Staaten »weiterhin Amerika brauchen, um wirklich sicher zu sein«. Um Europa wirtschaftlich einzubinden, schlägt er außerdem ein transatlantisches Freihandelsabkommen vor.«[267]

Dieses transatlantische Europa soll nach der Konzeption Brzezinskis auch die Funktion der strategischen Eindämmung Rußlands übernehmen. »Während Europa seine Rolle als Protektorat der USA wahrnehmen solle, gelte es insbesondere dafür zu sorgen, daß Rußland nie wieder davon träume, den imperialen Status als Großmacht wiederzugewinnen. In seinem Aufsatz *Leben mit Rußland* erklärt Brzezinski ultimativ, daß Rußland als Verlierer des Kalten Krieges gar keine andere Wahl habe, als sich dem Diktat der einzig verbliebenen Supermacht USA zu unterwerfen und sich langfristig in den Westen, sprich in die EU- und NATO-Struktur ›einbinden‹ zu lassen. Die Einbeziehung Rußlands in die transatlantische Gemeinschaft sei ›notwendiger Stützpfeiler jeder langfristigen amerikanischen Strategie, um die Stabilität auf dem eurasischen Mega-Kontinent zu konsolidieren‹.«[268]

Brzezinski betont in dieser Analyse noch einmal die Notwendigkeit der Einbindung Rußlands in die transatlantischen Bündnissysteme, welche für diesen Staat als einzige außenpolitische Alternative in Betracht kommen soll. Um dieses Ziel zu erreichen, fordert Brzezinski unverblümt eine Strategie, die rund um die Russische Föderation Krisenherde und Bedrohungsszenarien entfacht, die Rußland auch nur diese eine Option offenläßt. Hier verweist er genauso wie zu Zeiten des Kalten Krieges auf den islamischen Krisenbogen, der sich für diese antirussische Eurasienstrategie hervorragend instrumentalisieren läßt: »Es müßten geostrategische Bedingungen geschaffen werden, so Brzezinski weiter, ›welche die Russen davon überzeugen, daß es in Rußlands Selbstinteresse liegt, ein wahrhaft demokratischer und europäischer postimperialer Nationalstaat zu werden – ein Staat, der eng mit der transatlantischen Gemeinschaft verbunden ist‹. Brzezinski beschreibt den beispiellosen wirtschaftlichen Niedergang und demographischen Kollaps Rußlands, das weniger Investitionen pro Jahr vom Westen erhalten habe als Polen.«[269] Brzezinski hebt dabei die ungleiche demographische Entwicklung der slawischen und muslimischen Bevölkerung hervor, die Rußland vor der Zerreißprobe stellt und sich daher auch als geopolitische Waffe gegen Moskaus Ansprüche ins Feld führen lassen könnte: »Mit einer Bevölkerung, die allein in den letzten Jahren von 151 auf 146 Mio. geschrumpft sei – China habe 1,2 Mrd. Menschen –, sehe sich Rußland im Süden 295 Mio. Muslimen gegenüber. 20 Mio. von ihnen lebten innerhalb der russischen Grenzen. Im Jahre 2025 würde Rußland es mit 450 Mio. Muslimen im Süden zu tun haben (ohne die 58 Mio. türkischen Muslime). Aufgrund der in dieser Region herrschenden wirtschaftlichen Schwäche und Volatilität würden viele junge Muslime extremistisch werden, was in Gebieten wie Tschetschenien einen besonders starken antirussischen Reflex auslösen würde. . . Ungeachtet dieser Tatbestände setzten, so Brzezinski, die russische Elite und das Militär jedoch – wie es in der neuen Militärdoktrin zum Ausdruck komme – alles daran, den einstigen Supermachtstatus wiederzugewinnen. Der wirtschaftliche Wiederaufbau Rußlands werde dabei von den Militärs als Voraussetzung betrachtet, um die politische Macht Rußlands im Kontext einer ›neuen Eurasischen Union‹ aufzubauen.«[270]

Um zu verhindern, daß aus solchen russischen Plänen Wirklichkeit wird, setzt Brzezinski auf die Entfachung von Krisenherden an der russischen Peripherie: »Ein von allen Seiten ›belagertes‹ Rußland, das sich insbesondere neu aufflammenden ›islamischen‹ Konflikten im Süden gegenübersehe, werde ›jedoch implodieren‹, so Brzezinski. Genau hier sieht der Geopolitiker die Möglichkeit, Rußland – per Diktat sozusagen – in die Strukturen des Westens einzubinden bzw. zu ›zwingen‹. ›Die ernst zu nehmende Möglichkeit, daß sich Konflikte wie Buschfeuer in Zentralasien ausbreiten, könnte Rußlands ablehnende Haltung gegenüber einem größeren westlichen Engagement in der Region entschärfen. Moskau könnte dann nicht nur stärkeren westlichen Wirtschaftsaktivitäten in der Region positiv gegenüberstehen, sondern auch einer größeren Rolle friedenserhaltender Maßnahmen der OSZE und vielleicht sogar auch der NATO zustimmen‹.«[271]

Brzezinski geht sogar noch weiter: Nicht nur soll die Einkreisung der Russischen Föderation durch die politische und wirtschaftliche Unterstützung der neuen unabhängigen Schlüsselstaaten, die er als festen Bestandteil einer umfassenden Eurasienstrategie ansieht, bewirken, daß diese sich in das westliche System eingliedert. Vielmehr soll die Russische Föderation selbst dezentralisiert werden. Durch eine solche Maßnahme soll gleichfalls verhindert werden, daß sich Rußland im internationalen Kräftespiel erneut als Konkurrent und Herausforderer des universalen Führungsanspruchs der USA positionieren kann. Rußland soll dazu gezwungen werden, sich unter westlichem Vorzeichen zu modernisieren und sich mit seinem Gebietsbestand abzufinden, »anstatt sich auf nutzlose Bemühungen einzulassen, seinen früheren Status als Weltmacht wiederzuerlangen«.[272]

»Angesichts der enormen Ausdehnung und Vielfalt des Landes«, so schlußfolgert Brzezinski weiter, »würde wahrscheinlich ein dezentralisiertes politisches System auf marktwirtschaftlicher Basis das kreative Potential des russischen Volkes wie der riesigen Bodenschätze des Landes besser zur Entfaltung bringen. Umge-

Latente Gefahrenherde im Nahen und Mittleren Osten sowie in Zentralasien. * Gebiete mit Unruhen, Konflikten und gewaltsamen Auseinandersetzungen. Karte aus: Zbigniew Brzezinski, *Die einzige Weltmacht*, Fischer, Frankfurt/M. [5]2002, S. 84.

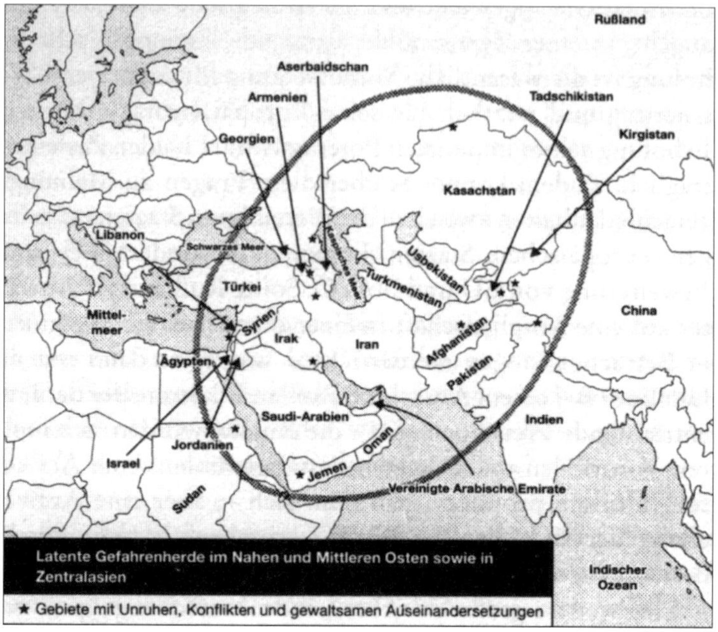

Latente Gefahrenherde im Nahen und Mittleren Osten sowie in Zentralasien

★ Gebiete mit Unruhen, Konflikten und gewaltsamen Auseinandersetzungen

Der Geopolitiker und Obamas Stratege Brzezinski sah 1999 obige krtitische Zone für die Sicherheit Europas jenseits des Jahres 2010. Karte aus: Zbigniew Brzezinski, *Die einzige Weltmacht*, Fischer, Frankfurt/M. [5]2002, S. 84.

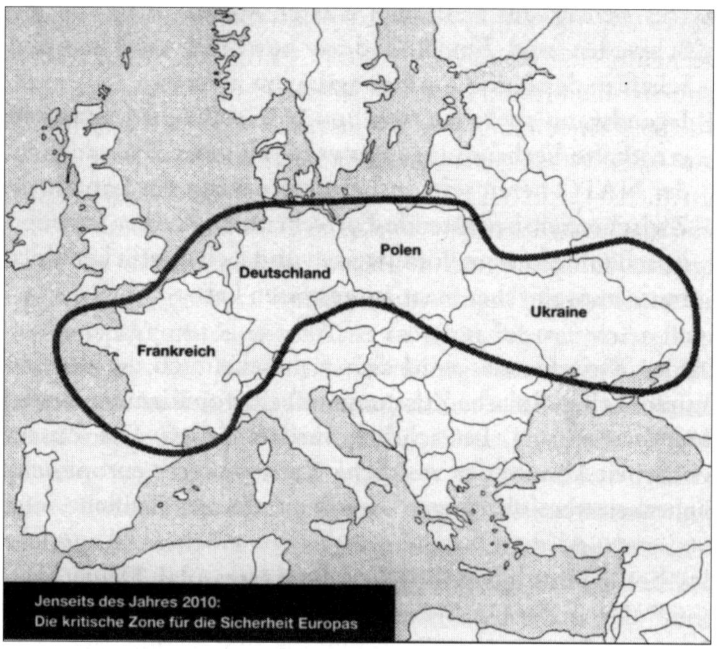

Jenseits des Jahres 2010:
Die kritische Zone für die Sicherheit Europas

kehrt wäre ein dezentralisierteres Rußland weniger anfällig für imperialistische Propaganda.«[273] Zu diesem Zweck schlägt er eine Dreiteilung der Föderation vor, bestehend aus einem europäischen Teil, einer sibirischen Republik und einer fernöstlichen Republik. Jede dieser Republiken sollte mit ihrer jeweiligen Randzone enge wirtschaftliche Beziehungen eingehen: der europäische Teil mit Europa, der sibirische Teil mit Zentralasien und die fernöstliche Republik mit der Staatenwelt Ostasiens.[274]

Immer wieder betont BRZEZINSKI dabei die Notwendigkeit einer Pluralisierung des eurasischen Raumes und der Schaffung eines gegen Rußland gerichteten Einkreisungsdrucks. Eine klare Entscheidung Rußlands für die europäische Option und gegen die eines großrussischen Reiches werde dann wahrscheinlicher, wenn Amerika konsequent die Strategie verfolge, »den derzeit herrschenden geopolitischen Pluralismus im postsowjetischen Raum zu stärken, um damit allen imperialen Versuchungen den Boden zu entziehen. . . Folgerichtig ist die politische und wirtschaftliche Unterstützung der neuen unabhängigen Schlüsselstaaten ein fester Bestandteil einer umfassenderen Strategie für Eurasien. Die Konsolidierung einer souveränen Ukraine, die sich inzwischen als mitteleuropäischer Staat versteht und sich an einer engeren Integration mit Mitteleuropa beteiligt, ist eine ganz wesentliche Komponente einer solchen Politik. Daselbe gilt für den Aufbau engerer Beziehungen zu strategischen Achsenstaaten wie Aserbaidschan und Usbekistan, ganz abgesehen von dem allgemeinen Bemühen, Zentralasien (allen Behinderungen Moskaus zum Trotz) dem Weltmarkt zu öffnen.«[275] Eine solche geopolitische Pluralisierung Eurasiens dient BRZEZINSKI (*Die einzige Weltmacht*, S. 200) zufolge als Rückversicherung gegen eine etwaige neue russische Großmachtpolitik.

In seinem bereits erwähnten Buch *Geostrategic Triad: Living with China, Russia and Europe* gibt BRZEZINSKI eine strategische Handlungsempfehlung zum Umgang mit Rußland, die neben der bereits beschriebenen geostrategischen Einkreisung auch die kulturell-intellektuelle Denationalisierung der künftigen russischen Generation einschließt. »Im Gegensatz zu Deutschland und Japan sei Rußland von den Siegern des Kalten Krieges weder besetzt noch der politischen Umerziehung seitens der ›Siegermächte‹ unterworfen worden. Der Westen, vor allem die USA, so rät BRZEZINSKI, sollte seine Beziehungen zum ›offiziellen Rußland‹ abbauen und sich statt dessen auf die ›nächste Führungsgeneration‹ in Rußland konzentrieren, die nur noch ›eine vage Erinnerung‹ daran haben dürfte, was Rußland einmal war. Dies schließe die systematische finanzielle Förderung von Nichtregierungsorganisationen. . . und die gezielte Vergabe von Studienstipendien ein, mit deren Hilfe junge Leute in den USA ›mit den Werten der Demokratie‹ vertraut gemacht werden sollten.«[276]

Abschließend hebt BRZEZINSKI hervor, was das Hauptziel der US-amerikanischen Geopolitik sein müsse: »Der Westen müsse ein Umfeld schaffen, das ›jeden russischen Versuch, die geopolitische Uhr zurückzustellen, entmutigt‹ und Illusionen und Nostalgie über den früheren Supermachtstatus verhindere. Zusammen mit

Europa sollten die USA Rußland gegenüber klar machen, daß die einzige Chance für die Zukunft eine Mitgliedschaft in der EU und NATO sein wird. Zukünftige NATO-Beitritte dürften nicht von einer Zustimmung Rußlands abhängig gemacht werden, erklärt BRZEZINSKI kategorisch. ›Viele europäische Länder – vor allem die baltischen Staaten – wollen und haben das Recht, Teil der EU und NATO zu sein.‹ Der nächste Präsident der USA sollte deshalb, so rät BRZEZINSKI, die Verbündeten drängen, die Aufnahme jedes demokratischen europäischen Staates, der die Kriterien für eine NATO-Mitgliedschaft erfülle, noch vor dem Jahr 2002 voranzutreiben.«[277]

Endziel ist dabei die Verwirklichung eines »von Vancouver bis Wladiwostok reichenden Sicherheitssystems, wobei neben der OSZE-Struktur die ›NATO eines Tages Kernelement eines transkontinentalen Sicherheitssystems werden‹ könne. ›Somit könnte sich eine geostrategische Lage herausbilden, in der die russische Elite selbst erkennt, daß Rußlands einzige Option die beste Option ist: nämlich wahrhaft demokratisch und ein postimperialer Staat zu werden, der bereit ist, sich in die transatlantische Gemeinschaft 'einbinden' zu lassen‹«.[278]

2.8 ›No Rivals‹-Plan – die Richtlinien für die Verteidigungsplanung der Haushaltsjahre 1994–1999: den Aufstieg konkurrierender Mächte in Europa und Asien verhindern

2.8.1 Das Ursprungskonzept

Nach dem Zusammenbruch der Sowjetunion war das Bestreben der USA, das mit dieser geopolitischen Revolution entstandene »unipolare Moment« (so der neokonservative Vordenker Charles KRAUTHAMMER) umgehend auszunutzen, Gegenstand eines Strategiepapiers geworden, das die Erhaltung der globalen Vorherrschaftsstellung der USA und die Verhinderung des Aufstiegs eines strategischen Rivalen zum Gegenstand hatte und ähnlich wie die Schriften Z. BRZEZINSKIS als Blaupause heutiger amerikanischer Außenpolitik begriffen werden muß.

Unmittelbar nach dem Fall der Berliner Mauer richtete der damalige Verteidigungsminister Richard CHENEY – unter George W. BUSH Vizepräsident und von Insidern sogar als der eigentliche Präsident bezeichnet – eine Beratergruppe ein, die Vorschläge erarbeiten sollte, wie die Weltmachtpolitik der USA nach dem Ende ihres kontinentalen eurasischen Rivalen auszusehen habe. Die Gruppe setzte sich zusammen aus Ex-Verteidigungsminister Donald RUMSFELD, Paul WOLFOWITZ, in der ersten Amtszeit des Präsidenten George W. BUSH stellvertretender Verteidigungsminister und anschließend Präsident der Weltbank, Lewis LIBBY, ehemals Büroleiter von Richard CHENEY (mittlerweile verurteilt wegen der Enttarnung der CIA-Mitarbeiterin Valerie PLAME, der Ehefrau des CIA-Mitarbeiters Joseph WILSON, der die Behauptungen der BUSH-Regierung zum Massenvernichtungswaffenpotential des Irak als Propaganda und Fälschung entlarvte), Eric EDELMAN, persönlicher Berater CHENEYS sowie dem ehemaligen Außenminister Colin POWELL. Diese im geheimen und hinter verschlossenen Türen tagende Gruppe – ihre Mitglieder gehören zu den sogenannten ›Neocons‹ (den ›Neokonservativen) – übergab dem damaligen Präsident George BUSH sen. ihr Konzept der sogenannten ›großen Strategie‹. Der Ausbruch des Golfkrieges – oder, besser gesagt, dessen Inszenierung – rückte diese Überlegungen vorübergehend in den Hintergrund.[279] Dieses Strategiepapier gelangte kurz vor dem Machtwechsel von BUSH sen. zu CLINTON durch eine Indiskretion in die Hände einiger Journalisten.

Die *New York Times* veröffentlichte am 8. März 1992 Auszüge aus diesem geheimen Entwurf des Pentagons vom 18. Februar 1992 für die ›Defense Planning Guidance (Fiscal Years 1994–1999)‹. Sie sollen hier entprechend wiedergegeben werden, da sie, wie bereits angedeutet, für das Verständnis der heutigen US-Außenpolitik ebenfalls von besonderer Bedeutung sind:

»Diese Leitlinien zur Verteidigungsplanung befassen sich mit der grundlegend neuen Situation, die durch den Zusammenbruch der Sowjetunion geschaffen wurde, durch die Desintegration sowohl ihres inneren wie ihres äußeren Imperiums und die Diskreditierung des Kommunismus als einer Ideologie mit globalem Anspruch oder Einfluß. Mitgestaltet wurde die neue internationale Situation durch den Sieg der USA und der alliierten Koalition über die irakische Aggression. Der erste Konflikt nach dem Ende des Kalten Krieges erwies sich als prägendes Ereignis im Sinne weltweiter Führung der USA. Neben diesen beiden Siegen gibt es einen weiteren, weniger ins Auge springenden: die Integration Deutschlands und Japans in ein amerikanisch geführtes System kollektiver Sicherheit und die Schaffung einer demokratischen ›Zone des Friedens‹...

Militärstrategische Ziele: Unser erstes Ziel ist, den (Wieder-)Aufstieg eines neuen Rivalen zu verhindern, sei es auf dem Gebiet der ehemaligen Sowjetunion oder sonstwo, der eine Bedrohung der Größenordnung darstellt, wie vormals die Sowjetunion. Das ist die beherrschende Überlegung, die der neuen Verteidigungsstrategie für die Region zugrunde liegt. Wir müssen versuchen zu verhindern, daß irgendeine feindliche Macht eine Region dominiert, deren Ressourcen – unter gefestigter Kontrolle – ausreichen würden, eine Weltmachtposition zu schaffen. Solche Regionen sind Westeuropa, Ostasien, das Gebiet der ehemaligen Sowjetunion und Südwestasien.

Das genannte Ziel hat drei weitere Aspekte: Erstens müssen die USA die Führungskraft an den Tag legen, die zur Errichtung und zum Schutz einer neuen Ordnung nötig ist, welche potentielle Konkurrenten davon überzeugt, daß sie keine Rolle anstreben und keine aggressivere Haltung zum Schutz ihrer legitimen Interessen einzunehmen brauchen. Zum zweiten müssen wir auf nichtmilitärischem Gebiet den Interessen der entwickelten Industrieländer ausreichend Rechnung tragen, um sie davon abzuhalten (im Original: ›to discourage them‹), unsere Führungsrolle in Frage zu stellen oder zu versuchen, die etablierte politische und ökonomische Ordnung umzustürzen. Und schließlich müssen wir die Mechanismen erhalten, die mögliche Konkurrenten davon abschrecken, eine größere regionale und globale

Rolle auch nur zu erhoffen (›to aspire‹). Eine wirksame *reconstitution capability* ist hierzu wichtig, denn sie bedeutet, daß ein möglicher Rivale nicht darauf hoffen könnte, schnell oder leicht eine militärische Vormachtstellung in der Welt zu gewinnen.

Das zweite Ziel besteht darin, Quellen regionaler Konflikte und Instabilitäten in einer Weise zu behandeln, die wachsenden Respekt vor dem Völkerrecht fördert, zwischenstaatliche Gewalt begrenzt und die Ausbreitung demokratischer Regierungsformen und offener Wirtschaftssysteme ermutigt...

Zwar können die USA nicht zum ›Polizisten‹ der Welt werden, indem sie die Verantwortung dafür übernehmen, jeden Mißstand zu beheben (›righting every wrong‹), aber bei uns wird die Hauptverantwortung dafür liegen, uns selektiv mit jenen Mißständen zu befassen, die nicht nur unsere Interessen, sondern auch die unserer Alliierten oder Freunde bedrohen oder die die internationalen Beziehungen ernstlich stören könnten. Es kann sich dabei um verschiedene Kategorien amerikanischer Interessen handeln: Zugang zu lebenswichtigen Rohstoffen, vor allem Öl aus dem Persischen Golf, die Weiterverbreitung von Massenvernichtungswaffen und ballistischen Raketen, Bedrohungen von US-Bürgern durch Terrorismus, oder durch regionale, oder lokale Konflikte und Bedrohungen der US-Gesellschaft, die sich aus dem Drogenhandel ergeben.

Es bleibt auf viele Jahre hinaus unwahrscheinlich, daß eine globale konventionelle Herausforderung der amerikanischen und der westlichen Sicherheit aus dem Zentrum Eurasiens heraus wiedererstehen könnte...

Es gibt andere Nationen oder mögliche Koalitionen, die in der entfernteren Zukunft strategische Ziele und militärische Fähigkeiten entwickeln könnten, die auf regionale oder globale Vorherrschaft hinauslaufen. Wir müssen unsere Strategie jetzt darauf konzentrieren, dem Aufstieg jedes möglichen Konkurrenten globaler Dimension zuvorzukommen...

Regionale Bedrohungen und Risiken: Nach dem Verschwinden einer globalen militärischen Bedrohung amerikanischer Interessen werden künftig regionale Bedrohungen die USA vorrangig beschäftigen, darunter Konflikte, die auf dem Territorium der früheren Sowjetunion entstehen bzw. von ihm ausgehen könnten. Solche Bedrohungen werden wahrscheinlich in Regionen entstehen, die für die Sicherheit der USA und ihrer Verbündeten entscheidend sind, darunter Europa, Ostasien, der Nahe Osten und Südwestasien sowie das Gebiet der früheren Sowjetunion. Auch in Lateinamerika, Ozeanien und Afrika südlich der Sahara stehen für uns bedeutende Interessen auf dem Spiel. In beiden Fällen wird es für die USA darum gehen, der Beherrschung von Schlüsselregionen durch eine feindliche Macht zuvorzukommen...

Die frühere Sowjetunion: ... Für die unmittelbare Zukunft richtet die Hauptsorge der USA sich auf die Fähigkeit Rußlands und der anderen Republiken, ihre Gesellschaften zu entmilitarisieren, ihre Rüstungsindustrien auf Zivilproduktion umzustellen, ihr Kernwaffenarsenal zu beseitigen oder, im Falle Rußlands, radikal zu reduzieren, das Befehls- und Kontrollsystem für die nuklearen Waffen funktionsfähig zu erhalten und das Durchsickern von fortgeschrittener Militärtechnologie und Know how in andere Länder zu verhüten...

Westeuropa: Die NATO bleibt weiterhin das unverzichtbare Fundament einer stabilen Sicherheitslage in Europa. Es ist deshalb von grundlegender Bedeutung, die NATO als das Hauptinstrument der westlichen Verteidigung und Sicherheit und zugleich als Medium US-amerikanischer Einflußnahme und Partizipation in den europäischen Sicherheitsfragen zu erhalten. Die Vereinigten Staaten unterstützen das Ziel der europäischen Integration, aber wir müssen das Aufkommen exklusiv europäischer Sicherheitsvereinbarungen, welche die NATO und besonders die integrierte Befehlsstruktur der Allianz untergraben könnten, zu verhindern suchen...

Ostmitteleuropa: ... Der verheißungsvollste Weg, die Ostmitteleuropäer im Westen zu verankern und ihre demokratischen Institutionen zu stabilisieren, besteht in ihrer Beteiligung an den politischen und wirtschaftlichen Organisationen des Westens, in ostmitteleuropäischer Mitgliedschaft in der Europäischen Gemeinschaft zum frühestmöglichen Zeitpunkt und Ausweitung der NATO-Kooperation...

Die USA könnten auch Sicherheitsgarantien für die osteuropäischen Staaten in Betracht ziehen, vergleichbar denen, die wir den Golfstaaten gewährt haben...«

Diese Strategieempfehlung von Paul WOLFOWITZ beinhaltet wesentliche Elemente der Eurasienstrategie Zbigniew BRZEZINSKIS. Wie diese richtet auch die ›National Defence Planning Guidance‹ den Fokus auf die Verhältnisse auf dem (postsowjetischen) eurasischen Kontinent, der für die damaligen Pentagon-Strategen der geopolitische Ort ist, wo der jetzigen unipolaren Weltmacht USA ein strategischer Rivale entstehen könnte. Aus diesem Grund fordert das Strategiepapier die USA auf, Maßnahmen zu entwickeln, die die machtpolitische Lähmung des eurasischen Großraums verewigt und von vornherein etwaige Herausforderer daran hindert, einen Weg zu beschreiten, der den Status quo ante wiederherstellen könnte. Um eine Ausweitung des Machteinflusses eines potentiellen eurasischen Rivalen einzudämmen, sind die USA aufgefordert, die strategischen Rohstoffquellen der Welt, gleich, wo sie sich befinden, unter ihre Kontrolle zu bringen. Bestandteil dieser Eindämmungsstrategie ist hierbei auch die Erweiterung des Atlantischen Bündnisses Richtung Osteuropa, für das die USA eine sicherheitspolitische Patenschaft übernehmen sollen.

Von entscheidender Bedeutung ist in diesem Zusammenhang, daß nicht nur Rußland als das ›Heartland‹ Eurasiens, sondern vor allem auch die ›Rimlands‹ Deutschland und Japan in der Weltordnungsvorstellung der Vereinigten Staaten nach dem Kalten Krieg als strategische Rivalen angesehen werden. Damit wird in diesem Konzeptpapier ersichtlich, welchen Einfluß die anglo-amerikanischen Geopolitiker MACKINDER und SPYKMAN auf das Denken der amerikanischen Machtelite nach wie vor besitzen, deren Doktrinen sich hier widerspiegeln.

Ganz eindeutig stehen die USA einem militärstrategisch und ökonomisch unabhängigen Europa mit äußerster Feindseligkeit gegenüber. Die NATO hat deshalb die Aufgabe, den Status der USA als einer ›europäischen Macht‹ zu gewährleisten und damit ein Mitspracherecht der USA in europäischen Fragen sicherzustellen. Der Politologe Werner LINK weist deshalb auch zutreffend darauf hin, daß die NATO-Politik der USA nach dem Zerfall der Sowjetunion der beschriebenen hegemonialen Gesamtkonzeption folgt, worüber die europäischen Rivalen auch zu keinem Zeitpunkt außer Zweifel gelassen wurden. In einer diplomatischen Demarche vom 21. Februar 1991 wurden sie mit ziemlich deutlichen Worten gewarnt: »Das Bestreben, einen europäischen Pfeiler dadurch zu bilden, daß die Rolle der NATO umdefiniert und begrenzt, die NATO-Struktur geschwächt und ein monolithischer Block von gewissen Mitgliedern geschaffen wird, wäre aus unserer Sicht eine fehlgeleitete Politik. Wir möchten hoffen, daß solchen Bestrebungen standhaft und entschlossen widerstanden wird.«[280] Diese harsche diplomatische Note deckt sich mit der Aufforderung der ›Defence Planning Guidance for Fiscal Years 1994 to 1999‹, wo es heißt: »Obwohl die Vereinigten Staaten das Ziel der Europäischen Integration unterstützen, müssen wir zu verhindern suchen, daß rein europäische Sicherheitsarrangements entstehen, die die NATO – speziell die integrierte Kommandostruktur der Allianz – unterminieren würden.«

Das neue Feindbild der USA ist damit der gesamte eurasische Raum mit seinen vielfältigen Akteuren: die postsowjetische Staatenwelt, das sich auch militärisch integrierende Europa, vor allem aber die Staaten Deutschland und Japan, die nicht nur aufgrund ihres wirtschaftlichen Potentials, sondern auch aufgrund der Möglichkeit, sich Atomwaffen zuzulegen, eine Gefahr für den Weltführungsanspruch der USA sind. »Japan könnte sich nukleare Waffen zulegen, falls es eines Tages von Nordkorea aus atomar bedroht werde, sagt das Pentagon-Papier voraus. Und die vereinigten Deutschen könnten nach Atomwaffen greifen, um beispielsweise islamische Diktatoren von einem Atomschlag gegen Deutschland abzuschrecken. Die beiden Wirtschaftsriesen, so weit blickt die Studie in die Zukunft, könnten sich auch sonst noch bis an die Zähne bewaffnen und schließlich die USA herausfordern. Die einzig verbliebene Supermacht der Welt müsse dagegen rechtzeitig Maßnahmen ergreifen.«[281]

Deshalb muß auch der Hintergrund für die Verabschiedung dieses Strategiepapiers weniger in der Tatsache der Implosion der Sowjetunion als solche gesehen werden als vielmehr in einer sich abzuzeichnenden strategischen Autonomisierung Europas, die nach 1990 immer deutlicher zu Tage trat. Im Dezember 1990 waren der deutsche Bundeskanzler Helmut KOHL und Frankreichs Staatspräsident MITTERRAND überraschend übereingekommen: »Die politische Union soll eine gemeinsame Sicherheitspolitik umfassen, die am Ende zu einer gemeinsamen Verteidigung führen sollte.« Die Sensation lag darin, daß Frankreich bereit war, die eigene Verteidigung schrittweise zwar nicht in die NATO, wohl aber in die Europäische Gemeinschaft einzubringen. Damit bot sich die Chance einer grundlegenden, NATO- und somit US-unabhängigen europäischen Sicherheitsarchitektur. »Die USA wollten die neue Ordnung nicht. Sie torpedierten den Ansatz zur eigenständigen europäischen Verteidigung. Bonn gab im Februar 1991 klein bei – bis auf weiteres.«[282]

Damit erwies sich auch die von US-Präsident George BUSH sen. an die deutsche Adresse ausgegebene Formel von der ›*partnership in leadership*‹ als bloße Augenwischerei, die ohnehin nur die Funktion haben sollte, die Unterstützung der Bundesrepublik Deutschland für das Vorherrschaftskonzept der USA zu ködern. Tatsächlich aber waren die USA von vornherein keinesfalls gewillt, ihren europäischen Partnern und insbesondere Deutschland auch nur in irgendeiner Form größeren außen- und sicherheitspolitischen Handlungsspielraum zuzugestehen.

Nachdem es den Vereinigten Staaten gelungen war, eine unabhängig von der NATO existierende selbständige europäische Verteidigungsstruktur zu zerschlagen, boten sie der Bundesrepublik Deutschland an, eine »euro-atlantische Gemeinschaft von Vancouver bis Wladiwostok« (so der damalige US-Außenminister BAKER) zu schaffen. Im Oktober 1991 verständigten sich US-Außenminister BAKER und der deutsche Außenminister GENSCHER auf die »Bildung eines neuen Systems kooperativer Sicherheit in Europa«, das die »unverzichtbare Rolle der NATO« nicht schmälern, sondern ergänzen sollte. Diese euro-atlantische Gemeinschaft fand ihren Ausdruck in der Gründung des ›Nordatlantischen Kooperationsrates‹, dem neben den damals 16 Mitgliedern der NATO und den früheren Verbündeten der Sowjetunion seit März 1992 auch sämtliche 11 GUS-Republiken angehörten.[283] Damit gelang es den USA, anstelle einer europäischen Verteidigungsgemeinschaft, die auch Ostmitteleuropa einbezogen und sich gegebenenfalls zu einer eurasischen Verteidigungsgemeinschaft entwickelt hätte, den Einfluß der von ihr geführten NATO durchzusetzen und damit nicht nur die postsowjetische Staatenwelt, sondern gerade auch Deutschland und Japan einzubinden. Die »Integration Deutschlands und Japans in ein von Amerika geführtes System kollektiver Sicherheit«, wie es das Pentagon-Papier gefordert hatte, war damit zunächst gewährleistet. Die USA behielten auf diese Weise in europäischen Sicherheitsfragen das Heft in der Hand, das ihnen mit der tatsächlichen Verwirklichung des KOHL-MITTERRAND-Plans vom Dezember 1990 zugunsten Deutschlands und Frankreichs verlorengegangen wäre. »Die NATO-Erweiterung ist eine flankierende Maßnahme, um Westeuropa einzudämmen«, sagte Pentagon-Beraterin Ruth WEDGEWOOD.[284] Denn »hätte Washington unter CLINTON die Hardthöhe (Sitz des bundesdeutschen Verteidigungsministeriums, der Verf.) die Osterweiterung in Form bilateraler Manöver und Ausbildungshilfe durchführen lassen. . ., wären Polen, Tschechien und Ungarn heute nicht Mitglied der NATO, sondern einer westeuropäischen Militärunion«.[285]

In diesem Zusammenhang hatten es die USA auch verstanden, die nach der Wiedervereinigung einstweilig erlangten strategischen Vorteile Deutschlands zunächst für die eigenen geopolitischen Ziele auszunutzen, dann aber hinter den Kulissen der Diplomatie und der Geheimdienste Berlin von seiner Stellung zu verdrängen und dessen Initiativen an sich zu reißen. Damit konnte Washington wieder zu einem bestimmenden Faktor der Osteuropapolitik der EU werden. Folgt man dem Geheimdienst-Experten Erich SCHMIDT-EENBOOM, so war Deutschland nach seiner Wiedervereinigung im Begriff, »sich zu einer neuen Ordnungsmacht für Osteuropa aufzuschwingen«.[286] Die dann einsetzende militärtechnische und wirtschaftspolitische Kooperation Berlins mit osteuropäischen Staaten machten SCHMIDT-EENBOOM zufolge deutlich, »daß die Bundesrepublik die Absicht verfolgt, mit den Mitteln operativer Außenpolitik die erstrangigen wirtschaftlichen Investitionen und den bedeutenden Kapitalfluß nach Osteuropa abzusichern«.[287]

In der Tat gingen in der Zeit von 1991 bis 1994 sämliche Initiativen zur wirtschaftlichen und militärischen Anbindung Mittel- und Osteuropas an die westlichen und transatlantischen Organisationen von Deutschland aus.[288] Nach Ansicht einiger Beobachter wie Jürgen ELSÄSSER standen die USA unter George BUSH sen. dieser Expansion zunächst aufgeschlossen gegenüber; schließlich war nach Einschätzung der damaligen US-Machtelite mit diesen Entwicklungen gleichzeitig eine Ausdehnung des transatlantischen Einflusses in die postsowjetische Machtsphäre und eine Eindämmung russischer Entfaltungsmöglichkeiten verbunden. Mit dem Beginn der CLINTON-Ära änderte sich dies jedoch: Im Vordergrund dieser Administration stand die Wiederherstellung der wirtschaftlichen Führungsmacht der USA. Die Wirtschaftsmächte Deutschland und Japan wurden zunehmend als Konkurrenten definiert, und nach einer Studie des US-amerikanischen Ökonomen Jeffrey E. GARTEN setzten die USA nunmehr eine Art Kalten Krieg gegen diese Mächte in Gang, um deren Machtentfaltung einzudämmen. Insbesondere die Aktivitäten Deutschlands in Osteuropa und ein mögliches deutsch-russisches Bündnis wurden vor diesem Hintergrund als Bedrohung für die US-amerikanischen Hegemonialbestrebungen gesehen, da sich nach Einschätzung der damaligen US-Strategen hieraus ein autonomer Kontinentalblock herausbilden konnte.

Die USA griffen deshalb zu einer Strategie, die die Wiederherstellung eines ›Mächtegleichgewichts‹ und somit eine innere Zersplitterung Europas zum Ziel hatte. »Zweimal im Zeitraum von nur einer Generation«, so schrieb Henry A. KISSINGER seinerzeit folgerichtig, »führte Amerika Kriege, weil amerikanische Staatsführer davon überzeugt waren, daß die Vorherrschaft einer einzelnen feindseligen Macht in Europa eine Bedrohung der amerikanischen Sicherheits- und Wirtschaftsinteressen darstellte. An dieser Realität hat sich nichts geändert. Auch wenn es heute scheinbar keine für die Vereinigten Staaten feindlichen Mächte in Europa mehr gibt, könnte die Entstehung einer neuen hegemonialen Mächtekonstellation schnell als feindlich angesehen werden.«[289] Derartige Herausforderungen für die USA könnten sich nach KISSINGER neben den Konflikten auf dem Territorium der ehemaligen Sowjetunion und Osteuropas insbesondere aus »der Neudefinition der Rolle Deutschlands« ergeben.[290] Deshalb müsse Amerika heute mehr denn je an der Herstellung eines »innereuropäischen Gleichgewichts« arbeiten: »Dies gilt heute sogar in verstärktem Maß. Deutschland ist so stark geworden, daß die existierenden europäischen Institutionen allein nicht mehr ausreichen, um ein Gleichgewicht zwischen Deutschland und seinen Partnern und noch weniger zwischen Deutschland und der ehemaligen Sowjetunion zu gewährleisten. Es kann in niemandes Interesse liegen, wenn sich Deutschland und Rußland gegenseitig als Hauptverbündete betrachten. Wenn sich beide Mächte zu nahe kommen sollten, besteht die Gefahr der Hegemonie. . .«[291]

KISSINGER sah in der NATO das notwendige Instrument, um derartigen Entwicklungen vorzubeugen, die Rolle der USA als mitbestimmende Macht in Europa zu zementieren und mit einer Neutralisierung des deutschen Machtzuwachses das innereuropäische Mächtegleichgewicht wiederherzustellen. »Die Einigung Europas darf nicht auf Kosten der NATO erfolgen«, lautete deshalb folgerichtig seine Mahnung.

Daß die NATO-Osterweiterung auch dem Ziel der USA diente zu verhindern, daß Deutschland in Ostmitteleuropa ein autonomes wirtschaftliches und militärisches Glacis errichten und auf diese Weise zu einer geopolitischen Verselbständigung Europas beitragen konnte, wurde in einer Studie der Rand-Corporation, abgedruckt in der Zeitschrift *Foreign Affairs*, deutlich: »Eine Situation, in der ein Land wie Deutschland Polens Sicherheit mittels der Westeuropäischen Union zu sichern verspricht, nicht aber mittels der NATO, könnte die atlantische Allianz sprengen.«[292] Jürgen ELSÄSSER zufolge konnten die USA auf dem NATO-Gipfel im Januar 1994 die Kontrolle über die Ostexpansion an sich reißen. Anstelle der WEU und der OSZE trat die von Washington initiierte ›Partnership for Peace‹ (Partnerschaft für den Frieden), mit der die USA eine militärische Einflußnahme auf die postsowjetische Sphäre sicherstellen konnten. So sahen sich die USA »im Erweiterungsprozeß in einer klaren Führungsrolle«.[293] Indem sich Deutschland wieder in die von Washington bestimmte Richtung bewegte, war aber auch ein Bruch Europas, besonders Deutschlands, mit Moskau unvermeidlich. Mit diesen Schachzügen war es den USA gelungen, die schon von MACKINDER befürchtete Achse Berlin–Moskau zu beseitigen.

2.8.2 Die Aktualisierung durch das ›Project for The New American Century‹

Wie sich in Zukunft zeigen sollte, war das ›No-Rivals‹-Strategiepapier nicht auf ein Jahrzehnt nach dem Zusammenbruch der Sowjetunion befristet; vielmehr handelte es sich um eine auf Dauer und Langfristigkeit ausgerichtete Strategie globaler amerikanischer Vorherrschaft. Deutlich werden sollte dies durch das Bekanntwerden des Manifests eines am 3. Juni 1997 gegründeten Komitees, das in der internationalen Politik zunächst nicht wahrgenommen worden ist. Es trug den Namen ›Projekt for The New American Century‹ (PTNAC). Die Initiative zur Gründung dieser Einrichtung ging von William KRISTOL aus, dem Hauptschriftleiter des neokonservativen Blattes *Weekly Standard* und ehemaligem Stabschef von Dan QUAYLE, dem Vizepräsidenten von George BUSH sen. Diese Einrichtung »ist nicht irgendeines der vielen politischen Komitees in den USA. Das zeigt sich an den Personen, die diesem Kreis angehören. Dazu zählt zum Beispiel Jeb BUSH, der Gouverneur von Florida und Bruder des jetzigen Präsidenten. . . Dann findet man dort namhafte Personen aus der Regierung von BUSH I, die in der Regierung von BUSH II wieder eine wichtige Rolle übernehmen sollten, wie der jetzige Vizepräsident Dick CHENEY, Verteidigungsminister Donald RUMSFELD, sein Stellvertreter Paul WOLFOWITZ und Lewis LIBBY, Stabschef und Chefberater des Vizepräsidenten. Hinzu kamen andere einflußreiche Leute wie der durch sein Buch *Ende der Geschichte* berüchtigte Francis FUKUYAMA oder Eliott ABRAMS, der in der Regierung BUSH II eine führende Rolle im Nationalen Sicherheitsrat (NSC) übernahm, oder Zalmay KHALILZAD, ein Mitarbeiter WOLFOWITZ', der nach 2001 Sonderbeauftragter der BUSH-Regierung für Afghanistan und Irak wurde«.[294]

Ideologisch wurzelt die PTNAC in den Theorien von Robert STRAUSZ-HUPÉ und Leo STRAUSS. STRAUSZ-HUPÉ gilt als einer der führenden Persönlichkeiten der amerikanischen Geopolitik, hatte wichtige diplomatische Funktionen inne und hatte »außerordentlichen Einfluß sowohl auf die Welt der amerikanischen Denkfabriken als auch auf Teile des amerikanischen Militärs«.[295] 1957 rief er das Journal *Orbis – A Journal of World Affairs* ins Leben, »das seither als Sprachrohr der schärferen imperialistischen Töne amerikanischer Strategen in Erscheinung getreten ist. Zu den ersten Redakteuren des Blattes gehörten damals der Harward-Professor William Yandell ELLIOTT, Mentor der führenden Köpfe amerikanischer Utopisten wie KISSINGER, HUNTINGTON, BRZEZINSKI und McGeorge BUNDY, sowie Henry KISSINGER selbst«.

In der ersten Ausgabe schrieb STRAUSZ-HUPÉ: »Die Aufgabe, vor der die Vereinigten Staaten stehen, ist die Vereinigung der Welt unter ihrer Führung innerhalb dieser Generation... Diese Aufgabe muß wegen zweier vordringlicher Überlegungen in naher Zukunft erreicht werden: 1. Das politische Erscheinen der asiatischen Völker verändert zusammen mit ihrem ungeheuren Bevölkerungswachstum das internationale und regionale Gleichgewicht der Mächte tiefgreifend und kündigt regionale und internationale Konflikte und Kriege an. 2. Innerhalb absehbarer Zukunft werden eine Reihe von Ländern außerhalb der Vereinigten Staaten, der Sowjetunion und Großbritanniens in den Besitz von Nuklearwaffen und anderen Massenvernichtungsmitteln gelangen... Die Errichtung einer solchen universellen Ordnung ist nun zur einzigen Alternative zu Anarchie und Zerstörung geworden, die der Mensch angerichtet hat, seit seine Vorfahren die Höhlen verließen. Die alleinige Frage bleibt daher, welches Volk es sein wird, das die Weltordnung nach seinem Bilde und unter seiner Herrschaft gestalten wird... Wird die kommende Weltordnung ein amerikanisches Weltreich? Es muß so sein ... Die kommende Ordnung wird die letzte Phase in einem historischen Übergang markieren... Die Mission des amerikanischen Volkes besteht darin, die Nationalstaaten zu begraben, ihre hinterbliebenen Völker in größeren Bündnissen zu vereinigen und mit seiner Macht mögliche Saboteure der neuen Weltordnung niederzudrücken... In den nächsten etwa 50 Jahren gehört die Zukunft Amerika. Das amerikanische Imperium und die Menschheit werden nicht Gegensätze sein, sondern eher zwei Namen für die universelle Ordnung in Frieden und Glück.«[296]

Leo STRAUSS wiederum war ein Theoretiker der Macht und stand in der Tradition des englischen Staatsphilosophen Thomas HOBBES, der in seinem Buch *Leviathan* darstellte, daß jede Schaffung einer Rechtsordnung von der Gewalt dessen abhängt, der sie auch durchzusetzen vermag (»Non veritas, sic auctoritas facit legem« – Nicht die Wahrheit, sondern die Gewalt schafft Recht). Diese Gedankenwelt HOBBES' übertrug STRAUSS auf die internationale zwischenstaatliche Ordnung.

In dem Gründungspapier vom 3. Juni 1997 fordern die Gründer dieser Projektgruppe ein aggressives und offensives Eingreifen Amerikas in die Weltpolitik: »Heutige Konservative lassen sich leicht von der charmanten alten Metapher über die Vereinigten Staaten als der ›Stadt auf dem Hügel‹ verführen. Sie beziehen sich auf die Mahnung John Quincy ADAMS, Amerika solle nicht ausziehen, ›um Monster zu vernichten‹. Warum aber nicht? Die Alternative wäre, die Monster auf freiem Fuße zu lassen, so daß sie nach Herzenslust wüten und verwüsten können, während Amerika dabeisteht und zusieht. Was 1823 vielleicht ein weiser Ratschlag war, als Amerika noch eine kleine, isolierte Macht in einer Welt europäischer Giganten war, gilt nicht mehr, wenn Amerika der Gigant ist. Da Amerika die Fähigkeit hat, viele Monster der Welt, nach denen man nicht lange suchen muß, im Zaum zu halten oder zu vernichten, und da die Verantwortung für den Frieden und die Sicherung der internationalen Ordnung schwer auf Amerikas Schultern lastet, verwandelt sich die Politik, ›auf dem Hügel‹ zu sitzen und durch sein Beispiel zu wirken, in der Praxis zu einer Politik der Feigheit und Ehrlosigkeit.«[297]

Die Stabilität der internationalen Ordnung hängt nach Einschätzung der Vordenker der PTNAC damit von der Stärke Amerikas ab. Amerika sei als unverzichtbare Nation verpflichtet, ohne Beschränkung durch Konkurrenten oder internationale Organisationen oder multilaterale Gremien eine Weltordnung zu schaffen, weshalb der Fokus der Außen- und Militärpolitik der USA auf eine ständige Interventionsbereitschaft ausgerichtet sein müsse. »Eine internationale Ordnung kann aus amerikanischer Sicht nur ein Zentrum haben: die USA, und nicht den UN-Sicherheitsrat«, erklärte Robert KAGAN, einer der Chefideologen der PTNAC. Als ihre Hauptaufgabe bezeichnet es die PTNAC, die weltumspannende Führerschaft der USA zu fördern (»to promote the American global leadership«), wie es im Grundsatzprogramm der Organisation heißt. Eine solche Führung sei sowohl für Amerika als auch für die ganze Welt gut. Um dieser Wohltat willen bedürfe es militärischer Kraft, diplomatischer Energie und fester moralischer Grundsätze (»that American leadership is good both for America and the world and that such leadership requires military strength, diplomatic energy and commitment to moral principles«).

Voraussetzung dafür, daß Amerikas einzigartige Rolle zur Aufrechterhaltung einer internationalen Ordnung (»America's unique role in preserving and extending an international order«) umgesetzt werden kann, ist eine Erhöhung der Verteidigungshaushaltes (»increase defense spending«). Gary SCHMITT, geschäftsführender PTNAC-Direktor, erklärte noch schärfer: »Die USA haben das Recht, über alle wichtigen Sicherheitsfragen zu entscheiden, weil sie als einzige zivilisierte Macht über die Durchsetzungskraft und den Willen dazu verfügen.«[298] In dem Gründungsmanifest der PTNAC wird dann auch der Anspruch der USA deutlich, eine moralische, politische und militärische Weltführerschaft miteinander zu verbinden und durchzusetzen: »Wir brauchen einen deutlichen Anstieg der Verteidigungsausgaben, wenn wir unserer globalen Verantwortung heute gerecht werden und unsere Streitkräfte für die Zukunft modernisieren wollen. Wir müssen unsere Bindungen zu demokratischen Verbündeten stärken und Regime herausfordern, die unseren Interessen und Werten gegenüber feindlich eingestellt sind. Wir müssen das Ziel der politischen und wirtschaftlichen Freiheit im Ausland fördern. Wir haben die Verantwortung für Amerikas einmalige Rolle bei der Aufrechterhaltung und Ausdehnung einer internationalen Ordnung zu akzeptieren, die unserer Sicherheit, unserem Wohlstand und unseren Prinzipien gegenüber freundlich gesinnt ist.«[299]

Das bedeutet also, daß nach diesen Konzeptionen die gesamte Welt unter Interventionsvorbehalt der USA steht; die USA also *per se* zur – gegebenenfalls auch militärischen – Einmischung verpflichtet sind, sofern sich in einem Winkel der Welt ein politisches Regime etablieren sollte, dessen gesellschaftliche und ökonomische Ordnung oder außenpolitische Konzeption mit dem Interesse der USA nicht übereinstimmt. Das Prinzip der staatlichen Souveränität – das auch die Definition eigener Interessen beinhaltet – erfährt damit eine grundlegende Einschränkung: Sie wird von der einzig verbliebenen Weltmacht nur so lange beachtet, wie der jeweilige Staat sich in die von Washington diktierte Weltordnung einfügt. Tritt hingegen eine Interessenkollision ein, verliert der Staat seine Existenzberechtigung. Treffend formulierte Henry KISSINGER daher, daß diese Doktrinen das Ende der »westfälischen Ordnung« bedeuten würden – in Anlehnung an den Westfälischen Frieden 1648, in dem die Anerkennung der staatlichen Souveränität zum völkerrechtlichen Prinzip erhoben wurde.

Diese neokonservative US-Machtelite macht endgültig Schluß mit der Berücksichtigung auswärtiger Staatsinteressen. Vielmehr werden Verbündete wie Gegner als dem strategischen Besitzstand der USA zugehörig erklärt und eingemeindet, womit klargestellt werden soll, daß sie der Kontrolle und Vorherrschaft der USA unterlegen sind.

Wie genau diese neokonservative außenpolitische Ausrichtung aussehen sollte, haben Wiliam KRISTOL und Robert KAGAN im Sommer 1996 in einem Aufsatz in den *Foreign Affairs* mit dem Titel »Towards a Neo-Reaganite Foreign Policy« (»Für eine Neo-Reaganistische Außenpolitik«) hervorgehoben, in dem sie die neue Rolle der USA in der Weltpolitik nach dem Untergang der Sowjetunion darstellten: Es gehe um die Herstellung einer »wohlwollenden globalen Hegemonie« der Vereinigten Staaten. »Amerika erfreue sich jetzt, im Jahre 1996, schon fünf Jahre lang der alleinigen strategischen und ideologischen Vorherrschaft. Deshalb müsse das vorrangige Ziel der amerikanischen Außenpolitik lauten: ›Erhalt und Ausbau dieser Vormachtstellung durch die Stärkung der Sicherheit Amerikas, Unterstützung seiner Freunde, Förderung seiner Interessen und Einstehen für seine Prinzipien auf der ganzen Welt‹. Moralisierender Impetus und militärische Dominanz gehören für die Neokonservativen stets untrennbar zusammen. So verlangten KRISTOL und KAGAN eine massive Erhöhung der Verteidigungsausgaben. . .«,[300] die notwendig sei, um Amerikas Rolle als globale Hegemonialmacht aufrechtzuerhalten. Amerikas Außenpolitik müsse KAGAN und KRISTOL zufolge einem »klaren moralischen Zweck« dienen, bis sich schließlich »ihre moralischen Ziele und die fundamentalen nationalen Sicherheitsinteressen fast immer in Harmonie befinden«.[301]

Im September 2000 legte dieses Komitee den Bericht *Wiederaufbau der Verteidigung Amerikas – Strategie, Streitkräfte und Ressourcen für ein Neues Jahrhundert* vor. In der Einleitung dieses Berichts wurde Bezug genommen auf »die Verteidigungsstrategie, die im Verteidigungsministerium unter CHENEY in der Schlußphase der Regierung von BUSH I entwickelt worden war. Die ›Defense Policy Guidance‹ (DPG), die Anfang 1992 entworfen wurde, war die Blaupause dafür, wie die Vorherrschaft der USA aufrechterhalten, der Aufstieg eines Großmacht-Rivalen ausgeschlossen und eine internationale Sicherheitsordnung gestaltet werden kann, die amerikanischen Prinzipien und Interessen entspricht. Nachdem dieses Dokument damals, bevor es formell in Kraft gesetzt werden konnte, den Medien zugespielt worden war, wurde es als der Versuch ›Kalter Krieger‹ abgetan, trotz des Zusammenbruchs der Sowjetunion die Rüstungsausgaben hoch und den Truppenabbau niedrig zu halten. Es überrascht kaum, daß das Dokument (DPG) danach von der neuen CLINTON-Administration begraben worden ist. . . Obgleich die Erfahrungen der vergangenen acht Jahre unser Verständnis von einzelnen militärischen Anforderungen zur Umsetzung dieser Strategie verändert haben, sind die Grundaussagen der DPG nach unserer Auffassung weiterhin gültig. Und was Verteidigungsminister CHENEY damals den Kritikern der DPG entgegenhielt, bleibt auch heute noch richtig: Wir können entweder die erforderliche Streitmacht beibehalten und damit in der Position bleiben mitzuhelfen, um die Dinge zum Besseren zu wenden, oder wir können diese Vorteile verspielen. Dann aber wird sich um so schneller der Tag nähern, an dem wir vor größeren Bedrohungen, höheren Kosten und höheren Risiken für amerikanische Leben stehen.«[302]

In diesem Bericht wurde Verbitterung über die CLINTON-Ära zum Ausdruck gebracht, da dort »so viel Zeit vergeudet wurde, in der die USA sich nicht dem Ziel verschrieben hatten, zu der uneinholbar hochgerüsteten, uneingeschränkt dominierenden Weltmacht zu werden«.[303] Es wird statt dessen eine massive Aufrüstung gefordert, die die globale Vorherrschaft der USA und die Errichtung einer Weltordnung nach amerikanischen Prinzipien absichern sollte: »Zur Zeit haben die Vereinigten Staaten keinen globalen Konkurrenten. Amerikas langfristige Strategie sollte darauf gerichtet sein, diese vorteilhafte Position zu bewahren und so weit wie möglich in die Zukunft auszudehnen.«[304] Dieses Ziel aber könne nur dann erreicht werden, wenn die amerikanischen Streitkräfte »heute und in Zukunft« über »die weltweit überragendsten militärischen Fähigkeiten verfügen«.[305] Die Welt des 21. Jahrhunderts sei – »im Augenblick jedenfalls – eindeutig unipolar, mit Amerika als der einzigen Supermacht auf der Welt«. Jetzt müßten »Zonen des demokratischen Friedens« in der Welt geschaffen werden, neue weltmachtpolitische Konkurrenten seien von ihren Bestrebungen »abzuschrecken«. Dazu müßten internationale Abrüstungsverträge *ad acta* gelegt und ein neues nukleares Aufrüstungsprogramm eingeleitet werden, denn »die nukleare Überlegenheit der USA ist nichts, wofür man sich schämen muß, sie wird ein wesentliches Element bei der Aufrechterhaltung der amerikanischen Führungsrolle in einer komplexeren und chaotischeren Welt sein«.[306] Außenpolitik, strategische Sicherheit, Streitkräfteplanung und Verteidigungsausgaben müßten wieder zu einer organisch abgestimmten Einheit werden. »Die Herausforderung im neuen Jahrhundert ist es, diesen ›amerikanischen Frieden‹ zu bewahren und zu verbessern.«[307]

Diese Forderungen der Projektgruppe für das Neue Amerikanische Jahrhundert, die mit der Etablierung der Regierung George W. Bush die Chance sah, diese Konzeption von 1992 nunmehr endlich umzusetzen, fand dann auch Eingang in das Programm des politischen Establishments. In die Richtung der genannten Strategiepapiere geht dann auch die von George W. Bush verkündete »Nationale Sicherheitsstrategie 2002«, die er am 20. September 2002 dem Kongreß vorlegte. Dieses Dokument muß gewissermaßen als »geschichtsphilosophisches Traktat und als geostrategisches Grundlagenreferat für das 21. Jahrhundert«[308] verstanden werden. »Vieles spricht dafür, daß die jetzt veröffentlichte neue Sicherheitsstrategie von weitreichender, vielleicht epochaler Bedeutung sein wird«, so die Einschätzung der *Frankfurter Allgemeinen Zeitung*. »Jedenfalls wird in der Einleitung und den neun Kapiteln des Papiers jeweils in epochalen Kategorien gedacht. Es geht um nichts Geringeres, als die Epochenschwelle, die das ›annus mirabilis‹ 1989 mit den demokratischen Revolutionen in Mittel- und Osteuropa sowie dem daraus folgenden Zerfall der Sowjetunion markiert, in welthistorischer Perspektive abschließend zu deuten. Aus amerikanischer Sicht muß das vergangene ›Katastrophenjahrhundert‹ als eine Reihe von Triumphen erscheinen. Nicht nur haben die Vereinigten Staaten zu den Siegern beider Weltkriege gehört, sie haben auch den Kalten Krieg gewonnen und stehen zu Beginn des 21. Jahrhunderts als unangefochtenes Imperium da – politisch, wirtschaftlich, militärisch. Ohne den Einsatz der globalen Ordnungsmacht Amerika ist im Nahen Osten, in Mittelasien, zwischen Indien und Pakistan und wohl auch in Afrika kein Friedensschub in Sicht. Wenn die ökonomische Dynamik der Vereinigten Staaten eine Verschnaufpause einlegt, kriegt die Weltwirtschaft Atemnot. Und der globalen Schlagkraft und technologischen Raffinesse des amerikanischen Militärs kommt weltweit niemand auch nur annähernd gleich.«[309]

Diesem geschichtsphilosophischen Abriß wird nunmehr die Aufforderung angeschlossen, dieses aus amerikanischer Sicht »unipolare Moment« (Charles Krauthammer) auch zu erhalten und die amerikanische Führungsrolle durch verstärkte Aufrüstung abzusichern: »Der Präsident wird es nicht zulassen, daß irgendeine fremde Macht den großen Abstand aufholen wird, der sich seit dem Zerfall der Sowjetunion vor mehr als einem Jahrzehnt gebildet hat.«[310] Die Bewahrung und der Ausbau der eigenen Vormachtstellung sind somit der Anker der künftigen Sicherheitsstrategie der USA. Dabei müßten und würden die Vereinigten Staaten »die Fähigkeit bewahren, jeden Versuch eines Staates oder eines nichtstaatlichen Akteurs, den Vereinigten Staaten, ihren Verbündeten oder Freunden seinen Willen aufzuzwingen, zurückzuschlagen«. Dazu aber müßten die amerikanischen Streitkräfte »stark genug sein, um jeden potentiellen militärischen Gegner von dem Versuch abzubringen, durch Aufrüstung den Vereinigten Staaten gleichzukommen oder sie zu überflügeln«.[311]

Wie die *New York Times* treffend berichtete, erklärte George W. BUSH mit dieser Sicherheitsstrategie die Politik der Abschreckung und Eindämmung offiziell für tot. Statt dessen wird nun auf militärische Präventivschläge als Vorbeugung gegen etwaige feindliche Angriffe gesetzt. Dabei wird der Wille, gegebenenfalls auch allein ohne Zögern zu handeln und das »Recht auf Selbstverteidigung durch Vorbeugung« in Anspruch zu nehmen, deutlich hervorgehoben: Angesichts einer veränderten Welt sei es unmöglich, jene abzuschrecken, die die USA hassen und alles, was die USA verkörpern. Die USA müßten fähig sein, »Schurkenstaaten« und die von diesen unterstützten Terroristen »zu stoppen, bevor sie die USA, unsere Verbündeten und Freunde mit Massenvernichtungswaffen bedrohen oder angreifen können«. Nach den Maßgaben des Strategiepapiers reicht Amerika künftig schon der bloße Verdacht aus, daß ein anderes Land einen Angriff plant, um militärisch vorzugehen – »auch wenn Unsicherheit über Ort und Zeit des Angriffs besteht«.[312]

Internationalen Verträgen zur Rüstungsbegrenzung und zum Verbot der Weitergabe von Massenvernichtungswaffen wird in diesem Zusammenhang wenig Bedeutung beigemessen. Statt dessen werden nicht näher bezeichnete »aktive Maßnahmen« zur Durchsetzung der Nichtverbreitung von Massenvernichtungswaffen befürwortet. Umgesetzt wurden diese Konzepte in dem vom US-Generalstab verfaßten Grundsatzdokument *Joint Vision 2010*, in dem eine »Full-Spectrum Dominance« eingefordert wurde: »Vor dem Hintergrund unserer Interessen und Verpflichtungen müssen die Vereinigten Staaten die Präsenz ihrer Streitkräfte in Übersee aufrechterhalten sowie die Fähigkeit zu einer raschen weltweiten Machtprojektion wahren, um eine allumfassende Dominanz zu sichern.«[313]

Dem Willen, künftig keinen auch nur annähernd gleich starken Konkurrenten zuzulassen und sich gegen Bedrohungen vorbeugend zur Wehr zu setzen, »liegt neben einem gesunden Eigeninteresse auch eine Art missionarischer Eifer zugrunde«.[314] Amerika sei das Erfolgsmodell für eine Gesellschaft auf der Grundlage von »Freiheit, Demokratie und freiem Unternehmertum«. Wenn die Welt ein besserer Ort für alle ihre Bewohner werden wolle, müsse sie diesem Beispiel folgen, denn die »Prinzipien von Freiheit und Gerechtigkeit sind für alle und überall richtig und wahr«. Dazu wollen die Vereinigten Staaten ihre politische, militärische und auch wirtschaftliche Macht einsetzen. In einem eigenen Kapitel ist von einer »Neuen Ära des globalen Wirtschaftswachstums durch freie Märkte und freien Handel« die Rede, in dem die Sicherung des freien Kapitalflusses und von offenen Märkten als elementare Notwendigkeit betont wird.

In dieser Sicherheitsstrategie findet sich wiederum das seit dem spanisch-amerikanischen Krieg von 1898 immer wiederkehrende Konzept der Durchsetzung eines globalen Freihandelsregimes zur Sicherung von Absatzmärkten und Rohstoffen für die amerikanische Wirtschaft, das es von den USA, wenn erforderlich, mit militärischer Gewalt durchzusetzen und aufrechtzuerhalten gilt. Mit diesem Ziel verträgt sich natürlich nicht der Aufstieg eines geostrategischen Rivalen, dessen militärische und ökonomische Kraft es erlauben würde, den Einfluß der USA zu beschneiden und ihnen Absatzmärkte sowie die Verfügungsgewalt über strategische Rohstoffe zu entreißen.

2.9 *The Pentagon's New Map* – Thomas P. M. Barnett und Amerikas Plan zur ökonomischen Rekolonialisierung der Welt

Vor diesem Hintergrund muß auch die ökonomische Globalisierung als Fortsetzung jener Strategie der ›Grand Area‹ vom Vorabend des Zweiten Weltkrieges begriffen werden, die die ganze Welt respektive den eurasischen Raum dem ökonomischen Diktat der USA unterwerfen sollte. Ab der Jahreswende 1989/1990 sollte diese ›Grand Area‹-Strategie zur Vollendung gebracht werden.

Die Idee des Handelsstaates war schon vor Gründung der USA, ja sogar vor dem Unabhängigkeitskrieg zentrales Gedankengut der amerikanischen Machtelite. »Amerikas Außenpolitik war von Anfang an auf (eigenes, der Verf.) wirtschaftliches Wohlergehen abgestellt.«[315]

Mit der Wende zur letzten Dekade des 20. Jahrhunderts jedoch standen die USA vor erheblichen wirtschaftlichen Problemen, die eine Neuausrichtung der amerikanischen Wirtschaft erforderlich machten. Gekennzeichnet war diese Zeit – Christian Hacke zufolge – durch:

– einen relativen wirtschaftlichen Niedergang der USA, das heißt den Verlust der führenden Position im Welthandel, der Industrieproduktion und der weltweiten Wertschöpfung,

– Probleme in den einzelnen Bereichen der amerikanischen Industrie, im Bildungssystem und in der Ausbildung,

– den Aufstieg von neuen Rivalen im asiatisch-pazifischen Raum wie auch in Europa,

– hohe Defizite in der amerikanischen Handelsbilanz und steigende Verschuldung des Staatshaushaltes,

– schwindende Bereitschaft der Verbündeten, die Lasten der USA als Führungsmacht in der Welthandelsordnung weiter mitzutragen,

– steigende Abhängigkeit der US-Wirtschaft von ausländischen Märkten, aber unzureichende internationale Konkurrenzfähigkeit hinsichtlich Arbeitskraft und Produktion,

– die Tatsache, daß freier Handel und Laissez-faire-Wirtschaft nicht mehr in der Lage waren, der Wirtschaftskrise Herr zu werden.[316]

Unter US-Präsident CLINTON sollten diese Verhältnisse zugunsten des Zieles der auch wirtschaftlichen Vormachtstellung der USA umgekehrt werden. In einer Rede von Robert ZOELLICK, dem seinerzeitigen Staatssekretär für Wirtschaftsfragen im Außenministerium, vom April 1992 wurde dieses Ziel mit folgenden Worten hervorgehoben: »Die Vereinigten Staaten sind heutzutage das einzige Land auf der Welt, das an der Spitze politischer, militärischer und wirtschaftlicher Macht steht. Im Verlauf der letzten Jahre haben wir erneut unsere politische und militärische Führerschaft unter Beweis gestellt. Aber es ist auch notwendig, daß wir an vorderster Front der internationalen Wirtschaftspolitik stehen.«[317]

Bill CLINTON erkannte, daß die Ökonomie für die amerikanischen Vorherrschaftsbestrebungen vor entscheidender Bedeutung sein würde. Der Militärstratege Edward LUTTWAK beschrieb die Notwendigkeit einer Erneuerung der wirtschaftlichen Offensivkraft mit folgenden Worten: »In der neuen Ära tritt geduldiges Investitionskapital an die Stelle von Feuerkraft, die Entwicklung ziviler Produkte nimmt die Stärke militärischer Innovation ein, und die Eroberung ausländischer Märkte ersetzt die militärischen Garnisonen auf fremdem Boden.« Die Bedeutung von CLINTONS Außenpolitik bestand darin, daß sie amerikanische Machtpolitik mit weltwirtschaftlichen Argumenten verbrämte: »CLINTONS Befund, daß sich die Welt des Kalten Krieges in eine neue Ära des globalen Finanzwesens verwandele, entsprach nur zum Teil der Wahrheit, in dem Großen Spiel waren Geopolitik und Geo-Ökonomie ununterscheidbar«,[318] wobei nicht Protektionismus, sondern Aggressivität CLINTONS Handelspolitik bestimmte, die auch durch Steuererleichterungen und Subventionierung sowie durch aggressive Marktöffnungsstrategien gegenüber Konkurrenten in der Weltwirtschaft staatlich gefördert wurde.

Insoweit muß auch die in den neunziger Jahren verstärkt eintretende Globalisierung im wesentlichen als ein amerikanisches Produkt angesehen werden, denn »nicht nur der Blick in Gegenwart und Zukunft, auch der in die Vergangenheit zeigt, daß die USA seit ihrer Gründung beispielhaft für das Phänomen der Globalisierung stehen. Nach der Entdeckung Amerikas durch Kolumbus 1492 entstand der erste große Globalisierungsschub, der über Kolonialisierung zur Gründung der USA führte. Die USA sind selbst Produkt der Globalisierung«, erklärte Amerika-Experte Christian HACKE.[319] Vor diesem Hintergrund müssen die USA also auch als Motor des Globalisierungsprozesses angesehen werden: »Als Produkt der Globalisierung sind die USA dazu prädestiniert, Produzent der Globalisierung zu sein, also den Globalisierungsprozeß ständig voranzutreiben. . . Die Notwendigkeit, die eigene Identität nicht ethnisch, sondern politisch zu bestimmen, verführt zu universalistischen Ansprüchen – zum Glauben an den eigenen Vorbildcharakter für den Rest der Welt auf der einen Seite, zur Überzeugung, im Interesse universaler Werte amerikanische Macht zum Einsatz bringen zu müssen, auf der anderen Seite. In dem Maße, wie die USA sich als Einwanderungsland öffneten, spiegelte die amerikanische Gesellschaft selbst die Globalisierungsprozesse wider. Sie wurde zu einer globalisierten Gesellschaft. . . Die offensichtliche Attraktivität der amerikanischen Kultur trägt ihrerseits dazu bei, den Glauben der Amerikaner an ihre eigene Vorbildrolle zu bestätigen. So stärkt die Globalisierung den Amerikanismus der Amerikaner.«[320]

Welthandel und Informationstechnologie hätten – so Christian HACKE – das Ihrige dazu beigetragen, diesen Prozeß zu beschleunigen: »Die Informationsrevolution als wichtigster Aspekt von Globalisierung durch das Internet, die ihre militärischen Wurzeln in der Rüstungspolitik von Präsident REAGAN hatte, hat Amerikas Rolle in der Welt gestärkt und gefestigt. Nach den Siegen im Ersten und Zweiten Weltkrieg, im Kalten Krieg und danach haben die USA ihre Rolle als letzte Weltmacht nicht nur auf der Erde oder im Weltraum, sondern auch im virtuellen Raum errichtet. Doch weitet sich das ›Reich der Freiheit‹ nicht nur virtuell aus, sondern sucht auch Vergrößerung und Erweiterung auf der Erde, wirtschaftlich und durch Vergrößerung und Erweiterung der Demokratien. Thomas FRIEDMAN hat dazu erklärt: ›Wenn man vor hundert Jahren einem visionären Geoarchitekten gesagt hätte, die Welt werde im Jahre 2000 von einem Globalisierung genannten System bestimmt und er solle doch ein Land ersinnen, das in dieser Welt konkurrieren und gewinnen könne, dann hätte er ein Gebilde entworfen, das den Vereinigten Staaten von Amerika verdammt ähnlich gesehen hätte.‹«[321]

Diese Entwicklung sollte im Zuge der Ereignisse nach dem 11. September 2001 unter dem Vorwand der Terrorismusbekämpfung noch deutlich an Schubkraft gewinnen. Seitdem – so Militarismus-Experte Jürgen WAGNER – bereitet sich Washington verstärkt unter dem Deckmantel von ›Stabilitätsexport‹ und ›Nation-Building‹ auf die dauerhafte Besetzung und radikale Umgestaltung sogenannter *›failured states‹* (gescheiterter Staaten) vor. »Dabei zeigt sich zunehmend, daß der ›Krieg gegen den Terror‹ zugleich als ein Mittel zur globalen Durchsetzung einer neoliberalen Wirtschaftsordnung instrumentalisiert wird, die immer mehr Züge eines klassischen Kolonialismus annimmt.«[322] Das *Defence Science Board,* das wissenschaftliche Beratergremium des US-Außenministeriums, kam in diesem Zusammenhang in einer Studie zu dem Ergebnis, daß die Wahrscheinlichkeit sehr groß sei, »daß die USA in Stabilisierungs- und Wiederaufbaumissionen involviert werden. . . Gescheiterte und scheiternde Staaten sind ideale Brutstätten und Trainingsorte für Terroristen«. Aufgrund dessen, so die Studie, seien die USA alternativlos zu einer imperialen Mission verpflichtet: »Vom Sudan über Afghanistan und Sierra Leone und Somalia: Wenn solche Machtvakuen in der Vergangenheit Großmächte gefährdeten, hatten diese eine schnelle Lösung parat: Imperialismus. . . Die Logik des Neoimperalismus ist für die BUSH-Regierung zu überzeugend, um ihr zu widerstehen. Das Chaos in der Welt ist zu gefährlich, um ignoriert zu werden.«[323]

Stephen KRASNER, Leiter der Politischen Planungsabteilung im US-Außenministerium, fügt hinzu: »Das Prinzip der Nichteinmischung in innere Angelegenheiten funktioniert nicht mehr. . . Mächtige Staaten können das Phänomen prekärer Staaten nicht ignorieren, denn deren Sicherheits- und wirtschaftliche Interessen sind durch diese Staaten gefährdet. Die beste Lösung ist (deshalb) die Errichtung einer

Thomas P. M. BARNETT, geboren 1962, einer der führenden Geostrategen in den USA. Er war von 1998 bis 2004 Forscher am US Naval College in Newport, Rhode Island.

Präsentationsschema für Thomas P. M. BARNETTS Buch *The Pentagon's New Map*: die Einteilung der Welt in CORE und GAP.

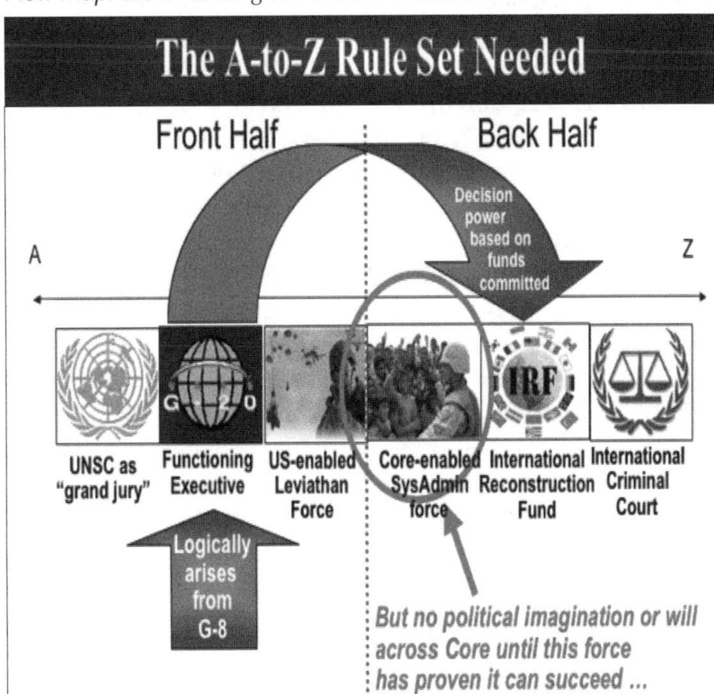

Mitte: Thomas P. M. BARNETTS erstes Buch: *The Pentagon's New Map: War and Pace in the Twenty-First Centrury*, erschienen 2004. BARNETTS Buch ist die Ausarbeitung und Vertiefung eines ein Jahr zuvor im *Esquire Magazine* erschienenen Aufsatzes: »The Pentagon's New Map«. Unten: BARNETTS zweites Buch: *Blue Print fort Action: A Future Worth Creation*, erschienen 2005. Unten rechts: Präsentationsschema für Thomas P. M. BARNETTS Buch *Blue Print for Action*: die Neuen Spielregeln.

de-facto-Treuhandschaft oder eines Protektorats.« Damit erweist sich die Globalisierung gleichzeitig als ein Instrument zur Entstaatlichung und Entsouveränisierung, durch das faktisch jeder Staat der Erde im Verhältnis zu den USA einem nahezu kolonialen Protektoratsstatus unterworfen werden kann. Das einflußreiche ›Council on Foreign Relations‹ verbindet dieses mit der Terrorismusbekämpfung gerechtfertigte Vorgehen offen mit einem ›Regimewechsel‹: »Das ultimative Ziel der amerikanischen Außenpolitik ist es, unsere Macht – allein, falls nötig – dafür zu nutzen, Demokratien mit freier Marktwirtschaft auf dem ganzen Globus auszudehnen. Dies ist der einzige Weg, wie die Vereinigten Staaten den langfristigen Ursachen des Terrorismus begegnen können.«[324]

So betonte beispielsweise der *Quadriennal Defense Review* aus dem Jahre 2001, eines der Pentagon-Schlüsseldokumente, nicht nur die Notwendigkeit zum »Regimewechsel in einem feindlichen Staat«, sondern ebenso das Erfordernis zur anschließenden »Besetzung ausländischen Territoriums, bis die strategischen Ziele der USA erfüllt sind«.[325] »Diese Bereitschaft zur dauerhaften Besetzung fremder Länder steht für die grundlegend neue Qualität US-amerikanischer Außen- und Militärpolitik«, so Jürgen WAGNER, »die sich in den letzten Jahren herauskristallisiert hat. Dieses neue Paradigma. . . weist drei zentrale Merkmale auf: Erstens die zunehmende Bereitschaft, zur Absicherung der Weltordung auf militärische Gewalt zurückzugreifen; zweitens, die Renaissance direkter Herrschaftsformen, die sich darin äußert, daß im Anschluß an eine Militärintervention und begründet als sicherheitspolitische Notwendigkeit, inzwischen üblicherweise zeitlich unbefristete Besatzungsregime etabliert werden, die sich von klassischen Kolonialverwaltungen allenfalls noch dem Namen nach unterscheiden; und schließlich drittens die Tatsache, daß im Rahmen dieser Re-Kolonialisierung unter den Deckmänteln von ›Stabilitätsexport‹ und ›Nation Building‹ die Wirtschaftsordnungen peripherer Staaten in einer Art militärischem Strukturanpassungsprogramm neoliberal umstrukturiert werden.«[326]

»Protektorate sind in«, erläutert Carlo MASALA vom ›NATO Defence College‹. »Von Bosnien über Kosovo, nach Afghanistan bis in den Irak, das Muster westlicher Interventionspolitik ist immer dasselbe. Nach erfolgreicher militärischer Intervention werden die ›eroberten‹ Gebiete in Protektorate umgewandelt, und die westliche Staatengemeinschaft ist darum bemüht, liberale politische Systeme, Rechtsstaatlichkeit und freie Marktwirtschaft in diesen Gebieten einzuführen.«[327]

Der maßgebliche Vordenker einer solchen »neoliberalen Geopolitik« (so der Amerika-Experte Jürgen WAGNER) dürfte wohl der Pentagonberater Thomas P. M. BARNETT sein. BARNETT zufolge haben die USA die Aufgabe, als »Bodyguard der Globalisierung«[328] die Weltwirtschaftsordnung nicht nur abzusichern, sondern bis in den letzten Winkel der Welt auszudehnen. Andernfalls bestünde die Gefahr, daß in Gebieten, die »vorübergehend abgekoppelt von der globalen Ökonomie« und deren »Spielregeln« seien, Staaten zerfallen und damit auch Terrorismus entstünde. »Es ist diese Isolierung, die eine Gefährdung definiert. . . Somit ist die Ausmerzung dieser Abkoppelung die zentrale sicherheitspolitische Aufgabe unserer Zeit«.

Dabei stellt Barnett unmißverständlich klar, daß die globale Ökonomie neoliberalen Spielregeln zu folgen hat, die Vereinigten Staaten mithin die »Rolle als Systemadministrator hinsichtlich der ökonomischen Globalisierung« wahrzunehmen haben: »Damit meine ich, daß Amerika die Führung bei der Verkündung des umfassenden ökonomischen Regelsystems übernommen hat, das den Fortschritt der Globalisierung seit den 90er Jahren anleitet und unter dem Begriff des Washington Konsensus bekannt ist. . . Amerika muß nun einen Gang zulegen und eine ähnliche Rolle als Systemadministrator im Bereich der Sicherheit spielen.«[329]

Barnett teilt die Welt in zwei Blöcke auf: Es existiert eine Staatenwelt, in der die wirtschaftliche Globalisierung funktioniert und die er als den »Funktionierenden Kern« dieser Weltordnung bezeichnet. Dieser stellt er jene Staaten entgegen, die sich nicht in die von den USA definierte und gestaltete Weltwirtschaftsordnung eingebunden haben. Diese Staatenwelt nennt er die »nichtintegrierte Lücke«: »Zeigen Sie mir, wo die Globalisierung reich ist an Netzwerk-Verbindungen, finanziellen Transaktionen, wo es liberale Medien gibt und kollektive Sicherheit herrscht, und ich werde Ihnen Regionen mit stabilen Regierungen und steigendem Lebensstandard zeigen, wo die Zahl der Suizid-Toten diejenige der Mordopfer übersteigt. Diese Teile der Welt nenne ich den ›*Funktionierenden Kern*‹ (Functioning Core), kurz ›*Kern*‹. Zeigen Sie mir dagegen, wo die Globalisierung spärlich ausfällt oder vollständig fehlt, zeige ich Ihnen Regionen, die unter repressiven Regimen leiden, mit verbreiteter Armut und Krankheit, routinemäßigem Massenmord und – am allerwichtigsten – mit chronischen Konflikten, in denen die kommende Generation globaler Terroristen herangezogen wird. Diese Teile der Welt bezeichne ich als ›*Nichtintegrierte Lücke*‹ (Non-Integrating Gap), kurz ›*Lücke*‹.«[330]

Inwieweit in Zukunft ein Staat einer militärischen Intervention der USA ausgesetzt sein wird, bestimmt sich nach Barnett danach, wie er bereit ist, seine Regeln denen der Globalisierung anzugleichen: »Wenn wir die militärischen Reaktionen der Vereinigten Staaten seit dem Ende des Kalten Krieges auf einer Karte einzeichnen, dann konzentrieren sie sich ganz überwiegend auf Weltgegenden, die nicht zum wachsenden Globalisierungs-Kern zählen – nämlich die Karibischen Inseln, fast ganz Afrika, den Balkan, den Kaukasus, Zentralasien, den Nahen Osten und große Teile Südwestasiens. . . Ziehen wir eine Linie um die Mehrzahl dieser militärischen Einsatzorte, haben wir im Grunde genommen die *Nichtintegrierte Lücke* kartographiert. . . In Anbetracht der Daten läßt sich allerdings kaum die grundlegende Logik des Bildes leugnen: *Verliert ein Land gegen die Globalisierung oder weist es viele der Globalisierungsfortschritte zurück, besteht eine ungleich größere Chance, daß die Vereinigten Staaten irgendwann Truppen dorthin entsenden werden.*[331] . . . Dieses Land (die USA, der Verf.) hat über ein halbes Jahrhundert erfolgreich Sicherheit in den *Alten Kern* der Globalisierung (Westeuropa, Nortostasien) exportiert und, nach unserem Patzer in Vietnam, ein gutes Vierteljahrhundert in den sich herausbildenden *Neuen*

Kern (das sich entwickelnde Asien). . . Solange wir nicht mit der systematischen, auf Dauer angelegten Ausfuhr von Sicherheit in die *Lücke* beginnen, solange wird die *Lücke* in Form von Terrorismus und anderen Erschütterungen zunehmend in den *Kern* exportieren, was sie quält. . .«[332]

Barnett benennt eine Anzahl von Ländern, die künftig Ziel einer amerikanischen Intervention sein könnten. Mit auf dieser »Liste möglicher Interventionen« befindet sich neben Haiti, Kolumbien, Brasilien und Argentinien, dem früheren Jugoslawien, Kongo und Ruanda, Angola, Südafrika, Israel und Palästina, Saudi-Arabien, Irak, Somalia, Iran, Afghanistan, Pakistan, Nordkorea, Indonesien, China und Indien auch Rußland.

Jürgen Wagner zufolge ist der Einfluß, den Barnett mit seinem Konzept auf den US-amerikanischen Sicherheitsdiskurs bis hin zur konkreten Streitkräfteplanung ausübt, schwerlich zu überschätzen. Gefördert wurde Barnett von dem im November 2005 verstorbenen Arthur K. Cebrowski, der 2001 vom damaligen Verteidigungsminister Donald Rumsfeld zum Chef des ›Office for Force Transformation‹ ernannt und damit mit der Umstrukturierung des US-Militärs für die »Aufgaben des 21. Jahrhunderts« betraut wurde. »Da Cebrowski selbst angab, die gegenwärtige Transformation des US-Militärs beziehe sich primär auf Barnetts Analysen, überrascht es nicht weiter, daß sich ihre Ausführungen wie ein Ei dem anderen gleichen: ›Es gibt viele Nationen, die innerhalb der Globalisierung funktionieren. Das sind die Staaten, die die Regeln akzeptieren‹, so Cebrowski. ›Wer die Globalisierung bekämpft, wer die Regeln zurückweist,. . . wird möglicherweise das Interesse des amerikanischen Verteidigungsministeriums auf sich ziehen.‹ Für ihn muß das US-Militär folgerichtig künftig als ›Systemadministrator‹ der Globalisierung fungieren«.[333]

Tatsächlich sind Globalisierung und globale Militärintervention als zwei Säulen einer Strategie zur Schaffung eines globalen »informellen Imperiums« der USA zu verstehen: »Denn während die neoliberale Globalisierung zu einer dramatischen Verarmung weiter Teile der Weltbevölkerung führt, sind die Vereinigten Staaten zugleich wichtigster Antreiber und Profiteur dieses Prozesses.«[334] Das bedeutet also: Mit der Durchsetzung neoliberaler Wirtschaftsreformen nach den Grundsätzen des sogenannten »Washington Consensus« (Deregulierung, Liberalisierung, Privatisierung), die die USA mittels des Internationalen Währungsfonds jedem Land der Welt aufzwingen können, setzen die USA erst Prozesse der sozialökonomischen Zerrüttung und gegebenenfalls auch ethnischer Separatismen in Gang, die dann als Vorwand für militärische Interventionen und anschließender politisch-ökonomischer Kolonialisierung dienen: Die Zerschlagung Jugoslawiens ist ein Beispiel dafür und – wie noch aufzuzeigen wird – auch der Zerfall der Sowjetunion und später der Russischen Föderation. Da sich aber innerstaatliche Konflikte als Folge dieser Strukturanpassungsprogramme negativ auf Kapitalinvestitionen und die damit verbundenen Profitmöglichkeiten auswirken, die im Rahmen des Globalisierungsprozesses massiv angewachsen sind, ist den westlichen Konzernen an der

›Befriedung‹ geopolitisch und wirtschaftlich interessanter Gebiete gelegen.[335] »Die unter der Führung der internationalen Wirtschaftsinstitutionen vorangetriebene ›Globalisierung‹ hat dem Finanzkapital neue Horizonte eröffnet, doch macht sie auch den *Schutz* und die *Sicherheit* der ›Eigentumsrechte‹ auf natürliche Ressourcen, auf Land, aber auch der Finanztitel (Aktien, Obligationen, Schuldtitel) notwendig.«[336] Schon 1992 erklärte der damalige US-Verteidigungsminister Dick CHENEY, weshalb eine militärische Befriedung instabiler Regionen für das ökonomische Wohl der USA notwendig ist: »Kurz gesagt, der Weltmarkt, von dem wir ein Teil sind, kann dort nicht florieren, wo regionale Gewalt, Instabilität und Aggression ihn gefährden. Unser ökonomisches Wohlergehen und unsere Sicherheit bedürfen einer stabilen Welt, in der die Gemeinschaft friedlicher, demokratischer Staaten weiter wächst.«[337]

Der ehemalige Sonderberater der Ex-Außenministerin ALBRIGHT, Thomas FRIEDMAN, stellte den Zusammenhang zwischen wirtschaftlicher Globalisierung und globalem Militärinterventionismus wie folgt dar: Für ihn beruht die Globalisierung »auf der Macht der USA und ihrer Bereitschaft, sie gegen jene einzusetzen, die das globalisierte System bedrohen – vom Irak bis Nordkorea. Die unsichtbare Hand des Marktes kann ohne eine unsichtbare Faust nicht arbeiten. McDonald's kann nicht gedeihen ohne McDonnel Douglas, die für die US-Air- Force die F-15 bauen. Die unsichtbare Faust, die dafür sorgt, daß die Technologie des Silicon Valley blüht, besteht aus dem Heer, der Luftwaffe, der Marine und der Marineinfanterie der Vereinigten Staaten«.[338]

Dabei geht es – so stellt Jürgen WAGNER fest – nicht mehr nur um die Profitinteressen einzelner Großkonzerne, sondern vielmehr darum, eine imperiale, US-dominierte Weltwirtschaftsordnung militärisch abzusichern: »Das Freihandelssystem des 19. Jahrhunderts wurde von der Royal Navy geschützt und ausgeweitet. Die einzige Macht, die in der Lage ist, heute eine vergleichbare Rolle zu spielen, sind die Vereinigten Staaten von Amerika.« Wirtschaftliche Globalisierung und globale Militarisierung sind somit zwei Seiten einer Medaille: »Das Problem einer eher auf ökonomische als militärische Überlegenheit gestützten Imperiumsbildung besteht freilich darin, daß sie bei der Sicherung der neu erschlossenen Wirtschaftsräume auf militärische Präsenz nicht verzichten kann. Solange hierfür der Einsatz kleinerer Kontingente ausreicht, bereitet das keine ernsten Schwierigkeiten. . . Das ändert sich, wenn Aufstände ausbrechen und sich Unruhen ausbreiten, die eine langfristige Entsendung größerer Truppeneinheiten erforderlich machen.«[339]

Den Analysen Jürgen WAGNERS zufolge fanden diese Überlegungen auch eins zu eins Eingang in die Neufassung der ›Nationalen Sicherheitsstrategie‹ der USA vom März 2006 und bilden eines ihrer Kernelemente: »Weil Demokratien die verantwortungsvollsten Mitglieder des internationalen Systems sind, ist die Förderung der Demokratie die effektivste langfristige Maßnahme zur. . . Bekämpfung des Terrorismus.«[340] Dabei wird aber Demokratie im wesentlichen auf die Akzeptanz der freien Marktwirtschaft und die Einbindung in die neoliberale Weltwirtschaftsordnung reduziert: »Ökonomische Freiheit ist ein moralischer Imperativ. Die Freiheit, Eigentum zu schaffen, zu kaufen oder zu verkaufen und zu besitzen ist ein fundamentales Element der menschlichen Natur und die Grundlage für eine freie Gesellschaft... Amerikas nationale Interessen und seine moralischen Werte drängen uns in dieselbe Richtung: den Armen der Welt dabei zu helfen, sich in die globale Ökonomie zu integrieren.«[341]

Aus diesem Grund, so die ›Nationale Sicherheitsstrategie 2006‹, bestehe das Ziel nicht allein in der kurzfristigen Befriedung dieser Konfliktregionen, sondern im »Stabilitätsexport«, der langfristigen Besatzung, bis die ordnungspolitischen Vorstellungen der USA vollständig eingebettet worden sind: »Ist der Frieden erst einmal wiederhergestellt, muß die harte Arbeit der Stabilisierung und des Wiederaufbaus im Anschluß an einen Konflikt beginnen. Militärische Einmischung mag notwendig sein, um einen bewaffneten Konflikt zu stoppen, Frieden und Stabilität werden jedoch nur nachhaltig sein, wenn anschließende Anstrengungen erfolgreich sind, die Ordnung wiederherzustellen. (Hierfür) ist es zentral, Rechtsstaatlichkeit und eine freie Marktwirtschaft aufzubauen, die langfristige Stabilität und Prosperität garantieren.«[342]

Es sind also Jürgen WAGNER zufolge diese Überlegungen, die sich hinter der Forderung verbergen, »gescheiterte Staaten« im Rahmen von »Stabilitätsexport« und »Nation Building« so lange zu besetzen, bis sie halbwegs im Rahmen der neoliberalen Globalisierung funktionieren. Dies ist auch die Botschaft, die sich hinter der ›Nationalen Sicherheitsstrategie 2002‹ verbirgt, in deren Vorwort es heißt, es gebe nur »ein einziges haltbares Modell für nationalen Erfolg: Freiheit, Demokratie und freies Unternehmertum«. Edward ROHDES, einem Analytiker dieser Strategie, zufolge gibt es daher »nur eine Wahrheit, die der USA. Alternative Modelle sozialer und politischer Organisation sind nicht nur moralisch falsch, sondern auch eine unzureichende Basis der Weiterentwicklung... Die spezielle Interpretation der liberalen Religion, die der Präsident befürwortet, ist eine kreuzzüglerische. Die moralische Pflicht, den Liberalismus zu verteidigen und auszuweiten, kennt keine Grenzen. Staatliche Souveränität bietet keine Sicherheit oder Ausrede. Gesellschaften und Staaten sind nicht berechtigt, sich dem Liberalismus zu verweigern. Tatsächlich haben Staaten die moralische Pflicht, nicht nur selber den Liberalismus zu befürworten, sondern ihn ihren Nachbarn aufzuzwingen«.[343]

Deutet man diese Pläne vor dem Hintergrund der Geschichte der geopolitischen Ideen der US-Machtelite, so bedeutet dies, daß die USA nunmehr planen, ihre Strategie der ›Grand Area‹ über den ganzen Globus zu erstrecken. Mit Hilfe militärischer Machtprojektion soll ein globales Freihandelsregime durchgesetzt werden. Staaten, die sich dem verweigern, werden mit gewaltsamer Entmachtung ihrer Regierungen und mit langfristiger Quasi-Kolonialisierung im Sinne des neoliberalen ›Washington Consensus‹ unter US-amerikanischer Militäraufsicht zu rechnen haben.

3 Zusammenfassung

Mit der Betrachtung dieser verschiedenen Elemente der amerikanischen Geopolitik – Navalismus, globaler Freihandel, Anspruch auf globale Vorherrschaft – unter Ausschluß eines jeglichen Rivalen – werden diejenigen Zusammenhänge offengelegt, die die Außenpolitik bzw. die Weltpolitik der USA im gesamten 20. Jahrhundert und auch im beginnenden 21. Jahrhundert kennzeichnen: Der gesamte Globus wird als Entfaltungsraum einer Supermacht beansprucht, die sich zur Absicherung ihrer Interessen einer globalen Interventionspolitik bedient und sich dabei auch die Zugriffsmöglichkeiten auf alle verfügbaren strategischen Rohstoffe offenhalten will. Die Sicherstellung eines globalen Freihandelsregimes zur Sicherung von Rohstoffquellen sowie Absatzmärkten ist dabei ein wesentliches Kernelement, das den strategischen Planern der USA zufolge auch eine ständige militärische Interventionsbereitschaft voraussetzt.

Zur Vollendung dieses globalen Weltordnungskonzepts wird der eurasische Raum als Schlüsselraum erkannt, von dessen Kontrolle und Beeinflussung letztlich die Weltmachtstellung der Seemacht USA abhängt. Wie oben dargestellt, ist der ›Anti-Eurasianismus‹ eine in der Entwicklungsgeschichte angelsächsischer Geopolitik feststehende Größe, die sich von Halford MACKINDER und Homer LEA über Nicholas SPYKMAN bis hin zu Zbigniew BRZEZINSKI hinzieht. Hierbei spielen energiepolitische Überlegungen – nämlich der Zugriff auf die Erdöl- und Erdgasreserven des Nahen und Mittleren Ostens sowie Zentralasiens und des Kaukasus – ebenso eine Rolle wie der Umstand, daß eine eurasische Kontinentalmacht, der es gelingen sollte, eine Integration des eurasischen Großraumes herzustellen, auf diese Weise unter Mobilisierung sämtlicher ökonomischen und menschlichen Ressourcen imstande wäre, die Weltmachtstellung der USA ernstlich herauszufordern. Um die Entstehung eines solchen kontinentalen Rivalen von vornherein zu unterbinden, ist es für die USA von entscheidender Bedeutung zu verhindern, daß das eurasische Herzland – sprich Rußland – Zugang zu den Weltozeanen und den Rohstoffreservoirs Eurasiens erhält. Rußland muß deshalb in die Isolation des eurasischen Kernraumes zurückgedrängt werden, damit es seine Kräfte nicht entfalten kann und sein Einfluß weitgehend gering bleibt.

Hierbei bedienen sich die USA folgender Instrumentarien:

– Sicherstellung eines staatlichen und ethnischen Pluralismus im eurasischen Raum durch Förderung von ethnisch-nationalem Separatismus in den Randbereichen des russischen Machtbereiches, und zwar im osteuropäischen Raum wie auch im muslimischen ›*soft underbelly*‹ (weichen Unterleib) der russischen Machtsphäre, also in Zentralasien und dem Kaukasus. Diese Strategie wurde nicht nur nach 1990, sondern – wie in einem späteren Kapitel noch aufgezeigt wird – bereits zu Beginn des Kalten Krieges und insbesondere während der Präsidentschaft Ronald REAGANS praktiziert.

– Schaffung eines Einkreisungsszenarios rund um die russische Machtsphäre durch

Abschluß regionaler Sicherheitsbündnisse der ›Rimlands‹ in West- und Mitteleuropa, dem Nahen und Mittleren Osten sowie in Süd- und Südostasien, welche eine eindeutig antirussische Ausrichtung haben.

– Ausdehnung der US-dominierten NATO Richtung Osteuropa und Kaukasus, deren Staatenwelt die ›Rimlands‹ des eurasischen Raumes bilden; Unterstützung von gegen Rußland gerichteten Staatenkoalitionen auf dem Boden der ehemaligen Sowjetunion wie der GUUAM (ein Bündnis zwischen Georgien, Usbekistan, der Ukraine, Aserbaidschan sowie Moldawiens), die mit dem westlichen Militärbündnis assoziiert sind.

Diese Strategie, die auf den Gedankengängen MACKINDERS und SPYKMANS beruht, wurde von Zbigniew BRZEZINSKI deutlich beschrieben und stellt gewissermaßen die Blaupause der amerikanischen Geopolitik in bezug auf Eurasien dar.

Die Unterwerfung Eurasiens soll sich aber auch auf wirtschaftlichem Gebiet vollziehen. Unter Fortsetzung der ›Grand Area‹-Strategie im Sinne Thomas M. BARNETTS ist beabsichtigt, diesen Raum – nicht nur die ›Rimlands‹, sondern insbesondere auch das ›Heartland‹ Rußland selbst – in die Strukturen der Weltwirtschaftsordnung des Westens einzubeziehen. Dadurch soll den US-amerikanischen Konzernen die Ausbeutung der eurasischen Rohstoffe ermöglicht und ihnen ein Absatzmarkt gewaltigen Ausmaßes eingeräumt werden.

Festzuhalten bleibt damit, daß der Schwerpunkt der amerikanischen Außenpolitik eindeutig auf Eurasien ausgerichtet ist. Die Beherrschung dieses Raumes, so hatte BRZEZINSKI es ja schon treffend beschrieben, ist und bleibt der Siegespokal im Kampf um die Weltherrschaft, die die USA für sich beanspruchen.

Kapitel 2

Die Grundlagen der russischen Geopolitik seit dem Zerfall der Sowjetunion

Die Außenpolitik der Sowjetunion und der Russischen Föderation steht – wie oben beschrieben – unter dem Zwang, den die Geographie diesem Staat aufzwingt und ihm eine eindeutig kontinentale Rolle zuweist. Der Rußland-Experte Boris MEISSNER weist darauf hin, daß gerade im Falle Rußlands die Geographie eine besondere Auswirkung auf die Staatsbildung und Außenpolitik hat. »Die Entwicklung des russischen Staates ist durch die grenzenlose Weite des eurasischen Kontinents ohne natürliche Grenzen und durch den fehlenden Zugang zum offenen Meer wesentlich beeinflußt worden. Aus dieser kontinentalen Lage leitete sich das Streben Rußlands nach den offenen Weltmeeren und der niemals ruhende Drang zur erobernden und kolonisierenden Expansion ab. Bei der räumlichen Ausdehnung, die aufgrund dieser geographischen Gegebenheiten erzielt wurde, handelte es sich dennoch um die Ergebnisse einer großräumigen, aber regional begrenzten Strategie. Trotz des gewaltigen Gebietszuwachses blieb Rußland eine Kontinentalmacht. Vom nördlichen Polarmeer abgesehen, ist Rußland unter zaristischer Herrschaft der entscheidende Durchbruch zu den Weltmeeren versagt geblieben. Daran hat sich auch unter bolschewistischer, d. h. kommunistischer Herrschaft bisher nichts geändert. Der Unterschied zwischen der russischen Landmacht und den angelsächsischen Seemächten, insbesondere zu den Vereinigten Staaten, besteht trotz aller Veränderungen der militärischen Technik weiter fort.«[344]

1 Die Grundelemente der sowjetischen Außenpolitik

Grundsätzlich bestand die sowjetische Außenpolitik aus zwei Elementen, und zwar zum einen aus einer kontinental-eurasischen Großraumpolitik und zum anderen aus einer in ferne Räume ausgreifende Weltpolitik. »Die kontinentale Strategie geht dabei von einer bestimmten räumlichen Beschränkung aus und konzentriert sich auf die Sowjetunion und Osteuropa. Sie strebt eine Konsolidierung und Stärkung der Sowjetmacht durch eine beschleunigte Integration des engeren sowjetischen Hegemonialbereichs an. Die globale Strategie ist dagegen durch das Weltmachtstreben der Sowjetunion, das auf eine Vergrößerung des sowjetischen Einflußbereichs gerichtet ist, bestimmt.«[345]

1.1 Kurze Darstellung der Entwicklung der außenpolitischen Doktrinen vor dem Hintergrund ihrer Herausforderungen durch die US-Weltherrschaft

Die kontinental-eurasische Ausrichtung der sowjetischen Außenpolitik hatte, worauf Boris MEISSNER hinweist, einen eher konservativen Charakter und ähnelte hier sehr dem Zarenreich. »Das zaristische Rußland, soweit es eine expansive Politik betrieb, strebte eine dominierende Stellung im europäischen Mächtekonzert, dagegen nicht eine weltweite Hegemonie an. Als konservative Großmacht war das zaristische Rußland an der Erhaltung und Festigung des bestehenden Staatensystems interessiert. Hinter dieser Grundeinstellung traten die imperialen Bestrebungen zurück.«[346]

An dieser Zielsetzung der kontinental-eurasischen Ausrichtung hat sich auch zu Sowjetzeiten nichts geändert: »Die kontinentale außenpolitische Strategie der Sowjetunion ist in erster Linie auf die Sicherung und verstärkte Integration ihres engeren eurasischen Machtbereichs gerichtet. In zweiter Linie strebt sie eine Ausdehnung des sowjetischen Einflusses auf die angrenzenden Räume in Europa und Asien an.«[347] Hintergrund für diese Doktrin war für die Sowjetunion die Tendenz zum Polyzentrismus im osteuropäisch-eurasischen Machtbereich,[348] die durch den Konflikt zwischen Peking und Moskau wesentlichen Auftrieb erhalten hat, sowie durch die wirtschaftliche Integration Westeuropas im Rahmen der EG und dessen enge Einbindung in das von den USA beherrschte Militärbündnis der NATO. Diese Entwicklung, die von der Kremlführung als Einkreisung und damit als unmittelbare Bedrohung der nach dem Zweiten Weltkrieg errungenen geopolitischen Stellung aufgefaßt werden mußte, veranlaßte diese nunmehr, die Integration des sowjetischen Vorherrschaftsbereichs entscheidender voranzutreiben. Diese Integration wurde auf zweierlei Wegen verwirklicht, und zwar auf wirtschaftlichem wie auch auf militärischem Wege.

1962 entwickelte Staats- und Parteichef Chruschtschow den Plan, die verschiedenen nationalen Volkswirtschaften des Ostblocks zu einem »einheitlichen Produktionsorganismus« zusammenzufassen: »Das sozialistische Weltsystem hat einen solchen Punkt erreicht, daß es schon nicht mehr möglich ist, die Perspektiven seiner Entwicklung auf der Grundlage einfacher mechanischer Summierung der nationalen Wirtschaften richtig festzulegen. Vor uns steht die Aufgabe, mit allen Mitteln die nationale Wirtschaft eines jeden Landes zu festigen, die Verbindungen zwischen ihnen zu entwickeln und allmählich die Schaffung eines solchen einheitlichen Wirtschafts-Organismus im Rahmen des gesamten Systems zu fördern. . .« Diese wirtschaftliche Integration des sowjetischen Machtbereichs fand ihre Organisationsplattform im ›Rat für gegenseitige Wirtschaftshilfe‹ (RGW). Darüber hinaus plante Chruschtschow, die Koordinierung der Außenpolitik im Rahmen des sowjetischen Hegemonialverbandes durch Schaffung eines gemeinsamen außenpolitischen Organs zu verbessern, was allerdings am Widerstand der osteuropäischen Staaten, insbesondere Rumäniens, scheiterte.

Was Chruschtschow auf wirtschaftlichem Wege lediglich halbwegs gelang, sollte unter seinem Nachfolger Leonid Breschnew auf militärischem Wege durchgeführt werden. »Von den Nachfolgern Chruschtschows legte Breschnew den Hauptnachdruck auf die militärische Integration durch Vervollkommnung der Organisation des Warschauer Paktes, während Kossygin die wirtschaftliche Integration mit Hilfe des RGW voranzutreiben suchte.«[349] Begleitet war diese militärische Integration von einer Formel, die als ›Breschnew-Doktrin‹ Bekanntheit erlangen sollte, nämlich die Doktrin von der Einschränkung der Souveränität der sozialistischen Staaten durch das ›Prinzip des proletarisch-sozialistischen Internationalismus‹. Nach der Intervention in der Tschechoslowakei 1968 und im unmittelbaren Zusammenhang mit den blutigen Grenzzwischenfällen mit China am Ussuri waren – nach der Darstellung Boris Meissners – auf sowjetische Initiative hin eine Reihe von Maßnahmen getroffen worden, durch welche die Warschauer-Pakt-Organisation in militärischer Hinsicht vervollkommnet wurde. Dies kam insbesondere in der Neufassung der Führungsstruktur dieser Organisation zum Ausdruck: Ein ständiges Komitee der Verteidigungsminister, ein Militärrat, ein Komitee zur Koordinierung der Waffentechnik und ein ständiges Komitee der Außenminister wurden errichtet, der gemeinsame Stab und das Sekretariat reorganisiert. Das sowjetische Übergewicht zeigte sich unter anderem auch darin, daß nicht nur der Oberbefehlshaber der Vereinten Streitkräfte, sondern auch der Stabschef und der Generalsekretär Sowjet-Russen sein mußten.[350]

Das zweite Element der sowjetischen Außenpolitik war eine globale Strategie, die durch das Bestreben gekennzeichnet war, zum einen den Machteinfluß Moskaus durch Unterstützung von revolutionären und antikolonialistischen Bewegungen in den Ländern der sogenannten ›Dritten Welt‹ einzubetten und zum anderen die Interessensphäre der Sowjetunion schrittweise und in geographischer Kontinuität zu erweitern. Aber auch die weltpolitische Ausrichtung dieser Strategie muß bei genauerem Hinsehen als Reaktion auf den Weltmachtanspruch der USA verstanden werden: »Die 1949 gegründete NATO entwickelte sich. . . in den 50er Jahren zum Kern eines Systems weltweiter militärischer Einkesselung der UdSSR und der VR China. 1955 wurde ergänzend der sogenannte Bagdad-Pakt gegründet, dem (1959 nach dem Austritt Iraks in CENTO-Pakt umbenannt) die USA, Großbritannien, die Türkei, Pakistan und der Iran angehörten. Allein im Iran wurden im Laufe der Zeit über 30 US-amerikanische Militärbasen aufgebaut – also in einem an die UdSSR unmittelbar angrenzenden Land. Die CENTO funktionierte als Mittelstück zwischen NATO und SEATO (South East Asia Treaty Organisation), die 1954 auf Anregung von John Foster Dulles zur ›Eindämmung‹ der VR China unter Beteiligung der USA, Großbritanniens, Australiens, Neuseelands, Thailands, der Philippinen, Frankreichs (1967 ausgetreten) und Pakistans (1972 ausgetreten) gegründet wurde.«[351]

Dieser Einkreisungsring durch mit den USA verbundene regionale Sicherheitssysteme war auch die Voraussetzung für ein globales Militärstützpunktsystem der USA: »Damit war der organisatorische Überbau und Rückhalt zu dem bereits in den Jahren nach 1945 gelegten Netz weltweiter amerikanischer Militärstützpunkte geschaffen. ›1946 verteilten sich die amerikanischen Truppen in einer Stärke von über 1 Millionen Mann auf 56 Länder auf jeden Kontinent. Bis 1949 errichteten sie 400 Flotten- und Luftstützpunkte‹, die bis heute im wesentlichen aufrechterhalten wurden. Bisweilen vorgenommene lokale Truppenreduzierungen wurden in doppelter Weise ausgeglichen: durch verstärkte Militärhilfe und die Tatsache, daß inzwischen strategische Atomwaffen auf ständig mobilen Unterseebooten stationiert werden. Nach einem Artikel in der Zeitschrift *Newsweek* (1948) waren die amerikanischen Strategen darauf bedacht, ›den Ring der Luftstützpunkte um Rußland zu schließen und ihn dabei so lange immer kleiner und enger zu machen, bis die Russen ersticken. Dies bedeutet, daß diese Stützpunkte immer näher an das Herz der russischen Gebiete heranzuschieben sind und sie sodann. . . zur pausenlosen Bombardierung und zur Beschießung mit Lenkgeschossen zu benutzen‹.«[352]

Neben dieser Einkreisungspolitik gehörte – nachdem die UdSSR gleichfalls in den Besitz atomarer Langstreckenwaffen gelangt war – eine Politik der »kleinen begrenzen Kriege« zur antisowjetischen Außenpolitik der USA, die Ende der fünfziger Jahre von Henry KISSINGER entwickelt wurde: Demnach mußten – so die Beschreibung von Bernd GREINER – die USA in der Lage sein, künftig »begrenzte Kriege«, die »das Risiko einer Gegenreaktion der anderen Seite zuschieben«, zu führen, um die in ihrem Kern nach wie vor erforderliche Politik des »Containment« und »Roll back« wirksam betreiben zu können. Wenn es – so Bernd GREINER – also darum ging, das Risiko einer Gegenreaktion der anderen Seite zuzuschieben, so wurde auf eine neue Eskalationsstufe im Kalten Krieg abgezielt: Die UdSSR sollte unmittelbar in die von den USA provozierten Konfliktherde – sei es in der Dritten Welt, sei es in Osteuropa – einbezogen werden, das heißt: Die Politik der präventiven US-Interventionen der fünfziger Jahre galt es dahingehend zu optimieren, indem die Möglichkeiten und Mittel zu einem begrenzten Krieg gegen bereits existierende sozialistische Staaten geschaffen wurden. Diese Politik hätte die UdSSR insofern direkt in den Konflikt einbezogen, als die Sowjetunion vertraglichen Beistandsverpflichtungen mit den anderen sozialistischen Staaten nachkommen mußte.[353]

Mit anderen Worten: Durch eine amerikanische Intervention gegen ein sozialistisches Land – gleich auf welchem Kontinent es sich befinden mochte – sollte die UdSSR ihrerseits zu einer Gegenreaktion veranlaßt werden (ihr also das von KISSINGER genannte Risiko einer Gegenreaktion zugeschoben werden). Durch militärischen Druck, der die Sowjetunion dem Risiko der eigenen Zerstörung aussetzte, sollte diese dann zum Rückzug und zur Aufgabe ihrer Position gezwungen werden. Henry KISSINGER formulierte diese Strategie so: »Wir müssen imstande sein, den Gegner in eine Lage zu bringen, aus der er sich nur durch den totalen Krieg herausziehen kann, während wir ihn gleichzeitig durch die Überlegenheit unserer Vergeltungsfähigkeit davon abhalten, diesen Schritt zu tun.«[354]

Vor diesem Hintergrund muß die Weltpolitik der UdSSR als Selbstbehauptung und auch als Gegenreaktion auf eine offensive Globalstrategie der USA begriffen werden, um nicht nur die eigene Existenz und Handlungsfähigkeit zu sichern, sondern auch die beanspruchte Stellung als ebenbürtige Weltmacht zu unterstreichen. Hier von einem bloßen ›Sowjetimperialismus‹ als einziger Triebkraft zu sprechen wäre eine einseitige und fehlerhafte Auslegung des außenpolitischen Verhaltens der UdSSR. Treffend deutet Boris MEISSNER die zweite Strategie der UdSSR wie folgt: »Die Bemühungen der Sowjetunion, ihren Einfluß auf Afrika und Asien zu verstärken und über Kuba hinaus im karibischen Raum Fuß zu fassen, sind in erster Linie gegen die amerikanische Weltmacht gerichtet gewesen. Die Verlagerung des Schwerpunktes der sowjetischen Aktivitäten von Afrika nach Asien und vor allem die Unterstützung der Hegemoniebestrebungen Vietnams in Südostasien waren dagegen – vom Nahen Osten abgesehen – als eine gegen die Volksrepublik China gerichtete Politik anzusehen«,[355] zumal die Volksrepublik China nach der Aufnahme der diplomatischen Beziehungen mit den Vereinigten Staaten im Frühjahr 1972 und vor dem Hintergrund der sino-sowjetischen Grenzstreitigkeiten am Ussuri Ende der sechziger Jahre als antirussischer Einkreisungspartner der USA angesehen werden mußte.

Das Erfordernis für die UdSSR, eine eigenständige Globalpolitik zu definieren, lag, wie oben bereits dargestellt, in der räumlichen Enge des eurasischen Kontinents und der damit verbundenen ungünstigen strategischen Defensivlage begründet. Herausgefordert wurde die UdSSR durch die Seemachtpolitik der USA, die darauf ausgerichtet war, die Weltmeere als globale Aufmarschbasis gegen die Sowjetunion zu verwenden. Ihren strategischen Plänen in den siebziger Jahren zufolge sollten die US-Streitkräfte in der Lage sein, gleichzeitig und mit Erfolg einen großen Krieg in Europa und in Asien zu führen und sich gleichzeitig an einem unbedeutenden Konflikt in irgendeinem Teil der Welt zu beteiligen. In dieser Strategie spielte die »strategische Beweglichkeit« der US-Streitkräfte eine wichtige Rolle, das heißt, es wurde von diesen verlangt, daß sie schnell zu überseeischen Konfliktherden verlegt werden können. »Die Forderung nach ›strategischer Beweglichkeit‹ ergibt sich aus dem globalen Charakter der militärischen und politischen Ziele der USA und wird als wichtigste Voraussetzung zur Realisierung der Strategie der ›realistischen Abschreckung‹ angesehen.«[356]

Der sowjetische Admiral GORTSCHKOW sah in der global ausgerichteten »ozeanischen Strategie« der US-Marine eine ernsthafte Herausforderung der sowjetischen Sicherheitsbelange: »Bei der Ausarbeitung der Strategie und der Militärpolitik für die siebziger Jahre legte die amerikanische Führung besonderes Gewicht auf die sogenannte ozeanische Strategie als wichtigen Bestandteil der Strategie der ›realistischen Abschreckung‹. Das Wesen der ›ozeanischen Strategie‹ besteht darin, daß die Hauptschlagkraft der strategischen Angriffskräfte auf die Weiten der Weltmeere verlegt wird. Zu diesem Zweck werden die Anstrengungen vor allem auf den Ausbau der Allgemeinen Seestreitkräfte, auf eine Erhöhung des Anteils der atomgetriebenen FK-U-Boote im Rahmen der strategischen Angriffskräfte sowie darauf konzentriert, die Stärke zur See als wichtigstes Mittel zur militärischen Unterstützung des politischen Kurses des US-Imperialismus einzusetzen, was letztlich die Erringung der Seeherrschaft im Verlauf eines Krieges gewährleisten soll.

Der Übergang zur ›ozeanischen Strategie‹ wird wie folgt begründet:

– Strategische atomare Angriffswaffen, die auf See stationiert sind, ermöglichen es, ein dezentralisiertes Kräftesystem zu schaffen, das in der Lage ist, das Territorium der Staaten der sozialistischen Gemeinschaft praktisch aus allen Richtungen mit Atomwaffen anzugreifen.

– Bei Verlagerung des Abschusses der Interkontinentalraketen auf die Weltmeere brauchen sich die Abschußvorrichtungen für diese Raketen nicht mehr auf dem Gebiet der USA zu befinden, wodurch sich nach Auffassung des Pentagons die Zahl der Objekte, die als Ziele für feindliche (d. h. sowjetische, der Verf.) Flugkörper in Frage kommen, und folglich auch die Zahl der Atomschläge, denen das Territorium der USA unmittelbar ausgesetzt wäre, beträchtlich verringern würde.

– Die Atom-U-Boot-gestützten FK-Waffensysteme mit Atomgefechtskopf haben eine größere Überlebensfähigkeit, sie sind beweglicher und schwerer zu orten als ähnliche Systeme, die auf dem Festland stationiert sind.

– Die Dislozierung des Gros der strategischen Kräfte auf See führt zu einer erheblichen Zersplitterung der Schläge des (sowjetischen, d. Verf.) Gegners mit Atomraketen, da er sie auf die riesigen Weiten der Weltmeere verteilen muß. Wenn weiter berücksichtigt wird, daß die FK-U-Boote relativ unverwundbar sind und vor dem ersten Atomschlag nur schwer geortet werden können, ist anzunehmen, daß ein erheblicher Teil des gegnerischen (sowjetischen, d. Verf.) Atomraketenpotentials unnütz vertan wird, während der Hauptteil der Atomraketen der strategischen Kräfte der USA erhalten bleibt.«[357]

Hiermit beschreibt der sowjetische Flottenadmiral Gortschkow eindeutig die strategisch nachteilige Position der Sowjetunion gegenüber der Seemacht USA in den siebziger und in den achtziger Jahren, die sich daraus ergibt, daß die USA es verstanden haben, den strategischen Wert der Weltmeere zur flexiblen Dislozierung von Streitkräften und ebenso flexiblen Bildung von (gegebenenfalls allseitigen) Angriffsschwerpunkten zu erkennen und für die eigenen Zielsetzungen dienstbar zu machen. Wenn die Sowjetunion angesichts dieser Lage ihre strategische Handlungsfähigkeit bewahren wollte, so war auch sie gezwungen, ihrerseits eine globale Außenpolitik zu definieren und sich an den strategischen Schlüsselzonen festzusetzen, die ihrerseits für die USA und das westliche Militärbündnis von strategischer Bedeutung waren. So, wie die Amerikaner im Rahmen ihrer ›ozeanischen Strategie‹ bestrebt waren, umfangreiche Allgemeine Seestreitkräfte »zur Überwachung von strategisch wichtigen Seegebieten« einzusetzen, sah sich die UdSSR ihrerseits in die Notwendigkeit versetzt, durch Förderung revolutionärer Bewegungen in allen Teilen der Welt ihren weltpolitischen Einfluß zu verbessern, ihren militärischen Optionsradius zu vergrößern und auf diese Weise der Einkreisung von See her zu begegnen. Kurz gesagt, war die ›globale Strategie‹ Moskaus kein ›Sowjetimperialismus‹, sondern der Versuch, die US-amerikanische Einkreisung durch eine »indirekte Strategie‹ (Förderung revolutionärer Bewegungen) zu neutralisieren.

Flottenadmiral Gortschkow beschreibt dies wie folgt: »In den Nachkriegsjahren entfesselten die Imperialisten den Kalten Krieg und begannen, sich fieberhaft auf einen neuen Weltkrieg vorzubereiten. Die Bedrohung unseres Landes von See her trat immer deutlicher zutage. Konnte sich die Sowjetunion angesichts dieser Bedrohung mit der ständigen Seeherrschaft der westlichen Seemächte abfinden, insbesondere dann, als riesige Bereiche der Weltmeere zu Abschußräumen für Atomraketen wurden? Natürlich nicht! In dieser Lage konnte die einzig richtige Lösung der Sicherheitsprobleme unseres Landes nur darin bestehen, eine Situation zu schaffen, welche die militaristischen Kreise des Westens mit den gleichen Problemen konfrontierte, mit denen sie uns konfrontieren wollten. Vor allen Dingen mußten wir das Pentagon zu der Erkenntnis zwingen, daß der Ozean, der früher den amerikanischen Kontinent vor Gegenschlägen der Opfer der amerikanischen Aggression geschützt hatte, seine Rolle als Schutzbarriere völlig verloren hat und daß der amerikanische Imperialismus, wenn er einen Krieg vom Zaun brechen sollte, ständig der furchtbaren Gefahr von Gegenschlägen als Vergeltung für seine Aggression ausgesetzt sein wird.«[358]

Angesichts dieser (für die Sowjetunion nachteiligen) strategischen Ausgangsposition sah sich Staats- und Parteichef Leonid Breschnew gezwungen, die kontinentale Strategie, die auf eine verstärkte Integration der sowjetischen Vorherrschaftssphäre im weiteren Sinne gerichtet war, und eine globale Strategie als Antwort auf die oben beschriebenen Herausforderungen gleichzeitig zu betreiben.[359] Doch »diese Doppelstrategie hat die Kräfte der Sowjetunion in zunehmendem Maße überfordert«.[360] Überdies hielten sich, wie Ernst-Otto Czempiel feststellte, die Erfolge der Bemühungen um Ausweitung des sowjetischen Einflusses durchaus in Grenzen:

»Der afrikanische Nationalismus war überhaupt nicht daran interessiert, westlichen Einfluß gegen den der sowjetischen Großmacht einzutauschen; sein Anti-Imperialismus richtete sich gegen jeden europäischen Einfluß. . . Die Häfen Berbera und Kismayu (Somalia) waren seit dem Vertrag über Freundschaft und Zusammenarbeit von 1974 wichtige sowjetische Stützpunkte an der westlichen Gegenküste des Indischen Ozeans geworden; sie gingen 1977 wieder verloren. 1976 hatte der Sudan die Sowjetunion aus dem Land gewiesen. Der Abschluß eines Vertrages über Freundschaft und Zusammenarbeit mit Mosambik 1977 war da nur ein schwacher Trost. Er räumte den Sowjets politischen Einfluß ein; da er aber nicht durch entsprechend große Wirtschaftshilfe untermauert wurde, verlor er rasch an Bedeutung. 1978 schon entschloß sich Präsident Samora Machel zu erneuter Westorientierung. Im Nahen Osten, dem strategischen und politischen Kernbereich der ›Zone der nationalen Befreiung‹, erging es der Sowjetunion nicht besser. Im Gegenteil: Schon 1972 hatte der ägyptische Präsident Sadat die Beziehungen zu Moskau praktisch abgebrochen, indem er die sowjetischen Berater des Landes verwies. Aus den Sinai-Entflechtungsabkommen von 1974/1975, im Anschluß an den Sechs-Tage-Krieg, wurde die Sowjetunion durch die geschickte Diplomatie Kissingers herausgehalten. Die Genfer Nahostkonferenz, der die Vereinigten Staaten und die Sowjetunion gleichermaßen vorsaßen, war 1973 zum ersten und zum letzten Mal zusammengetreten; Präsident Carters Bereitschaft, sie 1977 wieder aufleben zu lassen, wurde durch den spektakulären Besuch Präsident SADATS in Jerusalem, im November 1977, hinfällig gemacht.

Damit war die Sowjetunion von dem einzigen erfolgversprechenden Versuch ausgeschlossen worden, den arabisch-israelischen Zwist beizulegen. Zwar versuchte sie, sich schadlos zu halten, indem sie nunmehr die Ablehnungsfront der arabischen Staaten unterstützte. Aber daraus ergab sich nur eine Außenseiterrolle, die um so geringer war, als sie sich nur auf den arabischen Gegensatz zu Israel stützen konnte. Die Sowjetunion erfuhr das in Libyen, wo sie nur sehr beschränkt Eingang fand. Sie erfuhr es auch im Irak, dessen regierende Baath-Partei die Kommunisten im Irak erbarmungslos verfolgte und, durch das Öl reich geworden, sich kommerziell stärker dem Westen zuwandte... In Lateinamerika sah es nicht viel besser aus, obwohl in diesem ›Hinterhof‹ der USA auch der kleinste sowjetische Vorteil einen besonderen Wert besaß. Die Sowjetunion verhielt sich hier in der zweiten Hälfte der siebziger Jahre relativ zurückhaltend, verlegte sich auf Diplomatie und Handel.«[361]

Gleichermaßen sah sich die Sowjetunion einer zunehmenden Bedrohungslage im strategischen Umfeld ausgesetzt: Zu dieser gehörten der Abschluß des Friedens- und Freundschaftsvertrages zwischen der Volksrepublik China und Japan, der mit der Kündigung des sowjetisch-chinesischen Bündnisvertrages von 1950 verbunden war, die Annäherung zwischen Peking und Washington, das verstärkte amerikanische Engagement im Bereich des Persischen Golfs und des Indischen Ozeans sowie Fortschritte in der Integration Westeuropas.[362] Eine besondere Bedeutung kommt hierbei vor allem dem Afghanistan-Konflikt zu, auf dessen Hintergründe und Verlauf später noch einzugehen sein wird und der deshalb hier nicht weiter vertieft werden soll.

Auch die Ablehnung der Ratifizierung des SALT-II-Vertrages[363] durch den US-Kongreß gestaltete die Lage der Sowjetunion nicht gerade günstig (als offizieller Grund für die Ablehnung der Ratifizierung wurde von der amerikanischen Machtelite seinerzeit der Einmarsch sowjetischer Truppen in Afghanistan angegeben, was aber bei Betrachtung der Hintergründe des Afghanistan-Konflikts als bloße Heuchelei angesehen werden muß, da dieser von den USA selbst provoziert worden ist). Das gilt auch für den NATO-Doppelbeschluß, als der NATO-Rat am 12. Dezember 1979 die Stationierung von 464 amerikanischen Cruise Missiles und 108 Pershing-II-Raketen in Europa ankündigte. Zu diesen außenpolitischen Problemen kam noch hinzu, daß die sowjetische Wirtschaft die Stellung der UdSSR als militärischer Supermacht nicht mehr mittragen konnte:

»Die entscheidende Schranke (für die Außen- und Militärpolitik der Sowjetunion, der Verf.) ist in der Diskrepanz zu sehen, die zwischen der Stellung der Sowjetunion als einer militärischen Supermacht und ihrem im Verhältnis zu den Vereinigten Staaten viel zu geringen wirtschaftlichen Potential besteht. Der sich daraus ergebende Widerspruch macht sich in verstärktem Maße bemerkbar, seitdem die wirtschaftliche Entwicklung der Sowjetunion durch zunehmende Wachstumsschwierigkeiten gekennzeichnet ist. Die sowjetische Wirtschaft kann zwar trotz ständig abnehmenden Wachstums den Anforderungen, die mit der wirtschaftlichen Zusammenarbeit und Integration im Sowjetblock verbunden sind, insbesondere auf dem Energiesektor, entsprechen. Für die volle Wahrnehmung eines Weltmachtanspruchs ist aber die vorhandene wirtschaftliche Basis der Sowjetunion viel zu schmal. Daher sind die Schwierigkeiten, die sich aus der gleichzeitigen Durchführung einer kontinentalen und globalen Außenpolitik ergeben, am Ausgang der BRESCHNEW-Ära deutlich hervorgetreten.«[364]

Unter den BRESCHNEW-Nachfolgern ANDROPOW und TSCHERNENKO sollte es vor dem Hintergrund der Erkenntnis, daß die wirtschaftliche Basis für die Betonung weltpolitischer Interessen nicht ausreichend war, erneut zu einer Akzentverschiebung im Hinblick auf die außenpolitische Doppelstrategie kommen: »In der Außenpolitik hat ANDROPOW eindeutig der kontinentalen, auf den eurasischen Großraum bezogenen Strategie mit dem Schwerpunkt Osteuropa den Vorzug gegeben. GORBATSCHOW hat diese Linie noch entschiedener und vorurteilsfreier fortgesetzt.«[365] Der Vorrang der kontinentalen außenpolitischen Strategie kam bei ANDROPOW einerseits in der Betonung der auf den engeren sowjetischen Machtbereich gerichteten Integrationspolitik und andererseits in der Absage an einen »Export der Revolution« zum Ausdruck. In seiner Rede vor dem Zentralkomitee der KPdSU vom 14. Juni 1983 unterstrich ANDROPOW, daß der Hauptschwerpunkt der außenpolitischen Tätigkeit der Sowjetunion »in der Festigung der Einheit und der Geschlossenheit der sozialistischen Länder und ihrer gegenseitigen Zusammenarbeit« in der sowjetischen Machtsphäre liege. Um dies bewerkstelligen zu können, sollten die politische Integration im Rahmen des Warschauer Paktes und die wirtschaftliche Integration im Rahmen des RGW auf »einem qualitativ neuen Niveau« verstärkt werden, was freilich nicht gelang, da durch den polnischen Separatismus die Zentrifugalkräfte im sowjetischen Machtbereich immer stärker wurden.

Nachfolger TSCHERNENKO versuchte, diese Politik fortzusetzen. In dessen Regierungserklärung hieß es, daß die Sowjetführung ihre Aufmerksamkeit »auf die Probleme der Stärkung des politischen und Verteidigungsbündnisses der Mitgliedstaaten des Warschauer Vertrages, auf die Ausweitung und Vertiefung der wirtschaftlichen Zusammenarbeit zwischen den RGW-Mitgliedsstaaten richten werde«. Wesentliche Schritte zur Verwirklichung dieser Zielsetzung waren unter TSCHERNENKO aber infolge der anhaltenden Wachstumsschwierigkeiten der Sowjetwirtschaft und zunehmenden wirtschaftlichen Eigenständigkeitsbestrebungen der Staaten der sowjetischen Vorherrschaftssphäre, vor allem Ungarns und der DDR, nicht erfolgt.[366]

Die gesamte Kontinentalpolitik der Sowjetunion von BRESCHNEW bis TSCHERNENKO war somit »vorwiegend defensiv und auf die Bewahrung des Status quo hin angelegt, damit aber auf die weitere Befestigung der sowjetrussischen Hegemonie über den Osten und der Teilung Europas, wie sie von den Westmächten schließlich in der Nachkriegszeit schließlich de facto als System von Jalta anerkannt worden war«.[367] Der weltpolitische Aktivismus der Sowjetunion war gleichfalls »in eine Konsolidierungsphase eingetreten. . ., die zwar die bestehenden Engagements nicht auflöste, aber keine neuen einging. . . In der Praxis aber hat sie stärkere Zurückhaltung geübt und dabei vor allem Rücksicht auf die Gestaltung der Beziehungen zu den Vereinigten Staaten genommen«.[368]

Auch GORBATSCHOW betonte die Priorität zu den verbündeten Staaten der sowjetischen Hegemonialsphäre. In seinen Erklärungen bei der Erneuerung des Warschauer Pakets am 26. April 1985 und auf der außerordentlichen Ratssitzung des RGW am 17./18. Dezember 1985 brachte er »sein Bestreben, die wirtschaftliche Integration im Kernbestand des sowjetischen Hegemonialverbandes entschiedener als bisher voranzutreiben«, klar zum Ausdruck.[369] Um dies allerdings sicherstellen zu können, war ein umfassender Umbau der sowjetischen Wirtschaft notwendig, die insbesondere eine Abkehr vom stalinistischen System beinhalten sollte. Insbesondere sollte auch der Abstand in der technologischen Entwicklung geschlossen werden, wobei die Aufrüstungspolitik unter US-Präsident REAGAN entscheidenden Druck auf die Sowjetunion ausübte: Die Befürchtung, daß das amerikanische Weltraumabwehrprogramm (SDI) zu einem gewaltigen Technologieschub führen könne, durch den sich die technologische Lücke zwischen der Sowjetunion und den Vereinigten Staaten weiter vergrößern würde, hatte dabei eine entscheidende Rolle gespielt.

Vor diesem Hintergrund sollte sich auch ein Wandel der sowjetischen Außenpolitik vollziehen: »Die innere und äußere Situation der Sowjetunion läßt sich kurz und bündig als eine allseitige Krise des Systems kennzeichnen, aus der die Reformpolitik GORBATSCHOWS die Sowjetunion herausführen soll. Die Sowjetunion bedarf darum einer neuen außenpolitischen Strategie, die ein ruhiges Umfeld, internationale Zusammenarbeit und eine Öffnung gegenüber dem Westen sichern soll, um ihren ökonomischen und technologischen Rückstand gegenüber den westlichen Industriestaaten wenigstens einigermaßen aufzuholen.«[370] Diese außenpolitische Linie, die auf eine Verminderung der Spannungen zwischen Ost und West gerichtet war, hatte GORBATSCHOW entscheidend durchgesetzt. In seiner Rede vor britischen Parlamentariern am 18. Dezember 1984 gab er zu erkennen, daß er hauptsächlich aus innenpolitischen Gründen eine flexiblere Außenpolitik benötigen werde. »Er sagte, daß die Sowjetunion zur Verwirklichung der ›grandiosen schöpferischen Pläne‹, welche die angestrebte Intensivierung der Wirtschaft ermöglichen sollen, ›Frieden‹ und Zusammenarbeit zwischen Ost und West brauche.«[371]

Diese Außenpolitik GORBATSCHOWS sollte dabei auf folgenden Grundlagen beruhen: 1. Fortsetzung der Verhandlungen über Rüstungsbegrenzung und Abrüstung, 2. Förderung einer multipolaren Weltordnung, die den Spannungsdruck auf die Außengrenzen des sowjetischen Territoriums mindern sollte, und 3. Reduzierung des weltpolitischen Engagements der UdSSR.

Die Abrüstungsvorschläge GORBATSCHOWS sollten dabei nicht nur die strategischen Langstreckenwaffen, sondern gleichermaßen auch Raketen mittlerer und kurzer Reichweite sowie die konventionellen Waffensysteme umfassen. Eingebunden waren darin gleichzeitig Pläne für den Abzug aus Afghanistan. Diese Abrüstungspläne wollte GORBATSCHOW verknüpft wissen mit amerikanischen Zugeständnissen im SDI-Programm (letzteres stellte ohnehin einen Verstoß gegen den ABM-Vertrag von 1972 dar), was auf dem Gipfeltreffen in Reykjavik im Jahre 1985 am Widerstand des US-Präsidenten REAGAN scheiterte. Gleichwohl blieb die Abrüstungsbereitschaft GORBATSCHOWS bestehen. Mit seiner Erklärung vom 28. Februar 1987 wurde das Junktim »Abrüstung sowjetischer Lang- und Mittelstreckenraketen gegen Reduzierung des amerikanischen SDI-Programms« von GORBATSCHOW aufgegeben.

Neben der Abrüstung befürwortete GORBARTSCHOW den Übergang zu einer multipolaren Weltordnung: Er betonte eine eigenständige Rolle Westeuropas für die Außenpolitik der Sowjetunion. »Sein Ausspruch ›Europa – unser gemeinsames Haus‹, den er mehrfach wiederholte, und einige andere Äußerungen zeigten, daß für ihn die Sowjetunion als eine Inkarnation Rußlands in erster Linie eine europäische Macht darstellt. Im Verlauf der weiteren Entwicklung war er unter dem Einfluß bestimmter Berater stärker bereit, die multipolaren Tendenzen in der Weltpolitik für die Sowjetunion nutzbar zu machen. Auf diese Weise bedeutet Westeuropa nur eines der neuen Machtzentren, deren Aufkommen die Sowjetunion neben dem bilateralen Verhältnis zu den Vereinigten Staaten zu berücksichtigen hat. Diese Tendenz machte sich bereits in Verbindung mit der Wiederbelebung des Vorschlags einer Konferenz über Sicherheit in Asien in Gestalt eines gesamtasiatischen Forums bemerkbar. Sie war in den Bemühungen um eine Verbesserung der Beziehungen zur Volksrepublik China und zu Japan sowie in der Festigung des guten Verhältnisses zu Indien festzustellen. Sie führte dazu, daß GORBATSCHOW die Sowjetunion in seiner Erklärung vom 15. Januar 1986 als eine der ›größten asiatischen Mächte‹ bezeichnete. GORBATSCHOW trug damit der Tatsache Rechnung, daß sich fünf Sechstel des Territoriums der Sowjetunion in Asien befinden und daß sie als eine eurasische Macht. . . auf zwei Flanken zu achten habe.«[372]

Auch die Förderung des KSZE-Prozesses stand auf der außenpolitischen Agenda GORBATSCHOWS mit dem Ziel, ein »allumfassendes System der internationalen Sicherheit« zu schaffen, das GORBATSCHOW auf dem 27. Parteitag der KPdSU als eines der Hauptziele der sowjetischen Außenpolitik darstellte. Darüber hinaus sollte eine Annäherung zwischen der Europäischen Gemeinschaft und dem RGW hergestellt werden. In der Politik gegenüber der Dritten Welt orientierte sich die UdSSR an der (neuen) Tendenz zur weltpolitischen Multipolarität: »Auf der einen Seite werden revolutionäre Entwicklungen, wie in Nicaragua, in enger Verbindung mit Kuba gefördert. Auf der anderen Seite konzentriert sich die sowjetische Außenpolitik im Einklang mit der multipolaren Tendenz, die in ihr neuerdings festzustellen ist, neben Mexiko auf Argentinien und Brasilien. Sie sieht in ihnen aufkommende neue Machtzentren, die ebenso wie Westeuropa und Japan mit den USA konkurrieren. Für das Verhältnis der Sowjetunion zur ›Dritten Welt‹, insbesondere zu den islamischen Staaten, bedeutet die andauernde Besetzung Afghanistans eine schwere Belastung, der GORBATSCHOW gerne ein Ende bereiten würde.«[373]

Wie Ernst-Otto CZEMPIEL hervorhebt, betrieb GORBATSCHOW gleichzeitig eine Annäherung an die asiatische Staatenwelt, in der er ein neues Machtzentrum erkannte. Bereits im Oktober 1982 gelang es Moskau, das sowjetisch-chinesische Gespräch wieder aufzunehmen. Nach dem Amtsantritt GORBATSCHOWS intensivierte sich diese Politik. Seine Rede in Wladiwostok 1986 erneuerte nicht nur den alten Vorschlag einer asiatischen Sicherheitskonferenz, sondern versuchte auch, ihn mit zusätzlichen Angeboten attraktiver zu machen. Dabei versuchte GORBATSCHOW – so Ernst-Otto CZEMPIEL – immer mehr, die Sowjetunion als geborenes Mitglied des asiatischen Staatensystems darzustellen, die sich im Dialog mit anderen Mitgliedern an der Regelung der asiatischen Probleme beteiligen sollte.[374]

Mit dem Ziel, die vorhandenen knappen Ressourcen in eine Erneuerung der Sowjetunion umzulenken, verband sich gleichermaßen ein Rückzug von weltpolitischen Positionen außerhalb des eurasischen Machtbereichs. Einer Ausweitung des sowjetischen Einflusses in den afrikanischen Kontinent hinein wurde eindeutig eine klare Absage erteilt: So lehnte die UdSSR zum Beispiel eine Mitgliedschaft Mosambiks und Äthiopiens in dem RGW ab. »Die Sowjetunion verzichtete auf diese Integration, weil sie sie sich wirtschaftlich nicht leisten konnte und sie politisch für inopportun hielt. Sie hat unter GORBATSCHOW auch darauf verzichtet, ihre ideologische Position in Afrika auszuweiten, zog sich aus Angola zurück. Ihre militärische Präsenz in Äthiopien und im Süd-Jemen gab ebensowenig Anlaß zu westlichen Befürchtungen wie ihre Waffenlieferungen an afrikanische Staaten.«[375]

Die gleiche außenpolitische Zurückhaltung zeigte die UdSSR auch im Krisenbogen des Nahen und Mittleren Ostens. »Von einer expansiven oder gar offensiven Politik der Sowjetunion in der Region«, so Ernst-Otto CZEMPIEL, »kann also während der achtziger Jahre nicht die Rede sein. Im Gegenteil: Die Politik Moskaus war durch Zurückhaltung, ja Vorsicht gekennzeichnet. Die Befürchtungen, die Sowjetunion könnte ihre Intervention in Afghanistan dazu benutzen, ihre militärstrategische Position im Mittleren Osten mit Gewalt zu verbessern, trafen nicht zu.«[376] Selbst die Unterstützung revolutionärer Bewegungen in Lateinamerika fiel recht sparsam aus. So wurde die sandinistische Regierung in Nicaragua »zurückhaltend mit sowjetischer Militärhilfe ausgestattet... Auf die Revolution in Nicaragua war die Sowjetunion nicht vorbereitet gewesen; sie wurde auch nur vorübergehend als Signal für einen revolutionären Aufbruch der Region gedeutet... Die sowjetische Wirtschaftshilfe blieb ebenfalls bescheiden, wurde größtenteils auf Kreditbasis gegeben... Nicaragua wurde 1983 zwar als Beobachter zum RGW zugelassen, aber nicht als Vollmitglied. Die Sowjetunion sprang nicht als neuer Abnehmer ein, nachdem die Vereinigten Staaten 1983 die Quote ihrer Zuckerkäufe in Nicaragua gesenkt hatten. Im Mai 1987 kürzte Moskau auch die Öllieferungen, obwohl Managua um eine Erhöhung gebeten hatte«.[377]

Wie noch zu zeigen sein wird, war das Krisenszenario, in dem sich die Sowjetunion in den achtziger Jahren befand, nicht nur eine Folge der Unwirksamkeit des stalinistischen Systems, sondern durch die amerikanische Politik unter US-Präsident Ronald REAGAN zielgerichtet und entscheidend verschärft worden, um das sowjetische System zum Kollaps zu zwingen, die gesamte sowjetische Machtsphäre in die US-beherrschten Wirtschaftssysteme zu zwingen und die Sowjetunion selbst territorial zu ›filetieren‹. »Was die USA in den achtziger Jahren inszenierten, war ein brillanter Zangengriff auf die Sowjetunion. . . Die Amerikaner gingen folgendermaßen vor: Während der Geheimdienst CIA den Kollaps der Öl- und Goldpreise orchestrierte und damit die Exporteinnahmen der Sowjetunion dezimierte, rüstete REAGAN massiv auf. Er zwang die Sowjets zu einem Wettrüsten, das sie an den Rand des Bankrotts trieb. Gleichzeitig investierte die CIA schätzungsweise drei Milliarden Dollar in den afghanischen Widerstand gegen die Russen, bis die Rote Armee schließlich abziehen mußte. . . Ronald REAGAN gelang es, die Sowjetunion militärisch, finanziell und politisch entscheidend zu schwächen. Aber GORBATSCHOW hätte die Großmacht Sowjetunion durchaus erhalten können. Nie zuvor in der Geschichte war ein mächtiger Staat ohne akute Bedrohung von innen oder außen so schnell und nahezu widerstandslos zusammengebrochen.«[378]

1.2 Zusammenfassung

Vor dem Hintergrund ihrer geopolitischen Lage bewegte sich die Außenpolitik der Sowjetunion im Spannungsfeld zwischen einem Integrationszwang in ihrem Hegemonialverband und dem weiteren Zwang, ihre Außengrenzen zu sichern und sich außenpolitischen Spielraum zu sichern. Konkret formuliert heißt dies, daß der Zwang zum Zusammenhalt ihrer eurasischen Machtstellung um so größer wurde, je größer das Bedrohungspotential an den Außengrenzen war und die Sowjetunion auch umgekehrt Bereitschaft zeigte, diesen Integrationszwang zu lockern, wenn dieses Bedrohungspotential nachließ. Heinz BRILL schreibt hierzu: »Die gewonnenen geostrategischen Vorteile (der Sowjetunion, der Verf.) im europäischen Raum wurden jedoch durch Gegenstrategien, insbesondere der Vereinigten Staaten von Amerika und der Volksrepublik China, weitgehend neutralisiert. Nicht zuletzt aus diesem Grund war die Sowjetunion die einzige Macht (vom EDEN-Plan einmal abgesehen), die seit den frühen fünfziger Jahren zu erkennen gab, daß sie unter bestimmten Voraussetzungen zu einem Disengagement in Zentraleuropa bereit war. Die Beweggründe, die sich bis in unsere Zeit grundsätzlich nicht geändert haben, sind die amerikanische Einkreisungspolitik einerseits und die verstärkte Bedrohung der Ostflanke durch China andererseits. Oder anders gesagt: Die sowjetischen Bedrohungsvorstellungen sind seit der von KENNAN, MARSHALL und DULLES verfochtenen Containment-Politik von dem Alpdruck eines möglichen Zweifrontenkrieges (in Europa und Ostasien) nicht frei. So wie China ein starkes Westeuropa gegenüber der Sowjetunion wünscht, so lag die Schaffung von Sicherheitssystemen in Europa und Asien im ureigensten Interesse sowjetisch-russischer Staatsräson.«[379]

Vor diesem Hintergrund lag der Schwerpunkt der Sowjetunion auf der Sicherung ihrer eurasischen Stellung und der strategischen Vorfelder. Um eine Einkreisung des eurasischen Kernraumes sowohl von den ›Rimlands‹, den Randregionen Eurasiens, als auch von See her zu verhindern, war die Sowjetunion bestrebt, den globalen Dualismus zwischen der atlantisch-angelsächsischen Seemacht und der eurasischen Kontinentalmacht durch eine multipolare Weltordnung zu ersetzen. Die Existenz verschiedener geopolitischer Gravitationszentren sollte für die Sowjetunion ein globales Kräftegleichgewicht schaffen, das den Aktionsradius der Weltmacht USA und ihre Fähigkeit zur globalen Machtprojektion eingrenzen und auf diese Weise das Bedrohungspotential von den Grenzen des sowjetischen Machtbereichs nehmen sollte. Hierin lag die Logik der Außenpolitik der Sowjetunion unter anderem auch unter GORBATSCHOW.

Das Ausgreifen der sowjetischen Macht über den eurasischen Großraum hinaus war im wesentlichen eine Reaktion auf den globalen Machtanspruch der USA und lag in dem Streben der UdSSR nach weltpolitischer Parität mit der Seemacht der Vereinigten Staaten begründet. Ihre Bedeutung wurde hierbei im wesentlichen überschätzt. Die Versuche, sich als Weltmacht in Afrika, im Nahen und Mittleren Osten sowie in Lateinamerika zu positionieren, waren nur kurze Zeit vom Erfolg gekrönt und mußten alsbald aufgegeben werden, da die Sowjetunion – ganz im Gegensatz zu den Vereinigten Staaten – nicht über das notwendige Potential einer globalen Machtprojektion verfügte. Dies wurde bereits in den siebziger Jahren deutlich.

»Von einem wirtschaftlichen Ausgriff der Sowjetunion in die Dritte Welt konnte in der zweiten Hälfte der siebziger Jahre keine Rede sein. Auch ihre Attraktivität als Modell eines nicht-kapitalistischen Entwicklungslandes nahm sichtlich ab. Vielmehr waren es politische und militärische Aktivitäten, mit denen die Sowjetunion in der zweiten Hälfte der siebziger Jahre ihren Anspruch auf politische Parität unterstrich«, wobei der Erfolg freilich eher bescheiden war und mehr in Demonstration als in realer Expansion bestand.[380] Der Politikwissenschaftler Ernst-Otto CZEMPIEL weist in diesem Zusammenhang darauf hin, daß die Sowjetunion auch nicht in der Lage gewesen sei, sich als eine den USA ebenbürtige Macht mit globalem Machtanspruch in Stellung zu bringen: »Eine den USA vergleichbare Fähigkeit zur maritimen ›power projection‹ besaß die Sowjetunion ohnehin nicht. . .; über Flugzeugträger, die als schwimmende Stützpunkte für die *›power projection‹* unentbehrlich sind, verfügte sie nicht. Während sie, wie Afghanistan zeigte, Militäroperationen auf der euro-asiatischen Landmasse leicht und gut durchführen konnte, bildeten die Ozeane für sie nach wie vor unüberwindliche Hindernisse.«[381]

Die amerikanische maritime Überlegenheit, die Voraussetzung für die Aufrechterhaltung einer globalen Vorherrschaftsstellung von entscheidender Bedeutung ist, stand niemals in Frage. Durch die Aufstockung des Rüstungsbudgets unter REAGAN, die vornehmlich der Marine zugute kam, verschlechterten sich die sowjetischen Chancen zusehends. Hatte die amerikanische Marine 1980 kritisiert, daß sie drei Ozeane kontrollieren sollte mit einer Marine, die bestenfalls für eineinhalb Ozeane ausreichte, so stellte sie schon 1985 fest, daß der Rüstungswettlauf »zu unseren Gunsten verläuft«. Am Ende der achtziger Jahre erwarteten die Vereinigten Staaten wieder die uneingeschränkte Überlegenheit zur See.[382]

Aus der Gesamtschau der sowjetischen Außenpolitik ergibt sich deshalb, daß es sich bei der UdSSR im wesentlichen um eine konservative Großmacht handelte, deren Handeln auf den Erhalt ihrer Stellung im eurasischen Großraum ausgerichtet und deren Aktionsradius kontinental begrenzt war. Trotz einiger Versuche hatte sie niemals das Potential entwickeln können, eine Parität zur globalen Hegemonialmacht USA zu erreichen, sondern war dieser im Grunde genommen immer unterlegen gewesen. Die Geographie und ihr Potential wiesen der Außen- und Geopolitik der Sowjetunion trotz aller Rhetorik vom ›proletarisch-marxistischen Internationalismus‹ daher einen eindeutig eurasisch-kontinentalen und damit raumbegrenzten Charakter zu. Diese Grundaussage ist als Folge ihrer siebzigjährigen Geschichte zu begreifen, vor deren Hintergrund auch die nachmals entstandene Russische Föderation ihre geopolitische Identität neu definieren mußte bzw. immer noch muß.

2 Die Außenpolitik der Russischen Föderation

Durch den Zerfall der Sowjetunion wurde Rußland, das heißt nunmehr die Russische Föderation, vor gänzlich neue sicherheitspolitische Herausforderungen gestellt, welche ohne Beleuchtung der Hintergründe zunächst einmal nur beispielhaft dargestellt werden sollen. Als existentiell bedrohlich erwiesen sich jetzt separatistische Bewegungen in den Sowjetrepubliken und blutige ethnische Konflikte auf dem (post)sowjetischen Gebiet, die sich bereits im Jahre 1988/1989 zwischen Armenien und Aserbaidschan um die in Aserbaidschan gelegene armenische Enklave Berg-Karabach in einem Krieg entluden. Als im Frühjahr 1988 der Gebietssowjet von Berg-Karabach mit den Stimmen der armenischen Abgeordneten den Anschluß an Armenien forderte, kam es in Eriwan, der Hauptstadt Armeniens, zu Solidarisierungsbekundungen. In Aserbaidschan hingegen machten sich anti-armenische Pogrome breit. Dieser Krieg, so vermutet Wolfgang Leonhardt, hatte wohl mehreren tausend Armeniern und Aseris das Leben gekostet.[383]

Ein weiterer Konfliktherd, der sich in dieser Zeit entlud, war Georgien, das gegenwärtig – worauf noch einzugehen sein wird – eine wichtige Schachfigur in der antirussischen Geopolitik der USA darstellt. Dennoch sollen hier kurz die Konfliktkonstellationen dieser Region dargestellt werden: Im wesentlichen geht es um den Versuch Georgiens, den Zusammenhalt seines Territoriums durch Beschneidung der verfassungsmäßig garantierten Autonomierechte der Osseten und Abchasen gewaltsam aufrechtzuerhalten. Noch zu Sowjetzeiten war das überwiegend von iranischsprechenden Osseten bevölkerte Gebiet geteilt worden, wobei Nordossetien der Russischen Föderation und Südossetien Georgien zugeschlagen wurde. Der Autonomiestatus Südossetiens wurde im Dezember 1990 vom georgischen Parlament aufgehoben, mit der Folge bewaffneter Auseinandersetzungen, die noch dadurch verschärft wurden, daß das südossetische Parlament 1991 den Anschluß an Nordossetien und damit an die Russische Föderation erklärte (siehe Wolfgang LEONHARD, *Spiel mit dem Feuer*, S. 166).

Ähnlich gespannt ist das Verhältnis zwischen Georgien und Abchasien, einem im Mittelalter unabhängigen Königreich, das unter osmanischer Herrschaft teilweise islamisiert worden ist. Auch Abchasien genoß zu Sowjetzeiten einen Autonomiestatus. Am 25. August 1990 erklärte Abchasien seine Unabhängigkeit und verlangte den Anschluß an die Russische Föderation. Tiflis seinerseits setzte seine alte Verfassung von 1921 wieder in Kraft und erkannte der Region den Autonomiestatus wieder ab. Es folgten gleichfalls militärische Auseinandersetzungen.

Auch in Moldawien gärte es. Den Bestrebungen dieser Republik zur Vereinigung mit Rumänien standen Bestrebungen der Gagausen und Transnistrier gegenüber, die ihre Autonomie verteidigen wollten. Die Russische Föderation zeigte sich hier – zur Sicherung ihrer Einflußmöglichkeiten in der von ethnischer Zerrissenheit geprägten Peripherie des sowjetischen Territoriums – als Schutzmacht dieser Minderheiten: »Um die befürchtete Rumänisierung Moldaviens zu verhindern, wurde am 3. September 1990 auf Initiative des Russen Igor SMIRNOW. . . die Dnjestr-Republik gegründet und damit faktisch die Abspaltung Transnistriens von Moldawien vollzogen.«[384] Zu ergänzen ist noch, daß zum Schutz der Rechte Transnistriens in den neunziger Jahren eine russische Armee unter General Alexander LEBED in der Dnjestr-Region stationiert blieb.

In dieser Situation wurde 1990/91 in Moskau versucht, über einen erneuerten Unionsvertrag die UdSSR in veränderter Form zu retten, bis der Oberste Sowjet der UdSSR im Januar 1991 beschloß, ein Referendum über eine erneuerte Föderation durchzuführen. »Aber der Beschluß und das Referendum kamen viel zu spät. Die Volksbefragung vom 17. März 1991. . . beschränkte sich auf eine einzige Frage: ›Halten Sie es für notwendig, die Union der Sozialistischen Sowjetrepubliken als erneuerte Föderation von gleichberechtigten souveränen Republiken, in der die Rechte und Freiheiten der Menschen jeder Nationalität in vollem Maße garantiert werden, zu erhalten?‹ Insgesamt 76 Prozent votierten mit Ja, in den zentralasiatischen Republiken waren es sogar über 95 Prozent. . . Allerdings nahmen weder die baltischen Republiken noch Armenien, Georgien oder Moldawien an dem Referendum teil. Mehr noch: Am 31. März 1991 entschieden sich 98,8 Prozent der Georgier für staatliche Unabhängigkeit. Der Wille zu nationaler Souveränität bestimmte das Jahr 1991. Im Spätsommer und Herbst erklärten immer mehr frühere Unionsrepubliken ihre Unabhängigkeit: Weißrußland, Moldawien, Aserbaidschan, Kirgisien, Usbekistan, Tadschikistan, Armenien und schließlich Turkmenistan und Kasachstan. Am 1. Dezember 1991 befürworteten dann noch 90 Prozent der Ukrainer die Unabhängigkeit ihres Landes. Damit waren auch die letzten Hoffnungen auf eine ›erneuerte Union‹ zunichte gemacht.«[385]

2.1 Die Gründung der ›Gemeinschaft unabhängiger Staaten‹ (GUS)

Nach dem Zerfall der Sowjetunion erbte die Russische Föderation von der UdSSR wesentliche geopolitische Merkmale zum Beispiel im Hinblick auf die Größe, die Einwohnerzahl und -dichte sowie die Ressourcenausstattung. Gleichzeitig – so Lothar Rühl – waren damit für Moskau tiefgreifende Veränderungen und wirtschaftliche wie geostrategische Nachteile wie Grenzverschiebungen, Verlust von territorialen Vorfeldern, Verlust wichtiger Exporthäfen und Transportwege verbunden. Mit dem Sowjetimperium hat Rußland zahlreiche Verbündete und das geostrategische Vorfeld eingebüßt. Die Grenze Rußlands in Asien ist im Süden exponiert; es sind rund 6000 Kilometer Landgrenze in Zentralasien zu sichern (den Nordkaukasus mit muslimischen Völkern in autonomen Republiken inbegriffen). Die Unabhängigkeit der Ukraine, Weißrußlands und der drei baltischen Staaten hat Rußland neben früher wertvollen Agrar- und Industriegebieten mit dem Donez-Bergbaurevier auch einen Großteil der Infrastruktur für Verteidigung und Aufmarsch in Europa gegenüber der NATO gekostet: ›Vorwärtsverteidigung‹ nach Westen muß künftig internationale Grenzen überschreiten, wenn die Militärgrenze nicht wieder vorverlegt werden kann. Die Westgrenze Rußlands ist zwischen 600 Kilometer im Norden und 1300 Kilometer im Süden auf die Moskowiens Ende des 16. Jahrhunderts zurückgefallen. Alle späteren Gebietsgewinne gingen nach dem Ende der UdSSR verloren.[386]

Gleichzeitig beeinträchtigten die Autonomietendenzen der Föderationssubjekte die zentrale Steuerung aus Moskau; die große geographische Ausdehnung wurde durch kleinere Einheiten durchbrochen und gefährdet. Gerade Regionen mit einem hohen Potential an strategischen Rohstoffen strebten eine wirtschaftliche und politische Trennung von Moskau und eine dezentrale Regional- und Außenwirtschaftspolitik an und befürworteten ein schwaches Föderationszentrum mit gleichberechtigten Föderationssubjekten. Damit standen 1990/91 der Bestand und die Integrität der Russischen Föderation selbst auf dem Prüfstand, die durch den damaligen Vorsitzenden des russischen Obersten Sowjets und späteren Staatspräsidenten der Russischen Föderation, Boris Jelzin, der tatkräftige Förderung durch die westliche Machtelite genoß, selbst beeinträchtigt wurde. Er selbst war nicht nur treibende Kraft bei der Auflösung der Sowjetunion, sondern betrieb auch aktiv die Zersplitterung der Russischen Föderation selbst und förderte, worauf Michael Thumann[387] hinweist, die Verringerung des Machteinflusses Moskaus durch den Aufruf an die Föderationssubjekte der Russischen Föderation, sich so viel Souveränität zu nehmen, wie sie vertragen könnten.

2.1.1 Die Rolle Boris Jelzins bei der Auflösung der Sowjetunion und der Zersplitterung der Russischen Föderation in den Jahren 1990 und 1991

Im Machtkampf gegen Gorbatschow war Boris Jelzin, der am 29. Mai 1990 zum Vorsitzenden des Obersten Sowjets der Russischen Föderation gewählt wurde, bereit, die Existenz der Sowjetunion in Frage zu stellen. »Als höchster Repräsentant der russischen Sowjetrepublik geriet er automatisch in eine Art Konkurrenzsituation zu seinem ehemaligen Mentor GORBATSCHOW. JELZIN zögerte nicht, die Mißhelligkeiten alsbald zu verschärfen«, so beschrieb Rußland-Experte Michael THUMANN die Politik JELZINS.[388] Inwieweit er dabei die Unterstützung der USA erfahren hat, läßt sich nicht ganz nachweisen. Tatsache allerdings ist, daß JELZIN bei seinem allerersten Besuch in den Vereinigten Staaten im September 1989 inoffiziell mit dem US-Präsidenten zusammentraf. »Alle meine Vorstellungen über den Kapitalismus, die Vereinigten Staaten und die Amerikaner... habe ich in den anderthalb Tagen meines Hierseins um hundertachtzig Grad revidiert«, sagte JELZIN auf seiner ersten Pressekonferenz in New York. Während der einwöchigen Reise wollte JELZIN auch Präsident BUSH treffen, um dadurch als Oppositionsführer Anerkennung zu finden. Offiziell allerdings wollte Washington den Eindruck vermeiden, GORBATSCHOW zu demontieren, »schließlich kam aber doch eine fünfzehnminütige Begegnung mit BUSH zustande – inoffiziell, nicht im Oval Office und ohne Photographen«.[389]

Dabei gab es in den USA durchaus einflußreiche Kreise, die der ablehnenden Haltung JELZINS gegen GORBATSCHOW wohlwollend gegenüberstanden: Der Senator Bill BRADLEY, der sich bereits 1987 heftig gegen die Vergabe ungebundener Kredite an Moskau auflehnte, verlangte, daß Kredite nur im Gegenzug zu systemverändernden Reformen vergeben werden sollten,[390] und sah deshalb in JELZIN eine Alternative zu GORBATSCHOW. Daß JELZIN in dieser Zeit Unterstützung durch die westliche Machtelite gewonnen haben muß, zeigte sich auch in dessen öffentlichen Auftritten, die »seit Anfang 1991 konkrete Regieanweisungen westlicher PR-Berater erkennen ließen«[391].

JELZIN war klargeworden, daß sein Weg zur Macht nicht durch die Einrichtungen des Sowjetstaates, sondern durch die der Russischen Föderation führen mußte. Durch das Ausspielen der russischen Karte war GORBATSCHOW als politischer Machtfaktor ernsthaft gefährdet: »Der Generalsekretär mußte um die Dominanz der KPdSU im politischen System und als Präsident der UdSSR um die Einheit des Landes fürchten.«[392] Im Mai 1990 stellte JELZIN in einem Aufruf konsequenterweise die Existenz der Sowjetunion selbst in Frage: »Wir müssen uns dem Diktat des Zentrums widersetzen und unseren Mann stehen. Wenn wir dies tun und das Zentrum uns in den nächsten hundert Tagen nicht stürzt, dann können wir uns auf die Deklaration der Souveränität berufen, und Rußland wird in allem unabhängig sein. Russische Gesetze werden über denen der Union stehen.«[393] Auf sein Betreiben hin verabschiedete der Oberste Sowjet der Russischen Föderation am 12. Juni 1990 eine Souveränitätserklärung, die sich aber nicht nur für die Sowjetunion, sondern vielmehr auch für die territoriale und staatliche Integrität der Russischen Föderation als äußerst bedrohlich erwies: »Die Deklaration wurde zum Vorbild für viele andere Souveränitäts-Erklärungen auf dem Territorium Rußlands, was JELZIN später erhebliche Schwierigkeiten bereiten und noch Präsident PUTIN ein Dorn im Auge sein sollte... Zwei Artikel waren entscheidend. Artikel fünf reservierte dem russischen

Volk das ›exklusive Recht auf Besitz, Nutzen und Verteilung der nationalen Reichtümer Rußlands‹. Derselbe Artikel erklärte den Vorrang der Gesetze der RSFSR vor denen der Sowjetunion. Artikel vier garantierte jedem Bürger das Recht auf ›freie Entfaltung, den Gebrauch der eigenen Sprache, und jedem Volk das Recht auf Selbstbestimmung in nationalstaatlichen und nationalkulturellen Formen seiner Wahl‹. Das war eine höchst riskante Formulierung. Dann nach der Volkszählung von 1989 lebten auf dem Boden der RSFSR mindestens 84 Völker und Völkerschaften, sechzehn von ihnen hatte der Sowjetföderalismus so genannte autonome Republiken zugestanden, fünfzehn lebten in autonomen Gebieten oder Kreisen.«[394]

Durch die Förderung regionaler ethnischer Unabhängigkeitsbestrebungen wollte Jelzin die Machtposition Gorbatschows entscheidend schwächen, während Gorbatschow umgekehrt versuchte, Jelzin die autonomen Republiken der RSFSR abspenstig zu machen und diese näher an die Union zu binden. »Auf der Suche nach Verbündeten im eigenen Lande zog Jelzin im August 1990 nach Kasan an der Wolga und verkündete den erstaunten Tataren: ›Nehmt Euch so viel Unabhängigkeit wie ihr könnt. Eure Entscheidung wird endgültig sein.‹ Den Menschen in der benachbarten autonomen Republik Baschkirien empfahl er, ›so viel Macht zu ergreifen, wie ihr schlucken könnt‹. Der Oberste Sowjet der RSFSR hatte das Vorbild geliefert: Zwischen August 1990 und Februar 1991 folgten fünfzehn der sechzehn autonomen Republiken auf russischem Boden und erklärten ihre Souveränität.«[395]

Welche Auswirkungen dies aber für den Machtkampf Jelzin–Gorbatschow hatte, beschreibt die Nationalitätenberaterin Jelzins, Galina Starowojtowa, wie folgt: »Hier prallten zwei gegensätzliche Strömungen aufeinander: Rußlands Drang nach Unabhängigkeit und das Streben des Imperiums, die alte Macht zu erhalten. Der Präsident der UdSSR, der keine eigene territoriale Hausmacht im Lande hat, verliert mit der Machterosion in Rußland seine Macht überhaupt. Deswegen wehrt er sich mit allen Mitteln gegen die Souveränitätserklärungen der Republiken.«[396]

In dieser Situation versuchte Gorbatschow, mit dem bereits erwähnten Referendum vom 17. März 1991 die Flucht nach vorn anzutreten, mit dem Ziel, im schleichenden Auflösungsprozeß der Sowjetunion die Initiative wiederzugewinnen. Dies allerdings konnte den Auflösungsprozeß nicht mehr aufhalten. »Seither verhandelten die Führer von neun Republiken mit Gorbatschow über einen neuen Unionsvertrag und eine Verfassung der Union. Am 23. April 1991 trafen sich die Potentaten des untergehenden Sowjetreiches in der Präsidentenresidenz Nowo-Ogarjowo bei Moskau. Dort wurde noch einmal heftig gerungen, wenn auch nicht unter gleichen Partnern. Jelzin und seine Entourage nahmen sich ihre Rechte.«[397] Demgegenüber versuchte Jelzin, sich mit allen Mitteln als Alternative zu Gorbatschow darzustellen: »Boris Jelzin sah sich nicht als einer von mehreren Republiksführern, die vom sowjetischen Präsidenten mehr Souveränität einklagten. Er sah sich als Alternative zu Gorbatschow. . . Als die Russen Boris Jelzin am 12. Juni 1991 in freier Wahl mit 57,3 Prozent zu ihrem Präsidenten bestimmten, triumphierte er nicht nur über seine Gegenkandidaten. Er gewann vor allem einen gewaltigen Legitimitäts-

Michail GORBATSCHOW in den USA, hier mit US-Präsident R. REAGAN (Mitte) und Vizepräsident George BUSH. Durch sein elegantes Auftreten und seine Redegewandtheit unterschied er sich von seinen früheren sowjetischen Amtskollegen. Allerdings gingen die USA nicht auf seine Angebote ein,

Michail GORBATSCHOWS Rückkehr nach Moskau am 22. August 1991.

Zu Beginn des Putschversuchs im August 1991 rollen Panzer durch Moskau. Den Putschisten gelingt es aber nicht, den Kreml zu stürmen. Es herrscht übrigens nach wie vor Unklarheit über die eigentlichen Hintergründe des Putsches.

Die Sternstunde des Boris JELZIN: Am 22. August 1991 schwenkt er triumphierend die russische Flagge. Nun konnte er sich als Vollstrecker der Interessen sowohl der westlichen Machtelite als auch der neuen russischen Elite der Oligarchen erweisen.

vorsprung gegenüber dem sowjetischen Staatsoberhaupt GORBATSCHOW, der die Volkswahl immer gescheut hatte. JELZIN nutzte sein neues Gewicht, um die Sowjetunion als vergänglichen, lästigen Überbau erscheinen zu lassen. Doch noch stand GORBATSCHOWS Vertrag über eine reformierte Union auf der Tagesordnung. Am 21. August 1991 sollte das Abkommen unterzeichnet werden.«[398]

Doch dazu sollte es nicht mehr kommen. Am 19. August 1991 trat ein ›Staatskomitee für den Ausnahmezustand‹, bestehend aus Offizieren des sowjetischen Geheimdienstes, zusammen, das GORBATSCHOW unter Hausarrest stellte.

Dieser Ausnahmezustand allerdings währte nur drei Tage und wird von den Historikern in seiner Bedeutung noch heute weit überschätzt. Tatsächlich lassen sich bis heute Hintergrund und Ablauf dieses Putsches nicht abschließend rekonstruieren. Recht konkret blieb der Verdacht einer stillen Teilhaberschaft GORBATSCHOWS bestehen und kann – so die Osteuropaexpertin Mária HUBER – bis heute nicht ganz ausgeräumt werden: »Die Analyse seines (GORBATSCHOWS, der Verf.) Charakters verstärkt zumindest den Verdacht, der Präsident habe – im übrigen bereits durch seinen Urlaubsantritt zur ›Unzeit‹ – das Heft aus der Hand gegeben, in der stillen Hoffnung, dadurch Aktionen zu provozieren, die ihm dann einen Ausweg aus der Sackgasse seiner Politik hätte eröffnen können.«[399] Mária HUBER zufolge schließen Beobachter nicht aus, daß GORBATSCHOW die Augustkrise ›aussitzen‹ wollte, um sich später auf die Seite des Siegers zu stellen.[400] Tatsächlich sagte GORBATSCHOW selbst über seine Rolle bei dem ›Putsch‹, daß er niemals sagen werde, was er wisse. Möglichweise hoffte er, mit Hilfe dieses Putsches die Union zu retten. Unterlagen und Dokumente, die Aufschluß geben könnten, liegen bis heute unter Verschluß; die Memoiren der politischen Führer dieser Zeit schildern jeweils nur ihre eigene Sichtweise und können deshalb als objektive Quelle nicht herangezogen werden.

Aus diesem Grunde ist die Gefahr der Mystifizierung und der Legendenbildung hier sehr groß, insbesondere, was auch den ›demokratischen Widerstand‹ gegen die Putschisten angeht: Das Gesamtbild der Ereignisse, so Mária HUBER, spreche eher für die Putschisten, und von einem Widerstand mit Massenwirkung könne in diesem Zusammenhang nicht gesprochen werden: »Im Oktober 1991 kam die Kontrollverwaltung des russischen Präsidenten zu dem Ergebnis, daß über 70 Prozent der Gebiete, Kreise und alle autonomen Republiken in der RSFSR den Widerstand der russischen Führung (also JELZINS, der Verf.) gegen den versuchten Staatsstreich nicht unterstützten, sondern direkt oder indirekt für die Putschisten eintraten. Von den fünfzehn Unionsrepubliken lehnten nur Estland, Lettland, Litauen und Moldawien den Versuch der Konservativen ab, die Macht zu übernehmen. Die Führungen Armeniens und der Ukraine distanzierten sich mit einiger Verzögerung und vorsichtig von den Putschisten; in Aserbaidschan und Georgien schwieg man. Vor dem Weißen Haus in Moskau hatten sich zu keiner Zeit mehr als 50 000 bis 70 000 Demonstranten versammelt. Eine breite Massenbasis hatte der Widerstand also nicht.«[401]

Dieser Putsch jedenfalls bot für JELZIN die willkommene Möglichkeit, zum entscheidenden Schlag gegen die Union auszuholen. Er verwandelte, so Michael THUMANN, den Staatsstreich der Putschisten in seine Machtübernahme:[402] »Die staatlichen Organe auf russischem Boden unterstellte er entschlossen seiner Befehlsgewalt. Systematisch beraubte JELZIN das sowjetische Zentrum der verbliebenen Machtinstrumente. Mitte September (1991, der Verf.) nationalisierte er alle Kraftwerke auf dem Territorium seiner Republik und nahm der Union damit eine wichtige Einkommensquelle. . . Im November 1991 reklamierte er die Ausbeutung wertvoller Metalle und Steine für Rußland. Die Führer der autonomen Republiken auf russischem Boden beobachteten ihn aufmerksam – und sollten wenig später seinem Vorbild folgen.«[403]

JELZINS Politik wurde hierbei lediglich von einer kleinen Minderheit unterstützt. »Den entscheidenden organisatorischen und finanziellen Beitrag leisteten die ›neuen Russen‹, die von der ›spontanen‹ Privatisierung, von Geschäften in einem faktisch rechtsfreien Raum und von der globalen Ökonomie bereits erheblich profitiert hatten.«[404] So zeichnete sich bereits 1991 ab, was sich bei der Präsidentschaftswahl 1996 deutlich offenbaren sollte: Boris JELZIN erwies sich als Vollstrecker der Interessen sowohl der westlichen Machtelite als auch der neuen russischen Elite der Oligarchen, die Rußland der ökonomischen Globalisierung und dem Ausverkauf seiner Wirtschaft und Bodenschätze unter dem Deckmantel einer kriminellen Privatisierung auslieferten. Der Grundstein für eine Interessenkoalition zwischen der westlichen Machtelite und der kriminellen Elite russischer Oligarchen zur wirtschaftlichen Inbesitznahme des eurasischen Zentrums war somit in den Augusttagen 1991 geboren. Die Beseitigung GORBATSCHOWS und die Liquidierung der UdSSR durch Boris JELZIN waren die wesentliche Voraussetzung für die geplante wirtschaftliche Eroberung Eurasiens.

Doch zurück zu den Augusttagen 1991. Das Scheitern des Putsches, um die Union zu retten, war also nicht auf irgendeinen ›demokratischen Widerstand‹ zurückzuführen, sondern vielmehr auf Unentschlossenheit und Zaudern der Putschisten, notfalls auch bis zum Äußersten zu gehen: »Als Pawel GRATSCHOW, dessen Luftlandetruppen das Weiße Haus abriegeln sollten, dafür Verstärkung forderte, tauchten Bedenken auf. Es werde ein riesiges Blutbad geben, befürchteten auch die Kommandeure, die in Zivil die Lage vor Ort geprüft hatten. Die operative Vorbereitung für den Einsatz ging dennoch weiter, aber gegen Mitternacht gab es noch immer keine Entscheidung.«[405]

Aber auch die Putschisten selbst schienen hinsichtlich ihres weiteren Vorgehens unschlüssig zu sein. »Schließlich setzten KRJUTSCHKOW und JASOW aus Rücksicht auf die Zivilbevölkerung wie auch wegen der Weigerung einiger KGB-Kommandeure den Plan zur Besetzung des Weißen Hauses schließlich aus. Diesen Ablauf rekonstruierte jedenfalls Wjatscheslaw KEWORKOW, ein KGB-Generalmajor, anhand der für Außenstehende nur schwer zugänglichen Verhörprotokolle in seinem Buch *Moskauer Operette*. KEWORKOW war im August 1991 stellvertretender Generaldirektor der sowjetischen Nachrichtenagentur TASS und von 1992 bis 1997 Chef des TASS-Büros in Bonn. . . Das Fazit seiner mit schriftstellerischen Einschüben aufgelockerten Chronik ist, daß Krjutschkow und Jasow ernsthaft und entschlossen versucht hätten, den drohenden Zerfall des Landes abzuwenden. Als diese Rettungsaktion jedoch massive Gewaltanwendung unvermeidbar machte, habe das ›Menschliche‹ gesiegt.«[406] Damit war der Putsch und somit der letzte Versuch, die Integrität der Sowjetunion zu bewahren, gescheitert.

2.1.2 Die Auflösung der UdSSR und die Konstituierung der GUS

Historisch betrachtet, war es allerdings nicht der Augustputsch der KGB-Offiziere, sondern vielmehr die Gründung der ›Gemeinschaft Unabhängiger Staaten‹, die als eigentlicher Staatsstreich gegen die Sowjetunion angesehen werden muß – ein Putsch, der von keinem Geringeren als Boris Jelzin eingefädelt und durchgeführt wurde. Zwischen dem 25. August und dem 23. September 1991 erklärten sieben Unionsrepubliken – Weißrußland, Moldawien, Aserbaidschan, Kirgistan, Usbekistan, Tadschikistan und schließlich Armenien – ihre Unabhängigkeit. Eröffnet wurde die Reihe der Souveränitätsbekundungen schon am 24. August von der Ukraine. Daß mit dieser ersten Unabhängigkeitsbekundung das Ende der Sowjetunion eingeleitet war, hatte Gorbatschow mit den Worten »Ohne Ukraine kann es keine Union geben, und es kann keine Ukraine ohne die Union geben« treffend erkannt.

Was waren die eigentlichen Ziele Jelzins? Ihn als russischen Nationalisten zu bezeichnen, hält Michael Thumann für falsch.[407] Zwar zielte seine Politik darauf ab, den Zusammenhalt der Sowjetunion zu untergraben, allerdings, um »sein Land dem Westen als Nachfolgestaat der UdSSR zu präsentieren«.[408] Dabei sollte der einheitliche Wirtschaftsraum der Sowjetunion erhalten bleiben. Die Republiken »sollten sich in Freiheit selbst bestimmen und doch von Rußland abhängig bleiben«.[409]

Boris Jelzin kam es dabei im wesentlichen darauf an, die Machtstrukturen des sowjetischen Apparates zu zerschlagen und Gorbatschow zu entmachten, und zu diesem Zweck instrumentalisierte er die Unhängigkeitsbestrebungen der Republiken und der Föderationssubjekte innerhalb der Russischen Föderation. Wesentliches Ziel war aber die Integration des Landes in westliche Strukturen, zunächst auf der wirtschaftlichen, dann auch auf der außenpolitischen Ebene. »Am 28. Oktober 1991 kündigte Boris Jelzin mit seiner Rede vor dem Obersten Sowjet der RSFSR einen radikalen Reformkurs nach neoliberalem Konzept an. Bedenken der Abgeordneten gegen die sofortige Preisliberalisierung und die drastische Kürzung der Staatsausgaben wurden von Jelzin mit Hinweisen auf die baldige Besserung der Wirtschaftslage zerstreut. Die überwältigende Zustimmung des Obersten Sowjet zu der Schocktherapie ging nicht zuletzt auf die Mitwirkung und auf die in Aussicht gestellte Unterstützung des Internationalen Währungsfonds zurück, der für die Mehrheit im Obersten Sowjet so etwas wie ein Gütesiegel war. Die wenigen Ökonomen im kleinen Kreis um Jelzin hatten die Vertreter des IWF im Oktober mit offenen Armen empfangen. Ihren ideologischen Denkstrukturen kamen die einfach klingenden Rezepte aus Washington durchaus entgegen.«[410]

Auch auf dem Feld der Außenpolitik war der seit dem 19. Jahrhundert schwelende ideologische Kampf zwischen den Slawophilen und den Westlern zugunsten der letzteren Partei entschieden. Die Partei der neuen Westler, denen Boris JELZIN zuzurechnen war, forderten zwar eine Hegemonie Rußlands auf dem Boden der Sowjetunion, dabei sahen sie aber die Zukunft Rußlands in einem engen politisch-wirtschaftlichen Bündnis mit den USA. Der damalige stellvertretende Chefredakteur der *Moskowskije Nowostij*, Alexej PUSCHKOW, beschrieb seinerzeit den außenpolitischen Ansatz der JELZIN-Regierung in ihrer Anfangszeit wie folgt: »Die heutige russische Führung hat ein Bündnis mit dem von den USA geführten Westen zum Grundstein ihrer außenpolitischen Doktrin erklärt... Die nationalen Interessen Rußlands und der westlichen Staaten, insbesondere der USA, überschneiden sich in bedeutendem Maße... Die Ausrichtung auf den Westen unterliegt keinem Zweifel, und zu ihr gibt es keine Alternative. Unsere Antiwestler sind allerdings der Ansicht, daß eine Alternative dazu in einer Allianz mit den natürlichen Verbündeten im Osten und Süden... und überhaupt in der anti-amerikanisch gestimmten früheren Dritten Welt besteht.«[411]

Dieser außenpolitische Kurs bedeute – so PUSCHKOW – Rußlands Untergang, denn der Weg in die Weltwirtschaft führe über Washington, und nicht über Tripolis oder gar Peking. Sinn und Zweck einer Vorherrschaft Rußlands über die postsowjetischen Republiken besteht PUSCHKOW zufolge in einer von Moskau freiwillig gewählten Schutzrolle im Dienst und zum Nutzen des westlichen Kapitalismus. »Der Westen braucht Rußland als einen Faktor, der eine eventuelle Bedrohung aus Asien, vor allem durch den islamischen Fundamentalismus, aufhalten kann... Den US-Interessen entspricht ein kontrollierbares und prognostizierbares Rußland, das seine militärische Stärke und seinen politischen Einfluß niemals gegen die USA richten, sondern im Gegenteil die US-Interessen auf dem asiatischen Kontinent, in der UNO, in den Nord-Süd-Beziehungen durchsetzen würde.«[412] Aus diesem Grunde liege ein zu schwaches Rußland auch nicht im US-amerikanischen Interesse: »Die USA sind nicht an Rußlands staatlichem Zusammenbruch und einem Chaos auf dem riesigen Territorium interessiert.«[413]

Wirtschaftliche und außenpolitische Angliederung an das ideologische Paradigma des Westens, der Versuch einer Selbsteinbindung Rußlands in das amerikanisch beherrschte westliche Bündnis müssen demnach als die elementaren Grundlagen der JELZINschen Politik in der Anfangsphase zu Beginn der neunziger Jahre begriffen werden.

Vor diesem Hintergrund schien sich dann auch die Gründung der ›Gemeinschaft Unabhängiger Staaten‹ zu vollziehen. Die Westen war daran interessiert, sich Eurasiens zunächst wirtschaftlich zu bemächtigen, eine Zersplitterung des eurasischen Großraums im Sinne eines ›Teile und herrsche‹ lag deshalb, wie oben dargelegt, in seinem Interesse. Aus russischer Sicht galt es jedoch, eine unkontrollierte Anarchi-

Jelzin förderte überall regionale ethnische Unabhängigkeitsbestrebungen. So kam es in mehreren Republiken zu schmutzigen kleinen Kriegen, so in Moldawien, wo die große russische Minderheit bei Rußland bleiben, die Moldawier sich dagegen Rumänien anschließen wollten.

Auch in der zentralasiatischen Republik Tadschikistan kam es zu Unruhen. Hier russsiche Soldaten, die die aufrührerischen Gruppen in derr Hauptstadt Duschanbe zu mäßigen suchten, bei einer Pause.

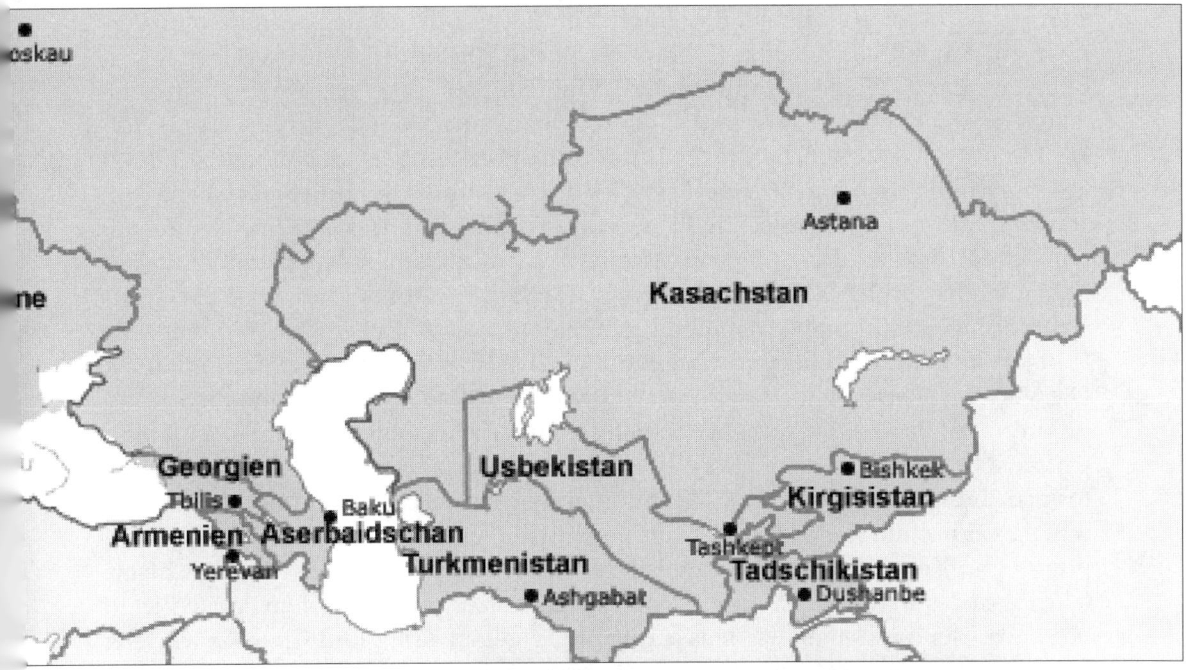

Die GUS (Gemeinschaft Unabhängiger Staaten). Am 8. Dezember 1991 bildeten die Staatsoberhäupter von Rußland. der Ukraine und Weißrußland die GUS und erklärten die Sowjetunion für aufgelöst. Im selben Monat kamen die fünf zentralasiatischen Republiken Turkmenistan, Usbekistan, Tadschikistan, Kasachstan und Kirgisien, die beiden Kaukasus-Republiken Armenien und Aserbaidschan sowie Moldawien hinzu.

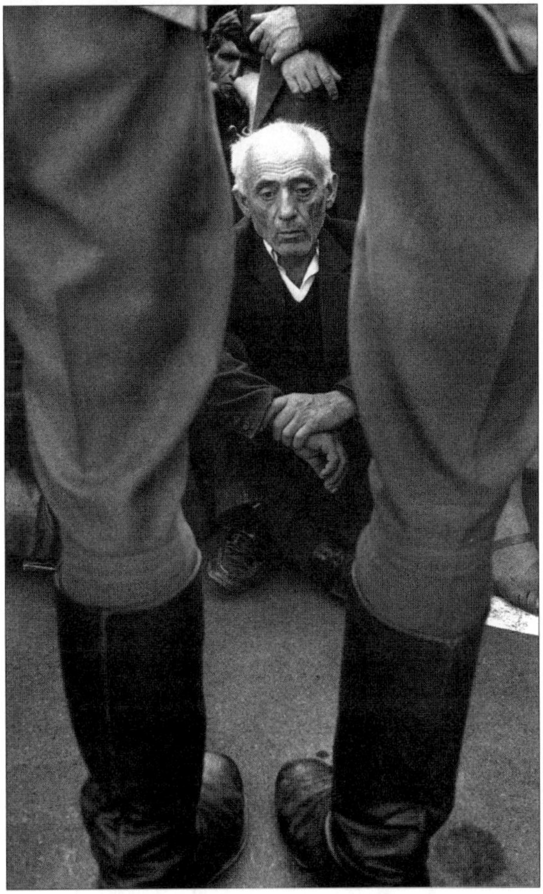

Armenien kämpfte ebenfalls für die Unabhängigkeit von der Sowjetunion. Hier ein Demonstrant vor Soldaten in Jerewan.

sierung dieses geopolitischen Raumes mit endlosen Bürgerkriegsszenarien zu verhindern. Am 8. Dezember 1991 verkündeten die Führer der drei slawischen Republiken Rußland, Weißrußland und der Ukraine in der Nähe von Minsk dann auch eine Art östliches Commonwealth. Diese drei Staaten stellten 73 Prozent der Bevölkerung der Sowjetunion, 58 Prozent ihres Industriepotentials und annähernd ihren gesamten militärisch-industriellen Komplex. Der Zusammenschluß dieser Nachfolgestaaten hatte zunächst ausschließlich die Funktion, einen unkontrollierten Zerfall der UdSSR zu verhüten und einen Modus vivendi zwischen den einzelnen Republiken zu begründen. Die Sowjetunion, so heißt es im Abkommen über die Gründung der ›Gemeinschaft Unabhängiger Staaten‹ vom 8. Dezember 1991, habe als »Subjekt des Völkerrechts und der geopolitischen Realität aufgehört zu existieren«. Die Vertragspartner sicherten zu, Verträge und Abkommen der früheren Sowjetunion zu erfüllen, und verpflichteten sich zu einer einheitlichen Kontrolle der Atomwaffen. Neben den Schutz nationaler Minderheiten und der Achtung vor der territorialen Integrität wurde eine Zusammenarbeit in wesentlichen Politikbereichen wie Außenpolitik, Entwicklung eines gemeinsamen Wirtschaftsraumes, Umweltpolitik und Kampf gegen die organisierte Kriminalität getroffen. »Die Absichtserklärungen des slawischen Dreibundes entsprachen zumindest auf dem Papier genau dem, was der Westen als Willenskundgebung gegen Krieg und Chaos erwartete: Unverletzbarkeit der Grenzen und militärische wie wirtschaftliche Zusammenarbeit«, beschreibt Mária HUBER die Bedeutung dieses Schrittes für die westliche Machtelite.[414]

Am 21. Dezember 1991 kam es in Alma-Ata zu einer Erweiterung der GUS: Zu den drei slawischen Gründungsstaaten kamen nun die fünf zentralasiatischen Republiken Turkmenistan, Usbekistan, Tadschikistan, Kasachstan und Kirgisien, die beiden Kaukasus-Republiken Armenien und Aserbaidschan sowie Moldawien hinzu. »Die gemeinsame Deklaration der Regierungschefs der GUS-Staaten hält fest, daß alle Regierungsorgane und Behörden der früheren Sowjetunion einschließlich des Innenministeriums und des Ministeriums für auswärtige Angelegenheiten aufgelöst seien – mit der Gründung der Gemeinschaft Unabhängiger Staaten habe die Sowjetunion aufgehört zu existieren.«[415]

Diese Gründung der GUS war der eigentliche Staatsstreich JELZINS gegen die Sowjetunion, was auch der Einschätzung des GORBATSCHOW-Beraters, Georgij SCHACHNASAROW, entsprach. Der sowjetische Präsident GORBATSCHOW wurde bei diesen Vorgängen einfach übergangen; er fand mit keinem Wort Erwähnung. Dieser trat denn auch am 25. Dezember 1991 zurück. Damit war das Ende der Sowjetunion auch formell eingeleitet.

Mit dieser Schilderung der inneren Vorgänge in der Sowjetunion und der Russischen Föderation bleibt jedoch die Frage nach der Verantwortung für diesen wohl einmaligen Zusammenbruch eines Imperiums offen. Allzu oft wird zur Klärung dieser Frage auf das Schicksal vergleichbarer Imperien der Geschichte wie des Osmanischen oder des Habsburgischen Reichs verwiesen, denen eine zwangsläufige

Tendenz zum Zerfall innegewohnt habe: »Die Beherrschung eines Vielvölkerimperiums von einem starken, in Jahrhunderten gewachsenen traditionellen Zentrum aus hat sich in der neueren europäischen Geschichte nirgendwo durchhalten lassen. Volkssouveränität und nationale Selbstbestimmung waren die stärkeren Kräfte.«[416] Allerdings – so auch die Osteuropaexpertin Mária HUBER – gibt es in einer solchen deterministischen Betrachtungsweise »keinen Platz für Fragen nach Fehlern und äußerer Einmischung«,[417] Fragen, die allerdings zwingend zu stellen sind. Die Rolle der westlichen Machtelite, insbesondere der USA, bei der Förderung Boris JELZINS, des Hauptverantwortlichen für den Zerfall der UdSSR, ist in diesem Kapitel, in dem es um die Veränderung der außenpolitischen Ausrichtung Rußlands vor dem Hintergrund des Zerfalls der Sowjetunion geht, lediglich angedeutet worden und wird später noch wesentlich vertieft werden. Ähnlich wie im Falle Jugoslawiens dem Staatszerfall finanzielle Erpressungsmanöver des Westens und der USA vorangingen, so verhielt es sich auch im Fall des Zusammenbruchs der Sowjetunion, wobei das geopolitische Intrigenspiel der USA in letzterem Fall noch wesentlich perfider war, da sie die UdSSR selbst an den Rand des Bankrotts trieben und dann durch wirtschaftlich-finanzielle Erpressung das sowjetische Staatswesen selbst zur Aufgabe zwangen.

2.1.3 Die Bedeutung der GUS für die amerikanische Machtelite

Das Interesse der amerikanischen Machtelite gegenüber dem eurasischen Raum besteht – wie bereits analysiert – darin, »den derzeit herrschenden Pluralismus auf der Landkarte Eurasiens zu festigen und fortzuschreiben« (Z. BRZEZINSKI). Mußte dann die Gründung der GUS nicht als Widerspruch zu den US-Machtinteressen gesehen werden? Waren die Ereignisse von Minsk und wenig später von Alma-Ata nicht der Versuch einer Reintegration des eurasischen Raumes? Bei genauerem Hinsehen war die Gründung der GUS keine wirkliche Herausforderung für die amerikanischen Interessen und Ziele in Eurasien, da die GUS wesentliche Institutionen zur Zusammenarbeit bis heute nicht besitzt. Wie Wolfgang LEONHARDT schreibt, ist die GUS nichts anderes als ein loser Staatenbund, dem es an Organen mit umfassenden Kompetenzen fehlt, deren Einsetzung aber notwendig gewesen wäre, um eine gemeinsame Politik zu entwickeln und durchzusetzen. »Vor allem fehlt ein... Integrationskonzept, das die Zielsetzung, die Stationen zum Erreichen dieser Zielsetzung und entsprechende Fristen fixiert.«[418]

Überdies kann von einer fortschreitenden politischen, wirtschaftlichen und militärischen Integration nicht gesprochen werden. Bilaterale Verträge besitzen meist nur deklaratorischen Charakter und werden von den GUS-Mitgliedsstaaten in der Praxis höchst unterschiedlich ausgelegt. Die institutionelle Schwäche der GUS zeigt sich insbesondere darin, daß die Mitgliederfluktuation sehr hoch ist; eine echte Kontinuität blieb aus. »So trat Georgien der GUS erst am 9. Dezember 1993 bei, nachdem Rußland im Konflikt mit Abchasien Unterstützung gewährt hatte. Aserbaidschan, das zu den Gründungsmitgliedern der erweiterten GUS gehört hatte, verließ den Staatenbund am 7. Oktober 1992 und kehrte – nach zwei Jahren im Beobachterstatus – erst am 24. September 1994 wieder in die Gemeinschaft Unabhängiger Staaten zurück. Moldawien unterzeichnete zwar das Gründungsabkommen der Gemeinschaft, das Parlament verweigerte dem Vertrag jedoch seine Zustimmung. Erst mehr als drei Jahre später, anläßlich des GUS-Gipfeltreffens am 15. April 1994 in Moskau, vollzog Moldawien endgültig den Eintritt in die GUS; die Gründe dafür sind in der wirtschaftlichen Abhängigkeit von Rußland und der russischen Hilfe bei der Lösung des Transnistrien-Konflikts zu suchen.«[419]

Gerade auf wirtschaftlichem Gebiet erwies sich die GUS eher als ein Instrument, das der ökonomischen Zergliederung des sowjetischen Wirtschaftsgebietes und der Durchsetzung neoliberaler Marktreformen erheblichen Vorschub leistete, was den amerikanischen Zielsetzungen natürlich sehr entgegenkam. »Einen Damm gegen den wirtschaftlichen Niedergang errichtete die GUS aber nicht. Der Zerfall des sowjetischen Binnenmarktes, das Ende der arbeitsteiligen Produktion und die Errichtung von Zollgrenzen, die den Verlust zuvor sicherer Absatzmöglichkeiten brachten, führten zu einem wirtschaftlichen Schock und in eine lange Rezession. Die russische Finanzkrise 1998 stürzte die Nachbarn in zusätzliche Schwierigkeiten, bei deren Überwindung sie allein blieben. Dies förderte andererseits aber auch die Bereitschaft zur Modernisierung der Wirtschaften und zur Integration in den Weltmarkt. Marktwirtschaftliche Reformen, die in der Sowjetunion nicht möglich waren, wurden nun auf nationaler Ebene endlich angegangen.«[420]

Durch die wirtschaftliche Zersplitterung ist auch die Herausbildung eines kontinentalen ökonomischen Gravitationszentrums unterbunden worden. Der postsowjetische Raum ist gewissermaßen in einem Zustand ökonomischer Erstarrung verblieben, dem es nicht gelungen ist, sein Potential entscheidend zu entfalten – und somit zu einem ernsthaften Konkurrenten und Gegenpol für den wirtschaftlichen Weltführungsanspruch der USA zu werden: »Die Mehrheit der GUS-Länder hat jedoch bis heute noch nicht wieder das – auf die einzelnen Sowjetrepubliken hochgerechnete – Bruttoinlandsprodukt (BIP) von 1990 erreicht. Nach Untersuchungen im Moskauer Institut für Energetik und Finanzen ist es lediglich den rohstoffreichen Ländern Kasachstan, Turkmenistan, Aserbaidschan und Usbekistan, und zwar erst im vergangenen Jahr, gelungen, den Wert des BIP von 1990 zu überschreiten. Auch Weißrußland ist dies gelungen, aber wohl nur, weil es aus Rußland Gas und Öl zum niedrigen Binnenmarktpreis erhielt und durch Weiterverkauf der Energieträger und den Export weiterverarbeiteter Produkte eine hohe Wertschöpfung verbuchen konnte. Rußland selbst hat das BIP von vor fünfzehn Jahren noch nicht wieder erreicht. Länder wie Tadschikistan oder Georgien, das 1993 auf Druck Moskaus der GUS beitrat, die Ukraine oder Moldau sind weit davon entfernt. . . Versuche einer wirtschaftlichen Integration in der GUS unter Moskauer Führung sind deshalb Stückwerk geblieben. . .«[421]

Das gleiche gilt auch für die Ebene der militärischen Zusammenarbeit, die als faktisch gescheitert angesehen werden kann: »Auch die ursprüngliche Absicht, die

GUS zur Verteidigungsgemeinschaft auszubauen, wurde nur zum kleinen Teil verwirklicht. Rußland unternimmt zwar Anstrengungen, in Zentralasien eine multinationale schnelle Eingreiftruppe aufzubauen. Diese gilt allerdings vor allem als Vorkehrung für den Fall bewaffneter Auseinandersetzungen, die ihren Ursprung im afghanischen Krisengebiet haben könnten.«[422]

Statt eine Wiedervereinigung des postsowjetischen eurasischen Raumes zu bewirken, scheint die GUS vielmehr Möglichkeiten zu einer Einkreisung Rußlands und zur Schaffung von Gegengewichten zu Rußland zu eröffnen. »Eine freiwillige engere Integration politischer und wirtschaftlicher Art im postsowjetischen GUS-Raum sei aber nur denkbar, wenn es eine Gruppe sich rasch und stabil entwickelnder Staaten gebe, die halbwegs ein Gegengewicht zu Rußland bilden könne, meint der Chefredakteur von *Russia in Global Affairs*, Fedor LUKJANOW. Kasachstan, dessen Präsident NASARBAJEW sich eine Integration nach dem Muster der EU vorstellen kann, sieht LUKJANOW als ein Land, das gemeinsam mit der Ukraine, aber auch mit Weißrußland theoretisch eine solche Rolle spielen könnte. Kasachstan besitze große Rohstoffvorkommen, befolge, anders als Rußland, konsequent eine durchdachte Entwicklungsstrategie und könne womöglich irgendwann einmal zum Konkurrenten Rußlands in Sachen Reintegration werden. . . Nachdem aber Moskaus Versuch fehlgeschlagen war, die ukrainische Präsidentenwahl zum Vorteil des als rußlandfreundlich geltenden Kandidaten JANUKOWITSCH zu beeinflussen, schien Rußland dazu verurteilt, in der GUS zum geopolitischen Zuschauer zu werden, während Europäischer Union und NATO wachsender Einfluß in der Region vorhergesagt wurde. Vor allem die Ukraine und Georgien orientierten sich immer stärker nach Westen.«[423]

Damit erweist sich die GUS eher als ein »Instrument zum Vollzug einer zivilisierten Scheidung von Moskau«, wie Wolfgang LEONHARDT sagt, und liegt mit ihrer Konstruktion und Organisation deshalb vollständig auf der Linie der eurasischen Geopolitik der USA. Dies sollte sich in den späteren Jahren bestätigen: »Seit Ende 1995/Anfang 1996 spaltet sich die GUS zunehmend in zwei Gruppen: eine, in deren Mittelpunkt Rußland steht und zu der Belarus, Kasachstan sowie Kirgisien gehören, und eine andere, bestehend aus den übrigen Mitgliedsstaaten der GUS, die durch Distanz zu Rußland ein gewisses Maß an Unabhängigkeit zu bewahren suchen. So blieb die GUS bis zur Gegenwart trotz aller bilateralen und multilateralen Abkommen, trotz der Vielzahl der Kontrollmechanismen und Organe ein loser Bund von Staaten, für die nicht die Vertiefung der Gemeinschaft, sondern nationale Interessen im Vordergrund stehen.«[424]

2.2 Die Entwicklung der außenpolitischen Doktrinen der Russischen Föderation

Mit dem Zusammenbruch der UdSSR und der Gründung der GUS sah sich die Russische Föderation in einer Phase vollständiger Neuorientierung. »Der Zerfall des politischen Systems der Sowjetunion erfolgte so unerwartet und rasant«, so schreibt der ehemalige russische Außenminister Igor IWANOW, »daß die Staatsführung und erst recht die russische Gesellschaft keine fest gefügte Vorstellung von den künftigen Entwicklungswegen des Landes und seinen außenpolitischen Prioritäten hatten, sie gar nicht haben konnten. Direkt und offen sprach das 1992 der erste Präsident Rußlands, Boris JELZIN, in einer Rede vor dem Obersten Sowjet an: ›Die höchst problematische Übergangssituation Rußlands macht es vorläufig unmöglich, sich ein klares Bild von seiner bleibenden und zugleich von seiner neuen Gestalt zu machen, eindeutige Antworten zu erhalten auf die Fragen: Was gehört für uns der Vergangenheit an? Was wollen wir erhalten? Was zu neuem Leben erwecken und neu erschaffen?‹«[425]

In der Tat machte die Außenpolitik der Russischen Föderation mehrere Entwicklungsstadien durch, die von einem bedingungslosen Proatlantismus im Dienste der von den USA diktierten Neuen Weltordnung bis hin zu einem nationalen Selbstfindungsprozeß als kontinental-eurasischem Integrationsknoten führte, der in der internationalen Politik als Garant eines multipolaren Weltsystems wirken will. Dieser Entwicklungsprozeß soll nun im folgenden dargestellt werden.

2.2.1 Bedingungslose Hinwendung zum Westen (1991–1992)

Für die neue Moskauer Führung unter Präsident JELZIN war die Grundrichtung der russischen Außenpolitik bereits durch das während der Reformpolitik GORBATSCHOWS entwickelte Konzept des ›Neuen Politischen Denkens‹ festgelegt. Außenminister Andrej KOSYREW verfolgte in dieser Zeit im Einklang mit der radikalen wirtschaftlichen und gesellschaftlichen Verwestlichungspolitik Jegor GAJDARS einen »universalistischen und prowestlichen Kurs«.[426] Ein wichtiges außenpolitisches Ziel bestand in der Förderung des Systemwechsels durch die Eingliederung eines nach den Grundsätzen amerikanischer Marktwirtschaft umgestalteten Rußlands in die westlichen ›euro-atlantischen‹ Strukturen. Mit dieser Ausrichtung der Politik versuchte die neue russische Führung, den Westen davon zu überzeugen, daß nur durch die rasche, umfassende Einbindung Rußlands in die westlichen Bündnissysteme Marktwirtschaft und ein liberalistisches System fest in Rußland verankert werden könnten. Günstige Rahmenbedingungen sollten dabei durch Abrüstung geschaffen werden.

Die westliche Machtelite hingegen förderte diese Bestrebungen. Sie sah allerdings eine erfolgreiche politisch-ökonomische Systemtransformation der Russischen Föderation als Voraussetzung für eine Einbindung Rußlands in den euro-atlantischen Raum an. Um diesen außenpolitischen Kurs Rußlands auch sicherzustellen, wurde es 1992 in den Internationalen Währungsfonds und in die Weltbank aufgenommen: Einrichtungen, die – wie noch aufzuzeigen ist – mit ihrem Reformdiktat die wirtschaftliche und soziale Substanz Rußlands zerstören und die Inbesitznahme seiner Rohstoffe durch westliche Konzerne sicherstellen sollten. Durch ein enges europäisch-amerikanisches Zusammenwirken wurde ein internationales Hilfspaket für neoliberale Reformen in Rußland in Höhe von 28 Milliarden US-Dollar bereitgestellt.[427]

Allerdings schien sich die Unterwürfigkeit der neuen politischen Elite Rußlands gegenüber dem Westen nicht auszuzahlen: »Symptomatisch ist in dieser Hinsicht«, so kritisiert Igor IWANOW den seinerzeitigen politischen Kurs, »wie zu Beginn der neunziger Jahre auf die forcierte Integration Rußlands in die euro-atlantischen Strukturen gesetzt wurde. Unrealistische Aufgaben wurden in die Debatte geworfen: die Herstellung von ›Bündnis‹-Beziehungen mit dem Westen zum Beispiel, auf die weder unser Land noch die westlichen Staaten selbst eingestellt waren, weil sie ihren Sinn unterschiedlich auffaßten. Viele in den USA und auch in einigen westeuropäischen Ländern sahen, gleichsam dem Einfluß des Syndroms des ›Siegers im Kalten Krieg‹ erlegen, im demokratischen Rußland keinen gleichberechtigten Bundesgenossen; man billigte ihm bestenfalls die Rolle eines Juniorpartners zu. Jegliches Anzeichen selbständigen Handelns und des Bestrebens, seine Positionen zu behaupten, wurde als Rückfall in die ›imperiale‹ Sowjetpolitik gewertet. Die von den USA und der NATO angegangene Ausdehnung der Allianz bis zu den Grenzen Rußlands, die ganz eindeutig die Interessen unseres Staates ignorierte, war in dieser Hinsicht das ernüchterndste Signal.«[428]

Ex-Außenminister Igor IWANOW wertet diesen außenpolitischen Kurs Rußlands in der Anfangszeit als von einer oberflächlichen »prowestlichen Schieflage« beherrscht, der den tatsächlichen nationalen Interessen Rußlands und seiner geopolitischen Lage nicht gerecht worden sei, diese sogar gröblichst vernachlässigt habe. Überdies, so IWANOW, sei diese Ausrichtung ausschließlich ideologisch und weniger von Pragmatismus, der sich an konkrete geopolitisch Vorgaben ausrichte, bestimmt gewesen: »Die ziemlich eindeutige ›prowestliche Schieflage‹ der Außenpolitik Rußlands war in ihrer Oberflächlichkeit jedoch nicht von langer Dauer, und die russische Diplomatie zog hieraus verhältnismäßig rasch die nötigen Lehren. Das Leben selbst zwang sie dazu, da die neue russische Außenpolitik nicht in theoretischen Debatten auf den Weg gebracht wurde, sondern durch die Suche nach Lösungen für konkrete und höchst komplexe internationale Probleme, die die nationalen Interessen Rußlands tangierten. Nach dem Zerfall der UdSSR galt es, den von ihr hinterlassenen geopolitischen Raum neu zu ›organisieren‹, Mechanismen zu entwickeln, um die an den Außengrenzen der Gemeinschaft Unabhängiger Staaten entstandenen Konflikte mit politischen Mitteln zu bewältigen, die Rechte der außerhalb der Grenzen Rußlands lebenden Landsleute zu schützen, ein neues politisches Fundament für die Beziehungen zu den Ländern Mittel- und Osteuropas zu legen und generell die Mechanismen des Zusammenwirkens mit der Außenwelt den veränderten Bedingungen anzupassen.«[429]

2.2.2 Die außenpolitische Priorität des ›Nahen Auslands‹ – die Entwicklung einer eigenständigen russischen Geopolitik

Im Sommer 1992 kam es innerhalb der politischen Elite Rußlands zu erheblichen Kontroversen über den bedingungslosen Proatlantismus des ersten Jahres der JELZIN-Ära. Dieser Streit endete schließlich in einem sogenannten ›patriotischen Konsens‹, der den Status quo des Jahres 1991 als ahistorisch und geopolitisch widersinnig bezeichnete und seine Revision einforderte. Der Direktor des Instituts für russische Geschichte der Akademie der Wissenschaften, Professor Andrej SACHAROW (nicht zu verwechseln mit dem gleichnahmigen Friedensnobelpreisträger) beschrieb diese Problemstellung wie folgt: »Es ist völlig offensichtlich, daß die Rückkehr Rußlands zu den Grenzen vom Ende des 18. Jahrhunderts, der Verlust der günstigen Zugänge zum Weltmeer, der Verlust seiner historischen Territorien und der Verlust von 25 Millionen Landsleuten in den GUS-Ländern ein historischer Nonsens ist, den jeder Russe für einen vorübergehenden Zustand hält.«[430]

Vor diesem Hintergrund war es dem an sich prowestlich ausgerichteten Boris JELZIN nicht mehr ohne weiteres möglich, seine proatlantische außenpolitische Ausrichtung wie bisher fortzuführen, wollte er seine Machtstellung nicht gefährden, deren Sicherung lediglich durch Zugeständnisse an die patriotischen Kräfte (die im Jahre 1993 an politischer Bedeutung gewannen) möglich war.

Vielmehr sah sich Rußland gezwungen, eine eigenständige geopolitische Identität zu definieren, die keinesfalls in einer Unterwürfigkeit gegenüber dem Westen und insbesondere gegenüber dem universalen Machtanspruch der USA zu finden sein konnte:

»Die einzigartige geopolitische Lage unseres Staates«, so führt der ehemalige Außenminister Igor IWANOW zu diesem Problem aus, »ganz zu schweigen von den Realitäten der weltweiten Politik und Wirtschaft, diktiert die Notwendigkeit, die Zusammenarbeit mit den Ländern des Westens und des Ostens, des Nordens und des Südens gleichermaßen zu entwickeln. Schon die bedeutenden russischen Denker der Vergangenheit waren sich hierüber völlig im klaren. So unterstrich der große russische Gelehrte Dmitri MENDELEJEW bereits Ende des 19. Jahrhunderts bei der Ausarbeitung einer langfristigen Konzeption für die industrielle Entwicklung Rußlands, die Interessen des Landes verlangten die Entwicklung der Beziehungen in Handel und Wirtschaft sowohl mit den westlichen als auch den östlichen Nachbarn. Für ihn bestand kein Zweifel, daß ›die gesamte Politik Rußlands früher oder später zwangsläufig die durch diesen Umstand diktierte Richtung einschlagen wird‹. In kulturell-zivilisatorischer Hinsicht dominiert in unserer historischen Literatur die Vorstellung von Rußland als Brücke zwischen zwei großen Zivilisationen – der europäischen und der asiatischen. Dadurch, daß die russische Zivilisation sich historische Traditionen und Werte des Westens und des Ostens, Europas und Asiens, zu eigen gemacht hat, ist sie selbst zu einem einzigartigen Phänomen geworden«.[431] Deshalb verbietet sich nach der Ansicht IWANOWS auch eine einseitige westliche Ausrichtung der russischen Außenpolitik.

Die Notwendigkeit einer Wiedergeburt der Geopolitik stellte sich deshalb auch für die Russische Föderation, doch gab es bei diesem Staat in diesem Zusammenhang eine Besonderheit: Eine derartige Fragestellung »scheint auf den ersten Blick verwunderlich, hat doch die Sowjetunion die Geopolitik rundherum abgelehnt und mit Attributen wie ›faschistisch‹, ›imperialistisch‹, ›reaktionär‹ usw. zurückgewiesen, Wo aber kann eine ›Renaissance‹, also ›Wiedergeburt‹, stattfinden, wenn vorher einfach nichts dergleichen vorhanden war? Das anzunehmen wäre aber ein Trugschluß. Denn eigenständige geopolitische Theorien hat es natürlich auch in Rußland gegeben: im zaristischen Rußland, in der Emigration nach der Oktoberrevolution, aber auch in der SU selbst, nur wurden ihre Schöpfer dafür gewöhnlich gemaßregelt oder landeten im Lager«.[432]

Dabei waren der Verlust von Territorien und des Weltmachtstatus sowie die exponierte allseits bedrohte Defensivlage des russischen Gebiets die wesentliche Triebkraft für die Neubestimmung einer russischen Geopolitik, was Präsident PUTIN in seiner Botschaft an die Föderationsversammlung vom 25. April 2005 mit den Worten beschrieb: »Vor allem gilt es anzuerkennen, daß der Zusammenbruch der Sowjetunion die größte geopolitische Katastrophe des Jahrhunderts war. Für das russische Volk aber wurde er zum wirklichen Drama. Zehn Millionen unserer Mitbürger und Landsleute fanden sich außerhalb der Grenzen des russischen Territoriums. Die Epidemie des Zerfalls breitete sich auf Rußland selbst aus. Die Ersparnisse der Büger waren wertlos geworden«, führte PUTIN weiter aus, »alte Ideale wurden zerstört, viele Einrichtungen wurden abgewickelt oder mit der flinken Hand reformiert. Die Einheit des Landes zerfiel. Oligarchische Gruppierungen, welche die Kontrolle über die Informationsströme ausübten, bedienten ausschließlich ihre eigenen Interessen. Die Massenarmut wurde zur Norm. Und all das vollzog sich vor dem Hintergrund des schwersten ökonomischen Verfalls, unstabiler Finanzen, der Paralyse der sozialen Sphäre.«

Vor diesem Hintergrund vollzog sich dann auch eine Diskussion über die Wiedergeburt russischer Geopolitik. Der Professor für Geographie an der St. Petersburger Universität und Präsident der Russischen geographischen Gesellschaft, S. B. LAWROW, erklärte 1999 diese Entwicklung wie folgt: »Die Legalisierung der Geopolitik war vorausbestimmt durch gigantische, globale Umschwünge am Ende des 20. Jahrhunderts – durch den Zerfall der UdSSR, das Ende der bipolaren Welt, das Entstehen einer plötzlichen Situation der geopolitischen Instabilität und Ungewißheit. Die Suche nach neuen Wegen Rußlands wurde unvermeidlich, wurde, wie kann man es anders nennen, ihre neue geopolitische Situation.«[433]

In diesem Zusammenhang darf unter sicherheitspolitischen Gesichtspunkten nicht vergessen werden, »daß die Grenzen, an denen Rußland früher verteidigt wurde, sich an die russischen Staatsgrenzen herangeschoben hatten. Früher hatte die Sowjetunion«, so Horst GROSSMANN, »ein ›beruhigendes‹ strategisches Vorfeld für die Verteidigung. Hinzu kam der Umstand, daß allmählich die Anzahl der NATO-Staaten um Länder wuchs, die vorher zum eigenen Paktsystem oder gar zum eigenen Staatswesen gehört hatten. Die NATO schob sich damit immer mehr an die russischen Staatsgrenzen heran. Auch das war ein Grund tiefer Beunruhigung und bedurfte einer geopolitischen Analyse. Wie in anderen Staaten der Welt besteht auch in Rußland eine enge Wechselbeziehung zwischen Geopolitik und Sicherheitspolitik. Einerseits liefert die Geopolitik wichtige Argumente für die zu wählende Sicherheitspolitik, und andererseits wirken Gesichtspunkte der militärischen Sicherheit auf die Formulierung der Geopolitik zurück«.[434]

2.2.2.1 Schwerpunkte und Prioriäten russischer Geopolitik

Auf der Grundlage der neuen geopolitischen Lage nach dem Zerfall der UdSSR – so die Analyse von Horst GROSSMANN zur Entwicklung der Geopolitik in der Russischen Föderation – formulierte Sergej ROGOW, Direktor des USA/Kanada-Instituts der Russischen Akademie der Wissenschaften, bereits 1994 in den Papieren des ›Clubs der Realisten‹ folgende Schwerpunkte der Geopolitik, welche seit 1992 dann auch Eingang in die russische Außen- und Sicherheitspolitik fanden:

1. Der Vorrang gehört den ehemaligen sowjetischen Republiken (›Nahem Ausland‹), den GUS-Staaten und in erster Linie den großen vier Staaten, nämlich der Ukraine, Kasachstan und Weißrußland als Hauptverbündeten Rußlands. Die ehemals geäußerte Vorstellung, Rußland würde nur gewinnen, wenn es sich von der Union löse, wird als höchst sicherheitsgefährdend verworfen.
2. Der zweite Kreis von Interessen gilt jenen Regionen der Welt, in denen Rußland lebenswichtige Interessen bewahrt. Das sind vor allem Osteuropa, Transkaukasien, der Nahe, Mittlere und Ferne Osten.
3. Den dritten Kreis geopolitischer Interessen bilden die Beziehungen mit dem Westen. Der Erfolg der wirtschaftlichen und politischen Reformen ist nicht möglich bei einer Isolation oder gar mit feindschaftlichen Beziehungen zu Westeuropa und den USA. Dies steht nach LAWROW aber nicht an erster Stelle der Prioritäten.[435]

2.2.2.1.1 Sicherung der GUS als russischer Interessensphäre vor der Intervention raumfremder Mächte

Der GUS kommt die erste Priorität der russischen Außen- und Sicherheitspolitik zu. Folgerichtig wird deshalb seit Anfang 1992 allgemein zwischen dem ›nahen Ausland‹, also den anderen GUS-Staaten, und dem ›fernen Ausland‹, der übrigen Staatenwelt, unterschieden. Mit der Formel vom ›nahen Ausland‹, die der russische Außenminster KOSYREW regelmäßig verwendete, wurde das Ziel verfolgt, den Zusammenhalt des postsowjetischen Raumes durch eine verstärkte wirtschaftliche, politische und sicherheitspolitische Zusammenarbeit im Rahmen der GUS zu fördern sowie dort den Schutz der russischen Minderheiten zu gewährleisten.

Entsprechend dem Konzept des ›nahen‹ und ›fernen‹ Auslands, setzt Moskau auf die ›Strategie der zwei Grenzen‹, nämlich der ›inneren‹ (zwischen den GUS-Mitgliedern) und der ›äußeren‹ Grenzen (also Grenzen von GUS-Ländern mit Staaten, die nicht ebenfalls der GUS angehören). Damit sieht Rußland zwei Grenzen unterschiedlicher Qualität: Es möchte die Grenzsicherheit so weit wie möglich an der Außengrenze der GUS und nicht an den Grenzen der Russischen Föderation zu den früheren Sowjetrepubliken organisieren. Rußland betrachtet die Außengrenzen der GUS als ›gemeinsame Grenzen‹ (des jeweiligen GUS-Staates und Rußlands), die daher auch so weit wie möglich gemeinsam, also auch durch Stationierung russischer Grenzsoldaten, bewacht werden müßten.[436]

Die GUS sollte in dieser Vorstellung ein Instrument der Russischen Föderation werden, mit dessen Hilfe sie die Integrität des ehemaligen sowjetischen Machtbereiches aufrechterhalten will. »Rußland beansprucht die GUS als ›besondere Interessenzone‹, aus der dritte Mächte (und vor allem die USA) so weit wie möglich ferngehalten werden sollen. Russische Quellen nennen unter den Zielen der Moskauer Politik in der GUS eine ›abgestimmte Politik‹ in den Bereichen internationale Sicherheit, Abrüstung und Rüstungskontrolle sowie Streitkräfteaufbau oft an erster Stelle. In der Praxis hat Rußland immer wieder versucht, die anderen GUS-Staaten auf eine ›gemeinsame‹ – also seine – außen- und sicherheitspolitische Linie zu verpflichten.«[437] Diese geopolitische Priorität, die die Russische Föderation dem ehemaligen Staatsgebiet der Sowjetunion einräumt, ist darauf zurückzuführen, daß die GUS inzwischen als eine Region angesehen wird, in der sich russische und westliche Einflüsse überschneiden und miteinander konkurrieren. Vor dem Hintergrund, daß die USA in den neunziger Jahren damit begonnen haben, ihre Macht in zunehmendem Maße in diesen Raum zu projizieren, möchte sich Rußland seinen wirtschaftlichen und politischen Einfluß möglichst nicht von westeuropäischen und euro-atlantischen Organisationen relativieren lassen. »Die GUS-Länder sollen sich konkret von der NATO fernhalten und sich statt dessen politisch und militärisch auf Moskau orientieren – sowohl im Rahmen der ›Integration‹ in der GUS als auch in einer bilateralen Kooperation mit Rußland. Zudem sollen die ehemaligen Sowjetrepubliken auch wirtschaftlich auf Rußland und die GUS fixiert bleiben und etwa russischem Kapital bevorzugte Bedingungen bei der Privatisierung einräumen.«[438]

Diesen Führungsanspruch, dessen Ursachen in der zu Beginn dieses Buches geschilderten bedrohlichen Defensivlage der Russischen Förderation seit 1991 und ihrem drohenden Zerfall zu suchen sind, wollte Rußland auch von auswärtigen raumfremden Mächten anerkannt wissen. Auch diese Strategie wurde von Rußland vor dem Hintergrund, daß infolge der Konfliktszenarien in den GUS-Republiken eine Intervention des euro-atlantischen Bündnissystems wahrscheinlich werden könnte mit der Folge einer Verdrängung des russischen Einflusses, in die Diskussion geworfen. Unberechtigt waren die russischen Bedenken hinsichtlich der Zielsetzungen des Westens nicht. Über die Einrichtung des ›Nordatlantischen Kooperationsrates‹ gelang es der NATO bereits Anfang der neunziger Jahre, ihren Einfluß auf Osteuropa und die GUS auszudehnen. »Die konkrete Idee dafür geht auf einen entsprechenden Vorschlag der Außenminister der USA (James BAKER) und der Bundesrepublik Deutschland (Hans-Dietrich GENSCHER) vom 3. Oktober 1991 zurück und wurde beim Gipfeltreffen in Rom vom 7. bis 8. November 1991 offiziell präsentiert. Die konstituierende Sitzung fand am 20. Dezember 1991 in Brüssel statt; 25 Staaten waren dort offiziell repräsentiert. Am 10. März 1992 wurden neue Staaten aus dem Gebiet der ehemaligen Sowjetunion im Nordatlantischen

Kooperationsrat willkommen geheißen. Bis Oktober 1994 haben 38 Staaten die formelle Willensdeklaration abgegeben, an den Sitzungen des Nordatlantischen Kooperationsrates teilzunehmen. Als Zielbereiche der Zusammenarbeit waren bestimmte sicherheitspolitisch bedeutsame Bereiche geplant, wie zum Beispiel Luftverteidigungsplanung, Rüstungskontrolle und Umwandlung der Rüstungsindustrie sowie friedenserhaltende Missionen, Austausch von sensiblen Informationen« und dergleichen mehr.[439]

Daß Rußland sich durch diese Entwicklungen alarmiert sah, versteht sich von selbst, und es versuchte, nunmehr selbst das Heft der Konfliktbewältigung in der GUS in die Hand zu nehmen. »Ziel dieser Initiative war es, von der UNO ein umfassendes Mandat zur Friedenssicherung auf dem Territorium der GUS zu bekommen.«[440] Unterstrichen wurde dieser Anspruch durch die Erklärung des russischen Außenministers Andrej KOSYREW vor der UNO im Herbst 1993:

»KOSYREW bewertete Moskaus friedenssichernde Maßnahmen als unverzichtbares Instrument zur Verhütung von Blutvergießen und Menschenrechtsverletzungen. Ihre Stationierung erfolge nur auf dringliche Aufforderung der Nachbarstaaten und basiere auf vertraglicher Grundlage im Einklang mit dem Völkerrecht. Sie seien der Praxis anderer Staaten vergleichbar. Auf dem Gebiet der GUS könne keine andere Macht oder Organisation diese Aufgabe so wirksam erfüllen wie Rußland. . . Ein Zusammenhang zwischen dem Einsatz von russischen Friedenstruppen und der Sicherung von Einflußsphären wurde nicht geleugnet, vielmehr zunehmend unterstrichen. Rußland könnte Positionen verlieren, die es in Jahrhunderten aufgebaut habe. Es stehe vor der Wahl, in einer Region seiner traditionellen geopolitischen Interessen Einfluß an Konkurrenten oder gar potentielle Feinde zu verlieren. Das Ausland müsse, so Außenminister KOSYREW, damit einverstanden sein, daß Rußland in seinem ›Hinterhof‹ unternehme, was es für sinnvoll halte. Wenn der Westen in diesem Zusammenhang von hegemonialen Ambitionen Rußlands spreche, so sei er ›altem Denken‹ verhaftet.«[441]

Dieser Vorstoß Rußlands wurde aber abschlägig beschieden: UNO und KSZE bzw. OSZE haben der Russischen Föderation die gewünschten Mandate ebenso verweigert wie eine Finanzierung ihrer friedenssichernden Einsätze. Als Reaktion auf diese Verweigerungshaltung des Westens versuchte Rußland statt dessen, die Einrichtung der GUS selbst als ein Instrument kollektiver Sicherheit mit UNO-unabhängigen Befugnissen zur Friedenssicherung zu definieren. »Im Frühjahr 1994 wurde die Kampagne um eine russische Sonderrolle bei der Friedenssicherung in der GUS zunächst um die Forderung nach einer Anerkennung der GUS als internationaler bzw. regionaler Organisation erweitert. Damit versuchte Rußland, die Hürde des Mandats zur Legitimation seiner friedenssichernden Einsätze zu umgehen.«[442]

Am 14. Februar stellte der russische Vertreter im Ständigen Komitee der KSZE, Vladimir SCHUSTOW, diese Neudefinition der Rolle der GUS durch Rußland wie folgt dar: »Die GUS braucht kein Mandat von UNO oder KSZE. Ihre friedenssichernden

Aktivitäten sind legitim, denn sie entsprechen den völkerrechtlichen Standards. Artikel 52 der UN-Charta, wonach die Verantwortung für friedenssichernde Operationen bei der Organisation liegt, die sie durchführt, gibt der GUS das Recht zur Friedenssicherung.«[443] Aus diesem Grund sollte die KSZE darauf hinarbeiten, ihre Maßnahmen bei der Friedenserhaltung auch auf Drittparteistreitkräfte zu erweitern.

Doch sollten diese Hoffnungen Rußlands nicht in Erfüllung gehen. Es konnte nicht erreichen, daß die GUS als ein autonomes System kollektiver Sicherheit mit russischen Befugnissen zur Einfluß- und Stabilitätssicherung anerkannt wurde. Auch die KSZE und später die OSZE, auf die sich Rußland bei der Durchsetzung seiner Interessen stützte, wurden in der Folgezeit gegenstandslos. Im Dezember 1994 mußte sie sich eingestehen, »daß es nicht gelungen ist, die KSZE-Prinzipien und -Verpflichtungen umzusetzen«.[444] Statt dessen sollte sich die NATO schließlich in dieser Region festsetzen und den russischen Anspruch unterlaufen.

Zumindest verbal versuchte Rußland, seinen Anspruch in der GUS auch weiterhin aufrechtzuerhalten. In Jelzins grundlegendem Erlaß *Der strategische Kurs Rußlands gegenüber den Teilnehmerstaaten der GUS* aus dem Jahre 1995 heißt es, daß »im Zusammenwirken mit dritten Ländern und internationalen Organisationen von ihrer Seite Verständnis erreicht werden« solle, »daß diese Region (d.h. die GUS, der Verf.) vor allem Interessenzone Rußlands ist«. Daher dürfe es in den GUS-Staaten keine ihm feindlich gegenüberstehenden Regierungen geben.[445]

Den geplanten Vorstoß der NATO in den GUS-Raum versuchte Rußland mit einer Verstärkung der militärischen Integration der GUS zu beantworten. »In einem der ersten GUS-Abkommen übernahmen die Vertragsparteien die Verpflichtung, bei der Sicherung des Friedens und der Sicherheit eng zusammenzuarbeiten und den gemeinsamen militärstrategischen Raum, d.h. die frühere UdSSR, unter vereinigtem Kommando (einschließlich der einheitlichen Kontrolle über die Kernwaffen) zu erhalten. Vor diesem Hintergrund wurde am 14.2.1992 ein Beschluß über die Bildung von Militärorganen der GUS, und zwar des Rates der Verteidigungsminister, des Oberkommandos und des Stabes der Vereinigten Streitkräfte der GUS, gefaßt. Die Zweckmäßigkeit der Errichtung solcher Organe wurde durch die Unterfertigung des GUS-Vertrages über kollektive Sicherheit am 14. 5. 1992 in Taschkent (Usbekistan) bestätigt. Dieser Vertrag, dem sich zunächst Rußland, Usbekistan, Kasachstan, Armenien, Kirgisien und Tadschikistan, später auch Belarus, Georgien und Aserbaidschan angeschlossen haben, und Dokumente, die zu seiner Weiterentwicklung beschlossen wurden, bildeten das Fundament für die militärpolitische Integration in der GUS. Demgegenüber haben die Ukraine, Moldova und Turkmenien keinen Wunsch bekundet, sich dem Vertrag über kollektive Sicherheit anzuschließen.«[446]

Doch über bloße vertragliche Absprachen kam die militärische Integration nicht hinaus,[447] und die 1994 von den USA ins Leben gerufene NATO-Initiative ›Partnerschaft für den Frieden‹, die sich als Vorstufe für die Aufnahme der postsowjetischen Republiken in die NATO erweisen sollte, verhinderte eine militärische Integration. Die GUS-Republiken zogen es statt dessen vor, eigene nationale Streitkräfte aufzubauen und diese nach NATO-Standards zu modernisieren, so daß die Vereinbarung von Taschkent praktisch wirkungslos blieb: »Allerdings wiesen die Dokumente auf dem Gebiet der kollektiven Sicherheit in der Regel einen deklarativen Charakter auf, denn in der Praxis waren die Anstrengungen der neuen souveränen Staaten unter anderem darauf gerichtet, die Streitkräfte der ehemaligen Sowjetunion aufzuteilen und eigene Armeen aufzubauen. Als nun klar wurde, daß es nicht gelungen war, auf dem Territorium der ehemaligen Sowjetunion auf der Grundlage der einstigen sowjetischen Streitkräfte einen gemeinsamen Verteidigungsraum aufrechtzuerhalten, ergab sich die Frage nach einer Reorganisierung der militärischen Gremien der GUS. Im Sommer 1993 wurde das Oberkommando der vereinigten GUS-Streitkräfte in einen Stab für die militärische Zusammenarbeit der GUS-Länder umgestaltet«.[448]

Die Bemühungen zur militärischen Zusammenarbeit kamen in der Folgezeit jedoch nicht wirklich voran. Die Bemühungen der GUS-Republiken, einen bestimmenden Einfluß Moskaus auf ihre militärischen Angelegenheiten zu unterbinden (was durch den russischen Plan einer Verteidigungsunion mit supranationalem Oberkommando durchaus gegeben wäre), führten statt dessen zur Einflußnahme der raumfremden atlantischen Macht. Anstelle des Systems von Taschkent sollten die NATO-Initiative ›Partnerschaft für den Frieden‹ und später das antirussische Regionalbündnis der GUUAM treten und somit eine geopolitische Teilung der GUS in einen prorussischen und proamerikanischen Block herbeiführen: »Während die Integrationsdynamik von innen heraus in den letzten Jahren kaum vorwärtskam, dürften die Bestrebungen zu einer NATO-Osterweiterung eine Blockbildung im Rahmen des Taschkenter Systems stimulieren.«[449]

Da Rußland mit seiner Idee eines eurasischen Systems kollektiver Sicherheit nicht durchdringen konnte, konzentrierte es sich auf eine bilaterale sicherheitspolitische Zusammenarbeit mit verschiedenen GUS-Republiken. Dabei diente die militärpolitische Zusammenarbeit sowohl der Einfluß- wie auch der Stabilitätssicherung. Den oftmals geäußerten Vorwurf, die russischen Friedenstruppen würden in den jeweiligen Krisenregionen parteiisch agieren, sieht Sicherheitsexperte Viktor Rykin kritisch: Einerseits wird zwar »kein Zweifel daran gelassen, daß z. B. das russische Kontingent in Tadschikistan, die 201. motorisierte Schützendivision und Grenztruppen, die prorussische Führung in Duschanbe unterstützen«.[450] Auf der anderen Seite jedoch handeln die russischen Kräfte »vorwiegend unter der Ägide von internationalen Organisationen oder im Zusammenwirken mit diesen und liefern daher – im Gegensatz zu früher – keinen ernsthaften Grund, sie als eine real am Konflikt beteiligte Partei wahrzunehmen. Sie sollen heute in mehreren Krisenzonen, in denen die direkte militärische Konfrontation beendet wurde, eine deutlich ausgeprägte Präventivrolle spielen«.[451]

Tatsächlich hatte sich die Beteiligung von russischen Friedenstruppen – insbesondere im Kaukaus, wo die politischen, ethnischen, religiösen oder wirtschaftlichen Widersprüche noch größer, die Probleme noch tiefergehender als auf dem Balkan[452] sind – als stabilitätsfördernd ausgewirkt. Dies gilt auch für den Konfliktherd Moldawien: »Die ehemalige (seinerzeit von General Alexander LEBED kommandierte) 14. Russische Armee im Dnjestr-Gebiet (Moldova) übt zwar keine unmittelbaren Peacekeeping-Funktionen aus, wird jedoch von vielen real als eine Kraft eingeschätzt, ohne die die Wahrscheinlichkeit für einen neuerlichen Konflikt zwischen den beiden Landesteilen recht hoch wäre.«[453]

Insgesamt – so RYKIN – ist die »Nutzung von Konflikten in der GUS als Mittel zur Verstärkung des Einflusses Rußlands... durch ein anderes strategisches Ziel ersetzt worden: Nun geht es um die Errichtung gutnachbarschaftlicher Beziehungen an Rußlands Grenzen und einen gemeinsamen Sicherheitsraum in der GUS. In der Praxis bedeutet das eine Steigerung des Friedensstiftungspotentials Rußlands«.[454] In der Tat verstand es Rußland, mit seinen Interventionen zweierlei zu erreichen, und zwar zum einen Stabilitätssicherung und zum anderen – nicht weniger bedeutsam – Einflußsicherung. In den Konfliktherden Moldawien, Aserbaidschan und Georgien hatte Moskau »diese Konflikte nicht ausgelöst, aber in Verfolgung seiner Interessen zweifellos instrumentalisiert: Moldowa, Georgien und Aserbaidschan sahen sich 1993/94 veranlaßt, in die GUS einzutreten bzw. zurückzukehren, und Moskau konnte zwischen den Konfliktparteien – d.h. der jeweiligen Zentralmacht und den durchwegs prorussischen Separatisten, die bis heute jeweils bedeutende Teile des Staatsgebiets kontrollieren, ›vermitteln‹«.[455]

Daß also Interessenpolitik das russische Eingreifen bestimmte, darf vor dem Hintergrund der brisanten geopolitischen Lage nicht verwundern. Die Friedensmissionen und die Aufrechterhaltung eines Gleichgewichtsverhältnisses zwischen den Konfliktparteien dienten tatsächlich gleichermaßen als Möglichkeit, die Kontrolle über die Gebiete wiederzuerlangen, die Rußland nach 1991 verloren hatte. »Eine wichtige Rolle spielen auch die im Dnjestr-Gebiet, in Abchasien, Südossetien und Tadschikistan stationierten russischen ›Friedenstruppen‹. Moskau warnt vor allem Moldowa und Georgien für den Fall des Abzuges dieser Einheiten immer wieder vor einem Wiederaufflammen von Kampfhandlungen. Es darf allerdings bezweifelt werden, daß die Sorge um den Frieden wirklich das entscheidende Motiv für die russische Militärpräsenz ist... Tatsächlich geht es ihm (d.h. Rußland, d. Verf.) viel eher darum, den im Dnjestr-Gebiet, in Abchasien und Südossetien herrschenden ›Status quo‹ (und damit die Existenz der dortigen separatistischen Regimes) zu sichern, bei Bedarf Druck auf Moldowa und Georgien auszuüben sowie aus seiner Sicht strategisch wichtige Gebiete (so vor allem das Dnjestr-Gebiet und die abchasische Schwarzmeerküste) zu kontrollieren.«[456] Unbestritten jedoch dürfte sein, daß durch diese Politik Rußlands die GUS dazu beigetragen hat, ein ›jugoslawisches Szenario‹ in postsowjetischen – und damit sehr viel größeren – Maßstäben zu verhindern.

2.2.2.1.2 Die geopolitische Konzeption der Realisten – die außenpolitische Konzeption des Sicherheitsrates vom April 1993 und die Militärdoktrin vom November 1993

Die neue realistische Linie der russischen Außenpolitik, die die sogenannte ›romantische Phase‹ des Proatlantismus ablöste, sah vor, daß Rußland aufgrund seiner geopolitischen Lage das Ziel einer aktiven und gleichberechtigten Teilnahme an den internationalen Beziehungen auf der Grundlage seiner lebenswichtigen Interessen wahrnehmen sollte. Diese setzten sich zusammen aus der Bewahrung der staatlichen Souveränität und der territorialen Integrität, der Verhütung von Desintegration, der Verteidigung gegen äußere Aggression, der Überwindung der inneren Krise und Erlangung von Stabilität, der Entwicklung der Wirtschaft, der Priorität der Beziehungen zum ›nahen Ausland‹ sowie aus dem Schutz der russischen Minderheiten.[457] Gegenüber dem ›fernen Ausland‹ erhob Rußland den Anspruch, in allen Fragen mit Respekt behandelt und gleichberechtigt einbezogen zu werden.

Als hauptsächliches Bedrohungsszenario sahen die Dokumente die Entwicklung in der unmittelbaren Nachbarschaft der Russischen Föderation. Angriffe auf die territoriale Integrität, territoriale Vorbehalte, ungeregelte Grenzfragen und Instabilität im angrenzenden Ausland waren demnach die entscheidenden Gefahren, denen sich die Sicherheitspolitik der Russischen Föderation stellen mußte. »Die Sicherheit Rußlands hängt demnach zwar primär von der inneren Entwicklung ab, eine besondere Gefahr geht jedoch von bewaffneten Konflikten in den ›unmittelbar benachbarten Staaten‹ aus. Als Bedrohungen gelten die Unterdrückung von russischen Minderheiten im Ausland, der Überfall auf russische Streitkräfte in anderen Staaten sowie auf Streitkräfte von Verbündeten, territoriale und Grenzkonflikte sowie bewaffnete Provokationen, die Verstärkung von Truppen an der russischen Grenze, der Unterhalt von bewaffneten Gruppen auf dem Territorium anderer Staaten, die zur Verlegung auf das Territorium der Russischen Föderation bestimmt sind, der Einmarsch ausländischer Truppen auf das Territorium angrenzender Staaten (außer bei multilateraler Abstimmung), lokale Kriege in unmittelbarer Nähe der russischen Grenzen, Versuche einer Einmischung in die inneren Angelegenheiten Rußlands und die Destabilisierung der innenpolitischen Lage Rußlands von außen.«[458] Was die Reichweite der russischen Interessen anbelangt, so wurde eine deutliche Unterscheidung zwischen den GUS- und den mittelosteuropäischen Staaten gemacht: Zu letzteren strebt man lediglich gegenseitig vorteilhafte Beziehungen an.

Diese Bedrohungsanalyse für die Russische Föderation war auch nicht aus der Luft gegriffen. Ethnische Konflikte und Vertreibungen waren in dieser Zeit eine nicht unerhebliche Belastung auch für die Russische Föderation selbst. »Die letzten zehn Jahre haben der UdSSR bzw. GUS mehr als 30 innere Zusammenstöße, Konflikte geringerer Intensität und Kriege mit insgesamt rund 4 Mio. Flüchtlingen und fast 200 000 Gefallenen gebracht. In den Kämpfen um Berg-Karabach sind auf beiden Seiten seit 1988 13 000 Personen umgekommen, im Bürgerkrieg im mittelasiatischen Tadschikistan 50 000 (vorwiegend Zivilisten); im zu Moldova gehörenden Dnjestr-Gebiet gab es 1992 3000 Tote und 5000 Verwundete. Der Konflikt zwischen der Zentralregierung Georgiens und der um Abspaltung bemühten autonomen Republik Abchasien forderte 1992/93 20 000 Tote... Nach Angaben des russischen Föderalen Migrationsdienstes wurden in Rußland 1,3 Mio. Flüchtlinge registriert, doch nach Schätzungen unabhängiger Experten hat die Zahl der Flüchtlinge bereits 4 Mio. erreicht. Der Karabach-Konflikt machte 1,2 Mio. Armenier und Aserbaidschaner zu Flüchtlingen. 523 000 Menschen verließen Tadschikistan, und 297 000 Personen (v. a. Georgier) verließen freiwillig oder unfreiwillig Abchasien.«[459]

Russische Experten weisen in diesem Zusammenhang auch auf die Bedeutung der organisierten Kriminalität hin, die bei ethnischen Konflikten in der GUS eine entscheidende Rolle spielt. »Enrid ALAJEW, Professor am Institut für Ökonomie der Akademie der Wissenschaften Rußlands, vertritt den Standpunkt, daß es noch eine... Kraft gibt, die an Konfliktsituationen interessiert sei, nämlich das organisierte Verbrechen. Tatsächlich haben Kriminelle am schnellsten jene Möglichkeiten erkannt, die sich aus den Konflikten ergeben, und konsequent hat die Kriminalität in Konfliktzonen drastisch zugenommen. Es steht fest, daß sich irreguläre bewaffnete Formationen auch aus Verbrechern rekrutieren.«[460]

Vor dem Hintergrund dieser Konfliktherde verlangte die ›Konzeption der Nationalen Sicherheit‹ Rußlands eine Vertiefung der Zusammenarbeit der GUS, da man auf diese Weise hoffte, ethnische Konflikte zu unterbinden, separatistische Tendenzen im Keim zu ersticken und Stabilität an den Grenzen der Russischen Föderation zu schaffen.

2.2.2.1.3 Die Bedrohung der Russischen Föderation durch die Desintegration der GUS – die GUS als Einfallstor fremder Mächte

Um diesem Krisenszenario jedoch Herr zu werden, erwies sich die GUS als vollkommen untaugliche Organisation. Gründe für das Scheitern der GUS als Instrument der kollektiven Sicherheit waren hauptsächlich der durch die westliche Machtelite geförderte nationale Egoismus der postsowjetischen Republiken und das Bestreben ihrer neuen politischen Führung, zum einen Anschluß an die westlichen Bündnissysteme zu finden und zum anderen den russischen Einfluß selbst weitgehend zu schmälern. »Die Zusammenarbeit innerhalb der GUS wurde bald durch eine dominante nationale Interessenpolitik behindert... Entsprechend den neuen nationalen Interessenlagen kristallisierten sich in den ersten Jahren auf dem Territorium der FSU (früheren Sowjetunion) drei regionale Orientierungen (Westen, Transkaukasus, Osten) heraus. In den Anfangsjahren dominierte in der GUS daher eine selektive Partizipation der einzelnen Mitglieder an Abkommen und führte zu einer Differenzierung und Regionalisierung der zwischenstaatlichen Beziehungen«, mit der Folge, daß in dieses Machtvakuum Nachbarstaaten und regionale Vormächte vorstoßen konnten.[461] »Wegen der divergierenden nationalen Interessen haben die GUS-Abkommen in der Regel keine einheitliche Basis. Sie konnten daher ihre Funktion, den Zerfallsprozeß zu steuern oder einen neuen Integrationsrahmen zu schaffen, nicht erfüllen.«[462]

Damit bot die GUS aufgrund ihrer inneren Gegensätze für benachbarte Mächte, aber insbesondere für die USA, die Möglichkeit, ein Einfallstor in das Gebiet der ehemaligen Sowjetunion zu bilden, und zwar nicht nur in Richtung Osteuropa, sondern vor allem in das rohstoffpolitisch hochinteressante Zentralasien. Russische Geopolitiker sehen die zentralasiatische Region als ein Gebiet an, dem es an geopolitischer Autarkie fehlt. Zwar ist das Gebiet die größte Landmasse der Welt, hat aber keinen Zugang zum Meer und liegt abseits der globalen Handelsrouten. Dieses nachteilige geopolitische Potential, »das Schutz und Hilfe von außen erfordert, erklärt das strategische Interesse, das externe Mächte von nah und fern an dieser Region haben. Der Interessenzusammenstoß zwischen globalen und regionalen Mächten in diesem Teil Asiens erzeugt dort eine gefährliche Spannung«.[463]

Der russische Sicherheitsexperte Leonid L. FITUNI beschreibt Zentralasien als eine Schnittfläche voneinander abweichender Interessen benachbarter Mächte, weshalb die Region auch als ein geopolitisches Spannungsfeld ersten Ranges angesehen werden muß: So gehen zum Beispiel »einige Beobachter davon aus, daß Pakistan Zentralasien in dieser Hinsicht als strategisches Bollwerk der islamischen Welt ansieht. Andererseits versuchen aber auch Iran und die Türkei, ihren Anteil am Kuchen abzubekommen. Moskau versucht zu verhindern, daß sich der Einfluß sowohl des türkischen Panturkismus als auch des iranischen Fundamentalismus weiter ausbreitet. Israel verfolgt, gestützt durch die große jüdische Gemeinde Bukharas, eine Politik präventiver Gespräche und Verhandlungen mit den zentralasiatischen Staaten, um dem Einfluß des – wie Israel es nennt – muslimischen Fundamentalismus entgegenzuwirken. Die Aussicht, daß Israel – ähnlich wie in der Türkei – in Aserbaidschan und Georgien eine Einflußzone in Zentralasien aufbauen könnte, beunruhigt Teheran aufs äußerste. Rußland, die USA und China – die drei traditionellen Großmächte – engagieren sich alle in dieser Region. Diese ist bereits dabei, Rußland als größtem Handelspartner Pekings im zentralasiatischen Raum den Rang abzulaufen. Die strategischen Ziele Rußlands und Chinas in dieser Region sind ähnlich: Beide Mächte versuchen zu verhindern, daß sich der islamische Fundamentalismus und das Gedankengut des Panturkismus ausbreiten und zu einer realen Bedrohung für Sicherheit und Integrität dieser in Rußland beziehungsweise China von Moslems und Völkern türkischer Herkunft bewohnten inneren Regionen entwickeln«.[464]

Diese Entwicklungen kamen der US-amerikanischen Machtelite aber keinesfalls ungelegen, da diese durch die Desintegration der südlichen Peripherie der GUS längst die Chancen einer machtpolitischen Infiltration Zentralasiens erkannt hat. Leonid FITUNI sieht dabei die Gefahr, daß die USA durch Instrumentalisierung des islamischen Fundamentalismus diese Durchdringung der russischen Interessensphäre wahrnehmen könnten. In diesem Zusammenhang verweist er auf die Ausführungen Zbigniew BRZEZINSKIS, des Hauptvordenkers der antirussischen Geopolitik der USA, in seinem Buch *Out of Control*:[465]

»Eine ganz signifikante Gewalt ist ein weiteres Potential in den erst seit kurzem emanzipierten muslimischen Ländern Zentralasiens... Genauso wahrscheinlich, und wohl noch wesentlich explosiver, ist die Möglichkeit ethnischer Grenzkonflikte und Unruhen in den Grenzgebieten unter den erst seit kurzem unabhängigen zentralasiatischen Staaten... Genauso wie die Natur das Vakuum verabscheut, ist es bereits jetzt ganz offensichtlich, daß auch ausländische Mächte, besonders die benachbarten islamischen Staaten, bestimmt bald versuchen werden, diese durch den Zusammenbruch der russischen Imperialmacht entstandene geopolitische Lücke zu füllen.«

Eine solche Einflußnahme durch islamische Staaten ließe sich dann auch durch die USA steuern, um mit deren Hilfe Zugriff auf das zentralasiatische Erdöl und Erdgas zu nehmen, wie das Beispiel Afghanistan zeigt: »Trotz des vollständigen Abzuges der sowjetischen Truppen aus Afghanistan und der Spaltung der Sowjetunion, die sich danach ereignete, werden militante Gruppen in Afghanistan nach wie vor, wie in den 80er Jahren, von Rivalen und Feinden Moskaus mit modernen Waffen und Munition versorgt. Die weitere Verstärkung des Einflusses solcher Kräfte stellt nicht nur für die zentralasiatischen Republiken, sondern auch für Rußland... eine ernst zu nehmende Bedrohung dar. Dadurch läuft Moskau Gefahr, in unnötige Konflikte hineingezogen zu werden und seine ohnehin knappen Ressourcen zu verschwenden.«[466]

Fituni hebt dabei die hintergründige Rolle der USA und ihre Absichten hervor: »Strategen in Amerika sind der Auffassung, daß Afghanistan weiterhin ihre Hauptfront gegen Rußland von Süden her sein könnte. Durch eine umfassende Kontrolle über das afghanische Gebiet könnten der Bau und der Betrieb von Öl- und Gaspipelines von den zentralasiatischen Republiken nach Süden und weiter auf die Weltmärkte ermöglicht werden, wodurch diese Staaten bei ihren Hauptexporten von Rußland unabhängig würden. Sollte sich in Afghanistan ein pro-amerikanisches Regime halten, könnte Washington ohne weiteres die Schaffung und Aufrechterhaltung ähnlicher Regime in den zentralasiatischen Republiken unterstützen. Stärkerer amerikanischer Einfluß in Zentralasien würde es den USA erlauben, Druck nicht nur auf Rußland, sondern auch auf andere Staaten auszuüben, die mit Moskau zusammenarbeiten oder freundschaftliche Beziehungen unterhalten – Indien, China, Iran.«[467]

Solche Entwicklungen wiederum, so Leonid L. Fituni, eröffneten der amerikanischen Geopolitik die Möglichkeiten einer endgültigen Aufteilung des russischen Territoriums:

»Dadurch würden weitere strategische Ziele erreicht werden, und zwar:

– Sollten die Verbündeten der USA in Afghanistan und den nördlichen Teilen Südasiens die Oberhand gewinnen, könnte der Unruhegürtel weiter nach Norden ins Gebiet der ehemaligen Sowjetunion verschoben werden (was in Tadschikistan bereits teilweise erreicht ist). Moskau würde dann zumindest einen Teil seiner Aufmerksamkeit und Ressourcen von Europa, Transkaukasien und den Fern- und Nahostgebieten Rußlands nach Zentralasien lenken müssen.

– Rußland wird völlig von Südasien und (mit einer zusätzlichen Anstrengung in Transkaukasien) vom Nahen Osten getrennt, Rußland verliert dadurch auf Dauer sein historisches Wirtschafts- und Verteidigungspotential in Zentralasien und Transkaukasien.

– Durch die Etablierung pro-amerikanischer Regime in den zentralasiatischen Republiken ergeben sich neue Möglichkeiten, verstärkt Einfluß auf die muslimischen Republiken und die Regionen innerhalb der Russischen Föderation zu nehmen, besonders im geopolitisch wichtigen Kernland entlang der Wolga (den Republiken Tatarstan und Baschkortostan) und im nördlichen Kaukasus. Dadurch wird der Weg geebnet für deren mögliche Aufgabe, Verletzung der territorialen Integrität und *die endgültige Aufteilung des russischen Staates.*«[468]

Diese Einschätzung FITUNIS deckt sich mit den Analysen BRZEZINSKIS, auf dessen Ausführungen er verweist. Der amerikanische Geopolitiker sieht nämlich vor dem Hintergrund einer derartigen Desintegration der GUS und dem dadurch ausgelösten Vorstoß benachbarter islamischer Staaten in dieses Vakuum eine Chance zur Auflösung der russischen Staatlichkeit und einer Errichtung mehrer rußländischer Teilstaaten: »Darüber hinaus sollte auch die Möglichkeit bedacht werden, daß ein demokratisches Rußland der Auffassung ist, daß seine Machtbestrebungen selbst die Ursache für weiteren Zerfall sein könnten. Ein demokratisches Rußland würde, allein wegen der äußerst unterschiedlichen wirtschaftlichen und sozialen Bedingungen in seinem sich über mehrere Kontinente ausdehnenden Staatsgebiet, eine ausgeprägte Dezentralisierung akzeptieren müssen. Das Beispiel der erfolgreichen Loslösung der nicht-russischen Nationen könnte einige Russen der oben genannten Gebiete zu der Überlegung veranlassen, warum es nicht mehr als einen oder gar zwei russischsprachige Staaten geben sollte, genauso wie es ja auch mehr als einen deutschsprachigen oder einen englischsprachigen Staat gibt.«[469]

Dieses Bedrohungsszenario verstärkte sich noch dadurch, daß der Westen die Abtrennung des »weichen Unterleibes« der ehemaligen Sowjetunion aktiv unterstützte: »Der Westen förderte die Loslösung Zentralasiens von Rußland, indem er seine Hilfe abhängig machte von der völligen Trennung der Staaten sowohl untereinander als auch von anderen GUS-Staaten und der Schaffung einer kompletten Bandbreite unabhängiger Institutionen sowie unabhängiger monetärer, wirtschaftlicher und politischer Systeme.«[470] Dabei spielten die USA eine Vorreiterrolle, deren Zielsetzungen – neben der langfristigen Auflösung des territorialen Zusammenhalts der Russischen Föderation – Leonid FITUNI wie folgt beschreibt:

»Die Interessen der USA in dieser Region umfassen:

– Versuche, die zentralasiatischen Staaten vom verbliebenen russischen Einfluß abzutrennen,

– viele Zonen von Instabilität im weichen russischen Unterbauch zu schaffen – einem Krisenherd, der, falls erforderlich, Moskau vor viele Probleme stellen könnte –, um Moskau von seinen Aktivitäten in Europa abzulenken,

– den Einfluß des Iran in dieser Region einzuschränken, dabei allerdings nicht zu verhindern, daß andere Kräfte des islamischen Fundamentalismus (z.B. die Taliban) dort Fuß fassen können, die atomare Aufrüstung in dieser Region zu stoppen, um sich selbst die Möglichkeit offenzuhalten, die eigenen Interessen dort auch in Zukunft durchsetzen zu können.«[471]

Ein derartiges Machtvakuum in der GUS war deshalb für den Bestand der Russischen Föderation selbst eine unmittelbare Bedrohung. Wollte sie also die ihr drohende territoriale Zersplitterung verhindern, so war sie selbst gegebenenfalls auch zu einer militärischen Intervention gezwungen. Aufgrund dieser Entwicklungen schließlich relativierte sich nämlich der Wert der von Rußland angeregten Abkommen zur militärischen Zusammenarbeit, »und es entstand Raum für machtvollere russische Interessenpolitik«,[472] die aber aus Gründen der Existenzerhaltung auch notwendig war.

Anstelle von gemeinsamen GUS-Verteidigungsabkommen gelang es Rußland schließlich – wenn auch mit erheblichen Abstrichen –, über bilaterale Abkommen mit einzelnen GUS-Republiken den Grenzschutz zu übernehmen. »Im Juli 1992 wurde ein Rat der GUS-Grenztruppenkommandeure ins Leben gerufen. Die Schaffung dieses Organs war gleichbedeutend mit einem Verzicht auf die ursprüngliche Konzeption einheitlicher GUS-Grenztruppen. Die Entwicklung war in Moskaus Sinne. Im Gegensatz zu den anderen GUS-Staaten hatte die Russische Föderation nach dem Zerfall der UdSSR keine Grenzanlagen an ihren Außengrenzen. Die hohen Kosten zur Errichtung solcher Anlagen und die nationalen Sicherheitsinteressen veranlaßten es, die Sicherung der GUS-Außengrenzen mit dem jeweiligen GUS-Nachbarn über eine Serie bilateraler Abkommen zu regeln.«[473] Die Umsetzung dieser Abkommen aber gestaltete sich recht problematisch, und so kam es dazu, daß im Mai 1995 nur sieben Staaten das ›Abkommen über Leitlinien zum Schutz der GUS-Außengrenzen‹ unterzeichneten.[474]

Ein weiteres Instrument war die Stationierung russischer Truppen auf dem Gebiet anderer GUS-Republiken: »Der russische Generalstabschef Michail Kolesnikov teilte am 28. Februar 1994 mit, daß Rußland auf der Grundlage von bilateralen Verträgen über 30 Militärstützpunkte auf dem Gebiet anderer GUS-Staaten mit Ausnahme der Ukraine und der baltischen Staaten errichten werde. Ende April 1994 erließ Präsident Jelzin eine entsprechende Direktive zum Aufbau einer ›Zone der Stabilität‹. In dem Maße, wie Moskau seine sicherheitspolitischen Interessen bilateral regelte, waren Stützpunke ein zentraler Bestandteil, wenn nicht gar Voraussetzung solcher Verträge.«[475]

Tatsächlich hatte sich die GUS als ein unbrauchbares Instrument russischer Geopolitik erwiesen. Durch sie konnte weder die wirtschaftliche noch die sicherheitspolitische Einigung des postsowjetischen Raumes sichergestellt werden mit der Folge, daß sich in den neunziger Jahren Rußlands Einfluß im postsowjetischen Raum verringert hatte.[476]

2.2.2.1.4 Die Gegenmaßnahmen Moskaus zur Wiedergewinnung seines Einflusses in der GUS am Beispiel des aserbaidschanisch-armenischen Konflikts

Wie Moskau seine Politik zur Einflußsicherung umsetzte, soll im folgenden am Beispiel des aserbaidschanisch-armenischen Konflikts um die auf aserbaidschanischem Gebiet gelegene armenische Enklave Berg-Karabach aufgezeigt werden.

Mit Beginn der staatlichen Unabhängigkeit Aserbaidschans wurde die Unterdrückung der Anschlußbestrebungen der Enklave Berg-Karabach an Armenien von Baku mit militärischen Mitteln verschärft fortgeführt. Bereits zu Sowjetzeiten beschloß der armenische Oberste Sowjet als Antwort auf die Repressions- und Blockadepolitik Bakus am 1. Dezember 1989 den Anschluß von Berg-Karabach an Armenien. Zudem proklamierte die Regierung Berg-Karabachs in Stepanakert am 10. Dezember 1991 auf der Grundlage eines Referendums die Unabhängigkeit der Republik Berg-Karabach. Armenien selbst sah sich als Schutzmacht der unterdrückten Karabach-Armenier. Der armenische Präsident Ter-Petrosjan erklärte mehrmals, keine Regierung Armeniens werde es zulassen, daß sich das Trauma eines zweiten Völkermordes wiederhole oder die armenische Bevölkerung aus Berg-Karabach deportiert werde. Vielmehr sei die Regierung in Jerewan auch für die Armenier in Berg-Karabach verantwortlich, und die Wahrnehmung dieser Verantwortung werde notfalls bis zu einem offenen Kriegseintritt gegen Aserbaidschan führen.

Die Repressionspolitik Bakus gegenüber Berg-Karabach fand ihre Unterstützung hingegen durch die internationalen Organisationen: »Neben der Anerkennung als Konfliktpartei verlangte die Regierung in Stepanakert von den internationalen Organisationen zusätzliche Sicherheitsgarantien für die armenische Bevölkerung in Karabach – eine Forderung freilich, die bislang kein internationales Gremium zu erfüllen bereit ist. Im Gegenteil, die internationalen Organisationen (UNO, KSZE), die sich mit dem Konflikt befassen, betrachten Berg-Karabach mit Verweis auf das Prinzip der Unantastbarkeit der Grenzen als Teil Aserbaidschans. Diese Perspektive gestattete es jedoch nicht, der Bitte Berg-Karabachs nachzukommen und UNO-Blauhelmtruppen in die Konfliktzone zu verlegen, da die Regierung Aserbaidschans diese Stationierung ablehnte.«[477]

Damit hatte Aserbaidschan freie Hand, Berg-Karabach endgültig zu unterwerfen, und folglich war es bestrebt, das Problem Berg-Karabach so schnell wie nur möglich mit militärischen Mitteln zu lösen. Diese Politik sollte sich unter dem aserbaidschanischen Präsidenten Eltschibey, der im Juni 1992 zur Macht kam, noch verschärfen. Eltschibey leitete einen radikalen Kurswechsel der aserbaidschanischen Außenpolitik ein. Die prorussische Ausrichtung seines Vorgängers Mutalibow wurde durch eine radikale Orientierung an die Türkei und den Westen ersetzt: »Eine westorientierte Außenpolitik unter Anlehnung an die Türkei bildete den Kernpunkt der außenpolitischen Strategie von Eltschibey.«[478] Diese Politik wiederum erschwerte die Beilegung der Karabach-Konfliktes, da es der Türkei gelungen war, die Regierung Eltschibey davon zu überzeugen, den harten militärischen Kurs gegen die Karabach-Armenier fortzusetzen und keine Kompromisse einzugehen.

In diesem Zusammenhang ist zu berücksichtigen, daß Aserbaidschan zu jener Zeit bereits längst in das Visier der amerikanischen Machtelite gelangt war. Der Konflikt in Berg-Karabach wurde »von einem Ressourcenkonflikt um die Förderung, den Transport und den Export von Erdöl aus dem Kaspischen Meer überlagert. Seine Regelung wird dadurch erschwert. Die aserbaidschanische Führung verhandelte seit 1990 mit westlichen Ölkonsortien über die Förderung von schätzungsweise 32 Milliarden Barrel Erdöl. Die mittelasiatische Region ist dabei für westliche Staaten bei deren Suche nach billigen Energierohstoffen besonders interessant, da Aserbaidschan weder der OPEC noch der OECD angehört«.[479] Ein Bürgerkriegsszenario war deshalb das letzte, was die amerikanischen Erdölkonzerne in dieser Region brauchen konnten. Deshalb fand die Politik Eltschibeys, die territoriale Einheit Aserbaidschans mit Waffengewalt zu erzwingen, die Unterstützung insbesondere auch der USA. Diese waren zwar nach außen hin bemüht, den Schein der Neutralität zu wahren, tatsächlich aber setzte Washington Armenien, das unter Sicherung der Interessen der armenischen Bevölkerung in Berg-Karabach den Konflikt mit Aserbaidschan beizulegen versuchte, unter starken diplomatischen Druck: »Nach den Karabach-armenischen Offensiven ab 1992 forderten die USA von Jerevan (Armenien), die Unterstützung für Stepanakert einzustellen und einer Statuslösung im Rahmen der territorialen Integrität Aserbaidschans zuzustimmen.«[480]

Dabei unterstützten sie »den Bündnispartner Türkei sowie Aserbaidschan gegen die Bemühungen Moskaus um Reintegration und regionale Kooperation«.[481] Gleichfalls wurden die Bitten Armeniens um Unterstützung durch die USA mit einer Blockade beantwortet: »Die Versuche Armeniens, im Westen Verständnis für seine Haltung im Karabach-Konflikt zu finden, stießen auf die geschlossene Phalanx der Befürworter des Prinzips der Unantastbarkeit der Grenzen. Obwohl zu Zeiten der UdSSR die westliche Staatengemeinschaft das Verlangen Berg-Karabachs nach einer Vereinigung mit Armenien als legitimen Ausdruck des Selbstbestimmungsrechts und als ein Aufbrechen des Status quo im kommunistischen Imperium begrüßt hatte, negierte der Westen dieselbe Position nach dem Zerfall der Sowjetunion. Im Anschluß an die Realisierung der Unabhängigkeit hatte sich die armenische Regierung zunächst darum bemüht, die Unterstützung der Staaten mit großen armenischen Auslandsgemeinden, also der USA und Frankreichs, zur Durchsetzung ihrer Außenpolitik zu gewinnen. Diese Hoffnung erfüllte sich aber nicht, da zum einen die politischen Möglichkeiten der armenischen Diaspora weit überschätzt wurden und zum anderen die nationalen Interessen der USA und Frankreichs in bezug auf Karabach mit denjenigen Armeniens nicht übereinstimmten. Im Gegenteil: Washington übte Druck auf Jerewan aus und forderte, die armenische Unterstützung für Berg-Karabach einzustellen und dessen Vereinigung mit Aserbaidschan zuzustimmen.«[482]

Was die USA hinter den Kulissen mit diplomatischem Druck zu bewirken versuchten, verwirklichte ihr wichtigster Verbündeter in der Region, die Türkei, mit offenen militärischen Drohungen und einer Wirtschaftsblockade gegen Armenien: »Im April 1993 verhängte Ankara auf Druck Aserbaidschans und der eigenen Opposition eine Wirtschaftsblockade gegen Armenien, das damit vollends von Rußland abhängig wurde. Gemäßigte Kräfte in Jerevan arbeiteten zwar auf gutnachbarschaftliche Beziehungen zur Türkei hin und erklärten sich zur Wiederaufnahme diplomatischer Beziehungen ohne Vorbedingungen bereit. Die türkische Führung machte dies bisher jedoch vom Fortgang des Karabach-Konfliktes abhängig. So forderte Ankara die armenische Führung auf, die Militär- und Wirtschaftshilfe für Stepanakert einzustellen und auf dessen Anerkennung der territorialen Integrität Aserbaidschans hinzuarbeiten.«[483]

Doch dabei blieb es nicht, Ankara untersützte die panturanische Politik ELTSCHIBEYS, eine Verbindung aller turksprachigen Staaten bis nach Zentralasien hinein herzustellen, auch mit Waffen: »Zu diesem Zweck wurden auch Waffen und ca. 1600 Militärberater nach Aserbaidschan gesandt.«[484] Selbst eine Stationierung türkischer Friendenstruppen faßte Ankara ins Auge, wie es sich mit aller Schärfe gegen eine Stationierung von russischen oder GUS-Friedenstruppen in Berg-Karabach zur Wehr setzte: »So sprach sich die damalige türkische Ministerpräsidentin Tansu CILLER anläßlich eines Besuches in Moskau im September 1993 gegen unilaterales russisches Militärengagement in der Region aus. Beim KSZE-Außenministertreffen in Rom im November 1993 weigerte sich Ankara dementsprechend, einem KSZE-Mandat für russische Friedenstruppen zuzustimmen.«[485] Ankara ging im Gegenteil noch weiter und verschärfte die bereits gespannte Lage zusätzlich. Die türkische Regierung begann, Armenien unverhohlen mit Krieg zu drohen.[486]

In dieser Konstellation drohte Rußland vollständig vom Kaukasus abgedrängt zu werden. Dabei sollte man sich noch einmal an die Worte BRZEZINSKIS erinnern, der die Bedeutung Aserbaidschans für die amerikanische Machtelite wie folgt beschrieben hatte: Ein mit dem Westen verbündetes Aserbaidschan eröffnet diesem die Möglichkeit, auf den restlichen Kaukasus und seine Energieressourcen Zugriff zu nehmen und Rußland aus seinem Hinterhof zu verdrängen. Umgekehrt wiederum bedeutet eine Eingliederung Aserbaidschans in den russischen Einflußbereich, daß der Kaukasus für den Westen ganz abgeriegelt ist. Wollte Rußland also nicht verdrängt werden, mußte es sich in diesen Krisenherd einschalten, und zwar mit dem Ergebnis einer künftig dauerhaften Einflußnahme auf beide Kriegsparteien. Dabei war es die proamerikanische bzw. protürkische und gleichzeitig antirussische Ausrichtung der Politik ELTSCHIBEYS, die Rußland alarmierte: »Der Richtungswechsel reaktivierte wiederum die bis dahin eher passive rußländische Politik im Transkaukasus.«[487]

Der erste Ansatzpunkt, hier wieder an Initiative zu gewinnen, stellte für Rußland die bedrohliche Situation Armeniens dar: »Bereits Anfang 1992 hatte die Regierung in Jerewan erkannt, daß Armenien ohne eigene Streitkräfte, die einem

Angriff der Nachbarstaaten gewachsen wären, die Sicherheit seines Staatsgebietes nicht garantieren kann. Deshalb wandte sich die armenische Regierung an das Oberkommando der GUS-Streitkräfte mit der Bitte, neue rußländische Truppen nach Armenien zu verlegen und die noch auf armenischem Territorium stationierten Streitkräfte nicht abzuziehen. Daraufhin übernahm Rußland auf der Grundlage einer bilateralen Vereinbarung die Überwachung der armenischen Grenzen zur Türkei. . . und zum Iran. . . Darüber hinaus unterzeichnete Armenien im Mai 1992 den GUS-Vertrag über die Kollektive Sicherheit.«[488] Im Mai 1994 wurde ein für 25 Jahre gültiger Vertrag mit Moskau über die Nutzung von Militärbasen und über Zusammenarbeit bei der Luftverteidigung, am 16. März 1995 ein Abkommen über einen russischen Truppenstützpunkt unterzeichnet. Rußland übernahm damit die Garantie für die äußere Sicherheit Armeniens, und Armenien wiederum erwies sich als »der einzige transkaukasische Staat, der die rußländischen Truppen auf seinem Territorim halten wollte«,[489] was als Ausgangsposition für eine Einflußnahme Rußlands auf die geopolitischen Entwicklungen im Kaukasus von außerordentlicher Bedeutung sein sollte. Eine russische Garantie für die Sicherheit Armeniens, verbunden mit den Anspruch Armeniens, Schutzmacht für die Karabach-Armenier zu sein, ermöglichte es nämlich Moskau, direkte Initiativen für die Sicherheit der Karabach-Armenier zu entwickeln, womit es dann wiederum die Entwicklungen in Aserbaidschan mit beeinflussen konnte.

Wie groß aber die Unterstützung Rußlands für die Karabach-Armenier war, ist im einzelnen nicht nachweisbar. Daß sie stattgefunden hat, darf aber als sicher vorausgesetzt werden: »Immer wieder wird die Frage gestellt, ob und inwieweit russische Kräfte den Karabach-Armeniern bei der Eroberung aserbaidschanischen Territoriums behilflich waren. Zum einen ist bekannt, daß Moskau im Zusammenhang mit dem Abzug der ehemaligen Sowjetarmee den Selbstverteidigungskräften von Nagornyj-Karabach Rüstungsgüter und Munition lieferte. Zum anderen wird *ex post facto* klar, daß über Offensiven aus Karabach Druck auf die aserbaidschanische Führung ausgeübt werden sollte. Als Präsident Aliyev sich z. B. weigerte, rein russische Friedenstruppen in der Konfliktregion zu stationieren, wurde Ende Oktober 1993 eine neue Offensive der Karabach-Armenier eingeleitet. Während sowohl der Iran und die Türkei als auch der UN-Sicherheitsrat diese Angriffe verurteilten, schwieg Rußland dazu.«[490]

Gleichfalls begann Moskau, das naturgemäß an einem Einfluß der USA und an einem Machtzuwachs ihres wichtigsten Verbündeten, der Türkei, nicht interessiert sein konnte, »planmäßig die innenpolitische Lage in Aserbaidschan zu destabilisieren, um seinen Einfluß in Baku zu sichern und auszubauen«.[491] Ziel Rußlands war es, die proamerikanische und protürkische Regierung des Präsidenten Eltschibey loszuwerden, wobei es auch Staatsstreichbestrebungen des prorussischen Expräsidenten Mutalibow unterstützte. Doch im wesentlichen »setzte Rußland sowohl politische und militärische als auch wirtschaftliche Instrumente ein und verursachte so letztlich den Sturz der Volksfrontregierung (Eltschibeys, der Verf.).

Moskau erließ eine Importsteuer von bis zu 65 Prozent auf alle aserbaidschanischen Produkte und fügte auf diese Weise der Wirtschaft Aserbaidschans erhebliche Schäden zu. Gleichzeitig rüstete Rußland die Armee Berg-Karabachs auf und unterstützte sie mit diesen Lieferungen im Kampf gegen Aserbaidschan«.[492]

Moskau unternahm aber auch diplomatische Aktivitäten, um den Konflikt beizulegen. Dabei kam es ihm aber neben der Sicherung des eigenen Einflusses vor allem auch darauf an, an diesem Konfliktherd interessierte auswärtige Mächte nicht zum Zuge kommen zu lassen. »Die rußländische Diplomatie blockierte auf internationalen Konferenzen jede türkisch-aserbaidschanische Initiative und ließ Ankara nicht die geringste Chance, sich mit militärischen Mitteln in den Karabach-Konflikt einzumischen. Wiederholt warnte Rußland die Türkei vor den Folgen eines solchen Schrittes.«[493]

Die Vermittlungsbemühungen Rußlands wiederum versuchte Baku, das sich amerikanischer Unterstützung sicher war, mehrfach zu hintertreiben: Am 20. Februar 1992 fanden Gespräche zwischen Rußland und den Konfliktparteien statt. Sie blieben allerdings ergebnislos, weil Baku eine Delegation aus Berg-Karabach ablehnte. Bei einem weiteren Gespräch am 19. September 1992 gelang es dem russischen Verteidigungsminister Pavel Gratschow, zwischen Armenien und Aserbaidschan ein Waffenstillstandsabkommen zu vermitteln. Das dazugehörige Protokoll sah vor, daß 250 Militärbeobachter aus Rußland, Weißrußland, Kasachstan, Georgien und der Ukraine diesen Waffenstillstand überwachen sollten. Allerdings gelang auch die Umsetzung dieses Friedensplanes nicht. Der stellvertretende russische Verteidigungsminister Georgij Kondratev sagte hierzu, Rußland sei von den Gesprächspartnern gewissermaßen als geschmähter Vermittler behandelt worden. »Nach der Unterzeichnung des Abkommens von Soci im September 1992 habe eine günstige Gelegenheit bestanden, den Konflikt an der armenisch-aserbaidschanischen Grenze einzudämmen. Keine der Vertragsparteien außer Rußland habe sich jedoch an die Abmachungen gehalten.«[494]

Eltschibey gelang es allerdings nicht, den Separationsbestrebungen der Berg-Karabach-Armenier Herr zu werden, im Gegenteil: Die aserbaidschanischen Truppen mußten empfindliche Niederlagen gegen die hochmotivierten Karabach-Streitkräfte hinnehmen. Mit dieser katastrophalen Lage wurde die Machtposition Eltschibeys zunehmend gefährdet. Geschürt wurde dies noch von Anhängern des ehemaligen prorussischen Staatschefs Mutalibow, die »mit Unterstützung Moskaus durch Putschversuche sowie wirtschaftlichen und militärischen Druck die Lage in Baku zu destabilisieren« begannen.[495] Es gelang diesen Kräften, Kontakt mit dem ehemaligen Kommandanten der aserbaidschanischen Truppen in Berg-Karabach, Surat Gussejnov, aufzunehmen. Dieser erreichte es, einen großen Teil der aserbaidschanischen Streitkräfte hinter sich zu bringen und im Juni 1993 einen Aufstand gegen Eltschibey anzuführen und diesen letztendlich zu vertreiben. Nachfolger wurde der frühere Parteisekretär der aserbaidschanischen KP Gajdar Aliev, der »das Land zunächst wieder stärker Rußland anzunähern« schien.[496]

Mit diesem Machtwechsel und dem Beitritt Bakus zur GUS im September 1993 »begann sich eine neue Etappe der aserbaidschanischen Außenpolitik abzuzeichnen... Es war ALIEW gelungen, Rußland von der Loyalität seiner Politik und der Berücksichtigung der rußländischen Interessen im Transkaukasus zu überzeugen. Der aserbaidschanische Präsident hatte erkannt, daß Rußland die entscheidende Macht in der Region bleiben würde, und wandte sich nunmehr mit der Bitte um Vermittlung im armenisch-aserbaidschanischen Konflikt an Moskau... Innerhalb der GUS bemühte sich Baku, die Beziehungen zu Rußland zu verbessern, um so dessen pro-armenische Haltung zu neutralisieren«.[497] Gleichwohl aber bemühte sich ALIEV, gegenüber Rußland eine weitgehende Unabhängigkeit zu bewahren. So »konnte Moskau auch während der Amtszeit ALIEVS seine militärstrategischen Ziele nicht erreichen. Aserbaidschan hält seit September 1991 an einer nationalen Verteidigung fest und beteiligte sich nicht an den GUS-Militärabkommen... Seit September 1993 verweigerte sich Präsident ALIEV erfolgreich den russischen Stationierungswünschen und Vorstellungen zur militärischen Zusammenarbeit mit Aserbaidschan«.[498] Dabei waren es die USA, die Aserbaidschan dazu rieten, »nicht zuletzt zur Absicherung des Erdölgeschäftes, sich einer Stationierung von russischen/GUS-Friedenstruppen zu widersetzen... Einen Alleingang Rußlands ohne Koordinierung mit KSZE und UNO lehnte Washington ab«.[499]

Gleichwohl aber gelang es Rußland, zumindest einen Fuß in die Tür in arserbaidschanischen Angelegenheiten zu bekommen, und zwar sowohl in energie- als auch in sicherheitspolitischer Hinsicht: Aserbaidschan hatte sich nämlich bereit erklärt, »Rußland mit 20 Prozent an der Erschließung der Ölvorkommen vor der Halbinsel Apscheron zu beteiligen. Diese Maßnahme führte zu einer deutlichen Verbesserung der Beziehungen zwischen Baku und Moskau, die wegen der Weigerung ALIEVS, rußländische Militärbasen in Aserbaidschan zu dulden, schwer belastet waren«.[500]

Rußland konnte ferner eine Beilegung des Konflikts unter dem Dach der GUS erreichen, nachdem die Regierung ALIEV das Scheitern ihres Versuchs einer ausschließlich militärischen Lösung des Karabach-Problems hatte einsehen müssen. Deshalb »war sie schließlich gezwungen, die Vermittlungsversuche der Interparlamentarischen Versammlung der GUS zu akzeptieren. Als Folge dieser Anstrengungen erkannte Baku die Republik Berg-Karabach am 9. Mai 1994 offiziell als Konfliktpartei an. Entsprechend dem Abkommen von Bischkek sollen Streitkräfte der GUS (unter Beteiligung der rußländischen Armee) in der Konfliktzone stationiert werden. Parallel zu deren Verlegung müssen sich die Truppen Stepanakerts aus den besetzten aserbaidschanischen Gebieten zurückziehen. Die Regelung des politischen Status von Berg-Karabach wird im Anschluß an die Einstellung aller Kampfhandlungen im Rahmen einer internationalen Konferenz entschieden werden. Als wichtigstes Ergebnis der Vereinbarung von Bischkek gilt, daß sich Aserbaidschan zum ersten Mal damit einverstanden erklärt hat, offizielle Friedensverhandlungen mit der Regierung Berg-Karabachs zu beginnen und damit in eine neue

Phase der gegenseitigen Annäherung einzutreten. Im übrigen wird die Beilegung des Karabach-Konflikts mit Hilfe rußländischer Streitkräfte – ob unter der Ägide der GUS oder nicht – dazu beitragen, Aserbaidschan fester an Rußland zu binden«.[501]

Auf diese Weise gelang es Rußland in der ersten Hälfte der neunziger Jahre also durch wechselseitige Unterstützung der Konfliktparteien, durch Unterstützung jeweiliger oppositioneller Gruppierungen und anschließend unter dem Dach einer GUS-Friedenssicherungsmaßnahme zumindest teilweise seinen Einfluß in einem Staat wiederherzustellen, der durch die verdeckte Intervention der USA und über die türkische Unterstützung in das prowestliche Lager abzudriften drohte. Wäre Rußland in diesem Konfliktherd dauerhaft passiv geblieben, so wäre mit einer erfolgreichen protürkischen und proamerikanischen Politik Aserbaidschans und seiner damit verbundenen Eingliederung in das westliche Bündnissystem bereits 1991 der gesamte Kaukasus in die Vorherrschaftssphäre der USA gefallen. Es war allein der entschlossenen Haltung Rußlands zu verdanken, daß die Türkei ihre Drohung einer militärischen Intervention gegen Armenien und damit ihre Rolle als ›Schachbrettfigur der USA‹ nicht verwirklichen konnte. Den Verzicht auf einen militärischen Schlag gegen Armenien »begründete der türkische Premierminister DEMIREL, indem er darauf verwies, daß die Türkei in Armenien nicht auf ›Amerikaner. . ., sondern auf Rußland und die Rote Armee trifft‹«.[502]

Das Auftreten Rußlands führte schließlich dazu, daß Ankara auf die Interessen Moskaus Rücksicht zu nehmen begann. Das Konfliktverhalten der Türkei war seitdem »zugleich in hohem Maße vom türkisch-russischen Verhältnis bestimmt«.[503] Als Präsident ELTSCHIBEY einen militärischen Beistands- und Kooperationsvertrag mit der Türkei abschließen wollte, in dem letztere sich verpflichten sollte, die territoriale Integrität Aserbaidschans zu garantieren, lehnte die türkische Regierung die Unterzeichnung ab, da sie eine offene Konfrontation mit Moskau fürchtete. Nachdem die Türkei anfangs offensiv die Haltung Aserbaidschans, wie oben geschildert, unterstüzt hatte, begann sie in Anbetracht des russischen Drucks Aserbaidschan davor zu warnen, sie in den kriegerischen Konflikt hineinzuziehen.

Mit dieser Strategie gelang es Rußland zunächst, ein ›Ausfransen‹ des für die Einflußsicherung im Kaukasus strategisch wichtigen Aserbaidschan zu verhindern und sich – wenn auch unter dem Dachverband von GUS-Streitkräften – dort einen Stützpunkt zu verschaffen. Wie der Kaukasus-Experte Aschot MANUTSCHARJAN darlegt, trugen diese dazu bei, Aserbaidschan fester an Rußland zu binden.

2.2.2.1.5 Die konkreten Ausgangspunkte und Ziele russischer Geopolitik

Das Beispiel dieses Konfliktherdes zeigt, daß es nicht ›neoimperialistische‹ Absichten waren, die Rußland zu Interventionen in GUS-Konflikten veranlaßten. »Ein wichtiger Faktor für die Reaktivierung der Großmachtpolitik Moskaus war das aktive Eingreifen äußerer Kräfte in der Region wie z.B. der USA, der Türkei und des Iran, die das von Moskau hinterlassene Vakuum ausfüllen wollten. Diese Bestrebungen, die die Loslösung des Kaukasus von Rußland zum Ziel hatten, alarmierten die politische und militärische Führung in Moskau und nötigten sie, dem Kaukasus erhöhte Aufmerksamkeit zu schenken.«[504] Vorher hatte die politische Führung keine konkreten politischen Pläne in bezug auf den Kaukasus, von einer aktiven Interessenpolitik konnte bis dahin nicht gesprochen werden. »Im ersten Jahr nach dem Zerfall der Sowjetunion existierte in Moskau kein politisches Konzept, aus dem hätte hervorgehen können, welche Bedeutung Rußland dem Transkaukasus in Zukunft beimessen will. Die Regierung in Moskau war nach der rußländischen Unabhängigkeitserklärung und der Installierung der GUS mit eigenen innen- und außenpolitischen Problemen beschäftigt, denen zunächst höchste Priorität eingeräumt wurde. Dies erklärt, warum Moskau lange Zeit nicht direkt auf das Geschehen im Transkaukasus und in Mittelasien reagierte.«[505]

Durch die Versuche der USA und ihrer Verbündeten in der nah- und mittelöstlichen Region, in Zentralasien Fuß zu fassen und diese Region ihrer Vormachtsphäre einzugliedern, war Rußland gezwungen, eine Grundsatzentscheidung darüber herbeizuführen, »ob der Transkaukasus auch in Zukunft zur Sphäre der ›lebenswichtigen Interessen‹ Rußlands gehören sollte oder nicht. Es stellte sich also mit anderen Worten die Frage, ob Rußland seine zweihundertjährige Herrschaft über diese Region als historisches Relikt *ad acta* legen und sich endgültig aus der Region zurückziehen sollte«.[506]

Vor diesem Hintergrund sollte sich auch nunmehr ein Wandel der geopolitischen Prioritäten der Russischen Föderation vollziehen. Der damalige Außenminister Andrej Kosyrew begründete diesen Wandel »mit den lebenswichtigen Interessen seines Landes, die vor allem vom ›nahen Ausland‹ aus bedroht würden. Des weiteren wies Kosyrew darauf hin, daß es für Rußland sehr gefährlich sei, ›ein Vakuum in dieser wichtigen Region zu hinterlassen, das zudem Rußland nicht freundlich gesinnte Kräfte‹ auszufüllen suchten«.[507] Damit gewannen in zunehmendem Maß die Ideen eines geopolitischen Realismus an Boden, womit »die Grundlinien russischer Sicherheitspolitik klarer und weniger widersprüchlich« wurden.[508] Das zentrale Ziel war ein starker Staat mit einer besonderen Rolle in der GUS,[509] die so aussehen sollte, daß Rußland die Herstellung und dauerhafte Gewährleistung stabiler Verhältnisse im postsowjetischen Raum wahrnehmen wollte. »Konkret sollte diese Politik die maximale wirtschaftliche Zusammenarbeit der ehemaligen sowjetischen Republiken mit der militärischen Sicherung ihrer Außengrenzen verbinden.«[510]

Rußlands Rolle als Stabilitätsfaktor im postsowjetischen Raum würde dabei in einer Schutzmachtfunktion für die nationale und territoriale Autonomie der unabhängigen Republiken, also dem ›nahen Ausland‹, zum Ausdruck kommen. »Was die Sicherheitsvorsorge anbelangte, so richtete sich das Hauptaugenmerk wegen der hohen Krisenanfälligkeit und wegen der sich verändernden geostrategischen Bedeutung der angrenzenden Regionalmächte Iran und Türkei sowie des Unruheherdes Afghanistan auf die Südgrenze der GUS.«[511] Hierbei ist jedoch anzumerken, daß sowohl die Türkei als auch Afghanistan unter den Taliban Schachfiguren der antirussischen Geopolitik der USA waren, mit deren Hilfe zum einen der aufgrund seiner Energievorräte strategisch wichtige Kaukasus aus dem russischen Machtbereich herausgelöst und zweitens durch ein Übergreifen des wahabitischen Islam wie auch panturanischer Bestrebungen die moslemischen Föderationssubjekte der Russischen Föderation gegen Moskau aufgewiegelt werden sollten mit dem langfristigen Ziel einer Teilung Rußlands.

Folgt man den Autoren Anna Kreikemeyer und Andrej W. Zagorskij, so sehen die russischen Zielsetzungen zusammengefaßt wie folgt aus:

– Im *wirtschaftlichen* Bereich ist das wichtigste Ziel der Zugang zu Rohstoffvorkommen (wie die Energievorräte im Kaspischen Meer), zu Märkten und vor allem zu den traditionellen Verkehrsverbindungen für den Rohstofftransport (Erdöl- und Erdgaspipelines im Kaukasus und Zentralasien, Kontrolle der Infrastruktur zum Schwarzen Meer und der dortigen Häfen). Entscheidend ist dabei die Sicherung von für Rußland vorteilhaften wirtschaftlichen Beziehungen. Deshalb versucht Rußland auch, die Wiedervereinigung der GUS-Staaten zu einem einheitlichen Wirtschaftraum voranzutreiben,[512] zumal es hier gerade in den neunziger Jahren erheblich an Boden verlor: Die Rußland durch den IWF aufgezwungenen Wirtschaftsreformen in Richtung liberalkapitalistischer Marktwirtschaft bewirkten auch eine ökonomische Zerstückelung der GUS. »Schließlich zeichnete sich in der Politik einiger Staaten eine Tendenz der Umorientierung der Handels- und Wirtschaftsbeziehungen auf andere Regionen der Welt ab. All das zog einen erheblichen Rückgang des Handels innerhalb der GUS nach sich. Betrug 1991 sein Anteil am gesamten Warenumsatz der Länder der Gemeinschaft 60 %, so sank er bis 1999 auf die Hälfte. Während in den Jahren 1988–1990 auf den Warenumsatz zwischen den Republiken (in den Grenzen der ehemaligen UdSSR) etwa ein Viertel des Bruttoinlandsprodukts entfallen war, machte er jetzt weniger als 10 % aus. Der Anteil der GUS-Länder am Außenhandel Rußlands schließlich verringerte sich in dieser Zeit auf 22 % des gesamten Außenhandelsumsatzes.«[513]

– Zu den *sicherheitspolitischen* Interessen gehört zum einen die Erhaltung der territorialen Integrität der Russischen Föderation, zum anderen die Unverletzlichkeit ihrer Grenzen.[514] Seit 1992 rückte der Kampf gegen Sezessionismus sowie gegen staaten- und republikübergreifende Verbindungen ethnischer Gruppen insbesondere aus dem Nord- und Transkaukasus in den Vordergrund. Diese Politik sollte sich vor allem in den Konfliktherden Georgien und Tschetschenien zeigen, auf deren Hintergründe in einem späteren Kapitel noch einzugehen sein wird. Zu diesem Interessenkreis gehört darüber hinaus der Schutz vor bewaffneten Konflikten in benachbarten Staaten, der durch einen Grenzsschutz an den GUS-Außengrenzen zusammen mit den jeweiligen GUS-Republiken sichergestellt werden soll.[515] Von besonderer Bedeutung ist dies an der Südgrenze der GUS, wo Moskau sich vor einer Infiltration durch fundamentalistisch ausgerichtete islamistische Aufständische und Sezessionisten, die sich über den Drogenhandel finanzieren,[516] fürchtet. Exemplarisch hierfür steht der Krisenherd Tadschikistan, wo von Afghanistan aus eindringende islamistisch ausgerichtete Aufständische die prorussische Regierung in den neunziger Jahren in einen blutigen Bürgerkrieg verwickelt hatten. Insbesondere fürchtet Moskau ein Übergreifen des islamischen Fundamentalismus auf die eigenen moslemischen Föderationssubjekte innerhalb der Föderation entlang der Wolga, wodurch eine Entwicklung in Gang gebracht werden könnte, an deren Ende eine Teilung der Föderation stehen könnte. Begünstigt jedenfalls würde èine solche Entwicklung durch die verheerende demographische Entwicklung in Rußland: »Seit 1992 ist die Bevölkerung Rußlands von 148,6 auf 146,5 Millionen Menschen gesunken. Das immense Territorium zwischen Smolensk und Wladiwostok, so beklagt der Gouverneur von Krasnojarsk, Alexander Lebed, ist auf dramatische Weise unterbevölkert, und die demographische Kurve zeigt – aufgrund von Geburtenrückgang und Alkoholismus – steil nach unten. Das ist laut Lebed um so bedenklicher, als sich unter den 146 Millionen Staatsbürgern der Föderation etwa 20 Millionen meist türkischer Muslime befanden, deren Loyalität gegenüber Moskau fragwürdig ist und die sich – im Gegensatz zum slawischen Staatsvolk – rasant vermehren.«[517]

– In *geopolitischer und militärstrategischer* Hinsicht verfolgt die russische Führung das Ziel, einen einheitlichen militärstrategischen, von Moskau aus beherrschbaren Raum in der GUS zu schaffen.[518] Grundlage hierfür bilden bilateral ausgehandelte Verträge mit verschiedenen GUS-Republiken über die Errichtung russischer Militär- und Truppenstützpunkte sowie die weitere Nutzung ehemals sowjetischer Stützpunkte an der südlichen Peripherie. Mit einer derart erlangten Stellung wäre es Moskau möglich, sich einerseits als regionale Ordnungsmacht darzustellen und zum anderen auf internationaler Ebene als Großmacht mit einer spezifischen Interessensphäre anerkannt zu werden[519] Dabei richtet sich das Augenmerk der Außenpolitik der Russischen Föderation vorrangig auf die GUS: »Seine Hauptaufgaben gegenüber den GUS-Staaten sah Rußland darin, eine verläßliche Stabilität in allen ihren Dimensionen zu gewährleisten – der politischen wie der militärischen, wirtschaftlichen, humanitären und rechtlichen, und so die Entwicklung der GUS-Länder zu gesellschaftlich und wirtschaftlich gefestigten Staaten mit rußlandfreundlicher Politik zu fördern; des weiteren galt es, Rußlands Rolle als führende Kraft bei der Gestaltung eines neuen Systems zwischenstaatlicher politischer und wirtschaftlicher Beziehungen zu stärken und für den Ausbau und die Vertiefung der Integrationsprozesse in der GUS zu sorgen. Die Grundsatzdokumente der russischen GUS-Politik von Mitte der neunziger Jahre zielten darauf ab, den geographischen Raum der ehemaligen UdSSR als Sphäre russischer Sonderinteressen zu erhalten, die Integration in der GUS voranzutreiben und die Gemeinschaft zu einem einflußreichen Subjekt der Weltpolitik und -wirtschaft zu entwickeln. Als führende und organisierende Kraft sollte dabei natürlich Rußland fungieren. Zum Hauptziel der Politik gegenüber der GUS wurde die Schaffung einer wirtschaftlichen und politischen Integrationsvereinigung erklärt, die Anspruch auf einen angemessenen Platz in der Weltgemeinschaft erheben konnte.«[520]

– Damit verbunden war das Bestreben Rußlands, den *Vorstoß raumfremder Mächte und Bündnisse in die Sphäre der GUS zu verhindern.* Der ehemalige russische Außenminister Igor Iwanow beschreibt dies so: »Inakzeptabel ist für Rußland jedoch das Bestreben gewisser Drittländer, im GUS-Raum zum Nachteil der russischen Interessen aktiv zu werden, unser Land hier zu verdrängen oder seine Position vorsätzlich zu schwächen. Eine derartige Rivalität, ein solcher Kampf um ›Einflußsphären‹ sind ein offenkundiger Anachronismus in der Weltpolitik und lediglich dazu angetan, die internationalen Beziehungen zusätzlich mit Spannung und Mißtrauen zu belasten.«[521]

Damit spricht Iwanow – ohne diese beim Namen zu nennen – die Strategie der USA und der NATO an, sich in der westlichen und südlichen Sphäre der GUS festzusetzen. Bereits 1993 wurde die Idee erörtert, eine Ausweitung des transatlantischen Bündnisses auf die Staaten Ostmitteleuropas und des Baltikums vorzunehmen. Ausgelöst wurde diese Debatte durch eine Rede des US-Präsidenten Clinton im April 1993, und »in der zweiten Jahreshälfte begann die Auseinandersetzung über die NATO-Osterweiterung in Europa. Im Oktober 1993 stellte US-Verteidigungsminister Perry bei einem Treffen der NATO-Verteidigungsminister in Travemünde das Konzept der ›Partnerschaft für den Frieden‹ als Vorstufe einer Integration respektive engen Zusammenarbeit der fraglichen Länder mit dem Atlantischen Bündnis vor. Bis Ende 1994 traten dieser ›Partnerschaft‹ 23 Staaten Mittel-, Ost- und Südosteuropas bei«.[522]

Diesem Vordringen des amerikanischen und des NATO-Einflusses stand auf breiter Front ein Rückzug Rußlands aus seiner traditionellen Hegemonialsphäre gegenüber. Insbesondere an der Peripherie der Russischen Föderation bildeten sich Bündnisse, deren Funktion in der Eindämmung russischen Einflusses zu sehen ist: »Während die GUS von Auflösungserscheinungen betroffen ist«, so Rußland-Experte Hannes Adomeit, »entstehen neue Strukturen politischer und in Ansätzen auch militärischer Zusammenarbeit. Ein wichtiges Beispiel hierfür ist die 1996 von Georgien, Aserbaidschan und der Ukraine gegründete Union der Drei und deren Ausweitung 1997 – unter Einschluß Moldovas – zur GUAM und schließlich im April 1999, nach dem Beitritt Usbekistans, zur GUUAM.«[523]

Schon sehr früh erlitt Rußland erhebliche strategische Einbußen im *Baltikum*: »Nach der Schließung der strategischen Frühwarn-Radarstation in Skrunda sind nun sämtliche militärischen Installationen Rußlands in den Baltischen Staaten aufgelöst und die russischen Truppen aus diesen Ländern abgezogen worden.«[524] Am Ende dieser Entwicklung stand die NATO-Mitgliedschaft des Baltikums. Im *westlichen Vorfeld* unterhält Rußland praktisch nur mit Weißrußland Sonderbeziehungen, deren langfristiges Ziel die Gründung eines Unionsstaates ist. Hoffnungen auf eine Reintegration der Ukraine jedoch dürften sich dauerhaft erledigt haben: »Während eine Wiedereingliederung Weißrußlands in einen gemeinsamen Staatsverband zumindest denkbar ist, ist die Unabhängigkeit der Ukraine ein Faktum, an dem nicht mehr zu rütteln ist. Das hat sogar die Duma eingesehen, als sie im Dezember 1998 den ›Vertrag über Freundschaft, Zusammenarbeit und Partnerschaft‹ ratifizierte. In dem Vertrag erkennt Rußland die Souveränität und territoriale Integrität der Ukraine an und gibt seine Ansprüche auf die Krim auf – ein wichtiges Zugeständnis, das auch in den Abkommen zur Aufteilung der Schwarzmeerflotte und der Pacht und Nutzung von Anlagen in Sewastopol (bei Wahrung ukrainischer Souveränität) seinen Ausdruck findet. Damit ist Moskau von Vorstellungen abgerückt, einen Militärblock unter Kontrolle Rußlands als Gegengewicht zur NATO zu schmieden.«[525]

Auch in *Zentralasien* war eine Verschiebung der Gewichte zu Lasten Rußlands eingetreten. Vor allem Usbekistan, der geopolitisch bedeutendste Staat der Region, strebte in den neunziger Jahren hier die Bildung von Gegengewichten zur Verringerung des russischen Einflusses an.

Am deutlichsten aber hat sich Hannes Adomeit zufolge die geostrategische Lage Rußlands im *Kaukasus* verschlechtert. »Dies betrifft sowohl den Georgien, Aserbaidschan und Armenien umfassenden Transkaukasus als auch den der Russischen Föderation zugehörenden *Nordkaukasus.* Über Tschetschenien hat Moskau praktisch die Kontrolle verloren, und von dort aus werden von islamischen Extremisten wie Schamil Bassajew und Salman Radujew die Errichtung einer Islamischen Republik Dagestan und die Befreiung des gesamten Nordkaukasus von der russischen ›Fremdherrschaft‹ betrieben. Obwohl es grundlegende Unterschiede zwischen Tschetschenien und Dagestan gibt und die Wahrscheinlichkeit gering ist, daß es den Wahabiten gelingen könnte, einen eigenen Staat in Dagestan gegen russischen Widerstand durchzusetzen, wäre eine Destabilisierung dieses russischen Föderationsmitglieds ein empfindlicher Rückschlag für Moskau. Da nach dem Ende des Krieges in Tschetschenien Öl-Pipelines und Landtransportwege über Dagestan umgeleitet wurden, wären die Folgen für Moskau dramatisch, auch was die Verkehrsverbindungen in den Transkaukasus anbelangt.«[526]

Dabei hatte sich die geopolitische Situation auch in der *transkaukasischen Region* zuungunsten Rußlands entwickelt. Die USA überließen es zunächst ihrem wichtigsten Verbündeten in der Region, der Türkei, dieses Vakuum zu füllen und sicherheitspolitische Aufgaben in der kaukasisch-zentralasiatischen Großregion wahrzunehmen. Aber seit »Frühjahr 1997 hat die amerikanische Regierung wiederholt klargestellt, daß sie die transkaukasische Region als zur Sphäre des nationalen Interesses der USA gehörend betrachte. Um dieses Interesse zu unterstreichen, stattete der amerikanische Verteidigungsminister, William Cohen, Tiflis im August 1999 einen Besuch ab, in dessen Verlauf er den Beitritt Georgiens zur NATO für die Zukunft nicht ausschloß«.[527] Diesen allmählichen Vorstoß des US-amerikanischen Einflusses insbesondere in den Schlüsselstaaten des Transkaukasus wie Georgien und Aserbaidschan hatte Moskau sehr wohl registriert, und tatsächlich zeichnete sich in der zweiten Hälfte der neunziger Jahre eine amerikanisch-georgisch-ukrainische Zusammenarbeit ab, die eindeutig auf eine Schwächung der russischen Stellungen ausgerichtet war. Alarmierend für Rußland war zum einen die von dem georgischen Staatspräsidenten wiederholt vorgetragene Forderung nach Beseitigung der russischen Militärbasen im Lande und nach Übergabe der Grenzeinrichtungen an Georgien, obgleich Tiflis sich nicht imstande gezeigt hatte, die Sezessionskonflikte mit Abchasien und Südossetien dauerhaft beizulegen. Entscheidend war ferner »der Ausbau militärischer und sicherheitspolitischer Zusammenarbeit zwischen Tiflis und Kiew bis hin zur ukrainischen Unterstützung des georgischen Anspruchs auf einen Teil der Schwarzmeerflotte und der Übergabe eines Schnellbootes aus diesem Bestand an die georgische Marine sowie der Ausbildung georgischer Offiziere in der Ukraine« verbunden mit der Ausweitung der militärpolitischen Zusammenarbeit dieser beiden Staaten im Rahmen der GUUAM.[528]

Der deutsche Militärexperte Lothar RÜHL bestätigt, daß das Vordringen der USA in den ›weichen Unterleib‹ der ehemaligen Sowjetunion früher oder später zu einem Zusammenstoß mit russischen Interessen führen müsse. Insgesamt sei Rußland an allen drei Fronten seiner strategischen Lage in Eurasien – Europa, dem Nahen und Mittleren Osten einschließlich Zentralasiens und Ostasien – in der Verteidigung. Gerade die südliche Peripherie Rußlands zwischen Pakistan und der Türkei, die große Region des ›weiteren Mittleren Ostens‹, die auch das gesamte Zentralasien und Südwestasien umfasse, habe sich zur amerikanischen Interessensphäre entwickelt, seitdem die USA im Orient eine beherrschende Stellung eingenommen hätten. Dieses amerikanische Einflußgebiet begrenze jede mögliche russische Einflußnahme. Aus diesem Grund könne, was die südliche Peripherie angeht, »vom Zurückweichen der Moskauer Macht auf die Grenzen Rußlands, wie sie als interne Abgrenzungen in der UdSSR bestanden«, gesprochen werden.[529] »Rußland«, so Lothar RÜHL, »hat weder offensive Aktionsmöglichkeiten noch (von Armenien und Tadschikistan abgesehen) echte Verbündete südlich seiner Grenzen. Darum ist für die russische Außen- und Sicherheitspolitik wesentlich, wie die USA sich in Asien von Japan und China über Kasachstan, Indien, Pakistan und dem Iran bis zur Türkei verhalten.«[530] RÜHL geht sogar so weit, Rußlands Machtposition infolge seiner geopolitischen Defensivlage als vom Wohlwollen Amerikas abhängig zu sehen: »Rußlands strategische Bedeutung in der Weltpolitik wird davon bestimmt, welchen Partnerschaftswert ihm die USA zuerkennen und wie es seine Interessen gegenüber amerikanischen wahren kann.«[531]

Daß Rußland infolgedessen jede Machtverschiebung im postsowjetischen Raum zugunsten der USA und der NATO als unmittelbare Bedrohung seiner Interessen einstufen muß, verwundert nicht. In der »Konzeption der nationalen Sicherheit der Russischen Föderation« vom 17. Dezember 1997 hieß es unter anderem: »Eine Bedrohung für die nationale Sicherheit Rußlands im Verteidigungsbereich bleibt die Erhaltung oder Schaffung von starken Gruppierungen von Streitkräften in an Rußland angrenzenden Regionen. Sogar beim Fehlen aggressiver Absichten gegenüber Rußland stellen solche Gruppierungen eine potentielle militärische Bedrohung dar.«[532] Noch weitergehender war ein Dokument, das seinerzeit die russische Zeitung *Sewodnja* veröffentlichte: Dabei handelte es sich um ein Mitte der neunziger Jahre verfaßtes Papier aus dem Umkreis des russischen Verteidigungsministeriums, welches die NATO-Osterweiterung scharf anprangerte und im Bedarfsfalle auch militärische Gegenmaßnahmen Rußlands einforderte.[533]

»Hauptaufgabe der Politik der USA und des Westens bezüglich Rußlands ist«, so heißt es dort, »wie es scheint, zu verhindern, daß das Land zu einer in wirtschaftlicher, politischer und militärischer Beziehung einflußreichen Kraft wird.« Der Westen habe die Absicht, Rußland in eine Rohstoffkolonie umzuwandeln. Die Bedrohungsanalyse kritisisiert deshalb die Abrüstungsverhandlungen, da diese darauf abzielten, Rußland zu einer zweitrangigen Atommacht zu machen, »die von der einzigen dann noch verbleibenden atomaren Supermacht – den USA – atomar erpreßt werden kann«. Ferner wird in diesem Dokument gefordert, der vom Westen betriebenen Politik der Einkreisung Rußlands notfalls auch militärische Gewalt entgegenzusetzen: »Sollte die NATO so weit gehen, die baltischen Republiken in das Bündnis aufzunehmen, müssen die Streitkräfte der Russischen Föderation auf das Territorium Estlands, Lettlands und Litauens einmarschieren. . . Falls man aber Rußland nachdrücklich in die Ecke drängen sollte, dann könnte man so weit gehen, zu militärischen Zwecken nutzbare atomare Raketentechnologie an solche Länder wie Iran, Irak und auch Algerien zu verkaufen, wenn im letztgenannten islamische Kräfte die Macht ergriffen haben.«

In diesem Dokument wurde die geopolitische Unterlegenheit Rußlands treffend erkannt, und die atomare Bewaffnung als einziges Instrumentarium angesehen, um der Expansion des westlichen Bündnisses Paroli zu bieten: Das Atompotential Rußlands, so heißt es in dem Dokument, »stellt eines der wenigen für den Westen überzeugenden Argumente dar«. Deshalb verlangen die Autoren Ausbau statt Abbau. »Auf dem Gebiet der Truppenstärke und der konventionellen Rüstung in Europa ist die NATO Rußland gegenwärtig um das Zwei- bis Dreifache überlegen. Nach einem Beitritt Polens, Ungarns oder der ehemaligen Tschechoslowakei zu diesem Bündnis wird die Kluft noch größer.« Der einzige Ausweg erscheint deshalb, »die NATO atomar in Schach zu halten«. Das Dokument fordert die Stationierung von taktischen Atomwaffen entlang der Peripherie der Russischen Föderation: in Weißrußland, im Raum Königsberg, auf der Ostseeflotte, aber auch im Schwarzen Meer, auf der Krim sowie in Georgien und Armenien. Ein Militärbündnis mit dem Iran könnte die Stationierung russischer Atomraketen sogar an der Küste des Persischen Golfs und an der Straße von Hormuz ermöglichen, um bei Bedarf diese wichtige Lebensader der westlichen Energieversorgung zu kappen.

Die Autoren dieses Strategiepapiers richten dabei ihre Hoffnung auf eine Wiedervereinigung des russischen Raumes. Weißrußland und Kasachstan, so wird ausgeführt, könnten sich mit Rußland bald wiedervereinigen. Die Ukraine werde in drei bis fünf Jahren »aller Wahrscheinlichkeit nach auseinanderbrechen«. Die Ost- und die Südukraine würden dann »wahrscheinlich den Wunsch äußern, sich freiwillig mit Rußland wiederzuvereinigen«. Auch der ehemalige sowjetische Süden soll der Vormachtsphäre der Russischen Föderation wieder angegliedert werden: Der Friedensprozeß in Tschetschenien soll sofort eingestellt, die Ordnung, wenn nötig, gewaltsam wiederhergestellt werden. »Erforderlichenfalls auch gewaltsame Schritte« sollen im ehemals sowjetischen Teil des Kaspischen Meeres dafür sorgen, Rußland die dortigen Erdölvorräte zu sichern. Abgerundet werden soll alles durch einen radikalen Schwenk in der Wirtschaftspolitik: Verzicht auf Zusammenarbeit mit IWF und Weltbank, Revision der Privatisierung staatlichen Eigentums, Abschottung zum Westen durch hohe Importzölle, Enteignung von »auf kriminellem Wege erwobenen Geldern und Besitztümern«. In »fünf bis zehn Jahren«, so prognostizierten seinerzeit die Verfasser, könne man mit einer solchen vernünftigen Politik die »*Wiederherstellung eines Unionsstaates, bestehend aus Rußland, Weißrußland, Kasachstan, dem größeren Teil der Ukraine, Transnistrien, Abchasien und Südossetien*« ins Werk setzen.[534]

Tatsächlich wurde die Expansion der NATO und des Einflusses der USA in die Sphäre der ehemaligen Sowjetunion von der Russischen Föderation mit verstärkten Integrationsmaßnahmen innerhalb der GUS beantwortet. In den GUS-Staaten, die sich als prorussisch begriffen, nämlich Belarus, Kasachstan, Krigisien, Tadschikistan und Armenien, wurde die Führungsrolle Rußlands angesichts der wirtschaftlichen Schwierigkeiten und der ethnischen Territorialkonflikte sogar gefördert: »Die führende Rolle Rußlands in der GUS ist somit von manchen GUS-Ländern, wenn auch nicht unmittelbar gewollt, so doch zumindest mitbewirkt.«[535]

Ab 1994 wurde der Zusammenbruch der Sowjetunion im Dezember 1991 zum beherrschenden Thema. Am 20. Januar 1995 wurde in der russischen Staatsduma eine Anhörung »Über die Wiedervereinigung Rußlands« durchgeführt mit dem Ziel, die Abkommen vom 12. Dezember 1991,[536] die den Grundstein zur GUS legten, einer gründlichen Revision zu unterziehen. »Den einstigen Sowjetrepubliken wurde nahegelegt, freiwillig der Russischen Föderation beizutreten. Erstmals wurde in einem offiziellen Dokument das Territorium der ehemaligen Sowjetunion als ›Rußland‹ bezeichnet«.[537] Im Duma-Beschluß vom 15. März 1996 hob das Parlament auf Initiative der kommunistischen Fraktion die am 12. Dezember 1991 vom Obersten Sowjet beschlossene Auflösung der Sowjetunion auf: Alle Beschlüsse, die aus der Auflösung der Sowjetunion folgten, sollten »in dem Maße korrigiert werden, wie die Brudervölker auf dem Weg der Integration und der Einigung voranschreiten«. Der Präsident der Russischen Föderation wurde aufgefordert, sich für eine Vertiefung der Integration von Rußland, Belarus und weiteren GUS-Ländern einzusetzen.[538] Auch wenn diesem Duma-Beschluß keine völkerrechtliche Verbindlichkeit und Wirksamkeit beigemessen werden kann (so der Völkerrechtler Theodor SCHWEISFURTH), so sollte doch in Betracht gezogen werden, daß bei dem von GORBATSCHOW am 17. März 1991 veranstalteten Referendum in den drei slawischen, den zentralasiatischen Unionsrepubliken sowie in Aserbaidschan 76 Prozent der Befragten sich für den Erhalt der UdSSR ausgesprochen hatten.

Tatsächlich konnte Moskau im Wege von bilateralen Verträgen in manchen Punkten eine Verbesserung der Integration erreichen. »Die Moskauer Führung stützte ihre GUS-Politik durch ein Netz von bilateralen Verträgen mit den Einzelstaaten... Unter der Devise einer Integration nach unterschiedlichen Geschwindigkeiten wurden zwei neue Stufen der Annährerung geschaffen. Am 29. März 1996 schlossen sich die Russische Föderation, Belarus, Kasachstan und Kirgistan zu einer Gemeinschaft Integrierter Staaten (GIS) zusammen, und am 2. April 1996 vereinten sich die Nachbarstaaten Belarus und Rußland in einer höheren Integrationsform zur Union der Gemeinschaft Souveräner Republiken.«[539] Dabei ging es der Russischen Föderation nicht darum, die Rechte der postsowjetischen Republiken in irgendeiner Form zu beschneiden. Vielmehr hatte sie das Ziel, vor dem Hintergrund der obengenannten Bedrohungsszenarien einen einheitlichen militärstrategischen Raum aufrechtzuerhalten, wobei »nationale Interessensicherung und ihre Kontrolle für Moskau... im Vordergrund« standen.[540]

2.2.2.2 Das geopolitische Theorienmodell hinter der Integrationspolitik der GUS

Dem Rußland-Experten Boris Meissner zufolge entwickelten sich nach 1991 grundsätzlich zwei Linien in der russischen Außenpolitik heraus.[541] Zum einen handelt es sich um den bereits beschriebenen Proatlantismus, die sogenannte ›romantische‹ Phase der russischen Außenpolitik. Nach dem frühzeitigen Ende dieser Epoche begann, wie ausgeführt, eine deutliche Bestimmung der geopolitischen Prioritäten dieses Staates, die von einem vom Westen unabhängigen russischen Sonderweg geprägt ist und sich über die konkrete geopolitische Lage Rußlands bestimmt. In diesem geopolitischen Denken wird der russische Staat nicht dem Westen oder dem Osten zugeordnet, vielmehr wird die russische Idee als eine von diesen Polen unabhängige Staatsidee eigener Art bestimmt, die sich ›Eurasianismus‹ nennt.

Atlantismus und Eurasianismus waren nunmehr die beiden Pole, zwischen denen sich die Außenpolitik der Russischen Föderation entscheiden mußte. »Daher ist es zutreffend, wenn S. B. Stankewitsch, der politische Berater Jelzins, von zwei Linien in der russischen Außenpolitik – der atlantischen, die am Westen orientiert ist, und der eurasischen – gesprochen hat.«[542] Die Linie des Eurasianismus sollte sich aber mit der Hinwendung zum geopolitischen Realismus ab dem Sommer 1992 durchsetzen. Wie oben dargestellt, kam es im Sommer 1992 »im Zeichen innenpolitischer Kräfteverschiebungen zu Kontroversen um den atlantistischen Kurs. Unter den außenpolitischen Eliten etablierten sich allmählich der Neo-Eurasismus und der geopolitische Realismus als konkurrierende Konzepte«.[543] Die Verbindung zwischen dem neuen geopolitischen Realismus und dem Eurasianismus ergibt sich daraus, daß beiden Denkrichtungen zufolge nicht Ideologie, sondern die konkrete geographische Lage eines Staates Maßstab für seine außenpolitische Richtungsbestimmung sein müsse. Beiden Denkschulen war zudem gemein, daß eine Zusammenarbeit mit dem Westen grundsätzlich nicht abgelehnt wird. Vielmehr jedoch müsse auch die östliche Ausrichtung angestrebt werden, um ein neues Gleichgewicht zwischen Ost und West zu erreichen.

2.2.2.2.1 Die eurasische Konzeption

Aufgrund ihrer überaus starken Bedeutung für die Definition der russischen Außenpolitik soll die Konzeption des Eurasianismus in ihren Grundlagen und Doktrinen vorgestellt werden.

Die Ursprünge der Theorie des Eurasianismus liegen in dem Streit der Slawophilen mit den westlich ausgerichteten Geisteswissenschaftlern. Entstanden ist sie als geistesgeschichtliche und politische Konzeption in den zwanziger Jahren in den Kreisen der vor dem Bolschewismus geflohenen russischen Intelligenz. Als Entstehungszeitpunkt des Eurasianismus gilt das Jahr 1921, in dem in Sofia der programmatische Sammelband *Aufbruch nach Osten* erschien. »Er enthielt Beiträge von den vier Gründungsmitgliedern der Gruppierung, die sich für kurze Zeit im bulgarischen Exil zusammengefunden haben.«[544] Petr N. Sawizki, Petr P. Sywtschinskij, Georgij, Florovski und Nikolaj S. Trubetzkoj waren ihre Hauptvertreter. Mit ihrem Buch *Aufbruch nach Osten* haben sie den Versuch unternommen, ein Modell der russischen Identität zu enwickeln, »mit dem sie Rußland vor dem Bolschewismus ebenso wie vor dem Diktat des westlichen Universalismus retten wollten. Das eurasianische Bild von Rußland grenzt dieses doppelt von Europa ab: Es zeigt Rußland als kulturhistorisch von Westeuropa verschieden und im Gegensatz zu einem individualistischen und nationalistischen Europa als die eindeutig bessere Alternative«.[545]

Der Platz Rußlands in der Weltordnung – kulturell wie (geo)politisch – war zwischen den Koordinaten Ost und West zu finden, wobei die Besonderheit der russischen geistigen Kultur besonders hervorgehoben wurde. Sawizki zum Beispiel entwarf ein neues geographisches und historisches Verständnis Rußlands: Rußland war als Kern Eurasiens zu bestimmen. »Der Begriff ›Eurasien‹ sei ›geographischer‹ Herkunft. Dort, wo die bisherige Geographie zwei Kontinente sah – Europa und Asien –, unterschieden die Eurasier noch einen dritten, einen mittleren Kontinent – Eurasien, dessen Zentrum von Rußland eingenommen wird. Eurasien sei aber nicht nur ein geographischer Begriff. So wie wir Europa und Asien eine besondere Kultur zuschreiben, besäße auch Eurasien und damit auch Rußland eine eigenständige Kultur, in die Elemente verschiedener Kulturen eingehen: die byzantinische Kultur, asiatische Elemente (z.B. der Mongolen und Turkvölker) und natürlich auch die europäische Kultur, die die russische beeinflußt hat. Es entstand eine eigenständige Kultur, die nicht auf ein Element – z.B. die europäische Kultur – reduziert werden darf.«[546] Damit kommt der eurasischen Kultur eine eigenständige, von den Volks- und Nationalkulturen von Ost und West losgelöste Identität zu.

In Übereinstimmung mit den Doktrinen des britischen Geopolitikers Halford Mackinder wird Eurasien als das »Herzland« angesehen, als eine »besondere Kulturzone, die auf der Verbindung der Ostslawen mit den ›Turaniern‹, d.h. den turktatarischen und finno-ugrischen Völkern, beruht. Damit betonen sie (die Eurasier, der Verf.), daß das russische Volk in ethnographischer Hinsicht nicht nur aus dem Slawentum hervorgegangen ist. Die Grenze im Westen verläuft für die Eurasier auch gegenüber denjenigen Slawen, die Bestandteil des abendländischen Europas sind, das durch die romanisch-germanische Einheit bestimmt ist. Der europäische ›Kosmopolitismus‹ mit seinem universalistischen Anspruch, der auf eine Beeinflussung des russischen Volkes gerichtet ist, ist für Graf TRUBEZKOJ nur ein ›gemeinsamer romanisch-germanischer Chauvinismus‹. Der Nationalcharakter der Russen ist nach seiner Ansicht, trotz der Bedeutung der auf Byzanz zurückgehenden Orthodoxie, entscheidend durch die Verbindung mit dem turanischen Osten geprägt worden«.[547] Aus dieser Verbindung wiederum ergibt sich auch das Bestreben der Eurasier, für einen Dialog zwischen dem orthodoxen Christentum und dem Islam einzutreten.[548] Die Zeitschrift *Eurasien*, die in den zwanziger Jahren im Pariser Exil erschienen ist, beschrieb die Rolle Rußlands denn auch als eurasischen Integrationsknoten der europäischen wie auch der asiatischen Kulturströmungen: »Das Rußland unserer Zeit entscheidet das Schicksal von Europa und Asien. [Rußland] ist der sechste Kontinent – EURASIEN – der Knoten und Anfang einer neuen Weltkultur.«[549]

2.2.2.2.1.1. Der Eurasianismus als ›Dritter Weg‹ zwischen Slawophilen und Westlern – die Bedeutung des Raumes für die kulturell-politische Einheit Eurasiens

Prägend für den Eurasianismus war dabei die Auseinandersetzung über das Zusammenspiel von Kultur und Raum in der russischen Geschichte, was wiederum die Bedeutung des Eurasianismus für die russische Geopolitik unterstreicht. Die Westler, als deren erster Vordenker Petr CAADAEV angesehen werden muß, betrachteten die Weite des russischen Raumes als hinderlich für die Entwicklung einer russischen Kultur. In ihren Augen galt die russische Kultur als nicht verwurzelt, als schwankend und flüssig, vergleichbar mit der der asiatisch-skytischen Nomadenwelt. Rußland wurde von den Westlern als kuturelle »Leerstelle« angesehen, die dem »gemeinsamen Gesicht« der europäischen Kulturwelt gegenüberstünde.

In diesem Zusammenhang kommt CAADAEV auch auf den Zusammenhang zwischen Kultur und territorialer Expansion zu sprechen: »Damit man uns überhaupt bemerkte, mußten wir uns ausdehnen von der Beringstraße bis zur Oder.« Das sei der einzige Grund, warum Rußland doch noch in die Geschichte eingehen konnte: »Es gibt ein Faktum, das unseren Marsch durch die Jahrhunderte beherrscht, das unsere gesamte Geschichte durchzieht, das... ein wesentliches Element unserer Größe darstellt und zugleich der Grund unserer geistigen Machtlosigkeit ist: Es ist das geographische Faktum.«

In die gleiche Richtung ging ein weiterer Vertreter der Westler, Sergej SOLOWJEW. Auch er sah in dem »Überfluß« an Raum ein Grundproblem der russischen Geschichte: »Die Möglichkeit, gesellschaftliche Probleme ›räumlich‹ zu lösen, das heißt durch bloße Verlagerung vor ihnen zu fliehen, hemme den Fortschritt der Zivilisation in Rußland, wohingegen dieser im Westen durch räumliche. . . Enge beschleunigt werde.«[550]

Die Slawophilen wiederum verkleinerten die Bedeutung des Raumes und der Geographie zugunsten der Kultur. Ihrem Denkansatz zufolge lag die Zukunft der Weltkultur bei den historisch und kulturell »jungen« orthodoxen Slawen, deren zentraler kultureller Wert mit dem Begriff ›*sobornost*‹ beschrieben wird, einem Aufgehen des Individuums im Kollektiv, das in der Gesellschaftsordnung zum Beispiel der ›Obschtschina‹, der slawischen Dorfgemeinschaft, zum Ausdruck komme. Einer der Hauptvertreter der slawophilen Denkschule, Nikolaj DANILEVSKI, erklärte, daß demgegenüber für die Frage der russischen Identität der Geographie keine Bedeutung beizumessen sei: Geographische Namen würden, so schrieb er in seinem politischen Hauptwerk *Rußland und Europa*, in Wirklichkeit nur kulturelle Konzepte benennen und hätten daher eigentlich nichts mit Geographie zu tun. Der »Sinn« des großen Wortes ›Europa‹ sei kein geographischer, vielmehr ein kulturhistorischer, und in der Frage nach der Zugehörigkeit Rußlands zu Europa komme der Geographie nicht die geringste Bedeutung zu.[551]

Beiden Geistesströmungen ist gemeinsam, daß sie von einem Gegensatz zwischen Kultur und Raum ausgehen oder die Wechselwirkung zwischen beiden Faktoren für die Entwicklung einer eigenen kulturellen und auch geopolitischen Identität Rußlands verkennen. Wie Susanne K. FRANK treffend schildert, gingen die Eurasier im Vergleich zu den Slawophilen eine entgegengesetzte Richtung, indem sie die kulturelle Einheit Eurasiens geographisch begründeten, wofür man den Begriff ›Geokultur‹ ins Feld führen könnte. Aus eurasischer Sicht schließlich ist der Raum selbst der Motor der Geschichte: SAWIZKI »erklärte die Grenzziehung zwischen Europa und Asien am Ural aus geographischer Sicht für nichtig. Der Ural stelle keine ›natürliche‹ Grenze dar. Vielmehr gebe es eine klimatische und botanische kontinentale Einheit Eurasien, die durch ein in Nord-Süd-Richtung angeordnetes Zonensystem gegliedert sei. Diese Einheit, die für ihn mit *Rossija*, dem Russischen Reich, identisch ist, stellt er mithilfe des Kriteriums der Vegetationszonen als ›besondere geographische Welt‹. . . auf der einen Seite Europa und auf der anderen Asien gegenüber. Während Europa einzonig und in der Vertikale mosaikhaft gegliedert sei, zeichne Eurasien sich durch eine horizontale Gliederung in vier Zonen aus: Wüste, Steppe, Taiga und Tundra«.[552]

Die Einheit im Sinne einer Geschlossenheit Eurasiens wurde von SAWIZKI »noch einmal dadurch unterstrichen, daß er eine nord-südliche Symmetrie der Zonen erkannte, die an der Schwarzerdezone der Steppe – als Zentrum – gespiegelt wurde. Diese horizontal gegliederte geographische Einheit – so die eurasianische These – habe eine kulturelle Einheit notwendig bedingt, die sich in der Geschichte dieses Kulturraumes verwirklicht habe.[553] Diese Deutung der Einheit des eurasischen Raumes wirkte sich auch auf die Auslegung seiner Geschichte aus: TRUBETZKOJ hatte dieser Auffassung zufolge auch das Mongolenreich als Vorläufer einer politischen

Einheit Eurasiens angesehen. Er sah in ihm den wichtigsten Vorläufer des Russischen Reiches, da die Mongolen die ersten waren, die dem eurasischen Raum die der geographischen Einheit entsprechende kulturelle und staatliche Einheit gaben. Das Russische Reich habe dann deren Nachfolge angetreten, als es mit der als ›Sammeln der Länder‹ bezeichneten Eroberung der tatarischen Khanate und der folgenden Kolonisation Sibiriens den Grundstein für das von den Eurasiern bezeichnete »Rußland-Eurasien« gelegt habe.[554]

2.2.2.2.1.2 Eurasianismus als Alternative zum Universalanspruch des Westens – raumgebundede Verortung gegen westlichen Internationalismus

»Im Gegensatz zu früheren. . . Gruppierungen«, so Susanne K. Frank, »begann der Eurasianismus die Darstellung eines von ›Europa‹ differenten Rußlands mit einer ganz speziellen Kritik des Westens – mit einer Kritik der westlichen Perspektive auf die Welt. . .«[555] In seinem 1920 erschienenen Buch *Europa und die Menschheit* kritisierte Trubetzkoj »den ›Europazentrismus‹ etwa der europäischen Geschichtsphilosophie, die eine lineare Entwicklung aller Kulturen der Welt entlang eines von ihr festgesetzen Fortschrittsmaßstabes annahm und danach die europäische Zivilisation als höchste evolutionäre Stufe ansah«. Infolgedessen wurde auch die Verwestlichung Rußlands durch die Reformpolitik Peters des Grossen als Selbstentfremdung durch Selbstkolonisation abgelehnt. Dieser Prozeß habe eine russische Selbsterkenntnis verhindert. »Diese sei jedoch nötig, um zu gewährleisten, was Trubetzkoj als höchsten kulturellen Wert veranschlagte: die Originalität jeder einzelnen Nationalkultur, deren freie Entfaltung gegen jeden fremdkulturellen Hegemonieanspruch gerichtet werden müsse. Kosmopolitismus oder Internationalismus verurteilte Trubetzkoj daher als chauvinistische Versuche insbesondere der europäischen Kultur, Herrschaft über andere zu gewinnen und fremde Nationalkulturen auszulöschen.«[556]

Gemeinsam war den Vertretern der eurasianischen Denkschule die Ablehnung des eindimensionalen westlichen Forschrittsdenkens. Sie setzten ihm ein Alternativmodell entgegen, das von der geographischen Gebundenheit und Bedingtheit von Kultur ausgeht, wobei jeder Kultur eine schöpferische Individualität innewohne. Trubetzkoj sprach hier von einem »Gesetz der Parikularisierung« als Ursache einer grundsätzlichen Vielzahl von Kulturen. Trubetzkoj »klagt den westlichen Universalismus, das Streben nach einer ›allgemein menschlichen Kultur‹, aus religiöser Perspektive gewissermaßen als Blasphemie an gegen die gleichsam göttlich verordnete babylonische Sprachverwirrung beziehungsweise Sprachenvielfalt. Gerade an der historischen Entwicklung der Sprachenvielfalt lasse sich das für Kulturen generell gültige Partikularisierungsgesetz beobachten. Sprachen stünden in zwei Arten von Beziehungen zueinander: genetischen Verwandtschaftsbeziehungen und nachbarschaftlichen Beziehungen«.[557] Gerade diese von Trubetzkoj so bezeichneten Sprachbünde hätten für kulturelle Entwicklungen große Bedeutung. Als wichtigstes Beispiel diente TRUBETZKOJ »der von ihm entdeckte ›turanische Sprachbund‹, der die Sprachen Eurasiens miteinander verbindet und die Annahme einer kulturellen Einheit Eurasiens linguistisch begründete«.[558] Mit diesem Ansatz wurde von TRUBETZKOJ dann auch der Anspruch auf die staatlich-politische Einheit des eurasischen Gebiets begründet.

Auch die Überlegungen TRUBETZKOJS zum Nationalismus müssen Susanne K. FRANK zufolge im Rahmen seiner Kritik am »Egozentrismus« des Westens gesehen werden, die dieser in seinem Buch *Über echten und falschen Nationalismus* aus dem Jahre 1921 näher darstellte. Demnach sei der Nationalismus europäisch-westlichen Typs falsch, weil er die Idee der Nation an ethnische Reinheit binde und dazu neige, die eigene Nation chauvinistisch als die beste, wertvollste anzusehen. Das sei von dem Versuch bestimmt, der eigenen Nation möglichst viele andere Völker zu unterwerfen, deren Eigenständigkeit auf diese Weise zerstört werde. »Dieser falsche Nationalismus führe dazu, daß im Gegenzug viele kleine Völker die ›großen Reichen‹ kopieren wollten, indem sie nach staatlicher Unabhängigkeit strebten. Dies habe nur einen an die Grenzen des ›Lächerlichen‹ gehenden – um einen heutigen Begriff zu verwenden – Sezessionismus zur Folge, in dem die kleinen Ethnien ebenfalls ihre Originalität verlören.«[559]

TRUBETZKOJ stellt diesem die Idee eines sogenannten »wahren« Nationalismus gegenüber, »der prinzipiell friedliebend und tolerant gegenüber der nationalen Eigenständigkeit der anderen Nationen sowie gegenüber der ethnischen Eigenart anderer Mitglieder der eigenen Nation sei, der auf Erkenntnis der eigenen nationalen Besonderheit ausgerichtet sei und niemand anderen imitieren wolle. Nur so werde ein friedliches Zusammenleben und ein echter Austausch kultureller Werte unter der Bedingung gegenseitiger Anerkennung möglich. Seit PETER DEM GROSSEN... habe Rußland, mit dem Westen wetteifernd, auch dessen Nationalismus nachgeahmt. Eine Folge dessen sei auch die russische Kolonialpolitik mit ihren Russifizierungsbestrebungen gewesen. In der Absicht, die europäische Zivilisierungsmission auf dem Gebiet des Russischen Reichs voranzutreiben, habe Rußland neben seiner eigenen kulturellen Originalität auch die der zu Rußland ›gehörenden‹ kleinen Völker unterdrückt«.[560]

Dieses Modell TRUBETZKOJS – von Susanne K. FRANK als »imperialer Nationalismus« bezeichnet – besteht also im wesentlichen darin, die politische Einheit Eurasiens auf der Grundlage der Originalität einer jeden Ethnie als programmatisches Gegenmodell zum Universalanspruch des Westens zu sichern. Allerdings hatte TRUBETZKOJ keine konkreten Pläne für den Aufbau eines eurasischen Staates geliefert.

An diese Überlegungen knüpfte die eurasische Denkschule nach dem Zusammenbruch der Sowjetunion wieder an. J. MALASCHENKO formulierte hier beispielsweise die Ansicht, daß Rußland nie ganz europäisch werden könne, weil es nicht bloß ein Land, sondern ein ganzer »ethnokultureller Kontinent« sei. »Die Schaffung von nationalen Staaten nach europäischem Vorbild wäre verhängnisvoll, schon wegen der außerhalb der Grenzen ihrer Republiken lebenden Menschen, besonders der Russen. Das Ziel müßte eine ›polyethnische Gemeinschaft‹ sein, die ›Eurasische Gemeinschaft‹ genannt werden könnte.«[561]

Wesentliches Element des Eurasianismus ist der Versuch, insgesamt ein Gegenmodell zum westlichen Universalanspruch zu konstruieren, das Raumgebundenheit, raumpolitische Einheit und Bewahrung der Originalität der Kulturen dieses Raumes miteinander in Übereinstimmung bringen möchte. Gerade im Zeitalter der Globalisierung, in der westliche Geopolitiker wie Samuel HUNTINGTON eine Zweiteilung der Weltordnung im Sinne von ›the West versus the Rest‹ zu erkennen glauben und in der das westlich-atlantische Gesellschafts-, Staats- und insbesondere Wirtschaftsmodell zum planetarischen Ordnungsprinzip erhoben werden soll, scheint in einflußreichen russischen Denkfabriken die Entwicklung eines kontinentalen Gegenmodells heute das Gebot der Zeit zu sein. Deshalb »erlebt der Eurasianismus seit einigen Jahren in Rußland eine... Renaissance als defensive geopolitische Ideologie, die Rußland durch Allianzen mit sämtlichen Agenten eines kulturellen ›Ostens‹ wieder zum wichtigsten Kontrahenten des ›Westens‹ machen will«.[562]

2.2.2.2.1.3 Eurasianismus als geopolitisches Gegenmodell auf der Grundlage der Ideengänge Carl SCHMITTS

Die urspünglichen Eurasier wie TRUBETZKOJ oder SAWIZKI haben Eurasien nicht ausdrücklich als geopolitischen Begriff behandelt. Dies blieb zunächst allein den Theoretikern des angelsächsischen Weltherrschaftsmodells vorbehalten. Hier war es – wie oben ausführlich dargestellt worden ist – der britische Gelehrte Halford MAKKINDER, der sich der geopolitischen Bedeutung des Begriffs ›Eurasien‹ annahm. In dem eurasischen Manifest *Aufbruch nach Osten* war es lediglich SAWIZKI gewesen, der die geopolitische Diskussion des Westens aufnahm und diese für die Denkschule der Eurasianer fruchtbar zu machen versuchte. In seinem Beitrag *Kontinent–Ozean. Rußland und der Weltmarkt* legte er dar, daß sich der eurasische Kontinentalraum als zweiter in sich geschlossener wirtschaftlicher Tauschzirkel als Welt neben dem maritimen Weltmarkt gründen solle. Weitere geopolitische Analysen und Schlußfolgerungen wurden aber nicht getroffen: »Bei aller Nähe in Hinblick auf die Festsetzung geographischer und geokultureller Einheiten stellen geopolitische Überlegungen für die Eurasianer offensichtlich ein Tabu dar.«[563] SAWIZKI und die anderen Eurasianer der ersten Stunde »konzentrierten sich ausschließlich auf Rußland-Eurasien als ›besondere/einzigartige geographische Welt‹ und dachten so gut wie nie über seine Grenzen hinaus«.[564]

2.2.2.2.1.3a Die Bestimmung des Hauptfeindes zur Definition der eigenen politischen Identität Rußlands

Erst nach dem Zusammenbruch der Sowjetunion und angesichts der Bestrebungen der USA, das ›unipolare Moment‹ auszunutzen, um sich als globale Führungsmacht in Stellung zu bringen, wurde in der Außenpolitik der Russischen Föderation der

Eurasianismus erstmals als geopolitische Größe bestimmt und als Gegenmodell dem angelsächsischen Universalanspruch entgegengesetzt.

Die Neuentwicklung einer eurasischen Geopolitik nach dem Ende der Sowjetunion setzte zunächst einmal die Erkenntnis voraus, welche Bedeutung die Entwicklung seit 1990 für Rußland selbst haben sollte. George F. KENNAN trifft durchaus den Punkt, wenn er schreibt, »daß der Zusammenbruch des Sowjetsystems auf die bedingungslose Kapitulation hinausläuft, die wir ins Auge faßten, freilich eine – wenn man so will – unbeabsichtigte, aber dennoch eine veritable Kapitulation«,[565] und zwar eine Kapitulation vor der universalistischen Seemacht USA.

Der Vater der antirussischen US-Geopolitik, Zbigniew BRZEZINSKI, beschreibt diese Beurteilung noch ausführlicher: »Dies ist ein Ergebnis, das historisch nicht weniger einschneidend ist als die Niederlage des napoleonischen Frankreich im Jahre 1815 oder die des global ambitionierten deutschen Kaiserreichs von 1918. Im Unterschied zum Westfälischen Frieden, der 1648 den Dreißigjährigen Krieg mit dem konfessionellen Kompromiß ›cuius regio – eius religio‹ beendete, zeitigte es kein solches Resultat; eher gleicht das Ende (der Sowjetunion, der Verf.) den Entscheidungen von 1815 oder 1945, zumal unter dem Gesichtspunkt doktrinärer Kämpfe, denn gerade auch die Ideologie der unterlegenen Seite wurde in der Wende von 1989 verworfen. Geopolitisch gemahnt dieser Ausgang an 1918, insofern auch das wilhelminische Kaiserreich nach seiner Bitte um Waffenstillstand in einen rasanten Prozeß des Zusammenbruchs geraten war. Wie bei der damaligen Beendigung des Krieges gab es auch 1989 ff. ein Moment von Kapitulation, gefolgt von innenpolitischen Umbrüchen im unterlegenen Staat bzw. System. Dieses Moment trat am 19. November 1990 unübersehbar zutage, als auf einer Pariser Geheimsitzung. . . der letzte Sowjetführer, Michail GORBATSCHOW, die Bedingungen der Sieger des Kalten Krieges akzeptierte. In elegant kaschierenden Wendungen beschrieb er die Rekonstruktion Deutschlands und machte sich diesbezüglich die Bewertung des Westens zu eigen, indem er sie als ›ein bedeutendes geschichtliches Ereignis‹ würdigte. *Dies war das funktionale Äquivalent zu den kapitulationsartigen Verhandlungen in jenem Zugabteil im Wald von Compiègne, wo das Hohenzollernreich 1918 die Waffen streckte, vergleichbar auch dem Kapitulationsakt auf dem Deck des Schlachtschiffs ›Missouri‹ im August 1945, als das japanische Imperium sich zur bedingungslosen Kapitulation bereitfand.*«[566] Es stellte sich für Rußland die Frage, ob es sich den USA und der von ihnen angeregten und durchgesetzten ›Neuen Weltordnung‹ unterwerfen oder statt dessen versuchen sollte, die Krise zu nutzen, einen eigenen Weg zu definieren und diesen auch durchzusetzen.

Genau dieses »zunehmende Konfrontiertsein Rußlands mit den Zumutungen dieser westlich-liberalen ›Neuen Weltordnung‹ hat dort zu einer lebhaften Richtungsdebatte über den zukünftigen Weg Moskaus geführt«.[567] Hierbei waren es vor allem Denker wie J. MALASCHENKO, E. POSDNJAKOW und insbesondere Alexander DUGIN, welche sich die Lehren der Geopolitiker Friedrich RATZEL, Rudof KJELLÈN, Halford MACKINDER, Nicholas SPYKMAN, Zbigniew BRZEZINSKI und vor allem auch des deutschen Staats- und Völkerrechtlers Carl SCHMITT zueigen machten und auf deren Grundlagen ein Gegenkonzept zur ›Neuen Weltordnung‹ unter dem Diktat Washingtons entwickelten. Kurz gesagt, es kam für Rußland darauf an, eine – um einmal die berühmt gewordene Formel Carl SCHMITTS zur Umschreibung des ›Begriffs des Politischen‹ zu gebrauchen – Unterscheidung von Freund und Feind zu treffen.

Die Bedeutung der Ideengänge des Staatsdenkers Carl SCHMITT für die gegenwärtige Lage Rußlands beschreibt der Vordenker des Neo-Eurasianismus in Rußland, Alexander DUGIN, wie folgt: »Für Rußland ist das Denken Carl SCHMITTS von besonderem Interesse und größter Bedeutung, in erster Linie hinsichtlich seiner herausragenden Analyse des Staatsnotstandes bzw. der Ausnahmezustände, als auch im Hinblick auf unsere derzeitige Situation, näherhin die Notwendigkeit, zu einer Entscheidung zu kommen, auf welche Weise der Fortbestand unseres Volkes, der russischen Nation, gesichert werden kann. Politische Existenzform hat ein Volk nur, insofern es sich als unabhängige politische Gemeinschaft willentlich konstituiert und in der konkreten Umsetzung seines Entschlusses als eine solche strukturiert. Dabei ist es unvermeidlich, daß es anderen politischen Entitäten gegenübertritt, um die (kulturelle) Besonderheit des eigenen Gemeinwesens zu wahren.«[568]

Als Grundmodell hierfür sollten nach den Theorien DUGINS die Lehren Carl SCHMITTS vom Ausnahmezustand und vom ›Begriff des Politischen‹ dienen, denn die russische Nation befand sich »in einer Notstandsperiode, die nach einem gemeinsamen existentiellen Wahlakt verlangt, nach einer grundlegenden Entscheidung«[569] über die künftige Existenz Rußlands.

Gerade vor dem Hintergrund der von den USA diktierten ›Neuen Weltordung‹, die – worauf schon US-Präsident TRUMAN seinerzeit verwies – nur dadurch existieren kann, daß das amerikanische System das System der ganzen Welt wird, was durch das Prinzip des ›Nation-Building‹ auch realisiert werden soll,[570] fordern die Neo-Eurasianer unter Berufung auf Carl SCHMITT als Gegenmodell die Anerkennung einer jeden politischen Einheit als eigenständigen Wert, der sich gerade aus ihrer Existenz selbst ergibt: »Jede existierende politische Einheit hat ihren Wert und ihre ›Existenzberechtigung‹ nicht in der Richtigkeit oder Brauchbarkeit von Normen, sondern in ihrer Existenz. Was als politische Größe existiert, ist, juristisch betrachtet, wert, daß es existiert. Daher ist ihr ›Recht auf Selbsterhaltung‹ die Voraussetzung aller weiteren Erörterungen; sie sucht sich vor allem in ihrer Existenz zu erhalten, ›in suo esse perseverare‹ (SPINOZA); sie schützt ›ihre Existenz, ihre Integrität, ihre Sicherheit und ihre Verfassung‹ – alles existentielle Werte.«[571]

SCHMITT führt weiter aus: »Solange ein Volk in der Sphäre des Politischen existiert, muß es... die Unterscheidung von Freund und Feind selber bestimmen. Darin liegt das Wesen seiner politischen Existenz. Hat es nicht mehr die Fähigkeit oder den Willen zu dieser Unterscheidung, so hört es auf, politisch zu existieren. Läßt es sich von einem Fremden vorschreiben, wer sein Feind ist und gegen wen es kämpfen darf oder nicht, so ist es kein politisch freies Volk mehr und in einem anderen politischen System ein- oder untergeordnet... Dadurch, daß ein Volk nicht mehr die Kraft oder den Willen hat, sich in der Sphäre des Politischen zu halten, verschwindet das Politische nicht aus der Welt. Es verschwindet nur ein schwaches Volk... Wenn ein Staat sich unwillig oder unfähig erweist, im Ausnahmezustand diese Entscheidung zu treffen, läuft er unvermeidlich Gefahr, daß andere Mächte sie an seiner statt fällen und ihre eigenen Normen durchsetzen.«[572]

SCHMITT schlußfolgert denn auch, daß ein Gemeinwesen, das zur Definition der eigenen Identität und im Ernstfall ihrer Verteidigung nicht mehr willens ist, Gefahr läuft, zu einem Protektorat einer anderen Macht zu werden, die dieses Vakuum füllt: »Wenn ein Volk die Mühen oder das Risiko der politischen Existenz fürchtet, so wird sich eben ein anderes Volk finden, das ihm diese Mühen abnimmt, indem es seinen ›Schutz gegen äußere Feinde‹ und damit die politische Herrschaft übernimmt; der Schutzherr bestimmt dann den Feind, kraft des ewigen Zusammenhangs von Schutz und Gehorsam.«[573]

Aufgrund der Tatsache, daß das Wesen des Politischen Carl SCHMITT zufolge in dem höchsten Intensitätsgrad einer Assoziation und Dissoziation, einer Verbindung und Trennung von Menschen liegt, ist die Welt zwangsläufig als ein Pluriversum souveräner politischer Einheiten zu definieren: »Aus dem Begriffsmerkmal des Politischen folgt der Pluralismus der Staatenwelt. Die politische Einheit setzt die reale Möglichkeit des Feindes und damit eine andere, koexistierende, politische Einheit voraus. Es gibt deshalb auf der Erde, solange es überhaupt einen Staat gibt, immer mehrere Staaten und kann keinen die ganze Erde und ganze Menschheit umfassenden Welt›staat‹ geben. Die politische Welt ist ein Pluriversum, kein Universum.«[574]

Gerade vor dem Hintergrund, daß die US-amerikanische Machtelite den Zusammenbruch der Sowjetunion als eine bedingungslose Kapitulation vor dem universalen amerikanischen Machtanspruch auslegt, fordert Alexander DUGIN nunmehr, daß diese Erkenntnisse Carl SCHMITTS über das Wesen des Politischen für die Standortbestimmung des russischen Volkes dienstbar gemacht werden:

»Nur wenn das russische Volk sich selbst bejaht und in diesem dramatischen Abschnitt seine historische Wahl trifft, nur wenn es zu eigener Freund-Feind-Unterscheidung fähig sein wird, indem es seine politische Selbstbejahung aus einem genuin russischen Geschichtsbild gewinnt, nur dann wird diese wichtigste Grundentscheidung eine authentische, historisch folgerichtige und für seine Fortexistenz fruchtbare sein. Sie stünde doch dann in der Kontinuität der tausendjährigen Geschichte des russischen Volkes bzw. seiner staatlichen Verfaßtheit. Würde andernfalls die politische Entscheidung von fremden Faktoren dominiert, so z.B. durch die USA in der Verkleidung jener dubiosen Ideologie eines Pseudo-Universalismus, den man nordamerikanischerseits mit Macht als einzige legitime Weltanschauung zu verbreiten sucht, um die ›Neue Welt-Ordnung‹ plausibel zu machen, so könnte von einer Zukunft Rußlands keine Rede mehr sein, es gäbe eine solche nicht mehr. Volk, Staat und Nation wären in Frage gestellt, die autochthone Deutung der

Von links: Graf Nikolai S. Trubetzkoi, Carl Schmitt und der Theoretiker des Eurasianismus, Alexander Dugin.

Jewgeni Maximowitsch Primakow. Der in Kiew geborene promovierte Orientalist wurde 1989 Mitglied des Zentralkomitees der KPdSU. Unter Jelzin stieg er zum Außenminister auf, bevor er im September 1998 zum russischen Ministerpräsidenten berufen wurde. J. Primakow war sogar als Staatsoberhaupt im Gespräch.

Vergangenheit verlöre ihre Überzeugungskraft: das Drama der russischen Geschichte verwandelte sich nach der Ära der Blockkonfrontation im Kalten Krieg in eine Tragödie der Willfährigkeit gegenüber den Ansprüchen der US-amerikanischen NWO (Neue Welt-Ordnung, der Verf.), in das Trauerspiel der Verunmöglichung einer selbstbestimmten Zukunft Rußlands.«[575]

Der Gegensatz zwischen einem Pluriversum selbstbestimmter souveräner politischer Einheiten und dem atlantischen Universalismus ist nach DUGIN das Spannungsfeld, dessen sich die russische Nation bewußt sein muß, wenn sie ihre politische Identität bestimmen will. Hierbei handelt es sich für sie um eine existentielle Schicksalsfrage, zumal sich immer deutlicher erweist, daß die US-amerikanische Neue Weltordnung eine Ordnung der Entsouveränisierung und Entstaatlichung darstellt: In den Planungsstäben der USA wird mittlerweile laut über »Alternativen zur Souveränität« nachgedacht. So spricht der bereits erwähnte Stephen D. KRASNER, Professor für Internationale Beziehungen und seit Februar 2005 ›Director of Policy Planning‹ im State Department, davon, daß das Prinzip der Nichteinmischung in innere Angelegenheiten der Nationalstaaten nicht mehr funktioniere. Deshalb müsse die bisherige politische Ordnung, die auf dem Prinzip der Souveränität der Staaten aufbaue, beseitigt werden: »Der herkömmliche Souveränitätsbegriff setzt eine Welt selbständiger, international anerkannter und stabil regierter Staaten voraus. Die grundlegenden Regelungen der konventionellen Souveränität – Anerkennung rechtlich unabhängiger territorialer Einheiten und Nichteinmischung in die inneren Angelegenheiten – werden nur selten in Frage gestellt, obwohl in der Praxis häufig gegen sie verstoßen wurde. Doch diese Regeln funktionieren nicht mehr, ihre Unzulänglichkeiten haben eine Reihe negativer Konsequenzen.«[576]

Damit sich die Neue Weltordnung unter amerikanischer Führung vollkommen verwirklichen lasse, sei gegebenenfalls ein ›Aussetzen‹ des Souveränitätsprinzips erforderlich. Schließlich komme dann den USA die Rolle zu, in unbotmäßigen, ›gescheiterten‹ Staaten einzugreifen, eine geeignete Regierung auszusuchen, einzusetzen und nach allen Kräften zu unterstützen, damit diese Staaten dann in das amerikanische Weltordnungssystem eingegliedert werden können: »Soll in gescheiterten, scheiternden und besetzten Staaten eine ordentliche Regierungsgewalt abgesichert werden, sind neue institutionelle Formen notwendig, welche die Prinzipien der Westfälischen Souveränität für einen unbegrenzten Zeitraum einschränken. Geteilte Souveränität als Vereinbarung, wonach Einzelpersonen, die von internationalen Organisationen, mächtigeren Staaten oder ad-hoc-Gebilden ausgewählt wurden, sich mit nationalen Kräften die Entscheidungsgewalt über einige Aspekte der inneren Souveränität teilen, wären eine nützliche Ergänzung des politischen Repertoires.«[577]

KRASNER spricht sich sogar für die Errichtung neokolonialer Strukturen aus: »In anderen Fällen könnten internationale Vermittler zu dem Schluß kommen, daß die beste Lösung in der Einrichtung einer De-facto-Treuhandschaft oder eines Protektorats besteht.«[578] Hintergrund dieser Zielsetzungen ist die Sicherung der globalen Wirtschaftsinteressen der USA, denn »mächtige Staaten können das Phänomen prekärer Staaten nicht ignorieren, denn deren Sicherheits- und wirtschaftliche Interessen sind durch diese Staaten gefährdet«.[579] Damit diese Gefahr gebannt bleibt und die Prinzipien eines globalen Kapitalismus durchgesetzt werden können, ist eine Beteiligung von ausländischen Treuhändern (d. h. insbesondere der USA) an der Regierung dieser Staaten zwingend erforderlich: »Geteilte Souveränität beinhaltet die Beteiligung ausländischer Akteure an den inneren Machtstrukturen für einen unbegrenzten Zeitraum«,[580] wobei KRASNER ausdrücklich darauf hinweist, daß die Funktion der ausländischen Akteure gerade darin besteht, den internationalen Kapitalmärkten den Zugang zu den betreffenden Staaten zu öffnen.[581]

Diese global-interventionistischen und imperialistischen Zielsetzungen der US-Machtelite unterstreichen DUGIN zufolge noch einmal deutlich die Aktualität Carl SCHMITTS für die russische Nation: Will Rußland als politische Einheit existieren, muß es, so Dugin, die USA und die von ihr diktierte Weltordnung als den politischen Feind im SCHMITTschen Sinne definieren, oder es wird dazu verurteilt sein, ein Anhängsel dieser Neuen Weltordung im Sinne einer Rohstoffkolonie des Westens zu werden. Wenn Rußland also nicht bereit sein sollte, sich als Nation neu zu begründen und eine eigenständige geopolitische Identität zu definieren, wird es andernfalls der Gefahr ausgesetzt sein, daß sein politisches Geschick von den USA bestimmt werden wird.

»Die Bestimmung der politischen Existenzform der russischen Nation wird in einer Zeit tiefgreifender Desintegration aktuell, in einer Periode der äußeren, insbesondere aber inneren Gefährdung, die das Bewußtsein dafür schärft, der Notwendigkeit zur Entscheidung unterstellt zu sein, die freilich konkret Gestalt annehmen muß. Das Begreifen der Rolle Rußlands in der gegenwärtigen Welt verleiht, zumal nach Auflösung der Sowjetunion, Kraft zur Realisierung von Seinsmöglichkeiten der Nation: die verlangt nicht nur die Sichtung nationaler Bestände im Interesse ihrer Bewahrung und des Fortbestehens ihrer Authentizität, sondern auch die Erhellung der Herkunft einer womöglich fremdbestimmten Existenzweise. Dies setzt die Identifizierung des Feindes voraus. . . Es geht daher bei der Entscheidung zum Selbst auch darum, dem Feind entgegenzutreten, um durch diese Handlung äußerster Sammlung der Nation zu einer im eigentlichen Sinn ›politischen‹ zu werden.«[582]

2.2.2.2.1.3b Der Gegensatz zwischen Land und Meer – die eurasische Kontinentalmacht Rußland gegen den maritimen Universalismus der USA – Das russische Gegenkonzept einer Pax Eurasiatica

Ganz in der Tradition der Neo-Eurasier nimmt Alexander DUGIN die Bestimmung der Identität Rußlands geopolitisch vor. In Anlehnung an die angelsächsischen Theoretiker sieht DUGIN den geschichtlichen und politischen Verlauf von einem ewigen Gegensatz zwischen Land- und Seemächten bestimmt, den auch Carl SCHMITT als für die weltgeschichtliche Dynamik wesentlich ansieht. Von diesem geopolitischen Gegensatz wiederum leitet sich auch ein kulturell-zivilisatorischer Gegensatz ab, der sich auch in einer gegenteiligen Auffassung von Staat und raumpolitischer Ordnung niederschlägt: Der »Begriff des souveränen Staates war, unter den Gesichtspunkten einer Raumordnung gesehen, eine land- und erdgebundene Vorstellung. Es war ein kontinentalstaatlicher Begriff«.[583]

Dem raumbegrenzten Ordnungsbegriff entgegen stand ein universalistisches Modell, das vom Blickwinkel der See aus gedacht wird: »Hier, von der Meeresseite her, erscheint das Gegenteil der spezifisch staatlichen, geschlossenen und begrenzten Raumvorstellung. Hier wird das freie, d.h. das von einer staatlichen Raumordnung freie, nicht von staatlichen Grenzen durchzogene Meer die maßgebliche Raumvorstellung der Weltpolitik und des Völkerrechts.«[584]

Aus dieser Dynamik des Gegensatzes von Land und Meer entwickeln sich nach SCHMITT (und gleichfalls DUGIN, der sich auf SCHMITT bezieht) zwei Staats- und Völkerrechtsordnungen: »Zwei derartig verschiedenen Raumvorstellungen von Land und Meer müssen zwei völlig verschiedene Völkerrechtsordnungen entsprechen, ein Völkerrecht des Meeres und ein ganz anderes des Landes. Jedes hat einen eigenen, von dem des anderen völlig verschiedenen Kriegs- und Feindbegriff... Der Gegensatz zweier Völkerrechtsordnungen ist aber nur ein Ausdruck des Gegensatzes zweier verschiedener Gesamthaltungen, denen verschiedene Geschichtbilder, verschiedene Entwicklungsvorstellungen, verschiedene Humanitätsbegriffe und -ideale entsprechen... Es gehört zum ältesten Bestand menschlicher Geschichtsdeutung, in dem Gegensatz von See- und Landmächten eine Urtatsache, einen Motor und Hauptinhalt der Weltgeschichte zu sehen: *la mer contre la terre.*«[585]

Aus diesem Gegensatz leiten sich Carl SCHMITT zufolge zwei Weltordnungsmodelle ab: Der Raumgebundenheit des Territorialstaates und der damit verbundenen territorialen Begrenztheit seiner Macht steht ein planetarischer, universaler Ordnungs- und Führungsanspruch gegenüber. Denn vom Meer her gesehen ist das Land ein Teil des Meeres, und nicht etwa umgekehrt, vom Land her betrachtet, das Meer ein Teil des Landes. Da das Meer jedoch ›entgrenzt‹, also universal ist, ist die von See aus betrachtete Ordnungsvorstellung auch immer eine universale und nicht raumbegrenzte: »Die Konsequenz dieses Raumbegriffs ist ein geopolitisches Denken vom Meer her, welches ›Land‹ nicht mit kontinentaler Weite und Tiefe gleichsetzt, sondern in erster Linie als Küste mit Hinterland begreift und den Raum nicht terran, sondern landübergreifend, also maritim, versteht. Technik und Industrialisierung, die Eroberung der Luft und der Atmosphäre als dritter Dimension haben die Ausdehnung und Erweiterung des einstmals terranen Raumbegriffs zugunsten eines planetarischen Raumverständnisses beschleunigt.«[586]

Aufgrund dieser Grundthese stehen auch Strategie und Krieg bei einer Kontinentalmacht und bei einer Seemacht in vollem Gegensatz zueinander: »Eine der Folgen ist auch die Gegensätzlichkeit der Kriegs- und Feindbegriffe. Der reine, begrenzte Staatenkrieg organisierter Armeen, der... nicht gegen Zivilbevölkerung und Privateigentum gerichtet ist, ist etwas grundsätzlich anderes als der Seekrieg, der nicht zwischen Kombattanten und Nichtkombattanten unterscheidet. Letzterer bezieht durch Blockaden die Gesamtexistenz des feindlichen Volkes, Wirtschaft und Handel... mit ein und setzt in der Regel einen totalen Feindbegriff voraus.«[587] Ferner werden indirekte Herrschaftsmethodik und indirekte Strategie zu kennzeichnenden Mitteln der atlantischen Seemächte zur Durchsetzung ihres Herrschaftsanspruchs. »Nicht durch territoriale Expansionsversuche des Staates, sondern durch die Expansion ideeller, gesellschaftlicher und wirtschaftlicher Kräfte im freien Welthandel, durch weltweites Agieren in Zwischenlagen von Krieg und Frieden, durch Mittel wirtschaftlicher Beeinflussung und Sanktionen, durch Handelsembargos oder Blockaden, ökonomische und finanzielle Maßnahmen, also durch die Mittel und Methoden indirekter Machtausübung konnten nach Carl SCHMITT die großen Seemächte der Moderne – England und die USA – weltweit strategische Ziele erreichen. Die Grundlage hierfür aber ist letztlich ein neuer, maritimer Raumordnungsbegriff, der den terranen, territorialen Ordnungsbegriff überwand.«[588]

Bei seiner Analyse greift Alexander DUGIN, wie oben angedeutet, auf die Lehren MACKINDERS und MAHANS zurück, um mit deren Hilfe den Gegensatz zwischen raumgebundener eurasischer Kontinentalmacht und universalistisch ausgerichteter atlantischer Seemacht konkret begründen zu können. »Um den historischen Hintergrund des Konflikts zwischen atlantischem und eurasischem Raum sowie DUGINS Analyse der US-amerikanischen ›NWO‹ (Neue Weltordnung, der Verf.) als dem endgültigen Griff nach der unumschränkten Weltherrschaft adäquat verstehen zu können«, so Nikolaj-Klaus VON KREITOR, »ist ein kurzer Blick auf die wichtigsten geopolitischen Modelle hilfreich«: Für MACKINDER stelle Eurasien das Herzland, die politisch-militärisch-wirtschaftliche Achse der Welt, dar; daher werde jede diese Region kontrollierende Macht *eo ipso* zu einer Bedrohung der dominierenden Seemacht, die ihrerseits Kontrolle über die Weltinsel ausüben könne. Der US-amerikanische Geopolitiker Alfred MAHAN habe ein Modell erarbeitet, dem zufolge die Seemächte ihre Hegemonie nur dann behaupten können, wenn ihnen die Kontrolle über den eurasischen Kontinent gelingt, und zwar durch einen Gürtel militärischer Stützpunkte, mit dem jener einzukreisen sei. Maritime Mächte seien auf Dauer nur dann zur Dominanz fähig, wenn sie die vorherrschende Landmacht auf diese Weise einschlössen. Nicholas SPYKMAN habe diese Ansätze weiter entwickelt, indem er den Schwerpunkt auf die Kontrolle der eurasischen Küstenregionen lege, die er als ›Rimland‹ bezeichne. Seiner Auffassung nach sollten die USA danach streben, die Kontrolle des Herzlandes über den Weg einer Kontrolle des ›Rimlands‹ zu gewinnen (siehe Nikolaj-Klaus VON KREITOR, in: *ETAPPE,* Heft 12/Juni 1996, S. 27 ff.)

Diesem atlantischen Universalismus stellt Alexander DUGIN ein kontinental-raumgebundenes Ordnungsmodell gegenüber, das man getrost bezeichnen kann als eine »Konzeption eines neuen europäischen Großraums, der Pax Eurasiatica, die in Konkurrenz steht zur Pax Americana und von einer Koalition Rußlands mit den zentraleuropäischen Mächten Deutschland und Frankreich gewahrt werden wird. Im wesentlichen läßt sich dieser Entwurf als eine Art ›*Monroe-Doktrin für Europa*‹ charakterisieren, die der nordamerikanischen Intervention in europäische Angelegenheiten eine Absage erteilt, die Auflösung des transatlantischen Militärbündnisses NATO fordert sowie den Abzug der gesamten US-Militärpräsenz von europäischem Boden«.[589]

Gleichfalls auf Carl SCHMITT und seine Werke *Völkerrechtliche Großraumordnung mit Interventionsverbot für raumfremde Mächte* sowie *Großraum gegen Universalismus* Rückgriff nehmend, geht DUGIN davon aus, daß das künftig grundlegende geopolitische Ordnungsprinzip das des ›Großraums‹ sein wird,[590] das dem atlantischen Universalanspruch entgegenzustellen ist. Letzterer ist die denklogische Folge des westlich-liberalistischen Menschenbildes. Carl SCHMITT weist in diesem Zusammenhang darauf hin, daß die »Verbindung zwischen liberalem Individualismus und völkerrechtlichem Universalismus«[591] die »beiden Pole derselben Weltanschauung«[592] (nämlich der atlantisch-angelsächsischen) sind, und betont, daß die »individualistische liberal-demokratische Weltanschauung« die Vorrangstellung einer universalen internationalen Rechtsordnung anerkennen muß, da sie – von der Realität des Individuums als umfassenden Ganzen ausgehend – nur eine *civitas maxima* kennt.[593] Aus diesem Universalismus, wie er der atlantisch-angelsächsischen Ordnung eigen ist, leitet sich nach SCHMITT für die angelsächsische Seemacht ein Anspruch auf universale Einmischung (Paninterventionismus) ab, der »jede vernünftige Abgrenzung« zerstört.

Insbesondere sind es nach Carl SCHMITT die »ideologischen Gedanken der liberalen Demokratie« und die »mit ihr zusammenhängenden Vorstellungen, insbesondere des freien Welthandels und freien Weltmarktes«,[594] die eine vernünftige raumbegrenzte kontinentale Ordnungsform von vornherein unmöglich machen. Im Gegenteil ist diese spezifisch angelsächsische Ideologie die geistige Voraussetzung des modernen Imperialismus der atlantischen Führungsmacht, deren »indirekte Herrschaft« auf der Grundlage eines Netzwerkes verschleierter Interventions- und Kontrollrechte sowie getarnter wirtschaftlich-finanzieller Bindungen funktioniert.

Die Notwendigkeit der Schaffung eines Großraumkonzepts begründet Carl SCHMITT ähnlich wie der Eurasier TRUBETZKOJ. Dieser lehnte eine Übertragung des auf dem Prinzip von Souveränität und Unabhängigkeit beruhenden europäischen Staatsmodells auf den eurasischen Raum ab, da dies zu einer endlosen Kette eines ethnischen Sezessionismus mit unzähligen Konflikten führen würde (TRUBETZKOJ nannte dies den »falschen Nationalismus«). Einen ähnlichen Ansatz wählt auch Carl SCHMITT: Die Ausbreitung des europäischen Prinzips staatlicher Souveränität, des »Jus publicum Europaeum«, über den ganzen Erdball hat anstelle einer konkreten Ordnung ein »raum- und systemloses Durch- und Nebeneinander faktischer Beziehungen, ein ungeordnetes, räumlich und geistig zusammenhangloses Durch- und Nebeneinander von über fünfzig heterogenen, angeblich gleichberechtigten, gleich-souveränen Staaten und ihren verstreuten Besitzungen« geschaffen, »ein strukturloses Chaos, das keiner gemeinsamen Hegung des Krieges mehr fähig war und für das schließlich nicht einmal mehr der Begriff ›Zivilisation‹ als Substanz einer gewissen Homogenität gelten konnte«.[595]

Dabei erkannte Carl SCHMITT seinerzeit schon, daß dieses System des ›Jus Publicum Europaeum‹, der staatlichen Souveränität, Angriffen durch den angelsächsischen Universalismus ausgesetzt war, mit dem Ziel, den Souveräntitätsbegriff durch ein »universalistisches Weltrecht«[596] zu ersetzen. »Dieses führt naturgemäß zu Einmischungen aller in alles.«[597] Die Folge sei schließlich die endgültige Etablierung und Sicherung des westlich-demokratischen Universalismus und Imperialismus, wie es das Beispiel des bereits genannten ›Director of Policy Planning‹ im State Department, Stephen D. KRASNER, zeigt.

Vor diesem Hintergrund gilt es Carl SCHMITT zufolge, das bisherige Völkerrecht, ohne es aufzulösen und seine organisatorischen und territorial-ordnenden Elemente zu beseitigen, in neue Formen umzugießen. Die Formel staatlicher Souveränität müsse demnach um die räumlich-geographischen Tatsachen ergänzt werden. Wie Alexander DUGIN selbst sagt, »beruht die nationale Souveränität eines Landes nicht nur auf militärischer Macht, technologischem Entwicklungsgrad und wirtschaftlicher Produktivität, sondern nicht minder auf seinen territorialen Ressourcen und geographischen Lagebedingungen; sie hängt insofern von seinem geopolitischen Handlungsrahmen ab, d.h. insbesondere unter modernen Bedingungen, vom Ressourcenreichtum seiner externen Einflußzone«.[598]

Die Sicherung einer derartigen Souveränität verlange schließlich »ein außenpolitisches Konzept auf der Basis selbstbestimmter Raumverfügung«, das sich fremde Einmischungen strikt verbittet.[599] Es geht Carl SCHMITT also um eine räumlich-territoriale Verortung des Völkerrechts, die den Souveränitätsbegriff um den des *Großraums* ergänzt. Großraum in diesem Sinne ist »jenes Gebiet, das von einer Macht dominiert wird, die ihre bestimmte politische Idee vertritt. Dieser ›Nomos‹ wird stets mit einer spezifischen geistigen Stoßrichtung gebildet und ausformuliert, weshalb Freund-Feind-Unterscheidungen wesentlich von diesen partikularen politischen Ideen bestimmt werden. Als Exempel dient Schmitt die MONROE-Doktrin mit ihrem Prinzip der Ablehnung jeglicher Intervention seitens fremder Mächte in den amerikanischen Raum«.[600]

Wie oben bereits dargestellt, liegt der MONROE-Doktrin die Idee einer räumlich und kontinental bestimmten Abgrenzung von Interessen- und Einflußzonen zugrunde. Die ursprüngliche MONROE-Doktrin »enthält drei einfache Gedanken: Unabhängigkeit der amerikanischen Staaten, Nichtkolonisation in diesem Raum, Nichteinmischung außeramerikanischer Mächte in diesen Raum, verbunden mit Nichteinmischung Amerikas in den außeramerikanischen Raum«.[601] Das Wesen dieser Idee liegt in dem Gedanken eines konkret bestimmten Großraumes, in den raumfremde Mächte sich nicht einmischen dürften.[602] Mit diesem Konzept verbindet sich eine Neuordnung und Neuaufteilung der Welt, die das Zeitalter überseeischer Imperien, auch das des »informellen Imperiums« der USA, und des freien Welthandels beenden würde. Voraussetzung hierfür aber wäre die Übertragung des Prinzips der MONROE-Doktrin auch auf andere Regionen der Welt, also auch auf den eurasischen Raum.

Die Folge der weltweiten Anwendung des Prinzips der MONROE-Doktrin ist nach Carl SCHMITT die Neuordnung der Welt in einen »Pluralismus in sich geordneter, koexistierender Großräume, Interventionssphären und Kulturkreise«,[603] der dann das »neue Völkerrecht« bestimmen würde. Bei der MONROE-Doktrin handle es sich nicht allein um einen nur geographisch begründeten Anspruch auf eine Interessensphäre. Mit dem Großraum Amerika werde in der MONROE-Doktrin vielmehr auch eine *politische* Idee verbunden: das Verbot der Einmischung des vom monarchisch-dynastischen Legitimitätsprinzips beherrschten europäischen Systems in das zum Selbstbewußtsein erwachte Amerika durch eine Bedrohung der Unabhängigkeit der amerikanischen Staaten oder durch Kolonisation weiteren amerikanischen Gebiets. Die Qualität des Politischen erhalte die Idee des Großraums dadurch, daß sie einen bestimmten Gegner ins Auge fasse, also eine »Gegendoktrin« sei. Die Verbindung von drei Elementen, »nämlich die Verbindung von politisch erwachtem Volk, politischer Idee und politisch von dieser Idee beherrschtem, fremde Interventionen ausschließendem Großraum«, machen SCHMITT zufolge die MONROE-Doktrin zu einem »echten Großraumprinzip«. Der originäre Kerngedanke der urspünglichen MONROE-Doktrin, den Carl SCHMITT auf andere Räume für übertragbar und als Rechtsprinzip für das Völkerrecht brauchbar hält, ist also die Idee »der völkerrechtlichen Unzulässigkeit von Interventionen raumfremder Mächte in einen von einem Ordnungsprinzip beherrschten Großraum«.[604]

Den Großraum selbst sieht SCHMITT dabei organisiert als einen »Mehrvölker-Lebensraum«, der die wirtschaftspolitische Konsolidierung wie auch die politisch-strategische Isolierung des gemeinsamen Lebensraumes mehrerer Völker umfasse. Voraussetzung für die Bildung eines Großraums in diesem Sinne sei der Begriff des ›Reiches‹. Großmächte nämlich, »deren politische Idee in einen bestimmten Großraum ausstrahlt und die für diesen Großraum die Interventionen fremdräumiger Mächte grundsätzlich ausschließen«,[605] seien in der politischen Gegenwart nicht mehr Staaten, sie würden sich vielmehr über die Staaten des betreffenden Großraumes erheben, die von der jeweiligen Großmacht zu einer neuen Ordnung zusammengefaßt würden. Für SCHMITT wird auf diese Weise »der Zusammenhang von Reich, Großraum und Nichtintervention. . . grundlegend«.[606] Dabei sind Reich und Großraum nicht identisch. Das Reich ist nicht »der von ihm vor Intervention bewahrte Großraum«, wie auch »nicht jeder Staat oder jedes Volk innerhalb des Großraums. . . selber ein Stück Reich« ist.[607] »Wohl aber hat jedes Reich einen Großraum, in den seine politische Idee ausstrahlt und der fremden Interventionen nicht ausgesetzt sein darf.«[608]

Carl SCHMITT zielt damit auf eine »neue Völkerrechtsordnung, die auf völkerrechtlich anerkannten Großräumen mit Interventionsverbot für raumfremde Mächte und auf den innerhalb der Großräume führenden, diese ordnenden und gegeneinander abgrenzenden Reichen beruht«. Das Prinzip der Nichteinmischung ist das

Grundprinzip dieser neuen Ordnung, deren Schöpfer bestimmte – von SCHMITT als »Reich« bezeichnete – Großmächte sind.[609] Die internationale Ordnung selbst wird darauf aufbauend ein multipolares System verschiedener Großräume sein: »Sobald aber völkerrechtliche Großräume mit Interventionsverbot für raumfremde Mächte anerkannt sind. . ., wird ein abgrenzbares Nebeneinander auf einer sinnvoll eingeteilten Erde denkbar und kann der Grundsatz der Nichtintervention seine ordnende Wirkung in einem neuen Völkerrecht entfalten.«[610]

Welche Auswirkungen hat dieses von Carl SCHMITT entworfene Modell nun konkret auf die Anforderungen, die an eine russische Geopolitik zu stellen sind ?

DUGINS Bestandsanalyse geht treffend davon aus, daß mit dem Ende der Bipolarität, die mit dem Zusammenbruch oder besser gesagt der Untergrabung der Sowjetunion verbunden ist, das Dominium einer einzigen Supermacht eingetreten ist, die dem Rest der Welt bis auf weiteres ihren politischen Willen aufzuzwingen imstande ist. Der atlantische Universalismus fordert nunmehr geradezu den Wiederaufbau eines eurasischen Kontinentalblocks heraus, der jegliche Einmischung der atlantischen Supermacht ausschließt:

»Das Ende der Bipolarität, das Auftauchen einer unipolaren ›New World Order‹ sind ein Schlag gegen das eurasische Ordnungsmodell eines integrierten Kontinentalblocks und damit gegen eine zur Selbstbestimmung führende Zukunft der eurasischen Länder. Wenn Rußland nicht unverzüglich mit der umfassenden Wiederherstellung seiner angestammten Einflußzone (übrigens in Übereinstimmung und nach Maßgabe des von Ost wie West begrüßten Helsinki-Abkommens) beginnt, dürfte dies zu katastrophalen Konsequenzen nicht bloß für Moskau, sondern aller Völker der ›Welt-Insel‹ führen. . . Das derzeitige Rußland, im Herzen des eurasischen Kontinents gelegen, steht in heutiger geopolitischer Perspektive für Europa als Kontinentalblock, weshalb die wohlverstandenen Interessen des Kreml und die des westlichen Europas sich nicht nur ähneln, sondern mittlerweile identisch geworden sind.«[611]

Ganz an Carl SCHMITT und die Tradition der Eurasier anknüpfend, sieht DUGIN einen grundsätzlichen zivilisatorischen Gegensatz zwischen Atlantismus und Eurasianismus, aus dem sich dann logischerweise unterschiedliche politische Ordnungsmodelle ableiten lassen: »Für DUGIN stellen atlantischer Großraum und der entsprechende Atlantizismus sowie eurasischer Großraum und der ihm entsprechende Kontinentalismus zwei unterschiedliche Paradigmen sozialer Organisation dar, die nicht miteinander in Einklang zu bringen sind. Halford MACKINDERS geopolitisches Konzept bildet den theoretischen Rahmen dieser Auffassung wie auch Carl SCHMITTS Werk *Land und Meer* aus dem Jahre 1942 und in geringerem Maße auch Oswald SPENGLERS *Preußentum und Sozialismus*; weiterhin hebt DUGIN zwei Formen von Zivilisationen voneinander ab – die maritim orientierte atlantische und die landorientierte kontinental-eurasische. Er prognostiziert eine künftige Annäherung zwischen Rußland und den westlichen Ländern Europas, und zwar auf der Grundlage eines Prinzips, das er Kontinentalismus bzw. Eurasianismus nennt und dem anglo-amerikanischen Atlantismus gegenüberstellt.«[612]

Dabei stellt Dugin den ideologischen Gegensatz zwischen Atlantizismus und Eurasianismus, den Unterschied zwischen seefahrenden und »landtretenden« Zivilisationen heraus: »Den Atlantizismus, wie er derzeit in England und den USA in Erscheinung tritt, charakterisiert ein ausgeprägter Handelsgeist zugunsten des Profits, sein Wertekanon beruht auf ökonomischen Tauschprozessen und einem abstrakten Kosmopolitismus. Der Kontinentalismus hingegen, wie er sich in Gestalt des deutschen Kaiser- bzw. russischen Zarenreichs realisierte, hebt die organisch gewachsene Einheit des Volkes hervor, das spirituelle Bande mit seinem Terrain fest verbinden, zu denen in der Moderne vorrangig die jeweilige nationale Überlieferung gehört.«[613]

Dieser Gegensatz spiegelt sich Dugin zufolge dann auch in der politisch-gesellschaftlichen Kultur der Land- und Seemächte wider. Dies habe sich in der Vergangenheit bereits im Gegensatz zwischen der Seemacht Karthago und der konkurrierenden Landmacht Rom gezeigt. In der Neuzeit seien Großbritannien und nachfolgend die USA die Symbole für eine auf maritimer Kultur beruhende politisch-militärische Herrschaft, deren Machtausübung und Zielsetzung sich grundlegend von den europäischen und eurasischen Kontinentalmächten unterscheiden würden:

»Wie in der Vergangenheit schon Phönizier und Karthager, nutzte England in erster Linie Geldgeschäft, überseeischen Warenhandel und Kolonialwirtschaft als Mittel zur Begründung und Sicherung seiner hegemonialen Stellung; das geopolitische Paradigma der angelsächsischen Kultivierung von Seemacht schuf eine auf die Tauschbedürfnisse des kapitalistischen Marktes zugeschnittene Zivilisation, die materiell auf individuellen Wirtschaftsinteressen und ideell auf den Prinzipien des Liberalismus beruhte: ›Trotz historischer Nuancen brachte diese am meisten verbreitete Spielart maritimer Zivilisation ihre grundlegende Maxime, den Primat der Ökonomie über die Politik, zum Ausdruck; Mackinder machte deutlich, daß während der neuzeitlich-modernen Geschichtsperiode See-Orientierung konzeptionell Atlantizismus bedeutet, für den derzeit USA und England als maritime Großmächte angelsächsischen Zuschnitts stehen. Ihnen opponierte bislang die landorientierte eurasische Kultur, wie sie als charakteristisch für Deutschland und Rußland angesehen werden kann. Deshalb stellen sich beide Länder bewußt in Opposition zur Ideologie und geopolitischen Interessenlage der Atlantizisten und ihres derzeitigen nordamerikanischen Vorreiters, der USA. Während der Atlantizismus mit konsumistischem Liberalismus und ökonomisch motiviertem Imperialismus identisch ist, meint ›Eurasianismus‹ ein gemeinschaftsgebundenes Verantwortungsdenken, dem es um soziale Wohlfahrt, wirtschaftliche Mitbestimmung, Vorrang des Allgemeinwohls vor profitorientierten Einzelinteressen, Prioriät des gesellschaftlichen Ganzen vor den Teilen geht, letztlich um den Primat der Politik über die Wirtschaft‹.«[614]

Vor diesem Hintergrund prophezeit Dugin, daß die Welt eines Tages Zeuge des Krieges zwischen atlantizistischer und eurasischer Macht sein werde, wobei letztere von Rußland angeführt werde, der Atlantizismus aber von den USA. Der französische Kulturphilosoph Alain DE BENOIST schreibt dazu: »Eurasien gegen US-Amerika heißt die Entscheidungsschlacht um die Zukunft. Die USA sind zum Feind der Menschheit geworden – ›hostis humani generis‹, Karthago sollte seiner Zerstörung nicht entgehen.«[615]

In dieser Konstellation sieht DUGIN die Aufgabe Rußlands in Zusammenarbeit mit den europäischen Kontinentalmächten Frankreich und Deutschland darin, gegenüber dem universalen Machtanspruch der USA das eurasische Kontinentalmodell auszuformulieren und zu gestalten, um den Völkern dieses Großraumes Souveränität und kulturelle Identität zu sichern:

»Es ist offenkundig, daß das US-amerikanische Konzept des atlantizistischen Großraums, die NWO (Neue Weltordnung, der Verf.), jede Form politischer souveräner Staatlichkeit auf seiten der übrigen Länder und Völker ausschließt... Der sich unter US-amerikanischen Architekten formierende atlantizistische NWO-Großraum führt mit Sicherheit zur weiteren Schwächung des Ordnungsprinzips (national)staatlicher Souveränität, insofern die Ausübung von Druck mit militärischen wie ökonomischen Machtmitteln zum alleinigen Instrument der politischen Kontrolle werden dürfte. Die neue Weltlage stellt sämtliche Länder, und besonders jene, die der östlichen Block-Formation angehört hatten, vor die Alternative: Entweder Unterwerfung unter die forcierte ›Integration‹ in die NWO... mit daraus folgendem Souveränitätsverzicht/-verlust oder aber Bildung eines kontinental-eurasischen Großraums, dessen Ressourcen den USA entgegenzutreten vermöchten, um staatliche Souveränität und kulturelle Autonomie wahren zu können.«[616]

Folgerichtig sieht auch E. POSDNJAKOW die Aufgabe Rußlands darin, ein Gegengewicht zu den USA zu bilden und das verlorengegangene geopolitische Gleichgewicht in der Welt wiederherzustellen.[617] »Es wäre vollkommen normal, wenn Rußland eine streng symmetrische geopolitische Konzeption aufstellen und zur Bildung einer Eurasischen Union antreten würde, die in sich die ehemaligen Unionsrepubliken (vielleicht mit Ausnahme der baltischen), auch einige osteuropäische Staaten (Rumänien, Bulgarien, Serbien) und außerdem einige asiatische Länder (Iran, Indien) einschließen würde. Zweifellos wäre es ein konkurrenzfähiges geopolitisches Projekt, was nicht bedeutet, daß es automatisch aggressiv wäre... Nichts dergleichen, es ist nur die gerade Anwendung jener geopolitischen Konzeption, an der die USA und andere mit ihnen solidarische westliche Mächte konsequent festhalten, auf die russischen (weiter gefaßt: eurasischen) geographischen und historischen Realitäten. Doch ein solches Projekt muß das Ziel, die Orientierung, der perspektivische Plan sein. Heute stellt sich die Frage enger: Wie ist auf die ›Erweiterung der NATO‹ zu antworten?«[618]

Dabei kommt DUGIN zufolge dem eurasischen Block eine Befreiermission zu: »... auf der heutigen Entwicklungsstufe kann Rußland in Europa die strategischen Partner finden, die an der Wiederherstellung ihrer früheren politischen Gewalt interessiert sind. Das eurasische Rußland muß in der Rolle des Befreiers Europas auftreten, diesmal von der amerikanischen politischen, wirtschaftlichen und kulturellen Okkupation.«[619] Damit nimmt nach den Theorien der Neo-Eurasier Rußland, im Idealfall in Zusammenarbeit mit Deutschland und Frankreich, die Rolle des ›Reiches‹ im Sinne der Diktion Carl SCHMITTS ein, dem die Aufgabe zukommt, die politische Integrationsidee des (eurasischen) Großraumes zu formulieren und zu verkörpern.

Bei der inhaltlichen Ausgestaltung seines Konzepts einer eurasischen Großraumordnung mit Einmischungsverbot für raumfremde Mächte verweist Alexander DUGIN auf die Mitteleuropakonzeption des deutschen Nationalliberalen Friedrich NAUMANN und auf die verteidigungspolitische Emanzipationspolitik Charles DE GAULLES.[620]

»Als Konklusion folgt aus der Revitalisierung des Mitteleuropa-Konzeptes ein antiwestlich orientiertes Europa, wobei DUGIN die Bezeichnung ›Westen‹ als ein nordamerikanisch geprägtes, Europa übergestülptes ideologisches Konstrukt des Kalten Blockkrieges bewertet. Die Entscheidung DE GAULLES von 1966, sich aus der NATO-Kommandostruktur zurückzuziehen, die Frankreich seiner Souveränität beraubte, stellte einen ersten Schritt zur Behauptung der eigenständigen europäischen Identität dar, sie war die erste anti-atlantizistische Manifestation eines europäischen Landes in der US-Einflußsphäre... Mit Blick auf den stets aggressiver werdenden Atlantizismus suchte DE GAULLE nach Wegen, der US-Hegemonie über Europa zu widerstehen: ›Es gab zwei Optionen – er konnte entweder unilateral versuchen, die nordamerikanische Vorherrschaft herauszufordern, oder aber nach Partnern suchen, mit dem gemeinsamen Interesse an der Eliminierung solch hegemonialer Kontrolle‹.«[621]

Diese Politik DE GAULLES sollte nach DUGIN Modell für sämliche europäischen (und eurasischen) Staaten sein, da die Emanzipation von den USA Voraussetzung für die Gestaltung des Konzepts eines antihegemonialen eurasischen Großraumes ist, der dem US-Imperium keine Möglichkeiten der Einmischung bietet. Denn »das strategische NWO-Konzept Washingtons strebt heute, wo Washington massiv an der Realisierung seines Vorhabens, die Zuständigkeit und das Einsatzgebiet der NATO zu globalisieren, arbeitet, diverse Lateinamerikanisierungen an: zunächst die der ehemaligen sozialistischen Länder, insbesondere Rußlands, und ebenso die seiner westeuropäischen Alliierten. Solange die USA nicht von ihrem Thron als Entscheider auch in europäischen Dingen gestoßen worden ist, werden die Länder Europas nichts von dem erreichen können, was zur Erringung ihres geopolitisch unabhängigen Status notwendig wäre«.[622]

Das Mitteleuropa-Konzept des deutschen Nationalliberalen Friedrich NAUMANN, auf das DUGIN verweist, beinhaltet den Plan einer Raumgemeinschaft von Völkern, die, geopolitisch betrachtet, »in einem Boot sitzen« und aufgrund ihrer historischen, kulturellen, geographisch-strategischen und nicht zuletzt auch wirtschaftlichen Verzahnung zu einem gemeinsamen politischen Schicksal geradezu verurteilt sind.[623] Die Idee einer Großraumgemeinschaft ›Mitteleuropa‹ ergab sich für NAU-

MANN aus der Erkenntnis, daß wirtschaftliche Autarkie nur wenigen Mächten beschieden sein könne und die Anarchie des Völkerrechts am ehesten durch Bildung von Staatengruppen, -gemeinschaften, -verbänden nach der Gemeinsamkeit der Interessen einzugrenzen sei. »Die Souveränität«, so schrieb NAUMANN seinerzeit, »die früher ein sehr verbreitetes Besitztum irdischer Staatsgebilde war, sammelt sich. . . an ganz wenigen Stellen.«[624]

Will also die mitteleuropäische Staatenwelt unabhängig von anderen Mächten autark existieren, so ist sie NAUMANN zufolge zum organisatorischen Zusammenschluß verpflichtet, wobei Wirtschaft und Handelsströme hier schon die Richtung gewiesen hätten. »Sie haben in der Tat nur die Wahl zwischen Isoliertheit oder Anschluß, und da ihnen die Isoliertheit schon in einem Menschenalter. . . kaum mehr ertragbar sein wird, so müssen sie früher oder später sich irgendwie entschließen, mit welchem Verbande sie nach Geographie, Produktion und Geistesrichtung gehen wollen oder können. Das ist ein harter Zwang, ein schweres Schicksal, aber es ist der übermächtige Zug der Zeit, der kategorische Imperativ der Menschheitsentwicklung. Nachdem einmal zwischen Territorial- und Nationalstaaten einerseits und Menschheit andererseits sich die mächtigen Zwischenformen einschieben, hilft kein Sträuben und Klagen. . . Kleinstaaten, die keinen Zollkrieg durchführen können, die aber täglich Einfuhr und Ausfuhr brauchen, müssen in Zukunft bei einer der großen Weltfirmen eingeschrieben sein, sobald die Oberfirmen selbst sich gegenseitig noch viel mehr als vor dem Kriege voneinander abschließen.«[625]

NAUMANN begründet die Notwendigkeit des Großraums somit von den Zwängen der Ökonomie her, welche Staaten mit gemeinsamer geopolitischer Lage zur Zusammenarbeit und Vereinigung zwinge.

2.2.2.2.1.4 Zusammenfassung

DUGIN nimmt aus der Geschichte der politischen Theorienwelt Deutschlands im wesentlichen zwei Persönlichkeiten heraus, deren Ansätze zur Bestimmung einer geopolitischen Identität der Russischen Föderation seiner Ansicht nach hilfreich sind: Carl SCHMITT und Friedrich NAUMANN. Diese beiden Denker erkannten zunächst einmal übereinstimmend, daß anstelle der Anarchie einer unorganisierten Kleinstaatenwelt nur Großräume wirkliche Souveränität besitzen – sowohl aus strategischer als auch aus ökonomischer Sicht, worauf Friedrich NAUMANN deutlich hingewiesen hatte. Die Integrität dieses Großraumes wird dabei durch einen Zentralstaat begründet, der gewissermaßen die politische Einigungsidee des Großraums verkörpert und von dessen Existenz die Souveränität und Handlungsfähigkeit des Großraums in der internationalen Politik abhängen. Das Erfordernis einer Neueinteilung der internationalen Ordnung in Großräume, um die das Prinzip der nationalstaatlichen Souveränität ergänzt werden müsse, ergebe sich wiederum aus dem Gegensatz zwischen territorial begrenzter Souveränität (dem Prinzip der kontinentalen Ordnung) und dem maritimen Universalismus (das Prinzip der anglo-amerikanischen Ordnung) – ein Dualismus, der wiederum im Gegensatz zwischen Landmacht und Seemacht begründet liege.

Carl SCHMITT geht noch einen Schritt weiter: Bei der völkerrechtstheoretischen Begründung des Ordnungsmodells ›Großraum‹ greift er auf eine politische Doktrin zurück, die in der Geschichte der Staatenwelt erstmalig ein Prinzip der wechselseitigen Abgrenzung kontinentaler Einflußsphären zum Ausdruck brachte, nämlich die MONROE-Doktrin. Diese gilt als das Grundmodell einer *völkerrechtlichen Großraumordnung mit Interventionsverbot für raumfremde Mächte.* Bei diesem Prinzip handelt es sich – da es raumfremden Einmischungen *per se* eine Absage erteilt – um ein antihegemoniales Konzept, das angesichts der universalistischen Vorherrschaftsbestrebungen der USA und ihrer Bemühungen, sich des eurasischen Kontinents zu bemächtigen, von großer Aktualität ist. Der konkrete ›Feind‹ im Sinne der Diktion Carl SCHMITTS liegt für Eurasien in dem universalen Hegemonialanspruch der USA, deren Vordenker wie Zbigniew BRZEZINSKI in der Kontrolle der eurasischen Landmasse den Siegespreis der Weltherrschaft erblicken.

Die Erhebung der MONROE-Doktrin zu einem tragenden Prinzip der internationalen Ordnung dürfte jedoch letztlich zu einer Neutralisierung des globalen ›informellen‹ Imperiums USA führen, gerade weil das Prinzip der MONROE-Doktrin eine Einmischung äußerer Mächte in die inneren Angelegenheiten eines Großraums – also auch des eurasischen Raumes – untersagt. Folge dieses Ordnungsmodells ist, daß sich die Welt neu gliedern würde in ein ›Pluriversum‹ geopolitisch in sich geschlossener Großräume, die in einem globalen Gleichgewichtsverhältnis zueinander stehen, mithin also eine multipolare Weltordnung formen würden. Da es fremde Interventionen ausschließt, erweist sich das Großraumprinzip zudem auch als friedenssichernd: Der Amerika-Experte Giselher WIRSING hat bereits darauf hingewiesen, daß mit der MONROE-Doktrin für einen langen Zeitraum Kontinentalkriege ausgeschaltet worden seien, die sonst wohl unvermeidlich entstanden wären. Der südamerikanische Raum wäre seinerzeit ohne MONROE-Doktrin zum Schlachtfeld der aufeinanderstoßenden Interessen der verschiedenen europäischen Großmächte wie auch der Vereinigten Staaten geworden.[626]

Dies ließe sich den Eurasiern zufolge auch ohne weiteres auf den eurasischen Kontinent übertragen, denn mit der Verwirklichung dieses Prinzips wären Rußland, der Nahe und Mittlerer Osten sowie Zentralasien als »Objekt der Gier«[627] dem Zugriff der USA entzogen. So wie die MONROE-Doktrin seinerzeit »dem britischen Universalismus, dem Anspruch auf Rechte und Vorrechte überall in der Welt, als raumgebundener, auf einen Erdteil beschränkter Regionalismus« entgegentrat,[628] so würde heute die Idee der eurasischen MONROE-Doktrin dem US-amerikanischen Universalismus als eurasischer Regionalismus entgegentreten mit der Funktion – wie sie E. POSDNJAKOW beschrieben hat –, ein Gegengewicht gegenüber den USA zu bilden und das verlorengegangene Gleichgewicht in der Welt wiederherzustellen, und zwar im Sinne einer antihegemonialen Weltordnung.

2.2.3 Der Einfluß des Eurasianismus auf die offiziellen Dokumente der russischen Außen- und Sicherheitspolitik

Der Eurasianismus blieb jedoch nicht auf einen Zirkel von Intellektuellen beschränkt. Er fand – insbesondere, nachdem die Außenpolitik der Russischen Föderation zu einem geopolitischen Realismus zurückgekehrt war – auch Eingang in die Gedankenwelt der Gestalter der russischen Außenpolitik. Deutlich wurde dies an dem neuen Konzept zur Außenpolitik Rußlands, das das Mitglied des Präsidentenstabes Andranik Migranjan im März 1994 ausgearbeitet hatte und in einem Artikel in der *Nezavisimaja Gazeta* vorstellte. Hier wurde zum ersten Mal eine zentrale Idee formuliert, »die in der Folge als Grundidee für das Verständnis der Rolle und des Ranges Rußlands im postsowjetischen Raum bei allen führenden Politikern Rußlands von Präsident Jelzin bis zu Außenminister Kosyrew bezeichnet werden kann. Demnach soll das gesamte geopolitische Gebiet der ehemaligen Sowjetunion eine Sphäre der besonderen, lebenswichtigen Interessen Rußlands sein. Damit keine Zweifel auftreten, um welche lebenswichtigen Interessen es sich handelt, wurde eine Parallele zur ›Monroe-Doktrin‹ hergestellt. In gewissem Sinne versucht Migranjan, eine russische Monroe-Doktrin für die gegenwärtige Situation nach dem Zusammenbruch der Sowjetunion zu formulieren«.[629]

Diese Idee einer russischen Monroe-Doktrin lag – so Daschitschew – auch der Konzeption der Außenpolitik Andrej Kosyrews zugrunde, der den Raum der GUS als spezielles Interessengebiet der Russischen Föderation beschrieb und Rußland als Motor der Integration des eurasischen Raumes definierte. Die Rolle eines ›Reiches‹ als Integrationsquelle des Großraums im Sinne der Diktion Carl Schmitts zu entwickeln, erreichte die Russischen Föderation allerdings nicht. Im militärischen Bereich gelang die Erreichung einer Zusammenarbeit, wie oben dargestellt, nur teilweise: Das Taschkenter System ließ sich nicht umsetzen. Auch institutionell wurden Versuche Rußlands, die GUS zu einem gemeinschaftlichen System kollektiver Sicherheit auszubauen – verbunden mit einer Ausschlußwirkung gegenüber auswärtigen raumfremden Mächten – schon im Ansatz unterbunden: Auf dem achten Gipfeltreffen der GUS am 22. Januar 1993 in Minsk wurde im Rahmen des ›GUS-Grundlagenvertrages‹ der Rechtscharakter der Gemeinschaft Unabhängiger Staaten als Staatenbund und die Gewährleistung der kollektiven Sicherheit durch die GUS festgeschrieben. Zur wirksamen Koordinierung der Außen-, Sicherheits-, Verteidigungs- und Finanzpolitik sollte die Gemeinschaft übernationale Organe mit entsprechenden Kompetenzen erhalten. »Bereits dieser erste Versuch der institutionellen Ausstattung der GUS stieß auf Widerstand: Die Ukraine, Moldawien und Turkmenistan lehnten das Abkommen ab, da sie eine Beeinträchtigung ihrer nationalen Souveränitätsrechte befürchteten.«[630]

2.2.3.1 Die ›Primakow-Doktrin‹

Neben dem Versuch, ein eurasisches Großraummodell zu entwickeln, wurde dem Eurasianismus auch noch ein anderes Element entlehnt und zum Kernbestandteil der russischen Außenpolitik gemacht: der Grundsatz der *multipolaren Weltordnung*. Der Vorstoß der USA in den Raum der GUS wurde von den geopolitischen Realisten als unmittelbare Bedrohung russischer Interessen erkannt, der es auch bündnispolitisch entgegenzutreten galt: »Zusammenarbeit mit dem Westen bei der strategischen Abrüstung und der Transformation des Wirtschaftssystems schafft ihrer Ansicht nach Voraussetzungen für einen Ausverkauf russischer Interessen. Um dem entgegenzuwirken, gilt es, die USA durch ein Bündnis mit Westeuropa und Asien zu bekämpfen. Deutschland kommt dabei im Westen, dem Irak im Süden und China im Osten eine besondere Rolle zu.«[631]

Das Bestreben, für die Schaffung einer multipolaren Weltordnung einzutreten, ist mit der Person Jewgenij PRIMAKOWS verbunden, der am 5. Januar 1995 das Amt des russischen Außenministers antrat. Mit Jewgenij PRIMAKOW »wurde der konzeptionell bereits eingeleitete Kurswechsel personell nachvollzogen«.[632] Im Gegensatz zu KOSYREW, der als Vertreter eines Proatlantismus galt, war PRIMAKOW, ehemals Leiter des russischen Auslandsgeheimdienstes, ›Zentrist‹ und geopolitischer Realist und versuchte, »die internationale Politik nach den Erfordernissen eines geopolitisch ausgewogenen Gleichgewichts zu gestalten«.[633]

Die ›PRIMAKOW-Doktrin‹ sah die USA zwar in vielerlei Hinsicht als gegenwärtig mächtigsten Staat in der Welt an, aber nicht als das Zentrum, um das herum die maßgeblichen Prozesse und Ereignisse der internationalen Politik kreisten. Die vorherrschende Tendenz sei vielmehr in der Gegenwart der Übergang von der konfrontativen zweipoligen zu einer multipolaren Welt. Den Euroatlantikern, die sich um jeden Preis an den Westen annähern wollten, hielt PRIMAKOW entgegen, daß Rußland auf der Grundlage gemeinsamer Interessen zu gleichberechtigten partnerschaftlichen Beziehungen zu allen Staaten kommen müsse.[634]

Die Grundpfeiler der PRIMAKOW-Doktrin sahen wie folgt aus:

– Trotz des geopolitischen Zusammenbruchs Eurasiens im Jahre 1991 ist Rußland nach wie als Großmacht in der Weltpolitik existent. »Welchen Weg Rußland auch immer geht, sein strategisches Hauptinteresse wird die Wiederherstellung einer erneuerten Großmacht, eines mächtigen russischen Staates sein.«[635] Moskau erhebt denn auch nach wie vor und immer wieder Anspruch auf globales Mitspracherecht. So meinte Außenminister Jewgenij PRIMAKOW bei seiner Bilanz des Jahres 1997, daß »nicht eine einzige bedeutende Maßnahme in der Welt ohne die Teilnahme Rußlands durchgeführt« werde.[636] Moskau läßt keinen Zweifel daran, daß es sich »keinesfalls. . . mit der Rolle eines Zweit- oder Drittklasselandes zufriedengeben« werde.[637]

– Darüber hinaus wird der Zerfall der UdSSR als unhistorisch und widernatürlich angesehen. Auch wenn die Wiederherstellung der Sowjetunion nicht als realisierbar erscheint, so muß Rußland dennoch die euro-asiatische Führungsmacht auf dem Territorium der ehemaligen Sowjetunion bleiben.[638] Dabei soll die territoriale Integrität Rußlands durch eine vorteilhafte Außenpolitik auch nach außen hin abgesichert werden.[639]

– Demgegenüber steht die unipolare Stellung der USA in der internationalen Politik, welche auch bestrebt sind, diese zu erhalten. Daraus aber ergeben sich Gegensätze zu anderen ›Polen‹ der Weltpolitik.

– Aus diesem Widerstreit ergibt sich zwangläufig die Herstellung einer »polyzentristischen« oder »vielpoligen Welt« mit zumindest den USA, der EU, China und natürlich auch Rußland; hinzuzufügen sind noch China und Indien. Rußland muß dabei einen der Pole dieser neuen multipolaren Welt bilden. Um dieses verwirklichen zu können, muß es sich nach neuen Partnern in Asien und im Nahen und Mittleren Osten umsehen. Die Beziehungen zu China und Indien sollten ausgebaut werden. Dem Iran und Irak müßte geholfen werden, aus der internationalen Isolation herauszukommen.[640]

– Mit den USA und amerikanischen Verbündeten bestehen Konkurrenzverhältnisse insbesondere in Zentralasien, im Kaukasus und auf dem Balkan. Russische und amerikanische Interessen sind eben nicht identisch. Rußland muß nachdrücklich seine eigenen nationalen Interessen gegenüber den USA und ihren Verbündeten durchsetzen.[641]

Seine praktische Umgestaltung erfuhr dieses Konzept mit einer Annäherung an China. Trotz mancher Konkurrenzsituationen sehen beide Staaten in der welthegemonialen Stellung der USA die Hauptgefahr für die internationale Ordnung. Diese Gefahr äußert sich für beide Mächte in den Plänen zur NATO-Osterweiterung sowie in der Verlängerung der Sicherheitsverträge der USA mit Japan und Australien. In den drei Fällen handele es sich um »Grenzüberschreitungen« der USA mit dem Ziel einer neuen Blockbildung.[642] Mit der Hinwendung zu China, so PRIMAKOW, hat Rußland seine internationalen Beziehungen diversifiziert. Damit sei das anfängliche Übergewicht in Richtung Westen korrigiert worden, denn eine »Macht wie Rußland kann nicht nur auf einem westlichen Bein gehen«. Die multipolare Welt besteht nach übereinstimmender Analyse beider Mächte aus »gleichberechtigten Partnern«, die weder gewillt, noch danach geartet sind, sich einer Hegemonie zu beugen.

Bereits am 25. April 1996 unterzeichneten JELZIN und JIANG ZEMIN eine gemeinsame Erklärung, in der sie die Notwendigkeit bekundeten, den unipolaren Bestrebungen der USA einen Riegel vorzuschieben. Beide Mächte, so heißt es dort, streben eine »strategische Partnerschaft der Gleichberechtigung... und der Zusammenarbeit in Hinblick auf das 21. Jahrhundert an«. Moskaus Ablehnung der NATO-Osterweiterung wolle Peking »fest« unterstützen. Tschetschenien, Taiwan und Tibet gelten als jeweils »innere Angelegenheiten«.

Am 26. April 1996 kam es in Shanghai zur Unterzeichnung eines Fünf-Länder-Abkommens zwischen China, Rußland, Kasachstan, Kirgistan und Tadschikistan, das »der Herstellung einer Sphäre der Sicherheit und der Vertrauensbildung« dienen sollte. Der Rußland-Experte Wolfgang LEONHARDT bezeichnet die Bemühungen Rußlands, die Beziehungen zu China zu stärken, als »von nicht zu unterschätzender Bedeutung«,[643] was durch eine »Reihe offizieller Besuche und diplomatischer Gesten« unterstrichen wurde. »So reiste Präsident JELZIN im Dezember 1992 in die

Volksrepublik China, und das Jahr 1994 wurde in Rußland gar zum ›Jahr Chinas‹ erklärt: Höhepunkt war der Moskau-Besuch des chinesischen Präsidenten JIANG ZEMIN im September. Bald darauf, im Mai 1995, nahm JIANG auf Einladung JELZINS an den Feiern zum 50. Jahrestag des Kriegsendes teil; einen Monat später folgte ein Besuch des chinesischen Ministerpräsidenten LI PENG in der russischen Hauptstadt. Die Bedeutung, die Moskau den Beziehungen zu China auch im sicherheitspolitischen Bereich beimißt, zeigte vor allem ein Staatsbesuch in China von Präsident JELZIN, der am 24. April 1996 begann und bei dem *ein* Thema beherrschend war: die bevorstehende Unterzeichnung eines Abkommens über militärische Vertrauensbildung zwischen der Russischen Föderation, China, Kasachstan, Kirgisien und Tadshikistan.«[644]

Dieses Abkommen schließlich sollte als Grundlage für die sogenannte ›Shanghaier Organisation für Zusammenarbeit‹ (SCO) von wichtiger geopolitischer Bedeutung sein, da durch sie die Voraussetzungen für eine sicherheitspolitische Abrundung des eurasischen Raumes geschaffen wurden – als Gegengewicht zur Einbeziehung von US- und NATO-Streitkräften in Zentralasien, worauf später noch einzugehen sein wird. Tatsächlich ist die Verstärkung einer Zusammenarbeit zwischen den beiden eurasischen Mächten insofern bemerkenswert, als durch sie deutlich zutage tritt, daß »China die USA nicht mehr als Balance-Partner gegen Rußland benötigt. Der Weg zur konfliktfreien russisch-chinesischen Beziehung ist geebnet«.[645]

Auch die Wiederbelebung der Beziehungen zu Indien lag auf der außenpolitischen Agenda der Ära PRIMAKOW, welche aber weniger durch die US-Intervention in Eurasien als vielmehr durch die Bedrohung durch den wahabitisch-islamischen Fundamentalismus bestimmt war. »Am 30. und 31. März 1996 besuchte Jewgenij PRIMAKOW den Subkontinent. Er bekräftigte das Ziel, die ›strategischen Beziehungen‹ wiederzubeleben, und brachte zum Ausdruck, daß Indien zu denjenigen Ländern gehöre, die für Moskau zukünftig Priorität hätten. Zu den Schwerpunkten der Gespräche gehörte unter anderem der gemeinsame Kampf gegen Terrorismus und religiösen Fundamentalismus – ein Thema, an dem Rußland vor allem im Hinblick auf die mittelasiatischen moslemischen GUS-Staaten besonderes Interesse hat.«[646]

2.2.3.1.1 Exkurs: Der US-amerikanisch organisierte wahabitisch-islamische Fundamentalismus als gemeinsame Bedrohung für die eurasischen Mächte Indien und China und als Grund ihrer Zusammenarbeit mit der Russischen Föderation

Ein entscheidender Grund, warum die Russische Föderation und die asiatischen Mächte China und Indien trotz bestehender Rivalitäten eine Zusammenarbeit suchen, ist, daß alle drei Staaten – neben dem militärischen Vorstoß der USA in Eurasien – einer Bedrohung durch den wahabitisch-islamischen Fundamentalismus ausgesetzt sind (dies geht schließlich auch aus den Dokumenten hervor), dessen Förderung – wie noch zu zeigen sein wird – Kernbestandteil der antieurasischen

Geostrategie der USA ist, die diese in Zusammenarbeit mit dem pakistanischen Geheimdienst ISI umgesetzt hat:

»Parallel zu diesen verdeckten Operationen auf dem Balkan und in der ehemaligen Sowjetunion förderte der pakistanische Geheimdienst ISI seit den 80er Jahren mehrere islamische Aufstände im indischen Kaschmir. Obwohl offiziell von Washington verurteilt, fanden auch diese Operationen des ISI mit stillschweigender Billigung der US-Regierung statt. Zeitgleich mit dem Genfer Friedensabkommen und dem sowjetischen Rückzug aus Afghanistan half der ISI bei der Gründung der militanten Hisbollah-Mudschaheddin im indischen Bundesstaat Jammu und Kaschmir.«[647]

Auch die Terrorakte vom Dezember 2001 auf das indische Parlament, so Globalisierungsexperte Michel Chossudovsky, seien von zwei von Pakistan aus operierenden Rebellengruppen durchgeführt worden, und zwar von der Lashkar-e-Taiba (Armee der Reinen) und Jaish-e-Mohammed, die beide vom ISI gefördert würden. »Es muß nicht eigens erwähnt werden, daß die vom ISI unterstützten islamischen Aufstände den geopolitischen Interessen der USA dienen, da sie zur Schwächung und Spaltung der Einheit Indiens beitragen.«[648]

Auch China ist dieser amerikanisch-pakistanischen Destabilisierungspolitik ausgesetzt: »Ebenfalls bedeutsam für das Verständnis von Amerikas neuem Krieg ist die Unterstützung des ISI für islamische Aufstände an der chinesischen Westgrenze zu Afghanistan und Pakistan«, so Michel Chossudovsky. »Tatsächlich stehen diverse islamische Bewegungen in den muslimischen Republiken der ehemaligen Sowjetunion in engem Kontakt mit den Bewegungen der Turkmenen und Uiguren in der Uigurischen Autonomen Region Sinkiang.«[649] Diese Separatistengruppen in den islamischen Regionen der Volksrepublik China werden Chossudovsky zufolge vom pakistanischen Geheimdienst unterstützt. Dabei sei das erklärte Ziel dieser islamischen Aufständischen die Errichtung eines islamischen Kalifats in der Region, das die territoriale Integrität Chinas in Frage stellen würde. »Die Ziele der separatistischen Bewegungen an Chinas Westgrenze, die auch Gelder von verschiedenen wahabitischen Stiftungen aus den Golfstaaten erhalten, decken sich mit den strategischen Interessen der USA in Zentralasien.«[650]

Michel Chossudovsky zufolge sind die separatistischen Bestrebungen im islamisch geprägten Westteil Chinas daher auch Bestandteil einer verdeckten Kriegführung der USA gegen die Volksrepublik: »Durch die verdeckte Förderung der Abspaltung der Uigurischen Autonomen Region Sinkiang mithilfe des pakistanischen Geheimdienstes verfolgt Washington das Ziel, die Volksrepublik China auf breiter Front politisch zu destabilisieren und territorial aufzubrechen. Diesem Ziel dienen auch die Militärstützpunkte, die die USA in Afghanistan und verschiendenen ehemaligen Sowjetrepubliken direkt an der Westgrenze Chinas errichtet haben, sowie die Militarisierung des Südchinesischen Meeres und der Formosastraße.«[651]

2.2.3.1.2 Die »NATO-Rußland-Akte« von 1997

PRIMAKOW versuchte dort, wo Rußland neue Bündnisse, die seinen nationalen Interessen zuwiderliefen, in der internationalen Politik nicht verhindern konnte, von den USA und der NATO zumindest ansatzweise Zugeständnisse und Ausgleiche zu erhalten, deren Wert aber bei genauer Betrachtung gering war. Es gelang Rußland nicht, die NATO-Konferenz in Madrid im Jahre 1997, auf der die Aufnahme der ehemaligen Warschauer-Pakt-Staaten Polen, Ungarn und Tschechische Republik beschlossen wurde, zu verhindern. Mit der Auflösung des Warschauer-Pakt-Systems trat eine Umwandlung der NATO dahingehend ein, daß nicht mehr der verteidigungspolitische Gesichtspunkt des Artikels 5 des NATO-Vertrages im Vordergrund stand, sondern ein sogenannter ›Stabilitätsexport‹ an die Peripherie des Bündnisses, und zwar nicht nur militärisch, sondern auch sozial und wirtschaftlich, da sich auf diese Weise die Rahmenbedingungen für Auslandsinvestitionen verbessern und die Handelsbeziehungen zum Westen vertiefen würden (so eine Stellungnahme des ungarischen Verteidigungsministeriums).[652]

Die NATO sollte somit zum militärpolitischen Rahmen einer westlich-neoliberalen Globalisierung werden, um die Expansion der westlichen Ökonomien Richtung Eurasien abzusichern. Tatsächlich bedeutet, wie schon Halford MACKINDER und Zbigniew BZEZINSKI darstellten, die Kontrolle über Ostmitteleuropa die Voraussetzung für die Herrschaft über Eurasien (»Wer Osteuropa beherrscht, beherrscht den Kernraum. Wer den Kernraum beherrscht, beherrscht die Weltinsel. Wer die Weltinsel beherrscht, beherrscht die Welt«). Dessen waren sich die US-Strategen auch bewußt, und demzufolge war und ist die NATO-Osterweiterung zwangsläufig eine gezielt gegen Rußland gerichtete Strategie mit dem langfristigen Ziel der Unterwerfung Rußlands (»Die transatlantische Allianz ist das Sprungbrett für das globale Engagement der USA und gibt Amerika die Möglichkeit, seine Rolle als Schiedsrichter in Eurasien, der zentralen Arena der Macht, wahrzunehmen«, so Z. BRZEZINSKI).[653]

Bereits früh wurde in der Russischen Föderation deshalb ein Vorstoß der NATO Richtung Ostmitteleuropa als unmittelbare Bedrohung russischer Interessensphären erkannt. Ende September 1993 richtete Präsident JELZIN einen Brief an einige NATO-Staaten, in dem er sich ausdrücklich gegen eine Erweiterung des westlichen Militärbündnisses nach Osten aussprach und vor einer Isolierung Rußlands warnte. Etwa zeitgleich, am 26. September 1993, erklärte Außenminister KOSYREW, daß bei einer NATO-Osterweiterung »simplifiziertes, überstürztes Herangehen« vermieden werden müsse. Vor allem dürfe die NATO keine Militärstützpunkte nach Osten verlagern und müsse auf die Stationierung von Atomwaffen in mittel- und osteuropäischen Ländern verzichten. Jewgenij PRIMAKOW, seinerzeit noch Chef des russischen Auslandsgeheimdienstes, versuchte statt dessen ein Gegenmodell für eine gesamteuropäische Sicherheitsordnung zu entwickeln, das die NATO ersetzen sollte. Die NATO, so PRIMAKOW, sei noch in Kategorien des Blockdenkens verhaftet. Da sich die NATO in der Vergangenheit nachweislich gegen Rußland gerichtet habe, komme es darauf an, ein Sicherheitssystem für alle europäischen Staaten nach dem Vorbild der KSZE bzw. der OSZE zu errichten, in dem auch Rußland ein Mitspracherecht habe. Rußland hatte der OSZE dabei die Funktion zugewiesen, »den Schaden für die nationalen Interessen Rußlands von der NATO-Osterweiterung zu mildern«.[654]

Dieser Vorschlag Rußlands zur NATO-Reform aber wurde vom Westen rundweg abgelehnt. »Die KSZE-Gipfelkonferenz im Dezember 1994 machte unmißverständlich deutlich, daß Rußland kein Mitspracherecht, geschweige denn ein Vetorecht bei der NATO-Osterweiterung haben würde.«[655] Dabei waren es vor allem die neuen NATO-Mitgliedsstaaten, die vor einer »OSZEisierung« der NATO und einer Relativierung der Sicherheitsgarantie nach Artikel 5 des NATO-Vertrages warnten.[656] Die Versuche Rußlands, die OSZE gegen die NATO aufzuwerten, scheiterten somit. Mit dieser unumstößlichen Haltung des Westens blieb Rußland in der Frage der Osterweiterung nur noch die Wahl zwischen Unterwerfung oder Konfrontation. Rußland erkannte damit, daß es in Sachen NATO-Osterweiterung keinerlei Mitspracherecht mehr hatte – seine Stellung wurde vom Westen als eine zu vernachlässigende Größe betrachtet, da man gedachte, die Osterweiterung ultimativ durchzusetzen – gleichgültig ob mit oder gegen den Willen Rußlands.

Die militärische und außenpolitische Elite der Russischen Föderation sah hierin sogar einen Schritt, der möglicherweise einen Krieg auslösen könnte. Hierbei war es nach Wolfgang Leonhardt gerade diese Haltung des transatlantischen Bündnisses, die die Ablehnung der Russischen Föderation in dieser Frage verschärfte. »Die russische Ablehnung verschärfte sich daraufhin merklich.«[657] In der »Konzeption der nationalen Sicherheit der Russischen Föderation« vom 17. Dezember 1997 hieß es daher auch folgerichtig: »Eine Bedrohung für die nationale Sicherheit Rußlands im Verteidigungsbereich bleibt die Erhaltung oder Schaffung von starken Gruppierungen von Streitkräften in an Rußland angrenzenden Regionen. Sogar beim Fehlen von aggressiven Absichten gegenüber Rußland stellen solche Gruppierungen eine potentielle militärische Bedrohung dar.«[658] Gleichwohl aber, so Wolfgang Leonhardt, war die russische Führung trotzdem bereit, mit der NATO über Sonderbeziehungen zwischen dem Atlantischen Bündnis und Rußland zu verhandeln.[659] »Bei der Ausarbeitung der eigenen Position zur NATO-Osterweiterung gab es für Rußland zwei Wege«, sagte Boris Jelzin am 19. Mai 1997. »Der erste Weg bestand darin, sich auf den Protest und die Erklärung zu beschränken, daß die Erweiterung der Allianz abgelehnt wird. Der zweite Weg bestand darin, die Folgen der NATO-Osterweiterung auf ein Minimum zu beschränken.« Diesen Weg habe Rußland beschritten.[660]

Vor diesem Hintergrund kam es am 27. Mai 1997 in Paris zur Unterzeichnung der »Grundsatzakte über gegenseitige Beziehungen, Zusammenarbeit und Sicherheit zwischen der Russischen Föderation und der NATO«. Durch dieses Dokument hatte Rußland es zumindest erreicht, daß die NATO in den neuen Mitgliedsstaaten weder ständige Truppenkontingente noch Atomwaffen stationiert. Der Wert dieser Zusicherung ist allerdings zweifelhaft angesichts des Umstandes, daß Truppen in einigen Stunden verlegt werden können.[661] Darüber hinaus heißt es in der Grundakte, daß sie der NATO und Rußland keinerlei Vetorecht in Angelegenheiten der jeweils anderen Seite einräumt und die jeweiligen Rechte auf unabhängige Entscheidungsfindung und unabhängiges Handeln nicht beeinträchtigt.[662]

Insgesamt beinhaltet die Grundakte – worauf Martin Malek hinweist – in der Tat »mehrere nicht näher bestimmte bzw. dehnbare Formulierungen«.[663] Mit der Formel »keinerlei Vetorecht in Angelegenheiten der jeweils anderen Seite« verbindet sich je nach Lesart ohne weiteres die Möglichkeit, Rußland ein Mitspracherecht in der NATO-Expansionspolitik zu entziehen. Nach der hier vertretenen These handelt es sich bei dieser Grundakte lediglich um eine völkerrechtliche Bestätigung des Status quo, die Rußland mit seiner Unterschrift auch sanktioniert hat. Als Boris Jelzin nämlich nach der Unterzeichnung der Grundakte erklärte, daß Rußland über das Gremium des ›NATO-Rußland-Rates‹ nunmehr die Möglichkeit habe, jede Entscheidung der NATO in Sachen Expansion, mit der es nicht einverstanden sei, blockieren könne, wurde dies von NATO-Generalsekretär Solana, US-Präsident Bill Clinton und seiner Außenministerin Albright umgehend bestritten.[664] Damit war klar, daß die westliche Machtelite bestrebt war, die Vereinbarungen der Grundakte möglichst eng auszulegen.

Welche Bedeutung sie der Vereinbarung tatsächlich beimaß, sollte sich schon zwei Jahre später – im März 1999 – zeigen, als die NATO ihren vom UN-Sicherheitsrat gerade *nicht* sanktionierten Überfall auf die Bundesrepublik Jugoslawien startete. Bei diesem unilateralen Vorgehen der NATO handelte es sich um einen offenkundigen Verstoß gegen den Geist der Grundakte: Die Grundakte sollte schließlich gerade *nicht* die Hauptverantwortung des UN-Sicherheitsrates für die Wahrung des Weltfriedens und der internationalen Sicherheit beschneiden. Vielmehr – so die Grundakte – würden die NATO und Rußland ihre Verpflichtungen aus dem Völkerrecht und aus internationalen Übereinkünften einschließlich der UN-Charta erhalten.[665] Mit dieser Vereinbarung verband Rußland die Hoffnung, daß »jegliche Aktivitäten der NATO, darunter Aktionen mit Elementen des Zwangs und militärischer Gewalt, nur auf der Grundlage eines Mandats des UNO-Sicherheitsrates durchgeführt werden können. Daher habe Rußland als ständiges Mitglied des UNO-Sicherheitsrates die Möglichkeit, die Einhaltung der Normen des Völkerrechts zu sichern«.[666]

Diese Hoffnung wurde von den USA und der NATO allerdings hintertrieben. Wolfgang Seiffert, Rußlandexperte und Berater des russischen Präsidenten Wladimir Putin, beschreibt die Auswirkungen des (völkerrechtswidrigen) NATO-Überfalls auf die Haltung Rußlands wie folgt: »Die Hoffnung, die Jelzin und Primakow an die ›Partnerschaft für den Frieden‹ geknüpft hatten, nämlich gleichrangiger Partner des Westens zu sein, wurde bitter enttäuscht. Denn statt dessen erlebte Rußland mit dem NATO-Angriff auf Jugoslawien am 24. März 1999 eine beispiellose Demütigung und Bloßstellung seiner Schwäche. Sie gipfelte nach Ansicht russischer Medien in dem Anspruch der USA, eine neue Weltordnung zu etablieren, die nicht mehr auf den völkerrechtlichen Prinzipien der UNO beruhe, sondern auf den von der NATO ausgegebenen Direktiven.«[667]

Damit zeigte sich, daß die Grundakte nicht das wert war, was sich die russische Führung von ihr versprach, nämlich auch eine Abgrenzung von Interessensphären im Sinne einer multipolaren Weltordnung. Die russischen Politologen erhofften sich von der Grundakte schließlich, daß nunmehr alle Fragen der NATO-Expansion und NATO-Aktivitäten ›*out of area*‹ mit Rußland abgestimmt werden müßten. Eine Aufwertung der Russischen Föderation als ein geopolitisches Gravitationszentrum in einer vielpoligen Welt war mit der Grundakte nur formell verbunden. Ein tatsächliches Mitspracherecht Rußlands bei der Ausdehnung der NATO in die postsowjetische Vorherrschaftssphäre blieb jedoch ausgeschlossen. Man liegt deshalb nicht ganz falsch, in der Grundakte lediglich ein Stillhalteabkommen für Rußland zu sehen, mit der die westliche Machtelite dessen Bereitschaft zur Anerkennung der NATO-Expansion in den postsowjetischen Raum erreichen wollte.

»Auch manche westliche Beobachter fanden, daß die zahlreichen westlichen Funktionäre, die mit der russischen Seite Gespräche führten, vor allem ein Ziel hatten: ›Wenn irgend möglich, will man der gefallenen Weltmacht jeden Wunsch erfüllen, der sie die Schmach leichter ertragen läßt, daß sich die NATO ehemalige Warschauer-Pakt-Staaten einverleiben wird‹.«[668] Begleitet wurde dies mit einer Vorgehensweise, die man getrost als ›Bestechung‹ bezeichnen kann: »Tatsächlich machte der IWF zwei Tage nach der Einigung auf die ›Grundakte‹ einen langerwarteten Großkredit von umgerechnet 8,5 Mrd. Schilling flüssig. Insgesamt soll Rußland, das mit Auslandsverbindlichkeiten von 127,4 Mrd. Dollar der... weltweit drittgrößte Schuldner ist, bis zum Jahr 2000 IWF-Kredite von umgerechnet 120 Mrd. Schilling erhalten.«[669] Die Zustimmung der Russischen Föderation zur NATO-Expansion wurde damit also erkauft.

2.2.3.2 ›Anti-NATO‹ – das strategische Konzept des Vorsitzenden des Geopolitischen Ausschusses der Staatsduma, Alexej Mitrofanow

In der zweiten Hälfte der neunziger Jahre war der Vorstoß der NATO in den postsowjetischen Raum das zentrale Thema und eine der wichtigsten Herausforderungen für die Außenpolitik der Russischen Föderation. Das mit der Osterweiterung des nordatlantischen Bündnisses geschaffene Bedrohungs- und Einkreisungsszenario – nach Zbigniew Brzezinski von der amerikanischen Machtelite auch als solches gedacht – führte bei russischen Geopolitikern zwangsläufig zur Entwicklung von Gegenstrategien. Einer der wichtigsten Vordenker in diese Richtung war zu dieser Zeit der Vorsitzende des Geopolitischen Ausschusses der Staatsduma, Alexej Mitrofanow. Dieser hatte am 18. Februar 1997 unter dem Titel *Anti-NATO – Ein neuer Gedanke für russische Geopolitik. Taktik und Strategie für die heutige Zeit* eine Grundsatzrede gehalten, die für das geopolitische Denken in der Russischen Föderation einerseits exemplarisch ist, auf der anderen Seite in bezug auf die deutsch-russischen Beziehungen geradezu revolutionäre Bedeutung gehabt hätte, wäre sie so umgesetzt worden, wie von Mitrofanow geäußert.

Ausgangspunkt seiner Rede war zunächst einmal eine Analyse des Endes der Nachkriegszeit und ihrer Auswirkungen auf die Russische Föderation. Der Zusammenbruch des weltweiten Kräftesystems, das die Ordnung von Jalta und Potsdam mit sich gebracht habe, sei unwiderruflich und stelle Rußland vor gänzlich neue Herausforderungen. »Es hängt nun von uns allein ab, ob wir dieser Prüfung standhalten und den Feind zurückwerfen, oder ob der Feind uns über die Wolga zurückwirft. Eines ist vollkommen klar: Alle heutigen Entwicklungen führen zu Rußlands Lostrennung von Europa, zur Schaffung eines Quarantänegürtels von uns unfreundlich gesinnten Staaten in Verbund mit den USA und deren Verbündeten, beide vereinigt in einem an unseren Bereich grenzenden Militärblock. Das führt weiter zu einer fortgesetzten Schwächung, zu zentrifugalen Tendenzen und schließlich zum Zerfall unseres Landes, wonach etwa 10 bis 15 Vasallenstaaten sich bilden, die völlig von ihren Oberherren abhängig wären.«[670] Aus diesem Grunde müsse man der »Idee der russischen nationalen Selbstverwirklichung« zum Durchbruch verhelfen. Um gegen diese neuen Herausforderungen gewappnet zu sein, müsse sich Rußland technologisch neu definieren. Die sowjetische Führung schließlich habe zu sehr »auf die alten Faktoren der Weltgeltung – Rohstoffe und Stahl als Grundlage der Rüstung – vertraut« und damit den allgemeinen technologischen Wandel hin zur Informationsgesellschaft schlichtweg verschlafen.

Als Hauptfeind für die Russische Föderation erkennt Mitrofanow die USA. Demzufolge tadelt er auch die »blinde Amerikahörigkeit der russischen Führung«. Die im Kalten Krieg siegreichen USA hätten keineswegs »ihr geostrategisches Interesse am postsowjetischen Raum verloren«. Die NATO werde »mit aller Kraft nach Osten erweitert«, und Brzezinski habe bereits 1994 erklärt: »Ohne die Ukraine wird Rußland nie wieder eine Weltmacht werden.«[671] In Anlehnung an die Aussage Carl Schmitts stellt Mitrofanow dann fest, daß die Russische Föderation zur Bestimmung ihrer politischen Identität ihren Feind genau kennen müsse: »Wenn wir den schmerzlichen und für unser Land so schädlichen Pro-Amerikanismus überwinden wollen, dann müssen wir hier und nach draußen die volle Wahrheit verkünden: Unter den heutigen Bedingungen sind die Vereinigten Staaten der Hauptfeind unseres Landes. Alle unsere Handlungen gegenüber den USA müssen von dieser Voraussetzung ausgehen. Wir müssen unseren Feind kennen und dürfen nicht fürchten, ihn beim Namen zu nennen. Großbritannien hat schon lange vergessen, was unabhängige Außenpolitik bedeutet. Es folgt mit hängendem Kopf der amerikanischen Führung. So ist auch Großbritannien ein Feind, und natürlich auch die Türkei. *Ein Feind ohne Zweifel ist der gesamte aggressive NATO-Block.* Es ist der Grundgedanke unserer neuen geopolitischen Doktrin, unsere Feinde zu bekämpfen oder sie als Verbündete zu gewinnen, auf welche Weise auch immer, und dabei unseren Freunden Liebe und rücksichtsvolle Behandlung zu erweisen. Das sind die Grundgedanken unserer neuen geopolitischen Doktrin.«

Rußland selbst sollte aus der GUS austreten und statt dessen mit diesen Ländern bilaterale Beziehungen pflegen mit dem langfristigen Ziel der Verwirklichung eines eurasischen Großraumes, innerhalb dessen Rußland die integrierende Reichsidee verkörpert: »Sobald eine neue Generation von GUS-Führern heranwächst, frei von blinder Verehrung amerikanischer Zigaretten und billiger türkischer Textilwaren, wird auch der *Reichsgedanke, der Gedanke eines russischen Commonwealth,* wieder lebendig.«[672]

Dem Atlantismus setzt Mitrofanow eine gesamteurasische Zusammenarbeit entgegen, die die Machtposition der NATO in Eurasien ablösen wird und welche durch eine *Achse Berlin–Moskau–Tokio* begründet wird: »Eine Analyse der gegenwärtigen politischen Weltlage beweist, daß heute, vor der Jahrhundert- und Jahrtausendwende, Deutschland und Japan unsere natürlichen Verbündeten werden müssen. Unsere Feinde, allen voran Großbritannien, die Türkei und die USA, verstehen das sehr wohl und verhindern mit allen Mitteln unseren Zusammenschluß. Sie scheuen auch nicht davor zurück, uns mit schmutzigen Tricks gegeneinander auszuspielen – bestes Beispiel ist die Kurilenfrage, die von Amerika durch Intrigen aufgeheizt wird.«

Im Anschluß daran beschreibt Mitrofanow, wie Eurasien nach dem unwiderruflichen Ende der Nachkriegszeit und ihrer Bündnissysteme unter diesen Vorzeichen neu organisiert werden könnte: »Stellen Sie sich vor, wie die Welt aussähe, wenn Rußland die Initiative ergreift, die sich aus einem vertragslosen Zustand (nach der Kündigung aller Nachkriegsverträge) ergibt:

– Bildung einer militärpolitischen Allianz zwischen Deutschland, Rußland und Japan.

– Diese Achse wird im Süden gedeckt durch den russisch-chinesisch-indischen Block, der für China den Weg freimacht für eine räumliche Erweiterung nach Westen, über Süd-Kasachstan und den Iran in Richtung Türkei und der ein Garant ist für Indiens führende Rolle auf dem hindustanischen Subkontinent.

– Schaffung gemeinsamer deutsch-russisch-japanischer Einflußsphären. Deutschland und Japan nähern sich gegenwärtig der Wachstumsgrenze für rein ökonomische Ausdehnung. Der Gegensatz zwischen ihnen und den USA ist unvermeidlich erbitterter geworden.[673] In den letzten Jahren sind diese Länder zu neuen und machtvollen Zentren geworden, nicht nur von regionaler, sondern von Weltbedeutung.«[674] Die Zusammenarbeit zwischen den Staaten der Achse ergibt sich, so Mitrofanow, allein schon aus wirtschaftlichen Gesichtspunkten, da alle drei Länder füreinander wechselseitige Ergänzungsräume darstellen: »Ihre weitere Entwicklung wird aber behindert durch den Mangel an Rohstoffen und hochentwickelter Rüstungstechnologie und durch den Fortbestand inzwischen bedeutungslos gewordener internationaler Verträge (die wir kündigen würden). Die nationale Demütigung des deutschen und japanischen Volkes infolge des Kriegsausganges ist durch die fortbestehende amerikanische Militärpräsenz noch vertieft worden. Wir rufen das deutsche und das japanische Volk auf, ihre erniedrigenden Verfassungen zu zerreißen, welche ihre Möglichkeiten in der Innen- und Außenpolitik einschränken. Rußland kann diesen Ländern heute geben, was sie am meisten brauchen. Erinnern Sie sich: In den späten 20er Jahren dieses Jahrhunderts, als Deutschland in einer weitaus schlechteren Lage war als heute, begann die deutsche Wehrmacht damit, ihr Offizierskorps in der UdSSR zu schulen. Es war ein Unglück für unsere beiden Länder, daß es den Mächten der Weltverschwörung gelang, unsere Partnerschaft aufzulösen und die Kraft der deutschen Wehrmacht gegen ihren natürlichen Verbündeten zu lenken, die UdSSR, anstatt daß sich diese gegen den wirklichen Feind des deutschen Volkes gerichtet hätte, die internationale Finanzoligarchie.«[675]

Mit einem solchen Schritt würde der asiatische Raum nicht nur von amerikanischen Interventionen befreit werden; eine Kooperation der genannten Staaten einer solchen eurasischen Achse würde ferner auch ein ungeheures wirtschaftliches Potential entfalten: »Im gesamten asiatisch-pazifischen Raum gäbe es dann keine amerikanische Militärbasis mehr. Alle amerikanischen Landerwerbungen in dieser Region würden rückgängig gemacht. Die Völker würden sich für Freiheit und Selbstbestimmung entscheiden und gegen den erniedrigenden Status als amerikanisches Mandats- oder Übersee-Territorium. . . Die Achse Berlin–Moskau–Tokio, flankiert vom russisch-chinesisch-indischen Block, würde einen unvergleichlichen Markt darstellen, mit der Hälfte der Weltbevölkerung, mit Bodenschätzen aller Art, mit Energiereserven, einer stark industrialisierten Landwirtschaft usw.; kurz, dieser Markt wäre autark. Fügt man die japanischen Fortschritte auf dem Gebiet der Elektronik und russische mathematische Begabungen zusammen, könnte Rußland seinen Rückstand auf dem Gebiet der Informatik aufholen und seinerseits den Japanern und anderen Ländern helfen, sich von der Abhängigkeit von den USA auf dem Gebiet der Software zu befreien. Die größten Zivilisationen der Welt – die europäische, slawische, japanische, chinesische und indische – würden nebeneinander bestehen in einem geordneten Raum, der ruhige Sicherheit mit volklicher und kultureller Vielfalt verbindet.«[676]

MITROFANOW entwirft hier als Gegenmodell eine wirtschafts- und sicherheitspolitische Einigung des eurasischen Raumes gegen das »informelle« Imperium der USA und deren »außenpolitisches Konzept der Unipolarität«, welche sich gezielt in Gegnerschaft zur anti-eurasischen Geostrategie eines Zbigniew BRZEZINSKI setzt. Deshalb muß nach MITROFANOW die amerikanisch geprägte Nachkriegsordnung, die mit der Wende 1989/1990 unwiderruflich ihr Ende gefunden habe, ersetzt werden durch »neue und wahrhaft demokratische, unparteiische internationale Organisationen. . ., die das Interesse der Nationen verteidigen und ausdrücken, aber nicht das von Finanzzentren«.[677]

In diesem Zusammenhang ist interessant, daß MITROFANOW das heutige Polen als amerikanischen – gegen Deutschland und Rußland gerichteten – Einkreisungspartner erkennt. Der Umstand, so MITROFANOW, daß Polen nunmehr nach der Auflösung des Warschauer Paktes auf die Seite des atlantischen Feindes gewechselt habe, mache eine territoriale Revision der mitteleuropäischen Grenzziehungen erforderlich: »Der 2. Weltkrieg brach in Polen aus, und der Hauptschlag gegen die UdSSR erfolgte von polnischem Territorium aus. Alle nachfolgenden territorialen Erwerbungen Polens standen unter dem Vorbehalt freundlicher Beziehungen zur UdSSR. Deren Rechtsnachfolger ist Rußland. Die Schlußfolgerung für uns ist: Wir erklären, daß das neue, Rußland feindlich gesonnene Polen alle Territorien zurückgeben muß, die früher weißrussisch oder deutsch waren (einschließlich des polnisch verwalteten Teils von Ostpreußen) und die Polen zugeschlagen wurden. Es ist ein Gebot der Vernunft, Gespräche zwischen Rußland und Deutschland über die Frage des russisch verwalteten Teils von Ostpreußen aufzunehmen.«[678] Die Revision der Grenzziehungen, wie sie auf den Konferenzen von Teheran, Jalta und Potsdam im Zuge des Zweiten Weltkrieges erfolgt sind, sieht MITROFANOW als Grundvoraussetzung für eine Neudefinition deutsch-russischer Beziehungen an.

Sollten die Visionen MITROFANOWS tatsächlich Gestalt annehmen, dann wäre damit der universale Herrschaftsanspruch der USA beseitigt, da doch nach der Diktion BRZEZINSKIS »eine Dominanz auf dem gesamten eurasischen Kontinent noch heute die Voraussetzung für globale Vormachtstellung ist«. Die Herrschaft der USA als eurasische Macht beruht darauf, daß »ihre Truppen an drei Randgebieten des eurasischen Kontinents präsent« sind, mit denen sie wiederum »einen massiven Einfluß auf die im eurasischen Hinterland ansässigen Staaten ausüben«. »Aber das weltweit wichtigste Spielfeld – Eurasien – ist der Ort, auf dem Amerika irgendwann ein potentieller Nebenbuhler um die Weltmacht erwachsen könnte«[679] – mit der Umsetzung des geopolitischen Konzepts MITROFANOWS würde in der Tat ein Gravitationszentrum entstehen, das die USA zum Abzug ihrer Truppen von den Randgebieten Eurasiens zwingen könnte und somit die heute noch bestehende weltweite Vorherrschaft der USA austrocknen würde.

2.2.4 Der Eurasianismus in der Konzeption Wladimir W. Putins

Am 9. August 1999 wurde nach der Entlassung STEPASCHINS Wladimir W. PUTIN zum Ministerpräsidenten der Russischen Föderation ernannt. Am 26. März 2000 bestritt er erfolgreich die Präsidentschaftswahl. Mit diesem personellen Wechsel sollten eine grundsätzliche wirtschaftliche Erneuerung Rußlands und seine Positionierung als geopolitischer Machtfaktor verbunden werden, der imstande sein sollte, den gegenüber der globalen Führungsmacht USA verlorengegangenen Boden wiederzuerlangen. »Hat für Rußland die Zeit der Demütigung und der Schwäche. . . mit der Machtergreifung Wladimir PUTINS ein Ende gefunden?« fragte Peter SCHOLL-LATOUR[680] und gab auch gleich die Antwort: Der Machtantritt Wladimir PUTINS sollte für Rußland ähnliche Bedeutung haben wie der seinerzeitige Regierungsantritt PETERS DES GROSSEN.

»Bricht nunmehr für Rußland ein neues ›petrinisches‹ Zeitalter an? Fast scheint es, als wolle Wladimir PUTIN in die Fußstapfen PETERS DES GROSSEN treten.«[681] Damit verbunden wäre dann aber auch ein endgültiger Bruch mit allen proatlantischen Strömungen innerhalb der russischen Außenpolitik. Vielmehr würde Rußland jetzt endgültig die Rolle übernehmen, im Sinne der multipolaren Weltordnung, wie sie von Außenminister (und zwischenzeitlichen Ministerpräsidenten) Jewgenij PRIMAKOW vorgedacht war, »den Hegemonial-Anspruch der USA mit allen Mitteln, notfalls auch im Verbund mit China, einzudämmen. Dieses neue Selbstbewußtsein könnte es für den Westen höchst riskant machen, die Einflußzone von Altlantikpakt und Europäischer Union über die Grenzen Polens in Richtung Baltikum, Ukraine oder gar Kaukasus auszuweiten«.[682]

Sehr wohl um den Zusammenhang zwischen wirtschaftlicher Leistungsfähigkeit und politisch-militärischer Macht wissend, ging es PUTIN zunächst einmal darum, Rußland wirtschaftlich zu erneuern, um anschließend die Herausforderung durch die atlantische Universalmacht annehmen zu können: »PUTIN erachtet die ökonomische Erneuerung als *conditio sine qua non* [unerläßliche Bedingung] für den Wiederaufstieg des Landes zur Großmacht und ersetzte hegemonistische Schutzbekundungen durch einen an der Modernisierung Rußlands orientierten Pragmatismus. Moskaus außenpolitische Maxime lautete fortan schlicht: ›An der Schwelle zum 21. Jahrhundert ist Rußlands Aufgabe Rußland, und nicht die Welt‹.«[683]

Tatsächlich war die Zeit des Machtwechsels in Rußland von einer Anzahl von außen- und militärpolitischen Aktionen der USA begleitet, die Rußland für sich als Bedrohung auffassen mußte:

– die Aggression gegen die Bundesrepublik Jugoslawien im März 1999 unter Verletzung internationaler Rechtsstaatlichkeit: Der UN-Sicherheitsrat, dessen ständiges Mitglied auch Rußland ist, wurde ausgehebelt. Gleichzeitig begannen die USA, sich auch militärisch in der Balkanregion, einer traditionellen Interessensphäre Rußlands, festzusetzen, und zwar unter gänzlicher Ignorierung russischer Belange;

– der einseitige Ausstieg aus dem ›Anti-Ballistic-Missile‹-Vertrag (ABM-Vertrag) von 1972, der das Gleichgewicht der Weltmächte in der atomaren Rüstung sicherte und sie vom Einsatz von Atomwaffen abhielt (Garantie der wechselseitig garantierten Vernichtung). Unter dem Vorwand, sich gegen Interkontinentalraketen vermeintlicher ›Schurkenstaaten‹ zu schützen, versucht Washington, das jahrzehntelang bestehende Gleichgewicht der ›Verwundbarkeit‹ zwischen den beiden Atomweltmächten zu seinen Gunsten zu beseitigen. Damit untergraben die USA »weltweit die Struktur der strategischen Stabilität und provozieren ein neues Wettrüsten«[684] unter gleichzeitiger Herausforderung russischer Sicherheitsinteressen. Dem Sicherheitsexperten Ernst-Otto CZEMPIEL zufolge »können Rußland und China nicht tatenlos zusehen, daß die USA sich in eine uneinnehmbare Festung verwandeln. Sie werden neue Raketen entwickeln, um den Schutzschild zu überwinden«.[685] Schließlich ist nach wie vor davon auszugehen, daß mit diesem Vertragsbruch gegebenenfalls auch ein offensives Vorgehen der USA gegen Rußland abgedeckt werden soll. »*Denn BUSHS Pläne richten sich letztlich nicht gegen irgendwelche Schurkenstaaten. Sie dienen dazu, den offensiven Weltführungsanspruch der USA defensiv abzusichern.*«[686] Darüber hinaus wäre mit dem Bruch des ABM-Vertrages durch die

USA auch die machtpolitische Stellung der Russischen Föderation in der Weltpolitik gefährdet: »Der ABM-Vertrag gehört zu den letzten Insignien russischer Weltmachtstellung, nachdem der First-Class-Sessel im UN-Sicherheitsrat durch den Kosovo-Krieg an Wert verloren hat. Wo sonst, wenn nicht bei ABM, reden die eurasische Regionalmacht und der atlantische Riese noch von Gleich zu Gleich?«[687]

– die Nichtratifizierung des Atomteststoppvertrages im amerikanischen Kongreß, womit die USA das Nichtverbreitungsregime für Massenvernichtungswaffen verhindern;

– die vom Westen unterstützte Desintegration der GUS. »Der Westen pocht auf dem Prinzip des geopolitischen Pluralismus als Grundlage der Beziehungen Rußlands zu den ehemaligen Republiken der UdSSR. . . In der zweiten Amtszeit JELZINS wehrte sich das wirtschaftlich strauchelnde und nach dem verlorenen ersten Tschetschenienkrieg auch militärisch geschwächte Rußland kaum mehr gegen die erneut einsetzende Desintegration auf postsowjetischem Territorium. Gegen Ende der neunziger Jahre entstand im Süden der GUS ein alternatives strategisches Bündnis, die GUUAM, benannt nach den Anfangsbuchstaben der Mitgliedsstaaten Georgien, Ukraine, Usbekistan, Aserbaidschan und Moldawien. Nachdem Rußland schon Anfang der neunziger Jahre die Luftkontrolle über das Baltikum verloren hatte, erfuhr es in der zweiten Hälfte der neunziger Jahre eine Schwächung seiner Verteidigungskapazitäten im Kaspischen Raum.«[688]

2.2.4.1 Putins Bekenntnis zum ›starken Staat‹ und zur ›russischen Idee‹

In seiner programmatischen Rede vom 29. Dezember 1999 legte PUTIN die Erneuerung Rußlands auf der Grundlage einer »russischen Idee« und eines »starken Staates« dar. Nach Wolfgang SEIFFERT war diese Rede insofern revolutionär, als bislang »in keiner Rede oder keinem Artikel eines russischen Politikers in den letzten zehn Jahren. . . sich eine solche Aussage« finden läßt,[689] womit deutlich wurde, daß der Amtsantritt PUTINS als eine wirkliche Wende, als eine tatsächliche Rückkehr Rußlands zu sich selbst begriffen werden mußte. Nicht mehr die westlich-neoliberale Forderung nach einer ›Bürgergesellschaft‹, deren Gundlage die Entstaatlichung zur Erlangung individueller Freiheiten ist, sollte im Vordergrund stehen, sondern vielmehr der Staat selbst: »Im Gegensatz hierzu besagt die ›russische Idee‹, ›daß der Prozeß der Herausbildung Rußlands sich mit einer Akzentuierung des Staates entwickelte, die in diesem Maße für die europäischen Länder untypisch ist, unserer gesamten Geschichte aber einen besonderen Charakter verleiht‹.«[690]

In seiner Rede verwies PUTIN auf die Grundelemente des Patriotismus, der Großmacht, der Staatlichkeit, der sozialen Solidarität – Grundelemente, die er allerdings mit den allgemein-menschlichen Werten organisch verbinden will zur »neuen russischen Idee«.[691] Die Bedeutung des Staates unterstrich PUTIN auch für sein Bestreben, den sozial-ökonomischen Rückstand Rußlands aufzuholen: »Auch hier kommt PUTIN zu dem Schluß, das Land brauche einen starken Staat, der sich nicht auf die Schaffung von Rahmenbedingungen beschränke, sondern einen höheren Grad der staatlichen Einwirkung auf die wirtschaftlichen und sozialen Prozesse erreicht.«[692] PUTIN stellte – in Abgrenzung zur liberalistischen Staatstheorie – die Notwendigkeit von Institutionen für die politische Existenzform einer Nation deutlich heraus: »Bei uns spielte der Staat, seine Institute und Strukturen, immer eine außerordentlich wichtige Rolle im Leben des Landes, des Volkes. Ein starker Staat ist für die Rußländer nicht anormal, sondern vielmehr ein Quell und Garant der Ordnung, Initiator und treibende Kraft aller Veränderungen.«[693]

Im wesentlichen ging es PUTIN darum, zunächst einmal planmäßig die Staatlichkeit Rußlands wiederherzustellen, die durch JELZIN weitgehend zerstört worden war. Die Politik JELZINS, die in der Aufforderung an die Föderationssubjekte »Nehmt euch so viel Souveränität, wie ihr vertragen könnt« zum Ausdruck kam, führte zu einer Zersplitterung und Anarchisierung der Russischen Föderation selbst. »Unter JELZIN indessen hatte das Zentrum seine Rolle als exklusive Schaltstelle der Macht verloren: Eigensinnige und selbstherrliche Gouverneure forderten die Moskauer Elite heraus. Die Föderation entwickelte sich zu einem Patchwork von Räumen unterschiedlichen Rechts. Bürgermeister LUSHKOW schränkte die Niederlassungsfreiheit in Moskau ein. Tatarstan und Baschkortostan bekräftigten bei jeder Gelegenheit ihre ›Souveränität‹. Das Gebiet Kursk und andere wettbewerbsschwache Regionen behinderten den freien Handel. Inguschetien hatte die Vielweiberei eingeführt.«[694]

Daher konnte unter der Präsidentschaft JELZINS »von einem einheitlichen Rechts- und Wirtschaftsraum in Rußland... nicht mehr die Rede sein. Selbst an die russische Verfassung hielten sich die Regionalfürsten nur bedingt, vom föderalen Recht ganz zu schweigen. Etwa ein Fünftel aller regionalen Gesetze widersprach dem Bundesrecht. So erließ das Amur-Gebiet eigene Regeln für den Grenzverkehr an der russisch-chinesischen Grenze... Die Republik Tuwa in Ostsibirien behielt sich das Recht vor, Krieg und Frieden zu erklären. Smolensk erhob Wegezoll für Autofahrer – getarnt als ›Abgasabgabe für Transitverkehr‹. Moskau führte – gegen das Urteil des Verfassungsgerichts – eine Meldepflicht für alle Nicht-Moskauer ein, Woronesch verbot die Ausfuhr von Zucker, und die Gebietsfürsten in Krasnodar untersagten es, Weizen aus der Region zu exportieren«.[695] Daß mit einer solchen Entwicklung auch die staatliche Existenz der Russischen Föderation selbst auf dem Spiel stand, verwundert daher nicht. Insgesamt erschien die Gefahr recht groß, daß eines Tages die Streitigkeiten zwischen den sogenannten ›Föderationssubjekten‹ innerhalb der Russischen Förderation und ihren Eigeninteressen einmal so groß würden, daß sie von Moskau nicht mehr unter Kontrolle gehalten werden könnten.

Hierbei traten gerade die Regionen des Nordkaukasus mit dem Kern Tschetschenien, die Föderationssubjekte an der Wolga und im Ural unter der Führung Tatarstan sowie die von der Republik Tuwa angeführten Föderationssubjekte im südlichen Sibirien als separatistische Faktoren besonders hervor. Sicherheitsexperten gingen gerade im vom Moskau kaum noch zu kontrollierenden Kaukasus mit den Republiken Inguschetien, Dagestan, Kabardino-Balkarien sowie Karatschaisch-

Tscherkessien von endlosen Sezessionskonflikten aus. »Ein Zerfall der Russischen Förderation in mehrere Teile«, so die seinerzeitige Einschätzung, »könnte vor diesem Hintergrund deshalb nicht mehr völlig ausgeschlossen werden, sollten sich die Sprengsätze der angespannten sozioökonomischen Situation, der Finanzkrise und der in den Regionen vorhandenen Gefährdungspotentiale noch verstärken.«[696]

Diesen Zentrifugalkräften galt es zunächst einmal den Riegel vorzuschieben. PUTIN strebte deshalb danach, im Sinne einer »Diktatur der Gesetze« des russischen Zentralstaates eine Föderalismusreform anzustreben, die die »Machtvertikale« in Moskau stärkte.

Diese Föderalreform bestand aus fünf Teilen:

1. *Die Gouvereure wurden geschwächt und aus dem Föderationsrat hinauskomplimentiert.* »Die Herren der Provinz verloren ihre Immunität und überhaupt ihre unter JELZIN entwickelte Unantastbarkeit. Falls Landesgesetze gegen föderale Gesetze oder die Verfassung verstießen, hatte der Präsident fortan das Recht, die vom Volk gewählten Lokalfürsten abzusetzen«.[697] Durch das ›Gesetz über den Föderationsrat‹ (der Föderationsrat ist mit der Länderkammer westlicher Parlamente vergleichbar) verloren die Gouverneure ihren Mitgliedsstatus. Dadurch verwandelte sich der Föderationsrat »in ein Haus von geschwind ernannten und jederzeit abrufbaren Bürokraten«,[698] das durch den Zentralstaat besser zu steuern war.

2. *Der Präsident kontrolliert die Regionen durch sieben neue Statthalter in sieben Bezirken.* Dazu wurde die Russische Föderation in sieben föderale Bezirke – Zentralrußland, den Nordwesten einschließlich Kaliningrads, den Nordkaukasus, die Wolgaregion, den Ural, Sibirien und den fernen Osten – eingeteilt, mit dem Ziel, die Regionen besser zu kontrollieren und an das Zentrum zu binden.

3. *Bei Regionalwahlen versuchte der Kreml, seinen Kandidaten durchzuboxen und die Parteienzersplitterung zu begrenzen.* Die Duma verabschiedete im Juni 2000 ein Gesetz, das jede Partei verpflichtete, in mindestens der Hälfte aller russischen Regionen Filialen mit wenigstens 100 Aktivisten zu unterhalten. In ganz Rußland sollte eine Partei mindestens 10000 Mitglieder haben. Diese Anforderungen konnte keine der lokalen und regionalen Bewegungen erfüllen: Sie mußten sich auflösen oder sich einer der großen Moskauer Parteien anschließen. »Die Präsidialadministration schuf sich ein zentral gesteuertes System, das die Zahl der Parteien in ganz Rußland auf drei bis vier begrenzen sollte.«[699] Damit wurde die Einflußnahme Moskaus auf das politische Geschehen in den Regionen erheblich erleichtert.

4. *Forderung der Angleichung aller Regionalgesetze an föderales Recht und an die Verfassung von 1993.* »Wladimir PUTIN wollte die Einheit des russischen Rechtsraumes wiederherstellen. Im Frühling 2000 unterzeichnete er ein gutes Dutzend Dekrete, in denen er Republiken und Regionen ultimativ aufforderte, einen erheblichen Teil ihrer Gesetze zu streichen oder sie der russischen Verfassung und den Föderalgesetzen anzupassen.«[700] Auch das russische Verfassungsgericht leistete hierbei wichtige Unterstützung: »Koordiniert mit dem Angriff der Duma auf die Gouverneure, holten die Richter am 27. Juni 2000 zum Schlag gegen die ›Souveränität‹ der

Republiken aus. Sie verurteilten die ›Souveränitätserklärungen‹ von Tatarstan, Baschkortostan und drei anderen Republiken als verfassungswidrig. Die ›Souveränität der Russischen Föderation‹ dulde keine anderen ›souveränen Gebilde‹ auf ihrem Territorium. Zugleich bestritten die Verfassungsrichter den Republiken das Recht, sich weiter auf die mit JELZIN ausgehandelten Grundlagenverträge berufen zu können.«[701] Während der JELZIN-Ära war das Verhältnis zwischen Moskau und den Föderationssubjekten durch ebensolche ›Grundlagenverträge‹ geregelt, mit denen letztere ihre Privilegien gegenüber dem Moskauer Zentrum zu sichern suchten. Diese Verträge sollten nunmehr einer grundsätzlichen Revision unterworfen werden, wozu PUTIN Ende Juni 2000 eine Kommission beauftragte: »Damit zielte er auf das Fundament von JELZINS Vertragsföderalismus. Wladimir PUTIN und seine Beamten hielten mit ihren Absichten nicht hinter dem Berg: Die Abkommen sollten formal weiterexistieren, doch ihre Bedeutung verlieren. PUTIN lehnte es ab, ethnischen Republiken Sonderrechte einzuräumen. Zukünftig sollten Regionen und Republiken gleiche Rechte und Pflichten haben, festgeschrieben in föderalen Gesetzen, und nicht in Einzelverträgen.«[702]

5. *Die Umverteilung der Steuern.* Ein wichtiges Mittel, die Regionen wieder stärker an das Zentrum zu binden, lag auf der finanziellen Ebene. »Anders als Deutschland kennt Rußland keinen direkten Finanzausgleich zwischen den Provinzen. Die meisten Regionen hängen ganz von den Almosen des Zentrums ab.«[703] Bis zum Jahr 2000 konnten die meisten Regionen mehr als fünfzig Prozent der Steuereinnahmen für sich behalten. »In separaten Verträgen hatten sich einige Republiken, darunter. . . auch Tatarstan, Baschkortostan und Sacha (Jakutien), noch höhere Quoten für ihre Haushalte gesichert. Mit diesen Sonderrechten war es nun vorbei. Die föderale Regierung beanspruchte fortan weit mehr als die Hälfte der Steuern. Ministerpräsident Michail KASSJANOW sprach Ende Mai 2001 von 55 Prozent für das Zentrum und 45 Prozent für die Regionen.«[704] Infolge dieser Neuordnung der Finanzverteilung wurden viele Regionen an den Rand des Bankrotts getrieben, was diese dazu zwang, ihr ›Tafelsilber‹, also ihre strategischen Rohstoffe und Schlüsselindustrien, an die Moskauer Zentrale zu verkaufen, was wiederum eine Zentralisierung der russischen Rohstoff- und Waffenindustrie begünstigte.

Der PUTIN-Biograph Roj MEDWEDJEW meinte, daß mit dieser Föderalreform »die Konsolidierung des Staates wie von selbst« laufe. »PUTIN ist der erste Führer in der russischen Geschichte, dem die Machtsicherung so schnell gelang: die Duma, die Regierung, die Armee, die Sicherheitsstrukturen und das Volk stehen hinter dem Präsidenten. Niemand wagt zu opponieren, alle sind einig; Rußland kommt wieder zu sich und steht auf.«[705] Tatsache ist jedenfalls, daß durch diese Staatsreform »wichtige Verwaltungsaufgaben, die unter JELZIN nur formal dem Zentrum zufielen,. . . für die russische Regierung zurückerobert« worden sind.[706] Viktor TIMTSCHENKO sieht in der Staatsreform PUTINS eine erfolgreiche Rezentralisierungsmaßnahme, durch die die Autorität des Staates gegenüber den Regionen hergestellt und ethnischer Separatismus eingeschränkt werden konnte. »Das politische Gewicht des

Kremls wurde gestärkt. Kurz vorher, am 4. August 2000, wurde dem Präsidenten Rußlands das Recht eingeräumt, die Gouverneure zu entlassen, die sich etwas zuschulden kommen ließen, provinziale Parlamente aufzulösen und ihre gewählten Vorsitzenden abzusetzen.«[707]

Auch die Neugliederung der Russischen Föderation erweist sich nach TIMTSCHENKO als eine durchaus bewährte Maßnahme, um ethnischer Segregation entgegenzuwirken: »Separatistische Tendenzen sind meist eine Folge nationalistischer Bewegungen, was als Prämisse eine gewisse ethnische Homogenität der Subjekte voraussetzt. Wenn man beispielsweise Tatarstan in fünf kleinere Regionen aufteilen würde, wäre der Weg zur Abspaltung nicht gebannt. Ganz anders verhält es sich in den größeren Gebilden. Hier wiegen die Gegengewichte schwerer, und die Möglichkeit, eine tragende nationalistische Idee als Kern der separatistischen Bewegung zu formulieren und durchzusetzen, ist geringer. Bei der Aufteilung in Kreise sind außer dem zentralen föderalen Kreis mit Moskau als Zentrum, der durchgehend russische Gebiete einschließt, die anderen so (vorteilhaft!) durcheinander gemischt, daß angesichts der heterogenen Konstruktion die Entstehung von nationalistischem Gedankengut wenig wahrscheinlich ist.«[708]

Einen differenzierenden Standpunkt bei der Beurteilung der Föderalreform nimmt Boris REITSCHUSTER ein. Nicht um eine wirkliche Entmachtung der Provinzgouverneure gehe es hier, sondern vielmehr um eine Handhabe, diese im Sinne der ›Machtvertikale‹ stärker an das Moskauer Zentrum zu binden, indem ihnen in Aussicht gestellt wird, bei Unbotmäßigkeit jederzeit entlassen zu werden. »Im ersten Amtsjahr vermittelte PUTIN noch den Eindruck, als wolle er die Provinzfürsten entmachten. Doch bald lief alles auf eine neue, ungeschriebene Vereinbarung zwischen Moskau und den Regionen hinaus. Strikter als JELZIN fordert der neue Präsident bundespolitische Enthaltsamkeit und Gehorsam in allen Fragen, die das Zentrum betreffen. . . Im Gegenzug dürfen die Gouverneure und Präsidenten in ihren Regionen aber weiter unumschränkt regieren. . . Im Sinne der ›Machtvertikale‹ erhielten die Provinzfürsten ihrerseits gegenüber den lokalen Behörden und Gremien deutlich stärkere Vollmachten, genauso wie PUTIN selbst jetzt die Gouverneure praktisch mit etwas juristischer Finesse entlassen darf. . .«[709]

Selbst wenn also mit der Föderalreform ein wirklicher Zentralismus in Rußland nicht durchgesetzt und die Macht der Regionalgouverneure nicht wirklich vollständig beseitigt worden ist, so bleibt dennoch mit Viktor TIMTSCHENKO als Ergebnis festzuhalten, daß sich das politische Gewicht des Kreml doch deutlich verstärkt hat und grundlegende Rahmenbedingungen für die Wiedervereinigung Rußlands geschaffen worden sind.

Bei dieser Föderalreform handelte es sich zudem nur vordergründig um ein rein innerrussisches Problem. Tatsächlich ist diese Streitfrage ein Bestandteil des von den USA geführten Kampfes um das eurasische Schachbrett. Nach den Plänen der US-Machtelite wird, wie bereits dargestellt, fieberhaft an einer Dezentralisierung Rußlands selbst gearbeitet, weil damit die Gefahr der Entstehung eines kontinenta-

Wladimir PUTIN. Seine Politik zeichnet sich vor allem durch eine Renationalisierung und Zentralisierung des Energiesektors (unten: Pipeline-Bau am Nördlichen Eismeer) aus.

len Gegenspielers für den Weltherrschaftsanspruch der USA gebannt wäre. BRZEZINSKI selbst schreibt, daß »ein dezentralisierteres Rußland weniger anfällig für imperialistische Propaganda« sei.[710] Zu diesem Zweck schlägt er auch eine Dreiteilung der Russischen Föderation vor, bestehend aus einem europäischen Teil, einer sibirischen Republik und einer fernöstlichen Republik. Jede dieser Republiken sollte mit ihrer jeweiligen Randzone enge wirtschaftliche Beziehungen eingehen: der europäische Teil mit Europa, der sibirische Teil mit Zentralasien und die fernöstliche Republik mit der Staatenwelt Ostasiens.[711] Genau diese Entwicklung drohte mit dem soeben geschilderten Staatszerfall Rußlands unter JELZIN Wirklichkeit zu werden. Die von JELZIN zu verantwortende Zersplitterung des einheitlichen russischen Wirtschafts-, Rechts- und Staatsgebietes lag deshalb voll auf der Linie der amerikanischen Geopolitik.

PUTINS Staatsreform ist vor diesem Hintergrund mehr als eine bloß innerrussische Neuordnung: Sie bedeutete darüber hinaus nichts anderes, als daß durch sie den US-amerikanischen Plänen zur Teilung der Russischen Föderation einstweilen ein Strich durch die Rechnung gemacht worden ist. Sie ist als ein Schachzug PUTINS zu werten mit dem Ziel, der von den USA angestrebten Pluralisierung Eurasiens zunächst innerhalb der Russischen Föderation ein Ende zu bereiten.

2.2.4.2 Die außenpolitische Konzeption Wladimir Putins

Der Rußland-Experte und PUTIN-Berater Wolfgang SEIFFERT sieht die außenpolitische Konzeption Wladimir PUTINS in Zusammenhang mit dessen Idee vom ›starken Staat‹ und der ›russischen Idee‹. »Die Wende zum starken Staat und zur ›russischen Idee‹ bringt außenpolitische Konsequenzen mit sich.«[712] Von den »zwei Grundlinien der russischen Außenpolitik« nach dem Ende der Sowjetunion, die Boris MEISSNER analysiert hatte, nämlich Proatlantismus einerseits und Eurasianismus andererseits, stützt sich PUTIN nach Einschätzung von Wolfgang SEIFFERT auf die »eurasische Konzeption«, die Teil der »russischen Idee« ist.[713]

Grundsätzlich scheint die russische Geschichtsphilosophie in Gestalt das Neo-Eurasianismus nach Einschätzung vieler Beobachter in der gegenwärtigen Politik Rußlands eine nicht unerhebliche, ja sogar eine herausragende Rolle zu spielen.[714] Nach der Auskunft der *Moskowskije Nowosti* liegt die Politik Präsident PUTINS, im Gegensatz zu der seines Vorgängers, auf der Linie der neu-eurasischen Strömung, wie sie derzeit insbesondere durch Michail DELJAGIN, den Leiter des Moskauer ›Instituts für Probleme der Globalisierung‹, den bereits erwähnten Geopolitiker Alexander DUGIN sowie Alexander PANARIN vertreten wird. Dieselbe Zeitung erwähnte in ihrer Ausgabe vom 14. Mai 2001, daß PUTIN die Vision einer raumgebundenen »Pax Eurasica Rossico« verkörpere, die er der global ausgerichteten ›Pax Americana‹ entgegenzustellen gedenke. Auch nach Sonja MARGOLINA bietet die neo-eurasische Doktrin PUTIN die Möglichkeit, ein Alternativkonzept zum universalen Machtanspruch der USA zu entwickeln: Sie lege »geopolitisch den Zusammenschluß eurasischer Staaten zu einem eigenständigen antiwestlichen Block nahe, verfolge gesellschaftlich ein etatistisch-kollektivistisches Konzept, setze wirtschaftlich auf einen ›dritten Weg‹ zwischen Sozialismus und Kapitalismus und strebe eine Allianz mit den traditionellen ›eurasischen Konfessionen‹, der russischen Orthodoxie und der muslimischen geistigen Verwaltung, gegen die ihnen gefährlich werdenden sektiererhaften Bestrebungen an«.[715]

Daß sich die Russische Föderation unter Putin ihrer Lage im eurasischen Raum bewußt wurde, spiegelte sich auch in der »Konzeption der nationalen Sicherheit der Russischen Föderation« vom 10. Januar 2000 wider: »Rußland ist eines der größten Länder der Welt mit jahrhundertelanger Geschichte und reichen kulturellen Traditionen. Ungeachtet der komplizierten internationalen Lage und der inneren Schwierigkeiten, spielt es durch sein bedeutendes wirtschaftliches, wissenschaftlich-technisches und militärisches Potential sowie durch seine einzigartige Lage auf *dem eurasischen Kontinent*[716] objektiv weiterhin eine wichtige Rolle in den globalen Prozessen.«[717]

2.2.4.2.1 Der US-Universalismus als erklärte Bedrohung für die Russische Föderation – die multipolare Weltordnung als Gegenmodell Putins

Ein Wesenselement des Eurasianismus, nämlich die Schaffung einer multipolaren Weltordnung, wird in den Dokumenten als wichtiges Ziel Putinscher Außenpolitik definiert. Putin erkannte, daß als Hauptgefahr für die Russische Föderation das Streben der USA, eine universale, nach ihren Maßstäben diktierte Weltordnung zu schaffen, angesehen werden muß. Gleichfalls wird auch die amerikanisch geprägte Globalisierung als Bedrohung für das Prinzip der staatlichen Souveränität erkannt. Schon in dem »Konzept für die Strategie für die Entwicklung der Beziehungen zwischen der Russischen Föderation und der Europäischen Union« vom November 1999 wurde erkannt, daß mit der wirtschaftlichen Integration gleichzeitig auch Bestrebungen verbunden seien, »die Rolle des souveränen Staates als eines grundlegenden Elements der internationalen Beziehungen zu verringern«, was grundsätzlich die »Gefahr einer willkürlichen Einmischung in die inneren Angelegenheiten« beinhalte.[718] Mit diesen Prozessen wachse schließlich auch »das Risiko der Abhängigkeit des Wirtschaftssystems und des Informationsraums Rußlands von externen Einflüssen«.[719]

Eine große Rolle in der gegenwärtigen Geopolitik in Rußland spielt die Sorge über die Herausbildung einer monopolaren Weltstruktur in Folge des Zerfalls der Sowjetunion. »Das Konzept der ›vielpoligen Welt‹ läßt sich als russischer Versuch interpretieren, der offenkundigen Asymmetrie gegenüber den in den Bereichen Wirtschaft und konventionelle Streitkräfte überlegenen USA ideologisch zu kontern... Mit diesem Konzept will Moskau auch seine Eigenständigkeit betonen. Primakow meinte, daß sich Rußland als eigener ›Pol‹ anderen ›Polen‹ nicht anschließen könne und dürfe. Das... korrespondiert... mit der in Eliten wie Gesellschaft Rußlands dominierenden Auffassung, daß das Land einen eigenen, spezifisch ›russischen‹ und von sämtlichen westlichen Modellen unabhängigen Weg gehen sollte.«[720]

In dem Strategiedokument vom 10. Januar 2000 heißt es daher auch folgerichtig, daß die Weltordnung gegenwärtig von zwei »sich gegenseitig ausschließenden Tendenzen« geprägt sei: »Es verstärkt sich die Tendenz zur Herausbildung einer monopolaren Weltstruktur bei wirtschaftlicher und militärischer Dominanz der USA«, die »auf einseitige, vor allem militärische und gewaltsame Lösungen von Schlüsselproblemen der Weltpolitik unter Umgehung der grundlegenden Normen des Völkerrechts ausgerichtet« sei.[721] »Bei der Lösung prinzipieller Fragen der internationalen Sicherheit setzt man auf westliche Institutionen und Foren im begrenzten Bestand, auf die Schwächung der Rolle des UN-Sicherheitsrates.«[722]

Auch die Expansion der NATO und ihre Verwandlung zu einem neoimperalistischen Interventionsbündnis stelle sich nicht nur als eine unmittelbare Bedrohung der Russischen Föderation dar, sondern bewirke gleichzeitig eine Gefährdung der internationalen Stabilität: »Der Übergang der NATO zur Praxis der gewaltsamen (militärischen) Aktivitäten außerhalb der Verantwortungszone des Blocks und ohne Billigung des Sicherheitsrats der UN, die in den Rang einer strategischen Doktrin erhoben wurde, hat die Gefahr der Destabilisierung der gesamten strategischen Situation in der Welt zur Folge.«[723] Demgegenüber steht die multipolare Welt, deren Herausbildung Rußland unterstützt. »Rußland«, meint Horst GROSSMANN (*Geopolitik in der russischen Föderation*), »wird die Herausbildung eines multipolaren Systems der internationalen Beziehungen zu erreichen suchen, das adäquat die Vielschichtigkeit der gegenwärtigen Welt mit der Vielfalt ihrer Interessen widerspiegelt.«

Im folgenden wird das Strategiepapier deutlicher. Ohne sie direkt beim Namen zu nennen, wirft das Strategiepapier den USA und der NATO vor, die gezielte Destabilisierung der Russischen Föderation zu betreiben: »Gleichzeitig verstärken sich die Bemühungen einiger Staaten, die auf die Schwächung der Position Rußlands in politischen, wirtschaftlichen, mitlitärischen und anderen Bereichen abzielen.«[724] Begleitet wird dies, so das Strategiepapier, von einer Entmachtung von Institutionen kollektiver Sicherheit und gleichzeitigem Aufbau der von den USA dominierten Bündnissysteme: Bedrohlich sind »die Bestrebungen einzelner Staaten und zwischenstaatlicher Vereinigungen, die Rolle der bestehenden Mechanismen zur Gewährleistung internationaler Sicherheit, vor allem UN und OSZE, zu schmälern, sowie die Festigung der militärpolitischen Blöcke und Unionen, vor allem die Erweiterung der NATO nach Osten«.[725]

Das Bedrohungsszenario für die Russische Föderation liegt dem Strategiepapier zufolge zusammengefaßt in folgenden Punkten:

– dem Bestreben einzelner Staaten und zwischenstaatlicher Vereinigungen, die Rolle der existierenden Mechanismen zur Gewährleistung der internationalen Sicherheit, vor allem die der UNO und der OSZE, zu verringern,

– der Gefahr der Schwächung des politischen, wirtschaftlichen und militärischen Einflusses Rußlands in der Welt,

– der Verfestigung der militärisch-politischen Blöcke und Bündnisse, vor allem die Osterweiterung der NATO,

– der Möglichkeit des Auftauchens ausländischer Militärbasen und großer militärischer Kontingente in unmittelbarer Nähe der russischen Grenzen,

– der Weiterverbreitung von Massenvernichtungswaffen und ihrer Trägermitteln,

– der Abschwächung des Integrationsprozessses in der Gemeinschaft Unabhängiger Staaten,

– dem Entstehen und der Eskalation von Konflikten in der Nähe der Staatsgrenzen der Russischen Föderation und der äußeren Grenzen der Teilnehmerstaaten der Gemeinschaft unabhängiger Staaten,

– territorialen Ansprüchen an die Russische Föderation.

Die russische Sicherheitspolitik hat daher – zusammengefaßt – zwei Schwerpunkte: erstens die Bedrohung von seiten einer sich abzeichnenden monopolaren Weltstruktur, gegen die sich Rußland stellen müsse, dem nunmehr die Aufgabe zufalle, die Einrichtung einer multipolaren Weltordnung zu unterstützen. Zum zweiten wird deutlich die Notwendigkeit hervorgehoben, die Desintegration der GUS rückgängig zu machen.

Ausgelöst wurde diese Strategie durch das völkerrechtswidrige Vorgehen der USA und der NATO gegen die Bunderepublik Jugoslawien im März/April 1999, wodurch der Westen zeigte, daß er ohne weiteres bereit war, Gewalt anzuwenden, um einen neuralgischen Punkt der stategischen Ellipse, die sich vom Donaubecken bis zum Hindukusch hinzieht, unter seine Kontrolle zu bekommen. Der Kosovo-Krieg war von der NATO schließlich auch als Modell für eine künftige militärische Intervention in die ehemaligen Sowjetrepubliken gedacht.[726] »Der Kosovo-Krieg der NATO wird zwar nicht ausdrücklich im Konzept erwähnt, aber er zieht sich unausgesprochen wie ein roter Faden durch die Aufzählung außen- und sicherheitspolitischer Bedrohungen.«[727]

2.2.4.2.2 Eine neue Strategie zur Integration der GUS als Grundbaustein der multipolaren Weltordnung

Da also die Errichtung einer monopolaren amerikanischen Weltordnung von der Desintegration Eurasiens, der GUS und nicht zuletzt auch der Russischen Föderation selbst abhängt, besteht Rußlands Aufgabe im Sinne der Schaffung der multipolaren Weltordnung darin, die Integration der GUS wiederherzustellen. Angesichts der Gründung des antirussischen Regionalbündnisses der GUUAM möchte »der neue Präsident Putin. . . jetzt versuchen, die Integration der GUS auf eine qualitativ neue Stufe zu stellen«.[728] Die Notwendigkeit dieser Politik wird dabei noch durch den Vorstoß des (von den USA geförderten) wahabitisch-islamischen Fundamentalismus verstärkt. »Putin begutachtet die Weltpolitik heute noch mit den Augen eines Geheimdienstagenten. In seiner Autobiographie schilderte er ausführlich, wie der radikale Islam versucht, sich vom Nahen und Mittleren Osten her auf das südliche Gebiet der GUS auszubreiten und – über die Eroberung des Nordkaukasus – auch in Richtung des Wolgabeckens zu orientieren. Entlang der Wolga, wo sich die wichtigsten russischen strategischen Ölreserven befinden, lebt der Großteil der russischen-islamischen Bevölkerung – in Tatarstan und Baschkyrtostan. Wenn extremistische islamische Kräfte diese Gegenden unter ihren Einfluß bringen und bis zum Ural vorstoßen würden, wäre – so PUTIN – eine Aufspaltung Rußlands in einen europäischen und einen asiatischen Teil besiegelt. Rußland würde seine Staatlichkeit verlieren.«[729]

Um ein derartiges ›Ausfransen‹ oder gar eine Zerstückelung der Russischen Föderation zu verhindern, ist die Beziehung Rußlands zu den GUS-Staaten ein vorrangiges Problem russischer Geopolitik. Unter den regionalen Prioritäten steht sie in der außenpolitischen Konzeption der Russischen Föderation an erster Stelle. »Eine vorrangige Richtung der Außenpolitik Rußlands ist die Gewährleistung der Übereinstimmung der zwei- und mehrseitigen Zusammenarbeit mit den Teilnehmerstaaten der Gemeinschaft Unabhängiger Staaten (GUS) mit den Aufgaben der nationalen Sicherheit des Landes. . .« Als erstrangige Aufgabe »wird die Festigung der Union Belarus und Rußland genannt – als die in der gegebenen Etappe höchste Integrationsform zweier souveräner Staaten. Im Bereich des Kaspischen Meers ist ein Status anzustreben, der es den Anliegerstaaten ermöglicht, eine gegenseitig vorteilhafte Zusammenarbeit bei der Verwertung der Ressourcen der Region zu entfalten, auf gerechter Grundlage und mit gegenseitiger Beachtung der legitimen Interessen«.[730]

PUTINS Zielsetzung, die Politik gegenüber der GUS auf eine qualitativ höhere Stufe zu stellen, erfolgt vor allem aufgrund der Erkenntnis, daß sich die GUS als unbrauchbares Instrumentarium der Integration des eurasischen Raumes erwiesen hat. Deshalb sollte nunmehr eine neue Strategie eingeleitet werden, um die Zusammenarbeit und den Einfluß Rußlands auf die GUS-Republiken insbesondere in Zentralasien zu sichern. »PUTIN hat aus der Organisationsschwäche der GUS Konsequenzen gezogen und setzt Hebel zur Erweiterung des russischen Einflusses jetzt hauptsächlich auf bilateraler und subregionaler Ebene an.«[731] Eine wichtige Rolle sollte dabei die Wirtschaft spielen: »Er (PUTIN, der Verf.) lockt die ehemaligen Sowjetrepubliken mit der Öffnung des russischen Marktes an und will die Expansion des russischen Wirtschaftskapitals in diese Länder politisch mit unterstützen.«[732] PUTINS Reintegrationspolitik des postsowjetischen Raumes soll dabei nach einem – wenn man es so nennen will – Plan unterschiedlicher Integrationsstufen erfolgen: Zunächst einmal soll sich ein Integrationskern von Staaten bilden, »die gewillt waren, sich zu einem höheren Niveau der Zusammenarbeit emporzuschwingen, an das die übrigen Teilnehmer der Gemeinschaft zu späterer Zeit Anschluß suchen konnten«.[733]

Grundmodell für einen solchen Integrationskern soll die von PUTIN vorangetriebene (bislang lediglich vertragliche) Vereinigung zwischen Weißrußland und der Russischen Föderation sein. Bereits am 2. April 1996 wurde zwischen diesen beiden Staaten ein Vertrag geschlossen, der auf die Bildung einer weißrussisch-russischen Union ausgerichtet war und die Errichtung gemeinsamer Exekutivorgane, eines gemeinsamen Staatshaushaltes, einer Währungsunion wie auch die Angleichung beider Rechtssysteme vorsah, wobei aber die staatliche Souveränität und die territoriale Integrität der beiden Staaten zunächst erhalten bleiben sollte.[34] Dieser Vertrag wurde am 8. Dezember 1999 qualitativ erweitert durch den Vertrag zwischen der Russischen Föderation und der Republik Weißrußland über die Gründung eines Unionsstaates. Diesem Unionsmodell als Voraussetzung für weitere Einigungsprozesse innerhalb der GUS wird infolgedessen auch in dem außenpolitischen Konzept PUTINS höchste Priorität eingeräumt, denn dort »heißt es, daß die Stärkung der ›Union‹ mit Belarus ›erstrangige Bedeutung‹ habe; dieses Gebilde repräsentiere ›in der gegenwärtigen Etappe die höchste Form der Integration zweier souveräner Staaten‹. PUTIN will offensichtlich den Vereinigungsprozeß beschleunigen«.[735]

Fortschritte wurden – zumindest auf vertraglicher Ebene – auch auf wirtschaftlichem Gebiet erzielt. Am 29. März 1996 wurde der vierseitige Vertrag über die Vertiefung der Integration im wirtschaftlichen Bereich zwischen Weißrußland, der Russischen Föderation, Kasachstan und Kirgistan unterzeichnet, dem sich 1999 als fünfter Teilnehmer Tadschikistan anschloß. »Diese Staaten nahmen das Zusammenwirken im Rahmen einer Zollunion in Angriff, die im Oktober 2000 in eine vollwertige internationale Wirtschaftsorganisation umgewandelt wurde – die Eurasische Wirtschaftsgemeinschaft. Die sogenannten ›Fünf‹ plus Armenien entwikkeln ihre militärische und politische Zusammenarbeit auf der Grundlage des Vertrages über kollektive Sicherheit (von Taschkent im Jahre 1992, der Verf.). Kasachstan, Kirgisistan, Tadschikistan und Usbekistan gründeten die Mittelasiatische Wirtschaftsgemeinschaft. Rußland hat hier einen Beobachterstatus.«[736]

Der ehemalige Außenminister der Russischen Föderation, Igor IWANOW, faßte diese russische Integrationspolitik der »unterschiedlichen Geschwindigkeiten« mit folgenden Worten zusammen: »Mit Anbruch des 21. Jahrhunderts nahm eine neue Phase in der Gestaltung der russischen Politik gegenüber der GUS ihren Anfang. Zum Ausgangspunkt wurde die Erkenntnis der Notwendigkeit, die Aussichten, aus der Gemeinschaft eine funktionsfähige Integrationsvereinigung zu machen, realistischer einzuschätzen.«[737] Mit anderen Worten: Die GUS war als Integrationsmodell gescheitert – im Gegenteil, ihre Entwicklung brachte sogar eine Bedrohung russischer Lebensinteressen mit sich, so daß nunmehr ein Wandel in der GUS-Politik erforderlich war: »Rußland stand vor einem Dilemma: Sollte es die Integration als höchstes Gut betrachten, für das es sich lohnte, jeden Preis und jegliche Konzessionen an die Partner in Kauf zu nehmen, oder einen pragmatischeren Kurs einschlagen, der sich in erster Linie an den ureigensten Interessen der nationalen Sicherheit und der wirtschaftlichen Entwicklung des Landes orientierte? Schließlich entschieden wir uns für die Vertiefung der zweiseitigen Beziehungen mit den Mitgliedsländern der GUS als notwendige Voraussetzung für die weitere Entwicklung der Integrationsprozesse. Die Beziehungen zu jedem dieser Staaten sollen fortan in Abhängigkeit von seinem Interesse an der Zusammenarbeit und seiner Bereitschaft gestaltet werden, den Interessen Rußlands Rechnung zu tragen, auch was seine Sicherheit und die Respektierung der Rechte unserer Landsleute betrifft... Die Entwicklung der zweiseitigen Beziehungen zu den GUS-Ländern betrachtet Rußland als notwendige Etappe auf dem Weg der Vertiefung des multilateralen integrativen Zusammenwirkens.«[738]

Den Einigungsbemühungen PUTINS sind jedoch insbesondere im Transkaukasus und Zentralasien Grenzen gesetzt. Diese Region ist nämlich für die Imperialmacht USA der entscheidende Ansatzpunkt, jegliche Bemühungen PUTINS, den russischen Einfluß in Eurasien wieder zu verstärken, zu durchkreuzen, selbst wenn es Rußland gelingen sollte, in Transkaukasien kurzfristig an Einfluß zu gewinnen. »Die inneren und grenzüberschreitenden Konflikte in dieser Region – in und zwischen Inguschetien und Nordossetien, in Dagestan, Karbadino-Balkarien und weiter südlich zwischen Georgien und dem separatistischen Abchasien sowie zwischen Aserbaidschan und Armenien (um Berg-Karabach) – eröffnen Rußland immer wieder Möglichkeiten, Einfluß auf die Geschicke der betreffenden Republiken und Staaten auszuüben. Andererseits ist dieser Einfluß keineswegs stabil; Erfolge werden von Rückschlägen abgelöst... Ein Mittel, um Moskaus Einfluß zu bewahren, war der Druck, den es auf Tiflis und Baku ausgeübt hat, sich aktiver bei der ›Terroristenbekämpfung‹ im Nordkaukasus zu beteiligen und russischen Truppen zu gestatten, von ihren Basen in Georgien aus nach Norden zu marschieren, um die tschetschenischen Guerillakämpfer von beiden Seiten der tschetschenisch-georgischen Grenze in die Zange zu nehmen und ihnen die Nachschubwege über Aserbaidschan und Dagestan abzuschneiden. Der Druck hat zwar Tiflis und Baku aufgeschreckt, aber keine wesentliche Änderung ihrer auf größere Unabhängigkeit von Moskau gerichteten Politik bewirkt.«[739]

Dank der heimlichen Unterstützung der USA für die Randländer der GUS entwickeln sich die Wiedervereinigungsbemühungen Rußlands als schwierig, und insbesondere das auf Initiative Washington mitbegründete Regionalbündnis der GUUAM sorgt hier für eine Begrenzung russischen Einflusses. Es sind vor allem die Energieinteressen der USA, die eine Eindämmung der Bestrebungen Rußlands in der kaspisch-zentralasiatischen Region einfordern: »Eingeschränkt wird der russische Einfluß im Kaukasus auch durch die amerikanische Politik. Nach der Auflösung der Sowjetunion galt Zentralasien – vor allem im Vergleich zu den baltischen Staaten und der Ukraine – in Washington als weniger wichtig. Der Türkei wurden infolgedessen gewissermaßen stellvertretend für die USA sicherheits- und ordnungspolitische Aufgaben in der kaukasisch-zentralasiatischen Großregion eingeräumt. 1997 hat Washington allerdings klargestellt, daß es diese Region als zur Sphäre der ›nationalen Interessen‹ der USA gehörend betrachtet. Die Öl- und Gasvorkommen der Region hatten und haben damit viel zu tun. Nicht zuletzt aufgrund von Einwirkung und Einfluß der USA hat Moskau eine wichtige Runde in den Auseinandersetzungen über die Führung der Hauptausfuhrleitung (Main Export Pipeline) für das Erdöl des kaukasischen Kontinentalsockels verloren: Am Rande der OSZE-Gipfelkonferenz in Istanbul im November 1999 unterzeichneten die Präsidenten der Türkei, Aserbaidschans, Georgiens und Turkmenistans ein Abkommen, das eine Trassenführung für den Export des kaspischen Öls von Baku über Aserbaidschan und Georgien zum osttürkischen Mittelmeerhafen Ceyhan vorsieht. Die Verwirklichung dieses Projekts würde vermutlich dazu beitragen, die Wirtschaft und politische Unabhängigkeit der beteiligten Staaten zu stärken und Moskaus Einfluß zu verringern«,[740] so schätzt Hannes ADOMEIT die geopolitische Lage Moskaus beim Machtantritt PUTINS ein.

2.2.4.2.3 Die Europäische Union als bedeutendster Bündnispartner gegen die US-Vorherrschaft

Ein wichtiger Partner Rußlands für die Strategie, eine multipolare Weltordnung zu schaffen, ist nach PUTIN die Europäische Union, die nach seiner Einschätzung als »strategisch wichtiger Partner«[741] anzusehen ist. Die Europapolitik PUTINS besteht darin, die Idee einer europäischen Verteidigungsidentität, die sich im Rahmen der sich seit 1999 vollziehenden gemeinsamen Außen- und Sicherheitspolitik der EU herausbildet, mitzugestalten, um zu verhindern, daß sich hier ein weiterer feindlicher Militärblock bildet, der den antirussischen Einkreisungsring abschließen würde. »Moskau befürchtet, nach der NATO-Osterweiterung und der Stärkung transatlantischer Strukturen auf dem Balkan und im Kaspischen Raum nun auch von den Integrationsprozessen innerhalb der EU isoliert zu werden«,[742] was nicht nur eine geopolitisch-militärische, sondern auch eine geoökonomische Abschnürung Eurasiens zur Folge hätte.

Rußland geht es infolgedessen darum, den Transatlantismus – die sicherheits- und militärpolitische Bindung Europas an die USA – zu neutralisieren, indem es die EU auffordert, eine eigene sicherheitspolitische Identität zu definieren, damit diese nicht als Glacis für den amerikanischen Aufmarsch gegen Eurasien den antirussischen Einkreisungsring vervollkommnen kann. Der Politologe Hannes ADOMEIT schreibt daher auch, daß »die Zusammenarbeit Rußlands mit der EU nicht als Vorstufe oder Teil einer euroatlantischen Sicherheitspartnerschaft gewertet werden dürfe. Die Absichten lassen sich vielmehr traditionellen sowjetischen Bemühungen zuordnen, Europa von Amerika zu trennen . . .«[743] Infolgedessen sollen die Europäer – worauf auch das bereits zitierte Strategiedokument aus dem Jahre 2000 hinweist – selbst ihre Sicherheit gewährleisten, »ohne die Vereinigten Staaten und NATO zu isolieren, aber auch, ohne ihnen eine Monopolstellung auf dem Kontinent« einzuräumen.

Mit einer strategischen Partnerschaft zur EU verbindet PUTIN daher auch die Schaffung eines kontinentaleuropäischen Gegengewichtes zur transatlantischen NATO. Vor diesem Hintergrund müsse Rußland »politische und militärische Kontakte mit der WEU als einem integralen Bestandteil der EU entwickeln . . ., was unter anderem dazu beitragen könnte, ein Gegengewicht zum NATO-Zentrismus in Europa« zu bilden.

Damit ist die EU »einer der wichtigsten strategischen Partner«, die Zusammenarbeit mit den Staaten Westeuropas sei eine »wichtige Ressource für die Verfolgung russischer Nationalinteressen«.[744] Gleichwohl aber strebt PUTIN mit seiner EU-Strategie keine Einbindung Rußlands in die EU-Strukturen an. Vielmehr soll die Europäische Union zu einem strategischen Partner aufgewertet werden mit dem Ziel eines Gleichgewichts zweier Integrationsmodelle – einerseits die EU, andererseits die GUS unter Führung Rußlands – auf dem eurasischen Kontinent. Infolgedessen plant Moskau auch nicht die Integration in die EU im westlichen Sinn als freiwillige Abgabe von Souveränität an supranationale Institutionen: Rußland, so heißt es in der »Mittelfristigen Strategie« »muß die Freiheit behalten, seine Innen- und Außenpolitik zu bestimmen und auszuführen« sowie die »Unabhängigkeit seiner Positionen und Aktivitäten in internationalen Organisationen« und »seinen Status und Vorteile als euroasiatischer Staat und größtes Land der GUS« zu wahren. Dabei geht es PUTIN auch nicht um eine übergreifende Integration von GUS und EU, sondern darum, »die positive Integrationserfahrung der EU für die Stärkung und Entwicklung von Integrationsprozessen im GUS-Raum zu nutzen«.[745]

Darüber hinaus verbindet sich mit der strategischen Partnerschaft zur EU für Rußland auch die Hoffnung, die US-amerikanische Strategie zur Abdrängung Rußlands vom kaukasischen Energiepoker und von den Pipelinekorridoren Richtung Zentralasien und Kaukasus zu neutralisieren. »Europäische Energiegesellschaften sollen durch lukrative Konzessionen auf den russischen Markt gelockt werden, der Euro soll den Dollar als ausländische Währungsreserve ersetzen. Rußland offeriert der EU die Zusammenarbeit beim Aufbau eines paneuropäischen Transportnetzwerkes und gemeinsamer Öl- und Gaspipelines. Rußland befürchtet, durch die gegenwärtige Errichtung der eurasischen Transport- und Kommunikationskorridore durch den Kaspischen Raum von wichtigen Handelsströmen abgeschnitten zu werden.«[746]

Die Hoffnungen auf ein tieferes Zusammengehen zwischen Rußland und den beiden europäischen Zentralmächten Deutschland und Frankreich im Sinne einer eurasischen Troika, die im März 1998 anläßlich eines Gipfeltreffens der Staatschefs dieser drei Mächte in Moskau von russischen Geopolitikern gedacht war, blieben aber schon von Anfang an begrenzt. Insbesondere die von der Machtelite der Bundesrepublik Deutschland zur Staatsdoktrin erhobene ›Westbindung‹, die Einbindung in das US-amerikanische Bündnissystem, relativierte von Anfang an entsprechende Zielsetzungen Rußlands, was bereits in der JELZIN-Ära in den neunziger Jahren deutlich erkennbar war: »Deutschlands klare Absage an die Neuauflage des ›Konzerts der Mächte‹ in Europa zerstörte russische Hoffnungen auf eine Wiederholung der ›Rapallo-Politik‹ der zwanziger Jahre des letzten Jahrhunderts. Deutschland weigerte sich beharrlich, mit Rußland hinter dem Rücken der Amerikaner und Mittelosteuropäer über die künftige Sicherheitsstruktur Europas zu sprechen. . . Die Europäer blieben noch mit den USA verheiratet. An eine Scheidung war nicht zu denken.«[747]

Darüber hinaus leidet eine Zusammenarbeit zwischen Rußland und der Europäischen Union, wie sie sich PUTIN vorstellt, schon an dem grundsätzlichen Dogma westlicher Geopolitik, es nie wieder zum Aufstieg eines russischen Rivalen mit Weltmachtformat kommen zu lassen. Während PUTIN auf die Idee einer strategischen Partnerschaft auf der Grundlage zweier einander gleichberechtigter Großräume setzt, fordert die westliche Machtelite nämlich eine direkte Eingliederung Rußlands in ihr politisch-wirtschaftliches Ordnungssystem, in dem für Rußland kein Raum bleibt, eigene politische und wirtschaftliche Schwerpunkte zu setzen. »Erstens will die EU mit Hilfe ihrer ›Gemeinsamen Strategie‹ grundlegende Strukturveränderungen in Rußland bewerkstelligen und ein ›stabiles, demokratisches und prosperierendes Rußland schaffen, das fest in einem geeinten Europa ohne neue Trennlinien verankert ist‹. Dagegen liegt der Schwerpunkt der ›Mittelfristigen Strategie‹ Moskaus auf gleichberechtigter Zusammenarbeit. . . Zweitens gibt es ein Problem bei der Funktion, die dem Staat beigemessen wird: Während sich durch die EU-Strategie unübersehbar die Vorstellung zieht, daß demokratische und marktwirtschaftliche Strukturen ›von unten nach oben‹ entwickelt und autonomen Prozessen zwischengesellschaftlicher Integration großer Spielraum eingeräumt werden müßten, wird in der russischen Reaktion die Rolle des Staates sowohl für die innere Entwicklung als auch bei der Gestaltung der Beziehungen Rußland–EU hervorgehoben.«[748]

2.2.4.3 Zusammenfassung

Nach der kurzfristigen ›romantischen‹ Episode der russischen Außenpolitik wurde sich Rußland seiner eigentlichen geopolitischen Lage und Funktion als eigenständige eurasische Macht wieder bewußt. Der russische Geopolitiker W. P. GULIN betont dies in seiner Analyse *Geopolitik des russischen Volkes* als Schlußfolgerung: »Rußland des 21. Jahrhunderts muß eine selbständige Zivilisation bleiben, gestützt auf den Status einer großen eurasischen Macht, groß durch seine ökonomischen, sozialen und geistigen Errungenschaften«. Dabei sei diese historische Rolle Rußlands durch objektive Faktoren bestimmt, wie die einmalige geopolitische Lage des Landes, das nach seiner territorialen Ausbreitung einen großen Teil des eurasischen Raumes einnehme, wie die Tatsache, daß auf dem russischen Territorium strategische Rohstoffe vorhanden seien, die für die Entwicklung sowohl Europas als auch Asiens Bedeutung hätten, und nicht zuletzt durch den Umstand, daß Rußland nach wie vor eine Raketen- und Kernwaffenmacht sei.[749]

Rußlands Aufgabe liegt nach den Doktinen der Eurasier darin, als Integrationsknoten zwischen Europa und Asien zu wirken. »Europa und Asien würden zum doppelten Fundament der ökonomischen und geistigen Entwicklung. Sie befinden sich auf dem gewaltigen einheitlichen Kontinent, wo sich das geopolitische Zentrum der Welt befindet. Die bedeutendsten Kommunikationslinien, auf dem Land, dem Meer und in der Luft, die die sich rasch entwickelnden Länder der atlantischen und pazifischen Küste verbinden, gehen durch den Raum Osteuropas und das westliche Asien. Die Kontrolle dieses Raumes hat lebenswichtige Bedeutung, die die ganze Welt betrifft. Das geopolitische Privileg Rußlands besteht darin, daß es als Staat diesen Raum einnimmt und eine Eurasische Brücke darstellt. Die kluge Ausnutzung dieses geopolitischen Status kann zu Resultaten großer historischer Bedeutung führen.«[750]

Genau auf dieser Linie bewegt sich auch die Außenpolitik Wladimir PUTINS mit dem Ziel eines »starken Rußlands«, »das als Integrationsknoten im Gesamtzusammenhang einer multipolaren Weltordnung stabilisiert und integriert werden müsse«.[751]

Rußland-Experte Kai EHLERS weist in diesem Zusammenhang darauf hin, daß der Prozeß der Selbstfindung Rußlands eine logische Konsequenz der amerikanischen Machtpolitik der »einzigen Weltmacht« (Z. BRZEZINSKI) ist. »Die seit 1991 stattfindende Einkreisung Rußlands durch die USA und NATO, die auf eine Minimierung des Landes, eine (von den USA bewußt und systematisch geschürte) pluralistische Zersplitterung statt auf eine notwendige konföderative Neugestaltung des eurasischen Herzlandes hinausläuft, hat aber die Kräfte der Restauration mit dem Ziel der Rezentralisierung autoritärer Strukturen auf dem Plan gerufen.«[752]

Ähnlich sieht es auch der von der Zeitung *Le Monde diplomatique* herausgegebene *Atlas der Globalisierung*: »Rußland rechnete damals mit einer radikalen Kürzung der westlichen Militärausgaben und einer Unterstützung in Höhe der Beihilfen, die Westeuropa 1948 im Rahmen des Marshallplans erhalten hatte. Es hoffte auch, daß auf die Auflösung des Warschauer Paktes die der NATO folgen würde und daß außerdem die Organisation für Sicherheit und Zusammenarbeit in Europa (OSZE) gestärkt aus dem Prozeß hervorgehen würde. Da die USA ihre hohen Militärausgaben beibehielten, vergrößerte sich ihr Vorsprung gegenüber Rußland unweigerlich. Die NATO nahm eine interventionistische Ausrichtung an und forderte die ehemals von Rußland dominierten Länder zum Beitritt auf. Dies und vor allem der Kosovokrieg 1999 verärgerten und verbitterten die Russen.«[753] Nach 1999 standen sich Kai EHLERS (*Domino im Kaukasus*) zufolge schließlich grundsätzlich zwei Weltordnungen gegenüber:

– Zum einen die in den siebziger Jahren schon von China definierte Politik der multipolaren Weltordnung verschiedener geopolitischer Gravitationszentren. Diese Strategie wurde von GORBATSCHOW, vom russischen Außenminister PRIMAKOW und schließlich auch von PUTIN wiederaufgegriffen. In diesem Ordnungskonzept sollte eine eurasische Konföderation ein ›Pol‹ neben anderen ›Polen‹ sein.

– Demgegenüber steht die von den USA ausgehende Konzeption eines globalen Imperiums der »einzig verbliebenen Weltmacht«, die die Ausbreitung einer uneingeschränkten Vorherrschaft der USA und die systematische Niederhaltung möglicher Konkurrenten vorsieht. Diese Strategie wird, nachdem sie schon 1994 von BRZEZINSKI öffentlich formuliert worden war, dann von den Neokonservativen unter George W. BUSH verfolgt.

Im Kampf um die Neuaufteilung der Welt, in der nach den amerikanischen Doktrinen Eurasien das Zentrum der Auseinandersetzungen um die Weltherrschaft ist, ist PUTINS Kurs der Wiedervereinigung der GUS die »einzig mögliche Position, die Rußland zwischen Asien und Europa im globalen Kräfteringen... einnehmen kann«.[754] Dieser Kurs beinhaltet – so Kai EHLERS – folgende Kernelemente:

– Wiederannäherung an die GUS, Annäherung an China, Aufbau des Shanghaier Bündnisses in Fernost, womit Rußland seine fernöstliche Flanke stärkt.

– Bemühen um eine Wiederherstellung des früheren Einflußgebietes durch eine Wirtschafts- und Zollunion Rußlands mit der Ukraine, Weißrußland, Kasachstans und Moldawiens, mit der Rußland der NATO- und der EU-Erweiterung Grenzen aufzeigt.

– Neudefinition Rußlands als Integrationsknoten zwischen Asien und Europa, daß heißt, PUTIN setzt der Einkreisung Rußlands durch die NATO- und EU-Erweiterung eine Politik der Bündnisse nach Osten (Annäherung an China, Ausbau der ›Shanghaier Organisation für Zusammenarbeit‹) und nach Westen (Streben nach Zusammenarbeit mit der EU, der unter PUTIN erstmals eine Schlüsselposition als strategischer Partner eingeräumt wird) entgegen.[755]

– »Wladimir PUTIN... intensivierte die Beziehungen Moskaus zu seinen Handelspartnern aus der Sowjetzeit, darunter den Staaten, die auf der schwarzen Liste Washingtons standen – mit Ausnahme des protschetschenischen Afghanistan der Taliban. Er hofierte die Europäische Union (vor allem Deutschland), den Hauptgläubiger und wichtigsten Abnehmer von russischem Erdöl, und schloß gleichzeitig umfangreiche Verträge über Waffenlieferungen mit China und Indien sowie dem Iran ab; letzteren unterstützt Rußland ungeachtet der Proteste aus Washington bei der Fertigstellung von im Bau befindlichen Atomkraftwerken. Die ›strategische Partnerschaft‹ mit China – das mit Moskau im Juli 2001 ein Kooperationsabkommen über eine Laufzeit von zwanzig Jahren schloß – bleibt eine der Prioritäten Rußlands, auch wenn dies wohl eher handelspolitische als politische Gründe hat. Neben Waffen und Kernenergietechnik plant Rußland, Erdöl und Erdgas nach China zu liefern. Eine Erdölpipeline und eine Erdgasleitung zwischen beiden Ländern sind bereits im Bau.«[756]

Weiterhin bleiben also die GUS-Staaten, mit denen PUTIN enge wirtschaftliche Zusammenarbeit anstrebt, im Mittelpunkt der Außenpolitik der Russischen Föderation,[757] da die GUS als traditionelles russisches Einflußgebiet als eurasisches Gravitationszentrum neben anderen Gravitationszentren in der multipolaren Weltordnung wirken soll. Dieser Plan schien jedoch von Anfang an zum Scheitern verurteilt: »Die geschäftigen Aktivitäten (Dutzende von Ausschüssen, Hunderte von Abkommen in allen Bereichen) können nicht darüber hinwegtäuschen, daß die GUS in der Praxis nicht funktioniert. Keiner der wichtigen Verträge ist bisher von allen Mitgliedern ratifiziert worden. Die Gipfeltreffen der Gemeinschaft bieten vor allem Gelegenheit zu bilateralen Gesprächen, während jeder Staat nach außen das Spektrum seiner Bündnis- und Kooperationsstrukturen zu erweitern sucht.«[758]

Statt Integration eröffnet die GUS vielmehr die Möglichkeit der Bildung antirussischer Bündnisse und der Einmischung der globalen Imperialmacht USA: »Dieses Bemühen (eines jeden GUS-Staates zur Erweiterung seiner Optionsmöglichkeiten, der Verf.) äußert sich im Beitritt zu diversen Zusammenschlüssen... Sie alle sind Versuche, ein Gegengewicht zur russischen Dominanz herzustellen.«[759] Im ganzen scheint sich eine Zweiteilung Eurasiens in einen prorussischen Kern und einen um diesen herum gelegenen proatlantischen Staatengürtel eurasischer ›Rimlands‹ herauszubilden, die der *Atlas der Globalisierung* folgendermaßen beschreibt:

»Dabei sind zwei entgegengesetzte Entwicklungen zu beobachten: Einerseits bildete sich unter dem Einfluß der USA am Rande von OECD- und NATO-Tagungen eine kritische Front, die sich 1997 mit der Gründung der GUAM (Georgien, Ukraine, Aserbaidschan, Moldawien, während der kurzzeitigen Mitgliedschaft Usbekistans auch GUUAM genannt) institutionalisiert hat. Diese Staaten kritisieren das undurchsichtige Spiel Moskaus bei Konflikten (Transnistrien, Krim, Abchasien, Karabach etc.). Sie werfen Moskau vor, die Abhängigkeit der Staaten von russischen Energielieferungen auszunutzen, um deren Souveränität zu schwächen, und haben am südlichen Rand Rußlands Initiativen gestartet, um sich in so zentralen Fragen wie Erdölversorgung und Sicherheit unabhängig zu machen. Sie lehnen russische Stützpunkte und Grenzposten ab und engagieren sich für eine Zusammenarbeit mit der NATO bzw. für die Stationierung von US-Soldaten. Auf der anderen Seite formierte sich eine enge Zusammenarbeit einzelner Staaten mit Moskau innerhalb einer Zollunion, die sich 2000 zur Eurasischen Wirtschaftsgemeinschaft weiterentwickelte. Harter Kern dieses Bündnisses ist die Union Rußland-Weißrußland, die demnächst über ein gemeinsames Parlament und eine gemeinsame Währung verfügen wird. Hinzu kommt die Erneuerung des Abkommens über kollektive Sicherheit, das auch Armenien unterzeichnet hat, sowie die Gründung der ›Schanghai-Gruppe‹ – ein Bündnis mit China im Kampf gegen den islamischen Terrorismus (mittlerweile trägt sie den Namen ›Schanghaier Organisation für Zusammenarbeit‹, ihre Mitglieder sind: China, Kasachstan, Kirgisistan, Rußland, Tadschikistan und Usbekistan).«[760]

Mit diesen Entwicklungen sowie »durch die Errichtung von US-Militärstützpunkten in Zentralasien und im Kaukasus ist das ohnehin fragile Gleichgewicht ins Wanken geraten«,[761] und zwar zu Lasten der Russischen Föderation, für die die Aufrechterhaltung der Einheit Eurasiens mit Ausschluß einer Intervention raumfremder imperialer Seemächte eine Existenzfrage ist. »Moskau fühlt sich durch das Erstarken der Amerikaner im ölreichen Zentralasien, die US-Ausrichtung Georgiens, die Erweiterungen von EU- und NATO... in die Defensive gedrängt. Das hat der russische Abgeordnete Wiktor ALKSNIS, ein früherer Luftwaffen-Offizier, gerade besonders plastisch auf den Punkt gebracht: ›Als Mann des Militärs sehe ich: Rußland ist umzingelt‹.«[762] Diese Feststellung hatte das Scheitern der Wiedervereinigungspolitik der GUS, die PUTIN noch einmal im Mai 2004 zur obersten außenpolitischen Priorität erklärt hatte, verdeutlicht. Doch nicht nur in geopolitisch-militärischer, sondern auch in ökonomischer Hinsicht zeichnen sich diese Abschnürung Rußlands und die Teilung des eurasischen Raumes ab: »Die ehemaligen Unionsrepubliken, die sich mit Ausnahme Weißrußlands und Tadschikistans weit geöffnet haben, wickeln einen immer größeren Teil ihres Handels mit den Märkten außerhalb der GUS ab... Dies verweist auf die geschwächte Position Rußlands. Gleichzeitig bilden sich regionale Verbindungen heraus, jeder Staat schafft sich seinen eigenen Handelsraum: Turkmenistan handelt immer mehr mit dem Iran und der Türkei, Kasachstan mit China... Die Ukraine hat den Anteil Rußlands an ihrem Handelsvolumen verringert... und den Handel mit Deutschland und Polen ausgebaut. Im Jahr 2000 wickelten die Kaukasusstaaten 13 % ihres Handels mit der Türkei und dem Iran ab. Auch Aserbaidschan richtet sich immer stärker nach Westeuropa aus, im Jahr 2000 nahmen Italien und Frankreich 55% seiner Exporte ab.«[763]

Festzuhalten bleibt damit: Will die Russische Föderation ihre staatliche Existenz und Integrität weiterhin aufrechterhalten, hat sie – was PUTIN treffend erkannt hatte – ihren außen- und sicherheitspolitischen Schwerpunkt auf die GUS, auf das postsowjetische Gebiet zu richten: »Nur eine wirtschaftliche und politische Stabilisierung und klare Beziehungen zu den einstigen Satellitenstaaten können gewährleisten, daß Rußland auf Dauer in seinen alten Grenzen Bestand hat.«[764]

Kapitel 3

Die erste Auseinandersetzung um die Kontrolle Eurasiens. Der erste Kalte Krieg der USA gegen die Sowjetunion

1 Die Ursprünge

Tatsächlich sind die Wurzeln des Kalten Krieges, wie der Amerika-Kritiker L. L. MATTHIAS darstellt, nicht im Jahre 1945 zu suchen. Vielmehr darf man »mit einer gewissen Berechtigung sagen, daß der Kalte Krieg 1918 bzw. 1921 begonnen hat«.[765] Mit dem Zusammenbruch des Zarenreiches, der bolschewistischen Oktoberrevolution und dem sich daraus ergebenden Bürgerkrieg geriet der russische Raum mit seinem gewaltigen Rohstoffreservoir in das Fadenkreuz anglo-amerikanischer Konzerne. Den Siegermächten des Ersten Weltkrieges war nicht nur an der Niederhaltung des Deutschen Reiches gelegen. Insbesondere kam es ihnen darauf an, daß sich

1. der russische Raum nicht zu einem autarken Gegenpol entwickeln konnte. In seinem Standardwerk *Wall Street and the Bolshevik Revolution* führt der Historiker Anthony SUTTON aus, daß Rußland für die amerikanische Hochfinanz damals der größte unentschlossene Markt der Welt war. Rußland wurde von der US-Finanzelite außerdem seit eh und je als der größte potentielle Konkurrent angesehen, der Amerikas industrielle und finanzielle Vorherrschaft bedrohe. »Wall Street«, meint SUTTON, »muß das kalte Grausen überfallen, wenn es daran denkt, daß Rußland ein zweiter industrieller Supergigant von amerikanischen Ausmaßen werden könnte.« Wenn man Rußland aber ein unproduktives Wirtschaftssystem auferlegte, damit es den Westen für fortgesetzte Bluttransfusionen an Kapital und Technologie zum Überleben braucht, dann könnte es ausgebeutet und in Schach gehalten werden.[766]

2. Rußland und das Deutsche Reich nicht miteinander verbanden und auf diese Weise zu kontinentalen Herausforderern der angelsächsischen Thalassokratie werden konnten. Wie im ersten Kapitel bereits dargestellt, warnte der Haupttheoretiker der angelsächsischen Geopolitik Halford MACKINDER in seiner Schrift *Democratic Ideals and Reality* aus dem Jahre 1919 »vor einem aufstrebenden Deutschland, das eine schwache, an den Folgen des Krieges und der Revolution leidende Sowjetunion erobern könnte, um zur führenden Landmacht aufzusteigen. Oder aber es werde zum deutsch-sowjetischen Bündnis kommen, um Rußlands enorme Naturschätze und seine starke strategische Stellung mit der beruflich hochqualifizierten und gut organisierten deutschen Bevölkerung zu vereinen und Englands Vorherrschaft zu brechen«.[767]

3. Möglichkeiten eröffneten, Zugriff auf die Rohstoffe Rußlands und des Kaukausus zu nehmen.

1.1 Erste Pläne zur wirtschaftlichen Unterwerfung Rußlands – der Jaroschinski-Plan

Diese geopolitischen Zielsetzungen verlangten daher zusätzlich eine Strategie der Unterwerfung Rußlands. Dabei wurde zunächst auf eine wirtschaftlich-finanzielle Abhängigkeit Rußlands von den Westmächten gesetzt – eine Abhängigkeit, die übrigens schon zu Beginn und während des Ersten Weltkrieges bestanden hatte: »Obwohl selbst ein expandierender imperialistischer Staat, war das Zarenreich zugleich auch ein kolonialistisches Objekt des europäischen Finanzkapitals. Seine Schlüsselindustrien lagen in ausländischer Hand: die Bergwerke zu 90%, die chemische Industrie zu 50% und die Maschinenindustrie und die Banken zu 40%. Bis zum Kriegsausbruch im Jahre 1914 hatte Deutschlands Einfluß eine wichtige Rolle gespielt; während des Krieges trat neben Frankreich auch Großbritannien in den Vordergrund. Konstantin NABOKOW, der Repräsentant Rußlands in London, schrieb: ›Rußland wurde in seinen Bemühungen, den Krieg fortzusetzen, vollkommen abhängig von Großbritannien.‹ Tatsächlich gingen von englischer Seite zwischen 1914 und 1917 Kriegsmaterialien im Werte von 568 Millionen Pfund an Rußland. Dafür stellte Rußland den Zentralmächten aber mehr Soldaten entgegen als die übrigen Alliierten zusammen. Allein schon diese Sachverhalte mußten Rußland zum möglichen Ziel einer Intervention der Ententemächte machen.«[768]

Um nach dem Ende des Ersten Weltkrieges einen wirtschaftlichen Einfluß Deutschlands auf das durch Kriegwirren und Revolution zerrüttete Rußland zu verhindern, entwickelte der damalige Erste Lord der britischen Admiralität CHURCHILL, der als Vater der anglo-amerikanischen Intervention in das russische Bürgerkriegsgeschehen gilt,[769] mit dem russisch-polnischen Bankier JAROSCHINSKI im Sommer 1919 den nach letzterem benannten ›JAROSCHINSKI-Plan‹, der die vollständige Kontrolle der russischen Wirtschaft durch die britische Hochfinanz sicherstellen sollte: »Im Februar 1918 hatte die britische Regierung zu diesem Zweck eine halbe Million Pfund Sterling zur Verfügung gestellt, womit JAROSCHINSKI große Aktienblöcke in der ›Russischen Bank für Außenhandel‹, der ›Petrograder International-Bank‹ und anderen Banken aufkaufte. Dafür hatte sich die britische Regierung unter anderem das Recht eingehandelt, die Hälfte der Verwaltungsratsmitglieder dieser Banken zu ernennen. . ., um auf diese Weise die Bankenpolitik kontrollieren zu können. . . JAROSCHINSKI schlug nun im Juli 1919 vor, diese vor einem Jahr begonnene Politik, ›nämlich die Kontrolle der russischen Banken zu sichern, diese dem deutschen Einfluß zu entziehen und an England zu übertragen‹, fortzuführen.«[770]

Wortwörtlich hieß es in dem als ›JAROSCHINSKI-Plan‹ bezeichneten Memorandum, das am 5. Juli 1919 von JAROSCHINSKIS Mittelsmann, John Picton BAGGE, vorgestellt wurde: »Auf der Grundlage gegenseitigen Vorteils der beiden Länder schlage ich die Lösung des vorliegenden Problems vor, daß Großbritannien sich die Kontrolle über die Großbanken, Transportgesellschaften und Versicherungskompanien Rußlands sichern soll. . . Das angestrebte Ziel aber ist noch weit imperialer. Die Kontrolle der Banken würde die wirtschaftliche und politische Kontrolle Rußlands bedeuten... Ich schlage vor, daß britische Staatsbürger Senioren- und Juniorenposten in allen Banken und ihren abhängigen Unternehmen erhalten sollen. Ich brauche kaum darauf hinzuweisen, wie wichtig es für das britische Empire in bezug auf politischen und wirtschaftlichen Nachrichtendienst sein würde, ein Netz von britischen Bürgern über ganz Rußland verstreut zu haben... Als Folge würden der britischen Regierung nicht nur von vielen Seiten politische Nachrichten zugänglich sein, sondern man könnte auch jeden Schritt beobachten, den unsere Konkurrenten auf dem russischen Markt unternehmen... Zusätzlich zu diesem über die Zentralbank organisierten Nachrichtendienst könnte auch eine Kontrolle über die Presse gesichert und unterhalten werden. Zudem könnte ein Propagandadienst eingerichtet werden.«[771]

Um dieses Ziel zu verwirklichen, wurden von England die antibolschewistischen Kräfte unter KOLTSCHAK und DENIKIN unterstützt, verbunden mit einer eigenen militärischen Intervention. Insbesondere vor dem Hintergrund einer möglichen deutsch-russischen Zusammenarbeit, die es mit allen Mitteln zu verhindern galt, »bildeten wirtschaftliche Überlegungen eine wichtige Rolle in der Fortsetzung der Intervention.[772] ... Die militärische Intervention (der Entente, der Verf.) in Rußland war immer auch eine wirtschaftliche Intervention, im Baltikum so gut wie in Sibirien«.[773] Im Juli 1919 erklärte US-Präsident WILSON dem Vorsitzenden des Senates, »daß der Zweck des Verbleibens amerikanischer Truppen in Sibirien es sei, daß wir... eine notwendige Handelsstraße offen halten...«[774]

Insbesondere die antikommunistischen Generale DENIKIN und KOLTSCHAK hatten hier für die anglo-amerikanische Hochfinanz und deren Konzerne die Funktion, den russischen Markt militärisch zu erobern und einen Einfluß der Deutschen auf wirtschaftlichem Gebiet zu beseitigen. Am 2. Juli 1919 begründete CHURCHILL die von ihm geforderte Unterstützung DENIKINS mit der Erklärung, »daß sich für Manchester, Sheffield, Leicester und andere britische Industriezentren eine enorme Gelegenheit biete, sich auf Generationen hinaus einen Millionenmarkt zu sichern«.[775] Ferner führte CHURCHILL aus: »Die Fortschritte an General DENIKINS Front sind gewaltig... Seine Truppen kontrollieren Gebiete mit mindestens dreißig Millionen europäischer Russen und beherbergen die dritt-, viert- und fünftgrößte Stadt Rußlands. Diese Regionen sind dem britischen und französischen Handel zugänglich... Als Ergebnis unseres Handelns steht es uns nun frei..., eine höchst profitable Zukunft für den britischen Handel vor uns zu haben.«[776] Neben DENIKIN fand auch KOLTSCHAK großzügige Unterstützung; britische und amerikanische Banken gewährten ihm eine 50 Millionen-Dollar-Anleihe.[777]

1.2 Pläne zur territorialen Aufteilung Rußlands

Neben der geplanten wirtschaftlichen Kontrolle Rußlands befaßte sich Winston CHURCHILL auch mit einer territorialen Neugliederung Rußlands. Entscheidend kam es für das britische Empire darauf an, daß sich aus einem territorial geschlossenen russischen Raum niemals mehr eine Kontinentalkonkurrenz für die angelsächsische Seemacht entwickeln konnte. Ein geeintes Rußland war daher nur so weit zugelassen, wie es dazu dienen konnte, als verbündeter Einkreisungspartner gegen das Deutsche Reich zu dienen. Auch von diesen Überlegungen wurde die britische Hilfe für die antikommunistischen Kräfte abhängig gemacht: Am 2. August 1919 erklärte CHURCHILL dem kommandierenden General der britischen Interventionstruppen in Archangelsk, daß die britische Unterstützung für die Weißen noch sechs Monate andauern könne, danach müsse sie eingestellt werden:

»In sechs Monaten sehe die Situation in Rußland entweder so aus, daß die Bolschewiki oder KOLTSCHAK und DENIKIN gewonnen haben würden oder aber die beiden Kontrahenten sich wie jetzt als etwa gleich stark gegenüberstünden. Eine Vorherrschaft der Bolschewiki würde zu einer Germanisierung Rußlands führen, zu einer russisch-deutschen Weltmacht, die die britischen Besitzungen im Osten bedrohen würde. Ein Sieg der Weißen würde ein geeintes Rußland mit sich bringen, das potentiell eine Bedrohung darstellen könnte, aber, da mit britischer Hilfe geschaffen, gegen Deutschland eingestellt sein würde. Die dritte Möglichkeit eines Patts würde wahrscheinlich zu einer Zerstückelung Rußlands mit drei separaten und halb unabhängigen Staaten führen: einem Kosakenstaat unter DENIKIN in Südrußland und an der Wolga, einem sibirischen Staat unter KOLTSCHAK mit dem Ural als Westgrenze und einem bolschewistischen Staat in Zentral- und Nordrußland, der Petrograd und Moskau einschlösse.«[778]

Durchgeführt werden sollte eine territoriale Aufteilung Rußlands von den Randstaaten her. CHURCHILL beschrieb diese Strategie mit folgenden Worten: »Natürlich folgte daraus, daß wir trachten würden, alle dem Bolschewismus feindlich gesinnten Randstaaten in ein kriegerisches und diplomatisches System zusammenzufassen und auch alle anderen Verbündeten zur äußersten Beihilfe zu bewegen. So war die Politik beschaffen, die wir übereinstimmend verfolgten – und so weit war sie begrenzt.«[779]

Der Historiker Alex P. SCHMID bezeichnete diese Strategie als Instrumentalisierung der aus der Zerfallsmasse des Habsburger und des Zarenreiches entstandenen Nachfolgestaaten zur Intervention in den Russischen Bürgerkrieg.[780] Eine wichtige Rolle sollte dabei neben Finnland, Rumänien und der Tschechoslowakei insbesondere Polen spielen, das als imperialistische Macht »von einem konföderierten Osteuropa unter polnischer Vorherrschaft träumte«[781] und dem deshalb dem strategischen Ziel der Einkreisung und Aufteilung Rußlands nicht ganz ungelegen kam. CHURCHILLS Allianzdiplomatie im sibirisch-ostasiatischen Raum sollte den Kreis um Sowjetrußland schließen. Im Mittelstück zwischen Kaukasus und China hatte der britische Außenminister CURZON durch ein Abkommen mit Persien und durch den Friedensschluß mit Afghanistan im August 1919 den Einkreisungsring vervollständigt.

Der bolschewistische Verteidigungskommissar TROTZKI erkannte diese Einkreisungsgefahr: »Gewissen Anzeichen zufolge könnte der Waffenstillstand zwischen

Afghanistan und England sich voll gegen uns auswirken. Nach den Berichten unserer Leute in Turkestan ist England damit beschäftigt, Persien, Buchara, Khiwa und Afghanistan gegen sowjetisch Turkestan zu vereinen. Es wäre unglaublich, wenn es dies nicht tun würde. England ist gegenwärtig dabei, eine Kette von Staaten im Osten zu bilden, geradeso, wie es dies auch an unserer Westgrenze getan hat. . .«[782] Auch die japanische Expansionspolitik sollte in diese antirussische Gesamtstrategie eingebunden werden, mit der Japan – so der seinerzeitige britische Botschafter in China – geradezu auf das Ziel seiner imperialen Wünsche hingeführt werde: »Ein halb abhängiges Ostsibirien von Irkutsk bis Wladiwostok, abgerundet durch den Einschluß der Mandschurei und der Mongolei.«[783]

CHURCHILLS Vorstellung von der Gestaltung Rußlands sah so aus, daß es lediglich fomell geeint, tatsächlich aber dezentralisiert blieb. Dieser Gedanke lag dem Plan zugrunde, daß die russischen Provinzen mit den Randstaaten, den Instrumentarien der antirussischen Einkreisung, dann eine militärische Zusammenarbeit gegen das Zentrum eingehen konnten: »CHURCHILLS Betonung des föderativen Prinzips entsprang vor allem seinem Wunsch nach einer militärischen Kooperation der Randstaaten bei der Intervention.«[784]

Insgesamt stand die britische Außenpolitik einem geeinten Rußland sehr zwiespältig bis ablehnend gegenüber, wobei vor allem auch die Frage einer deutsch-russischen Zusammenarbeit im Vordergrund der Überlegungen stand, die es unter allen Umständen zu verhindern galt. In seinem Memorandum vom 12. September 1919 erhob der britische Außenminister CURZON »schwere Bedenken gegen ein starkes Rußland, würde dies die Macht doch wieder in die Hände der ›Imperialisten von jenem Schlag, der Rußland vor der Revolution beherrschte‹, legen. Obwohl diese Reaktionäre voller Freundschaftsbeteuerungen gegenüber den früheren Alliierten seien, widersetzten sie sich deren Politik in Osteuropa und würden, wenn es ihrer Sache diente, bei der ersten Gelegenheit sich an Deutschland wenden. . . Andererseits aber, argumentierte CURZON, biete auch ein schwaches, der Verfassung nach dezentralisiertes Rußland Gefahren für Großbritannien. Doch meinte er, daß es möglich sein sollte, mit der deutschen Kolonisation und Durchdringung fertig zu werden, wenn man sich mit einem tatkräftigen Alliierten zusammentäte. Dafür kam nur Polen in Frage«.[785]

Auch der damalige Premierminister LLOYD GEORGE schien sich für eine Stärkung der Randstaaten gegen die Moskauer Zentrale auszusprechen: »Die Frage sei, ob es im Interesse des britischen Empires wäre, ein begrenztes Rußland anzustreben, unabhängig von der Regierung, möge diese nun bolschewistisch, antibolschewistisch oder von sonst einer Richtung sein. Es würde unvermeidbar sein, daß eine solche Regierung die natürliche Neigung hätte, vorwärts zu kriechen, und. . . eine solche Entwicklung wäre nicht nur eine Bedrohung des britischen Empires, sondern des Weltfriedens. Die andere Alternative wäre, danach zu streben, gewisse unabhängige Staaten wie die Ukraine und möglicherweise Turkestan zu haben. . . Die Zukunft des britischen Empires könnte davon abhängen, wie sich die russische

Lage entwickeln würde, und persönlich würde er dem Gedanken eines geeinten, mächtigen Rußland mit 130 Millionen Einwohnern nicht mit Gleichmut entgegensehen.«[786]

Um einen deutschen Einfluß in Rußland zu verhindern, hatten England und Frankreich am 23. Dezember 1917 bereits in einem Geheimvertrag eine Aufteilung Rußlands in Interessensphären vorgenommen. Diesem Vertrag zufolge sollte Großbritannien eine Einflußzone im Baltikum und im Nord- und Transkaukausus, in Armenien, Georgien, Kurdistan und dem Kosakenterritorium erhalten; Frankreich dagegen sollte das an Kohle, Eisen und anderen Mineralien sehr reiche Donezbecken erhalten. Zusätzlich sollte die französische Interessensphäre die Ukraine, die Halbinsel Krim und Bessarabien umfassen.[787] Dieses Dokument war, so der amerikanische Diplomat George F. KENNAN, für die alliierte Politik in Rußland von großer Wichtigkeit.[788] Hintergrund dieses Geheimvertrages war eine Konferenz zwischen den britischen Vertretern Alfred MILNER und Robert CECIL sowie CLEMENCEAU und Außenminister PICHON auf französischer Seite am 22. und 23. Dezember 1917 in Paris, auf der besprochen werden sollte, »welche Haltung man gegenüber den verschiedenen politischen Gruppen einnehmen sollte, die in Rußland um die Macht kämpften«.[789] »Das Abkommen bildete die Grundlage der späteren britischen Aktion im Transkaukasus, in mancher Hinsicht auch der britischen Haltung in der Frage der sibirischen Intervention. Es diente ferner als Begründung für die französische Intervention in der Ukraine im Jahre 1918.«[790]

1.3 Die strategischen Zielsetzungen der USA

Welche Stellung nahmen in dieser Lage die USA ein?

Auch wenn sich das offizielle Washington zunächst zurückhaltend bis abwartend verhielt, so wollte es doch bei einer Aufteilung Rußlands nicht abseits stehen. »Auf den Druck einiger Senatoren, Bankiers, Industriellen und Ingenieure, von denen mehrere (wie zum Beispiel Herbert HOOVER) in Rußland über sehr erhebliche Pachtverträge, Minenrechte, Bohrungsrechte oder anderen Besitz verfügten, hatte das Kriegministerium es durchgesetzt, daß sich die Vereinigten Staaten an der Invasion beteiligten«[791] – wenn auch WILSON zunächst an einer Einmischung nicht interessiert war.

Alarmierend für die Vereinigten Staaten war das Bekanntwerden eines Geheimabkommens zwischen dem russischen Zarenreich und Japan: »Am 22. Dezember (1917, der Verf.) erhielt Washington... Kenntnis von den Klauseln des Geheimvertrages, den die Russen und Japan am 3. Juli 1916 geschlossen und die Sowjets nun veröffentlicht hatten. Die Nachricht muß die Besorgnis der Beamten in Washington über die japanischen Absichten hinsichtlich Sibirien beträchtlich vermehrt haben.«[792] Dieses Abkommen war nach Ansicht des US-Diplomaten KENNAN eindeutig gegen die Interessen der USA in Sibirien gerichtet. Eine Analyse dieses Abkommens nämlich deutete darauf hin, daß es die Vereinigten Staaten waren, die die Vertragspartner vor Augen gehabt hatten:

»Das Abkommen war mit anderen Worten dazu entworfen worden, Japan gegen den möglichen amerikanischen Widerstand gegen eine Veränderung des *status quo* in der Mandschurei (zu Japans Gunsten) abzuschirmen, die sich aus Rußlands zunehmender Schwäche ergeben konnte. Von dieser Veränderung, oder einem bestimmten Teil davon, handelte offenbar das Geheimprotokoll. Es schloß vermutlich die Übertragung des Südstückes der Ostchinesischen Eisenbahn an die Japaner ein, das von Charbin siebzig Meilen südlich bis Tschang-tschung verlief und dort mit der Südmandschurischen Bahn zusammenhing, die sich im Besitz der Japaner befand. Die Vereinbarung, diesen Abschnitt der Strecke, der durch die reichsten Gebiete der Mandschurei führte, an Japan abzutreten, bedeutete ein erhebliches Zugeständnis. Das Protokoll scheint auch Zugeständnisse an Japan hinsichtlich der Schiffahrtsrechte auf dem Sungari-Fluß vorgesehen zu haben, der bis dahin völlig in der russischen Interessensphäre gelegen hatte.«[793]

Das Abkommen, so KENNAN, war in der Hauptsache gegen die Vereinigten Staaten gerichtet,[794] denn mit der Umsetzung dieses Abkommens wäre das tragende Prinzip der Ostasienpolitk der USA, nämlich das oben dargestellte ›Prinzip der Offenen Tür‹, das dem US-Kapital den ostasiatischen Raum eröffnen sollte, unmittelbar gefährdet gewesen. »Japan, das hatte man erkannt, war der große unbequeme Konkurrent bei der wirtschaftlichen Ausbeutung im Pazifik, im Fernen Osten und in Südostasien.«[795] Grundlegende wirtschaftliche Interessen standen für die USA mit der Ausdehnung der japanischen Macht somit auf dem Spiel. So hatten sich beispielsweise amerikanische Eisenbahngesellschaften wie die STEVENSsche Eisenbahngesellschaft Konzessionen zur Modernisierung und Ausweitung des transsibirischen Eisenbahnnetzes gesichert, und dieser Umstand spielte für das amerikanische Interesse am russischen Fernen Osten zur Zeit der bolschewistischen Revolution eine wichtige Rolle.[796]

Das russisch-japanische Abkommen, bei dem es sich »um den Versuch handelte, eine mögliche feindliche Reaktion Amerikas auf eine Veränderung des *status quo* in der Mandschurei zu neutralisieren«,[797] machte eine amerikanische Intervention unvermeidlich: »Die Entdeckung, daß die Japaner noch vor 18 Monaten mit einem solchen Manöver beschäftigt gewesen waren, ließ die Staatsmänner in Washington allen Vorschlägen gegenüber, die auf eine japanische Expedition auf dem sibirischen Festland hinausliefen, natürlich nur noch mehr auf der Hut sein.«[798]

Tatsächlich hatten die Japaner schon »praktisch die ostchinesische Eisenbahn in Besitz genommen und kontrollierten den gesamten Verkehr zwischen der sibirischen Regierung und dem Pazifik«.[799] Den Amerikanern gelang es jedoch in Verhandlungen mit den Japanern, ein Abkommen über Unterhalt und Kontrolle der transsibirischen Eisenbahn zu treffen, womit die USA zu einer Interventionsmacht wurden und direkt Einfluß auf das Bürgerkriegsgeschehen in Rußland nehmen konnten, denn »von nun an beschützten amerikanische Truppen eine Bahnlinie, mit deren Hilfe allein die Gegenrevolution in Sibirien und die Intervention am Leben erhalten werden konnte«.[800] US-Präsident WILSON bewertete dies als ein »Ergebnis von unschätzbarem Wert für das russische Volk und für die Vereinigten Staaten wie auch für die Welt im allgemeinen... *[das] dem Prinzip der Offenen Tür praktische Wirksamkeit verleihe«.*[801]

Damit lag also der russische Raum im Fadenkreuz des amerikanischen Kapitals. Es kam also nunmehr noch auf die Frage an, wie dieser Raum nach der Revolution staatlich zu organisieren wäre, so daß zum einen die wirtschaftlichen Interessen der USA gesichert waren und zum anderen strategische Konkurrenten, insbesondere eine russische Kontinentalmacht selbst, verhindert oder ferngehalten werden konnten. Im Oktober 1918 ließ Washington interne Erläuterungen zu Präsident WILSONS 14-Punkte-Programm anfertigten, in denen Pläne zur Aufteilung des russischen Reichs in eine Vielzahl kleinerer Territorien mit der Maßgabe in Erwägung gezogen wurden, US-Kapitalgesellschaften den Zugang zu sibirischen und kaukasischen Bodenschätzen zu eröffnen. Diesen Erläuterungen fügte das State Department einen Kartenteil bei, der mit der Überschrift »Rußlands anzustrebende Grenzen« versehen war.[802]

Dieser Teilungsplan wurde auf der Pariser Friedenskonferenz 1919 auch vorgelegt. In diesem Plan wurde verlangt, »ganz Rußland... in große natürliche Gebiete zu teilen, ein jedes mit seinem eigenen Wirtschaftsleben. Dabei darf kein Gebiet selbständig genug sein, um einen starken Staat bilden zu können«.[803] Wären diese Pläne verwirklicht worden, hätte dem Kreml lediglich der zentrale Teil des vormaligen Zarenreiches, das mittelrussische Plateau, als Staatsgebiet zur Verfügung gestanden.[804] Im Anhang dieser Papiere wurde als Maxime ausgegeben, daß »Rußland als ganzes entsprechend seiner Geographie geteilt werden müsse, wobei jede der entstehenden Regionen sich auf eine eigene, ihren Gegebenheiten entsprechende Wirtschaftsstruktur zu beschränken hätte. Freilich sollte keiner dieser Kleinstaaten so unabhängig sein dürfen, daß er imstande gewesen wäre, sich zu einer starken Macht fortzuentwickeln«.[805]

Konkret ging aus dem diesem Dokument beiliegenden Kartenmaterial hervor, daß die USA beabsichtigten, »von Sowjetrußland die heutige Karelische ASSR, das Murmansker Gebiet, Estland, Lettland, Litauen, die Ukraine, die Krim, Transkaukasien, Mittelasien und auch Sibirien – das gesamte Gebiet vom Ural bis zum Stillen Ozean – loszutrennen«.[806] Maßgeblicher Vertreter dieser Aufteilung Rußlands war – so Nikolaj-Klaus VON KREITOR – der Senator Duke LODGE, der bei der Aufteilung der Sowjetunion in Kleinstaaten insbesondere Wert darauf legte, den USA die Kontrolle über die Ukraine zu verschaffen.

1.4 Das kaukasische Erdöl im Visier des anglo-amerikanischen Kapitals – die Gegenrevolution wird von den britischen Erdölkonzernen unterstützt

Maßstab bei der Aufteilung war vor allem der anglo-amerikanische Plan, die Kontrolle über das Rohstoff- und Erdölreservoir des Russischen Reiches zu gewinnen. Bereits »die Kriegsschauplätze des Ersten Weltkrieges zeigen überdeutlich, daß der Griff nach den Erdölvorkommen... im Mittelpunkt des strategischen Denkens stand... Nach dem Frieden von Brest-Litowsk zwischen Deutschland und Rußland Anfang März 1918 waren die reichen Ölfelder von Baku am Kaspischen Meer das Ziel großer politischer und sogar militärischer Anstrengungen sowohl von deutscher als auch von britischer Seite«.[807]

Auch die Unterstützung der weißen Gegenrevolution, so der Energie-Experte F. William Engdahl, hatte den anglo-amerikanischen Zugriff auf das russische Erdöl zum Ziel. »In Erwartung, daß das Sowjetregime in kürzester Zeit politisch, militärisch und vor allem wirtschaftlich zusammenbrechen würde, hatte Shell-Chef Deterding heimlich seine Fühler nach Paris ausgestreckt und dort alle Wertpapiere und Konzessionsbriefe für die Ölfelder Bakus aufkaufen lassen. Sie stammten aus der Zeit vor der Revolution und schienen inzwischen wertlos geworden zu sein. Ensprechend billig waren sie zu haben. Er gründete die Anglo-Kaukasische Ölgesellschaft, in die er die Ölkonzessionen für Baku einbrachte.«[808]

Parallel dazu waren 1918 britische und amerikanische Interventionstruppen in Archangelsk gelandet, mit deren Hilfe die weiße Gegenrevolution unterstützt werden sollte. »Winston Churchill hatte sich hinter eine russische Exilregierung unter dem recht zwielichtigen Boris Savinkow gestellt... Mit dem Einverständnis Churchills und der britischen Regierung hatte Royal Dutch Shell Savinkow beträchtliche Geldmittel zugespielt. Der kaufte sich damit die Generale von Wrangel, Denikin und Admiral Koltschak mitsamt ihren Freischärlern.«[809] Um ganz sicherzugehen, so Engdahl, hatte Deterding zusätzlich für alle Fälle Gelder in eine kaukasische Separatistenbewegung gesteckt, von der er sich im Zweifelsfall die Erdölfelder Bakus hätte verpfänden lassen.

Natürlich waren auch die amerikanischen Erdölkonzerne nicht untätig. Ebenso entschlossen wie die britischen Ölgesellschaften waren auch die amerikanischen bestrebt, die riesigen russischen Ölfelder unter ihre Kontrolle zu bringen. Auf amerikanischer Seite spielte vor allem Rockefeller Standard Oil die führende Rolle. Hier entwickelte sich »ein hitziger Konkurrenzkampf, der vor allem auf dem diplomatischen Parkett und mit Hilfe von Geheimdienstleuten ausgetragen wurde«.[810] Englands Hauptrivale zu dieser Zeit war die amerikanische Ölgesellschaft von Harry Sinclair, die Engdahl zufolge als Strohmann für Rockefeller Standard Oil und deren Bankinteressen wirkte. Sinclair jedenfalls begann hinter den Kulissen mit den neuen Machthabern in Rußland Kontakt aufzunehmen:

»Harry Sinclair hatte sich mit Leonid Krassin, einem Emissär der sowjetischen Regierung, in London öfters getroffen. Zu den Besprechungen begleitete ihn US-Senator Albert Fall und sein Stellvertreter Archibald Roosevelt. Es ging um den Wiederaufbau der wertvollen Ölfelder von Baku und darüber hinaus noch um die Entwicklung neuer, reicher Ölvorkommen auf der Insel Sachalin. Ein weiteres Vorhaben war, zusammen mit der sowjetischen Regierung eine Handelsgesellschaft zu gründen, die das sowjetische Öl auf dem Weltmarkt vermarkten sollte. Den Gewinn wollten sich beide Seiten 50:50 teilen.«[811]

Damit aber war die Shell-Gruppe um Deterding aufs höchste alarmiert, galt es doch nunmehr zu verhindern, daß SINCLAIR den britischen Erdölkonzernen die Förderkonzessionen wegschnappte. Da brach der sogenannte Teapot-Dome-Skandal aus: Den Initiatoren des Rußlandgeschäfts SINCLAIR, FALL und sogar US-Präsident HARDING, so die Darstellung F. William ENGDAHLS, wurde vorgeworfen, sich im regierungseigenen Gebiet Teapot Dome in Wyoming unverhältnismäßig günstige Schürfrechte durch Bestechung gesichert zu haben. Dieser Skandal und die damit verbundene Medienkampagne führten zum Sturz der Initiatoren des Rußland-Geschäftes, so daß die Briten im Erdölgeschäft zunächst die Nase vorn behielten. Wie F. William ENGDAHL berichtet, stammten die Informationen, die den Skandal platzen ließen, von der Shell-Gruppe und DETERDING persönlich – auf diese Weise verhinderten die Briten, daß die amerikanischen Ölkonzerne das Rennen um das kaukasische Erdöl gewannen.[812]

1.5 Amerika finanziert und unterstützt die bolschewistische Oktober-Revolution

Während amerikanische Militärs, Diplomaten und ein Großteil der US-Konzerne sich für eine militärische Intervention stark machten und Pläne zur territorialen Zerstückelung Rußlands entwickelten, setzten hinter den Kulissen einflußreiche amerikanische Bankiers schon früh auf die bolschewistischen Revolutionäre, um über deren Finanzierung das eigentliche geopolitsche Ziel – Kontrolle Rußlands und seiner Rohstoffvorkommen – zu erreichen. Tatsächlich schienen sich bei dieser noch heute kaum bekannten Operation die Darlegungen Oswald SPENGLERS zu bestätigen: »Es gibt keine proletarische, nicht einmal eine kommunistische Bewegung, die nicht im Interesse des Geldes wirkte, in welcher das Geld es will, und solange es will – auch wenn es den Idealisten und den Führern dieser Bewegung nicht zum Bewußtsein kommt.«[813]

Die führenden Kreise in der Wall Street, so Eric LAURENT, haben nicht nur keine Angst vor Revolutionen, sie scheinen auch Meister in der Kunst zu sein, solche auszulösen und zu kontrollieren.[814] Dies galt auch für den Fall Rußland. Wie es Anthony SUTTON in seinem Werk *Wall Street and the Bolshevik Revolution* darstellt, kam es den US-Banken darauf an, daß sich aus Rußland kein konkurrierender wirtschaftlicher Supergigant entwickeln konnte. Deshalb sollte Rußland ein unproduktives Wirtschaftssystem aufgezwungen werden, damit es den Westen für die Unterstützung an Kapital und Technologie zum Überleben braucht und auf diese Weise in Schach gehalten und ausgebeutet werden kann. In den Vereinigten Staaten, so schreibt Eric LAURENT, wurden die Fortschritte der bolschewistischen Revolution »von Wall Street mit Begeisterung beobachtet«.[815]

Und in der Tat blieben die Bankiers der Wall Street nicht untätig: Von 1916 an leiteten der Bankier »Kuhn LOEB und einer seiner wichtigsten Partner, Jacob SCHIFF, der bolschewistischen Bewegung Geld zu und benutzten hierzu Institutionen wie die deutsche Petroindustrielle Bank, die Diskonto Gesellschaft oder auch die D.E.N. Norske Handelsbank in Oslo. Laut *Washington Post* vom 2. Februar 1918 soll die Morgan-Bank im gleichen Zeitraum diesen Revolutionären mindestens eine Million

Siegreiche bolschewistische Kämpfer in Wladiwostock. Ihre Ausrüstung stammte von auf dem Rückzug befindlichen Weißen.

Unten rechts: Leo TROTZKI, der Organisator des bewaffneten revolutionären Kampfes und der Initiator des Putsches auf das Winterpalais, spricht zu Anhängern auf dem Roten Platz.

Von oben: Anton DENIKIN, Alexander Wassiljewitsch KOLTSCHAK und Henri DETERRDING.

Dollar überwiesen haben«.[816] Entscheidender Ansatzpunkt für die finanzielle Steuerung der Revolution war Leo TROTZKI, einer der engsten Mitstreiter LENINS und wichtigster Führer der bolschewistischen Revolution, der mit der Tochter eines mit dem Bankier Jacob SCHIFF befreundeten weiteren Bankiers, GIWOTOWSKI, verheiratet war.[817]

Im März 1917 sorgten die USA dafür, daß der sich in New York aufhaltende Leo TROTZKI per Schiff Richtung Rußland reisen konnte, wobei sich an Deck des auslaufenden Schiffes einige Agenten der Sicherheitsdienste und vor allem der Geschäftswelt befanden. Diese Beziehungen TROTZKIS zur amerikanischen Geschäftswelt wurden bereits während seines Aufenthaltes in den USA aufgebaut: »In Wahrheit pflegte TROTZKI ständige Beziehungen zu amerikanischen Führungskreisen über einen Mittelsmann, Charles CRANE, den früheren Präsidenten der mächtigen Finanzkommission bei der Demokratischen Partei. CRANE stand dem Präsidenten Woodrow WILSON nahe und hatte unter Nutzung seiner Firma Crane Company das Eindringen gewisser großer amerikanischer Firmen nach Rußland gefördert, darunter des Giganten Westinghouse. Sein Interesse an diesem Land war so groß, daß er zwischen 1900 und 1930 dreiundzwanzigmal nach Rußland fuhr.«[818]

Dabei sorgte die Hochfinanz auch dafür, daß die Ausreise TROTZKIS nach Rußland ohne Zwischenfälle ablaufen konnte: Während einer Zwischenlandung in Kanada, seinerzeit britische Kolonie, wurde TROTZKI von dortigen Behörden festgehalten, nach fünf Tagen jedoch wieder freigelassen, »auf Anordnung des englischen Botschafters in Washington infolge eines Ersuchens des amerikanischen Außenministeriums. . . Man weiß aus inzwischen freigegebenen Dokumenten des State Department, daß vor allem zwei bekannte Persönlichkeiten der City, Lord MILNER, damals Mitglied des Kriegskabinetts und Direktor der London Joint Stock Bank, und William WISEMAN, Teilhaber der Morgan Bank und der New Yorker Bank Kuhn Loeb und Co., in dieser Sache erheblichen Druck auf den englischen Premierminister David LLOYD GEORGE ausgeübt hatten«.[819] Auf diese Weise konnte TROTZKI am 4. Mai 1917 problemlos in St. Petersburg eintreffen. Dies war für das Gelingen des bolschewistischen Umsturzes von erheblicher Bedeutung, war TROTZKI doch der Organisator des bewaffneten revolutionären Kampfes und der Initiator des Putsches auf das Winterpalais, in dem die Regierung KERENSKIJ[820] ihren Sitz hatte.

Kurz nach dem mit Unterstützung der amerikanischen Hochfinanz durchgeführten Staatsstreich der Bolschewiki begann die erste Kontaktaufnahme zwischen der neuen Machthabern und ihren Finanziers mit dem Ziel, nunmehr die wirtschaftliche Inbesitznahme Rußlands in die Wege zu leiten. So kam es am 3. Dezember 1917 im Smolnij-Institut, dem Sitz des Militärausschusses des Obersten Sowjets, zu einem Treffen zwischen TROTZKI und William B. THOMPSON, dem Direktor der Federal Bank in New York und einer »Schlüsselfigur des amerikanischen Finanzsystems«,[821] zu einem langen Gespräch, über das dessen Stellvertreter Raymond ROBBINS gegenüber dem britischen Agenten Bruce LOCKHART folgendes berichtet hatte:

»Sie werden sagen hören, ich sei der Vertreter von Wall Street. Das ist wahr. Wir haben von den Behörden bereits fünfhunderttausend Hektar zur Kupfergewinnung erhalten. Dieses wird mit der Transsibirischen Eisenbahn transportiert werden. Sie haben uns außerdem das Monopol für die Platingewinnung in ganz Rußland versprochen. Dies erklärt unsere gegenwärtigen Verhandlungen mit den Sowjets. Darf ich Ihnen mitteilen, daß meine Aufgabe hier darin besteht, Rußland im Auftrag von Wall Street und der amerikanischen Geschäftswelt in die Hand zu bekommen. Ich füge hinzu, Sie sind ein englischer Wolf, ich bin ein amerikanischer Wolf; wenn der Krieg vorbei sein wird, werden wir in Versuchung stehen, uns gegenseitig an die Gurgel zu springen, um uns des russischen Markts zu bemächtigen. Wenn wir aber kluge Wölfe sind, müssen wir uns klarmachen, daß wir auch weiterhin gemeinsam jagen müssen, sonst wird der deutsche Wolf Sie wie uns vernichten.«[822]

ROBBINS' Zynismus, so ergänzt Eric LAURENT diese Bekundung des Stellvertreters des wichtigsten Mitglieds der US-Hochfinanz, »scheint um so erstaunlicher, wenn man weiß, daß er seit 1917 in Petersburg residierte als Chef einer Mission... des amerikanischen Roten Kreuzes, in der allerdings kein Vertreter der Ärzteschaft zu finden ist, sondern deren Mitglieder alle Angestellte der Chase Bank aus New York, der Bergwerksgruppe Anaconda, der Morgan Bank, der Harriman-Eisenbahnen, von International Harvester und General Elektric sind... Die Koordinierung dieser Mission, deren Kosten in Höhe von zweihunderttausend Dollar von den Banken Morgan und Kuhn Loeb und von John Rockefellers Standard Oil finanziert worden waren, liegt in Washington in Händen von Harry HOPKINS, der einige Jahre später Franklin ROOSEVELTS Sonderberater sein wird. Diese Konstruktion ermöglichte es Wall Street, regelmäßig und rasch über die Entwicklung der Lage informiert zu sein und engen Kontakt zu den Protagonisten der sich entwickelnden Revolution zu halten«.[823]

Dabei wirkten zwei Männer als Gesprächspartner dieser ›Mission‹ mit den Bolschewiken: »Boris REINSTEIN, der wenig später Sekretär LENINS werden und eine wichtige Rolle in der Entwicklung der russisch-amerikanischen Handelsbeziehungen und der Übertragung von Konzessionen an Armand HAMMER spielen wird, und Alexander GUMBERG alias BERG, mit richtigem Namen Michael GRUZENBERG, Bruder des bolschewistischen Ministers SORIN. BERG ist zunächst Verbindungsmann in Skandinavien, er wird wenig später in den Vereinigten Staaten Berater zweier multinationaler Firmen Floyd Odlum und Atlas Corporation werden, sowie einer der wichtigsten Mitarbeiter von Reeve SCHLEY, dem Vizepräsidenten der Chase Bank im Besitz der Familie ROCKEFELLER.«[824]

Es soll noch einmal kurz auf die Hintermänner, nämlich die Finanziers der bolschewistischen Revolution, eingegangen werden, um sich das Ausmaß des Aufwandes vor Augen zu führen, mit dem die amerikanische Hochfinanz versucht hatte, sich Rußlands zu bemächtigen. Einer der wichtigsten Sponsoren war Max WARBURG, dessen Bruder – Paul WARBURG – der Hauptinitator der Gründung der Federal Reserve Bank, der amerikanischen Notenbank, war.[825] »Zwei Säulen von Wall Street waren Max WARBURGS Brüder, Paul und Felix. Sie waren 1902 in die Vereinigten Staaten eingewandert, wo sie bald die amerikanische Nationalität annahmen und inzwischen Kuhn Loeb & Co. kontrollierten, seinerzeit die wichtigste Bank der Welt. 1907, nach einer weitgehend künstlich ausgelösten Krise, hatte Paul WARBURG maßgeblich die Reform des amerikanischen Bankensystems bestimmt. Nach einem Treffen auf der Insel Jekyll in Georgia, an dem auch die Bankiers J. P. MORGAN (Morgan Bank) und Frank VANDERLIP (National City Bank) teilnahmen, wurde die Schaffung einer Bundesbank beschlossen... Damit ist die allmächtige FED entstanden, die noch heute das amerikanische Geldwesen beherrscht...«[826]

Auch der Schwiegervater von Max WARBURGS Bruder Felix – Jacob SCHIFF, ranghöchster Partner in der Bank Kuhn Loeb u. Co. – half bei der Finanzierung TROTZKIS. Laut dem *New York Journal American* vom 3. Februar 1949 wird geschätzt, daß Jacob SCHIFF ungefähr 20 Millionen Dollar für den endgültigen Triumph der Bolschewisten in Rußland investierte – so Jacobs Enkel, John SCHIFF.[827] Jacob SCHIFF gab als Hauptsponsor also »Millionen, um den Zar zu stürzen, und investierte noch mehr, um den Sturz KERENSKIS zu ermöglichen. Lange, nachdem der wahre Charakter der Bolschewisten in der Welt bekannt war, sandte er noch Geld nach Rußland. Unter anderem brachte SCHIFF 10 Millionen Dollar für angeblich jüdische Kriegserleichterungen auf, die sich jedoch später als gute Geschäftsinvestition erwiesen«.[828] Nach den Erkenntnissen des Publizisten Gary ALLEN, der sich umfassend mit dem Einfluß anglo-amerikanischer Bankiers auf das weltpolitische Geschehen des 20. Jahrhunderts befaßt hat, »geht die Finanzierung auf ein Syndikat der internationalen Bankiers zurück, zu dem neben der SCHIFF-WARBURG-Clique auch MORGAN und ROCKEFELLER gehörten. Dokumente zeigen, daß die MORGAN-Organisation mindestens eine Million Dollar in die Kasse der roten Revolution legte«.[829]

Der Bolschewismus war damit ein Instrumentarium der amerikanischen Hochfinanz zur Kontrolle Rußlands sowie zur Sicherstellung der Ausbeutung seines Rohstoffsektors und wirtschaftlichen Reservoirs. »Über die Art und Weise, wie Moskau von New York, London und Paris aus kontrolliert wird, können wir nur Mutmaßungen anstellen. Zweifellos ist der größte Teil dieser Kontrolle auf die Wirtschaft gerichtet. Es dürfte jedoch gewiß sein, daß die internationalen Bankiers eine Organisation in Rußland unterhalten, mit der sie die Linie der sowjetischen Politik kontrollieren... Wir wissen, daß eine Clique von amerikanischen Finanziers nicht nur bei der Etablierung des Kommunismus in Rußland assistierte, sondern auch erhebliche Anstrengungen darauf verwandt hat, ihn am Leben zu erhalten. Sei 1918 war diese Clique ständig mit dem Transferieren von Geld beschäftigt sowie mit der Vermittlung technischer Informationen an die Sowjetunion, was möglicherweise noch bedeutsamer ist. Das wird in dem dreibändigen Werk *Western Technology and Soviet Economic Development*... des Wissenschaftlers Anthony SUTTON vom Hoover-Institut an der Stanford-Universität für Krieg, Revolution und Frieden eindeutig dargelegt. Indem er vorwiegend offizielle Dokumente des Außenministeriums verwendet, zeigt SUTTON überzeugend, daß im Grunde genommen alles, was die Sowjets besitzen, vom Westen erworben wurde. Es ist kaum eine Übertreibung, wenn man sagt, daß die UdSSR in den USA geschaffen wurde.«[830]

Im Ersten Weltkrieg erfolgte auch die Neuorganisation der anglo-amerikanischen Hochfinanz : Jene Finanzdynastien, die das Federal-Reserve-System erschufen und die auch die bolschewistische Revolution finanzierten, schufen ein Forum, das der Durchsetzung ihrer Ziele dienen sollte, nämlich das ›Council on Foreign Relations‹. Dieses war – worauf Gary ALLEN und Caroll QUIGLEY hinwiesen – gewissermaßen eine Fortsetzung der Geheimgesellschaft ›The Round Table‹ des britischen Imperialisten Cecil RHODES, deren Ziel ein planetarisches angelsächsisches System war.

Tatsächlich sollte sich die Investition in Rußland für die amerikanischen Konzerne und Banken als äußerst gewinnbringend herausstellen: »So ganz nebenbei kauften die Insider bei der Verstaatlichung Rußlands einen beträchtlichen Teil an Grund und Boden im Werte von etwa 30 bis 40 Millionen Dollar, komplett mit allen Schürfrechten.«[831] Schon gleich nach der Revolution begannen »die Insider des Council on Foreign Relations. . . mit aller Kraft, das kommunistische Rußland für die US-Geschäftswelt zu erschließen«.[832] Natürlich war es gleich das Öl, das in das Fadenkreuz des amerikanischen Kapitals geriet: »Vor der bolschewistischen Revolution hatte Rußland die Vereinigten Staaten als größter Erdölförderer der Welt überholt. Das Chaos und die Zerstörungen im Verlauf des Bürgerkrieges schalteten die russische Konkurrenz. . . mehrere Jahre lang aus« – bis Standard Oil of New York erschien und sich ein Stück vom russischen Ölgeschäft sichern konnte.[833] Im Jahre 1926 schlossen die Standard Oil und ihre Tochter Vacuum Oil Company einen Vertrag, nach dem sie sowjetisches Öl in anderen europäischen Ländern anbieten konnten. »Ein Teil des Preises, der für diese Abmachung gezahlt wurde, war nach Berichten aus der damaligen Zeit ein Kredit von 75 Millionen Dollar für die Bolschewisten. Im Jahre 1927 baute der geheime Geschäftspartner der Russen, Standard Oil of New York, eine Ölraffinerie in der Sowjetunion. Diese Anlage leistete einen unermeßlichen Beitrag, um die sowjetische Wirtschaft wieder auf die Füße zu stellen. Professor SUTTON schreibt: ›Das war die erste amerikanische Investition in Rußland seit der Revolution‹.«[834]

Gegenstand der Investitionen waren fünfzig Prozent der gigantischen Konzessionen im Kaukasus, die Alfred NOBEL gehört hatten und theoretisch verstaatlicht worden waren.[835] Wo auch immer die Standard Oil hinging, da war die Chase National Bank nicht weit. An der Gründung der amerikanisch-russischen Handelskammer im Jahre 1922, die zur Rettung der bolschewistisch-sowjetischen Wirtschaft eingerichtet wurde, war die Chase National Bank maßgeblich beteiligt.[836] Anthony SUTTON schreibt dazu: »Im Jahre 1925 gingen die Verhandlungen zwischen Chase- und Prombank über die Finanzierung von Rohmaterialen hinaus, und sie entwarfen ein vollständiges Programm zur Finanzierung von sowjetischen Rohmaterial-Exporten an die USA und von Importen amerikanischer Baumwolle und Maschinen.« Ergänzend fügte SUTTON hinzu, daß »die Chase National Bank und die Equitable Trust Company die Leitpferde im sowjetischen Kreditgeschäft waren«.[837]

Über die Ausmaße der Investitionen amerikanischer Banken in der Sowjetunion führte Louis MACFADDEN, Vorsitzender des House Banking Committee, gegenüber dem Kongreß aus: »Die Sowjetunion erhielt durch den Federal-Reserve-Ausschuß und die Federal Reserve Bank, unter Zwischenschaltung der Chase Bank und der Guaranty Trust Company in New York City, Fonds des Schatzamtes der Vereinigten Staaten... Öffnen Sie die Bücher von Amtorg, der Handelsorganisation der Sowjetregierung in New York, von Gostorg, dem Generalbüro der sowjetischen Handelsorganisation und der Staatsbank der Sozialistischen Sowjetrepubliken, und Sie werden verblüfft sein, wieviel amerikanisches Geld aus der Staatskasse der Vereinigten Staaten zugunsten Rußlands entnommen wurde. Finden Sie heraus, welche Transaktionen für die Staatsbank von Sowjet-Rußland durch ihren Korrespondenten, die Chase Bank von New York, durchgeführt wurden...«[838]

Einem Bericht von Averell HARRIMAN an das State Department vom Juni 1944 zufolge habe ihm STALIN gesagt, »daß ungefähr zwei Drittel aller großen Industrie-Unternehmen in der Sowjetunion mit Hilfe der Vereinigten Staaten oder durch deren technischen Beistand gebaut wurden«[839]. Kein Geringerer als Zbigniew BRZEZINSKI selbst bestätigte die Ergebnisse dieses für die US-Konzerne und -Banken großartigen Geschäftes: »Die wirtschaftliche Entwicklung der Sowjetunion zwischen 1917 und 1930 beruhte vor allem auf der technologischen Hilfe der Vereinigten Staaten. Mindestens fünfundneunzig Prozent der industriellen Infrastruktur der UdSSR sind mit unserer Unterstützung errichtet worden.«[840]

Der Verbindungsmann, der diese Geschäftbeziehungen aufbaute, war Armand HAMMER, dessen Geschäftsimperium Erdöl zum Gegenstand hatte und der »ständig Geschäfte von geradezu bestürzendem Ausmaß mit Ländern ausgehandelt hat, die den Vereinigten Staaten sonst feindlich gegenüberstehen«[841]. Dieser reiste bereits im Jahre 1920 in die Sowjetunion, um dort – unter vollständigem sowjetischen Schutz – auszuloten, welche Regionen sich für Investitionen besonders lohnten. HAMMER selbst wurde 1920 in der Stadt Alapajewsk ein Gebiet angeboten, »wo die Platinlager und die Asbestminen konzentriert sind«.[842] Mit der Unterzeichnung des Vertrages erhielt HAMMER das Recht, die Bergwerke innerhalb von zwanzig Jahren auszubeuten. Die sowjetische Regierung erhielt eine Gewinnbeteiligung von 10 Prozent. »Armand HAMMER transferiert... fünfzigtausend Dollar in Goldbarren an die neu geschaffene sowjetische Staatsbank... Der Vertrag beschränkt sich nicht auf Bergwerke. HAMMER wird zugleich der Mittelsmann des Sowjetregimes für alle Transaktionen mit westlichen Firmen.«[843]

Sinn und Zweck der Aktivitäten amerikanischer Bankiers und Konzerne in Rußland faßte der Vater von Averell HARRIMAN, »des Schöpfers der riesigen Union Pacific, einer der großen Industriebarone vom entschlossenen und gnadenlosen Schlag eines John ROCKEFELLER...,«[844] mit folgenden Worten zusammen: »Der riesige russische Markt muß mit Beschlag belegt und in eine technologische Kolonie verwandelt werden, die ausschließlich von einer kleinen Gruppe mächtiger amerikanischer Finanzleute und unter ihrer Kontrolle stehender Gesellschaften auszubeuten ist.«[845]

2 Die Ausgangslage 1945 – Amerikas Plan, die sowjetische Machtsphäre in die Neue Weltwirtschaftsordnung einzubinden, gelingt nicht

Nach dem Ende des Zweiten Weltkrieges wurde von seiten der US-Machtelite der Kampf um den Zugang zum russischen Markt fortgesetzt, und nach Einschätzung einer Historikergruppe, die als ›Cold War Revisionists‹ bezeichnet wird, war dies die eigentliche Ursache für den Kalten Krieg. Ausgangspunkt dieser Schule war das Buch *The Tragedy of American Diplomacy* von William A. WILLIAMS. Diesem schlossen sich Autoren wie Gabriel KOLKO, Lloyd C. GARDNER, Barton J. BERNSTEIN, David HOROWITZ, Gar ALPEROWITZ und Thomas G. PATERSON an, die die traditionelle Geschichtsschreibung zu den Ursachen des Kalten Krieges in Frage stellten.

Nach der traditionellen Geschichtsschreibung liegt die Urheberschaft für den Kalten Krieg in der Außenpolitik der Sowjetunion begründet, die alle Abkommen zwischen den Alliierten gebrochen habe, um sich als eine den USA ebenbürtige Weltmacht zu etablieren, und bestrebt gewesen sei, mit aller Gewalt ihre Herrschaft in Ostmitteleuropa durchzusetzen. Nach Ansicht der Vertreter dieser Denkschule waren für den Kalten Krieg »die marxistische Ideologie in ihrer sowjetischen Interpretation mit ihrem Anspruch auf Weltrevolution als Ergebnis eines weltweiten Klassenkampfes, die historischen Erfahrungen der Sowjetführung mit einer extrem feindlichen, auf die Beseitigung des Sowjetregimes hinarbeitenden Umwelt in den Jahren 1918 bis 1921 und die Sorge der sowjetischen Parteioligarchie um den Erhalt ihrer Macht in einer Mobilisierungs- und Entwicklungsdiktatur konstitutiv: Sie legten die Sowjetführung auf eine prinzipiell feindliche Politik gegenüber den kapitalistischen Staaten fest. . .«[846]

Dieser Theorie zufolge hätten sich die USA am Ende des Zweiten Weltkrieges unter der Präsidentschaft TRUMANS – trotz STALINS Politik der vollendeten Tatsachen in seiner Vorherrschaftssphäre – stets um eine Kooperation mit der Sowjetunion bemüht gezeigt, doch erst mit der sowjetischen Weigerung, auf all diese Angebote zur Zusammenarbeit auch nur einzugehen, sei die Spaltung Europas und die Bildung zweier Machtblöcke unvermeidlich gewesen. Um einer weiteren Expansion der Sowjetunion vorzubeugen, habe sich – so Wilfried LOTH in Zusammenfassung dieser Theorie – die amerikanische Führung im Laufe des Jahres 1947 entschlossen, dem drohenden wirtschaftlichen Kollaps der verbliebenen europäischen Staaten durch eine großzügige Wirtschaftshilfe entgegenzuwirken und die politisch-ökonomische Integration dieser Staaten mitsamt Westdeutschlands zu beschleunigen und militärisch durch den 1949 gegründeten Nordatlantikpakt abzusichern. Auf diese Politik wiederum habe die Sowjetunion mit einer Intensivierung der Sowjetisierungsprozesse in Ostmitteleuropa sowie in Ostdeutschland geantwortet.[847]

An dieser Betrachtungsweise kritisiert die Schule der ›Cold War Revisionists‹, daß sie die ökonomisch-geopolitischen Gesichtspunkte außer acht lasse, die seit jeher für die Politik der amerikanische Machtelite bestimmend gewesen seien und auch nach dem Ende des Zweiten Weltkrieges Gültigkeit besessen hätten. In der Tat – so faßt der Politikwissenschaftler Detlef JUNKER diese Meinungsgruppe zusammen –, seien die USA seit ihrer Gründung eine expansive und imperiale Macht. Bis zum Bürgerkrieg habe diese Ausdehnung lediglich territorialen Charakter gehabt: Sie habe in einer Politik der Landnahme auf Kosten der drei alten europäischen Kolonialmächte auf dem nordamerikanischen Kontinent (England, Frankreich, Spanien) sowie auf Kosten Mexikos und der Ureinwohner bestanden. Nach dem Bürgerkrieg, der industriellen Revolution und dem offiziellen Ende der ›Frontier‹ auf dem nordamerikanischen Kontinent sei ein Richtungswechsel und Bedeutungswandel dieser Expansion eingetreten, auf den schon der Historiker und Soziologe Charles BEARD hingewiesen hatte: Das Erfordernis, Seemacht zu werden und auf die Gegenküste Zugriff zu nehmen, wurde von der US-Machtelite erkannt, um die indirekte Ausdehnung des US-amerikanischen Einflusses in Übersee zur Sicherung von Handelsvorteilen voranzutreiben. Diese Bestrebungen wiederum ergaben sich – so Detlef JUNKER (in: »Die ›revisionistische‹ Schule in der amerikanischen Historiographie und die Anfänge des Ost-West-Konflikts«) – aus innerer ökonomischer Zwangsläufigkeit, konkret aus einem auf äußere Expansion angelegten liberal-kapitalistischen Wirtschaftssystem.

Dieser systemimmanente Zwang, so der wichtigste Vertreter dieser revisionistischen Denkschule, William Appleman WILLIAMS, äußere sich in dem unablässigen Versuch, eine globale, den Handels- und Kapitalbedürfnissen dieses Wirtschaftssystems angepaßte ›Pax Americana‹ zu errichten (so die Zusammenfassung Detlef JUNKERS).[848] Die Forderungen der USA nach ungehindertem Zugang zu den Weltmärkten, nach der ›Offenen Tür‹, seien Forderungen, die unter der propagandistischen Formel des Freihandels und der Freiheit der Meere dem Aufbau eines ›informellen Imperiums‹ dienen sollten, in dem die USA aufgrund ihrer überlegenen Wirtschaftskraft faktisch herrschten.[849] Die ›eine Welt‹ sei dabei als das zentrale Kriegsziel der USA zu begreifen, das diese auch mit allen Mitteln durchzusetzen beabsichtigt hätten und in dem auch der Wille zur Erweiterung der amerikanischen Einflußmöglichkeiten in der Weltwirtschaft offenbar geworden sei.[850]

Gewichtige Argumente, die im folgenden dargestellt werden, sprechen dafür, daß es den USA tatsächlich um die Errichtung der einen liberal-kapitalistischen Weltordnung unter ihrer Führung ging. Das handelspolitische Mittel dieser Politik ist dabei in erster Linie der Kampf gegen Schutzzölle und regionale Zollpräferenzsysteme (wie es beim britischen Empire der Fall war, auf dessen Beseitigung die US-Kriegs- und Nachkriegspolitik gegenüber Großbritannien auch abzielte) sowie gegen handelspolitischen Bilateralismus, großraumpolitische Autarkiebestrebungen und Protektionismus nebst zweiseitigen Verrechnungsabkommen und Devisenkontrollen (wie es vom Dritten Reich und Japan betrieben wurde). Verbunden ist dies mit der ständig erhobenen Forderung nach freiem Austausch von Waren und Gütern, nach freiem Zugang zu den Rohstoffen und nach Investitionsfreiheit.[851]

2.1. Die globale ›Pax Americana‹ – Die amerikanische ›Grand-Area‹-Strategie nimmt Gestalt an

Diese Politik eines globalen, amerikanisch beherrschten Freihandelsregimes war in der Tat auch Hauptgegenstand der von der US-Machtelite geplanten Nachkriegsordnung. Aus Furcht vor einer erneuten Rezession, wie sie schon nach dem Ersten Weltkrieg eingetreten war, war sich die amerikanische Führungselite schon vor dem Ende der bewaffneten Auseinandersetzungen darüber einig, nach dem Krieg die »One World« (so ein Buch des republikanischen Herausforderers ROOSEVELTS, Wendell WILLKIE), also eine liberal-kapitalistische, von den USA geführte Weltordnung zu schaffen. Nach Gabriel KOLKO und William A. WILLIAMS waren die amerikanischen Nachkriegsziele ausschließlich wirtschaftlicher Natur, und zwar in der oben beschriebenen Form, und die Politik war hierzu nur das Instrument, um Macht und Stellung der USA in der Weltwirtschaft zu erhalten und zu erweitern, den amerikanischen Kapitalismus zu Hause und in Übersee zu sichern.[852]

Deutlich wird dies in der oben beschriebenen Strategie der ›Grand Area‹ vom Vorabend des Zweiten Weltkrieges, die vorsah, zunächst die Räume der Kriegsgegner Deutschland und Japan, dann der europäischen Kolonialmächte, anschließend am Ende des Krieges auch den eurasischen Raum in das liberalkapitalistische amerikanische Wirtschaftssystem einzugliedern: Das war die oberste strategische Maxime, die es eben nicht nur gegen die Feindstaaten Deutschland und Japan, sondern auch gegen die Verbündeten England und die Sowjetunion durchzusetzen galt.[853] Gegenüber den Feindstaaten war diese Politik nachvollziehbar, lag doch die Ursache der Bestrebungen ROOSEVELTS, in den Zweiten Weltkrieg einzutreten, gerade darin, daß das Dritte Reich wie auch Japan im Begriff waren, in ihren Machtbereichen ein ziemlich autarkes Wirtschaftssystem aufzubauen.

In den Mittelpunkt der amerikanischen Bestrebungen geriet aber auch das britische Empire, dessen Zollpräferenzsystem der US-Machtelite schon seit langem ein Dorn im Auge war. So geriet Großbritannien der ausführlichen Analyse Gabriel KOLKOS und Detlef JUNKERS zufolge bereits während des Krieges unter den Druck des amerikanischen Freihandelsimperialismus, dem es sich unter dem Zwang der Umstände und der Abhängigkeit von den USA beugen mußte. Gerade der heftig umkämpfte Artikel VII des britisch-amerikanischen Abkommens zum Leih- und Pachtgesetz zielte aus amerikanischer Sicht darauf ab, das 1932 in Ottawa gegründete Zollpräferenzsystem des britischen Empires und den Sterlingblock zum Einsturz zu bringen.[854]

»Gleichzeitig nutzten die Amerikaner die Chance, den Engländern die Exportmärkte in Lateinamerika abzujagen, ab 1943 wurden die Amerikaner überdies zum großen Konkurrenten im Wettlauf um das Öl Saudiarabiens.«[855] Die Engländer mußten sich unter »eine (r) unaufhörliche(n) Sequenz amerikanischer Liberalisierungsforderungen« und »amerikanischen Drohungen brutalster Art« verpflichten, als Gegenleistung für die amerikanische Hilfe ihrerseits den Kampf gegen diskriminierende Praktiken und für eine allseitige Liberalisierung aufzunehmen.[856] »Auch in den britisch-amerikanischen Vorverhandlungen zu der internationalen Finanz- und Währungskonferenz, die dann im Sommer 1944 in Bretton Woods stattfand, setzten die amerikanischen Unterhändler ihre Ziele gegen hartnäckigen britischen Widerstand durch: Der Weltwährungsfonds wurde mit der Bestimmung gegründet, daß sich alle künftigen Mitglieder prinzipiell zur freien Konvertibilität ihrer Währungen verpflichten mußten, lediglich für eine Übergangsfrist von fünf Jahren konnten sie den Austausch ihrer Währungen noch Beschränkungen unterwerfen – die Tage der Sterling-Zone waren also gezählt. Zugleich wurde mit der Internationalen Bank für Wiederaufbau und Entwicklung ein Instrument geschaffen, das privaten (und das hieß wieder: in erster Linie amerikanischen) Investoren weltweite Investitionen mit staatlicher Rückendeckung ermöglichte.«[857] Weiterhin wurde England gezwungen, den ›Dollar-Pool‹ für die Sterling-Block-Länder aufzuheben und die freie Konvertibilität des Pfundes für alle laufenden Transaktionen herzustellen; Importbeschränkungen waren künftig nur noch in ganz bestimmten Fällen möglich.[858]

Mit dieser Politik – die gleichzeitig auch den unwiderruflichen Niedergang des britischen Empire bedeutete – war ein wichtiges Ziel der ›Grand-Area-Strategie‹ erreicht, nämlich die Beerbung des britischen Empire durch Washington. Nun sollte der größte Konkurrent der Globalmacht USA an die Reihe kommen, und zwar der eurasische Raum, insbesondere der Machtbereich der Sowjetunion: »Mit der gleichen Selbstverständlichkeit, mit der sich die ROOSEVELT-Administration anschickte, die Sterling-Zone aufzubrechen, hoffte sie auch, die osteuropäischen Staaten und die Sowjetunion in ein multilaterales Freihandelssystem miteinbeziehen zu können.«[859]

2.2. Die wirtschaftliche Ausgangslage der USA am Ende des Zweiten Weltkrieges

Um die Hintergründe dieser Zielsetzungen zu begreifen, empfiehlt es sich, zunächst einen Blick auf die wirtschaftliche Lage der USA zu werfen, denn »eine weitere Ursache für das Auseinanderleben der Koalitionspartner im Krieg lag in der Entwicklung der beiderseitigen Wirtschaftsbeziehungen. . .«[860] Die USA hatten eine gewaltige Kriegsproduktion entwickelt, »nicht nur für ihren eigenen Bedarf, sondern auch für den Bedarf ihrer Alliierten, und mußten sich daher für die Zeit nach dem Kriege Ersatzmärkte erschließen, um eine Überproduktionskrise mit hoher Arbeitslosigkeit und Rezession zu verhindern«.[861] Hier waren es die Vertreter der Großindustrie und der Banken, die schließlich die Nachkriegspläne der USA entscheidend mitbestimmen sollten. »Denn als seit Mitte 1943 die Frage der außenpolitischen Konzeptionen für die Nachkriegszeit in den Mittelpunkt rückte. . ., zeigte es sich klar, daß die ROOSEVELT-Administration von Männern beherrscht war, deren Erfahrungen und deren intellektuelle Fähigkeiten durch ihre Rollen als Bosse, Agenten und Schüler der Großindustrie definiert waren. . . Diese Männer (und vielleicht auch ROOSEVELT selbst) kamen 1944 zu dem Schluß, die Open-Door-Politik könne die einzige Gewähr für Amerikas gesicherten Wohlstand. . . bieten.«[862]

In diesem Zusammenhang entwickelten einige Vertreter der US-Industrie, angeführt von Eric JOHNSTON und Donald NELSON, einen Plan, der auch Rußland zum Gegenstand der amerikanischen Expansion machen sollte. Sie »erblickten in Rußland einen riesigen Absatzmarkt wie eine Quelle wichtiger Rohstoffe«.[863] 1943 war der weit überwiegende Teil der US-Industriellen der Auffassung, daß die einzige Lösungsmöglichkeit für die Überproduktion der amerikanischen Wirtschaft in einer weiteren wirtschaftlichen Expansion der USA liege. Auf die Frage, wer denn nach dem Krieg als Hauptabnehmer amerikanischer Produkte eintreten sollte, erklärte beispielsweise Senator O'MAHONEY: »Wenn hier keine Lösung gefunden wird, wird eine Depression – schlimmer als alle vorangegangenen Krisen – unvermeidbar sein.«

Tatsächlich läßt sich an Statistiken jener Zeit nachweisen, daß sich die Exportquote der USA während des Krieges im Vergleich zur Vorkriegszeit verschlechtert hatte: 1928, als die USA in allen Gebieten der Erde Netto-Exportüberschüsse erzielten, entfielen auf Amerika 17,1% der gesamten Exportsumme der Welt. Zehn Jahre später, während der Depression, hatte sich dieser Anteil trotz Regierungsdarlehen und Subventionen auf 14,9% verringert. Das 1943 bestehende Verhältnis von 21,3% scheint auf den ersten Blick eine beträchtliche Verbesserung und künftige Gewinne anzudeuten. Aber 5,6% dieser Gesamtheit wurden mit Regierungsdarlehen und Zuschüssen bezahlt, die der amerikanische Steuerzahler finanziert hatte. Der Netto-Anteil der Weltexporte betrug also nur 15,6%.[864] Gleichfalls, so William A. WILLIAMS, lasse sich an Statistiken belegen, »in welchem Maße verschiedene amerikanische Firmen von Geschäften in Übersee abhängig waren«.[865]

Angesichts dieser Daten führte US-Außenminister Cordell HULL 1940 aus: »Das Hauptziel ist die Wiedereröffnung der alten und die Suche nach neuen Absatzmärkten für unsere Überschußproduktion.«[866]Am deutlichsten wurde diese Problematik von Dean ACHESON, dem stellvertretenden Außenminister, herausgestellt: »In Übereinstimmung mit fast allen anderen amerikanischen Führern war ACHESON tief besorgt, daß die Wirtschaft nach Beendigung des Krieges in die Depression der 1930er Jahre zurückfallen oder in einer neuen Katastrophe zusammenbrechen könnte. Diese Gefahr bestand, und ACHESON wies während seiner ganzen Laufbahn im Department of State immer wieder darauf hin. Sollte dies geschehen, so begann er 1944 seine Aussage, ›dann dürfte klar sein, daß uns eine sehr schwere Zeit bevorsteht, was die wirtschaftliche und soziale Lage des Landes betrifft. Wir können nicht noch einmal solch ein Jahrzehnt wie Ende der 1920er und Anfang der 1930er Jahre durchmachen, ohne daß wir die weitreichendsten Konsequenzen für unser wirtschaftliches und soziales System tragen müßten. . . Wenn wir dieses Problem ins Auge fassen‹, führte er aus, ›dann läßt sich feststellen, daß es eine Frage der Märkte ist. Wir müssen dafür sorgen, daß das, was das Land produziert, unter finanziellen Bedingungen verwendet und verkauft wird, welche die Produktion erst ermöglichen.‹ Über die Lösung, erklärte ACHESON den Kongreß-Abgeordneten, bestünde kein Zweifel: ›Wir müssen nach ausländischen Märkten suchen... Vor allem möchte ich zum Ausdruck bringen, daß wir diese Märkte für die Produktion der Vereinigten Staaten benötigen‹.«[867]

Diese Stimmungslage herrschte in der gesamten US-Wirtschaft vor: »Milo PERKINS, ein Wirtschaftler des ›New Deal‹, der lange Vorsitzender des Board of Economic Warfare gewesen war, traf eine pikante Feststellung... ›Wir müssen große Mengen an Maschinen, Transportmitteln und Geräten ins Ausland verkaufen, wenn wir die Schließung zahlreicher Industriebetriebe verhindern wollen.‹ Arbeiter- und Bauernführer unterstützten zusammen mit Wirtschaftsvertretern und Regierungsfunktionären diese These: ›Wir können unmöglich eine ausgelastete Produktion und Vollbeschäftigung aufrechterhalten‹, erklärten die United Auto Workers 1949, ›wenn wir nicht auf ein Weltreservoir an freien, wohlhabenden Konsumenten zurückgreifen können.‹ ›Der Außenhandel‹, erklärte die Gewerkschaft, ›kann zur Trennlinie zwischen dem Sturz ins wirtschaftliche Chaos und einer stetig expandierenden Wirtschaft werden.‹ Edward O'NEAL, der Präsident der American Farm Bureau Federation, vertrat einen ähnlich vehementen Standpunkt. Die landwirtschaftlichen Überschüsse ›werden unsere Wirtschaft ruinieren, wenn wir nicht ausreichende Absatzmöglichkeiten auf ausländischen Märkten finden, die es uns ermöglichen, den Umfang unserer Produktion aufrechtzuerhalten.‹ Seiner Ansicht nach war der ›beste‹ politische Vorschlag WILSONS alte Idee, die MONROE-Doktrin auf die ganze Welt auszudehnen. ›Wir sollten sie überall anwenden‹, schlug O'NEAL vor dem Kongreß-Ausschuß für die Nachkriegsplanung vor, ›wir sollten sie, wenn nötig, auf China anwenden und sogar auf Rußland.‹«[868]

Für das Funktikonieren der US-amerikanischen Wirtschaft war deshalb ein globales Freihandelsregime unerläßliche Voraussetzung. Geschlossene autarke Wirtschaftssysteme auf der Grundlage einer raumpolitischen Einheit mußten sich als bedrohlich für die amerikanische Wirtschaft auswirken, da mit ihrer Durchsetzung notwendigerweise ein Verlust von Absatzmärkten verbunden war. Genau vor der Herausforderung durch ein solches wirtschaftliches Modell sah sich Washington gegen Ende des Zweiten Weltkrieges gestellt, in den die USA eingetreten waren, da ihre strategischen Konkurrenten Deutschland und Japan auf der europäischen und ostasiatischen Gegenküste genau solche autarken Großraumeinheiten schaffen wollten und deshalb beseitigt werden mußten.[869] Es galt nunmehr zu verhindern, daß sich im sowjetischen Machtbereich auch ein solches System durchsetzen konnte.

Genau dies bekräftigte auch US-Präsident TRUMAN in einer Rede, die er am 6. März 1947 im Baylor Collage, Texas, hielt und in der er die wirtschaftlichen Hintergründe der US-Politik gegenüber der Sowjetunion darstellte. Es bestehe, so TRUMAN, die Gefahr, daß das Modell der russischen Planwirtschaft erfolgreich sein könnte. Dieses System sei zwar antiquiert und gehöre in das 18. Jahrhundert, in das Zeitalter des Merkantilismus, aber dieses Zeitalter könne wiederkehren und ein Vorbild für zukünftige Wirtschaftssysteme hergeben: »Wenn wir nicht handeln und zu ganz entscheidenden Maßnahmen greifen, wird sie (die Planwirtschaft) das Vorbild für das nächste Jahrhundert hergeben.« Dadurch aber würden die Vereinigten Staaten in eine sehr prekäre Lage geraten. Denn »früher oder später würden wir gezwungen sein, das gleiche System zu übernehmen, um Märkte und Rohstoffe zu gewinnen«. Das freie Unternehmertum werde dann verschwinden. . . »Die ganze Welt sollte daher das amerikanische System übernehmen.« Ja, die Lage sei für die Vereinigten Staaten sogar noch ernster, als sich aus diesen Worten ergebe. Denn »das amerikanische System kann (selbst) in Amerika nur dann überleben, wenn es das System der ganzen Welt wird«.[870]

Diese wirtschaftlichen Zielsetzungen verbanden sich mit einem politischen Universalismus, der gewissermaßen die gesamte Welt unter Interventionsvorbehalt der USA stellte. »Einflußsphären, die amerikanischem Zugang verschlossen blieben, sollte es nicht mehr geben, ebensowenig eine Separierung der Welt zu voneinander getrennten Machtblöcken. . .«[871] Folgerichtig schrieb ROOSEVELT auch im Oktober 1944 an STALIN: »In dem jetzigen Krieg gibt es buchstäblich kein einziges Problem, sei es militärischer oder politischer Natur, an dem die Vereinigten Staaten nicht interessiert sind.«[872]

2.3 Die Ausgangssituation und Interessenlage der Sowjetunion

Entgegen landläufiger Ansicht waren die sowjetischen Zielsetzungen gegen Ende des Zweiten Weltkrieges und in der Nachkriegszeit alles andere als universal ausgerichtet, zumal der Sowjetunion – ganz im Gegensatz zu den USA – die notwendige wirtschaftliche Grundlage fehlte. »Die Sowjetunion«, so schreibt L. L. MATTHIAS, »war damals am Ende ihrer finanziellen Kräfte.«[873] Sie mußte bei ihren Planungen für die Nachkriegszeit also davon ausgehen, daß ihr Land zwar siegreich, jedoch weithin zerstört, ja geradezu in seiner Substanz getroffen aus dem Krieg hervorgehen werde.[874] Den Erkenntnissen amerikanischer Analytiker zur sowjetischen Wirtschaft gegen Kriegsende zufolge[875] war eine Konzentration der verbliebenen Kräfte für den Wiederaufbau der Sowjetunion zu einer Existenzfrage geworden, so daß an kriegerische Entwicklungen auf Jahre hinaus nicht zu denken war. Diesen Wirtschaftsdaten zufolge war die wirtschaftliche Kraft der Sowjetunion der der USA weit unterlegen.

Nach William A. WILLIAMS besaßen »die Vereinigten Staaten von 1944 bis zumindest 1962 gegenüber der Sowjetunion einen weiten Vorsprung an aktueller wie auch potentieller Macht. . .«[876] Ähnlich beurteilt auch Lothar RÜHL das Kräfteverhältnis zwischen der Sowjetunion und den USA am Ende des Zweiten Weltkrieges. Demzufolge sah sich STALIN nach 1945 »auf der ganzen Linie einer amerikanischen Übermacht gegenüber, die auf einer für die Sowjetunion unvorteilhaften geopolitischen Situation aufbaute. Das gesamte Kräfteverhältnis wies eine nahezu erdrückende amerikanische Übermacht aus, die nur auf der Ebene der im Felde stehenden Armeen nicht ins Auge fiel«.[877]

Überdies waren die innenpolitischen Verhältnisse in der Sowjetunion, worauf Wilfried LOTH hinweist, alles andere als stabil – er beschreibt die UdSSR in dieser Zeit als »ökonomisch und politisch zutiefst erschüttert«. Desintegrationstendenzen und während des Krieges entstandene neue Machtzentren in Militär- und Wirtschaft gefährdeten das Herrschaftsmonopol der traditionellen sowjetischen Machtelite. »All dies läßt deutlich werden, daß die Sowjetführung ein großes Maß an Ruhe und Abschirmung von auswärtigen Einflüssen nötig hatte, um ihre Macht wieder zu stabilisieren.«[878] Aus dieser Bedrohungssituation heraus war die Sowjetunion gezwungen, sich mit einem Sicherheitsgürtel von verbündeten Staaten an ihrer Peripherie zu umgeben. Die Erfahrungen der Zwischenkriegszeit und die in jener Zeit vorherrschende antirussische Ausrichtung der Politik der autoritären, nahezu faschistischen Regime im ostmitteleuropäischen Raum »ließen eine hegemoniale Rolle in Osteuropa als unabdingbare Voraussetzung für die sowjetische Sicherheit erscheinen«.[879]

Schließlich war sich auch die Sowjetführung der strategischen Bedeutung Ostmittel- und Osteuropas bewußt, die Halford MACKINDER mit der bereits mehrfach zitierten Formel deutlich gemacht hatte, der zufolge mit der Kontrolle über Osteuropa die Herrschaft über die eurasische Weltinsel und somit über die Welt verbunden sei. Damit war also die Einbeziehung Osteuropas in die Machtsphäre der UdSSR für diese eine Frage existentieller Sicherheit. Insbesondere die Lösung der polnischen Frage war hierbei von Wichtigkeit, denn nach einer geopolitischen Doktrin Polens als dem ›Dritten Europa‹ sollte diesem eine Funktion zukommen, eine Föderation osteuropäischer Staaten unter polnischer Führung mit antideutscher und antirussischer Stoßrichtung anzuführen (das polnische Militärregime in der Zwischenkriegszeit verfolgte diese Zielsetzung). Diese Pläne gewannen in der Londoner Erklärung vom 11. November 1940 zwischen der Exilregierung Polens und der CSR an Aktualität, so daß die Sowjetunion einer politischen Entwicklung in Ostmitteleuropa wie in der Zwischenkriegszeit nicht tatenlos zusehen konnte.

Bereits während des Krieges versuchte die Sowjetunion, von den Westalliierten eine Anerkennung Ostmittel- und Osteuropas als sowjetischer Interessensphäre zu erreichen. Großbritannien fand sich hierzu grundsätzlich bereit; »eine vertragliche Festlegung dieser britischen Zugeständnisse unterblieb nur wegen des starken Drucks, der vom amerikanischen State Department auf das Foreign Office ausgeübt wurde«.[880] Und als sich CHURCHILL schließlich im Oktober 1944 nach gescheiterten Versuchen, die USA in ein Abkommen über die Teilung von Interessensphären in Ost- und Südosteuropa einzubeziehen, bereit fand, ein solches allein mit STALIN zu erzielen, weigerte sich die amerikanische Führung, diese Absprache offiziell zur Kenntnis zu nehmen,[881] wobei die Sowjetunion aufgrund des Niedergangs des britischen Empires zudem den Wert einer solchen anglo-sowjetischen Absprache in Zweifel ziehen mußte. STALIN selbst jedoch hatte, wie CHURCHILL in seinen Kriegserinnerungen schreibt, »sich sehr strikt an diese Vereinbarungen gehalten«.[882]

Stellte man jedoch zu dieser Weigerung der USA, einen sowjetischen Cordon sanitaire vertraglich verbindlich anzuerkennen, noch »das jetzt entstandene amerikanisch-sowjetische Ungleichgewicht in Rechnung, so konnte sich eine erneute antisowjetische Orientierung der osteuropäischen Staaten zu einer tödlichen Bedrohung für das Sowjetregime ausweiten. STALIN war daher entschlossen, den prosowjetischen Umstrukturierungsprozeß der osteuropäischen Region fortzusetzen. . .«[883] Für die sowjetische Nachkriegspolitik nachhaltig bestimmend war dabei die Furcht, die Expansion des amerikanischen Kapitals in den europäischen Kontinent werde notwendigerweise einen imperialistischen Charakter annehmen und damit insbesondere im mittel- und osteuropäischen Raum die antisowjetischen Kräfte stärken.[884] Damit wurde die Durchsetzung stalinistischer Regime in der Staatenwelt an der Peripherie der Sowjetunion oberste Prioriät ihrer außenpolitischen Strategie. »STALIN hatte wiederholt und überzeugend dargelegt, Rußland sei im Laufe der Jahrhunderte immer wieder von westlichen Mächten angegriffen worden. . . Die Einfallstore aber seien Finnland, Polen, Ungarn, Bulgarien und Rumänien gewesen. In allen Fällen hatte die Invasion nur erfolgen können, weil die Regierungen dieser Länder der Invasionsmacht freundlich gesinnt waren.«[885] Wie der Geopolitiker Heinz BRILL darstellt, bestanden deshalb die strategischen Zielsetzungen STALINS aus zwei Gesichtspunkten, nämlich zum einen der Umkehrung des bislang gegen die Sowjetunion gerichteten mitteleuropäischen Cordon Sanitaire und der Erreichung eines Machtzuwachses, der der Sowjetunion die Kontrolle über die östlichen Teile Deutschlands gestattete und so den alten Sicherheitsgürtel um einige hundert Kilometer nach Westen vorverlegte.[886]

2.4 Die Haltung der USA gegenüber der Sowjetunion

Viel ist darüber geschrieben worden, daß die USA bereit waren, einer amerikanisch-sowjetischen Teilung der Welt zuzustimmen, was STALIN dann für eine Politik der vollendeten Tatsachen zur einseitigen Expansion seiner Machtsphäre ausgenutzt habe. Allerdings ist diese Einschätzung der amerikanischen Kriegspolitik schwerlich mit den Plänen der amerikanischen Geopolitik, wie sie während des Krieges in den amerikanischen Führungsstäben erörtert wurden, zu vereinbaren. Mit dem Kriegsziel, einen geschlossenen autarken europäischen und ostasiatischen Großraum zu schleifen, hätte es sich schließlich widersprochen, nunmehr einer eigenen sowjetischen Machtsphäre ohne amerikanische Interventionsmöglichkeit eine Zustimmung zu erteilen. Sinn und Zweck der anglo-amerikanischen Unterstützung der USA für die UdSSR während des Zweiten Weltkriegs war es, diese als ›Festlanddegen‹ sowohl gegen die deutschen als auch anschließend gegen die japanischen Armeen einzusetzen. Keinesfalls aber war die amerikanische Machtelite bereit, der Sowjetunion eine eigenständige Machtsphäre einzuräumen.

In einem bemerkenswerten Positionspapier des US-Außenministeriums von 1941, das sich mit der Möglichkeit eines deutsch-sowjetischen Krieges befaßt, wurde folgende Empfehlung ausgesprochen: »Wir sollten beharrlich an der Linie festhalten, daß die Tatsache, daß die Sowjetunion gegen Deutschland kämpft, nicht bedeutet, daß sie eine Verteidigerin, Vorkämpferin oder Anhängerin derjenigen Prinzipien der internationalen Beziehungen ist, die wir unterstützen. . . Wir sollten der Sowjetunion kein Versprechen machen im Hinblick auf die Unterstützung, die wir ihr im Falle eines deutsch-sowjetischen Konflikts geben würden, und wir sollten keine Verpflichtung in bezug auf unsere zukünftige Politik gegenüber der Sowjetunion oder Rußland übernehmen.«[887] Von Harry S. TRUMAN ist aus jener Zeit die Empfehlung überliefert: »Wenn wir sehen, daß Deutschland gewinnt, sollten wir Rußland helfen, und wenn Rußland gewinnt, sollten wir Deutschland helfen, damit sich auf diese Art und Weise so viele als möglich gegenseitig töten.«[888]

Als bestimmend für die amerikanische Politik gegenüber der Sowjetunion sollte sich Nicholas SPYKMAN erweisen. Dessen Theorien fanden bereits im Jahre 1942 bei der militärischen Elite und im State Department viele Anhänger. Noch im September 1941 empfahl das ›Joint Board Estimate‹ von General MARSHALL und Admiral STARK als allgemeines nationales Ziel der USA die Wiederherstellung und Aufrechterhaltung der Kräftegleichgewichte sowohl in Asien als auch in Europa.[889] Um allerdings zu begreifen, was die USA unter einem solchen Kräftegleichgewicht verstanden, gilt es, sich noch einmal die Doktrinen von Nicholas SPYKMAN, dem Haupttheoretiker des Kalten Krieges, zu vergegenwärtigen: Wie oben schon darstellt, hatte dieser die Formel Halford MACKINDERS umgekehrt: Diejenige Macht, die die ›rimlands‹ (den MACKINDERschen ›inner crescent‹, bestehend aus dem geographischen Bogen, der sich von Europa über den Balkan, den Mittleren Osten, das innerasiatische Hochland bis nach China hinzieht) kontrolliert, kontrolliert Eurasien und somit das Schicksal der Welt. Veränderungen des machtpolitischen Kräftegleichgewichts gehen somit nicht vom eurasischen Herzland aus, sondern von den ›rimlands‹.

Diese »höchst mobile« und »industrialisierteste« Region hielt SPYKMAN sowohl für die Land- als auch für die Seemacht für die verwundbarste und als Quasi-Pufferzone zwischen beiden daher auch für die entscheidende Einflußphäre. Übertragen auf die machtpolitische Lage der vierziger Jahre, bedeutet dies, daß es zur Verwirklichung des globalen Vorherrschaftsanspruchs der USA für diese darauf ankam, daß sowohl die Achsenmächte als auch die Sowjetunion keine Gelegenheit haben sollten, Kontrolle über die jeweiligen ›rimlands‹ in Europa und Asien zu erhalten. Vielmehr hatten nach den Doktrinen SPYKMANS die USA die eurasischen Gegenküsten zu kontrollieren und bündnispolitisch an sich zu binden, um mit Hilfe der ›rimlands‹ die geostrategische Isolation des eurasischen Kernraums sicherzustellen. Diese Langzeitstrategie setzte aber zunächst voraus, daß die ›rimlands‹ und das ›heartland‹ sich gegenseitig ausbluteten und ihr Potential, das sie zur Bildung einer kontinentalen Gegenmacht befähigen würde, sich neutralisierte.

Genau darauf beruhte auch die amerikanische Unterstützungspolitik während des Zweiten Weltkrieges. So blieb die materielle Hilfe der USA für die UdSSR stets weit unterhalb des Möglichen. Die gesamten Materiallieferungen der Westmächte entsprachen nicht viel mehr als 4 Prozent der sowjetischen Industrieproduktion während des Krieges.[890] Darüber hinaus verzögerte man bewußt die Eröffnung einer – von STALIN schon frühzeitig geforderten – zweiten Front in Europa, was nur das Ziel haben konnte, die Sowjetunion ausbluten zu lassen. Bis in das Jahr 1944 hinein kämpfte die Rote Armee gegen 60 bis 70 Prozent der deutschen Landstreitkräfte, britische und amerikanische Truppen hingegen nur gegen 1 bis 6 Prozent.[891] Für die hier vertretene These spricht zudem, daß im Jahre 1943 führende Militär- und Geheimdienstkreise der USA Überlegungen dahingehend anstellten, wie man »die ganze Kraft eines noch mächtigen Deutschlands« gegen die Sowjetunion ins Spiel bringen könnte. Dieser Konzeption entsprach es auch, daß der spätere CIA-Chef Allen W. DULLES seinerzeit sogar mit Vertretern der Wehrmacht und der SS in der Schweiz über die Möglichkeiten eines antisowjetischen Sonderfriedens verhandelte.[892] Außerdem finanzierten amerikanische Banken HITLERS ›Unternehmen Barbarossa‹ gegen die Sowjetunion: »Einige Banken (es handelte sich vor allem... um Morgan und Dillon, Read) hofften damals, daß HITLER sich gegen Rußland wenden würde, und waren bereit, ihn für diesen Fall zu finanzieren. Auch der amerikanische Botschafter in Moskau, William C. BULLITT, erhoffte eine deutsche Invasion und befürwortete daher amerikanische Investitionen in Deutschland.«[893]

Auf der anderen Seite brauchten die USA zur Durchsetzung ihrer geopolitischen Ziele aber auch die Sowjetunion, um nicht nur den Konkurrenten Deutschland, sondern auch Japan zu schlagen, und genau vor diesem Hintergrund müssen auch Äußerungen ROOSEVELTS verstanden werden, der Sowjetunion eine Interessensphäre einzuräumen. Man mußte der Sowjetunion einen Köder anbieten, damit diese bereit war, unter Bruch des sowjetisch-japanischen Waffenstillstandes von 1939 militärische Operationen gegen Japan in der Mandschurei einzuleiten. »Man hat die Zugeständnisse, die auf dieser Konferenz (von Jalta, der Verf.) den Russen gemacht worden sind, in den Vereinigten Staaten wie in Europa auf die abenteuerlichste Weise zu interpretieren versucht und sogar insinuiert, daß ROOSEVELT damals, wenige Monate vor seinem Tod, krank und geistig geschwächt gewesen sei. Aber die Zugeständnisse können ausreichend aus der militärischen Lage der Vereinigten Staaten im Pazifik erklärt werden. ROOSEVELT war sich seiner militärischen Schwäche bewußt. Er wurde sogar, wie sein Secretary of State STETTINIUS berichtet, von Zweifeln geplagt, ob die moralischen Kräfte des Landes ausreichen würden, um nach Beendigung des europäischen Krieges den ostasiatischen weiterzuführen... Was ROOSEVELT also veranlaßte, den Russen Zugeständnisse zu machen, war Not: militärische, moralische, politische Not. Auch stand ROOSEVELT... mit seiner Überzeugung, daß man die Russen nicht entbehren könne, keineswegs allein. General MARSHALL, Generalstabschef und späterer Secretary of State, sagte nach dem Krieg vor einer Senatskommission aus, daß ROOSEVELTS Beurteilung der militärischen Lage von sämtlichen Generalen und Admiralen geteilt worden sei. Man habe ROOSEVELT sogar (vor Jalta) gedrängt, STALIN zu veranlasssen, die Frist des Eintritts Rußlands in den ostasiatischen Krieg von sechs auf drei Monate (nach der deutschen Kapitulation) herabzusetzen – ein Wunsch, dem STALIN entsprochen habe. Admiral LEAHY, TRU-

MANS privater Kabinettschef im Weißen Haus, der ROOSEVELT keinesfalls günstig gesinnt war, mußte diese Angaben bestätigen. ›Die Frage einer eventuellen Beteiligung Rußlands am ostasiatischen Krieg war bereits in Teheran besprochen worden, aber zu keinem Abschluß gelangt. STALIN hatte erklärt, daß die Zahl der deutschen Divisionen zu groß sei, um es zu gestatten, Truppenverbände nach Ostasien zu verlegen. Selbst nach einem Sieg über Deutschland würden sechs Monate für den Aufmarsch auf einem so entfernten Kriegsschauplatz erforderlich sein. . .‹ Die Regelung der Frage im Sinne der amerikanischen Wünsche (Reduktion der Frist auf drei Monate) durfte also als ein großer Erfolg ROOSEVELTS bezeichnet werden.«[894]

Tatsächlich war die Lage auf dem ostasiatischen Kriegsschauplatz als für Amerika ausgesprochen ungünstig anzusehen, was militärische Operationen zu Land anging. »Die amerikanische Situation war also günstig zu Wasser und in der Luft, aber ungünstig zu Lande.«[895] Kein Geringerer als der Oberbefehlshaber der Landstreitkräfte im Pazifik, General MCARTHUR, erklärte am 28. Februar 1945 bei einem Besuch des Secretary für die Flotte, James FORRESTAL, daß eine Eroberung der japanischen Inseln unmöglich sein würde, wenn die in der Mandschurei stehenden japanischen Truppen nicht von den Russen angegriffen würden. Es seien mindestens sechzig Divisonen erforderlich, um die Japaner in der Mandschurei festzuhalten.[896] Aus diesem Grund galt es zunächst, alles zu tun, um die Russen für diesen Plan zu gewinnen, und tatsächlich wurde bereits in einem britisch-amerikanischen Memorandum von 1943 festgehalten: »Der wichtigste Faktor, den die Vereinigten Staaten in ihren Beziehungen zu den Russen zu beachten haben, ist die Verfolgung des Krieges im Pazifik. Mit Rußland als Verbündetem gegen Japan kann der Krieg in kürzerer Zeit und mit geringeren Verlusten beendet werden. Sollte der Krieg im Pazifik mit einer unfreundlichen oder sogar feindlichen Haltung Rußlands (unseren Operationen gegenüber) weitergeführt werden müssen, so würden sich (unsere) Schwierigkeiten in unberechenbarer Weise erhöhen und unsere (militärischen) Operationen könnten sich sogar als fruchtlos. . . erweisen.«[897]

Damit war die Sowjetunion für die USA eine wichtige Schachbrettfigur, die es nunmehr gegen Japan unter Schonung der eigenen Ressourcen in Stellung zu bringen galt mit dem Ziel, zum einen den geopolitischen Herausforderer auf der ostasiatischen Gegenküste niederzuringen und andererseits eine weitere Abnutzung des sowjetischen Potentials herbeizuführen.

Die USA mußten also der Sowjetunion in ihren Sicherheitsinteressen entgegenkommen – zumindest, solange sie als strategischer Faktor gebraucht wurde, wobei es auch hier darauf ankam, Moskau gegenüber keine verbindlichen Zusagen zu machen. Vor diesem Hintergrund war – so Wilfried LOTH – aus sowjetischer Sicht die Bilanz der Konferenz von Jalta eher negativ:[898] Zwar ist der Sowjetunion die Wiederherstellung ihrer Rechte gegenüber China aus der Zeit vor dem russisch-japanischen Krieg von 1904/05 zugesagt worden. »In bezug auf die Nachkriegsordnung Europas hatte die sowjetische Delegation ihre Forderungen jedoch nicht durchsetzen können«,[899] da die Westmächte jegliche Festlegung verhindert hatten.

Gewinner dieser Konferenz waren die USA, die von der Sowjetunion die Zusage eines Kriegseintritts gegen Japan binnen drei Monaten nach dem Ende der Kriegshandlungen in Europa erhalten hatten. Angesichts dieses Verhandlungsergebnisses lag Wilfried LOTH zufolge für die Sowjetunion nichts näher, als sich auf die Sicherung der eigenen Einflußsphäre zu konzentrieren.

2.5 Der Versuch der USA, die Sowjetunion in die Knie zu zwingen

Stephen E. AMBROSE zufolge lag der eigentliche Anlaß für den Kalten Krieg in der Streitfrage begründet, wer Osteuropa kontrollierten solle.[900] »Amerika war nicht bereit, eine russische Dominanz über Osteuropa zu akzeptieren«[901] – zum einen aufgrund der bereits dargestellten geopolitischen Bedeutung Osteuropas für die Kontrolle über Eurasien und zum anderen auch aus wirtschaftlichen Gründen. Es galt, die Handelsinteressen der USA in Osteuropa zu sichern, »es galt darüber hinaus Osteuropa als agrarische Komplementärregion für den industrialisierten europäischen Westen zu erhalten, an dessen Prosperität die USA allerdings ein vorrangiges ökonomisches Interesse hatten«.[902] Um keine Einbrüche in das Prinzip des freien Handelsverkehrs zuzulassen, kam es den USA darauf an, die dortige Staatenwelt zusammen mit der Sowjetunion in dieses Freihandelssystem miteinzubeziehen, »allein schon, um einen einseitigen sowjetischen Zugriff auf die Wirtschaft ihrer osteuropäischen Nachbarn zu verhindern und deren Beteiligung an den Investitionen der ›Open door‹ zu sichern«.[903] William C. BULLITT, erster US-Botschafter in Moskau, schrieb 1946: »Jedesmal, wenn die Sowjetunion ihren Einfluß auf ein weiteres neues Gebiet oder ein neues Land ausdehnt, verlieren die USA und Großbritannien den Zugang zu den betreffenden Märkten.«[904] Daher hoffte die amerikanische Machtelite – so Stephen E. AMBROSE –, daß sich die osteuropäische Staatenwelt, insbesondere Polen, Rumänien und Bulgarien, zu »demokratischen kapitalistischen Staaten eng verbunden mit dem Westen« entwickeln würden.[905]

Darüber hinaus plante die Machtelite in den USA eine Neuauflage ihrer Politik, die sie nach dem Ersten Weltkrieg mit der Finanzierung der Oktoberrevolution begonnen hatte. Auch die Sowjetunion selbst sollte schließlich in das amerikanische Freihandelssystem eingegliedert werden. Zu diesem Zweck schlug Finanzminister Henry MORGENTHAU vor, der Sowjetunion einen Kredit einzuräumen. Jedoch »dieser Plan basierte auf der Annahme, die Sowjetunion werde den USA freien Zugang zu gewissen strategisch wichtigen Rohstoffen zusichern und werde sich selbst zum Kauf von Konsumgütern bereiterklären«.[906] Handelsminister WALLACE forderte die Einrichtung von US-amerikanischen Flugplätzen in Sibirien, »die den Zweck haben sollten, ein für allemal den Zugang nach Asien zu sichern«.[907]

Die Errichtung kommunistischer Satellitenregime in den osteuropäischen Staaten widersprach schließlich auch dem Ziel der USA, um jeden Preis die eigenen Vorstellungen über die Nachkriegsentwicklung in der Welt und insbesondere in Osteuropa gegen die UdSSR zur Geltung zu bringen – zumindest zu 85 Prozent, wie US-Präsident TRUMAN sich ausdrückte.[908] Dabei ging es in erster Linie um Europa, das die USA seinerzeit zusammen mit dem Nahen und Mittleren Osten zu ihrem Einflußgebiet erklärten. Daß die USA im Verhältnis zur Sowjetunion tatsächlich ihre Stellung durchsetzen konnten, bestätigt auch William A. WILLIAMS: Bis auf die Mandschurei konnte die UdSSR nirgends wirklich ihre Interessen verwirklichen. »In bezug auf Osteuropa akzeptierte STALIN. . . einen zwiespältigen Vorschlag zur polnischen Frage, in dem sich Amerikas fehlende Bereitschaft ausdrückte, sein Abkommen mit CHURCHILL im gleichen Umfang wie das Sicherheitsbedürfnis Rußlands anzuerkennen. Auch im Mittleren Osten hatte er nicht mehr Erfolg, wo die amerikanischen Ölgesellschaften 1943 in den Iran zurückgekehrt waren. Durch State Department und Sonderbotschafter unterstützt, waren die Bemühungen der Gesellschaften um weitreichende Konzessionen recht erfolgreich. ROOSEVELT wurde durch die Chance, mit den Ölgesellschaften zusammenzuarbeiten und Persien zu einem Beispiel dafür zu machen, was Amerika für die unterentwickelten Gebiete der Welt tun konnte, ›aufgerüttelt‹ – eine Haltung, die zur Erklärung dessen beiträgt, warum die Vereinigten Staaten nicht bereit waren, den Russen den Erwerb von Ölrechten im Norden Persiens zu gestatten. STALIN gab in Jalta in diesem Punkt nach und verzichtete auch darauf, sein Verlangen nach einer weiterreichenden Sicherheit für Rußland am Schwarzen Meer weiterzuverfolgen.«[909]

Die Errichtung einer globalen US-Vorherrschaft hing also nunmehr davon ab, wie es der US-Machtelite gelang, die Sowjetunion ihren Nachkriegsplanungen zu unterwerfen – oder wie es TRUMAN formulierte, »die Russen auf ihren Platz zu verweisen«.[910] Unmittelbar nach dem Tod ROOSEVELTS begann man im Geheimdienst OSS, der »eindeutig die herrschenden Gruppen Amerikas repräsentierte« (so William A. WILLIAMS), entsprechende Pläne zu entwickeln. Aus der Feder des US-Generals John R. DEANE, der die US-Militärmission in Moskau anführte, erhielt der Vereinigte Generalstab ein Memorandum mit dem Titel *Revision of Policy with Relation to Russia* (Memorandum JCS 1313). In dieser Denkschrift hieß es, daß das Bestreben der Russen, sich in Ostmitteleuropa Sicherheitssphären zuzulegen, nicht im Interesse der USA liege. »Es kann kein Zweifel daran bestehen«, so DEANE in seinem Revisionspapier, »daß wir in den frühen Phasen des Zweiten Weltkrieges von Rußland abhängig waren. . . Im jetzigen Stadium des Krieges aber ist die militärische Zusammenarbeit mit der Sowjetunion für die Vereinigten Staaten nicht mehr lebensnotwendig«.[911] Statt dessen solle man auf allen Ebenen zu der Sowjetunion auf Distanz gehen, insbesondere von Wiederaufbaukrediten an die UdSSR absehen und alle Pläne zur zukünftigen militärischen Zusammenarbeit fallen lassen.

Für das Unterwerfungskonzept gegen die UdSSR boten sich den USA zwei Ansatzpunkte an: Zum einen war es die prekäre Finanzlage der Sowjetunion nach dem Krieg und andererseits die Atombombe als Erpressungsmittel. TRUMAN hatte deutlich gemacht, daß die Atombombe ein politisches Druckmittel gegen die Sowjetunion sein sollte, und hatte sich eines diplomatischen Tricks bedient, um der UdSSR diese Macht zu demonstrieren: Er hatte STALIN die Zusage abgerungen, daß der Eintritt der Russen in den Krieg gegen Japan drei Monate nach Beendigung des

Krieges in Europa – also am 8. August – stattfinden sollte. Dieser Termin war bewußt gewählt worden, da die politisch-militärische Führung in den USA damit rechnete, daß innerhalb dieser Dreimonatsfrist das US-Atomwaffenprogramm erfolgreich abgeschlossen sein würde.[912] Bekannt ist heute, daß der Atomwaffeneinsatz in Hiroshima am 6. August (also noch vor dem geplanten russischen Kriegseintritt) militärisch nicht erforderlich war, da Japan ab dem 11. Juli 1945 über die Sowjetunion mehrfach Kapitulationsangebote an die USA gerichtet hatte, welche von diesen jedoch abschlägig beschieden wurden.[913] Vielmehr – so die Historiker Gar ALPEROVITZ, Gregg HERKEN, Karl Heinz ROTH sowie Gabriel und Joyce KOLKO – »wollte man mit den beiden Atombomben-Abwürfen dem sowjetischen Alliierten. . . vorrangig die eigene militärische Überlegenheit beweisen und ihn vor einer nicht amerika-freundlichen Politik nach dem Zweiten Weltkrieg warnen. Die Abwürfe sollten die wirtschaftliche und militärische Vormacht Amerikas für die Zukunft eindeutig manifestieren. Es ging auch darum, die Sowjetunion im letzten Moment noch. . . vom fernöstlichen Kriegsschauplatz fernzuhalten und zu veranlassen, ihr Bedürfnis nach Stabilisierung eines ost- und mitteleuropäischen Sicherheitsgürtels einzuschränken bzw. aufzugeben«.[914]

Die Atomwaffe wurde somit – wie Stephen AMBROSE ausführt – ein »beständiger Faktor im amerikanischen Auftreten gegenüber der Sowjetunion«.[915] Die Sowjetunion war jetzt auch als Festlanddegen gegen Japan nicht mehr notwendig. Jetzt konnten die USA alle Absprachen mit der UdSSR aufkündigen und die erlangten Positionen der Sowjetunion zurückdrängen (das war die Strategie des ›Roll-Back‹) und ihr das Diktat der globalen US-Vorherrschaft aufzwingen: »Der sowjetische Mohr hatte seine Schuldigkeit getan. Bereits vor dem 17. Juli. . . hatte CHURCHILL im Gespräch mit dem Ministerpräsidenten der polnischen Exilregierung in London. . . geäußert. . ., daß die Hilfe der Russen nicht mehr benötigt werde. ›Es ist uns gleich (hatte CHURCHILL bemerkt), ob er (STALIN) in den Krieg gegen Japan kommt oder nicht. Wir brauchen ihn jetzt nicht mehr.‹ Der Abwurf der Bombe zwei Tage vor dem russischen Einmarsch in die Mandschurei erfolgte also auf Grund eines Plans. Es sollte den Russen nicht nur zu verstehen gegeben werden, daß die Zusammenarbeit mit ihnen ihr Ende gefunden hat, sondern daß die Vereinigten Staaten auch von nun ab den Anspruch auf Hegemonie für das gesamte Gebiet des Pazifik, einschließlich sämtlicher ehemaliger japanischer Protektoratsinseln, erheben«[916] – jedoch nicht nur in Ostasien, sondern vor allem auch in Osteuropa: Die Bombe »würde Rußland in Europa nachgiebiger machen«, so US-Außenminister BYRNES im Juni 1945.[917]

Wie William A. WILLIAMS schreibt, unternahmen die Vereinigten Staaten seitdem energische Anstrengungen, die Vereinbarung zwischen CHURCHILL und STALIN bezüglich Osteuropas vom Oktober 1944 zu unterlaufen und durch die Politik der Offenen Tür zu ersetzen,[918] wobei die Bombe nur eine bestehende Haltung und eine traditionelle Strategie bestärkte. Dabei wurde die Forderung nach einer Offenen Tür in Osteuropa in den Strategiedokumenten auch eindeutig beschrieben: »Um es amerikanischen Staatsbürgern zu ermöglichen, sich in den fraglichen Ländern frei zu bewegen und unbehindert kommerzielle und regierungsamtliche Transaktionen durchzuführen.« Dabei ging es um »den gleichberechtigten Zugang« zu den bestehenden und sich entwickelnden Chancen »des Handels, der Rohstoffe und der Industrie«.[919]

Diese ›Roll-back‹-Strategie der USA – die Zurückdrängung des sowjetischen Einflusses in Osteuropa – sollte neben der Drohung mit der Atombombe vor allem mit Hilfe wirtschaftlich-finanzieller Erpressungsmanöver erfolgen. Die US-Machtelite war sich sicher, daß die Bombe, verbunden mit sowjetischen Wiederaufbaubedürfnissen, ihr den Hebel gaben, um in Osteuropa die Offene Tür und prowestliche Regierungen wiederherzustellen. Über die katastrophale wirtschaftliche Lage der UdSSR war sich die Führung der USA im klaren, wie aus der Studie JIS 80/2 des Vereinigten Geheimdienststabes vom 6. Januar 1945 ersichtlich ist.[920] Darin hieß es, daß das Produktionspotential der Sowjetunion bei Kriegsende um 15 Prozent unter das Vorkriegsniveau fallen werde und das Sozialprodukt des letzten Fünfjahresplans um 1950/51 wieder erreichen werde. Durch mögliche Wiederaufbaukredite von den USA werde die industrielle Nettoproduktion den Ausstoß des letzten Friedensjahres 1940 im Jahre 1952 erstmals übertreffen. Aus diesen Grunddaten – so der Rüstungsexperte Jürgen Bruhn – folgerten die Autoren der Studie, daß die UdSSR dem wirtschaftlichen Erholungs- und Wiederaufbauprozeß höchste Priorität einräumen würde.[921] »Zudem würde sie in absehbarer Zukunft über eine eher beschränkte klassisch-konservative – auf Verteidigung beruhende – Militärstrategie nicht hinausgehen und mit der Einrichtung eines Sicherheitsgürtels rund um ihre Grenzen zufriedengestellt bleiben. Abschließend stellten die Autoren von JIS 80/2 fest: Die sowjetische Führung sei sich ihrer ungeheuren Schwäche durch die großen Verluste an Menschen. . . und an Produktionspotential in der Nachkriegsperiode bewußt und werde alles daransetzen, ›um internationale Nachkriegskonflikte zu vermeiden‹; würde doch jede ›Fortsetzung der Hochrüstung über das Kriegsende hinaus‹ den sozialen und ökonomischen Wiederaufbauprozeß enorm beeinträchtigen.«[922]

Damit war der US-Machtelite – da ihr der katastrophale finanzielle Zustand der UdSSR bekannt war – also zum einen klar, welche Bedeutung Stabilität für die Sowjetunion an den Peripherien ihres Machtbereiches hatte, und zum anderen, wie sie die Sowjetunion ihrer Vorherrschaft unterwerfen konnte. Schon am 8. Mai 1945 »enthüllte Truman plötzlich die grundlegende Linie des amerikanischen Planes zur Ausübung wirtschaftlichen Drucks«, zur Erzwingung russischer Nachgiebigkeit und zur Durchsetzung amerikanischer Forderungen.[923] Am selben Tag unterzeichnete er einen Erlaß, der die ›Lend and Lease‹-Lieferungen an die Sowjetunion umgehend aufhob – bereits nach Rußland ausgelaufene Schiffe wurden zur Rückkehr aufgefordert.

Am 3. Januar 1945 erbat Stalin einen 6 Milliarden-Dollar-Kredit von den USA. Das State Department jedoch weigerte sich, über diese Anfrage auch nur zu diskutieren, bis STALIN, wie Averell HARRIMAN – US-Botschafter in Moskau – es ausdrückte, bereit war, die US-Forderungen in Europa zu akzeptieren. »Hilfe sollte nur dann zu den Sowjets gelangen, so HARRIMAN, wenn sie zustimmten, ›mit uns in internationalen Problemen in Übereinstimmung mit unseren Standards kooperativ zusammenzuarbeiten. . .‹. Später im Jahr 1945 fragten die Sowjets um einen 1 Milliarden-Dollar-Kredit an. Die Regierung der Vereinigten Staaten ›verlor‹ diese Anfrage. Als diese schließlich einige Monate später ›gefunden‹ wurde, bot das State Department an, über diese Anleihe zu diskutieren, wenn die Sowjets für eine ›Nichtdiskriminierung im internationalen Handel‹ bürgen und amerikanischen Handel und Investitionen in der russischen Einflußsphäre erlauben würden. STALIN wies dieses Angebot zurück. Statt dessen kündigten die Sowjets einen neuen Fünf-Jahres-Plan an, um die Schwerindustrie wiederaufzubauen und ›die technische und ökonomische Unabhängigkeit der Sowjetunion‹ zu sichern.«[924] Die Gewährung des Kredits sollte nach der Aussage Averell HARRIMANS ein Mittel sein, »damit die Vereinigten Staaten. . . eine weitgehende Kontrolle über die Verwendung des Geldes durch Rußland ausüben konnten«[925] – von der Darlehensgewährung versprach sich die US-Machtelite also eine indirekte Kontrolle über die Sowjetunion, denn diese teilte übereinstimmend die Auffassung, »daß der Hebel, der durch die Schwächung und Verwüstung Rußlands gegeben war, eingesetzt werden konnte und sollte, um Amerika eine Vormachtstellung in allen Entscheidungen hinsichtlich der Nachkriegswelt zu sichern«.[926] HARRIMANS Plänen zufolge sollte den Sowjets »zu verstehen gegeben werden, daß unsere Bereitschaft, bei ihren gewaltigen Wiederaufbauproblemen vorbehaltlos mit ihnen zusammenzuarbeiten, von ihrer Haltung in den internationalen Fragen abhängen wird«[927] – deshalb sollte man »den Kredit Stück um Stück zuteilen und dafür Zugeständnisse auf politischem Gebiet verlangen«.[928]

2.6 Das Scheitern der amerikanischen Druckpolitik

Tatsächlich jedoch gelang es den USA nicht, die UdSSR und damit den eurasischen Schlüsselraum durch die Erpressung mit der Atomwaffe und mit Krediten unter ihre Kontrolle zu bekommen. Die Sowjetunion richtete ihre Aufmerksamkeit gerade aufgrund der amerikanischen Druckpolitik auf eine Festigung ihrer Kontrolle über das osteuropäische Glacis: Für sie war »die Sicherung des eigenen Glacis wichtiger als die Wirtschaftshilfe aus den USA; zur Not konnten auch die ost- und mitteleuropäischen Ressourcen zur Unterstützung des sowjetischen Wiederaufbaus herangezogen werden«.[929]

Es war genau diese Verzögerungstaktik der USA, die Kredite zu verschleppen, die die sowjetische Führung dazu veranlaßte, die wirtschaftliche Ausbeutung der osteuropäischen Länder zu verschärfen und die Reparationsforderungen an Deutschland zu erhöhen. Die Demonstration des US-amerikanischen Atomwaffenmonopols förderte mehr denn je die Konzentration aller sowjetischen Kräfte auf den Ausbau der eigenen Sicherheitssphäre (nun einschließlich einer Vorantreibung der eigenen Atomwaffenpläne), und die amerikanische Einmischung in die Verhältnisse in Osteuropa erhöhte den Druck der Sowjetunion auf ihre Satellitenregime, diese stärker an sich zu binden.[930] Sämtliche Versuche der USA, sich Einfluß im ost- und südosteuropäischen Raum zu sichern, blieben erfolglos. In einer Erklärung gegenüber dem US-Kongreß legte US-Außenminister BYRNES seine Beunruhigung über die Bestrebungen der Sowjets dar, enge wirtschaftliche Partnerschaften mit den osteuropäischen Ländern aufzubauen, und versuchte, diese zu unterbinden und zu beschränken. Dazu griff er den bereits von TRUMAN auf der Potsdamer Konferenz geäußerten Vorschlag auf, das gesamte Donau-Wasserstraßensystem zu internationalisieren mit dem Ziel, »die Politik der Offenen Tür auf dem Balkan durchzusetzen«.[931]

Das Ziel dieser Internationalisierungspolitk sollte nach einem Kommentar der *London Times* darin bestehen, Bedingungen zu schaffen, unter denen »freier Zugang für die Waren und das Kapital westlicher Nationen in das Donau-Tal und Osteuropa gesichert wäre«[932] – in der Hoffnung, so William A. WILLIAMS, »daß dieser freie Zugang für die wirtschaftliche Macht Amerikas wiederum dazu beitragen würde, eine politische Vormachtstellung zu begründen«. Der sowjetische Außenminister MOLOTOW erkannte jedoch diese hinter dem amerikanischen Vorschlag bestehende Absicht und lehnte jegliche Diskussion darüber ab.

Auf der Konferenz in London Ende September 1945 unternahmen die USA einen weiteren Anlauf zur Durchsetzung US-amerikanischen Einflusses in Osteuropa. Der sowjetische Außenminister MOLOTOW legte Vorschläge für Friedensverträge mit Rumänien, Bulgarien und Ungarn vor, »die den Status Quo fortschrieben, das heißt den USA keine neuen Einflußmöglichkeiten in dieser Region einräumten«.[933] Demgegenüber verlangte US-Außenminister BYRNES eine Beteiligung prowestlicher Gruppen an der Regierungsbildung in diesen Ländern, was den Einfluß der USA in diesen Ländern erhöht hätte. Da sich MOLOTOW diesem Ansinnen verweigerte, blieb es beim Status quo.

Tatsache ist somit, daß die Ursache für den Kalten Krieg zu einem überwiegenden Anteil in dem universalen Machtanspruch der USA zu suchen ist, der der Sowjetunion keinen eigenen Sicherheitsgürtel, geschweige denn eine ebenbürtige Rolle in der Weltpolitik zugestehen wollte. Gegen das Interesse des expandierenden Kapitalismus der USA an weltweitem Freihandel stand das Interesse der sowjetischen Diktatur an einer Abschirmung des eigenen Machtbereiches und gegen den wirtschaftlichen Vormarsch der USA. Die Befestigung der eigenen Herrschaftssphäre durch die UdSSR lag darin begründet, daß die amerikanische Machtelite »die sowjetische Sicherheitssphäre de facto nicht anerkannte und die atomare und wirtschaftliche Überlegenheit... zur Revision der in Osteuropa geschaffenen Lage einzusetzen versuchte...«[934] Dabei waren es »die Vertreter der Großbanken, der Großindustrie und des internationalen Handels, die einen Kurswechsel, wie er schließlich beschlossen wurde, seit langem befürwortet hatten«.[935]

Dennoch ließ die amerikanische Machtelite nichts unversucht, auch nach den erfolgreichen Bemühungen der Sowjetunion, ihren Machtbereich gegen den Vorstoß der USA abzuschirmen, auf diese in einer Form Einfluß zu nehmen, wie es schon nach 1918 versucht worden war, und zwar im Wege der Schaffung finanzieller Abhängigkeiten zwecks wirtschaftlicher Durchdringung: Die weiteren sowjetischen Kreditgesuche wurden, wie Wilfried LOTH darstellt, »mit amerikanischen Gegenforderungen beantwortet, die das sowjetisch-amerikanische Kreditprojekt definitv zum Scheitern brachten. Die Verhandlungen um einen Kredit, so ließ das State Department die Sowjetregierung am 21. Februar 1946 wissen, sollten auch die Ansprüche auf Erstattung beschlagnahmten US-Eigentums in den befreiten Nationen umfassen, ebenso ein größeres Mitspracherecht der USA beim wirtschaftlichen Wiederaufbau der osteuropäischen Staaten. . ., die Frage der Internationalisierung der Wasserstraßen, eine endgültige Regelung der *lend-lease*-Verpflichtungen, einen Handels- und Schiffahrtsvertrag und schließlich generell Methoden zum Abbau der Handelsschranken«.[936]

Diese Bedingungen aber hatten nichts anderes zum Ziel als die vollständige wirtschaftliche Durchdringung Osteuropas und letztlich der UdSSR durch die USA, die auch eine politische Einflußnahme auf die Entwicklung in Eurasien nach sich zog: »Auf solche Bedingungen, die das amerikanische Open-door-Interesse sehr extensiv auslegten und nicht auf Wirtschaftsverflechtung zum beiderseitigen Gewinn, sondern auf ökonomische Durchdringung der Sowjetunion und Osteuropas durch die USA zielten und damit tendenziell das gesamte sowjetische Sicherheitssystem in Osteuropa in Frage stellten, wollte und konnte die sowjetische Regierung nicht eingehen; nach einigen ergebnislosen Nachhutgefechten kamen die sowjetisch-amerikanischen Kreditverhandlungen im Juni 1946 darum ganz zum Erliegen.«[937] Wilfried LOTH weist ausdrücklich darauf hin, daß das Kreditgeschäft daran scheiterte, daß die USA ihre Open-door-Forderungen auf ein Höchstmaß hochschraubten, das mit der Herrschaftssicherung des bisherigen sowjetischen Systems nicht mehr vereinbar war, eine Entscheidung, die politisch motiviert war.[938]

Damit konnten die Ziele der US-Machtelite, wie sie in der Zeit nach dem Ersten Weltkrieg ins Auge gefaßt worden waren (vgl. den Ausspruch des Vaters des späteren US-Botschafters in Moskau Averell HARRIMAN: »Der riesige russische Markt muß mit Beschlag belegt und in eine technologische Kolonie verwandelt werden, die ausschließlich von einer kleinen Gruppe mächtiger amerikanischer Finanzleute und unter ihrer Kontrolle stehender Gesellschaften auszubeuten ist«[939]), auch im zweiten Anlauf nicht verwirklicht werden. Der sowjetische Machtbereich war somit ein ›weißer Fleck‹ in der amerikanischen Weltordnung der ›Grand Strategy‹, der der wirtschaflichen (und somit auch politischen) Einflußnahme der USA verschlossen blieb. Einer globalen Hegemonie der USA stand somit der sowjetische Machtblock entgegen, und die US-Machtelite begann über Offensivstrategien nachzudenken, die zu seiner Erosion führen sollten.

3 Die Unterwerfungsstrategie der USA in der Zeit des Kalten Krieges

Nach dem Scheitern dieser Erpressungsmanöver entwickelten die USA in der Folgezeit mehrere Strategien, die Sowjetunion doch noch ihrem Vorherrschaftsanspruch zu unterwerfen. Hierzu wurden verschiedene Anläufe unternommen, deren Strategien den jeweiligen geo- und militärpolitischen Umständen angepaßt waren. In der Zeit, in der die USA noch das Atomwaffenmonopol besaßen, war eine offensive atomare Vernichtungsstrategie eine Option, die in den miliärischen und politischen Stäben der US-Machtelite erörtert wurde. Tatsächlich existierten, was heute wenig bekannt ist, verschiedene Pläne, die die Eroberung und Besetzung der Sowjetunion, verbunden mit Atomschlägen, zum Gegenstand hatten. Diese Möglichkeit bestand aber nur so lange, wie die Sowjetunion atomar noch nicht nachgezogen hatte. Dies war alllerdings ab September 1949 der Fall, so daß ein Strategiewechsel erforderlich war.

Die US-Machtelite setzte nunmehr auf eine gezielte Einkreisung und Zurückdrängung (›Containment‹ und ›Roll back‹) der sowjetischen Macht. Verbunden war dies zum einen mit der Errichtung eines globalen Einkreisungsrings gegen den sowjetischen Machtbereich, andererseits mit einer Unterwanderungsstrategie, die die Loslösung nicht nur der Satellitenstaaten, sondern auch die Auflösung der Sowjetunion selbst zum Ziel hatte, mit dem Ziel eines (proamerikanischen) Machtwechsels. Das berüchtigte Dokument NSC-68 faßte diese Absichten zusammen: ». . . was die Politik der Eindämmung betrifft, so ist sie mit allen Mitteln bis hin zum Krieg bestrebt, erstens: eine weitere Expansion der sowjetischen Macht zu blockieren; zweitens: die wahren sowjetischen Absichten aufzudecken; drittens: eine Zurücknahme der Kontrolle und des Einflusses des Kreml herbeizuführen; und viertens: ganz allgemein die Saat der Zerstörung *innerhalb* des sowjetischen Systems zu fördern, daß der Kreml schließlich dahin gebracht wird, sein Verhalten so zu ändern, daß es mit den allgemein akzeptierten internationalen Maßstäben übereinstimmt.«[940] Dieser Weg, den eurasischen Machtblock zur Erosion zu bringen, sollte von einer Strategie der Totrüstung der Sowjetunion begleitet werden, durch die letztere ihr wirtschaftliches Potential verlieren sollte. Damit würde die Sowjetunion, die von Z. Brzezinski als »eindimensionale Macht« – also als eine Macht, deren Integrationskraft ausschließlich auf militärischer Gewalt beruht – bezeichnet worden ist, die Voraussetzungen verlieren, ihr Imperium zusammenzuhalten. Das Zusammenspiel von Einkreisung, Ingangsetzung der Rüstungsspirale und irregulärer Förderung von Separationsbestrebungen im Machtbereich der UdSSR sollte schließlich zum Zusammenbruch des eurasischen Blocks führen.

3.1 Der Beginn der Strategie, die UdSSR totzurüsten

Um ihren wirtschaftlichen Vorherrschaftsanspruch durchzusetzen, so der Rüstungsexperte Jürgen Bruhn, begannen die USA, einen gewaltigen Militärapparat aufzubauen.[941] Mit einer Expansion des eigenen Rüstungspotentials, verbunden mit einer aggressiven Erpressungspolitik, »wollte man die Sowjetunion schon damals nicht zur wirtschaftlichen Entfaltung kommen lassen. So wurde die UdSSR gleich nach dem Zweiten Weltkrieg in einen Teufelskreis gestoßen. Sie wurde gezwungen nachzurüsten, immer wieder und wieder, bis zu ihrem Ableben. Durch ihre enormen Nachrüstungsanstrengungen gelang es ihr zwar, einen amerikanischen atomaren Präventivschlag zu verhindern; aber sie konnte so ihre zerstörte Wirtschaft nicht schnell genug wieder aufbauen, und später war sie auch u.a. durch die immensen Finanzmittel, die sie für Verteidigung und Nachrüstung zur Verfügung stellen mußte, nicht in der Lage, ihr Wirtschaftssystem zu modernisieren, zu demokratisieren und zu de-zentralisieren«.[942]

Diese Strategie der amerikanischen Machtelite zur Totrüstung der Sowjetunion stützte sich auf einen Mechanismus, den der US-Historiker Paul KENNEDY gegen Ende des Kalten Krieges in seinem Buch *Aufstieg und Fall der großen Mächte* dargestellt hatte: Seiner Analyse zufolge besteht ein enger Zusammenhang zwischen militärischer Schlagkraft und wirtschaftlicher Leistungsfähigkeit; Voraussetzung für militärische Stärke und politische Macht ist demzufolge eine leistungsfähige innovative Volkswirtschaft. KENNEDY kommt in seinem oben genannten Buch zu der Erkenntnis, daß der Untergang eines Imperiums stets dann eintritt, wenn dessen militär-industrieller Komplex derartige Ausmaße angenommen hat und der Aufwand für den Zusammenhalt des Imperiums derart hoch ist, daß die Volkswirtschaft dieser Macht diesen nicht mehr finanzieren kann (Prozeß der »imperialen Überdehnung«):

»Sobald ihre Produktionskapazität erst einmal erhöht war, fiel es den Staaten meistens leichter, in Friedenszeiten die Rüstung zu finanzieren und in Kriegszeiten große Armeen und Flotten zu unterhalten. Es mag krude merkantilistisch klingen, es so auszudrücken, aber Wohlstand ist in der Regel notwendig, um militärische Macht abzustützen, und militärische Macht ist in der Regel notwendig, um Wohlstand zu erwerben und zu schützen. Wenn aber ein zu großer Teil der Ressourcen des Staates von der Schaffung des Wohlstands abgelenkt wird und statt dessen militärischen Zwecken zufließt, führt dies wahrscheinlich langfristig zu einer Schwächung der nationalen Macht. Ähnliches gilt, wenn ein Staat sich strategisch überdehnt – zum Beispiel dadurch, daß er ausgedehnte Territorien erobert oder kostspielige Kriege führt. Er läuft dann Gefahr, daß die potentiellen Vorteile dieser äußeren Expansion von den großen Kosten der ganzen Unternehmung überschattet werden – ein Dilemma, das akut wird, wenn die betroffene Nation in eine Phase relativen wirtschaftlichen Abstiegs eintritt.«[943]

Dieses Modell wurde von der amerikanischen Machtelite auf die UdSSR übertragen: Obgleich sie um den verheerenden wirtschaftlich-finanziellen Zustand der Sowjetunion Bescheid wußte, sollte die UdSSR dazu gezwungen werden, ihre Wirtschaftskraft ausschließlich in den Rüstungskreislauf zu investieren, wodurch sie

– zum einen daran gehindert wurde, eine ökonomische Infrastruktur zu entwickeln, durch die sie sich zu einem kontinentalen Konkurrenten der globalen US-Hegemonialmacht hätte entwickeln können, und ihr

– andererseits die Kräfte genommen werden, ihren Machtbereich zusammenzuhalten. Eine solche sich durch wirtschaftliche Schwäche entwickelnde Desintegrationstendenz konnte dann durch Förderung separatistischer Bestrebungen an den Peripherien des sowjetischen Machtbereiches verstärkt werden.

3.2 Offensive Atomkriegsstrategie der USA von 1945–1949

Unter massiven Druck setzen konnte man die Sowjetunion bis 1949 noch mit der Atomwaffe, für die die USA zu diesem Zeitpunkt eine Monopolstellung besaßen. Wie der Historiker Gar ALPEROWITZ darstellt, begannen die USA mit einer »atomaren Diplomatie« gegenüber der UdSSR, indem sie ein atomares Bedrohungszenario gegen die Sowjetunion errichteten – allein mit dem Zweck, diese unter Druck zu setzen und mit dieser Drohung zu signalisieren, die Bombe in Verfolgung amerikanischer Vorherrschaftsansprüche auch real einzusetzen.[944] Und so war es vor dem Hintergrund der strategischen Offensivpläne der US-Machtelite, ihrem wirtschaftlichen Hegemonialstreben in Verbindung mit der militärischen Überlegenheit der USA nur folgerichtig, nun auch die entsprechenden Atomkriegspläne gegen die Sowjetunion zu erarbeiten.[945] So gab am 3. November 1945 das Vereinigte Geheimdienstkomitee nach Maßgabe der Vereinigten Stabschefs die Direktive JIC 329 mit dem Titel *Atombombenziel Sowjetunion* heraus, in dem die zwanzig wichtigsten sowjetischen Industrie- und Regierungszentren als potentielle Ziele eines begrenzten Atomschlags aufgeführt wurden.[946]

Der amerikanische Historiker SHERRY weist bei der Analyse dieses Plans darauf hin, daß ein solcher Schlag nicht nur für den Fall eines sowjetischen Angriffs empfohlen wurde, »sondern auch im Falle der Möglichkeit, daß die industrielle und wissenschaftliche Entwicklung des Feindes seine Fähigkeit andeute, ›eventuell die Vereinigten Staaten anzugreifen oder sich gegen unseren Angriff zu verteidigen‹«.[947] SHERRY weiter: »Das Komitee empfahl, daß bei jedem Versuch, den Fortschritt Rußlands hin zum Aufbau eines Angriffspotentials aufzuhalten, ›dem Einsatz der strategischen Luftstreitkräfte der höchste Vorrang eingeräumt werden sollte‹.«[948] Die Sowjetunion sollte demnach schon im Frühstadium durch einen atomaren Erstschlag daran gehindert werden, die USA militärisch herausfordern zu können.

Jürgen BRUHN weist darauf hin, daß bis hin zu den frühen fünfziger Jahren über ein Dutzend solcher Atomkriegspläne in Washington ausgeheckt wurden, in denen das Streben der USA deutlich wurde, die zu diesem Zeitpunkt noch bestehende militärstrategische Überlegenheit gegenüber der UdSSR auszunutzen, bevor diese in der Lage wäre, nachzurüsten.[949] Einer der wichtigsten lag dem Memorandum 496/1 vom 8. November 1947 mit dem Titel *Broiler* zugrunde: In diesem Plan befand sich »eine Liste der sowjetischen Städte, die in einem Dritten Weltkrieg zu okkupieren wären. In der ersten Spalte stehen die zu besetzenden Städte, in der zweiten die Nachschubbasen für die Besatzungstruppen, in der dritten die Zahl der Besatzungsdivisionen, in der vierten die der Flugzeugflotten. Nach der Liste sollten sich in 20 sowjetischen Städten – nach den Abwürfen der Atombomben – 22 US-Divisionen befinden und drumherum 22 Jagdfliegergruppen«.[950]

Die Pläne für die US-Besetzung des Gebiets der UdSSR sahen Ziele vor, wie sie auch in den Plänen der deutschen Besatzungsmacht in der Sowjetunion während des Zweiten Weltkrieges zu finden waren, und zwar zum einen die Bekämpfung der kommunistischen Ideologie als Integrationsidee des sowjetischen Machtbereichs und zum anderen die Förderung von Unabhängigkeitsbestrebungen und damit der Zersplitterung des sowjetischen Machtbereichs: Dabei hatten die US-Besatzungsstreitkräfte folgende Aufgaben: »a) Die Vernichtung der kommunistischen Diktatur in der UdSSR und überall in der Welt, letzlich die Vernichtung der sowjetischen Doktrin des Kommunismus. b) Die Zurückdrängung Rußlands in die Grenzen von 1939; die Einwirkung auf die Bevölkerung einzelner Teile der UdSSR, damit diese einen unabhängigen Status erlangt oder Föderationen bildet. . .«[951]

Eine Weiterentwicklung dieser Szenarien ist der Plan ›Halfmoon‹ aus dem Jahre 1948, dessen Ziel darin bestand, »den Willen der Sowjetunion zu widerstehen, (zu) zerstören«. Dieser Plan sah voraus, »daß durch den gezielten Einsatz von 50 Atombomben ›50 Prozent der sowjetischen Industrie sofort lahmgelegt wird‹«.[952] Der Atomkriegführungsplan ›Dropshot‹, im Dezember 1949 verabschiedet und für die Atomkriegsplanung bis Ende der fünfziger Jahre maßgebend, beinhaltete gleichfalls ein umfassendes Bombardement sowjetischer Städte – und zwar in der Anfangsphase rund 300 Atombomben und 20 000 Tonnen konventioneller Bomben auf etwa 200 Ziele in 100 sowjetischen Städten und damit eine bis zu 85prozentige Zerstörung der sowjetischen Industrieanlagen.[953]

Entscheidend ist, daß es sich bei diesen Plänen nicht um Vergeltungsschläge handelte, vielmehr sollten sie von vornherein »die offensiven Möglichkeiten des Gegners so. . . reduzieren, daß nur unbedeutende zerstörerische Angriffe gegen das Territorium der Alliierten geführt werden können«.[954] Gerade ein »früher atomarer Angriff« würde »den Einsatz anderer militärischer Mittel der Alliierten wesentlich erleichtern und damit die Verluste wesentlich verringern«.[955]

Bei der Ausarbeitung der militärischen Planung JCS 1496/2 beispielsweise hatten Vertreter der US-Marine vorgeschlagen, in das Strategiekonzept einen ausdrücklichen Hinweis auf die Ausführung des »ersten Schlags« aufzunehmen, und sie hatten darauf bestanden, daß dieser Punkt betont werden solle, um klarzumachen, daß dies ein neues politisches Konzept sei, das sich von der früheren amerikanischen Haltung zum Krieg unterscheide. Darauf aufbauend erfolgte dann auch eine Erweiterung des Netzes von US-Luftwaffenstützpunkten, um alle Teile der UdSSR erreichen zu können und um den Überraschungseffekt möglicher Angriffe zu erhöhen.[956]

Wie die Rüstungsexperten Bernd Greiner und Kurt Steinhaus schreiben, beruhten die US-Kriegspläne zwischen 1947 bis 1949 auf drei Grundannahmen: Zum einen sei ein Krieg mit der Sowjetunion sehr wahrscheinlich, wenn es den USA

Die amerikanische Kriegserklärung zum Kalten Krieg.

US-Soldaten beobachten eine nukleare Testexplosion im Herbst 1951 in der Wüste von Nevada.

US-General Curtis LeMay (Spitzname ›Eisenarsch‹. Der Chef des Strategic Air Command wollte sowjetische Städte bombardieren und rechnete in einem Plan von 1949 mit 2,7 Millionen Opfern.

nicht gelinge, mit Mitteln unterhalb des Krieges ein weltweites Zurückrollen des sowjetischen Einflusses durchzusetzen. Zum zweiten dürften die Sowjetunion und ihre Verbündeten auf keinen Fall ein den Westalliierten vergleichbares wirtschaftliches und militärisches Potential erreichen, und zum dritten müßten die USA ihrerseits jederzeit zum Ersteinsatz von Atomwaffen, das heißt zum Präventivkrieg, bereit und fähig sein.[957]

Vor dem Hintergrund dieser Pläne wußten die USA allerdings sehr genau, daß keinerlei Bedrohung von seiten der UdSSR bestand: »Die Sowjetunion stellte keine unmittelbare Gefahr dar, gaben die Teilstreikräfte zu. Ihre Wirtschaft und ihr Arbeitskräftepotential seien vom Krieg ausgelaugt. . . Folglich würde sich die UdSSR in den nächsten Jahren auf den inneren Wiederaufbau und begrenzte diplomatische Zielsetzungen konzentrieren. . . Allein die Möglichkeiten der UdSSR, unabhängig davon, wie die russischen Absichten eingeschätzt wurden, schienen Grund genug, die UdSSR als einen potentiellen Feind zu bestimmen.«[958]

Als die Sowjetunion seit September 1949 ebenfalls Atombomben besaß und seit 1953 Langstreckenbomber als Trägersysteme, änderten sich auch die Atomkriegspläne der USA. Um das atomare Potential der UdSSR nicht zur Entfaltung kommen zu lassen, wurden mehrere ›counterforce‹-(Entwaffnungsschlag-)Pläne entwickelt, die vor allem die sowjetischen Atombombenarsenale und Atomforschungszentren nebst Flugplätzen der strategischen Bombersysteme der Sowjetunion pulverisieren sollten. Einer dieser Pläne sah vor, im Wege eines massiven Totaleinsatzes von 735 Bombern und 750 Atombomben die Sowjetunion allseitig zugleich sowohl von Europa, Süd-Korea, Taiwan und den Philippinen aus präventiv anzugreifen, mit dem Ziel, die Sowjetunion und ihr strategisches Potential innerhalb von zwei Stunden zu vernichten.[959]

3.3 Die Strategie der globalen Einkreisung der UdSSR

Nachdem die Sowjetunion in der atomaren Rüstung nachgezogen hatte, waren die USA gezwungen, ihre bisherige Strategie gegenüber der Sowjetunion allgemein zu überprüfen und zu ändern, wobei aber, so der russische Wissenschaftler Georgij A. Arbatow, die Ziele dieselben blieben. Man ließ »die Idee eines Präventivkrieges vorläufig fallen und wählte die Doktrin der Eindämmung, die ›Containment‹-Politik, als Basis der US-Politik gegenüber Moskau. Im wesentlichen war das eine Strategie, die unser politisches System dadurch zerstören wollte, daß man ständig an allen Punkten Druck ausübte«.[960] Diese Strategie läßt sich auch in den Dokumenten der US-Politik wiederfinden. In dem Bericht des Sonderberaters der US-Präsidenten Clark M. Clifford vom 24. September 1946 wurde die Notwendigkeit einer globalen Einkreisungsstrategie gegen die Sowjetunion dargestellt. Um dieses Ziel effektiv erreichen zu können, müsse die US-Politk »einen globalen Zuschnitt« besitzen. »Im Rahmen althergebrachter Gewohnheiten haben wir ›Europapolitik‹, ›Nahostpolitik‹, ›Indienpolitik‹ und ›Chinapolitik‹ als getrennte Probleme betrachtet. . . Aber die betreffenden Gebiete, die nach unserer hergebrachten Auffassung alle weit voneinander entfernt sind, grenzen alle an die Sowjetunion, und unsere Handlungen in bezug auf jedes von ihnen müssen im Licht der allgemeinen sowjetischen Zielvorstellungen betrachtet werden.«[961]

Mit einer solchen kontinentalübergreifenden Einkreisungspolitik sollte auch eine subversive US-Einflußnahme auf das innere Gefüge des Sowjetblocks verbunden werden, was nach Einschätzung der US-Strategen durch die Territorialgewinne der UdSSR während und nach dem Zweiten Weltkrieg begünstigt würde, da damit erhebliche Belastungen für die Sowjetunion selbst verbunden seien. Der seinerzeitige US-Botschafter in Moskau, George F. KENNAN – der gemeinhin als Vater der ›Containment‹-Politik gilt –, vertrat 1946 die Ansicht, daß »gemessen an der westlichen Welt insgesamt... die Sowjets noch bei weitem schwächer (sind). Ob sie Erfolg haben, hängt also wirklich von dem Maß an Zusammenhalt, Festigkeit und Kraft ab, das die westliche Welt aufbringen kann. Und das ist ein Faktor, den zu beeinflussen in unserer Macht steht... Infolge seiner kürzlichen Territorialgewinne wird das sowjetische innere Gefüge sich einer Reihe zusätzlicher Belastungen ausgesetzt sehen, die einst für den Zarismus eine schwere Bürde waren«.[962]

Daran anschließend bestimmte KENNAN ein Jahr später in seinem berühmt gewordenen, unter dem Pseudonym ›Mr. X‹ veröffentlichten Artikel über die »Ursprünge sowjetischen Verhaltens« die ›Containment‹-Politik als Versuch eines umfassenden ›Roll-back‹: »*In Wirklichkeit sind die Möglichkeiten amerikanischer Politik keineswegs darauf beschränkt, die Front zu halten und das Beste zu hoffen*. Es ist den Vereinigten Staaten durchaus möglich, durch ihre Aktionen die innere Entwicklung sowohl in Rußland selbst als auch innerhalb der gesamten internationalen kommunistischen Bewegung zu beeinflussen... Die Vereinigten Staaten haben es in der Hand, die Belastungen, unter denen die sowjetische Politik operieren muß, enorm zu verschärfen... und auf diese Weise Entwicklungen zu fördern, die mit der Zeit ihren Ausdruck entweder im Zusammenbruch oder in der allmählichen Aufweichung der sowjetischen Macht finden müssen.«[963]

Derselbe George F. KENNAN war sich dabei aber völlig darüber im klaren, daß die Sowjetunion gar nicht imstande und willens war, über ihren Machtbereich hinaus eine wirklich herausfordernde Rolle zu spielen: »Jedem, der das damalige Rußland auch nur annähernd kannte, war es vollkommen klar, daß die sowjetische Führung keinen Versuch beabsichtigte, die Sache des Kommunismus über die Grenzen des Landes hinaus durch militärische Operationen der eigenen Streitkräfte voranzutreiben«.[964] Kein Geringerer als US-Außenminister John F. DULLES erklärte: »Ich kenne keinen Militär- oder Zivilbeamten in dieser oder irgendeiner Regierung, der davon überzeugt wäre, daß die sowjetische Regierung sich z. Zt. mit Eroberungsabsichten in Form einer offenen militärischen Aggression trägt.«[965]

Tatsächlich waren die Ausgangsbedingungen für eine derartige ›Containment‹-Strategie Washingtons denkbar günstig, denn die westliche Hemisphäre befand sich fest in der Hand der USA. »Afrika und der mittlere Osten wurden politisch von Amerikas Verbündeten kontrolliert...; der südliche asiatische Bogen gehörte noch immer zum britischen Weltreich, während der Iran bereits 1946 um amerikanische politische Unterstützung gegen die UdSSR bat; Nationalchina strebte nach einer Konsolidierung seines Machtbereichs, und Japan unterlag vollständig der US-Besatzung.«[966] Mit der TRUMAN-Doktrin von 1947 sollte der gesamte Machtbereich der USA gegen die Sowjetunion mobilisiert werden. »Die militärische und ökonomische Reorganisation des kapitalistischen Machtbereiches sowie dessen politische Konsolidierung und der Ausbau der weltpolitischen... Führungsrolle der USA standen im Mittelpunkt der von den Vereinigten Staaten initiierten und getragenen außenpolitischen Entscheidungen der Jahre 1945 bis 1950. Mit der Gründung des Internationalen Währungsfonds in Bretton Woods (1944) und dem Allgemeinen Zoll- und Handelsabkommen in Havanna (1947/48) sollte ›der währungs- und handelspolitische Rahmen für die Durchsetzung der amerikanischen Vorherrschaft auf einem liberalisierten kapitalistischen Weltmarkt‹ geschaffen werden.«[967]

Nach Einschätzung von Bernd GREINER hatte auch die UNO zu jener Zeit die Aufgabe, diese Vorherrschaft der USA zu legitimieren und erforderlichenfalls Maßnahmen zu deren Aufrechterhaltung sicherzustellen. Insbesondere sollte mittels der UNO eine etwaige Einflußausweitung der Sowjetunion eingedämmt werden. Beispielsweise wurde – so GREINER – dem US-Verteidigungsminister von den für die US-Armee, -Flotte und -Luftwaffe zuständigen Staatssekretären 1950 nahegelegt, den Nationalen Sicherheitsrat zu beauftragen, »eine Politik zu entwickeln, die die Vereinten Nationen in die aktive Verteidigung der sogenannten Schwachstellen (*soft spots*) der Welt einbezieht: und zwar sollte dies veranlaßt werden durch eine Empfehlung der Vereinigten Staaten an den Sicherheitsrat der Vereinten Nationen mit dem Ziel, kleine Streitkräfte der Vereinten Nationen aufzustellen, die an den Grenzen der ›Schwachstellen‹ einzusetzen seien, die nach Schutz vor einer möglichen direkten Invasion oder einer Invasion von Satellitenstaaten oder vor den Staatsstreich-Taktiken der Sowjets verlangen«.[968]

Begleitet war dies von der Schaffung von Bündnissystemen rund um die Sowjetunion: »Die 1949 gegründete NATO entwickelte sich nach Maßgabe der Gesamtmobilmachung aller Kräfte der ›Freien Welt‹ in den 50er Jahren zum Kern eines Systems weltweiter militärischer Einkesselung der UdSSR und der VR China. 1955 wurde ergänzend der sogenannte Bagdad-Pakt gegründet, dem (1959, nach dem Austritt Iraks in CENTO-Pakt umbenannt) die USA, Großbritannien, die Türkei, Pakistan und der Iran angehörten. Allein im Iran wurden im Laufe der Zeit über 30 US-amerikanische Militärbasen aufgebaut – also in einem an die UdSSR unmittelbar angrenzenden Land. Die CENTO fungierte als Mittelstück zwischen NATO und SEATO (South East Asia Treaty Organisation), die 1954 auf Anregung von John Foster DULLES zur ›Eindämmung‹ der VR China unter Beteiligung der USA, Großbritanniens, Australiens, Neuseelands, Thailands, der Philippinen, Frankreichs (1967 ausgetreten) und Pakistans (1972 ausgetreten) gegründet wurde.«[969]

Diese Bündnisse waren gewissermaßen die Grundlage für ein weltweites Netz US-amerikanischer Militärstützpunkte, insbesondere Flotten- und Luftstützpunkte, deren Sinn die Zeitschrift *Newsweek* darin sah, »den Ring... um Rußland zu schließen und ihn dabei so lange immer kleiner und enger zu machen, bis die Russen ersticken. Dies bedeutet, daß diese Stützpunkte immer näher an das Herz der russischen Gebiete heranzuschieben sind und sie sodann... zur pausenlosen Bombardierung und zur Beschießung mit Lenkgeschossen zu benutzen«.[970]

Bestätigt werden diese amerikanische Politik und die Aufgabe der Bündnissysteme als Einkreisungselemente auch von den britischen Publizisten Jim GARRISON und Pyare SHIVPURI in ihrem Werk *Die russische Bedrohung – Mythos oder Realität:* »Darüber hinaus haben die Vereinigten Staaten sehr rasch eine Reihe von Bündnisstrukturen entwickelt, welche die UdSSR praktisch einkreisen... Wenig mehr als zehn Jahre nach dem Zweiten Weltkrieg... besaßen die USA rings um die UdSSR 200 größere und 2000 Behelfsbasen überall auf der Welt.«[971] Allein mit Hilfe solcher Bündnissysteme waren und sind die USA imstande, ihren Anspruch auf globale Vorherrschaft sicherzustellen und jegliche Entfaltung einer Konkurrenzmacht in Eurasien zu verhindern: »Die Vereinigten Staaten als externe Vormacht in Europa und Asien wie im Mittleren Osten bleiben gegenüber dem eurasischen Kontinent auf ihre global bewegliche Seemacht, auf ihre Basen in der maritimen Insel- und Halbinselwelt an den Festlandsküsten, auf ihre Bündnisse und auf ihre Expeditionskorps wie auf ihre Kapitalinvestition und ihren Überseehandel zur gewinnbringenden Nutzung und Befestigung dieser Peripherie als dem Vorfeld ihrer Weltmachtstellung angewiesen.«[972] Diesen Bündnissystemen kam neben der Einkreisung auch die Funktion zu, eine Integration Eurasiens zu verhindern und »Rußland, China und Indien auseinanderzuhalten«.[973]

Wie Ronald STEEL darstellt, wurzelten diese Bündnisse allesamt in der TRUMAN-Doktrin und waren damit auf eine globale Koordinierungsstrategie zurückzuführen, die mit imperialistischen Mitteln umgesetzt wurde, nämlich mit der »Errichtung von militärischen Garnisonen rund um die Welt, Subventionsversprechungen an Schützlings-Regierungen und -Politiker, der Anwendung wirtschaftlicher Sanktionen und sogar militärischer Gewalt gegen widerstrebende Staaten und der Beschäftigung einer wahren Heerschar von Kolonialverwaltern durch Organisationen wie z.B. das Außenministerium, die Agency for International Development, die United States Information Agency und die Central Intelligence Agency«.[974]

Auch der bereits erwähnte Schöpfer der sowjetischen Seekriegsstrategie, Admiral Sergej G. GORTSCHKOW, bestätigt die Wahrnehmung dieser Bündnissysteme als antisowjetische Einkreisungsringe und hebt ihren geopolitischen Charakter als Instrumentarien der aggressiven angelsächsischen Seemacht gegen die kontinentale Landmacht hervor: »In der NATO übernahmen die großen Seemächte die Führungsrolle, allen voran die USA und Großbritannien... Dänemark, Island, die Bundesrepublik Deutschland, Norwegen, die Türkei und Griechenland verfügen zwar nicht über starke Seestreitkräfte, sie haben jedoch eine außerordentlich günstige strategische Position in Seegebieten inne, durch die die NATO die westliche Hälfte des Einkreisungsrings um die UdSSR schließen und die Ausgänge aus der Ostsee und

»Die NATO ist in der neuen Weltlage eine rein nationale Waffe für die ziemlich erratische Außenpolitik geworden.« (G. WIESHOLLER) Gruppenbild mit US-Präsidenten, von links: Gerald FORD, Richard NIXON, Ronald REAGAN und George BUSH.

Eine sowjetische Atombombe mit einer Sprengkraft von 40 Kilotonnen wird im September 1954 zur Beladung eines Tu-4-Bombers im süduralischen Torzk gezogen. (Foto: Gamma/Studio X)

Ein ukrainischer Schützenpanzerwagen überwindet während eines gemeinsamen Manövers der NATO und der Ukraine am Donuslawsee bei Jewpatorija eine Wasserbarriere. Bereits 1997 wurden den Staaten Polen, Ungarn und Tschechien ein NATO-Beitritt angeboten und mit der Ukraine eine NATO-Ukraine-Charta über eine besondere Partnerschaft vereinbart.

dem Schwarzen Meer ständig kontrollieren kann. . . Die NATO ist also ein Bündnis von Seemächten; sie verfügt über schlagkräftige Seestreitkräfte, die günstige strategische Positionen auf den Weltmeeren einnehmen. Die Einflußsphären der anderen aggressiven Blöcke (also CENTO und SEATO, der Verf.) erstrecken sich auch auf den Stillen Ozean. Dies ermöglicht es den Mitgliedern der NATO und der anderen Militärblöcke, in erster Linie den USA, eine Vielzahl von ausländischen Militärstützpunkten und Küstengebieten in der östlichen Hemisphäre zur Bedrohung der UdSSR von See her zu benutzen. Sie haben auch gut ausgestattete, günstig gelegene und ausgebaute Stützpunkte und Ausgangsbasen zur Verfügung, von denen aus sie innerhalb kürzester Zeit Kräfte und Mittel in von ihnen ausgewählten Gebieten der Weltmeere einsetzen können.«[975]

Gortschkows Analyse zufolge bestand das Ziel der US-Strategie darin, »daß die amerikanischen atomaren Kräfte mit einer bedeutenden Anzahl von Langstreckenbombern und mit Hilfe eines Ringes von Luftwaffenstützpunkten, die in unmittelbarer Nähe der sowjetischen Grenzen liegen, in der Lage sind, den Luftverteidigungsgürtel des Gegners zu durchbrechen und alle oder die überwiegende Mehrzahl der vorgesehenen Ziele zu vernichten. . . Nach der Unterzeichnung des Nordatlantikpakts im April 1949 war ganz Westeuropa in das Netz der amerikanischen Atomstrategie einbezogen. Die Zahl der amerikanischen Militärstützpunke hatte sich Ende der sechziger Jahre auf 3400 erhöht. Die Lücken in diesem Netz auf den Ozeanen und Meeren sollten von den Seestreitkräften geschlossen werden. In den Ländern, die unsere unmittelbaren Nachbarn sind, wurden Millionenarmeen aufgestellt, die die Gesamtstärke der alliierten Streitkräfte auf den wichtigsten Kriegsschauplätzen des Zweiten Weltkrieges um das Zehnfache überstiegen. Dies alles geschah aus der Überlegung heraus, daß das Territorium der USA sich nach wie vor außerhalb der Reichweite von Vergeltungsschlägen befindet und somit auch nicht zum Kriegsschauplatz werden wird. Bei einer Wertung der Bedeutung dieses Vertrages unterstrich der einflußreiche Kongreßabgeordnete Clarence Cannon, daß die USA durch die Unterzeichnung des NATO-Paktes die erforderlichen Stützpunkte erhalten hätten und daß ›wir jetzt für einen Angriff auf Moskau und auf alle übrigen Städte Rußlands. . . lediglich die erforderliche Anzahl von Flugzeugen haben müssen, die als Einsatzmittel für Atomwaffen geeignet sind‹«.[976]

3.4 Washingtons indirekte Strategie – die Politik der subversiven Einflußnahme auf das innere Gefüge der UdSSR

Neben der geopolitischen Einkreisung setzte die US-Machtelite nach der Brechung des amerikanischen Atomwaffenmonopols durch die UdSSR noch auf ein weiteres Element verdeckter Kriegführung: Der Krieg gegen die Sowjetunion sollte auch auf der Ebene einer sogenannten indirekten Strategie weitergeführt werden. »Diese Art von Kriegführung ist eindeutig darauf ausgerichtet, den Gegner auf politischen Wegen, vor allem mit indirekten Kampfmethoden, wie Wühlarbeit und Zersetzung, Entfesselung von Revolten und Umstürzen, zu bezwingen.«[977]

Es war der englische Militärtheoretiker Liddell HART, der diese Konzeption in seinem Werk *Strategie* ausführlich darstellte. Seiner Analyse zufolge kann die direkte Strategie nur bei eigenem erwiesenem und entscheidendem Übergewicht angewandt werden. Dabei sei das Ziel der direkten Strategie die Konfrontation mit dem Gegner im Zentrum seiner Macht nach dem Prinzip ›Eine entscheidende Schlacht, und alles ist gewonnen‹. Anders hingegen ist es Liddell HART zufolge bei der indirekten Strategie. Ihr Wesen sei es, den Gegner in peripheren Gebieten anzugreifen, und zwar dort, wo nicht seine Hauptstreitkraft konzentriert sei. Bestandteil der indirekten Strategie sei der langandauernde Erschöpfungskrieg. Liddell HART faßt zusammen:

»In den meisten Feldzügen ist die Zerstörung des physischen und des psychischen Gleichgewichtes des Gegners die entscheidende Voraussetzung für den Sieg. Das wird absichtlich oder unabsichtlich erreicht durch die Strategie des indirekten Vorgehens.« Hierbei handelt es sich – so der Militärexperte Erich VAD – um eine klassische Form angelsächsischer Kriegführung,[978] die die USA auch auf die UdSSR angewendet haben und noch heute auf die Russische Föderation anwenden: Neben dem Wirtschaftskrieg, also dem Versuch, der sowjetischen Macht durch das Anheizen des Wettrüstens sowie durch gezielte Boykott- und Embargomaßnahmen die materiellen Grundlagen zu entziehen, setzten die herrschenden Kreise der USA große Hoffnungen vor allem auf die ideologische und psychologische Kriegführung.[979]

Der Nationale Sicherheitsrat wollte es jedoch hierbei nicht belassen und forderte die »Unterstützung im Untergrund arbeitender Widerstandsbewegungen in Ländern hinter dem Eisernen Vorhang einschließlich der UdSSR«.[980] Die Vereinigten Stabschefs schließlich empfahlen in einer Studie unter der Überschrift *Annahmen für die Kriegsplanung*: »Ein wichtiges Vorhaben der Vereinigten Staaten wird die Durchführung einer extensiven Kampagne psychologischer Kriegführung sein, deren zentrales Ziel die Ausschaltung der Unterstützung sein wird, die die Bevölkerung der UdSSR und ihrer Satelliten ihren gegenwärtigen Regierungssystemen gewährt, und die Vertiefung der Einsicht bei den Völkern der UdSSR, daß der Sturz des Politbüros ein in erreichbarer Nähe liegendes Ziel ist.«[981]

Im Mittelpunkt der Aufmerksamkeit der US-Strategen des Kalten Krieges stand dabei das Auseinanderdividieren der Staatenwelt des sowjetischen Machtbereichs sowie der UdSSR selbst. Ergänzt werden sollte dies durch die Förderung von Regimewechseln zugunsten proamerikanischer Vasallen. Damit sollte zum einen eine politisch-ökonomische Einflußnahme der USA auf Eurasien ermöglicht werden, andererseits aber auch sichergestellt bleiben, daß selbst ein nichtkommunistisches Regime Rußland nicht zu einer Konkurrenzmacht für die USA ausbauen konnte. So wird beispielsweise in einem Memorandum des Nationalen Sicherheitsrates (NSC 20/1) auf die Notwendigkeit von ›Sicherheitsvorkehrungen‹ hingewiesen, »die automatisch gewährleisten, daß selbst ein nichtkommunistisches und nominell uns freundlich gesinntes Regime (auf dem Territorium der UdSSR, der Verf.): a) keine starke militärische Macht besitzt; b) wirtschaftlich in hohem Maße von der Außenwelt abhängig ist; c) keine allzu große Macht über die wichtigsten nationalen Minderheiten ausübt. . .«

Und in NSC 20/2 heißt es konsequenterweise weiter: Der »Bedarf an starken US-Truppen als Mittel der Ermutigung für die Völker Westeuropas. . . entfällt wahrscheinlich nicht einmal dann, wenn das gegenwärtige Sowjetregime ein Ende gefunden hat«,[982] was im Umkehrschluß heißt, daß Rußland und der eurasische Raum ständig – unabhängig von der Regimefrage – unter militärischer Kontrolle der USA bleiben sollen. Entscheidend war für die USA jedoch zunächst einmal die Brechung der sowjetischen Vorherrschaft in Ostmitteleuropa sowie im gesamten eurasischen Großraum als Voraussetzung für die US-Vorherrschaft über diesen Raum. Folgerichtig hieß daher auch im Memorandum des Nationalen Sicherheitsrates 20/4 vom 23. November 1948: »Eine sowjetische Herrschaft über die potentielle Macht Eurasiens wäre für die Vereinigten Staaten strategisch und politisch unannehmbar, unabhängig davon, ob sie durch eine bewaffnete Aggression oder durch politische und subversive Mittel erreicht würde.«[983] Unverkennbar ist hier der Einfluß der Doktrinen angelsächsischer Geopolitik auf die US-Strategie des Kalten Krieges.

3.4.1 Die Memoranden des Nationalen Sicherheitsrates der USA

Tatsächlich empfiehlt es sich, einen Blick auf die Memoranden des Nationalen Sicherheitsrates zu werfen, in denen die Grundlagen und Zielsetzungen der US-Machtelite nicht nur zur Bezwingung, sondern auch zur Neuordnung des sowjetischen Machtblocks dargestellt sind. Diese stellen sich in der Tat dar als eine Mischung aus Förderung von Regimewechseln, Förderung von Separationsbestrebungen und Auflösung der territorialen Integrität der UdSSR selbst. Wie die Autoren Bernd GREINER und Kurt STEINHAUS schreiben, schildern diese Dokumente eine Strategie »unterhalb an der Schwelle des Krieges« und der Förderung »eines Prozesses einer schleichenden Gegenrevolution«.[984] »Dabei« – so die Autoren – »stellen die Mittel unterhalb der Schwelle eines Krieges und die kriegerischen Mittel nicht etwa einander ausschließende Handlungsalternativen dar, sie bilden vielmehr eine Einheit und konstituieren zusammen die Strategie des Kalten Krieges.«[985]

In dem Memorandum NSC 20/1 vom 18. August 1948 sind die Ziele der USA im eurasischen Raum näher beschrieben. Im wesentlichen geht es in diesem Dokument um die Zurückdrängung des nach Auffassung der US-Machtelite »unangemessenen« russischen Einflusses (in diesem Dokument auch so bezeichnet). Der Ansatzpunkt hierfür sollten zunächst die Satellitenstaaten Ostmitteleuropas sein, um die Desintegration des Sowjetblocks herbeizuführen: »Was die Satellitenstaaten betrifft, so sollte unser Ziel sein, beständig alles in unserer Macht Stehende zu tun, um den Druck zu vergrößern und zur gleichen Zeit den Satellitenregierungen zu ermöglichen, sich allmählich der russischen Kontrolle zu entziehen und, falls sie es wünschen, annehmbare Formen der Zusammenarbeit mit dem Westen zu finden. Dies kann durch den geschickten Einsatz unserer wirtschaftlichen Macht erreicht werden, ferner durch direkte oder indirekte Nachrichtenpolitik, durch die Anwendung größtmöglichen Drucks gegen die Undurchlässigkeit des Eisernen Vorhangs. . .«[986] Zur Erreichung dieses Ziels sollten die Staaten Westeuropas durch wirtschaftlichen Aufbau instrumentalisiert werden – »und zwar bis zu einem Punkt, wo dieses Westeuropa eine maximale Anziehungskraft auf die Völker des Ostens auszuüben beginnt«.[987]

Die Desintegrationspolitik sollte aber nicht nur auf die Satellitenstaaten begrenzt bleiben, sie zielte auch auf das Gebiet der UdSSR selbst ab: »Wir sollten mit allen uns zur Verfügung stehenden Mitteln die Entwicklung föderativer politischer Organisationsformen in der Sowjetunion unterstützen, die eine Wiederbelebung der nationalen Eigenständigkeit der baltischen Völker erlauben würden.«[988] Das Dokument stellt Überlegungen an, mit welchem Ziel die Aufspaltung des sowjetischen Raumes bewirkt werden sollte: Die militärischen Operationen – auch diejenigen, die unterhalb der Schwelle des Krieges durchgeführt werden – können dem Memorandum NSC 20/1 zufolge dann nicht als erfolgreich angesehen werden, »wenn sie ein kommunistisches Regime übrigließen, das genügend vom gegenwärtigen militärisch-industriellen Potential der Sowjetunion kontrolliert, um es zu befähigen, unter vergleichbaren Bedingungen Krieg gegen irgendeinen angrenzenden Staat oder irgendeine rivalisierende Macht, die auf traditionell russischem Territorium errichtet werden könnte, zu führen«.[989]

Im Hinblick auf die territoriale Neugliederung des sowjetischen Machtbereichs äußert sich das Dokument zwiespältig: Zwar wolle man nicht aktiv auf eine ethnische Zersplitterung hinarbeiten, höchstens solle man den Völkerschaften »ein beträchtliches Maß politischer und kultureller Autonomie einräumen«, wobei ihnen aber »keine wirtschaftliche und militärische Unabhängigkeit« gestattet werden sollte. Zwar wollte man auf der einen Seite den »Separatismus nicht ausdrücklich unterstützen. . .«; trotzdem würde man »einem unabhängigen, ohne unser Zutun. . . entstandenen Regime nicht von Anfang an entgegentreten«. Diese Politik der USA sollte diesem Dokument zufolge für alle Völkerschaften auf dem Boden der UdSSR gelten.[990]

Schon etwas deutlicher wird das Memorandum Nr. 20/4 des Nationalen Sicherheitsrates vom 23. November 1948: Dieses Dokument fordert, die Ziele der USA – nämlich die Schwächung der UdSSR »durch Maßnahmen unterhalb der Schwelle eines Krieges zu erreichen, durch welche die folgenden abgeleiteten Ziele angestrebt werden: a) Ermutigung und Förderung des schrittweisen Abbaus unangemessener russischer Machtausübung und ungebührlichen russischen Einflusses in den gegenwärtigen Einflußgebieten rings um die traditionellen russischen Grenzen sowie der Entwicklung der Satellitenländer zu selbständigen, von der UdSSR unabhängigen Gebilden. b) Förderung der Entwicklung von Verhaltensweisen bei den russischen Völkerschaften, die verändernd auf die gegenwärtige sowjetische Haltung einwirken und eine Wiederbelebung des nationalen Eigenlebens verschiedenster Gruppen gestatten können und damit die Fähigkeit und den Willen unter Beweis stellen, die nationale Unabhängigkeit zu erringen und zu erhalten. . .«[991]

Um dies zu erreichen, fordert das Dokument nicht nur eine Erhöhung des militärischen Drucks an den Grenzen der Machtsphäre der UdSSR und eine wirtschaftliche Expansion (das Dokument fordert von den USA, daß sie »ihr wirtschaftliches Potential maximal ausdehnen«), sondern auch »die sowjetische Machtstrukur aufs stärkste (zu) belasten, besonders die Beziehungen zwischen Moskau und den Satellitenländern«.[992] Auch stellt dieses Memorandum die amerikanischen Ziele im Falle einer militärischen Auseinandersetzung dar: Es kommt demzufolge nicht nur darauf an, die Organisationsstrukturen der kommunistischen Partei zu zerschlagen. Es sollte auch sichergestellt werden, »daß jedes politische Regime oder die Regime, die in der Folge des Krieges auf traditionell russischem Territorium existieren könnten. . ., keine ausreichende Militärmacht besitzen, um einen Angriffskrieg zu führen«. Auch außenpolitisch dürfe ein neues russisches Regime nicht die Macht besitzen, daß es wie die kommunistischen Machthaber die Satellitenstaaten an den Peripherien an sich binden könne.[993] Ziel ist dabei die »Ausschaltung der sowjetrussischen Vorherrschaft in Gebieten außerhalb der Grenzen eines wie auch immer gearteten russischen Staates. . .«[994] Um sich jegliche Handlungsfreiheit in Eurasien zu sichern, sollten es die USA »vermeiden, unwiderrufliche oder verfrühte Entscheidungen zu treffen oder Bindungen einzugehen, die folgende Punkte betreffen: Grenzkorrekturen, die Ausübung der Regierungsgewalt auf feindlichem Territorium, die Unabhängigkeit für nationale Minoritäten oder die Nachkriegsverantwortung für die Korrektur der unvermeidbaren, da kriegsbedingten, politischen, wirtschaftlichen und sozialen Verschiebungen«.[995]

Ein Folgedokument vom 14. September 1949, das Memorandum NSC 58, empfiehlt ebenfalls, als Ansatzpunkt für die Aufbrechung des sowjetischen Machtbereiches die osteuropäischen Satellitenstaaten zu wählen: »Unser Endziel muß natürlich das Entstehen nicht-totalitärer Regierungen in Osteuropa sein, die gewillt sind, sich der Gemeinschaft der freien Welt anzupassen oder an ihr mitzuwirken.«[996] Um dieses Endziel umsetzen zu können, empfiehlt das Papier eine US-Politik des Inhalts, »daß in einem ersten Schritt abtrünnige kommunistische Regimes die gegenwärtigen stalinistischen Regierungen verdrängen. . . Das gegenwärtig geeignetere Verfahren ist demnach, einen häretischen Ablösungsprozeß in den Satellitenstaaten zu begünstigen. So gering sie jetzt auch erscheinen mögen, Gründe für ketzerische Abspaltungen existieren bereits. Wir können zur Vertiefung dieser Risse beitragen, ohne Verantwortung auf uns zu nehmen. Und wenn sich die endgültigen Ablösungsprozesse durchsetzen, wären wir nicht direkt in diesen Angriff auf das sowjetische Prestige verwickelt; der Streit würde zwischen dem Kreml und der kommunistischen Reformbewegung ausgetragen. . . Die soeben beschriebene Situation könnte uns schließlich die Möglichkeit geben, vor dem Hintergrund eines Mächtegleichgewichts innerhalb der kommunistischen Welt zu agieren und die Tendenzen zu einer Annäherung an den Westen, die bei einem solchen Stand der Dinge stets inbegriffen sind, zu nähren«.[997]

Um diesen Kurs der Auflösung des sowjetischen Zentralismus verwirklichen zu können, fordert das Dokument die US-Machtelite auf, folgende Schritte in Erwägung zu ziehen: »Der logische erste Schritt, vielleicht sogar eine grundlegende Vorbedingung, ist das Schaffen von Umständen, die den Rückzug sowjetischer Truppen aus den Satellitenländern zustande bringen... Diese Entwicklungen sollten wesentlich dazu beitragen, die Kontrolle des Kreml nicht nur über die betroffenen Staaten, sondern auch über die angrenzenden Satelliten zu lockern... Ein zweiter Weg, den wir einschlagen können, besteht darin, die Schwachstellen in der stalinistischen Durchdringung der Satellitenregierungen und Massenorganisationen anzugreifen... Dieser Weg ist eng verbunden mit und teilweise abhängig von der dritten Handlungsweise, die uns offensteht – einem Angriff an der ideologischen Front, der sich besonders gegen das stalinistische Dogma der Abhängigkeit der Satelliten von und ihrer Unterwürfigkeit gegenüber der UdSSR richtet. Diese Schlüssel-Doktrin sollte unermüdlich und in voller Breite, ausgehend von den Formen ihrer politischen, ökonomischen und kulturellen Anwendung attackiert werden.«[998] Dabei sollten die USA den antirussischen Nationalismus der Satellitenstaaten fördern: »Im positiven Sinne sollte das Gegenteil des stalinistischen Dogmas – der Nationalismus – bestärkt werden. Die Offensive sollte nicht nur in aller Offenheit, sondern auch im Untergrund weitergeführt werden.«[999]

Diplomatischer Druck und wirtschaftliche Aggressionen sollten dabei das Mittel sein, um die Strategie des ›*roll back*‹ wirksam umsetzen zu können, da die fehlende Einschätzbarkeit des sowjetischen Potentials eine militärische Maßnahme risikoreich erscheinen ließ: »Es ist zum Beispiel schwer auszumachen, wie wir gegen solche Instrumente wie die sowjetische Millitärpräsenz in den Satellitenstaaten Druck anwenden können. Die politischen und kulturellen Bereiche bieten jedoch Möglichkeiten für unsere Einflußnahme. Beispielsweise haben wir über formelle diplomatische Kanäle und innerhalb der UNO einige Gelegenheit, Druck auf die politischen Bindungen zwischen den Satellitenregierungen und der UdSSR auszuüben. Bei unserer allgemeinen ideologischen Offensive... sollten wir den energischen, notwendigerweise zumeist indirekten Angriff auf bestimmte Vermittlungsglieder nicht vernachlässigen, wie etwa die zahlreichen ›Massen‹-Organisationen in den Satellitenstaaten... Am wahrscheinlichsten ist es das ökonomische Gebiet, auf dem wir am greifbarsten unseren Erfolg spüren lassen können... Die potentielle Wirksamkeit unserer ökonomischen Taktiken ist beträchtlich. Wenn es uns gelingt, die Strukturen des Rats für gegenseitige Wirtschaftshilfe zu erschüttern, werden Rückwirkungen unweigerlich auch in den politischen, militärischen und kulturellen Bereichen festzustellen sein...«[1000]

Die Förderung von abweichlerischen antisowjetischen kommunistischen Regimen in den Satellitenstaaten sollte diesem Strategiedokument zufolge dazu dienen, langfristig eine liberalkapitalistische ökonomische Umwandlung dieser Staaten zu bewirken, damit diese dann – wie es an sich schon nach dem Zweiten Weltkrieg erfolgen sollte – in das amerikanische Freihandelssystem eingebunden werden könnten: »Das Problem besteht darin, die Entwicklung eines abtrünnigen Kommunismus zu fördern, ohne zur gleichen Zeit ernsthaft unsere Chancen zu beeinträchtigen, diesen Totalitarismus einer Übergangszeit endgültig durch freiheitliche Lebensformen zu ersetzen, die der westlichen Welt geistesverwandt sind. Auch sollten wir die Unterstützung und die Asylrechte nicht einschränken, die wir denjenigen Führern und Gruppen in diesen Ländern anbieten können, die westlich eingestellt sind – vielmehr sollten wir beides verstärkt nutzen.«[1001]

Das Papier faßt die US-Zielsetzungen in Osteuropa wie folgt zusammen: »Unser Gesamtziel hinsichtlich der Satellitenstaaten sollte die allmähliche Verminderung und die schließliche Ausschaltung der übermächtigen Sowjetherrschaft in Osteuropa sein, ohne vom Krieg Gebrauch zu machen... Wir sollten versuchen, dieses Operationsziel durch die Förderung kommunistischer Abspaltungen in der Gruppe der Satellitenstaaten – und dies ist der einzig unmittelbar gangbare und tatsächlich mögliche Weg – zu erreichen, indem wir die Entstehung nichtstalinistischer Regime als Übergangsregierungen unterstützen, mögen diese auch im Wesen kommunistisch sein... Jedoch muß es unser ausgemachtes Ziel sein, daß letztendlich diese Regime ersetzt werden müssen durch nicht-totalitäre Regierungen, die danach verlangen, in Aufrichtigkeit an der Gemeinschaft der freien Welt beteiligt zu sein.«[1002]

Seit dieser Zeit also – so die Autoren GREINER und STEINHAUS – »gehört der Versuch, die sozialistischen Staaten zu spalten, zu den wesentlichen Zielen amerikanischer Außenpolitik«.[1003] Die entsprechenden Pläne wurden weiterentwickelt, und »als Grundlage für den weiteren außenpolitischen Entscheidungsprozeß«[1004] wurde ein weiteres Strategiepapier verabschiedet, das als Dokument NSC 68 vom 14. April 1950 in die Geschichte des Kalten Krieges eingehen sollte und das vom Außenminister Dean ACHESON als »eines der großen Dokumente in unserer Geschichte«[1005] bezeichnet wurde. Dieses Papier – so Bernd GREINER – beschreibt »die Konzeption und Optionen des Kalten Krieges als Kern der amerikanischen Nachkriegspolitik«, wobei der Kalte Krieg nichts anderes sein sollte als Mittel zum Zweck des Sieges über die Sowjetunion. Dieses Dokument geht zunächst von einer Krise des liberalkapitalistischen Freihandelssystems aus, das nur durch eine umfassende innen- und außenpolitische Offensive global stabilisiert werden könne, was wiederum davon abhängig sei, inwieweit Bedingungen seiner erfolgreichen Expansion geschaffen werden könnten. Zu diesem Zweck muß der sowjetische Machtblock als Gegenpol beseitigt und in das amerikanische Freihandelssystem eingebunden werden. »Daraus wurde gefolgert: allgemeines wie kurz- und mittelfristig anzustrebendes Ziel des Kalten Krieges müsse nach wie vor sein, die Systemkonfrontation bis zur inneren Zerstörung aller sozialistischen Länder... zu eskalieren.«[1006] Entsprechend heißt es in dem Dokument auch: »Der sich verstärkende Kampf verlangt von uns, der Tatsache ins Auge zu sehen, daß wir kein dauerhaftes Nachlassen der Krise erwarten können, wenn nicht und bis nicht ein *Wandel in der Natur des sowjetischen Systems* eintritt.«[1007]

Ziel ist eine Umänderung des sowjetischen Systems in Richtung eines liberalkapitalistischen Freihandelssystems (dies beschreibt das Dokument als den eigentlichen Grundsatzkonflikt) – eine Rückkehr zu den Voraussetzungen des Jahres 1918 zur Sicherstellung der ökonomischen Inbesitznahme des Landes und seiner Ressourcen, die auf militärischem Wege allein nicht zu erreichen sei, sondern nur mit Hilfe eines System- und Regimewechsels bewirkt werden könne: »Der *militärische Sieg* allein würde nur teilweise und vielleicht nur zeitweilig den Grundsatzkonflikt beeinflussen,. . . das Wiederaufkommen totalitärer Kräfte und die Wiederherstellung des sowjetischen Systems oder seines Äquivalents würde nicht lange auf sich warten lassen, sofern nicht große Fortschritte im Grundsatzkonflikt gemacht werden. . . Der einzig sichere Sieg liegt in der Verhinderung der Pläne des Kreml durch die stetige Entwicklung der moralischen und materiellen Kraft der freien Welt und deren Übertragung auf die sowjetische Welt mit dem Ziel *innerer* Veränderung im sowjetischen System.«

Auch nach diesem Dokument sollte die US-Strategie an folgende Ausgangsüberlegungen anknüpfen: zum einen an die innere Schwäche der UdSSR – »die größte Verwundbarkeit des Kremls liegt in der grundsätzlichen Natur seiner Beziehungen zum sowjetischen Volk« – und zum anderen an die wirtschaftlichen Offensivkräfte der USA, »die in der Art eines Magnets allmählich die Völker der sozialistischen Länder aus den ›Diktaturen‹ herausbrechen würden«.[1008] NSC 68 »konkretisierte jedoch diese prinzipielle Sicht und betonte erstens, daß ›diese künstlichen Mechanismen der Einheit (des sowjetischen Monolithen) noch zu keinem Zeitpunkt und überlegt von einer starken äußeren Kraft herausgefordert wurden‹. . . Zweitens sei es kein ›adäquates Ziel, nur zu versuchen, die Absicht des Kreml zu durchkreuzen‹, sondern die Krise der internationalen Beziehungen ›erlegt uns, in unserem eigenen Interesse, die Verantwortung der Führung in der Welt auf.‹ . . . Gleichwohl erkannt, sei dieses Prinzip in der praktischen Politik noch nicht ausreichend umgesetzt worden. Drittens folgere aus der Erkenntnis einer bedrohlichen Zuspitzung der internationalen und nationalen Konflikte die Notwendigkeit, ein politisches *Sofortprogramm* zu erstellen, das die notwendigen Zwischenschritte bereitstelle, um zwei aufeinander verwiesene strategische Ziele einzulösen«,[1009] die wie folgt aussehen: Das Ziel, »weltweit eine Umwelt zu entwickeln, in der das amerikanische System überleben und blühen kann«, hänge von einer erfolgreichen Containment-Politik ab. Containment aber verlange eine Politik, »die mit allen Mitteln bis zum Rande eines Krieges versucht, (1) die weitere Ausdehnung der sowjetischen Macht zu blockieren, (2) die Falschheiten der sowjetischen Anmaßungen zu entlarven, (3) eine Schwächung sowjetischer Kontrolle und Einflußnahme einzuleiten und (4) im allgemeinen die Ansätze der *Zerstörung* innerhalb *des sowjetischen Systems* so weit zu fördern, daß der Kreml zumindest. . . zu dem Punkt gebracht wird, sein Verhalten so zu modifizieren, daß es mit allgemein akzeptierten internationalen Regeln . . . übereinstimmt«.[1010]

Die Politik, »die Absicht des Kreml zu vereiteln und den Zerfall des sowjetischen Systems zu beschleunigen«, müsse – so das Dokument – auf einer »überlegenen Macht« gegründet sein, »die. . . einen überlegenen Gegendruck ausübt«.[1011] Diese überlegene Macht sollte bereits in unmittelbarer Zukunft zerstörend und zersetzend in die UdSSR und das gesamte sozialistische Staatensystem hineinwirken, wobei Spannungen zwischen Moskau und den osteuropäischen Satellitenstaaten ausgenutzt werden sollten.

Als weiteren Anknüpfungspunkt zur Abspaltung Osteuropas von sowjetischer Herrschaft erachtete man den angeblich konfliktträchtigen Nationalismus der Völker und deren vermeintliche Sehnsucht nach westlicher Lebensweise.[1012] Die US-Strategie sollte sich – so die Zusammenfassung von Bernd GREINER – an folgenden Punkten ausrichten: 1) politische und ökonomische Vereinheitlichung der westlichen Welt, 2) nachhaltige Erhöhung der Rüstungsausgaben mit dem Ziel qualitativer und quantitativer Überlegenheit aller Heeresteile und Waffengattungen gegenüber den sozialistischen Ländern, 3) spürbare Aufstockung des Militärhilfeprogramms, 4) Erweiterung der Wirtschaftshilfeprogramme, 5) konzertierte Aktionen zur Stabilisierung der amerikanischen Handelsbilanz, 6) ideologische Verpflichtung der Bevölkerung aller westlichen Staaten auf die USA und Programme, *»um offene psychologische Kriegführung* anzuzetteln, darauf angelegt, die massenhafte Lossagung von der Treuepflicht zur Sowjetunion zu ermutigen, 7) »versteckte Maßnahmen auf dem Gebiet der wirtschaftlichen, politischen und psychologischen Kriegführung voranzutreiben mit dem Ziel, Unruhe und Widerstand in ausgewählten strategischen Satellitenstaaten zu schüren und zu unterstützen«.[1013]

Das Ziel – für dessen Erreichung den Verfassern von NSC 68 die Aufrüstung eine notwendige Bedingung war – sollte auch nach diesem Dokument langfristig die Auflösung des sowjetischen Machtbereiches wie auch der staatlichen Integrität der Sowjetunion selbst sein. Entscheidende Voraussetzung hierfür ist dem Dokument zufolge zum einen »die Schaffung einer Lage, in der der Kreml es für angebracht hielte, Entgegenkommen zu zeigen, zunächst durch Lockerung der Spannungen und Pressionen, dann durch einen schrittweisen Rückzug«.[1014] Zweitens »sollten wir kraftvolle Schritte unternehmen, um die Macht und den Einfluß des Kreml innerhalb der Sowjetunion und in den unter seiner Kontrolle stehenden Gebieten zu schwächen. Das Ziel wäre die Errichtung befreundeter Regimes, die nicht vom Kreml beherrscht werden«.[1015] Mit einer solchen subversiven Politik sollte der Kreml gleichzeitig zur Erhöhung seiner Rüstungsausgaben gezwungen werden, um auf diese Weise auf den wirtschaftlichen Zusammenbruch des Sowjetsystems hinzuarbeiten: »Eine solche Politik ist unverzichtbar, um die Aufmerksamkeit des Kreml zu binden, ihn beständig aus dem Gleichgewicht zu bringen und um steigende Aufwendungen sowjetischer Ressourcen für Gegenmaßnahmen zu erzwingen.«[1016]

Nach Einschätzung der US-Machtelite konnte die Druckpolitik der USA nur mit einer bedingungslosen Kapitulation der UdSSR enden. Dabei wurden die Verhandlungsangebote der USA »in der diplomatischen Praxis mit für die UdSSR unannehmbaren... Bedingungen verknüpft, auf diese Art ein Scheitern der Verhandlungen provoziert, das Scheitern wiederum der vorab aggressiv-hegemonialer

Zielsetzung bezichtigten UdSSR unterstellt und damit gleichzeitig die öffentliche Meinung für die westliche Politik der Stärke zusätzlich mobilisiert. Laut ACHESON könne die UdSSR nur dann ihre friedlichen Absichten unter Beweis stellen, wenn sie ihre Streitkräfte aus den ›Satellitenstaaten‹ abzöge und auf jegliche ›Einflußnahme‹ in diesen Ländern verzichte, wenn sie allen Formen ›indirekter Aggression‹ entsage... und einem vermehrten Zugang von Personen und Meinungen anderer Länder in die Sowjetunion zustimme«.[1017] Verhandlungen hatten aus der Sicht der US-Machtelite nur taktische Aufgabe, mit deren Hilfe sich die Politik unterhalb der Schwelle des Krieges fortsetzen ließe und deren Ziel es zunächst sein sollte, »den Kalten Krieg in erster Linie durch innere Veränderungen in der UdSSR entscheiden zu können«.[1018] Folgerichtig hieß es auch in dem Dokument NSC 68: »Verhandlungen sind... ein Mittel, um Unterstützung zu gewinnen für ein Programm des Aufbaus von Stärke, um Fortschritte... im Kalten Krieg zu machen und um weitere Fortschritte zu erleichtern, bei gleichzeitiger Herabsetzung der Kriegsrisiken.«[1019]

Zusammengefaßt widerlegen die Dokumente des Nationalen Sicherheitsrates – insbesondere das zuletzt genannte NSC-68 – die gängige Theorie, die den Kalten Krieg als einseitige Aggressionshandlung der UdSSR bezeichnet. Aus diesen Dokumenten geht vielmehr unmißverständlich hervor, daß der Kalte Krieg eine bewußte Strategie der USA war – ein Versuch der USA, am Rande des atomaren Abgrundes und mit Hilfe subversiver Aggression den Griff nach der Weltherrschaft zu wagen, der nur dann erfolgreich sein konnte, wenn gleichzeitig auch die Unterwerfung der UdSSR gelang. Bemerkenswert ist zudem, daß sich in diesen Strategiedokumenten unverkennbar die Handschrift der angelsächsischen Geopolitik widerspiegelt, die sich in der Zeit des Kalten Krieges als Handlungskonzept der USA zur Erringung der Weltherrschaft erweisen sollte: Einkreisung und Isolation des ›Heartland‹ (der Sowjetunion) unter gleichzeitiger Mobilisierung der ›rimlands‹ (der osteuropäischen Staatenwelt) gegen das eurasische Zentrum, wie es beispielsweise das Dokument NSC-58 deutlich hervorhebt.

3.4.2 Die indirekte Aggression der USA: Unterstützung und Aufbau einer antisowjetischen Guerilla

Tatsächlich spielte sich die Politik der indirekten Aggression der USA gegen die UdSSR nicht allein in den Köpfen der strategischen Planer und ihrer Memoranden ab, vielmehr erfuhr sie eine bereits weitgehende Umsetzung. Ein weitgehend unbekanntes Kapitel des Kalten Krieges ist dabei, daß die USA schon in dessen Frühphase wirkungsvoll am Aufbau einer antisowjetischen Guerillafront arbeiteten, die nicht nur im Falle einer militärischen Auseinandersetzung eingesetzt werden sollte, sondern bereits Bestandteil der Umsetzung der beschriebenen Politik unterhalb der Schwelle des Krieges war.

In seinem Buch *Der amerikanische Bumerang*[1020] stellt der Historiker Christopher SIMPSON dar, wie die USA durch Förderung faschistischer Kollaborateure und ehemaliger Angehöriger osteuropäischer Waffen-SS-Einheiten eine geheime militärische Front gegen die UdSSR aufbauten. »Die Regierung (der USA, der Verf.) verwendete diese Männer und Frauen wegen ihrer Erfahrung auf dem Gebiet der Propaganda und der psychologischen Kriegführung, setzte sie in amerikanischen Laboratorien ein und bildete sie sogar als Guerilla-Sondereinheiten aus, die während eines Atomkriegs in der UdSSR zum Einsatz gelangen sollten. Die Rekrutierungen der CIA in Europa konzentrierten sich oft auf Russen, Ukrainer, Letten und andere osteuropäische Nationalisten, die während des Krieges, als ihre Heimatländer von der Deutschen Wehrmacht besetzt waren, mit den Besatzern zusammengearbeitet hatten. Hunderte, vielleicht Tausende solcher Mitarbeiter waren SS-Veteranen, einige ehemalige Funktionäre beim berüchtigten Sicherheitsdienst (SD) gewesen.«[1021]

SIMPSON weist darauf hin, daß die Entwicklung solcher Pläne eingeleitet wurde, als die USA ihr atomares Erpressungspotential gegen die Sowjetunion nicht mehr einseitig einsetzen konnten: »Das tatsächliche Gleichgewicht der Kräfte in Europa im Jahrzehnt nach 1945 bedeutete jedoch, daß weder die Vereinigten Staaten noch die UdSSR fähig waren, dem anderen allein durch militärische Stärke ihren Willen aufzuzwingen. Der Vorteil der Sowjets in bezug auf Truppenstärke und geographische Lage sicherte ihnen in Osteuropa trotz Amerikas Atombombe und wirtschaftlichem Wohlstand bedeutenden Einfluß.«[1022]

Infolge dieser Situation erteilte US-Präsident TRUMAN »den Auftrag zur Entwicklung eines Programms für psychologische Kriegführung, Geheimoperationen und Beschaffung von Informationen, das gegen die UdSSR und ihre Satelliten gerichtet war, bereits 1945 anlief und in den darauffolgenden Jahren beschleunigt wurde. Kürzlich freigegebenen Unterlagen kann man entnehmen, daß TRUMAN 1948 ein von seinem National Security Council... initiiertes Multi-Millionen-Dollar-Programm gebilligt hat, mit dem heimlich Untergrund-Widerstandsbewegungen, ›Guerillas und Flüchtlingsbefreiungsgruppen... gegen feindliche Staaten‹ finanziert und bewaffnet werden sollten, womit die UdSSR und ihre osteuropäischen Satelliten gemeint waren«.[1023] Verantwortlich für Aufbau und Durchführung dieser geheimen CIA-Operation waren Frank WIESNER, dem die Leitung dieser Operation oblag, und CIA-Chef Allen DULLES.

Zur Containment-Strategie George F. KENNANS gehörte von Anfang an auch die Zermürbung der Sowjetunion von innen heraus. Diese sah vor, daß man den inneren Druck in der UdSSR so lange aufstaue, bis sie gezwungen sei, zusammenzuarbeiten oder zusammenzubrechen.[1024] »Obwohl es in öffentlichen Diskussionen selten zur Sprache kam«, so SIMPSON, »steht fest, daß Geheimoperationen, die auf die Zermürbung feindlicher Regierungen (und wenn möglich deren Sturz) abzielten, von Anfang an integrierender Bestandteil der Containment-Strategie waren. Für die neuen Vertreter der Realpolitik unter den Sicherheitsberatern der Regierung wurde das Containment zur Grundlage ihrer Taktik, die inzwischen als ›Destabilisierung‹ der UdSSR und ihrer Satelliten bezeichnet wird. Kurz gesagt ist die Destabilisierung eine Form der psychologischen oder politischen Kriegführung, die die Regierung, gegen die sie sich richtet, untergraben, ihre allgemeine Anerkennung oder Glaubwürdigkeit zerstören, wirtschaftliche Probleme schaffen oder sie mit anderen Mitteln in eine Krise treiben soll. Die Sicherheitsberater der USA waren Ende der vierziger Jahre von der Aussicht fasziniert, die Satellitenstaaten der UdSSR zu destabilisieren und die Sowjetunion gleichzeitig zu zermürben.«[1025]

KENNAN ging es dabei um zwei Ziele: »1. Die Macht und den Einfluß Moskaus zu reduzieren. . ., 2. Eine grundlegende Änderung in der von der derzeitigen russischen Regierung in internationalen Beziehungen befolgten Theorie und Praxis herbeizuführen. . . So gesehen könnte man behaupten, daß unser Ziel in bezug auf die Sowjetunion letzten Endes Krieg und der gewaltsame Sturz der Sowjetherrschaft ist.«[1026]

Doch sollte dieses Ziel nach dem Willen der US-Machtelite gerade nicht durch offenen Krieg herbeigeführt werden. Statt dessen wollte KENNAN »jede Spaltung und jede Krise innerhalb der UdSSR und im sowjetischen Lager, die zum inneren Zusammenbruch der UdSSR führen konnten, fördern, während er gleichzeitig offiziell eine Haltung der Nichteinmischung in innere sowjetische Angelegenheiten einnahm«.[1027] In KENNANS Strategiepapieren hieß es daher auch: »Zugegebenermaßen streben wir die Schaffung von Umständen und Situationen an, mit denen die derzeitige sowjetische Führungsspitze nur schwer fertig werden könnte und die ihnen nicht gefallen würden. Es ist möglich, daß sie nicht imstande wären, angesichts dieser Umstände und Situationen ihre Macht in Rußland zu behalten. Aber ich muß wiederholen: das ist ihre Angelegenheit, nicht unsere. . .«[1028]

3.4.2.1 Die CIA-Operation ›Bloodstone‹

Hierzu sollten sowjetfeindliche Emigrantenorganisationen ins Spiel gebracht werden »als eines der wesentlichsten Mittel für die Schaffung von inneren Krisen«.[1029] Zu diesem Zweck empfahl KENNAN, möglichst alle Emigrantenorganisationen zu unterstützen, wobei die USA aber keinesfalls die Verantwortung dafür übernehmen sollten, wer denn nach der Auflösung des Sowjetregimes in Rußland herrschen sollte. »Das politische Konzept für Geheimoperationen, in denen Emigranten aus der UdSSR eingesetzt wurden, bestand also kurz gesagt darin, jede dieser Gruppierungen darin zu bestärken, eine Machtübernahme in ihrem Heimatland anzustreben, ohne daß sich die USA als Komplizen verdächtig machten. Besonders interessant ist in diesem Zusammenhang, daß man die verschiedenen Gruppierungen unterschiedslos unterstützen wollte. Die praktische Folgerung aus diesem Beschluß ist in der Welt des Jahres 1948 klar: Die Vereinigten Staaten unterstützen die Veteranen der WLASSOW-Armee, die Kollaborateure der SS im Osten und andere Gruppierungen, die während des Krieges im Dienst HITLER-Deutschlands standen.«[1030]

KENNAN arbeitete dabei intensiv an »Vorbereitungen für mehrere große Projekte der geheimen Propaganda und des Guerillakrieges in Osteuropa«.[1031] Seit 1947 war die Einbeziehung von osteuropäischen Kollaborateuren der deutschen Besatzungsmacht Bestandteil der US-amerikanischen Destabilisierungspläne im Rahmen der

Containment-Politik. »Während KENNAN öffentlich für das Containment eintrat, drängten er und sein enger Mitarbeiter Charles THAYER nach Unterlagen des Pentagons gemeinsam mit leitenden Beamten des Außenministeriums und des Militärs auf eine Aktivierung der Reste der WLASSOW-Armee gegen die UdSSR. KENNAN und THAYER forderten die Schaffung eines Ausbildungslagers für antikommunistische Guerillas, in dem amerikanische Militärspezialisten, WLASSOW-Veteranen und andere osteuropäische Emigranten zusammengezogen werden sollten. In Deutschland und den USA wurden schließlich mehrere solche Lager eingerichtet; sie dienten nicht nur als Ausbildungsstätten für Rebellen, sondern auch als Reservoir von hochspezialisierten Agenten für die unterschiedlichsten amerikanischen Geheimoperationen.«[1032]

Unter dem Decknamen ›Operation Bloodstone‹ startete das US-Außenministerium SIMPSON zufolge eines seiner wichtigsten Geheimprojekte. Diese Operation bezeichnete eine großangelegte Anwerbung antisowjetischer Emigranten und ihre Überstellung in die USA. Zahlreiche Bloodstone-Mitarbeiter waren »ehemalige Nazikollaborateure, die jetzt als Fachleute für Geheimoperationen in die Vereinigten Staaten geholt wurden«.[1033] Bei ihnen handelte es sich um »die Elite der Nazis und Kollaborateure, die Führer, die Geheimdienstspezialisten und die Wissenschaftler, die ihre Kenntnisse in den Dienst der Nazis gestellt hatten«. Den Unterlagen des leitenden CIA-Mitarbeiters Frank WISNER zufolge, dem die Koordination dieser irregulären Kriegführung oblag, bestand das Ziel des Bloodstone-Programms darin, »die Elite der sowjetischen Welt zum Überlaufen zu ermutigen und Flüchtlinge aus der sowjetischen Welt im nationalen Interesse der USA zu verwenden«. Diese sollten dann WISNERS Plänen zufolge für geheime Destabilisierungskampagnen und für schwarze Propaganda eingespannt werden.[1034]

WISNER »glaubte an das ungeheure Spionagepotential der osteuropäischen Emigrantenorganisationen, an ihren Wert als Propagandisten und Stimmungsmacher, und er wußte, daß es ein einmaliger Vorteil war, wenn er Soldaten, denen man keine Verbindung zur US-Regierung nachweisen konnte, für bestimmte, besonders heikle Missionen, unter anderem auch für politische Morde, einsetzen konnte«, so SIMPSON.[1035] Folgt man den freigegebenen Unterlagen des Nationalen Sicherheitsrates (National Security Council) aus dieser Zeit, so »startete WISNER umfassende Programme, um Tausende antikommunistische Emigranten in die Vereinigten Staaten zu holen und sie dadurch für Geheimoperationen in Übersee zu belohnen; außerdem verwendete er sie als Ausbilder für den Guerillakrieg gegen die Ostblockstaaten. Die CIA finanzierte im geheimen die Arbeit von rechtsstehenden Organisationen für Flüchtlingshilfe, die solche Immigranten unterstützten, darunter auch Gruppen, die deutlich mit radikalen nationalistischen und faschistischen Organisationen in Europa in Verbindung standen. Während der gleichen Zeit stellte die CIA Millionen Dollar für Reklame und aufsehenerregende Fernsehsendungen innerhalb der Vereinigten Staaten zur Verfügung, deren Hauptthema die Unterstützung der ›Flüchtlingsbefreiung‹ in Übersee war«.[1036]

Diese Pläne wurden in der Folgezeit von US-Eliten aus dem Bereich von Geheimdienst und Militär erweitert. Aus den osteuropäischen Emigranten sollten auch Guerillaeinheiten gebildet werden, die hinter dem Eisernen Vorhang zum Einsatz kommen sollten. So billigte beispielsweise das Vereinigte Oberkommando der US-Streitkräfte im Juli 1948 »einen zweiten, damit zusammenhängenden Plan für die Rekrutierung und Ausbildung von Untergrundkämpfern aus sowjetischen Emigrantengruppen. . . In ihrem Bericht über den zweiten Vorschlag geben die Generalstabschefs zu, daß Bloodstone im Krieg der Geheimdienste Teil von geheimen Sabotage- und Mordoperationen war – nicht einfach ein harmloser Plan für die Verteilung von Flugblättern. Nach Unterlagen des Pentagons war die Rekrutierung von ausländischen Söldnern für politische Morde von Anfang an ein spezifischer Bestandteil der Operation Bloodstone«.[1037]

In den entsprechenden Dokumenten des Vereinigten Oberkommandos werden die Sonderoperationen der osteuropäischen Söldner näher beschrieben: »Sonderoperationen«, heißt es dort, »umfassen jene Aktivitäten gegen den Feind, die von alliierten oder befreundeten Kräften hinter den feindlichen Linien durchgeführt werden. . . Zu ihnen gehören die psychologische Kriegführung. . ., der Krieg der Geheimdienste, Subversion, Sabotage und verschiedene weitere Maßnahmen wie Morde, Gefangennahme von bestimmten Personen und die Rettung von zur Landung gezwungenen Fliegern.«[1038] Den Ermittlungen SIMPSONS zufolge erhielt dieser Plan im September 1948 durch einen neuen Befehl der Generalstabschefs eine weitere Ergänzung: Man wollte nunmehr ähnlich wie die deutsche Besatzungsmacht im Zweiten Weltkrieg in der UdSSR ein Projekt wie die WLASSOW-Armee ins Leben rufen. Dieser Plan sollte aber nicht nur auf die UdSSR beschränkt bleiben; vielmehr wurden sämtliche Ostblockstaaten einbezogen: »Wir halten eine psychologische Offensive zur Zerrüttung der Roten Armee für ein vorrangiges Ziel. Diese Art von Offensive haben die Deutschen bereits im Zweiten Weltkrieg unter der Bezeichnung WLASSOW-Bewegung versucht. . .«[1039] Im neuen Befehl folgte dann eine Beurteilung jedes einzelnen osteuropäischen Landes in bezug auf Sonderoperationen.

Zusammengefaßt wurden diese Pläne dann in dem Memorandum NSC 10/2, das SIMPSON zufolge »einen wichtigen Wendepunkt in der Geschichte des US-Geheimdienstes im Kalten Krieg und eigentlich in der gesamten amerikanisch-sowjetischen Beziehung« darstellte.[1040] Mit diesem Memorandum wurde ein Geheimprojekt ins Leben gerufen, das »Propaganda, Wirtschaftskrieg, direkte Präventivaktionen einschließlich Sabotage, Gegensabotage, Zerstörung und Evakuierungsmaßnahmen« vorsah.

Ferner war darin von »Subversion gegen feindliche Staaten, einschließlich der Unterstützung von Untergrund-Widerstandsbewegungen, Guerillas und Fluchthilfeorganisationen sowie Förderung einheimischer antikommunistischer Elemente in bedrohten Ländern der freien Welt« die Rede. Diese Maßnahmen sollten in einer Form durchgeführt werden, »daß für Unbefugte die Verantwortlichkeit der US-Regierung nicht erkennbar ist und daß die Regierung der Vereinigten Staaten, falls (das Ganze) doch an den Tag kommen sollte, jede Verbindung damit leugnen kann«.[1041]

Eine Erweiterung hatte dieses Memorandum durch das Dokument NSC 5412 erhalten, das wieder bestätigte, »daß die Vereinigten Staaten fest entschlossen waren, eine weitreichende Kampagne der politischen Kriegführung gegen die UdSSR zu starten«.[1042] SIMPSON zufolge bestätigte dieses Dokument auch, daß die Verwendung von osteuropäischen Untergrundbewegungen und Guerillas noch immer im Mittelpunkt der geheimen paramilitärischen Programme der USA standen.[1043] »Die Untergrundstreitkräfte von NSC 5412«, so SIMPSON, »sollten sozusagen beweisen, daß auch bellende Hunde beißen; sie waren bewaffnete Gruppen, die in den Satellitenstaaten Volksaufstände auslösen und dadurch den Kommunismus in Osteuropa ›zurückwerfen‹ sollten.«[1044]

Ergänzt wurden diese Maßnahmen durch den sogenannten »Logde-Act« aus dem Jahre 1950, mit dem es der US-Armee gelang, ein Gesetz durchzubringen, das es Osteuropäern, die außerhalb der USA lebten, gestattete, in die US-Armee einzutreten, um dann die US-Staatsbürgerschaft zu erhalten. Dieser »Logde-Act« diente schließlich der Ausbildung von osteuropäischen Guerillas in den Ausbildungslagern von Fort Bragg in North Carolina. Nach Angaben von Oberst Charles M. SIMPSON waren Kernbestandteil der dortigen Ausbildung Überfälle, Hinterhalte und Bildung von Guerillaorganisationen, wobei besondere Aufmerksamkeit der Entführung und Ermordung von Personen geschenkt wurde.[1045]

3.4.2.2 Durchführung terroristischer Aktivitäten in der UdSSR mit US-Hilfe

Tatsächlich war nicht nur die Planung, sondern auch die Durchführung der schmutzigen Kriegführung der USA gegen die UdSSR sehr weit fortgeschritten. Der US-Geheimdienst ermutigte die Aufrührer in den Ostblockstaaten, »die Befehlshaber und andere gefährliche Angehörige des MVD und des MGB (der sowjetischen Geheimpolizei) zu eliminieren«, wie es 1948 in einem Anhang zu einem Plan des Pentagons über die psychologische Kriegführung hieß. Weitere Aufgaben für die Guerillatruppen schlossen »Maßnahmen zur Zerstörung von Industrie, Kommunikationsmitteln und anderen Faktoren des sowjetischen Kriegspotentials« ein. Sabotageakte sollten überall und immer dort unternommen werden, wo sie die Aktionen des Feindes am wirksamsten störten; und »es sollten Panik und Entsetzen hervorgerufen werden«.[1046] Letztere Anweisungen waren Bestandteil des ›Halfmoon‹-Plans, der auch eine von den USA gesteuerte Partisanenkriegführung gegen die UdSSR nach einem atomaren Schlag gegen ihre Einrichtungen zum Gegenstand hatte.

Tatsächlich allerdings war ein solcher Partisanenkrieg aber schon von Anfang an im Gange: »Der Leiter der Geheimoperationen, WISNER, schätzte 1961, daß etwa 35000 sowjetische Polizisten und Kader der Kommunistischen Partei in der Ukraine seit dem Ende des Krieges durch Guerillas ausgeschaltet worden seien, die mit der

OUN/UPA[1047] in Verbindung standen, die auch schon mit den Nazis kollaboriert hatten. In diesen Zahlen sind die Opfer anderer Aufstände in Litauen und den moslemischen Gebieten der UdSSR nicht enthalten, wo die Rebellen ebenfalls von den USA und Großbritannien unterstützt wurden.«[1048] SIMPSON hebt hervor, daß auf diese überfallartigen Morde und Guerillaaktionen die Mehrheit der während des Kalten Krieges in Europa mit Hilfe der USA verübten Attentate zurückzuführen sei. »Natürlich hat die CIA nur die ohnehin gärende Rebellion gegen die sowjetische Herrschaft geschürt. Dennoch ist es klar, daß solche Aufstände infolge der CIA-Hilfe länger dauerten und auf beiden Seiten mehr Tote forderten, als es sonst der Fall gewesen wäre. Zudem dienten diese weitverbreiteten wilden Morde als Tarnung für eine kleine Zahl von gezielten politischen Morden, die anscheinend von US-Geheimdienstbeamten direkt befohlen wurden.«[1049]

Nach diesen Maßgaben fanden beispielsweise auch die Partisanen der ukrainischen Nationalistenorganisation der OUN/UPA die Unterstützung der CIA, als diese nach dem Ende des Zweiten Weltkriegs bis in die fünfziger Jahre hinein ihren Kampf gegen die Rote Armee fortsetzte. »Allen DULLES, Frank WISNER und die übrigen Anhänger des Krieges der Geheimdienste waren dafür, daß man den Guerillas beträchtliche militärische Unterstützung gewährte. Das würde die Rebellion wieder anheizen, meinten sie, und das Beispiel der Aufrührer würde vielleicht im übrigen Osteuropa Schule machen. Zu Frank WISNERS ersten Maßnahmen für die ukrainischen Rebellen gehörte ein im November 1949 geschlossenes Abkommen mit der Army über geheime Lieferungen von ›Sprengladungen, M4 (Plastiksprengstoff) und Zubehör für Sprengungen‹, die die Rebellen für Sabotageakte verwenden sollten, wie aus einer Zusammenfassung des Pentagons über die Korrespondenz mit der CIA hervorgeht. Nicht einmal zwei Monate danach schloß WISNER ein zweites Geschäft mit den Militärs ab, und zwar für die ›schwarze‹ Beschaffung eines Vorrats an Waffen und Munition. Die Gewehre, Hubschrauber, Jeeps, Handgranaten, Uniformen und alles, was man sonst noch für mehrere kleine Armeen braucht, machten schließlich einen Wert von Hunderten Millionen Dollar aus.«[1050]

Zwar gab es innerhalb der CIA eine Gruppe, die sich gegen die US-Unterstützung ukrainischer Guerillas aussprach, da man zu jenem Zeitpunkt die Entfesselung eines Untergrundkrieges für wenig erfolgversprechend hielt, jedoch »das Außenministerium und das Pentagon übten kräftig Druck aus, damit die paramilitärischen Anstrengungen erweitert wurden, und dieser Druck nahm nach dem Ausbruch des Koreakrieges zu«.[1051] Freigegebenen Unterlagen des US-Militärs zufolge, die Christopher SIMPSON auswerten konnte, war »das Pentagon... davon überzeugt, daß man innerhalb weniger Monate eine aus 370 000 Mann bestehende Guerillaarmee auf die Beine stellen konnte, indem man etwa 1200 in den USA für Revolten geschulte Spezialisten mitsamt ihrer Ausrüstung mit Fallschirmen absetzte. Diese große Untergrund-Streitkraft sollte geduldig darauf warten, daß ihr die Amerikaner den Befehl erteilten, sich in Bewegung zu setzen, sobald der dritte Weltkrieg ausgebrochen war... Seit Ende 1949 ließ die CIA in Amerika ausgebildete Emigranten mit Fallschirmen in der Ukraine abspringen und schleuste während einer Periode von vier Jahren etwa 75 Guerillaführer in das Gebiet ein. Ein ergänzendes amerikanisches Projekt setzte Agenten in der Nähe von sowjetischen Flughäfen und Eisenbahnknotenpunkten weiter im Norden, in der Gegend von Orscha und Smolensk, ab... Auch Großbritannien schickte Exilagenten in die Ukraine und ließ allein im Februar 1951 mindestens drei Teams von je sechs Männern in einem Umkreis von hundert Kilometern von der nationalistischen Hochburg Lwów mit Fallschirmen abspringen«.[1052]

Daß der ukrainische Aufstand nicht erfolgreich sein konnte, lag nach Einschätzung des Historikers SIMPSON an internen Streitigkeiten der CIA hinsichtlich der Verwendung der Guerillas: Eine starke Interessengruppe zog es vor, »die Guerillas als provisorische Basis in der UdSSR zu nützen, die Spionage betreiben und ›Frühwarn‹-Informationen über eine eventuelle sowjetische Mobilmachung liefern sollte«.[1053] So kam es, »daß die Guerillas weder die militärische Unterstützung bekamen, die sie brauchten, noch die nötige Tarnung für die Fortführung wenigstens der Spionagetätigkeit. Statt dessen wurden sie als Märtyrer verheizt«.[1054]

Auch Staatsstreichpläne in Osteuropa standen auf der Agenda der CIA, die ebenfalls mit Hilfe osteuropäischer Staatsbürger durchgeführt werden sollten. »Am bemerkenswertesten war ein verpfuschter, von den USA unterstützter Staatsstreich in Rumänien im März 1947. Indizien weisen darauf hin, daß eine noch aktive Splittergruppe des alten OSS (Vorläufer der CIA, der Verf.) hinter der Aktion stand, obwohl noch vieles von der Geschichte im dunkeln liegt.«[1055] Hintergrund dieser Aktion war das Bestreben der USA, die Erdölfelder von Ploiesti unter ihre Kontrolle zu bekommen. Da Verhandlungen mit der Regierung in bezug auf US-Investitionen in Gang waren, verbot das US-Außenministerium jegliche irregulären Interventionen. Robert BISHOP, einem langjährigen Geheimdienstagenten in Rumänien, zufolge war der Putsch ausgesprochen dilettantisch durchgeführt worden (so wurden beispielsweise stenographische Notizen über das Vorgehen zurückgelassen),[1056] was die Vermutung zuläßt, daß man, als die Verhandlungen mit der rumänischen Regierung schon anliefen, die Verschwörer einfach ans Messer geliefert hatte.

Zur Entführung und Ermordung von mißliebigen Personen hinter dem Eisernen Vorhang war unter anderem ein Spezialbüro der CIA mit dem Kürzel ›PB/7‹ unter Leitung eines Obersten Boris PASH eingerichtet worden: »PB/7 wird für Morde, Entführungen und andere ähnliche Aufgaben zuständig sein, die ihr von Zeit zu Zeit... von vorgesetzten Dienststellen zugewiesen werden können«, so eine geheimdienstinterne Anweisung.[1057] Obgleich brisante Unterlagen über Aufgaben der Einheit PB/7 weitgehend vernichtet sind, konnte aus vorhandenem Dokumentarmaterial doch entnommen werden, daß »PASH für die Entführung von Persönlichkeiten hinter dem Eisernen Vorhang zuständig war... (einschließlich) von Leuten, die unseren Interessen feindlich gegenüberstanden«.[1058]

Nach Einschätzung von Christopher SIMPSON ist schließlich »trotz des mysteriösen Verschwindens der PB/7-Unterlagen... die Kette von Indizienbeweisen für die Rolle einiger Bloodstone-Emigranten bei Entführungen und Morden im Ausland zu stark, als daß man einfach darüber hinweggehen könnte. Erstens gibt es das... Dokument des Pentagons, aus dem hervorgeht, daß paramilitärische Operationen, Ermordungen und Entführungen von Anfang an ausdrücklich zum Aufgabenbereich von Bloodstone gehört haben. Zweitens war eine der Schlüsselfiguren, nämlich Boris PASH, bis Mitte 1948 in den Anfangsphasen von Bloodstone tätig und wurde ungefähr zu der gleichen Zeit, zu der die Kontrolle der ›politisch-psychologischen‹ und paramilitärischen Operationen vom Bloodstone-Komitee an das OPC (Office for Policy Coordination, der Verf.) überging, zum Leiter der für die Planung paramilitärischer Operationen, Morde und Entführungen zuständigen Dienststellen des OPC ernannt«.[1059]

Diese Politik des ›indirekten Krieges‹ wurde auch unter der EISENHOWER-Administration fortgeführt.[1060] »Neue Dokumente zeigen, daß die Vereinigten Staaten seit Beginn des Kalten Krieges durch Propaganda und subversive Aktionen gezielt auf eine Destabilisierung der sowjetischen Vorherrschaft in Osteuropa und auf eine ›Befreiung‹ der osteuropäischen Staaten hinarbeiteten« und die EISENHOWER-Administration diese Politik konsequent fortsetzte, so Christian F. OSTERMANN.[1061] Die Direktive NSC 174, die bis 1956 die Osteuropapolitik der EISENHOWER-Administration bestimmen sollte, sah Strategien vor, die Beziehungen zwischen dem Kreml und den Satellitenstaaten zu zerrütten, die Satellitenregime zu unterwandern und Bedingungen zur ›Befreiung‹ der osteuropäischen Staaten voranzutreiben.[1062] Dazu gehörten auch paramilitärische Maßnahmen zur Destabilisierung des sowjetischen Zugriffs auf Ost- und Mitteleuropa.[1063]

Im Februar 1953 schlug EISENHOWER hierzu die Schaffung eines sogenannten ›Volunteer Freedom Corps‹ vor, das in der Bundesrepublik Deutschland unter Aufsicht der US-Streitkräfte aufgestellt wurde und sich aus Antikommunisten aus den osteuropäischen Ländern rekrutierte.[1064] Viel spricht dafür, daß die Unruhen im Ostblock nach STALINS Tod 1953 im wesentlichen durch diese verdeckten Maßnahmen der USA mit geschürt, zumindest aber ausgenutzt und verschärft wurden, was in den Direktiven NSC 86/1 mit dem Titel *Psychological Operations Plan for Soviet Orbit Escapees* vom April 1951 und dem PSP-Plan D-45 vom 29 Juni 1953 zum Ausdruck kommt.[1065] So war die CIA beispielsweise bereit, unter der Kodebezeichnung ›Red Sox‹/›Red Cap‹ paramilitärische Untergrundeinheiten aus Osteuropa nach Ungarn zur Unterstützung des dortigen Aufstandes 1956 einzuschleusen.[1066] Dies wurde aber von EISENHOWER gestoppt.

Über die Gründe für diese Entscheidung kann spekuliert werden.[1067] Einiges scheint aber dafür zu sprechen, daß die Weigerung der EISENHOWER-Administration zur direkten militärischen Unterstützung der ungarischen Aufständischen mit dem Nahost-Krisenherd um Suez in Zusammenhang stand, der für die US-Geopolitik von größerer Bedeutung als Mitteleuropa war. Die USA waren nach dem Zweiten Weltkrieg im Begriff, die Zone des Nahen und Mittleren Ostens in ihre ›Grand Area‹ einzubeziehen. Ägypten sollte in das westliche Planungs- und Bündnissystem im

Mittleren Osten eingebunden werden, was US-Außenminister John F. DULLES schon 1953 bei seinem Besuch in Kairo unterstrichen hatte. Mit der Weigerung des ägyptischen Staatschefs NASSER, einem solchen westlichen Bündnis beizutreten, und seinem Beitritt zum Bund der Blockfreien auf der Bandung-Konferenz 1955 zog sich Kairo die Feindschaft der USA zu.[1068] Es war schließlich die sowjetische Drohung gegen Frankreich und Großbritannien, die Initiatoren des Suez-Abenteuers 1956, die dafür sorgte, daß die USA von der heimlichen Unterstützung des anglo-französischen Militärschlags gegen NASSER Abstand nahmen. Die USA hofften, daß die UdSSR mit der Verwicklung in Ungarn vollkommen abgelenkt sei und sich nicht in der Nahostkrise zu Wort melden würde. Statt dessen trat die Sowjetunion nunmehr als Vormacht im Nahen Osten auf.[1069] Die USA erkannten, daß eine Politik der direkten Konfrontation ihnen lediglich begrenzten Spielraum ließ. Auch im Nahen und Mittleren Osten verlegten sie sich dann auf eine indirekte Strategie, was in der ›EISENHOWER-Doktrin‹ und der Vorantreibung des Bagdad-Paktes sowie nachfolgend des CENTO-Paktes zum Ausdruck kam.

3.4.2.3. Die Inszenierung einer milliardenschweren antisowjetischen Propagandakampagne

Begleitet wurde die Strategie der Einkreisung und der inneren Zersetzung des Sowjetblocks durch eine massive Propagandakampagne. Diese subversiven Tätigkeiten der psychologisch-politischen Kriegführung »sind vermutlich die größten und teuersten Aktionen der politischen Kriegführung, die die Vereinigten Staaten je unternommen haben. Auf jeden Fall sind sie aber die längsten und öffentlich bekanntesten ›Geheimoperationen‹, die es je gab«, so Christopher SIMPSON.[1070] Diese Kampagnen firmierten unter den Namen ›Radio Freies Europa‹ und ›Radio Befreiung vom Bolschewismus‹, letzteres besser bekannt unter dem Namen ›Radio Liberation‹ oder ›Radio Liberty‹. Eine wichtige Rolle bei der Organisation und Durchführung der Kampagne spielten auch hier osteuropäische Emigrantenorganisationen sowie die CIA.

»Von der CIA finanzierte Projekte der psychologischen Kriegführung, an denen osteuropäische Emigranten mitarbeiteten, weiteten sich während der fünfziger Jahre zu großen Operationen aus, die Dutzende und sogar Hunderte Millionen Dollar verschlangen. Der bekannte konservative Autor (und Berater des OPC für psychologische Kriegführung) James BURNHAM schätzte 1953, daß die Vereinigten Staaten ›weit über eine Milliarde Dollar jährlich‹ für die unterschiedlichsten Projekte der psychologischen Kriegführung ausgaben. . .«[1071] Aufgabe dieser Rundfunksendungen war die Beeinflussung der öffentlichen Meinung in den Ostblockstaaten, wozu auch die schwarze Propaganda gehörte, mit dem Ziel, die dortigen Machthaber zu diskreditieren. Zum Aufgabenbereich dieser Rundfunksendungen und der ihnen zuarbeitenden Emigrantenorganisationen gehörte es, »sich einzelne bolschewistische Machthaber und ihre Quislinge vorzuknöpfen und sie zu zerlegen, ihre Motive aufzuzeigen, ihr Privatleben auszuforschen, auf ihre Gemeinheit hinzuweisen, ihre bösen Taten anzuprangern, sie der Lächerlichkeit und der Verachtung preiszugeben«.[1072]

Dabei scheute man sich auch nicht, wissentlich auf gefälschte Dokumente zurückzugreifen.[1073] Diese Radiosendungen wurden direkt nach Mittel- und Osteuropa und auch bis in die UdSSR hinein ausgestrahlt.[1074] Bestandteil der Propagandakampagnen war dabei auch die finanzielle und logistische Unterstützung von mitunter auch faschistischen Kollaborateuren und antibolschewistischen Emigrantenorganisationen aus Osteuropa, die mit den Nationalsozialisten kollaboriert hatten. Anfang der siebziger Jahre hatte die US-Regierung allein durch die Pipeline des Radio Liberty »mindestens hundert Millionen Dollar für die Unterstützung politischer Aktivitäten der osteuropäischen Exilgruppen gepumpt. . .«[1075] Dieser Geldzufluß war jedoch nur der Anfang. »Ein unbekannter Betrag, der eindeutig etliche Dutzend Millionen Dollar mehr ausmacht, gelangte über die Geldmittel des European Recovery Program (Marshallplan), die Unterstützung für Displaced Persons, die Auslandhilfe für Westdeutschland und die Spenden von Überschußgütern der US Army an die von der CIA betreuten Emigrantenprogramme.«[1076]

Die Emigrantenorganisationen sollten sich dank der tatkräftigen Unterstützung Kennans und Wisners zu einem schwerwiegenden Machtfaktor in der antisowjetischen psychologischen Kriegführung der USA entwickeln. »Rechtsstehende Emigrantenorganisationen, die zunächst kaum mehr als Instrumente der deutschen (und später US-)Spionagedienststellen gewesen waren, begannen während des Kalten Krieges, eigenes Leben und eigenen Einfluß zu gewinnen, und zwar vor allem in den großen osteuropäischen Einwanderergemeinden. Mit Hilfe von Organisationen wie der von der CIA finanzierten Assembly of Captive European Nations. . ., bestimmten ukrainischen Interessengemeinschaften und der lettischen Daugavas-Vanagi-Allianz. . . vergrößerten diese rechtsextremen Emigranten ihren Einfluß auf amerikanische Angelegenheiten. . . 1959 verfügten diese Gruppen über aktive Sympathisanten innerhalb des Nationalen Sicherheitsrates und hatten einen gewissen Einfluß im Kapitol gewonnen.«[1077] Schließlich waren diese Emigrantenkomitees von enormer Bedeutung, »um sie propagandistisch gegen die UdSSR und ihre Satelliten zu verwerten«.[1078]

Die Rundfunksendungen, so Simpson, wurden überdies als Deckung für einen viel größeren Kreis von Aktivitäten der politischen Kriegführung verwendet, deren Bestandteil der Druck und die Verteilung von ›schwarzer‹ Propaganda, das Beschaffen von Informationen und die Unterhaltung von Agentennetzen hinter dem Eisernen Vorhang waren.[1079]

3.5 Die Rüstungsspirale oder: Amerika läuft mit sich selbst um die Wette

Der wichtigste Bestandteil derartiger Desinformationskampagnen war die während der gesamten Dauer des Kalten Krieges regelmäßig wiederholte Betonung der Überlegenheit des sowjetischen Militärpotentials. Damit rechtfertigte die US-Machtelite zum einen den Aufbau eines gigantischen militär-industriellen Komplexes und die Entwicklung neuer Waffensysteme, die den USA eine weltweite

Vormachtstellung garantierten. Zum anderen aber – und das sollte entscheidend sein – sollte die UdSSR nach dem oben beschriebenen Mechanismus in eine Rüstungsspirale gezwungen werden, die ihre ökonomische Substanz aushöhlte und ihr den Todesstoß versetzen sollte.

Diese Desinformationskampagnen sollten, wie Christopher SIMPSON darstellt, schon unmittelbar nach dem Ende des Zweiten Weltkrieges beginnen. »Mitte 1946 berichtete der militärische Geheimdienst der USA richtig, daß die Rote Armee... schlecht ausgerüstet, zu weit auseinandergezogen und kriegsmüde war. Er schätzte die Zahl der Sowjettruppen in Ost- und Mitteleuropa hoch ein..., aber die US Army nahm an, daß diese Kräfte beinahe zur Gänze mit der Verwaltung, der Aufrechterhaltung der Ordnung und dem Wiederaufbau in der von den Russen besetzten Zone beschäftigt waren. Zumindest für das nächste Jahrzehnt war eine militärische Aggression der Sowjets gegen Westeuropa höchst unwahrscheinlich... Besonders interessant waren 1946 die Berichte der US-Army über Eisenbahnen in Ostdeutschland. Es war allgemein bekannt, daß die Rote Armee bei weitem nicht so gut motorisiert war wie die westlichen Streitkräfte und daher in großem Maß auf die Eisenbahn angewiesen war, um Truppen an die Front zu bringen und sie mit Nachschubgütern zu versorgen. Die Berichte des Geheimdienstes der US-Army... machten deutlich, daß die Russen einen großen Teil des deutschen Schienennetzes demontierten und als Reparationen nach Rußland verfrachteten... Ganz gleich, was man von dieser Form von industrieller Entwicklung hält, es war eindeutig nicht das Verhalten einer Militärmacht, die an einen Blitzkrieg denkt.«[1080]

Diese Tatsachen aber sollten in der Folgezeit eine massive Manipulation erleben. Die gleichen Truppen, die in der US-Militäranalyse aus dem Jahre 1946 noch als durch Besatzungsaufgaben gebunden beschrieben wurden, wurden dann in eine »äußerst mobile und bewaffnete Angriffsspitze für eine Offensive in Westeuropa« umgefälscht. »Die früheren Einschätzungen der US-Army bezüglich der Transport- und Nachschubprobleme der Roten Armee verschwanden aus den geheimen Beurteilungen des sowjetischen Potentials. Statt dessen wurde jetzt behauptet, daß die Sowjets in der Lage wären, in Europa, im Nahen und im Fernen Osten gleichzeitig große Offensiven zu starten... Selbst Paul NITZE, dessen Referenzen als Falke unbestritten sind, wies kürzlich darauf hin, daß zu jener Zeit nur etwa ein Drittel der sowjetischen Divisionen in Europa über ihre volle Stärke verfügten. Etwa ein weiteres Drittel verfügte nur über einen Teil der Gesamtstärke, fuhr NITZE fort, und ein ganzes Drittel stand als Stammpersonal nur auf dem Papier.«[1081]

Diese Strategie der bewußten Irreführung über die militärische Stärke Moskaus fand in den folgenden Jahrzehnten ihre Fortsetzung. Während des gesamten Zeitraums von den fünfziger bis in die achtziger Jahre hinein – so auch Rüstungsexperte Jürgen BRUHN – behaupteten die am Wettrüsten interessierten politischen, wirtschaftlichen und militärischen Kreise der US-Machtelite ständig, daß sie den einen oder anderen gewaltigen Vorsprung der UdSSR im militärischen Bereich entdeckt hätten und daß es diesen schleunigst aufzuholen gelte.

3.5.1 Die ›Bomber-Lücke‹

Anfang der fünfziger Jahre wurde – was in der Geschichte des Kalten Krieges als ›Bomber-Lücke‹ bezeichnet werden sollte – ›aufgedeckt‹, daß die Sowjets eine dreifache Überlegenheit an stategischen Langstreckenbombern besäßen und imstande seien, innerhalb weiterer vier Jahre insgesamt 500 dieser Bomber zu produzieren. Dies erwies sich allerdings als Fälschung, denn der Geheimdienst der US-Air-Force wußte schließlich ganz genau, »daß die Russen damals nur eine einzige Fabrik besaßen. . ., die in der Lage war, den Bison-Langstreckenbomber herzustellen. Von erbeuteten deutschen Luftaufnahmen aus dem Zweiten Weltkrieg und den ›Nachforschungen‹ der amerikanischen Militärattachés hinter der sowjetischen Front zwischen 1943 und 1945 kannte er die Größe und Produktionskapazität dieser Bomberfabrik sehr genau und wußte deshalb nur zu gut, daß die Russen in vier bis fünf Jahren keine 500 Bison-Bomber herstellen konnten. Selbst die CIA bezweifelte diese Zahl sofort und wies sie als ›viel zu hoch gegriffen‹ ab«.[1082]

Das tatsächliche Kräfteverhältnis sah jedoch ganz anders aus: »1959 kommandierte das US-Strategische Bomberkommando. . . ca. 500 B-52-, über 2500 B-47-Langstreckenbomber und 1000 sogenannte ›Tanker-Aircraft‹. . . Die Sowjetunion besaß nach den Untersuchungen namhafter anglo-amerikanischer Rüstungsanalytiker im Jahre 1955 höchstens 20 bis 30 und 1959 zwischen 150 und 180 – im Höchstfall 200 – Bison-Bomber. Die USA waren also haushoch überlegen. Die Bomberlücken-Propaganda des Air-Force-Geheimdienstes. . . war erfolgreich gewesen. Sie hatte Riesenaufträge und enorme Profite für die Flugzeugunternehmen Boeing, Douglas, Convair und Hughes Aircraft gebracht und der Air-Force 49 % vom gesamten Verteidigungshaushalt. . . gegeben.«[1083] Aufgrund dieser Kampagne konnte Washington die Rüstungsausgaben von 1949 bis 1955 auf das Dreifache steigern, nämlich von 13,5 auf 40,5 Milliarden Dollar, und 1953 gab es die ersten amerikanischen Fernbomber, vier Jahre später die ersten sowjetischen.[1084]

Es hatte also nie eine amerikanische Bomber-Lücke gegeben, vielmehr hatten die USA ein Wettrüsten begonnen, wie es die Welt in solchem Ausmaß noch nicht gesehen hatte, und jede neue Waffe war zunächst von den Vereinigten Staaten entwickelt und eingeführt worden, wobei die UdSSR immer nachgehinkt war, um ein ungefähres Gleichgewicht zu erreichen.

3.5.2 Die ›Raketen-Lücke‹

Doch dabei sollte es nicht bleiben. Als es der UdSSR im Oktober 1957 gelang, den Satelliten ›Sputnik‹ ins All zu schicken, löste dies in den USA den sogenannten ›Sputnik-Schock‹ aus, den John F. Kennedy für seinen Präsidentschaftswahlkampf ausnutzen sollte, indem er behauptete, daß die USA im Verhältnis zur Sowjetunion im Bereich der Raketentechnik weit zurück seien und diese Raketen-Lücke nunmehr zu schließen sei. Bei dieser Kampagne ersetzte man einfach Bomber durch Interkontinentalraketen und blieb der Einfachheit halber bei einem sowjetischen

Übergewicht von 500 Raketen. Doch auch hierbei handelte es sich um dreiste Lügen: »Bis zum Jahre 1961, als die Rüstungsprogramme der KENNEDY-Regierung anliefen, besaßen die USA schätzungsweise bereits einen Kernwaffenvorrat, der 30 000 Megatonnen oder dem Äquivalent von 10 t herkömmlichen Sprengstoffs TNT für jeden Bewohner unseres Erdballs entsprach. Entsprechend einer Auskunft des Verteidigungsministeriums ging die Zahl der Transport- bzw. Abschußmöglichkeiten für Kernwaffen in die Zehntausende. Dazu gehörten über 100 Interkontinental- und Mittelstreckenraketen, 80 Polarisraketen, 1700 Interkontinental-Bomber, 300 mit Kernwaffen bestückte Trägerflugzeuge mit Megatonnen-Sprengköpfen sowie annähernd 1000 von Land aus operierende Überschallflugzeuge mit Atombomben.«[1085]

Rüstungsexperte Jürgen BRUHN ergänzt hierzu, daß die ersten mit atomarer Munition bestückten US-Atlas-Interkontinentalraketen schon 1956 einsatzbereit waren. »Die Sowjetunion besaß und testete ihre ersten Interkontinentalraketen im Jahre 1957. Doch erst Ende 1959 waren diese einsatzbereit. Ende 1962 verfügten die USA über 200 land- und 144 seegestützte Interkontinentalraketen (ICBM und SLBM) – gegenüber 30 sowjetischen ICBMs.«[1086] Hinzu kamen – so Gerhard KADE – noch 150 Interkontinentalbomber und etwa 400 Mittelstreckenraketen.[1087] Von einer Raketenlücke konnte also überhaupt keine Rede sein, geschweige denn von einer militärischen Bedrohung durch die Sowjetunion.[1088]

Mehr als zehn Jahre nach der ›Raketenlücken‹-Kampagne erklärte der langjährige Vorsitzende des außenpolitischen Ausschusses des US-Senats, Senator William FULBRIGHT, im Hinblick auf diese Einschätzungen der sowjetischen Raketenrüstung: »Wir sind ihnen (der UdSSR, der Verf.) immer voraus gewesen, schon bei der Raketenlücke in der KENNEDY-Ära, als Präsident KENNEDY behauptete, es gebe eine Raketenlücke. Es gab auch eine Raketenlücke, aber im umgekehrten Sinne. Wir hatten etwa 1000 Waffen, und sie hatten etwa 80. Wohingegen er dem Lande einredete, wir hätten 80 und sie 1000. Das stimmte einfach nicht. Aber die Öffentlichkeit glaubt, wir seien hinter ihnen zurück.«[1089]

Auch das Material der US-Geheimdienste verdeutlichte die Schwäche und Unterlegenheit der sowjetischen Raketenrüstung. Demzufolge waren die sowjetischen Interkontinentalraketentests 1958 »beträchtlich zurückgegegangen«. Als Reaktion auf die Stationierung der US-Mittelstreckenraketen ›Jupiter‹ und ›Thor‹ 1956 bis 1958 in Großbritannien und der Türkei konzentrierten sich die Russen auf den Test von Kurz- und Mittelstreckenraketen. »Alles in allem, so die CIA-Leute, hatten die Russen im Jahre 1957/58 nur sechs ICBM-Testflüge durchgeführt. Doch nach der Erfahrung der CIA-Geheimdienstler und der Raketenhersteller mußte eine Interkontinentalrakete zumindest zwanzig Testflüge über sich ergehen lassen, bevor sie als ›einsatzbereit und zuverlässig‹ einzustufen war. Schon aus diesem Grunde konnten die Russen auf gar keinen Fall 500 einsatzbereite Interkontinentalraketen im Jahre 1962 besitzen. Zudem mußten die russischen ICBMs zu ihren Abschußbasen und Silos transportiert, die Abschußeinrichtungen, Kommando- und Kontrollzentren etc. einsatzbereit gemacht werden; all das kostete viel Zeit. Und die U-2-Flüge hatten außer dem Testgelände Plesetsk in Nordrußland, das sie bisher noch nicht einsehen konnten, keine solchen Bewegungen feststellen können.«[1090]

Dies sollte wenig später auch durch Erkenntnisse bestätigt werden, die durch den 1960 eingesetzten Aufklärungssatelliten ›Discoverer‹ gewonnen wurden. Demzufolge wurde festgestellt, daß die Sowjets tatsächlich nur vier einsatzbereite SS-6-Raketen bei Plesetsk besaßen. Ansonsten gab es nichts. Aufgrund ihrer Schwerfälligkeit aber wäre jeder Transport und jede Stationierung dieser Rakete sofort von den US-Aufklärungssatelliten erfaßt worden.[1091] Fest stand vielmehr, daß das sowjetische Raketen- und Bomber-Potential zu einem Entwaffnungsschlag nicht fähig war, allenfalls zu einem begrenzten Vergeltungsschlag.[1092]

Der Rüstungsexperte Jürgen BRUHN faßt zusammen: »Im Sommer desselben Jahres (1961, der Verf.) mußten selbst CIA und Air-Force-Geheimdienst eingestehen, daß ihre ›Raketen-Lücke‹ nicht existierte. Ihre Bedrohungsanalyse, daß die Sowjetunion darauf aus war, um 1962 herum ihr Atomwaffen-Arsenal zu benutzen, um die Vereinigten Staaten durch einen Erstschlag gegen ihre strategischen Bomber- und Raketenbasen zu entwaffen, hatte sich als eine Bedrohungslegende erwiesen. Die UdSSR besaß keine Erstschlags- und auch keine Entwaffnungsschlags-Fähigkeit und hatte solche Pläne auch nie entwickelt, noch entwickeln können. Wie es zuvor keine Bomber-Lücke gegeben hatte, mußte man nun zugeben, daß es keine Raketen- und keine Abschreckungs-Lücke gab.«[1093] Statt dessen ließ sich mit den Worten des Beraters John F. KENNEDYS, Jerome WIESNER, sagen: »Wir lagen in einem Rüstungswettlauf mit uns selbst.«[1094]

3.5.3 Die ›Verteidigungausgaben-Lücke‹

Zehn Jahre später wurde dieses Spiel fortgesetzt. 1976 bildete sich eine neokonservative Denkfabrik mit dem Namen ›Committee on the Present Danger‹, aus der sich eine ›Experten‹-Gruppe unter dem Titel ›Team B‹ rekrutierte und »deren Aufgabe es war, neues Geheimdienstmaterial der CIA über die militärische Stärke, die strategischen Absichten und die Verteidigungsausgaben der Sowjetunion zu orten und zu erstellen«.[1095] Dieses ›Team B‹ setzte sich aus Personen zusammen, die »allesamt Falken und Anhänger einer enormen Rüstungserweiterung der USA« waren.[1096] Entscheidendes Anliegen dieser Machtelite war es, die Ratifizierung des SALT-II-Vertrages zu verhindern, mit dem die Raketenrüstung durch Festlegung von Obergrenzen eingeschränkt werden sollte. Genau »dieser Vertrag mußte zu Fall gebracht werden, denn er würde die US-Rüstungsindustrie bei ihren zukünftigen Aufrüstungsplänen und Rüstungsprofiten beschränken und die Verteidigungsausgaben zurückgehen oder stagnieren lassen. Das mußte um jeden Preis verhindert werden«.[1097] Wie Jürgen BRUHN ausführt, war eine der ersten Analysen von Team-B eine »bewußt falsche Darstellung der sowjetischen Verteidigungsausgaben, um die amerikanische Öffentlichkeit hinters Licht zu führen, um ihr Furcht einzujagen und um die eigene geplante enorme Aufrüstung zu rechtfertigen und voranzutreiben. Man entdeckte nun eine ›Verteidigungsausgaben-Lücke‹ zugunsten der UdSSR«, wobei man auf ungeheuerliche Übertreibungen bei der Auswertung des CIA-Rohdatenmaterials zurückgriff.[1098] Gerade bei dem Kostenvergleich – so der amerikanische Rüstungsexperte Tom Gervasi – haben sich den ›Experten‹ eine Unzahl von Möglichkeiten eröffnet, das sowjetische Rüstungspotential aufzubauschen, ohne jedoch auf konkretes Daten- und Faktenmaterial zurückzugreifen.[1099]

Gerade beim ›Nachweis‹ der Verteidigungshaushalts-Lücke der USA griff man auf einfache manipulative Tricks zurück: Man verglich einfach die Prozentzahlen, die beide Supermächte von ihrem Bruttosozialprodukt für Verteidigungsausgaben zur Verfügung stellten. Dabei kam man zu dem Ergebnis, daß die USA 6 Prozent ihres Bruttosozialprodukts für Rüstung ausgaben, die Sowjetunion hingegen 13 Prozent. Was man allerdings dabei verschwieg, war die Tatsache, daß das Bruttosozialprodukt der USA um ein Dreifaches höher war als das der UdSSR. In absoluten Zahlen ausgedrückt, waren daher auch die Verteidigungsausgaben der USA höher als die der Sowjetunion, genau um 40 Milliarden Dollar.[1100] Diese Manipulationen zogen sich durch die gesamten ›Analysen‹ von Team-B, indem beispielsweise weiterhin bei der Ermittlung der Produktionskosten der sowjetischen Waffensysteme einfach die amerikanischen Materialkosten und die amerikanischen Löhne zugrunde gelegt wurden, und nicht die sowjetischen.[1101] Mit einem solchen – grundfalschen – Ansatz errechnete man, daß die UdSSR im Jahre 1979 für ihren Verteidigungshaushalt 165 Milliarden Dollar ausgegeben hatte – das waren 49,8 Milliarden Dollar mehr, als das Pentagon im selben Jahr aufgebracht hatte (115,2 Milliarden Dollar). In Wirklichkeit aber, so Rüstungsexperte Jürgen Bruhn, »hatten die Sowjets 1979 nur einen Militäretat in Höhe von 84,1 Milliarden Dollar. Sie gaben also 31,1 Milliarden Dollar weniger aus als die USA. Für das Jahr 1980 rechnete TEAM-B die sowjetischen Verteidigungsausgaben mit 170 Milliarden Dollar hoch. Das waren 27,3 Milliarden Dollar mehr als der tatsächliche US-Militärhaushalt im gleichen Jahr (142,7 Milliarden Dollar). In Wirklichkeit gaben die Russen – wie die CIA und TEAM-B sehr wohl wußten – 1980 für ihre Verteidigung 89,9 Milliarden Dollar aus. Ihr 1980er Militäretat war also um 52,8 Milliarden Dollar niedriger als der der USA. Wenn es eine ›Verteidigungsausgaben‹-Lücke gab, so bestand sie eindeutig zugunsten der USA. Diese bewußten Täuschungen deckte der US-Kongreß erst 1983 auf. 1983 mußten CIA und TEAM-B die systematische Verzerrung der sowjetischen Verteidigungsausgaben öffentlich eingestehen. Sie mußten außerdem zugeben, daß die sowjetischen Militärausgaben während der vergangenen sieben Jahre nur um zwei Prozent jährlich angestiegen waren. Das war nur die Hälfte der Rate, von der die CIA gesprochen hatte. Derweil waren Amerikas Militärausgaben um 9,5 Prozent gegenüber 1982 angestiegen«.[1102]

Der Rüstungsexperte Jürgen Bruhn bezeichnet diese Kampagne als einen »bewußten Betrug«, der zwei Ziele haben sollte, nämlich die Niederrüstung des sowjetischen Gegners voranzutreiben und der US-Rüstungsindustrie, zu deren Lobby die Team-B-Mitglieder gehörten, enorme Aufträge zu verschaffen: »Die psychologische Wirkung, die dieser Vergleich auf die US-Öffentlichkeit hatte, war durchschlagend. Die meisten Amerikaner glaubten nun an die sowjetische Überlegenheit. Was jetzt folgte, war eine gewaltige, in solchen Maßen noch nie dagewesene Aufrüstung und eine enorme Erhöhung der US-Verteidigungsausgaben« – von 1981 bis 1987 beliefen diese sich auf rund 1,8 Billionen Dollar.[1103]

3.5.4 Die Propagandathese von der ›Überlegenheit‹ der Sowjets

Dem amerikanischen Rüstungsexperten Tom Gervasi zufolge hat es zu keiner Zeit je eine Überlegenheit der sowjetischen Rüstung gegeben. Gervasi spricht in bezug auf die behaupteten Rüstungslücken, die angeblich zu Lasten der USA bestanden hätten, von der »größten und längsten Kampagne, die je in der amerikanischen Geschichte von der Regierung und dem militärisch-industriellen Establishment inszeniert wurde«.[1104] Zur Rechtfertigung der eigenen Hochrüstung bedienten sich die Vertreter der US-Machtelite einer Bedrohung, »die es in der von ihnen ausgemalten Form nicht gibt. Sie arbeiten mit falschen Vergleichen und irreführenden Behauptungen, um der Bedrohung den Anschein der Realität zu geben. Fast die gesamten Militärausgaben der Regierung wurden mit schiefen oder gar unhaltbaren Zahlenvergleichen begründet und gerechtfertigt. Mit Zahlen wurde nahezu willkürlich jongliert.«[1105]

Dabei wandten die Vertreter der Machtelite neben »verfälschten, irreführenden, unvollständigen Vergleichen noch eine Reihe anderer Methoden an, um Unterstützung für ihre Hochrüstungsprogramme zu gewinnen. So startete sie eine breitangelegte Kampagne gegen die Sowjetunion, in der sie der gegnerischen Supermacht weltweit Fehlverhalten unterstellte und sie als ›Reich des Bösen‹ diffamierte. Die Propaganda reichte von Hinweisen auf vermeintliche sowjetische Verstöße gegen Salt II und andere Verträge bis hin zu pauschalen Behauptungen, die Sowjets stünden hinter Gewalttätigkeit und Terrorismus überall auf der Welt. Die Regierung lenkte die Aufmerksamkeit der Öffentlichkeit generell und einseitig auf die sowjetische Rüstung. Damit rief sie den Eindruck einer militärischen Bedrohung des Westens durch die Sowjetunion hervor, ohne dafür Belege vorzuweisen«.[1106]

In Wirklichkeit jedoch – so die Analyse Gervasis – waren es die Vereinigten Staaten, die im strategischen Bereich die Führung vor der Sowjetunion hatten und zusammen mit ihren westlichen Verbündeten »bei fast allen militärischen Geräten eine deutliche quantitative und eine ausgeprägte qualitative Überlegenheit gegenüber dem Osten« besaßen. »In den wenigen Kategorien, in denen der Osten einen quantitativen Vorsprung behauptet, wie zum Beispiel bei den Panzern, wird diese Überlegenheit durch den qualitativen Vorsprung des Westens mehr als wettgemacht.«[1107]

Deutlich wird dies auch in der Rüstungsentwicklung und -modernisierung: Tatsächlich waren immer die USA mit neuen Waffensystemen in Führung gegangen: Das begann 1945 mit der Atombombe. Erst vier Jahre später konnten die Sowjets ihren ersten Nukleartest durchführen. Auch bei der Wasserstoffbombe hatten die USA 1953 den ersten Schritt getan, ein Jahr später zog die UdSSR nach. Bei den

Langstreckenbombern waren es ebenfalls die USA, die diese Waffe als erste (1953) einführten; vier Jahre später folgte die UdSSR. Bei der Einführung der Mittelstreckenraketen war ein Abstand von sechs Jahren gegeben. Die taktischen Nuklearwaffen führten die USA 1955 ein, die Sowjetunion zog ein Jahr später nach. Die Interkontinentalrakete entwickelten die USA 1955, zwei Jahre später sollten die Russen ihnen hier folgen. Bei den Atom-U-Booten war ein Entwicklungsverzug zu Lasten der UdSSR von sechs Jahren (1956 zu 1962) gegeben.

Noch größer wurde der Entwicklungsrückstand bei den erweiterten Raketengenerationen: 1959 schossen die USA die erste U-Boot-Rakete ab, die Sowjets erst 1968; Interkontinentalraketen mit Festbrennstoff wurden von den USA 1962 getestet, wobei die Russen erst sieben Jahre später auch auf diesem Gebiet folgen konnten. Auf die Einsatzfähigkeit von Raketen mit Mehrfachsprengköpfen konnten die USA schon 1964 verweisen, während der UdSSR dies erst 1972 gelingen sollte.[1108] Folgerichtig gestand der damalige CIA-Direktor Admiral Stansfield TURNER dann auch im Jahre 1977 vor einem Ausschuß des US-Kongresses, daß »die sowjetische Waffentechnologie ganz allgemein hinter derjenigen der Vereinigten Staaten zurücksteht... Bei der Einführung bestimmter elektronischer Techniken liegen die Sowjets um drei bis vierzehn Jahre hinter den USA zurück... Technologie und Fertigungstechniken sowjetischer Computer und elektronischer Anlagen sind nicht besser als die der USA vor fünf Jahren... Die Sowjets mögen es in der Konstruktion von Lasergeräten mit den USA aufnehmen können, wahrscheinlich können sie diese aber nicht in gleichem Umfang in die militärische Praxis umsetzen... Konstruktion und Fertigungstechnologie der sowjetischen Flugzeug- und Raketensysteme sind gleichfalls unterlegen«.[1109]

Zwei Jahre später, 1979, sagte vor demselben Ausschuß General Eugene TIGHE, Direktor des Geheimdienstes des Pentagons DIA: »Der entscheidende Rückstand der Sowjetunion liegt nach meinem Urteil auf dem Gebiet der Computer-Verkleinerung, der Fähigkeit also, eine große Menge komplizierter Kommando- und Steuerungseinrichtungen in das Gerät hineinzupacken. Sie verbrauchen ihre Schubkraft noch in beträchtlichem Maße für ihre ziemlich robuste Technologie der sechziger Jahre.«[1110]

Damit wird also selbst von den Insidern der US-Machtelite zugegeben, daß von einer ernsthaften sowjetischen Bedrohung oder gar Überlegenheit niemals die Rede sein konnte.

3.6 Die Auswirkungen der amerikanischen Rüstungspolitik auf die wirtschaftliche Substanz der UdSSR

Für die Wirtschaft der USA stellt die eigene expansive Rüstungspolitik eine Überlebensfrage dar. »Die Rüstungsindustrie war zumindest bis Ende der achtziger Jahre, oder besser bis zur Auflösung der Sowjetunion, der bedeutendste Konjunkturankurbler des nordamerikanischen Spätkapitalismus und erwirtschaftete die höchsten Profite im Vergleich mit anderen Industriezweigen. Ohne Rüstungsaufträge würden auch heute noch wesentliche Branchen der US-Wirtschaft zusammenbrechen.«[1111] Wie Winfried WOLF nachweist, haben sich Krieg und Rüstung stets positiv stimulierend auf die US-Ökonomie ausgewirkt.[1112] Ebenso kommt auch der Publizist Rolf WINTER bei einer Analyse der Auswirkungen der amerikanischen Kriege des 20. Jahrhunderts auf die US-Wirtschaft zu dem Ergebnis, »daß Kriege für die Vereinigten Staaten stets auch wirtschaftliche Wohltaten waren«.[1113]

Zu berücksichtigen ist überdies ein enger Zusammenhang zwischen expansiver Rüstungspolitik und einer ebenso expansiven liberalkapitalistischen Freihandelspolitik, die, wie oben ausgeführt, ein Wesenskriterium der US-Außenpolitik darstellt: »Es geht darum, durch Rüstung, militärische Überlegenheit oder Schaffung eines ›Abschreckungspotentials‹, durch militärische Interventionsfähigkeit, durch reale Interventionen und schließlich durch Kriege, Eroberungen und Raubzüge die imperialistische Expansion der kapitalistischen Ökonomie zu exekutieren. Ernest MANDEL schrieb hierzu hinsichtlich der USA: ›Das Wachstum der permanenten Rüstungswirtschaft seit dem Zweiten Weltkrieg hat unter anderem auch die sehr konkrete Funktion, die riesigen US-Auslandskapitalanlagen zu schützen, die ›freie Welt‹ für ›freie Kapitalinvestitionen‹ und ›freie Gewinnrepatriierung‹ offenzuhalten und dem US-Monopolkapital den ›freien‹ Zugang zu einer Reihe lebenswichtiger Rohstoffe zu sichern‹.«[1114]

Diese Grundlagen besaßen auch für die Auseinandersetzung mit der Sowjetunion Gültigkeit: »Die größte Bedrohung, der sich die USA gegenübersehen, ist die Möglichkeit, daß Nikita CHRUSCHTSCHOW mit einem echten Friedensplan hervortritt, der nicht zurückgewiesen werden kann. . . Er würde die größte Wirtschaftsdepression hervorrufen, die Amerika je gekannt hat, denn unsere Rüstungsindustrie bedeutet jedes Jahr 50 Milliarden Dollar Kaufkraft.« Mit diesen Worten zitiert der Rüstungsexperte Jürgen BRUHN T. Coleman ANDREWS, den Vorsitzenden eines der größten US-Versicherungsunternehmen.[1115]

Während diese von den USA in Gang gesetzte Rüstungsspirale für ihren Urheber selbst ein Garant für wirtschaftliche Prosperität war und ist, sollte sie hingegen – wie von der US-Machtelite auch gewollt – nicht ohne negative Auswirkungen auf die wirtschaftliche Substanz der UdSSR bleiben und somit auch deren Rolle als Weltmacht beeinträchtigen. Selbst wenn die USA die Fähigkeit zum atomaren Erstschlag gegen die Sowjetunion – bei größter Schadensbegrenzung im eigenen Land – nicht erreichen konnten, so wollte man zumindest versuchen, die eurasische Kontinentalmacht wirtschaftlich an die Wand zu drücken, sie in den Bankrott zu befördern, sie totzurüsten.[1116] Um einen Erstschlag der USA zu verhindern und militärisch nicht erpreßbar zu werden, war die UdSSR förmlich gezwungen, sich der von den USA immer wieder neu in Gang gesetzen Rüstungsspirale zu stellen und den neuen Waffengenerationen des US-Vernichtungsprotentials – wenn auch mit ungeheurer Anstrengung – einen gegenwertigen Ausgleich entgegenzustellen. Dies spiegelte sich auch in den Wirtschaftsdaten der UdSSR wider, welche deutlich machten, daß sich die sowjetische Wirtschaft schwerpunktmäßig auf die Grundstoff- und Schwerindustrie stützte, die Konsumgüterindustrie aber fast vollständig vernachlässigte.

»Die Fortsetzung der vom Vorrang für die Grundstoff- und Schwerindustrie geprägten Wirtschaftspolitik durch BRESCHNEW und KOSSYGIN nach 1965 führte das Sowjetsystem in zwanzig Jahren, bis 1985, in den Ruin«[1117] – eine Zeit, die bestimmt war durch eine »exzessive Belastung von Volkswirtschaft und Bevölkerung der UdSSR durch die Rüstung und die hohe Dauerleistung der sowjetischen Rüstungsindustrie«.[1118] Die von BRESCHNEW und KOSSYGIN eingeleitete Rüstung im konventionellen wie im nuklearen Waffenbereich für eine umfassende und fortgesetzte Modernisierung der Bewaffung erwies sich als eine volkswirtschaftlich schädliche Überinvestition.[1119]

Zu den gleichen Erkenntnissen kommt auch Paul KENNEDY, der den bedeutsamen Anteil des Bruttosozialprodukts, den die UdSSR der Verteidigung widmete, als wesentliches Hindernis für ihre ökonomische Erneuerung angesehen hat,[1120] denn bei einem fortgesetzten Rüstungswettlauf »würde eine immer größere Menge an Ausrüstung wie Werkzeugmaschinen und Anlagen zur Metallverarbeitung vom Militär vereinnahmt. Das würde das Investitionskapital für die restliche Industrie weiter schmälern«.[1121]

Andere amerikanische Autoren kamen zu dem Ergebnis, daß die sowjetische Wirtschaft schon in den sechziger Jahren ein nennenswertes Wirtschaftswachstum nicht mehr verzeichnen konnte.[1122] Der Politologe Jochen HIPPLER weist anhand einer internen CIA-Studie hingegen nach, daß das Wirtschaftswachstum in der UdSSR bis Anfang der siebziger Jahre noch über dem der USA lag: »Diese durchaus eindrucksvolle Dynamik. . . erlahmte in den siebziger Jahren, zu Beginn der achtziger Jahre herrschte praktisch Stagnation.«[1123] HIPPLER weist aber darauf hin, daß die Schwäche der sowjetischen Wirtschaft darin begründet lag, daß sie Qualität durch Quantität auszugleichen suchte: »Trotz aller quantitativen Fortschritte der sowjetischen Ökonomie gelang es nicht, ihr einen technologisch innovativen oder ökologisch verträglichen Charakter zu geben. . . Zugleich investierte die Sowjetunion massiv in den Aufbau und Unterhalt umfangreicher und – relativ – moderner Streitkräfte. Technologische Rückstände zum Westen sollten durch das Prinzip der großen Zahl kompensiert werden.«[1124]

Trotz einiger Erfolge in Teilbereichen, so HIPPLER, konnte doch nicht verborgen bleiben, daß die UdSSR »in vielen Bereichen und Regionen noch kaum über dem Entwicklungsstand eines Dritte-Welt-Landes rangierte«.[1125] Der Wissenschaftler Jürgen NÖTZOLD diagnostizierte, daß seit den sechziger Jahren der ökonomische Aufholprozeß gegenüber den USA keine Fortschritte mehr gemacht habe und in der UdSSR der technologische Wandel nicht nachvollzogen worden sei.[1126] Ende der siebziger Jahre halbierte sich dieser Analyse zufolge die ohnehin bereits zurückgegangene Zuwachsrate des Bruttosozialproduktes auf unter 2 Prozent.

Dieser wirtschaft liche Rückstand hatte Professor HIPPLER zufolge auch Auswirkungen auf die Fähigkeit der UdSSR, ihren Anspruch als eine der USA ebenbürtige Weltmacht zu verwirklichen. Die Sowjetunion blieb nach HIPPLERS Einschätzung »immer eine Weltmacht auf tönernen Füßen, eine Supermacht, deren Anspruch nie ihren Möglichkeiten entsprach. Und es hat – vom nuklearen Patt einmal abgesehen – keinen Bereich gegeben, in dem die Sowjetunion US-amerikanischer Macht auch nur nahegekommen wäre. Auf einer sehr allgemeinen Ebene ließe sich formulieren, daß der Sowjetunion weitgehend die materielle Basis fehlte. . ., eine den USA vergleichbare Macht zu werden oder zu sein. Die Macht der USA. . . beruht nicht primär auf militärischen Mitteln, sondern auf der Kontrolle des Weltmarktes, des Weltwährungssystems, der internationalen Austauschverhältnisse und der Durchdringung der Volkwirtschaften anderer Länder. . . Diese entscheidenden Mittel standen der Sowjetunion niemals in nennswertem Ausmaß zur Verfügung. . . Insgesamt beruhte die Weltmachtrolle der Sowjetunion fast ausschließlich auf ihrer militärischen Macht, insbesondere ihrer Fähigkeit, die atomare Parität mit den USA zu wahren. Doch selbst im militärischen Bereich konnte von einer vorgeblichen sowjetischen Überlegenheit überhaupt nicht die Rede sein. . . *Jane's Soviet Intelligence Review* hält die Kampfeinheiten des sowjetischen Heeres nicht umsonst für ›schlecht geführt, schlecht ausgebildet, schlecht motiviert, schlecht behandelt, und sogar schlecht ausgerüstet‹. Eine große Zahl veralteter und nur beschränkt einsatzfähiger Panzer wäre im Konflikt gegen technologisch hochgerüstete Panzerabwehrwaffen. . . der NATO ziemlich wirkungslos«.[1127]

Vor dem Hintergrund dieser Daten kommt Professor Hippler dann auch zu dem Ergebnis, daß infolge der strukturellen Schwäche der UdSSR diese ihre Weltmachtrolle immer nur unter großer ökonomischer und politischer Anspannung erreichen und sichern konnte. Der von den USA in Gang gesetzte Rüstungswettlauf hatte also in erheblichem Maße dazu beigetragen, daß die wirtschaftliche Grundlage der UdSSR aufgezehrt wurde. Der ehemalige sowjetische Außenminister Schewardnadse sagte hierzu: »Eine Weltmacht waren wir ausschließlich dank unserer militärischen Stärke geworden. Doch durch ihren maßlosen Ausbau gerieten wir in die Lage eines drittrangigen Landes; mehr noch, unsere Rüstungspolitik bewirkte Prozesse, die unser Land an den Rand einer Katastrophe führten. . .«[1128]

3.7 Kalter Krieg und Rüstungspolitik als Voraussetzung für die wirtschaftliche Eroberung der UdSSR

Was den USA nach 1945 nicht gelungen war, nämlich die ökonomische Inbesitznahme Rußlands, sollte also mit Hilfe des Kalten Krieges und der Rüstungspolitik über Umwege gelingen. Mit diesen Strategien wurde die UdSSR in die wirtschaftliche Katastrophe geführt. Damit sie ihr wirtschaftliches Überleben sichern konnte, benötigte sie in wachsendem Maße westliche Finanzspritzen und Wirtschaftshilfe und sollte so langfristig in die Abhängigkeit des westlichen – sprich amerikanischen – Kapititalmarktes gebracht werden. Mit Hilfe des von ihnen kontrollierten internationalen Finanzregimes des Internationalen Währungsfonds und der Weltbank waren die USA – also gewissermaßen mit Legitimation durch eine internationale (in Wirklichkeit aber von ihnen beherrschten) Institution – in der Lage, Rußland Kredite gegen Bedingungen einzuräumen, die die US-Machtelite schon in der

Zeit nach 1945 erfüllt sehen wollte, nämlich den Zugang amerikanischen Kapitals zur russischen Wirtschaft und insbesondere seinen Rohstoffen.

Diese Ziele – Marktöffnung, Deregulierung, Privatisierung, schrankenlose Investitions- und Gewinnabschöpfungsfreiheit für ausländisches Kapital – sollten in den neunziger Jahren mit der Formel vom ›Washington Consensus‹ neben anderen Ländern auch der Sowjetunion und der Russischen Föderation diktiert werden. Die USA versprachen sich also eine Wiederherstellung der Lage wie nach dem Zweiten Weltkrieg – allerdings mit einer Zeitverzögerung von vierzig Jahren, da in den Jahrzehnten des Kalten Krieges gerade wegen der nuklearen Nachrüstung der UdSSR amerikanische Erpressungsmanöver nicht wirklich erfolgversprechend waren. Erst mit der wirtschaftlichen Beherrschung des eurasischen ›Heartland‹ schließlich kann die Stellung der USA als globale Führungsmacht den Theorien angelsächsischer Geopolitiker zufolge als vollendet angesehen werden.

Der endgültige Todesstoß gegen die UdSSR sollte aber erst Ende der siebziger Jahre und erst recht in den achtziger Jahren unter der REAGAN-Administration erfolgen. Doch in den siebziger Jahren drohten die USA, ihre Rolle als Weltführungsmacht zu verlieren: Anstelle des von den USA dominierten Weltmarktes entstanden mehrere wirtschaftliche Kraftzentren, Westeuropa begann, sich wirtschaftlich von den USA allmählich zu lösen, und drohte, als Gewinner einer ›Entspannungspolitik‹ durch wirtschaftliche Zusammenarbeit mit der UdSSR die amerikanischen Zielsetzungen endgültig zu gefährden. Die USA sahen sich also gezwungen gegenzusteuern: Europa mußte wieder auf den amerikanischen Kurs gebracht und die UdSSR in eine erneute Bedrohungssituation gestoßen werden, damit sie ihre Ressourcen nicht in einen produktiven Wirtschaftskreislauf investieren konnte. Die Sowjetunion sollte also – neben der dauernden Rüstungmaschinerie – auch durch eine Politik der Nadelstiche an ihrer empfindlichsten Peripherie zu einer weiteren Ressourcenverschwendung getrieben werden, damit sie die materiellen Grundlagen ihrer außen- und weltpolitischen Stellung endgültig verlor.

Kapitel 4

Die siebziger Jahre – den USA droht der Verlust ihrer unipolaren Vormachtstellung

1 Die Ausgangslage

Die siebziger Jahre waren mit einem ›relativen Weltmachtverlust‹ der USA verbunden, der sich auf verschiedenen Ebenen vollzog. Zum Ausdruck kam dieser Verlust vor allem in der Tatsache, daß ein globales Freihandelsregime und eine einzige Weltmarktordnung unter Führung der USA nicht mehr aufrechtzuerhalten waren, was gerade in diesem Jahrzehnt besonders deutlich zutage trat. In der Zeit von 1950 bis 1970 war der Anteil der USA am Weltexport von 16,7 % auf 13,7 % gesunken, während der Anteil der Europäischen Gemeinschaft von 15,4 % auf 28,8 % gestiegen war. Und 1970 besaßen die USA nur noch 15,7 % der Weltwährungsreserven gegenüber 49,8 % im Jahre 1950. Demgegenüber stieg der Anteil der europäischen Länder daran von 6,1 % auf 32,5 %.[1129] Der US-Anteil an den Goldreserven der Welt schrumpfte ebenfalls unerbittlich, von 68 Prozent im Jahr 1950 auf nur noch 27 Prozent 1973.[1130]

Insgesamt war der Anteil der USA an der Industrieproduktion der westlichen Welt von 48,7 % auf knapp 36 % im Jahre 1978 zurückgegangen. Von 1950 bis 1976 war der EG-Außenhandel um das Zweieinhalbfache des US-Außenhandels gestiegen. Nicht zuletzt vor dem Hintergrund ihres Rückzugs aus dem Vietnamkrieg mußten die USA – so Paul Kennedy – erkennen, daß die Welt vor allem im wirtschaftlichen Bereich multipolarer geworden war.[1131] Auch der damalige US-Außenminister Henry Kissinger kam nicht umhin, zu diagnostizieren, daß sich in wirtschaftlicher Beziehung mindestens fünf größere Gruppierungen herauskristallisiert hätten, politisch hätten sich noch mehr Einflußzentren herausgebildet. Kissinger identifizierte fünf wichtige Regionen: die Vereinigten Staaten, die UdSSR, China, Japan und Westeuropa.[1132]

Maßgeblich jedoch war die Herausbildung von drei ökonomischen Zentren: USA, Westeuropa und Japan. Innerhalb dieser Triade zeigten sich »in einer Reihe wichtiger Fragen erhebliche Interessendivergenzen«.[1133]

Deutlich werden sollte dies darin, daß die von den USA bestimmte Weltwirtschaftsordnung – das System von Bretton Woods von 1944 – nicht mehr zu halten war. Durch dieses Abkommen wurde der Dollar zur Leitwährung des internationalen Handels erhoben, und seine Deckung sollte durch Gold gesichert sein. Durch die rigorose Ausgabenpolitik Washingtons in den sechziger Jahren wurden allerdings derartige Dollarmengen in die Finanzmärkte gepumpt, daß die europäischen Notenbanken von den USA gezwungen wurden, Dollars aufzukaufen und so das amerikanische Zahlungsbilanzdefizit zu decken. Das von den USA bestimmte Weltfinanzsystem geriet also in eine empfindliche Schieflage. »Die Dollar- und Währungskrise förderte die Machterosion der USA. Sie verschärfte zugleich die Labilität des gesamten westlichen Währungssystems. Die Grundlagen, auf die dieses System mit dem Abkommen von Bretton-Woods 1944 gestellt wurde und die unter den günstigen Bedingungen der Nachkriegsprosperität funktionierten – zum Vorteil der USA – brach nun zusammen«[1134] – insbesondere aufgrund des Widerstandes des französischen Präsidenten DE GAULLE.

»Da das ganze internationale Zahlungssystem unter diesen Problemkomplexen in die Knie zu gehen drohte und durch DE GAULLES zornige Angriffe auf das, was er den amerikanischen ›Export der Inflation‹ nannte, weiter geschwächt wurde, blieb der NIXON-Regierung nicht viel anderes übrig, als die Goldbindung des Dollars auf den privatwirtschaftlichen Märkten aufzugeben und den Dollar gegen die anderen Währungen ›floaten‹ zu lassen. Das Bretton-Woods-System, das in hohem Maße eine Schöpfung der Zeit darstellte, als die Vereinigten Staaten finanziell übermächtig waren, brach zusammen, als seine wichtigte Säule die Belastung nicht mehr zu tragen vermochte.«[1135] Die US-amerikanische Währungskrise verkörperte einen in ihrer Geschichte wohl einmaligen Machtverlust gegenüber Europa, der derart groß war, »daß die europäischen Regierungen und Zentralbanken an einem gewissen Punkt die USA zu einer politisch-militärischen Kursänderung zu zwingen in der Lage waren. Das ist historisch ohne Beispiel und stellt ein dramatisches Indiz für die veränderten inter-atlantischen Machtverhältnisse dar. Es war nicht nur die sog. ›Tet-Offensive‹ 1968 in Vietnam, sondern nicht zuletzt der faktische Zusammenbruch der Golddeckung des Dollars im März desselben Jahres, der zu der Entscheidung führte, das Vietnam-Unternehmen aufzugeben – wie das *Wall Street Journal* am 4. April 1968 schrieb: ›Die europäischen Finanziers zwingen uns zum Frieden. Zum erstenmal in der amerikanischen Geschichte haben die europäischen Gläubiger einen amerikanischen Präsidenten zum Rücktritt gezwungen‹«.[1136]

1.1 Europa stellt die US-Herrschaft in Frage und wird eigentlicher Gewinner der Entspannungspolitik

In der US-Machtelite erkannte man auch umgehend die bedrohliche Situation, die in den Worten des US-Präsidenten NIXON zum Ausdruck kam, denen zufolge »ökonomische Macht der Schlüssel zu den anderen Formen der Macht sein wird, welche die Zukunft der Welt im letzten Drittel dieses Jahrhunderts in Händen halten«.[1137] Die wirtschaftliche Macht der USA jedoch wurde durch das aufstrebende Japan und vor allem durch die Europäische Gemeinschaft bedroht: »Die von den USA wesentlich geforderte und geförderte wirtschaftliche Einigung Westeuropas sollte einen großen aufnahmefähigen Markt für amerikanische Produkte schaffen, Anlagemöglichkeiten für amerikanisches Kapital sowie Chancen für den Einsatz amerikanischer Produktionstechnologien. Das ist auch gelungen, jedoch beginnt seit der zweiten Hälfte der sechziger Jahre die EG zum Bumerang zu werden. Aus dem Gemeinsamen Markt ist ein wirtschaftlicher Konkurrent geworden. Anfang der siebziger Jahre schrieb George BALL, der immerhin einmal Unterstaatsekretär gewesen ist, über die gewandelte Einstellung der außen- und außenwirtschaftspolitischen Entscheidungsträger in Wahington, es sei ›nicht mehr ungehörig, darüber zu spekulieren, ob nicht Amerika einen schweren Fehler begangen habe, als es in den sechziger Jahren die Schaffung der Wirtschaftsgemeinschaft ermutigt habe, beziehungsweise sogar vorzuschlagen, wir sollten unsere Politik danach ausrichten, die europäische Einheit zu schwächen, anstatt sie zu stärken‹.«[1138]

Mit dem zunehmenden wirtschaftlichen Gewicht der Europäer sollte sich zudem eine eigenständige Außenpolitik der europäischen Mächte insbesondere gegenüber der UdSSR verbinden, die die Zielsetzungen der USA ernsthaft zu gefährden drohte und dementsprechend von der US-Machtelite auch mit äußerster Feindseligkeit beobachtet wurde: »DE GAULLE hatte die geschlossenen Reihen gegenüber Moskau bereits aufgebrochen, als er Frankreich aus der NATO löste und seine Sonderpolitik mit dem Kreml in Angriff nahm. So sah Washington nun mit Bestürzung ein neues Schreckgespenst auf sich zukommen: Westdeutschland könnte versucht sein, auf eigene Faust aus dem Verbund auszubrechen.«[1139] Das durften die USA aber auf keinen Fall zulassen, denn eine direkte Verständigung zwischen den europäischen Mächten, besonders der Bundesrepublik Deutschland, und Moskau mußte dazu führen, daß die Vereinigten Staaten im Falle einer eurasischen Zusammenarbeit an Einfluß in Europa (und somit auch Eurasien) verlieren würden. Henry KISSINGER zufolge hätte eine direkte deutsch-sowjetische Verständigung zur Konsequenz, »daß die Vereinigten Staaten aus der Lösung eines wichtigen europäischen Problems ausgeschlossen wurden. Damit wurde ein Präzedenzfall geschaffen, der andere europäische Staaten veranlassen konnte, künftig mehr nach Moskau als nach Washington zu blicken. Mit der Zeit mußte das den Zusammenhalt der NATO schwächen«[1140] – und damit den Einfluß der USA auf Europa und Eurasien.

Dieser außenpolitischen Annäherung an die UdSSR sollte eine wirtschaftliche folgen. Dabei stellte sich heraus, daß Europa der eigentliche Gewinner der von den USA eingeleiteten ›Entspannungspolitik‹ der siebziger Jahre war. Diese Entspannungspolitik aber war im Kern nichts anderes als eine »Fortsetzung des Kalten Krieges mit anderen Mitteln«,[1141] die ein damaliges Mitglied der US-Machtelite, George BALL, folgendermaßen beschrieb: »Koordinierte Einflußnahme der NATO-Staaten könnte magnetische Eigenschaften auslösen, die die starke Anziehungskraft der westlichen Werte nicht nur auf jene osteuropäischen Völker, die gegenwärtig hinter dem Eisernen Vorgang gefangen sind, sondern schließlich auch auf die Sowjetunion selbst, erhöhen.«[1142]

Ausgehend von der Voraussetzung, daß die USA keine Einflußsphären und keine Hegemonialansprüche akzeptieren,[1143] sollte also eine allmähliche Herauslösung der osteuropäischen Staaten und ihre Umwandlung in das westlich-ökonomische Modell des atlantischen Bündnisses herbeigeführt werden, bei einem gleichzeitigen Systemwandel in der UdSSR, mit dem Ziel ihrer ökonomischen Öffnung. Mit dieser Politik würde nach Ansicht der Entspannungstheoretiker »die erhoffte Loslösung der Länder Osteuropas von der Sowjetunion durch innenpolitische Diffenzierungen vorangetrieben, die im Rahmen des ›Brückenschlags‹ lediglich politisch unterstützt werden sollten«.[1144]

Der außenpolitische Experte Bernd GREINER beschreibt diese indirekte Strategie, die unter dem Begriff ›Entspannung‹ vermittelt wurde, wie folgt: »Hinsichtlich der Ostpolitik der USA (und Osteuropas als ›Einflußsphäre der UdSSR‹) liegt der Schlüssel zum Verständnis dieser Zusammenhänge in der Kombination der ›Nicht-Anerkennung von Einflußsphären‹ mit der Forderung des *›free access‹*, des ›freien Zutritts‹ zu Osteuropa. ›Free access‹ ist eine direkte Fortführung der regierungsoffiziell als ›Open-Door-Politik‹ bezeichneten imperialen Expansionspolitik der USA im ersten Drittel des 20. Jahrhunderts. . . Mit dem ›free access‹ soll die ›Isolation‹ in den Gebieten durchbrochen werden, wo militärische Intervention bzw. politische Oberhoheit. . . ausgeschlossen sind.«[1145] GREINER bezeichnete diese Politik daher auch als eine Kombination der klassischen Eindämmung mit indirekter, nicht zuletzt ökonomischer Einflußnahme mit dem Ziel, eine Erosion des sowjetischen Hegemonialsystems herbeizuführen.[1146]

Tatsächlich entwickelte sich diese Politik genau ins Gegenteil: Die mit dieser Entspannungspolitik »verknüpften amerikanischen Hoffnungen auf dem sowjetischen und osteuropäischen Markt wurden jedoch nicht erfüllt«[1147] oder wie Alfred R. WENTWORTH, damaliger Präsident der Chase Mahattan Bank, zu jener Zeit sagen sollte: »Die Sowjetunion ist der letzte große, noch nicht entwickelte Markt für die Vereinigten Staaten.«[1148] Anders aber für Westeuropa und die Bundesrepublik: Für sie hat sich die Entspannungspolitik wirtschaftlich gelohnt. »Seit 1980 hat Westeuropa ein größeres ökonomisches Interesse am sowjetischen Markt als die USA. . . Die Bundesrepublik Deutschland ist der wichtigste Handelspartner des Ostblocks geworden. Für Chemie-Produkte stellt dieses Land derzeit 50 Prozent des EG-Osthandels und 35 Prozent des Handels aller OECD-Staaten mit dem RGW (Rat für gegenseitige Wirtschaftshilfe, die Wirtschaftsgemeinschaft des sowjetischen Machtbereichs, der Verf.).«[1149] Aus diesem Grund mußten die USA darauf hinarbeiten, die Entspannungspolitik, von der sie sich eine Erschließung Osteuropas und der Sowjetunion selbst durch das amerikanische Kapital versprachen, zu beenden, denn keinesfalls konnte ihnen an einer Emanzipation Europas durch wirtschaftliche Zusammenarbeit mit der Sowjetunion gelegen sein. Schließlich würde sich auf diese Weise eine geopolitische Multipolarisierung der Welt entwickeln oder gar verfestigen können, wozu die Entspannungspolitik aber keinesfalls gedacht war.

Die US-Machtelite sah sich also gezwungen gegenzusteuern: Anstelle der wirtschaftlichen Zusammenarbeit mußte die UdSSR wieder in eine Politik der Konfrontation gestoßen werden. Damit wäre dann auch die wirtschaftliche Konkurrenz Westeuropas erledigt. »Eine Verschlechterung der Ost-West-Beziehungen würde darum Westeuropa stärker treffen als die USA. Unter dem Aspekt der europäisch-amerikanischen Konkurrenz und Rivalität haben die USA sogar ein ökonomisches Interesse am Ende der für Westeuropa günstigen Entspannungspolitik.«[1150]

Deutlich zutage jedoch trat der europäisch-amerikanische Gegensatz den Autoren Ekkehart KRIPPENHOFF und Michael LUCAS zufolge am Beispiel des westdeutsch-sowjetischen Projektes einer 5000-km-Pipeline zur Lieferung sowjetischen Naturgases von Sibirien nach Westeuropa. Insgesamt handelte es sich bei diesem Plan um ein deutsch-sowjetisch-iranisches Vorhaben. Im April 1975 hatte die deutsche Bundesregierung unter Helmut SCHMIDT mit dem Generalsekretär der KPdSU BRESCHNEW und Schah Reza PAHLEWI ein bemerkenswertes Dreiecksgeschäft ausgehandelt. »Es sah vor, das sonst abgefackelte Erdgas der Felder Bebehan und Gachsaran über eine Pipeline nach Kasachstan und Isfahan im Süden der Sowjetunion zu leiten. Dort gab es größere Energieversorgungsprobleme. Dafür wollte die Sowjetunion Erdgas aus Sibirien nach Westdeutschland leiten. Als Entgelt würden deutsche Firmen die Röhren für die Pipeline und ein Stahlwerk in Isfahan bauen, während die Sowjetunion an den Iran Industriegüter im Wert von einer Milliarde Rubel schicken würde.«[1151]

Auch die bereits zitierten Autoren KRIPPENHOF und LUCAS bestätigen die riesige Bedeutung dieses Projekts für die beteiligten Partner: »Es ist dies das größte je diskutierte Ost-West-Geschäft und stellt einen wichtigen Teil des neuen sowjetischen Fünfjahresplanes dar. Die Gesamtkosten dieser enormen Konstruktion würden sich auf 20 Mrd. DM belaufen; ab Mitte der achtziger Jahre würde die Sowjetunion jährlich 40 Mrd. m^3 Naturgas nach Westeuropa liefern, davon 12 Mrd. m^3 in die Bundesrepublik, den Rest nach Frankreich, Belgien, Holland, Österreich und Italien. Das Großprojekt würde von 14 westdeutschen Banken finanziert werden. Das sowjetische Interesse besteht darin, mit Hilfe westeuropäischen bzw. westdeutschen Kapitals und westlicher Technologien die eigenen Energiequellen zu erschließen, um der Energienachfrage im Lande selbst und bei den RGW-Mitgliedern nachzukommen sowie harte Devisen aus dem Öl- und Erdgasgeschäft mit dem Westen zu beziehen.«[1152]

Dieses Erdgasröhrengeschäft stellte eine geostrategische Herausforderung für die US-Vorherrschaft – insbesondere des nach dem Ende des Goldstandards 1972 geschaffenen Petrodollar-Währungssystems – dar. Europa käme im Wege einer bilateralen Warenverrechnung – Energieträger gegen technische Ausrüstungsgegenstände – mit der UdSSR direkt in den Genuß von Erdöl- und Erdgaslieferungen, ohne Umweg einer Dollar-Nachfrage auf den Finanzmärkten (1975 wurde unter Anleitung der USA auf einem OPEC-Treffen durchgesetzt, daß die OPEC-Länder nur noch Dollar als Zahlungsmittel zu akzeptieren hätten. Durch diese Regelung wurde der weiterhin rapide an Wert verlierende Dollar wieder stabilisiert. Die ganze Welt war nämlich gezwungen, in riesigen Mengen US-Dollar aufzukaufen, um damit die Energieversorgung sicherzustellen).[1153] Dies hätte langfristig sowohl eine währungs- als auch eine energiepolitische Autarkisierung Europas zur Folge gehabt; die Desintegration des Weltmarktes wäre dadurch verfestigt worden. Mehr noch: Die militärische Kontrolle des Nahen und Mittleren Ostens durch die USA wäre mit dem Erdgasröhrengeschäft auf kurz oder lang ebenfalls gegenstandslos geworden, denn mit der Kontrolle der dortigen Ölfelder verbanden die USA eine indirekte Kontrolle über die Wirtschaftskonkurrenten Westeuropa und Japan, die von den Energielieferungen aus dieser Region abhängig waren und nach wie vor sind.[1154]

Wie die Autoren Ekkehart Krippenhoff und Michael Lucas darstellen, war der Nahe und Mittlere Osten »seit Mitte der siebziger Jahre die europäische Achillesferse bzw. der Punkt, über den die USA Westeuropa unter Druck setzen konnten und das auch taten«.[1155] Europa wäre mit dem deutsch-sowjetischen Handelsabkommen auf lange Sicht also nur eingeschränkt von den USA (als Garantiemacht für sichere Erdöllieferungen) erpreßbar gewesen. »Für die Bundesrepublik... sind engere Wirtschaftsbeziehungen mit der Sowjetunion und den RGW-Staaten nicht nur ein wichtiges ökonomisches Moment, sondern auch ein Mittel, sich der einseitigen Abhängigkeit von den USA und ihrer Strategie des neuen Kalten Krieges zu entziehen. Die Abhängigkeit von den (noch immer weitgehend amerikanisch kontrollierten) Energiequellen des Mittleren Ostens würde verringert, und neue Marktchancen für die westeuropäische bzw. westdeutsche Industrie könnten sich ergeben.«[1156]

Deshalb hatten die USA ein zwingendes Interesse daran, das Erdgasröhrengeschäft zu Fall zu bringen. »Die USA... unternehmen derzeit erhebliche diplomatische Anstrengungen in Westdeutschland und Westeuropa, um dieses Erdgas-Geschäft zu verhindern. Die Gründe dafür sind im Kontext der amerikanischen Außenpolitik durchaus einleuchtend: Das Gasgeschäft würde die Sowjetunion und Westeuropa ökonomisch und damit auch politisch enger zusammenbringen und damit den amerikanischen Einfluß schwächen. Außerdem stellt dieser Handel eine wirtschaftliche Niederlage für amerikanische Unternehmen dar und würde einen Präzendenzfall schaffen, in Zukunft amerikanische Firmen von ähnlichen Geschäften auszuschließen.«[1157]

Damit lief die gesamtwirtschaftliche und politische Entwicklung der Welt zuungunsten des amerikanischen Imperiums, so daß dieses nunmehr gezwungen war gegenzusteuern, insbesondere eine Abhängigkeit Westeuropas von den USA wiederherzustellen und die UdSSR wieder in ihre Schranken zu verweisen. Wie Henry Kissinger formulierte, waren die USA »auf solch grundsätzlichen Wandel von absoluter Vorherrschaft zur relativen Stärke... nicht vorbereitet«,[1158] und weiter: »Es droht der Niedergang der amerikanischen Macht, die Gefährdung lebensnotwendiger Wirtschaftsströme..., die unkontrollierte Vermehrung feindlicher Kräfte, schließlich der Verfall freundlich gesinnter Regime.« Die Aufgabe sei es, »die widrigen Machtverschiebungen umzukehren«. Das erfordere außerordentliche Kraftanstrengungen und natürlich Aufrüstung, denn »es ist allerhöchste Zeit, daß wir den gefährlichen Trend... korrigieren«.[1159]

1.2 Die Gegenstrategien der US-Machtelite

Schon 1973 unternahm die US-Machtelite im Rahmen einer ›Bilderberger- Konferenz‹ im schwedischen Sattsjöbaden einen ersten Anlauf zur Wiederherstellung einer einheitlichen Weltwirtschaftsordnung unter US-Führung. »Oberstes Ziel dabei war, die ins Wanken geratene Vormachtstellung der anglo-amerikanischen Finanzinteressen wieder zu festigen und ihnen die Kontrolle über die weltweiten Geldströme zurückzugeben.«[1160] Zu den Gründungsmitgliedern dieser Konferenz gehörten George W. BALL, David ROCKEFELLER von der Chase Manhattan Bank und nicht zuletzt Zbigniew BRZEZINSKI.[1161] Um ein Auseinanderfallen des Weltmarktes in multipolare, womöglich auch noch autarke Machtzentren zu verhindern, mußten nunmehr Strategien und Institutionen entwickelt werden, mit deren Hilfe die Wiederherstellung des einen Weltmarktes unter Einschluß der Konkurrenten Westeuropas und Japans gelingen sollte – im Sinne einer ›Trilateralen Welt‹, bestehend aus Japan, Westeuropa und den USA.

Aufgrund der Tatsache, daß die USA infolge ihres politischen und wirtschaftlichen Machtverlustes nur wenig Möglichkeit besaßen, im Wege einer Konfrontation die Konkurrenz zu unterwerfen, galt es nunmehr, nach dem Prinzip ›If you can't beat them, join them‹ zu verfahren. Wenn schon eine direkte Bekämpfung der Konkurrenz nicht möglich war, so sollte sie doch zumindest auf ein gemeinsames »partnerschaftliches« Ziel in Zusammenarbeit mit den USA verpflichtet werden. Das Ziel war – wie die Autoren SHOUP und MINTER schreiben – »ein globales System«.[1162] Nach der zugrunde zu legenden Konzeption sollten »die Regeln, Zielsetzungen und Verfahren, nach denen die entwickelten Länder ihre Wirtschaftsbeziehungen ordnen,. . . auch die Normen des Weltsystems werden. Mit anderen Worten, die unter den entwickelten Ländern geltenden Wirtschaftsprinzipien wären der zentrale Kern des weiteren Systems; andere Länder müßten sich bei Zeiten diesem Kern anschließen«.[1163]

Dieses System der globalen wechselseitigen Abhängigkeit sollte nach dem Willen der US-Machtelite aber nicht ohne amerikanische Führung auskommen: Eine »globale Außenpolitik« einer ›multipolaren Welt‹ hatte sich – so BRZEZINSKI – von der Einsicht in die Notwendigkeit leiten zu lassen, daß »wir. . . uns in einer historischen Etappe (befinden), in der *die USA einen schöpferischen Prozeß zum Aufbau eines neuen Weltsystems einleiten müssen*«.[1164] Insoweit gingen die Architekten des Trilateralismus davon aus, daß eine stabile Ordnung internationaler Beziehungen auf die Wiederherstellung amerikanischer Führungsmacht und damit auf die allseitige Stärkung amerikanischer Macht angewiesen sei.[1165] Wie die Machtverteilung innerhalb des trilateralen Modells aussehen sollte, hatte Henry KISSINGER seinerseits bereits in seiner berüchtigten ›Osterbotschaft‹ von 1973 deutlich gemacht: In dieser hatte er die regionalen Interessen der Europäer von den globalen Interessen der USA abgegrenzt und den Europäern empfohlen, »sich in das amerikanische Weltmachtkonzept einzufügen«.[1166] Nach diesen Grundsätzen sollten Einrichtungen für die Koordinierung der Politik der trilateralen Mächte geschaffen werden. Wenn diese geschaffen sind, so die Hoffnung der Machtelite, »wird die vereinigte kapitalistische Welt wirtschaftlich so stark sein, daß der Rest sich ihrer Sogwirkung kaum entziehen könne. Da haben wir dann eine Weltwirtschaft mit den trilateralen Ländern im Zentrum«.[1167]

Diese Politik sollte auch auf die sowjetische Vorherrschaftssphäre Ausstrahlung haben – bewirkt werden sollte eine Umwandlung des dortigen Wirtschafts- und Gesellschaftssystems, um die osteuropäischen Staaten und anschließend auch die Sowjetunion selbst in das kapitalistische Weltmodell des Trilateralismus einzubinden. Henry KISSINGER wies darauf hin, »daß es der Zweck der amerikanischen Politik ist, eine günstige Evolution der sowjetischen Gesellschaft zu ermutigen. Es darf nicht vergessen werden, daß es der ursprüngliche Zweck der Politik der Eindämmung war, einen *innenpolitischen* Wandel in der Sowjetunion zu bewirken«.[1168] Eindämmung und Regimewechsel blieben daher die Konstanten der US-Außenpolitik in bezug auf die Sowjetunion und sollten diesesmal mit anderen Mitteln herbeigeführt werden. Eine gesellschaftlich-ökonomische Umwandlung in den osteuropäischen Staaten würde nach den Plänen der US-Machtelite einem Wandel in der Sowjetunion selbst vorausgehen oder könnte diesen gar erzwingen, das heißt die Staaten Osteuropas wurden BZREZINSKI zufolge als »Transmissionsriemen« gegenüber der UdSSR verstanden.[1169] Auch dieses Konzept erkannte sowjetische Sicherheitsinteressen nicht an, sowjetische Vorherrschaft in Osteuropa sollte durch ein Osteuropa ersetzt werden, das dem kapitalistischen Weltsystem einzugliedern war. Ergänzt werden sollte dieses Konzept durch eine Containment-Strategie auf drei Ebenen: ». . . erstens, Wiederherstellung eines Mächtegleichgewichts in Gebieten, die von sowjetischem Expansionismus bedroht sind; zweitens, Reduzierung des Einflusses der Sowjetunion außerhalb ihrer Grenzen durch die vorsichtige Ausnutzung von Streitigkeiten zwischen Moskau und der internationalen kommunistischen Bewegung; und drittens, als langfristiges Ziel, eine Änderung des sowjetischen Konzepts internationaler Beziehungen.«[1170]

Dieses Langzeitziel sollte durch einen verstärkten äußeren Druck auf die UdSSR erreicht werden, wovon man sich eine Unterbrechung der seit Mitte der siebziger Jahre anlaufenden europäisch-sowjetischen Zusammenarbeit versprach. Europa sollte nicht mehr der Ort einer geopolitischen Zusammenarbeit mit Eurasien sein, sondern – wie es die Väter angelsächsischer Geopolitik vorsahen – der Ort der geopolitischen Konfrontation im Sinne SPYKMANS und MACKINDERS, die Rußland wieder in die Isolation treiben sollte. Dazu mußte aber die gerade geschaffene Zusammenarbeit wieder beseitigt werden. Verbunden werden sollte dies mit einem verstärkten militärischen Drohpotential gegen die Sowjetunion, die dieses mit militärischen Gegenmaßnahmen beantworten sollte. Mit einer solchen konfrontativen Politik wollten die USA ferner erreichen, daß das wirtschaftliche Potential der europäischen Staaten in die Rüstung investiert würde, was wiederum ein riesiges Geschäft für die US-Rüstungsindustrie bedeutet hätte. »Zunehmende Aufwendungen für Rüstung in Europa bedeuten Mehraufträge für die amerikanische Rüstungsindustrie, die den Weltmarkt dominiert, und damit bessere Chancen für den amerikanischen Export, für den Rüstungsgüter zunehmend an Bedeutung gewinnen. Mit Hilfe des Rüstungsexports läßt sich nicht nur die amerikanische Zahlungsbilanz verbessern, sondern es ist zugleich dafür Sorge getragen, daß ein zunehmender Teil der europäischen, vor allem der deutschen Staatsausgaben ›verschwendet‹ wird – Ausgaben, die andernfalls für konsumptive oder produktive Sozialstaatszwecke... verwendet werden könnten.«[1171]

Mit einer Neuauflage einer Konfrontation gegen die UdSSR und einer Intensivierung der Aufrüstungen sollte die Konkurrenzfähigkeit der USA gegenüber Europa in doppelter Weise verbessert werden: »Zum einen würde die amerikanische Wirtschaft entlastet, zum anderen würde die Dynamik der europäischen Wirtschaften dadurch eingeschränkt, daß sie einen größeren Anteil ihres Sozialprodukts in unproduktive Aufwendungen stecken müßten.«[1172] Durch die Erzwingung einer erneuten Rüstungsspirale sollte also die europäische Wirtschaftskraft aufgesogen werden, womit die USA gleichzeitig auch ihre europäische Konkurrenz neutralisiert hätten. Ergänzt werden sollte die Rüstungspolitik durch einen Einkreisungsdruck gegen die Sowjetunion und eine subversive Einflußnahme auf den ›weichen Unterleib‹ der UdSSR.

2 Die USA starten eine Neuauflage des Kalten Krieges gegen die UdSSR

Eine Neuauflage, besser gesagt eine Verstärkung des Kalten Krieges und die Inszenierung einer erneuten antirussischen Konfrontationspolitik waren daher für die US-Machtelite das Gebot der Stunde, um drei grundlegende Ziele zu erreichen, nämlich zum einen Europa wieder in die Abhängigkeit der USA zu bringen, des weiteren die geplante europäisch-russische Zusammenarbeit zunichte zu machen, und zum anderen die UdSSR niederzuringen und in ein neu zu schaffendes US-beherrschtes kapitalistisches Weltsystem einzugliedern.

2.1 Die China-Karte

Bereits zu Beginn der siebziger Jahre begannen die USA, die Einkreisungspolitik gegen die UdSSR wieder zu verstärken, und zwar durch einen geradezu revolutionären außenpolitischen Akt, nämlich die Aufnahme diplomatischer Beziehungen zur Volksrepublik China im Jahre 1972. Während man bislang jeglicher diplomatischer Anerkennung der Volksrepublik China eine kategorische Absage erteilt hatte, eröffnete sich mit einem derartigen Kurswechsel in der amerikanischen China-Politik für die USA die Möglichkeit, »die UdSSR nicht allein vermittels der ›indirekten Strategie‹ und westlicher Bündnispolitik ›einzudämmen‹, sondern auch durch Ausnutzung der chinesisch-sowjetischen Auseinandersetzung politisch und propagandistisch... unter Druck zu setzen«.[1173]

Bezeichnend dafür, daß die China-Karte zielgerichtet gegen die UdSSR eingesetzt werden sollte, ist der Zeitpunkt, in dem sie ausgespielt wurde: Seit dem Jahre 1969 entluden sich zwischen China und der UdSSR bewaffnete Grenzstreitigkeiten am Ussuri. Vor diesem Hintergrund mußte die China-Karte der USA tatsächlich als antirussische Karte begriffen werden. Damit verschärfte sich für die UdSSR eine

Die Öffnung Chinas. US-Präsident Richard NIXON besuchte China im Jahre 1972.

China zündete am 17. Juni 1967 erstmals eine Wasserstoffbombe, bejubelt von chinesischen Soldaten.

Bedrohungssituation, die für sie schon in den sechziger Jahren bestanden hatte: »Die Sowjets sahen Rußland wieder in der gefährlichen Zweifrontenlage zwischen einem nuklear bewaffneten Westeuropa... im Westen und einem nuklear rüstenden China im Osten.«[1174] Der Ende der sechziger Jahre offen zutage getretene russisch-chinesische Grenzkonflikt würde daher »der amerikanischen Diplomatie noch nie dagewesene Möglichkeiten eröffnen«, wie Henry KISSINGER schreibt[1175] – er erweiterte nämlich die Möglichkeiten flexibler Einkreisungspolitik gegen die UdSSR, indem man nicht nur an der Front im Westen – in Europa –, sondern auch im Osten Druck ausüben konnte. Die bislang bipolare Welt konnte also um ein drittes Gegengewicht erweitert werden.[1176]

Hierbei spielten die USA ein heimtückisches Doppelspiel: Die USA waren daran interessiert, den russisch-chinesischen Gegensatz aufrechtzuerhalten und keinesfalls eine für beide Parteien hinnehmbare Lösung herbeizuführen.[1177] Damit wurde eine Lage geschaffen, in der beide Mächte notfalls gezwungen werden konnten, keine den US-Interessen zuwiderlaufende Politik zu machen, indem man entweder die chinesische Karte gegen die UdSSR zog oder umgekehrt. »Zudem war beiden (also China und der UdSSR, der Verf.) so unmißverständlich wie möglich... mitgeteilt worden, daß die Grundvoraussetzung für engere Beziehungen zu Washington darin bestand, Amerikas wesentliche Interessen nicht länger zu bedrohen.«[1178] Wie KISSINGER selbst zugibt, hatte diese Politik – ließ man die diplomatischen Floskeln einmal beiseite – eine eindeutig antirussische Ausrichtung: Man vereinbarte, »daß weder China noch die Vereinigten Staaten mit dem sowjetischen Block kooperieren und sich jedem Versuch eines jeden Landes entgegenstellen würden, nach der Herrschaft über Asien zu greifen«.[1179]

KISSINGER selbst spricht hier von einem stillschweigenden Bündnis, um einer Ausweitung des sowjetischen Einflusses in Asien entgegenzutreten[1180] und die Einkreisung der UdSSR zu vollenden: »Nach Amerikas Öffnung gegenüber China sah sich die UdSSR nun an zwei Fronten herausgefordert – im Westen von der NATO, im Osten von China.«[1181] Gleichzeitig wurden damit die militärischen und politischen Handlungsmöglichkeiten der UdSSR eingeschränkt: »Nachdem die Vereinigten Staaten sich China gegenüber geöffnet hatten, wurde es für die Sowjets mittlerweile sogar dann gefährlich, wenn sie Druck ausübten, der von der Androhung eines Krieges weit entfernt war, weil auch dies die gefürchtete chinesisch-amerikanische Annäherung weiter befördert hätte.«[1182] Damit sollte der UdSSR nichts anderes übrig bleiben, als sich den amerikanischen Zielsetzungen zu unterwerfen.

Dieser Druck aber sollte in der Folgezeit noch gesteigert werden: »Im Dezember 1978 erkannten die USA das kommunistische China diplomatisch an und entzogen zu diesem Zweck ihrem Verbündeten, dem nationalchinesischen Regime in Taiwan, die Anerkennung. Rotchina erhielt Sitz und Stimme, einschließlich Vetorecht, im Gremium der fünf ständigen Mitglieder im Sicherheitsrat der Vereinten Nationen. Außerdem erhielten die chinesischen Kommunisten Zugang zu amerikanischer Hochtechnologie und, um das Maß voll zu machen, umfassende amerikanische Militärhilfe. Auf dem Gipfeltreffen im Januar 1979 protestierte Bundeskanzler Helmut SCHMIDT gegen diese Politik der ›China-Karte‹ Präsident CARTERS, weil sie die neu entstehenden, noch zerbrechlichen deutsch-sowjetischen Beziehungen gefährde. In Moskau werde dadurch der Eindruck geweckt, die NATO kehre zu ihrer aggressiven und feindseligen Einkreisungspolitik aus der Zeit des Kalten Krieges zurück.«[1183]

2.2 Die offensive Atomkriegsstrategie durch Stationierung der Mittelstreckenraketen

Allerdings sollte es bei einer Einkreisungspolitik nicht bleiben. Vielmehr sollte die UdSSR auch noch atomar direkt bedroht werden, und zwar von europäischem Boden aus. Schon immer waren die US-Strategen darauf bedacht, es zwischen den Supermächten niemals zu einem Gleichgewicht in der atomaren Rüstung kommen zu lassen. Einer der Strategen einer atomaren Offensivstrategie gegen die UdSSR, Colin S. GRAY, erklärte hierzu: »Wenn die Vereinigten Staaten nicht fähig wären, einen Eskalationsprozeß zu beherrschen, um der UdSSR unseren Willen aufzuzwingen«, dann könnte dieser nicht eingeleitet, das heißt, es kann kein Krieg gewagt werden. Darum »dürfen die USA und die NATO kein wirklich ausgewogenes Abkommen über Mittelstrecken- und strategische Waffen mit der UdSSR anstreben, das die Überlegenheit (der USA) ausschlösse. Das wäre der Weg in die Handlungsunfähigkeit«.[1184]

Hinter den Kulissen versuchte deshalb die US-Machtelite auch alles daran zu setzen, daß das strategische Übergewicht der USA erhalten blieb, und arbeitete eifrig bemüht daran, das geplante SALT-II-Rüstungsbegrenzungsabkommen zu Fall zu bringen. Zu diesem Zweck wurde, wie bereits erwähnt, das ›Committee on the Present Danger‹ eingerichtet, das mit gefälschtem oder falsch berechnetem Datenmaterial eine militärische Bedrohung durch die UdSSR behaupten sollte, um so die Notwendigkeit einer Hochrüstungspolitik begründen zu können. US-Präsident CARTER, wie ENGDAHL beschreibt eine Marionette und Schöpfung der Trilaterialisten um Zbigniew BRZEZINSKI,[1185] erfüllte seinen Zweck und unterzeichnete die berüchtigte Präsidentendirektive PD-59 am 25. Juli 1980. Da CARTER außenpolitisch völlig unerfahren war, war es BRZEZINSKI als Planer einer antirussischen Geopolitik ohne weiteres möglich, den außenpolitischen Kurs der USA zu bestimmen – eine Rolle, die er als Leiter des Nationalen Sicherheitsrates, in dem die wichtigen Weichenstellungen der Globalstrategie der USA gestellt werden, problemlos ausüben konnte.[1186] So trug auch, wie Rüstungsexperte Jürgen BRUHN schreibt, die PD-59 eindeutig die Handschrift BRZEZINSKIS.[1187]

PD-59 war eine Anweisung mit Vorgaben für die Entwicklung einer neuen atomaren Strategie gegen die UdSSR. Diese forderte von den USA die Erlangung der Fähigkeit, einen »begrenzten« wie einen »länger andauernden Atomkrieg mit der UdSSR« führen zu können. Mit treffsicheren Raketen, so die Vorgabe, sollte ein »Enthauptungssschlag« gegen die UdSSR geführt werden; die sowjetischen Kommandozentralen und Raketenstellungen sollten ausgeschaltet werden, damit ein

Gegenangriff nicht mehr möglich oder aber ungefährlich würde (es sollte »die sogenannte Enthauptung, d. h. Schläge gegen die politische und militärische Führung« erfolgen mit dem Ziel, »die gesamte sowjetische militärische und politische Machtstruktur auszuschalten«). PD-59 beinhaltete damit »alle Optionen für begrenzte atomare Entwaffnungsschläge mit zielgenauen Präzisionswaffen gegen spezifische militär-strategische Ziele in der UdSSR, die nun auch Kommando-, Kontroll- und Kommunikationszentren des Gegners einschlossen«.[1188]

Diese neue Kriegführungsstrategie und die diesbezüglichen Waffensysteme hatten daher einen doppelten Zweck zu erfüllen: Zum einen sollten sie die USA in die Lage versetzen, *offensiv* einen Entwaffnungs- und Enthauptungsschlag gegen die Sowjetunion zu führen. Der andere Teil der Aufgabe bestand darin, damit einen Vergeltungsschlag der Sowjetunion unmöglich oder so weit wie möglich unwirksam, unschädlich zu machen.[1189] Diese Absichten entsprachen der aggressiven Zielsetzung, die CARTER im Jahre 1977 kundtat: »Meine persönliche Neigung ist. . ., die Sowjetunion. . . aggressiv herauszufordern, auf friedliche Weise natürlich, um Einfluß in solchen Zonen der Welt zu erlangen, die nach unserer Meinung heute entscheidend für uns sind oder dies möglicherweise in 15 oder 20 Jahren werden können. Dies schließt Gegenden ein wie Vietnam und Gegenden wie Irak und Somalia und Algerien und Gegenden wie die Volksrepublik China und sogar Kuba.«[1190]

Natürlich lagen die Wurzeln dieser Ziele in den Planungen der US-Machtelite. Einer der Vordenker dieser offensiven Atomkriegsstrategie der USA, der bereits erwähnte Colin S. GRAY, spricht sich in seinem Aufsatz *Sieg ist möglich* für eine begrenzte Atomkriegführung gegen die UdSSR aus, die Bestandteil einer konventionellen Kriegführung sein sollte. Dabei sollten die Vereinigten Staaten planen, »die Sowjetunion zu besiegen, und dies zu einem Preis, der eine Erholung der USA erlauben würde. Washington sollte Kriegsziele festlegen, die letztlich die Zerstörung der politischen Macht der Sowjets und das Entstehen einer Nachkriegs-Weltordnung, die den westlichen Wertvorstellungen entspricht, in Betracht ziehen«.[1191]

Mit der Schaffung der Möglichkeit, den Atomkrieg begrenzt, das heißt vom europäischen Boden aus, führbar zu machen, war eine Zerstörung der staatlichen Integrität der UdSSR beabsichtigt: Durch die »chirurgischen Schläge« gegen die staatlich-militärischen Einrichtungen »könnte die UdSSR sich in eine Anarchie auflösen«.[1192] Colin S. GRAY hebt deshalb auch den politisch-administrativen Apparat der UdSSR als Ziel der Atomschläge hervor, da von ihm die Handlungsfähigkeit, ja die Integrität des sowjetischen Staatswesens abhing (GRAY spricht davon, daß die Zernierung dieses Apparates »für das Land revolutionäre Folgen haben« könnte). Wie Robert C. ALDRIDGE darstellt, ging der PD-59 eine 18monatige Untersuchung voraus, die deutlich die Handschrift BRZEZINSKIS trug. Aus dieser Untersuchung ergab sich nämlich, was es eigentlich mit den chirurgischen Atomschlägen auf sich hatte: Umgesetzt werden sollte nämlich die traditionelle Zielsetzung der Rußlandpolitik BZREZINSKIS, und zwar die ethnisch-politische Zersplitterung des russisch-sowjetischen Machtbereichs. Demnach sollte eine Nuklearstrategie bestimmt werden, die die UdSSR als eine funktionsfähige staatliche Einheit auslöschen würde. Ferner sollte untersucht werden, wie der Separatismus gefördert werden könne, indem man solche Gebiete in der Sowjetunion zerstört, in denen die gegenwärtige sowjetische Regierung über Rückhalt verfügt. Abschließend sollten die Ziele identifiziert werden, deren Zerstörung die Sowjetregierung durch die Vernichtung der Führungsgruppe »paralysieren, spalten und zerstückeln« würde.[1193] Auch Colin S. GRAY unterstrich wiederholt, daß es bei der Zielplanung darauf ankomme, den sowjetischen Staat so umsichtig wie möglich in einen Gegensatz zum russischen Volk zu bringen.[1194]

Pikanterweise schloß die Atomkriegführung der USA dabei auch eine ethnische Zielsetzung ein. Es kam darauf an – wie Thomas POWERS die Atompolitik BRZEZINSKIS deutet –, die ethnischen Russen weitestgehend zu vernichten, um auf diese Weise die Desintegration der UdSSR zu beschleunigen: »Russen beherrschen die Sowjetunion, die Russen sind der Feind. Wenn man den Krieg verhindern wolle, müsse man die Russen abschrecken. Wenn die Abschreckung versage, müßte man *vor allem Russen töten*. Wenn man Russen qua (als, d. Hrsg.) Russen tötete, würde man *das Auseinanderbrechen des russischen Imperiums* beschleunigen.«[1195] In die gleiche Richtung argumentiert auch Gary L. GUERTNER: »Die Implikationen sind klar: im Falle eines atomaren Angriffs würden die sowjetischen Minderheiten weitaus bessere Überlebenschancen haben als die ethnischen Russen, weil es in ihren Gebieten weniger strategische und wirtschaftliche Ziele gibt. Selbst ein begrenzter Atomangriff auf die Zentren der russischen Macht könnte das Signal zur *politischen Desintegration der UdSSR* geben. Und selbst wenn das Sowjetregime nicht politisch handlungsunfähig geworden wäre und nationalistischen oder ethnischen Herausforderungen der Zentralregierung wirksam begegnen könnte, welche Probleme könnten ihm von den Chinesen oder seinen ›Verbündeten‹ in Osteuropa gemacht werden?«[1196]

Vor diesem Hintergrund vollzog sich dann auch der NATO-›Nachrüstungs‹-beschluß vom 12. Dezember 1979, durch den 464 Cruise Missiles – davon 96 in der Bundesrepublik Deutschland – und 108 Pershing-II-Raketen in Westeuropa stationiert werden sollten. Auch diese Aufrüstung war von der üblichen Propaganda begleitet, der zufolge es mit dieser Stationierung eine erneute Sicherheitslücke im westlichen Militärbündnis auszugleichen galt. Auch in dieser Frage hatte es jedoch niemals einen Sicherheitsrückstand der NATO gegeben. Die Behauptung der USA, die Stationierung der Mittelstreckenraketen sei eine Antwort auf die Entwicklung und Stationierung der sowjetischen SS-20 Raketen, war auch in diesem Fall wie zuvor bei den propagierten Bomber-, Raketen- und Verteidigungshaushaltslücken eine Lüge. Wie der französische NATO-Admiral SAGUINETTI nachwies, »haben die sowjetischen SS-20. . . keine neue Situation geschaffen. Seit 1959 haben die Russen nach und nach 800 Raketen mittlerer Reichweite vom Typ SS-4 und SS-5 installiert, deren Sprengladung im Megatonnenbereich liegt und mit denen sie bereits praktisch ganz Europa erreichen konnten. Die Einführung der SS-20. . . leitete lediglich die Ablösung dieser veralteten Systeme ein. Offensichtlich sind sie vervollkommnet worden, Reichweite und Zielgenauigkeit wurden verbessert, aber selbst mit drei Sprengköpfen statt einem entspricht jede Rakete (des Typs SS-20, der Verf.) einer um die Hälfte verringerten Explosionskraft (der alten Raketen, der Verf.)«.[1197]

Insgesamt war also festzustellen, daß die neuen sowjetischen Mittelstreckenraketen etwa die gleiche Reichweite hatten wie die veralteten SS-5, jedoch eine stark verbesserte Treffsicherheit, weshalb ihre Sprengkraft stark verringert werden konnte. Tatsächlich hatten sich durch die sowjetische Maßnahme die militärischen Kräfteverhältnisse also nicht verschoben. Vielmehr war, so waren sich sämtliche oppositionellen Militärexperten der von der Raketenstationierung betroffenen NATO-Länder einig, die Stationierung sowjetischer Mittelstreckenraketen die Antwort Moskaus auf die sogenannten ›Forward Based Systems‹, das heißt die vorgeschobenen, nach Europa verlagerten atomaren Waffensysteme der USA, mit denen diese den Schauplatz des möglichen Atomkriegs zu verlagern begonnen hatten – weg von der eigenen Haustür, nach Mitteleuropa. Dabei handelte es sich um Trägersysteme unterschiedlichster Art – Pershing A1-Raketen, Jagdbomber F-111 und F-4, Marineflugzeuge A-6 und A-7 sowie Poseidon-Raketen auf U-Booten, mit denen die USA atomare Waffensysteme direkt in das Gebiet der UdSSR lenken konnten.

Diese Waffensysteme sind im Laufe der Jahre regelmäßig erneuert und durch neue Generationen ersetzt worden.[1198] Mit diesen ›Forward Based Systems‹ konnte man »von europäischen Gewässern aus sowjetisches Territorium bis zum Ural-Gebirge und weit darüber hinaus bestreichen bzw. westsowjetisches Gebiet. . . an-

Bodengestützte Marschflugkörper (Cruise Missiles) vom Typ BGM-109G Gryphon Ground-Launched Cruise Missile (GLCM) mit transporter-erector-launcher (TEL) und Fahrzeug M-1014 MAN, Aufnahme August 1987

greifen«.[1199] Zu bemerken ist dabei, daß die USA keinesfalls – wie von der UdSSR gewollt – bereit waren, diese Waffensysteme in die SALT-II-Verhandlungen (mit dem SALT-II-Vertrag sollte das strategische Nuklearpotential beider Seiten begrenzt werden, also jene Waffensysteme, mit denen das Territorium der USA und der UdSSR vernichtet werden konnte) miteinzubeziehen[1200] – kein Wunder, denn andernfalls hätten sie die Fähigkeit zur Führung eines (auf Europa) begrenzten Atomkrieges verloren. Kein Geringerer als Colin S. GRAY gab selbst zu, daß die Stationierung der US-Mittelstreckenraketen nichts mit der sowjetischen SS-20 zu tun gehabt hatte: »Bei dem NATO-Plan, 108 Pershing-II und 464 bodengestützte Marschflugkörper zu stationieren, geht es nicht darum, ein Gleichgewicht oder ein Gegengewicht gegenüber der sowjetischen SS-20-Stationierung zu schaffen; . . . die NATO braucht eine beträchtliche Anzahl dieser 572 Systeme. . ., *gleichgültig, ob die sowjetische SS-20-Stationierung auf Null reduziert wird oder nicht.*«[1201]

Damit war alles gesagt. Die USA schufen sich mit der Mittelstreckenstationierung ein neues Instrument, das sie als Speerspitze eines vorbeugenden Angriffs gegen die UdSSR[1202] zur Zerschlagung ihrer staatlichen Integrität einsetzen wollten, ohne jedoch selbst einem sowjetischen Vergeltungsschlag ausgesetzt sein. Colin S. GRAY faßte diese Politik in seinem Aufsatz *Sieg ist möglich* mit folgenden Worten zusammen:

»Die erschreckenste Bedrohung für die Sowjetunion wäre die Zerstörung oder schwere Schädigung ihres politischen Systems. Deshalb sollten die USA imstande sein, wesentliche Führungskader, deren Nachrichtenverbindungen sowie einige ihrer internen Kontrollinstrumente zu vernichten. Die Sowjetunion mit ihrem überzentralisierten Machtgefüge und ihrer riesigen Bürokratie in Moskau wäre durch einen solchen Angriff höchst verwundbar. Die Sowjetunion könnte aufhören zu funktionieren. . . Wenn die Moskauer Bürokratie ausgeschaltet, beschädigt oder isoliert würde, könnte die Sowjetunion in Anarchie auseinanderbrechen. . . Wohlüberlegte Zielplanung durch die USA und die Beschaffung entsprechender Waffen könnten der Sowjetunion die Gewißheit ihres politischen Überlebens rauben.«[1203] Um einem solchen Vernichtungsschlag zu entgehen, war die UdSSR gezwungen, die Mittelstreckenraketen auf europäischem Boden vorbeugend zu vernichten. Die USA hatten mit dieser Aggressionspolitik das Risiko eines sowjetischen Präventiv- oder Vergeltungsschlags auf Europa verlagert, ohne selbst in das Fadenkreuz zu geraten.

Um dies zu erreichen, griffen die USA zu einem hinterlistigen diplomatischen Trick: Sie gaben sowohl den Europäern als auch den Sowjets vor, auch die ›Forward Based Systems‹ zum Gegenstand der SALT-II-Gespräche zu machen – was sie allerdings niemals ernstlich in Erwägung gezogen hatten. Wäre dies aber wirklich der Fall gewesen, so hätte sich mit diesem ›Disengagement‹ der USA eine Sicherheitslücke ausschließlich zu Lasten der Europäer ergeben. Bundeskanzler Helmut SCHMIDT hatte befürchtet, daß sich infolge der damit verbundenen Neutralisierung des strategischen Nuklearpotentials der USA wie auch der UdSSR eine Disparität zu Lasten der Europäer auf nukleartaktischem und konventionellem Gebiet ergeben würde. Folgt man den Darstellungen Jürgen BRUHNS, wurde Helmut SCHMIDT gleichzeitig von amerikanischen Nuklearwaffenexperten und von Mitgliedern des ›Committee on the Present Danger‹ dem »intensivsten Druck ausgesetzt, den man sich vorstellen kann«.[1204]

Eines der Mitglieder dieser Machtelite, Fred IKLÉ, machte SCHMIDT klar, daß Europa nicht mehr auf den Schutz der amerikanischen ›Forward Based Systems‹ vertrauen könne, da diese unter die Regelungen des geplanten SALT-II-Vertrages fallen würden. Aus diesem Grunde müßten die Europäer ihr eigenes Raketenpotential zur Verfügung haben. Das war der Hintergrund, der Helmut SCHMIDT zu seiner berüchtigten Londoner Rede 1977 veranlaßte, in der er genau dies forderte. Die USA waren somit in der günstigen Stellung, die Verantwortung für die Stationierung der Mittelstreckenraketen den Europäern zuzuschieben.

Insgesamt handelte es sich bei dem Vorgehen der USA um eine glatte Lüge, denn die USA waren niemals bereit, die ›Forward Based Systems‹ zum Gegenstand eines Abrüstungsvertrages zu machen. Erwartungsgemäß wurde infolge des Einflusses der neokonservativen Kräfte der SALT-II-Vertrag im US-Kongreß auch nicht ratifiziert, womit der Vertrag von Anfang an gegenstandslos war. Gewinner waren mit diesem Trick die USA, denn sie gewannen beides: Zum einen blieben die ›Forward Based Systems‹ bestehen, womit das SS-20-Potential der UdSSR neutralisiert war; zusätzlich bekamen sie – freilich unter amerikanischem Kommando – die Stationierung der Mittelstreckenraketen. Durch dieses Vorgehen – so Jürgen BRUHN – konnte die US-Machtelite endlich ihren langgehegten Plan – nämlich die Stationierung von nichtstrategischen Präzisionsraketen, mit denen man die UdSSR von Europa aus nadelstichartig angreifen und enthaupten könnte – verwirklichen.[1205] Gleichzeitig hatten die USA damit das Risiko eines atomaren Gegen- bzw. Präventivschlages der UdSSR zu Lasten Europas verschoben, denn wollte die UdSSR im Falle einer militärischen Eskalation das Funktionieren ihres Staatsapparates sicherstellen, war sie gezwungen, als erstes das US-Mittelstreckenraketenarsenal in Europa, besonders in Deutschland, auszuschalten. Damit wäre Europa endgültig zum atomaren Schlachtfeld geworden.

Interessanterweise erfolgte die Mittelstreckenraketen-›Nach‹rüstung gerade zu dem Zeitpunkt, als vier bedeutende Institute – darunter auch das ›Council on Foreign Relations‹ – eine Studie unter dem Titel *Die Sicherheit des Westens – Neue Dimensionen und Neue Aufgaben* vorlegten, »in der eine beträchtliche wirtschaftliche Machtverschiebung zugunsten Europas und zum Nachteil der USA« festgestellt wurde. Die EG habe sich dieser Studie zufolge auf dem Weltmarkt als konkurrenzfähiger als die USA erwiesen; ferner sei die Neigung der Europäer stärker geworden, ihre Interessen gegenüber den Amerikanern kräftiger zu vertreten.[1206] Diese Konkurrenz konnten die USA nunmehr loswerden, indem sie sie zum Glacis einer offensiven Atomkriegsstrategie bzw. gleichzeitig zum Gegenstand eines sowjetischen Präventivschlags machten und auf diese Weise die sich anbahnende europäisch- – respektive deutsch- – sowjetische Zusammenarbeit im Außenhandel und bei der Erschließung von Energiefeldern unterminierten.

3 Die USA bestimmen wieder das Gesetz des Handelns

Mit diesen Maßnahmen gelang es den USA, das Auseinanderdriften der von ihnen bestimmten Weltordnung zu verhindern und sich wieder zur bestimmenden Macht in Europa und auch gegenüber der UdSSR zu positionieren. Durch die China-Karte und die Stationierung der Mittelstreckenraketen in Europa haben sie die Sowjetunion wieder in die Enge getrieben und das Bedrohungsszenario erweitert. Mit der diplomatischen Anerkennung der Volksrepublik China und der Stationierung der Mittelstreckenraketen hatten die USA in Europa wie in Asien günstige Ausgangsbedingungen geschaffen, um dann – gewissermaßen als zweiten Akt – zum Todesstoß gegen die Sowjetunion ausholen zu können. Diese war nunmehr eingekreist; die USA hatten es in der Hand, sowohl im Europa als auch in Ostasien Druck auf die UdSSR auszuüben, wie es Henry KISSINGER mit seiner China-Politik ja auch vorgesehen hatte. Mit der Stationierung der Mittelstreckenraketen war das militärische Drohpotential an der sowjetischen Westgrenze gesteigert worden. Die UdSSR hatte somit keine oder nur noch wenig Handlungsfreiheit, eine Steigerung ihres militärischen Potentials konnte sie wirtschaftlich gar nicht oder nur noch unter größten Anstrengungen bewirken. Europa wurde wieder zum »natürlichen Spannungsfeld«[1207] zwischen der Seemacht USA und der Kontinentalmacht Sowjetunion.

Die europäisch-russische Zusammenarbeit wurde aufgrund des von den USA in Europa stationierten Drohpotentials nicht verwirklicht. Statt dessen war Europa wieder an die Kandare genommen, indem es wieder in die Abhängigkeit der atomaren Rüstungspolitik der USA geriet. Die sich in den siebziger Jahren abzeichnende geopolitische Multipolarisierung auch innerhalb des westlichen Militärbündnisses konnte wieder umgekehrt werden zu einem pentagonalen System zwischen USA, Westeuropa, China, UdSSR und Japan, in dem die USA das Gesetz des Handelns bestimmen konnten – eine Konstellation genau nach der Vorstellung von Zbigniew BRZEZINSKI, der die Notwendigkeit einer amerikanisch-chinesisch-westeuropäisch-japanischen Kooperation betonte, um die UdSSR »auszubalancieren« (sprich einzukreisen) und die ›Pax Americana‹ zu erhalten.[1208] Dabei aber sollte es nicht bleiben. Zugleich sah die US-Machtelite in den – von ihnen im wesentlichen hervorgerufenen und mitgestalteten – Entwicklungen im Mittleren Osten auch die Möglichkeit, ihre aus den fünfziger Jahren stammende Politik der Unterminierung der Sowjetunion aufzunehmen und wirkungsvoll in die Tat umzusetzen.

Kapitel 5

Der islamische Fundamentalismus als Schöpfung und Verbündeter des angelsächsischen Imperialismus. Die Afghanistan-Falle

1 Die US-Machtelite und der islamische Fundamentalismus – eine historische Partnerschaft gegen Eurasien

In seinem Essayband *Kriege gegen Europa. Bosnien – Kosovo – Tschetschenien*[1209] wirft der französische Geopolitiker Alexandre DEL VALLE den USA vor, selbst vor einem Bündnis mit dem islamischen Fundamentalismus nicht zurückzuschrecken, um ihr strategisches Ziel, die Degradierung Europas zum US-Vasallen und die Unterwerfung Eurasiens, zu erreichen. »Im Wissen darum«, so schreibt DEL VALLE, »daß ein starkes und unabhängiges Europa imstande wäre, Amerika in allen Bereichen der Macht, vor allem im wirtschaftlichen, zu übertreffen, wollen die amerikanischen Strategen um jeden Preis jegliche europäische Autonomie im Keim ersticken, um zu verhindern, daß klarblickende führende Leute versuchen, ein kontinentales Groß-Europa zu errichten, indem sie ›die zwei Lungen‹, die orthodoxe und die westliche, versöhnen. Daher der amerikanische Wille, den europäischen Kontinent zu schwächen« und dafür Sorge zu tragen, daß Europa »noch ein wenig mehr von Rußland entfernt wird, damit die Bildung eines unabhängigen und starken kontinentalen Groß-Europa, das imstande wäre, mit den Vereinigten Staaten zu konkurrieren, nie Wirklichkeit werden kann«.[1210]

Um die Entstehung eines solchen kontinentalen Konkurrenten zu verhindern, Europa und Rußland einzukreisen und zu schwächen, haben die USA DEL VALLE zufolge stets auf die pan-islamische Karte gesetzt, was mit Afghanistan 1979 begonnen habe und sich bis heute hin fortsetze. Folgt man DEL VALLE, hat sich die US-Machtelite »auf die Seite der Türkei, von Saudi-Arabien oder der islamischen Republiken der Ex-UdSSR gestellt. . ., gegen Rußland und somit indirekterweise auch gegen die Europäische Union, indem sie systematisch den antidemokratischen und chaotischen islamischen Einheiten« auf Kosten Europas und Rußlands zur Hilfe eilen.[1211]

Tatsächlich zieht sich das Bündnis zwischen dem fundamentalistischen Islam und dem anglo-amerikanischen Imperialismus – wie Robert DREYFUSS im seiner Studie *Devil's Game* nachweist – durch das ganze 20. Jahrhundert. Dies muß als eine Langzeitstrategie begriffen werden, und nicht nur als bloße kurzfristige Reaktion auf ungünstige geopolitische Lagen. Im Mittelpunkt der angelsächsischen Imperialmächte stand stets die Absicht, sich zum einen der Erdöllager des Nahen und Mittleren Ostens zu bemächtigen und andererseits die eurasische Kontinentalmacht am Ausbruch aus ihrer strategischen Isolation zu hindern. Diese Politik des Bündnisses mit dem islamischen Fundamentalismus liegt zudem genau auf der Linie der angelsächsischen Geopolitik, der zufolge es – wie oben dargelegt – für die Kontrolle der angelsächsischen Seemacht über Eurasien darauf ankommt, daß sie die Kontrolle über die »rimlands« (Nicolas Spykman) und das »inner crescent« (das innere Halbmond nach Halford Mackinder) ausübt und so das »heartland« (also Rußland) in seine Schranken weist (siehe oben). Auf diesem inneren Halbmond ist die islamische Kultur angesiedelt, die einerseits bis nach Europa, zum anderen bis nach Zentralasien (dem ›weichen Unterleib‹ der russischen Herrschaftssphäre) sowie bis in das westliche China hineinragt. Aufgrund dieser aus angelsächsischer Sicht günstigen geopolitischen Lage der islamischen Welt läßt sich diese gut gegen die eurasische Konkurrenz in Stellung bringen.

Bereits das britische Empire unterstützte den Beduinenstamm der al-Saud, der eng mit dem Wahabismus – einer extrem fundamentalistischen Variante des sunnitischen Islam, die bis heute Staatsideologie Saudi-Arabiens ist – verbunden war, bei der Eroberung der arabischen Halbinsel. In einem Vertrag von 1915 erkannte Großbritannien Ibn Saud als Herrscher über das Gebiet der Heiligen Stätten auf der arabischen Halbinsel an. Damit besaßen die britischen Imperialisten eine Grundlage, von der aus sie nach dem Zusammenbuch des Osmanischen Reiches ihren neu gewonnenen Machtbereich, der sich von Ägypten bis nach Indien hin erstreckte, gut beeinflussen und steuern konnten. Eine Gefährdung britischer Interessen in dieser Region »ging von nationalistischen und linksgerichteten Bewegungen aus, die nationale Unabhängigkeit, den Abzug der Briten und eine demokratische Verfassung anstrebten. Um diese Bewegung niederzuhalten, förderten die Briten den fundamentalistischen Islam. Mit der finanziellen Unterstützung der Suezkanal-Company konnte Hassan al-Banna in Ägypten die Muslim-Bruderschaft aufbauen. Um die ägyptischen Nationalisten und Kommunisten zu unterdrücken, nutzte der ägyptische König, unterstützt von den Briten, die Muslim-Bruderschaft mit ihrem Terror... Politisch unterstützt und finanziert wurde die Muslim-Bruderschaft hauptsächlich von Saudi-Arabien und den Wahabiten, die im Nationalismus von Abdel Nasser wie auch im Kommunismus eine Gefahr für ihre Herrschaft und den ganzen Nahen Osten sahen. Sowohl die englische Botschaft wie später auch die amerikanische Botschaft in Kairo pflegte regelmäßige Kontakte mit der Muslim-Bruderschaft, obwohl man sich deren gewalttätiger Natur bewußt war«.[1212]

Die USA setzten dieses Bündnis nach dem Zweiten Weltkrieg fort, als der Nahe und Mittlere Osten in das Fadenkreuz ihrer Geopolitik geriet. Bedingt war dies zum einen durch die Lage dieser Region im Süden der UdSSR, zum anderen dadurch, daß zwei Drittel der Ölreserven um den Persischen Golf herum konzentriert waren. »Um ihre Vorherrschaft durchzusetzen, planten die USA eine Kette von antikommunistischen islamischen Staaten an der Südgrenze der Sowjetunion. Gleichzeitig galt es, das Streben dieser Staaten nach Unabhängigkeit und nationaler Nutzung der Bodenschätze zu verhindern. Beide Ziele glaubten die USA mit

Hilfe des fundamentalistischen Islam zu erreichen: Die Muslim-Bruderschaft stand dazu bereit.«[1213]

Hierzu bauten die USA Saudi-Arabien zu ihrer Operationsbasis aus, indem es ihnen gelang, die Briten allmählich aus ihrer dortigen Stellung zu verdrängen und Saudi-Arabien unter den Verteidigungsschirm Washingtons zu nehmen – eine Entwicklung, die mit den Investitionen des US-Ölkonzerns Aramco in Saudi-Arabien in den dreißiger Jahren begonnen hatte. »Saudiarabien wurde zum Brückenkopf der USA im Nahen Osten.«[1214] Damit war geopolitisch das Bündnis zwischen den USA und dem extrem fundamentalistischen Wahabismus besiegelt, das bis heute hin Gültigkeit hat. Das war gleichzeitig auch die Geburtsstunde des Paktes zwischen den USA und der Moslembruderschaft, die sich im Rahmen der antisowjetischen ›Containment‹- und ›Roll back‹-Strategie hervorragend einsetzen ließ: »Die Muslim-Bruderschaft bekämpfte Marxisten, fortschrittliche Studenten, Gewerkschaften, arabische Nationalisten und Sozialisten, die Baath-Partei sowie alle modernen säkularen Strömungen in der muslimischen Welt. 1953 empfing Präsident EISENHOWER im Weißen Haus Said RAMADAN, einen der Führer der Muslim-Bruderschaft.«[1215] Auch die Autoren Michael POHLY und Khalid DURÁN bestätigen, daß sich während des ersten Kalten Krieges ein geheimes »antisowjetisches und Anti-NASSER-Bündnis« zwischen den Moslembruderschaften, die ein weltweites Netzwerk unterhielten, und den islamisch-konservativen Staaten Pakistan und Saudi-Arabien mit den USA im Hintergrund bildete.[1216]

Dieses Bündnis sollte auch schon sehr bald zum Einsatz kommen: In den fünfziger Jahren nämlich kamen in Ägypten wie im Iran zwei (säkulare) Nationalisten an die Macht, nämlich Mohammed MOSSADEGH und Gamal Abdel NASSER. »Im Iran wurde MOSSADEGH 1953 demokratisch zum Ministerpräsidenten gewählt. Er verstaatlichte die britische Anglo Persian Oil Compagny (APOC). Das nahmen weder die Briten noch die USA hin. In enger Zusammenarbeit mit den politisch einflußreichsten Ayatollahs organisierten MI 6 und CIA eine Geheimdienstoperation. Unter Führung von Ayatollah KASHANI, der im Solde der CIA stand, mobilisierten die schiitischen Mullahs, unter ihnen Ayatollah Ruhollah KHOMEINI, die Massen in den Straßen gegen MOSSADEGH. Nach dem Sturz von MOSSADEGH wurde der Schah wieder inthronisiert und die iranische Erdölindustrie erneut privatisiert. Fünf große amerikanische Ölgesellschaften erhielten 40 % dieser Erdölindustrie auf Kosten des britischen Anteils. Dieselben Mullahs, die 1953, finanziert von der CIA, den Schah auf den Pfauenthron zurückholten, führten 1979 die Massen zum Sturze des Schahs an.«[1217]

Eine vergleichbar ungünstige Situation für die anglo-amerikanischen Kapitalinteressen schien sich in Ägypten wegen der Verstaatlichung des Suezkanals zu entwickeln, aber auch hier gelang es den USA, mit Hilfe der Moslembruderschaften über Umwege dafür zu sorgen, daß das Nildelta auf lange Sicht schließlich unter amerikanischem Einfluß bleiben sollte. 1952 stürzte NASSER als Führer der Freien Offiziere den prowestlichen, anglophilen König FARUK und übernahm die

Macht. »Dieser Befreiungsschlag gegen das Britsih Empire fand in der muslimischen Welt einen ungeheuren Widerhall, und die Funken der Revolution drohten auf Saudiarabien überzuspringen. Das British Empire und die USA fürchteten um ihren politischen Einfluß und den Zugriff auf das Öl. In einer verdeckten Operation versuchten MI 6 und CIA, NASSER zu stürzen. Sie benutzten die ägyptische Muslim-Bruderschaft, die die Straße gegen NASSER mobilisierte, allerdings ohne Erfolg. NASSER vertrieb die Führer der Muslim-Bruderschaft, die in Saudiarabien Zuflucht fanden. Als NASSER 1970 starb, kam Anwar SADAT an die Macht. Als ehemaliges Mitglied der Muslim-Bruderschaft ging er eine Allianz mit Saudiarabien ein, unterdrückte die ägyptische Linke, holte die Muslim-Bruderschaft nach Ägypten zurück und setzte sich mit Israel und den USA in ein gutes Einvernehmen.«[1218]

Das Bündnis zwischen der anglo-amerikanischen Vormachtstrategie und dem islamischen Fundamentalismus beruht daher auf einer schon lange begründeten Tradition. Ende der siebziger Jahre nun boten sich den USA die Möglichkeiten, den islamischen Fundamentalismus nicht mehr als bloße Barriere im Sinne der traditionellen ›Containment‹-Politik, sondern nunmehr auch offensiv als Schwert gegen die Sowjetunion einzusetzen. Aber auch diese Strategie war nicht wirklich neu, sie war auf irreguläre Operationen zurückzuführen, die das britische Empire bereits gegen das Zarenreich durchgeführt hatte. Folgt man E. R. CARMIN,[1219] so war die Muslim-Bruderschaft (›Ikhwan al Muslimum‹) eine reine Schöpfung der Strategen des britischen Empires mit dem Ziel, die Kontrolle über Asien zu erlangen. Dem ging ein erster ›Testlauf‹ des Einsatzes von Muslim-Extremisten gegen Ende des 19. Jahrhundert voraus: »Ein erster Testfall bot sich, als sich gegen Ende des neunzehnten Jahrhunderts der persische QAJAR-SHAH an Rußland zu orientieren begann: Die Briten schürten den Bürgerkrieg, indem sie über eingeschleuste Agenten die schiitische Geistlichkeit gegen den Vertrag mit Rußland aufbrachten.«[1220] So konnte England Persien unter seine Kontrolle nehmen, ohne daß ein einziger Schuß fiel, und Persien war von der russischen Vormachtstellung befreit.[1221]

2 Der ›Bernard-Lewis-Plan‹: die Politik des ›Krisenbogens‹

Der eigentliche Anlaß für die USA, eine erneute Zusammenarbeit mit dem islamischen Fundamentalismus zu suchen, waren die bereits beschriebenen Entwicklungen in Europa, die mit einem relativen Machtverlust der USA einhergingen. Als Konkurrenz zum ›Petrodollar-Währungssystem‹, das die USA 1975 ins Leben riefen (danach sollte der gesamte weltweite Erdölhandel in Dollar abgewickelt werden; anstelle der Golddeckung trat nunmehr die ›Erdöldeckung‹ des Dollars, was dazu führte, daß die europäischen Mächte zur Sicherstellung ihrer Energieversorgung gezwungen waren, sich Dollarreserven in großem Umfang zuzulegen), schufen die Europäer unter Bundeskanzler Helmut SCHMIDT und dem französischen Staatspräsidenten Giscard D'ESTAING ein europäisches Währungssystem. Ergänzt wurde dies durch eine Anknüpfung von engeren Beziehungen zu den OPEC-Staaten. Frankreich und Deutschland »sondierten die Möglichkeiten eines Tauschabkommens. Man wollte gegen langfristige Öllieferverträge zu festgesetzten Preisen den Aufbau der Länder auf dem neuesten Stand industrieller Technik und Infrastruktur garantieren. Die OPEC-Länder sollten ihre überschüssigen Gewinne in kontinentaleuropäischen Banken hinterlegen, das heißt letztlich im Europäischen Währungssystem«.[1222] Hinzu kam noch das bereits geschilderte Geschäft mit Rußland im Hinblick auf Erdöl und Erdgas, also mit einem Land, das von vornherein schon nicht zur Dollarzone gehörte. Hätten sich diese europäischen Projekte verwirklicht, so wären die Pläne der US-Machtelite, den Dollar als Weltleitwährung wieder aufzubauen, von vornherein zum Scheitern verurteilt gewesen.

Wie der Energie-Experte F. William ENGDAHL schreibt, waren es genau diese Umstände – die Gefahr der Entstehung eines kontinentaleuropäischen Blocks zwischen Europa, Rußland und den OPEC-Staaten (und dabei insbesondere des Iran, der an dem geplanten Erdgasröhrengeschäft ein wesentliches Interesse hatte) mit autarker Energieversorgung –, die die USA zu einem Plan bewogen, den Mittleren Osten und auch die Sowjetunion selbst zu destabilisieren. Auch E. R. CARMIN nennt diese Entwicklungen als Anlaß für ein umfassendes Destabilisierungsprogramm der USA: Demzufolge waren es »vor allem die diversen Ausbruchsversuche seitens des Iran und arabischer Kreise sowie einzelner westeuropäischer Banker und Politiker aus dem räuberischen Öl-Dollar-Weltwährungsmonopol sowie unbotmäßige und für die Einweltler nicht akzeptable konterrevolutionäre Verselbständigungstendenzen innerhalb des Sowjetsystems in Richtung eines ›Dritten Weges‹ in enger Kooperation mit Westdeutschland, Frankreich, dem Iran des Schahs und König FEISALS Saudi-Arabien«,[1223] die die USA zu ihrer wohl größten und teuersten subversiven Geheimdienstoperation veranlaßten: Man mobilisierte verschiedene islamisch-fundamentalistische Organisationen.

Tatsächlich hatte sich die US-Machtelite diese Möglichkeit – gewissermaßen als strategische Reserve – bereits in den sechziger Jahren geschaffen, als man an der Universität Princeton und am Center for Strategic and International Studies an der Universität Georgetown um 1965 herum am sogenannten ›Khomeini-Projekt‹ – der Förderung einer schiitischen Revolution im Iran – gearbeitet hatte. Eine führende Rolle spielten dabei der damalige Außenminister und Drahtzieher KHOMEINIS, Ibrahim YAZDI, und vor allem der Oxford-Stipendiat Bernard LEWIS.[1224] Bernard LEWIS gilt unter den heute noch lebenden Orientexperten der britischen Geheimdienste bei weitem als der renommierteste. »Seit er 1974 in die Vereinigten Staaten geschickt wurde, übte er prägenden Einfluß auf Zbigniew BRZEZINSKI und Samuel P. HUNTINGTON aus«,[1225] insbesondere in bezug auf deren Bemühungen, die USA in ein ›Großes Spiel‹ in Zentralasien hineinzuziehen. Sowohl BZEZINSKIS Politik des »Krisenbogens«, auf die noch einzugehen sein wird, als auch HUNTINGTONS Theorie vom »Zusammenprall der Kulturen« stammten ursprünglich von Bernard LEWIS und sind im Grunde lediglich als neuere Versionen des altbekannten ›Großen Spiels‹ der Geopolitik anzusehen. Die gesamte Politik der CARTER-Administration gegenüber dem Persischen Golf, Afghanistan und dem südlichen Teil der Sowjetunion waren in ihren Ursprüngen Entwürfe von Bernard LEWIS. Die Unterstützung der CARTER-Administration für den Sturz des Schahs im Iran und die Installierung des KHOMEINI-Regimes waren wesentliche Bestandteile des sogenannten ›BERNARD-LEWIS-Planes‹.[1226]

Gegenstand dieses Planes war es, daß man den islamischen Fundamentalismus und seine radikalen Bruderschaften dazu benutzen wollte, um den gesamten moslemischen Nahen Osten, den arabischen Halbmond, zu balkanisieren und in stammesmäßig und religiös aufgesplitterte Kleineinheiten zu zersprengen. LEWIS' Anschauung zufolge hatten die bestehenden arabischen Staaten ohnehin keine Legitimation mehr. Nachdem die Idee des Panarabismus an Integrationskraft verloren hätte, würde keine nationalstaatliche Identiät in diesen Staaten mehr bestehen, so daß der islamische Fundamentalismus als attraktive Alternative übriggeblieben sei. Zu setzen sei deshalb auf die verschiedenen Sekten, Stämme, Regionen und Parteien. Hierzu schlug LEWIS vor, »der Westen solle autonome Gruppen und Minderheiten wie die Kurden, Armenier, libanesische Maroniten, äthiopische Kopten, verschiedene Turkvölker usw. ermutigen, sich gegen die Regierungen der Staaten, in denen sie lebten, aufzulehnen«.[1227] Dabei würden Schiiten gegen Sunniten und gemäßigte Moslems gegen fundamentalistische Gruppen aufstehen. Die US-Machtelite versprach sich von dieser Konzeption die Entstehung separatistischer Bewegungen und eigenständiger regionaler Gebilde wie Kurdistan und Belutschistan.[1228]

Das sich daraus ergebende Chaos sollte nach der Absicht LEWIS' »einen Krisenbogen« erzeugen, der sich vom Nahen Osten bis zum Hindukusch hinzieht.[1229] Diese revolutionäre Veränderung der Landkarte sollte nicht nur bestehende säkulare Regime in der Region des Nahen und Mittleren Ostens beseitigen; vielmehr sollte durch islamische Revolten im »weichen Unterleib« der UdSSR diese selbst zur Auflösung getrieben werden mit dem Endziel, auch eine Balkanisierung der Sowjetunion zu erreichen. Zu diesem Zweck sollte die vom britischen Geheimdienst geschaffene Muslim-Bruderschaft nach LEWIS' Willen auch in allen südlichen Sowjetrepubliken gefördert werden.[1230]

Eine ausführliche öffentliche Darstellung des ›BERNARD-LEWIS-Plans‹ und der ›Politik des Krisenbogens‹ erfolgte am 15. Januar 1979 in dem Magazin *Time* unter der Überschrift »Der Krisenbogen: Iran und eine Region wachsender Instabilität«. Der Artikel beginnt mit einem Zitat BRZEZINSKIS: »Ein Krisenbogen zieht sich an der Küste des Indischen Ozeans entlang: fragile soziale und politische Strukturen in einer Region, die für uns lebenswichtig und von Zerfall bedroht ist. Das daraus entstehende politische Chaos könnte von Elementen erfüllt werden, die unseren Werten feindlich und unseren Gegnern freundlich gesonnen sind.«[1231] Dann jedoch wird ausführlich dargestellt, wie dieses Chaos zum geopolitischen Vorteil für die USA ausgenutzt werden kann: »Langfristig könnte der Gärungsprozeß in dem Bogen sogar deutliche Gelegenheiten für den Westen hervorbringen. Der Islam läßt sich zweifellos mit dem Sozialismus vereinbaren, aber dem atheistischen Kommunismus steht er feindlich gegenüber. Die Sowjetunion ist bereits die fünftgrößte islamische Nation der Welt. Im Jahr 2000 könnte die riesige islamische Bevölkerung in den Grenzrepubliken bereits die Zahl der heute noch vorherrschenden Slawen übersteigen. Aus den islamischen Demokratien an der sowjetischen Südgrenze könnte ein fanatisches Bekehrertum zum Koran über die Grenzen hinweg in diese politisch unterdrückten Sowjetstaaten hineinschwappen und dem Kreml Probleme bereiten. . . Was auch immer die Lösung sein mag, es besteht eine klare Notwendigkeit für die USA, wie KISSINGER sagen würde, das ›geopolitische Momentum‹ zurückzugewinnen. Mehr als alles andere wird dies dabei helfen, im Krisenbogen Ordnung zu halten.«[1232]

Damit ist der ›BERNARD-LEWIS-Plan‹ dem Grunde nach als eine gegen die UdSSR gerichtete Kriegserklärung zu begreifen. Es war von seiten der USA eine Vorgehensweise, die die Politik der subversiven Unterwanderung der fünfziger Jahre wiederaufnahm. Mit diesem Plan aber sollte gleichzeitig auch dafür Sorge getragen werden, »daß aus den Bemühungen Deutschlands und Frankreichs, im Rahmen der Entspannungspolitik die Wirtschafts-, Handels- und diplomatischen Beziehungen mit der benachbarten Sowjetunion zu verbessern, nicht viel wurde. Vor allem strebten die beiden wichtigsten Länder Kontinentaleuropas nämlich ein verläßliches, langfristiges sowjetisch-europäisches Energieabkommen an. Dagegen setzten CARTERS Sicherheitsberater BRZEZINSKI und Außenminister Cyrus VANCE nun den Plan von Dr. Bernard LEWIS für einen islamischen ›Krisenbogen‹ ein«.[1233]

3 Das ›Khomeini-Projekt‹

Als ersten Ansatzpunkt für diese irreguläre Umsturzpolitik in der gesamten Region wählten die USA zunächst den Iran aus. Wie William ENGDAHL schreibt, ernannte US-Präsident CARTER 1978 ein Mitglied der Trilateralisten, George BALL, zum Leiter einer sogenannten ›Arbeitsgruppe Iran‹, die eng mit Zbigniew BRZEZINSKI zusammenarbeiten solllte. »BALL empfahl, den Schah im Iran fallen zu lassen und eine fundamentalistische islamische Opposition, die sich um den Ayatollah KHOMEINI geschart hatte, zu unterstützen.«[1234] Den von E. R. CARMIN zusammengestellten Berichten der *International Herald Tribune* zufolge war der unmittelbare Anlaß des ›KHOMEINI-Projektes‹, daß der Schah sich weigerte, den Ölpreis zu erhöhen.[1235] Mit einer massiven Ölpreiserhöhung, wie von den USA gefordert, hätten diese nämlich die Möglichkeit gehabt, ihre Wirtschaftskonkurrenten in Europa und in Japan, die fast zur Gänze von der Lieferung des nah- und mittelöstlichen Öls abhängig waren und sind, unter Druck zu setzen – ein Anliegen, das, wie bereits aufgezeigt, für die US-Machtelite in dieser Zeit das Gebot der Stunde war. Die Bemühungen des Schahs, die bereits erwähnte Zusammenarbeit mit Westeuropa und der UdSSR in die Wege zu leiten, war gleichfalls nicht mit den Interessen der US-Machtelite zu vereinbaren; sie wäre bei Abschluß eines solchen eurasischen Energiegeschäftes außen vor geblieben.

Eine Erhöhung des Erdölpreises jedenfalls hätte die ernergieimportabhängigen Länder Westeuropas und Japans wirtschaftlich schwer belastet, nicht zuletzt auch infolge hierdurch verursachter inflationärer Tendenzen. Tatsächlich hatten die wirtschaftlichen Sachverständigen KHOMEINIS die Absicht, »die iranische Öl-Produktion auf die Hälfte, das heißt 3 Millionen Barrel täglich, herabzusetzen,. . . eine solche Maßnahme würde einen fühlbaren Druck auf die Welt-Ölpreise ausüben«.[1236]

Eine vom Ayatollah KHOMEINI angeführte Regierung im Iran war deshalb der US-Machtelite durchaus dienlich, zumal der amerikanische Öl-Clan der ROCKEFELLERS dann auch noch die britische Konkurrenz von BP loswerden konnte: Vor dem Umsturz in Persien betrug der Anteil der von ROCKEFELLER kontrollierten Gesellschaft Aramco etwa neun Prozent jenes Konsortiums, das über das persische Öl verfügte. Die BP hingegen besaß 40 Prozent, Shell 14 Prozent, und die restlichen 37 Prozent befanden sich im Besitz des Schahs. Nach KHOMEINIS Machtübernahme wurde dieses Konsortium praktisch ausgelöscht. »Die Leidtragenden dieser Maßnahme waren allerdings nicht die von den ROCKEFELLERS kontrollierten Firmen, sondern die BP und Shell«,[1237] also die britische Konkurrenz. Einem Bericht der Wirtschaftspresse jener Tage zufolge war die BP am härtesten von der Iran-Krise getroffen worden; sie sah sich gezwungen, die Belieferung ihrer Kunden um 35 Prozent zu kürzen, da sie keine Verbindungen zu Saudi-Arabien unterhielt – ganz im Gegensatz zu den Ölgiganten der ROCKEFELLER-Gruppe.[1238]

Eine Beseitigung des Schah-Regimes lag also durchaus im Interesse der US-Machtelite. Folgerichtig schickte BRZEZINSKI auch den stellvertretenden NATO-Kommandeur General HUYSER nach Teheran, um die militärische Führung des Iran davon abzubringen, zugunsten des Schahs einen Staatsstreich zu unternehmen. US-General HUYSER war es auch, der zu diesem Zeitpunkt bereits mit BAZARGAN, einem Vertrauten KHOMEINIS, in engster Verbindung stand, um dessen Machtübernahme nach der Interimsregierung Shapur BAKHTIARS vorzubereiten. BAZARGAN war es schließlich auch, der den Schah schlicht und einfach des Landes verwies.[1239] Damit war der Weg frei für die Machtübernahme KHOMEINIS.

Aber noch aus einem weiteren Grund war die schiitische Revolution im Iran der US-Machtelite dienlich. Von ihr versprach man sich schließlich auch eine Ingangsetzung des BERNARD-LEWIS-Plans gegen die UdSSR. Wie Peter MERSEBURGER schreibt, sorgte Zbigniew BRZEZINSKI als Leiter des Nationalen Sicherheitsrates dafür, daß Washington »einen betont neutralen Kurs« gegenüber der schiitischen Revolution steuerte und sichtliches Bemühen um Entspannung mit KHOMEINI an den Tag legte. »BRZEZINSKI erblickte in der fundamentalistischen Bewegung des Islam eine Kraft, die möglicherweise auch auf die südlichen Republiken der Sowjetunion übergreifen und die kommunistische Gegenmacht an ihrem weichen Unterleib destabilisieren könne.«[1240] BRZEZINSKI selbst spricht in seinen Memoiren davon, daß man in jenen Tagen begann, enge militärische Zusammenarbeit mit den Staaten des Krisenbogens zu entwickeln, und sich insbesondere für eine de-facto-Allianz mit den Kräften der islamistischen Revolte und dem Regime der islamischen Republik Iran einsetzte. BRZEZINSKIS vordergründige Absicht war es, eine wirksame antisowjetische Allianz in jener Region zu formen, die er als »Krisenbogen« bezeichnete.[1241]

Für die Sowjetunion bedeutete der Fall des Schah-Regimes, wie Robert DREYFUSS feststellte, hingegen eine wesentliche Verschlechterung ihrer Sicherheitslage an der Südflanke. Trotz der proamerikanischen Ausrichtung hätte das Schah-Regime für Stabilität gesorgt, auch Wirtschaftsbeziehungen zu beiderseitigem Nutzen hätten sich entwickelt. Stabilität im Iran – so Robert DREYFUSS – bedeutete auch, daß sich Moskau um etwaige separatistische und irredendistische Bestrebungen an seiner Flanke in Südwestasien keine Sorgen zu machen brauchte. Mit dem Erfolg der islamischen Revolution jedoch hätte die UdSSR begonnen, sich zum ersten Mal Sorgen über die panislamische Entwicklung zu machen. »Und die Vereinigten Staaten planten, daß sie (die UdSSR, der Verf.) mit dieser Sorge sichergehen sollte.«[1242]

4 Das Pakistan-Afghanistan-Projekt

Der wirkungsvollste Anschlag gegen den islamischen ›weichen Unterleib‹ der Sowjetunion sollte allerdings von Pakistan und Aghanistan ausgeführt werden. Pakistan sollte dabei nach dem Willen der US-Machtelite der Ansatzpunkt sein, von dem aus zunächst Afghanistan und von dort aus – Afghanistan ist geopolitische Drehscheibe zwischen Zentralasien einerseits und Pakistan sowie dem indischen Subkontinent andererseits – das sowjetische (muslimische) Zentralasien destabilisiert werden sollte. Es lag ferner im Kalkül der US-Strategen, auf diesem Wege die UdSSR dabei zu einem militärischen Abnutzungskrieg herauszufordern, den sie nicht gewinnen konnte – wohl wissend, daß es selbst dem britischen Empire in drei äußerst verlustreichen Feldzügen nicht gelungen war, das afghanische Hochland zu unterwerfen. BRZEZINSKI hatte in seinem Buch *Planspiel* (siehe oben) ja auch bereits dargelegt, daß Pakistan und Afghanistan zu jenen Schlüsselstaaten gehören, mit denen sich die Sowjetunion destabilisieren ließe.

Folgt man E. R. CARMIN, so hatten die US-Strategen eigentlich schon den Iran als Interventionsfalle für die Sowjets ins Auge gefaßt. Demzufolge hatten BRESCHNEW und US-Präsident FORD im Jahre 1974 in Wladiwostok ein geheimes Teilungsabkommen geschlossen. Aufgrund dessen hätte die UdSSR durch Unterstützung der mächtigen iranischen Tudeh-Partei, marxistisch orientierter Mudschaheddins und linksgerichteter Luftwaffenoffiziere sowie möglicherweise durch eigene Truppenentsendungen einen Anlaß dafür schaffen sollen, daß sich die USA den Rest der Ölfelder des Persischen Golfes militärisch sichern konnten, so wie sie es seit Beginn der siebziger Jahre geplant hatten. »Offenbar hatten aber maßgebliche Sowjets erkannt, daß ein ihnen solcherart zugetriebenes Persien ein hochexplosives Danaer-Geschenk sein würde, ein islamischer Zeitzünder, dazu gedacht, den aus 50 Millionen Moslems bestehenden weichen Unterleib des sowjetischen Commonwealth aufzureißen, während der Kopf des zur Liquidation freigegebenen kommunistischen Systems ohnedies mittels ausgesuchter einzelner Dissidenten bereits ›menschenrechtlich‹ bearbeitet wurde.«[1243] Der Versuch, die Sowjetunion in die Iran-Falle zu locken, gelang daher nicht.

4.1 Pakistan als fundamentalistischer antisowjetischer Einkreisungspartner der USA

Statt dessen wählten die US-Strategen den Ansatzpunkt in Pakistan und Afghanistan. Dieser Ansatz sollte sich aus folgenden Gründen als ausgesprochen günstig herausstellen:

Zum einen waren die Beziehungen zwischen Afghanistan und Pakistan alles andere als stabil, was auf die Grenzziehung zwischen den beiden Staaten zurückzuführen war, die vom britischen Empire im Jahre 1893 durch den Außenminister der indischen Verwaltung, Henry Mortimer Durand, vorgenommen wurde. Diese Grenze wurde bewußt durch die Siedlungsgebiete der Paschtunen gelegt, um aus Afghanistan eine Pufferzone zu machen und es so besser kontrollieren zu können. 1947 wurde dann der Staat Pakistan unter Einbeziehung dieser paschtunischen Gebiete gegründet. Die afghanische Loya Jirga von 1949 erklärte daraufhin die Durand-Linie für ungültig. »Pakistans Sicherheitswahrnehmung«, so Afghanistankenner Ahmed Rashid, »wurde anfangs von Afghanistans territorialen Ansprüchen auf Teile der Nordwestprovinz und Belutschistans bestimmt, und es kam 1950 und 1960 zu Grenzstreitigkeiten zwischen beiden Staaten. Afghanistan beharrte darauf, Pakistans Paschtunen sollte freigestellt sein, ob sie eine Unabhängigkeit oder zu Pakistan oder Afghanistan gehören wollten. Die diplomatischen Beziehungen erlebten 1955 und 1962 eine Krise, als Kabul sich für ein ›Groß-Paschtunistan‹ stark machte, das von linken pakistanischen Paschtunen unterstützt wurde.«[1244]

Vor diesem Hintergrund kam es Pakistan also darauf an, sich des paschtunischen Hinterlands in Afghanistan im Sinne der Sicherung einer strategischen Tiefe zu versichern; ein pakistanfreundliches Afghanistan sicherte Islamabad einen erheblichen Zugewinn an Stabilität auch im Fall einer militärischen Auseinandersetzung mit Indien. Aufgrund dieser Umstände war Pakistan gewissermaßen gezwungen, eine Politik der ständigen Einflußnahme auf Afghanistan durchzuführen, und von dort aus konnte die Einflußnahme auch Richtung Zentralasien weitergeführt werden. Der 1977 durch einen Staatsstreich an die Macht gekommene Militärdiktator Zia ul-Haq sah deshalb den afghanischen Dschihad gegen die UdSSR als ein Mittel an, afghanische Gebietsansprüche gegen Pakistan für immer zu beenden, wenn sichergestellt war, daß eine gefügige, Pakistan wohlgesinnte Paschtunen-Mudschaheddin-Regierung in Kabul an die Macht kam.[1245]

Zum anderen war Pakistan das Land, in dem die islamistische Bewegung Jamaat-i-Islami über den größten Einfluß verfügte. Die ›Jamaat-i-Islami‹ war von allen politischen Kräften Pakistans am besten organisiert und hatte enge Kontakte nach Indien und Afghanistan. Darüber hinaus verfügte sie über starke Bindungen nach Europa, zur ›Islamic Foundation‹.[1246] Da E. R. Carmin zufolge die islamistischfundamentalistische Organisationen in Europa eine Schöpfung britischer und amerikanischer Einrichtungen waren,[1247] dürfte davon auszugehen sein, daß zwischen der ›Jamaat-i-Islami‹ bzw. der ›Islamic Foundation‹ und westlichen Geheimdiensten eine enge Beziehung bestanden hat. Darüber hinaus wurde die ›Jamaat-i-Islami‹ hauptsächlich von Saudi-Arabien finanziert,[1248] dem wichtigsten strategischen Brückenkopf der USA im Nahen und Mittleren Osten.

Der Sturz des Ministerpräsidenten Zulfikar Ali BHUTTO im Juli 1977 durch die ›Jamaat-i-Islami‹ im Verein mit dem Koordinierungsbüro für die islamische Welt ›Rabita-alami-Islami‹ und ihrer Marionette ZIA UL-HAQ, der Pakistan bis zu seinem Tod 1988 (infolge eines mysteriösen Anschlags) als islamistischer Militärdiktator führen sollte, war gewissermaßen der Startschuß für die Einkreisung und Destabilisierung der Sowjetunion.[1249] Zulfikar Ali BHUTTOs Politik war mit den US-Zielsetzungen nicht mehr vereinbar gewesen; die USA verübelten ihm seinen nationalistisch-unabhängigen Kurs, seine vorsichtige Annäherung an die Sowjetunion sowie sein ziviles Atomprogramm.[1250] Wie Wilhelm DIETL schreibt, war ZIA UL-HAQ für die USA hingegen von außerordentlichem Wert, und dies nicht zuletzt aus geopolitischen Gründen. »Ungeachtet dessen, daß islamische Fundamentalisten während seiner Amtszeit und von ihm unbehindert die US-Botschaft in Islamabad dem Erdboden gleichgemacht haben, halten sie (die USA, d. Verf.) weiterhin Kontakt und – zusammen mit den Saudis – Allahs General über Wasser.«[1251]

Zum einen wurde seit ZIA UL-HAQ eine Politik der Einflußnahme auf die Politik Afghanistans zur Leitlinie der pakistanischen Außenpolitik. »Primäres Ziel pakistanischer Afghanistanpolitik seit ZIA UL-HAQ war, strategische Tiefe zu erlangen«,[1252] womit ZIA UL-HAQ ein für allemal die zwischen Pakistan und Afghanistan bestehenden Grenzstreitigkeiten zu beenden gedachte. Zum anderen war das islamistische Pakistan unter ZIA UL-HAQ – wie die Autoren Diego CORDOVEZ und Selig HARRISON schreiben[1253] – noch sowjetfeindlicher als die USA. Überdies beabsichtigte er, den islamischen Fundamentalismus bis in die zentralasiatischen Staaten der UdSSR zu tragen, um diese zu destabilisieren.[1254] Mit dem Willen der USA sollten die Aktivitäten Pakistans einschlägigen CIA-Dokumenten zufolge »als Katalysator für den Zerfall der Sowjetunion und die Entstehung von sechs muslimischen Republiken in Zentralasien dienen«.[1255] Diese Umstände machten Pakistan zu einer hervorragenden Ausgangsbasis für eine umfassende antirussische Destabilisierungspolitik.

4.2 Afghanistan – das Operationsfeld

Das eigentliche Operationsfeld, von dem aus die USA ihr erstes ›Great Game‹ – die Destabilisierung der UdSSR – vornehmen sollten, war Afghanistan, dem aufgrund seiner geopolitischen und ethnopolitischen Lage eine Schlüsselstellung in der zentralasiatischen Region zukommt. Wie bereits dargestellt, fehlt es Zentralasien aufgrund des Abgeschnittenseins von den großen Verkehrsadern, insbesondere vom Meer, an geopolitischer Autarkie. Afghanistan und Pakistan stellen daher für diese

Region wichtige Ergänzungsräume dar. Im Rahmen des ›Großen Spiels‹ – der strategischen Auseinandersetzung zwischen der eurasischen Kontinentalmacht und der angelsächsischen Seemacht in diesem Raum – kommt Afghanistan daher eine Schlüsselrolle zu. Der englische Geopolitiker Homer LEA hatte diesem Staat – er benannte dabei allerdings konkret die Provinzstadt Herat (s.o.) – schließlich auch den Rang einer Weltschlüsselregion zugemessen. Bezug nehmend auf Halford MACKINDER, bedeutet dies, daß jede Einflußnahme der angelsächsischen Seemacht auf Zentralasien von der strategischen Kontrolle über Afghanistan abhängt. Afghanistan war gewissermaßen der letzte große Brennpunkt im Kalten Krieg, für dessen Entscheidung es auf Eurasien ankam. Für Zbigniew BRZEZINSKI bedeutet die Herrschaft über Eurasien die Herrschaft über die Welt: »Geopolitisch wurde der Konflikt vor allem an den Rändern des eurasischen Kontinents ausgetragen.« Die südliche Frontlinie berührte die Länder Iran, Afghanistan und Pakistan.

Die Geschichte Afghanistans seit der zweiten Hälfte des 19. Jahrhunderts war daher auch – wie Ahmed RASHID schreibt – bestimmt durch einen Kampf der herrschenden Durrani-Paschtunen gegen das nach Zentralasien vorrückende Zarenreich wie gegen das britische Empire, das die Kontrolle über Indien und Pakistan ausübte. Um zu verhindern, daß Rußland auf den Hindukusch Zugriff nehmen und damit die britische Machtposition in Südwestasien gefährden konnte, unternahm Großbritannien drei Feldzüge nach Afghanistan, die allerdings kläglich scheiterten, bis die Briten »einsahen, daß die unnachgiebigen Afghanen eher zu kaufen als zu besiegen waren. Die Briten boten Subventionen an, manipulierten die Staatsoberhäupter und schafften es, Afghanistan in eine Abhängigkeit zu bringen«.[1256]

In der Folgezeit sollte es den Briten gelingen, das Herrschaftsgebiet der Paschtunen zu teilen: »Die Fehden unter den herrschenden Durranis, die vom britischen Geheimdienst noch angestachelt wurden, hielten Afghanistans Könige schwach und abhängig von britischer Großzügigkeit. Infolgedessen forderten die Nicht-Paschtunen im Norden zunehmend Autonomie, wollten sich von der zentralen Kontrolle Kabuls abnabeln. Auch waren die Paschtunen durch die britische Eroberung Nordwest-Indiens so geschwächt, daß es zur ersten Zersplitterung der Paschtunenstämme kam. Die Spaltung zwischen Britisch-Indien und Afghanistan wurde von den Briten in einer offiziellen Grenzlinie – der DURAND-Linie – 1893 formell legitimiert.«[1257]

Aus russischer Sicht war das Interesse der Briten »für Afghanistan. . . damit zu erklären, daß sie in diesem Land ein riesiges Aufmarschgebiet im Herzen Asiens für ein militärisch-politisches Eindringen in die inneren Gebiete Irans und Chinas sowie in Mittelasien erblickten. Je mehr England zur Werkstatt der Welt wurde, desto größer wurde sein Interesse für Afghanistan, denn die Herrschaft über dieses Land gewährleistete die Handels- und Wirtschaftsexpansion in dieser an Rohstoffvorräten reichen Region, die einen aufnahmefähigen Markt für den Absatz englischer Waren darstellte«.[1258] Indirekt bestätigt wurde diese Einschätzung vom britischen Vizekönig in Indien, Lord CURZON, von dem die Aussage überliefert ist:

»Turkestan, Afghanistan, Transkaspien, Persien – für viele strahlen diese Wörter nur den Begriff äußerster Entfernung aus oder sind eine Erinnerung an fremdartige Wechselfälle und eine im Sterben liegende Romanze. Für mich, das gestehe ich ein, sind es die Stücke eines Schachbrettes, auf dem ein Spiel um die Beherrschung der Welt abläuft.«[1259] In der Folgezeit sollte es den Briten durch Bestechung von Stammesführern und Diplomatie auch gelingen, daß das Land – wenn auch nur in begrenztem Umfang – unter ihrem indirekten Einfluß blieb.[1260]

Die Schilderung dieser historischen Gesichtspunkte ist für das Verständnis des Umstandes wichtig, warum es den Sowjets später möglich war, Einfluß auf Afghanistan zu gewinnen. Den afghanischen Königen sollte es nach 1919 gelingen, eine vollständige Unabhängigkeit von Großbritannien durchzusetzen, die erste Verfassung des Landes zu erstellen und eine kleine gebildete städtische Elite zu schaffen.[1261] Dabei stützten sich sich auf das Vorbild des ersten Staatschefs der modernen Türkei, Kemal Atatürk. Begleitet war diese Politik von einer Vereinbarung mit der UdSSR, die die Entsendung russischer Zivilberater zum Gegenstand hatte.[1262] Von sowjetischer Hilfe versprach man sich die Modernisierung der Infrastruktur, der Verwaltung und der Armee, um die Unabhängigkeit von Großbritannien auch sicherzustellen.

Diese Modernisierungsansätze trafen jedoch stets auf den Widerstand reaktionärer Mullahs, die Unruhen auslösten, die nicht selten mit der Ermordung der jeweiligen Herrscher endeten. Vor diesem Hintergrund wird stets behauptet, der Freundschaftsvertrag mit den Sowjets und die danach folgende engere Zusammenarbeit seien lediglich die Vorstufe für die Vereinnahmung Afghanistans in den sowjetischen Herrschaftsbereich gewesen. Allerdings ergeben sich keine Anhaltspunkte für derartige sowjetische Absichten. So unternahm die Sowjetunion beispielsweise keine Anstrengungen, um König Amanullah, unter dem der sowjetische Einfluß im Lande seinen Höhepunkt hatte,[1263] 1928/1929 gegen eine offene Revolte zu unterstützen, die Amanullah ins Exil nach Europa vertrieb. Statt dessen ließ man es bei einem Nachruf bewenden. Auf der anderen Seite aber steht fest, daß der Sturz Amanullahs die britische Stellung in Afghanistan wiederherstellte. Der Nachfolger Nadir Schah und seine neue Regierung, die 1930 antrat, »war das Gegenteil der früheren. Der Einfluß der Sowjets in Afghanistan hat dem englischen Einfluß wieder Platz machen müssen. Die Sowjetangestellten verschwanden, und angloindische Elemente gelangten zu hohen Staatsstellungen«.[1264] Daher kann nicht ausgeschlossen werden, daß die Revolte gegen Amanullah von Agenten des britischen Geheimdienstes angezettelt worden war. Konkrete Nachweise aber liegen hierfür nicht vor.

Nach dem Zweiten Weltkrieg, im Rahmen der antisowjetischen ›Containment‹- und ›roll-back‹-Politik der USA, geriet Afghanistan in das Fadenkreuz der CIA, insbesondere, als in Kabul 1953 der moskaufreundliche General Mohammed Daud Khan die Macht übernahm und eine enge Zusammenarbeit mit der UdSSR einleitete. Damit entstand in einer strategisch wichtigen Region eine gefährliche Lücke im antirussischen Einkreisungsring der ›rimlands‹, der durch die NATO, CENTO, und SEATO organisiert wurde. Im Zuge afghanisch-pakistanischer Grenzstreitigkeiten wurde Afghanistan von Pakistan an seiner Ostgrenze vollständig abgeriegelt. Überdies begannen die USA ihren Verbündeten in Islamabad Waffen zu liefern.[1265] Dies wiederum verstärkte die Anlehnung Afghanistans an die UdSSR.

Diese Zeit war auch als Anfang der irregulären CIA-Aktivitäten der USA in Afghanistan anzusehen. Der US-Geheimdienst begann, mit den islamischen Fundamentalisten, die mit den Muslimbruderschaften verbunden waren, zusammenzuarbeiten.[1266] Über eine größere Präsenz verfügte die CIA in Afghanistan zu jener Zeit nicht, allerdings unterhielt sie in den Büros der ›Asia Foundation‹, einer CIA-Einrichtung, ein Team.[1267] Diese ›Asia Foundation‹ wiederum unterstützte die Universität von Kabul und unternahm mehrere Projekte in Zusammenarbeit mit der organisierten Muslimgemeinde in Afghanistan. Ansatzpunkt für derartige Aktivitäten waren Robert Dreyfuss zufolge die Lehrstühle für islamische Theologie an den wichtigsten Universitäten sowohl in Afghanistan als auch in Pakistan. Dort suchten die Agenten der ›Asia Foundation‹ die Zusammenarbeit mit proislamischen Studenten wie auch mit einflußreichen Klerikerfamilien.[1268] Auf diesem Weg wurde auch für eine zunehmende Politisierung dieser Muslimgemeinde gesorgt, die dadurch gefördert wurde, daß ein Studium führender Organisatoren und Schüler islamistischer Organisationen Afghanistans in der Al-Aqsa-Moschee in Ägypten sichergestellt wurde, wo diese Gruppierungen auch in enge Verbindung mit den ägyptischen Moslembruderschaften treten konnten.

Dreyfuss zufolge begann hier eine kritische Phase der Politisierung und Radikalisierung des Islams mit einer starken antikommunistischen Ausrichtung.[1269] Diese ›Professoren‹, wie sich die Führungskräfte des afghanischen Islamismus nannten, begannen nach ihrer Rückkehr aus Ägypten mit der Indoktrination von Studenten an der Kabuler Universität und sorgten so auch für ein gewalttätiges Klima, das von einem militanten Vorgehen gegen linke säkular eingestellte Studenten und Lehrer bestimmt war. Im Juni 1970 beschrieb ein Papier der US-Botschaft in Kabul, das an das State Department gerichtet war, die religiöse Führerschaft Afghanistans, insbesondere die Klerikerfamilien, als eine starke und aktive Kraft, der es gelungen sei, linke Bestrebungen insbesondere in den Provinzen zurückzudrängen, und die gezeigt habe, daß sie eine Kraft werde, mit der die Regierung rechnen müsse.[1270]

Unter den Führern der islamistischen Bewegung Afghanistans befanden sich Abdul Rasul Sayyaf, dessen Organisation von der Moslembruderschaft und von Saudi-Arabien gesteuert wurde, sowie Burhanuddin Rabbani und Gulbuddin Hekmatyar, die später den bewaffneten Djihad gegen die sowjetischen Streitkräfte führen sollten.[1271] Der Führer des Geheimbundes der ›Professoren‹ und der Geheimorganisation der ›Moslemjugend‹ war Robert Dreyfuss zufolge Professor Gholam Mohammed Niyazi von der theologischen Fakultät der Kabuler Universität, die ja hauptsächlich CIA-Unterstützung über die ›Asia Foundation‹ erhielt.[1272] 1972 begannen Rabbani, Sayyaf und später Hekmatyar mit der Gründung eines Führungsrates der Islamistischen Bewegung, die die allmähliche Unterwanderung der afghanischen Streitkräfte organisieren sollte. Bitten dieser Organisation um US-Unterstützung wurden von der US-Botschaft offiziell zurückgewiesen, wobei man aber – worauf Robert DREYFUSS hinweist – eindeutig Sympathie mit den Zielen der islamistischen Bewegung, insbesondere ihrer antikommunistischen Ausrichtung, bekundete.[1273]

4.2.1 Der Putsch Mohammed Dauds im Jahre 1973

Die CIA, die die Schürung eines afghanischen Bürgerkriegs bislang sehr zurückhaltend und lediglich unter dem Deckmantel der ›Asia Foundation‹ organisierte, sollte ihre Aktivitäten in der Folgezeit verstärken. Anlaß hierfür war der unblutige Staatsstreich des 1963 kaltgestellten General Mohammed DAUD, der im Zuge der katastrophalen Wirtschaftslage in Afghanistan den Rom-Aufenthalt König ZAHIR SCHAHS im Sommer 1973 ausnutzte, erneut die Macht im Staat zu übernehmen und mit Hilfe prosowjetischer Kräfte des Parcham-Flügels der Kommunistischen Bewegung die Republik auszurufen. Jetzt begann die CIA aktiv gegenzusteuern. »Die CIA, Pakistan... und der Schah des Iran begannen ernsthafte Anstrengungen zu unternehmen, das neue afghanische Regime zu unterminieren.«[1274] In einem Presseinterview im April 1989 sollte der Mitarbeiter der pakistanischen Ministerpräsidentin Benazir BHUTTO, Nasirullah BABAR, zugeben, daß »die Vereinigten Staaten seit 1973 afghanische Dissidenten finanziert hatten« und den Islamistenführer Gulbuddin HEKMATYAR bereits Monate vor der sowjetischen Militärintervention unter ihren Schutzschirm nahmen,[1275] mit der Destabilisierung Afghanistans als Ziel.

Den Autoren Diego CORDOVEZ und Selig HARRISON zufolge wurde nunmehr eine gemeinsame Aktion der Vereinigten Staaten, Saudi-Arabiens und Pakistans zur Mobilisierung des islamistischen Untergrundes in die Wege geleitet. »Beginnend im Jahre 1974 bemühte sich der Schah gezielt, Kabul in eine zum Westen hin neigende, Teheran-zentrierte regionale Wirtschafts- und Sicherheitssphäre zu ziehen, in die auch Indien, Pakistan und die Staaten des Persischen Golfes einbezogen werden sollten.«[1276] Bei dieser Politik wurde der Schah von den USA nach Kräften unterstützt. Ziel dieser US-iranischen Anstrengungen, die auch von Saudi-Arabien gefördert wurden, war DREYFUSS zufolge die Stärkung islamistischer Kräfte in DAUDS Regierung, mit dem Ziel, Afghanistan gänzlich aus der sowjetischen Sphäre zu ziehen. »Savak (der iranische Geheimdienst, der Verf.) und CIA arbeiteten Hand in Hand, manchmal in loser Zusammenarbeit mit afghanischen islamischen Fundamentalisten des Untergrundes... Die afghanischen Fundamentalisten waren eng verbunden... mit der in Kairo angesiedelten Moslembruderschaft (Ikhwan al Muslimum) und der Moslem-Weltliga (Rabitat al Alam al-Muslimeen), einem führenden Exponenten der saudischen Wahhabi-Orthodoxie.«[1277]

Wie CORDOVEZ und HARRISON darstellen, unterstützte der iranische Geheimdienst die afghanischen Islamisten sogar mit Waffen, während der pakistanische Geheimdienst ISI noch weiter ging und mit der CIA zusammen Staatsstreichpläne gegen

Daud unterstützte. »Savak, die CIA und pakistanische Agenten waren ebenfalls verwickelt in Staatsstreichversuchen der Islamisten gegen Daud im September und Dezember 1973 und Juni 1974.«[1278] 1975 kam es unter Anleitung der Geheimdienste CIA, Savak und ISI zu einer offenen Revolte der Islamisten gegen Daud, der blutig niedergeschlagen wurde. Die Anführer des Aufstandes flohen nach Pakistan, wo sich für die nächsten Jahre eine enge Zusammenarbeit zwischen afghanischen Islamisten und dem Geheimdienst ISI entwickeln sollte.

Indessen begann Mohammed Daud, sich immer mehr von der Zusammenarbeit mit der UdSSR zu lösen, rückte statt dessen »näher an Pakistans Sponsor Saudi-Arabien, an die iranische Monarchie und das reiche Ölemirat Kuwait heran«[1279] und leitete eine rücksichtslose Unterdrückungspolitik gegen oppositionelle, insbesondere kommunistische Kräfte, ein, was das Bürgerkriegsklima im Land verstärkte. Auf Druck von Iran und Pakistan begann Daud nunmehr, Schlüsselpositionen in Staat und Regierung mit »rechtsradikalen und anderen pro-westlichen Führern«[1280] zu besetzen. Im Jahre 1978 starteten Todesschwadronen der afghanischen Regierung mit der Ermordung von Führern der Linken und Kommunisten. »Dauds Machtbasis reduzierte sich zunehmend auf eine kleine ultrakonservative Clique und die Streitkräfte sowie – Cordovez und Harrison zufolge – auf den Savak, die Allierten der Saudi-Arabischen Moslem-Weltliga und die Moslembruderschaft als Hintergrundmächte.«[1281] Bestätigt wird dies auch durch Wilhelm Dietl, der beschreibt, daß der islamistische Untergrund in Afghanistan sich in zunehmendem Maße auf einen Guerillakrieg gegen den Einfluß der Linken vorbereitet hatte, wobei er »ideologisch von der weltweit operierenden Moslembruderschaft und finanziell von den frommen Reichen am Golf unterstützt« wurde,[1282] hinter denen wiederum die CIA stand.

4.2.2 Die ›Saur-Revolution‹ der Kommunisten im April 1978

Afghanistan stand daher kurz vor einer Explosion. Den letzten Anstoß zum Sturz des Daud-Regimes sollte eine Bluttat geben, deren Urheberschaft bis heute nicht geklärt ist. Im April 1978 wurde der Chefideologe des prosowjetischen Parcham-Flügels der Kommunistischen Partei, Akbar Khyber, auf offener Straße ermordet. Manche wähnen, daß der sowjetische Geheimdienst mit dieser Tat die weitere Entwicklung beschleunigen wollte, andere wiederum bezichtigten Mohammed Daud der Bluttat (was nicht ganz unwahrscheinlich ist, begann er doch seit 1978 mit Hilfe von Todesschwadronen mit der aktiven Beseitigung von linken und kommunistischen Funktionären), wieder andere vermuten eine interne Fehde der Parcham-Kommunisten. Die nun folgenden Demonstrationen gegen die Regierung nahm Daud zum Anlaß, seine Unterdrückungspolitik gegen die linken Kräfte fortzusetzen. Die Führer der Kommunisten Nur Mohammed Taraki und Babrak Karmal wurden eingesperrt und zum Tode verurteilt; Hafizullah Amin kam aufgrund von Rückendeckung im Geheimdienst mit Hausarrest davon.[1283] »Als die Hinrichtung der festgesetzten Genossen nur noch eine Frage von wenigen Tagen zu sein schien, mußten AMIN und seine Getreuen reagieren.«[1284] So kam es denn auch am 27. April 1978 zur gewaltsamen Übernahme der Macht durch die Kommunisten, die 1000 Menschenleben, auch das von Mohammed DAUD, kostete. Die Anführer der Kommunisten, TARAKI, AMIN und KARMAL, wurden befreit und erklärten am 2. Mai 1978 die bernahme der Regierungsgewalt in Kabul.

Die Frage nach der Beteiligung Moskaus an diesem Staatsstreich, wie sie in der Regel unterstellt wurde, ist aber alles andere als eindeutig zu beantworten. Wie die Osteuropaexpertin Mária HUBER schildert, war »Moskaus Rolle. . . nicht so eindeutig, wie es durch das Denkschema des Kalten Krieges oft suggeriert wurde. Den naheliegenden Verdacht, der Machtwechsel in Kabul sei vom Kreml inszeniert worden, konnten spätere Forschungsarbeiten weder nachweisen noch ganz entkräften«.[1285] Aufgrund der von DAUD eingeleiteten Unterdrückungspolitik kann aber nicht zur Gänze in Abrede gestellt werden, daß die revolutionäre Entwicklung auch ohne ein etwaiges Hinzutreten geheimdienstlicher Aktivitäten der UdSSR in Gang gesetzt worden wäre.

Aufgrund dieses Umsturzes jedenfalls begannen die Islamisten mit Förderung des pakistanischen ISI einen terroristischen Feldzug nach dem Vorbild des kambodschanischen POL POT-Regimes gegen säkular eingestellte Afghanen, begleitet von der Ermordung von Hunderten von Lehrern und Staatsbediensteten[1286].

Die USA ihrerseits begannen, die Entwicklung in Afghanistan sehr aufmerksam zu beobachten und bereits zu überlegen, welcher geopolitische Nutzen hieraus gegebenenfalls zu ziehen war. Deutlich wird dies in verschiedenen Berichten der US-Botschaft in Kabul, in denen es beispielsweise hieß, »daß die Hauptbedrohung für das neue Regime von den Stämmen und solchen Gruppierungen wie der Moslembruderschaft kommen könnte« und »ganze Provinzen in den zentralen, östlichen und westlichen Teilen Afghanistans unter Kontrolle der Rebellen geraten sind«.[1287]

4.2.3 Der Geheimplan Zbigniew Brzezinskis

Wie Robert DREYFUSS schreibt, begannen ab dem Zeitpunkt, als Ayatollah KHOMEINI im Iran die Macht übernahm, Zbigniew BRZEZINSKI und die CIA, ihre islamistische Armee in Afghanistan zu aktivieren. Dabei handelte es sich aber um mehr als bloß um eine Afghanistan-Strategie. BRZEZINSKIS Bemühungen – so DREYFUSS – waren davon gekennzeichnet, die Katalysatorwirkung der sogenannten BENNIGSEN-Schule auszunutzen, also »den Islamismus als ein Schwert gegen die UdSSR« zu verwenden.[1288]

Was hatte es mit dieser ›BENNIGSEN-Schule‹ auf sich?

Die US-Strategen schienen auf alle Fälle die Analysen der französischen Rußland-Expertin Hélène CARRÈRE D'ENCAUSSE genau gelesen zu haben. In ihrem Hauptwerk *L'empire éclate – La Révolte des Nations en U.R.S.S.*[1289] stellte sie mit umfangreichem statistischen Material dar, daß sich bereits in den siebziger Jahren das Nationalitätenproblem als das Problem Nr. 1 für die Sowjetunion herauskristallisierte. »Besonders die mohammedanischen Gruppen sind ein desintegrierendes Moment, das die Union eines Tages zu sprengen vermag. Gerade in jüngster Zeit erwachen auch die benachbarten mohammedanischen Völker zu neuem politischen Bewußtsein.«[1290] Auch der Islam-Experte Gerhard KONZELMANN bestätigte diese Entwicklung anhand einer Analyse der Geburtenrate. Demzufolge hatte sich bis in die siebziger Jahre hinein die Regenerationsrate der slawischen Völker auf weniger als die Hälfte im Vergleich zu 1940 verringert. Ganz anders hingegen in den moslemischen Republiken, wo sich die Geburtenrate um zehn Prozent erhöht hatte. »Die Vorausberechnungen für die kommenden Jahre ergeben ein starkes Anwachsen für die Völker der Kirgisen, Turkmenen, Usbeken und Tadschiken: Ihre Menschenzahl wird sich nahezu verdreifachen. . . Die islamischen Völker der Sowjetunion werden eine Dynamik beweisen, die eine Verschiebung des Kräfteverhältnisses zwischen den unterschiedlichen Volksgruppen zur Folge hat. . . Die turkoislamischen Stämme werden ein Übergewicht bekommen, das wohl auch politische Folgen haben dürfte. Tritt die Entwicklung ein, wie sie sich derzeit abzeichnet, dann sinkt die jetzt noch dominierende russische Volksgruppe unter die Hälfte der Gesamtbevölkerung ab.«[1291]

Genau diese demographischen Umstände sollten der Ansatz sein, mit dem die US-Strategen die UdSSR zu balkanisieren gedachten. »Die Idee, den Islam gegen die UdSSR zu mobilisieren, hatte eine lange Geschichte während des Kalten Krieges.«[1292] Nach Einschätzung von Robert DREYFUSS kamen diejenigen, die an einer Unterstützung des Islam gegen die UdSSR arbeiteten, aber erst in den siebziger Jahren zum Zuge, als sich die oben geschilderte demographische Entwicklung in der UdSSR immer deutlicher abzeichnete und sich der fundamentalistische Islam als politische Kraft zu äußern begann. Die Organisation, in der diese Strategen arbeiten sollten, war die unter der Regierung CARTER gegründete ›Nationalities Working Group‹ (NWG), eine Spezialeinheit, der von BRZEZINSKI ausgesuchte Mitarbeiter des Nationalen Sicherheitsrates, der CIA, des State Department und des Pentagon angehörten und der der BRZEZINSKI-Mitarbeiter Paul HENZE vorstand.

HENZE legte schon in den fünfziger Jahren in einem Papier dar, daß die UdSSR ein ›SHAMIL-Problem‹ habe, unter Bezugnahme auf den Tschetschenenführer des 19. Jahrhunderts, und glaubte, daß ein eventueller Kollaps der Sowjetunion vom moslemischen Zentralasien ausgehen werde.[1293] Viele der Mitarbeiter dieser Organisation waren Robert DREYFUSS zufolge schon in den fünfziger Jahren an der Errichtung der CIA-gesteuerten Rundfunksender ›Radio Liberty‹ und ›Radio Free Europe‹ beteiligt. Diese Rundfunksender hatten bereits in jener Zeit ihre antisowjetischen Propagandasendungen auch bis nach Zentralasien und den Kaukasus ausgestrahlt, deren Inhalte bestimmt waren durch Kritiken am Sowjetregime, insbesondere an seiner repressiven Politik gegenüber dem Islam und anderen Religionen.[1294]

Zu jener Zeit machten sich Geheimdienstmitarbeiter auch Gedanken, wie die UdSSR von außen mit Hilfe islamischer Staaten zum Einsturz gebracht werden könne. Beispielsweise schrieb 1958 der CIA-Analyst Charles W. HOSTLER im *Middle East Journal*, daß »die Sowjets anti-sowjetische Aktionen der Turkvölker fürchten«

und daß daher die mit der NATO verbündete Türkei diese Moslems zur politischen Unabhängigkeit von den Sowjets anregen könne. Folglich solle der Westen auch verstärktes Interesse an diesen Völkern und ihren Zielsetzungen zeigen. BRZEZINSKI selbst hielt die Rundfunkarbeit für viel zu passiv und forderte statt dessen eine militantere Linie in den Rundfunksendungen, »die den antirussischen Antagonismus stimulieren würde«.[1295] Der ehemalige CIA-Direktor (und spätere US-Verteidigungsminister) Robert GATES schrieb in seinen Erinnerungen, daß BRZEZINSKI sehr an einer Ausbeutung des sowjetischen Nationalitätenproblems interessiert gewesen sei und daher ›Covert Actions‹ vorantreiben wollte.

Folgt man Robert DREYFUSS, so sollte die Schlüsselfigur für diese Strategie ein gewisser Alexander BENNIGSEN sein, Abkömmling einer exilierten russischen Grafenfamilie und ein Politikwissenschaftler, der den Islam als eine machtvolle Bedrohung für das Sowjetregime betrachtete.[1296] In seinem Hauptwerk *Die islamische Bedrohung des Sowjetstaates* legte BENNIGSEN dar, daß der Hauptwiderstand gegen das Sowjetregime von den Geheimbünden des zentralasiatischen Sufi-Islam, der ›Tariqat‹, ausgehe. Eine wichtige Rolle dabei spiele die freimaurerartige Bruderschaft der ›Naqshbandija‹, die BENNIGSEN zufolge in Zentralasien, insbesondere in Tschetschenien, Dagestan und Teilen Zentralasiens einschließlich Südusbekistans, stark vertreten sei und eine lange Tradition des ›Heiligen Krieges‹ gegen die Russen hege. Aus diesem Grund forderte BENNIGSEN eine stärkere Unterstützung des politischen Islam zu einer Revolte.[1297]

BENNIGSEN und ein weiterer Wissenschaftler, der sich mit der Entwicklung des politischen Islam in Zentralasien befaßte, Jeremy AZRAEL, wurden Mitglieder der CIA und der Arbeitsgruppe ›Nationalities Working Group‹. Während der BRZEZINSKI-Ära wurden hier begrenzte Operationen geplant und durchgeführt, wie zum Beispiel die Verteilung von Koranausgaben in zentralasiatischen Sprachen oder – unter Einschaltung des saudischen Geheimdienstes – die Kontaktaufnahme mit sowjetischen Moslems während der Pilgerfahrt nach Mekka.[1298]

BENNIGSEN wurde auf diese Weise zum Anreger der Strategie, die UdSSR durch Mobilisierung eines politischen, fanatischen Islam in Zusammenarbeit mit den Geheimbünden der ›Naqshbandija‹ zur Auflösung zu bringen. Unter seinem Einfluß sahen die US-Strategen des Kalten Krieges in der schiitischen KHOMEINI-Revolution daher auch eine Gelegenheit, islamische Revolten nicht nur in Afghanistan, sondern in ganz Zentralasien zu entfachen. Zalmay KHALILZAD beispielsweise, einer der neokonservativen Vordenker und späterer US-Botschafter in Afghanistan, schrieb zu jener Zeit in einem Strategiepapier, daß die Machtübernahme KHOMEINIS im Iran Gefahren für die Sowjetunion geschaffen habe. »Der Regimewechsel hat ähnliche Bewegungen im Irak und Afghanistan ermutigt und könnte sogar auf Sowjetisch-Zentralasien Auswirkungen haben.«[1299] Auch Richard PIPES, einer der antisowjetischen Chef-Strategen der REAGAN-Ära, den Robert DREYFUSS als »weiteren Advokaten der Islam-Karte« benennt, schrieb schon 1953 in einem Artikel im *Middle East Journal*, daß die gesamte Region Zentralasiens im Laufe der Zeit eine Eigenstaatlichkeit anstreben würde. PIPES übernahm unter der REAGAN-Ära dann auch den Vorsitz der ›Nationalities Working Group‹.

4.2.4 Die Umsetzung des Destabilisierungsplans

Seit dem Pusch vom April 1978 wurde indessen die Lage in Afghanistan immer instabiler. Die Ankündigung des Revolutionstrios – Nur Mohammed TARAKI, Babrak KARMAL und Haffizullah AMIN –, umfassende Reformen nebst einer engeren Zusammenarbeit mit der Sowjetunion einzuleiten, stieß gerade bei den Mullahs auf erheblichen Widerstand, die durch das Reformprogramm ihre traditionelle Machtstellung bedroht sahen. Die revolutionäre »Parole vom Aufbau eines modernen Bildungs- und Gesundheitssystems richtete sich gegen die Vorherrschaft der Mullahs. Da jedoch niemand wußte, wie das Vorhaben zugunsten der breiten Bevölkerung umzusetzen war und wie in Afghanistan ein funktionsfähiger Staat geschaffen werden konnte, blieb nur die übliche Rebellentaktik: Druck auf hilfsbereite Freunde im Ausland auszuüben und kompromißlos gegen die Feinde im Inland vorzugehen«.[1300]

Dies blieb nicht ohne Folgen für die innere Stabilität des Landes: »Der Widerstand der traditionellen Stammesführer gegen das neue Regime verstärkte sich. Bereits im Sommer 1978 kam es im Osten des Landes zu einem bewaffneten Aufstand. Im folgenden Winter breiteten sich in allen 28 Provinzen Unruhen aus. Soldaten der Armee. . . desertierten in immer größerer Zahl oder liefen samt Waffen, oft gegen Belohnung, zu den Widerständlern über.«[1301] Diese Unruhen waren Robert DREYFUSS zufolge gerade keine spontanen Erhebungen, sondern Destabilisierungsmaßnahmen auswärtiger Geheimdienste.

Nach DREYFUSS begann der afghanische Heilige Krieg nicht erst mit dem Einmarsch der Roten Armee Ende Dezember 1979, »sondern 1978, als die afghanische islamische Rechte einen koordinierten Aufstand mit Unterstützung des ISI (des pakistanischen Geheimdienstes, der Verf.) im Nordosten Afghanistans begann«.[1302] Bestätigt wird dies auch durch den Afghanistan-Experten Matin BARAKI: »Sogleich (nach dem kommunistischen Staatsstreich, der Verf.) wurden mit massiver Unterstützung pakistanischer Islamisten und der pakistanischen Regierung, vor allem aber durch die USA, finanziert durch arabische Petrodollars, in der pakistanisch-afghanischen Grenzregion über 85 Ausbildungslager für die afghanischen Modjahedin errichtet, wo sie trainiert und bewaffnet wurden.«[1303] In dieselbe Richtung argumentiert auch der pakistanische Politologe Tariq ALI, der ebenfalls von einer führenden Rolle der USA bei der Destabilisierungskampagne ausgeht: »Die Vereinigten Staaten. . . unterminierten schon bald das Regime, indem sie mit Hilfe der pakistanischen Armee die religiöse Opposition bewaffneten. Die Gewalt in den Dörfern nahm zu, als den Stammesmitgliedern Geld und Waffen gegeben wurden, um einen Bürgerkrieg anzuzetteln.«[1304] Nun begann der eigentliche Konflikt um Afghanistan, bei dem die Amerikaner die wahre Hauptrolle spielen und die Sowjets am Ende nur noch passive Statisten sein sollten.[1305]

Dieser ferngesteuerte Guerillakrieg sollte schließlich die Sowjetunion zu einer militärischen Intervention herausfordern in der Hoffnung, daß sich durch ein etwaiges militärisches Vorgehen gegen die islamischen Mudschaheddin auch die im Untergrund vorhandenen islamischen Geheimbünde der ›Naqschbandija‹ Sowjetisch-Zentralasiens gegen Moskau erheben würden. Die Lage in Afghanistan eskalierte nämlich und zog auch die Sowjetunion in den Strudel des sich abzeichnenden offenen Bürgerkrieges, was sich 1979 in der Provinzstadt Herat deutlich zeigen sollte: »Im März 1979 explodierte die westliche Hälfte des Landes, besonders in Herat, einer größeren Provinzstadt im Westen in der Nähe zum Iran. Eine radikale islamistische Organisation, verbunden mit dem Warlord Ismail KHAN und unterstützt von der islamischen Republik Iran, erhob sich und schlachtete eine Anzahl von Beamten der afghanischen Regierung ab. Mehr als ein Dutzend sowjetischer Berater wurde zu Tode gehackt, gemeinsam mit ihren Frauen und Kindern.«[1306] Dieser blutige Aufstand muß auch mit Kenntnis der Vereinigten Staaten erfolgt sein, denn »in dieser Zeit behielten die USA Beziehungen zum iranischen Militär und Geheimdienstapparat sowie mit der neuen Regierung des Premierministers BAZARGAN aufrecht, und die CIA unterstützte den Iran mit Geheimdienstmaterial über die UdSSR, Irak und Afghanistan – eine geheime Kollaboration, die bis zur Erstürmung der US-Botschaft in Teheran durch KHOMEINIS Agenten im Dezember 1979 fortgesetzt wurde«.[1307]

Entgegen anderslautenden Thesen verblieb die UdSSR in dieser für sie sehr explosiven Lage unmittelbar an ihrer Grenze bislang in einer sehr passiven Rolle und war alles andere als eine treibende Kraft in diesem Konfliktherd. Im Gegenteil, sie war zu einer militärischen Intervention keinesfalls bereit. Was heute nämlich weitgehend unbekannt ist oder als Propaganda abgetan wird, ist die Tatsache, daß die afghanische Führung die Sowjetunion vom 17. März 1979 bis zum 17. Dezember 1979 insgesamt 21mal um militärische Unterstützung gebeten hatte.[1308] Aufgrund der Ereignisse von Herat kam es zu einem Telefonat zwischen Nur Mohammed TARAKI und dem Vorsitzenden des Ministerrates Andrej KOSSYGIN, in dem TARAKI um militärische Unterstützung gegen die Aufständischen bat.[1309]

Das Massaker von Herat jedenfalls löste nicht nur in Kabul, sondern auch in Moskau einen schwerwiegenden Schock aus. Herat bildete einen Wendepunkt in der sowjetischen Afghanistanpolitik.[1310] »Am 17. März 1979 begann im Kreml eine dreitägige Debatte über die Entwicklung in Afghanistan. Hauptthema war die Bitte des afghanischen Präsidenten TARAKI, sowjetische Truppen zu entsenden. Zu diesem Zeitpunkt war das Politbüro zu einer militärischen Intervention jedoch nicht bereit. Es gab erhebliche Zweifel an der Zuverlässigkeit der afghanischen Armee. Ministerpräsident KOSSYGIN kritisierte den politischen Kurs der Revolutionsführer. KGB-Chef ANDROPOW war ebenfalls skeptisch: Die Wirtschaft sei rückständig, die überwiegende Mehrheit der Landbevölkerung des Lesens und Schreibens unkundig. Die islamische Religion habe ein starkes Übergewicht. Bajonette allein könnten den Erfolg der Revolution nicht garantieren.«[1311]

Dokumente des Politbüros, die nach dem Zusammenbruch der UdSSR freigegeben worden sind, bestätigen die anfängliche Verweigerung jeglicher militärischen Unterstützung durch die sowjetische Führung.[1312] Auf der anderen Seite jedoch »rechnete das Politbüro mit der Einmischung Irans, Pakistans und Chinas und war sich in einem Punkt einig: Afghanistan dürfe nicht dem Feind überlassen werden. Um international nicht als Aggressor zu gelten, wurde dem Verteidigungsministerium nur erlaubt, zwei Divisionen an der afghanischen Grenze zu dislozieren. TARAKI bekam Panzer, Kampfhubschrauber und Wirtschaftshilfe. Weitergehende Forderungen wehrte das Politbüro mit dem Hinweis auf schwerwiegende Konsequenzen ab: ›Unsere gemeinsamen Feinde warten nur darauf. Sie hätten eine Begründung, ihrerseits militärische Kräfte gegen Sie einzusetzen‹«.[1313] Allerdings begann die Führung der UdSSR, den fundamentalistischen Islam als eine »regionale Herausforderung« zu begreifen.[1314]

Die US-Machtelite sorgte dafür, daß diese Sorgen der UdSSR auch nicht unbegründet blieben. Parallel zur Revolte in Herat im März 1979 machte die CIA ihren ersten vollständigen Vorschlag für eine direkte Unterstützung der islamischen Fundamentalisten. Den Erinnerungen des damaligen CIA-Direktors Robert GATES zufolge glaubten in den Reihen der CIA einige, daß eine Verwicklung der Sowjets in Afghanistan »eine Polarisierung von muslimischen und arabischen Gefühlen gegen die UdSSR verstärken würde«.[1315] Anfang 1979 begannen die USA aktive, verdeckte Unterstützung für die afghanischen Heiligen Krieger zu erwägen, und sowohl Pakistan als auch Saudi-Arabien baten die USA um eine stärkere Einmischung. Obwohl einige CIA-Analysten davor warnten, daß eine offene Unterstützung der afghanischen Rebellen zu einem sowjetischen Angriff auf Pakistan führen könnte, schritt die US-Regierung in diese Richtung voran: Die CIA nahm Kontakt mit Saudi-Arabien und Pakistan zwecks Unterstützung der afghanischen Rebellen auf.[1316]

Das war die Stunde BRZEZINSKIS, der die Chance sah, seinen Plan umzusetzen. Vorausgegangen war eine längere Auseinandersetzung zwischen ihm und dem Außenminister Cyrus VANCE, bei der BRZEZINSKI sich durchsetzen konnte. »BRZEZINSKI brüstete sich später, daß er den amerikanischen Präsidenten Jimmy CARTER dazu gebracht habe, die Aufsicht über die verdeckten Operationen der CIA von einem Komitee unter VANCE auf ein Komitee des Nationalen Sicherheitsrates, also seinen eigenen Kompetenzbereich, zu übertragen«, so Mária HUBER.[1317] In einem Interview mit der französischen Wochenzeitung *Le nouvel Observateur* vom 15. bis 21. Januar 1998 gab BRZEZINSKI freimütig zu, daß auf sein Betreiben hin US-Präsident CARTER im Juli 1979 eine Direktive unterzeichnete, die die Unterstützung des islamistischen Untergrundes zum Gegenstand hatte:

»*Frage*: Robert GATES, der ehemalige Direktor des CIA, erklärte in seinen Memoiren (*From the Shadows*), der amerikanische Geheimdienst habe sechs Monate vor der sowjetischen Invasion begonnen, die Mudschaheddin in Afghanistan zu unterstützen. Während dieser Zeit waren Sie Sicherheitsberater von Präsident CARTER. Daher spielten Sie eine Schlüsselrolle in dieser Affäre. Ist das richtig?

BRZEZINSKI: Ja. Offizieller Darstellung zufolge begann die CIA im Jahr 1980, also nach dem Einmarsch sowjetischer Truppen in Afghanistan am 24. Dezember 1979, die Mudschaheddin zu unterstützen. Aber in Wirklichkeit – und dies war bisher ein streng gehütetes Geheimnis – war es völlig anders: Am 3. Juli 1979 unterzeichnete Präsident CARTER die erste Direktive zur geheimen Unterstützung der Opposition gegen das prosowjetische Regime in Kabul. An diesem Tag schrieb ich eine Notiz an den Präsidenten und erklärte ihm, daß meiner Ansicht nach dies eine militärische Invasion der Sowjetunion zur Folge hätte.

Frage: Trotz dieser Gefahr haben Sie diese verdeckte Aktion befürwortet. Vielleicht haben Sie selbst diesen Eintritt der Sowjetunion in einen Krieg gewollt und versucht, den Einmarsch zu provozieren?

BRZEZINSKI: Ganz so ist es nicht. Wir haben die Russen nicht dazu gedrängt, zu intervenieren, aber wir haben wissentlich die Provokation verstärkt, damit sie es tun würden.

Frage: Als die Sowjets ihre Intervention mit einer geheimen Verwicklung der Vereinigten Staaten in Afghanistan rechtfertigten, hat man ihnen nicht geglaubt. Aber etwas Wahres war doch dran. Empfinden Sie heute so etwas wie Bedauern?

BRZEZINSKI: Was sollte ich bedauern? Die Geheimoperation war eine glänzende Idee. Sie führte dazu, daß die Russen in die afghanische Falle gingen. Warum sollte ich das bedauern? An dem Tag, an dem die Sowjets offiziell die Grenze überschritten, schrieb ich an Präsident CARTER: Jetzt haben wir die Gelegenheit, der UdSSR ihren Vietnamkrieg zu verpassen. Tatsächlich mußte Moskau ja einen fast zehn Jahre dauernden Krieg führen, den die Regierung nicht in den Griff bekam. Dieser Konflikt war es schließlich, der zur Demoralisierung und letztlich zum Zusammenbruch des Sowjetimperiums führte.

Frage: Und Sie bereuen auch nicht, daß Sie den islamischen Fundamentalismus unterstützt haben, indem Sie zukünftige Terroristen mit Waffen und Ratschlägen unterstützt haben?

BRZEZINSKI: Was ist welthistorisch gesehen von größerer Bedeutung? Die Taliban oder der Zusammenbruch des Sowjetimperiums? Einige wildgewordene Muslime oder die Befreiung von Zentraleuropa und das Ende des Kalten Krieges?«[1318]

Damit gab der wohl wichtigste Vordenker der antirussischen US-Geopolitik zu, daß das Bündnis zwischen dem islamischen Fundamentalismus und der US-Machtelite ein Instrumentarium war, um die Sowjetunion in eine Falle zu locken und sie ausbluten zu lassen.

Was BRZEZINSKI aber nicht gesagt hatte, war die Tatsache, daß diese Operation noch einen weitergehenden aggressiven Zweck verfolgte, nämlich das Gebiet der Sowjetunion selbst anzugreifen. »Verschiedenen Quellen zufolge erhielt BRZEZINSKI auch 500 Millionen Dollar für die CIA-Operation ›Cyclone‹, einen Provokationsversuch zur Destabilisierung der Sowjetunion durch die Verbreitung des militanten Islams in ihren zentralasiatischen Republiken.«[1319]

Als das Weiße Haus für den Geheimkrieg in Afgahnistan mobil machte, traf sich ein Sondergesandter der CIA zum ersten Mal im Mai 1979 mit einigen vom pakistanischen Geheimdienst ISI handverlesenen islamistischen Rebellen an der afghanisch-pakistanischen Grenze, in Peschawar. »Statt ein Treffen mit einem breiten Spektrum von Widerstandsführern zu arrangieren, bot der ISI dem CIA-Gesandten ein Bündnis mit seinem eigenen afghanischen Protegé an, mit Gulbuddin HEKMATYAR, dem Führer der kleinen Hezbi-i-Islami-Guerilla. Überraschend akzeptierte die CIA das einseitige Angebot und schob im folgenden Jahrzehnt HEKMATYARS Guerilla über die Hälfte ihrer verdeckten Afghanistanhilfe zu.«[1320] Geheimdienst-Experte Alfred MACCOY beschreibt HEKMATYAR als einen militanten Islamisten, der in Afghanistan die Moslembruderschaft gegründet und Ende der sechziger Jahre in Kabul Studentendemonstrationen gegen die säkularen Reformen des Königs angeführt hatte.[1321]

Das Treffen zwischen CIA-Agenten und HEKMATYAR unter Federführung des ISI im Mai 1979 in Peschawar wurde somit zum Ausgangspunkt einer antirussischen Kollaboration, deren Ziel nach den Worten BRZEZINSKIS darin bestand, »die Russen in die afghanische Falle zu locken«.[1322] Die Zusammenarbeit zwischen der CIA und dem pakistanischen ISI begann, als am 5. Dezember 1978 der Freundschaftsvertrag zwischen Kabul und Moskau abgeschlossen wurde. Auf diese Weise »konnte die CIA mit dem Militärregime im Pakistan ein Programm für die Unterstützung afghanischer Freischärler aufstellen, für das Gelder aus Saudi-Arabien, Kuweit und auch aus China kamen. Anfang Februar 1979 brachte die *Washington Post* eine Reportage über eine pakistanische Militärbasis, auf der rund 2000 afghanische Kämpfer trainiert wurden. Kurz nach der Revolte in Herat konnte BRZEZINSKI argumentieren, daß die muslimischen ›Freiheitskämpfer‹ breite Unterstützung der Bevölkerung fanden und deshalb auch von der US-Regierung Hilfe erhalten sollten«.[1323]

Gulbuddin HEKMATYAR erwies sich für die US-Strategen, die Afghanistan als den Schlüssel zur Destabilisierung der UdSSR in ihrem »weichen Unterleib« ansahen, als ausgesprochen hilfreich: HEKMATYAR plante schließlich, den ›heiligen Krieg‹ über die Grenzen Afghanistans hinaus zu tragen. Er »sprach davon, die Guerillaattakken über den Oxus hinaus nach Sowjet-Zentralasien hineinzutragen und den Kommunismus durch Befreiung der muslimischen Länder von Buchara, Taschkent und Duschanbe zurückzudrängen«.[1324]

4.2.5 Die weitere Entwicklung in Afghanistan – Die USA locken die UdSSR nach Afghanistan

Die Machtkämpfe in Afghanistan spitzten sich seit dem Massaker von Herat immer weiter zu. »Am 27. März [1979] übernahm Hafizullah AMIN das Amt des Ministerpräsidenten, TARAKI wurde Oberbefehlshaber der Streitkräfte. Zu einer Konsolidierung führte die Regierungsumbildung aber nicht. Politische Morde, Intrigen, Vetternwirtschaft und Verrat destabilisierten die Lage weiter. Das hochverschuldete, von ethnischen Konflikten wie von rivalisierenden Clans und Geheimdiensten zerrissene Land, ein traditioneller Haschischproduzent mit periodischen Hun-

Konjunkturen des Kalten Krieges:
CARTER und BRESCHNEW
bei der Unterzeichnung des
Salt-II-Vertrags am 18. Juni 1979
in Wien.

Afghanische
Mudschahidin
erobern 1980 einen
sowjetischen
Hubschrauber.

gersnöten, war praktisch unregierbar. Die Hilferufe an den Kreml bestätigten dort nur die Zweifel an der Zweckmäßigkeit einer weiteren Unterstützung. TARAKIS Missionen in Moskau blieben erfolglos.«[1325]

Um die Situation zu entspannen und zu verhindern, daß die Situation zur Gänze jeglicher Kontrolle entglitt, ließ die UdSSR den Schlächter AMIN fallen und setzte auf TARAKI.[1326] AMIN jedoch war gewarnt und bereitete seine Gegenwehr vor. Den nun folgenden Machtkampf sollte TARAKI jedoch verlieren; am 8. Oktober 1979 wurde er in Kabul auf Betreiben AMINS ermordet. Damit wollte AMIN seiner von Moskau befürworteten Absetzung zuvorkommen. »AMIN, der sich damit zum Alleinherrscher machte, setzte noch mehr auf Diktatur und Gewalt.«[1327]

In Moskau begann man die Entwicklung in Afghanistan mit erhöhter Aufmerksamkeit zu beobachten. Innerhalb der militärischen Führung wurde gestritten, wie auf die Krise reagiert werden sollte. »Mit Luftunterstützung aus der UdSSR schaltete sich das Verteidigungsministerium Ende Oktober erstmals direkt und in größerem Maße in die Kamphandlungen ein. Der Generalstab unter Leitung von Nikolaj ORGAKOW stellte sich offen gegen die Intervention. Verteidigungsminister USTINOW, der Hauptverfechter der Intervention, trug den Einwänden des Militärs in keiner Weise Rechnung. Die politische Grundsatzentscheidung für die sowjetische Intervention fiel am 26. und 27. November, nachdem Hafizullah AMIN, der von 1962 bis 1965 in den Vereinigten Staaten studiert hatte, in Interviews mit der *Washington Post* und der *Los Angeles Times* kaum verhüllt um die Gunst der Amerikaner geworben hatte. In Moskau läuteten die Alarmglocken. Manche Politbüro-Mitglieder fürchteten, AMIN werde zu den Amerikanern wechseln und ihnen erlauben, an der afghanisch-sowjetischen Grenze einen Ersatz für die im Iran verlorengegangenen Spionageanlagen zu installieren.«[1328]

Die Sowjets sahen die Gefahr gegeben, daß die USA über Pakistan und Afghanistan nunmehr unmittelbar an die Grenze der UdSSR gelangen könnten.

Geheimdienstchef ANDROPOW war gegen eine Intervention. Er gab – so Mária HUBER – jedoch schließlich dem Druck des Direktors der Abteilung für Auslandsspionage, Wladimir KRJUSCHKOW, nach, der in dem gefährlich unzuverlässigen afghanischen Premier AMIN eine Gefahr für die Stabilität der Region erblickte und hoffte, diesen mittels einer Intervention auszuschalten und durch eine neue Führung in Kabul zu ersetzen.[1329]

Daß der sowjetischen Führung die Entscheidung zur militärischen Intervention mehr als schwer fiel, bestätigt auch Horst BACIA in einer Analyse über die Hintergründe des sowjetischen Einmarsches am Hindukusch, die er in der *Frankfurter Allgemeinen Zeitung* veröffentlichte: »Die sowjetische Führung war sich des Risikos bewußt, das mit dem militärischen Eingreifen in Afghanistan verbunden war. Sie rang lange um eine Entscheidung. Im März 1979, bei Beratungen des Politbüros, sprachen sich KGB-Chef Jurij ANDROPOW, der spätere Staats- und Parteichef, und Andrej GROMYKO, der 28 Jahre lang sowjetischer Außenminister war, noch gegen die von Verteidigungsminister Dmitrij USTINOW vorgeschlagene Intervention aus.

Wie aus Geheimakten hervorgeht, die 1992 von Präsident Boris JELZIN freigegeben und vom ›Cold War International History Project‹ des Woodrow Wilson Center in Washington bearbeitet und veröffentlicht worden sind, argumentierte GROMYKO damals noch, die Sowjet-Armee werde als ›Aggressor‹ angesehen, wenn sie nach Afghanistan einmarschiere: ›Gegen wen wird sie kämpfen? Vor allem gegen die afghanische Bevölkerung, und sie wird auf sie schießen müssen.‹ Und alles, so der Außenminister, was in den Jahren zuvor in der internationalen Entspannung und der Rüstungskontrolle erreicht worden sei, werde einen Rückschlag erhalten.«[1330]

BACIA zufolge war für die Änderung dieser Haltung der Sowjetführung die brutale Unterdrückungspolitik AMINS ausschlaggebend, die zu einer Rebellion der Führer der stark religiös geprägten afghanischen Stammesgesellschaft führte. Als im März 1979 der Aufstand in Herat brutal niedergeschlagen wurde, zeigte sich Moskau zusehends besorgt über dieses Vorgehen und die wachsende Aufstandsbewegung, »aber noch schwerer wog offenbar, daß man AMIN, der in den Vereinigten Staaten studiert hatte, nicht mehr traute«.[1331] In einem Memorandum für den damaligen Staats- und Parteichef BRESCHNEW führte KGB-Chef ANDROPOW Anfang Dezember 1979 »geheime Aktivitäten« AMINS und eine«mögliche politische Verschiebung zum Westen« an. Diese Versuche, so die Analyse ANDROPOWS, die Horst BACIA wiedergibt, die persönliche Macht AMINS zu sichern, gefährdeten nicht nur die Erfolge der »Revolution vom April 1978«, sondern bedrohten auch »unsere Position in Afghanistan«. Aus diesen Gründen sei ein Plan zur Entmachtung AMINS ausgearbeitet worden.[1332]

Eigentlicher Anlaß für den Einmarsch sowjetischer Truppen in Afghanistan war die Befürchtung der sowjetischen Führung, daß Premierminister Hafizullah AMIN in das amerikanische Lager überzuwechseln drohte. Es ist umstritten, welche Rolle die Amerikaner hierbei spielten. Es spricht einiges dafür, daß es die CIA war, die diese Nachricht der sowjetischen Führung bewußt zugespielt hatte, um sie zu einer militärischen Intervention herauszufordern. »Interessant ist die Lektüre von Dokumenten des Politbüros aus dieser Zeit. Noch zwei Tage, bevor die Entscheidung fiel, sprach sich das gesamte Politbüro gegen eine militärische Intervention aus. Dann geschah irgend etwas, was einen Meinungsumschwung bewirkte. Was es war, wird man noch herausfinden müssen, aber die Antwort liegt sicherlich in den Archiven der CIA. Vermutlich hat eine gezielte Desinformation der Amerikaner – der afghanische Führer Hafizullah AMIN sei im Begriff, die Seite zu wechseln – erheblich zu dem Gesinnungswechsel des Politbüros beigetragen.«[1333]

Verstärkt wurde die Interventionsbereitschaft durch die sich allmählich abzuzeichnende Ablehnung des SALT-II-Vertrages durch den US-Kongreß auf Betreiben des neokonservativen ›Committee for the Present Danger‹ sowie der verstärkten Aufrüstungskampagne der NATO. »Als am 5. Dezember 1979 schließlich auch noch Bundeskanzler Helmut SCHMIDT die Unterstützung der SPD für den NATO-Doppelbeschluß erhielt, brach Moskaus Propagandastrategie für die Abrüstung endgültig zusammen, zumal auch noch der NATO-Rat am 12. Dezember die Stationie-

Links: US-Präsident Jimmy Carter. Er unterzeichnete im Juli 1979 die erste Direktive zur geheimen Unterstützung der Opposition gegen das prosowjetische Regime in Kabul. Kanzler Helmut SCHMIDTS (rechts) Eintreten für den Doppelbeschluß rief zahlreiche Demonstrationen in Deutschland, unten im Bonner Hofgarten, hervor.

rung von 464 amerikanischen Cruise Missiles und 108 Pershing-II-Raketen in Europa ankündigte. ›Es war kein Zufall, daß die Entscheidung über Afghanistan genau an diesem Tag gefallen ist‹, schrieb später der damalige Erste Stellvertretende Außenminister Grigorij KORNIJENKO.«[1334]

Horst BACIA schreibt zu den weiteren Hintergründen der sowjetischen Entscheidung: »Am 8. Dezember 1979 erörterten ANDROPOW, GROMYKO, USTINOW und der Parteiideologe Michail SUSLOW im Büro BRESCHNEWS das Für und Wider einer militärischen Intervention. Dabei soll auch das Argument gebraucht worden sein, ein Verlust Afghanistans könne dazu führen, daß die Vereinigten Staaten dort Mittelstreckenraketen stationierten und Ziele im Süden der Sowjetunion, wie etwa das Weltraumzentrum Bajkonur, bedrohten. Erst am 10. Dezember wurde angeblich der Chef des Generalstabes, Marschall Nikolaj ORGAKOW, von der vorläufigen Entscheidung des Politbüros für eine Intervention unterrichtet und beauftragt, den Einsatz von bis zu 80000 Soldaten vorzubereiten. ORGAKOW soll erwidert haben, mit 80000 Mann sei eine Stabilisierung des Landes nicht zu erreichen, und sich gegenüber mehreren Mitgliedern des Politbüros gegen eine militärische Option ausgesprochen haben.«[1335]

Die eigentliche Entscheidung zur Intervention erfolgte der Analyse BACIAS zufolge am 12. Dezember 1979, »festgehalten in einer handschriftlichen Notiz des BRESCHNEW-Vertrauten und späteren Generalsekretärs Konstantin TSCHERNENKO mit der Überschrift: ›Zur Lage in A.‹ Danach billigte das Politbüro die von ANDROPOW, USTINOW und GROMYKO vorgeschlagenen ›Bewertungen und Maßnahmen‹ und beauftragte sie mit der Durchführung«.[1336]

Nach einem fehlgeschlagenen Attentat auf AMIN am 17. Dezember 1979 sollte zehn Tage später dann der sowjetische Einmarsch erfolgen. Beim Sturm von sowjetischen Luftlandeeinheiten auf den Regierungssitz kam AMIN ums Leben. Am darauffolgenden Morgen übernahm sein Rivale Babrak KARMAL den Vorsitz und rief über Radio Kabul die sowjetische Führung zur Hilfe. Noch am selben Tag überquerten zwei motorisierte Divisionen den Amu-Daria-Fluß, und in den darauffolgenden Wochen wurden 85 000 sowjetische Soldaten in Afghanistan stationiert.[1337]

Aus den Geschehensabläufen hinter den Kulissen der sowjetischen Machtelite geht hervor, daß es sich bei der Intervention keinesfalls um eine von langer Hand geplante Offensive gehandelt hat, wie es in den Sprachregelungen des Kalten Krieges immer wieder vorgetragen wurde, sondern vielmehr um eine Art lagebezogene Vorwärtsverteidigung. Dies wird auch daran deutlich, daß die sowjetischen Interventionskräfte nicht für einen längeren Feldzug gerüstet waren. »Die sowjetische Intervention sollte nur wenige Monate dauern«, so Horst BACIA. »Eigentlich wollte sich die militärische Führung darauf beschränken, die großen Städte und die wichtigsten Verkehrsverbindungen des Landes zu sichern und die afghanische Armee für den Kampf gegen Aufständische auszubilden. . . Die sowjetischen Truppen hatten weder den Auftrag, die Aufständischen zu bekämpfen, noch waren sie dafür ausgebildet und ausgerüstet. Dennoch mußten sie gerade das tun, weil die afghanische Armee dazu nicht in der Lage war. Viele Soldaten desertierten oder liefen gar als geschlossene Einheiten zu den Mudschahedin über.«[1338]

Zur gleichen Beurteilung kommt auch das Nachrichtenmagazin *Der Spiegel*: »Auch die Sowjets wollten nichts anderes tun, als das unberechenbar gewordene Afghanistan zu stabilisieren. Es ging ihnen nicht um den Ausbau imperialer Macht, wie der Westen damals unisono behauptete, weil dies im Kalten Krieg so wunderbar klang, sondern um eine ›zeitlich befristete Aktion‹. ›Wir dachten, es würde schnell vorübergehen. Wir glaubten, wenn eine solch mächtige Armee wie die unsere einmarschiert, würden die Dinge schnell geregelt sein‹, erinnert sich ein General a. D.«[1339]

Damit hatten die USA ein wichtiges Etappenziel im Kampf gegen die eurasische Kontinentalmacht erreicht. Die UdSSR befand sich jetzt in der Afghanistan-Falle. Auch Horst BACIA hebt in diesem Zusammenhang hervor: »Die Amerikaner hatten die Aufständischen in Afghanistan schon vor dem sowjetischen Einmarsch unterstützt. Präsident CARTER unterzeichnete im Juli 1979 den ersten Auftrag für die CIA zur Unterstützung der Aufständischen. Das schreibt Robert GATES, der heutige Verteidigungsminister, der lange Zeit wichtige Funktionen im Geheimdienst hatte und unter Präsident BUSH sen. sogar CIA-Direktor war, in seinen 1996 erschienenen Erinnerungen *From the Shadows*«.[1340]

Was es für die USA, nachdem es ihr gelungen war, die UdSSR an den Hindukusch zu locken, nur noch zu tun galt, war die Ausrüstung der islamistischen Rebellen. Damit war zum einen beabsichtigt, die sowjetischen Streitkräfte einem langwierigen und kostspieligen Abnutzungskrieg auszusetzen; andererseits sollte die sowjetische Führung notwendigerweise in einen Gegensatz zu den sowjetischen Muslimen gebracht werden, zumal die afghanischen Mudschaheddin offen die »Befreiung des muslimischen Zentralasiens von der kommunistischen Führung« verkündet hatten. Mit dem militärischen Eingriff am Hindukusch jedenfalls erhöhte sich das Gefahrenpotential der Destabilisierung der UdSSR von ihrem weichen (islamischen) Unterleib her äußerst stark – wie von BRZEZINSKI und BENNIGSEN auch beabsichtigt.

Mit der Afghanistan-Falle hatten die USA zudem einen Vorwand für eine verstärkte militärische und politische Intervention in den Nahen und Mittleren Osten geschaffen. Die UdSSR war im Süden von einem strategischen Sperriegel umgeben, der von der Türkei über den Iran bis nach Pakistan reichte, wobei Afghanistan die Rolle eines neutralen Pufferstaates einnahm. Mit dem Einmarsch der sowjetischen Truppen in Afghanistan konnten die USA behaupten, die UdSSR werde nunmehr eine Politik des »traditionellen Sprungs Rußlands nach Süden« aufnehmen, die die strategische Balance zugunsten der Sowjetunion verschoben hätte und militärische Gegenmaßnahmen erforderlich machen werde. Die Afghanistan-Falle wurde somit zum Vorwand für die CARTER-Doktrin, »welche die Sicherung der Ölfelder am Persischen Golf zum vitalen amerikanischen Interesse erklärte und die Strategie des *containments*, der Eindämmung des Kommunismus, nicht regionalen Statthaltern überließ. . ., sondern direkt amerikanischen Streitkräften übertrug. Zügig trieb das Pentagon jetzt den Ausbau einer mobilen Einsatzreserve voran, die im Konfliktfall die Ölfelder am Persischen Golf zu sichern hatte. Die US-Navy begann, große Vorräte an Ausrüstungen, Waffen und Munition in Häfen in Kenia, Somalia und Oman anzulegen. Im Indischen Ozean. . . wurde das kleine Insel-Atoll Diego Garcia, gut 4000 Kilometer von der Straße von Hormuz entfernt, zum Flottenstützpunkt und unsinkbaren Flugzeugträger für Atombomber des Typs B-52 ausgebaut«.[1341]

Kapitel 6

Die Reagan-Ära – die Sowjetunion wird in den Untergang getrieben

1 Die strategischen Zielsetzungen der US-Machtelite unter der Präsidentschaft Reagans

Der Untergang der UdSSR wurde endgültig durch die Politik der USA unter der Präsidentschaft Ronald REAGANS erreicht. Unter REAGAN gelang es der neokonservativen Machtelite, die auf eine Konfrontation mit der Sowjetunion hinarbeitete, maßgeblichen Einfluß auf die US-Außenpolitik zu erlangen. Zu dieser gehörte zum einen das bereits erwähnte, 1976 gegründete ›Committee on the Present Danger‹, das am Zustandekommen der ›Presential Directive 59‹ der US-Präsidentschaft CARTERS und der Nicht-Ratifikation von SALT-II maßgeblich beteiligt war. »Seine Mitglieder (insbesondere Fred IKLÉ und Richard PERLE) waren federführend bei der Konzeption der neuen ›Enthauptungsschlags‹-Strategie und der 126 Seiten umfassenden *Complete Defence Guidance 1984–1988*. . ., die einen ›längerfristigen, bis zu sechs Monate dauernden Atomkrieg‹ mit der Sowjetunion. . . einschloß. Das ›Gefahren-Komitee‹ und eine zweite erzkonservative Denkfabrik, das kalifornische ›Institute for Contemporary Studies‹, hatten seit Januar 1981 die Kontrolle über die gesamte amerikanische Sicherheits-, Außen-, Verteidigungs- und Rüstungspolitik übernommen.«[1342]

Dem Rüstungsexperten Jürgen BRUHN zufolge war diese Hintergrundelite »verantwortlich für die gigantischen Rüstungs- und Verteidigungsetats der 80er Jahre und für das Totrüsten der Sowjetunion. Über 40 Mitglieder beider Gruppen, Ronald REAGAN eingeschlossen, besetzten maßgebliche Positionen in der REAGAN-Administration, in der Tat bis zum Kollaps der UdSSR. In den Worten des ehemaligen hohen CIA-Beamten Arthur Macy COX: ›Ihre Mitglieder hängen alle dem Kult der militärischen Überlegenheit an. . ., sie sind allesamt Falken‹«.[1343] Diese Denkfabriken waren es auch, die dafür sorgten, daß Ronald REAGAN an die Macht kam.

Die ›Think Tanks‹ verband ein gemeinsames Ziel, nämlich die endgültige Niederringung der Sowjetunion. Mit der Propagandathese der militärischen Überlegenheit der UdSSR, bei der es sich um eine dreiste Lüge gehandelt hatte, verlangten sie ein massives Aufrüstungsprogramm. Die Aufrüstung wurde »für die REAGAN-Administration zum Inbegriff ihrer Sowjetunionpolitik. Aufrüstung war – und blieb – das Fundament der Sowjetunionpolitik der REAGAN-Administration praktisch bis zu ihrem Ende. . . Wie immer die Großwetterlage zwischen den Vereinigten Staaten und der Sowjetunion sich gestaltete – die REAGAN-Administration legte bei jedem neuen Haushalt die Forderung weiterer Rüstungserhöhung vor«.[1344]

Wie die Schlußetappe des ersten Kalten Krieges der USA aussehen sollte, hatte die US-Machtelite in ihren Strategiepapieren im einzelnen kundgetan. Im Frühjahr

1980 – so Rüstungsexperte Bruhn – beauftragte das ›Committee on the Present Danger‹ auf Anraten von Richard Pipes und Fred Iklé Herman Kahns berüchtigtes ›Hudson Institute‹, eine den neuen Gegebenheiten »adäquate Kriegführungsdoktrin« auszuarbeiten. Kahn delegierte die Arbeit an zwei jüngere Co-Direktoren seines Instituts, Colin S. Gray und Keith Payne. Der federführende Colin Gray stieg nach der Veröffentlichung der bereits erwähnten neuen Kriegsführungsdoktrin im Sommer 1980, der er den Titel *Victory is possible* (Der Sieg ist möglich) verlieh, zum ständigen Strategie-Berater der Reagan-Administration und vor allem ihres Nationalen Sicherheitrates auf.[1345]

Ziel dieser Politik sollte Colin S. Gray zufolge sein, »die Sowjetunion zu besiegen, und dies zu einem Preis, der eine Erholung der USA erlauben würde. Washington sollte Kriegsziele festlegen, die letzlich die Zerstörung der politischen Macht der Sowjets und das Entstehen einer Nachkriegs-Weltordnung, die den westlichen Wertvorstellungen entspricht, in Betracht ziehen«.[1346] Damit war das strategische Ziel der globalen Vorherrschaft konkret ausgesprochen. Im Mai 1982 wurde ein Plan des Weißen Hauses bekannt, der dieses Ziel näher konkretisierte: »Ein hoher Beamter des Weißen Hauses erklärte, daß Reagan einem acht Seiten langen Dokument zur Sicherheitspolitik zugestimmt hat, mit dem ›eine Kampagne in Angriff genommen wird, die auf die innere Reform der Sowjetunion und auf eine Einschrumpfung des sowjetischen Imperiums zielt‹. Er bestätigte, daß man von einem ›full-court-press‹ gegen die Sowjetunion sprechen könne« (ein ›Full-court-press‹ ist ein Basketball-Ausdruck, der den Versuch beschreibt, dem Gegenspieler den Ball auf dessen eigenem Gebiet zu entreißen).[1347]

Was damit konkret beabsichtigt war, haben die beiden Geopolitiker der Reagan-Ära Colin S. Gray und Keith Payne beschrieben: »Ist erst einmal die Zerstörung des Sowjetstaats als Kriegsziel festgelegt, so sollten die Verteidigungsexperten einen optimalen Zielplan zur Erreichung des Erstrebten aufstellen. Beispielsweise könnte die politische Kontrolle der Sowjetunion über ihre Gebiete in Zentralasien und im Fernen Osten durch eine selektive Zielplanung geschwächt werden. Dasselbe trifft auch auf Transkaukasien und Osteuropa zu.«[1348] Damit war klar ausgesprochen, was die Reagan-Administration nunmehr vorhatte: Es ging um die endgültige Verwirklichung der klassischen Pläne anglo-amerikanischer Geopolitiker, und zwar mit den Methoden des Nuklearwaffenzeitalters. Gezielte Enthauptungsschläge gegen das Zentrum des sowjetischen Machtbereichs, verbunden mit der Schaffung von Voraussetzungen, unter denen die Sowjets die Kontrolle über ihre Peripherien verlieren sollten, waren hierfür wesentlich. Flankiert werden sollte dies durch Maßnahmen, die die wirtschaftliche Substanz der UdSSR zerstörten.

2 Die Aktualisierung Alfred Thayer Mahans

Dem Sicherheitsexperten Ernst-Otto Czempiel zufolge setzte die Reagan-Administration bei der Umsetzung ihrer strategischen Ziele auf »militärische Gewalt, die der Sowjetunion zunächst die militärische, dann aber auch die politische Parität verweigern und den Vereinigten Staaten das Führungspotential der Superiorität zurückgeben sollte«.[1349] Die Verbindung von Counterforce-Strategie und Strategischer Verteidigungsinitiative, die Einbeziehung des Gebiets der Sowjetunion und Osteuropas in eine Offensivstrategie im Falle eines Krieges, die offen geltend gemachte Überlegenheit der amerikanischen Marine gegenüber der sowjetischen und die Formulierung einer offensiven maritimen Strategie waren – so CZEMPIEL – die Merkmale der REAGANschen Sowjetpolitik.

Zur Legitimierung dieser Politik verwies REAGAN des öfteren darauf, daß die Sowjetunion »definitiv eine Marge der Überlegenheit« besitze und sich damit für die Vereinigten Staaten ein »Fenster der Verwundbarkeit« ergebe – eine These, die aus der Denkfabrik des ›Committee on the Present Danger‹ stammte.[1350] Tatsächlich hatte die UdSSR kein den Plänen der USA entsprechendes Äquivalent vorzuweisen, wie Jürgen BRUHN nachweist: »Bis hin zum Ableben der UdSSR gab es... keinen einzigen Hinweis darauf, daß die Sowjetunion eine solche Doktrin oder Strategie eines von ihr führbaren und gewinnbaren Angriffskrieges konzipiert hatte. Im Gegenteil, die UdSSR verwarf die Theorie eines atomaren Angriffskrieges bzw. Erstschlags und ebenso eines atomaren Ersteinsatzes wie auch die Vorstellung, daß sich ein atomarer Krieg begrenzen ließe... Auch Raymond GARTHOFF, einer der führenden amerikanischen Experten für sowjetische Rüstung und Militärdoktrin, US-Delegations-Mitglied bei den KSZE- und SALT-Verhandlungen und danach Mitarbeiter bei dem angesehenen Washingtoner Forschungsinstitut ›Brookings Institution‹, verwies darauf, daß die sowjetische Rüstung und Militärdoktrin ausschließlich defensiven Charakter habe, Erstschlag und Ersteinsatz atomarer Waffen ablehne und die begrenzte Führbarkeit eines atomaren Krieges für unmöglich hielt.«[1351] Damit befand sich die UdSSR also auch in den achtziger Jahren entgegen allen Propagandathesen des Kalten Krieges nach wie vor in einer strategischen Defensive – nukleartechnisch und ebenso aufgrund der Tatsache, daß sie zu einer globalen Machtprojektion nicht imstande war.

Diese Fähigkeit jedoch besaßen die USA, und die US-Machtelite unter REAGAN plante, diese zum Gegenstand einer globalen Einkesselungsstrategie gegen die eurasische Landmacht zu machen. Die USA sollten in die Lage versetzt werden, in jedem Winkel der Welt eingreifen zu können und jede Erweiterung des sowjetischen Aktionsradius von vornherein zu unterbinden. Die US-Strategen zogen hierfür die Doktrinen Alfred Thayer MAHANS heran, denen zufolge Weltherrschaft gleich Seeherrschaft ist. Aus diesem Grund rückte auch die US-Kriegsmarine in den Vordergrund der strategischen Planspiele der USA. »Der Löwenanteil der Rüstungsausgaben soll auf den beschleunigten Ausbau der US-Navy entfallen, denn das erklärte Ziel der amerikanischen Verteidigungspolitik ist die *absolute Seeherrschaft auf allen Ozeanen.*[1352] ›Wir sind entschlossen, die maritime Überlegenheit über die Sowjets wiederherzustellen und zu behaupten‹, heißt es in der Begründung des ersten Verteidigungshaushalts der Regierung, die Caspar WEINBERGER (erster Verteidigungsminister unter Ronald REAGAN, der Verf.) dem Kongreß am 8. Februar 1982 zuleitete. Allein bis 1987 soll die US-Navy 150 neue Schiffe erhalten. WEINBERGERS Unterstaatssekretär für die Marine, John F. LEHMAN jun., ebenfalls ein Mitglied des Komitees gegen die gegenwärtige Gefahr, möchte die seestrategische Überlegenheit der USA auf insgesamt 15 Flugzeugträger-Kampfgruppen abstützen, die im Ernstfall vor allen Küsten der Welt kreuzen sollen, im Nordatlantik und im Mittelmeer, im Indischen Ozean und in Fernost, im Arabischen Meer und im Südatlantik.«[1353]

Die US-Streitkräfte, so die Planung der US-Strategen, sollten jetzt die Fähigkeit zu einer globalen Machtprojektion erhalten: »Nach WEINBERGER dient der beschleunigte Ausbau einer schnellen Eingreiftruppe, die aus fünf Armeedivisionen und zwei Divisionen der US-Marines bestehen soll, nunmehr dem Ziel, die USA in die Lage zu versetzen, überall in der Welt jeden denkbaren regionalen Konflikt zu bestehen. Hier wird deutlich eine imperiale Zielsetzung sichtbar, eine Tendenz, die amerikanische Hegemonie über all jene Teile der Dritten Welt zu behaupten, die nicht unter sowjetischem Einfluß stehen.«[1354]

Ferner beinhaltete diese global ausgerichtete Strategie, daß die USA in die Lage versetzt werden sollten, im Bedarfsfall an allen Punkten der Welt Druck auf die UdSSR auszuüben. So hieß es in den Begründungen des damaligen US-Verteidigungsministers WEINBERGER für den Rüstungsetat 1983, die USA dürften sich »nicht darauf beschränken, auf eine Aggression jeweils nur am Ort des Angriffs zu reagieren«. Peter MERSEBURGER kommt daher zu dem Ergebnis, daß die US-Militärdoktrinen unter REAGAN im wesentlichen die klassischen Konzepte einer Seemacht wiedergaben: »In dieser Maxime steckt die Rückbesinnung auf die strategischen Vorteile der klassischen Seemacht, die dem Gegner das Gesetz des Handelns aufzwingen kann. ›Die US-Navy wird über eine globale Reichweite verfügen‹, schrieb John F. LEHMAN im Sommer 1981 in einem Artikel über die Wiedergeburt der amerikanischen Seestrategie (»Rebirth of a U.S. Naval Strategy«). ›Sie wird weit vorn präsent und in der Lage sein, in Gegenden hohen Risikos kriegerische Aktionen durchzuführen und zu gewinnen.‹ Ziel dieser maritimen Vorwärtsstrategie ist nach LEHMAN, die Kräfte der historischen Kontinentalmacht Sowjetunion für die Verteidigung des eigenen Landes so sehr zu binden, daß sie weniger Mittel für den Ausbau der eigenen Flotte und damit für die Gefährdung der für Amerika und seine Verbündeten wichtigen Schiffahrtslinien verfügbar hat. Gleich mehrfach beruft sich LEHMAN auf den Admiral Alfred Thayer MAHAN, der als Begründer der amerikanischen Seemacht-Strategie wesentlich zur Entwicklung des amerikanischen Imperialismus um die Jahrhundertwende beigetragen hatte. Wer je daran zweifeln sollte, daß der zügige Ausbau der amerikanischen Flotte auf imperialem Denken beruht, wird von LEHMAN eines besseren belehrt, denn er zitiert ausdrücklich Worte des britischen Seehelden Sir Walter RALEIGH, die auch heute noch gültig seien: ›Wer die See beherrscht, beherrscht auch den Handel. Wer den Handel beherrscht, dem gehören die Reichtümer der Welt und folglich diese Welt selbst.‹«[1355]

Dabei hebt MERSEBURGER den eigentlichen Grund hervor, der der massiven Aufrüstungskampagne zur See zugrunde gelegen hatte: »Es ist unstreitig, daß Amerika, nach den Worten Henry KISSINGERS eine Inselmacht, die in der Tradition des britischen Empires steht, schon deshalb auf die Sicherung der Schiffahrtsrouten bedacht sein muß, weil seine Industrie in zunehmendem Maße von der Zufuhr überseeischer Rohstoffe abhängig ist. Doch macht es einen Unterschied, eine Kriegsmarine zu unterhalten, die in der Lage ist, Amerika die Zufuhr von Öl und lebenswichtigen Mineralien zu sichern, oder eine US-Navy aufzubauen, die durch absolute Seeherrschaft die andere Supermacht auf die ihr natürlich gesetzten kontinentalen Grenzen zurückwerfen will.«[1356]

Genau um den letzten Gesichtspunkt aber ging es der US-Machtelite, und daher war der Aufbau der US-Kriegsflotte weniger eine Maßnahme zur Sicherung der Handelswege – was zwar immer ein Aspekt der Imperialpolitik der Vereinigten Staaten war – als vielmehr eine Maßnahme zur Sicherung globaler Interventionsfähigkeit, um den sowjetischen Einfluß einzugrenzen. Eine modernisierte Kriegsmarine sollte die USA instand setzen, »sowjetische geographische Verwundbarkeiten auszunutzen und so die sowjetischen Interessen global zu bedrohen«.[1357] Die Marinestrategie war daher ein Bestandteil eines globalen antirussischen Kesseltreibens, das in den Memoranden der US-Strategen näher dargestellt war.

3 Die neuen strategischen Richtlinien der Sowjetpolitik der USA

Anknüpfend an die oben dargestellten Voraussetzungen und Zielsetzungen, sollten die Streitkräfte der USA ausgerichtet werden. Caspar WEINBERGER, erster Verteidigungsminister unter REAGAN, sprach von einer »globalen militärischen Situation«, in der die alte Frage der amerikanischen Kriegführungskonzeption, wie viele große und kleine Kriege die USA gleichzeitig zu führen imstande sein müßten, hinfällig geworden sei. »Die USA mußten zu globaler Kriegführung imstande sein.«[1358] In seinem ersten Bericht über die Verteidigung, den er am 31. Januar 1982 dem Kongreß vorlegte, erweiterte er den Verteidigungsauftrag der amerikanischen Streitkräfte hin zur Offensive. Die US-Streitkräfte sollten imstande sein, die Sowjetunion an sämtlichen strategisch bedeutsamen Punkten angreifen zu können. »Sollte ein Konflikt mit der Sowjetunion an einer Stelle des Globus ausbrechen, so ›könnten *wir* uns dafür entscheiden, der Aggression nicht an ihrer unmittelbaren Front. . ., (sondern) an vielen Plätzen‹ zu begegnen. Die USA könnten dabei die Kriegsschauplätze erweitern und dorthin verlegen, wo ihre Gewinnchancen besonders groß waren. WEINBERGER schloß darin explizit das Gebiet des Warschauer Paktes und implizit auch das der Sowjetunion ein, erwog also eine direkte Offensive gegen die Sowjetunion und ihr westliches Glacis, sollte irgendwo, vornehmlich natürlich im Nahen Osten, die Sowjetunion einen Krieg beginnen.«[1359]

Diese Konzeption war allerdings in der US-Machtelite nicht unumstritten und erfuhr eine Veränderung durch die ›Verteidigungsrichtlinien‹ vom Februar 1982, die aber die Grundelemente des Verteidigungsberichts vom Januar des Jahres weiterhin enthielten. Wie Ernst-Otto CZEMPIEL schreibt, war in ihnen die Strategie der Vermehrung der Kriegsschauplätze nach wie vor enthalten. »Der offensive Charakter der REAGAN-Strategie wurde in diesem Dokument keineswegs gemindert. Es enthielt eine klare Kampfansage an die Sowjetunion. . .«[1360] Die »Vermehrung der Kriegsschauplätze« wurde dort als ein »wesentliches Element unserer Strategie«[1361] beschrieben. Dieses Dokument war die Grundlage für das Aufrüstungsprogramm der REAGAN-Administration. Dies forderte eine Modernisierung und Vermehrung der Bomberflotte, eine zielgenaue Ausstattung der seegestützten strategischen Raketen wie der landgestützten MX-Raketen. Darüber hinaus sollte die Fähigkeit der US-Streitkräfte darauf ausgerichtet sein, ihre Mobilität global auszugestalten, wobei sich die USA jede Option vorbehielten, »die wir brauchen können, um unsere vitalen Interessen zu schützen«.

Wie der REAGAN-Biograph Peter SCHWEITZER darstellt, hatte REAGAN seine Strategie, »die Sowjetunion auszupressen«,[1362] bereits 1963 entwickelt, so daß die US-Machtelite aus dem ›Committee for the Present Danger‹ auf einen antirussischen Präsidentschaftskandidaten als ihre Marionette zurückgreifen konnte.

3.1 Die Konzeption des antirussischen ›Falken‹ Richard PIPES

Anfang 1981 ließ das Pentagon eine Gruppe von Spezialisten zusammenkommen, die eine neue, streng geheime Militärstrategie vorschlagen sollte, um Moskau auszupressen.[1363] Die Liste der Beteiligten liest sich wie ein ›Who is who‹ der antisowjetischen Strategen der US-Machtelite. Mit von der Partie war neben Fred IKLÉ, Führungsmitglied des Gefahrenkomitees, und Lawrence EAGLEBURGER vom State Department vor allem Richard PIPES vom Nationalen Sicherheitsrat. Der von dieser Elite entwickelte Plan war Peter SCHWEITZER zufolge wohl der weitreichendste gewesen, der in den Zirkeln der US-Strategen je entwickelt wurde, um die Sowjetunion zu unterwandern.[1364]

Anknüpfungspunkt dieses Plans waren Überlegungen, die REAGAN schon in der Vergangenheit angestellt hatte: Bereits 1963 sprach er davon, die sowjetische Ökonomie durch Aufrüstung und Handelsbeschränkungen auszupressen. 1972, unter Einfluß der Lektüre des Buches *Macht durch Subversion* von Lawrence BEILENSON, freundete er sich mit der Idee an, Umstürzler zur Unterminierung kommunistischer Regime zu unterstützen. »Was jetzt notwendig war, war jemand, der all diese Punkte zu einem detaillierten Plan zusammenzuführen imstande war.«[1365] Diese Aufgabe sollte Richard PIPES zufallen, einem Historiker der Harvard-Universität, der an der Spitze des bereits genannten ›Team B‹ stand, dessen Mitglieder sich für den »führ- und gewinnbaren« Atomkrieg gegen die UdSSR aussprachen. PIPES zufolge sollten die USA in ihrer Politik gegenüber der Sowjetunion drei entscheidende Ziele verfolgen: »1. Die Dezentralisierung und Demilitarisierung der sowjetischen Ökonomie, 2. Die Schwächung der Macht und privilegierten Stellung der regierenden kommunistischen Elite. 2. Langsame Demokratisierung der UdSSR.«[1366]

PIPES ging es also um die Vorantreibung der Pläne, wie sie von der US-Machtelite schon in den fünfziger Jahren entwickelt wurden. Der Ansatzpunkt zur Durchsetzung dieser Ziele sollte die Schwäche der sowjetischen Wirtschaft sein. PIPES war davon überzeugt, daß ein hohes Militärbudget die Ressourcen der UdSSR überdehnen werde mit der Folge der Absenkung des Lebensstandards und konsumptiver Investitionen. »Ökonomische Probleme würden zunehmende Schwierigkeiten in der Sowjetgesellschaft verursachen«, schrieb PIPES, »die zu Streiks, einem blühenden Schwarzmarkt und ausgedehnter Korruption führen würden.« Das würde das Herz des Systems treffen, denn »die Krise in der Sowjetgesellschaft ist symptomatisch für einen tiefliegenden Verlust an Zustimmung zu dem System und dessen politischer Ordnung«.[1367] Vor diesem Hintergrund schlug PIPES vor, daß die USA eine Strategie übernehmen sollten, »die die Verwundbarkeit in Moskaus globaler Situation ausnutze«. Das nun folgende Jahrzehnt gebe den USA eine einzigartige Möglichkeit in dieser Hinsicht, mit dem Ziel, die sowjetische Außen- und Innenpolitik zu beeinflussen. PIPES forderte daher, daß die USA »die Schwächen in der sowjetischen Außen- und Innenpolitik verschlimmern« sollten.[1368] Beabsichtigt war damit insgesamt ein »evolutionärer Wandel innerhalb der Sowjetunion selbst als ein Ziel der US-Politik«.[1369]

3.2 Das *Complete Defence Guidance 1984–1988*

Unter dem Einfluß der Überlegungen Richard PIPES' und der Anleitung der Neokonservativen Fred IKLÉ, Richard PERLE und Colin GRAY wurde von Mitgliedern des ›Committee on the Present Danger‹, des ›Hudson Institute‹ und des ›Institute for Contemporary Studies‹ im Mai 1982 die *Complete Defence Guidance 1984–1988* erstellt, die im August 1982 von US-Präsident REAGAN und seinem Verteidigungsminister WEINBERGER unterzeichnet wurde.[1370] »Damit wurde sie offizielle Strategie und Politik der REAGAN-Administration bis zu ihrem Ende im Januar 1989.«[1371] Peter SCHWEITZER zufolge, der sich ausführlich mit den Hintergründen der REAGANschen Politik befaßt hatte, handelte es sich dabei um die »geheimste und maßgeblichste Stellungnahme zur Pentagon-Strategie, Ressourcenplanung, Programmentwicklung und Streitkräfteplanung. In der Tat ist das Dokument so sensibel, daß es noch zwanzig Jahre lang geheim blieb«.[1372] Diesem Dokument zufolge gehört es zu den nationalen Interessen der USA, die UdSSR an allen Fronten der Weltpolitik systematisch zurückzudrängen. Im einzelnen heißt es in diesem Dokument:

– »Zurückdrängung der geographischen Expansion der sowjetischen Kontrolle und Militärpräsenz in der ganzen Welt, insbesondere dort, wo eine solche Präsenz die geostrategische Position der Vereinigten Staaten bedroht« und

– »Ermutigung von langfristigem politischem und militärischem Wandel innerhalb des Sowjetimperiums, was die Errichtung einer sichereren und friedfertigeren Weltordnung erleichtern wird«.[1373]

Dieses Leitlinien-Dokument stellte die gesamte Konzeption einer irregulären ›schmutzigen‹ Kriegführung gegen die UdSSR dar, welche letztlich nichts anderes als die Liquidierung des sowjetischen Staatswesens zum Gegenstand hatte. Um dieses Ziel erreichen zu können, hatte die US-Rüstungspolitik dafür Sorge zu tragen, »daß die konventionellen Streitkräfte der Vereinigten Staaten in Verbindung mit denen unserer Verbündeten in der Lage sein sollten, es für die Sowjetunion riskant zu machen, *ihre Interessen* zu verfolgen, und zwar *auch innerhalb* des sowjetischen Kernlandes«.[1374] Es sollte alles darangesetzt werden, daß die Sowjetunion nicht mehr fähig sei, in Bedrohungssituationen ihre territoriale Integrität zu sichern. Das Leitliniendokument sah darüber hinaus vor, genau ein solches Bedrohungsszenario zu schaffen. Demzufolge sollten, *»um politische, wirtschaftliche und miltärische Schwächen innerhalb des Warschauer Paktes auszunutzen* und Operationen im feindlichen Hinterland zu zerschlagen, Spezialeinheiten Operationen in Osteuropa sowie im nördlichen und südlichen NATO-Gebiet durchführen«, heißt es in dem Dokument.

Mit besonderer Aufmerksamkeit sollte daher das Ziel verfolgt werden, die Unterstützung zu untergraben, die der Sowjetunion in ihrem osteuropäischen Einflußbereich zuteil wird.[1375] Zusätzlich forderte das Dokument, »daß wir unsere Spezialeinheiten neu beleben und verstärken müssen, um die Macht der Vereinigten Staaten dort wirksam werden zu lassen, wo der Einsatz konventioneller Truppen verfrüht, unpassend oder undurchführbar wäre«, insbesondere in Osteuropa. Unter »Spezialeinheiten« verstanden die US-Strategen in der Regel Guerillas, Saboteure, Kommandotruppen und ähnliche irreguläre Streitkräfte.[1376] Ziel sollte es nach einer Direktive des Nationalen Sicherheitsrates sein, »das sowjetische Allianzsystem zu schwächen, indem es gezwungen wird, die Hauptlast seiner wirtschaftlichen Unzulänglichkeiten zu tragen, und langfristig Liberalisierungs- und nationalistische Tendenzen innerhalb der Sowjetunion und ihrer verbündeten Länder zu ermutigen«.[1377]

»In jedem Fall«, so beschreibt Ernst-Otto CZEMPIEL diese Strategie, »sollte die Sowjetunion mit allen verfügbaren militärischen Mitteln, eingeschlossen der des Guerilla-Krieges, der Sabotage und anderer spezieller Aktionen aus der Welt zurückgedrängt werden. Die wichtigste Rolle dabei sollte die Rapid Deployment Force spielen. Von Präsident CARTER entwickelt, wurde sie von Präsident REAGAN in eine ganz andere, nämlich globale Größenordnung gehoben.«[1378]

Begleitet werden sollte dies von einer wirtschaftlichen Kriegführung gegen die UdSSR. Wie Peter SCHWEITZER darstellt, war sich die Machtelite um Ronald REAGAN darüber im klaren, daß die Achillesferse der Sowjetunion ihre schwache Wirtschaft war,[1379] eine Schwäche, die es durch Ingangsetzung eines erneuten Rüstungswettlaufes auszunutzen galt. »Darüber hinaus sollte der Sowjetunion ein Rüstungswettlauf aufgezwungen werden, den sie verlieren, dem sie aber zuerst alle anderen wirtschaftlichen Ziele opfern mußte.«[1380] Das war auch das Kernelement des Strategiedokumentes. Dieses erklärte, daß es an der Zeit sei, »die dauerhaften ökonomischen Vorteile des Westens auszunutzen sowie eine Vielzahl von Systemen zu entwickeln, die es den Sowjets schwer machen zu erwidern, die ihr unverhältnismäßig hohe Kosten aufzwingen, die neue Felder überlegener militärischer Fähigkeiten eröffnen und vorangegangene sowjetische Investitionen abnutzen«.[1381]

Der Schlüssel, um die UdSSR niederzuringen, bestand also darin, »sowjetische Schwächen in einem Rüstungswettlauf auszunutzen«.[1382] In dem Leitliniendokument wird daher auch ergänzend eine Technologiestrategie gefordert. Diese »sollte Investitionen auf Waffensysteme konzentrieren, die die vorhandenen sowjetischen Rüstungsbestände wertlos machen«. Sie sollte »den Sowjets dadurch höhere Kosten auferlegen, daß sie bei ihnen Unsicherheit hervorruft, ob sie noch in der Lage sind, einige ihrer vordringlichsten Aufträge zu erfüllen«.[1383] Wie Peter SCHWEITZER schildert, ging es bei dieser Strategie weniger um die Restauration amerikanischer militärischer Stärke als vielmehr um eine Form der wirtschaftlichen Kriegführung gegen die Sowjets.[1384] Das Leitliniendokument fordert schließlich auch, daß die USA Vorteile aus der Schwäche des Feindes ziehen.[1385] Daher sollte »schon zu Friedenszeiten« versucht werden, »verstärkten Druck auf die sowjetische Wirtschaft auszuüben«, und zwar durch Embargos, Entzug strategischer Rohmaterialien und Technologien, umfassende industrielle Mobilisierung der eigenen Wirtschaft, beschleunigte Entwicklung neuer Waffensysteme und »ständige Ausweitung der eigenen Rüstungsausgaben«, bei denen die Sowjets schließlich nicht mehr mithalten konnten.

Des weiteren sollte »schon zu Friedenszeiten« versucht werden, durch »Aufstände«, die man »anzetteln oder ausnutzen« kann, und durch »mögliche Gegenoffensiven gegen Kuba, Nicaragua, Vietnam, Libyen, Nordkorea, Angola und am Persischen Golf die Sowjetunion von ihren Verbündeten und Freunden abzutrennen und ›westliche Wirtschaftsordnungen‹ in diesen Gebieten wiederherzustellen«.[1386] Bei diesem Plan des indirekten Wirtschaftskrieges gegen die Sowjetunion war die Handschrift Richard PIPES' deutlich zu erkennen, der schon in den siebziger Jahren die Ansicht vertrat, daß ein wirkliches Wettrüsten »den Kollaps des Sozialismus und eine Restauration des Kapitalismus in unserem Lande bringen« würde.[1387] Wortwörtlich heißt es daher auch in der Verteidigungs-Leitlinie: »Als Ergänzung der Militärstrategie in Friedenszeiten sollten. . . die Vereinigten Staaten und ihre Verbündeten *faktisch der Sowjetunion wirtschaftlich und technisch den Krieg erklären.*«[1388]

Durchzogen war dieses Strategiedokument also von dem Gedanken, einen Vernichtungskrieg gegen die UdSSR sowohl auf konventioneller als auch auf atomarer Ebene durchführ- und gewinnbar zu machen. Fast wortwörtlich wurde die Konzeption GRAYS und PAYNES zu den chirurgischen ›Enthauptungsschlägen‹ gegen die UdSSR übernommen, deren Endzweck es sein sollte, die »amerikanische atomare Macht in den Stand zu setzen, die Sowjets zur frühestmöglichen Beendigung der Feindseligkeiten zu zwingen, und zwar zu den für die USA günstigen Bedingungen«.[1389] Damit sollten die USA in die Lage versetzt werden, der ›enthaupteten‹ Sowjetunion jederzeit ihre Bedingungen aufzwingen zu können.

Egon BAHR, der Architekt der neuen deutschen Ostpolitik, hatte den aggressiven Charakter dieser Konzeption treffend erkannt: »Es ist ein modifiziertes Konzept«, so schrieb er, »darauf angelegt, eine Strategie zum Zusammenbruch der Sowjetunion durchzuführen. Es enthält eine Hochrüstung, die Moskau in eine ähnliche wirtschaftliche Anstrengung zwingen will, und die Gleichzeitigkeit eines Wirtschafts- und Handelskrieges, der ihr dafür die Mittel möglichst beschneiden will.« Es handelt sich BAHR zufolge um »ein geschlossenes, durchdachtes Konzept. Es bedeutet den Versuch, die Sowjetunion geographisch, wirtschaftlich und politisch zu zernieren, einzuklammern, einzudämmen und gleichzeitig oppositionelle Tendenzen innerhalb des Blocks, seien es Dissidenten oder Solidarnosc, zu benutzen, bis zu der Linie, deren Überschreitung den bewaffneten Konflikt, also die eigene Gefährdung bedeuten könnte«[1390] – kurz gesagt, also die Fortsetzung einer indirekten Strategie.

4 Die Umsetzung der indirekten Strategie der Zerstörung der UdSSR

Anhand dieser Pläne ging die US-Machtelite nunmehr planmäßig daran, die UdSSR auf verschiedenen Ebenen gleichzeitig in die Enge zu treiben. Zum einen wurde anhand der Strategischen Verteidigungsinitiative (›Krieg der Sterne‹) – ein Kernstück der REAGANschen Rüstungspolitik – die UdSSR, wie beabsichtigt, in einen erneuten Rüstungswettlauf gezwungen, damit diese ihr wirtschaftliches Potential weiterhin in ein unproduktives ›Faß ohne Boden‹ investierte. Des weiteren griff die REAGAN-Administration zu einem Wirtschaftkrieg auf der Ebene des Rohstoffhandels sowie der Blockade auf dem Weltmarkt, der zu einem massiven Verlust an Devisenimporten führte, von dem sich die Sowjetunion nicht mehr erholen sollte. Auch die klassische Strategie der Schürung von Unruhen innerhalb des sowjetischen Machtbereiches blieb nicht unberücksichtigt; die Entwicklungen in Polen wie auch die Verstärkung der irregulären Zusammenarbeit mit den Mudschaheddin in Afghanistan zeigten, daß gezielt auf die Karte der irregulären, schmutzigen Kriegführung gesetzt wurde. Diese Elemente jedenfalls sollten schließlich zum Ende der Sowjetunion führen.

4.1 Die ›Strategische Verteidigungsinitiative‹ (SDI)

Wie Henry KISSINGER in einer Besprechung seines Buches *Diplomacy* es ausdrückte, hatte die REAGAN-Administration mit ihrer Superrüstung, für die sie von 1981 bis 1989 rund 2,5 Billionen Dollar ausgegeben hatte, »der Sowjetunion den Todesstoß versetzt«.[1391] »REAGANS grundlegendste Kampfansage an die Sowjetunion war seine militärische Aufrüstung.«[1392] Tatsächlich, so der Amerika-Experte Wilhelm DIETL, verdoppelte sich in der ersten Amtszeit REAGANS »der ohnehin schon aufgeblähte Verteidigungshaushalt der USA auf über 300 Milliarden Dollar. Das Pentagon wurde zum Schlaraffenland der Militärs... Geld spielte keine Rolle, und deshalb investierten die Falken im Weißen Haus auch in Großprojekte... Das betraf zum Beispiel den B-1 Bomber und die Hochrüstung zur See. Die Marine wartete auf 62 neue Kriegsschiffe und 22 weitere U-Boote. Die Zahl der Flugzeugträger sollte innerhalb weniger Jahre von 13 auf 15 steigen«.[1393]

Unter Ronald REAGAN gaben die USA die astronomische Summe von 2,5 Billionen Dollar für Rüstungszwecke aus! Einen größeren Posten verschlang die Entwicklung des SDI-Systems, das feindliche ballistische Raketen möglichst in großer Höhe oder gar bereits in der Startphase zerstören sollte. Das Foto zeigt das auf Lasertechnik beruhende Ortung und Steuerungsgerät. (Foto: AP)

Ronald REAGAN.

Der strategische Langstreckenbomber B-1 (Erstflug 1974).

Ansatzpunkt für die Umsetzung der Strategie, die UdSSR durch Ingangsetzung eines Rüstungswettlaufs in den Untergang zu treiben, war die Konzeption der REAGAN-Administration, den Weltraum für eine Rüstungskampagne gegen die Sowjetunion auszunutzen. Folglich wurde neben dem konventionellen Rüstungsschub auch die Nuklearrüstung verstärkt. Das gesamte Leitliniendokument forderte neben der beschleunigten Aufstellung neuer interkontinentaler Präzisionswaffen »die Entwicklung, Produktion und Stationierung neuer Weltraum-Abwehrwaffen«, unter anderem von Anti-Satellitenwaffen, kinetischen und Laserwaffen. Diesen damals noch weitgehend im Forschungsstadium befindlichen Weltraumwaffen – in den ›Verteidigungsrichtlinien‹ als »prototype development of space based weapon systems« benannt – wurde die Funktion zugewiesen, den USA »die Überlegenheit im Weltraum (zu) sichern«, um diese »unangreifbar« zu machen und das von REAGAN so genannte »Fenster der Verwundbarkeit« zu schließen.[1394]

Wie auch schon bei den Aufrüstungskampagnen zuvor, so hat auch in dieser Lage eine Verwundbarkeit der USA niemals vorgelegen. Statt dessen arbeitete man wie gehabt mit einer beispiellosen Desinformationskampagne über die angebliche sowjetische Bedrohung. Wie Ernst-Otto CZEMPIEL enthüllte, war aber vielmehr Tatsache, »daß die Sowjetunion einen großen Rückstand aufzuholen hatte, wenn sie mit den USA gleichziehen wollte. . . 1983 spätestens wußte die CIA auch, daß die von ihr seit 1976 benutzten Zahlen über die sowjetische Rüstung unrichtig waren. Die sowjetischen Waffenbeschaffungsprogramme waren seitdem nicht mehr erhöht worden«.[1395]

Außerdem habe die REAGAN-Administration bei ihren Streitkräftevergleichen außer acht gelassen, daß die Sowjetunion es nicht nur mit den Vereinigten Staaten, sondern auch mit China zu tun habe. Übersehen habe sie ferner die gewaltigen Unterschiede zwischen dem Militärpotential der westeuropäischen NATO-Alliierten und den osteuropäischen Mitgliedern des Warschauer Paktes. »Hätte sie die Verteidigungsausgaben der beiden Paktsysteme miteinander verglichen«, so CZEMPIEL, »so hätte sich ein Vorsprung der NATO von 29 % ergeben, sogar einer von 49 %, wenn man die sowjetischen Verteidigungsausgaben gegenüber China mitberücksichtigte. Im strategischen Bereich war die Zweitschlagskapazität der Vereinigten Staaten zu keiner Zeit gefährdet. Das berühmte ›Fenster der Verwundbarkeit‹ hatte offensichtlich, wie zuvor die ›Raketen-Lücke‹ des Kandidaten KENNEDY, mehr dem Wahlsieg als der Wahrheit genützt.«[1396] Der Rüstungsexperte Ernst-Otto CZEMPIEL kommt denn auch zu dem Ergebnis, daß »von einem wirklich definierten Sicherheitsbedarf. . . also kaum die Rede sein« konnte.[1397]

4.1.1 Die konkreten Hintergründe zum Entschluß zur Verwirklichung des SDI-Programms

Die sowjetische Führung war sich bewußt, daß ein erneuter Rüstungswettlauf – zumal in den Ausmaßen, wie die Rüstung von der REAGAN-Administration geplant war – ihre wirtschaftlichen Kräfte überstrapazieren würde, und regte deshalb nach

BRESCHNEWS Tod eine Abrüstungsinitiative an. »Der neue Kremlchef Juri ANDROPOW sprach über die Reduzierung der SS-20, über atomwaffenfreie Zonen in Europa und Beschränkungen von Rüstungsverkäufen an Länder der Dritten Welt. Schließlich bot er bei einer Gipfelkonferenz des Warschauer Paktes sogar einen Gewaltverzichtsvertrag an.«[1398] Das paßte den Strategen im Weißen Haus gar nicht ins Konzept, denn ein durch Abrüstung begünstigter Aufschwung der sowjetischen Wirtschaft lag keinesfalls im Interesse der US-Machtelite um Präsident REAGAN.[1399] »Diese Position teilten der zum Kabinett-Mitglied beförderte CIA-Direktor, William CASEY, und dessen Stellvertreter Robert Michael GATES. . .«[1400]

Aus diesem Grund waren die US-Geheimdienste damit befaßt, Daten über die wirtschaftliche Entwicklung der Sowjetunion zu sammeln, um anhand des gewonnenen Materials dann die Strategie des Wirtschaftskrieges gegen die UdSSR entwickeln zu können. »Die amerikanische Regierung investierte jährlich einige hundert Millionen Dollar, um präzisere Angaben über die Wirtschaftskraft des Rivalen zu gewinnen. Der Hauptzweck der Operation war, die Höhe der sowjetischen Militärausgaben herauszufinden und diese in Relation zu der wirtschaftlichen Gesamtleistung zu setzen. Der prozentuale Anteil der Verteidigungskosten am Bruttosozialprodukt sollte Rückschlüsse auf die Überlebenschancen des sowjetischen Imperiums ermöglichen.«[1401]

CIA-Analysten wollten auf diese Weise konkret bestimmen, wie hoch die Rüstungslast der UdSSR sein mußte, um deren wirtschaftliches Gleichgewicht zu gefährden, ökonomische Verteilungskämpfe zu erzeugen und so das gesamte System zu destabilisieren. »Von der Entwicklung der sowjetischen Militärausgaben konnten also die Expertenteams der CIA auf die Grenzen der Handlungsmöglichkeiten Moskaus schließen. Der Befund legte letztlich auch die Schlußfolgerung nahe, die Sowjets durch eine neue Etappe des Rüstungswettlaufs in die Knie zu zwingen«, so Mária HUBER.[1402] Das war schließlich die Geburtsstunde des SDI-Programms. Um die Sowjets wirtschaftlich niederzuringen, »legte Ronald REAGAN noch eins drauf und brachte seine Strategische Verteidigungsinitiative, kurz SDI (Strategic Defence Initiative, der Verf.), in die Diskussion«.[1403]

Dieses allerdings schuf für die UdSSR ein weiteres Sicherheitsrisiko, da es gegen den Grundgedanken des ABM-(Anti-Ballistic-Missile-)Vertrags von 1972, »der ja raumgestützte Verteidigungssysteme verbot«,[1404] verstieß. »SDI«, so Ernst-Otto CZEMPIEL, »mußte notwendig auch den ABM-Vertrag zerstören und damit den Auftakt bilden zu einem Rüstungswettlauf im Weltraum, zu einem Ersatz der Rüstungskontrolle durch eigene weitere Aufrüstung.«[1405] Das mit dem ABM-Vertrag geschaffene Prinzip der wechselseitig garantierten Vernichtung, das beide Kontrahenten vom Einsatz ihres Atomwaffenarsenals abhalten sollte, wurde auf diese Weise ersetzt durch eine Strategie einseitiger amerikanischer Überlegenheit. Durch SDI schließlich wurden die zu dieser Zeit in Westeuropa stationierten Mittelstreckenraketen »jetzt zu Offensivwaffen. . ., die die Vereinigten Staaten gegen die Sowjetunion einsetzen konnten, ohne daß der dann in Europa stattfindende Nuklearkrieg das Mutterland der USA mit einbezog. Zog man schließlich noch in Betracht, daß die Sowjetunion dem Aufbau eines amerikanischen SDI nicht tatenlos zusehen, sondern nachfolgen würde, so zeigte sich sofort die Zukunft eines neuen, den Weltraum mit einbeziehenden Rüstungswettlaufs. Er würde die Rüstungskontrolle endgültig zunichte machen«.[1406]

Genau dies war auch das Ziel der Reagan-Administration, denn diese »lehnte die Rüstungskontrolle rundweg ab«,[1407] da sie einer machtvollen Durchsetzung einer »*power projection*« zur Niederringung der UdSSR im Wege stand. Ernst-Otto Czempiel führt in diesem Zusammenhang aus, daß es der Reagan-Administration auch erfolgreich gelungen ist, Rüstungskontrollfortschritte zu verhindern. »Die Strategie dabei war stets die gleiche. Sie verzögerte zunächst den Beginn der Verhandlungen und stattete sie sodann mit Vorschlägen aus, die von der anderen Seite nur abgelehnt werden konnten.«[1408] Mit SDI jedenfalls wären die USA in der Lage gewesen, das Nuklearpotential der UdSSR bereits im Vorfeld zu beseitigen; sie hätten dann einen Krieg mit nuklearen Waffensystemen gegen die Sowjetunion führen können, ohne einen Vergeltungsschlag fürchten zu müssen. Folglich war die Reagan-Administration auch nicht bereit, SDI zum Gegenstand von Abrüstungsgesprächen, die von der Sowjetunion initiiert wurden, zu machen. Als der neue Generalsekretär Gorbatschow als Gegenleistung für einen SDI-Verzicht die Stationierung der SS-20 unterbrach, ein einseitiges Moratorium der Kernwaffenversuche verkündete und bei den Abrüstungsverhandlungen in Genf im November 1985 die Halbierung der strategischen Offensivwaffen anbot, waren die USA keinesfalls bereit, an ihrem Ziel der militärischen Überlegenheit zu rütteln und auf die Verwirklichung des SDI-Programms zu verzichten. Im Gegenteil, die Reagan-Administration wollte ihre Militärmacht nach wie vor dafür einsetzen, »die Sowjetunion zum Rückzug aus der Welt und zur Reformierung ihres Herrschaftssystems zu zwingen«.[1409] Insgesamt betrachtet führte sie im konventionellen wie auch im nuklearen Bereich »opulente Rüstungsprogamme durch, die sich verteidigungsstrategisch nicht begründen ließen, aber die Grundlage einer riesigen außenpolitischen Machtentfaltung bilden sollten«.[1410]

4.1.2 Die katastrophale Auswirkung auf die sowjetische Wirtschaft

Während Reagan an der Aufrüstung der USA unerschütterlich festhielt und in Sachen Rüstungskontrolle es bei Lippenbekenntnissen bewenden lassen wollte,[1411] erkannte die sowjetische Machtelite um Gorbatschow, daß eine weitere Aufrüstungsspirale für sie wirtschaftlich nicht mehr tragbar war. Sie sah sich wirtschaftlich wie militärisch überfordert, und genau darauf hatte die US-Machtelite um Ronald Reagan ja gesetzt. Der deutsche Rüstungsexperte Adalbert Bärwolf bestätigt dies in seiner Studie *Die Geheimfabrik – Amerikas Sieg im technologischen Krieg*: »Die Sowjetunion hatte im technologischen Krieg, bei der Investition Amerikas von mehreren Trillionen Dollar (nach amerikanischer Rechnung) über die Jahrzehnte, jetzt unter Reagans eingeleiteter extremeren Hochrüstung, keine Chance mehr, diesen lautlosen Krieg in den Laboratorien und an den Produktionsbändern zu gewinnen... Die fast parallel laufende B-1-Produktion und B-2-Entwicklung (hierbei handelt es sich um US-Tarnkappenbomber, der Verf.) war für die sowjetische Abwehrplanung – ganz abgesehen von der von REAGAN gleichzeitig gestarteten Raketenabwehr-Initiative SDI – schlicht zuviel.«[1412]

Die Sowjets hatten einem solchen Raketenabwehrsystem nichts entgegenzusetzen, was BÄRWOLF zufolge im wesentlichen darin begründet lag, daß sie nicht über die hierfür erforderliche Spitzentechnologie verfügten, die sich neben Atom- und Lasertechnologie vor allem auf Mikroelektronik stützte.[1413] Und genau hier waren die Sowjets den Amerikanern hoffnungslos unterlegen: »Zudem waren die sowjetischen Computer-Systeme noch so primitiv, daß sie anfliegende US-Raketen kaum von einem Schwarm anfliegender Gänse hätten unterscheiden können.«[1414] Tatsächlich war die Sowjetunion beim Amtsantritt GORBATSCHOWS wirtschaftlich auch nicht mehr in der Lage, diese Lücke aufzuholen. Jochen HIPPLER spricht von einer »strukturellen Schwäche der sowjetischen Weltmacht«, die darin bestand, daß die Weltmachtrolle »immer nur unter großer ökonomischer und politischer Anspannung erreicht und gesichert werden konnte. Die Konzentration übergroßer Ressourcen im Rüstungs- und Militärsektor... mit einer entsprechenden Verformung und Schwächung der Volkswirtschaft... waren der Preis, den die sowjetische Bevölkerung für die Weltmachtrolle ihres Landes zu entrichten hatte.«[1415] Die Außenhandelsstruktur der UdSSR habe eher an Dritte-Welt-Länder als an eine Supermacht erinnert.[1416]

Auch die Osteuropa-Expertin Mária HUBER kommt zu ähnlichen Ergebnissen: »Zwischen 1965 und 1985 sanken die Wachstumsraten von Fünfjahresplan zu Fünfjahresplan... In der Sowjetunion... hatte sich... ein stetiger Abwärtstrend eingestellt. In den Jahren 1978/79 und 1982 gab es in den wichtigsten Branchen gar kein Wachstum mehr.«[1417] Dieser katastrophale Zustand spiegelte sich auch in der technologischen Entwicklung wider. Die UdSSR war den Analysen Mária HUBERS zufolge Ende der siebziger Jahre in der Computer- und Kommunikationsbranche erst so weit wie der US-Technologiekonzern IBM schon Mitte der sechziger Jahre. Für die Finanzierung von entwicklungspolitischen Aufgaben wie von Forschung und Technik hätten sowohl die entsprechenden Mittel im sowjetischen Staatshaushalt als auch ein wirksames Steuerungsinstrumentarium gefehlt.[1418]

Zusammengefaßt läßt sich also sagen, daß der hohe Finanzbedarf für die äußere Sicherheit der Sowjetunion bei stetig sinkenden Wachstumsraten deren innere Schwäche gesteigert hat.[1419] Für REAGANS Kreuzzug gegen die UdSSR erwies sich diese Entwicklung als ausgesprochen günstig: Die Politik, die zugleich für Kanonen, Butter und Wachstum sorgen sollte, sei für die Sowjets nicht länger durchzuhalten, schrieb der amerikanische Sowjetologe Seweryn BIALER.[1420]

Die Hauptprobleme der Sowjetunion beim Amtsantritt GORBATSCHOWS, so Jochen HIPPLER, waren also »die Existenz einer verrotteten Volkswirtschaft und eines verknöcherten politisch-administrativen Systems. Beide Probleme wurden durch die

Belastungen einer Außen- und Rüstungspolitik, die sich an der Sicherung des Weltmachtstatus orientierte, verschärft«.[1421] Die Sowjetunion befand sich gewissermaßen in einem Spannungsfeld zwischen einem drohenden wirtschaftlichen Kollaps im Innern und einer militärisch-geostrategischen Überdehnung nach außen. Für die neue sowjetische Führung unter GORBATSCHOW kam es daher darauf an, die außen- und militärpolitischen Belastungen den begrenzten wirtschaftlichen Möglichkeiten anzupassen. Dies aber – so Jochen HIPPLER – setzte voraus, daß die sowjetische Volkswirtschaft vom äußeren Druck und von einer rüstungspolitischen Ressourcenverschwendung befreit wurde. Aus diesem Grund strebte GORBATSCHOW mit aller Macht eine wirtschaftliche Umgestaltung und Modernisierung der UdSSR an und versuchte, die Rüstungsspirale zurückzudrehen. Um aber die Finanz-, Produktionsmittel und Rohstoffressourcen des Landes endlich für die Modernisierung und Umgestaltung freimachen und umleiten zu können, brauchte die Sowjetunion Abrüstung bei allen Waffenkategorien und Abbau der Bedrohungen an ihren Grenzen im Rahmen des Konzepts einer »gemeinsamen Sicherheit im Europäischen Haus«.[1422] »1988 legte Michail GORBATSCHOW dem Obersten Sowjet einen Plan vor, nach dem er bis 1995 60 Prozent der Rüstungsindustrie auf zivile Produktion konvertieren und die Rüstungsausgaben erheblich, nämlich um 40 Prozent, senken wollte.«[1423]

4.1.3 Die UdSSR strebt eine umfassende Abrüstung an – der Gipfel von Reykjavik

Was die UdSSR zur wirtschaftlichen Erneuerung brauchte, war also die Schaffung eines sicheren strategischen Umfeldes; der Teufelskreis von amerikanischer Vorrüstung und sowjetischer Nachrüstung mußte also durchbrochen werden. »So kam es Ende der 80er Jahre zu einem neuen Gegensatz der beiden Großmächte. Die Sowjets wollten auf der ganzen Bandbreite alte Waffensysteme abrüsten und auch nicht neu- oder umrüsten. Die Amerikaner waren willens, ihre alten Waffensysteme abzurüsten, aber über ihre neuen, insbesondere über SDI, wollten sie nicht verhandeln.«[1424] Es war daher auch die UdSSR, die den Startschuß für Abrüstungsverhandlungen abgab. Auch »die Gipfelkonferenz in Reykjavik am 11. und 12. Oktober 1986 war und blieb eine sowjetische Initiative«.[1425] GORBATSCHOW bot nicht nur eine Halbierung aller strategischen Offensivwaffen beider Seiten an, auch sollten alle Mittelstreckenraketen aus Europa verbannt werden. Dabei wurde aber schon sehr bald klar, daß der eigentliche Gewinner dieser Abrüstungsverhandlungen die USA waren, denn »die Sowjetunion war auf ihre Forderungen eingeschwenkt«,[1426] und mit einer Halbierung der strategischen Offensivwaffen »verlor die Sowjetunion ihre numerischen Vorteile, während die USA von ihrer qualitativen Überlegenheit profitierten«.[1427]

Wie Ernst-Otto CZEMPIEL darstellt, legte die sowjetische Seite hier wie auch später beim an die Reykjavik-Vereinbarungen anschließenden INF-Vertrag zum Abbau der Mittelstreckenraketen eine unermüdliche Konzessionsbereitschaft an den

Tag und hatte so gut wie jede amerikanische Forderung erfüllt.[1428] Daß die REAGAN-Administration zu einer Verringerung des nuklearen Offensivwaffenpotentials grundsätzlich bereit war, lag daran, daß sich hinter dieser Bereitschaft ein Umrüstungsinteresse verbarg. Schon vor den Verhandlungen von Reykjavik hatte Richard PERLE, Sicherheitsberater des US-Präsidenten REAGAN, darauf hingewiesen, daß die Zukunft der Abschreckung sehr viel besser bei den luft- und seegestützten Marschflugkörpern aufgehoben sei als bei den ballistischen Raketen. Erstgenannte sollten umgehend einer Modernisierung unterworfen werden. »Die Reichweitenvergrößerung und Verbesserung der Zielgenauigkeit von Marschflugkörpern macht es in Zukunft möglich, den Abstand zwischen dem Ziel und dem Trägersystem erheblich zu vergrößern.«[1429] Andererseits aber hielten sich die USA nicht an die Vereinbarungen von Reykjavik, denn »das strategische Aufrüstungsprogramm der USA für 1988/89 ließ keine Halbierungstendenz erkennen. Seine Größenordnung wies unmißverständlich aus, daß an Abrüstung, oder auch nur substantielle Verringerung der Rüstung nicht gedacht war. . . Die strategischen Offensivwaffen sollten also 1989 und danach kräftig vermehrt und verbessert werden, ein Reflex der fortschreitenden Abrüstungsgespräche ließ sich nicht erkennen«.[1430]

Die gleichfalls vereinbarte Abrüstung des nuklearen Mittelstreckenraketenpotentials gestaltete die militärische Lage der USA ebenfalls günstig. Mit ihrem massiven konventionellen Aufrüstungsprogramm und mit der begrenzten nuklearen Abrüstung wurde der amerikanische Unilateralismus vom Ballast eines nuklearlastigen Strategiekonzepts befreit, das die USA bislang daran hinderte, den Konflikt mit der Sowjetunion auf der ganzen Breite voll aufzunehmen.[1431] Auch wenn es paradox klingen mag, aber durch die Verringerung der nuklear bestückten Mittelstreckenraketen und durch eine Halbierung der strategischen Offensivwaffen ver-

Gipfel von Reykjavik mit Reagan und Gorbatschow. Rechts: Die entsprechende Titelseite des Nachrichtenmagazins *Der Spiegel* vom 6. Oktober 1986.

besserten die USA ihre Angriffsmöglichkeiten gegen die UdSSR, denen diese nichts oder nichts Passendes entgegenzusetzen hatte.

»Verschwanden die Mittelstreckenraketen aus der Welt und reduzierten sich die strategischen Offensivwaffen um die Hälfte, so verschwand – oder halbierte sich – die einschlägige sowjetische Parität. Im gleichen Maße gewannen die konventionellen Waffen an Gewicht und mit ihnen die bei den ›smart weapons‹ bestehende technologische Überlegenheit der Vereinigten Staaten. . . Je stärker die Bedeutung der nuklearen Parität durch die Abrüstung der Kernwaffen reduziert wurde, um so deutlicher trat die Superiorität der Vereinigten Staaten auf dem Gebiet der konventionellen Rüstung wieder in Erscheinung«, so die Einschätzung von Ernst-Otto Czempiel.[1432] Vor diesem Hintergrund hatten Angehörige der Reagan-Administration auch immer wieder gefordert, daß die USA die Sowjetunion auf solchen Gebieten herausfordern sollten, auf denen sie eine »Marge der Überlegenheit« besaßen, und zu diesem Zweck wurde immer wieder die Modernisierung der konventionellen US-Streitkräfte und insbesondere der US-Kriegsmarine gefordert.[1433]

4.1.4 Die Bedeutung der Abrüstungsgespräche für die USA

Ronald Reagan hatte mit seiner beispiellosen Aufrüstungspolitik erreicht, die Sowjetunion strategisch mattzusetzen. Damit wurden zugleich die Voraussetzungen dafür geschaffen, sie schließlich in die wirtschaftlich-finanzielle Abhängigkeit des Westens zu treiben. Mit der wirtschaftlichen Aushöhlung der Sowjetunion sollten innerhalb ihres Systems Verteilungskämpfe zwischen Zentrum und Peripherie hervorgerufen werden. Diese riefen letztlich Zentrifugalkräfte wach, die die staatlich-territoriale Integrität der UdSSR direkt bedrohten. So war es von den US-Strategen ja auch beabsichtigt. Im Verteidigungs-Leitliniendokument war angemerkt, daß die UdSSR in eine Situation gebracht werden solle, in der sie selbst innerhalb ihres Herrschaftsbereichs nicht mehr gefahrlos ihre Macht aufrechterhalten könne. Die amerikanische Vorrüstung im nuklearen wie auch im konventionellen Bereich zerstörte die wirtschaftliche Substanz der UdSSR und zwang sie dazu, jeden Versuch aufzugeben, durch ein eigenes Rüstungsprogramm ihre Sicherheit aufrechtzuerhalten. Die Sowjetunion wurde in die Lage versetzt, zu amerikanischen Bedingungen rüstungsmäßig zu kapitulieren und die verbesserte strategische Position der USA anzuerkennen.

Genau dies war bei der Abrüstung der offensiven Kernwaffen der Fall gewesen. Diese »vergrößerte also nicht nur die Handlungsfreiheit der Vereinigten Staaten und ihre Sicherheit; sie vergrößerte auch die technologische Distanz zwischen ihnen und der Sowjetunion und gab ihnen damit. . . die militärische Überlegenheit zurück, die auf dem Gebiet der Kernwaffen nicht wiederzuerlangen war«[1434] (welche im übrigen niemals durch die UdSSR ernsthaft gefährdet war, der Verf.).

Damit gelang es den USA mit Hilfe der Abrüstungsabkommen, gegenüber der

Sowjetunion weitgehend uneingeschränkte militärische Handlungsfreiheit zu erhalten und eine militärische Auseinandersetzung auf der gesamten Breite zu führen, da sie einen nuklearen Vergeltungsschlag der UdSSR nicht mehr zu fürchten hatten, zumal SDI jeden sowjetischen Gegenschlag mit Marschflugkörpern neutralisieren sollte. Dabei hatten die USA dafür gesorgt, daß SDI aus den Abrüstungsverhandlungen ausgeklammert wurde. Das von REAGAN erwähnte »Fenster der Verwundbarkeit« hatte sich durch diese Schachzüge der USA sehr weit für die Sowjetunion geöffnet, während die USA zweierlei gewannen: zum einen den wirtschaftlich-finanziellen Ruin ihres strategischen Konkurrenten durch den erzwungenen Rüstungswettlauf und zum zweiten die Neutralisierung des sowjetischen nuklearen Abwehrpotentials, wodurch es den USA möglich wurde, auf konventionellem Gebiet – geschützt durch den Raketenabwehrschutzschild im Weltall – gegen die UdSSR vorgehen zu können. Durch die – von der UdSSR erbetene – Abrüstung wurde somit die vollständige amerikanische Überlegenheit wiederhergestellt.[1435] Begünstigt wurde dies auch noch dadurch, daß die UdSSR im Vorfeld der Abrüstungsverhandlungen mit »einseitigen Abrüstungsmaßnahmen«[1436] begann: um 500 000 Soldaten, 10 000 Panzer, 8500 Geschütze und 800 Kampfflugzeuge wurden »die sowjetischen Streitkräfte *einseitig* reduziert. Diese Maßnahmen trafen einen Sektor, der bisher die einzige Stütze sowjetischer Weltmachtgeltung war: das Militär«.[1437]

4.2 Die Schürung und Unterstützung des polnischen Separatismus

Allein in der Rüstung erschöpfte sich die antirussische Strategie der REAGAN-Administration nicht. Das Leitliniendokument forderte ja zusätzlich eine Strategie ein, mit dem Ziel, die Unterstützung zu untergraben, die der Sowjetunion in ihrem osteuropäischen Einflußbereich zuteil wurde. Ansatzpunkt für eine solche Strategie sollten die separatistischen Bestrebungen in der Volksrepublik Polen sein. Wie Zbigniew BRZEZINSKI in seinem Buch *Planspiel* darstellt, war neben Pakistan und Afghanistan im Südwesten hauptsächlich Polen im Westen der Schlüsselstaat, von dem aus die Desintegration des sowjetischen Machtbereichs betrieben werden konnte. Eine Verringerung der Kontrolle Moskaus über Polen lief BRZEZINSKI zufolge auf eine Schwächung der Sowjetherrschaft in Osteuropa hinaus.[1438]

Hier hatten die USA ein heimtückisches Doppelspiel eingefädelt, das jenem, das sie in Afghanistan spielten, nicht unähnlich war: Sie brachten Polen zunächst in eine wirtschaftliche Zwangslage, die Versorgungsengpässe hervorrief, die allgemein als die Ursache für die Revolte und die durch sie ausgelösten weiteren Entwicklungen angesehen wurden. Dabei wurden dann in Gestalt der indirekten Kriegführung die Organisationen des antirussischen Widerstandes unterstützt, mit dem Ziel, durch Schaffung wirtschaftlicher Abhängigkeiten den sowjetischen Machtbereich in die westlich-amerikanische Vorherrschaftssphäre überzuführen.

Folgt man den Darstellungen der Osteuropaexpertin Mária HUBER, sollte Polen das Modell einer US-Außenwirtschaftspolitik sein, wie US-amerikanische Blockaden und Sanktionen in einem sowjetischen Satellitenstaat Unruhen hervorrufen konnten, die dann einen Dominoeffekt für das gesamte sowjetische Paktsystem auslösen sollten.[1439] US-amerikanische Sowjetologen gingen davon aus, »daß der explosionsartige Anstieg der Kreditaufnahme zur direkten Abhängigkeit Polens vom Westen und zu den Forderungen nach Demokratie geführt habe«.[1440]

Hintergrund war, daß der polnische Staatschef Edward GIEREK durch einen massiven Import westlicher Produktionsgüter Polens Wirtschaft zu modernisieren und den dortigen Lebensstandard zu erhöhen plante. Finanziert werden sollte dies durch den Export polnischer Güter nach Westen. Allerdings waren deren Absatzchancen dort sehr gering. »Die Finanzierungslücke wurde deshalb immer größer und mußte durch die Aufnahme von Krediten geschlossen werden. Polens Außenschulden in harter Währung stiegen von zwei Milliarden US-Dollar im Jahr 1973 auf knapp 20 Milliarden im Jahr 1979. Die polnische Regierung sah sich gezwungen, die Fleischpreise doch zu erhöhen, was zu Streiks gegen die Regierung und zu Legitimitätseinbußen für die Arbeiterpartei führte.«[1441] Im Kreise US-amerikanischer Sowjetologen wußte man, »daß sich eine ähnliche Abhängigkeit vom Westen auch im Falle der Sowjetunion abzeichnete und durch eine geschickte Politik der USA weiter verstärkt werden könnte«.[1442] Der US-Sowjetologe Marshall GOLDMAN – so Mária HUBER – plante dabei, genau ein solches Strategiemodell auch auf die Sowjetunion anzuwenden.

Diese so geschaffenen Unruhen galt es nunmehr auszunutzen. In Polen, so Ferndinand KROH,[1443] »hatte REAGAN gegen die Sowjets eine zweite Front im Wendemanöver in Europa eröffnet: Erzbischof WOJTYLAS Wahl zum Papst am 16. Oktober 1978 war eine Sensation. Was niemand damals ahnte: Die Entscheidung der katholischen Kirche für einen polnischen Papst war eng mit dem Kurswechsel der amerikanischen Außenpolitik gegenüber der Sowjetunion in der Endphase der Regierung von Jimmy CARTER verbunden gewesen«. Wie KROH berichtet, stand WOJTYLA schon als Erzbischof von Krakau in einem engen Briefwechsel mit Zbigniew BRZEZINSKI, bekanntermaßen Sicherheitsberater von CARTER. BRZEZINSKI, der als offizieller amerikanischer Vertreter zur Beerdigung von WOJTYLAS Vorgänger angereist war, hielt sich dann 1978 während der gesamten Papstwahl, die zur Ernennung WOJTYLAS führte, in Rom auf.[1444] Es scheint also nicht ausgeschlossen, daß vor dem Hintergrund einer antisowjetischen Langzeitstrategie die Entscheidung des Vatikans für den neuen Papst auch auf amerikanische Einflußnahme zurückzuführen sein könnte.

Tatsache ist jedenfalls, daß Papst JOHANNES PAUL II. für die REAGAN-Administration eine entscheidende Rolle zur Niederringung der sowjetischen Herrschaft in Osteuropa spielen sollte.[1445] Tatsächlich wurde in dieser Zeit die Zusammenarbeit zwischen Vatikan und den USA weiter verstärkt, so daß der amerikanische Botschafter beim dem Vatikan, James NICHOLSON, von einer »strategischen Allianz« zwischen Vatikan und Washington gegen die Sowjetunion sprach.[1446] Auch REAGAN selbst verfolgte die Entwicklungen in Polen mit größter Aufmerksamkeit.[1447] Während die Sowjetunion fürchtete, daß die Unruhen in Polen auch auf andere Länder des Warschauer Paktes übergreifen könnten, sogar auf die Sowjetunion selbst, sorgten die USA dafür, daß diese Befürchtungen nicht zu Unrecht bestehen sollten. Nach Angaben des sowjetischen Kommandanten der Spionageabwehr für den baltischen Militärdistrikt zeigten sich im Baltikum schließlich bei vielen Militärangehörigen »feindselige und nationalistische Gefühle« und sogar die Absicht, »verräterische und andere feindliche Akte zu begehen«,[1448] so daß die Sowjetunion ernsthafte Befürchtungen haben mußte, daß die Unruhen sich letztlich auch innerhalb ihres eigenen Gebiets fortsetzen könnten.

Auf der anderen Seite arbeiteten Ronald REAGAN wie auch sein CIA-Chef William CASEY daran, Polen – wie von BRZEZINSKI vorgesehen – aus der sowjetischen Vorherrschaftssphäre herauszubrechen, denn »das Ergebnis der Ereignisse in diesem Land könnte das Schicksal des gesamten kommunistischen Systems bestimmen«.[1449] Über einen Spion im polnischen Offizierskorps, Oberst Ryszard KUKLINSKI, blieben sowohl REAGAN als auch CASEY über die Entwicklungen in Polen unterrichtet. Am 4. Dezember 1981 erhielt CASEY von seinem Stellvertreter Robert GATES eine geheime Denkschrift »über das Bedürfnis, das Solidarnosc-Experiment am Leben zu erhalten. Eine Fortsetzung des polnischen Experiments zu sehen war in amerikanischem Interesse. Da gab es Anzeichen, daß es sich auf andere Länder des Sowjeblocks ausdehnen würde. ›Ich glaube, daß man nicht zu weit geht, wenn man sagt, daß eine erfolgreiche Einsetzung des Pluralismus in Polen das Ende des sowjetischen Totalitarismus in Osteuropa darstellen würde, mit außerordentlicher Bedeutung für ganz Europa und die UdSSR selbst.‹«[1450] In einem streng geheimen Memorandum schrieb Geheimdienstchef CASEY, »daß Solidarnosc ein mutiges Experiment im Herzen des Sowjetimperiums sei, dessen Überleben zu einer langfristigen Auflösung der sowjetischen Position in Osteuropa beitragen würde«.[1451]

CIA-Chef CASEY war Anhänger der Strategie des ›Roll-back‹ war. Es arbeitete darauf hin, den Krieg in Afghanistan zu schüren.

Hinter der Wahl Karol WOJTYLAS zum Papst stehen Fragen. Als Papst JOHANNES PAUL II. empfing er Gewerkschaftsführer Lech WALESA im Januar 1981 im Vatikan.

Neben dem traditionellen geopolitischen Plan spielte aber noch ein ganz anderer Gesichtspunkt eine wesentliche Rolle, und »zwar das Schicksal dessen, was sowjetische Offizielle gewöhlich als ›Deal des Jahrhunderts‹ bezeichneten«.[1452] Es ging nämlich um das bereits erwähnte Pipelinegeschäft, das die sowjetischen Erdgasfelder in Sibirien mit den westeuropäischen Ländern verbinden sollte. Wie bereits ausgeführt, war dieses Geschäft sowohl für die US-Wirtschaft als auch für die US-Vorherrschaft in Europa eine ernste Herausforderung. Osteuropa – insbesondere Polen – sollte dabei den Knotenpunkt des geplanten Pipelinekorridors bilden. Wollte man dieses Pipelineprojekt unterbinden – und die USA hatten, wie geschildert, ein außerordentliches Interesse daran, daß dieses Erdgasgeschäft scheiterte –, so mußte die amerikanische Verhinderungsstrategie den Hebel an Polen ansetzen. Insoweit wäre einerseits eine energiepolitische Autarkie Westeuropas verhindert worden, zum anderen wäre die UdSSR, wenn der ›Jahrhundertdeal‹ unterblieb, nicht in den Genuß von westlichen Devisen gekommen. Damit war die US-Strategie gleichermaßen ein Bestandteil der US-Blockade gegen die UdSSR, denn die US-Machtelite war sich darüber im klaren, daß Erdöl- und Erdgasexporte von den Sowjets benötigt wurden, um ihre ohnehin schwache Wirtschaft aufrechtzuerhalten.[1453]

Reagan versuchte mit diplomatischem Druck – nicht zuletzt unter Androhung rechtlicher Maßnahmen gegen europäische Firmen, die an dem Erdgasröhrengeschäft beteiligt waren – das Geschäft mit Moskau zu Fall zu bringen. Schließlich gab er dem europäischen – insbesondere dem deutsch-französischen, Widerstand gegen die Haltung Washingtons nach. Die erhebliche Verzögerung brachte Moskau um den Zufluß weiterer wichtiger Devisen und trug dazu bei, die Finanzlage des Kreml zu verschärfen.

Auf Umwegen – nämlich über die Einschaltung des Vatikans und der Katholischen Kirche, die bei den polnischen Unruhen eine herausragende Rolle spielten – erfolgte eine Einflußnahme der CIA auf die weiteren Entwicklungen in Polen. Den Recherchen der Journalisten Carl Bernstein und Marco Politi zufolge, die ein Buch über die Geheimdiplomatie des Vatikans verfaßt haben, trafen CIA-Direktor William Casey und der ehemalige stellvertretende CIA-Direktor Vernon Walters seit 1981 regelmäßig zu vertraulichen Gesprächen mit Papst Johannes Paul II. zusammen. Hauptthema sei die finanzielle und logistische Unterstützung der freien Gewerkschaftsbewegung Solidarnosc gewesen, die 1980 auf der Danziger Lenin-Werft gegründet worden war, um gegen die Preiserhöhungen der Regierung Gierek (die durch die US-Außenwirtschaftspolitik im wesentlichen mitverursacht wurde) zu kämpfen.[1454] »Daraufhin«, so Mária Huber, »erhielt die unabhängige polnische Gewerkschaft Solidarnosc, die den ersten Nagel in den Sarg des Sowjetimperiums schlug, erhebliche Summen, technische Ausrüstung und medienwirksamen moralischen Beistand vom Vatikan.«[1455]

Zbigniew Brzezinski zufolge wurde die politische Opposition in Polen so umfassend wie möglich von Washington gefördert. »Er verglich dabei die amerikanische Einflußnahme auf die Entwicklung in Europa mit dem Engagement in Afghanistan.«[1456] Papst JOHANNES PAUL II. füllte dabei die ihm zugedachte Rolle als Kollaborateur der amerikanischen Geopolitik gut aus. »Um sicherzustellen, daß das kommunistische Regime gewaltlos gestürzt wurde, setzte er sich in der polnischen Arbeiterschaft für eine gemäßigte Führung ein«, so Ferdinand KROH. »Er wurde dabei von der CIA und dem amerikanischen Gewerkschaftsbund AFL-CIO unterstützt, der eng mit dem US-Geheimdienst und dem US-Außenministerium zusammenarbeitete. Mindestens 50 Millionen Dollar flossen über die CIA zum Vatikan für seine Wühlarbeit. JOHANNES PAUL II. traf sich regelmäßig mit den katholischen Chefs der CIA zu Audienzen. Auf dieser Grundlage ergriff die katholische Kirche offen Partei für Solidarnosc. Keine acht Monate nach seiner Ernennung unternahm der neue Papst seine erste ›Pilgerreise‹ nach Polen, der 1983 und 1987 zwei weitere folgten, und er gewährte einer Delegation von Solidarnosc gleich zu Anfang unter Leitung von Lech WALESA eine Audienz.«[1457]

Diese Zusammenarbeit zwischen Vatikan und CIA beruhte darauf, daß die katholische Kirche in Polen über ein gut funktionierendes Netzwerk von Diözesen verfügte, die den Untergrund unterstützten.[1458] Auch CIA-Direktor William CASEY verstärkte seine Aktivitäten bei der Unterstützung von Solidarnosc. Peter SCHWEITZER spricht von einem »ständigen Fluß von CIA-Geldern, seit Mitte des Jahres 1982 beginnend«, die über private Hilfsorganisationen nach Polen geschleust wurden. Der seinerzeitige polnische Innenminister KISZCZAK gab zu, daß diese Gelder so umfangreich gewesen sein müssen, daß von ihnen die Aktionsfähigkeit der oppositionellen Gruppen abhängig war. »Wir erkannten«, so sagte er, »daß ein erfolgreicher Kampf gegen die Untergrundstrukturen nur möglich war, wenn wir die westliche Hilfe in Form von Hilfsgeldern, Druckausrüstung, Tinte und Papier begrenzen konnten.«[1459]

Erwähnenswert ist bei diesem Thema, daß der Mord an dem Chef der Mailänder ›Banco Ambrosiano‹, Roberto CALVI, der im Juni 1982 an einer Londoner Brücke erhängt aufgefunden wurde, mit diesen Geheimaktivitäten der CIA und des Vatikan in Polen zur Beseitigung des dortigen kommunistischen Regimes im Zusammenhang steht. Die Autoren Heribert BLONDIAU und Udo GÜMPEL kommen in ihrem Buch *Der Vatikan heiligt die Mittel. Mord am Bankier Gottes* zu dem Ergebnis, daß es sich hierbei um ein Mordkomplott von CIA und Vatikan gehandelt haben muß: »Auf dem Höhepunkt des Kalten Krieges verbündet sich die Prinzipalmacht der westlichen Demokratien mit der universalen Kraft der Katholischen Kirche gegen den Weltkommunismus. Die Gunst der Stunde garantieren zwei Personen, deren Antikommunismus abgrundtief ist: US-Präsident REAGAN und der polnische Papst WOJTYLA. Exerzierfeld für die Diversion des Warschauer Paktes ist für beide die polnische Krise, deren Ausdruck, Ergebnis und Lösung die Gewerkschaft Solidarnosc ist. Die Vatikanbank und ihr Partner Roberto CALVI – der Bankier Gottes – besorgen die Finanzen für die päpstliche Politik in Polen, wie sie es in anderen Fällen auch schon getan haben. Diese politischen Finanzierungen sind dann auch der eigentliche Grund für das Milliardenloch und den Crash der Banco Ambrosiano.

Als der unter Druck geratene CALVI aber droht, sein Wissen über das vatikanische Engagement auszuplaudern, wird er von Auftragskillern in London ermordet.«[1460]

Die beiden Autoren geben in ihrem Buch auch Interviews mit dem US-Geheimdienstoffizier Vernon WALTERS und dem damaligen US-Außenminister Alexander HAIG wieder, in denen diese die geheime Rolle der USA und des Vatikans bei der Finanzierung des Umsturzes in Polen bestätigen. Auch die Organisierte Kriminalität und die italienische Geheimloge P-2 sollen den Autoren zufolge in diesem Intrigenspiel gegen die Sowjetunion eine wichtige Rolle gespielt haben. Nach Recherchen der genannten Autoren waren es auch die USA, die ein Interesse daran hatten, Roberto CALVI in diesem Zusammenhang zum Schweigen zu bringen. Im Rahmen eines betrügerischen Devisengeschäfts, in dem die Banco Ambrosiano verwickelt war, drohte CALVI, in einem Gerichtsprozeß über die dubiose Rolle von USA und Vatikan auszupacken. »Die Amerikaner mußten verhindern, daß im Devisenprozeß diese heimliche Unterstützung des Vatikans in den östlichen Ländern offengelegt werden würde: Das wäre politisch eine sehr heikle Lage geworden«, so der Sohn des Bankiers in einem Interview,[1461] denn das wäre »nicht nur ein harter Schlag gegen den Vatikan gewesen, sondern auch gegen die US-Regierung unter REAGAN, die ja ganz auf den ›religiösen Weg‹ gesetzt hatte, den Kommunismus zurückzurollen«.[1462]

Noch eine Ergänzung zur dubiosen Beziehung zwischen Vatikan und USA während der REAGAN-Ära: Folgt man den Ermittlungen der Korrespondentin des Nachrichtenmagazins *Der Spiegel*, Valeska VON ROQUES, so sind auch die Hintermänner des Attentates auf den polnischen Papst JOHANNES PAUL II. im Mai 1981 in den Zirkeln der damaligen US-Machtelite zu suchen. »Der Ursprung des Komplotts liegt in den USA, wenn auch nicht bei der CIA«, so die Autorin.[1463] Valeska VON ROQUES zusammenfassend: »Das Attentat auf den Papst war der schmutzigste aller schmutzigen Tricks, die der Propagandakrieg zwischen der kapitalistischen und der kommunistischen Welt im Westen hervorgebracht hat; es war die dreisteste aller ›covert operations‹, die im Kalten Krieg von westlichen Kräften durchgezogen wurden. Mit diesem Anschlag auf den Papst, der als Teil der Planung den Bulgaren und dem KGB untergeschoben werden sollte, war beabsichtigt gewesen, die Sowjetunion als das ›Reich des Bösen‹ aus dem Kreis der zivilisierten Staaten zu verbannen, die sich anbahnende Entspannung zu boykottieren und die labile Situation in Polen zu destabilisieren, wenn möglich bis hin zu einer Intervention der Sowjets. Es war ein diabolischer Plan.«[1464]

Die Autorin beschreibt in diesem Zusammenhang ein Netzwerk von Mafia, westlichen Geheimdiensten, Waffenhändlern und der irregulären NATO-Geheimarmee ›Gladio‹, bestehend aus rechtsterroristischen Kräften der westlichen Hemisphäre, das mit dem Machtantritt Ronald REAGANS auf Betreiben des neokonservativen Ideologen Michael LEDEEN (Urheber des Iran-Contra-Geschäftes) und Theodore SHACKLEY, langjähriger Abteilungsleiter für irreguläre Operationen und Geheimkriege bei der CIA, wieder aktiviert wurde. Letzerer verfaßte hierzu das Buch *The Third Opti-*

on: An American View of Counterinsurgency Operations, in dem er Anleitungen dazu gab, gegen die Sowjetunion eine irreguläre Politik der Anzettelung von Aufstand und Gegenaufstand und Geheimoperationen zu betreiben. Dieses Buch war auch von der CIA abgesegnet worden.[1465]

Der Attentäter Ali AGCA selbst war Mitglied türkischer Todesschwadronen, die dem NATO-Netzwerk ›Gladio‹ angehörten. Viel spricht dafür, daß man mit einem solchen Attentat Polen – die Ernennung des polnischen Bischofs Karol WOJTYLA zum Papst hatte das polnische Selbstbewußtsein enorm gesteigert – zu einer offenen Rebellion gegen Moskau bewegen wollte, um so die Lage im gesamten Ostblock zu destabilisieren. Hierzu lenkten – den Ermittlungen Valeska VON ROQUES zufolge – US-amerikanische Journalisten, die der CIA nahestanden, sofort nach dem Attentat den Verdacht auf den bulgarischen Geheimdienst und den Kreml – eine These, die sich im nachhinein als falsch herausstellte, wie die beiden amerikanischen Politologen Edward HERMAN und Frank BRODHEAD in ihrem Buch *The Rise and Fall of the Bulgarian Connection* 1986 nachwiesen.[1466]

Mit diesen irregulären Kampagnen gelang es, den polnischen Schlüsselstaat aus der sowjetischen Vorherrschaftssphäre herauszubrechen, was letztlich das Ende der sowjetischen Kontrolle über Ostmitteleuropa einleitete. Damit wurde unter REAGAN mit dem Polen-Experiment die Strategie erfolgreich umgesetzt, die in den verschiedenen NSC-Memoranden der fünfziger Jahre eingefordert wurde, nämlich Voraussetzungen zu schaffen, die die Loyalität der Satellitenstaaten gegenüber Moskau aufheben sollten.

4.3 Die verschärfte Unterstützung des ›Heiligen Krieges‹ in Afghanistan

Neben Polen sollte aber hauptsächlich Afghanistan die Achillesferse der Sowjetunion werden, in dessen Konfliktherd die US-Machtelite die Sowjets erfolgreich hineingelockt hatte. Das beschriebene Leitliniendokument sah schließlich auch ein Vorgehen gegen die UdSSR unter anderem in Form eines Guerillakrieges vor, und Afghanistan sollte sich hierfür als das ideale Schlachtfeld erweisen. »Das politische Konzept der USA sah vor, Regionalkrisen als Waffe im Kalten Krieg zu verwenden, wie 1986 ein hoher Beamter des Pentagons... bezüglich Afghanistan erklärte: ›Es ist nicht unbedingt unser Interesse, daß die Sowjetunion aus Afghanistan abzieht. Natürlich werden wir immer laut den Abzug fordern. Aber unser Interesse besteht vielmehr darin, die Sowjetunion in Afghanistan festzunageln und dort ausbluten zu lassen. Das schwächt sie am meisten... Wir kämpfen bis zum letzten Afghanen.‹«[1467]

Mit der Afghanistan-Falle verknüpften die USA zwei Interessen: zum einen die weitere wirtschaftliche Ausblutung der UdSSR, zum anderen die Ausbreitung eines CIA-gesteuerten islamistischen ›Heiligen Krieges‹ in Richtung Sowjet-Zentralasien mit dem Ziel, auf diese Weise nach dem BRZEZINSKI-BENNIGSEN-Konzept die Auflösung der sowjetischen Staates herbeizuführen. CIA-Chef William CASEY, der in der REAGAN-Administration sehr einflußreich war, organisierte auch in Afghanistan den schmutzigen Partisanenkrieg gegen die Sowjetunion. Wie der Enthüllungsjournalist Bob WOODWARD nachweist, hatte CASEY Überlegungen angestellt, wie eine Besatzungsmacht am wirkungsvollsten zu schlagen sei, und kam auf den amerikanischen Unabhängigkeitskrieg. Die amerikanischen Revolutionäre, so glaubte CASEY zu erkennen, waren deshalb siegreich gewesen, weil sie einen unzulässigen Partisanenkrieg führten. Es seien die irregulären Truppen, die über den richtigen Kampfgeist, die Techniken und die Taktik verfügt hätten.[1468] Genau diese Technik sollte nun auch auf Afghanistan übertragen werden, indem der dort Ende der siebziger Jahre von den US-Geheimdiensten angezettelte Konfliktherd noch weiter angefeuert würde.

Im Jahre 1983 ging im Oval Office eine vom Vorsitzenden des National Intelligence Council der CIA, Herb MEYER, verfaßte Studie ein. Dieser war Spezialist für die Sowjetwirtschaft und hatte eine Denkschrift erarbeitet, in der dargelegt wurde, daß sich die Sowjetunion in der »Endphase« befinde und zunehmend nervös werde. Dort wurde vom »Beginn einer neuen Etappe im globalen Kampf zwischen der freien Welt und der Sowjetunion« gesprochen. »Wenn diese Zeichen anhalten«, so MEYER, »dann werden wir den Kalten Krieg gewinnen.« Die Sowjets müßten entweder den Verteidigungsetat halbieren oder massive Wirtschaftsreformen einleiten[1469]. Einer weiteren CIA-Analyse zufolge war man im amerikanischen Geheimdienst Ende 1982 davon überzeugt, daß die Sowjetunion angesichts des zerklüfteten Terrains Afghanistans und des Einfallsreichtums der Mudschaheddin den Krieg nicht werde gewinnen können. Der Bericht stellte fest, daß die UdSSR wahrscheinlich auch mit weiteren 50 000 Soldaten keinen Durchbruch werde erzielen können.[1470]

4.3.1 Die USA tragen den islamischen Fundamentalismus in die Sowjetunion

Diese Überlegungen, verbunden mit dem BRZEZINSKI-BENNIGSEN-Konzept, waren der Hintergrund für »die größte Geheimoperation in der Geschichte der CIA«,[1471] die insgesamt mit drei Milliarden Dollar finanziert wurde.[1472] Allerdings trat die CIA niemals direkt mit den Mudschaheddin in Verbindung, vielmehr benutzte sie für ihre »verdeckte Unterstützung des islamischen Dschihad den pakistanischen Geheimdienst ISI als Vermittlungsstelle«.[1473] Seit der Machtergreifung des islamistischen Militärdiktators ZIA UL-HAQ in Islamabad hatten sich die Beziehungen zwischen der CIA und dem ISI erheblich verstärkt. William CASEY verpflichtete dabei seine Institution, eine ISI-Initiative zu unterstützen, »bei der radikale Muslime aus der ganzen Welt rekrutiert und nach Pakistan gebracht werden sollten, um auf seiten der afghanischen Mudschaheddin zu kämpfen«.[1474] Das Ziel ZIA UL-HAQS bestand darin, eine islamische Einheit zu schaffen, Pakistan dabei zum Führer der muslimischen Welt zu machen und eine islamische Opposition in Zentralasien zu schaffen.[1475]

Dieses Interesse Pakistans deckte sich, wie bereits beschrieben, mit den geopolitischen Interessen der USA, und im Oktober 1984 stimmte die CIA ZIA UL-HAQS Plan zu, die Destabilisierung der zentralasiatischen Staaten der Sowjetunion zu betreiben. Um diesen Krieg zu organisieren, arbeiteten sämtliche islamisch-fundamentalistischen Organisationen zusammen: »Im Mittleren Osten organisierten die Moslembruderschaft, die in Saudi-Arabien stationierte World Muslim League und die Palestinian Islamic Radicals ihre Rekruten und stellten den Kontakt zu den Pakistanis her. Empfangskomitees des ISI und Pakistans Jamaat-e-Islami begrüßten die ankommenden Militanten, sorgten für Unterbringung, Ausbildung und ermunterten diese Männer, sich den Mudschaheddingruppen, vor allem der Hizb-e-Islami, anzuschließen. Die Gelder für dieses Unternehmen stammten aus dem saudischen Geheimdienst. Der französische Experte Olivier ROY beschreibt es als ›ein Joint Venture zwischen den Saudis, der Moslembruderschaft und der Jamaat-e-Islami, zusammengestellt vom ISI‹.«[1476]

Was allerdings wenig bekannt ist, ist die Tatsache, daß hinter diesem Joint-Venture neben dem ISI die Zusammenarbeit zwischen dem CIA und dem wahabitisch-fundamentalistischen Saudi-Arabien stand, wobei ein gewisser Osama BIN LADEN eine wichtige Rolle spielte. Als US-Vizepräsident setzte sich George BUSH Mitte der achtziger Jahre dafür ein, die afghanischen Mudschaheddin durch das Maktab al-Chadamat (MAC) oder Services Office (Dienstleistungsbüro) zu unterstützen, das Geld und Kämpfer zu den afghanischen Rebellen in Peshawar schickte.[1477] Dieses Maktab al-Chadamat wurde gemeinsam von Osama BIN LADEN und Abdullah ASSAM begründet und »war die Vorläuferorganisation von BIN LADENS globalem Terrornetzwerk al-Qaida. Es versorgte die afghanischen Widerstandsgruppen in Peschawar mit Geld und Kämpfern und richtete in mehr als 50 Ländern, wie etwa in Ägypten, Saudi-Arabien, Pakistan und sogar in den USA, Rekrutierungszentren ein, welche Tausende von Freiwilligen anwarben, die in Afghanistan gegen die Truppen der Sowjets kämpfen wollten«.[1478]

Robert GATES, dem damaligen Vizechef der CIA, zufolge prüfte der US-Geheimdienst Wege, wie die Beteiligung des MAC an der Organisation des ›Heiligen Krieges‹ erhöht werden könne.[1479] Wie Robert DREYFUSS darstellt, wurden ägyptische Dschihadis sogar von U.S. Special Forces für ihren Einsatz in Afghanistan ausgebildet und trainiert.[1480] »Afghanische Mudschaheddin wurden auch innerhalb der USA, beginnend 1980 unter Aufsicht von BRZEZINSKI, an verschiedenen US-Einrichtungen an der Ostküste von Green Berets und U.S. Navy Seals ausgebildet.«[1481]

Rekrutierungsbüros wurden von Moslemgemeinden ebenfalls in den USA gegründet, die mit Geldern der Muslim World League, der Tablighi Jamaat und anderen aus Pakistan stammenden Organisationen finanziert wurden, wie zum Beispiel das Al Kifah Afghan Refugee Center in Brooklyn. In diesem Zusammenhang muß festgehalten werden, daß fast die gesamte Führungselite der al-Qaida in diesen Rekrutierungsanstrengungen der USA wurzelt.

Mit diesen Instrumentarien erhoffte sich die US-Machtelite, allen voran CIA-Chef William CASEY, den afghanischen Dschihad nach Zentralasien auszudehnen. In der Absicht, den Kalten Krieg zu gewinnen, glaubte CASEY, zu diesem Zweck eine eng zusammenarbeitende Allianz zwischen den Ländern schaffen zu können, die auf

Brzezinskis ›Krisenbogen‹ angesiedelt waren – einschließlich Ägyptens, Pakistans und Saudi-Arabiens.[1482] Dabei glaubte Casey, daß die Macht der Religionen geeignet sei, den Kommunismus zu zersprengen, und aus diesem Grunde forderte er auch, daß millitanter Islam und militantes Christentum im gemeinsamen Sinne zusammenarbeiten sollten.[1483] Folgt man den Recherchen Robert Dreyfuss', so übte Casey ab 1984 Druck auf die saudisch-pakistanische Allianz aus, um eine wesentlich explosivere Strategie in Angriff zu nehmen, nämlich islamistische Propaganda, Sabotageakte und Guerillaaktivitäten über den Amu Daria in die moslemischen Republiken der Sowjetunion hineinzutragen.

Dabei griff Casey auf einen ›Covert action‹-Plan zurück, der in der Carter-Ära entwickelt worden war, seinerzeit allerdings zurückgewiesen wurde, weil man einen russischen Gegenschlag auf Pakistan fürchtete. Tatsächlich kam es, wie Robert Dreyfuss berichtet, zu diesem Zweck zu einer engen Zusammenarbeit zwischen der CIA und dem pakistanischen Geheimdienst ISI.[1484] Während eines Besuches im Hauptquartier des ISI zeigte sich Casey »als der erste, der Operationen gegen die Sowjets innerhalb ihres eigenen Territoriums ernsthaft unterstützte. . . Er war davon überzeugt, daß das Anfachen von Unruhen in dieser Region dem russischen Bären Magenschmerzen bereiten würde.«[1485] Sowjet-Zentralasien, so Casey, sei der weiche Unterleib der Sowjetunion, der mit Menschen bevölkert sei, die mehr mit den Afghanen als mit ihren Herren in Moskau gemeinsam hätten. Er schlug Reagan daher vor, den Krieg in die Sowjetunion selbst hineinzutragen, indem man Angehörige der afghanischen Mudschaheddin trainiert, ausrüstet und unterstützt, damit diese die Grenze zur Sowjetunion überschreiten und militärische Ziele auf sowjetischem Boden selbst angreifen konnten. Reagan stimmte diesem Vorschlag zu.[1486] Mit diesem Plan, den der US-Präsident unterzeichnet hatte, kehrte Casey dann nach Pakistan zurück und besprach ihn mit dem Brigadier Mohammed Yousaf, der im Auftrag des ISI den afghanischen Krieg steuerte.

Diese ›Covert Actions‹ beschränkten sich zunächst darauf, daß islamistische Propaganda nach Sowjet-Zentralasien geschmuggelt wurde, mit dem Ziel, dort ein Erwachen des islamischen Fundamentalismus herbeizuführen. »Während der achtziger Jahre wurden Tausende von Koranausgaben in zentralasiatischen Sprachen gedruckt und auf geheimen Wegen über die afghanische Grenze gebracht. Einige der Koranausgaben wurden in Saudi-Arabien, andere vom CIA selbst gedruckt, indem man Verbindungen zu Moslem-Organisationen in Westeuropa nutzte.«[1487] Afghanische Mudschaheddin brachten sie dann in Gummibooten über den Amu Darja in die Sowjetunion.

Doch es sollte nicht nur bei solchen Operationen bleiben. Mohammed Yousaf, der Koordinator des ISI für den afghanischen Widerstand, schrieb, daß die USA ab 1984 für die folgenden drei Jahre eine weitere Eskalation des Krieges in Gang gesetzt hätten, die in mehreren Überfällen auf sowjetisches Gebiet und Sabotageaktionen nördlich des Amu Darja zum Ausdruck gekommen seien. In dieser Zeit, so Yousaf, seien Hunderte von Mudschaheddin 25 km tief in das sowjetische Territorium gesandt worden. Dies seien die geheimsten Operationen dieses Krieges gewesen.[1488] YOUSAF gab zu, daß sich die Sowjetunion daraufhin ernsthafte Sorgen über die Ausbreitung des islamischen Fundamentalismus in Zentralasien machte.

Unter Anleitung des ISI wurden Mannschaften über den Amu Darja geschickt, um Raketenangriffe durchzuführen, Minen zu legen und Züge zum Entgleisen zu bringen.[1489] Diese irregulären Operationen werden auch von Peter SCHWEITZER bestätigt: »Anfang 1985 begannen afghanische Widerstandskämpfer, nachdem sie von der CIA ausgebildet und ausgerüstet worden waren, anhaltende militärische Operationen innerhalb der Sowjetunion auszuführen. Bei einer Gelegenheit griffen dreißig Kämpfer zwei hydroelektrische Kraftwerke in Tadschikistan an. In einem anderen Fall gab es einen Raketenangriff auf einen sowjetischen Militärflughafen. Im ganzen gab es Dutzende solcher Hinterhalte.«[1490] Craig UNGER zufolge »begann die CIA die Mudschaheddin durch nachrichtendienstliche Aufklärung, Ausbildungsmaßnahmen und militärisches Gerät zu unterstützen, was es den Glaubenskriegern ermöglichte, bei vereinzelten Vorstößen auch Fabriken, Militäreinrichtungen oder Depots auf sowjetischem Territorium anzugreifen. Sie ließ den islamischen Rebellen Informationen aus der Satellitenaufklärung und dem abgehörten Funkverkehr des sowjetischen Militärs zukommen und belieferte sie mit Scharfschützen-Gewehren, Zeitzündern für C-4-Sprengstoff, der sich besonders für Sabotageakte in Städten eignet, panzerbrechenden Waffen und anderem modernen Gerät«.[1491] Insgesamt, so Craig UNGER, stellten die USA ab 1987, während der zweiten Amtszeit der REAGAN-BUSH-Administration, den Rebellen jährlich Militärhilfe im Wert von fast 700 Millionen Dollar zur Verfügung.[1492]

Die sowjetischen Sicherheitsbehörden registrierten auch tatsächlich derartige CIA-ISI-gesteuerte Angriffe auf die zentralasiatischen Republiken der UdSSR und erkannten die daraus sich ergebende Bedrohungslage. 1986 hielt der Vorsitzende des Staatssicherheits-Komitees der Tadschikischen Sozialistischen Sowjetrepublik, V. V. PETKEL, eine Rede, in der er diese Übergriffe scharf anprangerte: »Imperialistische Zirkel, ihre Sonderdienste und Banditen-Organisationen strengen sich an, das Netz der Widersprüchlichkeit auszunutzen, um ihre subversiven Aktivitäten gegen die Sowjetunion auszuweiten. Zu diesem Zweck haben die Dushman-Banden ihre Aktivitäten in den Provinzen, die an die Sowjetunion grenzen, erhöht. Der Feind ist bemüht, Formen des bewaffneten Kampfes in das sowjetische Territorium zu tragen.«[1493] Mit dieser Aussage wurde zum ersten Mal von offizieller sowjetischer Seite bestätigt, daß die Mudschaheddin imstande waren, über Afghanistan hinaus auf sowjetisch-zentralasiatischem Gebiet zu agieren sowie die dortige Bevölkerung durch Verbreitung religiöser Literatur und Propaganda zu beeinflussen.[1494]

4.3.2 Der islamische Fundamentalismus breitet sich in Sowjet-Zentralasien aus

Diese irregulären Operationen der CIA und des ISI sollten auch nicht ohne Erfolg bleiben. Wolfgang VON ERFFA, Journalist und ehemaliger stellvertretender Leiter des

Büros für außenpolitische Beziehungen der CDU, der dem Krieg der afghanischen Mudschaheddin positiv gegenübersteht, schildert, daß es in dieser Zeit zu einem starken Erwachen eines islamischen Bewußtseins in den zentralasiatischen Sowjetrepubliken gekommen sei, das sich in einer eindeutig feindseligen Haltung gegenüber Moskau dokumentiert habe. VON ERFFA zitiert den bedeutenden sowjetischen Islam-Experten I. BELIAEV, dessen Analysen zufolge sich in den zentralasiatischen Republiken der UdSSR in jener Zeit eine gut durchorganisierte, islamische Infrastruktur herausbilden konnte, die ihre Wurzeln in den Sufi-Bruderschaften hatte, welche nach Ansicht Alexander BENNIGSENS ja eine »Achse der Unruhe« für die Sowjetunion selbst darstellten.[1495] Folgt man den Darstellungen Wolfgang VON ERFFAS, so war das islamische Erwachen in Zentralasien auf die schiitisch-islamische Revolution im Iran zurückzuführen, die von der US-Machtelite, wie beschrieben, mit einer antisowjetischen Stoßrichtung gefördert wurde. Eine solche sollte sich auch bestätigen: »Die islamische Revolution im Iran hatte einen tiefgreifenden Einfluß auf die sowjetischen Muslime. Insbesondere für die Muslime aus dem Kaukasus bildet die islamische Revolution Ayatollah KHOMEINIS ein Vorbild. Der Iran hat immer wieder größere Freiheit für die sowjetischen Muslime verlangt.«[1496]

Verstärkt wurde diese Entwicklung dann durch die Entwicklungen in Afghanistan. »Verschiedene sowjetische Kommentatoren sehen heute in den afghanischen Mujahedin eine ernst zu nehmende Bedrohung, die zu einer Destabilisierung aufgrund der Infiltration mit islamischer Propaganda führen könnte . . . Als ebenfalls gefährlich werden die syrischen und ägyptischen Muslimbrüder und verschiedene turkestanische und kaukasische Emigrantengruppen, wie schließlich die iranischen Fundamentalisten selbst eingestuft.«[1497] Wolfgang VON ERFFA bestätigt ferner einen wachsenden Einfluß der beiden fundamentalistischen Gruppen des afghanischen Widerstandes, Hezb-i-Islami und Jamiat-e-Islami, in Zentralasien, die damit begannen, religiöse Literatur auf russisch zu veröffentlichen und in das sowjetische Zentralasien einzuschleusen. Die sowjetischen Behörten gestanden ein, daß diese Literatur 1984 in Kirgisien, in Samarkand, Taschkent und Buchara aufgetaucht war.[1498]

Das aus diesen Entwicklungen langsam wachsende Bedrohungsszenario für die Sowjetunion und für ihren territorialen Zusammenhalt bestand VON ERFFA zufolge in einer zunehmenden Hinwendung der sowjetischen Muslime zu den spirituellen Führern des Iran und Afghanistans: »Heute soll es in der UdSSR vier Millionen Schiiten geben, die über eine zentralisierte Hierarchie verfügen und in Ayatollah KHOMEINI ihren eigentlichen spirituellen Führer sehen. Weiterhin existieren in der Sowjetunion die großen Sufi-Orden, d.h. Quadiriya und Nakshbandiya, welche bereits im 14. Jahrhundert in der Geschichte Afghanistans und Bucharas eine wichtige Rolle spielten. . . Schließlich gibt es in der Pamir-Region unmitttelbar an der Grenze Afghanistans 60 000– 00 000 Ismailiten der Nizariten-Sekte. Sie sollen illegale Kontakte mit ismailitischen geistlichen Zentren in Indien unterhalten.«[1499] Wolfgang VON ERFFA zufolge sei dieser (von außen gesteuerte) islamische Fundamentalismus Voraussetzung für die späteren Separationsbestrebungen in Zentralasien Ende der achtziger Jahre gewesen. »Der aufbrausende Unwillen der muslimischen Bevölkerung richtete sich immer deutlicher gegen die russische Bevormundung.«[1500]

4.3.3 Die Versuche der UdSSR, den Konflikt zu beenden

Die sowjetische Führung wurde sich darüber allmählich klar, daß sie den Krieg in Afghanistan nicht gewinnen konnte. Auf dem Rückflug von der Genfer Abrüstungskonferenz im Herbst 1985 erklärte REAGAN, er sei davon überzeugt, daß GORBATSCHOW den Afghanistan-Konflikt auf diplomatischem Weg lösen wolle. »Wenig später gab der afghanische Außenminister DOST dem UN-Vermittler Diego CORDOVEZ Einblick in einen Kabuler Plan für den vollständigen Truppenabzug. Tatsächlich hatte das Politbüro die von GORBATSCHOW am 17. Oktober 1985 eingebrachten Vorschläge bereits fünf Wochen vor dem Genfer Gipfel an Kabul geschickt.«[1501] Darin kam die Absicht der Sowjets eindeutig zum Ausdruck, aus dem Land abzuziehen. Die Moskauer Pläne »liefen darauf hinaus, daß die afghanische Führung bis zum Sommer 1986 in der Lage sein müßte, sich selbst zu verteidigen. Kurz zuvor hatte ein geheimes Treffen zwischen GORBATSCHOW und Babrak KARMAL stattgefunden. Dabei hatte der Kremlchef dem Generalsekretär der Demokratischen Partei Afghanistans eine verfehlte Politik vorgehalten: Wenn er und seine Leute politisch überleben wollten, müßten sie ihre Machtgrundlage erweitern, den islamischen Gesetzen wieder Gültigkeit verschaffen, die Bräuche achten und dem Volk zeigen, daß die Revolution spürbare Verbesserungen bringe. Moskau würde den ›Freunden‹ weiter mit Waffen helfen, aber die eigenen Truppen nicht mehr verstärken.«[1502] Diesen Plan jedoch lehnte KARMAL ab, der sich nach Einschätzung von Mária HUBER grundsätzlich gegen eine Lösung zu sträuben schien, die von neuen geopolitischen Interessen des Kreml bestimmt war.[1503]

4.3.4 Die USA hintertreiben die sowjetischen Bemühungen und verstärken den Konflikt

Diese Verhandlungsbemühungen mußten die USA aufschrecken. Eine erfolgreiche Umsetzung der sowjetischen Vorschläge zur Beilegung des Konfliktherdes hätte die Pläne der USA, die Sowjets einerseits in Afghanistan festzunageln und ausbluten zu lassen und zum anderen den islamischen Fundamentalismus nach Zentralasien zu exportieren, zunichte gemacht. Die grundsätzliche Entscheidung des Kreml für den frühestmöglichen Zeitpunkt zum Abzug aus Afghanistan fiel den UN-Dokumenten zufolge am 17. Oktober 1985. Die Öffentlichkeit wurde von GORBATSCHOW erst in einer Rede am 25. Februar 1986 vor den Delegierten und Gästen des XXVII. Parteitages informiert.[1504]

Dies war jedoch für die US-Machtelite der entscheidende Anlaß, den schmutzigen Krieg gegen die Sowjets zu verstärken. Genau »einen Tag später gab in Washington das Inter Agency Subcommittee dem Druck der Falken nach, die afghanischen Rebellen mit Stinger-Raketen auszurüsten«.[1505] Gefördert wurden diese Überlegungen durch einen CIA-Bericht von 1985, der deutlich machte, daß sich die CIA-Strategie des Ausblutens der Sowjetunion als erfolgreich erwies. In diesem Bericht stellte die CIA fest, »daß im Verlauf des Krieges bereits mehr als 92 000 sowjetische und afghanische Regierungssoldaten gefallen waren – mehr als doppelt so viele wie bei den Rebellen – und daß die Sowjetunion ›von der Erreichung ihrer Ziele noch genauso weit entfernt ist wie 1979‹. Der Bericht wagte die Schlußfolgerung, es sei ›unwahrscheinlich‹, daß die Sowjets einen Sieg über die Rebellen würden erringen können«.[1506]

Was die USA als letztes für die Umsetzung ihrer Strategie brauchen konnten, war also eine friedliche Beilegung des Konflikts. CIA-Chef Casey, der Anhänger der Strategie des ›Roll-back‹ war, erkannte, daß er »die Sowjetunion noch weiter in die Enge treiben konnte, wenn er den Krieg massiv schürte«.[1507] Aus diesem Grund sorgten die USA Craig Unger zufolge für eine Eskalation des Krieges, was in Lieferungen moderner Waffensysteme zum Ausdruck kam. »Besonders begehrt waren die Stinger-Raketen, tragbare Flugabwehrraketen mit Infrarotsuchköpfen, die von der Schulter abgefeuert werden und zum Abschuß niedrig fliegender Hubschrauber und Flugzeuge eingesetzt werden können. Diese Waffe war so ausgereift, ›daß auch ein kurzsichtiger, ungebildeter Afghane damit sowjetische Flugzeuge im Wert von ein paar Millionen Dollar vom Himmel holen konnte‹, wie es ein CIA-Mitarbeiter ausdrückte. Bei einer Treffgenauigkeit von 89 Prozent wurde mit diesen Stinger-Raketen pro Tag durchschnittlich ein sowjetisches Flugzeug abgeschossen. Bald war die afghanische Luftwaffe ausgelöscht, und für die Sowjetunion stiegen die Kriegskosten ins Unermeßliche«.[1508]

Eigentlich begann die verstärkte Aufrüstung der Mudschaheddin schon eher: »Im März 1985 unterzeichnete Präsident Reagan die Direktive 166 des Nationalen Sicherheitsrates. . ., die verstärkte Militärhilfe an die Mudschaheddin autorisierte, und machte klar, daß der geheime Afghanistankrieg ein neues Ziel hatte: die sowjetischen Truppen in Afghanistan durch verdeckte Operationen zu besiegen und die Sowjets zum Rückzug zu bewegen. Die neue verdeckte US-Hilfe begann mit einer dramatischen Zunahme der Waffenlieferungen – eine kontinuierliche Zunahme, die bis 1987 auf 65 000 Tonnen jährlich stieg – und einem unaufhörlichen Strom von Spezialisten der CIA und des Pentagon, die zum geheimen Hauptquartier des pakistanischen Geheimdienstes an der Hauptstraße nahe Rawalpindi in Pakistan reisten. Dort trafen sich die CIA-Spezialisten mit Offizieren des pakistanischen Geheimdienstes, um bei der Planung von Operationen der afghanischen Rebellen zu helfen.«[1509]

Michel Chossudovsky zufolge leistete die CIA in dieser Zeit auch wichtige Unterstützung bei der Ausbreitung islamisch-fundamentalistischer Doktrinen. »Die CIA spielte mit Hilfe des pakistanischen Geheimdienstes ISI eine entscheidende Rolle bei der Ausbildung der Mudschaheddin. Diese Ausbildung ging einher mit Unterweisungen in den Islam, Koranschulen wurden von wahhabitischen Fundamentalisten gegründet und von Saudi-Arabien finanziert.«[1510] Daß es den USA wie auch Pakistan auf diesem Wege ausschließlich darauf ankam, den Konflikt zu eskalieren, bestätigen auch Diego CORDOVEZ und Selig HARRISON in ihrem Buch *Out of Afghanistan*. »Sowohl Pakistan als auch die USA täuschten im Hinblick auf Afghanistan die Öffentlichkeit. Nach außen hin taten sie so, als strebten sie eine Verhandlungslösung an, während sie sich im geheimen einig waren, daß eine militärische Eskalation der beste Weg wäre.«[1511]

4.3.5 Der Rückzug aus Afghanistan und die erzwungene Kapitulation von Genf

Die sowjetische Führung erkannte, daß sie das KARMAL-Regime in Kabul, das 1986 durch NADSCHIBULLAH abgelöst wurde, nicht mehr halten konnte. Wie der GORBATSCHOW-Berater Anatolij TSCHERNAJEW berichtete, sprach man im Politbüro von der Notwendigkeit eines »afghanischen Rejkjavik«, da sich der Krieg zusehends zu einer ungeheuren Belastung für die ohnehin katastrophale Wirtschaft der Sowjetunion entwickelte. Folgt man Jochen HIPPLER, hatten die Bemühungen der Sowjetführung um Aufrechterhaltung ihrer Rolle als regionale Supermacht die UdSSR in den letzten Jahren strukurell überfordert.[1512] Der sowjetische Außenminister Eduard SCHEWARDNADSE erklärte, daß der Krieg in Afghanistan insgesamt rund 60 Milliarden Rubel gekostet habe.[1513] Damit hatte sich die US-Strategie als erfolgreich erwiesen; der Afghanistan-Krieg hatte das Kalkül der US-Strategen bestätigt. Die Kriegskosten überdehnten den Haushalt der UdSSR noch weiter. Nichts war daher für die Sowjetunion wichtiger als die Beendigung des Krieges.

Auch Wolfgang VON ERFFA bestätigt dies: »Ein bedeutsamer Faktor, der ausschlaggebend für die Entscheidung Moskaus gewesen sein dürfte, seine Truppen abzuziehen, waren die hohen Kosten der Invasion. Für die Zeit vom Dezember 1979 bis Frühjahr 1988 sind die Kosten auf 50 Milliarden US-Dollar geschätzt worden. Der sowjetische Ministerpräsident RYSCHKOW nannte vor dem Kongreß der Volksdeputierten im Juni 1989 die Kosten von 45 Milliarden Rubel (135 Milliarden DM nach offiziellem Kurs) seit der Invasion im Dezember 1979.«[1514] Daß sich dieser Aderlaß wirtschaftlich katastrophal auswirken mußte, liegt auf der Hand, wenn man sich vor Augen führt, daß das Wirtschaftswachstum der UdSSR in der ersten Hälfte der achtziger Jahre auf Null herabgesunken, die Wirtschaft also in eine Stagnation gefallen war und man in Moskau von einer existenz- und systembedrohenden Krise sprach.[1515] Das Land drohte also, wie die sowjetischen Wissenschaftler IZMUJOV und KORTUNOV seinerzeit schrieben, zu einem »Entwicklungsland mit Atomwaffen« zu verkommen.[1516] Damit konnte die US-Machtelite um Ronald REAGAN sehr zufrieden sein. Peter SCHWEITZER zufolge errechnete die CIA, daß es die USA jährlich weniger als eine Milliarde Dollar kostete, die irregulären Krieger zu unterstützen, während die Sowjets rund 8 Milliarden Dollar aufwenden mußte, um diese zu bekämpfen.[1517]

Hinsichtlich eines Rückzuges kam es für die Sowjets auf zwei entscheidende

Mit allen Mitteln versuchte Moskau, Afghanistan unter Kontrolle zu halten. Hier wartet ein russischer Soldat auf den Einsatz seiner Truppe.

Die ab 1988 eingesetzte amerikanische ›Stinger‹ Flugabwehrrakete mit Infrarotsuchköpfen, die von jedem afghanischen Kämpfer gegen die Sowjets leicht zu bedienen war, erwies sich als besonders wirkungsvoll zum Abschießen von niedrig fliegenden Hubschraubern.

Afghanische Truppen mit sowjetrussischen Panzern im Raum Kabul. Sie konnten gegen die von den USA unterstützten Mujdschahiddin nichts ausrichten.

Russische Soldaten tragen die Särge von Kameraden, die in Afghanistan gefallen sind.

Abzug der Sowjetarmee aus Afghanistan 1989. Die Kriegskosten beliefen sich für die Sowjetunion auf 45 Milliarden Rubel – ein riesiger Aderlaß, von dem sich die Wirtschaft der Sowjetunion nicht erholen konnte. Das Scheitern des Afghanistan-Unternehmens drückte die Moral. Nach dem Abzug der russischen Truppen aus Afghanistan bröckelte die Position der Sowjetunion in ganz Osteuropa.

Gesichtspunkte an: Zum einen durfte der Rückzug nicht nach einer Kapitulation aussehen mit der Folge eines weiteren Verlusts an internationaler Glaubwürdigkeit für die Sowjetunion. Zum anderen mußte sichergestellt sein, daß sich Afghanistan nicht zu einem amerikanischen Aufmarschfeld und Einkreisungspartner gegen die Sowjetunion entwickelte. GORBATSCHOW-Berater Anatoli TSCHERNAJEW berichtet in seinen Erinnerungen von einer Politbürositzung im November 1986, in der GORBATSCHOW genau diese Voraussetzungen unterstrich. Zu den sowjetischen Zielen erklärte er in dieser Sitzung: »Wir wollen dort ja keinen Sozialismus. Wir wollen nur vermeiden, daß die Vereinigten Staaten dort Stützpunkte errichten. Solange dort weder Flughäfen noch Stützpunkte oder Garnisonen entstehen, können die Afghanen sich dort einrichten, wie es ihnen gefällt. . . Das strategische Ziel lautet: Innerhalb von einem, maximal zwei Jahren ist alles abzuschließen, und die Truppen sind abzuziehen.«[1518]

Im Rahmen der Genfer Verhandlungen, die im April 1988 zu einer Unterzeichung einer Reihe von Dokumenten durch die Regierungen Afghanistans, Pakistans, der Sowjetunion und der USA führen sollten, kamen die USA der Sowjetunion nur insofern entgegen, als ihnen ein Abzug ohne Gesichtsverlust zugestanden wurde. Die vier Genfer Abkommen waren gerade »keine Friedensverträge, sie regelten nur einige internationale Aspekte des Krieges«,[1519] die vor allem den vollständigen Abzug der sowjetischen Truppen zum Gegenstand hatten. Folgt man der Deutung Jochen HIPPLERS, so stellen die Genfer Abkommen »keine Regelung mit gegenseitigem Geben und Nehmen dar, keinen Vertrag zwischen gleichen Partnern, sondern eine mildere Form der Kapitulation, mit Gesichtswahrung für die Sowjetunion. Es ging der Sowjetunion aus außen- und innenpolitischen, aus wirtschaftlichen und militärischen Gründen darum, sich möglichst schnell und um fast jeden Preis aus Afghanistan zurückzuziehen. Das Genfer Vertragswerk bildete für diesen eigentlich einseitigen Wunsch nur den multilateral-politischen Rahmen. Der Vorteil für die Sowjetunion war ausschließlich politisch, der Vertrag diente ihr nur zur Vermeidung einer überstürzten und nach Kapitulation aussehenden Räumung. Materiell erhielt die Sowjetunion nichts«.[1520]

Keinesfalls aber waren die USA bereit, die zweite von den Russen gestellte Voraussetzung für einen Truppenabzug zu garantieren, nämlich die Neutralisierung Afghanistans. Die Genfer Vereinbarungen sahen neben der Verpflichtung der Sowjetunion zum Truppenabzug ferner eine wechselseitige Nichteinmischung in die inneren Angelegenheiten Afghanistans und Pakistans vor. »Dies schloß das Verbot einer Unterstützung bewaffneter Gruppen oder Aufständischer (also der Mudjahedin) ein, sowie das Verbot, ›jegliche andere Handlungen zu unternehmen oder zu dulden, die als Einmischung und Intervention angesehen werden könnten‹.«[1521] Damit hätten sich die USA und Pakistan also verpflichten müssen, die Unterstützung der Mudschaheddin einzustellen. An diese Absprachen hielten sich diese beiden Mächte aber nicht: »Die Grundzüge dieses Abkommens standen allerdings nur auf dem Papier. Bereits kurz vor der Unterzeichnung der Abkommen hatte der damalige Militärdiktator Pakistans, General ZIA ul-Haq, öffentlich erklärt, die Mudjahedin weiter zu unterstützen. Und US-Außenminister George SHULTZ erklärte anläßlich der Vertragsunterzeichnung, ›daß es im Einklang mit unseren Verpflichtungen als Garantiemacht unser Recht ist, dem Widerstand militärische Hilfe zukommen zu lassen‹. Die von den USA garantierten Abkommen sahen allerdings genau das Gegenteil vor.«[1522]

Auch nach der Darstellung von Mostafa DANESCH (*Wer Allahs Wort mißbraucht*, Hamburg 2002, S. 211) gingen die USA gerade nach dem Abzug der sowjetischen Truppen aus Afghanistan daran, die militärische Unterstützung der Mudschaheddin gegen das prosowjetische Regime NADSCHIBULLAH in Kabul noch weiter auszubauen. »Dennoch, gerade zwischen Februar und September 1989, als die Sowjets das Land bereits verlassen hatten, verstärkten die USA die Lieferung von Stinger-Raketen, die eine Wende im Afghanistan-Konflikt einleiteten.«

Aufgrund der Umstände blieb der UdSSR nichts anderes übrig, als diesem Bruch der Genfer Abkommen durch die Vertragspartner Pakistan und USA zuzustimmen. »Inhaltlich wurde damit einer der beiden Hauptpunkte des Vertragswerkes beseitigt, das einzige amerikanische Zugeständnis an die Sowjetunion im Vertrag mußte nicht umgesetzt werden.«[1523] Damit waren die USA in die für sie äußerst günstige Lage versetzt worden, ihren Krieg in Afghanistan fortzusetzen, um das prosowjetische Regime NADSCHIBULLAH zu stürzen und statt dessen am Hindukusch ein von ihnen, Pakistan und Saudi-Arabien unterstütztes wahabitisch-islamistisches Satellitenregime zu errichten.

4.3.6 Die Genfer Abkommen sichern den USA Afghanistan als strategisches Vorfeld für das neue ›Great Game‹ und ermöglichen ihnen, die Auflösung der UdSSR zu betreiben

Warum aber waren die USA an einer solchen Möglichkeit der Kriegsfortsetzung interessiert? Wie Nafeez M. AHMED schreibt, gab es in der US-Machtelite im Jahre 1989 strategische und wirtschaftliche Überlegungen, denen zufolge Afghanistan als das Tor zu Zentralasien und zur kaspischen Region angesehen wurde.[1524] Rainer RUPP zufolge muß der von den USA inszenierte Afghanistan-Krieg bereits als Vorbereitung des neuen ›Great Game‹ der neunziger Jahre – des Kampfes um die Kontrolle Zentralasiens und seiner Rohstoffe – gesehen werden, denn seit den achtziger Jahren geriet das sowjetische Erdöl in das Fadenkreuz der US-Öllobby.[1525] Ein mit den USA verbündetes Pakistan und ein von Pakistan wiederum kontrolliertes Afghanistan sollten es dann den US-Erdölkonzernen ermöglichen, Pipelinestränge direkt von Zentralasien zu pakistanischen Tiefseehäfen am Indischen Ozean (der von der US-Kriegsflotte durch den Stützpunkt auf der Insel Diego Garcia kontrolliert wird) zu errichten, um sich auf diese Weise ein amerikanisches Monopol auf die Ausbeutung zentralasiatischer Erdöl- und Erdgasfelder unter vollständiger Abdrängung Rußlands zu sichern.

Folglich wurde im militärisch-industriellen Komplex der USA mindestens ein Jahrzehnt lang über eine umfassende und langfristige militärische Intervention in Zentralasien nachgedacht. Bereits 1991, unmittelbar nach dem Golfkrieg, brachte die Zeitschrift *Newsweek* unter der Überschrift »Operation Steppe Shield?« einen Bericht zu Vorbereitungen der amerikanischen Streitkräfte für eine Operation in Kasachstan.[1526] Um eine amerikanische ›Power Projection‹ in Richtung Zentralasien durchführen zu können, konnte es den USA nicht gleichgültig sein, welche Fraktion in Kabul die Macht übernimmt, da Afghanistan die strategische Drehscheibe dieser Region bildet. Folglich blieb auch nach dem Genfer Abkommen die konspirative Zusammenarbeit zwischen der CIA und dem pakistischen ISI bestehen, um weiterhin auf die Entwicklungen in Afghanistan und damit gleichzeitig in Zentralasien Einfluß nehmen zu können. Vielmehr unterstützte die CIA »von Pakistan aus weiter den islamischen Dschihad. Man begann mit neuen Geheimoperationen in Zentralasien, dem Kaukasus und auf dem Balkan. Der ISI ›diente als Katalysator für die Auflösung der Sowjetunion und die Entstehung von sechs neuen muslimischen Republiken in Zentralasien‹. In der Zwischenzeit missionierten Wahabiten in den muslimischen Republiken und der Russischen Föderation, um dort die säkularen staatlichen Institutionen zu unterwandern. Trotz seiner antiamerikanischen Ideologie diente der islamische Fundamentalismus vor allem den strategischen Interessen der USA in der ehemaligen Sowjetunion«.[1527]

Ausgangspunkt dieser Strategie war Afghanistan als gemeinsames amerikanisch-pakistanisches Protektorat, das zum einen eine Katalysatorfunktion bei der Auflösung der Sowjetunion spielen und andererseits für die geplanten Pipelinekorridore hinreichend stabil sein sollte. Das war die Geburtsstunde der Taliban, deren Aufgabe in der Umsetzung dieser beiden geostrategischen Zielsetzungen bestand. »Vor dem Krieg (mit der Sowjetunion, der Verf.) hatten die Islamisten kaum über einen Stützpunkt in Afghanistan verfügt, doch mit dem Geld und den Waffen aus der CIA-Pipeline und der Unterstützung aus Pakistan konnten sie einen solchen errichten und enorme Schlagkraft entwickeln.«[1528] Unterstützt vom militärischen Geheimdienst Pakistans, der seinerseits von der CIA kontrolliert wurde, diente das islamistische Regime der Taliban also den geopolitischen Interessen der USA.[1529] Zu den gleichen Erkenntnissen kommt auch der russische Wissenschaftler Leonid Fituni: »Strategen in Amerika sind der Auffassung, daß Afghanistan weiterhin ihre Hauptfront gegen Rußland vom Süden her sein könnte. Durch eine umfassende Kontrolle über das afghanische Gebiet könnte der Bau und Betrieb von Öl- und Gaspipelines von den zentralasiatischen Republiken nach Süden und weiter auf die Weltmärkte ermöglicht werden, wodurch diese Staaten bei ihren Hauptexporten von Rußland unabhängig würden. Sollte sich in Afghanistan ein pro-amerikanisches Regime halten, könnte Washington ohne weiteres die Schaffung und Aufrechterhaltung ähnlicher Regime in den zentralasiatischen Republiken unterstützen. Stärkerer amerikanischer Einfluß in Zentralasien würde es den USA erlauben, Druck nicht nur auf Rußland, sondern auch auf andere Staaten auszuüben, die mit Moskau zusammenarbeiten oder freundschaftliche Beziehungen unterhalten – Indien, China, Iran.«[1530]

Als Fazit gilt also festzuhalten: Gewinner der Genfer Verhandlungen waren damit die USA, die sich mit der Offenhaltung der Möglichkeit, die Unterstützung der islamistischen Kräfte fortzusetzen, Afghanistan als geopolitisches Sprungbrett Richtung Zentralasien und als Katalysator zur Fortsetzung der Desintegration des ›weichen Unterleibes‹ der UdSSR gesichert hatten. Damit hatten sich die USA eine günstige Ausgangslage für die Durchführung des neuen ›Great Game‹ in den neunziger Jahren, den Kampf um den Einfluß in Zentralasien, geschaffen. Auf der anderen Seite war die UdSSR der große Verlierer: Zum einen konnten durch das Übergreifen des islamischen Fundamentalismus auf Sowjet-Zentralasien die Pläne der US-Machtelite (BRZEZINSKI-BENNIGSEN-Konzept, Bernard-LEWIS-Plan) konkrete Gestalt annehmen; der Keim des Zerfalls der Sowjetunion war damit gepflanzt. Zweitens wurde die wirtschaftliche Substanz der UdSSR durch den Krieg weiter zerstört: Das Mißverhältnis zwischen ökonomischer Leistungsfähigkeit und militärischer Machtentfaltung wurde immer größer, so daß der Prozeß der ›imperialen Überdehnung‹ immer deutlicher zutage trat.

Mostafa DANESCH meint zusammenfassend: »Ohne die Einmischung ausländischer Mächte hätte NAJIBULLAH vielleicht Erfolg haben können, und mit dem Abzug der Roten Armee war dem nationalistischen Eifer der Afghanen Genüge getan. . . International jedoch nahm niemand den politisch hundertmal totgesagten Präsidenten ernst. Die USA hatten andere Interessen. Mit dem Ende der Besatzung war ihr Bestreben – der Sturz des Sowjetsystems sowie die Destabilisierung Zentralasiens mit seinen damals fünfzig Millionen Muslimen – noch längst nicht erreicht. Schon lange schielten sie nach dem gewaltigen Öl- und Gasvorkommen in Zentralasien.« (*Wer Allahs Wort mißbraucht*, aaO., S. 225)

Der Afghanistan-Krieg, so Mostafa DANESCH, hatte allerdings mit einem Mal die Möglichkeit, Zugriff auf diese Lagerstätte zu bekommen, in greifbare Nähe gerückt. »Doch dazu mußte Zentralasien – wie auch immer – aus dem Verband der Sowjetrepubliken herausgelöst werden. Und dazu bedurfte es eines fundamentalistisch orientierten Afghanistan als Operationsbasis für die Mujahedin und die islamischen Rebellen aus den zentralasiatischen Republiken. Auch Amerikas Hauptverbündeter in der Region, Zia UL-HAQ, hatte während seiner elfjährigen Herrschaft nie einen Hehl darauf gemacht, daß sein eigentliches Ziel Zentralasien war und auch Pakistan vom kaspischen Öl profitierfen sollte. Daher schürten die USA den Afghanistan-Krieg nach dem Abzug der Sowjets erst recht. Sie intensivierten die Waffenlieferungen, da ihnen ein Sieg der Mujahedin in greifbare Nähe gerückt schien.« (ebenda, S. 226)

4.4 Die wirtschaftliche Blockade der Sowjetunion

Ein weiteres Feld der irregulären Kriegführung der USA gegen die Sowjetunion war die wirtschaftlich-finanzielle Blockade der UdSSR. Diese war gewissermaßen eine flankierende Maßnahme zur Erreichung des wirtschaftlichen und damit auch politischen Ruins der Sowjetunion, der im wesentlichen schon durch den Rüstungswettlauf, den Krieg gegen den ›weichen Unterleib‹ der UdSSR und durch irreguläre Unterstützung separatistischer Bestrebungen im Ostblock gefördert wurde. Durch eine zusätzliche Politik der Exportbeschränkungen gegenüber der UdSSR in bezug auf Waren und Technologie sollte eine wirtschaftliche Stärkung der Sowjetunion verhindert werden. Wie Mária Huber darstellt, spielte aber »die Befürchtung, die Sowjetunion könnte ihre Exporteinnahmen zur Modernisierung des militärisch-industriellen Komplexes nutzen, eher eine Nebenrolle. Das Hauptziel war es, zu verhindern, daß der Westhandel der Sowjetunion zu mehr Wachstum verhalf. Dies lag eindeutig nicht in amerikanischem Interesse, das seit Beginn des Kalten Krieges auf die Überwindung des sowjetischen Wirtschaftssystems gerichtet war, da es den eigenen Wertvorstellungen und expansiven Geschäftsinteressen im Wege stand. ›Der Außenhandel hat es der UdSSR ermöglicht‹, so hieß es in einem Planungspapier, ›zwei dringend notwendige Wirtschaftsziele zu erreichen – die Erhöhung der Produktivität ihrer Ressourcen und die Erhöhung des Lebensstandards –, ohne daß sie gezwungen worden wäre, Wirtschaftsreformen zu unternehmen, um diese Ziele von innen her zu erreichen‹«.[1531]

Eine solche Entwicklung allerdings durfte nach den Zielsetzungen der US-Machtelite und ihrer Strategie der ›Grand Area‹ – eines expansiven globalen Freihandelsregimes – keinesfalls eintreten. Wie Henry Kissinger schrieb, lag ja das Ziel des Kalten Krieges und der Eindämmungspolitik gerade darin, einen Wandel innerhalb der Sowjetunion herbeizuführen,[1532] mit dem Ziel, sie in das von den USA bestimmte Weltwirtschaftsregime einzugliedern.

Die Reagan-Administration zog hieraus die Folgen, und sie setzte verstärkt auf Embargo-Maßnahmen als Instrument der Eindämmungspolitik.[1533] Man wollte die Strategie, die bereits in Polen erfolgreich praktiziert worden war, nun auch auf die Sowjetunion übertragen. Wie im Falle Polens, so werde sich eine ähnliche wirtschaftlich-finanzielle Abhängigkeit vom Westen auch bei der Sowjetunion abzeichnen und könne durch eine geschickte Politik der USA weiter verstärkt werden,[1534] so analysiert Mária Huber die Absicht der US-Strategen.

4.4.1 Die US-Saudi-arabische Verschwörung zum Sturz des Erdölpreises

Ein Instrumentarium hierfür war das sogenannte »Jackson-Vanik-Amendment«, ein Außenhandelsgesetz, durch das die Gewährung von nichtdiskriminierender Behandlung im Handel, der Meistbegünstigung, von der Bereitschaft der Sowjetunion abhängig gemacht wurde, sowjetische Juden nach Israel ausreisen zu lassen. Dieses Gesetz kam im wesentlichen auf Druck der Israel-Lobby zustande, zu der auch der Initiator dieses Gesetzes, Henry Martin JACKSON, gehörte.[1535] Mit diesem Gesetz wurden die bislang bestehenden amerikanisch-sowjetischen Handelsverträge zu Fall gebracht.[1536] Die sowjetische Führung bewertete dieses Gesetz nicht zu Unrecht als eine Einmischung in die inneren Angelegenheiten der UdSSR. Was aber noch schwerer wog, war die Tatsache, daß der Sowjetunion auch der Zugang zu US-Exportkrediten versperrt wurde, und dies zu einer Zeit, als der Importbedarf an westlicher Technologie ständig zunahm und der Sowjetunion für die Erneuerung ihrer technologisch-ökonomischen Infrastruktur gewissermaßen der Boden unter den Füßen weggezogen wurde. Genau darauf aber zielte dieses Gesetz auch ab. »Die Urheber der Restriktionen rechneten längerfristig mit einem steigenden Kreditbedarf der UdSSR. Im Laufe der siebziger Jahre stiegen die sowjetischen Ausgaben für Investitionsgüter und Technologie aus dem Westen um das Sechsfache. Zwischen 1976 und 1978 importierte die Sowjetunion Kapitalgüter und Know-how aus den OECD-Ländern im Wert von rund 5,4 Milliarden US-Dollar pro Jahr.«[1537]

Diese Importabhängigkeit stellte für die Sowjetunion aber insoweit keine Schwierigkeiten dar, da sie die Importe mit Devisen aus ihren Erdöllieferungen bezahlen konnte. »Seit 1973 war die Preisentwicklung auf den Erdölmärkten für die Sowjetunion sehr günstig. Während ein Barrel Rohöl 1970 noch weniger als zwei US-Dollar gekostet hatte, lag der Preis 1974 bereits bei fast 12 US-Dollar und kletterte bis zur zweiten Ölkrise im Jahre 1979 auf 18 US-Dollar. Die Führung in Moskau konnte außerdem auf neue Kreditangebote westeuropäischer Regierungen und Privatbanken zurückgreifen.«[1538]

Vor diesem Hintergrund befand sich die Sowjetunion also aufgrund ihrer Deviseneinnahmen aus dem Erdölgeschäft in einer äußerst günstigen Position, was die Finanzierung des Importes westlicher Technologien anging. Von diesem war GORBATSCHOW auch abhängig, als er seine Wirtschaftsreformen und Wachstumspolitik ins Auge faßte. »Die Erdöl- und Goldpreissteigerungen hatten in den siebziger Jahren und Anfang der achtziger Jahre der Sowjetunion erhebliche Zusatzeinnahmen beschert.«[1539] Den Amerikanern war damit klar, daß sie den Hebel an den Erdölpreisen ansetzen mußten, wenn sie die Finanzkraft der Sowjetunion erheblich schädigen und eine Kreditabhängigkeit der UdSSR vom Westen herstellen wollten. Eine Manipulation des Erdölpreises war also das Gebot der Stunde. John P. HARDT von der Forschungsabteilung des amerikanischen Kongresses, hatte sogleich Untersuchungen darüber angestellt, wie die sowjetische Wirtschaft am wirksamsten geschädigt werden könnte: »Jeder Dollar, um den der Ölpreis fiel, kostete die Sowjetunion 550 Millionen Dollar im Jahr.«[1540] Im Sinne der US-Strategie mußte also ein Verfall der Ölpreise die Sowjetunion empfindlich treffen, da der Rückgang der Exporteinnahmen den Kreditbedarf Moskaus erhöhte und so Washington die Möglichkeit gab, die UdSSR zu Reformen zu zwingen, die das sozialistische System weiter untergraben würden.[1541]

Ein solcher Verfall des Erdölpreises wurde auch durch eine gemeinsame amerikanisch-saudi-arabische Verschwörung eingeleitet. Schließt man sich Peter SCHWEITZER an, so kam die durchschlagendste wirtschaftliche Waffe, die REAGAN gegen die Sowjetunion zum Einsatz bringen wollte, nicht aus Washington, sondern aus Saudi-Arabien.[1542] Wie der Chef des CIA-Büros in Riad, Alan FIERS, seinerzeit sagte, waren die Saudis die wichtigste Komponente in REAGANS antirussischer Strategie,[1543] nicht nur wegen ihrer Unterstützung und Finanzierung der islamisch-wahabitischen Rebellen in Afghanistan und Zentralasien, sondern auch aufgrund ihrer grundlegenden Rolle als ›Swing producer‹ auf dem internationalen Erdölmarkt. Mit diesem Begriff ist gemeint, daß die Saudis durch Senkung oder Erhöhung der Förderquoten jederzeit den internationalen Erdölpreis steigen oder fallen lassen konnten.

Hinzu kam aber noch ein weiterer Gesichtspunkt: Während für die amerikanische Wirtschaft niedrige Erdölpreise ein Segen waren (und sind), waren sie hingegen für die Sowjets ein herber Verlust. Im Februar 1985 kam es daher auch zu einem geheimen Treffen zwischen Ronald REAGAN und König FAHD von Saudi-Arabien, in dem REAGAN den Wunsch der Amerikaner nach einer massiven Absenkung des Erdölpreises deutlich ansprach. Wie Peter SCHWEITZER schreibt, ging die hauptsächliche Lobbyarbeit für eine Senkung der Erdölpreise von CIA-Direktor William CASEY aus, »der regelmäßige geheime Treffen mit FAHD bezüglich der sowjetischen Bedrohung und seiner geheimen Kriege gegen das Sowjetimperiums hatte. Er sprach mit FAHD ebenfalls über Ölpreise.«[1544] CIA-Mitarbeiter Herb MEYER bestätigte die Rolle CASEYS als treibende Kraft bei diesen US-saudischen Erdölpreisverhandlungen: »Bill spielte eine Schlüsselrolle bei der Bearbeitung der Saudis, um den Ölpreis herabzusenken.«[1545]

Hinter den Kulissen jedenfalls zeichnete sich das Zustandekommen einer geheimen Absprache zwischen der US-Machtelite und der saudischen Aristokratie dahingehend ab, daß die Saudis den Amerikanern als Gegenleistung für Waffenlieferungen eine drastische Verringerung des Erdölpreises bescherten. Fünf Monate nach dem Geheimtreffen zwischen REAGAN und FAHD ließen die Saudis die Amerikaner wissen, daß sie »eine dramatische Zunahme der Ölproduktion und einen massiven Fall der Weltölpreise erwarten sollten«.[1546] Im August 1985 kam es dann auch zu einer massiven Erhöhung der Erdölförderquoten. »In den ersten Wochen sprang die tägliche Produktion von weniger als zwei Millionen auf fast 6 Millionen Barrel.«[1547]

4.4.2 Die Auswirkungen auf die sowjetische Wirtschaft: Die UdSSR wird in die Kreditabhängigkeit des Westens getrieben

Aufgrund dieser amerikanisch-saudischen Verschwörung sank der Erdölpreis von 30 Dollar pro Barrel im November 1985 auf 12 Dollar fünf Monate später. »Als die Preise fielen, begann der Kreml Milliarden von dringend benötigten Devisen zu verlieren.«[1548] Wie Mária HUBER beschreibt, wies die Handelsbilanz der UdSSR infolge dieser Manipulation bereits 1986 einen Fehlbetrag von fast fünf Milliarden Dollar auf. »Der Kursverlust des Dollars gegenüber den wichtigsten Währungen verschärfte die kritische Entwicklung weiter, da Moskau für den größten Teil seiner Exporte US-Dollar erhielt, die meisten Westeinfuhren aber in europäischen Währungen zu begleichen hatte. Die Importe aus OECD-Ländern wurden also erheblich teurer. Der Wert einer Tonne sowjetischen Erdöls... sank zwischen Anfang 1985 und Mitte 1986 auf 25 Prozent und erhöhte sich 1987 leicht auf 40 Prozent. Um die dringend benötigten Technologieimporte aus dem Westen auch nur auf dem alten Stand zu halten, brauchte Moskau nach Schätzungen des mit der CIA eng kooperierenden PlanEcon in der zweiten Hälfte der achtziger Jahre Kredite in einer Gesamthöhe von 50 Milliarden D-Mark.«[1549]

Damit hatten die USA eine weitere Voraussetzung geschaffen, die UdSSR in die finanzielle Abhängigkeit des Westens zu treiben. Mit Hilfe der von den USA beherrschten Einrichtungen des IWF und der Weltbank hätte die US-Machtelite im Falle eines Beitritts der UdSSR zu diesen Einrichtungen dann die Möglichkeit gehabt, ihr Wirtschaftsreformen aufzuzwingen, die dem US-Kapital den Zugang zum sowjetischen Markt und insbesondere zu den russischen Rohstoffen erlaubt hätte. Gleichzeitig hätten die USA mit Hilfe der Kreditabhängigkeit der UdSSR dann auch ein Instrument in die Hand bekommen zu verhindern, daß sich der eurasische Konkurrent jemals wieder zu einem Rivalen hätte entwickeln können. Denn eine Kreditgewährung des IWF wäre dann von der Erfüllung von Strukturreformen abhängig gewesen, die die Macht der Moskauer Zentrale entscheidend eingeschränkt hätten. Dies aber hätte wiederum zu einer Abspaltung der Peripherien von Moskau geführt – die von der US-Machtelite gewünschte Pluralisierung des eurasischen Raumes wäre dann Wirklichkeit geworden. Genau in diese Richtung schien sich – wie von der US-Machtelite auch gewollt – die sowjetische Politik zu entwickeln:

»Der wachsende Finanzmittelbedarf zwang GORBATSCHOW, sich den internationalen Finanzinstituten zu nähern, damit die Sowjetunion sich für Kredite qualifizieren konnte. Moskau wollte dem Internationalen Währungsfonds (IWF) beitreten, und der Ministerkonferenz des Allgemeinen Zoll- und Handelsabkommen (GATT) lag im September 1986 ein Antrag der Sowjetunion auf Teilnahme an der 1987 startenden neuen Welthandelsrunde vor. Die Annäherung an die internationalen Organisationen zog eine schrittweise Dezentralisierung und Liberalisierung der sowjetischen Außenwirtschaft nach sich. Einzelne Ministerien und große Produktionsunternehmen erhielten vom 1. Januar 1987 an Lizenzen, die ihnen erlaubten, mit ausländischen Firmen eigenständig Handel zu treiben.«[1550] Überdies verlor Moskau durch diese Manipulation des Erdölpreises den Verlust seiner Energieabsatzmärkte. Folgt man Viktor TIMTSCHENKO, führte das Abrutschen des Erdölpreises »zum Einbruch der Erdölförderung und zur Implosion der sowjetischen Erdölindustrie. Das war ohne Zweifel ein letzter Nagel im Sarg der Sowjetunion, des Sozialismus und des Warschauer Paktes, und dementsprechend ein historisches Ereignis. Die Saudis haben nicht lange gefeiert, sondern schnell russische Märkte kassiert. In ihren besten Zeiten förderte die Sowjetunion 12,5 Millionen Barrel pro Tag, 1996 gewannen alle Nachfolgestaaten der UdSSR zusammen sieben Millionen Barrel pro Tag. Die Differenz ging vorwiegend auf das Konto der Saudis«.[1551]

Damit war – zusammengefaßt – die finanzielle Schwächung des eurasischen Zentrums erreicht, aus der sich die Sowjetunion aus eigener Kraft nicht mehr befreien konnte. Um ihr langgehegtes Ziel zu erreichen, brauchte die US-Machtelite nur noch diesen wirtschaftlichen Kollaps auszunutzen, was sie während des allmählich eingetretenen Zerfallsprozesses der UdSSR hinter den Kulissen auch tat.

Kapitel 7

Die verborgene Rolle der USA beim Zerfallsprozeß der Sowjetunion

Wie die Osteuropa-Expertin Mária HUBER darstellt, bestand das Hauptproblem der UdSSR vor allem darin, Ungleichheiten zwischen den wirtschaftlich stärkeren und schwächeren Unionsrepubliken nicht weiter sich verschärfen zu lassen.[1552] Der Moskauer Zentrale fehlte es allerdings an den hierfür erforderlichen Finanzmitteln – bedingt durch die amerikanische Politik, die gerade darauf abzielte, Moskau von sämtlichen Finanzquellen abzuschneiden.

GORBATSCHOWS Reformpolitik bestand nun darin, das zentralistische Plansystem durch einen mit Marktelementen verfeinerten Wirtschaftsmechanismus zu ersetzen.[1553] Dadurch sollten die Betriebe und vor allem die Regionen größere Selbständigkeit erhalten. Ohne es zu wissen, verstärkte GORBATSCHOW damit die fast autonome Interessenpolitik regionaler Machthaber, die diese bereits in den vorangegangenen Jahrzehnten betrieben hatten. »Hinter der Fassade der zentralen Lenkung konnten die regionalen Machteliten jahrzehntelang eine quasi-autonome Interessenpolitik betreiben. Die leitenden Partei- und Wirtschaftsfunktionäre bildeten auf regionaler Ebene eine Art ›Großfamilie‹, ein Netzwerk, das es nicht für nötig hielt, sich um gesamtstaatliche Angelegenheiten zu kümmern.«[1554] Mit dieser Entwicklung mußte eine ökonomische Desintegration voranschreiten. Das Zentrum selber war aufgrund der infolge der US-Politik erreichten finanziellen Austrocknung nicht mehr imstande, die Zentrifugalkräfte zu bändigen. »Die Perestrojka zielte einseitig auf die ökonomische Autonomie von Betrieben und Regionen. Dieser schon unter seinen Vorgängern gereiften Idee stellte GORBATSCHOW keine innovative Ordnungspolitik zur Seite. Die überfällige Dezentralisierung führte zur überstürzten Desintegration. . .«[1555]

Die US-Machtelite war sich über die Bedeutung dieser Entwicklung für ihr strategisches Langzeitkonzept natürlich im klaren und begann hinter den Kulissen, den sich abzuzeichnenden Auflösungsprozeß, für niemanden sichtbar, tatkräftig zu fördern. »Ein Reich dezentralisieren heißt es, auflösen«, schreibt BRZEZINSKI. »Die russische Elite fühlt ganz instinktiv, daß jede wirkliche Dezentralisierung, auch wenn sie anfänglich nur auf den wirtschaftlichen Bereich beschränkt wäre, die separatistischen Bestrebungen der nichtrussischen Völkerschaften der Sowjetunion bestärken würde. Wirtschaftliche Dezentralisierung würde unvermeidlich zu politischer Dezentralisierung führen und damit zur ersten Stufe auf dem Weg zur nationalen Emanzipation. Die russischen Sorgen werden durch die demographische Entwicklung noch verstärkt. Sie deuten auf einen Rückgang der Vormachtstellung der Großrussen. Während der 70er Jahre verloren die Russen die Majorität unter den Sowjetvölkern, und ein weiterer Rückgang ist unvermeidlich. 1980 waren von den 18 Jahre alten Einwohnern der Sowjetunion 48 % Russen, 19 % andere Slawen, 13 % Moslems und 20 % ›andere‹. 1990 werden es voraussichtlich 43 % Russen, 18 % andere Slawen, 20 % Moslems und 19 % ›andere‹ sein.«[1556]

Nachdem man die UdSSR in den finanziellen Bankrott getrieben hatte, wußte die US-Machtelite gleichfalls, wo der Hebel anzusetzen war, um die Zersplitterung der UdSSR endgültig zu erreichen. Neben der Ausnutzung der ökonomischen und demographischen Ungleichheiten innerhalb der Sowjetunion kam es vor allem darauf an, eine finanzielle wie politische Stärkung des Zentrums zu verhindern und alles daran zu setzen, statt dessen den Unabhängigkeitswillen der Peripherien zu stärken und insgeheim bereits im Vorfeld Maßnahmen sicherzustellen, durch die diese Peripherien in das Weltwirtschaftssystem der USA überführt werden konnten.

Die Bedingungen innerhalb des sowjetischen Systems erwiesen sich hierfür als ausgesprochen günstig. In seiner Studie über Aufstieg und Untergang des Russischen Reiches bestätigt Lothar RÜHL, daß die Entscheidung über die Auflösung der Sowjetunion »zuvor im Kollaps der Volkswirtschaft gefallen« ist.[1557] Tatsächlich zeichnete sich von 1989 bis 1990 ein zunehmender Niedergang in der Wirtschaft ab – so wie es die amerikanische Langzeitstrategie auch vorgesehen hatte. »Unter solchen Bedingungen mußte die Desintegration der Union unter der Fliehkraft der nationalen Separatismen und dem Druck der Krise sich fortsetzen, weil alle Republiken ihr wirtschaftliches Heil in selbständigen Beziehungen zum Ausland mit einem eigenen Außenhandel und eigenen Zöllen, in eigenen Währungen und in nationaler Güterbewirtschaftung einschließlich Tauschhandel mit den anderen ehemaligen Sowjetrepubliken suchten.«[1558] Die Dynamik dieser Unabhängigkeitsbewegungen wurde von der Dynamik der staatlichen und volkwirtschaftlichen Auflösung der Sowjetunion angetrieben.[1559]

1 Die heimliche Förderung der litauischen Unabhängigkeitsbewegung ›Sajudis‹ durch die USA

Wenig bekannt ist in diesem Zusammenhang die Tatsache, daß die Politik der USA nicht nur die Voraussetzung für die Auflösungstendenzen schuf, sondern diese von ihr selbst im Hintergrund unterstützt wurden – insbesondere mit Logistik. Angespornt von der Reformpolitik GORBATSCHOWS, waren es zunächst die baltischen Staaten, die sich aus dem Verband der UdSSR lösten. In Litauen war es die Unabhängigkeitsbewegung ›Sajudis‹ des späteren Ministerpräsidenten LANDSBERGIS, die in den Genuß der Förderung der litauischen Diaspora in den USA kam. »Dutzende Politiker reisten in den Westen, suchten Kontakte und Kapital – vor allem in den Kreisen der Emigranten. Umgekehrt machten sich US-Bürger und Kanadier litauischer Abstammung auf den Weg in die Heimat ihrer Vorfahren und boten ihre Dienste an. . . Die Diaspora bezahlte zahlreiche Berater für Sajudis, schickte Computer und Kommunikationstechnologie nach Vilnius. Der Korrespondent von *The Washington Post* beobachtete im Sommer 1989, daß aus dem mit PCs, Satellitentelefonen und Faxgeräten ausgestatteten Sajudis-Büro in Vilnius alle Nachrichtenagenturen der Welt über die bevorstehende Massendemonstration zum 50. Jahrestag des HITLER-STALIN-Paktes vorab informiert wurden. Von einem so modernen Kommunikationssystem konnte man in sowjetischen Büros nur träumen.«[1560]

Begleitet war dies von umfangreichen Spenden litauischer Emigrantenkreise, unter anderem auch zur Finanzierung der Unabhängigkeitsbewegung: »1989 und 1990 erhielt Sajudis von der litauisch-amerikanischen Gemeinde die beachtliche Summe von 268000 US-Dollar«, so Mária HUBER. »Ein Viertel davon diente der Ausstattung mit Kommunikationstechnologie. Auf die Verwendung des größeren Teils der Spende geht die sonst akribische Studie des litauisch-amerikanischen Wissenschaftlers Alfred Erich SENN nicht ein. Zu vermuten ist aber, daß damit Anfang 1990 der Wahlkampf von Sajudis mitfinanziert wurde. Am 24. Februar gewann Sajudis unter der Führung des Musikwissenschaftlers Vytautas LANDSBERGIS 94 der 141 Mandate im Obersten Sowjet.«[1561] Zwar kam die direkte Unterstützung der Unabhängigkeitsbewegung von der litauischen Diaspora in den USA. Zu berücksichtigen ist aber – worauf der bereits ausführlich zitierte Journalist Christopher SIMPSON in seinem Buch *Der amerikanische Bumerang* deutlich hingewiesen hatte –, daß die Förderung und Ausrüstung osteuropäischer Emigrantenkreise Kernbestandteil der antisowjetischen subversiven Strategie des CIA während des Kalten Krieges gewesen ist.

LANDSBERGIS' Strategie war, so Mária HUBER, »darauf ausgerichtet, die Feindschaft zu Moskau zu schüren«. Als GORBATSCHOW zur Verhinderung des Auseinanderfallens der UdSSR durch eine Änderung der sowjetischen Verfassung die Exekutive zu stärken versuchte, begann LANDSBERGIS, die Unterstützung der USA zu suchen. Litauische Emigrantenkreise in den USA sollten das US-Außenministerium – nicht zuletzt unter Einschaltung von Ronald REAGAN, der zu diesem Zeitpunkt schon nicht mehr Präsident war – entsprechend beeinflussen. Am 11. März 1990 jedenfalls erklärte das neu gewählte litauische Parlament einseitig die staatliche Unabhängigkeit. Dies geschah aber nicht ohne die Unterstützung der USA aus dem Hintergrund, die offiziell zunächst jede Anerkennung der Unabhängigkeit vermied, allerdings hinter den Kulissen die Fäden zog, um die litauische Wirtschaft aus dem sowjetischen Verband in das westliche Marktsystem zu überführen.

Der selbstbewußte Ton, den LANDSBERGIS in Wirtschaftsfragen anschlug, »legt die Vermutung nahe, daß ihm westliche Ökonomen das Drehbuch geschrieben hatten. Zu den Besuchern, die sich Anfang 1990 in Vilnius aufhielten, gehörte auch der neoliberale Wirtschaftswissenschaftler Lawrence A. SUMMERS. Der spätere Chefvolkswirt der Weltbank redete den Litauern sogar ein, wegen des im Vergleich zu Finnland niedrigen Lebensstandards Schadenersatzforderungen gegenüber Moskau zu stellen«.[1562] Mit amerikanischer Rückendeckung kam es in der Folge dann auch zur Gründung einer eigenen litauischen Staatsbank, und »Bankfachleute aus den Vereinigten Staaten bereiteten längst die Einführung einer litauischen Währung vor«.[1563] Während die litauisch-sowjetischen Wirtschaftsbeziehungen immer schlechter wurden, richteten sich die Hoffnungen der neuen litauischen Führung auf die USA, welche ihr »klarmachten, daß nur ein nicht-kommunistisches Litauen auf Anerkennung und finanzielle Unterstützung hoffen konnte«[1564] – eine klare Aufforderung also, den Bruch mit Moskau nunmehr offen zu vollziehen, was in der Folgezeit auch in die Tat umgesetzt wurde.

2 Die Aufforderung Zbigniew Brzezinskis zu einem ›kontrollierten Zerfall‹ der UdSSR

Daß die USA im Hintergrund eine Unterstützung des Auflösungsprozesses konkret unterstützten, sprach kein Geringerer als Zbigniew BRZEZINSKI in jenen Tagen offen aus. Ende 1989 erklärte er, daß die Auflösung der Sowjetunion in geordneten Bahnen erfolgen müsse. »Dafür stünden verschiedene Modelle zwischen Konföderation und Commonwealth zur Verfügung. Um den gefährlichen Herausforderungen eines post-kommunistischen Nationalismus der nichtrussischen Völker zu begegnen, forderte BRZEZINSKI die Auflösung des unionsweiten Machtmonopols der KPdSU und die Unterstützung ›demokratischer Nationalbewegungen in der Sowjetunion‹ durch den Westen.«[1565] Mit dieser Aufforderung nahm BRZEZINSKI Ende 1989 bereits das vorweg, was er fast sieben Jahre später in seinem Buch *The Grand Chessboard* näher einfordern sollte, nämlich eine Strategie zur Aufrechterhaltung eines zersplitterten Staatenpluralismus in Eurasien unter Zurückdrängung Rußlands auf den Zustand der vor-petrinischen Ära. Die Konzepte Halford MACKINDERS und SPYKMANS zur Instrumentalisierung des Gegensatzes zwischen ›Heartland‹ und ›Rimland‹ konnten nunmehr in die Tat umgesetzt werden.

Der Geheimdienst-Experte Klaus EICHNER beschreibt in diesem Zusammenhang, daß vom Übergang von der REAGAN- zur BUSH-Administration eine neue ›Grand Strategy‹ in den USA zur offensiven Niederringung der UdSSR eingeleitet wurde. Demzufolge sollte über die Eindämmungspolitik hinausgegangen und unter Ausnutzung der Erosionsprozesse im Ostblock als ›Türöffner‹ offensiv die Ausdehnung des Einflusses des westlichen Bündnisses nach Osteuropa hin betrieben werden. Ziel war es, zunächst die europäischen Partner der westlichen Allianz zu disziplinieren und auf eine einheitliche Linie zu bringen. Darüber hinaus galt es, unter Führung der USA, die Anstrengungen auf eine politisch-ökonomische Liberalisierung Ostmitteleuropas in den Mittelpunkt zu stellen mit dem Ziel, die Unabhängigkeit dieser Staaten von der Führung durch die Sowjetunion zu erreichen.[1566] EICHNER wörtlich:

»In den Analysen für den amtierenden Präsidenten (George BUSH sen., der Verf.) formulierten die Sowjetexperten, daß die amerikanische Politik nicht auf Unterstützung des Generalsekretärs der KPdSU, Michail GORBATSCHOW, orientiert sein dürfe, sondern daß diese Politik die Sowjets herausfordern müsse, um sie zu zwingen, ihrer Politik eine Richtung zu geben, die den Interessen der USA diente.«[1567] Keinesfalls sollte die US-Politik auf die Erhaltung des Status quo ausgerichtet sein;

vielmehr sollte ein ständiges Entgegenkommen der UdSSR nach den Interessen und nach dem Diktat der USA erzwungen werden.[1568] Endziel war die gesellschaftlich-politische Umgestaltung in der sowjetischen Machtsphäre mit dem Ziel ihrer Eingliederung in die von US-Präsident George BUSH seinerzeit verkündeten ›Neuen Weltordnung‹. Ihr sollte eine Strategie vorausgehen, die die Staaten Ostmitteleuropas immer nachhaltiger der sowjetischen Politik entzog.[1569]

3 Die Russische Föderation unter Boris Jelzin als eigentlichem Totengräber der Union

Die von BRZEZINSKI angesprochene Unterstützung »demokratisch-nationaler Bewegungen« vollzogen die USA aber nicht allein an den Peripherien, sondern vor allem im strategischen Zentrum der UdSSR, nämlich in der ›Russischen Sozialistischen Föderativen Sowjetrepublik‹ (RSFSR), wo – wie bereits dargestellt – mit dem Machtantritt von Boris JELZIN am 29. Mai 1990 der Machtkampf zwischen diesem und GORBATSCHOW stattfand. Bei diesem Machtkampf ging es um nichts weniger als um die Auseinandersetzung um den Zusammenhalt der Union. Während GORBATSCHOW bemüht war, die Integrität der Union zu sichern, war JELZIN mit diskreter Unterstützung der US-Machtelite bestrebt, die Russische Föderation – in Zusammenarbeit mit anderen separatistischen Republiken – aus dem Unionsverband herauszulösen und so das Ende der Sowjetunion einzuleiten. JELZINS Politik lag daher voll auf der Linie der Bestrebungen der USA, wie sie von BRZEZINSKI vorgezeichnet waren. Mit der von JELZIN betriebenen Souveränitätserklärung der RSFSR am 12. Juni 1990 jedenfalls wurde ein weiteres Kapitel zur Untergrabung der Sowjetunion eingeleitet.

Das zeigte sich darin, daß JELZIN jegliche Bemühungen zur Aufrechterhaltung des Zusammenhalts der Union unterlief. So unterstützte er die separatistischen Bestrebungen der baltischen Sowjetrepubliken. Dabei hatte er »Maßnahmen unterstützt, die LANDSBERGIS geholfen hatten, gegenüber Moskau hart zu bleiben. Die Sajudis-Führung hatte diese Gelegenheit genutzt und ihrerseits auf die radikalen Kräfte unter den russischen Demokraten gesetzt«.[1570] Gleichermaßen schloß JELZIN – gewissermaßen an der Union und ihren Institutionen vorbei – eigenmächtig separate Kooperationsabkommen mit anderen separatistischen Sowjetrepubliken ab, wodurch die Autorität der Union weiter geschwächt wurde. »Die russische Führung demonstrierte damit, daß sie zum sowjetischen Zentrum auf Distanz ging. Ende Juli (1990) besiegelten die RSFSR, Estland, Lettland und Litauen die gegenseitige Anerkennung ihrer Souveränität.«[1571] Als die sowjetische Führung um die Jahreswende 1990/1991 versuchte, die Unruhen in Litauen mit militärischen Mitteln niederzuwerfen, veranlaßte JELZIN die Initiative eines Beistandspaktes zwischen den baltischen Staaten und der RSFSR, in dem sich diese Staaten einander konkrete Unterstützung bei jedem Angriff auf ihre Autonomie zusagten.[1572]

Doch der Todesstoß, den JELZIN der Union versetzte, sollte noch weitergehen. Mit einem Dekret vom Juli 1990 entzog er der Union die Zuständigkeit für den

Außenhandel mit russischen Gütern und strategischen Rohstoffen und stellte diese unter ausschließliche Kontrolle durch die russische Regierung. Folgt man Lothar RÜHL, wurde damit die wirtschaftliche Grundlage der Union weiter untergraben und das Unabhängigkeitsstreben der übrigen Sowjetrepubliken bestärkt,[1573] denn »tatsächlich ebnete das russische Beispiel den übrigen Völkern, Nationalitäten und Sowjetrepubliken einen Weg zum Ausbruch aus dem um Rußland geschaffenen historischen Reichsverband, dessen letzte Staatsform die UdSSR war«,[1574] Lothar RÜHL zufolge bewirkte somit »die Verselbständigung Rußlands gegenüber der zerfallenden Union zugleich auch den Erfolg der Sezession aller nichtrussischen Nationen und damit die de facto-Auflösung der Union noch vor dem förmlichen Akt der drei slawischen Republiken im Dezember in Minsk und im Vertrag von Brest-Litowsk«.[1575] Damit aber wurde JELZIN auch zum wichtigsten Verbündeten der USA im Machtspiel um den Zerfall – besser gesagt der Unterminierung – der Sowjetunion, dessen Bestrebungen aus Sicht der US-Machtelite also zu fördern waren.

Ansatz hierfür war – ebenso wie im Baltikum – die Förderung einer ökonomischen Sezession der Russischen Republik. Auch in der Frage der Wirtschaft verbanden sich die Interessen JELZINS, GORBATSCHOW und die Unionsgewalt zu entmachten, mit den geopolitischen Zielen der USA, die wirtschaftlichen Verbindungsstränge Eurasiens zu zerschneiden. JELZINS Vision dabei »sah eine fast vollständige Entmachtung der Zentralregierung vor«.[1576] Durch eine eigene Zentralbank sowie neue Vereinbarungen mit anderen Republiken über Warenlieferungen sollte der Union die Wirtschaftskraft entzogen werden. »JELZIN und sein Regierungschef SILAJEW waren sich in diesen Punkten einig und beriefen junge Fachleute in Schlüsselpositionen der Regierung. Ihnen stand ›ein brain-trust aus Wirtschaftsexperten zur Seite, die zum Teil außerhalb der Sowjetunion lebten und im Bedarfsfall hinzugezogen werden konnten‹.«[1577] Folgt man Mária HUBER, so »blieben die Namen dieser Männer und deren Geldgeber der breiten Öffentlichkeit unbekannt«,[1578] was den Verdacht nahelegt, daß es die US-Machtelite war, die auf diese Weise die wirtschaftliche Spaltung der Russischen Föderation förderte. Jedenfalls kam das Wirtschaftsprogramm JELZINS den US-Interessen sehr entgegen. Grigori JAWLINSKIJ und Stanislaw SCHATALIN legten einen unheilvollen 500-Tage-Plan für Privatisierung und neoliberale Reformen vor, mit dem sich JELZIN als radikale Alternative zu dem eher langfristigen Reformprogramm von GORBATSCHOW und RYSCHKOW darstellen wollte.[1579]

Durch dieses Projekt jedoch drohte der Sowjetunion – wie GORBATSCHOW es ausdrückte – in der Tat die Gefahr einer Libanisierung – eine Entwicklung, die JELZIN auch nach Kräften förderte: Dem Streben der Republiken nach vollständiger Kontrolle der Finanzen kam der 500-Tage-Plan entgegen. »Nicht nur die Steuerhoheit, sondern praktisch alle Macht sollte der Union von den Republiken genommen werden. Das war der Grund, warum JELZIN dieses Reformkonzept favorisierte – und GORBATSCHOW es schließlich Mitte November 1990 definitiv ablehnte.«[1580] Für den Zusammenhalt der Union waren die JELZINschen Maßnahmen deshalb gefährlich, da dieser Zusammenhalt zu jener Zeit nur noch durch finanzielle Transferleistungen aufrechterhalten werden konnte. Mit der Forderung JELZINS nach selbständiger Kontrolle über die Finanzen durch die Russische Föderation war auch das letzte Integrationsinstrument ernsthaft gefährdet, und die Frage, wer wieviel zahlt und wer wieviel erhält, führte zum offenen Streit; die Interessengegensätze waren zu groß, die Einrichtungen hingegen zu schwach. Bei der Durchsetzung der JELZINschen neoliberalen Reformprogramme, die dieser am 28. Oktober 1991 verkündete, stand natürlich der von den USA beherrschte IWF Pate, dessen Emissäre alsbald mit den JELZIN-Beratern zusammentrafen.[1581]

Fest steht insgesamt, daß der Machtanspruch JELZINS, die geopolitischen Interessen der USA an einer Pluralisierung Eurasiens und der Zerfall der Union einander bedingten, worauf auch Lothar RÜHL hinweist: »JELZIN... konnte seine eigene Stellung nur sichern, wenn es ihm gelänge, Rußland von der politischen Zentralgewalt der UdSSR und von dem dort noch immer vorherrschenden Widerstand gegen eine Umwandlung Rußlands freizumachen. Deshalb mußte JELZIN mit der russischen Reformbewegung der neuen Demokraten und der liberalen Wirtschaftspolitik für Privateigentum, Dezentralisierung und Marktwirtschaft auf eine Schwächung der zentralen Sowjetgewalt hinarbeiten, wenn er seinen Zielen näherkommen wollte ... JELZIN hatte mit der russischen Souveränitätserklärung und mit seiner Politik vom Sommer 1990 an die Einheit des gemeinsamen Staatswesens... in Frage gestellt: Sein Erlaß vom Juli 1990 über die ausschließliche Verfügungsgewalt Rußlands über die Bodenschätze und ›strategischen Rohstoffe‹ auf dem Gebiet der RSFSR war der erste Akt allgemeiner Bedeutung für alle Sowjetrepubliken mit dem Ziel, die Unionsgewalt in die Schranken zu weisen. Er hatte aber auch die Wirkung, nationale Monopole zu begründen und der Sowjetregierung Grenzen innerhalb der Sowjetunion für Güterverkehr und Außenhandel, Energieversorgung und Industriepolitik entgegenzusetzen. Damit war ein großer Schritt... zur Abtrennung der einzelnen Sowjetrepubliken voneinander mit der Folge einer Zertrennung der Zusammenhänge entgegen den bestehenden Abhängigkeiten getan... Die übrigen Sowjetrepubliken wurden vom russischen Beispiel in ihren partikularistischen Versuchungen ermutigt und in ihren separatistischen Tendenzen gestärkt.«[1582]

Vor diesem Hintergrund ist es nicht zuviel gesagt, JELZIN als wichtigste Schachfigur in den Händen der US-Machtelite zu bezeichnen, der die Funktion zukam, die Visionen MACKINDERS, SPYKMANS und vor allem Zbigniew BRZEZINSKIS in die Tat umzusetzen. Ohne JELZIN und seine Politik wären die Entwicklungen in den Jahren 1989 bis 1991, die die Zerstückelung, Anarchisierung und Lähmung des eurasischen Blocks zur Folge hatten, gar nicht denkbar gewesen. Daher sollte JELZIN auch in der Folgezeit für die USA eine wichtige Rolle spielen: Er war in den neunziger Jahren auch das Werkzeug, mit dessen Hilfe amerikanische Banken und Konzerne unter Beihilfe der sogenannten Oligarchen – der neuen proamerikanischen kriminellen Machtelite in Rußland – Übernahmeangriffe auf die russische Wirtschaft und Rohstoffindustrie durchführen konnten.

4 Die US-Unterwanderung der Ukraine

Beispielhaft dafür, wie es den USA gelang, in der Zeit von 1990 bis 1993 den eurasischen Raum zu unterwandern und zu ›filetieren‹, sollte ihr Vorgehen in der Ukraine sein. Diese ist BRZEZINSKI zufolge ja einer der Schlüsselstaaten, von deren Kontrolle es abhängt, inwieweit Rußland in die strategische Isolation abgedrängt werden kann oder nicht. In diesem Zusammenhang ist zunächst zu bemerken, daß neben JELZIN auch die ukrainische Führung entschlossen war, die Achse mit der Moskauer Zentrale zu zerstören.[1583] Auch hier war es die westliche Hochfinanz, die im Hintergrund zunächst tatkräftige Unterstützung bei der Schaffung unabhängiger Einrichtungen leistete, wodurch die ökonomische Bindung an den Kreml faktisch aufgehoben wurde. »Eine eigene Nationalbank zu gründen und eine eigene Währung einzuführen waren Aufgaben, für die Kiew kaum eine Handvoll Fachleute hatte. Frankfurter Banker positionierten sich, um beim Aufbau des ukrainischen Zentralbanksystems entscheidend mitzuwirken.«[1584]

Im Dezember 1991 reiste der ukrainische Präsident Leonid KRAWTSCHUK nach Kanada und vereinbarte mit einem dortigen Unternehmen den Druck von Geldscheinen. Die kanadische Regierung sagte 50 Millionen kanadischer Dollar an Unterstützung für dieses Projekt zu.[1585] Um die Ukraine auch energiepolitisch von Moskau unabhängig zu machen, dessen Erdöl- und Erdgaslieferungen für Kiew überlebensnotwendig waren, begünstigte und unterstützte der Westen ferner den Plan der neuen ukrainischen Machthaber, künftig Erdöl und Erdgas nicht mehr von Rußland, sondern von Kasachstan, Turkmenistan und dem Iran zu beziehen.[1586]

Auch regierungsoffiziell unterstützte man den separatistischen Kurs der Ukraine. Vier Tage vor dem Unabhängigkeitsreferendum am 1. Dezember 1991 versprach US-Präsident George BUSH die sofortige Anerkennung der Ukraine durch die Vereinigten Staaten, falls sich Kiew aufgrund dieses Referendums von der Union lossagen würde[1587] – natürlich aufgrund der Tatsache, daß die Ukraine nach Rußland die wirtschaftlich wichtigste und bevölkerungsreichste Sowjetrepublik war und als solche von der westlichen Machtelite als »Hauptrivale Rußlands«[1588] aufgebaut werden konnte.

Die Ukraine war für die geopolitischen Interessen der US-Machtelite von entscheidender Bedeutung, nicht nur aufgrund ihrer Rivalität zu Rußland (wobei ein ukrainisch-russischer Gegensatz von vornherein jegliche Integration Eurasiens illusorisch machte), sondern auch, weil sie von Anfang an »eine wichtige Rolle beim Auseinanderbrechen der UdSSR im Dezember 1991 spielte«.[1589] Daher war die Ukraine auch der wichtigste Verbündete JELZINS bei der Unterminierung der Sowjetunion. JELZIN und KRAWTSCHUK waren es, die auch die GUS im Dezember 1991 ins Leben riefen, wobei es die Ukraine – bis heute – sein sollte, die als schärfste Gegnerin jeglicher Integrationsbestrebungen im postsowjetischen Raum in Erscheinung treten sollte. »Die Ukraine beharrt bis heute im Gegensatz zu vielen anderen der ehemaligen Sowjetrepubliken... weiter auf einem eigenständigen Weg, gewählt in bewußter Abgrenzung von Rußland. Dies zeigt sich auch im Verhalten des Landes in der ›GUS‹. Diese Gemeinschaft war Ende 1991 in Minsk durch Boris JELZIN, den damaligen ukrainischen Parlamentspräsidenten und späteren Präsidenten Leonid KRAWTSCHUK und den Weißrussen Stanislaw SCHUSCHKEWITSCH. . . gegründet worden. Das Ziel war dabei, Michail GORBATSCHOW und das Moskauer Zentrum zu entmachten, die Sowjetunion aufzulösen und gleichzeitig ein Gremium zu schaffen für einen geordneten, lenkbaren Verlauf des Zerfalls der Union. Die in der Folgezeit immer wieder vor allem von Rußland betriebenen Versuche einer Weiterentwicklung der ›GUS‹ zu einer effektiven internationalen Organisation. . . scheiterten vor allem am Widerstand der Ukraine.«[1590]

Dieses Interesse deckte sich gleichfalls mit den geopolitischen Zielen der USA, und folglich fand die Ukraine auch in der unmittelbaren Folgezeit nach 1991 die Unterstützung der US-Machtelite.

Federführend hierbei war das 1994 ins Leben gerufene ›American-Ukrainian Advisory Committee‹ (AUAC), das unter der Leitung keines Geringeren als Zbigniew BRZEZINSKI stand. Die Aufgabe dieses Gremiums lag darin, die ukrainische Politik im amerikanischen Sinne zu steuern und zu beeinflussen. Seine ungeheure Bedeutung zeigte sich bereits in der Mitgliederliste, die sich wie ein ›Who is who‹ der Elite amerikanischer Geopolitik und Hochfinanz las: Führend im AUAC tätig waren Henry KISSINGER, Frank CARLUCCI (Verteidigungsminister unter Ronald REAGAN) sowie der Bankier George SOROS.[1591] Seit seiner Gründung sollte dieses Gremium regelmäßige Treffen entweder in der Ukraine oder in den USA abhalten. Dabei hatte diese Denkfabrik enge Verbindung mit der ukrainischen Führung, deren Mitglieder ebenfalls dem AUAC angehörten, darunter Leonid KRAWTSCHUK selbst und sein Wirtschaftsberater Bohdan HAWRYLYSCHYN, dessen Neffe Olech HAWRYLYSCHYN in seiner Funktion als stellvertretender ukrainischer Finanzminister auf der Gehaltsliste der SOROS-Foundation stand.[1592] Diese SOROS-Stiftung sollte auch dafür sorgen, daß die Ukraine in Zukunft den Kurs einer strikten Abgrenzung von Rußland hielt.

Dies zeigte sich im Jahre 1993. In jenem Jahr gipfelten die Auseinandersetzungen zwischen der Ukraine und der Russischen Föderation zum offenen Konflikt in den strittigen Fragen des Nuklearwaffenarsenals, der Aufteilung der Schwarzmeerflotte sowie der Zugehörigkeit der Krim. Um in diesen Fragen ukrainisches Wohlverhalten zu erzwingen, kürzte Moskau die russischen Erdgaslieferungen um die Hälfte. Auf dem russisch-ukrainischen Gipfeltreffen im September 1993 in Massandra schließlich kam es zu einem »vorläufigen Einlenken der ukrainischen Führung«.[1593] Diese war sogar zu einer engen Zusammenarbeit mit der GUS auf wirtschaftlichem Gebiet einverstanden.[1594] Das aber paßte der US-Machtelite keinesfalls ins Konzept, es mußte gegengesteuert werden, gegebenenfalls sogar durch ein Auswechseln der politischen Führung der Ukraine. Dies geschah auch bei den Präsidentschaftswahlen 1994, als KRAWTSCHUK durch Leonid KUTSCHMA ersetzt wurde. Letzterer stand während seines Wahlkampfes in Kontakt mit dem Bankier SOROS.

Dabei unterstützte die SOROS-Foundation ›unabhängige‹ Rundfunk- und Fernsehstationen in der Ukraine, die Wahlkampf für KUTSCHMA machten, mit einem Betrag von 363 100 US-Dollar. Diese Zusammenhänge »können nur als ein Netzwerk von Intrigen beschreiben werden«.[1595]

Auch auf wirtschaftlichem Gebiet sorgte die westliche Hochfinanz dafür, daß die Ukraine in den US-dominierten Weltmarkt eingebunden wurde und keine Anstalten machen konnte, zusammen mit Rußland einen eurasischen Gegenpol zu bilden. Dabei sollte das eng mit der CIA verbundene ›Center for International Private Enterprise‹ (CIPE) eine Rolle spielen, dessen Funktion darin bestand, verschiedene prowestliche Denkfabriken, die neoliberale Marktreformen anstrebten, zu finanzieren. Von CIPE unterstützt wurde das in Kiew angesiedelte ›International Center for Political Studies‹ (ICPS). Diese Einrichtung hatte es sich zur Aufgabe gemacht, eine Gruppe von lokalen Wirtschaftsfachleuten mit dem Auftrag zu versehen, mit der Unterstützung durch die Weltbank eine Blaupause makroökonomischer Reformen zu entwickeln.[1596]

Einer dieser Wirtschaftsfachleute war Viktor JUSCHTSCHENKO, der 1993 zum Chef der neugegründeten ukrainischen Nationalbank ernannt wurde. Als Wunschkandidat der westlichen Hochfinanz gehörte er zu den Hauptverantwortlichen »der tödlichen Medizin des IWF, welche dazu diente, die Ukraine zu schwächen und ihre Ökonomie zu zerstören«.[1597] Nach der Ernennung JUSCHTSCHENKOS zum Chef der ukrainischen Nationalbank erreichte die Ukraine 1994 eine historische Übereinkunft mit dem IWF, an deren Zustandekommen JUSCHTSCHENKO einen maßgeblichen Anteil hatte. Diese Übereinkunft verlangte von der ukrainischen Regierung einen Verzicht auf Kontrolle des Wechselkurses und der Preise. Diese Preisderegulierung – ein Kernbestandteil des sogenannten ›Washington Consensus‹ – führte zu einer galoppierenden Inflation im Land.[1598] Gleichzeitig wurde dem Land eine Handelsliberalisierung aufgezwungen, wodurch der ukrainische Agrarmarkt mit US-Getreideüberschüssen überschwemmt wurde. Damit wurde aber einer der größten und produktivsten Getreideökonomien der Welt destabilisiert,[1599] was sich mit einem Absturz der Getreideproduktion um fast die Hälfte äußerte.

Was wurde mit dem wirtschaftlichen Niedergang der Ukraine erreicht? Einerseits wurde die von der US-Machtelite geschützte und hochsubventionierte amerikanische Landwirtschaft von einem gefährlichen Konkurrenten befreit. Entscheidend war allerdings ein anderer – nämlich geopolitischer – Umstand: Die ukrainische Führung hatte in der ersten Zeit ihrer Unabhängigkeit den Plan, die Erdöl- und Erdgaslieferungen aus Rußland mit Deviseneinnahmen aus dem Weizenhandel zu bezahlen. Die Abhängigkeit der ukrainischen Exportwirtschaft vom russischen Markt und der nahezu 100%ige Importbedarf an russischem Erdöl und Erdgas[1600] hätten günstige Voraussetzungen für eine ökonomische Wiedereingliederung beider Staaten geboten. Durch Getreideverkauf hätte die Ukraine die Möglichkeit gehabt, ihren Rohstoffbedarf zu bezahlen, und damit wäre ein Grund für die russisch-ukrainischen Zwistigkeiten, nämlich die ukrainischen Schulden an

Rußland für Energielieferungen, weggefallen. Mit dem vom IWF aufgezwungenen Reformprogramm – Kredite gegen Handels- und Preisliberalisierung – aber war die Ukraine vollständig in die Abhängigkeit der westlichen Hochfinanz geraten. Eine Kontrolle durch westliche Banken und Geldgeber war damit sichergestellt, denen es nunmehr freigestellt war, sich Rosinen aus dem ukrainischen Kuchen zu picken und die noch verbliebenen Herzstücke der Industrie zu Ramschpreisen aufzukaufen.[1601]

Die Ukraine als Schlüsselfeld im großen eurasischen Schachbrett blieb auf diese Weise im Fadenkreuz der US-Machtstrategen, und genau dieser Gesichtspunkt erklärt auch den Aufwand, den diese betreiben, um eine Wiedereingliederung der Ukraine in ein eurasisches System zu verhindern. Denn mit einer ›Unabhängigkeit‹ der Ukraine, das heißt ihrer Einbindung in ein westliches Bündnisystem, wird auch gleichzeitig Rußland geschwächt. »Das Auftreten eines unabhängigen ukrainischen Staates zwang nicht nur alle Russen, das Wesen ihrer eigenen politischen und ethnischen Identität neu zu überdenken, sondern stellte auch für den russischen Staat ein schwerwiegendes geopolitisches Hindernis dar. Da mehr als dreihundert Jahre russischer Reichsgeschichte plötzlich gegenstandslos wurden, bedeutete das den Verlust einer potentiell reichen industriellen und agrarischen Wirtschaft sowie von 52 Millionen Menschen, die den Russen ethnisch und religiös nahe genug standen, um Rußland zu einem wirklich großen und selbstsicheren imperialen Staat zu machen. Die Unabhängigkeit der Ukraine beraubte Rußland zudem seiner beherrschenden Position am Schwarzen Meer, wo Odessa das unersetzliche Tor für den Handel mit dem Mittelmeerraum und der Welt jenseits davon war. Unter geopolitischem Aspekt stellte der Abfall der Ukraine einen zentralen Verlust dar, denn er beschnitt Rußlands geostrategische Optionen drastisch.«[1602]

Folgt man Brzezinski, wird aufgrund dieser geopolitischen Umstände in den USA der Beziehung zur Ukraine sowie der Förderung ihrer Unabhängigkeit höchste Prioriät beigemessen,[1603] denn »ohne die Ukraine (ist) eine imperiale Restauration (Rußlands), sei es auf der Basis der GUS, sei es auf der einer paneurasischen Identität, keine realistische Option«.[1604] Auf der anderen Seite aber wären die USA der Gewinner einer ukrainischen Unabhängigkeit, da diese es ihnen ermöglichen würde, Zugriff auf das kaukasisch-zentralasiatische Erdöl zu nehmen. Über die Ukraine als Schlüsselstaat läßt sich schließlich ein *Cordon sanitaire* rußlandfeindlicher Staaten schaffen, der Rußland von den Erdöl- und Erdgasquellen des Kaukasus abschneidet, es jedoch den USA erlaubt, hier einen strategischen Korridor Richtung Zentralasien zu schaffen.

»Für die Ukraine geht es um den zukünftigen Charakter der GUS und einen freieren Zugang zu Energiequellen, die ihre Abhängigkeit von Rußland vermindern würden. Unter diesem Aspekt rücken für Kiew engere Beziehungen zu Aserbaidschan, Turkmenistan und Usbekistan in den Vordergrund. Auch die Rückendeckung, die die Ukraine den nach größerer Unabhängigkeit strebenden Staaten gibt, verfolgt den Zweck, die eigene Unabhängigkeit gegenüber Moskau zu stärken. So hat die Ukraine die Anstrengungen Georgiens unterstützt, aserische Ölexporte über sein Gebiet zu leiten. Darüber hinaus tat sie sich mit der Türkei zusammen, um den russischen Einfluß am Schwarzen Meer zu schwächen, und unterstützte die türkischen Bemühungen, Erdöl von Zentralasien in türkische Terminals zu leiten.«[1605] BRZEZINSKI zeichnet hier genau die Funktion vor, die die Ukraine in der Eurasienstrategie der USA haben soll, nämlich zum einen als Konkurrent zur Russischen Föderation zu wirken, um diese in die Isolation abzudrängen, und zweitens, als Ausgangspunkt eines (Energie-)Korridors zu wirken, der sich über die Staaten Türkei, Georgien und Aserbaidschan erstreckt und dem eine antirussische Einkreisungsfunktion zukommt, verbunden mit einer Ost-West-Pipelineoption, von der Rußland ausgeschlossen wäre.

5 Die USA unterminieren Gorbatschows Versuch zur Stärkung des Zentrums – Die UdSSR gerät in die Abhängigkeit des IWF

Zunächst kam die Reformpolitik GORBATSCHOWS der US-Machtelite nicht ungelegen, da sie in erheblichem Maße zur Zersetzung der Macht des Moskauer Zentrums und zur Erweckung separatistischer Tendenzen in den Peripherien führte. In einem Interview am 2. April 1989 erklärte Zbigniew BRZEZINSKI, daß das historische Verdienst GORBATSCHOWS als Politiker darin bestanden habe, mit Glasnost und Perestroika eine Systemkrise in der Sowjetunion eingeleitet zu haben, auf die man in Washington lange hingearbeitet habe.[1606] Folgt man Mária HUBER, hatte die US-Machtelite auch gezielt bei GORBATSCHOW den Eindruck zu vermitteln versucht, als stehe sie hinter seinen Bemühungen und bereit sei, ihn zu unterstützen. »Die Aufmerksamkeit gegenüber der Sowjetunion und die Anerkennung, die GORBATSCHOW als Führer einer Supermacht insbesondere nach seiner Rede vor der UNO zuteil geworden war, hatten den Generalsekretär der KPdSU in seiner Fehleinschätzung bestärkt, er könne die Systemkonfrontation abbauen und gleichzeitig den Sozialismus beibehalten.«[1607]

5.1 Die Schwierigkeiten bei den Bemühungen Gorbatschows, das Zentrum zu reorganisieren

Tatsächlich sollte es hierbei um eine Täuschung handeln, was für GORBATSCHOW aber erst dann deutlich wurde, als er die Westmächte um finanzielle Unterstützung seines Reformprogrammes ersuchte. Um sein Vorhaben durchzuführen, setzte GORBATSCHOW angesichts der zunehmend zutage tretenden separatistischen Unruhen und blutiger ethnischer Konflikte insbesondere im Kaukasus auf eine Stärkung des Zentrums. Zu diesem Zweck setzte er Oktober 1988 eine Änderung der sowjetischen Verfassung durch, die die Macht der Exekutive stärkte – und nicht nur das: »Einige der neuen Vollmachten für das künftige höchste Staatsorgan der UdSSR, den Kongreß der Volkdeputierten, liefen auf eine noch größere Zentralisierung hinaus.«[1608] Dadurch sahen sich die Republiken in ihrem politischen und wirtschaftlichen Handlungsspielraum eingeschränkt und setzten diesen Bemühungen Gorbatschows massiven Widerstand entgegen. »Besonderen Anstoß erregte Artikel 108, dessen zweiter Absatz ausschließlich den Kongreß der Volksdeputierten ermächtigte, ›Entscheidungen zu Fragen des nationalstaatlichen Aufbaus der UdSSR‹ zu treffen.«[1609] Darüber hinaus wurde durch den Verfassungsentwurf das Präsidium des Obersten Sowjets ermächtigt, im Interesse der Verteidigung der UdSSR nötigenfalls den Kriegs- und Ausnahmezustand für einzelne Gebiete oder für das gesamte Land zu erklären, was auf eine Einschränkung der Souveränität der Sowjetrepubliken hinauslief. Jedenfalls führte das Bekanntwerden des Verfassungsentwurfs in weiten Teilen der Sowjetunion, allen voran im Baltikum, in Georgien und auch in Aserbaidschan, zu massiven Protesten und zur Verstärkung separatistischer Bestrebungen.

In dieser Situation trat die Diskrepanz zwischen dem Anspruch Moskaus, die Macht der Zentrale wieder zu stärken, und ihren tatsächlichen – vor allem finanziellen – Möglichkeiten offen zutage. Es war im Grunde keine wirtschaftliche Substanz mehr vorhanden, die es hätte ermöglichen können, das Spannungsverhältnis zwischen Zentrum und Peripherie auszugleichen. »Der Direktor der Abteilung für Sowjetunionanalysen der CIA, George Kolt, trug im Mai 1991 vor einem Kongreßausschuß eine vernichtende Bestandsaufnahme des Zustandes der sowjetischen Volkswirtschaft vor. Seinen Angaben zufolge berichten offizielle sowjetische Statistiken für 1990 zum ersten Mal seit dem Zweiten Weltkrieg von einem realen Rückgang der sowjetischen Produktion. ›Obwohl es heute schwieriger als jemals zuvor ist, Schätzungen über die sowjetische Wirtschaft abzugeben, glauben wir, daß das sowjetische Bruttosozialprodukt (BSP) im letzten Jahr um 4–5 Prozent gefallen ist. Offizielle sowjetische Statistiken zeigen, daß sich der Niedergang im ersten Quartal 1991 gegenüber dem Vorjahreszeitraum wesentlich beschleunigt hat.‹«[1610]

Bestätigt wird dies auch von Paul Kennedy, der in seinem Buch *Aufstieg und Fall der großen Mächte* auf die katastrophale wirtschaftliche Schwäche der UdSSR hinweist, die es unmöglich gemacht habe, einerseits sowohl die Versorgung des Landes sicherzustellen als auch andererseits die militärische Stärke und Integrität zu behaupten.[1611] In gleicher Weise geht auch der Sicherheitsexperte Jochen Hippler von einem Zusammenhang zwischen ökonomischer und politisch-staatlicher Auflösung der Sowjetunion aus. Herauskristallisiert habe sich eine radikale Umgestaltung des Verhältnisses zwischen der Zentralmacht und den Mitgliedsrepubliken: Zum einen werde das Zentrum weitreichende, darunter auch wirtschaftspolitische, Kompetenzen an die Republiken verlieren; andererseits werde die Entwicklung innerhalb der Sowjetunion durch einen Gegensatz zwischen der Russischen Republik und der sowjetischen Zentralregierung bestimmt sein, was zu einer Lähmung der sowjetischen Politik führen werde.[1612]

Insgesamt war die Sowjetunion dadurch in ein Dilemma hineinmanövriert worden: »Diese Entwicklung war deshalb besonders dramatisch, weil mit dem fortschreitenden wirtschaftlichen Verfall der Sowjetunion der Spielraum für potentielle eigene Entwicklungswege schrumpfte. Je weiter das wirtschaftliche System desintegrierte, um so mehr spitzte sich die Alternative auf eine Wahl zwischen der Restalinisierung und der krassen Durchkapitalisierung der sowjetischen Wirtschaft zu. Aufgrund der innenpolitischen Entwicklung bedeutete dies immer stärker, daß ohne Putsch und möglichen Bürgerkrieg nur noch eine kapitalistische Entwicklung der Sowjetunion möglich blieb.«[1613] Die Zentralmacht weitgehend eingeschränkt, die militärische Macht einseitig verringert (und Paul KENNEDY weist darauf hin, daß die Sowjetunion ohne ihre militärische Stärke nicht viel in der Welt zählte[1614]), mit einer deformierten Volkswirtschaft zunehmend der Konkurrenz des Weltmarktes ausgesetzt – diese Faktoren wiesen der Sowjetunion einen Weg in die Abhängigkeit und damit in eine Schwäche, die die strategischen Gegenspieler in Washington gut ausnutzen konnten.[1615] Die US-Machtstrategen hatten daher alle Möglichkeiten, »den Druck auf die Sowjetunion aufrechtzuerhalten, um sie so zu immer weiteren Zugeständnissen zu zwingen«.[1616] Durch finanzielle Erpressungsmanöver konnten die USA den finanziellen Druck so sehr verstärken, daß die Macht des Zentrums noch weiter zurückging, auf der anderen Seite aber der Separatismus der Republiken – unter verdeckter Beihilfe der US-Machtelite – erheblich verstärkt werden konnte.

5.2 Die USA verstärken den Druck auf Gorbatschow

Genau vor diese Ausgangssituation war die UdSSR aber in den Jahren 1990/1991 gestellt. Sie benötigte dringend Finanzhilfen, um den drohenden Kollaps und den Zerfall noch abwenden zu können. Wie Sicherheitsexperte Jochen HIPPLER schreibt, wäre es dem Westen auch möglich gewesen, »durch massive ökonomische Unterstützung den Spielraum der Sowjetunion für Umstrukturierung (zu) erweitern. Kredite, Wirtschaftskooperation und modernes Know-how sind Faktoren, die die Erfolgschancen der sowjetischen Wirtschaftsentwicklung deutlich verbessern würden, auf die die Sowjetunion sogar angewiesen ist, um sich aus ihrer Krise zu befreien«.[1617] Darauf konzentrierte sich schließlich die Außenpolitik GORBATSCHOWS. »Seit dem Herbst 1990 ging es GORBATSCHOW weniger um den Erfolg von Reformen als um die Erschließung neuer Kreditquellen zur Abwendung der drohenden Zahlungsunfähigkeit und des Zerfalls der UdSSR. Er sondierte bei verschiedenen potentiellen Geberländern, doch letztlich führten alle Wege nach Washington. Die USA hatten ihren Führungsanspruch im Umgang mit der UdSSR auf der ganzen Front bekräftigt und in der Regel durchgesetzt.«[1618]

Dabei war das Ziel der USA von vornherein klar: Es mußte eine Stärkung des Zentrums und damit eine Erneuerung der Union verhindert werden. Die amerikanischen Sowjetexperten ALLISON und BLACKWILL von der Harvard-Universität beschrieben in diesem Zusammenhang eine amerikanische »Strategie der ›kontrollierten‹ Destabilisierung und Desintegration«.[1619] Mit Blick auf den Weltwirtschaftsgipfel der G-7 in London Mitte Juli 1991, auf dem die Frage der finanziellen Unterstützung der Sowjetunion erörtert werden sollte, stellten sie dar, worauf es der US-Machtelite wirklich ankam: »Was auch immer GORBATSCHOW zwischen 1985 und 1991 im Interesse des Westens geleistet haben mochte, die aktuelle Politik der USA gegenüber der Sowjetunion könne nicht mit Moskaus früheren Verdiensten begründet werden. Sie müsse sich vielmehr an der Frage orientieren, welche wichtigen US-Interessen betroffen seien. Als Grundregel postulierten ALLISON und BLACKWILL: Die amerikanische Politik gegenüber der UdSSR habe künftig ebenso hart und subtil zu sein wie während des Kalten Krieges.«[1620]

Konkret formuliert, hatten die USA es somit in der Hand, das langgehegte Ziel der Zersplitterung und einer ökonomischen Übernahme des eurasischen Raumes endlich in die Tat umzusetzen. Damit aber war eine Unterstützung der Bestrebungen der sowjetischen Zentralregierung, das Auseinanderfallen der Union zu verhindern, nicht zu vereinbaren. Der Politik GORBATSCHOWS mußte daher der (finanzielle) Boden weiterhin entzogen werden. Diese Position der USA wird auch von Jochen HIPPLER bestätigt, dem zufolge sich die USA keinesfalls bereit fanden, der UdSSR irgendwelche Hilfsangebote zu machen. Vielmehr konzentrierte man sich statt dessen auf die Formulierung zusätzlicher Bedingungen wie Abspaltung der Peripherie, unter anderem des Baltikums, Übernahme des westlichen Wirtschaftsmodells und weitere einseitige Abrüstung.[1621]

Die US-Machtelite plante also auf diese Weise eine Fortführung des Kalten Krieges, wie es der Nationale Sicherheitsberater des US-Präsidenten George BUSH, Brent SCOWCROFT, auch in einem Interview zum Ausdruck brachte: »Der Kalte Krieg ist nicht vorbei«,[1622] und der damalige Abteilungsleiter im US-Außenministerium, Paul WOLFOWITZ, erklärte einen Monat nach der Öffnung der Berliner Mauer, daß die USA sich noch auf lange Sicht in einem Konkurrenzverhältnis zur Sowjetunion befänden, wenn auch auf einer anderen Intensitätsstufe.[1623] Insgesamt stand – so Mária HUBER – die US-Machtelite jeglichem strategischen Entgegenkommen der UdSSR feindselig gegenüber; sie war vielmehr bestrebt, die althergebrachte Propagandathese von der sowjetischen Bedrohung weiter am Leben zu halten.

GORBATSCHOW mußte erkennen, daß die einseitige Aufgabe strategischer Postitionen die USA von ihrem Langzeitziel der Auflösung des eurasischen Reiches nicht abbringen konnte: »GORBATSCHOW hoffte, daß seine Ankündigung vor der UNO Ende 1988, die Rote Armee um eine halbe Million Mann zu reduzieren und einen Teil der Truppen aus der DDR, der Tschechoslowakei und aus Ungarn abzuziehen, den Westen bewegen würde, die Demilitarisierung und Transformation der Sowjetwirtschaft zu unterstützen. Aber weder mit einseitigen Gesten noch mit internationalen Abrüstungsvereinbarungen konnte er die amerikanische Roll-back-Politik überwinden. Von der CIA wurde jeder sowjetische Vorschlag als hinterhältig abgetan. Nach Auffassung des stellvertretenden und geschäftsführenden CIA-Direktors, Robert Michael GATES, nutzte Moskau das Thema Abrüstung nur aus, um den Westen zu schwächen.«[1624]

Vielmehr setzten die verteidigungspolitischen Vertreter der US-Machtelite darauf, daß eine weitere Blockadehaltung die Position der sowjetischen Zentralregierung weiterhin schwächen und den Erosionsprozeß der Sowjetunion noch weiter fördern würde: Deren Strategie zufolge gab es »gar keinen Grund, warum der Westen helfen sollte, die sowjetische Wirtschaft zu retten. GORBATSCHOWS Verhandlungsbasis schrumpfte noch weiter, als in Osteuropa ein Regime nach dem anderen stürzte. Im Westen rechnete man damit, daß die nationalistischen Bewegungen innerhalb der Sowjetunion einen großen Auftrieb erhielten«.[1625]

Als GORBATSCHOW in dieser Zwangslage versuchte, separatistische Bestrebungen, wie zum Beispiel im Baltikum, mit militärischer Gewalt niederzuringen, nahmen die USA dies zum Anlaß, der UdSSR materielle Hilfen zu verweigern: »Der US-Senat forderte Präsident George BUSH umgehend auf, alle ökonomischen Vergünstigungen für die Sowjetunion zu überprüfen. Die Pläne für eine Mitgliedschaft Moskaus im Internationalen Währungsfonds, in der Weltbank und im GATT sollten überdacht und die europäischen Verbündeten für Sanktionen gewonnen werden.«[1626]

Mit einer solchen Haltung wollten die USA zu einer ähnlichen Situation zurückkehren, wie sie sich im Jahre 1945 am Ende des Zweiten Weltkriegs dargeboten hatte: Eine wirtschaftlich am Boden liegende Sowjetunion, abhängig von westlichen Kreditzuflüssen, sollte in die ›Grand Area‹ eines US-dominierten Weltwirtschaftsraumes eingegliedert werden, wodurch das ›informelle Imperium‹ der USA auf Eurasien ausgedehnt werden sollte. Dieses Ziel hatten die USA mit Hilfe einer Langzeitstrategie über einen zeitlichen Umweg von knapp 45 Jahren erreicht. Folgt man Mária HUBER, »unterschied sich die Politik Washingtons (in den Jahren 1990/1991, der Verf.) gegenüber Moskaus Kreditwünschen am Ende des Kalten Krieges nicht grundlegend von jener der TRUMAN-Administration zu dessen Beginn«.[1627]

5.3 Der G-7-Gipfel von London: Die UdSSR wird in die Abhängigkeit des IWF gebracht

Dies zeigte sich schließlich auf dem G-7-Weltwirtschaftsgipfel in London am 7. Juli 1991, auf dem die Frage der finanziellen Unterstützung der UdSSR erörtert werden sollte. Hier waren es die USA, die jeder Kreditgewährung grundsätzlich ablehnend gegenüberstanden. Genauso wie die TRUMAN-Administration 45 Jahre zuvor machte auch die BUSH-Administration diese von der Bereitschaft der UdSSR abhängig, das westliche Wirtschaftsmodell zu übernehmen und den sowjetischen Markt für die US-Wirtschaft zu öffnen – kurzum, es ging um nichts anderes als um die Ergänzung der amerikanischen ›Grand Area‹ durch Eurasien. »Für GORBATSCHOW wurde damit der G-7-Gipfel in London am 17. Juli 1991 zur Endstation Hoffnung«, so Mária HUBER. »Seit Mai konfrontierte er fast alle ausländischen Gesprächspartner mit der Frage, warum der Westen für den Golfkrieg 100 Milliarden US-Dollar aufbringen könne, bei der Unterstützung seiner Reformpolitik hingegen so geizig sei. Polen und Ägypten erließ die internationale Gemeinschaft großzügig Schulden. In Washington warb der deutsche Wirtschaftsminister MÖLLEMANN für eine massive Finanzhilfe des Westens an die Sowjetunion, doch er stieß auf taube Ohren. BUSH bekannte im engsten Beraterkreis, er könne GORBATSCHOWS ständiges Drängen auf Wirtschaftshilfe nicht mehr hören: ›The guy doesn't seem to get it.‹ . . . Die USA, Japan, Großbritannien und Kanada standen finanziellen Hilfen für Moskau grundsätzlich skeptisch gegenüber. Die Argumente des Weißen Hauses änderten sich auch nach der Auflösung des Rates für Gegenseitige Wirtschaftshilfe (Anfang Januar 1991) und der Warschauer-Pakt-Organisation (Ende Februar 1991) nicht. Das Mißtrauen gegenüber ›den Sowjets‹ blieb ungebrochen.«[1628] Bei der westlichen Machtelite jedenfalls war bekannt, daß GORBATSCHOWS Perestroika ohne tiefgreifende Änderungen in der Wirtschaft und ohne finanzielle Unterstützung scheitern mußte.

Die USA verlangten von der sowjetischen Führung bedingungslos die Durchsetzung neoliberaler Wirtschaftsreformen, deren Grundlage die Öffnung des sowjetischen Marktes für die US-Wirtschaft sein sollte. Die Politik der ›Offenen Tür‹ – nach William A. WILLIAMS ja eine Grundkonstante der US-Außenpolitik – sollte auf die UdSSR ausgedehnt werden. In der Wendezeit 1990/1991 befanden sich die USA selber in einer Wirtschaftskrise; ihr Haushaltsdefizit betrug 300 Milliarden Dollar. »Abhilfe versprachen sie sich von einer weiteren Liberalisierung des Welthandels. Auf der Londoner Gipfel-Show ging es also darum, Zugänge zu einem potentiell riesigen Markt zu erschließen.«[1629] Dies machte die US-Führung auch im Vorfeld des Londoner Gipfels deutlich: In vorangegangenen Telefongesprächen forderte George BUSH von GORBATSCHOW die Durchführung marktwirtschaftlicher Reformen ohne Wenn und Aber. Innerhalb kürzester Zeit wurde TSCHERNAJEW zufolge von GORBATSCHOWS Wirtschaftsberatern ein neoliberales Wirtschaftsprogramm zusammenge-

Kurz nach dem G7-Gipfel in London am 7. Juli 1991 wurde das Abrüstungsabkommen START I von George BUSH und Michail GORBATSCHOW in Moskau am 31. Juli unterzeichnet. Erst nach dem Ende der Sowjetunion ist START I am 5. Dezember 1994 in Kraft getreten.

stellt. Dieses Programm sah »jetzt harte Maßnahmen gegen die Inflation, Anreize für das Unternehmertum und die Beschleunigung der Privatisierung vor«.[1630]

»Das alles konnte BUSH nicht überzeugen. In diesem Gespräch zeigte sich sehr deutlich die Herangehensweise der Amerikaner (im Gegensatz zu den Europäern, die unsere Problematik besser verstanden): Für sie war Marktwirtschaft ›amerikanische‹ Wirtschaft. Wenn zu einer anderen Wirtschaftsform noch das Mißtrauen gegenüber dem, was bis vor kurzem kommunistisch gewesen war, hinzukam, waren sie nicht zu Maßnahmen bereit, die GORBATSCHOW hätten wirklich helfen können.«[1631] Noch vor dem eigentlichen Gipfel machte US-Präsident BUSH deutlich, daß GORBATSCHOW nur dann mit Unterstützung rechnen konnte, wenn er sich den amerikanischen Grundsätzen bedingungslos unterwarf: »Wenn Sie überzeugt sind, daß die Marktwirtschaft die Lösung Ihrer Probleme bedeutet, dann werden wir Ihnen bei dem Aufbau eines marktwirtschaftlichen Systems in der Sowjetunion helfen. Wenn Sie jedoch immer noch den Eindruck haben, daß ein rascher Übergang zur Marktwirtschaft zu riskant ist und es aus diesem Grunde notwendig erscheint, für eine bestimmte Zeit die administrative Kontrolle weiter aufrechtzuerhalten, dann wird es uns schwerfallen, Ihnen Hilfe zukommen zu lassen.«[1632]

Für den Fall, daß GORBATSCHOW sich »vorbehaltlos für die Einführung der Marktwirtschaft entscheide«, sah die US-Machtelite den besten Weg zu diesem Ziel in einer »unmittelbaren Zusammenarbeit mit dem IWF und der Weltbank«.[1633] In den Vorgesprächen machte BUSH GORBATSCHOW gegenüber klar, wie die US-Machtelite die Sowjetunion sehen wollte: »Wir wollen, daß sie ein demokratischer Staat mit Marktwirtschaft ist, der in die westliche Wirtschaft integriert wird. . ., daß die Frage der Föderation zwischen Zentrum und Republiken erfolgreich entschieden wird. . .«[1634]

Damit konnten sich die USA durchsetzen. Das Treffen der G-7 endete daher auch mit dem Vorschlag, der Sowjetunion einen besonderen assoziierten Status im IWF und in der Weltbank zu verleihen,[1635] die ihr »beim Übergang zur Marktwirtschaft beratend« zur Seite stehen sollten. Die USA hatten über die Gewährung eines solchen Sonderstatus' der UdSSR in diesen Gremien die Möglichkeit, bestimmend auf die Wirtschaftspolitik der UdSSR Einfluß zu nehmen; Kreditgewährungen konnten jederzeit von der Erfüllung von Auflagen im amerikanischen Sinne abhängig gemacht werden. Mit der Sonderstellung Moskaus im IWF und in der Weltbank konnte die US-Regierung zudem alle sich aus einer Vollmitgliedschaft der Sowjetunion ergebenden Ansprüche auf Beistandsleistungen abwehren.[1636]

Tatsächlich war und ist der IWF ein Instrumentarium der USA zur Disziplinierung und Reglementierung der Volkwirtschaften seiner Mitglieder im amerikanischen Sinn. Das wiederum liegt in der inneren Struktur des IWF begründet, die den USA eine Vorherrschaft garantiert. »Im IWF gilt das Prinzip ›Ein Land – eine Stimme‹ nicht. Hier ist die Macht entsprechend den finanziellen Möglichkeiten verteilt – nach dem Motto: Je reicher, desto mehr Stimmengewicht. Entsprechend ist die Vormachtstellung der USA; sie wird durch einen Stimmrechtsanteil von rund 20

Prozent abgesichert. Eine weitere Sicherung im US-Interesse ist eingebaut: Es gibt keine ähnliche Körperschaft, die bei entscheidenden Abstimmungen eine Mehrheit von 85 Prozent der Stimmen vorschreibt. Damit ist das Vetorecht der USA verewigt – ohne Washington läuft nichts.«[1637] Wie Mária Huber schreibt, stand das Ergebnis der IWF-Assoziation Moskaus aber schon von vornherein fest: Bereits vor dem Londoner Gipfel ließ der stellvertretende US-Finanzminister verlauten, daß die Sowjetunion mit der Mitgliedschaft im IWF »Zugang zu Expertenwissen« erhalten werde, was bedeutsamer sei als jede Finanzspritze.

Was das bedeutete, zeichnete sich gleichfalls im Vorfeld des Gipfels ab. Tschernajew zufolge wurde der Wirtschaftsberater Gorbatschows, Jawlinskij, in die USA geschickt, versehen mit der Aufgabe, mit amerikanischen Experten ein Programm auszuarbeiten, das die Anpassung der sowjetischen Wirtschaftsreformen an die Weltwirtschaft vorbereiten sollte. Bei den Experten, die Jawlinskij von den USA zur Seite gestellt wurden, handelte es sich um die Harvard-Professoren Jeffrey Sachs und Graham Allison, beides Vordenker neoliberaler Strukturprogramme.[1638] »Schließlich unterschrieb kein Geringerer als Präsident Gorbatschow zusammen mit dem Generaldirektor des IWF Camdessus das Eintrittsprotokoll der Sowjetunion in den Internationalen Währungsfonds.« So beschrieb Gorbatschow-Berater Anatoli Tschernajew das Ergebnis der G-7-Verhandlungen in London.

5.4 Die US-Unterstützung neoliberaler Machteliten in den Sowjetrepubliken

Damit allerdings war für die UdSSR der Zugang zu Krediten davon abhängig, inwieweit sie Wirtschaftsreformen nach amerikanischen Maßstäben durchsetzte. Dies aber schwächte die Position der Zentralgewalt der Union weiterhin erheblich. Auf der anderen Seite etablierte sich in den Republiken eine neue neoliberale Machtelite, die um so stärker auf der Linie amerikanischer Umgestaltungsbestrebungen lag und daher die Förderung amerikanischer Think-Tanks genoß. Diese neue Machtelite war es, die die USA dazu aufforderte, die Bestrebungen Gorbatschows zur Reform der Union als Vergangenheit zu behandeln und statt dessen auf die neuen Republiken zu setzen. Die Osteuropa-Expertin Mária Huber führt hierbei das Beispiel des Chefökonomen der ukrainischen Nationalbewegung Ruch an: »Oleksander Savchenko, dessen Beitrag im neoliberalen Weltblatt amerikanischer Wirtschaftskreise auf einem Vortrag basierte, den er kurz zuvor im rechtskonservativen Cato Institute in Washington gehalten hatte, plädierte im Namen der Freiheit gegen einen Marshall-Plan der G-7 für die Sowjetunion: ›Während Gorbatschow für massive westliche Hilfe wirbt, um die UdSSR zusammenzuhalten, treiben die demokratischen Führungen mehrerer Sowjetrepubliken die Wirtschaftsreformen voran. Deren Pläne werden die Steuerzahler im Westen nicht 250 Milliarden US-Dollar kosten – im Gegensatz zum Rettungsprojekt Gorbatschows.‹ Der Jungliberale aus Kiew machte sich die amerikanischen Vorbehalte gegen Gorbatschows Stabilisierungs- und Reformpläne geschickt zunutze. Denn trotz aller Konkurrenz zwischen den amerikanischen außenpolitischen Akteuren herrschte in Washington Konsens darüber, Hilfe zwar nicht schroff zu verweigern, aber auf ›Beratung‹ zu reduzieren und von der Annäherung an das amerikanische Marktwirtschaftsmodell abhängig zu machen.«[1639]

Diese Pläne der neuen Machelite in den postsowjetischen Republiken lagen auch voll auf der Linie, wie sie die Harvard-Wirtschaftsexperten Graham ALLISON und Robert BLACKWILL mit ihrer Strategie der ›kontrollierten‹ Destabilisierung und Desintegration der Sowjeunion vertraten. Ihren Plänen zufolge sollten sowohl in den Sowjetrepubliken als auch im Zentrum selbst für die Führung Anreize geschaffen werden, um »einen Weg einzuschlagen, der im Einklang mit unseren gemeinsamen Interessen steht«.[1640] Osteuropa-Expertin Mária HUBER deutet an, daß bei der Schaffung dieser Anreize auch die amerikanischen Geheimdienste eine Rolle gespielt haben: »Robert GATES von der CIA saß seit 1989 im National Security Council, in dem bis September 1990 auch Robert BLACKWILL als UdSSR-Experte gearbeitet hatte. Das akademische Netzwerk der CIA konnte Interessenten aus dem Osten unauffällig mit Einladungen, Stipendien (für Kinder und Enkelkinder) und Aufträgen versorgen.«[1641]

Diese neue Machtelite beschreibt Mária HUBER wie folgt: »Zu ihnen gehörte die kapitalistische Koalition unter den sowjetischen Reformern, Ölmultis, Nichtregierungsorganisationen und Privatpersonen aus dem Westen.«[1642] Diese »schafften massive Anreize für die Demontage des zentralisierten Produktions- und Finanzsystems, indem sie nicht zuletzt den Opportunismus von Sowjetfunktionären instrumentalisierten«.[1643]

5.5 Die ›Soft Power‹ als strategische Waffe der USA zur Unterwanderung der Sowjetunion

Insgesamt kann der Kalte Krieg Washingtons gegen die Sowjetunion – und nachfolgend gegen die Russische Föderation – als eine erfolgreiche Anwendung der Strategie der ›Soft Power‹ bezeichnet werden, wie sie vom englischen Militärstrategen Basil LIDDELL HART als »strategy of indirect approach« – als Strategie der indirekten Einwirkung – beschrieben wurde. Krieg wird demnach nicht mehr im klassischen Sinne rein militärisch definiert, sondern wird auch mit nichtmilitärischen Mitteln, also vielmehr mit denen der Psychologie und der Informations- und Sozialwissenschaft, geführt. Der Autor Peter BACHMAIER vergleicht in seiner Analyse *Soft Power – der kulturelle Krieg der USA gegen Rußland 1991–2010. Die neue Strategie und ihre Zentren*[1644] die US-Kampagne gegen die UdSSR und nachfolgend gegen die Russische Föderation mit den Methoden, die US-amerikanische Institute mit der ›reeducation‹-Politik gegenüber dem besiegten Deutschland nach dem Zweiten Weltkrieg eingeleitet haben. Vergleichbare Institute hatte die US-Machtelite auch für die nachfolgende psychologische Kriegführung gegen die Sowjetunion eingerichtet, wie z.B. das ›Russian Research Projekt‹ in Harward, das von Raymond BAU-

ER und Alex INKELES geführt wurde und ein gemeinsames Projekt der CIA, der US Air Force und der Carnegie Cooperation war.

»Nach dem Ende des Krieges (des Zweiten Weltkrieges, der Verf.) gründeten die CIA und das Verteidigungsministerium nach dem Vorbild des Tavistock Institute of Human Relations, eines spezialisierten Instituts für den psychologischen Krieg in England, Denkfabriken (think tanks) wie die RAND Corporation, das Hundson Institute von Herman KAHN, und andere, die in erster Linie gegen die Sowjetunion gerichtet waren.«[1645] Hauptbestandteil ihrer irregulären Strategie war die gezielte Unterwanderung des sowjetischen Systems mittels des Einsatzes eines Rundfunksystems. Peter BACHMAIER konkret: »Der Sieg über die Sowjetunion wurde vor allem mit Hilfe dieser nichtmilitärischen Methoden erreicht. Die Strategie, die als Ziel keine Koexistenz mit der Sowjetunion, sondern eine ›Demontage‹ des sowjetischen Systems vorsah, wurde von der REAGAN-Administration 1982 ausgearbeitet. Der Plan umfaßte sieben strategische Initiativen, darunter als Punkt 4: Psychologischer Krieg, gerichtet auf die Erzeugung von Angst, Unsicherheit, Verlust der Orientierung sowohl bei der Nomenklatura als auch bei der Bevölkerung. Dieser Krieg wurde nicht nur gegen den Kommunismus, sondern gegen Rußland geführt, wie die direkten Aussagen BRZEZINSKIS bezeugen: ›Wir haben die UdSSR zerstört, wir werden auch Rußland zerstören‹, ›Rußland ist überhaupt ein überflüssiger Staat‹, ›Die Orthodoxie ist der Hauptfeind Amerikas. Rußland ist ein besiegtes Land. Es wird aufgeteilt und unter Vormundschaft gestellt werden.‹«[1646].

Dabei ging es im wesentlichen um eine gesellschaftskulturelle Amerikanisierung des russischen Einflußbereiches, wie sie der neokonservative Politikwissenschaftler Joseph NYE, Mitarbeiter des Council on Foreign Relations, einforderte. Dieser beschrieb in seinem Buch *Soft Power. The Means to Success to World Politics*, erschienen 2005, daß Amerika durch seine Kultur und politischen Ideale attraktiv sein müsse. Das ›Center for Strategic and International Studies‹, eine neokonservative Denkfabrik, in deren Aufsichtsrat Henry KISSINGER und Zbigniew BRZEZINSKI sitzen, gründete 2006 eine ›Commission on Smart Power‹ (von Joseph NYE und Richard ARMITAGE geleitet), die 2009 ein Memorandum *A smarter, more secure America* vorlegte, in dem das Ziel vorgestellt wurde, Amerikas Einfluß in der Welt mit ›weichen‹ Mitteln durchzusetzen.[1647]

»Zum ersten Mal wurden diese neuen Methoden als Strategie in der Perestrojka eingesetzt, als Michail GORBATSCHOW an die Macht kam«, so Peter BACHMAIER. Seiner Einschätzung nach – und dabei beruft er sich auf die Recherchen des schon zitierten US-amerikanischen Publizisten Peter SCHWEITZER – bedeutete die Perestrojka auch eine massive Einflußnahme des Westens auf das Sowjetsystem. Schon recht früh war dabei die Umgestaltung des Sowjetsystems mittels einer Auswahl neuer Eliten durch amerikanische Gremien und Denkfabriken vorbereitet worden. »Der eigentliche Architekt der Perestrojka war Alexander JAKOWLEW, seit 1985 Sekretär des ZK der KPdSU für Ideologie, der in den 50er Jahren in Washington studiert hatte und seit damals ein überzeugter Anhänger des Neoliberalismus war... Zu seinem Netzwerk gehörten Leute wie Jegor GAJDAR, Grigorij JAWLINSKIJ, Boris NEMZOW, Viktor TSCHERNOMYRDIN, German GREF und Anatolij TSCHUBAJS. JAKOWLEW schuf mit ihnen in der UdSSR eine fünfte Kolonne des Westens, die bis heute im Hintergrund die Fäden zieht. Auch Boris JELZIN war ein Mann der Amerikaner, der im September 1989 auf Einladung des Esalen-Instituts in Kalifornien, das seit 1979 ein amerikanisch-sowjetisches Austauschprogramm unterhielt, bei einem Besuch in Washington direkt im amerikanischen Kongreß angeworben wurde und 1991 mit ihrer Hilfe die Macht übernehmen konnte.«[1648]

Vorbereitende Maßnahme war überdies die Durchsetzung der Zulassung westlicher Organisationen und Stiftungen in Rußland Ende der achtziger/Anfang der neunziger Jahre, von denen eine der wichtigsten die ›Open Society‹-Stifung des Spekulanten George SOROS, war, auf dessen Rolle noch weiter unten eingegangen wird. Dessen Stiftung – so BACHMAIER – »war in den 90er Jahren der mächtigste Mechanismus der Destabilisierung und Zerstörung in den Händen der Hintergrundmächte. SOROS richtete seine Tätigkeit auf die Änderung der Weltanschauung der Menschen im neoliberalen Geist, die Durchsetzung des American Way of Life und die Ausbildung von jungen Russen in den USA. Mit den Mitteln der SOROS-Stiftung wurden die wichtigsten russischen Zeitschriften finanziert und für die Unterstützung der Literatur spezielle Preise vergeben. . . Die Programme von SOROS waren im kulturellen Bereich so vielfältig, daß praktisch der gesamte nichtstaatliche Sektor von der Finanzierung durch die ›Offene Gesellschaft‹ abhing«.[1649] Peter BACHMAIER zusammenfassend: »Das Ziel der amerikanischen Strategie ist der Transfer des westlichen Wertesystems auf die russische Gesellschaft.«[1650]

5.6 Zusammenfassung

Die Ergebnisse des G-7-Gipfels von London im Juli 1991 – die Mitgliedschaft der UdSSR im IWF – waren somit gewissermaßen die erste Siegesetappe der amerikanischen Langzeitstrategie. Durch sie wurde die am Vorabend des Zweiten Weltkriegs entwickelte ›Grand Area‹-Strategie um den Schlüsselraum der Weltherrschaft – Eurasien – ergänzt. Den USA war es in den Jahren 1990/1991 gelungen, sich dieses Schlüsselraumes wirtschaftlich zu bemächtigen. Dabei hatte es die US-Machtelite verstanden, einerseits die Peripherien zu infiltrieren und auf der anderen Seite einen Gegensatz zwischen dem Zentrum der Union und der stärksten Sowjetrepublik, der Russischen Republik, zu schaffen. Dadurch wurde – neben der finanziellen Blockade – die Handlungsfähigkeit des Zentrums – gelähmt.

An diesen von den USA geschaffenen und mitgesteuerten Mechanismen mußte die Sowjetunion zusammenbrechen. Damit hatten es die USA erreicht, zur Ausgangsstellung am Ende des Zweiten Weltkrieges zurückzukehren, als sie planten, neben dem britischen Empire auch die Sowjetunion in ihr globales Freihandelsregime einzugliedern.

Was ihnen seinerzeit trotz verschiedener Erpressungsmanöver nicht gelungen war, konnte aber über eine fast 50 Jahre lang währende Langzeitstrategie in die Tat umgesetzt werden, die aus verschiedenen Bestandteilen zusammengesetzt war:

– Abschneiden der UdSSR vom internationalen Handel, verbunden mit einer finanziellen Blockade;

– Ingangsetzung eines Rüstungswettlaufes mit dem Ziel, die wirtschaftliche Grundlage der Sowjetunion aufzuzehren, so daß im Zuge eines internen finanziellen Umverteilungsmechanismus der Gegensatz zwischen Zentrum und Peripherie immer größer wurde und die Union am Gesetz der »imperialen Überdehnung« (Paul KENNEDY) zerbrechen mußte;

– Förderung von separatistischen nationalistischen Bestrebungen innerhalb der Sowjetunion durch irreguläre ›*covert actions*‹ US-amerikanischer Geheimdienste;

– Schaffung eines islamisch-fundamentalistischen ›Krisenbogens‹ an der Südflanke der UdSSR, mit dessen Hilfe der ›weiche Unterleib‹ des sowjetischen Staates aufgerissen weden sollte;

– Schaffung eines globalen Einkreisungsringes verbunden mit gesteigertem militärischen Druck;

– Einsatz der ›*soft power*‹ als indirekte Strategie zur gesellschaftskulturellen Destabilisierung und Unterwanderung im Sinne einer Umwandlung des Sowjetsystems.

Auf diesem Wege gelangten die visionären Ziele MACKINDERS, SPYKMANS und BRZEZINSKIS zur Verwirklichung. Das ›Heartland‹ war staatlich-politisch pluralisiert, die Peripherien standen am Beginn einer Infiltration durch die US-Seemacht, und das Zentrum selbst war in deren wirtschaftliche Abhängigkeit geraten. Nun konnten die USA herangehen, Eurasien strategisch-ökonomisch aufzurollen und sich seines strategischen Potentials, insbesondere seiner Rohstoffe, bemächtigen. »Mit der Schwäche der Sowjetunion war endlich jene neue Weltordnung in greifbare Nähe gerückt, die bereits 1944 bei der Gründung der Bretton Woods-Institutionen, IWF und Weltbank, ins Auge gefaßt worden war und den ungehinderten Zugang zu Rohstoffen und Absatzmärkten garantieren sollte«, so Mária HUBER.[1651]

Mit der Wende 1990/1991 konnte BRZEZINSKI triumphieren: »Zum ersten Mal in der Geschichte trat ein außereurasischer Staat nicht nur als *der* Schiedsrichter eurasischer Machtverhältnisse, sondern als die überragende Weltmacht schlechthin hervor. Mit dem Scheitern und dem Zusammenbruch der Sowjetunion stieg ein Land der westlichen Hemisphäre, nämlich die Vereinigten Staaten, zur einzigen und im Grunde ersten wirklichen Weltmacht auf. . . Inwieweit die USA ihre globale Vormachtstellung geltend machen können, hängt aber davon ab, wie ein weltweit engagiertes Amerika mit den komplexen Machtverhältnissen auf dem eurasischen Kontinent fertig wird – und ob es dort das Aufkommen einer dominierenden, gegnerischen Macht verhindern kann.«[1652]

Kapitel 8

Die Rußlandpolitik der USA in den neunziger Jahren – Einbindung und Förderung der Pluralisierung Eurasiens

1 Übersicht

Die neunziger Jahre waren bestimmt von einer Strategie der USA, nunmehr die Besetzung des eurasischen Raumes zu vollziehen. Dem Energie-Experten F. William ENGDAHL zufolge sollte die weitere Demontage der Sowjetunion und ihrer Nachfolgestaaten Vorrang haben. »Nur wenige durchschauten damals, Anfang der neunziger Jahre, wie eiskalt berechnend die politischen Entscheidungsträger in der BUSH-Administration hinsichtlich der Zukunft Rußlands und seiner ehemaligen Satellitenstaaten vorgingen. Rußland mußte unbedingt in den Einflußbereich US-amerikanischer Wirtschaftsinteressen gebracht werden – natürlich durch ›Marktreformen‹. Tatsächlich sollte Rußland ›dollarisiert‹ werden, doch wie das bewerkstelligt werden sollte, war recht kompliziert und differenziert. Im Endeffekt sollten jedoch die USA als einzig verbliebene Supermacht und alleiniger Emittent der Weltreservewährung, des Dollars, aus dem Ganzen hervorgehen, wobei Washingtons Unterstützungsleistungen den alten Feind aus Zeiten des Kalten Krieges von den USA noch abhängiger machen sollten. Das Instrument für diese neue Rußland-Politik Washingtons sollte der Internationale Währungsfonds sein.«[1653]

Diese Strategie des ökonomischen Aufrollens des russischen Kernraumes war aber nur eine Seite der Okkupationsstrategie. Daneben wurde die Politik der Einkreisung und der Förderung der Abspaltung der Peripherien fortgesetzt, und zwar genau in der Form, wie sie Halford MACKINDER vorgezeichnet hatte. »Gleichzeitig sollte Rußland systematisch von einem Ring US-amerikanischer und NATO-Militärbasen umschlossen werden, und eine NATO-Erweiterung nach Osten, so die Planung, könnte – wenn sie einmal abgeschlossen wäre – jegliche zukünftige strategische Allianz zwischen den russischen und kontinentaleuropäischen Machtblöcken, die Amerikas Vormachtstellung potentiell herausfordern könnten, verhindern.«[1654] Kurz gesagt, läßt sich daher mit den Worten des Rußland-Experten Wolfgang SEIFFERT ausdrücken, daß der Kalte Krieg mit dem Zerfall der UdSSR, des Warschauer Pakts und des Comecon nicht als beendet angesehen werden durfte, sondern daß er mit anderen Mitteln fortgeführt wurde.

Auch der Amerika-Experte Christian HACKE unterscheidet zwischen zwei Stufen der amerikanischen Rußlandpolitik. Die erste Stufe war die Strategie wirtschaftlicher Einflußnahme auf die Russische Föderation. Am Vorabend seines ersten Gipfeltreffens mit JELZIN sprach sich US-Präsident CLINTON »für ein strategisches Bündnis mit den russischen Reformern und für Investitionen, Privatisierung der Staatsbetriebe, Entnuklearisierung, Festigung von Demokratie, Marktwirtschaft und bürgerlichen Freiheiten«[1655] aus. Kernstück dieser Politik war das Ziel, Rußland dem Regiment des IWF, in dem die USA, wie ausgeführt, maßgeblichen Einfluß hatten, zu unterwerfen. »Washington ermutigte amerikanische Investoren, um Rußlands Integration in die Weltwirtschaft zu erleichtern«.[1656] Ferner setzte sich Präsident CLINTON »bei den G-7/8-Staaten und beim IWF für Wirtschaftshilfe ein, um Rußlands politische und wirtschaftliche Umgestaltung zu fördern«. Das weitere geopolitische Ziel der US-Machtelite war es, Rußland in das amerikanische Weltordnungskonzept als Juniorpartner einzubinden. Hierzu sollte die Bildung einer prowestlichen Machtelite in Rußland gefördert werden, die mit amerikanischen Subsidien unterstützt wurde. Auf diese Weise sollte ein derartig kolonisiertes Rußland der Durchsetzung von strategischen Interessen der USA in Eurasien dienen. Deswegen mußte »ein autokratisches, nationalistisches, imperialistisches oder slawophiles Wiedererwachen von Machtambitionen verhindert werden«.[1657]

Eine gesellschaftliche und wirtschaftliche Umgestaltung Rußlands in amerikanischem Sinne war daher das Hauptziel der CLINTON-Administration. Diese »wollte also nicht nur die außenpolitische Zusammenarbeit verbessern, sondern direkt die innere Entwicklung beeinflussen, um Rußland zum Juniorpartner der Weltpolitik zu machen«.[1658] Parallel dazu sorgten die USA auch dafür, daß ein autonomer politischer Handlungsspielraum Rußlands erst gar nicht entstehen konnte. Es sollte ganz zu einem Satrapen der US-Globalstrategie umstrukturiert werden. »Nach der Ökonomisierung wurde auch die Strategie der militärischen Eindämmung durch die der Erweiterung der Zone demokratischer Staaten vorangetrieben. Rußland sollte zum strategischen Brückenkopf, zum Dreh- und Angelpunkt, ›zur größten strategischen Herausforderung unserer Zeit‹ werden (so Außenminister Warren CHRISTOPHER am 22. März 1993 in Stanford).«[1659]

Nachdem aber für Rußland deutlich wurde, daß der bedingungslose Proatlantismus der russischen Außenpolitik zum einen die strategische Position der Russischen Föderation durch die NATO-Osterweiterung schwächte und zum anderen die sozialen Auswirkungen der durch den Westen erzwungenen wirtschaftlichen Umgestaltung deutlich zutage traten, vollzog sich auch ein Wandel in der außenpolitischen Ausrichtung Rußlands. Dem rücksichtslosen Vordringen der USA Richtung Osteuropa sowie nach Zentralasien sollten nach dem Willen eurasisch orientierter russischer Strategen Grenzen gesetzt werden; Rußland bemühte sich, verlorengegangene Stellungen zurückzugewinnen. Dies wiederum führte auch in der US-Rußlandpolitik zu einer Neuausrichtung: Statt auf Rußland setzte die CLINTON-Administration jetzt auf die ehemaligen sowjetischen Republiken, insbesondere auf die Ukraine und den Kaukasus. Gezielt wurde nunmehr die traditionelle Strategie der Zurückdrängung und Isolierung Rußlands kompromißlos fortgesetzt. Insbesondere sollten der Kaukasus und die zentralasiatische Staatenwelt nicht zuletzt aus rohstoffpolitischen Gründen in die amerikanische Einflußsphäre eingegliedert werden.

»Im Juli 1997 wurden die NATO-Ukraine-Charta und Aktivitäten im Rahmen des PfP-Programms (des NATO-Programms ›Partnership for Peace‹, ein Vorfeldprogramm, das die NATO-Osterweiterung vorbereiten sollte, der Verf.) beschlossen. Die außenpolitische Interessenperspektive für die fünf zentralasiatischen Republiken Kasachstan, Tadschikistan, Turkmenistan, Usbekistan und Kirgisien hatte geopolitische Bedeutung, auch wenn dies in Washington rhetorisch negiert wurde. Realpolitisch war ein Wiederaufleben der Eindämmungsdoktrin, wenn nicht sogar Züge von ›roll back‹ im Sinne von John Foster DULLES, unübersehbar.«[1660] Dabei nutzten die USA die Schwäche Rußlands zur Gewinnung strategischer Vorteile aus. Denn »Rußland war jetzt zu schwach, um die Region von amerikanischem Einfluß abzuschirmen, und zu arm, um das Gebiet allein politisch weiter zu beherrschen. Deshalb bauen die USA ein neues Netz von Beziehungen auf, mit dem die jungen Staaten aus Rußlands Einfluß herausgelöst und in den Einflußbereich der USA gezogen werden sollen«.[1661]

Hintergrund war dabei die Durchsetzung energiepolitischer Interessen, die neue strategische Bündnisse mit den Staaten an der Peripherie der Russischen Föderation schufen: »Im Zuge dieser Entwicklung wertete CLINTON die Türkei als Partner auf, um die Nervenstränge des Industriezeitalters, die Ölpipelines, zu verstärken und Iran sowie Rußland zu isolieren. Dies geschah durch die Unterzeichnung des Vertrages über den Bau einer Pipeline von Baku zum türkischen Mittelmeerhafen Zeyhan am 18. November 1999 in Istanbul im Beisein von Präsident CLINTON auf dem OSZE-Gipfel. . . Zwar sind die USA in der Region militärisch nicht direkt präsent, aber die NATO dient als verlängerter Arm amerikanischer Interessen. Die Einbindung der kaspischen Region im Namen der PfP der NATO verweist auf entsprechende Überlegungen, wie auch der Besuch des Präsidenten von Aserbaidschan im Juli 1997 in Washington, um ein Gegengewicht zu Armenien zu bilden, das von Rußland unterstützt wird. Die USA verfolgen strategische und rohstoffpolitische Ziele und drängen russischen, aber auch iranischen Einfluß zurück. Dazu dient vor allem der Ausbau der strategischen Partnerschaft mit der Türkei. Folglich beobachten die Russen mißtrauisch die amerikanischen Pläne – auch die für ein Raketenabwehrsystem«,[1662] so schildert Christian HACKE den Wandel der Voraussetzungen in der US-Außenpolitik der neunziger Jahre in bezug auf Rußland.

Die Rußlandpolitik der US-Machtelite in den neunziger Jahren stellte sich daher als eine Mischung von ökonomischer Einbindung, Fortsetzung der Eindämmung und Einkreisung des ›Heartland‹ sowie als allmähliche Überführung der postsowjetischen ›Rimlands‹ in die US-Hegemonialsphäre dar. Wie der Energie-Experte F. William ENGDAHL schreibt, hatte die US-Außenpolitik auf diese Weise die MACKINDERschen Strategien und Ziele zur Verwirklichung gebracht.

2 Die ökonomische Inbesitznahme des russischen Kernraumes

Die von der US-Machtelite Anfang der neunziger Jahre eingeleitete ökonomische Infiltration des russichen Kernraums war die Fortsetzung jener ›indirekten Strategie‹, auf die sich die USA ja bereits in den Jahrzehnten zuvor gestützt hatten.

2.1 Der Börsenspekulant und Bankier George Soros als Wegbereiter

Tatsächlich wurde der Boden für die wirtschaftliche Umgestaltung schon in den achtziger Jahren vorbereitet. Eine überaus wichtige Rolle hatte dabei der Börsenspekulant George SOROS gespielt, der seiner eigenen Einschätzung zufolge sich auf die Durchsetzung von Revolutionen spezialisiert hat.[1663] Dieser verdiente durch Handel mit sogenannten Finanzderivaten sowie Währungsspekulationen ein Milliardenvermögen und baute damit ein europäisches Netzwerk von ›Instituten‹ auf, deren ideologisch-politisches Ziel darin besteht, der ›Offenen Gesellschaft‹ in allen Lebensbereichen zum Durchbruch zu verhelfen[1664]. Tatsächlich ist das Netzwerk der SOROS-Institute wie der ›SOROS-Foundation‹ oder des ›Quantum-Funds‹ »eine geschickte Tarnung für die handfesten Interessen von Finanzgruppen, die einerseits mit Großspekulationen gigantische Gewinne machen, andererseits das politische Ziel der ›offenen Gesellschaft‹ verwirklichen wollen«.[1665]

Diese SOROS-Institute spielten eine bedeutsame Rolle bei der Unterminierung der sowjetischen Einflußsphäre. SOROS selber gab zu: »Ich war aktiv an der Revolution beteiligt, die das Sowjetsystem hinwegfegte.«[1666] Die *Süddeutsche Zeitung* enthüllte hierzu: »SOROS tat, was man mit Geld eben tun konnte. Er half den tschechischen Dissidenten der oppositionellen ›Charta 77‹, den polnischen Gewerkschaftern der ›Solidarnosc‹ sowie dem russischen Wissenschaftler und Regimegegner Andrej SACHAROW. . . Nach Ungarn schaffte er Fotokopierer, und anderswo unterstützte er mit Geld und Sachspenden gezielt jene jungen Leute, die demokratische Bewegungen aufbauten, Demonstrationen organisierten und dann in Jugoslawien, der Ukraine oder Georgien den Sturz der autoritären Regime erreichten. Heute findet man in fast allen Hauptstädten des einstigen kommunistischen ›Kosmos‹ ein schmuckes, mit bezahlten jungen Wissenschaftlern besetztes Büro des Open-Society-Institute, das hier die Korruption untersucht, dort Gesundheitsprogramme fördert und anderswo die Lage der Frauen zu verbessern sucht. Russische Provinz-Universitäten erhielten 100 Millionen Dollar, um sich einen Internet-Anschluß zu verschaffen. Das Netzwerk, das der politische Mäzen sich Jahr für Jahr etwa 450 Millionen Dollar kosten läßt, umfaßt mittlerweile Dependancen in mehr als 60 Ländern, auch in Afrika, Asien und Lateinamerika. Es ist deshalb gar nicht so verkehrt, George SOROS einen ›Staatsmann ohne Staat‹ zu nennen, wie dies der mazedonische Präsident Branko CRVENKOVSKI einmal getan hat.«[1667]

Insoweit ist die Vorgehensweise George SOROS' ein Beispiel für die Okkupation und Umwandlung von Staaten durch internationale Bankiers. Auch der Journalist Alexander BARTI beschreibt, wie durch diesen Bankier das damals kommunistische Osteuropa aufgerollt wurde: »Erstes Zielgebiet wurde der bereits bröckelnde Ostblock. Die OS-(Open-Society, der Verf.)-Stiftung finanzierte zahlreiche Aktionen in Polen, unter anderem auch die unabhängige Gewerkschaft Solidarnosc. In seiner Heimat Ungarn brachte er es bis zu Verhandlungen mit dem Diktator János KÁDÁR. Infolge dieser Gespräche wurde eine etwas ›unabhängigere‹ SOROS-Stiftung innerhalb der Ungarischen Akademie der Wissenschaften gegründet, die innerhalb kürzester Zeit die Büchereien mit systemkritischer Literatur versorgte. Noch wichtiger waren die mehreren hundert Kopierer, die an zahlreiche Institute verschenkt wurden. Die Liste der Tätigkeiten im ehemaligen Ostblock ist schier unüberschaubar. Sachspenden, Fördergelder, Umschulungen, Lehrgänge – es gibt nichts, was SOROS über seine immer professioneller arbeitende Stifung nicht im Angebot hätte. Hunderte von Millionen Dollar wurden dafür ausgegeben, immer mit dem Ziel vor Augen, eine Gesellschaft nach seinen speziellen Vorstellungen zu gestalten.«

In seinem Buch *Die Vorherrschaft der USA – eine Seifenblase* beschreibt SOROS selbst ausführlich seine Unterminierungsarbeit: »Im Jahr 1984 habe ich die erste nationale Stiftung im damals noch kommunistischen Ungarn gegründet, der nationale Stiftungen in 32 weiteren Staaten sowie eine Vielzahl regionaler und globaler Initiativen folgten. Diese Stiftungen... verfügten in den letzten zehn Jahren über durchschnittliche Jahresetats von 450 Millionen Dollar... Meine Stiftungen trugen zu den demokratischen Regimewechseln in der Slowakei (1998), Kroatien (1999) und Jugoslawien (2000) bei und mobilisierten die Zivilgesellschaft, um Wladimir MECIAR, Franjo TUDJMAN und Slobodan MILOSEVIC aus ihren Ämtern zu vertreiben... Die Aufgabe meiner Stifungen bestand darin, den Übergang von geschlossenen zu offenen Gesellschaften zu begleiten und zu fördern... Hilfe ist ein politisches Werkzeug. Sie kann dazu dienen, Regierungen zu stärken, die sich in die gewünschte Richtung entwickeln, und durch die Einstellung der Unterstützung kann man Regierungen entmutigen oder bestrafen, die bestimmte Standards nicht erfüllen.«[1668] In diesen Worten George SOROS' wird die Macht internationaler Bankiers deutlich, nicht willfährige Regime zu stürzen und Gesellschaftsysteme nach ihren Vorstellungen umzuwandeln.

Worum es dabei geht, wird deutlich, wenn man sich die Finanziers und Strippenzieher der Open-Society-Institute einmal ansieht. David LUX, der sich mit diesem Thema eingehend beschäftigt hatte, schreibt hierzu: »Unter den Verwaltungsrat-Mitgliedern des ›Quantum Fonds‹ fiel uns Richard KATZ auf, der als Chef der Rothschild S.p.A. in Mailand auch im Aufsichtsrat der Londoner Handelsbank N.M. Rothschild & Sons sitzt. Ein anderes Quantum-Mitglied, Nils O. TAUBE, ist für die Londoner Gruppe St. James Place Capital tätig. Edgar D. DE PICCIOTTO, ein Freund von Carlo DE BENDETTI (Olivetti, Mafia-Geldgeber), sitzt als Chef der Genfer Privatbank CBI-TDB Union Bancaire Prive im SOROS-Fonds. Weitere diskrete Quantum-Herrschaften, die als Privatbankiers auch schmutzige Gelder waschen, sind Isodoro ALBERTINI, Boß der Mailänder Börsenmaklerfirma Albertino & Co., Beat NOTZ von der Genfer Privatbank Banque Worms, und Alberto FOGLIE, Chef der Luganer Banca del Ceresio.«[1669]

Demnach geht also um nichts anderes, als durch die Umgestaltung von Gesellschaftssystemen die Machtergreifung und den Einfluß von Bankiers durchzusetzen. Nach der planmäßigen Zerschlagung der Sowjetunion stand ihnen nunmehr der gesamte eurasische Raum zur schleichenden Inbesitznahme zur Verfügung. In diesem Zusammenhang sollte man sich noch einmal in Erinnerung rufen, was der Vater des US-Großindustriellen Averell HARRIMAN Anfang der 20er Jahre sagte: »Der riesige russische Markt muß mit Beschlag belegt und in eine technologische Kolonie verwandelt werden, die ausschließlich von einer kleinen Gruppe mächtiger amerikanischer Finanzleute und unter ihrer Kontrolle stehender Gesellschaften auszubeuten ist.«[1670] Diese Ziele konnten jetzt in den neunziger Jahren umgesetzt werden.

2.2 Das Reformprogramm des Internationalen Währungsfonds

Die Weltwirtschaft der neunziger Jahre war durch den Konsens des Neoliberalismus getragen. »Unter der Schirmherrschaft von IWF, Weltbank und WTO«, so der Ökonom Michel CHOSSUDOVSKY, »schaffen die marktliberalen Reformen günstige Bedingungen für global operierende Banken und multinationale Konzerne.«[1671] In den Blickpunkt der Transformationspolitik dieser Einrichtungen waren seit dem Londoner G-7-Gipfel auch die Sowjetunion und ihre Nachfolgestaatenwelt geraten, die nunmehr für Investitionen und Ausbeutung von seiten anglo-amerikanischer Banken und Konzerne vorbereitet werden sollten, wobei IWF und Weltbank die Aufgabe zukam, genau diese ›Vorbereitungsarbeit‹ zu leisten.

Hinter den 1944 in Bretton Woods geschaffenen Einrichtungen des IWF und der Weltbank schließlich »stehen Wall-Street-Banker und die Chefs der weltgrößten Wirtschaftskonzerne. An ihren Treffen und Konsultationen hinter verschlossenen Türen nehmen außerdem die Repräsentanten mächtiger globaler Wirtschaftslobbys teil, darunter der Internationalen Handelskammer (ICC), des Trans Atlantic Business Dialogue (TABD) – die bei ihren jährlichen Zusammenkünften die größten westlichen Konzerne mit Politikern und WTO-Vertretern zusammenbringen –, des United States Council for International Business (USCIB), des Internationalen Wirtschaftsforums in Davos. . ., des in Washington beheimateten Institute of International Finance (IIF), das die größten Banken und Finanzorganisationen der Welt repräsentiert, sowie anderer Organisationen. Weitere, halb verdeckt arbeitende Organisationen, die eine wichtige Rolle bei der Formung der Institutionen der Neuen Weltordnung spielen, sind z.B. die Trilaterale Kommission, die Bilderberg-Gruppe und der Council on Foreign Relations (CFR)«.[1672]

Doch sind IWF und Weltbank nicht nur Vollstrecker der Interessen internationaler Konzerne und Banken, sondern auch Instrumente der amerikanischen Politik. Wie Chalmers JOHNSON schreibt, sind IWF und Weltbank im Grunde genommen Stellvertreterorganisationen des US-Finanzministeriums.[1673] Folgt man JOHNSON weiter, so waren diese Institutionen Hilfsmittel, »um unseren Firmen zu helfen, ausländische Märkte zu knacken«.[1674] Wie dies vonstatten geht, beschreibt JOHNSON wie folgt: »In den frühen 1980er Jahren übertrugen die Vereinigten Staaten dem IWF und der Weltbank die Verantwortung für das Schuldenproblem der Dritten Welt und gaben ihnen dabei, etwas vereinfachend gesagt, zwei Anweisungen mit auf den Weg: Sorgt erstens dafür, daß die Schuldnerländer ihre Kredite zumindest teilweise bedienen und sie nicht offiziell Zahlungsunfähigkeit erklären müssen, und zweitens preßt so viel Geld wie nur möglich aus ihnen heraus. Die beiden moribunden Institutionen griffen begeistert zu, hoch erfreut, als Geldeintreiber für Banken, die faule Kredite vergeben hatten, eine neue Funktion gefunden zu haben. Dies war die Geburtsstunde der ›strukturellen Anpassungskredite‹ der Weltbank und der ›strukturellen Anpassungsprogramme‹ des IWF. Die strukturellen Anpassungskredite der Weltbank sind dazu gedacht, einem Schuldnerland zumindest formell die weitere Bedienung seiner Kredite zu ermöglichen. Die Kreditvergabe ist jedoch zumeist an die Umsetzung einer vom IWF in Übereinstimmung mit der neoliberalen Agenda entwickelten, grundlegenden sozioökonomischen Umgestaltung des Landes geknüpft. Weigert sich ein Schuldnerland, diese Bedingungen zu akzeptieren, wird es vom Zugang zum internationalen Kapial ausgeschlossen, was zwangsläufig zur wirtschaftlichen Destabilisierung des Landes führt (und damit einem von der CIA inszenierten Staatsstreich den Weg bereiten könnte).«[1675]

Die Auflagen, die IWF und Weltbank an die Kreditvergabe knüpften, sehen im Grunde genommen nichts anderes vor als die schrankenlose Öffnung des betreffenden Landes für ausländisches (sprich: amerikanisches) Kapital, verbunden mit einer von den Einrichtungen dieses Staates unbeschränkten Gewinnabführungsfreiheit. Das ist die Quintessenz des von John Williamson, ehemals Chefökonom und Vizepräsident der Weltbank, 1989 formulierten ›Washington Consensus‹. Dessen Prinzipien werden als für jedes Land auf jedem Kontinent und für jede Volkswirtschaft anwendbar erachtet. »Sie zielen auf raschestmögliche Liquidierung jeder – staatlichen oder nichtstaatlichen – Regulierungsinstanz, die totale und raschestmögliche Liberalisierung aller Märkte. . . und. . . auf die Errichtung eines einheitlichen, sich selbst regulierenden Weltmarkts.«[1676]

In einem typischen neoliberalen Strukturanpassungsprogramm »verlangen Weltbank und IWF von einem Staat zunächst die ›Liberalisierung‹ des Handels, sprich die Aufhebung aller Beschränkungen, die Ausländern den Zugang zu seiner Volkswirtschaft verwehren. Darüber hinaus muß das Land üblicherweise seine Ausgaben für Sozialprogramme. . . kürzen, um Haushaltsmittel für die Rückzahlung der Schulden bei ausländischen Banken freizusetzen. . . Der IWF wird verlangen, daß sämtliche nationalen Kapitalkontrollen aufgehoben werden und ausländische Investoren und Unternehmen das Recht erhalten, staatliche Betriebe wie Versorgungsunternehmen, Telefon- und Transportgesellschaften und Rohstoffunternehmen zu erwerben«.[1677] Chalmers Johnson zufolge liegt der wichtigste Bestandteil der Strukturanpassung in folgendem Punkt: »Will ein Staat einen Kredit von der Weltbank erhalten, muß er die Konvertibilität seiner Währung gewährleisten. Der Staat wird also gezwungen, ungeachtet des Wechselkurses seine Währung gegen Devisen zu verkaufen und sie dadurch zum Gegenstand von Spekulationen über ihre künftige Wertentwicklung zu machen.«[1678] Folge dieser ›Reformen‹ aber war in der Vergangenheit stets der endgültige Ruin der betreffenden Volkwirtschaft. »Diese Mixtur an ›Reformen‹ beschert den betroffenen Ländern zumeist weder wirtschaftliche Erholung noch langfristiges Wachstum oder Stabilität. Im Gegenteil, zumeist schwächen solche Programme das betroffene Land so sehr, daß es zu einer Kleptokratie verkommt, von periodischen Wirtschaftskrisen erschüttert wird, denen wilde Spekulationen vorausgehen... Zudem gerät der Arbeitsmarkt in die Abhängigkeit von westlichen Konzernen, die praktisch den gesamten Konsumgüter- und häufig sogar den öffentlichen Dienstleistungssektor unter sich aufgeteilt haben.«[1679]

Wie Chalmers JOHNSON betont, sind Architekten und Hauptnutznießer dieser Politik die Vereinigten Staaten selbst,[1680] die mit Hilfe dieser Instrumentarien jegliche Volkwirtschaft nach ihren Vorstellungen kolonialisieren können: »Die makroökonomischen Reformen und die fortwährend radikalisierte Handelsliberalisierung... fördern die ›friedliche‹ Rekolonialisierung von Ländern durch bewußte Manipulation der Marktkräfte.«[1681] CHOSSUDOVSKY zufolge »stellt die rücksichtslose Durchsetzung dieser Wirtschaftsreformen... eine Form der Kriegführung dar«[1682] – eine Kriegführung, mit der sich in alternativer Form die geopolitischen Zielsetzungen der USA verwirklichen lassen. »Die makroökonomische Umstrukturierung von Volkswirtschaften nach dem Kalten Krieg diente den geopolitischen Interessen des Westens. Strukturanpassung wurde zu einem Mittel, um die Wirtschaften des ehemaligen Ostblocks zu unterminieren und das System der Staatsbetriebe zu zerstören. Seit den späten 80er Jahren verabreichten IWF und Weltbank ihre ›bittere Medizin‹ zur vermeintlichen Gesundung der Wirtschaft ganz Osteuropa, Jugoslawien und der ehemaligen Sowjetunion – mit vernichtenden wirtschaftlichen und sozialen Konsequenzen.«[1683]

2.3 Der Russischen Föderation wird das IWF-Reformprogramm aufgezwungen

Einem derartigen Neokolonialismus sollten seit der Mitgliedschaft der UdSSR im IWF auch die Russische Föderation und die übrigen postsowjetischen Staaten unterworfen werden. Wie der Ökonom Michel CHOSSUDOVSKY bekundet, zielten die Reformen in der ehemaligen Sowjetunion auf die Neutralisierung des ehemaligen Feindes ab. »Sie sollen verhindern, daß sich Rußland zu einer großen kapitalistischen Macht entwickelt.«[1684] Kurzum, die IWF-Reformen erwiesen sich also als eine Fortsetzung des Kalten Krieges, die es den USA erlauben sollten, die russischen Industrien und Rohstofflager auszubeuten und – wie es das ›No-Rivals-Konzept‹ des *Defence-Planning-Guidance 1992–1999* vorsah – den Wiederaufstieg des eurasischen Rivalen zu verhindern. Selbst Joseph STIGLITZ, ehemaliger IWF-Präsident, folgt dieser Ansicht: Die Frage »Wer hat Rußland zugrunde gerichtet?« beantwortet er mit der Feststellung, daß die westlichen Berater, allen voran die aus den Vereinigten Staaten und des IWF, die schon bald zur Stelle waren, um das Evangelium der Marktwirtschaft zu predigen«,[1685] eine erhebliche Mitverantwortung treffe.

Auf dem Treffen der G-7-Staaten 1990 in Houston, Texas, waren es nach den Ermittlungen F. William ENGDAHLS die USA, die gegenüber ihren G-7-Verbündeten durchsetzten, daß der IWF bei der Reform der sowjetischen Wirtschaft die Hauptrolle spielen sollte. Im Abschlußkommuniqué hieß es dann auch: »Wir sind übereingekommen, den IWF aufzufordern,. . . eine detaillierte Studie der sowjetischen Wirtschaft anzufertigen,. . . um Empfehlungen für ihre Reform auszusprechen.«[1686] Tatsächlich sollten sich hier die »nachdrücklich vom US-Finanzministerium und vom IWF unterstützten Schocktherapeuten« durchsetzen.[1687] Folgt man F. William ENGDAHL, war Sinn und Zweck dieses Reformprogramms unter anderem auch die Zerstückelung des eurasischen Wirtschaftsraumes: Es sollte »die wirtschaftlichen Bindungen Moskaus zu jedem Teil der früheren Sowjetunion, von Usbekistan bis Kasachstan, von Georgien bis Aserbaidschan, von Estland bis Polen, Bulgarien oder Ungarn zerschlagen. Obwohl es nie offen ausgesprochen wurde, zielte die IWF-Schocktherapie doch darauf ab, an der Peripherie Rußlands systematisch schwache, instabile Volkswirtschaften aufzureihen, die für ihr Überleben von westlichem Kapital und dem Zustrom von Dollars abhängig wären – eine Form von Neo-Kolonialismus«.[1688]

Auch Michel CHOSSUDOVSKY bestätigt diese Zielsetzung: »Das IWF-Programm zielte. . . darauf, die Rubelzone abzuschaffen und den Handel zwischen den ehemaligen Sowjetrepubliken zu unterminieren. Die neuen Staaten wurden von Anfang an dazu ermutigt, mit technischer Hilfe des IWF eigene Währungen und Zentralbanken einzuführen. Dieses Vorgehen förderte die wirtschaftliche Balkanisierung: Mit dem Zusammenbruch der Rubelzone entwickelten sich kleinere Wirtschaftsmächte, die einseitig den engen Interessen lokaler Tyconns und Bürokraten dienten. Zwischen Rußland und der Ukraine entwickelten sich bittere Finanz- und Handelsstreitigkeiten. Obwohl der Außenhandel mit dem Westen liberalisiert wurde, bauten beide Länder zwischen sich die Grenzen aus, die die freie Bewegung von Waren und Menschen innerhalb der GUS verhindern.«[1689] Neben der Zerstückelung des eurasischen Wirtschaftsraumes bewirkte das neoliberale Reformdiktat in Rußland zudem die Herausbildung einer neuen kriminellen Machtelite. Die Marktreformen begünstigten schließlich die Zunahme illegaler Aktivitäten sowie die Internationalisierung der Organisierten Kriminalität und ihrer Schattenwirtschaft. »In Lateinamerika und Osteuropa konnten kriminelle Syndikate durch die von der Weltbank geförderten Privatisierungsprogramme illegale Mittel in den Erwerb von Staatseigentum investieren.«[1690]

Michel CHOSSUDOVSKY zufolge ging es bei der Entwicklung des Reformprogramms offensichtlich um die Frage: Wie zähmt und unterwirft man den russischen Bären, wie schöpft man die Kompetenzen, die Wissenschaftler, die Techonologie ab, wie kauft man das Humankapital auf, wie eignet man sich das geistige Eigentum an? »Die Schockbehandlung im Stil des IWF, die im Januar 1992 in Rußland einsetzte, war von Anfang an darauf abgestellt, den Übergang zu einem nationalen Kapitalismus zu verhindern – d.h. zu einer kapitalistischen Volkswirtschaft, die von einer einheimischen Unternehmerklasse kontrolliert und. . . vom Staat wirtschafts- und sozialpolitisch abgesichert wird.«[1691] Hinzu kam ein entscheidender geopolitischer Aspekt, nämlich die Ausbreitung der ›Zone demokratischer Staaten‹, die in ihrem

Wesen nichts anderes als die Fortsetzung der ›Grand Area‹-Strategie ist. Dabei sollte Moskau im Zentrum der amerikanischen Politik stehen.[1692] CLINTONS Sicherheitsberater Anthony LAKE sprach in diesem Zusammenhang von einer Politik des »pragmatic Neo-Wilsonianism«[1693] – eine andere Formel für ein globales US-Freihandelsregime.

2.3.1 Der Stufenplan zur Enteignung der russischen Volkswirtschaft

Was das IWF-Programm letztlich für Rußland bewirkte, war im Grunde eine rücksichtslose Enteignung der russischen Volkswirtschaft. Hierbei ging der IWF, dessen Politik »untrennbar mit den politischen Positionen des US-Finanzministeriums verknüpft« war,[1694] nach einem Stufenplan vor. Joseph STIGLITZ bestätigt, daß die US-Machtelite hinter den Kulissen die Fäden zog: Das »US-Finanzministerium erklärte die russische Wirtschaftspolitik zu seiner Domäne ... und hielt stur an seiner Empfehlung einer Schocktherapie und einer zügigen Privatisierung fest«.[1695]

2.3.1.1 Die Inflationspolitik Jegor Gajdars, einer Marionette US-amerikanischer Wirtschaftsberater

Damit sich aber in Rußland eine unabhängige, national-autarke Wirtschaft nicht entwickeln konnte, mußte zunächst einmal dafür Sorge getragen werden, daß die im Lande noch vorhandenen Kapitalien nicht in die Produktivität investiert wurden – wollte man das Ziel wirklich in die Tat umsetzen, Rußland in die Abhängigkeit des westlichen Kapitalmarktes zu treiben. Russisches Kapital mußte also vernichtet werden. »Einem Vertreter des IWF zufolge war es notwendig, die ›Liquidität aufzusaugen. Die Kaufkraft war zu groß‹.«[1696] Dies war überhaupt die Voraussetzung dafür, daß ausländische Investoren auf russische Unternehmen und Rohstoffe Zugriff nehmen konnten.

Diese Kapitalvernichtung war der erste Ansatzpunkt der aufgezwungenen Wirtschaftsreformen. Dabei spielten die USA hinter den Kulissen eine wichtige Rolle. Vor Beginn der Reformen nämlich waren zahlreiche US-Amerikaner nach Rußland gereist, darunter führende Wirtschaftstheoretiker, wie Jeffrey SACHS, und auch US-Spitzenmanager.[1697] Diese US-Berater waren es dann auch, die auf JELZIN Einfluß genommen hatten, um ihn zu einer Regierungsbildung zu veranlassen, mit dessen Hilfe die US-Machtelite ihre Zielsetzungen verwirklichen konnte. Sie sorgten im Hintergrund dafür, daß JELZIN gewissermaßen »aus heiterem Himmel«[1698] den seinerzeit völlig unbekannten Jegor GAJDAR mit dem Amt des Ministerpräsidenten betraute. Tatsächlich konnte niemand wirklich die »märchenhafte Karriere eines kaum bekannten Wirtschaftsjournalisten, zudem aus dem Stall der *Prawda* und der Zeitschrift *Kommunist*«,[1699] nachvollziehen, der sich »in der Zwischenzeit zu einem eifrigen Kämpfer für den ›Aufbau des Kapitalismus in Rußland‹ gemausert« hatte. Allerdings gibt es konkrete Hinweise auf eine entsprechende Einwirkung der US-Berater auf JELZIN: »In gut informierten Kreisen Moskaus, die speziell mit dem Studium des Westens befaßt sind, gilt es inzwischen als offenes Geheimnis, daß JELZINS

US-amerikanische Berater mehr oder weniger zufällig (bei einer internationalen Konferenz) ein Auge auf GAJDAR geworfen und ihn JELZIN als künftigen Premier Rußlands empfohlen hätten.«[1700]

Der russische Journalist BELOTSERKOVSKY weist dabei noch deutlicher darauf hin, daß es sich bei diesen US-amerikanischen Beratern um Anhänger der Schocktherapie aus den Büros des Internationalen Währungsfonds und der neoliberalen, monetaristischen Konzeption handelte.[1701] Diese forderten schließlich, daß russisches Öl und Erdgas, Aluminium, Mangan und andere Rohstoffe zu Preisen verkauft werden sollten, die auf dem Weltmarkt üblich wären; daß die staatliche Subvention von Lebensmitteln, des Gesundheitssystems und anderer lebenswichtiger Güter ein Ende haben und die russische Industrie ›privatisiert‹ werden sollte.[1702]

1992 forderte der IWF, daß der russische Rubel als erster Teil der ›marktorientierten‹ Reformen frei gefloatet werden sollte,[1703] und auf dieses Diktat hin setzten JELZIN und GAJDAR am 2. Januar 1992 ihre Reform ins Werk, die mit einer Freigabe der Preise begann – wohl wissend, »daß eine Freigabe der Preise, solange das Problem des Rubel-Überhangs nicht gelöst war, eine Hyperinflation in Gang setzen würde«[1704]. Wie Michel CHOSSUDOVSKY schreibt, entschied sich die JELZIN-GAJDAR-Regierung mit diesem Schritt für »einen möglichst großen ›Knall‹, um die Geldreserven der Privathaushalte gleich zu Beginn des Reformprogramms zu beseitigen«[1705]. Die gleiche Auffassung vertritt auch der bereits zitierte Journalist BELOTSERKOVSKY: Er spricht von einer beabsichtigten »Abschöpfung des Geldes der Bevölkerung«,[1706] ja sogar von einem »permanenten Wirtschaftskrieg gegen die Bevölkerung. . . Die Reform mit dem Siegel GAJDAR-JELZIN-TSCHUBAJS war nichts als die Tarnbezeichnung dieses Krieges«.[1707]

Wunschgemäß wurde aber durch diese Preisfreigabe die Kapitalsubstanz der russischen Volkswirtschaft vernichtet. Sie führte dazu, daß nicht nur Investitionen zum Erliegen kamen, »sondern das vorhandene Kapital wurde auch rasch aufgezehrt – die Ersparnisse lösten sich aufgrund der hohen Inflation in Luft auf«.[1708] Wunschgemäß stürzte die russische Volkwirtschaft ins Bodenlose ab: Ihr Bruttoinlandsprodukt fiel im Jahr 1992 um 19 Prozent, 1993 wieder um 9 Prozent und 1994 um 13 Prozent, dieser Trend setzte sich in den nächsten Jahren fort. Um die Jahrtausendwende war die ehemalige Weltmacht auf den Stand eines verarmten Dritte-Welt-Landes herabgesunken.[1709] »Einer der deutlichsten Gradmesser für das Ausmaß des Scheiterns von Rußlands Übergang zum freien Markt war der unaufhaltsame Fall des Rubelkurses. Die Tage, als in GORBATSCHOWS Rußland ein Rubel ungefähr so viel wert war wie ein Dollar, lagen weit zurück – Ende 1992 waren 415 Rubel für den Kauf eines einzigen Dollars nötig, am Ende der JELZIN-Ära rund 28 000 Rubel.«[1710] Damit war also nicht nur russisches Kapital vernichtet, durch den Absturz des Wechselkurses war es anglo-amerikanischen Konzernen möglich, zur Schleuderpreisen den riesigen russischen Markt und seine Ressourcen aufzukaufen. Die erste Etappe des von den USA erzwungenen Ausverkaufsprogramms war damit schon einmal gewonnen.

2.3.1.2 Die Privatisierungspolitik Anatoli Tschubais' mit Rückendeckung des IWF

Kurze Zeit später – mit Beginn des Jahres 1993 – ging man, wie vom IWF vorgesehen, zur zweiten Phase des Ausverkaufsprogramm über – nämlich zur Privatisierung der staatlichen Wirtschaftsobjekte. Schließlich befand sich die überwiegende Mehrzahl der russischen Betriebe noch im Staatsbesitz. »Im Zuge von GAJDARS Schocktherapie wurde Anfang 1992 innerhalb von wenigen Wochen die alte Planwirtschaft zerstört, zugleich wurden die Lebensersparnisse der Mehrzahl der russischen Bürger vernichtet. Jetzt sollte die Privatisierung in demselben rücksichtslosen Tempo durchgeführt werden.«[1711] Die entscheidende Rolle spielte dabei Anatoli TSCHUBAJS, der seinerzeit das Staatskomitee für Eigentum leitete. Auch hinter TSCHUBAJS standen – folgt man dem russischen Jouralisten Paul KLEBNIKOW, einem intimen Kenner der Verhältnisse im Rußland der JELZIN-Ära – amerikanische Berater: »In den Gängen[1712] waren amerikanische Stimmen zu hören: junge Berater für Fragen der Wirtschaft, des Finanzwesens, des Rechts und der Öffentlichkeitsarbeit, die TSCHUBAJS zur Unterstützung seiner Privatisierungskampagne gewonnen hatte.«[1713] KLEBNIKOW beschreibt die Verbindung von TSCHUBAJS und den im Hintergrund wirkenden US-Beratern wie folgt: »Als TSCHUBAJS Rußlands Übergang zur Marktwirtschaft leitete, stützte er sich auf amerikanische Juristen, Ökonomen und PR-Berater. Eines der größten amerikanischen Hilfsprojekte – ein Programm für den Aufbau von Rußlands Wertpapiermarkt – wurde von der Harvard University koordiniert und von U.S.AID finanziert.«[1714]

Die von TSCHUBAJS eingeleiteten Maßnahmen bestanden darin, daß an die russischen Staatsbürger Privatisierungschecks, sogenannte Vouchers, in einer Stückzahl von 151 Millionen herausgegeben wurden. »Planmäßig sollte innerhalb von zwei Jahren mehr als die Hälfte der russischen Industrie privatisiert werden. Das gebräuchlichste Privatisierungsschema sah folgende Aufteilung vor: 29 Prozent der Anteile wurden gegen Vouchers in einer öffentlichen Auktion verkauft, 51 Prozent kostenlos unter den Direktoren und Arbeitern verteilt. Die restlichen 20 Prozent blieben im Staatsbesitz und sollten später gegen Bargeld oder gegen die Zusage von Investitionen ausgegeben werden.«[1715] Tatsächlich jedoch sollte es sich bei dieser Politik der Privatisierung durch Gutscheine und Aktien – so BELOTSERKOVSKY – um ein Gaunerstück handeln,[1716] was den beispiellosen Ausverkauf der russischen Wirtschaft noch weiter beschleunigte. Durch das in diesem Zusammenhang erlassene Gesetz wurde schließlich die Schaffung geschlossener, betriebsinterner Aktiengesellschaften nach dem Prinzip, daß die Mehrheit der Aktien in der Hand der Belegschaft der Betriebe blieb, verboten, so daß die Belegschaften ihre Aktienmehrheit nicht mehr behalten konnten.[1717] Damit wurde also die Entwicklung eines nationalen Volkskapitalismus verhindert.

Auf der anderen Seite war mit der Voucherausgabe aber auch nicht wirklich beabsichtigt, aus dem russischen Volk ein Volk von Unternehmenseigentümern zu

Sie gehörten zur JELZIN-Clique und verschleuderten das russische industrielle Potential.
Von links: Jegor GAJDAR, Anatoli TSCHUBAIS und Viktor TSCHNERNOMYRDIN.

machen. »Die anfängliche hohe Inflation hatte die Ersparnisse der meisten Russen vernichtet, so daß es im Land nur wenige Menschen gab, die das Geld hatten, um die zu privatisierenden Unternehmen zu kaufen«, so Joseph STIGLITZ[1718]. Die Folge war ein dramatisches Absinken des Wertes dieser Vouchers: »Der Nennwert eines einzigen Vouchers war so gering und der russische Wertpapiermarkt noch so unterentwickelt, daß die Besitzer von Vouchers bei Privatisierungsauktionen in der Regel nicht direkt Aktien kaufen konnten... Da die Menschen jämmerlich arm waren und nicht einmal wußten, wovon sie sich etwas zum Essen kaufen sollten, verkauften die meisten Russen ihren Scheck gegen bares Geld auf der Straße. Folglich wurde ein geradezu lachhafter Preis für die Vouchers gezahlt... Für einen Scheck wurden 10000 Rubel gezahlt, ungefähr sieben Dollar oder genug für zwei Flaschen billigen Wodka. Wenn jeder Scheck für sieben Dollar verkauft würde, dann hätte Rußlands gewaltiger Reichtum an Industrie und Bodenschätzen hochgerechnet einen Wert von etwa fünf Milliarden Dollar.«[1719]

Paul KLEBNIKOW beschreibt, welche Ausmaße diese Verschleuderung des russischen Industriepotentials insgesamt hatte: Seiner Einschätzung nach war die zu niedrige Veranschlagung des Nennwertes der Vouchers ein Grund für diese Verscherbelung. »Nach den anfänglichen Kursen von 1992 hätte der Nennwert der Vouchers einem Gesamtwert der russischen Industrie von 100 Milliarden Dollar entsprochen, was ganz eindeutig im Widerspruch zu der Größe der russischen Wirtschaft stand und zu der Tendenz der Aktienmärkte, den Wert des Bruttoinlandsproduktes eines Staates zu überbieten. Die 100 Milliarden Dollar, für die JELZINS Wirtschaftsexperten die russische Industrie 1992 verscherbelten, waren geradezu lachhaft im Vergleich zu dem Wert von Märkten wie Mexiko und Hongkong, deren Ausstattung des Kapitalmarktes damals bei 150 Milliarden bzw. 300 Milliarden Dollar lag. Bis zum Ende des Jahres 1993, als die Russen endlich imstande waren, ihre Vouchers zu nutzen, hatten diese wegen der Inflation und der Abwertung des Rubels 95 Prozent ihres Nennwerts verloren, und Rußlands Reichtum an Industrie und Bodenschätzen wurde auf gerade mal fünf Milliarden Dollar veranschlagt.«[1720] So wurden beispielsweise die sechs größten russischen Konzerne zu einem Zwanzigstel ihres tatsächlichen Wertes verramscht.[1721]

Joseph STIGLITZ merkt zu den Reformmaßnahmen der JELZIN-GAJDAR-TSCHUBAIS-Clique an, daß es ein Fehler gewesen sei, zunächst die Preisfreigabe und erst im Anschluß daran die Privatisierung durchgeführt zu haben, weil durch die Inflation keine Kaufkraft mehr vorhanden gewesen sei, um Anteilsscheine an Unternehmen kaufen zu können, was dann zwangsläufig zu einem Absturz der russischen Wirtschaft hätte führen müssen. Bei dieser Politik handelt es sich jedoch nur scheinbar um fehlerhafte Widersprüchlichkeiten und Planlosigkeiten. Vielmehr müssen diese Reformprogramme als eine perfide Strategie eingeschätzt werden, deren Ziel es war, russisches Kapital zu vernichten, das Wirtschafts- und Rohstoffpotential zu privatisieren und einem Wertabsturz auszuliefern, so daß es dann von internationalen Investoren und einer einheimischen neu entstandenen kriminellen Machtelite aufgekauft werden konnte. Wie KLEBNIKOW schreibt, war »der russische Staat. . . am Ende der Dumme. Er verkaufte seine besten Aktivposten gegen eine unbedeutende Summe. Rußlands 151 Millionen Bürger zählten ebenfalls zu den Verlierern, weil nur sehr wenige Russen Anteile an den privatisierten Unternehmen erhielten«.[1722]

Gewinner war schließlich eine Elite von internationalen Investoren, die zu Schleuderpreisen den Industrie- und Rohstoffreichtum Rußlands aufkaufen konnten. »Hingegen«, so KLEBNIKOW, »machten Investoren mit guten Beziehungen ein glänzendes Geschäft. Durch und durch gesunde Unternehmen waren für den einfachen Jahresgewinn oder noch weniger zu haben. Investoren, die in diesem ersten Jahr auf dem russischen Aktienmarkt geschickt agierten, erzielten nicht selten einen Gewinn von 300 Prozent. Innerhalb von wenigen Wochen konnte man ein ansehnliches Vermögen verdienen.«[1723]

2.3.1.3 Der IWF erzwingt die Liberalisierung des russischen Außenhandels

Einer schrankenlosen Ausbeutung des Landes stand aber noch ein Aspekt im Wege, und zwar das Außenhandelsmonopol des russischen Staates. Erst durch dessen Zerschlagung wurde überhaupt die Voraussetzung für den ›Raubtierkapitalismus‹ in Rußland und für die Ausplünderung des Landes geschaffen.[1724] Das Außenhandelsmonopol war für den russischen Staat deshalb von großer Bedeutung, da sich der Staat auf diese Weise Einnahmen von harten Devisen sichern konnte. Dieses System »arbeitete außerordentlich effizient und ließ harte Devisen in die Moskauer Schatzkammer strömen. Ein erheblicher Teil der Einnahmen der sowjetischen Regierung stammte aus der Differenz zwischen dem Preis der Waren und Rohstoffe im Landesinneren und dem Preis, zu dem sie exportiert wurden«.[1725] Dieses Staatsmonopol war westlichen Investoren natürlich ein Dorn im Auge. Es mußte also beseitigt werden. Eine entsprechende Intervention des IWF ließ auch nicht lange auf sich warten: »Auf den Druck von Funktionären des Internationalen Währungsfonds und anderen westlichen Regierungsberatern hin beschlossen JELZINS junge Reformer. . ., daß der Staat sich aus dem Außenhandel ganz zurückziehen müsse. Sie schafften die Barrieren ab, die verhinderten, daß Privathändler Rohstoffe zum Binnenpreis einkauften und im Ausland verkauften. Schon nach wenigen Monaten liefen 30 Prozent von Rußland Ölexporten und über 70 Prozent der Metallexporte an den staatlichen Handelsorganisationen vorbei. Im Jahre 1994 wurde bereits über die Hälfte des russischen Außenhandels von privaten Handelsgesellschaften abgewickelt.«[1726]

Paul KLEBNIKOW zitiert in diesem Zusammenhang den Mitarbeiter im staatlichen Außenhandel Oleg DAWYDOW: »Wir zerschlugen alles. Wir begannen eine Liberalisierung ohne jegliche Kontrollinstanz. Und als ausländische Unternehmer, in der Mehrzahl Ganoven, daherkamen und unseren Unternehmern sagten, wie sie es anfangen sollten, da war nicht mehr die Rede von einem Prozent (Provision für den Handel), sondern von Dutzenden von Prozenten.«[1727] Auf diese Weise entstanden private Außenhandelsgesellschaften mit internationaler Verflechtung, die gewissermaßen am Staat vorbei ihre Gewinne außer Landes schaffen konnten. Tatsächlich wurde auch durch diese vom IWF erzwungenen Maßnahmen eine Kapitalflucht aus Rußland in bislang noch nie gekannten Ausmaßen hervorgerufen. »Die neuen Außenhandelsgesellschaften versteckten in der Regel ihre Gewinne im Ausland. Die Höhe der Kapitalflucht aus Rußland in jenen Jahren wurde auf 15 bis 20 Milliarden Dollar jährlich geschätzt, als Gangsterbosse, korrupte Beamte und Fabrikdirektoren Konten in der Schweiz, in Luxemburg, Österreich, Deutschland, Großbritannien, Israel, in den Vereinigten Staaten und in der Karibik eröffneten.«[1728]

2.3.1.4 Die Entstehung einer kriminellen Machtelite in Rußland mit westlicher Hilfe

Diese rücksichtslose Liberalisierungspolitik führte dazu, daß sich sowohl ausländische Unternehmen als auch die Organisierte Kriminalität, oftmals in enger Verbindung, auf die russischen Rohstoffe stürzten. Dabei wurden die größten Handelsgewinne mit Erdöl, Rußlands wichtigstem Exportartikel, erzielt. »Rußlands Banden des organisierten Verbrechens waren entschlossen, ihren Fuß in die Tür zu diesem einträglichen Geschäft zu bringen. Als erstes nutzten sie sogenannten Sonderexportfirmen, Handelsgesellschaften, mit der Lizenz, strategische Materialien wie Erdöl und Metalle zu exportieren. Wie die Pilze schossen solche Firmen aus dem Boden, und bis Ende 1993 lief die Hälfte des russischen Ölexportes über sie. . . Die Ölindustrie war. . . zum Haupttummelplatz des russischen organisierten Verbrechens geworden.«[1729]

Die schlagartige Liberalisierung des Handels machte es jedenfalls möglich, daß Rußlands Reichtum an Bodenschätzen von einer Gruppe von Insidern geraubt wurde. Diese Insider waren die Vertreter einer neuen Form internationaler organisierter Kriminalität, der sogenannten »Mafiya« (so Mafia-Experte Jürgen ROTH).

Diese war »das Ergebnis des Systemwandels in den postkommunistischen Ländern vom planwirtschaftlichen Einparteiensystem mit kommunistischen Besitzverhältnissen zu einem anarchistisch-kapitalistischen Wirtschaftssystem mit dünner Rechtsgrundlage und noch nicht gefestigten demokratischen Strukturen. Personell rekrutierten sich die Mitglieder dieser Mafiya fast durchweg aus der ehemaligen roten Bourgeoisie der Sowjetunion. Es war jenes privilegierte Bürokratenmilieu, das mit dem Zerfall der alten Strukturen in die Lage versetzt wurde, das riesige Imperium zu privatisieren. Dabei war es keiner rechtlichen Kontrolle unterworfen. Dieser Privatisierungsprozeß wurde in der Regel mit Gewaltanwendung. . ., Korruption wirtschaftlicher Entscheidungsträger, der Jusitz und Polizei, durchgesetzt. Hinzu kamen noch Steuerhinterziehung, Aktenfälschung, Veruntreuung und Betrug. Unterstützt wurde dieser Prozeß von außen, d. h. vom Westen, und zwar durch die Bannerträger des Neoliberalismus. Die jubelten, weil es neue Märkte zu erobern galt, und sie kooperierten skrupellos mit den neuen Machthabern«.[1730]

Folgt man dieser Darstellung des Mafia-Experten Jürgen ROTH, so ist von einer Interessenkoalition zwischen westlichen Konzernen und Banksystemen und der neuen kriminellen Elite in Rußland auszugehen, die auf die Ausplünderung Rußlands ausgerichtet war. Zu den gleichen Ergebnissen kommt auch Wirtschaftsexperte Michel CHOSSUDOVSKY: »Das Privatisierungsprogramm mit seiner Plünderung des Staatseigentums begünstigte Geldwäsche, Kapitalflucht und die allgemeine Kriminalisierung der Wirtschaftstätigkeit. Das organisierte Verbrechen durchdringt den ganzen Staatsapparat und stellt eine machtvolle Lobby dar, die JELZINS makroökonomische Reformen auf breiter Linie unterstützte. Einer jüngsten Schätzung zufolge war die Hälfte der russischen Geschäftsbanken bis 1993 unter die Kontrolle lokaler Mafias geraten. Die Hälfte des Immobilienbesitzes in der Moskauer Innenstadt war dem organisierten Verbrechen anheimgefallen.«[1731]

Dabei war es gerade die Liberalisierung des Außenhandels gewesen, die den Aufstieg der kriminellen Machtelite begünstigt hatte. Durch die Privatisierungspolitik TSCHUBAJS' konnte diese kriminelle Elite Rohstoffe und Firmen zu einem Spottpreis aufkaufen und beipielsweise Erdöl dann – dank des dualen Preissystems (hohe Preise für den Weltmarkt und niedrige Preise für den Binnenmarkt) – teuer an das

Einige der Oligarchen, die von der schlagartigen Liberalisierung des Handels in Rußland profitierten; von links: Michail CHODORKOWSKI, Michail FRIEDMAN, Wladimir POTANIN, Wladimir GUSSINSKI, Platon LEBEDEW.

Ausland verkaufen. »Der Gewinn solcher Transaktionen floß entweder in – importierte – Luxusgüter oder auf ein Bankdepot in einer Steueroase. Obwohl offiziell illegal, wurden Kapitalflucht und Geldwäsche durch die Deregulierung des Devisenmarktes und die Reformen des Bankensystems erleichtert. Die Kapitalflucht aus der Russischen Föderation wurde während der ersten Phase der IWF-Reformen auf über eine Milliarde Dollar im Monat geschätzt.«[1732] Dabei waren es auch jene Politiker um JELZIN, die von der von ihnen vorangetriebenen Liberalisierungs- und Privatisierungspolitik erheblich profitierten. »Von Wiktor TSCHERNOMYRDIN, Ministerpräsident von 1992 bis 1998, wurde allgemein angenommen, er habe von der Privatisierung des Erdgasmonopolisten Gasprom und von zahllosen Öl- und Gasexportgeschäften profitiert. Nach einer Schätzung der CIA hatte TSCHERNOMYRDIN bis zum Jahr 1996 ein Privatvermögen von fünf Milliarden Dollar zusammengerafft.«[1733] Auch der von den USA unterstützte Anatoli TSCHUBAJS »verdiente sich ebenfalls eine Stange Geld nebenbei, nicht immer mit moralisch einwandfreien Methoden«.[1734]

2.3.1.5 Der Aufstieg der ›Oligarchen‹ und ihre Bedeutung für die US-amerikanischen Pläne

Mit tatkräftiger Hilfe skrupelloser Geschäftemacher und politischer Entscheidungsträger, nicht nur in der ehemaligen UdSSR, sondern auch in Europa und vor allem in den USA, wurden die Reichtümer der ehemaligen UdSSR auf diese Weise verscherbelt. Die ehemalige Sowjetunion wurde »vermutlich weltweit die zurzeit größte staatliche Räuberhöhle, in der Oligarchen und Mafiyakapitalisten im Verbund mit den Politikern den Ton angeben«.[1735] Diese Strukturen hatten sich bereits in der Sowjetära unter BRESCHNEW gebildet. Unter korrupten Parteifunktionären kam es »zu großen und größten Entwendungen staatlichen Eigentums, und es entwickelten sich Gruppen, die in ihren Händen gesetzwidrig gewaltige Geldsummen und Wertgegenstände konzentrierten und diese in die illegale Produktion investierten. Auf diese Weise wurde der kriminelle Teil der Schattenwirtschaft gestärkt«.[1736] Führenden russischen Mafia-Experten zufolge wurde auf diese Weise die gesamte sowjetische Wirtschaft von Schwarzmarktbeziehungen durchdrungen,[1737] ja, diese wurden sogar zum bestimmenden Faktor der Sowjetwirtschaft.

Folgt man dem Mafia-Experten Werner RAITH, sorgten diese Mafia-Kräfte mit ihrem Einfluß auch dafür, daß GORBATSCHOW zum Parteisekretär ernannt wurde, dessen Aufgabe »die offizielle Machtinvestitur der bereits herrschenden Schattenwirtschaft« sein sollte.[1738] GORBATSCHOWS Wirtschaftsreformen legalisierten gewissermaßen diese Schattenwirtschaft. Die gesetzlich erlaubten Kooperativen und ›Joint ventures‹ mit ausländischen Investoren ermöglichten die Gründung eines flächendeckenden Systems schwerreicher Krimineller, die mit den Entscheidungsträgern des Staates eng verflochten waren.[1739] Auf diesem Weg kam es zu einer kriminell organisierten Umverteilung des Nationaleinkommens.[1740] Legalisiert wurde diese Verbindung zwischen kriminellem spekulativen Kapital, internationalen Investoren und dem Staatsapparat in der JELZIN-Ära. »Alles, was die nun an die Macht gekommene JELZIN-Regierung an Privatisierung von Großunternehmen einleitet«, so der russische Mafia-Experte Ljew TIMOFEJEW, »kommt heute vor allem Kräften zugute, die bereits im alten System auf kriminelle Weise große Kapitalien angesammelt haben.«[1741]

Die auf westlichen Druck durchgesetzte Wirtschaftsliberalisierung ermöglichte dann einen Prozeß, den Paul KLEBNIKOW als die große Ausplünderung Rußlands bezeichnet und den Aufstieg einer kriminellen Kaste, der sogenannten ›Oligarchen‹, hervorrief. »Der Aufstieg dieser Handvoll mächtiger Männer, die meisten waren einst kleine Komsomolzen, vollzog sich relativ einfach«, so Jürgen ROTH. »Während der Perestroika gründeten sie in der Regel mit Parteigeldern Privatbanken oder übernahmen privatisierte Teile der Staatsbanken. Danach wurden ihnen günstige Staatskredite gewährt, mit denen sie sich während der Hyperinflation Anfang 1990 ihre ersten Dollarmillionen zusammenspekulieren konnten. In der Folgezeit erwarben die Oligarchen über ihre Banken – fast immer weit unter Marktwert – nach und nach Industriebeteiligungen, vor allem im Rohstoffsektor.«[1742]

Dies führte dazu, daß die Oligarchen schließlich bis zu 90 Prozent der russischen Wirtschaft kontrollieren konnten: »Boris BERESOWSKIJ ist einer davon. Dazu gehören aber auch Michael FRIEDMAN von der Alfa-Gruppe, Alexander SMOLENSKI von der SBS-Agro-Bank, Rem WJACHIREW von Gazprom oder Wladimir GUSINSKI von der Most-Bank mit seinem Medienimperium sowie der neue Star Kacha BENDU-KIDZE.«[1743] Dieser Ausverkauf der russischen Wirtschaft konnte aber nur durch enge Beziehungen zu der neuen russischen Machtelite der kapitalistischen Nomenklatura wie TSCHUBAJS und GAJDAR, die »den Segen der Führungskreise der Vereinigten Staaten, der Weltbank und des IWF genießen«,[1744] vonstatten gehen.

Das größte Geschäft aber – so Mafia-Experte Jürgen ROTH – wurde den Oligarchen im Jahre 1995 durch den damaligen Privatisierungschef Anatoli TSCHUBAJS mit Hilfe des sogenannten Privatisierungsprogramms ›Aktien gegen Kredit‹ ermöglicht. Mit diesem Programm sollten besonders einträgliche Schlüsselindustrien ›privatisiert‹ werden. Die Idee bestand darin, der in Zahlungsschwierigkeiten befindlichen russischen Regierung einen Kredit einzuräumen, der durch Beteiligung der von den Oligarchen kontrollierten Banken an den Staatsbetrieben gedeckt werden sollte. »Oneximbankchef Wladimir POTANIN organisierte im Namen einiger Oligarchen unter Ausschaltung jeglichen Wettbewerbs einen Kredit in Höhe von zwei Milliarden Dollar im Austausch gegen die Aktien der zu privatisierenden Betriebe. BERESOWSKIJ und SMOLENSKI erlangten auf diese Weise den Mehrheitsanteil von Rußlands größter Ölgesellschaft Sibneft. Nach der Durchführung dieses Privatisierungsprogramms gehörte ein Löwenanteil der Firmen den beiden Oligarchen.«[1745]

Oligarchen und westliche Investoren arbeiteten mitunter zusammen, wenn es um die Aufteilung des russischen Reichtums an Bodenschätzen und Unternehmen ging. Es war der US-amerikanische Investmentbanker Boris JORDAN, dem seinerzeit die Verantwortung für die Kapitalbeteiligungen der US-Bank CS First Boston an russischen Firmen oblag, der zusammen mit einem der Oligarchen, dem bereits erwähnten Wladimir POTANIN, genau dieses ›Schulden-gegen-Kapitalbeteiligungs-Programm‹ entwickelte, mit dem insbesondere auch sichergestellt werden sollte, daß die Banken die Kapitalbeteiligungen behielten, bis die Unternehmen in einer für 1997 geplanten zweiten Runde privatisiert würden.[1746] Damit gewannen die von den Oligarchen begründeten Privatbanken insgesamt die Kontrolle über die Rohstoffwirtschaft der Russischen Föderation.

Wie dieser Mechanismus funktionierte, beschreibt KLEBNIKOW wie folgt: »Ironischerweise stammte das Vermögen, mit dem BERESOWSKI und die anderen Oligarchen ihre ersteigerten Firmenanteile bezahlten, von der Regierung selbst. In der Anfangsphase des GAJDAR-TSCHUBAIS-Kapitalismusexperiments hatte die JELZIN-Regierung alles getan, um eine Handvoll bevorzugter Banken zu fördern. So bekamen diese Geldinstitute von der Zentralbank Anleihen zu festen, negativen Zinssätzen; die Regierung legte beträchtliche Staatsgelder unter dem Marktzinssatz bei ihnen an; die Banken konnten sich die Profite aus Rußlands Handelsunternehmen aneignen, ohne daß sie für diese unverhofften Gewinne Steuern zahlen mußten; und schließlich durften sie am Handel der exklusiven Staatsobligationen teilhaben, wobei sie 100 Prozent, wenn nicht mehr verdienten, und zwar in Dollar. Bei derart horrend hohen Zinsraten auf die Inlandsschulden ging der russische Staat unaufhaltsam bankrott, während Banken mit entsprechenden Beziehungen wie Onexim, Menatep und Stolitschny sich an den Profiten, die ihnen in den Schoß fielen, eine goldene Nase verdienten.«[1747]

Wie KLEBNIKOW hervorhebt, waren diese Maßnahmen »nichts als ein weiterer Schritt in der Strategie des JELZIN-Regimes, die Interessen des Landes einer Handvoll betrügerischer Kapitalisten zu opfern«.[1748] Doch nicht nur das: Mit dem Aktien-gegen-Kredit-Gesetz, das der Privatisierungschef Anatoli TSCHUBAJS zu verantworten hatte, wurde der Staat gewissermaßen zum Vasallen jener Privatbanken, hinter denen die kriminelle Machtelite der Oligarchen vom Schlage eines Boris BERESOWSKI, Wladimir POTANIN oder Michail CHODORKOWSKI stand. Der Staat wurde gewissermaßen zum Spekulationsobjekt dieser kriminellen Bankiers; der Handel mit Staatsanleihen wurde für sie zum größten und einträglichsten Geschäft, und mit staatlichen Geldern erzielten sie an Waren- und Devisenbörsen ungeheure Spekulationsgewinne.[1749]

Für den russischen Staat jedenfalls »erwiesen sich die Aktien-gegen-Kredit-Auktionen als wahre Katastrophe. Auf einen Schlag verlor die Regierung einen bedeutenden Teil ihrer Einnahmequellen«.[1750]

Durch den wachsenden Einfluß und die mafiöse Verflechtung zwischen Wirtschaftskriminalität und der neuen Machtelite wurden die Oligarchen zu einer Art Schattenregierung, der es in Zukunft auch gelingen sollte, maßgeblichen Einfluß auf die politische Entwicklung in Rußland zu nehmen, den sie dazu nutzte, Rußland gnadenlos auszubeuten. Ein Bericht, den das in Washington ansässige ›Center for International Policy‹ am 3. Februar 2003 veröffentlichte, befaßte sich in diesem Zusammenhang mit der Rolle der Oligarchen: »Schmutziges Geld« habe »in den letzten Jahren Hunderte von Milliarden Dollar aus Rußland herausgeschafft. Rußland hat den wohl größten Rohstoff-Diebstahl erlitten, der sich jemals in einer kurzen Zeit ereignet hat. Der während der 90er Jahren entstandene Schaden beläuft sich auf 200 bis 500 Milliarden Dollar.« Der Bericht hob hervor, auf welche Weise sich die Oligarchen an den russischen Bodenschätzen bereicherten, beispielsweise am Erdölhandel: »Einige Oligarchen kauften das russische Öl im Inland für zehn Dollar pro metrische Tonne ein und verkauften es zum ungefähr gleichen Preis an ihre eigenen Strohfirmen im Ausland. Erst dann verkauften sie das Öl für 120 Dollar pro Tonne an fremde Käufer. In vielen Fällen verblieben die gesamten Einkünfte aus solchen Exporten auf ausländischen Bankkonten. Rußland hat nichts davon erhalten« – Steuerhinterziehung also in Milliardenhöhe.[1751] Wie Mafia-Experte Jürgen ROTH hervorhebt, genossen all diese Oligarchen den Segen der USA, der Weltbank und des Internationalen Währungsfonds.[1752]

2.3.1.5.1 Boris Beresowski – der Pate im Kreml

Der bedeutendste dieser Oligarchen war Boris BERESOWSKI, der als ›Pate des Kreml‹ erheblichen Einfluß auf die JELZIN-Regierung gewann und hinter den Kulissen die Politik der Russischen Föderation im Sinne seiner Geschäftsinteressen mitbestimmen sollte. Unter Ausnutzung von GORBATSCHOWS Reformprogramm gelang es ihm, einem mittellosen Mathematiker, im Autohandel Fuß zu fassen, der traditionell von Mafiagruppen beherrscht und kontrolliert wurde.[1753] Mit dem georgischen Paten Badri PATERKATSCHWILI gründete er die Autovertriebsfirma Logovaz. Folgt man Paul KLEBNIKOW, der sich mit dem Aufstieg des Kreml-Paten beschäftigt hatte, arbeitete BERESOWSKI wohl auch mit tschetschenischen Gangsterbanden zusammen, denen es nach dem Zerfall der Sowjetunion innerhalb kürzester Zeit gelang, die Kontrolle über sämtliche privaten und kriminellen Wirtschaftszweige zu erlangen, zu denen auch der Autohandel gehörte.[1754]

Der Aufstieg BERESOWSKIS war jedenfalls untrennbar verbunden mit der Ausbreitung des Mafia-Systems und des Gangsterbanden-Unwesens über Rußland: »Wie es schien, zog es ihn zu den gewalttätigsten Winkeln Rußlands – dem Autohandel, der Aluminiumindustrie, der Lösegelderpressung in Tschetschenien. Viele seiner Geschäfte – von der Übernahme des Öffentlichen Russischen Fernsehens bis zur Übernahme der Omsker Ölraffinerie – waren von der Ermordung oder dem zufälligen Tod seiner jeweiligen Kontrahenten überschattet«,[1755] wobei BERESOWSKI eine Mittäterschaft im einzelnen jedoch nie nachgewiesen werden konnte. Den kriminalpolizeilichen Ermittlungen in der Schweiz, dem Ausgangspunkt für die Ermittlungen gegen BERESOWSKI,[1756] zufolge ist jedoch der kriminelle Charakter der Geschäfte BERESOWSKIS bestätigt: »Wir stellen fest«, so heißt es in einer Dokumentation des Bundesamtes für Polizeiwesen in Bern, »daß Boris BERESOWSKI sein persönliches Vermögen und sein Wirtschaftsimperium auf einer kriminellen Grundlage erschaffen hat.«[1757] In Bern glaubt man zu wissen, daß BERESOWSKI Anfang der neunziger Jahre dank direkter Zusammenarbeit mit dem organisierten Verbrechen in Rußland Macht gewonnen habe. Die Verbindungen zur tschetschenischen Mafia hätten ihm später einen entscheidenden Vorteil verschafft, das schmutzige Geld in die legale Wirtschaft zu investieren und so zu waschen.[1758]

Sehr hilfreich beim Aufbau seines kriminellen Wirtschaftsimperiums waren jene russischen Politiker, die den Ausverkauf der russischen Wirtschaft vorangetrieben hatten: Zu seinen Freunden gehörten Jegor GAJDAR, Anatoli SOBTSCHAK, Anatoli TSCHUBAJS, Pjotr AVEN, der unter JELZIN Minister für auswärtigen Handel wurde, und der Oligarch Michail CHODORKOWKSI, damals stellvertretender Minister für Öl und Energie und Chef der mit illegalen Geldern gegründeten Menatep-Bank, dem es gelingen sollte, unter nicht ganz legalen Umständen den Yukos-Erdölkonzern zu erwerben[1759]. Seine Freundschaft zum Chef der Leibwächter Boris JELZINS, Alexander KORJAKOW, eröffnete ihm die Türen ins Zentrum der politischen Macht in der Russischen Föderation.

In enge Beziehung zum Präsidenten JELZIN trat BERESOWSKI, als er die Herausgabe von dessen autorisierter Biographie finanzierte. Tatsächlich liegen Hinweise vor, daß es BERESOWSKI gelang, den JELZIN-Clan in seine finanzielle Abhängigkeit zu bringen. Folgt man Frédéric F. CLAIRMONT, so hat BERESOWSKI dazu beigetragen, das Vermögen der JELZIN-Tochter, Tatjana DJATSCHENKO, zu vervielfachen.[1760] Diese war es im übrigen auch, die den Kern der ›Familie‹ bilden sollte, wie die korrupte Verbindung zwischen dem JELZIN-Clan und der kriminellen Elite der Oligarchen genannt wurde. Auch dem Mafia-Experten Jürgen ROTH zufolge wird es »für möglich gehalten, daß der frühere Präsident Boris JELZIN und seine Familie von BERESOWSKI abhängig waren, von seinen Zuschüssen und seinem finanziellen Netzwerk, das der Familie erlaubt habe, auf diskrete Art an große Geldsummen zu kommen«.[1761]

Der politische Einfluß sollte auch nicht lange auf sich warten lassen: Wie in einem folgenden Kapitel noch aufzuzeigen sein wird, war Boris BERESOWSKI der Hauptsponsor und Organisator des Präsidentschaftswahlkampfes Boris JELZINS gegen dessen Herausforderer, den Nationalkommunisten Gennadi SJUGANOW, mit schwarzen Geldern. Im Gegenzug stieg BERESOWSKI in höchste politische Ämter auf: Im Oktober 1996 erhielt er den Posten des Vizepräsidenten des Nationalen Sicherheitsrates. Doch dabei blieb es nicht: »Zwischen 1996 bis 1999 erreichte sein Einfluß nicht nur in Rußland, sondern auch in anderen Ländern der GUS, seinen Höhepunkt«,[1762] als er das Amt eines Exekutiv-Sekretärs der GUS-Staaten erhielt. »Unter Ausnutzung seiner Position als Exekutiv-Sekretär der GUS-Staaten hat er seine wirtschaftliche Macht auf alle Bereiche des Wirtschaftslebens ausdehnen können: Medien, Immobilien, Energie, Banken und Finanzdienstleistungen, Versicherungen, Automobile, Nahrungsmittelimporte, Groß- und Einzelhandel, Hoch- und Tiefbau usw.«[1763]

Diese Machtstellung beutete BERESOWSKI gewissenlos zur Durchsetzung seiner Profitinteressen aus, selbst um den Preis verheerender Folgen für Rußland selbst. »Der Zerfall Rußlands bot BERESOWKI eine einmalige Chance, seine Pläne im großen Umfang zu verwirklichen, und während er immer mächtiger wurde, siechte das

Land zusehends dahin.«[1764] Bis heute liegen starke Anzeichen dafür vor, daß BERESOWSKI hinter den Kulissen als Strippenzieher des tschetschenischen Separatismus fungierte, wobei ihm seine Beziehungen zu den Tschetschenien-Gangs Anfang der neunziger Jahre dienlich waren. Nach dem Zerfall der Sowjetunion setzte sich in Tschetschenien ein halbkriminelles Regime durch, in dem Drogengeschäfte und Entführungen zum Alltag gehörten.[1765] Diese Republik schien daher ideal geeignet für die kriminellen Geschäfte BERESOWSKIS. »Als rechtsfreier Raum eignete sich die Kaukasus-Republik auf beiden Seiten hervorragend für illegale Geschäfte. Am russischen Zoll vorbei konnten Import- und Export-Deals abgewickelt werden. . .«[1766]

In BERESOWSKIS Zuständigkeitsbereich innerhalb des Sicherheitsrates fielen die Beziehungen zu Tschetschenien, so daß sich ihm äußerst günstige Voraussetzungen zur Abwicklung krimineller Geschäfte boten. Wie Rußland-Experte Boris REITSCHUSTER schreibt, ist unbestritten, daß BERESOWSKI »gute Kontakte zu einflußreichen Tschetschenen hatte, die zum Teil noch aus der Zeit nach seiner Ernennung zum Vize-Chef des russischen Sicherheitsrates im Oktober 1996 stammten – einer Funktion, in der er für die Zusammenarbeit mit der unabhängigen Kaukasusrepublik zuständig war«.[1767] Insbesondere pflegte BERESOWSKI intensive Kontakte zu den islamistischen Terroristenführern Schamil BASSAJEW und Salman RADUJEW. Folgt man den Recherchen KLEBNIKOWS, ging es hierbei um die Absicht BERESOWSKIS, auf das tschetschenische Erdöl und die Pipeline Baku-Novorossijsk Zugriff zu nehmen.[1768]

Aus diesem Grund versuchte BERESOWSKI auch, das 1996 vom russischen General Alexander LEBED ausgehandelte Waffenstillstandsabkommen zu hintertreiben.[1769] Um eine Stabilisierung der Region zu verhindern, hatte sich der BERESOWSKI-Vertraute WOLOSCHIN im Juli 1999 an der Côte d'Azur mit dem tschetschenischen Terroristenführer BASSAJEW getroffen und eine Aktion besprochen, die wenige Wochen später große Wellen schlug.[1770] Gegenstand dieser Besprechung war der Plan BASSAJEWS, seinen ›Heiligen Krieg‹ auf die russische Teilrepublik Dagestan auszudeh-

Der Milliardär Boris BERESOWSKI (mit Familie) in England, wo er sich 2003 absetzte und politisches Asyl erhielt. Mit Hilfe seiner Medien trug er zu JELZINS Wiederwahl 1996 wesentlich bei. Foto: HOPKINS, in: *Spiegel* 45/2003.

nen, um so ein ›Ausfransen‹ des Kaukasus von der Kontrolle Moskaus zu bewirken, womit BERESOWSKI zusammen mit tschetschenischen Mafiagruppen, zu denen er vor, während und nach den Tschetschenienkriegen Kontakt behielt,[1771] einen zentralen Pipelinekorridor im Ringen um das kaukasische Erdöl zu kontrollieren plante.

Insgesamt bildete sich auf diese Weise ein korruptes System aus einem bestechlichen Präsidenten, der aufgrund seiner Alkohol- und Herzprobleme streckenweise arbeitsunfähig war,[1772] einer vom Westen unterstützten neuen Politikerkaste, die den Ausverkauf des Landes betrieb, ohne allerdings zu vergessen, sich selbst zu bereichern, und einer mafiosen Oligarchenschicht als Strippenzieher im Hintergrund. Diese Oligarchen im Hintergrund waren die Finanziers dieses Mafiasystems. »Die Regierung bereicherte gezielt eine Handvoll Personen als Gegenleistung für deren politische Unterstützung. . . Von diesen Machenschaften profitierte niemand so sehr wie BERESOWSKI, der sich seines Geschicks gar nicht genug rühmen konnte. So erklärte er etwa gegenüber der *Financial Times*, er und sechs andere Finanziers kontrollierten 50 Prozent der russischen Wirtschaft und hätten für JELZINS Wiederwahl gesorgt.«[1773]

Das JELZIN-Regime war daher im Grunde nichts mehr als eine Marionette in den Händen dieser kriminellen Machtelite – Paul KLEBNIKOW bescheinigte dieser die »Fähigkeit, die Regierung JELZIN offenbar nach Belieben zu beeinflussen«[1774] – und diese sorgte auch dafür, daß die politischen Verhältnisse so verblieben, daß deren Machtstellung unangetastet blieb. Dabei war die Kontrolle BERESOWSKIS über die Medien ein wichtiger Faktor. »BERESOWSKI nutzte immer wieder seine Medien, um seine Interessen und die der JELZIN-Family durchzusetzen. Grundlage dafür war die Kontrolle über den größten russischen Sender ORT, der als einziger TV-Sender landesweit zu empfangen war. Der Staat privatisierte Teile des Senders, behielt jedoch die Kontrollmehrheit von 51 Prozent. Nichtsdestotrotz war der größte private Aktionär BERESOWSKI der eigentliche starke Mann. Durch Plazierung von Gefolgsleuten beherrschte er den ORT-Sender.«[1775]

Falls Medienkampagnen nicht ausreichten, gelang es BERESOWSKI hinter den Kulissen auch, mißliebige Politiker bei Bedarf aus ihren Ämtern zu entfernen. »Auf dem Höhepunkt seiner Macht in den Jahren 1998 und 1999 betrieb BERESOWSKI die Entlassung von drei aufeinander folgenden Ministerpräsidenten – Sergej KIRIJENKO, Jewgeni PRIMAKOW und Sergej STEPASCHIN –, weil sie seine Interessen nicht hinreichend berücksichtigten.«[1776] Insbesondere KIRIJENKO und PRIMAKOW sollten sich als besonders gefährlich für die Interessen der Oligarchen erweisen: »Unter dem neuen Premierminister KIRIJENKO und besonders unter seinem Nachfolger PRIMAKOW wurde das über die Jahre gewachsene Geflecht zwischen Oligarchen und Politik ernsthaft gestört. PRIMAKOW, ein ehemaliger Spionagechef, bildete einen starken Gegenpol gegen die JELZIN-Familie. KIRIJENKO versuchte erstmals konsequent, Steuerschulden der großen Konzerne einzutreiben. Mithilfe der großen Öl- und Gaskonzerne konnte die ›Familie‹ dies noch verhindern, und KIRIJENKO mußte auf dem Höhepunkt der großen Wirtschaftskrise gehen. Sein Nachfolger PRIMAKOW übergab die Befugnisse für die Wirtschaftspolitik an das KP-Mitglied Juri MASLJUKOW, der letzter Vorsitzender der sowjetischen Obersten Planungsbehörde Gosplan gewesen war. MASLJUKOW galt als Mann des militärisch-industriellen Komplexes und war ein erklärter Gegner des Ausverkaufs der russischen Wirtschaft an die Oligarchen.«[1777]

Die endgültige Entmachtung BERESOWSKIS sollte aber durch den neuen russischen Staatspräsidenten Wladimir PUTIN betrieben werden. Dessen Machtantritt wurde in erheblichen Maße von BERESOWSKI unterstützt, und BERESOWSKI hoffte, PUTIN ebenso kaufen zu können, wie es ihm mit JELZIN gelang. »Nachdem BERESOWSKI die Wahl eines PUTIN wohlgesinnten Parlaments finanziert und inszeniert hatte, wurde zu seiner Genugtuung PUTIN im März 2000 zum Präsidenten gewählt. Nun schien die Zukunft des Tycoons gesichert. Doch bereits zwei Monate später wandte sich der neue russische Präsident gegen seinen politischen Gönner. . . Die Ursache des Konflikts wurzelte in BERESOWSKIS geschäftlichen Interessen. Der Großindustrielle forderte von PUTIN eine Amnestie für alle während der Privatisierung von Staatsvermögen begangenen Verbrechen. Aber anstatt den Anspruch von Rußlands Oligarchen auf ihre neu erworbenen Reichtümer abzusegnen, zog PUTIN gegen sie zu Felde.«[1778] Den Ermittlungen entzog sich BERESOWSKI durch Flucht nach London, von wo aus er seitdem – mit Rückendeckung der westlichen Machtelite – hinter den Kulissen an einen Sturz der Regierung PUTIN arbeitet.

2.3.1.5.2 Michail Chodorkowski – der Oligarch, der den USA den Zugriff auf das russische Erdöl einräumte

Ausländische Multis hatten sich über die Privatisierungs- und Deregulierungsmaßnahmen ganze Wirtschaftsbereiche der ehemaligen Sowjetunion angeeignet. Dies galt nicht nur für die zentralasiatischen Erdölreserven, sondern auch für die Rohstoffvorkommen in der Russischen Föderation. »Rußland selbst wurde vom internationalen Kapital auf den Rang eines simplen Rohstofflieferanten zurückgestuft, der den ausländischen Firmen unbeschränkten Zugriff auf seine erdöl- und erdgasproduzierende Industrie einräumen muß. Die US-amerikanische Doktrin der ›Offenen Tür‹. . . wurde auf modern frisiert und zur Verhandlungsgrundlage mit der neuen Moskauer Führungskaste erklärt, die darin die Chance zur weiteren Bereicherung und Absicherung ihrer Macht erblickt. Diese Liquidation des nationalen Reichtums zu Schleuderpreisen ging einher mit einer entschlossenen Strategie von westlichen Banken, Versicherungen, Spekulationsfonds und allen möglichen Pensions- und Investitionsfonds, die das gesamte russische Finanzsystem durchdrungen haben.«[1779]

Daß die von den USA erzwungene ökonomische Umwandlung des Landes zu einer beispiellosen Ausbeutung und Kapitalflucht geführt hatte, welche in westlichen Finanzkreisen von langer Hand vorbereitet worden war, bestätigte ein Bericht der Finanzkommission des russischen Parlaments aus jener Zeit: »Bereits seit 1988 mehrten sich in Moskau die Hinweise, daß ausländische Geschäftsleute enorme Summen von Rubeln zusammenscharrten, um sie später beim Ausverkauf staatlichen Besitztums einzusetzen.«[1780] Rubelversteigerungen waren dabei eine der Methoden ausländischer Finanzgruppen, sich zu einem extrem niedrigen Umtauschkurs in den Besitz großer Rubelmengen zu setzen – so gab es schon 1992 120 Rubel für einen Dollar.[1781] Wie Mafia-Experte Werner RAITH herausgearbeitet hat, hatten Mitglieder der JELZIN-Regierung an dieser Kapitalflucht und Ausbeutung russischen Volksvermögens maßgeblich mit verdient: »Damals hatte sich herausgestellt, daß man auf geheimen Wegen 140 Milliarden Rubel in 10 Milliarden Dollar umgetauscht hatte. Die Dollar stammten ›von einer Gruppe kleiner ausländischer Finanzgesellschaften mit Sitz in Zürich, Genf, Wien, London und New York‹, denen dieses Geschäft durch einige russische Dunkelmänner aus privaten Joint-ventures vermittelt worden war. Gekauft aber hatte die Dollar – die russische Regierung selbst.«[1782]

Den Analysen des Direktors des Instituts für strategische und weltweite Studien der Akademie der Wissenschaften, Leonid L. FITUNI, zufolge betrug die Kapitalflucht schon 1990 zwischen 10 und 20 Milliarden Dollar, und der Abfluß solcher Mengen hatte verheerende Auswirkungen auf die Nationalökonomie Rußlands.[1783] Nach den Erkenntnissen von Werner RAITH hatten internationale Spekulanten durch die Hortung von Rubelmengen die Möglichkeit in die Hand bekommen, bei Bedarf den Staat zu erpressen, indem sie im Ernstfall Rubel auf den Markt schütteten, um ein Inflationsgewitter auszulösen. Die Ansammlung von Rubelmilliarden bedeutete schließlich nichts anderes als eine Entnahme von Geld aus dem Wirtschaftskreislauf, »zwingt die Zentralbank zum Nachdrucken von Geld – und kann, wenn die Spekulanten es wollen, zu einer Situation führen, in der der Markt plötzlich mit immensen Geldmengen überschwemmt wird, was einen Totalzusammenbruch der Wirtschaft bedeuten kann«.[1784] Internationale Spekulanten hatten damit »ein probates Druckmittel gegenüber der Regierung« und brauchten damit einfach abzuwarten, bis der Rubel wieder etwas wert war, um dann den Aufkauf der russischen Wirtschaft in Angriff zu nehmen.[1785]

2.3.1.5.2a Chodorkowski als Schachfigur der US-Machtelite zur wirtschaftlichen und politischen Umwandlung Rußlands

Damit waren jedenfalls Voraussetzungen für internationale Investoren geschaffen, um nunmehr Zugriff auf die Rohstoffe der Russischen Föderation zu nehmen. »Ende der 1990er Jahre begannen die Vereinigten Staaten, die Entscheidungsschlacht um das russische Öl vorzubereiten.«[1786] Dabei waren für sie die Oligarchen, denen es ja gelungen war, sich auch die russische Rohstoffindustrie zu Schleuderpreisen unter den Nagel zu reißen, wichtige Verbündete. Der Oligarch, der als erster US-Konzerne an der Ausbeutung des russischen Erdöls teilhaben lassen wollte, war kein Geringerer als der ehemalige Geschäftspartner des Kreml-Paten Boris BERESOWSKI, nämlich Michail CHODORKOWSKI. »CHODORKOWSKI war der Mann, der Amerika Zutritt zum Rohstoffparadies Rußland versprach.«[1787]

CHODORKOWSKI gehörte zu jenen Oligarchen, die in den Anfangsjahren des Umwandlungsprozesses an der Gründung solcher Banken beteiligt waren, die mit Hilfe von erschlichenen Staatsgeldern oder Geldern aus kriminellen Geschäften zu dieser Zeit aus dem Boden schossen. Durch die von ihm gegründete Menatep-Bank gelang es CHODORKOWSKI, alsbald Anteile an sämtlichen russischen Industriezweigen zu ergattern. »Als Chef eines der größten Wirtschaftsimperien des Landes war er einer der reichsten Männer Rußlands. Zu den Kapitalbeteiligungen und Aktien, die sein Unternehmen besaß, gehörte die Menatep-Bank, ein Dutzend weitere Banken, zahllose Immobilien in Moskau, ein Stahlwerk, Rußlands größte Produzenten von Titan und Magnesium sowie unzählige Nahrungsmittel-, Dünger-, Textil- und Chemiebetriebe.«[1788]

Dann griff er nach dem wichtigsten Rohstoff der Russischen Föderation, dem Erdöl, wobei ihm das ›Aktien-gegen-Kredit‹-Programm Anatoli TSCHUBAIS' geradezu in die Hände arbeitete: »Bei den Aktien-gegen-Kredit-Auktionen war CHODORKOWSKI insbesondere an der kürzlich gegründeten Holding-Gesellschaft Jukos interessiert, Rußlands zweitgrößter Ölgesellschaft. Zur Holding gehörten unter anderem das Unternehmen Samaraneftegas, dessen Exporte BERESOWSKI abwickelte, und die Samara-Raffinerie, die zwei Jahre zuvor von einer Mordserie erschüttert worden war. Als eine der attraktivsten Ölgesellschaften der Welt war Jukos bei den Aktien-gegen-Kredit-Auktionen das Filetstück schlechthin. Geplant war die Versteigerung einer Kapitalbeteiligung von 45 Prozent. Unverfroren warnte Menatep Anfang November 1995 fremde Bewerber davor, sich am Bieten zu beteiligen.«[1789]

Im Dezember 1995 jedenfalls machte CHODORKOWSKI das Geschäft seines Lebens: Den Recherchen des Nachrichtenmagazins *Der Spiegel* zufolge setzte er es durch, daß die Menatep-Bank die Versteigerung der Aktienmehrheit des Jukos-Konzerns durchführen durfte, wobei er ausländische und inländische Interessenten austrickste. Die Menatep-Bank zahlte einen Spottpreis von 410 Millionen Dollar, die CHODORKOWSKI über zukünftige Öllieferungen an den Staat finanzierte.[1790]

Aufgrund seiner Monopolstellung in der russischen Erdölwirtschaft geriet Jukos auch sehr schnell in das Fadenkreuz US-amerikanischer Interessen. »Lange hatten die USA darauf hingearbeitet, über Yukos einen Fuß in die Tür zum immensen Rohstoffreichtum Rußlands zu setzen, nachdem sie sich über ›Joint Ventures‹ bereits Zugang zu den kaspischen Ölreserven der ehemaligen Sowjetrepubliken im Süden Rußlands verschafft hatten. Nun bliesen sie zum Sturm auf die riesigen russischen Ölreserven und bedienten sich dabei des Yukos-Chefs Mikhail CHODORKOVSKI. Der kontrollierte mit dem Yukos-Konzern den inzwischen bedeutendsten russischen Ölproduzenten, einen der größten Öllieferanten der Welt, dessen Wert auf über 40 Milliarden Dollar geschätzt wurde.«[1791]

Tatsächlich hatten sich – wie sich nach der Verhaftung CHODORKOWSKIS 2003 herausstellte – im Laufe der Jahre sehr enge Beziehungen zwischen ihm und dem US-Establishment der Neokonservativen entwickelt. Es bildete sich eine Interessengemeinschaft heraus, die auf eine erweiterte liberalkapitalistische Umgestaltung

Rußlands hinarbeitete. »Als Berater der Carlyle Group, eines regierungsnahen Risikokapital-Unternehmens, dem auch Ex-Außenminister James BAKER, der britische Ex-Premier John MAJOR und George BUSH sen. zur Seite stehen, hatte sich CHODORKOWSKI tief in das Milieu der amerikanischen Meinungs- und Millionenmacher vorgearbeitet... Ein Milieu, in dem es einem dann sogar gelingen kann, den Ex-Vizefinanzminister Stuart EIZENSTAT zu gewinnen für eine Rolle im internationalen Beirat der Menatep Group – des Gibraltar-Ablegers der berüchtigten Firma, mit deren Hilfe CHODORKOWSKI sein Vermögen aufgebaut hat.«[1792]

Westlichen Medien wie der *International Herald Tribune* zufolge versuchte CHODORKOWKI mit viel Geld, sich Zutritt zu den geschlossenen Zirkeln Washingtons zu verschaffen. Dafür hatte er seit 2001 jedes Jahr 50 Millionen Dollar für die Carnegie-Stiftung gespendet. Er verteilte zudem großzügige Spenden an neokonservative US-Institutionen.[1793] Wie die übrigen Oligarchen strebte auch CHODORKOWKI auf diese Weise eine Öffnung in Richtung USA und Westeuropa an, um die russische Ökonomie in die Weltwirtschaft zu integrieren.[1794] Aus diesem Grunde finanzierte er auch die wirtschaftsliberalen Parteien ›Jabloko‹ und die ›Union rechter Kräfte‹ in einem Ausmaß, das deutlich über jenes der anderen Oligarchen hinausging[1795] – wobei er den ungeschriebenen Pakt gebrochen hatte, den der russische Präsident PUTIN im Jahre 2000 mit den Oligarchen geschlossen hatte: Solange diese sich aus der Politik heraushielten, sollten ihre ungesetzlichen und unkontrollierten Privatisierungsaktionen strafrechtlich nicht weiter untersucht werden. Die Oligarchen sollten weiterhin Gewinne erwirtschaften können, doch sie sollten Steuern zahlen und sich aus der Politik heraushalten.

Dies hingegen reichte CHODORKOWKI, der sich der Unterstützung durch die US-Machtelite sicher war, nicht aus – er strebte nach politischem Einfluß und nach einer weiteren liberalkapitalistischen Umgestaltung des Landes. CHODORKOWKI brüstete sich damit, er habe in der Duma Gesetzesentwürfe blockieren können, die seinen Interessen zuwiderliefen. Als die Regierung die Rohstoffförderung stärker besteuern wollte, um die Klein- und Mittelbetriebe sowie die Landwirtschaft und die Rüstungsindustrie zu unterstützen, versuchte CHODORKOWKSY mit Spenden an sämtliche Oppositionsgruppen, das Gesetzesvorhaben im Keim zu ersticken. Doch die Oligarchen – so die Beurteilung der *Le Monde diplomatique* – wollten nicht nur das Parlament privatisieren, sondern auch die öffentlichen Versorgungseinrichtungen. Statt Steuern abzuführen, finanzierten sie lieber nach eigenem Gutdünken Krankenhäuser, Schulen oder Verkehrsbetriebe.[1796] Außerdem wurde aus Kreisen des Geheimdienstes FSB bekannt, daß von CHODORKOWKI und den Oligarchen sogar eine Art Staatsstreich geplant war, um die von PUTIN wiederhergestellte Machtvertikale wieder zu beseitigen. Laut einer Analyse der Stiftung Wissenschaft und Politik hatte ein sogenannter ›Rat für nationale Strategie‹, der von der Kreml-Administration ins Leben gerufen wurde, im Mai 2003 unter Leitung von Stanislaw BOLKOWSKIJ eine Studie mit dem Titel *Staat und Oligarchie* erstellt, in der von einem angeblich bevorstehenden Umsturz der Oligarchen berichtet wurde. Dieser Studie

Wladimir PUTIN und Michail CHODORKOWSKI im März 2002 im Kreml. Laut einer 2000 mit PUTIN ungeschriebenen Vereinbarung sollten die Oligarchen weiterhin Gewinne erwirtschaften können, jedoch Steuern zahlen und sich aus der Politik heraushalten. CHODORKOWSKI strebte aber nach einem hohen politischen Amt. Es ist die Rede, daß er für das Amt des russischen Staatspräsidenten kandidieren wollte.

Jukos-Raffinerie in Sibirien. PUTIN machte schließlich CHODORKOWSKI und der US-Machtelite einen Strich durch die Rechnung.

zufolge sollte Rußland nach französischem Vorbild in eine »präsidialparlamentarische Republik« verwandelt werden, in der die Rechte des Staatspräsidenten erheblich beschnitten werden sollten. Zu diesem Zweck sei für das Jahr 2004 eine Änderung der Verfassung angestrebt worden. Die treibende Kraft im Hintergrund soll dabei CHODORKOWKI mit Unterstützung einflußreicher Oligarchen wie ABRAMOWITSCH und FRIDMAN gewesen sein.[1797]

Diese Erkenntnisse des russischen Geheimdienstes FSB wurden dadurch bestätigt, daß CHODORKOWSKI zur Herausbildung einer ›Zivilgesellschaft‹ in Rußland als Garant für die Umwandlung des Landes erhebliche Gelder zur Verfügung stellte, was nicht nur in der Finanzierung von kremlfeindlichen ›Non-Gouvernment-Organisations‹ zum Ausdruck kam. CHODORKOWKSY versuchte zudem auch Einfluß auf die Medien zu nehmen. Er »kaufte die populäre Zeitung *Moskowskije novosti* (Moskauer Neuigkeiten) und setzte den im Kreml unliebsamen ehemaligen NTV-Chef Jewgenij KISSELJOW als Chefredakteur ein«.[1798]

Ferner gründete er zum Zweck der Umgestaltung Rußlands im westlichen Sinne nach dem Vorbild der ›Open Society‹-Stiftung des Bankiers George SOROS die Stiftung ›Offenes Rußland‹, in deren Verwaltungsrat CHODORKOWSKI einflußreiche Amerikaner und Engländer aufnahm wie den ehemaligen demokratischen Senator Bill BRADLEY, den ehemaligen US-Außenminister Henry KISSINGER oder den britischen Bankier Lord Jacob ROTHSCHILD.[1799] Diese ›Open Russia Foundation‹ wirkte seit ihrer Gründung im Jahre 2001 von den USA aus als ›Pressure Group‹ und hatte sich zum Wohlgefallen Washingtons die wirtschaftliche Öffnung Rußlands auf die Fahnen geschrieben – die von der BUSH-Regierung mit Blick auf die Ausweitung des US-amerikanischen Wirtschaftsimperiums auch auf Rußland schon lange gefordert worden war.[1800] Daß sich CHODORKOWSKI vor diesem Hintergrund als Gefahr für die strategische Sicherheit Rußlands erwies, liegt auf der Hand, und die Einleitung von Ermittlungsverfahren gegen ihn auf Initiative des Kreml ließ auch nicht lange auf sich warten.

Damit erwies sich CHODORKOWKI als der ideale Kandidat der US-Machtelite, die ihre strategischen und energiepolitischen Ziele mit seiner Hilfe in Rußland zum Durchbruch gelangen lassen wollte. Welche Bedeutung CHODORKOWSKI in diesem Zusammenhang wirklich hatte, beschreibt der Energie-Experte F. William ENGDAHL wie folgt: »Die Verhaftung CHODORKOWSKIS kam vier Wochen vor einer entscheidenden Wahl zur russischen Duma, dem russischen Unterhaus, bei der CHODORKOWSKI unter Ausnutzung seines erheblichen Vermögens die Mehrheit der Stimmen gekauft hatte. Die Kontrolle der Duma war der erste Schritt in CHODORKOWSKIS Plan, im folgenden Jahr als Präsidentschaftskandidat gegen PUTIN anzutreten. Der Sieg in der Duma hätte es ihm ermöglicht, die Wahlgesetze zu seinen Gunsten zu ändern, ebenso wie ein kontroverses Gesetz, das damals in der Duma erarbeitet wurde, das ›Gesetz über unterirdische Ressourcen‹. Dieses Gesetz hätte verhindert, daß Yukos und andere Privatunternehmen die Kontrolle über Bodenschätze übernahmen oder private, von den russischen Staatspipelines unabhängige Pipelinetrassen bauten. . . CHODORKOWSKI, der mächtigste Oligarch zu der Zeit, diente als Vehikel für etwas, was sich zu einem offenkundig von Washington unterstützten Putsch gegen PUTIN entwickelte. Vor seiner Verhaftung war CHODORKOWKI am 14. Juli 2003 insgeheim mit Vizepräsident Dick CHENEY zusammengetroffen. Nach dem Treffen mit CHENEY nahm CHODORKOWSKI Gespräche mit ExxonMobil und ChevronTexaco, der früheren Firma von Condolezza RICE, über die Übernahme eines erheblichen Aktienanteils an Yukos, angeblich zwischen 25% und 40%, auf. Durch die Verbindung zu den großen amerikanischen Ölriesen und damit zu Washington sollte CHODORKOWSKI eine de-facto-Immunität gegen mögliche Interventionen der Regierung PUTIN erhalten, praktisch ein Vetorecht über zukünftige russische Öl- und Gaspipelines und Ölgeschäfte. Wenige Tage vor seiner Verhaftung im Oktober 2003 wegen Steuervergehen war CHODORKOWSKI Gastgeber für George H.W. BUSH, den Moskauer Vertreter der mächtigen und verschwiegenen Washingtoner Carlyle Group. Sie besprachen die abschließenden Details des Kaufs von Yukos-Aktien durch die amerikanische Ölgesellschaft.«[1801]

Wäre es tatsächlich zum Abschluß dieses Geschäfts gekommen, dann hätte dies den totalen Ausverkauf der russischen Erdölwirtschaft an das amerikanische Establishment bedeutet: »Yukos hatte außerdem gerade ein Kaufangebot für seinen Rivalen Sibneft abgegeben. Mit 19,5 Milliarden Barrels Öl und Gas wäre YukosSibneft dann nach ExxonMobil Eigentümer der zweitgrößten Öl- und Gasreserven der Welt geworden, YukosSibneft der viertgrößte Produzent der Welt, mit einer Fördermenge von 2,3 Millionen Barrels Crude-Öl. Der Kauf von YukosSibneft durch Exxon oder Chevron wäre im wahrsten Sinne des Wortes ein energiepolitischer Staatsstreich gewesen. CHENEY wußte das; BUSH wußte es; CHODORKOWSKI wußte es. Vor allem wußte es Wladimir PUTIN und handelte, um das zu verhindern.«[1802]

Es liegen aber konkrete Hinweise dafür vor, daß CHODORKOWKI und seine Politik vom US-Establishment regelrecht benutzt worden sind, um das strategische Ziel der Inbesitznahme der russischen Erdölwirtschaft zu verwirklichen. [1803] Dieses hatte seinen Bundesgenossen – den Enthüllungen des *Saar-Echos* zufolge – ans Messer geliefert: »Sie haben ihn über die Klinge springen lassen und geopfert, um sich auf einen Schlag den Zugriff auf Yukos und damit das Zentrum der russischen Energiewirtschaft zu sichern. Dann bereiteten die USA die Übernahme der Kontrolle von Yukos konspirativ vor. Der Sturz ihres angeblichen russischen Freundes CHODORKOWSKI sollte dabei eine zentrale Rolle spielen. Zunächst wurde das Management von Yukos frühzeitig und zielstrebig mit US-Amerikanern ›aufgerüstet‹. Rußlands Präsident PUTIN würde es nicht wagen, amerikanische Staatsbürger zu inhaftieren. . ., ohne eine russisch-amerikanische oder gar internationale Krise heraufzubeschwören.«[1804]

Nach der Verhaftung CHODORKOWSKIS trat dessen Nachfolge im Jukos-Konzern Simon KUKES, ein Exil-Russe mit amerikanischem Paß, an. Mit diesem »waren die USA kurz vor dem Ziel, nicht nur eine Beteiligung an Yukos zu erhalten, sondern hatten nun sogar beste Chancen, den größten russischen Öl-Produzenten unter totale amerikanische Kontrolle zu bringen«.[1805] Wie *Le Monde diplomatique* berichtet, bekam der Yukos-Konzern neben vier russischen inzwischen auch drei US-amerikanische Direktoren.[1806] Ein halbes Jahr später trat der US-Amerikaner Steven THEEDE an die Spitze des Konzerns. »Nun lenkten und kontrollierten Amerikaner den russischen Ölriesen.«[1807] Eine der wichtigsten strategischen Zielsetzungen der USA schien damit erreicht.

2.3.1.5.2b Putins Gegenstrategie: Der Versuch der USA, die russische Energiewirtschaft zu kontrollieren, scheitert

Doch PUTIN gelang es, die Pläne der Amerikaner zu durchkreuzen. »Er schlug die Amerikaner mit ihren eigenen kapitalistischen Waffen. Als das Kernstück des Yukos-Konzerns, die Yukos-Öltochter Yuganskneftegas, kurz vor Weihnachten 2004 von der bis dahin völlig unbekannten russischen Baikal Finans Group – einer eiligst gegründeten Tarnfirma der russischen Regierung – für 9,1 Milliarden Dollar ersteigert wurde, hatten die Amerikaner den Ölkrieg gegen Rußland verloren.«[1808] Schließlich war Yukos ohne Yuganskneftegas nur noch wie eine Hülle ohne Kern und damit ohne jeglichen strategischen Wert.

Das Beispiel Michail CHODORKOWSKI zeigt, welche Bedeutung die Oligarchen für die US-Machtelite hatten, um ihr Ziel der Kontrolle russischer Rohstoffe erreichen zu können. Die Amerikaner hatten nach Wegen gesucht, um den russischen Energieriesen Jukos nicht nur unter ihren Einfluß zu bekommen, sondern möglichst auch zu kontrollieren. Das wäre ihnen mit Hilfe von CHODORKOWSKI auch fast gelungen, hätte PUTIN ihnen hier nicht einen deutlichen Strich durch die Rechnung gemacht. Heute kaum bekannt ist, daß der Aufkauf von Yuganskneftegas durch die russische Regierung von China finanziert wurde. »Die chinesische Regierung gewährte Rußland über die China National Petroleum Corp. einen Kredit in Höhe von 6 Milliarden US-Dollar für den Kauf von Yuganskneftegas. Der Betrag wurde blitzschnell an die russische Staatsbank VEB transferiert und an Rosneft weitergeleitet. Im Gegenzug hat sich China dafür die Aufrechterhaltung seiner Ölversorgung durch Rußland gesichert. Bislang war China überwiegend von Ölimporten aus dem Mittleren Osten abhängig. Um diese Abhängigkeit Chinas zu erhalten, strebten die USA seit Jahren danach, die Kontrolle über das Öl in dieser Region zu erlangen, um damit dann auch China besser gängeln zu können. Jetzt hat PUTIN auch in diesem Punkt den Amerikanern einen Strich durch die Rechnung gemacht. Mehr noch: Ähnliche Koalitionen wie mit Peking strebt PUTIN nun auch mit Indien und einigen ehemaligen Sowjetrepubliken im Energiebereich an.«[1809]

Damit erhielt der Fall CHODORKOWSKI in seinem Fortgang eine wirklich geopolitische Dimension. Der amerikanisch-russische Ölkrieg, in dem CHODORKOWSKI eine wichtige Schachfigur der US-Machtelite war, legte einen Grundstein einer energiepolitischen Arrondierung Eurasiens. Die entscheidenden kontinentalen Gegenspieler der USA, Rußland und China, hatten eine weitere Stufe der Zusammenarbeit gefunden, um den US-Vorstoß in Eurasien zumindest zu neutralisieren.

Neben diesem geopolitischen Gesichtspunkt war die Jukos-Affäre der entscheidende Grundstein für die Renationalisierung und die Wiederverstaatlichung der strategischen Rohstoffe Rußlands, die in der Jelzin-Ära zu Schleuderpreisen privatisiert und von der mafiosen Oligarchenschicht zur Ausplünderung freigegeben worden waren. »Die Yukos-Öltochter Yuganskneftegas wurde inzwischen mit allen Vermögenswerten und Verbindlichkeiten an die Firma Rosneft verkauft, ein Unternehmen, das zu 100 Prozent dem russischen Staat gehört... Gleichzeitig hat Putin Yuganskneftegas zu einem ausgesprochen niedrigen Preis wieder in Staatsbesitz bringen können... Sollte Rosneft mit seiner Neuerwerbung Yuganskneftegas zu einem späteren Zeitpunkt doch noch an Gazprom verkauft werden (Gazprom wird nur vom Staat geführt, ist kein Staatseigentum, der russische Staat hält nur 38 Prozent der Gazprom-Aktien), wird die Ölproduktion dennoch unter russischer Staatskontrolle bleiben, weil nach einer Übernahme von Rosneft... durch Gazprom dann der russische Staat eine Mehrheit an Gazprom halten würde. Damit würde Rußland die Ölproduktion des Landes weiterhin kontrollieren... Darüber hinaus hält der russische Staat 75 Prozent des Aktienkapitals der Firma Transneft, der alle russischen Pipelines gehören, sowie 52 Prozent der Firma United Energy System, die das russische Energieversorgungsnetz kontrolliert.«[1810]

Dieser Schachzug Putins hatte eine vollständige Kontrolle der Energiewirtschaft durch den russischen Staat zur Folge. Den USA war es so nicht mehr möglich, auf die russische Energiewirtschaft Zugriff zu nehmen. Mit einem Zusammenschluß der genannten Firmen unter dem Dach von Gasprom »würde der größte Energiekonzern der Welt entstehen, dem weder die Vereinigten Staaten, noch Europa oder Asien etwas Vergleichbares entgegenzusetzen haben. Eine in dieser Weise zentralisierte russische Energiewirtschaft wird Putins Position in Eurasien stärken und Amerikas Rolle in dieser Region schwächen. Öl und Gas sind mit etwa 25 Prozent am Bruttosozialprodukt Rußlands beteiligt und machen die Hälfte des russischen Staatseinkommens aus. Diese Einkünfte, die ansonsten in die Taschen von Oligarchen wie Chodorkovski – oder der Amerikaner – gewandert wären und Putin-Gegner finanziert haben könnten, bleiben somit unter Kontrolle von Putin... Putin hat mit seiner Yukos-Strategie die amerikanischen Pläne durchkreuzt, Rußland zu isolieren«.[1811]

Wie das *Saar-Echo* darstellt, blieb also mit der Chodorkowki-Affäre das globale finanz- und geopolitische Beben nicht aus. Den amerikanischen Bestrebungen wurden durch Putins Schachzüge eindeutige Grenzen aufgezeigt, die russischen Rohstoffe blieben in russischer Hand. »Amerika wird sich in einigen Bereichen neu orientieren müssen, denn mit einer möglichen Allianz aus Rußland, China, Indien und einigen anderen Ländern dürfte die Vision vom wirtschaftsimperialistischen Global Playing des amerikanischen Großkapitals deutlich korrigiert werden müssen. Es gibt offenbar noch etwas anderes auf dieser Welt als die Amerikanisierung, wie sie seit dem Zusammenbruch der Sowjetunion mit ihren Satelliten ungezügelt und ohne Gegengewicht über die Bühne gehen konnte... Mit Putin scheint Rußland erstmals seit dem Zerfall der Sowjetunion im Jahre 1992 wieder die Initiative in der Hand zu haben und über ein effektives nichtmilitärisches Netzwerk zu verfügen, das, als politisches Instrument eingesetzt, Amerikas Wirtschaftsimperialismus Grenzen setzen könnte.«[1812]

2.3.1.6 Der IWF erzwingt die gewaltsame Machtübernahme Boris Jelzins gegen die russische Staatsduma

Doch zurück zu den neunziger Jahren – dem Jahrzehnt des Ausverkaufs der Russischen Föderation. Die erzwungenen neoliberalen Wirtschaftsreformen führten zu einem Sterben des russischen Staates, wie es der russische Enthüllungsjournalist Paul Klebnikow formuliert hat.[1813] »Als Ergebnis von Gaidars übereilter Liberalisierung der Preise versanken über 100 Millionen Menschen, die sich während der Sowjetzeit einen gewissen Wohlstand erarbeitet hatten, in bitterer Armut. . . Die schlagartige Liberalisierung des Handels machte es unterdessen möglich, daß Rußlands Reichtum an Bodenschätzen von einer Gruppe von Insidern geraubt wurde. Dem russischen Staat wurde seine Haupteinnahmequelle entzogen. . . Gaidars Schocktherapie brachte einen unablässigen Niedergang ins Rollen – auf wirtschaftlicher, sozialer und demographischer Ebene –, der bis zum Ende der Jelzin-Ära andauern sollte. . . Seit dem Beginn von Gaidars Schocktherapie schrumpfte Rußlands Bruttoinlandsprodukt in nur vier Jahren um fast 50 Prozent. Am Ende sank Rußland unter dem Stand von China, Indien, Indonesien, Brasilien und Mexiko. Gemessen an dem Pro-Kopf-Einkommen war Rußland ärmer als Peru. Jahrzehnte des technischen Fortschritts waren verloren. Bekannte wissenschaftliche Einrichtungen zerfielen. Die russische kulturelle Elite löste sich auf. Und die Reichtümer des Landes wurden verschleudert.«[1814]

Daß diese katastrophalen Verhältnisse der nationalen Demütung Rußlands eine Opposition hervorriefen, lag auf der Hand. Wie Michel Chossudovsky schreibt, formierte sich sowohl in der Staatsduma als auch in der Zentralbank eine starke Opposition mit der Folge, daß die vom IWF geforderten Reformen unter dem kommissarischen Premierminister Jegor Gaidar Ende 1992 in eine Sackgasse gerieten.[1815]

2.3.1.6.1 Die Provokation eines Bürgerkrieges in Rußland durch den IWF

»Damit die Privatisierung fortgesetzt werden konnte«, so Paul Klebnikow, »brauchte Jelzin eine fast absolute Machtbefugnis.«[1816] Zur Jahreswende 1992/1993 befand sich das Jelzin-Regime jedoch in einer schweren Legitimationskrise: »Seine Macht schien auf tönernen Füßen zu stehen. Auf verfassungsrechtlicher Ebene wurde sogar die Legitimität seiner Regierung in Frage gestellt – die Auflösung der Sowjetunion bildete immerhin einen Verstoß gegen die sowjetische Verfassung und eine Mißachtung eines unionsweiten Referendums. Darüber hinaus hatte sich herausgestellt, daß die Politik von Jelzins Regierung verheerende Folgen für das Land hatte.«[1817]

Derjenige, der sich gegen das Mafia-System auflehnte, war der Vizepräsident und Luftwaffengeneral Alexander RUZKOI, der die Rückendeckung patriotischer Kräfte und des Militärs genoß. »Er sah, daß Rußlands Reichtum von JELZINS Kumpanen schamlos geplündert wurde, und lehnte sich dagegen auf. . . JELZIN ernannte RUZKOI zum Vorsitzenden einer Kommission, die Korruptionsvorwürfen gegen die Regierung nachgehen sollte. Als RUZKOI massive Verstöße aufdeckte, setzte JELZIN ihn jedoch kurzerhand von dem Posten ab.«[1818] Als RUZKOI daraufhin an die Öffentlichkeit trat und darauf aufmerksam machte, daß er im Besitz von Beweisen über kriminelle Machenschaften der Regierung sei, wurde er von JELZIN unter flagrantem Bruch des russischen Verfassungsrechts von seinem Posten als Vizepräsident entlassen.[1819] Zu jener Zeit konnte sich JELZIN bei der Durchsetzung der vom IWF erzwungenen Reformen nicht auf das Parlament stützen. Dieses und der Kongreß der Volksdeputierten waren beide erbitterte Feinde JELZINS und seiner Politik und widersetzten sich GAIDARS Preisreform ebenso wie auch TSCHUBAIS' Privatisierungsplänen.[1820] Immer wieder wurden Präsidialerlasse blockiert und JELZIN gedroht, daß er seines Amtes enthoben werden würde. Wie KLEBNIKOW deutlich hervorhebt, hätte der Privatisierungspolitik ohne das Parlament als Hemmschuh für JELZINS Pläne nichts mehr im Weg gestanden.[1821]

Zudem wuchs der Druck der internationalen Hochfinanz auf JELZIN, die weitere Rationalisierungs- und Privatisierungsmaßnahmen einforderte. »Der IWF räumte ein, daß möglicherweise bis zu 40 Prozent der Industriebetriebe geschlossen werden müßten, wenn die Regierung ihr Ziel der Haushaltskonsolidierung erreichen

Oben: Ein Oberst und militanter Kommunist beschimpft im September 1993 das JELZIN-Regime. Rechts: Im belagerten Parlamentsgebäude (dem Weißen Haus) halten Alexander RUZKOI (rechts) und Ruslan CHASBULATOV am 3. Oktober 1993 ihre letzte Pressekonferenz. (Fotos: D. BORKOW)

Opposanten stürmen die Fernsehzentrale Ostankino und versuchen, die Studios einzunehmen, um über das Fernsehen zum Widerstand gegen das JELZIN-Regime aufzurufen.

Am 3. bzw. 4. Oktober 1993 wurden bei der Schießerei zwischen JELZINS Gegners und seinen Truppen 92 Personen getötet.

wolle.«[1822] Gleichzeitig nahm die Regierung ein drastisches Einsparprogramm im Gesundheits-, Erziehungs- und Rentenbereich in Angriff. Durch diese Maßnahmen kam es im Dezember 1992 zu einer deutlichen Konfrontation zwischen der Regierung und dem Parlament. »Die Legislative nutzte ihre Kontrollrechte über die Haushalts- und Geldpolitik, um die reibungslose Umsetzung des IWF-Programms zu blockieren. Das Parlament verabschiedete Gesetze, die die Privatisierung der staatlichen Industrie verlangsamten, ausländischen Banken Beschränkungen auferlegten und die Vollmachten der Regierung beschnitten, die Subventionen und Sozialausgaben nach den Forderungen des IWF zu kürzen.«[1823]

JELZIN gelang es in der Folgezeit nicht, sich gegenüber dem Parlament durchzusetzen, und er griff in dieser angespannten Situation im April 1993 zu einem Referendum. In diesem Referendum wurde der Regierung JELZIN, KLEBNIKOW zufolge, zwar noch weitgehend das Vertrauen ausgesprochen; allerdings erhielt der in diesem Referendum enthaltene Vorschlag, das Parlament aufzulösen, nicht die erforderliche Stimmenzahl. »Die Wähler gaben somit deutlich zu verstehen, daß sie sich eine friedliche Beilegung des Konfliktes zwischen JELZIN und dem Parlament wünschten, mit der beide Seiten leben konnten.«[1824] Trotz dieses Votums kündigte JELZIN am 21. September 1993 an, daß er das Parlament auflösen werde. Nach einer Erklärung des russischen Verfassungsgerichts, das von der Opposition unter Alexander RUZKOI und Ruslan CHASBULATOW eiligst angerufen wurde, war dies ein flagranter Bruch russischen Verfassungsrechts.[1825]

Der IWF hingegen verschärfte diese höchst angespannte Situation noch weiter: Am 23. September 1993 »gab der IWF-Direktor Michel Camdessus zu erkennen, daß die zweite Tranche eines IWF-Kredits von drei Milliarden Dollar nicht ausgezahlt würde, weil Rußland vor allem aufgrund der Interventionen des Parlaments seine Verpflichtungen nicht erfüllt hatte. Im April 1993 hatte Präsident Clinton auf dem asiatisch-pazifischen Wirtschaftsgipfel in Vancouver erklärt, daß westliche Hilfe für Rußland an die Durchführung demokratischer Reformen gebunden sei«.[1826] Dies war eine indirekte Aufforderung an Jelzin, die bestehende Konfliktsituation gewaltsam – also durch einen Staatsstreich – zu lösen. Wie Michel Chossudovsky analysiert, konnten die Bedingungen von IWF und westlichen Gläubigern nur durch die Kaltstellung des Parlaments erreicht werden.[1827] Unter Führung von Alexander Ruzkoi und dem Parlamentspräsidenten Ruslan Chasbulatow verschanzte sich die parlamentarische Opposition im ›Weißen Haus‹ (dem russischen Parlamentsgebäude). Am 4. Oktober 1993 stürmten regierungstreue Truppen das Gebäude und kämpften die Opposition nieder – eine Operation auf Druck der internationalen Bankiers, die nach offiziellen Angaben 92 Menschen das Leben kostete.[1828]

2.3.1.6.2 Die Folgen des vom IWF gewünschten Staatsstreichs Jelzins: Rußland wird in die Abhängigkeit internationaler Gläubiger getrieben

Mit diesem Gewaltstreich wurde die Machtstellung des Präsidenten Jelzin gefestigt. Mit einem landesweiten Volksentscheid vom Dezember 1993, zwei Monate nach dem blutigen Staatsstreich, wurde eine Verfassung verabschiedet, die dem Präsidenten umfassende Machtbefugnisse verlieh; das Parlament hingegen »hatte praktisch keine Möglichkeit, etwas gegen den Präsidenten zu unternehmen«.[1829] Wie Paul Klebnikow schreibt, konnte beim Verfassungsreferendum allerdings der Verdacht von Fälschungen nicht ausgeräumt werden. Es gab wohl Anzeichen dafür, daß die Zahlen über die Wahlbeteiligung in den Provinzen gefälscht worden waren, um das erforderliche Quorum zu erreichen.[1830] Der russische Journalist Vadim Belotserkovsky spricht von eindeutigen Beweisen für eine Fälschung des Ergebnisses der Volksabstimmung.[1831]

Vor dem Hintergrund dieser Entwicklung ist es daher nicht zuviel gesagt, wenn man Jelzin als Marionette nicht nur der Oligarchen, sondern auch des Internationalen Währungsfonds bezeichnet. Letzterer war es schließlich, der in den Jahren 1992/1993 eine Bürgerkriegssituation in Rußland hervorrief und in Jelzin die Marionette fand, die wunschgemäß im Auftrag der US-Machtelite die wirtschaftliche Umwandlung des Landes nunmehr autoritär-diktatorisch durchsetzen konnte. »Jetzt war der Weg für Reformen nach dem Muster des IWF frei«,[1832] die in der Folgezeit mit den bereits erwähnten Privatisierungskampagnen Anatoli Tschubais' auch radikal umgesetzt wurden. Wie Michel Chossudovsky schreibt, folgte dem Präsidentenerlaß vom 21. September 1993 umgehend eine Flut von weiteren Präsidialerlassen zur Beschleunigung der Wirtschaftsreformen und zur Erfüllung der IWF-Kreditbedingungen, die die russische Regierung im Mai 1993 unterzeichnet hatte: »Die

Kredite an die Staatsunternehmen wurden umgehend beschränkt, die Zinsen erhöht und die Privatisierungen und Handelsliberalisierung beschleunigt.«[1833]

Vieles spricht dafür, daß der Gewaltstreich JELZINS gegen das Parlament zuvor mit den westlichen Gläubigerstaaten abgesprochen wurde. »Die G-7-Staaten unterstützten JELZINS Dekret zur Auflösung beider Häuser des Parlaments im voraus. Ihre Botschaften waren informiert.«[1834] Michel CHOSSUDOVSKY zufolge war der Zeitpunkt für das gewaltsame Vorgehen JELZINS äußerst günstig gewählt: »Sein Finanzminister sollte am 25. September bei einem Treffen der G-7-Finanzminister Bericht erstatten; Außenminister Andrej KOSYREW weilte gerade in Washington, wo er mit CLINTON zusammentraf; die Jahreskonferenz von IWF und Weltbank sollte am 28. September in Washington beginnen; und schließlich war der 1. Oktober der Stichtag für eine Entscheidung über einen IWF-Sofortkredit vor einem Treffen des Londoner Clubs der Gläubigerbanken unter Vorsitz der Deutschen Bank am 8. Oktober.«[1835]

Nach dem Vorgehen JELZINS kam es bei den Regierungen der westlichen Staaten allerdings nicht zu Protesten oder zu Mahnungen wegen des undemokratischen Vorgehens. Vielmehr drückten die G-7-Staaten nach der Auflösung des Parlaments »ihre große Hoffnung aus, daß die jüngsten Entwicklungen Rußland helfen werden, einen entscheidenden Durchbruch auf dem Weg zu Marktreformen zu erzielen«.[1836] JELZIN wurde ermahnt, er müsse nunmehr deutlich machen, daß er die Wirtschaftsreformen fortsetzen werde, da er andernfalls die internationale Finanzhilfe verlieren werde. IWF-Direktor Michel CAMDESSUS machte in diesem Zusammenhang seine Hoffnung deutlich, daß die politischen Entwicklungen in Rußland zur Beschleunigung des Prozesses der marktwirtschaftlichen Reformen beitragen würden.[1837]

Die vom IWF erzwungenen Reformen sollten schließlich verheerende Auswirkungen für Rußland selbst haben. Die Kaufkraft des russischen Volkes wurde erneut aufgesogen. Durch die erzwungenen Einsparungen wurde der Zahlungsverkehr zwischen Zentrum und Peripherie eingestellt, so daß das Gefälle hier immer größer wurde und Balkanisierungstendenzen unaufhaltsam waren. »Die Entscheidungen, die Energiepreise weiter zu liberalisieren und die Zinsen anzuheben, dienten dem Ziel, große Sektoren der russischen Industrie rasch in den Bankrott zu treiben. Als Mitte Oktober 1993 Roskhlebprodukt, das staatliche Getreidehandelsunternehmen, dereguliert wurde, stiegen die Brotpreise über Nacht von 100 auf 300 Rubel. Und diese zweite Welle der Verarmung brach über das russische Volk herein, *nachdem* es bereits im Vorjahr mit einem geschätzten Kaufkraftverlust von 86 Prozent hatte fertig werden müssen! Da alle Subventionen aus der Staatskasse finanziert worden waren, konnte das eingesparte Geld, wie vom IWF verlangt, in die Bedienung der russischen Auslandsschulden umgelenkt werden.«[1838]

Tatsächlich wurde im Zuge dieser Entwicklungen das Abdriften Rußlands in die Schuldknechtschaft des IWF weiter verstärkt. Bis 1993 hatte Rußland bereits einen massiven Kapitalabfluß hinnehmen müssen, der das Land finanziell empfindlich austrocknete. Die nun vom IWF gewährten ›Finanzhilfen‹ aber sollten keinesfalls dazu dienen, Rußland beim Aufbau einer nationalen Volkswirtschaft zu helfen. Vielmehr dienten die Kredite »dem nützlichen Zweck, Rußlands Auslandsschulden zu vergrößern – zu jener Zeit etwa 80 Mrd. Dollar – und den westlichen Gläubigern einen noch besseren Zugriff auf die russische Wirtschaft zu verschaffen«.[1839]

Nicht nur das: Die Gewährung von Krediten an Rußland sollte den USA einen zusätzlichen Absatzmarkt verschaffen – durch die Kredite sollte Rußland in die Lage versetzt werden, amerikanische Produkte zu kaufen, wie es die ›Grand-Area‹-Strategie ja auch vorgesehen hatte. Die CLINTON-Administration, deren Ziel es unter anderem auch war, die Stellung der USA als Wirtschaftsmacht zu stärken, erhoffte sich, daß ein marktwirtschaftlich liberalisiertes Rußland einen lukrativen Absatzmarkt bilden und damit zur Schaffung neuer Arbeitsplätze in den USA beitragen könnte.[1840] Auf dem Wirtschaftsgipfel in Vancouver bot CLINTON JELZIN einen Betrag von 1,6 Mrd. Dollar zum Kauf von amerikanischem Weizen und anderen Produkten von US-Farmern an. Weitere Finanzhilfen bestanden in Exportgarantien für die Ölfirma Conoco und den Baumaschinenhersteller Catarpillar (232 Mio. Dollar).[1841] Durch diese Form der Hilfe, so CHOSSUDOVSKY, fand sich Rußland auf einer Stufe mit den afrikanischen Entwicklungsländern des Subsaharagebietes wieder, wobei die Gewinner dieser Politik wieder einmal die USA waren, indem sie zum einen den russischen Absatzmarkt für ihre hochsubventionierten Agrarprodukte bekamen und zum anderen Rußland weiterhin in die Schuldenfalle treiben konnten, um dann weitere ›Reformen‹ erzwingen zu können. Auch Joseph STIGLITZ bestätigte, daß hinter den Wirtschaftsempfehlungen des IWF sowie der US-Administration nichts anderes als US-Finanz- und Handelsinteressen standen.[1842]

2.3.1.7 Die IWF-Reformen fördern die Balkanisierung der Russischen Föderation

Darüber hinaus hatte der IWF ebenfalls eine Reform der Haushaltsstruktur eingefordert, mit dem Ziel einer weiteren Schwächung der Zentralgewalt und der Zersplitterung der Russischen Föderation. Diese Haushaltsreform »forderte die ›Finanzautonomie‹ der Teilrepubliken und der diversen politischen Instanzen durch die Kürzung der Transferleistungen der Zentralregierung und die Umlenkung der staatlichen Finanzressourcen in den Schuldendienst. Die Folge war der Zusammenbruch der Staatsfinanzen, die wirtschaftliche und politische Balkanisierung und die Ausweitung der Kontrolle westlichen und japanischen Kapitals über die Wirtschaft der russischen Regionen«.[1843]

Wie Rußland-Experte Michael THUMANN schreibt, kam es im Zuge der Auseinandersetzung zwischen Regierung und Parlament zu staatsgefährdenden Streitigkeiten zwischen Moskau und den Regionen, die sich in der Folge in sezessionistischen Bestrebungen äußerten. Die Einheit der Russischen Föderation als Staat stand auf dem Spiel. »An beunruhigenden Anzeichen fehlte es nicht. Die Regionen von Swerdlowsk bis Wologda erklärten sich plötzlich zu Republiken mit allen Rechten. Fünf Regionen unter Führung von Jekatarinburg wollten eine vergrößerte Uralrepublik gründen. In Nowosibirsk drohten fünfzehn sibirische Parlamentspräsidenten mit der Gründung einer ›Sibirischen Republik‹, inklusive Steuerboykott und Blockade der Transsibirischen Eisenbahn. Auf der Insel Sachalin im Fernen Osten kündigten Politiker an, sich an Japan um Hilfe zu wenden, wenn Moskau nicht mehr Geld schicke. Rußland als einheitlicher Staat begann zu erodieren.«[1844]

Es schien sich mit Hilfe des IWF-Einsparprogramms somit genau das zu entwikkeln, was das geopolitische Konzept Zbigniew BRZEZINSKIS vorgesehen hatte. Dieses forderte ja eine Teilung der Russischen Föderation in mehrere föderative Republiken ein, die mit den jeweils benachbarten Staaten der ›Rimlands‹ in engere wirtschaftliche Beziehungen eintreten sollten – eine Option, die die Einheit des eurasischen ›Heartlands‹ dauerhaft zerstören sollte. Wie Michael THUMANN hervorhebt, waren es insbesondere die Regierungen der Republiken und Regionen, die von der Privatisierungskampagne profitierten.[1845] Damit schien das westliche Reformprogramm der Balkanisierung der Russischen Föderation erheblichen Vorschub zu leisten.

JELZIN, der im Land nicht mehr über allzugroßen Rückhalt verfügte, mußte den Republiken entgegenkommen, um die Russische Föderation als handlungsfähige staatliche Einheit noch irgendwie retten zu können. Das Ergebnis war eine Art Grundlagenvertrag, der das Verhältnis zwischen Zentrum und Republiken regeln sollte. Nach diesem Vertrag, der zunächst mit der Republik Tatarstan geschlossen wurde, dem sich dann aber weitere Teilrepubliken anschlossen, erhielten die Republiken das Recht, Außenbeziehungen zu pflegen, eine eigene Verfassung zu haben, eigene Steuern zu erheben und eine eigene Art Staatsbürgerschaft zu verleihen.[1846] Damit hatte JELZIN »den einheitlichen Rechtsraum des Landes Schritt für Schritt preisgegeben«.[1847] Der Vertrag war eine Kompromißlösung, um das staatliche Auseinanderfallen der Russischen Föderation zu verhindern. Tatsächlich behielten die Teilrepubliken aber noch erheblichen Spielraum: In dieses Vakuum konnten THUMANN zufolge die ehrgeizigen regionalen Machthaber problemlos vorstoßen, so daß die rechtliche Einheit der Russischen Föderation lediglich auf dem Papier bestand.

2.3.2 Die USA sorgen zusammen mit den Oligarchen für die Wiederwahl ihrer Marionette Boris Jelzin

Im Jahre 1996 standen in Rußland Präsidentschaftswahlen vor der Tür – einem Jahr, in dem JELZINS Popularität sich nach wie vor auf dem Tiefpunkt befand. Neben den westlichen Banken und Konzernen drohte auch den Oligarchen ein abruptes Ende ihrer halbkriminellen Geschäftsaktivitäten beim Ausverkauf der russischen Wirtschaft: »Ihr Förderer JELZIN stand wegen der wirtschaftlichen Unzufriedenheit im Land vor einer Wahlniederlage gegen die wiedererstarkten Kommunisten unter ihrem Chef SJUGANOW. Der Stab des oft kranken und alkoholisierten Präsidenten dachte sogar an die Inhaftierung politischer Gegner, um einen Sieg der Kommunisten zu verhindern.«[1848]

Demnach war die Lage für die Machtelite der Oligarchen äußerst unsicher, sie mußten also für die Kontinuität der Machtverhältnisse Sorge tragen. Das JELZIN-TSCHUBAIS-Regime mußte unbedingt am Leben gehalten werden; befürchtete man in den Kreisen der Oligarchen doch, daß die kommunistischen Kräfte im Falle eines Sieges ihres – weitaus populäreren – Kandidaten Gennadi SJUGANOW die Privatisierungsgeschäfte wieder rückgängig machen würden. Wie KLEBNIKOW hervorhebt, hatte sich TSCHUBAIS für die neue russische Wirtschaftselite als ein wahrer Segen erwiesen: Er hatte es ihnen ermöglicht, unvorstellbar reich zu werden.[1849] »Anfang 1996 lockten die Früchte des Kredite-gegen-Aktien-Schwindels, doch es war klar, daß sie nur dann geerntet werden konnten, wenn JELZIN einen zweiten Wahlsieg errang. Er hatte seinen Teil der Abmachung erfüllt, und nun war es an den Oligarchen, ihm die versprochene ›politische, finanzielle und strategische‹ Unterstützung für seine Wiederwahl zu leisten.«[1850]

Auf dem Weltwirtschaftgipfel in Davos 1996 kamen die führenden Oligarchen unter Führung von Boris BERESOWSKI – weiterhin Wladimir GUSSINKSI, Michail CHODORKOWKI, Wladimir POTANIN und Michail FRIEDMAN – mit Anatoli TSCHUBAIS überein, JELZINS Wahlkampf nach Kräften zu unterstützen. »BERESOWSKI wußte, daß die führenden russischen Unternehmer sich hinter JELZIN stellen mußten«,[1851] wobei TSCHUBAIS eine entscheidende Rolle spielen sollte,[1852] denn er »war den Oligarchen gegenüber loyal und hatte das Vertrauen des Westens. Sowohl die Chefs der multinationalen Konzerne wie auch die westlichen Regierungsbeamten betrachteten TSCHUBAIS als ihren Favoriten in Rußland.«[1853]

Auch Joseph STIGLITZ bestätigt die enge Bindung zwischen TSCHUBAIS und der US-Machtelite: »In Rußland entstand nicht zu Unrecht der Eindruck, die US-Regierung habe sich mit der Korruption verbündet. Als öffentliche Geste der Unterstützung lud der stellvertretende Finanzminister Lawrence SUMMERS den in seiner Heimat verständlicherweise äußerst unpopulären Anatoli TSCHUBAIS, der in der russischen Regierung für die Privatisierung zuständig war und den ›loans-for-share‹-Betrug (Aktien gegen Kredite, der Verf.) eingefädelt hatte, in sein Privathaus ein. Das US-Finanzministerium und der IWF betraten die politische Bühne in Rußland. Indem sich die Vereinigten Staaten, der IWF und die internationale Staatengemeinschaft so entschieden mit denjenigen solidarisierten, die am Ruder waren, während gleichzeitig durch die korrupte Privatisierungspraxis eine Ungleichheit gewaltigen Ausmaßes geschaffen wurde, haben sie sich unwiderruflich mit einer Politik verbündet, die bestenfalls die Interessen der Vermögenden auf Kosten des Durchschnittsrussen förderte.«[1854] Das war die Grundlage des Bündnisses des BERESOWSKI-GUSSINSKI-TSCHUBAIS-Clans mit der US-Machtelite, um die Wiederwahl Boris JELZINS sicherzustellen.

Die US-Machtelite sorgte daher auch mit sämtlichen finanziellen und organisatorischen Mitteln für die Unterstützung des Wahlkampfs JELZINS. »Der italienische Journalist Giuletto CHIESA«, so der Mafia-Experte Jürgen ROTH, »beschreibt in seinem Buch *Lebe wohl, Rußland*, wie die amerikanische Regierung die Wahlkampagne von JELZIN direkt organisierte. Dazu wurden vier Monate vor den Wahlen vier amerikanische Wahlkampfexperten nach Moskau gebracht.«[1855] KLEBNIKOW zufolge »erhielt das JELZIN-Lager zusätzlich Unterstützung von den besten ausländischen Wahlkampfstrategen. Einer der tonangebenden Imagemacher war Tim BELL, das Werbegenie hinter Saatchi&Saatchi und der Kopf beim Wahlsieg Margaret THATCHERS im Jahr 1979. Das JELZIN-Team warb ferner die Wahlkampfstrategen an, auf deren Konto der eindrucksvolle Wahlsieg des kalifornischen Gouverneurs Pete WILSON von 1994 ging, nachdem er fast aussichtslos zurückgelegen hatte«.[1856] Wie Gerald SUSSMAN nachweist, ist ein derartiges ›*democracy building*‹ in Gestalt von Wahlkampfinterventionen Kernbestandteil der globalen Strategie der US-Außenpolitik, um enge politische, militärische und ökonomische Bindungen der US-Machtelite mit einem von ihr gewünschten Polit-Establishment in strategisch wichtigen Regionen herzustellen.[1857]

CLINTON-Berater wie Steven MOORE, Richard DRESNER und Dick MORRIS wirkten als enge PR-Manager von Boris JELZIN. Offiziell jedoch wurde jegliche Bindung zwischen Washington und der russischen Wahlkampagne geleugnet.[1858] Drahtzieherin der Wahlkampagne war die JELZIN-Tochter Tatjana DJATSCHENKO, die in sehr engem Kontakt mit den US-amerikanischen Wahlkampfberatern stand. Begleitet war dies von einer beispiellosen antikommunistischen Diffamierungskampagne gegen den KP-Chef SJUGANOW: »Die Amerikaner schlugen so schmutzige Tricks vor wie SJUGANOW mit so genannten ›Wahrheitseinheiten‹ zu verfolgen, die ihn so lange provozieren sollten, bis er die Nerven verlor.«[1859] Russische Werbeberater, die zuvor in den USA ausgebildet worden waren, wurden mit der Erstellung von Wahlkampfspots nach US-amerikanischem Vorbild beauftragt.[1860]

Den Wahlkampf ihres Wunschkandidaten unterstützte die US-Machtelite aber nicht nur logistisch, sondern auch mit umfassenden finanziellen Mitteln. Die kriminelle Machtelite um Boris JELZIN scheute sich dabei nicht, Devisenreserven und ausländische Kredite anzuzapfen.[1861] Auch das Waschen krimineller Gelder schien in diesem Zusammenhang keine untergeordnete Rolle gespielt zu haben, was im Herbst 1999 vom amerikanischen FBI gemeldet wurde.[1862] Jedenfalls wurde von seiten der US-Machtelite alles daran getan, zu verhindern, daß die geheime Komplizenschaft zwischen US-Banken und den Oligarchen aufgedeckt wurde: »Insbesondere die US-Regierung läßt keinen Versuch aus, ihre gesammelten Erkenntnisse unter den Teppich zu kehren. Aus außenpolitischen und geostrategischen Gründen, lancieren US-Kongreßabgeordnete«.[1863]

Tatsächlich ging es um Geldwäsche in Höhe von mehreren Milliarden Dollar, Gelder unter anderem auch des IWF.[1864] Wie Mafia-Experte Jürgen ROTH nachweist, war ein großer Teil dieser Schwarzgelder auf ein Konto der JELZIN-Tochter Tatjana DJATSCHENKO geflossen,[1865] die, wie bereits erwähnt, als Zentralfigur der JELZINschen ›Family‹ wirkte. Folgt man Jürgen ROTH weiter, waren diese Geschäfte aller Wahrscheinlichkeit nach im Zusammenhang mit JELZINS Wahlkampf zu sehen. In der Tat waren die Zahlungen des IWF an Rußland im Jahre 1996 erstaunlich hoch. »Zu

JELZINS Glück hatte der IWF Rußland im Frühjahr 1996 den bislang höchsten Kredit gewährt: 10,2 Milliarden Dollar, auf drei Jahre verteilt.«[1866]

Diese Subsidien (Hilfsgelder) wurden von der kriminellen Machtelite schamlos zur Finanzierung des JELZINschen Wahlkampfes eingesetzt, wobei man sich auch nicht scheute, die dringend notwendigen Devisenreserven des Landes anzuzapfen. »Das Geld war rasch aufgezehrt. Trotz der Finanzsspritze nahmen die Devisenreserven der russischen Schatzkammer in der ersten Hälfte des Jahres 1996 von 20 Milliarden auf 12,5 Milliarden Dollar ab. Die russische Regierung gab also in diesem Zeitraum wenigstens neun Milliarden Dollar an ausländischen Devisen aus«,[1867] wobei KLEBNIKOW darauf hinweist, daß ein Teil des Geldes an JELZINS Wahlkampfkasse sowie ein weiterer Teil an Geschäftsleute und Regierungsbeamte mit guten Beziehungen geflossen war.

Das geheime Wahlkampfhauptquartier war das Gebäude von BERESOWSKIS halbkriminellem Autokonzern Logowaz, wo sich der ›Bund der 13‹, nämlich dreizehn führende russische Unternehmer und Oligarchen unter Vorsitz von BERESOWSKI selbst und TSCHUBAIS nebst JELZIN-Tochter Tatjana DJATSCHENKO, regelmäßig traf. Hier erfolgten die Koordinierung und der Einsatz der Schwarzgelder. Wie der ehemalige JELZIN-Vertraute und -Leibwächter KORSCHAKOW, selbst Mitglied des Mafia-Systems, sagte, wurde JELZINS Wahlkampf »überwiegend durch geheime Spenden von russischen Banken, industriellen Finanzkreisen und einzelnen Geschäftsleuten finanziert... Der Wahlkampfstab schuf einen Schmiergeldfonds, in den das ganze Geld gestopft wurde... BERESOWSKI wurde schnell zu einem der wichtigsten Verwalter dieses Fonds«[1868] – kurz, die gesamte Wahlkampfstrategie und insbesondere dessen Finanzierung wurde »von denselben Menschen ausgeheckt, die sich auch das Programm ›Aktien gegen Kredite‹ ausgedacht hatten«.[1869] Zusammenfassend stellt Rußland-Experte Alexander RAHR hierzu fest: »Die Finanzeliten bezahlten nicht nur die Wahlkampagne JELZINS, sie gaben ihm auch ihre Beraterstäbe und stellten ihm ihre administrativen Kapazitäten zur Seite.«[1870]

BERESOWSKI, der ›Pate des Kreml‹, sorgte auch dafür, daß staatliche Gelder in JELZINS Wahlkampfkasse umgeleitet wurden, und zwar über ein Netzwerk von Geldwäschemaßnahmen: »In einer Zeit, in der Lehrer, Ärzte, Soldaten und Arbeiter seit Monaten auf ihren Lohn warten und Millionen alter Menschen ohne Rentenzahlungen auskommen mußten, beschloß das JELZIN-Team kurzerhand, Milliarden Dollar für den Präsidentschaftswahlkampf auszugeben. Da es eindeutig illegal war, wenn JELZIN Haushaltsgelder für die Finanzierung seines Wahlkampfs verwendete, mußten diese Gelder erst durch die großen Industrieimperien BERESOWSKIS und einer Handvoll anderer Oligarchen gewaschen werden.«[1871]

Das Ergebnis des Wahlkampfes ist bekannt: Boris JELZIN konnte 54 Prozent der Stimmen auf sich vereinigen. Natürlich fragt man sich, aus welchem Grund die russischen Wähler trotz der katastrophalen Verhältnisse im Lande, die die JELZIN-Clique zu verantworten hatte, dem Urheber erneut ihre Stimme gaben. Paul KLEBNIKOW sieht die Ursache darin, daß die meisten Menschen in Rußland ihrer Informationen fast ausschließlich aus dem Fernsehen bezogen. Die Kommunisten hatten es allerdings versäumt, eine umfassende Fernsehpräsenz sicherzustellen, ganz im Gegenteil zu JELZIN. »Herr JELZIN kontrolliert die Medien völlig«, so eine Feststellung des US-Kongreßmitglieds Lee HAMILTON aus Indiana bei einer Anhörung über das organisierte Verbrechen in Rußland im April 1996. »Der andere Mann (SJUGANOW) kommt nicht einmal im Fernsehen.«[1872] Auch wurde der Versuch der Kommunisten, zumindest ein paar Sendeminuten im staatlichen Fernsehen zu kaufen, umgehend abgewiesen.[1873] Die Gründe hierfür lagen auf der Hand: Die Oligarchen – allen voran Boris BERESOWSKI und Wladimir GUSSINSKI – hatten die Medienlandschaft bereits weitgehend monopolisiert; überdies bestand eine starke Abhängigkeit der Medien von staatlichen Zuschüssen. »In Anbetracht der Tatsache, daß die Mehrzahl der russischen Medien zum Überleben auf Zuschüsse angewiesen war, konnte die Regierung massiv Einfluß auf den Inhalt nehmen.«[1874]

Wenn man sich natürlich vergegenwärtigt, daß hinter den Kulissen die Oligarchen als Strippenzieher agierten, hieß das, daß sie es waren, die tatsächlich die Medienwelt reglementierten. Gerade der Einfluß BERESOWSKIS gründete sich auf einem weitverzweigten Medienimperium, dessen Glanzstück der landesweite Sender ORT war.[1875] »Die gebündelte Macht ihrer Medien stellten die Financiers dem Präsidenten also zur fast ausschließlichen Verfügung. Das Übergewicht der Berichterstattung über JELZIN im Verhältnis zu den anderen Kandidaten war grandios. In den Tagen vor der Stichwahl tauchte der kommunistische Herausforderer in den Medien praktisch nicht mehr auf.«[1876] Dabei spielte, wie KLEBNIKOW hervorhebt, auch Bestechung eine wichtige Rolle: »Während des Wahlkampfes stießen amerikanische Journalisten auf Hinweise, daß JELZINS Team Journalisten in finanziellen Schwierigkeiten und ihre Chefs bestachen, damit sie den Präsidenten im schönsten Licht präsentierten. Die Zahlungen reichten von 100 Dollar für einen einzigen positiven Artikel eines Provinzreporters bis hin zu Millionen von Dollar an die Eigentümer der größten russischen Tageszeitungen«, wobei die größten illegalen Geldströme an die Fernsehchefs gingen.[1877]

Diese Hintergründe unterstreichen, daß hinter Boris JELZIN tatsächlich die Oligarchen und mit ihnen die US-Machtelite als Strippenzieher wirkten, um durch ihren in Wirklichkeit schwachen und von schwerer Krankheit gezeichneten Wunschkandidaten auf die Geschehnisse in Rußland Einfluß nehmen und die ökonomische Umgestaltung des Landes vornehmen zu können. JELZINS Wahlsieg hatte zur Folge, daß die kriminelle Schattenregierung, die sich in der ersten Hälfte der neunziger Jahre gebildet hatte, nunmehr offiziell zu politischem Einfluß kam.

2.3.3 Die Folge des Wahlsieges Boris Jelzins 1996: Die Oligarchen ergreifen offiziell die Macht in Rußland und begünstigen den weiteren Ausverkauf des Landes

Wie das Nachrichtenmagazin *Der Spiegel* schreibt, sah sich Boris JELZIN nach seinem Wahlsieg einer immer dreister agierenden Oligarchen-Riege gegenüber, die offen eine »Regierung der Konzerne« forderte.[1878] Diese Oligarchen-Riege forderte jetzt als Gegenleistung für ihre umfassende Unterstützung und Finanzierung seines Wahlkampfes die offizielle Beteiligung an der politischen Macht in Rußland, natürlich mit dem Ziel, die kriminellen Geschäfte der ersten Hälfte der neunziger Jahre nunmehr zu legalisieren und gewissermaßen mit staatlichem Siegel zu erweitern. Dem Paten des Kreml, Boris BERESOWSKI, war es ja schon zu dieser Zeit gelungen, »seine Vertrauensleute an die Spitze der russischen Machtpyramide zu plazieren, um über sie Einfluß auf wirtschaftliche und politische Entscheidungen zu erhalten«.[1879]

Die Verbindung zwischen Hochfinanz und politischer Macht sollte nach der Rechnung der Oligarchen jetzt legalisiert werden. Praktisch befand sich der Staat schon in der finanziellen Abhängigkeit dieser kriminellen Machtelite. Damit der Haushalt der Russischen Föderation seine Löcher stopfen konnte, wirkten die Oligarchen als Kreditgeber und kauften zu diesem Zweck die ständig neu aufgelegten »kurzfristigen Staatsobligationen« der Staatsbank auf, deren Erwerb mit horrenden Zinsen entlohnt wurde. »Der Staatshaushalt dagegen wurde mit einer rasant steigenden Tilgungsschuld auf das Unerträglichste belastet. Die Reichtümer der Finanzimperien stammten somit zu einem erheblichen Teil direkt aus dem staatlichen Schuldendienst.«[1880] Es verstand sich deshalb von selbst, daß die politischen Verhältnisse nicht geändert werden durften. Nur dann konnten die Oligarchen damit rechnen, »ihren einmal erworbenen Besitz und Status zu behalten und auszubauen. Der Besetzung des Präsidentenamtes und der ihm nahestehenden Schlüsselpositionen kam für die Lobbyisten der Wirtschaft exklusive Bedeutung zu. Die Verfügung über die Präsidialadministration, in der nach der gewonnenen Präsidentschaftswahl TSCHUBAIS alle Fäden ziehen sollte, entschied über die Verteilung von Besitz und Macht auf regionaler Ebene. Die langfristige Strategie der Hochfinanz war auf den unbedingten Machterhalt in der Nach-JELZIN-Ära gerichtet«.[1881]

Tatsächlich befand sich JELZIN in jener Zeit in einem sehr schlechten Gesundheitszustand: Eine schwere Bypass-Operation machte ein Regieren unmöglich. Was nun folgte, war die allmähliche offizielle Machtübernahme im Staat durch die Oligarchen, bei der wiederum der Internationale Währungsfonds und die US-Machtelite ihre Hände im Spiel hatten. »Der Partner für die USA und der Kontaktmann für den IWF während der JELZIN-Ära«, schreibt Energie-Experte F. William ENGDAHL, »war Anatoli CHUBAIS, Minister für Privatisierung. Der IWF gewährte Rußland 1996 einen Kredit über sechs Milliarden US-Dollar – unter der Bedingung, daß CHUBAIS mit der Leitung der Wirtschaftspolitik betraut würde.«[1882] Dabei schien die US-Machtelite hinter den Kulissen Druck auf JELZIN ausgeübt zu haben. Der damalige stellvertretende US-Finanzminister Lawrence SUMMERS, »der ebenfalls Millionen von Dollars an amerikanischen Steuergeldern an den ›Harvard Shock Therapy‹-Ökonomen und Rußland-Berater Jeffrey SACHS weitergeleitet hatte, begrüßte JELZINS Ernennung CHUBAIS' zum Ersten Stellvertretenden Ministerpräsidenten. Die Tatsache, daß CHUBAIS die Verantwortung für die Wirtschaft übernehme, so argumentierte

Sein Wahlsieg 1996 markierte zweifellos den Höhepunkt in JELZINS politischer Laufbahn. (Foto: AP)

Nach dem Rubel-Crash im Jahre 1998 verzeichnete die Moskauer Valuta-Börse dramatische Kursstürze. Foto: BELUSOW.

Streikende Bergarbeiter in Rostow 1996. Ihre Forderung: pünktlich und vollständig bezahlt zu werden. »Wir werden nicht zulassen, daß sie Vieh aus uns machen!«

SUMMERS damals, würde zu einer ›wiederbelebten Präsidentschaft und einem wirtschaftlichen Dream Team führen‹ «.[1883]

Hier überschnitten sich wieder einmal die gemeinsamen Interessen der US-Machtelite und der kriminellen Mafia-Elite der Oligarchen. Was jetzt nämlich folgte, war die Institutionalisierung des Ausverkaufs Rußlands, bei dem sich Oligarchen und US-Machtelite bekanntlich die Hand reichten, indem beide die Ernennung von Anatoli TSCHUBAIS sicherstellten, der sich ja schon in der ersten Hälfte der neunziger Jahre für beide Hintergrundmächte als wahrer Segen erwiesen hatte. »Bei TSCHUBAIS konnte man sich darauf verlassen, daß er die Interessen der Gruppe der 13 (eben der Oligarchen, der Verf.) wahren werde, die ihn wieder in den engeren Kreis des Kremls eingeführt hatte. Sicherheitshalber wurde der Bankier Wladimir POTANIN zum Ersten Stellvertretenden Ministerpräsidenten ernannt, mit dem Zuständigkeitsbereich Wirtschaft.«[1884]

Zusätzlich drängten die Oligarchen jetzt selbst an die Macht: »Die Finanzelite forderte nach dem Wahlsieg JELZINS eindeutig ihren Lohn. Sie wollte nicht mehr, wie in den Jahren zuvor, die Macht durch Mittelsmänner beeinflussen, sondern direkt in die Regierung und andere Exekutivstrukturen aufgenommen werden. Nachdem sie mit ihrem Geld, ihren Medien und ihren Organisationsressourcen die Wahlen gewonnen hatte, begehrte sie den Anteil an der unmittelbaren politischen Macht. Die Oligarchen bestimmten einen Mann aus ihrer eigenen Mitte – den Onexim-Chef Wladimir POTANIN – zum neuen Ersten Stellvertretenden Ministerpräsidenten für Wirtschafts- und Finanzfragen.«[1885]

Wie von der US-Machtelite gewünscht, übernahm TSCHUBAIS nach dem Wahlsieg JELZINS umgehend die Präsidialverwaltung und zog die wichtigen Wirtschaftsentscheidungen an sich. Als Dank für die Wahlkampfunterstützung konnten sich einige Oligarchen die Filetstücke der russischen Wirtschaft in abgesprochenen Auktionen zu Spottpreisen sichern. Insgesamt erreichte in den Jahre 1996 bis 1999 der Einfluß der großen Oligarchen ihren Höhepunkt.[1886] TSCHUBAIS kontrollierte »von nun an 80 Prozent der Schlüsselpositionen innerhalb der Regierung und war gleichzeitig Finanzminister. Durch ihn konnte die Finanzelite ihre politischen Interessen im Land nun noch stärker durchsetzen. Sogar der militärindustrielle Komplex wurde TSCHUBAIS unterstellt«.[1887]

Auch für Boris BERESOWSKI bedeuteten die Jahre 1996 bis 1999 einen rasanten Zuwachs an offiziellem politischen Einfluß. In dieser Zeit »trat der reichste russische Geschäftsmann in die Regierung ein. Am 30. Oktober 1996... wurde Boris BERESOWSKI zum Stellvertretenden Sekretär des Sicherheitsrates ernannt. Der Tycoon hatte schon lange mit einem Posten in der Regierung geliebäugelt«.[1888] Wie KLEBNIKOW hervorhebt, wurde auf diese Weise der Bock zum Gärtner gemacht.[1889] Zwischen 1996 und 1999 erreichte der politische Einfluß BERESOWSKIS nicht nur in Rußland, sondern auch in anderen Ländern der GUS seinen Höhepunkt. In dieser Periode hatte er nicht nur den Posten eines Vizesekretärs des Sicherheitsrates inne, sondern erhielt zudem den Posten eines Exekutivsekretärs der GUS; er war leitender Berater der Präsidialadministration und Mitglied der Föderalen Kommission für die Tschetschenische Republik. »Diese Stellung eines hochrangigen Amtsträgers ermöglichte es BERESOWSKI, enge Beziehungen zu den Führern vieler GUS-Republiken zu etablieren. Die Massenmedien in den Händen der Oligarchen, allen voran der Fernsehsender ORT, die großen Einfluß auf die öffentliche Meinung in den GUS-Ländern hatten (so spielte der ORT-Sender keine unbedeutende Rolle beim Vorwahlkampf des kasachischen Präsidenten Anfang 1999), begünstigten dies. BERESOWSKI entwickelte besondere Aktivitäten im Kaukasus, wo er über die Transportrouten des aserbaidschanischen und des zentralasiatischen Öls nach Europa verhandelte.«[1890]

Selbst der Geheimdienstchef der tschetschenischen Separatisten, Nadir Sultan ELSUNKAYEV, erklärte in einem Interview mit der *Rossiskaya gazeta*, daß BERESOWSKI »in seiner Funktion als Vizesekretär des Sicherheitsrates persönliche und nicht so sehr staatliche Interessen verfolgte«.[1891] Wie Rußland-Experte Alexander RAHR hervorhebt, zeichnete sich vor diesem Hintergrund seit Mitte der neunziger Jahre eine gefährliche Tendenz ab. »Rußland entwickelte sich zunehmend zu einem halbkriminellen Staat, in dem die kriminelle Elite Einfluß auf innen- und außenpolitische Entscheidungen gewann.«[1892]

Der Ausverkauf der Russischen Wirtschaft sollte ungebrochen weitergehen, insbesondere, was die Erdöl- und Erdgasindustrie, den wichtigsten strategischen Faktor Rußlands, anging. »Im Rahmen der kontrollierten und manipulierten Privatisierung in der Ära CHUBAIS«, so der Energie-Experte F. William ENGDAHL, »wurden russische Öl- und Gasinteressen für einen Apfel und ein Ei verscherbelt, um alte Kumpane von JELZIN und CHUBAIS bevorzugt auszuwählen. Ein aus dem Jahre 1998 stammender IWF-Bericht gab an, daß 17 russische Öl- und Gasgesellschaften mit einem Verkehrswert von mindestens 17 Milliarden US-Dollar von CHUBAIS für eine Gesamtsumme von 1,4 Milliarden US-Dollar veräußert worden waren. Außerdem waren 60 Prozent des staatlichen Monopolunternehmens Gazprom, des weltgrößten Gasproduzenten, für etwa 20 Millionen US-Dollar an private russische Interessengruppen verkauft worden. Der tatsächliche Marktwert belief sich auf etwa 119 Milliarden US-Dollar. . . Oligarchen wie Mikhail KHODORKOVKSY, Boris BERESOWSKI und Viktor TSCHERNOMYRDIN beherrschten die russische Wirtschaft stärker, als irgendein Bürokrat in der kommunistischen Ära es je getan hatte.«[1893]

TSCHUBAIS sorgte zudem dafür, daß neben den Oligarchen auch ausländische Konzerne erleichterten Zugang zum russischen Markt finden konnten, weswegen er sich hinter den Kulissen die Feindschaft der etablierten Oligarchen zuzog. Dies erfolgte »auf Druck der westlichen Finanzinstitutionen«, die für ihre Konzerne transparentere Regeln bei der Privatisierungskampagne einforderten.[1894] Beispielsweise war es TSCHUBAIS, der hinter den Kulissen dafür sorgte, daß die ›Oneximbank‹ des Oligarchen POTANIN den Fernmeldemonopolisten ›Swjazinwest‹ »teilweise mit ausländischem Kapital des amerikanischen Multimilliardärs George SOROS, des russischen Emigranten Boris JORDAN von der MFK-Bank und der Deutsche-Bank-Tochter ›Morgan Greenfell‹«[1895] erwerben konnte. Dieser Fall »bedeutete, daß an der Privatisierungsbörse künftig finanzkräftige ausländische Investoren offen mit russischen Finanzclans konkurrieren konnten«.[1896]

Folgt man Michel Chossudovsky, waren die Aktivitäten ausländischer, insbesondere US-amerikanischer Konzerne auch nicht gerade erfolglos. »Damit Rußland nicht als eigenständige Macht auf dem Weltmarkt auftreten kann, zielen die... Reformen vor allem darauf ab, die einheimische Hightech-Industrie zu schwächen, zu zerschlagen und ihre dann verbliebenen Kapazitäten im Verein mit westlichen Partnern für den Export umzurüsten. Es ist ein höchst einträgliches Geschäft. Lockheed und Boeing, Rockwell International und andere haben ein Auge auf die russische Luft- und Raumfahrtindustrie geworfen... Die AT&T Bell Laboratories zum Beispiel haben durch ein Joint Venture die Dienstleistungen eines ganzen Forschungslabors am Institut für Allgemeine Physik in Moskau erworben. McDonnel Douglas hat eine ähnliche Vereinbarung mit dem Institut für Mechanische Forschung getroffen.«[1897] Insbesondere das rohstoffreiche Sibirien hatte sich durch das auferlegte Reformprogramm zu einer Grenzregion entwickelt, die von der Gnade ausländischer Öl- und Bergbaugesellschaften abhängig wurde.[1898]

Während die Ausplünderung Rußlands weiter voranschritt, rutschte der Staat immer tiefer in die Misere. »Anfang 1997 stand Rußland vor leeren Staatskassen und drohenden sozialen Unruhen«[1899], da sich die Politik der Machtelite der Oligarchen ausschließlich nach den Interessen der Hochfinanz und Industrielobbys ausrichtete. »Maßnahmen wie die Verschärfung der Steuerdisziplin, die Entflechtung der mächtigen Wirtschaftsmonopole, der Abbau von Industriesubventionen, die Schaffung von Investitionsanreizen und die Festigung des privatwirtschaftlichen Sektors... wurden hingegen verzögert.«[1900] Wie Alexander Rahr hervorhebt, wurde das finanzielle Desaster des russischen Staates so groß, daß der Zusammenhalt des Staates gefährdet war.[1901] Diese Entwicklung wurde von der westlichen Machtelite im Hintergrund nach Kräften gefördert. Die Machtverhältnisse in Rußland von 1996 bis 1999 entsprachen genau ihren Wünschen. »Die russischen Finanzeliten wurden als westfreundlich und marktwirtschaftlich eingestuft. Sie wollten Kooperation statt Konfrontation mit dem Westen. Sie strebten auch keine Wiederherstellung der UdSSR an. Der Westen vertraute vor allem Tschubais. Dieser war jahrelang der russische Hauptansprechpartner des Internationalen Währungsfonds und der Weltbank gewesen. Er galt, neben Jelzin, als Hauptgarant dafür, daß Rußland nicht von seinem Reformkurs abwich. Der Westen brauchte nicht lange zu überlegen: Sicherlich war dem neuen russischen Machtkartell Vorzug vor einem neokommunistischen oder nationalistischen Regime zu geben.«[1902]

Dieses Machtkartell wurde vom IWF ohne Einschränkung subventioniert. Alexander Rahr bezeichnet die IWF-Gelder als »offene politische Kredite«, um einen Machtwechsel zu verhindern und um »Rußland durch IWF-Kredite politisch ›gefügiger‹ zu machen«.[1903] Dadurch vergrößerte sich jedoch – wie von der Hochfinanzelite des Westens auch gewollt – die Verschuldung und die Zinsknechtschaft Rußlands rasch. »In immer dichterer Folge mußte Rußland um Stundung und

Umstrukturierung der Tilgungsleistungen ersuchen, immer häufiger neue Kredite aufnehmen, um alte zu bezahlen... Innerhalb weniger Jahre wuchs so... die russische Auslandsschuld von etwa 30 Milliarden US-Dollar 1990 bei Auflösung der Sowjetunion auf 130 Milliarden US-Dollar.«[1904] Wie Michel CHOSSUDOVSKY schreibt, dienten die IWF-Kredite lediglich »dem nützlichen Zweck, Rußlands Auslandsschulden zu vergrößern... und den westlichen Gläubigern einen noch besseren Zugriff auf die russische Wirtschaft zu verschaffen«.[1905]

2.3.4 Die Währungskrise 1998 – der russische Schuldenberg wird zum Gegenstand westlicher Spekulanten

Der westlichen Hochfinanz gelang es indessen, den russischen Schuldenstand selbst zum Gegenstand von Währungsspekulationen zu machen, das heißt durch den Handel mit russischen Schuldverschreibungen auf den Finanzmärkten selbst Gewinne zu erwirtschaften. Aufgrund der Tatsache jedoch, daß dem gigantischen Schuldenberg keine Aktiva gegenüberstanden, entstand hier eine ebenso gigantische Spekulationsblase, bei deren Zustandekommen gleichfalls der IWF seine Hände im Spiel hatte.

Die Gesamtverschuldung Rußlands belief sich 1998 auf insgesamt 200 Milliarden US-Dollar, wobei die Schuldentilgung schon ein Drittel des Staatshaushaltes in Anspruch nahm. »Um neues Kapital zu akquirieren und Investoren anzulocken, hatte die russische Regierung... lukrative kurzfristige Staatsobligationen (GKO) herausgegeben, die riesige Zinsen abwarfen. Als sich die Krise zuspitzte, erhöhte die Zentralbank die Zinsen auf GKO-Wertpapiere zeitweilig auf 150 Prozent, um die Kapitalflucht aufzuhalten. Die hohen Zinszahlungen wurden aber zu einer untragbaren Belastung für den russischen Staatshaushalt. Bald überstiegen sie das tatsächliche Steueraufkommen des Staates um das Doppelte. Die Gold- und Währungsreserven des Landes schrumpften in sechs Monaten von 23 auf 15 Milliarden US-Dollar.«[1906]

Gleichzeitig ordnete der IWF an – um den Rubel für Spekulanten der westlichen Hochfinanz attraktiv zu halten –, daß Rußland die Überbewertung der Währung und des Wechselkurses unbedingt aufrechterhalten müsse.[1907] Auf Druck des IWF wurde der Rubel an den Dollar gekoppelt – mit folgenschweren Auswirkungen für die russische Volkwirtschaft. »Danach würde der Wert der russischen Währung steigen, wenn der des Greenback stieg, und wenn der Dollar durchhing, würde auch der Kurs des Rubels fallen. Eine fatale Entscheidung mit schweren Folgen für das Land, aber glänzenden Aussichten für die Banken. Denn damit wurde zwar die Inflation gebremst, aber gleichzeitig auch die Wirtschaftsentwicklung abgewürgt. Wegen der hohen Zinsen konnten die russischen Firmen keine Kredite mehr aufnehmen und daher auch nicht mehr investieren oder ihre Produktion aufrecht erhalten. Viele Betriebe konnten nicht einmal mehr die Löhne zahlen. Die Wirtschaft sank in eine tiefe Rezession.«[1908] Hintergrund der vom IWF geforderten Hochzinspolitik und der Überbewertung des Rubels war nichts anderes als das Interesse westlicher Banken, durch Investitionen in den Rubel große Zinserträge zu erwirtschaften, wobei die Zinsforderungen, wie oben dargestellt, zu Lasten des Staatshaushalts gingen. »Dabei kamen in Rußland vor allem die amerikanischen Investmentbanken Goldman Sachs, Merrill Lynch und Salomon Brothers zum Zuge.«[1909]

Den ganz großen Reibach – so Banken-Expertin Christiane OPPERMANN – aber machten die US-Investmentbanken mit den Staatsanleihen auf Rubelbasis. Aufgrund der übermäßig hohen Zinsen jedoch waren diese »ein höchst lukratives, aber ebenso riskantes Geschäft. Denn die Chancen, daß die russische Regierung diese Anleihen je würde bedienen können, ohne neue Schulden aufzunehmen, waren gleich null«.[1910] Da den horrenden Zinsversprechungen der russischen Staatsbank und dem auf Druck des IWF künstlich überbewerteten Rubel kein realwirtschaftliches Fundament zugrunde lag, stellte sich das Ganze als eine gigantische virtuelle Finanz- und Spekulationsblase dar. Dafür hatten schließlich schon die IWF-Reformprogramme gesorgt. Denen zufolge »mußten die Märkte für ausländische Investoren geöffnet und alle Einfuhrzölle sowie die Preiskontrollen abgeschafft werden«.[1911]

Nach den Analysen Joseph STIGLITZ' wurde Rußland dadurch »von Importen förmlich überschwemmt, und die inländischen Erzeuger waren kaum konkurrenzfähig«.[1912] Investitionen waren zum Erliegen gekommen, und es wurden keine Konsumgüter hergestellt. Die vom IWF erzwungene Überbewertung des Rubels »hatte – zusammen mit den anderen wirtschaftspolitischen Maßnahmen, die der IWF dem Land aufgezwungen hatte – die Wirtschaft abgewürgt«.[1913] Der Finanzblase fehlte damit ein realwirtschaftliches Wachstum als Stütze.

Obwohl es STIGLITZ zufolge für ein Wachstum der russischen Realwirtschaft erforderlich gewesen wäre,[1914] stellte sich der IWF aber jedem Vorschlag zur Währungsabwertung entgegen und gewährte statt dessen insgesamt 23 Milliarden Dollar zur Stützung des Wechselkurses, natürlich nur, um die westlichen Kapitalinteressen zu sichern.[1915] Folgt man STIGLITZ, führten genau diese Stützungskredite zum Zusammenbruch der russischen Wirtschaft.[1916] Allmählich trat die Spekulationsblase immer deutlicher zutage, und »Investoren, vor allem Börsenspekulanten, verließen fluchtartig den russischen Markt«.[1917]

Was dann hinter den Kulissen der Hochfinanz folgte, macht deutlich, wie durch Spekulationsgeschäfte die russische Wirtschaft weiter in den Ruin getrieben wurde. »Zwischen der US-Investmentbank Goldman Sachs. . ., dem IWF und der russischen Regierung wurde ein Deal über das ›Umrubeln‹, das heißt die Umschuldung der GKOs, geschlossen. Im Wert von sechs Milliarden Dollar konnten die Investoren ihre wertlosen Rubel-Junkbonds in langfristige Dollar-Papiere tauschen.«[1918] Die Gewinner dieses Deals waren die westlichen Investoren. Sie konnten einerseits die Rubel-Zinseinnahmen kassieren und auf der anderen Seite weiter in die sicheren Dollar-Anleihen gehen. Die US-Investmentbank Goldman Sachs hatte dabei auf einen Schlag mehr Geld eingefahren, als die deutschen Großbanken zusammen seit dem Ende des Kommunismus verdient hatten.[1919]

Die gigantischen Gewinne der US-Börsenspekulanten wurden jedoch mit einer zunehmenden wirtschaftlichen Katastrophe in der Russischen Föderation erkauft. »Die russische Bevölkerung hingegen ging unvorstellbar harten Zeiten entgegen: Die Regierung ließ den Rubelkurs um 60 Prozent absacken und versuchte das vom IWF verordnete Sparprogramm umzusetzen. Die Folge: Die Wirtschaftsleistung schrumpfte um 40 Prozent. Innerhalb eines Jahrzehnts stieg die Zahl der Menschen, die mit weniger als vier Dollar am Tag auskommen müssen, von zwei Millionen auf 60 Millionen.«[1920] Wie die Publizistin Christiane Oppermann hervorhebt, hatte wieder einmal »der IWF den Interessen der Großfinanz trefflich in die Hände gespielt und gleichzeitig ein Land in den finanziellen Kollaps geführt«.[1921] Auch Joseph Stiglitz zufolge diente die Politik des IWF nur dazu, die Finanzinteressen der Oligarchen wie der westlichen Hochfinanz zu sichern: »Natürlich profitierten nicht nur die Oligarchen von dem Hilfspaket. Die Investmentbanker an der Wall Street und die anderer westlicher Finanzinstitute, die sich besonders nachdrücklich für ein Hilfspaket eingesetzt hatten, wußten, daß seine Wirkung bald verpuffen würde: Sie nutzten die kurze Verschnaufpause, die ihnen das Beistandspaket verschaffte, um so viel wie möglich zu ›retten‹ und außer Landes zu fliehen.«[1922] Rußland mußte die bittere Erfahrung machen, daß zwei Drittel des ausländischen Investitionskapitals, das 1997 in größeren Mengen ins Land geflossen war, nicht der Ankurbelung der Produktion diente, sondern ausschließlich zu spekulativen Zwecken eingesetzt worden war.[1923]

2.3.5 Die Auswirkungen von IWF-Reformen und Währungskrise: die Auflösung der wirtschaftlichen und rechtlichen Einheit der Russischen Föderation

Die IWF-Reformen und die von der westlichen Hochfinanz inszenierte Rubelkrise sollten schließlich auch genau das bewirken, was die US-Machtelite seit langem geplant hatte, nämlich die Auflösung Rußlands als einheitlichen Staats. »Die Finanzkrise«, so Michael Thumann, »setzte eine Erosion der zentralen Staatsmaschinerie in Gang: Rußland, das zuvor schon kein einheitlicher Rechtsraum mehr war, hörte auf, als einheitliches Wirtschaftsgebiet zu existieren. Die Hauptstadt verlor in der Not vorübergehend ihre führende Rolle als Schnittstelle der Geldströme. . . Denn die Moskauer Regierung war ausgeblutet im Crash der Kreditspekulationen und des Rubelverfalls. . . Entsprechend weniger hatte der Kreml an föderalen Trinkgeldern auszuteilen. Die Dynamik wirtschaftlichen und politischen Handelns ging auf die Regionen über.«[1924]

Tatsächlich machten sich in den Föderationssubjekten allmählich separatistische Tendenzen breit. Deutlich sichtbar wurde dies darin, daß verschiedene Republiken begannen, unabhängig von Moskau eine eigene Außenpolitik zu entwickeln und mit den benachbarten Mächten wirtschaftliche Kooperationen einzugehen. »Tatarstan unterhielt 1998 Vertretungen in 16 Ländern. . . Der jakutische Präsident

Michail NIKOLAJEW unternahm im Oktober 1998 einen Ausflug in die ›nähere‹ Umgebung seiner kolossalen Republik: Er lotete in Japan die Chancen engerer Handelsbeziehungen aus. Manche Republiken schlossen Verträge mit ausländischen Staaten. Kabardino-Balkarien am Kaukasus beschloß zum Befremden Moskaus, ausgerechnet mit der Slowakei die Wirtschaftsbeziehungen per Vertrag zu vertiefen. Weniger überraschend war ein Abkommen Burjatiens mit der Mongolei vom März 1999: die Republik verbanden mit dem Nachbarstaat nicht nur die gemeinsame Grenze, sondern kulturelle und sprachliche Verwandtschaften. . . Im April 1997 besuchten Vertreter von sieben russischen Republiken, die sich auf ihre türkischen Wurzeln berufen, ein ›Treffen der Freundschaft, Brüderlichkeit und Zusammenarbeit türkischer Staaten und Gemeinden‹ in Istanbul.«[1925] Den Beobachtungen Michael THUMANNS zufolge hatte sich die Wirtschafts- und Finanzkrise als Katalysator der Auflösung der Russischen Föderation erwiesen: »Die Provinzen gewannen gegenüber dem siechen Zentrum mit jedem Krisenmonat an Selbstbewußtsein«.[1926]

Silvester 1999. Der sichtlich gesundheitlich angeschlagene JELZIN verabschiedete sich von der Politik und erklärte zu seinem Rücktritt: »Ich möchte euch um Vergebung bitten, denn viele unserer Hoffnungen haben sich nicht erfüllt. Wir dachten, es würde leicht werden, aber es stellte sich als äußerst schwierig heraus. Ich bitte euch, mir zu vergeben, daß ich die Hoffnungen der Menschen nicht erfüllt habe, die geglaubt haben, daß wir in einem Schritt von einer grauen. stagnierenden, totalitären Vergangenheit in eine viel versprechende, reiche und zivilisierte Zukunft gehen können. Heute, am letzten Tag des Jahrhunderts, setzte ich mich zur Ruhe.«

3 Rußland in geopolitischen Plänen der USA nach der Einschätzung Wjatscheslaw Daschitschews

Insgesamt betrachtet, wurde die Russische Föderation Ende der neunziger Jahre in eine existentielle Krise gedrängt. Es ging um nichts mehr als um die Frage ihrer Existenz als Staat selbst – eine Frage, deren Ursache in den von der US-Machtelite erzwungenen neoliberalen Reformen zu suchen ist. Wie von dieser schon lange angestrebt, begann sich die geopolitische Einheit des eurasischen Herzlands allmählich aufzulösen, wobei die neue Herrschaftsclique in Rußland eng mit den Interessen der US-Machtelite verbunden war. Das, was in Rußland in den neunziger Jahren ablief, entsprach, worauf Wjatscheslaw Daschitschew in seinem Aufsatz *Rußland in geopolitischen Plänen der USA*[1927] hinweist, genau den Zielsetzungen der ›Neuen Eindämmungspolitik‹ der Clinton-Administration.

»Nach dem Zerfall der Sowjetunion setzten sich die herrschenden amerikanischen Kreise zum Ziel, ihre globale Alleinherrschaft, eine unipolare Weltordnung zu errichten. Das beinhaltete unter anderem die Beseitigung Rußlands als atomarer Weltmacht und die maximal mögliche Schwächung seiner Rolle in der Weltpolitik. Die damit zusammenhängenden Vorhaben wurden in der unter Präsident Bill Clinton ausgearbeiteten Strategie der ›Neuen Eindämmung Rußlands‹ (The New Containment Policy of Russia) ins Visier gefaßt und konsequent durchgeführt.« Daschitschew zufolge wurde diese neue Eindämmungspolitik »ab Anfang der 90er Jahre unter Ausnutzung der neuen proamerikanischen Nomenklatura, die sich um Jelzin gruppierte, mit Erfolg durchgeführt. Angewandt wurde die ›Strategie der indirekten Einwirkung‹ (Liddell Hart). Sie erwies sich als viel effektiver im Vergleich zum klassischen Krieg«. Daschitschew spricht hier von einem »unerklärten Krieg gegen Rußland *ohne Gewaltanwendung und ohne Besetzung des Territoriums*«. Auf diesem Weg gelang den USA die Unterwerfung Rußlands unter den politischen Willen Washingtons und der US-Interessen im Wege einer »stillen Eroberung« des Landes von innen her.

Dies ist nicht als bloße Verschwörungstheorie abzutun, denn, so Daschitschew, »die unwiderlegbaren Tatsachen liegen auf der Hand: Die politischen und wirtschaftlichen Prozesse in Rußland wurden in den neunziger Jahren in die für die USA gewünschte Richtung durch eine ›unsichtbare‹ Hand gelenkt. Eingesetzt wurden vorwiegend wirtschaftliche und finanzielle Mittel, die Schaffung eines verzweigten Netzes der amerikanischen Lobby, die Bestechung oder die Erpressung der Politiker, der Vertreter des Großbusiness und sogar der Personen aus dem russischen Geheimdienst usw.«

Daschitschew beschreibt, daß diese Strategie auf zwei Wegen umgesetzt wurde: »Der Schwerpunkt der ›Neuen Eindämmungspolitik‹ wurde in der ersten Etappe auf die innere Schwächung Rußlands gelegt. Entscheidend dafür war es, neue Kreise, die fähig waren, die amerikanischen Interessen in Rußland zu vertreten und durchzusetzen, an die Macht zu bringen.« Dabei schätzt Daschitschew Boris Jelzin als amerikanischen Vasallen ein, der nur mit Hilfe der USA an die Macht gekommen sei. »Ein willfähriges Werkzeug für diesen Zweck fanden die Amerikaner in der Figur JELZINS. Macht- und Habgier, Trunksucht, spärliche Ausbildung, intellektuelle Nichtigkeit, Skrupellosigkeit, vollständige Mißachtung der nationalen Interessen und der Notlage des Volkes – das waren Wesenszüge dieses Mannes. Um seine Macht zu bewahren, war JELZIN auf die Unterstützung der Amerikaner sehr stark angewiesen. Noch vor dem Staatsstreich im Dezember 1991 hat er sich beim amerikanischen Präsidenten BUSH rückversichert und die Bewilligung des Umsturzes erhalten. Washington nutzte diese rare Gelegenheit in vollem Maße. In den engen Kreis um JELZIN wurde solche politischen Gauner wie BERESOWSKI, GUSINSKI, GAIDAR, TSCHUBAIS, NEMZOW, TSCHERNOMYRDIN und ihresgleichen eingeführt.« Dabei wertet DASCHITSCHEW die von der US-Machtelite und dem IWF aufgezwungene ›Schocktherapie‹ als eine perfide, von US-Geheimdienstlern mitgesteuerte Strategie, »um Rußland auszuplündern und seine Wirtschaft, vor allem strategisch wichtige Zweige, ruinieren zu können. Als Berater der JELZIN-Führung, besonders der Privatisierungsbehörde von TSCHUBAIS, fungierten einige hundert Amerikaner. Die Hauptrolle spielten dabei die Mitarbeiter der Geheimdienste der USA«.

Neben der Fortsetzung der Politik der inneren Schwächung Rußlands wurde nach der Analyse DASCHITSCHEWS »im außenpolitischen Bereich die Einkreisung Rußlands intensiviert. Die NATO verwirklichte ihren ›Drang nach Osten‹ bis an die ›Schmerzzone‹ Rußlands, indem die baltischen Staaten und Polen in dieses Militärbündnis schon hineingezogen wurden, die Ukraine und Georgien unmittelbar davor stehen«. Besonderen Wert legt die US-Machtelite dabei »auf die Stärkung der amerikanischen Positionen am Unterleib Rußlands – im Kaukasus und in Mittelasien, wo die reichen Erdölvorkommen und die strategischen Pipelines für Energieressourcen sind. Die Bestandteile dieser Strategie sind, 1) die Aktivitäten, die darauf gerichtet sind, Rußland vom Kaukasus zu verdrängen, und 2) den strategischen Bogen der USA vom Nahen und Mittleren Osten über Iran und Afghanistan nach Mittelasien zu erweitern. Die USA-Eliten schmieden die Pläne, einen ›cordon sanitaire‹ gegen Rußland zu schaffen, das sich über die baltischen Staaten, Polen, Weißrußland, die Ukraine, Georgien und Aserbaidschan bis an die mittelasiatischen Republiken erstreckt«.

Unterwanderung der Russischen Föderation im Sinne einer ›indirekten Strategie‹ nach LIDDELL HART sowie geopolitische Einkreisung sind daher nach DASCHITSCHEW die Konstanten amerikanischer Rußlandpolitik der neunziger Jahre. Durch deren Politik und die tatkräftige Unterstützung der proamerikanischen neuen russischen Nomenklatura der neunziger Jahre wurden die Staatlichkeit und die Wirtschaft des Landes an den Rand des Zerfalls gebracht.

Flankiert wurde diese US-Politik der stillen Okkupation Rußlands durch den Ausgriff auf Eurasien, durch einen Vorstoß auf die MACKINDERsche ›Weltinsel‹ zur Verwirklichung der Zielsetzungen MACKINDERS, SPYKMANS und BRZEZINSKIS.

4 Das neue ›Great Game‹ – die Strategie der USA zur Kontrolle Zentralasiens, des Kaukasus und seiner Rohstoffe

Im folgenden sollen die Schachzüge der USA, sich des mit dem Zerfall der UdSSR entstandenen geopolitischen Vakuums in Eurasien zu bemächtigen, dargestellt werden. In diesem bis heute andauernden Machtspiel geht es entscheidend »um politischen Einfluß, um Militärbündnisse und die Parameter des Regierens und der Nationenbildung sowie um den Verlauf der Erdöl- und Erdgaspipelines. Die Hauptakteure sind... Rußland, China, die USA und die fünf mehr oder minder despotischen postsowjetischen Regimes vor Ort, sowie in den Nebenrollen die Türkei, Iran, Pakistan und die Europäische Union«.[1928]

Schon von vornherein stand aber fest, daß die US-Machtelite die treibende Kraft bei der Umgestaltung der geopolitischen Macht- und Einflußverteilung in Eurasien war. Diese setzte schließlich »den Kalten Krieg gegen Rußland auch nach 1992 fort. Das fand seinen Niederschlag in der Politik des ›neo-containment‹«.[1929] Wie Amerika-Experte Christian HACKE darstellt, war diese Politik flankiert durch eine Unterstützung der postsowjetischen Peripheriestaaten, nämlich der Ukraine, der Staaten des Kaukasus und Zentralasiens, verbunden mit einer »Stärkung des Gewichts der NATO als der wichtigsten Stütze der amerikanischen Vormachtstellung in Europa und anliegenden Regionen und deren Osterweiterung an die Grenzen Rußlands«.[1930]

4.1 Die Ausgangssituation in Eurasien Anfang der neunziger Jahre: Rußlands Schwäche und die Stärkung der Randmächte

Der Zusammenbruch der UdSSR hatte die Vormachtstellung Rußlands auf dem eurasischen Kontinent beendet und zugleich auf der gewaltigen Landmasse, die Europa und Asien mitsamt der Arabischen Halbinsel und ihrer Golfregion umfaßt, ein tektonisches Beben ausgelöst. Die politischen und wirtschaftlichen ökonomischen Grundmuster hatten sich auf dem eurasischen Kontinent verschoben. Entstanden war ein Machtvakuum, in dem die geopolitischen Karten um die Vorherrschaft neu gemischt wurden.[1931] »Eurasien befindet sich inmitten eines strategischen Wandlungsprozesses«, so heißt es auch in einer Studie für die ›Trilaterale Kommission‹[1932] (einem Forum jener von Zbigniew BRZEZINSKI in den siebziger Jahren ins Leben gerufenen Triade von Staaten zur Neugestaltung der Weltwirtschaft unter US-Führung), »und das neue Zentralasien ist ein Teil davon. Moskau, einst das mächtige Zentrum Eurasiens, ist schwach geworden und wird durch seine inneren Probleme abgelenkt. Neue Staaten wie die in Zentralasien sind entstanden, und wichtige Randstaaten Eurasiens wie China und Indien stellen eine Dynamik zur Schau, die dem alten Mittelpunkt des Herzlandes heute abgeht. Jahrzehntelang übte Moskau in der einen oder anderen Weise ständigen Druck auf die Randzonen aus, doch nun scheint sich das Muster verändert zu haben. Eine dynamischere Randzone hat angefangen, Einfluß auf die Staaten im Zentrum auszuüben.«

In dieser Konstellation vollzog die US-Machtelite nicht nur die soeben beschriebene Okkuption Rußlands selbst, vielmehr konnte sie jetzt auch die Umsetzung des MACKINDERschen Konzepts zur Kontrolle über die rohstoffreiche Region des ›inneren Halbmondes‹ bzw. der ›Rimlands‹ ins Visier fassen, um Einfluß auf diese neue »dynamischere Randzone zu nehmen«. Westliche Geopolitiker sprechen hier von einer »Umkehrung der Polarität« in Eurasien, die vom Verlust der Rolle Rußlands als regionaler Vormacht ausgelöst und bestimmt war. Statt dessen bauten »die die globalen Geschicke bestimmenden kapitalistischen Industriestaaten – die USA und die der EU – . . . ihre Vormachtstellung auf dem eurasischen Kontinent aus, wobei die USA als führende Weltmacht ihre Position in diesem Prozeß unnachgiebig festigen. Die NATO ist zum allein dominierenden Weltbündnis aufgestiegen, sie dehnt sich aus und ordnet die Welt nach ihrem eigenen Gutdünken«.[1933]

Ausgangspunkt für die drohende Neugestaltung der Machtverhältnisse in Eurasien war in den neunziger Jahren also die Schwäche Rußlands, durch die der Aufstieg und die Einflußnahme der Randmächte oder – um bei den Begriffen der US-Geopolitik zu bleiben – der ›Rimlands‹ und der Vorstoß der USA überhaupt vorangetrieben werden konnten. »Rußland ist seit der Zarenzeit die beherrschende Kraft in Zentralasien gewesen. Unter allen Mächten ist es diejenige, die durch die Unabhängigkeit der Staaten in der Region am stärksten zu Anpassungen gezwungen wurde, da diese Unabhängigkeit an sich ein Zeichen schwindenden Einflusses ist.«[1934] So war in den neunziger Jahren ein beschleunigter Niedergang der Militärpräsenz und des Einflusses Moskaus in der Region zu beobachten. »Dieser Niedergang zeigte sich am Kollaps des Vertrages von Taschkent über kollektive Sicherheit, als sich Usbekistan, Georgien und Kasachstan förmlich aus einem Sicherheitsregime zurückzogen, von dem zuvor schon klar war, daß es zum Scheitern verurteilt war. Die russischen Grenztruppen in Kirgistan werden schrittweise abgezogen. Die Truppen Rußlands in Tadschikistan. . . sind in den unteren Rängen weitgehend durch Einheimische ersetzt worden. . .«[1935]

Der Schwäche der Russischen Föderation stand dabei ein Machtzuwachs der angrenzenden Regionalmächte (oder der ›Rimlands‹) gegenüber: China ist im Begriff, Rußlands Stellung in Zentralasien einzunehmen. »Langfristig will China. . . seine eigenen Einflußhebel in der Region etablieren. . . China ist zu einem wichtigen Handelspartner für Kasachstan, Kirgistan und Usbekistan geworden. Beijings strategisches Interesse an der Region ergibt sich jedoch aus seiner eigenen Sorge um die Stabilität in Xinijang, einer Region mit einer großen moslemischen Bevölkerungsminderheit. Beijing will nicht, daß in Zentralasien schwache Staaten entstehen, die zum Stützpunkt für die eigenen moslemischen Separatisten werden, oder daß Instabilität in Zentralasien nach Nordwestchina übergreift.«[1936]

Schon 1992 unterschrieb China getrennte Abkommen über die Aufnahme diplomatischer Beziehungen zu den fünf zentralasiatischen Republiken. Durch die Entwicklung enger wirtschaftlicher Beziehungen zu Zentralasien und der Verbindung der Region mit einem Pipelinenetz erhofft sich China, die Xinijang-Region zu stabilisieren und ihre widerspenstige moslemische Bevölkerung zu besänftigen.[1937] Aufgrund seines sehr hohen Bedarfs an Erdöl und Erdgas hat die Regierung Chinas den Zugang zu den größteils unerschlossenen Öl- und Gasreserven in Zentralasien zum vordergründigen Ziel seiner Wirtschaftspolitik erhoben, und es hofft, den wachsenden Bedarf an Erdöl und Erdgas aus zentralasiatischen Einfuhren zu decken. 1997 wurde der Bau einer Pipeline von der Provinz Xinijang nach Kasachstan beschlossen, darüber hinaus stieg China auch in das kasachische Ölgeschäft ein. »Die chinesische nationale Ölgesellschaft konnte kürzlich gegen amerikanische Konkurrenz 60 Prozent der kasachischen Ölgesellschaft Aktjubinskneft sowie ein weiteres kasachisches Ölunternehmen für insgesamt 9,5 Milliarden Dollar kaufen. Das war bislang die größte chinesische Auslandsinvestition.«[1938]

Ein weiterer Akteur ist die Islamische Republik Iran, die mit dem Zerfall der Sowjetunion in eine Rolle als Drehscheibe zwischen Zentralasien, dem Persischen Golf, dem Indischen Ozean und Südasien versetzt wurde. Die Zentralasienpolitik des Iran zeichnete sich in den neunziger Jahren dadurch aus, daß er versuchte, sich auf dem Energiesektor zu einem entscheidenden Mitspieler zu positionieren. »Iran hat mit Turkmenistan Tauschabkommen im Energiebereich abgeschlossen und die Eröffnung von Eisenbahn- und anderen Verkehrsverbindungen zwischen den beiden Staaten unterstützt. Es ist klar, daß Teheran eine größere Rolle bei der Energieerschließung in der Region anstrebt.«[1939] Diese geopolitische Bedeutung des Iran wird gerade dadurch verstärkt, daß Zentralasien eine Region darstellt, der es an geopolitischer Autarkie – sprich an Anschlüssen an internationale Verkehrswege – fehlt. Vor diesem Hintergrund liefert der Iran gerade die kürzeste und günstigste Exportstrecke für das regionale Öl und Gas zu den internationalen Märkten. Grundsätzlich sieht sich der Iran also als das wirtschaftsgeographische Zentrum der Region an mit dem Ziel, durch ein Energieverteilungssystem den Golf, die kaspische Region, Rußland, Zentralasien, Pakistan und die Türkei miteinander zu verbinden.[1940]

Der große geopolitische Konkurrent des Iran in den Bestrebungen, Drehscheibe für den Transport des zentralasiatischen Erdöls und Erdgases zu sein, ist Pakistan. So kam es 1995 zur Unterzeichnung eines Memorandums zwischen Pakistan und Turkmenistan über die Möglichkeiten des Baus einer Pipeline durch Afghanistan, die »Pakistans Tor zu Zentralasien sein« sollte.[1941] Wie oben bereits ausgeführt, betrachtet Pakistan Afghanistan als sein ›strategisches Hinterland‹, und diese Überlegungen wurden in den neunziger Jahren wieder aktuell, als Pakistan in den Taliban ein Instrument sah, seinen Einfluß über Afghanistan nach Zentralasien hin zu erweitern.[1942] Der pakistanische Geheimdienst ISI und Pakistans Militär bauten die Talibanmilizen auf, um eine südliche Transportstrecke über Kandahar und Herat nach Turkmenistan zu eröffnen.[1943] Im Hintergrund war die US-Machtelite der eigentliche heimliche Förderer der Taliban,[1944] und daher waren die Taliban nach Ansicht Teherans im Grunde nichts anderes als ein Instrument der USA, im Osten des Iran eine anti-iranische Kraft zu schaffen und mit der Verlegung einer Erdgaspipeline von Turkmenistan aus durch ein von den Taliban ›befriedetes‹ Afghanistan nach Pakistan Iran auch in Zentralasien energiestrategisch zu umgehen.[1945] Damit sollten die Pläne Teherans, den Iran zum wichtigsten Transitland zwischen Zentralasien und dem offenen Meer im Süden zu machen, durchkreuzt werden. Mit diesen Bestrebungen der USA stimmten die geopolitischen Ziele Pakistans in den neunziger Jahren überein, die darin bestanden, sich Zentralasien als islamisches Bollwerk zu sichern[1946] als Voraussetzung für die Schaffung eines sunnitisch-muslimischen Großraums zwischen dem ›ungläubigen‹ Hindustan (Indien), dem ›ketzerischen‹ (weil schiitischen) Iran und dem ›christlichen‹ Rußland.[1947] Seit den Tagen ZIA UL-HAQS will Pakistan damit zum Führer eines sunnitisch-islamischen Nationenblocks im postsowjetischen Zentralasien werden.

Eine gewichtige Rolle bei der Machtverschiebung auf dem eurasischen Schachbrett spielt nach wie vor die Türkei. Diese »erwischte einen besonders schnellen Start in der Region und ist weiterhin der Träger der ›Turkgipfel‹, einem jährlichen Treffen der Führung der Türkei, Aserbaidschans, Turkmenistans, Kirgistans, Kasachstans und Usbekistans«.[1948] Mit dem Zerfall der Sowjetunion sah die Türkei die einmalige Gelegenheit gekommen, die Pläne Enver PASCHAS Anfang der zwanziger Jahre zu verwirklichen – nämlich die Vereinigung aller turksprachigen Völker Zentralasiens und des Kaukasus unter türkischer Oberhoheit.[1949] So verkündete der damalige Premier Süleyman DEMIREL die Entstehung einer »türkischen Welt« von der Adria bis an die Chinesische Mauer, sie sollte die Turkvölker Rußlands und Chinas, also Tartaren, Baschkiren, Nordkaukasier und Uiguren ausdrücklich einschließen.[1950]

Wie Alexander RAHR schreibt, überging dieser türkische Plan Rußland und den Iran demonstrativ.[1951] Diese panturanischen Bestrebungen sollten auch über ein Forum organisiert werden, nämlich durch den 1992 gegründeten Schwarzmeer-Kooperationsrat.[1952] Der Türkei gelang es auch, das geopolitische Vakuum in dieser Region zu füllen und eine protürkische Umgebung zu schaffen als Voraussetzung für eine Zusammenarbeit der Regierungen Zentralasiens in wirtschaftlichen, militärischen und politischen Bereichen.[1953]

Um die panturanischen Pläne umsetzen zu können, unterstützte, wie oben bereits ausgeführt, die Türkei im Karabach-Konflikt zwischen Aserbaidschan und Armenien massiv Aserbaidschan, denn dieses stellt die einzige Landbrücke von Anatolien zu den zentralasiatischen Turkstaaten dar.[1954] Die Verwirklichung der panturanischen Idee setzte also die Kontrolle Aserbaidschans und die Ausschaltung des prorussischen Verbündeten Armenien voraus. Verwirklicht werden sollte damit aber auch ein fundamentales energiepolitisches Ziel, nämlich die Schaffung von Pipelinekorridoren vom aserbaidschanischen Baku über Georgien in die Türkei unter vollständiger Umgehung Rußlands.

Durch diese Konstellationen war ein geopolitischer Gegensatz zwischen der Türkei und Rußland vorprogrammiert, und insoweit sollte sich die Türkei als wichtigster Verbündeter der USA in der Region im Rahmen der antirussischen ›neo-containment‹-Politik erweisen. Konkret gab es dafür zweierlei Gründe: Mit dem Panturanismus kann zum einen der Pipelinekorridor von Zentralasien zur Türkei, der Rußland vollkommen ausschließen sollte, gewissermaßen ideologisch abgesichert werden, denn dieser sollte ausschließlich durch den turanischen Raum verlaufen. Dabei wird die Position der Türkei im transkaspischen Öltransport von den USA unterstützt.[1955] Überdies erwies sich die panturanische Ideologie als ausgesprochen günstig, um Rußland vom Kaukasus und Zentralasien abzudrängen und sogar die staatliche Einheit der Russischen Föderation zu schwächen, worauf auch Lothar RÜHL hingewiesen hat: »Der ›Panturanismus‹ (oder ›Pantürkismus‹) der Gründerzeit der UdSSR war 1990/91 wieder erwacht. Die Pläne für eine Föderation der Turkvölker auf dem Gebiet der ehemaligen Sowjetunion mit einer ›Pantürkischen Versammlung‹ in Alma-Ata. . . und dem Vorhaben, einen ›Koordinationsrat‹ der Turk-Regionen zu bilden, waren 1991/92 die ersten soliden Indizien dafür, daß ein muslimischer Bundesstaat Turkestan entstehen, auf die Turkvölker auch in Rußland selbst eine Anziehungskraft ausüben und damit als Faktor der Desintegration des größeren Rußland wirken könnte.«[1956] Diese Umstände machen verständlich, warum die Türkei in der nah- und mittelöstlichen US-Geopolitik eine Vorrangstellung einnimmt.

Schließlich ist als weiterer Mitbewerber um den Einfluß in Eurasien auch die Europäische Union zu nennen, deren vorrangiges Interesse an der Stabilität in der Region in der Sicherung von Erdöl- und Erdgaslieferungen besteht. »Die EU ist freilich auch an der Sicherung ihrer Energiezufuhr aus dem Persischen Golf sowie an der Diversifizierung ihrer Energieimporte durch die Erschließung der kaspischen Erdöl- und Erdgasreserven sowie an der Entwicklung von Absatzmärkten interessiert. Ein euro-asiatischer Transportkorridor soll über Aserbaidschan, Armenien und Georgien nach Europa führen, eine kostengünstige Versorgung ermöglichen und es gestatten, die einzelnen Lieferländer besser gegeneinander ausspielen zu können. Die bisherigen Transportverbindungen waren in erster Linie für den Handel innerhalb der früheren Sowjetunion geschaffen worden. Der Zusammenbruch dieses Handels bedeutete, daß die frisch unabhängigen Staaten neue Märkte für ihre Exportprodukte und neue Quellen von Importmaterialien finden mußten.«[1957]

Eine wichtige Rolle spielt hierbei der sogenannte ›Euro-asiatische Transportkorridor‹ (TRACECA): Dieses Schlüsselkonzept der Zentralasienstrategie der EU soll durch ein Netzwerk neuer Pipelines, Straßen und Eisenbahnen Turkmenistan, Aserbaidschan, Usbekistan, Georgien und die Ukraine unter Umgehung Rußlands miteinander verbinden.[1958] Hier geht es um die Konzeption einer ›Neuen Seidenstraße‹, mit der die Länder des Kaukasus und Zentralasiens sowohl mit Europa als auch miteinander verbunden werden[1959] und deren Gründungsmitglieder Armenien, Kirgistan, Aserbaidschan, Tadschikistan, Georgien, Turkmenistan, Kasachstan und Usbekistan sind.[1960]

Flankiert wird diese Konzeption durch das Programm INOGATE (Interstate Oil and Gas Transport to Europe) für den grenzüberschreitenden Transport von Erdöl und Erdgas nach Europa. »Im Juli 1999 traten Rumänien, Bulgarien und die Ukraine dem INOGATE-Dachabkommen... für die Einrichtung von Transportnetzen für Erdöl und Erdgas bei. Dies ist ein Zeichen für die potentielle Bedeutung von Transportkorridoren zu den westeuropäischen Märkten durch Schwarzmeerhäfen und einen friedlichen Balkan. Der ehemalige EU-Kommissar Hans VAN DEN BROEK betonte, daß die Europäer mit TRACECA und INOGATE ihren Beitrag dazu leisten wollen, Energieprodukte und andere Waren durch die Häfen von Odessa, Konstanza, Varna und Burgas zu den europäischen Märkten zu bringen.«[1961] Insgesamt liegt der Schwerpunkt des Interesses der EU auf der Schaffung einer modernen Seidenstraße, die in den kommenden Jahrzehnten vom Balkan und dem Schwarzen Meer durch den Kaukasus und Zentralasien nach China und Japan führen soll. Neben der Vorbereitung von Transportkorridoren hatte die EU zusätzlich über das Programm TACIS (Technical Aid to the Commonwealth of Independent States) Maßnahmen für eine wirtschaftliche Umgestaltung der zentralasiatischen Staatenwelt in Richtung liberalkapitalistische Marktwirtschaft entwickelt.[1962]

Überträgt man diese Entwicklungen und neuen Machtverschiebungen in Eurasien in den neunziger Jahren auf die Formeln der US-Geopolitik, so offenbarten sich hier Konstellationen, wie sie Nicholas SPYKMAN beschrieben hatte. SPYKMAN sah die Impulse für Veränderungen der jeweiligen Kräftekonstellation in Eurasien nicht vom ›Herzland‹ ausgehen, sondern vom ›inneren Halbmond‹, der sich von Europa zwischen Ostsee und Schwarzem Meer über die innerasiatischen Hochlande bis hin nach China erstreckt. Voraussetzung für die Herrschaft über Eurasien war seiner Einschätzung nach die Kontrolle über diesen ›inneren Halbmond‹ bzw. die ›Rimlands‹. Ausgehend vom ewigen Gegensatz zwischen Kontinental- und Seemacht, muß also die Seemacht auf diese ›Rimlands‹ setzen, will sie die Kontrolle Eurasiens sicherstellen. Die geopolitische Bedeutung der ›Rimlands‹ – der EU, Chinas, der Türkei, des Iran und Pakistans – war infolge des mit dem Zusammenbruch der UdSSR, des ›Herzlandes‹, entstandenen Vakuums überaus stark gewachsen. Jede Veränderung der Machtverhältnisse in diesem kontinentalen Großraum konnte nur dann gelingen, wenn sie als Schachbrettfiguren in Stellung gebracht werden konnten. Genau dieses geopolitische Schachspiel sollten die USA in den neunziger Jahren zur Verwirklichung ihres Ziels der Beherrschung Eurasiens in Gang setzen. Gegenstand dieses Spiels waren die Republiken Zentralasiens sowie des Kaukasus nebst der postsowjetischen osteuropäischen Staatenwelt.

4.2 Die Grundlagen der Eurasienstrategie der USA in den neunziger Jahren

Sieht man sich die Dokumente der Eurasienstrategie der USA der neunziger Jahre an, so wird sofort erkennbar, daß sie auf der Blaupause beruhen, die Zbigniew BRZEZINSKI in seinem Buch *The Grand Chessboard* dargelegt hatte. Wie ausgeführt, besteht diese Blaupause aus drei Elementen, und zwar:

– Es ist zwingend erforderlich, daß sich kein eurasischer Herausforderer hervortut, der imstande wäre, Eurasien zu beherrschen und somit auch Amerika herauszufordern

– Es liegt in Amerikas Interesse, den derzeit herrschenden Pluralismus auf der Landkarte Eurasiens zu festigen und fortzuschreiben

– Ausdehnung des ›demokratischen Brückenkopfs‹ von Europa nach Eurasien, denn mit der Ausbreitung des Einflusses eines von den USA kontrollierten Europa geht zwangsläufig eine Expansion des US-Einflusses einher.

Nach dieser Maßgabe sollte Eurasien nunmehr Bestandteil der amerikanischen Weltordnungsvorstellungen werden. Diese Pläne wurden schon gegen Ende der Präsidentschaft von George Bush sen. ins Auge gefaßt. Bush und seine Mitarbeiter ließen keinen Zweifel daran, daß sie eine wirtschaftliche Dezentralisierung der UdSSR unterstützten und ein geschwächtes Rußland in ihre Vorherrschaftssphäre einzugliedern trachteten. Dabei sollte ein umgestaltetes Rußland, das sich von seinem Weltmachtstatus verabschiedet hatte, »als Juniorpartner für die Umsetzung amerikanischer Weltordnungsvorstellungen« gewonnen werden.[1963] Gleichzeitig sollte ein *unkontrollierter* Zerfallsprozeß der UdSSR verhindert werden. Dies war nach der Einschätzung des Politikwissenschaftlers Stephan Bierling eine Horrorvision der Bush-Administration. Nach der Auflösung der Sowjetunion im Dezember 1991 erklärte es die US-Regierung zu ihrem langfristigen Ziel, die Nachfolgestaaten der UdSSR in die »euro-atlantische Gemeinschaft und das demokratische Commonwealth der Nationen« aufzunehmen.[1964]

Brzezinski zufolge ist ein solches »demokratisches Commonwealth der Nationen« oder – wie er es nennt – ein derartiger »demokratischer Brückenkopf« nichts anderes als »ein Eckpfeiler einer unter amerikanischer Schirmherrschaft stehenden größeren eurasischen Sicherheits- und Kooperationsstruktur«.[1965] Mit Hilfe dieses »demokratischen Brückenkopfs« soll schließlich der steuernde Einfluß der USA über Europa in Richtung Eurasien ausgedehnt werden, denn mit jeder Expansion des europäischen Geltungsbereichs erweitert sich automatisch auch die direkte Einflußsphäre der Vereinigten Staaten.[1966]

Auch die Clinton-Administration beschritt diese Strategie; auch ihr ging es um die »Erweiterung der Zone demokratischer Staaten«[1967] mit dem Ziel der ökonomisch-gesellschaftlichen Umgestaltung des Großraums in Richtung liberalkapitalistischer Marktwirtschaft. Tatsächlich bedeutete dies eine Fortsetzung der ›Grand Area‹-Strategie in Richtung Eurasien, was die US-Machtelite schon während des Zweiten Weltkriegs plante (vgl. oben). Bestandteil dieser Strategie war es, nicht zuletzt über Kredite die internen Entwicklungen Rußlands zu beeinflussen.[1968] »In den letzten Jahren haben leitende Beamte der Clinton-Administration nichts Geringeres als eine Transformation der Region selbst und des internationalen Systems in ihrem Umfeld als ihr Ziel genannt«,[1969] was übersetzt nichts anderes hieß als die Überführung der eurasischen Staatenwelt in die amerikanische ›Grand-Area‹-Sphäre, was von den Mächten dieser Region auch genau so wahrgenommen wurde:

»Die amerikanische Politik hat sich für die ganze Region das Ziel der Unabhängigkeit, internationalen Integration sowie politischen und wirtschaftlichen Reform zu eigen gemacht. Rußland, der Iran und andere Nachbarstaaten sehen die amerikanische Unterstützung für den Wandel in der Region aber als Deckmantel für eine ambitionierte Hegemonialpolitik an, die darauf abzielt, traditionelle Akteure zum Vorteil Washingtons auszuschließen.«[1970]

Den Vereinigten Staaten ging es insgesamt zum einen darum, Moskau auf einen außenpolitischen Kurs zu bringen, der den eigenen Zielsetzungen nicht zuwiderlief. Parallel sollte das Machtvakuum an der Peripherie des russischen Kernlandes durch die NATO ausgefüllt werden. »Die vorrangigen amerikanischen Ziele waren die Bewahrung der zentralen Rolle der NATO als Anker der europäischen Sicherheit und das Füllen des sicherheitspolitischen Vakuums in Mittel- und Osteuropa, die Unterstützung der Unabhängigkeit ehemals sowjetischer Republiken. . .«[1971] Dabei unterbanden die USA alle Versuche der Russischen Föderation, die KSZE als zentrales Instrument zur Gewährleistung der europäischen Sicherheit nach dem Ende des Kalten Krieges zu verankern, und setzten von vornherein durch, daß allein die (von ihnen beherrschte) NATO Grundlage der künftigen europäischen Sicherheitsarchitektur wurde.[1972] Wie bereits ausgeführt, wurde als Vorstufe zur Ausdehnung der NATO in Richtung Eurasien im November 1991 der ›Nordatlantische Kooperationsrat‹ gegründet, dem auch einige postsowjetische Republiken beitraten. Dieser Prozeß der NATO-Erweiterung wurde dann 1994 durch die Initiative ›Partnership for Peace‹ ergänzt.

Flankiert wurde die NATO-Ausdehnung durch eine Stärkung der Unabhängigkeit der ehemaligen sowjetischen Republiken. Mitte der neunziger Jahre begann die Clinton-Administration, ihre Aufmerksamkeit verstärkt auf die Ukraine und die Kaukasusregion zu richten. »Zunehmend setzte sich in Washington die Erkenntnis durch, daß der Ukraine eine Schlüsselrolle bei der Stabilisierung der künftigen Ostgrenze der NATO zukommt.«[1973] Begleitet war dies auch von einer Annäherung der NATO an die Ukraine. »Im Juli 1997 schloß die Allianz die ›NATO-Ukraine-Charta‹, in der die beiden Vertragspartner die Osterweiterung der NATO als stabilitätsfördernd für Europa und die Sicherheit der Ukraine als ein gemeinsames Anliegen bezeichneten.«[1974] Damit rückte die Clinton-Administration von ihrer ›Russia-first‹-Politik ab und stützte sich zunehmend auf die Ukraine als Schlüsselpartner zur Sicherung der Ostgrenze des nordatlantischen Bündnisses.[1975]

Die Einkreisung der Russischen Föderation im Sinne der Clintonschen ›Neo-Containment‹-Politik setzte sich an ihrer Südflanke fort. »Seit Mitte der 90er Jahre rückten auch die Republiken im Kaukasus und Zentralasien ins Zentrum amerikanischer Überlegungen. Stuart Eizenstat, Staatssekretär im Außenministerium, nannte das Engagement der USA in der Region ›a major priority in our foreign policy‹ und die Unabhängigkeit und Souveränität seiner Staaten ein zentrales Ziel. NATO-Generalsekretär Solana erklärte sogar, Europa werde nicht völlig sicher sein, wenn die Länder des Kaukasus außerhalb des europäischen Sicherheitssystems blieben.

So unterstützt Washington massiv einen Neubau von Pipelines, durch die aserbaidschanisches und turkmenisches Gas und Öl von Baku über Georgien an den türkischen Mittelmeerhafen Ceyhan fließen soll.«[1976]

4.2.1 Der »Freedom Support Act«

Die Förderung der Unabhängigkeit der postsowjetischen Republiken war seit der Implosion der UdSSR von Anfang an Kernbestandteil der Agenda der US-Eurasienpolitik: »Die amerikanische Politik eines breiteren Engagements in der Region hat ihre Wurzeln in der alten BUSH-Administration. Präsident George BUSH und sein außenpolitischer Stab trafen die grundlegenden Entscheidungen zugunsten der Anerkennung der neuen Staaten und der offiziellen Aufnahme diplomatischer Beziehungen«,[1977] wobei insbesondere die Rohstoffvorkommen dieser Region eine grundlegende Rolle spielten.

Das Entstehen einer wirklichen Regionalstrategie auf breiter Grundlage jedoch ergab sich erst aus einer politischen Neubestimmung im Jahre 1997, in der insbesondere die Staaten der kaspischen Region deutlicher betrachtet wurden. Aber hinter den Kulissen finanzierten die USA die Unabhängigkeitsbestrebungen durch den sogenannten »Freedom Support Act«, mit dessen Verabschiedung »ein wichtiger Schritt gegenüber den neuen unabhängigen Staaten, welcher staatliche Hilfen für die Stärkung der Unabhängigkeit dieser Republiken vorsah«,[1978] vorgenommen wurde. Sinn und Zweck dieses »Freedom Support Act« war dabei in der Ausbreitung der ›Grand Area‹-Strategie zu sehen, nämlich der Ausbreitung eines liberalkapitalistischen Freihandelsmodells, das den US-Konzernen den Zugriff auf die Rohstoffe dieser Region ermöglichen sollte. »Ein großer Teil der Hilfe im Rahmen des Freedom Support Act dient zur Unterstützung der Privatisierung und anderer marktwirtschaftlicher Reformen.«[1979]

Deutlich sieht Sherman W. GARNETT die Funktion dieses Gesetzes in der »Unterstützung von Initiativen zur wirtschaftlichen Umstrukturierung«, die »auf eine Veränderung des Geschäftsklimas ausgerichtet sind«.[1980] Wie Rizvan NABIYEV schreibt, »handeln die USA auch im südkaukasisch-zentralasiatischen Raum im Rahmen ihrer global verfolgten Interessenstrategie. Laut den US-Politologen Ch. LAYNE und B. SCHWARZ lautet das Primat der US-amerikanischen Außenpolitik heute wie in den 50er Jahren: ›. . . internationale Bedingungen dafür zu schaffen, daß das amerikanische System überleben und gedeihen kann‹ (Planungspapier NSC 68 aus dem Jahre 1950). Dementsprechend trachten die USA, ihre globale politische, wirtschaftliche und militärische Führungsposition langfristig zu erhalten, den Aufstieg und die Ausbreitung von Marktwirtschaft und Demokratie zu fördern und den freien Welthandel zu sichern«.[1981]

Kein Geringerer als Henry KISSINGER selbst beschrieb diesen Gesichtspunkt als das wesentliche Element der US-Globalpolitik in den neunziger Jahren, die – so seinerzeit CLINTON in einer Rede vor der Vollversammlung der UN – darauf ausgerichtet war, die »Weltgemeinschaft der marktwirtschaftlich orientierten Demokratien auszuweiten und zu stärken«.[1982] KISSINGER spricht davon, daß mit dem Ende des Kalten Krieges die Lehren WILSONS – jenes Verfechters eines globalen US-amerikanisch beherrschten Freihandelsmodells – gesiegt hätten: »Zum dritten Mal in diesem Jahrhundert verkündete Amerika seine Absicht, durch Übertragung seiner Werte auf die Welt als Ganzes eine neue Weltordnung zu schaffen.«[1983]

Der bereits zitierte US-Politologe Chalmers JOHNSON stellt dies noch deutlicher heraus: »Die Amerikaner suchen ihre Macht bis in jeden Winkel der Erde auszudehnen und benutzen dabei ihr Kapital dazu, ein Weltwirtschaftssystem nach ihrem Gusto durchzusetzen, was das auch immer die jeweiligen Länder kosten mag. . . Globalisierung ist eine amerikanische Ideologie. Sie steht für Ausdehnung zu unseren Bedingungen und für Freihandel, solange der uns nützt.«[1984] Vor diesem Hintergrund, so Sherman W. GARNETT, zielt die US-Politik auch darauf ab, »Anreize für die Integration der Staaten des Kaspischen Beckens in die Weltwirtschaft und die internationale Gemeinschaft zu geben. Zbigniew BRZEZINSKI beschrieb die Rolle der USA im Prinzip als eine doppelte: ›die Unabhängigkeit der neuen Staaten zu bewahren und die Chance für ihre Einbeziehung in das Weltwirtschaftssystem und in eine Art von rudimentärer Struktur internationaler Sicherheit zu maximieren‹. Daher drängen US-Vertreter die regionalen Führer, die inneren Reformen in ihren Ländern im Licht einer am Ende in Aussicht stehenden Mitgliedschaft in Institutionen wie der WTO zu sehen«.[1985] Auf diese Weise soll die Entstehung eines Machtvakuums verhindert werden, »das Rußland, China, Iran und andere in einen gefährlichen Einflußwettbewerb hineinziehen würde«.[1986]

4.2.2 Regierungsdokumente über die Strategie der ›Pluralisierung‹ Eurasiens

»Der Kalte Krieg«, so Henry KISSINGER, »hat etwas hervorgebracht, was Beobachter eine ›unipolare‹ oder ›one superpower‹-Welt nennen.«[1987] Die Erhaltung dieses Ergebnisses hängt – so hatte es Ex-Sicherheitsberater BRZEZINSKI ja schon 1994 formuliert – von der »Förderung eines geopolitischen Pluralismus« im eurasischen Raum ab.[1988] Eines der vitalen Interessen der USA ist es schließlich, zu verhindern, daß eine eurasische oder baltische Region mit Rußland als Hegemonialmacht entsteht. Diese Idee wurde 1995 in dem Bericht *National Interests of the USA*, der gemeinsam mit der Rand Corporation, der Harvard University und anderen Think Tanks in den USA herausgearbeitet wurde, dargelegt.[1989] Dieser Bericht empfiehlt, jegliche russische Druckausübung, Erpressung oder Aggression gegen eines der Länder in der osteuropäischen oder zentralasiatischen Region unbedingt zu verhindern.

Ein weiteres wichtiges Dokument ist die *National Security Strategy in the Next Century*, die 1997 von Präsident CLINTON unterzeichnet wurde. Darin wird die Bedeutung der Unabhängigkeit, Souveränität und territorialen Integrität der zwölf neuen Staaten sowie der baltischen Staaten für die nationalen Interessen der USA hervorgehoben. Im Juni 1997 betonte US-Unterstaatssekrär Strobe TALBOTT, daß der

Transkaukasus und Zentralasien für die USA strategisch bedeutende Regionen seien.[1990]

4.2.3 Der »Silk Road Strategy Act«

Die überaus starke Bedeutung, die die USA dem Transkaukasus und der zentralasiatischen Region beimessen, kommt in dem sogenannten »Seidenstraßen-Strategiegesetz« (»Silk Road Strategy Act«) zum Ausdruck, das der US-Kongreß am 19. März 1999, also fünf Tage vor dem NATO-Überfall auf Jugoslawien, verabschiedet hatte und das die umfassenden wirtschaftlichen und strategischen Interessen der USA an einer riesigen Region definiert, die sich vom Mittelmeer bis nach Zentralasien hin erstreckt.[1991] Die Seidenstraßen-Strategie beschreibt die Umrisse der wirtschaftsimperialistischen Ziele der USA in einem breiten geographischen Korridor: »Die alte Seidenstraße, einst die wirtschaftliche Lebensader Zentralasiens und des Südkaukasus, verlief durch einen Großteil des Territoriums der Länder Armenien, Aserbaidschan, Georgien, Kasachstan, Kirgistan, Tadschikistan, Turkmenistan und Usbekistan. . . Vor hundert Jahren war Zentralasien die Arena eines großen Machtspiels zwischen dem zaristischen Rußland, dem britischen Kolonialreich, dem napoleonischen Frankreich sowie dem persischen und Osmanischen Reich. Militärbündnisse zählten in diesem Kampf um Reichsausdehnung, bei dem keines der Reiche die Oberhand gewinnen konnte, wenig. Hundert Jahre später hat der Zusammenbruch der Sowjetunion ein neues Machtspiel in Gang gesetzt, bei dem an die Stelle der Interessen der Ostindischen Kompanie jene von Ölgesellschaften wie Unocal und Total und vielen anderen Unternehmen getreten sind. Heute liegt unser Augenmerk auf den Interessen eines neuen Mitstreiters in diesem Spiel: der USA. Die fünf ehemaligen Sowjetrepubliken, aus denen Zentralasien besteht – Kasachstan, Kirgistan, Tadschikistan, Turkmenistan und Usbekistan –, sind begierig darauf, Beziehungen zu den USA aufzubauen. Kasachstan und Turkmenistan besitzen große Öl- und Gasreserven in und um das Kaspische Meer, die sie dringend ausbeuten wollen. Usbekistan hat Öl- und Gasvorkommen. . .«[1992]

». . . Zentralasien bietet offenbar beträchtliche neue Investitionsmöglichkeiten für eine große Bandbreite von US-amerikanischen Unternehmen, die ihrerseits als wertvoller Stimulus für die wirtschaftliche Entwicklung der Region dienen können. Japan, die Türkei, der Iran, Westeuropa und China streben alle danach, wirtschaftliche Entwicklungschancen wahrzunehmen und die russische Vorherrschaft in der Region herauszufordern. Es kommt wesentlich darauf an, daß die Politiker der USA bei der Gestaltung einer Politik, die den Interessen des Landes und der US-Wirtschaft dient, verstehen, um wie viel es in Zentralasien geht.«[1993]

Michel Chossudovsky bezeichnet den »Silk Road Strategy Act« treffend als »die Bühne für die Eingliederung der ehemaligen sowjetischen Republiken in das amerikanische Wirtschaftsimperium«,[1994] dessen Aufgabe darin besteht, US-Firmen und Finanzinstituten eine riesige geographische Region zu eröffnen. »Der erklärte Zweck besteht darin, die ›politische und wirtschaftliche Liberalisierung‹ der betreffenden Länder zu fördern – unter anderem durch ›Marktreformen‹ unter Aufsicht von IWF, Weltbank und WTO –, um so Anreize für internationale private Investitionen zu schaffen und den Handel und andere Formen wirtschaftlichen Austausches zu erhöhen.«[1995] Ziel der Seidenstraßen-Strategie ist es laut CHOSSUDOVSKY, in einer vom Schwarzen Meer bis an die chinesische Grenze reichenden Region eine von den USA reglementierte und beaufsichtigte ›Freihandelszone‹ aus acht ehemaligen Sowjetrepubliken aufzubauen. »Dieser ausgedehnte Korridor – der bis vor kurzem zur wirtschaftlichen und geopolitischen Sphäre Moskaus gehörte – würde schließlich die gesamte Region in einen Flickenteppich amerikanischer Protektorate verwandeln.«[1996]

Folgerichtig sieht CHOSSUDOVSKY in der ›Seidenstraßen-Strategie‹ eine Fortsetzung der US-Außenpolitik während des Kalten Krieges.[1997] Gemeinhin wird der »Silk Road Strategy Act« als der erste Versuch der USA bezeichnet, eine einheitliche Politik gegenüber allen Staaten des Südkaukasus und Zentralasiens zu gestalten.[1998] Vor diesem Hintergrund unterstützt die US-Machtelite auch die TRACECA- und INOGATE-Programme der Europäischen Union.[1999] »Die neue Seidenstraße des 21. Jahrhunderts – wie das Projekt seit 1996 auch genannt wird – soll ein Transportkorridor sein, der auf einer Westachse von Europa über das Schwarze Meer durch den Kaukasus und das Kaspische Meer nach Zentralasien führt. Asien soll erneut durch Straßen, Eisenbahnen, Glasfasernetze, Öl- und Gaspipelines mit Europa verbunden werden. Diese Verbindungen werden die neue Seidenstraße zum Super-Highway des 21. Jahrhunderts machen. Das Ziel ist, die zentralasiatischen Länder auf dem kürzesten, billigsten und schnellsten Weg mit Hochseehäfen zu verbinden, um ihnen den Weltmarkt zugänglich zu machen.«[2000]

Damit ist beabsichtigt, die russischen Pipelinerouten zu umgehen, ihre Bedeutung zu relativieren und Rußland gefügig zu machen: »Zbigniew BRZEZINSKI, der ehemalige Berater von Jimmy CARTER, bemerkte zynisch, daß Rußland für sein eigenes Heil geschwächt werden müsse. Die Stärkung der Souveränität der neuen, unabhängigen Staaten und die Öffnung der Öl- und Gasressourcen für die multinationalen Firmen sollen eine neoimperiale Hegemonie Rußlands in dieser Region verhindern und Rußland in einen verantwortlichen Partner, der seine regionale Rolle auf der Weltbühne spielt, transformieren.«[2001]

4.2.4 Die Spaltung der GUS – Aufbau und Förderung des antirussischen Regionalbündnisses der GUUAM

Wie oben bereits dargelegt, konnte die Russische Föderation es nicht erreichen, über die Gründung der GUS eine Wiedervereinigung des eurasischen Raumes zu erreichen. Vielmehr bot die innere institutionelle Schwäche der GUS Raum für die Bildung antirussischer Regionalbündnisse. So zeichnete sich in den neunziger Jahren eine Spaltung der GUS in einen prorussischen und in einen proatlantischen Block ab – so, wie es den Vorstellungen der führenden US-Geopolitiker entsprach.

Der proatlantische Block bildete sich zunächst unter dem Namen GUAM (entsprechend den Anfangsbuchstaben ihrer Gründungsmitglieder Georgien, Ukraine, Aserbaidschan und Moldavien). Gegründet wurde die GUAM am 10. Oktober 1997 im Rahmen eines Gipfeltreffens des Europarates in Straßburg, wo auch die Präsidenten von Aserbaidschan, Georgien, Moldavien und der Ukraine zugegen waren. Gegenstand dieses Treffens war die Entwicklung einer sicherheitspolitischen und wirtschaftlichen Zusammenarbeit dieser Staaten mit der Europäischen Union. Wie aus dem gemeinsamen Kommuniqué der Präsidenten dieser Staaten hervorgeht, stand die Gründung der GUAM in engem Zusammenhang mit dem von der Europäischen Union und den USA bevorzugten TRACECA-Programm: Hervorgehoben wurde die Bedeutung der Zusammenarbeit dieser Nationen »für die Errichtung eines eurasischen Trans-Kaukasus-Transportkorridors«[2002] von Europa über den Kaukasus bis nach Zentralasien nach den Grundsätzen des Freihandels.[2003] Am 24. April 1999 wurde das Bündnis durch den Beitritt Usbekistans zur GUUAM erweitert.

Die GUUAM ist in zweifacher Hinsicht ein gegen Rußland gerichtetes Regionalbündnis: Zum einen wird durch dieses ein strategischer Korridor von der Europäischen Union über Südosteuropa in Richtung des Schwarzen Meeres geschaffen, der Rußland vom Transkaukasus und dem dortigen Erdöl- und Erdgaspotential abschneiden soll, andererseits ist es – was die Dokumente auch hervorheben – das Ziel der GUUAM seit ihrer Gründung, die Unabhängigkeit der Staaten gegenüber dem russischen Nachbarn Rußland zu stärken und ein Gegengewicht zu diesem aufzubauen. »Ursprünglich eine informelle, konsultative Organisation mit offiziell rein ökonomischen Zielen. . ., hat GUUAM eine eindeutige sicherheitspolitische Ausrichtung erhalten, wenngleich noch ohne vertragliche Grundlage. Sie ist als Gegengewicht zur russischen Militärpräsenz in der Region und als langfristige Perspektive eines Sicherheitskonzepts außerhalb von GUS-Strukturen konzipiert. Besonders die Partnerschaft zwischen Georgien und Aserbaidschan möchte die Integration beider Länder und des Kaukasus in europäische Sicherheitsstrukturen vorantreiben. Man hofft, ein ähnlich spezielles Verhältnis zu EU und NATO zu bekommen wie die baltischen Staaten.«[2004]

Die antirussische Tendenz dieses Bündnisses wird überdies dadurch deutlich, daß Usbekistan, Aserbaidschan und Georgien ihre Mitgliedschaft im Kollektiven Sicherheitsvertrag der GUS von Taschkent aus dem Jahre 1992 gekündigt hatten,[2005] mit dem die Russische Föderation ja versucht hatte, einen einheitlichen eurasischen Verteidigungsraum zu entwerfen, um unter anderem auch das Vordringen raumfremder atlantischer Mächte zu verhindern. Auf dem Weg einer Zusammenarbeit wollen die Staaten Georgien, Aserbaidschan und Moldawien den Einfluß der Russischen Föderation zurückdrängen, den diese durch verdeckte Teilnahme an den Sezessionskonflikten jener Staaten ausübt: »Ein ganz wesentlicher Faktor (für die Zusammenarbeit, der Verf.) ist die äußerst fragwürdige Rolle, die Rußland gegenüber diesen Sezessionskonflikten spielt.«[2006] Hierbei geht es um »die Unterstützung separatistischer Kräfte seitens Rußlands gegenüber Staaten wie Moldova, Georgien und teilweise auch Aserbaidschan im Karabach-Konflikt. Das hat die Staaten vor allem zusammengeführt. Hier sahen sich diese Staaten am stärksten von Rußland herausgefordert und gefährdet«.[2007]

Dieses Eingreifen Rußlands erfolgte vor dem Hintergrund des strategischen Ziels der Russischen Föderation, den postsowjetischen Raum im Sinne einer angepaßten MONROE-Doktrin gegen äußere Einflüsse zu verteidigen und mit Hilfe verschiedener wirtschaftlicher und sicherheitspolitischer Kooperationen unter russischer Führung wieder zu vereinigen – als Reaktion der Desintegrationspolitik des Westens. Wie der russische Sicherheitsexperte Leonid L. FITUNI anmerkt, bestand die Politik des Westens in der Förderung der Loslösung Zentralasiens von Rußland, indem er seine Hilfe abhängig machte von der völligen Trennung der Staaten sowohl untereinander als auch von anderen GUS-Staaten und der Schaffung einer kompletten Bandbreite unabhängiger Einrichtungen sowie unabhängiger monetärer, wirtschaftlicher und politischer Systeme.[2009]

Genau diese beiden Ziele – nämlich die Zurückdrängung Rußlands und der Vorstoß der USA in den Transkaukasus – sollten schließlich mit der GUUAM bewerkstelligt werden. Nach Einschätzung des Zentralasienexperten Rainer FREITAG-WIRMINGHAUS gewann dieser strategische Gesichtspunkt in zunehmendem Maße an Bedeutung.[2010] Wie Uwe HALBACH von der Stiftung Wissenschaft und Politik hervorhebt, ist der Impuls für den Staatenbund der GUUAM vor allem von den USA ausgegangen, die in der Region grundlegende geostrategische und wirtschaftliche Ziele verfolgen.[2011] GUUAM – so Savas GENC – unterhält enge Beziehungen zu den Vereinigten Staaten, und ihre Mitgliedsstaaten machen kein Geheimnis aus ihrem Argwohn gegenüber Rußland und ihrer Hinwendung zu westlichen Partnern wie den USA, der EU und der NATO.[2012] »Blickt man hinter die offiziellen Verlautbarungen, so erscheint die gemeinsame Opposition gegenüber Rußland als der größte gemeinsame Nenner und GUUAM vorrangig als ein ›anti-Russian geopolitical construct‹.«[2013]

Vor dem Hintergrund dieser geopolitischen Zielsetzungen sollte dann auch eine enge Zusammenarbeit der GUUAM-Staaten mit der NATO erfolgen. Die Bedeutung, die die NATO der GUUAM für ihre Ausdehnung in den postsowjetischen Bereich einräumte, sollte sich im April 1999 zeigen: »Ausgerechnet am Rande des NATO-Gipfels in Washington zum 50. Geburtstag der NATO wurde die bis dahin unter dem Namen GUAM (Georgien-Ukraine-Aserbaidschan-Moldawien) bekannte Allianz durch den Beitritt Usbekistans erweitert und konsolidiert (GUUAM), sozusagen unter Schirmherrschaft der NATO.«[2014] Anläßlich des NATO-Gipfels wurden nämlich auch die Staatschefs Georgiens, der Ukraine, Usbekistans, Aserbaidschans und Moldawiens im Andrew-Mellon-Auditorium in Washington willkommen geheißen. »Sie waren zu den dreitägigen Feiern der NATO eingeladen worden, um GUUAM zu unterzeichnen, einen regionalen militärischen Bündnisvertrag, dessen Geltungsbereich die strategisch wichtige Öl- und Gasregion um das Kaspische Meer umfaßt, wobei Moldawien und die Ukraine dem Westen Pipelinerouten für den Öltransport anboten. Georgien, Aserbaidschan und Usbekistan gaben unmittelbar danach bekannt, daß sie die Verteidigungsgemeinschaft der Gemeinschaft Unabhängiger Staaten (GUS) verlassen würden, die den Rahmen der militärischen Kooperation zwischen den ehemaligen Sowjetrepubliken bildet.«[2015]

Tatsächlich unterzeichneten in der Folgezeit Georgien, Aserbaidschan und die Ukraine das NATO-GUUAM-Kooperationsabkommen.[2016] Insoweit stellt die GUUAM die militärische Fortsetzung des Seidenstraßen-Strategiekonzepts dar. Während letzteres die wirtschaftliche Eingliederung der postsowjetischen Republiken in das ›informelle Imperium‹ der USA vorbereiten sollte, dient Michel CHOSSUDOVSKY zufolge das Militärbündnis GUUAM der »Kooperation« im Verteidigungsbereich, mit dem Ziel der Stationierung von US-Truppen in ehemaligen Sowjetrepubliken.[2017] Genauso sieht es auch Rainer FREITAG-WIRMINGHAUS: »Vorgesehen sind ein gemeinsames kaspisch-mitteleuropäisches Öltransportprojekt, eine *joint peacekeeping operation* in Abchasien unter der Ägide der OSZE oder der UN und die Expansion gemeinsamer militärischer Ausbildungs- und Versorgungsprogramme, letztere besonders wichtig für Georgien im Hinblick auf Kooperation mit der Ukraine im Marinebereich.«[2018]

Mit der Gründung der GUUAM ist es der westlichen Machtelite gelungen, wie oben bereits angedeutet, die GUS zu spalten. »Der GUUAM-Vertrag – unter dem Schirm der NATO und finanziert mit westlicher Militärhilfe – zielt darauf ab, die GUS weiter zu zerstückeln, im Dienste britisch-amerikanischer Erdölinteressen Rußland von den Öl- und Gasvorkommen der kaspischen Region auszuschließen und Moskau politisch zu isolieren.«[2019] Auch Zentralasien-Experte FREITAG-WIRMINGHAUS spricht davon, daß mit der GUUAM die Spaltung der GUS in zwei Gruppen gelungen ist: sechs Länder (Rußland, Armenien, Kasachstan, Kirgistan, Weißrußland und Tadschikistan), die weiterhin durch den Vertrag von Taschkent gebunden sind, und die fünf GUUAM-Staaten, die sich außerhalb der GUS nach Westen und in Richtung NATO orientieren.[2020]

4.2.5 Die Militarisierung der ›Neuen Seidenstraße‹ unter US- und NATO-Kommando

Insgesamt begann mit der Einbeziehung der GUUAM in die NATO-Pläne eine allmähliche Militarisierung der ›Neuen Seidenstraße‹ unter US-Kommando, wobei diese Allianz auch von der EU über den ›Euroasiatischen Transportkorridor‹ (TRACECA – Transport Corridor Europe-Caucasia-Asia) unterstützt wird, durch den Kasachstan, Usbekistan, Turkmenistan, Aserbaidschan, Georgien und die Ukraine ebenfalls über neue Pipelines, Straßen und Eisenbahnen im Rahmen einer ›Ost-West-Achse‹ mit der EU verbunden werden sollen.[2021] Diese Programme laufen strategisch auf eine Isolation Rußlands hinaus: »Zwar ist Rußland nicht ausdrücklich ausgeschlossen, doch läuft dieses Konzept auf eine Umgehung Rußlands hinaus.«[2022] Die GUUAM hat dabei zum Ziel, diesen geplanten Ost-West-Transportkorridor militärisch abzusichern: »Wichtig ist diese Konzeption einer ›Neuen Seidenstraße‹ auch für die Sicherheit zukünftiger Pipelines. Im Gegensatz zur GUS verbinden die GUUAM-Mitglieder tatsächliche gemeinsame Interessen. Während Aserbaidschan, später auch Usbekistan, Öl und Gas liefern, können Georgien, die Ukraine und Moldawien Exportrouten anbieten. So hat zur Zeit der gemeinsame Schutz des Euroasiatischen Transportkorridors Vorrang in den Plänen der GUUAM-Staaten. Im April 1999 führten Georgien, Aserbaidschan und die Ukraine gemeinsame Manöver zum Schutz der neuen Pipeline Baku-Supsa im Rahmen des NATO-Programms der ›Partnerschaft für den Frieden‹ durch. Mit Hilfe der NATO soll ab 2001 eine georgische Friedenstruppe gebildet werden. Anfang August (1999) fand in der Ukraine ein gemeinsames Manöver der NATO mit den GUUAM-Staaten statt, bei dem ihre Verteidigungsminister ein gemeinsames Protokoll unterzeichneten«[2023] – so eine Darstellung von Rainer Freitag-Wirminghaus aus dem Jahre 1999.

Hierbei erfüllte auch der wichtigste Statthalter der US-Interessen im Nahen Osten, die Türkei, eine wichtige Rolle: »Zwangsläufig ergibt sich aus der Interessenlage dieser Allianz auch eine verstärkte Zusammenarbeit mit der Türkei, so daß die russische Furcht, daß GUUAM für die türkischen Interessen ein trojanisches Pferd in der GUS sei, nicht ohne Grundlage ist. Während Georgien die militärische Kooperation mit der Türkei ausbaut, reformiert Baku seine Armee mit türkischer Hilfe und nach türkischem Standard und spekuliert sogar auf Militärstützpunkte. Anfang 1999 schlug Aliyevs Präsidentschaftsberater Guluzade öffentlich die Einrichtung von Militärstützpunkten mit US-, NATO- oder türkischen Kräften auf der Apscheron-Halbinsel vor.«[2024]

Allerdings war der militärische Vorstoß von USA und NATO nicht erst eine Folge des Abschlusses des GUUAM-Vertrages. Vielmehr erfolgte schon im zeitlichen Vorfeld in der zweiten Hälfte der neunziger Jahre eine enge Zusammenarbeit mit den postsowjetischen Republiken Zentralasiens und der Ukraine. »Die umfangreichsten Programme für militärische Kontakte und Sicherheitskooperation zwischen den USA und den Staaten des Kaspischen Beckens bestehen mit Georgien, Usbekistan, Kasachstan und... mit Aserbaidschan. Diese Staaten werden zusammen mit der Ukraine von leitenden Vertretern des Verteidigungsministeriums als Schlüsselstaaten für eine Politik der ausgeweiteten Sicherheitszusammenarbeit auf dem gesamten Gebiet der ehemaligen Sowjetunion betrachtet«, so Sherman W. Garnett.

Verbunden war dies mit einer Ausdehnung des militärischen Kommandobereichs der US-Streitkräfte auf die Region des Transkaukasus sowie Zentralasiens: »Die zentralasiatischen Staaten sind unlängst vom Operationsraum des US European Command in den des Central Command überführt worden, das für den Persischen Golf und andere Teile des Nahen Ostens zuständig ist. Drei zentralasiatische Staaten – Kasachstan, Kirgistan und Usbekistan – wurden dazu ermuntert, ein gemeinsames Peacekeeping-Bataillon aufzustellen. Die ersten Manöver unter Beteiligung dieses Bataillions wurden im Herbst 1997 auf Übungsplätzen in Kasachstan und Usbekistan abgehalten. Eine Einheit der amerikanischen 82. Fallschirmjägerdivision

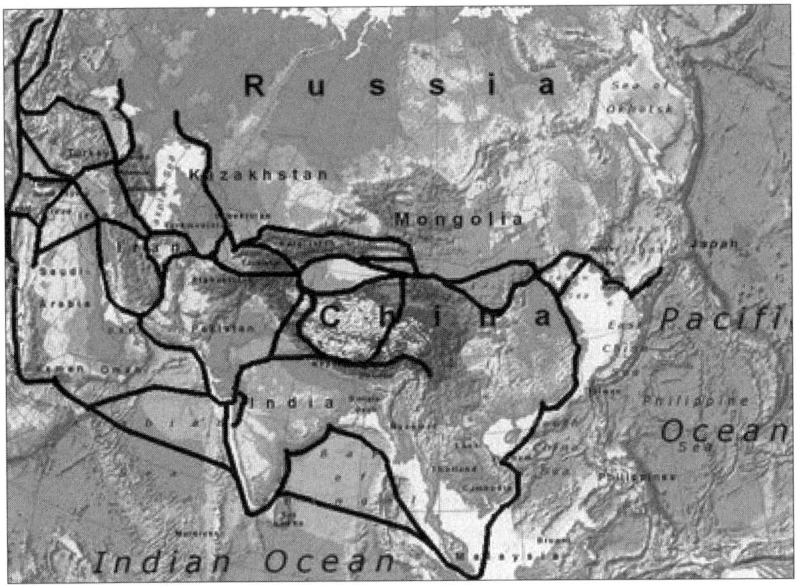

Karte der neuen Seidenstraße.

nahm an dieser Übung teil, ebenso wie Truppen aus der Türkei, Georgien, Rußland und Lettland. Die jüngste Übung fand im September 2000 in Kasachstan statt, erneut mit Soldaten der 82. Fallschirmjägerdivision sowie Truppen aus der Türkei, Georgien, Rußland, Aserbaidschan, der Mongolei und Großbritannien.«[2025] Auch die US-Militärexpertin Rachel Bronson hebt die Bedeutung dieser NATO-Übungen im Rahmen der ›Partnership for Peace‹ (PfP) hervor: »Das spektakulärste Beispiel der NATO-Einbindung war die Übung am 15. September 1997, die 500 US-Fallschirmjäger von der 82. Airborne einschloß, welche über Zentralasien absprangen. Dieser Sprung, unter der PfP organisiert, schloß über 800 Teilnehmer der Vereinigten Staaten, der Türkei, Rußlands, Kasachstans, Kirgistans und Usbekistans ein. US-Truppen flogen 7700 Meilen von Fort Bragg, North Carolina, den längsten Nonstop-Lufteinsatz in der US-Geschichte.«[2026]

Mit der Auflösung des Warschauer Paktes vollzog sich seit dem Gipfeltreffen in Rom im Jahre 1991 eine strategische Schwerpunktverlagerung des nordatlantischen Bündnisses. Als Siegermacht des Kalten Krieges sieht sich die NATO seitdem berufen, als Dachverband einer neuen Weltordnung zukünftig auch geographisch über ihr unmittelbares Vertragsgebiet hinaus die Interessen ihrer Mitgliedsstaaten offensiv-militärpolitisch wahrzunehmen. Mit der Formel vom ›erweiterten Sicherheitsbegriff‹ wurde im Kommuniqué des Rom-Gipfels erklärt, »daß die Sicherheit des Bündnisses im globalen Zusammenhang gesehen werden muß«.[2027] Anstelle der Konfliktlinie in Mitteleuropa geriet seitdem der »Krisenbogen von Casablanca bis Kasachstan« (Michael Stürmer) in den Mittelpunkt des strategischen Interesses. Dem ›Alliance Strategic Concept‹ von 1991 zufolge geht es künftig weniger darum, einen ›kalkulierten Angriff‹ auf das Bündnisgebiet abzuwehren, als um die Kontrolle von Risiken und Instabilitäten, die aus den wirtschaftlichen, sozialen und politischen Konflikten der postsowjetischen Staatenwelt erwachsen können, wobei unter dem erweiterten Sicherheitsbegriff inbesondere die »Unterbrechungen der lebenswichtigen wirtschaftlichen Verbindungslinien der NATO-Staaten« und die »Unterbrechungen der Ressourcenzufuhr« fallen.[2028]

Folgerichtig »begann die Verlagerung des NATO-Schwerpunktes vom Mittelabschnitt zur Südflanke. Die im Norden funktionslos gewordene NATO-Streitmacht wurde teilweise nach Süden verlegt bzw. nach Süden ausgerichtet«.[2029] Durch die Einrichtung der ›Combined Joint Task Forces‹ (CJTF) wurde in diesem Zusammenhang die Möglichkeit der Beteiligung von Nichtmitgliedstreitkräften an multinationalen Verbänden geschaffen, womit der NATO-Einfluß auf all jene Länder ausgedehnt wurde, die zwar im Augenblick nicht NATO-Mitglied werden wollten oder konnten, aber an einer Zusammenarbeit interessiert waren. Damit wurde die NATO-Erweiterung Richtung Zentralasien eingeleitet. »In diese Kategorie fallen auch die Staaten der kaspischen Region. Sie gehört zu den Konfliktzonen an der Südflanke der NATO. Der Oberkommandierende des Regionalkommandos Süd (AF-SOUTH), US-Admiral T. Joseph Lopez, verwies dabei auf die Instabilitäten im Kaukasus und auf die großen Ölreserven am Kaspischen Meer. Beides zusammen berge ein großes Konfliktpotential in sich. Das Regionalkommando Süd der NATO konzentriert sich daher auf ein frühzeitiges Engagement. Dies soll dazu beitragen, die äußere Umgebung entsprechend den allgemeinen politischen Zielen und Prinzipien der NATO zu beeinflussen.«[2030]

Der erste Schritt der NATO-Erweiterung nach Osten und in Richtung der Südflanke der Russischen Föderation war die Gründung des Nordatlantischen Kooperationsrates am 20. Dezember 1991, der die Mitglieder der NATO und des Warschauer Paktes umfaßte. Ergänzt wurde diese Erweiterung im Januar 1994 auf dem Brüsseler NATO-Gipfel durch die dort verabschiedete Initiative ›Partnerschaft für den Frieden‹ (PfP). Mit dieser sollte die Beziehung der NATO zu den postsowjetischen Staaten gestärkt »sowie die gleichzeitig beschlossene NATO-Erweiterung als evolutionärer Prozeß gefördert werden«.[2031] Durch die PfP bietet die NATO »allen aktiven PfP-Staaten Konsultationen für den Fall an, daß ein Partner sich einer direkten Bedrohung seiner territorialen Integrität, politischen Unabhängigkeit oder Sicherheit ausgesetzt sieht«.[2032] Damit sollte das Prinzip ›Partnerschaft für den Frieden‹ der Entwicklung einer staatlichen Pluralisierung des postsowjetischen Machtbereichs dienen. Die selbstgestellte Aufgabe der Initiative, die staatliche Unabhängigkeit der Staaten der ehemaligen Sowjetunion zu schützen, war – obwohl es nicht offen ausgesprochen wurde – gegen Rußland und seine Wiedervereinigungspolitik gerichtet.

Begleitet wurde dies durch ein weiteres Ziel der PfP, nämlich die postsowjetische Staatenwelt an NATO-Standards heranzuführen: Langfristig ging es um die Herstellung der »Befähigung zu gemeinsamen Operationen durch Angleichung der Führungsgrundlagen und Herstellung von Interoperabilität«.[2033] In der kaspischen Region haben mit Ausnahme Tadschikistans alle Staaten das Rahmendokument der PfP unterzeichnet. Die Grundlage der praktischen Zusammenarbeit bildet dabei das Partnerschaftsarbeitsprogramm, eine aus 21 Bereichen bestehende ›Menüliste‹. Auf dieser Grundlage erstellten die Partnerstaaten zusammen mit der NATO jährliche Individuelle Partnerschaftsprogramme (IPP), wobei alle PfP-Mitglieder mit Ausnahme Rußlands ein solches IPP abgeschlossen hatten.[2034] »Die engere Heranführung an die politische und militärische Arbeit der Allianz erfolgt zudem durch die Vertiefung von PfP. Eine der beschlossenen Maßnahmen ist das Angebot, diplomatische Missionen bei der NATO einzurichten. Außer Armenien, Kirgistan und Tadschikistan haben alle Partner mittlerweile davon Gebrauch gemacht. Andere Maßnahmen sind die Entwicklung eines politisch-militärischen Rahmens für NATO-geführte PfP-Operationen, die Stärkung ihrer Rolle bei der Entscheidungsfindung, die Ausweitung des Übungsprogramms auf den gesamten Bereich der neuen Aufgaben der NATO, die Einrichtung von PfP-Stabselementen in NATO-Hauptquartieren, die Beteiligung an CJTF-Planungen und Operationen, die verstärkte Beteiligung an der Arbeit der NATO-Ausschüsse oder die Nutzbarmachung des Sicherheitsinvestitionsprogramms, – einer der drei Haushaltstitel der NATO – für die Partner.«[2035]

Wie NATO-Dokumente hervorheben, eröffnete die PfP der postsowjetischen Staatenwelt die Möglichkeit, ihre Beziehungen zur NATO zu stärken, in Übereinstimmung mit ihren eigenen Interessen und Möglichkeiten.[2036] Dabei sollte dike PfP dazu dienen, die militärische Zusammenarbeit der Mitgliedsstaaten mit der NATO zu verbessern und zu helfen, »Interoperabilität zwischen den Streitkräften der NATO-Alliierten und den Partnerländern zu entwickeln«.[2037] Insgesamt bestand die Funktion der PfP – wie Rachel BRONSON hervorhebt – gerade darin, »eine entscheidende Rolle im evolutionären Prozeß, neue NATO-Mitglieder aufzunehmen«[2038] zu spielen – ihr kam also von Anfang an die Funktion zu, die NATO-Erweiterung vorzubereiten.

Insgesamt konnte in den neunziger Jahren eine ständige Zunahme an PfP-Aktivitäten im Kaukasus verzeichnet werden. »1994, im Gründungsjahr von PfP, fanden keine Übungen in dieser Region teil. Ein Jahr später waren es 6, woraufhin 11 und dann 19 in jedem anschließenden Jahr folgten. Jedes Jahr nahmen mehr Länder dieser Region teil, und 1997 hatte jedes Land (des Kaukasus und Zentralasiens, der Verf.) außer Tadschikistan in irgendeiner Weise teilgenommen.«[2039] 1998 nahmen Georgien, Aserbaidschan, Kasachstan und Usbekistan an der NATO-Krisenmanagementübung CMX im ganzen Umfang teil. Dabei waren es insbesondere die USA und die Türkei, die sich für die Verstärkung der PfP einsetzten:[2040] Erwähnt seien nur die Bemühungen beider Länder um die Aufstellung eines Peacekeeping-Bataillons oder die zweiten kasachisch-amerikanischen Militärmanöver in der Gegend von Almaty im Juni 1998.[2041]

Den Politologen Hans Georg EHRHART und Oliver THRÄNERT zufolge entspricht der NATO-Vorstoß in den kaspischen Raum den traditionellen geopolitischen Zielen der USA in den neunziger Jahren. Die PfP gilt als das wichtigste Instrument der

NATO zur Zusammenarbeit mit den Ländern der kaspischen Region. »Deren Unabhängigkeit wird vor allem aus wirtschaftlichen (Rohstoffe) und politisch-strategischen Gründen (Einhegung großrussischer Ansprüche und Einbindung russischer Reformkräfte) unterstützt.«[2042] Dabei sind die USA hauptsächlich daran interessiert, die Sicherheitsbedingungen herzustellen, die für die Erdölproduktion und den Transport des Öls notwendig sind.[2043] Die bereits zitierte US-Militärexpertin Rachel BRONSON faßt den Umfang und die Hintergründe der US-Interventionen in Zentralasien und im Kaukasus in den neunziger Jahren wie folgt zusammen: »Seit dem Kollaps der Sowjetunion waren die USA zunehmend in Zentralasien und im Kaukasus eingebunden. Bis zum heutigen Tage galt die Hauptaufmerksamkeit dieser Einbindung dem Öl- und Gassektor. Mehr als 80 Öl- und Gas-Joint-Ventures operieren laufend in dieser Region, mit über 30 US-Gesellschaften.«[2044]

Über sogenannte ›Product-Sharing‹-Verträge seien US-Gesellschaften in Aserbaidschan eingebunden. Der Konzern Chevron habe seinerzeit 1,3 Milliarden Dollar in das Tengiz-Projekt Kasachstans investiert. »Eine Untersuchung der ökonomischen und militärischen Unterstützung der USA für den Kaukausus und Zentralasien enthüllt ein zunehmendes Interesse der USA an dieser Region«, so Rachel BRONSON. »Staaten, die am engsten in der PfP eingebunden sind, wie Usbekistan, Kasachstan und Georgien, erhalten weiterhin einen hohen Prozentsatz der Hilfe für diese Region. Auffallend ist dabei, daß die Unterstützung für Armenien abnimmt. Als die Vereinigten Staaten das Pipelineprojekt durch Aserbaidschan durchsetzten. . ., nahm die Hilfe für Armenien notwendigerweise ab, da die. . . Gründe für eine Unterstützung für Armenien nunmehr erschüttert waren. Die Hilfe für alle Länder, mit Ausnahme von Turkmenistan und Armenien, nimmt ständig zu. . . Angehörige der Streitkräfte von Kasachstan, Usbekistan und Kirgistan heben wiederholt die Unterstützung hervor, die sie von US-Streitkräften beim Erlernen moderner militärischer Taktiken einschließlich der Durchführung von Gefechtsoperationen erhalten. Erreicht wird diese auf vielen verschiedenen Wegen, einschließlich Reisen zu US-Basen im Rahmen von PfP-Übungen. Georgien hat engere verteidigungspolitische Beziehungen zu den Vereinigten Staaten gesucht und auch erreicht. 1997 hatte Georgien 23 militärische Kontakte mit den Vereinigten Staaten, angefangen von 9 im Jahre 1995.«[2045]

Um Zweifel an einer US-Unterstützung für die Region auszuräumen, erklärte seinerzeit Marine-General Jack SHEEHAN, Kommandeur des US-Atlantikkommandos und des NATO-Kommandobereichs SACLANT, daß die USA an der Seite zentralasiatischer Staaten an friedenunterstützenden Maßnahmen der Vereinten Nationen in der Region teilnehmen würden, wenn die Vereinten Nationen jemals solche unter Einbindung zentralasiatischer Streikräfte genehmigen.[2046] Dabei stellte die seinerzeitige US-Außenministerin ALBRIGHT klar, daß »die Unterstützung für die strategisch gelegenen und energiereichen Demokratien Zentralasiens und des Kaukasus in starkem Maße in unserem nationalen Interesse liegt«.[2047] Bestätigt wurde dies durch Treffen von US-Präsident CLINTON, Vizepräsident GORE, Energieminister

PENA und dem stellvertretenden Außenminister TALBOTT mit den Führern dieser Region, deren Stellungnahmen die Bedeutung der sich entwickelnden Beziehungen der USA zu Zentralasien unterstrichen.

4.2.6 Der Hintergrund der NATO-Südostexpansion: Die Verwirklichung der ›Korridor VIII‹-Konzeption und die ›Schwarzmeer-Strategie‹ Bruce Jacksons

Die Gründung der GUUAM diente nicht nur der Spaltung der GUS, sie war vielmehr Bestandteil einer größeren Strategie, die darin bestand, einen US-Korridor von Mitteleuropa über den Balkan bis zum Schwarzen Meer hin zu schaffen. Hierbei geht es um ein von der US-Machtelite in den neunziger Jahren entwickeltes strategisches Gesamtprojekt namens ›Korridor VIII‹, das die CLINTON-Administration im Zusammenhang mit dem Balkan-Stabilitätspakt vorschlug.

4.2.6.1 Die Umsetzung der ›Korridor VIII‹-Strategie durch die USA

Was hat es mit dieser ›Korridor VIII‹-Strategie auf sich?

Die ›Korridor VIII‹-Strategie bringt den Konfliktherd des Balkans in Verbindung mit dem des Nahen und Mittleren Ostens, insbesondere des Kaukasus und Zentralasiens. Dieser VIII. Korridor stellt eine einheitliche geopolitische Linie dar, deren Ausgangspunkt der Balkan ist und die ihr Ende in den Erdölfeldern von Tengiz und Baku findet. Den USA geht es dabei um die Kontrolle einer zukünftigen transeuropäischen Ölleitung, die vom Schwarzen Meer zur Adria führen soll. Der Balkan – insbesondere Serbien, das Kosovo, Albanien und Mazedonien – stellt in dieser Planung eine der Drehscheiben dar. »Die US-amerikanischen bzw. britischen Firmen BP-Amoco, Chevron und Texaco sind laut CHOSSUDOVSKY die Triebkräfte der US-amerikanischen Politik. Ihre Investitionen rund um das Kaspische Meer, wo angeblich die weltgrößten ungeförderten Erdölmengen liegen, sollen sich lohnen. Um nicht von Rußland als Transitland abhängig zu werden, braucht man kooperationswillige Staaten zwischen dem Kaspischen Meer und der Adria. Die Türkei, de facto eine Militärdiktatur unter politischer Kontrolle Washingtons, soll die Route der Pipeline in Asien sichern helfen, für Südosteuropa bedarf es politisch kontrollierter Regionen, durch die der Öl-Korridor gelegt werden kann.«[2048] Ziel ist daher also die Sicherung einer US-Einflußsphäre von Südosteuropa bis nach Zentralasien; es geht um »den strategischen Transport-, Kommunikations- und Ölpipeline-Korridor Bulgarien–Mazedonien–Albanien vom Schwarzen Meer zur Adria«.[2049]

Die Strategie Washingtons sieht dabei vor, die Entwicklung des VIII. Korridors anzukurbeln, der genau auf dieser Linie – nämlich vom bulgarischen Schwarzmeerhafen Burgas über Skopije in Mazedonien nach Durres und Flore an der Adria-Küste in Albanien – liegt. Obwohl der VIII. Korridor offiziell zu den paneuropäischen Korridoren gehört, wurde er von der CLINTON-Administration entworfen und auch von den USA finanziert.[2050]

Vor diesem Hintergrund wird auch die geopolitische Bedeutung Jugoslawiens für die US-Strategie auf dem eurasischen Schachbrett erkennbar. Die Balkanregion ist der Brückenkopf zur eurasischen Landmasse. Sie ist von strategischer Bedeutung für weitere militärische Operationen, die nach Osten, insbesondere in die Region der kaspischen und zentralasiatischen Ölfelder, gerichtet sind. Vom Balkan aus kann ein Eindringen in die russische Einflußsphäre ohne weiteres durchgeführt werden. US-amerikanische Balkanprotektorate dienen dabei dem Bau wichtiger Pipelines von der kaspischen und Schwarzmeerregion zur Adria. Aus diesem Grund setzte die US-Machtelite in den neunziger Jahren alles daran, den Balkan zu destabilisieren und funktionierende, starke Nationalstaaten zu verhindern. »Jugoslawien hat durch seine natürliche, geographische und verkehrstechnische Lage extrem gute Voraussetzungen für die Entwicklung seines Transport- und Straßensystems. Zu dem Vorteil, ein maritimes Land und Donau-Anrainer zu sein, kommt noch der Vorteil, auf der Kreuzung der Haupttransitrouten, die West-, Nord- und Mitteleuropa mit dem Nahen und dem Fernen Osten verbinden, zu liegen. Außerdem verbindet es auch die Mittelmeerländer mit Mittel- und Osteuropa. Durch diese Lage hat Jugoslawien den Faktor der kürzesten Distanzen auf seiner Seite... All dies zeigt, daß die Transportinfrastruktur Jugoslawiens von größter Bedeutung ist. Sie kontrolliert nicht nur den Balkan, sondern alle Korridore (Bahn, Straße, Fluß und Luft) von Europa zum Nahen und Mittleren Osten.«[2051]

Das Projekt einer Trans-Balkan-Pipeline würde daher auch den Anschluß zu den Pipeline-Korridoren zwischen dem Schwarzen Meer und dem Becken des Kaspischen Meeres herstellen, das im Zentrum der größten unerschlossenen Erdöllagerstätten der Welt liegt. Die Militarisierung dieses Korridors ist integraler Bestandteil der Washingtoner Pläne.[2052] Die Absicht der USA, die Pipelinekorridore aus der Region des Kaspischen Meeres (und durch den Balkan) zu ›schützen‹, wurde von CLINTONS Energieminister Bill RICHARDSON wenige Monate vor dem NATO-Angriff auf Jugoslawien im März 1999 auch offen ausgesprochen: »Es geht um Amerikas sichere Energieversorgung... Und es geht auch darum zu verhindern, daß jene, die unsere Werte nicht teilen, einen strategischen Durchbruch erzielen. Wir versuchen, diese jetzt unabhängig gewordenen Staaten auf den Westen zu orientieren... Wir möchten, daß sie sich westlichen Handels- und politischen Interessen anvertrauen, statt einen anderen Weg zu gehen. Wir haben in der kaspischen Region erheblich politisch investiert, und es ist sehr wichtig für uns, daß die Karte der Pipelines und die Politik gleichermaßen stimmen.«[2053]

Hält man sich diese geopolitischen Tatsachen vor Augen, wird auch die Rolle der USA in den Jugoslawienkriegen der neunziger Jahre deutlich. Worum es den USA hierbei eigentlich ging, wurde erst durch einen Bericht des damaligen CDU-Staatssekretärs im Verteidigungsministerium der Bundesrepublik Deutschland, Willy WIMMER, deutlich. Er bezog sich auf ein geheimes Treffen hoher Vertreter der US-Machtelite bei einer Konferenz in Bratislawa, die Ende April 2000 vom US-Außenministerium und dem American Enterprise Institute (außenpolitisches Institut der republikanischen Partei) zu den Schwerpunktthemen Balkan und NATO-Ostexpansion abgehalten wurde.[2054] »Bei dieser Konferenz hatten die Amerikaner über ihre Pläne für die Neuordnung Europas Klartext gesprochen. Der offensichtlich empörte Bundestagsabgeordnete WIMMER hatte es daraufhin für notwendig befunden, Gerhard SCHRÖDER über die wichtigsten Punkte zu informieren. In seinem vom 2. 5. 2000 datierten Brief wies der Abgeordnete WIMMER auf die politische Brisanz der Konferenz von Bratislawa hin, auch weil sie ›sehr hochkarätig besetzt‹ gewesen sei, ›was sich schon aus der Anwesenheit zahlreicher Ministerpräsidenten sowie Außen- und Verteidigungsminister aus der Region‹ ergeben hätte.«[2055]

Unter anderem wurde auf dieser Konferenz der Grund für die amerikanische Intervention in Jugoslawien erörtert. Deutlich wurde hervorgehoben, daß es dabei darum ging, »eine Fehlentscheidung von General EISENHOWER aus dem 2. Weltkrieg zu revidieren. Eine Stationierung von US-Soldaten habe aus strategischen Gründen dort nachgeholt werden müssen«.[2056] Während des Zweiten Weltkrieges hatten die anglo-amerikanischen Mächte auf Betreiben des britischen Doppelagenten James KLUGMAN den von ihnen geförderten General Draza MIHAILOVIC fallengelassen und statt dessen auf den bis dahin völlig unbekannten TITO gesetzt, der nach dem Ende des Zweiten Weltkrieges Jugoslawien sowohl der sowjetischen als auch der westlich-amerikanischen Vorherrschaftssphäre entzogen hatte und eine eigenständige sozialistische Wirtschafts- und Gesellschaftordnung aufzubauen gedachte. »Wegen der strategischen und wirtschaftlichen Bedeutung des industriell relativ weit entwickelten und volkreichen Serbien blockierte das Festhalten der Jugoslawen an Resten sozialistischer Politik die neoliberale Neuordnung des gesamten Balkans entlang amerikanischer und westeuropäischer Vorstellungen. Das alles ist auf den ›strategischen Fehler EISENHOWERS‹ zurückzuführen, der General MIHAILOVIC zu einem kritischen Zeitpunkt in der Geschichte des Balkans fallengelassen hatte. Dies war wohl ›der Fehler‹, den die amerikanischen Regierungsvertreter bei der Konferenz in Bratislawa meinten und der durch den NATO-Angriff auf das souveräne Jugoslawien und durch die Stationierung amerikanischer Truppen auf dem Balkan hätte korrigiert werden müssen.«[2057]

Weiterer wichtiger Gegenstand dieser Konferenz war die Frage der NATO-Erweiterung und des neuen Selbstverständnisses der NATO. Ziel des NATO-Angriffs auf Jugoslawien sei es unter anderem auch gewesen, dem nordatlantischen Bündnis eine neue Funktion zuzuweisen, die im April 1999 im sogenannten ›Neuen Strategischen Konzept‹ offenbar wurde: »Außer den territorialen Grenzen der Mitgliedsstaaten ›verteidigt‹ nun die ›neue‹ NATO unscharf definierte Sicherheitsinteressen aller Art, die allerdings auch explizit ›den Zugang zu Rohstoffen‹ umfassen. Diese ›Interessen‹ werden offensiv außerhalb des traditionellen Zuständigkeitsbereichs der NATO im euro-atlantischen Raum verteidigt. Dieser Raum erstreckt sich vom Kaspischen Meer über den Persischen Golf, über Nordafrika und den Atlantik. Dabei nimmt sich die NATO das Recht heraus, wie im Fall Kosovo, sich selbst das Mandat zu militärischen Interventionen zu erteilen, um sich unter dem Mantel ›humanitärer Interventionen‹ den gar nicht so humanitären ›Zugang zu Rohstoffen‹ zu sichern, wie im Artikel 24 des ›Neuen Strategischen Konzeptes‹ nachzulesen ist.«[2058]

Hintergrund war dabei – wie die spanische Zeitung *El Mundo* am 25. April 1999 unter der Überschrift »NATO maßt sich das Recht an, auch in den ehemaligen Sowjetrepubliken einzugreifen« berichtete – die NATO auf Expansionen in den kaspischen Raum und Zentralasien vorzubereiten: »Die Allianz beschloß damit ein Strategiekonzept, dem zufolge sie bei zukünftigen Einsätzen ohne expressives Mandat des Sicherheitsrates der UNO tätig werden kann – um mögliche Vetos Rußlands und Chinas zu vermeiden, ihre Interessenzone auszuweiten. Durch das Veto Frankreichs wird sich die NATO allerdings nicht in einen Weltpolizisten verwandeln, wie es die USA wollten, vielmehr genehmigte sie ein Handlungsschema, das absichtlich zweifach auslegbar ist und zur Folge haben kann, daß der Militäreinsatz der NATO außerhalb ihrer eigentlichen Einflußzone im Kosovo ohne Mandat der UNO sich zukünftig auch im Kaukasus, am Kaspischen Meer und sogar in den ehemaligen sowjetischen Republiken bis an die Grenze von China wiederholen kann.«

Deutlich wurde auf der Bratislawa-Konferenz auch das Erfordernis der NATO-Expansion in die russische Interessensphäre hervorgehoben:

»Es gelte, bei der jetzt anstehenden NATO-Erweiterung die räumliche Situation zwischen der Ostsee und Anatolien so wiederherzustellen, wie es in der Hochzeit der römischen Ausdehnung gewesen ist. Dazu müsse Polen nach Norden und Süden mit demokratischen Staaten als Nachbarn umgeben werden, Rumänien und Bulgarien die Landverbindung zur Türkei sicherstellen, Serbien. . . auf Dauer aus der europäischen Entwicklung ausgeklammert werden. Nördlich von Polen gelte es, die vollständige Kontrolle über den Zugang aus St. Petersburg zur Ostsee zu erhalten.«[2059]

Damit hatte die US-Machtelite deutlich den Zusammenhang zwischen den US-Interventionen in den Jugoslawienkriegen, der NATO-Erweiterung und ihren Interessen an der kaspischen Region und Zentralasien hergestellt. Es geht um nichts anderes als um die Schaffung eines militarisierten strategischen Korridors von Zentraleuropa über einen von den USA kontrollierten Balkan und die Türkei nach Zentralasien, kurzum um die militärische Umsetzung der ›Korridor VIII‹-Strategie.

4.2.6.2 Der amerikanisch-europäische Konkurrenzkampf um die paneuropäischen Netze

Hinter den Kulissen vollzog sich in den neunziger Jahren ein harter Konkurrenzkampf zwischen den USA und Europa um den Zugang nach Zentralasien. Ausgehend von dem Ausspruch Halford Mackinders, geht es der angelsächsischen Seemacht stets darum, jegliche Verbindung zwischen Europa und Asien zu verhindern, da eine solche kontinental-eurasische Achse der maritimen Vorherrschaft der angelsächsischen Macht ein abruptes Ende bereiten würde (vgl. oben). In den neunziger Jahren war der Schlüssel zur Verbindung Europas mit dem eurasischen Raum die Balkanregion: »Wichtige Land- und Wasserrouten verlaufen durch Jugoslawien. Diese versorgen Europa mit existierenden und potentiellen Kommunikationslinien zum mittleren Osten Asiens, zur Nordsee und zu der Region um den Kaukasus und das Kaspische Meer. Das sind die Regionen mit den größten Ölreserven der Welt.«[2060] Die Verbindungslinien Europa–Asien vollziehen sich schließlich über drei wesentliche Korridore, deren Erweiterung und Ausgestaltung die Verwirklichung einer Eurasischen Union zur Folge haben könnten. Diese lassen sich laut einer Analyse in der Schweizer Zeitung *Zeit-Fragen* wie folgt beschreiben:

– Der IV. Korridor verbindet Dresden und Berlin mit Istanbul und passiert dabei Prag, Bratislawa, Gjor, Budapest, Arad, Krajova, Sofia und Plovdiv. Verästelungen verbinden den Stamm mit Nürnberg, Wien, Bukarest und Constanza;

– der VIII. Korridor verläuft vom albanischen Hafen Durres nach Warna (Bulgarien), und zwar über Tirana, Kaftan, Skopije, Deve Bair, Sofia, Plovdiv und Burgas;

– der X. Korridor überquert Salzburg, Ljubljana, Zagreb, Nis, Skopije, Veles und Thessaloniki, einen größeren Hafen und zweitgrößte Stadt Griechenlands. Dieser Korridor wiederum hat vier Seitenäste: Zweig A von Graz über Maribor nach Zagreb, Zweig B von Budapest über Novi Sad nach Belgrad, Zweig C von Nis über Sofia bis zum VI. Korridor nach Istanbul sowie Zweig D von Veles über Bitola nach Florina (die altrömische Via Ignatia).[2061]

Festzuhalten ist dabei, daß einige dieser strategischen Korridore ihren Ursprung in Zentraleuropa (**KQARTE!!** – in Deutschland – haben. Für Europa von entscheidender Bedeutung ist dabei der X. Korridor. Dieser »ist die kürzeste, logischste und ökonomischste Verbindung zwischen Westeuropa und dem Mittleren Osten«, so eine Analyse von Matthias George in der Zeitung *Zeit-Fragen.* »Die USA widersetzten sich lange Zeit einer Weiterentwicklung des X. Korridors, speziell dem Bau einer Pipeline (SEEL, South East European Line) vom rumänischen Schwarzmeerhafen Constanta nach Triest in Italien. Mit dieser Pipeline bekäme Europa direkt Öl aus der kaspischen Region, ohne auf die Amerikaner angewiesen zu sein. Würde diese Pipeline zusätzlich noch mit der russischen Druzhba-Pipeline verbunden, wie es einige Projektstudien vorsahen, wäre Europas Ölversorgung weitgehend unabhängig von den USA. Diese Pipeline würde den zurzeit einzigen Weg durch den Bosporus umgehen, eine Engstelle, die es der Türkei erlaubt, dem Öltransport erpresserische Einschränkungen aufzuerlegen. Die Wasserstraße der Donau ist gleichbedeutend. Sie bildet den Korridor VII im paneuropäischen Netzwerk. Diese Wasserstraße verbindet die Nordsee mit dem Schwarzen Meer und den Regionen am Kaukasus und Kaspischen Meer. Diese bedeutende euro-asiatische Route war durch die von den USA verhängten Sanktionen gegenüber Jugoslawien drastisch eingeschränkt.«[2062]

Während des NATO-Angriffs auf Jugoslawien wurde schließlich ein großer Teil der Transportinfrastruktur entlang der Korridore IV und X bombardiert, gerade mit dem Ziel, einen autarken transeurasischen stategischen Korridor erst gar nicht zur Entstehung kommen zu lassen. Die geopolitischen Folgen des US-Krieges gegen Jugoslawien faßt Matthias GEORGE wie folgt zusammen: »Die Zerstörung der Transportinfrastruktur hat nicht nur Jugoslawien, sondern auch ganz Europa einen großen Schaden zugefügt. Nehmen wir die Donau als Beispiel: Das jährliche Transportaufkommen lag bei 45 Millionen Tonnen. Nach dem Zweiten Weltkrieg haben die Donau-Länder Milliarden von DM investiert für die Infrastruktur, die über den Donau-Korridor die Nordsee mit dem Schwarzen Meer verbindet, also die beiden größten Häfen Europas: Rotterdam und Constanta. Jetzt ist diese Route durch die Bombardierung der Donaubrücken, eine davon bei Novi Sad. . . nahezu völlig unterbrochen. Damit ist der Korridor VII des paneuropäischen Netzwerkes außer Betrieb. Die NATO hat mit den Korridoren VII und X zwei der wichtigsten europäischen Transportkorridore stillgelegt«[2063] – mit gewünschten Rückschlägen für eine eigenständige deutsch-europäische Geopolitik und Geoökonomie: »Denn jede Schließung des X. Korridors hat empfindliche Nachteile für Deutschland. Es hätte damit keine Möglichkeit, seinen Einfluß nach Südosten in Richtung Zentralasien und dem Mittleren Osten auszubreiten.«[2064]

Übrig und funktionstüchtig blieb daher allein der VIII. Korridor, und die USA gingen nunmehr planmäßig heran, diesen als eigene Interessensphäre auszubauen. Die Strategie Washingtons sah schließlich nunmehr vor, die Entwicklung des VIII. Korridors voranzutreiben als Grundlage für eine Trans-Balkan-Ölpipeline AMBO (nach den Anfangsbuchstaben der Transitstaaten Albanien, Mazedonien und Bulgarien). Der VIII. Korridor »verläuft vom bulgarischen Schwarzmeerhafen Burgas über Skopje in Mazedonien nach Durres an der Adria-Küste in Albanien. Obwohl der VIII. Korridor offiziell zu den paneuropäischen Korridoren gehört, wurde er von der CLINTON-Administration konzipiert und auch von den USA finanziert«.[2065]

Folgt man Michel CHOSSUDOVSKY, so gelang es den Amerikanern, die Europäer aus dem ›Korridor-VIII‹-Projekt vollständig zu verdrängen. Hintergrund war, daß die anglo-amerikanischen Ölgiganten, dazu gehören BP-Amoco-Arco, Texaco und Chevron, mit Europas (mit der italienischen ENI verbundenen) Ölgiganten Total-Fina-Elf um die Ausbeutung der reichen Kashagan-Ölfelder in Kasachstan im Nordosten des kaspischen Beckens konkurrierten, und mit der Kontrolle des VIII. Korridors wollen die USA verhindern, daß die europäischen Energiekonsortien einen eigenen Zugang zur kaspischen Region erhalten. »Dem EU-gestützten Konsortium fehlt es aber an Einfluß bei den Hauptpipelinestrecken aus dem kaspischen Becken und weiter nach Westeuropa«, so CHOSSUDOVSKY. »Die entscheidenden Pipelineprojekte. . . sind weitgehend in der Hand der anglo-amerikanischen Rivalen, die sich auf die politische wie militärische Präsenz der USA im Kaspischen Becken und auf dem Balkan stützen können. Washington will möglichst alle drei AMBO-Länder, nämlich Bulgarien, Mazedonien und Albanien (AMBO ist die US-amerikanische Bezeichnung für das Korridor-VIII-Pipelineprojekt, das quer durch die Balkanstaaten Albanien, Mazedonien und Bulgarien laufen soll, der Verf.), durch die Schaffung vollständiger US-Protektorate dem deutschen und EU-Einfluß entziehen. Anders gesagt, zielt die militärische und geopolitische Kontrolle der USA über die projektierte Pipelineverbindung zwischen Burgas in Bulgarien und dem albanischen Adriahafen Vlora darauf ab, sowohl den EU-Einfluß zu untergraben als auch die konkurrierenden französisch-belgisch-italienischen Ölinteressen zu schwächen.«[2066]

Über die »South Balkan Development Initiative« (SBDI) sowie der »Trade and Development Agency« (TDA) war es US-Regierungsvertretern gelungen, die Verwirklichung des AMBO-Konzepts durchzusetzen. Mit Hilfe dieser Einrichtungen sollten Albanien, Mazedonien und Bulgarien dabei unterstützt werden, »ihre Transportinfrastruktur entlang des sie verbindenden Ost-West-Korridors zu entwickeln und zu integrieren«, wobei den USA die Verantwortung für die Verwirklichung der AMBO-Initiative zugewiesen wurde.[2067]

Damit aber war die EU im Balkan-Pipelinegeschäft von ihren US-Rivalen verdrängt worden. »Was die AMBO-Pipeline angeht, sieht es so aus, als sei die EU von den Planungen und Verhandlungen weitgehend ausgeschlossen worden«, so Michel CHOSSUDOVSKY. Statt dessen konnten die US-amerikanischen Konzerne ihre Interessen uneingeschränkt durchsetzen. »Mit den Regierungen Albaniens, Bulgariens und Mazedoniens wurden bereits ›Memoranda of Understanding‹ (MOU) unterzeichnet, welche diesen Ländern die nationale Souveränität über die Pipeline- und Transportkorridore durch die Einräumung ›exklusiver Rechte‹ an das anglo-amerikanische Konsortium entziehen: ›(Das MOU) stellt fest, daß nur AMBO die geplante Burgas-Vlora-Ölpipeline bauen darf. Genauer, es gibt AMBO das ausschließliche Recht, mit Investoren und Geldgebern für das Projekt zu verhandeln. Es verpflichtet... (die Regierungen Bulgariens, Mazedoniens und Albaniens) außerdem dazu, bestimmte vertrauliche Informationen über das Pipelineprojekt nicht weiterzugeben.‹ ... Obgleich von den Verkehrsministern der EU als Teil der europäischen ökonomischen Integration abgesegnet, wurden die Machbarkeitsstudien zu ›Corridor-8‹ von unmittelbar von der TDA finanzierten US-Gesellschaften durchgeführt. Anders gesagt, Washington scheint die Übernahme des Verkehrs- und Kommunikationswesens dieser Staaten vorbereitet zu haben. Amerikanische Konzerne wie Bechtel, Enron und General Electric konkurrieren, mit finanzieller Rückendeckung durch die US-Regierung, mit Unternehmen aus der EU. Washington möchte den gesamten Korridor im ›wirtschaftlichen Hinterhof‹ der EU, wo die Macht der D-Mark bisher tendenziell größer als die des US-Dollars ist, für die US-Multis öffnen.«[2068]

Die strategische Kontrolle der USA über diesen Pipeline-Korridor soll also die Rolle der EU schwächen und konkurrierende europäische Geschäftsinteressen auf Distanz halten. »Washingtons Plan ist es, den gesamten achten Korridor für die amerikanischen multinationalen Firmen zu öffnen, d.h. den amerikanischen Multis den ökonomischen Hinterhof Deutschlands, wo noch die D-Mark über den US-Dollar dominiert, zugänglich zu machen.«[2069]

Die USA zeigen ein deutliches Interesse, den strategischen Knoten der Transportkorridore auf dem Balkan, der durch die Korridore VIII, X und IV gebildet wird und mitten im Kosovo liegt, zu beherrschen. Aus diesem Grunde sorgten sie auch dafür, daß Alternativentwürfe sich nicht durchsetzen konnten. »Sie verboten ein Projekt, das durch Serbien verlief, und sie boten Rumänien 100 Millionen Dollar, wenn sie die Route der geplanten SEEL-Pipeline (South-Eastern-European Line) weiter nach Norden, also nach Ungarn, verschieben würden. Die italienische Firma ENI hatte dieses Pipeline-Projekt unter Verwendung bereits bestehender Pipeline-Infrastruktur in Slowenien, Kroatien und Serbien geplant.«[2070]

Westliche Strategen haben in den neunziger Jahren verschiedene Pipelinetrassen durch den Balkan diskutiert, die Europa mit Zentralasien verbinden sollten. »Die möglichen Routen für Pipelines über den Balkan verlaufen natürlich entsprechend den Interessen der zukünftigen Nutznießer:

1. Variante: Burgas–Alexandropolis (LukOil zusammen mit Griechenland, russische Interessen);

2. Variante: Burgas–Vlore (amerikanisches Konsortium AMBO, Halliburton, amerikanische Interessen);

3. Variante: Constanta–Omisalj–Trieste via Rumänien, Serbien und Kroatien (SEEL, italienische Firma ENI, EU-Interessen).«[2071]

Tatsächlich hatten sich die USA Ende der neunziger Jahre mit dem AMBO-Projekt gegenüber anderen Varianten und Konkurrenten durchgesetzt. »Mit der Wahl des Hafens Vlore als Endpunkt ihrer Pipeline haben die USA die volle Kontrolle über die Versorgung der europäischen Länder mit kaspischem Öl. Die Analytiker für europäische Angelegenheiten weisen darauf hin, daß Griechenland ein EU-Land ist und die USA daher eine Pipeline von Burgas nach Thessaloniki nicht kontrollieren können. Durch die Erzeugung eines Krisenherdes in Kosovo kontrollierten die USA Albanien und damit auch die geplante AMBO-Pipeline.«[2072]

Vor diesem Hintergrund mußte sich dann auch die Südostausrichtung der NATO-Erweiterung vollziehen. Der britische General Jackson, Kommandeur der Kfor-Truppen in Mazedonien und später auch im Kosovo, erklärte in diesem Zusammenhang: ». . . heute ist es unbedingt erforderlich, die Stabilität Mazedoniens und seinen Beitritt zur NATO zu garantieren. Aber wir werden sicherlich eine lange Zeit hierbleiben, um die Sicherheit der Energiekorridore, die durch dieses Land führen, zu garantieren.«[2073] Damit ist klar, daß sich Jackson auf den achten Korridor bezog, also auf die Ost-West-Achse, auf der eine Pipeline die Energieressourcen Zentralasiens vom Schwarzen Meer zur Adria bringen soll.

4.2.6.3 Das Ziel: die Umsetzung von Bruce Jacksons ›Schwarzmeer-Strategie‹

Klar wird damit aber auch der Hintergrund der Balkanstrategie der USA, zu der auch die angesprochene Südostexpansion der NATO gehört: Der achte Korridor bildet in der US-Geopolitik den Zuweg zum Schwarzen Meer, dem entscheidenden Ziel der USA. Dem Energie-Experten F. William Engdahl zufolge muß diese Vorgehensweise der USA im Zusammenhang mit ihrer eigentlichen Absicht gesehen werden, nämlich der Zerstückelung oder Zerschlagung Rußlands und der wirksamen Kontrolle über dessen riesige Öl- und Gasvorkommen.[2074] Dieses Ziel kann aber ohne Sicherstellung der Kontrolle über die dorthin führenden Korridore nicht erreicht werden. Aus diesem Grund gingen die USA Mitte der neunziger Jahre »systematisch daran, alle früheren Satellitenstaaten der Sowjetunion nicht nur in die Europäische Union, sondern auch in die von Washington dominierte NATO zu führen. Bis 2004 waren Polen, Tschechien, Ungarn, Estland, Lettland, Litauen, Bulgarien, Rumänien, die Slowakei und Slowenien sämtlich in die NATO aufgenommen worden, und die Republik Georgien wurde auf den Beitritt vorbereitet. Die Ausdehnung der NATO auf frühere Staaten der Sowjetunion oder des Warschauer Paktes rund um Rußland war für das PNAC (Project for the New American Century, siehe oben, der Verf.) eine wichtige Voraussetzung«.[2075]

Eine bedeutende Rolle für die Ausdehnung der NATO spielte dabei das PNAC-Mitglied und ein enger Freund Richard Cheneys, Bruce Jackson. Dieser »verfügte als ehemaliger Offizier des amerikanischen Militärgeheimdienstes über sehr gute Kontakte zu den neuen osteuropäischen NATO-Staaten, verkaufte als Vorstandsmitglied des Rüstungskonzerns Lockheed-Martin dessen breite Produktpalette an Ungarn, Tschechien, Polen und weitere ehemalige Warschauer-Pakt-Staaten, war zwischen 1986 und 1990 ein enger Mitarbeiter des damaligen Verteidigungsministers Cheney sowie der leitenden Pentagonfalken Wolfowitz und Perle, gehörte dem Projekt für das Neue Amerikanische Jahrhundert an und zählte als Vorstandsvorsitzender der Lobbygruppierungen ›US-Committee on Nato‹, ›Project on Transnational Democraties‹ und ›Committee for the Liberation of Iraq‹ zu den treibenden Kräften einer aggressiven Expansion der amerikanischen Sicherheitsinteressen. Dieser Cheflobbyist auf dem Capitol Hill, der gleichzeitig für die NATO-Osterweiterung wie für den Lockheed-Martin-Konzern Politik machte, hatte an allen wichtigen Gipfeltreffen der ost- und südosteuropäischen Staaten der vergangenen sechs Jahre teilgenommen – protokollarisch gleichberechtigt mit dem polnischen Staatspräsidenten Aleksander Kwasniewski, Tschechiens Präsident Václav Havel oder dem ungarischen Ministerpräsidenten«.[2076]

Bruce Jackson war auch Koordinator der sogenannten ›Vilnius-Gruppe‹, eines Konsultationsforums der ost- und südosteuropäschen Staatenwelt mit Vertretern der US-Machtelite, das der Vorbereitung der militärischen Ausbreitung des Nordatlantikpaktes dienen sollte. »Im März 2002 etwa trafen sich in Bukarest die zehn Staats- und Regierungschefs der sogenannten ›Vilnius-Gruppe‹, bestehend aus Albanien, Bulgarien, Estland, Lettland, Litauen, Mazedonien, Rumänien, Slowakei, Slowenien und Kroatien. Anwesend waren u.a. US-Vize-Außenminister Richard Armitage, der Vorsitzende des US-NATO-Komiteess Bruce Jackson, der polnische Präsident Aleksander Kwasniewski, der türkische Regierungschef Bülent Ecevit, der tschechische Ministerpräsident Milos Zeman und Ungarns Außenminister Janos Martonyi.«[2077] Gegenstand dieses Treffens war die Vorbereitung einer »robusten Erweiterung der NATO«.[2078] USA-Experte Clemens Verenkotte bezeichnet in diesem Zusammenhang das ›US-Committee on NATO‹, dessen Präsident Bruce JACKSON seit 1996 war, als eine »nichtregierungsamtliche, aber sehr einflußreiche und wichtige Organisation in den politischen Kreisen Amerikas«.[2079]

Was Ziel der von ihm bevorzugten »robusten NATO-Expansion« war, offenbarte Bruce JACKSON in Zusammenarbeit mit Ronald D. ASMUS, dem Vordenker einer gesellschaftlich-wirtschaftlichen Umgestaltung des Nahen und Mittleren Ostens im Rahmen der ›Greater Middle East Initiative‹, in der Forderung nach einer »Strategie für den Schwarzmeer-Raum«,[2080] deren Zweck es sein soll, die Staatenwelt der Schwarzmeer-Region und ihre Ressourcen in die transatlantische Vorherrschaftssphäre einzugliedern. Bruce JACKSON stellt heraus, daß in den neunziger Jahren die Schwarzmeer-Region und die umliegenden Staaten Bulgarien, Rumänien, Moldau, Ukraine, Rußland, Georgien, Armenien, Aserbaidschan und die Türkei »von der Peripherie in den Mittelpunkt der Aufmerksamkeit des Westens gerückt« seien:[2081] »Der erfolgreiche Abschluß der Verankerung und der Integration der mittel- und osteuropäischen Länder vom Baltikum bis zum Schwarzen Meer in die transatlantische Gemeinschaft kennzeichnet die Vollendung des großen historischen Projekts der neunziger Jahre, das nach dem Ende des Kalten Krieges in die Wege geleitet wurde.«[2082]

JACKSON wirft jedoch der transatlantischen Gemeinschaft vor, sie habe es an einer grundlegenden Strategie missen lassen, »um die Länder der Region für den Westen zu begeistern und sie dort zu verankern, geschweige denn ihnen dabei zu helfen, sich selbst in vollwertige Partner und vielleicht irgendwann in der Zukunft in vollwertige Mitglieder der wichtigsten transatlantischen Institutionen zu wandeln«. Jetzt jedoch, »da es dem Westen gelungen ist, seine Agenda der neunziger Jahre umzusetzen, kann er es sich nun leisten, seinen geopolitischen Horizont auszuweiten und über Herausforderungen nachzudenken, die weit in der Ferne liegen. Das erfolgreiche Beispiel des ›Big Bang‹ der Erweiterung von NATO und EU hat dazu beigetragen, in der Schwarzmeer-Region Erwartungen zu wecken. Heute äußert eine neue Generation von demokratischen Politikern in der Region offen den Wunsch, ihre Länder näher an die transatlantische Gemeinschaft heranzuführen und sich ihr möglicherweise einmal anzuschließen. Nachdem es ihnen gelungen ist, Mitglieder der NATO zu werden, versuchen Länder wie Bulgarien und Rumänien gemeinsam mit der Türkei, dem Westen klarzumachen, daß er diesen Vorstellungen eine größere strategische Priorität zuweisen solle. Nachdem der Westen das Schwarze Meer in den vergangenen zehn Jahren weitgehend ignoriert hat, scheint er nun aufzuwachen und sich der Notwendigkeit bewußt zu werden, daß es sich lohnt, darüber nachzudenken, was genau das Ziel und die Strategie sein sollten«.[2083]

JACKSON beschreibt die Schwarzmeer-Region als Drehscheibe eurasischer und atlantischer Mächte, die bereits im 19. Jahrhundert der Austragungsort des ›Great Game‹ war. Heute, so JACKSON, ist sie als Bestandteil eines größeren euro-asiatischen Korridors zu sehen. »Zum ersten Mal seit dem ›Großen Spiel‹, das im 19. Jahrhundert entlang der Ufer des Schwarzen Meeres gespielt worden war, genoß die Region wieder Aufmerksamkeit. Mit den NATO-Mitgliedern Bulgarien, Rumänien und Türkei, die das westliche und südliche Ufer beherrschen, und mit den neu geschaffenen GUS-Staaten Moldau, Ukraine, Rußland und Georgien im Norden und im Osten beginnt die Region Gestalt anzunehmen. Zur Schwarzmeer-Region müssen auch die drei Staaten im Südkaukasus, Georgien, Armenien und Aserbaidschan, gezählt werden. Wenn man von der Region spricht, spricht man ausdrücklich auch vom euro-asiatischen Energiekorridor, der das transatlantische System mit den Energievorräten des kaspischen Raumes und mit den zentralasiatischen Staaten verbindet. Darüber hinaus gibt es eine gewisse Berechtigung zur Ausweitung des Schwarzmeer-Systems in den Norden von Transnistrien, Odessa und Suchumi, weil ein stabiles System sowohl die Lösung von ›kalten Konflikten‹ entlang des nordöstlichen Bogens und den Zugang zu den großen Handelsströmen erfordern würde, die in das Schwarze Meer, die Donau und den Djnestr fließen.«[2084]

Angesichts dieser geopolitischen Daten sei »das Entstehen eines voll funktionsfähigen geopolitischen Systems im Schwarzmeer-Raum« vonnöten mit dem Endziel, »daß das Schwarze Meer dabei ist, eine transatlantische Region zu werden. Daraus folgt, daß die transatlantischen Staaten ein Interesse daran haben und daß sie über eine Strategie für eine so wichtige und potentiell positive Entwicklung verfügen sollten«.[2085] Der Schwarzmeer-Wirtschaftsrat und die GUUAM werden von Jackson als positive Ansätze gewertet, die auch notwendigerweise durch eine Südosterweiterung der NATO flankiert werden müßten: »Die Formulierung der sogenannten ›südlichen Dimension‹ der europäischen Sicherheit im Jahr 2001 und der Beitritt Rumäniens und Bulgariens zur NATO im April 2004 bekräftigten, daß sich die drei wichtigsten Staaten der Schwarzmeer-Region einig waren, einem einzigen Sicherheitssystem anzugehören, das vollkommen integriert ist in das umfassendere transatlantische System. Im Hinblick auf den bevorstehenden NATO-Gipfel im Juni 2004 in Istanbul streben sowohl die Ukraine als auch Georgien eine Mitgliedschaft in der NATO an, was den Schluß zuläßt, daß auch diese Staaten ihre Zukunft unter dem Aspekt gemeinsamer Sicherheit und Zusammenarbeit in der Schwarzmeer-Region sehen.«[2086]

Jackson hebt die außerordentliche strategische Bedeutung der Schwarzmeer-Region für das transatlantische Vorherrschaftssystem hervor: »Die Schwarzmeer-Region ist das Epizentrum der großen strategischen Herausforderung, die darin besteht, Stabilität in einen großeuropäischen Raum und darüber hinaus in den ›Weiteren Nahen Osten‹ zu tragen zu versuchen. Während die NATO ihre Rolle in Afghanistan ausweitet und sich dort auf eine langfristige Mission vorbereitet und während sie darüber nachdenkt, zusätzliche Verantwortung im Irak zu übernehmen, wird die Schwarzmeer-Region allmählich mit anderen Augen gesehen: Sie erscheint nicht mehr als ein Punkt an der Peripherie der europäischen Landmasse, sondern man sieht in ihr zunehmend ein Kernelement des strategischen Hinterlandes des Westens. Kurz gesagt, verläuft die Nahtstelle zwischen der transatlantischen Gemeinschaft und dem ›Weiteren Nahen Osten‹ entlang dem Schwarzen Meer... Die Generationenaufgabe, Stabilität in den ›Weiteren Nahen Osten‹ zu bringen, würde durch eine stabile und erfolgreich verankerte Schwarzmeer-Region wesentlich erleichtert. . . Wir haben ein grundsätzliches Interesse daran, daß sich diese Länder selbst erfolgreich zu jener Form von demokratischen und stabilen Gesellschaften verwandeln, die dann als Plattform dienen können, um westliche Werte weiter in Richtung Osten und Süden zu verbreiten. Die Fähigkeit Aserbaidschans, sich selbst in eine erfolgreiche muslimische Demokratie zu verwandeln, ist wahrscheinlich ebenso wichtig wie unsere Fähigkeit, den Krieg gegen den Terror zu gewinnen oder Zugang zu Militärbasen auf dem Boden Aserbaidschans zu erlangen. Was aus diesen Ländern wird, ist möglicherweise genauso wichtig wie ihre geographische Lage.«[2087]

Deutlich unterstreicht JACKSON in diesem Zusammenhang, daß »die Einbeziehung der Schwarzmeer-Region in das transatlantische System. . . sowohl die Grundfesten dieses Systems stärken und es auch sicherer machen (würde) angesichts der vielen künftigen Bedrohungen von Frieden und Stabilität, die die größten Sorgen bereiten«.[2088] Als wesentlicher Faktor ist JACKSON zufolge der energiepolitische Gesichtspunkt anzusehen, der für die westliche Hegemonialordnung gerade von besonderer Bedeutung ist: »Zu guter Letzt gibt es im strategischen Bereich eine Überlegung, die sich auf die euro-asiatischen Energievorräte bezieht und auf ihre Bedeutung für die Energiesicherheit Europas sowie auf die Umweltqualität im transatlantischen Raum. Gegenwärtig importiert Europa ungefähr 50 Prozent seiner Energie über schwierige und oftmals gefährliche Routen durch den Bosporus und den Ärmelkanal. Um das Jahr 2020 wird Europa 70 Prozent seiner Energie aus Quellen außerhalb des Kontinents beziehen.«[2089]

Dabei läßt JACKSON nicht unerwähnt, worum es dabei eigentlich geht, nämlich den russischen und saudi-arabischen Einfluß auf die internationale Energiewirtschaft zu neutralisieren: »In dem Maße, wie wir in westlichen Hauptstädten politische Befürchtungen über russischen oder saudischen Einfluß. . . haben, sollten wir ernsthaft prüfen, was ein stabiles und sicheres Schwarzmeer-System an Alternativen zu bieten hat. Die Schwarzmeer-Region umfaßt und beherrscht den gesamten euroasiatischen Energiekorridor, von den transukrainischen Öl- und Gaspipelines, die auf die Märkte im Norden Europas führen, bis zu der Baku–Tiflis–Ceyhan-Pipeline, die ins Mittelmeer führt. Eine neue, auf die Anbindung und Stabilisierung der Region gerichtete transatlantische Strategie könnte dazu dienen, die riesigen Energiereserven des kaspischen Beckens und Zentralasiens auf vielfältigen, sicheren und umweltverträglichen Routen auf europäische Märkte zu bringen. Diese Energievorräte werden nicht nur den Wohlstand eines politisch unabhängigen Europas auf Jahrzehnte hinaus sichern, sondern die Schaffung und Erhaltung dieser Routen wird den Volkswirtschaften, die in der Revolution des Jahres 1989 auf der Strecke geblieben sind, einen wichtigen wirtschaftlichen Anstoß geben.«[2090]

Damit ist offen ausgesprochen, worum es der US-Machtelite bei ihrer ›Schwarzmeer-Strategie‹ geht. Die kaspische Region soll aus dem russischen Einflußbereich herausgeschnitten und in die transatlantische Interessensphäre im Wege vielfältiger Suborganisationen (GUUAM, Schwarzmeer-Wirtschaftsrat) eingegliedert werden. Dafür sollte nicht nur die Entwicklung von Ost-West-Pipelinekorridorprogrammen dienlich sein. Zur militärischen Abschirmung dieser Strategie fordert JACKSON eine führende Rolle der NATO ein: »Für die NATO ist es Zeit, auf ihrem bevorstehenden Gipfel in Istanbul einen... Schritt zu tun, indem sie das strategische Interesse anerkennt, die das Bündnis in dieser Region hat. Eine solche Anerkennung sollte verbunden werden mit einem Stufenplan für umfassende bilaterale sowie regionale Zusammenarbeit. Verschiedene westliche Länder können sich entschließen – wie es sich in Mittel- und Osteuropa als effektiv erwiesen hat –, eine Führungsrolle zu übernehmen und mit jedem der Schwarzmeer-Staaten auf bilateraler oder multilateraler Ebene zusammenarbeiten. Das Handwerkszeug für ein solches Bündel erweiterter militärischer Zusammenarbeit ist im Rahmen der ›Partnerschaftsprogramme‹ der NATO bereits vorhanden... So wie die NATO auf die veränderten geopolitischen Verhältnisse der Visegrád- und Wilna-Staaten reagiert hat, muß sie eine in sich schlüssige Schwarzmeer-Strategie entwickeln, die die politischen Ziele der Europäischen Union ergänzt.«[2091]

Eine solche Politik hat natürlich auch zum Ziel, die eurasische Kontinentalmacht als potentiellen Konkurrenten aus dieser Interessensphäre zu verdrängen: »Schließlich müssen sich Nordamerika und Europa aufraffen und mittels der OSZE und der Vereinten Nationen eine konzertierte Anstrengung unternehmen, um die verhärteten Konflikte zu lösen, die die Region immer noch belasten, und damit den Weg bereiten für einen Rückzug der russischen Truppen, die seit dem Ende des Kalten Krieges verblieben sind.«[2092] Die russischen Truppen werden vielmehr als Quelle der Instabilität angesehen, weshalb sie nach JACKSONS Ansicht verschwinden müssen: »Anstatt eines gemeinsamen regionalen Bemühens um eine Sicherheitskooperation haben die russischen Militärbasen nur die Verbreitung von Waffen, ein Klima der Einschüchterung und Schutzgelderpressung begünstigt. 15 Jahre nach dem Fall der Mauer ist es an der Zeit, die Beilegung der schwelenden Konflikte von Transnistrien bis Berg-Karabach zu einem Hauptthema unserer Diplomatie und in unseren Beziehungen zu Moskau zu machen.«[2093]

Worum es Bruce JACKSON – stellvertretend für die US-Machtelite – eigentlich geht, formuliert er deutlich: Es geht um die Vollendung eines ›größeren Europa‹ als festen Bestandteils und Brückenkopfs einer transatlantischen Hegemonialsphäre, die sich der geopolitischen Schlüsselstellungen Eurasiens bemächtigt, was in den neunziger Jahren in drei Phasen erfolgt ist: »Die erste Phase hat sich auf die Anbindung Polens und der Visegrád-Länder konzentriert. Die zweite Phase erweiterte unsere Vision eines größeren Europas durch die Einbeziehung der neuen Demokratien vom Baltikum bis zum westlichen Rand des Schwarzen Meeres. Heute sehen wir uns der Herausforderung gegenüber, unsere Strategie auszudehnen, damit sie ein Europa umfaßt, das von Weißrußland im Norden bis zum östlichen Rand der Schwarzmeer-Region im Süden reicht.«[2094]

Noch deutlicher im Hinblick auf die Schwarzmeer-Strategie der USA wird ein

Strategiepapier der neokonservativen ›Heritage Foundation‹ unter dem Titel *U.S. Strategy in the Black Sea Region* von Ariel COHEN und Conway IRWIN.[2095] In diesem Papier wird die Bedeutung der Schwarzmeer-Region als Energielieferant des westlichen Hegemons deutlich hervorgehoben, deren Kontrolle es erlaube, von den Erdöl- und Erdgasreserven Rußlands unabhängig zu werden. Aus diesem Grunde sei es sowohl für die USA, die NATO als auch für die Europäische Union vonnöten, ein eigenständiges – von Rußland unabhängiges – Schwarzmeersystem zu schaffen, wobei die Türkei eine besonders wichtige strategische Rolle spiele. »Das Schwarze Meer ist ein bedeutender Korridor für den Transport von Erdöl und Erdgas vom Mittleren Osten und Zentralasien nach Europa. . ., und die Türkei tritt als Schlüssel für die Diversifizierung von Energie-Transitrouten zwischen energieerzeugenden und energiekonsumierenden Staaten in Erscheinung.«[2096] Pipeline-Programme wie die Baku–Tiflis–Ceyhan-Pipeline, die Baku–Tiflis–Erzerum-Pipeline oder das Nabucco-Projekt dienen dieser Studie zufolge dazu, die kaspische Region und Zentralasien mit dem »größeren« (sprich transatlantischen) Europa zu verbinden und »das Transitmonopol Rußlands zu brechen und seine bereits übermäßige Marktmacht zu verringern«.[2097]

Schließlich sei die Kontrolle über den Öl- und Gastransit nicht nur eine Frage der Wirtschaft, sondern auch eine der Geopolitik. »Kontrolle über die Produktion und Verteilung einer der wichtigsten Ressourcen der Welt gibt ihren Inhabern einen größeren Zugewinn an Macht in der internationalen Arena.«[2098] In diesem Zusammenhang definiert die Studie Rußland auch als den natürlichen Feind der amerikanisch-transatlantischen Schwarzmeer-Strategie. Rußland sei im Begriff, sich sämtlicher Erdgas- und Erdöllager der ehemaligen Sowjetunion zu bemächtigen und sich als Mittler zwischen den billigen zentralasiatischen Erdöl- und Erdgasreservoirs einerseits und den energiehungrigen Ländern Westeuropas zu positionieren. Je stärker Rußland die Kontrolle über den Erdöl- und Erdgastransitmarkt gewinne, desto stärker müsse der Westen versuchen, eine Diversifizierung seines Energieimportes zu erreichen. Insoweit wird Rußland als Faktor der Instabilität im energiereichen Eurasien angesehen, weil es versuche, seine Einflußsphäre, insbesondere im Süden, wieder zurückzugewinnen.

Insoweit gilt dieser Studie zufolge die russische Position in der kaspischen und Kaukasus-Region als hinderlich für die Interessen der transatlantischen Staatengemeinschaft, die Energieressourcen der Region in Besitz zu nehmen. Die Sicherung der Energiekorridore nach Westen wird dem Dokument zufolge durch die ethnischen Konflikte im Kaukasus bedroht, die die Integrität der strategisch wichtigen prowestlichen Anrainerstaaten des Schwarzen Meeres wie Georgien, Ukraine oder Moldawien in Frage stellten. Als konfliktverschärfende Macht im Hintergrund sieht das Dokument Rußland an, das beispielsweise im Fall Georgiens die sezessionistischen Kräfte Abchasiens und Südossetiens und in Moldawien die Dnjestr-Region militärisch und finanziell unterstützt. Aus diesem Grund fordert das Strategiepapier die US-Machtelite auf, die NATO-Zusammenarbeit »mit Nicht-NATO-Ländern durch die Partnership for Peace mit Angeboten technischer und Trainings-Unterstützung in Sicherheitsfeldern auszubauen«. Gleichzeitig sollen die Küstenstaaten des Schwarzen Meeres, insbesondere die NATO-Mitglieder Rumänien und Bulgarien, aufgefordert werden, die Führung in der Errichtung von Schwarzmeer-Bündnissystemen wie der Schwarzmeer-Wirtschaftsgemeinschaft zu übernehmen.

Dabei sollte den USA im Hintergrund eine steuernde Rolle zukommen: »Wo es zweckdienlich ist, sollten die USA um einen Mitglieds- oder Beobachterstatus ersuchen«,[2099] um existierende Sicherheitssysteme entweder als Mitglied oder als Beobachter zu unterstützen. »Diese Strukturen könnten auch in Militärmanöver der NATO. . . eingebunden werden.«[2100] Dabei sollten US-Bündnisse mit Bulgarien und Rumänien, den »Ankern für die USA am Schwarzen Meer«,[2101] verstärkt werden. Dies sollte dem Strategiepapier zufolge durch militärische Ausrüstung und Training erfolgen, um die bulgarischen und rumänischen Streitkräfte für Missionen vorzubereiten, die für die US-Präsenz in dieser Region bedeutsam sind.

Als weiterer wichtiger Verbündeter der USA in der Schwarzmeer-Region wird auch Georgien erklärt, und das Strategiedokument fordert diesbezüglich die US-Führung auf, Rußland darauf zu drängen, die Sanktionen gegen Georgien aufzuheben. Gleichfalls sollten die USA dafür Sorge tragen, daß in den Krisenherden Südossetien und Abchasien die russischen und GUS-Friedenstruppen durch internationale Streitkräfte abgelöst werden. Diese Forderung ist natürlich mit dem Hintergedanken verbunden, daß die USA hier die Führung übernehmen sollten. Als Siegespreis sieht das Dokument den Abschluß von Handelsverträgen mit den Schwarzmeerstaaten vor, die Investionen in die Transportinfrastruktur vorsahen, um den Erdöl- und Erdgastransport nach Westen sicherzustellen.[2102] »Die USA sollten auch anfangen, das Fundament für eine regionale Freihandelszone mit den Vereinigten Staaten zu legen.«[2103]

In den Plänen Bruce Jacksons sowie im Strategiedokument der ›Heritage Foundation‹ wird damit die Absicht der USA deutlich, die Schwarzmeer- und kaspische Region in eine US-amerikanische Interessensphäre zu verwandeln und diese in die transatlantischen militärischen und ökonomischen Strukturen einzugliedern, so wie es in den strategischen Ideengängen Brzezinskis und Mackinders vorgesehen war.

4.2.7 Zusammenfassung

Insgesamt bestand die Eurasienpolitik der USA in den neunziger Jahren, nach dem Zusammenbruch der UdSSR, aus folgenden Elementen:

1. Verstärkung der Unabhängigkeit und Gewährleistung der territorialen Integrität der neuen unabhängigen Staaten, insbesondere jener in Zentralasien und des Kaukasus. »Die Vereinigten Staaten haben sich. . . lange bemüht, eine unabhängige Entwicklung und die Souveränität der nichtrussischen ehemaligen Sowjetrepubliken zu fördern. Denn sie haben die Integration dieser Staaten in die internationale Gemeinschaft und die internationale Wirtschaft unterstützt, um ihr Abgleiten in eine erneute Abhängigkeit von Rußland zu verhindern. Darin spiegelt sich das

grundlegende Interesse, wie es Zbigniew BRZEZINSKI einst ausgedrückt hat, ›sicherzustellen, daß keine einzelne Macht die Kontrolle über diesen geopolitischen Raum gewinnt‹.«[2104] Dazu gehört auch eine Politik der Spaltung der GUS, um deren Zusammenführung unter russischer Führung zu verhindern. Aus diesem Grunde sorgten die USA auch für die Gründung des antirussischen Regionalbündnisses der GUUAM.

2. Schaffung liberalkapitalistischer Marktstrukturen und Integration in einen von den USA beherrschten und bestimmten Weltmarkt, um Investitionsmöglichkeiten US-amerikanischer Konzerne sicherstellen, wobei der Europäischen Union einerseits eine Vasallenrolle zukommt, andererseits diese auch als strategischer Konkurrent wahrgenommen wird. »Das Interesse europäischer Staaten und Firmen an den wirtschaftlichen Entwicklungspotentialen Zentralasiens wächst stetig. Die Europäische Union wie auch die Europäische Bank für Wiederaufbau und Entwicklung. . . sind am Fortschritt des Umbaus der Wirtschaft und der Entwicklung der Infrastruktur der Region beteiligt. Da beide, die USA und Europa, entschlossen sind, diese Region in den euro-atlantischen Wirtschaftsraum zu integrieren, und zudem gemeinsame Interessen an der Nutzung weiterer Öl- und Erdgasquellen haben, ist das Potential für Interessenkonflikte eher gering. Dagegen behauptet Shireen HUNTER: ›Im Bereich von Wirtschaft und Handel, insbesondere was den Zugang zu Exportmärkten und die Energie- und Mineralressourcen der Region angeht, stehen die Interessen einzelner westlicher Länder eher im Wettbewerb miteinander, als daß sie sich ergänzen.‹«[2105]

3. Stärkung der prowestlichen Ausrichtung insbesondere der kaukasischen und zentralasiatischen Staaten.[2106]

4. Einbeziehung der USA als eurasischer Ordnungsmacht. »In diesem Zusammenhang haben die USA ein ernsthaftes Interesse an einer Lösung der Konflikte im Transkaukasus und an der Verhütung von Konflikten in der gesamten kaspischen Region. Die andauernden regionalen Konflikte im Kaukasus erleichtern es Rußland, die Politik in dieser Region in seinem Sinne zu beeinflussen, und bedrohen gleichzeitig eine geordnete Entwicklung des Energiesektors. Das erklärt die zentrale Rolle der Vereinigten Staaten im Bereich der Vermittlung und diplomatischen Beilegung von Konflikten. Ebenso fördern die USA politische und wirtschaftliche Reformen, da diese als wichtiger Beitrag zur Konfliktvermeidung angesehen werden.«[2107] Dabei geht es um die Verwandlung gerade der Region Zentralasiens, des Kaspischen Meers, des Kaukasus und des Schwarzen Meers in eine US-Interessenzone, aus der Rußland verdrängt werden soll.

5. Eindämmung des Einflusses der Islamischen Republik Iran, und zwar so lange, bis eine Umorientierung in der Außenpolitik Teherans zugunsten des Westens erfolgt ist. In diese Strategie fügt sich auch »der Bau von alternativen Pipelines entlang des Westost-Korridors und an Iran vorbeigehend« ein.[2108] »Das Land (Iran, der Verf.) zeigt beträchtliches Interesse an einer Ausweitung seines Einflusses auf die neuen Republiken Zentralasiens und des Transkaukasus, und zwar sowohl auf

diplomatischem Wege, indem es Wirtschaftsverbindungen (einschließlich der Infrastruktur für den Energieexport) fördert, als auch mit Hilfe weniger konventioneller Mittel (durch die Förderung des Islam)... Vor diesem Hintergrund versuchten die USA, den Iran zu isolieren und eine Ausweitung des iranischen Einflusses in der Region zu verhindern.«[2109]

6. Errichtung einer strategischen Kontrolle über den Balkan, den ›VIII. Korridor‹, als Sprungbrett Richtung Schwarzes Meer, Transkaukasus und der kaspischen Region. In den Planungszentren der US-Strategen wird der Balkan als Schlüsselregion des sogenannten ›politischen Erdbebengürtels‹ angesehen, den es unter US-Regie zu kontrollieren gilt. In den Denkfabriken der US-Außenpolitik kursiert seit langem das Schlagwort vom »Erdbebengürtel«, der vom Balkan über den Kaukasus bis an die Grenzen Chinas reiche. »Diese Zone müsse im Interesse des Weltfriedens und des Handels ›stabilisiert‹ werden.«[2110] Aus diesem Grund hat Washington den Nachfolgestaaten Ex-Jugoslawiens – den Recherchen der *Frankfurter Rundschau* zufolge – nach den ersten Kriegsschäden den Wiederaufbau nach einer Art MARSHALL-Plan unter US-Regie angeboten. Die gesamte Region sollte in das liberale Welthandelssystem eingebunden werden. Praktisch könnte so auch die Osterweiterung der NATO abgerundet werden. In Albanien, Mazedonien und Bosnien-Herzegowina stehen jetzt US-Truppen mit Panzern und Kampfhubschraubern. Wie Pierre SIMONITSCH in der *Frankfurter Rundschau* anläßlich einer Diskussion um die Hintergründe des Kosovo-Krieges enthüllt hat, muß die Balkanstrategie der USA als Teil ihrer Gesamt-Eurasienstrategie betrachtet werden: »Besonders umworben und umkämpft ist der frühere ›weiche Unterleib‹ der Sowjetunion mit seinen Rohstoffen. Zum Mißfallen Moskaus bereiste NATO-Generalsekretär SOLANA... Moldawien, Armenien, Georgien und Aserbaidschan. In Aserbaidschan beuten zehn westliche Gesellschaften die Ölvorkommen aus. Laut *New York Times* sind US-Firmen mit 44 Prozent an dem Konsortium beteiligt.«[2111]

Dabei geht SIMONITSCH auch auf die Rolle der afghanischen Taliban in dem gesamtstrategischen Konzept der USA ein: »Die den Großteil Afghanistans beherrschenden Taliban sind eine Schöpfung des pakistanischen Geheimdienstes ISI und deren US-Berater. Der Sachkenner Mostafa DANESCH schrieb 1997 in der *Frankfurter Allgemeinen Zeitung*: ›Hinter Pakistan ziehen die USA die Fäden in Afghanistan. In Peschawar sitzen 50 CIA-Agenten, die die Afghanistan-Politik des ISI anleiten.‹ Die USA helfen den Taliban, weil sie von ihnen eine Befriedung Afghanistans erhoffen... Ein Konsortium amerikanischer und saudi-arabischer Ölfirmen hat mit ihnen einen Vertrag ausgearbeitet, der es nach dem Ende des Krieges erlauben würde, eine Öl- und Erdgasleitung von Turkmenistan quer durch Afghanistan bis zum pakistanischen Hafen Karatschi zu bauen.« Auch die Türkei hat nach der Analyse von Pierre SIMONITSCH für die USA eine strategische Schlüsselfunktion: Ihr falle die Aufgabe zu, den Einfluß Rußlands und des Iran zurückzudrängen. Als Gegenleistung unterstütze Washington die repressive türkische Kurdenpolitik. Dabei wurde der eurasische Pipelinepoker verschärft: »Am 17. April (1999) weihten die Präsidenten der Ukraine, Georgiens und Aserbaidschans an der georgischen Schwarzmeerküste eine vom Kaspischen Meer ausgehende Ölpipeline ein. Unbeachtet von der Weltöffentlichkeit wurde damit ein an Rußland vorbeiführender Zugang zum westlichen Markt geschaffen, stellt die Wochenzeitung *Moskowskije Nowosti* fest. Die Staatschefs der Ukraine, Georgiens und Aserbaidschans sowie Armeniens nahmen am NATO-Gipfel teil, der von Rußland boykottiert wurde.«[2112]

In diesem Zusammenhang beschreibt Pierre SIMONITSCH die Schachzüge der USA auf dem Balkan im Rahmen des neuen ›Great Game‹ um die Pipelinekorridore: »Auf dem Balkan verriegelt Serbien die Transitwege der Donau und zum griechischen Hafen Saloniki. Die USA und ihre europäischen Verbündeten haben mehrere Versuche unternommen, diesen Riegel friedlich zu sprengen. 1992 wurde ein kalifornischer Industrieller serbischer Abstammung namens Milan PANIC als Premier Rest-Jugoslawiens nach Belgrad katapultiert. PANIC versprach freie Marktwirtschaft und US-Investitionen, gab aber nach einem Jahr auf. . . 1996 lancierten die USA die ›Southeast-European Cooperative Initiative‹ (Seci). Ein Sonderberater CLINTONS, Botschafter Richard SCHIFTER, versucht seither die früheren Teilrepubliken Jugoslawiens und deren Nachbarn für eine wirtschaftliche Zusammenarbeit zu gewinnen. Die Ziele des von der Seci unterstützten ›Programms für den Aufschwung der Donau‹ sind laut der UN-Wirtschaftskommission für Europa: die Integration aller Donauanrainer in die Marktwirtschaft, Vertrauensbildung, Konfliktverhütung, Sicherheit und Stabilität der Region. Die Weltbank machte für dieses Programm Kredite locker, doch Serbien blieb störrisch und wurde von der Seci ausgeschlossen.«[2113]

Sehr schnell wird klar, worum es der US-Machtelite bei dieser Strategie ging, nämlich um die Sicherung des Donaukorridors als Zugang zum Schwarzen Meer und zur kaspischen Region. »Der Donauraum ist nach Ansicht der französischen Tageszeitung *Le Monde* ein ›echter geostrategischer Korridor‹ – besonders seit der Eröffnung des Main-Donau-Kanals im Jahre 1992. Sieben Staaten säumen den zweitlängsten Strom Europas. Die Schiffe können von der Nordsee bis zum Schwarzen Meer fahren. Über diese Wasserstraße wurden die Linzer Stahlwerke mit Eisenerz aus Rußland und der Ukraine versorgt. Flußabwärts lieferte Ungarn Getreide an die Türkei.«[2114] Der Kosovo-Krieg sollte vor diesem Hintergrund zweierlei strategischen Zielen dienen: Zum einen wurde die Entwicklung einer autarken europäischen Verbindungslinie mit Eurasien unterbrochen; zum zweiten eröffnete der Balkankrieg den USA – wie mit dem oben beschriebenen AMBO-Projekt – die Möglichkeit der Inbesitznahme des gesamten Balkans und seiner Infrastruktur, um den VIII. Korridor der Donau-Schwarzmeerregion als eine ausschließliche Domäne der USA neu aufzubauen.

Erinnert sei in diesem Zusammenhang daran, daß die Zerstörung des Donaukorridors schon immer eine Konstante angelsächsischer Europapolitik war, da sich durch die Verwirklichung eines solchen Konzeptes das herauskristallisieren könnte, wovor der britische Geopolitiker Halford MACKINDER 1919 in seinem Werk *Demo-*

cratic Ideals and Reality gewarnt hatte, nämlich die Verbindung von Mitteleuropa und Eurasien mit dem Ergebnis eines von den angelsächsischen Seemächten unabhängigen Kontinentalraums. Der belgische geopolitische Schriftsteller Robert STEUKKERS faßt dies wie folgt zusammen: »Die in Paris erscheinende, fast offizielle Zeitschrift *Géopolitique* erinnerte unlängst an den britischen Willen, den Flußverkehr auf der Donau und die Verwirklichung der Rhein-Main-Donau-Verbindung zu verhindern. *Géopolitique* veröffentlichte dabei eine Karte, die damals 1942 in der Londoner Presse gedruckt wurde. Deutschland sei gefährlich, nicht weil seine politische Regierungsform ›undemokratisch‹ sei, sondern weil dieses Regime in der Lage gewesen sei, den Plan KARLS DES GROSSEN und das Testament des preußischen Königs FRIEDRICH DES ZWEITEN zu verwirklichen, das heißt eine inländische kontinentale Flußverbindung zu verwirklichen, die die kontinentalen Mächte unabhängig und ohne umfangreiche Flotte kontrollieren konnten, was demzufolge die britische Kontrolle über das Mittelmeer strategisch stark einschränkte. Um von der Atlantikküste zu den Kornfeldern der Krim und des Dnjestr-, Dnjepr- und Donbekkens oder nach Ägypten zu fahren, brauchte man nicht mehr unbedingt die Frachter der von England finanzierten Reedereien. Das Schwarze Meer wurde auch so direkt mit Mitteleuropa und dem Rheingebiet verbunden. Eine solche geopolitische, geostrategische und geoökonomische ›Sinfonie‹ wollten die Seemächte eben vermeiden, da sie sonst ihre Bedeutung eingebüßt hätten. Die geopolitischen Visionen des von England ferngeleiteten französischen Geopolitikers André CHÉRADAME, der die Zerstückelung Mitteleuropas und des Donau-Beckens für das Versailler Diktat vorbereitete, zielten ebenfalls darauf ab, so viele künstliche, kaum lebensfähige und miteinander verfeindete Staaten im Donau-Gebiet zu schaffen, daß von Wien bis zum Schwarzen Meer kein wirtschaftlich dynamischer Ergänzungsraum und kein reichisch strukturierter Raum mehr entstehen konnten. Das Ziel, den Flußverkehr zu verhindern, wurde von den späteren Ereignissen des Kalten Krieges befestigt. Die Elbe (Achse Prag–Hamburg) und die Donau als Flußadern wurden durch den Eisernen Vorhang verriegelt. Der Kalte Krieg verfolgte das Ziel, diese Spaltung zu verewigen. Die Bombardierung der Donau-Brücken um Belgrad 1999 verfolgte kein anderes Ziel.«[2115]

Genau die gleiche Sprache sprechen die Denkschriften des US-Außenministers Robert LANSING, die dieser während der Versailler Vertragsverhandlungen 1919 für den US-Präsidenten WILSON anfertigte: »Die Alldeutschen«, so hieß es in diesen, »finden jetzt im zertrümmerten und machtlosen Rußland Gelegenheit, eine Alternative oder ein Ersatzprojekt für ihr ›Mitteleuropa‹ zu entwickeln. Die deutsche Herrschaft über Südrußland würde einen ebenso vorteilhaften, wenn nicht gar vorteilhafteren Weg zum Persischen Golf darbieten, als jener durch die unruhigen Balkanländer und die unverläßliche Türkei ist. Könnten beide Wege, nördlich und südlich vom Schwarzen Meer beherrscht werden, dann hätten die Alldeutschen mehr gewonnen, als sie jemals zu erhalten geträumt haben. . . Der Friedensvertrag darf Deutschland nicht in unmittelbarem oder mittelbarem Besitz eines dieser Wege nach dem Orient lassen. Es müssen territoriale Schranken errichtet werden, um dieses Reich zu verhindern, durch politische oder wirtschaftliche Durchdringung jemals in diesen Gebieten die Herrschaft zu erlangen.«[2116]

4.3 Die Bedeutung Zentralasiens für die US-Geopolitik

In der angelsächsischen Geopolitik kommt Zentralasien und der Kaukasusregion eine eigenständige geopolitische Bedeutung zu, die durch die mit dem Zusammenbruch der Sowjetunion einhergehenden Umwälzungen noch verstärkt wurde. In den neuen geopolitischen Konstellationen wird der Raum Zentralasien und Südkaukasus zum einen durch die geographische Lage am Kreuzungspunkt von wichtigen Nord-Süd- und Ost-West-Transportkorridoren als eine Schlüsselregion begriffen. Die daraus abgeleitete geostrategische Wichtigkeit der Region wird ferner durch den Reichtum an fossilen Energieressourcen und ihre Bedeutung für die Weltenergieversorgung erhöht.[2117] Der zentralasiatische Raum ist eine Region, der es – wie es der russische Sicherheitsexperte Leonid L. Fituni formuliert – an geopolitischer Autarkie fehlt. »Zwar ist das Gebiet die größte Landmasse der Welt, hat aber keinen Zugang zum Meer und liegt abseits der globalen Handelsrouten.«[2118]

Vor diesem Hintergrund bestimmt seine geopolitische Lage Zentralasien zum Austragungsort des Kampfes zwischen Landmacht und Seemacht. »Geographisch gesehen ist Zentralasien durch seine weite Entfernung vom Meer und seinen Einflüssen gekennzeichnet... Seine Geschiche... ist durch die Isolierung von den großen Bewegungen der maritimen Entdeckungen, der damit zusammenhängenden politischen Expansion und des Seehandels geprägt... Als Herzstück der eurasischen Landmasse hat Zentralasien in der Geschichte zwei bestimmte, einander widersprechende Funktionen erfüllt. Als Folge seiner ungeheuren Ausdehnung, seiner überwiegenden Trockenheit und des Fehlens natürlicher Verbindungswege hat es einerseits dahin gewirkt, die Kulturen an seiner Peripherie voneinander getrennt zu halten. Zum andern hat es... einen schmalen, jedoch fast nie unterbrochenen Verbindungsweg zwischen eben jenen Randkulturen geschaffen. Dies lag in seiner zentralen Lage begründet: Zentralasien bot sich nicht nur als ideales Terrain für Völkerwanderungen an, sondern auch als Achse der großen Handelsstraßen, die besonders für den chinesischen Seidenhandel mit dem Westen von wesentlicher Bedeutung waren.«[2119]

Mit dem Zusammenbruch der UdSSR entstand in der Region ein Machtvakuum, und damit wurde die Region automatisch zum Interessenobjekt externer Mächte, um die fehlende geopolitische Autarkie auszugleichen, denn die Eingliederung dieser Region in die Hegemonialsphäre einer externen Macht begründet gleichermaßen einen Anschluß an die globalen Handelswege und offenbart einen Zugang zum Meer. »Aufgrund der strategischen Bedeutung, die ihr aus ihrer geographischen Lage zukommt, wird die Kaukasus-Mittelasien-Region als ›goldene Brücke‹, ›Drehtür‹, ›Kreuzungszone der Kulturen und Regionen‹, ›Schnittstelle‹ und ›Scharnier zwischen Europa, dem Nahen und Mittleren Osten‹ bezeichnet.«[2120]

Bereits der britische Geopolitiker Halford MACKINDER erkannte die Bedeutung Zentralasiens für die Auseinandersetzung zwischen der angelsächsischen Seemacht und der eurasischen Kontinentalmacht. Seiner Interpretation der geopolitischen Weltordnung zufolge wird das eurasische ›Heartland‹ ja von vier Peripherien umrahmt. »Eine von ihnen, die die Eigenschaften besitzt, sich neben der eurasischen Kante und dem ›Heartland‹ zu befinden, liegt zwischen den fünf Meeren Mittelmeer, Schwarzem Meer, Kaspischem Meer, Rotem Meer und Persischem Golf. Diese von Sir MACKINDER als Fünfmeerraum (*land of the Five Seas*) geschilderte und heute als Naher Osten bekannte Region machen ›Golfe und dem Ozean zufließende Flüsse . . . offen für die Offensive der maritimen Staaten und ermöglichen, von hier aus Herrschaft auszuüben‹.[2121] Die Territorien der heutigen südkaukasischen Staaten und ein Teil des kaspischen Raumes sind in MACKINDERS ›land of the five seas‹ mitenthalten und erscheinen als sehr verletzlich für Angriffe von außen. Diese Fünfeckregion gilt als ein Schlüsselraum für die Verwirklichung der territorial-ökonomischen und politischen Kontrolle über Eurasien«,[2122] die BZEZINSKI zufolge für die USA der geostrategische Mittelpunkt und der geopolitische Pokal der Rivalität darstellt. Insoweit stellt die kaukasische Region »in diesem Sinne einen gewissen Transitkorridor für das Eindringen in Mittelasien dar. Denn eben von hier aus kann man eine Kontrolle über Rußland, Iran, China, Indien usw. . . . ausüben«.[2123]

Zur Erinnerung: Während des (ersten) Kalten Krieges bezeichnete BRZEZINSKI die kaukasische und zentralasiatische Region als die südliche der drei Hauptfronten gegen die Sowjetunion. Die Südfront, der »soft underbelly« (der weiche Unterleib), war für die US-Geopolitik während des ersten Kalten Krieges auch die wichtigste Front, weil sich von hier aus – wie oben bereits ausführlich geschildert – durch die Mobilisierung des islamischen Untergrundes die russische Machtsphäre von Süden her aufreißen und zurückdrängen läßt. Auch der deutsche Geopolitiker Heinz BRILL bewertete zur Zeit des Kalten Krieges die Gebiete zwischen Moskau, Baku und Omsk als das geopolitische Kernland der UdSSR.[2124] Die Kontrolle über die Südfront, den ›Bogen der Instabilität‹, war für die US-Strategen eine Trumpfkarte im Kampf gegen die Sowjetunion, und vor diesem Hintergrund inszenierten die USA, wie oben dargestellt, Ende der siebziger Jahre hier eine umfassende Destabilisierungspolitik, wobei den Staaten Iran, Afghanistan und Pakistan in der US-Geopolitik eine Katalysatorfunktion für die Destabilisierung der UdSSR zukam.

Wie der Publizist Mahdi Darius NAZEMROAYA schreibt, hatten die USA seitdem »systematisch einen Bogen der Gewalt und Instabilität geschaffen, der von den Grenzen Sowjetisch-Zentralasiens und Afghanistans durch den Iran und Irak zum Persischen Golf hin verläuft. Bei diesem Prozeß wurden vier Staaten (die UdSSR, Afghanistan, Iran und Irak), die das Durchgangstor zum Kern Eurasiens bildeten, geschwächt. Amerika hatte alle vier Nationen so benutzt, daß diese einander schwächten. Im Rückblick läßt sich also sagen, daß damals der Boden für künftige Operationen in dieser Region vorbereitet worden ist«.[2125] Darüber hinaus ist diese Region für die Erdölversorgung der USA von entscheidender Bedeutung. Im zweiten Band seiner Memoiren – *Years of Upheavel* – untersteicht Henry KISSINGER selbst noch einmal die außerordentliche Bedeutung der ›Südfront‹ für die westliche Geopolitik: »Die südlichen Randgebiete Asiens – der Iran, Pakistan und Afghanistan – bilden eine Region der Welt, die Amerikanern fern und fremd erscheinen mag, und doch liegt hier ein Brennpunkt der Sicherheit der Welt. Wenige Jahre nach meiner 1973 dorthin unternommenen Reise wurde dieses Gebiet von großen Umwälzungen heimgesucht. Von der Revolution im Iran bis zum sowjetischen Einfall in Afghanistan und dem iranisch-irakischen Krieg beweisen die Ereignisse in dramatischer Weise die Verwundbarkeit des Persischen Golfs – der den Westen mit dem lebenswichtigen Öl versorgte. Die vitale Bedeutung dieser Region war schon seit langem ein Thema der klugen Strategen, die ich jetzt besuchen wollte, Mao TSE-TUNGS und Tschou EN-LAIS.«[2126]

4.3.1 Aserbaidschan und Usbekistan als antirussische – und antiiranische – Bollwerke in der US-Geopolitik

In der politischen Konstellation, wie sie sich nach dem Ende des ersten Kalten Krieges darstellte, zählte BRZEZINSKI Zentralasien neben dem »demokratischen Brückenkopf« Europa, Rußland und Ostasien zu den vier Schlüsselregionen Eurasiens, jener »Projektionsfläche amerikanischer globaler Politik«, die von Lissabon bis Wladiwostok reicht. Für BRZEZINSKI stellte der Zusammenbruch der UdSSR ja ein »unipolares geopolitisches Moment« dar, das es zugunsten der USA im Wege einer »Strategy of Predominance« auszubauen galt: »Nicht nur beherrschen die Vereinigten Staaten sämtliche Ozeane und Meere, sie verfügen mittlerweile auch über die militärischen Mittel, die Küsten mit Amphibienfahrzeugen unter Kontrolle zu halten. . . Amerikanische Armeeverbände stehen in den westlichen und östlichen Randgebieten des eurasischen Kontinents und kontrollieren außerdem den Persischen Golf.«[2127]

Wie oben beschrieben, ist in dem Weltmodell BRZEZINSKIS Eurasien das Schachbrett, auf dem sich auch in Zukunft der Kampf um die globale Vorherrschaft abspielen wird.[2128] Eine Dominanz auf dem gesamten eurasischen Kontinent ist demnach noch heute die Vorbedingung für globale Vormachtstellung; es ist außerdem der Ort, wo Amerika irgendwann ein potentieller Nebenbuhler um die Weltmacht erwachsen könnte.[2129] Darum stellt BRZEZINSKI für die US-Globalpolitik die Aufgabe, im Hinblick auf Eurasien eine umfassende und in sich geschlossene Geostategie zu entwerfen.[2130] Diese soll im wesentlichen aus zwei Elementen bestehen, nämlich zum einen aus einer eurasischen ›Balance of Power‹ und zum anderen aus einer strategischen Isolation Rußlands. Die US-Außenpolitik muß »ihren Einfluß in Eurasien so einsetzen, daß ein stabiles kontinentales Gleichgewicht mit den Vereinigten Staaten als politischem Schiedsrichter entsteht«.[2131] Der Hauptgegner ist dabei nach wie vor Rußland. Dieses habe, so BRZEZINSKI, seinen Platz in der neuen Weltordnung noch nicht gefunden. In seiner augenblicklichen Lage habe es noch nicht die Kraft, erneut zur Weltmacht aufzusteigen. Ihm sei zu empfehlen, seine Großmachtphantasien aufzugeben und sich statt dessen ganz bewußt auf eine Modernisierung, Europäisierung und Demokratisierung im westlichen Sinne zuzubewegen.[2132] Allerdings bestehe die Gefahr, daß es entweder durch ein Bündnis mit Europa oder durch die Unterwerfung der selbständig gewordenen mittelasiatischen Staaten neue Weltmachtbestrebungen entwickelt. Beide Möglichkeiten müßten daher abgeschnitten werden.

Der russische Weg nach Europa verläuft geographisch und politisch über die Ukraine. Entscheidender Punkt ist dabei: Ohne die Ukraine kann Rußland nicht zu Europa gehören, wohingegen die Ukraine ohne Rußland durchaus ein Teil von Europa sein kann.[2133] Durch die Westbindung der Ukraine ist Rußland also dauerhaft von Europa zu trennen. Dabei sollten die USA langfristig auf eine deutsch-französisch-polnisch-ukrainische Partnerschaft[2134] unter amerikanischer Oberhoheit hinarbeiten. Darin eingeschlossen ist auch der »NATO-Beitritt der Ukraine«.[2135]

Besondere Aufmerksamkeit sollte Brzezinski zufolge die US-Außenpolitik der Südfront zukommen lassen. Für das Verhältnis Rußlands zu Mittelasien nämlich bilden Aserbaidschan und Usbekistan geopolitische Dreh- und Angelpunkte und verdienen daher Amerikas stärkste geopolitische Unterstützung.[2136] Usbekistan, volksmäßig der vitalste und am dichtesten besiedelte zentralasiatische Staat, stellt ein Haupthindernis für jede neuerliche Kontrolle Rußlands über die Region dar. Seine Unabhängigkeit ist von entscheidender Bedeutung für das Überleben der anderen zentralasiatischen Staaten. Dabei ist es vor allem der strikt antirussische Kurs der usbekischen Außenpolitik, die sich in den Augen Brzezinskis als besonders förderungswürdig darstellt. »Die stark nationalistische Haltung der usbekischen Führung hatte in der russischen Presse bereits scharfe Verurteilungen ausgelöst wegen Usbekistans strikt prowestlicher Orientierung in der Wirtschaft, harscher Invektiven gegen die Integrationsverträge innerhalb der GUS, entschiedener Ablehnung, selbst der Zollunion beizutreten, und wegen einer methodisch antirussischen Nationalitätenpolitik. . . Für die Vereinigten Staaten, die in Asien eine Politik der Schwächung Rußlands verfolgen, ist diese Politik ungemein attraktiv.«[2137] Usbekistan ist in den Augen Brzezinskis daher »die Seele des nationalen Erwachens der verschiedenen Völker in der Region«.[2138]

Aserbaidschan ist aufgrund seiner geographischen Lage zwischen Schwarzem und Kaspischem Meer der Sperriegel auf dem Weg nach Süden, zum Iran und an den Persischen Golf. Außerdem ist es der Schlüssel zum Öl: »Ein unabhängiges Aserbaidschan kann dem Westen den Zugang zu dem an Ölquellen reichen Kaspischen Becken und Zentralasien eröffnen.«[2139] Die zentralasiatische Region und das Kaspische Becken verfügen nach Einschätzung Brzezinskis über Erdgas- und Erdölvorräte, die jene Kuwaits, des Golfs von Mexiko oder der Nordsee in den Schatten stellen.[2140] Aserbaischan ist damit der geopolitische Dreh- und Angelpunkt der Region. »Es ist gewissermaßen der lebenswichtige Korken, der den Zugang zur Flasche mit den Bodenschätzen des Kaspischen Beckens und Zentralasiens kontrolliert. Ein unabhängiges, Türkisch sprechendes Aserbaidschan mit Pipelines, die

Das erdgas und -ölreiche Aserbaidschan soll in den Plänen der US-Strategen eine antirussische Bollwerkfunktion übernehmen.

Usbekistan spielt im Rahmen des Projekts ›Neue Seidenstraße‹ eine große Rolle. Für das Verhältnis Rußlands zu Mittelasien bildet Usbekistan nämlich einen geopolitischen Dreh- und Angelpunkt.

Plakat des usbekischen Präsidenten Islom Karimow.

es mit der ethnisch verwandten und politisch als Stütze agierenden Türkei verbinden, verwehrte Rußland eine Monopolstellung im Zugang zur Region und beraubte es damit seines entscheidenden politischen Druckmittels auf die Politik der neuen zentralasiatischen Staaten.«[2141]

Auch Zentralasien-Experte Rainer FREITAG-WIRMINGHAUS bestätigt, daß Aserbaidschan in den Plänen der US-Machtelite eine geostrategische Drehscheiben- und antirussische Bollwerkfunktion zugewiesen wird, und zwar sowohl wegen seiner Erdölvorkommen als auch wegen seiner geographischen Lage: »Schon durch die Anzahl der Vertragsabschlüsse ist Baku als Metropole des Kaspischen Meeres zum Zentrum der Öldiplomatie geworden.[2142] Die Verträge mit den westlichen Ölfirmen haben Aserbaidschans außenpolitischer Orientierung eine deutliche Richtung gegeben. Aserbaidschan gehört zu den Ländern, die nach westlicher Auffassung dem russischen Hegemonialanspruch und dem iranischen Einfluß in der Region entgegentreten sollten. Außerdem wirken die geknüpften Verbindungen zu Israel als eine Erweiterung der Achse Washington–Ankara–Tel-Aviv. . . Baku wird seitdem von Washington wie auch von London als strategischer Partner bezeichnet. Im Zuge der sich entwickelnden amerikanisch-russischen Rivalität im Kaukasus ist nach amerikanischer Vorstellung Aserbaidschan neben der Türkei eine entscheidende Rolle zur Festigung der Region zugedacht. Nach der einseitigen protürkischen Ausrichtung des Präsidenten ELIBEY hat man von seinem Nachfolger ALIJEV nach seiner Machtübernahme 1993 eine prorussische Politik erwartet. Doch sowohl die Enttäuschung über die anhaltenden armenischen Eroberungen auch nach Bakus GUS-Beitritt als auch russische Forderungen nach Militärstützpunkten führten zu einer deutlichen Hinwendung zum Westen als Garant der Unabhängigkeit.«[2143]

Was aber einer aktiven pro-aserbaidschanischen Politik der USA im Wege stand, war der Umstand, daß Anfang der neunziger Jahre aufgrund des starken Einflusses der Armenierlobby wegen des Berg-Karabach-Konfliktes Aserbaidschan eher unterdurchschnittlich unterstützt wurde. »Diese. . . armenische Gruppe konnte somit die wesentlichen Linien amerikanischer Politik im Transkaukausus definieren«,[2144] was den eigentlichen Interessen der US-Machtelite äußerst zuwiderlief: »Der innenpolitische Druck der armenischen Lobby auf die amerikanische Politik steht im Widerspruch zu den amerikanischen Interessen in der Region, also auch der Sicherstellung des Zugangs zu den aserbaidschanischen Energieressourcen. . . Die amerikanisch-aserbaidschanischen Beziehungen wurden erheblich beeinträchtigt durch die nach aserbaidschanischer Lesart diskriminierende Politik der USA gegenüber dem zentralasiatischen Land.«[2145]

In der Folgezeit gelang es aber der an den Erdölressourcen interessierten US-Machtelite, diese Haltung gegenüber Aserbaidschan zu neutralisieren, was im wesentlichen auf den Einfluß der Öl-Lobby zurückzuführen ist. Der Sohn von Zbigniew BRZEZINSKI, Mark BRZEZINSKI, der für die Anwaltskanzlei Hogan & Hartson arbeitet, welche nach eigenen Angaben im Erdöl- und Erdgasgeschäft am Kaspischen Becken engagiert ist, stellte in einem von ihm verfaßten Artikel in der *Wa-*

shington Post vom 18. Mai 1999 dar, warum die US-Geopolitik Aserbaidschan als antirussisches Bollwerk ausbauen sollte und daher die Sanktionen gegen Aserbaidschan aufgehoben werden sollten. In dem Artikel beklagt er, daß die USA den vier Millionen Armeniern 600 Mio. Dollar an Hilfe zahlten, aber den acht Millionen Aseris nur 100 Mio. Dollar, obwohl das Erdöl- und Erdgas doch in Aserbaidschan sei. Trotz der Sanktionen, so Brzezinski jun., sei Präsident Alijew proamerikanisch, weil er darauf baue, daß ihn die USA vor dem Druck von Rußland im Norden und von dem Iran im Süden schützten.

Weiter schreibt er: »Kontrollierte Rußland Aserbaidschan, könnte es das Land im Westen von Zentralasien, besonders von der Türkei, abriegeln und so die russische Kontrolle der erdölreichen zentralasiatischen Staaten verstärken. Eine russische Dominanz über Aserbaidschan sicherte auch die russische Vorherrschaft über andere Kaukasusstaaten, vor allem Armenien und Georgien. Seine Lage macht Aserbaidschan zu einem lebenswichtigen Verkehrskorridor, der den Zugang zum Kaspischen Becken und nach Zentralasien kontrolliert. Ein starkes und autonomes Aserbaidschan, mit Pipelines, die bis zur Türkei reichen, garantierte dem Westen einen Zugang zur Region und würde Rußland und dem Iran entscheidende politische Druckmittel gegenüber der Politik der neuen zentralasiatischen Staaten aus der Hand nehmen.«[2146]

In die gleiche Richtung argumentiert auch Brzezinski sen. in seinem Buch *The Grand Chessboard*: »Moskau muß sein Augenmerk vor allen Dingen auf Aserbaidschan richten. Würde es sich dem Kreml unterordnen, ließe sich Zentralasien gegen den Westen, vornehmlich gegenüber der Türkei, abschotten. Dadurch könnte Rußland seinen Druck auf das widerspenstige Usbekistan und das nicht minder aufsässige Turkmenistan verstärken. So dient die taktische Zusammenarbeit mit dem Iran in strittigen Angelegenheiten wie der Verteilung der Konzessionen für Tiefseebohrungen im Kaspischen Meer dem wichtigen Ziel, Baku zu zwingen, sich Moskaus Wünschen anzupassen. Ein unterwürfiges Aserbaidschan würde es Moskau außerdem erleichtern, seine beherrschende Position in Georgien und Armenien zu festigen.«[2147]

Das aber bedeutet im Umkehrschluß: Mit einer Förderung der Unabhängigkeit Aserbaidschans hätte sich auch die russische Vorherrschaft in Zentralasien und im Kaukasus erledigt. Brzezinski bezeichnet Aserbaidschan – neben Kasachstan – daher auch als den »geographischen Schild«, den Rußland durchbrechen müsse, um eine erfolgreiche Gegenoffensive zur Sicherung der Kontrolle über Zentralasien wiederaufzunehmen. Folgerichtig ließ die US-Außenpolitik daher auch von ihrer anfangs proarmenischen Haltung ab und trug in internationalen Gremien Entscheidungen mit, die die territoriale Integrität Aserbaidschans (trotz des Brennpunktes der armenischen Enklave Berg-Karabach) schützten. »Auch die Beschränkung öffentlicher Mittel zur Unterstützung Aserbaidschans wurde gelockert. . . Regierungsvertreter forderten immer deutlicher eine Aufhebung von Absatz 907 des *Freedom Support Act*, der rechtlichen Basis für die Diskriminierung Aserbaidschans.«[2148]

Im Vorgriff auf die kommenden Ereignisse sollte die Bedeutung Aserbaidschans für die US-Geopolitik in Eurasien noch weiter zunehmen, wie die *Süddeutsche Zeitung* enthüllte: »Doch wichtiger dürfte das strategische Interesse der Amerikaner an dem kleinen Aserbaidschan sein. Nachdem sich viele Jahre US-Unternehmen in dem rohstoffreichen Land engagiert hatten, wird nun seit einigen Monaten Öl aus dem Kaspischen Meer durch eine neue Pipeline gepumpt. Die Röhre beginnt in Baku und verläuft über georgisches Gebiet bis in das türkische Ceyhan, von dort wird der begehrte Rohstoff bald schon in die westliche Welt gebracht werden. Das ist ganz im Sinne der Amerikaner, die großen Wert auf Alternativen für ihre Energieimporte legen. Aserbaidschan hat sich in diesem Geschäft als zuverlässiger Partner der USA erwiesen, denn die Route umgeht sowohl Rußland im Norden wie auch Iran im Süden.«[2149]

Aber auch für das von der US-Machtelite in Angriff genommene strategische ›Grand Design‹ im Sinne der ›Greater Middle East Initiative‹, mit der die Region des Nahen und Mittleren Ostens in das ›informelle Imperium‹ der USA eingegliedert werden soll, spielt Aserbaidschan eine wichtige Rolle, nämlich als Ausgangspunkt für Operationen im Irak und in Afghanistan sowie für eine irreguläre Kriegführung im Wege geheimdienstlicher ›Covert-Actions‹ gegen den Iran: »Seit geraumer Zeit ist das Land zudem am Wiederaufbau des Irak und Afghanistans beteiligt, und auch dies wird in Washington goutiert [gutgeheißen]... Nun aber hat sich die Lage der Amerikaner in Zentralasien und am Golf verändert und damit die Bedeutung Aserbaidschans weiter erhöht. Seitdem die USA ihre Stützpunkte in Usbekistan aufgeben mußten, ist Aserbaidschan als Transitland für Afghanistan-Einsätze und mögliche Militärbasis noch wichtiger geworden. Und auch im Atomkonflikt mit Iran spielt das kaukasische Land eine immer größere Rolle. Der iranische Chefunterhändler im Atomstreit, Ali LARIDSCHANI, beschuldigte die USA nun, daß sie bereits Geheimdienstmitarbeiter nach Aserbaidschan geschleust hätten, um einen möglichen Militärschlag gegen Iran vorzubereiten. ›Für diesen Fall aber könnten wir die Baku–Tiflis–Ceyhan-Pipeline angreifen oder Öllager in Aserbaidschan‹, sagte er der ägyptischen Zeitung *Al Ahram*. Aserbaidschan teilt mit Iran eine etwa 600 Kilometer lange Grenze und ist – mit Blick auf den Öl- und Gasreichtum – für Washington somit ein strategischer Brückenkopf in einer höchst unruhigen Region, die zudem auch noch von Rußland massiv umworben wird.«[2150]

Auch der Sicherheitsexperte Udo ULFKOTTE bestätigt, daß Aserbaidschan schon längst Ausgangspunkt für eine bereits in Gang gesetzte irreguläre Kriegführung der USA wie auch Israels gegen den Iran ist. ULFKOTTE zufolge befinden sich schon seit längerer Zeit in der Grenzstadt Astara mehrere als »Handlungsreisende« getarnte Mitarbeiter des Mossad, »die ganz offiziell von der aserbaidschanischen Regierung dazu eingeladen worden sind, die Grenzen des ölreichen Landes vor iranischen Einflüssen zu ›sichern‹. Die Mitarbeiter des Mossad legen diesen Auftrag mit augenzwinkerndem Einverständnis der Regierung in Baku offenkundig sehr großzügig aus – und überqueren regelmäßig bei Astara die Grenze nach Iran, um über die Schmuggelpfade tief ins iranische Landesinnere vorzustoßen«.[2151] Dabei hatte sich wohl schon seit langem eine israelisch-aserbaidschanische Zusammenarbeit gegen den Iran herausgebildet: »Seit mehreren Jahren schon bildet der Mossad die Geheimdienste Aserbaidschans aus. Der Mossad unterhält entlang der aserbaidschanisch-iranischen Grenze eine ganze Reihe von Horchposten, mit denen sämtliche Kommunikation bis tief in das Landesinnere aufgefangen und ausgewertet werden kann. Israelische Militärs bilden aserbaidschanische Militärs aus und dürfen entlang der Grenzen an Aufklärungsflügen teilnehmen und alle Aufnahmen und sonstigen Erkenntnisse in Israel auswerten lassen.«

Dabei sei die Zusammenarbeit und das gegenseitige Vertrauen inzwischen recht groß. Der aserbaidschanische Präsident Ilham ALIJEW werde bei Auslandsreisen mittlerweile von israelischen Leibwächtern beschützt, während im Gegenzug die Mitarbeiter des Mossad entlang der Grenzen freie Hand hätten.[2152] Der ehemalige Berater REAGANS, Jack WHEELER, fordert in dem von ihm herausgegebenen Magazin *To The Point News* auf, von Aserbaidschan aus die turksprachigen Aseris, die ein Drittel der iranischen Gesamtbevölkerung ausmachen und im Nordwesten des Iran siedeln, gegen Teheran aufzuwiegeln. Von den USA geförderte Widerstandsgruppen der Aseris bezeichnen den Nordwesten Irans bereits als ›Süd-Aserbaidschan‹, was Jack WHEELER wie folgt bewertet: »Ich liebe den Begriff ›Süd-Aserbaidschan‹. So wird der Nordwesten Irans bereits genannt, seitdem die aserischen Aufständischen begannen, für die Unabhängigkeit und den Anschluß an das unabhängige Aserbaidschan zu agitieren.«[2153] Ganz in der Tradition der REAGAN-Politik bringt WHEELER auch die Hoffnung zum Ausdruck, daß »die nichtpersische Bevölkerung des Iran sowohl gegen die Mullah-Tyrannei als auch gegen den persischen Imperialismus rebelliert, so, wie die nichtrussische Bevölkerung der UdSSR gegen die Sowjettyrannei und gegen den russischen Imperialismus rebellierte«[2154].

Damit ist Aserbaidschan für die US-Strategie in Eurasien ein Schlüsselstaat, da dessen strategische Kontrolle die Isolation Rußlands sicherstellen kann, und zum anderen stellt es einen Hebel dar, mit dem ein weiterer strategischer Konkurrent, nämlich der Iran, aufgebrochen werden soll.

Auch Kasachstan ist für BRZEZINSKI ein wichtiger Schlüsselstaat, um den russischen Einfluß in Eurasien zurückzudrängen. »Kasachstan ist der Schild. . . des nationalen Erwachens der verschiedenen Völker in der Region. Durch seine Größe und geographische Lage schützt Kasachstan die anderen vor direktem russischen Druck, da nur Kasachstan an Rußland grenzt.«[2155] Dieses Land gilt gewissermaßen als der zentralasiatische Schild gegen russischen Einfluß, welcher gleichfalls für die USA förderungswürdig ist.

4.3.2 Sicherung des zentralasiatischen Erdöls zur Brechung des Preiskartells der OPEC

Wie Daniel YERGIN in seiner umfassenden Studie *Der Preis – Die Jagd nach Öl, Geld und Macht* nachweist, ist die Sicherung einer ungestörten Erdölzufuhr wie auch des Zugriffs auf Erdölquellen Wesensbestandteil der US-Außenpolitik. Ein großer Herausforderer dieser Politik ist jedoch das Kartell der OPEC, dem elf hauptsächlich der Golfregion entstammende erdölfördernde Länder angehören und dessen Ziel es ist, die Bestimmung der internationalen Erdölwirtschaft nicht allein den ›Sieben Schwestern‹, wie die führenden anglo-amerikanischen Erdölkonzerne bezeichnet werden, zu überlassen.

Geopolitische Grundlage einer jeden Imperialpolitik, die auch für das ›informelle Imperium‹ USA gilt, ist die Sicherung von strategischen Rohstoffen. Die Möglichkeiten eines Staates, Machtmittel – und nicht zuletzt militärische Gewalt – zu entfalten, hängt von der Fähigkeit der zugrunde liegenden Wirtschaftsordnung zur Bereitstellung der hierfür benötigten wirtschaftlichen und finanziellen Mittel ab. Wie Paul KENNEDY – wie oben bereits erwähnt – treffend analysiert hat, hat die wirtschaftliche Leistungsfähigkeit eine im wahrsten Sinne des Wortes grundlegende Bedeutung für die politisch-militärische Macht eines Staates. »Die wirtschaftliche Stärke eines Gemeinwesens hängt jedoch unter anderem auch von der Verfügbarkeit von Rohstoffen ab, soweit diese eine kritische Rolle bei den Produktionsmöglichkeiten der entsprechenden Volkswirtschaften spielen.«[2156]

Eine solche Rolle nimmt das Erdöl ein, was sich aus folgenden Gesichtspunkten ergibt:

– Erstens ist der Zugriff auf Erdöl entscheidend für die Entfaltung eines mächtigen Militärpotentials, das schließlich auf dessen ungehinderter und gesicherter Versorgung gründet;[2157]

– zweitens benötigen die modernen kapitalistischen Ökonomien den stetigen, ununterbrochenen Fluß billigen Öls. Jeder größeren Rezession in den Vereinigten Staaten gingen Ölpreiserhöhungen voraus.[2158]

Ölexperte Daniel YERGIN schreibt daher auch zutreffend: »Die Kontrolle des Öls oder zumindest der Zugang zu ihm war immer ein großes strategisches Ziel. Das Öl erlaubt den Nationen, Besitz anzusammeln, ihre Wirtschaft anzutreiben, Güter zu produzieren und zu verkaufen, Waffen zu kaufen oder herzustellen, Kriege zu gewinnen.«[2159] Ebenso deutlich formulierte es eine Vertreterin der US-Machtelite, die ehemalige Energie-Expertin im Nationalen Sicherheitsrat unter Bill CLINTON, Sheila HESLIN: »Die Welt dreht sich um Öl und Gas, und diejenigen, die sie kontrollieren, verfügen über ökonomische und militärische Macht.«[2160] Folgerichtig wird in den offiziellen Strategiepapieren der US-Machtelite seit den achtziger Jahren der Zugang zu strategischen Rohstoffen, zu Öl und Erdgas, regelmäßig als »vitales Interesse der USA« benannt.[2161]

Bereits mit der berüchtigten Doktrin des US-Präsidenten Jimmy Carter vom 23. Januar 1980 wurde der Anspruch der USA auf Kontrolle des Zentrums der internationalen Erdölproduktion, nämlich des Persischen Golfes, deutlich hervorgehoben: »Der Versuch irgendeiner außenstehenden Macht, die Kontrolle über die Region des Persischen Golfes zu erlangen, wird als Angriff auf die vitalen Interessen der Vereinigten Staaten betrachtet und mit allen notwendigen, inklusive militärischen Mitteln zurückgeschlagen werden.« Damit, insbesondere aber auch durch die kurz danach aufgestellte ›Rapid Reaction Force‹, einer einzig für Interventionen in die Golfregion zuständigen und Mitte der achtziger Jahre in das CENTCOM überführten Eingreiftruppe, unterstrichen die USA ihren Willen, bei Bedarf offen auf Gewalt zu setzen, um ihre Interessen zu sichern. Seither will Washington jede Einflußnahme auswärtiger Mächte unter allen Umständen verhindern, um so die alleinige Kontrolle über die Erdölvorkommen am Golf ausüben zu können.[2162]

Auf diese Weise sicherten sich die USA den Zufluß von billigem Erdöl, den die US-Machtelite als notwendige Voraussetzung für eine blühende Wirtschaft ansieht. In dem Strategiedokument der *Nationalen Energiepolitik,* das von Richard Cheney, der unter George W. Bush das Amt des Vizepräsidenten bekleidete, verfaßt wurde, heißt es demzufolge: »Steigende Ölpreise wirken wie eine Steuer durch ausländische Ölexporteure. Sich ändernde Energiepreise verursachen ökonomische Kosten. . . Diese Kosten können letztlich das ökonomische Wachstum beeinträchtigen.«[2163]

Bis zum Ende des ersten Kalten Krieges waren die Voraussetzungen für den Zufluß an billigem Erdöl auch noch gegeben, was sich aber Daniel Yergin zufolge in den 90er Jahren ändern sollte: »Doch inmitten dieser Beschaulichkeit gab es auch Gründe zur Vorsicht. Die Weltölreserven hatten sich immens vergrößert, doch die Zuwächse lagen alle in den fünf größten Förderländern am Persischen Golf und in Venezuela. Es gab keine größeren Vorräte an Öl in den verschiedenen Nicht-OPEC-Ländern, die darauf warteten, in das System eingespeist zu werden, wie es mit dem Öl aus Alaska, Mexiko und der Nordsee während der Krise von 1973 der Fall gewesen war. Der Anteil des Persischen Golfs an den Weltölreserven war nun auf zwei Drittel gestiegen. Wirtschaftlich gesehen sah es nicht so aus wie in den frühen achtziger, sondern eher wie in den frühen siebziger Jahren, die in die Ölkrise von 1973 eingemündet waren. Der Weltmarkt für Rohöl zog an. Die Nachfrage stieg kräftig. Die amerikanische Fördermenge sank, sie betrug 1990 etwa 2 Millionen Barrel pro Tag weniger als noch 1986 – mehr als die jeweilige Förderung von 10 der 13 OPEC-Länder im Jahre 1989. Die Ölimporte der Vereinigten Staaten waren so hoch wie nie zuvor, mit weiter steigender Tendenz. Die Welt geriet erneut in die Abhängigkeit vom Persischen Golf. Die ›Sicherheitsmarge‹ – die Spanne zwischen Nachfrage und Förderkapazität – wurde immer schmaler, so daß der Markt für Konflikte und Störungen anfällig wurde.«[2164]

Daniel Yergin weist Anfang der neunziger Jahre darauf hin, daß in dieser Konstellation wachsenden Erdölimportbedarfs das Rohstoffreservoir der Sowjetunion bzw. ihrer Nachfolgestaaten eine fundamentale Rolle für die Erdölpolitik der neunziger Jahre haben werde. »Die politische Entwicklung in der Sowjetunion könnte durchaus bedeutende Konsequenzen für die Energieversorgung der Welt in den unmittelbar vor uns liegenden Jahren haben. Die UdSSR ist der größte Ölproduzent der Welt, ihr Ausstoß war 1989 doppelt so hoch wie der von Saudi-Arabien. Wieder und wieder hat in der Vergangenheit das Schicksal des russischen Öls signifikante globale Auswirkungen gehabt.«[2165]

Dieser Entwicklung war und ist sich die US-Machtelite auch bewußt. »Nach Angaben der Internationalen Energieagentur (IEA) in Paris beginnt ab dem Jahr 2005 die Förderquote der derzeit weltweit erschlossenen Erdölvorkommen um zwei bis vier Prozent pro Jahr zurückzugehen. Gleichzeitig wird die globale Nachfrage nach Erdöl durchschnittlich um 1,5 bis 2 Prozent im Jahr ansteigen. Die dann entstehende jährliche Differenz zwischen den globalen Förder- und Verbrauchsmengen von 3,5 bis 6 Prozent wird stark anwachsende Versorgungsprobleme zeitigen und die Abhängigkeit der westlichen Industrieländer von den fünf Golfstaaten Saudi-Arabien, Irak, Iran, den Vereinigten Arabischen Emiraten und Kuweit steigern. Zum Beispiel werden die USA in zwölf Jahren 60 Prozent ihres Erdölbedarfs importieren müssen. Daß die USA nicht imstande sind, ihre Energieversorgung unabhängig von anderen Staaten zu gewährleisten, wurde im Jahre 2001 auch in zwei Strategiepapieren eingeräumt. Im Bericht über *Strategic Energy Policy – Challenges for the 21st Century* (April 2001) einer unabhängigen Expertengruppe und im *Report über National Energy Policy* (Mai 2001), der unter Vorsitz des amtierenden Vize-Präsidenten der USA, Dick CHENEY, erstellt wurde, wird ›zur erneuten Bewertung der Rolle der Energie in der Außenpolitik der USA‹ aufgefordert. Konkret ist damit ›die Überwindung der politischen Hindernisse auf dem Weltenergiemarkt‹ sowie ›die Erleichterung des Zuganges zu neuen Erdöl- und Erdgasquellen‹ gemeint.«[2166]

Für die nächsten zwei Jahrzehnte sieht das US-Energieministerium einen Anstieg des Verbrauchs an Erdöl um 33 % und an Erdgas um mehr als 50 % voraus.[2167] Um den wachsenden Bedarf ausgleichen zu können, müßte der Importanteil bis 2020 auf 70 % steigen.[2168] Gleichzeitig machte sich bereits Ende der neunziger Jahre bemerkbar, daß sich die OPEC auf den internationalen Ölmärkten wieder als preisbestimmendes Gewicht positionieren konnte. »Da viele Nicht-OPEC-Quellen allmählich versiegen und sie bereits heute am Limit produzieren, scheint sich nun aber das Blatt zu wenden. Heute verfügen einzig die OPEC-Länder über zusätzliche Förderkapazitäten. Friedemann MÜLLER von der SPD-nahen Stiftung Wissenschaft und Politik weist auf die Folgen für den Ölpreis hin: ›Im März 1999 wurde sich die OPEC bewußt, daß die Nicht-OPEC-Produzenten über keine Produktionsreserven verfügten, eine Mengenbegrenzung der OPEC daher nicht durch die Übernahme von Marktanteilen durch andere aufgefangen würde. Das Instrument der Mengenbegrenzung griff wieder. Der Preis stieg im Jahr 2000 auf über 30 $... Die in den 80er und 90er Jahren verlorene Herrschaft über die Ölpreissteuerung hat die OPEC 1999 im Prinzip zurückgewonnen.‹«[2169]

Vor diesem Hintergrund erwähnt Roger DIVAN von der Fachzeitschrift *Petroleum Finance*, daß es eine »lang angelegte Strategie der US-Regierung (gibt), die Marktmacht der OPEC zu schwächen«.[2170] Wie Detlef BIMBOES schreibt, besteht diese Strategie schon seit den siebziger Jahren: »In den siebziger Jahren gelang es den in der Organisation Erdölexportierender Staaten (OPEC) zusammengeschlossenen Ländern kurzzeitig, anstelle der Ölkonzerne die Regieführung bei der Preis- und Angebotsregulierung auf den internationalen Energiemärkten . . . zu übernehmen. Das forderte die seit 1961 in der OECD zusammengeschlossenen Industriestaaten heraus. Hier sind die weltweit führenden kapitalistischen Staaten versammelt, in ihrem Mittelpunkt die ›Triade‹ USA–Japan–EU. Die Gegenstrategie wurde maßgeblich vom damaligen US-Außenminister KISSINGER bestimmt. Sie bestand darin, unabhängig von der OPEC eine dauerhaft störungsfreie Ölversorgung auf Billigpreisniveau – auch unter Einsatz militärischer Mittel – sicherzustellen. Sie setzte auf eine Steigerung des Angebots der Energieträger Öl, Gas, Kohle und die Atomenergie. Dafür wurde auf die Förderung von Energierohstoffen in allen Weltregionen außerhalb der OPEC-Staaten gesetzt. Das Konzept ist aufgegangen und leitete zugleich die Schwächung und Spaltung der OPEC ein.«[2171]

Rizvan NABIYEV bestätigt in diesem Zusammenhang, daß in der Zukunft der OPEC eine wachsende Rolle bei der Erdölproduktion zukommen wird: »Nach einer Analyse der OPEC könnte ihr Anteil an der Weltölförderung von 39,5 % im Jahre 2000 auf 50,5 % 2020 steigen. Zahlreiche Experten und Studien schätzen, daß der OPEC-Anteil an der Weltölförderung bis zum Jahre 2020 vielleicht sogar den historischen Höchststand von 1973 (52%) übertreffen wird. . . Die Organisation der Arabischen Erdölproduzentenländer (OAPEC) prognostiziert, daß der Anteil der OPEC bei der Weltölversorgung von 41,5% im Jahre 2000 auf 48,5% 2010 und 57,3% 2020 ansteigen wird. . . Der unproportionale Anstieg der OPEC- und darunter der Golf-OPEC-Anteile an der Welölförderung stellt eine aus ökonomischen, politischen und ökologischen Gesichtspunkten durchaus gefährliche Tendenz bei der Entwicklung der Weltenergieversorgung und der internationalen Politik dar.«[2172]

Nicht zuletzt auch aus diesen energiewirtschaftlichen Gründen geriet die Region Zentralasiens und des Kaspischen Meeres in den Blickpunkt der US-Strategen. Der Zusammenbruch der UdSSR eröffnete den USA die Gelegenheit, die Kontrolle über eine Region zu erlangen, die die größten unerschlossenen fossilen Brennstoffvorräte der Welt besitzt.[2173] Das US-Energieministerium schätzte die Vorkommen im April 2000 auf 125 Mrd. Barrel; die offizielle Lageeinschätzung des Weißen Hauses geht sogar von 160 Mrd. Barrel aus, was in etwa den zusammengenommenen Vorräten des Iran und Kuweits entspräche.[2174] Vor diesem Hintergrund erklärte die CLINTON-Administration die Region zu einer Zone, in der lebenswichtige amerikanische Interessen betroffen sind.[2175] US-Außenministerin Madeleine ALBRIGHT erhob folgerichtig die gesamte Region von Transkaukasien 1997 zur »geostrategischen Interessenzone der USA«.[2176]

Wie Matin Baraki hervorhebt, wird der Raum Mittelasien und das Kaspische Meer »sehr wahrscheinlich eine der bedeutendsten Konfliktregionen des 21. Jahrhunderts werden. Die USA verfolgen mit großem Interesse die Rohstoffentwicklung in diesem Raum. Der Staatssekretär im State Department Stuart Eizenstat aus der Regierungszeit des US-Präsidenten Bill Clinton (1993–2001) hob vor dem US-Kongreß hervor, daß ›das Kaspische Meer potentiell eine der wichtigsten neuen energieproduzierenden Regionen der Welt‹ sei«.[2177] Die US-Machtelite erhoffte, daß mit Hilfe einer US-Zentralasienstrategie das Erdölmonopol Saudi-Arabiens, das, wie bereits ausgeführt, in der internationalen Erdölwirtschaft die Rolle des ›Swing producers‹ – eines Produzenten, der Produktionsengpässe ausgleicht – einnimmt, aufgebrochen werden kann: Da die politische Lage in Saudi-Arabien instabil ist, »muß aus US-Sicht Zentralasiens Energiereichtum als Alternative unter Kontrolle gebracht werden«.[2178]

S. Neil MacFarlane bezeichnet Zentralasien und den Raum des Kaspischen Meeres als »eine der sehr wenigen vielversprechenden Regionen zur Ausbeutung von Erdöl und Erdgas. Darüber hinaus herrschen in dieser Region liberalere Bedingungen für multinationale Unternehmensbeteiligungen bei der Energiegewinnung als in den besser ausgebauten Produktionsgebieten Saudi-Arabiens. In dem Maße, in dem die USA die wachsende Abhängigkeit des Weltenergiemarkts vom Nahen Osten verringern möchten, steigt ihr Interesse daran, die Entwicklung einer unabhängigen Energiequelle zu stützen und die effektive Belieferung der Weltmärkte zu sichern. So stellte Wallace Hays jüngst fest: ›Die kaspische Region ist für die Vereinigten Staaten wichtig, weil es sich um die wahrscheinlich letzten noch nicht angezapften Ölreserven in der Welt handelt und sie den USA die seltene Chance bietet, die Weltölversorgung zu diversifizieren. Darum könnte die Region des Kaspischen Meeres eines der wichtigsten Gebiete amerikanischer Außenpolitik werden.‹«[2179]

Ein 1999 von den führenden Zentralasienexperten Michael Croissant und Bulant Aras unter dem Titel *Oil and Geopolictics in the Caspian Sea Region* herausgegebenes Buch hatte dieses Thema noch weiter vertieft. Im Vorwort beschreibt Pat Clawson von der National Defence University in Washington »das Kaspische Meer als wichtigste Ölregion der Welt, als Zielobjekt fortbestehender und konfliktträchtiger Interessen der Anliegerstaaten wie der mächtigsten Länder der westlichen Welt. Die wirtschaftlichen und geostrategischen Themen beziehen sich insbesondere auf mögliche Routen für Pipelines und auf Versuche der Vereinigten Staaten, diese zu monopolisieren, indem ein passendes internationales Herrschaftssystem über das Öl in der Region eingerichtet wird«.[2180] Der ehemalige US-Energieminister Bill Richardson sagte 1998 mit Blick auf die zentralasiatischen Republiken: »Uns wäre es lieber, wenn sich diese erst seit kurzem unabhängigen Staaten an den westlichen Handels- und politischen Interessen orientieren würden, anstatt einen anderen Weg zu gehen. Wir haben in der kaspischen Region im politischen Bereich erhebliche Investitionen getätigt, und uns ist sehr wichtig, daß sowohl die Landkarte der Pipelines als auch die Politik im Endergebnis aussehen, wie von uns gewünscht.«[2181]

Auch der oben bereits erwähnte »Silk Road Strategy Act« zielte darauf ab, die kaspische und zentralasiatische Region als alternatives Energiereservoir unter US-Kontrolle zu stellen. Der amtlichen Begründung zufolge wurde er erlassen »in Ergänzung des ›Foreign Assistance Act‹ von 1961 und um notwendige Hilfe zur Unterstützung der wirtschaftlichen und politischen Unabhängigkeit der Länder im südlichen Kaukasus und in Zentralasien festzulegen«.[2182] Im Protokoll des US-Kongresses heißt es: »Die aus dem südlichen Kaukasus und Zentralasien bestehende Region könnte genügend Öl und Erdgas produzieren, um die Abhängigkeit der Vereinigten Staaten von Energie aus der instabilen Region am Persischen Golf zu verringern.«[2183] Dementsprechend sei auch eines der grundsätzlichen Ziele der US-Politik »die Unterstützung der amerikanischen Wirtschaftsinteressen und Investitionen in der Region«.[2184]

Auch BRZEZINSKI selbst hebt diese geoökonomische Bedeutung der kaspischen Region für das US-Imperium hervor: »Viel wichtiger aber ist der eurasische Balkan, weil er sich zu einem ökonomischen Filetstück entwickeln könnte, konzentrieren sich in dieser Region doch ungeheuere Erdgas- und Erdölvorkommen, von wichtigen Mineralien einschließlich Gold ganz zu schweigen. Der weltweite Energieverbrauch wird sich in den nächsten zwei oder drei Jahrzehnten sehr stark erhöhen. Schätzungen des US-Department of Energy zufolge steigt die globale Nachfrage zwischen 1993 und 2015 um voraussichtlich um mehr als 50 Prozent, und dabei dürfte der Ferne Osten die bedeutendste Zunahme verzeichnen. Schon jetzt ruft der wirtschaftliche Aufschwung in Asien einen massiven Ansturm auf die Erforschung und Ausbeutung neuer Energievorkommen hervor, und es ist bekannt, daß die zentralasiatische Region und das kaspische Becken über Erdgas- und Erdölvorräte verfügen, die jene Kuwaits, des Golfs von Mexiko oder der Nordsee in den Schatten stellen.«[2185]

Die praktische Folgerung aus dieser Analyse zog im Sommer 1998 der damalige stellvertretende Direktor im Büro des Staatssekretärs im US-Verteidigungsministerium, David TUCKER, zuständig für Sonderoperationen und Konflikte unterhalb der Schwelle des Krieges: »In einem richtungsweisenden Beitrag in der Zeitung einer amerikanischen Kriegsschule macht er deutlich, daß es für die USA eigentlich nur eine Region gibt, für die es sich wirklich lohnt zu kämpfen, nämlich ›das Gebiet vom Persischen Golf nördlich bis zum Kaspischen Meer und östlich bis nach Zentralasien. Dies ist eine sehr bedeutende Region – ungefähr von der Größe der USA –, die etwa 75 Prozent der Weltölreserven und 33 Prozent der Erdgasreserven beherbergt.«[2186]

In ihrem Buch *Strategic Geography and the Changing Mittle East* sehen G. Kemp und R. E. Harkavy die kaspische Region und den Persischen Golf als einen einheitlichen strategischen Raum an, der als *strategische Energie-Ellipse* zu bezeichnen sei. »Die ›strategische Energie-Ellipse‹ verbindet den kaspischen Raum neben dem Persischen Golf auch mit dem Indischen Ozean und umfaßt 16 Staaten – nahezu das ganze Territorium von Iran, einen Teil des Territoriums jeweils von Rußland, Kasachstan, Turkmenistan, Usbekistan, Oman, Saudi-Arabien, Irak, der Türkei und von Georgien sowie das gesamte Territorium von Aserbaidschan, den VA Emiraten, Kuwait, Bahrain, Katar und von Armenien.«[2187]

Durch eine Kontrolle der kaspischen Region jedenfalls gelänge es den USA, diese strategische Energie-Ellipse aufzuspalten und zu verhindern, daß auch die kaspische Region in das Preiskartell der OPEC eingebunden wird. Gelänge eine Einbindung der postsowjetischen kaukasischen und zentralasiatischen Republiken in das System der OPEC, so würde sich deren Marktmacht gewaltig verstärken, was schon dadurch deutlich wird, daß auf dem Territorium der OPEC-Staaten gegenwärtig rund 78% der Weltölreserven liegen.[2188] Demgegenüber ist der kaspische Raum die einzige Region, die mit über 10 Prozent aller möglichen Erdölreserven und 14 Prozent allen Erdgases, dreimal mehr als in der Nordsee, langfristig eine wesentliche Ergänzung (wenngleich keinen Ersatz) zu den Rohstoffen am Golf liefern könnte.[2189] Vor diesem Hintergrund ließe sich mit der Herrschaft über das kaspische Öl die Macht der OPEC – was ja Ziel der USA ist – brechen: »Denn in den letzten Jahrzehnten sind die amerikanischen OPEC-Importe dramatisch angestiegen, was die US-Energieversorgung besonders verwundbar gegenüber auftretenden Instabilitäten oder aggressiven Preispolitiken der OPEC-Staaten macht.«[2190]

Brenda Shaffner kommt daher in ihrer Studie *U.S. Policy toward the Caspian Region: Recommendations for the Bush Administration* zu der Schlußfolgerung, daß das kaspische Öl »das OPEC-Monopol schwächen, größeren Einfluß auf die Preispolitiken von Saudi-Arabien und anderen OPEC-Staaten ermöglichen und somit letztlich zu niedrigeren Weltölpreisen beitragen«[2191] könnte. Zum gleichen Ergebnis kommt auch Rizvan Nabiyev: »Die Erdölreserven des kaspischen Beckens könnten eventuell im Laufe der zweiten und dritten Dekade des 21. Jahrhunderts eine ähnliche Rolle übernehmen, wie sie die Reserven des Mexikanischen Golfs und der Nordsee in den 70er und 80er Jahren des vergangenen Jahrhunderts bei der Dämpfung der Erdölpreisschocks gespielt haben. Z.B. betrug das Defizit auf dem Weltölmarkt im Zuge der islamischen Revolution im Iran nicht mehr als 4 bis 5 %. Doch dieser ›winzige Mangel‹ beim Angebot führte zu einem Preisanstieg von 150%. Oder der tiefe Erdölpreisfall 1998 erfolgte erst dann, als die OPEC die Erhöhung ihrer Erdölproduktion um 3% bekannt gegeben hatte.«[2192]

Angesichts dieser Daten kommt der kaspischen Region für die US-Ölstrategie zur Sicherung des billigen Ölzuflusses eine enorme Bedeutung zu. »Daher könnte die geplante Steigerung der Ölproduktion im kaspischen Becken zwischen 2008/

2010 und 2020/2025, die, gemessen an der weltweiten Produktion, 4 bis 8 % ausmachen wird, ein wichtiges Instrument bei der Preisgestaltung auf dem Weltölmarkt sein. Neben der Rolle eines Preisregulators könnten die Hydrokarbonreserven des Kaspischen Meeres im globalen Maßstab hinsichtlich des ›Anstiegs der Welterdölreserven‹ und ›der Diversifizierung der Energiebezugsquellen‹ eine beträchtliche Rolle spielen.«[2193]

Michel CHOSSUDOVSKY faßt daher treffend die energiepolitische Bedeutung der kaspischen Region für das informelle Imperium der USA zusammen: »Die Öl- und Gasreserven des eurasischen Korridors sind beträchtlich, mindestens von der Größe der Vorkommen im Persischen Golf, und folglich dazu angetan, die Abhängigkeit der USA von der unruhigen Golfregion zu reduzieren.«[2194]

4.3.3 US-Kontrolle Zentralasiens zur Verhinderung eines Wiederaufstiegs Rußlands – Die Pipeline-Frage als Ansatz für die geopolitische Aufspaltung Eurasiens

Mit der Kontrolle über die kaspische Region geht es der US-Machtelite aber nicht nur um die Sicherstellung des eigenen wachsenden Energiebedarfs. Vielmehr sind die politischen Pläne der USA in Zentralasien in einen umfassenden imperialistischen Zusammenhang eingebettet.[2195] Man rufe sich noch einmal den *Defense Planning Guidance* (Fiscal Years 1994–1999) ins Gedächtnis, der die Blaupause für die Strategie der USA nach dem Zerfall der Sowjetunion darstellt. Jenes Dokument hielt bekanntlich fest, daß es aus der Sicht der USA »das wichtigste Ziel« sei, »das Auftauchen eines neuen Rivalen zu verhindern«. Dabei kommt es den USA insbesondere darauf an, »versuchen zu verhindern, daß irgendeine feindliche Macht eine Region dominiert, deren Ressourcen – unter gefestigter Kontrolle – ausreichen würden, eine Weltmachtposition zu schaffen. Solche Regionen sind Westeuropa, Ostasien, das Gebiet der ehemaligen Sowjetunion und Südwestasien« – also auch der Kaukasus und Zentralasien. Diese Strategie dient zum einen dazu, »potentielle Konkurrenten davon zu überzeugen, daß sie nicht nach einer bedeutenderen Rolle zu streben oder eine aggressivere Haltung einzunehmen brauchen, um ihre berechtigten Interessen zu schützen«, und zum anderen, die konkurrierenden modernen Industriestaaten davon abzuhalten, »einen Umsturz in der bestehenden politischen und wirtschaftlichen Ordnung anzustreben«.

Insbesondere geht es dabei auch um eine konkrete antirussische Zielsetzung. Wie Winfried WOLF schreibt, wurde in den neunziger Jahren in diesem Rahmen »eine US-Politik für die zentralasiatische Region entwickelt, die im wesentlichen drei Ziele verfolgte: Die Unabhängigkeit der neuen südlichen GUS-Staaten sollte gefördert, insbesondere sollten diese zu mehr Distanz zu Rußland ›ermutigt‹ werden. Zweitens sollte Rußlands Monopol auf die Transportwege der Energieressourcen in dieser Region gebrochen und damit Transportrouten gefunden und insbesondere Pipelines gebaut werden, die keinen russischen Boden berühren. Im Kern ging es darum, daß ›der Westen‹, vor allem die USA, auf diese Weise unabhängiger vom Öl aus der Golfregion oder auch vom Rohöl, das von der OPEC kontrolliert wird, werden sollen«.[2196]

Bestätigt wird dies auch durch Stellungnahmen und Bekundungen der US-Machtelite selbst. Bereits 1997 schrieb ein Energie-Experte des Nationalen Sicherheitsrates zur US-Politik in Zentralasien: »Die amerikanische Politik förderte die rasche Erschließung der kaspischen Energie. . . Wir taten das insbesondere, um die Unabhängigkeit dieser ölreichen Länder zu fördern, letztlich auch, um Rußlands Kontrollmonopol über den Export des Öls aus dieser Region zu brechen und, ganz offen gesagt, um durch eine Diversifikation auf der Lieferantenseite die Energieversorgung für den Westen zu sichern.«[2197] Douglas MacArthur und Professor Stephen Blank, der führende Experte für Rußland, die Gemeinschaft Unabhängiger Staaten (GUS) und Osteuropa am Institut für Strategische Studien des US-Army War College in Carlisle/Pennsylvania, halten dazu fest: »Transkaspien ist mittlerweile zum vielleicht wichtigsten Gebiet für den Wettstreit zwischen dem Westen und Rußland geworden.«[2198]

Aufgrund der strategischen und wirtschaftlichen Bedeutung Zentralasiens und der kaspischen Region ist die Kontrolle über diesen Raum auch entscheidend für die Frage des Wiederaufstiegs Rußlands. Gelänge es der Russischen Föderation, wieder die Kontrolle über die Erdölwirtschaft über den kaspischen Raum und Zentralasien zurückzugewinnen, so könnte dies den Aufstieg Rußlands zur Energiesupermacht begründen, was der Langzeitstrategie der USA in Eurasien aber vollständig zuwiderlaufen würde. Mortimer Zuckerman, Herausgeber des *New & World Report,* beschreibt dies wie folgt: »Wir sollten aufwachen und die Gefahren erkennen, sonst werden eines Tages die Selbstverständlichkeiten, auf denen unser Wohlstand beruht, nicht mehr selbstverständlich sein. Die Region der russischen Vormacht – die Brücke zwischen Asien und Europa zum Osten der Türkei – enthält mit dem Öl- und Gasreichtum des Kaspischen Meeres, der auf bis zu vier Billionen Dollar geschätzt wird, einen Preis, der Rußland durchaus Wohlstand und strategische Gelegenheiten eröffnen könnte«,[2199] denn »die kaspischen Reserven in Kombination mit der russischen Produktion (würden) einen neuen ›Gorilla‹ schaffen, der auf den Weltenergiemärkten nicht ignoriert werden kann«.[2200]

Das bedeutet: Das kaspische Öl darf nicht unter russische Kontrolle geraten, da ansonsten das Ziel der US-Machtelite – die geopolitische Pluralisierung Eurasiens und die Schwächung oder gar die Auflösung Rußlands – wieder gegenstandslos würden. »Wenn das geschätzte Potential auch nur annähernd ausgebeutet wird, könnten die zusätzlichen Mengen der kaspischen Region Rußland und seine Verbündeten in den neuen unabhängigen Staaten (NUS), was Ölreichtum anbelangt, auf eine Ebene mit dem Persischen Golf bringen und sie so zu einer Energie-Supermacht machen. Nicht einmal auf dem Höhepunkt ihrer Macht kam die Sowjetunion auch nur in die Nähe dessen. Aber Moskaus Energiepolitik ist nicht auf das kaspische Gebiet begrenzt. Statt dessen hat Rußland zunehmend versucht, in den Persischen Golf vorzudringen und seine Energiekontrolle dort ebenfalls zu konsolidieren. Deshalb hat es erheblich im Iran investiert... Kombiniert mit den eigenen Reserven (etwa 50 Mrd. Barrel Rohöl) und kaspischen Vorräten, könnte die Beherrschung des Golföls es Moskau praktisch erlauben, Energiefragen nicht nur den NUS und Europa, sondern ebenso Washington zu diktieren.«[2201]

Daher fürchtet die US-Machtelite nicht nur eine russische Kontrolle des Golfes, sondern auch ein anti-amerikanisches Bündnis zwischen Rußland und den Golfländern, die ihre Energieressourcen als Druckmittel gegen die USA einsetzen könnten.[2202] »Die Kontrolle über die ehemaligen Sowjetstaaten«, so faßt Jürgen WAGNER zusammen, »ist nach Auffassung amerikanischer Geopolitiker für Moskau die notwendige Bedingung für die Wiedererlangung eines Großmachtstatus. Aufgrund der strategischen Prioritäten Washingtons muß deshalb jeglicher Einflußgewinn Moskaus auf die kaukasischen und zentralasiatischen Republiken verhindert werden. Der ehemalige US-Verteidigungsminister Caspar WEINBERGER stellte hierzu fest: ›Sollte es Moskau gelingen, die Oberherrschaft am Kaspischen Meer zu erlangen, so wäre dieser Sieg vielleicht bedeutsamer als die NATO-Erweiterung für den Westen.‹ Genau dieser Sachverhalt spielt in der US-Diskussion um die Bedeutung der Region deshalb eine entscheidende Rolle. Hinter den Forderungen, die Unabhängigkeit und Stabilität der ehemaligen Sowjetstaaten müßten unter allen Umständen gewahrt werden, steht entsprechend der Versuch, die Region der russischen Kontrolle zu entziehen.«[2203]

Folgerichtig heißt es daher auch in einem offiziellen Sitzungsprotokoll des Unterausschusses Asien und Pazifik des US-amerikanischen Repräsentantenhauses aus dem Jahre 2000, in dem die geopolitischen Zielsetzungen der USA noch einmal klar dargestellt werden: »Die fünf Länder, die Zentralasien ausmachen..., erlangten ihre Unabhängigkeit 1991. Sie haben einmal mehr die weltweite Aufmerksamkeit auf sich gezogen durch die phantastischen Öl- und Erdgasvorräte, die in der Region lagern... Die erklärten energiepolitischen Ziele der USA für diese Region umfassen: die Stärkung der Unabhängigkeit dieser Staaten und ihrer Bindungen an den Westen; die Brechung des russischen Monopols über die Transportwege für Öl und Gas; das Betreiben einer Ost-West-Pipeline, die nicht durch den Iran führt; die Sicherung der Energieversorgung des Westens durch eine Vervielfältigung der Anbieter... Darüber hinaus wollen die USA verhindern, daß ein einzelnes Land die Kontrolle über diese Region erlangt.«[2204] Die Bildung eines einheitlichen »eurasischen Energieraumes« muß somit verhindert werden. Da die Politik der Russischen Föderation gerade auf die Zusammenführung des postsowjetischen Raumes gerichtet und das wichtigste Instrument dieser Politik Rußlands Monopol bei den Energieträgern ist,[2205] müssen die USA verstärkt auf die Abtrennung der Peripherien setzen.

Das Drehbuch dieser US-Politik hatte Zbigniew BRZEZINSKI in seinem Buch *The*

Grand Chessboard« verfaßt. Rußland sollte in das »Dilemma der einzigen Alternative«[2206] gezwungen werden, das darin besteht, daß Rußland einerseits sich dem geopolitischen Pluralismus anpaßt, welcher sich in dem Gebiet der früheren Sowjetunion durchgesetzt hat,[2207] und sich auf der anderen Seite an »Europa« angliedert, und zwar – wie BRZEZINSKI ausdrücklich hervorhebt – nicht an irgendein Europa, sondern an das transatlantische Europa einer erweiterten EU und NATO, das eng mit Amerika verbunden ist.[2208] Deshalb fordert BREZINSKI die USA dazu auf, ein strategisches Umfeld zu schaffen, durch das Rußland gezwungen wird, »seiner imperialen Vergangenheit klar und deutlich abzuschwören«.[2209] »Für den Westen und vor allem für Amerika«, so BRZEZINSKI, »gilt es derweil, eine Politik zu verfolgen, die das Dilemma der einzigen Alternative fortschreibt. Die politische und wirtschaftliche Stabilität der jungen postsowjetischen Staaten ist ein wesentlicher Faktor, um Rußland zu einem historisch neuen Selbstverständnis zu nötigen. Somit muß die Rückendeckung für die neuen postsowjetischen Staaten – für einen geopolitischen Pluralismus im Raum der früheren Sowjetmacht – ein integraler Bestandteil einer Politik sein, die Rußland dazu bringen soll, seine europäische Option ohne Wenn und Aber auszuüben.«[2210]

Eine Gefahr für die Erhaltung des geopolitischen Pluralismus in Eurasien liegt jedoch für die US-Machtelite in dem Bestreben Rußlands, wieder Zugang zur kaspischen Region und ihrer Rohstoffvorkommen zu bekommen. Ein entscheidendes Konfliktfeld zwischen dem Westen bzw. den USA und Rußland sieht BRZEZINSKI deshalb in dem »Zugang zur Region, über den bis zum Zusammenbruch der Sowjetunion Moskau allein verfügen konnte. Alle Bahntransporte, Erdgas- und Erdölpipelines und sogar der Flugverkehr wurden über das Zentrum geleitet. Die russischen Geopolitiker sähen es natürlich lieber, wenn es so bliebe, da sie genau wissen, daß, wer den Zugang zur Region unter Kontrolle oder unter seiner Herrschaft hat, aller Wahrscheinlichkeit nach auch den geopolitischen und ökonomischen Gewinn einheimst«.[2211] BRZEZINSKI zufolge drängt Rußland in bezug auf die postsowjetischen Republiken »auf ein zentral gesteuertes Kontrollsystem über die Außengrenzen der GUS, auf engere militärische Integration innerhalb eines gemeinsamen außenpolitischen Rahmens und auf die Ausdehnung des bestehenden (ursprünglich sowjetischen) Pipelinenetzes, um den Bau neuer Ölleitungen, die Rußland umgehen könnten, zu verhindern. . . Moskaus Politik stellt anscheinend noch immer darauf ab, daß sein postimperiales Beziehungsgeflecht mit Zentralasien die neuen, noch schwachen Staaten allmählich um ihre Souveränität bringen und der Kommandozentrale der integrierten GUS unterordnen wird. Um dieses Ziel zu erreichen, rät Rußland den dortigen Regierungen ab,. . . enge Bindungen nach außen zu pflegen und neue Pipelines zu den Häfen am Arabischen oder am Mittelmeer auszubauen. Sollte dieser Politik Erfolg beschieden sein, könnte Rußland die Beziehungen dieser Länder zum Ausland diktieren und über die Verteilung der Einkünfte entscheiden«.[2212]

Dabei ist Rußlands Augenmerk BRZEZINSKI zufolge hauptsächlich auf Aserbaidschan und Kasachstan gerichtet. Gelänge es Moskau, diese beiden Staaten wieder in seinen Einflußbereich einzugliedern, dann hätte der Westen so gut wie keine Möglichkeiten mehr, seinerseits Einfluß auf Eurasien zu nehmen: »Moskau muß sein Augenmerk vor allen Dingen auf Aserbaidschan richten. Würde es sich dem Kreml unterordnen, ließe sich Zentralasien gegen den Westen... abschotten. Dadurch könnte Rußland seinen Druck auf das widerspenstige Usbekistan und das nicht minder aufsässige Turkmenistan verstärken. So dient die taktische Zusammenarbeit mit dem Iran in strittigen Angelegenheiten wie der Verteilung der Konzessionen für Tiefseebohrungen im Kaspischen Meer dem wichtigen Ziel, Baku zu zwingen, sich Moskaus Wünschen anzupassen. Ein unterwürfiges Aserbaidschan würde es Moskau außerdem erleichtern, seine beherrschende Position in Georgien und Armenien zu festigen... Würde sich Kasachstan nach und nach dem russischen Druck beugen, gerieten Kirgistan und Tadschikistan fast automatisch in die Einflußsphäre Moskaus, das dann sowohl Usbekistan als auch Turkmenistan stärker unter Druck setzen könnte.«[2213]

Um eine derartige Wiedereingliederung des postsowjetischen Zentralraums zu verhindern, muß in den Augen der US-Machtelite alles darangesetzt werden, die fehlende geopolitische Autarkie der kaspischen Region durch Anbindung an alternative Transportkorridore auszugleichen, um deren Abhängigkeit vom russischen Transportmonopol zu neutralisieren. Seit ihrer Unabhängigkeit hatten die Republiken Zentralasiens vergebens darauf gehofft, ihren Gas- und Ölreichtum auf die internationalen Märkte zu bringen. »Als Binnenstaaten und umgeben von neidischen, feindseligen Mächten – Rußland, Iran, Afghanistan und Usbekistan –, haben sich die zentralasiatischen Staaten intensiv um Pipelines bemüht, die ihrer Isolierung ein Ende setzen und sie von der wirtschaftlichen Abhängigkeit Rußlands befreien würden... 70 Jahre lang waren alle Verbindungen – Straßen, Zugstrecken und Pipelines – Richtung Rußland gebaut worden. Jetzt wollten sie Verbindungen zum Arabischen Meer, Indischen Ozean, Mittelmeer und nach China schaffen.«[2214]

In diesem Zusammenhang bemerkt BRZEZINSKI, daß »genau diese Überlegung ... der Pipeline-Frage für die Zukunft des kaspischen Beckens und Zentralasiens eine so zentrale Bedeutung verliehen«[2215] hat: »Falls die wichtigsten Ölleitungen in die Region weiterhin durch russisches Territorium zum russischen Absatzmarkt am Schwarzen Meer in Noworossijsk verlaufen, werden sich die politischen Konsequenzen, auch ohne daß die Russen die Muskeln spielen lassen, bemerkbar machen. Die Region wird eine politische Dependance bleiben und Moskau darüber entscheiden können, wie der neue Reichtum der Region verteilt werden soll. Wenn jedoch umgekehrt eine andere Pipeline übers Kaspische Meer nach Aserbaidschan verläuft und von dort durch die Türkei zum Mittelmeer und eine weitere durch den Iran zum Arabischen Meer führt, wird kein Staat das Monopol über den Zugang haben.«[2216]

Damit ist die Frage der Pipelinekorridore der entscheidende Ansatzpunkt für die US-Machtelite, Rußland in das »Dilemma der einzigen Alternative« zu zwingen. James Dorian schreibt zum Beispiel in *Oil & Gas International*: »Wer die Öltransportwege aus Zentralasien heraus beherrscht, wird alle zukünftigen Transportwege und -mengen beeinflussen und ebenso die Verteilung der Einkünfte aus der neuen Produktion.«[2217] Und Frederick Starr, Leiter des Kaukasus-Institutes an der amerikanischen John-Hopkins-Universität in Baltimore, erklärte: »Wer bestimmen kann, wie die Pipeline-Karte aussieht, wird die Zukunft eines riesigen Teils der Welt bestimmen.«[2218]

In einem Artikel im *Tages-Anzeiger* enthüllte Hans Brandt die näheren Hintergründe der US-Strategie. Brandt zitiert in seinem Artikel den damaligen stellvertretenden US-Energieminister Robert Gee bei einer Anhörung des Kongresses 1998: »Exporte aus der kaspischen Region würden das Energieangebot weltweit diversifizieren und damit eine zu große Abhängigkeit vom Persischen Golf vermeiden.« Die Staaten Zentralasiens sollten nicht unter den »unnatürlichen Einfluß regionaler Mächte« geraten, sagte Gee und meinte damit Rußland und Iran. Der alte Rivale Rußland hatte bisher strategische Vorteile, weil das Land über ein großes Leitungsnetz verfügt. Und der Iran eignet sich für die Pipeline gut, weil es der kürzeste und damit billigste Weg zum Meer wäre.[2219] »Strategisches Ziel der USA wie auch der mittelasiatischen Staaten und denen des Kaukasus ist es, das Transportmonopol Rußlands um jeden Preis zu brechen. Rußland soll dauerhaft aus der gesamten Region des Nahen und Mittleren Ostens verdrängt und jede Neuauflage einer Sowjetunion verhindert werden. Das russische Transportmonopol kann aber nur mit zusätzlichen Pipelines gebrochen werden, weil die kaspische Region keinen natürlichen Zugang zu den Weltmeeren hat... Es ging immer darum, Rußland von den Ölquellen am Kaspischen Meer abzuschneiden und seine strategisch wichtige Ölpipeline lahmzulegen, die von Baku über Grosny nach Noworossijsk am Schwarzen Meer führt.«[2220]

Strategischer Ausgangspunkt, um Rußland zurückzudrängen und amerikanische Erdölinteressen durchzusetzen, ist für die USA also die Beseitigung des bestehenden Pipelinemonopols Rußlands. »Das kann nur mit Pipelines erreicht werden, die das Öl und Gas ungehindert an Rußland vorbeiführen und auf die Weltmärkte bringen können... Neben der Rohstoffsicherung zielen die USA auf die regionale Stabilisierung Zentralasiens sowie auf die Erweiterung einer Ost-West-Energie- und Transportverbindung. Das Ziel ist die Zurückdrängung des russischen Einflusses und in zweiter Linie die Wiederherstellung der dortigen Staaten.«[2221]

Damit soll die Strategie Brzezinskis verwirklicht werden, nämlich zu verhindern, »daß Rußland diesen geopolitischen Raum (d.h. Eurasien, der Verf.) allein beherrscht«:[2222] »Amerikas primäres Interesse muß folglich sein, mit dafür zu sorgen, daß keine einzelne Macht die Kontrolle über dieses Gebiet erlangt und daß die Weltgemeinschaft ungehinderten finanziellen und wirtschaftlichen Zugang zu ihr hat. Geopolitischer Pluralismus wird nur dann zu einer dauerhaften Realität werden, wenn ein Netz von Pipeline- und Transportrouten die Region direkt mit den großen Wirtschaftsknotenpunkten der Welt verbindet, über das Mittelmeer und das Arabische Meer ebenso wie auf dem Landweg. Somit kann das Bemühen Rußlands, allein über den Zugang zu bestimmen, nicht hingenommen werden, da es der regionalen Stabilität abträglich ist.«[2223]

4.3.4 Die flankierenden Maßnahmen zur Desintegration Zentralasiens: die militärische Anbindung an die USA und der Start einer Neuauflage des ›Bernard-Lewis-Plans‹

Die Schaffung alternativer Pipelinekorridore ist nur ein Weg, um die zentralasiatischen Staaten aus der russischen Einflußsphäre herauszulösen und sie in das ›informelle Imperium‹ der USA einzugliedern. Gesichert wird diese Strategie durch eine verstärkte militärische Anbindung der zentralasiatischen Staaten an die USA, um auf diese Weise jegliche Einflußnahme möglicher Konkurrenten im Sinne des ›No-Rivals-Konzepts‹ von 1992 auszuschließen. Stephen Blank, der US-Vordenker der Interessenpolitik der USA in Eurasien, forderte in einer Studie, daß Rußland, die EU und China insgesamt von den Ländern des Balkans und Zentralasiens ferngehalten werden. Aus diesem Grund fordert Blank eine Strategie, die eine schleichende militärische Inbesitznahme dieser Region durch die USA vorbereitet.

»Stephen Blanks Argumentation legt nahe, daß derzeit unter dem Deckmantel von Friedensmissionen eine raffinierte Methode zur Durchsetzung der amerikanischen Hegemonialansprüche verfolgt wird. Eine offene, von der Armee abgesicherte diplomatische Konfrontation mit Rivalen der USA wie etwa Rußland, China oder anderen bleibt nach wie vor gefährlich und erscheint deshalb nicht angemessen. Die amerikanische Politik muß deshalb Mittel und Wege finden, um das ›funktionale Äquivalent. . ., (das heißt) also: Friedensoperationen‹ auf den Weg zu bringen. Deshalb gibt es gute Gründe für die Behauptung, das US-Engagement in Zentralasien, obwohl offiziell als humanitär motivierte Friedens- und Sicherheitsoperation angepriesen, diene in Wirklichkeit der Sicherung wirtschaftlicher und strategischer Interessen.«[2224]

4.3.4.1 Die Anbindung der zentralasiatischen Staatenwelt an die USA

Auch die Transformation der NATO auf ihrem Gipfeltreffen in Rom 1991 zu einem neoimperialen Interventionsbündnis, das auch auf die Umsetzung des ›No-Rivals-Konzepts‹ des *Defense Planning Guidance for the Fiscal Years 1994–1999* abzielte, hat daher eine antirussische Funktion, nämlich einen russischen Zugriff auf die strategischen Rohstoffe Zentralasiens zu verhindern. In der *Erklärung von Rom über Sicherheit und Zusammenarbeit* ließ die NATO über ihr Neues Strategisches Konzept verlauten, daß »Sicherheitsinteressen des Bündnisses durch andere Risiken wie die

Unterbrechung der Zufuhr lebenswichtiger Ressourcen... berührt werden können«.[2225]

Wie diese Formel auszulegen war, sollte sich Jahre später erweisen: »Die NATO muß folglich militärischen Druck ausüben und die Rolle des Beschützers westlicher Interessen in ausgewählten Zielregionen spielen«, so der Politologe Nafeez M. Ahmed. »Ist von ›Sicherheit‹ die Rede, bezieht sich das folglich auf diese Interessen, die in erster Linie wirtschaftlicher Natur sind. Verschiedene Beispiele zeigen, daß sich diese Interessen in erster Linie an strategischen und wirtschaftlichen Zielen orientieren, etwa am Zugang zu den Ressourcen der jeweiligen Region und an Maßnahmen, die gegen die Konkurrenten der USA gerichtet sind. Ein Beispiel dafür war ein Treffen amerikanischer Experten für Zentralasien, die im NATO-Hauptquartier zusammenkamen, aber nicht, um einen drohenden Konflikt zu erörtern, sondern vielmehr, um über das große amerikanische Interesse an den Erdöl- und Erdgasvorkommen im kaspischen Becken zu sprechen. Javier Solana, der während der Konflikte auf dem Balkan Generalsekretär der NATO, später dann EU-Generalsekretär und Hoher Vertreter für die Gemeinsame Außen- und Sicherheitspolitik der EU wurde, erklärte bei einer Konferenz zur NATO-Osterweiterung in Washington, daß Europa nicht wirklich sicher sein könne, wenn der Kaukasus nicht in seine Sicherheitszone einbezogen werde.«[2226] Nafeez M. Ahmed verweist in diesem Zusammenhang auf den US-Botschafter Nathan Niemitz, der hier noch deutlicher wurde und weiterführende Angaben zur künftigen Strategie US-amerikanischer Machtpolitik machte: Er zog die Schlußfolgerung, daß ganz Eurasien unter die militärische und wirtschaftliche Vorherrschaft der USA gebracht werden müsse: »Eine Pax NATO ist die einzige, logisch zwingende Regierungsform, unter der Sicherheit in der traditionellen Bedeutung noch fortbestehen kann... Die NATO muß die Notwendigkeit zur Ausdehnung ihres stabilisierenden Einflusses in die angrenzenden Gebiete erkennen. Das gilt besonders für Südosteuropa, die Staaten am Schwarzen Meer (natürlich in Abstimmung mit den regionalen Mächten) und rings um den Arabisch-Persischen Golf. Die Vereinigten Staaten müssen in diesem Sicherheitssystem auch künftig die dominierende Rolle spielen.«[2227]

Diese Überlegungen waren in den neunziger Jahren längst Gegenstand verschiedener Maßnahmen des Pentagons, die eine allmähliche militärische Unterwanderung Zentralasiens durch US-Streitkräfte bedeuteten. »1996 unterzeichneten die USA erst mit Usbekistan, dann mit Kasachstan und Kirgisistan das ›Central Asia Bataillions‹-Abkommen, das amerikanische Truppenmanöver und Militärstützpunkte in der Region vorsieht. Nach Abschluß des Vertrags rückte US-Militär in die Zone ein. Seit 1997 führten US-Sondereinsatztruppen gemeinsame Manöver mit den Militärs vor Ort durch.«[2228] Gleichzeitig – so Chalmers Johnson – vermittelte das US-Verteidigungsministerium der Nationalgarde mehrerer US-Bundesstaaten Ausbildungsaufträge in Zentralasien und übertrug ihnen die Zuständigkeit für die Unterweisung von Militärangehörigen aus Zentralasien, die in die USA zu Besuch kamen. »Die Nationalgarde von Arizona wurde Kasachstan zugeteilt, die Nationalgarde von Montana kümmerte sich um Kirgisistan, und die Nationalgarde von Louisiana arbeitete mit Soldaten aus Usbekistan. Zwei dieser zentralasiatischen Republiken beherbergen heute große, dauerhafte US-Militärstützpunkte. Die 10. Mountain Division aus Fort Drum, New York, ist mittlerweile wieder in Khanabad in Usbekistan stationiert.«[2229]

Dem Bericht des bereits zitierten Stephen BLANK zufolge hatten diese Manöver die Aufgabe, der Welt zu zeigen, daß »US- und NATO-Truppen überall stationiert werden könnten. . . Ganz offensichtlich steht hinter der aktuellen Politik der Anspruch, die NATO (unter amerikanischer Führung) in Transkaspien zum internationalen Polizisten und Hegemon zu machen. Sie wird auch die Grenzen für die russische Teilhabe am bevorstehenden Ölboom in der Region ziehen«.[2230]

4.3.4.2 Der ›Ralph-Peters-Plan‹ als Grundlage für die »kreative Zerstörung« des Mittleren Ostens, Zentralasiens – und auch Rußlands

Zusätzlich greift die US-Machtelite zur Sicherung ihrer Vorherrschaft in dieser Region auf ein Konzept zurück, das, wie beschrieben, schon in den siebziger Jahren zur Destabilisierung der erdölproduzierenden arabischen Staaten und zur Auflösung der UdSSR eingesetzt wurde, nämlich die Förderung separatistischer und islamisch-fundamentalistischer Bestrebungen, die auch in den neunziger Jahren und zu Beginn des 21. Jahrhunderts in der Mittelost- und Zentralasienstrategie der USA eine wichtige Rolle spielen sollte. Es geht hier um nichts anderes als um die Neuauflage des ›Bernard-LEWIS-Plans‹. Dieser Plan erfuhr insbesondere im Zusammenhang mit der Diskussion um die Neugliederung des Irak als Grundlage für das US-amerikanische strategische ›Grand Design‹ eine Aktualisierung. Im Sinne einer Politik der »kreativen Zerstörung«, wie sie der neokonservative Vordenker Michael LEDEEN formulierte, wird auf eine direkte militärische Kontrolle und Zerstückelung der Region gesetzt:[2231] »Unser Name heißt kreative Zerstörung«, schreibt LEDEEN, »sowohl in unserer eigenen Gesellschaft als auch im Ausland. Wir reißen jeden Tag die alte Ordnung nieder. . . Unsere Feinde haben schon immer diesen Wirbelwind an Energie und Kreativität gehaßt, der ihre Traditionen (was auch immer diese sein mögen) bedroht.«[2232]

Laut Professor Mark LEWINE würden »die neoliberalen Globalisierer, die Neokonservativen und letzlich die BUSH-Administration sich an den Begriff der kreativen Zerstörung klammern, weil er am besten den Prozeß beschreibt, mit dem sie ihre neue Weltordnung herzustellen hoffen«. LEWINE zitiert auch Michael LEDEEN mit den Worten: »Für die Anhänger der kreativen Zerstörung sind die USA ›eine großartige revolutionäre Kraft‹, deren Wesen die kreative Zerstörung ist.«[2233]

Was es mit dieser Politik, insbesondere auch hinsichtlich der US-amerikanischen Zielsetzungen gegenüber der Russischen Föderation, konkret auf sich hat, beschreibt Mahdi Darius NAZEMROAYA wie folgt: »Der anglo-amerikanisch besetzte Irak, besonders das irakische Kurdistan, scheint das Versuchsfeld für die Balkanisierung und Finnlandisierung des Nahen Ostens zu sein. Der gesetzgeberische Rahmen für eine Teilung des Irak in drei Teile wird schon durch das irakische Parlament unter dem Deckmantel der Föderalisierung des Irak ausgearbeitet. Darüber hinaus scheint die anglo-amerikanische ›Road Map‹ den Zugang zu Zentralasien über den Nahen Osten zu suchen. Der Nahe Osten, Afghanistan und Pakistan sind Zwischenschritte für eine Ausdehnung des US-Einflusses in die ehemalige Sowjetunion und die ehemaligen zentralasiatischen Republiken hinein. In gewisser Weise ist der Nahe Osten der südliche Gürtel Zentralasiens. Zentralasien wiederum wird auch als Rußlands ›südlicher Gürtel‹ oder als das ›nahe Ausland‹ Rußlands bezeichnet. Viele russische und zentralasiatische Wissenschaftler, Militärplaner, Strategen, Sicherheitsberater, Ökonomen und Politiker betrachten Zentralasien (›Rußlands südlicher Gürtel‹) als verletzlich und als verwundbarste Stelle der Russischen Föderation.[2234] Es sollte darauf hingewiesen werden, daß Zbigniew BRZEZINSKI... in seinem Buch *The Grand Chessboard. American Primacy and its Geostrategic Imperatives*... den modernen Nahen Osten als den Schalthebel für eine Region bezeichnet, die er, BRZEZINSKI, als eurasischen Balkan bezeichnet. Der eurasische Balkan besteht aus dem Kaukasus (Georgien, der Republik Aserbaidschan und Armenien) und Zentralasien (Kasachstan, Usbekistan, Kirgisistan, Turkmenistan, Afghanistan und Tadschikistan) und in gewisser Weise auch aus dem Iran und der Türkei. Der Iran und die Türkei bilden zusammen den nördlichsten Gürtel des Nahen Ostens (ausgenommen den Kaukasus), der nach Europa und in die ehemalige Sowjetunion ausstrahlt.«[2235]

Das bedeutet also: Einer Destabilisierung Zentralasiens und der Russischen Föderation muß zunächst eine Destabilisierung, eine ›kreative Zerstörung‹ des Nahen und Mittleren Ostens vorangehen. Genau darum geht es schließlich der US-Machtelite. Wie der schon zitierte russische Sicherheitsexperte Leonid FITUNI schreibt, besteht das Interesse der USA darin, »viele Zonen von Instabilität im weichen russischen Unterbauch zu schaffen – einem Krisenherd, der, falls erforderlich, Moskau vor viele Probleme stellen könnte«.[2236] Dabei hat FITUNI zufolge ein Schlüsselstaat des »eurasischen Balkans« eine besondere Katalysatorfunktion, nämlich Afghanistan: »Sollten die Verbündeten der USA in Afghanistan und den nördlichen Teilen Südasiens (die islamistischen Kräfte, der Verf.) die Oberhand gewinnen, könnte der Unruhegürtel weiter nach Norden ins Gebiet der ehemaligen Sowjetunion geschoben werden (was in Tadschikistan bereits teilweise erreicht ist)« mit der Folge, daß »Rußland... völlig von Südasien und (mit einer zusätzlichen Anstrengung in Transkaukasien) vom Nahen Osten getrennt (wird), Rußland... dadurch auf Dauer sein historisches Wirtschafts- und Verteidigungspotential in Zentralasien und Transkaukasien (verliert)«.[2237]

Dies aber würde letztlich den Zerfall der Russischen Föderation selbst begünstigen: »Durch die Etablierung pro-amerikanischer Regime in den zentralasiatischen Republiken ergeben sich neue Möglichkeiten, verstärkt Einfluß auf die muslimischen Republiken und die Regionen innerhalb der russischen Föderation zu nehmen, besonders im geopolitisch wichtigen Kernland entlang der Wolga (den Republiken Tatarstan und Baschkortostan) und im nördlichen Kaukasus. Dadurch wird der Weg geebnet für deren mögliche Aufgabe, Verletzung der territorialen Integrität und die *endgültige Aufteilung des russischen Staates.*«[2238]

Ein solcher Plan zur Auflösung des ›Greater Middle East‹ kursiert seit Mitte 2006 in Strategie-, Regierungs,- NATO- und Militärkreisen der US-Machtelite, und sein Gegenstand ist eine Karte eines neugezeichneten und umstrukturierten Nahen Ostens, der als »Neuer Naher Osten« bezeichnet wird. Entwickelt wurde dieser Plan von Oberstleutnant Ralph PETERS und wurde im Juni 2006 im *Armed Forces Journal* veröffentlicht. PETERS selbst ist pensionierter Offizier der U.S. National War Academy. »Obwohl die Karte nicht offiziell die Doktrin des Pentagon wiedergibt, wurde sie in einem Trainingsprogramm im ›Defense College‹ der NATO für ranghohe Offiziere verwendet. Diese Karte, wie auch andere ähnliche Karten, ist höchstwahrscheinlich an der National War Academy und in anderen militärischen Planungszirkeln verwendet worden.«[2239] PETERS »tritt für die großangelegte Balkanisierung der Gesamtregion und deren vollständige ethnische Parzellierung ein. Ginge es nach seinen Vorstellungen, würden US-Klienten beträchtliche territoriale Zugewinne verzeichnen, während renitente Länder wie der Iran und Saudi-Arabien große Teile ihrer Gebiete abgeben müßten«.[2240] Wie der französische Historiker Pierre HILLARD schreibt, geht es bei diesem Plan der ethnischen Parzellierung des Nahen und Mittleren Ostens darum, »daß man eine vollständige Umgestaltung der politischen, wirtschaftlichen und religiösen Institutionen der Länder des ›Großen Mittleren Ostens‹ will, um sie fest an die euro-atlantische Achse zu schweißen«.[2241]

Die Karte selbst war ein Schlüsselelement in PETERS' Buch *Never Quit the Fight* (Gib den Kampf nicht auf), das im Juli 2006 erschien. Ebenso wurde die Karte unter dem Titel »Blutgrenzen – Wie ein besserer Naher Osten aussehen würde« im *Armed Forces Journal* vom Juni 2006 veröffentlicht. Zu beachten ist in diesem Zusammenhang auch, daß Oberstleutnant Ralph PETERS zuletzt den Posten eines stellvertretenden Stabschefs für Geheimdienstfragen im US-Verteidigungsministerium innehatte, einer der führenden Autoren des Pentagon war und für Militärzeitschriften zahlreiche Aufsätze über Strategie und US-Außenpolitik verfaßt hatte.[2242] Daher liegt der Verdacht sehr nahe, daß es sich bei diesen Plänen um eine Wiedergabe der Gedankengänge handelt, wie sie von der US-Machtelite entwickelt worden sind.

Was besagt der ›PETERS-Plan‹ im einzelnen? Im Kern geht es hierbei um nichts anderes, als die bestehenden Staaten aufzulösen und eine territoriale Neuordnung nach ethnischen und religiösen Motiven anzustreben – gewissermaßen eine Fortentwicklung des ›Bernard-LEWIS-Plans‹ aus den siebziger Jahren. »Internationale Grenzen«, so schreibt PETERS einleitend, » sind niemals völlig gerecht. Aber der Grad an Ungerechtigkeit, die sie denen zufügen, die durch Grenzen getrennt oder zum Zusammenleben gezwungen sind, bildet einen großen Unterschied – zwischen Frei-

2007 erschien von Ralph Peters *Wars of Blood and Faith.* Unten: Der Ralph-Peters-Plan.

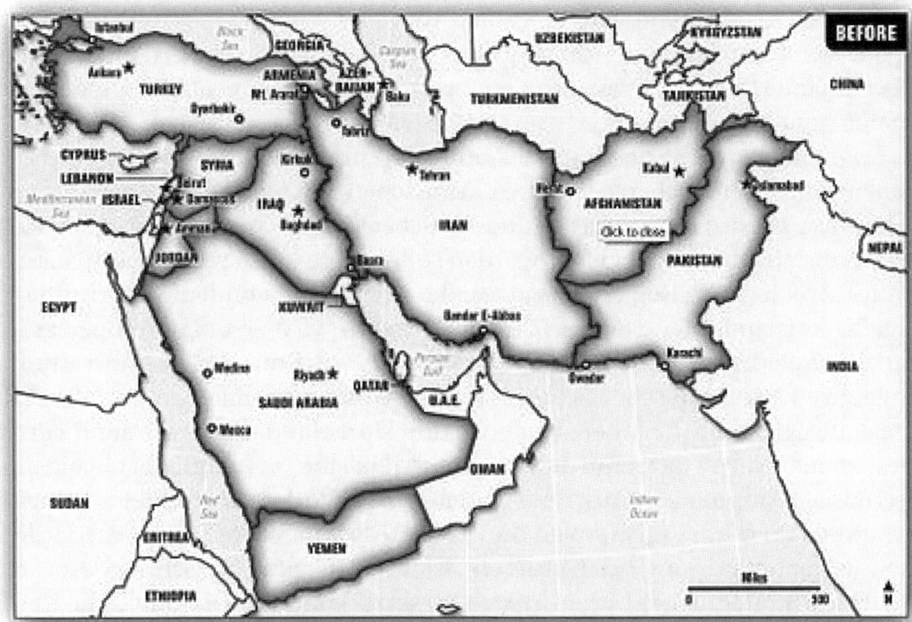

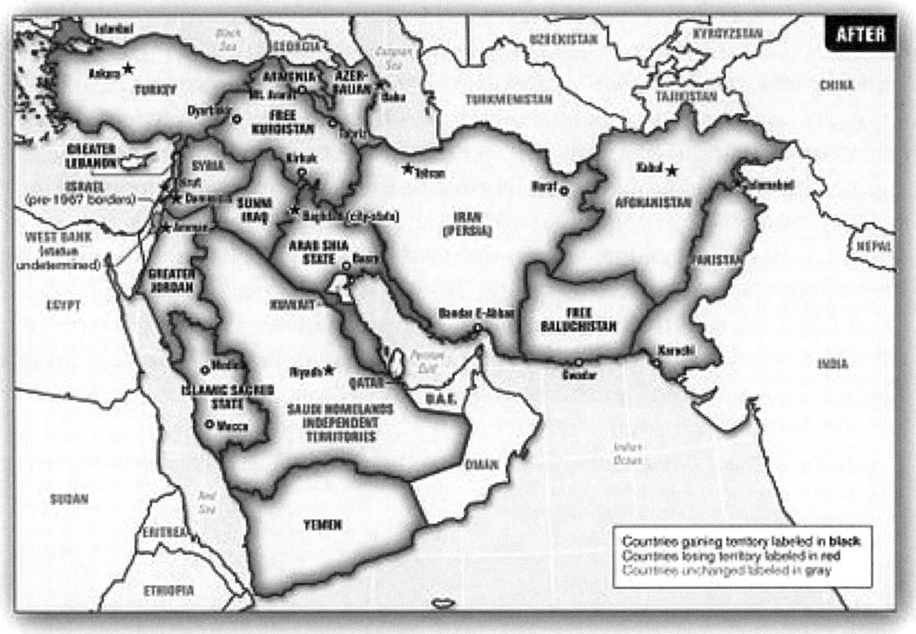

heit und Unterdrückung, Toleranz und Greuel, dem Gesetz und dem Terrorismus oder gar zwischen Frieden und Krieg. Die willkürlichsten und verzerrtesten Grenzen auf der Welt gibt es in Afrika und im Nahen Osten. Gezogen von Europäern im eigenen Interesse . . ., führen die Grenzen Afrikas weiterhin zum Tod von Millionen von lokalen Einwohnern. Aber die ungerechten Grenzen im Nahen Osten – in Anlehnung an CHURCHILL – erzeugen mehr Probleme, als die Region verkraften kann. Obwohl der Nahe Osten viel mehr Probleme als nur nicht funktionierende Grenzen hat – von kultureller Stagnation über skandalöse Ungleichheit bis hin zu tödlichem religiösen Extremismus –, ist das größte Tabu bei allen Versuchen, das umfassende Versagen der Region zu begreifen, nicht der Islam, sondern die schrecklichen, aber unantastbaren internationalen Grenzen, denen von unseren eigenen Diplomaten gehuldigt wird.«[2243]

Im einzelnen sieht der ›PETERS-Plan‹ eine Dreiteilung des Irak in einen sunnitischen, einen schiitischen und einen kurdischen Staat vor, wobei die Kurden unter Abtretung türkischer, iranischer und syrischer Gebiete zu einem einzigen Staat ›Freies Kurdistan‹ zusammengefaßt werden sollen. Eine vollständige Auflösung erfährt Saudi-Arabien: Die Regionen von Mekka und Medina bilden die Grundlage eines ›Heiligen Islamischen Staates‹, der Nordwesten wird an ein vergrößertes Jordanien abgetreten, und der schiitische Nordosten wird mit Teilen des Iran und Südiraks zu einem ›Arabischen Schiitenstaat‹ zusammengeschlossen, so daß ein Rumpfstaat übrig bleibt, den PETERS als ›Saudi Homelands Independent Territories‹ bezeichnet. Neben dem Iran erfahren auch Pakistan und Afghanistan eine massive territoriale Amputation: Aus Teilen ihrer Gebiete wird ein Staat ›Freies Belutschistan‹ geformt. Auf diese Weise sollen die »unnatürlichen Staaten«, wie PETERS die bestehende Staatenordnung des Mittleren Ostens bezeichnet, verschwinden.

»Diese Strategie«, so Jürgen WAGNER, »setzt darauf, die Region in kleine Einheiten zu zerlegen, von denen keine US-amerikanischen Interessen im Wege stehen kann.«[2244] PETERS sieht diese Karte als exemplarisch für eine vollständige Neugestaltung des Raumes zwischen Bosporus und Indus an. Er mißt ihr eine Katalysatorfunktion bei mit dem Ziel, überall in dieser Region »unnatürliche« Staaten und Grenzen zu beseitigen: »Selbst die, denen das Ansinnen, Grenzen zu verändern, fremd ist, wären gut beraten, an einer Übung teilzunehmen, die eine fairere, wenn auch nicht perfekte neue Grenzziehung zwischen dem Bosporus und dem Indus in Angriff nimmt. Auch wenn man akzeptiert, daß die internationale Staatskunst niemals effektive Werkzeuge – außer dem Krieg – entwickelt hat, fehlerhafte Grenzen zu justieren, wird uns die geistige Übung, die organischen Grenzen des Nahen Ostens zu erfassen, trotzdem helfen, das Ausmaß der Schwierigkeiten, denen wir jetzt und in Zukunft gegenüberstehen, zu verstehen. Wir haben mit kolossalen, von Menschen gemachten Deformierungen zu tun, die so lange nicht aufhören werden, Haß und Gewalt zu produzieren, bis sie korrigiert werden.«[2245]

Daß es sich bei diesem Plan nicht um eine Idee eines Einzelnen handelt, sondern daß er vielmehr längst Gegenstand der verdeckten Agenda der US-Imperialpolitik ist, nach der jetzt das strategische ›Grand Design‹ in Angriff genommen wird, wird an zwei Beispielen deutlich: So hatte Leslie H. GELB, Ex-Vorsitzender des ›Council on Foreign Relations‹, am 25. November 2003 in der *New York Times* vorgeschlagen, nach dem Vorbild der Zerschlagung Jugoslawiens auch den Irak zu liquidieren: Ein schiitischer Südstaat um Basra, ein sunnitischer Mittelstaat um Bagdad und ein kurdischer Nordstaat sollten gebildet werden.[2246] Diese Balkanisierungsstrategie ist gleichfalls Kernbestandteil des bereits längst angelaufenen indirekten Krieges gegen den Iran, wie der bekannte Journalist Seymour HERSH unlängst enthüllte. Seinen Erkenntnissen zufolge verfolgen CIA und die Special Operation Forces des US-Militärs das Ziel, das Mullahregime gezielt zu destabilisieren. »Die Aktionen umfassen Entführungen, Attentate auf ›hochwertige Ziele‹ und die Unterstützung sunnitischer Dissidentengruppen wie Ahwazi Arab und Baluchi im Süden des Landes.«[2247]

Der Exiliraner und Hochschullehrer am St. Andrews College, Ali ANSARI, führte im Juni 2006 in der *Frankfurter Allgemeinen Sonntagszeitung* zu dieser Frage aus: »Es scheint, daß es eine Gruppe in der amerikanischen Regierung gibt, die meint, das eigentliche Problem sei die Existenz Irans. . . Die einzig langfristige Lösung ist deshalb, das letzte mittelöstliche Imperium in seine ethnischen Bestandteile zu zerlegen.«[2248] Den Enthüllungen des Geheimdienst-Experten Erich SCHMIDT-EENBOOM zufolge haben die US-Geheimdienst- und Militärkreise bereits umfassende Vorbereitungen getroffen: »Zur Vorbereitung dieser Teile-und Herrsche-Option gab der Nachrichtendienst der US-Marines, die Marine Corps Intelligence Activity, im Juni 2005 bei dem Sicherheitsunternehmen Hicks & Associates eine detaillierte Studie über ethnische Minderheiten im Iran in Auftrag. Die Ergebnisse bieten einen erfolgversprechenden Ansatz: Nur etwa die Hälfte der achtundsechzig Millionen Iraner gehört der schiitischen Mehrheit an. Die Minderheiten der sunnitischen Araber im Südwesten, die Aseris, die allein vierundzwanzig Prozent der Gesamtbevölkerung ausmachen, im Norden und Kurden im Nordwesten – daneben andere Minoritäten von sunnitischen Belutschen an der Grenze zu Pakistan bis zu den Gilaken am Kaspischen Meer – machen nicht nur die andere Hälfte der Einwohner aus, sie werden im schiitischen Gottesstaat auch sozial benachteiligt und politisch unterdrückt.«[2249]

Dabei scheint die US-Militär- und Geheimdienstelite gezielt auf ethnische Spannungen innerhalb des Iran zu setzen und diese zu schüren: »Während sich der Zorn der Aseris gegen den ›persischen Chauvinismus‹ in Straßendemonstrationen entlädt, greift der iranische Arm der Kurdenorganisation PKK immer häufiger zum bewaffneten Widerstand. Der iranische Innenminister Mustafa PUR-MOHAMMADI warf im Mai 2006 in einer Rede vor leitenden Polizeioffizieren drei ausländischen Nachrichtendiensten vor, in den iranischen Provinzen, die an Afghanistan, den Irak und Pakistan grenzen, Unruhen zu schüren. Auslöser war ein Massaker, das eine kleine sunnitische Gruppe namens Jundallah am 14. Mai verübt hatte und das in der Provinz Kerman zwölf Menschenleben gekostet hatte. Seit einem Jahr etwa beklagten die iranischen Sicherheitskräfte da bereits eine wachsende Anzahl von Angriffen auf Einrichtungen der Armee und Polizeipatrouillen in den Regionen, die von Aseris, Belutschen und Kurden bewohnt werden. Die Anschläge häuften sich in der an den Irak grenzenden Provinz Khusistan, wo mehr als die Hälfte der Bevölkerung arabischer Abstammung ist. Dort knüpfen die angelsächsischen Dienste an eine lange Tradition subversiver Aktivitäten an. Der britische Auslandsnachrichtendienst MI 6 und die Anglo-Iranian Oil Company, der Vorläufer des Mineralölkonzerns BP, hatten sich bereits 1945/46 und zwischen 1951 und 1953 mit den Stämmen der Provinz gegen die Zentralmacht in Teheran verbündet. Bei den damaligen Krisen im Verhältnis zwischen Großbritannien und dem Iran hatte London die Araber zu Aufständen aufgewiegelt. Als wichtigsten Drahtzieher beschuldigt Teheran heute nicht ohne Grund die USA. Die Defense Intelligence Agency treibt ihre Bemühungen voran, Offiziere und Soldaten in den iranischen Streitkräften und bei den Revolutionsgarden zu rekrutieren, um ein Potential für Sabotageoperationen aufzubauen.«[2250]

Seymour Hersh bestätigt diese Verdachtsmomente iranischer Sicherheitsbehörden. Seinen Recherchen zufolge stützen sich die US-Geheimdienste bei dieser Balkanisierungs- und Destabilisierungsstrategie hauptsächlich auf die Volksmudschaheddin, die »jetzt im Auftrag der CIA sunnitische Gebiete an der Grenze zum Irak (infiltrieren) und... einen Krieg der kleinen Nadelstiche gegen Teheran« führen,[2251] und auf die belutschische Organisation ›Jundallah‹, die ihrer eigenen Propaganda zufolge für die Rechte der Sunniten im Iran kämpft und nach Angaben von amerikanischen Geheimdienstexperten den gleichen Koranschulen entstammen wie die Taliban und die pakistanischen Extremisten.[2252] Bei dieser Organisation, so der ehemalige CIA-Mitarbeiter Robert Baer, handelt es sich »um sunnitische Fundamentalisten, die das Regime in Teheran hassen, aber man kann sie als Al-Qaida beschreiben: Sie schneiden Ungläubigen den Kopf ab, in diesem Fall iranischen Schiiten. Die Ironie dabei ist, daß wir wieder einmal mit sunnitischen Fundamentalisten zusammenarbeiten, wie wir es in Afghanistan in den 80er Jahren getan haben«.[2253] Baer zufolge gehört ›Jundallah‹ zu denjenigen Gruppen im Iran, die von der US-Unterstützung profitieren.[2254] Mit dieser Politik will die US-Machtelite eine weitere Schlüsselregion auf dem eurasischen Schachbrett zur Erosion bringen. »Die Ausweitung zum Guerillakrieg an allen ethnischen Fronten«, so Erich Schmidt-Eenboom, »steht in Washington... auf der Tagesordnung«,[2255] in der Hoffnung, daß jener Zerfall des Iran eintritt, den der französische Militärschriftsteller Ferdinand Otto Miksche schon vor vielen Jahren vorausgesagt hat: »Das Entstehen verschiedener ›Freiheitsbewegungen‹, ein Zerfall der islamischen Republik in eine Reihe von Kleinstaaten, ist langfristig nicht auszuschließen.«[2256]

Vieles spricht dafür, daß diese Politik eine Katalysatorfunktion für die zentralasiatische Staatenwelt und für die Russische Föderation selbst haben wird, was der russische Sicherheitsexperte Leonid FITUNI ja schon dargestellt hat. Winfried WOLF hält es nicht für übertrieben, die Zentralasienstrategie der USA »knapp und präzise als ›Balkanisierungs-Politik‹ zu bezeichnen«.[2257] Folgt man BRZEZINSKIS Darstellungen über die Kaukasusregion und Zentralasien, die er als »eurasischen Balkan« bezeichnet, so liegt der Verdacht sehr nahe, daß die US-Machtelite einen ethnischen Zerfall auch dieser Region im Sinne der Teile-und Herrsche-Politik ins Auge faßt, die letztlich den Zerfall der Russischen Föderation als Fernziel begünstigen soll. Schließlich ähnelt BRZEZINKIS Analyse der des Oberstleutnants Ralph PETERS:

»Der eurasische Balkan ist ein ethnisches Mosaik. In den zwanziger und dreißiger Jahren des 20. Jahrhunderts haben sowjetische Kartographen die Grenzen der damals formal gegründeten Sowjetrepubliken ganz willkürlich gezogen. . . Zwar hatte man sich bei der Grenzziehung weitgehend von ethnischen Gesichtspunkten leiten lassen, doch sie spiegelte zugleich das Interesse des Kreml wider, im südlichen Teil des russischen Imperiums keinen Zusammenschlüssen einzelner Volksgruppen Vorschub zu leisten, die womöglich gegen die Zentralregierung aufbegehrt hätten.« Diesem ethnischen Spannungsfeld sind BRZEZINSKIS Analyse zufolge mehr oder weniger alle Staaten Zentralasiens ausgeliefert, das zudem noch durch eine wachsende Islamisierung verstärkt wird. Eine solche Entwicklung hat aber nach BRZEZINSKI eine im Sinne der US-Strategie günstige Auswirkung auf die Eindämmung, ja den Zerfall Rußlands selbst:

»Es ist jedoch anzunehmen, daß ihre Bevölkerungen (die der zentralasiatischen Staaten, der Verf.) ebenso. . . verstärkt ein islamisches Bewußtsein entwickeln werden. Eine islamische Wiedererweckung, die bereits von außen her vom Iran, aber auch von Saudi-Arabien Unterstützung erfährt, wird wahrscheinlich aggressive Nationalismen beflügeln, die jeglicher Reintegration unter russischer – und mithin ungläubiger – Herrschaft entschiedenen Widerstand entgegensetzen. Genauer gesagt, dürfte der Prozeß der Islamisierung auch die innerhalb Rußlands verbliebenen Muslime anstecken. Ihre Zahl beläuft sich auf etwa 20 Millionen und übersteigt jene der nunmehr unter fremder Herrschaft in den unabhängigen zentralasiatischen Staaten lebenden Russen (ca. 9,5 Millionen) um das Doppelte. Die russischen Muslime machen mithin etwa 13 Prozent der russischen Bevölkerung aus, und es ist beinahe unvermeidlich, daß sie ihre Rechte auf eine eigenständige religiöse und politische Identität selbstbewußter einklagen werden. Auch wenn dieser Anspruch nicht die Form einer Forderung nach absoluter Unabhängigkeit wie in Tschetschenien annimmt, wird er sich mit den unlösbaren Problemen überschneiden, denen sich Rußland. . . in dieser Region weiterhin wird stellen müssen«[2258] – mit den Folgen, die der russische Sicherheits-Experte FITUNI im Hinblick auf eine Spaltung der Föderation beschrieben hat.

Dem englischen Sicherheitsexperten Walter LAQUEUR zufolge wird der Islamisierungsprozeß eine Verstärkung von Autonomiebestrebungen in den muslimischen

Teilrepubliken, die entlang der Wolga gelegen sind, wie Tatarstan und Baschkortostan, herbeiführen.[2259] Die geopolitischen Folgen einer solchen Entwicklung hatte kein Geringerer als Wladimir PUTIN bereits vor seinem Amtsantritt als Staatschef deutlich erkannt, indem er beschrieb, »wie der radikale Islam versucht, sich vom Nahen und Mittleren Osten her auf das südliche Gebiet der GUS auszubreiten und – über die Eroberung des Nordkaukasus – auch in Richtung des Wolgabeckens zu orientieren. Entlang der Wolga, wo sich die wichtigsten russischen strategischen Ölreserven befinden, lebt der Großteil der russischen-islamischen Bevölkerung – in Tatarstan und Baschkyrtostan. Wenn extremistische islamische Kräfte diese Gegenden unter ihren Einfluß bringen und bis zum Ural verstoßen würden, wäre – so PUTIN – eine Aufspaltung Rußlands in einen europäischen und einen asiatischen Teil besiegelt. Rußland würde seine Staatlichkeit verlieren«.[2260]

Eine solche Entwicklung aber paßt ganz genau in das strategische Konzept der USA: Durch das Vorantreiben eines islamistischen Keils im Wege der Balkanisierungsstrategie ist es dem Zentrum des russischen Staates, nämlich dem europäischen Teil mit der Hauptstadt Moskau, nicht mehr möglich, die Kontrolle über Sibirien und dessen Rohstoffe auszuüben; Sibirien wäre auf diese Weise von der Russischen Föderation abgespalten. US-amerikanische Konzerne hätten damit ohne weiteres die Möglichkeit, mit Rückendeckung der US-Administration eine eigenständige Russisch-sibirische Republik ins Leben zu rufen, die den US-Bergbaukonzernen ungehinderten Zugriff auf die dortigen Rohstoffvorkommen einräumen würde. Diese Pläne hatte es, wie oben schon beschrieben, bereits nach Ende des Ersten Weltkrieges gegeben, und die ehemalige US-Außenministerin Madeleine ALBRIGHT hatte offen ausgesprochen, daß derartige Pläne in den Köpfen der US-Machtelite bestehen: »Es ist nicht gerecht, daß Sibirien nur Rußland gehört.«[2261] Deswegen, so meint Zbigniew BRZEZINSKI, muß Rußland in drei Teile zerstückelt werden: eine russische Republik bis zum Ural, eine westsibirische Republik und eine fernöstliche Republik.

4.4 Die Vorgeschichte des aktuellen ›Great Game‹: die Versuche des britischen Empires, sich des russischen Rivalen in Zentralasien zu entledigen

Die aktuelle US-Strategie in Zentralasien ist allerdings nicht wirklich neu, sie fand ihren Vorläufer bereits in den strategischen Plänen des britischen Empire, als dieses anfing, sich, beginnend mit Indien, allmählich des eurasischen Kontinents zu bemächtigen. Mit dem Ende des Siebenjährigen Krieges 1763 endete die Stellung Frankreichs als Seemacht – das Königreich der Bourbonen war der Hauptkonkurrent Großbritanniens um die Welthegemonie und insbesondere um die Kolonien in Asien. Mit dem Frieden von Hubertusburg und Paris mußte sich Frankreich aus Indien zurückziehen, wo es noch zehn Jahre zuvor die vorherrschende Macht gewesen war. Von Bengalen aus begannen die Briten dann allmählich, den gesamten

Subkontinent zu übernehmen. Der bereits zitierte Alfred Thayer MAHAN führte hierzu aus:

»Die einzige Nation, die in diesem Krieg gewann, war diejenige, die im Frieden das Meer dazu benutzte, um Reichtum anzusammeln, und die im Krieg das Meer beherrschte durch die Größe ihrer Flotte, durch die Zahl ihrer Untertanen, die auf der See und von der See lebten, und durch ihre zahlreichen, über den gesamten Erdball verteilten Operationsbasen.«[2262] Mit dem Jahre 1763 war also der Aufstieg Englands zur globalen maritimen Vorherrschaft eingeleitet. Für die Begründung der angelsächsischen Weltherrschaft waren – was in diesem Zusammenhang wichtig ist – die russischen Bodenschätze von unschätzbarer Bedeutung, wie der Historiker Dietrich GERHARD in seiner Studie *Rußland und der Aufstieg Englands* (Berlin 1933) nachgewiesen hatte.[2263] Deshalb hatte Großbritannien schon sehr früh danach getrachtet, die Hanse in Rußland zu verdrängen. »Die englischen Händler. . . füllten die handelspolitische Leere in Rußland aus und stießen über die Wolga und das Kaspische Meer handeltreibend bis nach Persien vor. . . GERHARD vertritt die Auffassung, daß der Handelsreichtum, den sich England unter HEINRICH V. (1387–1422) und ELISABETH I. (1533–1603) in Rußland erwarb, die Grundlage für die See- und Handelsmacht bei den nachfolgenden imperialistischen Unternehmungen in Amerika, Indien und China bildete.«[2264] Damit waren russische Bodenschätze als Voraussetzung für die angelsächsische Seeherrschaft anzusehen, was noch einmal das geopolitische Interesse der angelsächsischen Imperien Großbritannien und USA am russischen Raum unterstreicht.

4.4.1 Die geopolitischen Ausgangsbedingungen für das ›Great Game‹ im 19. Jahrhundert

Auf der anderen Seite erwuchs dem britischen Empire in Rußland auch ein gefährlicher Rivale, der durch sein Vorrücken an die Ostseeküste sowie an das Schwarze Meer und das Mittelmeer die englische Seestellung gefährden konnte, eine Entwicklung, die der britische Geopolitiker Halford MACKINDER als besondere Gefahr für die angelsächsische Seeherrschaft erachtete. Rußland dehnte sich bereits im 16. Jahrhundert in den Kaukasus aus, aber die Unterwerfung der Region war erst Mitte des 19. Jahrhunderts abgeschlossen. Der Großteil der Region bestand aus sich befehdenden Emiraten, die entweder zum Osmanischen oder zum Persischen Reich gehörten. Nur Georgien hatte sich eine gewisse Unabhängigkeit bewahrt.

1763 beherrschte Rußland fast die gesamte Nordflanke der kaukasischen Bergkette sowie den strategisch wichtigen Daryal Gorge, den Durchgang nach Georgien und dem gesamten Transkaukasus. Rußland besetzte 1783 fast ganz Georgien und annektierte es in den Jahren 1805–1810. In den achtziger Jahren des 18. Jahrhunderts zerschlug Rußland eine Revolte der Bergvölker im Kaukasus. Durch den Frieden von Kütschük-Kainardij mit dem Osmanischen Reich erhielt es 1774 endgültig einen Zugang zur Schwarzmeerküste. Rußland begann, eine Rolle in Südosteuropa zu spielen, die Meerengenfrage um die Dardanellen/Bosporus wurde aktuell. Nach dem russisch-osmanischen Krieg 1787–1791 festigte Rußland seine Herrschaft über die Nordostküste des Schwarzen Meeres. 1796 kontrollierte es fast die gesamte Küste des Kaspischen Meeres und annektierte dieses Gebiet formell im Jahre 1805. Am Ende der Napoleonischen Kriege 1815 beherrschte das Zarenreich endgültig die Schwarzmeerküste, und nach dem russisch-osmanischen Krieg 1828–29 zwang es die Türken, sämtliche kaukasischen Gebiete aufzugeben. 1830 nahm Rußland die gesamte Region in Besitz.

Diese Entwicklung betrachtete das britische Empire mit äußerstem Argwohn. In der britischen Außenpolitik und Diplomatie trat eine rußlandfeindliche Haltung immer deutlicher zutage. Der Grund hierfür bestand darin, daß Großbritannien die Landbrücke zwischen Mittelmeer und Indien als seine Interessensphäre betrachtete und es keiner anderen europäischen Macht gestattete, in diesen Raum vorzustoßen.[2265] Lord CURZON, Unterstaatssekretär im Foreign Office und später britischer Außenminister, hatte beschrieben, daß das strategische Interesse Englands darin bestand, »eine Kette von Vasallenstaaten zu schaffen, die sich vom Mittelmeer bis zum Hochland von Pamir erstrecken und nicht nur die indischen Grenzen, sondern auch Englands Verbindung mit den entlegenen Teilen des Empire schützen sollten«[2266]. Damit war in eine klare Formel gegossen, was schon geraume Zeit Leitsatz der britischen Politik im Vorderen Orient gewesen war. Ihr Ziel war immer ein »Middle Eastern Imperium«[2267] – eine Strategie, die Rußland als natürlichen Feind definieren mußte. In der Tat gehen daher nicht wenige Historiker davon aus, daß eine unterschwellige Feindseligkeit Rußland gegenüber Wesensbestandteil der britischen Diplomatie war. »Die Abneigung gegenüber Rußland, und dies hat der Erforscher der russischen Diplomatie Anatol IGNATIEW in mehreren Untersuchungen gut herausgearbeitet, war für die englische Außenpolitik der letzten rund 200 Jahre kennzeichnend.«[2268] Der amerikanische Historiker David L. HOGGAN führt hierzu aus: »Man braucht sich gar nicht zu wundern, daß die britischen balance-of-power-Imperialisten Rußland nach dem Sturz NAPOLEONS als ihren Feind ansahen. Vorher hatte der jüngere PITT bereits versucht, das britische Empire zu einem Überraschungsangriff gegen Rußland anzustacheln, nachdem die Russen die letzte türkische Festung von Orchakow in der Ukraine erobert hatten.«[2269]

Mit der zunehmenden Schwäche des Osmanischen Reiches ging der sich verstärkende Machteinfluß Rußlands einher: »Rußland drang in Persien ein, sicherte sich 1828 durch den Frieden von Turkmantschaj die Provinzen Eriwan und Nachitschewan. Da auf Grund des Eingreifens in Griechenland der Sultan auch Rußland den Krieg erklärt hatte, konnte es durch den Frieden von Adrianopel seine Macht bis zum Donaudelta ausdehnen, sich freie Durchfahrt durch Dardanellen und Bosporus sichern. 1833 bekam Rußland sogar das Recht, sich jederzeit als Beschützer der Türkei zu betrachten. . . Unversehens war aus Englands Verbündetem ein gefährlicher Gegner geworden.«[2270]

Wie Lothar RÜHL deutlich macht, war die russische Politik gegenüber dem Osmanischen Reich aber nicht von einem Kontinentalimperialismus geleitet. Vielmehr waren die russisch-türkischen Absprachen 1833 hinsichtlich der Meerengen rein defensiv und hatten »den Zweck, beide Partner auf Gegenseitigkeit vor Drohungen aus dem Mittelmeer zu schützen, das heißt vor England und Frankreich. Rußland betrieb zu jener Zeit keine aktive Mittelmeerpolitik, geschweige denn eine Strategie maritimer Machtentfaltung im Mittelmeer. Es wollte seine empfindliche Südflanke im Schwarzen Meer abdecken – wie nötig dies war, zeigte zwei Jahrzehnte später der Krimkrieg«.[2271]

Tatsächlich muß die russische Politik jener Zeit vor dem Hintergrund ihrer äußerst ungünstigen geopolitischen Lage gesehen werden: »In Wirklichkeit war Rußlands strategische Position alles andere als eine militärische Vormachtstellung über Europa: Die russischen Armeen hatten lange Landfronten am Kaukasus und an der Donau zu decken. Die polnische Westgrenze mußte gegenüber Österreich und Preußen geschützt werden, die Ostseeküste gegen die britische Flotte und Schweden. Die Schwarzmeerküste war in unmittelbarer Reichweite feindlicher Flotten und Landungstruppen. Finnland und St. Petersburg waren einem Angriff ebenso ausgesetzt wie die Krim. Rußland verfügte über gute Flotten und Seefestungen, doch war es im Verhältnis zu England noch keine Seemacht, ja es konnte nicht einmal seine Küsten wirksam schützen«[2272] – Umstände, die also einen kontinentalen Flankenschutz erforderlich machten, den Rußland über das Osmanische Reich, die Sicherung der Meerengen und des Balkans zu erreichen suchte. 1841 verlor Rußland auf englischen Druck die Kontrolle über die Meerengen, was die Sicherheitslage Rußlands erheblich gefährdete: »Rußland war vor eine riskante Alternative gestellt: Im Kriegsfall war der Sultan frei, eine fremde Flotte ins Marmarameer und in das Schwarze Meer zu rufen, um seine Küste zu schützen. Rußland mußte also eine starke Flotte im Schwarzen Meer unterhalten, die es mit den vereinigten türkisch-englischen oder französischen Flotten aufnehmen könnte, um die russischen Küsten zu verteidigen.«[2273] Zar NIKOLAUS I. erklärte sich angesichts des britischen Drucks bereit, auf weitere Expansion Richtung Meerengen und Balkan zu verzichten. »Er machte Österreich und England in den Jahren von 1843 bis 1844 Zusagen in diesem Sinne, erreichte aber keine bindenden Verständigungen mit den beiden Mächten.«[2274]

Das britische Empire antwortete auf die Machtentfaltung Rußlands mit der für die angelsächsische Kriegführung typischen Form der ›indirekten Strategie‹: Bei den Polenaufständen gegen Rußland im Jahre 1830 »hatten englisches Geld und englische Propaganda keine geringe Rolle gespielt. Jetzt wurden systematisch die revolutionären Bewegungen unterstützt«.[2275] Bemühungen des Zaren NIKOLAUS I., die Orientfrage in friedlichem Einvernehmen mit England zu lösen, wurden ausgeschlagen oder blieben unbeantwortet. England statt dessen »hetzte den Sultan auf... Es drängte die Türkei so lange, bis diese am 1. Oktober 1853 Rußland den Krieg erklärte«,[2276] der mit einer demütigenden Niederlage Rußlands endete. Dieses mußte alle Befestigungen an der Schwarzmeerküsten von Odessa bis nach Asow und zum Kaukasus schleifen und durfte keine Kriegsflotte im Schwarzen Meer unterhalten.

Der britische Osteuropa-Experte Hugh SETON-WATSON beurteilte die Bedeutung des Krimkriegs für Rußland wie folgt: »Der Krimkrieg reduzierte Rußland auf das Maß einer unter mehreren Großmächten. In den folgenden Jahren waren Frankreich und sogar Österreich ihm ebenbürtig. Nach 1870 war ihm das neue Deutsche Reich überlegen. Solange noch ein Zar in St. Petersburg herrschte, sollte Rußland nie wieder die hervorragende Stellung von 1815 einnehmen.«[2277] Gewinner dieser Lage war das britische Empire, das seit 1815 bis zum Ende des 19. Jahrhunderts eine gezielt antirussische Politik betrieb. Es vermochte, sich den Balkan und das Osmanische Reich als ›Rimland‹ zu sichern und plante darüber hinaus auch den Raum zwischen Persien und Hindukusch seiner Machsphäre einzuverleiben.

Abzuzeichnen begann sich damit eine grundlegende, geopolitisch und strategisch bedingte Rivalität zwischen Großbritannien und Rußland, wobei es hauptsächlich das britische Empire war, das entweder durch subversive Aktivitäten oder durch Stellvertreterkriege Rußland in die Isolation abzudrängen trachtete. Diese Rivalität sollte sich in den Folgejahren insbesondere in Zentralasien herauskristallisieren und in der historischen Literatur als ›Great Game‹, das Große Spiel, bezeichnet werden.

Als Ausgangspunkt dieses ›Great Game‹ muß der Vorstoß des britischen Empires in Richtung Afghanistan gesehen werden. Dabei war der Kolonialerwerb von Indien durch England nur die Grundlage weiterer Expansionen: »Die Ausweitung der englischen Machtsphäre in Indien selbst mußte zur Annexion neuer Territorien führen«,[2278] und zwar in Richtung jener Gebiete, die den Zugangsweg nach Afghanistan und Zentralasien darstellten und die vereinzelt schon durch Schutzverträge mit England verbunden waren.[2279] »Großbritannien versuchte, mit seiner gut ausgerüsteten Marine und mit Hilfe von großem Kapitaleinsatz über die Handelsfirma Britische Ost-Indien-Gesellschaft seine Absatzmärkte zu erweitern und sie sogar über Afghanistan hinaus in den zentralasiatischen Raum auszudehnen. So expandierte das britische Imperium allmählich in die Südgebiete des zaristischen Rußlands, welchen PETER I. bereits am Anfang des 18. Jahrhunderts für die Kommunikation mit der Außenwelt strategische Bedeutung beimaß.«[2280] Drei Versuche unternahmen die Briten, Afghanistan zu erobern, »bis sie einsahen, daß die unnachgiebigen Afghanen eher zu kaufen als zu besiegen waren. Die Briten boten Subventionen an, manipulierten die Stammesoberhäupter und schafften es, Afghanistan in eine Abhängigkeit zu bringen. Daraufhin folgte ›The Great Game‹, das große Spiel zwischen Rußland und Großbritannien, ein inoffizielles Kräftemessen voller Bestechung und gelegentlichem militärischen Druck, mit dem sich die beiden Mächte gegenseitig auf respektvolle Distanz hielten – mit Afghanistan als Puffer zwischen sich«.[2281]

Angesichts dieser Ausdehnung Großbritanniens in seine Vorherrschaftssphäre mußte sich Rußland alarmiert sehen. Um den Verlust an geopolitischer Bewegungsfreiheit im Schwarzen Meer auszugleichen, war eine Expansion in die eurasische Richtung mit dem Ziel des Transkaukasus und Zentralasiens erforderlich, »bevor die britische Imperialpolitik, gestützt auf Indien, auch dort unüberwindliche Hindernisse aufrichten konnte«.[2282] Dabei schien die russische Situation zunächst recht prekär zu sein: »Der britische Machteinfluß aus Indien bis nach Buchara und Chiwa über Afghanistan und der persische Einfluß auf die Turkmenen, als deren Oberherr der Schah auftrat, drohten die Festigung der russischen Stellung zu verhindern, zumal die Perser Daghestan zurückzuerobern suchten und auch Ansprüche auf Afghanistan erhoben.«[2283]

Vor diesem Hintergrund war die Befriedung und Eingliederung des kaukasisch-kaspischen Raumes unerläßlich zur Sicherung der rechten Flanke für die Ausdehnung Rußlands nach Asien und zur Sicherung einer Verbindung über das Kaspische Meer in das spätere Turkestan und nach Persien sowie zu einer – wie auch immer gedachten – Stellung im türkischen Vorderasien.[2284] Mit dieser Politik war Rußland erfolgreich; es »hatte mit Turkestan den größten und wichtigsten Teil Zentralasiens gewonnen und damit auch den Süden Sibiriens bis zu den großen Gebirgen abgeschirmt. Nach den Turkmenen und Usbeken waren die Tadschiken und Kirgisen russische Untertanen geworden. Die russische Macht hatte sich bis zum Pamir, zum Altai und damit zur Mongolei vorgeschoben. Afghanistan lag an der russischen Reichsgrenze. . .«[2285]

4.4.2 David Urquharts ›Heiliger Krieg‹ im Dienste des britischen Empires

Das britische Empire war sich der geopolitischen Bedeutung Zentralasiens natürlich bewußt: »Noch im 19. Jahrhundert nannte Sir Halford MACKINDER, der Begründer der modernen Geopolitik, Zentralasien das politische Zentrum der Welt, weil es mehr Grenzen umfaßte als jede andere Region. Wer immer Zentralasien unter seiner Kontrolle hatte, übte eine gewaltige Macht aus: ›Es ist die größte natürliche Festung der Welt, verteidigt von Eiskappen an den Polen, Wüsten, dürren Hochebenen und Gebirgsketten.‹«[2286] In seinem Bestreben, Rußland aus dieser strategisch wichtigen Region zu verdrängen, vermied das britische Empire jedoch eine direkte militärische Konfrontation; es setzte auch im Kaukasus die bewährte subversive ›indirekte Strategie‹ ein, um ein allmähliches ›Ausfransen‹ der Transkaukasusregion aus der russischen Herrschaftssphäre herbeizuführen. Diese Strategie setzte schon recht früh ein, als Rußland die Schwarzmeerzone als seine Sicherheitssphäre zu entdecken begann.

Eine wichtige Rolle sollte hierbei ein gewisser David URQUHART spielen. Dieser war 1834 vom britischen Geheimdienst mit einer Sondermission in den Kaukasus geschickt worden. »URQUHART war ein politischer Zögling Jeremy BENTHAMS, des Begründers und Chefs des nach der amerikanischen Revolution neu organisierten britischen Geheimdienstes. Als er 1833 in das Osmanische Reich abkommandiert wurde, war URQUHART direkt Sir Herbert TAYLOR, dem Privatsekretär König WILLIAMS IV., sowie Außenminister Lord PALMERSTON unterstellt. Anlaß für URQUHARTS erste Türkeireise war der russisch-türkische Vertrag von 1833, durch den Rußland praktisch die Kontrolle über die strategisch wichtigen Dardanellen erlangte.«[2287] URQUHART besuchte im Juli und August 1834, als Geschäftsmann getarnt, die Ostküste des von Rußland kontrollierten Schwarzen Meeres. Bei der Festung Anapa traf er sich mit 15 tscherkessischen Beys und 200 Dorfältesten und bot ihnen Waffen sowie die volle britische Unterstützung für eine Revolte gegen Rußland an. Dies war die Wurzel des kaukasischen Aufstandes, der im Jahre 1840 begann und 1864 von Rußland endgültig niedergerungen werden konnte.

Die Zeitung *Neue Solidarität* enthüllte, wie dieser Aufstand vom britischen Empire unterstützt wurde: »1840 mündeten die tscherkessischen Guerrilla-Aktionen gegen die russischen Streitkräfte schließlich in einen allgemeinen Aufstand aller Bergvölker – Tschetschenen, Inguschen, Dagestaner und Kabardiner. Anführer des Aufstands war Scheich SHAMIL von Dagestan, der. . . aus dem Sufi-Orden der Naqshbandi kam. SHAMIL gründete ein Imanat, das die Region mit eiserner Faust regierte. Während des Krim-Kriegs zwischen Rußland und Britannien 1853–56 wurde in London überlegt, die kaukasische Schwarzmeerküste mit Hilfe der Tscherkessen zu erobern, aber man verwarf diese Möglichkeit. 1856 bei der Friedenskonferenz in Paris scheiterte London mit seinem Vorstoß, einen tscherkessischen Pufferstaat zwischen Rußland und der Türkei zu schaffen. Selbst nach dem Krim-Krieg unterstützte London weiter die kaukasische Rebellion. Tscherkessische Führer reisten nach Istanbul, um sich mit dem britischen Botschafter Sir Henry BULWER zur Planung weiterer Operationen zu treffen. Aber die russische Reaktion auf die Rebellion wurde zunehmend brutaler. Als die Revolte 1864 schließlich zusammenbrach, waren über eine Million Tscherkessen getötet oder ins Osmanische Reich vertrieben worden.«[2288]

Erkennbar ist damit, daß Aufbau und Unterstützung des islamischen Fundamentalismus eine klassische Waffe des angelsächsischen Imperialismus schon zu Zeiten des britischen Empires war, um die rivalisierende eurasische Kontinentalmacht zu verdrängen. Darüber hinaus treten Parallelen zur US-amerikanischen Eurasienstrategie erkennbar zutage, die in der Politik des britischen Empires ihre Wurzeln zu haben scheint, was auch in den weiteren Entwicklungen deutlich wird.

Diese Politik der subversiven Förderung panislamistischer Bewegungen sollte sich in der Folgezeit noch ausweiten. Unter der Anleitung David URQUHARTS gründete sich in der britischen Außenpolitik eine Denkschule, die darauf abzielte, das Osmanische Reich und die islamisch-fundamentalistischen Bewegungen unter britische Obhut zu stellen, um sie gezielt gegen Rußland einsetzen zu können. Das von URQUHART gegründete ›Foreign Affairs Committee‹ und ihr Organ *Portfolio* hatten dabei die Aufgabe, die Öffentlichkeit für einen Krieg gegen Rußland zu gewinnen. Die Zeitschrift *Portfolio* veröffentlichte sogar während des SCHAMIL-Aufstandes eine tscherkessische Unabhängigkeitserklärung.[2289]

Auch Wolfgang Günter LERCH (*Der Kaukasus*, Hamburg–Wien 2000, S. 10) bestätigt die Unterstützung des SCHAMIL-Aufstandes durch London. Er bezeichnete den Muriden-Führer SCHAMIL sogar als »Bundesgenossen der Regierung in Whitehall«, dessen indirekter Förderung durch die britische Regierung »ganz handfeste politische und strategische Gründe« zugrunde gelegt hätten.

Wichtiger Ansatzpunkt des britischen Empires, um Rußland aufzubrechen, war das Osmanische Reich. »URQUHART wollte das Osmanische Reich zu einem Protektorat Londons machen und das Osmanische und das Russische Reich sich gegenseitig zerstören lassen.«[2290] Wie weit Englands Rolle reichte, das Osmanische Reich gegen Rußland in Stellung zu bringen, wird durch die Akten des Kaiserlichen Haus-, Hof- und Staatsarchivs in Wien bestätigt: »Tatsächlich war England also. . . auch der Staat, welcher zuerst die Türkei in der Absicht bestärkte, der russischen Expansion mit den Waffen entgegenzutreten. Der Gewinn eines solchen Kampfes war Englands Gewinn – im großen Rahmen sowohl wie in den kleineren Verhältnissen des türkischen Territoriums. Denn daß viele Engländer damals daran dachten, nach einem türkisch-russischen Kriege mit englischer Unterstützung. . . das während des Krieges besetzte türkische Gebiet nicht wieder zu räumen, darüber kann kein Zweifel bestehen. Die Akten im Österreichischen Haus-, Hof- und Staatsarchiv in Wien. . . erweisen ganz deutlich nicht nur die führende Rolle Englands bei der Entstehung des Krieges,[2291] sondern auch seine territorialen Ambitionen in der Türkei.«[2292]

Um das Osmanische Reich wirkungsvoll als Waffe gegen die russische Stellung im Schwarzen Meer, im Kaukasus sowie in Zentralasien in Stellung bringen zu können, mußte England eine umfassende Reform des türkischen Staatswesens in Angriff nehmen. Die Zeitschrift *Neue Solidarität* enthüllt hierzu: »Um die Türkei gegen Rußland mobil zu machen, bedurfte es einer umfassenden Reform der alten osmanischen Staatsbürokratie, einer Modernisierung der Armee sowie einer neuen imperialen, antirussischen Ideologie. Lord PALMERSTON leitete in den 40er Jahren persönlich die osmanische Reformbewegung und den Aufbau einer zivilen Verwaltungsschicht, die in Paris und London ausgebildet und indoktriniert wurde.«[2293] Auch die Akten des Österreichischen Staatsarchivs belegen, daß England »durch Unterstützung sogenannter Reformer zum Förderer aller revolutionären Kräfte wurde. Der englische Gesandte in Konstantinopel, Lord STRATFORD, war das überaus tätige und bedachtsame Haupt aller dieser Bemühungen. ›Englands Ziel ist, Rußland zu schwächen und in Europa zu herrschen im Bunde mit der Revolution‹, berichtete BRUCK[2294] am 27. Februar 1854 nach Wien«.[2295] Den österreichischen Akten zufolge wollte England »den thrazischen Chersones besetzen, dort ein zweites Gibraltar errichten und so von dem einen bis zum anderen Ende das Mittelmeer beherrschen. Es fehlte nur noch eine ähnliche Position im Öre-Sund, dann war Rußlands Seegeltung gänzlich vernichtet ›und die Alleinherrschaft Englands in Euro-

David Urquhart (1805–1877). Er deckte angeblich geheime Pläne Rußlands auf.

Zar Nikolaus I. (1796–1855). Im Krim-Krieg wurde er von keiner anderen europäischen Macht unterstützt.

Der historische Konflikt zwischen Großbritannien und Rußland um die Vorherrschaft in Zentralasien (das sogenannte ›Great Game‹) gipfelte im Krim-Krieg (1853–1856). Vordergründiges Ziel der Engländer war die Anbindung der Türkei an das britische Empire. Das Bild zeigt den Beschuß von Bomarsund, einer Festung Rußlands auf den Åland-Inseln, 1854 während des Krim-Kriegs.

Die Verhandlungen zum Pariser Frieden von 1856 (unten). Bei der Friedenskonferenz scheiterte London mit seinem Vorstoß, einen tscherkessischen Pufferstaat zwischen Rußland und der Türkei zu schaffen.

pa festgestellt‹. Überall, so berichtete BRUCK im März 1854, werde es nun auch in der Türkei klar, ›daß England es war und noch ist, das mit der kältesten Berechnung treulos und trugvoll ganz Europa in Flammen setzt, um nur seinen Zwecken zu frönen und Rußland zu demütigen‹.«[2296] Ebenso war es der englische Botschafter in Konstantinopel, STRATFORD, der »gleichzeitig bei mehreren Regierungsänderungen dafür sorgte, daß nur englisch gesinnte, von England bestimmte Männer die wichtigsten Posten in der Türkei bekleideten«.[2297] Diese politische Anbindung der Türkei an das britische Empire sollte durch eine wirtschaftlich-finanzielle ergänzt werden: Tatsächlich machte England während des Krimkrieges durch einen 140-Millionen-Mark-Kredit und 1858, 1860 und 1861 durch weitere Anleihen »bei hoher und ständig wachsender Verschuldung die Türkei von seiner Politik und von Londons Kapitalmarkt abhängig«.[2298]

Damit hatte England das Osmanische Reich in seine Hand bekommen. Zusätzlich gelang es ihm, Bewegungen ins Leben zu rufen, die dem türkischen Reich eine antirussische Ideologie einhauchten: »Mitte des 19. Jahrhunderts organisierten die Briten zwei ideologische Bewegungen, die Kriege des Osmanischen Reiches gegen Rußland vom Zaun brechen sollten, die panislamische und die pantürkische Bewegung. . .«[2299] Das war die Geburtsstunde der sogenannten ›Jungtürkischen Bewegung‹, die das Ziel hatte, »alle Turkvölker aufgrund ihres gemeinsamen ethnischen Ursprungs und ihrer Russenfeindlichkeit zu einen. . .«[2300] Diese Ideologie sollte dazu dienen, den muslimischen ›weichen Unterleib‹ des Zarenreiches aufzureißen. Um zu prüfen, wie dies bewerkstelligt werden konnte, reiste der Mitarbeiter URQUHARTS, Arminius VAMBERY, in den 1860er Jahren »als türkischer Derwisch in ganz Zentralasien herum, um zu erkundigen, inwieweit man eine pantürkische, antirussische Identität mit dem Sultan des Osmanischen Reiches als Leitfigur herstellen könnte. Obwohl Zentralasien nie unter osmanischer Herrschaft gestanden hatte, gelangte VAMBERY zu vielversprechenden Erkenntnissen. Er beschrieb seine osmanische imperiale Vision in seinem 1865 erschienenen Buch *Reisen in Zentralasien:* ›In seiner Eigenschaft als türkische Dynastie hätte das Haus Osman aus den verschiedenartigen Elementen, mit denen es durch das Band gemeinsamer Sprache, Religion und Geschichte verbunden ist, ein Reich von der adriatischen Küste bis weit nach China hinein gründen können, mächtiger als das, welches der große ROMANOW aus den zwiespältigsten, heterogensten Bestandteilen mit Gewalt und List geschaffen hatte. Anatolier, Aserbaidschaner, Turkmenen, Usbeken, Kirgisen und Tataren sind die Mitglieder, aus denen ein türkischer Koloß hätte entstehen können, der bestimmt geeigneter gewesen wäre, sich mit seinem großen Konkurrenten aus dem Norden zu messen als die Türkei, wie sie sich uns zum gegenwärtigen Zeitpunkt darstellt‹«.[2301]

Als Führer der pantürkischen Bewegung setzte sich URQUHARTS Schützling Ali SUAVI durch, der dazu aufforderte, die pantürkische Bewegung müsse die Osmanen dafür mobilisieren, die zentralasiatischen Khans, die durch das wachsende Russische Reich bedroht wurden, zu verteidigen.[2302] Über die Hintergründe der jungtürkischen und panislamischen Bewegung faßt die Zeitung *Neue Solidarität* zusammen: »Der pantürkischen Ideologie eng verwandt und ebenso eine britische Erfindung war der Panislamismus. Er sieht Istanbul als das natürliche Zentrum nicht nur der Turkvölker, sondern der ganzen islamischen Welt. Auch unter dem Panislamismus sollte der osmanische Sultan zum Sammelpunkt für den Kampf gegen Rußland werden, diesmal religiös verbrämt. Schriftsteller des panislamischen Mythos waren die Familie des Romanautoren Edmund BULWER-LYTTON und der Gründer des britischen Arabienbüros Wilfred Scawen BLUNT. Die ›Geburtsanzeige‹ der panislamischen Bewegung erschien 1869 in *Hürriyet*. Das Osmanische Reich wurde dort wegen seiner Unentschlossenheit gegenüber den von den Russen bedrängten zentralasiatischen Khanaten angegriffen. Aber diesmal wurde nicht an die ethnische Solidarität appelliert, sondern erklärt, der Sultan sei als Kalif – Beschützer des Glaubens – dafür verantwortlich, Zentralasien zu verteidigen.«[2303]

4.4.3 Das Bündnis des britischen Empires mit dem islamischen Fundamentalismus gegen Rußland in der 2. Hälfte des 19. Jahrhunderts

Der weitere organisierte Aufbau mittelöstlicher und zentralasiatischer islamistischer Bewegungen durch England trat ein, als Rußland sich anschickte, sich weite Gebiete Zentralasiens einzuverleiben. Zwischen den Jahren 1869 und 1876 hatte Rußland regelmäßig in Zentralasien eingegriffen, die Khanate Buchara, Chiwa und Kokand annektiert oder in Abhängigkeit gebracht und sich dabei allmählich auf Afghanistan und Britisch-Indien zubewegt. »1876 entwarf London seine Gegenstrategie. Premierminister Benjamin DISRAELI berief Lord LYTTON zum Vizekönig von Indien, und damit begann eine Offensivstrategie zur Einnahme des südlichen Afghanistan. Im gleichen Jahr schickte DISRAELI auch Austen Henry LAYARD nach Istanbul, der den Sultan dazu bewegen sollte, sich mit England gegen den russischen Vorstoß zusammenzutun.«[2304] LAYARD berichtete DISRAELI, er habe den Sultan dazu gebracht, einen Gesandten nach Afghanistan zu schicken, um die russische Strategie zu durchkreuzen und die Politik Englands zu fördern. Weiter hieß es in dem Bericht: »Die türkische Regierung versucht zweifellos, eine Art mohammedanische Liga oder Staatenbund zur Verteidigung des Islam und gegen Rußland zu gründen.«[2305]

In einem Folgekommuniqué stellte LAYARD die Hintergründe für ein britisch-osmanisches Zusammengehen gegen das Zarenreich näher dar: »Der Sultan übt in der mohammedanischen Welt noch einen sehr großen Einfluß aus, und es ist von großem Interesse für eine Regierung mit 40 oder 50 Millionen mohammedanischen Untertanen, sich gut mit ihm zu stellen. Es sollte uns nicht schwerfallen, ihm zu verstehen zu geben, daß wir in Zentralasien gemeinsame Interessen haben und in ihm einen sehr nützlichen und wertvollen Verbündeten sehen.«

Rußland jedoch erfuhr alsbald von dieser geheimen Verschwörung zwischen dem Islam und Großbritannien, deren Ziel die Schaffung einer türkisch-osteuropäischtranskaukasischen Allianz gegen Rußland war,[2306] und aus diesem Grund protestierte die russische Regierung beim britischen Botschafter in St. Petersburg, Lord Loftus, und warf ihm vor, »daß Britannien anscheinend die Absicht habe, einen religiösen Kreuzzug der muslimischen Bevölkerung Zentralasiens gegen Rußland zu organisieren«.[2307] Russische Strategen jener Zeit beschrieben Englands subversive Politik in Zentralasien und deren gefährliche Folgen für das Zarenreich wie folgt: »Wenn es beispielsweise einem Individuum möglich wäre, sich an die Spitze einer mohammedanischen Konföderation zu stellen, so ist ein solches Individuum allein in der Person des Sultans der Türkei zu sehen, und das bestehende Bündnis und das herzliche Einvernehmen, welche die Türkei und England unauflöslich verbinden, machen ein Protektorat dieser Mächte zu einer ernsten Bedrohung für Rußland.«[2308]

Die Aktivitäten zur Umsetzung dieser gegen Rußland gerichteten Unterminierungsstrategie wurden allerdings in Ägypten eingeleitet. Hier ist es erwähnenswert, weil im Zusammenhang nicht ohne Bedeutung, daß die politische Freimaurerei und Geheimbündelei gerade in Ägypten seit dem 19. Jahrhundert besonders wirksam waren. Nicht weniger als acht Logen der Britischen Großloge arbeiteten in Ägypten, darunter eine der Schottischen Großloge und die Grand Lodge of Mark Master Masons. Diese Logen – folgt man E. R. Carmin – bauten im Hintergrund islamistische Organisationen auf.[2309] Genau aus diesem Umfeld wurde Jamal ad-Deen al-Afghani rekrutiert, der enge Beziehungen zum britischen Vizekonsul in Ägypten, Raphael Borg, unterhielt, der ihn in Kairo in die Loge Östlicher Stern, einen Zweig der Vereinigten Großloge von England, einführte.[2310]

1877 richtete Al-Afghani in britischem Auftrag ein Schreiben an den osmanischen Sultan, in dem er sich anbot, in Zentralasien eine Revolte gegen Rußland vom Zaun zu brechen: Er – Al-Afghani – werde »Rußlands Ziele deutlich machen und redegewandt zum Ausdruck bringen, daß wenn – was Gott verhüten möge – der osmanischen Regierung ein Unglück zustößt, weder Mekkas Dauer noch Medinas Majestät weiterbestünde, ja nicht einmal der Name des Islam oder auch nur ein Ritus des Glaubens überleben werde... Ich werde sie zur Rache auffordern und an den Stolz ihrer türkischen Rasse appellieren, ich werde das Banner der Einheit des Islam auf meiner Schulter auch in diese Gegenden tragen und zu einem Religionskrieg aufrufen, und werde wie üblich keinen Trick und keine Kriegslist auslassen, ihnen den Samen glühenden Eifers einpflanzen und dabei immer mit dem weisesten Ulema zusammenarbeiten. Ich zweifle nicht daran, daß alle Moslems voller Begeisterung die Russen angreifen werden«.[2311]

Die Zeitschrift *Neue Solidarität* enthüllt die weitere Rolle Al-Afghanis in der Gesamtkonzeption des »Großen Spiels« des britischen Empires gegen Rußland: »Nur ein Jahr nach seinem Angebot an das Osmanische Reich wurde Al-Afghani Großmeister des Östlichen Sterns. 1883 kam er auf die Gehaltsliste von Wilfred Scawen Blunt, dem Leiter des ›Arabienbüros‹, das 1882 gegründet wurde, um das Osmanische Reich zu zerschlagen. . . 1885 schickte BLUNT AL-AFGHANI für sechs Monate nach England, damit er, wie der Chef des Arabienbüros schrieb, ›eine islamische revolutionäre Allianz mit dem britischen Empire organisierte‹. Als erstes traf er sich mit dem Staatssekretär für Indien, Randolph CHURCHILL, dem Vater des späteren Premierministers Winston CHURCHILL. BLUNT berichtet in seinen Tagebüchern, daß AL-AFGHANI dem älteren CHURCHILL folgendes vorgeschlagen habe: ›Sie brauchen eine Allianz mit dem Islam, mit den Afghanen, den Persern, den Türken, den Ägyptern, den Arabern; Sie müssen Rußland aus Merw zurückdrängen bis zum Kaspischen Meer. . . Sie sollten sie (die Russen) nicht von Afghanistan, sondern von der anderen Seite (d.h. Persien) her angreifen; dann würden die Mullahs einen Dschihad predigen, um sich mit Ihnen gegen die Russen zu verbünden.‹ CHURCHILL war einverstanden, und AL-AFGHANI wurde abkommandiert, Sir Henry Drummond WOLFF auf einer Sondermission in die Türkei zu begleiten. Dort sollte er, wie BLUNT schreibt, ›seinen Einfluß auf die panislamische Umgebung (Sultan) Abdul HAMIDS für eine Vereinbarung geltend machen, welche die Evakuierung Ägyptens und eine englische Allianz gegen Rußland mit der Türkei, Persien und Afghanistan enthalten sollte‹.«[2312]

4.4.4 Das Ende des Ersten Weltkrieges: Großbritannien als vorübergehender Gewinner des ›Great Game‹

Wie oben bereits dargestellt, geriet Rußland gegen Ende des Ersten Weltkrieges in den Brennpunkt der anglo-amerikanischen Finanzoligarchie, die schon frühzeitig Pläne zur wirtschaftlichen Vereinnahmung Rußlands wie den JAROSCHINSKI-Plan entwickelt hatte. Großbritannien konnte – wenn auch nur für einen Augenblick – das ›Great Game‹ zu seinen Gunsten beenden, indem es ihm gelang, die zentralasiatische Staatenwelt durch Unterstützung der gegenrevolutionären Kräfte für wenige Jahre aus der Moskauer Zentralgewalt zu lösen.

Der Erste Weltkrieg eröffnete Großbritannien die Gelegenheit, erneut und diesmal ganz unverhüllt, im Kaukasus einzugreifen. Nach der Revolution 1917 erklärten sich Armenien, Aserbaidschan und Georgien für unabhängig von Moskau und der russischen Herrschaft. Auch die Tschetschenen, Dagestaner und andere Bergstämme erklärten ihre Unabhängigkeit und bildeten eine Republik der Bergvölker.[2313] Aber diese Unabhängigkeit war nicht von langer Dauer, denn schon im November 1918 drang eine 23 000 Mann starke britische Expeditionsarmee unter General William THOMSON von Persien her in die Kaukasus-Region ein. »Sie brachte die Bahnstrecke Batumi–Baku und andere strategisch wichtige Punkte unter ihre Kontrolle und setzte in Batumi, Baku und anderen Gebieten in Georgien, Armenien und Aserbaidschan Militärgouverneure ein.«[2314] Bei dieser Politik spielte das zentralasiatisch-kaukasische Erdöl eine entscheidende Rolle. Die Gebiete blieben bis zur Wiedereroberung durch Rußland im Jahre 1920 unter direkter militärischer Kontrolle britischer Streitkräfte, und mit dieser Ausgangslage »schienen für einen kurzen

Zeitraum der Weltgeschichte auch Rußlands Felder reif für eine amerikanische oder britische ›Einflußnahme‹: Standard Oil wie Royal Dutch kauften die Nobel-Interessen auf... DETERDING, der schon seit 1902 die russischen Felder der ROTHSCHILDS besaß, kaufte nun auch die Aktien der Baku Russian Company und der Schibajeff Company, zwei anglo-russische Firmen, die bei Baku Felder besaßen, und erwarb von anderen russischen Emigranten, vor allem den Brüdern ATZATUROW, 1920 große Ölländereien bei Grosnyj und in der Maikop-Region. Er faßte seinen Rußland-›Besitz‹ in der Anglo-Caucasian Oil Co. zusammen...«[2315] Flankiert wurde diese Inbesitznahme des Kaukasus durch die Bewaffung der weißrussischen Armeen General DENIKINS und WRANGELS, deren Funktion darin bestand, die Wirtschaftsinteressen des anglo-amerikanischen Kapitals militärisch abzusichern (vgl. oben).

Zunächst schien die Rechnung auch aufzugehen: »Während der bolschewistischen Revolution waren sofort große Teile des Landes wieder von Rußland abgefallen, und eine autonome Regierung, die Terek-Daghestan-Regierung, war gebildet worden. Im Frühjahr 1919 hatte die aus dem Dongebiet vorrückende Armee DENIKINS ganz Nordkaukasien besetzt, Südkaukasien war seit dem Abzug der Deutschen und Türken in der Hand der Engländer: Die Ölquellen schienen der Macht der Sowjets entzogen.«[2316] Die Briten favorisierten nunmehr einen Plan, einen muslimischen Pufferstaat zwischen Britisch-Indien und dem britisch besetzten Nahen Osten zu schaffen. Als ideologische Grundlage für einen solchen Pufferstaat diente die panislamistische Bewegung. Unmittelbar nach dem Ersten Weltkrieg griff der britische Hochkommissar in Transkaukasien, Col. Claude STOKES, diese schon aus dem 19. Jahrhundert stammende Idee mit stillschweigender Unterstützung des Außenministers Lord CURZON wieder auf.[2317] Dieser Staat, so behauptet er, »würde sich an Großbritannien anlehnen und als Puffer zwischen Rußland und den britischen Asienbesitzungen dienen«.[2318] Dabei reifte in den Köpfen der englischen Strategen auch die Idee eines kaukasischen Bergstaates heran, der Rußland vom Transkaukasus und dem Nahen Osten abtrennte. Dies war ja schon die Vision des britischen Agenten David URQUHART im 19. Jahrhundert, der den tschetschenischen Aufstand des Imam SCHAMIL organisierte und förderte. Auch diese Idee fand die Unterstützung des britischen Außenministers CURZON.[2319]

Den Bolschewiki jedoch gelang es 1920, die Generale DENIKIN und WRANGEL zu schlagen, so daß den Kaukasusplänen des britischen Empires zunächst einmal ein Strich durch die Rechnung gemacht wurde. 1924, mit dem Tod des Diktators LENIN, hoffte man aber, einen erneuten Zugriff auf den Kaukasus nehmen zu können: »Erst nach dem Tode LENINS, während der Streitigkeiten um seine Nachfolge, schien eine neue Gelegenheit gekommen, Kaukasien zur ›Freiheit‹ zu verhelfen«,[2320] und so kam es denn auch 1924 zu einem Aufstand im Kaukasus.

Ausgangspunkt dieses Aufstandes 1924 war Georgien, und vieles spricht dafür, daß dieser Aufstand von London angezettelt wurde. »1924 erinnerte man sich in London daran, daß Georgien unter DAVID II., der seit dem Jahre 1100 ungefähr über den ganzen Kaukasus herrschte, ein mächtiges Königreich gewesen war. 1907, nach russischen Ausschreitungen, hatten die Georgier sich ›an die Staaten der zivilisierten Welt, vertreten auf der Haager Friedenskonferenz‹, gewandt und um Wiederherstellung ihrer Autonomie gebeten. Dieses Dokument war eine gute Handhabe, um einen neuen Staat zu gründen. Dieser Staat mußte allerdings erst erobert werden. So bekamen georgische Nationalisten Waffen und Geld. Der Kampf begann. Moskau hatte damals viele Sorgen. Auch in den Baumwollprovinzen an der Grenze Afghanistans gab es Revolten, aber Öl war wohl einen Krieg wert, und so sandte es seine besten Soldaten. Die Revolte der Georgier wurde blutig niedergeschlagen. Dabei wurden auch Dokumente gefunden, die eine englisch-französische Einmischung bewiesen.«[2321]

Damit war das Ende des ›Great Game‹ Großbritanniens gegen Rußland gekommen. An dessen Stelle setzten nunmehr die USA diese Politik mit vergleichbaren Mitteln fort, die jedoch erst in den neunziger Jahren vollständig zum Einsatz gelangen konnte.

4.5 Der indirekte Krieg der USA gegen Rußland um die Pipelinekorridore Zentralasiens und des Kaukasus

Der Kampf um die Kontrolle der kaspischen Region sowie Zentralasiens machte – so der Kaukasus-Experte Rainer FREITAG-WIRMINGHAUS – eine »Rückkehr der Geopolitik« erkennbar. Im Kaukasus stießen geopolitische Interessen der Regionalmächte aufeinander wie Rußlands, der Türkei und des Iran sowie der globalen Hegemonialmacht USA, die 1997 offiziell diese Region zu ihrer vitalen Interessensphäre erklärt hatte. Der Konkurrenzkampf hat nach Ansicht von Experten im Grunde zwei sich kreuzende – und sich damit widerstreitende – strategische Achsen entstehen lassen: Die vertikale Achse verläuft von Rußland über Armenien nach Iran, die horizontale Achse von Zentralasien über Aserbaidschan, die Türkei bzw. die Ukraine in den Westen.[2322] Mit den Worten von FREITAG-WIRMINGHAUS lassen sich die beiden gegensätzlichen Interessenachsen bezeichnen als »Moskau–Eriwan–Teheran« (die eurasische Achse) versus »Washington–Ankara–Baku–Tiflis« (die von den USA bevorzugte Ost-West-Seidenstraßenachse).

Erkennbar wird bei dieser Achsenbildung schon das strategische Interesse der USA, Rußland und den Iran von der kaspischen Region, dem Kaukasus und Zentralasien fernzuhalten. Zu beachten ist dabei die schon bereits erwähnte fehlende geopolitische Autarkie der Staatenwelt des Kaukasus und Zentralasiens, »d.h., sie brauchen Verbindungs- und Handelswege, um am globalen Handel zu partizipieren«.[2323] Alle Spieler des neuen ›Great Game‹ sind mit dem Problem konfrontiert, daß die Ölfelder der landumschlossenen kaspischen Region Tausende Kilometer von Hochseehäfen entfernt liegen, von wo Tanker das Öl zu den Märkten der industrialisierten Welt bringen könnten. Also müssen Pipelines gebaut werden. Die dazu notwendige Sicherheit der Pipelinekorridore kann nur durch zunehmende

Zusammenarbeit zwischen der kaspischen Region und jenen Mächten hervorgerufen werden, die daran interessiert sind, den Kaukasus und Zentralasien ihrer jeweiligen Vorherrschafssphäre einzugliedern. Genau in diesem Spannungsfeld richtet sich dann auch die Außenpolitik der kaspischen und zentralasiatischen Staaten aus: Die Außenbeziehungen dieser Länder – so Kaukasus-Experte Uwe HALBACH – werden in diesem Zusammenhang bestimmt von den alten Verbindungen zu Rußland und zur GUS, von regionalen zentralasiatischen Integrationsansätzen, von den rivalisierenden Interessen der südlichen Nachbarn Iran und Pakistan, dem damit in Verbindung stehenden Konflikt zwischen dem Iran und den USA sowie einer zunehmenden russisch-amerikanischen Rivalität.[2324]

Daraus ergibt sich schließlich, daß sich genau anhand dieser Achsen, die dem jeweiligen geostrategischen Interesse der beteiligten Mächte entsprechen, in den neunziger Jahren auch die Planung der Pipelinekorridore vollzog. »Ölwirtschaftliche und geopolitische Interessen vermischen sich in der Region«, so schreibt Detlef BIMBOES.[2325] Mit dem Zerfall der Sowjetunion gewannen »der Kaukasus und die kaspische Region ihre einst zu Zeiten der Seidenstraße so wichtige Rolle wieder zurück. Es geht diesmal allerdings um Erdöl und Erdgas, und die Handelswege sind riesige Pipelinenetze«.[2326] Und um den Verlauf der konkurrierenden Pipelineprojekte gibt es im Kaukasus und in Zentralasien Konflikte und Kriege – kurz gesagt, man kann hier ohne weiteres von einer »Geopolitisierung« der Frage der Pipelinekorridore sprechen, denn: »Wer die Pipelines besitzt, wird im 21. Jahrhundert auch die Macht über die Lieferländer haben, aber ebenso über die Verbraucherländer. Die Pipelines werden die Nabelschnüre der Industriegesellschaft sein, mit all ihrer Verletzlichkeit, insbesonders im Erdgasbereich, wo die Flexibilität beim Ausfall der Versorgung. . . relativ gering ist.«[2327]

4.5.1 Aserbaidschan als das Zentrum der zentralasiatischen Erdölwirtschaft

Wie oben ausführlich dargelegt, ist für die Eurasienpolitik der USA entscheidend, daß es keiner konkurrierenden Macht gelingt, Kontrolle über Zentralasien und seine Rohstoffe zu erlangen. Vor diesem Hintergrund hatte die US-Außenpolitik bereits Anfang der neunziger Jahre ein wachsames Auge darauf, daß es weder Rußland noch dem Iran gelingen sollte, eine enge Zusammenarbeit mit den postsowjetischen kaspischen und zentralasiatischen Staaten im Energiesektor einzugehen. Die geopolitische Bedeutung der kaspischen und zentralasiatischen Region führte dazu, daß seit der Auflösung der UdSSR Angelegenheiten, die mit der politischen und wirtschaftlichen Entwicklung im kaspischen Raum in Verbindung stehen, für der US-Außenpolitik ein zunehmendes Gewicht bekommen haben.[2328]

Wie Nafeez M. AHMED nachweist, gab es Planungen der USA zur strategischen Inbesitznahme Zentralasiens schon seit Ende der achtziger Jahre, und zwar in Zusammenhang mit dem Bürgerkrieg in Afghanistan. Im militär-industriellen Komplex der USA – so Nafeez M. Ahmed – wurde mindestens ein Jahrzehnt lang über eine umfassende und langfristige militärische Intervention in Zentralasien nachgedacht. Die Zeitschrift *Newsweek* erörterte dabei Planungen des US-Militärs zur Errichtung von Stützpunkten in der Region und für eine etwaige Operation in Kasachstan.[2329] Dabei sollte Afghanistan als Ausgangspunkt für eine Ausdehnung des US-Einflusses in Zentralasien in Besitz genommen werden: »Die genauere Analyse ergibt, daß der amerikanische Invasionsplan für Afghanistan seine Wurzeln in strategischen und wirtschaftlichen Überlegungen hat, die bis ins Jahr 1989 zurückreichen. Viele Mitarbeiter im amerikanischen Regierungsapparat sehen Afghanistan als Tor für Zentralasien und die kaspische Region und folglich als Tor zur weltweiten Hegemonie der USA.«[2330]

Diesen militärischen Planungen gingen Verhandlungen anglo-amerikanischer Erdölkonzerne mit der sowjetischen Führung und später mit den politischen Führungen der unabhängigen Staaten Zentralasiens zur Erschließung der dortigen Erdölfelder voraus. So verhandelte der US-Ölkonzern Chevron bereits 1988 wegen der Erschließung des weltgrößten unerschlossenen Tengiz-Erdölfeldes in Kasachstan. Die durch die US-Strategie während der achtziger Jahre hervorgerufene wachsende Kreditabhängigkeit der Sowjetunion veranlaßte diese, sich nach ausländischen Investoren umzusehen. Wie oben dargestellt, lag dem ja eine indirekte Strategie des US-Establishments zugrunde, um die Sowjetunion dazu zu zwingen, ihr Rohstoffreservoir dem Zugriff ausländischer – respektive amerikanischer – Konzerne zu eröffnen. »Solche Investitionen wurden hauptsächlich von westlichen Energiekonzernen angeboten. In der Sowjetunion mit ihrer geschlossenen Staats- und Wirtschaftsordnung waren jedoch die strategischen Wirtschaftsbereiche, darunter die Erdöl- und Erdgasbranche, für die westlichen Konzerne lange Jahre nicht zugänglich. Erst der vom Staatschef M. Gorbatschow im April 1985 erklärte ›Perestrojka‹-Kurs ließ es zu, daß ausländische Firmen mit großen Investitionen in die sowjetische Wirtschaft vordringen konnten. 1987 wurde das Gesetz über Joint Ventures zu Gunsten ausländischer Investoren verbessert, das ihnen die Ausweitung ihrer Tätigkeiten auf die peripheren Sowjetrepubliken ermöglichte.«[2331]

Dabei war es insbesondere das Region um Baku in Aserbaidschan als ältestes und einst bei Innovation und Erschließung führendes Erdölfördergebiet, das in das Blickfeld amerikanischer Erdölkonzerne geriet. In dieser Region fand um 1900 mehr als 50% der Weltrohölförderung statt.[2332] Die einflußreichen Gremien ›Council on Foreign Relations‹ und ›James A. Baker Institute for Public Policy‹ gehen in ihrem gemeinsamen Bericht *Strategic Energy Poicy: Challenges for the 21st Century* vom April 2001 davon aus, daß Rußland und die Länder im kaspischen Becken zusammen mehr als 27% der weltweit vermuteten Ölressourcen besitzen.[2333] Diese Quote macht die ungeheure Bedeutung der Region für die oben aufgezeigten strategischen Planungen der USA deutlich.

Nach der Bekanntgabe der staatlichen Souveränität Aserbaidschans im September 1989 und der wirtschaftlichen Unabhängigkeit im Mai 1990 ging die Kompetenz, frei über Förderung und Vermarktung der eigenen Bodenschätze zu entscheiden, an die Regierung in Baku. »Die USA«, so Rizvan NABIJEW, »interessierten sich schon zur sowjetischen Zeit für aserbaidschanisches Erdöl. Bereits in den achtziger Jahren kam der damalige Mitarbeiter der US-Botschaft in Moskau BERLS, später Präsidialberater für Energiefragen in der Administration von CLINTON, öfter nach Baku. Er unterrichtete seine Regierung regelmäßig über das kaspische Erdöl und über den Stand der Erdölindustrie in Aserbaidschan. Später sprach er als einer der ersten über die geopolitische Bedeutung der Region im Zusammenhang mit den Hydrokarbonreserven im Kaspischen Meer. . . Ende der 80er Jahre legten die Nachrichtendienste der USA ein Dossier vor über die Lagerung wichtiger Ölvorkommen im Nordteil des Kaspischen Meeres. . .«[2334]

Mit Hilfe der Aktivitäten ihrer Ölkonzerne beabsichtigten die USA, schließlich ihren geopolitischen Wirkungskreis in Zentralasien und im Kaukasus auszudehnen.[2335] So sprach sich der Washingtoner Berater der Ölgesellschaft AMOCO, Aliriza BÜLENT, 1995 deutlich für eine aktive Teilnahme der amerikanischen Ölmultis am Wirtschaftsleben des kaspischen Raumes aus: Ölpumpen aus Aserbaidschan würden es den USA ermöglichen, »die westlichen Interessen direkt in das Staatensystem der früheren Sowjetunion auszudehnen. Verbunden damit sind die Ziele, den Iran zu isolieren und die Energieressourcen zu sichern – auch vor China«.[2336]

4.5.2 Die USA ziehen Aserbaidschan in ihre Vorherrschaftssphäre und erzwingen die Beendigung des Berg-Karabach-Konfliktes, um Sicherheit für Investitionen herzustellen

Um Verhandlungsaktivitäten von US-Ölkonzernen in Kasachstan und Aserbaidschan einen sicherheitspolitischen Rahmen zu geben, sorgten die USA für die Sicherung der Unabhängigkeit dieser Staaten vor russischem Einfluß. Dies wurde durch den »Freedom Support Act« vom 24. Oktober 1992 bewerkstelligt, der die US-amerikanische Unterstützung dieser Staaten in ihrem Bemühen um eine unabhängige nationalstaatliche Entwicklung regelte.[2337]

Nachdem die großen Ölfelder wie das Chirag-Feld entdeckt worden waren, erkannten die USA die energiepolitische Schlüsselstellung Aserbaidschans.[2338] Allerdings standen der US-Machtelite zunächst zwei Hindernisse im Weg, die die Eingliederung Aserbaidschans in die amerikanische Vorherrschaftssphäre erheblich behinderten. Einerseits war es die Armenierlobby und zweites der Versuch Rußlands, nicht vom Kaukasus abgeschnitten zu werden und seinen Einfluß in der Region zu behalten.

4.5.2.1 Der Einfluß der Armenier-Lobby verhindert die Anwendung des »Freedom Support Acts«

»Noch kurz vor den ersten Bohrungen im Chirag-Feld, während des Karabachkrieges, setzte die armenische Lobby in den USA – sie hat laut Kamalia BEUTEL[2339] eine Schlüsselstellung in den Bundesstaaten Kalifornien, New Jersey und New York – ein vom US-Kongreß einstimmig angenommenes Strafgesetz gegen Aserbaidschan durch«.[2340] Durch den Abschnitt 907 des »Freedom Support Acts« wurde schließlich die Entwicklungshilfezahlung an Aserbaidschan drastisch verringert, und dies, obwohl Aserbaidschan als ein energiereiches Land, das laufend Aufträge an Investoren zu vergeben hat und mit dem Transport seiner Energieressourcen Einfluß auf die Machtbalance der Region ausübt, wirtschaftlich und geopolitisch viel interessanter für die USA ist als Armenien.[2341] Aus diesem Grund hatte die CLINTON-Administration den Kongreß zur Rücknahme des Abschnitts 907 aufgefordert. Das Verfahren zur Rücknahme ist im Herbst 1998 eingeleitet worden, aber bisher nicht zu einem erfolgreichen Abschluß gelangt.[2342]

4.5.2.2 Der Versuch Rußlands, eine geopolitische Abdrängung vom Kaukasus zu verhindern

Noch wesentlich größere Schwierigkeiten bereitete der US-Machtelite das außen- und sicherheitspolitische Umfeld Aserbaidschans, insbesondere im Hinblick auf den Berg-Karabach-Konflikt. Die Hintergründe und die Rolle der beteiligten Mächte wurden oben bereits ausführlich dargestellt und sollen deshalb zur Veranschaulichung nur noch einmal kurz und stichpunktartig wiedergegeben werden: Nach der hier vertretenen Einschätzung war es die Politik der USA hinter den Kulissen gewesen, die Aserbaidschan mit Hilfe der Türkei gegen Armenien und Rußland zu unterstützen versuchte – mit dem Ziel, eine erneute Einflußnahme Moskaus auf den Kaukasus zu verhindern. Und diese Politik der USA war es denn auch, die Rußland zur Entwicklung einer eigenständigen Kaukasuspolitik veranlaßte (siehe oben).

Ausgelöst wurden die Schachzüge durch den Sturz des rußlandfreundlichen aserbaidschanischen Präsidenten Ajaz MUTALIBOV, der am 7. Juni 1992 durch den gewählten Führers der Volksfront, Albufaz ELTSCHIBEY, abgelöst wurde. Unter diesem wurde ein gänzlicher außenpolitischer Kurswechsel Aserbaidschans vollzogen. Die aserbaidschanische Außenpolitik richtete sich radikal an die Türkei und den Westen aus: »Eine westorientierte Außenpolitik unter Anlehnung an die Türkei bildete den Kernpunkt der außenpolitischen Strategie von ELTSCHIBEY.«[2343] Die entschlossene Politik ELTSCHIBEYS, den Konflikt mit Armenien um die armenische Enklave Berg-Karabach mit militärischer Gewalt auszutreten, fand die Unterstützung der Türkei und der USA (vgl. oben), denn die innenpolitische Instabilität und die Tatsache, daß die Armenier anfänglich militärische Erfolge erzielen konnten, gefährdeten die Investitionsvorhaben anglo-amerikanischer Ölkonzerne.[2344] Gleichzeitig setzten die USA Armenien unter erheblichen diplomatischen Druck, während ihr wichtigster Vasall in der Region, die Türkei, mit militärischen Drohungen sowie mit einer Wirtschaftsblockade gegen Armenien vorging.

Was vordergründig wie ein Regionalkonflikt aussah, muß aber tatsächlich als ein Versuch der USA und ihres Vasallen, der Türkei, angesehen werden, über den Karabach-Konflikt Rußland aus Aserbaidschan zu verdrängen. »Die USA«, so Anna KREIKEMEYER, »spielen im Konflikt um Nagornyj-Karabach eine nicht zu unterschätzende Rolle«,[2345] was um so verständlicher wird, wenn man sich noch einmal vergegenwärtigt, welche Bedeutung Aserbaidschan für die US-amerikanische Geopolitik nach den Worten BRZEZINSKIS hat (Aserbaidschan als der »Flaschenhals« des Kaukasus, der den Weg Rußlands zum Kaukasus und nach Zentralasien versperrt). Folgerichtig unterstützten die USA »den Bündnispartner Türkei sowie Aserbaidschan gegen die Bemühungen Moskaus um Reintegration und regionale Kooperation«.[2346] Ebenso versuchten die USA, eine Stationierung russischer Truppen auf aserbaidschanischem Boden zur Stabilitätssicherung zu verhindern: Sie »rieten Aserbaidschan, nicht zuletzt zur Absicherung des Erdölgeschäftes, sich einer Stationierung von russischen/GUS-Friedenstruppen zu widersetzen. . . Einen Alleingang Rußlands ohne Koordinierung mit KSZE und UNO lehnte Washington ab. Die multi-nationale Blauhelmtruppe der OSZE wurde nicht zuletzt auf amerikanischen Druck hin vorbereitet. Im Falle einer Stationierung von GUS-Friedenstruppen fordern die USA Kontrolle durch internationale Beobachter«.[2347]

Es war dieses Vorgehen der USA und ihrer Verbündeten, das Rußland veranlaßte, seine eher passive Haltung gegenüber dem Kaukasus aufzugeben und statt dessen eine aktive Interessenpolitik in dieser Region zu betreiben, die darauf ausgerichtet war, Einfluß in der Region zu behalten, um nicht verdrängt zu werden, wie auch der Rußlandkenner Aschot MANUTSCHARJAN bestätigt: »Ein wichtiger Faktor für die Reaktivierung der Großmachtpolitik Moskaus war das aktive Eingreifen äußerer Kräfte in der Region, etwa der USA, der Türkei und des Iran, die das von Moskau hinterlassene Vakuum ausfüllen wollten. Diese Bestrebungen, die die Loslösung des Kaukasus von Rußland zum Ziel hatten, alarmierten die politische und militärische Führung in Moskau und nötigten sie, dem Kaukasus erhöhte Aufmerksamkeit zu schenken.«[2348] Dabei war es die proamerikanische bzw. protürkische und gleichzeitig antirussische Ausrichtung der Politik ELTSCHIBEYS, die Rußland alarmierte: »Der Richtungswechsel reaktivierte wiederum die bis dahin eher passive rußländische Politik im Transkaukasus.«[2349]

Gleichwohl aber war es Rußland gelungen, in Aserbaidschan unter dem neuen Prädidenten Hajdar ALIYEV zumindest partiellen Einfluß zu behalten. »Im Gegensatz zu seinem Vorgänger ELTSCHIBEY war ALIYEV zeitweise bereit, Moskau gewisse Konzessionen zu machen.«[2350] Moskau versuchte, durch Entsendung von Friedenstruppen nach Berg-Karabach militärisch nach Aserbaidschan zurückzukehren und gleichzeitig einen hohen Anteil an Erdölvorkommen zu erlangen. Auf der anderen Seite hatte Baku die westlichen Ölkonzerne bei den Verhandlungen um die Schürfrechte in aserbaidschanischen Erdölfeldern hingehalten. »Baku erhoffte sich dadurch eine neutrale Rolle Rußlands bei einer Wiedereroberung der von den Armeniern Karabachs besetzten Gebiete. Doch deren Eroberungen hielten an, sogar nachdem Aserbaidschan Mitglied der GUS geworden war. Die Enttäuschung darüber und die Drohung der westlichen Partner, sich zurückzuziehen, resultierte in einem erneuten Schwenk der aserbaidschanischen Politik mit einer deutlichen Hinwendung zum Westen und zur Türkei. Die Formel ›Anteile im Ölgeschäft gegen Rückgabe der besetzten Gebiete‹ scheiterte an den russischen Forderungen nach Militärstützpunkten und Grenztruppen, Forderungen, die nicht selten von gleichzeitigen armenischen Offensiven begleitet waren. Nach Angaben ALIYEVS hat Moskau wiederholt vorgeschlagen, im Austausch mit Militärbasen in Aserbaidschan die besetzten Gebiete zu befreien.«[2351]

4.5.2.3 Die Schachzüge der USA, um Rußland von Aserbaidschan fernzuhalten

In dieser Lage sahen sich die USA gezwungen zu handeln, noch bevor Rußland eine sichere Stellung in dem strategisch wichtigen Aserbaidschan erhalten konnte. Wie die US-amerikanischen Kaukasus-Experten Neil MACFARLANE und Stephen BLANK ausführen, bestehen die geopolitischen Interessen der USA im Kaukasus im wesentlichen aus drei Hauptpunkten: (1) Unterstützung der Souveränität der ehemaligen Sowjetrepubliken, vor allem der potentiellen Erdöl- und Erdgasexporteure, (2) Beteiligung an den Rohstoffen und Kontrolle der Transportwege, (3) Zurückdrängung und Eindämmung des Iran und seiner schiitisch-fundamentalistischen Staatsideologie, Unterbindung nuklearer Interessen des Iran und des Transports kaspischen Erdöls durch iranische Pipelines.[2352] Insgesamt wird in der US-Geopolitik Aserbaidschan die Rolle eines antirussischen und antiiranischen Bollwerks zugewiesen: »Aserbaidschan gehört zu den Ländern, die nach westlicher Auffassung dem russischen Hegemonialanspruch und dem iranischen Einfluß in der Region entgegentreten sollten. . . Baku wird seitdem von Washington wie auch von London als strategischer Partner bezeichnet. Im Zuge der sich entwickelnden amerikanisch-russischen Rivalität im Kaukasus ist nach amerikanischer Vorstellung Aserbaidschan neben der Türkei eine entscheidende Rolle zur Konsolidierung der Region zugedacht.«[2353]

Die wichtigsten Instrumente der Anbindung Aserbaidschans an den Westen sollten das 1994 in Brüssel auf dem NATO-Gipfel ins Leben gerufene ›Partnership-for-Peace‹-Programm und der Euro-Atlantische Partnerschaftsrat bilden. Die USA sorgten dafür, daß Aserbaidschan in diesen Gremien Aufnahme finden konnte. 1994 kam es nicht nur zur Aufnahme Aserbaidschans in das NATO-›Partnership-for-Peace‹-Programm, sondern es begannen kurz darauf, ebenso wie in Georgien, erste

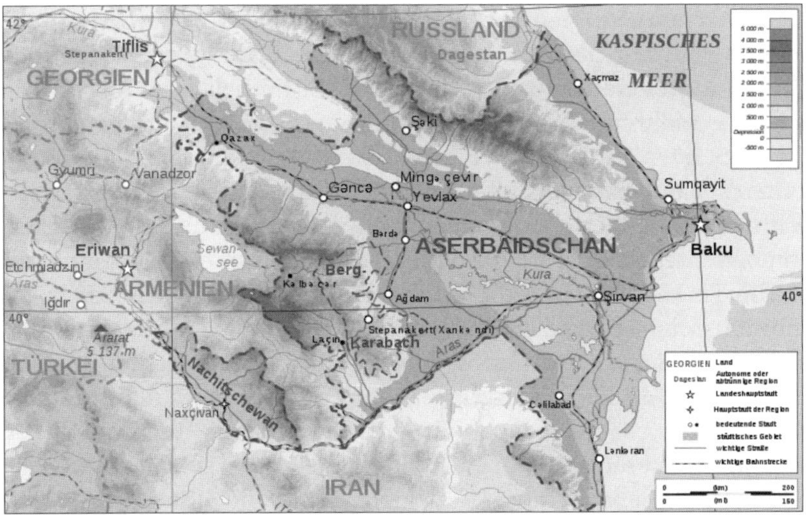

Karte von Aserbaidschan.

konsulatorische Schritte zur Neuorganisation der aserbaidschanischen Armee mit US-amerikanischer Unterstützung.[2354] Des weiteren hatten die USA ab Mitte der neunziger Jahre für den Aufbau regionaler Bündnisstrukturen gesorgt, welche entlang alternativer Ost-West-Pipeline-Korridore, die Rußland fernhalten sollen, verlaufen und die insgesamt als antirussischer Einkreisungswall wirken, um Rußland vom kaukasischen Erdöl abzuschneiden.

»Die neue strategische Allianz Aserbaidschan–Georgien–Ukraine – zuletzt ist auch noch Moldawien dazugestoßen – unfaßt neben der Kooperation im Energiebereich auch die militärische Zusammenarbeit, eingedenk des militärischen Potentials der Ukraine und ihrer besonderen Beziehung zur NATO. Sie ist als Gegengewicht zur russischen Militärpräsenz in der Region und als langfristige Perspektive einer Sicherheitskonzeption außerhalb der GUS-Strukturen gedacht. Es besteht auch die Absicht des Aufbaus einer gemeinsamen Friedenstruppe für den Kaukasus. Die strategische Partnerschaft äußerte sich auch in der gemeinsamen Ablehnung der Revision des Vertrages über konventionelle Streitkräfte in Europa (KSE), in der Moskau zusätzliche Militärposten in Flankenzonen zugestanden wurden.«[2355]

Flankiert wird die Strategie, die kaukasischen und kaspischen ›Rimlands‹ zu einem eigenständigen antirussischen Block im Sinne der Vorgaben Mackinders und Spykmans zusammenzuführen, durch die Europäische Union: Von dieser wird die Allianz Aserbaidschan–Georgien–Ukraine »durch das Projekt des ›Euroasiatischen Transportkorridors‹ (TRACECA) unterstützt, das durch neue Pipelines, Straßen und Eisenbahnen Usbekistan, Turkmenistan, Aserbaidschan, Georgien und die Ukraine unter Umgehung Rußlands verbinden soll. Die ›Neue Seidenstraße‹ nimmt damit konkrete Formen an. Wichtig ist diese Konzeption auch für die Sicherheit der zukünftigen Pipelines. In diesem Zusammenhang steigt die Bedeutung Georgiens, das keine nennenswerten Vorräte an Öl und Gas besitzt, als Transitland. Die Partnerschaft zwischen Georgien und Aserbaidschan, die sich beide als europäische Länder begreifen, hat das Ziel, durch Kooperation mit dem Westen die Integration beider Länder und des Kaukasus in europäische Sicherheitsstrukturen voranzutreiben... Die USA gewähren Hilfe bei der Ausbildung der aserbaidschanischen Armee«.[2356]

Beide Staaten – Georgien und Aserbaidschan – haben das Konzept eines sogenannten »Friedenskaukasus« im Auge mit dem Ziel eines Kaukasischen Commonwealth einschließlich eines Kaukasischen Parlaments. Zur Unterstützung dieses Vorhabens wurden die US-Verbündeten Türkei und Israel einbezogen. Insbesondere die Türkei hatte unter dem damaligen Präsidenten Süleyman Demirel einen »Stabilitätsplan« entwickelt, der Georgien und Aserbaidschan »mit einem Wirtschafts- und Sicherheitsbündnis umarmen (soll), das sich dann nach Zentralasien ausweiten würde. Der türkische Plan ignoriert Rußland und Iran demonstrativ«[2357] – genauso, wie es die US-Geopolitik für Zentralasien auch vorsieht. Georgien und Aserbaidschan »sehen in der Zusammenarbeit mit der Türkei nicht nur die Kooperation im Energiebereich, sondern auch in einer Sicherheitspartnerschaft«. Die drei Staaten sind sich »einig in der Absicht, ebenfalls eine ›peacekeeping force‹ zu bilden. Gemeinsame Manöver von Türkei und Georgien an der georgischen Küste, Militärabkommen Ankaras mit Georgien und Aserbaidschan unterstützen gleichlautende US-Bestrebungen. Dies ist auch zu sehen vor dem Hintergrund des Ausbaus der Beziehungen zu Israel, sowohl von Ankara als auch von Baku«.[2358] Tel Aviv hofft nämlich, einen Anteil der aserbaidschanischen Ölförderung zu erhalten. Für Georgien wiederum ist die Türkei ein Gegengewicht zu Rußland, eine Transportbrücke nach Europa und inzwischen auch der größte Handelspartner.

Kaukasus-Experte Freitag-Wirminghaus erkennt auch die Folgen einer derartigen Achsenbildung: »Ein Ausbau der Achse Baku–Tiflis–Kiew würde Auswirkungen auf die gesamte GUS-Struktur haben, sie würde statt Kooperation die Konkurrenz fördern«[2359] – mit anderen Worten: Durch sie würde eine Spaltung der GUS, verbunden mit einer Abtrennung des Transkaukasus von Rußland, herbeigeführt, wie von der US-Machtelite auch gewünscht, und die Entstehung eurasisch-kontinentaler Gegenachsen hervorgerufen.

4.5.3 Der ›Jahrhundertvertrag‹ – Rußland wird unter Bruch bestehender Verträge aus der aserbaidschanischen Erdölwirtschaft verdrängt

Die oben genannten geopolitischen Entwicklungen bildeten den Rahmen für ein Ereignis, das von Energieexperten als die Grundlage des Einstiegs anglo-amerikanischer Erdölkonzerne in die kaspische Region angesehen wird. In Baku wurde am 20. September 1994 das vom aserbaidschanischen Präsidenten Hajdar Aliyev genannte »Jahrhundertgeschäft« abgeschlossen. Dieser ›Jahrhundertvertrag‹ kann gewissermaßen als erster Siegespreis des USA nach ihrer Destabilisierungsstrategie gegenüber der UdSSR angesehen werden. Den USA ist es ja bekanntlich gelungen, die UdSSR in den achtziger Jahren in eine Schuldenfalle sowie in eine wirtschaftliche

Katastrophe zu stürzen, so daß der UdSSR – wie von der US-Machtelite auch gewünscht – nichts anderes übrig blieb, auch ihre Erdölwirtschaft ausländischen Konzernen zu öffnen. Zu diesem Zweck wurde 1991 eine Ausschreibung über die Erdölförderung aus den Lagerstätten Azeri, Chirag und Gunashli, die in Aserbaidschan am Kaspischen Meer gelegen sind, unter Beteiligung ausländischer Konzerne vereinbart. Der US-Konzern Amoco gewann die Ausschreibung. Auf diese Weise »wurden den amerikanischen Konzernen im kaspischen Becken die legalen Grundlagen für ihre Tätigkeiten geschaffen. Die Gründe für die Bevorzugung von US-amerikanischen Firmen sind nicht zuletzt in den damaligen internationalen politischen Konstellationen zu suchen«,[2360] denn die Sowjetunion war damals an einer Annäherung an die westlichen Staaten, vor allem an die USA, interessiert. »Mit der Schaffung einer günstigen Basis für die Tätigkeiten amerikanischer Unternehmen in strategisch wichtigen Wirtschaftsbereichen, die lange Jahre für westliche Firmen nicht zugänglich waren, wollte sich die Sowjetführung das Image eines zuverlässigen reformorientierten Partners schaffen.«[2361]

Nach der Unabhängigkeitserklärung Aserbaidschans wurden die Verhandlungen zwischen der 1992 gegründeten aserbaidschanischen staatlichen Ölgesellschaft SOCAR und einem Konsortium aus zwölf amerikanischen, europäischen und aserbaidschanischen Konzernen und auch dem russischen Ölkonzern LukOil (AIOC – Azerbaijan International Operating Company) fortgesetzt. Trotz einer russischen Beteiligung war dieses Konsortium im wesentlichen anglo-amerikanisch dominiert: »Konsortialführer wurde. . . British Petroleum mit einem 17%-Anteil, während US-Firmen zusammen 44% Anteile besitzen. Es ist der amerikanischen Regierung ferner gelungen, entgegen der ursprünglichen Absicht Aserbaidschans, iranische Firmen aus dem Geschäft herauszuhalten, jedoch der Turkish Petroleum zunächst 6,8%, später 10% Anteile am Konsortium zukommen zu lassen.«[2362] Auch Rizvan Nabiyev bestätigt die Dominanz anglo-amerikanischer Konzerne in diesem Konsortium: »Die US-amerikanischen Firmen erhielten insgesamt mehr als 38% und zusammen mit den britischen 58% der Anteile. . . Nach mehrmaligen Anteilswechseln stiegen die Anteile der britisch-amerikanischen Firmen auf 60%.«[2363]

Damit entsprach die Anteilsverteilung im Konsortium genau den geopolitischen Vorstellungen der USA: Rußland war weitgehend marginalisiert, der Iran war gänzlich außen vor gehalten. Gegenstand der Vertragsverhandlungen war die gemeinsame Erschließung von drei Offshore-Ölfeldern – Azeri, Chirag und dem Tiefwasserteil von Gunashli – im aserbaidschanischen Sektor des Kaspischen Meeres innerhalb von 30 Jahren.[2364]

Hauptstreitpunkt bei den Verhandlungen, die von Mitte Juli bis September 1994 in Houston/USA fortgesetzt wurden, war der sowohl von der aserbaidschanischen Regierung als auch den Ölkonzernen behauptete ungeklärte Status des Kaspischen Meeres. Um eine feste Sicherheit für ihre Investitionen zu erhalten, forderten die Ölkonzerne, daß der Vertrag erst nach verbindlicher Klärung des Status des Kaspischen Meeres in Kraft treten sollte, was hingegen von der aserbaidschanischen Regierung abgelehnt wurde. Denn die Statusfrage konnte von Rußland als Druckmittel gegen Aserbaidschan ins Feld geführt werden, was das Ende des Vertrages bedeutet hätte, noch bevor er überhaupt unterzeichnet worden wäre. In dieser verfahrenen Situation schaltete sich die US-Regierung direkt ein, die Druck auf die Parteien ausübte und eine Vertragsunterzeichung forderte, noch bevor es zu einer Klärung der Statusfrage gekommen war, bei der Rußland ebenfalls hätte angehört werden müssen.

Eine Vertragsunterzeichnung ohne Klärung der Statusfrage des Kaspischen Meeres jedenfalls bedeutete eine Sicherung der Rechte der anglo-amerikanischen Ölkonzerne im Vorfeld vor allen weiteren Auseinandersetzungen, und nur so ist die Eile zu verstehen, die die USA an den Tag legten, um den Vertrag zum Abschluß zu bringen: »Erst nach einem Treffen zwischen dem Ersten Vize-Präsidenten von SOCAR, Ilham ALIJEW, dem Sohn des Staatspräsidenten, und dem stellvertretenden Energieminister der USA, Bill LAIF, in Washington und der darauffolgenden Intervention der US-Regierung konnte der Konflikt beigelegt werden, indem die Erdölkonzerne auf diese Knebeloption (Inkrafttreten des Vertrages nach verbindlicher Festlegung des Status des Kaspischen Meeres, der Verf.) verzichteten. . . Die USA zeigten großes Interesse am schnellen Abschluß des auch politisch bedeutenden Ölvertrages. Bei Treffen von Präsident ALIJEW und der damaligen Ständigen Vertreterin der USA bei der UNO, Frau ALBRIGHT, in Baku und mit Vize-Präsident GORE in Kairo wurde Anfang September 1994 vereinbart, daß der Ölvertrag bis Mitte September unterschrieben werden solle.«[2365] Zu dieser Vertragsunterzeichnung kam es dann auch am 20. September 1994 in Baku.

Vieles spricht jedoch dafür, daß der ›Jahrhundertvertrag‹ mit früheren, aber nach wie vor gültigen Verträgen bezüglich des Status des Kaspischen Meeres nicht ganz in Übereinstimmung zu bringen ist, worauf Rußland während der Vertragsverhandlungen auch hinwies. Rußland hielt die Formel »aserbaidschanischer Sektor des Kaspischen Meeres« juristisch für ungültig, weil es keine Aufteilung in Sektoren unter den Anrainerstaaten gebe, und daher besitze Aserbaidschan kein Recht und erst recht keine Verfügungsgewalt bezüglich des Schelfs des Kaspischen Meers.[2366] Tatsächlich schienen die Einwände Rußlands einiges für sich zu haben: »In den ersten bekannten Vertragswerken von 1729 zwischen Rußland und Persien wurde das Kaspische Meeer schon als Staatsgrenze festgelegt. Alle Verträge bis zum Zusammenbruch der UdSSR sahen das Kaspische Meer als gemeinsames Eigentum von Rußland (Sowjetunion) und Persien (Iran) an.

Doch seit 1991 kommt es zum offenen Streit um den rechtlichen Status des Kaspischen Meeres und seines Rohstoffvermögens von über einer Billion US-Dollar. Vereinfacht dargestellt gibt es drei unterschiedliche Auffassungen über den Status des Kaspischen Meeres, und zwei Streitparteien. Rußland und Iran – beide haben direkt vor ihrem Küstenstreifen die geringsten Öl- und Gasvorkommen aller Anrainerstaaten –, bestehen darauf, daß, basierend auf ihren Verträgen aus den Jahren 1921 und 1940, das Kaspische Meer ein Binnensee ist. So gesehen, gelte die sonst für Meere gültige internationale Seerechtskonvention von 1982 nicht. Diese regelt neben einer 12 Meilen-Hoheitszone (Art. 3) vor der Küste auch eine 200 Meilen-Wirtschaftszone (Art. 57) – eine Zone mit exklusiven Wirtschaftsrechten für den angrenzenden Staat. Bei einem Binnensee bestünde dagegen die Möglichkeit der gemeinsamen Nutzung aller Ressourcen. Man spricht hier vom Prinzip des Kondominismus. Diese. . . Forderung der Anerkennung als Binnensee beinhaltet im russisch-iranischen Selbstverständnis ein Förderrecht im gesamten Gebiet und ein Mitsprache- und Vetorecht über alle Ölförderentscheidungen Kasachstans und Aserbaidschans.«[2367] Für diese Position Rußlands spricht zudem der Umstand, daß ein Gewässer nur dann unter die Seerechtskonvention fallen kann, wenn es einen Zugang zum Weltmeer besitzt, was beim Kaspischen Meer nicht der Fall ist. Folgte man also der Auffassung Rußlands und des Iran, hätte Aserbaidschan bei Abschluß des ›Jahrhundertvertrages‹ sich vorher die Zustimmung dieser Mächte einholen müssen – der Vertrag in der Form, wie er geschlossen wurde, wäre also als ›schwebend unwirksam‹ zu bezeichnen.

Vor diesem Hintergrund waren Proteste der Russischen Föderation zu erwarten. Als der ›Jahrhundertvertrag‹ unterzeichnungsreif war, richtete Rußland am 12. September 1994 Protestnoten an Aserbaidschan und Turkmenistan und am 16. September 1994 an Kasachstan mit dem Ziel, die Tätigkeit ausländischer Firmen am Kaspischen Meer zu verhindern.[2368] Im Oktober 1994 kam es zum Versuch Rußlands, durch ein an die Generalversammlung der Vereinten Nationen gerichtetes Schreiben den ›Jahrhundertvertrag‹ für ungültig zu erklären.[2369] Gleichzeitig versuchte Rußland, durch die geheime Präsidentendirektive Nr. 369 »On Protecting the Interests of the RF in the Capian Sea« vom 17. Juli 1994 Gegenstrategien zu entwickeln,[2370] um einer Abdrängung Rußlands entgegenzuwirken.

Nach allgemeiner Ansicht gilt dieser Vertag als Modell und »politisch als epochemachend«,[2371] und zwar dahingehend, daß Rußland vom Kaspischen Meer allmählich verdrängt wurde, was auch Energie- und Kaukasus-Experte Friedemann Müller bestätigt: »Rußland wurden die Grenzen seiner Einflußnahme in der Region aufgezeigt. Seine Rechtsvorstellung, daß das Kaspische Meer und seine Bodenschätze gemeinsam (unter besonderem russischem Einfluß) verwaltet und erschlossen werden, wurde durch einen faktenschaffenden Vertrag übergangen, wobei Rußland in den folgenden Jahren nichts (anderes) übrig blieb, als sich immer stärker der Rechtsauffassung des kleinen Aserbaidschan zu nähern, um damit überhaupt noch als Partner an Transit-Geschäften beteiligt zu sein und seinen Firmen eine Beteiligung an der Erschließung zu ermöglichen.«[2372] Der Abschluß des ›Jahrhundertvertrages‹ muß daher im Ganzen als eine strategische Niederlage Rußlands im Kaukasus angesehen werden. »Während westliche Experten von einer ›Verzahnung der Interessen der beteiligten Firmen und Staaten mit der Kaukasusregion‹

und vom ›gemeinsamen aserbaidschanisch-westlichen Interesse an Stabilität in der Region‹ sprachen, schätzte ihn eine Moskauer Zeitung als ›geopolitischen und ökonomischen Verlust‹ für Rußland ein.«[2373]

Nicht nur in Aserbaidschan gelang es den anglo-amerikanischen Ölkonzernen Fuß zu fassen: Der US-Ölkonzern Chevron hatte im April 1993 einen Vertrag mit dem Staat Kasachstan zur Erschließung des Tengiz-Feldes abgeschlossen, das am Nordostufer des Kaspischen Meeres gelegen ist.

Hierbei stellt sich die Frage, welche Zusammenhänge zwischen den US-Konzernen und der politischen US-Machtelite bestehen. Hierbei ist eine enge Verbindung zwischen US-Geopolitikern und dem Wirken der anglo-amerikanischen Konzerne festzustellen. Insbesondere Zbigniew BRZEZINSKI ist als Berater weiterhin aktiv in der US-amerikanischen Regierung eingebunden. »Vor allem aber werden seine Zielsetzungen längst von denen verfolgt, die tatsächliche Weltmacht ausüben. So schlossen sich 1995 die großen US-amerikanischen Ölfirmen in Washington zu einer eigenen Lobby, der Foreign-Oil-Companies-Group, zusammen, um ihre Interessen in der kaspischen Region zu fördern und um Einfluß auf die Entscheidungen der US-Regierung zu nehmen. Sie gewannen eine Reihe ehemaliger prominenter US-Politiker als Berater für ihre Öllobby, so den erwähnten Zbigniew BRZEZINSKI, den ehemaligen stellvertretenden US-Verteidigungsminister Richard ARMITAGE, den früheren Stabschef der US-Armee John SONUNU sowie die ehemaligen US-Außenminister Lawrence EAGLEBURGER und Henry KISSINGER.«[2374] Zbigniew BRZEZINSKI steht bei der amerikanischen Ölfirma Amoco unter Vertrag, während EAGLEBURGER, Howard BAKER und Brent SCOWCROFT bei Pennzoil tätig sind.

4.5.4 Der Pipeline-Poker beginnt: Die USA planen, das russische Transportmonopol zu brechen

Mit dem ›Jahrhundertvertrag‹ begann Rußland, seinen Einfluß in der kaspischen Region allmählich zu verlieren, und mit dem internationalen – eigentlich angloamerikanischen – Konzern AIOC hatte »sich eine Kraft etabliert, die als ein wichtiger Gegenspieler in dem geopolitischen Bemühen der staatlichen Mächte um Einflußsphären gilt«.[2375]

4.5.4.1 Die bestehenden Pipelinesysteme begünstigen Rußlands Stellung im Pipeline-Poker

Rußland verfügte jedoch noch über einen Trumpf, mit dem es noch ein wichtiger Faktor im Konkurrenzkampf um das kaspische Öl bleiben konnte. In dem sich nun abzeichnenden Konflikt ging es jetzt »nicht nur um die eigentlichen Ressourcen, sondern. . . auch um die Macht, die aus der Kontrolle der Transportwege entspringt. Rußland besitzt derzeit über 80% der Pipelinekapazitäten in der kaspischen Region, und wegen ausreichender militärischer Mittel auch genügend Sicherheitsangebot«.[2376] Genauso sieht es auch Kaukasus-Experte FREITAG-WIRMINGHAUS: »Im Ringen um die Hauptpipeline für das aserbaidschanische Öl besitzt Rußland durch seine militärische Position im Kaukasus, sein vorhandenes Pipelinesystem und die Aktivitäten seiner Konzerne einen Vorteil.«[2377]

Insgesamt hatte Rußland also bei den Verhandlungen um den Transport des kaspischen Meeröls aufgrund seines bereits gebauten Pipelinenetzes einen großen Vorteil[2378] – eine Situation, die den USA keinesfalls ins strategische Konzept paßte, kommt es für die US-Machtelite doch gerade darauf an, die kaspische Region, den Kaukasus und Zentralasien mitsamt seiner Ressourcen von Rußland abzutrennen, um ein Wiedererstarken der eurasischen Kontinentalmacht ein für allemal zu unterbinden. Wie Mortimer B. ZUCKERMAN schreibt, besteht der strategische Ausgangspunkt, um Rußland zurückzudrängen und amerikanische Erdölinteressen durchzusetzen, darin, das bisherige Pipelinemonopol Rußlands zu brechen.[2379] Neben der Rohstoffsicherung zielten die USA nunmehr auf die Errichtung eines Ost-West-Energie- und Transportkorridors, dessen Ziel die Zurückdrängung des russischen Einflusses ist.[2380]

Zum Zeitpunkt des ›Jahrhundertvertrages‹ jedenfalls war die Stellung Rußlands in der Frage der Transportkorridore ausgesprochen günstig: Die US-Erdölkonzerne verfügten zwar seit April 1993 über Förderrechte an der kasachischen Küste des Schwarzen Meeres (Tengiz) und seit September 1994 an den aserbaidschanischen Offshore-Feldern. Jedoch verfügten sie nicht über eigene Transportrouten, so daß man zunächst auf Rußland angewiesen war: »Die Routen von Baku bzw. Tengiz nach Novorossijsk sind für den Transport des aserbaidschanischen und kasachischen Öls die bisher einzigen, die funktionieren (Baku–Novorossijsk) bzw. schnelle Aussicht auf Realisierung haben (Tengiz–Novorossijsk). Sowohl Aserbaidschan als auch Kasachstan arbeiten jedoch unter Unterstützung der USA mit Hochdruck daran, ihre einseitige Abhängigkeit von Rußland auf diesem Gebiet zu verringern. Erweisen sich die rußländischen Routen als zuverlässig und billig, könnte es Moskau jedoch mittelfristig gelingen, die Stellung ›seiner‹ Routen als Haupttransportadern zu behaupten.«[2381] Bis zu diesem Zeitpunkt jedenfalls erlaubte die von der UdSSR ererbte Transportinfrastruktur nur, das Erdöl und Erdgas der kaspischen Region nach Rußland zu befördern.[2382] Verwendungstauglich waren zum Zeitpunkt Ende der neunziger Jahre folgende Pipelinerouten:

– Die Route von Baku zum rußländischen Schwarzmeerhafen Novorossijsk war derzeit die bislang einzige funktionierende Pipeline für das aserbaidschanische Öl. Diese Pipeline war bis dahin auch die einzige, die wirtschaftlich attraktiv war. Diese Pipeline verläuft über eine Strecke von 153 km durch den kaukasischen Unruheherd Tschetschenien, und zwar über Grozny, die Hauptstadt der tschetschenischen Teilrepublik. Problematisch war in diesem Zusammenhang der tschetschenische Separatismus, der die Sicherheit der Ölleitung erheblich gefährdete. Am 23. Dezember 1996 unterzeichneten der russische Ministerpräsident TSCHERNOMYRDIN und der tschetschenische Präsident Aslan MASCHADOW ein Abkommen über die Sicherheit der Pipeline Baku-Grozny-Novorossijsk. Dabei blieb die Frage der Transitgebühren zunächst offen, was später zu heftigen politischen Auseinandersetzungen zwischen Rußland und Tschetschenien führen sollte.[2383] Diese bestanden in Forderungen Tschetscheniens gegen Rußland nach höheren Transitgebühren. Diese Auseinandersetzungen waren für das Kräfteverhältnis, insbesondere für den russischen Einfluß im Kaukasus, nicht ohne Bedeutung: Tschetschenien blieb ein ständiger Unruheherd und konnte »z.B. über mögliche Terroranschläge – die Transportwege auf rußländischem Territorium behindern. Der tschetschenische Feldkommandeur Salman RADUEV machte dies in einem Fernsehinterview deutlich, in dem er erklärte, daß es ›keine Pipeline für Rußland geben werde‹, solange es nicht die Unabhängigkeit Tschetscheniens anerkannt habe«.[2384] Überdies forderte Tschetschenien 50 Prozent der Transiteinnahmen auf seinem Gebiet. Diese Streitigkeiten zogen sich noch über eine gewisse Zeit, bis sich Rußland und Tschetschenien über die Transitgebühren einig waren, so daß die Pipeline am 25. Oktober 1997 freigegeben und am 12. November 1997 offiziell eingeweiht werden konnte.[2385]

– Eine weitere Pipeline, die 1999 gebaut wurde, führt von Baku zum georgischen Hafen Supsa an der Schwarzmeerküste. Diese Route wurde von Georgien und Aserbaidschan bevorzugt, denn beide Staaten planten – entsprechend den Vorgaben der US-Machtelite – sich vom russischen Monopol des Öltransports nach Europa und auf die Weltmärkte zu lösen, und »das Besondere an Baku-Supsa ist seine einzigartige Strecke, die nicht durch russisches Gebiet geht«.[2386] Daher entspricht sie dem strategischen Interesse der beteiligten Mächte, insbesondere auch der USA, und »mit Hilfe internationaler Ölkonsortien will Aserbaidschan Baku zum Zentrum des asiatischen Ölhandels machen, wozu man eine von Rußland möglichst unabhängige Hauptroute benötigt. Die Pipeline nach Supsa wäre auch eine akzeptable Lösung für die am ›Jahrhundertvertrag‹ beteiligten Ölfirmen, die das aserbaidschanische Öl auf dem südeuropäischen Markt plazieren wollen«.[2387]

Problematisch bei dieser Trassenführung war die Tatsache, daß diese Pipeline durch Georgien führte, dessen innere Stabilität durch die Sezessionsbestrebungen der Abchasen und Südosseten in Frage gestellt war und nach wie vor ist. Der weitere Nachteil dieser Pipeline bestand in ihrer geringen Transportkapazität, so daß sie für die Ölkonzerne als alleinige Route nicht in Frage kam.[2388] Außerdem stellte sich das Problem, daß das Erdöl dann von Supsa mit Öltankern noch durch den Bosporus transportiert werden mußte; die Türkei jedoch hatte den Tankerverkehr aus ökologischen Gründen seit 1994 erheblich eingeschränkt und lehnte es ab, »daß sich die Meerengen in eine Ölpipeline verwandeln«.[2389]

Die US-Geopolitik war daher folgenden – für sie ungünstigen – Problemen ausgesetzt: Funktionstüchtig und auslastungsfähig waren nur die russischen Pipelines. Die bis dahin einzig in Frage kommende Alternativpipeline Baku–Supsa, die dem geopolitischen Interesse der USA am nächsten kam (weil sie Rußland umgeht), reichte für die künftigen Transportpläne nicht aus, bestenfalls ließ sich über sie das sogenannte ›early Oil‹ transportieren, nicht aber die erwarteten großen Fördermengen; ungeachtet der Tatsache, daß sich die Türkei gegen einen Transport des Erdöls mit Öltankern durch den Bosporus sperrte. Daher war es wichtig, »*die Möglichkeiten von alternativen Transportrouten, und zwar am Bosporus vorbei,* für den Transport der kaspischen fossilen Energiereserven zu untersuchen«.[2390]

In diesem Zusammenhang enthüllte am 4. Oktober 1998 die *Washington Post* die genauen Hintergründe des Aserbaidschan-Deals: Demzufolge hätten die westlichen Ölkonzerne nach anfänglicher Skepsis, ob vielleicht Moskau hinter ALIYEWS Putsch stecke, bald erkannt, daß ALIYEW genau der Präsident sei, auf den sie gewartet hätten. ALIYEW einigte sich bald mit dem amerikanischen Erdölkonzern Amoco und machte seinen Sohn Ilham ALIYEW zum Vizepräsidenten der staatlichen aserbaidschanischen Ölgesellschaft SOCAR. Dabei wirkte kein Geringerer als Zbigniew BRZEZINSKI als Berater im Hintergrund, um Strategien für die Verlegung der Pipelines zu entwickeln. Vertreter der Lobby-Organisation ›Foreign Oil Companies‹ (gegründet von in Aserbaidschan engagierten US-Ölkonzernen) kamen im Sommer 1995 mit der Energieexpertin des Nationalen Sicherheitsrates Sheila HESLIN und dann mit einem Ausschuß unter Leitung von US-Sicherheitsberater Sandy BERGER zusammen. Dieser hatte schon längst ein Regierungskomitee zur Gestaltung der US-Politik in der kaspischen Region gegründet, dem Vertreter aus verschiedenen Regierungsressorts und der CIA angehörten.[2391]

Es ging um die Routen der Erdölpipelines aus Aserbaidschan und dem Kaspischen Meer. Es existierte ja die Pipeline Baku–Noworossijsk, die auch mit geringem Aufwand hätte modernisiert werden können. »Aber dann hätte Rußland in den Augen BRZEZINSKIS und einiger Vertreter der Regierung CLINTON zu großen Einfluß auf die Geschäfte der AIOC.«[2392] Wie die *Washington Post* weiter enthüllte, traf sich Sicherheitsberater Sandy BERGER zweimal mit Vertretern der AIOC-Firmen und überzeugte den AIOC-Präsidenten Terry ADAMS von BP von der Notwendigkeit, die 250 Mio. Dollar teure neue Pipeline außerhalb russischer Kontrolle von Baku zum georgischen Hafen Suspa zu bauen. BP hatte ursprünglich die billigere Lösung bevorzugt, die russische Pipeline zu modernisieren.[2393] Im September 1995 – so die Enthüllungen der *Washington Post*, wiedergegeben in der Zeitschrift *Neue Solidarität* – entschied sich die AIOC dann für die Doppellösung, die russische Pipeline zu nutzen und auch weiter westlich eine neue Pipeline zu bauen. »Wenig später fragte CLINTONS Sicherheitsberater Anthony LAKE BRZEZINSKI privat, ob er ALIJEW einen Brief CLINTONS überbringen könnte. In dem Schreiben hieß es, die USA wollten zwei Pipelines und wären bereit, als Gegenleistung bei der Beilegung des Konflikts zwischen Aserbaidschan und Armenien über Berg-Karabach zu helfen. BRZEZINSKI, der kurze Zeit später Berater für Amoco wurde, erklärte, er habe zugestimmt, weil er über die russischen Absichten im Transkaukasus besorgt gewesen sei. Er überbrachte ALIJEW den Brief und führte dann noch mehrere Tage ausführliche Gespräche. Er erfuhr, die Russen hätten gefordert, alles Erdöl aus Aserbaidschan solle durch russische Pipelines laufen, und zudem sollten russische Soldaten in Aserbaidschan stationiert werden. Der Eurasien-Direktor von Amoco, Don STACY, gewann Präsident CLINTON für die Zwei-Pipelines-Politik, und im Oktober 1995 warb CLINTON telefonisch bei ALIJEW für den Plan; eine Woche später stimmte ALIJEW zu. (Laut *Washington Post* versprach CLINTON ALIJEW, die Sanktionen nach ›Abschnitt 907‹ gegen Aserbaidschan aufzuheben. . .) Anfang 1996 kamen die Russen zu dem Schluß, daß die Kontrolle über eine von zwei Pipelines besser wäre als gar nichts, und lenkten ein.«[2394]

Die US-Politik erlitt in jener Zeit aber noch einen entscheidenden Rückschlag, und zwar bei dem Versuch, einen Pipelinekorridor für das kasachische Öl aus der Region Tengiz im Nordosten des Kaspischen Meeres festzulegen. Dem US-Konzern Chevron gelang es ja, die Förderrechte am Tengiz-Feld zu erwerben, und zwar unter Ausschluß Rußlands. »Bereits vor Abschluß der Verhandlungen zwischen Kasachstan und Chevron über die Erschließung des Tengiz-Feldes wurde 1992 das Caspian Pipeline Consortium (CPC) gegründet, um eine Pipeline zum Transport des Tengiz-Öls nach Novorossijsk zu errichten. Teilhaber an CPC waren die Staaten Rußland, Kasachstan und Oman, letzterer als möglicher Investor. Chevron ist es nicht gelungen, einen für die Firma wünschenswerten Anteil zu bekommen; es hat damit keinen Einfluß auf die Politik des Konsortiums«, so Friedemann MÜLLER.[2395]

Hier schien es Rußland zu gelingen, die US-amerikanische Konkurrenz in die Schranken zu weisen. »Die Alternative einer Pipeline von Tengiz durch Turkmenistan und Iran zum Persischen Golf, wie vom kasachischen Präsidenten NAZARBAJEV gewünscht und mit Iran als Absicht vereinbart, wurde NAZARBAJEV anläßlich eines Besuches im Weißen Haus im Frühjahr 1994 ausgeredet. Damit gab es für den Transport des Tengiz-Öls zu Rußland keine Alternative. Diese Monopolposition hat Rußland jahrelang genutzt, um sich zum einen dafür zu revanchieren, daß es bei der Erschließung des Tengiz-Feldes nicht berücksichtigt wurde, und zum anderen, um sich des kasachischen Konkurrenten auf dem internationalen Ölmarkt zu entledigen. So wurde die CPC-Pipeline nicht nur nicht gebaut und Tengiz-Öl nur in ganz geringem Maße über das existierende russische Netz geleitet, auch die Planung der Pipeline wurde nicht vorangetrieben.«[2396]

So hatte Rußland den Transport des kasachischen Tengiz-Öls weitgehend blokkieren können. Doch in der Folgezeit gelang es Rußland, sich mit seinen Transportmonopolbestrebungen hier durchzusetzen. Im Frühsommer 2001 konnte eine entsprechende Pipeline schließlich doch eröffnet werden, »und zwar ausgerechnet eine Transportader, die auf der ›falschen‹ Trasse verläuft: Die Tengiz–Noworossijsk-Pipeline. . . verbindet die Ölvorkommen von der kasachischen Stadt Tengiz, führt dann in einem Bogen um die kasachische und dann russische Nordküste des Kaspischen Meers und verbleibt im folgenden ausschließlich auf russischem Terrain mit dem Endpunkt Schwarzmeerhafen Noworossijsk. . . Die *Frankfurter Allgemeine Zeitung* kommentierte das erfolgreiche CPC-Projekt kaum verhohlen hämisch mit dem Verweis, hier handle es sich um ›einen Sieg der wirtschaftlichen Überlegungen folgenden Politik Rußlands über die politisch unglücklich taktierenden Vereinigten Staaten‹.«[2397]

Auch Chalmers JOHNSON bestätigt, daß diese Pipeline »der US-Regierung mißfällt, der sehr daran gelegen ist, daß die Öl- und Gasexporte aus Zentralasien weder durch Rußland noch durch den Iran geleitet werden«.[2398]

4.5.4.2 Die USA entwickeln Gegenstrategien – Die Geburtsstunde der Pipeline Baku–Tiflis–Ceyhan (BTC)

Jetzt mußten die USA also gegensteuern. Es mußte jetzt alles daran gesetzt werden, daß Rußland neben den Transportrouten für das kasachische Öl nun nicht auch noch die Pipelinekorridore für das aserbaidschanische Öl kontrolliert, wobei das russische Transportmonopol für kasachisches Erdöl schon in den neunziger Jahren deutlich zu Tage trat: »Rußland darf nicht neben dem Tengiz-Öl auch noch das Baku-Öl transportieren.«[2399]

Vor diesem Hintergrund entwickelte die US-Machtelite folgende Grundsätze, die bei der Errichtung neuer Pipelinekorridore zu berücksichtigen waren:

- Unterstützung der Unabhängigkeit der kaspischen Staatenwelt, Ausbau und Verbesserung der Infrastruktur in der Region, Einbindung dieser Region in das internationale Netzwerk politischer und wirtschaftlicher Beziehungen;
- Sicherung der Region als politische Einflußsphäre der USA einschließlich der Unterstützung der US-Wirtschaftsinteressen;
- die Isolierung Irans, aber auch Rußlands;
- Diversifizierung der globalen Ölversorgung und der Pipelinerouten.[2400]

In einem Vortrag an der John Hopkins University am 4. Februar 1998 stellte US-Botschafter William COURTNEY, Abteilungsleiter für Rußland, Ukraine und Eurasien beim Nationalen Sicherheitsrat der USA, folgende Strategie der Vereinigten Staaten in der Region vor: erstens mehrere Transportrouten, zweitens Entwicklung eines Ost-West-Korridors, drittens Isolierung des Iran als Transitland für kaspische Energie. Rußland sollte bestenfalls in begrenztem Maße vom Baku-Öl einen geringen Teil des ›Early Oil‹ transportieren dürfen; der Hauptteil sollte aber durch eine Ost-West-Pipeline gepumpt werden, die Rußland umgeht. Im Kern ging es, wie Friedemann MÜLLER schreibt, »um eine Monopolisierung des Baku-Öls«,[2401] und zwar sowohl der Förderung selbst als auch der Transportrouten in den Händen von US-Konzernen. Dabei sollte sichergestellt werden, »Rußland bei allen Pipelineprojekten auszuschalten, um die Weltmacht von einst möglichst lange von einer wirtschaftlichen Renaissance auszuschließen«.[2402]

Diese Auffassung bestätigt auch PUTIN-Kenner Viktor TIMTSCHENKO: »Für die US-Politik in Zentralasien wurde ein Konzept mit folgenden Hauptzielen entwickelt: die Staaten in dieser Region in ihrer Unabhängigkeit von den Nachbarn, vor allem von Rußland, zu stärken; gleichzeitig ihre Bindungen an den Westen zu festigen;

das russische Monopol über die Öl- und Gas-Transportwege aus der Region zu brechen. Diese Zielsetzung wurde im Jahr 2000 vom zuständigen Unterausschuß des US-Repräsentantenhauses bestätigt.«[2403]

Aus diesen Gründen begann die US-Politik ihren Schwerpunkt in der Region auf eine Hauptpipeline zum offenen Meer zu legen. »Zur Diskussion stehen vier Optionen, die russische, georgische, türkische und iranische Option. Die russische und die georgische Option sehen Pipelines entlang der vorhandenen Routen für *early oil* vor. . ., die iranische Option bietet eine wenige hundert Kilometer lange Verbindungsstrecke als Anbindung an das gut ausgebaute iranische Netz an. Die türkische Option bedeutete eine Streckenführung entlang der georgischen Pipeline ganz oder beinahe bis Supsa, von dort nach Süden zum türkischen Mittelmeerhafen Ceyhan. Diese letzte Variante bevorzugt die US-Regierung, mit der Begründung: Iran darf nicht in die kaspische Infrastruktur integriert, sondern muß isoliert werden. Rußland darf nicht neben dem Tengiz-Öl auch noch das Baku-Öl transportieren. Die Türkei muß als regionale Macht aufgebaut werden. Der Hafen Ceyhan muß dafür entschädigt werden, daß das irakische Öl, das durch eine Pipeline mit Ceyhan verbunden ist, wegen der Sanktionen nur noch spärlich fließt.«[2404] Ergebnis der Erörterungen war der Plan zum Bau einer 1750 km langen Ölleitung, die in Baku beginnen, in nordwestlicher Richtung verlaufen und Aserbaidschan nördlich der unruhigen armenischen Enklave Nagorni-Karabach passieren sollte. Durch Georgien sollte die Ölleitung zum Schwarzmeerhafen Batumi und dann weiter in südwestlicher Richtung durch das türkische Kurdengebiet zu dem für große Tanker geeigneten Hafen Ceyhan am Mittelmeer verlaufen.[2405]

Chalmers JOHNSON erwähnt auch den Grund, warum diese sehr aufwendige und teure Route von den USA nachdrücklich gewünscht und gefördert wurde: »Die USA bevorzugen dieses Projekt, weil dadurch Rußland und der Iran sowie die Meerengen am Bosporus und den Dardanellen umgangen werden können.«[2406] Es handelt sich mithin um einen Pipelinekorridor, der ausschließlich geopolitisch und weniger wirtschaftlich begründet ist, weshalb die Ölkonzerne dem Korridor Baku–Tiflis–Cheyhan eher kritisch gegenüberstanden, hingegen die US-Regierung aber massiven Druck ausübte, um die Verwirklichung dieses Pipelineprojekts möglichst schnell herbeizuführen.[2407] »Die seit 1997 intensivierte Kampagne Washingtons für Ceyhan ist der deutlichste Ausdruck der gemeinsamen Interessenlage der USA und der neuen unabhängigen Staaten. . . Die US-Regierung denkt in strategischen Kategorien, die Öl-Gesellschaften denken wirtschaftlich und favorisieren den georgischen Hafen Supsa mit einem Weitertransport durch den Bosporus oder eine Kombination, bei der Rußland, Georgien und Iran beteiligt sind. Der niedrige Ölpreis und die Ungewißheit über den tatsächlichen Umfang der Vorräte und zukünftiger Produktion lassen sie von Investitionen in großangelegte und kostspielige Projekte Abstand nehmen«, so Rainer FREITAG-WIRMINGHAUS.[2408]

Er stellt auch klar heraus, worum es den USA eigentlich geht: »Washington beharrt auf der Pipeline Baku–Ceyhan als Teil und Ergänzung des eurasischen Energietransportkorridors entlang der Ost-West-Achse. Eine weitere Konzentration von Energieträgern im Persischen Golf soll verhindert werden. Letzteres wäre durch eine Pipeline nach Iran gegeben, wie sie einige US-Gesellschaften fordern. Eine Pipeline Baku-Ceyhan wäre also in erster Linie eine politische und strategische Pipeline, die man auch bauen würde, wenn sie ökonomisch nicht rentabel ist. Die USA wollen den Energiestrom an Rußland vorbeilenken und mit Hilfe der kaspischen Energieressourcen die Türkei zum Stabilitätsanker in der Region machen, ihr wirtschaftliches Wachstum fördern und durch die Route Baku–Ceyhan Aserbaidschan, Georgien und die Türkei an den Westen binden.«[2409]

Dieser Pipelinekorridor entsprach schließlich auch der in den neunziger Jahren eingetretenen Umschichtung geopolitischer Machtverhältnisse: »Während der russische und iranische Einfluß allmählich zurückging, nahm der US-amerikanische und türkische Einfluß bedeutend zu«,[2410] und mit dieser Pipeline sollten die beteiligten Staaten Aserbaidschan, Georgien und Türkei ganz im Sinne der geopolitischen Interessen der USA in die Lage versetzt werden, »Gegengewichte« zum russischen Transportmonopol zu schaffen. Daher ist es nicht zuviel gesagt, diese Pipeline als ein strategisches Projekt zu bezeichnen, das »die Geopolitik der Region ändert«[2411] – und zwar zugunsten der USA.

Mit der Pipeline Baku–Tiflis–Ceyhan (BTC) sollen die beteiligten Staaten Aserbaidschan, Türkei und Georgien in der Region die geopolitische Aufgabe ausüben, die ihnen die US-Geopolitiker zugewiesen hatten. Sie sollen gleichzeitig als antirussischer Sperriegel wie auch als Ost-West-Korridor dienen, um die kaspischen Energieressourcen von Rußland abzutrennen. Deutlich spricht dies Chalmers Johnson aus: Auch seiner Einschätzung nach haben die Pipeline Baku–Tiflis–Ceyhan und die ab Mitte der neunziger Jahre eingeleitete enge militärische Zusammenarbeit dieser Staaten mit den USA das Ziel, »einen Keil zwischen die neuen zentralasiatischen Republiken und Rußland zu treiben«.[2412]

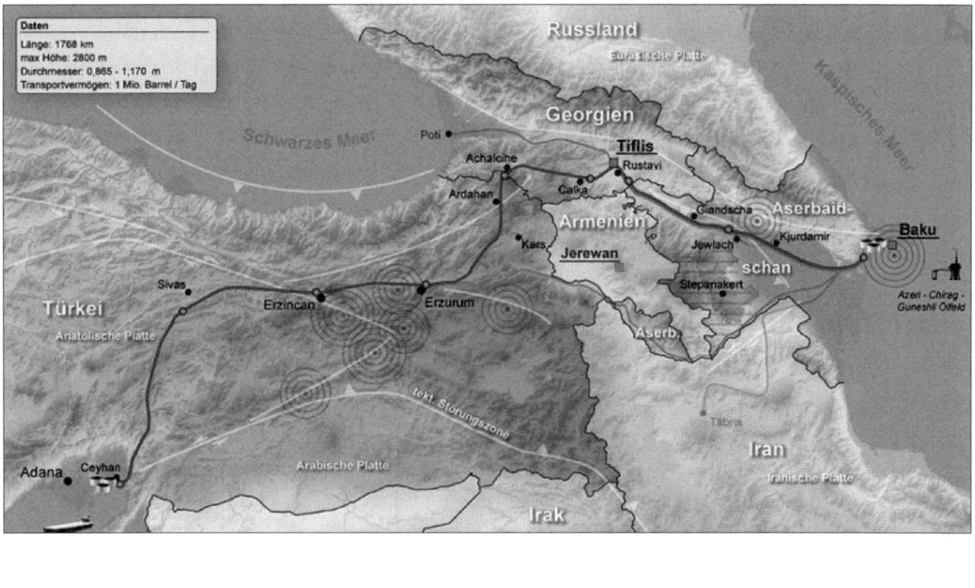

Pipeline Baku–Tiflis–Ceyhan (BTC)

Der Transport des aserbaidschanischen ›Hauptöls‹ und des Erdgases über Georgien zum Weltmarkt verstärkt die Rolle dieses Kaukasusstaates als Transitland zwischen Zentralasien und Ost- wie Westeuropa, und während Aserbaidschan als Schlüsselland für den Zugang nach Mittelasien betrachtet wird – so Rizvan NABIYEV –, erfüllt Georgien als strategisches Zentrum des Kaukasus für den Westen die Funktion eines Durchgangstores zur kaspischen Region und zur Seidenstraße.[2413] In diesem Sinne will sich Georgien nicht nur auf die bloße Transitfunktion zwischen Aserbaidschan und Mittelmeer beschränken, sondern möchte diese Rolle auch für den Raum zwischen Mittelasien und der Türkei übernehmen. Aus diesem Grunde ist es auch an einem stabilen Aserbaidschan als ›Drehtür‹ am Kaspischen Meer interessiert, da Tiflis diese geopolitischen Pläne nur mit Unterstützung Bakus realisieren kann.[2414]

Vor diesem Hintergrund erfüllt Georgien für die US-Geopolitik im Transkaukasus eine äußerst wichtige Drehscheibenfunktion. »Mit der Beförderung der kaspischen Energieressourcen über sein Territorium verwandelt sich Georgien in einen bedeutenden Verkehrsknotenpunkt am Schwarzen Meer«.[2415] Mit dem Pipelineprojekt mit Georgien als Zentrum – so Rizvan NABIYEV – werden die südlichen Postsowjetrepubliken nicht nur politisch und ökonomisch enger miteinander verbunden, durch dieses Projekt könnten sie auch, wie von den USA auch beabsichtigt, enger an das westliche Marktwirtschaftssystem angegliedert werden.[2416] Verbunden werden sollte mit dieser Pipeline eine wirtschaftliche Stärkung der Staaten Georgien und Aserbaidschan, damit diese sich von Rußland abkoppeln können.

Eröffnet wurde die Pipeline Baku–Tiflis–Ceyhan am 25. Mai 2005. Die *Süddeutsche Zeitung* enthüllte hierzu: »Der wichtigste Geburtshelfer des Projekts waren die USA, denen es im wesentlichen um mehr Unabhängigkeit von nahöstlichen Energiequellen ging. Das ›Geschäft des Jahrhunderts‹, die 1994 von BP, Statoil, Amoco und anderen westlichen Ölfirmen vereinbarte Ausbeutung der Ölvorkommen des Kaspischen Meeres, machte aus amerikanischer Sicht einen neuen Transportweg notwendig. . . Die nun verwirklichte Strecke von Baku über Tiflis nach Ceyhan zeigt deutlich, worum es beim Pipeline-Bau ging. Nicht die natürlichen, sondern eher die politischen Gegebenheiten gaben den Ausschlag bei dem Verlauf. So mußte die Pipeline aus amerikanischer Sicht unbedingt Iran als Transitland umgehen. Ähnliches galt für Rußland. Vor dem Bau der BTC-Röhre kam Aserbaidschan beim Transport seines Öls kaum an Rußland und seinem Pipeline-System vorbei. Nun aber schwindet der Einfluß der Regionalmacht weiter. Russische Beobachter halten es daher für selbstverständlich, daß mit der als amerikanisch angesehenen Pipeline früher oder später auch US-Soldaten in die Region kommen. ›Rußland bleibt nur noch die Rolle als Zaungast‹, schrieb die Moskauer Zeitung *Nesawissimaja Gaseta* in einem Bericht über eine angeblich geplante US-Eingreiftruppe zum Schutz der Pipeline.«[2417]

In der Tat war mit der BTC-Pipeline eine Verschlechterung der Sicherheitslage Rußlands bei gleichzeitiger Stärkung der amerikanischen Militärmacht in der kaspischen Region verbunden, die Eröffnung der BTC-Pipeline im Mai 2005 führte schon im Vorfeld zu einer verstärkten Einbeziehung von US-Streitkräften zu Lasten Rußlands. »Der Einfluß Rußlands an seiner südlichen Flanke geht zurück... Moskau scheint nicht mehr stark genug, um seinen Einfluß abzusichern...«[2418] Im Kampf um den Einfluß im Kaukasus setzen die Vereinigten Staaten »auf ihre militärische Macht. Am 12. April 2005 besuchte der amerikanische Verteidigungsminister RUMSFELD Aserbaidschan und vereinbarte die Stationierung amerikanischer Soldaten. 300 Soldaten sollen schon eingetroffen sein. Sie bilden etwa die aserbaidschanische Küstenwacht auf dem Kaspischen Meer aus, an das auch Iran grenzt. In den kommenden Monaten will Washington Tausende Soldaten auf drei Luftwaffenstützpunkte entsenden, auch für eine schnelle Eingreiftruppe auf der Halbinsel Apscheron vor Baku und für den Betrieb von Radarstationen. Moskau sieht damit langfristig seine lebenswichtige Radarstation in Qabala, im Herzen Aserbaidschans, in Gefahr.«[2419]

Mit der Militärpräsenz wollen die USA dafür Sorge tragen, daß Aserbaidschan keine Pipelines nach Rußland baut, aber auch, daß der Iran keine Pipelines durch Aserbaidschan Richtung Europa verlegen kann. Die Kaukasusrepublik Aserbaidschan »verfügt über bedeutende Ölvorkommen, über sein Territorium verlaufen wichtige Pipelines, und von hier aus können Iran sowie der nördliche Teil des Nahen Ostens kontrolliert werden. Mit einer engen Anbindung will Washington zudem verhindern, daß Aserbaidschan einer Pipeline zum Transport iranischen Öls durch den Kaukasus nach Europa zustimmt«.[2420] Der große Verlierer dieser Pipeline hieß – neben Iran – Rußland, da das kaspische Erdöl bisher vorwiegend durch russische Pipelines geführt wurde und Moskau nun Transitgebühren in Millionenhöhe entgehen. Für Rußland kam es statt dessen darauf an, daß die CPC-Pipeline als wichtigste Transportader in der Region bestehen blieb.

Tatsächlich führte der BTC-Pipelinekorridor zu einer endgültigen Spaltung des eurasischen Raumes in einen prorussischen und einen proamerikanischen Block: »Das prowestlich orientierte eurasische Korridorprojekt fördert die Schaffung einer neuen geo-ökonomischen regionalen Partnerschaft, um die Rohrleitungen gegen Militär- und Terrorangriffe zu verteidigen. Diese neue Partnerschaft schafft eine Strecke für zentralasiatisches Öl außerhalb der Kontrolle Rußlands. Im Transkaukasus bestehen derzeit zwei unterschiedlich aktive militärische Blöcke. Auf der einen Seite Aserbaidschan, Georgien und die Türkei, die von den USA unterstützt werden, auf der anderen Seite Armenien, Griechenland und der Iran, die in der Durchführung des eurasischen Korridorprojekts sowohl eine ökonomische als auch eine strategische Bedrohung für ihre Interessen sehen. Letztere Gruppe wird von Rußland unterstützt, das den nachsowjetischen Süden als seine exklusive Interessensphäre betrachtet.«[2421]

Nebenbei bemerkt, sollte das ›Korridor-VIII‹Pipelineprojekt AMBO, das quer durch den Balkan verläuft und dessen Planung eine der Ursachen der Balkankriege der neunziger Jahre war (siehe oben), eine Ergänzung zu den transkaukausischen Pipelinekorridoren Baku–Supsa und Baku–Tiflis–Ceyhan darstellen.[2422] Damit sind AMBO und BTC als Kernbestandteile einer Strategie anzusehen, die kaspische und Schwarzmeer-Region im Sinne der Pläne des US-Strategen Bruce Jackson aus der russischen Einflußsphäre herauszubrechen und sie mittels eines transeurasischen Pipelinekorridors an das transatlantische Europa anzubinden.

Mit der BTC-Pipeline ist also ein riesiger geopolitischer Umschichtungsprozeß zu Lasten Rußlands und damit eine Erfüllung US-amerikanischer geopolitischer Grundprinzipien verbunden. Daher wird auch verständlich, warum die US-Machtelite mit Nachdruck auf die Verwirklichung dieses Projektes beharrte. Schon Anfang 1997 hatte sich die Clinton-Administration für den Transport des kaspischen Erdöls über eine Westroute zum türkischen Mittelmeerhafen Ceyhan fest entschieden. Die erste offizielle Reise des aserbaidschanischen Präsidenten Alijev nach Washington im August 1997 und der Besuch des damaligen US-Energieministers F. Penia in Baku im November desselben Jahres trieben die Verwirklichung dieser Pipeline voran. Penia gelang es während seiner Reise in die Region, neben Baku auch die politischen Führungen in Tiflis und Ankara für die Verwirklichung dieses BTC-Energiekorridors zu gewinnen.[2423] Wie Friedemann Müller schreibt, war es ein gewaltiger diplomatischer Aufwand der USA, der dafür sorgte, daß die für Oktober 1998 in Aussicht gestellte Entscheidung über die Verlegung der Hauptpipeline zugunsten von Baku–Tiflis–Ceyhan ausfiel[2424].

Widerstand gegen den von der US-Machtelite geplanten BTC-Pipelinebau kam jedoch, wie oben schon angedeutet, von den an der Finanzierung der von Baku aus geplanten Pipelinekorridore beteiligten Ölkonzernen. Diese hielten das Projekt für unwirtschaftlich und unrentabel. Am 22. Oktober 1998 fand zu diesem Zweck in Washington ein Sondertreffen zwischen Vertretern der US-Regierung mit denen der größten Ölfirmen statt. Die US-Machtelite versuchte, großen Druck auf die Konzerne auszuüben. »Chevron, Texaco, Exxon und Amoco verweigerten ihre Zustimmung und die Finanzierung zur Pipeline Baku-Tbilissi-Ceyhan, obwohl der Sicherheitsberater Berger und der Sondergesandte von Präsident Clinton, Morningstar, die große Unterstützung der US-Administration für diese Route ausdrückten. Die Argumentation der Ölgesellschaften bestand darin, daß sie sich im Jahr vorher für die Finanzierung der 2,5 Mrd. USD teuren CPC-Pipeline Tengiz–Noworossijsk entschieden hätten und es sei zu früh, über Baku–Ceyhan zu sprechen.«[2425]

Der Plan der Ölkonzerne, eine Pipeline zu finanzieren, die über russisches Territorium verlaufen sollte, paßte natürlich überhaupt nicht in das geopolitische Konzept der US-Machtelite, die sich nunmehr gezwungen sah, alles Mögliche zu tun, um die Zustimmung der Ölkonzerne zu ihrem Projekt zu erreichen. Im Vorfeld hatten die USA es erreicht, daß die beteiligten Staaten, also Aserbaidschan, Georgien und die Türkei, ihre Zustimmung zu diesem Vorhaben gaben. Am 29. Oktober 1998 kam es zur Unterzeichnung der ›Ankara-Erklärung‹ zwischen den Regierungschefs dieser Staaten und dem neuen US-Energieminister RICHARDSON. Es gelang sogar, auch Kasachstan mit einzubeziehen, um auch hier die russischen Pipelines zu neutralisieren. Kasachstan strebte an, sein Öl aus den Tengiz- und Kashagan-Feldern in die BTC-Pipeline einzuspeisen, und es wurde sogar über eine Verlängerung der BTC-Pipeline bis nach Kasachstan nachgedacht. Nach der Verabschiedung der Ankara-Erklärung jedenfalls »zeigte auch Kasachstan offiziell sein Interesse für BTC. Im Dezember 1998 unterschrieb das kasachische staatliche Erdölunternehmen mit Chevron, Mobil und Shell ein Abkommen zur Ausarbeitung der technisch-ökonomischen Grundlagen der Verlegung von Erdöl- und Erdgaspipelines aus Aktau über den Grund des Kaspischen Meeres und dann über Aserbaidschan und Georgien in die Türkei. Im Dezember 1998 erklärte auch Israel während des Besuchs des georgischen Parlamentspräsidenten in Tel Aviv seine Unterstützung für... Baku–Ceyhan. Israel ist am Import kaspischen Erdöls über die Türkei und das Mittelmeer strategisch interessiert«.[2426]

Um die Ölkonzerne für die Finanzierung der geopolitisch begründeten BTC-Pipeline zu gewinnen, sagte die US-Führung den militärischen Schutz der Pipeline zu, und dies nicht nur im Wege einer Stationierung von US-Streitkräften, sondern auch irregulärer CIA-Operationen. 1999 erklärte die aserbaidschanische Führung, daß sie die Halbinsel Apscheron, auf der Baku und die meisten Erdöl- und Erdgasfelder des Landes liegen, zum Schutz der Erdölvorkommen und der Transportwege für die Stationierung von US-Luftwaffenbasen anbieten würde. »Damit zeigte Aserbaidschan seine Bereitschaft, für die Sicherheit seiner Ölreserven und deren Exportwege, was für die Energiekonzerne von großer Bedeutung ist, die Unterstützung der größten Militärmacht der Welt zu akzeptieren.«[2427] Die militärischen Kontakte zwischen den USA und den beteiligten Staaten wurden in der Folgezeit noch verstärkt. Im Oktober 1999 besuchte der damalige Vize-Staatssekretär der USA, Strobe TALBOTT, die beteiligten südkaukasischen Staaten. Neben Pipelinefragen waren die Sicherheitsfragen und die Beilegung der regionalen Konflikte Kernpunkte seiner Verhandlungen, wobei es insbesondere auch um die Beilegung des armenisch-aserbaidschanischen Konfliktes ging, was jedoch erfolglos blieb.[2428]

Mit der Eröffnung der Pipeline im Jahre 2005 verstärkte sich die Stationierung von US-Streitkräften in Aserbaidschan. US-Verteidigungsminister RUMSFELD ging heran, um eine sogenannte ›Lily-Pads-Strategy‹ umzusetzen, das heißt, die gesamte Region mit Militärbasen wie Seerosen auf einem Teich zu bestücken. Mitte April 2005 besuchte er Baku bereits zum dritten Mal innerhalb eines Jahres mit dem Ziel, Aserbaidschan die endgültige Zustimmung zur Überlassung einer US-Militärbasis abzuringen. Und mit dem Unternehmen ›Caspian Guard‹ (Kaspische Wache) will das Pentagon die BTC-Pipeline vor Sabotageakten schützen. Dazu, so das *Wallstreet Journal* unter Berufung auf den Chef der US-Streitkräfte in Europa, General James JONES, sollen in den nächsten Jahren 100 Millionen Dollar ausgegeben werden.[2429]

Zu den Bedenken der Ölkonzerne trug außerdem der Umstand bei, daß die BTC-Pipeline in der Osttürkei mitten durch das Kurdengebiet führte, wo die kurdische Separatistenorganisation PKK unter ihrem Führer Abdullah Öcalan den türkischen Streitkräften ständige bewaffnete Auseinandersetzungen lieferte. 1999 kam es jedoch im Rahmen einer spektulären Geheimdienstoperation vermutlich unter Mihilfe von CIA und Mossad zur Festnahme des kurdischen Rebellenführers, »und im Herbst gab seine Partei die Einstellung ihrer militärischen Tätigkeiten bekannt«,[2430] so daß der kurdische Krisenherd der Pipelinetrasse nicht mehr im Wege stand.

Die US-Regierung ging sogar noch weiter, wie Rainer Rupp enthüllte: »Aus strategischen Gründen hatte sich bereits vor 13 Jahren die US-Regierung unter William Clinton mit Nachdruck gegen Pläne gewandt, eine weniger als halb so teure und darum von den US-Konzernen bevorzugte Pipelinetrasse von Baku über Rußland nach Westeuropa zu bauen. Um Rußland keinerlei Mitspracherecht über den Öltransport aus dem Kaspischen Meer in den Westen zu geben, war die US-Regierung schließlich sogar bereit, dem Konsortium der Energiekonzerne einen guten Teil der Preisdifferenz beim Bau der 1770 Kilometer langen BTC-Pipeline zu erstatten.«[2431]

Nach längerem Tauziehen gelang es der US-Regierung schließlich doch, sich gegenüber den Ölkonzernen durchzusetzen. Am Rande des OSZE-Gipfels in Istanbul wurde das Abkommen über die BTC-Pipeline am 20. November 1999 von den drei Staatsoberhäuptern Alijev (Aserbaidschan), Schewardnadse (Georgien) und Demirel (Türkei) in Anwesenheit des US-Präsidenten Clinton unterschrieben. Nach der Eröffnung am 25. Mai 2005 kam es am 4. Juni 2006 zur Inbetriebnahme der BTC-Pipeline.

Zu unterstreichen ist, daß es sich bei der BTC-Pipeline weniger um eine ökonomisch rationelle, sondern vielmehr um eine geopolitische – von den Interessen der USA diktierte – Pipeline handelt. Der ehemalige US-Energieminister Bill Richardson erklärte am 18. November 1999, daß diese Pipeline den strategischen Rahmen darstelle, der das nationale Interesse der USA in der Region vorantreibe,[2432] und bestätigt damit, daß die BTC-Pipeline also in erster Linie eine politische und strategische Pipeline ist, die man auch gebaut hätte, wenn sie unwirtschaftlich wäre. Diese Auffassung wird auch von Christoph Weber vom Lehrstuhl für Energiewirtschaft an der Universität Duisburg-Essen geteilt: »Die BTC ist Teil der gesamten Mittelost-Politik der USA. Sie zielt darauf ab, Iran zu isolieren und den russischen Einfluß zurückzudrängen.«

Auch Metthew Yeomans, Verfasser des Buches *Oil: Anatomy of an Industry* erklärt: »Um es klar zu sagen: Diese Pipeline hätte nicht gebaut werden müssen.« Dabei verweist er auf das bereits bestehende Pipelinesystem: »Iran hat eine sehr gute Leistungsstruktur, und auch ins russische Netz hätte man das Öl einspeisen können.« Daher stand die US-Machtelite auch vollständig hinter diesem Projekt, gerade um die strategischen Konkurrenten Rußland und Iran im kaukasischen Ölpoker mattzusetzen: »Bereits seit dem Zerfall der Sowjetunion 1991 verfolgten verschiedene US-Regierungen beharrlich das strategische Ziel, die rohstoffreichen Regionen im Kaukasus und in Zentralasien mit den Weltmärkten zu verbinden – und sich gleichzeitig aus der Gefangenschaft des russischen Pipelinemonopols zu lösen.«[2433]

Der damalige US-Präsident Bill CLINTON ließ es sich nicht nehmen, 1997 den ersten Spatenstich für den Bau der Baku–Tiflis–Ceyhan-Pipeline (BTC) zu setzen. »Die Anwaltskanzlei von Exaußenminister James BAKER beriet das von BP angeführte BTC-Konsortium.«[2434] Dabei sind die von der US-Machtelite gewünschten geopolitischen Folgen für Rußland unübersehbar. »Wenn diese Rohrleitung Öl aus Aserbaidschan und Kasachstan transportieren und dabei das Gebiet von Rußland ausschließen wird, verliert Rußland sowohl eine beträchtliche Einkommensquelle als auch die wirtschaftliche Kontrolle über diese ölreichen Staaten.«[2435] Dabei war es das strategische Ziel Rußlands, Aserbaidschan und Kasachstan dazu zu bewegen, ihr Öl über eine Rohrleitung in den Hafen von Novorossijsk am Schwarzen Meer auszuführen.[2436] Die *Süddeutsche Zeitung* schrieb hierzu, daß die BTC-Pipeline weit mehr als eine technisch aufwendige Ölleitung sei. »Sie war bis zuletzt ein strategisches Objekt im Machtkampf zwischen den USA und Rußland um den Zugriff auf die Energiereserven des Kaspischen Meeres. Und Rußland hat diesen Kampf verloren.«[2437]

Kaukasus-Experte Rizvan NABIYEV faßt die geopolitischen Interessen der USA, die mit der Errichtung der BTC-Pipeline verbunden sind, in vier entscheidenden Gesichtspunkte zusammen:[2438]

– Die Verwirklichung eines Ost-West-Energiekorridors, der an den strategischen Hauptrivalen der USA in der Region, Rußland und Iran, vorbeiführt, verschafft Washington direkte Kontrollmöglichkeiten über die Erdöl- und Erdgasreserven des kaspischen Raumes und deren Export.

– Die wirtschaftliche und energiepolitische Vorherrschaft der USA könnte eine Sprungbrettfunktion für die Herstellung ihrer politischen Vorherrschaft im kaukasisch-zentralasiatischen Raum erfüllen.

– Mit ihrer politischen, wirtschaftlichen und auch militärischen Niederlassung in der kaukasisch-zentralasiatischen Region versuchen die USA, Einfluß auf die Außenpolitik der Staaten dieser Region in der Form auszuüben, daß diese dauerhaft mit dem Westen verbunden bleiben. Die häufigen Regimewechsel in den neunziger Jahren, die oftmals auch mit einem prorussischen Schwenk einhergegangen sind, stellten in den Augen der USA die prowestliche Kontinuität der kaukasisch-zentralasiatischen Staaten in Frage, was Washington vor dem Hintergrund seiner Ziele mit Sorge betrachtete. Die Ausrichtung dieser Staaten nach Westen sollte jetzt über die BTC-Pipeline garantiert werden. Die BTC-Pipeline schafft nunmehr eine ökonomische Anbindung der kaspischen Staaten an den Westen, die von einer Stationierung von US-Streitkräften begleitet ist, um auf diese Weise einen prorussischen oder proiranischen Regierungswechsel von vornherein zu unterbinden.

– Die USA versuchen, mit Hilfe dieser strategischen Pipeline vom Kaspischen Meer zu den Weltenergiemärkten die globale Preisgestaltung des Erdölmarktes zu beeinflussen. Die langfristige US-Strategie, durch den Zugriff auf das kaspische Erdöl das OPEC-Kartell zu brechen, soll hierdurch in Erfüllung gehen. »Eine Pipeline am Territorium eines OPEC-Mitglieds (Iran) oder eines unabhängigen großen Erdölexporteurs (Rußland) vorbei«, so Rizvan NABIYEV, »könnte einen Beitrag zur Verwirklichung dieses Ziels leisten.«

Auch weitere Ziele der USA, wie sie in den verschiedenen Strategiepapieren dargestellt sind, sollen mit der BTC-Pipeline erreicht werden. Sie »ermöglicht es den zentralasiatischen Staaten, sich der wachsenden Dominanz Rußlands zu entziehen«.[2439] Die anfallenden Durchlaufgebühren für die Pipeline könnten zum Beispiel die zerrüttete georgische Wirtschaft stabilisieren und so das Land auch wirtschaftlich aus der Abhängigkeit Rußlands lösen. Für Rußland wurde jedenfalls erkennbar, daß die BTC-Pipeline nicht nur einen wirtschaftlichen Nachteil bedeutete. Sie schuf – wie die *Süddeutsche Zeitung* darstellt – »auch neue politische Allianzen, die Moskau gar nicht goutiert. Georgien, das als Transitland von der Pipeline massiv profitiert, ist spätestens seit dem Amtsantritt des westorientierten Präsidenten Michail SAAKASCHWILI ein strategischer Freund der USA. Für Tiflis ist die Öl- und Gasleitung ein wichtiger Schritt auf dem Weg zur energiepolitischen Emanzipation von Moskau. Und für Washington ist Tiflis loyaler Partner im kaspischen Raum; der von Georgien angestrebte und von den USA unterstützte Nato-Beitritt würde das Bündnis festigen. Auch Aserbaidschan hat ein schwieriges Verhältnis zu den Russen, und ein gutes zu den Amerikanern. Der autoritäre Staatschef Ilham ALIJEW repräsentiert zwar genau jene Art von undemokratischen Herrschaftsregimen, die US-Präsident George BUSH mit Worten massiv bekämpft. ALIJEW aber läßt nicht nur zu, daß in seinem Land Wahlen manipuliert und die demokratische Opposition unterdrückt wird – er hat den Amerikanern in Form von Rohstoffen und der zentralen Lage eben auch etwas zu bieten. Erst kürzlich war er wieder einmal gern gesehener Besucher im Weißen Haus. . . Ähnliches gilt für Kasachstan, das vor wenigen Wochen der amerikanische Vizepräsident Dick CHENEY persönlich aufgesucht hat, um wichtige Wirtschaftsverträge voranzutreiben. Washington hat sich vehement dafür eingesetzt, daß sich Kasachstan, Herrscher über das Kaschagan-Feld mit bis zu 40 Milliarden Barrel Öl, der Pipeline anschließt. Rußland hat viel getan, um das Projekt zu hintertreiben. Immer wieder versuchte Moskau, militärische Scharmützel in den Unruhegebieten Südossetien und Abchasien zu nutzen, um Georgien im Westen als unsicheres Transitland darzustellen. Verhindern konnte es die Strecke am Ende nicht«.[2440]

Damit konnten durch die BTC-Pipeline grundlegende geopolitische Ziele der USA umgesetzt werden, nicht zuletzt die Abspaltung der kaspischen Region vom

Einfluß Rußlands schien Washington gelungen zu sein. Damit konnte diese Pipeline zu Recht als ein Katalysator zur Umwälzung der geopolitischen Verhältnisse zu Lasten Rußlands und des Iran – aber zugunsten der USA und ihrer Verbündeten angesehen werden.

4.5.4.3 Die strategische Isolierung des Iran

Geopolitisch betrachtet hätte der Iran die Drehscheibe für den Transport des zentralasiatisch-kaspischen Erdöls und Erdgases bilden können. »Der Iran ist ein Schlüsselakteur in der Konkurrenz um die Rohrleitungsstrecken, weil seine Golfhäfen am Indischen Ozean die kürzesten Rohrleitungsstrecken vom Kaspischen Meerbecken anbieten«, so Savas GENC.[2441] Zudem ist unter rein ökonomischen Gesichtspunkten die iranische Option von allen anderen Pipelineprojekten die preisgünstigste und kürzeste. Nach dem Zusammenbruch der UdSSR wurde sich auch die politische Führung des Iran der neuen geopolitischen Lage bewußt und begann Strategien zu entwickeln, das neu entstandene Vakuum auszufüllen. Daher verzichtete Teheran auch auf einen schiitischen Revolutionsexport, sondern betrieb eher eine pragmatische Außenpolitik. »Der Iran hat es von Anfang an vermieden, in ideologischer Weise die islamische Karte in Zentralasien auszuspielen. . . Die Politik des Iran gegenüber der kaspischen Region wird. . . von Pragmatismus statt von Ideologie diktiert«[2442] – und strebte seit den neunziger Jahren statt dessen eine regionale Zusammenarbeit in der Form an, daß Teheran sich als strategischer Brückenkopf und Drehscheibe zwischen Zentralasien, der kaspischen Region und dem Persischen Golf darbot. »Der Iran will sein Pipelinenetz, moderne Hafeninfrastruktur am Persischen Golf und seine langjährige Erfahrung zur Verfügung stellen.«[2443]

Dabei war es das Hauptziel des Iran, die Vormachtstellung der USA und deren türkischen und saudischen Verbündeten in der Region zu verhindern, die nach dem Zusammenbruch der UdSSR ebenfalls in diesem Machtvakuum auftauchten. So bildete sich ein strategisches Bündnis zwischen Iran und Rußland gegen den US-amerikanischen und türkischen Einfluß heraus; eine Achse, die schließlich auch Armenien miteinbezog. Auf der anderen Seite arbeiteten die Türkei und Israel zusammen, um den Machtbereich des Iran einzudämmen.[2444] Dabei kristallisierte sich eine Achsenbildung Rußland–Armenien–Iran gegen USA–Türkei–Aserbaidschan–Israel heraus. Diese Achse sollte im Kampf um eine Alternativpipeline durch Afghanistan deutlich hervortreten. Insgesamt haben Rußland und Iran »ein gemeinsames Interesse daran, den amerikanischen Einfluß in Zentralasien und dem Kaukasus zurückzudrängen, aber auch, sich gegen die amerikanischen Bestrebungen eines unipolaren internationalen Systems zu wehren. Irans Partnerschaft mit Rußland und Armenien ist so die strategische Antwort auf die Versuche Amerikas, durch ihre Verbindungen zu der Türkei, Aserbaidschan und Usbekistan Einfluß in der Region zu gewinnen«.[2445] Infolge seiner geopolitischen Lage nach dem Zusammenbruch der UdSSR und der Zusammenarbeit mit Rußland, die die von den USA durchgesetzte internationale Blockade des Iran überwand, galt der Iran »indirekt als Gewinner im ›Great Game‹ um Zentralasien«.[2446] Schon nach dem zweiten Golfkrieg 1991 stieg der Iran wieder zur Vormacht am Persischen Golf auf.[2447] Durch die Gründung der ›Organisation Wirtschaftlicher Koordination‹ (OEC) versuchte der Iran, sich beispielsweise als wirtschaftliche Führungsmacht und Drehscheibe zwischen den südasiatischen Staaten, der Golfregion und den zentralasiatischen Staaten zu positionieren.

Ein strategischer Gewinn des Iran war natürlich mit der Eindämmungspolitik der USA gegen diesen Staat nicht zu vereinbaren. Die US-Machtelite griff folglich zu Strategien, die verhindern sollten, daß der mit dem Zusammenbruch der UdSSR einhergehende geopolitische Epochenwechsel nicht zum Aufstieg des Iran zu einer zentralen Regionalmacht in Mittelasien führt. Folgt man Friedemann MÜLLER, war dies zunächst der Grund dafür, daß die USA in Zentralasien einzugreifen begannen: »Erst die Erkenntnis, daß Iran in eine sich neu bildende Infrastruktur einbezogen werden könnte, hat die Alarmglocken in Washington läuten lassen. Sowohl Kasachstan, das 1993 mit der amerikanischen Firma Chevron einen Vertrag zur Erschließung des Tengiz-Feldes, am Nordostufer des Kaspischen Meeres, abgeschlossen hat, wie auch Aserbaidschan, dessen ›Jahrhundertgeschäft‹, ein Vertrag mit elf internationalen Ölfirmen (20. September 1994), zur Erschließung von drei Offshore-Feldern führen sollte, haben mit Iran Absichtserklärungen ausgetauscht, das neu erschlossene Öl mittels einer Pipeline durch Iran zum Persischen Golf zu leiten. Beträchtliche diplomatische Anstrengungen des Weißen Hauses haben dazu geführt, daß der kasachische Präsident NASARBAJEV zugesagt hat, die Pipeline nach Süden nicht zu bauen, und der aserbaidschanische Präsident ALIEV Präsident CLINTONS Vorschlag akzeptierte, zunächst die kleineren Mengen des ›early oil‹ in zwei auszubauenden Pipelines zu dem georgischen Schwarzmeerhafen Supsa und dem russischen Hafen Novorossiisk zu leiten und die Entscheidung für die Hauptexport-Pipeline um mehrere Jahre zu verschieben«[2448] – in der Hoffnung, daß CLINTON eine Führung der Hauptpipeline über die Türkei durchsetzen konnte (was durch die BTC-Pipeline verwirklicht wurde).

Die USA setzten daher alles daran, die Pipeline-Infrastruktur von Zentralasien in Richtung Südosten zu beeinflussen, wie am Beispiel Afghanistans im folgenden Kapitel dargestellt wird, so daß es dem Iran auch nicht gelungen war, sich im größeren Umfang mit den kaspischen und zentralasiatischen Staaten zu vernetzen. Zwar wurde 1996 eine erste Eisenbahnlinie, die den Iran mit seinem Nachbarn Turkmenistan verbindet, eingeweiht. »Doch die damit verbundenen Hoffnungen auf eine intensive wirtschaftliche Verknüpfung des mittelöstlichen mit dem zentralasiatischen Raum erfüllten sich nicht. Die Erdgas-Pipeline, die zwischen Turkmenistan und Iran gebaut und 1996 in Betrieb genommen wurde, kann nur Erdgas zwischen zwei Staaten transportieren, die beide mehr produzieren, als sie verbrauchen, und gern mehr Erdgas exportieren würden.«[2449] Insgesamt konnte die Politik der USA zur Isolierung des Iran als ziemlich erfolgreich betrachtet werden[2450].

4.5.4.4 Das Pipelineprojekt Zentralasien–Afghanistan–Pakistan: ein weiterer Versuch der USA, Rußland und den Iran zu isolieren

In der Folgezeit waren die Schachzüge der USA in Zentralasien von einer gezielt antirussischen Stoßrichtung bestimmt, was auch die seinerzeitige Energieexpertin des Nationalen Sicherheitsrates der USA, Sheila HESLIN, bestätigte: »Die US-Politik sollte den raschen Abbau kaspischer Energie fördern. . . Das taten wir insbesondere, um die Unabhängigkeit dieser ölreichen Länder voranzutreiben und um Rußlands Monopol auf den Öltransport aus der Region zu brechen; offen gestanden aber auch, um durch Diversifikation eine sichere Energieversorgung für den Westen zu schaffen.«[2451] In diesem Zusammenhang wurde den zentralasiatischen Schlüsselstaaten eine jeweilige besondere strategische Funktion zugewiesen. Die US-Strategie, so Rainer FREITAG-WIRMINGHAUS, hatte dabei Aserbaidschan als Ölproduzenten und Turkmenistan hauptsächlich als Gasversorger festzulegen versucht.[2452] Eine unter amerikanischer Obhut beschlossene transkaspische Gasleitung von Turkmenistan sollte über Baku in die Türkei laufen, und zwar parallel zur Ölpipeline Baku–Ceyhan. Insbesondere Usbekistan sollte – wie es BRZEZINSKI ja auch schon vorgegeben hatte – zu einer Art antirussischem Bollwerk in Zentralasien aufgebaut werden. »Ohne Usbekistan konnten die USA keine strategische Schlagkraft in Zentralasien entwickeln, denn es war der größte und mächtigste Staat und der einzige, der sich gegen Rußland auflehnen konnte. Vorsichtig umwarben beide einander. KARIMOV unterstützte die Pläne über ein NATO-Bataillon in Zentralasien, dem sich Rußland vehement widersetzte. . . US-Firmen fanden Interesse an Usbekistans Mineralvorkommen, und der Handel zwischen beiden Ländern blühte plötzlich auf und steigerte sich zwischen 1995 und 1997 auf das Achtfache. Im Juni 1996 unternahm KARIMOV seine erste Reise nach Washington. ›Ende 1995 hatte der Westen, insbesondere die USA, sich eindeutig für Usbekistan als das einzige brauchbare Gegengewicht zur erneuerten russischen Hegemonie und zu Irans Einfluß entschieden‹, schrieb Dr. Shireen HUNTER.«[2453]

Ahmed RASHID zufolge bildeten sich schließlich zwei Koalitionen in Zentralasien heraus: »Die USA stellten sich in die Reihe von Usbekistan, Turkmenistan und Aserbaidschan und ermutigten deren Verbündete – die Türkei, Israel und Pakistan – zu investieren, während Rußland Kasachstan, Kirgistan und Tadschikistan fest im Griff hielt.«[2454]

Hintergrund war dabei natürlich, Rußland aus Zentralasien zu verdrängen. »Bestimmt wollen die US-Parteiideologen es nicht mit einem hegemonistischen Rußland zu tun haben, und die potentiellen Kosten einer solchen Hegemonie werden weitaus größer, wenn Rußland imstande ist, die Bedingungen zu diktieren und den Zugriff des Westens auf die letzten bekannten Öl- und Gasreserven zu beschränken.

Schon ein Minimum an US-amerikanischen Aktivitäten in dieser Region löst maximales russisches Mißtrauen aus«, sagte Dr. Martha Brill Olcott, eine führende US-Zentralasien-Expertin.[2455]

Es stellte sich jedoch in der zweiten Hälfte der neunziger Jahre heraus, daß der Erdölpreis damals so niedrig war, daß die Wirtschaftlichkeit der ins Auge gefaßten BTC-Pipeline gefährdet schien. Aufgrund der wirtschaftlichen Flaute in Asien stürzte der Ölpreis 1998 auf ein Rekordtief von 13 US-Dollar pro Barrel, im Vergleich zu 25 US-Dollar noch im Jahre 1997. Dieser Preissturz machte »eine unmittelbare Nutzung des Öls in Zentralasien, das teuer zu fördern und zu transportieren wäre, unrentabel«.[2456] Um aber wirtschaftlich zu sein, hätte der Preis für Öl aus Zentralasien bei 18 US-Dollar je Barrel liegen müssen.[2457] Aus diesem Grunde lehnte das Ölkonsortium AIOC auch das BTC-Pipelineprojekt ab und begünstigte zunächst die Iran-Lösung.

»Als die Pipeline-Projekte wegen des niedrigen Ölpreises zurückgestellt wurden, drängte der Iran die Republiken Zentralasiens, ihr Öl durch eine direkte Nord-Süd-Pipeline zum Golf via Iran zu exportieren. Eine solche konnte mit einem Bruchteil der Kosten einer neuen Pipeline durch die Türkei gebaut werden, da der Iran bereits über ein umfangreiches Pipeline-Netz verfügte und nur noch Anschluß-Pipelines nach Aserbaidschan zu bauen brauchte.«[2458] Deshalb ersuchten die beiden US-Firmen Chevron und Mobil, die Ölkonzessionen in Kasachstan und Turkmenistan besaßen, die Clinton-Regierung um eine Genehmigung, auf einen Vorschlag des Iran hin das zentralasiatische Öl gegen das iranische zu tauschen, verbunden mit dem Angebot, das zentralasiatische Erdöl und Erdgas durch iranische Pipelines zu befördern. Demnach sollte das Tauschgeschäft in der Form laufen, daß Rohöl aus Kasachstan und Turkmenistan über das Kaspische Meer in den Iran transportiert und dort verbraucht wird. Im Gegenzug gestattete der Iran den Firmen, Öl aus seinen Häfen zum Golf zu transportieren (siehe Ahmend Rashid, *Taliban,* aaO., S. 258).

Aufgrund dessen war die US-Regierung jetzt zum Handeln gezwungen, wollte sie ihr strategisches Ziel, nämlich die Isolierung Rußlands und des Iran vom zentralasiatischen Rohstoffmarkt, nicht gefährdet sehen. Nun aber drohte der Iran zunehmend an Einfluß in Zentralasien zu gewinnen, so daß als alternativer Pipelinekorridor nunmehr Afghanistan in das Blickfeld der US-Geopolitik geriet. Wie oben bereits dargestellt, hatte die Islamisierung oder besser gesagt die ›Talibanisierung‹ Afghanistans eine entscheidende Katalysatorfunktion für den Zusammenbruch der UdSSR gehabt, und eine Sicherstellung der US-Kontrolle über dieses Land ermöglichte gleichermaßen eine Einflußnahme auf den gesamten zentralasisatischen Raum. Elie Krakowski, ehemaliger Mitarbeiter des US-Verteidigungsministeriums, gab zu, daß auch nach dem Zusammenbruch der UdSSR Afghanistan für die USA eine unveränderte geopolitische Bedeutung habe, denn das Land »liegt zwischen dem (nach der Formulierung Halford Mackinders) ›Herzland der Geschichte‹ und dem indischen Subkontinent. Diese Bedeutung verdankt es seiner geographischen Lage«[2459] und der Tatsache, daß es den Schnittpunkt wichtiger Verkehrswege bildet.

»Es ist ein Grenzgebiet zwischen Land- und Seemächten und deshalb auch ein Ort, an dem widerstreitende Kräfte aufeinander treffen, die stärker sind als das Land selbst. ALEXANDER DER GROSSE wie auch die Mogulherrscher nutzten es bei ihren Eroberungszügen als Einfallstor. Im 19. Jahrhundert diente Afghanistan als Zankapfel zwischen dem britischen Empire und dem Zarenreich, im 20. Jahrhundert war das Land Anlaß für Kontroversen zwischen den Supermächten USA und UdSSR. Nach dem Zusammenbruch der Sowjetunion wurde es für die neu entstandenen, vom Festland umschlossenen Staaten Zentralasiens zu einem wichtigen potentiellen Zugang zum Meer. Die riesigen Öl- und Erdgasvorräte Zentralasiens haben eine große Anziehungskraft auf andere Länder und auf multinationale Unternehmen ausgeübt. . . Afghanistan ist eine bedeutende strategische Drehscheibe: Was dort geschieht, betrifft auch den Rest der Welt.«[2460]

Von den zentralasiatischen Staaten war es daher auch insbesondere Turkmenistan, das die Bedeutung Afghanistans für seine Pläne, sein Erdgas zum Indischen Ozean zu befördern, erkannte. Aufgrund seiner geostrategisch isolierten Lage war es von den russischen Pipelinerouten abhängig. »Turkmenistans Dilemma ist seine geopolitische Lage: Es liegt eingeklemmt zwischen dem Iran, der als Pipelineroute für die USA nicht in Frage kommt, Afghanistan, wo der Bürgerkrieg tobt, und Rußland, dem eher an einer Beschränkung des turkmenischen Gasexports in den Westen gelegen ist, da es das eigene Gas aus Sibirien verkaufen will. 1992 weigerten sich die Ukraine, Armenien und dann sogar auch Rußland, für ihre Gasimporte aus Turkmenistan zu zahlen. Da das gesamte Gas aus Turkmenistan durch das frühere sowjetische Pipelinenetz gepumpt wurde, hielt Moskau einfach die Hand darauf.«[2461] Um sich aus der Abhängigkeit vom Netz russischer Pipelines zu lösen, hofierte Turkmenistan die US-Ölkonzerne. Auf Druck der US-Regierung, die keinesfalls wollte, daß Zentralasien von Rußland abhängig blieb und der Iran eine Schlüsselpositition im Pipelinepoker gewann, wurde 1999 zwischen Turkmenistan und einem US-Konsortium ein Vertrag über den Bau einer Pipeline von Turkmenistan in die Türkei, die unter dem Kaspischen Meer nach Aserbaidschan führen sollte und so den Iran und auch Rußland umging, geschlossen.[2462] Bereits zuvor hatte Turkmenistan aber auch Afghanistan ins Visier genommen, und so kam es am 16. März 1995 zur Unterzeichnung eines Abkommens zwischen Turkmenistan und Pakistan hinsichtlich der Genehmigung einer Durchführbarkeitsstudie für den Bau einer Pipeline durch Afghanistan.[2463]

Diese Vereinbarung hatten beide Staaten mit dem argentinischen Edölkonzern Bridas geschlossen. Schließlich kam es in der Folgezeit zu Auseinandersetzungen zwischen turkmenischen Vertretern und dem argentinischen Erdölkonzern. Bridas versuchte seinerseits, den kalifornischen Erdölkonzern Unocal für seine Pläne zu gewinnen. Dieser sah jedoch die Möglichkeit, ohne Bridas ins Erdöl- und Erdgasgeschäft Zentralasiens zu kommen. Hierzu versuchte er, den saudischen Erdölkonzern Delta Oil Company zu gewinnen, und tatsächlich gelang es Unocal, Bridas ins Abseits zu drängen. Turkmenistan, das sich mit Bridas überworfen hatte, suchte seinerseits nunmehr die Unterstützung der US-Diplomatie für die Verwirklichung seines mit Pakistan vereinbarten Projekts zum Bau einer Pipeline durch Afghanistan, und so kam es schließlich in New York am 21. Oktober 1995 zur Unterzeichnung eines Abkommens zwischen Turkmenistan mit Unocal und dessen saudischem Partner Delta Oil Company, eine Pipeline durch Afghanistan zu bauen. Dieser Unterzeichnungszeremonie wohnte der frühere US-Außenminister Henry KISSINGER, der seinerzeit Berater von Unocal war, bei. »Unocal«, so Ahmed RASHID, »schlug eine Gas-Pipeline von Daulatabad nach Multan in Pakistan vor mit einer Gasreserve von 70 Milliarden Kubikmetern. Unocal gründete das CentGas-Konsortium mit einem Anteil von 70 Prozent, das 15 Prozent an Delta, zehn Prozent an den russischen Staatsbetrieb Gazprom und fünf Prozent an den Staatsbetrieb Turkmenrosgaz abgab. Unocal unterzeichnete ein zweites, sogar noch ehrgeizeres Abkommen mit großem Anreiz für die ganze Region. Unocals Central Asian Oil Pipeline Project (CAOPP) plante eine 1050 Meilen lange Öl-Pipeline von Chardzhou in Turkmenistan zu einem Terminal an der Küste Pakistans, die eine Million Barrel pro Tag für den Export lieferte.« (siehe Ahmed Rashid, *Taliban,* aaO., S. 265 f.)

Diese Pläne aber setzten zunächst eine Befriedung und Kontrolle Afghanistans voraus. Hierbei – so der Afghanistan-Experte Matin BARAKI – waren es die USA, die zusammen mit ihrem Verbündeten, dem pakistanischen Geheimdienst ISI, hinter den Kulissen in Afghanistan auch nach dem Zusammenbruch der UdSSR die Fäden zogen. Im Jahre 1994 wurden die Führer der rivalisierenden Mudschaheddin vom Auswärtigen Ausschuß des US-Kongresses nach Washington zitiert. »Ihnen wurde ein Plan vorgelegt zur Durchführung eines Pipelineprojektes von den in der Welt drittgrößten Reserven an Öl und Gas in Mittelasien durch Afghanistan zum Indischen Ozean. Das ihnen abgenommene Versprechen, sich so bald wie möglich zu verständigen und den Afghanistan-Konflikt friedlich zu beenden, wurde nie eingelöst.«[2464]

Das war die Geburtsstunde der Taliban. Scheinbar aus dem Nichts entstandene, gutorganisierte militärische Einheiten dieser Organisation überfielen von Pakistan aus im September 1994 die afghanische Stadt Quandahar. Damit traten die Taliban zum ersten Mal öffentlich in Erscheinung. Tatsächlich jedoch – so der ehemalige Chef des pakistanischen Generalstabs Aslam BEG – wurden sie schon 1985 im Nordosten Afghanistans als kleinere Kampftruppe aufgestellt, und zwar unter Anleitung und Organisation des pakistanischen Geheimdienstes. »Rekrutiert wurden die Taliban u.a. aus den Reihen der Waisenkinder Afghanistans in den Flüchtlingslagern in Pakistan. Sie wurden unter dem unmittelbaren Kommando des Geheimdienstes ISI je nach Bedarf bei den verschiedenen Modjahedin-Gruppen eingesetzt.«[2465] General BEG zufolge waren die Koranschulen, in denen die Taliban religiös-fundamentalistisch und militärisch ausgebildet wurden, »großzügig von den Regierungen Pakistans und Saudi-Arabiens und vielleicht der USA finanziert worden«.[2466]

Die historische Mission der Taliban, so Matin BARAKI, wurde darin gesehen, ganz Afghanistan zu besetzen, um die Bedingungen für die Verwirklichung der ökonomischen, politischen und ideologischen Projekte der USA, Pakistans und Saudi-Arabiens zu schaffen. Ein pakistanischer Stratege beschrieb Pakistans Interesse an Afghanistan wie folgt: »Am liebsten wäre uns eine Marionettenregierung in Kabul, die das ganze Land kontrolliert und gegenüber Pakistan freundlich eingestellt ist.« Der mittelasiatische Markt galt als wichtiges Exportfeld für pakistanische Erzeugnisse; der einzige Transitweg dahin führt über afghanisches Territorium. Nach einem Treffen mit Vertretern saudi-arabischer und US-amerikanischer Ölgesellschaften forderte der damalige pakistanische Ministerpräsident Nawaz SHARIF die Taliban ultimativ auf, die Besetzung ganz Afghanistans bis Ende des Sommers 1997 abzuschließen.[2467] Mit Hilfe eines von den Taliban kontrollierten Afghanistan wollten die USA schließlich einen alternativen Pipelinekorridor von Turkmenistan Richtung Pakistan und Indischem Ozean errichten. »Je erfolgreicher die Taliban waren und Provinz nach Provinz eroberten, desto optimistischer wurden die US-Energieunternehmen«, so die Einschätzung von Winfried WOLF zur Interessenlage der USA.

»Als die afghanische Hauptstadt Kabul 1996 erobert und dort sofort die Scharia verhängt war, verkündete Chris TAGGERT, der führende Manager des am Pipeline-Projekt maßgeblich interessierten US-Konzerns Unocal, jetzt würde dieses Projekt schnell durchführbar sein. Das US-Außenministerium ließ verlauten, die USA würden nunmehr diplomatische Beziehungen zu den Taliban aufnehmen, eine Erklärung, die dann allerdings wieder zurückgezogen wurde. US-Senator Hank BROWN, ein Befürworter des Unocal-Projektes, sagte: ›Das Gute an all dem ist, daß endlich eine der Gruppierungen in Afghanistan im Stande zu sein scheint, eine Regierung zu bilden.‹ In einer Meldung der Nachrichtenagentur *Reuters* vom 1. Oktober 1996 wurde die Interessenlage auf den Punkt gebracht: ›Sicherlich sind die Taliban der US-Politik dienlich, weil sie eine feste sunnitische Pufferzone an Irans Grenze bilden und potentielle Sicherheit für die Handelsrouten und Pipelines bieten, die Irans Monopol auf Zentralasiens südlichen Handelsstrecken brechen würde.‹ Tatsächlich kam es am 23. Juli 1997 in Islamabad zur Unterzeichnung eines Vertrags über den Bau einer 1500 Kilometer langen Erdgasleitung von Dauletabad in Turkmenistan über das afghanische Kandahar nach Quetta und Multan in Pakistan. Der Weiterbau der Pipeline nach Neu-Delhi wurde als Option vereinbart. Vertragspartner waren die Regierungen Pakistans und Turkmenistans, der US-Konzern Unocal und das saudi-arabische Energieunternehmen Delta Corp. Die afghanische Regierung war außen vor. Doch die Vertragsparteien gaben der Hoffnung Ausdruck, daß es bis Baubeginn im Jahr 1998 in Afghanistan ›stabile politische Verhältnisse‹ geben würde.«[2468]

P. Stobdan, ein wissenschaftlicher Mitarbeiter des ›Instituts für Verteidigungsstudien und Analysen‹ in Neu Delhi, faßte die Situation in der Institutszeitschrift *Strategic Analysis* wie folgt zusammen: »Afghanistan ist im Zusammenhang mit der amerikanischen Politik zur Sicherung der benötigten Energieressourcen von großer Bedeutung. Das Unocal-Projekt zur Errichtung von Öl- und Gaspipelines von Turkmenistan über Afghanistan, das zum Ziel hatte, die Rohstoffe auf diesem Weg bis zum indischen Subkontinent zu exportieren, galt als wagemutigster Schachzug während des zentralasiatischen Ölbooms der Neunzigerjahre und sorgte für große Euphorie. Die US-Regierung unterstützte diese Planungen uneingeschränkt, denn sie hielt sie für eine nützliche Option, mit der man die zentralasiatischen Staaten aus der russischen Umklammerung befreien und gleichzeitig verhindern konnte, daß sie sich dem Iran zu sehr annäherten. Das Projekt war außerdem auch als schnellste und billigste Strecke für den Export von turkmenischem Erdgas auf den rasch wachsenden Energiemarkt Südasiens konzipiert. Als Werber für dieses Vorhaben engagierte die Unocal Henry Kissinger, den prominenten ehemaligen Diplomaten und US-Außenminister, Robert Oakley, einen ehemaligen US-Botschafter in Pakistan, sowie John Maresca, einen Experten für die Kaukasusregion. . . Der Präsident von Unocal ging in seinen spekulativen Überlegungen sogar davon aus, daß die Baukosten halbiert würden, wenn die Taliban siegen und eine Regierung für das ganze Land zu Stande kommen sollte.«[2469]

Mit Hilfe einer solchen Pipeline durch Afghanistan sollten schließlich – neben der strategisch wichtigen Umgehung Rußlands – gleichzeitig die an Rußland grenzenden zentralasiatischen Republiken der GUS für den von den USA kontrollierten weltweiten Markt geöffnet werden.[2470] Die afghanische Lösung stellte deshalb »eine ideale Alternative zu einer Trasse durch Rußland oder den Iran dar; diese Lösung hätte direkte Verhandlungen der USA als ›Bittsteller‹ mit Moskau oder Teheran erfordert – ein wahrer Alptraum für Washington, das doch darauf bedacht war, den Einfluß dieser Länder in Zentralasien einzudämmen«.[2471] Folgerichtig erklärten die russischen Journalisten Waleri Panjuschkin und Michail Sygar, daß den Taliban hier eine entschieden gegen die russische Energiegeopolitik gerichtete Aufgabe zugewiesen wurde. Sie sollten verhindern, daß Rußland sich ein Monopol auf die Förderung und den Transport des turkmenischen Erdgases sichert: »Den Taliban wurde eine bedeutende Mission übertragen – die Gasleitung zu schützen, durch die turkmenisches Gas in Umgehung von Gazprom exportiert werden sollte. Faktisch wurden die Taliban zu den wirksamsten Kämpfern gegen die Kontrolle der Energieressourcen Zentralasiens durch Gazprom.«[2472]

Ein Sieg der fundamentalistisch-islamistischen Taliban lag daher voll im Interesse der US-Geopolitik, um Afghanistan als sicheres Transitland zu gewinnen, mit dem Rußland und der Iran im Pipelinepoker verdrängt werden konnten. Folgerichtig kam es auch zur Unterstützung der Taliban-Bewegung durch die USA. Selig Harrison, Experte für die US-Afghanistanpolitik, vertritt die Ansicht, die Entstehung der Taliban sei »vom pakistanischen Geheimdienst ISI und der CIA aktiv unterstützt« worden.[2473] Wie die *Agence France-Presse* Anfang Oktober 2001 entüllte, drängte Washington daher auch Pakistan und Saudi-Arabien, seine wichtigsten Verbündeten in der Region, die Taliban-Milizen bei ihrem Griff nach der Macht zu unterstützen. »Ein Hauptgrund für das Interesse der USA an den Taliban war eine auf 4,5 Milliarden Dollar veranschlagte Öl- und Gas-Pipeline, die ein Ölkonsortium unter amerikanischer Führung durch das vom Krieg zerrüttete Afghanistan bauen wollte. . . Das (Öl-)Konsortium befürchtete, eine solche Pipeline könne nicht errichtet werden, solange das nach dem sowjetischen Abzug im Jahr 1989 vom Bürgerkrieg heimgesuchte Land unter verschiedene Kriegsherren aufgeteilt war. Die Taliban schienen Washington ein attraktiver Partner (zu sein). . .«[2474] – und zwar sowohl zwecks Ressourcensicherung als auch wegen der Durchsetzung der antirussischen und auch antiiranischen Containmentstrategie. Geriete Kabul unter die Kontrolle Teherans, so befände sich der Schlüssel zu Zentralasien in den Händen des Iran, eine Entwicklung, die weder Saudi-Arabien, noch Pakistan, noch Israel zulassen konnten.

»Diese Auffassung teilte auch Washington. Seit 1979 und der Geiselnahme in der amerikanischen Botschaft von Teheran war es eines der Hauptziele des State Department, die islamische Republik des Iran zu schwächen. Also bedeutete die Unterstützung radikaler Sunniten wie der Taliban für die amerikanischen Sicherheitsberater eine Eindämmung des schiitischen Einflusses in diesem Teil der Welt.«[2475] Aus diesem Grund entwickelte sich – wie Afghanistan-Experte Ahmed RASHID darstellt – hinter den Kulissen eine verschwörerische Zusammenarbeit zwischen ISI, CIA und Mossad zur Unterstützung der Taliban.[2476] Gerade die erprobte Zusammenarbeit zwischen CIA und ISI in der Zeit des ersten Kalten Krieges zur Unterwanderung der Sowjetunion erwies sich hier als ausschlaggebend: »Ihren Sieg (d.h. die Errichtung des Taliban-Regimes, der Verf.) hatten die USA und Unocal nicht zuletzt Pakistan zu verdanken. Nach Auflösung der BHUTTO-Regierung 1996 wurde Unocal vom neu gewählten Premierminister Nawaz SHARIF, seinem Ölminister Chaudry Nisar Ali KHAN, dem Militär und dem ISI voll unterstützt. Pakistan wollte mehr direkte US-Unterstützung für die Taliban und drängte Unocal, rasch mit dem Bau der Pipeline zu beginnen, was die Legitimierung der Taliban vorantreiben würde. Grundsätzlich richteten sich die US-Regierung und Unocal nach den Analysen und Zielsetzungen des ISI aus, wonach ein Sieg der Taliban in Afghanistan und ihre Anerkennung durch die USA Unocal den Job ziemlich erleichtern würde.«[2477]

Zum damaligen Zeitpunkt war nach einem Bericht der *New York Times* die CLINTON-Regierung zu der Überzeugung gekommen, daß ein Sieg der Taliban für ein Gegengewicht zum Iran sorgen und neue Handelwege eröffnen könnte, die den russischen und iranischen Einfluß in der Region schwächen würden.[2478] Schließlich unterstützte die US-Regierung auch den Plan von Unocal, die Öl- und Gaspipelines von Turkmenistan über Afghanistan nach Pakistan zu bauen, um mit Hilfe dieser neuen Pipelines und Verkehrswege die ehemaligen Sowjetrepubliken an Rußlands Südgrenze dem US-dominierten Weltmarkt zu erschließen. In diesem Zusammenhang ist es erwähnenswert, daß die Taliban Schritt für Schritt ausgerechnet jene Teile Afghanistans unter Kontrolle nahmen, wo die Gasleitung aus Turkmenistan verlaufen sollte.[2479]

Tatsächlich fanden die Taliban innerhalb der engsten Zirkel der US-Machtelite grundlegende Unterstützung, was die Enthüllungsjournalisten Jean-Charles BRISARD und Guillaume DASQUIÉ ausführlich dokumentierten: »Im Ausland wurde die Unterstützung der Fundamentalisten von angesehenen politischen Kreisen fortgesetzt. Zwei der einflußreichsten amerikanischen Forschungsinstitute im Bereich der Außenpolitik setzten sich für sie ein. Es handelt sich um den angesehenen Council on Foreign Relations... und die Rand Corporation...«[2480] Aus den Reihen der US-Machtelite rekrutierte sich sogar eine Pro-Taliban-Lobby, die die US-Afghanistanpolitik nachhaltig beeinflussen sollte. Ihre Vertreterin war die Nichte des ehemaligen CIA-Direktors Richard HELMS, Laila HELMS. »Beeinflußt von der amerikanischen Politik in diesem Teil der Welt, unterstützte sie lange die islamischen Führer, die in der Gunst der US-Regierung standen. Ab 1995 gehörte sie zu den Interessenvertretern der Taliban in Washington, die sich mit dem Segen und den Petro-Dollars Saudi-Arabiens und dem Wohlwollen des amerikanischen State Departments anschickten, die Macht in Kabul zu übernehmen.«[2481]

Tatsächlich entwickelten sich mit den zunehmenden militärischen Erfolgen der Taliban die Beziehungen zwischen der US-Machtelite und den Fundamentalisten immer enger. »Nach einer Meldung des *Guardian* gab es regelmäßig gegenseitige Besuche auf hoher Ebene. Mitte 1996 nahmen hochrangige Talibanführer an einer Konferenz in Washington teil. Kurz bevor die Taliban die Stadt Djalal Abad besetzten, führten hohe Beamte des US-Außenministeriums Gespräche mit ihren Führern in Qandahar, wo sich ihr Hauptquartier befand... Wie die *Washington Post* meldete, haben sich Vertreter der USA und des Talibanregimes seit 1998 mindestens zwanzigmal geheim getroffen. Das letzte Treffen fand nur wenige Tage vor dem 11. September 2001 statt.«[2482] Dieselben Vorgänge bestätigte auch die *International Herald Tribune,* der zufolge die CLINTON-Regierung im Sommer 1998 mit den Taliban über potentielle Pipelinestrecken für Öl und Erdgas verhandelt habe, die von Turkmenistan über Afghanistan nach Pakistan zum Indischen Ozean führen sollten.[2483]

Wie Ahmed RASHID schreibt, erfolgte die Unterstützung der Taliban auf indirekte Art und Weise. »Es gab zwar kein CIA-Budget für Waffenlieferungen an die Taliban, und auch Unocal gewährte ihnen keine militärische Unterstützung, aber die USA unterstützten die Taliban indirekt über ihre Verbündeten Pakistan und Saudi-Arabien...«[2484] Dabei kam es auch zu Geldzahlungen an die Taliban, bei denen unter anderem der dubiose, mit der US-Machtelite eng verflochtene Konzern Enron eine zwielichtige Rolle spielte. Dieser Konzern arbeitete ebenfalls mit der CIA zusammen, als es darum ging, beim Pipelinebau in Afghanistan ins Geschäft zu kommen und in diesem Zusammenhang Enron Millionenzahlungen an die Taliban leistete.[2485] Auch der Konzern Unocal sorgte durch die Verpflichtung von Zalmay KHALILZAD und Hamid KARZAI für die Herstellung enger Kontakte zwischen dem US-Establishment und den Taliban: »Darüber hinaus engagierte UNOCAL zwei Afghanen mit guten politischen Kontakten, um die Taliban im Sinne des Unternehmens zu beeinflussen – Zalmay KHALILZAD, einen Paschtunen, der in den USA studiert hatte und die amerikanische Staatsbürgerschaft besaß, und Hamid KARZAI, einen Paschtunen aus Kandahar, der über Verbindungen zum früheren afghanischen König ZAHIR SHAH verfügte und damals in Quetta in Pakistan lebte. In den Jahren 1991 und 1992 war KHALILZAD im Verteidigungsministerium unter Paul WOLFOWITZ für Politische Planung zuständig gewesen.«[2486]

Der US-Kongreßabgeordnete Dana ROHRBACHER hob im Rahmen einer Stellungnahme zu dem Thema »U.S. Policy Toward Afghanistan« vor dem außenpolitischen Unterausschuß des Senats zu Südasien am 14. April 1999 einen Fall hervor, der deutlich machte, wie die USA auf diplomatischem Wege die Machtergreifung der Taliban förderten: »Der vielleicht krasseste Beweis für die stillschweigende Unterstützung der Taliban durch diese Regierung (CLINTON, der Verf.) war der Vorstoß, den Mr. INDERFURTH und UNO-Botschafter Bill RICHARDSON im Frühjahr 1998 bei einem Besuch in Afghanistan unternahmen. Diese Vertreter der US-Regierung überredeten die Nordallianz, gegen die damals geschwächten und verwundbaren Taliban nicht in die Offensive zu gehen. Statt dessen brachten sie die Anführer der Taliban-Gegner dazu, einem von Pakistan vorgeschlagenen Waffenstillstand zuzustimmen. Dieser bestand nur so lange, bis Pakistan die Taliban erneut aufgerüstet und reorganisiert hatte. Wenige Monate nach der von den USA unterstützten Verkündigung des ›Ulema‹-Prozesses traten die Taliban – vom pakistanischen Geheimdienst ISI frisch aufgerüstet und mit Drogengeldern ausgestattet – zu einer Großoffensive an und vernichteten die Nordallianz.«[2487]

In der Folgezeit aber verloren die Taliban ihren strategischen Wert für die USA. Hierbei waren es aber wohl weniger die Anschläge auf US-Botschaften in Ostafrika 1998 durch die Al-Qaida, deren Begründer Osama BIN LADEN in Afghanistan Unterschlupf fand, sondern vielmehr die Tatsache, daß sich die Taliban nicht mehr bedingungslos in das Drehbuch der US-Geopolitik einfügen lassen wollten. Neben dem Umstand, daß sie ihren Auftrag, ganz Afghanistan unter ihre Kontrolle zu bekommen und so für die für eine Pipeline notwendige Stabilität zu sorgen, nicht erfüllt hatten, kam hinzu, daß sie gegenüber den US-Konzernen erhebliche Forderungen zu stellen begannen. Wie die Zeitschrift *Oil & Gas International* hervorhob, stellten die Taliban »weitere Forderungen und gingen über die vorgesehenen 100 Millionen Dollar Jahresmiete hinaus. Sie wollten eine Wasserversorgung, Telefon- und Stromleitungen, außerdem noch eine Zapfstelle an der Pipeline zur Entnahme von Öl- und Gas für Afghanistan. Die Unocal wurde stutzig und ließ ihre Pläne nach den Bombenanschlägen auf die Botschaften in Ostafrika schließlich ganz fallen.«[2488] Zum Umschwung in der Haltung der US-Außenpolitik gegenüber den Taliban mag auch beigetragen haben, daß die Taliban im Oktober 1998 dem argentinischen Ölkonzern Bridas den Zuschlag für den Bau der Pipeline durch Afghanistan erteilt hatten.

Die USA erkannten im Winter 1998 und Frühjahr 1999, daß die Taliban nunmehr ein wesentliches Hindernis für die Durchsetzung amerikanischer Interessen waren. Wie die Geheimdienstexperten Jean-Charles Brisard und Guillaume Dasquié darstellen, starteten die USA daraufhin eine Doppelstrategie: Zum einen fanden hinter den Kulissen weitere Verhandlungen zwischen US-Vertretern und den Taliban statt; zuletzt waren sogar für den 17. Juli 2001 Geheimverhandlungen in Berlin anberaumt,[2489] andererseits wurden schon Pläne zur Beseitigung der Taliban ins Auge gefaßt. »Ziel war es, die Taliban zu einem Waffenstillstandsabkommen mit der Nordallianz, zur Bildung einer nationalen Einheitsregierung und zur Auslieferung Osama bin Ladens zu bewegen.«[2490]

Ein solches Treffen jedoch scheiterte an den Taliban, die sich weigerten, auf die amerikanischen Bedingungen einzugehen, so daß die USA nunmehr eine militärische Lösung des Problems in Betracht zogen. Nach Angaben des pakistanischen Unterhändlers Naiz Naik sprach die amerikanische Delegation »von ›militärischen Möglichkeiten‹ gegen die Taliban, wenn diese nicht bereit wären, ihre Positionen zu ändern«.[2491] Wie Chalmers Johnson hervorhebt, ging es den USA jetzt nicht mehr nur ums Geldverdienen, »sondern vielmehr darum, die Grundlage für die Präsenz der Vereinigten Staaten in Zentralasien zu schaffen«.[2492] Die Zeitschrift *Alexander's Gas and Oil Connections* berichtete im Februar 2002: »Pläne zur Beseitigung der Taliban wurden schon mehrere Monate vor dem 11. September in diplomatischen und anderen Kreisen diskutiert. Im Mai 2001 gab es in Genf ein wichtiges Treffen von Vertretern des US-Außenministeriums mit Beamten der iranischen, der deutschen und der italienischen Regierung, bei dem es um eine Strategie zum Sturz der Taliban und der Ersetzung des theokratischen Regimes durch eine ›Regierung auf breiter Grundlage‹ ging. Das Thema kam abermals zur Sprache auf dem G-8-Gipfeltreffen in Genua im Juli 2001, als Indien – das als Beobachter beim Gipfel anwesend war – seine eigenen Pläne vorstellte.«[2493]

Matin Baraki enthüllte, daß schon im Jahre 2000 der ehemalige Sondergesandte der USA für Afghanistan, P. Tomsen, für die Nach-Taliban-Ära einen Entwurf ausgearbeitet hatte, der dann fast buchstäblich auf der Petersberger Konferenz Ende 2001 übernommen worden ist.[2494] Nach der Konferenz der G-8, so Chalmers Johnson, »gab es in Berlin weitere Treffen von Vertretern der USA, Rußlands, Deutschlands und Pakistans, und gut informierte pakistanische Kreise berichteten von einem detaillierten amerikanischen Plan vom Juli 2001, der bis Mitte Oktober dieses Jahres Militärschläge gegen die Taliban von Basen in Usbekistan und Tadschikistan aus vorsah. Erinnern wir uns in diesem Zusammenhang daran, daß ›Bushs

Lieblings-Afghane‹ Zalmay KHALILZAD, am 23. Mai 2001 in den Nationalen Sicherheitsrat berufen worden war – gerade rechtzeitig, um einen operativen Plan für einen Angriff auf Afghanistan zu erarbeiten. Am 2. August 2001 absolvierte Christina ROCCA, die im Außenministerium als Unterstaatssekretärin für Südasien zuständig war, in Islamabad das letzte offizielle Treffen zwischen Vertretern der USA und der Taliban«.[2495]

Was aber war nun der Grund, warum die USA es so eilig hatten, die politischen Verhältnisse in Afghanistan zu ihren Gunsten zu beeinflussen? Die Ursache lag darin, daß sich um das Jahr 2000 die machtpolitischen Verhältnisse in Zentralasien umzukehren drohten. Während es den USA in den neunziger Jahren gelungen war, Rußland aus Zentralasien weitgehend zu verdrängen, drohte nunmehr eine Rückkehr des russischen und ebenso des chinesischen Einflusses in Zentralasien. »Moskau und Peking schlossen zahlreiche Abkommen über den Bau von Pipelines ab, die das Öl aus Zentralasien befördern sollten, und vor allem war seit dem Sommer die russische Pipeline, die das Öl aus der kaspischen Region pumpte, in Betrieb genommen worden. Die amerikanische Pipeline, ihr Konkurrent auf der ›Westpassage‹, die nach Ceyhan in der Türkei führen sollte, war hingegen noch im Planungsstadium. Bei diesem Tempo würden in kürzester Zeit die Öl- und Gasfelder amerikanischer Konzerne von Kasachstan, Turkmenistan und Usbekistan an Gas- und Ferngasleitungen unter chinesischer und russischer Kontrolle angeschlossen«[2496] – eine Gefahr, die in einer Analyse des der CIA nahestehenden Studienzentrums Stratfor vom Juli 2001 deutlich hervorgehoben wurde.

Wie oben bereits dargestellt, hatte Rußland mit der Eröffnung der Pipeline von Kasachstan zum russischen Schwarzmeerhafen Novorossijsk im Sommer 2001 den Pipelinepoker einstweilen für sich entschieden. Damit wurde Afghanistan für die US-Geopolitik noch wichtiger; und die USA sahen sich nunmehr veranlaßt, ihre alternativen Pipelinepläne voranzutreiben. So unterstrich der damalige US-Außenminister Colin POWELL, die Pipelinerouten müßten unbedingt durch befreundetes Gebiet, dürften also nicht durch Rußland oder den Iran, verlaufen. Die amerikanische Position wurde zudem durch die Durchführung des bislang größten NATO-Manövers im Juni 2001 in Georgien verdeutlicht.[2497] Die Verstärkung der US-Zentralasienpolitik lag zudem darin begründet, daß im kasachischen Sektor des Kaspischen Meeres, dem Kashagan-Feld, neue Ölfunde geortet wurden, die vom *National Energy Policy Report* von 2001 als wichtigster Fund der letzten 30 Jahre beschrieben wurden[2498] – Öl, das jetzt durch russische Pipelines befördert wurde. »Spätestens dieses, auf etwa 50 Mrd. Barrel geschätzte Ölfeld macht die Region wieder zu einem Gebiet vitalen amerikanischen Interesses. Damit kam auch den Pipelinerouten wieder verstärkte Bedeutung zu.«[2499]

Jetzt setzten die USA alles daran, zu verhindern, daß auch das turkmenische Erdöl und Erdgas unter das russische Transportmonopol fiel. »Da die einzige größere Pipeline über Rußland verläuft und Versuche der USA, eine Gaspipeline von

Turkmenistan quer durch das Kaspische Meer in die Türkei zu verlegen, am Widerstand Rußlands, das als Anrainerstaat ein Vetorecht gegen diese Trasse besitzt, scheiterten, besitzt ›Rußland fast ein Monopol über Turkmenistans Gasexportrouten‹, was Moskau erheblichen Einfluß auf die zentralasiatische Republik verschafft«, so Militarismus-Experte Jürgen WAGNER. »Aufgrund dieser Entwicklungen mußten aus US-Sicht unbedingt Alternativen zur bisher bevorzugten Trassenführung gefunden werden, da der Verlust des Pipelinepokers und damit auch ein erheblicher russischer Machtzuwachs drohte.«[2500] Der bereits erwähnte Zalmay KHALILZAD, Mitglied des Nationalen Sicherheitrates der USA, führte in diesem Zusammenhang aus: »Durch die Abwesenheit alternativer Möglichkeiten für die zentralasiatischen Staaten... ist Zentralasien ein Schauplatz geworden, in dem Rußland seinen Einfluß und seine Rolle wieder zunehmend geltend machen kann.«[2501]

Das bedeutet also, daß für die US-Geopolitik die Kontrolle Afghanistans wieder einmal mitentscheidend wurde, und zwar im Hinblick auf die Zurückdrängung und Isolierung Rußlands sowie für die Sicherung des zentralasiatischen ›ökonomischen Filetstückes‹ durch die USA. Angesichts dieser Entwicklungen darf man davon ausgehen, daß die Anschläge vom 11. September 2001 den USA eine willkommene Gelegenheit boten, einseitig den Sturz der Taliban zu betreiben, ohne auf die Unterstützung durch Rußland, Indien oder anderer Länder zu warten.[2502] Damit hat der Krieg gegen Afghanistan, den die USA im Oktober 2001 begannen und der bis heute noch nicht abgeschlossen ist, eine eindeutig antirussische Zielsetzung: Es geht um die Kontrolle dieses Landes, damit es seine Rolle als Transitland für zentralasiatisches Erdöl und Erdgas erfüllen kann.

Daher waren die USA auch bestrebt, die machtpolitischen Verhältnisse in Afghanistan nach ihren Maßstäben zu bestimmen, was bereits während der Petersberger Konferenz vom 27. November bis zum 5. Dezember 2001 deutlich wurde. »Während die afghanischen Delegationen insgesamt 38 Personen umfaßten, präsentierten sich die USA bei der Konferenz mit 20 ›Beobachtern‹. Abdul Hamid KARZAI, ein Großgrundbesitzer und Modjahed, der gute Kontakte zur CIA pflegte, wurde in Abwesenheit zum Interimsministerpräsidenten der Afghan Transitional Authority (ATA) ernannt. Damit setzten sich die USA im Gerangel um die Besetzung der Führungsposition in der künftigen afghanischen Übergangsadministration durch.«[2503] Ähnliches enthüllte auch das *Handelsblatt:* »Im Hintergrund ziehen schon seit geraumer Zeit die Amerikaner die Fäden. Die Schlüsselfigur ist dabei Zalmay KHALILZAD, US-Präsident George W. BUSHS Sonderbeauftragter für Afghanistan. KHALILZAD war es schon zu Wochenbeginn überlassen gewesen, die Presse vom Rückzug ZAHIR SCHAHS von jeglichen Ambitionen auf das höchste Staatsamt zu unterrichten. Es sei ›der Eindruck entstanden‹, erklärte KHALILZAD, als würden KARZAI und der Ex-König im gegenseitigen Wettbewerb stehen. Dies habe ›geklärt‹ werden müssen. In seltener Offenheit war mit diesem Auftritt von KHALILZAD die Einflußnahme Washingtons auf die politischen Geschicke in Kabul deutlich geworden. . . Während KHALILZAD die US-Interessen in Afghanistan kaum diplomatisch verhüllt formuliert, soll Hamid KARZAI diese umsetzen. Der bisherige Übergangspremier weiß, worauf er sich einläßt. Von Beginn an segelte er auf dem Ticket der USA, die ihn schließlich auch während der Petersberger Afghanistan-Konferenz im Dezember – mit Hilfe einer satellitengestützten Liveeinblendung vom afghanischen Kriegsschauplatz – als neuen Regierungschef durchsetzten.«[2504]

Über Zalmay KHALILZAD und Hamid KARZAI sicherten sich die USA damit ihren Einfluß in Kabul. »Beobachter sprechen bei KHALILZAD bereits von einem afghanischen ›Vizekönig‹, der hinter den Kulissen die Geschicke des Landes lenkt. Der schillernde Afghane in US-Diensten gilt auch als ›Mann des Öls‹, der stets das tut, was er bereits früher getan hat: die Interessen der amerikanischen Ölindustrie vertreten. Und für die ist Afghanistan nach wie vor als Transitland zwischen den energiehungrigen Ländern Pakistan und Indien einerseits und dem öl- und gasreichen Zentralasien von strategischer Bedeutung.«[2505]

Gerade in der BUSH-Ära unterstützten die USA daher Hamid KARZAI nach Kräften, und den US-Truppen und UNO- und NATO-Einheiten sollte im Rahmen der ISAF und der Operation ›Enduring Freedom‹ die Funktion zukommen, das KARZAI-Regime im ganzen Land durchzusetzen. Hamid KARZAI ist dabei – wie ein Personenporträt in der Zeitschrift *Orient* (Ausgabe 1/2002) enthüllt – praktisch als ein ›Amerikaner‹ anzusehen, der in den achtziger Jahren eng mit dem CIA-Chef William CASEY zusammengearbeitet hatte, der wirtschaftlich eng mit den USA verbunden ist (er unterhält dort Restaurantketten) und die Funktion eines Beraters von Unocal oder eines Verbindungsmanns dieses Konzerns zu den Taliban innehatte.[2506]

Vor diesem Hintergrund erscheint es kaum verwunderlich, daß die USA alsbald nach Installierung des KARZAI-Regimes das Pipelineprojekt Turkmenistan–Afghanistan–Pakistan wieder in Angriff nahmen. So reiste die stellvertretende Abteilungsleiterin für Eurasien im amerikanischen Außenministerium JONES nach Turkmenistan, um dort kundzutun, daß Washington den Bau einer Ölpipeline über Afghanistan unterstützen werde. Dieser Plan – so Udo ULFKOTTE – wurde durch einflußreiche Lobbyisten unterstützt. Yousef MAIMAN, ein Israeli, der auch die turkmenische Staatsbürgerschaft besitzt und dessen Unternehmen Merhav etwa 1,3 Milliarden Dollar in Turkmenistan investiert hatte, unterstützte nach Enthüllungen des *Wall Street Journal* die geopolitischen Zielsetzungen der USA und Israels. Merhav hatte dabei den Enthüllungen ULFKOTTES zufolge eine Kanzlei beauftragt, als Lobbyist in Washington für den Bau der gewünschten Trasse aufzutreten. Folglich schlossen am 9. Februar 2002 Hamid KARZAI und der pakistanische Präsident General MUSHARRAF einen Vertrag über den Bau der Pipeline ab.[2507] Dabei hatte KARZAI zuvor auch mit Turkmenistan über dieses Vorhaben gesprochen. Die riesigen turkmenischen Gasfelder auf pakistanische Häfen auszurichten, ist jedoch ein direkter Schlag ins Gesicht Rußlands.[2508]

»Die Pläne für die anvisierte Ölpipeline wurden rasch konkretisiert. Welche Bedeutung dem von der BUSH-Administration beigemessen wird, zeigt sich daran, daß sowohl Außenminister POWELL als auch Verteidigungminister RUMSFELD Anfang Dezember 2001 Kasachstan besuchten. Dabei wurden vor allem Gespräche über den Bau der Ölpipeline von Kasachstan über Afghanistan nach Indien geführt. Auch andere Länder wurden von höchsten US-Stellen zur Wiederaufnahme des Projektes gedrängt: ›Die [pakistanische] US-Botschafterin Wendy CHAMBERLAIN traf sich im Oktober mit Pakistans Ölminister, um die Wiederaufnahme des UNOCAL-Projektes zu diskutieren.‹«[2509]

Inwieweit sich dieses US-Projekt verwirklichen läßt, hängt davon ab, wie es den USA gelingt, ganz Afghanistan unter Kontrolle zu bekommen. Die zunehmenden militärischen Erfolge der wiedererstandenen Taliban, die mehr und mehr Provinzen infiltrieren und den US-Streitkräften einen blutigen Partisanenkrieg liefern, und die verschiedenen Aktivitäten der US-Regierung, um Druck auf ihre Verbündeten zur Erhöhung ihrer Truppenkontingente auszuüben, zeigen allerdings, daß es den US-Streitkräften bis auf weiteres nicht gelingen dürfte, die Befriedung des Landes nach ihren Vorstellungen durchzusetzen. Ende des Jahres 2009 war es den aufständischen Taliban gelungen, in sämtlichen afghanischen Provinzen maßgeblich an Einfluß zu gewinnen. Demgegenüber zeichnet sich seit dem Machtantritt des neuen US-Präsidenten OBAMA ein Zerwürfnis zwischen KARZAI und seinen US-amerikanischen Protektoren deutlich ab. Dabei war es insbesondere die unter KARZAI grassierende Korruption und um sich greifende Drogenwirtschaft, die von Washington lange geduldet, wenn nicht gar gefördert wurde (so stand der in Drogen- und anderen kriminellen Geschäften verwickelte Bruder des afghanischen Präsidenten,

Taliban-Kämpfer. Die historische Mission der Taliban, so Matin BARAKI, wurde darin gesehen, ganz Afghanistan zu besetzen, um die Bedingungen für die Verwirklichung der ökonomischen, politischen und ideologischen Projekte der USA, Pakistans und Saudi-Arabiens zu schaffen. Jetzt rächt sich diese Einschätzung.

Ahmed Wali Karzai, auf der Gehaltsliste der CIA, da er der US-Besatzungsmacht wichtige Unterstützungsdienste leistete), die sich aber jetzt zum Hindernis für die US-amerikanischen Pläne entwickelte. Deshalb scheint gegenwärtig die Präsidentschaft Karzais für die Ziele Washingtons hinderlich zu werden, und so setzten die USA während des Präsidentschaftswahlkampfes in Afghanistan im Herbst 2009 darauf, daß Karzai durch ein Bündnis zwischen dem Tadschiken Abdullah und dem Paschtunen Ashraf Ghani ersetzt werden könnte.

Dieser Plan ging aber nicht auf: Karzai versuchte, den USA einen Strich durch die Rechnung zu machen, indem er sich in zweifelhafte Wahlabsprachen mit zwielichtigen Warlords und letztlich in einen Wahlbetrug flüchtete. Da es den USA nicht gelang, Karzai im Rahmen einer Stichwahl zu entfernen, und Bemühungen der UNO, die Wahlfälschungen zugunsten Karzais zu verschleiern, scheiterten, blieb Washington zunächst nichts anderes übrig, als eine neue Präsidentschaft Karzais anzuerkennen. Aus indischen Diplomatenkreisen aber wird seit geraumer Zeit verlautbart, daß die USA zusammen mit Pakistan hinter den Kulissen den Sturz Karzais betreiben möchten. So gerät Afghanistan in immer stärkerem Maße zwischen die Mühlsteine der Geopolitik der benachbarten Regionalmächte Pakistan, Iran und Indien sowie der Groß- und Weltmächte USA, Rußland und China. Um seine Position auch außenpolitisch auf eine breitere Grundlage zu stellen, strebt Karzai eine Annäherung an den Iran und China an. Deutlich wird also, daß der innere Machtkampf in Afghanistan faktisch den neuen Kalten Krieg um den Einfluß auf das Land am Hindukusch und damit den Poker der Regional- und Großmächte um die Kontrolle Zentralasiens widerspiegelt.

4.5.4.5 Afghanistan als Ausgangspunkt für die ›Talibanisierung‹ und ›Wahabisierung‹ Zentralasiens

Mit der Machtergreifung der Taliban in Afghanistan vollzogen sich – wie der Islamismus-Experte Berndt Georg Thamm nachweist – gleichzeitig Islamisierungsprozesse in Zentralasien,[2510] bei denen sowohl der pakistanische Geheimdienst ISI als auch Saudi-Arabien, beides Verbündete der USA, eine führende Rolle spielten. Nach dem Zusammenbruch der UdSSR begann sich in den postsowjetischen zentralasiatischen Republiken die ›Hizb-ut-Tharir‹ festzusetzen. Deren Vision ist es, ganz Zentralasien und die muslimischen Gebiete der Volksrepublik China zu einem ›Kalifat Zentralasien‹ zu vereinen. Dieser schleichende Prozeß begann sich allmählich während der Perestroika-Ära zu entwickeln und setzte sich schnell mit dem Ende der UdSSR fort. »Nach dem Ende der Sowjetunion folgte eine Zeit der ›Re-Islamisierung‹«,[2511] und »schon vor Jahrzehnten waren wahabitische Missionare im mittelasiatischen Süden der UdSSR, aber auch in Afghanistan und Pakistan, aktiv. Mit dem Zerfall der Sowjetunion verstärkte die Islamische Weltliga ihre Aktivitäten«.[2512] Wie oben bereits dargestellt, müssen diese Entwicklungen als Bestandteil des ›Bernard-Lewis‹- und ›Bennigsen‹-Konzeptes der US-Machtelite angesehen werden, die mit der islamistischen Waffe die Sowjetunion aufzureißen gedachte.

Worum geht es bei dieser Strategie? Ziel ist es, das muslimische Zentralasien von Rußland abzuspalten und es statt dessen in die Einflußsphäre der Türkei einzugliedern, die von den USA als wichtigster Ausgangspunkt und Sprungbrett für ihre strategischen Interessen in der kaspischen Region angesehen wird. BRZEZINSKI zufolge ist die Türkei im US-Interesse unverzichtbar für einen stabilen Kaukasus und ein ebensolches Zentralasien.[2513] Eine solche gewissermaßen neo-osmanische Einflußzone soll die geopolitische Grundlage des beschriebenen Ost-West-Pipelinekorridors von Zentralasien über den Kaukasus bis zur Türkei bilden. Der wichtigste Förderer einer solchen neo-osmanischen Bewegung ist kein Geringerer als Bernard LEWIS selbst, der im Jahre 1996 auf einer Bankierskonferenz in Ankara ausführte, es bestehe ein »Vakuum in der Region, das die Türkei ausfüllen soll und muß«[2514]. 1992 erläuterte Bernard LEWIS seine Strategie in einem Beitrag für das Strategieblatt des ›Council on Foreign Relations‹ *Foreign Affairs*: Demzufolge sei die ehemalige sowjetische Region Kaukasus-Zentralasien im Zuge einer ›Libanonisierung‹ zerstört, führte er dort aus.

»Wenn die Zentralmacht genug geschwächt ist«, sagte er vom früheren sowjetischen Zentralasien, »gibt es keine wirklich zivile Gesellschaft, die das Gemeinwesen zusammenhalten könnte, kein echtes Gefühl gemeinsamer nationaler Identität oder besonderer Neigung zum Nationalstaat. Dann zerfällt der Staat – wie es im Libanon geschah – in ein Chaos miteinander streitender, sich befehdender und bekämpfender Sekten, Stämme, Regionen und Parteien.«[2515] Der bereits erwähnte Professor Alexander BENNIGSEN bezeichnete dieses Vorgehen als Kernbestandteil einer antirussischen Strategie. In seinem Buch *Mystik und Kommissare: Der Sufismus in der Sowjetunion* von 1985 schrieb er: »Die fast 50 Jahre dauernden Kaukasuskriege (des 19. Jahrhunderts) trugen wesentlich zum materiellen und moralischen Ruin des Zarenreiches bei und beschleunigten den Sturz der ROMANOW-Monarchie.« BENNIGSEN beschrieb ebenfalls den nahenden Zusammenbruch der UdSSR und befürwortete hierzu islamistische Aufstände als wirkungsvollste Waffe gegen Moskau: »Im besonderen Falle des Nordkaukasus gewannen Sufi-Orden die Kontrolle nicht nur über fundamentalistische Neigungen, sondern auch über alle nationalen Widerstandsbewegungen vom späten 18. Jahrhundert bis zum heutigen Tag. Das tschetschenisch-inguschische Territorium und Dagestan gehörten zu den letzten Gebieten, zu denen die Sufi-Bruderschaften Zugang gewannen. Doch sobald er etabliert war, spielte der Sufismus dort eine überragende Rolle. Heute ist es wahrscheinlich das Gebiet, wo die organisierten mystischen Bewegungen am dynamischsten und aktivsten in der ganzen islamischen Welt sind.«[2516]

Michel CHOSSUDOVSKY zufolge stand hinter diesen Entwicklungen die bewährte Zusammenarbeit zwischen CIA und dem pakistanischen Geheimdienst ISI. Der ISI »diente als Katalysator für die Auflösung der Sowjetunion und die Entstehung von sechs neuen muslimischen Republiken in Zentralasien«,[2517] und »in der Zwischenzeit missionierten Wahabiten in den muslimischen Republiken und der Russischen

Föderation, um dort die säkularen staatlichen Institutionen zu unterwandern. Trotz seiner antiamerikanischen Ideologie diente der islamische Fundamentalismus vor allem den strategischen Interessen der USA in der ehemaligen Sowjetunion«.[2518]

Gleiches bestätigt auch Islam-Kenner Ostafa DANESCH: Seinen Recherchen zufolge kam es in den zentralasiatischen Republiken »zu einer religiösen Renaissance, wurden Moscheen und Koranschulen in großer Zahl gegründet. Islamische Stiftungen, internationale Institutionen wie die ›World Muslim League‹, die saudische Regierung und islamische Universitäten wie die bekannte Al-Azhar in Kairo stelten Gelder und Personal zur Verfügung. Ihre zunehmenden Aktivitäten bereiteten den Regierungen der neuen GUS-Staaten Sorgen. . . Doch es war längst zu spät, den Einfluß der radikalen Islamisten zu begrenzen, die von den besten Verbündeten der USA in der Region – dem pakistanischen ISI und den Saudis – nach Kräften gefördert wurden«. (*Wer Allahs Wort mißbraucht*, aaO. S. 99 f.)

Mostafa DANESCH hebt dabei gleichfalls hervor, daß diese Entwicklungen Bestandteil der geopolitischen Planungen der USA waren: »Von Afghanistan aus drohte zudem Zentralasien die Infiltration durch radikalislamistische Kräfte, die die Region weiter destabilisierten. Damit wurde der islamische Fundamentalismus gestärkt, angeheizt durch Milliarden Petrodollars aus Saudi-Arabien und den Vereinigten Arabischen Emiraten. Diese feudal-mittelalterlich regierten Staaten finanzierten die Ausbreitung des militanten Islam bis in die kaukasischen Republiken Tschetschenien und Dagestan sowie in ganz Zentralasien, ein Engagement, das in die Planungen der USA paßte, die ihrerseits mit Hilfe des pakistanischen Militärgeheimdienstes die Islamisten unterstützten.« (ebenda, S. 95 f.)

Folgt man Berndt Georg THAMM, so ist das ›talibanisierte‹ Afghanistan das Epizentrum, der Ausgangspunkt für die Ausbreitung des wahabitischen Islamismus in Zentralasien und insbesondere in Richtung Kaukasus und Tschetschenien,[2519] wo es – wie im folgenden Kapitel zu untersuchen sein wird – enge Verbindungen zwischen dem al-Quaida-Dschihad und den tschetschenischen Terroristen mit Rückendeckung der USA und Pakistans gibt. Dieser Gesichtspunkt macht gleichfalls deutlich, warum die US-Machtelite in den neunziger Jahren die Talibanisierung Afghanistans hinter den Kulissen entscheidend mit betrieb.

Auch der bereits eingehend angeführte russische Sicherheitsexperte Leonid FITUNI hatte Afghanistan ja als den entscheidenden Ausgangspunkt für die US-Strategie beschrieben, von dem aus ein muslimischer Keil in die Russische Föderation getrieben werden könne, um diese aufzuspalten. Das Machtvakuum in einem derart desintegrierten Zentalasien, in dem die Rolle Rußlands weitgehend marginalisiert ist, sollte nach dem Willen der US-Strategen von der Türkei ausgefüllt werden, wo sich Anfang der neunziger Jahre, wie oben schon angedeutet, ein Panturanismus mit antirussischer Ausrichtung ausbreitete. Die geopolitische Ausgangslage jedenfalls war hierfür bereitet worden, wie auch Zentralasien-Experte Ahmed RASHID feststellte: In einem jetzt zugänglichen riesigen Gürtel, der von Istanbul über den

Kaukasus und Zentralasien bis hin nach Xinijang in China reichte, sprach man türkische Dialekte. In den Republiken Zentralasiens sah man die Türkei als ein Modell für die eigene wirtschaftliche Entwicklung an, während die Türkei danach strebte, ihren Einfluß in der Region zu erweitern und eine der bestimmenden Mächte in der Region zu werden.[2520]

Insbesondere am Bürgerkrieg in Tadschikistan sollte sich diese Destablisierungsstrategie zeigen. Tadschikistan gilt als »Außenposten Rußlands«[2521] und ist die einzige an Afghanistan angrenzende ehemalige Sowjetrepublik, die dem ›Vertrag über kollektive Sicherheit‹ angehört. Zudem unterhält Rußland dort mit der 201. Motorisierten Schützendivision und mit Grenztruppen an der Grenze zu Afghanistan seine letzte umfangreiche Militärpräsenz in Mittelasien.[2522] Das wirtschaftlich bettelarme Land ist von wesentlicher strategischer Bedeutung. »Die Republik Tadschikistan«, so schreibt Peter SCHOLL-LATOUR, »ist geradezu dafür prädestiniert, Schnittpunkt widerstreitender geostrategischer Interessen zu sein«[2523] und ist der »brodelnde Kern nationalistischer und islamischer Auflehnung in einem neuralgischen Krisenzentrum, das an Afghanistan, an die Volksrepublik China und, nur durch den schmalen Schlauch des Wakhan-Streifens getrennt, an Pakistan grenzt«.[2524] Vor diesem Hintergrund ist es nicht verwunderlich, daß dieses Land 1992 bis 1997 Austragungsort eines blutigen Bürgerkrieges zwischen einer prorussischen Regierung und einer islamischen Opposition war. Wie Ahmed RASHID und Berndt Georg THAMM übereinstimmend berichten, operierten die Kämpfer der muslimischen Opposition von Afghanistan aus, wo sie ausgebildet und mit Waffen versorgt wurden.[2525] Auch dieser Bürgerkrieg in Tadschikistan muß somit als indirekter Stellvertreterkrieg der USA gegen den noch bestehenden russischen Einfluß in dem Staat angesehen werden, der noch als russischer Außenposten in Zentralasien gilt.

4.5.4.6 Die Tschetschenienkriege – die verborgene Agenda der USA

Eines der wichtigsten Spielfelder des eurasischen Schachbretts ist Tschetschenien. Lediglich vordergründig handelt es sich bei den Tschetschenienkriegen um eine militärische Maßnahme Rußlands gegen ein nach Unabhängigkeit und Selbstbestimmung strebendes Volk, die schon in den neunziger Jahren im Westen als Wiederaufleben eines vermeintlichen russischen ›Neoimperialismus‹ ausgelegt wurde. Über die Gründe Rußlands, im Dezember 1994 gegen die seit 1991 abtrünnige tschetschenische Teilrepublik militärisch vorzugehen, ist viel spekuliert worden. »Die Spekulationen reichen von dem Argument, JELZIN wolle die Kriminalität im Kaukasus (Rauschgift- und Waffenhandel, Flugzeugentführungen, Geiselnahmen) eindämmen, bis zu der Vorstellung, der russische Präsident müsse der Armee eine neue Aufgabe geben, damit sie ihr Ansehen wahre und – auch gegenüber dem Westen – zeigen könne, daß Rußland noch immer eine Großmacht sei, die nicht ungestraft mit sich spaßen lasse. Die Strafaktion gegen die Tschetschenen könne auch als Zeichen für andere muslimische Völker auf dem Gebiet der Russischen

Föderation, aber auch für die Länder der GUS verstanden werden, daß man Sezession oder allzu große Unabhängigkeit nicht hinnehmen werde.«[2526]

Ein Blick hinter die Kulissen hingegen offenbart wesentlich vielschichtigere Zusammenhänge, wobei auch die USA eine erhebliche Rolle gespielt haben und nach wie vor spielen. Tatsächlich handelt es sich bei dem Schlachtfeld Tschetschenien um einen weiteren Bestandteil des indirekten Krieges der USA gegen die Russische Föderation, in dem es darum geht, einen Keil zwischen das russische Kernland und die energiereiche Schwarzmeer- und Kaspi-Region zu treiben. Insoweit müssen die Tschetschenienkriege im Zusammenhang gesehen werden mit dem ›Great Game‹, der indirekten Strategie der USA gegen Rußland im Hinblick auf die Kontrolle der Erdöl- und Erdgasvorkommen und der Pipelinerouten in der Region des Schwarzen und des Kaspischen Meeres. Die geopolitischen, ökonomischen und strategischen Interessen spielen schließlich für die Beurteilung der Ursachen der Tschetschenienkriege eine entscheidende Rolle.

»Schon während der kaukasischen Krisen des vergangenen (19.) Jahrhunderts haben westliche und russisch-nationalistische Geopolitiker auf die strategische Bedeutung des Großraumes Kaukasus als ›Isthmus‹, als Landbrücke zwischen zwei großen Meeren, hingewiesen. Das Schwarze Meer im Westen und das Kaspische Meer, das größte Binnengewässer der Erde, sind, neben anderem, auch bedeutende Schiffahrtswege, Verbindungen zwischen Osten und Westen, aber auch zur vorderasiatischen und iranischen Welt. *Wer den Kaukasus kontrolliert oder zumindest beeinflußt, verfügt über ökonomische Vorteile. . . Teile des Kaukasus liegen auch heute, nach dem Untergang der Sowjetunion, wieder im Fadenkreuz der großen benachbarten Mächte. Eine wichtige Rolle dabei spielen die Erdölvorkommen in Tschetschenien und am Westufer des Kaspischen Meeres. . . Über den Kaukasus könnten auch Erdöl und Erdgas – etwa aus Turkmenistan am Ostufer des Kaspischen Meeres oder aus anderen Gegenden Mittelasiens – nach Westen transportiert werden«.*[2527]

Das bedeutet also: Wer den Kaukasus kontrolliert, beeinflußt entscheidend die Bestimmung der Pipelinekorridore, und wer die Pipelinekorridore kontrolliert, kontrolliert die wesentlichen Lebensadern der Industriestaaten. Im Pipelinepoker in dieser Region war Tschetschenien alles andere als eine Randzone; es bildete das Zentrum, die Drehscheibe oder den Knotenpunkt der von Rußland kontrollierten Pipelines, teilweise noch aus der Sowjetära. »Die Pipeline aus sowjetischer Zeit verbindet Baku am Kaspischen Meer über Grosny mit Noworossisk am Schwarzen Meer. Weil auch die Ölleitung aus Kasachstan in Noworossisk endet, liegt Tschetschenien an der Kreuzung zweier von Rußland kontrollierten strategischen Pipelinerouten. Während der Sowjetära war Noworossisk auch der Endhafen für die Pipeline aus Kasachstan. Entscheidend für westliche Pipelinepläne ist es nun, mit dem aserbaidschanischen und dem kasachischen Öl den Hafen von Noworossijsk zu umgehen.«[2528]

Wie oben dargestellt, war die Pipeline Baku–Grosny–Novorossijsk in den neunziger Jahren die einzige funktionstüchtige und die wirtschaftlich günstigste Pipeline, und aus diesem Grund war Rußland auch bestrebt, für diese Pipeline, die lediglich modernisiert und neueren Standards angepaßt werden mußte, zu werben. In wirtschaftsgeographischer Hinsicht war Tschetschenien als Verarbeitungszentrum und vor allem als wichtiger Abschnitt im russischen Ölpipelinnetz von Bedeutung. In Rußlands Energiestrategie kam der Pipeline Grosny–Novorossijsk ein zentraler Stellenwert zu.[2529] Aber die USA, Georgien und die übrigen südkaukasischen Staaten versuchten, alles daranzusetzen, um das russische Pipelinemonopol zu vermeiden.[2530] Daher hatte Tschetschenien eine entscheidende strategische Schlüsselstellung im Pipelinepoker, und zwar sowohl für Rußland als auch die USA. Für Rußland bedeutet die strategische Kontrolle Tschetscheniens die Möglichkeit, nach wie vor den Pipelinepoker mitzugestalten, während für die USA ein ›Ausfransen‹ des Kaukasus gleichbedeutend mit einer Zurückdrängung des russischen Einflusses ist. »Die tschetschenische Unabhängigkeit hätte den ohnehin drohenden Einflußverlust Moskaus in der Region vergrößert und Pipelineführungen außerhalb des russischen Territoriums begünstigt. Schließlich war die militärstrategische Bedeutung des Nordkaukasus als Truppenstützpunkt mit Zugang zum Krisengebiet Transkaukasus und zur gesamten türkisch-iranischen Grenze von nicht zu unterschätzender Bedeutung.«[2531] Ähnlich unterstreicht auch Paul Klebnikow die Bedeutung Tschetscheniens für Rußland: »Tschetschenien war ein wichtiger Knotenpunkt im russischen Öl-Pipeline-System, denn es diente als Umschlagplatz sowohl für das aus Baku kommende Öl vom Kaspischen Meer als auch für das westsibirische Öl auf seinem Weg zum Hafen von Noworossijsk.«[2532]

Die Hintergründe der inneren Entwicklung in Tschetschenien Anfang der neunziger Jahre bis zum Einmarsch der russischen Streitkräfte im Dezember 1994 waren komplexer, als vielfach angenommen. Insbesondere wird bei den Analysen in der Regel die Rolle raumfremder Mächte vollkommen außer acht gelassen. Was Tschetschenien besonders anfällig für eine Destabilisierungsstrategie macht, ist die eigentümliche Sozialstruktur dieses Volkes, die sich in einer Zersplitterung in Sippenverbänden (*Taip*) mit jeweils eigenen Normensystemen (dem *Adat*) äußert. »Eine Nationenbildung nach anderen als tribal-religiösen Kriterien konnte sich bislang nicht durchsetzen.«[2533] Zudem spielt der überstaatlich, sunnitisch und sufitisch ausgerichtete Islam für die politische Identität der Tschetschenen eine wichtige Rolle.[2534] Die Islamisierung Tschetscheniens wurde von dem mystischen Orden der ›Muriden‹ durchgesetzt. Es bildeten sich religiöse Bruderschaften der ›Naqschbandija‹ heraus, Geheimbünde, die in der Folgezeit bis in die Gegenwart die Zentren einer antirussischen islamistischen Rebellion bilden sollten. »Der mystische Orden der Muriden geht auf die zweite Hälfte des 18. Jahrhunderts zurück, als es zu ersten Zusammenstößen zwischen den Kosaken im Terek-Gebiet und den Bergvölkern Daghestans kam. Die erste größere Erhebung gegen die Russen brach unter der Zarin Katharina II. aus. Sie wurde angeführt von Imam Mansur Uschuruma, einem tschetschenischen Hirten aus dem daghestanischen Dorf Alba, dessen Ruf noch heute bis in die ferne Türkei widerhallt. Er rief sich zum ›Mahdi‹ aus, proklamierte 1782 den Dschihad und belagerte im Jahre 1785 die beiden russischen Zwingburgen Kisljar und Mosdok in Daghestan. Bald hatte der Aufstand auch die westlichen Teile des Nordkaukasus erfaßt. Schließlich gelang es den Truppen der Zarin, Imam MANSUR gefangenzunehmen und auf russisches Territorium zu bringen. Um seine Person rankte sich eine Art ›Kyffhäuser‹-Legende: der Imam MANSUR schlafe und werde nach fünfzig Jahren wiederkehren.«[2535]

Diese Aufstände sollten sich in der Folgezeit fortsetzen: »Schon 1801 setzte Beibulat TAIMIJEW die Kette der Aufstände gegen die Russen fort, nachdem er sich im innerdaghestanischen und tschetschenischen Machtkampf gegen mehrere Rivalen durchgesetzt hatte. TAIMIJEW wurde, nach mehreren Annäherungversuchen an die Russen, im Jahre 1832 das Opfer eines Bluträchers. Zwei Jahre danach übernahm der legendäre Aware SCHAMIL die Führung des drei Jahrzehnte währenden Aufstandes gegen die Russen, in dem die Kaukasier, sofern sie Muslime waren, nach den Worten von SCHAMILS offiziellem Geschichtsschreiber Muhammed Tehirül KARAHI den ›wiedergekehrten Imam MANSUR‹ erblickten.«[2536] Wie oben ausgeführt, waren diese Unruhen im geheimen vom britischen Empire gefördert worden, und die beschriebenen soziologisch-kulturellen Besonderheiten ließen Tschetschenien für die Umsetzung des BRZEZINSKI-BENNIGSEN-Konzepts der US-Machtelite als besonders geeignet erscheinen.

4.5.4.6.1 Das Jahr 1991: Rußland verliert die Kontrolle – Kriminelle und Islamisten übernehmen die Macht

Die ehemalige Autonome Republik Tschetscheno-Inguschetien erklärte am 27. November 1990 ihre Souveränität und steuerte umgehend einen strengen antirussischen Unabhängigkeitskurs. Am 27. Oktober 1991 wurde Dschochar DUDAJEW bei illegal durchgeführten Präsidentschaftswahlen von einem überwiegenden Anteil der tschetschenischen Bevölkerung zum Präsidenten gewählt. Nachdem Moskau seine Wahl annuliert hatte, rief er zu einem Referendum über die Loslösung von Rußland auf und erklärte am 8. November 1991 einseitig die Unabhängigkeit.[2537] Wenig bekannt aber ist, daß der radikale separatistische Kurs DUDAJEWS in Tschetschenien selbst keinesfalls unumstritten war. Der innertschetschenische Machtkampf sollte jedoch erst in den Jahren 1993 und 1994 seinen Höhepunkt erreichen, als DUDAJEW im Frühjahr 1993 eine Volksabstimmung über eine neue Verfassung mit Sondervollmachten für sich als Präsidenten ansetzte und im April 1993 das Parlament auflöste. DUDAJEW regierte zunehmend mit diktatorischen Mitteln und rief das Kriegsrecht aus, um die Opposition, die einen Ausgleich mit Rußland anstrebte, mit Gewalt zu brechen.[2538]

1993 hatte sich in Moskau das tschetschenische Oppositionsbündnis ›Provisorischer Rat‹ unter dem Vorsitz von Umar AVTURCHANOV gebildet, dessen Ziel darin bestand, einen Rücktritt DUDAJEWS zu erreichen, Neuwahlen durchzuführen, eine neue Regierung zu bilden und vertraglich geregelte Beziehungen mit Rußland herzustellen.[2539] DUDAJEW hingegen lehnte alle Gespräche mit der Opposition ab, und seit Juli 1994 eskalierte der Konflikt zu bewaffneten Auseinandersetzungen zwischen der Opposition und den Truppen DUDAJEWS. Den Recherchen des Mafia-Experten Jürgen ROTH zufolge wurde gleichzeitig durch die russische Mafia – mit der DUDAJEW Kontakt zwecks Verhandlungen über Waffenlieferungen aufnahm – und deren Kontakte zum russischen Nachrichtendienst eine Nachricht von DUDAJEW an Moskau vermittelt, daß dieser bereit sei, die Öl- und Gasleitungen in Tschetschenien anzugreifen. »Für den Kreml war das die größte Bedrohung, und DUDAJEW wußte das. Er glaubte, mit dieser Drohung Moskau erpressen zu können. Aber JELZIN bot keinen Kompromiß an: Er plante im Gegenzug die in Opposition zu DUDAJEW stehenden Militärs besser auszurüsten, in der Hoffnung, daß diese DUDAJEW stürzen würden und Moskau damit wieder das Sagen haben würde.«[2540] Nach einem Ultimatum Moskaus für einen Waffenstillstand, auf das die Tschetschenen nicht eingingen, kam es zum bewaffneten Eingreifen regulärer russischer Streitkräfte am 7. Dezember 1994.

Auch Kaukasus-Experte Aschot MANUTSCHARJAN bestätigte, daß die separatistische Politik DUDAJEWS in Tschetschenien selbst wie auch in den umgebenden kaukasischen Teilrepubliken der Russischen Föderation sehr umstritten war. »Der Kampf für die Unabhängigkeit Tschetscheniens, der 1990/91 begann, wurde vor dem Hintergrund unterschiedlicher Interessenlagen nicht vom ganzen tschetschenischen Volk unterstützt. Auch andere nordkaukasische Völker beobachteten die politische Entwicklung in Grosny mit Mißtrauen«,[2541] und diese wehrten Versuche DUDAJEWS erfolgreich ab, sie in den Krieg gegen Rußland hineinzuziehen. Maßgebliche treibende Kraft bei der Separation im Hintergrund war, wie Paul KLEBNIKOW nachweist, die tschetschenische Mafia, die Tschetschenien zur Drehscheibe der organisierten Kriminalität Eurasiens zu machen plante. Die tschetschenische Mafia machte sich schon in den achtziger Jahren in Rußland breit, und ihre geschlossene Clanstruktur machte es der russischen Polizei kaum möglich, sie zu unterwandern, geschweige denn, gegen sie vorzugehen: »Sobald die Polizei das Netz um einen bestimmten tschetschenischen Gangsterboß enger zog, tauchte er in seiner Heimat unter.«[2542]

KLEBNIKOW zufolge wurde Tschetschenien in den ersten drei Jahren der JELZIN-Ära zu einem rechtlichen Niemandsland, einem rechtsfreien Raum, der zur Drehscheibe des internationalen Drogenhandels wurde: »Da das Land nach wie vor zu Rußland gehörte, profitierte es von russischen Subventionen und dem russischen Finanzsystem. Gleichzeitig war es jedoch dem Zugriff sowohl der Zollkontrolle wie auch der Strafverfolgungsbehörden Rußlands entzogen.«[2543] Dabei zeigte sich eine enge Verbindung zwischen der tschetschenischen Machtelite und der tschetschenischen Mafia: »Eine der ersten Amtshandlungen der tschetschenischen Regierung nach dem Zusammenbruch der Sowjetunion bestand in einer Generalamnestie, bei der schätzungsweise 4000 Berufsverbrecher auf freien Fuß kamen. Etliche

Gangsterbosse traten anschließend in die Regierung ein, was sie freilich nicht daran hinderte, ihre Kontakte zu tschetschenischen Banden in Moskau und anderen russischen Städten aufrechtzuerhalten. Ein Großteil des dort ergaunerten Geldes floß nach Tschetschenien zurück. Der Flughafen von Grosny wurde zum Umschlagplatz für Schmuggelware und Tschetschenien zur internationalen Drehscheibe im Heroinhandel. Eine der Schmuggelrouten begann im Goldenen Dreieck (Burma, Thailand, Laos). Von dort aus wurden Opium und Heroin zunächst zum russischen Marinestützpunkt in Cam Ranh Bay (wo vietnamesische Drogenhändler es an die Russen verkauften) und dann zur Hafenstadt Nachodka im äußersten Osten Rußlands transportiert, wo tschetschenische und russische Banden das Rauschgift in Empfang nahmen und dafür sorgten, daß es per Flugzeug nach Grosny und anschließend (über Rußland, die Ukraine und die Türkei) auf die Märkte in Europa und Nordamerika gelangte. Ausgangspunkt einer anderen Schmuggelroute war der goldene Halbmond (Afghanistan, Pakistan, Iran); auf diesem Weg gelangten die Drogen über die zentralasiatischen Republiken oder Iran und Aserbaidschan nach Tschetschenien und von dort aus weiter in den Westen.«[2544]

Dem Mafia-Experten Jürgen Roth zufolge war die tschetschenische Mafia schon kurz nach der Unabhängigkeit eines der zentralen Standbeine des Wirtschaftssystems Tschetscheniens.[2545] Dieses Mafia-Unwesen ging eine enge Symbiose mit dem islamischen Fundamentalismus ein, der sich unter Dudajew in Tschetschenien auszubreiten begann. Unter Dudajews Herrschaft war die Scharia, das religiöse Gesetz, wieder eingeführt worden; in den Dörfern der Tschetschenen und Inguschen baute man fleißig Moscheen.[2546] Ähnliches stellte auch Berndt Georg Thamm fest: »Bis 1994 nahm der Islam in Tschetschenien einen nicht zu übersehenden Aufschwung. Hunderte von Moscheen wurden in ungezählten Dörfern errichtet. Dudajew beförderte sowohl die Wahl eines Großmuftis als auch den Bau einer Islamischen Universität in Grosny. Noch im November 1994 hatte er angekündigt, Tschetschenien in einen islamischen Staat umzuwandeln – die Verfassung auf der Grundlage des Korans (Scharia) war auf den Weg gebracht worden«[2547] – und Thamm zufolge war Dudajew selbst mit der tschetschenischen Mafia verflochten: »Im Jahr 1994 galt das Land – ›Russisch-Sizilien‹ genannt – als Hochburg des organisierten Verbrechens. Dudajew selbst galt für die einen als Strohmann der Mafia, war für die anderen ›Wohltäter der Tschetschenen-Mafia‹ und Drahtzieher zahlreicher Geiselnahmen.«[2548]

Aschot Manutscharjan beschreibt die Vernetzung zwischen gewaltbereiten islamistischen Terroristen und der tschetschenischen Mafia wie folgt: »Im Unterschied zu anderen terroristischen Zellen verfügen sie nämlich über hervorragende Kontakte zur international agierenden Organisierten Kriminalität. Ihre Landsleute beteiligen sich am Heroinhandel, sie betreiben Geldwäsche, Autoschieberei und Waffenhandel. Wegen ihrer Brutalität werden sie selbst von ihren kriminellen Konkurrenten gefürchtet. Entscheidend für dieses enge Band ist jedoch nicht nur die nationale Zugehörigkeit zum tschetschenischen Volk. Entscheidend ist vielmehr die Bindung an den gemeinsamen Teips (Stamm), der ein nahezu unzerstörbares Band zwischen den ›Heiligen Kriegern‹ und ihren kriminellen Mafia-Brüdern schafft. Gegenseitige Unterstützung ist ›Ehrensache‹. Zusammenfassend läßt sich also feststellen, daß aus der traditionellen Blutrache in Kombination mit dem Dschihad und der politischen Forderung nach einem unabhängigen Tschetschenien eine neue Variante des Terrorismus entsteht.«[2549]

4.5.4.6.2 Die Gründe für den Einmarsch Rußlands in Tschetschenien

Wie oben angedeutet, gab es über die Gründe für den Einmarsch Rußlands eine Vielzahl von Spekulationen. Neben der offiziellen Begründung der Kriminalitätsbekämpfung gab es aber auch eine verborgene Agenda, die im ›Great Game‹ um den Kaukasus zu suchen ist. Welche Rolle Tschetschenien hier spielt, ist oben ausgeführt worden.

Energie-Experte Wolfgang GRÜNDINGER sieht den eigentlichen Anlaß für die russische Intervention im ›Jahrhundertvertrag‹, der am 20. September 1994 zwischen Aserbaidschan und dem internationalen – eigentlich von anglo-amerikanischen Ölkonzernen kontrollierten – Konsortium AIOC geschlossen wurde.[2550] Durch diesen Vertrag wurde es erstmals westlichen Konzernen ermöglicht, ihre Interessen im Machtbereich der ehemaligen Sowjetunion durchzusetzen. »Moskau hatte heftig gegen die Abmachung protestiert – mit der Begründung, die Eigentumsfrage der kaspischen Ölreichtümer sei bislang ungeklärt. Um den russischen Kontrahenten zu besänftigen, wurde dem halbstaatlichen Ölkonzern Lukoil im nachhinein und nach unnachgiebigen Verhandlungen ein kleiner, allerdings unbedeutender Anteil zugestanden. Einzige Möglichkeit, trotzdem beim Great Game um die strategischen Rohstofflager am Kaspischen Meer die Hand mit im Spiel zu haben, ist die Rolle Tschetscheniens als Transitland für die Pipeline von der Ölregion um Baku zum russischen Schwarzmeerhafen Noworossijsk. Eine russische Route um Tschetschenien herum ist kaum realisierbar. Die Kontrolle über das kaspische Öl setzt die Kontrolle über die abtrünnige tschetschenische Teilrepublik voraus. Drei Monate nach Abschluß des ›Jahrhundertvertrags‹ von 1994 fielen dann auch russische Truppen in Tschetschenien ein.«[2551]

Dieser Auffassung schließt sich auch der ehemalige Auslandskorrespondent der *Frankfurter Allgemeinen Zeitung* und der *Neuen Zürcher Zeitung*, Werner ADAM, an. In seinem Buch *Unheilige Kriege im Herzen Asiens* stellt er dar, warum für Rußland Tschetschenien ein wichtiges Bindeglied zur Sicherung seiner Kontrolle über Erdöllieferungen vom Kaspischen Meer ist: »Ob es Zufall war oder nicht: Genau drei Monate vor Kriegsbeginn in Tschetschenien hatte Aserbaidschan zum Mißfallen Rußlands mit einem westlichen Konsortium einen sogenannten Jahrhundertvertrag geschlossen. Darin wurde den ausländischen Unternehmen mit gewichtigen amerikanischen Gesellschaften an der Spitze gegen Investitionen von mehr als sieben Milliarden Dollar für die nächsten dreißig Jahre das Recht zur Erdölgewinnung auf den Feldern um die aserbaidschanische Hauptstadt Baku zugestanden. Wenngleich nachträglich auch der russische Energiekonzern Lukoil mit zehn Prozent an dem Projekt beteiligt wurde, blieb Moskau äußerst mißtrauisch. Um seinen Einfluß auf die Nutzung der Erdöl- und Erdgasreserven im kaspischen Becken besorgt, setzte Rußland fortan mehr denn je auf die seinerzeit einzige noch funktionierende Pipeline, mit der das Erdöl aus den aserbaidschanischen Erdölgebieten in Richtung Westen gepumpt werden konnte – und die führte über Dagestan und die tschetschenische Hauptstadt Grosny zum russischen Schwarzmeerhafen Noworossijsk.«[2552]

Adam hebt auch ausdrücklich hervor, daß die Befürchtungen Moskaus keinesfalls aus der Luft gegriffen waren: »Die erheblichen Öl- und Gasvorkommen sowohl auf der kaukasischen als auch auf der zentralasiatischen Seite des Kaspischen Meeres. . . hatten nach dem Untergang der Sowjetunion verstärktes westliches Interesse auf sich gezogen. Vor allem die Amerikaner gaben offen zu erkennen, die traditionelle russische Vorherrschaft in dieser Region eindämmen und ihre eigene Einflußzone über den Nahen und Mittleren Osten hinaus bis zur kaspischen Region ausweiten zu wollen. Unter Mitwirkung Georgiens und der Türkei wurden für den Energietransfer nach Westen neue Trassenführungen mit dem Ziel ins Auge gefaßt, russisches Territorium weitläufig zu umgehen.«[2553] Für Rußland war die Öltransportroute von Baku über Tschetschenien nach Novorossijsk von entscheidender Bedeutung: Zuvor hatte es westliche Ölgesellschaften bedrängt, sich für diese – über russisches Territorium führende – Pipeline zu entscheiden; in der Hoffnung, entsprechend hohe Transitgebühren einzunehmen. Der Tschetschenienkrieg jedoch hatte Moskaus Monopolanspruch auf den Transport des aserbaidschanischen und kasachischen Öls entscheidend in Frage gestellt.[2554]

Klebnikow und Roth gehen aber auch noch von einem tieferliegenden Grund für die russische Intervention aus, der in einer Verbindung zwischen Mafiageschäften und dem ›Great Game‹ liegt. »Der Krieg in Tschetschenien war ein Gangsterkrieg im Großen«, schreibt Klebnikow.[2555] In Rußland selbst gab es genügend Publikationen, die die langjährigen Verbindungen zwischen der tschetschenischen Mafia, die auch in Moskau zu den wichtigsten kriminellen Organisationen gehörte, und einflußreichen politischen Kreisen in Moskau beschreiben. Einer, der besonders enge Beziehungen zur tschetschenischen Mafia unterhielt, war der Oligarch Boris Beresowski, der allein durch sie überhaupt zu seinem Reichtum gekommen ist.[2556] Wenig bekannt ist die Tatsache, daß Dudajews Truppen während des ersten Tschetschenienkrieges politisch und finanziell von Oligarchen unterstützt wurden, die eng mit dem Jelzin-Clan zusammenarbeiteten. Insbesondere »das Ölgeschäft entwickelte sich zu einer einträglichen Einnahmequelle der tschetschenischen Clans«.[2557]

Die tschetschenische Republik konnte Klebnikow zufolge ihre Infrastruktur nur aufrechterhalten, indem sie Öl, Gas und Strom aus den Versorgungsnetzen abzapfte: »Mit dem Verkauf des russischen Öls ins Ausland verdienten DUDAJEW und die Warlords und Gangster, die die tschetschenische Regierung kontrollierten, sowohl für die tschetschenische Finanzkasse als auch für sich selber Hunderte Millionen Dollars.«[2558] An diesem Ölgeschäft waren die russischen Oligarchen, die, wie oben dargestellt, das JELZIN-Regime finanzierten und kontrollierten, erheblich beteiligt. »Denn die Erdölleitung vom Kaspischen Meer über Grosny wurde von tschetschenischen Kriminellen, die mit russischen Oligarchen und ihren Mittelsleuten zusammenarbeiteten, angezapft.«[2559] Wie Jürgen ROTH enthüllte, planten die Oligarchen in Kollaboration mit dem von ihnen abhängigen JELZIN-Clan, aus Tschetschenien einen rechtsfreien Raum für kriminelle Geschäfte zu machen. »Der Plan gelang nicht, weil sich die Tschetschenen selbständig machen wollten. Die Folge war, so Ex-General LEBED, daß ›der tschetschenische Volksheld DUDAJEW eines Tages befand, er sei groß und stark geworden, und er dachte nicht mehr daran, die Beute länger mit seinen Schirmherren in Moskau zu teilen. Zur Strafe schickte die russische Regierung ihm die Armee‹.«[2560]

KLEBNIKOW zufolge war die russische Invasion in Tschetschenien also auch »die Folge gestörter korrupter Beziehungen. Die Verbrecherorganisationen, die in Tschetschenien an die Macht gekommen waren, hatten Kontakt sowohl zu prominenten Moskauer Geschäftsleuten wie BERESOWSKI als auch zu zahlreichen Spitzenpolitikern im Kreml.«[2561]

4.5.4.6.3 Die verdeckte Unterstützung der tschetschenischen Rebellion durch die USA

Was aber in der Regel verschwiegen wird, ist die heimliche Unterstützung des tschetschenischen Separatismus durch die USA und ihre Verbündeten. Tschetschenien spielte in den neunziger Jahren (bis heute) die gleiche Rolle, wie es Afghanistan seit den siebziger Jahren tat – es war gleichfalls ein wichtiger Bestandteil der US-Islamisierungsstrategie im Sinne des BRZEZINSKI-BENNIGSEN-Konzepts. Es gibt einige Anzeichen dafür, daß DUDAJEW eine Figur auf dem geopolitischen Schachbrett der US-Machtelite war, wobei es in diesem Konfliktherd nebenbei gesagt um die gleichen Gebiete geht, die schon im 19. Jahrhundert Gegenstand einer von Großbritannien hervorgerufenen nordkaukasischen Agitation gegen das russische Reich waren. Dabei führen die Wurzeln der Entwicklungen in Tschetschenien tatsächlich in den Westen.

»Seit Jahren hatten Analytiker und andere aus dem Umkreis des britischen Geheimdienstes eine Revolte im Kaukasus vorausgesagt, welche die Sowjetunion zerstören würde. Am lautstärksten äußerte sich hierzu Prof. Alexandre BENNIGSEN von der Pariser Sorbonne, ein Kollege des Orientologen und Sufi-Mystikers Louis MASSIGNON. BENNIGSENS Tochter Marie BENNIGSEN-BROXUP trat in seine Fußstapfen und ist heute Herausgeberin der britischen Vierteljahreszeitschrift *Central Asian Survey*. Im August 1991 wurde die ›Tschetschenische Republik‹ als Vollmitglied in die Organisation Nichtrepräsentierter Völker (UNPO) aufgenommen, der wichtigsten Nichtregierungsorganisation für britisch gelenkte Aufstände zur Zerschlagung großer Staaten. Im Oktober 1991 entsandte die UNPO ein Expertenteam, um die ›Wahlen‹ in Tschetschenien zu überwachen. Der Bericht der Gruppe wurde in BROXUPS *Central Asian Survey* in voller Länge abgedruckt.«[2562] Die Zeitschrift *Neue Solidarität* enthüllte dabei, daß DUDAJEW Unterstützung von der damaligen britischen Premierministerin Margaret THATCHER und dem führenden Finanzier der Tory-Partei Lord MACALPINE erhielt. Letzterer plante, über Tschetschenien einen »Kaukasischen Gemeinsamen Markt« zu schaffen,[2563] der die Kaukasus- und Kaspi-Region von russischem Einfluß abspalten sollte.

Auch die USA lieferten Unterstützung für die tschetschenischen Rebellen, jedoch lief diese – ähnlich wie im Falle der Taliban – nicht direkt, sondern auf Umwegen, nämlich über ihre Verbündeten Pakistan und die Türkei. »Ende 1994 wurde eine Vereinbarung zwischen Usman ISMAJEW, dem Direktor der Nationalbank von Ichkeriya (Bezeichnung für Tschetschenien), mit Vertretern des türkischen Nachrichtendienstes MIT abgeschlossen. Es ging um Waffenlieferungen nach Tschetschenien. Die Türkei verfügte über große Lagerbestände von Waffen und Munition aus der ehemaligen Sowjetunion, die aus Arsenalen der Ex-DDR stammten und von Deutschland in die Türkei geliefert worden waren. Um die Verschiffung dieser Waffen sicherzustellen, genehmigte das türkische Militär die Benutzung eines Stützpunktes in der Nähe der ostanatolischen Stadt Bitlis. Von dort flogen tschetschenische Transportmaschinen nach Chitral in Pakistan. Hier wurden Waffen und Drogen eingeladen, die danach, nachts und in niedriger Flughöhe, zurück nach Tschetschenien geflogen wurden.«[2564]

Auch Kaukasus-Experte Aschot MANUTSCHARJAN bestätigt die Unterstützung der Tschetschenen gerade durch jene Staaten des Nahen und Mittleren Ostens, die ausnahmslos Verbündete der USA sind: »Finanzielle und moralische Unterstützung erhalten diese Gruppen aus dem islamischen Ausland, insbesondere aus Saudi-Arabien, Kuwait, den Vereinigten Arabischen Emiraten und Pakistan. Aktiv gefördert werden sie außerdem von der islamischen Diaspora in Europa, von islamischen Stiftungen und Wohltätigkeitsorganisationen. Eine oft unterschätzte Rolle spielen ferner islamische Kreise der Türkei.«[2565]

Eine entscheidende Rolle bei der Unterstützung des tschetschenischen Separatismus spielte allerdings Pakistan, wie Levon SEVUNTS von der kanadischen Zeitung *The Gazette* enthüllte. »Als die sowjetische Armee Ende der 80er Jahre aus Afghanistan abzog, verfügte die ISI über ein gewaltiges Heer von nunmehr unbeschäftigten religiösen Fanatikern aus aller Herren Länder. Deren weitere Verwendung möglichst weit von Pakistan weg erwies sich als notwendig, um zu verhindern, daß sie außer Kontrolle gerieten, gleichzeitig aber auch als nützlich, um Pakistans geostrategische Ziele zu fördern. Dabei handelt es sich – so SEVUNTS – um die Schaffung einer transasiatischen Achse von der Ostgrenze Chinas über die früheren asiatischen Sowjetrepubliken, die erdöl- und erdgasreiche Region des Kaspischen Meeres über Afghanistan nach Pakistan. Nötig dafür ist nicht nur die volle Kontrolle über Afghanistan, sondern auch die Zerstörung des letzten russischen Einflusses in Zentralasien.«[2566]

Diese geopolitischen Zielsetzungen deckten sich mit denen der US-Machtelite, so daß sich hier ebenso wie zuvor im Fall Afghanistan eine Zusammenarbeit zwischen CIA und ISI herausbildete. »Unmittelbar nach dem Ende des Kalten Krieges ermutigte Washington auf verschwiegene Weise die beiden wichtigsten Rebellengruppen Tschetscheniens, ihre Republik von der Russischen Föderation loszusagen. . . Die Belege deuten darauf hin, daß die CIA hinter den tschetschenischen Rebellen stand und sich den ISI als Vermittler zunutze machte. Washington ist interessiert daran, die Kontrolle der russischen Ölgesellschaften und des russischen Staates über die Pipelinerouten durch Tschetschenien und Dagestan zu schwächen. Wenn sich diese beiden Republiken von der Russischen Föderation abspalten würden, ließe sich ein Großteil des Territoriums zwischen dem Kaspischen und dem Schwarzen Meer unter den ›Schutz‹ des westlichen Militärbündnisses bringen und fielen so alle existierenden und geplanten Pipelinerouten und Transportwege dieser Region den britisch-amerikanischen Ölkonzernen zu.«[2567] Auch Mafia- und Terrorismus-Experte ROTH geht davon aus, daß hinter den Kulissen die USA den Tschetschenienkonflikt erheblich geschürt haben: »Moskaus Befürchtungen, daß die USA die Dschihad-Kämpfer benutzten, um mehr Einfluß im Kaukasus zu gewinnen, dürften nicht von der Hand zu weisen sein.«[2568]

Rußland-Experte Christian NEEF deutet gleichfalls eine westliche Unterstützung der tschetschenischen Rebellen an: »Man mag eine westliche Verstrickung in den jüngsten Kaukasuskrieg für reine Spekulation halten. Doch der ständige Nachschub an Waffen und Geld, der die Tschetschenen-Armee immer kampffähig hielt, kann nicht nur über Rußland gelaufen sein.«[2569] Moderne Flugabwehrraketen, Granaten und Minen seien über die aserbaidschanische Grenze in den Kaukasus geschmuggelt worden. Herkunftsländer seien Jordanien und die Türkei gewesen, »wo sich ein großer Teil der tschetschenischen Diaspora aufhält – Exminister aus dem Kabinett DUDAJEW inklusive«.«[2570] Bezeichnend sei überdies, daß die tschetschenischen Aufständischen ihre militärischen Aktionen immer dann gestartet hätten, »wenn entscheidende Verhandlungsphasen mit den westlichen Ölkonsortien in Baku bevorstanden«, bei denen es um eine Beteiligung Rußlands am großen Kaspi-Ölgeschäft gegangen sei.[2571] In diesem Zusammenhang verweist Christian NEEF auf eine historische Parallele, die die These der westlichen Unterstützung des tschetschenischen Separatismus untermauert: »Schon einmal – 1924 – hatten ausländische Konsortien einen Ölkrieg um Tschetschenien geschürt. Das Ziel bestand darin, die Kaukasusregion von der bürgerkriegsgeschwächten Sowjetunion abzutrennen und einen selbständigen Ölstaat zwischen Kaspisee und Schwarzem Meer auszurufen – unter dem Protektorat des Völkerbundes.«[2572]

Tatsächlich wurden die wichtigsten Rebellenführer in Tschetschenien, Schamil BASSAJEW und Emir AL-KHATTAB, in von der CIA finanzierten Camps in Afghanistan und Pakistan ausgebildet, wobei der ISI eine Schlüsselrolle bei Organisation und Ausbildung spielte.[2573] »(1994) sorgte der pakistanische Geheimdienst ISI dafür, daß BASSAJEW und seine Vertrauensleute im Amir-Muawia-Camp in der afghanischen Provinz Khost – Anfang der 80er Jahre von der CIA und dem ISI eingerichtet und vom berühmten afghanischen Kriegsherrn Gulbuddin HEKMATYAR geleitet – islamistisch indoktriniert und im Guerillakrieg ausgebildet wurden. Im Juli 1994 kam BASSAJEW dann in das Lager Markaz-i-Dawar in Pakistan, um sich weiter in Guerillataktik ausbilden zu lassen. BASSAJEW traf in Pakistan die höchstrangigen Militärs und Geheimdienstler: Verteidigungsminister General Aftab Shabhan MIRANI, Innenminister General Naserullah BABAR und den Leiter der Abteilung des ISI für die Unterstützung islamischer Bewegungen, General Javed ASHRAF. . . Solche Verbindungen zu höchsten Ebenen erwiesen sich für BASSAJEW bald als sehr nützlich.«[2574]

Darüber hinaus soll Pakistan auch Ausbilder direkt nach Tschetschenien geschickt haben. Einer von ihnen, Abu Abdullah JAFFA, soll dort US-amerikanischen und russischen Quellen zufolge zusammen mit BASSAJEW und dem jordanischen ›Afghanistan-Veteranen‹ KHATTAB eine ›Terroristen-Akademie‹ leiten. Die Russen verdächtigen Pakistan auch, die tschetschenischen Rebellen mit Stinger-Boden-Luft-Raketen ausgerüstet zu haben.[2575] Die Tschetschenen trafen sich auch mit General Hamid GUL, dem ehemaligen Chef des Nachrichtendienstes ISI, und dessen Stellvertreter IMAM. In diesen Gesprächen ging es Jürgen ROTH zufolge um die Finanzierung von Waffenkäufen durch Drogen. Dabei hatten die beiden pakistanischen Geheimdienstoffiziere wenig Skrupel, den Tschetschenen bei den geplanten Drogen- und Waffenschmuggeloperationen die erforderliche Unterstützung zu gewähren. Der pakistanische General BABAR – so Jürgen ROTH – intervenierte persönlich bei der Talibanführung Afghanistans, um den ungehinderten Drogenverkehr aus dem Helmand-Tal sicherzustellen. »Die Taliban ließen sich überzeugen, so daß von nun an das Opium auf einen Flughafen nahe Chitral gebracht werden konnte, wo es zusammen mit den tschetschenischen Kriegern und afghanischen Freiwilligen nach Tschetschenien geflogen wurde.«[2576] BASSAJEWS Organisation war dabei eng mit den Geschäften der organisierten Kriminalität verflochten, wie Drogenhandel, Anzapfen und Sabotage russischer Pipelines, Entführungen, Prostitution, Handel mit Dollarblüten, Schmuggel von Nuklearmaterial sowie Geldwäsche in großen Ausmaßen. Die Erlöse aus den verschiedenen illegalen Aktivitäten flossen in die Rekrutierung von Söldnern und den Waffenkauf.[2577] 1995, nach der Ausbildung unter Aufsicht des ISI, kehrte BASSAJEW nach Grosny zurück und lud den Mudschaheddin-Führer AL-KHATTAB ein, um einen Stützpunkt in Tschetschenien zwecks Ausbildung von Mudschaheddin aufzubauen. Bei der Finanzierung spielte hinter den Kulissen auch Saudi-Arabien eine wichtige Rolle: Der BBC zufolge wurde AL-KHATTABS Entsendung nach Tschetschenien »von der in Saudi-Arabien ansässigen

Von oben: Aslan Maschadow
Dschochar Dudajew
General Alexander Lebed
Ibn Al-Khattab
Schamil Bassajew
Salman Radujew

Tschetschenen demonstrieren 1994 vor dem tschetschenischen Parlament in Grozny gegen den Einmarsch der Russen.

Ein russischer Soldat läuft an einem Massengrab entlang, in dem rund 200 tote Tschetschenen liegen.

Russischer Soldat in Grozny.

International Islamic Relief Organisation arrangiert, einer von Moscheen und reichen Individuen finanzierten militanten religiösen Organisation, die Mittel nach Tschetschenien schleuste«.[2578]

4.5.4.6.4 Die ISI-Söldner Bassajew und Al-Khattab erzwingen das Abkommen von Khasavjurt und den Abzug der russischen Streitkräfte

Diese islamistische Unterstützung jedenfalls führte zur Entwicklung und Verlängerung eines Abnutzungskrieges, der dazu dienen sollte, Rußland vom Kaukasus abzudrängen. »Ohne diese Unterstützung islamischer Söldner«, so Jürgen Roth, »wäre der Krieg wahrscheinlich schon lange zu Ende.«[2579] Bassajews und Al-Khattabs kriminelle Kriegführung in Form von Geiselnahmen sollte Rußland zum Abzug zwingen. »Der Krieg ist nicht vorbei, er nimmt nur andere Formen an«, drohte Dudajew in einem Interview schon im Juni 1995. »Rußlands Nachrichtendienste wußten, was der Präsident der abtrünnigen Republik meinte. Sie vermuteten, daß tschetschenische Kampftruppen bereits in ganz Rußland ein Netz von Terrorbasen, Munitions- und Sprengstofflagern, Waffen, Wohnungen und Geldvorräten angelegt hatten. Als letzte Waffe gegen die Militärübermacht Moskaus setzten Tschetschenen den Terror ein – und trugen ihn ins Kernland des Feindes, mitten in die Russische Föderation.«[2580]

Im Juni 1995 plante Bassajew, mit 150 handverlesenen Kämpfern dies auf russischem Boden zu verwirklichen. In Budjonnowsk jedoch, 120 km nördlich der tschetschenischen Grenze, stoppte ihn die örtliche Polizei, doch die Freischärler erreichten das örtliche Krankenhaus und nahmen 1500 Russen als Geiseln. Mit dieser Aktion jedenfalls erreichte es Bassajew zunächst einmal, der russischen Regierung seine Forderung aufzuzwingen: »Nach den vergeblichen Versuchen, das Krankenhaus zu stürmen, ging die russische Regierung auf die Forderungen der Rebellen ein und handelte einen Friedensvertrag aus. Dem Vertrag zufolge wurden ein sofortiges Ende der Militäraktionen, der Beginn von Friedensgesprächen und freier Abzug zugesichert. So ebbten die Kampfhandlungen auch für einige Zeit ab. Unter der Schirmherrschaft der OSZE. . . begannen erneut Verhandlungen, die zur Unterzeichnung eines Militärabkommens am 30. Juli 1995 führten. In dem Abkommen wurden die Forderungen von Budjonnovsk bekräftigt.«[2581]

Auch Terrorismus-Experte Berndt Georg Thamm bestätigt, daß durch die Geiselnahme Rußland zu Zugeständnissen gezwungen wurde: »Unter dem Druck der Geiselnehmer stellten die russischen Streitkräfte die Kampfhandlungen in Tschetschenien am 18. Juni ein. Zudem traf eine russische Delegation für Friedensgespräche in Grosny ein und begann im OSZE-Gebäude mit den Verhandlungen.«[2582] Die russische Regierung versuchte daraufhin, die politischen Verhältnisse in Tschetschenien zu normalisieren. Im Dezember 1995 erließ Jelzin ein Dekret für die Durchführung von Wahlen in Tschetschenien. Diese zeitliche Lücke wurde allerdings von den Freischärlern ausgenutzt, als diese am 9. Januar 1996 in das Krankenhaus von

Kosljar eindrangen und wenige Tage später das dagestanische Dorf Perwomaiskoje besetzten. Seitdem begann – wie Anna KREIKEMEYER schreibt – eine Zeit der Waffenstillstände ohne Feuereinstellung,[2583] mit gelegentlichen Waffenruhen insbesondere in der Zeit des russischen Präsidentschaftswahlkampfes in den Monaten Juni und Juli 1996, wie es beispielsweise das Nasran-Waffenstillstandsabkommen vorsah.

»Die Kriegszone im Süden war in den letzen Monaten der russischen Präsidentschaftswahl (im Jahre 1996, der Verf.) ruhig geblieben, seit Dschochar DUDAJEW getötet worden war und die Tschetschenen einem Waffenstillstand zugestimmt hatten. Nur wenige Tage nach der Stichwahl brachen aber in ganz Tschetschenien die Kämpfe von neuem aus. Die Rebellen hatten den Waffenstillstand genutzt, um neue Kräfte zu sammeln, und Kommandotruppen und Waffen in die wichtigsten tschetschenischen Städte eingeschleust. Am 6. August 1996 überrannte eine Rebellenarmee unter dem Befehlshaber Schamil BASSAJEW die Hauptstadt Grosny. Die russische Armee wurde, wie so oft, völlig überrumpelt. Über 500 russische Soldaten kamen ums Leben; Nachrichtensendungen strahlten Bilder von brennenden Panzerwagen aus, die toten Fahrer lagen kreuz und quer auf den Straßen. Nach wenigen Tagen hatten die Russen die Schlacht verloren, rund 3000 noch in Grosny verbliebene russische Soldaten saßen in ihren Kasernen fest.«[2584] Rußland versuchte, mit dem Chef der tschetschenischen Übergangsregierung Aslan MASCHADOW – Dschochar DUDAJEW war am 21. April 1996 durch eine russische Rakete umgekommen – jetzt einen tragfähigen Frieden auszuhandeln. Am 12. August 1996 reiste der russische General Alexander LEBED zu Friedensverhandlungen in die Stadt Khasavjurt an der tschetschenischen Grenze. »Bis zum Ende des Monats hatten sich beide Seiten auf ein Abkommen geeinigt, und Rußland hatte eingewilligt, seine Soldaten abzuziehen. Der Republik wurde de facto die Unabhängigkeit gewährt, auch wenn die Frage des offiziellen Status für Tschetschenien bis 2001 verschoben wurde. . .«[2585] Genau diese Stellung Tschetscheniens – die Quasi-Unabhängigkeit – sollte für die weitere Entwicklung von grundlegender Bedeutung sein.

4.5.4.6.5 Die Entwicklung in den Jahren 1996–1999: Tschetschenien im Brennpunkt von Mafiosi, Islamisten und der westlichen Finanzelite

Die Zeit von 1996 bis 1999 war durch einen wachsenden Einfluß von Mafiosi und radikaler Islamisten auf das politische Leben in Tschetschenien geprägt. Zunehmend bestimmten lokale kriminelle Potentaten das Land,[2586] und Tschetschenien wurde zum Epizentrum einer regelrechten »Entführungsindustrie«.[2587] Einher ging dies mit einer verstärkten Islamisierung. »Die Einführung der islamischen Gesetzgebung (Scharia) und die Proklamation der Islamischen Republik Itschkeria beschleunigten die Zerstörung der ohnehin kaum funktionierenden staatlichen Institutionen.«[2588] Es war der Nachfolger DUDAJEWS, Aslan MASCHADOW, der die Verantwortung für die Einführung der Scharia trug.[2589] »Auch für diesen hatte der Aufbau eines islamischen Staates gesellschaftliche und politische Priorität.«[2590]

Bereits unter DUDAJEW begann sich Tschetschenien an Saudi-Arabien anzulehnen, so daß der saudische Wahabismus – eine radikale Variante des sunnitischen Islam – sich in den neunziger Jahren allmählich in Tschetschenien auszubreiten begann. DUDAJEWS erste Auslandsreise war ein Besuch August 1992 in Saudi-Arabien, und »vielleicht wurde hier bereits der Grundstein für die Verbindung in die arabische Welt gelegt«.[2591] Zwar war MASCHADOW kein Anhänger des Wahabismus, trotzdem wurde unter seiner Regierung »die Wahabitenbewegung auch in Tschetschenien immer stärker und aggressiver«.[2592] Ende 1997 – so die Recherchen Jürgen ROTHS – wurden noch einmal mehrere hundert Tschetschenen in den Ausbildungslagern, die vom pakistanischen Geheimdienst ISI finanziert wurden, trainiert, um Nachschub für den Kampf in Tschetschenien liefern zu können. 250 von diesen Freischärlern erhielten eine Spezialausbildung für Geheimoperationen in einem Camp nahe Peshawar, das sowohl von ISI-Offizieren als auch von Terrorexperten aus Ägypten sowie dem Sudan geleitet wurde.[2593]

Diese Islamisierung sollte dazu dienen, den ganzen Kaukasus in Aufruhr gegen Rußland zu bringen, wie es der jordanische Söldner und Afghanistanveteran Ibn AL-KHATTAB formulierte: Er war Mitte der neunziger Jahre nach Tschetschenien gekommen, um »gegen Rußland zu kämpfen, bis es jedes Stück islamischen Landes im Kaukasus und in Zentralasien aufgegeben habe«.[2594] Wie Jürgen ROTH hervorhebt, mußte es bei der Hilfe aus islamischen Ländern nicht verwundern, »daß spätestens ab 1997 nicht mehr nur die staatliche Unabhängigkeit von Rußland von den Politikern in Grosny gefordert wurde, sondern ein eigenständiger islamischer Staat mit dem erklärten Ziel, die islamische Revolution von Tschetschenien in andere Kaukasusstaaten zu exportieren«.[2595] Gleiches bestätigt auch Aschot MANUTSCHARJAN: »Als nächstes Ziel hatten die tschetschenischen Krieger den Export des islamischen Gottesstaates in den Nordkaukasus auf ihre Fahnen geschrieben.«[2596]

Tschetschenien sollte hierbei eine Katalysatorfunktion spielen: »Die tschetschenischen Menschen spielen heute eine zentrale Rolle im Prozeß der Entwicklung der Kaukasus-Region«, erklärte der tschetschenische Führer Zelimkhan YANDARBIJEW ganz offen.[2597] So versuchten die tschetschenischen Rebellen, alle anderen separatistischen und islamistischen Bewegungen in der gesamten Region zu einem gemeinsamen kaukasischen Dschihad zu vereinen, um einen weiteren bewaffneten Konflikt mit Rußland zu provozieren.[2598] Unter MASCHADOW kamen Söldner aus verschiedenen islamischen Ländern nach Tschetschenien, wo sie unter Ibn AL-KHATTAB in Ausbildungslagern im Nordkaukasus in der Nähe des Dorfes Serzhen-Yurt zum Kampf gegen Rußland ausgebildet wurden. Folgt man Jürgen ROTH, so gewann AL-KHATTAB bestimmenden Einfluß auf die Politik MASCHADOWS. »Der Einfluß des ›einarmigen Achmed‹ (das war der Nom de Guerre von AL-KHATTAB, der Verf.) auf den amtierenden Ministerpräsidenten MASCHADOW wuchs, und er bestimmte zeitweise weitgehend dessen Maximalpolitik eines vollkommen unabhängigen tschetschenischen Staates gegenüber Moskau«, auch wenn MASCHADOW längst versuchte, sich von dem Mann zu lösen, mit dem er bisher so lange erfolgreich zusammengearbeitet hatte.[2599] In dieser Zeit bildete sich auch eine enge Zusammenarbeit zwischen den tschetschenischen Rebellen und den afghanischen Taliban heraus. Islamismus-Experte Berndt Georg THAMM spricht hier von einer »Taliban-Connection« der Tschetschenen, die darin bestand, daß tschetschenische Feldkommandeure in Afghanistan religiös geschult und militärisch weiter ausgebildet wurden.[2600]

Auf diese Weise begann in den neunziger Jahren das BRZEZINSKI-BENNIGSEN-Konzept langsam zu wirken, und hier tritt die internationale geopolitische Dimension dieses vermeintlichen Lokalkonfliktes zutage. Tatsächlich arbeiteten hinter den Kulissen einflußreiche angelsächsische Ölkonsortien und Finanzzentren daran, Tschetschenien zu einer Drehscheibe des Handels mit dem kaukasischen Erdöl- und Erdgas zu machen und Rußland aus dieser Region vollständig zu vertreiben. »Eine Vielzahl von Schachzügen ist in Vorbereitung. Zum einen die Bildung eines gemeinsamen kaukasischen Marktes, der insbesondere von den USA und England angestrebt wird. Gefördert wird dieser Plan von den wichtigsten westlichen Öl-Multis. Tschetschenien liegt im Gebiet wichtiger Erdölvorkommen und bildet einen Knotenpunkt für Pipelines und wirtschaftliche Infrastruktur. Für Moskau war es von strategischer Bedeutung, Tschetschenien und den Nordkaukasus als Inland zu besitzen, um nicht gänzlich vom Erdölgebiet Kaukasus abgeschnitten zu werden. Die Pipeline durch Grosny hatte manche Begehrlichkeiten geweckt. Russische Ölmultis und die Oligarchen fürchteten, daß bei einer Unabhängigkeit von Tschetschenien ihr Monopol für den Transport von Öl verlorengehen würde.«[2601] Die vorbereitenden Maßnahmen hierzu hatten die anglo-amerikanischen Ölkonzerne bereits getroffen: »Ihre Angst war nicht grundlos. Denn Georgien und Aserbaidschan, zwei unabhängig gewordene Sowjetrepubliken, verließen im April 1999 das Sicherheitsbündnis der GUS. In den Schubladen beider Regierungen sind Pläne, mitgeschrieben von US-Ölmultis (in deren Vorstand einst Manager mitbestimmten, die heute in der US-Regierung sitzen), wonach der Ölexport aus Aserbaidschan künftig über die Türkei abgewickelt werden soll. . . Den internationalen Ölmultis kam eine Destabilisierung des südrussischen Raumes durchaus gelegen.«[2602]

So hatte London bereits wichtige Kräfte an Ort und Stelle plaziert, darunter die Ableger der Firma Sir Robert McAlpine & Söhne sowie einen Vizepräsidenten der Europäischen Liga für wirtschaftliche Zusammenarbeit.[2603] Robert MACALPINES Geschäftspartner war der stellvertretende tschetschenische Premierminister Khozh-Ahmed NUCHJAJEW, der 1998 zum Vorsitzenden einer ›Kaukasisch-Amerikanischen Handelskammer‹ ernannt wurde. NUCHJAJEW war gleichzeitig Vorsitzender des ›Kaukasischen Gemeinsamen Marktes‹, mit einem Büro in London.[2604] NUCHJAJEW und MACALPINE gründeten den ›Kaukasischen Gemeinsamen Markt‹ und den Kaukasus-Investitionsfonds gemeinsam mit dem saudischen Waffenhändler Adnan KASHOGGI.[2605] An dem ›Kaukasischen Gemeinsamen Markt‹ waren wichtige Entscheidungsträger Aserbaidschans, Tschetscheniens sowie Georgiens und Ossetiens beteiligt.[2606] NUCHJAJEW bemühte sich 1997 um die Konzession für den tschetschenischen Teil der Ölleitung Baku–Noworossijsk[2607] und war den Recherchen der *Isvestija* vom 15. September 1999 zufolge als ›Chefarchitekt‹ des mafiösen tschetschenischen Finanzierungssystems anzusehen. »Sein Einfluß sei so groß, daß selbst Kämpfer der aserbaidschanischen Armee seinen Befehlen gehorchen.«[2608] Der *Isvestija* zufolge operierte NUCHJAJEW von aserbaidschanischem Territorium aus zusammen mit wahabitischen Kämpfern, um Freischärler und Waffen nach Tschetschenien und Dagestan zu bringen.[2609] MACALPINE und NUCHJAJEW waren somit die oligarchischen Schlüsselfiguren der ›Krisenbogen‹-Destablisierungsstrategie, deren Bestandteil die Vision des ›Kaukasischen Gemeinsamen Marktes‹ sein sollte.

»Nach Angaben amerikanischer und israelischer Sicherheitsbehörden«, so Jürgen ROTH, »ist NUCHJAJEW ein Mann, der bereits in den achtziger Jahren Führer der tschetschenischen Mafia war und immer noch deren mächtigster Mann. Diese Information dürfte zutreffen. Der Pate floh in Zeiten der Sowjetunion mehrmals aus dem Gefängnis. In den Augen der Tschetschenen war seine Mafiagruppe die Wiege ihrer Freiheitsbewegung. NUCHJAJEW fügt sich in die lange Tradition tschetschenischer Krieger, Banditen und Rebellen. Er war nicht nur ein Pate, sondern gleichzeitig ein Volksheld, begnadeter Manager und politischer Visionär in einer Person. Denn mit seinem Mafiageld unterstützte er den Befreiungskampf der Tschetschenen. Seine Vision beschrieb er dem Journalisten Jos DE PUTTER, der einen Film über ihn drehte, mit folgendem Satz: ›Eine neue Stadt, basierend auf den alten Traditionen mit den Strukturen der Clans und der Blutrache.‹«[2610] 1997 berichtete die *Nesawissimaja Ga seta*, daß die Geschäfte zwischen MACALPINE und NUCHJAJEW von einem gewissen ›Mansur‹ JACHIMCZYK eingefädelt worden seien, dem Vizepräsidenten der Kaukasisch-Amerikanischen Internationalen Handelskammer, einem undurchsichtigen Geschäftemacher aus Polen, der sich in der Rolle des antirussischen Guerillaführers des 19. Jahrhunderts gefalle.[2611]

Tschetschenien kann daher als ein Paradebeispiel für die geheime Zusammenarbeit westlicher Hochfinanz und Konzerne mit Mafiosi und Islamisten angesehen werden, um den letzten noch bestehenden russischen Einfluß in der geopolitisch bedeutsamen Region des Kaukasus zu beseitigen. Was es mit den Geschäftsplänen von MACALPINE und NUCHJAJEW von der ›Kaukasisch-Amerikanischen Handelskammer‹ auf sich hat, beschreibt Mafia-Experte Jürgen ROTH sehr ausführlich: »Im Oktober 1997 unterzeichnete eine Gruppe prominenter Konzernbosse und Politiker aus England, Pakistan und Hongkong eine Absichtserklärung. Gemeinsam wollten sie ein transkaukasisches Energieunternehmen gründen. An der Spitze sollte der tschetschenische Staatschef Aslan MASCHADOW stehen, wenn er denn Präsident eines anerkannten unabhängigen Staates werden sollte. Würde dieses Abkommen in Kraft treten, sollte der neue Staat an dem Projekt beteiligt werden. Es geht um die Pipeline Baku–Grosny–Noworossijsk am Schwarzen Meer.«[2612] Tschetschenien sollte daher zu einer von Rußland unabhängigen Drehscheibe für das kaukasische Erdöl, zu einem eigenständigen, von Mafia, Islamisten und internationalen Bankiers und Ölmultis kontrollierten Staat umgewandelt werden – eine Entwicklung, die Rußland zwangsläufig als Bedrohung erkennen mußte.

4.5.4.6.6 Der zweite Tschetschenienkrieg 1999 – Dagestan gerät in den Brennpunkt von Islamisten und westlicher Hochfinanz

Die Entwicklungen in den Jahren 1996 bis 1999 lieferten gewissermaßen die Voraussetzung für den zweiten Tschetschenienkrieg. Was in dieser Zeit in der abtrünnigen Kaukasusrepublik ablief, war ein Kalter Krieg gegen Rußland, gefördert von Mitgliedern der westlichen Finanzelite und Islamisten, die in der weiteren Entwicklung eine wichtige Rolle spielen sollten, um die Abspaltung der gesamten Kaukasus-Region zu erreichen.

Der Ansatzpunkt hierfür sollte die russische Teilrepublik Dagestan sein. Hier sollte sich das Brzezinski-Bennigsen-Konzept nach dem gleichen Muster verwirklichen wie in Afghanistan oder Tschetschenien. Wie bereits ausgeführt, hatten die tschetschenischen Rebellenführer Schamil Bassajew, Salman Radujew und Ibn Al-Khattab ja nicht nur den tschetschenischen Separatismus, sondern auch die Mobilisierung des gesamten Kaukasus zu einem Dschihad gegen Rußland auf ihre Fahnen geschrieben. Dagestan sollte für die islamischen Rebellenführer die Kernzelle einer islamischen Kaukasusrepublik bilden[2613] – und auch in Dagestan deckten sich die Ziele der tschetschenischen Rebellen mit den Zielen angelsächsischer Geopolitik: Eine Abspaltung der Republik Dagestan hätte Rußland weitgehend vom Kaspischen Meer und den dortigen Öl- und Gasvorräten abgeschnitten. »Zusätzlich würde eine Ölpipeline mit bislang hoher strategischer Bedeutung für die russische Außenwirtschaftspolitik verlorengehen, zumindest aber stark gefährdet.«[2614] Dagestan war folglich wegen seiner Größe, seiner Lage am Kaspischen Meer und als potentielle Pipeline-Route von außerordentlicher geopolitischer Bedeutung, deren sich nicht nur Rußland, sondern auch die islamistischen Freischärler und die US-amerikanischen Bankiers und Ölmultis bewußt waren.

Yossef Bodansky, dem Direktor der vom US-Kongreß eingesetzten Spezialgruppe zur Terrorismusbekämpfung, zufolge wurde der Tschetschenienkrieg 1996 während eines geheimen Treffens von Hisbollah-Vertretern aus mehreren Ländern im somalischen Mogadischu geplant.[2615] »An diesem Treffen nahmen Osama bin Laden sowie hochrangige iranische und pakistanische Geheimdienstler teil. Die Verstrickung des pakistanischen Geheimdienstes in Tschetschenien geht folglich ›weit über die Versorgung der Tschetschenen mit Waffen und Know-how hinaus: Tatsächlich haben der pakistanische Geheimdienst und seine radikalislamistischen Handlanger die Kontrolle über diesen Krieg‹.«[2616]

Die Islamisierung Mittelasiens durch den ISI war aber nicht nur eine Strategie, die allein der islamistische Militärdiktator Pakistans Zia-ul-Haq ins Auge gefaßt hatte, dessen geopolitisches Ziel – die Schaffung einer muslimischen Staatenkonföderation von Zentralasien bis Kaschmir unter Führung Islamabads – von der US-Machtelite und dem damaligen CIA-Chef William CASEY unterstützt wurde. Dieser Kurs wurde von der Ministerpräsidentin Benazir BHUTTO fortgesetzt und in den neunziger Jahren intensiviert. 1993 wurde die sunnitisch-fundamentalistische Deobandi-Partei Jamiat-ul-Ulema-e-Islam zum wichtigen politischen Machtfaktor in Islamabad, die nicht nur die Taliban in Afghanistan unterstützte, sondern auch islamistische Brandherde in Mittelasien und im Kaukasus legte. »Den Drahtziehern in Pakistan gelang es. . . vor allem im Norden und später im Westen, entlang der Südgrenze der ehemaligen Sowjetunion, bewaffnete Aufstände von Islamisten anzuzetteln. . . Die Destabilisierung des Kaukasus und die Entwicklung Tschetscheniens zur Hochburg gegen die Russen waren Eckpfeiler der islamistischen Rebellion. BHUTTO war in die Fußstapfen General ZIA-UL-HAQS getreten und ließ den Traum des Diktators wieder aufleben: die Schaffung einer transasiatischen Achse unter pakistanischer Hegemonie, die sich von der chinesischen Grenze im Osten über Afghanistan und die zentralasiatischen Republiken zu den Ölförderländern am Kaspischen Meer erstrecken sollte.«[2617]

Nach Angaben des russischen Orient-Instituts in Moskau gab es 1997 in Dagestan viele zehntausend Wahabiten, deren Hauptziel die Vereinigung Tschetscheniens und Dagestans und die Herstellung eines einheitlichen Imanats war.[2618] Wie Berndt Georg THAMM darstellt, war dieses Ziel im Militärhandbuch *Die aufständische Imamarmee* des Wahabiten TAGAJEW dargelegt. Diese Schrift forderte nicht nur zur vollständigen Vertreibung der russischen Bevölkerung aus dem zu schaffenden muslimischen Staat Nordkaukasus auf, sondern ging noch weiter: »Wir werden blutige Geschichte schreiben. Wir werden von Dagestan bis zum Kreml alles vernichten.«[2619] Am 12. September 1998 gründete sich ein ›Kongreß der Völker Tschetscheniens und Dagestans‹, der ein Programm zur Errichtung einer »unabhängigen nordkaukasischen islamischen Republik vom Schwarzen bis zum Kaspischen Meer« verabschiedete.[2620] »Die Milizen des Kongresses waren die *Dschamats*. . . Bereits ein Jahr später operierten in Dagestan 300 davon mit insgesamt 2000 Kämpfern. Sie hatten ihre Hochburgen in den dortigen Bergdörfern, andere in den Ruinenstädten Tschetscheniens. Zu großen Teilen finanzierten sie sich durch Geiselnahmen mit anschließenden Lösegelderpressungen.«[2621] Auch Werner ADAM bestätigt, daß Dagestan neben Tschetschenien »zur eigentlichen Antriebskraft der Wiedergeburt des Islam im Nordkaukasus geworden« war.[2622]

Die intellektuelle Vorarbeit für die Islamisierung Dagestans wurde in angelsächsischen Kreisen, und zwar von der Tochter Alexander BENNIGSENS, Marie BROXUP, geleistet. Sie unternahm 1996, als der Waffenstillstand in Tschetschenien zustande kam, eine Erkundungsreise in den Nordkaukasus. »Ihre Botschaft lautete: Als nächstes kommt Dagestan dran. Seitdem wurde das Dagestan-Projekt in britischen geopolitischen Kreisen am Kochen gehalten. Typisch dafür ist ein Aufsatz vom 18. Juli

1998 im Londoner *Economist* unter der Überschrift ›Rußland und Dagestan: Außer Kontrolle?‹ Dem Leser wird nahegelegt: ›Man setze Dagestan auf die Liste der unregierbaren kleinen Staaten, die Rußlands Südrand aufzureißen drohen.‹«[2623] Mit Hilfe von wahabitischen Söldnern um BASSAJEW, RADUJEW und AL-KHATTAB sollte die russische Südflanke weiter aufgerissen werden.

Die weiteren Abläufe im Hintergrund wurden – so die *Neue Solidarität* – von den russischen Journalisten Schamsuddin MAMJEW und Pjotr IWANOW in der *Kommersant Wlast* vom 10. Februar 1998 näher beschrieben. Diesem Bericht zufolge kam am 13. Oktober 1997 eine britische Delegation, die der MACALPINE-Finanzgruppe angehörte, nach Grosny, um über die Pachtrechte für den tschetschenischen Teil der Ölleitung Baku–Novosossijsk zu verhandeln, wofür im Gegenzug Investitionen in den Wiederaufbau der tschetschenischen Wirtschaft fließen sollten. Problematisch war allerdings, daß seit dem 23. Dezember 1996 ein Abkommen zwischen dem russischen Ministerpräsidenten TSCHERNOMYRDIN und dem tschetschenischen Präsidenten MASCHADOW über die Sicherheit der Pipeline Baku–Novorossijsk bestand, wobei aber die Frage der Transitgebüren noch offengelassen wurde.[2624] Im Juni 1997 war ein Staatsbesuch des aserbaidschanischen Präsidenten ALIJEW in Moskau geplant, bei dem die Rahmenbedingungen der Inbetriebnahme der Pipeline Baku–Noworossijsk geregelt werden sollten. Aber noch am Vorabend des Besuchs von ALIJEW in Moskau – so die Ermittlungen Rizvan NABIYEVS – kam der tschetschenische Präsident MASCHADOW nach Baku, um dort seine Stellung deutlich zu machen: Grosny bestehe auf 50 Prozent der Transiteinnahmen auf seinem Gebiet, und dies müsse auf der Ebene der Staatsoberhäupter von Rußland, Aserbaidschan und Tschetschenien offiziell bekräftigt werden. »Die daraus abgeleiteten politischen Erfolge zugunsten Tschetscheniens waren für die JELZIN-Regierung absolut inakzeptabel. Die Lösung wurde nach der Rückkehr von Präsident ALIJEW aus Moskau so entsprechend den Forderungen von Tschetschenien unter den drei Parteien. . . gefunden.«[2625]

Wie Hans KRONBERGER schreibt, agierten die Tschetschenen als ›Kriegsgewinner‹ seitdem sehr selbstbewußt. »So erhält der tschetschenische Erdölkonzern Junko 2,20 Dollar an Durchleitungsgebühr pro Tonne Erdöl. Ursprünglich wollten die Russen die Tschetschenen mit einer Pauschale von einer Million Dollar abspeisen, die Tschetschenen forderten aber 265 Milliarden Dollar an Wiedergutmachung von Kriegsschäden ein. . . Nur unter diesen Bedingungen waren die Tschetschenen bereit, jene 150 Kilometer Pipeline, die sie im Krieg zerstört hatten, reparieren zu lassen.«[2626] Hans KRONBERGER spricht in diesem Zusammenhang von einer Abhängigkeit Rußlands von Tschetschenien, aus der Moskau sich zu befreien gedachte.[2627] Zunächst erfolgte der Transport des aserbaidschanischen ›*early Oil*‹ auch durch die Pipeline Novorossijsk zu tschetschenischen Bedingungen, entsprechend einem Abkommen zwischen dem stellvertrenden russischen Ministerpräsidenten und den Präsidenten der aserbaidschanischen und tschetschenischen Ölkonzerne vom 12. Juli 1997, doch sollte sich die Position Rußlands im kaukasischen Erdölpoker noch weiter verschlechtern. Anfang 1999 wurde die Pipeline Baku-Supsa eröffnet – jene Trasse, die »vor allem von den USA favorisiert«[2628] wurde, weil sie Rußland vollständig umgeht. Die Folge war, daß das Exportvolumen durch die Pipeline über Tschetschenien ins russische Novorossijk drastisch verringert wurde, was auf russischer Seite erheblichen Unmut auslöste.[2629] Überdies sorgten tschetschenische Blockaden für eine weitere Verteuerung des Transits. In dieser Lage drohte Rußland den kaukasischen Ölpoker gänzlich zu verlieren – Moskau war also gezwungen, eine eigene Pipelinestrategie zu entwickeln, die den tschetschenischen Krisenherd umging. Rußland begann, den schon im Februar 1998 eingeleiteten Bau einer Umleitungspipeline unter Umgehung von Tschetschenien über Dagestan und Stavropol zum Hafen Noworossijsk voranzutreiben.

Wollten die westliche Finanzelite und die Ölmultis Rußland vollständig aus dem kaukasischen Geschäft vertreiben und ihre Vision vom ›Kaukasischen Gemeinsamen Markt‹ verwirklichen, mußte also auch Dagestan destabilisiert werden, wofür die geopolitischen Grundlagen, wie oben beschrieben, ja schon geschaffen wurden. Gelang es, eine Vereinigung Tschetscheniens mit Dagestan zu verwirklichen, wie es die tschetschenischen Freischärler und ihre Hintermänner anstrebten, »dann hätten die Russen überhaupt keinen direkten Zugang zu Baku mehr«,[2630] und das ›Great Game‹ wäre für die US-Machtelite gewonnen.

Wie der *Kommersant Wlast* vom 10. Februar 1998 darstellte, erreichte es die MacAlpine-Finanzgruppe schon Ende Oktober 1997, die Machtverhältnisse in der tschetschenischen Ölgesellschaft YUNKO zu ihren Gunsten zu manipulieren, um dem Ölabkommen zwischen Moskau und Tschetschenien vom Dezember 1996 den Boden zu entziehen und die tschetschenische Erdölwirtschaft in anglo-amerikanische Hände zu überführen. Choschamed JARICHANOW, Präsident von YUNKO, wurde entlassen und anschließend die Gesellschaft als solche aufgelöst. Am 5. November 1997 veröffentlichte die *Nesawissimaja Gaseta* den Text eines britisch-tschetschenischen Vertrages.[2631] *Kommersant Wlast* beleuchtete weiter die Geschichte des ›Kaukasischen Gemeinsamen Marktes‹ und der Kaukasischen Investitionsbank und meinte, diese geschäftlichen Tätigkeiten fügten sich nahtlos in die irreguläre angelsächsische Kriegführung in der Region ein: »Ende November (1997) wurde der von den Briten versprochene Investitionsfonds in London vorgestellt. Am Vorabend dieses Ereignisses hatte der Goldsmith-Erbe Lord MACALPINE NUCHAJEW bei Margaret THATCHER eingeführt. . . Die Gruppe um GOLDSMITH wollte ihre Aktivitäten nicht auf Tschetschenien beschränken. Das Spiel breitete sich nach Dagestan aus, wo eine neue Kraft, die Wahabiten, am Werk war.«[2632]

Im April 1998 kam es in Grosny zu einem Gipfeltreffen der Führer der nordkaukasischen Republiken der Russischen Föderation sowie der angrenzenden Territorien Stawropol und Krasnodar, auf dem sich der künftige Konflikt schon abzuzeichnen begann. Während sich der russische Vertreter »für einen Wirtschaftsaufbau und andere Maßnahmen zur Verhütung einer weiteren Zersplitterung der Region und ihrer Abtrennung von Moskau aussprach, meldete sich NUCHAJEW vom britisch gelenkten Kaukasischen Gemeinsamen Markt zu Wort und hielt eine Rede, die zum Programm der ganzen Konferenz wurde.«[2633] Unmittelbar nach dem Gipfel gab der tschetschenische Präsident MASCHADOW eine Erklärung ab, womit er in NUCHJAJEWS Horn stieß: Tschetschenien habe sich praktisch schon von Rußland abgelöst und könne seine Wirtschaft ohne die Hilfe Rußlands wieder aufbauen. »Alle Nachbarn sind sich darüber im klaren«, sagte er, und »die Zukunft des Kaukasus liegt in einer Konföderation.«[2634]

Die Regierung Dagestans sperrte sich jedoch gegen diese Pläne Tschetscheniens und ihrer angelsächsischen Hintermänner. Aus einem Bericht der *Moskowskije Nowosti* über das Treffen vom April 1998 geht hervor, daß Magomedali MAGOMADOW, der Vorsitzende des dagestanischen Staatsrates, keineswegs MASCHADOWS Meinung teilte, sondern offen erklärte: »Dagestan war, ist und bleibt Teil der Russischen Föderation«, und nach dem oben erwähnten ›Kongreß der Völker Tschetscheniens und Dagestans‹ kam es in Dagestan zu Anschlägen gegen antiseparatistische Regierungsmitglieder.[2635]

In Tschetschenien selbst gelang es Schamil BASSAJEW, die Autorität des Interimsregierungschefs MASCHADOW weiter zu untergraben. Zwar war ein Versuch der Islamisten im Dezember 1998, über ein Scharia-Gericht das tschetschenische Parlament aufzulösen und die Macht vollständig an sich zu reißen, gescheitert, jedoch wuchs der Einfluß Schamil BASSAJEWS in dieser Zeit an.[2636] Am 7. August 1999 überfiel er mit einem aus rund 1200 Mann bestehenden Kommando von Tschetschenien aus die Republik Dagestan und rief dabei die im Untergrund aktiven wahabitischen Gruppierungen zum offenen Aufstand auf.[2637] Bei der schleichenden Islamisierung waren es Berndt Georg THAMM zufolge hauptsächlich arabische Söldner und ehemalige Afghanistankämpfer (also jene Kräfte, die vom pakistanischen ISI und dem CIA ausgebildet wurden), die mit einer in Richtung Gottesstaat gerichteten aggressiven Missionsarbeit begannen, die insbesondere in Dagestan Früchte trug. Zwei Tage nach diesem Überfall traf sich eine geheime Versammlung (Schura) von dagestanischen Wahabiten, die einen ›Islamischen Staat Dagestan‹ ausrief. »Schamil BASSAJEW wurde von der Schura zum Militäremir des ›Islamischen Dagestans‹, Ibn UL-CHATTAB zum Oberbefehlshaber der vereinigten Streitkräfte Tschetscheniens und Dagestans und Mowladi UDUGOW zum Vorsitzenden der Madschlises (Parlamente) beider Republiken ernannt. Zudem wurde die Bevölkerung zur Mithilfe aufgerufen, Dagestan von den ›Besetzern‹ aus Rußland freizumachen, und an die Muslime in Tschetschenien appelliert, den Kampf gegen die Russen zu unterstützen.«[2638]

Bei ihrem Überfall auf Dagestan waren BASSAJEWS Freischärler »bemerkenswert professionell ausgebildet, versorgt und bewaffnet. Sie verfügten über Stinger-2-Raketen, die seitens der NATO nur ihren loyalsten Mitgliedsstaaten vorbehalten sind. Mit diesen Raketen zerstörten sie drei Hubschrauber vor laufenden Fernsehkameras«.[2639] Dies spricht ebenfalls für eine Unterstützung durch CIA und ISI, erinnert dieser Umstand doch an die Zeit, als die CIA ganz offen Stinger-Raketen an den afghanischen Widerstand gegen die sowjetischen Truppen geliefert hatte. Darüber hinaus wurde bekannt, daß von London aus auch eine Verstärkung des tschetschenischen Terrorismus erfolgte. Am 10. November 1999 überreichte die russische Regierung eine diplomatische Protestnote an die britische Regierung über den russischen Botschafter in London, die die Aktivitäten des Führers des politischen Flügels der BIN-LADEN-Organisation ›Al-Muhajiroon‹, Scheich Omar BAKRI Mohammed, in Großbritannien zum Gegenstand hatte. Dieser rekrutierte Muslime in England für den ›Heiligen Krieg‹ in Tschetschenien und unterhielt unbehelligt von den Behörden in der Londoner Vorstadt Lee Valley zwei Büros und ein Computercenter mit einer eigenen Internetfirma. BAKRI gab zu, daß pensionierte Offiziere des britischen Militärs einige Rekruten in Lee Valley ausgebildet hatten, bevor diese in die Ausbildungslager in Afghanistan oder Pakistan gesandt oder direkt nach Tschetschenien geschmuggelt wurden.[2640]

Am 8 und 16. September 1999 kam es zu terroristischen Anschlägen auf Wohnhäuser in Moskau, Wolgodonsk und Bujnaksk. Über die Hintergründe dieser Anschläge ist sehr viel spekuliert worden; nicht wenige hielten die Sprengstoffanschläge für eine konspirative Aktion des Geheimdienstes FSB und seines damaligen Chefs Wladimir PUTIN, um sich eine nachträgliche Legitimation für eine militärische Intervention in Tschetschenien zu verschaffen. Ebenso wurde der Einfall BASSAJEWS in Dagestan als Provokation des russischen Inlandsgeheimdienstes dargestellt. Die Quelle dieser Spekulationen entstammte dem Umfeld des Oligarchen Boris BERESOWSKI,[2641] dem Intimfeind Wladimir PUTINS, der am 9. August 1999 das Amt des Ministerpräsidenten antrat. Belege für eine solche Verwicklung des FSB und PUTINS aber ließen sich nicht finden. Vielmehr ist davon auszugehen, daß BERESOWSKI – nachdem PUTIN Strafverfolgungsmaßnahmen gegen ihn eingeleitet hatte und er deshalb nach London geflohen war – bei den Londoner Behörden als ›politische Verfolgter‹ Asyl beantragen und dafür mit spektakulären Enthüllungen aufwarten wollte.[2642]

Vieles spricht aber dafür, daß nicht PUTIN, sondern vielmehr BERESOWSKI selbst hinter den Kulissen den Tschetschenienkonflikt angeheizt hatte. Boris REITSCHUSTER verweist in diesem Zusammenhang auf Enthüllungen der französischen Zeitungen *Le Monde* und *Le Figaro*, denen zufolge sich im Juli 1999 der BERESOWSKI-Vertraute WOLOSCHIN mit dem tschetschenischen Rebellenführer Schamil BASSAJEW getroffen und eine Aktion besprochen hätten, die wenige Wochen später große Wellen schlagen sollte[2643] – gemeint war der Einfall BASSAJEWS in Dagestan. Wie KLEBNIKOW enthüllte, hatte BERESOWSKI ein großes Interesse an Tschetschenien – er hat Jürgen ROTH zufolge Macht, Einfluß und Vermögen ja ausschließlich der tschetschenischen Mafia zu verdanken – und insbesondere an den dortigen Erdölpipelines, was auch vom russischen General Alexander LEBED bestätigt wurde.[2644] Auch kein Geringerer als der tschetschenische Feldkommandant Salman RADUJEW, mit dem BERESOW-

SKI geschäftlich verbunden war, erklärte: »Er (BERESOWSKI) hat ein persönliches Interesse an diesem Erdöl (der Pipeline Baku–Noworossijsk).«[2645] Zur Verwirklichung seines Zieles, aus Tschetschenien einen auf Erdölschmuggel, Drogenhandel und Menschenraub beruhenden Mafiastaat zu machen, finanzierte BERESOWSKI auch verschiedene tschetschenische Gruppierungen; Geschäfts- und Gespächspartner von ihm waren Terroristenführer wie Schamil BASSAJEW und Salman RADUJEW oder islamische Fundamentalisten wie Mowladi UDUGOW.[2646] Am 28. September 1999 berichtete die Zeitung *Le Monde*, BERESOWSKI habe BASSAJEW vor dem Einfall in Dagestan 30 Millionen Dollar zukommen lassen.[2647]

Doch es gibt noch einen weiteren Grund, der für die Inszenierung der Terroranschläge durch BERESOWSKI sprechen könnte. Dieser lag in dem Machtkampf im Kreml Ende der neunziger Jahre. Jewgenij PRIMAKOW hatte während seiner Amtszeit als Ministerpräsident Anfang 1999 eine strafrechtliche Verfolgung gegen BERESOWSKI eingeleitet. Diesem drohte der vollständige Verlust seines beherrschenden politischen Einflusses. Es gelang BERESOWSKI jedoch, PRIMAKOW zu stürzen, der daraufhin am 12. Mai 1999 entlassen wurde. Nachfolger wurde Sergej STEPASCHIN, unter dem es BERESOWSKI wieder gelang, politisches Terrain zurückzuerobern. Auf der anderen Seite aber wurden die staatsanwaltschaftlichen Ermittlungen gegen ihn verstärkt. »Mit anderen Worten, STEPASCHIN... lehnte es ab, die erforderlichen Schritte zu ergreifen, um die strafrechtlichen Ermittlungen gegen BERESOWSKI und andere Mitglieder von JELZINS Umgebung einzustellen.«[2648]

STEPASCHIN wurde daraufhin am 9. August 1999 entlassen, und Wladimir PUTIN trat an seine Stelle, wobei BERESOWSKI hoffte, daß dieser eine willfährige Marionette in seinen Händen sein würde. KLEBNIKOW mutmaßt, daß durch eine eigenmächtige Inszenierung von Attentaten gegen russische Bürger von seiten BERESOWSKIS dieser die Möglichkeit in die Hand bekommen wollte, PUTIN jederzeit zu erpressen – Ermittlungen gegen ihn wie unter PRIMAKOW oder STEPASCHIN wären dann nicht mehr zu befürchten gewesen. Im September 1999 hatte PUTIN noch nicht alle Schalthebel der Macht in seinen Händen; er war einstweilen noch auf den JELZIN-Clan und dessen Hintermann BERESOWSKI angewiesen. »Einige russische Zeitungen mutmaßten, daß BERESOWSKI womöglich hinter den Bombenanschlägen steckte. Wenn er tatsächlich die Terrorwelle im September arrangiert hatte, dann wäre PUTIN durch dieses Verbrechen für immer an ihn gebunden. Selbst wenn PUTIN gewußt hätte, wer hinter den Detonationen stand, hätte er das niemals sagen dürfen... Falls BERESOWSKI also in irgendeiner Form in die Bombenanschläge verwickelt war, so würde PUTIN mit diesem Geheimnis wie mit einer eisernen Kette an BERESOWSKI gefesselt sein.«[2649] Belege für diese Theorie aber bestehen nicht.

KLEBNIKOW jedenfalls geht davon aus, daß die Terroranschläge im September 1999 tatsächlich von tschetschnischen Terroristen begangen wurden. »Höchstwahrscheinlich sind die Anschläge tatsächlich von tschetschenischen Kämpfern oder islamischen Extremisten verübt worden, die im Namen ihrer kampfbereiten Glaubensbrüder handelten. Schamil BASSAJEW und auch andere Anführer wie Salman RADUJEW hatten in der Vergangenheit mehrere Terroranschläge gegen die russische Zivilbevölkerung verübt und sich ihrer Erfolge gerühmt, und KHATTAB, der Chef der Wahabiten, stand in Verbindung mit dem international gesuchten Terroristen Ussama BIN LADEN. Die tschetschenischen Krieger zeichneten sich durch eine mörderische Grausamkeit gegenüber ihren Feinden aus. Diese Männer richteten in aller Öffentlichkeit russische Kriegsgefangene und zivile Geiseln hin, indem sie ihnen mit ihren riesigen Jagdmessern den Kopf abschnitten und die Prozedur auf Video aufzeichneten. In den Katakomben der tschetschenischen Unterwelt würden sich mit Sicherheit unzählige Kandidaten finden, die zu derartigen Bombenanschlägen fähig wären.«[2650]

Die Nordkaukasus-Republiken. Karte: *Der Spiegel*, 43/2005. Unten: Zerstörte Häuser in Grosny während des zweiten Tschetschenienkriegs.

Interessant ist in diesem Zusammenhang auch, daß sich die Ereignisse in Tschetschenien und Dagestan zeitlich betrachtet nahtlos an den Angriffskrieg der NATO gegen Jugoslawien anschlossen, der am 24. März 1999 begann. Hintergrund der US-Intervention auf dem Balkan war, wie oben dargestellt, die Schaffung und die militärische Absicherung des VIII. Transbalkan-Korridors als Grundlage für die AMBO-Pipeline vom bulgarischen Burgas bis zum albanischen Vlore. Es waren die amerikanischen Ölkonzerne Exxon/Mobil und Chevron/Texaco, die sich besonders an diesem Projekt interessiert zeigten,[2651] und der Vizepräsident des AMBO-Konsortiums, TASCOVIC, erklärte, daß diese Pipeline eine Ergänzung der von den USA heftig durchgesetzten Pipeline Baku–Tiflis–Ceyhan darstellen sollte.[2652] Bestätigt wird dies auch durch den Direktor der ›US Trade & Development Agency‹ (TDA), J. Joseph GRANDMAISON: »Der Wettbeweb um die Energieressourcen in der kaspischen Region wird zunehmend härter... Im letzten Jahr hat die TDA mehrere verschiedene Pipelines gefördert, die diese enormen Ressourcen mit den Märkten des Westens verbinden sollen.«

Diese Pipeline bedeute »einen deutlichen Schritt vorwärts in Richtung dieser Politik und für die US-Handelsinteressen in der kaspischen Region«.[2653] Bei der TDA handelt es sich um ein Unternehmen, das mit der Erstellung von Machbarkeitsstudien von Pipelineprojekten befaßt ist, und 1999 stellte die TDA eine entsprechende technische Studie für die AMBO-Pipeline vor. Die energiegeopolitische Bedeutung des Balkenkriegs wurde auch vom britischen General Michael JACKSON, dem Kommandeur der KFOR-Truppen in Mazedonien während des NATO-Bombardements in Jugoslawien, unterstrichen, der gegenüber der italienischen Zeitung *Sole 24 Ore* erklärte: »Heute ist es absolut notwendig, die Stabilität von Mazedonien und seinen Eintritt in die NATO zu garantieren. Aber wir werden hier noch für eine lange Zeit bleiben, so daß wir auch die Sicherheit der Energiekorridore garantieren können, die dieses Land durchziehen.« Die Zeitung fügte hinzu: »Hierbei bezog sich JACKSON eindeutig auf den 8. Korridor der Ost-West-Achse, die an die Pipeline angeschlossen werden soll, die die Energieressourcen von Zentralasien zu den Terminals am Schwarzen Meer und an der Adria bringen und Europa mit Zentralasien verbinden soll. Das erklärt, warum die großen und mittleren Mächte, vor allem Rußland, nicht von dem Spiel ausgeschlossen werden wollen, das in den nächsten Monaten auf dem Balkan stattfinden wird.«[2654]

Für die Pläne der US-Machtelite mußte die Kontrolle des Balkans dann um die Kontrolle der kaspischen Region und des Schwarzen Meeres ergänzt werden. Insbesondere mußte alles daran gesetzt werden, daß der Hauptkonkurrent, die Russische Föderation, aus dieser Region verdrängt wird, ebenso vom Balkan. Dazu ließ sich der tschetschenisch-dagestanische Krisenherd hervorragend instrumentalisieren. Dieser geopolitische Hintergrund erklärt auch, warum die USA Rußlands Position während des Kosovo-Konfliktes gänzlich beiseite geschoben hatten. Hier »erlebte Rußland mit dem NATO-Angriff auf Jugoslawien am 24. März 1999 eine beispiellose Demütigung und Bloßstellung seiner Schwäche. Sie gipfelte nach Ansicht russischer Medien in dem Anspruch der USA, eine neue Weltordnung zu etablieren, die nicht mehr auf den völkerrechtlichen Prinzipien der UNO beruhte, sondern auf den von der NATO ausgegebenen Direktiven. In dieser Situation konnte Rußland gar nicht anders, als auf eine Weise zu handeln, die nach innen und nach außen klarmacht: Die Großmacht Rußland weiß ihre territoriale Integrität sowie die innere Ordnung zu wahren und läßt sich von keiner anderen Großmacht eine neue Weltordnung aufzwingen. Mit anderen Worten: Ohne die Ungeduld der Tschetschenen, die Einmischung ausländischer Terroristen und die NATO-Militäraktion gegen Jugoslawien wäre es zu dem zweiten Tschetschenien-Krieg nicht gekommen«.[2655] Mit dem Plan, Dagestan – das Transitland für eine neue russische Pipeline – aus der Russischen Föderation herauszubrechen, sollten also auch die Voraussetzungen für die Errichtung der BTC-Pipeline geschaffen werden, und im November 1999 wurde ja schließlich ein internationales Abkommen über das BTC-Pipelineprojekt auf dem OSZE-Gipfel in Istanbul, und zwar im Rahmen einer besonderen Zeremonie, in Anwesenheit von US-Präsident CLINTON unterzeichnet.

4.5.4.6.7 US-amerikanische Think-Tanks als Förderer des tschetschenischen Separatismus

Was Pakistan, die von ihm ausgebildeten Freischärler, die angelsächische Finanzelite und Ölfirmen vor Ort in die Tat umsetzten, wurde im Hintergrund von US-amerikanischen Denkfabriken geplant, die das geopolitische Muster lieferten.

Wie die *Neue Solidarität Nr. 51/1999* enthüllte, fand am 8./9. Dezember 1999 in Washington eine Vortragsreihe unter dem Titel *Die Geopolitik der Energie für das 21. Jahrhundert* statt, die vom ›Zentrum für strategische und internationale Studien‹ (CSIS) und der Zeitschrift *Financial Times Energy* veranstaltet wurde. Die ›Strategische Energie-Initiative‹ des CSIS war eines von vier Projekten des Zentrums im Rahmen eines größeren ›Programms für Energie und nationale Sicherheit‹ (ENSP). Ein Projekt – so die Darstellung dieser Zeitung – umfaßte dabei die ›Studiengruppe für das Öl am Kaspischen Meer‹ mit dem Schwerpunkt auf – so die eigene Formulierung – der »Entwicklung von Ölproduktion und -export in den Staaten am Kaspischen Meer durch ausländische Investoren unter Berücksichtigung des gegenwärtigen politischen und wirtschaftlichen Umfeldes«. Diese Gruppe war es auch, die im Hintergrund Werbung für den Bau der BTC-Pipeline machte. Leiter der Gruppe war den Enthüllungen der *Neuen Solidarität* zufolge Robert EBEL, der am 8. Dezember 1999 auf der Washingtoner Konferenz im Rahmen des Themenkreises *Die Geopolitik und der Weltmarkt* sprach. EBEL war ein früherer Mitarbeiter der CIA, des US-Innenministeriums und der US-Energiebehörde FEA. Schon seit den sechziger Jahren vertritt er im Ausland amerikanische Ölinteressen und hat zum Beispiel in Westsibirien Ölfelder untersucht. 1994 berief ihn die Energiebehörde in ein Expertenteam, das die langfristige Energiestrategie Rußlands erforschte, und 1997 leitete er eine Gruppe zur Untersuchung der Öl- und Erdgaswirtschaft Turkmenistans und Usbekistans.[2656]

Die entscheidende Rolle auf dieser Konferenz spielte jedoch kein Geringerer als Zbigniew BRZEZINSKI, der in den neunziger Jahren als Berater des Ölkonzerns Amoco – der später von British Petroleum (BP) übernommen wurde – für die Region des Kaspischen Meeres tätig war und in dieser Funktion sowohl die aserbaidschanische Regierung als auch das Ölkonsortium AIOC von dem höchst kostspieligen Pipelineprojekt Baku–Tiflis–Ceyhan überzeugte. Dieser formulierte auf dieser Konferenz die Notwendigkeit einer »neuen CARTER-Doktrin«. Die CARTER-Doktrin aus dem Jahre 1980 besagte folgendes: »Jeder von einer fremden Macht unternommene Versuch, Kontrolle über den Persischen Golf zu erlangen, wird als Angriff auf die lebenswichtigen Interessen der Vereinigten Staaten von Amerika gewertet. Ein solcher Angriff wird mit allen erforderlichen Mitteln, einschließlich militärischer Gewalt, abgewehrt werden.«[2657] Diese Politik wollte BRZEZINSKI auch auf die kaspische und die Schwarzmeer-Region ausdehnen: »Die rohstoffreiche Region Kaukasus/ Zentralasien, insbesondere die Senke des Kaspischen Meeres, soll der ›Persische Golf des 21. Jahrhunderts‹ werden. Der Westen müsse dort die Vorherrschaft erringen, um seine Energieversorgung zu sichern«[2658] – so die Analyse der *Neuen Solidarität*.

BRZEZINSKI argumentierte, daß mit einem Erfolg der russischen Offensive in Tschetschenien gleichzeitig auch der für die US-Strategie und die Errichtung der BTC-Pipeline bedeutende Schlüsselstaat Georgien unter russischen Einfluß geraten werde. In diesem Zusammenhang hatte BRZEZINSKI den Recherchen der *Neuen Solidarität* zufolge wiederholt erklärt, Tschetschenien sei nur der Vorbote für einen gegen US-Interessen wirkenden ›Dominoeffekt‹. Russische ›Neokolonialisten‹ könnten aus »Rache, Paranoia und Nostalgie für ein Weltreich« versuchen, die Hegemonie Moskaus über den Transkaukasus, Zentralasien und das Kaspische Meer zurückzugewinnen. Diese These trug BRZEZINSKI auch in seiner Rede vor der CSIS vor. Wenn die russische Offensive in Tschetschenien erfolgreich sei, wären die »neokolonialen Denker in Moskau« versucht, als nächstes Georgien zu destabilisieren. Und Georgien sei die Hauptverbindung für die beiden vorgeschlagenen Öl- und Gaspipelines vom Kaspischen Meer zur Türkei, mit denen man russisches Gebiet umgehen will. »Wenn Georgien unter den Einfluß Rußlands gerät, dann sind die Pipelines und in der Folge der wirtschaftliche und politische Pluralismus Zentralasiens in Gefahr«, so BRZEZINSKI.[2659]

Zwei Tage danach, so die *Neue Solidarität*, führte BRZEZINSKI zum Problem Tschetschenien weiter aus: »Im weiteren Sinne kann der Konflikt (in Tschetschenien) den südlichen Kaukasus destabilisieren. Der Nordkaukasus ist bereits im Chaos, aber die Flüchtlingsströme und die damit verbundene Instabilität können sehr wahrscheinlich nach Georgien ausstrahlen. Ein militärischer Erfolg in Tschetschenien wird vermutlich die Moskauer Hardliner in Versuchung führen, Georgiens Präsidenten Eduard Schewardnadse entweder zu unterwerfen oder auszuschalten und damit sein Land zu unterjochen. . . Das wären schlechte Nachrichten für die USA. Ein unterworfenes Georgien würde den Russen Zugang zu Armenien verschaffen, das bereits von Moskau abhängig ist, und damit Aserbaidschan (und Zentralasien) vom Westen trennen, während Moskau die Pipeline Baku–Supsa unter Kontrolle bekäme.«[2660]

Am 12. Dezember 1999 konkretisierte Brzezinski dies in einem Interview mit dem Fernsehsender *C-Span* näher. Auf die Frage, was Tschetschenien die Amerikaner angehe, antwortete er: »Erstens: Wenn der Kaukasus destabilisiert ist, dann geht jede Hoffnung darauf verloren, diese große, neue unabhängigere Region mit dem Kaspischen Meer und mit Zentralasien, wo es reichlich Energie gibt, zu integrieren. Es würde eine Krisenzone. Und zweitens entfesselt dieser Krieg in Rußland selbst. . . eine chauvinistische, nationalistische, imperiale Haltung, was ein Rückschlag für den Transformationsprozeß in Rußland ist.« Dann forderte er Wirtschaftssanktionen gegen Rußland, damit Moskau weniger Geld für den Krieg habe.[2661] Folgt man Brzezinski also, hat die Unabhängigkeit Tschetscheniens eine Katalysatorfunktion für die Verwirklichung der strategischen Interessen der USA: Zum einen wäre damit die Abspaltung der kaukasischen und zentralasiatischen Region von Rußland garantiert, was die Durchsetzung der amerikanischen Pipelineprojekte erheblich erleichtern würde.

Andererseits würde eine militärische Niederlage Moskaus im Kaukasus dieses zu einem Anschluß an die westlichen Bündnissysteme zwingen, womit der neoliberale Umwandlungsprozeß Rußlands im Sinne des Washington Consensus des IWF beschleunigt werden könnte. Zbigniew Brzezinski – so die Recherchen der *Neuen Solidarität* – »veröffentlichte am 10. November 1999 im *Wall Street Journal* und der *Frankfurter Allgemeinen Zeitung* eine Stellungnahme gegen die ›russischen Neoimperialisten‹, welche man daran hindern müsse, die gesamte Kaukasusregion einschließlich Georgiens zu erobern. . . Tschetschenien vergleicht Brzezinski dabei mit Osttimor, das Vorgehen der russischen Regierung in Tschetschenien mit Stalins Völkermord. Ziel einer westlichen Intervention müsse ein UN-Protektorat über den Nordkaukasus sein«.[2662] Bei dieser Politik handelt es sich, worauf Jeffrey Steinberg hinweist, um einen integralen Bestandteil des ›Bernard-Lewis-Plans‹, der bekanntlich darauf abzielte, im südlichen Bereich der Sowjetunion einen Krisenbogen zu schaffen. Die zwei Schwerpunkte des Destabilisierungsmusters waren dabei Afghanistan und Tschetschenien.[2663]

Deshalb verwundert es auch nicht, daß sich innerhalb der US-Machtelite ein Gremium gebildet hat, das den tschetschenischen Separatismus hinter den Kulissen unterstützte. 1999 gründete das neokonservative ›Freedom House‹, auf dessen Rolle bei der Destablisierung der russischen Einflußzonen noch einzugehen sein wird, das ›American Committee for Peace in Chechnya‹ (ACPC). Finanzielle und logistische Basis dieser Organisation war die ›Jamestown Foundation‹ aus Washington;

eine Stiftung aus der Zeit des Kalten Krieges, die das Ziel verfolgt, sich innerhalb der ›totalitären‹ Staaten für eine gesellschaftlich-ökonomische Umwandlung einzusetzen.[2664] Die ›Jamestown Foundation‹ finanziert die Herausgabe des ACPC-Blattes *Chechnya Weekly* und ähnliche Propagandablätter gegen China und andere eurasische Länder, die auf der Zielliste der Neokonservativen stehen.[2665]

Gründungsmitglieder des ACPC waren Zbigniew BRZEZINSKI, REAGANS Außenminister Alexander HAIG und der Kongreßabgeordnete Stephen SOLARZ. Die Mitgliederliste liest sich wie ein *Who ist Who* der US-Neokonservativen. Zu den Mitgliedern gehören Richard PERLE, Pentagonberater und schon während des Kalten Krieges Mitgründer des ›Committee on the Present Danger‹, das das sowjetische Waffenarsenal aufbauschte; Elliot ABRAMS, der tief in die ›Iran-Contra-Affäre‹ verstrickt war; Kenneth ADELMAN, US-Botschafter bei den UN, der die Irak-Invasion unterstützte; Midge DECTER, ehemaliger Direktor der ›Heritage Foundation‹; Frank GAFFNEY vom ›Centre for Security Policy‹; Bruce JACKSON, ehemaliger Offizier des US-Militärgeheimdienstes, Vize-Präsident von Lockheed-Martin und jetzt Präsident des ›US-Committee on NATO‹; Michael LEDEEN vom ›American Enterprise Institute‹; James WOOLSEY, ehemaliger CIA-Direktor; Caspar WEINBERGER, US-Verteidigungsminister unter REAGAN und verantwortlich für das seinerzeitige Aufrüstungsprogramm, sowie Norman PODHORETZ, Vordenker der US-Neokonservativen.[2666] Mitglied ist ebenfalls Richard PIPES, wie oben dargestellt, maßgeblicher antisowjetischer Stratege der REAGAN-Administration. Wie John LAUGHLAND von der ›British Helsinki Human Rights Watch Group‹ darlegt, stellen die ACPC-Mitglieder das Rückgrat des Establishments der US-Außenpolitik dar, und ihre Ansichten decken sich in der Tat mit denen der US-Administration.[2667]

Diese Zusammensetzung macht schon deutlich, worum es dem ACPC geht: »Das ACPC unterstützt und verbreitet die Idee, daß die tschetschenische Rebellion den undemokratischen Charakter von PUTINS Rußland zeige, unterstützt die tschetschenische Sache durch ausdrückliche Hervorhebung von ernsthaften Menschenrechtsverletzungen in der winzigen kaukasischen Republik. Es vergleicht die tschetschenische Krise mit... Bosnien und dem Kosovo – um zu verstehen zu geben, daß allein eine internationale Intervention im Kaukasus die Situation dort stabilisieren könne.«[2668]

Das ACPC sorgt für die Verbreitung der These, daß die tschetschenische Rebellion: 1. eine nationale Unabhängigkeitsbewegung ist, die es wert ist, unterstützt zu werden; 2. von Natur aus nicht terroristisch ist; 3. nicht islamistisch ist und keine Beziehungen zu ausländischen Dschihad-Gruppen unterhält und 4. den undemokratischen Charakter der Regierung PUTINS hervorhebt.[2669]

Doch es blieb bei den Aktivitäten nicht nur auf propangandistische Aktionen im Sinne einer indirekten Kriegführung gegen Rußland beschränkt. Hinter den Kulissen sorgte das ACPC im August 2004 auch dafür, daß Ilyas AKHMADOW, ehemaliger Außenminister unter MASCHADOW und von Moskau als Terrorist beschrieben, in den USA Asyl erhielt – zur Ergänzung sei angefügt, daß einem weiteren tschetschenischen Separatistenführer – Achmed ZAKAYEW – in London Asyl gewährt wurde. Beide, ZAKAYEW und AKHMADOW, hatten Jeffrey STEINBERG zufolge enge Beziehungen sowohl zu Aslan MASCHADOW als auch zu Schamil BASSAJEW. Diese Maßnahmen Londons und Washingtons wurden von Rußlands Außenminister Sergej LAWROW übrigens als unfreundlicher Akt und als Unterstützung des tschetschenischen Terrorismus gewertet.[2670]

Hierfür aber gab es noch weitere Hinweise: Als am 23. März 2004 der Feldkommandant Rizvan CHITIGOV in Tschetschenien im Rahmen einer Polizeiaktion prorussischer Sicherheitskräfte und von Truppen der tschetschenischen Innenministeriums getötet wurde, berichteten die *MosNews* unter Verweis auf Informationen des russischen Geheimdienstes FSB, daß CHITIGOV Kontakte zu ausländischen Geheimdiensten unterhalten habe und selbst ein CIA-Agent gewesen sei, wie der frühere FSB-Sprecher Aleksandr ZDANOVICH im April 2001 ausgeführt habe. Einigen Berichten zufolge sei CHIGITOV im Besitz einer ›Green Card‹ gewesen – einer dauerhaften Aufenthaltsbefugnis in den USA.[2671]

Daß es dem ACPC tatsächlich um nichts anderes ging, als die Abspaltung Tschetscheniens von der Russischen Föderation durchzusetzen, wurde am 9. September 2004 durch einen Artikel des ACPC-Vorstandsmitglieds Richard PIPES in der *New York Times* mit der provokanten Überschrift »Give the Chechens a land of their own« deutlich. In diesem Artikel führte PIPES aus, daß die Geiselnahme durch tschetschenische Terroristen in Beslan im Jahre 2004 nicht mit den Ereignissen vom 11. September 2001 verglichen werden könne, und er warnte die russische Führung, daß der tschetschenische Terrorismus nicht stoppen werde, bis Rußland der abtrünnigen Region die volle Selbständigkeit gewähren werde. PIPES schrieb: »Die Russen sollten von den Franzosen lernen. Frankreich war dereinst auch in einen blutigen Kolonialkrieg verwickelt, in dem Tausende Opfer terroristischer Gewalt wurden. Der Algerienkrieg begann 1954 und zog sich hin, ohne daß ein Ende in Sicht war, bis Charles DE GAULLE den Konflikt 1962 durch die Gewährung der Unabhängigkeit löste. Diese Entscheidung war sicherlich wesentlich schwerer als die Wahl, vor der Präsident PUTIN gestellt ist, weil Algerien wesentlich größer war, mehr zur Wirtschaft Frankreichs beitrug, als es Tschetschenien für Rußland tut, und Hunderttausende von französischen Staatbürgern dort lebten. . . Solange Rußland nicht dem Beispiel Frankreichs folgt, wird die terroristische Gefahr nicht gemildert. . . Rußland, das größte Land der Welt, kann sich den Weg einer winzigen kolonialen Unabhängigkeit leisten, und es sollte diesen Weg auch ohne Verzögerung gehen.«[2672]

Erwähnenswert ist in diesem Zusammenhang auch, daß US-amerikanische Think Tanks jene Kräfte in Rußland unterstützen, die in Opposition zur Tschetschenienpolitik PUTINS stehen. Boris NEMZOW von der russischen ›Union Rechter Kräfte‹ und der Liberale Wladimir RYSCHKOW beispielsweise, zwei Anhänger JELZINS und seiner

Privatisierungspolitik, waren entschiedene Gegner von PUTINS Tschetschenienpolitik. »Unterstützung erhalten sie von der Moskauer Filiale des Carnegie Endowment for International Peace, einem Think Tank in Stiftungsform, der mit der privaten Rand Corporation (USA) zusammenarbeitet. Von der Rand Corporation stammt der Plan zum ›Greater Middle East‹, der Umgestaltung Nordafrikas, des Nahen Ostens und Mittelasiens zu einem Großraum unter US-amerikanischer Hoheit. Parallel zur Rand Corporation mobilisiert der von Interpol gesuchte Tschetschene Achmed SAKAJEW vom Londoner Exil aus gegen PUTIN. Der Separatist Ilias ACHMADOW sekundiert aus dem Washingtoner Exil. Beide stehen mit den Rebellenführern Aslan MASCHADOW und Schamil BASSAJEW in Tschetschenien in Verbindung.«[2673]

Deutlich wird damit, welche Bedeutung die US-Machtelite dem tschetschenischen Krisenherd zukommen läßt. Folgt man den geopolitischen Gedanken BRZEZINSKIS, wäre mit einem erfolgreichen ›Ausfransen‹ des Nordkaukasus das ›Great Game‹ für die USA so gut wie gewonnen. Aufgrund der geopolitischen Bedeutung Tschetscheniens – es liegt auf der Landenge zwischen dem Kaspischen Meer und dem Schwarzen Meer am Nordrand des Kaukasus – hätten die USA das Tor zum Kaukasus und damit zu den Erdölfeldern in der Hand; Rußland hingegen würde nicht nur den Zugang zu dieser Region vollkommen verlieren; sogar seine territoriale Integrität als solche wäre in Frage gestellt, wie Friedensforscher Detlef BIMBOES schreibt: »Eine Abspaltung Tschetscheniens würde den Einfluß Rußlands in der Region weiter schwächen und zugleich seine territoriale Unverletzlichkeit in Frage stellen. Eine Ausbreitung der Konflikte auf den gesamten instabilen Nordkaukasus wäre dann nicht mehr ausgeschlossen. Für Rußland ist das sehr gefährlich, weil dadurch das zerbrechliche Miteinander der russischen Regionen mit ihren vielen Völkerschaften insgesamt ins Rutschen kommen könnte. Überdies besitzt der Nordkaukasus auch erhebliche militärstrategische Bedeutung als Truppenstützpunkt. Er ermöglicht den Zugang zum Südkaukasus und zur gesamten türkisch-iranischen Grenze.«[2674]

Kurz gesagt: Mit einer Abspaltung Tschetscheniens wären die Pläne BRZEZINSKIS – nämlich die Teilung der Russischen Föderation auf lange Sicht – in greifbare Nähe gerückt, und genau dieser Umstand macht die geopolitische Bedeutung Tschetscheniens im globalen Konfliktfeld zwischen eurasischer Landmacht und atlantischer Seemacht klar. Wie Afghanistan ist es gleichzeitig wichtiges Transitland für Pipelinekorridore und ebenso ein Katalysator für Destabilisierungsstrategien mit Hilfe der islamistischen Waffe gegen das eurasische ›Herzland‹. Damit ließe sich in Anlehnung an MACKINDER die Formel prägen: Wer Tschetschenien und Afghanistan kontrolliert, kontrolliert das Herzland. Wer das Herzland kontrolliert, kontrolliert die Weltinsel. Wer die Weltinsel kontrolliert, kontrolliert die Welt.

Kapitel 9

Das Wiedererstarken Rußlands unter Wladimir W. Putin und die Fortsetzung der US-amerikanischen Destabilisierungsstrategie

Wie oben ausführlich dargestellt, befand sich die Russische Föderation in den neunziger Jahren in einer ausgesprochen mißlichen geopolitischen Lage. Mit den Worten Brzezinskis war ihr geopolitisches Einflußgebiet beachtlich geschrumpft. Rußland war »zu einem unruhigen Nationalstaat geworden, der geographisch gesehen keinen leichten Zugang zur Außenwelt hat und der an seiner westlichen, südlichen und östlichen Flanke kräftezehrenden Konflikten mit seinen Nachbarn ausgesetzt ist. Nur die unbewohnbaren und unzugänglichen nördlichen Permafrostgebiete scheinen geopolitisch noch sicher«.[2675]

Die Ablösung des Baltikums verringerte den Zugang zur Ostsee auf einen schmalen Zugang um die Region Nordostpreußens, die Abspaltung der Ukraine beraubte Rußland seiner beherrschenden Position am Schwarzen Meer, wo Odessa das Tor für den Handel mit dem Mittelmeerraum und der Welt jenseits davon war.[2676] Mit der Unabhängigkeit der zentralasiatischen Staaten hatte sich Rußlands südöstliche Grenze an einigen Stellen um mehr als tausend Meilen nach Norden verschoben,[2677] der tschetschenische Separatismus drohte auch den kompletten Verlust des Kaukasus zur Folge zu haben, und im ostsibirischen Raum ist eine allmähliche Verdrängung durch die ökonomische und demographische Dynamik Chinas nur eine Frage der Zeit. Neben dieser räumlichen Zurückdrängung stand zudem die territoriale Einheit der Russischen Föderation auf dem Spiel. Ihre Teilung – nicht zuletzt auch bedingt durch die rasche Zunahme der muslimischen Bevölkerungsanteile einerseits und den demographischen Schrumpfungsprozeß bei den ethnischen Russen andererseits – war mittlerweile zu einer ganz echten Gefahr herangereift.

Rußlands Geopolitik bestand in den neunziger Jahren deshalb im wesentlichen darin, die postsowjetische Staatenwelt in der eigenen Einflußsphäre zu behalten, damit diese nicht zum Einfallstor auswärtiger Mächte werden konnte, die das entstandene Vakuum zu Lasten der Russischen Föderation auszufüllen gedachten. Wirtschaftliche Zusammenarbeit und sicherheitspolitische Kooperation, insbesondere der Aufbau eines Systems der kollektiven Sicherheit und die Errichtung von Militärstützpunkten in einigen Staaten der ehemaligen UdSSR zur Grenzsicherung und Eindämmung lokaler Konflikte, waren die entscheidenen Ansatzpunkte.[2678] Diese Aufgabe sollten nach russischer Vorstellung die ›Gemeinschaft Unabhängiger Staaten‹ und der ›Vertrag über kollektive Sicherheit von Taschkent‹ von 1992 übernehmen. Wie oben bereits dargestellt, konnte jedoch keine dieser Einrichtungen das russische Ziel einer vertieften Integration des postsowjetischen Raumes sicherstellen. Statt dessen kam es – nicht zuletzt befördert durch die US-Machtelite im Hintergrund – zu geopolitischen Differenzierungsprozessen, die gerade in der zweiten Hälfte der neunziger Jahre immer deutlicher zutage traten und die sich – so eine Studie von Andrea SCHMITZ von der Stiftung Wissenschaft und Politik unter dem Titel *Partner aus Kalkül – Russische Politik in Zentralasien* – gerade auch im geopolitisch wichtigen Zentralasien abzeichneten.

Dort – so Andrea SCHMITZ – sind die drei ressourcenreichsten Staaten Kasachstan, Usbekistan und Turkmenistan sowohl voneinander als auch von der Russischen Förderation außenpolitisch auf Distanz gegangen. Kasachstan zum Beispiel hat laut SCHMITZ nach der Auflösung der UdSSR eine Außenpolitik betrieben, die auf weitestgehende Unabhängigkeit und Sicherung eines größtmöglichen Handlungsspielraumes ausgerichtet gewesen ist. Demgegenüber hat sich Usbekistan zu Beginn seiner staatlichen Unabhängigkeit zunächst verstärkt an Rußland ausgerichtet. »Dies hatte nicht zuletzt mit dem tadschikischen Bürgerkrieg (1992–1997) zu tun, in dem Rußland wie Usbekistan die Kriegspartei um den später zum Präsidenten gewählten Emomali RAHMONOV unterstützten. Im Gefolge der seit 1993 verstärkten militärischen Präsenz Rußlands in Tadschikistan und seines wachsenden Einflusses dort kühlten aber nicht nur die usbekischen Beziehungen zu Tadschikistan, sondern auch die zu Rußland zunehmend ab.«[2679]

Andrea SCHMITZ zufolge löste sich Usbekistan ab 1995 dann aus den von Rußland geprägten Strukturen und suchte statt dessen eine engere Anlehnung an den Westen, insbesondere an die USA. »Gegen Ende der neunziger Jahre zog sich das Land aus der militärischen Kooperation im Rahmen des – 1992 auf seine Initiative hin geschlossenen – ›Vertrags über Kollektive Sicherheit‹ (CST) zurück und verließ die Organisation im April 1999 auch formell, indem es auf eine Vertragsverlängerung verzichtete.«[2680]

Turkmenistan bemühte sich frühzeitig, sich russischen Bestrebungen zur Einflußsicherung zu entziehen. Es »schlug schon früh einen Sonderweg ein und trat keinem der neuentstandenen multilateralen Bündnisse bei. Als einziger der fünf zentralasiatischen Staaten verzichtete Turkmenistan auch auf die sicherheitspolitische Zusammenarbeit innerhalb des CST und beendete 1993 die bilaterale Kooperation mit Rußland bei der Grenzsicherung. Im selben Jahr erklärte Turkmenistan seine ›dauernde Neutralität‹«.[2681]

Folgt man Andrea SCHMITZ, zeichnete sich also eine fortschreitende Zergliederung des postsowjetischen Raumes ab, die sich gerade auch auf dem sicherheitspolitischen Gebiet bemerkbar machte. »1999 gehörten dem CST nur noch drei der zentralasiatischen Staaten an, nämlich Kasachstan sowie die beiden ärmsten Länder der Region: das von den Folgen des Bürgerkriegs gezeichnete Tadschikistan und. . . Kirgistan.«[2682] Verbunden war dies mit einem Rückzug Rußlands. Das dadurch entstandene Vakuum wurde dann von konkurrierenden Mächten, insbesondere von den USA und der NATO, ausgefüllt. »Rußland hatte seine Truppen aus ganz Zentralasien – mit Ausnahme Tadschikistans – abgezogen. Während der Einfluß Moskaus auf die Politik der zentralasiatischen Staaten abnahm, verstärkten die umliegenden Länder – vor allem China, die Türkei und Iran –, aber auch die EU und die USA, ihr Engagement in der Region... Darüber hinaus manifestierte sich die strategische Reorientierung der zentralasiatischen Staaten in einer intensiveren Zusammenarbeit mit der NATO – zunächst im Rahmen des ›Partnership for Peace‹-Programms (PfP), dann auch in Gestalt bilateraler Arrangements mit einzelnen NATO-Mitgliedern.«[2683]

Viktor Timtschenko bescheibt die Situation Ende der neunziger Jahre ebenfalls als ein Abdriften des ›nahen Auslands‹ gen »weiten Westen«,[2684] das die Sicherheitslage Rußlands erheblich verschlechtert habe: »Rußland ist nicht mehr durch den ›Sanitätskordon‹ aus Verbündeten des Warschauer Paktes von den NATO-Staaten getrennt, und russisches Territorium kann nicht mehr nur mit Langstreckenraketen erreicht werden, sondern liegt gerade mal einen Steinwurf entfernt«[2685] – eine prekäre Lage, die zudem noch dadurch verstärkt wurde, daß Georgien, Usbekistan, die Ukraine, Aserbaidschan und Moldawien über die GUUAM ein regionales Bündnis unter der Schirmherrschaft der NATO gegründet hatten.

Die Sicherheitslage Rußlands wurde Ende der neunziger Jahre auch durch die Politik der Ukraine beeinträchtigt. Diese begann, sich zunehmend Richtung NATO auszurichten, und schlug alle russischen Vorschläge zu gemeinsamen Aktivitäten im außenpolitischen und im militärischen Bereich aus. Zudem hatte sie im Rahmen der GUS die wichtigste der gemeinsamen Vereinbarungen nicht unterzeichnet, nämlich die über die Koordination der außenpolitischen Tätigkeit, über die Regulierung der Konflikte und die friedensstiftende Tätigkeit auf ihrem Territorium. Auch nahm sie am gemeinsamen Rat der Verteidigungsminister der GUS nicht teil und weigerte sich überdies, den Vertrag über die kollektive Sicherheit zu unterzeichnen. Die Abhängigkeit der Ukraine im Energiebereich von russischem Gas und Erdöl wurde durch direkte Lieferungen aus Turkmenistan und anderen zentralasiatischen Staaten erheblich gelockert.[2686] In Osteuropa war daher lediglich Weißrußland als Verbündeter übriggeblieben.

Wie der Sicherheits-Experte Harald Müller hervorhebt, war herausragendes Strukturmerkmal der Weltpolitik am Ende der neunziger Jahre und des beginnenden 21. Jahrhunderts daher die »Unipolarität«: Es gab nur eine einzige wirkliche Supermacht, die Vereinigten Staaten[2687] – eine Konstellation, die für die geopolitische Lage Rußlands bedrohlich war: Neben verstärkten Rüstungsinvestitionen »haben die USA in Regionen, die für über hundert Jahre als legitimes und unbestrittenes russisches Einflußgebiet galten, nämlich im Kaukasus und in Zentralasien, unvermutet und zum Schreck der Moskauer Führung einen machtpolitischen Wettbewerb entfacht, der sich um die Kontrolle der dortigen Energievorkommen und die Transportwege für Erdgas und Erdöl dreht. Unter diesen Auspizien – ein ernster Konflikt um territoriale Fragen, die die Sicherheit und die vitalen Interessen Rußlands (nicht aber der USA) berühren – wirkten die amerikanischen Raketenabwehr- und Weltraumpläne auch für die Russen bedrohlich. . .«.[2688]

Verschärft wurde diese Lage noch durch einen weiteren Umstand – die Ausbreitung der NATO, verbunden mit einer globalen militärischen Eingreifbereitschaft des transatlantischen Bündnisses. Mit dem 1999 verabschiedeten ›Neuen Strategischen Konzept‹ hatten es die USA erreicht, eine Umgestaltung der NATO zu einer Hilfspolizei für weltweite Krisenherde mit dem Schwerpunkt auf dem ›euro-atlantischen Raum‹ durchzusetzen, ohne auf eine spezielle völkerrechtliche Ermächtigung durch den UN-Sicherheitsrat angewiesen zu sein. Der Weg hierzu wurde mit der Eskalationspolitik der NATO gegen Jugoslawien im Oktober 1998 mit der ›Activation Order‹ gebahnt, auf deren Grundlage militärische Einsätze unmittelbar durchgeführt werden konnten. Diese ›Activation Order‹ sollte schließlich zur Grundlage künftiger NATO-Operationen werden: »Die NATO wird sich in ihrem neuen Strategischen Konzept nicht auf Formulierungen festlegen, die eine Einschränkung der militärischen Handlungsfreiheit des Bündnisses – sei es durch den Sicherheitsrat der Vereinten Nationen oder durch die OSZE – bedeuten würden. Ein Mandat einer dieser beiden Organisationen wird deshalb eine zwar wünschenswerte, aber keine zwingende Voraussetzung für ein militärisches Engagement der NATO sein.«[2689]

Damit hatte sich das Nordatlantische Bündnis die Voraussetzungen zur Selbstmandatierung gegeben. Die USA als Hegemonialmacht innerhalb dieses Bündnisses konnten daher – ohne Mitbestimmungsmöglichkeiten anderer Mächte – die Richtung vorgeben. Der NATO-Gipfel in Washington vom April 1999 beförderte gleichermaßen auch eine territoriale Ausweitung des militärischen Aktionsradius der NATO. »Prominente Stimmen in Washington hatten schon seit längerem gefordert, daß die NATO zur umfassenden Verteidigung amerikanischer und europäischer Interessen in der Welt befähigt werden müsse und daß in der Diskussion über den ›strategischen Zweck der NATO‹ auch Krisen am Golf oder in der Straße von Taiwan berücksichtigt werden sollten. Außenministerin Madeleine ALBRIGHT machte bei den Ministertreffen im NATO-Rahmen immer wieder deutlich, daß die strategische Ausrichtung der NATO von der gemeinsamen Verteidigung des Vertragsgebietes hin zum Prinzip der Verteidigung gemeinsamer Interessen geändert werden müsse. . .«[2690] – womit eine globale Ausrichtung vorprogrammiert war.

Folgerichtig beschrieb das NATO-Strategiepapier vom April 1999 auch die Risiken, die eine Intervention des atlantischen Bündnisses begründen kann: »In den letzten zehn Jahren sind jedoch auch komplexe neue Risiken für euro-atlantischen Frieden und Stabilität aufgetreten, einschließlich Unterdrückung, ethnischer Konflikte, wirtschaftlicher Not, des Zusammenbruchs politischer Ordnungen sowie der Verbreitung von Massenvernichtungswaffen. . . Zu diesen Risiken gehören Ungewißheit und Instabilität im und um den euro-atlantischen Raum sowie die mögliche Entstehung nationaler Krisen an der Peripherie des Bündnisses, die sich rasch entwickeln könnten. Einige Länder im und um den euro-atlantischen Raum sehen sich ernsten wirtschaftlichen, sozialen und politischen Schwierigkeiten gegenüber. Ethnische und religiöse Rivalitäten, Gebietsstreitigkeiten, unzureichende oder fehlgeschlagene Reformbemühungen, die Verletzungen von Menschenrechten und die Auflösung von Staaten können zu lokaler und selbst regionaler Instabilität führen. Die daraus resultierenden Spannungen können zu Krisen führen, die die euroatlantische Stabilität berühren, sowie zu menschlichem Leid und bewaffneten Konflikten. Solche Konflikte könnten, indem sie auf benachbarte Staaten einschließlich NATO-Staaten übergreifen oder in anderer Weise, auch die Sicherheit des Bündnisses oder anderer Staaten berühren... Sicherheitsinteressen des Bündnisses können von anderen Risiken umfassenderer Natur berührt werden, einschließlich Akte des Terrorismus, der Sabotage und des organisierten Verbrechens sowie der Unterbrechung der Zufuhr lebenswichtiger Ressourcen.«[2691]

Dieses beschriebene Krisenszenario paßt genau auf den kaukasischen und zentralasiatischen Krisenherd, und deshalb spricht viel dafür, daß mit der NATO-Umformung die Voraussetzungen für das Eingreifen in diese Region geschaffen werden sollten. Folgerichtig wurde von französischer Seite nicht zu Unrecht der Verdacht geäußert, »daß eine auf Interessenvertretung ausgerichtete NATO rasch zu einem bloßen Instrument der amerikanischen Globalstrategie verändert werden könnte«.[2692] Mit dieser Umgestaltung und dadurch, daß der NATO der ordnungspolitische Vorrang vor allen anderen Konkurrenzorganisationen eingeräumt wurde, war schließlich im Kern nichts anderes beabsichtigt, »als das Sprungbrett für die amerikanische Weltherrschaft herzustellen«.[2693]

Folgt man dem Sicherheitsexperten Ernst-Otto Czempiel, »hat die NATO das ordnungspolitische Interregnum der neunziger Jahre mit ihrem Anspruch beendet, ihre Vorstellung von Weltordnung durchzusetzen... Insofern kommt dem Neuen Strategischen Konzept der NATO vom April 1999 sehr wohl die Bedeutung zu, mit der Bereitschaft zur gewaltsamen Durchsetzung die euro-atlantischen Interessen in den Rang einer Weltordnung zu erheben. Das Programm bildete sozusagen die kollektive Vorstufe der Entwicklung nach dem 11. September, in der die amerikanische Führungsmacht nun auch die NATO hinter sich ließ und die Herstellung einer Weltordnung mit der Verwirklichung amerikanischer Interessen gleichsetzte«.[2694] Außerdem waren es innerhalb des transatlantischen Bündnisses die USA, von deren Initiative oder zumindest doch Zustimmung der Erfolg dieser neuen Weltordnung abhängig war.[2695]

Wie Lothar Rühl hervorhebt, bewirkte das ›Neue Strategische Konzept‹, verbunden mit dem Kosovo-Krieg, eine Umformung der NATO von einem System kollektiver Verteidigung zu einem Bündnissystem kollektiver Sicherheit,[2696] und zwar unter amerikanischer Führung. Deutlich sollte werden, »daß es außerhalb der NATO als der einzigen Allianz in Europa keinen Schutz gibt«.[2697] Mit diesem Ansatz war aber von vornherein jegliche Möglichkeit zur Schaffung eines multipolaren Systems – wie es von Rußland gefordert wurde – ausgeschlossen. Schon vorher, auf dem Nordatlantikrat vom 11. Januar 1994, wurden sämtliche Vorstöße Rußlands in diese Richtung vom Tisch gefegt. Wie oben dargelegt, hatte die NATO es abgelehnt, die Formel des russischen Außenministers KOSYREW, den postsowjetischen Raum als eine »Sphäre besonderer Verantwortung und Interessen im ehemals sowjetischen Raum« für Rußland anzuerkennen, auch nur zu diskutieren. Um einen Modus vivendi mit der NATO anzustreben, hatte JELZIN ferner für den postsowjetischen Raum »gemeinsame Sicherheitsgarantien« Rußlands und der NATO als Alternative zur NATO-Osterweiterung angeboten und die Stärkung der KSZE zur Errichtung eines Systems kollektiver Sicherheit vorgeschlagen, wobei die NATO der KSZE als Instrument dienen sollte[2698]. Diese Vorschläge Moskaus wurden von der NATO jedoch mit den »fünf Brüsseler Nein« des Nordatlantikrates von 1994 beantwortet – kein Vetorecht, kein Mitspracherecht, keine Interessensphären, kein Kondominium der Sicherheit in Europa und keine privilegierte Partnerschaft mit der NATO.[2699]

Die Verwandlung der NATO zu einem System kollektiver Sicherheit schuf vielmehr die institutionellen und organisatiorischen Voraussetzungen für globale Interventionsmöglichkeiten der USA – die auf dem NATO-Gipfel in Washington vom April 1999 gefundene Formel »Sicherheit des Euro-atlantischen Raumes« konnte schließlich expansiv ausgelegt werden. Wie das Nachrichtenmagazin *Der Spiegel* enthüllte, sollte mit dieser Formel die Einbeziehung der ehemaligen sowjetischen Einflußsphäre in die NATO vorbereitet werden. »Zum euro-atlantischen Partnerschaftsrat, den die NATO nach dem Zusammenbruch des Sowjetreichs und des Warschauer Pakts gründete, gehören mittlerweile 44 Staaten – von Albanien an der Adria bis Tadschikistan und Usbekistan in Zentralasien. . . Zu den Staaten an der ›Peripherie‹ gehören ehemalige Sowjetrepubliken in der Kaukasusregion wie Armenien und vor allem Aserbaidschan. US-Multis möchten von den dortigen Ölvorkommen am Kaspischen Meer eine Pipeline zum türkischen Mittelmeerhafen Ceyhan verlegen. US-Truppen haben den Schutz dieser Ressourcen schon im Manöver geprobt – daheim in den USA.«[2700]

Zur gleichen Einschätzung kommt auch Lothar RÜHL: Mit dem neuen Strategiekonzept, dem Kosovo-Krieg und dem Umstand, daß die NATO-Aufnahme südosteuropäischer Staaten wie Bulgarien, Rumänien und Mazedonien auf die Bündnisagenda gesetzt wurde, »öffnete sich am Horizont der Jahrhundertwende die Schwarzmeer-Dimension der europäischen Sicherheit mit der verbündeten Türkei nicht länger nur als südöstlicher Eckpfeiler der NATO, sondern künftig im Zentrum der Krisenbeherrschung an der südlichen Peripherie Europas zwischen Balkan, Ägäis, Levante und Kaukasus als dem größten Küstenland des Schwarzen Meeres, unverändert mit der Kontrolle der Meerengen und des Übergangs zum Mittleren Osten«.[270] Mit dem NATO-Gipfel 1999 erhielten die Kaukasusstaaten Georgien, Kasachstan und Aserbaidschan sowie die zentralasiatischen Staaten Usbekistan, Turkmenistan und Tadschikistan den Status von NATO-Partnerschaftsländern.[2702]

Diese Entwicklungen führten zur einer Verschiebung der geopolitischen Gewichte in Eurasien zu Lasten Rußlands. Die erste Etappe der NATO-Osterweiterung mit den Staaten Polen, Ungarn und Tschechische Republik auf dem Gipfel in Madrid, der eingeleitete ›Stabilitätstransfer‹ in Richtung Südosteuropa, beginnend mit der militärischen Intervention der NATO in Jugoslawien und endend in einer quasiunabhängigen Autonomie des Kosovo unter einem internationalen Protektorat in militärischer NATO-Regie, konnte als eine Ausbreitung der euro-atlantischen Einflußsphäre mit einer Zurückdrängung Rußlands begriffen werden.[2703] Den Analysen des Nachrichtenmagazins *Der Spiegel* zufolge zeichnete sich auch genau das ab. Die Teilung der GUS und die Schaffung eines transatlantischen Sperriegels, der von der Ukraine über Georgien, Aserbaidschan, Turkmenistan, Usbekistan und Kirgistan reichte, sollte eine Einkreisung Rußlands an dessen Südflanke bewirken. »Der Konflikt auf dem Balkan hat die Nachfolgestaaten der Sowjetunion, die in der GUS organisiert sind, endgültig in zwei Lager geteilt: Rußland, Belorußland und Kasachstan sehen im Westen den selbsternannten Weltgendarmen, der keinerlei Rücksicht mehr auf Moskau nimmt. Andere GUS-Staaten haben das Vorgehen der NATO gegen Serben-Führer Milosevic begrüßt, meist nicht ganz uneigennützig. Sie hoffen auf westliche Hilfe, um sich vom übermächtigen Nachbarn Rußland lösen zu können – neben der Ukraine und Moldawien gehören die Kaukasus-Staaten Georgien und Aserbaidschan zu dieser Gruppe und gleich drei der fünf zentralasiatischen Republiken: Usbekistan, Kirgisien und Turkmenistan. Moskau ist alarmiert. Rußlands südliche Anrainer würden von der NATO immer ›enger umarmt‹ und versuchten ›hartnäckig, die Tür ins westliche Militärbündnis‹ aufzustoßen, erregte sich die *Nesawissimaja Gazeta*. NATO-Emissäre hätten in den letzten Wochen (nach dem Kosovokrieg, der Verf.) fast alle Hauptstädte der Nachbarstaaten besucht – vom georgischen Tiflis bis zum kirgisischen Bischkek. Russische Geostrategen sind davon überzeugt, daß unmittelbar vor der eigenen Haustür ein neuer Militärblock entstehen soll, auf den Moskau keinen Einfluß mehr hat. Wie ein Riegel würde er sich quer vor die Südflanke legen – vom Schwarzen Meer bis weit nach Asien hinein, mitten durch eine Region, die politisch instabil, aber reich an Erdöl und wichtigen Transportrouten ist. Damit würde die einstige Großmacht Rußland eingeschnürt und endgültig zum Papiertiger degradiert. Seit dem NATO-Gipfel Ende April in Washington sind das keine abstrakten Befürchtungen mehr«[2704] – auf Initiative der USA wurde die GUUAM ins Leben gerufen, und infolgedessen traten Usbekistan und Georgien aus dem GUS-Verteidigungsbündnis, dem Vertragssystem von Taschkent, aus.

Georgien begann umgehend mit der Schließung russischer Stützpunkte, die Moskau noch auf dem Territorium dieser Kaukasusrepublik unterhielt. »Wir müssen uns dem Einfluß Rußlands entziehen«, bekräftigte der georgische Staatschef

Eduard SCHEWARDNADSE. Seinem Sicherheitsrat befahl er zugleich, eine neue Militärkonzeption auszuarbeiten: Georgiens 33 000 Mann starke Armee sollte modernisiert und auf NATO-Standards festgelegt werden. Der georgische Verteidigungsminister David TEWSADSE bestellte im Westen neue Waffen und Küstenschutzboote, georgische Offiziere wurden von Amerikanern und Deutschen geschult, Uniformen in England und der Türkei geschneidert.[2705] Aserbaidschan beschleunigte weiterhin seinen proamerikanischen Kurs, den es in den neunziger Jahren ohnehin gesteuert hatte. Staatschef ALIJEW unterstützte den Luftkrieg gegen Serbien und bot Soldaten für die NATO-Friedenstruppe an. Das, so der seinerzeitige US-Botschafter Stanley ESCUDERO gegenüber dem Parlament in Baku, »werde in Washington nicht ohne Aufmerksamkeit bleiben«.

Vieles spricht dafür, daß ALIJEW hoffte, die NATO könne bei der Rückgewinnung der Provinz Berg-Karabach behilflich sein, die 1992 an Armenien verlorenging, und zwar durch die Stationierung einer NATO-Truppe wie im Kosovo.[2706] Aserbaidschan sah »sich ermutigt durch den stellvertretenden NATO-Generalsekretär Klaus-Peter KLAIBER, der jüngst in Baku von einer ›außerordentlich wichtigen Rolle der Region in der künftigen globalen Sicherheitsarchitektur‹ sprach. Zum Gipfel der GUS-Verteidigungsminister Ende Mai (1999, der Verf.) im armenischen Eriwan schickte Aserbaidschan gar keinen Vertreter mehr, aus Tiflis reiste lediglich ein ›Beobachter‹ an. Armenien, seit dem Karabach-Krieg erbitterter Gegner Aserbaidschans, ist Moskaus letzter Verbündeter im Kaukasus«.[2707]

Um an der Grenze zur NATO überhaupt noch Präsenz zeigen zu können, bauten die Russen ihre militärischen Stützpunkte in Armenien aus und erweiterten dort ihr militärisches Potential. Sie verlegten MiG-Kampfjets sowie modernisierte Abwehrraketen in den Süden und bauten Armenien – ihren einzigen noch verbliebenen Verbündeten im Kaukasus – in ihr Luftverteidigungssystem ein. Aber im Hintergrund versuchten nach Einschätzung russischer Beobachter die USA hier, die prorussische Regierung in Eriwan zu stürzen, indem sie die prowestliche Opposition förderten.[2708] Wie das Nachrichtenmagazin *Der Spiegel* zusammenfaßte, war die unmittelbare Folge des NATO-Gipfels vom April 1999 ein Vorstoß des transatlantischen Bündnisses Richtung Zentralasien: »Usbekistan rüstet konsequent auf amerikanische Technik um – zum Leidwesen der russischen Waffenindustrie. Offiziere der 80 000 Mann starken Armee besuchen US-Akademien, und als jüngst der Chef der amerikanischen Streitkräfte im Nahen Osten, General Anthony ZINNI, Usbekistan und das benachbarte Kirgisien bereiste, hieß es schon, die USA würden in Kürze Stützpunkte in Zentralasien errichten – vorerst wurde die Nachricht dementiert. Selbst in Turkmenistan, das lange einen Neutralitätskurs verfolgte, ist den Amerikanern der Einbruch gelungen: Staatsführer Saparmurad NIJASOW will demnächst ein Kooperationsabkommen mit der NATO unterzeichnen. Den Vertrag mit Rußland über den gemeinsamen Grenzschutz hat er bereits einseitig gekündigt – von November an sollen Turkmenen die Übergänge nach Iran und Afghanistan schützen.«[2709]

Mit der Zeitung *Nesawissimaja Gaseta* ist damit festzuhalten, daß der Kosovo-Konflikt ein Katalysator für die Expansion der NATO Richtung Schwarzes Meer, Kaukasus und Zentralasien war. Doch die Vollendung der antirussischen Einkreisungsstrategie sollte der Administration George W. BUSHS vorbehalten sein.

1 Die strategischen Voraussetzungen der USA unter George W. Bush – der 11. September als Katalysator für die Einbeziehung der US-Militärmacht im kaukasisch-zentralasiatischen Raum

Die strategischen Schachzüge der USA in den neunziger Jahren sind in der Rückschau als vorbereitende Maßnahme für die Entwicklungen anzusehen, die insbesondere nach dem 11. September 2001 eintreten sollten. Die Zentralasien- und Rußlandpolitik der Administration George W. BUSHS griff diejenige der neunziger Jahre nicht nur auf, sondern sollte diese noch ausweiten. »Strategisches Denken«, so Peter RUDOLF, war das prägende Element der BUSH-Administration,[2710] mit dem Ziel der hinter BUSH stehenden neokonservativen Machtelite der ›Projektgruppe für ein Neues Amerikanisches Jahrhundert‹ (PNAC), eine »strategy of Predominance« entsprechend dem *Defence Policy Guidance 1992–1994* zu errichten. Deren Strategiepapier *Rebuilding America's Defenses* erklärte einleitend:

»Die Vereinigten Staaten sind die einzige Supermacht der Welt... Gegenwärtig steht den USA auf der Welt kein gleichrangiger Rivale gegenüber... Amerikas Hauptstrategie sollte darauf abzielen, diese vorteilhafte Position so weit in die Zukunft wie möglich zu bewahren und auszubauen. Es existieren jedoch potentiell machtvolle Staaten, die mit der gegenwärtigen Situation unzufrieden und deswegen bestrebt sind, sie zu ändern, wenn sie können...«[2711]

Was Präsident CLINTON im Wege der wirtschaftlichen Durchdringung und einer Globalisierungsstrategie durchzusetzen gedachte, sollte durch die BUSH-Administration militärisch erweitert werden, wie der Pentagon-Berater Thomas M. BARNETT vorgedacht hatte (vgl. oben). Die Verhinderung des Aufstiegs eines geopolitischen Rivalen, der die Verfügungsgewalt über Rohstoffe erhalten könnte, die es ihm erlauben würden, den Status einer Großmacht zu erlangen, war ein Bestandteil der außenpolitischen Agenda der BUSH-Administration ebenso wie die Durchsetzung eines ökonomischen »leidenschaftlichen Neoliberalismus« (so Sicherheitsexperte Harald MÜLLER), verbunden mit einer Strategie der ›Regimewechsel‹. »Es ist folgerichtig«, so Harald MÜLLER, »daß diese Zielsetzung mit einer Doktrin absoluter Überlegenheit einhergeht. Die USA wollen... ein so großes militärisches Machtdifferenzial zu allen übrigen Mächten aufrechterhalten, daß der Versuch eines militärischen Wettbewerbs von vornherein aussichtlos erscheint. Denn wenn die USA ein globales Interventionsrecht in Anspruch nehmen, werden die strategischen Interessen anderer zwangsläufig beeinträchtigt. Damit diese anderen stillhalten und keinen Schaden anrichten können, muß Amerika imposant überlegen sein...«[2712]

Nach übereinstimmender Einschätzung führender US-Geopolitiker befinden sich die größten strategischen Herausforderungen für die USA in Asien, und deshalb sollte auch Asien der Schwerpunkt der US-Außen- und Geopolitik unter George W. Bush werden. »Die Annahme, daß Asien und nicht Europa in den nächsten Jahrzehnten Schauplatz militärischer Rivalitäten ist, findet weithin Anklang in der ›strategic community‹.«[2713]

Einer der einflußreichsten Vordenker der US-Sicherheitspolitik zu dieser Zeit war Andrew Marshall. Er kam aus der ›Rand Corporation‹ und bekleidete den Chefposten des internen Planungsstabes im Pentagon. Er gilt als »einer der gedankenreichsten und unabhängigsten Denker der strategischen Profession«.[2714] 1999 ließ er Asiens Zukunft bis 2025 untersuchen und kam zu dem Ergebnis, daß die USA gerade auf dem asiatischen Kontinent eine verstärkte militärische Präsenz aufbauen müßten. Seine Grundannahme lautete:

»Asien ist einer der am schnellsten wachsenden Energiemärkte, aber auch eine der energiereichsten Regionen der Erde. Von der Türkei und dem Transkaukasus über den Mittleren Osten bis hin nach Zentralasien oder auch Myanmar, dem ehemaligen Burma – die Konfliktpotenziale sind so umfangreich wie die Energieeessourcen. In Asien entstanden und entstehen neue Nuklear- und Raketenmächte. . . Im Vergleich zu ihrem eigenen Anspruch weltweiter militärischer Hegemonie und Dominanz sind die Möglichkeiten amerikanischer militärischer Machtprojektion hier jedoch vergleichsweise begrenzt. Im Gegensatz zu Europa fehlen feste, effiziente militärische Bündnisstrukturen, umfassende Stationierungsrechte und wesentliche Elemente militärischer Integration oder gar der militärischen Interoperabilität mit örtlichen Partnern. Die Entfernungen sind viel größer, so daß die Reichweite und Fähigkeiten vieler Waffensysteme, die für die Szenarien des Kalten Krieges in Europa entwickelt wurden, für eine effiziente militärische Machtprojektion in Asien unzureichend erscheinen.«[2715]

Marshall ließ am Naval War College in einem Gedankenspiel Asiens Entwicklungsperspektiven und die Handlungsmöglichkeiten der USA bis zum Jahre 2025 vordenken. »Heute beeinflussen die Ergebnisse des Experiments die reale Strategieplanung Washingtons.«[2716] In Asien wird Marshall zufolge in der ersten Hälfte des 21. Jahrhunderts unweigerlich eine umfassende Neuverteilung globaler Macht stattfinden. Das gelte für Ost-, Süd-, Zentral- und auch für Südwestasien. In weiten Teilen Asiens seien die USA jedoch für eine solche Entwicklung schlecht gerüstet. »Heute sind die USA vor allem in Ost- und Nordostasien präsent – in Japan und auf der koreanischen Halbinsel. Künftig – so die Vorhersage – müssen die USA vor allem im Süden und Südwestasien sowie in Zentralasien engagiert sein. Denn dort befinden sich nicht nur die größten Energievorkommen, dort verlaufen künftig auch die wichtigsten Energieversorgungswege der Welt. Wenn Asiens Energieverbrauch so stark steigt, wie angenommen, dann verdient dies die besondere Aufmerksamkeit der Vereinigten Staaten. Aufmerksamkeit meint vor allem auch militärische

Präsenz. Diese bedingt erweiterte Stationierungsrechte, strategische Allianzen und veränderte Planungen für das Militär der USA... Neue Handlungs- und Stationierungsmöglichkeiten für amerikanische Truppen in Asien zu schaffen, ist besonders wichtig.«[2717]

Neben Überlegungen zur Verlegung amerikanischer Streitkräfte nach Ostasien, Südwestasien und Südostasien formulierte MARSHALL auch ein ›No-Rivals‹-Konzept, das der bestimmende Grundsatz amerikanischer Asienpolitik sein sollte. »Zudem soll verhindert werden, daß regionale Großmächte, die mit den Vereinigten Staaten rivalisieren, eine eigenständige und konkurrierende Machtbasis entfalten. China ist bereits ein solcher möglicher Kandidat, den es in Schach zu halten gilt... Ein strategisches Bündnis zwischen Peking und Moskau... will Washington daher auf jeden Fall unterbinden.«[2718]

Die wesentlichen strategischen Schlußfolgerungen dieser Studie waren: Ein starkes und mächtiges China werde den Status quo in Asien dauerhaft herausfordern; ein instabiles und relativ schwaches China sei eine Gefahr, weil seine Führung ihre Macht durch auswärtige militärische Abenteuer sichern würde. Die USA müßten, wenn sie eine Schlüsselrolle in Asien spielen wollten, in Süd- und Südwestasien Operationbasen errichten. Das wachsende strategische Potential Indiens müsse in die US-Strategie einbezogen werden; unter allen Umständen müsse eine Allianz zwischen China und Indien und auch Rußland verhindert werden. Aus diesen Gründen müßten die USA diplomatische und militärische Anstrengungen auf sich nehmen, um die Beziehungen zu Indien zu stärken. Eine Stärkung bilateraler Beziehungen zu Südkorea, Australien, Thailand, den Philippinen und Japan sei von zentraler Bedeutung, um Chinas Machtausbreitung im Südchinesischen Meer und im Westpazifik zu begrenzen.[2719] MARSHALL zufolge bräuchten die USA zur Ausübung ihrer Rolle als Weltführungsmacht Stützpunkte in allen »herrschaftskritischen Gegenden«.

Mittelasien gehört – so MARSHALL – zu diesen »herrschaftskritischen Gegenden« wegen seiner zentralen Lage zwischen Europa, der großen asiatischen Landmasse (Kasachstan, China, Sibirien) und dem Nahen Osten. Eine oder mehrere Festungen dort wären hilfreich. Alle Verkehrswege könnten beherrscht und Bündnisse zwischen benachbarten Mittelmächten wirkungsvoll unterbunden werden – durch lokale Kriege, aber auch durch direkte Interventionen.[2720]

Diese Gedanken wurden von der politischen Machtelite der USA im *Quadrennial Defense Review Report* vom 30. September 2001 aufgenommen. Nach diesem Bericht zählen zu den dauerhaften nationalen Interessen der USA die Sicherung ihrer uneingeschränkten Handlungsfreiheit, die Verhinderung der Kontrolle »herrschaftskritischer Gebiete« im Nahen und Mittleren Osten wie in Mittelasien durch feindliche konkurrierende Mächte und die Sicherstellung des Zugangs zu strategischen Ressourcen. Zu den Zielen der US-Verteidigungspolitik zählte der Bericht die Verhinderung künftiger militärischer Konkurrenz und die Entwicklung eines Systems von Militärbasen, das den US-Streitkräften größere Beweglichkeit in kritischen Zonen der Welt gewährt.

Das Schwergewicht legt dieser Bericht auf zusätzliche Basen außerhalb Europas und Nordostasiens, also auch im Nahen Osten sowie in Mittelasien als einem der letzten verbleibenden Großräume.[2721] In diesem Zusammenhang ist es wichtig, hervorzuheben, daß im Vorwort des *Quadrennial Defense Review Reports* US-Verteidigungminister Rumsfeld verdeutlichte, daß der Bericht weitgehend vor dem 11. September 2001 fertiggestellt worden sei.[2722] Damit hatte die neue US-Machtelite die Grundsatzentscheidung getroffen, daß die geopolitische Umgestaltung im energiereichen Südwestasien zu beginnen habe. Dessen Ressourcen seien auch für alle anderen Staaten und ihre künftige Entwicklung von größter Bedeutung und deshalb ein einflußreiches Instrument bei der Neuordnung des Kontinents. Dabei boten die Ereignisse vom 11. September 2001 den willkommenen Anlaß, um diese strategischen Ziele umzusetzen.[2723]

2 Der 11. September 2001 ermöglicht es den USA, einen kurzfristigen Sieg Moskaus im Pipelinepoker zu durchkreuzen

Der 11. September 2001 – wer oder was auch immer sich hinter diesem Ereignis verbarg, soll hier nicht weiter vertieft werden – bildete jedenfalls den entscheidenden Katalysator für Maßnahmen zur geopolitischen Umstrukturierung Asiens zugunsten der USA und zu Lasten der eurasischen Kontinentalmächte Rußland und China, entsprechend den Theorien der angloamerikanischen Geopolitiker. Die Vereinigten Staaten erhielten »auf diese Weise eine Stellung in zwei Regionen, die über den aktuellen Anlaß hinaus für ihre weltpolitischen Ambitionen von hohem Interesse sind: Im Kaukasus erhalten sie eine weitere Ausgangsbasis nahe dem Mittleren Osten, von der aus sich vor allem auf den Iran trefflich Druck ausüben läßt. In Zentralasien gelangen sie in eine neue Position gegenüber China, und zwar an einer seiner schwächsten Stellen, dem dünn besiedelten und rebellischen, überwiegend islamischen Westen«.[2724]

Geostrategisch betrachtet konnten die USA innerhalb kürzester Zeit »eine informelle Quasi-Hegemonie in Zentralasien« errichten,[2725] die nicht nur gegen Iran und China, sondern vor allem auch auf die Zurückdrängung Rußlands in der Region gerichtet sein sollte.[2726] Daß letzteres das Hauptziel war, wird auch durch das US-Strategiemagazin *Stratfor* bestätigt. Eine US-Militärpräsenz in Zentralasien und im Kaukasus – zusätzlich zu den Stationierungen in Afghanistan – »wird Rußlands strategische Position entlang seiner südlichen Grenzen dramatisch schwächen und die russischen Streitkräfte aus den ehemaligen Sowjetstaaten im Kaukasus und in Zentralasien hinausdrängen«.[2727] Damit wären die USA weit besser in der Lage, die postsowjetischen Länder zu einer proamerikanischen Politik zu bewegen, was im Great Game um die Ressourcen der Region erhebliche Vorteile bringen sollte.

Daß die Ereignisse des 11. September 2001 der US-Machtelite wie gerufen kamen, wird erst deutlich, wenn man sich vor Augen hält, daß es Rußland in den Jahren 2000 und 2001 gelungen war, im Pipeline-Poker einen kurzfristigen Sieg über die USA zu erringen. Mit dem Ausbau einer Militärpräsenz in der Region – sie wurde schon im September 1995 bei einem Treffen von US-Zentralasienexperten im NATO-Hauptquartier geplant, als diese das US-Interesse an den kaspischen Energievorkommen als Grund angaben, warum die USA ihre militärische Sicherheitsgarantie auf diese Region ausdehnen müßten[2728] – wollte die US-Machtelite einen *Roll back* dieses erneuerten russischen Einflusses einleiten.

1999 schien es so, als hätten die USA Rußland vollständig aus dem Energie- und Pipelinegeschäft der kaspischen Region verdrängt. Mit der Inbetriebnahme der Pipeline von Baku in die georgische Hafenstadt Supsa im Frühjahr 1999, als erstmals aserbaidschanisches Öl in einem weiten Bogen um Rußland herum nach Westen floß, hatten es die USA erreicht, das russische Pipelinetransportmonopol zu brechen. Für Rußland war dies eine strategische Niederlage, denn die bis dahin einzig funktionierende Pipeline von Baku nach Novorossijsk wurde, nicht zuletzt mitbedingt durch den Tschetschenienkrieg, praktisch bedeutungslos. Jedoch sollte Rußland seine Position als Energieerzeuger und -transporteur noch nicht verlorengeben.

Es stellte sich nämlich heraus, daß die Pipeline Baku–Supsa bestenfalls für den Transport des ›early oil‹ taugte, jedoch keine Kapazitäten für die größeren Ölmengen besaß. Diesen Mangel wollte die US-Machtelite ja durch den Bau der BTC-Pipeline ausgleichen, die Rußland umgehen und energiestrategisch isolieren sollte. Doch schien es zu jener Zeit fraglich, ob dieses gigantische Pipelineprojekt überhaupt verwirklicht werden konnte; die beteiligten Ölkonzerne lehnten dieses Vorhaben aus Kostengründen zunächst rundweg ab. Diese Pattsituation wußte Rußland umgehend in seinen strategischen Vorteil zu verwandeln, indem es eine Pipeline von Tengiz in Kasachstan über die nördliche Küste des Schwarzen Meeres auf russischem Gebiet nach Novorossijsk baute. Was dies für das Machtgefüge im Great Game am Kaspischen Meer bedeutete, enthüllte die *Neue Zürcher Zeitung:*

»Zum einen bleibt Kasachstan damit abhängig von seinem nördlichen Nachbarn, zum anderen kann Rußland während der rund 40jährigen Lebensdauer der Pipeline mit Transitgebühren und Steuereinnahmen in der Höhe von über 20 Milliarden Dollar rechnen. Der Bau bedeutet zudem einen Schlag für das in Moskau ungeliebte Projekt Baku–Ceyhan. Um rentabel zu werden, würde jene Pipeline neben aserbaidschanischem auch Erdöl aus anderen Quellen brauchen. Die Anhänger des Projekts hofften deshalb auf Ressourcen aus Kasachstan, die von dort per Schiff oder über eine Unterwasserleitung nach Baku transportiert würden. Kasachisches Öl steht jedoch auf absehbare Zeit nicht zur Verfügung: Mit der Pipeline nach Noworossisk existiert nun ein viel kürzerer Weg. Geschickt hat Moskau seit der Machtübernahme PUTINS noch eine weitere Trumpfkarte ausgespielt und die Quote für kasachisches Öl, das in das übrige russische Pipelinenetz eingespeist werden darf, kontinuierlich auf über 17 Millionen Tonnen jährlich verdoppelt.«[2729]

Eine ähnliche Niederlage zeichnete sich für die USA auch im Erdgasbereich ab. Jahrelang setzte sich Washington dafür ein, daß Turkmenistan neue Optionen für den Export seiner Gasressourcen erhielt, damit es aus seiner Abhängigkeit vom russischen Transportmonopol gelöst werden konnte. Wie oben dargestellt, sollte hier Afghanistan als Transitland ins Spiel kommen, was allerdings am Widerstand der Taliban gegen die amerikanischen Forderungen scheiterte. Statt dessen sollte ähnlich wie die Erdölroute Baku–Ceyhan eine Erdgasverbindung Turkmenistan–Aserbaidschan–Georgien–Türkei einen Westkorridor und damit neue Realitäten in der kaspischen Region zugunsten der USA schaffen. Wie die *Neue Zürcher Zeitung* darstellte, sollte nun aber nicht diese Pipeline, sondern das russische Projekt ›Blue Stream›, eine Verbindung zwischen Rußland und der Türkei, verwirklicht werden, und zwar unter Ausschluß der Beteiligung von US-Konzernen. Auch die Verwirklichung dieses Vorhabens hätte die geopolitischen Gewichte in Eurasien eindeutig zugunsten Rußlands verschoben: »Falls alles klappt und das Gas zu strömen beginnt, wird Moskau im Pipeline-Poker eine weitere Runde für sich entschieden haben. Mit der neuen Exportroute sichert sich Rußland hohe Einkünfte und bindet das Nato-Land Türkei wirtschaftlich stärker an sich. Schon jetzt deckt die Türkei... 70–80 Prozent seines Gasbedarfs aus russischen Quellen; mit dem Bau von ›Blue Stream‹ wird diese Abhängigkeit noch weiter zunehmen.«[2730]

Insgesamt bleibt für die Zeit um 2000/2001 also festzuhalten, »daß die Regierung der USA in der kaspischen Region eines ihrer wichtigsten Ziele verfehlt hat – die Schaffung eines leistungsfähigen Westkorridors«[2731] und die Abdrängung Rußlands. Die US-Machtelite erkannte, daß jetzt nur noch eine militärische Intervention helfen konnte, um die in den neunziger Jahren entwickelten strategischen Ziele auf dem eurasischen Korridor bis an die chinesische Westgrenze zu verwirklichen. »Die erfolgreiche Umsetzung der Seidenstraßenstrategie«, so Michel CHOSSUDOVSKY, »hat also die Militarisierung des eurasischen Korridors zur Voraussetzung, um die Kontrolle über die ausgedehnten Öl- und Gasvorkommen zu gewinnen und die Pipelines zugunsten britisch-amerikanischer Ölkonzerne zu schützen.«[2732]

Alarmierend für die US-Machtelite war zudem der neue außenpolitische Kurs Rußlands innerhalb der GUS, der unter der Präsidentschaft Wladimir W. PUTINS eingeleitet wurde. Als Antwort auf den zunehmenden Einfluß der USA förderte PUTIN seit seinem Machtantritt die Stärkung der militärischen und wirtschaftlichen Zusammenarbeit innerhalb der GUS. Wie Rainer FREITAG-WIRMINGHAUS schreibt, war nach Jahren der Konzeptionslosigkeit in der russischen Kaukasus- und Zentralasienpolitik unter JELZIN »nach dem Machtantritt PUTINS eine politische Strategie erkennbar... PUTIN will sowohl den Südkaukasus und Zentralasien in den russischen Einflußbereich reintegrieren als auch die wirtschaftlichen Möglichkeiten in Kooperation mit den Staaten am Kaspischen Meer und den westlichen Ölgesellschaften nutzen. Die Politik Moskaus ist klarer und kohärenter geworden, während das Ziel, die Rückgewinnung der angestammten Einflußsphäre, das gleiche geblieben ist«.[2733]

Diese beiden Entwicklungen – die Rückkehr Moskaus im Energiepoker und die Bemühungen der neuen Regierung PUTIN, Rußland zum Integrationsknoten Eurasiens neu zu formieren – machten für die US-Machtelite Gegenstrategien erforderlich. Der nach dem 11. September ausgerufene ›Kampf gegen den Terrorismus‹ war daher der ideale Vorwand für die USA, militärische Stützpunkte in der Krisenregion Zentralasien und Kaukasus zu errichten, wo ethnischer und islamisch motivierter Irredentismus zum Bestandteil der politischen Kultur gehören. Diese Auffassung teilt auch Peter PILZ: »Auch für die Beherrschung des Ölbogens durch Zentralasien war der 11. September nur der Anlaß. Schon 1996 wurde mit CENTRASBAT der Grundstein gelegt. Zu ›humanitären‹ Zwecken vereinbarten die USA mit Usbekistan, Kasachstan und Kirgistan militärische Zusammenarbeit. Seit 1997 werden vor allem usbekische Soldaten in Fort Bragg trainiert. Seit dieser Zeit lassen die drei Staaten ihre Militärs gemeinsam mit den USA in der Region üben. Alles folgt dem bewährten Muster: zu humanitären Zielen so lange ausbilden und üben, bis der regionale Partner ein verläßlicher Satellit ist.«[2734]

In die gleiche Richtung argumentierte auch die *Wirtschaftswoche*.[2735] Auch ihrer Einschätzung zufolge war die Sicherstellung der Ölströme ein Kernbestandteil des ›Kampfes gegen den Terror‹. Es ging darum, »ganz neue Landkarten zu zeichnen«, und in Washington seien »derweil ganz neue Landkarten der Öl- und Krisenregion entworfen« worden, »in denen sogar das lange als völlig unrealistisch abgetane Pipelineprojekt vom Kaspischen Meer quer durch Afghanistan an den Indischen Ozean wieder vorkommt«.[2736] Jan KALICKI, unter CLINTON Koordinator der US-Regierung für die Energie- und Handelskooperation mit den zentralasiatischen Republiken, warnte noch im August 2001 die BUSH-Regierung: »Es wäre ein schlimmer Fehler, wenn die Vereinigten Staaten ihre bisherigen Erfolge und künftigen Möglichkeiten in der Region durch Untätigkeit und Lässigkeit verspielen würden«, schrieb er in der Zeitschrift *Foreign Affairs*.[2737] Die von der US-Machtelite entworfenen neuen Landkarten sollten einen Verlauf von Pipelines von Zentralasien nach Süden bestimmen, und die US-Politik sollte sicherstellen, daß diese über Afghanistan »in Karachi enden könnten, und nicht etwa in Petersburg enden müßten«.[2738] Eine militärische Präsenz der Amerikaner im Kaukasus sollte dabei ebenfalls dazu dienen, die geplante Pipeline von Baku über Georgien bis zum türkischen Ceyhan, mit der Rußland umgangen wird, zu sichern.[2739] Ergänzt wurde dieses dadurch, daß die Türkei mit Blick auf dieses Projekt schon einen Sicherheitsvertrag mit Georgien und Aserbaidschan ausgearbeitet hatte.

Die Errichtung US-amerikanischer Stützpunkte im ›Bogen der Instabilität‹ bewirkte jedenfalls – wie beabsichtigt – eine Abspaltung der südlichen eurasischen Peripherie vom russischen Einfluß. Militärische und wirtschaftliche Hilfe des Westens eröffnete den zentralasiatischen und kaukasischen Staaten neue Aussichten, die Abhängigkeit vom großen Nachbarn Rußland zu lösen. Diese Auffassung teilt auch Kaukasus-Experte Rainer FREITAG-WIRMINGHAUS. Demzufolge hatte der 11. September 2001 den Versuch PUTINS, die Kontrolle über Zentralasien und den Kaukasus zu stärken, zunichte gemacht und gleichzeitig den Staaten dieses Krisenbogens die Möglichkeit eröffnet, »ihre Bindung zum Westen zu intensivieren. Rußland hatte keine andere Wahl, als dies zu akzeptieren. . .«,[2740] und seine Schwierigkeiten, gegenüber den US-Interessen eine vorherrschende Rolle in Zentralasien zu spielen, wuchsen seitdem. Auch Andrea SCHMITZ begreift den 11. September 2001 als die eigentliche Wende in den Beziehungen zwischen Rußland und Zentralasien,[2741] und die geopolitische Situation in Zentralasien begann sich grundlegend zu Lasten Rußlands zu verändern.[2742] Schließlich war in der Folge der Ereignisse »genau das eingetreten, was die russische Regierung verhindern wollte: Die einzige Weltmacht USA nistet sich in Zentralasien, einem Gebiet, das Moskau als Hinterhof und als strategisch entscheidend betrachtet, militärisch ein. Damit wird der Iran eingekreist und China der Weg in den Westen versperrt. Vor allem aber richtet sich diese Politik gegen Rußland, dessen Einflußsphäre nun nicht mehr an die Region um den energiereichen Golf grenzt«.[2743]

Den Anstoß zu dieser Desintegrationspolitik erreichten die USA über die Stationierung von Streitkräften in Usbekistan. »Daß Usbekistan von den zentralasiatischen Staaten am schnellsten und entschiedensten reagiert hat, bestätigt nur den Trend, der einige Jahre vor dem 11. September begonnen hatte. Die USA hatten immer die Unabhängigkeitsbestrebungen der zentralasiatischen Staaten unterstützt. Dabei hatte sich Usbekistan am weitesten vorgewagt. Es hat die ablehnende Haltung gegenüber den russischen Integrationsbestrebungen angeführt und sich geweigert, im Rahmen der GUS die politische oder militärische Kooperation weiterzuentwickeln.«[2744] Statt dessen hatte es die Westorientierung besonders mit den USA ausgebaut. PUTIN war besorgt über die zunehmende Kooperationsbereitschaft der GUS-Staaten mit den USA und ermahnte sie, im Rahmen der GUS zu handeln und die GUS-Institutionen zu nutzen. Vergeblich hatte Moskau versucht, Usbekistan und Kasachstan von ihrer Zusammenarbeit mit den USA zurückzuhalten. Am 14. September 2001 erklärte Verteidigungsminister Sergej IWANOW, daß Zentralasien ureigenste russische Einflußzone sei, für die nur die GUS und der Taschkenter Vertrag für kollektive Sicherheit zuständig seien.[2745] Usbekistan, das sich der amerikanischen Rückendeckung sicher war, entgegnete darauf, es brauche seine Außenpolitik mit niemandem zu koordinieren und sei nicht auf Moskaus Erlaubnis angewiesen.

Dabei hatten die USA die russischen Belange vollkommen außer acht gelassen. Am 18. September 2001 schickte PUTIN einen Beauftragten des Sicherheitsrates in die fünf zentralasiatischen Staaten, um die Führungsrolle der GUS zu unterstreichen, was dazu führte, daß deren Präsidenten sich zumindest für einige Tage mit öffentlichen Äußerungen zurückhielten. Inzwischen hatte Washington allerdings »die zentralasiatischen Staaten direkt angesprochen und gleichzeitig Moskau klargemacht, daß es russische Einwände gegen die Einbeziehung der Nachbarstaaten Afghanistans in die Antiterrorismus-Koalition übergehen werde. Schon am 16. September bot Taschkent die Nutzung seines Luftraumes an. Als PUTIN am 24. September sein Veto aufhob, hatten Usbekistan, Kasachstan und Kirgisistan bereits ihren eigenen Weg beschritten«.[2746]

Die US-Militärpräsenz sollte dabei stillschweigend und heimlich ausgeweitet werden. Nach Gesprächen zwischen der usbekischen Führung mit US-Verteidigungsminister Donald RUMSFELD landeten am 7. Oktober 2001 amtlich US-Elitetruppen in Usbekistan. Erste US-Truppenteile wurden aber bereits am 20. September 2001 gelandet, was von usbekischen Offiziellen noch am 5. Oktober bestritten wurde. Obwohl das US-Truppenmandat als zeitlich begrenzt erklärt wurde, war aber in der Erklärung zwischen Usbekistan und den USA vom 12. Oktober von Beschränkungen dann nicht mehr die Rede; in ihr wurden den USA offiziell Basisrechte eingeräumt.[2747] Usbekistan wurde daher zum wichtigsten Verbündeten der USA in Zentralasien. Schließlich war dieser Staat der geopolitisch bedeutsamste dieser Region; ohne Usbekistan konnten die USA keine strategische Schlagkraft in Zentralasien entwickeln, denn es war der größte und mächtigste Staat Zentralasiens mit der Fähigkeit, ein Gegengewicht gegen Rußland zu bilden, was die USA der Zentralasienexpertin Shireen HUNTER zufolge schon 1995 erkannt hatten.[2748] Dieser Staat »hatte in den neunziger Jahren als einziger... der Region eine Annäherung an die USA versucht. Die Militärkooperation reicht zumindest bis 1995 zurück, als gemeinsame Ausbildungsmaßnahmen begannen; US-Soldaten nahmen seit 1996 an verschiedenen Übungen in Usbekistan teil«.[2749]

Usbekistan hatte schon 1999 das Sicherheitssystem Rußlands in Zentralasien, den Taschkenter Vertrag über kollektive Sicherheit von 1992, durch Weigerung der Vertragsverlängerung durchbrochen und wurde statt dessen Mitglied des antirussischen Regionalbündnisses der GUUAM. Mindestens 3000 US-Soldaten wurden in Usbekistan stationiert, unterstützt durch 50 bis 60 F-15- und F-16-Kampfflugzeuge, Kampfhubschrauber und Transportflugzeuge. Für die Inbesitznahme des Luftwaffenstützpunktes Chanabad waren die USA bereit, 150 Millionen Dollar als Entwicklungshilfe zu investieren,[2750] etwa dreimal so viel wie im Vorjahr 2001.[2751] Zu beachten ist dabei, daß Chanabad mit drei Start- und Landebahnen sowie geräumigen unterirdischen Hangars das größte Militärobjekt im Südosten der GUS ist. Durch diese Form der Zusammenarbeit übertrug Usbekistan den USA faktisch die Rolle eines Sicherheitsgaranten. »In dem Maße, wie sich die amerikanisch-usbekische Partnerschaft intensivierte, zog sich Usbekistan aus der sicherheitspolitischen Kooperation im Rahmen der GUS-Strukturen zurück.«[2752]

Zum zweiten Hauptverbündeten rückte das ölreiche Kasachstan auf, das den Enthüllungen des *Focus* zufolge die meiste Entwicklungshilfe der USA erhalten hatte und dem von den USA wegen seiner Ölvorkommen ebenfalls eine geopolitische Schlüsselrolle zugewiesen wurde.[2753] »Seit der Unabhängigkeit des Landes vor zehn Jahren haben US-Firmen mehr als fünf Milliarden Dollar investiert, vornehmlich ins Öl- und Gasgeschäft.« 2002 erkannte die US-Regierung Kasachstan sogar offiziell als »Freie Marktwirtschaft« an, was Voraussetzung für den ungehinderten Handel ist. Nach inoffiziellen Angaben von US-Diplomaten war in den Kreisen der US-Machtelite wohl geplant, daß Kasachstan die Rolle der Golfstaaten und insbesondere Saudi-Arabiens in der US-Ölpolitik übernehmen sollte,[2754] und deshalb sollte die Militärpräsenz der USA ein erster Schritt zur allmählichen Herauslösung Kasachstans aus dem russischen Einfluß sein. Wenn sich nämlich Rußland und Kasachstan in der Ölproduktion zusammenschließen würden, so könnten sie dem Zentralasienexperten Lutz Klevemann zufolge ein Machtpotential entwickeln, das sogar die OPEC sprengen könnte.[2755]

Dies mußten die USA unterbinden, und deshalb ist Kasachstan für die US-Strategie äußerst wichtig. »Der 15-Millionen-Einwohner-Staat am Kaspischen Meer gilt als kommendes Öl-Dorado. Die großen Erdölfirmen beteiligen sich schon seit Jahren am Poker um das schwarze Gold. Ende der 90er Jahre entdeckte ein internationales Konsortium neue Offshore-Vorkommen in der Nähe der Stadt Atyrau (Kaschagan-Ölfelder), deren Volumen Fachleute auf bis zu 40 Milliarden Barrell. . . schätzen.«[2756] Es wurde damals eingeschätzt, daß Kasachstan – Ölfelder liegen auch in Tengis und Karatschaganak – bis zum Jahr 2010 zum weltweit sechstgrößten Erdölproduzenten mit einer Förderung von rund 100 Millionen Tonnen jährlich aufrücken könne. »Bisher fließt kasachisches Öl nur durch eine Pipeline über Rußland gen Europa. Moskau gab sich bisher alle Mühe, andere Leitungen, die russisches Territorium umgehen würden, zu verhindern.«

Kasachstan erhoffte sich daher US-amerikanische Unterstützung für den Bau der an Rußland vorbeiführenden Pipeline Baku–Tiflis–Ceyhan[2757] mit einer Verlänge-

Karte Kasachstan.

Kasachstans Präsident Nursultan NASARBAJEW bei einem Treffen mit Kadetten. Der frühere Metallarbeiter hat das rohstoffreiche Land zum einzigen stabilen Staat Zentralasiens gemacht.

rung nach Kasachstan, so daß auch das kasachische Öl in die BTC-Pipeline eingespeist werden könnte und Kasachstan auf diese Weise von russischen Pipelines unabhängig würde. Darüber hinaus strebte Kasachstan eine engere sicherheitspolitische Bindung an die USA an. Früher als alle anderen Führer der zentralasiatischen Staaten hatte der kasachische Präsident NASARBAJEW verkündet, eventuelle Nachfragen Amerikas und der NATO zu einer militärischen Unterstützung würden positiv beschieden.[2758] Bereits 1997/98 fanden auf kasachischem Boden NATO-Manöver statt, und auch Kasachstan, so Rainer FREITAG-WIRMINGHAUS, »sucht einen Weg, unabhängig von Rußland die Verbindungen zum Westen zu stärken«.[2759]

Zur Vergrößerung der Unabhängigkeit von Rußland plante Kasachstan zunächst, eine zweite Pipeline entlang der BTC-Pipeline zu bauen, was sich jedoch als zu kostspielig erwies. Deshalb sprach sich der Pipeline-Chefplaner des kasachischen Präsidenten für einen Pipelinebau Richtung Afghanistan aus, und er begrüßte deshalb die Stationierung von US-Streitkräften in Zentralasien, weil sie sowohl Rußland als auch China fernhalten würden.[2760] Noch bevor überhaupt eine Anfrage aus Washington vorlag, erklärte NASARBAJEW im September 2001 seine Unterstützung der USA, und ohne PUTIN im Rahmen des Vertrages für kollektive Sicherheit einzubeziehen, erklärte er, daß Kasachstans nationale Entscheidungen nicht im Rahmen der GUS oder auf Empfehlung Moskaus getroffen worden seien. Anstelle einer Einbindung von US-Streitkräften folgte jedoch eine enge Zusammenarbeit mit der Türkei, dem wichtigsten Verbündeten und Brückenkopf der USA im Nahen und Mittleren Osten: »Nach Gesprächen mit einer türkischen Militärdelegation (19.–21. September) wurde ein türkisches Angebot über die Ausbildung eines kasachischen antiterroristischen Elite-Bataillons in der Türkei als Sofortmaßnahme angenommen. Am 9. November wurde zwischen dem kasachischen Verteidigungsministerium und dem türkischen Generalstab ein Abkommen über militärische Unterstützung der Türkei geschlossen.«[2761]

Eine wichtige Rolle für die US-Strategie in Zentralasien spielt Kirgistan, wo es den USA gelang, durch eine finanzielle Beihilfe in Höhe von 105 Millionen US-Dollar das Land zu einem Stationierungsabkommen zu bewegen.[2762] Nachdem das Abkommen am 6. Dezember 2001 geschlossen worden war, landeten US-Transportflugzeuge am 8. Dezember nahe Bischkek auf dem Flughafen Manas, wo seitdem regelmäßig Flugtransporter vom Typ ›Galaxy‹ und F-15-Kampfflugzeuge landeten. Wie das Nachrichtenmagazin *Der Spiegel* enthüllte, erfolgte die Stationierung unter Mißachtung bestehender Absprachen mit Rußland: »Zwar darf das Land nach einer Vereinbarung mit Moskau keine fremden Militärbasen einrichten. Doch trickreiche Juristen fanden einen Ausweg: Die US-Soldaten gelten als Vertreter einer ›besonderen diplomatischen Mission‹. Die genaue Zahl der Soldaten und Militärflugzeuge in Kirgisien wird geheimgehalten. Eine von US-Soldaten errichtete Zeltstadt auf der Luftwaffenbasis aber soll in den nächsten Monaten bis zu 3000 Soldaten aufnehmen.«[2763]

Das Beispiel Kirgistan zeigt deutlich, daß es sich beim ›Kampf gegen den Terrorismus‹ um einen Vorwand gehandelt hatte, um eine US-Militärpräsenz in Zentralasien auf lange Sicht durchzusetzen. »Die amerikanische Basis bei Bischkek«, so das Nachrichtenmagazin *Der Spiegel*, »ist freilich kaum notwendig, um die letzten versprengten Taliban in Afghanistan aufzuspüren.«[2764] Kein Geringerer als der damalige Vizeverteidigungsminister Paul Wolfowitz führte aus, US-Soldaten in Zentralasien hätten »mehr eine politische als aktuell militärische Funktion«.[2765] Gerade in Kirgistan zeigte sich, daß die Stationierung von US-Streitkräften einen geostrategischen Zweck erfüllte. Vieles spricht dafür, daß sie gerade gegen China gerichtet war. Kirgistan nämlich ist der geographische Keil, der China von der kaspischen Region trennt. Ein US-Stützpunkt ermöglicht daher eine Einkreisung Chinas von dessen westlicher, seiner schwächsten Flanke her. Das energiehungrige Reich der Mitte würde auf diese Weise von den Rohstoffen der Kaspi-Region abgeschnitten. Daher kommt Kirgistan im Great Game Zentralasiens eine wichtige strategische Bedeutung zu. Zheng Chenghu, Manager des staatlichen chinesischen Ölkonzerns CNPC, der selber zwei Ölpipelines vom Kaspischen Meer quer durch Kasachstan bis in die westliche Region Xinijang bauen wollte, erklärte: »Nun werden die zentralasiatischen Staaten noch eher dazu neigen, mit amerikanischen Ölfirmen Verträge abzuschließen – und nicht mit uns. Die USA haben jetzt Truppen in Japan, in Taiwan, in Südkorea, in Pakistan und hier – China wird umzingelt.«[2766]

Aufgrund dieser strategischen Bedeutung wird auch verständlich, warum die USA den Flughafen von Manas gleich auf mehrere Jahre hin gepachtet hatten und der Stationierungsvertrag zwischen den USA und Kirgisien keinerlei Begrenzung für Art und Zahl von Kampfflugzeugen vorsah.[2767] Dabei war es nach der Einschätzung von Zentralasien-Experten wohl hauptsächlich das US-Kapital, das die Entscheidung der kirgisischen Führung beeinflußt hat: »Keine geringe Rolle bei der kirgisischen Entscheidung dürfte der Umstand gespielt haben, daß... das Land 7000 US-Dollar für jeden Start und jede Landung eines großen Flugzeuges erhalten wird.«[2768]

Auch in Tadschikistan, dem ›Vorposten Rußlands‹ in Zentralasien, gelang es den USA, militärisch Fuß zu fassen, wobei deren Versuche, das bislang auf Moskau festlegte Land näher an sich zu binden, einer ›Undercover-Aktion‹ ähnelten.[2769] »Ohne Aufsehen besichtigte ein US-Expertenteam Ende Dezember den Flugplatz im südtadschikischen Kuljab, der einst der afghanischen Nordallianz für den Waffenumschlag diente. Bereits einen Monat zuvor hatte Washington mit der Regierung in Duschanbe ein Stationierungsabkommen unterzeichnet. Der Vertrag erlaubt den amerikanischen Militärs, zusammen mit Truppen auch ›Ausrüstungs- und Versorgungsgegenstände‹ ins Land zu bringen – unbegrenzt und unkontrolliert. US-Diplomaten stellten den überraschten Tadschiken sogar in Aussicht, ihre Armee von russischem Material auf NATO-Gerät umzurüsten. Parallel dazu bemüht sich Washington gezielt um Spitzenvertreter der politischen Elite und lud etwa den Vizepremier und altgedienten Islamistenführer Akbar TURADSCHONSODA zu einer Drei-Wochen–Tournee durch amerikanische Universitätsstädte ein.«[2770] Rainer FREITAG-WIRMINGHAUS zufolge sollte die Einbindung von US-Streitkräften der Grundstein für eine wirtschaftliche Zuammenarbeit sein.[2771]

Damit gelang es den Amerikanern, einen mehr als dreitausend Kilometer langen Keil in Eurasien hineinzutreiben, der von Georgien am Schwarzen Meer bis nach Kirgistan an die chinesische Grenze reichte. Diese Kette von militärischen Stützpunkten entsprach dabei genau dem Verlauf des Ost-West-BTC-Transportkorridors als Rückgrat der ›Neuen Seidenstraßenstrategie‹. Erkennbar wird damit, daß die in den neunziger Jahren geschaffene Transportverbindung des transbalkanischen VIII. Korridors mit der BTC-Pipeline nunmehr durch eine militärisch-sicherheitspolitische Anbindung der betroffenen zentralasiatischen und kaukasischen Staatenwelt sowie der des Balkans an die USA ergänzt und abgesichert wurde. Auch Peter PILZ bestätigt dies: »Wer zwei bestimmte Karten der Welt übereinander legt, wird eine erstaunliche Übereinstimmung feststellen: Auf der einen Seite sind die Zentren der außeramerikanischen Erdölförderung verzeichnet. Die zweite Karte zeigt die militärischen Stützpunkte der USA. Der imperiale Bogen, der von Kasachstan über Arabien bis ans Horn von Afrika gezogen wird, sichert die Kontrolle über die Schlüsselressource von BUSHS Block. Den Statthaltern kommt dabei vor allem eine Rolle zu: die Pipelines zu schützen und frei zu halten. Vor dem Krieg gegen den Terror saß das amerikanische Militär nur in der Türkei. Jetzt kontrolliert es den gesamten Bogen.«[2772]

Dem 11. September kam folglich die wichtige Funktion zu – wie es in den Plänen der US-Geopolitiker von BRZEZINSKI bis MARSHALL dargelegt war –, die US-Militärpräsenz in Asien an den entscheidenden Punkten auszuweiten und die geopolitischen Verhältnisse dort zu Lasten der kontinentalen Konkurrenzmächte Rußland und China umzuschichten. Treffend schreibt Thomas STEINBERG im Monatsmagazin *Sozialismus*: »Die US-Amerikaner haben mit dem Afghanistankrieg und der Errichtung der Festungen in Mittelasien die Region strategisch gesichert, so daß jedenfalls kein Konkurrent das Gas aus Turkmenistan zur arabischen See pumpen kann, geschweige denn Öl aus den anderen Gebieten. Die Vereinigten Staaten haben also mit dem Krieg bereits jetzt einen geradezu klassisch anmutenden geostrategischen Vorteil erlangt.«[2773]

Daß die Errichtung von Militärbasen in Zentralasien nicht erst eine Folge der Ereignisse des 11. September 2001 und nicht durch einen ›Kampf gegen den islamischen Terrorismus‹ motiviert war, wird daran deutlich, daß schon im Juli 2001 pakistanische Politiker darüber informiert waren, daß Pläne für einen US-Angriff auf Afghanistan fertig gewesen seien, die auch von Stützpunkten in den ehemaligen Sowjetrepubliken ausgehen sollten.[2774] Damit liegt nahe, daß schon lange Zeit zuvor bereits Absprachen zwischen den USA und den zentralasiatischen Staaten vorgelegen haben müssen, die den US-Streitkräften eine dauerhafte Militärpräsenz einräumen sollten. Diese Tatsache und die Zusammenarbeit, die sich zwischen den USA und den zentralasiatischen Staaten in den neunziger Jahren entwickelt hatte, sprechen für einen Plan der USA, die kaspische und zentralasiatische Region als einen geschlossenen Block vom Einfluß Moskaus abzutrennen, diesen militärpolitisch gegen Rußland und China abzuriegeln und Pipelinekorridore durchzusetzen, die diese beiden Kontinentalmächte energiepolitisch isolieren und das bestehende Pipelinemonopol Rußlands bedeutungslos machen sollten.

Die entscheidende Schlüsselrolle als Drehscheibe neuer Pipelinekorridore – neben dem Ost-West-Korridor – sollte dabei Afghanistan spielen. Daß dies eine entscheidende Motivation für den Afghanistanfeldzug war, bestätigt indirekt auch Rainer FREITAG-WIRMINGHAUS: »Zunächst einmal gilt es für die USA zu verhindern, daß der Großteil des Öls und Gases aus dem Kaspischen Becken über russische Pipelines fließen wird«,[2775] und nur die Afghanistan-Route ermöglichte es den USA, den Einfluß Rußlands oder Irans zurückzudrängen und eine mögliche geopolitische Koalition dieser Staaten, die Amerikas Vorherrschaft beeinträchtigen könnte, von vornherein aussichtslos zu machen.[2776] Aufschlußreich in diesem Zusammenhang ist eine Rede des Vizepräsidenten von Unocal, John M. MARESCA, die dieser am 12. Februar 1998 vor dem US-Kongreß hielt. »In dieser gratulierte er den Abgeordneten, da sie sich auf die Öl- und Gasvorkommen in Zentralasien konzentrierten. Der einflußreiche Ölmanager stellte seinen Zuhörern drei Aufgaben: 1. Es müßten schnell Pipelines für die riesigen Öl- und Gasvorkommen im Kaukasus gebaut werden, 2. müßten die USA dafür sorgen, daß in der Region neue politische Strukturen entstehen, ›einschließlich Afghanistans‹, 3. müßte dort auf Dauer ein positives Investitionsklima geschaffen werden. ›Der Markt der Zukunft. . . liegt in

Asien, im Süden und Osten Zentralasiens. Deshalb müßten die Pipelines nach Süden zum Indischen Ozean geführt werden. Da der Iran nicht kooperiert, ist die einzige andere Möglichkeit, eine Pipeline durch Afghanistan zu bauen‹.«[2777]

Damit spricht ein Vertreter der US-Machtelite aus, daß es den USA um ein strategisches ›Grand Design‹ geht, das die Abtrennung der kaspischen Region und Zentralasiens vom ›Heartland‹ zum Gegenstand hat und das durch eine Anbindung dieser Region an den Westen durch Pipelines und durch Militärbasen abgesichert werden soll. Das bestätigte auch der demokratische Senator Joseph LIEBERMAN in einem Vortrag gegenüber tadschikischen Gesandten. Ihnen erklärte er, daß der Sinn der langfristigen US-Truppenstationierung in den zentralasiatischen Staaten darin liege, deren »Unabhängigkeit gegenüber größeren Nachbarländern zu schützen« – gemeint war dabei natürlich Rußland.[2778] Wie Savas GENC schreibt, förderte der 11. September 2001 »diese längst eingeschlagene außenpolitische Richtung«[2779] der zentralasiatisch-kaukasischen Staaten, nämlich eine verstärkte Sicherheitskooperation mit dem Westen einzugehen.

3 Die Bedeutung des ›Kampfes gegen den Terror‹

Die Behauptung der US-Machtelite, daß es beim Feldzug in Afghanistan um die Beseitigung ›islamistisch-terroristischer Strukturen‹ gehe, muß in diesem Zusammenhang als doppelzüngiger Zynismus angesehen werden. Schließlich waren Aufbau und Förderung dieser Strukturen Kernbestandteil einer antirussischen Eurasienstrategie der USA auch in den neunziger Jahren gewesen, was die Beispiele Afghanistan und Tschetschenien deutlich machen. Wie der Terrorismusexperte Berndt Georg THAMM darstellt, war Afghanistan unter den von den USA und Pakistan geförderten Taliban zum Epizentrum wahabitisch-islamistischer Bewegungen geworden, die ganz Zentralasien zu einem Kalifat zusammenfassen wollten. Diese Entwicklung war die Folge der BRZEZINKSI-BENNIGSEN-Strategie und lag voll auf der Linie der US-amerikanischen Zielsetzung zur Destabilisierung und Desintegration Eurasiens. »Das Inkrafttreten des islamischen Rechtssystems in den bisher weitestgehend säkularen muslimischen Gesellschaften der früheren UdSSR diente Amerikas strategischen Interessen in dieser Region.«[2780] Wie die *Frankfurter Allgemeine Zeitung* enthüllte, hatte der Westen sich gegenüber den Aufforderungen Moskaus zum gemeinsamen Kampf gegen den weltweiten islamistischen Terrorismus in der Vergangenheit stets zurückhaltend gezeigt.[2781] Das unterstreicht ebenfalls, daß die Formel der Terrorismusbekämpfung nur ein Vorwand der US-Machtelite für die US-Truppenstationierung in Zentralasien ist.

Hingegen war und ist der islamistisch-wahabitische Terrorismus eine Herausforderung sowohl für die Russische Föderation als auch für die zentralasiatischen Republiken. »Neben dem Widerstand gegen eine Einflußnahme der USA und einen pan-türkischen Nationalismus unter Führung der Türkei bemüht sich Moskau... vor allem darum, das Übergreifen des islamischen Fundamentalismus vom Iran oder von Afghanistan über Zentralasien in Rußlands Grenzgebiete hinein zu verhindern. Schon mit dem Beginn des Bürgerkriegs in Tadschikistan 1992 richtete sich Rußlands Interesse gegen Süden, da es die Entwicklung eines islamischen Fundamentalismus in Zentralasien befürchtete. Dieses Szenario verwirklichte sich nicht, doch 1996 eroberten die fundamentalistischen Taliban Afghanistan. Besonders wurde das russische Bedrohungsgefühl durch einen islamistischen Extremismus jedoch in den neunziger Jahren durch die Erfahrungen in Tschetschenien geprägt.«[2782] Wie dargestellt, bestanden diese Befürchtungen Rußlands nicht zu Unrecht, denn »eine Abspaltung Tschetscheniens würde den Einfluß in der Region weiter schwächen und parallel die territoriale Unverletzlichkeit Rußlands in Frage stellen. Eine Expansion der Konflikte auf den gesamten instabilen Nordkaukasus wäre dann nicht mehr ausgeschlossen«.[2783]

In einem Redebeitrag des russischen Verteidigungsministers Sergej B. IWANOW auf der 40. Münchener Sicherheitskonferenz vom 6. bis 8. Februar 2004 wurde dieses Gefährdungspotential für die Integrität Rußlands deutlich hervorgehoben: »Im Raum der GUS sind alle unsere lebenswichtigen Interessen in den Bereichen der Wirtschaft, der Verteidigung, der Sicherheit, der Gewährleistung der Bürgerrechte, der Unterstützung unserer Landsleute konzentriert. Rußland ist mit den GUS-Ländern durch eine gemeinsame Geschichte, feste wirtschaftliche, kulturelle und zivilisierte Beziehungen verbunden... Deswegen sind gutnachbarschaftliche Beziehungen zu den GUS-Ländern keinesfalls ein Zeichen des russischen ›Neoimperialismus‹, wie man es manchmal darzustellen versucht, sondern ein dringendes Erfordernis zur Gewährleistung von Stabilität und Sicherheit, vor allem für Rußland selbst, und letzten Endes ein sehr wichtiger Faktor der Stabilität und der Sicherheit im umfangreichen Raum ganz Eurasiens.«[2784]

Die Machtübernahme der Taliban in Afghanistan 1996, so Albrecht ROTHACHER, war auch für die zentralasiatischen Machthaber ein Warnsignal, zumal das Land nach der Niederlage der Nordallianz zum Rückzugsgebiet und zur logistischen Basis der über Tadschikistan ins Ferghana-Tal einfallenden ›Islamischen Befreiungsbewegung Usbekistans‹ (IBU) wurde. »Während die IBU die gewaltsame Beseitigung des ›gottlosen‹ KARIMOW-Regimes zu erkämpfen suchte, hatte eine zweite Bewegung, Hizb-ut-Tahrir – die weniger militant in Zellen im Untergrund (und im Exil in London und Beirut) agitiert – ein noch weiter reichendes Ziel, nämlich die Errichtung des Kalifats in ganz Zentralasien. Hizb-ut-Tahrir ist weiterhin im Untergrund des verarmten, überbevölkerten Ferghana-Tals aktiv.«[2785]

Neben Tadschikistan, wo in den neunziger Jahren ein blutiger Machtkampf zwischen rußlandtreuen Kräften und islamistischen Gruppierungen tobte, stand hauptsächlich Usbekistan im Mittelpunkt islamistisch-wahabitischer Umsturzbestrebungen der IBU. Dabei stand die IBU in enger Beziehung zu den afghanischen Taliban,[2786] deren Kämpfer wurden teilweise in afghanischen Trainingslagern ausgebildet,[2787] und nach Angaben eines geheimdienstnahen russischen Analysedienstes drohte in Usbekistan die Zahl der Islamisten jeden Tag zu wachsen.[278]. Im Sommer des Jahres 1999 drangen Kämpfer der IBU von Tadschikistan aus in den kirgisischen Teil des Ferghanatals ein und entführten Angehörige der kirgisischen Grenztruppen. Diese Vorfälle führen zu einer Verschärfung der Spannungen zwischen den Staaten Usbekistan, Tadschikistan und Kirgistan.[2789] Eine weitere Destabilisisierung Mittelasiens schien sich abzuzeichnen.

Das Nachrichtenmagazin *Der Spiegel* beschreibt die Entwicklung des Islamismus in Zentralasien wie folgt: »Die ›Befreiungs‹-Partei, die für einen ›Kalifat-Staat‹ ficht, in dem ›alle Vorschriften des Islam gelten‹, hat ihre Hauptbasis im Fergana-Tal, der Islamisten-Hochburg im postsowjetischen Zentralasien. Ableger der streng konspirativen Organisation... schüren bereits Aufstandsstimmung in Tadschikistan und Kirgistan... In Tadschikistan wie in Usbekistan, wo die meisten Frauen vier bis fünf Kinder zur Welt bringen, sind fast 50 Prozent der Bevölkerung Jugendliche ohne Aussicht auf Jobs und Karriere – ein gewaltiges Potential für die Kämpfer unter dem grünen Banner des Propheten.«[2790] Auch Zentralasien-Experte Rainer Freitag-Wirminghaus schätzt das islamistische Gefährdungspotential in Zentralasien als recht hoch ein. Die Eskalation der Gewalt »durch Angriffe islamischer Rebellen im Ferganatal, dem Grenzgebiet von Usbekistan, Kirgistan und Tadschikistan, stellte mit dem zeitlichen Zusammenfallen des spektakulären Auftretens islamischer Rebellen im Kaukasus – Auslöser des zweiten Tschetschenienkrieges – eine neue Dimension der Bedrohung dar. Die usbekische Führung sprach von einer groß angelegten Verschwörung der IBU und der Existenz eines Netzwerkes radikaler Islamisten über ganz Zentralasien und dem Kaukasus. Die Angriffe auf Usbekistan und Kirgistan starteten vom Gebiet der Taliban aus, deren eigene Offensiven von der IBU unterstützt wurden«.[2791]

Die *Süddeutsche Zeitung* kommt daher zu dem Schluß, daß die Eiferer Afghanistans eine »reale Bedrohung für die weltlichen Republiken aus dem Nachlaß der Sowjetunion« darstellten. »Seit einigen Jahren schon gewinnt auch dort der radikale Islam an Macht, nicht ohne Zutun der afghanischen Gotteskrieger.«[2792] Bislang bestand zwar zwischen den südlichen GUS-Republiken und den Taliban noch eine Pufferzone, die von der afghanischen Nordallianz der Taliban-Gegner besetzten Gebiete im Norden Afghanistans. Doch wurde diese Allianz seit dem tödlichen Attentat auf deren Anführer Ahmed Schah Massud Anfang September 2001 geschwächt und drohte zu zerfallen mit der Folge, daß der südliche GUS-Raum kurz vor dem Verlust seiner Pufferzone stand.

Vor diesem Hintergrund war es nicht nur der Vorstoß von USA und NATO in die kaspische Region, sondern auch die existentielle Bedrohung durch den islamisch-wahabitischen Fundamentalismus, der Rußland seit der Machtübernahme Putins im August 1999 dazu veranlaßte, sich wieder in verstärktem Maß dem Kaukasus und Zentralasien zuzuwenden. Insbesondere nach der Machtergreifung der

Taliban konzentrierte sich Rußland auf die Bekämpfung des islamischen Extremismus, der nach der Machtübernahme der Taliban auf Zentralasien übergegriffen hatte.[2793] Dies war für PUTIN der entscheidende Ansatz für eine gemeinsame russisch-zentralasiatische Sicherheitspolitik und damit auch für eine Reintegration des angestammten Einflußgebietes; Moskau bekam über verschiedene Initiativen die Möglichkeit, den Kaukasus und Zentralasien wieder an sich zu binden und auch sicherheitspolitisch wieder an Einfluß zu gewinnen, nachdem es schon über die Pipeline von Kasachstan nach Novorossijsk energiepolitisch in Zentralasien hatte wieder Fuß fassen können. »Im Zuge dieser Ereignisse erklärte Rußland die Bekämpfung des Terrorismus zur höchsten Priorität in den Beziehungen zu den zentralasiatischen Staaten. Diese neue Schwerpunktsetzung markierte den Anfang einer verstärkten militärischen und sicherheitspolitischen Zusammenarbeit, sowohl im Rahmen der bestehenden Regionalorganisationen als auch auf bilateraler Ebene.«[2794]

Vor allem aber erfuhr das Sicherheitssystem von Taschkent (CST) wieder eine Aufwertung, das seit seiner Gründung 1992 keine wirkliche Bedeutung für die regionale sicherheitspolitische Integration im GUS-Raum erlangt hatte.[2795] »Nachdem im Sommer 2000 erneut Aktivisten der IBU von Tadschikistan aus nach Südkirgistan und Usbekistan eingedrungen waren und sich Kämpfe mit den Grenztruppen geliefert hatten, wurde auf dem CST-Gipfeltreffen im Herbst die Gründung einer Schnellen Eingreiftruppe beschlossen. Im Mai 2001 setzte man die Vereinbarung dann in die Tat um.«[2796] Rußland schien damit auch im Bereich der Sicherheits- und Militärpolitik an Einfluß zu gewinnen.

Daß der 11. September 2001 in diesem Zusammenhang für die US-Machtelite geradezu eine Notwendigkeit war, um Rußland nicht nur energie-, sondern auch sicherheitspolitisch zu verdrängen, wird auch dadurch deutlich, daß der Besuch des damaligen NATO-Generalsekretärs ROBERTSON im Juli 2000 in den zentralasiatischen Republiken dort auf eher verhaltene Reaktionen stieß, als er diese dazu aufrief, ihre Beziehungen zur NATO und dem Westen als Gegengewicht zu Rußland zu verstärken, um auf diese Weise besser auf die »veränderten Realitäten« seit dem Ende des Kalten Krieges zu reagieren. Vor dem Hintergrund der neuen russischen Außenpolitik unter Wladimir PUTIN und seiner ›Neuen Sicherheitspolitischen Doktrin‹ hatten sich die meisten zentralasiatischen Republiken darauf besonnen, daß die USA zwar mächtig, aber auch sehr weit entfernt sind, Rußland zwar geschwächt sein mag, aber dafür sehr nahe und immer noch mächtig genug ist, um den Regierungen in der Region Schwierigkeiten zu bereiten.[2797] Die Nachrichtenagentur *Reuters* kommentierte den Besuch ROBERTSONS mit den Worten: »Mit großer Beunruhigung mußte der Westen beobachten, wie die ölreichen Staaten in der Region zwischen Rußland, China und Iran sich langsam wieder Moskau zuwandten und zwar aus gemeinsamer Sorge wegen des zunehmenden religiösen Fundamentalismus entlang der Südflanke der ehemaligen Sowjetunion.«[2798] *Reuters* räumte ein, daß es selbst der US-Außenministerin ALBRIGHT bei ihrem Besuch in der Region, der kurz vor dem Besuch ROBERTSONS stattfand, nicht gelungen sei, »dem schwindenden Einfluß Washingtons auf die zunehmend autokratischen Führer der Region entgegenzuwirken«.

Selbst der usbekische Staatschef KARIMOW sagte ein Treffen mit dem NATO-Generalsekretär ab und flog stattdessen nach Duschanbe, wo zeitgleich das Treffen der ›Shanghai-Fünf‹ zwischen Rußland, China, Tadschikistan, Kirgistan und Kasachstan stattfand. Wie Rainer RUPP darstellte, versuchten die USA und die NATO nunmehr mit allen Mitteln, die zentralasiatischen Türen wieder weiter zu öffnen. Im kirgisischen Bischkek erklärte ROBERTSON, daß die NATO nur darauf warte, den ehemaligen zentralasiatischen Sowjetrepubliken bei der Verbesserung der Sicherheit in der unsicheren Region zu helfen. »Ich möchte alle Länder Zentralasiens ermutigen, zusammenzuarbeiten, um die Region in eine Zone der Stabilität zu verwandeln«, führte ROBERTSON nach einem Gespräch mit dem kirgisischen Staatschef AKAYEW aus.[2799]

Dieser Druck der USA und der NATO auf Zentralasien schien aber letztlich nicht erfolglos geblieben zu sein, da eine engere Anbindung Zentralasiens an Rußland ausblieb. Neben einigen bilateralen Vereinbarungen zwischen Rußland und einigen zentralasiatischen Staaten kam es zu einer weiteren sicherheitspolitischen Integration schließlich nicht, da sich die zentralasiatischen Staaten weigerten, sich auf eine weitere militärpolitische Zusammenarbeit mit Rußland festzulegen. Hierbei war es vor allem Usbekistan, das sich einer weiteren Annäherung an Rußland verweigerte.[2800]

Mit Hilfe der Stationierung von US-Streitkräften sollte demnach der sicherheitspolitischen Einflußnahme Rußlands auf Zentralasien entgegengewirkt werden. Insbesondere Usbekistan hoffte, statt mit russischer nunmehr mit US-amerikanischer Militärhilfe die islamistische Bedrohung zu zerschlagen. Wie der *Focus* enthüllte, waren auch entsprechende Absprachen der Einrichtung von US-Militärstützpunkten in Chanabad vorausgegangen: »Geheimen Absprachen zufolge sollen die US-Soldaten der Basis Chanabad auch bei der endgültigen Zerschlagung der Islamischen Bewegung Usbekistans (IMU) helfen, die an der Seite der Taliban in Afghanistan kämpfte und den Dschihad nach ganz Zentralasien bringen will. ›Die USA haben für Usbekistan das getan, was die Partner der Gemeinschaft unabhängiger Staaten (GUS) nicht tun konnten‹, lobte Usbekistans Staatschef Islam KARIMOW«,[2801] ohne jedoch hinzuzufügen, daß Usbekistan über ein bilaterales Abkommen über militärpolitische Zusammenarbeit von 1999 hinaus alle weiteren Schritte Rußlands zur sicherheitspolitischen Kooperation abgelehnt hatte.

Für die USA schließlich waren die Taliban und deren zentralasiatische Verbündete in dieser Situation unwichtig geworden. Sie dienten lediglich der Destabilisierung des gesamten südeurasischen Umfeldes. Mit dem 11. September allerdings boten sich den USA neue geopolititsche Möglichkeiten, mit den geplanten Pipelinekorridoren und den diese flankierenden Militärstützpunkten die Abtrennung des südeurasischen Raumes anzustreben, wobei die Islamisten jetzt nicht mehr benötigt wurden und daher beseitigt werden konnten. Moskau seinerseits erkannte, daß das amerikanische Engagement im russischen Hinterhof den eigenen Einfluß völlig zurückdrängen würde.[2802] Daher erwies sich die Formel von der ›Terrorismusbekämpfung‹ als ein passendes Mittel, um Rußland aus der zentralasiatischen Region zu verdrängen, an dessen Stelle sich die USA nunmehr festsetzen konnten.

4 Die USA hintertreiben die russischen Sicherheitsinteressen

Zu dieser Zeit ist viel von einer neuen amerikanisch-russischen Zusammenarbeit gesprochen worden, die der 11. September 2001 und der ›Kampf gegen den Terror‹ begründet hätten.[2803] In der Tat entsprach der Feldzug der USA gegen die Taliban und deren Unterstützung der afghanischen Nordallianz durchaus russischen Interessen. Schließlich hatte Moskau die Gefahr, die von den Taliban für ganz Zentralasien und auch für die Russische Föderation selbst ausging, schon in den neunziger Jahren erkannt und hatte seit 1996 die Nordallianz mit über Tadschikistan laufenden Waffen- und Munitionslieferungen gegen die Taliban unterstützt.[2804] Überdies gab es Hinweise für eine direkte Teilnahme von russischen Militärs an den Kämpfen der Nordallianz gegen die Taliban, die aber vom russischen Verteidigungsministerium offiziell nie bestätigt wurden.[2805] Aus dem Kreml waren im Frühjahr 2000 sogar Pläne zu vernehmen, Taliban-Stellungen für den Fall vorbeugend zu bombardieren, daß sich in Zentralasien negative Szenarien entwickeln und die Taliban einen Druck auf Verbündete Rußlands, vor allem Tadschikistan und Kirgistan, verstärken sollten.[280]. Demgegenüber hielten sich die USA mit der Unterstützung der Nordallianz zurück[2807] und setzten bekanntlich auf die Taliban, da sie seinerzeit noch in die US-Planung paßten.

Der US-Angriff auf Afghanistan als solcher jedenfalls kam Rußland nicht ungelegen. Mit der Beseitigung des Talibanregimes wäre das Epizentrum für islamistische Revolten im russischen Hinterland und damit ein wichtiger Faktor der Destabilisierung auch der Russischen Föderation ausgetilgt. Albrecht ROTHACHER beschreibt die Interessenlage so: »Aus Sicht Moskaus, Pekings und der zentralasiatischen Despoten war der US-amerikanische Sieg über die Taliban. . . ein großartiger Triumph der eigenen Diplomatie und Staatskunst: Er hatte sie nichts gekostet und ihren Erzfeind von der Landkarte getilgt. Die Islamisten und Separatisten im eigenen Land hatten mit Afghanistan ihr subversives Hinterland, ihre Logistik und ihre Drogenfinanzierung verloren.«[2808] Da Rußland durch die Unterstützung der russophilen Nordallianz den Destabilisierungsfaktor Taliban allein nicht beseitigen konnte, bot sich eine kurzfristige Allianz mit den USA an. Allein vor diesem Hintergrund war Rußland zunächst bereit, den USA Militärstützpunkte in Zentralasien zuzugestehen; »allerdings war die russische Führung davon ausgegangen, daß das amerikanische Engagement in Afghanistan rasch beendet, die US-Präsenz auf dem Territorium der früheren Sowjetunion somit nur von kurzer Dauer sein würde – allein unter dieser Bedingung hatte PUTIN die Zustimmung der russischen Generalität erwirkt. Für ihn bedeutete die sich anbahnende russisch-amerikanische Kooperation im Kampf gegen den Terrorismus eine willkommene Gelegenheit zur Verwirklichung seines außenpolitischen Programms, wie es in den Folgejahren an Kontur gewann: Ziel war die Restauration der Rolle Rußlands als einer führenden Größe in der internationalen Politik. Die Festigung der Beziehungen zu den Staaten des postsowjetischen Raumes, und hier besonders Zentralasiens, war einer der Hauptbestandteile dieses Programms.«[2809]

Daß die US-Truppenstationierungen aber entgegen russischen Hoffnungen eine weitere Aufgabe in der Logik der US-Geopolitik besaßen als die bloße Vertreibung der Taliban, hatten Vertreter der US-Machtelite selbst zugegeben. Wie bereits erwähnt, hatte der demokratische US-Senator Joseph LIEBERMAN, der auch schon als Präsidentschaftskandidat im Gespräch war, gegenüber tadschikischen Vertretern erklärt, die US-Truppen seien auch deswegen in den zentralasiatischen Republiken, um deren »Unabhängigkeit gegenüber größeren Nachbarländern zu schützen« – womit er Rußland meinte.[2810] Auch Tom DASCHLE, seinerzeit Führer der demokratischen Senatsmehrheit, erklärte bei einem Besuch in Taschkent 2002, daß sich die USA nun »auf eine dauerhafte Präsenz« in Zentralasien einrichteten.[2811] Der damalige US-Außenminister Colin POWELL führte vor dem Komitee für internationale Beziehungen des US-Kongresses am 6. Februar 2002 aus: »Amerika wird beständiges Interesse und ständige Präsenz in Zentralasien haben in einer Weise, von der wir früher nur träumen konnten.«[2812]

Ähnliches war auch aus der ›Projektgruppe für das Neue Amerikanische Jahrhundert‹, die die Grundlagen der US-Außenpolitik unter George W. BUSH bestimmte, zu hören. Der stellvertretende Direktor dieser Stiftung, Thomas DONNELLY, verkündete: »Der imperiale Einzugsbereich dehnt sich nach Zentralasien aus.«[2813] Dies spiegelte sich auch in den Stationierungsverträgen wider: Der Vertrag zwischen den USA und Kirgistan beispielsweise hatte zwar eine Laufzeit von 12 Monaten. Aber »die umfangreichen Bauarbeiten deuten auf etwas anderes hin. Der kirgisische Präsident AKAYEW hat schon vorbeugend seine Bereitschaft signalisiert, den Vertrag zu verlängern, so lange wie erforderlich. Der usbekische Stützpunkt Khanabad soll angeblich für eine Dauer von 25 Jahren verpachtet worden sein«.[2814]

Überdies dienen den USA, wie Werner BIERMANN und Arno KLÖNNE schreiben, Militärstützpunkte zur Durchsetzung und Aufrechterhaltung ihres »informellen Imperiums«: »Die Vereinigten Staaten haben einen weltweiten Ring von Stützpunkten und Aufmarschplätzen eingerichtet, von denen aus in kürzester Zeit Luftwaffe und Kriegsmarine aktiv werden können. Der militärische Schirm dient der politischen und ökonomischen Hegemonie. Die Basen sind im Gegensatz zum britischen Empire nicht in ein Kolonialreich eingebunden, sondern sind isolierte Einrichtungen in formal unabhängigen Staaten. Das Wesensmerkmal der US-Weltmacht ist es gerade, ein globales Wirtschaftssystem zu dominieren, das im Normalbetrieb ohne formale politische Kontrollen auskommt und die Souveränität anderer Nationen scheinbar nicht berührt. Militärbasen bilden dabei das strategische Mittel, mit dem auf subtile Weise, nötigenfalls aber auch mit offener Gewalt, die US-amerikanischen Interessen zur Geltung gebracht werden. Angesichts der strukturell ungleichen Beziehungen, die dem globalen Kapitalismus eigentümlich sind, sind diese Basen allerdings eine Notwendigkeit, um eine Umschichtung zulasten der USA zu verhindern. Ohne die weltweite Präsenz des US-Militärs wäre, so ist anzunehmen, das hegemoniale Wirtschaftssystem nicht aufrechtzuerhalten.«[2815] Diese Konzeption im Sinne Thomas BARNETTS, der das US-Militär als »Bodyguard der Globalisierung« definiert, macht deutlich, daß die zentralasiatischen Militärbasen nach dem Prinzip »We are here to stay« (»Wir sind hier, um zu bleiben«) errichtet werden sollten.

Für die Kooperation mit den Vereinigten Staaten erhoffte sich Rußland eine strategische Rendite, und zwar die Unterstützung der USA für den angestrebten WTO-Beitritt Rußlands, den Erlaß alter Sowjetschulden (rund 100 Mrd. US-Dollar) oder die Aufhebung des von der Israel-Lobby erwirkten diskriminierenden JACKSON-VANIK-Amendments von 1974, einem Relikt des Kalten Krieges, das Handelsbeziehungen zu Rußland mit den der jüdischen Minderheit in Rußland gewährten Rechten in Zusammenhang bringt.[2816] Doch diese Rechnung ging nicht auf, wie Alexander WARKOTSCH enthüllte: »Bis heute erfüllten die Vereinigten Staaten keine der erhofften möglichen Gegenleistungen. Im Gegenteil: Während Rußland weiter seinen good-will gegenüber den USA demonstrierte und Washington Überflugrechte über russisches Territorium nach Afghanistan offerierte, seinen Geheimdiensten engste Kooperation mit dem ehemaligen Klassenfeind verordnete und russische Militärbasen auf Kuba und in Vietnam schloß, setzte Washington eine Reihe diplomatischer Erniedrigungen gegenüber Moskau in Gang. Im Dezember 2001 kündigte Washington seinen einseitigen Rückzug aus dem Anti-Ballistic-Missile-Vertrag (ABM) von 1972 an, um sein Raketenabwehrprogramm auf den Weg zu bringen. Kurz darauf drangen die USA in einen weiteren russischen Hinterhof ein und entsandten Militärberater und Elitetruppen nach Georgien, die den Bau einer von den USA favorisierten Erdölpipeline vom aserbaidschanischen Baku über Georgien zum türkischen Mittelmeerhafen Ceyhan zu schützen in der Lage sein sollen, um so die bislang für den Export kaspischer Energie unerläßliche russische Energieinfrastruktur zu umgehen. US-Verteidigungsminister RUMSFELD und Außenminister POWELL setzen Rußland mittlerweile öffentlich unter Druck, seine in Georgien und Aserbaidschan verbliebenen Militärbasen zu räumen. Im Sommer 2002 wurde es Radio Liberty nach einer Abstimmung im US-Kongreß sogar gestattet, in tschetschenischer Sprache zu senden.«[2817]

Eine weitere Brüskierung Rußlands erfolgte durch den Empfang des nicht anerkannten tschetschenischen Außenministers Ilias ACHMADOW im US-Außenministerium im Januar 2002, worauf Moskau mit Protest reagierte und deutlich machte, daß ein solches Treffen dem »Geist der Partnerschaft und Zusammenarbeit beider

Länder im Kampf gegen den internationalen Terrorismus« widerspreche.[2818] Damit wird deutlich, daß der 11. September 2001 nichts anderes als ein Mittel der USA war, ihre Langzeitstrategie der Einkreisung und Destabilisierung Rußlands ungehindert fortzusetzen, und zwar im Wege einer gezielten Täuschung Moskaus. Die US-Machtelite suggerierte PUTIN, der eine gleichberechtigte Partnerschaft mit dem Westen anstrebte,[2819] ihm in dessen Bestrebungen entgegenzukommen, um diese dann aber zu hintertreiben. Die oft vorgetragene These von einer neuen amerikanisch-russischen Partnerschaft erwies sich daher als eine Chimäre. Statt dessen ist der Feststellung des Rußland-Experten Alexander RAHR Folge zu leisten, wonach Rußland in der »Nach-September-Welt« weiter zu einem bloßen Objekt amerikanischer Politik degradiert wurde.[2820]

5. Der gezielte Aufbau Georgiens zu einem antirussischen Einkreisungspartner

Wohl die wichtigste Rolle in der antirussischen Einkreisungsstrategie der USA spielt neben Zentralasien hauptsächlich der Südkaukasus, und dort insbesondere der Schlüsselstaat Georgien. In den Mittelpunkt der Pläne der US-Machtelite geriet dieser kaukasische Staat, als es mit der Entwicklung des BTC-Pipelineprojekts darum ging, das russische Pipelinemonopol zu brechen und daher die ›Seidenstraße‹ militärpolitisch abzusichern. Im Fadenkreuz dieser Seidenstraße und des BTC-Pipelinekorridors liegt Georgien, dessen Bedeutung für die US-Machtelite um so mehr wuchs, als Rußland in den Jahren 2000/2001 begann, im Pipelinepoker wieder die Oberhand zu gewinnen. Daher mußten die USA den Ausbau ihres transkaukasischen Ost-West-Pipelinekorridors von Aserbaidschan zur Türkei beschleunigen. In diesem Zusammenhang wuchs auch die Bedeutung Georgiens für die USA.

Die geopolitische Funktion des Südkaukasus und besonders Georgiens für die Pläne der US-Machtelite wurde in einer Studie der neokonservativen ›Heritage Foundation‹ unter dem Titel *Ethnic Conflicts threaten U.S. Interests in the Caucasus* vom 25. September 1998, verfaßt von Ariel COHEN, näher dargelegt. Demzufolge ist der Kaukasus die Drehscheibe von Öl- und Gaspipelines in westlicher Richtung zum Schwarzen Meer und zum Mittelmeer. Ausdrücklich wird in diesem Zusammenhang der »Silk Road Strategy Act« hervorgehoben, in dessen Rahmen die Rolle des Kaukasus als Brückenkopf und integraler Kernbestandteil der ›Neuen Seidenstraße‹ unterstrichen wird.

Die Studie empfiehlt, daß die Vereinigten Staaten

– die politische wie auch militärische Unterstützung für die BTC-Pipeline verstärken sollten, da ansonsten eine Süd-Nord-Route es Rußland erlauben werde, einen größeren Anteil am Weltenergiemarkt zu kontrollieren, als es dies jetzt schon tue;

– die sicherheitspolitische Zusammenarbeit mit Georgien verstärken sollten, da Georgien der »Schlüsselalliierte der USA in der Region« sei. Konkret fordert die

Studie, daß die USA das georgische Militär stärken, Ausbilder für georgische Militärschulen rekrutieren, georgische Offiziere zum Studium an US-amerikanischen Militärakademien einladen und bei der Modernisierung militärischer Ausrüstung, Kommunikation und des Geheimdienstes helfen sollen. Damit sollten die USA die territoriale Integrität Georgiens absichern, was der Studie zufolge ein wesentliches Interesse der US-Kaukasuspolitik sein sollte;

– die Sanktionen gegen Aserbaidschan nach Artikel 907 des »Freedom Support Acts« aufheben sollten;

– die wirtschaftliche und finanzielle Schwäche Rußlands (die 1998 ja noch bestand) ausnutzen sollten, um dieses dazu zu zwingen, die Unterstüzung Abchasiens und Südossetiens aufzugeben. Damit sollte einem »Wiederauftauchen des Russischen Imperialismus« im Kaukasus vorgebeugt werden;

– die Unabhängigkeit Georgiens, Armeniens und Aserbaidschans fördern sollten, verbunden mit der Durchsetzung marktwirtschaftlicher Reformen und dem Ausbau von Transportwegen mit dem Ziel, »eine lebensfähige Ost-West-Achse zu schaffen«.

Kurz gesagt, ist Georgien ein Schlüsselstaat zur Abspaltung des südeurasischen Raumes von Rußland, der nach der Studie der ›Heritage Foundation‹ von den USA zu einem Korridor, der Europa mit dem »Pacific rim« im Sinne der ›Seidenstraßenstrategie‹ verbindet, ausgebaut werden soll. Dieser Studie zufolge hat diese Strategie notwendigerweise eine gegen Rußland gerichtete Zielsetzung: Zu den vitalen Interessen der USA gehört »eine Hinderung Rußlands und des Iran, sich in die strategische Kaukasusregion auszubreiten, die Sicherstellung des Energieflusses zu den globalen Märkten, die Beibehaltung des Zugangs von US-amerikanischen Konzernen in die kaspische und zentralasiatische Region und die Sicherstellung der Unabhängigkeit sowie der territorialen Integrität von Georgien, Armenien und Aserbaidschan«. Dabei hebt die Studie immer wieder hervor, daß die USA vor der Notwendigkeit gestellt seien, einer Ausweitung des russischen Einflusses auf die ›Seidenstraße‹ zu verhindern. Der Schutz der Unabhängigkeit und territorialen Integrität insbesondere der südlichen postsowjetischen Staaten sei eine oberste Maxime der US-Politik, und diesem erklärten Ziel müßten dabei dringend Taten folgen.

Die Studie faßt zusammen: »Die USA können es sich nicht leisten, ihre Verpflichtungen in ökonomisch und strategisch wichtigen Regionen der Welt zu vernachlässigen. Der Kaukasus hat sich zu einer solchen geopolitischen Schlüsselregion entwickelt. Die Unterstützung ihrer Freunde im Kaukasus wird es den Vereinigten Staaten erlauben, ihre künftigen Multimilliarden-Dollar-Investitionen in Energieressourcen zu schützen, die für viele kommende Jahre notwendig werden. Dies wird den US-Konzernen erlauben, an der Errichtung der neuen Seidenstraße nach Zentralasien und in den Fernen Osten teilzunehmen, wodurch Jobs zu Hause und Absatzmärkte im Ausland für Milliarden von Dollar für amerikanische Güter und Dienstleistungen garantiert würden. Infrastrukturprojekte in der Region sind besonders lukraktiv für die US-Ausrüstungs-, Luftfahrt-, Transport-, Petrochemie- und Telekommunikationsindustrie. Eine solche Einbindung der USA in die Wirtschaft der Region wird Rußland und Iran von der Dominanz seiner kleineren prowestlichen Nachbarn abschrecken. Der US-Kongreß hatte den Weg mit dem Silk-Road-Strategy-Act gewiesen. Die CLINTON-Administration sollte dasselbe tun, indem sie Sicherheit, marktwirtschaftliche Reformen und Demokratie im Kaukasus unterstützt und indem sie Rußland und Iran davon abhält, diese Region zu dominieren.«[2821]

Georgien wird dabei als der strategische Torweg zum Kaukasus (»strategic gateway to the Caucasus«) bezeichnet, da sämtliche Öl- und Gaspipelines von Aserbaidschan und – so die Studie – künftig auch von Kasachstan und Turkmenistan Georgien von Ost nach West kreuzen würden. »Da es einen strategischen Teil der Schwarzmeerküste kontrolliert, an die Türkei grenzt und Armenien vom Westen her über Land einschließt, ist Georgien das Tor zum Kaukasus und der westliche Brückenkopf zur kaspischen Region und zur Seidenstraße.« Nach dem US-Senator Sam BROWNBACK, einem der Verfasser des »Silk Road Strategy Acts«, ist Georgien »ein NATO-Grenzland am Eingangspunkt zur wachsenden neuen Seidenstraße. Es ist ein Schlüsselalliierter unseres Partners Türkei und in vielerlei Hinsicht wichtig: strategisch, militärisch, kommerziell. Falls Georgien instabil würde, würde die gesamte Region in Gefahr gebracht . . . Das ehrgeizige Seidenstraßenprojekt wird Pipelines, Straßen und Eisenbahntrassen, Flughäfen und Kommunikationsnetzwerke umfassen, ein Projekt, das von Zentraleuropa nach China reichen wird. Dieser Korridor wird die Politik und die Volkswirtschaften Eurasiens in einer Weise vollständig ändern, die wir noch nicht vorhersehen können, aber welche sich mit US-Interessen in vielen Punkten sicher überschneiden werden. . . Damit der Korridor funktionieren kann, ist Stabilität in diesen Staaten wichtig.«[2822]

2002 erklärte die damalige stellvertretende US-Außenministerin Lynn PASCO, die Bedeutung Georgiens für den Westen könne nicht überbewertet werden, da das Land ein Drehkreuz für Ost-West-Pipelines sei und am historischen Scheideweg zwischen verschiedenen Regionalmächten stehe. »Ein stabiles und demokratisches Georgien wird eine geostrategische Bedeutung für unsere internationalen Beziehungen weit in die Zukunft hinein haben«.[2823] Zur Zeit sind es zwei Korridore, die Georgiens Bedeutung als Transitland unterstreichen: Zum einen ist dies die im April 1999 eröffnete Baku–Supsa-Ölpipeline und der TRACECA (Transport Corridor Europe-Caucasia-Asia)-Transportkorridor. Von noch größerer Bedeutung aber ist die BTC-Pipeline, die von der US-Machtelite besonders favorisiert wird und die im Sommer 2006 ihren Betrieb aufgenommen hat.

5.1 Die innere Schwäche und Zerrissenheit Georgiens

Seit seiner Unabhängigkeitserklärung vom März 1990 ist die Lage Georgiens bestimmt durch Abtrennungskonflikte. Der Kampf für die georgische Unabhängigkeit, so Kaukasus-Experte Aschot MANUTSCHARJAN, ging einher »mit der Mißach-

tung der nationalen Minderheitenrechte und dem Aufbrechen anti-rußländischer Stimmungen«.[2824]
Bestimmt war die Politik des ersten georgischen Präsidenten Swiad GAMSACHURDIA durch einen radikalen Nationalismus, der von einer völligen Mißachtung der Belange der ethnischen Minderheiten der Abchasen, Südosseten und Adscharen bestimmt war.[2825] »Ohne Rücksicht auf die Interessen der nationalen Minderheiten... und die Autonomen Republiken Abchasien, Adscharien und das Autonome Gebiet Südossetien startete er (GAMSACHURDIA, der Verf.) nach der Unabhängigkeit eine nationalistische Kampagne, um ganz Georgien, falls erforderlich, auch einer gewaltsamen ›Georgisierung‹ zu unterziehen«, so MANUTSCHARJAN.

Dieser militante Nationalismus wurde nach dem Wahlsieg GAMSACHURDIAS im Oktober 1990 ohne Milderung fortgesetzt. »Nach dem Sieg des georgischen Nationalismus bei den Parlamentswahlen im Oktober 1990 schraubte er seine nationalistischen Ziele unter der Parole ›Georgien den Georgiern‹ noch höher. Im Juli 1991 erklärte er, die Autonome Republik Abchasien solle sich mit einer kulturellen Autonomie zufrieden geben. Diese Erklärung rief entsprechende Gegenreaktionen der Abchasen sowie der anderen nationalen und religiösen Minderheiten hervor, die eine Diskriminierung und eine Beschränkung ihrer Rechte in einem unabhängigen georgischen Staat nicht hinnehmen wollten. Einen Ausweg sahen diese Minderheiten im Fortbestand der UdSSR oder im Austritt aus dem ›kleinen Imperium‹ Georgien und dem Anschluß an das ›große Imperium‹ Sowjetunion bzw. der Rußländischen Föderation. Nachdem Südossetien erklärt hatte, in der UdSSR bleiben zu wollen, rief es nach den georgischen Parlamentswahlen im Oktober 1990 einseitig die Südossetische Sowjetrepublik aus.«[2826] Daraufhin beschloß die neugebildete Regierung unter GAMSACHURDIA im Dezember 1990 als eine ihrer ersten Amtshandlungen die Auflösung des Autonomen Gebiets Südossetien.

Ein Jahr später, im Dezember 1991, wurde GAMSACHURDIA gestürzt, und Offiziere der Nationalgarde sowie verschiedener nationalistischer paramilitärischer Gruppen rissen die politische Gewalt in Tiflis an sich. Diese versuchten ihre Macht über die Einbindung ihrer Marionette Eduard SCHEWARDNADSE zu festigen, unter dem sich der nationalistisch-zentralistische Kurs verschärfen sollte. »Vielmehr verfolgte auch SCHEWARDNADSE den unter GAMSACHURDIA eingeleiteten Kurs... Mehr noch, SCHEWARDNADSE trug zu einer weiteren Verschärfung der Krise in Georgien bei, indem er den aggressiven und militanten Charakter des modernen georgischen Nationalismus weiter aktiv stützte.«[2827] MANUTSCHARJAN zufolge war es das Ziel SCHEWARDNADSES, »Georgien konsequent in einen monoethnischen Staat umzuwandeln«.[2828]

Ausgang der Sezessionskonflikte war, daß Abchasien und Südossetien als Gegenreaktion auf den zentralistisch-nationalistischen georgischen Kurs ihre Aufwertung zur Autonomen Republik forderten. Abchasien verlangte im August 1990 die Wiederherstellung seiner Souveränität auf der Grundlage der Verfassung von 1925; Südossetien erklärte im September 1990 seine eigene Souveränität und forderte den

Anschluß an Nordossetien oder die Russische Föderation. Beide Bestrebungen beantwortete Tiflis ohne Verhandlungsbereitschaft mit Gewalt.

Zum historischen Hintergrund: Bei den Abchasen handelt es sich um ein kaukasisches Volk mit sowohl christlichen als auch islamischen Wurzeln, das unter dauernder georgischer Oberhoheit stand. 1921 wurde Abchasien eine der vier gleichberechtigten Sowjetrepubliken der transkaukasischen Föderation. 1931 erfolgte die Umwandlung in eine autonome Sozialistische Sowjetrepublik im Bestand Georgiens. Die Osseten sind ein Volk iranisch-alanischer Abstammung und wurden 1774 dem Russischen Reich angegliedert. Nach der Revolution 1917 erhob der georgische Staat Anspruch auf südossetisches Gebiet, der mit einem blutigen georgischen Eroberungskrieg durchgesetzt werden sollte. Entsprechend der ›Teile-und-Herrsche‹-Politik der sowjetischen Machthaber wurde Ossetien geteilt und der südliche Teil als Autonome Sozialistische Sowjetrepublik Georgien angegliedert.

Eduard SCHEWARDNADSE. Der Georgier kehrte in seine Heimat im Frühjahr 1992 zurück. Unten: Georgischer Gardist in Abchasien (Herbst 1992).

Oben: Abchasischer Bauer. Unten: In Suchumi, der Hauptstadt Abchasiens, nach den ersten Monaten des Krieges. Alle vier Fotos aus: Naira GELASCHWILI, *Georgien*, Aufbau, Berlin 1993.

Der durch die nationalistischen Bestrebungen der georgischen Machthaber ausgelöste Bürgerkrieg konnte schließlich nur durch die Vermittlung Rußlands durch Waffenstillstände beendet werden. Ein russisch-georgisch-ossetischer Waffenstillstand wurde am 24. Juni 1992 in Sotschi erzielt, der die Abtrennungsbestrebungen der Südosseten mit dem Einsatz von Friedenstruppen und der Schaffung von Pufferzonen entlang eines 15 km langen Korridors eindämmte, jedoch die Statusfrage ausklammerte. Russische, georgische und ossetische Truppen hatten dabei die Aufgabe, den Waffenstillstand zu überwachen. In der südossetischen Hauptstadt Zchinwali konnte sich eine unabhängige Südossetische Republik entwickeln, die zwar offiziell nicht anerkannt wurde, jedoch praktisch existierte. Im Januar 1992 wurde in Südossetien eine Volksabstimmung durchgeführt, bei der sich 90 Prozent der Südosseten für die Unabhängigkeit von Georgien entschieden.

Als wesentlich langwieriger und brutaler erwies sich der georgisch-abchasische Konflikt, der sich im Juli 1992 an einem innerabchasischen Streit um den zukünftigen Status der Autonomen Region entzündete und den Georgien sogleich mit militärischer Gewalt niederzuwerfen beabsichtigte. Im August wurden georgische Truppen in die abchasische Hauptstadt Suchumi entsandt. »Mit dieser Aktion begann ein brutaler Krieg vor allem gegen die abchasische Zivilbevölkerung, die von der georgischen Militärregierung offen mit der Vernichtung bedroht wurde.«[2829] In diesem Konflikt wahrten die in Abchasien stationierten russischen Truppen strikte Neutralität,[2830] wohingegen die Abchasen Unterstützung durch die ›Konföderation der Bergvölker des Kaukasus‹ (KBK) erhielten, die für die Abtrennung des gesamten Nordkaukasus von Rußland eintrat[2831].

Die heftige Gegenwehr der Abchasen zwangen SCHEWARDNADSE, sich mit einem Hilfegesuch an Moskau zu wenden. Doch die russische Regierung war nicht bereit, militärisch zugunsten Georgiens zu intervenieren, und bot lediglich ihre Dienste als Vermittler an.[2832] Eine in Sotschi im Juli 1993 vereinbarte Feuerpause wurde hinfällig, als erst die georgische Seite und dann die Abchasen im September 1993 das Abkommen brachen und die Georgier aus dem Land vertrieben. Erst als Georgien, das neben dem Krieg in Abchasien noch einen weiteren bewaffneten Konflikt gegen Anhänger des früheren Präsidenten GAMSACHURDIA zu bestehen hatte, zusehends schwächer wurde, wurde es von Rußland militärisch unterstützt. Als Gegenleistung verkündete SCHEWARDNADSE am 28. September 1993 den Beitritt Georgiens zur GUS. Die abchasische Unabhängigkeitsbewegung wurde schließlich mit Hilfe russischer Einheiten niedergeschlagen.[2833] Im Waffenstillstand von 1994 willigten alle Beteiligten ein, daß Friedenstruppen der GUS, an denen auch russische Truppenkontingente beteiligt waren, neben den Blauhelmsoldaten der UN stationiert wurden. Um ein erneutes Aufflammen der Kämpfe zu verhindern, wurde eine entmilitarisierte Sicherheitszone entlang des Grenzflusses Inguri eingerichtet.

Bei dieser instabilen gespannten Lage blieb es auch weiterhin. 1998 kam es noch einmal zu bewaffneten militärischen Auseinandersetzungen, als georgische Paramilitärs auf abchasisches Gebiet Überfälle durchführten, was Flüchlingswellen von 35000 Personen sowie eine Zerstörung und Plünderung vieler Dörfer zur Folge hatte.[2834] Die *Frankfurter Allgemeine Zeitung* berichtete, daß gerade die schwer kontrollierbare Kodori-Schlucht zu einer Region dauernden Einsickerns von Paramilitärs geworden sei und dort mehrfach Geiselnahmen von UN-Beobachtern durch abchasische Rebellen erfolgt seien.[2835]

Diese territoriale Zerrissenheit Georgiens und der offene völkerrechtliche Status der Minderheiten sollten in der Folgezeit das entscheidende Mittel äußerer Mächte werden, mit dem diese auf den geopolitisch außerordentlich wichtigen Kaukasusstaat Einfluß nehmen konnten. Seine geopolitische Lage und die ethnischen Spannungen machen Georgien daher zum entscheidenden Objekt des ›Great Game‹.

5.2 Der außenpolitische Kurs Georgiens: Zurückdrängung des russischen Einflusses vom Kaukasus und Einbindung der Kaukasusregion in EU- und NATO-Strukturen

Viel ist im Zusammenhang mit dem Georgienkonflikt darüber geschrieben worden, daß Rußland von Anfang an hinter den Kulissen die separatistischen Bestrebungen der Abchasen und Osseten unterstützt hätte, um Einfluß auf Georgien zu bewahren. Diese Behauptungen jedoch halten einer näheren Betrachtung nicht stand. Rußland kam es in erster Linie darauf an, ein ›Ausfransen‹ und eine ethnische Zersplitterung des Südkaukasus zu verhindern, da eine solche Entwicklung leicht auf den russisch kontrollierten Nordkaukasus mit seinen ethnischen Spannungsherden übergreifen und damit den Bestand der Russischen Föderation als solche gefährden könnte. »Eine Ausbreitung der Konflikte auf den gesamten instabilen Nordkaukasus wäre dann nicht mehr ausgeschlossen. Für Rußland ist das sehr gefährlich, weil dadurch das zerbrechliche Miteinander der russischen Regionen mit ihren vielen Völkerschaften insgesamt ins Rutschen kommen könnte.«[2836]

Dies war in den neunziger Jahren auch Maßstab der Georgienpolitik der Russischen Föderation. »Vor dem Hintergrund der eigenen Betroffenheit«, so Aschot Manutscharjan, »hatte die rußländische Regierung mehrfach unterstrichen, daß sie für die territoriale Integrität Georgiens eintreten werde. Die Bestrebungen Rußlands zielten also von Anfang an darauf ab, diese Konflikte einzudämmen.«[2837] Dies kam auch im Verhalten Rußlands in den georgischen Sezessionskriegen zum Ausdruck. Im Südossetienkonflikt hatten die südossetischen Separatisten mehrfach vergeblich versucht, Druck auf Moskau auszuüben, um die proklamierte südossetische autonome Republik doch anzuerkennen und sie in die Russische Föderation aufzunehmen. Dies blieb von Rußland jedoch unbeantwortet.[2838] »Das russische Außenministerium wurde in einer Stellungnahme vom 22. März 1993 noch deutlicher: Es distanzierte sich von einer nord-ossetischen Parlamentsresolution vom 6. März 1993 über die offizielle Anerkennung eines unabhängigen und souveränen Süd-

Ossetischen Autonomen Gebietes.«[2839] Darüber hinaus haben die russischen Friedenstruppen in Südossetien nach Auffassung internationaler Beobachter strikte Neutralität gewahrt: »Nach Aussagen der KSZE-Beobachtermission wahrten die russischen Militärs vor Ort durchaus militärische Neutralität. Von der süd-ossetischen Seite wurde die Anwesenheit disziplinierter russischer Spezialeinheiten als unabdingbar angesehen. Selbst der georgische Staatschef SCHEVARDNADZE gestand zu, daß ohne die russischen Truppen ein dauerhafter Waffenstillstand nicht möglich gewesen wäre.«[2840]

Ähnlich neutral verhielt sich Rußland im Abchasienkonflikt. Auch dort »wahrten die in Abchasien stationierten rußländischen Truppen strikte Neutralität«.[2841] Vielmehr bestand auch hier die Gefahr, daß über die Einrichtung der »Konföderation der Bergvölker des Kaukasus« der Konflikt auf den russischen Nordkaukasus übergriff, da diese Konföderation dessen Abspaltung von Rußland forderte. Infolgedessen versuchte die russische Armee, eine Entsendung von Freiwilligen der Kaukasischen Föderation nach Abchasien zu verhindern. Parallel leitete das russische Justizministerium ein Verfahren gegen die selbsternannte Konföderation ein.[2842]Vielmehr – so MANUTSCHARJAN – war es sowohl die georgische als auch die abchasische Seite, die jeweils bemüht waren, Rußland auf ihre Seite zu ziehen. »Jedoch hatte die rußländische Regierung gute Gründe, sich nach wie vor nicht in diesem Konflikt militärisch zu engagieren«, denn Moskau wollte nicht in einen Krieg hineingezogen werden, der gegebenenfalls den gesamten Nordkaukasus erfassen könnte.[2843] Überdies war es das russische Militär, das verhinderte, daß die Abchasen nach dem Bruch des Waffenstillstandes vom September 1993 auf georgischem Boden weitere Geländegewinne erzielen konnten. Besondere Brisanz erhielt der Konflikt für Rußland dadurch, daß die Abchasen bilaterale Verträge mit den russischen Föderationssubjekten Tatarstan und Kabardino-Balkarien abschlossen und mit deren Behandlung als Völkerrechtssubjekte einen Zerfallsprozeß der Russischen Föderation begünstigten.[2844] Gerade vor dem Hintergrund des aufkeimenden Tschetschenienkonflikts vertrat Rußland auch im Abchasienkonflikt gegenüber Georgien den Grundsatz der territorialen Integrität »mit wachsender Geschlossenheit und Vehemenz«.[2845]

Der georgisch-russische Grundlagenvertrag von 1994 machte deutlich, worum es Rußland im Südkaukasus ging: Vorrangiges Interesse Rußlands waren Sicherheit und Stabilität im Kaukasus und die Verhinderung des Übergreifens separatistischer Bestrebungen auf die Russische Föderation selbst, weil dadurch deren Zerfall eingeleitet werden könnte. Gewährleistet werden sollte dies durch eine Einbindung Georgiens in der GUS, verbunden mit russischen Truppenstationierungen. Rußland verfolgte konkret das Ziel, »über die Anerkennung der territorialen Integrität Georgiens eine fest umrissene Rechtsgrundlage für die Stationierung seiner Truppen in der Kaukasus-Republik zu erhalten«.[2846] In diesem Vertrag wurde Rußland auch das Recht eingeräumt, drei Militärstützpunkte auf georgischem Gebiet zu errichten. Insbesondere aufgrund der Tatsache, daß infolge mangelnder Kompromißbereitschaft beider Seiten eine Beilegung des georgisch-abchasischen Konflikts scheiterte, waren sowohl Georgien als auch Abchasien mit der Stationierung russischer Truppen einverstanden.[2847]

Insoweit läßt sich in den neunziger Jahren von einer antigeorgischen Unterstützung der Separatisten durch Rußland nicht sprechen. Um Instabilitäten zu unterbinden, war es der russischen Außenpolitik gelungen, »die Staaten des ›nahen Auslands‹ mit Hilfe des dortigen Konfliktpotentials quasi offiziell der militärischen und politischen Kontrolle Moskaus zu unterstellen«.[2848]

Dieses Verhalten Rußlands hatte sich auch in der Folgezeit nicht geändert. »Seit Beginn des russischen Friedenseinsatzes vor zwölf Jahren in Abchasien kamen dort 112 russische Armeeangehörige ums Leben. Viele von ihren starben durch die Hand der abchasischen Kriminellen und Extremisten, die Abchasien endgültig von der georgischen Bevölkerung säubern wollten. Diese ›Okkupanten‹ (d.h. die russischen Truppen, der Verf.) verhinderten eine Eskalation zwischen Abchasien und Georgien im Mai 1998 und im Herbst 2001. In die Gali-Region kehrten (laut Angaben der georgischen Offiziellen) etwa 60 000 Flüchtlinge zurück. Viele von ihnen integrierten sich in das abchasische Sozium und stimmten sogar für den abchasischen Präsidenten. Auch das ist ein Verdienst der russischen Friedenstruppen. Ihr weiterer Verdienst besteht darin, daß die georgische Bevölkerung Südossetiens. . . nicht vertrieben wurde und friedlich mit den Osseten zusammenlebt. Viele ethnische Georgier nahmen sogar die russische Staatsbürgerschaft an. Hätten die russischen Friedenstruppen damals nicht zugegriffen, dann hätten die abchasischen Formationen Megrelien einnehmen können, die Osseten hätten ihre Republik von georgischen Enklaven gesäubert. Wäre das passiert, so hätte Georgien noch mehr Probleme mit seiner territorialen Integrität gehabt.«[2849]

Auch weitere Stimmen in den russischen Medien schätzen die Politik Rußlands gegenüber Georgien so ein: »1994 hatten die bewaffneten Kräfte Abchasiens eine reale Möglichkeit, die georgische Stadt Poti einzunehmen. In diesem Fall wäre Tiflis in eine Wirtschaftsblockade geraten und hätte die Kontrolle über die Regionen verloren. Um das zu verhindern, hat der damalige russische Präsident Boris Jelzin die Anweisung erteilt, Marineinfanteristen der Schwarzmeerflotte nach Poti zu entsenden, womit er faktisch die territoriale Integrität Georgiens rettete. Wäre Georgien damals zerfallen, hätten Abchasien und Südossetien längst eine Anerkennung ihrer Unabhängigkeit erlangt. Der Rest Georgiens wäre dann in eine Reihe von Autonomien zerfallen, so daß Georgien keine Bedrohung mehr für die Sicherheit Rußlands dargestellt hätte.«[2850]

Georgien indessen betrieb eine Außenpolitik, die auf eine Hinausdrängung Rußlands aus dem Kaukasus ausgerichtet war. Kaukasus-Experte Aschot Manutscharjan bescheinigt Schewardnadse eine »antirußländische Haltung«.[2851] Seine außenpolitischen Aktivitäten waren von einem »zwiespältigen Charakter« getragen, dem Rußland mißtrauen mußte. Offiziell behauptete Tiflis eine strikte Neutralitätspolitik, doch hinter den Kulissen war SCHEWARDNADSE bestrebt, Georgien enger an die NATO zu binden.[2852] Während er einerseits Rußland um Hilfe im Kampf gegen die abtrünnigen Abchasen bat, verurteilte er öffentlich die Anwesenheit russischer Truppen als »Okkupation« und forderte die NATO auf, sich in die Abtrennungskonflikte einzuschalten. »SCHEWARDNADZE gab die Hoffnung nicht auf, die Nordatlantische Allianz werde die geographischen Grenzen ihres Einsatzgebietes ausdehnen und eigene Truppen nach Abchasien entsenden.«[2853]

Dabei ist noch festzuhalten, daß sowohl die Ukraine als auch Aserbaidschan den antirussischen Kurs der georgischen Außenpolitik unterstützten[2854] – die Grundzüge des späteren antirussischen Regionalbündnisses GUUAM schienen sich hier bereits abzuzeichnen. Georgiens außenpolitisches Ziel war nämlich die Errichtung eines gegen Rußland gerichteten Blocks kaukasischer Staaten, des sogenannten ›Kaukasischen Hauses‹, in dem Tiflis selbst die Rolle einer antirussischen regionalen Vormacht spielen wollte. »In Anbetracht der Desintegrationsprozesse nach dem Zerfall der Sowjetunion, die insbesondere zur Zerstörung der existierenden Energie- und Transportbeziehungen zwischen den transkaukasischen Republiken geführt hatten, sollte nunmehr ein funktionierender gemeinsamer Wirtschaftsraum der transkaukasischen Volkswirtschaften errichtet werden. Unter politischen Aspekten verfolgte die Initiative SCHEWARDNADSES das Ziel, einen starken regionalen Interessenblock gegen Rußland zu formieren. Von daher wurde auch die Teilnahme der Tschetschenischen Republik an den Verhandlungen über die Gründung dieser Allianz nicht ausgeschlossen«,[2855] so Aschot MANUTSCHARJAN.

Dieses ›Transkaukasische‹ Haus sollte mit der NATO verbunden werden. »Zudem erhofften sich die Protagonisten dieser Initiative eine aktive Unterstützung von seiten der Türkei und der USA. Insbesondere in Tiflis träumten die Vertreter dieser Politik von einer Stellung Georgiens als regionaler Führungsmacht. In dem Zeitraum 1992/1993 war Aserbaidschan derjenige Verbündete, der Georgien in der Region die meisten Vorteile bot. In Tiflis glaubte man, ein gemeinsamer Block mit Baku werde angesichts der pro-türkischen Ausrichtung des aserbaidschanischen Präsidenten Abulfas ELCIBEY auch eine enge Verbindung zur NATO und zu den USA ermöglichen, so daß sich Georgien ein verlockender Ausweg aus der militärpolitischen Umklammerung durch Rußland zu eröffnen schien. Es war also kein Zufall, daß SCHEWARDNADSE in seinem Bestreben, das ›Transkaukasische Haus‹ zu errichten, zuerst Aserbaidschan besuchte. Die aserbaidschanische Regierung wiederum begrüßte die anti-rußländische Ausrichtung Georgiens und gewährte Tiflis umfangreiche Hilfe in Form von Krediten und Öllieferungen.«[2856]

Bei diesen georgisch-aserbaidschanischen Verhandlungen spielte auch die Verlegung von künftigen Öl- und Gaspipelines von Baku unter Umgehung Rußlands nach Westen in die Türkei eine Rolle – die Grundlagen des späteren BTC-Pipelinekorridors wurde hier vorweggenommen. »In diesem Zusammenhang bat Tiflis die aserbaidschanische Regierung zu prüfen, ob die geplanten Gaspipelines bis zu einem georgischen Schwarzmeerhafen – Poti oder Batumi – verlängert oder ob sie über georgisches Territorium bis in die Türkei verlegt werden könnten.«[2857] Auch Aserbaidschan strebte eine regionale Organisation unter dem Namen »Das internationale Forum – Kaukasisches Haus« an, die als Bündnis rein islamischer Republiken einschließlich Tschetscheniens und weiterer kaukasischer Völker geplant war. Wie MANUTSCHARJAN schreibt, versuchte Georgien, diesem Staatenbund beizutreten mit dem Ziel, die Staaten dieser Region gegen Rußland einzunehmen.[2858]

Diese Maßnahmen im Kaukasus führten dazu, daß Rußland seine Aufmerksamkeit dem Kaukasus zuwandte. Es erkannte die Gefahr der Bildung solcher regionalen Militärbündnisse, die zudem von der Türkei unterstützt wurde, und es gelang Moskau, die Gründung dieser kaukasischen Konföderationen zu verhindern und Aserbaidschan sowie Georgien zum Beitritt zur GUS zu bewegen.

Festzuhalten ist, daß der Druck Rußlands, Georgien in die GUS einzubinden, eine Folge der antirussischen Außenpolitik dieses Kaukasusstaates und seines Bestrebens war, den Kaukasus in die NATO einzugliedern. Die Möglichkeit einer Anwesenheit von NATO-Streitkräften an der russischen Südflanke ließ im russischen Verteidigungsministerium alle Alarmglocken läuten und trug auch entscheidend zur Änderung der Moskauer Haltung im georgischen Abtrennungskonflikt bei. Nachdem Rußland zu der Überzeugung gelangt war, daß Georgien die russischen Interessen in der Region nicht berücksichtigen würde, begann es, die Abtrennungskonflikte zu benutzen, »um eine Änderung des außenpolitischen Kurses der Regierung in Tiflis zu erreichen und Georgien wieder in den rußländischen Machtbereich einzugliedern« sowie die eigene Position in Georgien zu festigen.[2859]

Demgegenüber beschleunigte Georgien – was auch durch mehrere Stellungnahmen SCHEWARDNADSES zum Ausdruck gebracht wurde – seinen außenpolitischen Kurs. Dieser sah »einerseits eine stärkere US-Präsenz in der südkaukasischen Region und andererseits die Integration in europäische politische, wirtschaftliche und sicherheitspolitische Strukturen mit dem Ziel der vollen Mitgliedschaft in der EU vor«.[2860] Der Weg zur NATO-Mitgliedschaft wurde durch die Aufnahme Georgiens in das NATO-Programm ›Partnership for Peace‹ gebahnt, was in der Folgezeit zum weiteren Zufluß von US-Militärhilfe führte, unter anderem von US-Helikoptern zur Grenzüberwachung, verbunden mit Manövern von georgischen und US-Bodentruppen.[2861] Ergänzend ist Georgien seit 1995 in die euro-atlantische Partnerschaft der NATO eingebunden. »Die Türkei sekundiert dabei den USA mit Trainingsprogrammen in der Türkei und seit 1998 mit Hilfe von über zehn Mio. US-Dollar für die georgische Verteidigung.«[2862] Darüber hinaus war Georgien die treibende Kraft bei der Errichtung der GUUAM, welche sich im April 1999 unter der Schirmherrschaft der NATO zu einem festen Sicherheitsbündnis konsolidierte und durch gemeinsame Manöver der Beteiligten mit den Streitkräften der USA und der Türkei gefestigt wurde. Seit dieser Zeit erkannte die US-Machtelite die Bedeutung Georgiens für ihre transkaukasischen Pipelinepläne im Sinne der ›Seidenstraßenstrategie‹.

Was einer Mitgliedschaft Georgiens in der NATO im Wege stand, waren die ungelösten ethnischen Konflikte sowie die Präsenz russischer Streitkräfte. Das Dilemma, vor dem Georgien stand, beschreibt Rainer FREITAG-WIRMINGHAUS wie folgt: »So kann Georgien einerseits nicht hoffen, Abchasien zurückzugewinnen, solange Rußland die Teilung unterstützt, andererseits nimmt die NATO keine neuen Mitglieder mit ungelösten ethnischen Konflikten auf. Der Verlust Abchasiens scheint in beiden Szenarien Realität zu werden: sowohl mit russischen Truppen im Land und ohne Hoffnung auf einen NATO-Beitritt als auch bei einer Befreiung von russischen Stützpunkten und Festigung der NATO-Beziehung.«[2863]

5.3 Der 11. September ermöglicht es den USA, in Georgien militärisch Fuß zu fassen

Bemerkenswert ist, daß die militärische Zusammenarbeit der USA mit den kaukasischen Staaten zuzunehmen begann, als die US-Machtelite die BTC-Pipeline durchsetzen konnte, wobei diese durch eine Erdgasleitung vom aserbaidschanischen Scha-Deniz vor Baku über Tiflis bis ins türkische Erzerum ergänzt wurde. »Vor allem der Abschluß von Förderverträgen amerikanischer Firmen in der Region seit 1994 hatte das Interesse der US-Außenpolitik auf den Südkaukasus und Mittelasien gelenkt. Georgien und Aserbaidschan hatten bereits Anfang 1999, zum Mißfallen Moskaus, westlichen Beistand in Fragen der Pipelinesicherheit vorgeschlagen, insbesondere durch eine Unterstützung durch die USA oder die NATO. 1999 schlossen beide Länder einen Vertrag, der Hilfe im Bereich der militärischen Sicherheit vorsieht. Im November und Dezember 2001 modifizierten sie lediglich einige Aspekte des Programms und legten einen größeren Schwerpunkt auf die Terrorbekämpfung.«[2864]

In diesem Zusammenhang nahm auch die Zusammenarbeit mit den USA zu. Georgien erhielt vom US-Kongreß finanzielle Beihilfen zur Lösung des Abchasienkonflikts. Das Pentagon setzte sich umfassend mit der Frage der Pipelinesicherheit auseinander, und ein Vertrag über die Zusammenarbeit beider Militärbehörden von 1999 »beinhaltet gegenseitige Besuche von Militärs, das Studium georgischer Soldaten an amerikanischen Militärakademien und vor allem eine Zusammenarbeit der Flottenverbände. Die Kooperation zwischen den amerikanischen Joint Chiefs of Staff und georgischen Militärs reicht zurück bis zum Beginn der 90er Jahre... Schon im Jahr 1998 lag die Finanzhilfe der USA für Georgien bei etwa 90 Mio. US-Dollar«.[2865]

Für die Sicherheit der Rußland umgehenden Pipelineinfrastruktur wurde die Einflußnahme der NATO auf Georgien immer wichtiger. Wie schon erwähnt, ist Georgien Mitglied des ›Partnership-for-Peace‹(PfP)-Programms, das ein wichtiges Instrument der NATO darstellt, Nicht-NATO-Staaten direkt an das Bündnis zu binden, wodurch die PfP-Teilnehmer in die Lage versetzt werden, mit NATO-Streitkräften in der Stabilitätssicherung zusammenzuwirken. Über das PfP-Abkommen hatte die NATO sogar die Möglichkeit, in die Sezessionskonflikte zugunsten Georgiens einzugreifen. Georgien hatte schließlich das PfP-Dokument unterzeichnet, in dem es heißt: »Die NATO wird mit jedem aktiven Teilnehmer an der Partnerschaft in Konsultationen eintreten, wenn dieser Partner eine direkte Bedrohung seiner territorialen Integrität, politischen Unabhängigkeit oder Sicherheit sieht«[2866] – eine Vereinbarung, die auch gegen die Stationierung russischer Streitkräfte gerichtet war und von Moskau ebenso als Bedrohung aufgefaßt werden mußte.

Der Wunsch Georgiens nach einer Einbindung von NATO-Streitkräften wurde auch im Dezember 1998 deutlich, als der georgische Verteidigungsminister eine Peacekeeping-Truppe unter Mithilfe der NATO mit Kontingenten aus den GUAM-Staaten forderte, die in der Region des Schwarzen und des Kaspischen Meeres eingesetzt werden sollte. Georgien sprach sich zudem für die Durchführung von PfP-Manövern auf seinem Gebiet aus. Schon Anfang 1998 war eine engere Zusammenarbeit zwischen Georgien und der NATO im Gespräch, die über die PfP hinausgehen würde.[2867]

Das Ziel Georgiens, eine US-Präsenz in seinem Land zu erhalten, die eine NATO-Aufnahme des Kaukasus beschleunigen sollte, erfüllte sich im Zuge der Ereignisse des 11. September 2001. Hier – so Sebastian Mayer – kam der Punkt der Terrorbekämpfung lediglich als eine weitere Facette zu bereits bestehenden Programmen hinzu und wurde als überzeugendere Rechtfertigungsgrundlage für die Anwesenheit von US-Streitkräften in dem Land und für eine Vertiefung der Zusammenarbeit bei der Verteidigung genutzt. »In erster Linie wollen die USA durch den Aufbau einer effektiven georgischen Streitmacht ein sicheres Umfeld für den Export und den Transport von Energieträgern schaffen«[2868], und US-Regierungsvertreter hatten angekündigt, sich an der Lösung der Abtrennungskonflikte zu beteiligen. Dies war für die US-Geopolitik auch wichtig, denn Georgien »stellt das letzte Bindeglied in diesem Ost-West-Korridor dar, ohne das ein Transport der Energieträger nicht stattfinden kann«.[2869]

Der Katalysator für diese Entwicklung hieß Pankisi-Schlucht. Diese knapp dreißig Kilometer lange und bis zu drei Kilometer breite Schlucht ist eine Siedlungsenklave von Tschetschenen an den Quellen des Argun-Flusses und befindet sich im Grenzgebiet zwischen Tschetschenien und Georgien, allerdings auf georgischem Hoheitsgebiet. Wie die *Frankfurter Rundschau* enthüllte, hatte dort der radikal-islamistische Flügel des tschetschenischen Separatismus unter der Führung von Ibn-ul-Chattab seine Bastionen.[2870] Neben siebenhundert tschetschenischen Kämpfern hielten sich dort auch hundert ausländische militante Islamisten aus arabischen Ländern auf.[2871] Das Pankisi-Tal war auch der Rückzugs- und Ruheraum des tschetschenischen Warlords Ruslan Gelajew, der von dort aus immer wieder Angriffe und Anschläge auf russischem Territorium unternahm. Nach Enthüllungen der *Süddeutschen Zeitung* bereiteten Gelajews Rebellen im Sommer 2002 eine größere Militäraktion vor und setzten sich bereits in kleineren Gruppen über die Grenze nach Tschetschenien hin ab. »Außerdem waren im Pankisi Kämpfer zu sehen, die sich offensichtlich auf einen solchen Einsatz vorbereiteten. Sollten GELAJEWS Kämpfer in größerer Zahl ins Kriegsgebiet gelangen, dürfte es für die russische Armee noch schwieriger werden, die Lage zu kontrollieren. In den russischen Medien war... darauf hingewiesen worden, daß die Armee trotz aller Härte auch diesen zweiten Tschetschenienkrieg bisher nicht habe für sich entscheiden können.«[2872] Auch die *Frankfurter Allgemeine Zeitung* sprach davon, daß es bekannt gewesen sei, daß GELAJEW eine militärische Aktion vorbereitet habe.[2873]

Vieles spricht dafür, daß diesem eine Provokation Georgiens zugrunde lag, um gezielt einen russischen Schlag gegen georgisches Gebiet herauszufordern, der dann die Notwendigkeit eines NATO-Beitritts des Kaukasusstaates begründen und beschleunigen sollte. Wie sich herausstellte, war der georgischen Regierung das Bestehen dieser tschetschenischen Freischärler auf ihrem Hoheitsgebiet bekannt. Recherchen der *Süddeutschen Zeitung* zufolge hatte die georgische Führung den Aufenthalt GELAJEWS und seiner Kämpfer lange bestritten, »macht aber inzwischen keinen Hehl mehr daraus«.[2874] Weiteres enthüllten die *Blätter für deutsche und internationale Politik*: »Georgische Militärs waren dabei erwischt worden, wie sie mit Hilfe tschetschenischer Freischärler bewaffnete Provokationen in Abchasien anzettelten. Sie hatten eine 400 Mann starke Gruppe unter Führung des ehemaligen ›Feldkommandanten‹ Ruslan GELAJEW an die Waffenstillstandslinie mit Abchasien transportiert, von wo aus sie gemeinsam mit georgischen Guerilleros, die eine militärische Rückgewinnung der abtrünnigen Provinz anstreben, auf abchasisches Territorium eindrangen. Die Operation endete blutig. Abchasische Millizen rieben die Eindringlinge mit russischer Hilfe auf. Es drohte ein Wiederaufleben des Bürgerkrieges unter direkter Beteiligung russischer Truppen, die in Abchasien als CIS-Friedenstruppen stationiert sind. Danach konnte SCHEWARDNADSE die Anwesenheit tschetschenischer Rebellen in Georgien nicht mehr leugnen, und der Druck aus Moskau verschärfte sich.«[2875]

Folgt man Jürgen ROTH, hatte sich sogar im Hintergrund eine Kollaboration zwischen dem CIA und georgischen Kräften zur Unterstützung tschetschenischer Terroristen gebildet: »Was jedoch nicht verschwiegen werden sollte: In Georgien unterhält die CIA ein Büro, von dem aus diese Tschetschenen in der Vergangenheit massiv unterstützt wurden.«[2876] Tatsächlich hatten die Rebellen »in Georgien bisher ihr sicheres Rückzugsgebiet: Die grenznahe Pankisi-Schlucht wird von den georgischen Sicherheitskräften schon seit langem nicht mehr kontrolliert. So bildete die Schlucht... das ideale Versteck vor der russischen Armee und einen sicheren Ruheraum«.[2877]

Auch dieser Umstand spricht für die wohlwollende Unterstützung der georgischen Führung für den tschetschenischen Separatismus. Rußland selbst bezeichnete das Pankisi-Tal vor diesem Hintergrund als »Mini-Afghanistan«[2878] und sah es als Teil einer Terrorachse an, die von Afghanistan über das moslemische Aserbaidschan ins nördliche Georgien und von dort nach Tschetschenien und Kabardino-Balkarien führt.

Die russische Reaktion folgte umgehend. Rußland forderte schon seit Monaten eine »Säuberungsaktion« im Pakisi-Tal und hatte mehrfach gedroht, die Region mit eigenen Truppen zu säubern, falls Georgien nicht geeignete Maßnahmen ergreifen sollte.[2879] Georgische Behauptungen über russische Luftangriffe auf das Pankisi-Tal konnten nicht bestätigt werden.[2880] Verdächtig – und auch dies stützt die These einer heimlichen Unterstützung der tschetschenischen Kämpfer durch Georgien – war zudem die Tatsache, daß sich die georgischen Behörden weigerten, dreizehn festgenommene tschetschenische Kämpfer an Rußland auszuliefern.[2881] Rußland sah in dem Verhalten Georgiens einen Verstoß gegen die UNO-Resolution 1373, deren Unterzeichner sich verpflichtet hatten, auf ihrem Staatsgebiet terroristische Handlungen zu unterbinden. Sämtliche Vorschläge Rußlands, eine Militäraktion im Pankisi-Tal durchzuführen, lehnte Georgien strikt ab.[2882]

Statt dessen wollte Georgien in Anbetracht der russischen Drohungen, das Pankisi-Problem gegebenenfalls durch einen einseitigen Militärschlag zu lösen, die militärische Zusammenarbeit mit den USA verstärken und insbesondere einen NATO-Beitritt beschleunigen. Bereits im Februar 2002 stationierte Washington 200 Elitesoldaten in Georgien, und US-Militärberater hatten in Tiflis Gespräche aufgenommen, um eine Vereinbarung zur Zusammenarbeit mit Georgien, Aserbaidschan und Armenien vorzubereiten.[2883] Offizieller Anlaß für diese Stationierung war eine angebliche Al-Qaida-Präsenz im Pankisi-Tal, für die es aber keine Beweise gab,[2884] und die US-Soldaten sollten die georgische Armee im ›Anti-Terror-Krieg‹ ausbilden. »In Wirklichkeit, so bestätigen es georgische Quellen, war es den Vereinigten Staaten und dem georgischen Präsidenten Eduard SCHEWARDNADSE darum gegangen, einen Vorwand für die Aufnahme von US-Truppen in dem südkaukasischen Land zu finden. Georgien sucht die Aufnahme in die NATO, was Rußland vehement ablehnt. Die USA wiederum sehen in Georgien den Garant des ungestörten Exportes von Erdöl und Erdgas aus Zentralasien.«[2885]

Eine zusätzliche Aufgabe des US-Kontingents lag zudem darin, die Logistik zu den in der Folge des 11. September 2001 gewonnenen Militärbasen in Zentralasien zu sichern. Eine Versorgung der Stützpunkte in Kirgistan und Usbekistan war bislang nur über Pakistan und Afghanistan möglich gewesen. Aufgrund von deren Instabilität kam es darauf an, nach einer zweiten Möglichkeit zu suchen, die Georgien bilden sollte. Entscheidend für die Entsendung sollte aber die Kontrolle des Landes sein, da es ja die Drehscheibe der von den USA gewünschen Pipelineprojekte Baku–Tiflis–Ceyhan und Baku–Supsa war. Zu diesem Zweck mußte das Land unter US-Regie stabilisiert werden, zumal es aufgrund der Sezessionskonflikte ja unter einer dauerhaften Zerreißprobe stand. »Um die Pipeline-Pläne realisieren zu können, ist es freilich notwendig, die Stabilität von Georgien selbst zu sichern. . . Die Ankunft der US-Soldaten wird SCHEWARDNADSEs Position stärken und eine potentielle Ordnungsmacht etablieren, die ein weiteres Auseinanderfallen des Landes verhindern könnte.«[2886]

In diesem Sinn begannen die USA im Mai 2002 das ›Train and Equip Assistance Program‹, um die Fähigkeiten der georgischen Kräfte zu erhöhen, georgisches Territorium zu kontrollieren. Durch das ›Train and Equip Program‹ sowie das ›Border Security and Law Enforcement Program‹ unterstützten die USA Ausrüstung, Training und geheimdienstliche Aktivitäten, um georgische Grenzstreitkräfte, Zöllner, Verteidigungsministerium und auch die Küstenwache in die Lage zu versetzen, das georgische Territorium und seine Grenzen wirksam zu verteidigen.[2887] Dabei ging es auch um den Aufbau von georgischen Spezialeinheiten, die die geplante BTC-Pipeline bewachen sollten. Der Auftrag der US-Streitkräfte in Georgien war dabei konkret umrissen, wie Rizvan NABIYEV schreibt: »Die Gewährung der Sicherheit der Pipeline Baku-Tbilissi-Ceyhan ist eine der wichtigsten Aufgaben der US-amerikanischen Militärmission in Georgien.«[2888] Mit Gesamtkosten von über 65 Millionen Dollar stellte das ›Train and Equip Program‹ ein in Art und Umfang einmaliges Pilotprojekt auf dem Boden der ehemaligen Sowjetunion dar. Zum Vergleich erhielten selbst Aserbaidschan und Armenien zusammen nur ein Fünftel der US-Militärhilfe, die Georgien erhielt.[2889]

Moskau selbst protestierte scharf gegen das georgische Verhalten in der Pankisi-Krise. Der damalige Vorsitzende des außenpolitischen Ausschusses der Staatsduma, Dimitri ROGOSIN, bezeichnete die geheime Zusammenarbeit der Regierung SCHEWARDADSE mit den tschetschenischen Separatisten um GELAJEW als einen gegen Rußland gerichteten feindseligen Akt.[2890] Vieles spricht dafür, daß Georgien durch diese Provokation gegen Rußland testen wollte, inwieweit die USA bereit waren, Georgien zu verteidigen und russische Einflußnahme auf das Land zurückzuweisen. »Die Pankisi-Krise war ein Lackmustest, der die Verpflichtung der USA gegenüber der territorialen Integrität Georgiens nachdrücklich unter Beweis gestellt hat.«[2891]

Angesichts der russischen Drohungen, die Pankisi-Krise im Falle georgischer Untätigkeit eigenmächtig durch einen Militärschlag vorbeugend zu lösen, erfolgte auch prompt eine amerikanische Reaktion. »Zunächst von untergeordneter Stelle sagte der stellvertretende Sprecher des amerikanischen Außenministeriums, Phillip REEKER, Ende Juli: ›Wir wären sehr besorgt, wenn wir von Verletzungen der georgischen Souveränität erfahren würden.‹ Nachdem sich die Situation in der ersten Septemberhälfte dramatisch zugespitzt hatte und PUTIN in seiner Rede indirekt die Gleichung ›Irak gegen Georgien‹ aufstellte,[2892] wurde diese Offerte dann auch von höherer Stelle abgelehnt. Zunächst hatte die Sprecherin des US-Außenministeriums, Brenda GREENBERG, Mitte September erklärt, Washington unterstütze die territoriale Integrität Georgiens und lehne ›jede einseitige Militäraktion Rußlands‹ ab. ›Wir sprechen uns nachdrücklich gegen die Erklärung von Präsident PUTIN aus.‹ Etwas später sagte die Sicherheitsberaterin Condoleezza RICE der Regierung in Tbilissi eine nachhaltige Unterstützung der georgischen Souveränität und territorialen Integrität zu. Schließlich äußerte sich Präsident BUSH in einem Unterstützungsbrief für Georgien: ›Die USA fahren fort in ihrer Loyalität und ihrer Verpflichtung, Georgien zu helfen.‹«[2893]

Mit diesen diplomatischen Stellungnahmen hatten die USA gegenüber Rußland eine eindeutige ›rote Linie‹ gezogen – was SCHEWARDNADSE auch erreichen wollte. Unterstrichen wurde dies durch die NATO-PfP-Übung ›Cooperative Best Effort‹ im Juni 2002, an dem Militärpersonal aus 15 NATO-Mitglieds- und Partnerländern teilnahm. Gegenstand dieses Manövers war die Rückeroberung abtrünniger Territorien: »Das Übungsszenario basierte auf einem UN-mandatierten und NATO-geführten friedensunterstützenden Einsatz. Tedo TSCHAPARIDSE, der Vorsitzende des georgischen Nationalen Sicherheitsrates, sagte: ›Es ist nicht ausgeschossen, daß die hier ausgebildeten multinationalen Truppen später in den Friedensprozeß in der georgisch-abchasischen Konfliktzone einbezogen werden.‹ Auch Simon DUNN, Generalsekretär der Parlamentarischen Versammlung der NATO, hatte seinerseits die Bereitschaft der Allianz angedeutet, eine aktive Rolle in der Lösung der Konflikte der Region zu spielen.«[2894]

Beschleunigt wurde infolge der georgischen Provokationen auch die Diskussion um den NATO-Beitritt Georgiens. »Vor dem Hintergrund der russischen Interventionsdrohungen«, so die Analyse Sebastian MAYERS, »kündigte SCHEWARDNADSE Anfang August 2002 an, bis zum 1. November solle auf Beschluß des nationalen Sicherheitsrates eine Sonderkommission der Regierung ein Programm zur Integration in die nordatlantische Organistation ausarbeiten. Auf dem Prager NATO-Gipfel im November 2002 stellte SCHEWARDNADSE dann einen offiziellen Beitrittsantrag. Otar SCHALIKASCHWILI, Berater des amerikanischen Verteidigungsministers, bezeichnete das Vorgehen als abgestimmt, das amerikanische Verteidigungsministerium beurteile die Aussichten auf eine NATO-Mitgliedschaft positiv. Auf dem Gipfel sagten Generalsekretär Lord ROBERTSON in einer gesonderten Unterredung sowie der amerikanische Präsident BUSH in einem inoffiziellen zehnminütigen Gespräch mit SCHEWARDNADSE Unterstützung für das Ziel einer Vollmitgliedschaft zu.«[2895]

Damit hatte Georgien in Zusammenarbeit mit den USA ein wichtiges Etappenziel erreicht – vorbereitende Maßnahmen für eine NATO-Mitgliedschaft wurden eingeleitet. Das Schlußkommuniqué des Prager NATO-Gipfels sah schließlich für Staaten, die wie Georgien eine NATO-Mitgliedschaft wünschen, einen sogenannten ›Membership Action Plan‹ (Aktionsplan zur Mitgliedschaft) vor. In diesem wurden Maßnahmen und Voraussetzungen benannt, die zur Erreichung einer Mitgliedschaft ergriffen und erreicht werden müssen, einschließlich sogenannter »individueller Aktionspläne zur Partnerschaft«, umfassende und für jeden NATO-Anwärter spezifisch zugeschnittene Programme, die die Partnerländer auf die Erreichung politischer und ökonomischer Ziele festlegen und sie dabei unterstützen.[2896] In der NATO-Gipfelerklärung hieß es hierzu: »Wir ermutigen Partner, einschließlich der Länder in den strategisch wichtigen Regionen Kaukasus und Zentralasien, diese Mechanismen zu nutzen.«[2897] Die georgische Regierung hatte angekündigt, ihre Beitrittsaktivitäten zusammen mit Aserbaidschan und der Ukraine zu vereinbaren.[2898]

Georgien hatte es damit erreicht, die NATO und die USA als Schutz- und Garantiemächte seines Staates festzulegen. Diese nunmehr endgültige US- und NATO-Ausrichtung Georgiens führte auf der anderen Seite zu einem Wandel in der russischen Politik gegenüber diesem Kaukasusstaat: »In Rußland dominierte über lange Zeit das Konzept, eine Destabilisierung in den an Rußland grenzenden Staaten dürfe nicht zugelassen werden. Nun aber wird klar, daß gerade die jetzige Regierung in Georgien, die eine Rußland-feindliche Politik betreibt, eine Bedrohung für Rußland darstellt. Gerade diese Regierung provoziert Spannungen in Abchasien und Südossetien. Auch ist sie bemüht, das Land unter die NATO-Flagge zu bringen. Somit ist eine starke zentralisierte Macht in Georgien für Rußland viel schädlicher als eine Zergliederung des Landes in mehrere Mini-Republiken.«[2899] Spätestens seit diesem Zeitpunkt konnte Rußland nicht mehr auf eine Stabilisierung Georgiens im Rahmen der GUS setzen. Tiflis und Washington hatten in den neunziger Jahren russische Sicherheitsinteressen hintertrieben, indem man die schleichende Überführung dieses strategisch wichtigen Kaukasusstaates in das transatlantische Hegemonialbündnis einleitete. Um sich noch Einflußmöglichkeiten im Südkaukasus zu sichern, setzte Rußland jetzt auf die abtrünnigen abchasischen und südossetischen Sezessionisten und erklärte sich zu deren Schutzmacht vor dem georgischen Nationalismus.

Sowohl in den USA wie auch in Georgien war man sich über die Bedeutung der Pankisi-Krise im klaren. Wie Jaba Devdariani, Chefredakteur der Internetzeitung *Civil Georgia* und Mitarbeiter des in London ansässigen ›Instituts für Kriegs- und Friedensforschung‹, ausführte, entscheide sich am Pankisi-Tal, wer von den beiden Großmächten die Zukunft Georgiens bestimmen kann. »In Pankisi geht es den Amerikanern darum, den Russen klar mitzuteilen, daß Amerika keinerlei direkte oder indirekte russische Aktivität dulden wird.«[2900] Dieses Spiel um den Südkaukasus hatten die USA mit Hilfe der Pankisi-Krise und tschetschenischer Separatisten für sich gewonnen. Der antirussische Einkreisungsring von der Türkei bis zum Hindukusch konnte zwischen dem Schwarzen und dem Kaspischen Meer durch Georgien geschlossen werden. Die militärpolitischen Voraussetzungen für die Abtrennung des südeurasischen Raumes und die Kontrolle der ›Seidenstraße‹ konnte die US-Machtelite jetzt auch im Südkaukasus verwirklichen. Schon im Frühjahr 1997 hatte der ehemalige US-Verteidigungsminister Caspar Weinberger erklärt, daß mit einem Versuch Rußlands, die Erschließung und den Transport des kaspischen Erdöls zu kontrollieren, die langjährigen US-Interessen aufs Spiel gesetzt seien.[2901] Mit der strategischen Kontrolle Zentralasiens und des Südkaukasus – abgesichert durch die Stationierung von US-Streitkräften – war diese Gefahr nunmehr gebannt. Das Zerbrechen des russischen Pipelinemonopols und der russischen Kontrolle über den Transkaukasus ist, so das Nachrichtenmagazin *Der Spiegel,* »die eigentliche

Schlacht, die derzeit in Georgien geschlagen wird, und ein Grund dafür, daß Elitesoldaten aus den Kampfeinheiten der in Nahost stationierten US-Truppen trotz des Irak-Kriegs durch die georgische Landschaft kriechen, um kaukasische Bauernburschen im Nahkampf zu schulen: Wer die Pipelines in Georgien kontrolliert, macht sich unabhängig von Transitländern wie Rußland und Iran«.[2902]

6 Die Gegenstrategien der Russischen Föderation unter Wladimir W. Putin: die Renationalisierung des Energiesektors und die Wiedergewinnung des Einflusses in der GUS

Diese Entwicklungen wurden in Kreisen des russischen Militärs und der russischen Außenpolitik als geopolitische Niederlage erkannt. Der damalige JELZIN-Berater A. MIGRANJAN bezeichnete die Stationierung von US-Streitkräften in Zentralasien als »dritten geopolitischen Rückzug« Rußlands nach seiner »vollständigen Niederlage auf dem Balkan« und der »Beerdigung der jeweiligen Hoffnungen auf die Reintegration des postsowjetischen Raumes«.«[2903] MIGRANJAN zufolge würde der »zentralasiatische Brückenkopf als Aufmarschgebiet« nicht die »rote Linie« beim Eindringen der USA und des Westens nach Eurasien bilden, und er äußerte die Vermutung, daß künftig mit einer »milden Demontage Rußlands« seine Zerlegung und die Aufteilung seiner Ressourcen in Gang gesetzt würden.[2904]

Die russische Machtelite war sich dabei der Bedeutung der ›indirekten Strategie‹ der USA im Hintergrund bei der Destabilisierung Eurasiens durchaus bewußt. In einem Gespräch des damaligen Verteidigungsministers Igor SERGEJEW mit Vertretern der russischen Oberkommandos im November 1999 erklärte dieser, daß beispielsweise der Konflikt in Tschetschenien von ausländischen Kräften provoziert sei und den nationalen Interessen der USA diene. Er ergänzte, daß »die Politik des Westens eine Herausforderung Rußlands darstellt, mit dem Ziel, die internationale Position Rußlands zu schwächen und es von geostrategischen Regionen auszuschließen«.[2905]

In den sicherheitspolitischen Grunddokumenten wie der ›Konzeption für Nationale Sicherheit‹ vom Januar 2000 und der ›Neuen Militärdoktrin‹ vom April 2000 wurden schon Militärbasen und -kontingente anderer Staaten nahe der Grenzen Rußlands oder seiner Verbündeten offen als Bedrohung eingestuft.[2906] In diesen Dokumenten unterstrich Moskau seine Absicht, den russischen Staat zu stärken, militärisch aufzurüsten und auch staatliche Kontrollen über ausländisches Kapital wieder einzuführen. In der ›Nationalen Sicherheitsdoktrin‹ vom Januar 2000 werden als Bedrohung Rußlands bezeichnet: die »Stärkung miltärischer Blöcke und Allianzen« (wie der GUUAM und der NATO), die »Osterweiterung der NATO« sowie die mögliche Einrichtung »ausländischer Militärstützpunkte und eine bedeutende militärische Präsenz in unmittelbarer Nähe der russischen Grenzen«.

Michel CHOSSUDOVSKY schreibt hierzu: »Die USA wurden zwar nicht ausdrücklich erwähnt, aber das Dokument bezieht sich immerhin auf den ›Ausbruch und die Eskalation von Konflikten nahe den Grenzen der Russischen Föderation und den Außengrenzen der Gemeinschaft Unabhängiger Staaten‹, stellt mit Nachdruck fest, daß ›der internationale Terrorismus eine offene Kampagne zur Destabilisierung Rußlands‹ führe, und behält sich angemessene Aktionen vor, ›um geheimdienstliche und subversive Aktivitäten ausländischer Staaten gegen die Russische Föderation abzuwehren und zu unterbinden‹. Kaum vorstellbar, daß die russische Führung dabei nicht die verdeckten Operationen der CIA im Sinne hatte.«[2907]

Eine besonders ernste Sicherheitsgefährdung Rußlands sehen die Dokumente in der »in den Rang einer strategischen Doktrin erhobenen Praxis der NATO, außerhalb des Geltungsbereichs des Blocks militärische Gewalt auch ohne Sanktion des UN-Sicherheitsrates anzuwenden«.[2908] Ferner konzentriert sich das Gefahrenpotential für die Russische Föderation vor allem auf die Südgrenze und in erster Linie auf den Kaukasus, und dieser Teil stellt nicht nur für die Sicherheit Rußlands, sondern auch die des ganzen Kontinents, der Türkei sowie der angrenzenden zentralasiatischen Staaten ein erhebliches Risiko dar,[2909] da von dort aus nicht nur eine Kettenreaktion zur Destabilisierung und Spaltung der gesamten Russischen Föderation in Gang gesetzt werden kann, sondern auch, weil dessen Instabilität – wie am Beispiel Georgiens beleuchtet – ein Einfallstor für raumfremde Imperialmächte bietet.

Bestimmt war diese Neudefinition der russischen Außen- und Sicherheitspolitik – die sogenannte »PUTIN-Doktrin« (Aschot MANUTSCHARJAN) – durch den Kosovo-Krieg und das US-Rüstungsprogramm für ein Nationales Raketenabwehrsystem. Beide waren Symbol für ein unilaterales, global-hegemoniales Strategiekonzept der US-Machtelite, die auf russische Sicherheitsinteressen keine Rücksicht nahm. Wie oben dargestellt, war insbesondere das ›National Missile Defense‹ (NMD)-Programm der Regierung BUSH eine Bedrohung der Sicherheit Rußlands, stellte dieses doch eine Abkehr der USA vom ABM-Vertrag von 1972 dar, durch den seinerzeit sowohl die USA als auch die UdSSR vom Einsatz atomarer Waffen abgehalten werden sollten. Im ersten Amtsjahr PUTINS jedoch »scheiterten alle diplomatischen Versuche des russischen Präsidenten, die US-Regierung vom Programm für eine Nationale Raketenabwehr. . . abzubringen«.[2910]

Die Folge war eine Politik, der globalen US-Hegemonie entgegenzutreten und statt dessen entsprechend der PRIMAKOW-Doktrin für eine »multipolare Weltordnung« einzutreten. Dieses antihegemoniale Konzept zog eine verstärkte Zusammenarbeit Rußlands mit Indien, der Volksrepublik China, Nordkorea und auch der Islamischen Republik Iran nach sich, die in der Hauptsache von Waffenlieferungen bestimmt war. Besonders die rüstungstechnische Zusammenarbeit mit dem Iran war als Reaktion auf das amerikanische NMD-Programm anzusehen, wobei Rußland auch den Bruch des TSCHERNOMYRDIN-GORE-Memorandums von 1995 in Kauf nahm, wodurch Moskau seinerzeit als Gegenleistung für Finanzhilfen der USA auf Rüstungslieferungen an den Iran verzichtete.[2911]

Aschot MANUTSCHARJAN zufolge war mit dem 11. September 2001 sowie mit dem Irak-Krieg 2003 eine »globale geopolitische Revolution« eingetreten.[2912] »Ursächlich verantwortlich ist dafür nicht nur die Veränderung der Machtverhältnisse im Nahen und Mittleren Osten nach dem Irak-Krieg, sondern auch die neue sicherheitspolitische Lage im post-sowjetischen Raum. . . Ein Ergebnis dieses Prozesses ist die militärische Präsenz der USA in Zentralasien und im Kaukasus.«[2913] Der Vorsitzende des Verteidigungsausschusses der russischen Staatsduma, Andrej NIKOLAJEW, bezeichnete diese Entwicklung auch folgerichtig als eine »neue Aufteilung der Welt und als Kampf um Einflußsphären«.

PUTIN erkannte, daß er dieser Entwicklung – der Eingliederung Eurasiens in das globale Hegemonialkonzept der USA – nicht viel entgegenzusetzen hatte: »Ohnmächtig verfolgt der Kreml seitdem die Errichtung von weiteren US-Militärstützpunkten an den russischen Südgrenzen. Hinzu kommt die verstärkte amerikanische Militärpräsenz in den osteuropäischen und baltischen NATO-Mitgliedsstaaten. Washington denkt also nicht daran, den Druck auf Rußland zu reduzieren.«[2914] Die Grenzen seiner eigenen Sicherheitspolitik wurden PUTIN hingegen schnell deutlich: Es war der Mangel an Geld. Mit rund 150 Milliarden US-Dollar stand Rußland bei ausländischen Gläubigern in der Kreide. Dadurch waren die Möglichkeiten Rußlands, den USA rüstungspolitisch entgegenzutreten, nur sehr eingeschränkt. »Denn allein ein Vergleich des Bruttoinlandsprodukts (BIP) der Vereinigten Staaten und Rußlands zeigte, wer die ›Materialschlacht‹ gewonnen hatte. So erreichte das BIP der USA im Jahre 2001 9825 Milliarden US Dollar, während Rußland gerade einmal auf 260 Milliarden US Dollar kam. Allein für das Jahr 2004 hat der amerikanische Kongreß den Militärhaushalt auf 401 Milliarden US Dollar aufgestockt.«[2915]

Damit zeigte sich, daß allein der US-Miltärhaushalt fast doppelt so hoch wie das Gesamt-BIP der russischen Volkswirtschaft war. General Leonid IWASCHOW, Miglied des russischen Generalstabs, beschrieb die US-Politik gegenüber Rußland mit den Worten: »Gegenüber Rußland wird (von den USA, Anm. des Verf.) eine Strategie der Herabsetzung seiner Rolle in den internationalen Beziehungen, des Verdrängens aus dem postsowjetischen Raum und der Umgebung mit Militärstützpunkten zur Verringerung seiner Möglichkeiten zum geopolitischen Manöver durchgeführt.«[2916]

6.1 Putins Politik der Reintegration des postsowjetischen Raumes

Im Juli 2007 führte PUTIN eine Bestandsaufnahme der russischen Außenpolitik durch, in der er deren Ausgangsvoraussetzungen und Ziele beschrieb. Darin stellte er einen wachsenden Gegensatz zwischen der Russischen Föderation und der globalen Hegemonialmacht USA fest, die durch folgende Faktoren bestimmt sei:

– die NATO-Erweiterung in den Westteil des postsowjetischen Raumes,
– die Diskussion um den möglichen NATO-Beitritt Georgiens und der Ukraine,
– das einseitige Vorgehen der USA unter Mißachtung völkerrechtlicher Nor-

men (Kosovo-Krieg, de-facto-Aufkündigung des ABM-Vertrages, der Angriff auf den Irak),

– die US-Pläne zur Stationierung eines Raketenabwehrsystems in Polen und Tschechien und

– nicht zuletzt die amerikanische Energiepolitik in Zentralasien.[2917]

Gerade im letzteren Bereich betreiben die USA entsprechend der Forderung des US-Energie- und Zentralasien-Experten Frederick STARR den Ausbau einer von Rußland unabhängigen Transportinfrastruktur für Erdöl und Erdgas und »treten offensiv für eine Restrukturierung des zentralasiatischen Elektrizitätsmarktes ein, was eine stärkere Integration der regionalen Ökonomien in den südasiatischen Raum zur Folge hätte«[2918] – mit der Folge eines Ausschlusses Rußlands vom zentralasiatischen Öl- und Erdgasmarkt.

Aufgrund dieser Entwicklungen, so die Bestandsaufnahme, hatte der postsowjetische Raum, besonders sein zentralasiatischer Teil, für die russische Außen- und Sicherheitspolitik erheblich an strategischem Gewicht gewonnen.[2919] Das Strategiepapier kam zu dem Schluß, daß der Schwerpunkt der russischen Außen- und Sicherheitspolitik im postsowjetischen Raum liegen müsse. Rußland hat demzufolge als »Integrationsknoten« Eurasiens die Aufgabe, eine Führungsrolle in der postsowjetischen Staatenwelt zu übernehmen und neben der sicherheitspolitischen vor allem auch die ökonomische Einbindung des eurasischen Raumes sicherzustellen. Folglich – so Andrea SCHMITZ – wurde in dem Dokument auch die wirtschaftliche Dimension hervorgehoben, die als Grundlage der Beziehungen zwischen Rußland und den Staaten des postsowjetischen Raumes und zugleich als Schwerpunkt der Zusammenarbeit gesehen wird. »Zentralasien wird mit Blick auf die regionalen Integrationsprozesse im postsowjetischen Raum eine Schlüsselrolle zugewiesen. Bemühungen der USA, die zentralasiatischen Ökonomien stärker nach Südasien auszurichten und sie damit dem russischen Orbit zu entfremden, werden als Bedrohung der eigenen Interessen gewertet.«[2920]

Dmitri TRENIN, Mitarbeiter am Carnegie Moskow Center, bestätigt diesen Inhalt der ›PUTIN-Doktrin‹: »Wesentliches Ziel dieser Strategie wird in der nahen Zukunft die Wiederherstellung des russischen Einflusses auf die Staaten der früheren Sowjetunion sein. Man kann diese Strategie als ›Operation GUS‹ bezeichnen. Ihr Ziel ist nicht die Wiederherstellung der Sowjetunion. Alle GUS-Staaten – mit der möglichen Ausnahme Weißrußlands – werden ihre Souveränität behalten. Rußlands Transformation in einen wirtschaftlichen Anziehungspunkt für die GUS wird die wesentliche Kraft sein, die dem neu erstandenen strategischen Einfluß Rußlands zu Grunde liegt.«[2921] Seiner Erkenntnis zufolge wird die Realpolitik Rußlands des 21. Jahrhunderts »in der Verschmelzung von Geopolitik und Geoökonomie, ergänzt durch militärische Macht« liegen.

PUTIN erkannte, daß die hergebrachten Strukturen der GUS nicht geeignet waren, diese Reintegrationsstrategie zu fördern. Aus diesem Grund wurden hierzu neue Strukturen geschaffen, und zwar sowohl im sicherheitspolitischen als auch im ökonomischen Bereich, welche die »Wirtschaftskooperation der zentralasiatischen Staaten untereinander und mit dem Westteil des postsowjetischen Raumes vertiefen und sie auf diesem Wege stärker an Rußland binden sollten. Die wichtigsten regionalen Wirtschaftsorganisationen sind die im Jahr 2000 von Rußland, Belarus, Kasachstan, Kirgistan und Tadschikistan gegründete ›Eurasische Wirtschaftsgemeinschaft‹ (EurasEC), der 2006 auch Usbekistan beitrat, und der 2003 geschaffene ›Gemeinsame Wirtschaftsraum‹ (CES), dem neben Rußland, Kasachstan und Belarus auch die Ukraine angehört und der nach Moskaus Vorstellungen als Integrationsmotor dienen soll. Im Oktober 2007 vereinbarten die EurasEC-Mitgliedsstaaten die Gründung einer Zollunion, die bis 2011 erfolgt sein soll. Diese würde jedoch zunächst einmal auf Rußland, Belarus und Kasachstan beschränkt bleiben. . .«[2922] Insbesondere der ›Gemeinsame Wirtschaftsraum‹ sollte nach russischen Plänen zu einem Gravitationszentrum und Kristallisationskern eines »neuen, realistischen, wirtschaflichen und politischen Integrationsprozesses« werden.[2923] Wie Christian Wipperfürth darstellt, ist Putin mit diesem Versuch, eine Art ›Ost-EU‹ zu bilden, insbesondere am Widerstand der Ukraine gescheitert. Auf der anderen Seite aber begünstigten »die Bemühungen um regionale Integration die Geschäftstätigkeit russischer Unternehmen – sie konnten Einfluß auf die Politik der Mitgliedsstaaten nehmen und sich dadurch Wettbewerbsvorteile verschaffen«.[2924]

Die Integration wurde auch auf sicherheitspolitischem Gebiet intensiviert. Im Bemühen, dem drohenden Einflußverlust entgegenzuwirken, verstärkte Rußland die multilaterale sicherheitspolitische Zusammenarbeit im Rahmen des Vertrages für kollektive Sicherheit. »Als Antwort auf den zunehmenden Einfluß der USA«, so Rainer Freitag-Wirminghaus, »förderte Putin seit seinem Machtantritt die Stärkung der militärpolitischen Kooperation innerhalb der GUS.«[2925] Vor diesem Hintergrund wurde im Mai 2002 die Weiterentwicklung des Vertrages für kollektive Sicherheit von 1992 zur ›Organisation des Vertrages über Kollektive Sicherheit‹ (CSTO) beschlossen, der als zentraler Mechanismus für die Koordination der Außen- und Sicherheitspolitik ihrer Mitglieder wirken soll. Laut Freitag-Wirminghaus ist es Rußland damit erstmalig gelungen, den Sicherheitsvertrag »zu einem ernst zu nehmenden Organ« auszubauen: »Darin sind die zentralasiatischen Staaten – mit Ausnahme Usbekistans und des neutralen Turkmenistans – mit Weißrußland und Armenien zu einem festen GUS-Kern unter russischer Führung zusammengeschlossen.«[2926]

Die CSTO sollte als regionale Sicherheitsorganisation ausgebaut und von Rußland gleichzeitig als Instrument einer verstärkten bilateralen Zusammenarbeit eingesetzt werden. »So verpflichtet die CSTO ihre Mitglieder zum gegenseitigen Beistand, falls einer der Unterzeichnerstaaten Bedarf anmelden sollte. Die Vertragspartner sind gehalten, einander über ihre sicherheitspolitischen Beziehungen zu Drittstaaten zu informieren und militärische Aktivitäten von Drittstaaten auf dem eigenen Territorium nur nach wechselseitiger Absprache zuzulassen. Gleichzeitig nutzt Rußland die Organisation, um die zentralasiatischen Staaten durch den Transfer von Rüstungstechnologie und militärischem Know-how an sich zu binden. Moskau bietet den Mitgliedern der CSTO an, russische Waffen und Ausrüstung zum Inlandspreis zu kaufen und Truppenpersonal zur Aus- und Weiterbildung an die Militärakademien der Russischen Föderation zu schicken.«[2927]

Den Organen CSTO und EurasEC weist der oben genannte Rechenschaftsbericht Putins über die russische Außenpolitik eine grundlegende Rolle bei der Reintegration des eurasischen Raumes zu.

6.2 Die ›Shanghaier Organisation für Zusammenarbeit‹ (SCO)

Die wichtigste Rolle bei der Umsetzung der Eurasienpolitik Putins spielte die ›Shanghaier Organisation für Zusammenarbeit‹ (SCO), mit der die beiden Hauptelemente Putinscher Geopolitik – einerseits die Einbindung des postsowjetischen Raumes, andererseits die Schaffung einer antihegemonialen ›multipolaren Weltordnung‹ – miteinander verbunden werden sollten. Diese Organisation ging aus der ›Shanghai-Fünf‹-Gruppe hervor, die sich zwischen Rußland, der Volksrepublik China und ihren drei zentralasiatischen Nachbarn Kasachstan, Kirgistan und Taschikistan 1996 in Shanghai bildete. Auf Anregung der Volksrepublik China waren Mitte der neunziger Jahre Gespräche zwischen den genannten Staaten geführt worden. Ihr Ziel war die Klärung von Grenzfragen, die Schaffung von vertrauensbildenden Maßnahmen und der beiderseitige Truppenabbau an den Grenzen der beteiligten Staaten. 1996 unterzeichneten die Beteiligten in Shanghai den ›Vertrag über die Vertiefung des militärischen Vertrauens in den Grenzregionen‹. 1997 erfolgte die

SCO-Karte

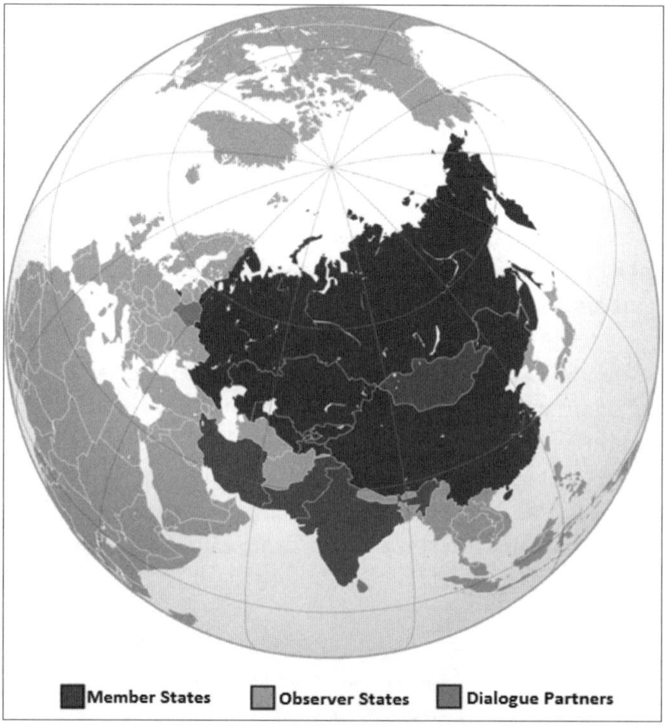

Unterzeichnung eines ›Vertrages über die Reduzierung der Streitkräfte in Grenzregionen‹ durch dieselben Staaten.

Im Rahmen dieser Gespräche wurden zunächst die bestehenden Grenzstreitigkeiten zwischen China und den Nachfolgestaaten der UdSSR beigelegt, wobei die chinesische Seite sich auch mit für sie unvorteilhaften Verhandlungsergebnissen zufrieden zeigte, da für sie Stabilität Vorrang besaß. »Die weitere Zusammenarbeit zwischen den Mitgliedern der Organisation sollte sich auf ein koordiniertes Vorgehen in gemeinsamen Sicherheitsfragen, wie der Terrorismusbekämpfung und der Abwehr eines militanten Islam, konzentrieren. Schwerpunkte bildeten die Themen: Taliban in Afghanistan, die Tschetschenienfrage und die Islamische Bewegung Ost-Turkestan. 1999 wurde die Agenda der Organisation auf die Bereiche wirtschaftliche Zusammenarbeit, Wahrung der Stabilität in der Region und Umweltbelange ausgeweitert. Daneben sollte auch gegen grenzüberschreitenden Drogen- und Waffenschmuggel vorgegangen werden. Die gemeinsame Bekämpfung der im chinesischen Sprachgebrauch so bezeichneten ›Drei Kräfte‹: Terrorismus, Separatismus und religiöser Extremismus wurde als oberstes Ziel formuliert«.[2928]

Dabei geht es China vor allem auch darum, die Gefahr der separatistischen Uigurenbewegung im Westen seines Landes einzudämmen und ein Übergreifen solcher Bewegungen von Zentralasien auf das eigene Land zu verhindern. Folgt man Rainer Rupp, so erfolgte die Gründung der ›Shanghai-Fünf‹ vor dem Hintergrund des von den USA entfachten neuen ›Great Game‹, in dem auch, wie oben beschrieben, die Förderung des islamistischen Untergrundes zur Destabilisierung Chinas und Rußlands eine Rolle spielte. Die zentralasiatischen Staaten waren für die USA nicht nur energiepolitisch von hohem Interesse, sondern sie boten zudem »für den Westen ein Sprungbrett für Operationen gegen den ›weichen Unterleib des russischen Bären‹ und gegen die von separatistischen Unruhen erschütterte Provinz Xinijang im Westen Chinas«[2929] – eine Entwicklung, die zur Wiederbelebung des ›Great Game‹ geführt hatte.

Im Juni 2001 benannte sich diese Gruppierung in ›Shanghaier Organisation für Zusammenarbeit‹ um und nahm Usbekistan als weiteres Mitglied auf. Die Mitglieder unterzeichneten die ›Shanghai Conventions on Combating Terrorism, Separatism and Extremism‹, die die gegenseitige Information und Unterstützung im Kampf gegen die genannten ›drei Kräfte‹ festschrieb. Die Begründung der SCO als völkerrechtlicher Einrichtung erfolgte auf dem Gipfeltreffen im Juni 2002, auf dem die Charta der SCO unterzeichnet wurde, die die Ziele, Prinzipien, Struktur und Handlungsweise der Organisation festlegte. Ebenfalls wurde auf diesem Gipfel die Einrichtung eines Antiterrorismus-Zentrums mit Sitz in Bischkek (Kirgistan) beschlossen, dessen Hautaufgabe in der Entwicklung von Strategien gegen die ›drei Kräfte‹ bestehen soll.[2930]

6.2.1 Das ungeschriebene Fundament der SCO: Begrenzung des US-Einflusses in Eurasien

Auch wenn es in den SCO-Dokumenten niemals erwähnt wird und offiziell von den beteiligten Staaten unterstrichen wird, daß es sich bei der SCO nicht um eine ›asiatische NATO‹ handelt, so ist mit der Gründung dieser Organisation doch das unausgesprochene Interesse der Mitgliedsstaaten verbunden, ein gewisses machtpolitisches Gegengewicht zur US-Vorherrschaft zu bilden.[2931] So enthielt die Deklaration des Gipfels vom Juni 2006 die Textstelle, daß die Organisation internationalen Allianzen nicht erlauben werde, ihr Territorium in einer Weise zu benutzen, die die Souveränität, Sicherheit und territoriale Integrität eines ihrer Mitgliedsstaaten untergräbt.[2932] Diese Stelle war deutlich gegen die Stationierung der US-Streitkräfte in Mittelasien gerichtet. Insbesondere Rußland und China richten ihre Aufmerksamkeit auf die geopolitischen und großraumstrategischen Gesichtspunkte der Zusammenarbeit, wobei Rußland hauptsächlich den Schwerpunkt auf die Sicherheitsfrage legt, China hingegen sein Konzept einer multipolaren Weltordnung im Hinterkopf hat.

Auch das *SIPRI Policy Paper No. 17* mit dem Titel »The Shanghai Cooperation Organisation« hebt hervor, daß es Rußland bei der Mitgründung der SCO tatsächlich darum ging, das Gewicht der USA und der NATO in Eurasien auszubalancieren, da die GUS und der Vertrag über kollektive Sicherheit dies nicht oder nur sehr begrenzt bewerkstelligen konnten.[2933] Deutlich wurde dies auf dem SCO-Gipfel in Astana im Juli 2005, als Rußland die zentralasiatischen Partner dazu aufforderte, den US-Streitkräfen eine zeitliche Grenze für die Nutzung der dortigen Militärbasen zu setzen und diese zum Rückzug aus den Ländern der SCO-Mitglieder zu bewegen. Insgesamt, so die SIPRI-Studie, strebe Rußland über die Gründung der SCO an, die Errichtung eines lebensfähigen eurasischen Integrationsmodells zu beweisen, welches unabhängig – und alternativ – zu den westlichen Modellen der EU und der NATO bestehen sollte.

Die insgesamt bestehende Interessenlage beschreibt Rainer Rupp wie folgt: »Nach acht Jahren Jelzin-Regierung (1991–1999) hatte das wirtschaftlich und militärisch stark geschwächte Moskau bei der Gründung der SCO mit akuten Finanzproblemen zu kämpfen, und es hätte sich z.B. gar nicht erlauben können, entlang der unendlich langen Grenze mit China starke Grenztruppen zu unterhalten. Die neuen zentralasiatischen Staaten befanden sich sogar in einer noch schlechteren Finanzlage und mußten sogar Rußland bitten, beim Schutz ihrer Grenzen zu helfen. Moskau kam das nicht ungelegen, konnte es doch so im Rahmen des neuen Abkommens im Einverständnis mit China im zentralasiatischen ›nahen Ausland. . . etwas von seinem alten Einfluß zurückerlangen. Die zentralasiatischen Regime versprachen sich von der SCO mehr russische Unterstützung gegen islamistische Bewegungen, verbunden mit verstärkter Wirtschaftshilfe und mehr russischen und chinesischen Investitionen. Insbesondere China hat in den letzten Jahren stark in Kasachstan, Tad-

Sitzung der SCO in Asntana

Führer der Shanghai Cooperation Organization.

schikistan und Usbekistan investiert. China war seinerseits an Ruhe, Sicherheit und guten Beziehungen zu seinen zentralasiatischen Nachbarn und Rußland interessiert. Pekings wichtigstes Ziel bestand jedoch darin, einen Fuß in das Zugangstor zu den zentralasiatischen Energieressourcen und zu dessen Märkten für den Absatz chinesischer Güter zu bekommen. Zugleich wollte sich das Land damit die Zusammenarbeit der Nachbarstaaten im Kampf gegen die muslimisch-extremistischen Separatisten in Chinas ›Wildem Westen‹ Xinijang sichern. Dort strebt eine radikalislamische Bewegung der Uiguren nach einer Abspaltung von China, wodurch das Reich der Mitte im schlimmsten Fall bis zu einem Sechstel seines Staatsgebietes verlieren könnte. Vor diesem Hintergrund hat Peking mit besonderer Sorge das Vordringen der USA nach Zentralasien verfolgt. *Daraus folgt der russisch-chinesische Grundkonsens in der SCO, Washingtons wachsendem Einfluß in der Region Einhalt zu gebieten und diesen zurückzudrängen.*«[2934] Genau darin sieht auch Rainer FREITAG-

Wirminghaus die eigentliche Grundidee der SCO: »Sie sollte garantieren, daß nicht die USA als Stabilisator Zentralasiens auftreten.«[2935]

Die gemeinsamen sicherheitspolitischen Zielsetzungen insbesondere zwischen Rußland und China kamen auch in gemeinsamen Militärmanövern zum Ausdruck. »Die erste gemeinsame Militärübung wurde im Herbst 2003 in Kasachstan und China abgehalten. Rußland nahm daran nur in bescheidenem Umfang teil. Bereits im August 2005 organisierte die Russische Föderation jedoch gemeinsam mit China das erste großangelegte Manöver (›Friedensmission 2005‹) auf der chinesischen Halbinsel Shandong. Die Übungen fanden formal zwar auf bilateraler Ebene statt, allerdings bezogen sich beide Staaten auf die SCO als legitimierenden institutionellen Rahmen. Auch internationale Beobachter werteten die ›Friedensmission 2005‹ als Signal für die wachsenden Ambitionen der SCO auf dem Gebiet der traditionellen Sicherheitspolitik. In den Folgejahren führte China auch mit einigen der zentralasiatischen SCO-Mitglieder gemeinsame Militärübungen durch, so 2006 mit Kasachstan und Tadschikistan – ein Vorspiel zur ›Friedensmission 2007‹, die im August des Jahres in Kirgistan stattfand und erstmals alle Mitgliedsstaaten einschloß. Gleichzeitig wurde der nachrichtendienstliche Informationsaustausch ausgeweitet und professionalisiert.«[2936]

Auch Rußland-Experte Alexander Rahr stellt klar, daß es sich bei der SCO und bei dem großangelegten russisch-chinesischen Militärmanöver im August 2005 um ein eindeutiges Signal gegen den US-Vormachtanspruch handelte: »Im Zentrum von Asien scheint ein neues strategisches Bündnis zu entstehen, das sich gegen den Westen richten könnte. Die bislang belächelte Allianz Moskau–Peking–Neu Delhi wird klammheimlich aufgerichtet. Sie zielt darauf ab, die derzeitige unipolare Weltordnung durch eine multipolare zu ersetzen. Anfang Juli (2005) trafen sich in der kasachischen Hauptstadt Astana die Mitgliedsstaaten der sogenannten Shanghaier Organisation für Zusammenarbeit, zu denen Rußland, China sowie vier zentralasiatische Staaten gehören. Vor vier Jahren gegründet, um gemeinsam gegen die Bedrohung des islamischen Terrorismus in der Region des Kaspischen Meeres vorzugehen, forderte diese Staatengruppe jetzt den militärischen Abzug der USA und NATO aus Zentralasien in ein bis zwei Jahren.«[2937]

Dieser ungeschriebene strategische Schwerpunkt der SCO wurde Rahr zufolge durch die Anwesenheit amerikanischer Truppen bestimmt, der vor allem auch die Funktion »der weichen Eindämmung Rußlands und Chinas« zukam. »China«, so Rahr, »versucht seit den Ereignissen vom 11. September 2001 Rußland am Schulterschluß mit der NATO und dem Westen zu hindern. Im Rahmen der Shanghai-Gruppe soll eine alternative nichtamerikanische Allianz gegen den Terror entstehen. China möchte dafür eigene Militärbasen in Zentralasien errichten. In Kirgistan fanden kürzlich die ersten chinesischen Manöver auf postsowjetischem Territorium statt. Im Herbst sollen diese mit Rußland zum ersten Mal auf chinesisches Territorium ausgeweitet werden. Moskau und Peking brauchen sich gegenseitig, um die

Weltordnung wieder multipolar zu gestalten. China benötigt für seine Modernisierung und Großmachtwerdung russische Waffen, Öl und Gas. Rußland liefert China die modernsten Waffensysteme, die das Land woanders nicht bekommt.«[2938]

Dem Manöver ›Friedensmission 2005‹ auf der chinesischen Halbinsel Shandong sollte daher nach Ansicht internationaler Beobachter eine unübersehbare Signalwirkung, eine »unverhohlene Botschaft an die USA«,[2939] zukommen: »Westliche Militärbeobachter in Moskau und des Pentagon sehen das Manöver als Beginn eines russisch-chinesischen Militärbündnisses und als Gegenmodell zur Vormachtstellung der USA. Rußland will dabei mit einem späteren Großmanöver auch Indien einbinden. Putin und der chinesische Präsident Hu Jintao hatten kürzlich die ›fortschreitende Monopolisierung‹ der Erde durch Amerika gegeißelt und eine ›multipolare Weltordnung‹ verlangt. Moskaus Rüstungsschmieden hatten den asiatischen Nachbarn bereits mit Kampfjets, Raketenabwehrsystemen, Fregatten und Marschflugkörpern hochgerüstet. Zugleich versuchen Rußland und China im Rahmen des Schanghai-Sicherheitsbündnisses, das sie mit zentralasiatischen GUS-Staaten verbindet, US-Militärbasen aus Mittelasien wegzubekommen.«[2940]

Auf dem SCO-Gipfel in Astana Juli 2005 unterzeicheten Putin und Hu Jintao eine Erklärung »zur Weltordnung im 21. Jahrhundert«, in der deutlich gemacht wurde, daß es in der Weltpolitik keinen Anspruch auf ein Monopol geben dürfe. »Obwohl das Verhältnis zwischen Peking und Moskau kompliziert ist, so sind sich beide doch in einem einig: Die Dominanz der USA ist weder im Interesse Chinas noch Rußlands«, erklärte Sergej Michejew, stellvertretender Direktor des Zentrums für politische Technologien in Moskau.[2941]

6.2.2 Die SCO als Fundament wirtschaftlicher – insbesonders energiepolitischer – Zusammenarbeit in Eurasien

Mit der Gründung der SCO verband sich sowohl für China als auch für Rußland eine verstärkte wirtschafts- und energiepolitische Integration Eurasiens. Schon auf dem SCO-Gipfel 2002 hatte China angeregt, eine SCO-Freihandelszone zu schaffen. Auf dem SCO-Gipfeltreffen in Astana 2005 wurde eine Wirtschafts-, Wissenschafts- und Technologiekooperation gerade in den Bereichen Energie und Transportwesen beschlossen. Im darauffolgenden Jahr einigte man sich dann in Shanghai auf die Gründung eines Wirtschaftsrates und auf ein Aktionsprogramm zur Zusammenarbeit im Bankenbereich im Rahmen der neugeschaffenen ›Interbank Association‹ der SCO. Ergänzend dazu brachte Putin einen Vorschlag zur Gründung eines SCO-Energieclubs ein. Dieser sollte als Stelle zur gegenseitigen Verständigung für die energiepolitische Abstimmung zwischen den Mitgliedsstaaten im Energiesektor dienen.[2942] Insbesondere China verbindet hiermit eine verstärkte Kooperation bei der Ausbeutung von Öl- und Gasfeldern. Durch die Einbindung von Staaten wie Iran und Indien könnte eine ganze »Energie-Einheit« von Produktion, Transport und Marketing gebildet werden, so die chinesische Vorstellung.[2943] Auf dem

Shanghai-Gipfel 2006 unterzeichneten die SCO sowie die EurasEC ein Memorandum zur Verbesserung der Zusammenarbeit der Mitglieder im Bereich Energie und Transport.

Für Rußland ist eine Zusammenarbeit mit China notwendig, um nicht langfristig aus Nordostasien verdrängt zu werden. »Die Lage an der chinesisch-russischen Grenze spiegelt wie in einem Prisma die Kräfteverschiebung zwischen China und Rußland wider. Schon heute ist das chinesische Bruttosozialprodukt viermal größer als das russische. Rußland ist Chinas achtgrößter, umgekehrt China Rußlands zweitgrößter Handelspartner. Die aufsteigende Großmacht China schickt sich an, das Vakuum zu füllen, das durch den Rückzug Rußlands als asiatischer Macht entstanden ist. Auch in Zentralasien, dem traditionellen Vorhof Rußlands, baut China seine Präsenz aus. Dazu dienen seine wirtschaftliche Magnetwirkung, die es mit einer aktiven Wirtschaftsdiplomatie flankiert, sowie sicherheitspolitisch die Schanghai-Organisation für Zusammenarbeit. Hingegen schwindet. . . die Fähigkeit Rußlands, die zentralasiatischen Staaten an sich zu binden. Moskau gelingt es nicht mehr, durch die Bedienung klassischer Machthebel im Bereich der Militär- und der Energiepolitik den Prozeß der Absetzung von Moskau zu stoppen.«[2944]

Auf der anderen Seite jedoch stehen sich Moskau und Peking in Zentralasien nicht als Rivalen gegenüber, die Schnittmenge der gemeinsamen Interessen – die Bekämpfung des islamischen Fundamentalismus sowie die Zurückdrängung des US-amerikanischen Einflusses in Eurasien – ist nach wie vor sehr groß. Vor diesem Hintergrund fordern angesehene außenpolitische Strategen in Moskau eine stärkere Ausrichtung russischer Außenpolitik auf den Fernen Osten und China. Dmitri TRENIN von der Carnegie-Stiftung in Moskau sieht die Zukunft der territorialen Einheit und Lebensfähigkeit Rußlands daher weniger in Tschetschenien als vielmehr im Fernen Osten bedroht. Nur mit einem Ausbau der Beziehungen zu Japan, Südkorea und China, der Einbindung des russischen Fernen Ostens in die nordostasiatische Wachstumsregion, verbunden mit einer geeigneten Energiestrategie und einer aktiven Einwanderungspolitik, könne es Rußland gelingen, einen Anschluß an die Weltwirtschaft zu behalten.[2945]

Alexander LUKIN vom Moskauer Institut für internationale Beziehungen fordert eine klare China-Strategie für Rußland. Trotz aller bestehenden Zweifel, ob die SCO eine eurasische Integration überhaupt herstellen kann, kann jedoch festgehalten werden, daß die SCO als ein regionales Gegengewicht anzusehen ist, mit dem die USA und die NATO zu rechnen haben.[2946] Jedenfalls ist die SCO ein geeignetes Forum, über das die beiden eurasischen Mächte China und Rußland ihre gemeinsamen Interessen definieren und vertiefen können. Beispielsweise »in der Energiepolitik sind die russisch-chinesischen Bande eng wie nie zuvor. Die aufstrebende Wirtschaftsmacht China dürstet nach genau jenen Rohstoffen, über die Rußland reichlich verfügt. Vor allem im nahen Sibirien gibt es viel Öl und Gas. Gerade erst schloß Chinas staatliche Ölgesellschaft ein Abkommen mit dem russischen Konzern Rosneft über die gemeinsame Ausbeutung von Öl- und Gasfeldern auf der Insel Sachalin«.[2947] Moskau seinerseits strebt im internationalen Machtgefüge nach mehr Balance, nach einem Gegengewicht zu den USA – und dazu braucht es China.

Gudrun Wacker von der ›Stifung Wissenschaft und Politik‹ vertritt die Auffassung, daß die Ursachen für die Gründung der SCO in dem amerikanischen Vorstoß der USA nach Osteuropa und Zentralasien – also in die eurasischen Kernräume – zu suchen sind. »Zum Zeitpunkt des amerikanischen Militäreinsatzes in Afghanistan war die SOZ noch nicht arbeitsfähig. . . Man kann davon ausgehen, daß der 11. September und seine direkten Auswirkungen auf Zentralasien und die weitere Region als Katalysator für den Abschluß der Verhandlungen über die Grundsatzdokumente gewirkt haben. Dieser externe Stimulus findet seine Parallele in den beiden Abkommen der ›Shanghaier-Fünf‹ – des Vorgängers der SOZ ohne Usbekistan – über vertrauensbildende Maßnahmen (Shanghai 1996) und Abrüstung entlang der Grenzen (Moskau 1997): Sie hätten wohl ohne Osterweiterungspläne der NATO und Erneuerung der japanisch-amerikanischen Sicherheitsallianz noch geraume Zeit auf sich warten lassen.«[2948]

Vor diesem Hintergrund läßt sich ohne weiteres die These vertreten, daß die SCO im Kern eine Reaktion Rußlands und Chinas auf die US-amerikanischen Einkreisungsbestrebungen war, denen die beiden eurasischen Hauptmächte ein kontinentales Integrationsmodell im militärischen, wirtschaftlichen und energiepolitischen Bereich entgegenstellen möchten. Für Rußland liegt dabei die Bedeutung der SCO auch darin, die energiepolitischen Aktivitäten Chinas in Zentralasien in ein gesamteurasisches Integrationskonzept einzubinden und eine mögliche Konkurrenz zwischen beiden zu entschärfen bzw. das Entstehen einer solchen Situation von vornherein zu verhindern.[2949] Deshalb strebt Rußland auch eine Verbindung zwischen SCO, CSTO und EurasEC an, um auf diese Weise eine sicherheitspolitische und eine energiepolitische Vernetzung unter Einschluß Zentralasiens und gerade auch Chinas herzustellen. Der SCO sollte nach strategischen Plänen Rußlands demnach die Funktion zukommen, einerseits ein organisiertes eurasisches Gegengewicht zur globalen Hegemonialmacht USA zu bilden und auf der anderen Seite Chinas und Rußlands Interessen in Eurasien auszubalancieren bzw. auszugleichen.[2950]

6.3 Die Renationalisierung und Zentralisierung des Energiesektors in Rußland

Begleitet war die eurasische Integrationspolitik Putins von einer allmählichen Renationalisierung und Zentralisierung des russischen Energiebereichs. Wie bereits ausgeführt, begreift Dmitri Trenin die neue russische Geopolitik des 21. Jahrhunderts als eine Verbindung klassischer Geopolitik mit der Geoökonomie, ergänzt und abgesichert durch militärische Macht. Dies kam auch in der oben erwähnten *Außenpolitischen Bestandsaufnahme* Putins von 2007 zum Ausdruck. Aus dieser wird die

Einschätzung der neuen russischen Machtelite ersichtlich, »daß Rußlands Gestaltungskraft im regionalen und internationalen Umfeld in hohem Maße an die Fähigkeit zur Projektion von wirtschaftlicher Macht gekoppelt ist. Das Papier selbst ist eine Reaktion auf diese Einsicht, ebenso wie die darin ausgesprochene Empfehlung, der Ökonomie als Instrument der Außenpolitik ein adäquates Gewicht beizumessen«.[2951]

Dies gründete sich auf der Erkenntnis PUTINS als Realpolitiker, daß er zu Beginn des 21. Jahrhunderts den globalen Hegemonialbestrebungen der USA militärisch nichts entgegensetzen konnte. Wie Aschot MANUTSCHARJAN in seiner Studie über die »PUTIN-Doktrin«[2952] schreibt, blieben sämtliche diplomatischen Aktivitiäten Moskaus – sei es in der NMD-Frage, in der Afghanistan-, Irak- oder Nordkoreakrise, also Felder, die die Sicherheit Eurasiens betrafen – gänzlich unbeachtet, es wurde als eurasischer oder gar weltpolitischer Machtfaktor von der US-Machtelite gar nicht wahrgenommen. Rußland sah sich also gezwungen, die Umsetzung seiner strategischen Ziele und Sicherheitsinteressen neu zu überdenken. »Im 20. Jahrhundert sei noch militärische Stärke die Währung der führenden Nationen gewesen, mittlerweile aber bestimme der Zugang zu Öl und Gas die internationalen Kräfteverhältnisse, sagt Andrew KUCHINS, Eurasiendirektor der Carnegie-Stiftung«.[2953]

Genau darauf begann PUTIN seine Strategie aufzubauen: Die Energiepolitik und der russische Rohstoffsektor sollten die Kernelemente seiner Strategie bilden, Rußland wieder auf die Bühne der Supermächte zurückzubringen. Folgt man Andrea SCHMITZ, wurde dieser strategische Ansatz PUTINS angeregt durch die Politik der USA, den zentralasiatischen und kaukasischen Raum der eigenen Macht- und Einflußsphäre einzugliedern. Die geostrategische Aufwertung der zentralasiatischen und kaukasischen Region seit dem Herbst 2001 »und die damit einhergehende verstärkte Präsenz des westlichen Bündnisses zwangen Rußland. . . dazu, das außenpolitische Instrumentarium neu zu justieren, um seine Vormachtstellung in der Region zu wahren. Damit gewannen neben der Sicherheitspolitik auch andere Politikfelder an Bedeutung. Vor allem die wirtschaftliche Zusammenarbeit wurde seit dem Amtsantritt von Präsident Wladimir PUTIN als Mittel der Außenpolitik aufgewertet«.[2954]

Seit Beginn des Jahres 2002 war diese Verschiebung des Schwerpunkts hin zu einer »offensiven Ökonomisierung der russischen Außenpolitik« erkennbar. Diese war Andrea SCHMITZ zufolge durch zwei Faktoren bestimmt: »Zum einen hatte sich Rußlands Wirtschaft von der Asienkrise erholt und verzeichnete hohe Wachstumsraten, die sich vor allem dem seit 1999 stark gestiegenen Erdölpreis verdankten. Zum anderen wurde Moskau durch die Ereignisse im Gefolge des September 2001, insbesondere durch die militärische Präsenz der USA in Zentralasien, dazu gezwungen, die eigene Rolle im regionalen und internationalen Umfeld neu zu bestimmen«.[2955] Diese Neudefinition russischer Außen- und Eurasienpolitik hat also nichts mit einem vermeintlichen russischen ›Neoimperialismus‹ zu tun, vielmehr wurde sie durch Faktoren einer äußeren Bedrohung durch die Hegemonialmacht USA hervorgerufen.

In seiner Jahresbotschaft vom April 2002 führte PUTIN die Gründe dieser neuen Außen- und Geopolitik näher aus. Er unterstrich, daß sich Rußland einer harten Konkurrenz »um Märkte und Investitionen, um politischen und wirtschaftlichen Einfluß« stellen müsse und dies eine starke Nation erfordere. Den Beziehungen zu den Staaten der GUS mißt PUTIN dabei höchste außenpolitische Priorität bei, nicht zuletzt deshalb, weil die Zusammenarbeit mit ihnen eine wichtige Voraussetzung dafür sei, daß Rußland auf den Energieweltmärkten Wettbewerbsvorteile erlangen könne.[2956] Vor diesem Hintergrund leitete Rußland eine »dreidimensionale Energiestrategie«[2957] ein: Kontrolle der Gasreserven der Kaspischen Region, den Aufbau von Anteilen an der europäischen Gasversorgung sowie die Anlockung von ausländischen Direktinvestitionen zum Aufbau der russischen Energieinfrastruktur.[2958] Darauf sollte der Aufbau der »Energiesupermacht Rußland« durchgeführt werden. »Dazu müsse das Land, so PUTIN, die gesamte exportorientierte Rohstoffinfrastruktur unter staatliche Kontrolle bekommen, autarke Rohstoffexportrouten aufbauen, die Diversifizierung von Abnehmern durchsetzen, die Expansion transnationaler Gesellschaften in strategisch wichtigen Regionen bremsen sowie die Kontrolle über Infrastrukturnetze im GUS-Raum übernehmen. Sobald die größten russischen Rohstoffkonzerne eine einheitliche Strategie zur Erschließung der Weltmärkte konzipierten, werde die Energiesupermacht Realität.«[2959]

Um den US-amerikanischen Ölkonzernen die Stirn bieten zu können, setzte PUTIN zudem auf die Einbindung der Europäischen Union in das russische Energiewirtschaftssystem. »Seit Oktober 2000 verhandeln die EU und Rußland über ein Abkommen für eine strategische Energiepartnerschaft, das die Versorgung der EU auf lange Sicht sichern und Eckpfeiler einer gemeinsamen Strategie für nachhaltige Entwicklung werden soll. Das Abkommen beinhaltet garantierte Lieferungen von Energieträgern und -produkten zu kalkulierbaren Preisen über mindestens 20 Jahre. Im Gegenzug wird die EU in die russische Energiewirtschaft und -infrastruktur investieren sowie eine Pipeline bauen, die die EU direkt mit Rußland verbindet.«[2960]

Die Voraussetzungen für die Umsetzung dieser Politik waren jedenfalls gegeben: »Rußland besitzt über 130 000 Ölquellen und etwa 2000 Öl- und Gasvorkommen, von denen mindestens 900 bisher noch nicht ausgebeutet werden. Seine Ölvorkommen werden auf 150 Milliarden Barrels geschätzt, die gleiche Menge wie im Irak. Sie könnten noch erheblich umfangreicher sein, wurden aber wegen der Schwierigkeit von Bohrungen in entlegenen Regionen der Arktis noch nicht abgebaut... Derzeit gibt es drei Transportwege für das russische Öl in die ausländischen Märkte: nach Westeuropa über die Ostsee und das Schwarze Meer; über die Nordroute; in den Fernen Osten nach China oder Japan und die ostasiatischen Märkte. An der Ostsee hat Rußland einen Ölterminal in St. Petersburg und einen erweiterten Ölterminal in Primorsk. Zu dem staatlichen russischen Netz von Erdgaspipelines, das ›Gastransportverbundnetz‹, gehört ein umfassendes Netz von Pipelines und Kompressorstationen, das sich mit über 150 000 Kilometern Länge über ganz Rußland zieht. Nach dem Gesetz ist nur die staatseigene Gazprom zur Nutzung der Pipelines berechtigt. Das Netz ist vermutlich neben dem Öl und Gas selbst der wertvollste Posten im russischen Staatsvermögen. Dies ist das Herzstück von PUTINS neuer Erdgas-Geopolitik und der Hauptkonfliktpunkt mit westlichen Öl- und Gasgesellschaften und der Europäischen Union. . .«[2961]

6.3.1 Die Zerschlagung des Jukos-Konzerns und der Aufstieg von Gasprom

Voraussetzung für die Verwirklichung dieser Strategie war jedoch zunächst einmal die Beseitigung der verheerenden Folgen der rechtlosen Privatisierungspolitik der neunziger Jahre, die auch den Rohstoff- und Energiesektor erfaßt hatte. Wie oben beschrieben, war der Oligarch Michail CHODORKOWSKI über seine Menatep-Bank in den Besitz der in den neunziger Jahren als Holding gegründeten Ölgesellschaft Jukos gelangt.

Als eine der »attraktivsten Ölgesellschaften der Welt«[2962] war Jukos das ›Filetstück‹ nicht nur der russischen, sondern auch der internationalen Rohstoffwirtschaft. Rußlandkenner Kai EHLERS zufolge wurde Jukos »zum größten innerrussischen Monopolisten, der Staat und Regierung seine Bedingungen diktieren konnte, aber dabei blieb es nicht: Michail CHODORKOWSKI setzte auch dazu an, große Teile des Konzerns an den größten westlichen Öl-Multi Exxon zu verkaufen; von bis zu 40 % war die Rede. Auch ein zweiter Öl-Riese, die Chevron-Texaco-Corporation, war im Gespräch«.[2963]

Vor dem Hintergrund weiterer US-Beteiligungen an anderen Gruppen hätte das bedeutet, daß russisches Öl und Gas nicht nur in privaten Händen gelegen hätten, sondern auf dem Umweg über Jukos tendenziell unter dem Zugriff von US-Firmen zu kommen drohte.[2964] Tatsächlich wollte die US-Machtelite CHODORKOWSKI benutzen, um über den Erwerb der Mehrheitsanteile des Jukos-Konzerns in den Besitz der russischen Erdgas- und Ölwirtschaft zu gelangen.[2965] »Lange hatten die USA darauf hingearbeitet, über Jukos einen Fuß in die Tür zum immensen Rohstoffreichtum Rußlands zu setzen, nachdem sie sich über ›Joint-Ventures‹ bereits Zugang zu den kaspischen Ölreserven der ehemaligen Sowjetrepubliken im Süden Rußlands verschafft hatten.«[2966] Über den Umweg der ›Internationalisierung‹ des Jukos-Konzerns wollten die US-Konzerne dem russischen Staat die Verfügungsgewalt über die strategischen Rohstoffe entreißen.[2967] In der Tat hätte sich bei Erfolg dieses Manövers Rußland endgültig in die Abhängigkeit der USA begeben, wie Aschot MANUTSCHARJAN schreibt: Mit dem Ausverkauf von Jukos durch die Veräußerung eines großen Aktienpakets an US-Firmen »hätte Rußland die Kontrolle über einen zentralen strategischen Rohstoff verloren und wäre unmittelbar von den USA abhängig geworden«.[2968]

Unter Chodorkowski waren die wichtigsten Management-Positionen bei Jukos mit Amerikanern besetzt worden.[2969] Die USA planten jedoch, den Jukos-Konzern vollständig in ihre Hände zu bekommen, und gingen jetzt daran, sich ihres Werkzeugs Chodorkowski, der ihnen den Einstieg in den Konzern ermöglicht hatte, zu entledigen. Statt dessen sollte ein US-Amerikaner an dessen Stelle als Konzernchef gesetzt werden. Den Enthüllungen des *Saar-Echos* zufolge wurde der Sturz Chodorkowskis im wesentlichen durch westliche Geheimdienste, insbesondere des CIA unter Mithilfe des deutschen Bundesnachrichtendienstes, gesteuert. Den Ansatz hierfür boten die Statuten der Chodorkowski-Finanzgruppe Menatep, in der die Jukos-Eigner ihren Besitz organisiert hatten. Denen zufolge hatte Chodorkowski im Falle seines Todes, einer Entführung, Haftstrafe oder beim Verlust eines wichtigen Jukos-Teilbetriebes seine Rechte an den Jukos-Gesamtkonzern zurückzugeben. Das heißt also, daß im Falle einer Verurteilung Chodorkowskis der Konzern vollständig unter Kontrolle der USA gelangt wäre.[2970]

Da dem amerikanischen Management die Abtretungsklausel in den Menatep-Statuten bekannt war, brauchte lediglich Chodorkowski belastendes Material den russischen Strafverfolgungsbehörden zugespielt werden, was zu seiner Verhaftung führen würde. Dann konnten sich US-amerikanische Manager die totale Kontrolle über den russischen Ölgiganten sichern und ihn der Kontrolle Rußlands vollständig entziehen. Diese Aufgabe übernahm der BND-Mitarbeiter Ernest Backes, der auf konspirativem Weg Einblick in bristante Jukos-Unterlagen nehmen konnte und diese dem Kreml zuspielte.[2971] Die Verhaftung Chodorkowskis ließ nicht lange auf sich warten; sie erfolgte am 25. Oktober 2003, und jetzt übernahmen US-Manager, zunächst Simon Kukes und ein halbes Jahr später Steven Theede, ein ›lupenreiner‹ Amerikaner aus dem US-Bundesstaat Kansas, die Spitze von Jukos. »Nun lenkten und kontrollierten Amerikaner den russischen Ölriesen.«[2972]

Doch hatten die USA die Rechnung ohne Putin gemacht. Dieser war sich der geopolitischen Bedeutung der amerikanischen Schachzüge durchaus bewußt und holte zum Gegenschlag aus. Die Steuerschulden von Jukos nahm Putin zum Anlaß, die Jukos-Öltochter Yuganskneftegas durch Zwangsversteigerung (über eine Kreml-Tarnfirma Baikal-Finans-Group) und nach russischen Gesetzen formaljuristisch legal wieder in russischen Staatsbesitz zu überführen. Doch ohne Yuganskneftegas war der Jukos-Konzern nur noch eine leere Hülle; Yuganskneftegas erzeugte immerhin 60 Prozent des Jukos-Öls.[2973] Wie oben dargestellt, wurde die Ersteigerung von Yuganskneftegas durch die Kreml-Tarnfirma ›Baikal-Finans-Group‹ am 19. Dezember 2004 von China finanziert. Damit war der Jukos-Konzern faktisch zerschlagen.

Die ›Baikal-Finans-Group‹ wurde wenig später vom staatlichen Ölkonzern Rosneft ersteigert, wodurch dieser auch Yuganskneftegas in die Hand bekam. Jetzt trat der russische Gaskonzern Gasprom auf den Plan, der schon im September 2004 erklärt hatte, er wolle die staatliche Ölfirma Rosneft übernehmen. Gasprom, weltweit größter Erdgasproduzent, verfügte als Monopolist zwar über mehr als 150 000 km Gaspipelines in Rußland und damit über das weltweit größte Pipelinenetz, jedoch fiel der Anteil von Gasprom am Erdölgeschäft eher bescheiden aus.[2974]

PUTINS Plan war, einen vertikal integrierten Energie-Superkonzern in Staatshand zu bilden.[2975] »Bisher gehören dem Kreml nur etwa 38 Prozent von Gasprom. Etwas mehr als 50 Prozent teilen sich russische Privateigner. Ausländische Beteiligungen... kommen auf 11,5 Prozent. Der Zusammenschluß mit dem Staatskonzern Rosneft soll eine neue Balance bei Gasprom schaffen: Der Staat wird in Zukunft mit mehr als 50 Prozent das Sagen haben... Längst hatte sich Wladimir PUTIN genügend Einfluß auf beide Konzernzentralen gesichert. Bei Gasprom hält seit 2001 Alexej MILLER, PUTINS loyaler Arbeitskollege aus den Jahren in Sankt Petersburg, die Position des Vorstandsvorsitzenden. Ein anderer putinnaher Sankt Petersburger, Dmitrij MEDWEDJEW, leitet dort den Aufsichtsrat, und bei Rosneft fungiert ein weiterer enger Vertrauter des Präsidenten, Igor SETSCHIN..., seit Juli 2004 als Aufsichtsratsvorsitzender.«[2976]

Hinter den Kulissen jedoch versuchten die Amerikaner die Zerschlagung des Jukos-Konzerns zu verhindern; der Amerikaner Bruce MISAMORE, Finanzchef von Jukos, versuchte unter Einschaltung einer US-amerikanischen Anwaltskanzlei und US-amerikanischer Gerichte, die Versteigerung von Yuganskneftegas, dem Kernstück von Jukos, zu verhindern. Der US-Gerichtsbeschluß, die Zwangsversteigerung auszusetzen, blieb letztlich aber erfolglos, da dieser durch die russische Regierung zurückgewiesen wurde. Dieser Versuch der Amerikaner, die Zerschlagung des Jukos-Konzerns zu verhindern, war Beobachtern zufolge auch Ausdruck einer systematischen US-Politik, die ihre Hand auf russisches Öl und Gas zu legen und dabei zugleich den Europäern den privilegierten Zugriff zu verwehren versucht. Dieses Vorhaben hatte PUTIN jedoch durchkreuzt: Auf der Basis eines Zusammenschlusses des Gasgiganten Gasprom und des staatlichen Ölkonzerns Rosneft war durch den Zukauf von Yuganskneftegas ein marktbeherrschender, vertikal integrierter und staatlich kontrollierter Superenergiekonzern entstanden, der sowohl den russischen Öl- als auch den Gassektor nebst den dazugehörigen Pipelinnetzen kontrolliert[2977] (der Staatskonzern Transneft besitzt dabei das Monopol auf das russische Erdölpipelinenetzwerk).

Die Jukos-Zerschlagung ist damit in Verbindung mit einer Wiederverstaatlichung des bestimmenden Sektors der russischen Ölproduktion vollzogen worden, als dessen Ergebnis nunmehr Gasprom als quasi-staatlicher Energiesuperkonzern hervorging. Die Monopolisierung des russischen Ölmarktes durch Gasprom schritt aber noch weiter voran: Zeitgleich mit der Verurteilung CHODORKOWSKIS wurde der Öl-Multi Sibneft an Gazprom verkauft. Ursprünglich hatte der Oligarch Roman ABRAMOWITSCH, der Eigner von Sibneft war, eine Fusionierung von Sibneft mit Jukos vorgeschlagen – eine Entwicklung, die die Machtverteilung hinsichtlich der Verfügungsgewalt über die russischen Rohstoffe entschieden zu Lasten des russischen Staates verschoben hätte. »Nach dem Vorbild der Übernahme der russischen TNK-Ölgesellschaft durch Britsh Petroleum bemühten sich CHODORKOWSKI und AB-

RAMOWITSCH um eine Verschmelzung mit Royal Dutch Shell sowie Exxon Mobile. Dieser Schritt hätte den Ölbaronen einen westlichen Schutzschirm verpaßt: Russische Behörden hätten kaum noch gegen sie vorgehen können. Die neu geschaffene transnationale Energiegesellschaft unter CHODORKOWSKIS Führung wäre in der Lage gewesen, 50 Prozent der russischen Inlandsversorgung mit Öl zu kontrollieren. Das gesamte sibirische Öl und womöglich die sibirische Wirtschaft wären der Oberaufsicht der russischen Regierung entglitten.«[2978]

Letzteres entsprach auch Plänen der CIA, die in ihrem Bericht *Global Trends 2015* im April 2004 die Notwendigkeit betonte, daß die USA sich auch das sibirische Öl sichern müßten.[2979] Folgt man Kai EHLERS, so konnte sich der Kreml gegenüber ABRAMOWITSCH, der neben den Jukos-Fusionsplänen auch einen Verkauf von Sibneft und dessen sibirischer Erdölfelder an britische und US-Ölkonzerne ins Auge faßte, durchsetzen, daß dieser Sibneft Gasprom überließ.[2980] Sibnefts Hauptaktionäre sind seitdem Gasprom mit 55,99 Prozent sowie Gasprom Finance BV mit 16,67 Prozent.[2981]

Diesen kalten russisch-amerikanischen Ölkrieg im Hintergrund der Jukos-Affäre hatte Rußland für sich gewonnen. Mit dem Zusammenschluß von Yuganskneftegaz, Rosneft und Gasprom wurde neben dem Erdgassektor auch der Ölsektor wieder in staatliche Hand überführt, denn mit der Übernahme von Rosneft durch Gasprom hatte der Staat die Mehrheitsanteile an Gasprom erhalten und konnte damit die Kontrolle über die Ölförderung ausbauen. Darüber hinaus hielt der russische Staat noch 75 Prozent des Aktienkapitals der Firma Transneft, der alle russischen Pipelines gehören, sowie 52 Prozent der Firma ›United Energy System‹, die das russische Energieversorgungsnetz kontrolliert. Die damit verbundene geopolitische Umschichtung beschrieb das *Saar-Echo* wie folgt: »Eine in dieser Weise zentralisierte russische Energiewirtschaft wird PUTINS Position in Eurasien stärken und Amerikas Rolle in dieser Region schwächen. Öl und Gas sind mit etwa 25 Prozent am Bruttosozialprodukt Rußlands beteiligt und machen die Hälfte des russischen Staatseinkommens aus. Diese Einkünfte, die ansonsten in die Taschen von Oligarchen wie CHODORKOWSKI – oder der Amerikaner – gewandert wären und PUTIN-Gegner finanziert haben könnten, bleiben somit unter Kontrolle von PUTIN, der mit einer Dollar sprudelnden Ölwirtschaft wesentlich leichter die Politik Rußlands kontrollieren kann.«[2982]

Deutlich wird, daß es sich bei der Jukos-Affäre bzw. bei dem Aufstieg von Gasprom zu einem quasi-staatlichen Erdöl- und Erdgasmonopolisten weniger um eine rein innerrussische Angelegenheit handelte; diese war vielmehr eine international bedeutsame geopolitische Revolution. Dem Streben der USA, Zugang zum russischen Energiemarkt zu finden,[2983] wurde ein Riegel vorgeschoben, so daß Washington nun seine geopolitischen Ziele gefährdet sah, die ja auf eine möglichst vollständige Kontrolle des Rohstoffreichtums der Welt ausgerichtet sind. Dabei saß der US-Machtelite die riesige Staatsverschuldung der USA im Nacken, die ohne Kontrolle des Erdöls kaum zu tilgen sein würde. Denn die Finanzierung des ungeheu-

Alexej MILLER, der Vorstandsvorsitzende des russischen Konzerns Gasprom.

Der Energieriese Gasprom ist das größte Erdgasförderunternehmen der Welt und kontrolliert etwa neunzig Prozent der russischen Vorkommen und zwanzig Prozent der weltweiten Gasförderung. Hier das Hauptquartier in Moskau.

ren Außenhandelsdefizits der USA durch andere Wirtschaftsmächte kann nur dann funktionieren, wenn der Dollar die bestimmende Erdölwährung und dadurch eine attraktive Devisenreserve bleibt, was wiederum die Zugriffsmöglichkeit der USA auf sämtliche Erdölvorkommen der Welt voraussetzt. Mit der Rezentralisierung und Nationalisierung des Energiesektors in Eurasien jedoch wären die wirtschaftlichen Grundlagen des »informellen Imperiums« USA in ihren Grundfesten erschüttert, weil damit den USA ein gefährlicher Konkurrent entstehen könnte.

Anstelle von US-Konzernen begann nunmehr Gasprom bzw der russische Staat sein Energiemonopol in Eurasien auszubauen. Burckhard BERGMANN, Chef des deutschen Energiekonzerns E.on Ruhrgas, geht davon aus, daß der Kreml nicht davon ablassen wird, seine wichtigsten Ressourcen weiterhin national zu kontrollieren. »Nehmen Sie die sogenannte Energie-Ellipse vom Persischen Golf über das Kaspische Meer bis zur Barents-See, wo ein Großteil der fossilen Weltressourcen lagern: 90 Prozent sind in staatlicher Hand. . . Das Problem für Moskau ist dadurch entstanden, daß nach dem Zusammenbruch der UdSSR zunächst in hohem Maße privatisiert wurde und jetzt gewisse Korrekturen vorgenommen werden.«[2984] Darüber hinaus mußten die USA mitansehen, wie an ihrer Stelle China Zugang zum russischen Erdölmarkt bekam. Im Gegenzug für die Kreditgewährung an den Kreml für die Ersteigerung von Yuganskneftegas konnte sich der chinesische Staat für die Folgejahre einen privilegierten Zugang zu russischen Erdöllieferungen sichern – während US-Konzerne ausgeschlossen blieben. »Alles in allem ist Wladimir PUTIN seit Mitte 2003 eine entscheidende Weichenstellung im neuen Spiel um die eurasischen Ressourcen gelungen, die ihm genügend Spielraum verschafft, seine autoritäre Modernisierung fortzusetzen und Rußland als unabhängige Kraft zwischen Ost und West zu verankern.«[2985]

Die Voraussetzungen für eine Integration des eurasischen Erdöl- und Erdgasmarktes sind damit eingeleitet worden – und zwar unter Ausschluß von US-Konzernen.

6.3.2 Der energiepolitische Ausgriff Rußlands auf die GUS-Staaten: die Verschiebung der Machtverhältnisse zugunsten Rußlands

Die Renationalisierung des russischen Energiemarktes sowie das russische Staatsmonopol auf das eurasische Pipelinenetz boten die Voraussetzung dafür, daß Rußland entsprechend der »PUTIN-Doktrin« und ihrer Energiestrategie wieder Einfluß auf das ›nahe Ausland‹ – insbesondere auf Zentralasien – nehmen konnte. Für den Aufbau der ›Energiesupermacht Rußland‹ war eine Einflußnahme auf die zentralasiatischen Rohstoffe von unerläßlicher Bedeutung, und die staatliche Kontrolle über das Öl- und Gaspipelinenetz war hierfür von außerordentlicher Wichtigkeit. Dabei müssen Pipelines nicht nur als Transportmittel, sondern auch als ein Machtinstrument begriffen werden, und Rußland begann sie im Umgang mit den Nachbarstaaten zweckdienlich einzusetzen, so etwa im Streit um die Frage, wie der zentralasiatische Ölreichtum auf die Märkte gebracht werden kann. Dessen war sich PUTIN durchaus bewußt. »Pipelines sind unmittelbarer Ausdruck von Machtverhältnissen. Wo und unter welchen rechtlichen und technischen Bedingungen sie verlaufen, bestimmen Politik, Sicherheit und Wirtschaftsinteressen.«[2986] Oder, um mit dem US-Politologen Frederick STARR zu sprechen: »Wer bestimmen kann, wie die Pipeline-Karte aussieht, wird die Zukunft eines riesigen Teils der Welt bestimmen.«[2987]

Für Rußland – so Andrea SCHMITZ – ist es ein Gebot ökonomischer Notwendigkeit, seine strategische Position als Hauptdurchgangsland für Öl- und Gaslieferungen aus dem kaspischen und zentralasiatischen Raum nach Westen zu behaupten, was besonders für das Erdgas gilt. »Dem steigenden Bedarf in der EU, dem Hauptabnehmer von russischem Gas, stehen möglicherweise stagnierende Förderkapazitäten in Rußland gegenüber. Um eine künftige Unterversorgung des russischen Binnenmarktes zu vermeiden, die im Fall einer anhaltend hohen Inlandsnachfrage bei gleichbleibend niedrigen Gaspreisen eintreten könnte, muß der staatliche Erdgaskonzern Gazprom dafür sorgen, daß die Lieferungen aus Zentralasien nicht nur kontinuierlich fließen, sondern auch gesteigert werden können und die Entstehung konkurrierender Exportwege verhindert wird.«[2988]

Zu dieser Zeit gab es für die zentralasiatischen Staaten für den Export ihres Erdöls und Erdgases keine andere Möglichkeit, als diese über russische Pipelines zu befördern. Die BTC-Pipeline war noch nicht fertiggestellt, und bis Mitte 2001 gelang es Moskau ja, im Pipelinepoker wieder die Oberhand zu erlangen. Beim Erdgas war Gasprom praktisch der einzige Abnehmer. Diese Stellung wußte PUTIN auch umgehend auszunutzen, und seit PUTIN hatte Moskau seine Aufmerksamkeit auf Zentralasien gestärkt, wobei Sicherheitspolitik mit den Interessen des russischen Energiekomplexes verknüpft wurde.[2989] Zudem wurde mit dem Vorrücken der NATO an die russischen Grenzen der Kaukasus und die kaspische Region vom strategischen Gesichtspunkt her für Rußland immer wichtiger.[2990] Auch Andrea SCHMITZ bestätigt, daß angesichts des Vorstoßes westlich-transatlantischer Bündnissysteme sich Rußland in zunehmendem Maße Zentralasien zuzuwenden begann. Ihr zufolge »ist der Versuch, die zentralasiatischen Staaten über ökonomische Integrationsprozesse stärker an sich zu binden, auch als Reaktion auf die schwindenden Gestaltungsmöglichkeiten Moskaus im Westteil des postsowjetischen Raumes. . . zu werten«.[2991]

Savas GENC bestätigt, daß Rußland dort günstige Voraussetzungen für die Verwirklichung dieser Strategie vorfinden konnte: »Das russische Interesse an Zentralasien ist besonders durch den Zugang zum Handel mit regionalen Rohstoffen motiviert. . . Als Instrument, die Region wirksam zu kontrollieren, dient das noch bestehende Monopol an Exportstrecken: Die Weiterleitung von Öl und Gas aus Mittelasien und dem Kaukasus auf die Weltmärkte ist bis heute in großem Umfang nur über russischen Boden möglich. Turkmenistans Gasexportrohrleitungen, Kasachstans und Aserbaidschans Ölexportrohrleitungen müssen zur Zeit das russische Gebiet überqueren, um die internationalen Märkte zu erreichen. Dieses Monopol ist nicht beschränkt auf die Pipelines, sondern erstreckt sich auf die Eisenbahnen und sogar die Wasserstraßen wie den Wolga-Don-Kanal. . . Auf dem Energiesektor verknüpfen sich Rußlands strategische und ökonomische Interessen, und die russische Außenpolitik in der Region wird auch von Vertretern des Energiesektors ausgeübt.«[2992] Dabei bezog Rußland eine Zusammenarbeit mit der Europäischen Union und China mit ein, um dem Druck der USA besser begegnen zu können.[2993]

PUTIN hatte die russische Öl- und Erdgasgesellschaften ermutigt, sich aktiver im kaspischen Raum zu beteiligen und so den Fluß der dortigen Öl- und Gasvorräte durch russisches Gebiet zu sichern. So begann Rußland gezielt, eine ökonomische Ausbreitung auf den Energiemarkt Zentralasiens und der kaspischen Region mit dem Ziel seiner Kontrolle vorzunehmen.[2994] Dabei verstand es Rußland, selbst die energiereichen Staaten der zentralasiatischen Region in ein Abhängigkeitsverhältnis zu bringen, indem es beispielsweise russische Unternehmen unterstützte, größtmögliche Anteile an kaspischen Energieunternehmen zu erlangen, oder indem es sicherstellte, daß der Hauptteil der kaspisch/zentralasiatischen Energie weiterhin über die russische Pipelineinfrastruktur exportiert und gleichzeitig alles daran gesetzt wurde, alternative – russisches Gebiet umgehende – Ausfuhrwege zu vereiteln.[2995]

So stellte Putin während einer Sitzung des Nationalen Sicherheitsrates im April 2000, an der die großen russischen Energiekonzerne teilnahmen, die Aufgabe, günstige Bedingungen für das »Eindringen der Energiekonzerne in die kaspische Zone« zu schaffen.[2996] Grundlage dieser Politik war der am 11. April 2003 geschlossene Vertrag zwischen Gasprom und Turkmenistan, der Gasprom für die nächsten 25 Jahre insgesamt zwei Trillionen m^3 Erdgas zusicherte – ein Vertrag, der von Beobachtern sogar schon als neuer ›Jahrhundertvertrag‹, diesmal zugunsten Rußlands, eingeschätzt wird[2997] und Gasprom die Verfügungsgewalt über die weltweit drittgrößten Gasreserven einräumt. Turkmenistan besitzt nach Rußland die umfangreichsten Gasvorräte aller GUS-Staaten.[2998] Daher war das vorrangige Interesse, das Rußland Turkmenistan beimaß, nachvollziehbar. Mit diesem Vertrag konnte Rußland ein Monopol auf das turkmenische Erdgas erlangen. Die gesamten verfügbaren Gasexporte Turkmenistans wurden Gasprom versprochen.[2999] Die bislang diskutierte Alternative – der Bau einer Gaspipeline nach Süden durch Afghanistan – ist bislang gescheitert. Der Plan einer Ost-West-Gaspipeline, die analog zur BTC-Pipeline turkmenisches Erdgas durch eine Leitung unter dem Kaspischen Meer her und dann von Aserbaidschan über Georgien in die Türkei transportieren soll, ist noch nicht verwirklicht worden. Damit wurde eine enge Anbindung Turkmenistans an die Russische Föderation begründet. Eine Loslösung wäre nur unter Bruch der Vereinbarungen mit Rußland möglich.

Zwar versuchte die Ukraine, durch Herstellung einer Direktbeziehung mit Turkmenistan eine Loslösung von der Abhängigkeit von russischen Gaslieferungen und damit ein Aufbrechen der russisch-turkmenischen Bindungen im Energiesektor zu erreichen, doch das gelang ihr nicht. »Die Ukraine«, so Energie-Experte Roland Götz, »hat bereits mehrfach versucht, sich durch Direktbeziehungen mit Turkmenistan aus der russischen Dominanz beim Gasimport zu befreien, was vor allem am Fehlen einer Pipelineverbindung scheiterte, die Rußland umgeht.«[3000] Das gleiche galt auch für die Europäische Union, die versuchte, über ein eigenes pipelinegestütztes Seidenstraßenkonzept einen Korridor von Mittel- und Südosteuropa über die Türkei bis nach Turkmenistan zu verwirklichen, um ihren Energieimportbedarf zu sichern. »Diese Absichten wurden indes weitgehend durchkreuzt, als es einer von Putin angeführten Gasprom-Delegation im Mai 2007 gelang, mit den zentralasiatischen Regierungen ein langfristiges Abkommen über Erdgaslieferungen und den Ausbau des Pipelinekorridors ›Mittelasien-Zentrum‹ abzuschließen, der nach Rußland führt.«[3001] Das Leitungsnetz ›Mittelasien-Zentrum‹ verläuft mit drei Strängen von Turkmenistan über Usbekistan und Kasachstan nach Rußland, ein weiterer Strang umgeht Usbekistan und mündet in Kasachstan in das nach Rußland führende Hauptnetz ein.[3002]

Zusammengefaßt – so die Analyse Roland GÖTZ' – »konnte Turkmenistan bislang keine Hauptexportpipeline Richtung Süden oder Westen verwirklichen. Grund war vor allem das geschickte Taktieren von Gasprom: Die russische Firma konnte sich mit der ›Blue-Stream‹-Gaspipeline durch das Schwarze Meer den türkischen Markt reservieren, weswegen Turkmenistans Pläne für eine West-Pipeline Iran–Türkei–Europa in der Schublade blieben. Selbst die bescheidene Gaspipeline nach Armenien. . . hat Gasprom auf dem armenischen Abschnitt unter seine Kontrolle gebracht. Da Rußland über den Transit von turkmenischem (sowie sonstigem zentralasiatischen) Erdgas in die westliche GUS (Belarus, Ukraine, Moldova) verfügt, kann es auch auf den Preis Einfluß nehmen, den Turkmenistan seinen Abnehmern berechnet, und befindet sich hierbei in einer Interessenkoalition mit diesen«.[3003]

Insbesondere der Gipfel von Turkmenbaschi vom 12. Mai 2007 – auf dem Rußland und Turkmenistan über Gaslieferungen verhandelten – war für Rußland von entscheidender Wichtigkeit, denn durch den dort beschlossenen Ausbau des Pipelinesystems ›Mittelasien-Zentrum‹ unter dem Schirm von Gasprom wurde das turkmenische Hauptgasfeld Dauletabad direkt mit Rußland verbunden. Zudem geht die Förderung in den großen westsibirischen Erdgasfeldern allmählich zurück, und aus diesem Grund würde das Gas aus Turkmenistan, wenn es direkt den russischen Weg nimmt, eine Deckungslücke auf dem Inlandsmarkt füllen oder zur Wiederausfuhr in die GUS-Staaten benutzt werden.[3004]

Mit dem Ausbau des Pipelinenetzes ›Mittelasien-Zentrum‹ sollte Turkmenistan in die Lage versetzt werden, die vereinbarten Erdgasmengen aus dem Vertrag vom 11. April 2003 zu liefern, womit das Monopol Rußlands bzw. Gasproms auf das turkmenische Erdgas gesichert werden sollte. Die Ergebnisse des Gipfels von Turkmenbaschi wurde von Beobachtern denn auch »als Sieg Rußlands im geopolitischen Spiel um das Erdgas des kaspischen Raums interpretiert«, weil dadurch Turkmenistan dem Bau einer transkaspischen Ost-West-Pipeline von seinen Gasfeldern durch das Kaspische Meer über Aserbaidschan und Georgien in die Türkei eine Absage erteilt hatte.

Usbekistan hatte sich schon in den neunziger Jahren und insbesondere seit dem 11. September 2004 sicherheitspolitisch den USA und der NATO angegliedert. Über den Umweg der Energiepolitik begann Rußland auch hier allmählich die Verhältnisse zu seinen Gunsten umzukehren. So hatte Gasprom mit der staatlichen usbekischen Firma Uzbekneftegaz seit 2004 eine Reihe von Abkommen geschlossen, »die dem russischen Konzern die für den Export bestimmte Menge Erdgas. . . bis 2012 sichern, ihm die exklusive Nutzung der usbekischen Gastransportkapazitäten garantieren und die Beteiligung an der Erkundung, Förderung und Verarbeitung von Gas ermöglichen«.[3005] Offiziell galten als Datum der außenpolitischen Umorientierung Usbekistans Richtung Moskau die im wesentlichen noch ungeklärten Ereignisse von Andischan am 12. und 13. Mai 2005, als usbekische Sicherheitskräfte islamistische Unruhen mit Waffengewalt niederkämpften und die USA daraufhin die

Einrichtung einer internationalen Untersuchungskommission forderten, die auf usbekischem Gebiet Ursachen und Ablauf der Ereignisse erforschen sollte.

Wie im folgenden Kapitel dargestellt wird, hatten die USA zu dieser Zeit längst eine gesellschaftlich-ökonomische Umgestaltung der kaukasischen und zentralasiatischen Staaten ins Auge gefaßt, um diese in die transatlantische »Zone der Demokratie« einzugliedern, zumal sich die autokratischen Regime verstärkt wieder Rußland zuwandten. Statt der zentralasiatischen Autokraten begannen die USA jetzt oppositionelle Gruppen aufzubauen, über die sie die Veränderung durchführen wollten. Deshalb waren die autokratischen Regime nicht mehr von Nutzen. Eine Untersuchung unter US-Aufsicht lehnte Usbekistan ab, da es darin die Verletzung seiner Souveränitätsrechte und eine Bedrohung der bestehenden Machtverhältnisse sah. »Die georgische ›Rosenrevolution‹ sorgte dann für eine wachsende Verunsicherung zentralasiatischer Machteliten über eine westliche Politik der Demokratieförderung, die aus ihrer Sicht in die gezielte Förderung von Regimewechseln überging.«[3006] Damit begann Usbekistan seine Beziehung zum Westen abzubrechen. Statt dessen wurde eine Verstärkung eurasischer Partnerschaften eingeleitet. Usbekistan verlagerte den Schwerpunkt seiner sicherheitspolitschen Zusammenarbeit auf Rußland, China und andere eurasische Partner.[3007] Andischan wurde daher als eine »Verschiebung geopolitischer Koordinaten«[3008] – und zwar zugunsten Rußlands – angesehen, und Usbekistan ist der Schlüsselstaat zur Kontrolle Zentralasiens. Usbekistan kündigte seine Mitgliedschaft in der GUUAM auf und wurde im Januar 2006 statt dessen Mitglied der Eurasischen Wirtschaftsgemeinschaft.

Rußlands Gewicht in Zentralasien erhöhte sich dadurch sowohl auf sicherheitspolitischem als auch auf wirtschaftlich-energiepolitischem Gebiet. Durch diesen außenpolitischen Schwenk Usbekistans konnte Moskau auch seine eurasischen Integrationspläne vorantreiben. »Denn in der Vergangenheit hatte Taschkent insbesondere jene von Rußland dominierten multilateralen Bündnisse abgelehnt, die auf militärische Kooperation ausgerichtet waren. Nunmehr wurde erwartet, daß Usbekistan der ›Organisation des Kollektiven Sicherheitsvertrags‹. . . beitritt, in der Rußland mit Belarus, Armenien und zentralasiatischen Staaten militärisch kooperiert. Der Beitritt erfolgte denn auch auf dem GUS-Gipfel im Juni 2006. Bislang war die sicherheitspolitische Agenda dieser Organisation in Zentralasien dadurch stark eingeschränkt gewesen, daß Usbekistan als regionales Kernland nicht zu ihren Mitgliedern gehörte. Der Prozeß eurasischer Gemeinschaftsbildung wurde schließlich auf dem Jubiläumsgipfel der ›Shanghaier Organisation für Zusammenarbeit‹. . . im Juni 2006 besiegelt«,[3009] als Usbekistan dieser Organisation beitrat.

Diesem vorausgegangen war ein usbekisch-russischer Bündnisvertrag vom 14. November 2005, mit dem Rußland erstmals die Möglichkeit erhielt, eigene Militärbasen in Usbekistan einzurichten, und mit dem beide Vertragspartner eine strategische Partnerschaft zur Schaffung eines »effektiven Systems regionaler Sicherheit in Mittelasien« begründeten.[3010] Gegenüber Washington setzte Usbekistan hingegen die von der SCO im Juli 2005 aufgestellte Forderung um, westliche Rechte zur Nutzung zentralasiatischer Militärbasen auf seinem Territorium zu begrenzen. Die Regierung in Taschkent forderte die USA nun auf, ihr Militärpersonal von der Flugbasis Chanabad abzuziehen; im November 2005 beendeten die Amerikaner ihre Militärpräsenz in Usbekistan. Damit war Usbekistan nicht mehr der strategische Partner der USA im postsowjetischen Zentralasien; »nach Andishan ging der amerikanische Einfluß in der Region auf Kosten der Ausweitung des russischen und chinesischen Einflusses zurück«.[3011] Auch konnte Rußland energiepolitischen Einfluß auf Usbekistan ausbauen. Mit der Übernahme der drei größten usbekischen Gasvorkommen in Urga, Kuanysch und Aktschalak für 25 Jahre konnte der russische Konzern Lukoil den Gasexport aus Usbekistan mit 90 Prozent faktisch monopolisieren.[3012]

Als wichtigster zentralasiatischer Wirtschaftspartner Rußlands wird jedoch Kasachstan angesehen,[3013] wobei hier der Ölsektor der entscheidende Punkt der energiepolitischen Zusammenarbeit ist. »Dieses Öl wird fast ausschließlich über Rußland exportiert, vor allem durch die Pipeline des Caspian Pipeline Consortium (CPC), an dem Rußland mit 24 Prozent den größten Anteil hält. Kleinere Leitungen führen von Westkasachstan, wo sich alle wichtigen Erdöllagerstätten befinden, ebenfalls nach Rußland.«[3014] Trotz aller Bemühungen zur Aufteilung der Ölexporte bleibt Kasachstan auf russische Pipelines angewiesen – aufgrund der engen infrastrukturellen Verflechtung mit Rußland. »Um deren Erhaltung«, so Andrea SCHMITZ«, »bemüht sich die russische Außenwirtschaftspolitik, und sie tut das bisher auch mit Erfolg. Zumindest mittelfristig werden sich die über Rußland transportierten Mengen kasachischen Öls sogar noch erhöhen.«[3015]

Geplant ist darüber hinaus eine Pipeline, die das russische und kasachische Öl vom bulgarischen Schwarzmeerhafen Burgas zum griechischen Alexandroupolis befördern soll. Betreiber dieser Pipeline soll ein überwiegend aus russischen Unternehmen betriebenes Konsortium unter Führung des staatlich kontrollierten Pipeline-Betreibers Transneft sein.[3016] »Es scheint«, so Andrea SCHMITZ, »als sei Kasachstan mittelfristig weder willens noch in der Lage, eine von Moskau unabhängige Energiepolitik zu betreiben und so in offene Konkurrenz zum großen Nachbarn zu treten«.[3017] Gegenüber den USA konnte Rußland im kasachischen Energiepoker also die Nase vorn behalten, obgleich die USA sämtliche Schritte unternahmen, um Kasachstan für sich zu gewinnen. Gasprom erreichte jedoch im November 2005 einen Fünfjahresvertrag mit dem staatlichen kasachischen Gastransportunternehmen zur Weiterleitung von 55 Mrd. m^3 turkmenischen und usbekischen Gases im Jahr, »was einem Monopol Gasproms für den Gasexport der drei Staaten nahekommt«.[3018] Hierbei war es gerade die CPC-Pipeline, die Rußland, geopolitisch betrachtet, eine günstige Ausgangsposition im kasachischen Energiegeschäft verschafft hatte.[3019] Rußland-Experte Christian WIPPERFÜRTH kommt zu dem Ergebnis, daß Rußland das Monopol im Energiegeschäft mit Kasachstan auch einstweilen behalten wird: »Westliche Pläne, kasachisches Öl durch den Kaukasus zu transportieren, schienen hingegen ernsthaft gefährdet zu sein... Rußland wird deshalb als Transitland von zentraler Bedeutung bleiben. Moskau und Astana einigten sich im Frühjahr und Sommer 2006 zudem auf die gemeinsame Ausbeutung weiterer bedeutender Gasvorkommen im Kaspischen Meer.«[3020]

Zur Erlangung dieses Monopols war Gasprom auch bereit, auf das Taktieren der zentralasiatischen Machthaber hin höhere Preise für die vereinbarten Öl- und Gaslieferungen zu zahlen.[3021] Insgesamt läßt sich somit von einer rasch errungenen Energievorherrschaft Rußlands in Zentralasien und von einer weitgehenden Beherrschung der Transitrouten und Exporte durch Rußland, verbunden mit einem Energieerzeugungsmonopol, sprechen.

Dies gilt aber nicht nur für Zentralasien. Auch im Südkaukasus konnte Gasprom eine führende Stellung ausbauen: Gasprom gelang der Erwerb der Gaspipeline aus dem Iran nach Armenien. »Bei Übernahme dieser Pipeline, die über Georgien und die Ukraine nach Westeuropa verlängert werden kann, kann Moskau den Transport iranischen Gases bis in die EU kontrollieren. Damit erhält vor allem Gasprom im Südkaukasus eine Machtposition mit kaum überschaubaren Konsequenzen.«[3022]

Dabei blieben die Aktivitäten Gasproms allerdings nicht auf den postsowjetischen Raum beschränkt. Rußland gelang es, als ›Energiesupermacht‹ zum Dreh- und Angelpunkt der eurasischen Zusammenarbeit im Energiesektor zu werden; es ist zu einem energiepolitischen ›Integrationsknoten‹ Eurasiens geworden.[3023] Dabei waren die russischen Schachzüge darauf ausgerichtet, genau jene von der westlichen Machtelite begünstigten Pipelinekorridore zu durchkreuzen, die Rußland isolieren und ihm den Zugriff auf die kaspischen und zentralasiatischen Rohstoffe entziehen sollten. Als der Plan für den Bau der Rußland umgehenden BTC-Pipeline bekannt wurde, »mobilisierte Rußland alle seine politischen Ressourcen, um zusätzliche Alternativleitungen zu bauen und damit die Verwirklichung der geplanten Gas- und Erdölpipelines zu verhindern«.[3024] Es handelte mit der Türkei einen Vertrag über den Bau einer Pipeline aus, die Gasprom schon Anfang der neunziger Jahre plante, nämlich eine Pipeline, die von Rußland über den Grund des Schwarzen Meeres in die Türkei führte.

Es handelt sich um das sogenannte »›Blue-Stream‹-Projekt, an dem Gasprom, der italienische Ölkonzern ENI und der türkische Staat beteiligt sind. Diese Pipeline »ermöglicht auch Perspektiven für den Transit über die Türkei bis nach Südeuropa und Israel«[3025] und bietet Rußland daher erweiterte geopolitische Möglichkeiten: »Geopolitisch betrachtet beabsichtigt Rußland durch die Verwirklichung dieses technisch ambitiösen Projektes, seine strategischen Positionen im Dreieck Schwarzes Meer–Kaukasus–Kaspisches Meer zu verstärken. Die Realisierung des Projektes würde Rußland ermöglichen, seine aus dem kaspischen Becken stammenden Konkurrenten von den türkischen, osteuropäischen und Balkanmärkten lange Jahre fernzuhalten und sie zu kontrollieren.«[3026] Gerichtet ist dieses Vorhaben gegen den Plan eines anglo-amerikanischen Energiekonsortiums, das den Bau der Trans-Caspian-Gaspipeline (TCP) durch das Schwarze Meer nach Turkmenistan plant. Gasprom gelang es im Jahr 2002, sich erfolgreich durchzusetzen und das anglo-amerikanische TCP-Projekt einstweilen zu beerdigen.[3027]

Dieses ›Blue-Stream‹-Pipelineprojekt soll nach russischen Plänen weiter ausgebaut werden: »Gazprom erwägt jetzt den Transit von russischem Gas in die Länder Südeuropas und des östlichen Mittelmeers auch auf der Grundlage neuer Verträge mit höherem Liefervolumen. Griechenland, Süditalien und Israel stehen alle in Verhandlungen mit Gazprom, um über die Türkei Zugang zu Gas aus der Blue-Stream-Pipeline zu erhalten. Ein neuer Transportweg für Gaslieferungen ist geplant, und zwar über Ost- und Mitteleuropa. Das Projekt heißt Südeuropäische Gaspipeline. Ziel ist der Aufbau eines neuen Durchleitungssystems für Gas sowohl aus russischen Quellen als auch aus Drittländern. Auch ohne das Potential, das sich aus ihrem Eintritt in den weltweiten Entwicklungsmarkt ›Flüssiggas‹ ergibt, steht die Gazprom im Zentrum der russischen Bestrebungen, mit Energie aus Öl, Gas und nuklearen Quellen neue Wirtschaftspartner und Bündnisse in ganz Eurasien für das bevorstehende Duell mit den USA zu erschließen.«[3028]

Hierbei sollte auch das ›South Stream‹-Projekt‹, das ebenfalls in Kooperation mit ENI ab 2013 fertiggestellt werden soll und Europa mit 30 Milliarden m³ Erdgas versorgen wird, eine Rolle spielen. Dabei bildet diese Pipeline, an der inoffiziellen Berichten zufolge Gasprom die Mehrheit halten wird, das südliche Gegenstück zu der von Berlin und Moskau geplanten Ostseepipeline (North Stream). Auch sie wird größtenteils unter Wasser verlegt, nämlich auf den Grund des Schwarzen Meeres bis zur bulgarischen Küste. Wie bei der Ostseepipeline würde auch bei der ›South Stream‹ ein Transitland für russische Energieträger ausgeschaltet, und zwar die Ukraine. Bei einem Staatsbesuch PUTINS in Bulgarien im Januar 2008 wurde die Beteiligung Bulgariens an dieser Pipeline sichergestellt.[3029] Dabei wurde neben der South-Stream-Gaspipeline auch der Bau der Ölpipeline Burgas–Alexandroupolis zwischen den beiden Staaten und Griechenland vereinbart, die russisches Erdöl auf dem Boden des Schwarzen Meeres über Bulgarien bis in die Ägäis befördern soll.[3030] Diese Pipeline soll zu einem Trans-Balkan-Korridor ausgebaut werden und dient nach russischen Plänen als Fortsetzung der russischen Pipeline, die kasachsiches und aserbaidschanisches Öl nach Novorossijsk am Schwarzen Meer liefert. Nach den Vorstellungen Griechenlands, Bulgariens und Rußlands soll die Pipeline bis Saloniki verlängert und dann mit der Leitung nach Skopije verbunden werden. »Im Endeffekt sollte ein Balkan-Pipelinesystem geschaffen werden.«[3031] In dem Konsortium, das zum Zweck des Pipelinebaus geschaffen wurde, hat Rußland einen Mehrheitsanteil von 50 Prozent, der Rest ist zwischen Bulgarien und Griechenland aufgeteilt.

Am 25. Januar 2008 konnte Gasprom ferner die Übernahme des serbischen Gas- und Ölkonzerns NIS (Naftna Industrije Srbije) vollziehen. »Für einen eher bescheidenen Preis von 400 Millionen Euro kontrolliert der Kreml nun 51 Prozent des serbischen Unternehmens, das über ein Netz von 500 Tankstellen verfügt und nahezu die gesamten Raffineriekapazitäten des Balkanstaates unter seinem Dach vereinigt. Zudem wird Moskau über 500 Millionen Euro in die serbische Energieinfrastruktur investieren. Mit diesen Finanzmitteln soll Belgrad eine Schlüsselstellung innerhalb der Energieversorgung Südosteuropas verschafft und das Land zu einer ›Energiezentrale für den Balkan‹ transformiert werden. In diesem Zusammenhang wird 60 Kilometer nordöstlich von der nordserbischen Stadt Novi Sad ein unterirdisches Depot entstehen, das ein Fassungsvermögen von mindestens 300 Millionen Kubikmetern Erdgas haben soll. Somit hat Moskau bereits einen Gutteil seiner Pipelineroute mit den entsprechenden Transitstaaten vertraglich abgesichert.«[3032] Der Kauf des serbischen Ölkonzerns NIS ist die Voraussetzung für den Bau der strategisch bedeutsamen ›South-Stream‹-Pipeline über serbisches Gebiet.[3033]

Auf diese Weise ist es Rußland gelungen, die ›Seidenstraßenstrategie‹ der US-Machtelite wie auch der EU, die auf eine Abspaltung des Korridors von Mitteleuropa über den Balkan bis in den Mittleren Osten und den Hindukusch ausgerichtet ist, in wesentlichen Punkten zu durchkreuzen. Nicht nur in Zentralasien konnte es wieder an Einfluß gewinnen. Durch die beschriebenen Balkanvorhaben konnte Rußland auch auf dem Balkan, seiner traditionellen Interessensphäre, wieder eine Machtstellung aufbauen. Dabei hatte die russische Geopolitik auch Serbien als Schlüsselstaat des Balkans wiederentdeckt, und deshalb versucht Moskau, dieses über die Energiewirtschaft an sich zu binden. Vor diesem Hintergrund wird auch die Bedeutung dieses Staates sowie seine politische Entwicklung sowohl für die westliche Machtelite als auch für Rußland deutlich. Wer den bestimmenden Einfluß auf diesen Staat hat, besitzt eine günstige strategische Ausgangsposition zur Kontrolle des Balkans, und aus diesem Grund sind auch die Europäische Union wie die NATO unbedingt an der Anbindung dieses Staates an ihre Machtsphäre interessiert.

Um energiepolitische Vorteile weiter zu anzuhäufen, erweiterte Rußland auch schrittweise den Radius seiner Energie-Interessen, und zwar sogar bis nach Saudi-Arabien, Indien und in den Iran. »So hat Gasprom bereits seine Bereitschaft zum Ausdruck gebracht, an der mit sieben Mrd. US-Dollar veranschlagten Pipeline ›Iran–Pakistan–Indien‹ (IPI) mitzuwirken, und auch der russische Staat wird sich an den Risiken des Projekts beteiligten. Ein weiteres Beispiel für den russischen Einflußzuwachs ist Saudi-Arabien, das sich jahrzehntelang ökonomisch und politisch an den USA orientierte. Nach den Anschlägen vom 11. September 2001 kühlten die Beziehungen jedoch ab. Seitdem bemüht sich das Land, seine internationalen Beziehungen auch in Richtung Rußland auszubauen. Die beiden Staaten sind die größten Erdölexporteure der Welt; von ihrer Koordination hängt die Preisstabilität auf dem Welterdölmarkt ab. Saudi-Arabien setzt sich deshalb für einen Beobachterstatus Moskaus in der OPEC ein.«[3034]

Dabei gelang es Rußland über die Gründung des Joint-Venture-Unternehmens ›Luksar‹ – bestehend aus Lukoil und Aramco –, einen Einstieg in den saudi-arabischen Gasmarkt zu erhalten. Lukoil hält dabei 80 Prozent und Aramco im Gegenzug 20 Prozent der Anteile an dem in der saudi-arabischen Westprovinz angesiedelten Unternehmen.

Zusätzlich sorgte Gasprom auch für einen Ausbau der Energiebeziehungen zwischen Rußland und China und legte damit das Fundament für eine Integration eines russisch-chinesischen Energiemarktes. Im März 2006, anläßlich eines Besuchs PUTINS in Peking, vereinbarten beide Mächte den Bau einer Gaspipeline von Sibirien nach China. Das Projekt bekam den Namen ›Altai‹, weil es im Süden der Altai-Region über den westlichen Abschnitt der russisch-chinesischen Grenze führen soll. Der Korridor führt von den Gasvorkommen der Region Tjumen durch die Region Tomsk über das Altai-Gebirge weiter bis zum chinesischen Urumchi. Dort wird das russische Gas in die bereits bestehende chinesische West-Ost-Pipeline eingespeist, die bis nach Shanghai reicht. »Russisches Gas erreicht damit zum ersten Mal in größeren Mengen Ostasien.«[3035]

Gasprom selbst förderte dieses Projekt. Mit dieser Pipeline verbindet Rußland bzw. Gasprom drei geopolitische Ziele: »Erstens soll das Pipeline-Projekt das russische Gas auf einen neuen Markt mit einem unbegrenzten Wachstumpotential bringen, auf dem man mit Absatz und Gewinngarantie jahrzehntelang arbeiten kann. Zweitens dient es der Diversifizierung der Erdgastransporte für den Fall von Problemen mit europäischen Abnehmern... oder mit den europäischen Transitländern. Drittens fördert es die Fortsetzung der geopolitischen Annäherung an China und steigert die gegenseitige Abhängigkeit beider Länder als zusätzliches und sehr wichtiges Sicherheitselement in dieser zentralen Region.«[3036]

Auf diese Weise verwandelte PUTIN die bisherigen russischen strategischen Beziehungen immer mehr zu einer Energiegeopolitik.[3037] Über die Zusammenführung der GUS als Vorstufe ist Rußland nunmehr bestrebt, einen einheitlichen eurasischen Energie-Wirtschaftsraum aufzubauen, wobei – so Alexander WARKOTSCH – ein besonderes Attribut dieser russischen Energiepartnerschaft deren Flankierung mit bilateralen Abkommen auf dem Gebiet der Sicherheitspolitik ist.[3038] Auf diese Weise soll – neben der Bekämpfung separatistischer terroristischer Bestrebungen – das Eindringen raumfremder Mächte abgewehrt werden. Die sicherheitspolitischen Reintegrationsbemühungen Rußlands beruhen auf der 2003 geschaffenen ›Organisation für kollektive Sicherheit‹ (OKS), die als Weiterentwicklung des Taschkenter Vertrags von 1992 gelten soll. Den Statuten dieses Abkommens zufolge dürfen die Mitgliedsstaaten künftig Drittstaaten ohne die Erlaubnis der OKS keinen militärischen Zugang mehr zu ihren Gebieten gewähren. Infolgedessen kam es auch zur Stationierung russischer Streitkräfte im kirgisischen Kant im Herbst 2003, die die erste neu errichtete militärische Auslandspräsenz Rußlands seit dem Ende der Sowjetunion ist. Ebenso konnte Rußland seine Position in Tadschikistan sichern. Den USA war es zwar gelungen, dort im Gefolge des 11. September militärisch Fuß zu fassen, jedoch erhielt Rußland als Gegenleistung für einen Erlaß der tadschikischen

Schuldenlast eine Verlängerung des Stationierungsvertrages über den Mai 2003 hinaus.

Als Fazit dieser Entwicklungen bleibt also festzuhalten, daß Rußlands gezielte Energiegeopolitik, dessen Instrument der Quasi-Staatskonzern Gasprom ist, die Voraussetzungen einer energiepolitischen Arrondierung Eurasiens geschaffen hatte, die über die Integration der GUS hinausgeht. Rußland ist vor diesem Hintergrund nicht auf dem Weg zu einer militärischen, sondern zu einer Energiegroßmacht,[3039] die Geopolitik und Geoökonomie zu verbinden weiß. Die energiepolitische Integration der strategischen Schlüsselstaaten insbesondere des zentralasiatischen postsowjetischen Raumes, der Ausbau der strategischen Beziehungen zu China, Indien und dem Iran sollten ein eurasisches Gegenbündnis gegen das global-hegemoniale amerikanisch geführte transatlantische Bündnis im Sinne des Projekts einer multipolaren Weltordnung bilden.[3040]

Dabei gewann die Asien-Dimension der russischen Außenpolitik deutlich an Gewicht, wobei China und Indien trotz bestehender Rivalitäten aufgrund der sicherheits- und geopolitischen Gemeinsamkeiten zu wichtigen Verbündeten Rußlands wurden[3041] – Bekämpfung des islamischen Fundamentalismus und Separatismus, wachsender Energiebedarf und die Herausforderung durch den globalen Hegemon USA sind Schnittflächen eines gemeinsamen Interesses. Putin selbst hatte auf seinen Besuchen in Peking am 2. Dezember 2002 und in Neu-Delhi zwei Tage später das Element einer ›multipolaren Weltordnung‹ hervorgehoben, dessen Grundlage die Partnerschaft zwischen Rußland, Indien und China sein sollte. Der russische sicherheitspolitische Analytiker Pawel Felgenhauer führte hierzu aus: »Die Doktrin von der ›multipolaren Welt‹, die auf der Idee eines strategischen Dreiecks zwischen Moskau, Peking und Neu Delhi als Gegengewicht zum US-amerikanischen Einfluß basiert, scheint überlebt zu haben.«

Putin verstand es, vor dem Hintergrund dieser strategischen Ziele, die Energiewirtschaft der Russischen Föderation – diese ist ein entscheidender und wirkungsvoller Machtfaktor sowohl im ökonomischen als auch im politischen Gefüge des Landes[3042] – zu einem strategischen Faktor in den Beziehungen Moskaus zu den Staaten Eurasiens auszubauen, der zur Gestaltung einer ›neuen östlichen Geopolitik‹ beitrug. Hier spielte der Bau einer Energiebrücke nach China, Japan, Südkorea, die Gewinnung von Marktanteilen im Iran und Irak ebenso eine Rolle wie die Einbeziehung der ›Seidenstraße‹ von Mitteleuropa über den Balkan bis in den Nahen und Mittleren Osten durch die Pipelineprojekte ›Blue Stream‹ und ›South Stream‹. Durch die Nationalisierung des Erdgas- und Erdölsektors unter dem faktischen Staatskonzern Gasprom und durch das Staatsmonopol auf das weltweit größte Pipelinesystem war Rußland unter Putin in die Lage versetzt worden, ein wirkungsvolles Netz von eurasischen Bündnissen aufzubauen. Auf diese Weise aber durchkreuzte Rußland auch die Pläne der US-Geopolitik in Eurasien, die genau verhindern wollte, was Putins neue Energiegeopolitik zu verwirklichen vermochte.

Jedenfalls wurde hierdurch die globale Machtposition der USA ernsthaft herausgefordert. »Heimlich wurden die USA in ihrer offensichtlichen Strategie zur Kontrolle der Hauptenergieressourcen des Persischen Golfs, Zentralasiens, des Kaspischen Beckens und Afrika herausmanövriert«, so beschreibt Energie-Experte F. William ENGDAHL das Ergebnis der Schachzüge Rußlands und Chinas im Jahre 2006.[3043]

7 Die Gegenstrategie der USA: die Inszenierung ›farbiger Revolutionen‹ in den eurasischen »Rimlands«

Mit der Politik der Reintegration des eurasischen Raumes auf energiepolitischem Wege hatte PUTIN gewissermaßen den »Alptraum MACKINDERS« (so F. William ENGDAHL) verwirklicht. PUTIN verband über das Pipelinenetzwerk die eurasischen ›Rimlands‹ mit dem ›Heartland‹, also Rußland. Damit war eine Lage eingetreten, die nach den Doktrinen angelsächsischer Geopolitiker unbedingt zu unterbinden war. Zur Erinnerung: Als Herausforderung für die britische Seemacht sah MACKINDER in seinem Vortrag *Der geographische Angelpunkt der Geschichte* von 1904 die Fähigkeit der großen Landmächte Eurasiens an, durch den Ausbau von Infrastruktur die eurasische Landmasse in einem Staatsgebiet zu vereinen, ohne vom Meer abhängig zu sein. Dieses Konzept blieb auch Gegenstand der US-Geopolitik, deren wichtigstes Ziel gleichfalls ist, den Zusammenschluß Eurasiens zu einem zusammenhängenden Wirtschafts- und Militärblock und damit die Bildung eines Gegengewichts zu der einzigen Supermacht USA zu verhindern.[3044] Zbigniew BRZEZINSKI aktualisierte diese geopolitische Doktrin in einem Aufsatz in den *Foreign Affairs* vom September/Oktober 1997 und in seinem Buch *The Grand Chessboard* und prägte die Formel: »Die Entwicklung der Machtverteilung auf der eurasischen Landmasse hat entscheidende Bedeutung für Amerikas globale Vormachtstellung.«[3045] Vor diesem Hintergrund wurde alsbald klar, daß PUTINS Energiegeopolitik mit den globalen Hegemonialinteressen der USA zusammenstoßen mußte.

In der Tat begann die US-Machtelite schon mit der Zerschlagung des Jukos-Konzerns, wodurch den US-Ölkonzernen der Zugriff auf das russische Erdöl entzogen wurde, eine feindselige Haltung gegen PUTIN einzunehmen. »Die Beziehungen (zwischen Rußland und den USA, der Verf.) verschlechterten sich jedoch«, so Rußland-Experte Alexander RAHR, »nicht nur während der Irak-Krise, sondern auch wegen der Verstaatlichung des Energiekonzerns Jukos, der kurz vor dem Verkauf an ein amerikanisches Ölunternehmen gestanden hatte. Die Art und Weise, wie der Kreml seit 2003 die staatliche Kontrolle über strategisch wichtige Industriebereiche, Banken und Medien in Rußland wieder einführte, verärgerte die USA dermaßen, daß Washington Rußland heute die Qualifikation für die WTO und die G-8 abspricht.«[3046]

Ähnlich sieht es auch Roland GÖTZ: »Der Umschwung in der Beurteilung Rußlands wurde, vor allem in den USA, durch die Verhaftung Michail CHODORKOWSKIJS ausgelöst.«[3047] Bestätigt wird dies gerade durch die Stellungnahmen einflußreicher

US-Geopolitiker. Im *Wall Street Journal* vom 20. September 2004 verbreitete kein Geringerer als Zbigniew BRZEZINSKI unter der Überschrift »Der Moskauer Mussolini« nach der Wiederwahl PUTINS zum Präsidenten die Ansicht, PUTIN sei im Begriff, einen Faschismus nach dem Muster MUSSOLINIS aufzubauen. BRZEZINSKI sprach von der Errichtung eines »faschistischen Ölstaates« in Rußland.[3048] BRZEZINSKIS Stichwort vom »faschistischen Ölstaat« wurde auch umgehend von der neokonservativen US-Machtelite aufgegriffen. Der schon erwähnte Geopolitiker Bruce JACKSON, auch in Sachen ›Project on Transitional Democraties‹ aktiv, griff zusätzlich noch zu einem Antisemitismusvorwurf: »Seit PUTIN gewählt wurde, waren alle führenden Figuren, die wegen Wirtschaftsverbrechen exiliert oder arrestiert wurden, jüdisch. In Dollar gerechnet, sind wir Zeugen der größten illegalen Enteignung von jüdischem Kapital seit der Nazi-Beschlagnahmung in den 30ern. . .«

Und weiter zu CHODORKOWSKI: »Die Inhaftierung eines Mannes hat uns das Signal gegeben, daß unsere gut gemeinte Rußland-Politik gescheitert ist. Wir müssen nun erkennen, daß eine massive Unterdrückung von Menschenrechten stattgefunden hat und die Errichtung einer Administration in Moskau vom Typ eines defacto kalten Krieges.« (*Washington Post*, 28. Oktober 2003).[3049] Dem schloß sich am 28. September 2004 ein sogenannter *Offener Brief* an die Führungen von NATO und EU an, der unter anderem auch von einer Reihe bekannter Vertreter der neokonservativen US-Machtelite unterzeichnet wurde und zu Lasten PUTINS kaum belegbare Anwürfe[3050] enthielt. Unter Benutzung einer aggressiven Menschenrechtsrhetorik griff dieser Brief direkt in die russische Politik ein und forderte die Unterstützung der »demokratischen Kräfte« in Rußland.

Worum es hier tatsächlich ging, war die Tatsache, daß die Renationalisierung des Energiebereichs in Rußland an fundamentalen Prinzipien der US-Geopolitik rüttelte, deren Grundlagen eingangs ausführlich dargestellt wurden. Die Oligarchen waren für die US-Machtelite ja wichtige Verbündete, um den US-Konzernen den Zugang zu russischen Rohstoffen zu ermöglichen und die hierzu erforderliche gesellschaftlich-ökonomische Umgestaltung Rußlands einzuleiten. Nach seinem Machtantritt begann PUTIN sich schließlich allmählich dieser kriminellen Machtelite zu entledigen. »PUTINS politisches Ziel ist es, von den Oligarchen unabhängig zu sein«.[3051] Der Staat sollte nicht mehr ein bloßes Instrument in der Hand der größten Finanz- und Industriegruppen sein. Tatsächlich handelte PUTIN mit den Oligarchen einen Kompromiß aus, dem zufolge ihre Aktivitäten während der wilden Privatisierungen nicht überprüft werden sollten, solange sie sich aus der Politik heraushielten. Als Gegengewicht zu den einflußreichen Oligarchen begann PUTIN, um seine Vision von einem starken Staat mit einer zentralisierten ›Machtvertikalen‹ zu verwirklichen, seine Regierungsmannschaft aus dem Kreis der Geheimdienstmitarbeiter und des Militärs (den sogenannten ›Silowiki‹) zu rekrutieren.[3052] Diese waren der Auffassung, daß die strategischen Wirtschaftszweige, die sich in den Händen der Oligarchen befanden, wieder in Staatshand überführt werden müßten. Überdies verlangten sie eine stärkere Besteuerung von Unternehmensgewinnen, wobei entsprechende Gesetzesentwürfe von CHODORKOWSKI durch großzügige Spenden an die Oppositionsparteien in der Staatsduma in der Vergangenheit zu Fall gebracht worden waren.[3053]

Zudem wurde immer deutlicher sichtbar, daß die Oligarchen BERESOWSKI und GUSSINSKI über ihre unangefochtene Machtstellung in den Medien Kampagnen gegen PUTIN in Gang setzten und so den Pakt zwischen dem Kreml und den Oligarchen verletzten. Als dann vom geheimdienstnahen ›Rat für nationale Strategie‹ im Mai 2003 eine Studie mit dem Titel *Staat und Oligarchen* veröffentlicht wurde, in der von einem Staatsstreich der Oligarchen gegen PUTIN unter Führung von CHODORKOWSKI die Rede war, sah sich PUTIN zum Losschlagen gezwungen. Die Folge war die beschriebene Nationalisierung des Erdöl- und Erdgassektors in der Hand des Staatskonzers Gasprom.

Diese Nationalisierungspolitik sollte einige Jahre später noch auf weitere strategische Wirtschaftszweige ausgedehnt werden. Im Oktober 2006 hatte die russische Regierung erstmals eine Liste strategisch wichtiger Wirtschaftsbranchen erstellt, in die ausländische Investoren nur mit Genehmigung einsteigen dürfen. »Die Beschränkungen sollen für die Rüstungs- und Raumfahrtindustrie, den Flugzeug- und Spezialanlagenbau, in der Atomindustrie, Rohstoffindustrie sowie für Monopole von gesamtstaatlicher Bedeutung gelten. . . Unternehmen der genannten Art sollen ihre Aktien in Zukunft nur mit Erlaubnis der Regierung verkaufen dürfen.«[3054] PUTIN hatte dabei schon in einem Erlaß vom Juli 2005 in einer Liste einige russische Unternehmenzweige als strategische Unternehmen eingestuft, die nicht ohne weiteres privatisiert werden dürfen. Insbesondere im Rohstoffbereich sollten ausländische Beteiligungen »deutlichen Beschränkungen« unterliegen.[3055] Die Entscheidung von Gasprom, das Shtokman-Erdgasfeld in der Barents-See ohne ausländische Beteiligung auszubeuten, gilt Beobachtern zufolge als Bekräftigung des Kurses, die Bedeutung ausländischer Unternehmen für die Ausbeutung russischer Bodenschätze möglichst gering zu halten und statt dessen die Interessen des russischen Staates an der Ausbeutung von Rohstoffen stärker zu beachten. Darüber hinaus erwogen Rußland und China, den Warenverkehr zwischen beiden Ländern künftig nicht mehr in Dollar, sondern in Rubel oder Yüan zu verrechnen und den Rubel somit zu einer alternativen internationalen Reservewährung zu etablieren.[3056]

Mehr noch: Bereits im März 2004 berichtete die *Iswestija*, daß PUTIN nach seiner Wiederwahl zum Präsidenten geplant habe, die Bindung der russischen Währung an den US-Dollar gegen eine Bindung an den Euro zu verändern. Das erfolgte auch wenige Tage nach der Verkündung des Urteils gegen CHODORKOWSKI, als sich Rußland und die EU auf eine engere Zusammenarbeit einigten; Moskau sandte gleichzeitig ein entscheidendes Signal in Richtung EU: Rußland werde in Zukunft seine Devisenreserven in Dollar herunterfahren, dafür den Euro-Anteil zu einer Quote 50:50 erhöhen; vorher lag das Verhältnis bei 80:20.[3057] Wie schon geschildert, liegt die Rolle des Dollars als Weltleitwährung in der Bindung des Ölhandels an den Dollar begründet, und seit dem Jahre 2000 wurde in mehreren Ländern eine Abkopplung vom Dollar erörtert. Die devisenpolitische Entscheidung PUTINS jedenfalls bedeutete eine Zuspitzung der Auseinandersetzung um die Ablösung des Dollars als Leit- und Ölwährung. Die US-Vorherrschaft wurde mit derartigen Plänen, den Dollar zu entthronen, zunehmend bedroht. Wenn jetzt auch Rußland in diese Bewegung mit einstiege, dann hätte sich die Gefahr der Liquidierung des Dollars als Weltleitwährung gesteigert; bis dahin verhindert aber noch Saudi-Arabien die Ablösung des Dollars in der OPEC. Neben dem Konflikt um den Zugriff auf russische Rohstoffe zeichnete sich nunmehr ein neuer russisch-amerikanischer Zusammenstoß ab, diesmal auf dem Gebiet der Finanzmärkte, der – wie später noch gezeigt wird – bis heute anhält.

Die Energiegeopolitik PUTINS verdeutlicht somit, daß die russische Außenpolitik wieder eine eigene Kontur angenommen hat. Rußland begann, seine eigenen geopolitischen Vorstellungen durchzusetzen. Gegen das globale Interventionsmuster der USA setzte PUTIN ein Konzept des multipolaren Pluralismus, der sowohl Asien als auch Europa einbezieht und Rußland als Integrationsknoten in einer multipolaren Weltordnung begreift.

Die US-Machtelite jedenfalls hatte die geopolitische Bedeutung der Zerschlagung des Jukos-Konzerns treffend gedeutet. Sie erkannte, daß diese Maßnahme die Voraussetzung für eine künftige russische Politik war, die Russische Föderation aus der ›Grand-Area‹-Strategie der USA (für die Privatisierung, Entstaatlichung und die damit in Verbindung stehenden Oligarchen von entscheidender Bedeutung sind) herauszulösen und statt dessen einen faktisch staatsgeführten eurasischen Gegenpol aufzubauen. Der russische Markt und möglicherweise auch noch weitere eurasische Märkte drohten, dem Zugriff von US-Konzernen entzogen zu werden. Auch der US-amerikanische Geheimdienst CIA sah ein neues russisches Selbstbewußtsein als akute Bedrohung für US-Interessen in Zentralasien; er erkannte, daß seit 2003/2004 in Moskau die Bereitschaft gewachsen sei, den US-Hegemonialbestrebungen in Zentralasien mit einem selbstbewußteren Vorgehen entgegenzutreten. Der ehemalige CIA-Direktor George TENET bezeichnete die energiepolitische Ausbreitung Rußlands als Gefahr für die strategischen Interessen der USA.[3058] Die CIA warnte hier vor »einer anhaltend unnachgiebigen Haltung Rußlands im Tschetschenienkrieg« und einer »robusteren Politik gegenüber Nachbarländern wie Georgien und der Ukraine, die von dem zunehmendem Engagement russischer Konzerne in der Industrie dieser Länder unterfüttert wird«. Kritisch wurde zudem die »Rezentralisierung der Macht im Kreml« wahrgenommen, was den derzeitigen »Trend zur Beschneidung der Zivilgesellschaft« verstärken und zur »Einmischung des Staates in die Geschäfte der großen Konzerne« führen könne.[3059]

Die *Defense Intelligence Agency*, der militärische Nachrichtendienst der USA, warnte in ihrem Bericht an den Kongreßausschuß im Jahre 2004, daß Rußland »dabei ist, zu versuchen, seinen Großmachtstatus wiederzuerlangen«. Es gebe wieder mehr Geld für das Militär aus; im Jahr 2003 habe sich die Zahl der Manöver im Vergleich zum Vorjahr verdoppelt. CIA-Chef George TENET sah die US-Interessen in Zentralasien vor »ernste Herausforderungen« gestellt.[3060] In den *Foreign Affairs* stellte Charles GLOVER, Büroleiter der *Financial Times* in Kiew, das »Träumen von einem eurasischen Herzland« in Rußland als ernsthafte Bedrohung für die US-amerikanischen Interessen dar und bewerterte eine Achse Paris–Berlin–Moskau unter Ergänzung durch eine Verbindung Moskau–Teheran–Neu Delhi mit direktem Zugriff auf den pazifischen Raum als grundlegende Herausforderung der USA.[3061]

Schließlich hatten die USA jahrzehntelang eine Strategie verfolgt, die das Aufbrechen des sowjetischen Blocks zum Ziel hatte, diesen wirtschaftlich und politisch zu destabilisieren. Nach 1990 waren alle Aktivitäten der US-Machtelite darauf ausgerichtet, das postsowjetische Rußland durch ›Demokratisierung‹ und ›Internationalisierung‹ der Öl- und Gasförderung wie auch des Öl- und Gashandels von seinem aus Sowjetzeiten stammenden Monopol auf die eurasischen fossilen Energiequellen zu trennen. Mit der Auflösung der Sowjetunion war eine neue Weltlage entstanden, deren Kern, so Kai EHLERS – die Neuverteilung des Zugriffs auf die Weltressourcen an fossilen Rohstoffen ist. Achtzig Prozent dieser fossilen Rohstoffe konzentieren sich auf der ›strategischen Ellipse‹, die sich vom persischen Golf über den kaukasisch-kaspischen Raum und Zentralasien bis ins mittlere Rußland hinein erstreckt[3062] – und welche durch Rußland wieder monopolisiert zu werden drohte.

Demzufolge mußte die US-Machtelite allmählich Gegenstrategien entwickeln. Dabei folgte sie dem Drehbuch MACKINDERS und BRZEZINSKIS, indem sie zu einer ›Neo-Containment‹-Strategie griff und an geopolitischen Schlüsselstaaten der ›Rimlands‹ politische Transformationen in Gestalt von Regimewechseln durchführte, um diese dann in das transatlantische Bündnis zu integrieren und Rußland, das ›Heartland‹, zu isolieren. Es wurde jetzt eine Strategie in Gang gesetzt, die Rußland von den Energiemärkten Westeuropas und Ostasiens sowie von den Rohstoffquellen Zentralasiens und des Kaukasus abschneiden sollte. Gleichzeitig sollte ein sicheres strategisches Umfeld für die Schaffung alternativer – nämlich Rußland umgehender – Pipelinekorridore geschaffen werden, wozu die US-Machtelite allerdings in den maßgeblichen Staaten eine dauerhaft proatlantische außenpolitische Ausrichtung sicherstellen mußte. »Die Geopolitik des Erdöl- und Erdgasmarkts manifestiert sich wohl am deutlichsten in der Festlegung von Pipelines. Die erheblichen politischen und materiellen Investitionen in Pipelines bedingen einen großen Zeithorizont. Kaum ein anderer Wirtschaftsbereich bedarf von der vertraglichen Festlegung bis zur eigentlichen Produktion und Amortisierung der Investition derart langer Zeitperioden. So werden Regimewechsel inszeniert, um Regierungen eines Produktions- oder Transitlandes an ein Energieprojekt zu binden, und politische Allianzen geschmiedet, die oft großen Wirren standhalten müssen.«[3063]

Die US-Machtelite ging also daran, in strategischen Schlüsselstaaten ›sanfte Staatsstreiche‹ in Gestalt von inszenierten ›demokratischen‹ Regimewechseln durchzuführen. »Amerika besitzt. . . neben seinen Streitkräften noch ein zweites Instrument zur Entmachtung von Diktatoren. Dieses ist quer durch die Parteien verankert, nährt sich von Steuermitteln und arbeitet mit privaten Stiftungen, internationalen Organisationen und ausländischen Regierungen zusammen. Seine Aktivisten, etwa Jennifer WINDSOR, die Exekutivdirektorin von Freedom House in Washington, weisen selbstbewußt auf die Überlegenheit ihrer gewaltfreien Methode hin: ›Breite Kampagnen auf ziviler Basis haben größere Aussicht, demokratische Ergebnisse zu erzeugen, als Militärinterventionen oder gewaltsame Aufstände. Außerdem kosten sie weniger.‹«[3064]

Das waren genau die Instrumentarien, mit denen die USA nunmehr gewünschte Machtwechsel in strategisch bedeutsamen Regionen vorzunehmen begannen. Bruce JACKSON, einer der einflußreichen Protagonisten der NATO-Osterweiterung, baute im Jahre 2003 eine neue Lobbyorganisation auf, die den Namen ›Projekt Übergang zur Demokratie‹ (Project on Transitional Democracies) trug. Sie wurde nach JACKSONS eigenen Worten »organisiert. . . zur Nutzung der Möglichkeiten zur Beschleunigung demokratischer Reformen und Integration, die unserer Meinung nach in der erweiterten europäisch-atlantischen Region im nächsten Jahrzehnt bestehen werden«.[3065] Die Zielgebiete dieser Organisationen sollten aufgrund ihrer geopolitischen Bedeutung Georgien, die Ukraine und Kirgistan sein.

7.1 Die Geschichte der US-finanzierten ›Non-Government-Organisations‹ (NGOs)

Im allgemeinen wird die Geburtsstunde der ›Demokratieförderung‹ im US-amerikanischen Interesse in der REAGAN-Ära angesiedelt. US-Präsident REAGAN hatte in seiner *Westminster Speech* vom 8. Juni 1982 in London zur Unterstützung weltweiter »demokratischer« Umstürze aufgerufen: »Wir müssen die Infrastruktur der Demokratie fördern, die freie Presse, Gewerkschaften, politische Parteien, Universitäten, damit die Menschen ihren Weg frei wählen können.«[3066] Diese Rede bezeichnet Anselm WEIDNER, der sich mit den Hintergründen der ›Regimewechsel‹ in Osteuropa beschäftigt hatte, als »Geburtsstunde der Demokratieförderung auf US-amerikanische Art«, denn das, was bislang CIA und Geheimdiplomatie an proamerikanischen Regimewechseln bewerkstelligt hätten, solle nun in aller Öffentlichkeit durch Demokratie-Offensiven erreicht werden.[3067] In der REAGAN-Ära sei daraufhin ein wahrer Gründungsboom von US-Organisationen für Demokratieförderung ausgelöst worden. Als Pate habe dabei die Friedrich-Ebert-Stiftung gestanden, die in den siebziger Jahren dazu beigetragen habe, daß Spanien und Portugal den friedlichen Übergang von der Diktatur zur Demokratie auf der Basis einer entschiedenen Westbindung vollzogen hätten.[3068]

Tatsächlich reicht die Geschichte derartiger Institutionen zur Durchsetzung ›sanfter Regimewechsel‹ aber schon wesentlich weiter zurück. Schon 1941 wurde unter der Schirmherrschaft der Präsidentengattin Eleanor ROOSEVELT die Organisation ›Freedom House‹ ins Leben gerufen, die für die Förderung »demokratischer Veränderungen« zwecks »weltweiter Verbreitung von politischer und wirtschaftlicher Freiheit« steht. Ihre Grundidee war zum Zeitpunkt ihrer Gründung die Schaffung eines weltweiten Gegenwichts zur Ideologie des Nationalsozialismus. »Im Kalten Krieg wurde die Organisation auf einen neuen Feind gepolt, die Kommunisten Osteuropas – und dabei mit Millionen aus US-Regierungsfonds finanziert.«[3069] Das strategische Konzept heißt »der zweite Weg« und zielt auf einen Machtwechsel von innen heraus. Und um dies zu erreichen, werden die aus den jeweiligen Gesellschaften heraus entstehenden Zivilgesellschaften mit logistischem Material versorgt.[3070]

Dabei scheinen die Initiatoren dieser Organisation sehr planvoll vorzugehen: In ihrem Hauptquartier befindet sich eine Karte mit verschiedenfarbigen Pins an der Wand, welche die Außenposten der Organisation markieren. Den »Vormarsch der Demokratie« hält die Organisation in einer jedes Jahr aktualisierten »Landkarte der Freiheit« fest. »Grün sind die Musterknaben, die USA ... und Westeuropa. Violett sind die bösen Buben mit erheblichen Menschenrechtsdefiziten und ohne freigewählte Regierungen: Saudi-Arabien gehört ebenso dazu wie Pakistan, die Voksrepublik China und diverse zentralasiatische und afrikanische Staaten. Gelb kennzeichnet die Wackelkandidaten. Es geht voran auf der Welt, vertraut man dem Index: 1974 galten erst 41 Staaten als frei, heute sind es 89. Zu den schlimmsten gehörten vor einem Jahrzehnt 21, nach aktueller Einordnung bleiben 8 übrig. Die Freedom-House-Welt kennt allerdings auch Rückschläge: Rußland ist von gelb auf violett zurückgestuft worden.«[3071]

Zwar wird es in der Organisation offiziell geleugnet, aber dennoch ist bei näherem Hinsehen unverkennbar, daß Querverbindungen zwischen ›Freedom House‹ und der CIA bestehen. Vorstandsvorsitzender war in der entscheidenden Zeit vom Januar 2003 bis September 2005 James WOOLSEY. »Die Daten seiner Karriere«, so Osteuropa-Expertin Mária HUBER, »weisen jedoch vor allem auf eines hin, nämlich auf den fließenden Übergang zwischen militärischen, geschäftlichen und politischen Verpflichtungen. Der ehemalige Offizier der US-Armee war Stellvertreter des US-Marineministers und von 1993 bis 1995 Direktor der CIA. Der Freedom-House-Chef zählt zu den Architekten der neuen atomaren Rüstungsstrategie der USA. Er ist in verschiedenen US-Firmen und Think-Tanks tätig, unter anderem im Committee on the Present Danger und im Project for the New American Century. Letzteres steht erklärtermaßen in der neokonservativen Tradition der REAGANschen Außenpolitik und fordert die Bekämpfung von Regimen, ›die unseren Interessen schaden wollen und unsere Werte ablehnen‹. WOOLSEY gehörte zu den wichtigsten Befürwortern des Irakkrieges, den er als Bestandteil des ›Vierten Weltkriegs‹ ansieht.«[3072] Mit dieser personellen Verbindung der Organisation zur US-Machtelite wird deutlich, daß es sich bei ›Freedom House‹ eher um eine CIA-gesteuerte Einrichtung handelt, mit der Funktion, mittels einer ›indirekten Strategie‹ im Rahmen der US-Geopolitik an neuralgischen Punkten mißliebige Regime zu beseitigen, ohne – wie noch zur Zeiten des Kalten Krieges – auf die Inszenierung gewalttätiger Staatsstreiche zurückgreifen zu müssen, wie es oftmals in Lateinamerika der Fall war.

Das Selbstverständnis von ›Freedom House‹ beschreibt die Programmdirektorin Paula SCHRIEFER wie folgt: »Wir bringen der Welt nur bei, wie Demokratie funktioniert – und dokumentieren, wo sie fehlt, wie man sie fördern könnte.«[3073] Dabei organisiert ›Freedom House‹ Schulungen in den USA und im Ausland für ›Ausbilder‹, um sie auf ihren Einsatz vor Ort vorzubereiten. Diese Ausbilder schulen dann die Akteure in den betreffenden Ländern und koordinieren ihren Einsatz, wobei sie häufig von Einsatzland zu Einsatzland reisen, um die ›Revolutionen‹ zu organisieren.[3074] Zu deren Umsetzung hatte ›Freedom House‹ bereits einheitliche Muster entwickelt, deren Grundlagen von einem weiteren Mitglied der Organisation, nämlich Samuel P. HUNTINGTON, entworfen wurden. Dieser veröffentlichte 1991 einen Leitfaden für den Umsturz autoritärer Regime.

»An erster Stelle steht dabei die systematische Delegitimierung der Herrschenden durch Vorwürfe, die auf breite Popularität rechnen können, wie Brutalität im Umgang mit der Opposition und Korruption. In diesem Zusammenhang wird auch auf die Notwendigkeit von Kontakten zur Weltpresse und zu internationalen Organisationen hingewiesen. Von zentraler Bedeutung ist für HUNTINGTON die Mobilisierung von Unterstützung in den USA, wo Abgeordnete mit moralischen Missionen die Regierung gerne unter Druck setzen, dazu aber mit dramatischem Material beliefert werden müssen. Es folgen Empfehlungen, die Opposition zu einigen, Geschäftsleute und Generäle einzubinden und einen charismatischen Führer an die Spitze der Bewegung zu stellen. Jede Gelegenheit, um Opposition gegen das Regime zum Ausdruck zu bringen, sollte ergriffen werden, insbesondere wenn dieses Wahlen organisiert. Dabei müsse für die Opposition Gewaltfreiheit oberstes Gebot sein, um Sympathien im In- und Ausland zu gewinnen.«[3075]

Wie Mária HUBER darlegt, unterstützt ›Freedom House‹ seinerseits die Albert-Einstein-Gesellschaft, die 1983 von dem Sozialwissenschaftler des ›Center for International Affairs‹ der Harvard-Universität Gene SHARP in Boston gegründet wurde. Dieser hatte ein Jahr nach REAGANS Westminster-Rede eine Studie über die Möglichkeiten zivilen Ungehorsams in Westeuropa angesichts einer möglichen Invasion des Warschauer Paktes erstellt, die 1985 veröffentlicht wurde.[3076] Das Ergebnis seiner Fragestellung, wie der militärische durch den gewaltlosen Kampf ersetzt werden könne, faßte er mit dem Begriff »Strategic Nonviolent Struggle« zusammen. Gene SHARP verfaßte mehrere Bände, in denen er seine »198 Methoden des gewaltfreien zivilen Widerstands« – angefangen von Streikposten und Boykott über Hungerstreiks bis hin zur Sabotage und Besetzung öffentlicher Einrichtungen – darstellte. Sein Hauptwerk *From Dictatorship to Democracy – A Conceptual Framework für Liberation* (Von der Diktatur zur Demokratie – Ein konzeptioneller Rahmen für die Befreiung) wurde 1993, 2002 und 2003 als Handlungsleitfaden neu aufgelegt und liegt in Serbisch, Russisch, Ukrainisch und Spanisch (vorrangig gegen Venezuela gerichtet), aber auch in Arabisch und Farsi vor. Dieser Leitfaden wurde im Frühjahr 1999 in Serbien verteilt; für die Ukraine wurde er in 12 000 Exemplaren gedruckt und außerdem ins Internet gestellt.[3077]

In diesem Werk heißt es: »Durch den gewaltlosen Kampf kann man Konflikte nicht lösen, aber einen Sieg erringen. Wir diskutieren in quasimilitärischen Begriffen, doch unser Vorgehen ist unblutig – und zugleich sehr wirkungsvoll.«[3078] Und weiter: »Meine Prinzipien haben nichts mit Pazifismus zu tun. Sie basieren auf der Analyse der Macht in einer Diktatur und wie sie gebrochen werden kann – nämlich dadurch, daß die Bürger auf allen Ebenen der Staatsmacht und ihren Institutionen den Gehorsam verweigern.«[3079] Dieses Buch – so Anselm WEIDNER – kann als das Handbuch des gewaltlosen Widerstands aller ›samtenen Revolutionen‹ und Farbrevolutionen seit 1989 und als Bibel aller Farbrevolutionäre von Belgrad bis Beirut gelten.[3080] Gene SHARP war den Recherchen von Anselm WEIDNER zufolge in den siebziger Jahren Berater antikommunistischer Bewegungen in Burma und China gewesen, und die von ihm entwickelten Theorien des gewaltlosen Kampfes wurden »neben dem neu angeheizten Rüstungswettlauf zu *der* neuen Waffe im Kalten Krieg«,[3081] und die Albert-Einstein-Gesellschaft wurde ihrerseits zur wichtigsten Denkfabrik des gewaltlosen Widerstandes in den USA.

Der Direktor der Albert-Einstein-Gesellschaft, Robert L. HELVEY, arbeitete den Untersuchungen von Mária HUBER zufolge jahrzehntelang für das Pentagon, wo er in der Defence Intelligence Agency (DIA), dem militärischen Geheimdienst, tätig war. »Er koordinierte Dissidentengruppen in Burma und trainierte 1989 Studentenführer aus Peking in Hongkong. Seine ›einmalige Qualifikation‹ beruht laut Selbstdarstellung der Albert-Einstein-Gesellschaft in der Erkenntnis der Parallelen zwischen militärischer und gewaltfreier Strategie: klare Definition des Ziels, exakte Lagebeurteilung, operationale Planung. Im Frühjahr 2000 gab Oberst HELVEY Seminare in Budapest für oppositionelle Studentenführer in Serbien. Aus dieser Zusammenarbeit ging die Bewegung ›Otpor‹ hervor – und eine den örtlichen Bedingungen angepaßte Neufassung von Gene SHARPS Leitfaden.«[3082] HELVEY war zudem Militärattaché in Birma, später Dekan der Militärattaché-Trainingsschule in Washington und Experte für geheime Operationen.[3083]

Neben schriftlichen Leitfäden zum Regimewechsel werden auch entsprechende Schulungsfilme erstellt. Der bekannteste ist *Bringing down a Dictator*, eine Chronologie des Sturzes von MILOSEVIC aus amerikanischer Sicht, der die angewandten Techniken und Methoden des ›gewaltfreien Widerstandes‹ beschreibt und damit eine Anleitung zum Handeln gibt. In diesem Film führt HELVEY aus: »Ich erklärte ihnen, daß man sich den gewaltlosen Kampf als Krieg vorstellen muß, daß dieselben Prinzipien gelten wie im Krieg: Ein Ziel ist zum Beispiel, die Kräfte, eine Masse von Menschen, rechtzeitig am entscheidenden Punkt zu haben, und man kann nur gewinnen, wenn man nicht in der Verteidigungsposition bleibt, sondern zum Angriff übergeht. Das gilt für den gewaltlosen genauso wie für den bewaffneten Kampf.«[3084] Dieser Streifen hat dabei die Funktion, eine »Brücke zwischen Enkeln des Sowjetreichs und Demokratiestrategen der amerikanischen Ostküste« zu schlagen.[3085] Erstellt wurde der Film von Peter ACKERMAN, Leiter des Washingtoner ›Internationalen Zentrums für gewaltfreie Konflikte‹ und Mitglied des Council on Foreign Relations.[3086] Gewaltloser Widerstand sei ein »Werkzeugkasten, eine Art Waffenarsenal«, erklärt ACKERMAN in aller Offenheit, das sich für strategische Ziele in »Schlüsselregionen, die US-Politiker beeinflussen wollen«, hervorragend eigne.[3087] Ergänzt werden diese televisionären Kampagnen sogar durch interaktive Computerspiele. So sponsorte ›Freedom House‹ ein Computerspiel *A Force – more powerful* mit Anleitungen für den zivilen Widerstand.[3088]

An der Finanzierung, Organisation sowie der Versorgung oppositioneller Gruppen mit modernen Kommunikationsmitteln ist neben ›Freedom House‹ vor allem die ›National Endowment for Democracy‹ (NED) beteiligt. Diese Einrichtung läßt sich dem Geheimdienstexperten Klaus EICHNER zufolge als Dachorganisation der NGOS und ihrer ›Zivilgesellschaften‹ einschätzen. Sie stand in den entscheidenden Jahren 2003–2005 unter der Leitung des ehemaligen NATO-Oberbefehlshabers Wesley CLARK.[3089] Die NED wurde 1983 gegründet, hat ihren Sitz in Washington und wird vorwiegend über das US-Außenministerium finanziert.

Interessant ist in diesem Zusammenhang der Hintergrund ihrer Entstehung: Die NED ist eine Schöpfung der REAGAN-Ära. Wie Peter SCHWEITZER darlegt, hatte US-Präsident REAGAN im Rahmen seiner antisowjetischen Destabilisierungsstrategie im Sommer 1982 ein umfassendes CIA-Programm erstellen lassen, in dem es darum ging, der polnischen Untergrundbewegung ›Solidarnosc‹ Unterstützung zukommen zu lassen, nachdem CIA-Chef CASEY zu dem Schluß gekommen war, daß das Kriegsrecht wohl Erfolg gezeigt und die ›Solidarnosc‹ an die Wand gedrängt habe. Der Berater des Weißen Hauses Ed MEESE sowie der Professor der Georgetown-Universität Allen C. WEINSTEIN kamen dabei auf die Idee, diese Unterstützung einer privaten Organisation zu übertragen. Das war die Geburtsstunde der NED, die auch umgehend Unterstützung durch die damalige Machtelite um Ronald REAGAN erhielt. »Die NED«, so Peter SCHWEIZER, »entwickelte sich zu einem bedeutsamen Werkzeug in den Bemühungen, die Sowjetmacht zu unterminieren.«[3090] Ihre Operationen hätten denen der CIA geglichen. NED-Mitbegründer Allen C. WEINSTEIN formulierte es so: »Vieles von dem, was wir heute tun, wurde 25 Jahre lang heimlich von der CIA getan.«[3091] Die Besonderheit der NED liegt in ihren Strukturen, in der weltweiten Anwesenheit ihrer Filialen und in der direkten aggressiven politischen Einflußnahme bis hin zur Finanzierung und Inszenierung von ›Regimewechseln‹.[3092] Zu beachten ist, daß die NED im Ausland weniger direkt, sondern vielmehr durch die Büros und Vertreter von vier Organisationen in Erscheinung tritt, die aus den Haushaltsmitteln der NED finanziert werden. Diese vier Organisationen sind zum einen die Stiftungen der beiden großen Parteien, das ›International Republican Institute‹ (IRI) sowie das ›National Democratic Insitute‹ (NDI). Hinzu kommen die im Ausland wirkenden Filialen des Gewerkschaftsverbandes AFL-CIO und der Unternehmerverbände ›American Center for International Labor Solidarity‹ (ACILS) und das ›Center for International Private Enterprise‹ (CIPE).

Nach offiziellen Angaben dieser Einrichtungen besteht deren Funktion darin, in den in Aussicht genommenen Ländern den Aufbau oppositioneller Parteien und ›unabhängiger‹ Medien zu finanzieren und zu organisieren. »Auf einer Vielzahl von Wegen«, so der Kenner der irregulären US-Außenpolitik William BLUM, »mischt sich NED in die inneren Angelegenheiten anderer Länder ein, durch die Bereitstellung von technischem Know-how, Training, Bildungsprogrammem, Computern, Fax- und Kopiergeräten, Fahrzeugen usw. für ausgewählte politische Gruppen und Organisationen, Arbeiter- und Dissidentenbewegungen, Studentengruppen, Buchverleger, Zeitschriften und andere Medien.«[3093] Dadurch, daß der imperialistische Zweck der Organisation durch ein wohlwollendes Image verdeckt werde, so BLUM, sei sie ein wesentlich wirksameres Element in der US-Außenpolitik, als es die CIA je gewesen sei. Tatsächlich reichen Macht und Einfluß der NED und ihrer Unterorganisationen sehr weit, wie es in den Rechenschaftsberichten der Organisationen dargestellt wird: »So rühmt sich das IRI der Republikaner beispielsweise, im Jahr 1996 ein Bündnis der mongolischen Oppositionsparteien zustande gebracht zu haben, das dann bei den Parlamentswahlen erfolgreich war. Damit habe das IRI entscheidend dazu beigetragen, ›daß die Mongolei das erste ehemals kommunistische Land Asiens wurde, das von Demokraten regiert wird‹. Seit 1992 hat das IRI nach eigenen Angaben Politiker und Aktivisten der beiden wichtigsten mongolischen Oppositionsparteien ›trainiert‹. In Bulgarien... habe man 1996 erreicht, daß die Opposition sich auf einen einzigen gemeinsamen Präsidentschaftskandidaten – Petar STOJANOW – einigte und daß dieser die Wahl gegen seinen ›sozialistischen‹ Gegner gewann. Auch den Sieg der rechten Opposition bei den Parlamentswahlen 1997 schrieb sich IRI zu. In Albanien hat IRI, nach eigener Darstellung, in der ersten Hälfte der neunziger Jahre massiv in die Geschehnisse eingegriffen, um die Sozialisten zu stürzen und 1992 die Wahl von Sali Ram BERISHA zum ›ersten nichtkommunistischen Präsidenten‹ Albaniens zu ermöglichen. BERISHA regierte mit Wahlfälschungen und Ausnahmezustand, bis er 1997 von den Sozialisten abgelöst wurde. Die Wahl vor zwei Wochen (im Juli 2005, der Verf.) gewann wieder BERISHA – mit massiver US-amerikanischer Unterstützung.«[3094]

An diesen Beispielen wird deutlich, daß die Einflußnahme der US-Machtelite auf die politischen Prozesse in Osteuropa sehr viel weiter und tiefer reicht als bislang angenommen. Dabei ist die NED, wie William BLUM nachweist,[3095] wohl das entscheidendste Instrumentarium der US-Machtelite, um durchzusetzen, daß bei Wahlen in einem geostrategisch wichtigen Land nur der Kandidat an die Macht gelangt, der auf der Favoritenliste der US-Machtelite steht. Zu diesem Zweck hat die NED ein Schattenimperium aufgebaut, wie zum Beispiel in den achtziger Jahren Oliver NORTHS ›Project Democracy‹ (finanziert durch die Iran-Contra-Affäre), das die US-Außenpolitik privatisiert, Kriege führt, Waffengeschäfte abwickelt und bei Bedarf auch im Drogenschmuggel aktiv ist.[3096]

Präsident der ›National Endowment for Democracy‹ ist seit 1984 Carl GERSHMAN, der den Neokonservativen wie Paul WOLFOWITZ, Richard PERLE, Frank GAFFEY und Elliot ABRAMS nahesteht, und die politische Tradition, für die GERSHMAN steht, »bildet einen wesentlichen Strang in der Entwicklung des amerikanischen Neokonservatismus und auch einen Hintergrund für den missionarischen Eifer der NED«.[3097]

NED-Programme, so William BLUM, vermitteln in der Regel die Philosophie, daß den Menschen am besten mit einer neoliberal strukturieren Wirtschaftsordnung gedient sei. Eine freie Marktwirtschaft wird mit Demokratie, Reform und Wachstum gleichgesetzt, und die Verdienste ausländischer Investitionen in ihre Wirtschaft werden hervorgehoben.[3098] So beschreibt ein NED-Programm aus den Jahren 1997/98 folgendes: »Es gilt, Barrieren für die Entwicklung des privaten Sektors auf der lokalen und Bundesebene. . . der Bundesrepublik Jugoslawien zu finden und Druck für gesetzliche Änderungen zu forcieren. . . (sowie) Strategien zum Wachstum des privaten Sektors zu entwickeln.«[3099] Kurz gesagt, ist die Programmatik des NED auf die ökonomische Globalisierung der US-beherrschten ›Neuen Weltordnung‹ ausgerichtet.

Als Finanziers der Aktivitäten dieser NGOs stehen das ›Open Society Institute‹ und die ›International Renaissance Foundation‹ des Bankiers George SOROS im Hintergrund, der wie oben dargestellt schon eine führende Rolle bei der Destabilisierung der sozialistischen Staatenwelt Osteuropas spielte. »Die SOROS-Organisationen gehören zu den bedeutendsten Geldquellen der oppositionellen Bewegungen. SOROS stellt seinen Einrichtungen die Aufgabe, die ›Zivilgesellschaft und alle demokratischen Ansätze in den ehemaligen Sowjetrepubliken zu unterstützen‹.«[3100] SOROS selbst beschreibt freimütig den Zweck dieser Organisationen: »Die Aufgabe meiner Stiftungen bestand darin, den Übergang von geschlossenen zu offenen Gesellschaften zu begleiten und zu fördern.«[3101] Mit der Etablierung der ›offenen Gesellschaft‹ meint SOROS die Beseitigung staatlicher Souveränität, die in einer neoliberal-globalisierten Weltordnung, einem »globalen kapitalistischen System«[3102] seiner Einschätzung nach lediglich ein Hindernis ist, da sie Interventionen in die inneren Angelegenheiten von Staaten verhindert. »Die Welt, in der wir leben«, so SOROS, »ist viel stärker von gegenseitigen Abhängigkeiten, also von einer Interdependenz, geprägt als jemals zuvor, aber alle unsere politischen Abkommen basieren immer noch auf der Souveränität der Staaten. Was innerhalb einzelner Länder geschieht, geht alle anderen Länder etwas an. . . Das Prinzip der Souveränität behindert jedoch Interventionen in die inneren Angelegenheiten anderer Staaten. Darin liegt das große, ungelöste Problem der heutigen Weltordnung.«[3103] Um dieses »ungelöste Problem« aufzuheben, empfiehlt SOROS einen Weg, den er selbst als »SOROS-

Doktrin« bezeichnet: Da ein »schlechter Standort« und eine »schlechte Regierung« die Hauptursachen für Krisen in der Welt seien und man sehr wohl etwas gegen »schlechte Regierungen« unternehmen könne, »besteht die wirksamste Form der Konfliktprävention darin, überall in der Welt die Entstehung offener Gesellschaften zu fördern. Dies wurde zum Leitprinzip meiner Stiftungen nach dem Zerfall des Sowjetimperiums: Man könnte es fast die SOROS-Doktrin nennen.«[3104]

Diese fordert die Aufhebung der Idee des souveränen Staates: »Da zerfallene Staaten, repressive, korrupte und unfähige Regime oder innere Konflikte auch für Länder jenseits ihrer Staatsgrenzen eine Gefahr darstellen, liegt es im Interesse aller demokratischen, offenen Gesellschaften, überall auf der Welt die Entwicklung offener Gesellschaften zu unterstützen und voranzutreiben.«[3105] Um diese aufbauen zu können, sei oftmals eine Einmischung von außen die einzige Rettungsmöglichkeit, und genau darin sieht er die Aufgabe des Netzwerkes seiner Stiftungen. Dieses habe schon zum Sturz der kommunistischen Regime beigetragen »und dabei geholfen, die Gesellschaft auf die Demokratie vorzubereiten... Meine Stiftungen trugen zu den demokratischen Regimewechseln in der Slowakei (1998), Kroatien (1999) und Jugoslawien (2000) bei und mobilisierten die Zivilgesellschaft, um Wladimir MECIAR, Franjo TUDJMAN und Slobodan MILOSEVIC aus ihren Ämtern zu vertreiben«.[3106]

7.2 Das Netzwerk der ›Regimewechsler‹ in den Händen der US-Machtelite

Diese verschiedenen Organisationen stehen und agieren bei ihren Operationen aber nicht isoliert nebeneinander, es handelt sich vielmehr um ein Netzwerk, das nach einem einheitlichen strategischen Muster verfährt. Den Enthüllungen des Nachrichtenmagazins *Der Spiegel* zufolge arbeitet SOROS »mit Organisationen wie ›Freedom House‹ zusammen, etwa in Jugoslawien und auch in Georgien«.[3107] Ein vernetztes Vorgehen der beschriebenen NGOs bestätigt auch Konrad SCHULLER: Erkennbar sei »immerhin eine internationale Struktur, die darauf hinarbeitete, demokratische Kräfte so zu stärken, daß sie de facto zu Helfern eines Regimewechsels werden konnten. Diese Struktur präsentiert sich zwar äußerlich eher als eine Gemengelage verschiedener Gruppen denn als militärisch durchorganisierte Einsatztruppe. Sieht man aber genauer hin, sind dennoch Linien der Willensbildung in ihr erkennbar... Alle Personen und Gruppen in diesem Netz bestehen auf Unabhängigkeit, die Existenz einer zentralen Führung wird bestritten. Dennoch sind gewisse Akteure erkennbar, bei denen die Fäden zusammenlaufen. Zu ihnen gehören der frühere amerikanische Geheimdienstkoordinator James R. WOOLSEY als Vorsitzender von ›Freedom House‹, der ehemalige Nato-Oberbefehlshaber General Wesley CLARK als Direktor des NED oder Samuel HUNTINGTON..., der bei ›Freedom House‹ im ›Board of Trustees‹ sitzt. Einige Personen dienen als Klammern zwischen mehreren Organisationen. Frau ALBRIGHT (Madeleine ALBRIGHT, unter US-Präsident

CLINTON US-Außenministerin, der Verf.) etwa führt das NED und gehört zugleich zum Aufsichtsrat der Eurasia Foundation. Präsident REAGANS frühere UN-Botschafterin Jane KIRKPATRICK sitzt in den Führungsgremien des IRI ebenso wie in denen von ›Freedom House‹. Der Milliardär SOROS ist ›Freedom House‹ als Spender verbunden, während Lawrence EAGLEBURGER, Außenminister unter Präsident BUSH dem Älteren, in den Gremien des IRI und der Eurasia Foundation sitzt«.[3108]

Deutlich erkennbar wird damit, daß die Fäden dieser verschiedenen Organisationen in den Händen der US-Machtelite zusammenlaufen, die mit diesen über ein nichtmilitärisches weltweites Netzwerk zur Beeinflussung des inneren Geschehens und der Machtverhältnisse anderer Staaten verfügt. Damit läßt sich von einem elitären Personenverbund mit gemeinsamen Zielen und der Kontrolle über beträchtliche Finanzmittel sprechen. Doch nicht nur die personelle Vernetzung, sondern auch die ›US-Agentur für Internationale Entwicklung‹ (USAID), die als weiterer Finanzier amerikanische Steuergelder an die NGOs leitet, sorgt für die zentralisierte Ausrichtung und Steuerung ihrer Aktivitäten im Sinne der Interessen der US-Machtelite. »Eine Bewilligung (von Geldern, der Verf.) erfolgt stets am ehesten dann, wenn diese Steuergelder amerikanischen Interessen dienen. . . ›Sicherstellen, daß die US-Unterstützung amerikanische Interessen fördert‹, ist die Aufgabe hochrangiger Diplomaten wie Carlos PASCUAL. Von 1995 bis 2000 stand PASCUAL im Dienste des Nationalen Sicherheitsrates. Zunächst überwachte er als Regionaldirektor für die Ukraine, Moldawien und für Weißrußland die Formulierung und Umsetzung der strategischen und finanziellen Vorgaben der jährlichen USAID-Programme.«[3109]

Die Funktion von USAID besteht neben der Bereitstellung von US-Geldern auch in der logistischen Unterstützung zur Vernetzung oppositioneller Gruppierungen und Medien, wozu auch der Aufbau von Sendestationen und Zeitungsredaktionen gehört. Eines der Hauptprojekte von USAID gilt der Schulung von Parteivertretern und Kandidaten für ihre Tätigkeit in den Wahlkommissionen auf allen Ebenen. In weiteren Vorhaben werden Bürgergruppen, insbesondere solche von Studenten, auf ihre Rolle während der Wahlabläufe vorbereitet. Dabei sorgt USAID auch für die Einrichtung juristischer Stäbe, die als Anlaufstellen für Beschwerden bei den Wahlabläufen dienen. Die wichtigste Aufgabe besteht Mária HUBER zufolge allerdings darin, den Anspruch der Opposition auf den Sieg mit Daten zu untermauern und mit dem Druck der Straße durchzusetzen. Insbesondere »die gut organisierte Befragung der Wählerinnen und Wähler nach Verlassen der Wahllokale« gibt der Opposition die wirksamste Waffe in die Hand.

Über Wahlfonds des US-Außenministeriums werden schließlich auch sogenannte ›Exit-Poll-Umfragen‹ finanziert. »Mit Hilfe einer selektiven Querschnittsbefragung in ausgewählten Wahllokalen können bereits kurz nach Schließung der Wahllokale die Ergebnisse von Hochrechnungen bekanntgegeben werden, und zwar zeitlich weit vor der Bekanntgabe vorläufiger amtlicher Endergebnisse«, erklärte Hans-Georg WIEK, Leiter der OSZE-Berater- und Beobachtergruppe in Minsk 1997 bis

Der Milliardär und gebürtige Ungar George Soros. Mit seinem Vermögen speist er Bürgerbewegungen in der ganzen Welt und leitete bereits mehrere Revolutionen ein.

US-Organisationen zur ›Förderung und Verbreitung der Demokratie‹ in der Welt

Freedom House 1941 gegründet

International Republican Institute 1983 gegründet

National Democratic Institute 1984 gegründet

National Endowment for Democracy 1983 gegründet

Soros Foundation und Open Society Institute, 1984 und 1985 gegründet, mit Dependancen in der ganzen Welt.

Oben: Propagandafilm »Bringing down a Dictator«. Links: Aktivisten der Gruppe Pora in einem Trainingslager am Schwarzen Meer.

2001, diese Methode, »da sie die Glaubwürdigkeit von amtlichen Ergebnissen früh in Frage stellen können«.[3110] An der Finanzierung und Organisation dieser Exit-Polls sowie an der Versorgung der oppositionellen Gruppen waren in Serbien, Georgien und der Ukraine hauptsächlich die NED sowie ›Freedom House‹ beteiligt und waren damit in die Gesamtprogrammatik von USAID eingebunden.

Eine wichtige Aufgabe bei der Steuerung der Aktivitäten der ›oppositionellen Kräfte‹ scheinen auch die US-amerikanischen Botschaften in den jeweiligen Ländern gespielt zu haben. In sämtlichen osteuropäischen Ländern der ›farbigen Revolutionen‹ hielt sich zu den jeweiligen Ereignissen der US-Diplomat Richard MILES auf, der vom US-State-Department als »Lenkwaffe« bezeichnet und auch entsprechend eingesetzt wurde. »Als Missionschef in Belgrad«, so enthüllte das Nachrichtenmagazin *Der Spiegel*, »hat er bis 1999 den Aufbau der Anti-MILOSEVIC-Bewegung unterstützt. Als Botschafter in Bulgarien ›begleitete‹ er danach die Wandlung des Sozialisten Georgij PARWANOW zum NATO-Befürworter und die Installierung des einstigen Zaren SIMEON II. auf dem Posten des Premiers. Schon vor Amtsantritt in Tiflis hat der umtriebige Diplomat... bei seiner Anhörung vor dem US-Senat seine Ziele als künftiger Botschafter geschildert: Er strebe einen ›friedlichen und demokratischen Machtwechsel‹ bei der Wahl 2005 in Georgien an. Als es im Frühjahr 2003 erste Anzeichen gibt, SCHEWARDNADSE könnte es, schneller als erwartet, an den Kragen gehen, steht der US-Botschafter als Verbindungsmann zwischen den Lagern der sich formierenden Regimegegner parat.«[3111] Und im April 2003, dem Monat, in dem die georgische Oppositionsbewegung ›Kmara‹ gegründet wurde, traf sich MILES mit dem damals führenden Oppositionspolitiker Surab SCHWANIJA und leistete Unterstützungsarbeit im Hintergrund. In einem Interview gab MILES selbst an, daß »die internationale Gemeinschaft und die USA« sehr hart für die georgische Wahl gearbeitet und mehrere Millionen Dollar ausgegeben hätten[3112].

Durch diese zentrale Organisation und Steuerung konnte die US-Machtelite ein weltweites Netzwerk von geschulten ›Regimewechslern‹ aufbauen, das bei Bedarf von Land zu Land eingesetzt werden kann. Grundlage hierfür sind zentrale Schulungen nach einheitlichem Muster. In diesem Zusammenhang berichtete das Nachrichtenmagazin *Der Spiegel* von einer von ›Freedom House‹ organisierten und finanzierten Zusammenkunft zum ›Tirana Actitivsm Festival‹ im Juni 2005 in der albanischen Hauptstadt, auf der eine zentrale Schulung und ein Erfahrungsaustausch von oppositionellen Aktivisten aus sämtlichen postsowjetischen Staaten stattfanden. »Es ist ein Treffen, beobachtet von den wichtigsten Geheimdiensten, der amerikanischen CIA, dem britischen MI6 und dem russischen SWR. Sie wissen, daß hier Weichen gestellt werden. Und zumindest die Amerikaner wollen die Teilnehmer hinter den Kulissen auch beeinflussen – schließlich haben ihre Steuerzahler die Veranstaltung zu einem großen Teil finanziert. Alles dreht sich um das große Spiel der internationalen Politik: um Demokratisierung, um neue Freiheiten und damit auch um Interessensphären der Großmächte. Wie man am besten Gewaltherrscher und Autokraten von Osteuropa bis Zentralasien und dem Nahen Osten aus dem Amt jagt. Wie sich gewaltlose Revolutionen anzetteln und organisieren lassen. Welche Muster bei diesem Kampf immer wiederkehren. Besprochen werden soll vor allem, was die in einigen Ländern schon erfolgreichen Aktivisten den anderen in den Noch-Diktaturen beibringen können.«[3113]

Die Teilnehmer »gehören zur jugoslawischen Organisation ›Otpor‹, zur georgischen Bürgerrechtsbewegung ›Kmara‹, zur ukrainischen Studentenvereinigung ›Pora‹. Andere sind vom Kaspischen Meer, aus Mittelosteuropa und der Levante angereist, vertreten ihre Gesinnungsgenossen aus Aserbaidschan, Weißrußland und dem Libanon: 14 Gruppen aus 11 Staaten«.[3114] Diese Vernetzung begründet auch eine staatenübergreifende Zusammenarbeit und wechselseitige Unterstützung der ›Oppositionellen‹ in den jeweiligen ins Visier genommenen Ländern. »So organisierte zum Beispiel das aus der serbischen oppositionellen Jugendorganisation ›Otpor‹ hervorgegangene ›Zentrum für Gewaltfreien Widerstand‹ im April 2004 in Novi Sad ein Seminar für Aktivisten aus der Ukraine. Die Teilnehmer bekamen wirksame Instruktionen für die Praxis: Plakate kleben, Massen organisieren, mit den Medien arbeiten. Betont wurde die Notwendigkeit, diffuse oppositionelle Gruppen in eine lose Dachorganisation einzubinden, woraus nach serbischem Vorbild die ukrainische Jugendformation ›Pora‹ hervorging. ›Otpor‹-Mitglied Alexander Maric, der schon Oppositionsgruppen in Georgien mit Ideen und Erfahrungen versorgt hatte, reiste im Auftrag der amerikanischen Organisation ›Freedom House‹ eineinhalb Jahre lang quer durch die Ukraine, zeigte Videofilme über ›Otpor‹ und mahnte zur Gewaltlosigkeit. . .«[3115] Die Schulung ukrainischer Aktivisten durch die Führungskräfte der oppositionellen serbischen Gruppierung ›Otpor‹ wurde von der britischen Westminster-Stiftung bezahlt.[3116]

So konnte ein staatenübergreifendes Netzwerk von nach einheitlichem Muster aufgebauten und operierenden Organisationen etabliert werden – sei es ›Otpor‹ (›Widerstand‹) in Serbien, ›Kmara‹ (›Es reicht!‹) in Georgien oder ›Pora‹ (›Es ist an der Zeit‹) in der Ukraine, deren Vorgehensweise stets einheitlich ist: »Sie sind medienbewußt, denn sie wissen, ihre Umstürze schaffen sie nur mit weltweiter Medienpräsenz. Sie sind PR- und marketingbewußt, geben ihren Umstürzen Farben- oder Blumennamen, wie einem Produkt; kreieren mit ihren Logos auf Stickern, Buttons, Schals und Fahnen erstmals Revolutionen mit Markennamen.«[3117] In einheitlichen Trainingsprogrammen werden Lektionen in Aufbau einer führerlosen Organisation, Arbeit im Team, Pressearbeit, Kommunikationsstrategien und Geldmittelbeschaffung geschult. Zur soziologischen Herkunft dieser ›Jungen Internationalen‹ gibt Amselm Weidner an, daß sie prowestlich und prokapitalistisch ausgerichtet sei.[3118]

7.3 Das einheitliche ›Drehbuch‹ der Regimestürze

Vor diesem Hintergrund kamen die so organisierten ›Farbrevolutionen‹ auch nur dann zum Einsatz, wenn dies in das geopolitische Konzept der USA paßte. »Am Anfang einer ›Farbrevolution‹ steht immer eine machtpolitische Entscheidung... Es gibt Farbrevolutionen nur, und sie können nur erfolgreich sein, wenn Washington sie will.«[3119] Wenn in der US-Machtelite die Entscheidung für einen Regimesturz gefallen ist, so steuert diese die weiteren Geschehnisse über die beschriebenen Organisationen im Hintergrund. Externe ›Regimewechsel‹ samt ihrer Finanzierung finden Weidner zufolge »im Halbdunkel von Kabinettsentscheidungen, Absprachen mit Geheimdiensten, Militärs, von staatlichen und privaten Partnern, vor allem privaten Stiftungen, in sogenannten Public-Private-Partnerships statt, wie die Aktivitäten der US Agency for International Development (USAID) belegen: So wird über den Einsatz staatlicher Gelder für ›democracy promotion‹ zwar in Washington vom Kongreß im Rahmen sogenannter ›Freedom Support Acts‹ (FSA's) entschieden, aber über die Verwendung dieser Gelder befindet die USAID, eine Abteilung des US State Department, die Projekte zur Förderung von Demokratie und zur Stärkung der Zivilgesellschaft ausschreibt«.[3120]

Dies – so Weidner – erfolgt in Absprache und mittels Projektverträgen mit privaten, aber größtenteils mit staatlichen Geldern finanzierten Stiftungen wie ›Freedom House›, dem ›National Demokratic Institute‹ (NDI, die politische Stiftung der Demokraten), dem ›International Republican Institute‹ (IRI) der Republikaner, dem ›German Marshall Fund of the United States‹ (GMFUS), der ›Charles Stewart Mott Foundation‹ oder der ›Rockefeller Brothers Foundation‹. Als besonders einflußreich in diesem Zusammenhang bezeichnet Weidner die ›National Endowment for Democracy‹ (NED). »In Europa agieren vor allem die vergleichsweise sehr viel unabhängigeren politischen Stiftungen, wie die Konrad-Adenauer- und die Friedrich-Ebert-Stiftung in der Bundesrepublik oder die Westminster Foundation in Großbritannien als Demokratieförderer. In sogenannten Geber-Konferenzen werden die Projekte koordiniert. Sie stellen die informellen Schnittstellen der staatlichen und privaten Demokratieförderungspolitik dar.«[3121]

Sobald die US-Machtelite die Finanzierung gebilligt hat, geht es »in die akute Phase der Vorbereitung eines nichtmilitärischen prowestlichen Regimewechsels«. Die Schritte sind – so Weidner – immer dieselben: »Angesichts einer bevorstehenden Präsidentenwahl muß die meist zersplitterte politische Opposition geeint werden – Strategie und Taktik von Kampagnen im Zusammenhang der Wahl werden entwickelt, Maßnahmen zur Sicherung der Wahlergebnisse vorbereitet und Methoden des gewaltlosen Kampfes trainiert. Dabei kommt ein ganzes Heer von größtenteils aus den USA eingeflogenen politischen PR- und Marketing-Beratern zum Einsatz... Da Farbrevolutionen immer anläßlich von Wahlen, dem kritischen Moment des Legitimitätstests eines Regimes, stattfinden, sind Wahlbeobachtung und Sicherung des ungefälschten Wahlergebnisses von entscheidender Bedeutung.«[3122]

Dabei dienen die beschriebenen Exit-Polls-Wählerbefragungen einer Manipulation der Öffentlichkeit. Vor dem Ergebnis der offiziellen Stimmauszählung – so Anselm WEIDNER – wird das Ergebnis der Exit-Polls-Umfrage als das eigentlich korrekte Wahlergebnis verbreitet. Die Diskrepanz zwischen den Exit-Polls-Befragungsergebnissen und dem offiziellen Endergebnis wird dann als Wahlfälschung des herrschenden Regimes diskreditiert – was dann für öffentlichkeitswirksame Kampagnen instrumentalisiert wird. Dabei geht Anselm WEIDNER davon aus, daß die Durchsetzung des Sieges des von den ›Oppositionellen‹ (und der hinter ihnen stehenden US-Machtelite) geförderten Wunschkandidaten wenig mit demokratischen Grundsätzen zu tun hat: »Allein die Tatsache, daß Exit-Polls von denselben Kräften finanziert werden, die die Kampange des Oppositionskandidaten steuern, ist mit demokratischen Grundsätzen schwer vereinbar. Daher ist Skepsis angebracht, wenn bei einer Farbrevolution die Opposition den Sieg des eigenen Kandidaten verkündet.«[3123]

Insgesamt läßt sich daher festhalten, »daß Farbrevolutionen von Marketing-, PR- und Kommunikationsspezialisten entwickelte, prokapitalistisch-nichtmilitärische Operationen sind, bei deren jugendlicher Vorhut es sich größtenteils um geschultes Personal vor allem US-amerikanischer Stiftungen der ›democracy promotion‹ handelt. Und was auf den ersten Blick so unschuldig neutral als Förderung von Demokratie daherkommt, erweist sich zumindest in den Vereinigten Staaten bei näherem Hinsehen als finanziell, personell und ideologisch eng mit dem militärisch-geheimdienstlichen Komplex verknüpft«.[3124]

7.4 Die Beseitigung des Milosevic-Regimes als Muster für einen US-gesteuerten Regimesturz

Thomas CAROTHERS vom ›Carnegie Endowment for International Peace‹ und *der* US-amerikanische Experte der externen Demokratieförderungspolitik verfaßte im Mai 2001 einen Artikel mit der Überschrift »Wie man ausländische Herrscher los wird – Lektionen aus Serbien«,[3125] in dem er die Ereignisse in Belgrad im Jahre 2000, die zum Sturz von MILOSEVIC führten, als Modell für eine Politik beschrieb, um unliebsame Herrscher zu stürzen. Zwar gab es schon vor den Farbrevolutionen nichtmilitärische Regimewechsel vornehmlich durch US-Einfluß und vorbereitet durch eine ›democracy promotion‹, aber »der strategisch und logistisch minutiös geplante MILOSEVIC-Sturz war nicht nur ein Meisterstück des amerikanischen Demokratieexports, er lieferte auch das Drehbuch für alle folgenden Farbrevolutionen«.[3126]

Nachdem die Bombardierung Serbiens im Frühjahr und Sommer 1999 nicht zum Sturz des MILOSEVIC-Regimes geführt hatte, entschied man sich – so Anselm WEIDNER – im Weißen Haus für einen nichtmilitärischen Regimesturz. Bei einem Treffen von US-Außenministerin Madeleine ALBRIGHT und ihrem deutschen Amtskollegen Joschka FISCHER mit Vertretern der zersplitterten jugoslawischen Opposition am Rande des G-8-Gipfels in Berlin wurde diese mit aller Schärfe zur Einheit gemahnt.[3127] Bei dem Aufbau der Opposition zogen die USA den Recherchen des Nachrichten-

Otpor-Aktivisten in Belgrad im Oktober 2000. (Foto: AFP)

Slobodan MILOSEVIC im Jahre 2000.

Aleksandar MARIC, genannt ›Ché Guevara‹, Otpor-Führer. (Foto: D. MILOVANOVIC)

Jugoslawische Studentin im Jahre 1999. Sie trägt das Otpor-Zeichen.

magazins *Der Spiegel* zufolge hinter den Kulissen die Fäden: »Daß die Belgrader seit 1999 von der ›National Endowment for Democracy‹ aus Washington fast drei Millionen Dollar erhalten haben, wird inzwischen kaum mehr bestritten; ebenso, daß Spenden in unbekannter Höhe von der Republikaner-Stiftung fließen – insgesamt wohl 40 Millionen Dollar aus Amerika. Der pensionierte US-Oberst und Ex-Militärgeheimdienstler Robert HELVEY veranstaltet im Frühjahr 2000 ein Seminar mit 20 jugoslawischen Aktivisten ›auf neutralem Boden‹ im Hilton von Budapest.«[3128] Darüber hinaus fanden in Novi Sad mehrere Lehrgänge durch PR-Spezialisten aus den USA statt, die von ›Freedom House‹ finanziert und organisiert wurden.[3129]

Ein Teil des Personals, das im April 2000 nach Budapest geschickt wurde, um ›Otpor‹-Aktivisten zu trainieren, entstammte dabei dem Kreis von Gene SHARP.[3130] »Laut Thomas CAROTHERS«, so Anselm WEIDNER, »wurden von Mitte 1999 bis in den Herbst 2000 für den MILOSEVIC-Sturz von privaten und staatlichen Stiftungen in den USA wie der EU insgesamt rund 80 Mio. US-Dollar ausgegeben. Die Unterstützung der serbischen ›Otpor‹-Aktivisten lag im selben Zeitraum bei mindestens 1,5 Mio. Dollar allein aus den USA.«[3131] Wie viel ›Otpor‹ aus anderen ausländischen Quellen insgesamt bekam, ist von den serbischen Aktivisten nicht bekanntgegeben worden.[3132]

Von nicht geringer Bedeutung waren ebenso die logistische Unterstützung und die Schulung der serbischen Aktivisten durch die US-Organisationen. So berichtet das Nachrichtenmagazin *Der Spiegel* von »Vorträgen und Geschäftsbesprechungen in den USA«, wo der Anführer der serbischen Oppositionsgruppen, Ivan MAROVIC, geschult worden sei. Dieser hatte ferner »mit der Firma BeakAway Games – und wesentlich finanziert von der Stiftung ›Freedom House‹ – ein interaktives Computerspiel ›A Force More Powerful‹ entwickelt«.[3133]

Auch die Auseinandersetzung um die Stichwahl zwischen dem Staatschef MILOSEVIC und dem von der Oppostion unterstützten Gegenkandidaten Vojislav KOSTUNICA lief dann unter Anleitung der US-Organisationen geradezu generalstabsmäßig ab. »In Serbien wurde, wie bei allen folgenden Farbrevolutionen, die für den MECIAR-Sturz 1998 entwickelte, inhaltlich und logistisch präzise abgestimmte Kampagnen-Triade angewandt und ständig perfektioniert: von ›educational campaigns‹ zur Aufklärung über Wahlen und Demokratie, über ›get-out-to-vote-campaigns‹, die vor allem junge Menschen zur Wahl mobilisieren, bis hin zu ›preventive campaigns‹, die die Wahlergebnisse gegen Fälschungsversuche gewaltlos verteidigen sollen. Eine Gruppe von Mathematikern und Statistikern rechnet jeweils aus, wie viele Wähler aus dem Oppositionslager man wo an die Urnen bringen muß, um zu gewinnen. All das funktioniert freilich nur unter Einsatz von Computern, Internet, Kopierern, Scannern, Mobiltelefonen, Massen-E-Mails und -SMS. Mit dieser Grundausstattung versorgten die USA in Absprache mit EU-Ländern die oppositionellen Gruppen bei allen Farbrevolutionen rechtzeitig.«[3134] Dabei hätten, so Thomas CAROTHERS, die Parteistiftungen der beiden amerikanischen Parteien Demokraten und

Republikaner 5000 Partei-Aktivisten von ›Otpor‹ in Methoden der Wahlkampfführung und mehr als 10 000 Menschen für die Wahlbeobachtung trainiert. Hunderte serbische Nichtregierungsorganisationen seien von den USA unterstützt worden.[3135]

Der Sturz Milosevics im Oktober 2000 lieferte das Grundmodell und Drehbuch für das, was dann in Georgien und in der Ukraine geschah. Die Strategie, über ferngesteuerte Bürgerbewegungen mißliebige Regime zu beseitigen, schien also aufzugehen. »Keine Oppositionsgruppe war beim Kampf gegen das Regime so entscheidend, für seinen Sturz so wichtig wie ›Otpor‹«, schrieb die *New York Times*[3136] – ohne jedoch den Grund, nämlich die vielfältige US-amerikanische Steuerung und Unterstützung, anzugeben.

7.5 Die ›Rosenrevolution‹ in Georgien: Die USA stürzen Schewardnadse und setzen ihren Wunschkandidaten Saakaschwili durch

Wie oben dargestellt, hat Georgien für die US-Interessen im kaspischen Raum eine kaum zu überschätzende geopolitische Bedeutung, es liegt an einer geostrategisch wichtigen Stelle. Es ist zum einen das wichtigste Transitland für die drei Milliarden US-Dollar teure BTC-Pipeline, die den US-Konzernen ohne jegliche russische Einmischungsmöglichkeit den Zugriff auf das kaspische Erdöl ermöglicht; zum anderen ist es der Sperriegel, der den Zugang zum Südkaukasus und seinen Erdölquellen beherrscht. Für Rußland hingegen ist Georgien die Brücke zu seinem Verbündeten Armenien und damit gleichfalls entscheidend für die Kontrolle des Kaukasus.

Schewardnadse war für die US-Machtelite der ideale Wunschpartner für das Amt des georgischen Staatschefs. Seine gegen Rußland gerichtete Außenpolitik, die darin bestand, den russischen Einfluß auf dem Kaukasus zurückzudrängen, und sein Streben nach einer Mitgliedschaft Georgiens in der NATO und der Europäischen Union ließen ihn als treuen Vasallen der USA erscheinen[3137]; insbesondere nach dem 11. September 2001 wurde der militärische und politische Einfluß der USA auf Georgien, wie oben beschrieben, immer größer. Vor diesem Hintergrund verhielt sich Georgien unter Schewardnadse so, wie es die US-amerikanischen Pläne vorsahen, so daß sich die Frage stellt, aus welchem Grund Schewardnadse für die USA zu einem unbequemen Partner wurde und deshalb aus dem Weg geräumt werden mußte.

Innenpolitisch stand das Regime Schewardnadse längst nicht mehr auf festem Boden, was darin begründet lag, daß sich unter seinem Regime Schattenwirtschaft und Korruption auszubreiten begannen. Darüber hinaus blieben die ethnischen Spannungen mit den Abchasen, Südosseten und den Adscharen nach wie vor bestehen. »Clanwirtschaft und Korruption prägen das zerfallende Land.«[3138] Georgien befand sich internationalen Beobachtern zufolge am Rand des Zusammenbruchs, die Regionen Südossetien, Abchasien und Adscharien hatten sich de facto von der Hauptstadt losgesagt und widersetzten sich allen Zentralisierungsbemühungen.[3139]

»Georgien ist, wie weite Teile Afrikas und anderer Weltgegenden, ein politisches Gemeinwesen, das über Familien- und Clanbeziehungen organisiert ist und in dem Patronage eine absolut zentrale Rolle spielt. Dieses System gedieh unter der sowjetischen Herrschaft, entspricht aber alten georgischen Traditionen. Als die Sowjetunion zusammenbrach und Georgien die geschützten Sowjet-Märkte für seine Produkte verlor, brachen unglücklicherweise sowohl die georgische Wirtschaft als auch das georgische Patronage-System zusammen und trieben die Elite in eine Kleptokratie, in der sie plünderte, was immer als Geldquelle zur Hand war – westliche Hilfe, Energieimporte und die Steuern und Zölle ihres eigenen Landes.«[3140]

Unter SCHEWARDNADSE begann sich dieses Mafia-System weiter auszubreiten, und es gab Hinweise dafür, daß er selbst mit seiner Familie in die Korruption verstrickt gewesen war.[3141] Vor diesem Hintergrund war es kaum verwunderlich, daß das Land von sozialen Verwerfungen bestimmt war. Über die Hälfte der knapp fünf Millionen Georgier lebten unterhalb der Armutsgrenze mit weniger als einem Euro täglich, die Korruption verschärfte die allgemeine Armut nur noch; Gehälter wurden entweder gar nicht oder Monate verspätet ausgezahlt. Der übergroße Teil der Wirtschaft war die illegale Schattenwirtschaft, die von einzelnen Clans – zu denen eben auch Familienangehörige von SCHEWARDNADSE gehörten – beherrscht wurde.[3142]

Unzufrieden mit SCHEWARDNADSE waren vor allem die USA.[3143] Eine Destabilisierung des Regimes ihres Vasallen lag keinesfalls in ihrem Interesse, denn es ging darum, Georgien nicht wieder in den russischen Einflußbereich zu entlassen.[3144] Schließlich hatten die USA viel in Georgien investiert: Für den Ausbau Georgiens als Transportkorridor für das kaspische Öl nach Westen investierten die USA jedes Jahr bis zu 150 Millionen Dollar in diesen Kaukasusstaat.[3145] Für den Bau der BTC-Pipeline, mit der Rußland im Pipelinepoker aus dem Spiel gedrängt werden sollte, war Georgien aufgrund seiner Scharnierfunktion zwischen Kaspischem und Schwarzem Meer der Schlüsselstaat und Knotenpunkt; die Anwesenheit von 200 US-Militärinstrukteuren und einer geheim gehaltenen Zahl von CIA-Experten in Georgien[3146] unterstrichen dies. Georgien, so das Nachrichtenmagazin *Der Spiegel* zusammenfassend, sollte nach US-Plänen über die BTC-Pipeline der Garant dafür sein, daß im Westen das Öl nicht knapp wird. »Also haben die USA Marines als Ausbilder an den Südrand des Kaukasus geschickt, zum Aufbau einer georgischen Elitetruppe; von 1994 bis 2003 leisteten sie 1,5 Milliarden Dollar Aufbauhilfe und ermutigten Investoren, in Georgien zu bleiben.«[3147]

Um das Land aus der russischen Einflußzone herauszubrechen und stärker an die transatlantischen Organisationen zu binden, verlangten die USA eine ökonomisch-gesellschaftliche Umgestaltung des Landes; Georgien wurde dazu den Vorgaben des Internationalen Währungsfonds (IWF) unterworfen. Die um sich greifende Korruption jedoch und die Tatsache, daß die verordneten Reformen nicht in Angriff genommen wurden, führten dazu, daß der IWF seine Finanzhilfen einstellte.[3148] »Wir waren sehr unzufrieden mit dem Lauf der Reformen«, erklärte seinerzeit der US-Botschafter in Tiflis, Richard MILES. »Vor allem die Korruption muß entschlossener bekämpft werden.«[3149]

Auf diese Weise setzten die USA SCHEWARDNADSE unter Druck, um endlich auf einen entschiedenen Reformkurs umzuschwenken, gegen die wuchernde Korruption im Lande vorzugehen und die gesellschaftlich-ökonomische Umwandlung im Lande vorzunehmen. Daher sorgten die USA mit einem »dringenden Rat« dafür, daß SCHEWARDNADSE einen seiner politischen Ziehsöhne aus der Garde der ›jungen Reformer‹, und zwar Michail SAAKASCHWILI, als Justizminister in die Regierung aufnahm,[3150] der im US-Auftrag den Kampf gegen die Korruption aufnehmen sollte. »Gemeinsam mit dem Parlamentspräsidenten Surab SCHWANIJA wollte er (SAAKASCHWILI, der Verf.) SCHEWARDNADSE auf Reformkurs zwingen.«[3151] Wie das Nachrichtenmagazin *Der Spiegel* enthüllte, war SAAKASCHWILI »Washingtons Wunschkandidat: Als ehemaliger Stipendiat des US-Außenministeriums und Mitarbeiter einer auch in der Ölbranche tätigen Kanzlei aus Manhattan bringt der Jurist an der Spitze der Kaukasus-Republik zwischen Kaspischem und Schwarzem Meer ausreichend Einfühlungsvermögen für amerikanische Interessen mit«.[3152]

Auch nach Einschätzung der *Süddeutschen Zeitung* ist »der in den USA und Europa ausgebildete Jurist. . . durch und durch amerikanisiert«.[3153] Dafür spricht schließlich schon seine Biographie: Ausgebildet wurde SAAKASCHWILI an der amerikanische Columbia-Universität,[3154] hatte in New York seinen ›Master of Law‹ und in Washington seinen Doktortitel absolviert. »Bei der New Yorker Rechtsanwaltskanzlei Patterson, Belknap, Webb & Tyler, die nicht zuletzt Investoren im Geschäft mit ehemaligen Sowjetstaaten berät und Experten für Fragen kaspischen Öls beschäftigt, war er Repräsentant – noch als Politiker in Tiflis«[3155] – dieser Umstand legt den Verdacht nahe, daß SAAKASCHWILI in der Regierung von SCHEWARDNADSE auch die Funktion hatte, die amerikanischen Ölinteressen in Georgien zu vertreten.

Gegen die Versuche SAAKASCHWILIS, SCHEWARDNADSE einen Reformkurs aufzuzwingen und die Regierung von innen her zu reformieren,[3156] setzte sich SCHEWARDNADSE zu Wehr. Dieser »war nicht bereit, seine Seilschaften zu kappen, die er mit den alten Parteileuten aus kommunistischer Zeit und den neuen Oligarchen pflegte, die ihn umgaben. Die Forderungen von SAAKASCHWILI und SCHWANIJA, die korrupten Minister zu entlassen, lehnte SCHEWARDNADSE ab. SAAKASCHWILI verließ nach weniger als einem Jahr im Amt die Regierung«.[3157] Er trat zurück, indem er während einer Kabinettssitzung Fotos der kaum auf ehrliche Weise erworbenen Villen der Regierungsmitglieder in die Kameras hielt. Parlamentspräsident SCHWANIJA trat im Herbst 2001 zurück, nachdem der damalige Geheimdienstminister einen Fernsehsender schloß, der über schmutzige Geschäfte der georgischen Machtelite mit tschetschenischen Rebellen berichtete und enthüllte, wie auf Geheiß des Geheimdienstministers tschetschenische Rebellen in das abtrünnige Abchasien gebracht wurden, die mit den dortigen Separatisten aufräumen sollten.[3158]

Der Versuch der USA, SCHEWARDNADSE durch Einschaltung von SAAKASCHWILI zu den gewünschten Reformen zu zwingen, scheiterte somit, und »als klar wird, daß nichts wirklich fruchtet, und nach mannigfaltigen Visiten einflußreicher Amerikaner in Tiflis – von Ex-Außenminister James BAKER bis Irak-Kriegs-Falke Senator John MCCAIN – senkt sich der Daumen über SCHEWARDNADSE«.[3159] Die 1,5 Mrd. US-Dollar, die die Amerikaner bis zum Umsturz in Georgien investiert hatten, waren unter SCHEWARDNADSE wie in einem schwarzen Loch verschwunden. Georgien drohte in Korruption und wirtschaftlichem Chaos zu versinken.

Aber es waren nicht nur die innenpolitischen Instabilitäten, die die US-Machtelite dazu brachte, SCHEWARDNADSE fallenzulassen. Zu beachten ist, daß Georgien nach wie vor von russischen Gas- und Stromlieferungen abhängig war und keine Chance hatte, ohne stabile und billige Energieversorgung aus Rußland seine katastrophale Wirtschaftskrise zu überwinden,[3160] und dieser Umstand führte dazu, daß SCHEWARDNADSE sich in der Krisensituation wieder Rußland anzunähern versuchte.[3161] »SCHEWARDNADSE hat aber eines nie vergessen: Amerika ist reich und mächtig, Rußland aber nah und bedrohlich. Also versuchte SCHEWARDNADSE die Interessen Moskaus im Kaukasus stets zu berücksichtigen«[3162] – und dies geschah auf dem Gebiet der Energiepolitik: Im Sommer 2003 hatte Georgien zur Sicherung der Energieversorgung, einschließlich der Reparatur von Produktionsanlagen und Verteilernetzen, das georgische Elektrizitätssystem und ungefähr das halbe Stromnetz des Landes an den russischen Strommonopolisten RAO-EES verkauft.[3163] Darüber hinaus verhandelte SCHEWARDNADSE mit dem russischen Erdgasmonopolisten Gasprom über eine durch Südgeorgien laufende Pipeline, um diese zu modernisieren und bis in die Türkei auszubauen.[3164]

SCHEWARDNADSE hatte sich also darauf eingelassen, den für die Erhaltung seines Landes notwendigen Bedarf an Energie und Strom wieder über die alten Beziehungen mit Rußland zu regeln. Damit brachte er nicht nur die nationalistische Opposition gegen sich auf; mit seinen neuen energiepolitischen Beziehungen zu Rußland hatte SCHEWARDNADSE zudem ausdrücklich gegen den Willen der USA gehandelt: »Die USA haben ihre Besorgnis darüber zum Ausdruck gebracht, was Steve MANN, Sonderbeauftragter der Regierung in Fragen der Energiepolitik im Kaspischen Becken, neulich als sich ausdehnendes Monopol von Gazprom in der Region beschrieben hat. Am 6. Juni drängte MANN die georgische Regierung dazu, jeden Schritt zu unterlassen, der sich auf die Pipeline im südlichen Kaukasus (die von den USA geplante Gas-Pipeline von Aserbaidschan in die Türkei) sowie auf ein anderes von den USA unterstütztes Projekt nachteilig auswirken könnte, den Bau einer Öltrasse zwischen Baku, Tiflis und dem türkischen Mittelmeer-Hafen Ceyhan.«[3165]

Damit hatte SCHEWARDNADSE die ›rote Linie‹ überschritten. Dies war der entscheidende Grund für die USA, ihren bisherigen kaukasischen Verbündeten aus dem Amt zu jagen, denn der US-Machtelite ging es schließlich darum, Georgien und die anderen Staaten der Region dem bestehenden Einfluß Rußlands zu entreißen, russische Ambitionen endgültig hinter die russischen Grenzen zurückzudrängen und sich selbst über loyale Partnerstaaten als alleinige Aufsichtsmacht im kaspischen Energiepoker einzusetzen. Noch im Juli 2003 schickte US-Präsident George W. BUSH den ehemaligen US-Außenminister James BAKER, nunmehr mit der Anwaltskanzlei Baker Botts Marktführer im Sektor von Öl- und Gasgeschäften rund um das kaspische Meer, nach Tiflis, um letztmalig zu versuchen, SCHEWARDNADSE auf Linie zu bringen, was aber scheiterte.[3166] Da entschied sich die BUSH-Regierung, daß SCHEWARDNADSE gestürzt und statt dessen Michail SAAKASCHWILI der nächste georgische Präsident werden sollte.[3167]

Auch in den amerikanischen Medien wurde berichtet, daß das Schicksal SCHEWARDNADSES schon lange vor der Parlamentswahl 2003 durch die Abkehr Washingtons besiegelt gewesen sei. In einer Art Großmachtspiel habe Washingtons Botschafter in Tiflis Richard MILES Michail SAAKASCHWILI als Führer einer ungleichen Oppositionsbewegung und möglichen Nachfolger SCHEWARDNADSES aufgebaut.[3168] Dieser war nach seinem Rücktritt als Justizminister zur Opposition übergelaufen und »zum Kämpfer gegen das Regime geworden«,[3169] der mit einer Partei »Tiflis ohne SCHEWARDNADSE« großen Zulauf gewann.[3170]

Im Hintergrund wurde nunmehr geplant, die Parlamentswahlen im November 2003 zum Anlaß zu nehmen, um den Regimewechsel zu vollziehen. Die Voraussetzungen hierfür, so das Nachrichtenmagazin *Der Spiegel*, waren nicht schlecht. Die Menschen waren wegen der Korruption und Mißwirtschaft im Land aufgebracht, und es fehlte in der Person SAAKASCHWILIS auch nicht an einem populistischen Volkstribunen. Es mußte jetzt nur noch die notwendige Massen- und Protestbasis geschaffen werden. Und so liefen schon seit März 2003 hinter den Kulissen die Vorbereitungen für einen Regimesturz auf Hochtouren. Hierbei war es vor allem George SOROS, der über die Tifliser Filiale seines ›Open Society Institute‹ mit Hilfe von ›Freedom House‹ die Fäden zog.[3171] SOROS selbst brachte zum Ausdruck, daß das Regime SCHEWARDNADSES nicht in sein Konzept paßte: »SCHEWARDNADSE ist nicht interessiert an einer offenen Gesellschaft«. Was habe man ihm nicht alles nahegelegt, »nichts davon wurde realisiert«. Andere Wege müßten jetzt gewählt werden.[3172] Und so entwickelte das ›Open Society Institute‹ den Plan, eine oppositionelle Gruppe des von ihm selbst gegründeten ›Freiheits-Instituts‹ in Tiflis zu fördern.

Der Georgier Giga BOKERIA, ein Mitbegründer dieses Instituts, wurde, mit US-Geldern versehen, nach Belgrad geschickt, um dort von den ›Otpor‹-Aktivisten zu erfahren, wie ein Regime gestürzt werden könne.[3173] Amerikanische Gelder waren zuvor schon geflossen im Sinne der »Entwicklung einer Reihe von zivilgesellschaftlichen Organisationen, von privaten Medien über Wahlforschungsorganisationen bis zu neuen politischen Parteien«.[3174] Zugleich vermittelte die SOROS-Stiftung ›Open Society Institute‹ Kontakte der studentischen Jugend zur serbischen Studentenorganisation ›Otpor‹.[3175] Die serbischen ›Otpor‹-Aktivisten schulten angehende georgische Wahlbeobachter der Oppositionsgruppen, und mit SOROS-Geldern wurde im Juni 2003 in Zchwaritschamija in der Nähe von Tiflis ein dreitägiges Training in

Sachen friedlicher Revolution organisiert. Das war die eigentliche Geburtsstunde der Oppositionsbewegung ›Kmara!‹. Über 1000 ihrer Aktivisten wurden dort nach den Theorien Gene SHARPS und unter Vorführung des Schulungsfilms *Bringing down a Dictator* für den gewaltfreien Widerstand ausgebildet.[3176]

Hinter den Kulissen spielte auch US-Botschafter Richard MILES, der schon als Botschafter in Belgrad im Jahre 2000 den Sturz MILOSEVICS mit unterstützte, im georgischen Machtkampf eine entscheidende Rolle. Im April 2003 traf er sich mit dem führenden Oppositionspolitiker SCHWANIJA. Danach verkündete er öffentlich, daß die USA »faire Wahlen« wünschten. »Die Losung markiert den ›Warnschuß‹ für das sturmreife Regime.«[3177] Auch gab er zu, daß die USA »sehr hart« für die georgische Wahl gearbeitet und mehrere Millionen Dollar ausgegeben hätten.[3178] Die Parlamentswahl vom 2. November 2003 war schließlich begleitet von einem erbitterten Machtkampf hinter den Kulissen zwischen SAAKASCHWILI und SCHEWARDNADSE. Dem offiziellen Wahlergebnis zufolge lag SAAKASCHWILIS Partei auf dem dritten Platz, deutlich hinter der Präsidentenpartei.[3179] SAAKASCHWILI sah sich jedoch um seinen Sieg betrogen, und um das offizielle Wahlergebnis schlecht zu machen, griffen die oppositionellen Kräfte entsprechend der eingeübten ›Exit-Polls‹-Methode auf vorherige Wählerumfragen zurück. Denn die Wahlnachfrage hatte SAAKASCHWILI mit knapp 27 Prozent als klaren Sieger vor dem regierungsfreundlichen Wahlbündnis gesehen – hierfür hatte die US-amerikanische ›Global Strategy Group‹ entsprechende ›Exit-Polls‹-Befragungen durchgeführt.[3180]

Vieles spricht dafür, daß es bei der Parlamentswahl zu Wahlfälschungen zugunsten der Regierungsparteien gekommen war, allerdings – so der Publizist Jürgen ELSÄSSER – bedeutete dies nicht, daß damit die Kräfte um SAAKASCHWILI den Sieg davongetragen hätten, weil noch ein drittes Lager – welches sowohl SCHEWARDNADSE als auch SAAKASCHWILI ablehnte – fast ebenso stark war wie SAAKASCHWILIS ›Nationale Bewegung.[3181] SAAKASCHWILI jedenfalls plante, diesen Machtkampf durch den Druck der Straße zu entscheiden.[3182] Hierzu wurden die ›Kmara‹-Aktivisten mobilisiert, die – entsprechend der Schulung durch die ›Otpor‹-Kräfte und ihre US-amerikanischen Hintermänner – jetzt mit Demonstrationen und Protestkundgebungen ebenso handelten wie die amerikanisch geschulten serbischen Oppositionskräfte in Belgrad. »Hinter den drei Politikern SAAKASCHWILI, Nino BURDSCHANADSE und Surab SCHWANIJA«, so das *Wall Street Journal* vom 24. November 2003, »stehen zahlreiche Nichtregierungsorganisationen (NGOs), die seit dem Untergang der Sowjetunion entstanden sind. Viele dieser NGOs werden von Stiftungen aus Amerika und anderen westlichen Ländern unterstützt, die eine Klasse junger, englischsprechender Intellektueller hervorbringen, die prowestliche Reformen herbeisehnen.«

Was vordergründig wie ein innergeorgischer Machtkampf aussah, war in Wirklichkeit ein kalter Krieg zwischen den USA und Rußland um den Einfluß in Georgien. »Den Hintergrund der Wahl in Georgien bildet der Kampf zwischen Rußland und den USA um Einfluß in der ganzen Region«, so das *Handelsblattt*.[3183] Letzlich ging es um die Ausrichtung des Landes mit großer geostrategischer Bedeutung – denn wer in Tiflis herrscht, kann über einen zentralen Rohstoffkorridor mitentscheiden.[3184]

SCHEWARDNADSE schlug am 9. November 2003 ein Gipfeltreffen zwischen ihm und SAAKASCHWILI vor, um einen Kompromiß zu erzielen, was aber daran scheiterte, daß SAAKASCHWILI zu keinem Kompromiß bereit war.[3185] SCHEWARDNADSE suchte jetzt als gewiefter Taktiker nach dem Prinzip ›Teile und Herrsche‹ zu verfahren, indem er den Ausgleich mit seinem einstigen Erzrivalen, dem Präsidenten der Teilrepublik Adscharien, Aslan ABASCHIDSE, anstrebte. ABASCHIDSE jedoch wurde von Rußland unterstützt, und Rußland selbst war nicht an einem Wahlsieg SAAKASCHWILIS interessiert, der sich im Vorfeld schon mehrfach antirussisch geäußert hatte, wohl aber an einem abhängigen SCHEWARDNADSE.[3186] Eine Beteiligung des prorussischen ABASCHIDSE an einer neuen Regierung unter SCHEWARDNADSE jedenfalls hätte eine weitere verstärkte Anlehnung Georgiens an Rußland zur Folge gehabt. Überdies, so Kaukasus-Experte Aschot MANUTSCHARJAN, hätte dann sogar die Aussicht bestanden, daß ABASCHIDSE bei der Präsidentschaftswahl 2005 gar Nachfolger von SCHEWARDNADSE geworden wäre. »Dies hätte wahrscheinlich das Ende der US-Militärpräsenz in der Kaukasusrepublik bedeutet.«[3187]

Was eine Koalition zwischen SCHEWARDNADSE und ABASCHIDSE geopolitisch bedeutet hätte, schilderte Jürgen ELSÄSSER 2003 wie folgt: »Für den Westen am gefährlichsten ist aber, daß ABASCHIDSE Georgien wieder an die Seite Rußlands führen will. Mit ihm als Partner wäre SCHEWARDNADSE... zu einer Kurskorrektur und zum Ausgleich mit PUTIN gezwungen. Undenkbar etwa, wenn infolgedessen Georgien den Bau der derzeit weltgrößten Pipeline storniert, mit der BP-Amoco ab 2006 aserbaidschanisches Öl über die Türkei nach Westen liefern will und statt dessen in eine russische Alternativpipeline investiert.«[3188] Aus Furcht vor einem derartigen Wechsel der außen- und geopolitischen Ausrichtung Georgiens hatte Washington nach Berichten internationaler, insbesondere russischer Beobachter die Notbremse gezogen und statt dessen den Protest der Opposition in einen Putsch umgewandelt.[3189]

Auch ELSÄSSER zufolge hatte insbesondere die US-amerikanische SOROS-Stiftung, um ein solches Szenario zu verhindern, die Opposition während ihrer Protestkampagne massiv unterstützt. Die Arbeit SAAKASCHWILIS als Oppositionsführer, so die *Süddeutsche Zeitung,* »wurde mehr oder weniger offen von US-Fonds wie der SOROS-Stiftung unterstützt. Bei der Steuerung der Proteste gegen SCHEWARDNADSE sollen ihn US-Diplomaten beraten haben. Daraus folgt, daß die USA mit SAAKASCHWILI ihre Interessen in dem strategisch wichtigen Kaukasusland erfolgreich vertreten wissen«.[3190] Tatsächlich hatte US-Botschafter Richard MILES hinter den Kulissen SAAKASCHWILI tatkräftig unterstützt. Bereits in der Woche nach den umstrittenen Parlamentswahlen am 2. November 2003 hatte die US-amerikanische Regierung SCHEWARDNADSE signalisiert, daß er nicht länger mit der Unterstützung der USA rechnen könne. US-Botschafter Richard MILES traf sich, so die Enthüllungen der *Frankfurter*

Allgemeinen Zeitung, regelmäßig mit den maßgeblichen Oppositionsführern, aber auch mit SCHEWARDNADSE.[3191]

Rußland blieb jedoch nicht untätig. Bereits eine Woche vor der Besetzung des Parlaments in Tiflis durch die Oppositionskräfte um SAAKASCHWILI am 22. November 2003 hatte Rußland SCHEWARDNADSE auf dessen Ersuchen hin diesem Unterstützung zugesagt.[3192] Jetzt griffen die USA – so Aschot MANUTSCHARJAN – zu einem »ungewöhnlichen Schritt«[3193] mit dem Ziel, deutliche Klarheit in dem Machtkampf zu schaffen: Am 20. November brandmarkte das Washingtoner State Department in einer offiziellen Regierungserklärung die vermeintlichen »Unregelmäßigkeiten« bei der Parlamentswahl als »massiven Wählerbetrug«, der viele Bürger Georgiens ihres Verfassungsrechts beraubt hätte. Nach einem weiteren Treffen des US-Botschafters MILES mit SCHEWARDNADSE erklärte der stellvertretende Außenamtssprecher Adam ERELI in Washington: »Ich glaube, Präsident SCHEWARDNADSE versteht, wie tief wir besorgt sind, und er wird sich entsprechend verhalten«[3194] – eine mehr oder weniger direkte Aufforderung an SCHEWARDNADSE zum Rücktritt.

Vieles spricht dafür, daß diese »ungewöhnlich scharfe Erklärung des amerikanischen Außenministeriums«[3195] der entscheidende Startschuß für die ›Opposition‹ war, SCHEWARDNADSE zu stürzen: Am 22. November erfolgte die Besetzung des Parlaments in Tiflis; am 23. November erklärte SCHEWARDNADSE seinen Rücktritt – wobei auch hier hinter den Kulissen der US-Botschafter eine entscheidende Rolle als ›Vermittler‹ gespielt hat.[3196] Auslöser dafür, daß die USA mit der Erklärung vom 20. November offen Partei für SAAKASCHWILI ergriffen hatten, war die verstärkte Anlehnung SCHEWARDNADSES an Rußland bzw. an den Moskau treu ergebenenen Präsidenten Adschariens. »Damit war das Schicksal des Auslaufmodells SCHEWARDNADSE nicht nur aus Washingtoner Sicht besiegelt. Folglich tolerierte die US-Regierung den durchaus üblichen Wahlbetrug diesmal nicht, sondern nahm ihn zum Anlaß, eine für die globale US-Sicherheitspolitik unerwünschte Entwicklung zu verhindern.«[3197]

Am 4. Dezember 2004 wurde SAAKASCHWILI bei den vorgezogenen Präsidentschaftswahlen mit – wie das Nachrichtenmagazin *Der Spiegel* schreibt, »sowjetverdächtigen« – 96 Prozent zum neuen Staatsoberhaupt Georgiens gewählt,[3198] wobei auch hier die USA maßgebliche Unterstützung leisteten.[3199] Jedenfalls war damit das Machtspiel um Georgien zugunsten der USA ausgegangen; sie hatten ihren Wunschkandidaten durchgesetzt, der nunmehr ihre geopolitischen Interessen in der kaspischen Region durchsetzen sollte. So erklärte SAAKASCHWILI nach seiner Wahl zum Staatspräsident, daß Georgien »in den nächsten Jahren erst der NATO und dann der Europäischen Union beitreten« wolle,[3200] und bezeichnete die USA als »einzigen Garanten für die Sicherheit« seines Landes[3201] – damit sollte dann der von den USA geplante transantlantische eurasische Korridor im Sinne der ›Seidenstraßenstrategie‹ bis an den Hindukusch um den entscheidenden Schlüsselstaat Georgien ergänzt werden.

Folgerichtig bekam das Land auch weitreichende Unterstützung aus dem Kreis der westlichen Hochfinanz. Am Rande des Weltwirtschaftsgipfels in Davos im Januar 2004 handelte George SOROS den Enthüllungen der *Süddeutschen Zeitung* zufolge mit SAAKASCHWILI ein Projekt aus, das eine umfassende finanzielle Unterstützung der neuen georgischen Regierung durch SOROS selbst zum Gegenstand hatte. »Wie es hieß, wird SOROS einen Teil des georgischen Staatshaushaltes für eine gewisse Zeit fest übernehmen.«[3202] Tatsächlich wurde auf diesem Wege eine Umgestaltung Georgiens im Sinne der ›SOROS-Doktrin‹ eingeleitet, was sich nicht zuletzt in der Neubesetzung der politischen Ämter verdeutlichte: »Wer Praktika bei westlichen Finanzinstitutionen oder, wie allein vier der neuen Minister, eine Vergangenheit bei der US-Stiftung des Großspekulanten George SOROS vorweisen kann, darf schon im Alter um die 30 auf höchste Ämter hoffen. Wirtschaftsminister Irakli RECHWIASCHWILI war nach einem anderthalbjährigen Gastspiel bei der Weltbank insgesamt vier Jahre beim SOROS-Fonds. Nun steht der 28jährige, der nie in einem Unternehmen gearbeitet hat, vor der Aufgabe, die zerrüttete Ökonomie eines Landes zu sanieren, in dem das Sozialprodukt pro Kopf gerade mal 634 Dollar im Jahr beträgt.«[3203]

Auch die personelle Besetzung des Postens des georgischen Außenministers zeigte eine deutliche Abkehr von Rußland und eine Hinwendung in die transatlantische Richtung. SAAKASCHWILI kürte die bisherige französische Botschafterin in Georgien, Salome SURABISCHWILI, zur Außenministerin. SURABISCHWILIS Familie stammt aus Tiflis und flüchtete 1921 vor der Roten Armee. »Die Diplomatin soll eine tiefe Skepsis gegen Moskau hegen. Auch die übrigen Minister sind sich offenbar über den Westkurs einig, allen voran der. . . Wirtschaftsminister Irakli RECHWIASCHWILI, der zuvor bei der Weltbank tätig war.«[3204]

Dennoch konnte Rußland noch einige Trümpfe im Poker um Georgien behalten. Energiepolitisch war Georgien von Rußland nach wie vor abhängig. Der russische Strommonopolist hatte ja im Sommer 2003 ein Kontrollpaket am georgischen Elektrizitätssystem erworben, und die Belieferung Georgiens mit Gas wurde über Gasprom sichergestellt. Außerdem stellten die abtrünnigen Regionen Abchasien und Südossetien, die sich an Rußland ausrichteten, noch einen Ansatzpunkt für Interventionsmöglichen Moskaus dar. Wie bereits dargestellt, setzte Rußland in seiner Georgienpolitik in zunehmendem Maße auf Abchasien und Südossetien, nachdem es erkannt hatte, daß ein transatlantisch eingebundenes Georgien eine Bedrohung seiner Sicherheitsinteressen im Kaukasus ist. Außerdem war der Präsident der georgischen Provinz Adscharien, Aslan ABASCHIDSE, ein enger Verbündeter Rußlands. Deutlich wurde dies während des Machtkampfes in Tiflis: Als erkennbar wurde, daß die USA hinter den Kulissen die Machtergreifung SAAKASCHWILIS durchsetzten, lud die russische Führung die Führer von Abchasien, Südossetien und Adscharien nach Moskau ein.[3205]

Eine weitere Rolle im Kalten Krieg um Georgien spielten die noch vorhandenen

Demonstration in Georgien im Herbst 2003.

Links: Oppositionsführer Michail SAAKASCHWILI; rechts: Eduard SCHEWARDNADSE mit US-Botschafter MILES. (Foto: AP)

Frankreichs Botschafterin in Georgien Salome SURABISCHWILLI. Die mit einem georgischen Ex-Dissidenten verheiratete Diplomatin wurde zur Außenministerin Georgiens abgeworben. (Foto: Reuters)

Erstürmung des georgischen Parlaments in Tiflis

Siegesfeier nach der Abdankung von Präsident Eduard SCHEWARDNADSE am 23. November 2003. (Foto: Reuters)

zwei russischen Militärstützpunkte auf georgischem Territorium. Nach dem Zerfall der Sowjetunion hatte Rußland zunächst alle Stützpunkte in Georgien übernommen. Aufgrund des russisch-georgischen Abkommens von 1995 räumte Rußland alle Stützpunkte bis auf vier. Auf dem OSZE-Gipfel in Istanbul 1999 vereinbarten Moskau und Georgien die Schließung auch der letzten vier Stützpunkte. Zwei Basen wurden bis 2001 geräumt, über die verbliebenen zwei in Batumi und Achalkalaki entbrannte jedoch Streit; Rußland behauptete, hinsichtlich dieser Stützpunkte besage die Vereinbarung von 1999 lediglich, hier müsse noch ein Abkommen geschlossen werden, was bislang jedoch noch nicht geschehen sei.[3206] Überdies erwartete Rußland von Georgien das Versprechen, auf seinem Territorium keine ausländischen Truppen zu stationieren.[3207]

In Betracht zu ziehen ist dabei die geopolitische Bedeutung der Stützpunkte. Einer liegt in Adscharien, dessen Präsident ja eng mit Rußland verbunden war, der andere liegt in einem hauptsächlich von Armeniern besiedelten Gebiet[3208], und Rußland sah in Armenien als Reaktion auf die verstärkte Zusammenarbeit Aserbaidschans mit den USA einen wichtigen Bündnispartner, mit dem es 1997 einen Freundschaftsvertrag mit weitreichender militärischer Zusammenarbeit schloß. Diese militärische Zusammenarbeit aber war im Grunde ein militärisches Bündnis. Ebenso war der in Angriff genommene Aufbau eines Flugabwehrsystems in Armenien praktisch eine vorgeschobene Komponente der russischen Luftwaffe.[3209] Damit blieb Armenien noch der einzige Stützpunkt im Südkaukasus, wo Rußland noch Flagge zeigen konnte, und aus diesem Grund stärkten »die Russen ihren Einfluß in Armenien, das südlich der von den Amerikanern gebauten Pipeline (der BTC-Pipeline, der Verf.) liegt; kürzlich wurde dort der erste russisch-armenische Militärverband gebildet«.[3210] Daß Rußland vor diesem Hintergrund und der Tatsache, daß Georgien trotz gegenlautender russischer Hoffnungen in die NATO eingebunden werden sollte, sich einstweilen weigerte, die Stützpunkte zu räumen, erschien zumindest nachvollziehbar.

Dabei waren es die USA, die Rußland immer wieder verschärft aufforderten, die Militärbasen zu schließen, und der Konflikt spitzte sich im Zuge des Machtwechsels in Georgien weiter zu. Auf der OSZE-Konferenz der Außenminister am 2. Dezember 2003 in Maastricht kam es zu »einem regelrechten diplomatischen Schlagabtausch«.[3211] »US-Außenminister Colin Powell forderte Rußland auf, seine Versprechungen, die es auf dem OSZE-Gipfel in Istanbul (1999) gegeben hatte, zu halten und seine Truppen aus Moldawien und Georgien abzuziehen. Sonst würden die USA und ihre Verbündeten den neuen Vertrag über Konventionelle Streitkräfte in Europa nicht ratifizieren.

Nur mit einem Veto konnte die russische Delegation eine Schlußerklärung der Tagung in diesem Sinne verhindern. An eben diesem Thema scheiterte drei Tage später auch der NATO-Rußland-Rat in Brüssel. Dort wurden russische Forderungen von den NATO-Staaten mit dem Hinweis abgelehnt, Moskau solle zuerst seine

Truppen aus Moldawien und aus Georgien abziehen. Dem Außenminister Iwanow nützte auch der Hinweis nichts, daß 1999 nur eine Reduzierung der Truppen und Rahmenbedingungen für ihren Abzug vereinbart worden seien.«[3212] Die USA versuchten daraufhin, durch finanzielle Hilfen Rußland dazu zu bewegen, seine Stützpunkte aufgeben, was Moskau aber ablehnte.

Insgesamt konnte als Fazit festgehalten werden, daß mit der ›Rosen-Revolution‹ in Georgien »der Kreml die Schlacht um Georgien verloren hatte«.[3213] Aschot Manutscharjan geht sogar so weit zu behaupten, daß damit »die Bedeutungslosigkeit Rußlands in der GUS noch klarer zutage« getreten sei.[3214] Das *Handelsblatt* kam zu der gleichen Einschätzung: Mit der ›Rosen-Revolution‹ »fügt sich Georgien in die Entwicklung der Südregion der Ex-Sowjetunion ein: Schritt für Schritt und nicht erst seit den Terroranschlägen vom 11. September verliert Moskau an politischem und militärischem Einfluß, im gleichen Maß setzten sich die USA im Kaukasus und in Zentralasien fest«.[3215]

7.6 Die ›Orangene Revolution‹ in der Ukraine: Die USA sorgen für den Sturz Leonid Kutschmas und setzen ihrem Wunschkandidaten Viktor Juschtschenko durch

Die Präsidentschaftswahlen in der Ukraine im November 2004 boten der US-Machtelite und ihren westeuropäischen Verbündeten eine weitere Möglichkeit, die Machtverhältnisse in einem stragisch hochwichtigen Land zu ihren Gunsten zu beeinflussen und auf diese Weise die außen- und bündnispolitische Ausrichtung dieses Staates im Sinne der geopolitischen Pläne festzulegen.

Die geopolitische Bedeutung der Ukraine ist oben bereits angedeutet worden. Brzezinski zufolge kommt ihr in der US-Geopolitik in Eurasien eine entscheidende Katalysatorfunktion zu. Dabei geht es weniger um die Ukraine als solche, vielmehr wird sie in ihrer strategischen Bedeutung für Rußland wahrgenommen. An der Frage, wem es gelingt, sich die Ukraine als strategischen Besitzstand zu sichern, entscheidet sich, ob Rußland die Möglichkeit hat, wieder eine eurasische Weltmacht zu werden oder ob ihm das dauerhaft verbaut wird, indem es (mit dem Verlust der Ukraine) in die geopolitische Isolation des eurasischen Kernraumes abgedrängt wird.

Brzezinski hat die geopolitische Bedeutung der Ukraine mit folgender Formeln definiert:

– »Man kann gar nicht genug betonen, daß Rußland ohne die Ukraine aufhört, ein Imperium zu sein, mit einer ihm untergeordneten und schließlich unterworfenen Ukraine aber automatisch ein Imperium wird.«[3216]

– »Die Ukraine, ein neuer und wichtiger Raum auf dem eurasischen Schachbrett, ist ein geopolitischer Dreh- und Angelpunkt, weil ihre bloße Existenz als unabhängiger Staat zur Umwandlung Rußlands beiträgt. Ohne die Ukraine ist Rußland kein eurasisches Reich mehr.«[3217]

– »Wenn Moskau allerdings die Herrschaft über die Ukraine mit ihren 52 Millionen Menschen, bedeutenden Bodenschätzen und dem Zugang zum Schwarzen Meer wiedergewinnen sollte, erlangte Rußland automatisch die Mittel, ein mächtiges Europa und Asien umspannendes Reich zu werden.«[3218]

– »Die Staaten, die Amerikas stärkste geopolitische Unterstützung verdienen, sind Aserbaidschan, Usbekistan und (außerhalb dieser Region) die Ukraine, da alle drei geopolitische Dreh- und Angelpunkte darstellen. Die Rolle Kiews bestätigt fraglos die These, daß die Ukraine der kritische Punkt ist, wenn es um Rußlands eigene künftige Entwicklung geht.«[3219]

Da Grundkonstante der US-Geopolitik die Isolation, Zurückdrängung und Verkleinerung Rußlands ist, ist genau diese BRZEZINSKI-Formel bestimmend für das Verhältnis der US-Machtelite zur Ukraine. Der Verlust der Ukraine hat BRZEZINSKI zufolge Rußlands geostrategische Optionen drastisch beschnitten.[3220] Er führt zu einer drastischen Schwächung des slawischen Elements im russisch beherrschten eurasischen Raum, was aufgrund der schnellen demographischen Entwicklung der islamischen Bevölkerungsteile und der demographischen Schwäche der Russen langfristig zur Auflösung der Integrität dieses Raumes führen muß. Zudem ist mit dem Verlust der Ukraine auch gleichzeitig ein Verlust der vorherrschenden Stellung Rußlands am Schwarzen Meer verbunden.[3221]

So war die Ukraine ein bedeutender Faktor im machtpolitischen Kalkül der USA. Sonja MARGOLINA zufolge hatte Zbigniew BRZEZINSKI bereits 1997 »angeregt, mit Hilfe von Polen und der Ukraine zu verhindern, daß Rußland wieder zu einer Weltmacht heranwachse. In der Ukraine könnte nun die Strategie des Rollback gegenüber Rußland auf den postsowjetischen Raum umgesetzt werden. Zugleich wäre sie gegen die französisch-deutsch beherrschte EU gerichtet. Die Idee, gewissermaßen auf einen Streich Rußlands Großmachtpläne zu vereiteln und die EU von einer Vereinigung mit Rußland abzubringen, wäre ein geostrategisches Meisterwerk«,[3222] für das die Ukraine eben von größter Wichtigkeit ist. Tatsächlich würde sich mit einer Verbindung Rußlands mit Europa der ›Alptraum MACKINDERS‹ verwirklichen, was die US-Machtelite auf alle Fälle unterbinden mußte. »Wenn die europäische Integration Rußlands mit seinen Energie- und Rohstoffressourcen, die insbesondere von der deutschen Wirtschaft vorangetrieben wird, gelingen würde, könnte zumindest die wirtschaftliche Dominanz der USA durch eine mit Rußland enger lierte EU herausgefordert werden«.[3223] Und die Nahtstelle, an der diese autarke »eurasische Union« unterbrochen werden könnte, ist die Ukraine.

Auch vor dem Hintergrund des Konkurrenzkampfes um die Pipelinekorridore ist die Ukraine von nicht zu unterschätzender Bedeutung. Sie ist der entscheidende Transitkorridor, der den westeuropäischen Energiemarkt mit den eurasischen Energiequellen sowohl Rußlands als auch Zentralasiens verbindet. Die Ukraine ist das wichtigste Transitland für russisches Erdgas nach Westeuropa, da zwischen 80 und 90 Prozent der russischen Erdgasausfuhren ukrainisches Hoheitsgebiet durchqueren. Das Haupttransitnetz der Ukraine besteht aus etwa 14 000 km Erdgasleitungen mit einer theoretischen Jahreskapazität von 170 Mrd m^3. So steht die Ukraine gewissermaßen vermittelnd zwischen den europäischen und amerikanischen Vermarktern einerseits und den russischen Erdöl- und Erdgaslieferungen andererseits. Auf der anderen Seite ist die Ukraine auch wichtig für das Ziel der US-amerikanischen Energiegeopolitik, nämlich das russische Pipelinemonopol zu brechen, Rußland energiepolitisch zu isolieren und von den kaspischen bzw. zentralasiatischen Rohstoffquellen abzuschneiden. Die entscheidende Rolle spielt hier die Pipeline vom ukrainischen Hafen Odessa am Schwarzen Meer bis nach Brody, nahe der polnischen Grenze, welche im Jahre 2001 fertiggestellt wurde. Von dort aus soll das Erdöl dann über eine weitere Pipeline bis nach Danzig an der Ostsee geleitet werden, wozu sich die ukrainische Regierung im April 2004 bereiterklärte. Diese Pipeline sollte als Ergänzung zur Pipeline Baku–Supsa gebaut werden[3224] und wurde sowohl in Brüssel als auch in Washington sehr begrüßt.[3225]

Auf diese Weise wäre ein Korridor geschaffen, der unter vollständiger Umgehung Rußlands das Kaspische Meer mit dem Schwarzen Meer und dieses wiederum mit der Ostsee verbindet, und damit könnte kaspisches Öl unabhängig von Rußland von Baku über Supsa, Odessa und Brody nach Danzig in die EU geliefert werden.[3226] Vor diesem Hintergrund trat die Ukraine im Karabach-Konflikt verstärkt als Vermittler zugunsten des Erdölproduzenten Aserbaidschan auf; eine Stabilisierung Aserbaidschans sollte schließlich die Ölströme sicherstellen. Wie Rizvan NABIYEV schreibt, lag das Pipelinekonzept Odessa–Brody–Danzig auch direkt auf der Linie der US-Geopolitik: »Es paßt den geopolitischen Interessen der USA, wenn die Staaten rund um das Kaspische Meer ihre Verbindungen zur Ukraine aktivieren und Exportgüter über sie zum europäischen Markt gelangen werden.«[3227]

Dabei war sich die US-Machtelite auch bewußt, daß es sich bei dieser Pipeline um ein klar gegen Rußland gerichtetes Vorhaben handelte. Deren Bedeutung kommentierte Ilan BERMAN vom ›American Foreign Policy Council‹ wie folgt: »Der Kreml versteht sehr wohl, daß Odessa–Brody das Potential hat, dem gegenwärtigen russischen Beinahe-Monopol über die kaspische Energie einen vernichtenden Schlag zu versetzen. Schlimmer noch aus russischer Perspektive wäre, daß das wirtschaftliche Interesse Europas und der USA die westlich gerichtete Flugbahn Kiews fest zementieren würde.« Die Pipeline nach Polen, so BERMAN, weiter, würde Polen außerdem zu einem Hauptumschlagplatz für nichtrussisches und nicht von der OPEC geliefertes Öl machen.[3228] Jedenfalls wären die USA auch mit dieser Pipeline ihrem Ziel, die Öl- und Gasströme der kaspischen Region direkt zu kontrollieren und diese dem Zugriff Rußlands und Irans zu entziehen, ein weiteres Stück nähergerückt.

Auch für die Ausdehnung der NATO nach Osten und Südosten erwies sich eine unabhängige Ukraine als außerordentlich wichtiger Flankenschutz. Die Garantie einer von Rußland unabhängigen, prowestlich orientierten Ukraine war daher für die zukünftigen Expansionspläne der NATO nach Einschätzung der außenpolitischen Elite der USA von entscheidender Voraussetzung. Wie die USA eine transatlantische Ausrichtung der Ukraine durch gezielte Plazierung einer neuen geschulten prowestlichen Elite kurz nach dem Zerfall der Sowjetunion sichergestellt hatten, wurde oben bereits beschrieben. Damit war auch die außenpolitische Ausrichtung der Ukraine festgelegt. 1994 beteiligte sich die Ukraine als erster postsowjetischer Staat an dem NATO-Programm ›Partnership for Peace‹. Dieser Kurs wurde in den neunziger Jahren auch konsequent fortgeführt. In seiner äußerst aufschlußreichen Rede vor der Parlamentarischen Versammlung der WEU im Juni 1996 in Paris erklärte der ukrainische Staatspräsident Leonid KUTSCHMA: »Das strategische Ziel unseres Landes ist die Integration in die europäischen und euro-atlantischen Strukturen.«[3229]

Hierbei handelte es sich um ein klares Bekenntnis zur Westbindung. Höhepunkt dieser Bestrebungen war die *Charta über die besondere Partnerschaft zwischen der Ukraine und der NATO* vom 9. Juli 1997 beim Gipfeltreffen der NATO-Staats- und Regierungschefs in Madrid – auf dem die erste Etappe der NATO-Osterweiterung um Polen, die Tschechische Republik und Ungarn eingeleitet wurde. Dieses Abkommen regelte die Modalitäten einer Zusammenarbeit zwischen der NATO und der Ukraine in den Bereichen Rüstungskooperation, militärische Übungen, einschließlich PfP-Übungen auf ukrainischem Territorium sowie die NATO-Unterstützung bei der ukrainischen Militärreform und Verteidigungsplanung.[3230]

Verbunden war dies mit der Einrichtung eines Konsultationsforums der ›NATO-Ukraine-Kommission‹. Diese Charta zwischen der Ukraine und der NATO wurde allgemein als außenpolitischer Erfolg der Ukraine gewertet, und KUTSCHMA versuchte, die Beziehungen zu den USA weiter auszubauen, die aus geopolitischen Gründen die Eigenstaatlichkeit und Selbständigkeit der Ukraine gegenüber Rußland unterstützen. Mit der ›NATO-Ukraine-Charta‹ zusammen mit der NATO-Osterweiterung wurde nach den Worten des damaligen ukrainischen NATO-Botschafters ein Sicherheitsvakuum geschlossen; sie habe der Ukraine ein stabiles Umfeld gegeben und ermögliche es ihr, sich auf die gesellschaftlich-ökonomische Umgestaltung des Landes zu konzentrieren.[3231] Demzufolge wurde die Ukraine nach Israel und Ägypten zum bedeutendsten Empfänger US-amerikanischer Finanzhilfe.[3232]

Einflußreiche Teile der außenpolitischen Elite der USA hatten dabei die geopolitische Bedeutung der Ukraine für die NATO-Expansion Richtung Osten hervorgehoben. In einem *Report of an Independent Task Force* des ›Council on Foreign Relations‹ hieß es: »Als ein Land von 50 Mio. Einwohnern und strategisch bedeutender Lage in Europa ist die Ukraine von wesentlicher Bedeutung für die NATO und die Beziehungen zwischen der Allianz und Rußland. Allein die Tatsache, daß die Ukraine unabhängig ist, hat die NATO-Erweiterung politisch vereinfacht und ihr militärische Ausgaben erspart. Zusammen mit der Befreiung Zentral- und Osteuropas hat die Unabhängigkeit der Ukraine dem Westen einen strategischen Spielraum und eine verlängerte Warnzeit im Ernstfall einer Auseinandersetzung mit Rußland verschafft und die Integration der neuen Demokratien der Region in die EU und die NATO erleichtert. Die Unabhängigkeit der Ukraine ist einer der wichtigsten Gründe dafür, daß die NATO derzeit für die Entsendung von Nuklearwaffen und fremden Kampftruppen substantiellen Umfangs in das Gebiet der neuen NATO-Mitglieder wenig Grund sieht. Sollte eine unabhängige Ukraine jedoch verschwinden, würden sich auch die Prämissen der derzeitigen NATO-Verteidigungsplanung ändern, wie auch die Parameter, innerhalb derer gegenwärtig Verteidigungsabmachungen für eine erweiterte NATO getroffen werden.«[3233]

Bei der US-Machtelite herrschte weitgehend Einigkeit darüber, daß eine »unabhängige und reformierte Ukraine« eine Katalysatorfunktion auch für die Umgestaltung Rußlands bilden sollte. Vor allem aber sollte sie »die GUS davor schützen, in eine von Rußland kontrollierte politisch-ökonomische Allianz verwandelt zu werden«[3234] – was im Oktober 1996 auch durch den damaligen stellvertretenden US-Außenminister Strobe Talbott unterstrichen wurde. Nach den Vorstellungen der US-Machtelite sollte auch die Gestaltung der künftigen amerikanisch-russischen Beziehungen von der geopolitischen Bedeutung einer unabhängigen Ukraine abhängig gemacht werden.[3235] Dabei sollte die Formel, daß Rußland ohne die Ukraine niemals die Bedeutung erlangen könne, wie sie die einstige UdSSR besaß, der ungeschriebene Maßstab sein.

Auch die Energie- und Pipelinepolitik sollte sich an diesen Maßstäben ausrichten. So war das Pipelineprojekt Odessa–Brody eingebunden in die Sicherheitskonzepte, die die USA in der zweiten Hälfte der neunziger Jahre entwickelt haben. Hierbei handelt es sich um die GUAM (später durch den Beitritt Usbekistans 1999 in GUUAM umbenannt) und den »Silk Road Strategy Act«. Hinter der Gründung der GUAM im Jahre 1997 standen die USA. Unmittelbarer Anlaß für die Schaffung dieses Bündnisses war der Plan zum Bau dieser Pipeline. Im Herbst 1997 gründeten die Ukraine, Georgien, Aserbaidschan und Moldawien »die regionale Organisation GUAM, um ihre übereinstimmenden ökonomisch-politischen Ziele zusammen zu verwirklichen. Eine von den wichtigsten Aufgaben ist die Gründung eines Energiekorridors unter den Teilnehmerstaaten für den Transport kaspischen Erdöls durch alternierende Pipelines«.[3236] In der GUUAM spielte neben Moldawien gerade auch die Ukraine eine entscheidende Rolle als Transitland zu den westeuropäischen Energiemärkten. Im Rahmen von GUUAM und dem ›Silk Road Strategy Act‹ hatte Washington ja die Formation von US-Klientelstaaten entlang den vorgesehenen Pipelinekorridoren ermutigt, mit der verborgenen Absicht, Rußland von kaspischen Öl- und Gasfeldern abzuschneiden.[3237] Dabei hatte die GUUAM, die seit dem NATO-Gipfel im April 1999 in Washington eng mit dem transatlantischen Bündnis verbunden ist, die Funktion der militärischen Absicherung der Baku–Supsa-Pipeline wie auch ihrer Fortsetzung, der Odessa–Brody–Pipeline.

Während die GUUAM die militärische Anbindung an das transatlantische Bündnis sicherstellte, sollte der ›Silk Road Strategy Act‹ die ökonomische Transformation der betroffenen Länder, also vor allem auch der Ukraine, im Sinne des ›Washington Consensus‹ des IWF sicherstellen. Sein Zweck sollte darin bestehen, »politische und ökonomische Liberalisierung einschließlich der Übernahme von ›freien Marktwirtschaftsreformen‹ unter Aufsicht von IWF und Weltbank zu fördern«.[3238]

Wie oben schon dargestellt, sorgten die USA schon in den Jahren 1993/94 dafür, daß die ukrainische Wirtschaft dem Regelwerk des IWF unterworfen wurde. Ebenso sorgten sie dafür, daß Viktor JUSCHTSCHENKO zum Chef der neugeschaffenen ukrainischen Nationalbank ernannt wurde. Michel CHOSSUDOVSKY zufolge war es auch JUSCHTSCHENKO, der 1994 für den Abschluß eines »historischen Abkommens« zwischen der Ukraine und dem IWF verantwortlich war und als »Hauptarchitekt der tödlichen ökonomischen Medizin des IWF, die der Verarmung der Ukraine und der Zerstörung ihrer Wirtschaft diente«,[3239] galt. Die von ihm zu verantwortende Preisfreigabe zog eine galoppierende Inflation nach sich und führte zur Verelendung zahlloser Menschen; die aufgezwungene Außenhandelsliberalisierung ruinierte die ukrainische Landwirtschaft. Der ukrainische Staatspräsident KUTSCHMA galt zu jener Zeit für die USA noch als Garant dieser Transformation der Ukraine, und so deckten die USA bei den ukrainischen Präsidentschaftswahlen 1999 auch dessen Wahlbetrug, vertrat doch sein Herausforderer, der Kommunist SYMONENKO, eine entschieden gegen die NATO und den IWF ausgerichtete Programmatik.[3240]

Doch ähnlich wie die Staatsduma in Rußland 1993, erwies sich auch das ukrainische Parlament als Hindernis für die Durchführung der neoliberalen Marktreformen.[3241] Dennoch wurde der frühere Chef der Ukrainischen Nationalbank, Viktor JUSCHTSCHENKO, Ende 1999 auf Druck der USA und gegen den Willen der Parlamentsmehrheit von Präsident KUTSCHMA zum Ministerpräsidenten ernannt.[3242] Hierbei mag auch eine Rolle gespielt haben, daß der IWF für den Fall der Ernennung JUSCHTSCHENKOS zum Premierminister eine erneute Kreditgewährung in Aussicht gestellt hatte.[3243] Umgehend nach seiner Ernennung setzte JUSCHTSCHENKO das vom IWF geforderte Programm durch, das direkt gegen die ukrainische Industrie gerichtet war. Ferner versuchte er, den bisherigen bilateralen Öl- und Gashandel zwischen der Ukraine und Rußland auf Geheiß des IWF zu beseitigen, der auf einem bilateralen Tauschhandel beruhte, da der IWF (bzw. die USA als bestimmende Macht) einen Öl- und Gashandel zwischen den Ländern auf der Grundlage des US-Dollar einforderte.[3244] In den 17 Monaten seiner Amtszeit erhob JUSCHTSCHENKO die Westintegration der Ukraine zum Ziel.[3245]

Die von JUSCHTSCHENKO auf Anweisung des IWF durchgesetzten Reformen umfaßten »Steuererhöhungen, die Unterbindung von Barterzahlungen, die Einstellung der Energieversorgung bei Nichtbezahlung, Betriebsschließungen und Zechenstilllegungen – eine Art Generalangriff auf die ökonomische Basis des Staates und die Überlebenstechniken seiner Bevölkerung«.[3246] Dies hatte katastrophale Auswirkungen auf die ukrainische Schwerindustrie: Allein im Donbass wurden seit der Staatsgründung 110 von 279 Zechen geschlossen, die Beschäftigtenzahl sank dort von 1,2 Millionen auf 280 000.[3247] Hierbei war es hauptsächlich die Ostukraine, die traditionell auf Rußland ausgerichtet ist,[3248] die von den Stillegungsprogrammen am meisten betroffen war. Auf deren Druck ersetzte Präsident Kutschma im November 2002 Premierminister Juschtschenko, der ja erklärtermaßen dem Westen zuneigte, durch den als prorussisch geltenden ostukrainischen Gouverneur Viktor Janukowitsch.[3249] Verbunden war damit aber auch ein Kurswechsel in der Wirtschaftspolitik der Ukraine. Als Gegengewicht zu den IWF-Direktiven suchte Janukowitsch auch eine Zusammenarbeit mit Rußland, und hier boten sich für Moskau wichtige Ansatzpunkte, die für die Verwirklichung seiner neuen geopolitischen Doktrin der Energiegroßmacht Eurasiens von entscheidender Wichtigkeit sind. Ohne eine Festigung des postsowjetischen Raumes kann Rußland seine Stellung als Großmacht in der Weltpolitik nicht wiedererlangen; es braucht daher Verbündete und verläßliche enge Wirtschaftspartner, und die Ukraine ist dabei der Schlüssel zum Gelingen oder Scheitern russischer Integrationsbemühungen.[3250]

Seit Sowjetzeiten verlaufen durch die Ukraine die Schlagadern des russischen Energieexports nach Westen. Der Südstrang der ›Druschba‹-Ölleitung aus dem Ural über die Ukraine und die Slowakei nach Deutschland ist eine von insgesamt zwei großen Ost-West-Pipelines. »Da es Rußland an Seehäfen mangelt, ist sie unersetzlich. Beim Gas ist die Ukraine noch wichtiger. Das Röhrensystem, das sie gen Westen durchquert, transportiert 78 Prozent der gesamten russischen Exporte. Moskau hat deshalb zwei Ziele in der Ukraine: Erstens darf das Land Rußlands Profite nicht durch hohe Transitgebühren schmälern. Zweitens muß es sein Territorium für die Konkurrenz verschließen, etwa für das ölreiche Aserbaidschan am Kaspischen Meer.«[3251]

Vor diesem Hintergrund leitete Rußland eine engere wirtschaftliche Zusammenarbeit mit der Ukraine ein, wobei es hier nach dem Prinzip ›Übernahme des Pipelinenetzes gegen Schuldenübernahme‹ verfuhr: »Im Unterschied zur westlichen Schuldenverwaltung unter der Regie des IWF, die eigentlich gar keine Alternative zur Stillegung einer unrentablen Nationalökonomie vorsieht, kann Rußland mit den Schulden, die die Ukraine bei ihm angesammelt hat, etwas anstellen: russische Oligarchen und Staatskonzerne kaufen sich damit in der Ukraine ein. Im Geschäft mit Rußland fallen für die Ukraine nicht nur Tantiemen für die Durchleitung von Gas und Öl ab. Rußland bietet Investitionen in das Pipelinenetz der Ukraine und eine Beteiligung des ukrainischen Energieversorgers Naftogas an neuen Strecken; auf dessen Probleme – er ist bei seinem russischen Lieferanten hoch verschuldet und deswegen umso mehr an langfristen Lieferverträgen interessiert – geht Rußland mit dem Angebot ein, die Schulden in russische Beteiligungen umzuwandeln und auf der Grundlage dann langfristige Liefervereinbarungen zu treffen. Für die Ukraine bedeutet das ein Stück Sicherheit bei der Versorgung mit billiger Energie;

im Gegenzug sichert sich Rußland mit diesen Vereinbarungen ebenso langfristig den Energietransfer durch die Ukraine nach Europa und den Einstieg in die ukrainische Energiewirtschaft.«[3252]

In diesem Sinne gelang es Rußland sogar im September 2003, die Ukraine für den ›Einheitlichen Wirtschaftsraum‹ zu gewinnen, der auch Kasachstan und Weißrußland umfassen sollte, wobei sich die Ukraine aber vorbehielt, nur so weit im Rahmen des ›Einheitlichen Wirtschaftsraums‹ zusammenzuarbeiten, wie dies mit den Gesetzen der Ukraine vereinbar war.[3253] Noch im Spätsommer 2004 unterzeichnete Ministerpräsident JANUKOWITSCH wichtige Dokumente zum ›Einheitlichen Wirtschaftsraum‹ und auch zu einem Gaskonsortium mit Rußland. Im Rahmen dieser Verträge sollte eine Gaspipeline zwischen Bogorodtschnay und Uschgorod gebaut und dem russischen Gaskonzern Gasprom die Möglichkeit der Kontrolle über den Gasexport eröffnet werden. Das wiederum war für Gasprom von grundsätzlicher Bedeutung, weil das Unternehmen der Ukraine oft den Vorwurf machte, daß sie illegal Gas aus den Pipelines abzapfe, mithin das Gas nicht selten ›verdunsten‹ würde.[3254] Dabei hatte KUTSCHMA nach langem Drängen Rußlands darauf verzichtet, zur Reparatur des maroden ukrainischen Gasleitungsnetzes auch westliche Investoren ins Land zu holen und damit die russische Kontrolle über die Röhren zu gefährden. Als die Ukraine schließlich die westlichen Bewerber ablehnte und das Modernisierungsvorhaben statt dessen im Januar 2003 einem Joint-Venture zwischen Gasprom und dem ukrainischen Konzern Naftogaz übergab, war – so Konrad SCHULLER von der *Frankfurter Allgemeinen Zeitung* – Rußland am Ziel seiner Wünsche.[3255]

Entscheidend jedoch war aber, daß es Rußland gelungen war, das von der US-Machtelite geförderte Ölipelineprojekt Odessa–Brody–Danzig zu torpedieren. Dieses war ja dazu bestimmt, aserbaidschanisches Öl an Rußland vorbei nach Westeuropa zu befördern. Den Bau dieser Pipeline begriff Rußland – Konrad SCHULLER zufolge – als eine gegen sich gerichtete Kriegserklärung. Rußland gelang es allerdings, dieses Szenario abzuwenden, die Pipeline gewissermaßen in ihr Gegenteil zu verkehren. Der ukrainische Pipelinebetreiber Ukrtransnafta erklärte sich im Juli 2004 bereit, in der Pipeline kurzerhand einfach die Fließrichtung zu ändern: Statt kaspisches Öl nach Europa transportierte sie fortan russisches Öl aus der ›Druschba‹-Pipeline von Nord nach Süd nach Odessa, von wo es dann über Tanker den Süden Europas versorgen soll.[3256] Die geopolitischen Folgen dieses Schrittes waren unübersehbar. Mit Hilfe der Ukraine hatte Rußland, so Alexander RAHR, seine Monopolstellung beim Energieexport in die EU grundlegend gefestigt. Ihm ist es im Sommer 2004 gelungen, die amerikanische Geopolitik auch hier zu durchkreuzen.

Daß Rußland damit die elementaren Schachzüge der US-Eurasienpolitik, die ja gerade auf einer Abspaltung der Ukraine von Rußland, ja auf einem russisch-ukrainischen Gegensatz aufbaute, über den Haufen geworfen hatte, wurde in Washington auch umgehend registriert. Solange Kiew russischen Anwerbungsversuchen widerstand, zeigte sich die US-Machtelite beruhigt, denn ohne die Ukraine konnte

Rußland kein Imperium werden. Doch jetzt hatte PUTIN entscheidende Erfolge auf dem Weg der Anbindung der Ukraine an Rußland erzielt.[3257] Seit dem Zerfall der UdSSR »stand die Ukraine noch nie politisch so nahe an Moskau und so weit vom Westen entfernt wie heute«, beurteilte Alexander RAHR die Situation im Jahre 2004. Es zeigte sich, daß die Regierung KUTSCHMA–JANUKOWITSCH für Rußland von grundlegender Bedeutung im eurasisch-kontinentalen Öl- und Gasmonopoly war, in dem Moskau, Washington und Brüssel um Einflußzonen konkurrieren. Damit Rußland seine Rolle als Energiesupermacht auch wirksam spielen kann, muß es in der Lage sein, sein Öl und Gas auch zu den energiehungrigen Märkten zu schaffen, und in bezug auf die Versorgung der westeuropäischen Märkte ist die Ukraine das wichtigste Spielfeld. Darüber ist sich Rußland auch im klaren, und aus diesem Grund hat es der Ukraine auch das Recht eingeräumt, eine Mehrwertsteuer auf den Energietransit zu erheben, was dem schuldengeplagten Land zusätzliche Einnahmen von 800 Millionen Dollar bereiten sollte.[3258]

Der russisch-ukrainische Handel in Bezug auf die Odessa–Brody–Pipeline wurde konsequenterweise von der US-Machtelite als geopolitische Gefahr dargestellt, die Ukraine unter dem Regime KUTSCHMA–JANUKOWITSCH sogar als Sicherheitsrisiko eingestuft: »Die strategische Lage der Ukraine zwischen den wichtigsten Energieproduzenten (Rußland und das Gebiet um das Kaspische Meer) und den Verbrauchern in der eurasischen Region, ihr ausgedehntes Transportnetz und ihre unterirdischen Gasspeicherkapazitäten machen das Land zu einem potentiellen crucial player im europäischen Energietransit. Doch wegen ihrer eigenen politischen Ineffizienz und der komplizierten Beziehungen zu Rußland ist es der Ukraine nicht gelungen, aus diesen Möglichkeiten Kapital zu schlagen. Der Fall der Pipeline Odessa-Brody, die ursprünglich dazu gedacht war, die Energieversorgung der Ukraine zu diversifizieren, das Land als Transitkorridor für kaspisches Öl auf der Landkarte einzutragen, und bei der nun die Gefahr besteht, daß sie in umgekehrter Richtung, für den Transport von russischem Öl nach Odessa eingesetzt wird, ist ein Beispiel für einige dieser Gefahren. . . Diese Konstellation hat eindeutig negative Auswirkungen auf die innenpolitische Lage der Ukraine, ihre Außenbeziehungen und ihre Fähigkeit, eine führende Rolle in Mittel- und Osteuropa zu spielen. . . Die Abhängigkeit der Energieversorgung steigert auch die Schwäche des Landes und seine Verwundbarkeit in Verhandlungen mit Rußland. Außerdem haben die aktuelle Energiesituation der Ukraine und ihre Handhabung auch bedeutende negative Auswirkungen auf die US-Strategie in der Region. . . Daß die Ukraine über keine klare energiepolitische Strategie verfügt, erschwert auch die US-Strategie, die Einrichtung zahlreicher Pipeline-Routen auf der Ost-West-Achse zu unterstützen, als Hilfestellung für ein pluralistischeres System in der Region, das eine Alternative zur fortgesetzten Hegemonie Rußlands bilden soll.«[3259] Folglich hatte der US-Botschafter in Kiew, Carlos PASCUAL, vergeblich versucht, KUTSCHMA dieses russische Projekt auszureden.[3260]

Schon Wochen, bevor das ukrainische Parlament im April 2004 das Rahmenabkommen über den ›Einheitlichen Wirtschaftsraum‹ ratifizierte, hatte die CIA im Hintergrund vor der Gefahr einer stärkeren außenpolitischen Positionierung Rußlands in der Region gewarnt. »Eine stärkere regionale Integration in Folge engerer Wirtschaftsbeziehungen Rußlands zu seinen Nachbarstaaten mit großen russischsprachigen Minderheiten könnte das russische Wachstums- und Machtpotential in einem geopolitisch wichtigen Raum stärken und damit die Expansion von US-Firmen vor allem im Energiesektor behindern. Insofern waren die Interessen der USA mehrfach betroffen.«[3261] Für die US-Machtelite besonders heikel war zudem der Umstand, daß sich der staatliche russische Ölpipeline-Monopolist Transneft im November 2004 die alleinigen Durchleitungsrechte für die durch die Ukraine nach Mitteleuropa führenden Erdölleitungen auf 15 Jahre gesichert hatte. Ein entsprechender Vertrag mit der ukrainischen Ukrtransnafta wurde am 16. November 2004 unterzeichnet. Mit diesem Vertrag sicherte sich Rußland das ukrainische Pipeline-Monopol, und dieser Vertrag sollte die Grundlage für die Einbindung in die von Rußland betriebene Wirtschaftsunion mit Kasachstan und Weißrußland bilden.[3262]

Vor diesem Hintergrund entschied die US-Machtelite, daß das Regime KUTSCHMA–JANUKOWITSCH entfernt werden mußte. Den idealen Anlaß hierfür boten die Präsidentschaftswahlen in der Ukraine im November 2004. Während sich die USA jedoch in der Öffentlichkeit mit Stellungnahmen hierzu auffallend zurückhielten, setzte sich hingegen das Europäische Parlament im Sommer 2004 deutlich für einen Machtwechsel in Kiew ein.[3263] Der amtierende Präsident KUTSCHMA entschied sich, den Wahlkampf des ostukrainischen, vom prorussischen ›Bund der Regionen‹ unterstützten Viktor JANUKOWITSCH zu fördern. Als Gegenkandidat trat Viktor JUSCHTSCHENKO an – der im Hintergrund stillschweigend von den NGOs der US-Machtelite aufgebaut wurde, wobei auch Zbigniew BRZEZINSKI eine entscheidende Rolle spielte.[3264]

Die US-Machtelite maß der Präsidentschaftswahl in der Ukraine eine hohe Bedeutung bei. Anders ASLUND, Regionaldirektor der Carnegie-Stiftung, erklärte im US-Repräsentantenhaus: »Kein politisches Ereignis in Europa ist in diesem Jahr so wichtig wie die Präsidentenwahl in der Ukraine«, und er fügte auch sogleich den Grund an: Unter anderem stehe auch die geopolitische Orientierung des Landes in Richtung Rußland oder in Richtung Westen auf dem Spiel, und aufgrund ihres Einflusses könnten die USA »eine Menge tun, um diese Entscheidung zu beeinflussen«.[3265] Auch der Vertreter des US-Außenministeriums, Steve PIFER, formulierte eine »Vision der USA für die Ukraine« und unterstrich das Interesse der USA, das Land stärker in die europäischen und euro-atlantischen Strukturen einzubinden. Da eine faire und freie Wahl die Voraussetzung für die Westintegration der Ukraine sei, habe sich die US-Regierung bereits stark engagiert und weitere 10 Millionen US-Dollar als direkte Beihilfe zur Verfügung gestellt[3266].

Dabei wurde sehr schnell deutlich, was die US-Machtelite genau unter den Wahlbeihilfen verstand. Bereits im Jahre 2002 begannen die USA hinter den Kulissen allmählich mit Kampagnen, die darauf abzielten, das KUTSCHMA-Regime zu beseitigen. Die frühere US-Außenministerin und Vorsitzende des ›National Democratic Institute‹, Madeleine ALBRIGHT, hatte auf einer Veranstaltung der ›Soros-Foundation‹ in Kiew am 17. Februar 2002 die in der Ukraine tätigen NGOs aufgefordert, gegen die herrschende Regierung Front zu machen, weil diese zu sehr mit Rußland zusammenarbeite und auch die Privatisierung nicht hinreichend zugunsten westlicher Investoren betreibe. Aus diesem Grund sei »Demokratisierungshilfe« notwendig, um die Entwicklung der Ukraine von der geschlossenen zur offenen Gesellschaft voranzutreiben.[3267]

Diese Veranstaltung war gewissermaßen der Startschuß für die Vorbereitung des Regimesturzes, denn seit 2002 flossen beträchtliche Finanzhilfen zur Unterstützung der oppositionellen Kräfte. 65 Millionen US-Dollar, so das Nachrichtenmagazin *Der Spiegel,* flossen seit 2002 allein vom US-Verteidigungministerium für die Wahl in der Ukraine über die NED und die Parteistiftungen NDI und IRI. »Wir wissen nicht genau, wie viele Millionen oder Dutzende Millionen Dollar die Regierung der USA für die Präsidentenwahl in der Ukraine ausgegeben hat«, kritisierte der republikanische Kongreßabgeordnete Ron PAUL in Washington. »Aber wir wissen, daß der Großteil des Geldes zur Unterstützung eines bestimmten Kandidaten gedacht war« – und zwar Viktor JUSCHTSCHENKO.[3268] Dieser galt schließlich für die US-Machtelite als Garant für die Umsetzung der US-amerikanischen Pläne; im ukrainischen Parlament wurde er bezichtigt, daß seine Politik die Auflagen und die Empfehlungen des IWF stärker berücksichtigt habe als die Interessen seines Landes.[3269]

Dabei fehlte es natürlich nicht an anderweitigen Instrumenten, um auf Kiew Druck auszuüben. Die internationalen Finanzeinrichtungen IWF und Weltbank hatten deutlich gemacht, daß die Wiederaufnahme der Kreditzahlungen – diese waren nach der Entlassung JUSCHTSCHENKOS als Premierminister einstweilen gesperrt worden – vom Verbleib JUSCHTSCHENKOS im Amt abhängig seien.[3270] Der damalige IWF-Direktor Horst KÖHLER blieb, so CHOSSUDOVSKY, in dieser Frage unnachgiebig und erklärte, daß JUSCHTSCHENKO außerhalb der Ukraine sehr viel Glaubwürdigkeit erlangt habe, so daß er auch Unterstüzung innerhalb der Ukraine verdient habe. Natürlich achte der IWF das Recht der Ukraine, sich ihre Führer auszuwählen, jedoch müsse die Richtung der Reformen unbedingt beibehalten werden.[3271] Einige Monate nach seiner Entlassung hielt sich JUSCHTSCHENKO in Washington zu Gesprächen mit Mitgliedern der BUSH-Administration auf. Unter der Schirmherrschaft des ›International Republican Institute‹ traf JUSCHTSCHENKO Anfang 2003 abermals in Washington mit Vizepräsident Richard CHENEY und dem stellvertretenden Außenminister Richard ARMITAGE zusammen. Damit hatte die neokonservative US-Machtelite die Unterstützung ihres Wunschkandidaten unterstrichen und den Weg für seine Machtübernahme gebahnt.[3272]

Demonstration in Kiew, der ukrainischen Hauptstadt, im November 2004.

Von links: Präsident Leonid Kutschma, Wladimir Putin und der von ihnen favorisierte Präsidentschaftskandidat Viktor Janukowitsch. (Foto: Reuters)

Wiktor Juschtschenko bei seinem Wahlkampf in Kiew am 17. Oktober 2004, einen Monat nach der Giftattacke. (Foto: Tass)

Um sich der Unterstützung durch die USA zu versichern, erklärte Viktor JUSCHTSCHENKO, daß er im Falle eines Wahlsieges den von Rußland angeregten Plan für den euro-asiatischen Wirtschaftsraum umgehend begraben werde, und er erhob statt dessen die Westintegration des Landes zum Ziel.[3273] Allerdings stellte sich heraus, so Mária HUBER, daß die große Mehrheit der Bevölkerung keinesfalls nach Westen ausgerichtet war. Nur 30 Prozent stimmten für die EU, und nur ein Prozent mehr für die Marktwirtschaft.[3274] Die USAID versuchte hier jedoch, die Bevölkerung für die Westintegration propagandistisch zu gewinnen: Unter dem Titel ›Poland-America-Ukraine-Cooperation Initiative‹ stellte sie Millionenbeträge für polnische NGOs zur Verfügung mit dem Ziel, in der Ukraine die Grundlage der EU-Befürworter zu erweitern. Ganz auf dieser Linie handelte auch die BATORY-Stiftung, die eine Schöpfung der Ford Foundation und des ›Open Society Institute‹ des Spekulanten George SOROS ist.[3275] USAID war in der Zeit von 2000 bis 2005 in der Ukraine sehr aktiv, laut eigenen Angaben hatte sie zwei Milliarden US-Dollar für die Ukraine bereitgestellt; die USAID-Programme waren mit der US-Regierung und dem Nationalen Sicherheitsrat abgestimmt worden.[3276]

Dabei arbeitete die Organisation in der Ukraine eng mit der US-Botschaft zusammen. Carlos PASCUAL, der in der Zeit vom Oktober 2000 bis August 2003 Botschafter der USA in Kiew war, führte »die Aufsicht insbesondere über die amerikanische Politik zur Förderung jener ukrainischen Reformen, die der Integration des Landes in die euro-atlantischen Strukturen vorausgehen sollten. In seiner gegenwärtigen Position als Koordinator im Office of Reconstruction and Stabilization des Außenministeriums leitet der Diplomat sowohl das Bestreben, die Politik der Ukraine auf die Interessen der USA auszurichten, als auch das strategische Ziel, das Land in die Europäische Union zu integrieren«.[3277] Entscheidend wirkte die USAID auch beim Aufbau eines Mediennetzwerkes mit, das die Kanditatur JUSCHTSCHENKOS unterstützte. »Gezielt intensivierte USAID die Unterstützung privater Medien in der kritischen Periode der ukrainischen Präsidentenwahl. Im Jahre 2003 nahmen 1700 Journalisten an Schulungen teil. Zwei in den Jahren zuvor mit amerikanischer Hilfe ins Leben gerufene Verbände konnten ihre Position als Interessenvertreter festigen.«[3278] George SOROS finanzierte dabei ebenfalls die Internetseite *Maidan* als Konkurrenz zu den staatlichen Medien. Andere Publikationen, etwa die Zeitungsbeilage *Deine Wahl*, zu deren Finanzierung SOROS und die amerikanische Botschaft gemeinsam beitrugen, wurden in Millionenauflage gedruckt und teilweise direkt unter den Demonstranten von Hand verteilt.[3279]

Ebenso leistete USAID wichtige Aufbauarbeit bei der Schulung von Parteirepräsentanten und Kandidaten der Opposition für ihre Tätigkeit in den Wahlkommissionen. Die Wählerkomitees waren mit Unterstützung des NDI und anderer Organisationen aufgebaut worden. Mit Hilfe der ›International Renaissance Foundation‹ des George SOROS hatten sie zur Wahlüberwachung das Netzwerk ›Neue Wahl 2004‹ gebildet, das von Madelaine ALBRIGHT als Vorsitzende des NDI betreut wurde[3280].

Finanziert von ›Freedom House‹ und der SOROS-Foundation sowie der Westminster Stiftung leisteten Aktivisten der serbischen ›Otpor‹ Aufbau- und Schulungsarbeiten bei der ukrainischen, JUSCHTSCHENKO unterstützenden Organisation ›*Pora*‹,[3281] die sich im Januar 2004 konstituierte. Deren Anführer, Wladislaw KASKIW, war zwischen 1994 und 1998 als Programmdirektor der ›International Renaissance Foundation‹ und von 2002 bis 2005 als Wahl-Berater im ›Open Society Institute‹ in Kiew tätig – Einrichtungen, die beide von George SOROS finanziert werden.[3282]

Durch diese ausländische Unterstützung konnte ›Pora‹ Strukturen aufbauen, die das ganze Land umfaßten, verbunden mit einer einheitlichen Strategie, in der die ›Pora‹-Aktivisten auf Rechnung von ›Freedom House‹ Anfang August 2004 in einem einwöchigen Lehrgang in einem Sommerlager auf der Krim geschult wurden.[3283] ›Pora‹ war in diesem Zusammenhang nichts anderes als ein Ableger einer 1999 von der US-Botschaft, der Weltbank, NED und der SOROS-Foundation gegründeten ›Wahlfreiheits‹-Koalition.[3284] Wie das Nachrichtenmagazin *Der Spiegel* enthüllte, waren in den Wochen vor der Wahl kofferweise Bargeld aus den USA in Kiew für die Oppositionsbewegung ›Unsere Ukraine‹ angeliefert worden.[3285] Auch wurde bekannt, daß der US-Botschafter in Kiew, John HERBST, mit seinem Amtskollegen in Tiflis, Richard MILES, beim Aufbau der Opposition, insbesondere der Organisation ›Pora‹, eine Rolle gespielt hat.[3286] »Das Besondere am amerikanischen Engagement... war sein langer Atem und die Vielfalt der Träger. Das Spektrum reicht von der Regierungsbehörde Usaid über viele unabhängige, aber staatlich finanzierte Mittler wie das NDI bis hin zur privaten ›International Renaissance Foundation‹ des Milliardärs George SOROS.«[3287]

Im ersten Wahlgang am 31. Oktober 2004 errang JANUKOWITSCH nach offiziellen Angaben 39,3 Prozent, JUSCHTSCHENKO hingegen 39,87 Prozent der Stimmen, so daß nunmehr eine Stichwahl erforderlich war, die für den 21. November angesetzt war. Hierzu wurden bereits nach der üblichen ›Exit-Polls‹-Methode im Vorfeld Vorbereitungen getroffen. Die wichtigste Aufgabe bestand nunmehr darin, den Anspruch der Opposition auf den Sieg bei der Stichwahl mit Daten zu untermauern und dies gegebenenfalls auch mit dem Druck der Straße durchzusetzen. An der Finanzierung und Organisation der ›Exit-Polls‹ sowie der Versorgung der Oppositionsgruppen mit modernen Kommunikationsmitteln waren maßgeblich die NED sowie ›Freedom House‹ beteiligt.[3288]

Bei der Stichwahl am 21. November erlangte JUSCHTSCHENKO 46,61 Prozent, JANUKOWITSCH allerdings 49,46 Prozent der Stimmen. Sofort wurde von der Opposition der Verdacht der Wahlfälschung geäußert, was von Demonstrationen begleitet waren, die nach dem gleichen Muster wie in Belgrad und Tiflis organisiert und durchgeführt wurden. »Eine Schlüsselrolle bei diesem Medienspiel«, so F. William ENGDAHL, »kam der Behauptung zu, JUSCHTSCHENKO habe gemäß den sogenannten ›Exitpolls‹ gewonnen. Nicht erwähnt wurde, daß diese Umfragen... von Personen durchgeführt wurden, die von den USA ausgebildet und von einer Körperschaft namens ›Freedom House‹, einem neo-konservativen Unternehmen in Washington, bezahlt wurden. ›Freedom House‹ schulte rund 1000 Wahlbeobachter, welche einen 11-Punkte-Vorsprung für JUSCHTSCHENKO erklärten. Es waren diese Erklärungen, die den Massenaufmarsch gegen Wahlbetrug auslösten.«[3289]

Von nicht unerheblicher Relevanz war auch, daß in den USA Zbigniew BRZEZINSKI, Henry KISSINGER und Colin POWELL die Wahlergebnisse im November offen als Fälschung verurteilt hatten[3290] Bei der Durchführung der ›Revolte‹ hatten ebenfalls die beschriebenen NGOs ihre Finger im Spiel: »Die Rechenschafsberichte der ›International Renaissance Foundation‹ sind voll von Beispielen für Strukturen, die eigentlich zur Wahlbeobachtung geschaffen wurden, nach der Wahl aber nahtlos als Keimzellen der Revolte weiterarbeiten konnten.«[3291] So hatte die Stiftung umfassende Beträge für ›mobile Gruppen‹ ausgegeben, deren Aufgabe es war, bei Gesetzesverstößen an den Wahllokalen Rechtsberatung zu gewähren. Diese Gruppen standen damit im entscheidenden Augenblick zur Verfügung. Zugleich finanzierte SOROS ›Nachtwachen‹ an den Wahllokalen. Die Jugendorganisation ›Pora‹ holte ihre verhafteten Aktivisten mit Hilfe von Anwälten aus dem Gefängnis, die ebenfalls von SOROS mitfinanziert wurden, und hielt so ihre Organisation intakt.[3292]

Zur entscheidenden Stichwahl kam es dann am 26. Dezember 2004, in der JUSCHTSCHENKO mit 51,99 Prozent der Stimmen gewann. Die Auseinandersetzung um die Wahl war begleitet von heftigen Anklagen der US-Machtelite gegen PUTIN. Ihm wurde vorgehalten, einen Wahlfälscher unterstützt zu haben, und in der Tat gab es glaubwürdige Berichte, daß kremlnahe russische Unternehmen den Wahlkampf von JANUKOWITSCH mit erheblichen Finanzmitteln alimentiert hatten.[3293] Angesichts der schon jahrelang währenden verdeckten Einmischung der USA in die Ukraine, wo sie in der Wahlkampfphase besonders akut war, muß ein solcher Vorhalt als Heuchelei gesehen werden. Denn zusammenfassend betrachtet stand hinter der straff organisierten, disziplinierten und einfallsreichen Mobilisierung der JUSCHTSCHENKO-Anhänger aus der ganzen Ukraine die US-Regierung und die verschiedenen amerikanischen NGOs, verbunden mit den SOROS-Stiftungen als Finanziers.[3294] Die Kampagne, so die britische Zeitung *The Guardian,* sei »eine amerikanische Schöpfung, ein komplexes und brillant realisiertes Erfinden einer Marke und dessen Massenvermarktung, die in den letzten vier Jahren in vier Staaten versucht wurde, um die gefälschten Wahlen für den Umsturz unliebsamer Regime zu nutzen. Zuerst wurde die Aktion beim Sturz MILOSEVICS erfolgreich umgesetzt. Die Belgrader Studentenorganisation ›Otpor‹, welche die Aktionen des zivilen Ungehorsams in Belgrad organisierte, profiliert sich seitdem als eine Know-how-Agentur für ähnliche Kampagnen in Osteuropa. Der georgische Präsident SAAKASCHWILI trainierte seine georgische Rosenrevolution in Belgrad, und dieselben Aktivisten haben die Ukraine besucht, um Viktor JUSCHTSCHENKO zu helfen«.[3295] Osteuropa-Expertin Sonja MARGOLINA faßt zusammen: »Die Kampagne war ein Teil der amerikanischen Strategie des Demokratieaufbaus (›democracy engineering‹) und somit des Big Game – der

Sicherung amerikanischer ›vitaler Interessen‹, in diesem Fall in Osteuropa. Nach Informationen des *Guardian* haben die Amerikaner bislang rund 14 Millionen Dollar in die Infrastruktur der Massenaktionen investiert. Insgesamt sollen die ukrainischen Nichtregierungsorganisationen in den letzten zwei Jahren fast 60 Millionen Dollar von den USA erhalten haben.«[3296]

Bestandteil einer heftigen Kampagne war auch die Behauptung, daß JUSCHTSCHENKO angeblich auf Weisung des Staatschefs JANUKOWITSCH vergiftet worden sei. Allerdings berichteten die Medien nicht, daß der Chefarzt der Wiener Klinik, der JUSCHTSCHENKO behandelt hatte, erklärte, es gebe keinen Beweis für eine Vergiftung. Bei dieser Auffassung blieb er, auch nachdem er von JUSCHTSCHENKOS Seite unter Druck gesetzt worden war, seinen Bericht zu ändern.[3297] In den westlichen Medien hatten sich die Kampagnen zudem auch nur auf Wahlbetrügereien des JANUKOWITSCH-Lagers beschränkt. Wie die Menschenrechtsorganisation ›Helsinki Watch Group‹ berichtete, habe sie mehr Unregelmäßigkeiten auf seiten der Opposition von JUSCHTSCHENKO festgestellt als auf der Seite des auf Moskau ausgerichteten JANUKOWITSCH.[3298] Aufgrund der medialen Überlegenheit der Opposition wurde der Wahlbetrug JANUKOWITSCHS jedoch übertrieben herausgestellt.[3299] Michel CHOSSUDOVSKY berichtet sogar, daß der Verbündete JUSCHTSCHENKOS, der ehemalige ukrainische Verteidigungsminister MARCHUK, die Streitkräfte sowie die Polizei dazu aufgerufen haben soll, der Regierung KUTSCHMA–JANUKOWITSCH den Gehorsam zu verweigern, was CHOSSUDOVSKY als Vorbereitung für einen »von den USA und der NATO gesponsorten Staatsstreich« bewertet.[3300]

Fazit war jedenfalls, daß JUSCHTSCHENKO das Amt des ukrainischen Staatschefs übernahm. Ebenso wie der Wahlkampf in Georgien war auch der Wahlkampf in der Ukraine hinter den Kulissen ein kalter Krieg zwischen den USA und Rußland auf dem geopolitisch bedeutsamen Schachbrett der Ukraine, von dem die USA Rußland verdrängen wollten. In Form der bewährten ›indirekten Strategie‹ sorgten die USA für die Entfernung eines mißliebigen Machthabers und sorgten mit einem ›sanften Staatsstreich‹ für die Einsetzung eines Kandidaten, der ihren geopolitischen Interessen zweckdienlich war. Auch nach den Recherchen der *Frankfurter Allgemeinen Zeitung* war es die ausländische Hilfe, die für den Erfolg der ›orangenen‹ Revolution und damit für die Machtübernahme JUSCHTSCHENKOS entscheidend war.

JUSCHTSCHENKO selbst hatte auch immer wieder darauf hingewiesen. Anfang April 2005 hatte er es sich deshalb auch nicht nehmen lassen, bei seinem Amtsantrittsbesuch in Washington die Spender vom NDI und von der republikanischen Parallelorganisation ›International Republican Institute‹ (IRI) zu besuchen. »Mit Ihrer Hilfe, mit der Hilfe amerikanischer und internationaler Experten, mit der Hilfe des NDI und der IRI, ist es uns möglich geworden, freie und faire Wahlen zu erreichen«, sagte er damals.[3301] Dabei paßte – wie Mária HUBER enthüllte – die Art und Weise dieses Umsturzes ebenso wie der in Belgrad und Georgien ideal zu der im Oktober 2005 vorgestellen neuen Nationalen Geheimdienststrategie der USA, die neben der Terrorismusbekämpfung auch die Ausbreitung der Demokratie umfaßte – »mit eindeutiger Stoßrichtung auf den Umsturz unberechenbarer Regime in für die USA geostrategisch bedeutsamen Regionen«.[3302]

Die geopolitischen Auswirkungen dieses ›Regimewechsels‹ im Sinne der USA wurden bereits sehr schnell erkennbar. JUSCHTSCHENKO bot den USA bei seinem Antrittsbesuch im April 2005 eine »aufrichtige strategische Partnerschaft« an. Mit der Aufnahme der Ukraine in die NATO würde die transatlantische Allianz die Stabilität einer wichtigen Region, die sich von Warschau bis Tiflis und Baku erstreckt, auf eine erheblich verbesserte Grundlage stellen.[3303] »Dank der neuen ukrainischen Führung«, so Mária HUBER, »ist die NATO inzwischen in eine Phase des intensiven Dialogs eingetreten, um das Land auf eine Mitgliedschaft vorzubereiten. Kiew muß dafür nicht nur wichtige Reformen in der Verteidigungs- und Sicherheitspolitik vornehmen – Präsident JUSCHTSCHENKO ordnete bereits die Erhöhung der Verteidigungsausgaben an –, sondern auch die Unterstützung der Bevölkerung für den Kurs in Richtung NATO gewinnen. . . Man darf jedoch sicher sein, daß die amerikanischen Think Tanks weder Kosten noch Mühen scheuen werden, um die erforderliche Zustimmung herzustellen.«[3304]

Mit der Einbindung der Ukraine in die NATO würden die USA auf Dauer zur bestimmenden Macht auf dem eurasischen Doppelkontinent. Für Rußland hingegen bedeutete der Wahlsieg JUSCHTSCHENKOS eine empfindliche außenpolitische Niederlage[3305] mit nicht unerheblichen sicherheitspolitischen Problemen: »Die Westdrift der Ukraine warf auch sicherheitspolitische Probleme für Rußland auf. Die russische Schwarzmeerflotte ist auf der ukrainischen Krim stationiert. Ein Vertrag sichert ihre Anwesenheit bis zum Jahre 2017, aber es besteht die Gefahr, daß ihr Kiew das Leben auch bis dahin schwer machen könnte. An der russischen Schwarzmeerküste war auf absehbare Zeit keine gleichwertige Alternative verfügbar. In der Ukraine wurden zudem die Interkontinentalraketen für die sowjetischen Streitkräfte entworfen und hergestellt, die von der russischen Armee nach wie vor verwendet werden. Für den Fall eines NATO-Beitritts der Ukraine würden somit russische Militärgeheimnisse dem daran hoch interessierten Westen zugänglich.«[3306]

Auch hatte JUSCHTSCHENKO angekündigt, das unter JANUKOWITSCH zugunsten Rußlands ausgehandelte Pipelinegeschäft wieder zu ändern. »Bei der Öl-Pipeline Odessa–Brody hat JUSCHTSCHENKO angeregt, die Fließrichtung wieder nach Norden zu drehen, so daß – wie ursprünglich geplant – kaspisches Öl durch sie nach Westeuropa fließen kann. Damit es dazu kommen kann, muß allerdings noch viel geschehen. Vor allem ist das letzte Teilstück vom ukrainischen Brody über die polnische Grenze noch nicht gebaut. Eine Investition an diesem Punkt könnte die strategische Lage der Region völlig verändern. . .«[3307] – und zwar zu Lasten Rußlands.

7.7 Die ›Tulpen-Revolution‹ in Kirgistan: Die USA stürzen den Machthaber Akajew

In den Jahren 2003 und 2004 geriet Kirgistan ins Visier der US-Außenpolitik. Ebenso wie im Fall der Ukraine oder Georgiens hing dies mit der geopolitischen Lage dieses Staates und seiner 2003/2004 eingetretenen außenpolitischen Neuausrichtung zusammen. Geopolitisch stellt Kirgistan den geographischen Keil dar, der China von Zentralasien abtrennt, und die Verwandlung Kirgistans in einen US-amerikanischen Stützpunkt hätte eine Einkreisung Chinas vom Westen her ermöglicht. Zudem grenzt Kirgistan direkt an die unruhige islamische Westprovinz Chinas, Xinijang. Instabile Entwicklungen in Kirgistan können daher automatisch auf Chinas unruhigen Westen übergreifen.

Politische Entwicklungen in Kirgistan können vor diesem geopolitischen Hintergrund auch ohne weiteres Auswirkungen auf Chinas Pipelinepläne in Zentralasien haben. Bereits 1997 wurde der Bau einer Pipeline zwischen dem chinesischen Xinijang und Kasachstan beschlossen; Peking erwarb auch 60 Prozent eines der größten kasachischen Erdölfelder.[3308] Gerade die Energieimporte aus Kasachstan sind für China von besonderer Wichtigkeit. Im Jahre 2000 wurden auf einem ›Nationalen Volkskongreß‹ in Peking die Energiepläne Chinas enthüllt. Der Schwerpunkt war dabei der Bau eines 4200 Kilometer langen Netzwerks von Öl- und Gaspipelines, das von Chinas westlicher Provinz Xinijang bis zur Ostküstenmetropole Shanghai verlaufen sollte,[3309] wobei eine Anknüpfung an die Erdgas- und Ölpipelines von Turkmenistan und Kasachstan, Rußland und vom Iran geplant war.

Dieses Modell – so Savas Genc – ist als die ›Panasiatische globale Energiebrücke‹ bezeichnet worden – ein eurasisches Netzwerk von Pipelines, die Energieressourcen des Nahen Ostens, Zentralasiens und Rußlands mit Chinas Pazifikküsten verbinden soll.[3310] Sollte also eine Energiepartnerschaft zwischen China, Rußland und Zentralasien zustande kommen, »würde dies die Beziehungen in Zentral- und Ostasien dramatisch verändern. Sie würde den notwendigen politischen Rahmen für größere Investitionen in ein Pipelinenetz schaffen, das sich über Zentralasien und das russische Sibirien bis an Chinas Pazifikküste erstreckt«.[3311] Sieht man sich die Landkarte Zentralasiens an, so wird erkennbar, daß Kirgistan gewissermaßen den Keil darstellt, der sich zwischen China einerseits sowie Kasachstan und Zentralasien andererseits schiebt. Wer diesen Staat kontrolliert, entscheidet darüber, ob die ›Panasiatische globale Energiebrücke‹ und damit eine energiepolitische Arrondierung Eurasiens Wirklichkeit werden wird oder die Pluralisierung dieses Großraums aufrechterhalten bleibt.

Diese geopolitischen Überlegungen standen auch – wie oben dargestellt – hinter der US-Truppenstationierung im Dezember 2001. Staatschef Askar Akajew begrüßte seinerseits die amerikanische Truppenstationierung, um den russischen Einfluß zurückzudrängen. Rußland versuchte, über seine Sicherheitssysteme Einfluß auf Kirgistan zurückzugewinnen, das in der Zerreißprobe zwischen einem autoritären

Regime und einem von außen (über Usbekistan und Afghanistan) hineingetragenen islamistischen Separatismus stand. Im Südwesten des Landes befindet sich das Fergana-Tal, das sich Kirgistan mit Usbekistan und Tadschikistan teilt. Diese Region gilt als das Epizentrum islamistisch-fundamentalistischer Bestrebungen. In den Jahren 1999 und 2000 gab es im Fergana-Tal jeweils wochenlange Gefechte, nachdem islamistische Kämpfer aus Usbekistan auf kirgisisches Staatsgebiet vordrangen. Hierbei spielte neben der ›Islamischen Bewegung Usbekistans‹ vor allem auch die ›Hizb-ut-Tahrir‹ eine maßgebliche Rolle. Beide Gruppierungen standen in enger Beziehung zu den afghanischen Taliban und wurden von diesen logistisch unterstützt und ausgebildet. »Die Angriffe wirkten wie ein Schock und bewogen zentralasiatische Staaten zu einer eingeren Kooperation mit Rußland.«[3312]

Um bei der Bekämpfung der pan-islamistischen Kalifatsstaatsbewegung nicht allein von Rußland abhängig zu sein, setzte AKAJEW zusätzlich auf die amerikanische Karte. Auch Kirgistans Wirtschaft war größtenteils von Rußland abhängig, und deshalb ermutigten die USA IWF und Weltbank, Anleihen für die kirgisische Wirtschaft bereitzustellen. Die IWF-Unterstützung wiederum war entscheidend für Kirgistan, der erste Staat der zentralasiatischen Region zu werden, der die Rubelzone verließ.[3313] Der 11. September 2001 ergänzte die wirtschaftliche Anbindung Kirgistans an den Westen durch die militärische, wobei Kirgistan aber bereits seit 1994 der NATO-Partnerschaft ›Partnership for Peace‹ beigetreten war. Kirgistan als wichtiger Schlüsselstaat des ›Bogens der Instabilität‹ wurde in das militärische US-Stützpunktsystem eingegliedert. AKAJEW stellte den USA den größten Militärstützpunkt in der Region bei Manas in der Nähe der Hauptstadt Bischkek zur Verfügung, wobei, wie oben dargestellt, die enormen Pachtzahlungen die entscheidende Rolle gespielt hatten.

Da Rußland erkannte, welche weitergehende geopolitische Bedeutung mit der Errichtung von US-Militärbasen verbunden war – nämlich die Herauslösung der zentralasiatischen Staaten aus der russischen Einflußzone –, gelang es PUTIN, daß Kirgistan über die ›Organisation des Vertrags von Taschkent‹ wieder in sein Sicherheitssystem einbezogen werden konnte.[3314] Schließlich stellte eine Destabilisierung und religiöse Radikalisierung der islamischen ›weichen‹ Südflanke die größte Sicherheitsgefährdung Rußlands dar, und dieses hatte kein Interesse daran, daß sich gewaltbereite Islamisten in seiner südlichen Einflußzone breit machten. Parallel dazu standen Rußland und die USA im direkten Wettbewerb um Macht und Einfluß in ganz Mittelasien.[3315] Folglich handelte im September 2003 auch Rußland mit der kirgisischen Führung ein Abkommen aus: 500 russische Soldaten und etwa 20 Flugzeuge wurden auf dem Stützpunkt Kant stationiert, wenige Kilometer östlich von Bischkek gelegen.

Kirgistan war von nicht unerheblicher geopolitischer Bedeutung für die Initiativen Rußlands zur Integration des eurasischen Raumes. Nach den von USA betriebenen Regimewechseln in Georgien und in der Ukraine drohte eine erneute Teilung des GUS-Raumes in der Form, daß sich zwei widerstreitende Lager herausbildeten, und zwar das der ›revolutionären Westler‹ einerseits und das der an Rußland ausgerichteten Kräfte andererseits.[3316] Hätte sich dies weiterentwickelt, dann wäre – so die Zentralasien-Experten Uwe Halbach und Franz Eder – die Integrität der von Rußland geschaffenen Organisationen im postsowjetischen Eurasien ernsthaft in Gefahr gewesen. Dabei spielte Kirgistan eine Schlüsselrolle: »Von einer Kursänderung in der Außenpolitik Kirgistans wären zum Beispiel regionale Institutionen wie die ›Schanghai-Organisation für Zusammenarbeit‹, die ›Organisation des Kollektiven Sicherheitsvertrags‹, die ›Organisation für Zusammenarbeit in Zentralasien‹ und der ›Eurasische Wirtschaftsraum‹ betroffen. In allen diesen sich überlappenden wirtschafts- und sicherheitspolitischen Kooperationsformaten ist Kirgistan Mitglied.«[3317] Mit einer außenpolitischen Neuausrichtung Kirgistans nach Washington würde sich – ganz im Sinne der US-Geopolitik – der eurasische Erosionsprozeß fortsetzen, denn schon »mit dem Machtwechsel in der Ukraine wurde bereits eine von Rußland besonders geförderte Regionalstruktur, der ›Einheitliche Wirtschaftsraum‹, . . . in Frage gestellt«.[3318]

Die russische Truppenstationierung in Kirgistan war insofern von Bedeutung, als Kant bis dahin die erste neue Militärbasis der Russen im Ausland seit dem Zusammenbruch der Sowjetunion war.[3319] Insoweit war der russischen Truppenstationierung in Kirgistan eine Signalwirkung beizumessen, die darin bestand, daß Rußland seinen Einfluß in Mittelasien im Jahre 2003/2004 wieder ausweiten konnte.[3320] Auf russischen Einfluß hin erklärten Kirgistan und Usbekistan Ende 2003, daß sie keine dauerhaften US-Basen auf ihrem Territorium wünschten.[3321] Die machtpolitischen Eliten in Mittelasien hatten überdies Zweifel an der Politik der USA. Sie vermuteten eine geheime Doppelstrategie der US-Machtpolitik, die sie darin sahen, daß die USA unter dem Vorwand der Terrorismusbekämpfung sich militärisch in Zentralasien festsetzen wollten, auf der anderen Seite aber im Rahmen einer irregulären Agenda die islamistischen Bewegungen zur Destabilisierung des gesamten Raumes unterstützen – ein Verdacht, der vor dem Hintergrund des beschriebenen Brzezinski–Bennigsen-Konzepts nicht unbedingt fernliegend war.

Zu beachten ist schließlich in diesem Zusammenhang, daß die bedeutendste panislamistische Bewegung ›Hizb-ut-Tharir‹ ihren Hauptsitz in London hat.[3322] Auch dieses Verdachtsmoment mag zu einer verstärkten Anlehnung Kirgistans an Rußland beigetragen haben. Begleitet war die außenpolitische – nämlich eurasisch ausgerichtete – Neuorientierung Kirgistans auch von einer Anlehnung an China: Akajew strebte eine Verbindung mit China im Rahmen einer ›Seidenstraßendiplomatie‹ an, die sich auch in gemeinsamen Planungen zur Bekämpfung des islamistischen Separatismus wie im Fergana-Tal und auch in Xinjang niederschlug.[3323]

China selbst sieht Zentralasien als Rückzugsgebiet und Epizentrum des islamischen Separatismus in seinen Westprovinzen und unterstützt deshalb eine gemeimsame eurasische Sicherheitsgemeinschaft unter Einbeziehung Rußlands und ganz

Zentralasiens. Auch machte die Integration Kirgistans in das Vertragssystem für kollektive Sicherheit, verbunden mit dem Aufbau einer ›schnellen Eingreiftruppe‹, Fortschritte. »Im August dieses Jahres (2004) fand in Kirgisistan ein Manöver mit 4000 Soldaten aus Rußland, Kasachstan, Tadschikistan und dem Land des Gastgebers statt. Rußland beabsichtigte zudem, die Anzahl seiner Soldaten auf dem kirgisischen Stützpunkt bis zum Jahresende 2004 von 400 auf 600 zu erhöhen. Im Juli 2004 erklärte Präsident PUTIN öffentlich, daß die GUS-Länder dabei seien, ›wiederherzustellen, was durch den Zusammenbruch der Sowjetunion verloren wurde, aber auf einer neuen, modernen Grundlage‹.«[3324]

Diese Neuorientierung AKAJEWS alarmierte die USA – sie sahen schließlich in Rußland und China strategische Konkurrenten bei der Umsetzung ihrer eigenen ›Seidenstraßenstrategie‹. Beobachtern zufolge schien sich daher die Haltung der US-Machtelite gegenüber AKAJEW zu ändern. »Betrachtet man die 1100 km lange Grenze zwischen Kirgistan und China und Washingtons bereits beträchlichen Bodengewinn im benachbarten Usbekistan und Tadschikistan, wäre der Fall des China-freundlichen AKAJEW-Regimes kein geringer Sieg für die Containment-Politik.«[3325] Dabei war es gerade die chinesisch-russische Gegenoffensive zur Rückgewinnung von Einfluß in Zentralasien, die Washington aufhorchen ließ, das dann zu zwei Gegenmaßnahmen griff: Zum einen verschärfte der IWF auf amerikanischen Druck hin seinen Kurs gegenüber Kirgistan, indem er weitere Kreditvergaben von einschneidenden Reformen abhängig machte. Des weiteren wurden im Hintergrund Maßnahmen zum Regimewechsel vorbereitet.

Nach Beobachtung des indischen Diplomaten M. BHADRAKUMAR kam AKAJEW auf die amerikanische ›Watch-list‹, als die Vereinbarungen zwischen Rußland und Kirgistan zur Stationierung russischer Streitkräfte in Kant wirksam wurden, und seitdem begannen die USA nach dem gleichen Muster wie in Belgrad, Tiflis oder Kiew Oppositionsgruppen aufzubauen, um den Sturz AKAJEWS einzuleiten.[3326] Mit einer Beseitigung seines Regimes sollte eine gesellschaftliche Umwandlung im Sinne der ›Greater Middle East Initiative‹ eingeleitet werden, die auf eine neoliberale Neugestaltung der Ökonomie und eine verstärte Anbindung Zentralasiens an die USA ausgerichtet war,[3327] so daß der ›Bogen der Instabilität‹ als ›Bogen der Stabilität‹ in die Transatlantische Gemeinschaft eingegliedert werden konnte. In den Jahren 2003 bis 2004 erhielt Kirgistan daher auch knapp 27 Millionen US-Dollar vom US-State-Department für »demokratische Reformen«.[3328]

Anlaß sollte die im März 2005 anfallende Parlamentswahl in Bischkek sein. Bereits im Vorfeld wurde der Aufbau von Oppositionskräften organisiert und finanziert, wobei die auf dem ersten Blick vielfältig und unabhängig voneinander erscheinenden NGOs in Kirgistan einer zentralen Anleitung durch die US-Organisationen – insbesondere der USAID – unterworfen waren. »Praktisch alles, was die Zivilgesellschaft in Kirgistan erreichte, ist durch US-Stiftungen oder von der US-Agency for International Development (USAID) finanziert worden. Zuletzt wurden 170

Nichtregierungsorganisationen... von den Amerikanern geschaffen oder gesponsort.«[3329] Oppositionelle Medien, die vom herrschenden Regime in den finanziellen Ruin getrieben wurden, wurden von US-Organisationen unterstützt, wobei die NED und auch die SOROS-Stiftung eine führende Rolle spielten.[3330] »Bald fand Washington heraus, was der aufkeimenden Opposition gegen den AKAJEW-Klan besonders Not tat – und handelte«,[3331] indem es Logistik und Geld bereitstellte. Die Folge war, daß die Opposition schließlich über die modernste Druckerei in Bischkek verfügte. »Ihr Glanzstück ist eine blankgewienerte Vierfarb-Offsetdruckmaschine schwedischen Fabrikats, auch die computergesteuerte Textübertragung hat höchstes Niveau.«[3332] Tatsächlich wurde die Maschine vom US-amerikanischen State-Department bereitgestellt und an eine ›Stiftung zur Unterstützung der Medien‹ in Kirgistan weitergereicht. Dieser Stiftung steht der US-Senator und Ex-Präsidentschaftskandidat der Republikaner John MCCAIN vor, Mitglied ist zudem Anthony LAKE, CLINTONS ehemaliger Sicherheitsberater. »Damit das Regime auch begreife, daß sie es ernst meinen mit ihrem Engagement, begaben sich MCCAIN und zwei weitere republikanische Senatoren zur Druckerei-Einweihung im November 2003 höchstselbst ins ferne Nomadenland. Auch Botschafter Stephen YOUNG war zugegen, er hatte den Deal eingefädelt.«[3333]

In dieser Druckerei wurde nunmehr den Recherchen des Nachrichtenmagazins *Der Spiegel* zufolge die Zeitschrift *MSN*, das wichtigste Oppositionsblatt, gedruckt, das regelmäßig Enthüllungen über Machenschaften des AKAJEW-Clans veröffentlichte.[3334] Seit November 2003 wurde die oppositionelle Presse finanziell vom US-State-Department sowie von ›Freedom House‹ gefördert.[3335] Beratung und Unterstützung erfolgte im Hintergrund durch die ›National Endowment for Democracy‹, ›Freedom House‹ wie auch durch die US-Botschaft in Bischkek[3336]. Im Vorfeld wurde bereits für die Ausbildung regionaler Eliten im Sinne westlich-neoliberaler Gesellschafts- und Wirtschaftsmodelle Sorge getragen, eine »Taktik der psychologischen Kriegführung aus der Zeit des Kalten Krieges«.[3337]

Eine wichtige Rolle dabei spielte in Kirgistan das ›International Research and Exchanges Board‹ (IREX). Diese Einrichtung stellt die Ausbildungsschule für die Vertreter der Farbrevolutionen dar und wird im wesentlichen geleitet von Spezialisten für die Bereiche politisch-psychologische Kriegführung, Diplomatie und Propaganda aus den Bereichen des US-Militärs und der Auslandsgeheimdienste der USA.[3338] »IREX organisierte Konferenzen, Seminare, technische Beratung und Assistenz sowie Austauschprogramme mit kirgisischen Eliten...«[3339]

Wie Steve GUTTERMAN von der *Associated Press* enthüllte, begann die US-Unterstützung für Kirgistan bereits unmittelbar nach dem Zerfall der Sowjetunion. Ein Teil der Gelder floß dabei an Organisationen wie das ›National Democratic Institute‹ und das ›International Republican Institute‹, deren ›Demokratieprogramme‹ in Kirgistan einer Darstellung des State-Departments zufolge die Errichtung einer »Zivilgesellschaft« und »unabhängiger Medien« zum Gegenstand hatten.[3340] Im Jahre

Sturm des Weißen Hauses in der Hauptstadt Kirgistans, Bischkek, am 24. März 2005. (Foto: DPA)

Links: Der frühere Präsident Kirgistans Aska Akajew. Rechts: Die Stiftung Freedom-House unterstützte jahrelang finanziell die kirgisische Opposition; hier Vertreter Mike Stone. Unten: Karte von Kirgistan.

2004 hatten die USA rund zwölf Millionen Dollar als Stipendien oder Spenden nach Kirgistan gepumpt, um dem ›demokratischen‹ Prozeß nachzuhelfen.[3341]

Die innenpolitischen Voraussetzungen für ein Erstarken oppositioneller Kräfte im Land waren aufgrund der wachsenden Korruption gegeben. Die Macht des Präsidenten AKAJEW wandelte sich zur autoritären Herrschaft eines Familenclans, der sich Massenmedien und Wirtschaft unterwarf. »Endgültig«, so das Nachrichtenmagazin *Der Spiegel*, »überspannte der Machthaber den Bogen, als er Ende Februar (2005) Sohn Aidar, Tochter Bermet und weitere Verwandte ins Parlament wählen ließ. Oppositionelle bremste er mit juristischen Winkelzügen und Fälschungen aus – nur fünf Regimekritiker gewannen Mandate.«[3342] In der Bevölkerung stieß gerade der Umstand, daß der AKAJEW-Clan politische und wirtschaftliche Macht miteinander vernetzte, die einträglichsten Wirtschaftszweige und die wichtigsten Medien kontrollierte, auf erheblichen Protest.

Die Anführer der Opposition – Kurmanbek BAKIJEW, Felix KULOW und Rosa OTUNBAJEWA – waren aber bereits schon vorzeitig von den US-Einrichtungen für ihre neue Aufgabe – die politische Umwandlung Kirgistans, verbunden mit einer außen- und bündnispolitischen Neuorientierung des Landes – ausgebildet worden. Hierbei handelt es sich um Vertreter der kirgisischen Machtelite, die in der Vergangenheit hohe Posten in der Regierung und im diplomatischen Dienst bekleideten[3343] und aufgrund interner Machtrivalitäten ihrer Ämter enthoben wurden. »Kumanbek BAKIJEW von der ›Nationalen Bewegung von Kirgistan‹, der Mann, der nach der Tulpenrevolution AKAJEW als Premierminister ersetzte, wurde selbst zu einem Austauschprogramm in die USA gesandt. Felix KULOW, der neue Sicherheitschef, und Omurbek TEKEBAJEW, der neue Parlamentssprecher nach der Tulpenrevolution, waren ebenfalls Begünstigte der von US-State-Department gesponsorten Besuchsprogramme.«[3344] Nach der Rückkehr aus den Vereinigten Staaten erklärte TEKEBAJEW: »Ich weiß nicht, wie uns diese Reise beeinflußt hat, aber ich fand, daß die Amerikaner es verstehen, Leute auszuwählen, wie man eine korrekte Bewertung dessen vornimmt, was sich ereignen wird, und künftige Entwicklungen und politische Wechsel zu prognostizieren.«[3345]

Auch hatten die US-amerikanischen NGOs Reisen von Aktivisten der kirgisischen Opposition nach Kiew finanziert, damit diese einen Eindruck von der ›Orangenen Revolution‹ erhalten konnten.[3346] Zur Unterstützung lokaler oppositioneller Aktivisten stellte die Organisation USAID einen Betrag von zwei Millionen US-Dollar zur Verfügung.[3347] Die ›Koalition für Demokratie und Zivilgesellschaft‹ (CDCS) und die ›Zivilgesellschaft gegen Korruption‹ (CSAC), lokale NGO-Schlüsselpartner des ›National Endowment for Democracy‹, kooperierten mit den Anti-AKAJEW-Parteien; die US-Botschaft in Bischkek arbeitete eng mit ›Freedom House‹ und der SOROS-Foundation zusammen, um Stromgeneratoren, Druckerpressen und Geld zur Verfügung zu stellen und auf diese Weise die Proteste gegen AKAJEW am Kochen zu halten.[3348] Der Führer der CDCS, Edil BAISALOV, erklärte in diesem Zusammenhang, daß die US-amerikanischen NGOs eine »sehr wichtige Rolle« bei der Schaffung einer Atmosphäre zum Regimewechsel gespielt hätten.[3349] Ohne die koordinierten amerikanischen Bemühungen wäre der Aufstand gegen AKAJEW »absolut unmöglich« gewesen.[3350] Diese Gruppe kollaborierte bei der Beobachtung der Parlamentswahl mit dem ›National Democratic Institute‹. George SOROS spielte auch in Kirgisien eine wichtige Rolle bei der Finanzierung und logistischen Unterstützung der Opposition. Das NDI und ›Freedom House‹ in Bischkek wurden von ihm finanziert, zusätzlich insbesondere die Zentralasiatische Universität in Bischkek[3351], und so wundert es auch nicht, daß Studentenorganisationen wie ›Aliko‹, ›Neues Kirgisien‹ und ›Neues Jahrhundert‹ schon im Dezember 2004 offen mit massiven Protesten im Falle von Wahlfälschungen gedroht hatten.[3352]

Auch in Kirgistan kam der staatenübergreifende Austausch der Oppositionskräfte zum Tragen. Einige Führer kirgisischer Oppositionsgruppen hatten sich Ende Januar 2004 mit dem frischgewählten georgischen Präsidenten Michail SAAKASCHWILI getroffen und »ihre Bewunderung über das, was ihr georgisches Gegenüber erreicht hat, nicht verheimlicht«.[3353] Zu den Teilnehmern des Treffens gehörten unter anderem Tolekan ISMAILOVA von der ›Civil Society against Corruption‹.

Ausgangspunkt der Unruhen gegen das AKAJEW-Regime war der Süden Kirgistans in den Provinzen Osch und Jalalabad. Diese Region und insbesondere das Ferganatal gelten als der eigentliche Krisenherd des Landes. Wie das Nachrichtenmagazin *Der Spiegel* enthüllte, waren die US-Organisationen gerade hier aktiv: »Selbst die Ausrüstung des Fernsehens im aufmüpfigen südlichen Provinznest Osch wurden vom Washingtoner State Department bezahlt.«[3354] Gerade der südliche Landesteil »mit seinem Potential für interethnische Konflikte (ein Drittel der Bevölkerung sind hier Usbeken), seinem ausgeprägten Gefühl politischer Benachteiligung gegenüber dem Norden und seiner wirtschaftlichen Unterentwicklung liegt in der kritischen Subregion Zentralasiens – im Ferganatal, wo sich die Grenzen von drei Staaten ineinander verschlingen.«[3355]

Bei den Unruhen spielte auch die islamistische Hizb-ut-Tahrir eine nicht unwesentliche Rolle. Im Ferganatal lag schließlich auch das Zentrum islamistischer Oppositionsbildung gegen das AKAJEW-Regime, »für die vor allem eine Gruppierung steht – Hizb ut Tahrir (Partei der islamischen Befreiung). Diese kalifatausgerichtete Bewegung, die gegen die gesamte politische Ordnung im postsowjetischen Zentralasien kämpft, hat in Kirgistan angeblich 3000 Anhänger. Sie hatte zum Boykott der Parlamentswahlen ausgerufen«.[3356] Vom Süden aus begannen sich die Unruhen über das ganze Land auszudehnen: »Im ärmeren Süden des Landes organisierten Oppositionelle Straßenblockaden, bald war die gesamte Region in ihrer Hand. Die Aufständischen marschierten nach Bischkek – an der Spitze gewendete Ex-Funktionäre des Regimes, dahinter städtische Intelligenz, Basarhändler und reichlich ländliches Proletariat«[3357] – Ex-Funktionäre, die im Vorfeld bereits von den US-amerikanischen NGOs geformt wurden. Das AKAJEW-Regime leistete kaum Widerstand, am 24. März 2005 brach es in kürzester Zeit in sich zusammen[3358] – AKAJEW selbst floh nach Moskau.

Auch der Ablauf der Ereignisse spricht dafür, daß der Putsch von langer Hand vorbereitet gewesen war. Schließlich war der Sturz AKAJEWS eigentlich erst zur Präsidentenwahl im Herbst geplant.[3359] Trotz der Plünderungen, Ausschreitungen und Straßenschlachten gelang es der Oppositionsführung, insbesondere dem als ›Sicherheitskoordinator‹ wirkenden Felix KULOW, nach Einschätzung der Zentralasien-Experten Uwe HALBACH und Franz EDER erstaunlich rasch, für Ruhe und Ordnung in der Hauptstadt zu sorgen. Ende März 2005 schien die Opposition die wesentlichsten Gefahren für einen sicheren Ausgang des Umsturzes – der Aufstand im Süden, die Ausschreitungen des Mobs in Bischkek und die Doppelherrschaft zwischen altem und neuem Parlament – unter Kontrolle bekommen zu haben.[3360]

Insgesamt sollte mit dem Machtwechsel auch eine geopolitische Neuausrichtung Kirgisiens eingeleitet werden. Die neue Außenministerin Rosa OTUNBAJEWA, frühere Botschafterin Kirgistans in Washington und Tiflis (wo sie die ›Rosenrevolution‹ miterlebte), erklärte, daß sie Kirgistan enger an die USA binden wolle. Im Februar 2005 hatte sie sich im kleinen Kreis zu den Partnern und Sponsoren der kirgisischen Revolution bekannt, zu »unseren amerikanischen Freunden« von ›Freedom House‹ und zum Spekulanten George SOROS.[3361] Mit dieser Neuausrichtung Kirgistans, für die die Außenministerin Rosa OTUNBAJEWA stand, drohten die von Rußland geschaffenen Integrationsstrukturen zu zerbrechen. »Die GUS«, so das Nachrichtenmagazin *Der Spiegel*, ». . . ist nach dem Umsturz von Bischkek endgültig tot«,[3362] und PUTIN selbst bezeichnete in diesem Zusammenhang die Ereignisse in Kirgisien als eine »Unterspülung dieses geopolitischen Raumes«. Es bestand die Gefahr, daß die Entwicklungen auf weitere Staaten des ›nahen Auslandes‹ überzugreifen drohten – was angesichts der Organisationsstruktur, der logistischen Unterstützung und Steuerung durch Einrichtungen der unipolaren Supermacht USA auch nicht unwahrscheinlich schien. Die Folge wäre dann eine endgültige Zurückdrängung Rußlands auf die vorpetrinischen Grenzen gewesen, verbunden mit einer strategischen Isolation des Kernraumes im Sinne der Doktrinen BRZEZINSKIS, und an dessen Ende möglicherweise sogar die Teilung der Russischen Föderation selbst.

Daß allein die US-Machtelite darüber entscheidet, wann ein Regimewechsel in strategisch bedeutsamen Regionen stattfindet, zeigt sich am Beispiel Aserbaidschan. Hier gab es ähnliche soziale Voraussetzungen für eine Revolte, jedoch fügte sich das ALIJEW-Regime vollständig in die geopolitischen Päne der USA ein, so daß diese in dieser Region keinen Handlungsbedarf sah.

Wie oben dargestellt, ist Aserbaidschan ein Schlüsselstaat in der US-Eurasienpolitik. »Das Jahrhundertprojekt der Pipeline Baku–Ceyhan, durch die jetzt kaspisches Öl ans Mittelmeer gepumpt wird für die Märkte im Westen, ist vom ehemaligen US-Sicherheitsberater Zbigniew BRZEZINSKI angebahnt worden. In der einflußreichen Amerikanisch-Aserbaidschanischen Handelskammer drängelt sich bis heute die Vorhut der US-Globalstrategen: KISSINGER, BAKER, SCOWCROFT. Die USA überweisen jährlich 90 Millionen Dollar Hilfe nach Aserbaidschan. 100 weitere Millionen für eine sogenannte Caspian Guard zur Sicherung der Ölförderung hat das Pentagon zugesagt. Unverändert bilden amerikanische Experten die 41. Marine-Spezialeinheit der aserbaidschanischen Armee aus, beraten das staatliche Fernsehen, schulen Kleinunternehmer und halten Kontakt zu den Oppositionsführern.«[3363]

Die Grundlage für die proamerikanische Ausrichtung hatte Gajdar ALIJEW durch die langfristigen Ölförderverträge vor allem zugunsten der USA gelegt. Diese Politik wurde von seinem Sohn Ilcham weitergeführt; Andeutungen für eine geopolitische Neuausrichtung Aserbaidschans hat es niemals gegeben. Gleichwohl aber gibt es hier die gleichen sozialen Spannungsverhältnisse wie in Georgien oder in Kirgistan.: »Trotz sprudelnder Ölquellen lebt fast jeder zweite Aserbaidschaner in Armut. Die Reichtümer des Landes füllen die Taschen einer Minderheit. In Sachen Korruption liegt Aserbaidschan unter 159 Staaten weltweit an sechster Stelle.«[3364]

Folglich gab es auch in Aserbaidschan eine starke Opposition, die im Hinblick auf die Parlamentswahl am 6. November 2005 die Öffentlichkeit zu mobilisieren versuchte. Es war auch bekannt, daß die Wahl dem Bericht der westlichen Beobachtermission zufolge »mehrere OSZE-Bedingungen und Standards des Europarats für demokratische Wahlen nicht erfüllt« hatte.[3365] Organisisierte Massenproteste wie in Belgrad, Tiflis, Kiew oder Bischkek blieben allerdings vollkommen aus, denn – so die *Süddeutsche Zeitung* – »wichtiger dürfte das strategische Interesse der Amerikaner an dem kleinen Aserbaidschan sein«,[3366] und dies nicht nur aus energiepolitischen Gründen. Seitdem die USA ihre Stützpunkte in Usbekistan 2005 aufgeben mußten, ist die Bedeutung Aserbaidschans als Transitland für Afghanistan-Einsätze gewachsen; auch spielt Aserbaidschan für die US-amerikanische Destabilisierungspolitik gegenüber dem Iran eine entscheidende Rolle. Insoweit hatte sich die Lage der Amerikaner in Zentralasien und im Golf verändert, was die Bedeutung Aserbaidschans weiter erhöht hatte.[3367] Auf der anderen Seite hatte sich auch Baku seit den neunziger Jahren erkennbar den USA angenähert[3368] – und dieser politische Kurs wurde durch den ALIJEW-Clan garantiert.

Aus diesem Grund waren die USA an einem Regimewechsel in Baku auch nicht interessiert, folgerichtig wurde die Unterstützung für die Opposition erheblich verringert. Wie das Nachrichtenmagazin *Der Spiegel* hierzu enthüllte, waren bezüglich der aserbaidschanischen Opposition »die Weichen. . . diesmal frühzeitig in eine andere Richtung gestellt. So hat die US-finanzierte Eurasia-Stiftung ausgerechnet im Wahljahr 2005 ihre direkten Zuwendungen für aserbaidschanische NGOs reduziert – von ohnehin bereits bescheidenem Niveau aus. In den Donor-Charts, dem Barometer, das den internationalen Druck auf ein Regime anzeigt, liegt Aserbaidschan zurzeit weit hinten und Weißrußland in Front. Vor allem seit die US-Außenministerin den Bannstrahl öffentlich auf das LUKASCHENKO-Regime in Minsk gerichtet hat«.[3369]

7.8 Das geopolitische Konzept hinter der Strategie der ›Regimewechsel‹

Hinter der Inszenierung der Regimewechsel stand natürlich auch ein konkretes geopolitisches Konzept. Unter George W. BUSH erfuhren die Pläne BRZEZINSKIS eine Aktualisierung durch eine Strategie mit dem Titel »Greater Middle East Project«. Ziel dieses Projekts ist es, »eine weiträumige ökonomische und militärische Kontrolle über die Erdölreserven und Transportwege des Nahen und Mittleren Ostens anzustreben. Diese Planung umfaßt die nordafrikanischen Länder der Mittelmeerküste von Marokko bis Ägypten, den arabischen Mittleren Osten einschließlich Israels und der Türkei, den Kaukasus und die mittelasiatischen Republiken der früheren Sowjetunion sowie den Iran und Afghanistan bis an die Grenzen Indiens und Chinas. Diese Strategie wird von speziellen Projekten zur Einflußnahme auf die Regionen am Schwarzen Meer flankiert«.[3370]

Gerade der Raum des Schwarzen Meeres sollte zum Schwerpunkt des US-amerikanischen Vorgehens werden. Hier spielte im entscheidenden Maße der bereits erwähnte US-Stratege Bruce P. JACKSON eine Rolle, der die Kerngedanken dieser Konzeption am 9. März 2005 in seiner Funktion als Präsident des ›Project for Democracies in Transition‹ vor dem Außenpolitischen Ausschuß des US-Senates vorgetragen hatte. JACKSON erklärte dazu: »Wenn wir Erfolg haben wollen mit unseren Bemühungen zur Unterstützung der Demokratisierung im Mittleren Osten, müssen wir eine sichere, prosperierende und demokratische Region am Schwarzen Meer schaffen.«[3371] Die Entwicklungen aus dem Irak-Krieg, so JACKSON, ergäben erstens, daß die USA ohne Zusammenarbeit mit den Staaten am Schwarzen Meer schwer in den Norden des erweiterten Mittleren Ostens gelangen könnten. Zweitens unterstrich JACKSON die Bedeutung, die die Handelsverbindungen der Region für die USA haben. »Die Energiereserven aus Mittelasien (werden) immer wichtiger für unsere europäischen Verbündeten und für die Stabilität des Weltpreises für Öl. Gegenwärtig importieren die EU-Staaten ungefähr 50 Prozent ihres energetischen Bedarfs; bis 2020 werden die Importe 70 Prozent erreichen. Dieser Zuwachs kann durch Transportwege entlang des Schwarzen Meeres abgesichert werden.«[3372]

Hierbei jedoch ist davon auszugehen, daß es der US-Machtelite weniger um die Sorge der Energieversorgung der Europäischen Union – ihres möglichen strategischen Konkurrenten – geht als vielmehr um die Absicht, selber die Kontrolle der Transportkorridore zu übernehmen und militärisch abzusichern, so wie es US-Kaukasus-Experte Frederick STARR formuliert hatte: Wer bestimmen kann, wie die Pipeline-Karte aussieht, wird die Zukunft eines riesigen Teils der Welt bestimmen.

Aus diesem Grunde müßten JACKSON zufolge – drittens – die USA berücksichtigen, daß die Region des Schwarzen Meeres in wachsendem Maße an die EU rückt. »Mit Ausnahme Kroatiens kommen alle Kandidaten-Länder für die EU aus der Region des Schwarzen Meeres«, womit JACKSON Rumänien und Bulgarien sowie die Türkei meinte. »Die USA sehen sich veranlaßt, in den Ländern dieser Region aktiv zu werden, damit sie nicht völlig unter die Regie der EU fallen, sowohl hinsichtlich des ›Eingangstors‹ als auch in bezug auf die Kontrolle der Handelswege.«[3373] Vor diesem Hintergrund unterstrich JACKSON die Bedeutung der Farbrevolutionen: »Sowohl die Rosenrevolution in Georgien als auch die orangefarbene Revolution in der Ukraine haben in Anliegerstaaten des Schwarzen Meeres stattgefunden. Die von diesen Revolutionen geschaffenen Möglichkeiten haben die Politik in Minsk, Chisinau bis nach Alma Ata, Bishkek oder Beirut verändert.«[3374] Damit hob JACKSON die Brückenkopffunktion dieser Staaten deutlich hervor. »Es geht darum, ›stabile‹ Verhältnisse im Sinne der kapitalistischen Restauration zu schaffen. Zugleich gilt es, die aus der Sicht der USA schon zu starke Position der EU zurückzudrängen.«[3375]

Unterstrichen wurde dabei die klar antirussische Zielsetzung dieser Strategie. JACKSON stellte in seinen Ausführungen die »Bedrohung durch den neuen russischen Imperialismus« heraus, den er auch als Grund für das US-amerikanische Eingreifen benannte. »Der negativste Ausdruck der Bestrebungen der russischen Außenpolitik manifestiert sich gegenwärtig an der nördlichen Küste des Schwarzen Meeres. Wenn wir die neuen Demokratien vor der ausländischen Einmischung schützen wollen oder einfach besorgt sind über die Auswirkungen der russischen Politik auf die eigenen Bürger, müssen wir unsere Aufmerksamkeit auf diese Region konzentrieren.« Dabei – so JACKSON – werde eine Entwicklung im Sinne der USA in hohem Maße von der Entwicklung in der Ukraine bestimmt: »Ohne eine demokratische Ukraine bleibt der Frieden in Moldawien unklar, und die Demokratien im Südkaukasus werden isoliert von Europa sein«, heißt es in der Begründung der US-amerikanischen Haltung zur Region des Schwarzen Meeres, die JACKSON Ende Februar 2005 mit Rumänien, Bulgarien und Georgien abgestimmt hatte.

Als Grundlage benannte JACKSON das im Jahre 2004 erarbeitete Dokument *A New Euro-Atlantic Strategy for the Black Sea Region*, das unter der Federführung von ›The German Marshall Fund of the United States‹ erarbeitet wurde.[3376] »Mit diesem Progamm streben die USA sowohl die Einkreisung Rußlands als auch die Loslösung der ›Randstaaten‹ von Rußland und die Kontrolle über die innenpolitische Entwicklung in den ehemals zur Sowjetunion gehörenden Staaten an. Sie versuchen, möglichst viele frühere Sowjetrepubliken in ihre Manöver einzubeziehen und sie im Sinne ihrer Loslösung von Moskau zu beeinflussen. Darüber hinaus sollen der Zugang der USA zu den Energievorräten des Kaspischen Meeres und der Transfer der Energieträger in den Westen gesichert werden – aber weder über Rußland noch über den Iran.«[3377]

Verbunden war dies mit einer Aufwertung der GUUAM, die am 22. April 2005 im moldawischen Chisinau ein neues Gipfeltreffen abhielt, das Beobachtern zufolge als »Wiederbelebung dieser Organisation« angesehen wurde.[3378] »Die 1996 als Alternative zur GUS gegründete Organisation war lange bedeutungslos, wurde aber nach den Revolutionen in Georgien und der Ukraine sowie dem Abrücken des moldawischen Präsidenten Wladimir WORONIN vom Pakt mit dem Kreml neu belebt.«[3379] Die Funktion der GUUAM besteht dabei gerade darin, ein Gegengewicht zu Rußland aufzubauen. Initiator dieses Gipfeltreffens war der neue ukrainische Präsident Viktor JUSCHTSCHENKO, und vieles spricht dafür, daß er zusammen mit den USA dafür sorgte, im Hintergrund die Wiederaufwertung der GUUAM voranzutreiben, um grundlegende geopolitische Ziele umzusetzen. Wie das *Handelsblatt* enthüllte, spielte hierbei der Kalte Krieg um die Transportkorridore eine entscheidende Rolle: »Tatsächlich suchen die USA Alternativkorridore für Energietransporte aus der Region um das Kaspische Meer. Neben den im Bau befindlichen Erdöl- und Gas-Pipelines von Baku über Georgien an die türkische Mittelmeerküste soll Kaspi-Öl von Aserbaidschan und Georgien aus über das Schwarze Meer verschifft und in die Pipeline vom ukrainischen Odessa nach Polen gelangen. Bislang wird die Pipeline Odessa–Brody für russisches Öl genutzt, Kiew will die Flußrichtung ändern und Kaspi-Öl nach Europa pumpen.«[3380]

Mit diesem Gipfeltreffen schien sich eine Spaltung des postsowjetischen Raumes zu verfestigen.[3381] Abzuzeichnen begann sich eine Vertiefung des proamerikanischen Blocks der GUUAM in Bündnis mit den baltischen Staaten, der sich wie ein Einkreisungsring um den prorussischen Block – bestehend aus der Russischen Föderation, Weißrußland, Armenien und auch Kasachstan – legte.

Als Beobachter nahmen auf dem GUAAM-Gipfeltreffen die Präsidenten Lettlands und Rumäniens sowie der US-Botschafter Steven MANN und der OSZE-Generalsekretär Jan KUBIS teil. Demonstrativ wurde Rußland allerdings nicht eingeladen. Es war der ukrainische Präsident JUSCHTSCHENKO als Hauptinitiator des Gipfels, dessen Ziel es war, mit der Ukraine als strategischem Schlüsselland der GUUAM eben dieses Bündnis als Gegenpol zu Rußland aufzubauen, die russischen Integrationsmechanismen im postsowjetischen Raum zu neutralisieren und Pipelinekorridore, die im Interesse der US-Machtelite liegen, bündnispolitisch abzusichern. »Damit schürt Kiew die Auseinandersetzung mit Moskau weiter. Ohnehin strebt der ukrainische Präsident Viktor JUSCHTSCHENKO in die Nato und die EU und sieht sein Land als treibende Kraft im GUUAM-Bündnis. Kiew will bereits in drei Jahren der nordatlantischen Allianz beitreten, sagte Außenminister Boris TARASJUK in Vilnius beim Treffen mit seinen Nato-Amtskollegen.«[3382]

JUSCHTSCHENKO fügte überdies in die ukrainische Verteidigungsdoktrin das Ziel der Mitgliedschaft in EU und NATO ein. Dieser Verweis war von Amtsvorgänger Leonid KUTSCHMA 2004 aus dem Dokument gestrichen worden.[3383] Jetzt sollte die GUUAM in der strategisch wichtigen Region des postsowjetschen Raumes die Aufgabe übernehmen, die bislang Rußland über seine Integrationsmechanismen auszuüben gedachte. Neben der Stärkung der politischen und wirtschaftlichen Stabilität stand auf der Tagesordnung auch »die Lösung der langjährigen Konflikte im postsowjetischen Raum, nämlich Transnistrien, Berg Karabakh, Abchasien, Süd-Ossetien. Bislang hatte Rußland die führende Rolle bei der Lösung der Konflikte innegehabt. Die Initiative in den wichtigsten Fragen übernahm der ukrainische

Präsident Viktor Juschtschenko. Er schlug einen ›Sieben-Schritte-Plan‹ für die Lösung des Konfliktes zwischen Moldawien und Transnistrien vor. Weiterhin wurde auf die Initiative Juschtschenkos beschlossen, aus der Staatsgemeinschaft GUUAM eine internationale Organisation mit entsprechenden Institutionen und eigenen Streitkräften zu machen, die als Garant und Grundlage für weitere demokratische Entwicklungen in der schwarzmeer-kaspischen Region gelten kann. Sie soll auf drei Säulen beruhen: Demokratie, wirtschaftliche Entwicklung und Sicherheit«.[3384]

Auch den Recherchen der *Frankfurter Allgemeinen Zeitung* zufolge war mit dem GUUAM-Gipfel in Chisinau eine eindeutige Erneuerung dieses Bündnisses als eines gegen Rußland gerichteten Systems regionaler Sicherheit verbunden. Während das Bündnis zuvor kaum imstande gewesen sei, gemeinsame Initiativen zu entwickeln, sei nunmehr eine entscheidende Änderung eingetreten: Mit den Regimewechseln »besteht nach einer in jüngster Zeit häufig zu hörenden Ansicht nun aber die Chance, das Bündnis mit anderen Mitgliedern der Gemeinschaft Unabhängiger Staaten zu einem Instrument aufzuwerten, mit dem sich die Interessen gegenüber dem übermächtigen Moskau gemeinsam besser zur Geltung bringen lassen. ›Gegen die Status-quo-Allianz in der GUS bildet sich ein Gegenlager unter der Führung Georgiens, der Ukraine und Moldaus‹, heißt es in einer Studie der Berliner Stiftung Wissenschaft und Politik. Darin wird auch eine Idee Saakaschwilis für das neue Format der Guuam zitiert: ›Es wird zu einer Organisation neuer demokratischer Staaten auf dem Territorium der ehemaligen Sowjetunion‹«.[3385]

Dabei wurde auch hervorgehoben, daß das Bündnis für Erweiterungen offensteht: »Doch wird bereits über eine Erweiterung des Bündnisses nachgedacht. Aus der Regierung in Chisinau kam der Vorschlag, den Block umzubenennen und neue Mitglieder willkommen zu heißen. Noch deutlicher sagte es jüngst Saakaschwili: ›Wir haben unsere Feinde in Georgien, der Ukraine und Kirgistan besiegt. Und wir haben noch ein Land auf unserer Liste‹, wurde der Nachfolger Schewardnadses zitiert. In Weißrußland wird man es verstanden haben.«[3386] Dementsprechend wurden Lukaschenko und Weißrußland auf dem Gipfel scharf kritisiert. Die GUUAM-Teilnehmer gaben unmißverständlich zu verstehen, daß eine ›farbige Revolution‹ in Weißrußland begrüßt und mit allen Kräften unterstützt werde. Rußland wurde von seiten des neuen georgischen Präsidenten aufgefordert, seine Truppen aus Georgien und Moldawien abzuziehen. Weiterhin wurde vereinbart, daß die GUUAM sich in ihren drei Säulen – Demokratie, Sicherheit und wirtschaftliche Entwicklung – an den USA und der EU orientieren soll. »Wenn es um GUUAM geht«, so der georgische Präsident Saakaschwili, »dann reden wir nicht nur über eine wirtschaftliche Organisation. GUUAM wird eine Organisation neuer demokratischer Staaten auf dem Gebiet der ehemaligen UdSSR, die – und das ist sehr wichtig – den Weg der europäischen Ausrichtung und Integration gehen.«

Zum Ausdruck kam dies auch in den zwei Erklärungen, die am Ende des Gipfels unterzeichnet wurden: *Für Demokratie, Stabilität und Entwicklung* und *Schaffung ei-*

ner Demokratie vom Baltikum bis zum Schwarzen Meer.[3387] JUSCHTSCHENKO bezeichnete die GUUAM als »Bollwerk und Garant demokratischer Umgestaltung und Stabilität in der Region zwischen Schwarzem und Kaspischem Meer«. Mit der Aufstellung eigener GUUAM-Militäreinheiten sollen russische Streitkräfte in den Krisenregionen der GUS wie in Moldawien/Transnistrien oder in Georgien abgelöst und ersetzt werden. Rußlands Bestrebungen, als Stabilitätsfaktor in den vier »eingefrorenen Konflikten« der GUS – damit sind die vier selbsternannten »Republiken« gemeint, die in blutigen Bürgerkriegen nach dem Zerfall der Sowjetunion entstanden sind (Nagorni-Karabach, Abchasien, Süd-Ossetien, Transnistrien) – zu wirken, sollten auf diese Weise unterlaufen werden. Zu beachten ist in diesem Zusammenhang aber, daß diese ›Republiken‹ von Kräften gehalten werden, die mit Rußland eng verbunden sind. Der auf diesem Gipfel ebenfalls proklamierte »Kampf gegen den Separatismus« erhielt somit eine eindeutig antirussische Stoßrichtung, was in einer gemeinsamen Erklärung, die den Rückzug der russischen Truppen aus Transnistrien und Südossetien forderte, zum Ausdruck kam. Auch der Plan JUSCHTSCHENKOS zur Lösung der Transnistrienkrise hatte den Abzug der russischen Truppen unter Vermittlung der OSZE zum Ziel.[3388]

Wie das *Handelsblatt* enthüllte, unterstützen die USA »die GUUAM im Hintergrund kräftig. Bruce JACKSON, Chef des regierungsnahen Washingtoner ›Project for Transitional Democracies‹ und ein Vertrauter der Falken in der US-Führung um Vizepräsident Dick CHENEY hatte bereits für die Nato-Mitgliedschaft der Zentraleuropäer getrommelt und konzentriert sich jetzt auf die GUUAM-Länder. Nach seiner Meinung ist die Bedeutung der Anrainerstaaten des Schwarzen Meeres ›strategisch herausragend für Europa und die USA‹. Da Europa seine Energieimporte von derzeit 50 auf 70 Prozent des Verbrauchs im Jahr 2020 steigere, brauche man neue sicherere Routen – eben das Schwarze Meer. Diese sollen durch neue US-Militärhäfen an der rumänischen Schwarzmeerküste geschützt werden«.[3389]

Bestätigt wird dies auch durch den Kaukasus-Experten Uwe HALBACH: »Da geht es auch um den Schwarzmeerraum als einen geopolitischen Raum, der gewissermaßen ein Gegengewicht zu dem von Rußland dominierten Eurasien darstellen könnte. Ich glaube, daß der Schwarzmeerraum als Teil Europas zunehmend Gewicht gewinnen wird. Und in diesem Zusammenhang, in der Profilierung des Schwarzmeerraumes, wird dieses Gebilde GUUAM noch eine Rolle spielen.« Dabei gehe es um Transportwege und Korridore sowohl auf dem Land- als auch dem Wasserweg, aber auch um militärische und sicherheitspolitische Interessen und nicht zuletzt um Rohstoffe wie Erdöl und Erdgas. Denn durch die Region verlaufen die wichtigsten Pipelines zwischen den Rohstoff-Feldern Zentralasiens und dem Westen.[3390] In diesem Zusammenhang heißt es auch in dem neuesten Buch von Zbigniew BRZEZINSKI: »Die Erweiterung des europäisch-atlantischen Raumes macht es erforderlich, die auf dem Gebiet der ehemaligen Sowjetunion entstandenen unabhängigen Staaten zu integrieren, insbesondere die Ukraine.«[3391] Letzlich gehe es darum, »Rußland die Rückkehr zu einer Großmachtrolle zu verwehren, seine Energieressourcen zu kontrollieren und die Erschließung von Sibirien zu ermöglichen«.[3392]

Mit dieser Konferenz wurde jedenfalls ein Wendepunkt in der Umsetzung der Strategie der USA in dieser Region eingeleitet.[3393] Mit der GUUAM wollen die USA offensichtlich »eine wirksame Alternative zur GUS konstituieren. Sie soll ein Unterschlupf für diejenigen ehemaligen Sowjetrepubliken werden, die sich von Rußland lösen. Dabei strebt man die Herausbildung einer regionalen Organisation von Staaten an, die ihre Aktivitäten nicht nur im ökonomischen, sondern auch im politischen Bereich aufbaut. Beobachter der Entwicklung schließen auch den militärischen Bereich nicht aus. Die neue prowestliche, sehr stark zu den USA tendierende Achse Tbilissi–Kiew–Chisinau bekommt so ihr organisatorisches und politisches Zentrum, das von den NATO-Staaten Polen und Rumänien flankiert wird. Damit soll nicht nur die imperialistische Expansionspolitik in östlicher Richtung konsolidiert werden. Auch die Nord-Süd-Richtung wird gefestigt, und zwar mit Hilfe eines Bogens vom Baltikum bis zum Schwarzen Meer. Ziel ist die Einkreisung Rußlands und die Kontrolle der Transportwege. Zugleich können sämtliche Verbindungen der EU und ihrer Großmächte in diesem Raum von den USA und ihren ›Bündnispartnern‹ kontrolliert werden. Damit wäre auf dem Territorium der ehemaligen Sowjetunion eine internationale Organisation entstanden, die russischen Interessen widerspricht. . .«[3394]

Es kristallisierte sich damit eine Strategie der USA heraus, bei der die Ost- und Südostexpansion der NATO, die Inszenierung von Regimewechseln und die Bildung von Regionalbündnissen wesentliche Bestandteile sind. Ziel ist es, erstens alternative, nämlich Rußland umgehende Pipelinekorridore von der kaspischen Region und Zentralasien nach Westen abzusichern und zweitens, Rußland einzukreisen. Seit 1999 war der Vorstoß der NATO in den postsowjetischen Raum unübersehbar. »Mit der NATO-Erweiterung ging es um die Festlegung der neuen Machtverhältnisse in Europa«[3395] – und zwar letztlich zu Lasten Rußlands. Im Mittelpunkt des Erweiterungsprozesses lagen ja schließlich zunächst Ostmittel- und Südosteuropa und als Fernziel die kaspische und zentralasiatische Region; die hierfür bereitgestellten Mittel waren die ›Partnership for Peace‹ und seit 1999 der ›Membership Action Plan‹, mit dem Albanien, Bulgarien, Estland, Lettland, Litauen, Mazedonien, Rumänien, Slowenien, die Slowakei und ab 2002 auch Kroatien den Status eines Beitrittskandidatens erhielten und mit dem diese Staaten vorbereitende Maßnahmen einer militärischen Umgestaltung einleiten sollten. Auf diese Weise sollte nach den geopolitischen Plänen der USA verhindert werden, daß die Staatenwelt zwischen Ostsee und Schwarzem Meer ein »Gebiet konkurrierender Einflußsphären« und eine »sicherheitspolitische Grauzone« blieb.[3396]

Statt dessen sollte sie zu einem Brückenkopf in Richtung auf das von MACKINDER seinerzeit so bezeichnete Herz Eurasiens, nämlich Zentralasien, aufgebaut werden.

Eingebettet war dieses Vorhaben in die bereits erwähnte ›Greater Middle East Initiative‹. Der Begriff ›Greater Middle East‹ ist eine US-amerikanische Schöpfung, der durch die US-Politologen Kenneth POLLACK und Ronald ASMUS in einem Beitrag für die Zeitschrift *Policy Review* (Ausgabe 115/2002) geographisch näher festgelegt wurde. Gemäß POLLACK und ASMUS reicht der ›Greater Middle East‹ von Marrakesch bis Bangladesh. Er umfaßt die kaukasischen und zentralasiatischen Nachfolgestaaten der Sowjetunion ebenso wie die Staaten am Nil oder am Horn von Afrika.[3397] Über diesen Krisengürtel soll nach den Plänen der US-Strategen die NATO als Ordnungsmacht eingesetzt werden.

Zum Bestandteil des NATO-Konzepts wurden diese Pläne auf dem NATO-Gipfeltreffen in Istanbul im Juni 2004. Nach den Vorgaben aus Washington sollte durchgesetzt werden, daß die NATO zum »Grundpfeiler eines langfristigen Engagements« im Nahen und Mittleren Ostens wird.[3398] Schließlich sahen die Pentagon-Planer nicht mehr Europa als möglichen Schauplatz großer militärischer Herausforderungen, vielmehr richtete sich ihre Aufmerksamkeit auf die ›Zone der Instabilität‹, jene Region, die sich vom Mittelmeer über den Nahen Osten bis nach Zentralasien erstreckt. Auf dem NATO-Gipfel in Prag im November 2002 wurde schließlich schon im Vorfeld die zweite Runde der NATO-Osterweiterung eingeleitet. Die Staaten Slowenien, die Slowakei, Estland, Lettland, Litauen, Rumänien und Bulgarien wurden eingeladen, der NATO als neue Mitglieder beizutreten. Die Sicherung des US-amerikanischen bzw. NATO-Einflusses auf das südosteuropäische strategische Vorfeld der ›Zone der Instabilität‹ wurde dann am 29. März 2004 erreicht. Hier wurde die bislang umfassendste Erweiterungsrunde der NATO im Weißen Haus in Washington unter der Schirmherrschaft von US-Präsident George W. BUSH vollzogen. Durch den formellen Beitritt der vier neuen Mitgliedsstaaten Slowakei, Slowenien, Rumänien und Bulgarien in Südosteuropa sowie der drei baltischen Staaten Estland, Lettland und Litauen an der Ostsee rückte die NATO bis an die Grenzen Rußlands heran. Die USA wirkten hierbei als Signatarmacht des NATO-Vertrages.

Mit dieser größten Erweiterung in der Geschichte der NATO wurde vom geopolitischen Betrachtungswinkel her auch eine strategische Geschlossenheit des Bündnisgebietes hergestellt. Durch die Erweiterung wurde das strategische Vorfeld Zentraleuropas ausgedehnt und zugleich eine Brücke zum Schwarzen Meer gebildet.[3399] Politisch aber führte die Erweiterung zur weiteren Verringerung der Bedeutung der OSZE sowie zu einer Verschärfung des bestehenden eurozentristisch-euroatlantischen Gegensatzes, denn die Neumitglieder unterhalten enge politische und rüstungstechnologische Beziehungen zu den USA.[3400] Die geopolitische Bedeutung der Südosterweiterung der NATO beschreibt Erich REITER, Beauftragter für Strategische Studien des Bundesministeriums für Landesverteidigung in Wien, wie folgt: »Für die Aufnahme Bulgariens und Rumäniens sprechen. . . politische und geostrategische Gründe. Dadurch würde der westliche Einfluß am Balkan abgesichert und der Rußlands praktisch ausgeschaltet. Durch die Mitgliedschaft dieser beiden Länder gibt es keine abgelegene Position von Griechenland und der Türkei, sondern ein zusammenhängendes großes NATO-Territorium im Bereich Südosteuropa-Kleinasien. Die Schwarzmeerküste ist dann zu mehr als 50% im Besitz von NATO-Ländern«[3401] – so wie es die geopolitischen Pläne Bruce JACKSONS auch vorgesehen hatten.

Das gewachsene Interesse der USA an Bulgarien und Rumänien ergibt sich daraus, daß sich gerade von deren Küste aus über das Schwarze Meer eine direkte Machtprojektion bis tief in den asiatischen Raum, in das Gebiet des Nahen und Mittleren Ostens und nicht zuletzt auf russisches Territorium und auf das Territorium ehemaliger Sowjetrepubliken im Süden Rußlands durchführen läßt. Es schließt sich damit der Ring von den baltischen Republiken über Mitteleuropa bis hin zum Kaukasus und nach Baku. Von Bulgarien und Rumänien aus können die USA den Ausgang des Schwarzen Meeres und alle Durchfahrten durch die Dardanellen kontrollieren. »Sie können z.B. alle Aktivitäten Rußlands, die in das Mittelmeer und deren Anrainerstaaten führen, ständig im Visier haben. Sie haben aber auch Kontrollmöglichkeiten über alle Aktivitäten der EU und ihrer Großmächte, die über die Strecke der ehemaligen ›Bagdad-Bahn‹ führen. Alle wichtigen Transport- und Kommunikationswege von West-, Nord- und Mitteleuropa in den geostrategisch wichtigen Raum Vorderasiens und des Mittleren Ostens und von dort zurück nach Europa kreuzen diese Region, einschließlich der künftigen Ölpipelines nach Südeuropa und darüber hinaus.«[3402]

Mit der Ost- und Südosterweiterung des transatlantischen Hegemonialbündnisses aber wurden die osteuropäischen Staaten für die US-Eurasienpolitik immer bedeutsamer. In Ost- und Ostmitteleuropa war in dieser Zeit das geopolitische Großraumdenken wieder erwacht,[3403] das sich in die Konzeption der USA gut einfügt. Schon in seiner Rede zur NATO-Osterweiterung in Warschau im Juli 2001 sprach sich George W. BUSH für die Einbeziehung der NATO »von der Ostsee bis zum Schwarzen Meer« aus, und in den geopolitischen Schlüsselstaaten Ostmitteleuropas wie Polen und Litauen wurden historische geopolitische Vorhaben zum Gegenstand ihrer aktuellen Außen- und Sicherheitspolitik. »Seit der ukrainischen Revolution ist in Osteuropa unter der Führung von Kiew und Warschau ein geopolitisches Raumdenken wiedergekehrt, das an jahrhundertealte Traditionen zwischen Ostsee und Schwarzem Meer anknüpft und der Diskussion über die ›Grenzen Europas‹ neue Dimensionen gibt. . . Die Ukraine und Georgien rücken näher zusammen, der polnische Außenminister ROTFELD besucht die von Separatismus und russischer Einflußnahme gelähmte Moldau, Polen verabredet militärische Zusammenarbeit mit Aserbaidschan sowie eine dreiseitige Parlamentszusammenarbeit mit Litauen und der Ukraine. Die Ukraine, Polen, Georgien und Aserbaidschan diskutieren über eine Pipelineverbindung für kaspisches Öl über den ukrainischen Schwarzmeerhafen Odessa und Polen bis an die Ostsee«.[3404]

Insbesondere Polen entwickelte hier geopolitische Konzepte, deren Wurzeln weit in die Geschichte zurückreichen. »Die Idee des gemeinsamen Raumes von Polen bis Aserbaidschan hat mehrere Wurzeln. . . Alle diese Staaten suchen Bündnispartner und Modelle der gegenseitigen Unterstützung. Einige unter ihnen, nämlich Polen, Litauen und die Ukraine, können dabei auf die historische Erfahrung gemeinsamer (wenn auch oft konfliktreicher) Staatlichkeit zurückgreifen: auf die Erinnerung an die multiethnische polnisch-litauische Adelsrepublik der frühen Neuzeit, die nach der ›Lubliner Union‹ von 1569 von Polen über Kiew bis zur Krim reichte, 1792 aber von Rußland, Preußen und Österreich restlos aufgesogen wurde. Allerdings greifen die Ordnungsideen von heute noch über diesen Raum hinaus bis in den Kaukasus. Kürzlich hat Kiew der georgischen Regierung angeboten, die russischen ›Friedenstruppen‹ in der abtrünnigen (und von Moskau gestützten) Provinz Abchasien durch Ukrainer zu ersetzen.«[3405]

Hierbei war es insbesondere Polen, das für sich die Rolle des ›Spiritus rector‹ eines solchen integrierten Regionalbündnisses von der Ostsee bis zum Schwarzen Meer in Anspruch nahm. »Seit der Wiederherstellung der polnischen Staatlichkeit nach dem Ersten Weltkrieg ist deshalb das Streben nach östlichen Schutzbündnissen eine Konstante der Warschauer Außenpolitik. Schon der Wiedergründer Polens, Marschall Pilsudski, strebte vergeblich nach einer Föderation freier Staaten, die von der Ostsee bis Georgien reichen sollte.«[3406] In der Zwischenkriegszeit strebte Polen die Schaffung eines ›Dritten Europa‹ von der Ostsee bis zum Schwarzen Meer an, dessen Kern ein unabhängiges Polen »als. . . Mittelpunkt aller östlichen Kraftströme« sein sollte.[3407] In der Zeit des Kalten Krieges war es die polnische Exilzeitung *Kultura*, die unter Jerzy Giedroyc den Gedanken an »Polens große Mission im Osten« weiterführte.

Wie Konrad Schuller hervorhebt, besitzen die Gedankengänge Giedroyc' nach wie vor Einfluß auf das politische Denken der polnischen Elite. Giedroyc aktualisierte gewissermaßen die Idee der ›Lubliner Union‹ und forderte einen Beitritt Polens zur Europäischen Union und zur NATO, um die Ausdehnung dieser Einrichtungen nach Osten voranzutreiben.[3408] Der Zusammenschluß im Osten in Anknüpfung an die alte ›Rzeczpospolita‹ wurde als der Maßstab einer neuen polnischen Geopolitik gefunden. Dabei sollte dieser Auftrag nicht an der Ostgrenze der Ukraine aufhören; Polen hat heute ebenfalls längst die kaspischen Öl- und Gasvorräte im Visier, um die Abhängigkeit von russischen Energielieferungen zu verringern, und aus diesem Grunde spricht es sich für die NATO- und EU-Mitgliedschaft der kaspischen Region aus.

Die gleiche Aufgabe in diesem Spiel nimmt auch Litauen ein. »Litauen ist gut ein Jahr nach seinen Beitritten zur Nato und zur EU im vergangenen Mai (2004) eine wichtige und treibende Kraft. Dabei geht es stets um die Beziehungen zu den südlichen und östlichen Nachbarn wie Ukraine, Weißrußland, Rußland, aber auch zu Moldau und den Staaten des Südkaukasus wie Armenien und Georgien. Als Litauen mit den Beitritten seine wichtigsten außenpolitischen Ziele erreicht hatte, konzentrierte es sich auf drei neue Ziele: die Integration in die europäischen Demokratien; die Rolle als Brückenbauer zwischen EU, Nato – und damit zwischen Europa und Amerika – und seinen östlichen Nachbarn; und den Ausbau einer Zone der Sicherheit und Stabilität nach Osten hin. Seine Vision eines Europa von der Ostsee bis zum Schwarzen Meer sieht der größte und südlichste der baltischen Staaten vorerst stärker und rascher in der Nato als in der EU verwirklicht. Die Nato habe, sagen litauische Politiker und Diplomaten in Vilnius, eine deutlichere Perspektive für Mittel- und Osteuropa als die EU.«[3409] Wie die *Frankfurter Allgemeine Zeitung* hervorhebt, dringt Litauen ebenso wie Polen auf eine stärkere Nachbarschaftspolitik der EU gegenüber der Ukraine, Weißrußland und Moldawien. Begründet wird diese geopolitische Ausrichtung mit der Sonderrolle »mit alten Bindungen des einst Ostmitteleuropa beherrschenden Großfürstentums Litauen, dessen Grenzen damals vom Schwarzen Meer bis zur Ostsee reichten: Mit Weißrußland, Polen und teils der Ukraine gebe es in manchem mehr Übereinstimmungen. . . als mit Lettland und Estland.«[3410]

Wie die strategische Studie der neokonservativen amerikanischen RAND-Corporation *NATO's Eastern Agenda in a New Strategic Era*, verfaßt von F. Stephen Larrabee, deutlich beschreibt, hat Polen in den Augen der US-Strategen vor dem oben beschriebenen Hintergrund eine überaus wichtige Rolle als wachsende Regionalmacht Ostmitteleuropas. Diese Studie bezeichnet Polen »als den stärksten Alliierten der USA in Mitteleuropa«.[3411] Insbesondere der Umstand, daß Polen eine NATO- und EU-Mitgliedschaft der Ukraine stärke und überdies anstrebe, Träger eines prowestlichen Sicherheitssystems im Baltikum zu sein, macht Polen der Studie zufolge als strategischen Brückenkopf für die USA unerläßlich. Gerade eine NATO-Mitgliedschaft ermögliche es Polen, in diesem Sinn eine aktive Ostpolitik zu betreiben und seine Rolle als Regionalmacht nach Osten hin auszudehnen. Daher wird Polen auch als die aktive Drehscheibe für die Erweiterung von EU und insbesondere der NATO Richtung Osten definiert,[3412] wie sie schließlich auf dem NATO-Gipfel in Prag im November 2002 eingeleitet wurde.

Auch dem Baltikum wird der Studie zufolge eine entsprechende Brückenfunktion zugedacht. Während es den USA zunächst darum gegangen sei, den sicherheitspolitischen Einfluß der NATO im Ostsee- und im baltischen Raum sicherzustellen, müsse es nach der Mitgliedschaft der baltischen Staaten in der NATO darum gehen, von dort aus »die unmittelbare Nachbarschaft zu stabilisieren«.[3413] Die entscheidenden Brennpunkte dieser »neuen Agenda« sollten Rußland, Kaliningrad, Weißrußland und die Ukraine sein. Dabei fordert die Studie dazu auf, die bereits bestehenden baltischen Kooperationsmechanismen auszunutzen, um über diese den NATO- und US-amerikanischen Einfluß weiter nach Osten auszudehnen. Die Beteiligung der USA in der Ostseeregion sollte dazu dienen, die baltischen Staaten dazu veranlassen, eine größere Rolle in der Schaffung eines breiteren sicherheitspoltitischen Umfeldes von der Ostsee bis zum Schwarzen Meer zu spielen. Insbesondere sollten in den Augen der US-Machtelite die baltischen Staaten als Exporteur von Sicherheit im Kaukasus[3414] und in der Ukraine[3415] wirken, um deren Einbindung in die euro-atlantischen Strukturen zu beschleunigen.

Vor diesem Hintergrund verwundert es auch nicht, daß die US-Machtelite den Staaten Polen und Litauen eine maßgebliche Rolle bei der Inszenierung von Regimewechseln in Osteuropa zugedacht hatte, die ja schließlich vorbereitende Voraussetzung für die Einbindung dieses Raumes und seiner Staatenwelt in die ›euro-atlantische Zone‹ sein sollten. Während des Machtkampfes in der Ukraine unterstützte Polen den prowestlichen Präsidentschaftskandidaten Viktor JUSCHTSCHENKO und machte sich für eine Einbindung der Ukraine in die Europäische Union stark. Gerade der damalige polnische Staatspräsident Aleksander KWASNIEWSKI verstand »sich seit langem als Anwalt der Ukraine im Westen. Die strategische Partnerschaft mit der Ukraine ist ein wesentliches Element der polnischen Außen- und Sicherheitspolitik. Warschau sieht eine starke und demokratische Ukraine auch als geostrategisches Gegengewicht zu Rußland. Eine stärkere Integration der Ukraine in europäische und transatlantische Strukturen würde Polens Sicherheit erhöhen, heißt es in Regierungskreisen«.[3416]

Dabei geht es Polen insbesondere auch um die Sicherung der Ukraine als Transitland für die dringend benötigten Gas- und Ölimporte aus der kaukasisch-zentralasiatischen Region, wofür das Pipelinevorhaben Brody–Danzig als Verlängerung der Pipeline Baku–Supsa das entscheidende Merkmal ist. Mit der Einflußnahme auf die Ukraine geht es Polen energiegeopolitisch darum, einen Korridor zu schaffen, der das Zentrum der Energieförderung – das Kaspische Meer – über das Schwarze Meer mit der Ostsee verbindet und mit dessen Einrichtung Rußland strategisch isoliert würde. Eine NATO-Mitgliedschaft der beteiligten Staaten jedenfalls würde diesen Korridor auch militärisch gegen Rußland absichern, und vor diesem Hintergrund wird sichtbar, warum die USA Polen als geopolitischen Stützpunkt und entscheidenden Verbündeten in Zentraleuropa betrachten.

Auch Litauen war (und ist) die Rolle eines Katalysators bei osteuropäischen Regimewechseln zur Erweiterung des transatlantischen Einflusses zugedacht; sein geopolitischer Schwerpunkt richtet sich – so die *Frankfurter Allgemeine Zeitung* – auf Weißrußland. In Zusammenarbeit mit Polen und der Ukraine leistet Litauen hier Unterstützung für eine Opposition, um den Präsidenten Alexander LUKASCHENKO, der für eine Zusammenarbeit mit Rußland steht, zu stürzen. Beispielhaft hierfür ist die Errichtung der Weißrussischen Universität in Vilnius nach ihrem Verbot in Minsk oder die Errichtung eines Radiosenders.[3417] »Die Vision einer Achse postsowjetischer Demokratien betreibt Litauen mit seiner selbstbewußten Außenpolitik auf vielen Ebenen und mit jeweils angepaßten Strategien. Vilnius bringt Politiker oder Schriftsteller zusammen, unterstützt Nichtregierungsgruppen, erleichtert den Visumverkehr mit Weißrußland. . . oder nimmt teil an neuen Regionalgruppen«,[3418] wobei eine enge Zusammenarbeit mit dem USA erfolgt: »Immer wieder bezieht

Litauen Washington ein: So ist es kein Zufall, daß gegenüber Weißrußland die Vereinigten Staaten und die EU in enger Abstimmung zusammenwirken. Und immer wieder fordert es regionale Bestrebungen Moskaus heraus. So warnte, unter Verweis auf die litauische Rolle beim Umsturz in der Ukraine, der russische KGB die Duma, Vilnius sei dabei, eine ›Revolution nach Weißrußland zu exportieren‹.«[3419]

Bei einer abstrakten Gesamtbetrachtung wird deutlich, daß sich die aktuelle US-Osteuropapolitik im wesentlichen von der Gedankenwelt MACKINDERS leiten läßt, der ja die Bedeutung Osteuropas für die Beherrschung Eurasiens mit der prägnanten Formel »Wer Osteuropa beherrscht, beherrscht das Kernland: wer das Kernland beherrscht, beherrscht die Weltinsel; wer die Weltinsel beherrscht, beherrscht die Welt« treffend beschrieben hatte. Dabei versteht es die US-Machtelite, die geopolitischen Großraumkonzepte transatlantisch ausgerichteter Regionalmächte für sich auszunutzen und in ihr Globalkonzept einzugliedern. Dieses, verbunden mit einer Politik von Regimewechseln und einer Expansion der NATO, bilden die Grundlage einer Eurasienpolitik, deren Ziele die Sicherung der eurasischen Energieträger und alternativer Transportkorridore unter US-Kontrolle, verbunden mit einer Isolierung oder gar Zerschlagung der Russischen Föderation, sind.

7.9 Rußlands Versuch einer Kehrtwende – Der SCO-Gipfel von Andischan Anfang Juli 2005

Für Rußland war diese Entwicklung sicherheitspolitisch natürlich nicht unproblematisch. »Aus eigener Sicht hatte Rußland immerhin große Opfer erbracht, indem es seine Truppen und Waffen aus Mittel- und Osteuropa zurückgezogen hatte – und die Antwort der NATO darauf war die Erweiterung ihrer militärischen Allianz bis zu den Grenzen zuerst der Sowjetunion und dann Rußlands hin. Durch die NATO-Erweiterung wird Rußland seine Pufferzone entzogen und werden für Rußland neue gefährliche Bedingungen geschaffen, weil es durch die NATO-Erweiterung von ›feindlichen‹ Kräften eingekreist wird. Auch wenn die NATO im Moment nicht aggressiv ist, so kann doch künftig eine Situation entstehen, daß Druck ausgeübt wird, um militärische Macht zu benützen oder um spezifische Ziele zu erreichen. Deshalb könnte die Situation des Kalten Krieges wiederkehren, denn Rußland würde nicht zögern, seine strategischen Ziele auch außer Landes zu verteidigen (z.B. indem es Nuklearwaffen auf neue osteuropäische Mitglieder richtet oder im Abrüstungsbereich innehält).«[3420]

Zu beachten ist in diesem Zusammenhang, daß der Anstoß zur NATO-Osterweiterung damals von Deutschland ausging, wobei die USA dann aber diesen Kurs an sich genommen hatten, um eine sicherheitspolitische Verselbständigung des europäischen Pfeilers des transatlantischen Bündnisses zu verhindern. »Zumindest in der Zeit unmittelbar nach dem Ende der Ost-West-Konfrontation war die Osterweiterung der NATO auch prioritäres strategisches Interesse Deutschlands«, so Erich REITER. »Nach dem Einbezug der ehemaligen DDR und Polens in die NATO konnte Deutschland aus der Randlage herauskommen. Bei großer Rücksichtnahme auf die russischen Empfindlichkeiten und durch geschickte Politik übernahm Deutschland in der Ära des Bundeskanzlers KOHL die Rolle des Anwaltes der mittel- und osteuropäischen Beitrittskandidaten.«[3421]

Dann aber riß Washington die Initiative an sich und drängte die Europäer an den Rand: »Die USA sind 1994 auf die deutsche Linie eingeschwenkt und haben dann selbst die Führung in der NATO-Osterweiterungspolitik übernommen. Dies war eine Gegenstrategie zur europäischen Vorstellung der Europäisierung der europäischen Sicherheit. Die USA verblieben mit Hilfe der Allianz weiterhin als Führungsmacht in Europa präsent. . . Neben der Verhinderung einer sicherheitspolitischen Grauzone oder eines neuen Zwischeneuropas galt es, die Frontlinie der Allianz nach Osten zu verschieben und räumliche Tiefe zu schaffen.«[3422] Wie der österreichische Sicherheitsexperte Erich REITER hervorhebt, war und ist die NATO-Osterweiterung dabei »auch ein Unternehmen, um die amerikanische Präsenz in Europa aufrechtzuerhalten«.

Tatsächlich aber ist diese Ausbreitung des transatlantischen Bündnisses, die nach den Absichten der USA auch in der kaspischen Region ihre Fortsetzung finden soll, ein offenkundiger Bruch von Zusagen, die Rußland anläßlich des Abschlusses des 2+4-Vertrages, der den außenpolitischen Rahmen zur deutschen Wiedervereinigung bildete, gemacht wurden. Wolfgang LEONHARDT zufolge machte GORBATSCHOW bei der Diskussion um die NATO-Osterweiterung in Rußland einen bemerkenswerten Hinweis: »Bei Abschluß des 2+4-Vertrages im Jahre 1990. . . habe Einigkeit darüber bestanden, auch nach dem Abzug der russischen Truppen aus der damaligen DDR auf eine NATO-Ausdehnung nach Osten zu verzichten.«[3423]

Bestätigt wird dies auch durch Philip ZELIKOW und Condoleezza RICE in ihrem maßgeblichen Werk *Germany Unified and Europe transformed* (deutscher Titel *Sternstunden der Diplomatie*), das aus US-amerikanischer Sicht die diplomatischen Schachzüge auf dem Weg zur deutschen Wiedervereinigung enthüllt. Streitpunkt zwischen den USA und der UdSSR war seinerzeit die Frage der NATO-Mitgliedschaft eines wiedervereinigten Deutschland: »Um die sowjetischen Sorgen zu zerstreuen, griff BAKER (US-Außenminister, der Verf.) die von GENSCHER entwickelte Formel auf, wonach die NATO-Mitgliedschaft eines geeinten Deutschland von der Garantie begleitet wäre, ›daß die Zuständigkeit und die Streitkräfte der NATO nicht ostwärts verschoben werden‹.«[3424] Die beiden Autoren geben eine Unterhaltung zwischen GORBATSCHOW und dem US-amerikanischen Außenminister James BAKER wieder, aus der hervorgeht, daß die USA der sowjetischen Führung genau diese Zusage gemacht hatten: »Dann fragte er (BAKER) GORBATSCHOW, was ihm lieber sei, ein unabhängiges Deutschland außerhalb der NATO, ohne US-Truppen auf seinem Boden, oder ein vereinigtes Deutschland, das in die NATO eingebunden sei, mit der verbindlichen Zusage, ›daß es keine Ausdehnung der gegenwärtigen NATO-Zuständigkeit nach Osten geben wird‹. GORBATSCHOW erwiderte, daß er darüber nachdenken werde. ›Wir werden bald ein Seminar mit unserer politischen Führung abhalten, um über all diese Optionen zu sprechen.‹ Eines sei jedoch jetzt schon klar: ›Jede Ausdehnung der NATO-Zuständigkeiten ist unannehmbar.‹ – ›Einverstanden‹, sagte Baker.«[3425] Hält man sich diese Tatsachen vor Augen, wird nachvollziehbar, daß Rußland die dauernde Ausbreitung des transatlantischen Bündnisses als Bruch bestehender Absprachen werten muß und sicherheitspolitische Gegenstrategien entwickelt.

Wie der österreichische Sicherheitsexperte Erich Reiter darstellt, hat die NATO-Osterweiterung Rußland dazu herausgefordert, »seinen künftigen Stellenwert bzw. sein Selbstverständnis als politische und militärische Macht früher energisch zu diskutieren, als dies sonst der Fall gewesen wäre«.[3426] Rußlands Antwort auf diese Herausforderungen »besteht in Gegenmaßnahmen gegenüber westlichen, insbesondere amerikanischen Intentionen. Insbesondere bemüht sich Rußland um Gesprächsbeziehungen mit und Einflußnahme auf verschiedene Länder, die ihrerseits im Visier des Westens bzw. der USA sind«.[3427] Dazu gehören vor allem die Verbesserung der Beziehungen zum Iran, »und Rußland hat sich bemüht, die traditionell guten Beziehungen zu Indien wieder zu aktivieren. Es versucht, sich immer wieder in die westliche Nahost- und Mittelostpolitik einzumischen und sich als natürliche Gegengröße zu den USA darzustellen. Im Sinne der Begrenzung amerikanischen Einflusses ergeben sich auch Ansätze einer strategischen Kooperation mit China. Die NATO-Erweiterung hat zu diesen Entwicklungen beigetragen«.[3428]

Dazu gehörte vor allem die Vertiefung des SCO-Prozesses, was insbesondere nach den angezettelten Regimewechseln zu beobachten war.

Der SCO-Gipfel in der kasachischen Hauptstadt Astana Anfang Juli 2005 war die direkte Antwort auf die US-amerikanische ›indirekte Strategie‹ der Regimewechsel. Beobachtern zufolge war es insbesondere der usbekische Staatschef Karimow, der diesen Gipfel veranlaßt und hier eine außen- und geopolitische Kehrtwende vollzogen hatte. »Nach der vehementen Kritik des Westens an der blutigen Niederschlagung des Aufstandes im ostusbekischen Andischan begann Karimow, sich außenpolitsch wieder an Rußland zu orientieren, und kritisierte Amerika, mit dem Usbekistan zuvor einen Vertrag über militärische Zusammenarbeit geschlossen hatte. Moskau stärkte Kamirow den Rücken«[3429] – und zwar aus den oben dargestellten Gründen, denen zufolge Usbekistan der entscheidende Schlüsselstaat zur Kontrolle Zentralasiens ist. Sowohl Rußland als auch Usbekistan sahen die islamistischen Revolten in Andischan im Mai 2005 in Zusammenhang mit den Farbrevolutionen in der Ukraine, Georgien und Kirgistan. »In Andischan sei nicht nur die Menge auf den Straßen der Akteur gewesen. Die Regisseure hätten vielmehr jene religiösen und extremistischen Kräfte benutzt, die sie zuvor als Terroristen und Extremisten verurteilt hätten und die sie in Afghanistan und im Irak bekämpfen würden. Wenn das Szenario geglückt wäre, sagte Karimow, dann wäre das gesamte Ferganatal in Brand gesteckt worden«[3430] – mit anderen Worten, Karimow sah in der islamistischen Revolte ein Werk der US-amerikanischen NGOs und ihrer geheimdienstlichen Ableger. Die Hintergründe und der Verlauf der Revolte sind bis heute noch im wesentlichen ungeklärt; KARIMOW bestand darauf, daß ein usbekisches Gericht die Ereignisse untersuchen müsse, und nicht, wie es die USA forderten, eine internationale Untersuchungskommission.

Ganz von der Hand zu weisen sind die Vermutungen KARIMOWS allerdings auch nicht. Das Ferganatal ist der historische, wirtschaftliche und religiöse Mittelpunkt Zentralasiens – und ein Pulverfaß dazu. 1999, 2000 und 2001 überfielen Kämpfer der Islamischen Bewegung Usbekistans (IMU), die eng mit den afghanischen Taliban verbunden waren, das Tal und versuchten dort, Unruhen anzuzetteln. Ähnlich schätzt es auch die *Süddeutsche Zeitung* ein: »Tatsächlich ist der Islamismus in Usbekistan, wo sich etwa 90 Prozent der Menschen zum Islam bekennen, aber nicht nur ein Hirngepinst KARIMOWS. Angesichts bitterer Armut suchen einige Usbeken ihr Heil im radikalen Islam. Über eine erhebliche Anhängerschaft verfügt offenbar die Hisb-ut-Tahrir, die ›Freiheitspartei‹, die für die Errichtung eines Kalifatsstaates in Zentralasien eintritt. Gegründet in den fünfziger Jahren von einem palästinensischen Geistlichen, verlagerte sie in den neunziger Jahren ihre Aktivitäten zum großen Teil nach Zentralasien.«[3431]

Wie das Nachrichtenmagazin *Focus* enthüllte, erschien auch Beobachtern von Menschenrechtsorganisationen eine islamistische Urheberschaft der Unruhen nicht ganz unwahrscheinlich: »›Die islamische Gefahr ist real, man darf sie nicht als Hirngespinst abtun‹, bestätigt Marat SACHIDOW von der Internationalen Gesellschaft für Menschenrechte in Taschkent. Auch der Menschenrechtler vermutet islamische Rädelsführer hinter dem Aufstand von Andischan.«[3432] Dabei muß beachtet werden, daß der Aufbau derartiger islamistischer Gruppen ein wesentlicher Bestandteil des US-amerikanischen BRZEZINSKI–BENNIGSEN-Konzepts war, und es ist vor diesem Hintergrund auch nicht verwunderlich, daß die Wurzeln dieser Organisationen in Afghanistan liegen. Im Ferganatal, so das Nachrichtenmagazin *Der Spiegel,* »wird sich das Schicksal Mittelasiens entscheiden. Denn die jungen Leute, die mit US-Geld in den Achtzigern an Pakistans radikalen Deobandi-Schulen ausgebildet und zum Kampf gegen die Kommunisten nach Afghanistan geschickt wurden, haben ihr Feld in der Heimat bestellt. Mag die Qaida-nahe Islamische Bewegung Usbekistans auch geschwächt sein – in den Koranschulen von Taschkent, Buchara und Samarkand wächst unvermindert Fußvolk heran für einen Kampf, der nicht nur den alten Despoten KARIMOW hinwegschwemmen soll. Klein, geheim und straff geführt sind die Zellen der Hisb-al-Tahrir. Die Bewegung hat Hunderttausende Anhänger, die ihrem Selbstverständnis nach gewaltlos eine zum Äußersten entschlossene Parallelgesellschaft nicht nur im Fergana-Tal. . . aufbaut. Wenn, wie in Andischan geschehen, Einzelne dann die Hand erheben gegen das menschenverachtende Regime, dürfen sie sich auf höheren Auftrag berufen. Usbekistans revolutionäre Vorhut ist gewappnet. Die Schläfer im Tal warten auf ihren Tag«.[3433] Auch Erkenntnissen

Koalition gegen die ›farbigen Revolutionen‹, von links: Nursultan Nasarbajew, Emomali Rachmonow (Tadschikistan), Islom Karimow und Wladimir Putin.

russischer Geheimdienste zufolge waren zur fraglichen Zeit aus Afghanistan Kampfgruppen von besonders vorbereiteten Ausgangslagern in benachbarte Gebiete eingesickert.[3434]

Nicht nur der zeitliche Zusammenhang zu den Ereignissen in Kirgistan spricht dafür, daß die US-amerikanischen NGOs bei den Unruhen eine Rolle gespielt haben könnten. Bekannt ist, so die *Frankfurter Allgemeine Zeitung*, daß amerikanische Menschenrechts- und Bürgerrechtsorganisationen in der Region schon seit Jahren sehr aktiv und am Aufbau sogenannter ›zivilgesellschaftlicher Strukturen‹ beteiligt sind.[3435] Auch eine Erklärung des US-Präsidenten Bush verstärkt den Eindruck einer US-amerikanischen Rolle bei den Umstürzen in Usbekistan: »›In allen Ländern des Kaukasus und Zentralasiens wächst die Hoffnung auf Veränderung‹, sagte Präsident George W. Bush und stellt damit die von Kugeln zersiebten Usbeken aus Andischan in eine Reihe mit den rosenschwenkenden Georgiern, die Schewardnadse stürzten, mit westwärts blickenden Ukrainern und zornigen Kirgisen.«[3436]

Auf dem SCO-Gipfel in Astana wurde von den beteiligten Staaten – Rußland, China sowie Usbekistan, Kasachstan, Kirgistan und Tadschikistan – »die Forderung nach dem Zurückdrängen jener Kräfte erwogen, die sich von außen in die Belange der Region einmischten«.[3437] Gemeint waren die Amerikaner, und bedingt war der außenpolitische Kurswechsel Usbekistans und Kirgistans von der Furcht der autoritär regierenden Präsidenten in Zentralasien, daß Amerika – wie von Präsident Bush angekündigt – verstärkt versuchen werde, der demokratisch gesinnten Opposition in diesen Ländern zu helfen.[3438] Konkret wurden die Vereinigten Staaten und die NATO aufgerufen, ein Datum für das Ende der zeitweiligen Nutzung der militärischen Infrastruktur und den Abzug ihrer in Kirgistan und Usbekistan im Rahmen des Afghanistan-Einsatzes stationierten Soldaten zu nennen. Insbesondere waren davon die Militärstützpunkte auf dem kirgisischen Flughafen Manas und der Stützpunkt Karschi-Chanabad in Usbekistan betroffen. Wie US-General Richard Myers, Vorsitzender der Vereinigten US-Stabschefs, vermutete, waren aber die eigentlich treibenden Kräfte bei der Stützpunktfrage Rußland und China. Diese drängten die kleineren zentralasiatischen Länder, die Frage nach einem Abzugstermin aufzuwerfen.[3439]

Auch der durch die Tulpenrevolution in Kirgistan an die Macht gekommene Präsident Bakijew hatte auf Druck Usbekistans die USA gedrängt, ihren Stützpunkt in Manas aufzugeben.[3440] In der Tat ging es Rußland und China darum, eine weitere US-amerikanische Unterspülung des geopolitischen Schlüsselraumes zu verhindern. Als Antwort auf amerikanische Pläne für eine verstärkte militärische Anwesenheit in einigen Anrainerstaaten des Kaspischen Meeres zur Absicherung der Rohstoffversorgung des Westens entwickelte das russische Verteidigungministerium seinerseits im Gegenzug ein Konzept, das eine russische Militärpräsenz in dieser Region vorsieht.[3441] »Daß Rußland seine Präsenz in Zentralasien verstärken will, war in den vergangenen Monaten nicht nur an Äußerungen einzelner Politiker zu erkennen, etwa während der Debatte über die Errichtung eines zweiten russischen Militärstützpunktes in Kirgistans Süden, sondern auch an dem Versuch, die Vertragsorganisation für kollektive Sicherheit (ODKB) im Rahmen der GUS aufzuwerten, der auch die vier zentralasiatischen Staaten angehören.«[3442]

China seinerseits strebt Stabilität in der Region um fast jeden Preis an. Es ist an stabilen Herrschaftsverhältnissen in Zentralasien interessiert, um den wachsenden Ölbedarf zu sichern, und will deshalb auch den Einfluß der USA in der Region zurückdrängen.[3443] Dabei kommt es China entscheidend darauf an, die ausgedehnte islamische Westprovinz Xinijang zu stabilisieren. »Xinijang ist wegen seiner Ölvorkommen und seiner zentralen Lage zwischen den ölexportierenden zentralasiatischen Staaten und dem chinesischen Kernland für China strategisch wichtig. Eine Pipeline von Kasachstan nach Xinijang soll im Dezember (2005) eröffnet werden. In Kasachstan haben chinesische staatliche Ölfirmen seit 1992 erheblich investiert und Förderrechte erworben. Präsident Hu Jintao hat vor einer Woche (Anfang Juli 2005, der Verf.) mehrere Zusammenarbeitsverträge mit dem kasachischen Staatschef Nursultan Nasarbajew unterzeichnet«.[3444] Aus diesem Grund fürchtet China islamistische Unruhen in der Uiguren-Provinz Xinijang, und »eine Gruppe zahlenmäßig kleiner, aber aktiver Exilorganisationen« ist dabei bis heute im Begriff, die Abtrennung Xinijangs herbeizuführen.[3445]

Wie Michael Chossudovsky enthüllte, war es gerade der US-amerikanische Geheimdienst in Zusammenarbeit mit dem pakistanischen Geheimdienst ISI, der durch Unterstützung der Xinijang-Separatisten eine Destabilisierung Chinas zu erreichen sucht.[3446] Aus diesem Grunde stützte auch China ebenso wie Rußland das Karimow-Regime in Usbekistan.[3447]

Internationalen Beobachtern zufolge wurde das SCO-Gipfeltreffen in Astana als

»Beginn einer geopolitischen Wende in Zentralasien« angesehen,[3448] da sich hier eine allmähliche Neugliederung der Machtverteilung zugunsten Rußlands abzuzeichnen schien, wenn die zentralasiatischen Staaten den USA die Forderung des SCO-Gipfels nach einer zeitlichen Beschränkung der Stationierung in die Tat umsetzen sollten. »Sollte es tatsächlich zum Rauswurf kommen, würde die ›Lily-Pad‹-Strategie Donald RUMSFELDS, in deren Rahmen er zur Kontrolle Zentralasiens die gesamte Region mit US-Militärbasen ›wie Seerosen auf einem Teich‹ überziehen will, empfindlich getroffen. Bereits Anfang des Jahres (2005) hat sich der den US-Interessen in Zentralasien zuwiderlaufende Trend immer deutlicher abgezeichnet. Zuletzt am 4. März (2005), als der Versuch der USA und NATO, das auf ›militärisch-humanitäre Operationen‹ in Afghanistan beschränkte Nutzungsmandat der US-Luftwaffe für die kirgisische Manas-Basis auf AWACS-Spionageflüge gegen China und andere Länder der Region auszuweiten, von der Regierung Kirgisiens nach Beratungen mit SCO-Partnern abgelehnt worden war.«[3449]

Richtungsweisend war in diesem Zusammenhang auch das von HU JINTAO und Wladimir PUTIN unterzeichnete Strategiedokument für eine *Neue Weltordnung im 21. Jahrhundert*, in dem dem US-amerikanischen Unilateralismus und seiner globalen Interventionspolitik eine deutliche Absage erteilt und stattdessen die Idee der Multipolarität hervorgehoben wird. Rainer RUPP und Hilmar KÖNIG zufolge könnte sich »aus diesem konstruktiven russisch-chinesischen Ansatz. . . eine neue strategische Architektur für Asien ergeben, die Washingtons Einfluß begrenzt. Die Schließung der US-Militärstützpunkte wäre ein erster Schritt.«[3450] Auch Zentralasien-Experte Uwe HALBACH geht von einer geopolitischen Umschichtung in Zentralasien aus: »Nach Andishan ging der amerikanische Einfluß in der Region auf Kosten der Ausweitung des russischen und chinesischen Einflußes zurück.«[3451]

Wie oben dargestellt, verließ Usbekistan 2006 die GUUAM, um sich statt dessen Rußland anzunähern und Wirtschafts- sowie Sicherheitskooperationen mit Moskau einzugehen. Kirgistan begann mit dem Wahlsieg BAKIJEWS im Juli 2006 die Notwendigkeit der US-Militärbasis in seinem Land in Frage zu stellen und drängte auf Abzug der US-Truppen.[3452] Dies stellte eine Kehrtwende der Machtverhältnisse in Zentralasien zugunsten Rußlands dar.

Damit ist der strategische Partner der USA in Zentralasien nicht mehr Usbekistan. Auch die Beziehungen Washingtons zu Kirgistan haben sich – aufgrund der Tatsache, daß der neue Präsident BAKIJEW der Aufforderung Rußlands, Chinas und Usbekistans gefolgt ist, die US-Stützpunkte auf seinem Staatsgebiet zu schließen – verschlechtert. Dies aber zog wiederum einen Schwenk der US-Außenpolitik nach sich: »So tritt Kasachstan wieder in den Mittelpunkt amerikanischer Zentralasienpolitik.«[3453] Das wurde durch den Besuch des US-Vizepräsidenten CHENEY in Kasachstan im Mai 2006 deutlich, bei dem es wieder einmal um die Forderung der USA ging, die Öl- und Gasexporte dieses Landes nach Westen auszurichten. Diese erneute Umwerbung Kasachstans nach dem Rauswurf aus Usbekistan stößt allerdings mit der russischen Position in der Region zusammen, denn Kasachstan ist »auch für Rußland traditionell der wichtigste Partner in Zentralasien und sein engster Verbündeter bei der Förderung von Regionalorganisationen im postsowjetischen Raum«.[3454]

Damit ist also das ›Great Game‹ noch nicht entschieden, und vieles spricht dafür, daß Kasachstan der neue Austragungsort um Macht und Einfluß in der Region werden könnte. Mit diesem Staat verfügt die US-Machtelite noch über einen Trumpf, den sie gegenüber Rußland ausspielen könnte. Kasachstan schließlich »ist seit längerem bemüht, die Position einer Regionalmacht im kaspischen Raum zu erringen. Hierbei verfolgt Präsident Nasarbajew eine multipolare Politik, die vielfältige, enge Beziehungen mit Rußland, China und dem Westen beinhaltet. Insbesondere gegenüber Moskau pendelt die kasachische Politik zwischen Kooperation und Konkurrenz. Mannigfaltige gemeinsame wirtschafts- und energiepolitische Projekte kontrastieren mit sicherheitspolitischen und strategischen Reibungspunkten«.[3455]

Demgegenüber versucht aber auch die NATO, sich in verstärktem Maße Kasachstan zu nähern und diese zentralasiatische Republik an den transatlantischen Herrschaftsbereich zu binden: »Mit Besorgnis nimmt Moskau speziell die wachsende Präsenz der NATO in Kasachstan wahr. Am 31. Oktober (2007) machte schon zum zweiten Mal binnen eines Jahres der NATO-Sonderbeauftragte für den Kaukasus und Zentralasien, Robert Simmons, der kasachischen Regierung seine Aufwartung. Das kasachische Verteidigungsministerium betonte in einer Erklärung anläßlich dieser Visite die ›beachtlichen Erfolge in einer Reihe von Kooperationsbereichen‹, die im Rahmen des Individual Partnership Action Plan (IPAP, Individueller Partnerschaftsaktionsplan) zwischen Kasachstan und der westlichen Militärallianz erzielt wurden. Die NATO unterstützt Kasachstan bei der Reform seiner Verteidigungsstrukturen, der Ausbildung seiner Offiziere und der Modernisierung der Armee. In Zukunft will der Nordatlantikpakt den zentralasiatischen Staat sogar bei der Aufstellung von Seestreitkräften im Kaspischen Meer unterstützen.«[3456] Darüber hinaus starteten die USA im Frühjahr 2008 eine »diplomatische Frühjahrsoffensive«, in deren Rahmen hochrangige US-Diplomaten und Militärs den regionalen Bündnispartner Aserbaidschan wie auch Usbekistan besuchten. Auf diesem Wege »wollen die Vereinigten Staaten zum einen die Beziehungen zu Usbekistan normalisieren, die nach dem Massaker von Andischan im Mai 2005 abgebrochen wurden. Andererseits soll Turkmenistan doch noch dazu gebracht werden, sich an einer Pipeline zu beteiligen, die Erdgas auf dem Boden des Kaspischen Meeres bis nach Aserbaidschan transportiert«.[3457]

Insgesamt kann also auch Uwe Halbach zufolge von einem vollständigen Rückzug der USA aus Zentralasien nicht die Rede sein. Vielmehr scheinen die USA – neben einer Intensivierung der Beziehungen zu Kasachstan – an einem geopolitischen Modell zu arbeiten, das eine verstärkte Zusammenarbeit zwischen Zentral- und Südasien und dafür insbesondere die Integration Afghanistans in ein ›Greater

Central Asia‹ vorsieht.[3458] »Zu diesem Zweck wurde eine eigenständige Abteilung für Süd- und Zentralasien im State Department eingerichtet, und USAID legte ein Programm auf, das zentralasiatische Stromproduzenten wie Kirgistan und Tadschikistan mit Konsumenten wie Afghanistan und Pakistan verbinden will.«[3459] Die Schaffung eines solchen geopolitischen Blocks ›Greater Central Asia‹ ist auch der Grund für die Verstärkung des militärischen Eingreifens der USA in Afghanistan.

Das Grundmuster des ›Great Game‹ ist damit auch nach den Farbrevolutionen im wesentlichen erhalten geblieben. Durch die erfolgreichen ›Regimewechsel‹ in der Ukraine und Georgien konnten die USA ihre strategische Stellung in Ostmitteleuropa und am Kaspischen Meer verbessern – die Voraussetzungen für die ›Schwarzmeerstrategie‹ Bruce Jacksons im Sinne der Schaffung eines Korridors zwischen dem Kaspischen Meer und der Ostsee, von Baku bis nach Danzig, waren durch die angezettelten Machtwechsel in Tiflis wie auch in Kiew geschaffen.

Offen aber ist die Lage in Zentralasien. Die zunächst erfolgreiche Tulpenrevolution in Bischkek konnte auf Druck von Rußland, China und Usbekistan auf dem SCO-Gipfel in Andischan im Juli 2005 wieder rückgängig gemacht werden, indem sich der neue Präsident Bakijew auf die Seite Moskaus und Pekings stellte und die Auflösung des amerikanischen Stützpunktes forderte. Folgt man Uwe Halbach, so hob sich Rußlands außenpolitische Bilanz des Jahres 2005 gerade in Zentralasien sehr positiv von der des Vorjahres ab. »Die strategischen Geländegewinne in Zentralasien stehen in Zusammenhang mit einer neuen russischen Außenpolitik im postsowjetischen Raum, die Dmitrij Trenin folgendermaßen charakterisiert: ›Von einer Politik aus der Position der Schwäche schwenkt Rußland zu gesteigertem Vertrauen in seine eigene, überwiegend ökonomische Stärke um. Die Expansion von Kapital ersetzt nun die bisherige Imitation von Integration.‹«[3460]

Auch F. William Engdahl zufolge bedeuteten die Farbrevolutionen nicht einen endgültigen Erfolg der US-amerikanischen Neo-Containment- und Roll-Back-Strategie: »Das neue Rußland steigert seinen Einfluß durch eine ganze Reihe von strategischen Schritten, in deren Mittelpunkt seine geopolitisch bedeutsamen Energiereserven stehen – vornehmlich seine Öl- und Gasreserven.« Insbesondere seit den ›bunten Revolutionen‹ hat Rußland – Engdahl zufolge – begonnen, sehr vorsichtig seine strategische Karte zu spielen – sowohl bei Energieabkommen als auch beim Verkauf von Rüstungsmaterial – von Kernreaktoren und Rüstungsmaterial für den Iran, Venezuela und andere lateinamerikanische Länder und strategischen Kooperationsabkommen über Erdgas von Algerien bis Turkmenistan.

Kapitel 10

Die Konfrontationslinien des neuen Kalten Krieges zwischen dem transatlantischen Bündnis und der Russischen Föderation

Diese Entwicklungen machen deutlich, worin die Konfliktlinien des neuen Kalten Krieges zwischen dem transatlantischen Bündnis und der US-Machtelite einerseits und der Russischen Förderation andererseits im 21. Jahrhundert liegen. Den Strategien der USA und der NATO, den russischen Machtbereich einzukreisen und schrittweise zu verkleinern, sich der Energiereserven Eurasiens zu bemächtigen, die begleitet waren von der Schaffung von militärisch abgesicherten Transportkorridoren auf der Grundlage traditioneller geopolitischer Konzeptionen, steht ein Wiedererstarken Rußlands auf der Grundlage seiner Energiewirtschaft gegenüber. Dem russischen Energiekonzern Gasprom ist es gelungen, die Position anglo-amerikanischer Energiekonzerne in wesentlichen Schlüsselstellungen zu durchkreuzen und Pipelinekonzeptionen der transatlantischen Mächte durch eigene Korridorplanungen zu unterlaufen, und zwar sowohl in Zentralasien, im kaspischen Raum als auch auf dem Balkan. In diesen geopolitisch bedeutsamen Regionen gelang es Gasprom in den vergangenen Jahren, viele strategisch wichtige Industriezweige aufzukaufen.[3461]

Auf der anderen Seite hatte die US-Machtelite noch in ihrer *Nationalen Sicherheitsstrategie* vom März 2005 ihre Haltung zur globalen Machtentfaltung im Sinne einer ›Full spectrum Dominance‹ präzisiert, in der der Erhalt der unangefochtenen militärischen Überlegenheit in allen strategischen Regionen, insbesondere in und um Eurasien, gefordert wird.[3462] »Nach dem vorrangigen Ziel des Schutzes der USA vor einem direkten Angriff rangiert an zweiter Stelle der strategischen Zielstellungen der USA bereits ›die Sicherung des Zugangs zu strategischen Regionen und die Erhaltung der globalen Handlungsfreiheit‹.«[3463]

Der konkrete Ausgangspunkt des neuen Kalten Krieges zwischen der eurasischen Landmacht und der transantlantischen Seemacht läßt sich mit einem einzigen Stichwort beschreiben: Energie. Russische Monopolisierungsbestrebungen, so Jürgen Wagner, werden von der westlichen Machtelite mit verschiedenen Strategien zu unterlaufen versucht, was wiederum russische Gegenmaßnahmen hervorrufen würde: »Der Versuch, massiv auf die Liberalisierung des russischen Energiesektors zu drängen, um sich dort einzukaufen, wird mit dessen intensivierter Re-Nationalisierung beantwortet, während Moskau gleichzeitig in den ost- und seit jüngstem auch westeuropäischen Energiebereich eindringt. Das Bestreben, das russische Pipeline-Monopol zu knacken – hierbei spielt das Mammutprojekt ›NABUCCO‹ eine zentrale Rolle –, wird von Rußland erfolgreich durch die langfristige Anbindung der Rohstoffe Zentralasiens torpediert. Die Ambitionen, durch den Ausbau des Flüssiggasbereichs (LNG), Gas verschiffbar und damit zu einer globalen Handelsware zu machen, um sich so neue Quellen zu erschließen, beantwortet Moskau mit ersten Ansätzen zur Bildung einer Gas-OPEC, einer Allianz der Gasproduzenten, die ähnlich wie ihr Ölpendant potentiell in der Lage wäre, den globalen Gasmarkt zu kontrollieren.«[3464]

Dem Westen geht es WAGNER zufolge darum, die ›Energiesupermacht‹ Rußland zu schwächen, um den Zufluß billigen Öls zu sichern: »Da sich die amerikanischen und europäischen Energiereserven – bei weltweit sinkenden Vorkommen und schnell steigendem Bedarf – dem Ende zuneigen, läßt sich bereits heute eine Machtverschiebung von den Energiekonsumenten zu den Produzenten feststellen. Während man westlicherseits versucht, kleinere rohstoffreiche Länder direkt oder indirekt zu kontrollieren (Irak, Westafrika etc.), soll gleichzeitig auch der Einfluß des machtpolitisch erstarkenden Rußland auf dem globalen Energiemarkt massiv geschwächt werden.«[3465] Auch der Energie-Experte F. William ENGDAHL geht davon aus, daß alle militärischen Aktivitäten der USA im Rahmen ihrer ›Greater Middle East Initiative‹ im Nahen und Mittleren Osten letztendlich auf die Schwächung Rußlands abzielten: »Ende 2004 war es Moskau klar, daß sich ein neuer Kalter Krieg massiv anbahnte, diesmal über die strategische Kontrolle der Energie und unilaterale nukleare Vormachtstellung. Aus dem unmißverständlichen Muster der Aktionen von Washington seit der Auflösung der Sowjetunion 1991 war ebenso klar, daß das Endziel der amerikanischen Eurasienpolitik nicht China, nicht der Irak und nicht der Iran war. Das geopolitische ›Endziel‹ war und ist für Washington die vollständige Zerschlagung Rußlands, des einzigen Staats in Eurasien, der in der Lage wäre, unter Einsatz seiner enormen Öl- und Gasvorkommen ein effektives Netz von Allianzen zu organisieren. . . Nach 2003 griffen PUTIN und die russische Außenpolitik, und besonders die Energiepolitik, wieder auf das geopolitische Konzept des ›Kernlands‹ von Sir Halford MACKINDER zurück, das seit 1946 die Grundlage der sowjetischen Strategie während des Kalten Kriegs gebildet hatte. PUTIN ergriff eine Reihe von Defensivmaßnahmen, um angesichts der zunehmend eindeutigen US-Politik der Einkreisung und Schwächung Rußlands einen tragfähigen Ausgleich zu schaffen. . . Nachdem der Einsatz sich mittlerweile auf beiden Seiten – NATO und Rußland – erhöht hat, ist PUTINS Rußland zur Sicherung einer besseren geopolitischen Position von der schlichten Defensive zu einer dynamischeren Offensive übergegangen, wobei es seine Energiereserven als Hebel einsetzt.«[3466]

Die Konfliktlinien folgten aber nicht nur den Energietransportkorridoren Eurasiens; der westlichen Machtelite ging es auch darum, sich der Energiereserven Rußlands selbst zu bemächtigen – ein Plan, der aber mit der Inhaftierung CHODORKOWSKIS und der Zerschlagung des Jukos-Konzerns zunichte gemacht wurde. Die russische Staatsführung unter PUTIN verstaatlichte neben der russischen Energiewirtschaft auch sämtliche strategischen Schlüsselindustrien. Dies wurde von der US-Machtelite, der es F. William ENGDAHL zufolge gerade darauf ankam, auf der Grundlage der Sicherung der direkten Kontrolle der globalen Energiereserven eine totale militärische globale Herrschaft zu errichten, mit einer untergründigen Feindseligkeit betrachtet. In einem Interview mit dem *Handelsblatt* erklärte Zbigniew BRZEZINSKI, daß die Präsidentschaft Wladimir PUTINS »eine gewisse Ähnlichkeit mit dem italienischen MUSSOLINI-Faschismus der 30er Jahre« habe: »autoritärer Staat, nationalistische Rhetorik, große historische Mythen über die Vergangenheit sowie privates Unternehmertum unter staatlicher Kontrolle«.[3467]

1 Der Westen strebt die ›Liberalisierung‹ des russischen Energiemarktes an

Der Westen versucht, die Renationalisierung und Verstaatlichung des russischen Energiesektors durch Gegenstrategien wieder rückgängig zu machen, mit dem Ziel, große Anteile des russischen Öl-, Gas- und Transportsektors zu übernehmen.

1.1 Die Energiepolitik der Europäischen Union im Spannungsfeld zwischen einer Partnerschaft mit Rußland und US-amerikanischer Dominanz

Eine wichtige Rolle bei der Entwicklung von Strategien zur Aufbrechung des russischen Energiemarktes sollte die Europäische Union spielen. Hierbei gelang es der US-Machtelite, die EU geschickt in ihr Gesamtkonzept einzubinden. Anknüpfungspunkt hierbei sollte der wachsende Energieimportbedarf der EU in der nächsten Zukunft sein. Diese Abhängigkeit wurde in dem von der EU-Kommission in ihrem im Jahre 2006 verabschiedeten *Grünbuch: Eine europäische Strategie für nachhaltige wettbewerbsfähige und sichere Energie* deutlich hervorgehoben. Dort heißt es: »Unsere Importabhängigkeit nimmt zu. Wenn wir die heimische Energieerzeugung nicht wettbewerbsfähiger machen, wird der Energiebedarf der Union in den nächsten 20 bis 30 Jahren zu 70 % (statt wie derzeit zu 50 %) durch Importe gedeckt werden, wobei einige aus Regionen stammen, in denen unsichere Verhältnisse drohen.«[3468]

Der Erdgasimportbedarf beträgt zur Zeit rund die Hälfte des Gasbedarfs der Wirtschaft der EU; wiederum die Hälfte davon stammt aus Rußland.[3469] »Erdgas«, so eine Studie der ›Stiftung Wissenschaft und Politik‹, »wird ohnehin aus nur drei Ländern in die EU geliefert: Norwegen, Algerien und Rußland. Nach Prognosen des österreichischen Energiekonzerns OMV wird die EU im Jahr 2030 schon zu rund 80 Prozent von Erdgasimporten abhängig sein. Dies ergibt sich sowohl aus den hohen Zuwachsraten des Verbrauchs als auch aus dem erwarteten Rückgang bei der Ausbeutung der großen, bei den Britischen Inseln gelegenen Nordseefelder. Aber auch die Vorräte vor der norwegischen Küste werden in absehbarer Zeit erschöpft sein.«[3470]

Eine noch stärkere Importabhängigkeit liegt beim Erdöl vor: »Bei Erdöl kommt ein hoher Abhängigkeitsgrad (gegenwärtig rund 75 %, bis 2030 ansteigend auf bis zu 90 %) zu einer sich immer weiter erhöhenden räumlichen Konzentration auf den Mittleren Osten (Saudi-Arabien, Iran, Irak, Vereinigte Arabische Emirate, Kuwait, Katar), da die Bezüge aus Norwegen und Rußland abnehmen werden. Damit verstärkt sich nicht nur die Abhängigkeit vom OPEC-Kartell, sondern auch die Konzentration auf eine als geopolitisch unstabil geltende Region.«[3471]

Gerade hinsichtlich der Erdgasversorgung nimmt Rußland für die Europäische Union schon jetzt eine immer wichtigere Rolle ein, insbesondere, um von den Krisenherden des Mittleren Ostens unabhängig zu werden.[3472] Angesichts des drohenden Versiegens der Erdgasquellen der Nordsee und des nach wie vor bestehenden Bürgerkriegszenarios in Algerien sind für die Zukunft die Alternativen für die EU lediglich »eine noch größere Abhängigkeit von Rußland als vorrangigem Erdgaslieferanten oder die Suche nach alternativen Versorgungsquellen«.[3473] Die Europäische Union entwickelte als Antwort auf diese Entwicklungen – so Jürgen Wagner – zwei Strategien: ›Liberalisierung‹ und ›Diversifizierung‹.[3474]

Dabei ist in Betracht zu ziehen, daß die USA in bezug auf die Energiepolitik der Europäischen Union eine sehr zwiespältige Rolle spielen. Auf der einen Seite paßt die neue Energiestrategie der EU in bezug auf Rußland in Richtung ›Liberalisierung und Diversifizierung‹ gut in das geopolitische Eurasienkonzept der USA, denn eine Beendigung der Zentralisierung sowie Nationalisierung der russischen Energiewirtschaft einerseits und die Einführung alternativer Pipelinekorridore andererseits unterstützen das Ziel der US-Machtelite, den Aufstieg eines russischen Rivalen zu verhindern, dessen Wiedererstarken ja gerade von der Verfügungsgewalt über die eurasischen Energieträger und dem Staatsmonopol über das eurasische Pipelinenetz abhängt. »Energieversorgungssicherheit für Europa hat auch eine euroatlantische Dimension. Die Sicherung der nordamerikanischen und die der europäischen Energieversorgung sind zwei Seiten einer partnerschaftlichen, sehr investitionsintensiven Aufgabe, die gemeinsame geostrategische Interessen begründet. In den neunziger Jahren hatte die Clinton-Administration angeregt, den sogenannten Ost-West-Energiekorridor einzurichten, über den kaspisches Öl und Gas unter Umgehung Rußlands (und Vermeidung Irans) direkt nach Europa gelangen sollte. 2001 wurde mit der Umsetzung im westkaspischen Raum begonnen: der Bau der Baku–Ceyhan-Erdöl- und der Baku–Erzurum-Erdgaspipeline. Letztere soll dann verbunden werden mit der kürzlich beschlossenen Nabucco-Leitung, die von Ankara über Bulgarien und Rumänien Erdgas bis nach Österreich führen soll.«[3475] Damit lag die EU-Energiekonzeption – die Suche nach alternativen Versorgungsquellen – gut eingebettet in die US-Strategie, die seit dem Ende der UdSSR darauf drängte, einen Ost-West-Energiekorridor in Eurasien einzurichten.

Auf der anderen Seite aber kommt es für die USA entscheidend darauf an, daß sich zwischen der Europäischen Union und der Russischen Föderation keine autonome Energiepartnerschaft entwickeln kann. »Bereits in den siebziger und achtziger Jahren hatten die USA versucht, den Bau von Pipelines zwischen der damaligen Sowjetunion und Westeuropa zu verhindern und den damit verbundenen Transfer von Technologie zu unterbinden.«[3476] Genau eine solche europäisch-russische Zusammenarbeit drohte sich aber mit dem Beginn der Präsidentschaft PUTINS abzuzeichnen, zu dessen außenpolitischer Programmatik im Sinne der Schaffung einer multipolaren Weltordnung gerade eine russisch-europäische Zusammenarbeit gehörte. Dies hob PUTIN in seiner Rede vor dem Deutschen Bundestag am 25. September 2001 hervor: »Ich bin der Meinung, daß Europa seinen Ruf als mächtiger und selbständiger Mittelpunkt der Weltpolitik nur festigen wird, wenn es seine eigenen Möglichkeiten mit den russischen menschlichen, territorialen und Naturressourcen sowie mit den Wirtschafts-, Kultur- und Verteidigungspotentialen Rußlands vereinigen wird.«[3477]

Insbesondere die Bundesrepublik Deutschland begann unter der Kanzlerschaft Gerhard SCHRÖDERS diesem Weg zu folgen, wobei es den Enthüllungen von Alexander RAHR und Detlef BIMBOES zufolge gerade die deutsche Wirtschaft war, die die bundesdeutsche Außenpolitik dazu drängte, eine verstärkte Zusammenarbeit Deutschlands mit Rußland einzugehen. Das Ergebnis war der Plan der sogenannten ›Ostseepipeline‹, die Rußland über eine Unterwasser-Gaspipeline direkt – unter Umgehung der mittelosteuropäischen Transitstaaten – mit Deutschland verbinden sollte. »Veränderungen in der internationalen Politik und ein wachsender innerrussischer Markt für deutsche Exportgüter sorgten Anfang 2000 für den notwendigen Druck der Wirtschaft auf die damalige rot-grüne Bundesregierung, engere politische und wirtschaftliche Beziehungen zu Rußland aufzunehmen. Der Rußland-Experte Alexander RAHR beschreibt das so: ›Im Frühjahr 2000 wurde der neue Kanzler von den führenden Kapitänen der deutschen Wirtschaft nach Rußland ›getrieben‹. Und weiter: ›Während die USA im Zuge der Jukos-Affäre und des Streits um den Irak-Krieg den Energiedialog und die Antiterrorkoalition mit Rußland praktisch beendeten, erwarben deutsche Konzerne auf dem russischen Markt

Auf Initiative der deutschen Wirtschaft leitete Bundeskanzler Gerhard SCHRÖDER eine enge Partnerschaft mit Rußland im Energiebereich ein.

strategische Vorteile.‹ Sie mündeten in eine langfristig angelegte Zusammenarbeit im Gas- und Ölgeschäft zwischen Berlin und Moskau, die sich dann am 7. September 2005 – und 10 Tage vor der Bundestagswahl – im Vertrag zum Bau der Ostseepipeline niederschlug.«[3478]

Zur Durchsetzung dieses Vorhabens hatten der deutsche Energiekonzern E.on, der nach der Übernahme von Ruhrgas eine Vormachtstellung auf dem deutschen Energiemarkt erworben hatte, der BASF-Tochterkonzern Wintershall AG und Gasprom ein gemeinsames Konsortium, die ›Nordeuropäische Gaspipeline‹ (NEGP), gegründet. Darüber hinaus wurde vereinbart, daß E.on an der Ausbeutung des in Westsibirien gelegenen Juschno-Russkoje-Erdgasfeldes beteiligt werden soll, das zu den zwanzig größten Vorkommen der Region gehört. Mit diesen Projekten ging es Rußland »um die Erschließung des Energiesektors mit ausländischer, aber ausdrücklich nicht mit amerikanischer Hilfe«.[3479] Die geopolitische Bedeutung des Ostsee-Pipeline-Projekts lag darin, daß sich hier die »wirtschafts- und energiepolitischen Vorstellungen Rußlands und Deutschlands durchgesetzt« hatten[3480] und der staatliche russische Erdgaskonzern Gasprom erstmals eine ungestörte und direkte Verbindung zum europäischen Absatzmarkt haben wird. Mit dieser deutsch-russischen Zusammenarbeit soll das Juschno-Russkoje-Erdgasfeld gemeinsam erschlossen und das Erdgas auf die europäischen Energiemärkte gebracht werden.

Bislang waren die russischen Gaslieferungen nach Deutschland und Westeuropa vom Transit über Weißrußland, Polen und die Ukraine abhängig; hier existierten zwei Hauptpipelines, über die mehr als 90 Prozent aller russischen Gasexporte von Gasprom nach Europa liefen. Die erste Route führt über Zentralrußland, die Ukraine, die Slowakei, die Tschechische Republik nach Deutschland und von dort in weitere EU-Länder. Die zweite Route führt über Zentralrußland, Weißrußland, Ukraine, Slowakei und die Tschechische Republik nach Deutschland. Mit der mehr als 1200 km langen Ostseepipeline werden diese Transitländer jedoch umgangen. Durch sie wird die russische Ostseeküste bei der Stadt Wyborg mit der deutschen Ostseeküste verbunden. Als vorläufiger Endpunkt ist die Region Greifswald vorgesehen, von wo aus dann das aus dem westsibirischen Erdgasfeld Juschno-Russkoje stammende Erdgas nach Deutschland und von dort in die EU geliefert werden kann.

Dieses Pipelineprojekt stößt bis heute nach wie vor bei den mittelosteuropäischen Staaten auf erheblichen Widerstand. Neben dem vordergründigen Argument hauptsächlich Polens, das den Protest anführt, mit der Ostseepipeline würde sich ein neuer deutsch-russischer Sonderweg gegen die mittelosteuropäischen Staaten in Gestalt einer Neuauflage des ›Hitler-Stalin-Pakts‹ abzeichnen, ging es diesen Staaten bei ihrem Prostest in Wirklichkeit um einen Verlust ihrer geopolitischen Bedeutung, einen Keil zwischen Deutschland und Rußland zu treiben und die Entwicklung einer russisch-europäischen Energiezusammenarbeit zu torpedieren. »Gasprom hat erstmals eine direkte und ungestörte Verbindung zum wachsenden

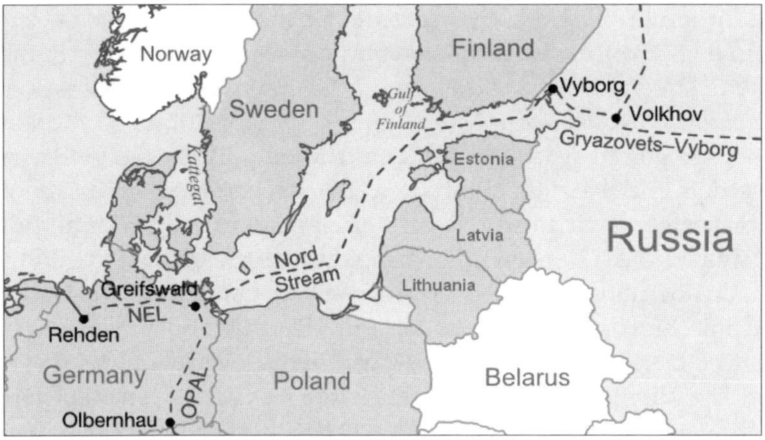

Die Ostseepipeline oder ›North Stream‹ hat eine Länge von 1223 km und wurde am 8. November 2011 eingeweiht.

europäischen Absatzmarkt. Transitgebühren – und damit geschmälerte Gewinne – durch Landpipelines entfallen. Der Hebel Transitgebühren kann von ehemaligen Mitgliedsstaaten des Warschauer Pakts nicht mehr als politische und wirtschaftliche Waffe gegen Rußland eingesetzt werden.«[3481]

Erkennbar will Polen nämlich »durch Transitpipelines auf seinem Staatsgebiet Abhängigkeiten schaffen. Unabhängiger will man nur von Importen für den eigenen Verbrauch werden. Beim Transit hat Polen Interesse an möglichst hohen Gasmengen, denn sie sorgen für hohe Gebühreneinnahmen für den Staatshaushalt. Gleichzeitig kann und soll die Höhe der Transitgebühr auch als Druckmittel eingesetzt werden. Außerdem, so die Auffassung, mindert sich das Versorgungsrisiko im Falle von politisch motivierten Lieferstopps, wenn die eigenen Verbrauchsmengen gleich über die Transitpipeline mitgeliefert werden. Schließlich seien von solchen Lieferstopps unmittelbar auch andere Länder betroffen. Damit werden die Motive deutlich, weshalb sich Polen von Anfang an gegen die Ostseepipeline wandte. . .«[3482]

Hinter den Kulissen wurde diese Haltung Polens durch die USA unterstützt – würde sich doch durch dieses Ostseepipelineprojekt der Alptraum MACKINDERS, den dieser 1919 in seinem Werk *Democratic Ideals and Reality* darstellte, verwirklichen. MACKINDER warnte schließlich vor einer derartigen deutsch-russischen Kooperation und sprach sich deshalb für die Stärkung der mittelosteuropäischen Staaten als ›cordon sanitaire‹ zwischen Deutschland und Rußland aus. Genau nach diesem Muster verfuhren jetzt auch die Vereinigten Staaten. Wie Alexander RAHR darstellte, reagierten die USA auf das deutsch-russische Vorhaben mit den Plänen, die Einrichtung eines amerikanischen Raketenabwehrsystems in Polen zu beschleunigen, die Einbindung der Ukraine in die NATO-Kooperationsstrukturen voranzutreiben und Rußland von seiner Marinebasis auf der Krim zu vertreiben.[3483] Insbesondere förderten die USA »indirekt die Gründung der neuen ›Gemeinschaft Demokratische Wahl‹ – eines regionalen Bündnisses von westlich orientierten postsowjetischen Staaten wie der Ukraine und Georgien mit den Baltischen Ländern sowie einzelnen Balkanstaaten. Mittels dieser Organisation soll die von Moskau dominierte GUS geschwächt und das Feld für eine dritte NATO-Osterweiterung geebnet werden. . . Zusätzlich dient die ›Gemeinschaft Demokratische Wahl‹ aber noch einem weiteren wichtigen Zweck, nämlich dem Aufbau einer alternativen Energieallianz mit dem Westen unter Umgehung Rußlands«.[3484]

Aber es gab noch einen anderen Grund, weshalb der deutsch-russische Pipelinebau amerikanischen Interessen zuwiderläuft, den Rußland-Experte Kai EHLERS benennt: »Die Gas-Lieferungen des Ostsee-Konsortiums sollen nämlich in Euro abgerechnet werden. Das klingt harmlos, schließlich handelt es sich um ein deutsch-russisches Abkommen. Angesichts der Tatsache aber, daß nach wie vor der Dollar als die Währung gilt, in der Öl- und Gastransfers abgewickelt werden, erscheint die sich abzeichnende Praxis von strategischem Gewicht. Seit die USA im großen Deal um den Ölkonzern Jukos und Michail CHODORKOWSKI Terrain verloren haben, beginnt sich der Wettbewerb um einen direkten Zugriff auf die russischen Ressourcen zu verlagern: Gleich nach dem CHODORKOWSKI-Prozeß hatte die Regierung PUTIN verkündet, sie gedenke, ab sofort ihre Währungsreserven vom Dollar schrittweise auf eine Parität zwischen Dollar und Euro umzustellen. Schon Ende 2005 soll ein Verhältnis von 60 zu 40 erreicht sein – sehr bald von 50 zu 50.«[3485]

Zunächst blieb der Widerstand der USA gegen das Ostseepipeline-Projekt eher stillschweigend. Erst anläßlich des Georgienkrieges im August 2008, der verstärkte Eindämmungsbemühungen gegen Rußland nach sich zog, wurde die US-Diplomatie sehr deutlich. In einem Zeitungsartikel hatte der US-Botschafter in Schweden, Michael M. WOOD, die schwedische Regierung »ungewöhnlich offen aufgefordert, das russisch-deutsche Projekt zu stoppen«.[3486] Da die Gaspipeline zu einem großen Teil durch die schwedische Wirtschaftszone verlaufen soll, konnte also hier eine wirksame Unterbrechung des Projekts erfolgen. Wie das Nachrichtenmagazin *Der Spiegel* enthüllte, war der Georgienkrieg lediglich der Anlaß für das Verhalten der USA. Vielmehr habe die Washingtoner Diplomatie schon seit Monaten hinter den Kulissen gegen das Pipelineprojekt Stellung bezogen.[3487] Als Argument wurde von seiten der US-Diplomatie angegeben, daß sich Europa und die USA nicht von dem »unzuverlässigen Energielieferanten Rußland abhängig machen dürften«.[3488]

Tatsächlich aber war die Haltung der USA nicht von der Sorge um die europäische Energiesicherheit bestimmt; es ging vielmehr darum, einer Vertiefung einer europäisch-russischen Zusammenarbeit entgegenzuwirken, die sich gerade unter dem französischen Staatspräsidenten Jacques CHIRAC und dem deutschen Bundeskanzler Gerhard SCHRÖDER entwickelt hatte. Hier war der Rohstoffsektor der Ausgangspunkt für eine Verstärkung dieser Zusammenarbeit.[3489] Wie Jürgen WAGNER analysierte, schien diese europäisch-russische Kooperation auch aufzugehen, und eine solche entwickelte sich auch im militärischen Bereich.[3490] Angesichts der sich herausbildenden Achse ›Paris–Berlin–Moskau‹, die im Begriff war, einen Gegenblock zu den USA zu bilden, drohte sich mit Hilfe Rußlands eine Verselbständigung Europas von Washington abzuzeichnen.

Diese Entwicklung wurde von den USA mit ernster Besorgnis wahrgenommen, und in einer Studie der neokonservativen ›Heritage Foundation‹ hieß es dann auch folgerichtig: »Solch eine Koalition könnte sich über den Irak hinaus als dauerhaft und kohärent erweisen. . . Zusammengenommen hat die französisch-deutsch-russische Kombination sämtliche Merkmale einer Großmacht, die fähig wäre, auf globaler Ebene ein Gegengewicht zu den Vereinigten Staaten zu bilden. Frankreich liefert dabei die politische und ideologische Führung, Deutschland die ökonomische Macht und Rußland die militärischen Utensilien.«[3491] Die Studie schlußfolgert daher: »Die Verhinderung einer dauerhaften französisch-deutsch-russischen Allianz, die als Gegengewicht gegen die USA geplant ist, muß als ein vorrangiges amerikanisches Sicherheitsinteresse angesehen werden.«[3492]

Insbesondere seit dem Irakkrieg traten in der US-Machtelite vermehrt einflußreiche Stimmen auf, die in der Europäischen Union einen ernsthaften geopolitischen Konkurrenten erblickten. So erklärte Joseph Nye, einer der Vordenker der US-Geopolitik: »Die einzige Einheit mit der Fähigkeit, die Vereinigten Staaten in der näheren Zukunft herauszufordern, ist die Europäische Union, falls sie eine enge Föderation mit großen militärischen Kapazitäten wird. . . Europa ist bereits heute im ökonomischen und transnationalen Bereich gut positioniert, ein strategisches Gegengewicht gegen die Vereinigten Staaten zu bilden.«[3493] Richard Perle, unter George W. Bush Leiter des Beratergremiums des US-Präsidenten ›National Defence Board‹, forderte in seinem aktuellsten Buch auf, »anzuerkennen, daß ein eng integriertes Europa nicht mehr länger ein uneingeschränktes amerikanisches Interesse ist«. Er forderte zur Isolation Frankreichs auf und gab der US-Diplomatie die Aufgabe, »europäische Regierungen dazu zu zwingen, zwischen Washington und Paris zu wählen«.[3494]

Die Gegenstategie der USA, um eine Vertiefung der europäischen Einigung mit einer eurasischen Dimension zu verhindern, war eine ausdrückliche Befürwortung und Förderung der doppelten Erweiterung von EU und NATO mit der Absicht, daß dadurch die europäische Einigungsfähigkeit überfordert würde. So hatte es bereits Samuel Huntington formuliert: »Falls die politische Integration der Europäischen Gemeinschaft eintreten sollte, riefe sie eine außerordentlich machtvolle Einheit ins Leben, die nur noch als eine Hauptbedrohung für amerikanische Interessen wahrgenommen werden kann.«[3495] Deshalb liege es im amerikanischen strategischen Interesse, »die Entwicklung der Europäischen Gemeinschaft in Richtung einer losen, rein wirtschaftlichen Einheit mit breiterer Mitgliedschaft anstelle einer engeren politischen Einheit mit einer integrierten Außenpolitik zu unterstützen«.[3496]

Dabei sollten die neuen EU-Migliedsstaaten eine wichtige Rolle zur Unterminierung einer europäischen Einheit spielen. Mit der Aufnahme der proamerikanisch ausgerichteten osteuropäischen Staaten soll der Einfluß der USA wiederhergestellt werden. Zu diesem Zweck rief, wie oben schon dargestellt, der einflußreiche Lobbyist und Vordenker der NATO-Osterweiterungspolitik Bruce JACKSON die sogenannte ›Vilnius-Gruppe‹, ein Konsultationsforum ost- und südosteuropäischer Staaten unter Vorsitz von Vertretern der US-Machtelite, ins Leben, mit dem eine ›robuste‹ NATO-Osterweiterung durchgesetzt werden sollte. Mit dieser Politik wiederum sollte der Vorrang der NATO mit der Führungsmacht USA im OSZE-Raum gestärkt werden.[3497]

Jürgen WAGNER weist in diesem Zusammenhang auf ein Grundsatzpapier des ›Institute for Foreign Policy Analysis‹ hin, welches dieses Kalkül zum Prinzip der US-Osteuropapolitik erklärte: »Estland, Lettland und Litauen könnten den Teil eines Kerns ost- und zentraleuropäischer Staaten bilden, die als ›neue Atlantiker‹ fungieren. Das sind Staaten, die ein zwingendes Interesse daran haben, die Vereinigten Staaten in europäische Sicherheitsangelegenheiten einzubinden. Die versichern wollen, daß kollektive Verteidigung die raison d'être der Allianz bleibt und die jede ›Abwertung‹ der NATO in eine OSZE-ähnliche Organisation oder deren Zurücksetzung hinter die europäische Verteidigungsidentität ablehnen. Ein wichtiger Punkt, der manchmal übersehen wird, ist, daß durch eine Erweiterung der NATO, in der gleichgesinnte Staaten, die mit der US-Sichtweise der Allianz sympathisieren, die Nützlichkeit der NATO für US-Interessen eher erhöht als gesenkt werden könnte.«[3498] Die Pentagon-Beraterin Ruth WEDGEWOOD stellte es noch deutlicher heraus: »Die NATO-Erweiterung ist eine flankierende Maßnahme, um Westeuropa einzudämmen.«[3499]

Mit der EU-Osterweiterung, die im Mai 2004 formell vollzogen wurde, endete also die Möglichkeit eines autonomen europäisch-russischen Blocks. Der europäische Umgang mit Rußland änderte sich aber endgültig mit dem Wechsel der politischen Eliten in Frankreich und in Deutschland. »Während bis 2003 gaullistische Positionen dominierten, die für eine deutliche Distanzierung von Washington und die Bildung eines militarisierten Gegenblocks mit Rußland als untergeordnetem Verbündeten eintraten«, so Jürgen WAGNER, »gewannen in der Folge die Atlantiker immer stärker die Oberhand. Sie plädieren für eine enge Partnerschaft mit den USA. . .«[3500] Angela MERKEL, die im Herbst 2005 die Wahlen zur Bundeskanzlerin gewann, hatte sich bereits in ihrer Zeit als Oppostionsführerin gegen Bundeskanzler SCHRÖDER deutlich gegen eine enge Verbindung Deutschlands mit Rußland ausgesprochen,[3501] und bezüglich des CHIRAC-Nachfolgers Nicolas SARKOZY liegen den Recherchen des französischen Enthüllungsjournalisten Thierry MEYSSAN zufolge viele Hinweise dafür vor, daß dessen politischer Aufstieg von der CIA gefördert wurde.[3502]

Die Abkühlung der Beziehungen zwischen Rußland und dem Westen wurde zudem noch verstärkt durch die Verhaftung des Oligarchen Michail CHODORKOWSKI und die Zerschlagung des Jukos-Konzerns, die allgemein als Symbol einer beginnenden Renationalisierung der russischen Energiewirtschaft und damit als Wendepunkt der Beziehungen des Westens zu Rußland gesehen werden.[3503] Die Verschlechterung der russisch-europäischen Beziehungen förderten die USA ferner mit den Inszenierungen der ›farbigen Revolutionen‹, die, wie erwartet, zu einer Veränderung der Haltung Rußlands gegenüber der Europäischen Union geführt hatten. Seitdem nämlich »machen sich sowohl in der regionalen als auch internationalen Politik Rußlands Veränderungen bemerkbar. Gegenüber der Ukraine und Georgien, aber auch Moldawien instrumentalisiert Moskau zunehmend wirtschaftliche Macht, um politischen Druck auszuüben und mißliebigen innenpolitischen Entwicklungen in diesen Staaten entgegenzuwirken – vor allem aber, um eine Ausdehnung der ›farbigen Revolutionen‹ zu verhindern. Die EU wird nicht mehr ausschließlich als Partnerin, sondern als wichtigste Konkurrentin um Einfluß im postsowjetischen Raum wahrgenommen«.[3504]

Deutlich spricht Sabine Fischer von der Entwicklung einer »Integrationskonkurrenz zwischen Moskau und Brüssel«, deren Austragungsort die westliche GUS sei.[3505] Ähnlich sieht es auch Laurent Rucker von *Le Monde diplomatique*: »Im Vorfeld der EU-Osterweiterung war es häufig zu Spannungen zwischen Moskau und Brüssel gekommen. Die Europäische Nachbarschaftspolitik (ENP) gegenüber den neuen Anrainerstaaten der Union (Weißrußland, Ukraine, Moldawien, Rußland und den Kaukasusstaaten) macht Moskau zunehmend nervös. Man sieht darin einen weiteren Angriff des Westens auf den russischen Einfluß in den postsowjetischen Staaten.«[3506]

Auf diese Weise wurde die Europäische Union weitestgehend wieder auf einen anti-russischen Kurs gebracht[3507] und konnte wieder als Schachfigur in die große US-Eurasienstrategie eingebunden werden, wie es auch die ›Heritage Foundation‹ in ihrem Strategiepapier *The North European Gas Pipeline Threatens Europe's Engergy Security* in ihrer Zusammenfassung einfordert: »Es ist entscheidend, daß die Europäische Union und die Vereinigten Staaten zusammenarbeiten, um Wege und innovative Maßnahmen zur Reduzierung der Abhängigkeit von einem monopolistischen Rußland zu finden und zu implementieren. Als Minimum sollten sie bei der Unterstützung neuer Transitstrecken zusammenarbeiten, die Rußland umgehen.«[3508]

Insgesamt verlangt das Strategiepapier eine konzertierte Aktion von EU und USA, die russische Energiegeopolitik zu torpedieren; es sieht in einer energiepolitischen Zusammenarbeit von EU und Rußland aus US-Sicht eine »negative geopolitische Entwicklung«. Mit dem Vorwand, es gelte eine einseitige Energieabhängigkeit Europas von Rußland zu verhindern, war von der US-Machtelite also beabsichtigt, die politische Führung der Europäischen Union dazu zu bringen, auf die Konzeption der US-Geopolitik umzuschwenken, deren Ziel bekanntermaßen ja die Errichtung alternativer, Rußland umgehender und isolierender Energiekorridore, verbunden mit einer Aufbrechung des russischen Staatsmonopols im Energiesektor, ist. Damit wurde deutlich, daß die Eurasienstrategie der USA – die Einkreisung und Isolation Rußlands – letztlich auch die Entstehung einer energiepolitischen Union zwischen Europa und Rußland verhindern sollte.

Die Einbettung der US-Vorherrschaft in Eurasien – von der NATO-Osterweiterung bis zur Anzettelung von prowestlichen Regimewechseln im ›nahen Ausland‹ – forderte Rußland zu Gegenmaßnahmen heraus, die dann als Bedrohung Europas oder als Wiedererstarken einer vermeintlich aggressiven russischen Außenpolitik propagiert wurden und zur Legitimation einer antirussischen Geopolitik dienten. Bezeichnend hierfür ist die Stellungnahme eines ehemaligen Mitglieds des Planungsstabes des deutschen Auswärtigen Amtes: »Rußland ist wieder wer auf der weltpolitischen Bühne und will es allen zeigen. . . Das neue Selbstbewußtsein russischer Außenpolitik macht auch vor der EU nicht Halt – allen süßen deutschen Träumen von einer ›Strategischen Partnerschaft‹ mit Rußland zum Trotz. (Es ist) höchste Zeit, alle Schönfärberei von PUTINS autokratischer Demokratie zu beenden.«[3509] Auf diese Weise erreichten es die USA, daß ihre geopolitischen Vorstellungen wieder bestimmend für eine gemeinsame transatlantische Eurasienstrategie gegen Rußland wurden.

1.2 Die »Energie-Charta« als Mittel der Europäischen Union zum Aufbrechen des russischen Staatsmonopols

Die Renationalisierungsbestrebungen im russischen Energiesektor versuchte die Europäische Union zunächst auf dem Wege eines internationalen Vertragswerkes zu unterlaufen, mit dem Ziel, daß europäische Energiekonzerne gleichgestellt mit dem russischen Energieriesen Gasprom und ohne jegliche Beschränkung durch russische Gesetze große Anteile an russischem Erdöl, Erdgas und Pipelinenetzen erwerben konnten. Das entscheidende Werkzeug hierfür sollte die »Energie-Charta« sein. Angeregt wurde die Charta 1990 von den Niederlanden, um die Zusammenarbeit mit den ost- und mitteleuropäischen Staaten sowie der ehemaligen Sowjetunion auf eine neue Grundlage zu stellen und die Sicherheit der Energieversorgung der EU zu verbessern. Die Verhandlungen darüber mündeten in einen internationalen Vertrag über die Energie-Charta, die am 17. Dezember 1994 in Lissabon unterzeichnet wurde. Der Schwerpunkt der Charta liegt bis heute noch auf den europäischen Ost-West-Energiebeziehungen, doch immer stärker wurde auch der eurasische Raum in die Charta miteinbezogen. Rußland hatte zwar die Charta unterzeichnet, jedoch bislang nicht ratifiziert.

Von dieser Energiecharta versprach sich die EU vor allem den Zugang westlicher Konzerne zum russischen Energiemarkt. Mit der Charta schließlich hatten sich die Unterzeichner verpflichtet, »transparente und stabile Bedingungen für ausländische Investoren zu fördern. Diese dürften nicht schlechter behandelt werden als Investoren aus dem eigenen Land. Auf Basis dieser Regelung könnten somit etwa europäische Investoren gegen die Schritte der russischen Regierung in dem Streit über das Öl- und Gasprojekt auf der Insel Sachalin vorgehen. Der Kreml hatte die Betreiber des Projekts aufgeschreckt, als er die Fördererlaubnis zurückzog, weil es angeblich Zweifel an der Umweltverträglichkeit des Projekts gibt. Fachleute sehen darin den Versuch, dem russischen Staatskonzern Gasprom mehr Einfluß bei dem Projekt zu verschaffen. Auch die Abschottung strategisch wichtiger Wirtschaftsbranchen, zu denen auch die Rohstoffindustrie zählt, dürfte nicht im Einklang mit der Charta stehen«.[3510]

Jedenfalls wäre Rußland mit der Unterzeichnung der Charta die Möglichkeit genommen, im Bedarfsfall die Gaslieferungen als Druckmittel einzusetzen: »Auf jeden Fall wäre eine Unterbrechung der Gasversorgung, wie Rußland sie im Januar (2006) im Streit über die Gaspreise mit der Ukraine praktizierte, damit nicht mehr erlaubt.«[3511] Darüber hinaus wäre Rußland mit der Energiecharta gleichfalls verpflichtet, sein Pipelinesystem ausländischen Konzernen gleichberechtigt zur Verfügung zu stellen: »Im sogenannten Transitprotokoll ist zudem ein gleichberechtigter Zugang von Konzernen und Drittländern zu russischen Pipelines vorgesehen. Dem widerspricht direkt der Beschluß der Duma, Gasprom zum einzigen Exporteur von russischem Gas zu machen«.[3512] Genau auf diesen Punkt konzentriert sich schließlich auch die Kritik Rußlands an der Charta.

Tatsächlich liegt die »Energie-Charta« auf der Linie der von der US-Machtelite während des Zweiten Weltkriegs ins Leben gerufenen ›Grand-Area‹-Strategie, die bekanntermaßen darauf abzielte, den US-Konzernen globale Absatzmärkte und unbeschränkten Zugang zu strategischen Rohstoffen einzuräumen. Auf der Hand liegt außerdem, daß mit der Unterzeichnung der Energie-Charta Rußland die Grundelemente seiner Strategie zum machtpolitischen Wiederaufstieg aus der Hand genommen wären, die ja gerade auf der Monopolisierung und Verstaatlichung des Energiesektors beruht. Genau darauf aber sollte, so eine Studie der Konrad-Adenauer-Stiftung, die Energiecharta abzielen, denn diese könnte »das russische Pipeline-Monopol für Öl und Gas beenden. . . und die Preise für Energie in Europa durch mehr Konkurrenz senken. . .«[3513] Schließlich verbirgt sich auch Friedensforscher Detlef Bimboes zufolge hinter dem Verlangen der EU nach einer Liberalisierung des russischen Energiemarktes »das Ziel der europäischen Energiewirtschaft, die russischen Energieressourcen nicht nur zu nutzen, sondern auch zu besitzen. Der Schlüssel dafür ist der Energie-Charta-Vertrag. . . Er verpflichtet die Unterzeichner auf die Privatisierung der Ressourcenvorräte wie der Transitwege, sowie auf den freien Transfer der in einem Land erwirtschafteten Gewinne«.[3514]

Mit dem Bemühen, Rußland dazu zu bewegen, die »Energiecharta« zu unterzeichnen, geht es also zusammenfassend darum, eine Situation zu schaffen, wie sie in den neunziger Jahren unter Jelzin vorgeherrscht hatte und die es westlichen Konzernen ermöglichte, rund 26 Prozent des russischen Ölsektors in die Hand zu bekommen.[3515] Putins Energiepolitik soll durch diese Maßnahme rückgängig gemacht werden; mit der Verwirklichung der Prinzipien der »Energiecharta« würden daher Rußland die Voraussetzungen genommen, die bislang seinen Wiederaufstieg als ›Energiesupermacht‹ begründet hatten. Vor diesem Hintergrund ist auch die Weigerung Rußlands nachvollziehbar, diese Charta zu ratifizieren. Vielmehr griff Moskau zu einer Gegenstrategie, um die Energiepolitik als Instrument der Erneuerung Rußlands als geopolitischen Integrationsfaktor Eurasiens wieder zur Geltung zu bringen. Diese bestand Jürgen WAGNER zufolge aus folgenden Elementen: verstärkte staatliche Kontrolle der eigenen Energieversorgungs- und Transportunternehmen, Zurückdrängung in Rußland operierender westlicher Firmen sowie die schrittweise Übernahme osteuropäischer und zentralasiatischer Energie- und Transportunternehmen.[3516]

So setzte Rußland zum einen seine Strategie fort, Energiekorridore zu schaffen, die russische Gas- und Ölvorkommen unter der Regie russischer Energiekonzerne direkt mit dem europäischen und ostasiatischen Markt verbanden. Als es für Rußland klar wurde, daß Washington die baltischen Staaten in die NATO überführen wollte, so F. William ENGDAHL, trieb PUTIN den Bau eines großen Ölhafens in Primorsk an der Ostsee voran. »Dieses Projekt, das Baltische Pipeline-System (BPS), verringert die Abhängigkeit der Exporte von Lettland, Litauen und Polen erheblich. Das BPS ist Rußlands wichtigster Transportweg für den Ölexport, auf dem Rohöl aus Rußlands Ölprovinzen in Westsibirien und Timan-Pechora nach Westen zum Hafen von Primorsk im russischen Teil des Finnischen Meerbusens transportiert wird. Das BPS wurde im März 2006 fertiggestellt und kann pro Tag über 1,3 Millionen Barrels russisches Erdöl in die westlichen Märkte in Europa und darüber hinaus transportieren.«[3517] Dieses Vorhaben kann als das Ölpipeline-Gegenstück zur Ostseepipeline betrachtet werden, die russisches Erdgas vom Gasfeld Juschno-Russkoje nach Westen liefern soll.

Auch auf den ostasiatischen Energiemarkt plante die Regierung PUTIN, Fuß zu fassen. Das gelang ihr im April 2006 mit dem Bau der Ostsibirien-Pazifik-Ölpipeline (ESPO) von Taishet in der Region von Irkutsk in Ostsibirien an die russische Pazifikküste unter der Leitung der staatseigenen russischen Pipelinegesellschaft Transneft. Die geopolitische Bedeutung der ESPO faßt F. William ENGDAHL wie folgt zusammen: »Nach ihrer Fertigstellung wird sie täglich bis zu 1,6 Millionen Barrels von Sibirien in den Fernen Osten Rußlands und von dort in die energiehungrige asiatisch-pazifische Region, hauptsächlich nach China, pumpen. . . Bisher kann sibirisches Öl nur per Schiene an den Pazifik transportiert werden. Für Rußland bringt die Leitung von Taishet nach Perevoznaya den maximalen strategischen Nutzen und ermöglicht gleichzeitig Ölexporte nach China und Japan. In Zukunft kann das Land von dem Hafen von Nakhodka Öl direkt nach Japan exportieren. Das ölabhängige Japan sucht verzweifelt nach neuen sicheren Ölquellen außerhalb des instabilen Mittleren Ostens. Die ESPO kann zudem sowohl Süd- als auch Nordkorea durch den Bau von Nebenpipelines von Wladiwostok in beide Länder und China über eine Nebenpipeline von Blagoveshchensk nach Daqing beliefern. Die Taishet-

Pipeline bietet einen klaren Rahmen für die energiepolitische Zusammenarbeit zwischen Rußland und China, Japan und anderen Ländern der asiatisch-pazifischen Region.«[3518]

Auf diese Weise ist es Rußland gelungen, energiepolitisch die Einbindung des ostasiatisch-pazifischen Raumes voranzutreiben und eine grundlegende Rolle bei der Gestaltung dieses geoökonomischen Schlüsselraumes zu spielen.

Begleitet war diese Strategie von Maßnahmen, die den russischen Energiemarkt vor dem Zugriff westlicher Konzerne sichern sollte. Das oben bereits erwähnte Gesetz zum Schutz des russischen Energiebereichs vom Oktober 2006 sah vor, daß russische Unternehmen bei der Vergabe von Förderlizenzen zur Ausbeutung strategischer Öl-, Gas- und Metallagerstätten die Mehrheit halten müssen, was bei der proatlantischen Machtelite auch sogleich auf Kritik stieß. Einer Studie der Konrad-Adenauer-Stifung zufolge steht dieses Gesetz »ganz im Gegensatz zu Deregulierung und marktwirtschaftlichen Mechanismen für eine Aufrechterhaltung der Kontrolle des Energiesektors durch die russische Regierung. . .«[3519]

Diesem Gesetz folgten auch alsbald Taten. So zog Gasprom – wie Jürgen WAGNER erwähnt – seinen urspünglichen Vorschlag, einen 49%igen Anteil am Shtokman-Erdgasfeld westlichen Konzernen zu verkaufen, wieder zurück, um die vollständige Kontrolle über dieses größte Gasfeld zu behalten.[3520]

Eine Zügelung des westlichen ›Big Oils‹ durch Rußland erfolgte – so F. William ENGDAHL – ferner im Streit um die Öl- und Gasförderung auf der Insel Sachalin. Geologen zufolge befinden sich dort rund 8 Milliarden Barrel Öl und erhebliche Gasmenge, und zur Erschließung dieses Gebiets hatte JELZIN in den neunziger Jahren einem westlichen Ölkonsortium unter Shell und ExxonMobil großzügige Schürfrechte eingeräumt. Bei diesem Geschäft wurde eine sogenannte Produktionsquotenvereinbarung getroffen, der zufolge der russischen Regierung die Öl- und Gasrechte mit einem Anteil an dem schließlich geförderten Öl oder Gas vergütet werden sollten, jedoch erst dann, wenn sich alle Produktionskosten amortisiert hätten.[3521] Der US-Ölkonzern ExxonMobil kündigte jedoch eine Kostensteigerung von 30 Prozent an, womit ein etwaiger russischer Anteil an den Ölflüssen in weite Ferne rückte. Auf diese Ankündigung hin erklärte das russische Umweltministerium, daß das Förderprojekt des Konsortiums gegen Umweltauflagen verstoße.[3522] Gleichzeitig verlangte die russische Regierung für Gasprom einen Anteil von 50 Prozent an dem Sachalin-Projekt.[523] »Die eindeutigen Schritte der russischen Regierung gegen ExxonMobil und Shell«, so F. William ENGDAHL, »wurden in der Branche als Versuch der Regierung PUTIN gewertet, die Kontrolle über die Öl- und Gasvorkommen wiederzuerlangen, die sie während der JELZIN-Ära abgegeben hatte. Im Rahmen von PUTINS neuer Energiestrategie wäre das nur stimmig.«[3524]

2 Der Erdgasstreit mit der Ukraine sowie Weißrußland und Polens Idee einer ›Energie-NATO‹

Ein weiterer Konfliktherd im russisch-transatlantischen Energiekrieg trat im Konflikt zwischen Rußland und der Ukraine um die Erhöhung der Gaspreise zu Tage, der im März 2005 begann und erst im Januar 2006 beendet werden konnte. Das russische Vorgehen wurde in den westlichen Medien allgemein als ein russisches Erpressungsmanöver angesehen, das als Bestrafung für den prowestlichen Kurs der neuen ukrainischen Regierung JUSCHTSCHENKO gedeutet wurde.[3525]

Tatsächlich aber waren die Hintergründe vielschichtiger, und der Vorwurf einer ›Erpressung‹ sollte sich im größeren Vergleich der Gaspreisstrategie von Gasprom als übertrieben erweisen. Auseinandersetzungen zwischen der Ukraine und Rußland um die Gaspreise und -lieferungen traten bereits kurze Zeit nach dem Zerfall der Sowjetunion auf, und auch die Ukraine nutzte ihre äußerst günstige strategische Stellung im Öl- und Gastransit nach Mittel- und Westeuropa bei den Verhandlungen mit Rußland aus, denn 95 Prozent der russischen Erdgas- und 50 Prozent der Erdölexporte laufen über ihr Gebiet.[3526] Bis 1993 betrug der Preis, den die Ukraine zu entrichten hatte, 42 US-Dollar pro 1000 m^3, und damit etwa die Hälfte dessen, was den westeuropäischen Kunden berechnet wurde.[3527] Bereits Anfang der neunziger Jahre geriet die Ukraine mit der Bezahlung der Gasimporte in Verzug, was wiederholt zu Lieferungskürzungen bei Gasprom führte. Hierbei beliefen sich die ukrainischen Gasschulden auf mehrere Milliarden Dollar.[3528]

Verantwortlich hierfür waren insbesondere auch kriminelle Geschäfte der ukrainischen Mafia im Transportsektor; und es war gerade die große Schattenwirtschaft in der ukrainischen Energiebranche, die zu einer Verschärfung des Problems beitrug. »Jedes Jahr wurden aus der Pipeline, die durch die Ukraine nach Westeuropa führt, große Mengen russischen Erdgases illegal abgezapft. Die gigantischen Vermögen der ukrainischen Oligarchen – unter KUTSCHMA die eigentlich Mächtigen in der Ukraine – sollen zu einem großen Teil so entstanden sein.«[3529] Große Mengen preiswerten russischen Gases wurden so von mafiosen Strukturen, unter anderem auch innerhalb des staatlichen ukrainischen Gasversorgers Naftogaz Ukrainy, an Gesellschaften in Polen, der Slowakei und Ungarn gewinnbringend veräußert,[3530] und Energieexperten zufolge bildete die ukrainische Gaswirtschaft »ein wenig durchschaubares Geflecht aus Politik, Wirtschaft und Schattenwirtschaft bis hin zur organisierten Kriminalität«.[3531]

Um der Abhängigkeit vom ukrainischen Transportnetz zu entgehen und durchsichtige Lieferverhältnisse zwischen Rußland und Westeuropa zu schaffen, ergriff Rußland eine Reihe von Gegenstrategien. Eine davon war die Errichtung der ›Jamal‹-Gaspipeline durch Weißrußland und Polen, die Ende 1999 in Betrieb ging, so daß die Abhängigkeit von der Ukraine als Transitland nachließ.[3532] Darüber hinaus regte Gasprom die Aufnahme von Verhandlungen mit der Ukraine über die Errichtung eines internationalen Gaskonsortiums zur Verwaltung des ukrainischen

Transportnetzes an, um so illegale Entnahmen zu verhindern. In diesem Konsortium sollten neben Gasprom und ukrainischen Partnern auch deutsche Energiekonzerne vertreten sein. Außerdem war Gasprom bereit, der Ukraine in der Schuldenfrage entgegenzukommen.[3533] Eine wirksame Einigung konnte aber nicht erzielt werden, zumal die Ukraine im Rahmen der Verhandlungen eine Erhöhung der Transitgebühr verlangte, womit Gasprom seinerseits die Gelegenheit sah, auch eine Neuverhandlung des Gaspreises zu fordern, denn der im internationalen Vergleich niedrige Preis – es war knapp ein Fünftel dessen, was westeuropäische Kunden zu entrichten hatten (50 US-Dollar pro 1000 m^3 im Vergleich zu 240 US-Dollar, die Europa zu zahlen hatte) – war an die niedrigen Transitgebühren gekoppelt.

Jetzt verlangte Gasprom von der Ukraine ab 2006 die Zahlung von Preisen auf europäischem Niveau für Gas aus russischen Quellen. Jedoch zeigte sich der russische Gaskonzern dennoch bereit, »deutliche Abstriche beim Gaspreis hinzunehmen, wenn das Gasleitungsnetz einem russisch-ukrainischen Konsortium, womöglich mit deutscher Beteiligung, übereignet würde«.[3534] Dieses Konsortium sollte die ukrainischen Gaspipelines verwalten, insbesondere, um illegale Entnahmen zu verhindern.[3535] Da die Ukraine dies ablehnte, stoppte der russische Gaslieferant zum 1. Januar 2006 die Binnenversorgung der Ukraine, die sich aber nicht auf den Gastransit nach Europa auswirken sollte.[3536]

Die westliche Politik unterstellte Rußland mit dieser Maßnahme, daß es sein »Erdgas als Waffe« nutze, um die Ukraine für die ›orangene Revolution‹ zu bestrafen – eine Beurteilung, die von Energieexperten jedoch als »eine voreilige und einseitige Interpretation« eingeschätzt wird.[3537] Denn im Grunde ging es den Parteien lediglich um eine marktwirtschaftliche Auseinandersetzung; und für das Verhalten der russischen Seite gibt es ökonomisch nachvollziehbare Gründe, wie auch Roland Götz darstellt. »Der Preis von 50 US-Dollar pro 1000 m^3, den Gasprom der Ukraine bis dato berechnete, war Mitte der neunziger Jahre festgesetzt worden, als der europäische Exportpreis bei 70 US-Dollar pro 1000 m^3 lag. . . Angesichts des bis 2005 auf 220 bis 250 US-Dollar pro 1000 m^3 gestiegenen ›europäischen‹ Preises mußte er allerdings unterdessen als Subvention der ukrainischen Wirtschaft gelten, für die es aus Sicht von Gasprom keine Notwendigkeit gab«,[3538] zumal in der Ukraine durch die ›orangene Revolution‹ prowestliche Potentaten an die Macht gekommen sind, für deren wirtschaftliche Subventionierung durch niedrige Vorzugspreise aus russischer Sicht kein Anlaß bestand.[3539]

Die Ukraine ihrerseits stellte sich nicht grundsätzlich gegen eine Anpassung des Erdgaspreises zu europäischen Bedingungen, sondern forderte vielmehr einen schrittweisen Preisanstieg.[3540] Folgt man Christian Wipperfürth, so wollte die Ukraine mit dieser Forderung die Verhandlungen in Länge ziehen und Zeit gewinnen.[3541] Vieles spricht dafür, daß jetzt bei der ukrainischen Führung geopolitische Überlegungen auf die Preisverhandlungen Einfluß nahmen. Viktor Juschtschenko plante schließlich die Loslösung der Ukraine von jeglichem russischen Einfluß und ihre

Integration in transatlantische Bündnisstrukturen. Wie die *Frankfurter Allgemeine Zeitung* beschreibt, strebte Juschtschenko den Aufbau der Ukraine als regionaler Führungsmacht Ostmitteleuropas an, und zur Durchsetzung dieses Zieles diente einerseits die ›Gemeinschaft Demokratische Wahl‹ – das Regionalbündnis zwischen Estland, Lettland, Litauen, Georgien, Rumänien, Mazedonien, Moldawien und Slowakei, bei dem es um einen »Methodentransfer von West nach Ost geht, der dem autoritären ›russischen Modell‹ das Bild der europäischen Demokratie entgegensetzen soll«[3542] – und andererseits die GUUAM.[3543] Die in diesen beiden Bündnissystemen integrierten Staaten »wollen die Dominanz Rußlands auf dem Markt für Erdöl und Erdgas schwächen« und »suchen seither neue Strukturen für die Region im Süden der ehemaligen Sowjetunion, die an die Stelle des russischen Einflusses treten soll. Die Ukraine, den größten Staat zwischen Ostsee, Schwarzem Meer und Kaspischem Meer, betrachten sie dabei als ›natürliche Führungsmacht‹«.[3544]

Einiges schien dafür zu sprechen, daß das ukrainische Taktieren und das Spielen auf Zeit bei den Preisverhandlungen vor diesem Hintergrund einen konkreten energiegeopolitischen Zweck hatte. Um die geopolitischen Ziele der Ukraine verwirklichen zu können, strebte Juschtschenko an, die energiepolitische Abhängigkeit von Rußland zu verringern. Vor dem Machtwechsel in der Ukraine hatten Gasprom und der ukrainische Staatskonzern Naftogaz vereinbart, daß ab 2007 die gesamten Gasimporte in die Ukraine über eine Gasprom-Tochter abgewickelt werden sollten.[3545] Um dieser Abhängigkeit zu entgehen, wollte die neue ukrainische Führung direkt mit Turkmenistan ins Gasgeschäft kommen, und seit ihrem Amtsantritt im Januar 2005 suchte sie enge Beziehungen zur turkmenischen Führung.[3546] Gegenwärtig bezieht die Ukraine fast die Hälfte ihres Gasverbrauches aus Turkmenistan, die andere Hälfte aus Rußland.[3547]

Die Berechnung Juschtschenkos war es wohl gewesen, gänzlich von russischen Gasimporten unabhängig zu werden, und wenn es ihm gelungen wäre, den russischen Gasanteil allmählich durch turkmenische Lieferungen zu ersetzen, hätte er wesentlich mehr Handlungsspielräume bei den Verhandlungen mit Rußland gehabt. Für diese Theorie spricht, daß parallel zu den ukrainisch-russischen Preisstreitigkeiten hinter den Kulissen Verhandlungen zwischen Kiew und Turkmenistan stattfanden. »Während zwischen Kiew und Moskau über den Preis für russisches Gas gestritten wurde«, so die *Frankfurter Allgemeine Zeitung*, »mühten sich beide Seiten um das turkmenische Gas«,[3548] und mit der Forcierung eines alternativen Pipelinekorridors, der Turkmenistans Erdgas durch das Kaspische Meer nach Aserbaidschan und Georgien und von dort über das Schwarze Meer nach Odessa führt, wäre die Ukraine auch von russischen Pipelines unabhängig.

Jedenfalls mag darin wohl der tiefere Sinn der ukrainischen Strategie, auf ›Zeitgewinn‹ zu setzen, gelegen haben, und gleichzeitig versuchte die Ukraine, Rußland verstärkt unter Druck zu setzen. Schließlich war in dieser Streitfrage eine wechselseitige Abhängigkeit der Parteien voneinander gegeben: Einerseits konnte die

Ukraine durch Erhöhung der Transitgebühren die Gewinnmargen von Gasprom ohne weiteres schmälern, und ferner gab es noch geopolitische Einflußmöglichkeiten der Ukraine: »Die Gasversorgung Südrußlands ist außerdem von der Kooperation Kiews abhängig, denn die Gasleitung Moskau–Stawropol, durch die Südrußland versorgt wird, verläuft über ukrainisches Territorium. Rußland nutzt zudem Radarstationen in der Westukraine und der Krim, die den Luftraum in einem Radius von 2000 bis 3000 Kilometern überwachen. Ihr Ausfall würde ein riesiges Loch in die Luftsicherheit Rußlands reißen. Russische Medien berichteten, daß die ukrainische Führung offiziell angekündigt habe, den USA möglicherweise Zugang zu den Einrichtungen zu gewähren. Die Spekulationen erhielten durch den Besuch der US-Außenministerin in Kiew zur selben Zeit weitere Nahrung. Es lag nahe, daß Kiew diese und andere Trümpfe in den Gaspreisverhandlungen nutzte.«[3549] So drohte die Ukraine auch damit, die Miete für den Stützpunkt der russischen Schwarzmeerflotte auf der Krim zu erhöhen.[3550]

Tatsächlich konnte im Januar 2006 dennoch ein Kompromiß erzielt werden, der allerdings auf einem sehr komplizierten Mechanismus beruhte und dessen Hintergründe nach wie vor geheimnisvoll sind.[3551] Der russisch-ukrainische Vertrag sah vor, »daß Gasprom russisches Gas für 230 US-Dollar pro 1000 Kubikmeter an die Handelsgesellschaft ›Rosukrenergo‹ verkauft, von der wiederum die Ukraine Gas für 95 US-Dollar erwerben kann. Rosukrenergo konnte preiswertes Gas aus Turkmenistan in seine Mischkalkulation mit einbeziehen. Die Ukraine glich die von 50 auf 95 US-Dollar erhöhten Preise teilweise durch höhere Transiteinnahmen aus. Das Entgelt für den Transit wurde von 1,09 auf 1,60 US-Dollar erhöht und nicht mehr in Gas, sondern bar bezahlt. Die Ukraine zahlt Rußland für den Transport turkmenischen Gases über das russische Netz lediglich 1,09 US-Dollar pro 100 km«.[3552]

Angesichts dieser Regelung erscheint überhaupt fraglich, ob Rußland oder Gasprom aufgrund dieser Regelung überhaupt als Gewinner des Streites bezeichnet werden können. »Wie Gazprom die erstrittenen hohen ›Marktpreise‹ . . . aus dem Verkauf an die Ukraine erzielen will, ohne daß die Tochtergesellschaft (RosUkrEnergo, der Verf.) hohe Verluste macht, bleibt allerdings vorläufig ein Rätsel«, erklärte in diesem Zusammenhang die *Neue Zürcher Zeitung.*[3553] Auch Rußland-Experte Christian WIPPERFÜRTH stellt heraus, daß das Ergebnis offensichtlich gewesen sei, daß Gasprom keine 230 US-Dollar für das russische Gas erhalte und dementsprechend Gasprom nicht als Gewinner aus der Krise hervorgegangen sei. Überdies habe das russische Vorgehen in der Auseinandersetzung »ganz und gar nicht den Eindruck einer durchdachten Aktion« gemacht.[3554] So fehlen »außer Gesichtswahrung und allenfalls verdeckten Interessen. . . nachvollziehbare Gründe dafür, weshalb Gazprom sein lukratives Geschäft an die bestenfalls zu 50 % kontrollierte RosUkrEnergo abtreten sollte. Gazprom verweigerte zu entsprechenden Fragen. . . jeden Kommentar«.[3555]

Die frühere Sowjetrepublik Ukraine bekam wie alle anderen Republiken auch von Moskau Gas zu einem stark subventionierten Spottpreis. Das änderte sich, als Rußland das Potential seiner Rohstoffe erkannte. Im den ersten Januartagen 2006 war der Gasfluß durch die Pipelines in der Ukraine völlig unterbrochen. Foto: ddp

Rußland besitzt gewaltige Gasvorkommen. Hier Anlage der Gasprom, des ›geopolitischen Schwerts‹ des Kremls, in Astrachan.

Der ukrainisch-russische Erdgasstreit ist beigelegt. Friedensschluß zwischen Gasprom-Chef Alexej MILLER und dem ukrainischen Chefmanager Alexej IWTSCHENKO. (Foto: DPA)

2.1 Die Motive der russischen Seite

Damit stellt sich die Frage, welche Absichten die russische Seite ihrer Forderung nach höheren Gaspreisen und ihrer Zustimmung zu diesem doch recht eigenartigen Verhandlungsergebnis zugrunde legte. Nach einer sehr populären Ansicht sind es rein geopolitische Motive gewesen, die Rußlands Handeln im Gasstreit bestimmt hätten. Rußland-Experte Alexander RAHR zufolge ging es Rußland vor allem darum, die Ukraine vor eine Wahl zu stellen: »Entweder kehrt die Ukraine, wie Weißrußland, in den Einheitlichen Wirtschaftsraum zurück und sichert somit durch einen Freundschaftspreis ihre Gasversorgung, oder sie integriert sich in die Nato und die EU und muß dann, wie andere westliche Länder auch, Weltmarktpreise für Energie bezahlen.«[3556]

Bislang schien es so, daß der Vorstoß von EU und NATO in die ehemaligen Einflußzonen Moskaus mehr oder weniger im Belieben des Westens gestanden habe, und tatsächlich wurden »die EU und Rußland immer mehr zu Rivalen, sowohl in Fragen der Sicherstellung künftiger Energielieferungen als auch bei der Einflußsicherung im postsowjetischen Raum«. (Alexander RAHR) Als Gegenreaktion, so diese Auffassung, sei Rußland jetzt im Begriff, in Osteuropa als geostrategischem Aufmarschgebiet mit Hilfe der Instrumentalisierung seiner Energiereserven wieder an Einfluß zu gewinnen. Wie die *Neue Zürcher Zeitung* ausführt, ist der amerikanische Geheimdienst CIA der Ansicht, daß Rußland sich in einer vorzüglichen Lage befinde, um seine enormen Vorräte an Öl und Gas zur Erringung dauerhafter innen- und außenpolitischer Vorteile einzusetzen. Es gehe mit Hilfe von Gasprom als dem »geopolitischen Schwert des Kreml«[3557] darum, ex-sowjetische Republiken, die sich den transatlantischen Strukturen zuwenden, mit höheren Energiepreisen zu sanktionieren, während Staaten wie Weißrußland, die sich in die von Rußland initiierten Organisationen wie den Einheitlichen Eurasischen Wirtschaftsraum integrierten, mit niedrigen Preisen – Weißrußland beispielsweise zahlt einen Preis von 48 US-Dollar– subventioniert würden.

Ob diese geopolitischen Überlegungen die entscheidende Rolle für Rußland spielten, wird aber von nicht wenigen Rußland- und Energie-Experten bezweifelt. »Die populäre Auffassung, wonach Gasprom als williges Werkzeug einer neoimperialen Politik des Kremls agiert, dürfte nicht zutreffen«,[3558] schreibt Roland GÖTZ. Die Rückgewinnung von Einfluß auf die postsowjetische Sphäre schien bei dem russisch-ukrainischen Gasstreit lediglich ein günstiger Nebeneffekt gewesen zu sein.[3559] Tatsächlich spricht sehr viel dafür, daß das russische Vorgehen im Gasstreit um die Ukraine im Zusammenhang mit der Herstellung Rußlands als ›Energiesupermacht‹ steht, wobei der Gaskonzern Gasprom im Zentrum dieser neuen Strategie steht. »PUTINS Ziel ist es, Öl und Gas nur noch zu Weltmarktpreisen zu exportieren. . . Zudem sollen die vom Staat kontrollierten Unternehmen Gazprom (Gas und Öl) und Rosneft (Öl) durch zusätzliche Milliardeneinnahmen zu den weltgrößten Energiekonzernen aufsteigen.«[3560] Auf seiner Hauptversammlung Ende Juni 2007 hatte Gasprom seine Strategie genauer vorgestellt: Einerseits will der Konzern seine beherrschende Stellung im Inland weiter ausbauen, andererseits seinen Hauptabsatzmarkt Europa durch neue Pipelines sichern.[3561] Als Voraussetzung hierfür wird die Sicherung einer marktbeherrschenden Stellung im eurasischen Energiemarkt sowie der Ausbau eines Pipelinemonopols im eurasischen Raum angesehen. Daher hatte Gasprom »seit 1991 sehr gezielt, zunächst in Ostmitteleuropa, versucht, durch Zukauf von Verteilungsunternehmen eine marktbeherrschende Stellung aufzubauen und die Vertriebswege unter seine Kontrolle zu bringen. Von den baltischen Staaten bis nach Bulgarien ist dies auch bereits weitgehend gelungen«.[3562]

So sieht es auch Energie-Experte Roland GÖTZ: »Die Strategie von Gasprom läuft darauf hinaus, Wettbewerb auf dem postsowjetischen Gasmarkt zu begrenzen und auf den Auslandsmärkten als alleiniger Anbieter von russischem Erdgas aufzutreten. Diesem Ziel dient auch der Versuch, die Exportpipelines wieder zurückzugewinnen, die nach dem Ende der Sowjetunion in das Eigentum der Nachfolgestaaten der UdSSR gefallen waren.«[3563] Es gibt nicht wenige Anzeichen dafür, daß hinter dem Streit mit der Ukraine die Absicht Rußlands gestanden hat, das dortige Pipelinesystem zu übernehmen, womit es dann eine Energie-Monopolstellung im gesamten eurasischen Raum innegehabt hätte: »Dann hielte Gasprom nicht nur die Kontrolle über die Quellen im gasreichsten Land der Erde, sondern über alle Lieferwege zu den wichtigsten Kunden. Das... Angebot Rußlands, die Ukraine könne Teile ihrer Gasrechnung in Aktien ukrainischer Energieversorger begleichen, deutet in diese Richtung. Die Offerte war in Kiew zurückgewiesen worden.«[3564]

Anfangs hatte Gasprom den Gasexport nach Westeuropa als seine eigentliche Stammdomäne angesehen; die Belieferung der GUS-Staaten mit Erdgas hatte der Konzern den als nicht sehr transparent geltenden Zwischenhändlern wie ITERA und EuralTransGas überlassen. Dies sollte jetzt beendet werden; Gasprom verfolgt seitdem die Politik der Zentralisierung des Gashandels auch im GUS-Raum unter seiner Führung.[3565] »In diesem Zusammenhang hatte Gazprom mit dem ukrainischen Staatskonzern ›Naftogaz Ukraine‹ vereinbart, daß ab 2007 die gesamten ukrainischen Gasimporte in den Händen von RosUkrEnergo liegen sollten...«[3566] Bei RosUkrEnergo handelt es sich um einen neugeschaffenen, in der Schweiz ansässigen Zwischenhändler, der zu 50 Prozent der Gasprom-Tochter Gasprombank und zu 50 Prozent der österreichischen Raiffeisen Investment AG in Wien gehört.[3567] Wie Hintergrundkenner bekunden, stehen hinter der österreichischen Investmenkbank »eine Gruppe internationaler Investoren mit Erdgas-Know-how«.[3568] Gerüchten zufolge sind es russische und ukrainische Geschäftsleute aus dem Umfeld des ehemaligen ukrainischen Staatschefs Leonid KUTSCHMA, die in diesem Unternehmen über großen Einfluß verfügen. Dem Nachrichtenmagazin *Der Spiegel* zufolge liegen Hinweise dafür vor, daß in der österreichischen Investmentbank, dem zweiten Anteilseigner der RosUkrEnergo, ebenfalls Mittelsmänner von Gasprom das

Sagen hätten.[3569] Vor diesem Hintergrund scheint auch der auf dem ersten Blick undurchschaubar erscheinende Gaskompromiß nachvollziehbar, dem zufolge Gasprom die Energielieferung an die Ukraine nicht selbst übernahm, sondern diese dem Zwischenhändler übergab. Sämtliche Indizien sprechen dafür, daß RosUrkEnergo gewissermaßen eine Art Tarnvorhang für Gasprom ist, mit dem der Konzern Einfluß auf die ukrainischen Transportnetze bekommen konnte. Damit jedenfalls gedachte Gasprom, die korrupten Strukturen in der ukrainischen Energiewirtschaft, in denen immer wieder russische Gaslieferungen verlorengingen, zu umgehen.

Auch der populären These, der zufolge Gasprom seine Preise zu erpresserischen Zwecken heraufgesetzt habe, wird von Energie-Experten widersprochen. Vielmehr handele es sich hier um eine konkrete Unternehmensstrategie. Roland GÖTZ zufolge dürfen »Lieferkürzungen oder -unterbrechungen oder die Übernahme von Energieinfrastruktureinrichtungen in GUS-Ländern durch russische Energiekonzerne... nicht ohne weiteres als außenpolitisch motiviert aufgefaßt werden, denn diesen Vorgängen können auch kommerzielle Überlegungen zugrunde gelegen haben... Russische Konzerne müssen sich, um im internationalen Wettbewerb bestehen zu können, wie die anderen auf dem Weltmarkt operierenden Unternehmen verhalten. Wie diese müssen sie sich an den Zielen der Gewinnmaximierung und Marktbeherrschung orientieren und daher Preise fordern, die am Markt erzielbar sind, sowie im Ausland expandieren... Somit ist die Frage berechtigt, ob die russische Politik, wenn sie es denn versucht hat, tatsächlich erfolgreich Energiebeziehungen als Mittel der Außenpolitik instrumentalisieren kann, denn die Erfahrung lehrt: Energie ist ›eine stumpfe Waffe, schwer zu steuern, oft uneffektiv, und schädigt gewöhnlich denjenigen, der sie führt, genauso oder mehr als den, gegen den sie gebraucht wird‹«.[3570]

Diese neue Preisstrategie Gasproms kann nur vor dem Hintergrund der Besonderheiten der russischen Energiewirtschaft verstanden werden: Auf dem russischen Binnenmarkt selbst wird Energie weit unter Weltmarktpreisen verkauft. Gasprom erhält von den russischen Verteilerunternehmen nur ein Sechstel der Exportpreise. Diese Subvention ist politisch gewollt. Andererseits kann der Staatshaushalt nicht auf hohe Unternehmenssteuern verzichten. Gasprom allein trug lange mehr als ein Viertel des russischen Steueraufkommens. Da das Unternehmen gleichzeitig den Inlandsmarkt versorgen muß, arbeitet es mit aller Kraft daran, das Exportvolumen immer stärker auszubauen.[3571] Dafür, daß diese ökonomischen Gründe die Preissteigerung motiviert hatten, spricht beispielsweise, daß auch Armenien – ein wichtiger Verbündeter Rußlands – einer Verdoppelung des Gaspreises zustimmen mußte, obwohl Armenien Zugeständnisse gemacht hatte, zu denen die Ukraine nicht bereit war.[3572]

Gegen ein erpresserisches Motiv des Gaspreisstreits als vermeintliche Rache Moskaus an der ›orangenen Revolution‹ steht auch die Tatsache, daß von der Gaspreiserhöhung im wesentlichen die energieintensive Schwerindustrie der Ostukraine betroffen war, die die Hausmacht des prorussischen Kandidaten Viktor JANUKOWITSCH darstellte. Dieser begann auch, offiziell die russische Energiepreispolitik zu kritisieren[3573]. »Falls die politische Führung Rußlands den Gasstreit wirklich bewußt zugespitzt haben sollte, um JANUKOWITSCH zu unterstützen, so wäre sie damit gescheitert.«[3574] Vieles spricht also statt dessen dafür, daß es Rußland vielmehr darum ging, die ökonomischen Grundlagen der ›Energiesupermacht‹ zu verbessern. Der Gasprom-Konzern, der Schlüssel dieses neuen Selbstverständnisses Rußlands, war wirtschaftlich kaum noch in der Lage, eine Politik von Sonderpreisen für bestimmte Abnehmer auf Dauer einzuführen, selbst wenn der Kreml dies wollte. »Gasprom muß steigende Gewinne erwirtschaften, um die Milliardenkosten für die Erschließung dringend benötigter neuer Erdgaslager tragen zu können und um kreditwürdig zu bleiben.«[3575]

Interessanterweise waren es die westlichen Handelsorganisationen selbst, die in der Vergangenheit sowohl die Russische Föderation als auch die übrigen postsowjetischen Staaten aufforderten, eine Erhöhung der Energiepreise vorzunehmen. Es war die WTO, die dies für zwingend hielt. Pascal LAMY, Generaldirektor der WTO, sagte, »diese Länder müssen mittelfristig für die Energie Marktpreise zahlen, damit ihre Wirtschaft deutlich effizienter wird«.[3576] Zu beachten ist, daß es beispielsweise in den neunziger Jahren gerade der IWF gewesen ist, der von Rußland eine radikale Preisschocktherapie einforderte.

Außerdem hatte Rußland geopolitisch betrachtet keine Veranlassung mehr, die Volkswirtschaften gerade der Moskau wenig freundlich gesinnten Republiken wie der Ukraine, Georgien oder der baltischen Staaten mit Gas zu ›Freundschaftspreisen‹ weiter milliardenschwer zu subventionieren. Eine Einbindung dieser Staaten in die von Moskau geschaffenen Kooperationssysteme wie den Einheitlichen Wirtschaftsraum hatte sich 2005 als Illusion herausgestellt, so daß es jetzt keinen Grund gab, in den energiepolitischen Beziehungen Rußlands zu diesen Staaten keine marktwirtschaftlichen Gesichtspunkte gelten zu lassen.[3577] Gasprom verfolgte seitdem die Absicht, die Verhandlungsmacht der Transitstaaten Weißrußland, Ukraine und Moldawien zu schwächen und das Prinzip der europäischen Gaspreisbildung (d.h. die Bindung an den Ölpreis) auch auf den Binnenmärkten der GUS-Staaten durchzusetzen.[3578]

Insgesamt besteht die Gasprom-Politik Roland GÖTZ zufolge aus zwei Elementen: Erstens verabschiedet sich der Energiekonzern von seiner bisherigen Politik der energiepreispolitischen Subventionierung der GUS-Staaten – ein Kurs, der sich seit den Farbrevolutionen im postsowjetischen Raum beschleunigt hatte. Da Gasprom neben der Kontrolle des russischen Gasmarkts auch über ein Monopol auf die durch Rußland führenden Gaspipelines aus Zentralasien verfügt, strebt der Konzern – zweitens – danach, die unabhängigen russischen Gaserzeuger wie auch die zentralasiatischen Anbieter vom direkten Exportgeschäft fernhalten. Ausländische Konkurrenz auf dem GUS-Gasmarkt soll auf diese Weise weitgehend verhindert werden.[3579] Zu diesem Zweck hatte sich Gasprom Mitte 2006 das exklusive Recht auf Gasexporte aus Rußland gesetzlich garantieren lassen.[3580]

Folgt man Roland GÖTZ zusammenfassend, strebt Rußland, nachdem seine politische Vorherrschaft im GUS-Raum geschwunden ist, eine wirtschaftliche Einflußnahme auf die GUS-Staaten an, wofür sich die Energiebeziehungen besonders zu eignen scheinen. Aus diesem Grund will es eine Monopolstellung in der Energieerzeugung und des Energieexportes aufbauen und sichern; aus diesem Grund lehnt es auch die Ratifizierung der »Energie-Charta« ab, die, wie beschrieben, Wettbewerbsverhältnisse und Gleichbehandlung aller Marktteilnehmer sowohl im GUS-Raum als auch auf russischem Territorium selbst herbeiführen soll.[3581] Denn sobald Rußland die Charta in Kraft setzen würde, wäre das Monopol des Gasriesen Gasprom und der Ölpipeline-Gesellschaft Transneft in Gefahr.[3582] Auf diese Weise will Rußland seine Exklusivstellung in der Energiewirtschaft im eurasischen Raum durchsetzen. Die Kontrolle der Energieerzeugung wie auch der Energieverteilungsnetzwerke ist dabei die wesentliche Voraussetzung; jene Bereiche, die Rußland in den neunziger Jahren an US-Ölkonzerne verloren hatte. Somit ist die neue Energieaußenpolitik Rußlands sowohl von ökonomischen als auch von politischen Interessen angetrieben.[3583]

2.2 Der Erdgasstreit mit Weißrußland

Diese Politik setzte Rußland auch gegenüber Weißrußland – an sich enger Verbündeter Moskaus – durch. Das Beispiel des Vorgehens Moskaus gegenüber Minsk zeigt außerdem, daß es Rußland gerade nicht darum ging, Regime zu erpressen, die sich den transatlantischen Strukuren zuwenden. Es geht vielmehr darum, ein Marktmonopol Gasproms im eurasischen Raum aufzubauen. »Dafür, daß dieses Ziel tatsächlich im Vordergrund stand, spricht auch, daß dem prorussischen Machthaber in Minsk, Alexander LUKASCHENKO, genau dasselbe widerfuhr.«[3584]

Auch in Weißrußland gab es im energiepolitischen Bereich die gleichen Voraussetzungen wie in der Ukraine. Seit 1991 hatte Weißrußland immer wieder Schwierigkeiten, seine Gasrechnungen gegenüber Rußland zu begleichen. Beantwortet hatte Rußland dies mit der Kürzung von Gaslieferungen. Diese Auseinandersetzungen waren immer wieder von Vorschlägen Gasproms begleitet, gegen Garantie russischer Erdgaslieferungen zum subventionierten Preis den weißrussischen Gas-Transportmonopolisten Beltransgas zu übernehmen. In diesen Auseinandersetzungen konnte sich Minsk einstweilen durchsetzen. 1999 konnte Weißrußland erreichen, »daß für Gaslieferungen von Gasprom der (günstige subventionierte, der Verf.) russische Inlandspreis berechnet würde. Der russische Energieversorger mußte daraufhin den Preis von 40 US-Dollar pro 1000 m^3 auf 30 US-Dollar reduzieren. Im gleichen Jahr nahm die Jamal-Pipeline ihren Betrieb auf, was LUKASCHENKOS Verhandlungsposition weiter stärkte, denn er konnte nun mit Verweis auf die für Gasprom günstigen Transitgebühren einen niedrigen Gaspreis fordern«.[3585]

2002 kam es aufgrund eines wiederholten Anstiegs weißrussischer Schulden zu einem erneuten Anlauf des Gasprom-Konzerns, als Gegenleistung für die Belieferung Weißrußlands zu günstigen Tarifen einen fünfzigprozentigen Anteil an Beltransgas zu erhalten, was allerdings scheiterte. Zu einer ernsthaften Auseinandersetzung kam es allerdings im Laufe des Jahres 2003. Weißrussische Schulden führten zu einer Sperrung russischer Gaslieferungen; Gasprom wollte eine Neuverhandlung der Gaspreise und ihre Erhöhung auf 50 US-Dollar pro 1000 m^3. Mitte 2004 kam es zu einer Einigung, die der Energie-Experte Roland GÖTZ wie folgt beschreibt: »Gasprom berechnete einen auf 47 US-Dollar pro 1000 m^3 erhöhten Preis, gleichzeitig wurde die in Belarus geltende sehr niedrige Transitgebühr von 0,55 US-Dollar pro 100 km auf 0,75 US-Dollar erhöht. Gasprom gelang es lange nicht, gegenüber Beltransgas einen höheren als den kaum kostendeckenden russischen Inlandspreis durchzusetzen, weil LUKASCHENKO den Gasdisput erfolgreich auf eine politische Ebene verlagerte. Es gelang ihm, Fragen der Stationierung russischer Truppen, der Währungsunion mit Rußland, der Russisch-weißrussischen Union sowie des gemeinsamen Wirtschaftsraums mit ins Spiel zu bringen. Außerdem konnte Belarus den Bau der Jamal-Pipeline und den Gastransit durch diese bzw. die anderen nach Westen führenden Pipelines als Druckmittel einsetzen.«[3586]

Ende 2005 gelang es Gasprom allerdings, Weißrußland das Druckmittel der Jamal-Pipeline aus der Hand zu nehmen. Das Unternehmen hatte die Kontrolle über die durch Weißrußland nach Mittel- und Westeuropa führende Gaspipeline übernommen und erwarb die Eigentümerschaft an dem 575 Kilometer langen weißrussischen Abschnitt der Jamal-Europa-Pipeline.[3587] Die Bestrebungen von Gasprom hingegen, zum Ausgleich für eine Vorzugsbehandlung von Weißrußland Anteile am weißrussischen Gastransportnetz von Beltransgas zu erhalten, blieben bis 2006 erfolglos.[3588] Gleichzeitig wollte Gasprom die Subventionierung Weißrußlands, die für diesen Konzern ohnehin eher ein Verlustgeschäft war, nicht mehr fortsetzen. »Im April 2006 machte Gasprom jedoch klar, daß es auch Belarus, wie die anderen GUS-Staaten, nicht länger subventionieren wolle, und verlangte einen Gaspreis von 200 US-Dollar pro 1000 m^3.«[3589]

Wie der Weißrußland-Experte Rainer LINDNER hervorhebt, war das zentrale Motiv bei der Vorgehensweise die Kontrolle des Transitnetzes,[3590] die den Enthüllungen der *Frankfurter Allgemeinen Zeitung* zufolge auch im Fall Weißrußlands im Zusammenhang mit der neuen Energie- und Preisstrategie des Gaskonzerns stand: »Was Gasprom erreichen will, liegt auf der Hand. Gasprom, das über größere Gasreserven verfügt als jedes andere Unternehmen auf der Welt, aber im Inland Verluste macht, weil es aus politischen Gründen Gas zum ›Sozialtarif‹ abgeben muß, verdient an Lieferungen ins Ausland. Dort kann es verlangen, was der Markt hergibt. In Weißrußland zahlte man bislang mit 46,68 Dollar je 1000 Kubikmeter den gleichen Preis wie in der Rußländischen Föderation. Gasprom fordert nun 105 Dollar, wovon 75 Dollar in bar bezahlt und der Rest mit Aktien der staatlichen weißrussischen Pipelinegesellschaft Beltransgas beglichen werden sollen. Teil der bisher bekanntgewordenen Absprachen war ebenfalls, daß das weißrussische Pipelinesystem – mit Ausnahme der Erdgasleitung Yamal-Europa, die den Russen ohnehin gehört – von einem Gemeinschaftsunternehmen übernommen werden soll, an dem Beltransgas und Gasprom jeweils 50 Prozent der Anteile halten. Gasprom käme damit seinem Ziel, die Transitleitungen unter Kontrolle zu bringen, ein erhebliches Stück näher.«[3591]

Die Auseinandersetzung zwischen der Russischen Föderation und Weißrußland begann damit, daß Gasprom ab Beginn des Jahres 2007 den Gaspreis für Weißrußland mehr als verdoppelt hatte. Darüber hinaus führte Rußland eine Gebühr in Höhe von 180 Dollar für jede nach Weißrußland exportierte Tonne Rohöl ein. Die Regierung in Minsk reagierte darauf mit einer Transitgebühr für Richtung Westen gepumptes russisches Öl. Der staatliche russische Konzern Transneft weigerte sich jedoch, diese Gebühr zu entrichten.[3592] Im Rahmen dieser Auseinandersetzungen stoppte Rußland seine Öllieferungen.

Hintergrund für die Einführung der Ölgebühr von seiten Rußlands war der Umstand, daß Moskau nicht mehr gewillt war, die weißrussische Wirtschaft zu subventionieren. Experten zufolge gründeten sich bis zu 15 Prozent des weißrussischen Inlandsprodukts auf die russischen Subventionen. Billigpreisen für Öl und Gas verdankte der weißrussische Staatschef LUKASCHENKO einen Teil seines Wahlsiegs im Mai 2006.[3593] »Der Leiter des Moskauer Instituts für Energiewirtschaft und Finanzen, Leonid GRIGORJEW, bestätigte unterdessen, was westliche Fachleute seit langem sagen: daß sich der wirtschaftliche Aufschwung Weißrußlands vor allem auf billiges Öl und Gas aus Rußland stütze. Weißrußland sei das einzige Land auf der Welt, das eine positive Bilanz im Handel mit Gas und Öl aufweise, ohne diese Rohstoffe selbst zu besitzen, sagte GRIGORJEW im russischen Fernsehen. Weißrußland erhalte etwa 21 Milliarden Kubikmeter Gas und rund 20 Millionen Tonnen Öl aus Rußland im Jahr. Allein beim Reexport von Rohöl habe Weißrußland an jeder Tonne rund 100 Dollar verdient. Insgesamt habe das Land mehrere Milliarden Dollar Gewinne aus dem Geschäft mit russischem Gas und Öl gemacht. Die hohen Wachstumsraten der weißrussischen Wirtschaft von zehn bis elf Prozent in den vergangenen Jahren seien darauf zurückzuführen.«[3594]

Expertenangaben zufolge sollen weißrussische Raffinerien bis zu vier Milliarden Dollar jährlich verdienen, indem sie billiges russisches Öl verarbeiteten und zu Weltmarktpreisen weiterverkauften – dieses lukrative Geschäft sollte Weißrußland durch die Erhebung der Gebühr von 180 Dollar genommen werden.[3595] Bestätigt wird dies auch durch den Weißrußland-Experten der ›Stiftung Wissenschaft und Politik‹, Rainer LINDNER: Das Wirtschaftswachstum Weißrußlands in den vergangenen Jahren sei vor allem der zollfreien Lieferung russischer Rohstoffe zu den niedrigen russischen Inlandspreisen zu verdanken. »So erzielte Weißrußland mit der Weitervereinbarung von Öl und dem Export der daraus gewonnenen Produkte große Gewinne, weil die Spanne zwischen dem Einkaufspreis und dem Weltmarktpreis immer größer wurde. ›Nur wenn weiter Rohölprodukte zu hohen Preisen exportiert und günstiges Erdgas importiert werden kann, ist LUKASCHENKO in der Lage, sein ›belarussisches Modell‹ am Leben und sich selbst an der Macht zu halten‹, schrieb der Weißrußland-Fachmann Rainer LINDNER«.[3596]

Mit dieser Subventionierungspolitik der weißrussischen Wirtschaft wollte Moskau nunmehr Schluß machen. Insbesondere mit der Ölabgabe wollte es verhindern, daß Minsk weiterhin gewissermaßen auf russische Kosten Öl verarbeite und teuer weiterverkaufe und die Gewinne einstreiche.[3597] Die Beendigung der russischen Subventionierungspolitik hatte durchaus einen geopolitischen Hintergrund: Am 8. Dezember 1999 hatten Rußland und Weißrußland einen Unionsvertrag unterzeichnet, dessen Ziel nach mehreren Etappen die Schaffung eines Unionsstaates sein sollte. Dieser wurde aber in erster Linie von LUKASCHENKO, der in der Schaffung eines solchen Staates einen Verlust seiner Machtposition erblickte, bislang erfolgreich hintertrieben, und so kam die Verwirklichung der Unionsidee über Absichtserklärungen nicht wirklich hinaus.

Nach dem Unionsplan sollten beide Staaten ihre Souveränität behalten, dem Unionsstaat aber Vollmachten in den Bereichen Außenpolitik, Verteidigung, Energie sowie Haushalts- und Zollfragen übertragen werden. In die Tat umgesetzt wurde davon wenig, und auch die geplante Währungsunion wurde immer wieder verschoben.[3598] »Nachdem das bereits 2003 im Verfassungsentwurf der beiden Parlamente avisierte Projekt eines ›einheitlichen Geld- und Kreditwesens‹ am Veto LUKASCHENKOS gescheitert war, hat Rußland seinerseits jetzt de facto die Zollunion aufgekündigt.«[3599] Folgt man dem Rußland-Experten Christian WIPPERFÜRTH, so war in den letzten Jahren das Verhältnis zwischen der Russischen Föderation und Weißrußland durch Spannungen bestimmt.[3600] und infolgedessen trat in der Folgezeit die Zerbrechlichkeit der Unionsstaatsidee immer deutlicher hervor.[3601] Dabei war es wohl hauptsächlich auch die Eigenmächtigkeit LUKASCHENKOS gewesen, die für Verzögerungen bei den Verhandlungen um den Unionsstaat gesorgt hatte.[3602]

Vor diesem Hintergund sah Rußland keinen Grund mehr, Weißrußland Erdgas und Erdöl zu den günstigen Inlandspreisen zu liefern und ihm im Falle des Erdöls sogar noch die Möglichkeit einzuräumen, das billige russische Öl zu veredeln und gewinnbringend weiterzuverkaufen. Folgt man dem Weißrußland-Experten Rainer LINDNER, so war Weißrußland für Moskau zum Ausland geworden, was darin zum Ausdruck kam, daß Rußland sogar die russisch-weißrussische Zollunion – das Herzstück des geplanten Unionsstaates – aufs Spiel setzte. Moskau distanzierte sich zunehmend von den bisherigen Plänen zur Einigung des eurasischen Raumes,[3603] bei denen die subventionierten Energiepreise bislang eine wichtige Rolle gespielt hatten. Statt dessen begann Moskau, den Energiehandel auch mit Weißrußland zu den gleichen Bedingungen ablaufen zu lassen wie beispielsweise mit den westeuropäischen Handelspartnern. Rußland verfolgte seitdem das Ziel, alle bislang geltenden günstigen Tarife für frühere Sowjetrepubliken abzuschaffen. Darüber hinaus verlor es auch nicht sein Ziel aus den Augen, eine Beteiligung am weißrussischen Pipelinenetz zu erhalten. Anfang Januar 2007 konnte zwischen Moskau und Minsk eine Einigung erzielt werden.

Folgerichtig war, daß Weißrußland sich von seinen Energievorrechten verabschieden mußte. Mit Beginn des Jahres 2007 muß Weißrußland nun einen mehr als doppelt so hohen Preis für russisches Gas zahlen, nämlich 100 US-Dollar pro 1000 m^3 statt der bisherigen 47 US-Dollar. Gleichzeitig wurde die von Gasprom zu entrichtende Gebühr für die Durchleitung pro 1000 m^3 Erdgas verdoppelt. Darüber hinaus sollte Moskau in Zukunft den größten Teil der Gewinne aus der Verarbeitung russischen Öls in Weißrußland erhalten. Wie bereits ausgeführt, war der zentrale Beweggrund für Gasprom im Gasstreit mit Minsk die Erlangung der Kontrolle über das weißrussische Pipelinenetz, das von sehr großer energiegeopolitischer Bedeutung ist, denn »Weißrußland ist eines der wichtigsten Transitländer zwischen West und Ost. Über das Territorium laufen wichtige Öl- und Gasleitungen, Lebensadern für die europäische Wirtschaft. Deutschland deckt beispielsweise rund ein Drittel seines Erdölbedarfs aus Rußland. Die ›Druschba‹-Pipeline, die durch Weißrußland führt. . ., ist der wichtigste Erdölexportarm Rußlands«.[3604] Als wichtigstes Verhandlungsergebnis konnte Gasprom einen fünfzigprozentigen Anteil an dem staatlichen weißrussischen Gasverteiler Beltransgas erlangen. Welche Bedeutung der fünfzigprozentige Erwerb von Beltransgas für Gasprom hatte, läßt sich daran erkennen, daß der Konzern bereit war, für die Hälfte aller Anteile einen Betrag von 2,5 Milliarden US-Dollar zu zahlen, obwohl deren Gesamtwert mit 800 Millionen US-Dollar beziffert worden war.[3605]

2.3 Der Wandel der russischen Energiegeopolitik

Der Energiestreit mit der Ukraine und Weißrußland machte deutlich, daß sich in der russischen Energiegeopolitik ein allmählicher Wandel abzuzeichnen begann. Bislang lag das Gewicht der russischen Geopolitik auf die Wiederzusammenführung des postsowjetischen Raumes, bei der die Einräumung günstiger Preise bei den Energielieferungen eine wichtige Rolle darstellte. Das sollte sich aber seit den Farbrevolutionen in den geopolitisch bedeutsamen Republiken der ehemaligen UdSSR ändern. Rußland erkannte, daß seine bisherigen Pläne und Initiativen zur wirtschaftlichen und sicherheitspolitischen Einigung über bloße Ansätze nicht hinaus kamen. »Die russische Politik ist mit ihren Integrationsinitiativen in der westlichen GUS bislang gescheitert. Wenn auch aus unterschiedlichen Gründen, so hat Moskau doch sowohl in der Ukraine als auch in Weißrußland an Einfluß verloren.«[3606] Die Einheitsbemühungen – so Sabine Fischer – boten keine geopolitischen Vorteile mehr, die die ökonomischen Nachteile hätten aufwiegen können. Waren bislang die politischen und geopolitischen Vorteile enger Beziehungen zu Weißrußland und der Ukraine aus russischer Sicht groß genug gewesen, um die kostenintensive Integrationspolitik voranzutreiben oder zumindest aufrechtzuerhalten, so verschoben sich jetzt die Gewichte schrittweise in Richtung Ökonomisierung.[3607]

Zum Scheitern der bisherigen russischen Integrationspolitik trug im wesentlichen die hintergründige »indirekte Strategie« der USA zur Durchführung proatlantischer Regimewechsel bei. Daher verfolgte Rußland seine bisherige Politik nicht weiter und setzte alles daran, sich als ›Energiesupermacht‹ zum wichtigen energiegeopolitischen Faktor nicht nur im eurasischen Schachbrett, sondern in der gesamten internationalen Energiewirtschaft in Stellung zu bringen. Um dies verwirklichen zu können, griff die neue russische Machtelite um Wladimir PUTIN, die im wesentlichen dem Umfeld von Gasprom zuzuordnen ist, zu zwei Strategien:

Erstens mußten die russischen Energiekonzerne, um international wettbewerbsfähig zu sein, in die Lage versetzt werden, Gewinne zu erwirtschaften. Dazu mußte ihnen die Möglichkeit eingeräumt werden, Preise zu verlangen, wie sie auf den Märkten auch erzielt werden können. Das konnten sie allerdings nur, wenn sie sich von der Politik der Preisstützung, wie sie im russischen Inland gilt, gegenüber den postsowjetischen Republiken verabschiedeten. Für deren Subventionierung gab es aufgrund ihrer geopolitischen transatlantischen Umorientierung, die vom Westen im wesentlichen mitgesteuert wurde, ohnehin keinen Grund mehr. Genau hierin lag die ›Zeitenwende‹ der russischen Energiegeopolitik. »Frühere ideologische Verbindlichkeiten spielen keine Rolle mehr, Moskau setzt klar marktwirtschaftliche Prioritäten«, so Weißrußland-Experte Rainer LINDNER. »Der Kreml will die Gaspreise entpolitisieren«, bestätigte auch Osteuropa-Analyst Anders ASLUND,[3608] und vor diesem Hintergrund verfolgte Rußland das Ziel, alle bisherigen günstigen Tarife für die postsowjetischen Republiken abzuschaffen.

Zu dieser Strategie gehört – zweitens – die Gewährleistung sicherer Lieferverhältnisse.[3609] Analysten zufolge hat für Gasprom daher die Sicherheit der Leitungssysteme klaren Vorrang.[3610] Um einerseits Lieferengpässe auszuschließen und zum anderen Erpressungen der Transitstaaten zu vermeiden – und Alexander RAHR zufolge hatten die Ukraine und Weißrußland ihr Transitmonopol für russische Energieexporte nach Westen für politische Zwecke instrumentalisiert[3611] –, setzte Gasprom auf die Durchsetzung eines eurasischen Transportmonopols. »Gasprom strebt seit Jahren danach, sämtliche Transitleitungen zum west- und südeuropäischen Markt unter seine Kontrolle zu bekommen.«[3612] Das scheint dem Konzern nach dem Gasstreit mit der Ukraine und Weißrußland auch gelungen zu sein. »Der russische Energiekonzern Gasprom«, so das *Handelsblatt*, »hat mit dem erreichten Kompromiß im Streit mit Weißrußland um Gaslieferungen nach Ansicht von Analysten seine Monopolistenrolle weiter festigen können. Die Übereinkunft sieht die Übertragung der Hälfte der Aktien des weißrussischen Gasverteilers Beltransgas an Moskaus staatlich kontrollierten Gasexportmonopolisten vor. Zuvor hatte Gazprom in der Preiserhöhungsrunde dieses Winters (2006/2007) für Rußlands GUS-Nachbarn seinen Einfluß in anderen Ländern ausgeweitet. . . So hatte sich Gasprom vor der Hälfte an Beltransgas die Mehrheit an den Gasnetzen in Armenien und Moldawien gesichert. In der Ukraine kontrolliert Gasprom über seine umstrittene Tochter Rosukrenergo die Hälfte des innerukrainischen Gasnetzes... Mit der Etablierung von Rosukrenergo war es Gasprom vor einem Jahr (2005/2006) gelungen, auch das gesamte zentralasiatische Erdgas aufzukaufen und durch Rußland zu exportieren. Rosukrenergo liefert nun das Gas aus Turkmenistan an die Ukraine, obwohl Kiew eigene Lieferverträge mit Aschgabad hatte.«[3613] Gerade Erdgas aus Zentralasien – vor allem aus Turkmenistan – kann nur durch Gasprom-Pipelines nach Europa gelangen. Das Monopol sichert den Preis und kontrolliert praktisch den Zugang des turkmenischen Gases zum Weltmarkt.[3614]

Gasprom setzte daher seitdem – so Roland Götz – auf eine Strategie der Marktbeherrschung und der Durchsetzung eines Marktmonopols. Daraus ergab sich schließlich auch das Bestreben, sich das Monopol auf das zentralasiatische Gas zu sichern. »Neben Kasachstan und Usbekistan hätte vor allem Turkmenistan... das Potential, beim Gasexport zum Rivalen Rußlands... zu werden. Die Ukraine hat bereits mehrfach versucht, sich durch Direktbeziehungen mit Turkmenistan aus der russischen Dominanz beim Gasimport zu befreien, was vor allem am Fehlen einer Pipelineverbindung scheiterte, die Rußland umgeht. Für die EU wiederum wäre eine vom kaspischen Raum durch die Türkei nach Europa führende Gaspipeline... ein wichtiges diversifizierungsstrategisches Element zur Erhöhung ihrer Versorgungssicherheit. Diese Absichten wurden indes weitgehend durchkreuzt, als es einer von PUTIN angeführten Gasprom-Delegation im Mai 2007 gelang, mit den zentralasiatischen Regierungen ein langfristiges Abkommen über Erdgaslieferungen und den Ausbau des Pipelinekorridors ›Mittelasien-Zentrum‹ abzuschließen, der nach Rußland führt.«[3615]

Roland GÖTZ spricht in diesem Zusammenhang von einer »Doppelstrategie« des Gaskonzerns, die darauf abziele, sich das zentralasiatische Gas für den heimischen Markt zu sichern und die europäischen Abnehmer aus eigenen Vorkommen zu beliefern.[3616] Damit versuche Gasprom einerseits, Märkte für sich zu sichern, und zum anderen, potentielle Gaslieferkonkurrenten wie Turkmenistan oder Iran daran zu hindern, einen direkten – Rußland umgehenden – Versorgungskorridor Richtung Europa zu finden. Diese Strategie setzt Gasprom Roland GÖTZ zufolge auch bezüglich der Gasexporte nach Ostasien um: »Auch der Bau der Westsibirien-China-Pipeline (›Altai‹) folgt dem beschriebenen Konzept Gasproms: Das Unternehmen versucht dadurch zu verhindern, daß der chinesische Gasmarkt von zentralasiatischen Gasexporteuren dominiert wird«.[3617]

Diese Ziele schlugen auch auf die Pipelinestrategie durch. Das herkömmliche Pipelinesystem, das Erdgas aus Rußland nach Europa liefert, ist ein Transitpipelinesystem, das über das Territorium von GUS-Staaten verläuft. Wie die Streitigkeiten mit der Ukraine und Weißrußland allerdings dokumentiert hatten, sind diese aber außerordentlich problembehaftet. Diese Staaten vermochten es einerseits, ihre energiegeopolitische Karte als Transitregion auszuspielen, andererseits sind die Transitpipelines – da sie technisch mit den Gasleitungen und Gasspeichern der Transitstaaten verknüpft sind – für illegale Entnahmen anfällig.[3618] Damit sind diese Transitpipelines geeignet, Gasproms Stellung als soliden verläßlichen Energielieferanten zu gefährden, und aus diesem Grund entwickelte – so Roland Götz – Gasprom den Plan, die Verhandlungsmacht der Transitstaaten Ukraine, Weißrußland und Moldawien zu brechen. Dies sollte mit der Herstellung von Direktpipelines zu den europäischen Märkten unter Umgehung der unsicheren Transitstaaten verwirklicht werden. Zu diesen gehören die ›Blue-Stream‹-Pipeline, die von Rußland durch das Schwarze Meer in die Türkei führt, sowie die ›North-Stream‹-Ostseepipeline. Mit diesen Pipelines sollten wichtige energiestrategische Ziele erreicht werden. Im Falle der ›Blue-Stream‹-Pipeline war es darum gegangen, den türkischen und südosteuropäischen Gasmarkt nicht Konkurrenten aus dem kaspischen Raum – vor allem Turkmenistan – bzw. dem Mittleren Osten – Iran – zu überlassen. Gleichzeitig wurden mit diesem Konzept mögliche Alternativpipelines vom Iran nach Europa in Frage gestellt.[3619]

Die ›North-Stream‹-Ostseepipeline hingegen schafft eine Transportalternative zum großen, durch die Ukraine und Weißrußland führenden Pipelinenetz, womit deren Verhandlungsmacht geschwächt wäre. »Die Nord Stream verringert daher die Verhandlungsposition von Estland, Lettland, Litauen, Belarus, Polen und der Ukraine gegenüber Gasprom bzw. Rußland.«[3620] Dies wurde auch durch Berechnungsmodelle unterstrichen: »Wenn es nur eine Transitstrecke gäbe. . ., liefen die Verhandlungen zwischen dem Gaslieferanten und dem Transitland auf eine hälftige Teilung des Gewinns aus dem Gasverkauf hinaus. Die Möglichkeit von alternativen Transportrouten verschiebt die Verhandlungsmacht zugunsten des Lieferanten, was sich in dessen Anteil am Gewinn niederschlägt. In einer Modellrechnung wird gezeigt: Die Existenz der Jamal-Pipeline (die von Rußland über Weißrußland und Polen nach Deutschland führt und die Ukraine umgeht, der Verf.) verschob die Verhandlungsmacht zugunsten von Gasprom und erhöhte seinen Gewinnanteil auf 55%. Die Nord Stream Pipeline wird Gasproms Verhandlungsstärke weiter erhöhen und ihm einen Gewinnanteil von 80% bescheren, während sich die Transitstaaten mit 20% zufrieden geben müssen.«[3621]

Gasprom setzt daher seit 2006 zunehmend – so Roland Götz – auf eine Strategie der doppelten Diversifizierung, die zum einen auf die Schaffung von Alternativkorridoren zu den bestehenden Pipelines durch die Transitstaaten, andererseits auf die Erschließung weiterer Absatzmärkte ausgerichtet ist.[3622] Gasprom-Chef Alexej Miller erklärte Mitte April 2006, daß Gasprom über eine Diversifizierung seiner Absatzmärkte nachdenke, und verwies dabei auf die energiehungrigen Märkte in Asien (China, Indien und Japan).[3623] Diesem Kurs schloß sich auch der staatliche russische Pipelinekonzern Transneft an, dessen Chef Semjon Wajnstock erklärte, russische Öllieferungen gleichfalls den Energiemärkten Chinas und Japans zukommen zu lassen.[3624] Und folglich wurde im April 2006 mit dem Bau einer Pipeline begonnen, die die Ölfelder Ostsibiriens mit dem Stillen Ozean verbinden und den russischen Ölfeldern damit die Märkte Chinas und Japans erschließen soll. Mit diesem Schachzug verfolgten die russischen Energiekonzerne das Ziel, die Sicherheit des Öl- und Gasabsatzes zu erhöhen, denn der europäische Markt wurde als zunehmend unsicher angesehen, da sich Europa verstärkt nach Alternativen der Energielieferung umsah. »Die Konkurrenz von Lieferanten aus Afrika«, so Roland GÖTZ, »wird stärker. Ganz im Gegensatz zu der in der Öffentlichkeit gehegten Befürchtung, daß Europa zunehmend von russischem Erdgas ›abhängig‹ würde. . ., wird Rußlands Anteil an den europäischen Importen von bisher zwei Dritteln auf unter die Hälfte absinken, was vor allem an den überproportional zunehmenden Importen Europas aus Afrika und dem Nahen Osten liegt.«[3625] Presseberichten ließ sich entnehmen, daß diese Diversifizierungsstrategie Gasproms ferner dadurch ausgelöst wurde, daß von seiten der EU verstärkt die Ratifizierung der Energie-Charta durch Moskau eingefordert wurde und die deutsche Bundeskanzlerin Angela MERKEL auf die Gründung einer transatlantischen Freihandelszone zwischen den USA und der EU setzte.

Insbesondere durch ein solches transatlantisches Konzept mußte die EU in den Augen der russischen Geopolitik als ein verlängerter Arm der US-Strategie in Eurasien gesehen werden. Forderungen der EU nach einer Öffnung des russischen Energiemarktes für ausländische Konzerne beantwortete Moskau Anfang Juni 2006 mit einem Gesetz, durch das Gasprom das alleinige Recht erhalten soll, Erdgas auszuführen. Gleichfalls sollten durch dieses Gesetz Öl- und Gasvorkommen als ›strategische Reserven‹ unter Staatskontrolle bleiben.[3626] Wie die *Frankfurter Rundschau* darstellte, erwarb Gasprom durch dieses Gesetz »das alleinige Recht, russisches Erdgas auf den Weltmarkt zu bringen. Auch die zentralasiatischen Förderstaaten, die auf das russische Pipelinenetz angewiesen sind, werden davon betroffen sein: Gasprom würde als Zwischenhändler auftreten. . . Über das Liefermonopol hinaus sei vorgesehen, alle Gasvorkommen mit mehr als 75 Milliarden Kubikmeter und alle Erdölvorkommen über 50 Milliarden Tonnen als ›strategisch wichtig‹ einzustufen, berichtet die Zeitung *Wedomosti*. Damit würde jede ausländische Beteiligung an Erschließung und Förderung gesetzlich unmöglich«.[3627]

Die Frontenbildung verschärfte sich, als Gasprom seinerseits versuchte, auf dem westeuropäischen Markt Fuß zu fassen. Streitpunkt war, daß der größte deutsche Energieversorger E.on Gasprom keine Beteiligungen an seinen westeuropäischen Verteilertöchtern als Gegenleistung für eine E.on-Beteiligung an dem gigantischen sibirischen Gasfeld Juschno-Russkoje anbieten wollte. Gasprom hatte zuvor der BASF-Tochterfirma Wintershall 25 Prozent minus eine Aktie sowie zehn Prozent der Vorzugsaktien an diesem Gasfeld abgetreten. Während die deutsche Firma Wintershall als Gegenleistung für diese Förderbeteiligung aber Gasproms Beteiligung am gemeinsamen europäischen Gashändler Wingas von 35 auf knapp 50 Prozent aufstockte, war E.on zu einem solchen Schritt nicht bereit.[3628] Hinzu kam, daß

Gasprom die Übernahme des größten britischen Gasversorgers Centrica erwog, was die britische Regierung mit Hilfe einer Gesetzesänderung verhindern wollte.[3629] Diese Diskussion beschleunigte in der EU die Entwicklung von Strategien, von russischen Gaslieferungen unabhängiger zu werden und die Entwicklung alternativer Pipelineprojekte voranzutreiben.[3630]

PUTIN wertete dies als eine doppelzüngige Haltung der EU: »Wenn jemand zu uns kommt, heißt es Investitionen und Globalisierung, und wenn wir irgendwohin gehen, ist das gleich Expansion?« fragte er.[3631] Die zunehmende Diskussion um eine wachsende energiepolitische Abhängigkeit der EU von Rußland wurde in der russischen Energiewirtschaft als protektionistische Drohung aufgefaßt, russische Gaslieferungen einzuschränken, weshalb dort über die Erschließung alternativer Märkte nachgedacht wurde.[3632] In der Tat sprachen europäische Vertreter in Bezug auf Rußland bereits von der »Ankündigung eines Kalten Krieges mit neuen Methoden«,[3633] und die EU beabsichtigte wirklich, daß die Langfristverträge zwischen Gasprom und einigen Kunden abgeschafft werden sollten. Statt dessen wollte die EU durchsetzen, daß an der EU-Außengrenze Erdgas an einzelne miteinander konkurrierende Händler verkauft wird.[3634]

Auf dem deutsch-russischen Gipfeltreffen in Tomsk Ende April 2006 konnte einstweilen eine Einigung erzielt werden, die vorsah, daß die BASF-Tochter Wintershall einen Anteil von 25 Prozent minus eine Aktie an der Gasprom-Tochter Sewerneftegasprom (SNGP) erhielt. Zusätzlich erhielt Wintershall weitere zehn Prozent Aktienanteile, die aber nicht stimmberechtigt sind. SNGP besitzt die Förderlizenz für das Erdgasfeld Juschko-Russkoje mit seinen förderbaren Gasreserven von 600 Milliarden m^3. Gasprom bekam dafür einen Anteil von 50 Prozent minus eine Aktie an der Wingas GmbH, die sich in Zukunft auf den Verkauf und den Vertrieb von Erdgas in Deutschland konzentrieren sollte.[3635]

Mit dem Kompromiß von Tomsk vom April 2006 konnte Gasprom einen weiteren Sieg im eurasischen Energiepoker verzeichnen und damit eine wichtige strategische Stellung in Europa erlangen. Mit der Beteiligung an Wingas bekam Gasprom erstmals Einfluß auf die gesamte Wertschöpfungskette, die von der Erforschung der Erdgasfelder in Westsibirien über den Transport durch die geplante Ostseepipeline bis hin zur Distribution in Deutschland reicht.[3636] Erkennbar ist damit eine Strategie des russischen Energiekonzerns: Er ist bemüht, Energieerzeugung, -transport und -absatzmärkte unter einem Dach zu vereinigen. Nach Ansicht von Energieexperten hatte Gasprom damit eine Lehre gezogen aus der Ölpolitik der OPEC-Staaten in den vergangenen Jahrzehnten. Diese – so zum Beispiel die Einschätzung von Stephan HEIDBRINK – seien mit ihren Versuchen, durch Manipulation der Ölförderung Druck auf die Politik westlicher Staaten auszuüben, deshalb erfolglos geblieben, weil Verarbeitung und Absatzmarktgestaltung in den Händen westlicher Firmen gelegen hätten. Dies wolle Gasprom durch Einflußnahme auf die gesamte Energiewertschöpfungskette umkehren.[3637]

2.4 Die westliche Gegenstrategie: die Diskussion um die Errichtung einer ›Energie-NATO‹

Mit diesen Entwicklungen begannen sich aber auch die geopolitischen Frontlinien zu verfestigen. »Heute«, so Rußland-Experte Alexander Rahr, »prallen in Eurasien wieder unterschiedliche geopolitische Konzeptionen aufeinander.«[3638] Insbesondere die USA entwickelten Strategien, um die Monopolisierungsstrategien Rußlands bzw. Gasproms zu unterlaufen. Diese liefen zum einen auf Planungen zu einer verstärkten Einbindung der Ukraine und Georgiens in die NATO hinaus. NATO-Generalsekretär Jaap de Hoop Scheffer sagte diesen Staaten zu, daß ihnen auf dem NATO-Gipfeltreffen in Riga ein deutliches Signal für ihre NATO-Mitgliedschaft gesetzt werden sollte.[3639] Im Mai 2006 verhandelten die EU und die Ukraine über eine gemeinsame Freihandelszone, die allerdings das Ende einer Zollunion mit Rußland[3640] und somit auch das Ende des Einheitlichen Eurasischen Wirtschaftsraumes bedeutet hätte. Folgerichtig beantwortete Rußland diese bündnispolitische Ausrichtung der Ukraine mit einer Beendigung der militärtechnischen Zusammenarbeit. Auf der anderen Seite wurde inoffiziell die NATO-Integration der Ukraine vorangetrieben. Mitte Juni 2006 fand in Kiew eine internationale Konferenz unter dem Motto »Die Transformation der Streitkräfte Tschechiens auf dem Weg zur NATO. Erfahrungen für die Ukraine« statt. Vorbereitet wurde zudem das gemeinsame NATO-Ukraine-Militärmanöver ›Sea-Breeze‹ auf der Krim.[3641]

Ferner begannen die USA nach dem Ende des Gasstreites zwischen Rußland und der Ukraine sowie Weißrußland mit der Planung weiterer alternativer Öl- und Gaspipelines aus dem kaspischen Raum unter Umgehung Rußlands. »Kasachstan wurde aus dem Energieverbund mit Rußland herausgerissen und erklärte sich bereit, seine Öllieferungen über den Kaukasus und die Türkei nach Westen zu transferieren. Allerdings betonte Kasachstan, daß zunächst der Rechtsstatus des Kaspischen Meeres geklärt werden müsse. Heute darf ohne Einwilligung aller Anrainerstaaten, also auch Rußlands und des Irans, keine Pipeline durch das Kaspische Meer gelegt werden. Aus den USA kamen Bestrebungen, die Nato auf Länder wie Georgien und die Ukraine auszudehnen.«[3642] Insgesamt, so Alexander Rahr, habe sich wohl »in der US-Führung die Idee einer neuen Eindämmungspolitik gegenüber Rußland durchgesetzt – so, wie sie auch von manchen mittelosteuropäischen Staaten vertreten wird«.[3643] Begünstigt wurde dieser Prozeß dadurch, daß die südwestlichen Nachbarstaaten Rußlands – Georgien, Ukraine, Aserbaidschan und Moldawien – ja im Mai 2006 ein neues Bündnis, die ›Gemeinschaft Demokratische Wahl‹, gegründet hatten, um den EU- und NATO-Beitritt zu beschleunigen.

Deutlich kristallisierte sich folgende geopolitische Frontlinie heraus: »Die USA versuchen die rohstoffreichen kaspischen Länder in ein neues Großes Zentralasien einzuschließen, das Teil des Großen Mittleren Ostens werden soll. Die Energiereserven des Kaspischen Meeres sollen so enger an die Opec-Staaten des Persischen Golfs angebunden werden. Rußland versucht, zusammen mit China, über die sogenannte Shanghai-Organisation für Zusammenarbeit ein alternatives Machtzentrum – eine Art Gas-Opec – zu errichten. Länder wie Indien, Pakistan und der Iran überlegen, ob sie der Shanghai-Organisation als Vollmitglieder beitreten sollten. Die USA wollen dies verhindern.«[3644]

Auf ihrem Gipfeltreffen in Peking Mitte Juni 2006 entwickelte die Shanghaier Organisation für Zusammenarbeit Initiativen zu einer vertieften energiepolitischen Zusammenarbei ihrer Mitgliedsstaaten, was durch die Aufnahme der Mongolei, des Iran, Pakistans und Indiens als Beobachterstaaten unterstrichen wurde. Erörtert wurde ein Pipeline-Programm, das von den iranischen Gasfeldern über Pakistan nach Indien führen sollte. Nach den Plänen des damaligen pakistanischen Machthabers MUSCHARRAF sollte auch China an diese Pipeline angeschlossen werden. Ein solches Pipelineprojekt aber würde ganz neue Möglichkeiten für das komplizierte Dreiecksverhältnis der drei Regionalmächte Pakistan, Indien und China begründen und damit massive geopolitische Umwälzungen im zentral-eurasischen Raum nach sich ziehen:

»China unterhält traditionell exzellente Beziehungen zu Pakistan, steht aber auch mit Indien seit neuestem auf gutem Fuße, indes ohne daß die alten Grenzstreitigkeiten bereits ausgeräumt wären. Der Handel zwischen den beiden asiatischen Giganten wächst derzeit im atemberaubenden Tempo, und mit Pakistan will die Volksrepublik noch in diesem Jahr ein Freihandelsabkommen abschließen. Auch mit Indien befindet sich ein entsprechender Pakt in Vorbereitung, und entsprechend käme es damit indirekt auch zu einer Annäherung der beiden Erzrivalen Indien und Pakistan. Eine Zusammenarbeit in West- und Zentralasien, für die die SCO den geeigneten Rahmen bietet, könnte zum weiteren Spannungsabbau führen.«[3645] Deutlich sprach sich PUTIN für die Konstituierung eines »Energie-Clubs« aus.[3646] Beobachtern zufolge war die Vertiefung der SCO eine Reaktion auf die Gründung des prowestlichen Bündnisses ›Gemeinschaft Demokratische Wahl‹, die als das Anfang vom Ende der GUS angesehen wurde.[3647] Rußlands »halbwegs geordneter Rückzug aus dem Schwarzmeer-Raum und aus Transkaukasien – der allerdings längst nicht sicher ist – könnte Kräfte und Mittel für die Schlacht um Einfluß im öl- und gasreichen Zentralasien freisetzen. Eine zentrale Rolle kann dabei die Shanghai-Organisation spielen«.[3648]

Diese Entwicklungen wurden in den USA mit besonderem Argwohn beobachtet, und so war die SCO-Konferenz von diplomatischen Störfeuern der USA begleitet,[3649] wobei neben der energiepolitischen Zusammenarbeit auch die engere militärische Kooperation der Staaten die US-Machtelite in Unruhe versetzte.[3650] Denn eine »um Iran und Pakistan erweiterte Shanghaier Gruppe könnte weltpolitisch die Säbel rasseln lassen, sagen politische Beobachter. Die SOC hätte dann sechs Atommächte als Mitglieder. Allein die geographische Größe wäre beeindruckend: Von der Beringstraße über Rußland, Indien und Iran bis an die Grenzen Europas und bis an den Irak.«[3651] Damit ergibt sich eine ernsthafte geopolitische Herausforderung für die USA. So warnte David Wall in der *Washington Times:* »Eine erweiterte SCO würde einen großen Teil der Öl- und Gasreserven sowie der Atomwaffenarsenale kontrollieren. Sie wäre de facto eine OPEC mit Bomben.«[3652] Wie Jürgen Wagner darstellt, wird in Washington schon länger vor einer Allianz Rußlands mit den OPEC-Staaten gewarnt, und die US-Machtelite sieht in der SCO bereits das »rasante Heraufziehen eines strategischen Rivalen der USA und ihrer Verbündeten«.[3653] Die USA fürchten, daß sich die Shangai-Gruppe zu einem antiwestlichen Sicherheits- und Wirtschaftsblock entwickeln könnte und daß damit die USA weiter an Einfluß in Asien verlieren. Wie die russische Zeitung *Kommersant* enthüllte, versuchten die USA seitdem, ein Bündnis aus Kirgistan, Afghanistan, Kasachstan und Tadschikistan ins Leben zu rufen, um die Einheitsbemühungen der SCO zu unterhöhlen.[3654]

Die geopolitische Konfrontation hatte sich im Mai 2006 vertieft. Zu dieser Zeit fand in der litauischen Hauptstadt Vilnius eine Konferenz mittelost- und osteuropäischer Staaten statt. Teilnehmer waren die Präsidenten der drei baltischen Staaten, Polens, Rumäniens, Bulgariens, der Ukraine und Georgiens sowie der außenpolitische Beauftragte der Europäischen Union Javier Solana und der US-Vizepräsident Richard Cheney.

Auf dieser Konferenz übte letzterer in einer Rede, die mit dem US-Präsidenten abgestimmt war,[3655] scharfe Kritik an Rußland: »Es liegt in niemandes legitimem Interesse«, so führte er aus, »wenn Öl und Gas Mittel der Einschüchterung oder Erpressung werden, ob nun durch Manipulationen bei der Lieferung oder durch Versuche, den Transport zu monopolisieren. Und niemand kann Aktionen rechtfertigen, die die territoriale Integrität eines Nachbarn untergraben oder sich in demokratische Bewegungen einmischen.«[3656]

Es waren gerade die ostmitteleuropäischen ›Rimlands‹ Polen und die baltischen Staaten, von denen – mit US-amerikanischer Rückendeckung – Kampagnen gegen die energiepolitischen Bestrebungen Gasproms bzw. Rußlands ausgingen. »Da die Ostsee-Pipeline eine Schwächung der Verhandlungsposition der tatsächlichen und potentiellen Transitstaaten gegenüber Gasprom/Rußland bedeutet, versuchen die baltischen Staaten, Polen sowie andere Ostseeanrainerstaaten wie Finnland und Schweden dieses Projekt zu verzögern oder drängen darauf, es ganz aufzugeben.«[3657] So plante Polen eine vertiefte Zusammenarbeit mit der Ukraine und den baltischen Staaten im Sinne einer ›Energiebrücke‹, die das Ziel haben sollte, den Raum zwischen Ostsee und Schwarzem Meer von der Erschließung durch die russische Energiewirtschaft fernzuhalten. In diesem Zusammenhang erwarb der polnische staatliche Ölkonzern Orlen die litauische Raffinerie Mazeikiu. An diesem Projekt war auch der vom Kreml kontrollierte russische Ölkonzern Lukoil interessiert. Doch setzte sich der litauische Staatspräsident Adamkus nach Enthüllungen der *Süddeutschen Zeitung* mit Rückendeckung Washingtons dafür ein, den Polen den Zuschlag zu geben.[3658] Polen und die Ukraine hatten sich darüber hinaus geeinigt, möglichst schnell eine Ölpipeline vom Schwarzmeerhafen Odessa zum polnischen Brody in Betrieb zu nehmen.[3659]

Folgt man den Enthüllungen der *Neuen Zürcher Zeitung*, plante Polen mit der Rükkendeckung der USA den Bau einer Erdölpipeline, die von den zentralasiatischen Lagerstätten über den Grund des Kaspischen Meeres, den Südkaukasus, das Schwarze Meer und die Ukraine bis zum »polnischen Energieknoten von Plock« führen sollte,[3660] um damit die Bedeutung der Druschba-Ölpipeline für die Ölversorgung Ostmitteleuropas zu torpedieren. Gleiches wollte Polen auch für die Gasversorgung Ostmitteleuropas durch Pipelines von Zentralasien über den Grund des Kaspischen Meeres, den Kaukasus, den Boden des Schwarzen Meeres und die Ukraine erreichen: »Könnten die Anrainer direkte Unterwasserverbindungen bauen, würde das Monopol Rußlands gegenüber den Gasproduzenten jenseits des Kaspischen Meeres obsolet. Sie könnten... mit den westlichen Abnehmern in direkte Verkaufsverhandlungen treten.«[3661] Diesen Plan trug der polnische Staatspräsident Lech Kaczynski im Rahmen einer Reisediplomatie in Zentralasien im Mai 2007 vor, die den Zusammenschluß von Polen, Litauen, Aserbaidschan, Georgien, Kasachstan und die Ukraine zu einem anti-russischen Energiebündnis zum Ziel hatte.[3662]

Dieses Konzept scheiterte jedoch am Widerstand Kasachstans, dessen Machthaber Nasarbajew ein solches Pipelinevorhaben nur dann unterstützen und mitfinanzieren wollte, wenn Rußland gleichfalls miteinbezogen werde,[3663] und auf dem Energiegipel in Krakau im Mai 2007, an dem höchste Repräsentanten der Ukraine, Georgiens, Aderbaidschans und Kasachstans teilnahmen, schaffte Polen es nicht, die ehrgeizigen Energievorhaben zu verwirklichen. Das lag daran, daß Putin das Zaudern Kasachstans geschickt für die eigenen energiegeopolitischen Schachzüge auszunutzen verstand. »Putin hat den Ball nun geschickt aufgenommen und ist zur Besiegelung einer intensiveren Zusammenarbeit mit den östlichen Anrainern des Kaspischen Meeres just zu dem Zeitpunkt in die Region gereist, als Nasarbajew in Krakau erwartet wurde.«[3664] Dort gelang es Putin, die Kooperation Rußlands mit den östlichen Anrainerstaaten des Kaspischen Meeres im Mineralölsektor zu vertiefen und gleichzeitig eine noch engere Anbindung im Erdgashandel sicherzustellen. Mit den Staatschefs Turkmenistans und Kasachstans hatte sich Putin in der turkmenischen Hauptstadt Turkmenbaschi am 12./13. Mai 2007 auf den Bau einer neuen Gaspipeline geeinigt. Sie soll entlang der Küste des Kaspischen Meeres verlaufen und Erdgas aus Turkmenistan nach Rußland leiten. Mit ihrem Bau sollte in der ersten Jahreshälfte 2008 begonnen werden.

Damit konnte Putin einen weiteren Sieg im Energiepoker für sich gewinnen. Mit diesem zentralasiatischen Pipelineprojekt durchkreuzte Rußland »zugleich Pläne der USA und der Europäer: Diese werben nämlich in Zentralasien seit längerem für eine Pipeline quer durch das Kaspische Meer, damit das Gas aus den ehemaligen Sowjetrepubliken unter Umgehung Rußlands in den Westen gelangen kann«.[3665] Mit der Unterzeichnung dieses Abkommens hatte Kasachstan der Einschätzung der *Neuen Zürcher Zeitung* zufolge ein politisches Zeichen gesetzt, als Staatschef NASARBAJEW statt zum Krakauer Energiegipfel zur Vertragsunterzeichnung nach Turkmenistan gereist war. Jedenfalls war es PUTIN mit diesem zentralasiatischen Pipelineabkommen zwischen Rußland, Kasachstan und Turkmenistan gelungen, den Krakauer Gipfel zur Peinlichkeit werden zu lassen.[3666] Das Ziel der USA, der EU sowie der osteuropäischen Staaten, die Monopolstellung Gasproms zu brechen, war damit einstweilen in weite Ferne gerückt.

Polen war es auch, das als Reaktion auf die Monopolisierungsstrategie von Gasprom die Idee einer »Energie-NATO« in die Diskussion brachte. Diese Idee richtete sich auf den Zusammenschluß der NATO- bzw. der EU-Verbündeten samt gegenseitigem Beistandspakt zur Sicherung der Energieversorgung.[3667] Einer Studie der ›Stiftung Wissenschaft und Politik‹ zufolge lag diesem Plan folgender Gedanke zugrunde: »Mitglieder eines kollektiven Verteidigungsbündnisses wie der NATO verpflichten sich individuell und gemeinsam, einem oder mehreren Mitgliedern gegen eine Bedrohung oder einen Angriff von außerhalb des Bündnisses zur Hilfe zu kommen. Grundlage des polnischen Vorschlages ist die Überzeugung, daß die Prinzipien kollektiver Verteidigung in Fragen der Energiesicherheitspolitik angewandt werden sollten. Alle Mitglieder dieses europäischen ›Energiesicherheits-Vertrages‹ sollen sich für den Fall, daß eines der Länder unverschuldet in Versorgungsschwierigkeiten geraten würde, zur Lieferhilfe verpflichten.«[3668] Zu diesem Zweck sollten die Mitgliedsstaaten eines solchen neuen Bündnisses eine gemeinsame Transport- und Energiespeicher-Infrastruktur aufbauen; die Entwicklung von Pipelineprojekten sollte nur gemeinsam im Bündnis und nicht bilateral erfolgen – eine deutliche Kampfansage an die ›Ostsee-Pipeline‹, gegen die Polen und das Baltikum ja heftige Oppositionsarbeit leisten. »Alle Mitglieder verteilen ihren Energiebedarf möglichst auf unterschiedliche Quellen und schaffen eine europäische Energie-Infrastruktur durch den Bau von Pipelines und Leitungen, die den Beistand dann in jedem Fall sicherstellen muß.«[3669]

Eine solche Organisation sollte nach polnischen Plänen klar gegen Rußland gerichtet sein. »Nach polnischen Vorstellungen sollen Mitglieder in diesem Vertragswerk nur jene Staaten werden dürfen, die entweder Mitglieder der EU oder der Nato sind. Rußland wäre demnach daraus definitiv ausgeschlossen.«[3670] Bezeichnend war ferner, daß sich das polnische Modell eng an das Konzept der NATO anlehnte, in dem die USA eine Hegemonialrolle ausüben,[3671] so daß davon auszugehen ist, daß Polen die USA gewissermaßen als antirussischen Energiesicherheitsgaranten gewinnen wollte.

Wie Energie-Experten darlegen, war die Idee der ›Energie-NATO‹ im wesentlichen hervorgerufen worden durch einen »Trend zum Ressourcennationalismus in den Produzentenstaaten«,[3672] wofür es in jüngster Zeit mehrere Beispiele gibt: »In Venezuela und Bolivien etwa die jüngsten Verstaatlichungen im Öl- und Gassektor sowie die Erhöhung der Lizenzgebühren und der Steuern auf Gewinne aus dem

Ölgeschäft, oder in Rußland die Übernahme von Yuganskneftegaz durch die staatliche Rosneft bzw. der Sibneft durch Gasprom«[3673] mit entsprechenden Folgen für die westlichen Rohstoffkonzerne: »Mit anderen Worten: Nichtstaatliche Akteure haben zu Reserven und Entwicklungskonsortien oftmals keinen Zugang mehr.«[3674]

Darüber hinaus – und dies hat die Idee der ›Energie-NATO‹ gefördert – ist auch eine wachsende Marktmacht der OPEC für die Zukunft zu beobachten: Die bedeutendsten Öl- und Gasreserven sind konzentriert in der ›strategischen Ellipse‹, die von Nordrußland über Zentralasien und den kaspischen Raum bis zum Persischen Golf reicht. Dies geht einher mit den zu Neige gehenden Vorräten außerhalb der OPEC. Das hat zur Folge, daß sich mittelfristig 71 % der weltweiten Ölreserven und 69 % der weltweiten Gasreserven in politisch instabilen und meist autoritär regierten Regionen befinden werden – »und das bei über 80 % Importquote der EU bei Primärenergieträgern im Jahre 2030. Damit einhergehend steigt die Marktmacht der OPEC weiter an«.[3675] Folglich steht auch Eurasien im Zentrum der Planungen zum Einsatz einer ›Energie-NATO‹.

Tatsächlich wurden Überlegungen zur militärischen Sicherung des Energiezuflusses Bestandteil von Strategieplanungen der NATO. Schon im Februar 2006 diskutierten die NATO-Regierungen eine Reihe möglicher Aktionen im Falle einer künftigen Unterbrechung der Ölversorgung in Folge militärischer Handlungen.[3676] Einher ging dies mit Planungen, die NATO in Richtung eines globalen Sicherheitsbündnisses weiterzuentwickeln, wobei ihr der Einsatz militärischer Mittel zur Erhöhung der Energieversorgungssicherheit als neues Aufgabenfeld zugewiesen werden sollte. »Die Allianz sollte also ihrer faktisch existenten globalen Rolle in militärisch-operativen Fragen entsprechend institutionelle Strukturen entwickeln und strategische Konzeptionen folgen lassen. Es ginge beispielsweise darum, bereits jetzt mit dem Bündnis zusammenarbeitende Partner wie Australien, Japan und Südkorea auch institutionell mit der Allianz zu verknüpfen. Insbesondere die USA sind die treibende Kraft hinter dieser Option.«[3677]

Auf der 42. Münchener Sicherheitskonferenz im Februar 2006 wurde deutlich die Notwendigkeit einer solchen Umwandlung der NATO hervorgehoben. NATO-Generalsekretär Jaap de Hoop Scheffer betonte dabei, daß die Sicherung der Energieversorgung ein neues Aufgabenfeld der NATO sein werde, und erklärte, daß der Schutz wichtiger Tankerrouten oder Pipelines kritisch für die Sicherheit der Allianz sei. Einig war man sich auf der Konferenz, daß die »Energiesicherheit eine wesentliche Aufgabe für das Bündnis« sei.[3678] Der Außenminister der Bundesrepublik Deutschland, Frank-Walter Steinmeier, erklärte, globale Sicherheitspolitik sei untrennbar mit Energiesicherheit verbunden.[3679] Wie eine Studie des NATO Defence College hervorhebt, ist die Diskussion um diese Ausrichtung, obschon sie bereits Gegenstand des *Neuen Strategischen Konzepts* von 1999 war, im wesentlichen durch den Gasstreit zwischen Rußland und der Ukraine verstärkt worden.[3680]

Folgt man den Darstellungen US-amerikanischer Think-Tanks, wurde Rußland wegen seiner Energiegeopolitik in zunehmendem Maße als Bedrohung der transatlantischen Allianz angesehen. Während die UdSSR, so ein Papier des ›American Enterprise Institute for Public-Policy Research‹, nicht danach getrachtet habe, die Energieinfrastruktur in Europa zu kontrollieren, sei dies aber bei dem neuen Rußland unter PUTIN der Fall. Die Fälle Ukraine und Weißrußland hätten gezeigt, daß Rußland politischen Einfluß und die Kontrolle über Energieressourcen zu verbinden wisse und diesen politischen Hebel nach Bedarf einzusetzen verstehe.[3681] Vor diesem Hintergrund hatte der US-Senat am 1. Mai 2006, mit klarem Blick auf Rußland gerichtet, eine Resolution verabschiedet, die die NATO dazu aufforderte, die Energiesicherheit ihrer Mitglieder zu schützen. Die US-Regierung wurde dazu aufgefordert, innerhalb der NATO eine Strategie zur Sicherung der Energiequellen und zur Aufteilung des Energiebezugs zu entwickeln.[3682] Indessen blieb die NATO nicht untätig. Mitte November 2006 – so die Darstellung Jürgen Wagners – versandte der Wirtschaftsausschuß der NATO an alle Mitgliedsstaaten einen Expertenbericht, der angab, Rußland strebe ein internationales Erdgaskartell nach OPEC-Muster mit dem Ziel an, Energielieferungen als politisches Druckmittel einzusetzen, und stufte dies ausdrücklich als Bedrohung ein.[3683]

Die Frage, wie mit der russischen Energiegeopolitik umgegangen werden sollte, wurde dann auch Gegenstand des NATO-Gipfels in Riga im November 2006. Obwohl die Erdgasstreitigkeiten seinerzeit keinerlei Einfluß auf die Energieversorgung der USA hatten, hatten sie die geopolitische Diskussion in der US-Machtelite erheblich angeheizt.[3684] Der US-Senator Richard LUGAR, der sich Anfang der neunziger Jahre dafür einsetzte, die Osterweiterung der NATO voranzutreiben, bezeichnete den russisch-ukrainischen Erdgasstreit als einen »Weckruf für die USA«. Man müsse sich über die Energiesicherheit Gedanken machen und handeln. Ansonsten bestünde die Gefahr, daß die Nutzung der Energieressourcen als politische Waffe bald üblich werde und nicht nur von Rußland, sondern auch von anderen Ländern, wie beispielsweise Iran oder Venezuela, eingesetzt werde.[3685] Auf dem Rigaer Gipfeltreffen der NATO ging LUGAR dann auch mit Blick auf Rußland in die Offensive: »Wir hoffen, daß Energiekartelle nicht gebildet werden, um die verfügbare Versorgung zu begrenzen und den Markt zu manipulieren. . . In den worst-case-Szenarien werden Öl und Gas die Währung, mit der die energiereichen Staaten ihre Interessen gegenüber importabhängigen durchsetzen. Die offene Verwendung von Energie als Waffe ist keine theoretische Gefahr in der Zukunft – dies passiert schon heute. Der Iran drohte bestimmten Staaten wiederholt damit, seine Öllieferungen einzustellen, falls ökonomische Sanktionen wegen seines Urananreicherungsprogramms gegen ihn verhängt würden. Rußlands Einstellung der Energielieferungen an die Ukraine zeigte, wie verführerisch die Verwendung von Energie zur Erreichung politischer Ziele ist, und unterstrich die Verletzbarkeit der Konsumenten. . . Die Allianz muß anerkennen, daß die Verteidigung gegen solche Angriffe unter Artikel fünf fällt. . . Wir sollten anerkennen, daß es kaum einen Unterschied dazwischen gibt, ob ein NATO-Mitglied dazu gezwungen wird, einer ausländischen Erpressung aufgrund der Einstellung der Energieversorgung nachzugeben, und einem Mitglied, das sich einer militärischen Blockade oder einer militärischen Demonstration an seinen Grenzen gegenübersieht.«[3686]

Kurz gesagt, sollte die Energiesicherheit in den Verteidigungs-Artikel 5 der Nordatlantik-Charta aufgenommen werden, da nach Ansicht der US-Machtelite die Unterbrechung der Energiezufuhr durch einen Energieproduzentenstaat einem militärischen Angriff gleichzustellen sei. Die NATO müsse darauf vorbereitet sein und entsprechend reagieren können.[3687] LUGAR schlug damit vor, daß der gezielte Einsatz der ›Energiewaffe‹ als kriegerischer Akt gewertet werden sollte;[3688] die NATO solle daher den neuen Schwerpunkt ihrer Sicherheitspolitik darin sehen, mit Blick auf Rußland den Zugang des Westens zu den eurasischen Energiequellen sicherzustellen, die Entstehung von Staatsmonopolen zu verhindern und damit den ununterbrochenen Fluß von Erdöl und Erdgas aus Eurasien in den Westen zu garantieren. Folgerichtig hieß es auch in dem Abschlußdokument des NATO-Gipfels von Riga, daß »die Sicherheitsinteressen der Allianz durch eine Unterbrechung der Versorgung mit vitalen Ressourcen betroffen werden können«.[3689]

Nach den Vorstellungen US-amerikanischer Think Tanks sollte die NATO deshalb unterstützend tätig werden, um russische Pipelinevorhaben zu unterhöhlen. In Strategiepapieren wird dazu aufgerufen, die Ukraine und Rumänien dabei zu unterstützen und zu ermutigen, das russische Pipelineprojekt ›South Stream‹ gründlich in Frage zu stellen. Da diese Pipeline durch rumänische und ukrainische Wirtschaftszonen im Schwarzen Meer verlaufe, könnten – so entsprechende US-Dokumente –umweltschutzrechtliche Fragen zu diesem Zweck instrumentalisiert werden. In dieser Form sollte die NATO auch das Baltikum zur Sabotierung der ›North-Stream‹-Ostseepipeline unterstützen.[3690]

Damit werden die neuen Frontlinien des neuen Kalten Krieges sichtbar. Die künftigen Strategien des transatlantischen Bündnisses sind darauf ausgerichtet, sich Zugriffsmöglichkeiten auf die eurasischen Energiequellen offenzuhalten. Aus diesem Grund wird die neue Energiegeopolitik des Kreml, die auf Renationalisierung, Verstaatlichung, Zentralisierung und Monopolisierung setzt, als feindliche Herausforderung angesehen. Die transatlantischen Strategien laufen nunmehr darauf hinaus, im Sinne der ›Grand Area‹ diese Erfolge Moskaus bzw. Gasproms wieder rückgängig zu machen.

Was nunmehr als Gegenmaßnahme des Westens eingeleitet wurde, war eine Kombination aus energie- und pipelinepolitischem »Neo-Containment«, verbunden mit Plänen zum Regimewechsel in Rußland und militärischer Konfrontation. Insbesondere sollte nach den Plänen der US-Machtelite Europa als antirussischer Einkreisungspartner eingespannt werden: »Schon lange«, so Jürgen WAGNER, »versucht Washington über seine engen Verbündeten im ›Neuen Europa‹ eine anti-russische Politik umzusetzen und gleichzeitig die zeitweise abtrünnigen Länder Frankreich und Deutschland dazu zu bringen, eine geschlossene Front gegen Rußland zu bilden.«[3691]

Dadurch, daß die Energiesicherheit zum Bestandteil des Verteidigungsauftrages der NATO werden sollte, sollte schließlich auch die Einheit des transatlantischen Bündnisses sichergestellt werden, so ein Strategiepapier des ›American Enterprise Institute‹, da ansonsten die Allianz gespalten sei in verletzbare (weil energieimportabhängige) und nicht verletzbare Mitglieder.[3692] Es liegt der Verdacht nahe, daß mit diesem Schachzug der NATO die ›verletzbaren‹ europäischen Staaten wie Deutschland daran gehindert werden sollten, gegebenenfalls eigene autonome Energiepartnerschaften mit Rußland einzugehen – eine Partnerschaft, die als ›Alptraum Mackinders‹ unbedingt verhindert werden muß. Gleichzeitig würde mit einer derartigen Erweiterung der NATO-Zuständigkeiten eine mögliche russisch-europäische Energie-Zusammenarbeit von vornherein unterbunden, weil die Umsetzung eines solchen NATO-Plans das Bedrohungspotential gegen Rußland erhöhen würde, da Moskau die EU zwangsläufig als US-Vasallen und somit als Gegner ansehen müßte.

»Es ist keine Überraschung, daß Rußland durch diese Pläne verstärkter Energiesicherheit innerhalb der NATO stark erzürnt und entnervt war. Falls eine solche Doktrin von der NATO angenommen werden sollte, könnte sie als Rechtfertigung für die Durchsetzung von ökonomischen und politischen Sanktionen gegen Rußland und andere energieproduzierende Länder dienen. Diese Klausel könnte ebenso ein Mandat dafür schaffen, Rußland oder jedes andere energieexportierende Land anzugreifen, einschließlich Iran, Turkmenistan, Libyen und Venezuela, mit der Möglichkeit, die Energie- und Naturressourcen solcher Länder zu beschlagnahmen.«[3693] Mit dieser Konfrontationspolitik schien die US-Machtelite auch Erfolg gehabt zu haben. Im April 2007 erklärte der EU-Handelskommissar Peter Mandelson, daß die Beziehungen zwischen Rußland und der EU auf den schlechtesten Stand seit dem Ende des Kalten Krieges angelangt seien[3694] – sämtliche Pläne einer europäisch-russischen Energiezusammenarbeit waren damit torpediert.

3 Der neue Kampf um die Pipelinekorridore: ›Nabucco‹ gegen ›Mittelasien-Zentrum‹

Eine weitere Antwort des transatlantischen Bündnisses auf die Energiegeopolitik Rußlands war eine Fortsetzung der Diversifizierungsstrategie, die zum Ziel hatte, die Energieeinfuhren sowohl hinsichtlich der Rohstoffquellen als auch der Transportwege weitgehend zu streuen,[3695] um auf diese Weise die Monopolisierungsbestrebungen Gasproms zu neutralisieren. Dies war bereits seit langem Kernbestandteil der US-Pipelinestrategie in Eurasien: »Washington fordert in diesem Kontext schon seit langem explizit den Bau von Pipelinerouten zum Abtransport der immensen kaukasischen und zentralasiatischen Energievorräte unter Umgehung Rußlands (und des Irans).«[3696] Die starke Kritik der USA an der Energiepolitik der EU, diese würde auf eine zu starke Abhängigkeit von Rußland hinauslaufen,[3697] sollte dabei als Forderung der USA an die EU verstanden werden, sich in die US-Strategie einzufügen.

Eine Katalysatorfunktion bildete auch hier der russisch-ukrainische Gasstreit, der die EU dazu veranlaßte, an einem Pipelinekonzept zu arbeiten, das Europa direkt mit Zentralasien verbinden sollte. Diese Pipeline sollte dazu dienen, das Transportmonopol Gasproms zu unterminieren. »Derzeit bezieht die EU Erdgas vor allem aus folgenden Lieferstaaten: Rußland (40%), Algerien (30%) sowie Norwegen (25%) . . . Drittanbieter aus Zentralasien werden gegenwärtig vom russischen Staatsmonopolisten Gazprom daran gehindert, Kunden in der EU direkt zu beliefern. Vielmehr kauft Gazprom selbst zentralasiatisches Gas günstig ein und verkauft es dank seines Netzmonopols zu deutlich höheren Preisen weiter. Versuche der EU, Rußland im Rahmen der Verhandlungen über ein neues Partnerschafts- und Kooperationsabkommen dazu zu bewegen, sein Leitungsnetz für Drittanbieter zu öffnen, sind bisher erfolglos geblieben. Darüber hinaus mehrten sich in den zurückliegenden Jahren Zweifel an der Verläßlichkeit Rußlands als Energielieferant. . . Vor diesem Hintergrund setzte in der EU eine Diskussion über die Notwendigkeit einer Diversifizierung der Energiequellen und der Transportwege ein. Neben einem Ausbau der Bezugsquellen aus Nordafrika konzentrieren sich die Überlegungen auf den ungehinderten Zugang zu den großen Gasvorräten am Kaspischen Meer und in Zentralasien, die nach Schätzungen achtmal so groß sind wie jene in Nordafrika und nur um ein Drittel kleiner als die Vorkommen Westsibiriens.«[3698]

Pläne der EU zur Diversifizierung ihrer Energielieferanten und der Versorgungswege bestanden aber schon 2002. Es ging dabei um den Bau einer Erdgasleitung, die unter Umgehung Rußlands von der türkisch-georgischen oder der türkisch-iranischen Grenze bis nach Österreich führen soll – ein Vorhaben, das unter dem Namen ›Nabucco‹-Pipeline bekannt wurde. Dieser Pipelineplan wurde im Frühjahr 2006 neu aktiviert, als der Europäische Rat die EU-Kommission aufforderte, Vorschläge für eine künftige Energieaußenpolitik auszuarbeiten. Im Juni 2007 einigte sich der Europäische Rat auf einen Aktionsplan, in der die strategische Bedeutung des Nabucco-Projekts für die europäische Energieversorgung hervorgehoben wurde.

Beim ›Nabucco‹-Projekt handelt es sich um eine rund 3300 km lange Pipeline, die vom Osten der Türkei mit einem Strang an der Grenze zu Georgien und einem anderen an der Grenze zum Iran über Bulgarien, Rumänien und Ungarn nach Baumgarten an der slowakisch-niederösterreichischen Grenze führen soll. Auf türkischem Gebiet soll sie teilweise parallel zur im Mai 2005 eröffneten Baku–Tiflis–Ceyhan-Ölpipeline verlaufen. Im Osten der Türkei soll die Nabucco-Pipeline Anschluß an die Südkaukasus-Pipeline erhalten.[3699] »Für ihren Bau wurde 2002 ein internationales Konsortium gegründet, daß zu je 20 % folgenden nationalen Energieunternehmen gehört: MOL (Ungarn), BULGARAZ (Bulgarien), BOTAS (Türkei), TRANSGAZ (Rumänien) und OMV (Österreich). Letztere führt das Konsortium... Für die Abwicklung des Vorhabens gründeten die fünf Partner die gemeinsame Tochtergesellschaft Nabucco Gas Pipeline International GmbH. Die EU unterstützte die Errichtung eines neuen Gaskorridors zunächst durch die Förderung einer Machbarkeitsstudie. Im Juni 2006 einigten sich Kommission, Energieminister der Transitstaaten, Unternehmensvertreter und die Europäische Investitionsbank (EIB) auf eine Absichtserklärung zur Projektbeschleunigung.«[3700]

Nach der Einschätzung der *Neuen Zürcher Zeitung* besaß dieses Vorhaben eine antirussische Stoßrichtung: »Es geht vor allem darum, das mit russischen Transportwegen geschaffene Monopol für nichtrussisches, zentralasiatisches Gas zu brechen... Kein Wunder also, daß das Nabucco-Projekt vom Konzern aus Moskau hart bekämpft wird.«[3701] Und ferner: »Die Erkenntnis, Europas Energiequellen zu diversifizieren und die Abhängigkeit von Rußland zu verringen, hat die Europäi-

Die Erdgas-Pipeline ›Nabucco‹. Der Baubeginn wurde schon mehrfach verschoben und ist derzeit für 2013 vorgesehen. Die erste Ausbaustufe soll bis 2017 fertiggestellt sein. ›Nabucco‹ soll ca. 3300 km lang werden, das ergibt eine Anzahl von rund 200000 Rohren aus 2 Mio. Tonnen Stahl.

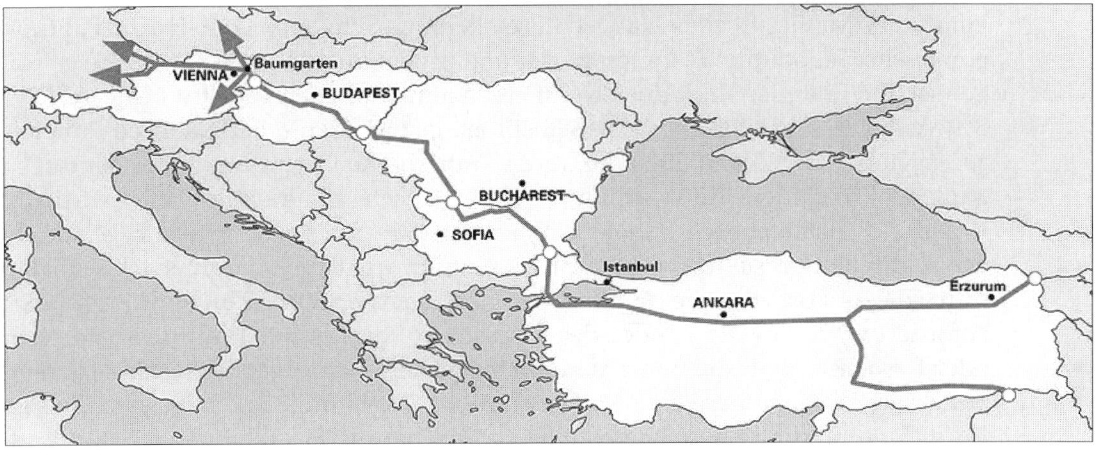

Geplanter Verlauf der Pipeline ›Nabucco‹.

sche Union nun zu einem neuen Anlauf bewogen, ihre Präsenz in Zentralasien auszubauen.«[3702] Um ihr Interesse an der zentralasiatischen Region zu unterstreichen, reiste Anfang April 2007 eine europäische Delegation unter Leitung des deutschen Außenministers Frank-Walter STEINMEIER in die kasachische Hauptstadt Astana, um sich dort im Rahmen der neuen EU-›Zentralasien-Strategie‹ mit den Außenministern der fünf zentralasiatischen Staaten zu treffen.

Für diese ›Zentralasien-Strategie‹ der EU ist das ›Nabucco-Projekt‹ von höchster Bedeutung. Die EU macht keinen Hehl daraus, daß sie die Pipeline ganz oben auf der Liste strategischer Energieprojekte ansiedelt. Nabucco sei das wichtigste Infrastruktur-Vorhaben, sagte Energie-Kommissar Andris PIEBALGS.[3703] Folgerichtig hatte auch die EU-Kommission dem Projekt höchsten Vorrang eingeräumt und es in die Liste der ›Trans-European Energy Networks‹ aufgenommen.[3704] Dadurch, daß sich die EU im Sommer 2006 kurz vor dem G-8-Gipfel in St.-Petersburg eindeutig zu diesem Projekt bekannte, setzte sie ein deutliches Zeichen gegen Rußland: »Mit der neuen Pipeline könnte Europa sich von Rußland emanzipieren«.[3705] Die hohe Bedeutung, die die EU dem Nabucco-Projekt beimißt, wird auch an der Finanzierung sichtbar: »Während das Betreiberkonsortium für ca. 30 % der Gesamtkosten aufkommen soll, ist geplant, 70 % über Fremdmittel zu finanzieren, wobei die Europäische Investitionsbank (EIB) und die Europäische Bank für Wiederaufbau und Entwicklung (EBRD) den Löwenanteil, wenn nicht sogar alles übernehmen sollen: ›Als ziemlich sicher gilt, daß die Nabucco am Geld nicht scheitern wird. Die EIB stehe voll und ganz hinter dem Projekt, sagte deren stellvertretender Vorstandsvorsitzender Wolfgang ROTH.‹«[3706]

3.1 Das ›Nabucco‹-Projekt als gemeinsames energiestrategisches Vorhaben von EU und USA zur ›Pluralisierung‹ Eurasiens gegen Rußland

Ebenfalls – so Jürgen WAGNER – stellt das Einstehen der Bundesrepublik Deutschland unter MERKEL für das Nabucco-Projekt einen Schwenk Deutschlands auf die eurasische Geopolitik Washingtons dar und zeigt, wie es der US-Machtelite gelungen ist, die Energiepolitik der EU auf einen antirussischen Kurs zu bringen: »Der Schwenk von schröderscher Ostseegaspipeline zu merkelscher Nabucco-Präferierung symbolisiert damit auch die transatlantische Re-Orientierung der deutschen Außenpolitik, indem auf Washingtons anti-russische Linie eingeschenkt wird.«[3707]

Daß sich das Nabucco-Projekt voll und ganz in das gegen Rußland gerichtete geopolitische Eurasienkonzept der USA einfügt, wird auch daran ersichtlich, daß durch dieses Vorhaben die Pluralisierung Eurasiens im Sinne Zbigniew BRZEZINSKIS befördert wird. Für die Länder des kaspischen Raumes wie Iran, Aserbaidschan oder Kasachstan gilt die Nabucco-Pipeline als ein attraktiver Verbindungsstrang zum europäischen Energiemarkt. Die gestiegene Nachfrage in Europa nach Gas ist für die zentralasiatischen Staaten eine große Chance, die Abhängigkeit von Rußland weiter zu verringern.[3708] Die in den vergangenen Jahren erfolgreich durchgeführte Strategie Gasproms, ein Monopol auf das zentralasiatische Erdgas und seine Transportwege zu errichten, könnte durch die Verwirklichung der Nabucco-Pipeline wieder in Frage gestellt werden: »Moskau muß also um seine Energiegeschäfte kämpfen: Denn der Westen sucht nach alternativen Quellen, und die Anrainer des Kaspischen Meeres stehen gern zur Verfügung. Und für China noch dazu.«[3709]

Die Verdrängung Rußlands aus der zentralasiatischen Region war Roland Götz zufolge auch beabsichtigt: »Von der ›Nabucco‹-Gasleitung erwartet man nicht nur einen Zuwachs an Energieversorgungssicherheit für Europa, sondern auch die Stärkung der zentralasiatischen GUS-Republiken in ihren Emanzipationsbestrebungen gegenüber Rußland.«[3710] Folgt man den Analysen des *Handelsblatts,* so war die ›Nabucco‹-Pipeline deswegen auch von den USA angeregt worden.[3711] Da mit dieser Pipeline die Möglichkeit einer energiegeopolitischen Trennung Zentralasiens von Rußland verwirklicht werden kann, hat dieses Vorhaben – so auch die Studie der ›Heritage Foundation‹ mit dem Titel *The North European Gas Pipeline Threatens Europa's Energy Security* – auch einen ungeheuren Wert für die US-Geopolitik: »Sowohl die Vereinigten Staaten als auch die Europäische Union haben sich für den Bau der Nabucco-Gas-Pipeline als eine Alternative zu russisch kontrollierten Pipelines ausgesprochen. . . Ebenfalls erwogen wird der Bau einer Pipeline von Kasachstan, Turkmenistan oder Aserbaidschan, die mit Nabucco verbunden würde und damit die erste direkte Verbindung zwischen kaspischen und zentralasiatischen Gasproduzenten und den europäischen Märkten schaffen würde. Wenn die Exportmöglichkeiten zunähmen, könnten sich die zentralasiatischen Staaten als unwillig erweisen, weiterhin ihr Gas zu einem Discountpreis an Rußland zu verkaufen, wenn sie anderswo höhere Preise erzielen könnten.«[3712]

Genau dies machte sich zwischenzeitlich bereits bemerkbar: »Das ebenfalls mit reichlich Gas gesegnete Turkmenistan begehrt sogar selbstbewußt gegen den russischen Konzern Gazprom auf, der wesentliche Mengen aus Zentralasien bezieht. Für die zweite Jahreshälfte (2006) verlangt es eine Verdoppelung der Preise, andernfalls werde Turkmenistan die Zufuhr stoppen.«[3713]

Viel spricht daher dafür, daß mit dem Nabucco-Projekt eine gemeinsame transatlantische europäisch-amerikanische Energiestrategie gegen Rußland verwirklicht werden soll. »Energieversorgungssicherheit für Europa«, so Franz-Lothar Altmann, »hat auch eine euro-atlantische Dimension. Die Sicherung der nordamerikanischen und die der europäischen Energieversorgung sind zwei Seiten einer partnerschaftlichen. . . Aufgabe, die gemeinsame geostrategische Interessen begründet.«[3714] Bereits in den neunziger Jahren habe die Clinton-Administration angeregt, den sogenannten Ost-West-Energiekorridor einzurichten, über den kaspisches Öl und Gas unter Umgehung Rußlands und des Iran direkt nach Europa gelangen solle. Dies sei zunächst mit der Baku–Tiflis–Ceyhan-Erdölpipeline sowie mit der Baku–Erzurum-Pipeline erreicht worden. Zu deren Ergänzung – so die Planungen – sollte nunmehr die Nabucco-Pipeline hinzukommen. Die Baku–Erzurum-Erdgaspipeline

»soll dann verbunden werden mit der kürzlich beschlossenen Nabucco-Leitung, die von Ankara über Bulgarien und Rumänien Erdgas bis nach Österreich führen soll. Damit wäre aber lediglich der westliche Teil der Kaspischen See direkt mit Europa verbunden. Das amerikanisch-europäische Projekt«, so ALTMANN, »muß jetzt in Richtung Ostseite der Kaspischen See weitergeführt werden, um die deutlich größeren Reserven an Erdöl in Kasachstan und an Erdgas in Turkmenistan in die Reichweite Europas zu bringen. Langfristig sind auch die zwischen Iran und Aserbaidschan gelegenen Erdgasfelder in die Planung einzubeziehen. Für beide Teilprojekte muß der Balkan als künftige Transitregion entsprechend vorbereitet und mit den notwendigen Anlagen und Leitungen ausgestattet werden.«[3715]

Insgesamt muß die Nabucco-Pipeline als ein transatlantisches Projekt angesehen werden mit dem Ziel, die Erfolge der russischen Geopolitik der letzten Jahre zu neutralisieren. Der Nabucco-Korridor ist deshalb als Gegenstück zum Erdgastransport zur BTC-Erdölpipeline zu bewerten, mit der das Kernelement der US-Geopolitik in Eurasien – die Errichtung eines Ost-West-Transkaspischen Energiekorridors, der um einen Trans-Balkan-Korridor ergänzt wird – fortgeführt werden soll. Wie Roland GÖTZ schreibt, verfolgt die EU hier ähnliche Ziele wie die USA, will sich aber im Rahmen der ›Neuen Nachbarschaft‹ vor allem um die ihr geographisch nahen GUS-Staaten kümmern.[3716] Auch das *Handelsblatt* sieht die Nabucco-Pipeline als ein von USA und EU gleichermaßen gefördertes Projekt an, um die Energieversorgung Westeuropas zu diversifizieren.[3717]

3.2 Rußlands und Gasproms Gegenstrategie

Daß Rußland das Nabucco-Konzept beunruhigt, dürfte außer Zweifel stehen, und so ließen russische Gegenstrategien nicht lange auf sich warten.[3718] Als Reaktion auf die Pläne der EU zur Nabucco-Pipeline hatte Gasprom drei Projekte entwickelt: Zum einen handelt es sich um die Verlängerung der ›Blue-Stream‹-Pipeline, zweitens um den Bau der ›South-Stream‹-Pipeline, und letztlich gelang es Rußland, zusammen mit Turkmenistan und Kasachstan, den Ausbau des Energienetzwerks ›Mittelasien-Zentrum‹ voranzutreiben.

Mit der ›Blue-Stream‹-Pipeline, einem Gasprom-Vorhaben aus den neunziger Jahren, das im September 2002 verwirklicht wurde, wird Südrußland über den Grund des Schwarzen Meeres mit der Türkei verbunden. Die bis Ankara führende Röhre soll jetzt bis nach Ungarn weitergeleitet werden, womit Ungarn anstelle von Österreich eine Rolle als Gasverteilungszentrum Europas einnehmen kann.[3719] Gasprom hatte im Februar 2006 diesen Gegenvorschlag zu Nabucco unterbreitet. Bei dieser Ergänzung der ›Blue-Stream‹-Pipeline – als ›South European Gas Pipeline‹ (SEGP) bezeichnet – handelt es sich um eine mit Nabucco konkurrierende Parallelleitung, die ebenfalls von der Türkei (Ankara) über Bulgarien und Rumänien nach Ungarn führen soll.[3720] Der Schachzug Gasproms bestand darin, daß es dem russischen Konzern gelungen war, das ungarische Energieunternehmen MOL für dieses

Vorhaben zu gewinnen, obgleich dieses auch Mitglied des Nabucco-Konsortiums ist.[3721] Die ungarische Regierung soll Rußland signalisiert haben, daß sie – abweichend von der EU, die ja das Nabucco-Projekt fördert – die SEGP-Alternative bevorzuge.[3722]

Nach Ansicht von Branchenkennern ging es Gasprom mit diesem Schachzug darum, das Nabucco-Konzept unmöglich zu machen.[3723] Die ungarische Nachrichtenagentur MIT zitierte in diesem Zusammenhang auch einen kremlnahen Politologen, dem zufolge es derartiger bilateraler Abkommen bedürfe, weil die Verwirklichung gemeinsamer Lösungen zwischen der EU und Rußland »durch ideologische Kräfte behindert« werde, »die zumeist amerikanische Interessen vertreten«.[3724] Zu beachten ist hierbei, daß der Einfluß von Gasprom auf die ungarische Energiewirtschaft dadurch gesteigert wurde, daß der deutsche Energiekonzern E.on seine Anteile an MOL gegen eine Beteiligung am sibirischen Juschno-Russkoje-Erdgasfeld an Gasprom abgetreten hatte.[3725] Unterstützt von der ungarischen Regierung, vollzog MOL mit der Hinwendung zum russischen SEGP-Projekt einen »drastischen Kurswechsel«:[3726] »Ungarns Kuschelkurs mit Rußland könnte jetzt ein wichtiges Projekt der europäischen Energiepolitik verzögern oder gar zu Fall bringen. Die ungarische Regierung überlegt, aus dem Nabucco-Projekt einer Gaspipeline von der Türkei nach Westeuropa auszusteigen und statt dessen den russischen Konkurrenzplan zu bevorzugen.«[3727] Hierbei soll Gasprom Budapest ein äußerst lukratives Angebot hinsichtlich der Gaslieferungen unterbreitet haben, was den Kurswechsel Ungarns noch gefördert hatte.[3728] Gasprom beabsichtigt, das SEGP-Vorhaben durch weitere Pipeline-Pläne auf dem Balkan zu ergänzen: »Mittlerweile hat Gasprom auch mit Serbien und Kroatien Verträge über die Errichtung von Pipelines geschlossen.«[3729]

Aber Gasprom hatte noch ein weiteres Pipelinekonzept ins Auge gefaßt, um das ›Nabucco‹-Projekt zu neutralisieren. Es handelt sich hier um das ›South Stream‹-Konzept, eine Pipelinetrasse, die Gasprom zusammen mit dem italienischen Energiekonzern ENI verwirklichen will. Diese Pipeline beginnt den gegenwärtigen Planungen zufolge am russischen Schwarzmeerhafen Novorossijsk, führt quer durch das Schwarze Meer ins bulgarische Varna und soll sich dort in eine Nordtrasse, die über Rumänien und Ungarn in die Slowakei führt (mit optimaler Verlängerung nach Österreich und Norditalien), und in eine Südtrasse teilen, die über Griechenland und den südlichen Balkan nach Italien führt.

Damit wird erkennbar, daß Südosteuropa und der Balkan in zunehmendem Maße das Spannungsfeld der widerstreitenden transatlantischen und der russischen Energiegeopolitik geworden sind. Die EU ihrerseits hatte schon im Jahre 2002 »angesichts der dringenden Notwendigkeit, Anschluß zu alternativen Energiequellen im Raum des Kaspischen Meeres, in Zentralasien und im Nahen Osten sowie am südlichen Mittelmeerrand zu finden und bestehende Versorgungswege weiter auszubauen, die Region Südosteuropa als wichtige Transitregion und Transitdrehschei-

Rußlands Gegenstrategien zu Nabucco: von oben: ›Blue-Stream‹ (›Blauer Strom‹) und ›South-Stream‹

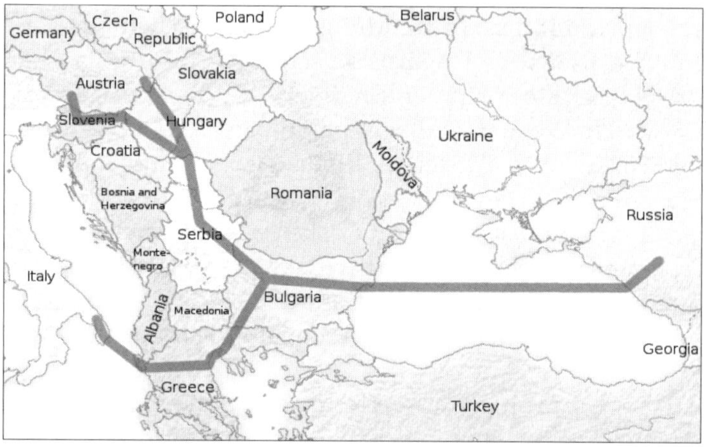

Unten: Gas-Pipeline-Leitungen nach Deutschland.

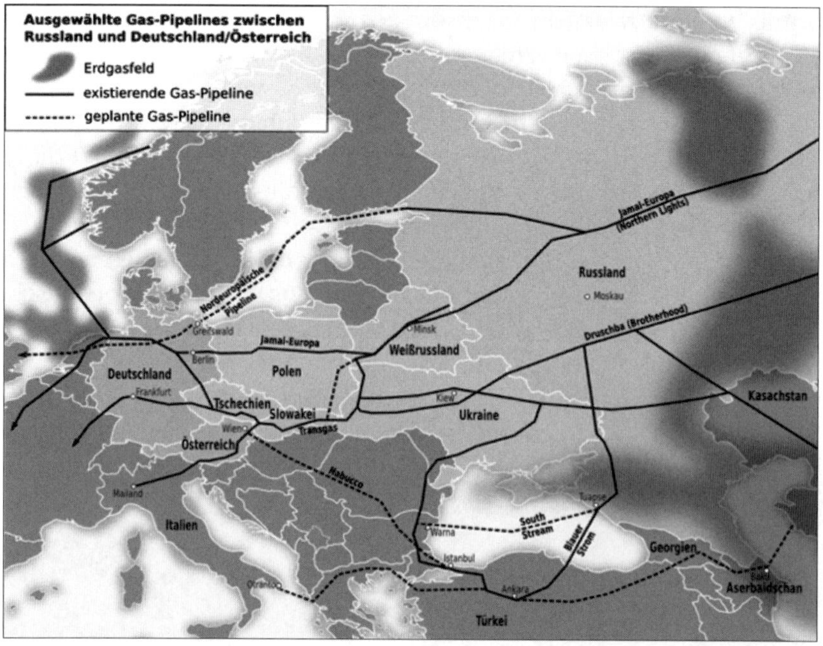

be identifiziert«.[3730] Vor diesem Hintergrund gelang es der EU auch, im Oktober 2005 durch den Athener Vertrag zur Gründung einer Energiegemeinschaft zwischen der EU und Südosteuropa und dem Balkan, diese Region im Rahmen des ›Stabilitätspaktes für Südosteuropa‹ an sich zu binden. Mit diesem Athener Vertrag »wurde ein Rechtsrahmen für einen integrierten Energiemarkt in Südosteuropa geschaffen. Unterzeichner sind die Europäische Union und neun südosteuropäische Partner: Kroatien, Bosnien und Herzegowina, Serbien, Montenegro, die ehemalige jugoslawische Republik Makedonien, Albanien, Rumänien, Bulgarien und die Übergangsverwaltung der Vereinten Nationen für das Kosovo, UNMIK. Mit der Türkei wird über einen späteren Beitritt zum Vertrag verhandelt«.[3731]

Ziel dieses Vertrages ist es, den Energiebinnenmarkt der EU auf die gesamte Balkanhalbinsel auszudehnen[3732] und vor allem die Grundlage für den Ausbau eines leistungsfähigen Erdöl- und Erdgasleitungsnetzes zu bilden, das künftige Lieferungen aus Nahost, dem kaspischen Raum und aus Zentralasien transportieren soll.[3733] Da Südosteuropa bislang nur bruchstückhaft mit Pipelinesystemen durchzogen ist, plant die EU, mit diesen Schritten den Ausbau eines Energiekorridors bis in die Kaspi-Region und Zentralasien voranzutreiben. Dies soll neben ›Nabucco‹ auch durch eine ›Zentral-Balkan-Leitung‹, die von der Türkei nicht über Bulgarien und Rumänien, sondern über Skopije (Mazedonien), Nis (Südserbien) und Sarajewo (Bosnien-Herzegowina) nach Kroatien und von dort weiter nach Mitteleuropa führt, sichergestellt werden. Im Gespräch ist ferner eine ›Italien-Leitung‹, die aus der Türkei über Griechenland nach Brindisi in Apulien verläuft.[3734]

Im Erdölbereich soll seitens der EU und der USA der Ausbau des bereits erwähnten AMBO-Projekts vom bulgarischen Burgas über Mazedonien zum albanischen Hafen Vlore vorangetrieben werden. Dazu gehört auch die ›South-East-European-Line‹, die als Parallelleitung nördlich vom AMBO-System verlaufen soll, und zwar vom rumänischen Constanza zunächst über das serbische Pancevo nahe Belgrad und von dort über die bereits existierende Adria-Pipeline durch Serbien, Bosnien-Herzegowina und Kroatien zum kroatischen Adriahafen Omisalj. Gewissermaßen als Reaktion auf die Energiekooperation der EU mit Südosteuropa, begann Rußland bzw. Gasprom, seinerseits Strategien zu entwickeln, um auf dem Balkan Fuß zu fassen.[3735] Das Ziel dabei sollte eben das genannte ›South-Stream‹-Pipelinekonzept als ergänzendes Parallelsystem zur ›Blue-Stream‹-Erweiterung sein.

Um diese Vorhaben sicherzustellen, erschien der russische Präsident PUTIN auf dem ersten Energiegipfel der Balkanstaaten am 24. Juni 2007 in Zagreb. Dort trafen sich Vertreter von Kroatien, Bosnien, Mazedonien, Serbien, Slowenien, Griechenland, Albanien, Bulgarien und Rumänien, um über das Thema Energiesicherheit zu beraten. PUTINS Angebot bestand darin, neben einer umfassenden Energieversorgung über die beiden neuen Pipelines auch in einer russischen Beteiligung im Strombereich auf dem Balkan tätig werden zu wollen. PUTIN unterbreitete dabei den Balkanstaaten eine umfassende Zusammenarbeit auf dem Gebiet der Energieversorgung.[3736] Folgt man dem indischen Diplomaten M. K. BHADRAKUMAR, schien sich Europas Energiekarte vor dem Hintergrund, daß PUTIN die Anrainerstaaten des Schwarzen Meeres zum Abschluß langfristiger Energieverträge drängte, grundlegend zu verändern.[3737] Mit dem Ausspielen der Energiekarte – so der indische Diplomat – durchbrach Rußland den von den USA in den neunziger Jahren durchgesetzten Cordon sanitaire, der mit der Südosterweiterung der NATO auf der Balkanhalbinsel und der Errichtung von Brückenköpfen in der Kaspi-Region oder Zentralasien vorangetrieben wurde.

Ende Mai 2007 – während eines Besuchs PUTINS in Wien – schloß Gasprom mit dem österreichischen Energiekonzern OMV Verträge über Erdgaslieferungen sowie über die Beteiligung von Gasprom am Erdgasverteilungszentrum in Baumgarten. Mit diesem Einstieg Gasproms in die österreichische Energiewirtschaft konnte Rußland in einem strategischen Schlüsselland Zentraleuropas Fuß fassen, welches als zentrale Drehscheibe für den Transit russischen Erdgases Richtung Frankreich, Italien und Deutschland in Westeuropa, Richtung Ungarn in Mitteleuropa und Slowenien sowie Kroatien auf dem Balkan aufgebaut werden sollte.[3738] Aus der Sicht amerikanischer Strategen war dies der Todestoß PUTINS gegen das ›Nabucco‹-Projekt, das die USA als Ergänzung der Baku–Erzurum-Erdgasleitung zur Umgehung Rußlands unterstützt hatten.[3739] Dem indischen Diplomaten M. K. BHADRAKUMAR zufolge hatte Rußland mit diesem Handel fünf strategische Vorteile erlangt: 1) Gasprom konnte seinen Anteil am österreichischen Energiemarkt ausweiten, 2) Gasprom erhielt direkten Zugang zu europäischen Konsumenten, 3) Rußland konnte Österreich als zentralen Transitkorridor nutzen, um andere europäische Märkte zu übernehmen, 4) Washingtons Hoffnung in bezug auf Nabucco erlitt eine Zurücksetzung, und 5) Rußland konnte über Österreich mit den Balkanstaaten zusammenarbeiten und damit die US-Strategie zur Ausgrenzung Rußlands aus der Region unterlaufen.

Der endgültige Schlag PUTINS gegen das ›Nabucco‹-Projekt – so auch die Einschätzung Jürgen WAGNERS – erfolgte allerdings nicht auf dem Balkan, sondern auf einem Gipfeltreffen PUTINS mit den Staatschefs Turkmenistans und Kasachstans in der turkmenischen Stadt Turkmenbaschi Mitte Mai 2007. Nach den Planungen der Machtelite der EU sollte die ›Nabucco‹-Pipeline an eine transkaspische Erdgasleitung angeschlossen werden, die zentralasiatisches Gas aus Turkmenistan und Kasachstan über den Boden des Kaspischen Meeres ins aserbaidschanische Baku liefern sollte. Von dort aus sollte es dann über die transkaukasische Erdgasleitung, die weite Strecken parallel zur BTC-Erdölpipeline verläuft, in das ›Nabucco‹-Pipelinesystem gespeist werden.[3740] Damit erhoffte sich die EU, das Transportmonopol Gasproms durchbrechen zu können.

Nach dem Tod des turkmenischen Diktators Saparmurat NIJASOW Ende 2006 plante die EU, seinen Nachfolger Gurbanguli BERDYMUCHAMEDOW für dieses Vorhaben zu gewinnen.[3741] Doch es gelang PUTIN, der westlichen Energiestrategie hier einen

Strich durch die Rechnung zu machen. Dies erfolgte auf dem genannten Gipfel von Turkmenbaschi, auf dem PUTIN zusammen mit dem turkmenischen und kasachischen Staatschef den Bau einer neuen Gasleitung für den Export turkmenischen Gases in Richtung Westen beschlossen hatte. »Sie soll am Ufer des Kaspischen Meeres über kasachisches und russisches Gebiet verlaufen und in das russische Leitungssystem münden.«[3742] Geplant war auch, Usbekistan an dieses neue Pipelinesystem anzubinden.[3743] Damit sollte insgesamt das Pipelinesystem ›Mittelasien-Zentrum‹ weiter ausgebaut werden. Dieses System beginnt in den Gasregionen Turkmenistans sowie Usbekistans und teilt sich im Kasachstan in einen Richtung Moskau sowie einen Richtung Ukraine führenden Arm. Mit diesem Pipelinesystem sollten die Erdgaslieferungen des 2003 zwischen Rußland und Turkmenistan geschlossenen 25 Jahres-Vertrag verwirklicht werden.[3744]

Mit diesem Vertrag hatte sich Gasprom, wie oben bereits dargestellt, ein Monopol auf das turkmenische Erdgas gesichert. Die geopolitische Bedeutung dieses Gipfeltreffens von Turkmenbaschi beschreibt die *Süddeutsche Zeitung* wie folgt: »Der Kremlchef will auf seiner fast einwöchigen Reise ans Kaspische Meer zeigen, daß trotz der gewachsenen Konkurrenz in der energiereichen Region Rußland noch immer die besten Karten hat. Und er scheint erfolgreich zu sein. Turkmenistan, Kasachstan und Rußland berieten am Freitag über den Bau einer Pipeline, durch die turkmenisches Gas über Kasachstan und Rußland nach Europa gepumpt werden soll. Rußland bliebe dann einflußreiches Transitland und damit wichtigster Spieler bei der Gasversorgung des Westens. Für Europa und die USA wäre dies schmerzlich, denn sie haben bisher vergeblich für eine andere Idee geworben: eine Gasröhre von Zentralasien durch das Kaspische Meer, über den Kaukasus bis hin zur Türkei – ein verschlungener Pfad vorbei am mächtigen Rußland.«[3745]

Damit hatte PUTIN aber auch die amerikanische Eurasienstrategie durchkreuzt, denn »Amerika unterstützt alle Pläne, die zentralasiatischen Ressourcen dem Westen unter Umgehung Rußlands zugänglich zu machen«.[3746] Die *Frankfurter Allgemeine Zeitung* wertete diesen Schachzug PUTINS deshalb auch als einen Rückschlag für die EU und den Westen,[3747] weil sich dadurch die Monopolstellung Gasproms und Rußlands bei der Förderung und des Transportes des turkmenischen Gases nach Westen verstärken konnte. Dabei war die Strategie Moskaus ganz einfach: »Moskau kauft den Europäern das Erdgas am Kaspischen Meer weg.«[3748] Gerade Turkmenistan ist dabei für die russische Energiegeopolitik von außerordentlicher Bedeutung, und von seiten des damaligen stellvertretenden russischen Energieministers Andrej REUS wurde seinerzeit unterstrichen, daß Zentralasien einer der wichtigsten Partner für die russische Energiepolitik sei und bleibe. »Von Turkmenistan. . . ist Rußland schon deshalb abhängig, weil das zentralasiatische Land über geschätzte drei Billionen Kubikmeter Erdgas verfügt. Moskau muß dort kräftig einkaufen, weil es sein eigenes Gas für den westlichen Markt benötigt. Mit dem früheren turkmenischen Diktator NIJASOW hat Rußland immer wieder über den Gaspreis gestritten, dagegen scheint sich NIJASOWS Nachfolger Gurbanguli BERDYMUCHAMEDOW mit PUTIN bestens zu verstehen.«[3749]

Damit schien sich das ›Nabucco‹-Projekt zunächst einmal erledigt zu haben. Kurz nach dem russisch-kasachisch-turkmenischen Abkommen erklärte Gasprom-Chef Alexej MILLER, er sehe nunmehr für ›Nabucco‹ »keine Ressourcen und auch kein Gas«.[3750] In die gleiche Richtung äußerte sich Gasprom-Exportchef Alexander MEDWEDJEW, der angab, daß es ›Nabucco‹ jetzt nur noch auf dem Papier gebe und das Projekt nun nicht mehr verwirklicht werde.[3751] Igor TOMBERG, führender wissenschaftlicher Mitarbeiter des Zentrums für Energieforschung am Institut für Weltwirtschaft und internationale Beziehungen der Russischen Akademie für Wissenschaften, erklärte zu diesen Ereignissen zusammenfassend: »Es ist Moskau gelungen, bei der Promotion seiner Interessen als Gaslieferant für die europäischen Länder einen beträchtlichen Erfolg zu erreichen. Der praktische Wert des Kaspi-Projekts liegt heute eher auf der Ebene der globalen Strategie. Wichtig ist, daß die mittelasiatischen Gasströme nicht unter Umgehung Rußlands über die alternative Transkaspische Gasleitung aus Turkmenien nach Aserbaidschan und weiter über ›Nabucco‹ gehen werden. Dazu wird das Gas einfach nicht reichen. Nicht von ungefähr nannte André MERNIER, Generalsekretär des Sekretariats der Energie-Charta der Europäischen Union, das ›Nabucco‹-Projekt ehrlich ein ›totgeborenes Kind‹.«[3752]

Wie wichtig Rußland sein zentralasiatisches Pipelineprojekt war, zeigte sich darin, daß es ohne weiteres bereit war, den turkmenischen Forderungen nach Erhöhung des Gaspreises nachzugeben.[3753]

Diese einstweilige energiegeopolitische Wende zugunsten Rußlands beschreibt das *Handelsblatt* wie folgt: »Das Nabucco-Konsortium hat bisher mit keinem der potentiellen Lieferanten Verträge abschließen können. Aserbaidschan hat zwar Bereitschaft signalisiert. Aber das aserbaidschanische Gas allein reicht nicht aus, um die Pipeline zu füllen: Das Land produziert bisher nur zehn bis zwölf Mrd. Kubikmeter jährlich. Turkmenistan zögert mit Lieferzusagen. Das liegt auch an russischem Störfeuer: Der Staatsmonopolist Gazprom versucht, den Europäern das Gas am Kaspischen Meer wegzukaufen. Mit Turkmenistan hat Gazprom Lieferverträge auf 25 Jahre geschlossen.«[3754] Darüber hinaus hatte Moskau mit Kasachstan und Turkmenistan einen Vertrag über den Bau einer gemeinsamen Gaspipeline unterzeichnet. »Rußland sichert sich damit faktisch das Transport-Monopol für kaspisches Erdgas, für Nabucco dürfte in dieser Region nichts übrig bleiben«, so das *Handelsblatt*.[3755] Die *Frankfurter Rundschau* kommentiert die Entwicklung ähnlich: »Damit sind die Hoffnungen der USA und der Europäischen Union dahin, mit den Anrainern des Kaspischen Meeres außer Rußland einen alternativen Transportweg für Erdgas etablieren zu können.«[3756] Obwohl in den westeuropäischen Staaten und in den USA mit dem Machtantritt des neuen Staatschefs Gurbanguli BERDYMUCHAMEDOW Hoffnungen auf einen Westschwenk Turkmenistans verbunden wurden, hatte sich dieser aber jetzt für die Bindung an Rußland entschieden.

Roland GÖTZ zufolge waren diese Schachzüge Rußlands durch die Energiepolitk der EU geradezu herausgefordert worden: »Man hat vielleicht den Fehler gemacht, die Diversifizierungsidee von der europäischen Seite zu einem Hauptpunkt der Energiepolitik zu machen. Das hat den Argwohn Gasproms und der russischen Seite sehr stark geweckt und angestachelt – und dazu geführt, daß eine Art Anti-Diversifizierungs-Politik eingeschlagen worden ist.«[3757] Da Zentralasien als Gaslieferant für das Rußland ausschließende Pipelinesystem ausgefallen war, sieht sich die EU gezwungen, sich nunmehr nach anderen Gaslieferanten umzusehen. Dies scheint sich allerdings schwierig zu gestalten: »Gasprom-Deutschlandchef Dieter GORNIG. . . erklärt: ›In Kenntnis der Lage bei den Erdgasproduzenten in Zentralasien meinen wir, daß heute kein freies Gas vorhanden ist, um eine solche Leitung mit dem Namen Nabucco mit Sicherheit füllen zu können.‹ Aserbaidschan, schon heute Lieferant der EU, hat allein zu wenige Ressourcen, um Nabucco ausreichend zu füllen. Experten haben daher Zweifel, ob überhaupt genügend Gasquellen angezapft werden können, um ein schätzungsweise 4,5 Milliarden Euro teures Röhrenprojekt rentabel zu machen. Und diese Zweifel sind zuletzt eher gewachsen. Dennoch hält die EU-Kommission am Projekt ausdrücklich fest, schließlich war es erst im März (2007) von den EU-Staaten als zentrales Infrastrukturvorhaben ausgewiesen worden. Der Sprecher des EU-Energiekommissars, PIEBALGS, sagt: ›Nabucco könnte auch mit iranischem oder irakischem Gas gefüllt werden, sobald sich die geopolitische Lage dort insgesamt verbessert. Man darf nicht vergessen, Iran sitzt auf dem zweitgrößten Gasvorkommen nach Rußland. Nabucco ist viel mehr als nur Gaskauf bei Rußlands Nachbar.‹«[3758]

Der österreichische Energiekonzern OMV hatte eine Zusammenarbeit mit dem Iran angeregt, jedoch traf dies auf den Widerstand der USA und ihrer gezielten Embargopolitik gegenüber der Islamischen Republik. »Die Absicht der OMV, eine Kooperation mit der iranischen Gasgesellschaft zur Ausbeutung der dortigen Gasvorkommen einzugehen, hat zudem zu Verstimmungen mit den USA geführt, die eine wirtschaftliche Zusammenarbeit mit dem Iran ablehnen.«[3759] Damit ist bis jetzt offen, welche Länder nunmehr das Gas in die geplante Leitung einspeisen sollen, und da es Gasprom gelungen ist, nahezu alle zentralasiatischen Länder in der ehemaligen Sowjetunion rund um Turkmenistan über langfristige Lieferverträge an sich zu binden, dürfte die Suche nach Rußland ausschließenden Alternativen schwierig sein.

›Störfeuer‹ gegen das »Nabucco«-Projekt kommt gegenwärtig auch aus der Türkei. »Sie sieht offensichtlich in Nabucco ein Instrument, um ihre Mitgliedschaft in der Europäischen Union zu forcieren. So forderte der türkische Ministerpräsident Erdogan. . ., die EU-Beitrittsverhandlungen zu beschleunigen, und brachte diese direkt mit dem Nabucco-Vorhaben in Verbindung. Im Falle des Scheiterns der Gespräche sehe die Türkei das Projekt ›gefährdet‹, hieß es. Gleichzeitig forderte die Türkei besondere Konditionen für die Entnahme von Gas aus der Nabucco-Pipeline. Als wichtigstes Transitland will die türkische Gasgesellschaft für die Energie Vorzugspreise. In EU-Kreisen hieß es dazu, man betrachte die Nabucco-Pipeline als Entlastung aus der Abhängigkeit vom russischen Gas. Da werde man sich nicht gleich wieder von der Türkei abhängig machen.«[3760]

Die EU-Regierungschefs machten jedoch auf einer ›Nabucco‹-Regierungskonferenz in Budapest am 27. Januar 2009 deutlich, daß das Pipelineprojekt auf alle Fälle beschleunigt werden soll. Die Regierungen Bulgariens und Ungarns, deren Energiekonzerne MOL und BULGARGAZ an dem Projekt beteiligt sind, hatten aktuellen Meldungen zufolge nunmehr klare Unterstützung für das Projekt signalisiert, obschon beide Staaten bislang noch das russische ›South-Stream‹-Projekt vorangetrieben hatten. Folgt man den Meldungen des *Handelsblatts*, schienen sich Aserbaidschan und auch Turkmenistan der ›Nabucco‹-Pipeline zuzuwenden. Aserbaidschans Regierungschef ALIJEW erklärte, daß Aserbaidschan eine wichtige Rolle bei der Diversifizierung der europäischen Gasversorgung spielen werde. »Und das, obwohl Gazprom dem aserbaidschanischen Energiekonzern Socar angeboten hatte, das gesamte geförderte Erdgas zu realen Marktpreisen aufzukaufen.«[3761] Ähnliche Äußerungen waren aus Turkmenistan zu vernehmen, wo Pressemeldungen zufolge »genügend politischer Wille vorhanden« ist, »die Nabucco-Pipeline zu füllen«, so der Chef-Einkäufer des Energiekonzerns RWE Stefan JUDISCH.[3762] »Turkmenistan sei daran hochinteressiert, und Aserbaidschan tue alles, um seine Föderung massiv hochzufahren. Und im Irak wird über die Vergabe von Öl- und Gas-Förderlizenzen verhandelt. ›RWE hat keinen Zweifel daran, daß Nabucco kommen wird‹, ist sich JUDISCH sicher.«[3763] Darüber hinaus hatte die Europäische Investionsbank auf dem Gipfeltreffen in Budapest einer Finanzierung dieses Vorhabens grundsätzlich zugestimmt.

Damit schienen sich die Gewichte im Pipeline-Poker zunächst wieder zu Lasten Rußlands zu verschieben. Der Balkan, auf dem es Rußland einstweilen gelungen war, wieder Präsenz zu zeigen, machte Anfang 2009 eine Umorientierung Richtung EU und der transatlantischen Energiegeopolitik deutlich. Bulgariens Gaskonzern BULGARGAZ, bisher stark an Gasprom gebunden, verstärkte seine Aktivitäten im Nabucco-Konsortium, und Rumäniens Energiekonzern TRANSGAS plante, mit Hilfe von ›Nabucco‹ den Balkan von der Einflußnahme Gasproms unabhängig zu machen. Wie aber die Energiekarte Europas endgültig aussehen wird, ist allerdings bis heute offen, und es ist noch nicht entschieden, wer als Sieger aus dem ›Great Game‹ um die eurasischen Energiekorridore letztlich hervorgehen wird. Beobachtern zufolge hatten sich die Beteiligten des ›Nabucco‹-Konsortiums schon in der jüngsten Vergangenheit sämtliche Möglichkeiten offengehalten und waren mal dem russischen, dann wieder dem europäischen Projekt zugeneigt.

»Der Fall Nabucco zeigt. . ., wie leicht die EU-Staaten trotz aller Bekenntnisse energiepolitisch auseinander driften. Ungarn, wichtiges Nabucco-Land, schien unlängst eher dem Bluestream-Projekt der Russen zugeneigt, zumal Moskau Budapest dabei eine Rolle als zentrales Einfallstor für den Gasexport in die EU vorschlug. Zuletzt bekannte sich die Budapester Regierung allerdings wieder deutlich zu Nabucco. Doch auch die beteiligten Versorger, die Nabucco bauen sollen, allen voran die österreichische OMV, spielen auf verschiedenen Klaviaturen. OMV lobt das Nabucco-Projekt, erwärmt sich aber auch für die russischen Gegenvorschläge... Aber auch die Türkei, die sich gern als Drehscheibe für die Energieexporte in die EU aufstellen will, ist eine starke Figur auf dem Schachbrett der Energiepolitik, deren Schritte aber schwer zu kalkulieren sind. Die Türkei sieht sich derzeit hin und her gerissen zwischen den verschiedenen Gaspipelinekonzepten, die allesamt durch das Land führen. Offiziell heißt es in Ankara, zwischen dem EU-Projekt Nabucco und dem russischen Vorhaben bestehe kein Widerspruch. Anders gesagt: Man hält sich alle Türen offen.«[3764]

Da es Rußland in der Vergangenheit erfolgreich gelungen ist, auf die transatlantische Energiegeopolitik Gegenstrategien zu entwickeln, dürften diese auch jetzt nicht lange auf sich warten lassen. Auf einem Gipfeltreffen in Teheran im Oktober 2007 versuchte PUTIN noch einmal einen diplomatischen Schritt, um alternative Ost-West-Pipelines zu verhindern. Er drang auf ein Abkommen, wonach die Verlegung von Pipelines durch das Kaspische Meer der Zustimmung aller Anrainerstaaten bedürfen soll. Damit, so die Interpretation des *Handelsblatts*, »will er offenbar verhindern, daß Rußland bei Energielieferungen aus der Region umgangen werden könnte«.[3765] Zu einer Einigung kam es aber nicht.

4. Die Idee der ›Gas-OPEC‹

Von seiten der transatlantischen Machtelite ist aber neben dem ›Nabucco‹-Pipelinekonzept noch eine andere Idee ins Spiel gebracht worden, um das Pipelinemonopol Gasproms zu durchbrechen. »Dem Vernehmen nach erwägen europäische Energiekonzerne nun, das russische Monopol auf andere Weise aufzubrechen. Sie fassen die Möglichkeit ins Auge, zentralasiatisches Gas zu verflüssigen und mit Tankern nach Aserbaidschan zu bringen, das in diesem Wettbewerb mit den Russen eher auf der Seite des Westens steht.«[3766] Die Problematik bei Erdgas liegt nämlich darin, daß es – anders als Erdöl – nur über Pipelines vom Erzeuger direkt zum Verbraucher gefördert werden kann. Das aber – so Jürgen WAGNER – bedeutet wiederum, daß sich nur regionale, räumlich gebundene Märkte mit feststehenden Lieferanten und Abnehmern bilden können, so daß für beide Geschäftspartner so gut wie keine Alternativen bestehen, andere Lieferanten oder Kunden zu finden[3767] – es sei denn, man nimmt extrem teure Pipelineprojekte in Kauf. Solche aber rentieren sich nur, wenn sie über eine jahrzehntelange Laufzeit abgewickelt werden. Überdies vergrößert sich damit die Abhängigkeit von Transitländern, deren politische Stabilität nicht immer garantiert werden kann.

Aufgrund dieser Besonderheit ist auch die Bildung eines globalen Gaskartells nach dem Vorbild der OPEC nur sehr schwer zu verwirklichen. Die Idee der Gasverflüssigung, die aber technisch sehr aufwendig und kostspielig ist, würde jedoch eine Flexibilisierung des internationalen Gashandels begründen. »Dies wird uns Zugang zu einem globalen Markt ähnlich wie beim Öl ermöglichen«, erklärte in diesem Zusammenhang der energiepolitische Sprecher der EU-Kommission, Fernando ESPUNY. »Wenn irgend jemand dir kein Gas verkaufen kann, gehst du einfach woanders hin.«[3768] Eine Unabhängigkeit zwischen Erzeugern und Verbrauchern kann aber nur dann gelingen, wenn man sich vom Transport des Erdgases über Pipelines löst und statt dessen die Voraussetzungen für eine globale Verschiffbarkeit von Erdgas sichergestellt sind. Damit wäre dann auch das Pipelinemonopol Rußlands gebrochen. Bislang aber ist der Anteil an Flüssiggas an der weltweiten Gasverbrauch mit 7 Prozent recht gering.[3769] Die derzeit bedeutendsten Exporteure von Flüssiggas (LNG) sind Indonesien, Malaysia, Katar und Algerien; Rußland hingegen hatte bislang keine entsprechenden Kapazitäten und wäre – so Andreas GOLDTHAU – deshalb auch nicht in der Lage, an der Kontrolle eines solchen LNG-Marktes teilzunehmen.[3770]

Doch sollte Rußland nicht untätig bleiben. Wie Jürgen WAGNER darstellt, war die Reaktion Rußlands auf die zunehmenden Bestrebungen der EU, den Flüssiggassektor auszubauen, ein Bemühen um eine engere Zusammenarbeit zwischen den erdgasexportierenden Staaten und die Anregung der Bildung einer ›Gas-OPEC‹. »Denn wenn Gas zunehmend global gehandelt wird, macht dies die Überlegung zur Bildung eines Kartells, das Angebot und Nachfrage – und damit den Preis – bestimmt, erstmals überaus attraktiv.«[3771] Den Weg zu einer solchen Strategie bahnte Präsident PUTIN mit seinem Besuch in Algerien im März 2006, in dessen Folge im März 2007 eine Vereinbarung über Zusammenarbeit zwischen Gasprom und dem staatlichen algerischen Gasmonopolisten Sonatrach geschlossen wurde.[3772]

Das politische und geistliche Oberhaupt des Iran, Ajatollah Ali CHAMENEI, hatte im Februar 2007 die Idee einer ›Gas-OPEC‹ gegenüber dem Sicherheitschef Wladimir PUTINS, Igor IWANOW, vorgeschlagen, der diese mit nach Moskau nahm.[3773] PUTIN selbst bezeichnete die Idee eines solchen Gaskartells als »interessante Variante«.[3774] Bislang jedoch begnügten sich die Gas erzeugenden Staaten mit dem locker organisierten ›Forum Gas exportierender Länder‹ (GECF), das – so die Darstellung der *tageszeitung* – den Eindruck eines desorganisierten Clubs mit fluktuierenden Mitgliedern und ungeklärter Zukunft machte und dem neben Rußland der Iran, Algerien, Libyen, Venezuela, Katar, Kasachstan, Usbekistan sowie Trinidad und Togo angehörten.[3775]

Dies aber sollte sich auf dem GECF-Gipfeltreffen in Katar am 9. April 2007 ändern. Auf diesem Gipfel beabsichtigten die Gasförderstaaten, dem Forum ein verbindlicheres Gefüge zu geben. Im Wege einer »engeren Abstimmung« der GECF-Länder sollte Beobachtern zufolge eine Bündelung der Anbietermacht der Gasförderländer verwirklicht werden.[3776] Tatsächlich besitzen GECF-Staaten 73 Prozent der weltweiten Gasreserven und stellen 41 Prozent der globalen Produktion.

Mit mehr als 21 Prozent ist Rußland größter Erzeuger. Zusammen verfügen Iran und Rußland über 40 Prozent der weltweit nachgewiesenen Reserven.[3777] PUTIN selbst sprach sich für eine engere koordinierte Zusammenarbeit der Gas erzeugenden Staaten aus und wollte auch die Bildung eines Kartells nach dem Vorbild der OPEC nicht ausschließen: »Ob wir sie (die Gas-OPEC, der Verf.) brauchen, ob wir sie gründen werden, ist eine andere Frage. Aber wir Produzenten von Erdgas müssen in Zukunft unsere Handlungen besser koordinieren.«[3778]

Mit der Herausbildung einer solchen Kartells, das Fördermengen sowie Preise kontrolliert und gegebenenfalls nach Einschätzung von Beobachtern auch imstande wäre, Gaslieferungen als politisches Druckmittel einzusetzen,[3779] würde das energiegeopolitische Gewicht Rußlands wachsen, was sich auf dem Gipfel in Katar auch abzuzeichnen schien: »Schon am ersten Tag nach Beginn des Forums wurde klar, daß die Vorbereitungen auf die Bildung des Gaskartells bereits im Gange sind, obwohl die Teilnehmer keine schriftlichen Vereinbarungen unterzeichneten. Rußlands Industrie- und Energieminister Viktor CHRISTENKO kündigte nach dem Forum die Gründung einer ›Gruppe auf hoher Ebene‹ an, welche die Preisbildung auf dem Gasmarkt kontrollieren und koordinieren soll. Laut CHRISTENKO ist dies der erste Schritt zur Bildung einer Gas-OPEC... Rußland werde als Koordinator der Preisbildungs-Gruppe auftreten. Das bedeutet faktisch, daß Moskau an die Spitze des Bündnisses der Gasproduzenten tritt. Und das nicht zu Unrecht: Das politische Gewicht Rußlands verleiht dem entstehenden Bündnis die notwendige geopolitische Bedeutung.«[3780]

Wie der ehemalige russische Energieminister und Leiter des Instituts für Energiepolitik in Moskau, Wladimir MILOW, darstellt, ging es Rußland mit diesem Schachzug trotz der Tatsache, daß zwischen Gasprom und den wichtigsten europäischen Abnehmerstaaten Deutschland, Frankreich, Italien und Österreich langfristige Lieferverträge bestanden, darum, zu demonstrieren, daß es gegenüber der transatlantischen Energiegeopolitik auch zu einer Politik der Stärke fähig sein kann.[3781] Tatsächlich würde sich, wenn die Entstehung eines Gaskartells Wirklichkeit werden würde, die energiegeopolitische Situation der EU einstweilen erheblich verschlechtern. »Angesichts der hohen Importabhängigkeit Europas bei Gas – die 27 EU-Staaten decken gegenwärtig 57 Prozent ihres Bedarfs durch Einfuhren – stünden die Europäer einer durch ein Kartell koordinierten Angebotspolitik zumindest kurz- und mittelfristig machtlos gegenüber.«[3782]

Mit der Ausbildung des Flüssiggassektors jedoch würde sich dieser Prozeß verstärken: »Erst wenn der Handel mit verflüssigtem Erdgas (Liquefied Natural Gas, LNG), dessen Anteil am weltweiten Gashandel gegenwärtig noch weniger als zehn Prozent ausmacht, erheblich zunimmt und LNG überall verfügbar sein wird, könnte daraus ein eigenständiger globaler Erdgasmarkt und damit das Wirkungsfeld für ein weltweites Preiskartell der Gasanbieter nach dem Vorbild der Opec entstehen.«[3783] Rußland liegt jedoch bei der Entwicklung und Anwendung der kostenintensiven LNG-Technik weit zurück, so daß man sich die Frage stellen mag, welche Rolle Rußland in einem solchen Kartell spielen könnte. Doch viel spricht dafür, daß Moskau mit dieser Diskussion eine weitergehende Verbesserung seiner geopolitischen Situation anstrebt: »Offenbar wird versucht, die Furcht der Verbraucherländer in Europa vor einem Preiskartell als Trumpfkarte in einem politischen Spiel zu nutzen. Objekte für einen Handel gäbe es genug: beispielsweise den neu auszuhandelnden Partnerschaftsvertrag zwischen Rußland und der EU, die Festlegung der Bedingungen für Rußlands Beitritt zur Welthandelsorganisation, den Zugang Gasproms zum Endkundengeschäft in Westeuropa oder die Zustimmung zur geplanten Aufstellung amerikanischer Abfangraketen in EU-Staaten.«[3784]

Aber – so die *Frankfurter Allgemeine Zeitung* – auch ohne eine besondere staatenübergreifende Organisation scheint Gasprom schon im Wege bilateraler Zusammenarbeit mit Staatsunternehmen anderer gasproduzierender Länder eine Kartellisierung des Erdgassektors herbeizuführen: »Zugleich wird im Schatten der Drohkulisse mit bilateralen Vereinbarungen, wie jüngst mit Algerien, schon daran gearbeitet, unterhalb der Schwelle eines weltweiten Preiskartells, auf der Ebene von Staatsunternehmen, den europäischen Gasmarkt zu kontrollieren oder Bestrebungen der Europäer zur Diversifizierung der Bezugsquellen zu unterlaufen. Da Rußland und Algerien zusammen vierzig Prozent der Gasimporte der EU abdekken, haben Gasprom und die algerische Sonatrach eine hinreichende Angebotsmacht.«[3785]

Auch nach Ansicht von Energie-Experten bedarf es keiner speziellen Kartellorganisation oder gar einer Entwicklung einer spezifischen LNG-Technologie, um Rußland in die Lage zu versetzen, Einfluß auf die europäischen Energiemärkte zu nehmen: »Um die europäische Gasversorgung zu kontrollieren, würde es genügen, wenn ausschließlich Rußland und Algerien kooperieren. Beide Länder decken gegenwärtig etwa 40 Prozent des Gasimports der 27 EU-Staaten ab, wobei Rußland mit 28 Prozent den Hauptanteil und Algerien immerhin 12 Prozent beiträgt. Eine solche Zusammenarbeit müßte dabei keinesfalls in einem zwischenstaatlich definierten Rahmen wie einer ›Gas-Opec‹ stattfinden, sondern könnte wesentlich niedriger auf der Ebene der (Staats-)Unternehmen angesiedelt sein.«[3786]

Der Vertrag zwischen Gasprom und dem algerischen Gaskonzern Sonatrach weist bereits derartige Konturen auf: »In dem kürzlich geschlossenen Abkommen zwischen der algerischen Sonatrach und der russischen Gazprom kamen die beiden Unternehmen überein, sich von der Förderung bis zur Vermarktung des Erdgases, auch hinsichtlich dritter Geschäftspartner, untereinander abzustimmen. Wenn sie gegenüber dem Abnehmer Europa bei ihrer Preis- und Vermarktungspolitik kooperieren, verfügen beide Produzenten über eine hinreichende Angebotsmacht, um den europäischen Markt oligopolistisch zu bedienen. Das Nachsehen hätte der europäische Verbraucher, der in diesem Fall keine Wahl zwischen mehreren potentiellen Anbietern hätte und zudem über keine weiteren Diversifizierungsmöglichkeiten verfügte. Für diese Strategie benötigen beide Unternehmen jedoch kein institutionalisiertes Kartell«, so eine Analyse der Stifung Wissenschaft und Politik.[3787]

Vor diesem Hintergrund war es kaum verwunderlich, daß diese Diskussionen um eine ›Gas-OPEC‹ bei der transatlantischen Machtelite äußerst kritisch, ja geradezu feindselig angesehen wurde. Jürgen Wagner zitiert in diesem Zusammenhang eine Stellungnahme des US-Außenministeriums, in der es hieß, man sei »über die mögliche Bildung eines Gaskartells besorgt, auch wenn Zweifel herrschen, daß eine Vereinigung in der näheren Zukunft erfolgen wird«.[3788] US-Vizepräsident Richard Cheney, so Jürgen Wagner, warnte davor, daß »›Öl und Gas zu Instrumenten der Einschüchterung und Erpressung werden‹. Schließlich verabschiedete das US-Repräsentantenhaus am 22. Mai 2007 ein Gesetz (H.R 2264), mit dem Ländern, die per Kartell die Ölpreisbildung beeinflussen, mit Sanktionen und Klagen in den USA gedroht wird. Dabei machen die Initiatoren des ›NOPEC-Gesetzes‹, die Abgeordneten Chabot und Conyers, klar, daß das Gesetz auch für ein künftiges Gaskartell Anwendung finden soll«.[3789]

Überraschend wäre es jedenfalls nicht, wenn die US-Machtelite – sollte die ›Gas-OPEC‹ einmal Wirklichkeit werden – eine ähnliche Strategie zu ihrer Destabilisierung und Torpedierung in die Wege leiten würde, wie sie es gegenüber der OPEC praktiziert hat und noch immer praktiziert. Jedenfalls würde eine Allianz zwischen Rußland, dem Mittleren Osten und den energiehungrigen wirtschaftlich starken Volkswirtschaften Ost- und Südostasiens nebst Indien von den USA als eine ernste Bedrohung gesehen[3790] – und die US-amerikanische Geopolitik sähe sich gezwungen, Strategien zu entwickeln, mit denen verhindert werden soll, daß sich das eurasische Herzland im Sinne eines ›Integrationsknotens‹ zu einem Gegenpol zum globalen Vorherrschaftskonzept der USA entwickeln kann.

5. US-Strategien für einen ›Regimewechsel‹ in Rußland

Tatsächlich wurden hinter den Kulissen der US-Machtelite bereits Pläne entwickelt, die auf eine Neubestimmung der US-amerikanischen Rußlandpolitik ausgerichtet waren. Die Senatoren John Edwards (Demokratische Partei) und Jack Kemp (Republikanische Partei) legten dem einflußreichen Council on Foreign Relations einen Bericht unter dem Titel *Russia's Wrong Direction. What the United States can and should do* (›Rußlands falsche Richtung. Was die Vereinigten Staaten tun können und sollten‹) vor. »Darin wird die bisher gegenüber Rußland betriebene Politik einer strategischen Partnerschaft abgelehnt und eine Politik der ›selektiven Partnerschaft‹ und ›selektiven Opposition‹ gefordert. Dieser strategische Wandel vollziehe sich vor dem Hintergrund zunehmender Konflikte zwischen westlich orientierten und prorussischen Kräften und Staaten im postsowjetischen Raum. Die Autoren warnen insbesondere vor dem ›Energieimperium‹ Rußland und befürchten, daß Moskau mit seinen Energieressourcen ein großes Erpressungspotential gegenüber dem Westen aufbauen könnte. Diesen Gedanken greift der Hauptsponsor der ›friedlichen Revolutionen‹, der Milliardär George Soros, in der *Financial Times* auf, indem er den russischen Energiekonzern Gasprom als ein ›machtvolles Instrument großmachtorientierter russischer Außenpolitik‹ charakterisiert.«[3791]

5.1 Die Vorschläge des Strategiepapiers *Russia's Wrong Direction. What the United States can and should do*

Dieses Anfang März 2006 veröffentlichte Strategiedokument läßt sich ohne weiteres als das Planspiel zu einem neuen Kalten Krieg der USA gegen ein wiedererstarktes Rußland bezeichnen. Wie oben bereits dargestellt, hatte die neue Energiegeopolitik der neuen russischen Führung unter Putin bei der US-Machtelite feindselige Reaktionen ausgelöst, wurde durch sie doch der ›Alptraum Mackinders‹ Wirklichkeit. Dieses Dokument sollte daher eine Antwort der US-Machtelite auf diese neue strategische Herausforderung sein. »Die Beziehungen zwischen den USA und Rußland entwickeln sich eindeutig in die falsche Richtung«, so die Voraussetzung des Papiers. »Streitigkeiten verdrängen die Übereinstimmungen. Die ganze Idee einer ›strategischen Partnerschaft‹ erscheint nicht mehr realistisch.«[3792]

Über viele Seiten wurde zunächst ausgeführt, in welche Weiser sich Rußland aus US-amerikanischer Sicht in die »falsche Richtung« entwickelt hatte. Zunächst wird dargelegt, daß in Rußland ein Prozeß der Ent-Demokratisierung stattfinde. »Während der Präsident der Vereinigten Staaten die Demokratie zum Ziel der amerikanischen Außenpolitik gemacht hat, wird Rußlands politisches System immer autoritärer.« Als Folge verringere sich »Rußlands Fähigkeit, grundlegenden Sicherheitsinteressen der USA und ihrer Verbündeten Rechnung zu tragen. . . Viele Bereiche der Zusammenarbeit – von der Sicherung atomaren Materials bis zum Austausch zwischen den Geheimdiensten – sind untergraben.«[3793] Geopolitisch versuche Rußland, den Zugriff der USA und der NATO auf Stützpunkte im postsowjetischen Zentralasien einzuschränken. Das sei ein Zeichen für einen Rückzug Rußlands von der Idee, »daß ein Erfolg in Afghanistan im gemeinsamen Interesse liegt«. Als Beleg hierzu wird der diplomatische Druck angesehen, den Rußland und China auf die zentralasiatischen Staaten ausüben, um eine Schließung der dortigen US-Militärbasen zu erreichen. Darüber hinaus – so das Papier – verwende Rußland den Export von Erdöl und Erdgas als außenpolitische Waffe. Die Wiederverstaatlichung des russischen Energiebereichs wird von den Verfassern des Strategiepapiers als besonders besorgniserregend angesehen.[3794]

Das Strategiepapier enthält zahlreiche Handlungshinweise, wie mit dem russischen Rivalen nunmehr umgegangen werden sollte. »Damit Rußland wieder auf den von den USA gewünschten Kurs zurückfinde, spricht sich die Studie für eine intensivere Anwendung des ›Freedom Support Act‹ aus. Dieses Gesetz beinhaltet die Förderung und materielle Unterstützung von sogenannten Nichtregierungsorganisationen beim ›demokratischen Wandel‹ in den Staaten des früheren Ostblocks.«[3795] Das Papier fordert, daß die Finanzmittel zur Förderung regierungskritischer russischer Organisationen erhöht statt gesenkt werden müßten, vor allem mit Blick auf die Präsidentschaftswahl 2008. »Die US-Regierung plant bisher eine Mittelkürzung, weil sie die Ausgaben für Auslandspropaganda insgesamt von Osteuropa in den Nahen und Mittleren Osten umschichtet. Der Haushaltsentwurf sieht vor, die Ausgaben für das russische ›Demokratie-Programm‹ von 44,2 auf 31,6 Millionen Dollar zu senken und die russischsprachigen Sendungen des Propagandasenders Voice of America einzustellen. Es zeichnet sich ab, daß der Kongreß diese Kürzung ablehnen wird.«[3796] Die russische Regierung müsse zu öffentlichen Erklärungen und konkreten Taten verpflichtet werden, daß die 2008 anstehenden Wahlen »offen, verfassungsgemäß und pluralistisch« verlaufen.

Für entscheidend hält das Strategiedokument eine verstärkte Energiezusammenarbeit zwischen der EU und den USA gegen Rußland mit dem Ziel, wieder eine Liberalisierung und Wettbewerbsausrichtung des russischen Energieerzeugungs- und Transportsektors zu erreichen. Gemeinsam müßten die USA und die EU Strategien zur Diversifizierung der Energielieferungen entwickeln und das Risko vermindern, daß »Rußland Energie als ein Mittel der Staatsmacht verwendet«.[3797] Aus diesem Grund sollten die USA auch auf eine Ratifizierung der Energie-Charta durch Rußland drängen. Damit sollte dem russischen Staat die Kontrolle über die Energieressourcen entzogen werden oder – wie es das Papier ausdrückt – »der Gebrauch der Öl- und Gasexporte als ein Instrument des Zwanges durch Rußland begrenzt werden«.[3798]

Dem Papier geht es hauptsächlich darum, die Renationalisierung und Verstaatlichung insbesondere des russischen Energiebereichs rückgängig zu machen. Hierbei sollten die Verhandlungen um die WTO-Mitgliedschaft Rußlands dazu benutzt werden, eine Liberalisierung der russischen Wirtschaft und eine »Akzeptanz Rußlands für die internationalen Handelsregeln« zu erzwingen.[3799] Darüber hinaus sollten die USA auch das JACKSON–VANIK-Amendmend aus den Zeiten des Kalten Krieges nicht aus den Augen verlieren. Dieses Gesetz war ein Instrument, mit dem die USA Handelserleichterungen gegenüber der UdSSR abhängig machte von der Gewährung von Ausreiseerleicherungen für sowjetische Juden durch die russischen Behörden. Der Grundgedanke jenes Gesetzes sollte dem Papier zufolge auch auf das Rußland PUTINS angewendet werden; Handelserleichterungen sollten von der Liberalisierung und Entstaatlichung der russischen (Energie-)Wirtschaft abhängig gebracht werden.

Entsprechend sollte auch das strategische Umfeld der Russischen Föderation vorbereitet werden: »Um Rußlands Druck auf die Nachbarstaaten zu verringern, sollten die USA die Integration dieser Staaten in den Westen beschleunigen. Postsowjetische Staaten, die Amerikas Einstellung zu den wichtigsten internationalen Problemen teilen und zu deren Lösung beitragen können, sollten mit größerer Unterstützung rechnen können.«[3800] Darüber hinaus müsse nach einem voraussehbaren Scheitern der Verhandlungen mit Iran und dessen Nuklearprogramm Rußland dazu gezwungen werden, die gesamte atomare Zusammenarbeit mit dem Iran einzustellen.[3801]

Insgesamt stellt das Strategiepapier Forderungen und Vorgehensweisen auf, wie sie schon während des (ersten) Kalten Krieges geplant waren. Deutlich geht aus dem Dokument hervor, daß im Zentrum der US-Strategie gegenüber der Russischen Föderation die gesellschaftliche und ökonomische Umgestaltung des Landes steht, das heißt also die Rückgängigmachung der wiederhergestellten Machtvertikale und – ganz entscheidend – die Entstaatlichung des Energie- und Rohstoffbereichs. Kurzum, es liegt das gesamte ›System Putin‹ im Fadenkreuz der US-Machtelite, zu dessen Beseitigung das Dokument Handlungsempfehlungen darbietet. Ausdrücklich wird dort genannt, daß es sich bei der »Sorge um die Wiederkehr eines autoritären Staates« in Rußland und der Einforderung einer »Demokratisierung« und »Liberalisierung« des Landes nicht um eine bloße Wertediskussion handle, sondern mit dieser Frage grundlegende geopolitische Interessen der USA betroffen seien.[3802] Dabei stellt das Papier mehr oder weniger deutlich heraus, daß die Weigerung Rußlands, sich in das transatlantische gesellschaftliche und ökonomische System einzufügen, und sein Beharren auf einen eigenen geopolitischen Standpunkt sowohl im Energiebereich als auch in seinem strategischen Umfeld als ein »falscher Weg« angesehen werden müsse, so daß die Formel von der »strategischen Partnerschaft« nicht mehr realistisch sei.[3803] Vielmehr müsse jetzt von einer »selektiven Konkurrenz« ausgegangen werden, um wichtige globale Zielsetzungen zu verwirklichen.[3804]

5.2 Die Planungsansätze der US-Machtelite zu einem ›sanften Regimewechsel‹ in Rußland

Was die US-Machtelite im Council on Foreign Relations hinter den Kulissen plante, sollte in Rußland auch seine Umsetzung finden. Wie bei den ›Farbrevolutionen‹ in der Ukraine, Georgien und Kirgistan auch, so sollte die Präsidentschaftswahl in Rußland im Jahr 2008 dazu instrumentalisiert werden, um einen Regimewechsel zu erzwingen, und zwar nach den gleichen Handlungsmustern. »Um Rußland in eine demokratische Richtung zu drängen«, so das Strategiepapier *Russia's Wrong Direction*, »muß mit größter Sorgfalt vorgegangen werden.«[3805] Folgt man den Enthüllungen der Schweizer Zeitung *Zeit-Fragen*, so hatte der Regionaldirektor der US-amerikanischen Carnegie-Stiftung, Anders Aslund, schon im August 2005 in einem ›policy brief‹ die US-Regierung aufgefordert, ähnlich wie im Falle der Ukraine auch in Rußland Geld für einen ›Regimewechsel‹ bereitzustellen. Ein geeigneter Kandidat sei zwar zu dem Zeitpunkt noch nicht vorhanden, jedoch würde Putins ehemaliger Premierminister Michail Kasjanow am ehesten hervortreten.[3806] Dieser hatte enge Verbindungen zur Jelzin-Elite und war im März 2004 aufgrund von Korruptionsvorwürfen von Putin entlassen worden.

Die Bedeutung dieses Aufrufs wird um so größer, je mehr man sich vergewissert, um wen es sich bei Anders ASLUND handelt. Er ist einer der wichtigsten Vertreter der US-Machtelite und mit der Verwirklichung von ›Regimewechseln‹ vertraut. »Wenn ASLUND den Sturz Präsident PUTINS noch vor 2008 prognostiziert, muß man wohl annehmen, daß er weiß, wovon er schreibt. Bei der Auflösung der Sowjetunion war er als neoliberaler Wirtschaftsprofessor einer der Hauptberater von Präsident JELZIN und neben Harvard-Professor Jeffrey SACHS maßgeblich für die verheerende Wirtschafts- und Privatisierungspolitik der Perestroika verantwortlich. Aus seiner Beratertätigkeit besitzt er Kenntnisse über und Beziehungen zur russischen Elite. ASLUND war auch Berater der früheren Regierungen in der Ukraine. Seit 1998 beriet er den kirgisischen Präsidenten Askar AKAJEV, der im März 2005 in der ›Tulpenrevolution‹ gestürzt wurde. Im Rahmen von Carnegie Endowment for International Peace (Washington D.C.) leitet er das ›Russian and Eurasian Program‹, das auch die ›Tulpenrevolution‹ unterstützte. Über das Carnegie-Institut floß ein Teil des Geldes, das von der US-Regierung zur Demokratieförderung in der Ukraine bereitgestellt wurde, in die Unterstützung der ›Revolution in Orange‹. ASLUND ist Leiter von Projekten am Carnegie Moskow Center, auf dessen Internetseite die ›Samtrevolutionen‹ einen prominenten Platz einnehmen unter dem Titel ›Umbau im postsowjetischen Raum‹.«[3807]

In diesem ›policy brief‹ mit dem Titel *Putins Dämmerung und Amerikas Antwort* hieß es: »Die amerikanische Hilfe muß vor allem darauf gerichtet werden, eine Beobachtung der Wahlen zu gewährleisten. Erfahrungsgemäß sind dafür nichtstaatliche Organisationen am besten geeignet. . . Die Vereinigten Staaten können bei der Organisation unabhängiger Exit Polls am Tag der Abstimmung helfen. Besonders effektiv waren die Protestaktionen in den Ländern der Region unter Leitung von gesellschaftlichen Studentenorganisationen wie ›Otpor‹ in Serbien, ›Kmara‹ in Georgien, ›Subr‹ in Weißrußland und ›Pora!‹ in der Ukraine. Ihre Methoden sind gut bekannt. Diese Erfahrungen können und müssen auch in Rußland verbreitet werden.«[3808]

Als Hintergrundinformation in diesem Zusammenhang ist es nicht unwichtig zu wissen, daß im Brüsseler Büro der Carnegie-Stiftung, einer der Hauptfinanziers eines prowestlichen Umsturzes in Rußland, Robert KAGAN, sitzt, der Mitherausgeber der neokonservativen Zeitschrift *Weekly Standard* und Mitbegründer des ›Project for the New American Century‹ (PNAC).

Den Enthüllungen der Zeitschrift *Zeit-Fragen* zufolge bewilligte der US-Kongreß im November 2005 für das Haushaltsjahr 2006 vier Millionen Dollar zwecks Entwicklung politischer Parteien in Rußland. Hierzu heißt es in einem Bericht des US-Außenministeriums:[3809] »Die USA räumen den Bestrebungen der Verfechter von Demokratie und Menschenrechten in Europa und Eurasien, erfolgreich zu sein und deren Erfolge zu festigen, hohe Priorität ein. Die USA. . . wendeten ein Reihe von Instrumenten an, um die Demokratie und Menschenrechtsbemühungen im Jahre 2006 konkret zu unterstützen. Diese Instrumente reichten von Schulungen für Beamte, Medien, demokratische Parteien und Vertreter von Nichtregierungsorganisationen, über Wahlbeobachtungen und Beobachtungen von Strafjustizverfahren bis hin zur Möglichkeit, Gruppen der Zivilgesellschaft und Regierungsstrukturen aufzubauen. Darüber hinaus beinhalten diese Instrumente auch technische und rechtliche Unterstützung, Subventionen und die Erschließung von Märkten. . . Die USA förderten demokratisch-politische Prozesse und die Durchführung von fairen Wahlen, indem sie beispielsweise die Entwicklung politischer Parteien in Belarus unterstützten, die Wählergruppen in Serbien. . . stärken und indem sie Bemühungen internationaler Wahlbeobachtungen in der Ukraine unterstützen. Zur Vorbereitung der armenischen Wahlen im Jahre 2007 und 2008 unterstützten die USA Bestrebungen, das Wahlsystem zu verbessern, die Wählerlisten zu aktualisieren, die Öffentlichkeit über Abstimmungen und demokratische Prinzipien zu schulen und politische Parteien zu stärken. Eine ähnliche Unterstützung gewähren die USA, um freie und faire Wahlen in Rußland für die Duma im Dezember 2007 und für die Präsidentschaftswahlen im März 2008 zu fördern. Dies geschieht mittels Schulung politischer Parteien, Schulung von Vertretern der Massenmedien über die Berichterstattung politischer Streitfragen und Schulung von Wählerinitiativen. . . Die USA leisteten ebenfalls technische Hilfe und unterstützten Gruppen der russischen Zivilgesellschaft, Nichtregierungsorganisationen, Think tanks, Gewerkschaften und Watchdog-Organisationen, um deren aktive Beteiligung in der Gesellschaft zu stärken. . . In Rußland wurden amerikanische Programme zur Förderung der Medienunabhängigkeit durch die Verbesserung professioneller Standards, Geschäftspraktiken und sozial verantwortlichem Journalismus realisiert.«[3810]

Aufgrund dieser Pläne, die genauso wie in Serbien, Georgien, der Ukraine und Kirgistan auf einen verdeckten ›sanften‹ Staatsstreich diesmal in Moskau hinausliefen, war es kaum verwunderlich, daß die russische Staatsduma im März 2005 ein Gesetz zwecks besserer Kontrolle der Tätigkeiten von Nichtregierungsorganisationen erließ.[3811]

Der Wunschkandidat der USA war, wie oben erwähnt, Michail KASJANOW, der über enge Verbindungen zur JELZIN-Elite und vor allem auch zu CHODORKOWSKI verfügte. 2005 gab KASJANOW bekannt, daß er für die Präsidentschaftswahl im März 2008 kandidieren werde. Zu diesem Zweck gründete er eine eigene Partei »und verbündete sich mit der Vereinigten Bürgerfront des ehemaligen Schachweltmeisters Garri KASPAROW«.[3812] Ziel der US-Machtelite war es, eine neue russische Regierung ins Amt zu hieven, durch die eine Rückkehr zur Privatisierungspolitik der JELZIN-Ära gewährleistet war. Da jedoch – so die Analyse der *Zeit-Fragen* – die meisten liberalen Politiker durch Korruption alles dafür getan hatten, sich beim Wähler unbeliebt zu machen, war KASPAROW »in der prowestlichen putinfeindlichen Opposition die einzige Persönlichkeit mit landesweiter Popularität«.[3813]

Tatsächlich wurde KASPAROW von den US-amerikanischen Organisationen, die schon hinter den osteuropäischen ›Regimewechseln‹ standen, gezielt aufgebaut, und so wurde schnell bekannt, daß er über enge Kontakte zur neokonservativen Machtelite der USA verfügte: Den Enthüllungen der *Zeit-Fragen* zufolge ist KASPAROW Mitglied des ›Beirats für Fragen der Nationalen Sicherheit‹ (National Security Advisory Council – NSAC) des von Frank GAFFNEY, einem Schützling des Neokonservativen Richard PERLE, geleiteten militaristischen Think Tanks ›Center for Security Policy‹. Zu den weiteren Mitgliedern dieses Beirates gehören Politiker, neokonservative Intellektuelle, ehemalige Regierungsbeamte, pensionierte Generale und Admirale sowie Vertreter der Rüstungsindustrie. Ehrenvorsitzende sind der republikanische Senator Jon KYL und insbesondere James WOOLSEY. Letzterer war von 2002 bis 2005 Kuratoriumsvorsitzender von ›Freedom House‹, Vizepräsident der Beratungsfirma ›Booz Allen Hamilton‹ (einer der größten Auftragnehmer der BUSH-Administration) und von 1993 bis 1995 CIA-Chef.[3814] WOOLSEY gehörte als Leiter von ›Freedom House‹, wie oben dargestellt, zu den Drahtziehern der ›Orangenen Revolution‹ in der Ukraine.

KASPAROW und KASJANOW organisierten kurz vor dem G-8-Gipfel am 11. und 12. Juli 2006 in Moskau unter dem Namen ›Anderes Rußland‹ eine Anti-PUTIN-Konferenz, an der auch westliche Diplomaten und Vertreter einschlägig bekannter westlicher Organisationen wie des Council on Foreign Relations, der ›National Endowment for Democracy‹ und des ›Project on Transitional Democracies‹ teilnahmen. Mitorganisator war kein Geringerer als der US-Stratege Bruce JACKSON, Lobbyist für die NATO-Erweiterung Richtung Schwarzes Meer.[3815] Sponsor der Konferenz waren die ›National Endowment for Democracy‹ und die Stiftungen des Spekulanten George SOROS. Zu den Teilnehmern der Konferenz gehörten neben Bruce JACKSON auch der Präsident der ›National Endowment for Democracy‹, Carl GERSHMAN, Michael MC FAUL von der ›Carnegie-Stiftung für Frieden‹ und von dem ›Truman National Security Project‹, der Diplomat Richard HOLBROOKE, Vorstandsmitglied der ›National Endowment for Democracy‹, und Stuart EIZENSTAT, Vorstandsmitglied von ›Freedom House‹.[3816] »Die Teilnahme nicht unwichtiger US-Amerikaner«, so Hans-Werner KLAUSEN, »kann man als Symptom für den Zustand der russisch-amerikanischen Beziehungen auffassen. Im Mai (2006) hatten BUSH und CHENEY erstmals öffentlich gegen die Politik Rußlands polemisiert. In Think Tanks, bei Senato-

Von links: Anders ASLUND, Garri KASPAROW und Robert KAGAN.

ren und in der Presse gibt es indessen schon länger Unzufriedenheit, da sich die Außenpolitik PUTINS eher nach den nationalen Interessen Rußlands als nach denen der USA richtet und da sich in strategisch wichtigen Bereichen der Wirtschaft eine Stärkung der staatlichen Position vollzieht. Die Senatoren MCCAIN und LIEBERMAN... hatten bereits im vorigen Jahr (2005) den Ausschluß Rußlands aus dem G-8-Gipfel gefordert..., und der überparteiliche Council on Foreign Relations hatte im März (2006) einen Bericht vorgelegt, dessen Titel aussagekräftig genug ist: *Russia's Wrong Direction*.«[3817]

Dieser Konferenz voraus ging am 11. Juli 2006 ein ›offener Brief‹ Bruce JACKSONS, dessen ›Project on Transitional Democracies‹ seine Hauptaufgabe nach eigener Darstellung darin sieht, in den ›Post 1989-Demokratien‹ in Osteuropa neue Eliten für eine gesellschaftspolitische Umgestaltung auszubilden.[3818] In diesem solidarisierte er sich mit KASPAROW und beklagte »Rußlands alarmierende Anzahl politischer Gefangener, die Kontrolle des Kreml über die Medien, das gefährliche Wachsen der Korruption in der Regierung, die anhaltende Gewalt in Tschetschenien und die Rückkehr zu einem Einparteienstaat«.[3819] Offen forderte er, daß die westlichen Staaten Druck auf PUTIN ausüben sollten, denn dieser müsse »zur Kenntnis nehmen, daß Rußlands gegenwärtige Innen- und Außenpolitik für seine Nachbarn, für die internationale Gemeinschaft und für viele seiner Bürger unakzeptabel ist«. Als Beispiele dafür, daß sich Rußland in die »falsche Richtung« entwickele, nennt der Brief vor allem die Nationalisierung von CHODORKOWSKIS Jukos-Konzern, die Abschaffung der gewählten Provinzgouverneure, die staatliche Kontrolle über die Medien, das im November 2005 erlassene Gesetz zur Kontrolle der NGOs sowie die Unterstützung des LUKASCHENKO-Regimes in Weißrußland. Unterzeichner waren unter anderen sämtliche Vertreter der neokonservativen Machtelite wie William KRISTOL, Robert KAGAN, Gary SCHMITT, Randy SCHEUNEMAN, Carl GERSHMAN, der Präsident der neokonservativen ›Foundation for the Defence of Democracies‹, Clifford MAY, sowie Richard PIPES, einer der bekanntesten Strategen des Kalten Krieges.

Insbesondere letzterer meldete sich am 19. Juli 2007 in einem Interview mit der italienischen Tageszeitung *Corriere della Sera* zu Wort und erklärte: »Für Europa kann die russische Frage gefährlicher sein als die islamische Gefahr. Dieses Land ist gefährlicher als Bin Laden.«[3820] PIPES forderte deutlich zu einer Neuauflage des Kalten Krieges auf: »Wenn ich nach Rußland komme, muß ich mich immer wieder über die Feindseligkeit dieses Landes gegenüber dem Westen wundern. Im Umgang mit Rußland muß man, wie seinerzeit mit der UdSSR, eine Eindämmungstaktik ausarbeiten, besonders in wirtschaftlicher Hinsicht. Es ist notwendig, daß die westlichen Ölunternehmen keine Abkommen mit Rußland mehr schließen und die Banken ihre Investitionen einstellen.«[3821] Deutlich forderte er die Aufstellung eines Raketenschutzschildes gegen Rußland in Polen und der Tschechischen Republik: »Wenn wir ihn nicht einrichten, werden die Russen denken, daß die ehemaligen Länder des sozialistischen Lagers noch immer zu ihrer Einflußsphäre gehören.«[3822]

Schon 1982 hatte PIPES, wie oben dargestellt, als Mitglied des Nationalen Sicherheitsrates der USA die *National Security Decision Directive* NSDD-75 gefördert, die die Eindämmungspolitik durch eine auf den Systemwechsel in der Sowjetunion zielende Strategie ergänzte. Über dieses Dokument sagte PIPES einmal: »Es war das erste Dokument, das sagte, Sorgen mache nicht nur das sowjetische Verhalten, sondern vielmehr die Natur des sowjetischen Systems. NSDD-75 sagte, daß unser Ziel nicht länger die Koexistenz mit der Sowjetunion, sondern ein Wechsel des sowjetischen Systems sei. In seinen Grundlagen war es der Glaube, daß wir es in der Hand hätten, das Sowjetsystem zu ändern.«[3823] Diese Hintergründe gilt es sich zu vergegenwärtigen, um zu erkennen, worum es der US-Machtelite eigentlich geht, nämlich um die Umsetzung einer ›indirekten Strategie‹ zur Beseitigung des PUTIN-Systems.

Tatsächlich aber blieb der Erfolg des Bündnisses KASPAROW–KASJANOW aus. Folgt man der Analyse der *Zeit-Fragen*, lag dies im wesentlichen daran, daß es ihm nicht gelang, eine ausreichende Massenbasis bei der Wahlbevölkerung zu gewinnen. Bezeichnenderweise verweigerten andere Oppositionskräfte wie der ›Jabloko‹, die ›Union rechter Kräfte‹ oder die ›Kommunistische Partei der Russischen Föderation‹ diesem Bündnis die Gefolgschaft. So kam es, daß sich die KASPAROW–KASJANOW-›Opposition‹ auf recht dubiose Verbündete wie die ›Nationalbolschewistischen Partei‹ (NBP), die Beobachtern zufolge ein fester Bestandteil der oppositionellen russischen Jugendkultur ist und in ihrer Symbolik auf faschistische wie kommunistische Stilelemente zurückgreift, stützen mußte. Vieles spricht dafür, daß die Anzahl von Stalinisten und ›Neonazis‹, die dem amerikanischen Journalisten Justin RAIMONDO zufolge auf der Anti-PUTIN-Konferenz zahlreich zugegen waren, von den USA ausgiebig unterstützt wurden.[3824]

Insbesondere der Führer der ›Nationalbolschewistischen Partei‹, Eduard LIMONOV, war ein Rückkehrer aus dem Exil in den USA, und Hans-Werner KLAUSEN zufolge schien es so, als hätten die USA mit LIMONOV das gleiche vor wie einstmals LUDENDORFF mit LENIN gegen Ende des Ersten Weltkrieges.[3825] Gerade die gemeinsame Zusammenkunft von Vertretern der neokonservativen US-Machtelite und russischen ›Neonazis‹ auf der Konferenz zeigt, wie von seiten der USA daran gearbeitet wird, einen militanten Untergrund in der ›Opposition‹ zu schaffen, der bei Bedarf zur Destabilisierung des Landes eingesetzt werden kann. Interessant ist in diesem Zusammenhang auch die Darstellung der *Washington Post* über die geheime Koalition der US-Machtelite mit diesen Kräften: »Die Konferenz wurde teilweise von der ›Nationalen Stiftung für Demokratie‹, einer privaten, durch Bundesmittel finanzierten Organisation unterstützt, die weltweit die Demokratie fördert. ›Unsere größte Hoffnung ist, daß sie hilft, die russische Zivilgesellschaft voranzubringen‹, sagt Carl GERSHMAN, der Präsident der Stiftung. Auf Fragen nach dem umstrittenen Auftreten des Führers der NBP, Eduard LIMONOV, sagte GERSHMAN: ›Die überwältigende Mehrheit der Leute hier sind Leute, die schon immer für die Demokratie eingestanden sind, und wenn die hier sein können, dann ist das die beste Richtlinie für mich.‹«[3826]

Eine besonders zwielichtige Rolle nimmt in diesem Zusammenhang der frühere ›Pate des Kreml‹, Boris BERESOWSKI, ein, der anfangs plante, PUTIN als seine Marionette im Regierungsapparat des Kreml einzubauen, wobei sich letzterer aber allmählich seinem Einfluß entziehen konnte. »Als JELZIN am Vorabend des Milleniums den scheinbar willigen Wladimir PUTIN zu seinem Nachfolger ernannte«, so eine Analyse der *Neuen Zürcher Zeitung,* »finanzierte BERESOWSKI auch dessen Wahl. Doch PUTIN sah seine Zukunft nicht als Marionette, er ließ die Geschäfte seines Wohltäters durchleuchten. . . BERESOWSKI floh im Zorn«,[3827] und zwar nach Großbritannien. Von dort aus jedoch arbeitete er nach Recherchen des *Guardian* gegen PUTIN weiter. Dabei tat er sich insbesondere als Finanzier der Opposition hervor und beabsichtigte, finanziell zu einer neuen Revolution in Rußland beizutragen.[3828]

Dem *Guardian* zufolge sollte es dabei nicht bleiben: Nach unbestätigten Meldungen strebte BERESOWSKI sogar einen gewaltsamen Machtwechsel in Rußland an. »Wir müssen Gewalt anwenden, um dieses Regime zu beseitigen«, so zitiert der *Guardian* den ehemaligen Paten: »Es ist nicht möglich, dieses Regime mit demokratischen Mitteln auszuwechseln«, soll BERESOWSKI demzufolge gesagt haben.[3829] Er, BERESOWSKI, stehe mit Vertretern der politischen Elite in Kontakt und unterstütze sie finanziell und mit praktischen Ratschlägen. Nur durch Zwietracht innerhalb der Führung könne eine Änderung des politischen Kurses erzwungen werden, nicht mittels Wahlen. Mitarbeiter aus der engsten Umgebung von PUTIN würden bereits von ihm bezahlt, um einen entsprechenden Coup vorzubereiten. Es gebe starke Strömungen, die seine Ansicht teilten, daß PUTIN durch seinen autoritären Kurs dem Land schade. Ein Aufbegehren dieser Kräfte sei der einzige Weg zu diesem Wechsel. Einzelheiten über seine angeblichen Verbindungen in dem Machtzirkel gab BERESOWSKI allerdings nicht preis.[3830] BERESOWSKI selbst bestritt, diese Äußerungen gemacht zu haben, jedoch läßt sein skrupelloser Aufstieg zur Macht in den neunziger Jahren derartige Pläne nicht als unwahrscheinlich erscheinen.

Insgesamt betrachtet war damit ein Netzwerk von ehemaligen Oligarchen, US-amerikanischen NGOs und zwielichigen russischen Oppositionellen vorhanden, das dazu bereitstand, das System PUTIN zu beseitigen. Was dem Erfolg dieses Netzwerkes allerdings entgegenstand, war der Umstand, daß es ihm – anders als in der Ukraine oder Georgien – nicht gelang, rechtzeitig eine Massenbasis aufzubauen und zu mobilisieren. Hinzu kam wohl das Versäumnis einer stabilen Organisation. Die Zeitschrift *RußlandAnalysen* bemängelte in diesem Zusammenhang, daß Garri KASPAROW »an einer strukturellen und institutionellen Konsolidierung der demokratischen Opposition kaum gelegen« sei, »da sie seine Rolle des Volkstribuns verringern könnte«.[3831]

6 Das Anlaufen des neuen Kalten Krieges

Die Umrisse eines neuen Kalten Krieges scheinen somit festzuliegen. Hintergrund ist die Kontrolle der Energieträger Eurasiens. »Die Vehemenz der giftigen Propagandakampagne gegen PUTIN«, so Rainer RUPP, »reflektiert die Wut der westlichen Imperialisten, daß er ihnen bei ihren Plänen zur billigen Aneignung der russischen Bodenschätze einen Strich durch die Rechnung gemacht hat. Spätestens seit PUTIN den Betrüger und Yukos-Chef Michail CHODORKOWSKI daran gehindert hat, die... russischen Ölfelder in einem gigantischen Deal an den Westen zu verschachern, sind die neuen Fronten klar. Nach den wilden Privatisierungsorgien unter US-Freund Boris JELZIN hat PUTIN seit Beginn seiner Amtzeit die russischen Bodenschätze wieder zunehmend unter staatliche Kontrolle gebracht. Über diese Unterdrückung der kapitalistischen ›Menschenrechte‹ sind die westlichen Imperialisten höchst empört... Offensichtlich haben im Kreml die nationalen Interessen Rußlands wieder Priorität, und damit gerät Moskau automatisch auf Kollisionskurs mit den globalen, imperialen Ambitionen Washingtons.«[3832]

Der US-Machtelite kommt es daher auf zwei entscheidende geopolitische Ziele an: Erstens gilt es, die unter PUTIN eingeleitete Renationalisierung des Energiebereichs rückgängig zu machen, zweites kommt es darauf an, zu verhindern, daß es Rußland gelingt, das eurasische Energiepotential sowohl hinsichtlich der Erzeugung als auch des Transports als Monopol in seine Hände zu bekommen. Um dies zu erreichen, werden in der US-Machtelite die traditionellen geopolitischen Muster angelsächsischer Schule bemüht und auf deren Grundlage alternative Pipelinetransportkorridore entwickelt, die Rußland vom Energiemarkt der kaspischen und zentralasiatischen Region fernhalten sollen.

Darüber hinaus ist es der US-Machtelite gelungen, die Europäische Union auf einen proatlantischen, anti-russischen Kurs zu bringen, um diese als Instrument der eigenen Energiegeopolitik zum Einsatz zu bringen. Der Druck der EU auf Rußland, die »Energiecharta« zu ratifizieren, sowie das von den USA im Hintergrund unterstützte europäische Pipelinekonzept ›Nabucco‹ sind hier die wichtigsten Werkzeuge zur Verwirklichung einer gegen Rußland gerichteten gemeinsamen transatlantischen Energiegeopolitik.

Wesensbestandteil dieses Handlungsplans ist überdies die Fortführung der bereits in der Ukraine, in Georgien und Kirgistan erfolgreich geübten Strategie der ›sanften Staatsstreiche‹, die auch in Rußland durchgeführt werden soll mit dem Ziel, Kräfte an die Macht zu bringen, um die Verhältnisse der JELZIN-Ära wiederherzustellen. Diese Maßnahmen riefen auf der anderen Seite russische Gegenstrategien hervor, die im wesentlichen darin bestanden, das Energieproduktions- und -transportmonopol russischer Energiekonzerne in Zentralasien zu festigen und durch den Erwerb des serbischen Energiekonzerns NIS sowie durch den ›South-Stream‹-Pipelineplan eine Schlüsselposition auf dem Balkan zu erwerben.

Vor diesem Hintergrund müssen denn auch die Streitigkeiten der USA bzw. der EU mit Rußland um die Unabhängigkeit der serbischen Provinz Kosovo als Bestandteil des Kalten Krieges um die Energiekorridore begriffen werden, in dem der Balkan eine Schlüsselstellung einnimmt. Mit der Errichtung des transatlantischen Protektorats ›Kosovo‹ sollte schließlich – so das Ergebnis der Konferenz des American Enterprise Instituts in Preßburg Ende April 2000 – der Schlußstrich unter eine von langer Hand vorbereitete geopolitische Strategie der USA gezogen werden, nämlich die Korrektur der Anfang 1945 in Jalta besprochenen Einflußsphären in Europa. Der Balkan sollte als Sprungbrett Richtung Kaspisches Meer und Zentralasien in das westliche Bündnissystem eingegliedert und zum Knotenpunkt alternativer, Rußland umgehender Pipelinekorridore werden. Damit wäre dann ein Einkreisungsring der ›Rimlands‹, beginnend von der Europäischen Union über den Balkan und die Türkei bis hin nach Zentralasien, gelegt.

Rußland hatte dies nur zu gut verstanden. Statt auf militärische Mittel zurückzugreifen, verstand es die neue russische Machtelite, sich die Gesetze der Markwirtschaft und des Energiehandels nutzbar zu machen und die transatlantische Einkreisung in wesentlichen Punkten zu durchbrechen. PUTINS Lockangebot an die Türkei für das ›South-Stream‹-Projekt, sein Auftreten auf dem Balkangipfel im Juni 2007, der Aufbau des Pipelinenetzes ›Mittelasien–Zentrum‹ sowie der Aufkauf des serbischen Energiekonzerns NIS durch Gasprom können nur vor diesem Hintergrund verstanden werden.

Die Bedingungen des neuen Kalten Krieges zwischen der eurasischen Kontinentalmacht und der atlantischen Seemacht sind also am deutlichsten erkennbar auf den ›Rimlands‹ der Transportkorridore zurückgekehrt. Die Energiefrage – so auch Jürgen WAGNER – ist dabei das verbindende Element des transatlantischen Bündnisses, um in die Frontstellung gegen ein wiedererstarkendes Rußland einzutreten. »Die Energiefrage bildet somit den Hintergrund für die sich abzeichnenden Konturen des neuen Kalten Krieges«, und die Öl- und Gasfelder in Verbindung mit den sie erschließenden Transportkorridoren sind zu dem entscheidenden Schauplatz geworden, auf dem diese machtpolitische Auseinandersetzung derzeit ausgetragen wird.[3833]

Auf diesen Grundlagen vollzieht sich nun auch die Machtprobe zwischen der global handelnden Seemacht USA einerseits und den kontinental gebundenen eurasischen Mächten Rußland und China andererseits, die sich im Rahmen der SCO zu einem raumbegrenzten eurasischen Sicherheitsbündnis zusammengefunden haben. Der neokonservative Vordenker Robert KAGAN spricht in diesem Zusammenhang von einer »Rückkehr der Geopolitik«, die er auch ideologisch auslegt. Er stellt eine Frontstellung zwischen »demokratischen« und »autoritären« Staaten fest: »Die Wiederkehr der Machtpolitik und Mächtekonkurrenz ist das erste Hauptmerkmal des 21. Jahrhunderts«, so eine Analyse der Wochenzeitung *Die Zeit*. »Darunter jedoch identifiziert KAGAN ein tieferes, ideologisches Motiv: den Kampf zwischen

Demokratie und Autokratie. China und Rußland sind nicht irgendwelche Mächte, sondern antiwestlich und antiliberal, selbst diktatorisch regiert und Schutzpatrone von Diktaturen wie Birma und Simbabwe.«[3834]

Militarismus-Experte Jürgen WAGNER zitiert dabei eine Bedrohungsanalyse der *Army Modernization Strategy* vom Juni 2008: »Uns droht eine mögliche Rückkehr zu traditionellen Sicherheitsbedrohungen durch neu auftretende, fast ebenbürtige Mächte, und zwar jetzt, wo wir im weltweiten Wettstreit um knapper werdende Rohstoffe und Überseemärkte stehen.«[3835] Hinzu kommt, daß die USA – so eine Studie des Zentrums der US-Geheimdienste National Intelligence Council – an politischem und wirtschaftlichem Einfluß innerhalb der nächsten zwei Jahrzehnte verlieren werden. Um ihr informelles Imperium aufrechterhalten zu können, sind die USA Jürgen WAGNER zufolge bemüht, die NATO gegen ihre kontinentalen Herausforderer Rußland und China in Stellung zu bringen und alle ›Demokratien‹ für diese Strategie zu gewinnen. Aus diesem Grund ist geplant, die NATO zu einem unbegrenzten globalen Interventionsbündnis auszubauen, und in der Tat findet sich dieser Plan in den Stellungnahmen von Vertretern der US-Machtelite wieder. Will MARSHALL vom einflußreichen ›Democratic Leadership Council‹ fordert, die NATO »von einem Nordamerikanisch-Europäischen Pakt in eine globale Allianz der freien Nationen« umzuwandeln. »Indem sie ihre Türen für Japan, Australien, Indien, Chile und eine Handvoll anderer stabiler Demokratien öffnet, würde die NATO sowohl ihre personellen als auch ihre finanziellen Ressourcen verbessern. Mehr noch, die NATO würde die politische Legitimität erhöhen, auf der globalen Bühne zu agieren.«[3836]

Die Ausweitung der NATO zu einer globalen Allianz wird auch von der NATO-Militärelite selbst als Ziel hervorgehoben. Jürgen WAGNER zitiert aus einem Papier von fünf NATO-Generalen vom Januar 2008, in dem die »langfristige Vision einer Allianz der Demokratien von Alaska bis Finnland« unterstützt wurde.[3837] Das Fundament für diese Entwicklung wurde bereits auf dem NATO-Gipfeltreffen in Bukarest im April 2008 gelegt.[3838] In der Abschlußerklärung des Gipfels hieß es, daß die Allianz großen Wert auf ihre »expandierenden und unterschiedlichen Beziehungen mit Partnern um den gesamten Globus« lege. Die Ziele bei diesen Beziehungen beinhalteten die Unterstützung für Operationen, Sicherheitskooperation und ein gemeinsames Verständnis über gemeinsame Sicherheitsinteressen und darüber hinaus, »die Förderung demokratischer Werte zu verbessern«.«[3839]

Wie eine Studie der ›Stiftung Wissenschaft und Politik‹ darlegt, arbeiten die USA daran, mit Hilfe der NATO ein globales Eingreifsystem aufzubauen, das neben der Verdrängung der UN »die Möglichkeit bietet, die für die Stabilität des internationalen Systems als unverzichtbar geltende Vormachtrolle der USA in eine legitimierende Struktur einzubetten«.[3840] Die Formel von der »Allianz der Demokratien« soll der Auslegung Jürgen WAGNERS zufolge in diesem Zusammenhang dazu dienen, das westfälische Staatensystem, das auf dem Prinzip der Souveränität, der

Unantastbarkeit und der Gleichheit aller Staaten beruht, allmählich durch ein neues internationales hierarchisches System zu ersetzen, in dem die ›Demokratien‹ das globale Deutungs- und Gewaltmonopol innehaben.[3841]

Dieses ideologische Gebilde dient somit auch dazu, autarke geschlossene Raumeinheiten mit Interventionsverbot raumfremder Mächte, wie sie die SCO darstellt, um ihre Berechtigung zu bringen sowie politische und militärische Interventionen der USA einschließlich der indirekten Strategie der Regimewechsel in Eurasien zu rechtfertigen und dieser Imperialpolitik den institutionellen Rahmen zu verleihen. Endziel soll es dabei sein, Rußland und gegebenenfalls auch China in die ›Grand Area‹ des weltweit handelnden informellen transatlanischen Systems einzugliedern.

Kapitel 11

Die neue US-Agenda der militärischen Einkreisung Rußlands: Raketenabwehrprogramm und Georgienkrieg

Die US-Politik zur Erlangung der ›Full spectrum dominance‹ zielt darauf ab, die unangefochtene militärische Überlegenheit in allen strategischen Regionen, insbesondere in Eurasien und seinem strategischen Umfeld, aufrechtzuerhalten und den Zugang zu strategischen Ressourcen zu sichern. Diese ›Full spectrum dominance‹ sehen die US-Vertreter der Schule des ›Neorealismus‹ in das Konzept des globalen amerikanischen ›New Empire‹ eingebettet. »Ein neuer imperialer Moment ist gekommen«, so die *Foreign Affairs*. »Das Chaos ist zu bedrohlich, um es zu ignorieren.« Da alle bisherigen Ordnungskonzepte gescheitert seien, sei nunmehr eine globale amerikanisch-transatlantische Ordnungsmacht erforderlich.[3842] Diese Schule »tritt für einen radikalen Wandel in der Weltordnung ein, in dem sich die amerikanische Allmacht und das ›Ende der Geschichte‹ widerspiegeln sollen. Das amerikanische Modell der Demokratie soll – unter Einsatz der geeigneten Mittel und ohne Rücksicht auf die als überholt geltenden internationalen Instanzen – auf dem ganzen Globus verbreitet werden.«[3843] Globale militärische Überlegenheit, verbunden mit einer messianischen Idee, sind die tragenden Säulen dieses neorealistischen Konzepts. Als Theorie der internationalen Politik wurde es nach dem Zweiten Weltkrieg »in den Vereinigten Staaten erfunden und gefördert von jenen, die der modernen Wirtschaftsmacht Amerika ihr Gesicht gegeben haben. Dazu zählen Ford-, Carnegie- und Rockefeller-Stiftung, das OSS (Office of Strategic Services, aus dem später die CIA wurde) und der Rat für Auswärtige Beziehungen (Council on Foreign Relations, CFR), den man, zumindest in außenpolitischen Belangen, als Schattenregierung der USA bezeichnen könnte«.[3844]

Albert WOHLSTETTER, einer der Vordenker der neokonservativen Realisten, vertrat die Ansicht, daß eine Vormachtstellung der USA nur dann Sinn habe, wenn sie auch in den Dienst von offensiv vertretenen Werten gestellt werde.[3845] In diese Weltsicht gehört die Aufteilung der internationalen Staatenwelt in Gut und Böse. Hier, so der französische Politologe Gilles KEPEL, werde eine neue Verbindung zwischen Militär und Politik geschaffen, die einen Sturz von Regimen, die als Teil einer ›Achse des Bösen‹ oder als ›Schurkenstaat‹ moralisch geächtet werden, legitimiert und die Förderung einer ›guten‹ Zivilgesellschaft postuliert.[3846] »Hinter dieser Strategie, die das Militär zum perfekt angepaßten und effizienten Instrument der Politik macht, steckt eine Weltsicht mit dem Anspruch, die universelle Moral an die Stelle der Realpolitik zu setzen und ihr zum Durchbruch zu verhelfen.«[3847]

Genau darin liegen KEPEL zufolge auch die Wurzeln des oben dargestellten *Defense Planning Guidance (Fiscal Years 1994–1999)*, das 1992 von dem WOHLSTETTER-Schüler

Paul WOLFOWITZ verfaßt wurde. Mit dem Zusammenbruch der UdSSR war nach der Auffassung der neokonservativen Realisten ein »Ende der Geschichte« eingetreten, das die Möglichkeit geboten habe, das transatlantisch-amerikanische System zur letztverbindlichen moralischen und politischen Instanz der Welt zu erheben.[3848] Vor diesem Hintergrund forderten die Neokonservativen eine Ausnutzung des eingetretenen »unipolaren Moments«, das mit dem »Ende der Geschichte« eingetreten sei, um weltweit das Modell Amerikas zu fördern. »Die Zeit sei reif für jede Art von Offensive, mit der den höchsten Werten des Guten (die mit den richtig verstandenen Interessen der USA zusammenfallen) zum Durchbruch verholfen werden könne.«[3849] Verbunden war dies mit der Definition einer strategischen Feindschaft des transatlantischen Bündnisses gegenüber der islamischen, konfuzianischen und nicht zuletzt russisch-orthodoxen Welt, die mit Samuel HUNTINGTONS Theorie vom »Kampf der Kulturen« begründet werden sollte.

1 Die US-Strategie der globalen militärischen Überlegenheit

Die strategischen Folgen daraus zogen Bill KRISTOL und Robert KAGAN in ihrem Aufsatz »Toward a Neo-Reaganite Foreign Policy«, der 1996 in den Foreign Affairs erschien: »Die USA müßten sich eine nicht zu übertreffende Militärkapazität zulegen und mindestens ein Viertel ihres nationalen Etats der Verteidigung widmen, um jeden möglichen Feind vor Angriffen abzuschrecken. In einer Weltordnung, in der jeder den großen amerikanischen Knüppel fürchte, solle so nicht nur der Frieden gesichert, sondern durch Druck auf die ›Diktaturen von rechts und links‹ auch die Verbreitung demokratischer Ideale gefördert werden.«[3850] Die USA hätten demzufolge »die Pflicht, eine ›wohlwollende Hegemonie‹ über die Welt auszuüben, in der Verhandlungen oder Kompromisse nicht wirklich Platz hätten. Die ›zivilisierten Nationen‹ unterstellten sich zum eigenen Wohl und dem der Menschheit Washingtons Führung. Die anderen, die Schurken, müßten eines Tages mit Sanktionen rechnen, wenn sie nicht bereuten und sich rehabilitierten.«[3851]

Dabei war sich die US-Machtelite darüber im klaren, daß die geopolitischen Herausforderer in Eurasien zu orten sind, was sowohl in dem WOLFOWITZ-Papier von 1992 als auch in den Veröffentlichungen BRZEZINSKIS zum Ausdruck gekommen ist. Um das Aufkommen eines eurasischen Gegenspielers zu verhindern und damit die globale ›Strategy of Predominance‹ abzusichern, forderten die Neokonservativen die Errichtung eines nationalen Schutzschildes, der die USA für feindliche Atommächte unangreifbar machen würde. Entsprechend hieß es auch in dem Dokument des »Project for the New American Century« mit dem Titel *Rebuilding America's Defenses*, daß »die Vereinigten Staaten eine globale Raketenabwehr entwickeln und installieren müssen, um das amerikanische Heimatland und die amerikanischen Alliierten zu verteidigen und um eine sichere Basis für die Beförderung amerikanischer Macht in alle Welt zu gewährleisten«, und zwar insbesondere gegenüber den aufstrebenden eurasischen kontinentalen Konkurrenten Rußland und China. Dies wurde in diesem Strategiedokument auch deutlich gemacht: »Doch was letztlich die Größe und den Charakter unserer Nuklearstreitkräfte bestimmen sollte, ist nicht die numerische Parität mit russischen Kapazitäten, sondern die Beibehaltung amerikanischer strategischer Überlegenheit – und mit dieser Überlegenheit eine Möglichkeit zur Verhinderung einer Koalition feindlicher Nuklearmächte zu haben. US-amerikanische nukleare Überlegenheit ist nichts, dessen man sich schämen müßte; vielmehr wird sie ein wichtiges Element zur Bewahrung der amerikanischen Führungsmacht in einer komplexeren und chaotischeren Welt sein.«[3852]

1.1 Die USA wollen den Atomkrieg wieder führbar machen

Tatsächlich hatte das transatlantische Hegemonialbündnis nie Bereitschaft gezeigt, auf die nukleare Erstschlagsfähigkeit zu verzichten, was sowohl in dem *Neuen Strategischen Konzept* der NATO vom April 1999 als auch im *Nuclear Posture Review* der USA vom März 2002 zum Ausdruck kam. In dem NATO-Strategiekonzept war auch der Ersteinsatz von Nuklearwaffen vorgesehen, mit den Ziel, den Angreifer darüber im unklaren zu lassen, wie das Bündnis gegebenenfalls reagieren würde.[3853] Von zentraler Bedeutung für die US-Nuklearstrategie aber sollte die Pentagon-Studie *Nuclear Posture Review* (NPR) vom März 2002 sein, die zunächst geheim bleiben sollte, dann aber doch an die Öffentlichkeit gelangte. In diesem Bericht, der auch die Unterschrift des damaligen US-Verteidigungsministers Rumsfeld trug, wurden sieben Staaten zu ›Schurkenstaaten‹ und zum möglichen Ziel eines atomaren Erstschlages erklärt: Irak, Iran, Syrien Libyen, Nordkorea – und vor allem auch Rußland und China.[3854] »Neben der Vergeltung für nukleare, biologische und chemische Attacken«, so das Nachrichtenmagazin *Focus*, »empfiehlt das Pentagon-Papier auch den ›Offensiveinsatz‹ von Atomwaffen.«[3855]

Folgt man der Einschätzung des Nachrichtenmagazins *Der Spiegel*, so soll dieses *Nuclear Posture Review* dokumentieren, »daß die USA nach dem Ende des Kalten Kriegs dabei sind, die Zusammensetzung und die Einsatzbereiche ihres nuklearen Arsenals dem Ziel anzupassen, ihre Stellung als einzige verbliebene Supermacht auf Dauer zu zementieren. Die NPR zielt auf das Ende des bisherigen Abrüstungsprozesses, den Aufbau eines Schutzschildes gegen angreifende Nuklearraketen, die Entwicklung neuer Atomwaffen und eine fundamentale Erweiterung ihrer Einsatzbedingungen. Dafür sind die USA offenbar bereit, in Kauf zu nehmen, daß der Vertrag über die Nichtweiterverbreitung von Atomwaffen ausgehöhlt wird«.[3856]

Russische Militärs wie auch der seinerzeitige russische Außenminister Igor Iwanow bezeichneten diese neue Nuklearstrategie der USA offen als eine neue Spielart des Kalten Krieges.[3857] Das NPR sieht unter anderem auch den Einsatz von Atomwaffen gegen solche Ziele vor, die Angriffe mit nichtnuklearen Waffen standhalten können, und das heißt, daß die USA bereit sind, Atomwaffen einzusetzen wie konventionelle Waffen auch. Damit ist aus der ›Doktrin gegenseitig gesicherter Vernichtung‹, mit der sich die Supermächte im ersten Kalten Krieg noch in Schach gehalten hatten, eine Doktrin der »einseitig gesicherten Zerstörung geworden«.[3858] Der Atomkrieg, so schlußfolgert das Nachrichtenmagazin *Der Spiegel*, soll wieder führbar gemacht werden.[3859]

Vor diesem Hintergrund erwies sich schließlich auch das nukleare Abrüstungsabkommen zwischen den USA und Rußland vom Juni 2002, der *Strategic Offensive Reductions Treaty (SORT)*, als Augenwischerei. Offiziell sah dieses Abkommen eine Verminderung der aktiven Nuklearstreitkräfte auf 1700 bis 2000 Sprengköpfe vor. Jedoch – so Friedensforscher Harald Müller – wurde dieses Ergebnis dadurch entwertet, daß beide Seiten nach Erreichen der Abrüstungsgrenzen im Jahre 2012 frei sind, zu tun und zu lassen, was sie wollen, das heißt, der Vertrag erlischt unmittelbar nach seiner Verwirklichung.[3860] Da diesem Vertrag jedoch keine Klausel zur Aufhebung zugrunde lag, also keine kontrollierte Demontage der überschüssigen Atomsprengköpfe vereinbart wurde, war es den USA möglich, einen Teil der deaktivierten Sprengköpfe als strategische Reserve einzulagern und einen anderen Teil zur Entwicklung neuer, vom Abrüstungsvertrag nicht erfaßter Waffensysteme umzubauen.[3861] Harald Müller bezeichnet diesen Abrüstungsvertrag daher auch als eine »wahre Parodie auf Rüstungskontrolle«[3862]. Überdies sind die verbleibenden 2000 aktiven Nuklearsprengköpfe geeignet, noch alle kriegswichtigen militärischen Ziele in Rußland und China anzugreifen. Dadurch, daß sich die USA die Möglichkeit ausbedungen hatten, die Sprengköpfe nicht zu demontieren, sondern einzulagern, und zu warten, haben sie sich die Möglichkeit offengehalten, jederzeit das Nuklearpotential wieder anwachsen zu lassen, zumal auch die Trägerwaffen nach wie vor vorhanden sind.[3863] Mit dem NPR ist daher für die USA »die Doktrin des Ersteinsatzes von Kernwaffen gefestigt worden«.[3864] Der SORT-Vertrag erscheint damit als eine Basis für eine mögliche nuklearstrategische Überlegenheit der USA, zumal Rußland auf der anderen Seite nicht in der Lage ist, eine große Zahl von Atomsprengköpfen unter den hohen Kosten zu lagern.[3865]

Eingebettet war diese atomare Erstschlagsdoktrin in eine Strategie, wie sie im September 2002 in der *Nationalen Sicherheitsstrategie der USA* formuliert wurde. Hier wurde die Sicherung der globalen Vorherrschaft der USA zum eigentlichen Ziel erklärt. Mit dieser Doktrin beanspruchen die USA das Recht, ohne den Umweg über internationalen Auftrag nur auf der Grundlage eigener souveräner Entscheidung an jedem Punkt der Erde, wo sich gegebenenfalls eine Bedrohung US-amerikanischer Interessen ergeben könnte, einzugreifen. Dazu sieht die Nationale Sicherheitsstrategie den Aufbau eines so großen militärischen Machtpotentials vor, daß der Versuch einer konkurrierenden Macht, eine gleichgerichtete militärische Schlagkraft zu entwickeln, von vornherein als aussichtslos erscheint. »Denn wenn die USA ein globales Interventionsrecht in Anspruch nehmen«, so Harald Müller, »werden die strategischen Interessen anderer zwangsläufig beeinträchtigt. Damit diese anderen stillhalten und keinen Schaden anrichten können, muß Amerika imposant überlegen sein, wozu die Möglichkeit gehört, Raketenangriffe auf US-Territorium abwehren zu können.«[3866]

Das NRP und auch die Entwicklung eines Raketenabwehrprogramms gehören daher insgesamt zur neokonservativen Strategie, das ›unipolare Moment‹ im Sinne Charles KRAUTHAMMERS auszunutzen, um die universale Vorherrschaft der USA zu sichern.

1.2 Rußland im Blickfeld US-amerikanischer Nuklear- und Raketenabwehrstrategie

Daß Rußland und auch China im Blickfeld dieser US-Nuklear- und Raketenrüstung stehen, läßt sich den Strategiedokumenten der US-Machtelite unschwer entnehmen. So hieß es in der *Nationalen Sicherheitsstrategie* vom September 2002: »Wir sind wachsam gegenüber einer erneuten Großmachtkonkurrenz.« Um diese von vornherein zu unterbinden, müsse die Militärmacht der USA »groß genug sein, um mögliche Gegner davon abzuhalten, in der Hoffnung, die Macht der USA zu übertreffen oder einzuholen, eine militärische Aufrüstung anzustreben«.[3867] Ohne diese direkt zu nennen, waren Rußland und die aufstrebende Weltmacht China die strategischen Rivalen, die dieses Papier im Auge hatte.

Deutlicher wurde eine Vorstudie zum *Nuclear Posture Review*, in der die Zielrichtung des nuklearen Aufrüstungsprogramms hervorgehoben wurde: »Washington kann heute nicht wissen, ob Rußland oder, was dies betrifft, auch China künftig neutral, freundlich oder Teil einer feindlichen Allianz sein werden. Aus diesem Grund ist es augenblicklich nicht vernünftig, den Charakter und die Qualität des amerikanischen strategischen Nukleararsenals auf eine annäherende Parität mit den russischen strategischen Nuklearkräften festzulegen.«[3868] Aus diesem Grund bestehe für die USA die Notwendigkeit, sich einen Rüstungsvorsprung zu sichern. Demzufolge könne die Aufrechterhaltung einer zahlenmäßigen Überlegenheit »nützlich sein, um die US-Bereitschaft zu signalisieren, sich gegen jeden aggressiven Rivalen zu behaupten. . . Eine große Zahl von Atomwaffen könnte v.a. gegenüber einem feindlichen China oder Rußland – oder, noch schlimmer, einer sino-russischen Allianz – notwendig sein.«[3869] Folgerichtig wurde Rußland in dem NPR dann auch als mögliches Ziel eines amerikanischen Nuklearschlages benannt und klar unterstrichen, daß die »USA für den Fall sich erheblich verschlechternder russisch-amerikanischer Beziehungen möglicherweise schnell in der Lage sein müssen, ihre atomare Truppenstärke und Zusammensetzung zu verändern«.[3870]

Folgt man den Friedensforschern Thomas MITSCH und Jürgen WAGNER, so würde sich mit dieser neuen Nuklearstrategie »die bisherige strategische Balance fundamental zuungunsten Rußlands verändern, wie das wichtigste wissenschaftliche Pentagon-Beratungsgremium, das ›Defence Science Board‹, ausführt: ›Wenn die USA über eine solche (Erstschlags)Kapazität gegenüber irgendeinem Land verfügen, dann behandeln wir dieses Land in derselben Kategorie wie ein mit Massenvernichtungsmitteln bewaffneter Schurkenstaat – das bedeutet, ein Land, dessen Massenvernichtungsmittel die USA mit akzeptablen Risiken neutralisieren kann.‹ Mit anderen Worten, allein die Fähigkeit, einen nuklearen Entwaffnungsschlag plausibel androhen zu können, könnte für Moskau zur Folge haben, daß es sich denselben Erpressungen ausgesetzt sehen wird, wie sie in Washingtons Umgang mit ›Schurkenstaaten‹ bereits heute die Normalität darstellen.«[3871]

Die strategische Unterlegenheit Rußlands spiegelt sich auch in den Rüstungsdaten wieder. Thomas Mitsch und Jürgen Wagner zitieren in diesem Zusammenhang eine Berechnung des *Bulletin for the Atomic Scientists*, dem zufolge das russische Atomwaffenarsenal aufgrund schwerwiegender Finanzierungsprobleme noch weiter schrumpfen wird. Weitere US-Rüstungsexperten gehen davon aus, daß sich das russische Atomsprengkopfpotential von derzeit 3400 auf 400 bis 500 im Jahr 2020 reduzieren wird.[3872] Demgegenüber scheinen die USA daran zu arbeiten, ihre nukleare Überlegenheit und Erstschlagsfähigkeit weiter auszubauen. Dazu – so Jürgen Wagner und Thomas Mitsch – paßt, daß sich die USA weigern, über das Jahr 2012 hinaus – also das Jahr, bis zu dem die Stationierung eines Raketenabwehrsystems in Polen und der Tschechischen Republik abgeschlossen sein soll – eine Obergrenze für die strategischen Nuklearsprengköpfe und der Trägersysteme anzunehmen.[3873] Des weiteren arbeiten die USA an einer Erhöhung der Zielgenauigkeit des W-76-Sprengkopfes, mit dem die Fähigkeit zur Zerstörung russischer Raketensilos erheblich verbessert wird.[3874] Jürgen Wagner zufolge ist auch der aktuelle nukleare Operationsplan der USA, der sogenannte ›OPLAN 8044‹ vom Oktober 2003, gezielt auf die Zerstörung russischer und chinesischer Raketen, also auf eine Sicherung der Erstschlagskapazität, ausgerichtet.[3875]

Sämtliche Tatsachen und Umstände sprechen dafür, daß das in der Diskussion stehende Raketenabwehrprogramm den USA dazu dienen soll, das eigene Gebiet unverwundbar zu machen und die offensive Erstschlagsfähigkeit zur Verteidigung abzusichern. Das Element, das während des ersten Kalten Krieges die Supermächte davon abhielt, Atomwaffen gegeneinander einzusetzen, nämlich die ›wechselseitig garantierte Vernichtung‹, wollen die USA nunmehr außer Kraft setzen. Vertraglich geregelt war dieses Prinzip der wechselseitig garantierten Vernichtung im »Anti-Ballistic-Missile-(ABM)-Vertrag« von 1972, mit dem beide Seiten darauf verzichteten, einen Raketenabwehrschirm auf ihrem Gebiet zu errichten. Genau dieses Prinzip wird jetzt durch die USA im Sinne der ›Strategy of Predominance‹ praktisch aufgekündigt, um im Bedarfsfall einen Krieg gegen Rußland unter Einschluß aller Waffensysteme uneingeschränkt führen zu können, ohne damit einen russischen Vergeltungsschlag befürchten zu müssen.

So sieht es auch Rußland-Experte Kai Ehlers. Nach seiner Einschätzung ist das Raketenabwehrprogramm »der aktuelle Ausdruck einer seit dem Ende des Kalten Krieges seitens der USA betriebenen strategischen Umorientierung vom Gleichgewicht des Schreckens durch atomar bestückte Langstreckenraketen auf die Erreichung einer atomaren Erstschlagkapazität durch ein Netz von Mittelstreckenraketen. Die Raketen sollen in einem konventionellen Präventivschlag einen möglichen atomar bewaffneten Gegner so umfassend angreifen, daß er keine Gelegenheit mehr zum Einsatz seiner atomaren Abwehr findet«.[3876] F. William ENGDAHL zufolge hatte der Direktor des Raketenabwehrprogrammes der US-Luftwaffe, Oberstleutnant Robert BOWMAN, das Raketenabwehrsystem daher auch als das »fehlende Glied zum Erstschlag« bezeichnet.

»Schaut man sich die Lokalisierung der Basen an«, so Kai EHLERS, »die wie ein Ring um Rußland gelegt sind, so bedarf es keiner langen Erklärung, gegen wen sie gerichtet sind. Schlag auf Schlag wurden seit Auflösung der Blockkonfrontation die neuen US-Basen implementiert: 1999, nach einer der neuen Lage gewidmeten gewissen Schamfrist, Camp Bondsteel an der Grenze zwischen Kosovo und Mazedonien, Einsatzradius Mittlerer Osten, Kaspisches Meer, Rußland. In den Jahren darauf Stützpunkte in Ungarn, Bosnien, Albanien, Mazedonien, später Bulgarien. 2001 in Afghanistan, mit dem Einsatzbereich (neben China) Iran, Mittlerer Osten und wieder Rußland. Die Nato-Erweiterung nach Osteuropa, in den Kaukasus und nach Zentralasien hinein ist Teil dieser Strategie. Weitere Stützpunkte in Kirgistan, Usbekistan, Pakistan kamen hinzu, unmittelbares Einsatzgebiet wieder Rußland. Mit Japan wurde 2007 ein Kooperationsvertrag zur Raketenabwehr abgeschlossen. Einsatzraum China, aber auch Rußland. Japan gilt den USA als Brückenkopf nach Eurasien. Nachdem in Alaska bereits US-Radarstationen von den USA errichtet wurden, die den Norden Rußlands ausspähen, fürchten russische Militärs jetzt, daß in Zukunft auch der Süden Rußlands ausgespäht werden soll.«[3877]

Es geht hier also Kai EHLERS zufolge um nichts anderes als um eine militärische Einkreisung Rußlands: Im Zentrum dieses gewaltigen Netzes von Stützpunkten liege schließlich nicht Korea, nicht der Iran, nicht einmal hauptsächlich China, sondern unübersehbar Rußland. »Rußland ist die einzige Macht, die, gestützt auf ihre atomare Bewaffnung sowie auf ihre potentielle Autarkie als Herzland des rohstoffreichen Eurasiens und allen Schwächen ihrer Transformationskrise zum Trotz dem Weltherrschaftsanspruch der USA bisher nicht untergeordnet ist. Die aktuellen Vorstöße zur Stationierung von Raketen in Osteuropa und in der Ukraine wären geeignet, den Ring um Rußland endgültig zu schließen.«[3878]

Auch das Nachrichtenmagazin *Der Spiegel* beschreibt das US-Raketenabwehrprogramm als ein Mittel zur lückenlosen Erfassung aller militärischen Aktivitäten in Eurasien: »Es ist fürwahr keine Kleinigkeit, die die Amerikaner da planen. Der Raketenabwehrschirm, eine Fortsetzung der SDI-Pläne von Ronald REAGAN, zählt zu den ambitioniertesten Rüstungsprojekten der Geschichte. Riesige Radarstationen in Alaska, Großbritannien und Kalifornien sollen jedes Projektil erfassen und mit Abwehrraketen zerstören. 16 US-Kriegsschiffe sind bereits umgerüstet, um bei der Jagd zu helfen. 54 Abfangraketen wollen die USA bis 2013 stationieren, 10 davon in Europa, denn hier, so Washington, klaffe eine riesige Lücke im Schirm, weshalb vor allem die US-Ostküste nach amerikanischer Ansicht ungeschützt sei. Dieses Loch soll jetzt durch die Stationierung von Raketen in Polen geschlossen werden... In Tschechien würde ein bisher auf den Marshall-Inseln im Pazifischen Ozean installiertes Radar aufgestellt und weiterentwickelt werden.«[3879] Ursprünglich geplant war, dieses Projekt bis zum Jahr 2012/13 fertigzustellen.

Deutlich heben Keir A. LIEBER und Daryl G. PRESS in der Zeitschrift *Foreign Affairs* vom März 2006 in ihrem Aufsatz »The Rise of U.S. Nuclear Primacy« hervor, worum es dabei wirklich geht: »Streben die Vereinigten Staaten mit Absicht die nukleare Dominanz an?... Die Natur der vorgenommenen Veränderungen bezüglich des Arsenals und der offiziellen Politik und Rhetorik stützen diese Schlußfolgerung... Mit anderen Worten, die gegenwärtigen und künftigen Nuklearstreitkräfte der USA scheinen dafür konzipiert zu sein, einen präemptiven Entwaffnungsschlag gegen Rußland oder China zu führen.«[3880] Dieses Ziel wird dann weiter unterstrichen: »Zum ersten Mal in fast 50 Jahren stehen die Vereinigten Staaten an der Schwelle zur nuklearen Vormachtstellung. Vermutlich werden die Vereinigten Staaten bald in der Lage sein, Rußlands oder Chinas Arsenale nuklearer Langstreckenwaffen in einem Erstschlag zu zerstören. Diese dramatische Verlagerung des nuklearen Machtgleichgewichts ergibt sich aus einer Reihe von Verbesserungen in den Nuklearsystemen der Vereinigten Staaten, dem ungeheuer raschen Verfall des russischen Arsenals und der eiszeitlichen Modernisierungsgeschwindigkeit der nuklearen Waffensysteme Chinas. Wenn sich die Politik Washingtons nicht ändert und Moskau oder Peking keine Schritte unternehmen, die Größe und Bereitschaft ihrer Streitkräfte zu steigern, werden Rußland und China – und der Rest der Welt – noch viele Jahre im Schatten der nuklearen Vormachtstellung der USA leben.«[3881]

Darüber hinaus stellt der Artikel unverblümt klar, daß das Abwehrprogramm nichts mit einer etwaigen Verteidigungsstrategie zu tun hat, im Gegenteil: »Die Art von Raketenabwehr, die von den USA wahrscheinlich zum Einsatz gebracht werden wird, wäre primär in einem offensiven Kontext sinnvoll – nicht in einem defensiven – als Ergänzung einer amerikanischen Erstschlagsfähigkeit, nicht als Schutzschild an sich. Wenn die Vereinigten Staaten einen Nuklearangriff gegen Rußland (oder China) führten, bliebe dem angegriffenen Land nur ein kleines Arsenal übrig – wenn überhaupt. Dann wäre sogar ein relativ bescheidenes oder wenig wirksames Raketenabwehrsystem zur Verteidigung gegen Vergeltungsschläge ausreichend, denn der schwer angeschlagene Feind hätte nur noch wenige Sprengköpfe und Ablenkungsattrappen... Washingtons konsistente Weigerung, einen Erstschlag auszuschließen, und die Entwicklung einer begrenzten Fähigkeit zur Raketenabwehr bekommen so eine neue, möglicherweise weit bedrohlichere Bedeutung.«[3882]

Auch nach F. Willam ENGDAHL ist dieses Raketenabwehrprogramm Bestandteil der US-amerikanischen ›Full Spectrum Dominance‹ in Eurasien. »Die Vollendung des europäischen Raketenabwehrsystems, die Militarisierung des gesamten Mittleren Ostens, die Einkreisung Rußlands und Chinas, ausgehend von einem Verbund neuer US-Militärstützpunkte, von denen viele im Namen des Kriegs gegen den Terrorismus errichtet werden, all dies erscheint dem Kreml mittlerweile als Teil einer systematischen amerikanischen Strategie der ›Full Spectrum Dominance‹. Das Pentagon bezeichnet es auch als ›Escalation Dominance‹, also die Fähigkeit, einen Krieg auf jedem Niveau der Gewalt bis hin zum Atomkrieg zu gewinnen.«[3883]

Dazu muß als Vorstufe das russische Raketenarsenal neutralisiert werden, und die technischen Vorkehrungen des geplanten Raketenabwehrsystems erlauben eine jederzeitige Umstellung auf eine offensive ballistische Kriegführung. Atomexperten halten es – so Thomas MITSCH und Jürgen WAGNER – für möglich, »daß in Polen stationierte Raketen russische Interkontinentalgeschosse auf dem Weg in die USA abfangen könnten. Wichtiger aber sei das geplante X-Band-Radar in der Tschechischen Republik: Mit seiner Hilfe können Raketenstarts in Rußland umfassend beobachtet werden. Außerdem könnten die Abfangraketen in Polen auch zu offensiven Waffen umfunktioniert werden – möglicherweise mit nuklearen, auf jeden Fall aber mit konventionellen Sprengköpfen. Wegen der geographischen Nähe würden sie aus Sicht russischer Militärplaner eine große Bedrohung für die eigenen Atomraketensilos darstellen«.[3884]

Gerade die Radaranlage auf tschechischem Gebiet dient dazu, Interkontinentalraketen genau zu erfassen, ihre Flugbahn zu verfolgen und Nukleargefechtsköpfe von Attrappen zu unterscheiden, um somit auch verläßliche Daten für einen Abschuß zu liefern.[3885] Dieser Umstand aber hätte zur Folge, daß die USA das gesamte Langstreckenraketenpotential Moskaus unter Kontrolle hätten; die Fähigkeit Rußlands, seine militärische Schlagkraft zu entfalten, wäre praktisch aufgehoben. Schon »seit 1998 betreiben die USA... im norwegischen Vardo eine solche Anlage, die nach Expertenmeinung zur Überwachung russischer Raketentests dient. Gemeinsam mit einem zweiten X-Band-Radar, das in der Nähe der Aleuten-Insel Shemya stationiert werden soll, wäre man in der Lage, sämtliche Flugbahnen russischer Langstreckenraketen zu observieren, die vom Testgelände Plessetzk nahe dem nordwestlichen Archangelsk nach Kura auf der Kamtschatka-Halbinsel abgefeuert werden. Mehr noch, sollte das seegestützte X-Band-Radar Cobra Dane von Shemya mit dem für Tschechien vorgesehenen System vernetzt werden, würde dies sogar erlauben, alle auf dem russischen Festland stationierten Interkontinentalraketen zu überwachen, die auf die Ost- und Westküste der USA abgefeuert werden könnten. Man wüßte Bescheid über Trägersysteme, über die Eigenschaften russischer Gefechtssprengköpfe und Täuschungskörper. Die Angaben könnten in die zentrale Datenbank des National Missile Defence eingespeist werden mit dem Effekt, jederzeit zu wissen, wie und womit die russische Seite im Fall des Falles zu handeln gedenkt«.[3886]

Vollends verschlechtert sich die strategische Lage Rußlands durch die Pläne der USA, Teile des globalen Raketenabwehrsystems auch in einer der früheren Sowjetrepubliken im Transkaukasus zu stationieren. Hier soll ein Frühwarnsystem eingebaut werden, das den Start von Raketen erfassen soll. Um deren Flugbahn zu verfolgen, sollen die gewonnenen Daten an das in der Tschechischen Republik stationierte Radar weitergeleitet werden.[3887] Nach Ansicht russischer Militärs aber würde dies bedeuten, daß mit einer Ausweitung der US-Raketenabwehr bis in den südlichen Kaukasus hinein sich die USA einen ›360-Grad-Blick‹ in den Süden Rußlands hinein verschaffen könnten, so daß dann jede ballistische Aktivität russischer Streitkräfte im Visier der USA wäre.[3888]

Dabei mußten die Bekundungen der USA, daß dieses Raketenabwehrsystem gegen ›Schurkenstaaten‹ wie Iran und Nordkorea gerichtet sei, als Täuschung begriffen werden. »Iran«, so die damalige Einschätzung des Nachrichtenmagazins *Der Spiegel,* »ist für noch viele Jahre davon entfernt, weitreichende Raketen zu entwickeln und mit Nuklearsprengköpfen zu bestücken. Und Nordkorea ist das Großmaul unter den Atomstaaten. Pjönjangs ›Taepodong-2‹ wird auf eine Höchstreichweite von allenfalls 4300 Kilometer geschätzt. Als Nordkorea im vergangenen Juli (2006) zu Testzwecken eine Langstreckenrakete abfeuerte, befahl der US-Präsident die volle Alarmbereitschaft für Fort Greely – und ignorierte gleichzeitig die aufgeregten Forderungen, die Startrampe zu bombardieren. Am Ende stürzte Kim Jong Ils Rakete nur 40 Sekunden nach dem Start in den Pazifik. Ob und wann die selbsterklärte Atommacht ihre wenig zuverlässigen Flugkörper mit einem Nuklearsprengkopf bestücken kann, gilt selbst unter Militärs als völlig offen. Iran hat bislang nur Raketen mit bis zu 1600 Kilometer Reichweite erprobt. Selbst sein angebliches Zukunftsmodell vom Typ ›Schahab-5‹, vermutlich ein Abkömmling der ›Taepodong‹-Rakete, wird kaum weiter als 3000 Kilometer fliegen. Die osteuropäischen Radareinrichtungen werden daher auf absehbare Zeit keinen iranischen Fernflugkörper beim Flug Richtung USA auf den Schirmen entdecken können.«[3889]

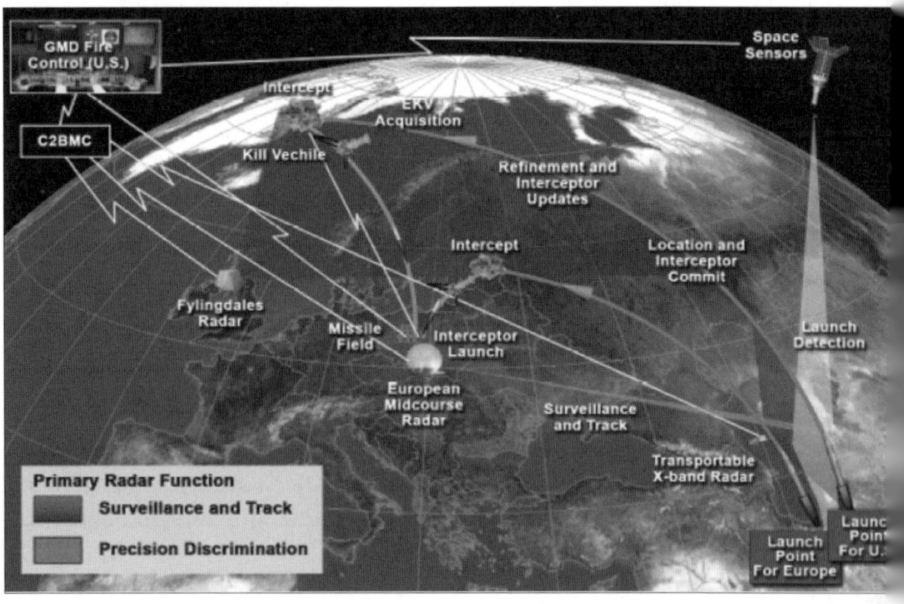

Das von den USA unter George W. Bush ursprünglich geplante europäische Raketenabwehrprogramm.

Insgesamt nimmt also mit der Verwirklichung des Raketenabwehrsystems nach Ansicht von Friedensforschern die Fähigkeit der USA zu, mit einem überraschenden Erstschlag das russische Zweitschlagspotential auszuschalten und damit auch die Möglichkeit, ein Erpressungspotential der USA gegen Rußland zum Einsatz zu bringen.[3890]

Die russischen Bedenken gegen dieses US-Programm bestehen daher nicht zu Unrecht, denn die USA haben mit ihrem System die Voraussetzungen geschaffen, entsprechend den Planungen der US-Machtelite ihr ballistisches und nukleares Potential jederzeit auf Rußland zu konzentrieren. Technisch eingebunden ist das Raketenabwehrsystem, wie bereits angedeutet, in einem engen, weltweit vernetzten Verbund von Radaren, Computerleitstellen und Abwehrraketen, deren Kern die nordamerikanische Lufraumüberwachung Norad in Colorado sowie eine Leitstelle auf der Basis Minot in North Dakota ist. Zwischen diesen und den vorgeschobenen X-Band-Radaren liegt das große ballistische Frühwarnradar in Thule/Grönland, das den gesamten Luftraum über der Nordhalbkugel rund um den Nordpol überwacht.

Dabei kann das X-Band-Radar jederzeit rasch auf andere Bandbreiten und Einsatzradien umgestellt werden. Das haben die USA auch bereits gegenüber Rußland deutlich gemacht: Als PUTIN drohte, als Reaktion auf derartige Umstellungen des Radarsystems den Vertrag über die Abschaffung der Mittelstreckenraketen aufzukündigen, erklärte am 22. Februar 2007 der Chefsprecher des State Department verdeckt, aber unmißverständlich: »Daß wir derzeit potentiell Systeme nur in Tschechien und Polen errichten werden, bedeutet nicht, daß die Architektur der Gesamtabwehr sich auf anderen Wegen im Laufe der Zeit nicht verändert und entwickelt. Wir arbeiten daran mit einer Reihe Staaten. Dies ist ein globales Projekt.«[3891] Planungen der USA gehen dabei so weit, auch die Ukraine in dieses System einzubeziehen – und mit den Worten des seinerzeitigen polnischen Ministerpräsidenten KACZYNSKI geht es bei diesem Raketenabwehrsystem gerade darum, eine erneute russische Einflußnahme auf Osteuropa zu verbauen.[3892]

1.3 Das Raketenabwehrsystem als nationales US-Programm

Dabei hatten die USA deutlich gemacht, das Raktenabwehrprogramm als eine eigenständige nationale Aufgabe durchzusetzen. Um aber nicht von vornherein den Eindruck eines einseitigen Vorgehens zu vermitteln, versuchten sie es zunächst über den Umweg der NATO. Washington hatte in Vorbereitung des Prager NATO-Gipfels 2002 sein Konzept einer nationalen Raketenabwehr einschließlich der vorgeschobenen Stützpunkte in Ostmitteleuropa vorgestellt und eine Beteiligung der europäischen NATO-Staaten in Aussicht gestellt. Es wurde eine technische Machbarkeitsstudie erstellt, die im Herbst 2006 vorlag. Es folgten jedoch Auseinandersetzungen zwischen den NATO-Staaten vor allem darüber, wann und wie viel Geld investiert werden sollte, um ein solches System zu errichten. Auf dem NATO-

Gipfel in Riga im November 2006 sollte das Thema erneut behandelt werden. Heraus kam aber lediglich eine Einigung auf ein Führungssystem, mit dem die jeweiligen nationalen Raketenabwehrpotentiale für Kurz- und Mittelstreckenraketen verbunden werden können. »Über weitergehende und teurere Optionen gab es dagegen keine Einigung. Dazu gehörten auch Vorschläge, ähnlich wie die USA ein Raketenabwehrsystem mit einer oder mehreren Basen für Abfangraketen und den dazugehörigen Flugbahnverfolgungsradaren aufzubauen«, so Sicherheitsexperte Otfried NASSAUER.

Schließt man sich der Argumentation NASSAUERS an, so schienen die USA auch genau darauf gesetzt zu haben, daß sich die europäischen NATO-Staaten – hauptsächlich aus finanziellen Gründen – nicht auf ein solches Projekt zu einigen vermochten, denn damit »öffnete sich eine Möglichkeit, den politischen Widerstand gegen ein amerikanischen Raketenabwehrsystem in Europa zu schwächen«.[3893] Bei seinem Besuch in Berlin Mitte März 2007 konnte der Chef der US-amerikanischen Raketenabwehr, General Henry OBERING, nämlich deutlich machen, daß Washington sein Raketenabwehrsystem schon deshalb bauen werde, weil es die USA schütze und deshalb im Interesse Washingtons liege. Als nationales System der USA werde es natürlich auch ausschließlich unter US-Kommando stehen. Ein Mitspracherecht für die Stationierungsländer oder die NATO sei nicht vorgesehen.[3894] OBERING stellte dabei klar, daß es eine »NATOisierung« des Projekts nicht geben werde. Aufgrund der Tatsache, daß die europäischen NATO-Staaten Bedingungen an die Errichtung eines gemeinsamen transatlantischen Abwehrsystems geknüpft hatten, wollten die USA hier kein Mitspracherecht der Europäer gelten lassen. Somit war diese amerikanische Klarstellung ein Rückschlag für NATO-Generalsekretär Jaap de Hoop SCHEFFER, der sich um eine »NATOisierung« des Raketenabwehrprogramms bemühte.[3895]

Wie US-General OBERING dargestellt hatte, hatten die USA bereits seit 1993 rund 100 Milliarden Dollar in die Entwicklung eines nationalen Raketenabwehrsystems investiert,[3896] und schon vor diesem Hintergrund zeigte sich Washington nicht bereit, den europäischen NATO-Staaten und Stationierungsländern ein Mitspracherecht einzuräumen – die Angelegenheit war für die USA bereits entschieden. Damit scheint einiges dafür zu sprechen, daß der anfängliche Versuch der USA, die Errichtung des Raketenabwehrsystems auf NATO-Ebene durchzusetzen, eher reine Augenwischerei war und als Tarnung ihres unilateral-hegemonialen Ziels gedacht war. So sieht es auch der Verteidigungsexperte der SPD Rainer ARNOLD: »Die USA haben überhaupt kein Interesse daran, ihr System im Rahmen der Nato zu installieren und Nato-Partnern Einfluß darauf zu geben. Im Gegenteil: Sie wollen die Dinge allein entscheiden.«[3897] Damit sollte sich ein Prozeß fortsetzen, der bereits nach dem 11. September 2001 eingesetzt hatte: »Die Nato ist nicht mehr, was sie einmal war – oder zumindest zu sein vorgab: der Ort, an dem die Alliierten nach Konsultationen gemeinsam Entscheidungen treffen. Heute wird in Brüssel zwar immer wieder konsultiert, Wichtiges danach aber oft in Washington entschieden. Manchmal sucht Washington sogar nur Partner oder Truppensteller für bereits gefällte Entscheidungen. So wird die Nato zum Werkzeugkasten, aus dem nützliche Teile bei Bedarf entnommen werden können.«[3898]

Dabei ist – so Otfried NASSAUER – die Diskussion um das Raketenabwehrschild nur ein weiteres Beispiel: »Washington hat bereits klargestellt: Das US-Raketenabwehrsystem soll stationiert werden – ganz egal, was die Nato sagt. Es sei ein nationales System und diene dem Schutz der USA. Deshalb liege die Entscheidung nur bei den Beteiligten – Washington, Warschau und Prag. Über den späteren Einsatz der Abwehrraketen wollen die USA alleine entscheiden – ohne Prag und Warschau.«[3899]

1.4 Die Gegenreaktionen Rußlands auf das US-Raketenabwehrprogramm

Daß Rußland diese Schachzüge der USA als strategische Bedrohung auffassen mußte, dürfte auf der Hand liegen. Selbst der US-Rüstungsexperte Philip COYLE hatte bestätigt, welche Wirkung das Raketenabwehrsystem auf Rußland hat: »Wir umzingeln sie (die Russen, der Verf.) und kommen ihrer Grenze immer näher.«[3900] Es war ein offenkundiger Bruch der Zusagen, die zum Zeitpunkt der 2+4-Verhandlungen von US-amerikanischer Seite der Sowjetunion gegenüber gemacht wurden, nämlich US-Kriegsgerät nicht auf dem Territorium eines der Warschauer-Pakt-Staaten zu stationieren und auch eine Ausbreitung der NATO-Zuständigkeiten in diesen Raum nicht stattfinden zu lassen. Der damalige NATO-Generalsekretär Manfred WÖRNER hatte es noch abgelehnt, über eine Aufnahme der ehemaligen Sowjetrepubliken in die NATO zu diskutieren; statt dessen sollte die EU die Funktion des »Stabilitätstransfers nach Osten« übernehmen.

Vor dem Hintergrund der Balkankriege und einer deutlich zu Tage getretenen geopolitischen Konkurrenz zwischen den USA und der EU schafften es jedoch die USA, sich durchzusetzen, und so verlief von 1995 an eine kontinentale Ausdehnung der NATO »als einzigem Sicherheitsfundament Europas«.[3901] Verbunden war dies mit einer Außerachtlassung russischer Sicherheitsinteressen. »Die ›fünf Nein‹ an die russische Adresse – kein russisches ›Veto‹ gegen Nato-Beitritte, kein russisches ›droit de regard‹ zu Nato-Friedensmissionen, keine privilegierten Beziehungen Rußlands zur Nato, keine internationale Anerkennung russischer Interventionsrechte im ›ehemals sowjetischen Raum‹, keine ›Interessensphären‹ in Europa – wurden dem Moskauer Anspruch und der dort gezogenen ›roten Linie‹, die von der Nato nicht überschritten werden dürfe, entgegengesetzt.«[3902] Mehr noch: Statt ihre sicherheitspolitischen Interessen auf den historischen mitteleuropäischen Raum zu begrenzen, was eine Konfrontation mit Rußland erheblich verringert hätte, wurde die Expansion des transatlantischen Bündnisses fortgeführt. Folgt man dem Sicherheits-Experten Lothar RÜHL, so wirkte hier vor allem die NATO-Erweiterung in Bosnien als eine Art Katalysator für eine massive Südostausbreitung Richtung Schwarzes Meer und Transkaukasus, die auch durch die Aufnahme Bulgariens und

Rumäniens abgerundet werden sollte. »Die Beendigung des Bosnischen Kriegs Ende 1995 durch die Nato hatte eine neue Lage geschaffen. Der Kosovo-Krieg 1999 verwandelte diese (die Staaten Südosteuropas, der Verf.) in eine strategische Nato-Interessensphäre ›Südosteuropa‹, die Bulgarien und Rumänien einschloß.«[3903]

Damit war die NATO auch ein Instrumentarium der USA, um deren Einfluß in den Schwarzmeerraum auszudehnen, »Stützpunktoptionen gegenüber dem Kaukasus mit dem Kaspischen Meer und dem weiteren Mittleren Osten zu verschaffen und um die Türkei als Verbündeten Amerikas im Orient politisch zu entlasten. Um die strategisch-geopolitischen Interessen wertepolitisch zu umkleiden und jede Verhandlung mit Moskau von vornherein auszuschließen, wurde seit 1994/95 statt ›Erweiterung‹ nur noch von einer ›Öffnung‹ der Nato für freiheitlich-demokratische Länder gesprochen. CLINTON nahm nun für eine unbestimmte Zukunft auch eine Aufnahme der Ukraine und Georgiens in die Nato in Aussicht. Noch Ende 2000 machte er Georgien ein erstes Angebot. BUSH setzte diese Politik fort. 2005 sprach er gegenüber dem Nato-Generalsekretär die Erwartung aus, daß die Ukraine noch während seiner Zeit im Weißen Haus Nato-Mitglied werde«.[3904]

Vor diesem Hintergrund, so Lothar RÜHL, »wird die Stationierung neuer Raketenabwehrsysteme durch Amerika in Polen und Böhmen, die Anlage von Luftstützpunkten und Depots der amerikanischen Streitkräfte in Rumänien oder Bulgarien in Moskau als eine strategische Provokation Amerikas mit Hilfe der Nato angesehen. Die Nato erscheint in dieser Sicht als das Instrument einer Ausbreitung und Festigung amerikanischer Kontrolle über Europa zur Ausgrenzung Rußlands und zur militärischen Beherrschung des weiteren Mittleren Ostens von außen: aus dem Mittelmeer und dem Schwarzen Meer über den Kaukasus in das Kaspische Bekken«.[3905]

In seiner berühmten Rede auf der 43. Münchener Sicherheitskonferenz im Februar 2007 warnte PUTIN vor den Folgen dieser Politik, in der er die universale Vorherrschaftspolitik der USA und insbesondere auch die NATO-Erweiterung als ernste Bedrohung russischer Interessen sowie als einen Bruch von in den Jahren 1990/1991 gemachten Zusagen herausstellte. Deutlicher wurde er in seiner *Rede zur Lage der Nation* vom 26. April 2007, in der er dem Westen, insbesondere den USA, vorwarf, sich nach Art von Kolonialmächten in die inneren Angelegenheiten Rußlands einzumischen. »Nicht allen sage die stabile Entwicklung Rußlands zu, sagte PUTIN. . . Die einen – das war auf die politischen Gegner im Inland und die ›Oligarchen‹ gemünzt – strebten unter dem Deckmantel demokratischer Phrasen danach, das Land wie in der jüngsten Vergangenheit ungestraft ausplündern zu können. Den anderen – damit war der Westen gemeint – liege daran, Rußland die wirtschaftliche und politische Selbständigkeit zu nehmen. Unter dem Vorwand, Demokratie zu verbreiten, und unter Einsatz von Geld werde versucht, sich einseitige Vorteile zu verschaffen und die eigenen Interessen in Rußland abzusichern.«[3906]

Auch nach Einschätzung von Gernot ERLER, Staatsminister im Auswärtigen Amt der Bundesrepublik Deutschland, ist diese Haltung Rußlands nur vor dem Hintergrund der transatlantischen Geopolitik in Eurasien zu verstehen. Auslöser seien, daß »sich westliche Staaten in regionalen Prozessen wie Georgien einmischen, die Nicht-Ratifizierung des KSE-Vertrages durch Nato-Staaten, die alte Phobie der Einkreisung Rußlands, daß die Russen bei strategischen Fragen – wie dem Status des Kosovo – erst nach internen Beratungen des Westens einbezogen werden, und Moskaus neues Selbstbewußtsein. Das wird von der Kreml-Führung nicht mehr hingenommen«.[3907]

In der Tat sehen russische Strategen hinter dem Raketenabwehrprogramm eine verborgene strategische Agenda der USA, um Europa zu spalten, damit den Einfluß der USA über Europa herzustellen und auf diese Weise den Einkreisungsring an der Westflanke Rußlands abzuschließen. Das US-Projekt »teilt. . . die EU in Vorzugspartner der USA (›neues Europa‹) und eher einer Partnerschaft mit Rußland zuneigenden Staaten (›altes Europa‹), spaltet somit die EU. . . und stärkt den Einfluß der USA in der europäischen Nachbarschaft. Das ist nicht nur von Einkreisungssorgen geformtes Silowiki-Denken«.[3908]

Gegenmaßnahmen Rußlands auf das US-Projekt sollten schließlich nicht lange auf sich warten lassen:

a) Im April 2007 entschied sich Rußland dafür, einstweilen aus dem Vertrag über Konventionelle Streitkräfte in Europa (KSE-Vertrag) auszusteigen. Dieser Vertrag wurde 1990 von den Mitgliedern der NATO und des damaligen Warschauer Paktes geschlossen und trat 1992 in Kraft. In diesem Vertrag wurden Obergrenzen für die konventionellen Waffengattungen Kampfpanzer, gepanzerte Fahrzeuge, Kampfflugzeuge, Angriffshubschrauber und große Artillerie festgelegt. »Ziel ist es, die konventionellen Streitkräfte von NATO und Warschauer-Pakt-Staaten einander anzugleichen.«[3909] Dazu sollte das Übergewicht des Warschauer Paktes bei konventionellen Waffen abgebaut werden. Dieser Vertrag jedoch war durch eine Block-, und nicht durch eine Staatenbezogenheit gekennzeichnet. Nach dem Zerfall des Warschauer Paktes und auch der Sowjetunion und der Entstehung neuer Staaten war allerdings eine Anpassung des Vertrages an diese neue geopolitische Ausgangssituation erforderlich. Deshalb unterzeichneten die Staats- und Regierungchefs im November 1999 auf dem OSZE-Gipfel in Istanbul ein Anpassungsabkommen (A-KSE). Durch dieses wurde die Blockstruktur des ursprünglichen KSE-Vertrages durch nationale Obergrenzen für die nunmehr 30 Vertragsstaaten ersetzt. Ratifiziert wurde dieser Vertrag jedoch lediglich von vier Staaten, nämlich Rußland, Weißrußland, der Ukraine und Kasachstan.[3910] Die NATO-Staaten hingegen lehnen bis heute eine Ratifikation dieses Vertrages ab; sie knüpfen nach wie vor eine solche an eine Räumung russischer Stützpunkte in Georgien und Moldawien, was gleichfalls auf dem Istanbuler Gipfel vereinbart wurde.[3911]

Folgt man hierzu der Einschätzung der *Frankfurter Rundschau*, so hat Rußland die meisten Verpflichtungen aus dem KSE-Vertrag erfüllt, abgesehen von Überschreitungen der Obergrenzen während des Tschetschenienkrieges und den noch vorhandenen Stützpunkten in Moldawien und Georgien.[3912] Offiziell liegen Sinn und Zweck dieses Vertrages darin, durch die vereinbarten Begrenzungen Überraschungsangriffe und großangelegte militärische Offensiven in Europa unmöglich zu machen. Vieles spricht aber dafür, daß es den USA und der NATO jetzt darum geht, mit Hilfe dieses Vertrages Rußland vollständig aus seiner postsowjetischen Einflußsphäre zu verdrängen. In diesem Zusammenhang ist nämlich zu beachten, daß Georgien und Moldawien nach den US-amerikanischen Plänen Kandidaten für eine NATO-Mitgliedschaft sind. In diesen Staaten jedoch gibt es prorussische Separatistenbewegungen, auf die Rußland insbesondere seit der offenkundigen NATO-Ausrichtung dieser Staaten setzt, um seinen Einfluß nicht vollständig zu verlieren.

Während auf der einen Seite Rußland verpflichtet wurde, seine Stützpunkte im postsowjetischen Raum aufzugeben, nutzt die NATO Putin zufolge die offene Situation des A-KSE-Vertrages aus, um »ein Netzwerk von Militärstützpunkten nahe unserer Grenzen zu errichten« und in Polen und der Tschechischen Republik ein Raketenabwehrsystem zu errichten. Außerdem seien neue NATO-Mitglieder wie Slowenien und die baltischen Staaten trotz vorläufiger Vereinbarungen dem KSE-Vertrag noch nicht beigetreten[3913] – eine Lage, die nach einem Bericht der russischen Zeitung *Kommersant* von der NATO ausgenutzt wurde: »Erstens: NATO-Flugzeuge patrouillieren jetzt über dem Baltikum, und neu installierte Radarstationen erlauben es, Hunderte Kilometer weit in russisches Gebiet hineinzuschauen. Zweitens: Weder Estland, Lettland und Litauen noch Slowenien haben sich dem 1990 unterzeichneten Abkommen über Konventionelle Streitkräfte in Europa angeschlossen. Folglich hätten sie das Recht, beliebig viele Truppen auf ihrem Territorium zu stationieren. Deshalb hat Deutschland auch darauf bestanden, daß diese NATO-Neumitglieder sich bis auf weiteres so verhalten, als hätten sie den KSE-Vertrag bereits unterzeichnet.«[3914]

Auch dem Politologen Matin Baraki zufolge waren es die USA, die durch ihren systematischen militärischen Vorstoß in die postsowjetische Sphäre den KSE-Vertrag bereits unterlaufen hatten: »Zum anderen sind die Vereinigten Staaten seit Beginn des Krieges gegen Afghanistan am 7. Oktober 2001 auf Militärbasen in Mittelasien und im Transkaukasus mit modernstem Rüstungspotential präsent. In der aserbaidschanischen Hautstadt Baku haben die USA eine ihrer größten Militärbasen in der Region geschaffen. . . Noch unter der Präsidentschaft Boris Jelzins wurde Rußland auf der Gipfel-Konferenz der Organisation für Sicherheit und Zusammenarbeit in Europa (OSZE) in Istanbul 1999 unter Druck gesetzt, bis Ende 2003 seine Soldaten aus Georgien und Moldawien abzuziehen. Angesichts einer erweiterten NATO, einer erweiterten Europäischen Union (EU) ›und eines hegemonialen Machtanspruchs Amerikas‹ auf die ganze Region, hat Rußland den Abzug seiner Militäreinheiten verschoben. Mit einem Abzug der russischen Truppen aus dem Kaukasus wäre die Tür für die Aufnahme von Georgien und Aserbaidschan in die NATO weit geöffnet.«[3915]

Auch nach Analysen der Hessischen Stiftung für Friedens- und Konfliktforschung hatten die USA bereits im Vorfeld dazu beigetragen, die Auflösung des KSE-Vertrages einzuleiten: »Schon um die Jahrtausendwende war klar, daß Rußland aus seiner Sicht mit einer Verbesserung des Schutzes des eigenen Territoriums reagieren würde, wenn die USA sich gegen feindliche Raketen sicherten. Daß damals noch von einem anderen Schutzschild, einem gegen die Geschosse der einstigen Sowjetunion, die Rede war, ändert für Moskau strukturell offenbar nichts. Hinzu kommt, daß die Nato Rußland seinerzeit versichert hatte, keine relevanten Truppen in den neuen Mitgliedsstaaten Mittelosteuropas zu stationieren. Die USA verhalten sich nun, als seien ihre... Systeme gegen iranische Projektile in diesem Sinne nicht relevant. Die russische Regierung sieht das anders, zumal Washington auch überlegt, seine Streitkräfte in Europa umzugruppieren und mehr im Osten Richtung russischer Grenze zu stationieren. Im Auswärtigen Amt in Berlin ist man daher wenig überrascht über PUTINS neuen Vorstoß. Moskau habe seine Beschwernisse wegen des KSE-Vertrags schon öfter geäußert, heißt es. Die Affäre hat noch eine weitere Pointe: Moskau hat die 1999er Variante des KSE-Vertrags ratifiziert – die Nato-Staaten nicht. Sie verlangen, daß Moskau zunächst seine Truppen aus Georgien und Moldawien zurückzieht. Das geschieht bereits, räumen deutsche Diplomaten ebenfalls ein.«[3916]

b) Rußlands Antwort blieb aber nicht nur auf dem diplomatischen Sektor beschränkt, sondern es aktivierte gleichzeitig sein Rüstungspotential. So hat Rußland 2007 mit dem Stapellauf der ›Jurij Dolgoruki‹ den Grundstein zur Modernisierung seiner Atom-U-Boot-Flotte gelegt. Hierbei handelt es sich um das erste einer ganzen Serie nuklearbetriebener Unterwasserschiffe der Borej-Klasse, die künftig an die Stelle des bisherigen BDRM-Typs treten wird. Diese sollen mit 16 der ebenfalls neu entwickelten Bulawa-Interkontinentalraketen bestückt werden, die 8000 km weit fliegen und zehn unabhängig voneinander lenkbare Gefechtsköpfe besitzen.[3917] Die U-Boote der neuen Generation fügen sich ein in das im Februar 2007 verkündete Programm zur Auf- und Umrüstung der russischen Streitkräfte zu Lande, in der Luft sowie auf und unter dem Wasser. Bis zum Jahr 2015 – so die Analyse der Tageszeitung *Die Welt* – stellt der Kreml dafür 145 Milliarden Euro bereit. »Für fast die Hälfte der Summe werden so viele neue Waffen angeschafft wie in der gesamten Zeit seit dem Zerfall der Sowjetunion im Jahre 1991 nicht. Verglichen mit den US-Militärausgaben, bleibt das freilich noch vergleichsweise bescheiden: Washington standen im vergangenen Jahr (2006) insgesamt 470 Milliarden Dollar (rund 362 Milliarden Euro) zur Verfügung.«[3918]

Zur Wiederherstellung des mit dem Raketenabwehrsystem gestörten strategischen Gleichgewichts testete Rußland im Mai 2007 einen Typ der neuen Generation russischer Interkontinentalraketen, nämlich der RS-24, die imstande ist, zehn Sprengköpfe zu tragen. Mit dieser Rakete, so PUTIN, habe Rußland »eine Antwort auf die US-Pläne zum Aufbau einer Raketenabwehr in Europa« gegeben. Da die USA mit dieser Politik einen neuen Rüstungswettlauf in Gang gesetzt hätten, sei Rußland in die Zwangslage gesetzt worden, sein strategisches Potential zu stärken, »um die globale strategische Balance zu erhalten«.[3919] Wie der stellvertretende russische Ministerpräsident Sergej IWANOW erklärte, handle es sich bei der RS-24 um eine neue Version der Topol-M, nur mit dem Unterschied, daß sie Mehrfachsprengköpfe tragen könne. Damit aber wäre nach Ansicht von Militärexperten das US-Raketenabwehrsystem neutralisiert: »Sollte die neue RS-24 tatsächlich dieselben Eigenschaften wie die Topol-M aufweisen, wäre selbst auf mittlere Sicht eine Abwehr gegen diese Klasse von ICBM[3920] kaum denkbar. Die amerikanischen Abwehrraketen, die in Nordostpolen stationiert werden sollen, könnten theoretisch russische ICBM in einer Flughöhe von 50 bis 150 Kilometern noch über Rußland vernichten. Hierzu müßten US-Satelliten den Raketenstart möglichst schnell orten, in Sekundenbruchteilen die ballistische Flugbahn der ICBM berechnen und die Daten an die Abwehrraketenbasis senden, die einen entsprechenden Abfangkurs berechnen würde. Genau dieses Vorgehen wird bei einer Topol-M erschwert, da diese Rakete eine ›semiballistische Flugbahn‹ einschlagen kann: Steuerflossen und kleine Triebwerke am Raketenrumpf erzeugen zufällige Abweichungen von der ballistischen Flugbahn, die Berechnung des Abfangkurses für die Abwehrraketen wird so nahezu unmöglich gemacht. Rein theoretisch wäre eine Zerstörung des Topol-M-Gefechtskopfes beim Wiedereintritt in die Atmosphäre – also bereits über dem Zielgebiet – am einfachsten zu bewerkstelligen, doch auch hier sind bei der Topol-M Gegenmaßnahmen in Form von Täuschkörpern ergriffen worden. Zudem wäre es selbst auf lange Sicht unmöglich, gleichzeitig zehn Sprengköpfe abzufangen – selbst wenn sie sich nur auf einer ballistischen Flugbahn zum Ziel bewegen. Überdies testete das russische Militär... noch die neue R-500 Cruise Missile, eine voll manövrierfähige Flügelrakete mit einer Reichweite von 280 Kilometern. Nach Ansicht westlicher Militärexperten würde dieses System aus der Region um Kaliningrad die in Nordostpolen geplante Raketenbasis innerhalb weniger Minuten ausschalten können.«[3921]

Damit scheint Rußland wieder in der Lage zu sein, die von den USA bedrohte atomare Abschreckungsfähigkeit der russischen Streitkräfte wiederherstellen zu können. Ergänzt werden soll dies durch die Stationierung von Kurzstreckenraketen vom Typ ›Iskander‹, die der neue russische Staatspräsident Dimitri MEDWEDJEW in seiner Jahresbotschaft an das russische Parlament Anfang November 2008 ankündigte. Diese Raketen sollen direkt auf Polen und das Baltikum gerichtet und imstande sein, das US-Raketenabwehrsystem vollständig zu neutralisieren.

c) Diesem Aufrüstungsprogramm Rußlands liegt eine strategische Analyse führender russischer Millitärexperten und Geopolitiker zugrunde, in der es um die

Erörterung der Frage geht, ob, wann und warum die USA Rußland mit Krieg überziehen würden. Beteiligt daran waren der Vizepräsident des Militärexpertenkollegiums Rußlands, Generalmajor Alexander WLADIMOROW, der ehemalige Generalstabschef und jetzige Präsident der Akademie für Geopolitik, Generaloberst Leonid IWASCHOW, Generaloberst Viktor JESSIN, erster Vizepräsident der Akademie für Probleme der Sicherheit, Verteidigung und Rechtsordnung, sowie Alexander SCHARAWIN, Direktor des Instituts für politische und militärische Analyse.[3922] In dieser Analyse ist dargelegt, daß es den USA um »die Beseitigung des mächtigsten geopolitischen Gegners vom Antlitz der Erde« gehe. Die USA wollten sich den Zugriff auf die Rohstoffressourcen Sibiriens und des Fernen Ostens sichern und den Rest der Welt mit ihren militärischen Fähigkeiten schrecken.[3923] Zielgerichtet würden die USA dieser Einschätzung zufolge auf eine Konfrontation mit Rußland zusteuern und »die Situation und ihr Militärpotenzial für den Krieg mit Rußland vorbereiten«.[3924]

Der Schlußfolgerung Leonid IWASCHOWS zufolge wollen sich die USA ihren »Jahrhunderte alten Traum von der Weltherrschaft und der Beseitigung Rußlands als Haupthindernis für die Erlangung der vollständigen Kontrolle über Eurasien« erfüllen. Auch für Rohstoffe, insbesondere für Öl und Gas, seien die Amerikaner bereit, einen Krieg mit Rußland vom Zaun zu brechen.[3925] Dabei gehen die Analytiker von folgendem Bedrohungsszenario aus: »Die Amerikaner könnten eine Änderung der Innenpolitik ›unter dem Vorwand der Verletzung der Menschenrechte‹ und die Zulassung westlicher Unternehmen zu den Rohstoffquellen verlangen. Unter dem Eindruck von Militärschlägen könne gar der Einsatz von Friedenstruppen der Nato in Rußland, die Abtrennung der Region Kaliningrad, von Teilen des Nordkaukasus und der Kaspi-Region verlangt werden«[3926] – ergänzt um mögliche amerikanische Forderungen nach internationaler Kontrolle der russischen Öl- und Gaswirtschaft sowie die Beobachtung der russischen Nuklearstreitkräfte durch die NATO. Als Folgerung aus diesem Bedrohungsszenario fordern die Analysten einen »Wiederaufbau der Armee, der Rüstungsindustrie, der Schaffung neuer effektiver Mittel des bewaffneten Kampfes«. Lediglich durch eine Wiederherstellung der Militärmacht könne Rußland wieder in die Lage versetzt werden, diesen Herausforderungen zu begegnen.

d) Auf dem G-8-Gipfel in Heiligendamm im Juni 2007 versuchte PUTIN durch einen klugen Schachzug herauszufinden, ob es den USA bei ihren Plänen zur Errichtung von Raketenabwehrsystemen in Polen und der Tschechischen Republik tatsächlich um die Abwehr etwaiger Bedrohungen aus dem Iran geht. Er schlug den USA vor, bei einem solchen Abfangsystem zusammenzuarbeiten. Konkret regte PUTIN an, ein gemeinsames Raketenabwehrsystem mit den USA in Aserbaidschan aufzubauen, und zwar unter Nutzung der von Rußland in einem Vertrag mit Baku im Jahre 2002 gepachteten Frühwarnanlage Gabala.[3927] Die Radaranlage in Gabala war 1985 als Teil des sowjetischen Frühwarnsystems gegen Raketenangriffe errichtet worden. Mit diesem Horchposten können Militärbewegungen im Radius von 6000 Kilometern ausgespäht werden, und er soll in der Lage sein, Raketenstarts in den Ländern der südlichen Hemisphäre zu registrieren und die Flugbahn der Raketen zu verfolgen. Von Gabala aus wird so der Luftraum und der Weltraum über Iran, Pakistan und der Türkei, Indien, Irak und eines Teils von China überwacht.[3928] Auch nach der Einschätzung von Sascha LANGE von der ›Stiftung Wissenschaft und Politik‹ ist diese Anlage für den behaupteten Hauptzweck des Raketenabwehrsystems recht günstig: Demzufolge läßt eine Anlage in Aserbaidschan selbst im Vergleich zu Georgien noch eineinhalb Minuten mehr Zeit zum Reagieren. »PUTINS Angebot hat einen großen Vorteil: Es gäbe bei einem Abschuß aus Iran sehr früh sehr gute Daten über die Flugbahn der ballistischen Rakete. Entsprechend gut könnte man mit Abfangraketen reagieren.«[3929]

Als Gegenleistung forderte PUTIN die Aufgabe der US-amerikanischen Pläne in Osteuropa, mit denen die USA weniger den Iran beobachten können, sondern vielmehr einen genauen Einblick in die Tests von Langstreckenraketen in Zentralrußland und bei der russischen Nordmeerflotte erhalten würden.[3930] Wie der russische General Nikolaj BESBODOROW erklärte, ging es mit diesem Vorschlag PUTINS darum, herauszufinden, worum es den USA wirklich gehe.[3931] Die USA jedoch hatten keinerlei Bereitschaft gezeigt, auf die Stationierung ihres Abwehrsystems in Polen und der Tschechischen Republik zu verzichten,[3932] und in NATO-Kreisen sah man den Vorschlag PUTINS eher skeptisch. NATO-Generalsekretär Jaap de Hoop SCHEFFER äußerte Zweifel, da sich die von PUTIN vorgeschlagene Anlage »ein bißchen sehr nahe« an den ›Schurkenstaaten‹ befinde.[3933]

Diese Haltung der USA und der NATO ist sehr aufschlußreich, zumal der PUTINsche Vorschlag für beide Seiten Vorteile mit sich gebracht hätte. Zum einen hätte sich die sicherheitspolitische Lage Rußlands verbessert: »Der Aufbau von US-Raketenstationen in Polen und Tschechien, selbst wenn es in Kooperation mit Rußland geschähe, liefe darauf hinaus, US-Präsenz in den anti-russischen Problemstreifen zwischen EU und Rußland zu holen und einen Dauerkonflikt zwischen EU und Rußland zu institutionalisieren; in Aserbaidschan dagegen befände man sich gewissermaßen auf neutralem Gelände und zudem unmittelbar vor den Toren der Kräfte, die es nach übereinstimmenden Positionen von USA, Rußland und EU im Zaum zu halten gilt.«[3934]

Für diese Sicht – so Kai EHLERS – spreche auch, daß Aserbaidschans Präsident ALIJEW keine Probleme mit einer solchen Nutzung der schon bestehenden russischen Station Gabala sehe. Gleichzeitig – so die Einschätzung der *Süddeutschen Zeitung* – wäre den geopolitischen Interessen der USA Rechnung getragen worden: »Für die Amerikaner muß das Angebot PUTINS schon deshalb interessant sein, weil es strategische Vorteile verspricht, wenn Washington es denn ernst meint mit seiner Furcht vor iranischen Langstreckenraketen. . . Für die USA hätte eine Kooperation mit Aserbaidschan einen weiteren Nutzen. Das Land am Kaspischen Meer gilt seit vielen Jahren als strategischer Partner der Amerikaner. Ausgestattet mit großen Öl- und Gasreserven, ist Aserbaidschan ein begehrter Energielieferant, über dessen Gebiet zudem eine neue Pipeline verläuft, die Rußland umgeht. Dort eine Radaranlage zu betreiben – wenngleich gemeinsam mit Rußland – wäre für die USA verlockend, denn es würde ihren Einfluß in Baku deutlich stärken.«[3935] Daß die USA dies nicht ausnutzten, unterstützt daher nur die These, daß es sich bei der angeblichen Bedrohung durch iranische Marschflugkörper lediglich um einen Vorwand handelt und es dagegen in Wirklichkeit darum geht, die US-Strategie der ›Full Spectrum Dominance‹ in Eurasien zu verwirklichen, deren Vorbedingung die Zerstörung der russischen Zweitschlagkapazität ist.

Damit läßt sich als Ergebnis festhalten, daß sich mit der Verwirklichung des US-Raketenabwehrsystems die geostrategische Lage Rußlands weiterhin verschlechtern wird und weitere militärpolitische Gegenmaßnahmen Moskaus geradezu herausfordern werden. Wie Lothar Rühl darstellt, hat Rußland mit der NATO-Erweiterung jegliche Interessensphäre in Europa verloren, und mit dieser Entwicklung ist eine westliche Anerkennung einer solchen auf dem Gebiet der ›Gemeinschaft Unabhängiger Staaten‹ praktisch ausgeschlossen.[3936] Im NATO-Rußland-Rat, der infolge des einseitigen Vorgehens der NATO im Kosovo-Krieg 1999 von Rußland auf Eis gelegt und nach 2001 wieder neu belebt wurde, hat Moskau lediglich ein Mitspracherecht, aber keinerlei Mitentscheidungsrecht, mit der Folge, daß jede Expansion der Zuständigkeiten des transatlantischen Bündnisses auch gegen russische Interessen vorangetrieben werden kann. Mit der Verwirklichung des Raketenabwehrsystems würde Rußland zum Objekt der westlich-transatlantischen Politik herabgestuft; ohne vorbeugende Militärmaßnahme von seiner Seite aus würde es durch das geplante US-Raketenabwehrsystem und die offensive Nuklearstrategie Washingtons erpreßbar gemacht.

2 Der Georgienkrieg im August 2008 – Amerikas erster Stellvertreterkrieg gegen Rußland

Will eine raumfremde Macht eine indirekte Strategie zur Destabilisierung der Russischen Föderation starten, so ist hierfür der Kaukasus der beste Ansatzpunkt. Wie oben bereits dargestellt, können separatistische Bewegungen im Transkaukasus einen Dominoeffekt über den Nordkaukasus bis in die Wolgaregion hervorrufen, an dessen Ende die Spaltung der Russischen Föderation stehen kann. Kurz gesagt, der Kaukasus ist der Ort, von dem aus ein geopolitischer Keil in die Föderation getrieben werden kann, um den europäischen Teil Rußlands vom rohstoffreichen zentralasiatisch-sibirischen Raum abzuspalten. Daß die US-Machtelite insgeheim auf diese Strategie setzt, ist oben am Beispiel Tschetschenien und Georgien aufgezeigt worden und wurde im August 2008 vom Präsidentschaftskandidaten der US-Republikaner John McCain bestätigt, als dieser angesichts islamistischer Abtrennungsbestrebungen in der kaukasischen Teilrepublik Inguschetien erklärte, man müsse jetzt über die »Unabhängigkeit Tschetscheniens und des russischen Nordkaukasus nachdenken«.[3937]

Des weiteren ist der Kaukasus der geopolitische Knotenpunkt der eurasischen Energiekorridore. Wer diesen Brückenkopf kontrolliert, bestimmt den Fluß der Erdöl- und Erdgasströme aus der zentralasiatischen Region. Dabei kommt Georgien als dem Schlüsselstaat des Kaukasus die maßgebliche Rolle beim stillen indirekten Krieg gegen Rußland zu,[3938] denn es stellt sowohl für die EU als auch für die NATO-Staaten das zentrale geographische Gebiet dar, um Rußland vom Energieexport abzuschneiden.[3939] Georgien ist das entscheidende Transitland des von der transatlantischen Machtelite ins Auge gefaßten Ost-West-Energiekorridors, der das kaspische und zentralasiatische Erdöl und Erdgas unter Umgehung Rußlands in den Westen transportieren soll. Geopolitik-Experte Thomas Immanuel Steinberg spricht hier gleichfalls von einer Schlüsselstellung Georgiens im westlich beherrschten Energietransportsystem.[3940]

Die maßgeblichen Projekte des transatlantischen Bündnisses sind hierbei die Baku–Tiflis–Ceyhan-(BTC)-Erdölpipeline sowie die ›Nabucco‹-Erdgaspipeline. Für die rentable Funktionsfähigkeit dieser Röhren ist Georgien das existentielle Verbindungsstück zwischen Aserbaidschan und der Türkei. Rußland ist es jedoch, wie geschildert, insbesondere im Erdgasbereich gelungen, die Pipelineprojekte der transatlantischen Organisation zu unterlaufen: »Mit den drei Pipeline-Projekten Nord-Stream (Ostseepipeline), ›South-Stream‹ (russisch-italienische Gaspipeline durch das Schwarze Meer über Varna in Bulgarien) und ›Blue Stream‹ (von Rußland durch das Schwarze Meer in die Türkei) versucht Rußland, hier entgegenzusteuern und über direkte Energieleitungen nach West- und Südeuropa einen ungestörten Energieexport, ohne die Kontrolle von äußerst US-freundlichen ehemaligen Ostblockstaaten, sicherzustellen. Insbesondere die USA hatten deshalb auf die georgische Karte gesetzt, mit dem Ziel, Rußlands politischen Einfluß in Europa zurückzudrängen sowie den Aufstieg Rußlands zur Industriemacht zu verhindern«.[3941] Der Erfolg der antirussischen Containment-Politik der USA setzt daher ein in der NATO eingebundenes zentralisiertes Georgien voraus, und daher müssen Georgiens ungelöste Abtrennungskonflikte auch vor dem Hintergrund des Konkurrenzkampfes zwischen dem transatlantischen ›Nabucco‹-Projekt und der russischen ›South-Stream‹-Pipeline gesehen werden: Bleibt Georgien instabil, so spricht aus Investoren- und Kundensicht viel für das russische Schwarzmeerprojekt.[3942]

Aufschlußreich ist in diesem Zusammenhang eine Rede Zbigniew Bzezinskis im Rahmen einer Anhörung vor dem US-Senat Mitte Juni 2008, also noch vor dem Kaukasuskrieg, in der dieser zu der Frage der russischen Einflußnahme auf die Energiemärkte Stellung bezog. In seinen Ausführungen entwickelte er auch einen Gesamtplan, wie Rußland von der Energiewirtschaft der kaspischen und zentralasiatischen Region verdrängt werden kann. Brzezinski sprach sich unter anderem aus für »gründliche Untersuchungen der Möglichkeit einer Pipeline von Zentralasien durch Afghanistan nach Süden, die den Zugang der Weltgesellschaft zu den zentralasiatischen Energiemärkten maximal ausweiten wird. . . Wir sollten die baltischen Staaten, Schweden und Polen in ihrem Zweifel an der Nord-Stream-Gaspipeline unterstützen, die Rußland mit Deutschland verbinden soll. . . Die Vereinigten Staaten sollten außerdem Deutschland zur Gewinnstreuung von Nord-Stream ermutigen, bei Sicherstellung der Nutzung nicht allein durch Deutschland, sondern auch durch die EU-Mitgliedsstaaten östlich Deutschlands«.[3943]

In diesem Zusammenhang nahm Zbigniew BRZEZINSKI auch Stellung zum russisch-georgischen Problem. Er warf Rußland vor, die Energiemärkte in Eurasien zu monopolisieren, und dazu setze es sämtliche politischen und ökonomischen Hebel ein, einschließlich der politisch motivierten Einstellung von Energielieferungen. Gerade in Georgien sei Rußland im Begriff, die Lage zu destabilisieren, um Kontrolle über die Baku–Ceyhan-Pipeline zu erhalten, mit negativen Folgen für die US-amerikanischen Pläne: »Wenn die georgische Regierung destabilisiert würde, wird der westliche Zugang zu Baku, dem Kaspischen Meer und weiter begrenzt werden.«[3944]

BRZEZINSKI entwarf hier eine Gesamtstrategie, bei der es darum geht, Zentralasien und den Kaukasus von Rußland abzutrennen und dabei insbesondere Afghanistan und Georgien zu Transitdrehscheiben neuer Pipelinesysteme zu machen. Hierzu schreibt Martin HANTKE: »Ein Blick auf die Karte reicht, um zu erkennen, weshalb der Südkaukasus so wichtig ist. Die einzige Möglichkeit, Gas und Öl aus dem rohstoffreichen zentralasiatischen Raum sowie auf dem Landweg Waren und Gütertransporte aus China und Kasachstan nach Europa zu bringen, bietet Georgien. Mithilfe des Nabucco-Pipeline-Projektes soll die ›Abhängigkeit‹ Europas von russischen Gasimporten, die derzeit bei 40 % der Lieferungen liegt, vermindert werden. Die USA, so der europäische Pressedienst euractiv, bemühten ›sich schon lange um die Errichtung von Öl- und Gaspipelines, die aus dem Kaspischen Meer an Rußland vorbei führen und vor allem durch Georgien verlaufen‹.«[3945]

2.1 Die heimliche Unterstützung der antirussischen Reunionspolitik Michail Saakaschwilis durch die USA und NATO seit der ›Rosenrevolution‹

Von der Einrichtung des Regimes von Michail SAAKASCHWILI im Zuge der ›Rosenrevolution‹ 2003 versprachen sich die USA eine Umsetzung ihrer Strategie. Damit Georgien seine zugedachte Rolle als Stabilitätsanker zur Sicherung der energiepolitischen Interessen der transatlantischen Gemeinschaft auch ausfüllen konnte, kam es darauf an, den noch verbliebenen russischen Einfluß in der Region zu beseitigen. Aufgrund der noch ungelösten Separatistenkonflikte in Südossetien und Abchasien waren noch im Rahmen der GUS russische Friedenstruppen stationiert. Ferner bestehen noch zwei russische Militärbasen. Der südossetisch-abchasisch-georgische Spannungsherd war bis zum August 2008 (und eigentlich auch darüber hinaus) lediglich ›eingefroren‹ und nicht gelöst, und als erkennbar wurde, daß die georgische Zentralregierung den Kurs der Integration in die NATO immer deutlicher und zielstrebiger verfolgte, setzte Rußland seinerseits immer stärker auf die abchasischen und südossetischen Separatisten. Damit wollte es verhindern, daß sich über Georgien ein vor russischem Einfluß freier Korridor bilden kann, der die Erdölfelder Aserbaidschans und Zentralasiens mit der Türkei und die EU verbindet.

Für die transatlantische Strategie hingegen wäre es besorgniserregend, wenn die separatistischen Gebiete Südossetien, Abchasien und Adscharien im Falle einer endgültigen Zuwendung zu Rußland den georgischen Korridor als Verbindung zwischen Europa und Zentralasien praktisch völlig unbrauchbar machen würden:[3946] »Südossetisches Territorium ragt von der georgisch-russischen Grenze ca. 50 km weit nach Süden und ›halbiert‹ somit den ohnehin schon engen Korridor. Zudem liegt... die geplante Pipeline Baku–Tiflis–Ceyhan in unmittelbarer Nähe der südossetischen Südgrenze! Ähnliches gilt für Abchasien. Eine fortdauernde Kontrolle Rußlands über die autonomen Gebiete Südossetien sowie Abchasien ist folglich aus westlicher Sicht nicht hinnehmbar, da sie eine dauerhafte wirtschaftliche Nutzung des georgischen Korridors unter politischer Hoheit der EU bzw. der USA verunmöglichen.«[3947]

Diese Situation wurde noch dadurch verschärft, daß Rußland als Reaktion auf die zunehmende Westeinbindung Georgiens im Sommer 2001 eine Visumpflicht für georgische Staatsbürger eingeführt hatte, von der aber die Bewohner Südossetiens und Abchasiens ausgenommen wurden. Als Antwort auf die Ratifikation des ›Vertrages zur Verteidigungskooperation‹ Georgiens mit den USA vom 21. März 2003, der US-Truppen den räumlich und zeitlich uneingeschränkten Zugang zu georgischem Territorium ohne Beschränkung von Truppenstärke und Bewaffnung einräumte,[3948] lieferte Rußland seinerseits der südossetischen Armee umgehend Kampfpanzer und weitere Bewaffnung. Damit begann sich auf georgischem Terri-

torium langsam ein Stellvertreterkrieg zwischen den USA und Rußland um den kaukasischen Transportkorridor anzubahnen.

Diesen Stellvertreterkrieg hatten die USA mit der Ernennung von Michail SAAKASCHWILI zum georgischen Staatspräsidenten zunächst gewonnen. Dieser entwikkelte sich mit seinem Machtantritt im Januar 2004 zu einem »nationalistischen Hitzkopf«[3949] und bekundete, eines der wichtigsten Ziele seiner Regierung sei es, die Kontrolle über alle Regionen des Landes wiederherzustellen.[3950] Nach der Einschätzung des Kaukasus-Experten Rainer FREITAG-WIRMINGHAUS schien sich SAAKASCHWILI von der Geschichte dazu berufen zu sehen, die Einheit Georgiens wiederherzustellen.[3951] In seiner damaligen Einführungsrede beschwor SAAKASCHWILI die Notwendigkeit, eine starke Armee aufzubauen, »um die Einheit Georgiens wiederherzustellen«. Am 25. Mai 2004 veranstaltete Georgien die größte Militärparade in der Geschichte des Landes, während deren SAAKASCHWILI erklärte: »Wenn man irgendeinen georgischen Soldaten fragt, warum er in den Streitkräften dient, dann wird jeder von ihnen antworten: um Georgiens territoriale Integrität wiederherzustellen.«[3952]

Es war also von vornherein klar, daß die möglichst schnelle ›Wiedervereinigung‹ Georgiens mit allen Mitteln, auch militärischen, der zentrale Punkt in SAAKASCHWILIS Programm war. Dabei erhielt er Unterstützung von der US-Machtelite. SAAKASCHWILI und seine Förderer in Washington übten seitdem verstärkt Druck auf Rußland aus, seine Truppen abzuziehen. Andererseits wurde die georgisch-amerikanische Zusammenarbeit auf militärischem Gebiet, die eigentlich Ende 2003 auslaufen sollte, um weitere drei Jahre verlängert. Daß die USA die Wiedereingliederung Südossetiens, Abchasiens und Adschariens in den georgischen Staatsverband unterstützten, ja sogar zu dieser aufriefen, weil damit jeglicher russischer Einfluß in Georgien beseitigt werden würde, läßt sich anhand von Stellungnahmen prominenter Vertreter der US-Machtelite belegen: »Die internationale Gemeinschaft«, so der damalige US-Außenminister Colin POWELL, »sollte alles tun, was möglich ist, um Georgiens territoriale Integrität während des Wahlprozesses und darüber hinaus zu unterstützen.«[3953] Auch der seinerzeitige US-Verteidigungsminister Donald RUMSFELD erklärte bei seinem Besuch in Tiflis Anfang Dezember 2003, die drei Regionen Adscharien, Abchasien und Südossetien stellten eine Bedrohung für die Stabilität des Landes dar, und gab damit dem neuen georgischen Präsidenten eine klare Orientierung.[3954]

Unterstützt wurde dies durch das im April 2002 eingeleitete ›Georgia Train and Equip Program‹ (GTEP) der USA. Unter dem Vorwand der Terrorismusbekämpfung bildeten rund 100 US-amerikanische Offiziere vier leichte Infanteriebataillone und eine Panzerkompanie der georgischen Armee aus, zusammen rund 2400 Eiltesoldaten. Zum GTEP gehörte auch die Lieferung moderner Waffen und Ausrüstung einschließlich neuer Hubschrauber.[3955] Die hohe Bedeutung, die die USA dieser Ausrüstung beimaßen, wird auch an dem Zahlenverhältnis deutlich: »Mit Gesamtkosten von 65 Millionen Dollar stellte das GTEP ein in Art und Umfang absolut

Russische Truppen in der georgischen Provinz Südossetien.

einmaliges Pilotprojet auf dem Gebiet der ehemaligen Sowjetunion dar.«[3956] Dies mußte SAAKASCHWILI als indirekte Aufforderung der USA verstehen, jetzt die Einheit Georgiens im Sinne der US-Geopolitik militärisch voranzutreiben.

2.1.1 Die ›Wiedereingliederung‹ Adschariens

Sich der US-amerikanischen Unterstützung sicher, ging SAAKASCHWILI kurz nach seiner Machtübernahme daran, sich zunächst dem leichtesten Ziel, der abtrünnigen Provinz Adscharien, zuzuwenden. Im Mai 2004 wurde der dortige prorussische Machthaber Aslan ABASCHIDSE von der neuen georgischen Regierung entmachtet, und zwar nach dem Muster der ›Rosen-Revolution‹ unter Einsatz von ›oppositionellen‹ Demonstrationen und militärischer Besetzung. Nach den Enthüllungen von Knut MELLENTHIN war das Schicksal ABASCHIDSES zu dem Zeitpunkt besiegelt, als immer mehr Angehörige der adscharischen Sicherheitskräfte der Aufforderung der georgischen Regierung folgten, in Tiflis zu erscheinen. Offiziere der adscharischen Sicherheitskräfte sowie ein stellvertretender Innenminister sagten sich dort von ABASCHIDSE los, wobei nach Meldung der Nachrichtenagentur *Civil Georgia* Bestechungen eine wesentliche Rolle gespielt haben.[3957] MELLENTHIN wörtlich: »Im Wechselspiel von Verhandlungsangeboten, ökonomischer Erpressung und Androhung eines militärischen Vorgehens gelang es SAAKASCHWILI, die Regierung in Batumi zu erschüttern. Entscheidend war in der letzten Phase, daß der mit hohen finanziellen Anreizen verbundene Aufruf an adscharische Beamte und Militärs zur Desertion erfolgreich war.«[3958]

Vieles spricht dafür, daß der Umsturz verdeckt von den USA gefördert wurde: Der US-Außenamtssprecher Richard BOUCHER sprach von einem »historischen Tag«; der Amtsverzicht und die Ausreise ABASCHIDSES seien »ein wichtiger Schritt, um in Adscharien wieder Rechtsstaatlichkeit und eine demokratische Regierung herzustellen«.[3959] Damit hatten die USA einen ersten Schritt zur Verwirklichung ihres Ziels, Georgien zu ihrem geostrategischen Stützpunkt auszubauen, erreicht: »ABA-

Von US-Ausbildern trainierte georgische Soldaten.

SCHIDSES Abgang signalisiert auch den Abgesang Rußlands als Vormacht im Transkaukasus. Es könnte gar die Ouvertüre zum Zerfall der russischen Großmacht in den kommenden Jahrzehnten sein«, kommentierte die *taz* diesen Vorgang.[3960]

2.1.2 Saakaschwilis Eskalationspolitik gegen Abchasien und Südossetien mit US-amerikanischer Rückendeckung

Von diesem Erfolg ermutigt, erklärte SAAKASCHWILI, daß mit dem Sturz ABASCHIDSES eine neue Ära eingeleitet worden sei, nämlich die »Wiedervereinigung Georgiens«, und er plante sogleich, auch Abchasien und Südossetien einzugliedern. Knut MELLENTHIN spricht hier von einer konsequenten »Strategie der Spannung« von seiten SAAKASCHWILIS. Doch der Versuch, Südossetien unter dem Vorwand der Bekämpfung des Drogen- und Waffenschmuggels militärisch zu besetzen, scheiterte im Sommer 2004 nach monatelangen Gefechten, die schließlich zum Rückzug der georgischen Streitkräfte führten.

Die Niederlage der georgischen Armee gegen die südossetischen Streitkräfte im Sommer 2004 machte deutlich, daß sie für die Besetzung der autonomen prorussischen Regionen, wie sie von SAAKASCHWILI und seinen US-amerikanischen Förderern ins Auge gefaßt wurde, noch nicht gerüstet war. Wie das Nachrichtenmagazin *Der Spiegel* darstellt, war die georgische Armee »nicht einmal bedingt abwehrbereit, geschweige denn angriffsfähig«.[3961] Vermutlich aus diesem Grund – der mangelnden Fähigkeit der georgischen Streitkräfte, Blitzoperationen zur Besetzung der abtrünnigen Gebiete durchführen zu können – hat wohl die US-Regierung seinerzeit durch ihren Botschafter in Tiflis Druck auf SAAKASCHWILI ausgeübt, um die Offensive gegen Südossetien einzustellen.

Der Zustand der georgischen Armee sollte sich jetzt aber mit US-amerikanischer Hilfe ändern, und seit 2003 wurde sie »mit Hilfe der Vereinigten Staaten rasch modernisiert und aufgerüstet«.[3962] Verstärkt wurde die militärische Zusammenarbeit zwischen den USA und Georgien durch ein Sicherheitsabkommen vom März 2003, das den US-Militärs zahlreiche Vorrechte einräumte, wie visumfreie Ein- und Ausreise, unbeschränktes Stationierungsrecht für schwere Waffen der US-Armee auf georgischem Territorium sowie Immunität vor georgischen Gerichten.[3963] »Damit spricht das Abkommen amerikanischen Militärs weitaus mehr Rechte zu als den in der Region stationierten russischen Soldaten. . .«[3964] Und so verwundert es nicht, daß die russische Staatsduma in diesem Abkommen eine Störung des Kräftegleichgewichts in der Region in außerordentlichem Maße erblickte. Folgt man Ulrike GUSKA, so hatte diese militärische Zusammenarbeit zwischen der georgischen Regierung und den USA die Spannungen zwischen der Zentralregierung und den abtrünnigen Regionen maßgeblich verstärkt, da der Verdacht nicht ausgeräumt werden konnte, daß die Ausbildung georgischer Elitetruppen im Rahmen des GTEP dazu dienen sollte, die Rückeroberung der abtrünnigen Gebiete vorzubereiten. Dies wiederum führte zu einer Verstärkung der Forderung Südossetiens und Abchasiens, in die Russische Föderation aufgenommen zu werden.[3965]

Mit den modernisierten georgischen Streitkräften setzte SAAKASCHWILI im Sommer 2006 alles daran, seine »Strategie der Spannung« gegenüber Südossetien und Abchasien fortzusetzen. Die Atempause hatte SAAKASCHWILI genutzt, hierfür in Anlehnung an den Sprachgebrauch der US-Regierung eine »neue Roadmap« (so SAAKASCHWILI) zu entwickeln. Dieser Plan setzte sich aus zwei Punkten zusammen: Erstens sollte die ›Entmilitarisierung‹ Südossetiens und Abchasiens durchgesetzt werden, daß heißt also praktisch ihre Entwaffnung, damit sie dann georgischen Angriffen wehrlos gegenüberstünden. Zweitens sollten die in beiden de-facto-Republiken stationierten russischen Friedenstruppen durch ›internationale Polizeitruppen‹ ersetzt werden.[3966]

Bei diesen ›Polizeitruppen‹ sollte es sich um Streitkräfte der mit der NATO verbündeten GUUAM-Staaten handeln; SAAKASCHWILI sprach hier von Truppen des Baltikums, der Ukraine, Aserbaidschans und Moldawiens.[3967] Deren Außenminister hatten am 27. September 2006 vereinbart, in den Konfliktregionen der GUS russische Friedenstruppen durch entsprechende ausgebildete Kräfte der GUUAM zu ersetzen.[3968] Nach Einschätzung von Knut MELLENTHIN erhoffte sich die Regierung in Tiflis durch diesen Schritt, ein günstigeres Klima für die Annexion Südossetiens und Abchasiens zu schaffen.[3969] Bekräftigt wurde dieser Plan durch das georgische Parlament in einer Entschließung vom Juli 2006, durch die die georgische Regierung aufgefordert wurde, den Abzug der russischen Truppen aus Abchasien und Südossetien durchzusetzen.

Vieles spricht dafür, daß dieser Plan zuvor mit den USA abgesprochen wurde. Am 5. Juli 2006 nämlich traf sich SAAKASCHWILI mit US-Präsident BUSH im Weißen Haus in Washington. In der Pressemitteilung der US-Präsidialverwaltung wurde Georgien als »Schlüsselverbündeter in einer wichtigen Region« bezeichnet.[3970] Ebenfalls offenbarte eine Auseinandersetzung zwischen den Vertretern der USA und

Rußlands im Ständigen Rat der OSZE Anfang März 2006, daß es die USA waren, die allem Anschein nach jene Pläne mit beeinflußt hatten, die SAAKASCHWILI als seine »neue Roadmap« vorstellte: »Der amerikanische Geschäftsträger Kyle SCOTT machte sich in bisher nicht gekannter Weise die offiziellen georgischen Positionen zu eigen. Unter anderem schloß sich SCOTT der Forderung nach einer ›internationalen Überwachung‹ des Roki-Tunnels an. Dieser bildet die einzige Verbindung zwischen Südossetien und Rußland. Der Tunnel ist seit langem ein hochsensibler Streitpunkt. Hitzköpfe in der georgischen Regierung wie Verteidigungsminister Irakli OKRUASCHWILI sprachen gelegentlich schon davon, das Objekt der Begierde im Handstreich durch georgische Fallschirmjäger besetzen zu lassen. . . SCOTT erhob auf der OSZE-Ratssitzung auch die nicht näher erläuterte Forderung, russisches Militärpersonal und Ausrüstung, ›die nicht in die Konfliktzone gehören‹, sollten von dort abgezogen werden. In der sogenannten Konfliktzone um die südossetische Hauptstadt Zchinwali sind auf Grund eines Abkommens zwischen Moskau und Tbilissi 500 russische Soldaten als Teil einer trilateralen Friedenstruppe stationiert. Der Amerikaner kritisierte darüber hinaus Rußlands Erklärung, für den Schutz seiner Staatsbürger in Südossetien und Abchasien einzustehen.«[3971]

SAAKASCHWILI war seinen eigenen Ausführungen zufolge erst dann zu einer umfassenden Gewaltverzichtserklärung bereit, wenn nach den amerikanisch-georgischen Plänen eine ›internationale Polizeitruppe‹ die russischen Kräfte ersetzt hätte. Forderungen Südossetiens und Abchasiens, ein gegenseitiges Nichtangriffsabkommen zu unterzeichnen, wurde von georgischer Seite vor diesem Hintergrund rundweg abgelehnt.[3972]

Dabei war es vor allem auch die NATO, die SAAKASCHWILIS Haltung in dieser Frage unterstützte. Seitens des NATO-Generalsekretärs Jaap de Hoop SCHEFFER wurde die Entscheidung des Militärbündnisses bekanntgegeben, mit Georgien einen sogenannten »intensivierten Dialog« (Intensified Dialogue) aufzunehmen. Das war ein weiterer formaler Schritt bei der Heranführung des Landes an die NATO. Nächste Station für die Aufnahme in das Bündnis wäre ein ›Membership Action Plan‹. Dabei hob der NATO-Generalsekretär hervor, daß Georgien bei der Reform seiner Streitkräfte erhebliche Fortschritte gemacht habe.[3973] Dabei jedoch war aus NATO-Kreisen mehrfach zu vernehmen gewesen, daß ein Beitritt Georgiens zur NATO erst nach ›Lösung‹ seiner Territorialprobleme möglich sei[3974] – ein Hinweis, der von SAAKASCHWILI als unmißverständliche Aufforderung zur gewaltsamen Lösung der Sezessionsprobleme verstanden wurde. Dies mag auch wohl die Absicht der NATO gewesen sein, denn der Beschluß der NATO, mit Georgien den ›intensivierten Dialog‹ aufzunehmen, erfolgte gerade zu dem Zeitpunkt, als die georgisch-abchasisch-südossetischen Spannungen zu eskalieren drohten.[3975]

Bei seiner Wiedervereinigungspolitik stützte sich Georgien jetzt darauf, mit Hilfe bewaffneten Drucks Marionettenregime in den abtrünnigen Provinzen einzusetzen. Für Abchasien hatte Tiflis seit den neunziger Jahren zielgerichtet eine Exilregierung aufgebaut. Während des zweijährigen Bürgerkrieges 1992 bis 1994 hatte sich das abchasische Parlament gespalten, wobei die georgischen Deputierten nach Tiflis geflohen waren und dort unter dem ehemaligen abchasischen Finanzminister Malchas AKISCHBAJA eine Exilregierung bildeten. »Die von Georgien kontrollierte abchasische Exilregierung gilt als besonders unversöhnlich und hat sich stets für eine militärische Lösung des Konflikts stark gemacht.«[3976]

Wie die *Neue Zürcher Zeitung* enthüllte, hatte Georgien ähnliches auch für Südossetien geplant: »Tbilissi hat sich für eine ›alternative Regierung‹ in Südossetien eingesetzt. Diese soll loyal zu Tbilissi sein und von Dmitri SANAKOJEW geführt werden, um den zunehmend von Moskau abhängigen Führer und De-facto-Präsidenten von Südossetien, Eduard KOKOITI, zu isolieren.«[3977]

Die Auseinandersetzungen mit Abchasien wurden im Sommer 2006 durch einen Streit um das Kodori-Tal, die Grenze zwischen Kerngeorgien und der abchasischen Provinz, ausgelöst. Dieses Tal wurde von dem Warlord Emsar KWITZIANI kontrolliert, der sich weder der Regierung in Tiflis noch den abchasischen Behörden in Suchumi unterordnete. Dieser Warlord war 1998 vom damaligen georgischen Präsidenten Eduard SCHEWARDNADSE zum bevollmächtigten Vertreter der Regierung in Tiflis ernannt worden,[3978] hatte sich aber Mitte Juli 2006 von Tiflis losgesagt[3979]. KWITZIANI war den Wiedervereinigungsplänen SAAKASCHWILIS schon seit längerem ein Dorn im Auge. Schon im Sommer 2005 forderte SAAKASCHWILI seine Entmachtung.[3980] Das sollte jetzt durch eine Militäraktion bewerkstelligt werden. Mit dem Vorwand, den Warlord KWITZIANI beseitigen zu wollen, schien Tiflis aber vielmehr die Besetzung des strategisch wichtigen Kodori-Tals ins Auge gefaßt zu haben, um sich eine strategisch günstige Ausgangsposition für eine geplante Annexion Abchasiens zu verschaffen.

Dies jedoch wurde von russischer und abchasischer Seite als Bruch des Waffenstillstandsabkommens von 1994 gewertet, wonach das Kodori-Tal eine entmilitarisierte Sicherheitszone bilden sollte.[3981] Mit dem Militärschlag Georgiens im Juli 2006 aber befand sich das Tal vollständig in georgischer Hand, und vieles schien dafür zu sprechen, daß jetzt Abchasien selbst nächstes Ziel sein sollte: »Durch die Einnahme des oberen Kodori-Tals sind die georgischen Truppen der abchasischen Hauptstadt Suchumi gefährlich nahe gekommen. Im Kodori-Tal stehen sich jetzt abchasische und georgische Truppen direkt gegenüber.«[3982] Ähnlich sah es auch der Abchasien-Bericht des UN-Generalsekretärs, der die Vermutung äußerte, Georgien plane eine neue Runde im Abchasienkonflikt und habe die Offensive nur gestartet, um Militär ins Zentrum Abchasiens schicken zu können.[3983]

Daß Georgien auf eine Verschärfung der Krise hinarbeitete, wurde auch durch eine zeitlich unmittelbar vorausgegangene Regierungsumbildung in Tiflis deutlich: Der bisher für die Konfliktregelung zuständige, als gemäßigt bekannte Minister für Staatssicherheit BATIASCHWILI wurde verhaftet und durch den ›Falken‹ Irakli OKRUASCHWILI ersetzt,[3984] der für eine Auseinandersetzung mit Rußland und eine gewaltsame Lösung des Separatistenproblems stand. Das Kodori-Tal wurde jetzt von

Tiflis in ›Oberabchasien‹ umbenannt und zum Sitz der von Tiflis geförderten abchasischen Satellitenregierung ausgebaut, wodurch der Anspruch Georgiens auf die Rückgewinnung Abchasiens unterstrichen werden sollte.

Daß dieses Vorgehen die Unterstützung der USA fand, wurde ebenfalls durch eine Stellungnahme der US-Vertretung bei der OSZE deutlich: In dieser wurde die Besetzung des Kodori-Tals als »Durchsetzung der Herrschaft des Gesetzes« begrüßt und als wesentlich für die Konfliktlösung angesehen. Darüber hinaus wurde in der Stellungnahme der US-Vertretung gefordert, »internationale Polizeikräfte« in ganz Abchasien zu stationieren und den Roki-Tunnel – die einzige Verbindung zwischen Rußland und Südossetien – unter »internationale Überwachung« zu stellen.[3985] Auch nach den Recherchen der *Frankfurter Allgemeinen Zeitung* standen die USA hinter der Forderung nach einer ›Internationalisierung‹ des Konflikts und nach einer Ablösung der russischen Truppen durch eine ›internationale Polizeitruppe‹.[3986]

Daß es nicht zu einer weiteren Konfrontation gekommen war, lag – so eine Darstellung der *Le Monde diplomatique* – wohl an einer diplomatischen Offensive Rußlands: »Präsident PUTIN hat seit Beginn der aktuellen Krise wiederholt gegenüber Washington gewarnt, wenn andere Länder Georgien ermutigten, seine ›destruktive Politik‹ fortzusetzen, könnte dies zu einer Destabilisierung führen. Die Botschaft fand Gehör. Am 13. Oktober (2006) beschloß der UN-Sicherheitsrat einstimmig einen russischen Plan zur Lösung des georgisch-abchasischen Konflikts, gegen den sich die USA zuvor gesperrt hatten. In der Resolution wird der Vormarsch der georgischen Truppen verurteilt und ihr Rückzug aus dem Kodori-Tal gefordert. Die ›bedeutende Rolle der (russischen) Friedenstruppen‹ in Abchasien wird in dem Beschluß eindeutig anerkannt.«[3987] Hinter diesem diplomatischen Sieg Moskaus stand Beobachtern zufolge die Tatsache, daß Rußland im Gegenzug für eine Entschließung zur Verurteilung eines nordkoreanischen Atomwaffentests gestimmt hatte: »Für Moskau war dabei sicher hilfreich, daß es den jüngsten Atomwaffentest Nordkoreas verurteilt hat.«[3988]

Gleichzeitig nahmen die Spannungen mit Südossetien zu, wobei auch hier die georgische Regierung die provozierende Kraft war und das Waffenstillstandsabkommen von 1994 brach. Schon 2004 kam es zu bewaffneten Auseinandersetzungen, als die georgische Regierung Eliteeinheiten, die von den US-amerikanischen Offizieren ausgebildet wurden, innerhalb der Konfliktzone in Dörfern, die wie ein Riegel um die südossetische Hauptstadt Zchinwali gelegt sind, stationierte. Dort wurde ein militärisches Hauptquartier eingerichtet, das dem georgischen ›Falken‹ Verteidigungsminister Irakli OKRUASCHWILI direkt unterstand.

Diese Vorgehensweise war ein auffälliger Bruch der Vereinbarungen von 1994, denn in der Konfliktzone durften sich dem Waffenstillstandsabkommen zufolge nur Soldaten der Friedenstruppe aufhalten.[3989] Die darauffolgenden bewaffneten Auseinandersetzungen endeten mit einer Niederlage der georgischen Streitkräfte. Im Sommer 2006 eskalierte der Konflikt erneut, als von südossetischen Kräften ein

Hubschrauber, in dem sich auch der georgische ›Falke‹ Verteidigungsminister Okruaschwili befand, nach mehrfachen vergeblichen Warnungen abgeschossen wurde. Hierbei handelte es sich gleichfalls um eine Provokation Georgiens: »Nach südossetischen Angaben hat Georgien in den letzten fünf Monaten 240mal den Luftraum der Republik (Südossetien) verletzt. Das wird von georgischer Seite nicht bestritten. Dort stellt man sich auf den Standpunkt ›Es gibt überhaupt keinen südossetischen Luftraum‹, wie Verteidigungsminister Okruaschwili. . . erklärte. Diese Position steht jedoch im Widerspruch zu einem 2002 abgeschlossenen Abkommen. Es untersagt den Georgiern nichtautorisierte Flüge über Südossetien. Darauf verwies jetzt auch der Leiter der Mission der Organisation für Europäische Sicherheit und Zusammenarbeit (OSZE) in Georgien, Rooy Reeve.«[3990]

Nach Ansicht verschiedener Beobachter war es letztlich wohl das Veto der USA, das Georgien daran hinderte, die Angelegenheit ausufern zu lassen, obwohl dieses sich darum – beispielsweise durch die Festnahme von russischen Offizieren aufgrund eines Spionageverdachts[3991] oder der Verhaftung prorussischer südossetischer Oppositioneller – nach Kräften bemühte. Der Grund dafür, daß die USA in dieser Sitation eher mäßigend auf ihren Kandidaten Saakaschwili einwirkten, muß wohl darin gesehen werden, daß die NATO-Einbindung Georgiens – eines der wichtigsten Ziele der US-Geopolitik im Kaukasus – nicht gefährdet werden sollte. Deutlich wird dies durch eine Stellungnahme eines vom *Handelsblatt* zitierten, aber nicht näher benannten hochrangigen US-Diplomaten in Berlin: »Im übrigen trage eine stärkere Westanbindung Georgiens dazu bei, daß die Regierung in Tiflis sich sicherer fühle und deshalb eine moderatere Politik gegenüber Rußland betreiben könne.«[3992]

Innerhalb der NATO unterstützte man zwar heimlich die Wiedervereinigungspolitik Georgiens, und deshalb hatte man sich gerade im Spätsommer/Herbst 2006 dafür entschieden, in den »intensivierten Dialog« mit Tiflis einzutreten, was von Saakaschwili als Unterstützung seiner Reconquista verstanden werden mußte. Die von Tiflis aus betriebene Eskalationspolitik führte aber seit September/Oktober 2006 zu einer direkten Konfrontation mit Rußland. 2005 hatten sich Rußland und Georgien darauf verständigt, daß Moskau seine 3000 in Georgien stationierten Soldaten bis 2008 abziehen sollte. Aufgrund der jüngsten Provokationen jedoch setzte Rußland den Abzug seiner Truppen aus, versetzte seine Truppen in Georgien in Alarmbereitschaft und erteilte den Schießbefehl für den Fall einer Gefahrensituation.[3993] Die USA mußten also vor diesem Hintergrund damit rechnen, daß die europäischen NATO-Partner die gerade begonnenen Aufnahmegespräche der NATO mit Georgien nicht mehr mittragen würden, da ein derartig offenkundig nationalistischer Bündnispartner in einer Krisenregion leicht einen Konflikt mit Rußland provozieren könnte, der im Ernstfall sogar den Bündnisfall nach Artikel 5 des NATO-Vertrages auszulösen imstande gewesen wäre. Um zu verhindern, daß die europäischen NATO-Partner von einer Aufnahme Georgiens in die NATO Abstand nahmen, mußten die USA zunächst einmal die georgischen Bestrebungen bremsen.[3994]

Dennoch erhielt Georgien seine Forderung nach dem Abzug der russischen ›Peace-Keeping‹-Kräfte aufrecht, was von SAAKASCHWILI in der Folgezeit auch mehrfach bekräftigt wurde.[3995] Ferner – so Christian WIPPERFÜRTH – sei aus Geheimdienstkreisen bekanntgeworden, daß Georgien für Oktober 2006 einen Militärschlag gegen Abchasien und Südossetien geplant habe – eine Information, deren Wahrheitsgehalt nicht ganz von Hand gewiesen werden konnte.[3996] Daß die USA jedenfalls SAAKASCHWILIS Plan zur Ersetzung der russischen Friedenstruppen durch ›internationale Kräfte‹ – also GUUAM-Streitkräfte – weiterhin unterstützten, wurde im September 2006 deutlich, als Georgiens Außenminister mit seinen Amtskollegen aus Moldawien, Aserbaidschan und der Ukraine US-Staatssekretär David KRAMER traf. »Offizielles Thema: der Aufbau eigener Friedenstruppen. Vergangene Woche beantragte die republikanische Mehrheit im US-Senat weitere Gelder für Georgien und sprach sich für dessen schnelle Aufnahme in die NATO aus.«[3997]

2.1.3 Die russische Haltung

Von einem objektiven Standpunkt aus betrachtet, war die amerikanische Diplomatie eine verdeckte Eskalationspolitik ›short of war‹ – bis an die Grenze eines heißen Krieges. Dies wurde von russischer Seite auch so betrachtet. SAAKASCHWILIS Aktionen, so Alexej MAKARKIN, stellvertretender Generaldirektor des ›Zentrums für politische Technologien‹, ließen nämlich grundsätzlich zwei Schlüsse zu:

»Erstens: Die Positionen des Verteidigungsministers Irakli OKRUASCHWILI, der als der größte Falke an der jetzigen georgischen Machtspitze gilt, haben sich im Machtsystem Georgiens weiter verstärkt. OKRUASCHWILI setzt sich sowohl für eine Konfrontation mit Rußland als auch für Gewaltaktionen gegen Abchasien und Südossetien ein. Die Wahrscheinlichkeit des Versuchs einer militärischen Lösung des Problems der ›nicht anerkannten Staaten‹ nimmt damit weiter zu. Etwaige friedliche Erklärungen, die aus Tiflis zu vernehmen sind, bedeuten lediglich, daß dieser mögliche Krieg als irgendeine antikriminelle Operation getarnt werden könnte. . . Der zweite Schluß besteht darin, daß derart harte Aktionen der georgischen Behörden kaum ohne Wissen der USA wahrgenommen werden konnten, die seit der ›Rosenrevolution‹ 2003 faktisch als ein Schutzpatron Georgiens agieren. Bemerkenswert ist die Kontinuität der in den letzten drei Monaten vorgenommenen Schritte. SAAKASCHWILIS Washington-Besuch, Einmarsch der georgischen Truppen ins Kodori-Tal, Verhaftung der prorussischen Oppositionspolitiker, der Beginn eines ›intensiven Dialogs‹ Georgiens und der Nato (eine der wichtigsten und obligatorischen Etappen einer atlantischen Integration des Landes) und nun die Verhaftung der russischen Offiziere. Hätten die USA den georgischen Präsidenten zur Vernunft gemahnt (etwa mit einer Verlangsamung der Integration Georgiens in die Nato), so hätte die Machtspitze in Tiflis ihre Position in den Beziehungen mit Rußland trotz aller innenpolitischen Überlegungen und trotz des Radikalismus des Verteidigungsministers gemildert. Die Ereignisse entwickelten sich aber in die direkt entgegengesetzte Richtung: die Beschleunigung des Prozesses der Nato-Aufnahme Georgiens wurde in Tiflis eindeutig als eine Billigung des ›Falken-Kurses‹ aufgenommen. Damit können die jetzigen Ereignisse in Georgien im Kontext der sich verstärkenden Konkurrenz im postsowjetischen Raum verstanden werden, die in der Periode der ›bunten Revolutionen‹ besonders deutlich an den Tag getreten ist. Es kann sich um einen Versuch handeln, nicht nur die russischen Truppen vom Territorium Georgiens zu verdrängen (sie müssen das Land sowieso 2008 verlassen), sondern auch die Friedenstruppen, die für Stabilität in Abchasien und Südossetien sorgen und kein neues Blutvergießen in diesen Regionen zulassen. In Zukunft könnte die militärische Präsenz in einem Land, über dessen Territorium die für die USA strategisch wichtige Ölipeline Baku–Tiflis–Ceyhan verläuft, durch eine westliche Präsenz ersetzt werden – eben im Rahmen der atlantischen Integration Georgiens.«[3998]

Der von Georgien und den USA gegen Rußland erhobene Vorwurf, seine Politik würde auf die Abspaltung Abchasiens und Südossetiens und damit auf die Zerstörung der territorialen Einheit Georgiens hinauslaufen, muß aufgrund dieser Tatsachen als doppelzüngig betrachtet werden. Die Stiftung Wissenschaft und Politik spricht in diesem Zusammenhang zwar von einer russischen Politik der politischen und wirtschaftlichen Anbindung sowohl Abchasiens als auch Südossetiens mit Rußland im Sinne einer »schleichenden Annexion«,[3999] und in der Tat konnte Rußland in den abtrünnigen Provinzen entscheidenden wirtschaftlichen und politischen Einfluß ausbauen. Der Rubel ist offizielles Zahlungsmittel, und in den vergangenen Jahren hat Moskau in Südossetien russische Pässe ausgeben lassen, so daß heute rund 90 Prozent der Südosseten russische Staatsbürger sind. Nach Auffassung des russischen Verteidigungsministers Sergej Iwanow erwächst Rußland daraus die Pflicht zum Schutz der Südosseten vor möglichen Aggressionsversuchen der georgischen Zentrale.[4000]

Diese Maßnahmen lassen sich aber nur vor dem geopolitischen Hintergrund beurteilen, vor dem sie getroffen wurden: Michail Alexandrow, Leiter der Kaukasus-Abteilung des Instituts für GUS-Länder, erklärte hierzu, daß in Rußland lange Zeit die Auffassung vorgeherrscht habe, daß eine Destabilisierung der an Rußland grenzenden Staaten, also auch Georgiens, nicht zugelassen werden dürfe. »Nun aber wird klar, daß gerade die jetzige Regierung in Georgien, die eine rußlandfeindliche Politik betreibt, eine Bedrohung für Rußland darstellt. Gerade diese Regierung provoziert Spannungen in Abchasien und Südossetien. Auch ist sie bemüht, das Land unter die Nato-Flagge zu bringen. Somit ist eine starke zentralisierte Macht in Georgien für Rußland viel schädlicher als eine Zergliederung dieses Landes in mehrere Mini-Republiken.«[4001]

Ähnlich kommentiert es auch *Le Monde diplomatique*: »Die USA möchten hier Veränderungen im Sinne ihrer wirtschaftlichen und politischen Interessen bewirken und vor allem militärische Stützpunkte installieren. Kein Wunder, daß sich Rußland wegen solcher Entwicklungen im benachbarten Ausland Sorgen macht... In Moskau sieht man die beschleunigten Verhandlungen über einen Beitritt zur Nato als ernste Bedrohung. Man will seinen Einfluß in den Nachbarstaaten nicht verlieren, wo man auch nach dem Ende der UdSSR präsent blieb, um dem ›Grand Game‹ der USA und der Ausrichtung der Region nach Europa entgegenzutreten. In den Krisenregionen Abchasien und Südossetien kann sich die russische Führung nicht nur auf ihre dort stationierten Truppen verlassen: Die Mehrheit der Bevölkerung soll mittlerweile die russische Staatsangehörigkeit angenommen haben. Im Fall neuer Kämpfe würde Georgien damit indirekt auch Rußland zum Gegner haben. Der russische Verteidigungsminister erklärte vor kurzem, man werde alle russischen Staatsbürger zu schützen wissen.«[4002]

Auch die *Frankfurter Allgemeine Zeitung* bezeichnet in diesen Zusammenhang die russische Militärpräsenz in Abchasien und Südossetien als einen militärischen und politischen Trumpf Rußlands in der Region, den es vollkommen verlöre, wenn SAAKASCHWILI seinen Plan der Ersetzung russischer Truppen durch eine internationale Truppe durchsetzen könnte.[4003]

Aus diesem Grund kann man von einer aktiven Kaukasuspolitik Rußlands zur Umschichtung der bestehenden Machtverhältnisse gar nicht sprechen, die Georgien-Politik Moskaus erscheint vielmehr als eine Reaktion auf die Schachzüge der USA und der von ihnen installierten neuen georgischen Machtelite. Es geht Moskau eher um eine Politik, die auf Einflußsicherung, aber keinesfalls auf Zersplitterung des Kaukasus ausgerichtet ist. Von daher tritt die russische Politik sehr ambivalent zutage: Dem Kaukasus-Experten Uwe HALBACH zufolge hat der Kreml auf der einen Seite kein Interesse an einem militärischen Konflikt. Die russischen Friedenstruppen hatten nach seiner Einschätzung sogar erfolgreich zur Stabilisierung der Lage in der Region beigetragen. »Auf der anderen Seite hat die (russische) Regierung aber auch kein echtes Interesse an einer grundsätzlichen Lösung, weil ihr dann ein mögliches Druckmittel gegenüber Georgien verlorenginge.«[4004]

Die *Neue Zürcher Zeitung* geht ebenfalls davon aus, daß es Rußland im wesentlichen darum geht, den bisherigen Zustand zu erhalten: »Moskau kommt der Status quo in Abchasien und Südossetien durchaus gelegen. In den innergeorgischen Konflikten, die einst durch eine äußerst unkluge Politik der georgischen Regierung angeheizt worden waren, trieb es von Anfang an ein Doppelspiel. Dieses sichert ein beständiges Druckmittel gegenüber Tbilissi, das sich unter der Präsidentschaft des zuweilen hitzköpfigen Michail SAAKASCHWILI betont von Moskau abgewandt hat. Georgiens Aufnahme in die Nato würde für Rußland den endgültigen Verlust eines traditionellen Brückenkopfes im Kaukasus bedeuten. Solange die Konflikte andauern, bleibt Tbilissi aber geschwächt.«[4005]

Als doppelzüngig jedoch erschien die Haltung des transatlantischen Bündnisses und der USA, was sich insbesondere während des Unabhängigkeitsreferendums in Südossetien Mitte November 2006 zeigte. Dort stimmten nach offiziellen Angaben 99 Prozent der Südosseten für die staatliche Eigenständigkeit. Dieses Referendum wurde von den USA nach offiziellen Verlautbarungen des US-Außenamtssprechers Sean McCormack aber nicht anerkannt. Vielmehr, so die Stellungnahme, unterstützten die USA die Souveränität und territoriale Integrität Georgiens, und es wurde auf die Formel verwiesen, daß die »Weltgemeinschaft« erklärt habe, Südossetien sei ein Teil Georgiens.[4006] Eine gleichlautende Stellungsnahme gab auch der NATO-Generalsekretär Jaap de Hoop Scheffer ab. Während die USA und die NATO also nicht bereit waren, eine staatliche Unabhängigkeit Südossetiens anzuerkennen, betrieben sie aber gleichzeitig auf dem Balkan die Abtrennung des Kosovo von der Republik Serbien, das nach dem Ahtissaari-Plan zu einem pseudostaatlichen Gebilde mit einer Quasi-Unabhängigkeit unter internationaler Aufsicht umgewandelt werden soll – unter Mißachtung der UN-Resolution 1244, die das Kosovo als integralen Bestandteil Serbiens anerkannt hatte. Die einseitig ausgerufene Unabhängigkeit des Kosovo wurde am 17. Februar 2008 von den USA, Großbritannien und Frankreich anerkannt.

Auf diese Doppelzüngigkeit verwies die russische Regierung mehrfach, indem sie erklärte, daß den Abchasen und Südosseten gleichfalls ein Recht auf staatliche Unabhängigkeit zustünde, sollte den Kosovo-Albanern ebenfalls ein solches eingeräumt werden. Gleichwohl aber kann diese Stellungnahme Moskaus nicht als Indiz dafür gewertet werden, daß es im Hintergrund heimlich die Annexion Südossetiens betreiben wollte. Zum einen nämlich sieht die russische Verfassung weder Aus- noch Eintritte von Regionen vor. Außerdem würden unabhängige Zwergrepubliken den Kaukasus noch weiter destabilisieren. »Das weiß man auch in Rußland, wo man zudem fürchtet, mit der Anerkennung der Souveränität des georgischen Spaltprodukts erneut die mühsam abgewürgte Tschetschenien-Diskussion loszutreten.«[4007]

Daß Rußland dieses Referendum nicht provoziert hatte, zeigte sich in der Reaktion Moskaus, das zu diesem Zeitpunkt gleichfalls eine staatliche Unabhängigkeit Südossetiens nicht anerkannte. Auch »den Wunsch der beiden abtrünnigen Provinzen Abchasien und Südossetien, sich der Föderation als Mitglied oder, wie die Abchasen das wollen, als assoziiertes Mitglied anzuschließen, hat Präsident Putin . . . abgelehnt«.[4008] Die *Frankfurter Allgemeine Zeitung* stellt in diesem Zusammenhang heraus, daß der Status quo den russischen Interessen am ehesten entgegenkam: »Praktisch ist die von Georgien abtrünnige Provinz ohnehin ein Protektorat der Russen, denen diese Lage erlaubt, ihren Einfluß in der Region zu behalten und auf Georgien politischen Druck auszuüben sowie dessen Integration in die wirtschaftlichen und sicherheitspolitischen Strukturen des Westens zu erschweren.«[4009] Georgien hingegen sorgte als Reaktion auf das Unabhängigkeitsreferendum Südossetiens für die Unterstützung seiner Marionette Dmitri Sanakojew, der als »südossetischer Präsident« unter militärischem Schutz georgischer Streitkräfte auf dem Territorium Südossetiens Quartier bezog. Diese Politik fand gleichfalls die Unterstützung der USA: »Es wurde in Moskau als schlimmes Vorzeichen vermerkt, daß Condoleeza RICE bei ihrem Besuch in Tbilissi am 10. Juli (2008) zu einem öffentlichen Händedruck mit SANAKOJEW, den die US-Regierung bis dahin ignoriert hatte, zusammentraf.«[4010]

Trotz seines Ziels der Einflußsicherung aber läßt sich nicht davon sprechen, daß Rußland in den Abtrennungskonfliken eine zerstörerische Rolle gespielt hätte. Es war bereit, mit Georgien entsprechend den OSZE-Verpflichtungen vom Istanbuler Gipfel 1999 über eine Räumung der russischen Stützpunkte zu verhandeln, wobei es jedoch als Bedingung forderte, daß nach dem russischen Abzug »keine ausländischen Basen« in Georgien errichtet würden. Es war dann aber die georgische Seite, die in einen intensiven Dialog mit den USA und der NATO eintrat in der Hoffnung, mit deren Hilfe die Sezessionskonflikte lösen zu können. Die USA hatten darauf positiv reagiert: »US-Stellen bestätigten, daß Washington eine aktivere Rolle bei der Beendigung der Konflikte spielen wolle.«[4011]

Dies wiederum nahm SAAKASCHWILI zum Anlaß, die Krisen um Südossetien und Abchasien zuspitzen zu lassen. Folgt man Christian WIPPERFÜRTH, hatte Rußland hingegen seine Abzugspläne, als es nach der provokatorischen Verhaftung der russischen Offiziere durch georgische Polizisten im September 2006 zu einer Verschärfung der Krise kam, trotzdem anschließend wiederaufgenommen: »Rußland nahm den Abzug seiner Soldaten aus Georgien beschleunigt wieder auf, und Präsident PUTIN legte der Duma das Abkommen über die Auflösung der russischen Basen vor. Dieses wurde vom Parlament trotz erheblicher Kritik umgehend ratifiziert. Der stellvertretende Außenminister Rußlands Alexander JAKOWENKO wandte sich am 5. Oktober (2006) in geradezu bittendem Ton an Georgien: ›Rußland will nicht provoziert werden, Rußland will respektiert werden. Rußland will, daß die antirussische Kampagne aufhört.‹«[4012] Im Oktober 2006 ordnete Verteidigungsminister IWANOW an, den Stab der russischen Truppen im Südkaukasus und die dazugehörende Garnison in Tiflis bis zum Jahresende 2006 aufzulösen, also zwei Jahre früher als geplant.[4013] Rußlands Gegenmaßnahmen gegen die georgische Provokation bestanden statt dessen in einer Wirtschaftsblockade sowie in einer Erhöhung des Gaspreises zu marktwirtschaftlichen Bedingungen. Es vermied jedoch militärische Eskalationen, im Gegenteil: Anfang Oktober 2006 taten in einer der zwei verbliebenen russischen Basen in Georgien, in Batumi, nur noch fünf Soldaten Dienst.[4014]

Insgesamt läßt sich sagen, daß sich die geopolitische Situation Rußlands in Georgien bis zum Ende des Jahres 2007 erheblich verschlechtert hatte. Kurz gesagt läßt sich diese Lage mit der Formel zusammenfassen, daß dem Abzug der russischen Streitkräfte eine verstärkte US- und NATO-Anwesenheit folgte. Die *Neue Zürcher Zeitung* beschrieb die Situation im Juni 2007 folgendermaßen: »Parallel zur georgisch-amerikanischen Kooperation gibt es eine kontinuierliche Abnahme der russischen Militärpräsenz. Nach dem Beschluß eines OSZE-Gipfels von 1999 in Istanbul ist die russische Armee weiterhin dabei, die frühere sowjetische Militärbasis in

Akhalkalaki zu räumen, die bis zum Ende des Jahres vollständig verlassen sein wird. Auch der russische Stützpunkt in Batumi wird im kommenden Jahr geräumt sein. Danach wird sich die russische Präsenz auf die internationalen Friedensmissionen in Südossetien und Abchasien begrenzen. Moskau ist zunehmend unzufrieden damit, daß die Nato und insbesondere die amerikanische Militärpräsenz dauerhaft in ein Gebiet einzieht, das früher eine südliche sowjetische Provinz war. Der Kreml stemmt sich vehement gegen den Eintritt Georgiens in die Nato.«[4015]

2.2 Die Aufrüstung Georgiens durch die USA, EU und Israel

Damit hatten die USA und Georgien bis Ende 2007 ein wichtiges Etappenziel erreicht, nämlich die weitestgehende Entfernung russischer Militärstützpunkte von georgischem Territorium. In Abchasien und Südossetien waren lediglich nur noch die russischen Friedenstruppen im Rahmen des Waffenstillstandsabkommens von 1994 stationiert. Um jetzt den NATO-Integrationsprozeß zu beschleunigen, war nur noch notwendig, die Provinzen Abchasien und Südossetien einzukassieren – und hierzu setzte die proatlantische georgische Machtelite um SAAKASCHWILI auf militärische Gewalt. Als Hindernis dieser Wiedervereinigungspolitik wurde von ihr die Anwesenheit russischer Streitkräfte angesehen. »In Tbilissi ist die politische Elite überzeugt, daß die ungelösten Konflikte in Abchasien und Südossetien ein Resultat des russischen Imperialismus sind – und nicht die Folge von georgischem Nationalismus oder einer falschen Politik in der Vergangenheit. Sie glaubt, daß die Neutralisierung des russischen Einflusses der einzige Weg ist, die Konflikte zu lösen. Deshalb ist es für diese Kreise dringlich, daß Tbilissi so schnell wie möglich der Nato beitreten kann. Man ist sich bewußt, daß die beste Unterstützung zur Verwirklichung dieses Projekts von der Administration BUSH ausgeht.«[4016]

Tatsächlich war seit der ›Rosenrevolution‹ 2003 eine rasante Militarisierung Georgiens zu verzeichnen. »Die Ausgaben für die Verteidigung haben sich verzehnfacht, seitdem Michail SAAKASCHWILI die Macht übernommen hat«,[4017] und mit Hilfe des amerikanischen ›Train and Equip Program‹ wurde seit dem Machtantritt SAAKASCHWILIS die Umrüstung der georgischen Streitkräfte auf NATO-Niveau vorangetrieben. Die Militärausgaben hatten sich von 2006 auf 2007 auf umgerechnet 920 Millionen Dollar fast verdoppelt.[4018] Die Hauptlast der Ausbildung der georgischen Streitkräfte trugen die USA. Nach den Enthüllungen der *New York Times* waren die Vereinigten Staaten »auf der Ebene der Armeeführung. . . behilflich, die militärische Zielsetzung Georgiens neu zu definieren und seine Kommandeure und den Generalstab auszubilden. Auf der Ebene der Kampfverbände bildeten amerikanische Marines und Soldaten die georgischen Soldaten in grundlegenden Kampftechniken aus«.[4019]

Seit 2004 stellte Washington nach Angaben des US-Verteidigungsministeriums mehr als 460 Millionen Dollar (etwa 309 Millionen Euro) für Georgien bereit. Dafür waren 190 Millionen für Sicherheit und Militär bestimmt. 130 US-Armeeausbilder waren in Georgien stationiert. Darüber hinaus dokumentierte das renommierte Stockholmer Friedensinstitut SIPRI für die Zeit zwischen 2003 und 2007 Waffenimporte im Umfang von 183 Millionen Dollar in Georgien.[4020] Zu diesen Lieferungen gehörten unter anderem auch zehn UH-1-Transporthelikopter.[4021]

Aber auch die EU und insbesondere die deutsche Bundeswehr spielten bei der Aufrüstung und Ausbildung georgischer Streitkräfte und Offiziere eine wichtige Rolle.[4022] Offiziell wurde bekundet, daß es bei der Aufrüstung und Ausbildung der georgischen Soldaten darum gegangen sei, diese für den Einsatz im Irak zu trainieren. Tatsächlich jedoch schien es dabei um etwas ganz anderes zu gehen: Nach Beobachtern ging es vielmehr darum, die Streitkräfte Georgiens, dem wichtigsten US-amerikanischen Vorposten im Kaukasus, auf NATO-Niveau zu bringen.[4023] Des weiteren spricht viel dafür, daß mit dieser Aufrüstungskampagne und auch mit ihrem Einsatz im Irak die georgische Armee auf ihre eigentliche Funktion im Sinne der US- und NATO-Geopolitik vorbereitet werden sollte, nämlich die endgültige Annexion der abtrünnigen Provinzen und die Abriegelung des Landes gegen Rußland: »Zur schnellen Modernisierung sollte auch die starke Beteiligung Georgiens an internationalen Militäreinsätzen beitragen. Die vor allem im Irak gewonnene Erfahrung dürfte nun auch in Südossetien hilfreich sein. Der Verdacht, diese Politik habe stets auch das Ziel gehabt, die georgische Armee in die Lage zu versetzen, die Konflikte um Südossetien und Abchasien gewaltsam zu lösen, ist ohnehin nicht aus der Luft gegriffen. So hat Präsident SAAKASCHWILI. . . in einer Rede vor Reservisten gesagt, die Aufstellung einer 100 000 Mann starken Reservetruppe sei ›eine klare Botschaft an alle, die Georgiens territoriale Integrität in Frage stellen‹. Die reguläre Stärke der georgischen Armee beträgt nach offiziellen Angaben etwa 30 000 Mann. Hinzu kommen etwa 12 000 Mann aus paramilitärischen Einheiten des Innenministeriums und des Grenzschutzes.«[4024]

Darüber hinaus hatte auch Israel eine ausgesprochen wichtige Rolle bei der Aufrüstung Georgiens. Unter SAAKASCHWILI wurde Georgien zum »Dorado für israelische Waffenhändler und Veteranen aus der Armee und dem Mossad«.[4025] Israel »bestritt einen Großteil der Waffenlieferungen zur Aufrüstung der georgischen Armee. Nach Angaben des *Spiegels* hat Israel in der Vergangenheit Drohnen, Nachtsichttechnik und Raketen an Georgien geliefert. Außerdem arbeiten ehemalige Angehörige der israelischen Armee und der Sicherheitskräfte in Georgien als Berater. Angesichts der sich zuspitzenden Lage im Kaukasus hätte Israel die Lieferungen vor gut einem Jahr gekürzt. Um die Beziehungen zu Rußland nicht zu gefährden, stellte Israel die Militärlieferungen am 5. August (2008) nach Angaben der israelischen Zeitung *Maariv* ein. Dies wurde allerdings umgehend vom georgischen Verteidigungsministerium dementiert. Nach dem bewaffneten Konflikt wurde berichtet, daß Israel seine Waffenlieferungen an Georgien nicht einstellen wird. Die Zeitung *Maariv* schätzte das Volumen der militärtechnischen Kooperation beider Staaten seit 2004 auf bisher 300 Millionen US-Dollar«.[4026]

Diese ausländische Investition schien auch wohl notwendig gewesen zu sein, um die georgische Armee in die Lage zu versetzen, ihre Funktion im Sinne der transatlantischen Geostrategie zu erfüllen. Insgesamt nämlich, so die *Süddeutsche Zeitung*, hatte SAAKASCHWILI »mit Hilfe Amerikas und Israels die georgische Armee von einem Trümmerhaufen in eine schlagkräftige und effiziente Truppe verwandelt und erst jüngst weiter aufgerüstet«.[4027]

2.3 Die Augustkrise 2008

Daß SAAKASCHWILI alles unternahm, die Spannungen mit Abchasien und Südossetien weiter ausufern zu lassen, sollte sich in der Folgezeit dokumentieren. Er zeigte sich grundsätzlich nicht bereit, mit den Südosseten und Abchasen über ein umfassendes Gewaltverzichtsabkommen zu verhandeln,[4028] um sich die Möglichkeit offenzuhalten, jederzeit eine militärische Lösung in Angriff nehmen zu können, wie internationale Beobachter meinen. Folgt man der Schilderung des Rußland-Experten Christian WIPPERFÜRTH, hatte Georgien in Reaktion auf die UNO-Resolution vom Oktober 2007, die das Vorgehen Georgiens in Abchasien verurteilte, gegenüber Südossetien eine härtere Gangart eingelegt. Mit der provokativen Äußerung, Neujahr 2007 in Zchinwali, der Hauptstadt Südossetiens, begehen zu wollen, proklamierte er »angesichts der politischen Rahmenbedingungen eine direkte Kriegsdrohung«.[4029] Dabei schien SAAKASCHWILI selbst einen Krieg mit Rußland leichtfertig in Kauf zu nehmen: »Wir fürchten keinen Krieg, aber wir glauben nicht, daß wir werden kämpfen müssen, denn Rußland hat ernsthafte Probleme mit seinen Verteidigungskapazitäten. Seine Armee ist ein Papiertiger, die Ausrüstung ist alt, und seine Soldaten sind nicht effektiv. Die Ereignisse in Tschetschenien haben das bewiesen«, erklärte SAAKASCHWILI noch im Oktober 2006.[4030]

Selbst in dieser Situation stellten sich westliche Einrichtungen, insbesondere auch Vertreter der NATO, demonstrativ auf die georgische Seite.[4031] Infolgedessen weigerte sich Georgien auch, Ende Oktober 2006 der Aufforderung des UN-Sicherheitsrates Folge zu leisten, ein Dokument über eine Waffenruhe in Südossetien zu unterzeichnen.[4032] Vor diesem Hintergrund müssen die gelegentlichen Vorschläge Georgiens, den Südosseten weitreichende Autonomierechte einzuräumen, eher als Augenwischerei angesehen werden, da diese am Kern des Problems, der gewaltsamen Wiedervereinigungspolitik, nichts änderten. Mit dieser Politik fuhr SAAKASCHWILI auch nach seiner Wiederwahl zum georgischen Präsidenten am 5. Januar 2008 fort. »Die Signale, die SAAKASCHWILI nach seiner Wiederwahl aussendet, lösen in Moskau Alarm aus«, so das Nachrichtenmagazin *Der Spiegel*.[4033] So bemühte sich SAAKASCHWILI, zusammen mit den USA einen bewaffneten Militärschlag gegen Abchasien zu planen, noch »bevor Georgien als Nato-Anwärter unter verschärfte Beobachtung gerät«.[4034]

Im Sommer 2008 schien alles dafür zu sprechen, daß sich die Lage an den Grenzen Südossetiens und Abchasiens zu den von Georgien kontrollierten Gebieten verschärfte. »Es kommt zu Granatwerfergefechten und Sprengstoffanschlägen unter den Augen von OSZE- und Uno-Abgesandten.«[4035] Nach den Darstellungen der *Frankfurter Allgemeinen Zeitung* »wiederholte sich, was in den vergangenen Jahren immer geschah, wenn die Spannungen in und um Südossetien wieder einmal zunahmen: Jede Seite wirft der anderen Provokationen vor, behauptet, man sei gezwungen gewesen, gegnerisches Feuer zu erwidern, um friedliche Bewohner von Dörfern und Städte zu schützen. Und wie jedes Mal gibt es Indizien für beide Versionen der Geschichte. Sowohl bei den Südosseten als auch bei den Georgiern gibt es Kräfte, die mit der anderen Seite nur in der Sprache der Gewalt sprechen wollen.«[4036]

Die Befürchtung der georgischen Regierung, daß ihr die abtrünnigen Regionen bald ganz entgleiten würden, gab den Scharfmachern, die schon länger eine gewaltsame Lösung ins Auge faßten, neue Nahrung, und so kam es, daß nach einem Bericht der International Crisis Group inoffizielle georgische Partisanen wieder aktiviert wurden, die in den Jahren zuvor SAAKASCHWILIS Regierung entwaffnet hatte.[4037] »Die Nervosität der Georgier, die sich in immer schärferen Worten und wohl auch Truppenbewegungen äußerte, steigerte die Gereiztheit der anderen.«[4038] Die gegenseitigen Schmarmützel entluden sich Ende Juli / Anfang August 2008 zu wechselseitigen Artillerieangriffen, wobei nach russischen Angaben sowohl Südosseten als auch Georgier die Verantwortung hierfür trugen.[4039]

Um eine bewaffnete Explosion, für die nicht mehr viel fehlte, aber doch noch abzuwenden, wurden für den 7. August 2008 von georgischen und südossetischen Vertretern »die ersten direkten Gespräche seit einem Jahrzehnt vereinbart«.[4040] Dieses Ereignis wurde von den Medien kaum beachtet; es ist aber für die Beurteilung der weiteren Vorgänge nicht ohne Bedeutung; im Gegenteil, die Ereignisse, die sich am Nachmittag des 7. August 2008 zugetragen haben, haben eine Schlüsselstellung. Lapidar hieß es in der *Süddeutschen Zeitung*, daß der de-Facto-Präsident Südossetiens Eduard KOKOITY dieses Treffen einfach abgesagt habe.[4041] Und in diesem Zusammenhang war die Rolle Rußlands nicht ohne Belang. Diesem wurde vorgeworfen, es habe sich in dieser Krise »unklar« oder »zweideutig« verhalten,[4042] wofür einige Gründe sprechen und worauf unten näher eingegangen werden soll. Im Rahmen der Gemeinsamen Kontrollkommission, die 1992 eingerichtet wurde, aus Vertretern Rußlands, Süd- und Nordossetiens und Georgiens bestand und ebenfalls mit der Überwachung des Waffenstillstandes betraut war, hatte sich Rußland Beobachtern zufolge in der Tat in der Vergangenheit regelmäßig die südossetische Position zueigen gemacht.

Den Enthüllungen der *Frankfurter Allgemeinen Zeitung* nach schien sich dies jedoch Anfang August 2008 geändert zu haben. Am 7. August, dem Tag der ersten direkten Gespräche zwischen südossetischen und georgischen Vertretern, »gab es offenbar Differenzen zwischen dem russischen Ko-Vorsitzenden der ›Gemeinsamen Kontrollkommission‹, Jurij POPOW, und den Südosseten. POPOW bemühte sich

Russische Truppen vor dem georgischen Gori am 14. August 2008. Die russische Operation heißt »Erzwingung des Friedens«; sie solte fünf Tage dauern. (Foto : AFP)

Nach dem Angriff der Georgier: zerstörte Gebäude im südossetischen Zchinvali. (Foto (D. BELIAKOW) Der Beschuß in der Nacht zum 8. August war der Beginn des groß angelegten bewaffneten Konflikts in Georgien.

Georgisches Raketenfeuer auf Südossetien am 8. August 2008. Für die Bombardierung der Stadt Zchinvali schob Staatschef Michail SAAKASWILI die Schuld den Russen zu, was nicht zutrifft.

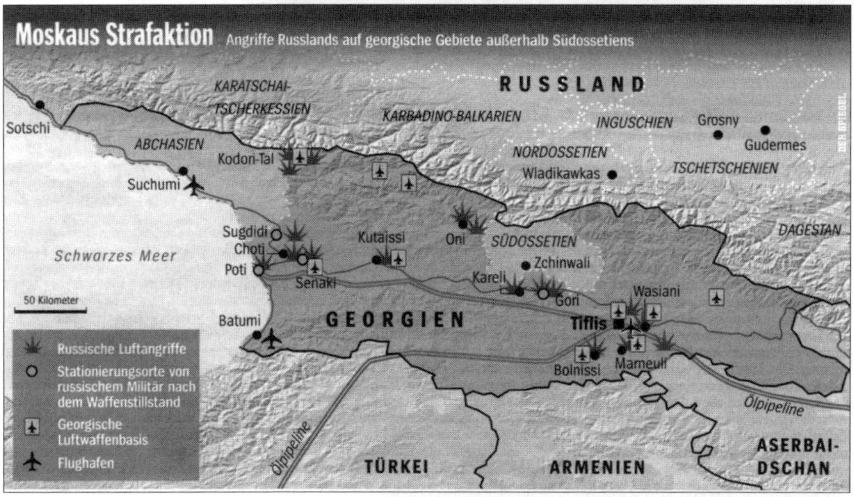

Moskaus Strafaktion. Karte des Nachrichtenmagazins *Der Spiegel,* Nr. 34, 2008.

Abzug russischer Truppen aus Südoesstien am 24. August 2008.

den ganzen Tag sowohl in Tiflis als auch in Zchinwali darum, ein Gespräch zwischen der südossetischen Führung und dem georgischen Reintegrationsminister JAKOBASCHWILI zustande zu bringen. Es heißt, das sei am südossetischen Präsidenten Eduard KOKOJTY gescheitert, der sich am Nachmittag sogar geweigert haben soll, POPOW zu treffen«.[4043] Der *Frankfurter Allgemeinen Zeitung* zufolge war KOKOITY zu dieser Haltung »von einflußreichen Kräften« in Rußland ermuntert worden, ohne diese Kräfte aber näher zu benennen. Es wird der Verdacht geäußert, daß es kriminelle Hintermänner gebe, die diese Krise geschürt hätten. Dabei spricht einiges dafür, daß es kriminelle Organisationen in Rußland waren, die möglicherweise hinter KOKOITY standen und denen es darum ging, den Roki-Tunnel – die einzig sicher befahrbare Verbindung zwischen Rußland und Georgien – als wichtige Schmuggelroute und Südossetien als rechtsfreien Raum unter ihrer Herrschaft zu behalten.[4044]

Dafür spricht, daß viele Mitglieder der Führung Südossetiens, unter ihnen auch KOKOITY selbst – lange in Rußland gelebt haben und dort als ›Geschäftsleute‹ tätig gewesen sein sollen – »was im postsowjetischen Sprachgebrauch ein äußerst schillernder und vieldeutiger Begriff ist«.[4045] Jedenfalls sprechen sämtliche Tatsachen dagegen, daß es das russische Außen- und Verteidigungsministerium gewesen sein soll, das KOKOITY hinterrücks in dieser Konfrontationshaltung bestärkt hat. Im Gegenteil, kein Geringerer als der georgische Präsident SAAKASCHWILI selbst schilderte, russische Diplomaten hätten ihm mitgeteilt, daß sie die Kontrolle über die südossetischen Kräfte verloren hätten.[4046]

In der Zusammenfassung der *Frankfurter Allgemeinen Zeitung* stellen sich diese Entwicklungen so dar: »Den letzten Versuch, die Lage durch Verhandlungen zu entschärfen, machte der russische Sonderbeauftragte für Südossetien, Jurij POPOW. Nachdem die Südosseten zunächst am 6. August [2008] zugestimmt hatten, sich am 7. August mit POPOW und dem Georgier JAKOBASCHWILI in Zchinwali zu treffen, teilten sie dem russischen Diplomaten wenige Stunden vor der geplanten Begegnung mit, er solle nicht kommen, sie könnten nicht für seine Sicherheit garantieren – so jedenfalls sagt es Temur JAKOBASCHWILI. Er und POPOW hätten entschieden, trotzdem nach Zchinwali zu fahren. . . In Zchinwali, so JAKOBASCHWILI, habe er ein ›sehr detailliertes Gespräch‹ mit General KULACHMETOW (dem russischen Kommandeur der Friedenstruppen, der Verf.) geführt, der ihm gesagt habe, daß die südossetischen Milizen sich seiner Kontrolle entzögen. Auch er könne ihre Führer nicht erreichen.«[4047] Der georgische Reintegrationsminister JAKOBASCHWILI erklärte: »Ich neige dazu, zu glauben, daß POPOW und General KULACHMETOW an diesem Tag ernsthaft versucht haben, eine Eskalation zu verhindern. Aber jemand anderes hatte wohl schon anders entschieden.«[4048] Damit jedenfalls war eine Beilegung des Konflikts ohne Waffengang vom Tisch.

2.4 Die Streitfrage nach der Urheberschaft des Krieges

Damit stellt sich die Frage nach der Urheberschaft des nun beginnenden Krieges. »Die gegensätzliche Wahrnehmung des Krieges im Kaukaus in Rußland und im Westen speist sich wesentlich aus der Frage nach den ersten Truppenbewegungen«, so die *Neue Zürcher Zeitung.*[4049] Eine starke Meinungsgruppe ist der Auffassung, daß Georgien in eine russische Falle getappt sei. Diese hätte darin bestanden, daß Rußland die Präsidenten Südossetiens, Eduard Kokoity, und Abchasiens, Sergej Bagapsch, immer wieder zu militärischen Provokationen gegen georgische Einheiten angestachelt habe. Gleichzeitig sei die russische 58. Armee von Moskau in Alarmbereitschaft gehalten worden bzw. habe diese bereits in den Tagen zuvor den Roki-Tunnel – das einzige Verbindungsstück zwischen Südossetien und Rußland – besetzt, um dann gegen eine zu erwartende georgische Militäroperation eingreifen zu können.[4050]

Fraglich ist jedoch, inwieweit diese Darstellung den Tatsachen standhält. Zum einen war insbesondere aus westlichen Geheimdienstkreisen bekannt, daß Saakaschwili bereits im Jahre 2006 Pläne für einen Einmarsch in Südossetien erstellt hatte, »eine Art Blaupause für die spätere Operation, so heißt es, habe vorgesehen, in 15 Stunden alle wichtigen Stellungen zu erobern. Einen Plan B, für den Fall des Scheiterns, gibt es nicht«.[4051] Damit ist also klar, daß Georgien schon längst eine militärische Besetzung Südossetiens ins Auge gefaßt hatte. Auch Rußland-Experte Christian Wipperfürth zufolge hatte Georgien schon für Oktober 2006 einen Militärschlag gegen Abchasien und Südossetien geplant.[4052]

Saakaschwili stellte die Vorgänge so dar, daß er am 7. August erst gegen 22 Uhr Berichte erhalten habe, daß 150 russische Panzer aus dem Norden durch den Roki-Tunnel nach Südossetien eingedrungen seien und er erst dann, als die russischen Einheiten bereits weiter nach Zchinwali eingerückt seien, die Entsendung von Bodentruppen befohlen habe.[4053] Ob dieser Darstellung so gefolgt werden kann, erscheint fraglich, da mehrere befragte westliche Diplomaten diese Sichtweise nicht bestätigen konnten.[4054] Schließlich, so das Nachrichtenmagazin *Der Spiegel* unter Berufung auf Angaben westlicher Geheimdienste, hatten bereits am Morgen des 7. August die Georgier nach Erkenntnissen westlicher Beobachter 12 000 Soldaten und 75 Panzer bzw. gepanzerte Schützenwagen – also ein Drittel der georgischen Armee – an der Grenze zu Südossetien zusammengezogen. Gemäß dem Operationsplan vom April 2006 sollten sie in einem 15 Stunden-Blitzkrieg bis zum Roki-Tunnel vorstoßen, um ihn zu schließen. Damit sollten dann die rund um Zchinwali stationierten 500 russischen Soldaten und weitere 500 Kämpfer der südossetischen Miliz eingekesselt und niedergekämpft werden.[4055]

Der Kern der georgischen Darstellung, wonach Georgien nach Südossetien vorgestoßen sei, weil es verläßliche Informationen darüber gehabt habe, daß die Russen durch den Roki-Tunnel (der einzigen passierbaren Landverbindung zwischen Südossetien und Rußland) kämen, wurde aber selbst von NATO-Experten widerlegt. »In der Allianz liegen inzwischen genauere Erkenntnisse über den Hergang der Kampfhandlungen vor. Sie beruhen neben den Aussagen des georgischen Generalstabs auf der Aufklärung der Verbündeten und der Nato selbst.«[4056] Deren Erkenntnissen zufolge begannen die georgischen Streitkräfte in der Nacht vom 7. auf den 8. August eine Operation zur Einnahme ganz Südossetiens. Sie rückten in Gestalt eines umgekehrten Dreiecks auf die südossetische Hauptstadt Zchinwali vor, mit ihrer 3. und 4. Brigade an den beiden vorderen Enden und Artillerie im Hintergrund. Ihre 2. Brigade blieb in Reserve. Die georgischen Streitkräfte nahmen Zchinwali ohne nennenswerte Schwierigkeiten ein und bewegten sich dann in Richtung auf den Roki-Tunnel. Parellel dazu standen die Russen mit 8000 Mann der 58. Armee in Nordossetien, die gerade ihr sommerliches Routinemanöver in der Kaukasusregion abschloß.

Das war Diplomatenberichten zufolge ein entscheidender logistischer Vorteil gewesen, weil deshalb die Fahrzeuge noch betankt und aufmunitioniert gewesen waren. Die Russen kamen durch den Tunnel, brachten die 3. Brigade der Georgier rasch zum Stehen und schlugen sie zurück, woraufhin die 3. Georgische Brigade unter Zurücklassung ihrer schweren Waffen auseinanderlief, während sich die 4. Brigade rückwärts in Richtung Gori bewegte. In der Nacht vom 8. auf den 9. August unternahmen die Georgier noch einmal einen Gegenangriff, doch am Ende zogen sich ihre 4. und 2. Brigade ohne Zusammenhang nach Tiflis zurück. Am 9. August wurde mit amerikanischer Hilfe noch die 1. Brigade aus dem Irak eingeflogen, was am Ausgang der Kämpfe aber nichts mehr änderte.[4057] Von seiten der NATO-Experten wurde hervorgehoben, die Schwäche der Georgier habe darin gelegen, daß die Russen die Luftüberlegenheit gehabt und die georgische Luftwaffe noch am Boden zerstört hätten.

Dem Nachrichtenmagazin *Der Spiegel* zufolge war daher für die Brüsseler NATO-Offiziere eines klar: »Die Georgier hätten angefangen, und zwar weniger aus Notwehr oder als Reaktion auf russische Provokationen, sondern aus eigenem Kalkül. Es sei eine kalkulierte Offensive gegen die südossetischen Stellungen gewesen, um vollendete Tatsachen zu schaffen; die Schußwechsel der vorhergehenden Tage wurden in Brüssel kühl als geringfügige Vorgänge eingestuft. Noch deutlicher: Im nachhinein seien sie keineswegs als Begründung für die georgische Kriegsvorbereitung zu werten.«[4058] Der georgische Angriff auf Zchinwali erfolgte noch eine Stunde vor der russischen Intervention: »Am 7. August, um 22.35 Uhr, also knapp eine Stunde vor dem von SAAKASCHWILI behaupteten Einmarsch der russischen Panzer in den Roki-Tunnel, beginnt der georgische Artilleriebeschuß von Zchinwali.«[4059] Überdies benennt das Nachrichtenmagazin *Der Spiegel* den Oberst im Generalstab und Leitenden Militärberater der deutschen OSZE-Mission Wolfgang RICHTER, der vor Ort in Tiflis war, als Zeugen, der bestätigte, daß die Georgier bereits im Juli 2008 an der Grenze zu Südossetien Truppen massiert hätten. In einer vertraulichen Sitzung des Außen- und Verteidigungsausschusses des deutschen Bundestags belegte er, daß die Georgier teilweise über Truppenbewegungen »gelogen« hätten. Für SAAKASCHWILIS Behauptung, die Russen seien in den Roki-Tunnel einmarschiert, bevor Tiflis den Angriffsbefehl gab, habe RICHTER keine Belege gefunden, so der *Spiegel*.[4060]

Den NATO-Unterlagen waren zudem Indizien zu entnehmen, die Aufschluß für den Grund des Einmarsches der russischen Streitkräfte gaben. Während der Beschießung Zchinwalis durch die georgischen Streitkräfte verfolgten die Geheimdienste im Äther die Hilferufe der eingeschlossenen russischen Friedenstruppen, »aber die 58. Armee, unter anderem in Nordossetien stationiert, scheint nicht gefechtsbereit zu sein. Jedenfalls nicht in dieser Nacht. . . Nach den Erkenntnissen der Dienste feuert die russische Armee erst um 7.30 Uhr am 8. August – mit dem Abschuß einer SS-21 auf die Stadt Borschomi, südwestlich von Gori, die Rakete soll Bunkerstellungen von Armee und Regierung treffen. Kurz darauf fliegen russische Kampfflugzeuge erste Angriffe auf die georgische Armee. Jetzt schwillt der Funkverkehr im Äther an, die russische Armee erwacht. Erst gegen elf Uhr ziehen ihre Truppen aus Nordossetien durch den Roki-Tunnel. Diese Zeitabfolge gilt inzwischen als Beleg dafür, daß Moskau nicht offensiv gehandelt, sondern nur reagiert hat. Später werden weitere SS-21 nach Süden verlegt. Die Russen führen 5500 Soldaten bis nach Gori. An der georgisch-abchasischen Grenze sind 7000 Soldaten aufmarschiert«.[4061]

Damit scheint wohl festzustehen, daß es die georgische Führung gewesen ist, die die Situation bewußt ausufern ließ. Allerdings gibt es hier auch Gegenstimmen – die sich ausgerechnet auf eine russische Quelle berufen, die belegen soll, daß die russischen Streitkräfte nicht auf die georgische Aggression gegen Südossetien reagiert, sondern unabhängig davon sich bereits auf dem Vormarsch befunden hätten. Ein Hauptmann der 8. Russischen Armee hat demzufolge gegenüber der Militärzeitschrift *Roter Stern* dargelegt, daß seine Einheit bereits in der Nacht zum 8. August von Nordossetien aus durch den Roki-Tunnel auf Zchinwali vorgerückt sei.[4062] Fraglich ist allerdings, wie glaubhaft diese Quelle angesichts der von den Geheimdiensten ermittelten Vorgänge ist. Die Zweifel vergrößern sich, weil der besagte russische Hauptmann in einer der folgenden Ausgaben des *Roten Sterns* seine Darstellung widerrief und nun erklärte, seine Einheit sei nun doch etwas später, als zuerst angegeben, auf Zchinwali zumarschiert.[4063]

Damit wäre sich insgesamt der Einschätzung Michael STÜRMERS anzuschließen, der in einem Aufsatz in der Tageszeitung *Die Welt* analysierte, daß SAAKASCHWILI in einem Akt von Größenwahn mit seinen Milizen das große Rußland gereizt habe.[4064] Auch die *Neue Zürcher Zeitung* spricht hier von einem Hasardspiel SAAKASCHWILIS: »SAAKASCHWILI, der westliche Ausbildung und weltläufigen Charme mit traditionell kaukasischer Abenteuerpolitik verbindet, suchte immer wieder die Provokation. Er trägt maßgeblich Verantwortung dafür, daß die seit den Kriegen in den neunziger Jahren eingefrorenen Konflikte mit Südossetien und dem ebenfalls von

Georgien de facto unabhängigen Abchasien wieder an Schärfe zugenommen haben. SAAKASCHWILI nutzte nie die Chance zum Neuanfang und zur Vertrauensbildung, die der Sturz seines Vorgängers SCHEWARDNADSE bedeutete.«[4065]

Aufgrund dieser Politik SAAKASCHWILIS kam es seit Juli 2008 immer wieder zu Zusammenstößen zwischen georgischen und südossetischen bewaffneten Kräften. »Es gab Schußwechsel, Tote, offenbar auch Morde im Umfeld der Scharmützel. Das alles hat im Westen niemanden allzu sehr aufgeregt, denn solche kleineren Gefechte gab es dort jeden Sommer.«[4066] Folgt man Nikolas BUSSE, sollte sich dies aber Anfang August 2008 geändert haben. Denn »›da hat die georgische Seite offenbar beschlossen, das Ganze nun militärisch lösen zu müssen‹, sagt ein Diplomat«.[4067] Die Georgier seien demzufolge in Südossetien einmarschiert und hätten die Hauptstadt Zchinwali besetzt. Das sei ihnen zunächst ganz gut gelungen, da die Russen nur 500 Mann als Teil der Friedenstruppen in Südossetien gehabt hätten, und auch die anderen Mitglieder der OSZE, Südosseten und Nordosseten, nur mit geringer Truppenstärke anwesend gewesen seien. »Die Russen hätten aber rasch ihre 58. Armee mobilisiert, die im nordossetischen Wladikawkas stationiert ist, und die Georgier gleich am Freitag wieder aus Zchinwali vertrieben. Am Samstagabend hätten die Georgier noch einmal vergebens versucht, Zchinwali zurückzuerobern. Am Sonntag hätten sie dann ihre Angriffe am Boden zunächst eingestellt.«[4068] Auch nach Einschätzung von Nick GRONO von der International Crisis Group ging es SAAKASCHWILI darum, mit einem Handstreich Südossetien unter Kontrolle zu bringen.[4069]

Der mehr als tausend Seiten umfassende Bericht der internationalen Untersuchungskommission zur Aufklärung der Hintergründe des Georgienkrieges, der ›Independent International Fact-Finding Mission‹ (IIFFMCG), der am 30. September 2009 veröffentlicht wurde, bestätigte auch folgerichtig, daß Georgien den Krieg um Südossetien begann. Dort heißt es: »Der Beschuß Zchinwalis durch die georgischen Streitkräfte in der Nacht vom 7. auf den 8. August 2008 war der Beginn des groß angelegten bewaffneten Konflikts in Georgien.« Bezüglich der Behauptungen der georgischen Führung, man habe nur auf eine russische Invasion reagiert, erklärte die Leiterin dieser Untersuchungskommission, die Schweizer Diplomatin Heidi TAGLIAVINI, daß nicht eine der Erklärungen der georgischen Behörden, die sie als juristische Rechtfertigungsgründe vorgebracht hätten, stichhaltig gewesen sei. Insbesondere hätte keine groß angelegte russische Militärinvasion gedroht, die durch das georgische Militär hätte gestoppt werden müssen. Jedoch, so der Bericht, sei die militärische Reaktion Rußlands weit über die vernünftigen Grenzen der Verteidigung hinausgegangen. Damit bestätigten die Ergebnisse dieser Untersuchung einen Ende 2008 erstellten Bericht der OSZE, der sich auf deren eigene Beobachter stützte und der inhaltlich der georgischen und amerikanischen Version der Darstellung der Kriegsgründe widersprach.

2.5 Der NATO-Gipfel in Bukarest im April 2008 als Kriegsbeschleuniger

So muß man sich aber die Frage stellen, wieso SAAKASCHWILI gerade zu jenem Zeitpunkt eine militärische Blitzoffensive zur Schaffung vollendeter Tatsachen gestartet hatte. Hierbei gilt es auch, die Frage zu stellen, ob SAAKASCHWILI nicht durch andere Mächte Signale erhalten hatte, um diesen Schlag führen zu können. Auch Nikolas BUSSE von der *Frankfurter Allgemeinen Zeitung* wirft hier mehrere Fragen auf: Möglicherweise habe SAAKASCHWILI nicht mit einer Entschlossenheit Moskaus gerechnet, vielleicht habe er vom Westen Signale erhalten oder aber er sei in eine russische Falle geraten.[4070] Eine Antwort gibt er jedoch nicht.

Zu beachten ist jedoch in diesem Zusammenhang, daß SAAKASCHWILIS außenpolitischer Kurs darauf ausgerichtet ist, die GUS zu verlassen und vollwertiges Mitglied des transatlantischen Bündnisses zu werden. Während der Zuspitzung der russisch-georgischen Krise im Jahr 2006 kündigte SAAKASCHWILI den Schritt, die GUS zu verlassen, deutlich an. Anlaß hierfür war das Embargo Rußlands gegen die Einfuhr georgischer Weine und Lebensmittel, womit Rußland deutlich machen wollte, daß es nicht mehr gewillt war, die provokative Politik Georgiens in der Abchasien- und Südossetienfrage länger hinzunehmen. Tatsächlich aber wurde die Aufkündigung der GUS-Mitgliedschaft in Georgien schon länger diskutiert, und so wurde im Jahre 2006 erkennbar, daß die Ukraine und Georgien nach den Worten des georgischen Staatsministers für die euro-atlantische Integration, Giorgi BARAMIDSE, diesen Schritt »mit größter Sicherheit« vollziehen würden.[4071] Hierzu wurden die Ukraine und Georgien auch von dem US-Vizepräsidenden Richard CHENEY auf dem Treffen in Vilnius im Mai 2006 ermutigt.[4072] »Meine vorläufige Einschätzung ist, daß wir bei einem Austritt aus der GUS nicht viel zu verlieren haben«, erklärte SAAKASCHWILI seinerzeit. Stattdessen »versucht er mit aller Macht, Georgien in die Nato zu führen sowie der EU näher zu bringen. Dabei hat er sich eng an die USA angelehnt«.[4073]

Dies erfolgte zu einer Zeit, als sich die russisch-amerikanischen Beziehungen auf dem Tiefpunkt befanden, was in den Angriffen des US-Vizepräsidenten Richard CHENEY auf der im Mai 2006 stattgefundenen Außenministerkonferenz in Vilnius gegen die Energiepolitik Rußlands und dessen »Demokratiedefizite« deutlich wurde. Die Verstaatlichung des Energiesektors in Rußland war der US-Machtelite ohnehin ein Dorn im Auge, und aus diesem Grund begann diese seit einiger Zeit in aller Stille, das Verhältnis zu Rußland zu überdenken, wobei CHENEY die treibende Kraft war. Seit Januar 2006 war er im Begriff, Rußland-Experten und Geheimdienste zu einer Strategierunde zusammenzuführen,[4074] um PUTINS Absichten zu analysieren und Gegenstrategien zu entwickeln. »Bereits seit längerem haben sich in den USA Politiker auf Rußland eingeschossen. . . Der Negativtrend gegenüber Moskau ist dabei nicht auf das konservative politische Spektrum in den USA beschränkt. In einem Bericht des einflußreichen Council on Foreign Relations. . . wurden die Probleme zwischen den USA und Rußland ausführlich analysiert.«[4075] Neben den ›Demokratiedefiziten‹ und dem Einsatz der ›Energiewaffe‹ wurde Rußland darin auch vorgeworfen, den Zugang zu den US-Basen in Zentralasien zu blockieren, und so kommt die Studie zu der Schlußfolgerung: »Die Idee einer strategischen Partnerschaft ist nicht mehr realistisch.«[4076] Michael McFaul, Rußland-Kenner vom Thinktank ›Hoover-Institution‹, faßt zusammen: »Ein autoritäres Rußland wird weniger bereit sein, gemeinsam mit dem Westen zu agieren.«[4077]

Vor diesem Hintergrund vollzog sich daher auch eine verstärkte Zusammenarbeit der USA mit Rußlands Randstaaten, die durch die Rundreise Cheneys in Osteuropa und Zentralasien im Mai 2006 unterstrichen wurde. Deutlich hob Cheney dabei die strategische Zusammenarbeit der USA mit Kasachstan hervor, was wohl im wesentlichen darauf beruht, daß Kasachstan den Bau einer transkaukasischen Pipeline unterstützt, durch die Erdgas aus Zentralasien über das Kaspische Meer und den Kaukasus unter Umgehung Rußlands nach Europa transportiert werden soll.[4078] Dabei fördern die USA auch vollständig die Bestrebungen Georgiens, in die NATO aufgenommen zu werden. Antirussische Energie- und Pipelinepolitik sowie die Eindämmung Rußlands können mit einem solchen Schritt verwirklicht werden: »Daß durch Westintegration (Georgiens) die Rolle Rußlands zurückgeschnitten werden könnte, dürfte eine der politischen Hoffnungen sein, die mit dieser Politik in Tiflis verknüpft werden.«[4079]

Washington wurde zum Anwalt für die georgischen Zielsetzungen, fügten sich diese doch gut in dessen geopolitische Pläne ein. So berichtete die *Frankfurter Allgemeine Zeitung* zu dieser Zeit, daß »im amerikanischen Senat ein Gesetzesvorschlag eingebracht worden sei, in dem die Bewahrung der Unabhängigkeit Georgiens und Aserbaidschans in einen Zusammenhang mit den lebenswichtigen Interessen Amerikas im kaspischen Raum gestellt wird. Dabei geht es um die Sicherheit der Erdöl- und Erdgasleitungen, die von Aserbaidschan über Georgien verlaufen, und um die Eindämmung Irans«.[4080] In diesem Zusammenhang spricht vieles dafür, daß Rußland mit dem Wein-Embargo die NATO-Aufnahme Georgiens verhindern wollte. Wie die *Frankfurter Allgemeine Zeitung* enthüllte, »war der Zeitpunkt des russischen Embargos doch offenbar berechnet. Jedenfalls fiel der publizistisch-politische Höhepunkt des ›Weinkrieges‹ ziemlich genau mit einer Präsentation von Georgiens Nato-Vorbereitungen in Tiflis zusammen. Anfang Mai (2006) stellte die georgische Führung internationalen Beobachtern und Vertretern der Nato die Ergebnisse der bisherigen Militärreform sowie die künftigen Pläne zum Erreichen der Nato-Standards vor.«[4081] In Tiflis rechnete man in öffentlichen Äußerungen damit, daß im Bündnis bis zum Ende des Jahres 2006 eine positive Entscheidung über einen ›Membership Action Plan‹ für Georgien gefällt würde, was so gut wie ein Eintrittsbillet in die NATO gewesen wäre. Tatsächlich jedoch war Georgien bislang seinem Ziel nicht wesentlich nähergekommen.

Die USA und Saakaschwili hofften jedoch, auf dem NATO-Gipfeltreffen in Bukarest im April 2008 eine Aufnahme Georgiens und der Ukraine in den ›NATO-

Membership Action Plan‹ durchsetzen zu können. Damit aber konnten die USA nicht durchdringen. »Als Präsident George W. BUSH Georgien auf dem Nato-Gipfel in Bukarest in den ›Action Plan for Membership‹ des westlichen Verteidigungsbündnisses aufnehmen wollte, eine Vorstufe zur Nato-Mitgliedschaft, verweigerten ihm zehn Mitgliedsländer die Gefolgschaft – darunter Deutschland, Frankreich und Italien.«[4082]

Wenn die Maximalforderung der USA nach Aufnahme der Ukraine und Georgiens schon nicht durchzusetzen war, so wurde jedoch der Beitritt dieser Länder dort erstmals beschlossen.[4083] Unter Ziffer 22 der Gipfelerklärung hieß es: »Wir haben uns gestern darauf geeinigt, daß diese Länder Mitglied der NATO werden.«[4084] Damit hatten die USA zumindest noch einen wichtigen Etappensieg erzielen können: Sie hatten die NATO auf das Ziel festgelegt, die geostrategischen Schlüsselstaaten Eurasiens, Ukraine und Georgien, in das transatlantische Bündnis aufzunehmen, wobei die endgültige Entscheidung über den ›Membership Action Plan‹ auf Dezember 2008 verschoben wurde.[4085] Dann sollten die Außenminister der NATO noch einmal darüber beraten, ob Georgien und die Ukraine mittlerweile die notwendige ›Bündnisreife‹ besäßen und über die erforderlichen NATO-Beitrittskriterien verfügten.

Nikolas BUSSE bezeichnete diese Formel als einen »in der Geschichte der Nato einmaligen Kompromiß«.[4086] Nach Urteil der *Frankfurter Rundschau* war genau der Tag, an dem dies beschlossen wurde – der 4. April 2008 –, auch der »Beginn des Countdowns zum Krieg«[4087], weil die NATO mit dieser Entscheidung direkt in die Sicherheitssphäre Rußlands vorrückte. An jenem Tag, so die Ausführungen der Zeitung, »empfing die Nato beim Gipfel in Bukarest als Gast Wladimir PUTIN, Rußlands damaligen Präsidenten. PUTIN war wütend. Tags zuvor hatte die Nato den Ex-Sowjetrepubliken Ukraine und Georgien die Aufnahme in die Nato zugesagt – wenn auch ohne festen Zeitplan. Beim Mittagessen mit den Staats- und Regierungschefs kündigte PUTIN Rußlands Antwort an: So wie der Westen den Kosovo, werde Moskau Abchasien und Südossetien anerkennen und eine Pufferzone zwischen der Nato und seinen Grenzen schaffen, gab ein Nato-Delegationsmitglied PUTINS Worte der Moskauer Tageszeitung *Kommersant* weiter.«[4088]

Während Rußland diesen Beschluß des NATO-Gipfels als weiteres Element der US-amerikanischen Einkreisungspolitik erkannt hatte, ging er Georgien nicht weit genug. Der damalige georgische Außenminister David BAKRADZE bezeichnete ihn als Fehler.[4089] Nach Beurteilung der georgischen Führung hätten die europäischen NATO-Mitglieder die Bedeutung des Kaukasus nicht erkannt und würden es daher versäumen, Georgien als wichtigen strategischen Faktor Europas in der Region die erforderliche sicherheits- und verteidigungspolitische Aufmerksamkeit zukommen zu lassen. Die europäischen NATO-Mitglieder begründeten ihre Weigerungshaltung damit, daß die Aufnahme der Georgier wegen der Konflikte in Abchasien und Südossetien problematisch und man daher nicht bereit sei, für Georgien in den

Krieg zu ziehen, wenn laut Artikel 5 des NATO-Vertrages einmal der gemeinsame Verteidigungsfall – möglicherweise ausgelöst durch eine leichtfertige georgische Provokation – eintreten sollte.[4090] SAAKASCHWILI kritisierte diese Entscheidung mit den Worten, daß die Europäer endlich beweisen müßten, inwieweit sie für ihre Werte einstünden, denn am Kaukasus stehe die gesamte Sicherheitsordnung Europas auf dem Spiel.[4091] Indirekt forderte SAAKASCHWILI den Westen auf, eindeutig gegen Rußland Stellung zu beziehen, denn: »Rußland betreibe eine Politik der Umverteilung, und Georgien sei nur der Anfang. ›Morgen ist es die Ukraine, dann die baltischen Staaten, Polen‹, prophezeite Georgiens Präsident – und wandte sich einmal mehr den Amerikanern zu.«[4092]

Jedenfalls schien der Beschluß des NATO-Gipfeltreffens ein Signal für SAAKASCHWILI gewesen zu sein, eine Politik der gesteigerten Eskalation zu betreiben, um zu testen, wie weit die NATO und die USA gehen würden, um Georgien gegen Rußland zu unterstützen und seine ›territoriale Integrität‹ zu verteidigen. Die Sommerkrise 2008 erinnert insofern deutlich an die oben beschriebene Krise um die Pankisi-Schlucht im Jahre 2002, die seinerzeit SCHEWARDNADSE durch die heimliche Unterstützung eines tschetschenischen Warlords gezielt betrieb, um ebenfalls die Einsatzbereitschaft der USA für die Einheit Georgiens gegen etwaige russische Gegenmaßnahmen zu prüfen. Viel spricht dafür, daß SAAKASCHWILI diese Strategie jetzt wiederholen wollte, um zwei Ziele zu erreichen: Einerseits die Unterstützung der NATO und der USA für eine gewaltsame Politik der Eingliederung Abchasiens und Südossetiens und zweitens, einen russischen Gegenangriff zu provozieren, der auch den europäischen NATO-Mitgliedsstaaten die Notwendigkeit einer NATO-Mitgliedschaft Georgiens vor Augen führen, ihnen ihre Bedenken dagegen nehmen und somit den NATO-Beitritt des Kaukasusstaates beschleunigen soll. Tatsächlich – so auch das Nachrichtenmagazin *Der Spiegel* – nahmen seit dem Bukarester NATO-Gipfel die Spannungen im Kaukasus wieder zu.[4093]

Auch SAAKASCHWILI war klar, daß Rußland einem gewaltsamen Übergriff auf Südossetien nicht tatenlos zusehen würde. Durch den Bukarester NATO-Beschluß nämlich fühlte sich Moskau in seiner bisherigen Position bestärkt und nahm sogar quasi-offizielle Beziehungen zu den abtrünnigen Regionen auf.[4094] Genau darauf schien SAAKASCHWILI nach Ansicht einiger Beobachter auch gesetzt zu haben: »Seine Berechnung ist kein Geheimnis: Er eröffnet den Krieg im Bewußtsein der Rückendeckung durch die USA und ihren NATO-Anhang, nimmt eine Eskalation der lokalen Auseinandersetzung zu einem Konflikt der Großmächte nicht nur in Kauf, sondern setzt geradezu auf sie. Das russische Kontingent in der Friedenstruppe wird demonstrativ beschossen und dezimiert, die Hauptstadt der Südosseten ebenso demonstrativ in Schutt und Asche gelegt. Für die Rückgewinnung des Kommandos über einen von Tiflis abgefallenen Sprengel führt SAAKASCHWILI seine Nation in einen Großkonflikt: Rußland soll mit den USA in Kollision kommen und sich vor die Frage gestellt sehen, ob es klein beigibt und Georgien gewähren läßt, oder ob ihm die Wahrung seiner Interessen im Südkaukasus im Zweifelsfall eine direkte Konfrontation mit der Supermacht wert ist.«[4095]

Rußland, so wohl die Absicht Saakaschwilis, sollte als Bedrohungsfaktor für die euro-atlantische Sicherheit – insbesondere der Energiesicherheit – vorgeführt werden, und darauf baute seine Eskalationspolitik auf: »Saakaschwili schafft beständig Krisenlagen in der Berechnung, seinem Feind so die Herrschaft über die Lage im südlichen Kaukasus aus der Hand zu nehmen: Die militanten Provokationen und ständigen Herausforderungen an die russischen Friedenstruppen sind darauf angelegt, daß Rußland ›zurückschießt‹ und sich damit als eigentlicher Krisenverursacher und als Okkupations- statt Friedensmacht entlarvt. Damit lägen dann die nötigen Beweise für eine internationale Verurteilung des Kreml durch OSZE, UNO etc. vor, Rußland wäre in seiner Rolle als Garant des Waffenstillstands und Entsender von Friedenstruppen delegitimiert und müßte durch eine wirklich überparteiliche Friedensmission. . . abgelöst werden.«[4096]

Folgt man den Analysen der *tageszeitung*, ist Saakaschwili – obschon es hierfür noch keine verläßlichen Beweise gibt – offensichtlich davon ausgegangen, daß die USA dafür Sorge tragen würden, »daß Rußland so lange stillhält, bis die von den USA aufgerüsteten und trainierten georgischen Truppen in Südossetien neue Fakten geschaffen haben«.[4097] Mit einer blitzkriegartigen Operation sollten die Hindernisse beseitigt werden, die bislang gerade aus Sicht der europäischen NATO-Staaten einer NATO-Mitgliedschaft Georgiens im Wege standen. Dies mußte aber noch vor Ablauf des Zeitplanes geschehen sein, den sich die NATO gesetzt hatte, um erneut die Tauglichkeit Georgiens für den ›Membership Action Plan‹ zu prüfen, was im Dezember 2008 erfolgen sollte. Bis dahin sollten Abchasien und Südossetien eingegliedert und der russische Einfluß durch Zernierung der dortigen Friedenstruppen aufgehoben sein. Dadurch, daß die USA offen für die NATO-Mitgliedschaft Georgiens geworben hatten, erhoffte sich Saakaschwili deren heimliche Unterstützung.

2.6 Die heimliche Unterstützung des georgischen Militärschlags durch die USA

Damit stellt sich die Frage, inwieweit der Militärschlag Georgiens hinter den Kulissen von den USA inszeniert und gefördert wurde. Tatsächlich liegen einige Anzeichen dafür vor, daß die US-Machtelite das Vorgehen der Georgier unterstützte.

Schon allein vor dem Hintergrund der bestehenden engen militärischen Zusammenarbeit zwischen den USA und Georgien ist kaum glaubhaft, daß den USA die Pläne Georgiens nicht bekannt gewesen sein sollen. Die amerikanische Militäranwesenheit wurde zudem in den letzten Jahren zur Ausbildung der georgischen Streitkräfte nochmals ausgeweitet,[4098] und die strategische Bedeutung Georgiens wurde in der jüngsten Vergangenheit von US-amerikanischen Militärs des öfteren hervorgehoben. So erklärte General Jones, damals Oberbefehlshaber der amerikanischen Streitkräfte in Europa: »Der Kaukasus wird für uns immer wichtiger. Sein

Luftkorridor ist die Lebensader zwischen den Streitkräften in Afghanistan und unseren Nachschubbasen in Europa. Kaspisches Erdöl, das durch den Kaukasus fließt, kann bis zu einem Viertel des zusätzlichen Bedarfs an Öl decken.«[4099] Im benachbarten Zentralasien, so analysierte die *Neue Zürcher Zeitung,* »schlugen hingegen die amerikanischen Versuche, dauerhaft Militärstützpunkte zu errichten, weitgehend fehl. Militär und Energie sind gute Gründe für das Interesse an Georgien. Es ist als Transportroute für kaspisches Öl und Gas unerläßlich, solange man nicht auf Pipelines über russisches oder iranisches Gebiet zurückgreifen will«.[4100]

Die außerordentliche geopolitische Bedeutung Georgiens spricht daher dafür, daß die USA auch über ein Informationssystem in Georgien verfügen, durch das sie über sämtliche Vorgänge in diesem Kaukasusstaat – sowohl politische als auch militärische – unterrichtet bleiben. Überdies ist zu beachten, daß selbst Militärbeobachter der OSZE durch abgehörte Telefonate der georgischen Führung in Erfahrung gebracht hatten, daß SAAKASCHWILI Südossetien hatte angreifen lassen, bevor russische Panzer durch den Roki-Tunnel nach dorthin vorgedrungen waren.[4101] Wenn also selbst die OSZE dazu imstande war, dürfte dies erst recht für die CIA gelten.

Tatsächlich gab es auf amerikanischer Seite Stellungnahmen, die der US-Machtelite eine nicht geringe Schuld an der Eskalation zuwiesen. Charles KUPCHAN, unter US-Präsident CLINTON hochrangiger Mitarbeiter im Nationalen Sicherheitsrat, ist der Auffassung, daß George W. BUSH Michail SAAKASCHWILI mit seinem Auftritt 2005 in Tiflis zum Übermut angestachelt habe.[4102] Ähnliches war von Justin LOGAN vom Cato-Institute zu vernehmen. Er erklärte, es sei »unerklärlich und fahrlässig« gewesen, Georgien eine Sicherheitsgarantie geben zu wollen, indem man seine Aufnahme in die NATO gefördert habe.[4103]

Völkerrechtsexperte Andreas ZUMACH geht sogar davon aus, daß sich Georgien vor dem Einmarsch in Südossetien die Erlaubnis der BUSH-Administration eingeholt habe, die von dieser auch erteilt worden sei. Dabei verweist er auch auf die Bedeutung des Bukarester NATO-Beschlusses.[4104] »Zumindest hinter verschlossenen Türen räumen Nato-Diplomaten inzwischen ein, daß der Beschluß des Bukarester Gipfels für eine Beitrittsperspektive Georgiens zu der Eskalation beigetragen hat, die jetzt zum Krieg geführt hat. So habe der Beschluß den georgischen Präsidenten Michail SAAKASCHWILI zu verschärfter Rhetorik gegenüber Moskau und den Führern der abtrünnigen Provinz Südossetien ermutigt und zu dem Versuch, diese Provinz mit militärischen Mitteln zurückzuerobern. Für dieses Vorgehen hat SAAKASCHWILI nach Angaben von Nato-Diplomaten verschiedener west- wie osteuropäischer Mitgliedsstaaten in den letzten Monaten ›zahlreiche Signale der Unterstützung aus Washington erhalten‹. Diese Diplomaten gehen davon aus, daß die BUSH-Administration die Gefahr einer militärischen Reaktion Rußlands entweder unterschätzt oder daß sie sie bewußt einkalkuliert hat.«[4105] Von den europäischen NATO-Partnern jedenfalls sei deutlich gemacht worden, daß Georgien bei einem militärischen Vorgehen gegen Südossetien nicht auf die Unterstützung der NATO rechnen könne.

In den Medien wurde berichtet, daß offiziell auch die US-Führung die Georgier vor einem militärischen Schritt gewarnt habe. Schaut man sich aber die Diskussionen näher an, die innerhalb der US-Machtelite über diesen Krisenherd geführt wurden, so schienen sich hinter den Kulissen zwei Parteien gebildet zu haben. »Gleichwohl«, so das Nachrichtenmagazin *Focus*, »hatten US-Politiker Georgien vor einem Militärabenteuer gewarnt – zumindest einige. ›Während das Außenministerium alles versuchte, um SAAKASCHWILI zurückzuhalten, haben ihn seine Kumpel im Weißen Haus weiter angestachelt‹, sagt Ex-Außenministeriumsberater David PHILLIPS. Schon lange drängte Vizepräsident Dick CHENEY auf einen härteren Kurs gegen Moskau.«[4106] Ähnlich sieht es auch die *Süddeutsche Zeitung*, der zufolge bekannt wurde, »daß im State Department ein Machtkampf tobte. Während politische Beamte dazu neigten, Georgien weiterhin als ›Fackel der Freiheit‹ (George W. BUSH) zu befeuern, hätten Rußlandexperten im Haus vor einem Konflikt mit Moskau gewarnt, in dem Washington realistisch betrachtet nichts gewinnen könne«.[4107]

Verschiedenen Beobachtern zufolge ist dies besonders während des Präsidentschaftswahlkampfes zu Tage getreten, in dem an den Stellungnahmen der Präsidentschaftskandidaten erkennbar war, daß einflußreiche Vertreter der US-Machtelite von Anfang an auf einen Konfrontationskurs gegen Rußland ausgerichtet waren. »Die Aspiranten für die Bush-Nachfolge, Barack OBAMA und John MCCAIN, üben sich beide in Härte: Amerika müsse im UN-Sicherheitsrat eine neue Resolution durchsetzen, die eine unabhängige, also von russischen Truppen bereinigte Friedenstruppe im Kaukasus einsetze... Doch MCCAIN geht noch einen Schritt weiter. Der Veteran steht unter dem Einfluß neokonservativer Vordenker wie Robert KAGAN, der die kaukasischen Ereignisse als Beginn einer neuen Ära deutet: ›Historiker werden zur Einsicht gelangen, daß der 8. August 2008 ein Wendepunkt von nicht geringerer Bedeutung ist als der 9. November 1989, als die Berliner Mauer fiel‹, prophezeit KAGAN... John MCCAIN neigt solcher Analyse offenbar zu. Also fordert der Senator, dessen Weltbild vor allem durch den Kalten Krieg geprägt ist, die Nato solle ihren Beschluß vom jüngsten Gipfeltreffen revidieren und Georgien den Weg zur Mitgliedschaft ebnen.«[4108]

Deutlicher wurde in diesem Zusammenhang das Nachrichtenmagazin *Der Spiegel*. Dieses enthüllte, daß Vizepräsident Richard CHENEY hinter den Kulissen sich als besonders kriegstreibende Kraft hervorgetan haben soll. »In Washington wird vermutet, daß er den Konflikt... mit entfacht hat.«[4109] Wie selbst CHENEYS Büro zugab, hielt sich der engste Berater des Vizepräsidenten, Joseph R. WOOD, kurz vor dem Einmarsch der georgischen Armee in Südossetien in Tiflis auf. Den Recherchen des *Spiegel* zufolge ging es CHENEY wohl darum, mit Hilfe des Georgienkrieges seinen Wunschkandidaten bei den Präsidentschaftswahlen, John MCCAIN, zu fördern. Vieles spricht dafür, daß CHENEY darauf setzte, durch Inszenierung des Georgienkrieges diesem einen wesentlichen Punktvorteil zu verschaffen: »In den USA wird derzeit auch die These diskutiert, CHENEY habe in Georgien gezündelt, um dem republikanischen Kandidanten für das Amt des Präsidenten einen Gefallen zu tun. Belege dafür gäbe es durchaus: MCCAINS außenpolitischer Berater Randy SCHEUNEMANN war bis zum Mai Lobbyist der georgischen Regierung. Mit SAAKASCHWILI ist MCCAIN eng befreundet.«[4110] In der Tat waren neokonservative Außenpolitiker, die enge Mitarbeiter von US-Vizepräsident CHENEY waren und eine führende Rolle in der Wahlkampfmannschaft von John MCCAIN spielten, enge Verbündete und Förderer SAAKASCHWILIS und Verfechter einer strengen Containmentpolitik gegenüber Rußland.[4111]

Wie das Nachrichtenmagazin *Der Spiegel* schon andeutete, nahm Randy SCHEUNEMANN in diesem Intrigenspiel anscheinend eine nicht unwesentliche Rolle ein. Dieser gehört mit zu den Schlüsselfiguren des neokonservativen Establishments, war zusammen mit Robert KAGAN und William KRISTOL Direktoriumsmitglied des neokonservativen ›Project for the New American Century‹ (PNAC) sowie Chef des ›Committee for the Liberation of Iraq‹ (CLI), das Propangada für den Irakkrieg machte, zusammen mit John MCCAIN und dem demokratischen Senator Joe LIEBERMAN.[4112] Die Lobbyfirma SCHEUNEMANNS, Scheunemann & Associates, vertrat neben verschiedenen Rüstungskonzernen auch die ›Kaspische Allianz‹, ein Konsortium öl- und gasproduzierender Länder aus dem Gebiet des Schwarzen Meeres.[4113] Vieles spricht dafür, daß SCHEUNEMANN Georgien zu seinem Militärschlag ermuntert hatte, da auch er bis kurz vor Ausbruch des Krieges ein entscheidender Lobbyist und Berater der georgischen Führung war, wie die *tageszeitung* enthüllte: »Eine der fragwürdigsten Figuren in dem Drama ist der Washingtoner Lobbyist Randy SCHEUNEMANN, ein Außenpolitik-Experte, der zum engsten Beraterteam um John MCCAIN gehört. Davor vertrat er mit seiner Lobbyfirma ganz offiziell Georgien und antichambrierte bei Senatoren und im Außenministerium – davon 49 Male allein bei seinem späteren Chef John MCCAIN –, um im Auftrag seines Freundes SAAKASCHWILI für die Aufnahme Georgiens in die Nato zu werben, wofür er knapp 1 Million Dollar Honorar erhielt. Erst als er offiziell ins MCCAIN-Team einstieg, ließ er seine Arbeit für die georgische Regierung ruhen. Allerdings: Letzte Tranchen des Honorars gingen erst vor ein paar Wochen ein.«[4114]

Nicht umsonst stellt daher die *tageszeitung* die Möglichkeit eines neokonservativen Komplotts nicht in Abrede: »Daß Georgien einen Krieg gegen Rußland beginnt, ohne sich zumindest den Good-will aus Washington einzuholen, ist schwer vorstellbar.«[4115] Ereignisse unmittelbar vor Beginn und auch während des Krieges jedenfalls scheinen diese These zu stützen. So traf sich Anfang Juli 2008 die US-Außenministerin Condoleezza RICE bei ihrem Besuch in Tiflis demonstrativ mit Dimitri SANAKOJEW, dem von der georgischen Führung eingesetzten ›Präsidenten‹ Südossetiens. »Bis dahin hatte zwischen USA und EU Einigkeit bestanden, diese für Provokationen und militärische Abenteuer aufgebaute Figur zu ignorieren.«[4116] Zu diesem Besuch in Tiflis berichtete das Nachrichtenmagazin *Der Spiegel*, daß Condoleezza Rice Saakaschwili vor einem militärischen Konflikt mit Rußland gewarnt habe, jedoch gab »auch sie andere Signale, etwa bei einem Besuch in Tiflis im Juli (2008), als sie Saakaschwili versicherte, die USA würden sich für die Nato-Migliedschaft Georgiens einsetzen«.[4117]

Wenige Tage nach dem Besuch der US-Außenministerin, »bei dem vermutlich auch über die bevorstehende Aggression gesprochen wurde«,[4118] fand in der Zeit vom 17. bis zum 31. Juli 2008 auf dem militärischen Übungsgelände um den Stützpunkt Vaziani bei Tiflis ein gemeinsames georgisch-amerikanisches Militärmanöver unter dem Codenamen ›Immediate Response‹ (›Direkte Antwort‹) unter Beteiligung von 1000 US-Soldaten, 600 georgischen Infanteristen sowie kleineren Offiziersgruppen aus der Ukraine, Aserbaidschan und Armenien statt.[4119] Schaut man sich den Gegenstand des Manövers an, so spricht einiges dafür, daß hiermit die militärische Besetzung Südossetiens vorweg geübt wurde: Offizielles Ziel war zwar »die Vorbereitung eines Afghanistan-Einsatzes; in Wirklichkeit sah das Szenario die Bekämpfung russischer Freiwilliger vor, die im Ernstfall den Separatistenregimen in Abchasien oder Südossetien zu Hilfe kommen würden«.[4120] Folgt man Knut Mellenthin, so begannen einen Tag nach Abschluß des Manövers, in der Nacht vom 1. zum 2. August 2008, die georgischen Streitkräfte in der Gegend von Zchinwali mit Provokationen gegen Südossetien.

Diese mitunter recht doppeldeutige Haltung von einflußreichen Vertretern der US-Machtelite, die einerseits vor einer Eskalation warnten, andererseits aber zu verstehen gaben, daß sie Georgiens transatlantische Orientierung und seine Wiedervereinigungspolitik unterstützen würden, bestärkten Saakaschwilis Kalkül der gewaltsamen Lösung des Südossetienproblems.

Allein vor diesem Hintergrund schien er er ein militärisches Desaster in Kauf genommen zu haben. »Er wollte die internationale Gemeinschaft – vor allem Washington – so gegen Rußland aufbringen, daß sie Georgien aktiv militärisch stützte. Oder daß sie zumindest Moskau die Zustimmung zu einem UN-Mandat (für Südossetien, d. Verf.) abringen würde.«[4121] So hatte Saakaschwili »offenbar darauf spekuliert, daß der große Bruder schon bereitstehen würde, wenn sein Spiel schief läuft«.[4122]

Deutlich wurde die Unterstützung der USA auch während der bewaffneten Auseinandersetzungen selbst. So wurden nach Beginn der russischen Intervention am 8. August 2000 georgische Soldaten, die im Irak stationiert waren, in US-amerikanischen Militärtransportern an die georgische Front geflogen[4123] – und zwar zu dem Zeitpunkt, als die georgischen Streitkräfte durch die russische Armee aus Zchinwali (der südossetischen Hauptstadt) vertrieben wurden.[4124] Darin aber erschöpfte sich die aktive militärische Unterstützung Georgiens durch die USA auch schon: »Auf diese kleine Luftbrücke beschränkt sich die militärische Hilfe Washingtons für den treuen Verbündeten Georgien, sieht man von den gut 130 amerikanischen

Militärberatern und Ausbildern ab, die sich in Georgien aufhalten und vorerst auch dort bleiben sollen.«[4125]

Im Ergebnis liegen damit einige Anzeichen dafür vor, daß der georgische Militärschlag von wichtigen und einflußreichen Vertretern der US-Machtelite gefördert wurde. Als sicher muß aber gelten, daß sie umfassend informiert war und das georgische Vorgehen gebilligt hatte. »Angesichts der massiven Ausrüstungskampagne durch die USA und ihre Verbündeten«, so Martin HANTKE in seiner Studie über den Georgienkrieg, »ist es denn auch kaum glaubhaft, daß, wenn nicht grünes Licht, so doch umfassendes Wissen auf US-Seite über den bevorstehenden Angriff vorlag und Stillschweigen gewahrt wurde.«[4126] Schließlich spielt Georgien für die US-amerikanische Neo-Containment-Politik eine wichtige strategische Rolle im Kaukasus, und die Wiedereingliederung der abtrünnigen Provinzen, verbunden mit einer ›Beseitigung‹ der russischen Friedenstruppen, die durch eine internationale, womöglich von der NATO aufgebaute Beobachtertruppe ersetzt würden, ist gerade Voraussetzung für die Verwirklichung dieser Einkreisungspolitik am Kaukasus. Da sich dabei transatlantische Geopolitik und SAAKASCHWILIS nationalistisches Programm deckten, spricht sehr viel dafür, hier von einem US-amerikanischen Stellvertreterkrieg zu sprechen.

2.7 Die russischen Motive

Es stellt sich nunmehr die Frage, was Rußland bewogen, aktiv an der Seite Südossetiens seine 58. Armee zu mobilisieren und einmarschieren zu lassen. Offiziell begründete der russische Staatschef MEDWEDJEW diesen Schritt damit, es gehe darum, Leben und Würde russischer Staatsbürger zu schützen – an die Südosseten hatte Moskau in den vergangenen Jahren ja russische Pässe austeilen lassen. Von westlicher sowie georgischer Seite wurde von einem Rückfall Rußlands in einen Neoimperialismus des 19. Jahrhunderts gesprochen. Der Einmarsch in Georgien wurde als erstes Zeichen einer ›revisionistischen Politik‹ ausgelegt, die darauf ausgerichtet sei, die ›verlorenen Gebiete‹ der UdSSR wieder zu annektieren, und die im nächsten Schritt in der Ukraine und im Baltikum fortgesetzt werden solle. Zbigniew BRZEZINSKI unterstellte Rußland in einem Interview mit der Tageszeitung *Die Welt*, daß es zur Erreichung dieses Ziels ähnlich vorgehe wie STALIN oder HITLER. Den russischen Einmarsch in Georgien vergleicht er mit dem Einmarsch HITLERS in das Sudetenland. PUTIN, so BRZEZINSKI, habe einen Kurs einschlagen lassen, der nach »alter imperialistischer Denkweise« unter Anwendung von militärischer Gewalt auf die Zersplitterung Georgiens ausgerichtet sei. Es gehe Moskau dabei um »die Wiedereinverleibung alter sowjetischer Gebiete in die Kontrollsphäre des Kremls und das Abschneiden des Zugangs des Westens zum Kaspischen Meer und Zentralasien durch das Erlangen der Kontrolle über die Baku-Ceyhan-Pipeline, die durch Georgien verläuft«.[4127]

Liegt also der russischen Außenpolitik ein derartiges restaurativ ausgerichtetes planvolles Handeln zugrunde? Folgt man dem Leiter des Instituts für politische und militärische Analyse in Moskau, Alexander CHRAMTSCHICHIN, so ist das Argument der NATO-Staaten, Rußland verfolge eine imperiale Strategie, als »lächerlich« zu bezeichnen. Vielmehr sei es so, daß Moskau über gar kein klares Konzept verfüge. CHRAMTSCHICHIN kommt in seiner Analyse – veröffentlicht im *Handelsblatt*[4128] – zu dem Ergebnis, daß die heutige Politik in Moskau keinesfalls Folge weitreichender strategischer imperialer Vorhaben ist. »Leider hat Rußland gar keine Strategie für die eigene Entwicklung, weder nach innen noch nach außen. Vielmehr ist es eine Mischung aus der Reaktion auf gegenwärtige Situationen, der Nachahmung von Handlungen des Westens, der Erkenntnis, daß der Westen heute auf Rußland nicht ernsthaft einwirken kann, und der Widerspiegelung von Prozessen, die objektiv im postsowjetischen Raum vor sich gehen. Rußland ist keineswegs eine Triebkraft von Konflikten, denn alle postsowjetischen Konflikte bildeten sich heraus, als das gegenwärtige Rußland noch nicht bestand.«[4129]

Daß die Moskauer Politik mehr in pragmatischen Reaktionen auf vorgegebene Lagen bestand und von einem auf Langfristigkeit ausgerichteten Stufenplan zur Wiederherstellung der UdSSR nicht gesprochen werden kann, wird auch durch die Maßnahmen Rußlands bestätigt. Die These, daß Rußland langfristig eine Unterwerfung Georgiens unter die Kontrolle des Kreml geplant habe, wird bereits dadurch widerlegt, daß es in Erfüllung der Vereinbarung des Istanbuler OSZE-Gipfels von 1999 seine Stützpunkte in Georgien weitgehend geräumt und auch noch mit SAAKASCHWILI eine entsprechende Vereinbarung getroffen hatte. Die Unterstützung Abchasiens und Südossetiens diente auch nicht einem etwaigen Plan zur Zerschlagung Georgiens – PUTIN selbst hatte eine Anerkennung der abtrünnigen Provinzen als unabhängiger Staaten abgelehnt, was auch bei dem Unabhängigkeitsreferendum Südossetiens im November 2006 deutlich wurde –, sondern vielmehr der Sicherung des russischen Einflusses in dem geostrategisch wichtigen Land, von dessen Kontrolle gleichzeitig auch die Kontrolle des Kaukasus abhängt.

Viele Beobachter sind sich darüber einig, daß die Entscheidung Rußlands zur offenen Unterstützung Abchasiens und Südossetiens und einer härteren Haltung gegenüber Georgien durch zwei wichtige Ereignisse veranlaßt wurde: die vom transatlantischen Bündnis geförderte Unabhängigkeitserklärung des Kosovo am 17. Februar 2008 und die Zusage der NATO auf ihrem Gipfeltreffen in Bukarest im April 2008, daß Georgien und die Ukraine der Allianz beitreten dürfen.[4130] Diese Ereignisse hatten für das russische Vorgehen eine entscheidende Katalysatorfunktion: »Daß für Rußlands Kaukasuspolitik das Beispiel Kosovo ausschlaggebend war«, so das Nachrichtenmagazin *Der Spiegel*, »ist dagegen unstrittig. Erstmals seit der Unterzeichnung der Schlußakte von Helsinki 1975 wurde im Februar dieses Jahres ein Gebiet eines Staates gegen dessen Willen abgetrennt: Serbien verlor die abtrünnige Provinz Kosovo trotz eigener und russischer Proteste.«[4131] Mit diesem Vorgehen hatte das transatlantische Bündnis deutlich gemacht, daß es bereit war, gegen bestehendes Völkerrecht – den Grundsatz der Unantastbarkeit der staatlichen Unabhängigkeit – eine für die Kontrolle des Balkans entscheidende strategische Schlüsselregion abzutrennen und unter einen Status einer von ihr beaufsichtigten eingeschränkten Als-Ob-Unabhängigkeit zu stellen.

Militarismus-Experte Jürgen WAGNER bezeichnet das Kosovo als ein »Pilotprojekt des neoliberalen Kolonialismus«,[4132] und, wie oben schon dargestellt, hat die Balkanpolitik der transatlantischen Allianz zum Ziel, den ›Fehler EISENHOWERS‹ aus der Zeit des Zweiten Weltkrieges zu berichtigen, also den Balkan in die westliche Vorherrschaftssphäre zu überführen. Nach Ansicht der *Frankfurter Rundschau* galt zudem die Entscheidung der NATO auf ihrem Gipfel in Bukarest als der eigentliche Beginn des jüngsten Kaukasuskrieges.[4133] Von der russischen Staatsführung wurde dieses Vorgehen folgerichtig als flagranter Angriff auf russische Sicherheitsinteressen beurteilt. Der russische Außenminister Sergej LAWROW erklärte, daß Georgien und die Ukraine »schamlos in die NATO gezerrt« würden; die USA versuchten immer energischer, »das postsowjetische Territorium zu infiltrieren«.[4134]

Deutlicher wurde der russische Präsident PUTIN, als er erklärte, die Ausweitung der NATO werde »von Rußland als direkte Bedrohung der Sicherheit unseres Landes aufgefaßt«.[4135] Die *Frankfurter Rundschau* beleuchtete im Zusammenhang mit dieser Entscheidung des Bukarester Nato-Gipfels die Hintergründe der russischen Sichtweise: »Rußland empfand schon die im März 2004 vollzogene Ost-Erweiterung der Nato um die baltischen Länder, Rumänien, Bulgarien, Slowenien und Slowakei als Betrug des Westens. Nicht ohne Grund. Als US-Außenminister James BAKER bei KP-Generalsekretär Michail GORBATSCHOW am 8. Februar 1990 um dessen Zustimmung für den Verbleib des wiedervereinigten Deutschlands in der Nato warb, versicherte BAKER, es werde ›keine Ausweitung der gegenwärtigen Nato-Jurisdiktion nach Osten geben‹. GORBATSCHOW setzte nach: ›Jede Erweiterung der Zone der Nato ist unakzeptabel.‹ BAKERS Antwort: ›Ich stimme zu.‹«[4136]

Diese Vereinbarung ist von seiten der USA nicht nur mißachtet, sondern gezielt unterlaufen worden, und mit Ziffer 22 der NATO-Gipfelerklärung vom April 2008, wonach in der NATO Einigkeit über die Aufnahme Georgiens und der Ukraine bestehe, »dürfte das weitere Heranrücken des Militärbündnisses an Rußlands Grenzen nur noch eine Frage der Zeit sein«.[4137] Diese Politik der NATO ist nach Ansicht verschiedener Sicherheits-Experten weitgehend geprägt von einem vollständigen Übergehen russischer Belange. Selbst der eher prowestlich ausgerichtete Chefredakteur der Moskauer Fachzeitschrift *Russia in Global Affairs*, Fjodor LUKJANOW, erklärte: »In den vergangenen eineinhalb Jahrzehnten haben sich alle daran gewöhnt, daß Einwände Rußlands nicht berücksichtigt werden.«[4138] Auch Jürgen WAGNER führt aus, daß die NATO in kaum einem Punkt bereit sei, russische Bedenken zu berücksichtigen.[4139] PUTIN selbst beschrieb die russische Sicherheitslage nach dem Bukarester NATO-Gipfel wie folgt: »Die Nato expandiert. Wir gaben unsere Stützpunkte auf Kuba und in Vietnam auf. Und was bekamen wir dafür? Neue amerikanische Stützpunkte in Rumänien und Bulgarien. . . Wir sind zu Vergeltungsmaßnahmen gezwungen.«[4140]

Schließt man sich der Analyse der *Frankfurter Rundschau* an, so war der Bukarester NATO-Gipfel der Auslöser für einen radikalen Kurswechsel der russischen Politik. Noch im Rahmen eines Mittagessens der Gipfelteilnehmer am 4. April 2008 »kündigte PUTIN Rußlands Antwort an: So wie der Westen den Kosovo, werde Moskau Abchasien und Südossetien anerkennen und eine Pufferzone zwischen der NATO und seinen Grenzen schaffen, gab ein NATO-Delegationsmitglied PUTINS Worte der Moskauer Tageszeitung *Kommersant* weiter«.[4141]

Damit wurden Georgien und seine abtrünnigen Provinzen jetzt zur Schnittfläche, ja zur Konfrontationslinie zweier gegensätzlicher globaler geopolitischer Konzepte der transatlantischen Seemacht USA und der eurasischen Kontinentalmacht Rußland. Südossetien und Abchasien wurden zu Schlüsselräumen globaler Geopolitik: Hier sollte sich jetzt entscheiden, ob sich das thalassokratische Modell Halford MACKINDERS, Alfred Thayer MAHANS, Nicholas SPYKMANS, Zbigniew BRZEZINSKIS oder vielmehr das tellurokratische, kontinentale Modell Friedrich RATZELS, Karl HAUSHOFERS, Carl SCHMITTS oder Rudolf KJELLENS durchsetzen würde. Die russische Führung selber schien diese geopolitische Herausforderung, die mit dem georgischen Krisenherd verbunden ist, auch begriffen zu haben: Es ging um nichts mehr als um die Frage, ob es Rußland gelingen sollte, die Integration Eurasiens aufrechtzuerhalten, die für seine eigene sicherheitspolitische Lage von entscheidender Bedeutung ist. Während nämlich die kontinentaleuropäische geopolitische Tradition darauf ausgerichtet ist, die kontinentalen Räume zusammenzuführen, ist die thalassokratische, maritime Tradition bestrebt, diese Integration zu unterbinden.

Dieses Verständnis geopolitischer Zusammenhänge ist unerläßlich, um die russische Haltung begreifbar zu machen. Nach der Diktion russischer Geopolitik geht es hier um die Verteidigung eines ›rußländischen geopolitischen Raumes‹ – ein Begriff, den Sergej BRESKUN, Professor an der Akademie für Militärwissenschaften in Moskau, geprägt hatte. Dieser ›rußländische geopolitische Raum‹ hatte sich BRESKUN zufolge in den letzten 300 Jahren entwickelt und ist mit folgenden Grenzregionen ausgestattet: im Westen durch den Küstensaum der Ostsee und die Regionen mit ethnisch überwiegend russo-slawischer Bevölkerung, im Südwesten durch die Ukraine und Bessarabien-Moldawien, im Süden und Südosten durch den Kaukasus, Transkaukasien, einschließlich des Kaspischen Meeres mit Turkestan und Mittelasien, im Osten durch die sibirischen und fernöstlichen Gebiete, einschließlich Sachalin, Kamtschatka und der Kurilen, und im Norden verlaufen die geopolitischen Grenzen im Bereich des arktischen Eismeeres.[4142] Die Stabilität dieses ›rußländischen geopolitischen Raumes‹ sichert nach den Grundsätzen der russischen Geopolitik sowohl dem Kern (also Rußland selbst) als auch den Staaten an der Peripherie eine konstruktive politisch-historische Perspektive,[4143] und so sieht BRES-

KUN »die außenpolitische Idee Rußlands... von der Aufgabe erfüllt, äußere Gefahren gegenüber diesem Raum entweder auszuschließen oder zu paralysieren, um es nach Möglichkeit nicht einmal zu einem Verteidigungskrieg kommen zu lassen«.[4144]

Genau hierin muß der Grund gesehen werden, warum Rußland als Antwort auf die Inaussichtstellung der NATO-Mitgliedschaft Georgiens und der Ukraine auf dem Gipteltreffen der Allianz in Bukarest zu einer härteren Politik gegenüber Georgien und letztlich zu einer militärischen Intervention griff.

Damit war seit April 2008 folgende Lage gegeben: SAAKASCHWILI sah sich durch den NATO-Beschluß bestätigt, seinen Konfrontationskurs gegenüber Abchasien und Südossetien zu verschärfen, in der Hoffnung, die USA würden seine Bestrebungen unterstützen und letztlich mit der NATO-Mitgliedschaft honorieren. Andererseits sah sich Rußland alarmiert, da es mit einer NATO-Mitgliedschaft Georgiens seinen gesamten Einfluß im Transkaukasus verlieren würde, und setzte mit zunehmender Deutlichkeit auf die abchasische und südossetische Karte. Aus diesem Grund gab auch Rußlands NATO-Botschafter Dimitri ROGOSIN deutlich zu verstehen, »daß Rußland die Territorialkonflikte zwischen der georgischen Zentralgewalt und den Separatisten in Abchasien und Südossetien, die ohne Rußland nicht zu lösen seien, als wichtigste Trumpfkarte in der Auseinandersetzung um die Erweiterung der Nato in den Kaukasus hinein betrachte. Schon damals befürchteten russische Beobachter Zündeln im Südkaukasus und eine brenzlige Krise zwischen Rußland und Georgien, da im Dezember (2008) die Entscheidung der Nato anstehe, ob das Bündnis Tiflis in das Vorbereitungsprogramm für die Nato-Mitgliedschaft (MAP) aufnehme«.[4145]

Auch die *Süddeutsche Zeitung* interpretiert das russische Vorgehen als defensiv und auf Einflußerhalt ausgerichtet: »Alles in allem verfolgte Rußland mit seiner Uneindeutigkeit ein simples Ziel: Sein Einfluß auf Georgien sollte gewahrt, seine Dominanz in der Region gesichert bleiben. Willfähriger Helfer russischer Interessen war dabei Südossetiens Präsident Eduard KOKOITY, der offen für eine Vereinigung von Nord- und Südossetien in einem russischen Staat eintritt.«[4146] Die *Süddeutsche Zeitung* hebt dabei ebenfalls hervor, daß es der NATO-Gipfel in Bukarest war, der zur Eskalation des Krisenherdes führte, wobei die Rolle der USA herausgestellt wurde, die geopolitischen Einflußverhältnisse im Kaukasus zugunsten des transatlantischen Bündnisses und zu Lasten Rußlands zu verschieben: »Washington hätte gerne ein klares Signal der Unterstützung für Georgien ausgesandt und damit Rußland demonstriert, daß der Einfluß des Westens nun in den Kaukasus reicht. Nun zeigen russische Panzer, wer das Land kontrolliert.«[4147]

Im Grunde entwickelte sich die Lage nach dem April 2008 so, daß die georgische Zentralregierung zunächst gegen Abchasien offensiv vorging, was dann von Rußland mit Gegenmaßnahmen beantwortet wurde. Wie die *tageszeitung* darstellt, bekam der Spannungsherd durch die Unabhängigkeitserklärung des Kosovo eine neue Dynamik: »Für die Bevölkerung in Abchasien und Südossetien war die Unabhängigkeit des Kosovo ein Zeichen dafür, daß auch für sie möglich sein müsse, was den Kosovaren erlaubt wurde – für Rußland waren die beiden Provinzen eine Revanchemöglichkeit, um dem Westen zu zeigen, daß das Instrument der Selbstbestimmung auch gegen westliche Interessen gerichtet werden kann. . . Michail SAAKASCHWILI sah zwar richtig, daß damit nach 15jährigem Stillstand das Endspiel um die zukünftigen Grenzen Georgiens begonnen hatte, doch er setzte auf die falsche Karte. Statt mit Rußland einen Deal auszuhandeln, schickte er seine Armee.«[4148]

Sich der US-amerikanischen Rückendeckung sicher, ging SAAKASCHWILI zunächst gegen Abchasien vor, und Ende April bzw. Anfang Mai 2008 wurden georgische Truppen an der Waffenstillstandslinie zwischen Abchasien und Georgien zusammengezogen,[4149] insbesondere im Kodori-Tal, wo Tiflis die Installation einer willfährigen abchasischen Gegenregierung plante.[4150] So berichtete ein in Georgien stationierter hochrangiger ausländischer Militär der *Frankfurter Rundschau,* daß die Georgier für Mitte April 2008 »eine Großoffensive zur Rückeroberung Abchasiens vorbereitet« hätten. Dafür, so die *Frankfurter Rundschau,* seien auf der 2006 in der Nähe Abchasiens eröffneten georgischen Militärbasis Senaki »bis zu 12000 Soldaten zusammengezogen und in Kampfbereitschaft versetzt worden, darunter Panzer- und Artillerieeinheiten«.[4151]

Die Georgier schickten zu Spionagezwecken eine Aufklärungsdrohne in den abchasischen Luftraum, die dann von russischen Kampfflugzeugen abgeschossen wurde. Gleichzeitig sorgte Rußland – aber im Rahmen der vereinbarten Obergrenze – für eine Verstärkung seiner Friedenstruppen.[4152] Dabei muß festgehalten werden, daß es sich bei der Drohne – der russischen Nachrichtenagentur RIA Novosti zufolge – bereits um das fünfte Aufklärungs-Flugobjekt gehandelt hatte, die die Georgier seit Beginn des Jahres 2008 über den abchasischen Luftraum gesandt hatten – Drohnen, die übrigens israelischer Herkunft waren.[4153]

Letztlich war es eine Machtdemonstration des russischen Militärs – die Entsendung von zwei Artillerieeinheiten und von 500 Fallschirmjägern nach Abchasien Ende April –, die einen georgischen Militärschlag verhinderte. »Die Georgier haben die Offensive daraufhin abgeblasen.«[4154] Nicht bestätigten Pressemeldungen zufolge soll es am Ende zu russisch-georgischen Gesprächen über einen Gebietsaustausch gekommen sein, denen zufolge der westliche Teil Abchasiens wieder an Georgien angeschlossen werden, der verbleibende Teil unabhängig sein sollte. Diese Meldung ließ SAAKASCHWILI aber umgehend dementieren.

Der geplante Militärschlag gegen Abchasien »war offenbar nicht der einzige Angriffsplan der Georgier«.[4155] Im Sommer 2008 kam es erneut zu einem Ausufern der georgisch-südossetischen Spannungen,[4156] wobei sich nicht genau aufklären ließ, wer auf wen reagierte, »da es in Südossetien seit 2004 ein stetes Grundrauschen der Gewalt gab, in dem kriminelle und politische Vorfälle kaum voneinander zu trennen waren. . . Verstöße gegen das Waffenstillstandsabkommen von 1992 gab es offenbar auf beiden Seiten«.[4157] Als Mitte Juli bis Anfang August 2008 das gemeinsame amerikanisch-georgische Manöver ›Immediate Response‹ durchgeführt wurde, bei dem die Bekämpfung russischer Freiwilliger in den Separatistenregionen geübt wurde, beantwortete Moskau dies seinerseits mit dem Militärmanöver ›Kaukasus 2008‹, bei dem zwar vordergründig Terrorismusbekämpfung trainiert wurde, jedoch nach Mitteilung des russischen Verteidigungsministeriums angesichts der Eskalation der Konflikte in Abchasien und Südossetien auch die »Teilnahme an Spezialoperationen zur Friedenserzwingung« geprobt werden sollte.[4158] Ein Sprecher des russischen Verteidigungsministeriums erklärte, daß diese Übungen »in Erwartung einer Eskalation der Spannungen in den georgisch-abchasischen und georgisch-ossetischen Konfliktzonen« durchgeführt worden seien mit dem Ziel, den russischen Militärdistrikt des Nordkaukasus in die Lage zu versetzen, die russischen Friedenstruppen in Abchasien und Südossetien bei Bedarf zu unterstützen.[4159]

In diesem Zusammenhang ist die Tatsache, daß nach Beendigung des Manövers am 2. August nicht alle Einheiten in ihre Standorte zurückkehrten und einer Reportage der *Nesawissimaja Gaseta* zufolge russische Truppen am 6. August in voller Gefechtsbereitschaft an der georgischen Grenze gestanden hätten,[4160] als Beweis für einen geplanten russischen Militärschlag interpretiert worden. Ob dieser Einschätzung gefolgt werden kann, erscheint aber zweifelhaft. Vielmehr wurde zu dieser Zeit deutlich, daß Georgien jetzt nach dem gleichen Muster gegen Südossetien vorgehen wollte, wie es das im April gegen Abchasien geplant hatte. Schließlich muß auch dem russischen Geheimdienst der georgische Angriffsplan auf Südossetien vom Sommer 2006 bekannt gewesen sein, denn am 3. August meldete sich das russische Außenministerium mit der Warnung, daß ein »weitreichender Militärkonflikt« bevorstünde, zu Wort.[4161] Deshalb spricht vieles dafür, daß Rußland mit der Bereitstellung von Truppenteilen als Machtdemonstration und Drohpotential die Verwirklichung des georgischen Angriffsplans gegen Südossetien verhindern wollte, so, wie ihm dies auch im April 2008 im Fall Abchasien gelungen war.

Durch das georgische Vorgehen in Abchasien im April 2008 war Rußland alarmiert. Die Sachlage im Juli und Anfang August 2008 stellte sich der politischen und miliärischen Führung Rußlands schließlich so dar, daß mit einem erneuten georgischen Angriff gegen Südossetien zu rechnen war. Da SAAKASCHWILI jetzt aber zur militärischen Eskalation griff, sah sich Rußland gezwungen, seinerseits zu handeln. Ähnlich sieht es auch Martin HANTKE von der Informationsstelle Militarisierung: »Rußland nutzte die Gelegenheit, die sich mit dem georgischen Angriff eröffnete, um seinerseits seine Position im Kaukasus zu verbessern. Denn es ist ebenfalls schwer vorstellbar, daß Moskau nicht über die georgischen Invasionspläne unterrichtet gewesen ist. Offenbar war man hierauf gut vorbereitet. Im Juli übten 8000 russische Soldaten bereits für eine Zurückschlagung eines georgischen Angriffs. Das könnte auch erklären, warum die georgischen Truppen binnen 24 Stunden gestoppt wurden und die russischen Truppen relativ schnell die Oberhand gewannen.«[4162]

Geopolitisch hatte das russische Eingreifen die Bedeutung, daß »Rußland damit einem westlichen Expansionsversuch militärisch Einhalt geboten« hatte.[4163] Es hatte deutlich gemacht, daß es die Beschlagnahme der Kaukasus-, der kaspischen und der zentralasiatischen Region durch das transatlantische Bündnis nicht mehr widerspruchsfrei hinnehmen werde. Beobachter messen diesem Militärschlag Rußlands sogar die Bedeutung einer geopolitischen Revolution bei: Erstmals hatte Rußland der expansiven US- und NATO-Geopolitik eine militärische Grenze aufgezeigt und somit eine neue Weltlage geschaffen. Das Vorgehen Rußlands zeigte nämlich, daß es im Ernstfall militärisch imstande ist, 1. im Wege einer blitzartigen Operation die Berücksichtigung seiner eigenen geopolitischen Interessen vom Westen einzufordern, und 2. der transatlantischen Organisation aufzuzeigen, daß die Weiterverfolgung ihrer Pläne zur Schaffung einer geopolitischen ›Seidenstraßenzone‹ vom Balkan bis an den Hindukusch künftig den entschlossenen Widerstand der eurasischen Kontinentalmacht zur Folge haben würde.

Geopolitisch betrachtet, scheint Rußland mit dem Krieg um Südossetien und Abchasien vorerst seine Stellung im Kaukasus gefestigt und sein Faustpfand gegenüber den NATO-Mitgliedschaftsplänen Georgiens gestärkt zu haben. »Georgien wollte seine territoriale Einheit unterstreichen, statt dessen gelingt es nun Moskau, seine Militärpräsenz in den völkerrechtlich noch immer zu Georgien gehörenden Gebieten zu zementieren. . . ›Rußland hat versucht, das georgische Militär so zu schädigen, daß es sich nicht noch einmal in diesem Konflikt engagieren kann‹, sagt der russische Politologe Alexander CHRAMTSCHICHIN vom Institut für politische und militärische Analysen. ›Und die Existenz von separatistischen Enklaven hat sich als Garantie dafür erwiesen, daß die Nato Georgien keine Mitgliedschaft versprechen kann‹, schrieb der russische Militärexperte Alexander GOLZ.«[4164]

Die *Süddeutsche Zeitung* beschreibt die eigentliche Agenda der geopolitischen Zielsetzungen Rußlands, die seiner Entscheidung zur Invasion zugrunde lagen, wie folgt: »Außer dem offiziellen Ziel (Sicherung der russischen Friedenstruppen, Schutz der südossetischen Zivilbevölkerung, der Verf.) läßt sich also auch eine versteckte General-Abrechnung mit dem Westen ablesen, der Rußland in den vergangenen Jahren eine Reihe psychologischer Niederlagen bereitet hat: den Kampf der Nato gegen das verbrüderte Serbien, die Unterstützung des Kosovo, die zuletzt in die Unabhängigkeit der Provinz mündete, das geplante Raketenabwehrsystem in Polen und Tschechien, und vor allem, den möglichen Nato-Beitritt Georgiens und der Ukraine. Michail GORBATSCHOW. . . bündelte die Stimmung der russischen Bevölkerung, als er den Amerikanern in einem Beitrag für die *Washington Post* nun vorwarf, sie hätten ›einen großen Fehler gemacht, indem sie den Kaukasus, der Tausende Kilometer vom amerikanischen Kontinent entfernt liegt, zu einem Teil ihrer Interessensphäre erklärt haben‹. Dem hat Rußland nun ein Zeichen entgegengesetzt.«[4165]

2.8 Die energiepolitische Agenda des Georgienkrieges

Bei näherer Beleuchtung der Hintergründe des Georgienkrieges scheinen sehr viele Anzeichen dafür zu sprechen, daß der militärische Konflikt überdies eine energiegeopolitische Dimension besaß.

Von den Medien kaum wahrgenommen, fand nämlich Anfang Juli 2008 – also im unmittelbaren zeitlichen Vorfeld der Augustkrise – ein Gipfeltreffen der GUAM (die GUAAM wurde im Jahr 2006, nach dem Rückzug Usbekistans aus der Organisation und seinem prorussischen Schwenk in GUAM umbenannt und sollte sich seitdem ›Organisation für Demokratie und wirtschaftliche Entwicklung‹ nennen[4166]) im georgischen Batumi unter dem Vorsitz des georgischen Staatspräsidenten Saakaschwili statt. Das Gipfeltreffen stand unter dem Motto »GUAM – Integrating Europe's East« und sollte die Entwicklung eines geopolitischen Korridors zwischen den GUAM-Staaten des Schwarzen bzw. des Kaspischen Meeres und Osteuropa bzw. den Ostseestaaten vorantreiben – verbunden mit einer strategischen Isolation Rußlands.

In Batumi trafen die Präsidenten Aserbaidschans, Georgiens und der Ukraine mit denen von Polen und Litauen zusammen. Wie Michel Chossudovsky beleuchtet, spielten die USA bei diesem Treffen im Hintergrund eine wichtige Rolle. Parallel zum offiziellen GUAM-Treffen fand ein geheimes ›US-GUAM-Gipfeltreffen‹ statt, bei dem sich der US-Deputy-Assistant Secretary of State David Merkel mit den Vertretern der osteuropäischen und GUAM-Staaten trat.[4167] Konkreter Gegenstand des Treffens war die Vereinbarung eines Baus einer Ölpipeline von Odessa über Brody nach Plotsk in Polen, die das zentralasiatische Erdöl unter Umgehung Rußlands von Odessa in den Ostseeraum befördern soll. Mit dieser Pipeline soll die Absicht der USA verwirklicht werden, das russische System der Druschba-Pipeline (von Rußland über Weißrußland, wo diese Pipeline sich in zwei Arme spaltet, von denen einer über Polen nach Europa und ein anderer über die Westukraine, die Slowakei und die Tschechische Republik nach Europa führt) sowie das baltische Pipelinesystem und seine Verbindung zu den europäischen Energiemärkten zu destabilisieren und zu torpedieren.[4168]

Das unter der Oberhoheit des russischen Staatskonzerns Transneft stehende baltische Pipelinesystem verbindet über Samara und das russische Erdölterminal in Primorsk am Finnischen Meerbusen die westsibirischen Erdölfelder mit den westeuropäischen Energiemärkten. Dabei ist das baltische Pipelinesystem verbunden mit dem russisch-kasachischen ›Caspian Pipeline Consortium‹ (CPC), dessen Pipelinesystem das kasachische Öl vom kasachischen Tengiz entlang der Nordküste des Kaspischen Meeres über russisches Territorium nach Novorossijsk am Schwarzen Meer führt. Eine Abzweigung der CPC-Pipeline – die ›Atyrau–Samara-Pipeline‹ – führt vom kasachischen Aytrau nach Norden nach Samara und speist dort kasachisches Öl in das baltische Pipelinesystem. Den Recherchen Michel Chossudovskys zufolge hatten Transneft und der kasachische Ölkonzern KazTransOil am

10. Juli 2008 angekündigt, die Kapazität der Aytrau–Samara-Pipeline zu erweitern, wodurch Rußlands Position als Drehscheibe der Erdöllieferung von Zentralasien zum Ostseeraum gefestigt würde.

Im Gegenzug zu diesem Ausbau des russischen Pipelinesystems behandelte der GUAM-Gipfel in Batumi die Entwicklung des ›GUAM Transportation Corridors‹ (GTC), der als Ergänzung der amerikanischen Pipeline Baku–Tiflis–Ceyhan– gedacht war.[4169] Michel CHOSSUDOVSKY bewertet die geopolitische Bedeutung dieses Korridors wie folgt: »Der GTC-Korridor würde die aserbaidschanische Hauptstadt Baku am Kaspischen Meer mit den georgischen Häfen von Poti und Batumi am Schwarzen Meer verbinden, die dann mit dem ukrainischen Schwarzmeerhafen Odessa verknüpft würden«[4170] – natürlich unter »totaler Umgehung des russischen Territoriums«. Die Agenda des Batumi-Gipfels der GUAM, so CHOSSUDOVSKY, war also insgesamt darauf ausgerichtet, den russischen Einfluß im Kaukasus und Osteuropa zu untergraben.

Vieles spricht deshalb dafür, daß zwischen der Intensivierung der Pipelinevorhaben auf russischer wie auch auf der transatlantischen Seite im Juli 2008 und der Augustkrise 2008 ein enger Zusammenhang besteht. Wie ausgeführt, kam dabei Georgien eine Schlüsselrolle zu. Kurz gesagt: Wer das ›Rimland‹ Georgien kontrolliert, kontrolliert auch die Pipeline-Agenda des gesamten eurasischen Raumes. »Die Militarisierung dieser Korridore ist ein zentrales Merkmal der US- und NATO-Pläne. Die Mitgliedschaft Georgiens und der Ukraine in der NATO ist ein Teil der Agenda, die Energie- und Transportkorridore vom Becken des Kaspischen Meeres nach Westeuropa zu kontrollieren.«[4171]

Franz-Lothar ALTMANN, Mitglied des Präsidiums der Südeuropa-Gesellschaft und Professor an der Universität Bukarest, erklärte, daß Rußland mit seinem Eingreifen in Georgien ein klares energiegeopolitisches Ziel verfolge: »Hinter dem militärischen Eingreifen Moskaus in den südossetischen Konflikt stecken eindeutige Motive: die Bloßstellung Georgiens als unsichere Region, aber auch die Klarstellung der russischen geopolitischen Interessen im Kaukasus.«[4172] Die Bombardierung der georgischen Hafenstadt Poti, in der die Abzweigung der BTC-Pipeline ende, durch die russische Luftwaffe solle die Verletzbarkeit der europäischen Pipelineprojekte und die Grenzen des europäisch-amerikanischen Einflusses aufzeigen. »Moskaus Absichten scheinen klar: Der südliche Kaukasus, vor allem Georgien, soll seine Rolle als wichtige Energiedrehscheibe verlieren und damit auch im Interesse des Westens weniger Bedeutung finden.«[4173]

Auch die *Süddeutsche Zeitung* geht davon aus, daß das russische Eingreifen auch darauf abzielte, den Öltransport aus der kaspischen Region zu unterbinden.[4174] Georgischen Angaben zufolge soll die russische Luftwaffe auch die Gelegenheit genutzt haben, die Pipeline Baku–Tiflis–Ceyhan anzugreifen. »Dann zerstörte Rußland nach georgischen Angaben den Schwarzmeerhafen Poti am Westende der Baku–Supsa-Pipeline und demonstrierte so, daß sich der Krieg nicht nur gegen

Georgien richtet, sondern auch gegen die Energie-Interessen des Westens.« Denn »kaum ein Energieprojekt ist für die EU und die USA so bedeutend wie der Ausbau von Pipelines durch den Kaukasus«.[4175] Wie bekannt, ist schließlich die BTC-Pipeline zusammen mit der Baku–Supsa-Röhre die einzige Pipeline aus der energiereichen kaspischen Region in den Westen, die nicht durch Rußland führt. Mit dem russischen Luftangriff auf die georgische Hafenstadt Poti, von der aus ein Teil der Öllieferungen aus der Baku–Supsa-Pipeline nach Westen verschifft wird, stellte Georgien schließlich seine gesamten Öllieferungen ein.

Folgt man dieser Deutung, so wollte Rußland nicht nur die Attrakivität der BTC-Pipeline für den Westen untergraben, sondern auch das transatlantische ›Nabucco‹-Gaspipelinevorhaben unterbinden. »Bislang fließt das Gas aus dem Kaspischen Meer über die sogenannte BTE-Pipeline, die parallel zur Öl-Pipeline BTC bis nach Erzurum in der Türkei führt und im Krieg nicht beschädigt worden ist. Die EU plant jedoch mit der Verlängerung der Gaspipeline von Erzurum bis nach Mitteleuropa ihr ehrgeizigstes Energie-Projekt, die Nabucco-Röhre. Der Kreml hat mehrmals versucht, dieses Vorhaben zu verhindern, um Europas Abhängigkeit von russischem Gas zu erhalten.«[4176] Der *Südddeutschen Zeitung* zufolge könnte deshalb einiges dafür sprechen, daß die russische Führung – zumindest als Nebenwirkung – beabsichtigte, die EU von einer Weiterverfolgung des ›Nabucco‹-Projekts abzuhalten: »Die langfristig bedeutendsten Folgen könnten die russischen Angriffe jedoch auf Energieprojekte im Kaukasus haben, die noch in Planung sind. Diese umfassen vor allem Gas-Leitungen. . . Den Investoren aus dem internationalen Nabucco-Konsortium, zu dem auch der deutsche RWE-Konzern gehört, zeigten die russischen Bombenangriffe, wie weit der Kreml bereit sein kann, gegen konkurrierende Energielieferungen aus dem Kaukasus vorzugehen.«[4177]

Ähnlich sieht es auch die Tageszeitung *Die Welt*: »Im Kaukasus befinden sich Gas- und Erdölvorkommen, er ist aber vor allem ein wichtiges Drehkreuz für Energietransporte vom Kaspischen Meer. Rußland hat lange versucht, die einzige Pipeline aus der kaspischen Region zu verhindern, die nicht über russisches Territorium führt. Sie entspringt nahe der aserbaidschanischen Hauptstadt Baku am Kaspischen Meer und läuft an Tiflis in Georgien vorbei bis nach Ceyhan an der türkischen Mittelmeerküste. Die BTC-Pipeline hat für den Westen große geopolitische Bedeutung, weil sie weder Öl aus Rußland noch aus den OPEC-Förderländern transportiert. Die Öl- und Gasreserven aus Zentralasien verringern die Abhängigkeit von Rußland und der Opec. Im Frühjahr 2006 wurde die Pipeline in Betrieb genommen. Sie befördert etwa eine Million Barrel Öl pro Tag. Der georgische Sicherheitsberater Lomaia sagt, die Russen hätten sechs Bomben auf die Pipeline abgeworfen, sie aber nicht getroffen. Sollte das zutreffen, wäre es der Beweis, daß Rußlands Militäraktion viel weitreichendere strategische Ziele hat als nur, wie Moskau behauptete, eine humanitäre Krise in Südossetien zu verhindern.«[4178]

Die BTC-Pipeline, so Christoph Weber vom Lehrstuhl für Energiewirtschaft an der Universität Duisburg-Essen, »ist Teil der gesamten Mittelost-Politik der USA. Sie zielt darauf ab, Iran zu isolieren und den russischen Einfluß zurückzudrängen«.[4179] Auch der geplante NATO-Beitritt Georgiens wird von US-Diplomaten wiederholt mit der Bedeutung des Landes für die Energieversorgung begründet, weshalb Georgien von größten geostrategischem Interesse für die USA und die EU ist.[4180] »Die energiepolitische Bedeutung Georgiens liegt darin, daß das westlich orientierte Land eine Alternativroute zu russischen Pipelines für die Energieträger aus kaukasischen und zentralasiatischen Staaten bieten kann«, so die *Neue Zürcher Zeitung*.[4181]

Zusammengefaßt läßt sich daher sagen, daß die BTC-Pipeline – deren Haupttransitland Georgien ist – nach den Planungen der transatlantischen Energiegeopolitik die Voraussetzung bilden soll für eine Energieversorgung unabhängig von den Golfstaaten und von Rußland. Die Umgehung Rußlands ist der *Neuen Zürcher Zeitung* zufolge dabei das internationale Ziel. Dessen ist sich die russische Machtelite auch genau bewußt, und daher spricht einiges dafür, daß das militärische Eingreifen des Kreml – das zunächst eine direkte Antwort auf die gewaltsame Wiedervereinigungspolitik SAAKASCHWILIS war – auch den Ausbau der von Rußland unabhängigen Pipelinekorridore verhindern sollte. Georgiens Präsident SAAKASCHWILI wurde »denn auch nicht müde, den Krieg um Südossetien als Kampf ums Öl zu präsentieren. Die russischen Angriffe hätten sich direkt gegen strategische Interessen der Europäischen Union und der USA gerichtet. . .«.[4182] Gerade die Bombardierung des Schwarzmeerhafens Poti, in dessen Nähe sich der Erdölterminal Supsa befindet, war nach der Einschätzung der *Neuen Zürcher Zeitung* daher auch »eine Warnung, daß sich auch die Alternativrouten für den Energieexport in den Westen nicht dem Zugriff Rußlands entziehen können«.[4183] Gerade die BTC-Pipeline war von Rußland mit Feindseligkeit betrachtet worden, und diese wuchs noch, seit in den vergangenen Jahren Pläne immer konkreter wurden, auch Erdöl aus Kasachstan über die BTC-Pipeline nach Europa zu exportieren und damit ein weiteres russisches Transitmonopol zu brechen.[4184]

Folgt man der Berichterstattung führender Tageszeitungen, so sollte der russische Militäreingriff tatsächlich auch die Planung weiterer – russisches Gebiet umgehender – Pipelinekorridore in Frage stellen. »Die russische Machtdemonstration im Kaukasus«, so die *Neue Zürcher Zeitung*, »hat höchstwahrscheinlich wenig Einfluß auf den Betrieb der bestehenden Pipelines. . . Die neuen Pipelineprojekte, wie die von der EU unterstützte Nabucco-Leitung oder die Transkaspische Pipeline, könnten jedoch aufgrund der Ereignisse einen Rückschlag erleiden, weil Investoren eine neue Risikoberechnung anstellen. Auch die Teilnehmer am Projekt, kaspisches Erdöl über die ukrainische Pipeline Odessa–Brody weiter nach Mitteleuropa zu schicken, könnten die Frage nach der Sicherheit in Georgien stellen.«[4185] In die gleiche Richtung argumentiert auch die Tageszeitung *Die Welt*, der zufolge mit dem Kaukasuskrieg auch die Pläne für die zukünftige Energieversorgung Europas durcheinandergebracht worden seien.[4186] Mit dem Konflikt nämlich »rückt die von der Europäischen Union angestrebte größere Unabhängigkeit vom russischen Gas in weitere Ferne«,[4187] was insbesondere für die ›Nabucco‹-Pipeline gelte. Diese führt ebenso wie die BTC-Pipeline mitten durch Georgien, vorbei an den Krisenherden in Ossetien und Abchasien. Gerade für den Zugang der EU zu Erdgas aus dem kaspischen Raum hat Georgien daher eine zentrale Bedeutung, und die 2006 in Betrieb genommene Gasleitung von Baku über Tiflis in das türkische Erzurum ist die Voraussetzung für die geplante ›Nabucco‹-Pipeline. Da aber, so die Tageszeitung *Die Welt*, mit dem Georgienkrieg von sicheren Transportwegen durch Georgien nicht mehr die Rede sein könne, ist seitdem offen, wie das Gas aus Zentralasien an Rußland vorbeigeschleust werden soll.[4188]

Rußland-Experte Alexander Rahr geht deshalb auch davon aus, daß das militärische Eingreifen Rußlands auch gegen das ›Nabucco‹-Projekt gerichtet war. »Nach dem Krieg wird es die Pipeline so nicht geben.« Vor allem die zentralasiatischen Länder würden sich jetzt genau überlegen, ob sie sich mit Rußland wegen des Gases anlegen sollen.[4189] Nach den Recherchen der *Frankfurter Allgemeinen Zeitung* schließlich wurde noch während der Kämpfe in Georgien von verschiedener Seite die Vermutung geäußert, die russische Intervention könne der Todesstoß für ›Nabucco‹ und einen noch in der Erkundungsphase befindlichen Anschluß aus Osten – eine Pipeline von Turkmenistan durch das Kaspische Meer nach Aserbaidschan – gewesen sein. »Da Georgien nun nicht mehr das sichere Transitland sei, als das es bis dahin angesehen wurde, so das Argument, werde für die Investoren das Risiko zu groß.«[4190]

Allerdings ist die These, daß es Rußland in erster Linie um die Torpedierung der transatlantischen Pipelinekorridore gegangen sei, umstritten und wird von verschiedenen Rußland- und Kaukasus-Experten angezweifelt. Der *Frankfurter Allgemeinen Zeitung* zufolge handelte es sich dabei eher um eine von Moskau erwünschte Nebenwirkung des Krieges in Georgien, »bei dem Energiefragen allerdings nicht die Hauptrolle gespielt haben«.[4191] Kaukasus-Fachmann Uwe Halbach von der ›Stiftung Wissenschaft und Politik‹ geht davon aus, daß sicherheitspolitische Fragen wie die NATO-Mitgliedschaft Georgiens klar im Vordergrund gestanden hätten.[4192]

Andererseits aber spielten auf georgischer Seite energiepolitische Fragen eine nicht unerhebliche Rolle, wie Thomas Immanuel Steinberg enthüllte. Am 29. Mai 2008 nämlich eröffneten Rußland und Südossetien eine gemeinsame Erdgaspipeline, die von Dzuarikau im russischen Nordossetien bis ins südossetische Zchinwali führt und die Südossetien mit russischem Erdgas zu subventionierten Preisen versorgen soll. Diese Pipeline wurde von Südossetien als russische Unterstützung einer Vereinigung Südossetiens mit Nordossetien gewertet.[4193] »Die absehbare Fertigstellung der russisch-ossetischen ›Pipeline der Unabhängigkeit‹ dürfte – neben der ohnehin geostrategisch zentralen Bedeutung Georgiens – die georgische Regierung und ihre US-amerikanischen Lehensherren zum Überfall ermutigt haben.«[4194]

Festzuhalten bleibt jedenfalls, daß Rußland, das selbst mit ›South Stream‹ eine Alternativpipeline in der Hand hat, zumindest als Nebenziel die Verläßlichkeit Georgiens als künftiges Transitland für kaspische Energieträger nachhaltig erschüttern wollte.[4195] Laut einer in der *Washington Post* zitierten Aussage von Ed CHOW vom ›Center for Strategic and International Studies‹ ist es Rußland zumindest gelungen, ernste Zweifel bei westlichen Kreditgebern und Investoren zu streuen, ob die ›Nabucco‹-Pipeline durch Georgien vor Angriffen geschützt oder vor der Kontrolle des Kreml sicher sei.[4196] Inwieweit Rußland aber hiermit dauerhaft Erfolg haben wird, bleibt offen. Nach den Äußerungen des EU-Energiekommissars Andris PIEBALGS will die EU trotz des Kaukasuskonfliktes an ihrem Plan zum Bau der ›Nabucco‹-Pipeline festhalten. Unterstrichen wurde diese Haltung, wie oben bereits dargestellt, auf der ›Nabucco‹-Konferenz der EU-Regierungschefs in Budapest am 27. Januar 2009.

Insgesamt ist damit das ›Great Game‹ um die Pipelinekorridore durch den Georgienkrieg aber nicht entschieden worden. Rußland hatte sich mit der Unterstützung Südossetiens ein Faustpfand sichern können, mit dem es zukünftig ein Einspruchs- und Mitspracherecht über die geopolitische Ausrichtung des Kaukasus und dessen Pipelinekorridore besitzt. Auf der anderen Seite kündigten die USA und die EU eine Verstärkung ihres Einsatzes zugunsten Georgiens an, womit sie deutlich machten, das ›Great Game‹ fortzuführen.

2.9 Die Markierung der neuen geopolitischen Konfrontationslinien durch den Georgienkrieg

Es zeigte sich, daß es das Ziel der Politik der USA in Georgien war, einen neuen Kalten Krieg gegen Rußland in die Wege zu leiten. Dabei sollte auch die Europäische Union als Schachfigur in Stellung gebracht werden; die USA planten, die Georgienkrise dahingehend zu benutzen, daß sich zwischen der Europäischen Union und Rußland kein neues partnerschaftliches Verhältnis entwickeln konnte. Ferner stellte der Georgienkrieg heraus, daß die Hauptkonfrontationslinie dieses neuen Kalten Krieges das Schwarze Meer und der Isthmus zwischen Schwarzem und Kaspischem Meer sein werden – jene Region also, die der US-Stratege Bruce JACKSON bereits als amerikanische Interessensphäre in Eurasien beschrieben hatte.

Tatsächlich wirkte dieser Krieg wie ein Katalysator in der außenpolitischen Diskussion der US-Machtelite, zu einer Konfrontation mit Moskau zu schreiten, was, wie bereits beschrieben, von einflußreichen Kräften in der US-Außenpolitik auch gewünscht war. Rußland konnte nunmehr endgültig als geopolitischer Feind bestimmt werden, was sich insbesondere während des US-Präsidentschaftswahlkampfes zeigte. Während der republikanische Kandidat John MCCAIN ohnehin bereits einen antirussischen Konfrontationskurs verfochten hatte und sogar den Einsatz von NATO-Truppen für Georgien einforderte,[4197] nahm auch Barack OBAMA eine antirussische Wende vor. »MCCAINS scharfer Ton hat sich durchgesetzt. OBAMA drängt – wie BUSH –, die ehemaligen Sowjetrepubliken in die Nato aufzunehmen und den Raketenabwehrschirm in Polen zu installieren, der gegen iranische Raketen schützen soll. Es gebe zur BUSH-Politik gegenüber PUTIN keine Alternative, sagte OBAMAS außenpolitische Beraterin Susan RICE.«[4198]

Das Nachrichtenmagazin *Der Spiegel* enthüllte dann auch, wie die geopolitische Konfrontation gegen Rußland wieder zum bestimmenden Element der US-Eurasienpolitik der demokratischen Partei geworden ist: »Alle maßgeblichen Außenpolitiker der Demokraten treten für das Ende der Kooperation der Nato mit Rußland ein – von Ex-Botschafter HOLBROOKE über Ex-Vize-Außenminister Strobe TALBOTT und Senator John KERRY bis zum ehemaligen Sicherheitsberater CARTERS, Zbigniew BRZEZINSKI. Sie wollen Moskau aus den G-8-Treffen ausschließen und den Beitritt des Landes zur Welthandelsorganisation blockieren.«[4199] Einer der wichtigsten und einflußreichsten Vordenker der Neokonservativen und MCCAIN-Berater, Robert KAGAN, forderte in diesem Zusammenhang eine verstärkte Neo-Containmentpolitik der USA gegen Rußland. In KAGANS geopolitischem Weltbild erscheint Georgien als heroischer Vorposten des ›freien Westens‹, den es auch offensiv zu verteidigen gelte, während Rußland eine »Neodespotie« darstelle, die man angesichts der neuen »Rivalität der großen Mächte« zurückdrängen müsse.[4200]

Verdeutlicht wurde dies durch die vorliegenden Indizien, die dafür sprechen, daß die USA im Vorfeld des georgischen Militärschlages informiert waren. »Die Sprecherin des Weißen Hauses, Dana PERINO, wollte Berichte, daß Washington von dem geplanten Einsatz georgischer Truppen vorab informiert worden sei, weder bestätigen noch dementieren. Möglicherweise sei es so gewesen.«[4201] Als Dementi war diese Stellungnahme jedenfalls nicht zu verstehen. Dem Sicherheitsexperten Lühr HENKEN zufolge ging es den US-Strategen gerade darum, Rußland als grobschlächtig und brutal zu entlarven und vorzuführen:[4202] »Die Invasion des Warschauer Pakts in der Tschechoslowakei vor 40 Jahren wurde bemüht, um einen russischen Imperialismus zu brandmarken. Der Leitartikel der *FAZ* vom 20. 8. brachte es auf den Punkt: ›Der 21. August 1968 liegt uns heute, zwei Wochen nach dem Beginn der russischen Aggression gegen Georgien, näher als vor 10 Jahren.‹ Die georgische Aggression wurde in eine russische umgedichtet.«[4203]

2.9.1 Die Bestrebungen der USA, Georgien nach dem Krieg weiter an den Westen zu binden

Der damalige US-Vizepräsident Richard CHENEY erklärte in einem Telefonat mit SAAKASCHWILI am 10. August 2008, daß »Rußlands Aggression nicht unbeantwortet bleiben« dürfe.[4204] Was CHENEY mit dieser Formel zum Ausdruck bringen wollte, stellte die Tageszeitung *Die Welt* folgendermaßen klar: »Ex-Präsident George H.W. BUSH benutzte 1990 die gleiche Formel, um den Überfall Saddam HUSSEINS auf Kuwait zu kommentieren. CHENEY war damals Verteidigungsminister. Das Signal an Moskau könnte kaum klarer sein.«[4205]

Es war die unverhohlene Warnung, wenn nötig, Rußland auch mit militärischer

Gewalt zum Rückzug zu zwingen. Der außenpolitsche Berater des Präsidentschaftskandidaten John McCain, Randy Scheunemann, der als offizieller Lobbyist für die georgische Regierung in Washington registriert war, griff seine schon seit langem erhobene Forderung nach einem Ausschluß Rußlands aus der G-8 erneut auf und forderte den »bedingungslosen Rückzug« Moskaus und die Kooperation von EU, KSZE und NATO. In einem Telefonat mit Saakaschwili führte er außerdem aus: »Seit vielen Jahren warne ich davor, daß Rußland die Souveränität seiner Nachbarn zu untergraben versucht. Leider haben die jüngsten Ereignisse gezeigt, daß ich recht hatte.«[4206]

Anfang September 2008 unternahm Richard Cheney eine offizielle Reise nach Georgien und Aserbaidschan, um die US-amerikanische Unterstützung dieser Staaten gegen Rußland zu unterstreichen. Dabei ging es – wie die *Neue Zürcher Zeitung* enthüllte – hauptsächlich darum, das Interesse der USA an der Stabilität des Pipelinekorridors Baku–Tiflis–Cheyhan zu unterstreichen. »In Baku würdigte der Vizepräsident die aserbaidschanische Zusammenarbeit mit dem Westen im Energiesektor. Washington hatte genau beobachtet, ob die russische Armee während der kriegerischen Auseinandersetzung in Georgien die Pipeline Baku–Tbilissi–Ceyhan zur Umgehung Rußlands beschädigen würde. Cheney drückte aber auch das große Interesse der USA an Sicherheit, Stabilität und Frieden in der Region aus.«[4207]

Dieser Besuch Cheneys sollte zum Ausdruck bringen, daß die USA die geopolitischen Schlüsselstaaten, die auch die Grundlage für die Rußland umgehenden Pipelinekorridore bilden sollten, vorbehaltlos zu unterstützen beabsichtigen. »Die USA haben klar unterstrichen, Georgien auch weiterhin uneingeschränkt zu unterstützen«, beurteilte das *Handelsblatt* das Treffen Cheneys mit Saakaschwili am 4. September 2008.[4208] Ähnlich sieht es auch die *Süddeutsche Zeitung*: »Aufmerksamkeit hatten die Reisepläne Cheneys vor allem deshalb erregt, weil er in der Folge (nach dem Besuch in Baku, der Verf.) nach Georgien und in die Ukraine weiterreisen will, um beiden Staaten in der Auseinandersetzung mit Rußland die Unterstützung Washingtons zuzusichern.«[4209] Diese Reiseroute – so auch die *Neue Zürcher Zeitung* – mußte deshalb von Rußland auch als Affront gewertet werden.[4210] Cheney forderte offen die Unterstützung Georgiens durch die NATO-Staaten und darüber hinaus die Aufnahme des Landes in das transatlantische Bündnis: »Jetzt liegt es in der Verantwortung der freien Welt, sich an die Seite Georgiens zu stellen. . . Wie schon auf dem Nato-Gipfel in Bukarest erklärt, wird Georgien in unserer Allianz sein.«[4211]

Bei seinem Besuch in Tiflis stellte Cheney dem georgischen Präsidenten amerikanische Finanzhilfen in Höhe von rund einer Milliarde Dollar in Aussicht.[4212] Ferner gelang es den USA auch, Druck auf den Internationalen Währungsfonds auszuüben, um diesen dazu zu bewegen, Georgien Hilfen im Umfang von 750 Millionen Dollar in Aussicht zu stellen. »Das ist deshalb pikant, weil auch Rußland Mitglied des IWF ist, zugleich aber jede Zusammenarbeit mit Saakaschwili kategorisch ablehnt.«[4213] Grund für diese Hilfspakete, die im wesentlichen auf Druck der USA geschnürt werden sollten, war dabei hauptsächlich, das Vertrauen internationaler Investoren für die Stabilisierung Georgiens als fundamentaler Drehscheibe der Ost-West-Pipeline- und Verkehrskorridore wiederzugewinnen. Nach Angaben des Wiener Instituts für Internationale Wirtschaftsvergleiche (WIIW) »leide das Land bis heute darunter, daß russische Truppen die Hauptversorgungsader vom Schwarzmeerhafen Poti nach Tiflis sowie die parallele Eisenbahnverbindung und damit den Warenverkehr kontrollierten. Hinzu komme die Verunsicherung der Investoren«.[4214]

Wegen der Verunsicherung durch die anhaltende Besetzung strategischer Teile Georgiens durch russische Truppen sind nach Berechnungen der Ratingagentur Fitch bereits 17 Prozent der Bankeinlagen von den Konten der Georgier geräumt worden. »Und laut der georgischen Nationalbank hat der Kursverfall der Landeswährung Lari nun eingesetzt. . . Auch ein Ausgleich des Leistungsbilanzdefizits von bisher rund 20 Prozent des BIP durch Auslandsinvestitionen in Höhe von 19,7 Prozent des BIP sei wegen der Verunsicherung der Investoren kaum mehr möglich. ›Panzer verschrecken halt jeden Investor‹, meint Präsidentenberater Kacha BENDUKIDSE.«[4215]

Auch die NATO gab sogleich bekannt, daß sie bereits sei, umfassende Hilfen für den Wiederaufbau der zerstörten georgischen Militärinfrastruktur bereitzustellen. »Die Nato will jetzt in Georgien Solidarität demonstrieren; schließlich strebt Tiflis in die Allianz«, so kommentierte die *Südeutsche Zeitung* diesen Vorgang,[4216] hinter dem vor allem ebenfalls die USA standen. Wie das Nachrichtenmagazin *Focus* enthüllte, war es vor allem der ehemalige nationale Sicherheitsberater Zbigniew BRZEZINSKI, der sich für eine NATO-Unterstützung Georgiens stark machte: »Die Nato muß die Leute vor allem mit Waffen versorgen. Das wäre auch eine deutliche Botschaft an die politische Elite in Moskau.«[4217] Wie Nikolas BUSSE darstellt, hatte sich die NATO auch »eindeutig auf die Seite Georgiens gestellt«.[4218]

Das aber mußte Rußland zwangsläufig als feindseligen Akt auffassen. »Die USA wolle ihren Einfluß im postsowjetischen Raum verfestigen und den Einfluß der EU in der Weltpolitik schwächen und diese spalten, warnt etwa Sergej KARAGANOW, Vorsitzender des russischen Rates für Außen- und Sicherheitspolitik.«[4219] Die russische Führung protestierte scharf gegen »jedwede Versuche, Georgien wiederaufzurüsten«. Der Sprecher PUTINS, Dmitrij PESKOW, bezichtigte die NATO-Staaten, schon jetzt Militärgüter nach Georgien zu liefern und das von Moskaus Außenminister Sergej LAWROW geforderte Waffenembargo gegen Tiflis zu unterlaufen: »Nato-Schiffe sind im Schwarzen Meer, um angeblich humanitäre Hilfe zu leisten. Doch unsere Militärs äußern erhebliche Zweifel am Inhalt vieler geschlossener Boxen an Bord der Boote.« LAWROW verlieh damit dem Verdacht Ausdruck, daß die NATO bereits im Begriff sei, verdeckt Waffen an Georgien zu liefern.[4220]

2.9.2 Sarkozys umstrittenes Waffenstillstandsabkommen vom 12. August 2008

Damit schien deutlich zu werden, daß Washington verstärkt nach Mitteln suchte, Rußland zu isolieren. Von seiten des US-Verteidigungsministers war zu vernehmen, daß das russische Vorgehen »die gesamte Grundlage« der russisch-amerikanischen Beziehungen in Frage stelle.[4221] Der neue US-Botschafter im NATO-Hauptquartier in Brüssel, Kurt VOLKER, sprach schon davon, den NATO-Rußland-Rat abzuschaffen, und stellte indirekt klar, daß Washington weiterhin danach strebt, Georgien möglichst bald in die NATO einzubinden. »Es sei ›unglücklich‹ gewesen, daß der Nato-Gipfel im April dem Land keinen klaren Fahrplan in Richtung Beitritt offeriert habe und somit gegenüber Rußland ›Unentschlossenheit‹ signalisiert habe.«[4222] Tatsächlich, so die Enthüllungen der *Süddeutschen Zeitung*, schienen seit dem Georgienkonflikt innerhalb der US-Machtelite wieder jene Kräfte an Einfluß zu gewinnen, die schon seit langem einen härteren Konfrontationskurs der USA gegen Rußland forderten: »Seit Tagen erschallt vor allem aus dem rechten politischen Lager die Klage, BUSH und RICE hätten Georgien, einen treuen Verbündeten, übel im Stich gelassen. Ein Editorial des *Wall Street Journal* hielt dem Präsidenten vor, er sei in seiner Einschätzung PUTINS einem ›Fehlurteil‹ aufgesessen. Und, schlimmer noch, während BUSHS Amtszeit sei die US-Rußlandpolitik ›schwächlich wie unter Jimmy CARTER‹ erschienen.«[4223]

Verschiedenen recht einflußreichen Vertretern der US-Machtelite gelang es, nunmehr den Konfrontationskurs gegen Rußland zu verschärfen. Diese Linie konnten die USA auch in der NATO während eines Krisentreffens der NATO-Außenminister in Brüssel am 19. August 2008 durchsetzen: Die Zusammenarbeit im NATO-Rußland-Rat wurde einstweilen auf Eis gelegt.[4224] Darüber hinaus wurde die Einrichtung einer ›NATO-Georgien-Kommission‹ beschlossen, ein politisches Gremium, wie es bereits zwischen der NATO und der Ukraine besteht. »Das ist ein klares, vor allem an die Adresse Moskaus gerichtetes Signal, das das nordatlantische Bündnis in der leidigen Frage, wann Tbilissi die Einladung zur Mitgliedschaft erhalten solle, trotzdem in keiner Weise bindet«[4225] – dem aber gleichwohl eine Katalysatorfunktion für den gewünschten NATO-Beitritt beigemessen wird.[4226] Den Beobachtungen der *Neuen Zürcher Zeitung* zufolge war an diesem Außenministertreffen auffällig, »wie sich der Ton des Nordatlantikpakts gegenüber Rußland verschärft hat«.[4227]

Tatsächlich aber konnten die USA nicht alle NATO-Mitglieder auf ihren harten antirussischen Kurs bringen. Während die USA, hauptsächlich unterstützt von Großbritannien und den osteuropäischen NATO-Mitgliedern, in dem Konflikt eindeutig Partei für Georgien ergriffen hatten, bemühte sich die Europäische Union unter der Führung von Frankreich und Deutschland, in die Vermittlerrolle zu schlüpfen und eine Isolation Rußlands abzuwenden.[4228] Damit im Zusammenhang zu sehen ist auch das Scheitern der USA und ihrer osteuropäischen Verbündeten auf dem NATO-Außenministertreffen vom August 2008, die NATO-Mitglieder darauf festzulegen, daß der Beschluß zur Aufnahme Georgiens und der Ukraine in den ›Membership Action Plan› auf der NATO-Ratssitzung im Dezember 2008 erfolgen solle. Eine solche Festlegung wurde von einer Mehrheit der 26 NATO-Mitgliedstaaten abgelehnt.[4229]

Statt also den US-amerikanischen Kurs der Isolation Rußlands und die Unterstützung einer NATO-Mitgliedschaft Georgiens mitzutragen, unterbreitete die Europäische Union unter Führung des französischen Staatspräsidenten Nicolas SARKOZY am 12. August 2008 einen vermittelnden Waffenstillstand. SARKOZY reiste nach Moskau mit einem Plan, der zunächst vier Punkte enthielt. Auf einer Pressekonferenz mit dem russischen Präsidenten Dmitrij MEDWEDJEW hatte SARKOZY Verständnis dafür geäußert, daß »Rußland seine Interessen verteidigen möchte, ebenso wie die der Russen und russischsprachigen Menschen außerhalb Rußlands«,[4230] was sowohl von Georgien als auch von den USA als einseitige Parteinahme zugunsten Rußlands kritisiert wurde. Die vier Prinzipien, die SARKOZY vorschlug, lauteten 1. Kein Rückgriff auf Gewalt zwischen den Protagonisten, 2. endgültige Einstellung der Feindseligkeiten, 3. Gewährung freien Zugangs für humanitäre Hilfe und 4. Rückzug der Streitkräfte auf die Stellungen vor der Zeit der Kämpfe. Rußland jedoch beharrte auf die Aufnahme zweier zusätzlicher Punkte: Zwar stimmte auch MEDWEDJEW grundsätzlich zu, daß sich die russischen Streitkräfte auf die Linien vor Beginn der Feindseligkeiten in Südossetien zurückziehen sollten, jedoch nur unter folgender Bedingung (Punkt 5): »Bis ein internationaler Mechanismus gefunden ist, werden die russischen Truppen zusätzliche Sicherheitsmaßnahmen ergreifen.« Außerdem wurde als Punkt 6 vereinbart, eine »internationale Diskussion über die Modalitäten der Sicherheit und Stabilität in Abchasien und Südossetien« zu eröffnen.

Allerdings bot der fünfte Punkt Anlaß für Mißverständnisse. »Zu Punkt 5 erläuterte SARKOZY, daß russische Friedenstruppen zunächst auch außerhalb der Grenzen Südossetiens patrouillieren dürfen. Dies betreffe aber ›nur die unmittelbare Nähe Südossetiens und auf keinen Fall das gesamte Gebiet Georgiens‹. Wo genau aber die ›unmittelbare Nähe‹ verläuft und wie lange sie besetzt gehalten werden darf, ist seither umstritten. Moskau spricht von einer Pufferzone, SARKOZY in einem Brief an SAAKASCHWILI nur von Patrouillen russischer Friedenstruppen.«[4231] Soweit die offiziellen Positionen.

Was sich dann aber als Streit um den Rückzug Rußlands aus Georgien darstellte, schien sich hinter den Kulissen als ein diplomatisches Doppelspiel der Europäischen Union zu entwickeln. Tatsächlich hatten sich die russischen Streitkräfte in der zweiten Augusthälfte weitgehend aus Georgien zurückgezogen. Danach aber entbrannte zwischen dem Westen und Moskau ein Streit um Pufferzonen und Kontrollpunkte. Unter Berufung auf das Waffenstillstandsabkommen blieben russische Truppen in einigen georgischen Städten und auf wichtigen Verkehrswegen stationiert. So nahm Rußland für sich in Anspruch, den Schwarzmeerhafen Poti zu kontrollieren und Straßenkontrollen auf der Ost-West-Verbindung von Südossetien an die Schwarzmeerküste aufrechtzuerhalten. Außerdem wurden Kontrollpunkte nahe der Stadt Senaki errichtet.[4232] Gerade die Straße von Poti bis nach Tiflis, die den östlichen mit dem westlichen Landesteil Georgiens verbindet, war für den russischen Generalstab besonders wichtig.[4233] Diplomatenberichten zufolge schickte sich Rußland an, eine Pufferzone entlang der südlichen südossetischen Verwaltungsgrenze zu schaffen, die bis zu zwanzig Kilometer nach Kerngeorgien hineinreicht.[4234] Bei diesem Vorgehen berief sich Rußland ausdrücklich auf die Waffenstillstandsvereinbarung, was von dem russischen Vertreter in Brüssel und PUTIN-Vertrauten Wladimir TSCHISCHOW auf einer Pressekonferenz auch bekräftigt wurde.[4235]

Was sich aber für Rußland als besonders nachteilig auswirkte und als außerordentlich pikant darstellte, war der Umstand, daß der Originaltext des Waffenstillstandsabkommens nicht vorgelegt werden konnte. »Der Originaltext des Abkommens ist öffentlich nicht zugänglich, er liegt nicht einmal in den Außenministerien anderer EU-Staaten vor.«[4236] Und da Frankreich den Wortlaut des in Moskau unterschriebenen Papiers streng geheim behandelte, waren die russischen Behauptungen kaum nachprüfbar.[4237] Offiziell – nach einem Treffen der EU-Außenminister am 13. August – hieß es in der Darstellung unter Punkt 5: »Die russischen Streitkräfte müssen sich auf die Linien zurückziehen, an denen sie sich vor dem Ausbruch der Feindseligkeiten befunden haben. Die russischen Friedenstruppen werden zusätzliche Sicherheitsmaßnahmen durchführen, bis ein internationaler Mechanismus vereinbart ist.«

Als problematisch bei den Verhandlungen erwies sich, daß sich der georgische Präsident SAAKASCHWILI zunächst weigerte, das Waffenstillstandsabkommen zu unterzeichnen. Aus diesem Grund schrieb SARKOZY an SAAKASCHWILI am 14. August 2008 einen »erläuternden Brief«, in dem er festhielt, daß die »Maßnahmen« Rußlands nur in der »unmittelbaren Nähe« Südossetiens vorgenommen werden könnten, unter Ausschluß aller anderen Teile des georgischen Staatsgebietes. Diese Erläuterungen beschrieb die *Frankfurter Allgemeine Zeitung*: »Erläuternd fügt SARKOZY hinzu, es gehe um eine Zone von ›einigen Kilometern‹ Tiefe, die urbane Zentren ausschließe: ›Ich denke da besonders an die Stadt Gori.‹ . . . Schließlich hält SARKOZY fest, daß die ›Maßnahmen‹ aus Patrouillen bestehen sollten, vorgenommen von den russischen Friedenstruppen, die auf dem Niveau der ›bestehenden Vereinbarungen‹ zu halten seien; alle anderen russischen Soldaten seien auf ihre Positionen vor dem 7. August zurückzuziehen. Es gibt allerdings noch drei weitere ›Präzisierungen‹ SARKOZYS, die in einer undatierten ›Erklärung des Präsidenten der Republik‹ bekanntgemacht wurden. Darin wird unter anderem das betroffene Gebiet als ›unmittelbare Nähe der Konfliktzone‹ beschrieben, wie sie in ›früheren Vereinbarungen‹ festgelegt worden sei. Damit könnten Vereinbarungen zur Überwachung des Waffenstillstands von 1992 gemeint sein. Außerdem ist nun die Rede von einigen Kilometern Tiefe ›um Zchinwali herum‹.«[4238]

Bei dieser Präzisierung handelte es sich um eine einseitige Präzisierung SARKOZYS, um SAAKASCHWILI dazu zu bewegen, das Waffenstillstandspapier zu unterzeichnen – eine Präzisierung, der Rußland allerdings nicht zugestimmt hatte.[4239] Schließlich unterzeichnete SAAKASCHWILI am 16. August ein Papier, allerdings, so die *Süddeutsche Zeitung*, »eine Fassung, der nicht nur ›die Präambel fehlte‹, sondern in der auch sprachliche Veränderungen mit politischen Konsequenzen vorgenommen worden seien«.[4240]

Damit schien klar zu sein, daß Rußland und Georgien unabhängig voneinander unterschiedliche Versionen des Waffenstillstandstextes zur Unterzeichnung vorgelegt bekommen hatten,[4241] es müssen also zwei Fassungen des Abkommens existieren.[4242] Nach wie vor aber sind beide Fassungen nicht zugänglich; der genaue Wortlaut liegt den NATO- und EU-Staaten nicht vor. Hinter den Kulissen war auch den NATO-Mitgliedsstaaten nicht klar, was als Vereinbarung gelten sollte. Insbesondere schien man dort über die Einräumung von russischen Kontrollbefugnissen in einer Sicherheitszone überrascht zu sein, wie die *Frankfurter Allgemeine Zeitung* enthüllte: »Diplomaten berichteten, auf einer Sondersitzung der Nato-Außenminister am Dienstag (19. August 2008, d. Verf.) sei das nicht zur Sprache gekommen. Allgemein sei davon ausgegangen worden, daß Rußland sich auf die Stellungen von vor dem Krieg zurückzuziehen habe, insbesondere Kerngeorgien verlassen werde. Die offizielle Erklärung der Nato-Außenminister vom Dienstag nimmt ausdrücklich Bezug auf den französischen Friedensplan, ist aber offenbar fehlerhaft. In einer Fußnote ist von einem Brief SARKOZYS an SAAKASCHWILI am 16. August die Rede, obwohl nur einer vom 14. August bekannt ist.«[4243]

Noch ist nicht bekannt, was der genaue Hintergrund dieses diplomatischen Doppelspiels war. Viel spricht dafür, daß es darum ging, Rußland als Aggressor darzustellen, dem lediglich daran gelegen sei, Georgien seiner Herrschaft zu unterwerfen und daher keine Bereitschaft zeige, seine militärisch erlangten Stellungen zu räumen. Damit aber konnte wiederum der NATO-Beitritt Georgiens beschleunigt werden, was ja Ziel SAAKASCHWILIS wie auch der USA war. Auch die *Süddeutsche Zeitung* stellt heraus, daß es mit der Kontroverse um den Waffenstillstand leicht war, Rußland als rückzugsunwillig zu brandmarken: »Diplomaten sagten, die ungeklärten Fragen seien für die Nato besonders heikel, weil das Bündnis die weitere Zusammenarbeit mit den Russen von deren Abzug aus Georgien abhängig mache und sich dabei ausdrücklich auf den SARKOZY-Plan beziehe. Sollte dieser jedoch Interpretationsspielräume lassen, könne die Nato nicht feststellen, wann ihre Rückzugs-Forderung als erfüllt anzusehen sei.«[4244]

Damit war es der NATO aber andererseits auch jederzeit möglich, Rußland des Bruchs des Waffenstillstandes zu bezichtigen, zumal die Öffentlichkeit über die Rußland zugestandene militärische Anwesenheit in Georgien fast gänzlich im unklaren gelassen wurde.[4245] Dies wird auch daran deutlich, daß man in der Folge sogar so weit ging und den bedingungslosen Abzug der russischen Streitkräfte forderte.[4246] Martin HANTKE geht in seiner Studie über den Georgienkrieg sogar davon aus, daß erst nach der Unterzeichnung des Waffenstillstandsabkommens durch die georgische und russische Seite von Frankreich eine fehlerhafte Übersetzung des Abkommenstextes veröffentlicht wurde, »da die vertragliche Garantie für das Verbleiben russischer Truppen rund um Südossetien und Abchasien vor allem in den USA auf Kritik gestoßen war. Dieser Kritik versuchte die französische Diplomatie in der Folge dann durch eine einseitige Abänderung des Textes gerecht zu werden«.[4247]

Für diese These spricht einiges. Im Westen ist SARKOZYS Waffenstillstandsabkommen in der Tat vielfach auf Kritik gestoßen. Die *Neue Zürcher Zeitung* bezeichnete den Sechs-Punkte-Plan als ein »russisches Dokument«, das vor allem auf russischen Forderungen beruhe und von Rußland nach Belieben zu seinen Gunsten ausgelegt werden könne.[4248] SARKOZY wurde vorgeworfen, daß er mit seinem Plan, der den russischen Streitkräften innerhalb einer bestimmten Sicherheitszone die Durchführung von Sicherheitsmaßnahmen einräumte, die russische Doktrin vom ›nahen Ausland‹ anerkenne.[4249] Wie zu erwarten, kam heftige Kritik vor allem auch aus den USA: »Washington ist dem Vernehmen nach unzufrieden mit der von Präsident Nicolas SARKOZY vermittelten Waffenstillstandsvereinbarung, die Moskau ›weitere Sicherheitsmaßnahmen‹ in Georgien erlaubt«, so die *Frankfurter Rundschau*. »Die vage Klausel ›erlaubt den Russen, fast alles zu tun‹, ließ sich ein US-Beamter zitieren.«[4250] US-Außenministerin Condoleezza RICE erklärte mit Blick auf den Waffenstillstandsplan: »Dies ist nicht 1968 und die Invasion der Tschechoslowakei, wo Rußland einen Nachbarn bedrohen, eine Hauptstadt besetzen, eine Regierung stürzen kann und ungestraft davonkommt. Die Dinge haben sich geändert.«[4251]

Diese Umstände mögen dazu beigetragen haben, daß Rußland nunmehr begann, einseitige Maßnahmen zur Sicherung seiner Stellung im Transkaukasus zu ergreifen. Bestärkt wurde Moskau in dieser Haltung dadurch, daß die USA und die NATO Georgien eindeutig unterstützten und sich jetzt mit Nachdruck für eine Einbindung des Kaukasusstaates in das transatlantische Bündnis einsetzten. Alarmiert wurde Rußland ferner dadurch, daß Georgien erneut zu einer militärischen Eskalation bereit zu sein schien, nachdem sich das russische Militär weitgehend aus Georgien zurückgezogen hatte, wie die *Frankfurter Rundschau* enthüllte: »Georgiens Militär nimmt nun frühere Positionen wieder ein. Der FR-Korresponent sah in den vergangenen Tagen Hunderte Soldaten, die mit Jeeps oder auf Pickup-Trucks in den Westen Georgiens unterwegs waren. Auch Panzer fuhren Richtung Senaki. Am Samstag (23. August, der Verf.) wurde die Basis wieder offiziell von der georgischen Armee übernommen. Seit Montag (25. August, der Verf.) kontrollieren georgische Polizisten 70 Kilometer vom südossetischen Zentrum Zchinwali entfernt wieder das südossetische Dorf Mosabruni. Auch beim Dorf Achalgori stehen sich wieder südossetische Milizen und georgische Polizisten kampfbereit gegenüber.«[4252]

Ermutigt durch die Haltung der USA und der NATO, schien die georgische Führung bereit, es auf eine erneute Machtprobe ankommen zu lassen. »Trotz der schweren militärischen Niederlage und der faktischen Eingliederung Südossetiens und Abchasiens in das russische Imperium scheint Präsident SAAKASCHWILI zu einer ›Jetzt erst recht‹-Politik entschlossen. Journalisten sagte der georgische Präsident, er plane den Wiederaufbau der Armee – und nach wie vor die Wiedervereinigung Südossetiens und Abchasiens mit Georgien.«[4253] Die *Frankfurter Rundschau* schilderte in diesem Zusammenhang auch, daß sich Georgien sogleich an die USA mit der Bitte um Waffenlieferungen wandte: »SAAKASCHWILIS militärische Wunschliste, die er schon am 20. August zwei prominenten US-Senatoren und tags darauf dem Nato-Oberkommandeur in Europa, US-General John CRADDOCK, vortrug, besteht unter anderem aus Anti-Panzer-Granaten und Flugabwehrraketen. ›Wir werden (den Georgiern) beim Wiederaufbau helfen, weil sie unser Partner im Krieg gegen der Terror sind‹, sagte CRADDOCK schon vor dem CHENEY-Besuch zu.«[4254]

Diese erneute Eskalationspolitik SAAKASCHWILIS wurde auch vom russischen Geheimdienst bestätigt, dessen Informationen zufolge am Wochenende des 23./24. August 2008 Georgien erneut Truppen rings um Südossetien zusammengezogen habe und auch einen militärischen Angriff auf Abchasien mit dem Ziel der Einnahme der Stadt Suchumi plane.[4255] Die Reaktion Moskaus war die einseitige Anerkennung Südossetiens und Abchasiens als unabhängige Völkerrechtssubjekte am 26. August 2008. Wie das *Handelsblatt* darstellte, ging es Rußland bei diesem Schritt wohl darum, rasch Tatsachen zu schaffen[4256] und völkerrechtliche Voraussetzungen für die Stationierung regulärer russischer Streitkräfte – und nicht nur für Friedenstruppen im Rahmen der GUS-Mission – zu schaffen.

Dabei ist zu beachten, daß Georgien Mitte August den Austritt aus der Gemeinschaft Unabhängiger Staaten (GUS) erklärt hatte, die russische Friedensmission in Abchasien und Südossetien allerdings eng mit der GUS verbunden war,[4257] so daß mit der Aufkündigung der GUS-Mitgliedschaft Georgiens die vertragsrechtliche Basis für die Stationierung russischer Militärs wegfiel. »Rußland, so bemerkten russische Medien, brauche also für die Anwesenheit seiner Truppen ein neues Mandat.«[4258] Dieses könne aber durch Verträge Moskaus mit einer unabhängigen südossetischen oder abchasischen Republik über Stationierungsrechte russischer Streitkräfte geschaffen werden. So schätzt auch die *Süddeutsche Zeitung* den Grund für das russische Vorgehen ein: »Nach dem Austritt Georgiens aus der Gemeinschaft Unabhängiger Staaten böte die Anerkennung Rußland eine Möglichkeit, seine Militärpräsenz in der Region zu sichern. Die Führungen der beiden Provinzen boten Rußland Abkommen über die Stationierung von Truppen an.«[4259]

Außerdem machte ein Gespräch des russischen Präsidenten MEDWEDJEW mit dem russischen NATO-Botschafter ROGOSIN deutlich, daß es Rußland mit diesem Schritt darum ging, sich eine gefestigtere militärische Position gegenüber der NATO im Transkaukasus zu sichern: »Rußland habe sich lange genug um die Entwicklung vollwertiger partnerschaftlicher Beziehungen bemüht. Sein Land würde zwar gern gleichberechtigte Beziehungen mit der Nato entwickeln, lehne es aber ab, sich weiter Illusionen hinzugeben, während um Rußland herum Stützpunkte gegründet und immer mehr Staaten in die Nato hineingezogen würden.«[4260]

Viel spricht dafür, daß sich Rußland mit dieser einseitigen Aktion zudem eine günstigere Ausgangsstellung bei den Verhandlungen um den Abzug seiner Truppen aus Georgien verschaffen wollte. Am 8. September erzielten die Europäische Union und Moskau schließlich ein Abkommen, durch das sich Rußland darauf festlegte, sich innerhalb eines klaren Zeitplans aus Georgien zurückzuziehen. Georgien auf der anderen Seite wurde durch dieses Abkommen – wie schon in der Vergangenheit von Rußland gefordert – zu einem Gewaltverzicht verpflichtet. Mit dieser Regelung konnte sich Rußland einverstanden erklären. MEDWEDJEW ließ durchblicken, daß sich die Ausgangslage seit dem letzten Treffen mit SARKOZY im August zugunsten Rußlands erheblich geändert habe; Rußland hatte mit der Anerkennung der Unabhängigkeit Südossetiens und Abchasiens vollendete Tatsachen geschaffen, ehe der hierfür vorgesehene – im sechsten Punkt des Waffenstillstandsabkommens benannte – Verhandlungsprozeß überhaupt in Gang gesetzt wurde. Dieser Schritt, verbunden mit etwaigen Stationierungsverträgen für russische Streitkräfte in den abtrünnigen Provinzen, sicherte Rußland ein wichtiges Faustpfand im Machtpoker im Transkaukasus, und MEDWEDJEW kündigte während der Waffenstillstandsverhandlungen die Unterzeichnung militärischer Abkommen mit den beiden Territorien an, so daß abzusehen war, daß der Kreml seine Truppen dort belassen werde.[4261]

Zu den russischen Bedingungen für einen vollständigen Rückzug gehörten zum einen die Unabdingbarkeit der Unabhängigkeit der sezessionistischen Gebiete und zum anderen ein Gewaltverzicht Georgiens, den Rußland bereits vor dem Krieg monatelang gefordert hatte und nun zur Bedingung für den Abzug machte.[4262] Vor diesem Hintergrund, so die Recherchen der *Neuen Zürcher Zeitung*, war Rußland dann zu Zugeständnissen bereit. »Die fünf Kontrollposten im Westen Georgiens, beim Schwarzmeerhafen Poti und bei der Garnisonsstadt Senaki, die weit außerhalb jedweder Sicherheitszone liegen und zum Symbol für die fortgesetzte Präsenz der Russen in Georgien geworden waren, sollen binnen einer Woche geräumt werden. Innerhalb eines Monats werden sich die russischen ›Friedenstruppen‹ aus den umstrittenen Pufferzonen entlang der Grenzen von Abchasien und Südossetien zurückziehen.«[4263] Die Überwachung des Abkommens sollte durch EU-Militärbeobachter sichergestellt werden, so daß sichtbar wurde, daß »Brüssel eine Schlüsselfunktion in der Gewährleistung der Sicherheit in der Region« übernehmen wollte.[4264]

Nach der Einschätzung des *Handelsblatts* setzte mit diesem von der Europäischen Union, Rußland und Georgien erzielten Abkommen »erstmals seit dem Georgien-Krieg Anfang August eine Entspannung der Krise an«.[4265] Auffällig war allerdings, daß die USA bei diesen Verhandlungen außen vor blieben, und es deutete sich an, daß sich vor dem Hintergrund des Waffenstillstandsabkommens eine erneute Rivalität zwischen den USA und der Europäischen Union entwickeln könnte. Eine separate Partnerschaft zwischen der Europäischen Union und Rußland war den USA aus bekannten geopolitischen Gründen ein Dorn im Auge, würde doch damit der geschilderte ›Alptraum MACKINDERS‹ Wirklichkeit werden. Die Europäische Union und Rußland hatten erst Ende Juni 2008 Verhandlungen über ein neues Partnerschaftsabkommen aufgenommen. »Es soll die Beziehungen auf eine neue, strategische Ebene heben und den seit Jahren schwelenden Streit um russische Gas- und Öllieferungen nach Europa beenden.«[4266] Allerdings hatten Polen und Litauen ein solches Abkommen von der Haltung Rußlands in der Georgienfrage abhängig gemacht, und genau dort war ja der Streit eskaliert.[4267]

Damit gefährdete der Georgienkrieg die geplante Annäherung zwischen der Europäischen Union und Rußland,[4268] was der US-Machtelite nicht ungelegen kam. Wohl auch auf Druck der USA hatte die Europäische Union die laufenden Verhandlungen über das Partnerschaftsabkommen mit Moskau ausgesetzt; jetzt aber – sobald der ausgehandelte Waffenstillstand in Kraft getreten war – sollten die Gespräche über ein neues EU-Rußland-Partnerschaftsabkommen neu ausgehandelt werden.[4269] Daher begannen die USA mit der Inszenierung diplomatischer Störfeuer. So war es kein Zufall, daß unmittelbar nach der Aushandelung des Waffenstillstandsabkommens die USA den Streit um die Ostseepipeline ›Nord Stream‹ neu anheizten, die ab 2011 russisches Gas direkt nach Deutschland befördern soll. Am 10. September 2008 forderte der US-Botschafter in Schweden, Michael M. WOOD, die schwedische Regierung in einem ganzseitigen Artikel in der Tageszeitung *Svenska Dagbladet* auf, den Bau der Pipeline zu verhindern, und erklärte, die Kaukasus-Krise zeige, daß sich Europa und die USA nicht von einem unzuverlässigen Energielieferanten Rußland abhängig machen dürften.[4270] Mit der plakativen Überschrift »Sagt Nein zu Rußlands unsicherer Energie« sollte indirekt das geplante EU-Rußland-Partnerschaftsabkommen angegriffen werden. Der US-Diplomat erklärte, die Pipeline sei ein separates Abkommen zwischen Rußland und Deutschland, und forderte die EU zu einer gemeinsamen Linie auf, denn man dürfe nicht zulassen, »daß Rußland einen Keil zwischen die Länder in Europa treibt«.[4271]

Was die USA mit diesem Manöver planten, liegt auf der Hand: Bislang waren es Polen und Litauen, die sich einem erneuten EU-Rußland-Partnerschaftsabkommen widersetzten, und Polen und die drei baltischen Staaten sind es auch, die mit der Ostseepipeline umgangen werden.[4272] Deren ablehnende Haltung gegenüber dem Partnerschaftsabkommen wie gegen die Ostseepipeline sollte nunmehr gegen die deutsch-französischen Pläne aktiviert werden, um eine einheitliche EU-Rußlandpolitik auf der Grundlage der deutsch-französischen Pläne zu verhindern. Beabsichtigt war damit letztlich eine Spaltung der Europäischen Union in einen proatlantischen Block mittelosteuropäischer Staaten und einer eher Rußland zuneigenden deutsch-französischen Zusammenarbeit, was gemeinsame Abkommen der EU mit

Rußland aber zu Makulatur werden ließ. Daß die USA Schweden als Ansatzpunkt gewählt hatten, ist kein Zufall, »denn die geplante Pipeline verläuft zu einem großen Teil durch die schwedische Wirtschaftszone. Deshalb kann nur gebaut werden, wenn Stockholm grünes Licht gibt«.[4273]

Ein weiteres Störmanöver der US-Diplomatie war die Reise des Nordatlantikrates, des höchsten Gremiums der NATO, nach Georgien, »um Solidarität mit dem teilweise von Rußland besetzten Land zu zeigen«.[4274] Das *Handelsblatt* notierte hierzu: »Nachdem die russische Führung in den vergangenen Tagen Kooperationsbereitschaft bekundet und die russischen Truppen aus Westgeorgien zurückgezogen hat, wird dies in Moskau als neue Provokation gewertet.«[4275] Gegenstand des Treffens des NATO-Rates mit der georgischen Führung sollte die Gründung der ›NATO-Georgien-Kommission‹ und die Aushandelung eines Fonds sein, in den NATO-Staaten Geld zahlen wollen, um die militärischen Kapazitäten Georgiens zu stärken und Waffen zu liefern.[4276] Der Direktor der ›Stiftung Wissenschaft und Politik‹, Volker PERTHES, sah daher dieses Manöver der NATO ausgesprochen kritisch: »In der gegenwärtigen Phase, in der Rußlands Führung deeskalieren will, ist dies kein gutes Signal.«[4277]

2.9.3 Osteuropa und das Schwarze Meer als Brennpunkte des neuen Kalten Krieges zwischen der Russischen Föderation und den USA

Der Abschluß des Waffenstillstandsabkommens beendete keineswegs die bestehende Konfliktsituation, sie wurde bestenfalls eingefroren. Vielmehr begannen sich in Osteuropa wie auch im Schwarzen Meer die Konfrontationslinien zwischen der eurasischen Hegemonialmacht Rußland und der globalen maritimen Supermacht USA herauszukristallisieren. In der geopolitischen Diskussion der US-Machtelite wurde eine antirussische Neo-Containment-Politik der USA deutlich betont. Deren Anhänger, deren Vertreter der (damalige) US-Vizepräsident Richard CHENEY war, aktualisierten die ›Domino-Theorie‹ aus der Zeit des Kalten Krieges und gingen davon aus, daß das russische Eingreifen in Georgien nur ein Teil einer imperialen Strategie der Moskauer Führung gewesen sei, um den ehemaligen Sowjetrepubliken ihren Willen aufzuzwingen. »Wie damals Südvietnam soll Georgien gestützt werden, um zu vermeiden, daß eine Reihe anderer Staaten wie etwa die Ukraine wieder in die Einflußsphäre der Russen fällt.«[4278] In seiner Studie über die Hintergründe des Georgienkrieges schreibt Martin HANTKE folgerichtig: »Ziel der von den USA vorangetriebenen Politik in Georgien ist es, einen neuen Kalten Krieg gegen Rußland auf den Weg zu bringen. Mit NATO-Erweiterung und der Raketenstationierung in Polen und der Tschechischen Republik soll Rußland mittels einer Politik der Nadelstiche herausgefordert werden. Durch die Störung der Wirtschaftsbeziehungen mit Westeuropa will Washington Rußlands weltpolitischen Einfluß zurückdrängen und seinen Aufstieg zur neuen Industriemacht verhindern.«[4279]

Bemerkenswert schnell gingen die USA daher auch daran, die geopolitischen

Schlüsselstaaten Eurasiens als ihre Interessensphäre militärisch zu markieren und deren Bestrebungen zur engen Zusammenarbeit mit der NATO und den USA massiv zu fördern. Die Tageszeitung *Die Welt* spricht in diesem Zusammenhang von einer »Welle von ›Maßnahmen‹, die ehemalige Sowjetrepubliken und Mitglieder des Warschauer Pakts treffen«,[4280] die gerade in einem Ersuchen um US-Militärhilfe oder in Bemühungen, die NATO-Mitgliedschaft voranzutreiben, bestanden. So wirkte der Georgienkrieg wie ein Katalysator für den Abschluß eines Vertrages zwischen den USA und Polen zur Stationierung des US-amerikanischen Raketenabwehrsystems,[4281] das ja nach den Worten von Robert Bowman, dem ehemaligen Chef der SDI-Forschung unter Ronald Reagan, »das fehlende Bindeglied zu einer atomaren Erstschlagsfähigkeit« darstellen sollte.

Sowohl von polnischer als auch von US-amerikanischer Seite wurde beteuert, daß das Stationierungsabkommen vom 20. August in keinerlei Zusammenhang mit dem Georgienkrieg stehe und nicht gegen Rußland gerichtet sei. Doch sowohl die zeitlichen Umstände als auch der Verhandlungsverlauf sprachen deutlich gegen diese Bekundungen und bestätigten, daß es sich hier um ein gegen Rußland gerichtetes Abkommen handelte. Denn »noch unmittelbar vor dem Krieg in Georgien hatte es so ausgesehen, als sei man weit von einer Einigung entfernt. Der polnische Ministerpräsident Tusk und Außenminister Sikorski hatten die Amerika-Politik ihres Landes nach ihrem Machtantritt im Herbst 2007 neu definiert. Die nationalkonservativen Brüder Kaczynski hatten bis dahin die enge Verbindung zu Amerika zur absoluten Priorität gemacht, nicht zuletzt, weil ihr Verhältnis zur Europäischen Union und zu den Nachbarn Deutschland und Rußland äußerst kühl war. Tusk und Sikorski dagegen setzen auf Europa als Mittel der polnischen Außenpolitik. Sie haben die Beziehungen zu Deutschland erheblich entspannt und waren vor dem Kaukasus-Krieg im Begriff, auch mit Rußland einen Dialog zu beginnen«.[4282] Sikorski selbst stand dem ›Raketenabwehrprogramm‹ eher kritisch gegenüber, da dieses nach seiner Analyse die sichere Verschlechterung der polnisch-russischen Beziehungen nach sich ziehen würde.[4283]

Daß es jetzt Mitte August ohne längere Verhandlungen zum Abschluß des Vertrages kam, macht um so deutlicher, daß das Raketenabwehrprogramm gegen Rußland gerichtet war. »Offiziell geht es bei der Raketenabwehr nicht um Rußland, aber jeder weiß, daß Rußland in der Sache eine Rolle spielt«, erklärte hierzu der Vorsitzende der Warschauer Batory-Stiftung, Aleksander Smolar. »Die russische Intervention in Georgien habe beiden Seiten, Amerikanern wie Polen, klargemacht, daß sie Moskau gegenüber ein Zeichen setzen müssen.«[4284] Einem Kommentar der *New York Times* zufolge war das Abkommen die »bislang stärkste Reaktion auf die russische Militäroperation in Georgien«.[4285] Folgt man den Enthüllungen der *tageszeitung*, so führte der Georgienkrieg dazu, daß die USA Polen eine umfassende Sicherheitsgarantie erteilten und eine militärische Zusammenarbeit anboten, die weit über das hinausging, was jemals mit dem Raketenabwehrprogramm beabsichtigt war: »Unter dem Eindruck der Georgienkrise sind die USA den Polen weiter entgegengekommen, als ursprünglich beabsichtigt, indem sie Warschaus Forderung nach einer Stationierung von Luftabwehrraketen zustimmen und eine enge militärische Zusammenarbeit im Fall einer Bedrohung garantieren.«[4286]

Die getrennte *Erklärung über die strategische Zusammenarbeit zwischen den Vereinigten Staaten von Amerika und der Polnischen Republik*, die neben dem Stationierungsabkommen beschlossen wurde, sah vor, bis 2012 eine Batterie von zusätzlichen Abfangraketen des Typs ›Patriot‹ in Polen zu stationieren, die auch von amerikanischen Soldaten bedient werden sollte.[4287] Damit war den Recherchen der *Frankfurter Allgemeinen Zeitung* zufolge auch eine substantielle Unterstützung der USA bei der Modernisierung der polnischen Streitkräfte verbunden. In dem Abkommenstext hieß es: »Die Vereinigten Staaten betrachten die Sicherheit Polens und aller amerikanischen Einrichtungen auf polnischem Boden als Verpflichtung. Die Vereinigten Staaten und Polen werden zusammenarbeiten, um entstehenden militärischen und nichtmilitärischen Bedrohungen durch dritte Parteien zu begegnen und ihre Wirkungen zu minimieren.«[4288]

Wie oben dargestellt, hat das Raketenabwehrprogramm den Zweck, die USA in die Lage zu versetzen, eine atomare Erstschlagskapazität zu erlangen, also die Fähigkeit, das russische Raketenarsenal in einem Überraschungsangriff zu vernichten und Rußland der Fähigkeit zu berauben, einen Vergeltungsschlag zu führen. Dies hatten die US-amerikanischen Strategen Keir A. LIEBER und Daryl G. PRESS in ihrem Aufsatz in den *Foreign Affairs* mit dem Titel *The Rise of U.S. Nuclear Primacy* ja auch bestätigt. In Rahmen einer Computer-Modellrechnung kamen sie zu dem Ergebnis, »daß die russischen Verteidigungskräfte weitgehend radarblind sind und selbst einen von U-Booten im Pazifik aus begonnenen Angriff wahrscheinlich erst bemerken würden, wenn die ersten Raketen Moskau erreichten. Selbst wenn ein Überraschungsangriff der USA darauf verzichten würde, zuallererst die Radaranlagen und die Kommandozentralen auszuschalten, wären LIEBER und PRESS zufolge die USA in der Lage, circa 99 Prozent der russischen Atomraketen im Erstschlag zu zerstören. Das eine Prozent der verbliebenen russischen Atomraketen, die Moskau in einem Zweitschlag noch abfeuern könnte, würde wahrscheinlich – so die Autoren – durch den Raketenschild neutralisiert werden«.[4289]

Wenn die USA an Rußlands Grenzen aber eine Raketenabwehr stationieren können und Rußland über keine derartigen Anlagen verfügt, dann haben die USA eine etwaige militärische Auseinandersetzung schon im Vorfeld gewonnen und wären daher in einer Lage, Rußland eine bedingungslose Kapitulation sowie die Bedingungen seiner Zersplitterung und seiner völligen Auflösung diktieren zu können (so F. William ENGDAHL).[4290] Mit dem Stationierungs- und Sicherheitsabkommen sollte Polen im Rahmen der Globalstrategie der USA zu einem uneingreifbaren, gegen Rußland gerichteten Horchposten und zu einer Abschußbasis zur Neutralisierung des russischen Raketenabwehrsystems umgewandelt werden – Rußlands

Einkreisung durch ein weltweit unangreifbares und nach dem *Nuclear Posture Review* offensiv ausgerichtetes US-System von Marschflugkörpern wäre dann abgeschlossen.

Auch im Schwarzen Meer liefen Bemühungen an, Rußland dort allmählich militärisch abzudrängen. »Nach dem Krieg in Georgien scheint die neue Frontlinie zwischen Rußland und dem Westen das Schwarze Meer zu sein«, urteilt die *tageszeitung*.[4291] Die Ukraine richtete einen deutlichen Appell an die USA, ihr eine baldige NATO-Mitgliedschaft zu gewähren. Parallel kündigte die ukrainische Führung an, den Pachtvertrag für die russische Schwarzmeerflotte im Hafen von Sewastopol auf der Krim nicht zu verlängern. Moskau und Kiew hatten 1997 einen 20jährigen Pachtvertrag für die ehemalige Sowjet-Basis auf der Krim ausgehandelt. Als Reaktion darauf, daß die russische Flotte während des Krieges von der Krim-Basis aus russische Sicherheitsmaßnahmen in Abchasien gegen die georgische Zentralregierung unterstützte, forderte der ukrainische Außenminister Wolidymyr Ogrysko die russische Schwarzmeerflotte auf, sich »ab sofort« auf ihren Abzug aus Sewastopol vorzubereiten und bis 2017 – also bis zum Auslaufen des Pachtvertrages – die Region zu verlassen. Er erklärte, er könne garantieren, daß nach 2017 keine russischen Schiffe mehr auf ukrainischem Hoheitsgebiet stationiert sein würden.

Der ukrainische Präsident Juschtschenko versuchte überdies, den potentiellen Krisenherd Krim dazu zu instrumentalisieren, um die NATO-Mitgliedschaft der Ukraine zu beschleunigen. Die Krim ist ethnisch hauptsächlich von Russen besiedelt, seit die Halbinsel im Zuge der Türkenkriege 1783 an das Zarenreich gefallen war. 1954 wurde sie von Chruschtschow im Rahmen eines Gebietstausches an die Ukraine gegeben und gehört auch seit dem Zerfall der UdSSR zur nun unabhängigen Ukraine. »Mit der zunehmenden Westorientierung Kiews, die unter Präsident Juschtschenko und wegen der von ihm angestrebten Nato-Mitgliedschaft pointierter geworden ist, ist die Gefahr separatistischer Tendenzen gewachsen.«[4292] Die Ukraine befürchtet nunmehr, Moskau könnte diese Bestrebungen unterstützen, um erneut Einfluß auf die Ukraine zu gewinnen. Um diesem vorzubeugen, verstärkt Juschtschenko seitdem die Bestrebungen zur Aufnahme des Landes in die NATO. Deutlich hatte er am 21. August 2008 den US-amerikanischen Senatoren Joe Lieberman und Lindsey Graham auseinandergesetzt, der Georgienkonflikt habe gezeigt, daß die Ukraine den Schutz der NATO brauche, um die eigene Unabhängigkeit zu garantieren. »Indirekt war dies ein neuerliches klares Votum für seine Absicht, die Ukraine zur Nato-Mitgliedschaft zu führen.«[4293] Daß Rußland daher die Diskussion um die Krim mit besonderer Aufmerksamkeit verfolgt, dürfte verständlich sein: Denn wenn die Regierungen in Kiew und Washington ihre Pläne verwirklichen, dann wird aus der Flottenbasis in Sewastopol ein NATO-Stützpunkt.[4294]

Einigen Beobachtern zufolge handelt es sich bei dem Georgienkonflikt daher auch nur um das Vorspiel zu einem weit größeren Konflikt, nämlich der Frage, wie es dem transatlantischen Bündnis gelingt, das Schwarze Meer in seine Hegemonialsphäre einzugliedern und Rußlands Einfluß auf diese Region zurückzudrängen. Daß das Schwarze Meer eine entscheidende Interessensphäre der USA und der NATO ist, hatte der US-Stratege Bruce Jackson bereits hinlänglich klargestellt. »Die Nato«, so Pierre Simonitsch, »breitet sich ums Schwarze Meer aus: Den Süden beherrscht die Türkei. In Rumänien und Bulgarien errichten die USA Militärstützpunkte. Wenn auch Georgien und die Ukraine der Nato beitreten, wird das Schwarze Meer fast zu einem Binnengewässer des westlichen Bündnisses. Den Russen bleiben etwa 400 Kilometer Küste.«[4295]

Hinter dem Georgienkonflikt scheint sich deshalb ein weitaus gefährlicherer Konflikt um die Ukraine zusammenzubrauen, und Moskau will verhindern, daß die beiden prowestlich regierten früheren Sowjetrepubliken Georgien und Ukraine dem Nordatlantikpakt beitreten.[4296] Würde dies nämlich Wirklichkeit, so wäre Rußland von einem Zugang zum Schwarzen Meer tatsächlich abgeriegelt: »Im Osten grenzt die Ukraine an die Meerenge von Kertsch, die das Asowsche mit dem Schwarzen Meer verbindet. Rußland und die Ukraine streiten um den Besitz einer Insel in diesem Flaschenhals. Die Nato wäre nach ihrer Ausweitung bis Kertsch in der Lage, eine wichtige russische Schiffahrtsroute zu sperren. Dies, nachdem sie durch den Beitritt Estlands bereits die Bucht von St. Petersburg kontrolliert. Aus russischer Sicht wären damit alle seit Peter dem Grossen unternommenen Bemühungen um Zugang zu den eisfreien Weltmeeren zunichte gemacht.«[4297]

Ähnlich sieht es auch das amerikanische Strategiemagazin *Stratfor:* Danach ist aus russischer Sicht die Straße von Kertsch – das Verbindungsstück zwischen Asowschem Meer und Schwarzem Meer – gewissermaßen die Verlängerung des russischen Nordkaukasus zur Krim und damit zum Schwarzen Meer und deshalb eine strategische Schlüsselregion, in der viele Entscheidungsschlachten um die Kontrolle des Kaukasus erfolgt seien. Wenn sich also die Krim in der Hand eines NATO-Mitglieds Ukraine befinden würde, hätte die NATO alle militärischen Möglichkeiten, den russischen Nordkaukasus abzuriegeln. Mit der Sperrung der Straße von Kertsch wäre der nördliche Teil der russischen Küste (am Asowschen Meer) mit der Donmündung und der Hafenstadt Rostow abgeschlossen, während der russische Küstenanteil am Schwarzen Meer von der Krim aus blockiert werden kann.

Damit treten die westlich-russischen Beziehungen in ihren Grundbedingungen in eine geopolitische Lage zurück, wie sie im 19. Jahrhundert vorgeherrscht und sich in den Jahren 1853–1856 im Krimkrieg militärisch entladen hatte. Wie heute den USA, ging es damals der Seemacht Großbritannien darum, eine Ausweitung des russischen Einflusses im Schwarzen Meer und auf die Meerengen des Bosporus und der Dardanellen zu verhindern. Führt man sich vor Augen, daß die heutigen Konfliktregionen Krim und die Dnjestr-Region Ursache für militärische Konflikte zwischen dem Zarenreich und Großbritannien waren (vgl. oben), so wird die geopolitische Dimension dieses Krisenherdes deutlich: Der Kampf um die Kontrolle des Schwarzen Meeres ist neben Zentralasien und der Afghanistan-Pakistan-Problematik das entscheidende Spannungsfeld zwischen Rußland und dem transatlantischen Bündnis. Vor diesem Hintergrund müssen der Georgienkrieg und der ukrainische Spannungsherd interpretiert werden.

Viel spricht dafür, daß sich hinter der russischen Unterstützung für die abtrünnige Provinz Abchasien die Absicht Moskaus verbarg, langfristig einen Ersatz für den Flottenstützpunkt auf der Krim zu erhalten, um sich so noch eine maritime Stellung am Schwarzen Meer zu sichern. »Der Hauptsinn der Anerkennung Südossetiens und Abchasiens ist die Möglichkeit, Verträge über militärische Zusammenarbeit zu schließen und dann seine Truppen und Militärbasen auf dem Territorium dieser Republiken zu stationieren«, so erklärte der Direktor des Moskauer Instituts für politische und militärische Analyse, Alexander SCHARAWIN, das russische Vorgehen.[4298] Tatsächlich hatte der russische Präsident MEDWEDJEW unmittelbar nach der Anerkennung der abtrünnigen Provinzen den Abschluß mehrerer Verträge mit Abchasien befohlen. Schon am nächsten Tag nach der Anerkennung durch Rußland erklärte der abchasische de-facto-Präsident Sergej BAGAPSCH, daß »ein Freundschaftsvertrag und eine Übereinkunft über militärische Zusammenarbeit in nächster Zeit unterschrieben« würden.[4299]

Insgesamt dürfte sich damit die militärische Stellung Rußlands am Schwarzen Meer verbessern, was auch die *Frankfurter Rundschau* vermutet: »Der militärisch wertvollere Preis ist Abchasien. Bisher waren russische Soldaten nur als maximal 2500 Mann starke ›Friedenstruppen‹ zugelassen und mußten sich zudem Inspektionen von Militärbeobachtern der UN-Mission Unomig unterziehen. Künftig werden sie ebenso wie Tausende russischer Fallschirmspringer möglicherweise nicht mehr kontrolliert. Vor allem aber dürfte der Kreml in den Militärvertrag mit Abchasien das Recht auf den Bau von Flottenbasen hineinschreiben.«[4300]

So sehen auch russische Strategen die neue Ausgangslage Rußlands am Schwarzen Meer durchaus als günstig an. Der bereits zitierte Direktor des Moskauer Instituts für politische und militärische Analyse, Alexander SCHARAWIN, beurteilte die Lage wie folgt: »Rein militärisch gesehen, gewinnen wir viel. Wir haben jetzt einen Brückenkopf im Südkaukasus, der über den Roki-Tunnel mit Rußlands Nordkaukasus verbunden ist. Wir haben die abchasische Küste, an der wir neue Basen für unsere Schwarzmeerflotte bauen können, wenn wir die Krim nach 2017 verlassen müssen.«[4301]

Ebenso gelang es Rußland, seine Position in der Dnjestr-Region Transnistrien in Moldawien zu verbessern. Auch dort sind russische Friedenstruppen stationiert. Der Staatschef von Moldawien, Wladimir WORONIN, plante ebenfalls eine Einbindung seines Landes in westlich-transatlantische Strukturen und forderte noch 2007 die Ersetzung russischer Truppen durch internationale Friedenstruppen. Durch Wirtschaftssanktionen konnte MEDWEDJEW mit WORONIN auf einem Treffen in Sotschi Einzelheiten einer Wiedereingliederung der slawischen Republik Transnistrien in den moldawischen Staatsverband vereinbaren, die Stationierungsrechte russischer Truppen akzeptiert: »Transnistrien bekommt den Status einer Autonomen Republik, Moldawien schreibt seine militärische Neutralität und damit den Verzicht auf eine Nato-Mitgliedschaft verbindlich fest – und erlaubt russische ›Friedenstruppen‹ mindestens weitere zwanzig Jahre auf seinem Territorium.«[4302]

Deshalb läßt sich zusammenfassen, daß die sogenannten ›eingefrorenen Konflikte‹ in geopolitischen Schlüsselstaaten – Abchasien und Südossetien in Georgien, Transnistrien in Moldawien und die Krim in der Ukraine, wo jeweils russische Militärs stationiert sind – Rußland eine entscheidende Möglichkeit bieten, seine militärische Stellung im Schwarzen Meer zu sichern. Herausgefordert durch die Südostausbreitung der NATO, kommt daher für den Kreml der Instrumentalisierung dieser ›eingefrorenen Konflikte‹ die strategische Aufgabe zu, eine Verwandlung des Schwarzen Meeres – der Drehscheibe zwischen Mitteleuropa und Zentralasien, Eurasien, dem Nahen und Mittleren Osten sowie dem Mittelmeerraum – in ein Binnenmeer des transatlantischen Bündnisses zu verhindern.

Gleichzeitig vollzog sich eine militärische Machtdemonstration der US-Kriegsmarine im Schwarzen Meer, die offiziell damit begründet wurde, zivile Hilfsgüter an Georgien zu liefern. Die USA entsandten drei Kriegsschiffe, den Zerstörer ›USS McFaul‹, das US-Küstenwachschiff ›Dallas‹ sowie die ›USS Mount Whitney‹, das Flaggschiff der 6. US-Flotte im Mittelmeer, ins Schwarze Meer. Die ›USS McFaul‹ war das erste US-Kriegsschiff, das den georgischen Hafen Batumi anlief. Gefolgt wurde es von der ›Dallas‹, die wenige Tage später den Hafen Poti anlaufen sollte, der aber noch von russischen Streitkräften kontrolliert wurde. Den Enthüllungen der *tageszeitung* zufolge war es dort schon fast zu einer Konfrontation zwischen dem US-Küstenwachschiff und russischen Militärs gekommen, die nur dadurch abgewendet werden konnte, daß die ›Dallas‹ rechtzeitig nach Batumi umgeleitet wurde.[4303]

Daß es sich bei diesen operativen Maßnahmen der US-Kriegsmarine um rein humanitäre Maßnahmen gehandelt haben soll, wird aber sowohl von russischen als auch von westlichen Militärs bezweifelt. Die *tageszeitung* sieht den eigentlichen Grund in einer »Demonstration amerikanischer Stärke«.[4304] Die russische Nachrichtenagentur *RIA Novosti* berichtete unter Berufung auf Geheimdienstquellen, die NATO-Kriegsschiffe auf dem Schwarzen Meer hätten 100 ›Tomahawk‹-Marschflugkörper und Seeziel-Flugkörper vom Typ ›Harpoon‹ an Bord.[4305] Neben dem russischen Generalstab äußerte ebenso der russische Außenminister LAWROW Zweifel. Aber auch »westliche Verteidigungsfachleute deuten an, der amerikanische Zerstörer sei unter logistischen Gesichtspunkten wohl nicht das geeignetste Transportmittel für die Hilfslieferungen gewesen. Es wäre einfacher gewesen, die Güter einzufliegen, als sie über den mühsamen Landweg von Poti in den Osten des Landes zu verschicken«.[4306] Daher scheint einiges dafür zu sprechen, daß es den USA darum ging, zu zeigen, daß sie Georgien auch als Basis für eine maritime NATO-Präsenz im Schwarzen Meer betrachten und diesen Kaukasus-Staat in ihre maritime Verteidigungssphäre einbeziehen wollen.

Deutlich wird dies daran, daß die USA Kriegsschiffe genau derjenigen Gattung geschickt hatten, die imstande ist, amphibische Operationen durchzuführen und von See her eine feindliche Luftüberlegenheit zu zerstören. Dies bestätigt auch der Schweizer Militärexperte Albert A. STAHEL vom Institut für Strategische Studien in Wädenswil: »Bei den ersten drei amerikanischen Kriegsschiffen... handelt es sich um drei kampfstarke Typen. Der US-Lenkwaffenzerstörer ›USS McFaul‹, der am 24. August Batumi erreicht hat, ist einer der modernsten US-Kriegsschiffe der Arleigh-Burke-Klasse. Mit seinem Abwehrsystem und den Lenkwaffen könnte ein Zerstörer dieser Klasse im Falle einer Eskalation des Konfliktes die russische Luftüberlegenheit über Georgien erheblich einschränken. Aber auch das zweite US-Kriegsschiff, das Ende August in Batumi sein wird, hat die Russen alarmiert. Die ›USS Mount Whitney‹ ist das Flaggschiff des Kommandanten der 6. Flotte der USA im Mittelmeer, Vizeadmiral Harry ULRICH. Mit diesem Schiff werden die Luftkriegsmittel einer Flotte und eine amphibische Landung koordiniert. Mit diesen beiden Kriegsschiffen im Schwarzmeer verfügen die Amerikaner bereits über einen Nukleus für die Führung eines allfälligen Luftkrieges über Georgien. Am 27. August hat der Kutter ›USCGC Dallas‹ der U.S. Coast Guard Batumi erreicht. Dieser Kutter diente bisher der Bekämpfung des Drogenhandels in der Karibik. Mit diesem Kriegsschiff wollten offenbar die Amerikaner zuerst aufklären, ob die Russen die Benützung des georgischen Hafens Poti zulassen würden. Diese Spürhund-Mission ist rückgängig gemacht worden, und die ›Dallas‹ hat ihre Hilfsgüter im Hafen Batumi entladen.«[4307]

Die Übung einer NATO-Marinegruppe im Schwarzen Meer, die gleichzeitig erfolgte, sollte ebenfalls gegenüber Rußland unterstreichen, daß das Schwarze Meer nunmehr als Interessensphäre des transatlantischen Bündnisses anzusehen ist. Zwar war dieses Marinemanöver schon vor dem Krieg geplant; daß es aber gerade zu diesem Zeitpunkt durchgeführt wurde, verlieh ihm eine besondere geostrategische Bedeutung, indem das Bündnis die Dislozierbarkeit und Flexibilität seines maritimen Potentials dokumentierte. »Das Manöver wird abgehalten von der ›Standing Nato Maritime Group 1‹. Zu ihr gehören vier Schiffe, neben der deutschen Fregatte ›Lübeck‹ ein polnisches, ein spanisches und ein amerikanisches. Die Nato hält ständig zwei dieser maritimen Reaktionsverbände bereit, die sicherstellen sollen, daß das Bündnis flexibel operieren könne, wie es bei der Marine heißt«[4308] – beispielsweisweise auch zur Unterstützung eines kaukasischen NATO-Anwärters.

Einer uneingeschränkten militärischen Machtentfaltung der USA und der NATO im Schwarzen Meer steht allerdings das Abkommen von Montreux aus dem Jahr 1936 entgegen. Durch dieses Abkommen wird nämlich die Zufahrt ins Schwarze Meer durch Bosporus und Dardanellen für Kriegsschiffe begrenzt und kontrolliert, und zwar durch die Türkei. Der Türkei ist durch diesen Vertrag die wesentliche Kontrolle über den Zugang zum Schwarzen Meer übertragen worden. Kriegsschiffe, die die Meerenge passieren wollen, müssen sich innerhalb einer Frist von acht Tagen bei der Türkei anmelden; Kriegsschiffe von Nichtanrainerstaaten dürfen sich nicht länger als 21 Tage im Schwarzen Meer aufhalten. Wenn Krieg herrscht und die Türkei beteiligt ist, stellt das Abkommen die Durchfahrt von Kriegsschiffen völlig in das Ermessen der türkischen Regierung.[4309] Zudem dürfen die Kriegsschiffe eine gewisse Gesamttonnagezahl nicht überschreiten. Rußland hatte während des Krieges angesichts der maritimen US-Präsenz im Schwarzen Meer mehrfach verstärkt angemahnt, dieses Abkommen zu respektieren. Das Abkommen verbesserte schließlich schon während des Kalten Krieges die sicherheitspolitische Lage der Sowjetunion, denn Mächte von jenseits des Schwarzen Meeres stellten demnach keine Bedrohung mehr für sie dar.[4310]

Tatsächlich sind in der Zeit vor dem Georgienkrieg die Türkei und die USA sowie die NATO mehrfach aneinandergeraten, weil die Türkei in Erfüllung des Abkommens die Passage von Kriegsschiffen untersagt hatte. Einige Monate vor dem Georgienkrieg mußte ein Marineverband der NATO umkehren und andernorts üben, weil er eine rechtzeitige Anmeldung versäumt hatte.[4311] Ferner hatte die Türkei schon mehrfach amerikanischen Schiffen die Passage verweigert, weil die Gesamttonnage überschritten war. »Dies brachte Ankara bereits Ärger mit Washington ein, weil die USA zur Demonstration ihrer Stärke zwei maritime Riesen losschicken wollten, die Türkei diesen jedoch die Durchfahrterlaubnis verweigerte.«[4312]

Viel spricht dafür, daß die USA jetzt herangehen wollen, dieses Abkommen zu neutralisieren oder zumindest zu umgehen, da das Abkommen von Montreux den NATO-Plänen widerspricht. Denn die Einbeziehung des Schwarzen Meeres in ein Glacis des transatlantischen Bündnisses zur Machtprojektion in den Kaukasus, die kaspische und zentralasiatische Region muß zwangläufig auch eine militärische Machtentfaltung von NATO und USA zulassen. Im Kampf um die Kontrolle dieser hochwichtigen geopolitischen Peripherie Rußlands kommt daher für die USA der Türkei eine herausragende Bedeutung zu, denn »wer im Schwarzen Meer und im Kaukasus militärisch operieren will, braucht Rückhalt in Anatolien und die Kontrolle der Meerengen. Dies ist die Lektion der Geschichte und die Evidenz der Geographie«.[4313]

Wie Sicherheitsexperte Lothar Rühl herausstellt, hatte sich die Türkei jedoch seit den achtziger Jahren »konfliktscheu und konfrontationsunwillig« gegenüber der russischen Macht gezeigt.[4314] Aus diesem Grund scheinen die USA nunmehr eine Konstellation anzustreben, in der die Türkei automatisch in einen Konflikt im Kaukasus auch mit Rußland hineingezogen werden kann und deshalb gezwungen ist, ihre Wächterfunktion an den Meerengen zugunsten der USA und der NATO auszuüben. Dies gelänge am ehesten durch eine NATO-Mitgliedschaft Georgiens. Denn in diesem Fall oder schon im Fall einer Sicherheitsgarantie des transatlantischen Bündnisses mit der Erklärung eines lebenswichtigen Interesses an der Sicherheit des Südkaukasus durch Washington oder die NATO könnte sich das Bündnis auf seinen Beistandspakt der kollektiven Verteidigung nach Artikel 5 des NATO-Vertrages berufen, um Kriegsschiffe der NATO im Schwarzen Meer operieren zu lassen.[4315] Die Türkei wäre dann nämlich durch den NATO-Vertrag verpflichtet, die Meerengen für US-amerikanische oder NATO-Kriegsschiffe zu öffnen. Außerdem »ist die Türkei der größte Schwarzmeeranrainer und im Besitz von Flottenstützpunkten an ihrer Schwarzmeerküste«,[4316] zu deren Bereitstellung sie in einem Fall der militärischen Bedrohung eines NATO-Mitgliedes Georgien dann verpflichtet wäre. »Die Nato«, so Lothar Rühl, »hat deshalb kein politisches oder logistisches Problem, zudem auch Bulgarien und Rumänien auf der europäischen Seite für die Abstützung von Flottenpräsenz verfügbar sind. Es gibt also, wie im Baltikum und auf dem Balkan, für die Nato sicheren Zugang über das Meer und über Land, in diesem Falle über die Türkei, um eine militärische Sicherungspräsenz in Georgien zu unterhalten.«[4317]

Genau in diese Richtung scheinen die USA auch zu arbeiten. Am 9. Januar 2009 unterzeichneten die USA und Georgien ein Abkommen über eine gemeinsame ›strategische Partnerschaft‹. Nach Angaben des georgischen Verteidigungsministeriums hatten sich die USA mit diesem Abkommen verpflichtet, die georgischen Streitkräfte zu modernisieren sowie die Verteidigungsfähigkeit des Landes zu erhöhen. US-Außenministerin Rice erklärte dabei, daß die USA Georgiens Souveränität und auch seine Integrität gegenwärtig wie in Zukunft immer unterstützen würden.[4318] Dieses Abkommen ist daher schon als Sicherheitsgarantie der USA zu begreifen, die noch durch die Erklärung des State Departments verstärkt wurde, daß sich die USA nach wie vor für eine NATO-Mitgliedschaft Georgiens einsetzen würden.

Beobachtern zufolge wollte die Bush-Administration mit diesem Dokument gegen Ende ihrer Amtszeit die Niederlage ausgleichen, die sie auf dem NATO-Gipfel im April 2008 erlitten hatte, als die Europäer die Festlegung eines verbindlichen Termins zur Aufnahme Georgiens und der Ukraine in die NATO ablehnten. In Abschnitt 2 des Abkommens erklärten die USA, daß sie an einem »starken, unabhängigen und demokratischen Georgien interessiert« seien. Dessen weitere Einbindung in das nordatlantische Bündnis und eine Vollmitgliedschaft Georgiens als Endziel hätten für beide Seiten absoluten Vorrang.[4319] Welche geopolitische Bedeutung diesem strategischen Partnerschaftsabkommen beizumessen ist, ergab sich aus der Stellungnahme des georgischen Präsidenten Saakaschwili, der zufolge dieses Abkommen der endgültige Abschied vom Vertrag von Georgijewsk darstelle, der 1783 geschlossen wurde. Dieser Vertrag stellte Georgien seinerzeit unter russischen Schutz vor persischen Machtansprüchen und erkannte Rußland als Oberhoheit des Landes an.[4320]

Damit sollte deutlich gemacht werden, daß Georgien mit dieser ›strategischen Partnerschaft‹ unumkehrbar eine geopolitische Wende vollzogen hatte und nunmehr die USA als Sicherheitsgaranten ansieht. Dies ergibt sich auch aus Stellungnahmen während der Verhandlungen im Dezember 2008. Der Leiter des Ausschusses für Verteidigung und Sicherheit im Tifliser Parlament, Giwi Targamadse, erklärte anläßlich eines Zusammentreffens mit dem amerikanischen Unterstaatssekretär im US-Außenministeriums Mathew BRYZA, was das »Attraktivste und Wichtigste« des geplanten Abkommens sei: »Es (das geplante Abkommen, der Verf.) schließt auch die militärische Zusammenarbeit ein. Es schließt Themen ein, die mit zusätzlicher Ausrüstung und mit der Entwicklung unserer Streitkräfte zu tun haben, sowie mit – ich will es mit den Worten des Entwurfs sagen – allen Maßnahmen zur gemeinsamen Abwehr von Bedrohungen.«[4321]

Der Berichterstattung der *New York Times* zufolge ging den Verhandlungen eine geheime Untersuchung von US-Militärs im Oktober und November 2008 über den Zustand der georgischen Armee Anfang August voraus. In deren Bericht wurde das enttäuschende Ergebnis festgehalten, daß die georgischen Truppen selbst nach einem Jahrzehnt amerikanischer Ausbildung und Ausrüstung noch immer »unreif und schlecht vorbereitet« auf die Führung eines Krieges gewesen seien. Auf der Grundlage dieses Berichts will das Pentagon nunmehr eine umfassende Reform der georgischen Streitkräfte anstreben. »Neben einer Ersetzung der Ausrüstungsverluste durch den Krieg und einer Modernisierung auf Schlüsselgebieten – Luftabwehr, Panzerbekämpfung – wird es dabei auch um vom Pentagon direkt betreute ›Reformen‹ der Führung, der Kommunikationswege und des Managements der Streitkräfte gehen. Auf diese Weise unterlaufen die USA, erforderlichenfalls auch im Alleingang, die halbherzigen Einwände einzelner NATO-Partner gegen das Vorantreiben der Integration Georgiens in das westliche Bündnis.«[4322]

Zur gleichen Zeit sorgten die USA dafür, daß auch die Ukraine auf transatlantischem Kurs blieb. Am 3. September 2008 brach die Regierung des proamerikanischen Präsidenten Viktor JUSCHTSCHENKO zusammen, als dessen Partei sich aus der Regierungskoalition zurückgezogen hatte. Diesem Schritt vorausgegangen war die Weigerung der Regierungschefin Julia TIMOSCHENKO, JUSCHTSCHENKOS Politik der Unterstützung Georgiens und der Verurteilung Rußlands auch weiterhin zur Seite zu stehen.[4323] Der tatsächliche Grund war aber wohl »die Verabschiedung neuer Gesetze, die TIMOSCHENKOS Partei in der De-facto-Koalition durchgesetzt hatte, mit denen dem Präsidenten das Vetorecht bei der Kandidatenauswahl für das Amt des Premierministers entzogen und ein Verfahren über eine Amtsenthebung des Präsidenten eingeführt wurde. Nach Angaben der russischen Nachrichtenagentur *RIA Novosti* hat der ehemalige prorussische ukrainische Premierminister Viktor JANUKOWITSCH, der jetzt Chef der Partei der Regionen ist, erklärt, er schließe die Bildung einer parlamentarischen Mehrheit mit dem Block Julia TIMOSCHENKOS nicht aus.«[4324]

F. William ENGDAHL zufolge hätte ein solcher Schritt aber unübersehbare geopolitische Konsequenzen, denn dieser »könnte möglicherweise die gesamte Frage eines NATO-Mitgliedsbegehrens der Ukraine vom Tisch fegen«.[4325] Die Lage in der Ukraine drohte sich noch weiter zuzuspitzen, weil Ende 2008 der bisherige Liefervertrag zwischen dem russischen Gaskonzern Gasprom und dem ukrainischen Konzern Naftogaz auslief und eine neue Verhandlungsrunde über Lieferpreise, Liefermengen und Transitgebühren anstand. Eine besondere Brisanz erhielten die Verhandlungen noch dadurch, daß beide Länder durch die Finanzkrise stark angegriffen waren: Der Aktienkurs von Gasprom war um rund 80 Prozent gefallen; der Konzern hatte einen ungeheuren Finanzbedarf, und die Ukraine stand praktisch am Rand des Staatsbankrotts. Gasprom hatte aufgrund seiner angespannten Finanzlage ein Interesse daran, den Gaslieferpreis allmählich auf Weltmarktniveau anzuheben. Wenig bekannt ist in diesem Zusammenhang, daß sich Rußland und die Ukraine bereits am 2. Oktober 2008 in einem Grundsatzmemorandum darauf geeinigt hatten, daß Rußland seinen Preis für die Gaslieferungen an die Ukraine innerhalb der nächsten drei Jahre auf Weltmarktniveau anhebt.[4326]

Bei den darauffolgenden Verhandlungen – der bis dato gültige eigentliche Liefervertrag lief ja Ende 2008 aus – war man vom Weltmarktniveau aber noch sehr weit entfernt, jedoch der nächste Schritt stand nunmehr an: Rußland wollte für 1000 Kubikmeter eine Erhöhung von 179,5 auf 250 Dollar. Die Ukraine hatte zwar nur 235 Dollar geboten, aber im Haushaltsgesetz der Ukraine für 2009 wurde bereits ein Gaspreis von 250 Dollar veranschlagt. Eine Einigung lag also nicht mehr fern.[4327] Dabei muß berücksichtigt werden, daß Gasprom das an die Ukraine gelieferte Gas selbst einführen mußte, und zwar aus zentralasiatischen Staaten zu einem Preis von 375 Dollar pro 1000 Kubikmeter, »was dazu führte, daß die russischen Gaslieferungen an die Ukraine dem russischen Lieferanten allein im Jahr 2008 einige Milliarden US-Dollar Defizit bescherten«.[4328]

Wie später von einer ukrainischen parlamentarischen Untersuchungskommission festgestellt wurde, standen Gasprom und die ukrainische Naftogaz Ende Dezember 2008 tatsächlich kurz vor dem Abschluß eines neuen Vertrages über die künftigen Gaspreise für die Ukraine und die Durchleitung nach Europa. Dem ukrainischen Untersuchungsbericht zufolge wurde der Chef der Naftogaz, Oleg Dubina, aber kurz vor Unterzeichnung des Vertrages nach Kiew zurückbeordert. Hierzu erklärte die Vorsitzende der Untersuchungskommission, Inna Bogolowskaja: »Es ist bewiesen, daß die ukrainische Seite an dem koordinierten Vorgehen beteiligt war, die Gespräche über den Vertrag zu sabotieren und einen Gaskonflikt zu provozieren.«[4329]

Damit stellt sich die Frage, was die Ukraine so plötzlich dazu veranlaßt haben konnte, einen derartigen provokanten Schritt zu unternehmen. Tatsächlich gibt es Hinweise dafür, daß es sich bei dem ›Gasstreit‹ Ende 2008/Anfang 2009 um »eine vom ukrainischen Präsidenten Viktor Juschtschenko und, im Hintergrund, von der US-Regierung ausgehende wochenlange Provokation« gehandelt haben könnte.[4330] Für diese Hypothese spricht zunächst einmal, daß seit dem Georgienkrieg die bedingungslose proatlantische Ausrichtung der Ukraine nicht mehr unbedingt gewährleistet war: Zwar bekräftigte Präsident Juschtschenko nach wie vor eine proamerikanische Ausrichtung der ukrainischen Außenpolitik; der Zusammenbruch der prowestlichen Regierungskoalition in Kiew, die Annährerung der Premierministerin Julia Timoschenko an den prorussischen Führer des ostukrainischen Bundes der Regionen, Viktor JANUKOWITSCH, und der sich abzeichnende Kompromiß bei den Gaspreisverhandlungen schienen jedoch Anzeichen für eine ukrainisch-russische Annäherung zu sein, die weder dem ukrainischen Präsidenten JUSCHTSCHENKO noch der hinter ihm stehenden US-Machtelite ins geopolitische Konzept paßte. So mußten die USA gegensteuern, um sicherzustellen, daß die Ukraine in ihrer transatlantischen Ausrichtung verankert blieb.

Das Instrument hierzu war die am 19. Dezember 2008 zwischen der Ukraine und den USA geschlossene »Charta über Strategische Partnerschaft«. Zwei Klauseln dieser Charta sprechen dafür, daß es diese Vereinbarung war, die die Ukraine dazu bewogen haben könnte, die Gepräche mit Rußland abzubrechen. Bestandteil dieser Charta war nämlich auch eine enge Zusammenarbeit zwischen der Ukraine und den USA im Energiesektor. So hieß es im entsprechenden III. Abschnitt der Charta: »2. In Anerkennung der Bedeutung eines effizienten Energie-Sektors planen die Parteien den Wiederaufbau und die Modernisierung der Übertragungs-Kapazitäten der Infrastruktur, die Diversifizierung und die Sicherung ukrainischer Quellen von Kernbrennstoff sowie die Verringerung der Abhängigkeit der Ukraine von ausländischen Quellen von Kernbrennstoffen.«

Unter Punkt 3 wurde vereinbart: »Die Entwicklung der ›Road Map‹ hat Priorität bei der ukrainisch-amerikanischen Zusammenarbeit, die Ukraine und die USA werden bilaterale Arbeitsgruppen über Energie bilden. In Übereinstimmung mit der Erklärung des US-EU-Gipfels vom 10. Juni 2008 vertiefen die Ukraine und die USA den dreiseitigen Dialog mit der Europäischen Union für eine verbesserte Sicherheit der Energieversorgung.«[4331] Mit der Vertragsformel, daß die USA der Ukraine dabei behilflich sein wollen, ihre Gasleitungen »wieder aufzubauen« und zu »modernisieren«, ist allerdings nichts anderes gesagt, als daß die USA Zugriff auf das ukrainische Gasnetzwerk nehmen wollen. Wie oben schon dargestellt, bemüht sich die ukrainische Regierung überdies schon seit ihrer Machtübernahme darum, ohne den Umweg über Gasprom direkt mit Turkmenistan ins Geschäft über Erdgaslieferungen zu kommen – mit dem Ziel der Schaffung eines Rußland umgehenden Energiekorridors, der von Zentralasien über die kaspische und Kaukasusregion in die Ukraine reichen soll.

Das mußte natürlich das russisch-ukrainisch-amerikanische Spannungsverhältnis weiterhin verschärfen, denn Rußland bemüht sich bereits seit langem um Zugang zum ukrainischen Pipelinenetz, um über dieses unterbrechungsfreie Gaslieferungen nach Europa zu garantieren. Dazu hatte es mehrfach ein internationales Konsortium für die Wartung dieses Netzes vorgeschlagen.[4332] Begleitet waren diese Absprachen zwischen der Ukraine und den USA auf energiepolitischem Gebiet von rüstungs- und bündnispolitischen Vereinbarungen: Der Vertiefung der Integration der Ukraine in die NATO wurde gegenseitig hohe Priorität beigemessen. »Wir planen die Durchführung eines Programms der verstärkten Zusammenarbeit in Sicherheitsfragen, die Erhöhung der (militärischen) Kapazitäten zur Verbesserung der Chancen für die Ukraine als Kandidat für die Mitgliedschaft in der NATO.« Beide Staaten »beabsichtigen, den Wirkungsbereich ihrer laufenden Programme zur Zusammenarbeit und zur Unterstützung im Verteidigungs- und Sicherheitsbereich auszuweiten«. Das Ziel beider Staaten ist es, »ein Übereinkommen über einen strukturierten Plan zur Steigerung der Interoperabilität und der Koordinierung der Kapazitäten zwischen der NATO und der Ukraine zu erreichen, einschließlich verstärkter Ausbildung und Ausrüstung für die ukrainischen Streitkräfte«.

Wie Knut MELLENTHIN urteilt, zeigten die USA mit dieser US-ukrainischen »Charta über strategische Partnerschaft«, daß sie wie im Fall Georgien gegen den Willen eines Teils der europäischen NATO-Staaten den Weg der Ukraine in die NATO so weit wie möglich erleichtern und beschleunigen wollen.[4333] Die ›strategischen Partnerschaften‹, die die USA mit der Ukraine und Georgien geschlossen hatten, waren damit als eine neue Strategie Washingtons zu begreifen, einen alternativen Weg zur Annährung dieser geopolitischen Schlüsselstaaten Eurasiens an die NATO unter Umgehung einer Zustimmung der europäischen NATO-Verbündeten anzustreben mit dem Ziel, das für die USA ungünstige Ergebnis des Bukarester NATO-Gipfels vom April 2008 zumindest teilweise zu ändern.

Zusätzlich hatten die USA eine Garantie für die »Souveränität, Unabhängigkeit und territoriale Integrität sowie Unverletzlichkeit der Grenzen« der Ukraine und Georgiens übernommen, die in Plänen zur NATO-Integration eingebettet war. Das wiederum ermöglicht den USA unter Verweis auf den NATO-Beistandspakt der kollektiven Verteidigung im Bedarfsfall auch das militärische Eingreifen im Schwarzen Meer. Mit diesen Bündnissen übernehmen die USA auch die militärische Garantie für den transkaspisch-transkaukasischen Energiekorridor, um damit sicherzustellen, daß die geplanten Ost-West-Pipelineprojekte verwirklicht werden können. Denn den Enthüllungen der *tageszeitung* zufolge fürchtete die US-Machtelite, daß im Zuge des Georgienkrieges die energieausführenden Länder in der Region russischem Druck nachgeben und auf Georgien als Transitland verzichten könnten, zumal Rußland mit der ›South-Stream‹-Pipeline durch das Schwarze Meer eine Alternative anbietet, die über russisches Gebiet führt.[4334]

Die Schutzgarantie der USA für Georgien und die Ukraine sollte dabei insbesondere auch eine Signalwirkung für Aserbaidschan darstellen. Bislang war es Aserbaidschan gelungen, trotz Nähe zu den USA aber auch zu Rußland ein entspannt-geschäftsmäßiges Verhältnis zu wahren. »Washingtons Freunde im Kaukasus«, so die *tageszeitung*, »sind nun aber irritiert, weil die Freundschaft mit den USA den Georgiern keinen Schutz sicherte.«[4335] Deshalb hatte Moskaus militärisches Eingreifen bei den Nachbarn an der Peripherie starke Verunsicherung ausgelöst. »Die USA befürchten, daß Aserbaidschan seine Energieressourcen demnächst über Rußland statt von Georgien schickt«, sagte der seinerzeitige aserbaidschanische Präsidentenberater GULUSADE.[4336] Deshalb wollten die USA sowohl mit dem CHENEY-Besuch Anfang September 2008 als auch mit den Sicherheitsabkommen die vom russischen

Georgienfeldzug verunsicherten Anrainerstaaten Rußlands auf euroatlantischem Kurs halten.

Die *tageszeitung* erklärt in diesem Zusammenhang genau den energiegeopolitischen Hintergrund des US-amerikanischen Vorgehens: Es geht Washington »vor allem um die Sicherung der Öl- und Gasreserven des Kaspischen Meeres. Zusammen mit der EU planen die USA, dort 2009 mit dem Bau der Nabucco-Pipeline zu beginnen. Sie soll Gas über die Türkei, den Balkan bis nach Österreich liefern«.[4337] Da CHENEY zu den hauptsächlichen Lobbyisten dieses Projekts gehörte, diente seine Reise in die kaspischen Länder Anfang September 2008 dazu, sich zu vergewissern, daß die dortige Staatenwelt auch nach dem russischen Feldzug an die geplanten Pipelineprojekte festhält.[4338]

Als weiteres Ergebnis des Georgienkrieges ist die Herausbildung einer Konkurrenz zweier geopolitischer Ordnungsmodelle festzuhalten. Es war die *Frankfurter Allgemeine Zeitung*, die in diesem Zusammenhang auf die von Carl SCHMITT aufgeworfene Problematik des völkerrechtlichen Kampfes um die MONROE-Doktrin verwies. Der von ihm dargestellte Gegensatz zwischen Großraum und Universalismus ist der Analyse der *FAZ* zufolge in der Diskussion um den Georgienkrieg wieder aktuell geworden. Dabei sind es heute die eurasischen Mächte Rußland und China, die bestrebt sind, im Sinne Carl SCHMITTS eine auf dem Grundsatz des Nichteingreifens raumfremder Mächte beruhende Raumordnung gegen eine universalistische Ideologie, die die ganze Erde in das Schlachtfeld ihrer Eingriffe verwandelt, aufzubauen.

»Die heutigen Versuche zur Machtbildung gegen die Vereinigten Staaten von Amerika deuten eine neue, alte Aufteilung der Welt in Einflußzonen an«, so die *Frankfurter Allgemeine Zeitung*. »Rußland und China machen kein Hehl daraus, daß sie an ihrer Peripherie für Ordnung sorgen, wenn man so will, Großräume schaffen und sichern wollen.«[4339] Vor diesem Hintergrund müssen auch die Stellungnahmen der Machteliten der USA und Rußlands beurteilt werden. US-Außenministerin RICE erklärte vor ihrem Besuch in Tiflis nach dem Krieg: »Das ist nicht 1968 und die Invasion in der Tschechoslowakei, wo Rußland einen Nachbarn bedrohen, die Hauptstadt besetzen, eine Regierung stürzen und damit durchkommen konnte.« Mit dieser Äußerung hat ein Mitglied der US-Machtelite deutlich gemacht, daß die USA als Vertreter einer universalistischen Ideologie mit globalen Interventionsansprüchen eine Abtrennung von Interessensphären nicht zulassen würden. Dieser Ausspruch, so eine Bewertung der *tageszeitung*, macht deutlich, »daß es auch hinsichtlich der Staaten, die früher zur Sowjetunion gehörten, seitens der USA keine (offene oder stillschweigende) Respektierung von Einflußzonen gibt. Speziell in den drei transkaukasischen und den fünf zentralasiatischen ehemaligen Sowjetrepubliken haben die USA seit den frühen 90er Jahren Fuß gefaßt. Sie reagierten damit auf eine längere außenpolitische Schwächeperiode der russischen Föderation«.[4340]

Die russische Führung setzte diesem globalen Interventionsanspruch eine Antwort entgegen, die F. William ENGDAHL als »MEDWEDJEW-Doktrin« bezeichnet, mit der eine gründliche Überprüfung und Neubestimmung der russischen Außenpolitik vorgenommen werden soll. In einem Interview faßte der russische Präsident die Grundsätze der neuen russischen Außenpolitik in fünf Grundsätzen zusammen: Erstens: »Rußland anerkennt die herausragende Bedeutung der Prinzipien des internationalen Rechts, die die Beziehungen zwischen zivilisierten Völkern definieren«. Zweitens: »Die Welt muß multipolar sein. Eine unipolare Welt ist inakzeptabel. Vorherrschaft ist inakzeptabel. Wir können keine Weltordnung akzeptieren, in der alle Entscheidungen von einem einzigen Land getroffen werden. . . Eine solche Welt ist instabil und birgt das Risiko von Konflikten.« Drittens: »Rußland will keine Konfrontation mit irgendeinem anderen Land. . . Rußland will, soweit wie möglich, seine Beziehungen zu Europa, den USA und den anderen Ländern der Welt entwickeln.« Viertens: »Absolute Priorität hat für uns die Verteidigung des Lebens und der Würde unserer Bürger, ganz gleich, wo sie leben. . . Und jeder sollte begreifen, daß jemand, der ein aggressives Unternehmen startet, eine Antwort erhalten wird.« Der fünfte und wohl wichtigste Punkt lautet: »Es gibt Regionen, wo Rußland privilegierte Interessen hat, ebenso wie bei anderen Ländern der Welt. Es gibt in diesen Regionen Länder, mit denen wir traditionell freundschaftliche, gutnachbarliche, historisch spezielle Beziehungen unterhalten.«[4341]

Mit der Streitfrage ›Großraum gegen Universalismus‹ verbindet sich der Kampf zwischen der eurasischen Koalition der Kontinentalmächte Rußland und der Volksrepublik China mit der transatlantischen Supermacht USA um Einflußzonen und Ressourcen. Der derzeitige [2011] US-Vizepräsident Joseph BIDEN brachte es auf den Punkt, worum es bei diesem Kampf geht: »Es geht um viel, um Hunderte von Milliarden Dollar Öl und Infrastruktur, den Wiederaufstieg Rußlands und die Energiesicherheit Europas. . . Die Russen lieben Schach. Unsere strategische Antwort auf dem Schachbrett Zentralasiens muß es sein, eine Präsenz auf den Teilen des Bretts zu etablieren, die sie noch nicht kontrollieren. Das bedeutet, neue Pipelines zu verlegen, die Alternativen. . . zum russischen Monopol eröffnen.«[4342]

Die Anzettelung von ›Farbrevolutionen‹, der Aufbau von Raketenschutzschilden, verbunden mit einer NATO-Erweiterung, sowie die Torpedierung einer Wirtschaftszusammenarbeit mit der EU sind dabei die Instrumentarien der US-Machtelite, um den Einfluß Rußlands in der Weltpolitik und in Eurasien zurückzudrängen und den Aufstieg der eurasischen Kontinentalmacht zur Industriemacht zu verhindern. Damit sind die Umrisse einer neuen Blockkonfrontation gegeben, die sich nach den bislang vorliegenden Indizien auch unter dem neuen US-Präsidenten Barak OBAMA fortsetzen, ja sogar verschärfen wird.

Kapitel 12

Grundlagen der US-Eurasienstrategie unter Barack Obama

Folgt man den offiziellen medialen Verlautbarungen während des US-Präsidentschaftswahlkampfes, so sollte sich mit Barack OBAMA ein vollkommener Wandel der US-Außenpolitik verbinden. Mit Bezeichnungen wie »neuer Moses«[4343] oder »schwarzer Jesus«[4344] wird suggeriert, daß jetzt eine Verabschiedung von der imperialistischen Ära der US-Politik eingeleitet werden sollte. Zur Unterstützung diente eine ganze Welle neu erschienener Bücker wie *Obama – ein amerikanischer Traum* oder *Barack Obama – Amerikas neue Hoffnung*, die eine künstliche Popularität eines bis dahin verhältnismäßig unbekannten US-Senators schufen, der wie eine Erlösergestalt auftauchte und gefeiert wurde. Doch welches politische Programm verbirgt sich hinter diesem Mann? »Yes, We can! lautet die inhaltsleere, aber honigsüße Frohbotschaft«, so die *Weltwoche.* »Mit der Witterung des Wunderheilers spürt er die Sehnsüchte der Leute auf, mobilisiert ihr Wunschdenken und verspricht Erlösung. Nicht seine Gedanken zur Außen- oder Wirtschaftspolitik, nicht sein politisches Programm interessieren sie. Sie wollen OBAMA, den Erwecker.«

Kenner der US-Politik wissen, daß sich hinter jedem Präsidenten ein bestimmter Zirkel einer US-Machtelite verbirgt, dem dieser Aufbau des politischen Profils, Förderung und mittels gezielter Kampagnen den Aufstieg zur Macht verdankt. So stand hinter Ronald REAGAN das ›Committee on the Present Danger‹, das für eine verstärkte militärische Konfrontationspolitik gegen die UdSSR stand und die in den Augen dieser Vertreter halbherzige Politik CARTERS ablehnte. Die Präsidentschaft George W. BUSHS wurde nicht nur von der einflußreichen Ölindustrie, sondern auch vom ›Project for the New American Century‹ begünstigt – jener Projektgruppe, die CLINTON anklagte, den Ausbau der US-amerikanischen Militärmacht versäumt zu haben, und die nun für ein massives Aufrüstungsprojekt eintrat, um eine globale amerikanische Machtprojektion sowie eine US-Vorherrschaft insbesondere im Persischen Golf und in Eurasien sicherzustellen.

So stellt sich die Frage, welche Zirkel der US-Machtelite hinter Barack OBAMA stehen, und insbesondere, welche Zielsetzungen diese vertreten. Denn gerade »bei einem solchen Phänomen wie OBAMA gilt es deshalb zu fragen, wer die Macher dieses Medienprodukts sind – denn aus dem Nichts zum US-Präsidenten aufzusteigen, ist ohne Förderer in dieser Welt nicht möglich«.[4345]

Es ist den Recherchen des Historikers und Geheimdienst-Experten Webster Griffin TARPLEY zu verdanken, daß jene Kreise der US-Machtelite hinter den Kulissen sichtbar gemacht wurden, die hinter OBAMA stehen. In seinem Buch *The Postmodern Coup. Making of a Manchurian Candidate* enthüllte er, daß kein Geringerer als Zbigniew

BRZEZINSKI der wichtigste Förderer OBAMAS und Hauptdrahtzieher der OBAMA-Kampagne ist. Folgt man TARPLEY, »können wir sagen, daß OBAMA eine Marionette des Finanzkapitals ist, der Trilateralen Kommission, der Bilderberger-Gruppe, des Council on Foreign Relations, und sehr wichtig, der Ford-Foundation und anderer reaktionärer Machtzentren«.[4346]

TARPLEY führt zahlreiche Beweise an, die OBAMA in der Tat als politischen Zögling BRZEZINSKIS erscheinen lassen. Anfang der achtziger Jahre studierte OBAMA Internationale Politik an der New Yorker Columbia-Universität; sein Spezialgebiet war die nukleare Rüstung. Zur gleichen Zeit war auch BRZEZINSKI dort als führender Sowjetexperte tätig. Als Beweis dafür, daß in dieser Zeit die Grundlagen einer Förderung OBAMAS durch BRZEZINSKI gelegt worden sein müssen, mag die Tatsache stehen, daß nach den Beobachtungen des Londoner *Economist* BRZEZINSKI während des US-Präsidentschaftswahlkampfes hinter OBAMA als dessen ›Hirn‹ stand[4347] und so Beziehungen zwischen dem demokratischen Präsidentschaftskandidaten und der politischen Denkfabrik um BRZEZINSKI schon vorher bestanden haben müssen.

Für diese These spricht auch folgende Begebenheit: »Nur kurz, nachdem OBAMA im Februar 2007 seine Bewerbung um die Präsidentschaft bekanntgegeben hatte, wartete der *Washington-Post*-Kolumnist David IGNATIUS mit der Nachricht auf, daß sich das gerade erschienene Buch BRZEZINSKIS mit dem Titel *Second Chance* wie das ›außenpolitische Manifest‹ eines künftigen Präsidenten OBAMA lese. In dem Buch empfiehlt BRZEZINSKI, Amerika müsse weniger auf Waffenstärke setzen und stattdessen mittels Diplomatie und geschicktem Multilateralismus wieder die moralische Führung der Welt übernehmen. Wenige Tage nach der Präsidentenwahl ließ IGNATIUS in seiner *Washington-Post*-Kolumne die Katze aus dem Sack. Ihm zufolge hat sich OBAMA im Juli 2007 mit BRZEZINSKI getroffen, um sich von ihm beraten zu lassen. Was wollte OBAMA von dem alten Staatsmann wissen? Dazu schreibt IGNATIUS: . . . es ging ihm nicht um die üblichen Positionspapiere oder Sprechblasen für den Wahlkampf. OBAMA dachte bereits in größeren Zusammenhängen. Was kann ein neuer Präsident in seinen ersten zwölf Monaten außenpolitisch erreichen, was er später nicht schafft? Das wollte OBAMA wissen. Wie sollte ein neuer Präsident seine nationale Sicherheitsmannschaft reorganisieren, damit die Struktur den Problemen des 21. Jahrhunderts gerecht wird? Spätestens von diesem Zeitpunkt an war BRZEZINSKI OBAMAS Berater. Die Angaben IGNATIUS' sind deshalb von Bedeutung, weil dieser neben seinem Kollegen Bob WOODWARD als einer der Journalisten in Washington mit besten Verbindungen zum Pentagon und zur CIA gilt.«[4348]

Auch die Hintergründe der Wahlkampffinanzierung machen deutlich, daß OBAMA einflußreiche Unterstützer haben mußte. Verschiedenen Beobachtern zufolge hatte OBAMA im Wahlkampf »Spenden in einer noch nie dagewesenen Höhe. . . eintreiben können«.[4349] Nach offiziellen Angaben hatte OBAMA 745 Millionen Dollar an Spenden erhalten. Das war doppelt so viel wie sein republikanischer Konkurrent Senator John MCCAIN und zugleich mehr als die 653 Millionen US-Dollar, die vier

Jahre zuvor George Bush jr. und John Kerry zusammen aufgebracht hatten. Trotz gegenlautender Annahmen hatten die Spenden der ›einfachen Leute‹ nur rund ein Viertel der gesamten Wahlkampfsumme ausgemacht. »Drei Viertel seiner Wahlkampfgelder bekam Obama nach Angaben des Campaign Finance Institute von Großspendern mit Verbindungen zur Industrie, insbesondere zum Finanzsektor. Nicht umsonst hat Obama seine Regierung mit Vertretern derjenigen Geldhäuser – Goldman Sachs, Citigroup usw. – besetzt, deren dubiose Spekulationen in der US-Immobilienbranche und im Bereich der Ramsch-Aktien die Welt in die schlimmste Wirtschaftskrise seit der großen Depression der dreißiger Jahre gestürzt haben.«[4350]

Auch anderen Quellen zufolge gehörten zu Obamas Hauptfinanziers die Investmentbank Goldman Sachs, dahinter rangierten JP Morgan Chase Citigroup, UBS, Google und auch Microsoft.[4351] Auch die Finanzchefin von Obamas Wahlkampagne gehörte der Elite der US-Hochfinanz an: Penny Pritzker ist Mitglied einer der Bankiersfamilien der USA, die in den vergangenen Jahren durch den Handel mit Hypotheken ungeheuren Reichtum erwarb. Nach Zynismus klingt es geradezu, wenn man sich vor Augen hält, daß es genau diejenigen Mitveranwortlichen für die verheerende Finanzkrise sind, die zu Obamas Wirtschafts- und Finanzberatern aufgestiegen sind:

»Einer seiner drei wirtschaftspolitischen Berater ist Robert Rubin, der unter Clinton für die Aufhebung des Glass-Steagall-Acts verantwortlich war, jenes Gesetzes, das riskante Spekulationen von Großbanken bis dahin noch verhindert hatte. Ein weiterer Wirtschaftsberater von Obama ist Paul Volcker. Dieser war während der Reagan-Ära Vorstandsvorsitzender der Federal Reserve und spielte eine zentrale Rolle bei der Einführung der ersten Stufe der Finanzderegulierung, die zu Massenbankrotten, Fusionen und Bankenaufkäufen beitrug und schließlich zur Finanzkrise im Jahr 1987 führte. Der neue Finanzminister ist schließlich Timothy Geithner, Vorstandsvorsitzender der Zentralbank von New York, dem einflußreichsten privaten Finanzinstitut Amerikas. Stets handelte er im Namen der leistungsfähigen Finanziers, die hinter der New Yorker Zentralbank stehen. Auch beim IWF hatte er eine leitende Position inne«.[4352] Und – natürlich – spielte der Bankier George Soros eine wichtige Rolle bei der Unterstützung Obamas.[4353]

Die Gründe, warum sich die US-Machtelite aus dem Umfeld der Trilateralen Kommission, der Bilderberger und des Council on Foreign Relations für Obama entschied, bescheibt Griffin wie folgt: »Es ist so, die Weltherrschaft von London und New York ist in einer großen Krise. Wir haben den Bankrott des Dollars, eine Hyperinflation, allgemeine Bankenpanik. . . wir haben zwei verlorene Kriege. . . und wir haben einen Imperialismus, der am Zusammenbrechen ist. Die trilateralen Banker haben jetzt entschieden, Obama muß diesen Imperialismus retten und zusammenhalten. Die Idee ist, wenn er an die Macht kommt, mit ihm eine aktivistische, sehr aggressive Außenpolitik zu fahren.«[4354]

Tarpley zufolge ist Zbigniew Brzezinski der eigentliche ›schwarze Schatten‹ hinter OBAMA. »Als graue Eminenz unter den amerikanischen Geostrategen«, so Hauke RITZ, »verkörpert er die Sichtweisen und Interessen eines ganzen Flügels der amerikanischen Elite. Aufgrund seines intellektuellen Ranges muß sein Einfluß als sehr hoch veranschlagt werden. Unter einer Präsidentschaft OBAMAS werden höchstwahrscheinlich die geopolitischen Vorstellungen dieser ›BRZEZINSKI-Fraktion‹ zum Tragen kommen. Hinzu kommt noch, daß Zbigniew BRZEZINSKIS Tochter, die Fernsehmoderatorin Mika BRZEZINSKI, OBAMA unterstützt, während ihr Bruder Mark BRZEZINSKI ebenfalls zu den Beratern OBAMAS gehört.«[4355]

Schließt man sich der Auffassung des Kolumnisten der *Washington Post* David IGNATIUS an, daß BRZEZINSKIS aktuelles Buch *Second Chance* das »außenpolitische Manifest« OBAMAS sei, so scheint die Eurasien-Strategie auch des neuen US-Präsidenten auf eine neue Konfrontation mit Rußland hinauszulaufen. BRZEZINSKIS Plan ist es, so TARPLEY, Rußland und China, also die geopolitischen Hauptkonkurrenten der USA, gegeneinander auszuspielen und so als Machtfaktoren auszuschalten. »Für die Neocons ist Israel und der Nahe Osten das Zentrum der Welt und sehr wichtig. BRZEZINSKI interessiert das nicht, er sagt, nein, die Machtzentren der Welt sind Rußland und China, wenn wir mit denen fertig werden, dann haben wir die Weltherrschaft für das nächste Jahrhundert. Das setzt eine weltweite Strategie voraus«,[4356] und OBAMAS Außenpolitik ziele zunächst darauf ab, die Chinesen aus Afrika zu jagen, damit sie kein Erdöl und andere strategische Mineralstoffe von dort beziehen können. Deshalb auch der Konflikt im Sudan, denn von dort bekommt China schon 7 Prozent seines Erdöls.

In seinem Buch *Second Chance* rechnet BRZEZINSKI mit der Außenpolitik der USA unter George H.W. BUSH, Bill CLINTON und George W. BUSH ab. Er erhebt den Vorwurf, diese Präsidenten hätten die Chance, nach dem Zusammenbruch der Sowjetunion ein System dauerhafter US-Vorherschaft zu errichten, nicht ausreichend genutzt. Allerdings sieht BRZEZINSKI eine »zweite Chance«, die darin besteht, die unilaterale Politik einzuschränken und verstärkt auf Zusammenarbeit und Absprachen mit China und Europa zu setzen. Dabei sollten auch mit Syrien, Venezuela und dem Iran Verhandlungen aufgenommen werden. Hauptsächlich jedoch soll Rußland isoliert und möglicherweise auch destabilisiert werden.[4357]

Seit der Formulierung seiner Ziele in *The Grand Chessboard* haben die USA der Analyse BRZEZINSKIS zufolge an geopolitischem Einfluß verloren. »In seinem jüngsten Buch *Second Chance* gibt BRZEZINSKI offen zu, daß der Plan einer direkten militärischen Besetzung einiger Länder des Nahen Ostens, wie sie den Neokonservativen vorschwebte, gescheitert ist. Doch diese Niederlage ist für BRZEZINSKI nicht so massiv, daß er die 1997 formulierten Pläne einer amerikanischen Vorherrschaft in Eurasien grundsätzlich aufgeben möchte. Das Scheitern der direkten militärischen Machtausdehnung im Süden Eurasiens bedeutet für ihn lediglich, daß nun die von Europa ausgehende Osterweiterung der NATO an Priorität gewinnt. Dies bedeutet jedoch einen massiven Vorstoß in die russische Einflußsphäre. Damit würde nach dem Iran nun Rußland ins Fadenkreuz der amerikanischen Geopolitik geraten.«[4358]

Bereits in der Vergangenheit hatte Brzezinski mehrfach dargelegt, daß EU- und NATO-Osterweiterung Instrumentarien sind, um den US-amerikanischen Einfluß in Eurasien auszuweiten. Brzezinski bezeichnet auch das Europa der EU als einen »Eckpfeiler einer unter amerikanischer Schirmherrschaft stehenden größeren eurasischen Sicherheits- und Kooperationsstruktur«.[4359] Die geopolitischen Folgen, die Brzezinski in einem solchen Prozeß sieht, stellt Hauke Ritz wie folgt dar: »Die USA streben an, ihren Einfluß auf dem asiatischen Kontinent immer weiter auszudehnen. Dabei dient ihnen Europa als Sprungbrett auf den eurasischen Kontinent. Da jede Osterweiterung Europas unter den gegebenen Umständen zugleich auch den amerikanischen Einfluß ausdehnt, sollen durch eine Kombination aus EU-Osterweiterung und Expansion der NATO viele der ehemaligen Sowjetrepubliken – wie zum Beispiel Georgien, Aserbaidschan und Usbekistan – in die westliche Einflußzone integriert werden.«[4360]

Damit ist es den USA möglich, ein Energiemonopol in Eurasien aufzubauen, welches zusammen mit der NATO-Osterweiterung und der Eingliederung des Mittleren Ostens in die westliche Hegemonialsphäre zu einer Schmälerung jeglichen russischen Einflußes führen soll: Wenn sich die eurasischen Neumitglieder von EU und NATO für westliches Kapital öffnen, »dann ist es westlichen Konzernen möglich, sich die Rohstoffvorkommen zu sichern und über die Medien Einfluß auf die Öffentlichkeit eines Landes zu gewinnen. Da die Region um das Kaspische Meer über die zweitgrößten Öl- und Gasreserven verfügt und zudem militärstrategisch von besonderer Bedeutung ist, könnte eine westliche Vormachtstellung in dieser Region die Position der USA auf dem eurasischen Kontinent massiv stärken. Zusammen mit der Kontrolle der US-verbündeten OPEC-Staaten Kuwait, Saudi-Arabien, Vereinigte Arabische Emirate, Katar und den eroberten Staaten Irak und Afghanistan könnte so eine Vorherrschaft der USA über Zentralasien ihnen die nötige Autorität verleihen, um von dort schließlich ganz Eurasien, einschließlich Chinas und Rußlands, in eine von den USA entworfene überstaatliche Sicherheitsstruktur zu integrieren. Die von Europa ausgehende NATO-Osterweiterung und die von der Bush-Administration im Süden Eurasiens (Irak, Afghanistan) begonnenen militärischen Interventionen bilden zusammen gewissermaßen einen Keil, mit dem die USA in das Herz der eurasischen Landmasse vorstoßen.«[4361]

Konkret fordert Brzezinski in seinem neuen Buch *Second Chance* dazu auf, daß sich der Schwerpunkt amerikanischer Außenpolitik schleunigst aus den Verstrickungen im arabisch-islamischen Raum befreien und auf die aufstrebenden Mächte Rußland und China konzentrieren solle. Nach Brzezinskis Auffassung ist es an der Zeit, das russisch-zentralasiatisch-chinesische Bündnis der Shanghai Cooperation Organisation (SCO) dadurch zu sprengen, daß man China durch verlockende Angebote aus diesem hinauskatapultiert, um es gegen Rußland in Stellung zu bringen. Dasselbe gelte für Syrien und Iran, die man im Gegensatz zur Doktrin der Ära BUSH nicht bekämpfen, sondern gleichfalls in ein Bündnis gegen Rußland einbinden müsse.[4362] Ziel ist die Errichtung eines sogenannten »transeurasischen Sicherheitssystems«, das als Alternative zur UNO wirken soll. Voraussetzung für dessen Errichtung ist BRZEZINSKI zufolge aber zunächst, daß der russische Einflußbereich zurückgedrängt und in einen amerikanischen umgewandelt wird.[4363]

Eine EU- und NATO-Mitgliedschaft Georgiens und der Ukraine sowie eine neue Zusammenarbeit der USA mit dem Iran, wie sie zu Zeiten des Kalten Krieges unter dem Schah Reza PAHLEWI vorgeherrscht hatte, stellen, verbunden mit dem Raketenabwehrsystem in Polen und der Tschechischen Republik, die Mittel der USA zur Destabilisierung Rußlands dar: »So gesehen ist der von den USA projektierte Raketenschirm die beängstigend wirksame, weil einschüchternde flankierende Maßnahme zu den gegenwärtigen und kommenden Destabilisierungen auf dem von BRZEZINSKI anspielungsreich genannten ›Eurasischen Balkan‹, der die Staaten Ukraine, Kasachstan, Kirgisien, Turkmenistan, aber auch Aserbaidschan, Georgien und Armenien umfaßt.«[4364]

Die ideologische Begründung des aktualisierten BRZEZINSKI-Konzepts lieferte Robert KAGAN mit seiner Schrift *Die Demokratie und ihre Feinde. Wer gestaltet die neue Weltordnung?* Vorauszuschicken ist, daß KAGAN nicht zum Beraterstab von OBAMA gehört – der neokonservative Politologe unterstützte im US-Präsidentschaftswahlkampf den republikanischen Herausforderer John MCCAIN. Jedoch übt er als Senior Associate beim ›Carnegie Endowment for International Peace‹ und als Kolumnist der *Washington Post* nicht unmaßgeblichen Einfluß auf den außenpolitischen Diskurs der US-Machtelite aus. In seinem Essay widerlegte er die These des Politologen Francis FUKUYAMA, der Anfang der neunziger Jahre das »Ende der Geschichte« eintreten sah und den endgültigen Sieg des marktwirtschaftlich-demokratischen Systems als globales Ordnungsmodell behauptete. Statt dessen erkennt KAGAN eine »Rückkehr der Geschichte« und eine Wiederkehr des »Großmachtnationalismus«, wie er im 19. Jahrhundert vorgeherrscht habe: »Statt der neuen Weltordnung führen die widerstreitenden Interessen und Bestrebungen der Großmächte abermals zu den Allianzen, Gegenallianzen und kunstvollen Tänzen mit wechselnden Partnern, wie sie einem Diplomaten des neunzehnten Jahrhunderts auf Anhieb vertraut wären.«[4365]

In seiner Schrift sieht KAGAN ein »neues Zeitalter der Geopolitik« heraufziehen, wenn es – man beachte hierbei den Erscheinungszeitpunkt des Essays Anfang 2008 – zu einem Militärkonflikt zwischen Moskau und Tiflis und infolgedessen zu einer Besetzung der Ukraine und Georgiens durch russisches Militär komme. Damit – so KAGAN – würde dann eine völlig neue Weltordnung eintreten, die er als »die gespaltene Welt« bezeichnet:[4366] »Auch wenn die USA die einzige Supermacht sind, blüht die Konkurrenz zwischen den Großmächten wieder. Die Vereinigten Staaten, Rußland, China, Europa, Japan, Indien, der Iran und andere wetteifern um eine regionale Vormachtstellung, um Ansehen, Rang und Einfluß. Wir erleben keine Zeit des Zusammenwachsens, sondern eine des Auseinanderrückens von Ideen und Ideologien.«[4367] Kern seiner Schlußfolgerungen sind die »globalen Spaltungen zwischen dem Club der Autokraten und der Achse der Demokratie«.[4368] KAGAN wörtlich: »Die alte Konkurrenz zwischen Liberalismus und Absolutismus ist wieder ausgebrochen, und die Nationen der Welt ordnen sich zunehmend dem einen oder anderen Kraftfeld zu. . .«[4369] Der Gegensatz zwischen Autokratie und Liberalismus, so KAGAN, habe die USA und zumindest einen Teil Europas seit dem 18. bis Ende des 20. Jahrhunderts voneinander getrennt; mit dem Ende des Kalten Krieges habe sich die Hoffnung auf eine »wirklich neue Ära in der Menschheitsentwicklung« verbunden.

KAGANS Analyse zufolge sind es Rußland und China, die sich diesem neuen Ordnungsmodell einer globalen marktwirtschaftlich-demokratischen ›Pax americana‹ entgegenstellen: »China hat sich nicht liberalisiert, im Gegenteil, es hat seine autokratische Regierung abgesichert. Rußland hat der unvollkommenen Liberalisierung den Rücken gekehrt und sich entschieden einer Autokratie zugewandt. Zwei der Großmächte, dazu noch – mit über einundeinhalb Milliarden Menschen –, zwei der bevölkerungsreichsten Länder der Welt suchen daher ihr Heil in einer autokratischen Regierung, und, wie es aussieht, können sie, offenbar mit Zustimmung des Volkes, ihre Macht in der absehbaren Zukunft behaupten.«[4370]

Das Problem sieht KAGAN dabei auch darin, daß es Rußland und China gelungen sei, Autokratie und Wirtschaftswachstum miteinander zu verbinden, und vor diesem Hintergrund stelle die russisch-chinesische Herausforderung die amerikanische Weltpolitik und die Funktionsfähigkeit internationaler Organisationen ernsthaft in Frage: »Von einer ›internationalen Gemeinschaft‹ kann einfach keine Rede mehr sein. Der Ausdruck beinhaltet, daß man sich über internationale Verhaltensnormen, eine internationale Moral, ja ein internationales Gewissen einig ist. Diese Vorstellung gewann an Boden in den neunziger Jahren, zu einer Zeit, als alle davon ausgingen, Rußlands und Chinas Öffnung gegenüber dem westlichen Liberalismus würde weltweit eine gemeinsame Haltung in humanitären Fragen erzeugen.«[4371] Durch das Erstarken Rußlands und Chinas aber sei dies hinfällig geworden; der Kosovo-Konflikt und die Darfur-Krise im Sudan hätten Gräben offenbart, die den »liberalen Westen von Rußland, China und vielen anderen nichteuropäischen Nationen« trennten. Mit einem solchen Gegensatz sei dann folgerichtig die Außen- und Sanktionspolitik der USA gegenüber ihnen nicht genehmen Staaten blockiert: Er würde schließlich »die Anstrengungen Amerikas und seiner Verbündeten behindern, Nationen, die nach Nuklear- und anderen Massenvernichtungswaffen streben, unter Druck zu setzen und mit Sanktionen zu belegen, wie es bereits beim Iran und bei Nordkorea der Fall gewesen ist«.[4372]

KAGAN geht davon aus, daß die Weltpolitik von morgen daher von »wachsenden Spannungen zwischen dem transatlantischen Bündnis und Rußland« bestimmt sein werde, die die Meinungsverschiedenheiten innerhalb der NATO in den Hintergrund treten lassen würden.[4373] Angesichts dieser russisch-chinesischen Herausforderung müsse sich die US-Außenpolitik »strategisch auf diese ideologisch schwerwiegenderen Unterschiede einstellen. Nur ein Narr würde erwarten, daß China dabei hilft, das menschenverachtende Regime in Khartum zu stürzen, oder sich darüber wundern, wenn Rußland gegenüber den prowestlichen Demokratien an seinen Grenzen mit dem Säbel rasselt. Die Autokratien dieser Welt werden ebenso wie die Demokratien näher zusammenrücken«.[4374]

Im einzelnen spricht sich KAGAN für »ein globales Konzert oder einen Bund der Demokratien« aus mit dem »Ziel, die demokratischen Nationen zu regelmäßigen Treffen und Konsultationen über die jeweils aktuellen Themen zusammenzubringen«.[4375] Der künftigen US-Außenpolitik empfiehlt er ein klares Konzept globaler Demokratieförderung sowie die Errichtung eines globalen Bündnissystems, das auf die Eindämmung russischen und chinesischen Einflusses ausgerichtet ist: »Aus all diesen Gründen sollten die Vereinigten Staaten eine Politik verfolgen, die dazu angetan ist, sowohl die Demokratie zu fördern als auch die Zusammenarbeit zwischen den demokratischen Staaten zu stärken. Mit anderen Demokratien sollten sie neue internationale Institutionen schaffen, die über ihre gemeinsamen Grundsätze und Ziele nachdenken und sie festigen, und vielleicht sollten sie auch eine neue Liga der demokratischen Staaten ins Leben rufen, die sich regelmäßig trifft und über drängende Tagesfragen berät. Eine solche Institution könnte asiatische Staaten wie Japan, Australien und Indien mit den europäischen Nationen zusammenbringen – zwei Gruppen von Demokratien, die jenseits ihrer Handels- und Finanzbeziehungen verhältnismäßig wenig miteinander zu tun haben, und die die Vereinten Nationen, die G 8 und andere internationale Foren ergänzen, aber nicht ersetzen sollten.«[4376]

Diese beiden geopolitischen Planspiele – das BRZEZINSKI-Konzept der Pluralisierung Eurasiens, verbunden mit der Eindämmung Rußlands, und das neue Bipolariätsmodell KAGANS – machen deutlich, daß nach dem Scheitern der Neo-Imperialpolitik George W. BUSHS für die US-Machtelite die Zeit gekommen zu sein scheint, »die angeschlagene moralische Glaubwürdigkeit und die kräftezehrende Überdehnung der Macht durch eine erneute vertiefte amerikanisch-europäische Zusammenarbeit auf Kosten des Kernlands Eurasiens, Rußland, zu kompensieren«.[4377] Insbesondere angesichts der verheerenden Weltfinanzkrise, deren Ausmaße bislang noch nicht abzusehen sind, scheint der Ausgriff nach Eurasien zum letzten Rettungsanker des ›informellen Imperiums‹ der Vereinigten Staaten zu werden.[4378]

Diese Planspiele sind aber nicht auf einen kleinen Zirkel von US-Geostrategen begrenzt geblieben, sondern haben längst in Überlegungen der offiziellen US-Machtelite Eingang gefunden. Wie Peter RUDOLF in einer Studie der ›Stiftung Wissenschaft und Politik‹ mit dem Titel *Ein »Bund der Demokratien«: Amerikas neuer globaler Multilateralismus*[4379] darstellt, wurde das ›Princeton Project on National Security‹ als

Grundmodell eines »Bundes der Demokraten« ins Leben gerufen. Hinter diesem stehen G. John IKENBERRY und Anne-Marie SLAUGHTER sowie Anthony LAKE, ehemaliger Sicherheitsberater unter US-Präsident CLINTON und jetzt Berater von Barack OBAMA, außerdem George SHULTZ, ehemaliger Außenminister unter der Präsidentschaft REAGANS. Auch wirken zahlreiche außenpolitische Experten sowohl aus dem republikanischen als auch dem demokratischen Lager an diesem mit.[4380] Grundgedanke des ›Princeton Projects‹ ist der Aufbau einer organisatorischen Basis, eines »Concert of Democracies«, in dem die mit den USA verbündeten Staaten informell zusammenkommen und das auch weitere »demokratische Partner« wie Indien, Südafrika, Brasilien und Mexiko in eine »globale demokratische Ordnung« einbinden soll.[4381] Einer der entscheidenden Ideengeber hierfür ist Ivo DAALDER, Berater OBAMAS in außen- und sicherheitspolitischen Fragen, der sich zusammen mit Robert KAGAN in der *Washington Post* vom 6. August 2007 für die Bildung einer neuen globalen Institution aussprach, die bei zukünftigen Militärinterventionen ein Höchstmaß an Legitimation sicherstellen soll.[4382]

Tragendes Prinzip dieses Vorhabens ist unter anderem die sogenannte »Responsibility to Protect«: Dieses Konzept beinhaltet eine Einschränkung der Souveränität solcher Staaten, die nicht imstande sind, im Falle einer sogenannten ›humanitären Katastrophe‹ ihre Bevölkerung zu schützen, indem den Staaten des »Bundes der Demokratien« ein Recht zum Eingreifen gegenüber solchen Krisenländern eingeräumt wird. Praktisch soll diese neu zu schaffende Organisation dazu dienen, den USA die notwendige Legitimation zu militärischen Interventionen zu verschaffen, falls sich der UN-Sicherheitsrat hierzu nicht bereitfinden sollte. Dann »sollte nach den Vorstellungen des ›Princeton Project‹ die neue Organisation zu einer alternativen Quelle der Legitimierung des Einsatzes militärischer Macht werden. Im Falle einer solchen Entwicklung werden Vereinbarungen vorgeschlagen, nach denen eine Supermehrheit von zwei Dritteln der Mitglieder über den Einsatz militärischer Macht entscheiden könnte, sofern sich eine Autorisierung durch den Sicherheitsrat der UN nicht erreichen ließe«.[4383]

In diesem Fall sollte dann der Beschluß des ›Concert of Democracies‹ die gleiche Legitimation besitzen wie ein Beschluß des UN-Sicherheitsrates. Wie Peter RUDOLF hervorhebt, scheint für einen Großteil der neokonservativen US-Machtelite »das Interesse an der neuen Organisation vor allem darin zu bestehen, daß sie neben der Aushebelung der UN die Möglichkeit bietet, die für die Stabilität des internationalen Systems als unverzichtbar geltende Vormachtrolle der USA in eine legitimierende Struktur einzubetten«.[4384]

US-Präsident OBAMA selbst scheint die Auffassung, den UN-Sicherheitsrat als Legitimationsquelle für eine militärische Intervention durch eine neue Organisation zu ersetzen, zu teilen, wie er in seiner Autobiographie *Hoffnung wagen* einräumt. So schreibt er, daß »der Weltsicherheitsrat, der durch seine Struktur und seine Regeln allzuoft in einer Zeitschleife des Kalten Krieges erstarrt zu sein scheint«, kein »Vetorecht gegen unsere Maßnahmen haben sollte«.[4385] Bei dem ›Concert-of-Democracies‹-Konzept geht es also um nichts anderes als um die endgültige Entmachtung multilateraler Organisationen wie der der Vereinten Nationen und deren Ersetzung durch neue Strukturen, die sich auf einen engen Kreis von US-hörigen Staaten begrenzen und den USA problemloser ein legitimationsstiftendes Mandat für neue US-Kriege liefern sollen. In aller Deutlichkeit hatte der neokonservative Vordenker Charles KRAUTHAMMER ausgesprochen, was mit dem US-Konzept des ›Bundes der Demokratien‹ eigentlich beabsichtigt ist: »Nun, ich mag die Idee einer Liga der Demokratien... Was ich daran mag, ist die versteckte Agenda. Es scheint so, als gehe es allein darum, Verbündeten zuzuhören und mit ihnen in Kontakt zu kommen, all den Krempel, den ein John KERRY nennen würde, außer daß die eigentliche Idee, die McCAIN nicht ansprechen kann, aber ich, im wesentlichen darin besteht, die Vereinten Nationen zu ermorden.«[4386] Dies bestätigt auch die führende Mitgestalterin des ›Princeton Project‹, Anne-Marie SLAUGHTER, der die UN ebenfalls ein Hindernis für eine schrankenlose Machtentfaltung der USA ist: »Das gegenwärtige Vetoprinzip ist nicht im Interesse der Vereinigten Staaten... Das Konzert (der Demokratien) könnte zu einem alternativen Forum für die Bewilligung des Einsatzes von Gewalt werden in Fällen, in denen die Anwendung eines Vetos im UN-Sicherheitsrat die freien Nationen davon abhält, im Geiste der UN-Charta zu handeln.«[4387]

Es gibt zahlreiche Anzeichen dafür, daß die USA jetzt planen, die NATO zur Grundlage eines solchen interventionistischen ›Bundes der Demokratien‹ zu machen. »Die Globalisierung der Nato«, so Peter RUDOLF, »ihre Öffnung also für alle demokratischen Staaten auf der Welt, die die Nato-Verpflichtungen als verbindlich ansehen, wäre... eine Interimslösung auf dem Weg zu einem ›Bund der Demokratien‹.«[4388] Barack OBAMA hatte sich in seiner außenpolitischen Grundsatzrede in Berlin für eine starke NATO ausgesprochen, jedoch die Vereinten Nationen mit keinem Wort gewürdigt.[4389] Insbesondere der außenpolitische Berater OBAMAS, Ivo DAALDER, gilt dabei als einer der führenden Verfechter der Idee, das transatlantische Bündnis als Kern einer weltweiten ›Gemeinschaft der Demokratien‹ aufzubauen.[4390]

Der Aufwertung der NATO zu einer ›Allianz der Demokratien‹ haben sich die USA bereits seit geraumer Zeit verschrieben.[4391] So erklärte im März 2006 der stellvertretende Leiter der Europaabteilung im US-Außenministerium, Kurt VOLKER, daß die »Neuaufnahme gleichgesinnter Demokratien« die NATO als »Kern unserer globalen demokratischen Sicherheitsgemeinschaft« weiter stärken könne.[4392] Während des NATO-Gipfels in Riga 2006 wurde ein Partnerschaftskonzept verabschiedet, das ausdrücklich die militärisch-politische Zusammenarbeit der NATO mit sogenannten ›Contact Countries‹ wie Australien, Neuseeland, Südkorea, Japan vorsah – neben der ›Partnership for Peace‹ und den Sonderbeziehungen zu verschiedenen postsowjetischen Republiken wie der Ukraine ist dies die dritte Säule der NATO-Expansion.[4393]

Daß in den NATO-Stäben bereits in diese Richtung gearbeitet wird, wird an dem Strategiepapier *Towards a Grand Strategy for an Uncertain World* deutlich, das von fünf ehemaligen hochrangigen NATO-Generalen verfaßt wurde. In diesem Papier heißt es unter anderem: »(Wir) schlagen vor, die langfristige Vision einer Allianz der Demokratien von Alaska bis Finnland anzustreben.«[4394] Auf dem NATO-Gipfel in Bukarest vom April 2008 wurde deutlich, daß die NATO derartige Pläne ins Auge gefaßt hat und als wichtige Agenda ihrer Zukunft ansieht: Die Allianz lege großen Wert auf ihre expandierenden und unterschiedlichen Beziehungen mit Partnern um den gesamten Globus. »Unsere Ziele bei diesen Beziehungen umfassen die Unterstützung für Operationen, Sicherheitskooperation und ein gemeinsames Verständnis über gemeinsame Sicherheitsinteressen und darüber, die Förderung demokratischer Werte zu verbessern.«[4395]

Vieles spricht dafür, daß es den USA darum geht, mit dem Konzept der ›Allianz der Demokratien‹ sich die Ressourcen der Verbündeten zu sichern, um ihren globalen - letztlich gegen Rußland und China gerichteten – Vorherrschaftsplan verwirklichen zu können. »Nach dem Willen Washingtons sollen sie (die Verbündeten, der Verf.) auch die nötigen Fähigkeiten, Ressourcen und den politischen Willen für kommende Einsätze aufbauen. Derartige Verbündete außerhalb der NATO könnten damit leichter für US-geführte Missionen herangezogen werden. Der Umstand, daß die Partnerländer allesamt in der Großregion Asien-Pazifik beheimatet sind, kommt der Ausrichtung amerikanischer Sicherheitspolitik im Hinblick auf mögliche Auseinandersetzungen mit China zusätzlich entgegen.«[4396] Hierzu muß man sich vergegenwärtigen, daß selbst die US-Machtelite von einem relativen Machtverlust der USA in naher bis mittlerer Zukunft ausgeht. In einer Studie der US-Geheimdienste unter dem Titel *Global Trends 2025: A Transformed World* vom November 2008 wird ein Rückgang des politischen und wirtschaftlichen Einflusses der Vereinigten Staaten prophezeit. »Gleichzeitig wird dort davon ausgegangen, daß sich der machtpolitische Aufstieg Chinas und Rußlands fortsetzen und deren ›staatskapitalistisches Modell‹ als Vorbild für weitere Länder dienen wird.«[4397]

Der Geheimdienststudie zufolge zählt zu den wichtigsten Entwicklungen der kommenden Jahre eine »in der modernen Geschichte beispiellose« Machtverschiebung von West nach Ost. Einfluß und Vorherrschaft der USA nähmen ab; die Supermacht werde wahrscheinlich nur noch »einer unter mehreren wichtigen Akteuren« sein. In der internationalen Politik spiele Washington dann nur noch eine »prominente«, aber »nicht eine entscheidende« Rolle wie in der Vergangenheit: »Die Handlungsfreiheit der USA werde zunehmend eingeschränkt. Internationale Allianzen, die die Welt seit Ende des Zweiten Weltkrieges dominiert hätten, würden 2025 ›fast nicht wiederzuerkennen‹ sein«.[4398] Demgegenüber werde China nach dieser Prognose die globale Entwicklung stärker beeinflussen als jedes andere Land; wirtschaftlich und auch militärisch werde China ein bestimmender Faktor der Weltpoltik werden. Hinzu kämen aber noch weitere Herausforderer: »Andere Großmächte auf dem Vormarsch sind laut der Analyse Indien, Brasilien und Rußland. Während sich Reichtum und Wirtschaftskraft nach Osten verlagerten, entfielen nur drei Prozent des Bevölkerungswachstums bis 2025 auf westliche Staaten.«[4399]

Sehr düster äußert sich dabei die Studie zur Zukunft der Energieversorgung: Eine Abhängigkeit von fossilen Energieträgern bleibe bestehen, und »sollten einzelne Staaten den Zugang zu Energiequellen als lebenswichtig betrachten, könnten um diese Konflikte ausbrechen«.[4400] Vor diesem Hintergrund planen die USA nunmehr, ihr globales Hegemonialsystem auf eine erneuerte breitere Grundlage zu stellen. Angesichts des Machtzuwachses der Staaten Rußlands, China und auch Brasilien werden die USA in multilateren Gremien wie dem UN-Sicherheitsrat nicht mehr die bestimmende Rolle einnehmen können. Da sie ihrer Hegemonialpolitik jedoch eine internationale Legitimation verleihen möchten – um sich einerseits materielle Ressourcen der Verbündeten zu sichern, andererseits auch, um die innenpolitische Unterstützung im eigenen Land zu gewährleisten –, soll nun ein neues globales Bündnis gewissermaßen als US-hörige Alternativ-UNO ins Leben gerufen werden. Lastenverteilung, so Militarismus-Experte Jürgen Wagner, »ist deshalb in Washington das Gebot der Stunde, denn die völlig überdehnten USA sind dringend auf Unterstützung bei der Aufrechterhaltung der Weltordnung angewiesen, worüber man sich insbesondere im Umfeld Barack Obamas völlig im klaren ist. Nur vor diesem Hintergrund sind die US-Bestrebungen zu verstehen, die NATO gegen Rußland und China in Stellung zu bringen und alle ›Demokratien‹ für diese Aufgabe zu gewinnen«.[4401]

1 Afghanistan und Pakistan als Ansatzpunkte für die Umsetzung der Eurasienstrategie der Obama-Administration

Der Ansatzpunkt für die Umsetzung dieser Strategie sollte aber nach den Plänen der neuen Obama-Administration nicht eine der postsowjetischen Republiken oder gar die Russische Föderation selbst sein. Vielmehr soll sie an den Krisenherden Afghanistan und Pakistan, die von den US-Strategen nicht ohne Grund als einheitliches Problem gesehen werden, ihre Erprobung finden. Die geopolitische Rolle Afghanistans und Pakistans für die langfristige Kontrolle Eurasiens wurde oben bereits ausführlich dargestellt und soll deshalb nicht mehr weiter vertieft werden. Es dürfte klar sein, daß sich auch die Obama-Administration der Bedeutung dieser Länder bewußt ist. Schließlich hatte Obama schon während seines Wahlkampfes 2008 den Kampf um die Stabilität Afghanistans und Pakistans – im neuen Jargon der US-Strategen ›AfPak‹ genannt – zur höchsten strategischen Priorität erklärt. Deutlich hob er dabei auch hervor, daß ohne die Kontrolle und Einbindung Pakistans auch eine Kontrolle Afghanistans nicht möglich sei. »Deshalb befahl Obama die Entsendung von zusätzlichen amerikanischen Soldaten nach Afghanistan. Mindestens 17000 sollten zusätzlich in den Einsatz am Hindukusch geschickt werden, vor allem in jene Gebiete im Süden und im Osten des Landes, wo sich die Taliban in den vergangenen Monaten hatten regruppieren oder gar festsetzen können.«

Verstärktes militärisches Engagement sowie die Schaffung neuer strategischer Bündnisse sollten dabei der Schwerpunkt der neuen Strategie bilden, wie die *Frankfurter Allgemeine Zeitung* beschreibt: »Zudem hielt OBAMA nicht nur an der Politik der Luftangriffe auf Trainingslager des Terrornetzes Al Quaida und auf Unterschlupfe von Taliban-Gruppen im Nordwesten Pakistans fest, die von unbemannten Drohnen des Auslandsgeheimdienstes CIA geflogen werden. Der Präsident befahl sogar eine Intensivierung der Raketenangriffe mit Drohnen. Schließlich ernannte OBAMA den krisen- und kriegserprobten Diplomaten Richard HOLBROOKE zum Sonderbeauftragten für Afghanistan und Pakistan, stellte der Regierung in Islamabad zusätzlich 1,5 Millarden Dollar jährliche Finanzhilfe in Aussicht und regte die Bildung einer internationalen Kontaktgruppe von Staaten wie China, Indien und Saudi-Arabien mit einem unmittelbaren Interesse an der Stabilisierung Pakistans an. Dies alles wurde als neue Strategie für Afghanistan und Pakistan ausgerufen.«[4402]

Doch was ist die geheime Agenda dieser Strategie, die die OBAMA-Administration so eifrig verfolgt und zu deren Verwirklichung sie auch eine verstärkte Unterstützung ihrer NATO-Verbündeten, insbesondere der Bundesrepublik Deutschland, fordert ? »Den führenden russischen Geostrategen ist klar«, so F. William ENGDAHL, »daß die von der OBAMA-Administration pressewirksam bekanntgegebene Entscheidung, das militärische Engagement der USA in Afghanistan zu erhöhen, nichts mit einem US-amerikanischen Wunsch zu tun hat, in diesem geostrategisch so wichtigen Land den Frieden zu erringen und die Voraussetzungen für eine stabile wirtschaftliche Entwicklung zu schaffen. Vielmehr geht es dabei vor allen Dingen um die Realisierung der Pentagon-Pläne, einen amerikanischen Brückenkopf in Zentralasien – das die Planungschefs im Pentagon als ›Groß-Zentralasien‹ (Greater Central Asia) bezeichnen – aufzubauen, der es den NATO-Truppen erlauben würde, eine gewisse militärische Kontrolle über Rußland und China auszuüben und eine engere Zusammenarbeit dieser beiden eurasischen Mächte zu verhindern.«[4403] Damit scheint es sich bei der Afghanistan-Strategie der US-Machtelite um einen im Grunde gegen Rußland und China gerichteten Plan zu handeln, der darin besteht, mit Hilfe Afghanistans und Pakistans den gesamten zentralasiatischen Raum aus der Einflußzone seines nördlichen Nachbarn herauszubrechen und zu einem autonomen geopolitischen Block umzuwandeln, der über die südasiatischen Staaten und den indischen Subkontinent in den Weltmarkt eingebunden werden soll.

Für diese Ansicht spricht einiges. In den Jahren 2005 und 2006 kam es nämlich in Zentrasien zu einer Umwälzung geopolitischer Machtverhältnisse zugunsten Rußlands. Auf dem SCO-Gipfel in Astana im Juni 2005 setzten die SCO-Mitgliedsstaaten auf Betreiben Rußlands und Chinas den USA eine Frist, ihre Militärstützpunkte in Zentralasien zu räumen, und der SCO-Gipfel von Peking vom Juni 2006 beschloß die Vertiefung der energiepolitischen Zusammenarbeit ihrer Mitglieder sowie die Verleihung eines SCO-Beobachterstatus für die Mongolei, den Iran, Pakistan und Indien. Es schienen sich Anzeichen einer energiepolitischen Integration Eurasiens zu entwickeln, verbunden mit einer allmählichen Verdrängung der USA aus dieser Region. »Der ultimative Alptraum für die US-Regionalpolitik (in Zentralasien, der Verf.) wäre es, wenn die SCO dem Iran, Pakistan und Indien eine volle Mitgliedschaft gewähren würde«, so der indische Diplomat M. K. BHADRAKUMAR.[4404] Ein Ausweg bot sich lediglich in einer »Südasienoption« für die Energieströme und Pipelinekorridore Zentralasiens. Die USA mußten also dafür Sorge tragen, daß die Erdöl- und Erdgasvorräte Zentralasiens nicht in das russische Energie- und Pipelinenetzwerk integriert, sondern diese vielmehr durch neue Pipelinesysteme mit Südasien und den Weltmeeren verbunden werden. Das strategische Zentrum dieser ›Südasienoption‹ jedoch ist Afghanistan, und somit wird erkennbar, warum die USA jetzt so sehr auf eine ›Stabilisierung‹ Afghanistans und Pakistans setzen: Es geht der US-Machtelite letztlich darum, die SCO als energiepolitischen Intergrationsmechanismus Eurasiens zu torpedieren.

Deutlich erörtert wurden diese Pläne während einer Anhörung vor dem US-Kongreß in Washigton am 25. und 26. April 2006 unter dem Motto »US-Politik in Zentralasien: Auszubalancierende Prioritäten«. Auf dieser Anhörung stellte Richard BOUCHER, stellvertretender Staatssekretär für das neugeschaffene Büro für süd- und zentralasiatische Angelegenheiten, die Pläne der USA in diesem Gesamtkonzept näher dar: Afghanistan sei im Begriff, einen Status zu erhalten, der es ihm ermögliche, als Brücke zwischen Zentral- und Südasien zu wirken. »Unsere Vision schließt neue Energierouten mit ein. . . Wir wollen Südasien Zugang zu den großen und rasch wachsenden Energieressourcen Zentralasiens verschaffen. . .«[4405] Ergänzt wurde dies um eine von den USA angeregte Konferenz in Istanbul im Juni 2006 unter dem Titel »Elektrizität über Grenzen hinweg«, auf der Energiekooperationen zwischen Zentral- und Südasien erörtert wurden.[4406] Vor diesem Hintergrund sind Indien und Afghanistan also Schlüsselstaaten für die US-Politik in Zentralasien. »Washington zählt offenkundig auf Neu Delhi und Kabul als seine kritischen Partner in der ›Great Central Asia‹-Politik. Afghanistan ist geographisch ein wichtiger Kanal, der Zentralasien mit Südasien verbindet.«[4407] Wie der indische Diplomat M. K. BHADRAKUMAR darstellt, geht es den USA auch darum, mit der ›Great Central Asia‹-Planung die von Rußland geschaffene Eurasische Wirtschaftsgemeinschaft zu unterlaufen.[4408]

Einer der wichtigsten Vordenker dieses Konzepts ist S. Frederick STARR, Vorsitzender des ›Central Asia and Caucasus Institute‹ in Washington. Er entwickelte auch die sogenannte ›Greater Central Asia Partnership‹-Doktrin, die er in seinen Strategiepapieren *A Partnership for Central Asia*, erschienen in den *Foreign Affairs* vom Juli 2005, sowie *A »Greater Central Asia Partnership« for Afghanistan and its Neighbours*[4409] näher veranschaulichte. Das ›Central Asia and Caucasus Institute‹ hatte bereits 2001 in Zusammenarbeit mit dem ›Atlantic Council of the United States‹ ein Strategiepapier mit dem Titel *Strategic Assessment of Central Eurasia*[4410] herausgegeben, in dem Afghanistan als das wichtigste Sicherheitsproblem für die gesamte Region Zentralasiens hervorgehoben wurde.[4411]

Mit seiner ›Greater Central Asia Partnership‹-Doktrin – in der geopolitischen Literatur kurz GCAP genannt – verlangt STARR von der US-Politik eine neue Betrachtungsweise der geopolitischen Lage Afghanistans. Afghanistan sollte nicht länger als ein Bestandteil des landgebundenen zentralasiatischen Raumes gesehen werden. STARR fordert die US-Politik dazu auf, das »Größere Zentralasien« als eine einheitliche geopolitische Idee zu betrachten, die alle fünf ehemaligen Sowjetrepubliken Zentralasiens und Afghanistan plus Südasien umfaßt.[4412] Aus ihr soll eine Wirtschaftsgemeinschaft nach den Grundsätzen des Freihandels »von der kasachischen Steppe bis zum Indischen Ozean« (so Richard BOUCHER) gebildet werden, die auch als Grundlage eines Pipelinenetzwerkes wirken soll, das das zentralasiatische Erdöl- und Erdgas nach Südasien liefern könne.

Konkretisiert wurden diese Pläne auf einer ›Konferenz für Partnerschaft, Handel und Entwicklung im Größeren Zentralasien‹, die im April 2006 in Kabul unter dem Vorsitz des US-Staatssekretärs Richard BOUCHER stattfand. BOUCHER hob auf dieser Tagung hervor, daß die USA »sehr ernste und langfristige Interessen in dieser Region« hätten, die in der Schaffung eines integrierten Wirtschaftsraumes eines »Größeren Zentralasiens« lägen. In diesem sei Afghanistan das Zentrum neuer Transit- und Handelsrouten sowie Energiepipelines, wodurch es zusammen mit den zentralasiatischen Republiken »in die Weltwirtschaft integriert werden« könnte.[4413] Auf dieser Konferenz schlug Aftab A. KAZI, Senior Fellow der John-Hopkins-Universität und des Central Asia-Caucasus Institute, vor, daß als Modell dieser GCAP das antike Reich der Kuschan dienen sollte, das seinerzeit »mehr oder weniger die Regionen des modernen Zentralasien umfaßte, einschließlich Afghanistans und Pakistans, die als das regionale Handelszentrum innerhalb des GCAP-Schemas als wesentlich erwogen werden«.[4414] Ziel sollte die Schaffung eines »neuen geopolinomischen Regimes in Zentral- und Südasien sowie der umliegenden Regionen sein, als ein Mechanismus für regionale wirtschaftliche Integration und Handel quer durch den Kontinent«.[4415]

S. Frederick STARR hatte in seinen Strategiepapieren auch schon die größere Agenda dargestellt, die mit der GCAP verfolgt werden sollte. Das neue US-Modell, das Zentral- und Südasien mit dem Indischen Ozean verbinde, stelle für die zentralasiatischen Staaten, die vor der Wahl stünden, ihre Rohstoffe entweder über Rußland oder Südasien zu befördern, die günstigere Alternative dar.[4416] Die GCAP soll damit einen alternativen Handels- und Transportkorridor auch für neue Pipelines bilden, mit dem das russische Transportmonopol gebrochen werden soll. Im Sinne des US-Geopolitikers Nicholas SPYKMAN geht es darum, eine integrierte Struktur der zentral- und südasiatischen »Rimlands« zu schaffen, die letzlich Rußland isolieren und von dem dortigen Rohstoffpotential abschneiden soll. Den Andeutungen STARRS läßt sich überdies entnehmen, daß es mit der GCAP auch möglich wäre, eine infrastrukturelle Teilung der Russischen Föderation herbeizuführen, denn auch das russische Sibirien und damit Rußlands »weiteste und am wenigsten entwickelte Region« könnte an dieses Netzwerk angebunden werden und somit einen Zugang zur See erhalten. F. William ENGDAHL sieht den Hintergrund der US-amerikanischen Aktivitäten in Afghanistan und Pakistan in einem »neuen Versuch der Strategen im Pentagon, Rußland und China auf dem Eurasischen Kontinent einzukreisen und dadurch die weltweite militärische Vorherrschaft der USA zu erreichen«.[4417]

Ob sich diese Pläne allerdings so umsetzen lassen, erscheint recht fraglich. Anfang 2009 gab es schließlich sehr viele Hinweise dafür, daß es Rußland gelungen war, die US-Pläne bezüglich der ›Greater Central Asia Partnership‹-Doktrin in wesentlichen Punkten zu durchkreuzen. Die Achillesferse für die USA sind ihre Militärstützpunkte in Zentralasien sowie Pakistan; ohne diese Stützpunkte ist jede militärische Operation am Hindukusch als illusorisch zu betrachten. Insbesondere vor dem Hintergrund der zunehmenden Destabilisierung Pakistans und des Übergreifens der afghanischen Neo-Taliban auf pakistanisches Staatsgebiet, wo es diesen zwischenzeitlich gelungen war, mit Anerkennung Islamabads in den ›Tribal Areas‹ (der afghanisch-pakistanischen Grenzregion) ein de-facto-Regime aufzubauen, ist die Fortsetzung der Militäroperationen der US- und NATO-Streitkräfte am Hindukusch stark gefährdet.

Ein Wegbrechen Pakistans schließlich hätte für die USA eine empfindliche strategische Folge, nämlich den Verlust des wichtigsten Nachschubweges: »Bislang werden an die 80 Prozent der für die Truppen bestimmten militärischen und zivilen Güter über Pakistan geliefert. Die Transporte führen von Karachi über zwei Routen nach Afghanistan: die kürzere über Quetta nach Kandahar, die längere über Peshawar und den Khyberpaß nach Kabul. Diese Nachschubwege werden aber immer häufiger angegriffen und unterbrochen.«[4418] Dessen ist sich das US-Militär auch bewußt, und aus diesem Grund wird der GUS-Raum für die USA immer wichtiger: »Als Ergänzung zu dieser verletzlichen Versorgungslogistik rücken nun verstärkt Transportverbindungen von Stützpunkten in Europa über den GUS-Raum ins Blickfeld«,[4419] und hier scheinen die Pläne Beobachtern zufolge recht weit fortgeschritten zu sein. »Dabei kommen zwei Landverbindungen in Frage: Routen über Rußland und Zentralasien nach Nordafghanistan oder ein Rußland umgehender Transportweg über den Südkaukasus und das Kaspische Meer nach Zentralasien.«[4420]

Mit dieser prekären Lage der USA hatte Rußland aber die Möglichkeit, sein eigenes Gewicht im neuen ›Great Game‹ in Zentralasien wieder geltend zu machen und gegenüber den USA seinen Anspruch auf Wahrung seiner Interessen in Zentralasien zum Ausdruck zu bringen. Zum einen hat Moskau ein Interesse an einer Eindämmung des afghanischen Krisenherdes, der, wie oben beschrieben, ein Kataly-

Die USA sind sich der ausgezeichneten geopolitischen Lage Afghanistans bewußt, das ihnen sozusagen eine Militärbasis in Chinas Rücken bietet. Deshalb sind die US-Amerikaner auch bestrebt, die Herzen der Afghanen zu erobern. Diese Strategie bedeutet aber, die Rechnung ohne den Wirt zu machen. Denn die Taliban werden sich nicht bremsen lassen, zumal die letzten Monate gezeigt haben, daß der Krieg im Afghanistan für die Amerikaner und die internationale Schutztruppe nicht gerade gut läuft. Das untere Bild zeigt mit Hilfe Pakistans motorisierte Taliban-Kämpfer.

sator für islamisch-separatistisch motivierte Revolten in Zentralasien und auch in der Russischen Föderation selbst darstellt. So ist auch im Kreml »die Befürchtung groß, daß islamistische Terrornetzwerke nach Norden ausgreifen, falls die Nato weitere Rückschläge in Afghanistan erleidet. Deshalb hatte sich Rußland im Januar (2009) auch bereit erklärt, eine Nachschubroute für die Nato zu installieren«.[4421] Schon 2005 kommentierte Rußlands Außenminister Sergej Lawrow den Besuch der US-Außenministerin Rice in Zentralasien mit den Worten, daß Rußland und die USA in bezug auf die Bekämpfung der Taliban ein gemeinsames Interesse hätten. Gleichwohl aber war ihm auch bewußt, daß die USA dabei die Sicherung des zentralasiatischen Erdöls und Erdgases im Auge haben.[422]

Gleichzeitig geht es Rußland wie der Volksrepublik China darum, eine Verfestigung einer strategischen Schlüsselposition der USA in Zentralasien zu verhindern. Afghanistan nämlich »ist geostrategisch exzellent positioniert, um Rußland, China und den Iran beobachten, d.h. überwachen zu können. Mit der Besetzung Afghanistans kann man die Integration und Kooperation der ehemaligen sowjetischen GUS-Staaten Eurasiens nach Kräften hintertreiben, wenn nicht sogar verhindern. Damit können die USA außerdem die Energielieferungen aus dem kaukasisch-kaspischen Raum und Zentralasien kontrollieren. Schließlich bietet Afghanistan jetzt der NATO eine Militärbasis in Chinas Rücken«.[4423]

Daß die USA mit ihrer Afghanistanpolitik derartige weitergehende strategische Ziele verfolgen, ist den russischen und chinesischen Militärstrategen natürlich klar. Deswegen verfolgen sie eine Politik, die einerseits die Unterstützung der NATO-Militärschläge gegen die aufständischen Taliban beinhaltet (um ein ›Ausfransen‹ zentralasiatischer Staaten und der Russischen Föderation durch islamistischen Separatismus zu verhindern), andererseits aber die militärische Anwesenheit von USA und NATO zeitlich, inhaltlich und terriorial begrenzt. Diesem Ziel – der Bekämpfung islamistisch-separatistischer Unruhen einerseits, der Zügelung der Ausbreitung des US-amerikanischen Einflusses in der zentralasiatischen Region andererseits – dient schließlich auch die Einrichtung der ›Shanghai Cooperation Organisation‹, die auf ihrem Gipfel 2005 den US-Streitkräften ja eine Frist zur Räumung ihrer Stützpunkte in Zentralasien gesetzt hatte.

Um nicht aus dem ›Great Game‹ verdrängt zu werden, gelang es Rußland, die Zwangslage der USA – ihren Bedarf an sicheren Transportkorridoren – auszunutzen und so nunmehr seinen geopolitischen Einfluß in die Waagschale zu werfen. Wie bekannt, hatten die USA ihre wichtige Militärbasis in Usbekistan, den Flughafen Karshi-Khanabad, im Sommer 2005 räumen müssen. »Dieser Rauswurf bedeutete das schlechteste aller möglichen Ergebnisse für die Vereinigten Staaten«, erklärte hierzu Professor Alexander Cooley vom Barnard College.[4424] Seitdem wurde der Militärstützpunkt Manas in Kirgistan »die wichtigste Drehscheibe des Lufttransports nach Afghanistan«.[4425] Rußland konnte hier aber Anfang 2009 seinen Einfluß geltend machen und eine Umkehrung der geopolitischen Verhältnisse zu Lasten der USA erreichen, indem es Kirgistan dazu bewegen konnte, sich außen- und wirtschaftspolitisch wieder an Moskau anzunähern.

Ansatz hierfür war der riesige Finanzbedarf Kirgistans, der zu einem Streit mit den USA um das Stützpunktabkommen von 2001 führte. Die schlechte Finanzlage hatte Kirgistan dazu gezwungen, die Pacht für den Stützpunkt Manas zu erhöhen, worauf die USA aber nicht eingehen wollten.[4426] Nach Einschätzung einer Analyse der Stiftung Wissenschaft und Politik waren es wohl auch tatsächlich ökonomische Gründe, die der Forderung Kirgistans nach einer Pachterhöhung zugrunde lagen.[4427] In diesem Streit schaltete sich Rußland ein: Anläßlich eines Besuchs des kirgisischen Präsidenten Bakijew Anfang Februar 2009 gewährte der russische Präsident

Medwedjew den Kirgisen eine Finanzhilfe von mehr als zwei Milliarden Dollar, davon 150 Millionen als nicht zurückzahlbares, zinsloses Darlehen und einen beträchtlichen Teil als direkte Zahlung in den kirgisischen Haushalt.[4428] Dafür bot Kirgistan Moskau eine wertvolle geopolitische Gegengabe an: In Moskau teilte der kirgisische Staatschef Bakijew mit, seine Regierung habe vor wenigen Tagen beschlossen, die amerikanische Luftwaffenbasis Manas zu schließen. Damit aber schien sich ein geopolitischer Wandel vollzogen zu haben: Im Herbst 2008 gab es zunächst Anzeichen dafür, daß sich Kirgistan von Moskau distanzieren wollte, als es den Ausstieg aus der Eurasischen Wirtschaftsgemeinschaft bekanntgab[4429]. Jetzt aber schien es sich außen- wie auch wirtschaftspolitisch wieder in die Arme Rußlands geworfen zu haben, wie die *Neue Zürcher Zeitung* beschreibt.[4430]

Den Analysen der *Frankfurter Allgemeinen Zeitung* zufolge spricht viel dafür, daß hinter dieser Entscheidung Kirgistans, sich wieder an Rußland auszurichten, der Druck der SCO und der dort führenden Mächte Rußland und China gestanden haben wird. »Vor allem aber hatte die Schanghai-Organisation für Zusammenarbeit (SOC) Druck ausgeübt mit dem Ziel, die militärische Präsenz der Amerikaner in Zentralasien zu verringern, möglichst ganz zu beenden. Amerika wurde vorgeworfen, die militärische Präsenz für politische Zwecke zu mißbrauchen. Der SOC gehören Rußland, China und vier zentralasiatische Staaten an. Anfang Juli 2005 wurde auf einem Gipfeltreffen beschlossen, die Amerikaner zum Abzug aufzufordern. Aus der Umgebung des nach einer ›bunten Revolution‹ gerade ins Amt gekommenen Bakijew hieß es damals, dies sei auf Druck Chinas und Rußlands geschehen, dem sich ein kleines Land wie Kirgistan nicht entziehen könne.«[4431] Für die US-Militärstrategen war die Entscheidung Kirgistans, den amerikanisch-kirgisischen Stationierungsvertrag und den Stützpunkt Manas zu kündigen, ein »harter Schlag. Sie verlieren damit nach dem Stützpunkt Chanabad in Usbekistan die letzte Versorgungsbasis in Zentralasien.«[4432]

Den Zeitpunkt hatte Rußland günstig gewählt: Anfang Februar 2009 kam es zur Sprengung einer strategisch wichtigen Brücke am Khyberpaß durch islamistische Aufständische, wodurch ein wichtiger Versorgungsweg unterbrochen wurde. Drei Viertel des Nachschubs für die NATO und das US-Militär werden von der pakistanischen Hafenstadt Karatschi über den Khyberpaß nach Afghanistan befördert,[4433] und schon seit längerer Zeit war zu beobachten, daß die aufständischen Taliban ihre Aktionen in zunehmendem Maße auf die pakistanischen Transportwege verlagerten. Daher prüfte die NATO schon seit Monaten alternative Transportwege.[4434] Jetzt konnte Rußland deutlich machen, daß eine Lösung des Afghanistan-Problems nicht unter Umgehung des Kreml möglich sei und russischer Einfluß in der Region gewahrt bleiben müsse.

Ähnlich sieht es auch die genannte Analyse der ›Stiftung Wissenschaft und Politik‹: »Der Zeitpunkt für eine solche ›Reviermarkierung‹ ist in der Tat günstig, denn der Nato-Einsatz in Afghanistan droht nicht nur am Widerstand der Taliban zu scheitern, sondern wird auch von den afghanischen Eliten immer kritischer gesehen. Der in Afghanistan wachsende Unmut über den mangelnden Erfolg der militärischen Strategie der Nato spielt den russischen Interessen ebenso in die Hände wie die ökonomische Misere in Kirgisien und die zunehmende Unzufriedenheit mit der Politik der Regierung BAKIEWS.«[4435] Die Suche der USA und der NATO nach alternativen Transportwegen eignet sich daher für Moskau als Druckmittel, um die USA dazu zu bewegen, sich bei den Planungen zur Stabilisierung Afghanistans mit Moskau abzustimmen.[4436] Treffend bezeichnet die Analyse der Stiftung Wissenschaft und Politik Afghanistan auch als einen Joker für Rußland im außenpolitischen Spiel mit den USA und der NATO.

Rußland – so das geopolitische Fazit – konnte damit einstweilen seinen Einfluß in Zentralasien wieder militärisch ausweiten.[4437] Parallel erfolgte ein Ausbau der ›Vertragsorganisation für kollektive Sicherheit‹ (ODKB), die eine Vertiefung des Vertrages über kollektive Sicherheit von Taschkent aus dem Jahre 1992 ist und der Rußland, Weißrußland, Armenien, Kasachstan, Kirgistan, Tadschikistan und Usbekistan angehören. Anfang Februar 2009 wurde der Aufbau einer ›Schnellen Eingreiftruppe‹ beschlossen, deren Hauptaufgabe die Bekämpfung des islamistischen Separatismus sein soll. Auch dieser Beschluß hatte eine Signalwirkung: Mit der Gründung dieser Truppe strebt Moskau an, die Umgestaltung der ODKB von einem lockeren Zusammenschluß zu einem echten Militärbündnis voranzutreiben.[4438] So sieht es auch F. William ENGDAHL: »Die Entscheidung, jetzt eine kollektive Eingreiftruppe mit permanenter Stationierung und einem einheitlichen Kommando zu bilden, würde diese Allianz auf eine höhere Stufe heben.«[4439]

ENGDAHL geht davon aus, daß Rußland mit der Vertiefung der militärischen Zusammenarbeit in der ODKB auf den Beschluß der OBAMA-Administration reagiert hatte, das militärische Engagement der USA in Afghanistan zu erhöhen. Dieses hat seiner Einschätzung zufolge den Sinn, »einen eisernen Vorhang zwischen Rußland und China zu errichten, den beiden wichtigsten Mächten in Eurasien, die als einzige eine Herausforderung für die zukünftige weltweite Dominanz der USA darstellen. Sollten die beiden ehemaligen Rivalen ihre Zusammenarbeit nicht nur in den Bereichen Rohstoffe und wirtschaftliche Zusammenarbeit stärken, sondern auch auf dem Sektor der militärischen Kooperation, dann erwachse aus dieser Kombination, wie OBAMAS außenpolitischer Berater Zbigniew BRZEZINSKI erklärt hat, eine große Gefahr für die globale Hegemonie Amerikas.«[4440] Mit dem Verlust der Stützpunkte in Usbekistan und anschließend auch in Kirgistan war eine Lücke in Washingtons ›Greater Central Asia Partnership‹-Plan eingetreten, die Rußland mit der Vertiefung der Integration der ›Vertragsorganisation für kollektive Sicherheit‹ auszufüllen gedachte.

Allerdings war dieser Schachzug nur vorübergehend erfolgreich, denn im Laufe des Jahres 2009 gelang es den Amerikanern, in das strategisch wichtige Kirgistan zurückzukehren: »Nach intensiven Verhandlungen Washingtons mit Präsident

Kurmanbek BAKIJEW, in die sich immer wieder auch Präsident Barack OBAMA einschaltete, revidierten Regierung und Parlament in Bischkek im Juni (2009) ihre Entscheidung zur Schließung der Basis und stimmten einer Erneuerung des Nutzungsvertrages zu – freilich zu einem gewissen Preis: Statt auf bisher 17 Millionen Dollar belaufen sich die jährlichen Mietkosten nun auf 60 Millionen Dollar. Dazu kam ein amerikanisches Hilfspaket im Umfang von etwa 170 Millionen Dollar für die Entwicklungszusammenarbeit, den Ausbau der technischen Einrichtungen des Flughafens und den Kampf gegen den Terrorismus.«[4441] Allein die Bereitschaft Washingtons, das Vielfache des ursprünglichen Mietpreises zu zahlen, macht deutlich, welche Bedeutung die USA den zentralasiatischen Staaten für ihre ›große Strategie‹ in Eurasien beimißt: Um jeden Preis – so die Botschaft hinter dieser Vereinbarung – wollen die USA sich dauerhaft in Zentralasien festsetzen und Stützpunkte sichern, um die ›Greater Central Asia Partnership‹-Doktrin verwirklichen zu können.

Als Hindernis für die US-amerikanischen Pläne könnte sich überdies der bereits angelaufene Kalte Krieg zwischen Pakistan, Indien, Iran, China und auch Rußland um den Einfluß auf Afghanistan erweisen. In geopolitischen Diskussionen der beteiligten Mächte ist viel von einer ›Neuen Seidenstraße‹ die Rede. Es geht darum, Afghanistan als Transitland zwischen West-, Zentral- und Südasien in die Konzepte der jeweiligen Mächte einzufügen. Insbesondere ist die Aufmerksamkeit auf die Energiegeopolitik gerichtet, der Bau der für 2010 geplanten Pipeline von Turkmenistan über Afghanistan nach Pakistan konnte aufgrund der andauernden Kämpfe am Hindukusch noch nicht verwirklicht werden. Die beteiligten Staaten – so eine Analyse der *Neuen Zürcher Zeitung* – wissen, daß der Abzug der NATO und der amerikanischen Streitkräfte nur noch eine Frage der Zeit ist, und wollen für die nächste Runde im Großen Spiel vorbereitet sein. Der Iran schmiedet der *Neuen Zürcher Zeitung* zufolge mittlerweile an einer ›Union der persischsprachigen Länder‹, die neben Iran Tadschikistan und auch Afghanistan umfassen soll. Hierzu hatte der iranische Präsident AHMADINEDSCHAD bereits Kontakt mit den Regierungschefs dieser Staaten aufgenommen, die diesen Plänen nicht ablehnend gegenüberstehen. Insbesondere im (großteils schiitischen) Westen Afghanistans verfügt Teheran über viel Einfluß; von dort versucht es, diesen auf Zentralasien durch den Ausbau von Infrastruktur, aber auch seines Geheimdienstnetzes, auszuweiten.

Beobachter machen hinter den Kulissen ferner bereits einen Konkurrenzkampf zwischen Indien und China um das Land am Hindukusch aus. Am gravierendsten aber scheint sich gegenwärtig das Kräftemessen zwischen Neu-Delhi und Islamabad auf das politische Schicksal Afghanistans auszuwirken. Afghanistan bietet dem aufstrebenden Indien Zugang zu neuen Handelsrouten und Energiereserven; Islamabad hingegen will sich am Hindukusch einen pakistanfreundlichen Hinterhof im Westen als Faustpfand für eine drohende Auseinandersetzung mit Indien sichern. Dabei haben auch die militärstrategischen Entscheidungen Washingtons Auswirkungen auf die geopolitischen Gewichte der benachbarten Mächte und auf deren jeweilige Einflußbestrebungen auf Kabul: »Amerika ist logistisch-strategisch von Pakistan abhängig für seinen militärischen Nachschub nach Afghanistan. Zur Zeit wird versucht, diese Abhängigkeit durch neue Nachschubwege aus Zentralasien und eine Verständigung mit Moskau über die Nutzung Rußlands für die logistische Verbindung nach Europa zu mindern. Doch eine solche strategisch bedeutsame Schwerpunktverlagerung verringert den Einfluß Pakistans auf Afghanistan, damit auch die Verbindung zu Amerika, was wiederum die pakistanische Position gegenüber Indien schwächen und den Nutzwert Pakistans für China beeinträchtigen kann.«[4442]

Dabei ist es vor allem Islamabad, das sich seiner mißlichen geopolitischen Lage bewußt ist und sich deshalb bemüht, sich durch heimliche Unterstützung der aufständischen Taliban am Hindukusch ›strategische Tiefe‹ zu sichern. »Für Pakistan und dessen Militärführung ist die Lage im Ansatz die eines Zweifrontenkrieges: in Kaschmir gegenüber Indien, im Westen an der Grenze zu Afghanistan. Die Kräfte müssen geteilt werden, und Kaschmir ist die nationale Priorität. Die Taliban in Afghanistan waren in dieser Situation eine entlastende Hilfskraft, die man auch nach dem Rückzug der Sowjetarmee aus Afghanistan unterstützte, wie man während der sowjetrussischen Intervention die Mudschahedin unterstützt hatte.«[4443] Wie der Afghanistan-Experte Ahmed Rashid mehrfach hervorgehoben hatte, betrachten nach wie vor einflußreiche Kreise im pakistanischen Militär- und Geheimdienstapparat die aufständischen Islamisten insgeheim als strategische Partner und als Faustpfand im Kampf um Einflußzonen am Hindukusch. Dies gilt um so mehr, als Islamabad der Auffassung ist, daß die US-Streitkräfte nicht ewig in Afghanistan bleiben werden, so daß es deshalb nach Ansicht der dortigen Militärs von Pakistan abhängige Taliban braucht, um Afghanistan künftig beeinflussen zu können.[4444]

Hinzu kommt, daß sich der afghanische Präsident Karzai, der von Pakistan zudem als indienfreundlich eingeschätzt wird,[4445] zunehmend sowohl von den USA als auch von Pakistan verselbständigt. Er ist sich längst der Tatsache bewußt geworden, daß er sein politisches Schicksal nur durch einen Ausgleich mit den aufständischen Islamisten im Rahmen einer nationalen Verhandlungslösung retten kann und sich nicht mehr allein auf die Interventionstruppen der USA und der NATO stützen darf – zu deutlich dürfte ihm das Schicksal des von den Sowjets eingesetzten Staatschefs Nadschibullah in Erinnerung sein, der 1996 von den siegreichen Taliban hingerichtet wurde. Daher bemüht sich Karzai zwischenzeitlich um Gespräche mit Vertretern der Talibanführung, was aber aber sowohl den USA als auch Pakistan mißfällt. »Beide wollen bei Friedensgesprächen das entscheidende Wort haben, um ihre eigenen Interessen am Hindukusch zu wahren«,[4446] und aus diesem Grund versuchen beide Mächte, eine von auswärtigen Faktoren unabhängige gesamtnationale Konfliktlösung in Afghanistan – wie sie Karzai nunmehr anzustreben scheint – zu unterbinden. Die Festnahme einer Reihe von Talibanführer durch das pakistanische Militär unter Beihilfe des US-Geheimdienstes CIA[4447] im März

2010 war daher Beobachtern zufolge gegen Karzai gerichtet. »Man vermutet, Pakistan und die USA wollten Karsai so die Verhandlungshoheit wegschnappen«.[4448]

Erwähnenswert ist in diesem Zusammenhang, daß es sich bei den festgenommenen Talibanführern gerade um jene handelte, die für eine Verhandlung mit Karzai im Rahmen einer Loya Jirga eintraten.[4449] Sowohl Islamabad als auch Washington streben für Afghanistan eine Lösung an, die weitestgehend von ihren Interessen bestimmt ist. Dabei ist man sich darüber im klaren, daß ein militärischer Sieg über die Taliban nicht mehr errungen werden kann: »An einen Sieg am Hindukusch glaubt niemand mehr, auch Washington nicht.«[4450] Viel spricht dafür, daß die USA nunmehr über Islamabad und von Pakistan gesteuerten und abhängigen Taliban, die eventuell in einer Regierung mit Karzai eingebunden werden könnten, die Ordnung am Hindukusch diktieren wollen. Deshalb arbeitet Washington hinter den Kulissen auch daran, jegliche Friedensbemühungen Karzais unabhängig von den USA zu sabotieren: »Afghanistans Präsident Hamid Karzai möchte gerne die Verhandlungen mit den Taliban anführen, aber auch die USA wollen die Friedensbedingungen bestimmen, um ihre geopolitischen Interessen zu sichern.«[4451]

Vor diesem Hintergrund muß auch die jüngste NATO-Offensive in der Taliban-Hochburg Helmand, die Anfang Februar 2010 gestartet wurde, gesehen werden: Es spricht einiges dafür, daß sie – wie auch eine weitere geplante Eroberung der wohl wichtigsten Taliban-Hochburg Kandahar – dazu dienen soll, die Taliban militärisch hinreichend zu schwächen – als Voraussetzung für Friedensgespräche, die dann von den USA maßgeblich bestimmt werden können. Ähnlich schätzt auch die *Frankfurter Rundschau* die Lage ein: »Die Gerüchte überschlagen sich, wonach die USA spätestens nach der Kandahar-Offensive massiv auf eine Lösung am Verhandlungstisch drängen wollen.«[4452] Das Hauptinteresse der USA ist es nach Einschätzung indischer Analysten, dauerhaft Militärbasen – nicht zuletzt auch als Drohung gegen den Iran – am Hindukusch einzurichten, ohne in weitere ressourcenzehrende Kämpfe mit den Taliban eingebunden zu werden.[4453]

Insgesamt, so eine Analyse der *Frankfurter Rundschau*, »steuern Pakistan und die USA auf Gegenkurs zu Karsai – und in Teilen zu Europa. Hinter den Kulissen kracht es. Ungeniert sabotierten Pakistan und die USA die Friedensinitiativen von Karsai und den UN mit den Taliban und schnappten ihnen die Verhandlungspartner weg. So nahmen der ISI und sein US-Couterpart CIA ausgerechnet den Taliban-Kommandeur Mullah Baradar in Karachi fest. Die Nummer zwei der Taliban führte geheime Gespräche mit Karsai, den UN sowie europäischen Ländern. Der frühere UN-Sondergesandte für Afghanistan zeigte sich empört. ›Die Gespräche sind gestoppt.‹ Auch der deutsche Sondergesandte Bernd Mützelburg scheint sauer. In Delhi lieferte er sich bei einer Diskussion einen Schlagabtausch mit einem US-Vertreter. Vor allem Karsai sieht sich von den USA in die Schurkenrolle gedrängt. Sie haben den Paschtunen schon länger im Visier. Bei seiner sechsstündigen Stippvisite in Kabul behandelte US-Präsident Barack Obama seinen Amtskollegen fast rüde.«[4454]

Deutlich wird, wie sich Afghanistan zwischenzeitlich zur Schnittfläche und Konfrontationslinie widerstreitender geopolitischer Interessen der beteiligten Mächte entwickelt hat: »Tatsächlich sind die geopolitischen Gewichte kräftig in Bewegung: Während die USA derzeit mit Pakistan an einem Strang ziehen, bandelt der bedrängte KARSAI mit Iran und China an. Auch in Indien ist man über die neue amerikanisch-pakistanische Allianz verschnupft.«[4455]

Wie sich aber die geopolitischen Gewichte letztlich verteilen werden, bleibt nach wie vor offen. Sicher dürfte aber sein, daß China mittelfristig wohl der Gewinner des ›Großen Spiels‹ sein dürfte. In Afghanistan hatte sich Peking bereits Förderrechte an Kupferminen gesichert; darüber hinaus plant die Volksrepublik, Afghanistan als Transitland für ihre Erdgas- und Erdölversorgung aus dem Nahen Osten auszubauen. Zusätzlich will China durch die Zusammenarbeit mit Kabul den Einfluß seines strategischen Rivalen Indien schwächen und dessen ›Einkreisung‹ von Norden her vornehmen. »Die Volksrepublik China könnte sich zum eigentlichen Gewinner des neuen Great Game in Zentralasien entwickeln«, so eine Einschätzung des Nachrichtenmagazins *Der Spiegel*. »Peking wird in der Region weder der religiösen Hetze verdächtigt wie die schiitischen Iraner noch militärpolitischer Machtspiele wie die Russen. Die Chinesen wollen nur eines: Handel treiben und Ressourcen sichern. Bei den Machthabern der Region verfügen sie über gute Karten . . . Chinas Führung, so scheint es, hat als einzige eine Vision für Zentralasien: eine ›neue Seidenstraße‹, bestehend aus Pipelines, aber auch aus neuen Fernstraßen aus dem Herzen des Kontinents ans Chinesische Meer. Und aus neuen Eisenbahnverbindungen von Peking über Taschkent (und dann weiter nach Berlin und Paris). Die Erschließung der Region ist vergleichbar der Erschließung der amerikanischen ›Last Frontier‹ durch die Union Pacific quer über den amerikanischen Kontinent: der große Wurf im Großen Spiel.«[4456]

2 Die Fortsetzung des Kampfes um die Pipelinekorridore: ›South Stream‹ gegen ›Nabucco‹

Gleichzeitig setzt sich auch der Poker um die Pipelinekorridore fort. Konkret geht es um die Frage, ob sich das das von Rußland begünstigte Projekt ›South Stream‹, an dem Gasprom und der italienische Energiekonzern ENI beteiligt sind, gegenüber der europäisch-amerikanischen Nabucco-Pipeline durchsetzen wird. Bislang erschien es so, daß das ›Nabucco‹-Konzept ins Hintertreffen geraten ist. Das liegt im wesentlichen daran, daß bislang ein verläßlicher Garant für langfristige Lieferverträge nicht gefunden werden konnte. Seit 2002 bemüht sich ein Konsortium unter der Führung der OMV (dazu gehören auch die RWE, MOL, Transgaz, Bulgargaz und die türkische Botas), die Investitionsmittel aufzubringen, vor allem aber langfristige Gaslieferverträge abzuschließen.[4457] Jüngst hoffte man, mit Aserbaidschan ins Geschäft zu kommen; jedoch hatte auch dieses Lieferverträge mit Rußland geschlossen.[4458]

Ursprünglich war geplant, die ›Nabucco‹-Pipeline an die Erdgasfelder Turkmenistans anzubinden; jedoch hatte der russische Konzern Gasprom seit 2003 ein Monopol für turkmenisches Erdgas durch Vertrag erhalten. Turkmenistan ist langfristige Lieferverträge mit Rußland, aber auch mit der Volksrepublik China eingegangen, und bei den derzeitigen Produktionszuwächsen ist frei verfügbares turkmenisches Erdgas für weitere Abnehmer derzeit nicht absehbar.[4459] Als Alternative zu den Ex-Sowjetrepubliken böte sich noch der Iran als Gaslieferant an, was jedoch auf erheblichen Widerstand der USA stößt, die ebenfalls Befürworter und Förderer der ›Nabucco‹-Pipeline sind. Wie Energieexperten darstellen, ist das ›Nabucco‹-Konsortium im wesentlichen daher durch politische Vorgaben blockiert.[4460]

Kernbestandteil der US-Eurasienstrategie ist unter anderem auch die Verhinderung einer europäisch-russischen Energiepartnerschaft, was die USA mit der Forderung, die Abhängigkeit Europas von russischem Erdgas zu verringern, unterstreichen. Daher legen die USA großen Wert darauf, daß Westeuropa neben den drei Pipelines, die allesamt durch Rußland führen, nach Möglichkeit mehrere Pipelines außerhalb des russischen Einflußbereiches verwirklichen kann. Europa soll nach dem Willen der Amerikaner nicht in die einseitige Abhängigkeit von Rußland geraten.[4461] Der Gedanke, der sich hinter diesem Ansinnen verbirgt, besteht in einer energiepolitischen Einkreisung Rußlands. Durch die Entwicklung alternativer Pipelinekorridore von Europa an der Südflanke Rußlands vorbei nach Zentralasien soll der russische Einfluß sowohl in Zentralasien als auch in Europa selbst begrenzt werden. Diesen Zweck sollte die ›Nabucco‹-Pipeline, wie oben dargestellt, erfüllen.

Von den europäischen Partnern des ›Nabucco‹-Konsortiums ist Gasprom zu einer Beteiligung eingeladen worden, was der russische Energiekonzern abgelehnt hatte. Rußland schließt eine Beteiligung an dem ›Nabucco‹-Vorhaben aus, das als Konkurrenz zu den geplanten Gasprom-Pipelines ›Nord Stream‹ durch die Ostsee und ›South Stream‹ zur Versorgung Südeuropas angesehen wird.[4462] Mitte März 2009 erklärte der Gasprom-Vizevorstandschef Alexander Medwedjew zu diesem Vorschlag: »Vorrangig für Gazprom ist das Projekt South Stream, und die Holding hat alle Möglichkeiten für seine Realisierung. . . Im Unterschied zu ›Nabucco‹ haben wir alles, damit das Projekt (South Stream) verwirklicht wird. Wir haben Gas, den Markt, Erfahrungen bei der Umsetzung komplizierter Projekte.«[4463]

Damit hatte Gasprom deutlich gemacht, daß es den Schwerpunkt seiner Energiegeopolitik auf die Verwirklichung des ›South Stream‹-Projektes legt. Mit dieser Erdgasleitung sollen die russische Schwarzmeerstadt Novorossijsk und die bulgarische Stadt Warna quer durch das Schwarze Meer miteinander verbunden werden. Jeweils ein Arm der Pipeline soll dann nach Österreich und nach Italien führen und von dort aus das Gas in andere europäische Länder liefern. Mit diesem Pipelineprojekt will sich Rußland den süd- und südosteuropäischen Gasmarkt erschließen, gleichzeitig aber auch seine Exportrouten diversifizieren, um nicht mehr von unsicheren Transitländern wie der Ukraine abhängig zu sein. Noch immer werden 78

Prozent der russischen Gasexporte in die EU über ukrainisches Territorium geführt.[4464]

Eindeutig aber ist ›South Stream‹, wie auch Energie-Experte F. William ENGDAHL hervorhebt, ein »Konkurrenzprojekt zur Nabucco-Pipeline, die von Washington und der EU unterstützt wird und die Gas aus Zentralasien über die Türkei und unter Umgehung Rußlands nach Europa liefern wird«.[4465]

Der Konkurrenzkampf um die Verwirklichung der Projekte dreht sich, wie schon angedeutet, seitdem um die Frage, wer als Gaslieferant für die Röhren in Frage kommt. Beide Seiten haben Turkmenistan als Energiequelle ins Visier genommen, und seit dem Tode des turkmenischen Diktators Saparmurad NIJASOW im Dezember 2006 ist ein Wettlauf um die turkmenischen Erdgasreserven im Gange.[4466] Nicht nur für das ›Nabucco‹-Konsortium, das verzweifelt nach Energielieferanten sucht, sondern auch für Rußlands ›South Stream‹ ist Turkmenistan von großer Bedeutung: »Ohne Zugriff auf zentralasiatisches Gas fehlt Gazprom. . . ein ausreichendes Gasvolumen, um diese Exportroute auch bedienen zu können. Schon jetzt ist zentralasiatisches Gas für die russischen Lieferverpflichtungen an die Ukraine von zentraler Bedeutung. Gazprom kann den Exportmarkt nur durch turkmenisches und kasachisches Erdgas bedienen, weil die Erdgasproduktion in Rußland nahezu stagniert: Die Wachstumsrate im ersten Halbjahr 2008 lag unter 2 Prozent und wird auch noch einige Jahre so niedrig bleiben.«[4467]

2.1 Rußland baut seine Marktstellung in Zentralasien aus und verdrängt das ›Nabucco‹-Konsortium

Im Jahre 2008 ist es Rußland auch gelungen, seine Marktposition in Turkmenistan zu verbessern. Im Rahmen eines Besuchs des russischen Präsidenten MEDWEDJEW in der turkmenischen Hauptstadt Ende Juli des Jahres 2008 schloß Rußland mit Turkmenistan zwei Abkommen, »die die Geopolitik nicht unerheblich durcheinanderwirbeln werden«.[4468] Einem Bericht der *Russia Today* zufolge bot Gasprom Turkmenistan zinsfreie Kredite für turkmenisches Erdgas an. Zusätzlich bot Gasprom Finanzhilfen für turkmenische Gas-Infrastrukturprojekte an, um den Preis unter dem europäischen Niveau zu halten.[4469] Ferner erklärte sich Gasprom bereit, anstatt wie bisher 140 Dollar pro 1000 m^3 Gas, nunmehr 225 bis 295 Dollar pro 1000 m^3 zu bezahlen. Wie der indische Diplomat M. K. BHADRAKUMAR herausstellt, unterzeichnete Gasprom diese Abkommen in der Erwartung, daß diese Rußlands Kontrolle über turkmenische Gasexporte sicherstellen würden.[4470] Gasprom-Chef Alexej MILLER erklärte zu diesen Abkommen: »Wir haben eine Vereinbarung darüber getroffen, daß Gazprom die neuen Haupt-Pipelineverbindungen aus dem Osten des Landes finanziert und baut, Erdgasfelder erschließt und die Kapazität des turkmenischen Abschnitts der kaspischen Gaspipeline auf 30 Milliarden Kubikmeter erhöht.«[4471] Die Kredite hierfür wollte Gasprom zinslos zur Verfügung stellen.

Nach Ansicht mancher Beobachter war dies kein wirklich gewinnträchtiges Unternehmen: Gasprom mußte mehr investieren, als es Gewinne erzielen konnte. Folgt man den Analysen M. K. BHADRAKUMARS, war reines Geldmachen nicht Gasproms Beweggrund. Der Kreml schien vielmehr eine ›große Strategie‹ zu verfolgen.[4472]

Worum geht es bei dieser ›großen Strategie‹ des Kremls? Beobachtern zufolge geht es Moskau darum, in Zentralasien Monopolabnehmer von Erdgas zu werden.[4473] »Mit dem unprofitablen Vertrag von Ashgabat ist man dem Ziel ein entscheidendes Stück näher gekommen. Beworben hatte sich nämlich bislang um das turkmenische Gas neben chinesischen Interessenten auch ein Konsortium aus Europa. Eine Pipeline sollte Gas von Turkmenistan durch das Kaspische Meer in die Türkei drücken. Dort würde es durch die für 2010 geplante Pipeline mit dem wohlklingenden Namen ›Nabucco‹ über die Türkei, Bulgarien, Rumänien und Ungarn nach Österreich als Verteiler für Europa fließen.«[4474] Rußlands Schachzüge zielen nunmehr darauf ab, dem europäisch-amerikanischen ›Nabucco‹-Projekt den Zugang zu den Erdgasquellen Turkmenistans zu versperren. Gleichzeitig sorgte der Kreml für die Einrichtung einer russisch-chinesischen Energiepartnerschaft in Zusammenarbeit mit den zentralasiatischen Staaten, um zu verhindern, daß es dem Westen gelingt, China und Rußland gegeneinander auszuspielen. Zu diesem Zweck traf sich unmittelbar nach der Unterzeichnung des Abkommens von Ashgabat der russische Vize-Premierminister am 26. und 27. Juli 2008 mit seinem chinesischen Amtskollegen Wang OISCHAN, um eine gemeinsame Strategie der Zusammenarbeit im Energiebereich – den sogenannten ›Energie-Verhandlungsmechanismus‹ ins Leben zu rufen.[4475] Wie F. William ENGDAHL enthüllt, hatte China mit Turkmenistan ebenfalls ein langfristiges Gasliefer-Abkommen geschlossen, wonach Turkmenistan an China ab 2009 für 30 Jahre jeweils 30 Milliarden m^3 Gas jährlich liefern soll. Im Sinne der Vereinbarungen von Ashgabat übernimmt Gasprom dabei das Gasexportgeschäft, einschließlich der Lieferungen nach China.[4476]

Damit – so der indische Diplomat M. K. BHADRAKUMAR – war es Gasprom gelungen, die Kontrolle Rußlands über die zentralasiatischen Gasexporte zu festigen. Gleichzeitig hatte Gasprom Aserbaidschan angeboten, dessen gesamtes Erdgas zu europäischen Preisen zu kaufen. Ein solches Geschäft kam Ende März 2009 zustande: Gasprom hatte mit dem aserbaidschanischen Energiekonzern SOCAR vereinbart, ab 2010 sämtliches aserbaidschanisches Erdgas aufzukaufen, um es nach Europa auszuführen.

Die Auswirkungen dieser russischen Schachzüge waren jedenfalls eine ernsthafte Gefährdung des europäisch-amerikanischen ›Nabucco‹-Projekts, dem auf diese Weise die Gaslieferanten abhanden kamen. So schien das ›Nabucco‹-Projekt in weite Ferne gerückt zu sein – und »ohne ›Nabucco‹ ergibt die gesamte Strategie der USA, die europäische Abhängigkeit von russischen Energielieferungen zu verringern, keinen Sinn«.[4477]

2.2 April/Mai 2009: Die Wende im zentralasiatischen Energiepoker

Im April und Mai 2009 schien sich allerdings eine Wende im zentralasiatischen Energiepoker abzuzeichnen. Die Gewichte begannen sich jetzt zugunsten des europäischen-amerikanischen Projekts zu verschieben. Wie F. William ENGDAHL schreibt, hatten die USA hinter den Kulissen emsig daran gearbeitet, die EU zu bewegen, die ›Nabucco‹-Pipeline voranzutreiben, um Rußlands Vorherrschaft auf dem Gasmarkt der EU zu lockern.[4478]

Die Weltfinanzkrise und die Explosion einer Pipeline des ›Mittelasienzentrums‹ am 9. April 2009 waren hierfür der willkommene Anlaß. Tatsächlich hatte die Finanzkrise dem russischen Gasriesen einen empfindlichen Schlag versetzt. »Die Wirtschaftskrise hat Rußlands berühmtestes Unternehmen fest im Griff. Der Konzern, der in den Boomjahren Mühe hatte, den überall steigenden Bedarf zu bedienen, und daher Gas auch bei Ländern wie Turkmenistan zukaufte, bleibt plötzlich wegen rückläufiger Nachfrage auf seinem Gas sitzen.«[4479] Insbesondere der Absatzeinbruch in Europa infolge des starken Nachfragerückgangs stellte für den Konzern eine »wirkliche Katastrophe« dar: Der Umsatz 2009 war im Vergleich zum Jahr 2008 um 45 Prozent eingebrochen, an der Börse ist Gasprom um zwei Drittel entwertet.[4480] Das sollte sich auch auf das Abnahmegeschäft des Konzerns mit Turkmenistan auswirken. Am 7. April 2009 erklärte Gasprom den Turkmenen, daß man weniger Gas abnehmen und somit der Druck in der Leitung abfallen werde, und hatte daraufhin die Gasentnahme auf das vertragliche Minimum zurückgefahren. Zwei Tage später kam es zur Explosion der Mittelasienpipeline in deren turkmenischem Abschnitt – ob durch Druckabfall, wie die Turkmenen behaupten, oder durch einen Defekt, ließ sich bislang nicht klären. Möglich (aber nicht bewiesen) ist aber auch, daß die turkmenische Seite die Leitung einfach explodieren ließ, denn trotz der Vorankündigung Gasproms, weniger Gas zu entnehmen, reduzierten die Turkmenen die Gasmenge nicht.[4481] In diesem Zusammenhang ist schließlich zu beachten, daß Turkmenistan schon seit längerem danach strebt, unabhängiger von Rußland zu werden[4482] und daher für den Gasexport nicht länger auf Rußland angewiesen sein will. Statt dessen hält es schon seit geraumer Zeit nach anderen Exportwegen Ausschau.[4483]

Auch wenn vollkommen ungeklärt ist, wer oder was auch immer hinter der Explosion steckte – jedenfalls bewirkte diese eine Verschiebung der geopolitischen Verhältnisse, und zwar zu Lasten Rußlands. Folgt man der österreichischen Tageszeitung *Der Standard*, so drohte Rußland im Wettlauf um die geopolitisch wichtigen Energieressourcen in Zentralasien »seinen Vorsprung gegenüber Europa zu verlieren. Die zentralasiatischen Länder nutzen die momentane Schwäche des russischen Staatskonzerns Gasprom, der mit einem Exporteinbruch von 22 Prozent kämpft. Sie versuchen ihre Lieferungen zu diversifizieren. Für Turkmenistan und Aserbaidschan wird Europa als Abnehmer immer attraktiver«.[4484] Diese Lücke wußte ein wichtiger Teilnehmer des ›Nabucco‹-Konsortiums auch umgehend auszunutzen. Es war der deutsche Energiekonzern RWE, dem es gelang, Mitte April 2009 als erster westlicher Konzern ein langjähriges Kooperationsabkommen mit Turkmenistan abzuschließen, um die turkmenischen Gasquellen im Kontinentalschelf des Kaspischen Meeres zu erschließen.[4485] RWE-Chef Jürgen GROSSMANN, der für die Vertragsunterzeichnung nach Turkmenistan gekommen war, sagte, der Konzern arbeite an der direkten Belieferung Europas mit Gas aus der Region des Kaspischen Meeres,[4486] womit er sich also für ein Pipeline-Projekt unter Umgehung Rußlands aussprach. Damit konnte sich gleichzeitig das Problem des ›Nabucco‹-Konsortiums lösen, das gerade darin bestand, nicht zu wissen, von welchem Land denn nun das Gas bezogen werden sollte, und da kam Turkmenistan jetzt gerade recht.

Auf diese Weise hatte RWE aber auch Gasproms ›große Strategie‹ durchkreuzt, denn wenn Gasprom seine zentrale Stellung auf dem europäischen Energiemarkt behalten will, muß der Zugriff des ›Nabucco‹-Konsortiums auf zentralasiatisches Gas unter allen Umständen unterbrochen werden.[4487] Den Analysen des *Standard* zufolge waren durch das Abkommen zwischen dem turkmenischen Energiekonzern Turkmengas und RWE die Chancen für die Verwirklichung des ›Nabucco‹-Projekts erheblich gestiegen, während das russische Konkurrenzprojekt ›South Stream‹ zunehmend ins Hintertreffen zu geraten drohte. Michail KORTSCHEMKIN, Direktor der ›East European Gas Analysis‹, hielt es daher für wahrscheinlicher, daß die ›Nabucco‹-Pipeline gebaut wird, und nicht ›South Stream‹: »Das Gasprom-Konkurrenzprojekt ist dreimal so teuer wie ›Nabucco‹. PUTIN würde sich schwertun, zu argumentieren, warum ›South Stream‹ das bessere Projekt sein soll.«[4488]

Mit der Verwirklichung der ›Nabucco‹-Pipeline aber würden sich schließlich auch die geopolitischen Kräfteverhältnisse wieder zugunsten Washingtons verschieben, und die Aktivitäten der US-Diplomatie im Vorderen Orient deuten darauf hin, daß es Washington jetzt darum geht, dieses Pipeline-Vorhaben voranzutreiben. Vor diesem Hintergrund wird auch ersichtlich, warum die neue US-Diplomatie verschärft daran arbeitet, das seit dem Irak-Krieg gespannte Verhältnis zu Ankara wieder zu verbessern. Unter der Eiszeit nach dem US-Einmarsch in den Irak 2003, dem sich Ankara verweigert hatte, hatten die wirtschaftlichen und strategischen Interessen beider Länder schwer gelitten, und der Besuch des US-Präsidenten Barack OBAMA in Ankara Anfang April 2009 wurde als spektakuläre Geste gewertet, die belasteten Beziehungen wieder neu aufzubauen.[4489] Die Türkei bildet die geopolitische Drehscheibe zwischen der kaspischen und zentralasiatischen Region einerseits und Südosteuropa auf der anderen Seite: Sie liegt im Zentrum des ›Nabucco‹-Korridors. Dieser exponierten Lage ist sich Ankara auch bewußt, und die türkische Regierung ERDOGAN ist im Begriff, das ›Nabucco‹-Projekt als Faustpfand zu verwenden, um die EU-Beitrittsverhandlungen zu beschleunigen und möglichst umfassende politische Vorteile für sich herauszuschlagen.[4490]

Dabei wird die Bedeutung der Türkei als geopolitischer Brückenkopf in der Region auch von der neuen US-Präsidentschaft erkannt. OBAMA hob bei seinem Besuch in der Türkei Anfang April 2009 folgerichtig die Aufgabe der Türkei in der Energiepolitik hervor, wo sie – so Obama – »eine zentrale Rolle als Ost-West-Korridor für Öl und Gas« einnehme.[4491] Damit stimmte Obama mit der Auffassung türkischer geopolitischer Experten überein, denen zufolge mit dem Machtantritt Obamas wieder eine Interessenübereinstimmung zwischen den USA und der Türkei zu verzeichnen sei: »Im Nahen Osten, im Kaukasus und in Iran decken sich die strategischen Ziele beider Länder.«[4492] Gerade vor dem Hintergrund, daß die Türkei als Energiedrehscheibe zwischen Kaukasus und Europa ausgebaut werden soll, forderte Obama die Entwicklung einer »Modell-Partnerschaft« zwischen den USA und Ankara sowie eine Aufnahme der Türkei in die Europäische Union.[4493]

Deshalb hatte Obama auch eine Aufwertung der Türkei innerhalb des NATO-Bündnisses, verbunden mit der Besetzung von hochrangigen NATO-Posten durch türkische Amtsträger, unter der Voraussetzung signalisiert, daß Ankara seine historisch gespannten Beziehungen zu Armenien normalisiert.[4494] Schon in seiner Rede vor dem türkischen Parlament Anfang April 2009 hatte Obama nachdrücklich für eine Öffnung der seit 1993 geschlossenen türkisch-armenischen Grenze geworben,[4495] und in der Tat kam es auf einem anschließenden Gipfeltreffen der Schwarzmeer-Wirtschaftskooperation zu einer allmählichen Annäherung beider Staaten. Die *Frankfurter Allgemeine Zeitung* nannte dabei auch gleich den Grund für die intensive US-Unterstützung der türkisch-armenischen Annäherung: »Offenkundig wurde dabei auch das amerikanische Interesse an einer Einhegung der russischen Vormacht im Kaukasus, das seit dem russisch-georgischen Krieg noch dringlicher geworden ist.«[4496]

Mit einer türkisch-armenischen Annäherung – so wird in russischen Kreisen befürchtet – droht der Einfluß Moskaus im Südkaukasus empfindlich geschmälert zu werden. Armenien gilt gemeinhin als ›einziger Verbündeter‹ Rußlands in der Kaukasusregion. Anfang der neunziger Jahre hatte Armenien die zu Aserbaidschan gehörende, aber von Armeniern besiedelte Region Berg-Karabach besetzt. Gestützt auf russische Hilfe, ignorierte Armenien alle Aufforderungen zur Rückgabe des besetzten Gebietes. Mit der Lösung des Karabach-Konfliktes unter Einschaltung der Türkei, die ja Verbündeter Bakus ist, würden sich schließlich »der türkische und damit im Hintergrund der US-Einfluß verstärken. Und die Armenier wären nicht mehr einseitig auf Moskau angewiesen. Schon jetzt zeigen sie sich aufmüpfig und nehmen am Nato-Manöver in Georgien vom 6. Mai bis 1. Juni (2009) teil«.[4497] Der Einschätzung der *Frankfurter Allgemeinen Zeitung* zufolge spricht deshalb sehr viel dafür, daß die neue diplomatische Offensive der USA gegenüber der Türkei und die Förderung einer türkisch-armenischen Annäherung durch Washington einen klaren geopolitischen Zweck verfolgt, nämlich zum einen die Zurückdrängung Rußlands im Kaukasus, indem der einzige russische Verbündete Armenien in das türkische Lager und damit in die US-Interessensphäre einbezogen wird, und zweitens, die Rußland umgehende ›Nabucco‹-Pipeline voranzubringen.

Folgt man den Analysen F. William ENGDAHLS, dann ist die Türkei der geopolitische »Dreh- und Angelpunkt« für die Bestrebungen der USA, Deutschland in eine engere Zusammenarbeit mit den USA einzubinden und dessen Abhängigkeit von russischen Energielieferungen zu verringern. »Zweimal in den letzten drei Wintern hat Washington verdeckt den handverlesenen ukrainischen Präsidenten Viktor JUSCHTSCHENKO dazu angestachelt, willkürlich die russischen Gaslieferungen nach Deutschland und in andere europäische Länder zu unterbrechen. Einziger Zweck dieser Übungen war es, die Regierungen der EU-Länder davon zu überzeugen, daß Rußland kein verläßlicher Energiepartner sei. Mit OBAMAS Besuch in Ankara versucht Washington, die Unterstützung der Türkei für die umkämpfte Nabucco-Pipeline von Aserbaidschan durch die Türkei zu gewinnen. . . Die Türkei gehört zu den ganz wenigen Ländern, über die Energielieferungen aus neuen Quellen im Mittleren Osten, in Zentralasien oder dem Kaukasus nach Europa gelangen können. Wenn die Türkei bereit ist, sich enger mit den USA zusammenzuschließen, dann wird Rußland in die Defensive gedrängt, und die Bindungen von Deutschland an Rußland werden erheblich geschwächt.«[4498] Auf dem Punkt gebracht, soll durch die neue US-Diplomatie gegenüber der Türkei verhindert werden, daß sich der »Alptraum MACKINDERS« (F. William ENGDAHL) – nämlich eine russisch-europäische (respektive russisch-deutsche) Wirtschafts- und Energiepartnerschaft – verwirklichen kann.

Auf dem Energiegipfel der Europäischen Union in der bulgarischen Hauptstadt Sofia Ende April 2009 wurde noch einmal der Gegensatz zwischen dem europäisch-amerikanischen ›Nabucco‹-Projekt und dem russischen ›South Stream‹-Plan deutlich: Auf dieser Konferenz »traten erneut auch die Spannungen zutage, die es zwischen Rußland und der EU um den Bau neuer Pipelines durch Südosteuropa gibt«.[4499] Auf dieser Konferenz, auf der Vertreter von 28 Staaten einschließlich Rußlands geladen waren, ging es darum, Strategien für eine Energieversorgung Europas auf breiter Grundlage zu entwickeln. Wie die *Süddeutsche Zeitung* berichtete, trat auf dieser Konferenz der Wettbewerb zwischen ›South Stream‹ von Rußland durch das Schwarze Meer und Bulgarien nach Süd- und Mitteleuropa und ›Nabucco‹, die Europa von russischen Energielieferungen unabhängig machen soll, deutlich hervor. F. William ENGDAHL zufolge ging es auf dieser Konferenz um nichts anderes als um reine Geopolitik; das Bestreben der USA, sich die Kontrolle über den Öl- und Gastransport bereits an der Quelle zu sichern und damit auch die Kontrolle über die Pipelines zu gewinnen, die die Energieträger in die EU transportieren werden, war der »unausgesprochene Hintergrund« für das Treffen in Sofia.[4500]

Bulgarien, das zur Energiedrehscheibe Europas für Gas aus Rußland und Zentralasien zu werden anstrebt und auch Anreger des Energiegipfels war, möchte sich dabei laut Informationen des *Handelsblatts* Optionen für beide Vorhaben offenhalten: »Die Regierung in Sofia unterstützt sowohl das Gazprom-Projekt einer Pipeline für russisches Erdgas durch das Schwarze Meer (South Stream) als auch das konkurrierende Nabucco-Projekt zum Transport von Gas aus Zentralasien nach Europa.«[4501] Folgt man den Analysen der *Süddeutschen Zeitung*, so fand die Konferenz vor dem Hintergrund russisch-bulgarischer Meinungsverschiedenheiten über den ›South-Stream‹-Pipelinebau statt. »Die Bulgaren verlangen, daß dafür durch ihr Land eine neue Gasleitung gebaut wird, während die Russen auf das bereits bestehende Netz zurückgreifen möchten.«[4502] Letzteres lehnte Sofia aber ab; es fürchtete, bei dem russischen Vorschlag endgültig in die energiepolitische Abhängigkeit Moskaus zu geraten. Nach Einschätzung der *Süddeutschen Zeitung* schien die EU deshalb auch Druck auf Bulgarien ausgeübt zu haben, damit dieses dem Ansinnen Gasproms Widerstand entgegensetzte,[4503] zumal von einigen EU-Staaten die Kritik geäußert wurde, daß Bulgarien mit seiner engen Zusammenarbeit mit Rußland das Nabucco-Projekt unterminiere.[4504] Tatsächlich war es Rußland Ende April 2009 gelungen, in Bulgarien einen energiestrategischen Brückenkopf zu errichten: Gasprom hatte mit der bulgarischen Erdgasholding Bulgargaz die Eckpunkte für eine Zustimmung zu ›South Stream‹ ausgehandelt.[4505]

3 Die aktuelle Konfrontation zwischen EU und NATO mit der Russischen Föderation

Die gegenwärtige Energie- und Wirtschaftsgeopolitik der Europäischen Union macht deutlich, daß es den USA gelungen war, Brüssel wieder auf die Linie Washingtons auszurichten, die gerade darin besteht, den ›Mackinderschen Alptraum‹, nämlich eine russisch-europäische Zusammenarbeit zu verhindern und alternative Wirtschafts-, Energie- und Verkehrskorridore zu schaffen, die Europa von russischem Einfluß lösen und es damit in das antirussische Einkreisungskonzept der US-Machtelite einbinden sollen.

3.1 Die ›EU-Ostpartnerschaftspolitik‹ und der Plan des ›südlichen Gaskorridors‹: der Energiegipfel von Prag Anfang Mai 2009 als Meilenstein einer antirussischen Energiegeopolitik der EU

Erkennbar wurde dies auf dem EU-Gipfel von Prag vom 7. Mai 2007, der nach Einschätzung von F. William Engdahl »deutlich die Handschrift der Washingtoner Energie-Geopolitik« getragen hat.[4506] Kernstück dieses EU-Gipfels war die Verabschiedung einer ›EU-Ostpartnerschaft‹, die die EU mit Georgien, der Ukraine, Weißrußland, Moldawien, Aserbaidschan und Armenien verbinden sollte. Aktiviert wurde dieser Plan durch den russisch-georgischen Krieg sowie den jüngsten ukrainisch-russischen Gasstreit,[4507] so daß mit der Einschätzung des russischen Premierministers Putin der Verdacht bestand, daß diese ›EU-Ostpartnerschaft‹ ein Ersatz für eine weitere NATO-Osterweiterung sein könnte.[4508]

Auch nach einer Analyse der ›Stiftung Wissenschaft und Politik‹ vermittelte der Zusammenhang zwischen dem Vorantreiben der ›Östlichen Partnerschaft‹ und der

Verurteilung des russischen Vorgehens im Georgienkrieg im Schlußdokument der außerordentlichen Tagung des Europäischen Rates vom 1. September 2008 den »Eindruck, als sei die Initiative gegen Rußland gerichtet«.[4509] Worum es bei dieser neuen Ost-Strategie der EU geht, wird in internen Papieren deutlich hervorgehoben: »Ziel der Östlichen Partnerschaft ist es, die Energieversorgungssicherheit der EU und der Partner, d.h. eine langfristige Sicherung der Energieversorgung und des Energietransports, zu gewährleisten«, heißt es in der Information der EU-Kommission an Rat und Europäisches Parlament.[4510] Damit wird die Absicht deutlich, daß die Energiegeopolitik der Europäischen Union diejenige der USA ergänzen soll. Jene postsowjetischen Staaten, mit denen die EU die Ost-Partnerschaft abgeschlossen hatte, bilden schließlich genau jene Rußland umgehenden Korridore, die bündnispolitisch in dem prowestlichen Bündnis GUAM zusammengeschlossen sind, lediglich ergänzt um Weißrußland und Armenien.

Folgerichtig hatten EU-Ratsvorsitz und die EU-Kommission einige Pilotprojekte wie gemeinsame Gaspipelines, neue Freihandelszonen sowie bessere Transportwege vorgeschlagen.[4511] »Offensichtlich will die EU gerade nach dem von Georgien angezettelten militärischen Konflikt um Abchasien und Südossetien Sicherheit in jener Frage (der Energielieferungen und des Energietransportes, der Verf.) gewinnen und neue, von Rußland unabhängige Versorgungswege für Öl und Gas vom Kaspischen Meer nach Europa schaffen. Dem soll auch die unmittelbar an den Gipfel anknüpfende Diskussion über einen ›Südkorridor‹ für den Transport von Energieträgern dienen.«[4512] Bei diesem ›südlichen Korridor‹ geht es um die Schaffung einer Direktverbindung zwischen der EU und der Kaspischen Region über die Türkei und Südosteuropa als Grundlage für die ›Nabucco‹-Pipeline.

Tatsächlich hatte die EU auf ihrem Gipfel in Prag versucht, numehr verstärkt das ›Nabucco‹-Projekt voranzutreiben, um sich besseren Zugang zu Gasvorkommen im kaspischen Raum und im Nahen Osten zu verschaffen. »Das Treffen zum sogenannten ›südlichen Korridor‹ sollte die jüngsten Bemühungen Europas stärken, sich weniger abhängig von russischen Gaslieferungen zu machen. Unter anderem wurde vereinbart, bis Juni in der Türkei eine Regierungsvereinbarung zum Bau der Nabucco-Pipeline zu unterzeichnen.«[4513] Der Auslegung der *Frankfurter Allgemeinen Zeitung* zufolge lag die Bedeutung des Prager Energiegipfeltreffens der EU darin, die bislang von der Privatindustrie getragenen Pipelineprojekte nunmehr auf eine hohe politisch-staatliche Ebene anzusiedeln,[4514] wodurch deutlich wird, daß die EU nunmehr ihre Pipelinepolitik als einen strategischen Faktor von höchstem Rang ansieht, der nicht länger allein den Profitinteressen der Privatindustrie vorbehalten bleiben darf. Geladene Gäste waren Aserbaidschan, Ägypten, Georgien, Kasachstan, die Türkei, Turkmenistan und Usbekistan, die als Liefer- oder Transitländer teilnahmen. Dabei war es vor allem Aserbaidschan, das als erster potentieller ›Nabucco‹-Gaslieferant und als Streitobjekt mit dem russischen Konzern Gasprom gilt.[4515]

Allerdings war das Ergebnis der Bemühungen der EU in Prag, die zentralasiatischen Gaslieferanten als Partner für das ›Nabucco‹-Projekt zu gewinnen, recht mager ausgefallen: »EU schaut beim Pipeline-Projekt in die Röhre«, beschrieb die *tageszeitung* das Ergebnis des Prager Gipfels.[4516] Kasachstan, Turkmenistan und Usbekistan verweigerten schließlich die Unterschrift unter das Schlußdokument über die Errichtung des ›Südkorridors‹, was einen empfindlichen Rückschlag für das ›Nabucco‹-Projekt darstellte. Einigen konnte man sich auf dem Gipfel schließlich auf eine Erklärung, die gegenüber dem ursprünglichen Entwurf abgeschwächt war: Die Partner verpflichteten sich lediglich, »die notwendige politische Unterstützung für den Bau des Südkorridors zu leisten und dort, wo es notwendig ist, auch technische und finanzielle Unterstützung beizusteuern«. Schließlich setzten nur die Türkei, Georgien, Ägypten und Aserbaidschan ihre Unterschriften unter das Abkommen mit der EU.[4517]

Anfang April 2009 schienen sich zunächst, wie oben dargestellt, die Voraussetzungen für den Bau der ›Nabucco‹-Pipeline günstiger gestaltet zu haben, da es dem ›Nabucco‹-Partner RWE gelungen war, ein Abkommen mit Turkmenistan über Gaslieferungen zu schließen. Nach dem Prager Gipfel – durch die Verweigerung der Unterzeichnung des Schlußdokuments durch die zentralasiatischen Staaten – scheinen diese Möglichkeiten jedoch wieder in größere Ferne gerückt zu sein. Damit ist also nach wie vor offen, ob das ›Nabucco‹-Projekt seine Verwirklichung finden wird. Zum einen hat die Europäische Union – so die Einschätzung der *Süddeutschen Zeitung* – »einen entscheidenden Schritt getan, sich von russischem Gas unabhängiger zu machen. Mit Liefer- und Transitländern aus dem kaspischen Raum und dem Nahen Osten einigte sie sich. . . jetzt auf eine weitreichende Zusammenarbeit.«[4518] In einer Erklärung über den ›südlichen Korridor‹, die die EU mit Aserbaidschan, Ägypten, Georgien und die Türkei unterzeichnet hatte, verpflichteten sich Türken und Europäer unter anderem, ein Abkommen über ›Nabucco‹ bis Ende Juni 2009 zu unterzeichnen. Ein solches Regierungsabkommen wurde schließlich – wie unten noch weiter ausgeführt wird – im Juli 2009 unterzeichnet.

Auf der anderen Seite gibt es aber noch einige Hindernisse, die der Verwirklichung des Vorhabens im Weg stehen. So ist nach wie vor offen, wer als Gaslieferant in Betracht kommen soll. Selbst wenn Aserbaidschan als Lieferant gewonnen werden kann, lasten dessen Gaslieferungen die ›Nabucco‹-Pipeline nur zur Hälfte aus.[4519] Aus diesem Grund enthält die Schlußerklärung auch eine sogenannte ›Drittländer‹-Klausel, die »von Fall zu Fall« eine Beteiligung von Drittländern vorsieht. Im Auge hat die EU dabei vor allem den Iran, der über große Gasreserven verfügt. Darüber hinaus hofft die EU, mit dem Irak im Sommer 2009 ein Abkommen über eine Energiezusammenarbeit zu schließen.[4520] Bemühungen der EU in diese Richtung konnten bislang nicht wirklich zu einem Erfolg geführt werden.

Ein anderer behindernder Faktor ist dabei die Türkei selbst, die jetzt ihre zentrale strategische Lage im Pipelinepoker für eigene politische Vorteile auszunutzen beginnt. Der türkische Staatspräsident Abdullah GÜL ließ keinen Zweifel daran, daß sein Land eine entscheidende Rolle bei der Energieversorgung Europas zu spielen gedenkt. Die Türkei sei sich ihrer »strategischen Position für eine sichere Versorgung Europas mit Gas bewußt«,[4521] und im Januar 2009 hatte der türkische Ministerpräsident Reccep Tayyib ERDOGAN gedroht, er werde das ›Nabucco‹-Projekt blockieren, falls es bei den Beitrittsverhandlungen seines Landes mit der EU keine Fortschritte gebe. In Prag erklärte Staatspräsident Abdullah GÜL, dies gelte weiterhin.[4522] Die EU hofft gegenwärtig auf den Irak, um die Lieferung kurdischen Erdgases aus dem Norden des Landes für ›Nabucco‹ zu sichern. Hier konnte – so Tomasz KONICZ – die EU »einen halben Sieg einfahren. Ein irakischer Regierungssprecher erklärte am 18. Mai [2009], daß die Belieferung der Leitung aus dem kurdischen Nordirak nicht in Frage komme. Allerdings könne eine Lieferung aus den Akkas-Gasfeldern in der Nähe Syriens in Erwägung gezogen werden, hieß es. Allerdings soll diese Lagerstätte bereits ab 2014 erschöpft sein. Irak reagierte damit auf eine Initiative der Energiekonzerne OMV und MOL, die. . . das Projekt einer Pipeline präsentierten, die Erdgas aus dem kurdischen Autonomiegebiet Iraks an Nabucco liefern sollte. Die österreichische OMV und die ungarische MOL sind Teil des Nabucco-Konsortiums«.[4523]

Auch wenn bis zur Verwirklichung des ›Nabucco‹-Projekts noch diese entscheidenden Hürden überwunden werden müssen – ursprünglich sollte die 3300 km lange Pipeline spätestens 2014 fertiggestellt sein, nach aktuellen Planungen jedoch soll der Bau jetzt erst 2013 beginnen, so daß mit Fertigstellung im Jahre 2017 gerechnet wird –, so ist doch sichtbar geworden, daß sich die EU für Rußland zum strategischen Konkurrenten in der Schwarzmeer- und Kaukasusregion entwickelt hatte, wie es die US-Geopolitik auch vorsieht. Auf dem EU-Gipfel in Prag hatte die EU deutlich gemacht, daß sie mit den Ländern des ›südlichen Korridors‹ auch über Energiefragen hinaus zusammenarbeiten möchte. Bis Ende des Jahres 2009 sollte eine Machbarkeitsstudie über eine ›kaspische Entwicklungszusammenarbeit‹ als Voraussetzung für eine ›neue Seidenstraße‹ erstellt werden. Mit dieser Studie läßt die EU durchblicken, daß sie Rußland in dieser Region als Konkurrenz für die eigenen Vorhaben ansieht, wie die *Süddeutsche Zeitung* andeutet: »Denn in den Lieferländern sieht sich die EU starker russischer Konkurrenz gegenüber. Der russische Staatskonzern Gazprom versucht schon seit langem, die Gasreserven am Kaspischen Meer ganz unter seine Kontrolle zu bringen.«[4524] Tomasz KONICZ bezeichnete den Prager Energiegipfel insgesamt als »ein klar gegen Rußland gerichtetes energiepolitisches Bündnis. Im Rahmen eines ›südlichen Gaskorridors‹ sollen die genannten Staaten (Aserbaidschan, Türkei, Georgien, Turkmenistan und Kasachstan, der Verf.) für eine langfristige und zuverlässige Belieferung der von Brüssel beschleunigten Nabucco-Pipeline gewonnen werden, die Erdgas an Rußland vorbei nach Europa befördern soll. Schneller und brutaler hätte man die Russische Föderation nicht auf das klare machtpolitische Kalkül hinter der Ost-Partnerschaftsinitiative der EU hinweisen können«.[4525]

Insgesamt hatte sich die EU mit ihrer Energiegeopolitik und dem Konzept der EU-Ostpartnerschaft also in einen Gegensatz zu Rußland gesetzt. Die *Süddeutsche Zeitung* erklärt, daß sich die Europäer »damit einen neuen Konflikt mit Rußland eingehandelt« hätten.[4526] Von russischer Seite aus wurde diese Politik der EU als eine Begleitung der NATO-Strategie der Einkreisung Rußlands angesehen, und sie betrachtet diese Entwicklung mit Sorge. Der russische Außenminister Sergej LAWROW hatte die Europäer vor dem Versuch gewarnt, neue Einflußzonen im Osten des Kontinents aufzubauen.[4527] In der Tat scheint einiges dafür zu sprechen, daß die EU nunmehr zum Konkurrenten für Rußland im Energie- und Pipelinepoker in den geopolitisch wichtigen Schlüsselstaaten Ostmitteleuropas und der kaukasisch-zentralasiatischen Region geworden ist. Ein Beispiel hierfür ist die Mitte März 2009 erfolgte Ankündigung der EU, der Ukraine bei der Modernisierung und dem Ausbau ihres Gasnetzwerkes zu helfen. Dies war um so mehr verwunderlich, als die Ukraine bislang jedem Versuch einer ausländischen Beteiligung an ihrem Gasnetzwerk, das sich in Staatshand befindet, Widerstand entgegengesetzt hatte. So ist gerade auf Initiative von Gasprom in der Vergangenheit mehrfach angeregt worden, ein trilaterales Konsortium – bestehend aus dem ukrainischen Pipelinemonopolisten Ukrtransgas, dem russischen Gasprom-Konzern und westeuropäischen Gasversorgern – zu gründen, um die Modernisierung des veralteten ukrainischen Gasnetzes voranzutreiben. Dies ist aber immer wieder am Vorbehalt Kiews, die Kontrolle über das Gasnetz zu behalten, gescheitert.[4528]

Auf einer Investorenkonferenz Mitte März 2009 in Brüssel allerdings, an der Rußland nicht beteiligt war, einigten sich die Vertreter der Europäischen Union und die Ukraine darauf, daß die EU der Ukraine bei der Modernisierung ihres Pipelinesystems Investitionen und Unterstützung leistet, die Ukraine hingegen sich zu durchgreifenden Reformen verpflichtet. Viel spricht dafür, daß es hier um eine Verdrängungsstrategie der EU im Bündnis mit den USA geht, die darauf ausgerichtet ist, jeglichen russischen Einfluß in der geopolitisch wichtigen Ukraine zu beseitigen. Der Ausgriff der EU auf das ukrainische Pipelinesystem muß daher im Zusammenhang mit der ukrainisch-amerikanischen »Charta über strategische Partnerschaft« vom 19. Dezember 2008 gesehen werden, in der, wie oben dargestellt, auch eine Modernisierung des ukrainischen Gasnetzwerkes durch das transatlantische Bündnis vereinbart wurde. Daher wird an diesem Beispiel erkennbar, daß sich die Energiegeopolitik der EU mittlerweile längst in die Eurasienstrategie der USA eingefügt hat, die EU mithin eine Schachfigur der US-Geopolitik in Eurasien geworden ist. Der Kreml ist sich dieser Tatsache längst bewußt geworden, und der russische Energieminister Sergei SHMATKO warf der EU auch vor, Rußland bei der geplanten Erneuerung der Netze in der Ukraine zu übergehen und dort weitergehende politische Ziele zu verfolgen.[4529]

Der Militarismus-Experte Jürgen WAGNER sieht in der EU-Ostpartnerschaft gleichfalls einen gegen Rußland gerichteten Schachzug. Das Programm sei »auch und vor allem eine Kampfansage der EU, den postsowjetischen Raum unter ihre Kontrolle bringen und so endgültig aus Moskaus Einflußzone herauseisen zu wollen«.[4530] Er sieht die ›Östliche Partnerschaft‹ als Bestandteil der Lissabon-Strategie, die darauf ausgerichtet sei, aus der EU eine eigenständige Großmacht zu machen. WAGNER zufolge verfolgt die EU dabei das Expansionsziel, die Peripherieräume Mittelmeer, Osteuropa sowie den Transkaukasus allmählich an den EU-Kern heranzuführen, diese mit neoliberalen Reformen zu durchdringen und so eine Freihandelszone zu schaffen, die der EU umfassenden Zugang zu den Ökonomien, insbesondere zum Energiesektor der betroffenen Länder, verschaffen solle. Auch aus verschiedenen Strategiepapieren geht hervor, daß die EU Rußland als Konkurrenten um den postsowjetischen Raum begreift, den es zu verdrängen gelte. So heben Analysen des *European Council on Foreign Relations* hervor, daß Ostmitteleuropa und der Transkaukasus Schauplatz sich verschärfender Auseinandersetzungen zwischen der EU und Moskau werden wird. Es habe sich »ein Wettkampf zwischen der Europäischen Union und Rußland entwickelt, welche politischen Regeln die Nachbarschaft bestimmen sollen. (Deshalb) fordern wir, daß sich die EU darauf konzentriert, diese (Nachbarschafts-)Länder zu ermutigen, europäische Normen und Regulierungen zu übernehmen und sie so in das europäische Projekt zu integrieren.«[4531] Damit begreift die EU Moskau nicht mehr als strategischen Partner, sondern als strategischen Konkurrenten, was – wie oben dargestellt – Washington nicht ungelegen kommt. Daher wird auch ersichtlich, daß die USA hinter den Kulissen die EU-Osterweiterung heimlich unterstützt, da sie Spannungen zwischen der EU und Rußland schafft.

Sich dieser Konkurrenzsituation bewußt, geht Rußland nunmehr daran, sein Pipelineprojekt ›South Stream‹ nach Kräften voranzutreiben. Am 15. Mai 2009 unterzeichnete Gasprom in Sotschi weiterführende Abkommen mit Energiefirmen aus Bulgarien, Serbien, Rumänien und Italien, den Transitländern von ›South Stream‹. Der russische Premierminister PUTIN sprach hier von einem »wichtigen Schritt«. Nach Einschätzung russischer Medien war dieses Treffen in Sotschi als ein Versuch Moskaus zu verstehen, im Pipeline-Rennen Boden gutzumachen, nachdem die Türkei im Zuge des Prager Energiegipfels der EU eingewilligt hatte, demnächst eine Regierungsvereinbarung zu unterzeichnen, womit der erste Schritt zur Verwirklichung des ›Nabucco‹-Projekts getan war.[4532] Ende April 2009 hatten Gasprom und die bulgarische Erdgasholding Bulgargaz bereits die Eckpunkte für eine Zustimmung zu ›South Stream‹ ausgehandelt. In Sotschi nun hatte Bulgarien ein Abkommen über den Bau einer Pipeline durch bulgarisches Gebiet unterzeichnet,[4533] und so war es Rußland Mitte Mai 2009 wieder gelungen, auf der ›Energiedrehscheibe‹ Bulgarien – die für die Verwirklichung sowohl von ›South Stream‹ als auch von ›Nabucco‹ von wesentlicher Bedeutung ist – Fuß zu fassen.

Auch konnte Rußland in der Türkei seinen Einsatz zur Geltung bringen. Am 16. Mai 2009 kam der russische Ministerpräsident PUTIN mit dem türkischen Regierungschef ERDOGAN zusammen, um die Zusammenarbeit beider Staaten im Hinblick auf das gleichfalls bestehende Pipeline-Vorhaben ›Blue Stream‹ voranzutreiben. Die dabei von Rußland in Aussicht gestellten großzügigen Angebote zur Energie-Zusammenarbeit sollten nach Einschätzung von Beobachtern dazu dienen, Ankara von einer Teilnahme an der ›Nabucco‹-Pipeline abzuhalten.[4534] Darüber hinaus konnte Moskau für sich als Erfolg verbuchen, die Geschlossenheit der EU für eine gemeinsame antirussische Energiepolitik zu untergraben. Mit dem italienischen Energiekonzern ENI, dem Partner Gasproms für das ›South Stream‹-Projekt, wurde Mitte Mai 2009 eine Verdoppelung der Kapazität der ›South Stream‹-Pipeline in Aussicht gestellt. Damit – so Tomasz Konicz – »wurde offenbar, daß es dem Kreml längst gelungen ist, die ohnehin brüchige Einheit der EU in Fragen der Energiepolitik zu unterminieren«.[4535]

3.2 Der georgische Knoten als bestehende Konfrontationslinie zwischen der Russischen Föderation und dem transatlantischen Bündnis

In den Monaten April und Mai 2009 wurde noch einmal deutlich, daß das nach wie vor offene Georgienproblem auch weiterhin die Konfrontationslinie zwischen der eurasischen Landmacht und der transatlantischen Organisation bleiben wird. Wie eine Studie des kanadischen Centre for Research on Globalization mit dem Titel *Eurasian Crossroads: The Caucasus in US-NATO War Plans* darstellt, wird der Südkaukasus der strategische Kreuzungsweg des 21. Jahrhunderts sein, da er die Drehscheibe und Landbrücke zwischen Westeuropa / der atlantischen Welt und Ostasien, dem eurasischen Kernraum und dem Indischen Ozean, der Levante und Afrika bildet.[4536] Von dessen strategischer Kontrolle hängt also der Zugang zu den geopolitischen Schlüsselregionen der Zukunft ab, und dessen ist sich sowohl die Russische Föderation als auch die US-Machtelite bewußt.

Hierbei steht natürlich die Energiefrage im Mittelpunkt. Matthew Bryza, Deputy Assistant Secretary of State for European and Eurasian Affairs, erklärte hierzu: »Unser Ziel ist die Entwicklung eines ›Südlichen Korridors‹ der Energieinfrastruktur, um kaspisches und irakisches Öl und Gas zur Türkei und nach Europa zu transportieren.« Vor dem Hintergrund des Afghanistankrieges sei der Ost-West-Korridor, der von der Türkei und dem Schwarzen Meer durch Georgien und Aserbaidschan und durch die kaspische Region führe, der strategische Luftkorridor und die Lebenslinie nach Afghanistan, der es den USA und ihren Verbündeten erlaube, die ›Operation Enduring Freedom‹ zu führen.[4537] Dabei, so die obengenannte Studie, habe Washingtons Strategie bezüglich Osteuropas, des Balkans, des Kaukasus sowie Zentralasiens nicht nur zum Zugriff auf die Energieträger der Region geführt, sondern auch zur Einkreisung Rußlands, verknüpft mit einer Kette militärischer und wirtschaftlicher Verbindungen zu den Staaten, die vom Baltikum über die ehemaligen sowjetischen Satellitenstaaten in Osteuropa, den Balkan, den Kaukasus und Zentralasien zu den Grenzen Chinas reichen.[4538] Armenien, Aserbaidschan und insbesondere Georgien bilden der genannten Studie zufolge dabei den strategischen Drehzapfen und Kern eines geostrategischen Feldzuges der US-Imperialmacht zum Ziel einer globalen Machtprojektion.

Vor diesem Hintergrund haben sich auch nach dem Kaukasuskrieg vom August 2008 die Beziehungen zwischen den USA bzw. der NATO und Georgien weiter intensiviert, was durch die »Charta der strategischen Partnerschaft« zwischen den USA und Georgien im Januar 2009 zum Ausdruck kam. Seitdem verstärkte sich die militärische Zusammenarbeit zwischen beiden Ländern, insbesondere aufgrund der Tatsache, daß der Kaukasuskrieg gezeigt hatte, daß die georgischen Streitkräfte nicht imstande waren, umfassende militärische Operationen durchzuführen. Die Schlüsselfigur für die verstärkte US-georgische militärische Zusammenarbeit ist David SIKHARULIDZE, der im Dezember 2008 von SAAKASCHWILI zum neuen georgischen Verteidigungsminister ernannt wurde. Dies geschah nicht zufällig: SIKHARULIDZE war ausgebildet worden an der U.S Navy Justice School, der NATO SHAPE (Supreme Headquarters Allied Powers Europe) School in Oberammergau sowie an dem NATO Defence College.[4539] Damit war er vorbereitet worden, die Umgestaltung der georgischen Streitkräfte auf NATO- und US-Standards durchzuführen. Dies hatte er auch in einem Dokument mit dem Titel *The Defense Minister's Vision 2009* dargestellt, das am 17. Februar 2009 veröffentlicht wurde und die »Anpassung der georgischen Streitkräfte an NATO-Standards« zum Gegenstand hatte. Beraten wurde er dabei von hochrangigen US-amerikanischen Militärs wie Robert SIMMONS, dem Sonderberater des NATO-Generalsekretärs für den Kaukasus und Zentralasien, General James MATTIS, dem Kommandeur des U.S. Joint Forces Command, und General James CARTWRIGHT, dem stellvertretenden Vorsitzenden des U.S. Joint Chiefs of Staff, mit denen der georgische Verteidigungsminister in Verbindung stand.[4540]

Sinn und Zweck der Modernisierung der georgischen Armee sollte nach dem Willen der US-amerikanischen Hintermänner die Sicherstellung der »Verteidigungsfähigkeit Georgiens« auch im Falle einer Konfrontation mit einer »möglicherweise überlegeneren Streitmacht« sein,[4541] womit nur Rußland gemeint sein konnte. Überdies sollte das georgische Militär in die Lage versetzt werden, seine »territoriale Integrität« zu verteidigen. Als Voraussetzung für die NATO-Einbindung ist Georgien schließlich auferlegt worden, für die »Lösung der Territorialkonflikte« zu sorgen. Deutlich wird Georgien noch immer zu verstehen gegeben, daß die »Anwesenheit fremder (nicht-NATO-)Streitkräfte in Kandidatenländern« noch einer NATO-Mitgliedschaft entgegenstehe.[4542] Bekräftigt wurde diese Haltung der NATO und der USA auf dem NATO-Gipfeltreffen in Straßburg Anfang April 2009. In einer Stellungnahme des Gipfels hieß es, daß die »NATO mit der Unterstützung der territorialen Integrität, Souveränität und Unabhängigkeit der südkaukasischen Länder und Moldawiens fortfahren wird«. Ferner »erklärt die NATO ihre tiefen Bedenken über die ungelösten Konflikte in den Ländern des Südkaukasus (Abchasien, Südossetien, und Nagorny-Karabach) und Moldawien (Transnistrien)«.[4543] NATO-Sprecher James Appathurai erklärte in diesem Zusammenhang, daß die transatlantische Allianz »Einflußsphären« im postsowjetischen Raum nicht tolerieren werde, und führte weiter aus: »Wir gehen davon aus, daß Südossetien und Abchasien integrale Teile von Georgien sind. Die Frage der territorialen Integrität ist ein sehr ernsthaftes Problem. Die NATO unterstützt immer die territoriale Integrität von Staaten.«[4544]

Mit diesen Stellungnahmen sollen Georgien und der gesamte Südkaukasus in einen Gegensatz zu Rußland gebracht werden. Deutlich fordern die USA und die NATO das Saakaschwili-Regime dazu auf, die Politik der Reconquista gegenüber Südossetien und Abchasien fortzusetzen und dabei im Ernstfall auch vor Konfrontationen mit Rußland nicht zurückzuschrecken. Unterstrichen wird dies auch durch das großangelegte NATO-Manöver ›Cooperative Longbow/Lancer‹, das am 11. Mai 2009 begonnen hatte und bis zum 2. Juni reichte und an dem rund 1300 Soldaten teilnahmen. Dieses Manöver wurde von Rußland daher auch als »offene Provokation« (so der russische Präsident Medwedjew) bezeichnet, zumal knapp neun Monate zuvor Georgien noch einen Angriffskrieg gegen Südossetien geführt hatte. Dabei war es besonders die Teilnahme Armeniens an dem NATO-Manöver, die Rußland verärgerte, da dieser Staat der von Rußland geführten ›Vertragsorganisation über kollektive Sicherheit‹ angehört.[4545] Rußland mußte daher dieses NATO-Manöver als einen Versuch des transatlantischen Bündnisses werten, den gesamten Südkaukasus in ihre Vorherrschaftssphäre zu überführen und Moskau aus dieser Region zu verdrängen. Das Manöver, so die Darstellung der Zeitung *Neues Deutschland,* war »schon ein eindeutiges Signal Richtung Moskau: Der Nordatlantik-Pakt demonstriert hier militärisch das große geopolitische Interesse der wichtigsten westlichen Industriestaaten an der rohstoffreichen Region«.[4546]

Dabei arbeitete Saakaschwili auch eifrig weiter daran, die Frontstellung gegen Rußland zu verschärfen. Ein erneuter Anlaß dafür war das Gerücht um einen angeblichen Militärputsch, der Anfang Mai 2009, kurz vor Beginn des NATO-Manövers, stattgefunden haben soll. Offiziell bekanntgeworden ist lediglich eine Meuterei von Soldaten in der Ortschaft Muchrowani, die angeblich auf Tiflis marschieren wollten, um Saakaschwili zu stürzen. Sofort erklärte Saakaschwili, daß Rußland eine Verschwörung ins Leben gerufen habe mit dem Plan, »eine breit angelegte Meuterei in Tiflis anzuzetteln und Schritte gegen die Souveränität Georgiens und die europäische und euro-atlantische Integration zu unternehmen« (so Saakaschwili in einer Fernsehansprache).[4547] Saakaschwili präsentierte als Beweis auch ein mit versteckter Kamera gedrehtes Video, auf dem der mutmaßliche Drahtzieher, Gia Gwaladse, das Vorgehen und das Ziel des ›Umsturzes‹ im einzelnen schilderte. Deutlich wurde in diesem Video herausgestellt, daß Rußland die treibende Kraft im Hintergrund gewesen sein soll.[4548]

Tatsächlich aber weisen Hintergründe und Umstände zahlreiche Ungereimtheiten aus. Selbst die georgische Opposition bezeichnete das Video als Fälschung. »Es sei ›völlig absurd‹, daß jemand in Georgien, wie von Gwaladse in der Aufnahme geschildert, eine Vereinigung mit Rußland anstrebe, sagte Oppositionsführerin Nino BURDSCHANADSE.«[4549] In dem Video war die Rede davon, daß die angeblichen Putschisten geplant haben sollen, eine Vereinigung Georgiens mit Rußland und Weißrußland in einem Unionsstaat zu erreichen – und dies, obwohl sowohl von Moskau als auch von Minsk die Idee eines Unionsstaates mittlerweile begraben worden ist.[4550] Zweifelhaft war zudem, daß im Fernsehen schon Panzer auf dem Marsch nach Tiflis zu sehen waren, obgleich diese tatsächlich noch in ihren Kasernen standen: »Wieso im Fernsehen die Panzer bereits gen Tbilissi rollten, obwohl sie noch im Kasernenhof standen, als SAAKASCHWILI drei Stunden nach Beginn der ›Meuterei‹ höchstselbst vorfuhr, um mit den Putschisten über deren bedingungslose Kapitulation zu verhandeln, können sich die Georgier ebenfalls nicht zusammenreimen.«[4551]

Es gab noch weitere Ungereimtheiten: »Einer der Putschisten, so der frühere Verteidigungsminister Gia KARKARASCHWILI gegenüber einem oppositionellen Fernsehkanal, habe ihn in der Tat vor drei Wochen kontaktiert und in das Komplott eingeweiht. Er habe die Unterredung jedoch mitgeschnitten und sofort eine Kopie an Sicherheitsminister Gia TORGOMADSE geschickt. Auf dessen Antwort warte er bis heute.«[4552] Deshalb spricht vieles dafür, daß es sich bei dem angeblichen Putsch um eine Inszenierung der Regierung SAAKASCHWILI gehandelt hatte, die als Vorwand für die Verhängung des Ausnahmezustandes dienen sollte,[4553] denn seit dem Krieg vom August 2008 hatte sich die innenpolitische Krise in Georgien massiv verschärft. Viele Anzeichen gibt es auch dafür, daß SAAKASCHWILI mit den Putschgerüchten die Integration Georgiens in die NATO vorantreiben wollte und zu diesem Zweck eine vermeintliche russische Bedrohung inszenierte. Möglicherweise wollte er damit die NATO auffordern, seine Wiedervereinigungspolitik gegenüber Südossetien und Abchasien zu unterstützen.

Für diese Annahme spricht, daß Rußland Ende April 2009 mit den abtrünnigen Provinzen Abchasien und Südossetien Abkommen zur Grenzsicherung geschlossen und eigene Grenztruppen in die Gebiete entsandt hatte. Nicht nur Georgien, sondern auch der NATO ist ein Abkommen Rußlands mit Abchasien und Südossetien ein Dorn im Auge, das den Schutz der Grenze der Regionen mit Georgien russischen Streitkräften überträgt. Dieser Umstand ließ sich gut instrumentalisieren, um eine Konfrontation zwischen Rußland und der NATO herbeizuführen. Dessen wird sich SAAKASCHWILI auch bewußt gewesen sein. Bewußt, so Erossi KIZMARISCHWILI – Botschafter in Rußland, bis Tiflis im September 2008 die diplomatischen Beziehungen abgebrochen hatte – »habe SAAKASCHWILI den angeblichen Putsch auf den Tag vor dem Beginn von NATO-Manövern in Georgien datiert. Damit habe der Präsident der NATO wieder einmal die angeblich akute Bedrohung seines Landes vor Augen führen, dessen Beitritt zur Allianz erzwingen und dadurch auch seine eigene politische Zukunft retten wollen«.[4554] Interessanterweise hieß es kurze Zeit später »aus SAAKASCHWILIS Büro, es gebe keine Beweise für eine Verwicklung Rußlands«.[4555]

Für die hier vertretene These, daß SAAKASCHWILI mit diesem Vorgehen die Aufnahme Georgiens in die NATO beschleunigen wollte, spricht auch folgender Umstand: Ende November 2008 versuchte die BUSH-Regierung, noch vor Ablauf ihrer Amtszeit den NATO-Beitritt von Georgien und der Ukraine zu beschleunigen. Den NATO-Verbündeten schlug die US-Regierung einen – so das Nachrichtenmagazin *Der Spiegel* – »drastischen Strategiewechsel« vor:[4556] Auf dem Bukarester NATO-Gipfel hatte man vereinbart, daß Georgien und die Ukraine zwar NATO-Mitglieder werden sollten, doch hatten diese aber zunächst den ›Membership Action Plan‹ (MAP) zu durchlaufen. Ganz zum Ärger Washingtons hatten die europäischen NATO-Mitglieder verhindert, daß die Aufnahme der beiden Staaten in den MAP schon auf diesem Gipfel erfolgte. Nun versuchten die USA, gegenüber den NATO-Verbündeten durchzusetzen, daß jetzt ganz auf den Mechanismus des MAP verzichtet und unabhängig vom MAP Beitrittsverhandlungen eingeleitet werden sollten. Die amerikanische Seite hatte dabei durchblicken lassen, sie wollte nunmehr ein verbindlicheres Signal an die Adresse Georgiens und der Ukraine richten als jenes, das am NATO-Gipfel in Bukarest gegeben worden war.[4557] Dabei wurde der antirussische Tenor dieser Politik von US-Diplomaten auch deutlich hervorgehoben: »Wir dürfen es Rußland nicht gestatten, neue Trennlinien durch Europa zu ziehen. Die Nato-Erweiterung muß weitergehen«, erklärte US-Botschafter Kurt VOLKER gegenüber dem *Handelsblatt*.[4558]

Wie das Nachrichtenmagazin *Der Spiegel* enthüllte, ging die US-Diplomatie hinter den Kulissen dabei recht rabiat heran: »Nato-Botschafter erhielten spät abends Anrufe aus Washington, sie sollten gefälligst den Vorschlag akzeptieren.«[4559] Insbesondere das Auswärtige Amt der Bundesrepublik Deutschland wurde dabei massiv unter Druck gesetzt: US-Außenministerin RICE drohte dabei, sofort die Ingangsetzung des MAP einzufordern, wenn Deutschland nicht zustimmen sollte. Bei den europäischen NATO-Staaten unter Führung von Deutschland und Frankreich wurde das Ansinnen Washingtons, bei der Aufnahme Georgiens und der Ukraine auf den MAP zu verzichten, denn auch zutreffend als Versuch der USA gewertet, die Aufnahme der beiden Länder unbotmäßig zu beschleunigen.[4560] Es wurde befürchtet, daß eine Annährung Georgiens und der Ukraine an die NATO nach der Maßgabe Washingtons derart weit voranschreiten könnte, ohne daß es den politischen Instanzen der NATO noch möglich gewesen wäre, Einfluß zu nehmen.[4561]

Die NATO-Außenministerkonferenz am 2. Dezember 2008, von der sich die US-Machtelite erhoffte, die NATO-Partner zu einem einstimmigen Votum für die Aufnahme der beiden Staaten Georgien und Ukraine zu verpflichten, endete denn auch mit einer diplomatischen Niederlage der USA.[4562] Die USA konnten sich nicht mit ihrem Plan durchsetzen. Vielmehr einigten sich die Außenminister darauf, die Abstimmung über die Aufnahme Georgiens und der Ukraine in den MAP auszusetzen und statt dessen die Arbeit in den Gremien ›NATO-Georgien-Kommission‹ und ›NATO-Ukraine-Kommission‹ auszuweiten, um auf diese Weise die Maßnahmen durchzusetzen, die ansonsten Teil des MAP gewesen wären.[4563] Die Schlußerklärung des Gipfeltreffens hielt darüber hinaus fest, daß kein Weg zur NATO-Mitgliedschaft am MAP vorbeiführen könne.[4564] Außerdem wurde unter Federführung Deutschlands bekräftigt, den Dialog der NATO mit Rußland, der seit dem Georgienkrieg auf Eis gelegt war, wiederaufzunehmen.[4565]

Nach Einschätzung von F. William ENGDAHL stellte dieser Kompromiß einen enormen Rückschlag für Washingtons Pläne zur Einkreisung Rußlands dar.[4566] Der Versuch, auch die europäische Außen- und Verteidigungspolitik in die im Kern gegen Rußland gerichtete US-Globalstrategie einzubinden, ist Washington einstweilen mißlungen, und hinter den Kulissen wurde deutlich ausgesprochen, daß eine erneute russisch-europäische Annährung von den USA nicht gewünscht wird. Die US-Diplomatie brachte die Haltung insbesondere der Bundesrepublik Deutschland in der Georgien-Frage mit den Geschäftsbeziehungen zu Rußland in Verbindung und warf Berlin vor, es würde zu viel Rücksicht auf Moskau nehmen und bereit sein, »Europas Sicherheit für Gas aus Sibirien zu opfern«.[4567]

Der tatsächliche Grund für die ablehnende Haltung der europäischen Staaten zum US-Plan liegt aber darin begründet, daß sie die ungeheueren Risiken eines solchen Schrittes wohl erkannten. Die Aufnahme eines Staates wie Georgien mit seiner unberechenbaren nationalistischen Außenpolitik in die NATO könnte schließlich Europa sehr leicht in eine militärische Konfrontation mit Rußland bringen. Möglicherweise war dies auch einer der Beweggründe der USA, jetzt die NATO-Mitgliedschaft Georgiens und der Ukraine voranzutreiben, galt (und gilt) es für sie doch, die Herausbildung einer europäisch-russischen Partnerschaft gerade im Energiebereich zu unterbinden.

Zu dieser Zeit tauchten schließlich auch immer wieder neue Dokumente und Zeugenberichte auf, aus denen hervorging, daß der Krieg vom August 2008 auf eine eindeutige Provokation Georgiens zurückzuführen war. So erklärte beispielsweise der ehemalige georgische Botschafter in Moskau, Erosi KITSMARISCHWILI, vor einer Anhörung des georgischen Parlaments, daß georgische Vertreter ihm im April 2008 mitgeteilt hätten, sie planten einen Krieg in Abchasien und hätten dafür auch grünes Licht von Washington erhalten. Dabei führte KITSMARISCHWILI weiter aus, die georgische Regierung habe weiterhin beschlossen, den Krieg in Südossetien zu beginnen und dann auf Abchasien auszudehnen.[4568]

Auch der georgische General Mamuka KURASCHWILI berichtete von einem ›Befehl Nr. 2‹ vom 7. August 2008, in dem den georgischen Streitkräften befohlen wurde, »in der gesamten Region (Südossetien) die verfassungsmäßige Ordnung wiederherzustellen«.[4569] Die georgische Regierung weigert sich jedoch bis heute, der EU-Kommission, die den Ablauf des Kaukasus-Krieges untersucht, dieses Dokument vorzulegen. »Dies sei ein Staatsgeheimnis, heißt es in Tiflis.«[4570] Der russische Generalstabs-Vizechef Anatolij NOGOWIZYN bestätigte gegenüber der EU-Kommission die Existenz und den Inhalt dieses Befehls, der SAAKASCHWILI stark in Bedrängnis bringen könnte. »Wäre der Befehl authentisch, den russische Geheimdienstler abgefangen haben wollen, so wäre SAAKASCHWILI als Lügner überführt.«[4571]

Ob die Niederlage der USA bei dem Versuch, die NATO-Mitgliedschaft Georgiens und der Ukraine auch gegen den Willen der europäischen NATO-Mitglieder durchzusetzen, grundsätzlich als Beginn eines Niederganges der USA gewertet werden kann,[4572] bleibt abzuwarten. Statt dessen bestehen viele Anzeichen dafür, daß die jetzige OBAMA-Administration ihre Eurasienpolitik weniger an den unmittelbaren Frontstaaten verwirklichen will als vielmehr im Wege einer Umgehungsstrategie, die darauf abzielt, im gesamten arabisch-islamischen Nahen und Mittleren Osten – den eurasischen ›Rimlands‹ an der Südflanke des ›Herzlandes‹ – wieder an Einfluß zu gewinnen und auf diese Weise Rußland strategisch zu isolieren. Für diese These spricht die diplomatische Offensive, die von der OBAMA-Administration gegenüber der islamischen Welt und insbesondere gegenüber dem Iran eingeleitet wurde und als deren Symbol die Rede OBAMAS in der Kairoer Universität Anfang Juni 2009 gesehen werden muß.

Dies muß vor dem Hintergrund betrachtet werden, daß durch die Politik der neokonservativen BUSH-Administration die USA im Nahen und Mittleren Osten erheblich an Einfluß eingebüßt hatten. Nach Ansicht vieler Beobachter hatte kein US-Präsident zuvor »bei seinem Amtsantritt ein so zerrüttetes Verhältnis zum Islam und zur arabischen Welt vorgefunden. OBAMAS Vorgänger, der wiedergeborene Christ George W. BUSH, hat im Nahen und Mittleren Osten tiefe Wunden hinterlassen. Militante Islamisten sind auf dem Vormarsch. Und der Iran ist in der Ära BUSH zur einflußreichsten Macht zwischen Maghreb und Arabischem Golf aufgestiegen«.[4573] Hinter dieser neuen ›Charme-Offensive‹ OBAMAS aber stehen handfeste geopolitische Interessen der USA, die auf die Schaffung neuer Pipelinekorridore, die Rußland vom Energiepoker ausschließen sollen, gerichtet sind. Viel spricht dafür, daß es mit dieser neuen diplomatischen Offensive darum geht, Lieferanten für die transatlantische ›Nabucco‹-Pipeline zu gewinnen.

Im Zentrum der US-Planungen stehen hierfür der kurdische Nordirak sowie die Islamische Republik Iran. Da das irakische Parlament seit Jahren die Verabschiedung eines neuen Ölgesetzes aufschiebt, setzte Irakisch-Kurdistan ein eigenes Ölgesetz in Kraft, dem die Zentralregierung in Bagdad bislang die Zustimmung verweigert hatte. Anfang Juni 2009 hatte diese jedoch ihren Widerstand gegen Ölverträge der kurdischen Regierung aufgegeben. Damit erhöhen sich auch die Chancen, daß künftig Gas aus dem kurdischen Norden des Irak die Gasleitung ›Nabucco‹ speisen wird.[4574] Der Iran seinerseits strebt ebenfalls an, zur Energiedrehscheibe des Mittleren Ostens zu werden; er plant den Bau einer Pipeline zur Gasversorgung Südasiens über Pakistan und Indien (die sogenannte IPI-Friedenspipeline). In diesem Zusammenhang bemüht sich Teheran um den Zugang zu den Gasfeldern Turkmenistans, um dann selbst als Förderer und Vermittler von Erdgas ins Geschäft zu kommen.[4575]

Hinzu kommt, daß sich Weihnachten 2008 unter Federführung Rußlands und des Iran nach dem Vorbild der OPEC ein Kartell erdgasexportierender Länder gebildet hatte, dem neben Rußland und dem Iran auch Algerien, Katar und Venezuela angehören. Rußland, Iran und Katar hatten sich bereits Ende Oktober 2008 zu einer Gas-Troika zusammengeschlossen. Sie haben die weltweit größten Gasreserven und kontrollieren mehr als die Hälfte der Gasvorkommen.[4576] Damit scheint sich die Einrichtung eines geschlossenen eurasischen Energiekartells herauszubilden. PUTIN selbst hatte sich schon 2002 für die Gründung einer eurasischen Gasallianz ausgesprochen, deren wichtigster Verbündeter dabei die Islamische Republik Iran sein sollte. Die USA muß diesen Schritt als direkte Herausforderung ihrer eigenen energiegeopolitischen Interessen betrachten, und so wie sie schon seit Jahrzehnten Strategien zur Torpedierung der OPEC umgesetzt hatten, so wird die US-Machtelite jetzt herangehen, die Bildung eines ähnlichen Kartells im Erdgassektor von vornherein zu verhindern.

Als entscheidenden Ansatzpunkt zur Aufbrechung der ›Erdgas-OPEC‹ scheint sich die neue OBAMA-Administration den Iran ausgewählt zu haben, um mit dessen Hilfe zum einen das eurasische Energiemonopol aufzubrechen und zum anderen den transatlantischen Energiekorridor ›Nabucco‹ zu verwirklichen. Daher besteht also »Grund genug. . . für die USA und die Europäische Union, Iran plötzlich mit ganz anderen, weitaus verliebteren Augen wahrzunehmen. Wenn Iran Nabucco nicht füttern will, wird Nabucco rasch dahinscheiden, noch bevor es über die Phase der Planung hinausgekommen ist«.[4577] Auch sollte sich alsbald zeigen, daß die Inszenierung eines Regimewechsels in Teheran durch die US-Machtelite nach dem Vorbild der ›Farbrevolutionen‹ wie in der Ukraine und in Georgien nicht ausgeschlossen ist, um auf diese Weise wie zur Zeit des Schah-Regimes den Iran als entscheidenden Stützpunkt einer mittelöstlichen US-Geopolitik auszubauen und Rußland einzukreisen.

4 Die Grundlagen der Eurasienpolitik der Obama-Administration: Fortsetzung der ›Full Spectrum Dominance‹ und der Politik der ›Regimewechsel‹

Insgesamt ist die Eurasienpolitik der OBAMA-Administration als Fortsetzung der bisherigen US-Eurasienstrategie zu sehen. Sie unterscheidet sich lediglich in den Methoden ihrer Umsetzung: Anstelle der direkten – bei Bedarf auch militärischen – Konfrontation werden subtilere und verdecktere Mittel eingesetzt, deren eigentliche Absicht nicht von vornherein ersichtlich ist.

Beispielhaft hierfür ist der nukleare Abrüstungsvorschlag OBAMAS Anfang April 2009 in Prag, als er zur Schaffung einer »Welt ohne Atomwaffen« aufrief. Wie schon Knut MELLENTHIN analysierte, ist OBAMAS »Welt ohne Atomwaffen« bei näherem Hinsehen nichts anderes als eine Mogelpackung.[4578] Tatsächlich scheint es bei der nuklearen Abrüstungskampagne OBAMAS darum zu gehen, die konventionellen militärischen Fähigkeiten der USA zu einer ›Full Spectrum Dominance‹ auszubauen, indem Rußland mit der Verpflichtung zur Unterzeichung eines erneuerten Start-I-Abkommens zum Abbau strategischer Nuklearwaffen seines wichtigsten Potentials zur Neutralisierung des überlegenen Militärpotentials der USA beraubt wird. Dies hat man im Kreml längst erkannt. »Natürlich hat OBAMA nicht den Ehrgeiz aufgegeben, daß Amerika die führende Macht bleibt«, erklärte Jewgenij BASCHANOW von der Diplomatischen Akademie des russischen Außenministeriums.[4579] Tatsächlich besitzen die USA ein hervorragend ausgebautes Arsenal von konventionellen Waffen, das dem russischen seit dem Ende der UdSSR deutlich überlegen ist. »Diese Schwäche hat Moskau seither mit seiner höheren nuklearen Schlagkraft auszugleichen versucht. Ein weiterer Abbau der Atomwaffen würde diese Linie jedoch durchkreuzen.«[4580] Ähnlich schätzt auch das Nachrichtenmagazin *Der Spiegel* die Hintergründe der Debatte ein: »Tiefere Einschnitte würden Moskau den letzten militärischen Trumpf nehmen, den es gegenüber Amerikanern und Chinesen noch besitzt – denn Washington ist bei konventionellen Waffen haushoch überlegen, und Peking rüstet inzwischen vehement nach.«[4581]

Nach dem Willen OBAMAS sollen beide Seiten die Zahl ihrer Atomsprengköpfe auf 1000 bis 1500 verringern. Die Auswirkungen auf Rußlands Verteidigungsfähigkeit stellte Andrew KUTCHINS, Direktor beim Thinktank CSIS in Washington, mit folgenden Worten dar: »Rußland treibt schlichtweg die Sorge um, daß eine atomwaffenfreie Welt die Dominanz der USA bei konventionellen Waffen festschreibt. Wenn das alles weiter in diese Richtung läuft, dann würde das die Abschreckungsmöglichkeiten Rußlands reduzieren und erodieren – und das kann Moskau nicht akzeptieren.«[4582] Im Kreml ist allgemein anerkannt, daß Rußland nach seiner Niederlage im Kalten Krieg auch bei der Abrüstung den kürzeren gezogen hat, und von russischen Diplomaten wird OBAMAS Vision von der atomwaffenfreien Welt daher auch als eine Falle gesehen, um Rußlands Einfluß in der Welt weiter zu schwächen,[4583] Rußland seiner atomaren Vergeltungsschlagskapazität zu berauben und damit die konventionelle Eingreiffähigkeit der US-Streitkräfte in Eurasien zu erhöhen. Folgerichtig knüpft der Kreml eine weitere nukleare Abrüstung denn auch daran, daß die USA die Raketenabwehrpläne für Polen und die Tschechische Republik aufgeben.[4584] Der russische Oberst Wiktor BARANEZ riet daher dem russischen Präsidenten Dimitij MEDWEDJEW, den USA nur dann Zugeständnisse zu machen, wenn Rußland wirklich eine Gegenleistung bekommt. »Leider haben wir die Angewohnheit, immer etwas auf den Gabentisch zu legen, wenn hoher Besuch aus Washington kommt – und als Dank rückt dann die Nato näher an unsere Grenzen heran.«[4585]

Die Sicherstellung der militärischen ›Full Spectrum Dominance‹ in Eurasien ist damit auch Wesensbestandteil der Eurasienpolitik der OBAMA-Administration, und sämtliche Vorzeichen sprechen dafür, daß die amerikanisch-russische Konfrontation

Den US-Amerikanern geht es um ›Full Spectrum Dominance‹, also um Überlegenheit auf allen Ebenen.

fortbestehen wird. »Unvereinbar stehen sich Amerikaner und Russen auch im Ringen um die Anfang der neunziger Jahre selbständig gewordenen Staaten gegenüber, die zuvor Teil der Sowjetunion waren«, so schätzt das Nachrichtenmagazin *Der Spiegel* die Situation ein. »Amerika will sie näher an den Westen rücken, Rußland betrachtet sie als Sphäre seiner ›privilegierten Interessen‹ (Präsident MEDWEDJEW).«[4586]

An dieser Einschätzung ändert auch die von der OBAMA-Administration kürzlich in die Diskussion gebrachte veränderte Variante des Raketenabwehrprojektes nichts. Aufgrund neuer Geheimdiensterkenntnisse, denen zufolge die gegenwärtige Reichweite iranischer Raketen lediglich auf den Mittelstreckenbereich beschränkt sei, sei das bisher geplante Modell derzeit nicht notwendig, so die Argumentation. Vor diesem Hintergrund wurde schließlich ein dreistufiges Abwehrsystem ins Leben gerufen: Zunächst sollen ab 2011 Abfangsysteme auf Kriegsschiffen mit der neuen Abfangrakete SM-3 und mit Hilfe eines landgestützten mobilen Radarsystems im Mittelmeerraum sowie im Nahen und Mittleren Osten stationiert werden. In einem zweiten Schritt soll dann ab etwa 2015 eine leistungsstärkere Version der SM-3-Abfangrakete, verbunden mit besseren Aufklärungssensoren, hinzukommen. »Damit soll der Raum vergrößert werden, der gegen anfliegende Raketen geschützt werden kann. Neben die seegestützte Version der SM-3 soll eine landgestützte, verlegbare Variante treten. Schrittweise soll ein Schutz für alle NATO-Länder in Europa entstehen.«[4587]

Anschließend soll ab 2018 eine neue Version der Abfangrakete SM-3 eingeführt werden, die imstande sein soll, Raketen großer Reichweite und sogar Interkontinentalraketen abzuschießen. Jedoch bedeutete diese Entscheidung der OBAMA-Administration keine Verbesserung der strategischen Position Rußlands in dieser Frage. Unterm Strich bedeutet dieser Schachzug nichts anderes, als daß die Verwirklichung der ballistischen ›Full Spectrum Dominance‹ gegenüber Rußland nur zeitlich verschoben wird. In den ersten beiden Phasen wird die russische Zweitschlagsfähigkeit nicht beeinträchtigt. Dies aber ändert sich mit der Verwirklichung der dritten Stufe, wie auch Otfried NASSAUER analysiert: »Sollten ab 2020 leistungsgesteigerte SM-3-Raketen stationiert werden, die auch Langstreckenraketen abfangen können, so droht aufs neue die kontroverse Debatte der letzten Jahre. Zudem zeigen die Planungsdokumente der US-Raketenabwehragentur, daß die Entwicklung der bislang in Polen geplanten Zweistufen-Abfangrakete nicht gestoppt wird. Sie soll als Rückfalloption zur Verfügung stehen, falls technische Probleme bei der Umsetzung der neuen Planung auftreten.«[4588] Auch eine Analyse in dem Magazin *Internationale Politik* geht davon aus, daß OBAMAS Raktenabwehr keine Abkehr von der ›Full Spectrum Dominance‹ bedeutet: »Die USA planen dennoch auch in Zukunft, ihr globales Raketenabwehrsystem weiterzuentwickeln und auszubauen.«[4589]

Damit stellt sich die Frage nach den eigentlichen Gründen der OBAMA-Administration für dieses Vorgehen. Viel spricht dafür, daß es im Zusammenhang mit dem oben bereits angedeuteten allmählichen Niedergang der USA steht. Analysen westlicher Geheimdienste warnen bereits vor einer Machtverschiebung weg vom transatlantischen Raum in Richtung Asien. Eine Studie des Bundesnachrichtendienstes erwähnt hier ausdrücklich Rußland und China. Mittlerweile hat sich schon eine strategische und auch finanzielle Abhängigkeit Washingtons von diesen beiden eurasischen Mächten abgezeichnet. Die Diskussion um die Militärbasen in Kirgistan machte deutlich, daß die USA ohne russische Unterstützung oder zumindest ohne eine Neutralität Moskaus in Afghanistan nicht mehr viel ausrichten können. Auch trägt Rußland – worauf unten noch näher eingegangen wird – zur Finanzierung des enormen Haushaltsdefizits der USA bei. Diese Umstände verbieten daher eine direkte militärische Konfrontation Washingtons mit Moskau.

Jedoch macht auch das *Nuclear Posture Review* der OBAMA-Administration vom April 2010 deutlich, daß sich an den atomaren Rüstungsplänen der USA nicht viel ändern wird: Die landgestützten Interkontinentalraketen bleiben in ihrer Zahl vorerst erhalten. Derzeit verfügen die USA über 450 Minuteman-III-Raketen mit jeweils bis zu drei Sprengköpfen. Die Zahl der Sprengköpfe soll zwar bis auf einen je Rakete verringert werden, doch die Modernisierung der Raketen soll wie geplant fortgesetzt werden, so daß die Minuteman-III-Rakete bis 2030 im Dienst bleiben kann. Ferner laufen auch Vorarbeiten für eine Nachfolgerakete. Darüber hinaus werden auch die Sprengköpfe des Typs W-76 modernisiert, mit denen Trident-Raketen auf U-Booten bestückt sind. Diese bilden schließlich auch das Rückgrat des strategischen US-Atomwaffenarsenals. Zusätzlich soll die Fähigkeit, Jagd- und schwere Bomber atomar zu bestücken, erhalten bleiben. Zudem ist beabsichtigt, die nukleare Rolle der strategischen Bomber vom Typ B-52 und B-2 grundsätzlich unangetastet zu lassen. Ähnliches gilt auch für die atomare Bewaffnung der strategischen U-Boote der Ohio-Klasse. Deren Zahl soll zwar von 14 auf 12 reduziert werden, doch »diese Entscheidung beeinflußt aber nicht die Zahl der auf U-Booten stationierten Atomsprengköpfe«, heißt es in dem Dokument. Zudem wird die Entwicklung eines neuen U-Boot-Typs vorangetrieben, der die Ohio-Klasse ab 2027 ablösen soll.[4590]

Dies macht deutlich, daß hinter der OBAMA-Administration eine Machtelite steht, der es dem Rüstungsexperten Otfried NASSAUER zufolge darum geht, den Einstieg in die Modernisierung des Nuklearwaffenpotentials der USA zu erreichen, das Global-Strike-Programm weiter entwickeln zu können und keine neuen Beschränkungen für das Raketenabwehrsystem einzugehen. »Starke Kräfte innerhalb und außerhalb der Administration wollen ihn (OBAMA, der Verf.) zu einer Festlegung auf die Modernisierung der Atomwaffen zwingen.«[4591] Wichtigter Vertreter dieser Elite ist – so NASSAUER – der Verteidigungsminister Robert GATES, der ein Befürworter der atomaren Modernisierung und federführend bei der Erarbeitung des *Nuclear Posture Review* ist. Die für die US-Atomwaffen zuständigen Ministerien »haben all ihre Wunschprojekte durchbekommen«, beurteilt NASSAUER die neue Atomwaffendoktrin der USA.[4592] Das Nachrichtenmagazin *Spiegel online* sagt hierzu: »Die neue Doktrin sieht zwar vor, daß die USA auf den Bau neuer Atomwaffen verzichten. Allerdings gibt es Schlupflöcher. Denn alte Waffen dürfen nach Angaben der NNSA (National Nuclear Security Administration, der Verf.) in großem Umfang modernisiert werden.«[4593]

Darüber hinaus gibt es einige Anhaltspunkte dafür, daß auch unter der OBAMA-Administration die Strategie der Anzettelung ›samtener Revolutionen‹ in strategisch wichtigen Regionen fortgesetzt wird, um den russischen Einfluß Stück für Stück zurückzudrängen. Die Unruhen in Moldawien Mitte April 2009 nach dem Wahlsieg des amtierenden Staatspräsidenten WORONIN, die in den Medien als sogenannte »Zwitschernde Revolution« bezeichnet wurde, deuten darauf hin. Nach Einschätzung mancher Beobachter waren die Unruhen in diesem geopolitisch nicht unwichtigen Land vom NATO-Partner Rumänien angeheizt worden.[4594] Auch dieser Staat verkörpert einen der ›eingefrorenen Konflikte‹ der postsowjetischen Staatenwelt. Geopolitisch betrachtet bildet er den Durchgangsweg zwischen dem Ausläufer der Karpaten und dem Schwarzen Meer; die strategische Kontrolle der Schwarzmeerregion bedingt die Kontrolle dieser Region, von deren Besitz auch die Fähigkeit abhängt, die Geschicke des Balkans zu bestimmen. Das Vorhaben jeder Seemacht, den Balkan als Korridor Richtung Schwarzmeerregion und Mittelasien auszubauen, kann nur dann erfolgreich sein, wenn es dieser gelingt, die Dnjestr-Region zu kontrollieren.

Nicht umsonst wurde auch der Krimkrieg 1851–1853 durch einen Streit zwischen der britischen Seemacht und der russischen Landmacht um diese Region ausgelöst, was deren geopolitische Bedeutung unterstreicht. Als schließlich das rumänisch sprechende Moldawien im Zuge des Zerfalls der UdSSR unabhängig wurde, spaltete sich die slawisch besiedelte Dnjestr-Region Transnistrien ihrerseits von Moldawien ab. Moldawiens Außenpolitik richtet sich seit Mitte der neunziger Jahre zunehmend an das transatlantische Bündnis aus; es war Gründungsmitglied des mit der NATO liierten Bündnissystems GU(U)AM. Um seinen geopolitischen Einfluß nicht zu verlieren, war Rußland bestrebt, die moldawisch-transnistrischen Spannungen auszunutzen, und damit das Abdriften Moldawiens Richtung Westen zu verhindern. In Transnistrien blieb auch die 14. Russische Armee stationiert, mit deren verdeckter Hilfe Transnistrien seine Autonomie durchsetzen konnte. Ferner versuchte Moskau sich in dieser Region als »ehrlicher Makler«[4595] einzubringen, indem es sich im Rahmen des von ihm entwickelten ›Kosak-Plans‹ um die Entmilitarisierung des Spannungsherdes und um die Autonomie Transnistriens innerhalb des moldawischen Staates bemühte.

Mit diesem Plan sollten nach der Absicht Moskaus die EU und die NATO aus dem Krisenherd herausgehalten werden, welche sich aber auf verschiedenen diplomatischen Wegen einmischten und Rußland dahingehend unter Druck setzten, seine in Transnistrien stationierten 1200 Soldaten abzuziehen. Der moldawische Präsident WORONIN setzte auf eine prowestliche Außenpolitik und forderte Ende 2003, daß der Abzug der russischen Truppen »ohne Verzug« umgesetzt werde.[4596] Im Mai 2005 verständigten sich die GUAM-Staaten und osteuropäische Neumitglieder von NATO und EU auf einen Neubeginn als ›Organisation für Demokratie und wirtschaftliche Entwicklung‹, womit unter anderem auch die Westbindung Moldawiens beschleunigt werden sollte. Die geopolitische Bedeutung dieser Entwicklung wurde auf dem GUAM-Gipfel in Batumi (Georgien) Anfang Juli 2008 deutlich: Bei diesem ging es vor allem um »alternative Infrastrukturprojekte«, um alternative Pipelinekorridore für Öl- und Gastransporte aus der kaspischen Region nach Westen unter Umgehung Rußlands sowie um die »Einigung des europäischen Ostens« unter transatlantischem Vorzeichen.[4597]

Auf diesem Gipfel zeigte sich aber eine deutliche Absetzbewegung Moldawiens von der transatlantischen Einbindung. »In einem Interview mit der russischen Tageszeitung *Kommersant* deutete der moldauische Präsident Wladimir WORONIN sogar eine prinzipielle, geopolitische Umorientierung Moldawiens in Richtung Moskau an.«[4598] Moldawien entschied sich für eine Schaukelpolitik zwischen Ost und West.[4599] Viel spricht dafür, daß dieser außenpolitische Kurswechsel Moldawiens durch den zunehmenden wirtschaftlichen Einfluß Rußlands auf das Land bestimmt worden ist. Da Moldawien fast vollständig auf den russischen Markt ausgerichtet ist, war es Rußland zwischenzeitlich gelungen, seine Kontrolle über die moldawische Wirtschaft auszubauen. In Transnistrien selbst sollen mittlerweile 70 Prozent der Industriebetriebe in russischer Hand sein.[4600] Anlaß des prorussischen Kurswechsels war den Worten WORONINS zufolge die Enttäuschung Moldawiens darüber gewesen, daß eine vom ukrainischen Odessa bis zum polnischen Gdansk geplante Ölpipeline nicht über moldawisches Gebiet führen soll.[4601] Tatsächlich konnte Rußland in Moldawien einen entscheidenden strategischen Erfolg für sich verbuchen: Wie oben dargestellt, hatten sich der russische Staatspräsident MEDWEDJEW und der moldawische Staatschef WORONIN 2008 darauf geeinigt, daß Moldawien neutral bleiben und auf eine NATO-Mitgliedschaft verzichten sollte. Darüber hinaus wurden den russischen Soldaten Stationierungsrechte für weitere zwanzig Jahre eingeräumt.

Dieser Umstand mag für Vertreter der US-Machtelite Anlaß gewesen sein, nach dem Vorbild Georgiens und der Ukraine einen prowestlichen Machtwechsel anzuzetteln. Das Ergebnis der moldawischen Parlamentswahl vom 5. April 2009, bei der die prorussische Kommunistische Partei, deren Kandidat WORONIN ist, 50 Prozent der Stimmen für sich verbuchen konnte, sollte nach georgischem und ukrainischem Vorbild im Wege des ›zivilen Ungehorsams‹ angezweifelt und dadurch die kommunistische Regierung WORONIN gestürzt werden. Ein gangbarer Weg hierfür sollte die Instrumentalisierung großrumänischer Nationalisten sein, die offen forderten, daß Moldawien – das ehemalige Bessarabien, das 1940 von der Sowjetunion besetzt wurde – wieder mit Rumänien wiedervereinigt werde. Tatsächlich führte ein nicht geringer Teil der Demonstranten auf der Straße rumänische Flaggen mit sich.

Ferner deutete eine Studie des Centre for Research on Globalization mit dem Titel *Who is behind Moldava's Twitter Revolution?*[4602] an, daß die US-Machtelite und die NATO an einem prowestlichen Machtwechsel in Moldawien interessiert seien, weil damit ein ›Rollback‹ der russischen Militärpräsenz und eine weitere Verringerung des russischen Einflusses in der postsowjetischen Sphäre verbunden werde. Erwiesen ist, daß Organisationen wie USAID im Rahmen eines ›Moldava Citizen Participation Program‹ Maßnahmen zur Einleitung eines Regimesturzes im Wege des zivilen Protestes eingeleitet hatten.[4603] Eine Beschreibung der ›oppositionellen‹ Organisationen wie ›ThinkMoldava‹ durch die *Neue Zürcher Zeitung* mit dem Titel »Gezwitscher der Unzufriedenheit in der Republik Moldau« macht deutlich, daß der Protest nach demselben organisierten Schema ablief wie in den Jahren zuvor in Georgien oder der Ukraine.[4604] Damit sprechen einige Anzeichen für eine Steuerung der Entwicklungen in Moldawien durch externe Machtfaktoren. Am Rande sei bemerkt, daß Anhaltspunkte für eine Fälschung der Parlamentswahl nicht vorlagen. »OSZE-Beobachter hatten die Wahl im großen und ganzen als positiv bewertet.«[4605] Die Protestbewegung konnte letztlich von der legitimen WORONIN-Regierung unter Kontrolle gebracht werden.

Von wesentlich größerer Tragweite waren die Entwicklungen im Zuge der Präsidentschaftswahlen im Iran im Juni 2009. Was von den Medien vordergründig als ein Aufstand der Reformer gegen die Machtelite der Mullahs dargestellt wurde, schien vielmehr ein Machtkampf innerhalb der iranischen Machtelite zu sein. Tatsächlich hat sich nach Ansicht von Iran-Experten dort ein Konfliktherd entwickelt, in dem sich auf der einen Seite der Oberste Revolutionsführer Ali CHAMENEI, der von diesem geförderte Staatspräsident Mahmut AHMADINEDSCHAD im Bündnis mit den Revolutionsgarden und andererseits der einflußreiche Vorsitzende des sogenannten ›Expertenrates‹ Ali Akbar RAFSANDSCHANI und der von ihm gestützte Oppositionsführer Mir Hussein MUSSAWI gegenüberstanden. Viel spricht dafür, daß RAFSANDSCHANI, einer der reichsten und politisch einflußreichsten Männer im Iran, hinter den Kulissen im inneriranischen Machtkampf die Fäden zog und durch den gezielten Aufbau von MUSSAWI zum Oppositionsführer einen Machtwechsel herbeiführen wollte.[4606] Nachgewiesen ist zudem, daß RAFSANDSCHANI und der amtierende Staatspräsident Mahmut AHMADINEDSCHAD »sich in herzlicher Abneigung zugetan« sind.[4607] Für die geopolitischen Auswirkungen des Machtkampfes nicht uninteressant ist dabei, daß RAFSANDSCHANI Verfechter einer marktwirtschaftlichen Liberalisierungspolitik ist und zudem für eine ›Öffnung‹ des Iran gegenüber den USA steht.[4608]

Es gibt einige Indizien für die These, daß die USA hinter den Kulissen des inneriranischen Machtkampfes eine nicht unbedeutende Rolle spielen. Wie Paul Craig ROBERTS berichtet, sind die Unruhen im Iran als eine Fortsetzung der von der US-Machtelite orchestrierten ›Farbrevolutionen‹ anzusehen.[4609] Tatsache ist – wie auch schon zuvor der US-Journalist Seymour HERSH enthüllte –, daß die USA bereits seit geraumer Zeit einen verdeckten Geheimdienstkrieg gegen den Iran führen, der unter anderem darin besteht, eine Revolte ethnischer Minderheiten wie der Belutschen und sunnitischer Extremisten zu entfachen.[4610] Im *New Yorker* vom 29. Juni 2008 berichtete HERSH: »Laut Quellen aus dem militärischen Geheimdienst und dem Kongreß stimmte der Kongreß Ende letzten Jahres einem Antrag von Präsident BUSH zu, eine umfassende Ausweitung von Geheimoperationen gegen Iran zu finanzieren. Diese Operationen, für die Präsident BUSH 400 Millionen Dollar beantragte, wurden in einer von George W. BUSH unterschriebenen präsidentiellen Weisung beschrieben und sind darauf angelegt, die religiöse Führung des Landes zu destabilisieren.«[4611]

Ähnliches berichtete auch der *London Telegraph* vom 27. Mai 2007: »Mr. BUSH hat ein offizielles Dokument unterzeichnet, das CIA-Pläne für eine Propaganda- und Desinformationskampagne befürwortet, die die theokratische Herrschaft der Mullahs zu destabilisieren und schließlich zu stürzen beabsichtigen.«[4612] Die Präsidentschaftswahlen schienen nun den idealen Zeitpunkt für die Verwirklichung dieser Geheimpläne zu bieten. Wie in den vorangegangenen ›Farbrevolutionen‹ kam es auch im Iran zunächst darauf an, den Wahlsieg des von den USA nicht gewünschten Wahlsiegers AHMADINEDSCHAD zu delegitimieren und gleichzeitig einen Massenprotest zu entfachen, der den unliebsamen Kandidaten als skrupellosen Wahlfälscher bloßstellen sollte. Inwieweit diese Kampagne einen Wahrheitsgehalt hatte, darf aber zumindest angezweifelt werden. Kaum bekannt ist nämlich, daß die amerikanischen Meinungsforscher Ken BALLEN vom ›Center for Public Opinion‹ und Patrick DOHERTY von der ›New America Fondation‹ vor der Wahl im Iran Umfragen gestartet hatten und deren Ergebnisse in der *Washington Post* vom 15. Juni 2009 veröffentlichten. Diese lauteten: »Viele Experten behaupten, die Höhe des Sieges des amtierenden Präsidenten Mahmoud AHMADINEJAD sei das Ergebnis von Betrug oder Manipulation, aber unsere landesweite Meinungsumfrage unter den Iranern drei Wochen vor der Wahl zeigte, daß AHMADINEJAD in einem Verhältnis von mehr als 2 zu 1 in Führung lag – klarer noch als die tatsächliche Höhe seines Sieges in den Wahlen. Während westliche Nachrichtenberichte aus Teheran in den Tagen vor der Wahl eine für AHMADINEJADS Hauptopponenten, Mir-Hossein MOUSSAVI, enthusiastische iranische Öffentlichkeit zeichneten, zeigten unsere wissenschaftlichen Stichproben, die wir in allen 30 Provinzen Irans nahmen, daß AHMADINEJAD klar vorne lag.«[4613]

Außerdem spricht einiges dafür, daß die Kampagne des AHMADINEDSCHAD-Gegners Mir-Hussein MUSSAWI im wesentlichen durch geheime US-amerikanische Hilfe gefördert wurde. Zu beachten ist in diesem Zusammenhang, daß MUSSAWI über Kontakte zur neokonservativen US-Machtelite verfügt. »Zumindest ist MUSSAWI seit Mitte der achtziger Jahre gut Freund mit dem radikalen US-Neokonservativen Michael LEDEEN. 2001 hatte LEDEEN die ›Koalition für Demokratie im Iran‹ (CDI) gegründet, um mit Ex-CIA-Direktor WOOLSEY auf einen ›Regimewechsel‹ in Teheran hinzuarbeiten. MUSSAWI und LEDEEN kennen sich seit der Iran-Contra-Affäre; beider Freund ist der frühere iranische Waffenhändler Manuchehr GHORBANIFAR, Schlüsselfigur jener Affäre sowie Agent diverser Geheimdienste.«[4614] Darüber hinaus schien MUSSAWI auch Unterstützung jener US-amerikanischer Einrichtungen erfahren zu haben, die die Regimewechsel in Georgien und der Ukraine hinter den Kulissen mitgestaltet hatten. »Das National Endowment for Democracy«, so der neokonservative Publizist Kenneth TIMMERMAN, »hat Millionen von Dollar ausgegeben, um ›farbige‹ Revolutionen voranzutreiben. . . Ein Teil dieses Geldes scheint seinen Weg in die Hände der Pro-MUSSAWI-Gruppen gefunden zu haben, die Verbindungen zu Nicht-Regierungsorganisationen außerhalb des Iran haben, welche das National Endowment for Democracy finanziert.«[4615]

Auch erhielt die iranische Protestbewegung logistische Unterstützung aus den USA, wie der Nachrichtendienst *Spiegel online* am 17. Juni 2009 enthüllte: »Seit Beginn der Proteste sind der von den USA finanzierte Sender Voice of America und der britische persischsprachige BBC-Kanal Hauptinformationsquelle vieler Iraner. Die vornehmlich aus den USA operierenden Online-Netzwerke Facebook und Twitter sind von immenser Bedeutung für den Protest. Die US-Regierung weiß um den Wert dieser Instrumente. Am 15. Juni (2009) erhielt Twitter-Gründer Jack DORSEY eine offizielle E-Mail aus dem Außenministerium. Darin seien die Twitter-Macher dazu aufgefordert worden, Wartungsarbeiten am System zu verschieben. Die Abschaltung von Twitter in Iran solle verhindert werden. Die *New York Times* sprach von einem Meilenstein in der Mediengeschichte. Die US-Regierung habe damit anerkannt, daß ein Blog-Service, der noch keine vier Jahre alt sei, das Potential habe, in einem islamischen Land mit uralter Kultur den Kurs der Geschichte zu ändern.«[4616]

In diesem Zusammenhang hatte die venezolanische Rechtsanwältin Eva GOLINGER enthüllt, daß das US-State Department seit geraumer Zeit mit der CIA über Technologien wie Facebook, Twitter und Blog-Services Strategien und Netzwerke entwickelt, die als Grundlage für etwaige Regimewechsel in wichtigen Ländern dienen sollen. »Die Schöpfer der erfolgreichen ›High-tech‹-Kampagne von OBAMA vereinten sich mit den Washingtoner Agenturen, um eine perfekte Strategie zu entwerfen. Sie kombinierten zwei neuartige Kräfte in der Politik – die Jugend und die neuen Technologien. Heraus kam eine Kombination, die etwas ermöglichen sollte, was man der CIA jahrelang schwergemacht hatte: Regimewechsel in Ländern, die sich den Interessen der USA nicht untergeordnet hatten – ohne daß dabei Washingtons Hand im Spiel zu sehen war.«[4617]

Daneben scheint einiges dafür zu sprechen, daß die OBAMA-Administration auch den irregulären Krieg gegen den Iran durch Förderung von ethnischen Separatisten und sunnitischen Extremisten weiterführt. In diesem Zusammenhang erwähnte F. William ENGDAHL einen Pressebericht, dem zufolge die Entlassung des kommandierenden Generals der US-Streitkräfte in Afghanistan, Stanlay MCCHRISTAL, im Juni 2010 darauf zurückzuführen sei, daß dieser gegenüber dem afghanischen Präsidenten Hamid KARZAI die geheime Zusammenarbeit zwischen dem Pentagon und dem Führer der oben bereits beschriebenen terroristischen ›Jundallah‹-Gruppe, Abdolmalek RIGI, erwähnt haben soll. Diesem Bericht zufolge soll MCCHRISTAL KARZAI über einen geheimen US-Plan zur Destabilisierung der gesamten Region informiert haben, der darin bestand, durch Unterstützung sunnitisch-fundamentalistischer Warlords, die auch führend im Drogengeschäft tätig sind, einen Aufstand im Iran zu entfachen.[4618] Nach der Darstellung F. William ENGDAHLS soll ein Treffen zwischen RIGI und dem US-Sondergesandten für Afghanistan und Pakistan, Richard HOLBROOKE, geplant gewesen sein, bei dem darüber gesprochen werden sollte, wie ein Aufstand gegen den Iran entfesselt werden könne. In einem Interview habe RIGI in diesem Zusammenhang erwähnt, daß er sich zuvor in Dubai mit CIA-Vertretern getroffen habe, welche ihm auch uneingeschränkte Unterstützung, einschließlich der Bereitstellung von Waffen, Ausbildung und auch die Nutzung einer Militärbasis im pakistanisch-iranischen Grenzgebiet zugesagt hätten. Jedoch sei es zur Verwirklichung dieses Plans nicht gekommen, weil RIGI im Februar 2010 von iranischen Sicherheitskräften gefaßt und im Juni des Jahres schließlich hingerichtet worden sei.[4619]

Tatsächlich hatte in der Vergangenheit der US-Nachrichtensender ABC bestätigt, daß die USA seit 2005 die ›Jundallah‹-Gruppe unterstützen.[4620] »Die aus dem pakistanischen Belutschistan stammende Organisation wird von Abdul Malik RIGI geführt«, so ein Enthüllungsbericht. »Der am Nixon-Center tätige Antiterrorforscher Alexis DEBAT beschreibt RIGI als einen Mann, der ›teils Drogenschmuggler, teils Taliban und teils Sunni-Aktivist‹ sei. Er sei der US-Administration durchaus bekannt; vor allem beim Aufspüren von Al-Quaida-Mitgliedern in Pakistan habe der US-Geheimdienst die Unterstützung der Dschundallah in Anspruch genommen. Die CIA bestätigte diese Kooperation, obwohl bekannt war, daß RIGI ›eine Truppe von mehreren hundert Guerillakämpfern [kommandiert], die grenzübergreifende Angriffe in den Iran, auf iranische Militäroffiziere und Angehörige des Geheimdienstes ausführt, sie kidnappt und vor laufender Kamera hinrichtet‹.«[4621]

Den Recherchen des Institut Français d'Analyse Stratégique zufolge ist aber auch Großbritannien an der Finanzierung separatistisch-terroristischer Gruppen im Iran beteiligt. Anfang 2005 kam es in der südwestiranischen Provinz Chusistan zu einer Reihe terroristischer Anschläge gegen öffentliche Einrichtungen und Ölpipelines, die von der Gruppierung ›Popular Democratic Front for the Ahwazi Arab Peopel‹ (PDFA) ausgeführt wurden. »Kurz zuvor hatte in London der ›Kongreß der Völker Irans‹ getagt, an dem Vertreter der ethnischen Minderheiten im Iran, darunter der Ahwazi-Araber, der Kurden, Aserbaidschaner und Belutschen, teilnahmen. Im Anschluß an die Konferenz trafen der Generalsekretär der PDFA, Mansour Ahmed AL-AHWAZI, und Jack STRAW, der ehemalige britische Außenminister, zu einer Unterredung zusammen. Kurz darauf begann in der Provinz Chusistan eine Welle von Bombenanschlägen, die neben Banken und öffentlichen Gebäuden auch Pipelines zum Ziel hatten. Laut Institut Français d'Analyse Stratégique könnte die Zielsetzung der Saboteure darin bestanden haben, durch Angriffe auf das Pipelinenetz die Versorgung der Raffinerien zu unterbrechen und dadurch die Benzinerzeugung im Iran zu belasten.«[4622] Die Gründe für diese irreguläre Kooperation liegen Beobachtern zufolge »in den militärischen Mißerfolgen im Irak und in Afghanistan sowie insbesondere in der Aussichtslosigkeit eines möglichen Militärschlags gegen den Iran. Um dennoch quasi-militärisch gegen den Iran vorgehen zu können, bedient sich die US-Regierung deshalb der gegen die ›Islamische Republik‹ operierenden Terrorgruppen«.[4623]

Viel spricht dafür, daß es den USA mit einem angezettelten Machtwechsel im Iran darum geht, die von Rußland ins Leben gerufene eurasische Energiestrategie zu durchkreuzen. Wie bereits dargestellt, ist der Iran ein wichtiger Partner für Moskaus Plan, eine eurasische ›Gas-Opec‹ zu schaffen, deren Grundlagen bereits im Dezember 2008 gelegt wurden. Darüber hinaus hatte der Iran 2006 den Beobachterstatus in der SCO erhalten, so daß sich allmählich eine sicherheits- und energiepolitische Integration Eurasiens unter Führung Rußlands, Chinas und des Iran abzuzeichnen beginnt. »Mit Iran verbindet Rußland das Interesse, Amerika und die Nato so weit wie möglich von der kaspischen Region fernzuhalten, ebenso Bemühungen, nach dem Vorbild der Ölstaaten ein Bündnis der Erdgasproduzenten (›Gas-Opec‹) zu organisieren.«[4624]

Interessant ist überdies, daß gleichzeitig mit den Unruhen im Iran es am 13. Juli 2009 in Ankara zur Unterzeichnung des Regierungsabkommens über die – im wesentlichen auch von den USA unterstützte – ›Nabucco‹-Pipeline kam. Mit der Vereinbarung, die neben dem türkischen Ministerpräsidenten ERDOGAN auch die Regierungschefs von Bulgarien, Rumänien, Ungarn und Österreich unterzeichneten, machte das seit rund sieben Jahren diskutierte Vorhaben einen entscheidenden Schritt nach vorn, und dieses Regierungsabkommen gilt nach allgemeiner Auffassung als Grundvoraussetzung sowohl für die Finanzierung des Projekts als auch für die Gewinnung eines sicheren Gaslieferanten. Nach wie vor ist nämlich noch offen, woher das Gas für die ›Nabucco‹-Pipeline kommen soll.[4625]

Wie das *Handelsblatt* darstellt, spielt für diese Überlegungen der Iran eine entscheidende Rolle. Demnach »stimmen Experten der Europäischen Kommission mit anderen Energiefachleuten überein: Ohne Gas aus Iran ist das Nabucco-Projekt kaum zu verwirklichen. Teherans Energieminister Gholam-Hossein NOZARI versicherte kürzlich, sein Land sei zu Gaslieferungen bereit. Und westliche Konzern-Vertreter sollen nach Informationen aus Branchenkreisen auch schon in Iran sondiert haben.«[4626] Da jedoch nach den bisherigen Maßstäben der US-Mittelostpolitik Verhandlungen mit dem gegenwärtigen Regime in Teheran ein Tabu sind, stellt ein Regimewechsel im Iran die ideale Voraussetzung für eine etwaige Energiekooperation mit dem ›Nabucco‹-Konsortium dar.

Aserbaidschan, das lange als sicherster Partner für ›Nabucco‹ galt, scheint sich wieder energiepolitisch an Rußland auszurichten. Ende Juni 2009 vereinbarten Aserbaidschans Präsident ALIJEW und sein russischer Amtskollege MEDWEDJEW, daß Aserbaidschan ab 2010 wieder Erdgas nach Rußland liefert. Gasprom konnte sich hier das Vorkaufsrecht für den Ausbau des Schah-Deniz-Feldes im Kaspischen Meer sichern. Der Irak ist aufgrund von dauernden Anschlägen auf die Energieinfrastruktur ein sehr unsicheres Terrain; überdies ist die Verteilung der Einnahmen aus dem Öl- und Gasgeschäft noch immer nicht gesetzlich geregelt.[4627]

Ein unsicherer Kandidat ist ebenfalls Turkmenistan, das zwischen Moskau und dem Westen schwankt. Kasachstan und Turkmenistan, denen Brüssel urspünglich die tragende Rolle als Gaslieferant zuweisen wollte, hatten schon zu Anfang des neuen Jahrhunderts nahezu die gesamte Förderung der damals erschlossenen Gasfelder in Verträgen mit bis zu 25 Jahren Laufzeit an Gasprom verkauft. Anfang 2009 gelang es Gasprom überdies, die gesamte Jahresförderung Usbekistans zu erwerben, um damit eine Pipeline zu befüllen, welche am Ostufer des Kapischen Meeres entlang nach Rußland führt.[4628]

Daher spricht einiges dafür, daß mit einem angezettelten Machtwechsel im Teheran der Iran aus der russischen Energiestrategie herausgelöst und statt dessen in einen sicheren Gaslieferaten für den Ost-West-Gaskorridor verwandelt werden soll. Mit diesem Korridor, so EU-Kommissionspräsident BARROSO, soll »ein neues, enges Band zwischen Europa, der Türkei, dem Kaspischen Raum und Zentralasien« geknüpft werden – dessen tieferer Sinn die Liquidierung der russisch-eurasischen Energieintegrationspläne ist. Inwieweit es Rußland in Zusammenarbeit mit dem italienischen Energiekonzern ENI gelingt, mit dem ›South-Stream‹-Projekt ›Nabucco‹ zu unterlaufen, bleibt abzuwarten.

Jedenfalls zögerte Rußland nicht lange mit einer Reaktion auf das ›Nabucco‹-Regierungsabkommen Mitte Juli 2009. Anfang August 2009 gelang es Moskau, die Türkei für seine energiegeopolitischen Ziele zu gewinnen. Bereits seit Monaten bemühte sich der Kreml für einen Einstieg des ›Nabucco‹-Partners Türkei bei ›South Stream‹, die russisches Erdgas durch das Schwarze Meer und die türkische Schwarzmeer-Wirtschaftszone nach Bulgarien und von dort nach West- und Südeuropa bringen soll. Der Erfolg dieser Bestrebungen spiegelte sich dann in den Abkommen zur Energiezusammenarbeit zwischen Moskau und Ankara am 6. August 2009 wider: Die Türkei erklärte ihre Bereitschaft dafür, daß die ›South-Stream‹-Pipeline bei der Streckenführung durch das Schwarze Meer auch türkische Hoheitsgewässer durchqueren darf. Zudem soll die zwischen Rußland und der Türkei bestehende Erdgaspipeline ›Blue Stream‹ nach Syrien, Libanon, Israel und Zypern verlängert werden. Zu den in Ankara unterzeichneten Energieabkommen gehörte darüber hinaus eine Vereinbarung über den Bau einer Ölpipeline vom türkischen Schwarzmeerhafen Samsun zum Mittelmeerhafen Ceyhan, an der Rußland beteiligt werden soll.

Damit wird erkennbar, daß die Türkei sowohl für die transatlanischen Mächte als auch für Rußland zu einem entscheidenden Drehkreuz im energiegeopolitischen Schachspiel in Eurasien geworden ist. Sowohl ›Nabucco‹ als auch ›South Stream‹ »unterstreichen die wachsende Bedeutung der Türkei als Energie-Drehscheibe. Für Rußlands Energie-Exporte wird die Türkei als Transitland auch deshalb immer wichtiger, weil die neue bulgarische Regierung gerade angekündigt hat, alle von ihrer pro-russischen Vorgängerin unterzeichneten Energieabkommen zu überprüfen und gegebenenfalls zu stornieren. Das könnte auch den Ausstieg Bulgariens aus ›South Stream‹ bedeuten und Rußland zwingen, die Route der Pipeline zu ändern. Eine Alternative wäre, die Leitung über die Türkei nach Westen zu führen«.[4629]

Mit diesen Abkommen erlangte Rußland zwei Vorteile im Energiepoker: Mit der Zustimmung Ankaras zum Bau der South-Steam-Pipeline durch türkische Hoheitsgewässer des Schwarzen Meeres kann Moskau nunmehr seine Erdgasexporte unabhängig von den Plänen der unberechenbaren Regierung der Ukraine planen. Überdies verschafft sich Moskau »einen großen Vorteil gegenüber der von der Europäischen Union geförderten ›Nabucco‹-Pipeline«.[4630] Nach Einschätzung der *Süddeutschen Zeitung* ist Rußland mit den Ankara-Energieabkommen »seinem Ziel, den westeuropäischen Gasmarkt weiter zu kontrollieren, einen großen Schritt nähergekommen«.[4631] Mit diesem Schachzug zielte Moskau darauf ab, der ›Nabucco‹-Pipeline, die ja Rußland von den zentralasiatischen Gasfeldern abdrängen soll, durch den Bau von ›South Stream‹ zuvorzukommen und dem transatlantisch-europäischen Pipelinevorhaben die wirtschaftliche Grundlage zu entziehen.[4632] Letztlich wollte Rußland – so auch die *Frankfurter Allgemeine Zeitung* – auf diese Weise den mit der Verwirklichung von ›Nabucco‹ drohenden Bedeutungsverlust Moskaus im eurasischen Energiepoker verhindern.[4633]

Energiegeopolische Hintergründe stehen auch hinter den Uiguren-Unruhen in der westchinesischen Provinz Xinijang – eine Region, die »von höchster strategischer Bedeutung für Chinas künftige Zusammenarbeit mit Rußland, Kasachstan und anderen zentralasiatischen Mitgliedsstaaten der Shanghai Cooperation Organization in den Bereichen Wirtschaft und Energie« ist.[4634] Die Provinz Xinijang ist die Drehscheibe von chinesisch-kasachischen Pipelineprojekten, mit denen Erdöl vom kasachischen Ölfeld Kashagan am Nordufer des Kaspischen Meeres – dem größten Erdölfeld außerhalb des Mittleren Ostens – bis nach China befördert werden soll. Chinas Erdölkonzern CNPC ist nach Angaben F. William ENGDAHLS auch an anderen gemeinsamen Energie-Großprojekten mit Kasachstan beteiligt: »Sie alle verlaufen über das Gebiet der Region Xinijang«,[4635] wie beispielsweise eine Gaspipeline von Turkmenistan über Usbekistan und Kasachstan nach Horgos in der chinesischen Provinz Xinijang, die in einem Abkommen von 2007 beschlossen wurde. Im April 2009 befand sich der kasachische Staatschef NASARBAJEW zu einem Staatsbesuch in Peking, der die Vertiefung der wirtschaftlichen Zusammenarbeit vor allem im Energiebereich zum Gegenstand hatte.[4636] Überdies hatte China Kasachstan jüngst einen Kredit zum Ausbau seines Erdöl- und Erdgassektors zur Verfügung gestellt.

Ein derartiger energiepolitischer Zusammenschluß Eurasiens von Rußland über die zentralasiatischen Länder nach China ist – so F. William ENGDAHL – ein »geopolitischer Alptraum der USA«, und eine Instabilität in den chinesischen Randprovinzen, die als Brücke Chinas zu seinen energiepolitischen Partnern wirken, »wäre für Washington ein idealer Weg, diesen wachsenden Zusammenhalt der Mitgliedsstaaten der Shanghai Cooperation Organization zu schwächen«.[4637] Wie ENGDAHL enthüllt, spielte bei den Unruhen in der Xinijang-Provinz die in Washington ansässige Vereinigung Uyghur American Association wie auch der World Uyghur Congress (WUC) unter Leitung von Rebiya KADEER eine wichtige Rolle. Letzterer wird in den Vereinigten Staaten durch das ›National Endowment for Democracy‹ (NED) und folglich indirekt von der US-Regierung unterstützt.[4638] Wie schon ausgeführt, hatte Allen WEINSTEIN, einer der Mitbegründer des National Endowment für Democracy, über die Funktion dieser Organisation gesagt: »Vieles von dem, was wir heute tun, hat vor 25 Jahren heimlich die CIA erledigt.« Noch im Jahr 2008 hatte die NED zusammen mit dem WUC in Berlin ein Seminar zur »Führungsausbildung« veranstaltet, dessen genaue Inhalte aber unbekannt geblieben sind.[4639] Daher spricht nicht wenig dafür, daß bei der logistischen Unterstützung der Uiguren-Unruhen im Sommer 2009 die USA eine nicht unerhebliche Rolle spielten.

Insgesamt wird damit erkennbar, daß die USA auch unter OBAMA ihre Machtprojektion in Eurasien verstärkt fortsetzen werden. Schien es sich noch kürzlich so darzustellen, daß die USA ihre Stützpunkte in Zentralasien verloren hatten, so war in der zweiten Hälfte des Jahres 2009 eine Rückkehr der USA in der zentralasiatischen Region zu verzeichnen. Von Februar bis Juli 2009 betrieben die USA eine aktive ›Pendeldiplomatie‹, die einen Rückgewinn wichtiger strategischer Stellungen zum Ergebnis hatte: Die USA erhielten Stationierungsrechte in Turkmenistan, gleichzeitig wurde Washington die Möglichkeit eingeräumt, zahlreiche Energievorhaben und die Erschließung des Schelfs im Kaspischen Meer mitzufinanzieren.[4640] Auch in Usbekistan, so das Nachrichtenmagazin *Der Spiegel*, konnten die USA eine militärische Rückkehr verzeichnen. »Den größten Durchbruch erzielte Washington aber in Kirgisien: Noch im Februar hatte das dortige Parlament auf russischen Druck hin einen Vertrag gekündigt, wonach die USA den Flughafen Bischkek als wichtigste Drehscheibe für den Verkehr nach Afghanistan nutzen konnten. Im letzten Moment lenkten die Kirgisen nun aber ein«[4641] – eine Entwicklung, die Rußland als »unangenehme Überraschung« einstufte.

Folgerichtig sieht auch die Bedrohungsanalyse, die der russische Präsident MEDWEDJEW Mitte März 2009 vortrug, im erneuten Vorstoß der Amerikaner in Eurasien und dem Versuch des US-Militärs zur Durchsetzung einer raketentechnisch abgesicherten ›Full Spectrum Dominance‹ die Hauptbedrohung für Rußland. »Amerika habe nach weltweiter Vorherrschaft gestrebt; die militärische Präsenz der Amerikaner und ihrer Bündnispartner von der Nato in der Nähe Rußlands sei ausgeweitet worden«, so der russische Verteidigungsminister Anatolij SERDJUKOW. »Amerika habe an die Ressourcen in den Nachfolgestaaten der Sowjetunion herankommen wollen und aktiv Entwicklungen unterstützt, Rußland aus dem Gebiet zu verdrängen. Der Überfall Georgiens auf Südossetien... habe darauf gezielt, den gesamten Kaukasus zu destabilisieren.«[4642] Auf den Umstand, daß die NATO daran festhalte, ihre militärische Infrastruktur in die Nähe der russischen Grenzen vorzuverlegen, müsse Rußland, so Staatspräsident MEDWEDJEW, mit einer umfassenden Modernisierung seiner Streitkräfte reagieren.

Insgesamt deutete Ende des Jahres 2009 einiges darauf hin, daß sich die Konfrontation zwischen der Russischen Föderation und der transatlantischen Organisation sowohl in Osteuropa als auch in Zentralasien fortsetzte. So erfolgte Mitte November 2009 – gewissermaßen als Ersatz für die bislang gescheiterten amerikanischen Bemühungen um eine NATO-Mitgliedschaft der Ukraine – die Gründung einer gemeinsamen litauisch-polnisch-ukrainischen Brigade (LitPolUrkBrig). Die Besonderheit der Gründung dieser Brigade liegt darin, daß zwei NATO-Partner einem Nicht-NATO-Mitglied ihre NATO-Militärstrukturen zur Verfügung stellen, und nach Auffassung verschiedener Beobachter geht es hierbei darum, die militärische Zusammenarbeit auf der operativen Ebene zu intensivieren und den ukrainischen Streitkräften die Möglichkeit zu eröffnen, die Einfügung in die taktischen und logistischen Strukturen der NATO vorzubereiten[4643] – ohne Umweg über den ›Membership Action Plan‹. Der russische Auslands-Experte und Chefredakteur der Zeitschrift *Russia in Global Affairs*, Fjodor LUKJANOW, bezeichnete die Vereinbarung zwischen Vilnius, Warschau und Kiew zur Aufstellung dieser Brigade daher auch als »Surrogat« für die bislang gescheiterten NATO-Beitrittsbemühungen der Ukraine. Die Europäer und Amerikaner würden deshalb andere Optionen suchen, um zu beweisen, daß sie die Ukraine wie auch Georgien doch einbinden wollen. Somit »hat die LitPolUkrBrig ein politisches Ziel. Es geht darum, ein den westeuropäischen Projekten alternatives Zentrum der militärischen Konsolidierung zu schaffen, in welches die heute nicht zur Nato gehörenden ehemaligen sowjetischen Republiken (vor allem die Ukraine) eingeführt werden könnten. Angesichts des Einflusses der USA auf Polen und das Baltikum steht eindeutig fest, wer diesen Prozeß kontrollieren wird«.[4644]

Im Rahmen der Wikileaks-Enthüllungen wurde überdies bekannt, daß die NATO unter dem Codenamen ›Eagle Guardian‹ trotz entgegenstehender Absprachen mit Rußland einen für Polen bestehenden militärischen Verteidigungsplan auch auf das Baltikum ausgedehnt hatte – obgleich die OBAMA-Administration wie auch der NATO-Generalsekretär RASMUSSEN noch auf dem NATO-Gipfel in Lissabon im November 2010 offiziell erklärt hatten, daß Rußland und die NATO füreinander keine Bedrohung seien. »Aus Drahtberichten der amerikanischen Nato-Vertretung... geht hervor, daß die Allianz im Januar (2010) die Ausarbeitung eines Verteidigungsplans zum Schutz des Baltikums vor einem möglichen russischen Angriff gebilligt hat. Das hatte das Bündnis jahrelang vermieden, um seine Zusammenarbeit mit Moskau nicht zu belasten.«[4645] Nach Mitteilungen amerikanischer Beamter des Pentagon besitzt der Plan unter dem Namen ›Eagle Guardian‹ Gültigkeit. Dieser sieht vor, daß neun NATO-Divisionen – amerikanische, britische, deutsche und polnische – im Fall des Falles den Balten zu Hilfe eilen würden. Polnische und deutsche Häfen stünden dabei bereit für Kriegsschiffe aus Großbritannien und den USA.[4646] Aus den aufgedeckten Geheimdokumenten geht hervor, daß die NATO gegenüber Rußland ein doppelzüngiges Spiel spielt. Der Plan sollte streng geheim bleiben, denn »eine öffentliche Diskussion würde vermutlich zu einem unnötigen Anstieg der Spannungen mit Rußland führen, etwas, das wir vermeiden sollten«.[4647] Den gut belegten Angaben aus US-Quellen zufolge wurde der Plan im Januar 2010 konkretisiert und vom NATO-Gipfel im November 2010 in Lissabon gebilligt. Auch der russische Präsident MEDWEDJEW war aus Moskau zum NATO-Rußland-Gipfel nach Lissabon gereist, ohne aber etwas von den Geheimplänen auch nur zu ahnen.

Aber auch Zentralasien bleibt, wie oben beschrieben, als Konfrontationslinie zwischen den transatlantischen und eurasischen Machtblöcken bestehen. Rußland und die USA werden auf absehbare Zeit ihre geostrategische Konkurrenz in diesem Raum fortsetzen. Kurzfristig erlangte geopolitische Vorteile, die Moskau mit dem Hinauswurf der Amerikaner aus Usbekistan im Jahre 2005 und aus Kirgistan im Februar 2009 erwirkt hatte, wurden mit einer Rückkehr Washingtons in der Region in der zweiten Jahreshälfte 2009 wieder gegenstandslos. »Der von Rußland und China vor einigen Jahren gemeinsam entfachte Druck auf die zentralasiatischen Staaten, den Abzug der Amerikaner aus Stützpunkten in der Region zu verlangen, gehört jedoch der Vergangenheit an«, so die Einschätzung der *Frankfurter Allgemeinen Zeitung*.[4648] Damit ist aber kein Rückzug Moskaus verbunden; Kirgistan und insbesondere Tadschikistan suchen weiterhin die militärische Zusammenarbeit auch mit Rußland, und es ist insbesondere die Bedrohung der zentralasiatischen Staaten durch islamistische Kräfte (im Mai und Juli 2009 lieferten sich tadschikische Regierungstruppen Feuergefechte mit islamistischen Gruppen), die diese Staaten veranlassen, die militärische Zusammenarbeit mit Moskau zu suchen. Längst ist schließlich sowohl Rußland als auch den zentralasiatischen Republiken bekannt, daß Afghanistan Ausgangspunkt aller Destabilisierungen des zentralasiatischen Herzlandes – nicht zuletzt auch der Russischen Föderation selbst – ist, und das nutzt Rußland zu einer verstärkten militärischen Rückkehr in der Region aus: »Falls das zentralasiatische Pulverfaß explodiert, wäre Kirgistan den Gefahren allein sicherlich nicht gewachsen, und die militärische Anlehnung an Rußland wird ebendamit begründet. Rußland ist dabei, im Schatten und im Vorfeld Afghanistans wieder zur militärischen Ordnungsmacht in der Region zu werden.«[4649]

Faßt man die bisherigen Punkte der Eurasien-Politik der Obama-Administration zusammen, so ergab sich Ende 2009 folgendes Bild:

1. Durch die Verstärkung des militärischen Engagements in Afghanistan im Rahmen der ›AfPak‹-Strategie sollen die Voraussetzungen für die Schaffung einer ›Greater Central Asia Partnership‹ verwirklicht werden mit dem Ziel, Zentralasien mit Afghanistan, Pakistan unter Einschluß Indiens zu einem Block zusammenzufassen und Rußlands Einfluß in der Region zu beseitigen.

2. Die Verwirklichung der ›Nabucco‹-Pipeline als einem grundlegenden Ost-West-Energiekorridor, der durch NATO-Assoziationen abgesichert wird, soll die Energiegeopolitik Rußlands – eine Energie-Vereinigung Eurasiens unter der führenden Rolle Gasproms – durchkreuzen.

3. Der Aufruf Obamas, eine atomwaffenfreie Welt zu schaffen, soll die Fähigkeit der USA zu einer ›Full Spectrum Dominance‹ im konventionellen Bereich erhöhen, ohne daß Rußland imstande wäre, mit seinem Atomwaffenarsenal – zu dessen Abbau es verpflichtet werden soll – ein Gegengewicht zu bilden. Das von der Obama-Administration vorgelegte modifizierte Raketenabwehrprogramm ist dabei nach der hier vertretenen Ansicht lediglich als eine zeitliche Verzögerungstaktik zu werten, ohne daß das langfristige eigentliche Ziel – die Beseitigung der Zweitschlagskapazität Rußlands und Chinas – dabei aus den Augen verloren werden soll. So sieht Michel Chossudovsky in dieser Vorgehensweise den Sinn, den Raketenabwehrschild nun auf globaler Ebene in verschiedenen Regionen der Welt zu entwickeln.[4650]

4. Mit der Idee des ›Bundes der Demokraten‹ soll die NATO zu einem globalen Bündnis ausgebaut werden, mit dem die USA über die europäischen Bündnispartner sowie gewisse ›Contact States‹ des transatlantischen Bündnisses eine Lastenverteilung erreichen wollen, um deren Ressourcen in die US-amerikanische Globalstrategie einzuspannen. Dem ›Bund der Demokraten‹ soll gleichzeitig die Aufgabe zukommen, die als ›autoritär‹ diffamierten Schlüsselstaaten Eurasiens Rußland, China, Iran und deren Verbündete einzukreisen oder Regimewechsel in Eurasien zu fördern. Begleitet werden soll dies von einer ideologischen Offensive, um mißliebige Regime in Eurasien zu stürzen und russische Bündnis- und Integrations-

systeme (SCO, Eurasische Wirtschaftsgemeinschaft, Sicherheitsorganisation von Taschkent) aufzubrechen.

5. Die Konfrontation des transatlantischen und des eurasischen Blocks findet in Zentralasien und in Osteuropa seine Fortsetzung. Auf subtile Weise wird eine Assoziation ehemaliger Sowjetrepubliken mit der NATO angestrebt, und in Zentralasien wurden kurzfristig erlangte geopolitische Vorteile Rußlands durch eine Rückkehr der Amerikaner und die Fortsetzung des Stützpunktsystems wieder annulliert.

5 Frühjahr 2010: Rußland gelingt die Verbesserung seiner geopolitischen Position in Zentralasien, Ostmitteleuropa und der Schwarzmeerregion

Im Frühjahr 2010 gelang es Moskau allerdings, seine geopolitische Position sowohl in Zentralasien als auch in Ostmitteleuropa und der Schwarzmeerregion entscheidend zu verbessern. Dies hing zusammen mit den Entwicklungen in der Ukraine wie auch in Kirgistan – wie oben beschrieben, geopolitische Schlüsselstaaten, in denen Machtkämpfe nicht ohne Auswirkung auf die Lage Rußlands in der eurasischen Landmasse bleiben.

5.1 Das Ende der ›orangenen‹ Revolution – Kiews neuer Präsident Janukowitsch stoppt den antirussischen Kurs der Ukraine

Entscheidend wurde mit dem Machtwechsel in Kiew zu Beginn des Jahres 2010 die Eurasienstrategie Washingtons torpediert, in deren Konzeption, wie oben dargestellt, der Ukraine ja eine Schlüsselrolle zukommt. Im Rahmen der Präsidentschaftswahl mußte Viktor JUSCHTSCHENKO – der Wunschkandidat der USA, der die Einbindung der Ukraine in die NATO und in die Europäische Union zum Kernbestandteil seiner Außenpolitik gemacht hatte – »nach Jahren von Kurswechseln, Günstlingswirtschaft und Privatfehden«[4651] eine Niederlage einstecken. »Das Endergebnis der Wahl in der Ukraine Anfang 2010 zeigt, daß die Wähler JUSCHTSCHENKO, den ›Helden‹ der Orangenen Revolution, mit überwältigender Mehrheit ablehnen: er erhielt kaum fünf Prozent der abgegebenen Stimmen. Nach fünf Jahren des wirtschaftlichen und politischen Chaos wünschen sich die Menschen in der Ukraine offensichtlich zumindest etwas Stabilität: Meinungsumfragen in der Ukraine haben ergeben, daß die Mehrheit den Beitritt zur NATO ablehnt.«[4652]

Damit war das Ende von ›Orange‹ eingeleitet – mit allen geopolitischen Konsequenzen: »Zusammen mit Georgiens Präsident Michail SAAKASCHWILI war er (JUSCHTSCHENKO, der Verf.) zur Symbolfigur für Rußlands Machteinbußen im Ausland geworden; sie waren die Gladiatoren jenes kurzen Völkerfrühlings, der einen ›regime change‹ bedeuten konnte: die Verwandlung einer moskautreuen Autokratie in eine westorientierte Demokratie. Für den Kreml waren sie ein Albtraum.«[4653] Doch nunmehr ist – so die Einschätzung der *Frankfurter Allgemeinen Zeitung* – JUSCHTSCHENKOS Vision, die Ukraine schnell in die NATO einzubinden, vorerst gescheitert.[4654]

Wahlsieger war statt dessen der aus der Ostukraine stammende Viktor JANUKOWITSCH, der von den führenden Oligarchen der Schwerindustrie aus dem Ostteil des Landes unterstützt wurde. Damit aber sollte sich einstweilen auch der bedingungslose Proatlantismus der ukrainischen Außenpolitik erledigt haben. »JANUKOWITSCHS Ton ist antiwestlich«, urteilt in diesem Zusammenhang die *Frankfurter Allgemeine Zeitung*.[4655] Er beabsichtigt eine Verstärkung der sicherheits- und vor allem wirtschaftspolitischen Zusammenarbeit mit Rußland. So strebt er den Beitritt der Ukraine zu dem von Moskau angeregten ›Einheitlichen Wirtschaftsraum‹ an. Schwerwiegender aber sind die energiepolitischen Ziele des neuen Präsidenten: »Auch dem wichtigsten Kooperationsprojekt der Regierung TIMOSCHENKO mit der EU, dem Plan, die maroden ukrainischen Transitleitungen für russisches Erdgas gemeinsam zu sanieren, steht JANUKOWITSCH skeptisch gegenüber. Im Umfeld seiner Partei heißt es, er wolle hier Rußland als Dritten ins Boot holen. Dies ist keine Kleinigkeit. Seit Jahren greift PUTIN nach den ukrainischen Gasröhren, und die gegenseitigen bilateralen Pläne Kiews und Brüssels sind ihm ein Dorn im Auge.«[4656] In Interviews mit ukrainischen Medien unterstrich JANUKOWITSCH mehrfach, er beabsichtige nicht, die Ukraine in die EU oder die NATO zu führen.[4657]

In den westlichen Medien ist JANUKOWITSCH mehrfach unterstellt worden, er sei eine Marionette Moskaus. Dieser Einschätzung dürfte allerdings fehlgehen. So führte beispielswiese die *Frankfurter Allgemeine Zeitung* einschränkend aus, daß JANUKOWITSCH »nicht durch und durch antiwestlich« sei,[4658] und im Vorfeld des Präsidentschaftswahlkampfes schilderte die *Süddeutsche Zeitung:* »Selbst wenn ausgerechnet JANUKOWITSCH, Rußlands Mann in der orangefarbenen Revolution, mit fünf Jahren Verspätung Präsident würde, wäre dies kein Erfolg russischer Außenpolitik. Es wäre – sollte es nicht zu drastischen Wahlfälschungen kommen – Ausdruck der ukrainischen Demokratie, wenn auch ein schwer verdaulicher.«[4659] Vor diesem Hintergrund sei auch der JANUKOWITSCH-Gegner JUSCHTSCHENKO »kein Opfer des Kreml. Er hat die Erwartungen seines Volkes nicht gerechtfertigt, nicht politisch, nicht wirtschaftlich.«[4660]

Überdies hat JANUKOWITSCH Rücksicht zu nehmen auf die schwerindustriellen Oligarchen der Ostukraine, die ihn finanzieren und die ihre Fabriken und Banken nicht von russischen Konzernen schlucken lassen wollen. Diese Oligarchen wiederum sehen in einer verstärkten Kooperation mit der EU ein entscheidendes Gegengewicht gegen russische Wirtschaftsbestrebungen.[4661]

Nach Einschätzung des Energie-Experten F. William ENGDAHL ist deshalb eher von einer Neutralisierung der Ukraine auszugehen. JANUKOWITSCH selbst erklärte, daß er die Ukraine weniger als Teil des Westens denn als »Brücke« begreife – als ein Land, das gleiche Distanz gegenüber Moskau wie auch gegenüber Brüssel wahre.[4662] JANUKOWITSCH, so die Tageszeitung *Die Welt* zusammenfassend, »ist eindeutig und klar gegen einen Nato-Beitritt seines Landes, für eine Annäherung an die EU, für eine intensive Zusammenarbeit mit Rußland«.[4663] Deutlich wurde diese neue multivektorale Außenpolitik Kiews auch daran, daß JANUKOWITSCH seinen ersten Staatsbesuch in Brüssel vornahm und erst dann nach Moskau reiste.

Das endgültige Aus von ›Orange‹ erfolgte dann am 3. März 2010, als das ukrainische Parlament der Regierung Julia TIMOSCHENKO, die mit allen Mitteln – nicht zuletzt mit dem Vorwurf der Wahlfälschung – JANUKOWITSCH zu blockieren versuchte, das Mißtrauen aussprach. Damit, so F. William ENGDAHL, wurde der Orangenen Revolution engültig der Todesstoß versetzt. Neuer Regierungschef wurde der russischstämmige Mikola ASAROW, der den multilateralen außenpolitischen Kurs JANUKOWITSCHS stützt: »ASAROW trat bislang zwar für eine enge wirtschaftliche Zusammenarbeit mit den russischen Nachbarn ein. Er hat aber, wie auch JANUKOWITSCH, stets Moskauer Versuche abgewehrt, die Gaspipelines unter Kontrolle zu nehmen. Auch bei der Privatisierung der Schwerindustrie kamen in seiner früheren Amtszeit als Minister keineswegs russische Konzerne zum Zuge. Vielmehr wurden die eigenen Oligarchen bedacht, die auf enge Wirtschaftskontakte zu den Ländern der EU setzen.«[4664] Im Kabinett der jetzigen Regierung nehmen Politiker Schlüsselstellungen ein, die bereits vor der orangenen Revolution unter dem seinerzeitigen Präsidenten Leonid KUTSCHMA zur ersten Riege gehört hatten. »Somit«, so die *Süddeutsche Zeitung*, »hat JANUKOWITSCH die orangenen Kräfte gänzlich ausgegrenzt.«[4665]

In Rußland selbst wurde der Wahlsieg JANUKOWITSCHS mit Erleicherung wahrgenommen. Der russische Botschafter Michail SURABOW sagte nach der Wahl, er sei überzeugt, daß sich die russisch-ukrainische Zusammenarbeit nun rasch normalisieren werde.[4666]

Gleichwohl ist man sich aber auch im Kreml der Tatsache bewußt, daß JANUKOWITSCH sich keiner bedingungslosen prorussischen Politik unterwerfen wird. Dennoch, so F. William ENGDAHL, kann Rußland aufgrund dieses Machtwechsels von einer Verbesserung seiner geopolitischen Stellung ausgehen: »Wenn man davon ausgeht, daß JANUKOWYTSCH jetzt in der Lage ist, das Land nach der Niederlage der Regierung TYMOSCHENKO wie angekündigt zu stabilisieren, dann bedeutet das für Moskau eine deutliche Verschiebung der tektonischen Platten des Eurasischen Herzlands, selbst bei einer strikt neutralen Ukraine. Zunächst ist die strategische militärische Einkreisung Rußlands – über die versuchte Rekrutierung Georgiens und der Ukraine in die NATO – eindeutig blockiert und damit vom Tisch. Der russische Zugang zum Schwarzen Meer über die ukrainische Krim scheint ebenfalls gesichert. Tatsächlich bedeutet die Neutralisierung der Ukraine einen gewaltigen Rückschlag für Washingtons Strategie der völligen Einkreisung Rußlands. Der Bogen von aktuellen oder künftigen NATO-Mitgliedsländern an der Peripherie Rußlands und dem noch immer engen Verbündeten Belarus – von Polen bis zur Ukraine und nach Georgien – ist durchbrochen.«[4667]

Diese Einschätzung sollte sich auch alsbald konkretisieren. Am 21. April 2010 hatte JANUKOWITSCH mit Rußlands Präsidenten MEDWEDJEW in Charkow eine schnell ausgehandelte Vereinbarung unterzeichnet, die den Interessen beider Länder förderlich sein dürfte, insbesondere aber den strategischen Interessen Rußlands erhebliche Verbesserungen einbrachte: Demzufolge erhält Kiew künftig einen Preisnachlaß von 30 Prozent auf russische Erdgaslieferungen. Im Gegenzug erlaubt die Ukraine der russischen Schwarzmeerflotte, den ukrainischen Hafen Sewastopol auf der Halbinsel Krim bis mindestens 2042 zu nutzen. »Rußland stärkt seinen Einfluß in der Ukraine«, so beurteilt die *Neue Zürcher Zeitung* den geopolitischen Wert dieser Vereinbarung für Moskau.[4668] Unter den Machthabern der Orangenen Revolution bestand schließlich noch Einigkeit darüber, daß der russisch-ukrainische Mietvertrag für die russische Schwarzmeerflotte aus dem Jahre 1997 über das Jahr 2017 nicht verlängert werden sollte. »Für Moskau ist die Verlängerung des Pachtvertrags auf der Krim von großer Bedeutung«, so die *Süddeutsche Zeitung*. »So sichert es sich langfristig politischen Einfluß im Nachbarland, zugleich entfällt der Druck, einen alternativen Stützpunkt in Rußland aufzubauen.«[4669]

Die bisher eher zu Lasten Moskaus gehende geostrategische Entwicklung im Schwarzmeerraum konnte damit umgekehrt werden. So mußte Rußland bislang befürchten, vollständig aus dem Raum des Schwarzen Meeres verdrängt zu werden: »Wenn die russische Schwarzmeerflotte von dort (der Krim, der Verf.) abziehen müsse und an ihre Stelle womöglich Nato-Verbände träten, werde dadurch das strategische Gleichgewicht im ganzen Schwarzmeerraum zu Lasten Rußlands verändert. Zumal wenn auch noch Georgien in die Nato aufgenommen würde, wäre Rußland als größter Anrainer dann militärisch faktisch nicht mehr im Schwarzen Meer präsent, so die Argumentation Moskaus.«[4670] Seit dem Georgienkrieg aber konnte Rußland seine geostrategische Stellung am Schwarzen Meer langsam verbessern. Mit dem von Moskau praktisch abhängigen Abchasien hatte es seinerzeit etwa 140 Kilometer Küstenlinie und drei Häfen hinzugewonnen. Deshalb ist Rußlands politische und militärische Stellung am Schwarzen Meer in den vergangenen eineinhalb Jahren ohnehin stärker geworden. Mit Hilfe des Vertrags von Charkow konnte es diesen Gewinn jetzt abrunden und sichern,[4671] verbunden mit größeren Einwirkungsmöglichkeiten auf das politische Geschehen in der Ukraine: »Zu dem unmittelbaren militärischen Nutzen kommt nämlich noch ein politischer hinzu: Rußland zementiert die energiepolitische Abhängigkeit der Ukraine von russischem Gas und behält durch seine Präsenz auf der Krim einen Hebel, mit dem es auf die ukraninische Innenpolitik einwirken kann.«[4672]

Das aber bedeutet überdies, daß die USA eine Schlüsselstellung im ostmitteleuropäischen und im Schwarzmeerraum verloren haben. Rußland hatte den von Washington sorgsam gelegten Einkreisungsring von der Ostsee über Polen, die Ukraine, das Schwarzmeerbecken, den Transkaukasus bis nach Zentralasien an einer entscheidenden Stelle durchbrochen. Gleichzeitig eröffnete sich für Rußland die Möglichkeit zur Vervollkommnung seiner Energiegeopolitik. Die vertragliche Annäherung zwischen Moskau und Kiew könnte Rußland künftig zum Anlaß nehmen, um eine russisch-ukrainische Zusammenarbeit im Erdgasbereich zu verstärken. Gasprom würde es gegebenenfalls ermöglicht, im Rahmen eines multivektoralen Abkommens zwischen Moskau, Kiew und eventuell auch der Europäischen Union zur Sanierung des ukrainischen Rohrleitungssystems die ukrainischen Pipelines zu übernehmen.

Inwieweit sich solche Pläne verwirklichen lassen, ist allerdings fraglich. Die Opposition im Kiewer Parlament kritisierte den Vertrag von Charkow stark mit den Worten, Janukowitsch habe mit diesem einen großen Teil der ukrainischen Souveränität preisgegeben. Deshalb dürften sich auch Putins Pläne bis auf weiteres schwerlich verwirklichen lassen, die darauf hinauslaufen, den ukrainischen Energiekonzern Naftogaz mit dem russischen Monopolisten Gasprom zu verschmelzen oder die Auto- und Luftfahrtindustrien beider Länder zusammenzuführen. Seitens des ukrainischen Premierministers Asarow ist in Reaktion auf die Vorschläge Putins deutlich gemacht worden, seine Regierung lege zwar größten Wert auf gute Beziehungen zwischen Kiew und Moskau, die Zusammenarbeit kenne aber auch Grenzen.[4673]

Trotz dieser Fragen und Auseinandersetzungen befindet sich Moskau in einer günstigen Stellung, um Einfluß auf das Geschehen in Kiew ausüben zu können und die Ukraine wieder in eine eurasische Wirtschaftkooperation nach russischer Initiative zu überführen. Tatsache ist, daß die Ukraine im Zuge der Weltfinanzkrise an den Rand des Staatsbankrotts getrieben wurde, und der vereinbarte Preisnachlaß bei den Gaslieferungen wird aller Voraussicht nach massive Einsparungen im Staatshaushalt Kiews ermöglichen. »Man möge mir eine andere Methode nennen, auf einen Schlag 30 Milliarden Dollar einzusparen«, sagte Janukowitsch mit Blick auf die von Rußland gewährten Preisnachlässe bei den Erdgaslieferungen. Beobachtern zufolge hat das Gasabkommen die Verabschiedung eines ukrainischen Staatshaushaltes ermöglicht, der wiederum die Voraussetzung für die Gewährung weiterer Kredite des Internationalen Währungsfonds gewesen ist. Damit scheint der Machtwechsel in der Ukraine nach dem gegenwärtigen Stand der Dinge einstweilen zu einer tektonischen Machtverschiebung in Ostmitteleuropa zugunsten Rußlands zu führen.

Sicherheitspolitisch läßt sich dies auf alle Fälle bejahen. Rußland-Experte Alexander Rahr bezeichnet die Wahl Viktor Janukowtischs zum Präsidenten der Ukraine als eine Zäsur, denn »eine NATO-Mitgliedschaft ist damit vom Tisch«.[4674] Gleichwohl geht auch Rahr davon aus, daß der Machtantritt Janukowitschs keinesfalls eine Abkehr vom Westen und eine Rückkehr nach Rußland, womöglich noch im Rahmen eines Unionsmodells, bedeutet. Vielmehr sei die außenpolitische Ausrichtung Kiews durch die noch immer bestehende Gefahr eines Staatsbankrotts diktiert, die den Handlungsspielraum Janukowitschs erheblich einschränke. »Eigene Geldmittel stehen der rohstoffarmen Ukraine kaum zur Verfügung. Janukowitsch muß auf Unterstützung von außen hoffen – auf Rußland und die EU. Er wird, so steht zu erwarten, eine Schaukelpolitik zwischen den beiden großen Nachbarn in

Ost und West betreiben, die seit dem Zerfall der Sowjetunion typisch für die Ukraine geworden ist. Auf reine Wohltaten seiner ›strategischen Partner‹ wie in den früheren Jahren kann er nicht hoffen. Die EU und Rußland werden der Ukraine jeweils Bedingungen für weitere Kredite diktieren.«[4675]

Von dieser Ausgangslage wird auch die künftige Energiegeopolitik Kiews bestimmt werden. Während JUSCHTSCHENKO versuchte, hier Konflikte mit Rußland zu provozieren, um sich als »Opfer« eines vermeintlichen ›russischen Neoimperialismus‹ zu präsentieren und so letztlich den Westen für die Modernisierung des maroden ukrainischen Pipelinenetzes zu gewinnen, hat JANUKOWITSCH erkannt, daß die Renovierung des Gasleitungssystems ohne russische Hilfe illusorisch ist. Als Reaktion auf die von JUSCHTSCHENKO seinerzeit provozierten ›Erdgaskriege‹ begann Moskau schließlich zielstrebig mit der Errichtung von Pipelinekorridoren, die das ukrainische Territorium umgehen – die Vorbereitungen für die Verlegung von ›North Steam‹ in der Ostsee und ›South Stream‹ durch das Schwarze Meer stehen mittlerweile vor dem Abschluß. JANUKOWITSCH hingegen hatte erkannt, daß »diese beiden neuen Pipelines einen herben Schlag gegen die ukrainischen Transitinteressen bedeuten und damit gegen eine der Haupteinnahmequellen der Ukraine«.[4676] Deswegen schlug er vor, das ukrainische Gasleitungssystem in ein trilaterales Gaskonsortium zu überführen, an dem neben ukrainischen auch europäische und vor allem russische Konzerne zu je 30 Prozent beteiligt werden sollen.

Insgesamt ist daher mit Alexander RAHR festzuhalten: »JANUKOWITSCH benötigt die Unterstützung Rußlands bei der Lösung eigener, hausgemachter Wirtschaftsprobleme. Da sind russische Investoren in der Ukraine natürlich wieder willkommen. Kein Wunder, daß JANUKOWITSCH sich bemüht, auf russische politische Empfindlichkeiten Rücksicht zu nehmen.«[4677] Damit also fügt sich die neue ukrainische Ausrichtung im großen und ganzen durchaus in die russische Energiegeopolitik ein. Auch der Einkreisungsdruck an der westlichen Peripherie der Russischen Föderation würde zugunsten Moskaus genommen, wenn JANUKOWITSCH erklärt, er unterstütze den Gedanken einer ›multipolaren Welt‹ und möchte Sicherheitsgarantien vom Westen und von Rußland gleichermaßen erhalten.

5.2 Brandherd Kirgistan – Eine ›umgekehrte‹ Tulpenrevolution?

Eine ähnliche Umgruppierung von Machtverhältnissen scheint sich ebenfalls in Zentralasien abzuzeichnen. Wie bereits beschrieben, war es den Amerikanern ja in der zweiten Jahreshälfte 2009 gelungen, die von Rußland Anfang dieses Jahres gewonnenen strategischen Vorteile in Kirgistan wieder aufzuheben. Washington erreichte es, durch massives finanzielles Eingreifen Bischkek zur Rücknahme der Vereinbarung zwischen Moskau und Kirgistan vom Februar 2009 – russische Kredite gegen Schließung des amerikanischen Luftwaffenstützpunktes Manas – zu bewegen. Einiges spricht dafür, daß die USA in der Folgezeit einiges daransetzten, daß die politische Macht in den Händen des BAKIJEW-Clans vereinigt blieb. Dabei förderten sie auch die korrupten Geschäfte des BAKIJEW-Clans, der mit Hilfe der USA im Rahmen der ›Tulpenrevolution‹ im März 2005 zur Macht kam. »Lange schon war es ein offenes Geheimnis«, so eine Enthüllung der *Jungen Welt*, »daß die wichtigste finanzielle Quelle zur Bereicherung des BAKIJEW-Clans und seiner Paladine in Armee, Justiz und Verwaltung das US-Verteidigungsministerium war. Nur bewiesen werden konnte es bisher nicht. Ungewollt hat nun der Kongreß in Washington Hilfestellung bei der Aufklärung geleistet. Der Ausschuß für Kontrolle und Regierungsreform ist nämlich bei der Prüfung des Pentagon auf zwei Lieferverträge von Treibstoff für die US-Luftwaffenbasis Manas von zwei ›mysteriösen‹ kirgisischen Firmen gestoßen«.[4678] Diese Verträge seien ohne die sonst übliche Ausschreibung an die beiden Firmen, hinter denen der BAKIJEW-Clan stand, vergeben worden. Der BAKIJEW-Clan soll dabei rund acht Millionen Dollar im Monat mit Hilfe der Treifstofflieferungen abgeschöpft haben. Aus Kreisen des kirgisischen Generalstabs haben die besagten Firmen »dem Pentagon dazu gedient, auf indirekte Weise die regierenden Familien Kirgistans zu bestechen«.[4679]

So verwundert es auch nicht, daß anläßlich der Präsidentschaftswahl in Kirgistan im Juli 2009 Kurmanbek BAKIJEW sehr hohe Summen zur Verfügung standen, um seinen Kampf um die Macht zu bestreiten, wie die *Junge Welt* enthüllte: »Letztlich sorgten die überragenden materiellen Ressourcen BAKIJEWS während des Wahlkampfs für dessen Omnipräsenz und dürften sogar ausschlaggebend für seinen Sieg gewesen sein. Laut Angaben US-amerikanischer Thinktanks soll BAKIJEWS Etat das Neunfache der Finanzmittel seines sozialdemokratischen Herausforderers ausgemacht haben.«[4680]

Der Präsidentensohn Maxim BAKIJEW, dem es gelang, die Kontrolle über die gesamte kirgisische Wirtschaft zu erhalten, schien überdies auch Geschäftspartner amerikanischer Kreise gewesen zu sein: »Im Verwaltungsrat einer Bank, als deren Hintermann BAKIJEW-Sohn Maxim galt, saßen gar amerikanische Ex-Senatoren wie Bob DOLE.«[4681] Darüber hinaus hatte sich die US-Außenpolitik durch wirtschaftliche Zusammenarbeit und finanzielle Anreize Einfluß auf die Politik des strategisch ungemein wichtigen Landes gesichert.[4682] Kurmanbek BAKIJEW versuchte seinerseits, seine Position durch geopolitisches Lavieren zwischen dem russischen Nachbarn und der Interventionsmacht USA zu sichern.

Unter seiner Präsidentschaft jedoch zeigte sich ein wirtschaftlicher Niedergang, verbunden mit hoher Arbeitslosigkeit, Massenelend, Korruption, Clan- und Vetternwirtschaft. »So hatte die Familie BAKIJEW Zug um Zug die Kontrolle über alle profitablen Wirtschaftszweige an sich gerissen und deren Erlöse ›privatisiert‹.«[4683] Wichtige Industriezweige wurden zu Schleuderpreisen verscherbelt, bei der Privatisierung wurden Verwandte des Präsidenten offen begünstigt. Gleichzeitig wuchsen Spannungen zwischen den ethnischen Gruppen, Kirgisen und Usbeken. Nach Meinung von Experten schreitet in keiner anderen postsowjetischen Republik die Islamisierung so stark voran wie in Kirgistan.[4684]

Diese Verhältnisse waren schließlich der ideale Nährboden für revolutionäre Unruhen. Nach Einschätzung von Beobachtern war es letztlich die Erhöhung von Strom- und Mietpreisen, die Anfang April 2010 Auslöser eines gewaltsamen Aufstandes wurde, der schließlich zum Sturz der Herrschaft Kurmanbek BAKIJEWS führte. Im Unterschied zur ›Tulpenrevolution‹ im Jahre 2005 aber wurde die Revolte gegen das BAKIJEW-Regime Anfang April 2010 nicht von den unruhigen, von ethnischen Spannungen und unter wachsendem islamistischen Einfluß der Hizb-ut-Tahrir stehenden Südprovinzen getragen, wo BAKIJEW immerhin seine politischen Wurzeln hatte. Einigen Informationen zufolge wollte BAKIJEW wohl von Dschalalabad aus den Kampf um die Macht erneut antreten, was aber einen Bürgerkrieg zur Folge gehabt hätte – und möglicherweise ein Auseinanderdriften des Landes in einen kirgisisch geprägten, wirtschaftlich weiter entwickelten Nordteil und einen südlichen Teilstaat mit einer starken usbekischen Bevölkerungsgruppe, die wegen höherer Geburtenrate schneller wächst als die kirgisische und weitgehend islamisch-konservativ geprägt ist. BAKIJEW – so die Einschätzung der *Frankfurter Allgemeinen Zeitung* – hatte wohl mit dem Gedanken gespielt, die südliche Karte zu spielen, um die neu gebildete Übergangsregierung unter Rosa OTUNBAJEWA und Omurbek TEKEBAJEW herauszufordern.[4685] OTUNBAJEWA war – wie oben dargestellt – einst führende Mitgestalterin der ›Tulpenrevolution‹ und politische Gefährtin BAKIJEWS, hatte sich dann aber mit diesem überworfen und sich daraufhin an die Spitze der Oppositionsbewegung gestellt. Nach dem Sturz BAKIJEWS hatte sie sich nunmehr selbst zur Chefin der Interimsregierung erklärt.

Angesichts der großen geostrategischen Bedeutung des Landes stellt sich die Frage, welche Rolle die interessierten Mächte USA und Rußland in diesem Kon-

Der gestürzte kirgisische Herrscher Kurmanbek BAKIJEW in Kasachstan.

flikt spielten, denen der Machtkampf in Kirigistan natürlich nicht gleichgültig sein konnte. »In Moskau und Washington werden die Ereignisse aufmerksam verfolgt«, notierte hierzu die *Süddeutsche Zeitung,*[4686] und die *Neue Zürcher Zeitung* wirft ebenfalls die Frage der Rolle der Großmächste auf: »Wenn in einem verarmten Kleinstaat mit nur etwas mehr als fünf Millionen Einwohnern ein Aufstand ausbricht, so erregt das in den Hauptstädten der Großmächte häufig wenig Aufsehen. Im Fall Kirgistans jedoch verfolgen die Regierungen in Washington und Moskau die Ereignisse genau. Sowohl die USA als auch Rußland verfügen in dem zentralasiatischen Land über je einen Militärstützpunkt, dem sie große strategische Bedeutung beimessen.«[4687]

Aus der geopolitischen Interessenlage der beiden Mächte hatte BAKIJEW versucht, den größen Nutzen für sich und seinen Clan zu ziehen. Jedoch, so die *Neue Zürcher Zeitung,* verfehlten seine Bemühungen, Amerikaner und Russen gegeneinander auszuspielen, letztlich ihr Ziel.[4688]

Vielfach ist angedeutet worden, daß möglicherweise Rußland hinter dem gewaltsamen Umsturz von Anfang April 2010 steckt. F. William ENGDAHL spricht in diesem Zusammenhang von einer »umgekehrten« Farbrevolution (ohne allerdings die Rolle Rußlands zu benennen). Tatsache ist schließlich, daß die neue Übergangsregierung die Nähe zu Moskau deutlich betont hatte und die Regierung PUTIN-MEDWEDJEW ihre Solidarität mit der neuen Regierung erklärt hatte. »Die russische Regierung hatte von Anfang an gezeigt, auf wessen Seite ihre Sympathien liegen. Telefonisch sicherte Rußlands Premier PUTIN der neuen kirgisischen Regierungschefin Rosa OTUNBAJEWA Unterstützung zu.«[4689] Der gestürzte Präsident BAKIJEW selbst vermutete, daß ausländische Kräfte hinter dem Umsturz steckten, und für die Moskauer Tageszeitung *Moskowskij Komsomolez* spricht vieles dafür, daß er damit nur Rußland gemeint haben könnte. Neben eindeutigen Unterstützungszusagen für die neue Regierung war Rußland – ganz im Gegensatz zu den USA – auch sofort bereit, die neuen Verhältnisse in Bischkek anzuerkennen.[4690] Der neue stellvertretende Ministerpräsident TEKEBAJEW kündigte darüber hinaus »außenpolitische Kurskorrekturen an, die ganz nach einem wärmeren Verhältnis zu Moskau aussehen. Dieses hatte unter BAKIJEWS wiederholten Wortbrüchen arg gelitten, was erklären könnte, weshalb die russische Führung rasch die neuen Realitäten in Bischkek anerkannt hat«.[4691]

Was ist aber genau von der These zu halten, daß der Umsturz von Moskau angezettelt worden sein könnte? »Das Wohlwollen Moskaus gegenüber dem Umsturz«, so die *Neue Zürcher Zeitung,* »nährte Spekulationen über eine mögliche russische Beteiligung an den Vorgängen. . . Rußland hat das bisher immer dementiert. Doch könnte es erneut signalisieren wollen, daß in Zentralasien ohne Moskaus Mitsprache nichts läuft.« Für die geopolitischen Interessen Moskaus in Zentralasien war die Schaukelpolitik BAKIJEWS in der Tat eine Belastung, und BAKIJEWS Schritte wurden in Moskau mit Argwohn beobachtet. Statt die US-Luftwaffenbasis Manas endgültig zu schließen, hatte Kirgistan die entsprechende Vereinbarung mit Moskau kurzerhand ignoriert und mit den Amerikanern ein neues Abkommen, verbunden mit mehr Mietzahlungen, geschlossen. Die Verbrüderung mit Rußland war daher nur von kurzer Dauer, seither hatten sich die Beziehungen zu Moskau verschlechtert. Bakijew begründete seinen proamerikanischen Schwenk unter anderem auch damit, daß die Luftwaffenbasis Manas als wichtigster Nachschubort für den Krieg in Afghanistan gilt, und von dort aus komme auch die Bedrohung Kirgistans durch islamistische Aufständische. Auch das angespannte Verhältnis zu Usbekistan wegen der ethnischen und territorialen Konflikte im Fergana-Tal hatte die amerikanisch-kirgisische Zusammenarbeit noch verstärkt. Überdies führte Bakijew Gespräche mit Washington über den Aufbau eines Anti-Terror-Zentrums in Batgen, das im Südwesten Kirgistans in einem sicherheitspolitisch hochsensiblen Gebiet zwischen Usbekistan und Tadschikistan liegt.

»Für Rußland und Usbekistan«, so die *Neue Zürcher Zeitung*, dürfte dies einer Provokation gleichgekommen sein.«[4692] Denn im August 2009 hatte sich Bakijew mit dem russischen Staatschef Medwedjew über die Errichtung einer vergleichbaren Einrichtung in der südkirgisischen Stadt Osch geeinigt. Gegen diese Vereinbarung hatte Usbekistan protestiert, und seitdem waren alle Fristen zur Konkretisierung des Vorhabens ungenutzt verstrichen. Anstelle eines russisch-kirgisischen Zentrums für Terrorbekämpfung trat nunmehr die Schaffung einer amerikanisch-kirgisischen Einrichtung. Ferner begann auch Usbekistan sich den USA wieder anzunähern.[4693] Rußland seinerseits hatte die Auszahlung des Milliardenkredits, der Anfang Februar 2009 Bischkek versprochen wurde, aufgrund dieses außenpolitischen Kurses Kirgistans zurückgehalten. »Rußlands Versuch, sich als Führungsmacht in Zentralasien zurückzumelden«, so beurteilte die *Neue Zürcher Zeitung* die Situation in Zentralasien Anfang 2010, »scheint sich bereits überlebt zu haben.«[4694] Der Sturz des Bakijew-Regimes kam daher russischen Interessen zweifelsohne entgegen.

Deshalb scheint die Vermutung, daß Rußland bei den Ereignissen in Kirgistan seine Hände im Spiel hatte, auf dem ersten Blick nicht ganz abwegig zu sein. Jedoch läßt sich dies nach dem derzeitigen Kenntnisstand nicht belegen. Vielmehr sprechen sämtliche Fakten dafür, daß Rußland die neue Situation für sich auszunutzen verstand. »Daß Rußland den Aufstand gegen Bakijew mitorganisiert habe«, so die *Frankfurter Allgemeine Zeitung*, »läßt sich mit den bislang vorliegenden Indizien indes nicht belegen. Die Gelegenheit, nach dem Aufstand seinen Einfluß in Kirgistan zu stärken, ergriff Rußland jedoch, ohne zu zögern – während die ›amerikanischen Freunde‹, wie Tekebajew (neuer stellvertretender Ministerpräsident Kirgistans, der Verf.) jetzt bemängelt, sich viel zu lange und noch immer bedeckt hielten. Tekebajew sagt weiter, der außenpolitische Kurs Kirgistans werde vor diesem Hintergrund korrigiert, und die neue Regierung werde nun über die Schließung des amerikanischen Stützpunktes nachdenken.«[4695]

Gegen eine Urheberschaft Rußlands für die Entwicklungen in Kirgistan spricht zudem, daß Rußlands Staatspräsident Medwedjew anläßlich der Mitte Juni 2010 erneut ausgebrochenen Unruhen in Osch (Südkirgistan) ein militärisches Eingreifen russischer Streitkräfte kategorisch ablehnte, obwohl die Interimsregierung OTUNBAJEWA Moskau ausdrücklich darum ersucht hatte. »Moskau läßt sich die Gelegenheit entgehen, als Ordnungsmacht in Kirgistan aufzutreten«, so beurteilte die *Neue Zürcher Zeitung* diese Haltung.[4696] Denn »jetzt, da die goldene Gelegenheit für ein Eingreifen bestünde und dieses sogar auf Verständnis stieße, verfolgt der Kreml eine Zentralasien-Politik der unerbittlichen Zurückhaltung. Präsident MEDWEDJEW ist nicht bereit, die Armee nach Südkirgistan zu schicken. . . Offenbar will Rußland keine Verantwortung übernehmen, obwohl es am ehesten für die Aufgabe geeignet wäre«.[4697]

Ob aber nun ein prorussischer Schwenk der kirgisischen Außenpolitik erwartet werden kann, dürfte allerdings zweifelhaft sein. Die Chefin der Zwischenregierung Rosa OTUNBAJEWA ließ die USA wissen, daß deren militärische Interessen und ihr Armeestützpunkt auf kirgisischem Boden nicht gefährdet seien. Andererseits aber erklärte sie auch, daß ihre Regierung nur mit, niemals gegen Rußland eine Chance habe.[4698] Nach Einschätzung der *Neuen Zürcher Zeitung* dürften die USA aber keine Schwierigkeiten haben, sich mit der »prowestlichen-Übergangs-Regierungschefin Rosa OTUNBAJEWA, die einst Botschafterin in Washington war«, zu arrangieren.[4699] Nach wie vor ist aber offen, wie sich die Machtverhältnisse in Kirgistan entwickeln werden. F. William ENGDAHL spricht bereits von »einer großen geopolitischen Niederlage für Washington in Eurasien«.[4700] Doch eine klare außenpolitische Orientierung entweder in eine prorussische oder eine proamerikanische Richtung dürfte wohl kaum zu erwarten sein. Es darf aber davon ausgegangen werden, daß Rußland – trotz der Weigerung, militärisch einzugreifen – seinen Einfluß in diesem Land einstweilen zu sichern verstehen wird.

Langfristig jedoch werden weder Rußland und erst recht nicht die raumfremde Macht USA die bestimmenden Mächte im zentralasiatischen Raum sein; diese Rolle wird künftig der Volksrepublik China zufallen. Russischen Wirtschaftsexperten zufolge werden gerade die rohstoffreichen zentralasiatischen Republiken im verstärkten Maße in den Sog Chinas geraten. Einer Analyse des Zentrums für makroökonomische Forschung der russischen Bank Sberbank zufolge wird China zum Schlüsselspieler für die GUS und für Rußland werden; China wird Rußlands Platz im Handel mit den GUS-Staaten übernehmen.[4701] Zum gegenwärtigen Zeitpunkt aber wird Rußland eine bestimmende wirtschafts- und energiepolitische Größe in Eurasien bleiben.

Dennoch stellt sich die Frage, was Rußland zu einer Politik der strikten Zurückhaltung gegenüber dem kirgisischen Krisenherd veranlaßt haben mag. Schließlich würde ein Abdriften des zentralasiatischen Staates in die Anarchie auch die benachbarten Staaten Usbekistan und Tadschikistan bedrohen und schließlich auch Auswirkungen auf Kasachstan und Rußland selbst haben. Um die russische Haltung begreiflich zu machen, sollte man sich der Hintergründe des kirgischen Krisenherdes vor der Kulisse des neuen ›Great Game‹ vergegenwärtigen: Mitte Juni 2010 sollte sich zeigen, wie prekär die Lage in der Region tatsächlich ist, als es in den südkirgisischen Regionen Osch und Dschalalabad zu bürgerkriegsartigen Ausschreitungen zwischen Kirgisen und Usbeken kam. Was vordergründig wie ein ethnischer Bürgerkrieg aussah, entpuppte sich beim näheren Hinsehen aber als eine von kriminellen Gruppierungen und dem Bakijew-Clan selbst gesteuerte Aktion, um die Region – die im übrigen die bedeutendste eurasische Route des Drogentransits aus Afghanistan nach Rußland, dem Balkan und Europa darstellt – zu destabilisieren. »Die wahre Ursache der jüngsten Zusammenstöße (im Juni 2010, der Verf.)«, so das Nachrichtenmagazin *Focus*, »die offenbar gezielt provoziert wurden und rasch vor allem Gewalt von Jugendlichen entfachten, ist vermutlich ein politischer Machtkampf. Interesse an einer Destabilisierung hat vor allem der im April gestürzte Präsident Kurmanbek Bakijew. Er floh ins weißrussische Exil. Sein Clan aber behielt in der für Drogenhandel berüchtigten Region nach wie vor politisch und wirtschaftlich das Sagen«.[4702]

In diesem Zusammenhang muß schließlich in Betracht gezogen werden, daß mit der Machtübernahme Bakijews im März 2005 kriminelle Drogensyndikate Kirgistan unter ihre Kontrolle bekamen; die ›Tulpenrevolution‹ soll im wesentlichen von den kriminellen Netzwerken finanziert worden sein.[4703] Experten zufolge spielt der gesamte Bakijew-Clan selbst eine führende Rolle im Drogentransitgeschäft mit Afghanistan.[4704] Die *Frankfurter Allgmeine Zeitung* beschreibt die Mitglieder des Bakijew-Clans als Überpaten der organisierten Kriminalität im Drogengeschäft.[4705] Zahlreiche Indizien sprechen dafür, daß diese Kreise nunmehr den Bürgerkrieg in Osch und Dschalalabad im Juni 2010 organisiert haben. So existiert beispielsweise ein Mitschnitt eines Telefonats zwischen dem Sohn Bakijews, Maxim Bakijew, und dessen Onkel Schanysch Bakijew (ebenfalls eine Größe im Drogengeschäft), in dem beide sich über Strategien unterhalten, wie man mit angeheuerten »Halsabschneidern« die Lage in Kirgistan »unter Dampf halten« könne[4706]. Die Beurteilung der *Frankfurter Allgemeinen Zeitung* ist: »Beobachter in der Region vermuten, daß kriminelle Gruppen einen großen Anteil an der Eskalation haben – Anfang vergangener Woche (d.h. Anfang Juni 2010, d. Verf.) wurde in Dschalalabad ein Mafia-Führer ermordet, der bei den Unruhen Mitte Mai eine bedeutende Rolle gespielt haben soll. In Kirgistan ist die Grenze zwischen Politik und organisierter Kriminalität in den fünf Jahren der Herrschaft Bakijews zunehmend verschwommen.«[4707] Einer der Anführer der Unterwelt, die einem der Brüder Bakijews, Achmat Bakijew, bei der Kontrolle des Drogenschmuggels durch Kirgistan geholfen haben sollen, war der berüchtigte Verbrecher Ajbek Mirsidikow (bekannt als der ›Schwarze Ajbek‹), der schon bei den Unruhen Mitte Mai 2010 in Dschalalabad die Fäden gezogen und auch die Unruhen in Osch Mitte Juni 2010 mit organisiert haben soll.[4708]

Ähnlich sieht es auch die *tageszeitung*: »Bakijew versucht die Lage vor allem im Süden Kirgistans immer wieder zu destabilisieren. . . Schon bei der ersten Tulpenrevolution 2005 bediente sich BAKIJEW der Unterweltsgrößen aus Südkirgisien, die die Opiumroute aus Afghanistan kontrollieren. Auch bei den Unruhen in Osch sollen Unterweltgestalten das auslösende Moment geliefert haben.«[4709] Dabei muß bemerkt werden, daß Osch auf der Transitroute für die Heroinströme aus Afghanistan nach Rußland liegt.[4710] Nach Angaben des kirgisischen Geheimdienstes hatte der BAKIJEW-Clan sogar Verbindung zur radikalen ›Islamischen Bewegung Usbekistans‹ – die F. William ENGDAHL zufolge ebenfalls eine führende Rolle im zentralasiatischen Drogenhandel spielt – aufgenommen, um Unruhen zu entfesseln. »Die Familie des gestürzten Präsidenten Kurmanbek BAKIJEW hätte Islamisten 30 Millionen Dollar für die Entfesselung eines ethnischen Konflikts versprochen. So habe sich BAKIJEWS Sohn Maxim. . . schon im April in Dubai mit Vertretern der Islamischen Bewegung Usbekistan (IBU) getroffen. . . Einen Monat später sei das Geschäft im afghanischen Badachschan zum Abschluß gebracht worden – im Beisein von Taliban und des tadschikischen Warlords Mullah ABDULLAH sowie von zwei Vertretern der BAKIJEW-Familie. 15 usbekische Sprengstoff- und Waffenexperten seien im selben Monat vom ›Bund Islamischer Dschihad‹ aus Pakistan nach Kirgistan geschleust worden, unter der Mithilfe eines ›großen Drogenbarons in Tadschikistan‹.«[4711]

Hervorzuheben ist damit, daß kriminelle Netzwerke lokaler Machteliten, von Drogensyndikaten und radikalen Islamisten die Urheber für die Bürgerkriegsausschreitungen in Kirgistan waren. Folgt man der Einschätzung F. William ENGDAHLS, so spricht einiges dafür, daß hinter diesen Entwicklungen eine geheime geopolitische Agenda der USA steht, um die zentralasiatische Region zu destabilisieren und so den Vorwand für die Verschaffung eines NATO-Mandats zur militärischen Kontrolle ganz Zentralasiens zu erhalten. Dafür spricht, daß sich bereits der frühere US-Botschafter in Rußland James COLLINS und der stellvertretende Direktor des ›Carnegie Russia and Eurasia Programme‹, Matthew ROJANSKY, für ein sofortiges Engagement der NATO und der USA in Kirgistan zur »Wiederherstellung der Sicherheit« ausgesprochen hatten.[4712] Dieser Aufruf von COLLINS/ROJANSKY sei, so der Publizist Eric WALBERG, »wirklich nichts anderes als ein Aufruf zur NATO-Expansion, klar und einfach«.[4713]

ENGDAHL zufolge geht es hier um eine geheime Kriegsstrategie Washingtons in Zentralasien, Krieg und Instabilität zu verbreiten, um die verstärkte NATO-Präsenz gegenüber der Welt als ›Friedenssicherung‹ in der Region zu rechtfertigen. »Das Pentagon strebt die Vorherrschaft im wichtigen zentralasiatischen Raum an, um auf diesem Weg China, Rußland, Zentralasien und den Iran beherrschen zu können. Wie schon bei der CIA und den US-Streitkräften während des Vietnamkriegs Anfang der siebziger Jahre, so wird auch hier der illegale Drogenhandel zum geopolitischen Werkzeug, um Terror und Instabilität zu verbreiten und einen Vorwand für die verstärkte US-Truppenpräsenz zu schaffen, um ›die Lage zu stabilisieren‹«.[4714] In diesem Zusammenhang vermutet ENGDAHL auch, daß die CIA und andere westliche Geheimdienste verdeckt die ›Islamische Bewegung Usbekistans‹ unterstützen, um über dieses Vehikel – wie auch über den afghanischen Drogenhandel – die NATO-Anwesenheit in der brisanten Region auszudehnen. So soll der US-Sonderbeauftragte für Afghanistan, Richard HOLBROOKE, im Rahmen seiner Rundreise in Zentralasien im Februar 2010 auch ein Treffen mit Vertretern der ›Islamischen Bewegung Usbekistans‹ auf dem US-Luftwaffenstützpunkt Manas geplant haben. Bei diesem Treffen auf dem Stützpunkt sollte angeblich über Guerilla-Sabotageoperationen gegen die kürzlich in Betrieb genommene Turkmenistan–Usbekistan–Kirgistan–China-Pipeline gesprochen werden.[4715] »Wenn das zuträfe«, so ENGDAHL, »wäre es ein Hinweis auf das wirkliche geopolitische Ziel, das mit den US-Stützpunkten in Manas und in der Umgebung von Kirgisistan erreicht werden soll – nämlich die als ›terroristische Angriffe‹ getarnte Sabotage des lebenswichtigen Energieflusses über chinesische und eurasische Pipelines.«[4716]

Nachgewiesen ist in diesem Zusammenhang, daß die USA mit der unter ihrer Besatzung aufgeblühten Drogenökonomie in Afghanistan zusammenarbeiten. (Nach Angaben des Büros der Vereinten Nationen zur Drogen- und Verbrechensbekämpfung hat die Opiumernte unter der US- und NATO-Besatzung in Afghanistan das höchte je gemeldete Niveau erreicht.) Das *Handelsblatt* bezeichnet die US-Armee als den wichtigsten Verbündeten der afghanischen Drogenbarone[4717] und erklärt: »Die Militär-Supermacht paktiert mit der Drogen-Supermacht.« Dabei laufen die Fäden des afghanischen Drogenhandels in den Händen des KARZAI-Clans und seiner Verbündeten zusammen: »Gut zwei Dutzend Männer beherrschen das Geschäft; ranghöchste Politiker ziehen im verborgenen die Fäden.«[4718] Belegt wird dies dadurch, daß beispielsweise der Bruder des amtierenden afghanischen Präsidenten Hamid KARZAI, Ahmed Wali KARZAI, der Gouverneur der größten Opiumprovinz Helmand, laut einer Meldung der *New York Times* der Drogenboß Afghanistans und vom CIA finanziell gefördert worden ist. Zudem bestätigt kein Geringerer als der ehemalige Chef des pakistanischen Geheimdienstes ISI, General Hamid GUL, die Beteiligung von US-Streitkräften am Drogenschmuggel, bei dem dem US-Luftwaffenstützpunkt Manas eine entscheidende Rolle zukommt. In einem Interview vom August 2009 führte Hamid GUL aus: »Das Beunruhigendste aus meiner Sicht ist jedoch, daß auch Militärflugzeuge, amerikanische Militärflugzeuge, benutzt werden. Sie haben sehr richtig gesagt, daß die Drogenrouten in nördlicher Richtung durch die zentralasiatischen Republiken, über Teile des russischen Territoriums verlaufen, und von dort weiter nach Europa und in andere Erdteile. Aber einiges wird direkt transportiert, und zwar mit Militärflugzeugen.«[4719]

Als Grund für diese Kollaboration Washingtons mit den Drogenbossen gibt das *Handelsblatt* die Absicht der USA an, diese als Verbündete im Kampf gegen die aufständischen Taliban zu gewinnen. Jedoch werden bei diesem beschriebenen Vorgehen der USA Parallelen zu der irregulären amerikanischen Drogen-Geopolitik in Südostasien in den sechziger Jahren sichtbar, als es darum ging, die dortigen Staaten durch Förderung und Bewaffnung von ethnischen Separatisten zu destabilisieren und so für eine US-Invasion gegen eine vermeintliche kommunistische Unterwanderung vorzubereiten. Auch hier war – wie Alfred McCoy in seiner Studie *Die CIA und das Heroin* nachweist – der Opiumhandel das »Schmiermittel der Geopolitik«, über den die irregulären Verbündeten des Pentagon in Südostasien (in der Regel separatistische Bergstämme der Region) die Waffenlieferungen bezahlten. Die Enthüllungen von General Hamid Gul passen dabei sehr gut ins Bild. Seine Darstellung, daß amerikanische Militärmaschinen den Drogentransport über Zentralasien übernehmen, erinnert sehr stark an die ›Air-America‹-Flüge der CIA zum Opium- und Heroinexport im Indochinakrieg.

Geht es hier also um eine weiterreichende irreguläre Agenda der USA? Festzuhalten ist zunächst, daß der zentralasiatische Drogenhandel im wesentlichen kontrolliert wird durch Gruppierungen wie den Karzai-Clan in Afghanistan und den Bakijew-Clan in Kirgistan, die Verbündete der USA sind. Eine bedeutende Rolle im Opium- und Heroingeschäft spielen außerdem islamistische Organisationen wie die ›Islamische Bewegung Usbekistans‹ oder die ›Hizb-ut-Tahrir‹ – ideale Voraussetzungen für eine umfassende Destabilisierungsstrategie also, bei der das Opium die Funktion eines Katalysators hätte. Tatsache ist ebenfalls, daß die katastrophalen Folgen dieser geheimen US-Politik Rußland zu tragen hat. So erklärte Viktor Iwanow, Leiter des Dienstes für Drogenbekämpfung in Rußland und Vertrauter Wladimir Putins, es gebe »eine negative Folge der Instabilität in Afghanistan, die vor allem Rußland tragen muß und die für uns viel dringlicher ist als für die Nato-Mitgliedsstaaten: der Drogenhandel. Wie ein stiller Tsunami brach der Heroin-Mißbrauch in den vergangenen Jahren über Rußland herein. Wir sind inzwischen einer der weltweit größten Konsumenten dieser Droge«.[4720] Iwanow stellt fest, daß Rußland dadurch der Verlust einer ganzen Generation drohe. Die Ursache hierfür sieht er in den Entwicklungen in Afghanistan sowie in der Unwilligkeit und Unfähigkeit der NATO, die dortige Drogenökonomie wirksam zu bekämpfen.

Von daher war der vom Bakijew-Clan Mitte Juni 2010 angezettelte Bürgerkrieg in Südkirgistan – der im Grunde nichts anderes als ein Drogenkrieg um die Kontrolle des Opiumhandels in dem kleinen zentralasiatischen Staat war – eine ernsthaft bedrohliche Herausforderung für Moskau und sein strategisches Umfeld in der Region. Dies hatte sich in der jüngsten Vergangenheit bereits dokumentiert: »Die Gefahr, die von den Unruhen in Kirgistan für die Nachbarstaaten und die gesamte Region ausgeht, besteht nicht nur darin, daß die Kämpfe von Kirgistan aus übergreifen oder daß Usbekistan... sich veranlaßt sehen könnte, militärisch zum Schutz der Usbeken in Kirgistan einzugreifen. Sowohl die islamische Befreiungspartei Hizb ut-Tahrir al Islami als auch bewaffnete Kämpfer der zu Taliban-Zeiten von Afghanistan aus operierenden Islamischen Bewegung Usbekistans (IBU) warten auf ihre Chance. IBU-Kämpfer waren bereits 1999 und 2000 über Tadschikistan auf usbekisches und kirgisisches Gebiet im Ferganatal vorgedrungen. Es ging um die Destabilisierung Usbekistans unter dem Regime Karimows und um die

Kontrolle der Rauschgiftroute. Im vergangenen Jahr (2009) kam es nach verschiedenen Berichten zu Scharmützeln zwischen kirgisischen, usbekischen und tadschikischen Sicherheitskräften mit aus Afghanistan eingedrungenen islamistischen Kämpfern und deren lokalen Bundesgenossen.«[4721]

Diese Kräfte sind am Untergang der bestehenden Staaten Zentralasiens interessiert; der politische Bankrott dieser Staaten, Instabilität und Chaos erst in Kirgistan und dann in den Nachbarländern der Region bilden dann den Nährboden für einen fundamentalistischen Kalifatsstaat sowie eine unkontrollierte Rauschgiftwirtschaft. Drogenökonomie und islamischer Fundamentalismus – so die Kommentierung führender Tageszeitungen – hätten deshalb ein Eingreifen Rußlands in Kirgistan erforderlich gemacht, da ansonsten ein empfindlicher Einflußverlust Moskaus drohen würde: »Hält es sich heraus«, so die *tageszeitung*, dürfte es an Einfluß verlieren. Langfristig würde die Destabilisierung, die vom Drogenhandel und dem islamischen Fundamentalismus ausgeht, den Süden Rußlands infizieren.«[4722]

Sollte also die von den USA geduldete Drogenwirtschaft und die von ENGDAHL angedeuteten Kontakte von US-Vertretern zu den zentralasiatischen islamischen Fundamentalisten möglicherweise dazu dienen, Rußland sogar zu einem militärischen Eingreifen in Kirgistan geradezu herauszufordern, um ihm so ein weiteres Afghanistan zu bereiten? Belege hierfür lassen sich nicht anführen; die oben geschilderten Indizien können einen solchen Verdacht aber auch nicht ganz ausräumen. Der russische Präsident MEDWEDJEW selbst bezeichnete den kirgisischen Krisenherd als zweites Afghanistan. Nach Ansicht von Beobachtern hätte ein russisches Eingreifen die Lage für Moskau schließlich erheblich verschlechtern können. Die Russen, so eine Beurteilung der *Neuen Zürcher Zeitung*, hätten dann leicht zwischen die Fronten geraten oder bei einem solchen Vorgehen gar den Konflikt über Kirgistan hinaus anheizen können.[4723] Auch eine Beteiligung einer Eingreiftruppe der von Rußland aufgebauten ›Organisation des Vertrages über kollektive Sicherheit‹ (OVKS) hätte die Lage Beobachtern zufolge ausufern lassen. Mitglied des OVKS ist schließlich auch Usbekistan; »eine Beteiligung Usbekistans würde die Unruhen vermutlich nur verschärfen.«[4724]

Aber auch eine Beteiligung der anderen Teilnehmerstaaten dieses Vertrages hätte sich als Brandbeschleuniger ausgewirkt: Weißrußland hatte dem gestürzten Präsidenten BAKIJEW Asyl gewährt; sein Eingreifen wäre daher aus kirgisischer Sicht als Parteinahme aufgefaßt worden. Tadschikistan und Kasachstan haben eigene Interessen in der Region.[4725] Die *Süddeutsche Zeitung* zitiert den kirgisischen Politologen Mars SARIJEW, der erklärte, daß mit einem militärischen Eingreifen Rußland zwar zunächst seinen Einfluß in Zentralasien hätte ausdehnen können, dann aber langfristig in kräftezehrende Mikrokonflikte verstrickt sein würde. Der heimliche Gewinner einer solchen Situation wäre nach Ansicht Sarijews die USA: »Ein gelähmtes Rußland würde wiederum Amerika in die Hände spielen, das in Kirgistan einen Nachschubstützpunkt für Afghanistan unterhält, meint SARIJEW.«[4726]

Rußland seinerseits schien dieses Dilemma erkannt zu haben: »Die russische Führung bewegt sich angesichts der brisanten Lage in Kirgistan mit äußerster Vorsicht und scheint nicht die Absicht zu haben, sich in den undurchsichtigen Konflikt in Zentralasien hineinziehen zu lassen.«[4727] Zentralasien-Kenner Manfred QUIRING weist darauf hin, daß es gerade die bitteren Erfahrungen Rußlands in der jüngsten Vergangenheit sind, die den Kreml von einem militärischen Schritt hatten Abstand nehmen lassen: »Die bittere Niederlage der Sowjets in Afghanistan ist noch nicht vergessen, und heute beansprucht der Krisenherd um Tschetschenien Moskaus Ressourcen ebenso wie die Unterstützung der abtrünnigen Republiken Abchasien und Südossetien. . .«[4728]

Grundsätzlich hätte also Rußland viel zu verlieren gehabt, wenn es sich auf ein »aufreibendes Abenteuer« eingelassen hätte, »dessen Ende schwer abzusehen ist«.[4729] Daher konnte sich der Kreml auch keine Parteinahme leisten, wollte er nicht seinen Stützpunkt in Kant wieder verlieren, durch den er schließlich wieder zu einem militärischen Faktor im zentralasiatischen ›Great Game‹ geworden ist. Vor diesem Hintergrund schien es Moskau für ratsamer erachtet zu haben, gegenüber dem Konflikt eine abwartende Rolle diplomatischer Neutralität einzunehmen. Sollte es sich bei den Bürgerkriegsausschreitungen in Südkirgistan Mitte Juni 2010 tatsächlich um eine von den USA gelegte Falle gehandelt haben, so ist diese Strategie mit der Weigerung Moskaus, einzumarschieren, nicht aufgegangen. Die Moskauer Führung schien wohl die Risiken erkannt zu haben, die mit einem militärischen Schritt verbunden gewesen wären, und es sieht einstweilen so aus, daß die russische Haltung letztlich deeskalierend wirkte.

Einige Tage später hatte sich die Lage wieder etwas beruhigt, und im nachhinein zeigte sich Präsidentin OTUNBAJEWA über die russische Weigerung erfreut.[4730] Dies wiederum wird sich für die russisch-kirgisischen Beziehungen nicht negativ auswirken, hatte doch die Zwischenregierung mehrfach erklärt, ihre künftige außenpolitische Orientierung werde russische Interessen berücksichtigen.

Die weitere Entwicklung dürfte aber offen sein. OTUNBAJEWA war es gelungen, ein Verfassungsreferendum durchzusetzen, durch das sie auch indirekt zur Übergangspräsidentin bestätigt wurde. Sie wird damit – so die *Frankfurter Allgemeine Zeitung* – offiziell »jene Vollmachten in Anspruch nehmen, die die alte Verfassung dem gestürzten Präsidenten BAKIJEW zugestanden hatte – zumindest auf dem Papier wird sie damit über große Macht verfügen«.[4731] Der russische Präsident MEDWEDJEW sieht die Entwicklung jedenfalls kritisch, wenn er andeutet, daß Kirgistan eine »starke, gut organisierte Kraft« brauche, um das Land zu stabilisieren, zumal die Gefahr groß sei, daß extremistische Gruppen die Macht erobern könnten. »Derweil sieht Rußland die Gefahr, daß Kirgistan auseinanderbricht«, so faßt die Zeitung *Neues Deutschland* die russische Einschätzung zusammen.[4732]

Insgesamt aber hat die gegenwärtige Situation Rußlands Lage im eurasischen »Dreh- und Angelpunkt« nicht verschlechtert. Durch weitsichtiges politisches Verhalten des Kreml gegenüber dem Krisenherd ist eine Eskalation vermieden worden, die gegebenenfalls eine Einflußnahme von Kräften zur Folge gehabt hätte, die Rußlands geopolitische Stellung in Zentralasien beeinträchtigt hätten. Zumindest konnte durch das Verfassungsreferendum Ende 2010 die Präsidentin OTUNBAJEWA im Amt bestätigt werden. Nach ihren bisherigen Verlautbarungen dürfte der außenpolitische Kurs Kirgistans nicht von einer Abtrennung vom russischen Orbit bestimmt sein.

Das sollte sich auch in der Folgezeit zeigen. Es ist deutlich geworden, daß der US-Stützpunkt Manas in Kirgistan für die Operationen der US-Streitkräfte immer wichtiger geworden ist. Wie oben schon angedeutet, erfolgte bislang der überwiegende Teil der Versorgung über den Hafen von Karatschi und den pakistanischen Landweg nach Afghanistan. Die aufständischen Taliban hatten erkannt, daß diese Transportwege die verwundbare Stelle der US-Militäroperationen sind – sie führen immerhin über schwer passierbares Gelände und schmale, allerdings strategisch wichtige Pässe (Khyber-Paß), die aufgrund ihrer Topographie leicht zu blokkieren sind. Schon seit längerer Zeit konzentrieren die Taliban daher in verstärktem Maße ihre Angriffe auf diese Konvois in der nordpakistanischen Grenzregion, den ›Tribal Areas‹. Die OBAMA-Administration beantwortete dies mit einem verstärkten Einsatz von ferngelenkten unbemannten Drohnen auf pakistanischem Territorium, die allerdings auch erhebliche Verluste unter der dortigen Zivilbevölkerung verursachten. Aus Protest gegen dieses amerikanische Vorgehen ließ Islamabad die Hauptverbindungsroute über den Khyber-Paß Anfang Oktober 2010 kurzfristig sperren.

Insgesamt wird damit deutlich, daß sich Pakistan nicht mehr nahtlos in die US-Zentralasienstrategie einfügen läßt, und immer mehr spricht dafür, daß Islamabad durch heimliche Unterstützung eines Teils der Talibanbewegung eigene geopolitische Interessen, nämlich die Sicherung seines Einflusses am Hindukusch, verfolgt. Hinter den Kulissen scheint sich mittlerweile ein amerikanisch-pakistanisches Zerwürfnis abzuzeichnen. Beobachtern zufolge betreiben deshalb pakistanische Sicherheitskräfte gegenüber den Angriffen der Taliban eine Politik der ›positiven Neutralität‹: »Beobachter halten für möglich, daß die pakistanische Regierung auch den Schutz für die Nato-Versorgungskonvois reduziert hat. . . Der britische Sender BBC zitierte. . . eine Quelle mit der Vermutung, daß der pakistanische Geheimdienst ISI durch gezieltes Wegsehen Extremisten ermutigen würde und möglicherweise sogar direkt hinter manchen Anschlägen stecken könnte. Nahrung erhielten derartige Spekulationen durch einen Bericht des Weißen Hauses an den amerikanischen Kongreß. Darin wird darauf aufmerksam gemacht, daß pakistanische Sicherheitskräfte dem Treiben der Extremisten oft tatenlos zusähen. Der Bericht nahm Bezug auf Vorgänge in Nordwasiristan, wo, wie es heißt, Soldaten an der Straße stünden und Handlungen vermieden, die sie in direkte Konfrontation zu afghanischen Taliban oder Kämpfer der Al-Quaida bringen könnten.«[4733]

Aufgrund dieser Entwicklung erhält das sogenannte ›Nördliche Versorgungsnetzwerk‹, das über Europa und die GUS-Staaten läuft und in dem Zentralasien eine Schlüsselrolle zufällt, eine immer größere Bedeutung. »Aus dem amerikanischen Transportkommando hieß es jüngst, daß etwa die Hälfte der Versorgungsgüter über Pakistan und etwa 30 Prozent über Zentralasien die amerikanischen Truppen in Afghanistan erreichten; etwa ein Fünftel würde auf dem Luftweg transportiert. Nach einem Bericht des Londoner Internationalen Instituts für Strategische Studien wird die Treibstoffversorgung... mittlerweile bereits zu zwei Dritteln über die Nordroute durch Zentralasien abgewickelt. Die Diversifizierung der Transportwege war notwendig, weil es in der Vergangenheit wegen der Probleme auf der Route durch Pakistan zu Versorgungsengpässen kam, die bisweilen so gravierend waren, daß Kampfoperationen in Afghanistan abgebrochen werden mußten.«[4734] Hierbei nimmt der US-Luftwaffenstützpunkt Manas eine entscheidende Schlüsselstellung für die US-Operationen ein; er bildet eine gigantische Tankstelle für die Flotte der dort stationierten KC-135-Flugzeuge zur Luftbetankung der im afghanischen Luftraum operierenden US-Kampfflugzeuge. Überdies bildet Manas einen Luftverschiebebahnhof für die amerikanischen Truppen auf ihrem Weg nach Afghanistan.[4735] Nicht zu Unrecht spricht daher der US-amerikanische General Dwight C. Sones von Manas als dem »Kronjuwel in Zentralasien«.[4736]

Wie es Rußland auch im Jahr 2010 gelungen war, Einfluß auf die US-amerikanische Afghanistanpolitik und die dortige Militärstrategie Washingtons zu nehmen, zeigte sich in einem Vorschlag der kirgisischen Zwischenpräsidentin Otunbajewa, die in Washington ein neues Modell für die Treibstofflieferungen an die US-Streitkräfte unterbreitete: Demzufolge soll das Kerosin von einem noch zu gründenden Gemeinschaftsunternehmen einer Staatsfirma ihres Landes und der Öltochter Gaspromneft des vom russischen Staat kontrollierten Erdgasmonopolisten Gasprom bezogen werden. In Amerika wurde kritisiert, daß Moskau dadurch einen wichtigen Hebel in die Hand bekomme, der es Rußland ermögliche, direkt auf die amerikanische Afghanistanpolitik und amerikanische Militäroperationen in Afghanistan Einfluß zu nehmen.[4737] Es dürfte sehr wenig wahrscheinlich sein, daß dieses Angebot der kirgisischen Zwischenregierung nicht vorher mit Moskau abgesprochen wurde, und Beobachtern zufolge soll die Versorgung amerikanischer Flugzeuge schon in der Vergangenheit aus russischen Quellen erfolgt sein. Viel spricht dafür, daß Moskau hiermit unterstreichen will, daß ohne Beachtung seiner geopolitischen Interessen die US- und NATO-Streitkräfte noch weiter in eine verhängnisvolle strategische Isolation geraten könnten.

Der Analyse der *Frankfurter Allgemeinen Zeitung* geht es Rußland ferner darum, mehr Einfluß auf die Entscheidungen der NATO – beispielsweise durch einen umgemodelten NATO-Rußland-Rat – zu erhalten.[4738] Rußland seinerseits ist daran interessiert, ein sunnitisch-islamistisches Epizentrum in Afghanistan nicht entstehen zu lassen, da es fürchtet, daß von dort aus, wie schon ausgeführt, eine umfassende Destabilisierung Zentralasiens und letztlich auch der Russischen Föderation selbst eintreten könnte – Rußland selbst weist schließlich einen muslimischen Bevölkerungsanteil von 20 Prozent auf. Daher unterstützt es auch unter der Hand das militärische Eingreifen der NATO. Auf der anderen Seite will es aber auch verhindern, daß sich die USA und die NATO in der Region dauerhaft festsetzen und so einen antirussischen Einkreisungsring bilden können.

Um dieses Dilemma zu lösen, versucht Moskau nunmehr durch eigene Initiativen, durch Einbringen einer eigenen Sicherheitsarchitektur und durch kluges Ausnutzen prekärer Situationen wie des Versorgungsengpasses der amerikanischen Streitkräfte Einfluß auf NATO-Entscheidungen zu nehmen, um die Entstehung von für Moskau negativen geopolitischen Folgen zu vermeiden. Ähnlich sieht es auch der Militarismus-Experte Jürgen WAGNER: »Dabei geht es Rußland vermutlich nicht primär darum, mit der Schließung von Manas den Einsatz in Afghanistan gegen die Wand fahren zu lassen. Vielmehr will Moskau die Kontrolle über die US-Truppenbewegungen erlangen – und damit einen erheblichen machtpolitischen Hebel, so jedenfalls die Einschätzung der Europäischen Union.«[4739] Wörtlich heißt es dazu in einer EU-internen Stellungnahme: »Das Ziel des Kreml dürfte kaum darin bestehen, die Funktionsfähigkeit des Nördlichen Verteilungsnetzwerks (in Afghanistan) ernsthaft zu beeinträchtigen, sondern das Netzwerk und die damit zusammenhängende US-Militärpräsenz unter seine volle Kontrolle zu bringen.«[4740]

Jedenfalls scheint nach Stand der Dinge – Oktober 2010 – die Zeit für Rußland zu arbeiten, und mittelfristig ist die Entstehung einer strategischen Abhängigkeit der USA von Moskau nicht unwahrscheinlich. Deutlich wurde dies durch das Ergebnis der Parlamentswahlen in Kirgistan Mitte Oktober 2010: Stärkste Kraft wurde die nationalistische Ata-Schurt-Partei, die die amerikanische Basis im Land ablehnt. Ebenfalls stark abgeschnitten hatte die Ar-Namis-Partei des prorussischen Ex-Präsidenten Felix KULOW, die ebenfalls der US-Airbase kritisch gegenübersteht. Zwar hatte Zwischenpräsidentin OTUNBAJEWA den USA noch eine automatische Verlängerung der Miete über deren Ende im Juli 2010 hinaus zugesagt, doch »das Ergebnis der Wahlen... hat die US-Planer wieder in Alarmstimmung versetzt«.[4741] Damit bilden im künftigen Parlament in Bischkek überwiegend Kräfte die Mehrheit, die die US-Anwesenheit ablehnen – was die strategische Lage der USA verkomplizieren dürfte. »Die Frage ist«, so die *Frankfurter Allgemeine Zeitung*, »wie das neu gewählte Parlament Kirgistans, das wegen der neuen Verfassung über bedeutend mehr Macht als jede Volksvertretung zuvor verfügt, sich in Sachen Manas und generell ausländischer Militärpräsenz im Land verhält. Die kritischen Stimmen gegen die Anwesenheit der Amerikaner dürften zunehmen.«[4742]

Wenig bekannt ist, daß die USA mit der Einrichtung des ›Nördlichen Verteilernetzwerkes‹, des ›Northern Distribution Network‹, eine weiterreichende Zielsetzung verfolgen, bei der es insgeheim darum geht, das russische Gebiet nachhaltig zu durchdringen und durch einen Gürtel US-abhängiger Staaten im Kaukasus und

Zentralasien einzuhegen. In diesem Zusammenhang soll die NATO nach den Vorstellungen Zbigniew Brzezinskis als Angelpunkt eines weltweiten Netzes von regionalen Sicherheitssystemen fungieren, wie er es in der *New York Times* vom 19. August 2009 dargestellt hatte.[4743]

Die Bedeutung dieses ›Northern Distribution Networks‹ beschreibt der Publizist Kai Ehlers wie folgt: »Gemeint sind damit zwei Versorgungsrouten durchs nördliche Eurasien. Seit 2006 waren sie in der Planung, seit dem georgischen Krieg werden sie im großen Stil realisiert. Eine der Routen führt von Riga über die baltischen Staaten durch das nördliche Rußland bis Usbekistan, wahlweise auch bis Kirgisistan oder Tadschikistan und von dort ins nördliche Afghanistan. Die andere führt durch Georgien, Aserbaidschan, über das Kaspische Meer entlang des in den Jahren seit Auflösung der Sowjetunion von den Westmächten geschaffenen ›südlichen Korridors‹, auch ›Neue Seidenstraße‹ genannt. Die Route endet ebenfalls im Norden Afghanistans. Wegen der zweimaligen Umsetzung der Ladungen von Überlandlastern auf Schiffe, von diesen auf tadschikischer Seite wieder auf Trucks ist diese Route die weniger attraktive. Sie wird aber gehalten, um nicht allein auf die russische Route angewiesen zu sein. Zudem hofft man so einen gewissen Druck auf Rußland ausüben zu können. Die neuen Versorgungswege ersetzen die frühere südliche Route durch Pakistan, die nicht mehr genutzt werden kann, seit sich das nördliche Pakistan – nicht zuletzt entlang der Versorgungsrouten – zum Teil des afghanischen Kriegsgebietes entwickelt hat.«[4744]

Nach den Planungen der US-Strategen bildet das ›Northern Distribution Network‹ die Vorstufe für eine langfristige ökonomisch-politische Durchdringung des zentralasiatischen Raumes und dient der Vorbereitung für eine dauerhafte US-Anwesenheit in der Region. In einer Darstellung des neokonservativen Centre for Strategic International Studies (CSIS) wird dies deutlich ausgesprochen: »Während der Impetus hinter der Schaffung der neuen Versorgungslinien in den unmittelbaren militärischen Anforderungen liegt, bietet ihr Aufbau desungeachtet eine einzigartige Möglichkeit für Washington, langfristige Ziele zu verfolgen. Sich in Afghanistan durchzusetzen, muß ökonomische und politische Entwicklung einschließen, die der Zukunft der Region verpflichtet ist. Die Obama-Administration ist sich dieser Erfordernisse bewußt und hat sie als Herzstücke in die neue Afghanistan- und Pakistan-Strategie einbezogen. Das zweite Ziel besteht darin, sicherzugehen, daß die Expansion von Versorgungsrouten und das damit verbundene Anwachsen amerikanischer Präsenz Pläne für langfristige (im engl. Text: sustainable = nachhaltige!) ökonomische Aktivitäten durch Afghanistan und Zentralasien einschließen und daß dies zusammengeht mit einem erneuerten, langfristigen US-Engagement.«[4745]

Der neue Oberbefehlshaber der NATO-Streitkräfte in Afghanistan, General David Petraeus, formulierte es noch deutlicher, als er sagte, daß das Verteilernetzwerk die Vision von einem »Angelpunkt für einen trans-eurasischen Handel. . ., der Wohlstand und Stabilität nach Zentralasien bringt«, beinhalte.[4746]

Gegen den Widerstand Moskaus aber dürfte diese geheime US-Agenda nicht zu verwirklichen sein, und im Kreml weiß man längst, welche weitgesteckten Ziele mit der US- und NATO-Intervention am Hindukusch verbunden sind. Folgt man den Darstellungen des Militarismus-Experten Jürgen WAGNER, so markiert die Kirgistan-Krise vielmehr einen sich abzeichnenden Kollisionskurs zwischen NATO und SCO (Shanghaier Organisation für Zusammenarbeit) in Zentralasien.[4747] Ende September 2010 beschloß die SCO, in Kirgistan sicherheitspolitisch aktiv zu werden mit dem Ziel, »bei der Gewährleistung von Sicherheit in den südlichen Gebieten dieses zentralasiatischen Staates« Hilfe zu leisten. Einiges spricht deshalb für eine »grundlegende Weichenstellung« der SCO in Richtung verstärkter militärisch-sicherheitspolitischer Aktivitäten im zentralasiatischen Raum.[4748]

Wie oben ausgeführt, hatte es Rußland trotz ausdrücklichen Ersuchens der kirgisischen Zwischenregierung seinerzeit abgelehnt, militärisch einzugreifen, um nicht in eine zweite Afghanistanfalle zu geraten. Dies bedeutete allerdings nicht, daß Moskau bereit war, hier ein sicherheitspolitisches Vakuum zurückzulassen, das möglicherweise von der NATO ausgefüllt werden könnte. Statt dessen bot sich nunmehr das sicherheitspolitische Forum Eurasiens, die SCO an, um im multilateralen – aber eurasischen – Rahmen eine Stabilisierung und Eindämmung des Krisenherds sicherzustellen. Freilich wäre dies auch mit russischen Truppenstationierungen verbunden, und es bestehen bereits Pläne für die Errichtung eines russischen Truppenstützpunktes in Osch im unruhigen Süden Kirgistans. Belegt wurde die »grundlegende Weichenstellung« der SCO – so Jürgen WAGNER – auch durch das SCO-Militärmanöver ›Friedensmission 2010‹, das gleichfalls im September 2010 stattfand. Den tieferen Sinn dieses Manövers beschrieb die russische Nachrichtenagentur *Ria Novosti* wie folgt: »Die russischen Kräfte setzen bei dem jetzigen Manöver ihre während des kaukasischen Fünf-Tage-Kriegs vom August 2008 gesammelten Erfahrungen ein. Dabei werden Kampfhandlungen im Gebirge geübt, was für Rußland auch in Zentralasien wichtig ist. Die aktuellen Ereignisse in Zentralasien – vor allem in Afghanistan und Kirgistan – sind eine richtige ›Reifeprüfung‹ für die SOZ. . . Man muß allerdings begreifen, daß sehr vieles von der Bereitschaft ihrer Mitgliedsländer abhängt, schnellstmöglich alle Mittel, darunter auch militärische, zur Unterbindung der Gewalt einzusetzen. Andernfalls bleiben jegliche Übungen eine Fiktion, die auf die Pflege des internationalen Images gerichtet ist, aber keinen richtigen Inhalt hat.«[4749]

Diese Entwicklungen deuten an, daß nunmehr die SCO ihrerseits bestrebt ist, ein militärisch-sicherheitspolitisches Gewicht in Eurasien zu bilden, um einer NATO-Expansion in der zentralasiatischen Region den Riegel vorzuschieben. Dies bedeutete aber mittelfristig eine Rückkehr Rußlands als militärstrategischen Mitspielers im ›Großen Spiel‹ um Zentralasien und eine Umkehrung der Verhältnisse, wie sie die USA durch die Inszenierung der ›Farbrevolutionen‹ geschaffen hatten, zugunsten Moskaus.

5.3 Die Fortsetzung des Pipeline-Pokers: ›North Stream‹ und ›South Stream‹ im Vorsprung gegenüber ›Nabucco‹

Parallel zu den Ereignissen in der Ukraine und in Kirgistan konnten die russischen Pläne im Wettlauf um die Energiekorridore einen Vorsprung erlangen. Anfang April 2010 waren die Vorbereitungen für den Beginn des Baus der Ostseepipeline (›North Stream‹) abgeschlossen. Mit der Ostseepipeline wird nunmehr eine Direktverbindung zwischen dem russischen Energieproduzenten und den Endverbrauchermärkten in der Bundesrepublik Deutschland und Westeuropa hergestellt. Sie bildet die Grundlage für eine russisch-deutsche Energiezusammenarbeit; das Erdgasfeld Juschno-Russkoje, das die Erdgaspipeline beliefern soll, wird in Zusammenarbeit zwischen E.on Ruhrgas und Wintershall – sie sind zu je 25 Prozent minus einer Aktie an dem Erdgasfeld beteiligt – und Gasprom ausgebeutet.

Die energiegeopolitischen Vorteile dieser Röhre liegen auf der Hand: Die Abhängigkeit Rußlands von den Transitländern (80 Prozent des russischen Gases nach Europa laufen über die Ukraine), die Gasprom mitunter in den Ruf brachte, ein unsicherer Lieferant zu sein, wird verringert. »Gasproms Abhängigkeit von den Transitländern ist zu groß«, so der russische Energie-Experte Dmitri Absalow. »Der Konzern muß seine Transportrisiken verringern und daher auf verschiedene Routen setzen.« Mit dem Bau von ›North Stream‹ und der außenpolitischen Neupositionierung der Ukraine hat Rußland nunmehr die Option einer stabilen und flexiblen Energie-Geopolitik.

In der Ukraine konnte Moskau die Pläne einer russisch-ukrainischen Energiefusion bis dahin nicht verwirklichen. Allerdings konnte Rußland in einem anderen Punkt einen energiestrategischen Vorteil in der Ukraine erlangen: Der Staatskonzern Gasprom investiert nunmehr ins ukrainische Pipelinenetz.[4750] »Da North Stream dann als wichtigste Lieferroute direkt von Rußland zu den wichtigsten Kunden in Deutschland verläuft und da ein stabiles Transitabkommen durch die Ukraine ausgehandelt worden ist, wird eine Unterbrechung der Gazprom-Lieferungen nach Nordeuropa sehr unwahrscheinlich. Durch North Stream wird Gazprom in die Lage versetzt, eine flexiblere Gas-Diplomatie zu betreiben, und Störungen der Lieferung, zu denen es in den vergangenen Jahren in der Ukraine wiederholt gekommen war, werden dann weniger Probleme bereiten«, so F. William Engdahl.[4751]

Mit der gleichen Stärke konnte Moskau sein ›South Stream‹-Projekt vorantreiben, und es hatte durch eine verstärkte Zusammenarbeit mit der Türkei sowie durch langfristige Lieferverträge mit Usbekistan, Turkmenistan und Aserbaidschan hierfür wichtige Voraussetzungen geschaffen. Nach Angaben des Gasprom-Vorstandsvorsitzenden Alexeij Miller soll ›South Stream‹ seinen Betrieb Ende 2015 aufnehmen. Die von der EU und den USA massiv geförderte ›Nabucco‹-Pipeline scheint demgegenüber zur Zeit ins Hintertreffen zu geraten. »Allerdings fehlt dem Acht-Milliarden-Euro-Projekt das Gas. Die potentiellen Quellen Turkmenistan, Aserbaidschan und Iran liegen in einer geopolitisch heiklen Region«,[4752] so faßt die Tageszeitung *Die Welt* die gegenwärtige ungünstige Situation für das Projekt zusammen. Aufgrund dieser Schwierigkeiten wird die Inbetriebnahme der ›Nabucco‹-Pipeline sich auch aller Voraussicht nach bis zum Jahr 2018 verzögern.[4753] Das *Handelsblatt* zitiert in diesem Zusammenhang den Vorstandschef des österreichischen Öl- und Erdgaskonzerns OMV, der Konsortialführer des Nabucco-Projektes ist, dem zufolge die Bauentscheidung erst unter der Voraussetzung getroffen werden könne, daß die Gaslieferungen garantiert seien.[4754] Derzeit werde mit Turkmenistan und Aserbaidschan verhandelt, auch wolle man später noch den Irak einbeziehen. Zum gegenwärtigen Zeitpunkt sind aber die Verhandlungen vollkommen ergebnisoffen; deswegen sind die Planungen für die Leitung noch längst nicht »in trockenen Tüchern«.[4755] »Das zeitliche Zusammentreffen der Neutralisierung eines NATO-Beitritts der Ukraine mit dem Beginn des Baus der strategisch wichtigen North-Stream-Pipeline von Rußland nach Deutschland sowie Rußlands Pläne für die South-Stream-Gaspipeline«, so F. William Engdahl zusammenfassend, »hat die Nabucco-Pipeline, Washingtons Gegenmaßnahme, praktisch wertlos gemacht.«[4756]

Gasprom setzt gegenwärtig seine Strategie der Diversifizierung der Handesstrukturen erfolgreich fort. Einerseits erschließt der Konzern neue Zielländer für lukrative Gasexporte, allen voran China. So wird jetzt die erste Pipeline in Betrieb genommen, die Gas von der Halbinsel Sachalin über Wladiwostok nach China pumpt. Gleichzeitig scheint sich eine Ausbreitung des Gasprom-Konzerns Richtung Westen, insbesondere Richtung Deutschland, abzuzeichnen, wobei das unternehmensstrategische Ziel darin liegt, Einfluß auf die gesamte Energie-Wertschöpfungskette – von der Produktion über die Bereitstellung der Rohrleitungssysteme bis zur Versorgung des Endkunden – zu erhalten. »Die Vorbereitungen laufen seit langem. Rußlands Gasgigant ist in Deutschland so präsent wie nie zuvor«, so die *Süddeutsche Zeitung*.[4757]

Die einzigen, die Rußlands Pläne stören könnten, sind die Firmen der Gegenpipeline ›Nabucco‹. Gasprom setzt nunmehr darauf, dieses konkurrierende Pipelinevorhaben zu hintertreiben,[4758] und so versucht der russische Energieriese hinter den Kulissen, Partner des ›Nabucco‹-Projekts auf seine Seite zu ziehen. Bei dem österreichischen Energiekonzern OMV ist ihm dies bereits gelungen; der italienische Energieversorger ENI sowie die französische Electricité de France (EDF) haben sich ebenfalls bereits angeschlossen. Jetzt bemüht sich der russische Energiekonzern, das deutsche Energieunternehmen RWE, das die ›Nabucco‹-Pläne anführt, für ›South-Stream‹ zu gewinnen. »Jetzt forcieren die Russen ihren Kampf gegen Nabucco«, so das *Handelsblatt*,[4759] und aus diesem Grund hat Gasprom Mitte Juli 2010 RWE ein Angebot unterbreitet, sich statt an Nabucco vielmehr an ›South Stream‹ zu beteiligen. Den Zeitpunkt ist dabei geschickt gewählt worden, da sich das ›Nabucco‹-Projekt aufgrund fehlender Gaslieferanten derzeit in einer schwierigen Phase befindet.

Das *Handelsblatt* faßt zusammen: »Dabei bemühen sich die Konsortialpartner (von

Nabucco, der Verf.) schon seit Jahren mit Ländern wie Turkmenistan, Aserbaidschan oder dem Irak Lieferverträge zu schließen. Die Verhandlungen kommen allerdings kaum voran. Eigentlich hatte RWE sich bis Ende Juni (2010) feste Zusagen aus Aserbaidschan und Turkmenistan erhofft. Die beiden Länder werden von russischer Seite allerdings unter Druck gesetzt, ihr Gas an Gazprom zu liefern. Solange es keine belastbaren Lieferzusagen gibt, ist die Rentabilität der geplanten Pipeline jedoch nicht gesichert«.«[4760] Der Grund für diese Schachzüge Gasproms ist in der gegenwärtigen Lage auf den internationalen Gasmärkten zu sehen. »In den vergangenen Monaten wandelt sich der Gasmarkt wie nie zuvor«, schreibt das *Handelsblatt*.[4761] Dieser Wandel besteht im wesentlichen aus einem ziemlichen Preisverfall, »wie das kaum jemand erwartet hätte«.[4762] Branchenkenner rechnen damit, daß diese Phase noch bis zum Jahr 2014 andauern werde.[4763]

Hervorgerufen wurde dieser Wandel insbesondere durch eine neue Erdgasförderstrategie der USA, mit der diese nicht nur ihre eigene Erdgasimportabhängigkeit zu beseitigen, sondern auch das Erdgasmonopol Rußlands im euro-asiatischen Raum zu brechen gedenken: US-Bergbauunternehmen war es zwischenzeitlich gelungen, das sogenannte ›nicht-konventionelle‹ Gas in Nordamerika, das in Gesteinsformationen wie Schiefer eingelagert ist (sog. ›Shale-Gas‹), rentabel zu fördern, was früher als völlig unwirtschaftlich galt. »Schätzungen des US-Energieministeriums zufolge verfügen die USA über förderfähige nicht-konventionelle Gasvorkommen, die eine Komplettversorgung des Landes für 90 bis 120 Jahre ermöglichen. Diese Dimension ist völlig neu. Bislang mußten die Amerikaner Erdgas importieren. Alle Fachleute gingen bisher davon aus, daß der Importanteil der Amerikaner mit dem schrittweisen Versiegen der eigenen fossilen Energiequellen künftig von Jahr zu Jahr steigen würde. Diese Prognosen führten dazu, daß in jüngster Vergangenheit viele Exporteure zusätzliche Kapazitäten zur Verflüssigung von Gas schufen. Ihr Kalkül, die Amerikaner mit immer größeren Flüssiggas-Mengen zu versorgen, geht nun nicht auf. Flüssiggas muß nun anderswo an den Mann gebracht werden, zum Beispiel in Europa. Das drückt auf die Preise.«[4764]

Dieser Preisverfall hatte Gasprom veranlaßt, Strategien zu entwickeln, die Konkurrenz aus dem Erdgasgeschäft aus dem Feld zu schlagen, um dem Preisverfall Einhalt zu gebieten. Gelänge es Gasprom, RWE, die treibende Kraft der ›Nabucco‹-Pipeline, auf seine Seite zu ziehen, so wäre ›Nabucco‹ wohl so gut wie gescheitert, so eine Einschätzung der *Frankfurter Rundschau*.[4765] Die gleiche Ausgangslage gilt aber ebenso für das ›South Stream‹-Konzept, denn »lohnender wäre es für beide Projekte, wenn das andere nicht gebaut würde. Das könnte den mittelfristigen Preisdruck in Europa mildern und die Erlöse steigern«.[4766] Das Angebot aus Moskau wurde von RWE mit den Worten kommentiert: »Wir stehen zu ›Nabucco‹ und sehen derzeit kein anderes Projekt, was ähnlich sinnvoll ist.«[4767]

Beide Seiten sind sich der geopolitisch-strategischen Dimension ihrer Auseinandersetzung bewußt, und so wundert es auch nicht, daß das ›Nabucco‹-Konsortium starke Unterstützung durch die politische Führung erhält. Aus bundesdeutschen Regierungskreisen war eine eindeutige Stellungnahme für die Verwirklichung der ›Nabucco‹-Pipeline zu vernehmen. »Die Versorgungssicherheit für Europa wird umso höher, je mehr wir die Versorgungsrouten und Lieferländer diversifizieren können. Deshalb werden wir die ›Nabucco‹-Pipeline politisch flankieren«, hieß es.[4768] Auch die EU-Kommission betont ihr nachdrückliches Interesse an ›Nabucco‹.[4769] Nach Ansicht von Beobachtern aber ist Moskau derzeit »auf gutem Wege, die Nabucco-Pipeline ad absurdum zu führen: In Kiew regiert mit Viktor JANUKOWITSCH ein überaus rußlandfreundlicher Präsident, womit das ukrainische Pipelinenetz wieder eher unter Moskauer Kontrolle steht, zumal Gazprom nach wie vor mit Macht versucht, beim dortigen Energiemonopolisten Naftogas einzusteigen.«[4770] Außerdem gelingt es Rußland »stets aufs neue, sich das Gas aus zentralasiatischen Nachbarländern unter den Nagel zu reißen. Den dort regierenden Potentaten, die mit Rußland überwiegend gut können, bietet Gazprom europäische Marktpreise, notfalls auch mehr. Und schon flattert Rußlands Trikolore über jenen Gasquellen, ohne die der Betrieb der Nabucco-Pipeline nicht denkbar ist«.[4771]

Trotzdem aber darf nicht von einem Ende von ›Nabucco‹ gesprochen werden, obschon es Anfang August 2010 Gerüchte über einen Ausstieg von Gesellschaftern aus dem Vorhaben gab. Vielmehr ist zu erwarten, daß auf höchsten politischen Druck hin am Fortgang der Verhandlungen festgehalten wird. So ist es der Türkei zwischenzeitlich gelungen, ein Abkommen mit Aserbaidschan zu schließen, dem zufolge die Ausbeutung des aserbaidschanischen Shah Deniz-Erdgasfeldes erweitert und die Türkei aus der erweiterten Förderung 6 Milliarden Kubikmeter Erdgas pro Jahr beziehen wird. »Das Erdgas aus Aserbaidschan ist. . . der Schlüssel zum Bau von Nabucco«, so die *Frankfurter Allgemeine Zeitung*.[4772] Auch soll die autonome kurdische Provinz Nordiraks mit in das Lieferabkonmmen einbezogen werden. Auf einer Konferenz in London im Juni 2010 soll deren Rohstoffminister ein Liefervolumen von 14 Milliarden Kubikmeter jährlich zugesagt haben – vorbehaltlich einer Zustimmung der Zentralregierung in Bagdad. Doch sollte diese Vereinbarung, die dem ›Nabucco‹-Konsortium zwar Optimismus verliehen hatte, nicht überschätzt werden, denn die Gasmengen, die sich zum Beispiel in Aserbaidschan beschaffen lassen, sind begrenzt. »Es besteht die Gefahr, daß die Pipelines halbleer bleiben, wenn beide gebaut werden.«[4773] Nicht ohne Grund macht man sich in Brüssel Sorgen über die Realisierbarkeit von ›Nabucco‹.[4774] Daher muß einstweilen für die Zukunft folgendes festgehalten werden: »South Stream oder Nabucco: Eines dieser beiden Projekte wird sterben«,[4775] denn Experten zufolge ist nur von einem langsam steigenden Gasverbrauch in Europa, wenn nicht gar von einem weiteren Rückgang auszugehen.

Jedoch sind sich die europäisch-transatlantische wie auch die russische Seite darüber im klaren, daß es bei diesem Konkurrenzkampf um mehr geht als um die bloße Gasversorgung Europas – nämlich um die Frage, wer die Energieströme Eurasiens kontrollieren und damit die eigentliche Macht auf dieser Landmasse ausüben wird. Es handelt sich hierbei um grundlegende geopolitische Vorhaben, an denen von beiden Seiten mit Hochdruck festgehalten wird – unabhängig von den zu erwartenden Kosten.

Turkmenistan, das in europäischen Kreisen noch immer als Wunschlieferant gehandelt wird, hält sich zumindest nach außen hin alle Optionen offen. Präsident BERDYMUCHAMEDOW erklärte noch im September 2010, mit der Erschließung der Erdgasfelder Süd-Jolotan und Jaschlar sei genügend Erdgas vorhanden, um Pipelines Richtung China wie Westeuropa zu füllen. Jedoch ist damit noch kein höherer Grad an Liefersicherheit gegeben. »Daß BERDYMUCHAMEDOW Ressourcen meistbietend versteigert und Nabucco weitgehend leer ausgeht, scheint aber nicht ausgeschlossen. Da Iran aus politischen Gründen auf absehbare Zeit als Lieferant nicht denkbar ist, ja selbst die Lieferungen aus Aserbaidschan nicht ganz sicher sind, weil Iran bei der Ausbeutung des größten Gasfeldes vor Baku mit zehn Prozent beteiligt ist, würde die Euro-Pipeline dann zur Pleite«, so die Gesamtlage für ›Nabucco‹ im Oktober 2010.[4776]

Um der Abhängigkeit von den Unwägbarkeiten der europäischen Erdgasstrategie, die sich an den transatlantischen Vorgaben ausrichtet, zu entgehen, verstärkte Rußland statt dessen die eurasische Energiezusammenarbeit mit der Volksrepublik China. Zum Ausdruck kam dies Ende September 2010, als Rußland und China anläßlich der Eröffnung einer neuen Erdölleitung von Ostsibirien zum nordchinesischen Daquing eine strategische Energiepartnerschaft beschlossen. Durch diese Pipeline soll von Januar 2011 an 20 Jahre lang russisches Öl nach China fließen; von 2015 an soll erstmals auch russisches Erdgas über eine neue »Altai-Pipeline« für 30 Jahre an die Volksrepublik geliefert werden. Im Gegenzug erhalten die russischen Gesellschaften Rosneft und Transneft von der Chinesischen Entwicklungsbank einen Kredit über 25 Milliarden Dollar. Für beide Seiten stellt dieses Abkommen eine natürliche energiegeopolitische Symbiose dar, denn Rußland und China streben danach, unabhängiger von ihren bisherigen Rohstofflieferanten und Abnehmern zu werden. »China ist einer der größten Energieverbraucher der Welt«, so die Beurteilung der *Frankfurter Allgemeinen Zeitung*, »Rußland ein führender Lieferant. Moskau hat Interesse, seinen Export zu diversifizieren, da es in seinen Hauptmärkten Ost- und Westeuropa Widerstände gegen die zunehmende Energieabhängigkeit gibt. Auch setzt es auf chinesisches Geld für die Erschließung neuer Vorkommen und den Ausbau der Infrastruktur. Peking seinerseits will unabhängiger von seinem Hauptenergieträger Kohle werden und sieht Rußland als Verbündeten in den wirtschaftlichen Auseinandersetzungen mit Europa und den Vereinigten Staaten.«[4777]

Deshalb ist für China diese Pipeline ein wichtiger Teil seiner Strategie, die Energieversorgung und neue Lieferwege für seine rasant wachsende Wirtschaft zu finden. Eine Energiepartnerschaft ist daher für beide Seiten äußerst vorteilhaft; China ist imstande, seine Energieabhängigkeit von den Unwägbarkeiten der zentralasiatischen Lieferantenstaaten zu verringern und an deren Stelle in Rußland einen stabilen Lieferanten zu finden, da Rußland genau das liefern kann, was das energiehungrige Reich der Mitte braucht. Zwar spielt der Gaslieferant Turkmenistan in diesem Großen Spiel nach wie vor eine entscheidende Rolle, und China hatte im Jahre 2009 eine Pipeline eingeweiht, die durch Usbekistan nach Turkmenistan führt. Allerdings bestehen Zweifel, inwieweit Turkmenistans Gasreserven ausreichen, die Interessen Rußlands, Chinas und auch der Europäischen Union zu befriedigen. Zudem wird Turkmenistan heftig von den USA und der Europäischen Union für das ›Nabucco‹-Projekt umworben. Vor diesem Hintergrund erscheint aus der Sicht Pekings Rußland als der sicherere Partner, und Moskau – so der russische Vize-Premierminister SETSCHIN – stünde bereit, um Chinas wachsende Energienachfrage vollständig zu erfüllen.

Für Moskau liegt die entscheidende Bedeutung der russisch-chinesischen Energiepartnerschaft darin, sich den ostasiatischen Markt zu erschließen, was gerade aufgrund der gegenwärtigen Preissituation auf dem Gasmarkt von Bedeutung ist. »Für Rußland käme das Geschäft zu einer günstigen Zeit«, so die *Süddeutsche Zeitung*. »Der Einbruch der Energiepreise hat den weltweit größten Produzenten Gazprom schwer getroffen, zudem unterstützt die Europäische Union den Bau der Pipeline Nabucco, mit der sie ihre Abhängigkeit von Rußland verringern will. Eine umfangreiche Gasvereinbarung mit Peking würde Moskau neue Möglichkeiten eröffnen.«[4778] Rußland ist dabei dringend auf neue Energiemärkte angewiesen, da in Europa der Gasverbauch stagniert, Stammkunden wie E.on Ruhrgas daher langfristige Verträge mit Gasprom aufweichen und die europäische Energiestrategie sich in zunehmendem Maße anderen Anbietern wie Afrika zuwendet. Außerdem erreicht billiges Flüssiggas den europäischen Markt.

Aufgrund dieser Umstände wird die einseitige Ausrichtung auf das Europageschäft für Rußland zu einem strategischen Risiko.[4779] »Je stärker sich die EU-Länder um Unabhängigkeit von russischen Gasimporten bemühen, desto aktiver wird Gazprom auf neue Absatzmärkte in Asien ausweichen«, so der russische Außenpolitik-Experte Fjodor LUKJANOW. Deshab, so das *Handelsblatt*, wollen die Russen ab sofort an Chinas Aufstieg mitverdienen.[4780] Dabei geht die Analyse des *Handelsblatts* von einem künftigen arbeitsteiligen Handeln beider eurasischer Großmächte im Energiesektor aus, dessen Grundlage chinesische Investionen in russische Energieinfrastruktur, russische Energielieferungen an Peking und Erschließung des ostasiatischen Wachstumsmarktes durch russische Energiekonzerne bilden. Das *Handelsblatt* spricht insgesamt schon von der Herausbildung einer »mächtigen Achse Moskau–Peking«.

Einiges spricht auch dafür, daß Rußland mit diesem Schachzug Europa unter Druck setzen will – indem es vor Augen führt, daß es sehr wohl imstande ist, sich energiegeopolitisch einer Vereinigung mit Ostasien zuzuwenden und nicht zwingend von der europäischen Nachfrage abhängig ist. »Jetzt hat Rußland erst einmal seine Abhängigkeit von Europa verringert – durch eine nähere Bindung an China«, so ein Kommentar der Tageszeitung *Die Welt* zu den Auswirkungen dieses Abkommens auf Europa. »Künftig kann sich Moskau sehr genau überlegen, ob Investitionen eher in die Öl- und Gasfelder des Westsibirischen Beckens fließen, um daraus Europa zu versorgen. Oder ob es lukrativer wäre, den Großteil der Investitionen in Ost-Sibirien zu tätigen, um von hier aus die Energienachfrage Chinas zu befriedigen. Zwar wird Europa deshalb nie ohne Energie dastehen: Zu groß ist die Abhängigkeit Moskaus von westlichem Geld, zu eng das russische Pipeline-Netz nach Europa, das durch die Ostsee-Pipeline gerade wieder erweitert wird. Aber die Verhandlungsposition der europäischen Abnehmerländer hat sich durch die neue Allianz im Osten ganz gewiß nicht verbessert.«[4781] Kurz gesagt: Insgesamt muß dieses Abkommen als eine Antwort Moskaus auf das europäische Taktieren mit der ›Nabucco‹-Pipeline gesehen werden, um sich angesichts der prekären Lage auf dem Gasmarkt in Ostasien verläßliche Partner und Märkte zu sichern. So schätzt auch die Tageszeitung *Die Welt* die hinter diesem Abkommen liegende Absicht Moskaus ein: »Rußland will damit seine Abhängigkeit von europäischen Kunden verringern und neue Märkte in China erschließen.«[4782]

Insgesamt konnte trotz des noch offenen Konkurrenzkampfs im Pipelinepoker im Frühjahr/Sommer 2010 davon gesprochen werden, daß sich die geopolitsche Lage Rußlands durch ein kluges Ausnutzen gegebener Situationen verbessern konnte. Mit dem Beginn des Baus seiner Pipelineprojekte und der Ablösung feindlicher Regime in der Ukraine sowie Kirgistan durch Vertreter einer außenpolitischen Neutralität dieser strategisch wichtigen Länder eröffneten sich Rußland plötzlich weit stabilere wirtschaftliche Möglichkeiten, mit denen es numehr der versuchten militärischen und wirtschaftlichen Einkreisung durch Washington begegnen kann.[4783]

Kapitel 13

Die Gefährdung des ›Imperium Americanum‹: die sich abzeichnende Erosion der Dollar-Vorherrschaft

Es stellt sich aber die Frage, inwieweit die USA in der Zukunft in der Lage sein werden, ihre Politik der weltweiten Vorherrschaft durchzusetzen. Auf die Studie amerikanischer Geheimdienste *Global Trends 2025: A Transformed World*, in der der strategische und wirtschaftliche Niedergang der USA und der Aufstieg der geopolitischen Konkurrenten Chinas und (mit Abstrichen) auch Rußlands prophezeit werden, wurde bereits hingewiesen, und vieles spricht dafür, daß die beschriebenen Schachzüge der OBAMA-Administration darauf ausgerichtet sind, sich auf die künftige Konfliktsituation vorzubereiten.

Längst hat sich abgezeichnet, daß »neue Achsen der Macht« (Peter SCHOLL-LATOUR) im Entstehen sind, und diese sind auf dem eurasischen Kontinent zu verorten. Es geht um die drohende Auseinandersetzung zwischen Eurasien und der Seemacht USA, deren Ende offen ist; schließlich stellt sich die Frage, ob die USA überhaupt in der Lage sein werden, sich militärisch in Eurasien behaupten zu können. Die USA sind zwar zu einer globalen ›Power Projection‹ in Gestalt amphibischer Operationen an den ›Rimlands‹ Eurasiens fähig, aber nicht zu einer wirklichen kontinentalen Kriegführung imstande – das Beispiel des Korea-Krieges machte deutlich, daß sie die große militärische Auseinandersetzung mit einer Kontinentalmacht nicht bestehen können. Dessen ist sich die US-Machtelite auch bewußt; und aus diesem Grund ist sie bemüht, im Wege eines ›*burden sharing*‹ (Lastenverteilung) die Absicherung einer US-Hegemonie in Eurasien mit Hilfe einer globalisierten NATO zu betreiben. Tatsache ist, daß die USA langfristig in den »neuen Achsen der Macht« – nämlich China und Rußland – die Grenzen ihres ›informellen Imperiums‹ erblicken müssen. Die ökonomische Abhängigkeit der USA von ihrem strategischen Gegner der Zukunft, China, das den Hauptteil der Weltdollarreserven hält, ist zu groß, um eine direkte Konfrontation zu wagen.

Aus diesem Grund wählen die USA im Sinne LIDDELL HARTS den Weg einer »indirekten Strategie« ähnlich wie am Beispiel Rußlands in den Fällen Georgiens, der Ukraine und auch des Kaukasus, um nunmehr auch China in die Knie zu zwingen – die gegenwärtigen Entwicklungen in Tibet und Xinijang sind, was sich an US-amerikanischen Quellen und Büchern belegen läßt,[4784] zu einem sehr großen Teil auch ›*black operations*‹ der CIA. Das Ziel ist dabei die ›Balkanisierung‹ Chinas unter Ausnutzung der wirtschaftlich-sozialen Spannungen, denen sich auch die Volksrepublik im Zuge der Weltfinanzkrise ausgesetzt sieht.

Auch die territoriale Auflösung Rußlands wird hinter den Kulissen vorangetrieben. So bestätigte sich beispielsweise zwischenzeitlich auch, daß der schwelende

Krisenherd Tschetschenien im wesentlichen durch die USA mitgestaltet wurde. Eine jüngste Dokumentation des Journalisten Anton WERNITSKI im russischen Fernsehen mit dem Titel *Der Kaukasus-Plan* deckte die massive westliche Unterstützung der tschetschenischen Rebellen auf. Dieser ›Kaukasus-Plan‹ zielt den Recherchen WERNITSKIS zufolge darauf ab, nach dem Zerfall der UdSSR nunmehr auch Rußland »in viele kleine Staatsgebilde zu zerschlagen«. In dem Dokumentarfilm wird mehreren Westmächten vorgeworfen, der von Dschochar DUDAJEW Ende 1991 einseitig und ohne russische Anerkennung ausgerufenen ›Tschetschenischen Republik Itschkeria‹ vielfältige Hilfe geleistet zu haben: »So soll die neue Währung der ›Republik‹ in Deutschland gedruckt worden sein, während Frankreich die Herstellung der neuen tschetschenischen Reisepässe übernommen habe. Der Waffennachschub für DUDAJEWS Kämpfer soll über Georgien organisiert worden sein. Die Sezessionisten wurden laut der Dokumentation ebenfalls von den USA, Großbritannien, Saudi-Arabien und vor allem der Türkei unterstützt.«[4785]

Bezeugt wird dies durch den 1992 von DUDAJEW ernannten tschetschenischen Vize-Außenminister Berkan YASHAR: »Er soll seit Dekaden auf der Gehaltsliste des amerikanischen Außenministeriums gestanden haben. YASHAR, ein türkischer Staatsbürger tschetschenischer Herkunft, soll ebenso über engste Kontakte zur türkischen Regierung verfügt haben. . . YASHARS Vorgesetzter, der ehemalige tschetschenische Außenminister Shamseddin YUSUF, bestätigte das Engagement amerikanischer Geheimdienste bei der Förderung der Sezessionisten: ›Die CIA nahm uns sogar mit nach London‹, berichtete YUSUF gegenüber den Filmemachern.«[4786] Zitiert wird in der russischen Dokumentation der US-amerikanische neokonservative Politiker Richard PERLE, der bestätigte, daß Washington DUDAJEW ›spirituelle und finanzielle Unterstützung‹ gewährte. Zu beachten ist, daß PERLE Mitglied des ›Amerkanischen Komitees für Frieden in Tschetschenien‹ ist.

Schon lange ist deutlich, wo die Achillesferse des ›Imperium Americanum‹ liegt. Es ist das hohe Haushaltsdefizit der USA, das gleichzeitig die Voraussetzung und auch die Schwäche des ›informellen Imperiums‹ der USA darstellt. Um ihre gewaltige Militärmaschinerie unterhalten und ausbauen zu können, haben die USA zu deren Finanzierung die Druckerpresse inganggesetzt, was im Laufe der Zeit zu einer Anhäufung der Staatsschulden geführt hat – Joseph STIGLITZ hat dies am Beispiel des Irakkrieges im einzelnen untersucht. Im Zuge der Finanzkrise war ihr Haushaltsdefizit im Jahre 2009 auf 1,1 Billionen Dollar gestiegen; insgesamt waren die USA 2009 bereits mit 11,5 Billionen Dollar verschuldet.[4787] Der riesige Rüstungsbereich hatte in den vergangenen Jahrzehnten gewaltige materielle Ressourcen aus der Zivilwirtschaft vereinnahmt. »Die Folgen lassen sich am enormen Handelsbilanzdefizit der USA beobachten, das sich allein im Jahr 2008 auf 706 Mrd. Dollar belief.«[4788] Das US-Imperium erweist sich daher schon seit langem als ein Schuldenimperium. »Es gab noch nie eine Supermacht, die gleichzeitig auch der größte Schuldner war – außer den USA«, erklärte Fred BERGSTEN, Chef des Peterson-Instituts, der bekanntesten ökonomischen Ideenschmiede der USA. »Wenn wir das in den nächsten fünf Jahren nicht korrigieren, dann ist unsere weltweite Rolle tatsächlich in Gefahr.«[4789]

Admiral Michael MULLEN, Vorsitzender des US-Generalstabs und damit Amerikas ranghöchster Militär, beurteilte die hohe Staatsverschuldung als die größte strategische Bedrohung der Vereinigten Staaten, und auch der US-Rechnungshof bescheinigte im Jahre 2010, daß Amerika auf einem »unverantwortbaren fiskalischen Weg« sei. Damit das ›informelle Imperium‹ der USA funktionieren kann, ist es zwingend erforderlich, daß dessen Schulden vom Ausland finanziert werden. Das heißt konkret, daß die USA förmlich auf die Bereitschaft der internationalen Staatenwelt angewiesen sind, Dollarreserven oder US-Staatsanleihen als Devisenreserve aufzukaufen. In Washington ist man also »vom Zufluß ausländischen Kapitals zur Deckung des riesigen Staatsdefizits und der Staatsverschuldung abhängig. Wird dieser Zufluß unterbrochen, dann bricht der Dollar ein, und die US-Wirtschaft wird noch weiter kollabieren«.[4790]

Im Grunde genommen haben die USA in dieser Lage nur zwei Möglichkeiten, auf die Erosion ihrer wirtschaftlichen Leistungsfähigkeit zu reagieren, wie Militarismus-Experte Jürgen WAGNER darstellt: »Entweder man kürzt radikal das Militärbudget, was aber zur Folge hätte, daß die USA ihren Anspruch auf globale Vorherrschaft – das erklärtermaßen Ziel sämtlicher US-Strategiepapiere ist – aufgeben und somit den Aufstieg anderer Großmächte akzeptieren müßten, oder man beschließt, kriegerisch jeglichen antihegemonialen Tendenzen zu begegnen.«[4791] Kurz gefaßt sind die USA – wollen sie ihre Weltherrschaft verteidigen – also gezwungen, eine globale Finanzarchitektur gegebenenfalls auch mit militärischen Mitteln aufrechtzuerhalten, in der die Funktion des Dollars als Weltleitwährung garantiert ist. Diese Notwendigkeit gilt insbesondere seit den siebziger Jahren, als der Dollar nach dem Zusammenbruch des seit Ende des Zweiten Weltkrieges bestehenden Gold-Dollar-Systems unter Druck geriet.

Wie oben analysiert, hatten die USA im Zuge der Wirtschaftskrise in den siebziger Jahren und mit dem zunehmenden Verlust ihrer Hegemonialstellung jedoch ein Öl-Dollar-Tributsystem aufbauen können, das bis heute besteht. In dessen Zentrum steht die Abrechnung von Öl in Dollar, wodurch die Rolle des Dollars als Weltleitwährung sichergestellt ist. »Hierdurch wurde eine Art modernes Tributsystem etabliert, in dem die Vasallen (Europa, Japan, China. . .) zur Finanzierung der US-Defizite gezwungen werden.«[4792] Der Analyse Jürgen WAGNERS zufolge liegt der größte Vorteil dieses Systems darin, daß sich die USA beliebig verschulden können, um ihr Imperium zu finanzieren, denn jeder Staat, der sich am Öl- und Gashandel beteiligen will, muß im umfangreichen Maße Dollarreserven einkaufen.[4793] »Jeder akzeptiert Dollars, weil man mit ihnen Öl kaufen kann.«[4794]

Dabei ist es gerade der strategische Konkurrent China, der bei weitem die größten Dollarreserven hält; Experten gehen davon aus, daß China etwa zwei Drittel seiner Devisenreserven von ungefähr zweieinhalb Billionen Dollar in US-Staatsanleihen investiert hat.[4795] Diese Zahlen machen deutlich, welche Bedeutung China für die Finanzierung des US-Außenhandelsdefizits hat – und welche Gefahren eine monetäre Umschichtung seitens der chinesischen Notenbank (z. B. zugunsten des Euro) für die US-Wirtschaft mit sich bringen würde: »Würden nun die Dollarbestände (in Form von Staatsanleihen) in Euro umgetauscht, dann käme es zu einer Dollarkrise, wie wir sie noch nie erlebt haben. Man schätzt einen Kurseinbruch von bis zu 40 Prozent«, so schätzt Finanz-Experte F. William ENGDAHL die Lage ein.[4796] Im Zuge der Weltfinanzkrise aber wurde deutlich, daß China gegenwärtig daran arbeitet, Umschichtungen innerhalb seiner Devisenreserven vorzunehmen. »Auf den Devisen- und Goldmärkten wird schon länger gemunkelt, ob die Volksrepublik ihre Dollar-Reserven abstoßen und in Gold anlegen wolle. . . Chinas Währungsreserven vervielfachten sich seit dem Jahr 2000 um das Zehnfache. Dagegen schrumpften die Dollarreserven seitdem im Verhältnis aller monetären Reserven von 2,2 Prozent auf heute 1,6 Prozent.«[4797]

In China wird die aktuelle Finanzentwicklung in den USA mit großer Sorge beobachtet, und schon Mitte März 2009 hatte der chinesische Ministerpräsident Wen JIABAO angesichts der ausufernden US-Verschuldung seine Sorge über die Sicherheit der chinesischen Investitionen zum Ausdruck gebracht. »Das Problem: Mehr als anderswo auf der Welt bekämpft die US-Notenbank Fed die Rezession und die drohende Deflation mit billigem Geld. Die unschönen Begleiterscheinungen sind: ein ausuferndes Staatsdefizit, eine steigende Inflationsgefahr – und ein Dollar, der mehr und mehr an Attraktivität verliert.«[4798] Und wenn der Dollar im Zuge der Weltfinanzkrise weiter an Wert verliert, gehen auch die Währungsreserven der Chinesen, immerhin rund zweieinhalb Billionen Dollar, in den Keller.

Im März 2009 machten China und Rußland, die größten Gläubiger der USA,[4799] vor diesem Hintergrund deutlich, daß sie nicht mehr bereit sind, das bestehende Tributsystem der USA weiter zu finanzieren. »Aufgrund der Rolle des US-Dollars als De-Facto-Leit- und Reservewährung der Welt war ein einziger Staat, die Vereinigten Staaten von Amerika, in der Lage, praktisch unbegrenzte Mengen seiner eigenen Währung zu drucken und damit seinen eigenen Finanzsektor auf Kosten aller übrigen Länder der Welt mit massiven Finanzspritzen zu versorgen – wodurch der Rest der Welt gezwungen ist, diese de facto inflationierten und zunehmend wertlosen US-Dollars zu akzeptieren.«[4800]

Chinesische und russische Regierungsvertreter ließen die US-Regierung aber jetzt wissen, daß sie weniger amerikanische Staatsanleihen kaufen wollen.[4801] Rußland hatte andere Staaten zudem dazu aufgerufen, eine Alternative zum US-Dollar zu entwickeln, und schlug die Prüfung einer supranationalen Reservewährung vor, die auf den sogenannten Sonderziehungsrechten des Internationalen Währungfonds – einer Kunstwährung, beruhend auf der Wertentwicklung von Dollar, Yen, Euro und britischem Pfund – als Ersatz für die bisherige Leitwährung wirken soll. Mit diesem Vorschlag wird Moskau neben China von Indien, Brasilien, Südkorea und Südafrika unterstützt.[4802]

Ergänzend hatte Chinas Notenbankpräsident Zhou XIAOCHUAN einen Plan hervorgeholt, den der bekannte britische Ökonom KEYNES bereits auf der Bretton-Woods-Konferenz im Jahre 1944 vorgestellt hatte: »KEYNES hatte damals angeregt, eine Weltleitwährung namens Bancor an den Wert von 30 Rohstoffen zu koppeln. Er konnte sich mit seinem Vorschlag aber nicht durchsetzen. Auch durch solch eine Rohstoff-Währung könnte man ein Aufblähen der Geldmenge verhindern. Rußlands Präsident MEDWEDJEW bläst ins gleiche Horn.«[4803] China ging sogar noch weiter: Anfang April 2009 hatte es mit Argentinien vereinbart, den bilateralen Handel nicht mehr in Dollar, sondern in Yuan, der chinesischen Währung, abzuwickeln. »Dadurch sind beide Länder nicht mehr länger gezwungen, Dollars zu kaufen.«[4804] Mit diesem Schritt hatte China das deutlichste Signal ausgesandt, »die Abhängigkeit vom Dollar dadurch zu lockern, daß man den eigenen streng kontrollierten Yuan auch in Asien und Lateinamerika einsetzt«.[4805]

Mit der Ankündigung Rußlands und Chinas, keine US-Staatsanleihen mehr aufkaufen zu wollen, wird die Lage für das von den USA beherrschte Finanzsystem immer mißlicher: »Dabei brauchen die USA die Kredite dringender denn je. Versiegen die Geldströme aus Peking und Moskau, können die Amerikaner ihre Konjunkturprogramme nicht mehr bezahlen – es sei denn, sie werfen die Notenpresse an. Doch das führt in die Inflation«[4806] – und damit zu weiteren Bestrebungen der Finanzmärkte, sich vom US-Dollar zu lösen. Gerade die Forderung des russischen Präsidenten MEDWEDJEW, das internationale Währungssystem zu stärken, und zwar nicht mehr mittels einer Konsolidierung des Dollars, sondern über die Schaffung neuer Reservewährungen, gilt Beobachtern zufolge als der »bisher deutlichste Aufruf an die westlichen Industriestaaten, sich an einer Diskussion über eine neue Weltfinanzordnung zu beteiligen, die bislang vorwiegend in Asien, dem Nahen Osten und Teilen Südamerikas geführt wird«.[4807] Tatsächlich begann die russische Notenbank, einen Teil ihrer Reserven in Brasilien, China und Indien anzulegen, was an den Börsen nicht ohne Auswirkung blieb: Die Kurse amerikanischer Staatsanleihen sanken, der Dollar geriet unter Druck.[4808] Worum es bei den russisch-chinesischen Plänen ging, war klar: »Es geht darum, den Dollar als bislang unangefochtene Leitwährung im Welthandel und als Reservewährung allmählich abzulösen, weil dies immer weniger den tatsächlichen Machtverhältnissen auf den Weltmärkten entspricht.«[4809]

Neben den Plänen zur Ablösung des Dollars hatten Rußland und China begonnen, ein Forum von aufstrebenden Wirtschaftsmächten einzurichten, das den sich abzeichnenden neuen Machtverhältnissen Rechnung tragen sollte: Es handelt sich hier um das ›BRIC‹-Forum, das sich zum ersten Mal Mitte Juni 2009 im russischen Jekaterinburg zu einer Konferenz zusammenfand. BRIC steht für die vier großen Schwellenländer Brasilien, Rußland, Indien und China, deren Volkswirtschaften nach Ansicht mancher Beobachter infolge des Abstiegs des Dollars wirtschaftlichen Rückenwind erhalten hatten,[4810] was sich in den aufsteigenden Aktienindizes der BRIC-Volkswirtschaften zeigte. Die Grundlage der BRIC ist ein Handels- und Kooperationsvertrag, der im Jahre 2002 zwischen den beteiligten Mächten geschlossen wurde. Nach Ansicht von Beobachtern plant Rußland mit Hilfe der BRIC-Staaten, die Grundlagen einer neuen Weltfinanzordnung zu schaffen, in der der Dollar allmählich abgelöst wird: »Peking und Moskau experimentieren damit, den Energiehandel in Rubel abzuwickeln. Auch Brasilien und China wollen den Handel auf nationale Währungen umstellen.«[4811]

Zusammenfassend beschreibt das *Handelsblatt* die Absichten Moskaus, die es mit der BRIC verfolgt: »Mit dieser Lagerbildung will Moskau den USA und dem Dollar Paroli bieten«,[4812] und die BRIC-Staaten spielen in der Weltwirtschaft bereits eine entscheidende Rolle, so daß sich Rußland bei seinen Plänen, ein Gegengewicht zur US-Hegemonie zu schaffen, auf potente Partner stützen kann. Die BRIC-Länder erwirtschaften 15 Prozent der globalen Wirtschaftsleistung, zeichnen sich für 13 Prozent des internationalen Handels verantwortlich und besitzen mit 2,8 Billionen Dollar fast die Hälfte der Devisenreserven.[4813] Auf der BRIC-Konferenz in Jekaterinburg erwogen die Länder der BRIC-Gruppe »gegenseitig Regierungsbonds zu erwerben und Währungen auszutauschen. Das zielt darauf ab, die Abhängigkeit vom Dollar als dominante Reservewährung der Welt zu vermindern und die Devisenkurse im Sinne von Brasilia, Moskau, Neu Delhi und Peking zu beeinflussen. Zwar wurde die US-Devise nicht direkt erwähnt, jedoch ist deren Vorherrschaft den Bric-Staaten schon länger ein Dorn im Auge«.[4814]

Die geopolitischen Hintergründe der BRIC hatte bereits die indische Zeitung *India Daily* am 10. November 2004 dargestellt: »Der russische Präsident PUTIN nimmt eine führende Rolle in der mächtigsten Koalition der Regional- und Supermächte der Welt ein. Die Koalition besteht aus Indien, China, Rußland und Brasilien. Das wird die Vorherrschaft der Supermacht Amerika brechen.«[4815] Mit dem Beschluß der BRIC-Staaten in Jekaterinburg, den Dollar als Weltwährung durch ein anderes internationales Zahlungssystem zu ersetzen, ist jedenfalls eine Entscheidung getroffen worden, »die die Wahrscheinlichkeit eines ökonomischen Zusammenbruchs der USA stark erhöht«.[4816]

Nach Ansicht von Experten scheint sich mit diesen Entwicklungen in der Tat eine geopolitische Verschiebung in der internationalen Politik abzuzeichnen. »Angesichts der globalen Machtverschiebungen wäre es ein Fehler, die BRIC-Staaten und die Schanghai-Gruppe zu unterschätzen, warnt Alexander RAHR von der Deutschen Gesellschaft für Auswärtige Politik: ›Eines Tages wird der Westen aufwachen und feststellen, daß er eine historische Weichenstellung verschlafen hat.‹«[4817] Die vier BRIC-Exportüberschußländer haben in den vergangenen Jahren rund 42 Prozent der weltweiten Devisenreserven angehäuft, also etwa drei Billionen Dollar, wovon China allein knapp die Hälfte hält.

»Die Zukunft des US-Geldes als Weltreservewährung«, so Rainer RUPP zusammenfassend, »liegt also in den Händen der BRIC«.[4818]

Rußland scheint daher den Zeitpunkt der wirtschafts- und finanzpolitischen Schwäche der USA für sich auszunutzen, um jetzt sein Modell der multipolaren Weltordnung voranzutreiben, und hierfür arbeitet es an der Weiterentwicklung dreier Integrationsforen: Die Stärkung der Zusammenarbeit der SCO, der BRIC sowie der Taschkenter Vertragsorganisation für kollektive Sicherheit bildet einen wichtigen Weg, mit dem Rußland die allmähliche Verschiebung der machtpolitischen Gewichte im Sinne dieser multipolaren Weltordnung, die den neuen Machtverhältnissen entspricht, herbeiführen will. Es ist daher kein Zufall, daß diese Foren gerade zu diesem Zeitpunkt im Juni 2009 in Jekaterinburg zusammenkamen. Der Umstand, daß die USA durch die Finanzkrise stark gebeutelt sind, wird insbesondere von Rußland und China als günstige Gelegenheit wahrgenommen, jetzt ihre Potentiale einzubringen in die weltweite Suche nach Lösungen, um deren Richtung maßgeblich mitzubestimmen.[4819]

Auch scheint sich die russisch-chinesische Militärzusammenarbeit im Rahmen der SCO, die ebenfalls Mitte Juni 2009 eine Konferenz in Jekaterinburg abhielt, zu vertiefen: »Bereits im Vorfeld. . . hatten Russen und Chinesen eine verstärkte militärische Zusammenarbeit innerhalb ihrer strategischen Partnerschaft vereinbart. 25 gemeinsame Manöver allein in diesem Jahr demonstrierten das enge Verhältnis der beiden Armeen, sagte der russische Verteidigungsminister Anatoli SERDJUKOW bei seiner Begegnung mit seinem chinesischen Amtskollegen Liang GUANGLIE Anfang Mai in Moskau.«[4820] Der nicht ausgesprochene Hintergrund bei dieser Kooperation ist »die Absicht, die USA und die Nato von Mittelasien und dessen Rohstoffquellen fernzuhalten«.[4821] Zum gleichen Zeitpunkt hatte Rußland sich auch an der dritten Front bemüht, seine Rolle in der Weltpolitik auszubauen, und zwar durch eine Stärkung der militärpolitischen Zusammenarbeit der Taschkenter Organisation für Kollektive Sicherheit: Auf deren Tagung wurde der Aufbau einer mobilen Eingreiftruppe beschlossen.[4822]

Ob diese Bündnisse von Bestand sein werden, wird von Experten allerdings bezweifelt. Gerade zwischen China und Rußland wird trotz geopolitischer Gemeinsamkeiten zwischen den Mächten vielfach dennoch eine scharfe Konkurrenz im zentralasiatischen Raum insbesondere wegen der dortigen Rohstoffvorkommen angenommen. Es gibt aber Anzeichen für eine Koordinierung der Rohstoffpolitik beider Mächte. Neben dem Bau von Erdölpipelines von Ostsibirien zum Pazifik wollen sich die beiden Staaten auch im Gassektor näherkommen, um eine Versorgung des chinesischen Energiemarktes mit russischem Erdgas sicherzustellen.[4823] Während die Voraussetzungen für eine vertiefte russisch-chinesische Zusammenarbeit recht günstig zu sein scheinen, wird aber die Zukunft der BRIC eher kritisch gesehen, denn es gibt zwischen den BRIC-Staaten »nicht nur unterschiedliche politische, sondern auch unterschiedliche ökonomische Interessen«.[4824] Ob sich die BRIC-Staaten auf eine einvernehmliche Finanz- und Wirtschaftspolitik unabhängig von den USA verständigen können, wird in einer Analyse des *Handelsblatts* in Frage gestellt.[4825]

Unabhängig davon wird aber in dieser Entwicklung etwas deutlich, was der Moskauer Politikwissenschaftler Wjatscheslaw DASCHITSCHEW als Gesetzmäßigkeit der »reflektierenden Rückwirkung« bezeichnet. Dieser Grundsatz besagt, daß der Aufstieg eines Staates zur weltweiten Vorherrschaft automatisch die Entwicklung von Gegenkoalitionen in Gang setzt, die sich gegen die Verstärkung der globalen Hegemonialmacht und gegen die Erweiterung ihrer Herrschaft zur Wehr setzen.[4826] Auch der Politologe Werner LINK spricht davon, daß unter Zugrundelegung der neorealistischen Machttheorie jeder Großmächtekonkurrenz – wie sie gegenwärtig feststellbar ist – die Tendenz zur Weltherrschaft immanent sei. Jede Großmacht sei bestrebt, die Weltherrschaft einer der konkurrierenden Großmächte zu verhindern, und neige deshalb auch dazu, eine Balancepolitik zu betreiben.[4827] Mit der Herausbildung von Gegengewichten – wie sie heute in der SCO, der Vertragsorganisation von Taschkent oder der BRIC gesehen werden muß – wird aber automatisch die globale Machtposition der Hegemonialmacht der USA in Frage gestellt, denn Vorherrschaft – so eine Studie von Heinrich TRIEPEL aus dem Jahre 1938 – beruht immer auch auf der Anerkennung der geführten Mächte.

Diese von TRIEPEL genannte Voraussetzung für eine (weltweite) Herrschaft erfüllen die USA schon seit geraumer Zeit nicht mehr. Bereits in ihrem geopolitischen ›Hinterhof‹ Mittel- und Südamerika, der in den vergangenen einhundert Jahren immer wieder Ziel einer irregulären amerikanischen Interventionspolitik gewesen ist, zeichnen sich Bestrebungen einiger Staaten unter Führung von Caracas ab, dem von den USA bestimmten Freihandelssystem NAFTA die ALBA, die ›Bolivarische Alternative‹ des venezolanischen Staatschefs Hugo CHÁVEZ, entgegenzustellen. An dieser Gegenmachtbildung sind China und Rußland aktiv beteiligt. Südamerika wird – neben Eurasien selbst und auch Afrika – zu einem der wichtigen Schlüsselräume, in dem die Machtproben eines russisch-chinesischen Bündnisses (und ihrer südamerikanischen Bundesgenossen) mit der Hegemonialmacht USA stattfinden werden. »Daß die alten und neuen Supermächte den Schauplatz nun wiederentdecken, ist kein Zufall. Hohe Rohstoffpreise machen Lateinamerika mit seinem Erdöl und Gas, all dem Kupfer, Gold und Nickel strategisch wichtig.«[4828] Nach übereinstimmenden Analysen haben die USA in diesem Raum seit geraumer Zeit an Einfluß verloren, zumal die Staaten Bolivien und Venezuela mit ihrem ALBA-Bündnis, dem sich auch Ecuador – dessen Präsident Rafael CORREA den Vertrag für die US-Militärbasis in Manta nicht verlängern will – wie Nicaragua angeschlossen haben, eine gezielt gegen den US-Imperialismus gerichtete Raumordnung durchsetzen wollen.

Symbolhaft für die sich abzeichnende Loslösung Südamerikas von der US-amerikanischen Herrschaft mag die Verweisung des US-amerikanischen Botschafters Philip GOLDBERG aus Bolivien im September 2008 sein, da er im dringenden Verdacht stand, die Revolten in den Ostdistrikten des Landes gegen den amtierenden Präsidenten Evo Morales geschürt zu haben. Mit einer Intensivierung der Beziehungen zu Rußland will Chávez nun Venezuela und die ALBA zu einem grundlegenden geopolitischen Akteur ausbauen und damit die traditionelle Beschränkung Südamerikas auf den Status eines ›Hinterhofs der USA‹ umkehren. Tatsächlich kam es seit September 2008 zu einer Vertiefung der Zusammenarbeit zwischen Moskau und Caracas, die von einer technisch-militärischen Kooperation bis zur energiepolitischen Zusammenarbeit reicht. Insbesondere ist eine engere Zusammenarbeit der Seestreitkräfte beider Länder ins Auge gefaßt worden, was Mitte November 2008 in einem gemeinsamen russisch-venezolanischen Flottenmanöver zum Ausdruck kam. Zudem vereinbarten der venezolanische Energiestaatskonzern PDVSA und Gasprom die Gründung eines gemeinsamen Energiekonsortiums.

Diese Entwicklungen sind von nicht zu unterschätzender geopolitischer Brisanz. Rußland unterstreicht hiermit, daß es sehr wohl zu einer Machtprojektion imstande ist, die über den begrenzten eurasischen Aktionsradius hinausgeht und den USA in ihrer eigenen Interessensphäre gegebenenfalls empfindliche Nadelstiche versetzen kann. Diese »Strategie der Spannung« (F. William Engdahl) muß dabei als Antwort Moskaus auf die Expansion der USA und der NATO in den eurasischen Raum begriffen werden: »Mit seinem Auftritt in der Nachbarschaft der USA reagiert der Kreml offensichtlich zugleich auf amerikanische Einmischung in seinem Einflußgebiet und auf Nato-Planspiele mit dem Ziel einer Aufnahme Georgiens.«[4829] In seiner Gesamtstrategie hat Rußland vor diesem Hintergrund Venezuela und gewissermaßen ganz Lateinamerika eine besondere geopolitische Funktion zugedacht: Der Kontinent soll – so Putin – zu einem »wichtigen Glied in der Kette der sich herausbildenden multipolaren Welt« werden.[4830] Um dem globalen Vorherrschaftsstreben der USA – das in jüngsten russischen Strategiedokumenten als die schwerwiegendste Herausforderung russischer Sicherheitsinteressen betrachtet wird – begegnen zu können, benutzt Rußland nunmehr zielgerichtet das Vakuum, das die USA in den vergangenen Jahren in Lateinamerika zurückgelassen haben, um sich zum einen für die Ausdehnung der US-Einflußsphäre in Osteuropa zu revanchieren[4831] und zum anderen, um südlich des Rio Grande wieder Fuß zu fassen und ein paar Nadelstiche gegen Washington zu setzen.

Auch China ist es gelungen, in Lateinamerika an Einfluß zu gewinnen. Die Volksrepublik nahm das Gipfeltreffen der Asiatisch-Pazifischen Wirtschaftskooperation im November 2008 zum Anlaß, die Beziehungen zu einzelnen Ländern auf dem rohstoffreichen und in den letzten Jahren wirtschaftlich aufstrebenden südamerikanischen Kontinent weiter auszubauen. Dabei geht es Peking vor allem um die Sicherung seines riesigen Rohstoffbedarfs; es ist bereits jetzt der führende Abnehmer lateinamerikanischer Ressourcen, und Experten zufolge wird der Ausgriff der Volksrepublik China nach Lateinamerika als Teil einer ›größeren Strategie‹ betrachtet.[4832]

Inwieweit es gelingt, die kontinentale Integration Südamerikas in Zusammenarbeit mit Rußland und China zu einer Gegenmacht zur USA aufzubauen, hängt im wesentlichen von der südamerikanischen Führungsmacht Brasilien – der zehntgrößten Industrienation der Welt – ab, welche im Begriff ist, in den Kreis der zehn reichsten Ölländer der Welt aufzusteigen. Hier sind es vor allem die USA, die sich aktiv um eine Kooperation mit Brasilien bemühen, insbesondere, um den Einfluß von CHÁVEZ einzudämmen. Aber auch Rußland hat den ungeheuren strategischen Wert dieses Staates bereits erkannt, und so kam es im November 2008 im Rahmen eines Staatsbesuches des russischen Präsidenten MEDWEDJEW in Rio de Janeiro zu einem Abschluß mehrerer Abkommen über die Zusammenarbeit im Bereich Militär- und Raumfahrttechnik. Beide Staaten unterzeichneten einen Vertrag zur Zusammenarbeit, der den Austausch von militärisch-technischem Wissen fördern soll. Die Staatschefs beider Länder hoben dabei die Notwendigkeit einer multipolaren Weltordnung hervor, die insbesondere die neuen aufstrebenden wirtschaftlichen und politischen Machtzentren mit einbezieht. Sie betonten überdies die Fortsetzung der Zusammenarbeit mit den zwei weiteren aufstrebenden Mächten China und Indien im Rahmen der BRIC-Gruppe.

Daß die USA diese Entwicklungen mit besonderer Aufmerksamkeit beobachten, liegt auf der Hand. »Mit Argwohn verfolgt Washington, wie Rußland zunehmend mit antiamerikanischen Staaten zusammenarbeitet«, beurteilt die *Frankfurter Allgemeine Zeitung* die Haltung der USA,[4833] und daß die Vereinigten Staaten Lateinamerika nach wie vor als ihre Interessensphäre betrachten, wird nunmehr durch die Reaktivierung der IV. US-Flotte unterstrichen, deren Einsatzgebiet Lateinamerika, Mittelamerika und die Karibik umfaßt. Da die gegenwärtige Außenpolitik Brasilias sich aber alle Möglichkeiten offenhält und gegenwärtig trotz aller Kooperationsansätze mit Rußland aber auch einer Zusammenarbeit mit Washington nicht ablehnend gegenübersteht, scheint sich Südamerika gegenwärtig in zwei Blöcke aufzuteilen, und zwar zwischen der Achse USA–Kolumbien einerseits und einer sich um Venezuela gruppierenden Staatenorganisation (ALBA) andererseits, die mit Rußland und China zusammenarbeit. Für den künftigen geopolitischen Weg Lateinamerikas aber wird die außenpolitische Ausrichtung Brasiliens die entscheidende Rolle spielen.

Insgesamt zeichnet sich deutlich ab, daß die Entwürfe für eine neue Weltordnung nicht mehr ausschließlich in Washington, sondern vielmehr in Peking, Moskau und Neu Delhi entwickelt werden. Folgerichtig lautete auch die Schlußfolgerung einer Analyse des CIA-Think Tanks ›National Intelligence Council‹ (NIC): »Die Globalisierung wird zunehmend ein nicht-westliches Gesicht bekommen«, und so wird in den Machtzirkeln der westlichen Welt bereits über eine Strategieentwicklung für ein post-amerikanisches Zeitalter von morgen nachgedacht: Im Laufe des Jahres 2009 kamen Inhalte einer geheimen Studie des Bundesnachrichtendienstes ans Tageslicht, in der drei mögliche Szenarien eines weiteren Verlaufs der gegenwärtigen Weltfinanzkrise durchgespielt werden. Während nach dem ersten Szenario, das von einer Erholung der Märkte ausgeht, die Weltordnung nach dem bestehenden Muster fortbestehen wird, gehen die zwei weiteren Szenarien von einem Zusammenbruch der USA und weiter der derzeit bestehenden internationalen Ordnung aus. Die Folge wäre, so die BND-Analytiker, ein weiterer Aufstieg Chinas zu einem neuen Pol der globalisierten Wirtschaft. »In diesem Szenario wäre China in der Lage, sowohl den Dollar als auch den Euro als Leitwährung anzugreifen. Das Land könnte fortan einen großen Teil der weltweiten Rohstoffexporte an sich binden, was zur Folge hätte, daß auch viele der Rohstoffe exportierenden Staaten sich an Peking orientieren würden.«[4834]

Eine entscheidende Rolle weist der BND Rußland zu: »Denn je nachdem, ob sich Rußland nach Europa ausrichtet oder als Juniorpartner an China anlehnt, ergeben sich in bezug auf die EU ganz unterschiedliche Weltordnungen.«[4835] Das dritte Szenario – der Zusammenbruch der internationalen Ordnung – geht von einer Ersetzung des Welthandels durch ein System sich voneinander abschottender Wirtschaftsblöcke aus, verbunden mit einem rapiden Absinken von Auslandsinvestitionen und Rohstoffpreisen. Letzteres würde in vielen Staaten soziale Krisen und innere Spannungen hervorrufen. Zwischen den sich bildenden Wirtschaftsblöcken entstünden wachsende Spannungen, und an dieser Stelle entwirft der BND das Szenario eines außenpolitischen Konflikts zwischen der USA und China.[4836]

Eine militärische Konfrontation der beiden Mächte USA und China ist in naher bis mittlerer Zukunft ein durchaus realistisches Szenario. Der französische Wirtschaftsexperte Jean-François SUSBIELLE spricht in diesem Zusammenhang von einem »programmierten Krieg«[4837] zwischen den beiden Mächten. Seiner Einschätzung zufolge muß es in absehbarer Zeit geradezu zwangsläufig zu einer – auch gewaltsamen – Konfrontation der beiden Supermächte kommen. Ein amerikanisch-chinesischer Wirtschaftskrieg sei bereits im Gange; nun aber rüsteten beide Seiten auch politisch und militärisch zum großen Showdown. Schon ein Pentagon-Bericht aus dem Jahre 2005 benennt die Volksrepublik China als die »größte Gefahr für die USA«. Während Washington, so SUSBIELLE, das wiedererstarkende Reich der Mitte durch einen Ring von Militärbasen in Schach zu halten suche, gehe Peking strategische Allianzen wie etwa im Rahmen der SCO ein. Politisch unterstützten die USA Chinas asiatische Rivalen Japan und Indien, während die Chinesen wichtige Stellungen in Afrika und Lateinamerika eroberten.[4838]

Auch die dauernd schwelende Nordkorea-Krise muß vor diesem Hintergrund gesehen werden: Die USA sind an einer Entspannung der Lage auf der koreanischen Halbinsel offenkundig desinteressiert, um das strategische Aufmarschfeld Korea gegen das Reich der Mitte nicht zu verlieren. Schon Henry KISSINGER deutete an, daß ein Zurückgehen der dortigen Spannungen am 38. Breitengrad unweigerlich den Abzug der amerikanischen Truppen aus Südkorea und auch aus Japan zur Folge hätte, was mit dem Verlust militärischer Einflußmöglichkeiten Washingtons im pazifisch-ostasiatischen Raum einherginge.[4839] Peking seinerseits ist daran interessiert, den koreanischen Spannungsherd weitgehend unter Kontrolle zu halten und die Integrität Nordkoreas als strategische Pufferzone zu sichern, es versucht deshalb, die nuklearen Bestrebungen Pjönjangs (die nach Ansicht verschiedener Beobachter ohnehin nur das Ziel haben, Direktgespräche mit Washington zur Aufhebung des Wirtschaftsembargos herbeizuführen) zu bremsen, um weder die USA noch Südkorea zu einer militärischen Reaktion herauszufordern. Nordkorea ist daher nichts anderes als die Schachfigur im Kalten Krieg zwischen China und den USA; es geht um die Sicherung von Aufmarschfeldern und Pufferzonen für eine künftige militärische Auseinandersetzung.

Die Kampagne der USA gegen China hat sich in der letzten Zeit auch erheblich verstärkt. Ein Mitte August 2010 erschienener Bericht des Pentagon warf Peking vor, es rüste massiv auf und dehne seine Reichweite für militärische Einsätze bis in den Indischen Ozean und tief in den Pazifik hinein aus. China, so der Bericht, habe seine Investitionen bei den Nuklearwaffen, Langstreckenraketen, U-Booten, zum Bau von Flugzeugträgern und für die Kriegführung im Internet deutlich aufgestockt.[4840] Diese Aufrüstung – so schlußfolgert der Bericht – bedeute eine erhebliche Gefährdung der Interessen der Vereinigten Staaten im Pazifik. Nebenbei gesagt: Rüstungsexperten halten diesen Pentagon-Bericht für übertrieben. Das Mitglied des Verteidigungsausschusses des Deutschen Bundestages, Hans-Peter BARTELS, der sich vor Ort ein Bild machen konnte, erklärte, die chinesische Marine sei nicht für Operationen weit vor der eigenen Küste ausgerichtet; überdies gebe Washington achtmal soviel für die Rüstung aus wie Peking. Auch das Nukleararsenal des Reichs der Mitte reiche bei weitem nicht an das des Rivalen heran. Im Verhältnis zur Bevölkerung liege die Stärke der chinesischen Landstreitkräfte noch unter dem Niveau der Bundeswehr. Auch der Stand der Ausrüstung lasse nicht auf einen großen Ehrgeiz schließen: Experten gehen davon aus, daß 70 Prozent des Materials veraltet seien und nur 30 Prozent neueren Standards genügten.[4841]

Auch die militärische Konfrontation in der südostasiatischen Region schreitet zwischenzeitlich voran. Ein großangelegtes Militärmanöver südkoreanischer und US-amerikanischer Streitkräften Mitte August 2010 forderte Peking zu scharfen Protesten heraus. »Insbesondere als Amerika ankündigte, den Flugzeugträger ›USS George Washington‹ nicht nur ins Japanische Meer, sondern auch ins Gelbe Meer zu schicken«, so die *Frankfurter Allgemeine Zeitung*, »war die Empörung in Peking groß. Denn damit liege die Volksrepublik in dessen Reichweite, hieß es in Peking. ›Provozierend‹ nannte das der Militärexperte Luo YUAN in einem Artikel für eine Armeezeitung. Den Amerikanern warf Luo YUAN Hegemonialstreben, Kanonenbootpolitik und Unilateralität vor. Parallel zu den amerikanisch-koreanischen Manövern hat China auch eigene Übungen abgehalten. In chinesischen Fachkreisen ist man sich einig, daß es Amerika mit dem Manöver nicht nur um die Einschüchterung Nordkoreas gehe, sondern um die Ausweitung seines Einflusses in Asien und die ›Eindämmung Chinas‹. Der Eindruck hat sich dadurch verstärkt, daß Amerika sich um bessere Beziehungen zu Chinas Nachbarn in Südostasien bemüht. Mit einigen von ihnen liegt China seit Jahrzehnten wegen gemeinsamer Territorialansprüche auf Inseln im Südchinesischen Meer im Streit. Peking möchte eine Einmischung Amerikas dort verhindern. Es zählt die Inseln mittlerweile wohl zu seinen ›Kerninteressen‹, zu denen bisher vor allem die Tibet-Frage und die Frage der Unabhängigkeit Taiwans gehörten. Es sind vor allem diese ›Kerninteressen‹, bei denen Peking immer wieder mit Washington aneinandergerät und die China notfalls wohl auch offensiv verfolgen würde.«[4842] Die USA sind gegenwärtig im Begriff, die ›Vereinigung Südostasiatischer Nationen‹ (ASEAN) zum Gegengewicht und Einkreisungspartner gegen China zu gewinnen.[4843]

Bereits in einer Studie des Naval War College in Newport (Rhode Island) mit dem Titel *Asia 2025* wurde China zum Hauptfeind der USA erklärt. Dieser Studie zufolge müssen sich die USA darum bemühen, »den Aufstieg Chinas zur Großmacht zu kontrollieren«. China wird als »Instabilitätsfaktor und ständiger Konkurrent« der USA in Ostasien und in der Pazifikregion begriffen. »Im Pentagon sorgt man sich, China könne sich zur größten regionalen Bedrohung für die amerikanischen Interessen entwickeln. Darüber hinaus bereitet dem Pentagon das Fehlen vorgeschobener Stützpunkte in Südostasien und Südasien Sorgen, für den Fall, daß die Vereinigten Staaten in diesen Regionen auch weiterhin eine Schlüsselrolle spielen möchten. Man sorgt sich um das strategische Potential Indiens, das sich allmählich zeigt, und die Notwendigkeit, eine Allianz zwischen China und Indien um jeden Preis zu verhindern. Es gibt fünf mögliche fiktive Szenarien einer chinesischen Bedrohung: das Szenario des ›instabilen China‹, des ›starken China‹, einer ›neuen südasiatischen Ordnung‹, in der Indien entweder Verbündeter oder Gegner Chinas sein könnte, das Szenario einer ›Neuordnung Asiens‹ oder das des ›neuen chinesisch-indischen Kondominiums‹.«[4844]

Dabei ist vor allem der Zugang zu den fossilen Energieträgern der entscheidende Faktor, der die strategische Konkurrenz zwischen China und den USA erheblich steigern wird. Beide sind in hohem Maße von Energieimporten abhängig. Im Jahre 2009 hat China zum ersten Mal die USA als größten Energiekonsumenten abgelöst; schon seit mehreren Jahren ist es in immer größerem Ausmaß auf Energieeinfuhren angewiesen, darunter auf Erdöl, und es hat zur Sicherung seines wachsenden Bedarfs seine Anwesenheit weltweit in rohstoffreichen Ländern ausgebaut. Chinesische Außenpolitik ist heute weitgehend Energieaußenpolitik – ähnlich, wie es bei den Vereinigten Staaten schon seit langem der Fall ist. Aus diesem Grund, so die Einschätzung Friedbert Pflügers, der bereits eine »neue Ära des Energieimperialismus« aufkommen sieht, werde es allein von daher schon zu einem Zusammenstoß der beiden Mächte kommen. »Da die Amerikaner aber schon überall auf der Welt sind, wo es Vorkommen an Öl, Gas, Kohl oder Uran gibt, führt die chinesische Energiesicherungspolitik fast unweigerlich zu wachsendem Wettbewerb, wenn nicht zum Konflikt mit den Vereinigten Staaten – in Zentralasien oder im Kaukasus zusätzlich auch mit Rußland.«[4845]

Gerade in Zentralasien ist es Peking in den letzten Jahren gelungen, eine wichtige Rolle im Energiepoker einzunehmen: Die Erdölpipeline China–Kasachstan wurde im Sommer 2009 in Betrieb genommen; im Dezember 2009 erfolgte die Einweihung der Pipeline China–Turkmenistan, wobei die Chinesen hohe Kreditsummen zur Finanzierung dieser Rohrleitungssysteme zur Verfügung gestellt haben. Aufgrund des hohen Energiepotentials und der direkten Landverbindung ist der zentralasiatische Raum daher auch zum geopolitischen Interessenschwerpunkt Chinas geworden; Peking arbeitet folglich an einer umfassenden Einigung dieses Raumes. China hat, so die Darstellung Friedbert PFLÜGERS, »in den vergangenen Jahren viel in den Ausbau der Schanghai Organisation für Zusammenarbeit (SCO) investiert, einem Zusammenschluß der zentralasiatischen Staaten mit Rußland, vor allem aber China, mit dem Ziel, die politische, wirtschaftliche und wissenschaftliche Zusammenarbeit zu stärken sowie gemeinsam den (islamistischen) Terrorismus zu bekämpfen. Die SCO ist das politische Instrument, um die Beziehungen zu den zentralasiatischen Staaten langfristig stabil zu halten und Einfluß in der Region auszuüben«.[4846]

Ebenfalls ist China beim Ausbau der Energieinfrastruktur in Afrika aktiv, insbesondere im Sudan, aus dem Peking mittlerweile mehr Öl importiert als aus Saudi-Arabien.[4847]

Ferner hat es sich im Rahmen einer ›Perlenkettenstrategie‹ Stützpunkte entlang der Tankerrouten im Indischen Ozean gesichert. Hierzu hat es Verträge zur Nutzung von Seehäfen für seine Streitkräfte mit Myanmar, Bangladesh und Pakistan abgeschlossen. Aufgrund dieser zunehmenden Konkurrenz der Großmächte bei der Energie- und Ressourcensicherung spricht Friedbert PFLÜGER vom »Beginn einer Ära eines globalen Energie- und Rohstoffimperialismus«; der vorherrschende Konflikt der Weltpolitik im 21. Jahrhundert sei der Kampf um Energie, Rohstoffe und Wasser. »Nationalismus, Kolonialismus und Imperialismus des 19. Jahrhunderts kehren zurück. . . Ein neues großes Schachspiel hat begonnen«[4848] – ein Schachspiel, das zu einer geopolitischen Umschichtung führen wird: »Der Westen hält sich immer noch für den Nabel der Welt und akzeptiert nur widerwillig, daß außerhalb seiner Sphäre neue Mächte heranwachsen, die ihm seine jahrhundertelange Dominanz streitig machen. Immerhin wittert der amerikanische Geheimdienst-Think-Tank NIC Gefahr und Umbruch: ›Die Welt wird nicht-westlicher‹, heißt es in seiner Studie *Mapping the Global Future*. Die Welt wird vor allem asiatischer. Neben den bereits hochentwickelten Technologiestaaten Japan und Südkorea sowie den wieder genesenen Tigern in Südostasien integrieren sich nun die beiden größten Länder der Region in die Weltwirtschaft: China und Indien, deren Volkswirtschaften in einem rasanten Tempo wachsen. Wer wächst, braucht Energie und Rohstoffe. Vor allem Brasilien und Rußland haben viele dieser begehrten Stoffe in riesigen Mengen. Diese beiden Länder profitieren deshalb vom Asien-Boom wie sonst niemand auf der Welt. Die beiden hungrigen Giganten China und Indien sowie die beiden Nationen, die sie füttern, sind deshalb die Mächte der Zukunft.«[4849]

Nach der Darstellung von Jochen BUCHSTEINER[4850] liegt die asiatische Landmasse insbesondere seit dem Ende des Zweiten Weltkriegs im Mittelpunkt der strategischen Aufmerksamkeit Washingtons; die USA hatten es daher auch immer wieder verstanden, ostasiatische Vereinigungsbestrebungen unter Ausschluß Amerikas zu unterlaufen. Mit Hilfe eines Netzwerkes von Stützpunkten an den Peripherien des asiatischen Kontinents versuchten die USA die dortigen Entwicklungen unter Kontrolle zu halten und zu beeinflussen. In den letzten Jahren aber ist BUCHSTEINERS Einschätzung zufolge eine Verschiebung des US-amerikanischen Asienengagements vom Osten nach Westen des Kontinents hin zu beobachten. BUCHSTEINER stellt hier einen »schleichenden Machtverlust im Fernen Osten« zugunsten Chinas fest.[4851] Aufgrund der drei großen Machtverschiebungen innerhalb Asiens – der schrumpfenden Bedeutung des mit den USA verbündeten Japan, dem wachsenden Einfluß Chinas und dem Aufstieg Indiens – versuchen die USA BUCHSTEINER zufolge sich nunmehr strategische Schlüsselstellungen im West- und zentralasiatischen Raum zu sichern – und zwar im Irak, in Afghanistan und in Pakistan.

Bereits Frank SIEREN hat in seinem Buch *Der China-Code* den Mittleren Osten als eine entscheidende Konfrontationslinie zwischen den USA und China bezeichnet.[4852] Er beschreibt daher auch die US-Invasion im Irak als eine Maßnahme Washingtons, eine bereits geplante irakisch-chinesische Zusammenarbeit im Energiebereich zu verhindern und sich selbst das mesopotamische Öl zur Verringerung der Abhängigkeit der USA von Saudi-Arabien zu sichern.[4853] Afghanistan wirkt in der US-Geopolitik »als Damm gegen russischen Expansionismus, als Brücke und Stabilisator für den Subkontinent mit dem indisch-pakistanischen Konflikt, als Vorposten ins energiereiche Zentralasien und schließlich auch als Wachstation für alle chinesischen Hegemoniegelüste in der Region«,[4854] während die USA gleichzeitig im Begriff sind, Indien als Gegenmacht zu China aufzubauen.

Der amerikanisch-chinesische Gegensatz spitzte sich im Laufe des Jahres 2010 auf den Finanzmärkten weiter zu und erreichte im Herbst 2010 seinen Höhepunkt. Hintergrund war der Vorwurf der USA, China würde sich mit einer gezielten manipulativen Abwertung seiner Landeswährung Yuan handelspolitische Vorteile verschaffen und damit der US-Exportwirtschaft einen Schaden zufügen. Die USA forderten die Aufwertung des Yuan, damit Chinas Produkte nicht mehr so viel billiger sind wie die der US-amerikanischen Konkurrenz. Der brasilianische Finanzminister MANTEGA sprach in diesem Zusammenhang sogar von einem »Währungskrieg«. »Die Wirtschaftsmacht des 20. Jahrhunderts will die Wirtschaftsmacht des 21. in ihre Schranken weisen«, so beschreibt das Nachrichtenmagazin *Der Spiegel* das amerikanische Vorgehen.[4855] Tatsächlich hatte sich, bedingt durch die US-amerikanische Schuldenwirtschaft, eine ökonomische Verschiebung zu Lasten der USA ergeben. »Die einen lebten über ihre Verhältnisse und bezahlten mit bedrucktem

Papier namens Dollar«, so *Der Spiegel*, »die anderen kauften mit diesem Papier amerikanische Staatsanleihen und häuften so gigantische Währungsreserven an.«[4856] Dies hatte zur Folge, daß – wie oben schon angedeutet – die US-Finanzwirtschaft schon längst von den chinesischen Währungsreserven abhängig geworden ist, die den Wert des Dollar stützen.

Die Ursache des gegenwärtigen Konflikts liegt in der Weltfinanzkrise begründet, die in ihrem Kern nichts anderes als ein Platzen der auf Konsum und (ungesicherter) Kreditfinanzierung beruhenden Schuldenwirtschaft in den USA war. »Schulden gehören zum American Way of Life«, so das Nachrichtenmagazin *Der Spiegel*.[4857] Die Politik des damaligen Chefs der US-Notenbank, Alan GREENSPAN, lag darin, im Wege einer Niedrigzinspolitik den Markt mit billigen Dollars zu überschwemmen, um den Konsum (auf Kredit) weiter anzuheizen, jedoch unter gleichzeitiger Vernachlässigung der Produktivität. GREENSPAN selbst hatte gegenüber dem US-Kongreß im Jahre 2003 einmal ausgeführt, daß die US-Wirtschaft heute kaum noch irgendeine herausragende Leistung in der industriellen Technologie und Produktion verzeichnen könne, doch – so GREENSPAN weiter – »ist es für eine Wirtschaft wichtig, eine produzierende Wirtschaft zu haben?« Tatsächlich gelingt es der US-Wirtschaft schon lange nicht mehr, konkurrenzfähige Produkte auf dem Weltmarkt anzubieten, egal zu welchem Preis. Verursacht wurde dies durch die vollständige Deindustrialisierung des Landes im vergangenen Jahrzehnt.[4858]

Funktionieren konnte dieses System bis jetzt aber nur deswegen, weil das Ausland bereit ist, Dollars zu kaufen und als Devisenreserven anzuerkennen, und zu diesem Zweck setzen die USA alles daran, die bereits beschriebene Erdöldeckung des Dollars sicherzustellen. Das Ergebnis dieser Wirtschaft des Konsums und der negativen Handelsbilanz auf Rekordhöhe ist, daß die USA gegenwärtig einen Schuldenberg von 15 Billionen US-Dollar aufgetürmt haben, 2015 werden es schon 20 Billionen sein. Dazu kommen noch die Billionendefizite der Sozialkassen. »Die Gesamtverbindlichkeiten der Vereinigten Staaten (inklusive Firmen- und Privatschulden) haben laut Fondsgesellschaft Pimco 360 Prozent des Bruttoinlandsprodukts erreicht.«[4859] Prekär wird die Lage der US-Wirtschaft noch durch »fast zehn Prozent Arbeitslosigkeit und düstere Konjunkturaussichten«.[4860] Zur Konjukturbelebung greift die OBAMA-Administration wieder zu einer Politik des billigen Geldes, weiterhin druckt die US-Notenbank Fed ungebremst Dollar, um die ausufernden Staatsschulden zu finanzieren. Gleichzeitig nehmen auch die Privathaushalte wieder Kredite auf, um ihr Konsumniveau halbwegs zu halten; als Folge davon hat ein durchschnittlicher US-Haushalt Kredite in Höhe von 110 Prozent seines verfügbaren Einkommens.[4861]

Da jedoch aufgrund dieser hohen Verbindlichkeiten die US-Binnenwirtschaft als Konsum- und Konjunkturbeschleuniger mittelfristig ausscheidet, setzt die OBAMA-Administration nunmehr auf die Exportwirtschaft. »Weil der geldpolitische Impuls im Inland versickert, bleibt ihnen (den USA, der Verf.) nur, sich über Schwächung der Währung Schub von außen zu borgen«, so der Währungsexperte Hans-Günther REDEKER. Ausbau des Freihandelssystems, verbunden mit einem Druck auf andere Staaten, ihre Politik der Einsparung und Haushaltssanierung einzustellen und statt dessen den Konsum anzufachen – das sind die Elemente dieser Außenwirtschaftsstrategie. Die OBAMA-Administration und die US-Notenbank beabsichtigen, mit aller Macht einen schwächeren Dollar herbeiführen, um über eine Inflationierung die Schuldenberge, die sich in den vergangenen Jahren angehäuft haben, abzutragen – dabei sollen die anderen Länder die Last dieser Dollarabwertung tragen,[4862] indem sie mit Druck dazu bewegt werden sollen, ihre Politik der Haushaltskonsolidierung aufzugeben und Kapitalverkehrkontrollen abzuschaffen.

Folgt man den Analysen F. William ENGDAHLS, so waren es in der Vergangenheit die asiatischen Volkswirtschaften, die die Finanzierung des US-Handelsdefizits sichergestellt haben: »Einer der Hauptgründe, warum Amerika in der Lage war, seit mehr als 20 Jahren chronische Handelsbilanzdefizite ohne Furcht vor einer Dollarkrise durchhalten zu können, ist die Tatsache, daß Länder wie Japan oder China, die massiv für den US-Verbrauchermarkt exportieren, ihre Waren in Dollars verkaufen. Diese Handelsdollars von asiatischen Firmen landen schließlich in den nationalen Zentralbanken – der Bank von Japan, der Bank von China und so weiter.«[4863] Täglich kaufe China eine Milliarde Dollar an, das sei mehr als der Rest der Welt zusammen, erklärte hierzu Fred BERGSTEN, Chef des Peterson-Instituts, der bekanntesten ökonomischen Ideenschmiede der USA.[4864]

Sowohl China als auch Japan sind aber inzwischen nicht mehr bereit, weiterhin die Rechnung für die maßlose US-amerikanische Verschuldung zu finanzieren. Anfang Oktober 2010 setzte die japanische Notenbank den Leitzins für den Yen auf Null, um auf diese Weise Japan unattraktiv für zufließendes Geld, insbesondere US-Dollars, zu machen. Weitere Schwellenländer wie Brasilien griffen zu Kapitalverkehrskontrollen, um so einen weiteren Zufluß von Dollars und somit eine weitere Aufwertung ihrer Währungen zu vermeiden. Die Volksrepublik China verfolgt durch den niedrigen Wechselkurs des Yuan schon seit längerem diese Strategie, insbesondere auch, um sich strategische Handelsvorteile auf den Weltmärkten zu sichern. Dies war der Ausgangspunkt für den vom brasilianischen Finanzminister MANTEGA genannten »globalen Währungskrieg«, der von den USA noch weiter verschärft wurde: Die US-Notenbank hatte eine weitere Runde einer »quantitativen Lockerung« der Zinspolitik angekündigt. Sie will weiter massiv amerikanische Staatsanleihen kaufen und darüber Milliarden Dollar in den Markt pumpen. Dies ist Bestandteil der Strategie der OBAMA-Administration, Amerikas Ausfuhren in den nächsten fünf Jahren zu verdoppeln.

Zu diesem Zweck macht Washington auch Druck auf China, seine Währung Yuan aufzuwerten, die fest an den Dollar gekoppelt ist. Um China zu einer Aufwertung zu zwingen, hatte der US-Kongreß Anfang Oktober 2010 die Verhängung von Wirtschaftssanktionen gegen China beschlossen. Gegen die Politik des schwachen Dollars bildete sich nunmehr – wie es die Tageszeitung *Die Welt* formulierte – ein weltweiter Aufstand devisenstarker Länder, die verhindern wollen, daß sich der Wechselkurs ihrer Währungen spiegelbildlich zum Verfall des Dollars erhöht und sie so im Verhältnis zu den USA Handelsnachteile erleiden. Für die USA stellt sich die Situation nunmehr so dar, daß sie durch den Währungsunterbietungswettlauf verschärfter Konkurrenz ausgesetzt sind und zum anderen die Finanzmärkte der bisherigen Dollarimporteure für weitere Geldzuflüsse gesperrt sind.

Vor diesem Hintergrund spricht einiges dafür, daß die USA mit ihrem Währungskrieg gegen China die ostasiatische Vormacht in eine Wirtschaftskrise stoßen wollen – ebenso wie es die Vereinigten Staaten mit Japan seit dem Jahr 1985 getan haben. Die Situation im Jahre 1985 war mit der heutigen vergleichbar: Die USA wollten Japan seinerzeit ebenfalls dazu zwingen, den Wechselkurs des Yen im Verhältnis zur US-Währung zu erhöhen. Diesem Druck gab Japan damals im La-Plaza-Abkommen von 1985 nach – mit langfristig verheerenden Folgen für die japanische Wirtschaft. »Auf Druck der USA stimmte Asiens damalige Wirtschaftssupermacht 1985 zu, den Wechselkurs gegenüber dem Dollar zu erhöhen«, so die Analyse des Nachrichtenmagazins *Der Spiegel*. »Innerhalb eines Jahres stieg der Wert des Yen um rund 60 Prozent. Um die negativen Folgen der Aufwertung für die Exportwirtschaft auszugleichen, senkte die Bank von Japan die Kreditzinsen fast auf null und provozierte somit an den Aktien- und Immobilienmärkten eine gewaltige Spekulationsblase. Von der folgenden Dauerkrise hat Japan sich bis heute nicht erholt.«[4865]

Die Ökonomen Ronald McKINNON und Kenichi OHNO hatten in diesem Zusammenhang den Druck aus den USA zur Aufwertung des Yens als eine zentrale Ursache der langen Phase der Deflation und Stagnation der japanischen Volkswirtschaft – das sogenannte ›verlorene Jahrzehnt‹ wirtschaftlicher Malaise, das inzwischen deutlich ins zweite Jahrzehnt hineinreicht – ausgemacht.[4866] Folgt man den Analysen des amerikanischen Ostasienexperten Chalmers JOHNSON, so lag die geheime Agenda der USA darin, den wirtschaftlichen Aufstieg Ostasiens zu untergraben: »Am Ende des Kalten Krieges beschlossen die Vereinigten Staaten, daß sie (die Wirtschaft) Ost-Asiens zurückschrauben müßten, wenn sie ihre globale Hegemonie behaupten wollten.«[4867] JOHNSON weiter: »Die globale Wirtschaftskrise am Ende des Jahrhunderts (die Asienkrise 1997, der Verf.) hatte ihre Ursprünge in dem Versuch der USA, die Volkswirtschaften ihrer Satelliten und der von ihr abhängigen Länder in Ostasien für den Weltmarkt zu öffnen und auf eine neue Grundlage zu stellen. Sinn und Zweck war, sie zum einen als Konkurrenten in die Schranken zu verweisen, und zum anderen, den Anspruch der USA auf die Rolle der globalen Hegemonialmacht abzusichern. . . Unter eher engstirnigen Gesichtspunkten muß das als ein wichtiger imperialer Erfolg der USA gewertet werden.«[4868]

Der Verdacht liegt nahe, daß die USA die gleiche Strategie jetzt auch auf China anwenden wollen. Eine Aufwertung des Yuan hätte eine Zunahme der Nettokapitalabflüsse aus China zur Folge.[4869] Ferner würde sie »das Wachstumsmodell zerstören, das großen Teilen der Bevölkerung aus der Armut hilft«.[4870] China seinerseits hat das Schicksal der japanischen Volkswirtschaft in den letzten zwei Jahrzehnten vor Augen und wird daher alles vermeiden, dieses ebenfalls zu erleiden. Eine Wirtschaftskrise würde schließlich zu guter Letzt die territoriale Integrität der Volksrepublik gefährden. Milliarden-Investitionsprojekte, wie sie derzeit eingeleitet werden, um die wirtschaftlich schlecht entwickelten (muslimischen) Westprovinzen und das ebenso rückständige Tibet zu modernisieren, müßten dann eingefroren werden – eine Verstärkung separatistischer Tendenzen wäre die Folge.

Beweise dafür, daß eine solche geheime Absicht der Forderung der USA an Peking, den Yuan aufzuwerten, zugrunde liegt, existieren naturgemäß nicht; jedoch ist aufgrund der Parallelen zum amerikanisch-japanischen Handelskrieg in den achtziger Jahren eine solche irreguläre Agenda auch nicht ganz von der Hand zu weisen. Folgt man schließlich der Einschätzung des US-amerikanischen Politologen John MEARSHEIMER, so »haben die USA ein erhebliches Interesse daran, das chinesische Wirtschaftswachstum abzuschwächen. . . Washington sollte tun, was in seiner Macht steht, um den Aufstieg Chinas zu verhindern.«[4871] Konkreter ausformuliert hatte diese Absicht der in diesem Buch schon erwähnte Zalmay KHALILZAD, ein Vertreter der US-Machtelite in der Ära George W. BUSH, indem er erklärte, Washingtons Politik müsse es sein, »ein relatives Anwachsen chinesischer Macht im Vergleich zu den Vereinigten Staaten zu verhindern oder zumindest so lange wie möglich hinauszuzögern. Selbst wenn Chinas Aufstieg unvermeidlich ist, später ist besser als früher. Die Eindämmungsstrategie würde generell Anstrengungen beinhalten, Chinas ökonomisches Wachstum zu schwächen, da dies die wichtigste Basis nationaler Macht darstellt, und speziell eine Verbesserung der militärischen Fähigkeiten zu verhindern. Sie würde auch Versuche umfassen, der Ausdehnung des chinesischen Einflusses über die eigenen Grenzen hinaus entgegenzuwirken«.[4872]

Selbst wenn die Verwirklichung dieser Ziele hinter der Forderung der USA zur Yuan-Aufwertung stehen sollten, so würden die USA damit ihre Finanz- und Währungskrise nach Ansicht von Währungsexperten noch weiter zu ihren Lasten verschärfen. Glenn MAGUIRE, Devisenexperte bei der Société Générale, sieht eine internationale Abwendung vom Dollar als langfristige Folge an. »Denn China würde dann aufhören, im selben Ausmaß wie bisher amerikanische Staatsanleihen zu kaufen. Statt dessen würde es stärker diversifizieren. Und auch der Yuan selbst könnte dann am Ende eine neue Reservewährung werden. Dann wäre der Dollar endgültig nur noch das Problem der Amerikaner«[4873] – denn dann würde keine Volkswirtschaft mehr bereit sein, die Rechnung der US-amerikanischen Schuldenwirtschaft zu bezahlen. Ein Nachgeben des Dollars aber, so der ehemalige Chef der chinesischen Notenbank Yu YONGDING, würde eine Panik auf den Finanzmärkten auslösen, was die Risikoaufschläge auf Dollar-Anlagen einschließlich von US-Staatspapieren in die Höhe drücken könnte. Das wiederum könnte zu einem Konjunkturrückgang und einer weiteren Abschwächung des Dollars führen.[4874]

Tatsache ist aber, daß die USA mittlerweile in eine für sie gefährliche Abhängigkeit von China geraten sind. Devisenreserven in Höhe von 2,5 Billionen Dollar, angehäuft durch eine strategisch ausgerichtete merkantile expansive Exportpolitik, haben China nicht nur zum größten Gläubiger der USA gemacht, sondern der Volksrepublik damit auch ein wichtiges Druckmittel gegenüber Washington mit an die Hand gegeben. So gab es Mitte September 2010 Pressemeldungen, denen zufolge das chinesische Entwicklungs- und Forschungszentrum, eine renommierte staatlich-chinesische Denkfabrik, Washington davor gewarnt habe, daß die USA aus einem möglichen Handelskrieg mit China als der große Verlierer hervorgehen würden: Falls sich die OBAMA-Administration dazu entscheiden sollte, weitere handelsrechtliche Sanktionen gegen China wegen des Yuan-Disputs zu verhängen, so könnte China dies mit einem Verkauf von US-Schuldpapieren beantworten, was die Zinsen in den USA stark ansteigen lasse und so den Konsum abwürgen könne.[4875] Fällt aber China als ›Dollarstaubsauger‹ weg, so steht kein Retter für die Finanzierung des gigantischen US-Defizits mehr bereit.

Zur Umschreibung des chinesisch-amerikanischen Abhängigkeitsverhältnisses prägte der britische Wirtschaftshistoriker Niall FERGUSON den Begriff »Chimerica«. »China sei zum Bankier der USA geworden, doch von Amerikas Standpunkt aus hätte sich das fürs erste als der beste Weg erwiesen, die guten Zeiten der letzten Jahre fortzusetzen durch den Import billiger Waren aus China. Darüber hinaus hätten die US-Unternehmen durch das Outsourcing der Produktion an den Wohltaten billiger Arbeit teilhaben können. Entscheidend sei gewesen, daß die People's Bank of China durch ihre Milliardenanleihen den USA deutlich niedrigere Zinsen ermöglichten, als sie sonst zu erwarten gewesen wären. Statt eines American Empire sei so ein neuartiges Gebilde entstanden«,[4876] das der Wirtschaftshistoriker als »Chimerica« bezeichnte. FERGUSON weiter:

»Willkommen in dem wunderbaren Doppelland ›Chimerica‹ – China und Amerika – das über mehr als ein Zehntel der Erdfläche verfügt, ein Viertel ihrer Bevölkerung umfaßt und für ein Drittel des Weltwirtschaftsprodukts und mehr als die Hälfte des globalen Wirtschaftswachstums in den letzten acht Jahren steht. . . Die Westchimerikaner machten die Ausgaben. Die chinesischen Importe hielten die Inflation in den USA niedrig. Die chinesischen Ersparnisse hielten die amerikanischen Zinsraten niedrig. Chinesische Arbeit hielt die amerikanischen Lohnkosten niedrig. Im Ergebnis war es bemerkenswert günstig, Geld zu leihen und bemerkenswert profitabel, ein Unternehmen zu führen.« Aber die wunderbaren Zeiten niedriger Realzinsen und hoher Unternehmensprofite hatten FERGUSON zufolge auch eine Falle gestellt: Je mehr China bereit gewesen sei, den USA Geld zu leihen, desto mehr seien die Amerikaner bereit gewesen, Schulden zu machen. »Chimerika« sei so zur Grundlage der Blase von Bankkrediten, der Ausgabe von Staatsanleihen und neuer Derivate geworden.[4877] Die *Frankfurter Allgemeine Zeitung* beschreibt das amerikanisch-chinesische Verhältnis so: »Kritiker sagen: China exportiert zu viele Waren, die sich Amerika nur deshalb leisten kann, weil es bei China jenes Geld aufnimmt, das es zuvor für chinesische Waren bezahlt hat.«[4878]

Tatsächlich liegt Chinas rechnerischer Anteil am amerikanischen Außenhandelsdefizit derzeit bei 40 Prozent. Kurz gesagt: Die Amerikaner verschuldeten sich weit über das vertretbare Maß hinaus, China verdiente daran durch seine Exporte und investierte die verdienten Dollar wieder in US-Staatsanleihen. China leistete damit der massiven Verschuldung der USA Vorschub, und nach Ansicht von Wirtschaftsexperten wäre ohne den Kapitalimport aus China die Kreditblase auf dem amerikanischen Immobilienmarkt nicht entstanden. Auf einem Vortrag vor dem US-amerikanischen Aspen-Institute im Juli 2010 führte Niall FERGUSON aus, daß vor diesem Hintergrund die Finanzkrise zu einer grundlegenden Verschiebung der Machtverteilung geführt habe. Den Machtverlust der USA habe China als Machtzuwachs verbuchen können.[4879] »Amerikas Fundament jahrzehntelanger Weltgeltung ist zerronnen«, so die Analyse des Amerika-Experten Christian HACKE, »jetzt ist China finanzpolitisch an seine Stelle getreten. Diese eklatante Umkehrung der Beziehungen hat eine Machtasymmetrie entstehen lassen, die nicht nur Washington, sondern die gesamte Weltwirtschaftsordnung verändern könnte.«

So analysierte Noam CHOMSKY im Nachrichtenmagazin *Focus* am Beispiel der Erdölförderstaaten des Nahen und Mittleren Ostens und Südamerikas, wie den USA zunehmend die Kontrolle über diese Länder entgleitet und statt dessen das Reich der Mitte dieses Vakuum auffüllt.[4880] »China schmiedet derweil neue Allianzen«, so Gabor STEINGART. »Ohne öffentliches Aufsehen zu erregen, beteiligte sich die Volksrepublik China als Anteilseigner an nahezu allen regionalen Entwicklungsbanken der Welt. Wie eine Mini-Weltbank greift China damit den notleidenden Staaten in Lateinamerika, Afrika und Asien unter die Arme. Auch der Anteil am IWF wurde um 50 Milliarden Dollar aufgestockt. Nicht chinesische Soldaten, sondern chinesische Geldexperten treiben so die Expansion des Landes voran – lautlos, aber effizient.«[4881]

Folgt man dem französischen Politologen Emmanuel TODD, so haben die USA trotz aller Machtproben mit ihren strategischen Konkurrenten China und Rußland alle Möglichkeiten verspielt, ein weltweites Hegemonialsystem aufzubauen. Längst befinden sich die USA in wirtschaftlicher Abhängigkeit ihrer strategischen Konkurrenten. Außerdem – so TODD – hätten die USA zwei Voraussetzungen für eine Weltherrschaft nicht erfüllt: Erstens sei es ihnen nicht gelungen, die Kontrolle über ihre Protektorate in Europa und Ostasien (Japan) aufrechtzuerhalten. Zweitens seien die USA bei ihrem Versuch gescheitert, die strategische Macht Rußlands endgültig zu zerschlagen. Den militärischen Vorstoß der Vereinigten Staaten in den Persischen Golf und in den kaspisch-zentralasiatischen Raum deutet TODD als Schwäche und Vorwand, vom eigenen Niedergang abzulenken.

TODD analysiert zudem, daß diese Äußerungsformen einer imperialen Hybris der US-Machtelite zu einer Gegenmachtbildung führen werde, die in einer europäisch-japanisch-russischen Zusammenarbeit zu verorten sei: Die Bestrebungen der Amerikaner, »die Energiereserven der Europäer und Japaner zu kontrollieren, werden die beiden Protektorate über kurz oder lang dazu bringen, daß sie in Rußland, dem zweitgrößten Erdölproduzenten der Welt und dem wichtigsten Gaslieferanten, einen unverzichtbaren Partner erkennen«.[4882]

Parag KHANNA, Experte für Geopolitik und Verfasser des Buches *Der Kampf um die Zweite Welt*, geht gleichfalls davon aus, daß die USA in Zukunft an Bedeutung verlieren werden. Die ökonomischen Schwierigkeiten lassen einen Prozeß der imperialen Überdehnung wirksam werden: »Der Anteil der USA an der Weltwirtschaft ist seit dem Zweiten Weltkrieg von fünfzig Prozent auf 25 Prozent gesunken... Nicht genug damit, daß China und Japan zusammen die größten US-Dollar-Reserven halten – zum ersten Mal in der Geschichte stammt die wichtigste Weltreservewährung von einem Land, das eine Schuldnernation ist – und bei seinen Rivalen in der Kreide steht. Die angespannte Lage der Staatsfinanzen und die Ungleichgewichte in den Handelsbilanzen der USA machen den Dollar nicht länger zum sichersten Hafen für Anlagekapital; dies führt zu einer allmählichen Diversifizierung der Devisenbestände und auch der Abrechnungspreise für Rohstoffe wie Erdöl... Je mehr Länder und Investoren auf den Euro umsteigen, desto weniger können die USA ihre Defizite und kostspieligen militärischen Abenteuer finanzieren.«[4883] KHANNA diagnostiziert dabei, daß die Vormachtstellung der USA aufgrund des Aufstiegs von Gegenmächten längst als Irrglaube entlarvt worden sei: »Die geopolitische Auflehnung ist in vollem Gange.«[4884]

Wohin aber diese »geopolitische Auflehnung« führen kann, hat Wjatscheslaw DASCHITSCHEW mit folgenden Worten treffend analysiert: »Im Laufe der Zeit wird die ›Gegenkoalition‹ dermaßen stark, daß die ihr widerstehende Macht und das von ihr geführte Bündnis nicht imstande sind, dem militärischen und wirtschaftlichen Zweikampf standzuhalten. Folglich birgt jedes Hegemonialstreben in sich den Keim seiner eigenen Niederlage.«[4885]

Anmerkungen

[1] Wjatscheslaw DASCHITSCHEW, *Moskaus Griff nach der Weltmacht – Die bitteren Früchte hegemonialer Politik*, Berlin–Bonn 2002, S. 509.

[2] »Zeit der Wirren« – mit diesem Begriff werden allgemein die chaotischen Verhältnisse in Rußland nach dem Tod IWANS IV., des ›Schrecklichen‹, bezeichnet.

[3] L. L. MATTHIAS, *Die Kehrseite der USA*, Hamburg 1971, S. 126.

[4] Zit. aus: Jean ZIEGLER, *Die neuen Herrscher der Welt und ihre globalen Widersacher*, München 2005, S. 36.

[5] L. L MATTHIAS, aaO. (Anm. 3), S. 130.

[6] So beispielsweise Emmanuel TODD, der in seinem Buch *La Chute finale* im Jahre 1976 den Untergang des Sowjetreiches voraussagte.

[7] Peter SCHOLL-LATOUR, *Der Fluch des neuen Jahrtausends*, München 2002, Kapitel: »Putin lebt im Kalten Krieg«, S. 264–268 (S. 267).

[8] Zit. aus: Heinz BRILL, *Geopolitik heute. Deutschlands Chance?*, Berlin 1994, S. 20 f.

[9] Richard BERNSTEIN u. Ross M. MUNRO, *Der kommende Konflikt mit China – Das Reich der Mitte auf dem Weg zur neuen Weltmacht*, München 1997.

[10] Ebenda, S. 7 f.

[11] Ebenda, S. 9.

[12] Vgl. Alfred ZÄNKER, *Epoche der Entscheidungen – Deutschland, Eurasien und die Welt von morgen*, Asendorf 1992, S. 13.

[13] Heinz BRILL, »Ausblick auf Raum und Zeit. Geopolitik – eine erstaunliche Renaissance«, in: *Das Parlament*, Nr. 8/2002, 22. 2. 2002.

[14] Alfred ZÄNKER, *Epoche der Entscheidungen*, aaO. (Anm. 12), S. 27 f.

[15] Nach Heinrich Jordis VON LOHAUSEN (*Mut zur Macht – Denken in Kontinenten*, Berg am See 1979, S. 207) stammt das Wort ›Glacis‹ »aus der Befestigungslehre und bezeichnet hier ein freies, dem Gegner keinerlei Deckung bietendes Schußfeld, in weiteren Sinne ein übersichtliches Gebiet vor der eigenen Landesgrenze, entweder dazu ausersehen, die Annäherung des Feindes zu verzögern und seinen Aufmarsch sichtbar zu machen oder der Entfaltung eigener Angriffsarmeen Raum zu geben; also eine Art Niemandsland zur eigenen Verfügung, ein Vorfeld von sowohl defensiver als auch offensiver Bedeutung.«

[16] Heinrich Jordis VON LOHAUSEN, ebenda, S. 107.

[17] Boris MEISSNER, »Die Konstanten und variablen Faktoren russischer Außenpolitik«, in: Boris MEISSNER u. Gotthold RHODE (Hg.), *Die Grundfragen sowjetischer Außenpolitik*, Stuttgart–Berlin–Köln–Mainz 1970, S. 9 ff.; zit. in: Heinz BRILL, aaO. (Anm. 8), S. 122.

[18] Heinz BRILL, ebenda, S. 122.

[19] Emmanuel TODD, *Weltmacht USA – Ein Nachruf*, München–Zürich 2004, S. 198.

[20] Heinz BRILL, *Geopolitik heute*, aaO. (Anm. 8), S. 122.

[21] Einer der Friedensmacher von 1919, der britische Premierminister David LLOYD-GEORGE, sprach davon, daß diesem Staatengürtel, insbesondere Polen, die Rolle zugewiesen wurde, »die russische Flut einzudämmen und Deutschland in Schach zu halten«.

[22] Heinz BRILL, *Geopolitik heute*, aaO., (Anm. 8), S. 123.

[23] Den Mechnismus dieser ideologisch-politischen Gleichschaltung stellt eindrucksvoll Wolfgang LEONHARD in seinem Buch *Eurokommunismus* dar. Hierin beschreibt er auch, daß die Sowjetunion zur Herstellung eines solchen einheitlichen Kurses innerhalb ihres Bündnissystems ein eigenes Forum schuf, nämlich das Kommunistische Infomationsbüro, das im September 1947 ins Leben gerufen wurde. Auf dieser Tagung legte der sowjetische Gesandte SHDANOW fest, wie der Kurs der verbündeten kommunistischen Parteien auszusehen hätte: Die Welt sei nunmehr in zwei Lager gespalten, nämlich in das Lager des Imperialismus unter Führung der USA und in das Lager des Friedens und des Sozialismus unter Führung der Sowjetunion. Das bedeute, daß das Kriegsbündnis der Sowjetunion mit den westlichen Alliierten beendet sei und deshalb alle kommunistischen Bewegungen Bündnisse mit bürgerlich-westlichen Parteien aufzukündigen hätten. Maßgeblich sei statt dessen ausschließlich der von Moskau vorgegebene Kurs. SHDANOW forderte hier ein Prinzip ein, das STALIN einmal wie folgt beschrieb: »Ein Revolutionär ist, der sich ohne Vorbehalt, bedingungslos, offen und ehrlich bereit ist, die UdSSR zu schützen und zu verteidigen« (vgl. LEONHARD, *Eurokommunismus*, wo?? wann??, S. 40).

[24] Heinz BRILL, *Geopolitik heute*, aaO. (Anm. 8), S. 126.

[25] Heinz BRILL, ebenda, S. 129.

[26] HENNING u. KÖRHOLZ, *Einführung in die Geopolitik*, Leipzig–Berlin 1938, S. 59.

[27] Ebenda.

[28] So beschreiben HENNING u. KÖRHOLZ in ihrem Buch *Einführung in die Geopolitik* die Benachteilung des russischen Staates durch die See und seine Bestrebungen, diese Nachteile zu kompensieren (vgl. ebenda, S. 60 f.).

[29] Vgl. Hellmut DIWALD, *Seemachtpolitik im 20. Jahrhundert*, München 1984, S. 11 f.
[30] Flottenadmiral Sergej G. GORTSCHKOW, *Seemacht Sowjetunion*, Hamburg 1978, S. 9.
[31] Hellmut DIWALD, *Seemachtpolitik. . .*, aaO., (Anm. 29) S. 472.
[32] Sergej G. GORTSCHKOW, *Seemacht Sowjetunion*, aaO. (Anm. 30), S. 13 f.
[33] Ebenda, S. 14.
[34] Aus: *U.S. Naval Institute Proceedings* (USNIP), Vol. 89, 1963, H. 1, S. 33–39; (S. 39); zit. aus: Sergej G. GORTSCHKOW, *Seemacht Sowjetunion*, ebenda, S. 14.
[35] Ebenda, S. 234.
[36] Hellmut DIWALD, *Seemachtpolitik. .*, aaO., (Anm. 29) S. 473.
[37] Michael THUMANN, *Das Lied von der russischen Erde – Moskaus Ringen um Einheit und Größe*, Stuttgart–München 2002, S. 20.
[38] Ebenda, S. 12.
[39] Eberhard SCHNEIDER u. Heinrich VOGEL, »Strukturschwächen der russischen Innenpolitik«, in: *Aus Politik und Zeitgeschichte*, B 42/99, S. 3–13 (S. 12).
[40] Vgl. N.V. PETROV u. A. I. TREIVISH, »Risk Assesment of Russia's Regional Disintegration«, in: Klaus SEGBERS u. Stephan DE SPIEGELEIRE (Hg.), *Post-Sovjet Puzzle*, Baden-Baden 1995, S. 145–176, aus: Eberhard SCHNEIDER u. Heinrich VOGEL, ebenda, S. 12.
[41] Vgl. Uwe HALBACH, »Rußlands Bedrohung aus dem Süden, Teil I, Entwicklungen im Nordkaukasus«, in: *Aktuelle Analysen des BIOst*, 1998, S. 36, aus: Eberhard SCHNEIDER u. Heinrich VOGEL, ebenda, S. 12.
[42] Eberhard SCHNEIDER u. Heinrich VOGEL, »Strukturschwächen in der russischen Innenpolitik«, in: ebenda, S. 12.
[43] »Kult der Stärke«, in: *Der Spiegel*, Nr. 32/2009, S. 82–86 (S. 82).
[44] Ebenda, S. 86.
[45] Ebenda, S. 84.
[46] Zit. aus: Peter SCHOLL-LATOUR, *Der Fluch des neuen Jahrtausends*, Kapitel: »Putin lebt im Kalten Krieg«, S. 264–268 (S. 266).
[47] So die Einschätzung von Emmanuel TODD, *Weltmacht USA*, aaO. (Anm. 19), S. 184.
[48] Ebenda, S. 185.
[49] Erwähnt in: Heinrich WEFING, »Das letzte Rom – Die Hypermacht: Ist Amerika zu stark für diese Welt?« in: *Frankfurter Allgemeine Zeitung*, 14. 7. 2002.
[50] Henry A. KISSINGER, *Die Herausforderung Amerikas – Weltpolitik im 21. Jahrhundert*, Berlin 2003, S. 83.
[51] Ebenda, S. 85.
[52] Ebenda, S. 83.
[53] Ebenda, S. 87.
[54] Zit. aus: Michael MANN, *Die ohnmächtige Supermacht – Warum die USA die Welt nicht regieren können*, Frankfurt/M. 2003, S. 22 f.
[55] Ebenda, S. 23.
[56] Zitate aus: Werner LINK, *Die Neuordnung der Weltpolitik – Grundprobleme globaler Politik an der Schwelle zum 21. Jahrhundert*, München 1999, S. 132.
[57] Ebenda, S. 133.
[58] Heinz BRILL, *Geopolitik heute*, aaO. (Anm. 8), S. 54 f.
[59] Ebenda, S. 55.
[60] Zit. aus: Paul KENNEDY, *Aufstieg und Verfall der britischen Seemacht*, Herford–Bonn 1978, S. 2.
[61] Raymond ARON, *Frieden und Krieg. Eine Theorie der Staatenwelt*, Oldenburg 1963, S. 231.
[62] Tilman MEYER, »Konfliktlinien in der Atlantischen Allianz«, in: Aus *Politik und Zeitgeschichte*, B 29–30/99, S. 22–29 (S. 23).
[63] So Stefan FRÖHLICH, *Amerikanische Geopolitik – Von den Anfängen bis zum Zweiten Weltkrieg*, Landsberg am Lech 1998, S. 21.
[64] Ebenda, S. 22.
[65] Klaus SCHOENTHAL, *Amerikanische Außenpolitik – Eine Einführung*, Köln–Berlin 1964, S. 23.
[66] Ebenda, S. 50 f.
[67] Ebenda, S. 51.
[68] Ebenda, S. 37.
[69] Ebenda, S. 43.
[70] Zit. aus: ebenda, S. 45.
[71] Giselher WIRSING, *Der maßlose Kontinent. Roosevelts Kampf um die Weltherrschaft*, Jena 1943, S. 184.
[72] Ebenda, S. 178.
[73] Ebenda, S. 181.
[74] Ebenda.
[75] Ebenda, S. 182.
[76] Ebenda, S. 183 f.
[77] Die ausführliche Darstellung der Hintergründe wie auch der geopolitischen Bedeutung der MONROE-Doktrin ist hier notwendig, da diese Doktrin auch heute noch in der geopolitischen Diskussion allerdings weniger in den USA als vielmehr in Rußland eine hohe Relevanz hat. Wie in einem späteren Kapital zu zeigen wird, versuchen heute einflußreiche Vordenker einer russischen Geopolitik wie Alexander DUGIN und Alexeij MITROFANOW den Inhalt dieser Lehre für Rußland fruchtbar zu machen. Mit der Lehre von einer völkerrechtlichen Großraumordnung mit Interventionsverbot für raumfremde Mächte wird der aggressive Vorstoß der USA und ihres

nordatlantischen Bündnissystems Richtung Ostmitteleuropa und Zentralasien als illegitim entlarvt und die Rekonstruktion Rußlands als »eurasischer Integrationsknoten« begründet.

[78] Klaus SCHOENTHAL, aaO. (Anm. 65), S. 57

[79] Der Amerika-Experte Giselher WIRSING formulierte treffend (aaO., Anm. 71, S. 184): »Wenn wir daher heute von der MONROE-Doktrin als von einem wichtigen Grundsatz einer künftigen Weltordnung sprechen, so ist damit nicht die universalistisch-imperialistische Verfälschung der MONROE-Doktrin gemeint, sondern jenes ursprüngliche Prinzip der Gegenseitigkeit der Nichteinmischung.«

[80] Klaus SCHOENTHAL, aaO. (Anm. 65), S. 57.

[81] Charles A. u. Mary R. BEARD, *A Basic History of the United States*, Philadelphia 1944, S. 338.

[82] Zit. in: Stefan FRÖHLICH, aaO. (Anm. 63), S. 23.

[83] Ebenda.

[84] Im Original zit. in: ebenda, Übersetzung durch den Verfasser.

[85] »The Atlantic states, through their commercial, social and political affinities and sympathies, are steadily renovating the governments and the social constitutions of Europe and Africa. The Pacific states must necessarily perform the same sublime and beneficient functions in Asia. If, then, the American people shall remain an undivided nation, the ripening civilization of the West, after a separation growing wider and wider for four thousand years, will, in its circuit of the world, meet again and mingel with the declining civilization of the East on our own free soil, and a new and more perfect civilization will arise to bless the earth unter the sway of our own cherished and beneficient democratic institutions«, zit. aus: ebenda, S. 24.

[86] Im Original zit. in: ebenda, S. 26; Übersetzung durch den Verfasser.

[87] So beschreibt Stefan FRÖHLICH diese Denkschule, ebenda, S. 26.

[88] Zit. aus: Klaus SCHOENTHAL, aaO. (Anm. 65), S. 73.

[89] Zit. aus: ebenda, S. 68 f.

[90] Erich ANGERMANN, *Die Vereinigten Staaten von Amerika seit 1917*, München 1983, S. 13.

[91] Ebenda, S. 14.

[92] Stefan FRÖHLICH, aaO. (Anm. 63), S. 31.

[93] Erich ANGERMANN, aaO. (Anm. 90), S. 20.

[94] So ebenda, S. 22.

[95] Ebenda, S. 22 f.

[96] Zit. aus: Karl-Heinz RÖDER (Hg.), *Das politische System der USA – Geschichte und Gegenwart*, Köln 1980, S. 110.

[97] Zit. aus: Hellmut DIWALD, *Seemachtpolitik. . .*, aaO., (Anm. 29), S. 47.

[98] Zit. aus: Stefan FRÖHLICH, aaO. (Anm. 63), S. 33.

[99] Homer LEA, *Vergessene weltpolitische Einsichten* (Deutsche Übersetzung von *The day of the Saxon*), Zürich 1980, S. 119 ff.

[100] Ebenda, S. 132 f.

[101] Ebenda, S. 150 f.

[102] Homer LEA, *The valor of ignorance*, S. 76, zit. aus: Stefan FRÖHLICH, *Amerikanische Geopolitik. . .*, aaO. (Anm. 63), S. 34.

[103] Homer LEA, *Vergessene weltpolitische Einsichten*, aaO. (Anm. 99), S. 152 f.

[104] Ebenda, S. 168 f.

[105] Ebenda, S. 169.

[106] Homer LEA beschreibt deshalb auch einen deutlichen Unterschied zwischen der kontinentalen und der maritimen Kriegführung: »Zwischen der Kriegführung zur See und zu Land existieren einige naturgegebene Unterschiede, die trotz aller Fortschritte der Technik sich nicht geändert haben. Ursache und Zweck von Kriegen, die relative Stärke und Schwäche der Gegner bestimmen den Kriegsschauplatz, während wiederum die Besonderheiten dieses Kriegsschauplatzes Art und Durchführung des Kampfes selbst beeinflussen.

In einem Krieg zwischen einer Inselmacht und einer Kontinentalmacht ist das Meer der erste Kriegsschauplatz des Kampfes. Wird dabei der Inselstaat besiegt, dann ist der Krieg zu Ende, da die Landverteidigung eines Inselstaates gegen eine Kontinentalmacht, die das Meer beherrscht, eine politische, mitlitärische und wirtschaftliche Unmöglichkeit ist.

Werden dagegen die Seestreitkräfte der Kontinentalmacht geschlagen, dann ergibt sich daraus nur eine Verlagerung des Kriegsschauplatzes von der See auf das Festland, von der Flotte zur Armee, da ein Kontinentalstaat mit Landgrenzen wirtschaftlich unabhängig von der Seekontrolle des Inselstaates ist. Es müssen also zuerst seine Landstreitkräfte besiegt werden, bevor entweder seine innere Wirtschaftslage oder seine politische Lage so in Mitleidenschaft gezogen ist, daß er um Frieden ansuchen muß« (ebenda, S. 159). Die Kampfformen in einer militärischen Auseinandersetzung sind deshalb nach LEA dreigeteilt: In einem Krieg zwischen zwei Seemächten stellt die Flotte das Hauptkampfmittel dar. In einem Krieg zwischen zwei Kontinentalmächten bildet die Armee das wichtigste Kampfmittel. In einem Kampf zwischen einer Seemacht und einer Kontinentalmacht muß eine überlegene Flotte, gepaart mit

Baubeginn einer Eisenbahnlinie in der Mandschurei ausrückte. Im Februar 1904 griff die japanische Flotte russische Kriegsschiffe in Port Arthur an. Im sich entwickelnden russisch-japanischen Krieg versenkte im Mai 1905 die japanische Flotte die Hälfte der russischen Flotte bei Tschuschima. Darauf folgte der japanische Landangriff in der Mandschurei. Als es aber ganz danach aussah, daß die Japaner die Russen aus der Mandschurei hinauswerfen würden, protestierte US-Außenminister HAY. Dieser Angriff der Japaner verletze die Politik der Offenen Tür. Japan wurde den USA im Pazifik und auch auf dem asiatischen Kontinent zu mächtig. Japan mußte in seine Schranken zurückverwiesen werden, hatten die Amerikaner doch selbst große Interessen in Ostasien. Deshalb vermittelte Präsident Theodore ROOSEVELT den Frieden von Portsmouth, durch den Japan einen kleinen Teil der Mandschurei behalten durfte.

[129] Stefan FRÖHLICH, aaO. (Anm. 63), S. 48, FRÖHLICH nimmt Bezug auf: MAHAN, *Problems of Asia*, S. 67, und einen Brief MAHANS an ROOSEVELT, 12. 3. 1901.

[130] Ebenda, S. 49. FRÖHLICH nimmt Bezug auf: MAHAN, *Problems of Asia*, S. 88, 154 u. 163.

[131] MAHAN, *Problems of Asia*, S. 24; zit. in: Stefan FRÖHLICH, aaO. (Anm. 63), S. 49.

[132] Ebenda, S. 54. Unter Hinweis auf einen gleichnamigen Titel eines Artikels von Francis SEMPA: »The Geopolitics Man«, in: *The National Interest*, 29 (Fall 1992), S. 96–102.

[133] Die Darstellung seiner Werke zit. aus: Raymond ARON, *Frieden und Krieg...*, aaO. (Anm. 61), S. 229.

[134] Zit. aus: Paul KENNEDY, *Aufstieg und Verfall der britischen Seemacht*, aaO. (Anm. 112), S. 202.

[135] Stefan FRÖHLICH, aaO. (Anm. 63), S. 56.

[136] Paul KENNEDY, *Aufstieg und Verfall der britischen Seemacht*, aaO. (Anm. 112), S. 203.

[137] Halford MACKINDER, *Der geographische Dreh- und Angelpunkt der Geschichte*, zit. aus: ebenda.

[138] Raymond ARON, *Frieden und Krieg...*, aaO. (Anm. 61), S. 231.

[139] Stefan FRÖHLICH, aaO. (Anm. 63), S. 57.

[140] Ebenda.

[141] Zit. aus: Wenzel JAKSCH, *Europas Weg nach Potsdam*, Köln 1970, S. 195.

[142] Alfred ZÄNKER, *Epoche der Entscheidungen*, aaO. (Anm. 12), S. 24 f.

[143] Stefan FRÖHLICH, aaO. (Anm. 63), S. 58.

[144] Ebenda, S. 59.

[145] Im Original zit. in: ebenda; Übersetzung durch den Verfasser.

[146] Alexandre DEL VALLE, »Amerikanische Strategie in Eurasien und Folgen des Kosovokrieges«, 5. 3. 2001, unter: http://www.alexandredelvalle.com/publications; dort im französischen Original, Übersetzung durch den Verfasser.

[147] Stefan FRÖHLICH, aaO. (Anm. 63), S. 55.

[148] Christopher J. FETTWEIS, »Sir Halford Mackinder, Geopolitics, and Policymaking in the 21. Century«, unter: http://www.carlisle.army.mil/usawc/Parameters/00summer/fettweis.htm

[149] Carl OGLESBY u. Richard SHAULL, *Amerikanische Ideologie – Zwei Studien über Politik und Gesellschaft in den USA*, Frankfurt/M. 1969, S. 70.

[150] Zu diesem Thema siehe die hervorragende Analyse von Charles C. TANSILL, *Amerika geht in den Krieg*, Selent 2001.

[151] Erich ANGERMANN, aaO. (Anm. 90), S. 57.

[152] So ebenda, S. 59.

[153] Zit. aus: Lawrence H. SHOUP u. William MINTER, *Kulissenschieber e.V. – Der Council on Foreign Relations und die Außenpolitik der USA*, Bremen 1981, S. 30.

[154] Giselher WIRSING, *Der maßlose Kontinent...*, aaO. (Anm. 71), S. 188 f.

[155] Nach dem Eintritt der USA in den Ersten Weltkrieg.

[156] Giselher WIRSING, *Der maßlose Kontinent...*, aaO. (Anm. 71), S. 189 f.

[157] Dirk BAVENDAMM, *Roosevelts Weg zum Krieg – Amerikanische Politik von 1914 bis 1939*, München–Berlin 1983, S. 101.

[158] David HOROWITZ, *Big Business und Kalter Krieg*, Frankfurt/M. 1971, S. 114 f.

[159] Ebenda, S. 116.

[160] Ebenda.

[161] Vgl.Thomas P. M. BARNETT, *The Pentagon's New Map – War and peace in the 21st. Century*, New York 2004.

[162] Stefan FRÖHLICH, aaO. (Anm. 63), S. 61.

[163] So ebenda.

[164] So George Louis BEER, »The War, the British Empire and America« in: *The Forum*, 53 (1915), S. 565, zit. aus: Stefan FRÖHLICH, ebenda, S. 61.

[165] Ebenda, S. 63.

[166] Zit. aus: ebenda, S. 65.

[167] Ebenda, S. 94 f.

[168] Im Origninal zit. in: ebenda, S. 95.

[169] Ebenda, S. 98.

[170] Ebenda, S. 115.

[171] Ebenda, S. 118.

[172] Ebenda, S. 124.

[173] Ebenda, S. 125 f.

[174] Ebenda, S. 127.
[175] Noam CHOMSKY, *Hybris – Die endgültige Sicherung der globalen Vormachtstellung der USA*, Hamburg–Wien 2003, S. 24.
[176] SHOUP/MINTER, aaO. (Anm. 153), S. 95.
[177] Noam CHOMSKY, *Hybris...*, aaO. (Anm. 175), S. 24.
[178] Zit. aus: SHOUP/MINTER, aaO. (Anm. 153), S. 95.
[179] Ebenda, S. 96.
[180] Ebenda, S. 100.
[181] Ebenda.
[182] Ebenda, S. 100 f.
[183] Zit. aus: ebenda, S. 101.
[184] Ebenda, S. 102.
[185] Ebenda.
[186] Ebenda, S. 119.
[187] Ebenda.
[188] Ebenda.
[189] Ebenda.
[190] Ebenda, S. 119 f.
[191] L. L. MATTHIAS, *Die Kehrseite der USA*, aaO. (Anm. 3), S. 126.
[192] Stefan FRÖHLICH, aaO. (Anm. 63), S. 134 f.
[193] Nicholas SPYKMAN, *America's Strategy*, S. 179, im Original zit. in: Stefan FRÖHLICH, ebenda, S. 135, Übersetzung durch den Verfasser.
[194] Ebenda.
[195] Ebenda.
[196] Ebenda, S. 136.
[197] SPYKMAN, *Geography of the Peace*, S. 41, im Original zit. in: Stefan FRÖHLICH, ebenda, S. 136; Übersetzung durch den Verfasser.
[198] Ebenda, S. 137; Übersetzung durch den Verfasser.
[199] SPYKMAN, *America's Strategy*, S. 179, im Original zit. in: Stefan FRÖHLICH, ebenda, S. 137; Übersetzung durch den Verfasser.
[200] SPYKMAN, *America's Strategy*, S. 4, im Original zit. in: Stefan FRÖHLICH, ebenda, S. 137; Übersetzung durch den Verfasser.
[201] Ebenda.
[202] SPYKMAN, *Geography of the Peace*, S. 138, im Original zit. in: Stefan FRÖHLICH, ebenda, S. 138; Übersetzung durch den Verfasser.
[203] Stefan FRÖHLICH, ebenda, S. 139.
[204] Ebenda, S. 141.
[205] Ebenda.
[206] Ebenda.
[207] Ebenda, S. 145.
[208] Sabine FEINER, *Weltordnung durch US-Leadership? – Die Konzeption Zbigniew Brzezinskis*, Wiesbaden 2000, S. 178.
[209] Ebenda, S. 178.
[210] Stefan FRÖHLICH, aaO. (Anm. 63), S. 149.
[211] Zit. aus: Albert C. WEDEMEYER, *Der verwaltete Krieg*, Düsseldorf 1960, S. 16.
[212] Sabine FEINER, aaO. (Anm. 208), S. 179.
[213] Ebenda, S. 179 f.
[214] Ebenda, S. 181.
[215] Heinz BRILL, *Geopolitik heute*, aaO. (Anm. 8), S. 64.
[216] Ernst-Otto CZEMPIEL u. Carl-Christoph SCHWEIZER, *Weltpolitik der USA nach 1945. Einführung und Dokumente*, Bonn 1989, S. 320.
[217] Ebenda.
[218] Heinz BRILL, *Geopolitik heute*, aaO. (Anm. 8), S. 62.
[219] Sabine FEINER, aaO. (Anm. 208), S. 65.
[220] Ebenda, S. 109.
[221] Samuel P. HUNTINGTON, »Why International Primary Matters«, in: *International Security* (Spring 1993), S. 83; Übersetzung durch den Verfasser.
[222] Sabine FEINER, aaO. (Anm. 208), S. 108.
[223] Zit. aus: Heinz BRILL, *Geopolitik heute*, aaO. (Anm. 8), S. 63.
[224] Zbigniew BRZEZINSKI, *Planspiel – Das Ringen der Supermächte um die Welt*, Erlangen–Bonn–Wien 1989, S. 24.
[225] Zit. aus: Sabine FEINER, aaO. (Anm. 208), S. 202; Übersetzung durch den Verfasser.
[226] Zbigniew BRZEZINSKI, *Planspiel*, aaO. (Anm. 224), S. 43.
[227] Zbigniew BRZEZINSKI, *Die einzige Weltmacht*, Frankfurt/M. 1999, S. 53.
[228] Sabine FEINER, aaO. (Anm. 208) S. 202.
[229] Hervorhebung durch den Verfasser.
[230] Zbigniew BRZEZINSKI, *Planspiel*, aaO. (Anm. 224), S. 34 f.
[231] Zbigniew BRZEZINSKI, *Die einzige Weltmacht*, aaO. (Anm. 227), S. 57.
[232] Ebenda, S. 282 f.
[233] Zbigniew BRZEZINSKI, *Planspiel*, aaO. (Anm. 224), S. 64.
[234] Hervorhebung durch den Verfasser.
[235] Zbigniew BRZEZINSKI, *Planspiel*, aaO. (Anm. 224), S. 64 f.
[236] Ebenda, S. 67.
[237] Ebenda, S. 76.
[238] Ebenda, S. 76 f.
[239] Ebenda, S. 137 f.
[240] Sabine FEINER, aaO. (Anm. 208), S. 191.
[241] Zbigniew BRZEZINSKI, *Planspiel*, aaO. (Anm. 224), S. 140 f.
[242] Ebenda, S. 134.

[243] Hervorhebung durch den Verfasser.
[244] Zbigniew BRZEZINSKI, *Planspiel*, aaO. (Anm. 224), S. 134 f.
[245] Ebenda, S. 207.
[246] Ebenda, S. 243 f.
[247] Ebenda, S. 194.
[248] Ebenda, S. 236.
[249] Ebenda, S. 238 f.
[250] Sabine FEINER, aaO. (Anm. 208), S. 204.
[251] Zbigniew BRZEZINSKI, *The Grand Chessboard. American Primacy and its geostrategic Imperatives*, New York 1997, S. 35; Übersetzung durch den Verfasser.
[252] Ebenda, S. 55; Übersetzung durch den Verfasser.
[253] Ebenda S. 87; Übersetzung durch den Verfasser.
[254] Ebenda, S. 123 ff.
[255] Ebenda, S. 93; Übersetzung durch den Verfasser.
[256] Ebenda, S. 93 ff.
[257] Zbigniew BRZEZINSKI, *Die einzige Weltmacht*, aaO. (Anm. 227), S. 177.
[258] Ebenda, S. 178.
[259] Sabine FEINER, aaO. (Anm. 208), S. 217.
[260] Zbigniew BRZEZINSKI, *Die einzige Weltmacht*, aaO. (Anm. 227), S. 178 f.
[261] Sabine FEINER, aaO. (Anm. 208), S. 217.
[262] Zbigniew BRZEZINSKI, *Die einzige Weltmacht*, aaO. (Anm. 227), S. 179.
[263] Ebenda, S. 92.
[264] Ebenda, S. 91.
[265] EIRNA-Studie: *11. September – Die Lüge aus Staatsräson und ihre verhängnisvollen Konsequenzen*, Wiesbaden 2003, Kapitel »Protektorat Europa und die zukünftige Rolle Rußlands«, S. 80.
[266] Ebenda.
[267] Ebenda.
[268] Ebenda, S. 81.
[269] Ebenda.
[270] Ebenda.
[271] Ebenda.
[272] Zbigniew BRZEZINSKI, *Die einzige Weltmacht*, aaO. (Anm. 227), S. 288.
[273] Ebenda.
[274] Ebenda, S. 289.
[275] Ebenda, S. 289 f.
[276] EIRNA-Studie: *11. September. . .*, aaO. (Anm. 265), S. 81.
[277] Ebenda.
[278] Ebenda.
[279] Werner BIERMANN u. Arno KLÖNNE, *The Big Stick – Imperiale Strategie und globaler Militarismus – Die USA als Megamacht*, Köln 2003, S. 73.
[280] Zit. aus: Werner LINK, *Die Neuordnung der Weltpolitik. . .*, aaO. (Anm. 56), S. 133.
[281] »Ein neuer Rivale?«, in: *Der Spiegel* 12/1992, S. 18–21 (S. 18).
[282] Ebenda, S. 19.
[283] Ebenda, S. 19.
[284] Jürgen ELSÄSSER, *Der deutsche Sonderweg*, München 2003, S. 141.
[285] Ebenda, S. 141.
[286] Erich SCHMIDT-EENBOOM, *Schnüffler ohne Nase. Der BND – Die unheimliche Macht im Staate*, Düsseldorf–Wien–New York–Moskau 1993, S. 422.
[287] Ebenda, S. 427 f.
[288] Christian HACKE, *Die Außenpolitik der Bundesrepublik Deutschland. Von Konrad Adenauer bis Gerhard Schröder*, Frankfurt/M.–Berlin 2003, S. 426.
[289] Henry A. KISSINGER, *Die sechs Säulen der Weltordnung*, Berlin 1994, S. 45.
[290] Ebenda.
[291] Ebenda, S. 45 f.
[292] Zit. aus: Jürgen ELSÄSSER, »Der Dritte Weltkrieg. Von der Balkanintervention zur Weltwährungsschlacht«, in: Jürgen ELSÄSSER (Hg.), *Nie wieder Krieg ohne uns. Das Kosovo und die neue deutsche Geopolitik*, Hamburg 1999, S. 95–113 (S. 105).
[293] Jürgen ELSÄSSER, *Der Deutsche Sonderweg*, aaO. (Anm. 284), S. 141.
[294] H. BÖTTIGER (Hg.), *Die Neocons – Wer treibt die USA in die imperiale Falle?*, Wiesbaden 2004, S. 56 f.
[295] EIRNA-Studie, *11. September. . .*, aaO. (Anm. 265), S. 64.
[296] Ebenda, S. 66.
[297] H. BÖTTIGER, *Die Neocons*, aaO. (Anm. 294), S. 54 f.
[298] Zit. aus: Markus ZIMMERMANN, *Die wahren Machthaber in Washington – Wer steckt hinter Bush u. Co.?*, München 2004, S. 90.
[299] Zit. aus: Clemens VERENKOTTE, *Die Herren der Welt – Das amerikanische Imperium*, München 2003, S. 79 f.
[300] Ebenda, S. 66.
[301] Zit. aus: ebenda, S. 67.
[302] H. BÖTTIGER, *Die Neocons*, aaO. (Anm. 294), S. 57 f.
[303] Clemens VERENKOTTE, aaO. (Anm. 299), S. 88.
[304] Zit. aus: ebenda.
[305] Zit. aus: ebenda.
[306] Zit. aus: ebenda, S. 89 f.
[307] Zit. aus: ebenda, S. 90.
[308] Matthias RÜB, »Freiheit und Gerechtigkeit für alle. Die amerikanische Doktrin der vorbeugenden Selbstverteidigung«, in: *Frankfurter Allgemeine Zeitung*, 23. 9. 2002.

309 Ebenda.
310 Zit aus: »Bush verabschiedet alte Konzepte der Außenpolitik«, in: *Frankfurter Allgemeine Zeitung*, 21 9. 2002.
311 Ebenda.
312 Nikolas BUSSE, »Die Bush-Doktrin – Amerika verkündet eine neue Sicherheitspolitik«, in: *Frankfurter Allgemeine Zeitung*, 26. 9. 2002.
313 Werner BIERMANN u. Arno KLÖNNE, *The Big Stick...*, aaO. (Anm. 279), S. 72.
314 Matthias RÜB, »Freiheit und Gerechtigkeit für alle...«, aaO. (Anm. 308).
315 Christian HACKE, *Zur Weltmacht verdammt, Die amerikanische Außenpolitik von John F. Kennedy bis G.W. Bush*, München 2002, S. 541.
316 Ebenda, S. 542.
317 Ebenda, S. 543.
318 Ebenda, S. 584.
319 Ebenda, S. 595.
320 Gebhard SCHWEIGLER, »Globalisierung und Außenpolitik: Identität und Interdependenz«, in: RUDOLF/WILZEWSKI, *Weltmacht ohne Gegner*, S. 27; zit. aus: Christian HACKE, aaO. (Anm. 315), S. 595.
321 Ebenda, S. 595,
322 Jürgen WAGNER, »Demokratischer Imperialismus – US-Geopolitik zur Rekolonialisierung der Welt«, in: *Blätter für deutsche und internationale Politik* 9/2006, S. 1097–1103 (S. 1097).
323 Sebastian MALLABY, »The Reluctant Imperialist: Terrorism, Failed States, and the Case for American Empire«, in: *Foreign Affairs* 2/2002, S. 2–7, hier S. 2, 6; zit aus: Jürgen WAGNER, »Demokratischer Imperialismus, ebenda, S. 1098.
324 Stephen D. KRASNER, »Alternativen zur Souveränität«, in: *Internationale Politik* 9/2005, S. 44-53, hier S. 44 ff.; Council on Foreign Relations (Hg.), *A New National Security Strategy in an Age of Terrorists, Tyrants, an Weapons of Mass Destruction*, New York 2003, S. 6, zit. aus: Jürgen WAGNER, »Demokratischer Imperialismus, ebenda, S. 1098.
325 Zit. aus: Jürgen WAGNER, »Neoliberaler Kolonialismus – Die USA und die militärische Absicherung der Globalisierung«, unter: http://www. uni-kassel.de/fb5/frieden/regionenUSA/wagner.html
326 Ebenda.
327 Carlo MASALA, »Managing Protectorates: Die vergessene Dimension«, in: *Politische Studien*, Januar/Februar 2007, S. 49–55, hier S. 49, zit. aus: Jürgen WAGNER, »Neoliberaler Kolonialismus, ebenda.
328 Thomas P.M. BARNETT u. Henry H. GAFFNEY jr., »Globalization Gets a Bodyguard«, in: *U.S. Naval Institute Proceedings*, 127, no. 11/2001, S. 50–53, zit. aus: Jürgen WAGNER, »Demokratischer Imperialismus...«, aaO. (Anm. 322), S. 1098.
329 Thomas P. M. BARNETT, *The Pentagon's New Map*, New York 2004, S. 8, 168, zit. aus: Jürgen WAGNER, Demokratischer Imperialismus«, ebenda, S. 1098 f.
330 Zit. aus: Thomas P. M. BARNETT, »Die neue Weltkarte des Pentagon – Mit einer Liste künftiger Konfliktherde und Interventionspunkte«, in: *Blätter für deutsche und internationale Politik* 5/2003, S. 554–564 (S. 555).
331 Hervorhebung durch den Verfasser.
332 Zit. aus: Thomas P. M. BARNETT, »Die neue Weltkarte des Pentagon...«, aaO. (Anm. 330), S. 556–560.
333 Zit. aus: Jürgen WAGNER, »Neoliberaler Kolonialismus...«, aaO. (Anm. 325).
334 Jürgen WAGNER, »Demokratischer Imperialismus...«, aaO. (Anm. 322), S. 1099.
335 Jürgen WAGNER, »Neoliberaler Kolonialismus...«, aaO. (Anm. 325).
336 Claude SERFATI, »Militarisierung – Der bewaffnete Arm der Globalisierung«, in: Christian ZELLER (Hg.), *Die globale Enteignungsökonomie*, Münster 2004, S. 21–59, S. 39, zit. aus: Jürgen WAGNER, »Neoliberaler Kolonialismus...«, aaO. (Anm. 325).
337 Jürgen WAGNER, »Neoliberaler Kolonialismus...«, ebenda.
338 Ebenda.
339 Herfried MÜNKLER, *Imperien*, Bonn 2005, S. 241.
340 »National Security Strategy of the United States«, March 2006, S. 3; zit. aus: Jürgen WAGNER, »Neoliberaler Kolonialismus...«, aaO. (Anm. 325).
341 Ebenda, S. 27 u. 32; zit. aus: Jürgen WAGNER, »Neoliberaler Kolonialismus...«, ebenda.
342 Zit. aus: ebenda,
343 Zit. aus: ebenda,
344 Boris MEISSNER, »Die Außenpolitik der Sowjetunion – Grundlagen und Strategien«, in: Karl KAISER u. Hans-Peter SCHWARZ (Hg.), *Weltpolitik – Strukturen-Akteure-Perspektiven*, Bonn 1987, S. 435–460 (S. 438).
345 Ebenda, S. 439.
346 Ebenda, S. 439.
347 Ebenda, S. 443.
348 Es wird noch aufzuzeigen sein, daß diese ›Tendenz zum Polyzentrismus‹ in der sowjetischen Machtsphäre wie auch in der Sowjetunion selbst bereits Ende der vierziger Jahre durch Undercover-Aktionen der CIA massiv gefördert wurde.
349 Ebenda, S. 444.

350 Ebenda, S. 446.
351 Bernd GREINER, *Amerikanische Außenpolitik von Truman bis heute*, Köln 1982, S. 38
352 Ebenda, S. 38 f.
353 Ebenda, S. 48.
354 Zit. aus: ebenda, S. 48.
355 Boris MEISSNER, aaO. (Anm. 344), S. 448.
356 Flottenadmiral Sergej G. GORTSCHKOW, *Seemacht Sowjetunion*, aaO. (Anm. 30), S. 242.
357 Ebenda, S. 242 f.
358 Zit. aus: Hellmut DIWALD, *Seemachtpolitik...* aaO. (Anm. 29), S. 478 f.
359 In seinem Buch *Machtprobe – Die USA und die Sowjetunion in den achtziger Jahren* (München 1989) stellt Ernst-Otto CZEMPIEL die weltpolitische Ausrichtung der UdSSR wie folgt dar: »In der zweiten Hälfte der 70er Jahre... konzentrierte Moskau seine Politik und seine Hilfe nach wie vor auf die ›Zone der nationalen Befreiung‹ die sich vom nördlichen Afrika an den Mittelmeerküsten entlang durch den Nahen Osten bis nach Süd- und Südostasien erstreckte, und stattete sie wie bisher mit Wirtschafts- und Militärhilfe aus... 1975 führte die Sowjetunion erstmals großangelegte Seemanöver unter dem Titel ›Ozean 1975‹ im Nordatlantik, im westlichen Mittelmeer, im Schwarzen Meer und im westlichen Pazifik durch.« (S. 27)
360 Boris MEISSNER, aaO. (Anm. 344), S. 449.
361 Ernst-Otto CZEMPIEL, *Machtprobe...*, aaO. (Anm. 359), S. 28 f.
362 Boris MEISSNER, aaO. (Anm. 344), S. 449.
363 Durch diesen Vertrag sollte das Rüstungspotential nur in geringem Ausmaß abgebaut werden. Seine Hauptaufgabe war es, Rüstung zu begrenzen: Er setzte Höchstzahlen für alle strategischen Waffen beider Seiten fest: je 2250 Stück. Außerdem sollten beide Seiten darauf verzichten, noch größere Interkontinentalraketen zu entwickeln und vorhandene Waffensysteme zu modernisieren.
364 Boris MEISSNER, aaO. (Anm. 344), S. 449.
365 Ebenda, S. 450.
366 Ebenda, S. 451.
367 Lothar RÜHL, *Aufstieg und Niedergang des Russischen Reiches*, Stuttgart 1992, S. 529.
368 Ernst-Otto CZEMPIEL, aaO. (Anm. 359), S. 228.
369 Boris MEISSNER, aaO. (Anm. 344), S. 451.
370 Wolfgang SEIFFERT, *Die Deutschen und Gorbartschow – Chancen für einen Interessenausgleich*, Erlangen–Bonn–Wien 1989, S. 39.
371 Boris MEISSNER, aaO. (Anm. 344), S. 453.
372 Ebenda, S. 455 f.
373 Ebenda, S. 458 f.
374 Ernst-Otto CZEMPIEL, aaO. (Anm. 359), S. 234.
375 Ebenda, S. 231.
376 Ebenda, S. 232.
377 Ebenda, S. 235.
378 *Deutschland-Brief Spezial*, März 2002: »Die unheimliche Großmacht – Hinter den Kulissen der amerikanischen Weltpolitik«
379 Heinz BRILL, *Geopolitik heute*, aaO. (Anm. 8), S. 126–129.
380 Ernst-Otto CZEMPIEL, aaO. (Anm. 359), S. 30 f.
381 Ebenda S. 228 f.
382 Ebenda, S. 224.
383 Wolfgang LEONHARDT, *Spiel mit dem Feuer – Rußlands schmerzhafter Weg zur Demokratie*, Bergisch-Gladbach 1998, S. 166.
384 Ebenda, S. 168.
385 Ebenda, S. 168 f.
386 Lothar RÜHL, »Die Rolle Rußlands für die Entwicklung der Europäischen Sicherheitsordnung«, in: Erich REITER (Hg.), *Österreich und die NATO*, April 1998, unter: http://www.bmlv.gv.at/pdf_pool/publikationen/14_sr2_08_Rühl.pdf
387 Michael THUMANN, *Das Lied von der russischen Erde*, aaO. (Anm. 37), S. 67.
388 Ebenda, S. 65.
389 Mária HUBER, *Moskau, 11. März 1985 – Die Auflösung des sowjetischen Imperiums*, München 2002, S. 192.
390 Ebenda, S. 192.
391 Ebenda, S. 262.
392 Ebenda, S. 193.
393 Michael THUMANN, aaO. (Anm. 37), S. 65.
394 Ebenda, S. 66 f.
395 Ebenda, S. 67.
396 Ebenda, S. 68.
397 Ebenda, S. 68 f.
398 Ebenda, S. 69.
399 Mária HUBER, aaO. (Anm. 389), S. 252.
400 Ebenda, S. 256.
401 Ebenda, S. 254 f.
402 Michael THUMANN, aaO. (Anm. 37), S. 70.
403 Ebenda, S. 70.
404 Mária HUBER, aaO. (Anm. 389), S. 255.
405 Ebenda, S. 258.
406 Ebenda.
407 Michael THUMANN, aaO. (Anm. 37), S. 64.
408 Mária HUBER, aaO. (Anm. 389), S. 269.
409 Michael THUMANN, aaO. (Anm. 37), S. 70.

[410] Mária HUBER, aaO. (Anm. 389), S. 267.
[411] Zit. aus: Wolfgang STRAUSS, *Rußland wird leben – Vom roten Stern zur Zarenfahne*, München 1992, S. 95 f.
[412] Ebenda, S. 96.
[413] Zit. aus: Wolfgang STRAUSS, ebenda, S. 95 f.
[414] Mária HUBER, aaO. (Anm. 389), S. 269 f.
[415] Wolfgang LEONHARDT, *Spiel mit dem Feuer*, aaO. (Anm. 383), S. 171.
[416] Gerhard u. Nadja SIMON, *Verfall und Untergang des sowjetischen Imperiums*, München 1993, S. 128; zit. aus: Mária HUBER, aaO. (Anm. 389), S. 274.
[417] Mária HUBER, ebenda, S. 274.
[418] Wolfgang LEONHARDT, aaO. (Anm. 383), S. 175.
[419] Ebenda, S. 175 f.
[420] Michael LUDWIG, »Eine ›zivilisierte Form‹ der Trennung – Die Gemeinschaft Unabhängiger Staaten fünfzehn Jahre nach der Minsker Erklärung«, in: *Frankfurter Allgemeine Zeitung*, 8. 12. 2006.
[421] Ebenda.
[422] Ebenda.
[423] Ebenda.
[424] Wolfgang LEONHARDT, aaO. (Anm. 383), S. 176 f.
[425] Igor IWANOW, *Die neue russische Diplomatie – Rückblick und Visionen*, München 2002, S. 22 f.
[426] Anna KREIKEMEYER u. Andrej ZAGORSKIJ, *Rußlands Politik in bewaffneten Konflikten der GUS*, Baden-Baden 1997, S. 50.
[427] *Informationen zur Politischen Bildung*, Heft 281 »Rußland«, 4. Quartal 2003, Kapitel: »Rußland und die Welt« von Christian MEIER, 54 f.
[428] Igor IWANOW, aaO. (Anm. 425), S. 24 f.
[429] Ebenda, S. 25.
[430] Zit. aus: Martin MALEK, »Rußlands Politik im ›postsowjetischen Raum‹ – Aktuelle Entwicklungen und Szenarien künftiger Konflikte«, in: Erich REITER (Hg.), *Österreich und die NATO*, April 1998, unter: http://www.bmlv.gv.at/pdf_pool/publikationen/14_sr2_23_malek.pdf
[431] Igor IWANOW, aaO. (Anm. 425), S. 29 f.
[432] Zit. aus: Horst GROSSMANN, »Geopolitik in der Russischen Föderation«, in: *Geopolitisches und militärstrategisches Denken in der Russischen Föderation* (= DSS-Arbeitspapiere, Heft 77), Dresden 2005, S. 65–78; unter: http://www.sicherheitspolitik-dss.de/person/groszmann/ap7705hg.htm
[433] Ebenda.
[434] Ebenda.
[435] Ebenda.
[436] Martin MALEK, »Rußland – Eine Großmacht? Bestandsaufnahmen und Zukunftsperspektiven«, in: *Studien und Berichte zur Sicherheitspolitik* 4/2003, S. 25, Schriftenreihe der Landesverteidigungsakademie Wien, unter: http://www.bmlv.gv.at/pdf_pool/publikationen/stb4_03.pdf
[437] Ebenda.
[438] Ebenda, S. 26.
[439] Andrzej ZIOLKOWSKI, *Die NATO – Instrument der US-Politik in Europa*, Münster 1999, S. 41 f.
[440] Anna KREIKEMEYER u. Andrej ZAGORSKIJ, *Rußlands Politik*. . . aaO. (Annm. 426), S. 70.
[441] Ebenda, S. 71.
[442] Ebenda, S. 72.
[443] Ebenda.
[444] Ebenda S. 73.
[445] Martin MALEK, »Rußlands Politik im ›postsowjetischen Raum‹ – Aktuelle Entwicklungen und Szenarien künftiger Konflikte«, aaO. (Anm. 430).
[446] Viktor S. RYKIN, »Konflikte in Rußland und der Gemeinschaft Unabhängiger Staaten (GUS) und Wege zu ihrer Vermeidung«, in: Erich REITER (Hg.), *Informationen zur Sicherheitspolitik* Nr. 9 (August 1998): *Die Gemeinschaft Unabhängiger Staaten zwischen Konflikten und russischer Dominanz*; unter:http://www.bmlv.gv.at/pdf_pool/publikationen/01_gus_02_krg.pdf
[447] Anna KREIKEMEYER u. Andrej ZAGORSKIJ schildern, daß der Taschkenter Vertrag »bisher. . . jedoch kaum praktische Wirkung« hatte, aaO. (Anm. 426), S. 66.
[448] Viktor S. RYKIN, aaO. (Anm. 446).
[449] Anna KREIKEMEYER u. Andrej ZAGORSKIJ, aaO. (Anm. 426), S. 67.
[450] Viktor S. RYKIN, aaO. (Anm. 446).
[451] Ebenda.
[452] Ebenda.
[453] Ebenda.
[454] Ebenda.
[455] Martin MALEK, »Rußlands Politik im ›postsowjetischen Raum‹ – Aktuelle Entwicklungen und Szenarien künftiger Konflikte«, aaO. (Anm. 430).
[456] Ebenda.
[457] Anna KREIKEMEYER u. Andrej ZAGORSKIJ, aaO. (Anm. 426), S. 54.
[458] Ebenda, S. 55.
[459] Viktor S. RYKIN, aaO. (Anm. 446).
[460] Viktor S. RYKIN, ebenda.
[461] Anna KREIKEMEYER u. Andrej ZAGORSKIJ, aaO. (Anm. 426), S. 62 f.
[462] Ebenda.
[463] Leonid L. FITUNI, »Rußland und seine Interessenlage in Zentral- und Südasien«, in: Klaus LANGE (Hg.),

Sicherheit in Zentral- und Südasien – Determinanten eines Krisenherdes, München 1999, S. 43–50 (S. 43).
[464] Ebenda, S. 43 f.
[465] New York 1991, S. 158 f.; zit. aus: ebenda, S. 44, Fn. 3
[466] Ebenda, S. 46.
[467] Ebenda, S. 46
[468] Ebenda, S. 47; Hervorhebung durch den Verfasser.
[469] Zbigniew. Brzezinski, *Out of Control*, S. 160; zit. aus: Leonid L. FITUNI, *Rußland und seine Interessenlage. . .*, aaO. (Anm. 463), S. 47, Fn. 4.
[470] Ebenda, S. 45,
[471] Ebenda, S. 44,
[472] Anna KREIKEMEYER u. Andrej ZAGORSKIJ, aaO. (Anm. 426), S. 63.
[473] Ebenda, S. 65.
[474] Ebenda.
[475] Ebenda, S. 65 f.
[476] Hannes ADOMEIT, »Russische Außen- und Sicherheitspolitik zwischen Großmachtanspruch und Wirtschaftsmisere«, in: Erich REITER (Hg.), *Jahrbuch für internationale Sicherheitspolitik,* Dezember 2000, unter: http://www.bmlv.gv.at/pdf_pool_ publikationen/ 03_jb00_27.pdf
[477] Aschot MANUTSCHARJAN, »Der Kaukasus in den internationalen Beziehungen (1991–1994)«, in: Karl KAISER u. Hans-Peter SCHWARZ, *Die Außenpolitik der neuen Republiken im östlichen Europa,* Bonn 1994, S. 157–214 (S. 161).
[478] Rizvan NABIYEV, *Erdöl- und Erdgaspolitik in der kaspischen Region. Ressourcen, Verträge, Transportfragen und machtpolitische Interessen,* Berlin 2003, S. 111.
[479] Anna KREIKEMEYER u. Andrej ZAGORSKIJ, aaO. (Anm. 426), S. 107.
[480] Ebenda, S. 103.
[481] Ebenda, S. 103.
[482] Aschot MANUTSCHARJAN, »Der Kaukasus. . .«, aaO. (Anm. 477), S. 167 f.
[483] Anna KREIKEMEYER u. Andrej ZAGORSKIJ, aaO. (Anm. 426), S. 100 f.
[484] Ebenda, S. 101. Ferner berichtete die *Neue Zürcher Zeitung* in ihrer Ausgabe vom 17. 6. 1992, daß aus den Arsenalen der NVA von der Bundesrepublik Deutschland Waffen an die Türkei geliefert worden sind, die diese wiederum Aserbaidschan zur Verfügung stellte.
[485] Ebenda, S. 102.
[486] So ließ der türkische Präsident Turgut ÖZAL 1993 verlauten: »Wir müssen Zähne zeigen. Die türkische Militärintervention in dem armenisch-aserbaidschanischen Konflikt kann ein Beispiel für unseren Mut werden. Die Türkei demonstrierte das schon früher bei dem Problem Zypern«, zit. aus: Aschot MANUTSCHARJAN, »Der Kaukasus. . .«, aaO. (Anm. 477), S. 166.
[487] Ebenda, S. 173.
[488] Ebenda, S. 166.
[489] Ebenda, S. 166 f.
[490] Anna KREIKEMEYER u. Andrej ZAGORSKIJ, aaO. (Anm. 426), S. 96.
[491] Aschot MANUTSCHARJAN, »Der Kaukasus. . .«, aaO. (Anm. 477), S. 172.
[492] Ebenda, S. 172.
[493] Ebenda.
[494] Anna KREIKEMEYER u. Andrej ZAGORSKIJ, aaO. (Anm. 426), S. 98 (Fn. 156).
[495] Ebenda, S. 95.
[496] Ebenda, S. 93.
[497] Aschot MANUTSCHARJAN, »Der Kaukasus. . .«, aaO. (Anm. 477), S. 175 f.
[498] Anna KREIKEMEYER u. Andrej ZAGORSKIJ, aaO. (Anm. 426), S. 93 f.
[499] Ebenda, S. 104.
[500] Aschot MANUTSCHARJAN, »Der Kaukasus. . .«, aaO. (Anm. 477), S. 176.
[501] Ebenda, S. 176 f.
[502] Ebenda, S. 166.
[503] Anna KREIKEMEYER u. Andrej ZAGORSKIJ, aaO. (Anm. 426), S. 101.
[504] Aschot MANUTSCHARJAN, »Der Kaukasus. . .«, aaO. (Anm. 477), S. 199.
[505] Ebenda, S. 198.
[506] Ebenda, S. 200.
[507] Ebenda, S. 202 f.
[508] Anna KREIKEMEYER u. Andrej ZAGORSKIJ, aaO. (Anm. 426), S. 213.
[509] Ebenda, S. 213.
[510] Aschot MANUTSCHARJAN, »Der Kaukasus. . .«, aaO. (Anm. 477), S. 203.
[511] Anna KREIKEMEYER u. Andrej ZAGORSKIJ, aaO. (Anm. 426), S. 213.
[512] Ebenda.
[513] Igor IWANOW, *Die neue russische Diplomatie,* aaO. (Anm. 425), S. 122.
[514] Anna KREIKEMEYER u. Andrej ZAGORSKIJ, aaO. (Anm. 426), S. 213.
[515] Ebenda.
[516] Eine Entwicklung übrigens, die von der konspi-

rativen Politik der USA und den Aktivitäten der CIA gefördert wurde. Der ehemalige Staatssekretär im Innenministerium der Bundesrepublik Deutschland, Andreas VON BÜLOW, bezeichnete in seinem sehr lesenswerten Buch *Im Namen des Staates* (München 1998) Rauschgift als das Schmiermittel amerikanischer Geopolitik. Die Waffenlieferungen der CIA an die wahabitischen Mudschahedin Afghanistans wurde mit Opium bezahlt, das deren Warlords wie Gulbuddin HEKMATJAR aus dem erzwungenen Anbau von Mohn gewannen.

[517] Peter SCHOLL-LATOUR, »Jelzin kämpft wie Boris Gudonow«, 16. Mai 1999, zit. aus: ders., *Der Fluch des neuen Jahrtausends,* aaO. (Anm. 46), S. 116 ff. (S. 117).

[518] Anna KREIKEMEYER u. Andrej ZAGORSKIJ, aaO. (Anm. 426), S. 213.

[519] Ebenda.

[520] Igor IWANOW, aaO. (Anm. 425), S. 129.

[521] Ebenda, S. 134.

[522] Wolfgang LEONHARDT, *Spiel mit dem Feuer. . .,* aaO. (Anm. 383), S. 248.

[523] Hannes ADOMEIT, »Russische Außen- und Sicherheitspolitik zwischen Großmachtanspruch und Wirtschaftsmisere«, in: Erich REITER (Hg.), *Jahrbuch für internationale Sicherheitspolitik,* Dezember 2000, unter:http://www.bmlv.gv.at/pdf_pool_ publikationen/03_jb00_27.pdf.

[524] Ebenda.

[525] Ebenda.

[526] Ebenda.

[527] Ebenda.

[528] Ebenda.

[529] Lothar RÜHL, »Die Rolle Rußlands für die Entwicklung der Europäischen Sicherheitsordnung«, in: Erich REITER (Hg.), *Österreich und die NATO,* April 1998, unter: http://www.bmlv.gv.at/pdf_pool/publikationen/14_sr2_08_Rühl.pdf

[530] Ebenda.

[531] Ebenda.

[532] Martin MALEK, »Rußland und die NATO vor der Osterweiterung: Konfrontation oder Kooperation?« in: Erich REITER (Hg.), *Jahrbuch für internationale Sicherheitspolitik,* Dezember 1999, unter: http://www.bmlv.gv.at/pdf_pool/publikationen/03_jb99_15.pdf

[533] Karl-Ludwig GÜNSCHE, »Deutschland gilt nach den USA als Hauptfeind – Kreml-Falken prangern NATO-Osterweiterung und Abrüstung an – Warnung Kosyrews«, in: *Die Welt,* 27. 10. 1995.

[534] Ebenda; Hervorhebung durch den Verfasser.

[535] Wolfgang LEONHARDT, *Spiel mit dem Feuer,* aaO. (Anm. 383), S. 199.

[536] Am 12. Dezember 1991 hatte der Oberste Sowjet Rußlands drei Beschlüsse gefaßt: Mit dem ersten ratifizierte er das Abkommen über die Gründung der GUS, welches von den Präsidenten Rußlands, Weißrußlands und der Ukraine vier Tage zuvor unterzeichnet worden war. Mit dem zweiten Beschluß kündigte der Oberste Sowjet den Vertrag über die Gründung der UdSSR vom 30. Dezember 1922, mit dem dritten schließlich berief er die Vertreter Rußlands aus dem Obersten Sowjet der Sowjetunion ab.

[537] Wolfgang LEONHARDT, aaO. (Anm. 383), S. 206.

[538] Ebenda.

[539] Anna KREIKEMEYER u. Andrej ZARGORSKIJ, aaO. (Anm. 426), S. 63.

[540] Ebenda, S. 64.

[541] Boris MEISSNER, »Die zwei Grundlinien der Außenpolitik Rußlands«, in: *Vom Sowjetimperium zum eurasischen Staatensystem – Die russische Außenpolitik im Wandel und in der Wechselbeziehung zur Innenpolitik,* Berlin 1995, S. 135–173 (im folgenden zit. als: MEISSNER II).

[542] MEISSNER II, ebenda, S. 136,

[543] Anna KREIKEMEYER u. Andrej ZAGORSKIJ, aaO. (Anm. 426), S. 51.

[544] Susanne K. FRANK, »Eurasianismus: Projekt eines russischen ›dritten Weges‹ 1921 und heute«, in: Karl KASER, Dagmar GRAMSHAMMER-HOHL u. Robert PICHLER, *Europa und die Grenzen im Kopf (= Wieser Enzyklopädie des europäischen Ostens 11)*, Klagenfurt 2003, S. 197–224 (S. 199), unter: http://wwwg.uni-klu.ac.at/eeo/Frank_eurasianismus.pdf

[545] Ebenda, S. 200.

[546] Horst GROSSMANN, *Geopolitik in der Russischen Föderation,* aaO. (Anm. 432), S. 65–78.

[547] MEISSNER II, aaO. (Anm. 541), S. 137.

[548] Ebenda, S. 137.

[549] Susanne K. FRANK, aaO. (Anm. 544), S. 200.

[550] Ebenda, S. 205 f.

[551] Ebenda, S. 205.

[552] Ebenda, S. 208.

[553] Ebenda.

[554] Ebenda.

[555] Ebenda, S. 209.

[556] Ebenda.

[557] Ebenda, S. 211.

[558] Ebenda.

[559] Ebenda, S. 214 f.

[560] Ebenda, S. 215.
[561] MEISSNER II, aaO. (Anm. 541), S. 138.
[562] Susanne K. FRANK, aaO. (Anm. 544), S. 197.
[563] Ebenda, S. 213.
[564] Ebenda, S. 213.
[565] George F. KENNAN, »The Failure of Our Success«, in: *New York Times*, 14. 3. 1992; zit. aus: Nikolaj-Klaus VON KREITOR, »Rußland, Europa und Washingtons ›Neue Weltordnung‹« – Das geopolitische Projekt einer Pax eurasiatica«, in: *ETAPPE*, Heft 12/Juni 1996, S. 18–55 (S. 20).
[566] Zbigniew BRZEZINSKI, »The Cold War and his Aftermath«, in : *Foreign Affairs*, New York (Fall 1992), S. 21–45, hier S. 32; zit. aus: Nikolaj-Klaus VON KREITOR, »Rußland, Europa und Washingtons ›Neue Weltordnung‹«, ebenda, S. 20; der letzte Satz hervorgehoben durch den Verfasser.
[567] Nikolaj-Klaus VON KREITOR, »Rußland, Europa und Washingtons ›Neue Weltordnung‹« in: ebenda, S. 22.
[568] Alexander DUGIN, »Carl SCHMITT – Pjat urokov Rossii«, in: *Nash Sovremmennik* 8 (Moskau 1992) S. 12-128 (hier S. 129 f. u. 135), zit. aus: Nikolaj-Klaus VON KREITOR, ebenda, S. 22.
[569] Ebenda.
[570] Vgl. das Kapitel »The Pentagon's New Map – Thomas P. M. Barnett und Amerikas Plan zur Rekolonialisierung der Welt«.
[571] Carl SCHMITT, *Verfassungslehre*, Berlin 1983, S. 22.
[572] Ders., *Der Begriff des Politischen*, Berlin 1932, S. 50 ff.
[573] Ebda, S. 53
[574] Ebenda, S. 54.
[575] Alexander DUGIN, »Carl Schmitt – Pjat urokov Rossii«, in: *Nash Sovremmennik* 8 (Moskau 1992), S. 131 f.; zit. aus: Nikolaj-Klaus VON KREITOR, aaO. (Anm. 565), S. 24.
[576] Stephen D. KRASNER, »Alternativen zur Souveränität – Neue Institutionen für kollabierte und scheiternde Staaten«, in : *Internationale Politik*, September 2005, S. 44–53, hier S. 44.
[577] Ebenda, S. 45.
[578] Ebenda.
[579] Ebenda, S. 46.
[580] Ebenda, S. 49.
[581] Ebenda, S. 47.
[582] NIKOLAJ-KLAUS VON KREITOR, aaO. (Anm. 565), S. 24 f.
[583] Carl SCHMITT, »Staatliche Souveränität und freies Meer«, in: *Das Reich und Europa*, Leipzig 1941, S. 91–118, hier S. 97
[584] Ebenda.
[585] Ebenda, S. 98 f.
[586] Erich VAD, *Strategie und Sicherheitspolitik. Perspektiven im Werk von Carl Schmitt*, Opladen 1996, S. 38.
[587] Ebenda, S. 39.
[588] Ebenda, S. 40.
[589] Nikolaj-Klaus VON KREITOR, aaO. (Anm. 565), S. 25 f.
[590] Ebenda, S. 26.
[591] Carl SCHMITT, *Die Wendung zum diskriminierenden Kriegsbegriff*, Berlin 1988, unveränderter Nachdruck der ersten Auflage 1938, S. 19.
[592] Ders., *Völkerrechtliche Großraumordnung mit Interventionsverbot für raumfremde Mächte*, Berlin 1941, S. 31.
[593] Ders., *Die Wendung zum diskriminierenden Kriegsbegriff*, aaO. (Anm. 591), S. 10.
[594] Ders., »Großraum gegen Universalismus – Der völkerrechtliche Kampf um die Monroe-Doktrin«, in: *Positionen und Begriffe im Kampf mit Weimar – Genf – Versailles*, Berlin 1940, S. 295 ff., hier S. 297.
[595] Ders., *Der Nomos der Erde im Völkerrecht des Jus Publicum Europaeum*, Köln 1950, S. 207.
[596] Ders., *Völkerrechtliche Großraumordnung mit Interventionsverbot für raumfremde Mächte*, aaO. (Anm. 592), S. 41
[597] Ders., »Großraum gegen Universalismus«, aaO. (Anm. 594), S. 295.
[598] Nikolaj-Klaus VON KREITOR, aaO. (Anm. 565), S. 26.
[599] Ebenda.
[600] Ebenda, S. 26.
[601] Carl SCHMITT, *Großraum gegen Universalismus*, aaO. (Anm. 594), S. 295.
[602] Ebenda.
[603] Carl SCHMITT, *Völkerrechtliche Großraumordnung mit Interventionsverbot für raumfremde Mächte*, aaO. (Anm. 592), S. 40.
[604] Lothar GRUCHMANN, *Nationalsozialistische Großraumordnung. Die Konstruktion einer ›deutschen Monroe-Doktrin‹. Schriftenreihe der Vierteljahreshefte für Zeitgeschichte*, Nummer 4, Stuttgart 1962, S. 22.
[605] CARL SCHMITT, *Völkerrechtliche Großraumordnung mit Interventionsverbot für raumfremde Mächte*, aaO. (Anm. 592), S. 35.
[606] Ebenda, S. 36.
[607] So Lothar GRUCHMANN, *Nationalsozialistische Großraumordnung*, aaO. (Anm. 604), S. 23.
[608] Carl SCHMITT, *Völkerrechtliche Großraumordnung mit Interventionsverbot für raumfremde Mächte*, aaO. (Anm. 592), S. 35
[609] Lothar GRUCHMANN, *Nationalsozialistische Großraumordnung*, aaO. (Anm. 604), S. 23.

[610] Carl SCHMITT, *Völkerrechtliche Großraumordnung mit Interventionsverbot für raumfremde Mächte*, aaO. (Anm. 592), S. 36
[611] Alexander DUGIN, in: *Elementy* 4 /Moskau 1993), S. 33; zit. aus: Nikolaj-Klaus VON KREITOR, aaO. (Anm. 565), S. 27.
[612] Ebenda, S. 28 f.
[613] Ebenda, S. 29.
[614] Alexander DUGIN, »Konspirologia«, in: *Arktogej*, Moskau 1993, S. 92 f., zit. aus: ebenda, S. 29 f.
[615] Alain DE BENOIST, *Djen* 1 (Moskau 1992), S. 8; zit. aus: ebenda, S. 30.
[616] Alexander DUGIN, in: *Elementy* 3 (Moskau 1993), S. 18, zit. aus: ebenda, S. 30 f.
[617] Zit. aus: Boris MEISSNER, »Die zwei Grundlinien der Außenpolitik Rußlands«, in: *Vom Sowjetimperium zum eurasischen Staatensystem – Die russische Außenpolitik im Wandel und in der Wechselbeziehung zur Innenpolitik – Ausgewählte Beiträge von Boris Meissner*, S. 135–173, hier S. 139.
[618] So das »Manifest der eurasischen Bewegung« mit dem Titel *Eurasien über alles!* vom Januar 2001, zit. aus: Horst GROSSMANN, *Eurasien – geopolitischer Angelpunkt*, unter: http://www.sicherheitspolitik-dss.de/person/groszmann/hg208111.htm
[619] Ebenda.
[620] Nikolaj-Klaus VON KREITOR, aaO. (Anm. 565), S. 40–43.
[621] Ebenda, S. 41 f.
[622] Ebenda, S. 42 f.
[623] Friedrich NAUMANN entwickelte diese Konzeption während des Ersten Weltkrieges und beschrieb sie in seinem Buch *Mitteleuropa*, Berlin 1915.
[624] Ebenda, S. 165.
[625] Ebenda, S. 178.
[626] Giselher WIRSING, aaO. (Anm. 71), S. 182.
[627] So auch der Titel eines Buches von Werner BIERMANN u. Arno KLÖNNE, das diese Thematik behandelt (*Objekt der Gier – Der Iran, der Nahe und Mittlere Osten und Zentralasien*, Köln 2006).
[628] Giselher WIRSING, aaO. (Anm. 71), S. 177.
[629] Wjatscheslaw DASCHITSCHEW, »Rußlands neue Außenpolitik«, in: Karl KAISER u. Hans Peter SCHWARZ (Hg.), *Die Außenpolitik der neuen Republiken im östlichen Europa – Rußland und die Nachfolgestaaten der Sowjetunion in Europa*, Bonn 1994, S. 15–32, hier S. 20.
[630] Wolfgang LEONHARDT, *Spiel mit dem Feuer*, aaO. (Anm. 383), S. 173.
[631] Anna KREIKEMEYER u. Andrej ZAGORSKIJ, aaO. (Anm. 426), S. 56.
[632] Ebenda, S. 57.
[633] *Informationen zur politischen Bildung*, Heft 281: Rußland, Kapitel »Rußland und die Welt« von Christian MEIER, S. 55.
[634] Ebenda, S. 55.
[635] V. V. SEREBRJANNIKOV u. a., *Bezopastnost' Rossij i armija*, Moskva 1995, S. 239.
[636] Zit. nach: *Nezavisimaja Gazeta*, 24. 12. 1997.
[637] So Sergej ROGOV, in: *Neue Zürcher Zeitung*, 15. 12. 1997.
[638] Hannes ADOMEIT, »Russische Außen- und Sicherheitspolitik zwischen Großmachtanspruch und Wirtschaftsmisere«, aaO. (Anm. 476).
[639] Anna KREIKEMEYER u. Andrej ZAGORSKIJ, aaO. (Anm. 426), S. 57.
[640] Hannes ADOMEIT, »Russische Außen- und Sicherheitspolitik zwischen Großmachtanspruch und Wirtschaftsmisere«, aaO. (Anm. 476).
[641] Ebenda.
[642] Herbert KREMP, »Peking und Moskau pochen auf eine ›multipolare Welt‹ – Beide Staaten lehen jegliche Hegemonie ab – Doch mögliche, neue Allianzen erscheinen noch offen«, in: *Die Welt*, 8. 2. 1997.
[643] Wolfgang LEONHARDT, *Spiel mit dem Feuer*, aaO. (Anm. 383), S. 235.
[644] Ebenda, S. 235 f.
[645] Herbert KREMP, »Peking und Moskau pochen auf eine ›multipolare Welt‹«, in: *Die Welt*, 8. 2. 1997.
[646] Wolfgang LEONHARDT, aaO. (Anm. 383), S. 235.
[647] Michel CHOSSUDOVSKY, *Global brutal – Der entfesselte Weltmarkt, die Armut und der Krieg*, Frankfurt/M. 2002, S. 386 f.
[648] Ebenda, S. 387.
[649] Ebenda.
[650] Ebenda, S. 387 f.
[651] Ebenda, S. 388.
[652] Martin MALEK, »Rußland und die Osterweiterung der NATO – ›Neue Trennungslinien‹ oder ›Export von Stabilität‹?« in: Erich REITER (Hg.), *Österreich und die NATO*, April 1998, unter: http://www.bmlv.gv.at/pdf_pool/publikationen/14_sr2_09_malek.pdf
[653] Vgl. das Kapitel »Eurasien als der Siegespokal der Auseinandersetzung zwischen Sowjetunion/Rußland und den USA – Die geopolitische Konzeption Zbigniew Brzezinskis«.
[654] Marin MALEK, »Rußlands und die Osterweiterung der NATO – ›Neue Trennungslinien‹ oder ›Export von Stabilität‹?« aaO. (Anm. 652).
[655] Wolfgang LEONHARDT, aaO. (Anm. 383), S. 251.

[656] Martin MALEK, »Rußlands und die Osterweiterung der NATO«, aaO (Anm. 652).
[657] Wolfgang LEONHARDT, aaO. (Anm. 383), S. 251.
[658] Zit. aus: Martin MALEK, »Rußlands und die Osterweiterung der NATO«, aaO. (Anm. 652).
[659] Wolfgang LEONHARDT, aaO. (Anm. 383), S. 254.
[660] Ebenda.
[661] So die Bedenken Jewgenij PRIMAKOWS, zit. nach der russischen Militärzeitschrift *Krasnaja Swesda* v. 26. 7. 1996, in: Martin MALEK, »Rußlands und die Osterweiterung der NATO«, aaO. (Anm. 652).
[662] Ebenda.
[663] Ebenda.
[664] Ebenda.
[665] Zit. aus: *Internationale Politik* 9/1997, S. 78, in: Martin MALEK, »Rußlands und die Osterweiterung der NATO«, ebenda.
[666] So die Interpretation des stellvertretenden russischen Verteidigungministers Nikolaj AFANASJEWKIJ, in: *Orientir* 8/1997, S. 17 f.; zit. aus: Martin MALEK, »Rußlands und die Osterweiterung der NATO«, ebenda.
[667] Wolfgang SEIFFERT, *Wladimir W. Putin – Wiedergeburt einer Weltmacht?*, München 2000, S. 70.
[668] *Der Spiegel* 10/1997, S. 22, in: Martin MALEK, »Rußlands und die Osterweiterung der NATO«, aaO. (Anm. 652).
[669] Martin MALEK, »Rußlands und die Osterweiterung der NATO«, ebenda.
[670] Zit. aus: Rainer BISCHOFF, *Entmachtung der Hochfinanz*, Süderbrarup 2002, S. 259.
[671] Ebenda, S. 259 f.
[672] Ebenda, S. 260, Hervorhebung durch den Verfasser.
[673] Diese Erkenntnis MITROFANOWS deckt sich mit der Analyse von Jeffrey E. GARTEN, *Der kalte Frieden. Amerika, Japan und Deutschland im Wettstreit um die Hegemonie*, Frankfurt/M. 1995.
[674] *PHI-Deutschland-Dienst* vom 25. Mai 1998, zit. aus: Joachim NOLYWAIKA, *Die Abrechnung. Die inneren und äußeren Feinde Deutschlands im Spiegel des 20. Jahrhunderts*, Riesa 2000, S. 346.
[675] Ebenda, S. 346 f.
[676] Rainer BISCHOFF, aaO. (Anm. 672), S. 262.
[677] Ebenda.
[678] *PHI-Deutschland-Dienst*, 25. 5. 1998, zit. aus: Joachim NOLYWAIKA, *Die Abrechnung*, aaO. (Anm. 674), S. 345.
[679] Zbigniew BRZEZINSKI, *Die einzige Weltmacht*, aaO. (Anm. 227), S. 64.
[680] Peter SCHOLL-LATOUR, *Der Fluch des neuen Jahrtausends. . .* , aaO. (Anm. 46), S. 192 f. (S. 192).
[681] Ebenda.
[682] Ebenda, S. 193.
[683] Alexander WARKOTSCH, »Rußlands Rolle in Zentralasien«, in: *Aus Politik und Zeitgeschichte* 4/2006 »Zentralasien«, S. 19–25 (S. 20).
[684] So die Einschätzung des damaligen Chefs des Sicherheitsrates (und späteren Verteidigungsministers) Sergej IWANOW, zit. aus: Michael THUMANN, *Ab in die Regionalliga – Rußland hat Amerikas NMD-Programm nichts entgegenzusetzen*, unter: http://www.zeit.de/2001/07/raketenabwehr
[685] »Eine neue Rüstungsdynamik droht« – Interview mit Ernst Otto CZEMPIEL, in: *Handelsblatt*, 3. 5. 2001.
[686] Ebenda; Hervorhebung durch den Verfasser.
[687] Michael THUMANN, *Ab in die Regionalliga*, aaO. (Anm. 684).
[688] Alexander RAHR, *Wladimir Putin – Der ›Deutsche‹ im Kreml*, München 2000, S. 257 f.
[689] Wolfgang SEIFFERT, *Wladimir W. Putin*, aaO. (Anm. 667), S. 84.
[690] So der Neo-Eurasier E.A. POSDNJAKOW, »Rußland und die nationalstaatliche Idee«, in: *Osteuropa-Archiv* 6/1993, S. 294; zit. aus: Wolfgang SEIFFERT, *Wladimir W. Putin*, ebenda, S. 84 f.
[691] Ebenda, S. 84.
[692] Ebenda, S. 78.
[693] Ebenda, S. 71 f.
[694] Michael THUMANN, *Das Lied von der Russischen Erde*, aaO. (Anm. 37), S. 194 f.
[695] Boris REITSCHUSTER, *Wladimir Putin – Wohin steuert er Rußland?*, Berlin 2004, S. 217.
[696] Eberhard SCHNEIDER u. Heinrich VOGEL, »Strukturschwächen in der russischen Innenpolitik«, in: *Aus Politik und Zeitgeschichte*, B 42/99, S. 3–13 (S. 12).
[697] Michael THUMANN, *Das Lied von der Russischen Erde*, aaO. (Anm. 37), S. 199.
[698] Ebenda.
[699] Ebenda, S. 205.
[700] Ebenda.
[701] Ebenda, S. 206.
[702] Ebenda.
[703] Ebenda, S. 210 f.
[704] Ebenda, S. 208.
[705] Ebenda, S. 198.
[706] Ebenda, S. 211.
[707] Viktor TIMTSCHENKO, *Putin und das neue Rußland*, München 2003, S. 106.
[708] Ebenda, S. 107.

709 Boris Reitschuster, aaO. (Anm. 695), S. 218 f.
710 Ebenda.
711 Ebenda, S. 289.
712 Wolfgang Seiffert, *Wladimir W. Putin,* aaO. (Anm. 667), S. 87.
713 Ebenda.
714 Vgl. Sonja Margolina, »Pax Eurasica – Die russische Idee nimmt Konturen an«, in: *Frankfurter Allgemeine Zeitung,* 27. 6. 2001, S. 46.
715 Ebenda.
716 Hervorhebung durch den Verfasser.
717 Zit. aus: Horst Grossmann, »Geopolitik in der Russischen Föderation«, aaO. (Anm. 432).
718 Hannes Adomeit, »Russische Außen- und Sicherheitspolitik unter Putin«, aaO. (Anm. 476).
719 Ebenda.
720 Martin Malek, *Rußland – eine Großmacht? Bestandaufnahme und Zukunftsperspektiven* (= Studien und Berichte zur Sicherheitspolitik 4/2003), *Schriftenreihe der Landesverteidigungsakademie*; http://www.bmlv.at/pdf_pool/publikationen/stb4_03.pdf
721 Viktor Timtschenko, *Putin und das neue Rußland,* aaO. (Anm. 707), S. 249
722 Zit. aus: Horst Grossmann, »Geopolitik in der russischen Föderation«, aaO. (Anm. 432).
723 Viktor Timtschenko, aaO. (Anm. 707), S. 249.
724 Ebenda.
725 Ebenda.
726 Die spanische Zeitung *El Mundo* berichtete am 25. April 1999 unter der Überschrift »NATO maßt sich das Recht an, auch in den ehemaligen Sowjetrepubliken einzugreifen«: »In Anbetracht der Tatsache, daß alles, was auf der nördlichen Halbkugel passiert, die Interessen der Allianz berühren kann, gibt Javier Solana zu, daß die Allianz außerhalb ihrer eigenen Grenzen tätig werden könnte, auch wenn Jacques Chirac sagt, daß die Unterstützung des Sicherheitsrates nötig sein wird. Nach Beendigung des Kalten Krieges hat die NATO im Kosovo eine Daseinsberechtigung gefunden und kündigte gestern an, daß sie sich in Zukunft der Verteidigung demokratischer Werte in einer erweitern Zone widmen wird, die sich von Alaska bis Wladiwostok erstreckt und sogar die ehemaligen Sowjetrepubliken Zentralasiens umfaßt. ›Es wird eine stärkere Allianz, Sicherheits- und Verteidigungsgarantie unserer Werte in Europa und weit über unsere Grenzen hinaus sein‹, kündigte gestern Javier Solana nach dem zweiten Tag des Treffens der 19 Staats- und Regierungschefs der NATO auf dem Gipfeltreffen in Washington an. Die Allianz wird ›durch neue Einsätze und sogar bei der aktiven Prävention von Konflikten und durch aktives Engagement beim Krisenmangagement tätig werden‹, so Javier Solana in dem Schlußkommuniqué. Dies schließe Reaktionsoperationen durch die euroatlantische Region ein. Die Allianz beschloß damit in einem Strategiekonzept, dem zufolge sie bei zukünftigen Einsätzen ohne expressives Mandat des Sicherheitsrates der UNO tätig werden kann – um mögliche Vetos Rußlands und Chinas zu vermeiden, ihre Interessenzone auszuweiten. Durch das Veto Frankreichs wird sich die NATO allerdings nicht in einen Weltpolizisten verwandeln, wie es die USA wollten, vielmehr genehmigte sie ein Handlungsschema, das absichtlich zweifach auslegbar ist und zur Folge haben kann, daß der Militäreinsatz der NATO außerhalb ihrer eigentlichen Einflußzone im Kosovo ohne Mandat der UNO sich zukünftig auch im Kaukasus, am Kaspischen Meer und sogar in den ehemaligen sowjetischen Republiken bis an die Grenze von China wiederholen kann.«
727 Hannes Adomeit, »Russische Außen- und Sicherheitspolitik unter Putin«, aaO. (Anm. 476).
728 Alexander Rahr, *Wladimir Putin,* aaO. (Anm. 688), S. 258.
729 Ebenda, S. 260.
730 Horst Grossmann, »Geopolitik in der Russischen Föderation«, aaO. (Anm. 432).
731 Hannes Adomeit, »Russische Außen- und Sicherheitspolitik unter Putin«, aaO. (Anm. 476).
732 Alexander Rahr, *Wladimir Putin,* aaO. (Anm. 688), S. 258.
733 Igor Iwanow, *Die neue russische Diplomatie,* aaO. (Anm. 425), S. 130.
734 Wolfgang Leonhardt, *Spiel mit dem Feuer,* aaO. (Anm. 383), S. 211.
735 Hannes Adomeit, »Russische Außen- und Sicherheitspolitik unter Putin«, aaO. (Anm. 476).
736 Igor Iwanow, *Die neue russische Diplomatie,* aaO. (Anm. 425), S. 131.
737 Ebenda, S. 132.
738 Ebenda, S. 132 f.
739 Hannes Adomeit, »Russische Außen- und Sicherheitspolitik unter Putin«, aaO. (Anm. 476).
740 Ebenda
741 Alexander Rahr, *Wladimir Putin,* aaO. (Anm. 688), S. 262.
742 Ebenda, S. 262.
743 Hannes Adomeit, »Russische Außen- und Sicherheitspolitik unter Putin«, aaO. (Anm. 476).

[744] Ebenda.
[745] Ebenda.
[746] A. RAHR, *Wladimir Putin*,aaO. (Anm. 688), S. 262.
[747] Ebenda, S. 265 f.
[748] Hannes ADOMEIT, »Russische Außen- und Sicherheitspolitik unter Putin«, aaO. (Anm. 476).
[749] Quelle: Akademie für strategische Forschung, Information und Hochtechnologie, Internationales Projekt *Geopolitik des russischen Volkes*, Beitrag von Prof. W. P. GULIN: »Die Sicherheit Rußlands unter den Bedingungen der neuen Weltordnung«, http://www.geopolitika.narod.ru/New/bezrus.htm; in: Horst GROSSMANN, »Geopolitik in der Russischen Föderation«, aaO. (Anm. 432).
[750] Ebenda.
[751] Kai EHLERS, *Domino im Kaukasus – über Filetstücke auf dem ›eurasischen Schachbrett‹*, unter: http://www.uni-kassel.de/fb5/frieden/rat/2004/ehlers.html
[752] Ebenda.
[753] *Le Monde diplomatique* (Hg.), *Atlas der Globalisierung*, Berlin 2003, S. 136.
[754] Kai EHLERS, aaO. (Anm. 751).
[755] Kai EHLERS, ebenda
[756] *Le Monde diplomatique*, *Atlas der Globalisierung*, aaO. (Anm. 753), S. 137.
[757] Hans-Hermann HÖHMANN u. Hans-Hennig SCHRÖDER (Hg.), *Rußland unter neuer Führung – Politik, Wirtschaft und Gesellschaft am Beginn des 21. Jahrhunderts*, Münster 2001, hier das Kapitel »Zurück zur Großmacht? Ziele und Handlungsoptionen der Außenpolitik« von Johannes BAUR (S. 97–106, hier S. 106).
[758] *Le Monde diplomatique*, *Atlas der Globalisierung*, aaO. (Anm. 753), S. 138 f.
[759] Ebenda, S. 139.
[760] Ebenda.
[761] Ebenda.
[762] Daniel BRÖSSLER, »Umzingeltes Rußland – Präsident Putin möchte einiges von der alten Weltgeltung Moskaus zurückgewinnnen, doch seine Erfolgschancen stehen schlecht«, in: *Süddeutsche Zeitung* vom 7. 12. 2004.
[763] *Le Monde diplomatique*, *Atlas der Globalisierung*, aaO. (Anm. 753), S. 142 f.
[764] Ebenda, S. 139.
[765] L.L. MATTHIAS, *Die Kehrseite der USA*, aaO. (Anm. 3), S. 84.
[766] Gary ALLEN, *Die Rockefeller-Papiere*, Wiesbaden 1976, S. 132.
[767] Alfred ZÄNKER, *Epoche der Entscheidungen*, aaO. (Anm. 12), S. 24 f.
[768] Alex P. SCHMID, *Churchills privater Krieg – Intervention und Konterrevolution im russischen Bürgerkrieg November 1918–März 1920*, Zürich–Freiburg i.Br. 1974, S. 13.
[769] So die Interpretation Alex P. SCHMIDS in seinem Buch *Churchills privater Krieg*, ebenda.
[770] Ebenda, S. 204 f.
[771] Ebenda, S. 205.
[772] Ebenda, S. 200.
[773] Ebenda, S. 201.
[774] Ebenda.
[775] Ebenda, S. 203.
[776] Ebenda, S. 241.
[777] Ebenda, S. 243.
[778] Ebenda, S. 225.
[779] Ebenda, S. 229.
[780] Ebenda, S. 238.
[781] Ebenda, S. 238 f. Gleichwohl aber wollten die Westalliierten keine polnische Oberherrschaft über Rußland, vielmehr sollte dieses Rußland nur mit einem Grenzkrieg beschäftigen, ohne zu weit vorzustoßen. Vor dem Diktum MACKINDERS, daß diejenige Macht, die Osteuropa beherrscht, auch die Weltinsel und damit die Welt selbst beherrscht, war diese Haltung aus Sicht der britischen Geopolitik auch nur folgerichtig.
[782] Ebenda, S. 242.
[783] Ebenda, S. 245.
[784] Ebenda, S. 248.
[785] Ebenda.
[786] Ebenda, S. 248 f.
[787] Ebenda, S. 35; L. L. MATTHIAS, *Die Kehrseite der USA*, aaO. (Anm. 191), S. 85.
[788] George F. KENNAN, *Amerika und die Sowjetmacht – Der Sieg der Revolution*, Stuttgart 1956, S. 179.
[789] Ebenda, S. 178.
[790] Ebenda, S. 180.
[791] L. L. MATTHIAS, aaO., S. 86
[792] George F. KENNAN, aaO. (Anm. 788), S. 304.
[793] Ebenda, S. 274 f.
[794] Ebenda, S. 304.
[795] Jürgen BRUHN, *Schlachtfeld Europa. . .*, aaO. (Anm. 125), S. 40.
[796] So George F. KENNAN, aaO. (Anm. 788), S. 282.
[797] Ebenda, S. 305.
[798] Ebenda.
[799] Alex P. SCHMID, aaO. (Anm. 768), S. 73.
[800] Ebenda.
[801] Ebenda, S. 73, Hervorhebung durch den Verfasser.
[802] Vgl. A. NEVINS u. Henry WHITE, *Thirty Years of Ame-*

rican Diplomacy, New York 1930, S. 354; zit. aus: Nikolaj-Klaus VON KREITOR, *Rußland, Europa und Washingtons ›Neue Welt-Ordnung‹*, aaO. (Anm. 565), S. 46 f. u. 52, Fn. 43.

803 Bernd GREINER u. Kurt STEINHAUS, *Auf dem Weg zum Dritten Weltkrieg? – Amerikanische Kriegspläne gegen die UdSSR. Eine Dokumentation*, Köln 1980, S. 13 f.

804 Nikolaj-Klaus VON KREITOR, aaO. (Anm. 565), S. 47.

805 Nikolaj-Klaus VON KREITOR, ebenda.

806 B. GREINER u. K. STEINHAUS, aaO. (Anm. 803), S. 14.

807 F. William ENGDAHL, *Mit der Ölwaffe zur Weltmacht – Der Weg zur neuen Weltordnung*, Wiesbaden 1992, S. 64.

808 Ebenda, S. 105.

809 Ebenda, S. 105 f.

810 Ebenda, S. 106.

811 Ebenda, S. 107.

812 Ebenda, S. 108.

813 Oswald SPENGLER, *Der Untergang des Abendlandes*, Bd. 2, S. 499.

814 Eric LAURENT, *Der Strick wird mitgeliefert – Wie Kapitalisten mit Kommunisten seit 1917 gute Geschäfte machen*, Bonn 1986, S. 40.

815 Ebenda, S. 26.

816 Ebenda, S. 27.

817 Karlheinz DESCHNER, *Der Moloch – Zur Amerikanisierung der Welt*, Stuttgart–Wien 1992, S. 187.

818 Eric LAURENT, aaO. (Anm. 814), S. 34.

819 So Eric LAURENT, ebenda, S. 36.

820 Dieser war nach der bürgerlichen Februarrevolution nach dem Sturz des Zaren russischer Ministerpräsident.

821 So Eric LAURENT, aaO. (Anm. 814), S. 37.

822 Ebenda, S. 38.

823 Eric LAURENT, ebenda, S. 38 f.

824 Ebenda, S. 39.

825 Gary ALLEN, *Die Insider – Wohltäter oder Diktatoren?*, Wiesbaden 1974, S. 95.

826 Eric LAURENT, aaO. (Anm. 814), S. 27.

827 Gary ALLEN, *Die Insider*, aaO. (Anm. 825), S. 95.

828 Ebenda, S. 97.

829 Ebenda, S. 98.

830 Ebenda, S. 103 f.

831 Ebenda, S. 103.

832 Ebenda, S. 134.

833 Gary ALLEN, *Die Rockefeller-Papiere*, aaO. (Anm. 766), S. 137.

834 Ebenda, S. 137.

835 Eric LAURENT, aaO. (Anm. 814), S. 51; Gary ALLEN, *Die Insider*, aaO. (Anm. 825), S. 136.

836 Eric LAURENT, aaO. (Anm. 814), S. 51.

837 Gary ALLEN, *Die Insider*, aaO. (Anm. 825), S. 137.

838 Zit. aus: ebenda, S. 137 f.

839 Zit. aus: ebenda, S. 138.

840 Eric LAURENT, aaO. (Anm. 814), S. 125.

841 Ebenda, S. 12.

842 Ebenda, S. 68.

843 Ebenda, S. 72 f.

844 Ebenda, S. 121.

845 Ebenda, S. 122.

846 So die Interpretation der klassischen Theorie, wie sie beispielsweise von William MCNEILL, Boris MEISSNER und Herbert FEIS vertreten wird, zusammengefaßt in: Wilfried LOTH, *Die Teilung der Welt 1941–1955, dtv-Weltgeschichte des 20. Jahrhunderts*, München 1987, S. 10 f.

847 Wilfried LOTH, ebenda, S. 12 f.

848 William A. WILLIAMS stellt die Bedeutung des liberalkapitalistischen Freihandelssystems für die imperialistische US-Außenpolitik in seiner Studie *Die Tragödie der amerikanischen Diplomatie*, Frankfurt/M. 1973, detailliert heraus.

849 Detlef JUNKER, Die »revisionistische« Schule in der amerikanischen Historiographie und die Anfänge des Ost-West-Konflikts, in: *Studien zur Deutschlandfrage*, Bd. 7, *Die Deutschlandfrage und die Anfänge des Ost-West-Konflikts 1945–1949*, Berlin 1984, S. 25–40 (S. 28).

850 Zusammengefaßt in: Wilfried LOTH, aaO. (Anm. 846), S. 15.

851 Zusammengefaßt in: ebenda; Detlef JUNKER, aaO. (Anm. 849), S. 28.

852 Gabriel KOLKO, *The Politics of War – Allied Diplomacy and the World Crisis of 1943–1945*, London–New York 1968, S. 242–279, William A. WILLIAMS, aaO. (Anm. 848), S. 210; zusammengefaßt in: Detlef JUNKER, ebenda, S. 29.

853 Detlef JUNKER, ebenda, S. 30.

854 Ebenda.

855 Ebenda.

856 Wilfried LOTH, aaO. (Anm. 846), S. 34 f.

857 Ebenda, S. 35.

858 Ebenda, S. 35.

859 Ebenda, S. 36.

860 Ebenda, S. 75.

861 Ebenda.

862 David HOROWITZ (Hg.), *Big Business und Kalter Krieg*, Frankfurt/M. 1971, Kapitel »Monopole und amerikanische Außenpolitik« von William A. WILLIAMS, S. 67–102, hier S. 89.

863 Ebenda.
864 William A. WILLIAMS, aaO. (Anm. 848), S. 264 f.
865 Ebenda, S. 265.
866 Ebenda.
867 Ebenda, S. 267 f.
868 Ebenda, S. 270 f.
869 So die Analyse von Lloyd C. GARDNER, »New Deal, neue Grenzen und Kalter Krieg: Über die amerikanische Expansionspolitik 1933–1945«, in: David HOROWITZ (Hg.), *Big Business und Kalter Krieg*, aaO. (Anm. 862), S. 102–138.
870 L. L. MATTHIAS, aaO., S. 126
871 Wilfried LOTH, aaO. (Anm. 846), S. 29.
872 Ebenda, S. 29.
873 L. L. MATTHIAS, aaO., S. 99.
874 Wilfried LOTH, aaO. (Anm. 846), S. 43.
875 Vgl. Maurice DOBB, *Soviet Economic Development since 1917*, New York 1948, S. 279 ff.; Alex NOVE, *An Economic History of the USSR*, Harmondsworth 1972, S. 284 ff.; zusammengefaßt in: Wilfried LOTH, ebenda, S. 44.
876 William A. WILLIAMS, aaO. (Anm. 848), S. 237.
877 Lothar RÜHL, *Rußlands Weg zur Weltmacht*, Düsseldorf–Wien 1981, S. 395.
878 Wilfried LOTH, aaO. (Anm. 846), S. 45.
879 Ebenda, S. 50.
880 Boris MEISSNER, *Rußland, die Westmächte und Deutschland – Die sowjetische Deutschlandpolitik 1943-1955*, Hamburg 1954, S. 12.
881 Wilfried LOTH, aaO. (Anm. 846), S. 87.
882 L. L. MATTHIAS, aaO. (Anm. 3), S. 104.
883 Wilfried LOTH, aaO. (Anm. 846), S. 52.
884 Ebenda, S. 47.
885 L. L. MATTHIAS, aaO. (Anm. 3), S. 103.
886 Heinz BRILL, *Geopolitik heute*, aaO. (Anm. 8), S. 123.
887 Joseph M. SIRACUSA, *The American Diplomatic Revolution. A Documentary History of the Cold War 1941–1947*, London 1977, S. 9 ff., zit. aus: Bernd GREINER u. Kurt STEINHAUS, *Auf dem Weg zum 3. Weltkrieg*, aaO. (Anm. 803), S. 15 f.
888 *The New York Times*, 24. 6. 1941, zit. aus: GREINER u. STEINHAUS, ebenda, S. 16.
889 Stefan FRÖHLICH, aaO., S. 128.
890 GREINER u. STEINHAUS, aaO. (Anm. 803), S. 16.
891 Ebenda, S. 17.
892 Vgl. hierzu: Michasel S. SHERRY, *Preparing for the next War. American Plans for Postwar Defence 1941–1945*, London 1977, S. 161.
893 L. L. MATTHIAS, aaO. (Anm. 3), S. 135.
894 Ebenda, S. 94 f.
895 Ebenda, S. 93.
896 Ebenda.
897 Ebenda, S. 93 f.
898 Wilfried LOTH, aaO. (Anm. 846), S. 91.
899 Ebenda, S. 92.
900 Stephen E. AMBROSE, *Rise to Globalism – American Foreign Policy since 1938*, New York 1985, S. 55: »There is no satisfactory date to mark the beginnig of the Cold War, but the issue that gave it life and shaped its early course was East Europe.«
901 Stephen E. AMBROSE, ebenda, S. 56; Übersetzung durch den Verfasser.
902 Wilfried LOTH, aaO. (Anm. 846), S. 36.
903 Ebenda, S. 37.
904 David HOROWITZ (Hg.), *Big Business und Kalter Krieg*, aaO. (Anm. 862), S. 130.
905 Stephen E. AMBROSE, aaO. (Anm. 900), S. 57; Übersetzung durch den Verfasser.
906 David HOROWITZ (Hg.), *Big Business und Kalter Krieg*, aaO. (Anm. 862), S. 128.
907 Ebenda, S. 128.
908 John Lewis GADDIS, *The Unitd States and the Origins of the Cold War 1941–1947*, New York–London 1972, S. 203, zit. aus: GREINER u. STEINHAUS, aaO. (Anm. 803), S. 54.
909 William A. WILLIAMS, aaO. (Anm. 848), S. 256.
910 GREINER u. STEINHAUS, aaO. (Anm. 803), S. 22.
911 Zit. in: Jürgen BRUHN, *Der Kalte Krieg oder die Totrüstung der Sowjetunion – Der US-militär-industrielle Komplex und seine Bedrohung durch Frieden*, Gießen 1995, S. 22.
912 So L. L. MATTHIAS, aaO. (Anm. 3), S. 97 f.
913 Vgl hierzu die zusammenfassende Darstellung in: Rolf WINTER, *Die amerikanische Zumutung*, München 1991, Kapitel »Der Standard der Barbarei« (S. 134–153).
914 Jürgen BRUHN, *Der Kalte Krieg*, aaO. (Anm. 911), S. 27.
915 Stephen E. AMBROSE, aaO. (Anm. 900), S. 71; Übersetzung durch den Verfasser.
916 L. L. MATTHIAS, aaO. (Anm. 3), S. 96.
917 Stephen E. AMBROSE, aaO. (Anm. 900), S. 71; Übersetzung durch den Verfasser.
918 William A. WILLIAMS, aaO. (Anm. 848), S. 376.
919 Ebenda, S. 277 f.
920 Jürgen BRUHN, *Der Kalte Krieg*, aaO. (Anm. 911), S. 19.
921 Ebenda, S. 20.
922 Ebenda, S. 20.
923 Stephen E. AMBROSE, aaO. (Anm. 900), S. 66; Übersetzung durch den Verfasser.

[924] Ebenda, S. 67; Übersetzung durch den Verfasser.
[925] William A. WILLIAMS, aaO. (Anm. 848), S. 251.
[926] Ebenda.
[927] Ebenda, S. 252.
[928] Ebenda.
[929] Wilfried LOTH, aaO. (Anm. 846), S. 109.
[930] Ebenda, S. 109.
[931] William A. WILLIAMS, aaO. (Anm. 848), S. 292.
[932] Zit. aus: ebenda.
[933] Wilfried LOTH, aaO. (Anm. 846), S. 112.
[934] Ebenda, S. 118.
[935] L. L. MATTHIAS, aaO. (Anm. 3), S. 130.
[936] Wilfried LOTH, aaO. (Anm. 846), S. 133.
[937] Ebenda.
[938] Ebenda, Fn. 16.
[939] Eric LAURENT, aaO., S. 122.
[940] Zit. aus: Jürgen BRUHN, *Der Kalte Krieg*, aaO. (Anm. 911), S. 41.
[941] Jürgen BRUHN, *Der Kalte Krieg*, ebenda, S. 23.
[942] Ebenda, S. 25.
[943] Paul KENNEDY, *Aufstieg und Fall der großen Mächte*, Fischer, Frankfurt/M. 1991, S. 12.
[944] GREINER u. STEINHAUS, aaO. (Anm. 803), S. 21.
[945] Jürgen BRUHN, *Der Kalte Krieg*, aaO. (Anm. 911), S. 28.
[946] Ebenda.
[947] Zit. aus: GREINER u. STEINHAUS, aaO. (Anm. 803), S. 23.
[948] Ebenda.
[949] Jürgen BRUHN, *Der Kalte Krieg*, aaO. (Anm. 911), S. 30.
[950] Ebenda, S. 31.
[951] Ebenda.
[952] Ebenda, S. 32.
[953] Ebenda.
[954] Zit. aus GREINER u. STEINHAUS, aaO. (Anm. 803), S. 35.
[955] Ebenda, S. 34.
[956] Ebenda, S. 23.
[957] Ebenda, S. 34.
[958] Michael S. SHERRY, *Preparing the Next War*, aaO. (Anm. 892), S. 214 f., zit. aus: GREINER u. STEINHAUS, aaO. (Anm. 803), S. 24.
[959] Jürgen BRUHN, *Der Kalte Krieg*, aaO. (Anm. 911), S. 38 f.
[960] Georgij A. ARBATOW u. Wilhelm OLTMANS, *Der sowjetische Standpunkt – Über die Westpolitik der UdSSR*, München 1981, S. 79 f.
[961] Zit. aus: GREINER u. STEINHAUS, aaO. (Anm. 803), S. 95.
[962] Bernd GREINER, *Amerikanische Außenpolitik von Truman bis heute*, aaO. (Anm. 351), S. 20 f.
[963] Ebenda.
[964] Zit. aus: Bernd GREINER, ebenda, S. 35.
[965] Ebenda, S. 35.
[966] Ebenda, S. 20.
[967] Ebenda, S. 22.
[968] Zit. aus: Bernd GREINER, ebenda, S. 23.
[969] Bernd GREINER, ebenda, S. 38.
[970] Ebenda, S. 39.
[971] Jim GARRISON u. Pyare SHIVPURI, *Die russische Bedrohung – Mythos oder Realität*, München 1985, S. 38.
[972] Lothar RÜHL, *Das Reich des Guten – Machtpolitik und globale Strategie Amerikas*, Stuttgart 2005, S. 136.
[973] Ebenda, S. 137.
[974] Ronald STEEL, *Pax Americana*, Darmstadt 1968, S. 15 f.
[975] Sergej G. GORTSCHKOW, *Seemacht Sowjetunion*, aaO. (Anm. 30), S. 229 f.
[976] Ebenda, S. 232 f.
[977] So beschreibt der französische Militärhistoriker Ferdinand Otto MIKSCHE in seinem Buch *Moskaus indirekte Strategie* (Stuttgart 1983, S. 12 f.) diese Form der Kriegführung.
[978] Erich VAD, *Strategie und Politik bei Carl Schmitt*, S. 40; vgl. hierzu auch: Basil LIDDELL HART, *Strategy*, New York 1954, in dem die indirekte Strategie angelsächsischer Prägung näher beschrieben wird.
[979] GREINER u. STEINHAUS, aaO. (Anm. 803), S. 31.
[980] So das Memorandum des Nationalen Sicherheitsrates Nr. 7 vom 30. 3. 1948, zit. aus: GREINER u. STEINHAUS, ebenda, S. 129.
[981] *Strategic Guidance to Facilitate Planning within the Joint Agencies*, Dokument der Joint Chiefs of Staff (JSC 1630/14), 6. 12. 1949, zit. aus: GREINER u. STEINHAUS, ebenda, S. 187 ff. (S. 189).
[982] Beide Memoranden zit. aus: GREINER u. STEINHAUS, ebenda, S. 28 u. 137–150 (S. 146); Auszug aus NSC 20/2, zit. aus: GREINER u. STEINHAUS, ebenda, S. 28.
[983] Zit. aus: GREINER u. STEINHAUS, ebenda, S. 154–162 (S. 159).
[984] Ebenda, S. 28 u. 32.
[985] Ebenda, S. 29.
[986] Zit. aus: ebenda, S. 137–150 (S. 139).
[987] Ebenda, S. 139.
[988] Ebenda, S. 140.
[989] Ebenda, S. 145.
[990] Ebenda, S. 148.
[991] Zit. aus: ebenda, S. 154–162 (S. 160).
[992] Ebenda, S. 161.

[993] Ebenda.
[994] Ebenda.
[995] Ebenda, S. 162.
[996] Zit. aus: ebenda, S. 182–186 (S. 182).
[997] Ebenda, S. 183.
[998] Ebenda, S. 183 f.
[999] Ebenda, S. 184.
[1000] Ebenda.
[1001] Ebenda, S. 185.
[1002] Ebenda, S. 185 f.
[1003] Ebenda, S. 32.
[1004] Bernd GREINER, *Amerikanische Außenpolitik*, aaO. (Anm. 351), S. 23.
[1005] Ebenda, S. 24.
[1006] Ebenda, S. 26.
[1007] Ebenda.
[1008] Ebenda, S. 27.
[1009] Ebenda.
[1010] Ebenda.
[1011] Ebenda.
[1012] Ebenda, S. 28.
[1013] Ebenda, S. 28 f.
[1014] Zit. aus: GREINER u. STEINHAUS, aaO. (Anm. 803), S. 229–242 (S. 237).
[1015] Ebenda.
[1016] Ebenda.
[1017] Bernd GREINER, *Amerikanische Außenpolitik*, aaO. (Anm. 351), S. 30.
[1018] Ebenda, S. 31 .
[1019] Ebenda, S. 30.
[1020] Verlag Carl Ueberreuter, Wien 1988.
[1021] Christopher SIMPSON, *Der amerikanische Bumerang – NS-Kriegsverbrecher im Sold der USA*, Wien 1988, S. 15.
[1022] Ebenda, S. 17.
[1023] Ebenda.
[1024] Ebenda, S. 109.
[1025] Ebenda, S. 110.
[1026] Ebenda, S. 126.
[1027] Ebenda.
[1028] Ebenda, S. 127.
[1029] Ebenda.
[1030] Ebenda.
[1031] Ebenda, S. 111; das Guerilla-Kriegführungprogramm fand sich in den Dokumenten des Joint Strategic Plans Commitees JSPC 862/3 und JSPC 891/6 wieder (SIMPSON, ebenda, S. 368).
[1032] So SIMPSON, S. 111, unter Verweis auf die o.g. Dokumente des Joint Strategic Plans Commitee.
[1033] Ebenda, S. 128.
[1034] Ebenda, S. 129.
[1035] Ebenda, S. 23 f.
[1036] Ebenda, S. 24.
[1037] Ebenda, S. 130.
[1038] Zit. aus: Christopher SIMPSON, ebenda, S. 130.
[1039] Zit. aus: ebenda, S. 131.
[1040] Ebenda.
[1041] Ebenda.
[1042] Ebenda, S. 292.
[1043] Ebenda, S. 292 f.
[1044] Ebenda, S. 314.
[1045] Ebenda, S. 256 f.
[1046] Zit. aus: ebenda, S. 183 f.
[1047] Hierbei handelt es sich um eine antikommunistische ukrainische Nationalistenbewegung.
[1048] Ebenda, S. 184.
[1049] Ebenda.
[1050] Ebenda, S. 209 f.
[1051] Ebenda, S. 210.
[1052] Ebenda, S. 210 f.
[1053] Ebenda, S. 210.
[1054] Ebenda, S. 211.
[1055] Ebenda, S. 124.
[1056] Ebenda.
[1057] Ebenda, S. 188 f.
[1058] Ebenda, S. 189.
[1059] Ebenda, S. 190.
[1060] Vgl. hierzu Christian F. OSTERMANN, »Das Ende der ›Rollback‹-Politik. Eisenhower, die amerikanische Osteuropapolitik und der Ungarnaufstand von 1956«, in: Winfried HEINEMANN u. Norbert WIGGERSHAUS (Hg.), *Das Internationale Krisenjahr 1956. Polen, Ungarn, Suez*, München 1999, S. 515–532.
[1061] Ebenda, S. 515 u. 518.
[1062] Ebenda, S. 521.
[1063] Vgl. hierzu Saki DOCKRILL, »Ungarn 1956. Amerikanische Befreiung – Mythos oder Versagen?« in: Winfried HEINEMANN u. Norbert WIGGERSHAUS (Hg.), *Das Internationale Krisenjahr 1956*, aaO. (Anm. 1060), S. 533–552 (hier S. 538).
[1064] Saki DOCKRILL, ebenda, S. 538.
[1065] Christian F. OSTERMANN, aaO. (Anm. 1060), S. 518.
[1066] Saki DOCKRILL, aaO. (Anm. 1063), S. 543.
[1067] Siehe hierzu: ebenda.
[1068] Hans HENLE, *Der neue Nahe Osten*, Frankfurt/M. 1972, S. 58 f.
[1069] Ebenda, S. 70.
[1070] Christopher SIMPSON, aaO. (Anm. 1021), S. 158.
[1071] Ebenda, S. 160 f.
[1072] Ebenda, S. 168.

1073 Ebenda, S. 169.
1074 Ebenda, S. 162.
1075 Ebenda, S. 162 f.
1076 Ebenda, S. 163.
1077 Ebenda, S. 25.
1078 Ebenda, S. 163.
1079 Ebenda, S. 168 f.
1080 Ebenda, S. 77 f.
1081 Ebenda, S. 85 ff.
1082 Jürgen BRUHN, *Der Kalte Krieg*, aaO. (Anm. 911), S. 59 f.
1083 Ebenda, S. 63.
1084 Bernt ENGELMANN, *Weißbuch Frieden*, Köln 1982, S. 82.
1085 Gerhard KADE, *Wer bedroht wen? SS-20 oder Pershing II, Cruise-Missiles?*, Köln 1981, S. 34.
1086 Jürgen BRUHN, *Der Kalte Krieg*, aaO. (Anm. 911), S. 66.
1087 Gerhard KADE, aaO. (Anm. 1085), S. 34.
1088 Ebenda, S. 34; Jürgen BRUHN, *Der Kalte Krieg*, aaO. (Anm. 911), S. 66 f.
1089 Gerhard KADE, aaO. (Anm. 1085), S. 35.
1090 Jürgen BRUHN, *Der Kalte Krieg*, aaO. (Anm. 911), S. 71 f.
1091 Ebenda, S. 89 f.
1092 Ebenda, S. 78.
1093 Ebenda, S. 90 f.
1094 Gerhard KADE, aaO. (Anm. 1085), S. 34.
1095 Jürgen BRUHN, *Der Kalte Krieg*, aaO. (Anm. 911), S. 96.
1096 Ebenda, S. 97.
1097 Ebenda, S. 99.
1098 Ebenda, S. 97 f.
1099 Tom GERVASI, *Moskaus Übermacht – Eine amerikanische Legende*, Hamburg 1986, vgl. das Kapitel »Statt der Dinge die Schatten gezählt«, S. 141–147.
1100 Jürgen BRUHN, aaO. (Anm. 911), S. 98 ff., schildert diese Manipulation so: »Zuerst einmal verglich man einfach die Prozentzahlen, die beide ›Supermächte‹ von ihrem Bruttosozialprodukt für Verteidigungsausgaben zur Verfügung stellten. Dabei behauptete man einfach, daß die UdSSR in den 70er Jahren im Durchschnitt ›mehr als das Doppelte‹ für ihre Verteidigung augegeben hätte als die USA... Die Methode von TEAM-B, die Verteidigungsausgaben prozentual auf das Bruttosozialprodukt (BSP) zu beziehen, diese Prozentzahlen dann einfach gegenüberzustellen und zu behaupten, die Sowjets gäben für die Rüstung ›mehr als das Doppelte‹ aus (13%) als die USA (6%), hält keiner Überprüfung stand. Die Wahrheit ist, daß das inländische US-Bruttosozialprodukt im Durchschnitt der 70er Jahre rund dreimal so groß war als das der UdSSR. Stellt man einmal die BSP-Zahlen beider Länder aus dem Jahre 1980 gegenüber, so ergibt sich folgendes Bild: Im letzten Jahr der CARTER-Administration, 1980, erwirtschafteten die USA ein inländisches Bruttosozialprodukt im Gesamtwert von 2920 Milliarden Dollar. Die UdSSR erwirtschaftete im gleichen Jahr ein nach westlichen UN-Quellen geschätztes Bruttosozialprodukt zwischen 650 bis 800 Milliarden Rubel. Bei dem damaligen Umtauschwert von 1 Dollar = 0,657 Rubel und bei Zugrundelegung eines großzügigen mittleren sowjetischen BSP-Wertes von 725 Milliarden Rubel wären das rund 1100 Milliarden Dollar... Danach sind 6% vom US-BSP (1980) = über 170 Milliarden Dollar; 13% vom sowjetischen BSP (1980) = rund 130 Milliarden Dollar. Selbst bei dieser ›neutralen‹ Rechnung – wenn man also die TEAM-B-Zahlen von 13% als korrekt hinnimmt – ergibt sich also keine ›Verteidigungsausgaben-Lücke‹ zugunsten der Sowjetunion, vielmehr eine ›Verteidigungsausgaben-Lücke‹ zugunsten der USA von rund 40 Milliarden Dollar.«
1101 Tom GERVASI, aaO. (Anm. 1099), S. 141 f.
1102 Jürgen BRUHN, *Der Kalte Krieg*, aaO. (Anm. 911), S. 100 f.
1103 Ebenda, S. 101.
1104 Tom GERVASI, aaO. (Anm. 1099), S. 7.
1105 Ebenda, S. 7.
1106 Ebenda, S. 9 f.
1107 Ebenda, S. 11 f.
1108 Vgl. zum Thema »Die Sowjetunion hinkt hinterher« siehe die tabellarische Aufstellung in: Peter KOCH, *Wahnsinn Rüstung*, Hamburg 1981, S. 98.
1109 Ebenda, S. 80 f.
1110 Ebenda, S. 81.
1111 Jürgen BRUHN, *Der Kalte Krieg*, aaO. (Anm. 911), S. 104.
1112 Winfried WOLF, *Bombengeschäfte – Zur politischen Ökonomie des Kosovo-Krieges*, Hamburg 1999, S. 78–85.
1113 Rolf WINTER, *Gottes eigenes Land – Werte, Ziele und Realitäten der Vereinigten Staaten von Amerika*, Hamburg 1991, S. 251–291, hier: S. 271.
1114 Zit. aus: Winfried WOLF, aaO. (Anm. 1112), S. 60 f.
1115 Jürgen BRUHN, *Der Kalte Krieg*, aaO. (Anm. 911), S. 105.
1116 Ebenda, S. 111 f.
1117 Lothar RÜHL, *Aufstieg und Niedergang des Russischen Reiches*, aaO. (Anm. 367), S. 529.

1118 Ebenda, S. 530.
1119 So Lothar RÜHL, aaO. (Anm. 367), S. 530 f.
1120 Paul KENNEDY, *Aufstieg und Fall der großen Mächte*, aaO. (Anm. 943), S. 736.
1121 Ebenda, S. 736 f.
1122 Paul R. GREGORY u. Robert C. STUART, *Soviet Economic Structure an Perfromance*, Harper & Row Publishers, New York 1986, S. 140, 134 u. 324 f.
1123 Jochen HIPPLER, *Die Neue Weltordnung*, Hamburg 1991, S. 25.
1124 Ebenda.
1125 Ebenda.
1126 Jürgen NÖTZOLD, »Wirtschaftsprobleme der Sowjetunion unter Gorbatschow als Ansatzpunkt für Veränderungen im Ost-West-Verhältnis«, SWP-LN 2455, S. 3, zit. aus: Jochen HIPPLER, ebenda, S. 54.
1127 Jochen HIPPLER, ebenda, S. 55 f.
1128 Ebenda, S. 56.
1129 Zahlen aus: Alfred GROSSER, *Das Bündnis – Die westeuropäischen Länder und die USA seit dem Krieg*, München 1978, S. 373.
1130 Paul KENNEDY, *Aufstieg und Fall der großen Mächte*, aaO. (Anm. 943), S. 643.
1131 Ebenda, S. 607.
1132 Ebenda.
1133 Lorenz KNORR, *NATO – Geschichte, Strategie, Atomkriegsplanung*, Frankfurt/M. 1985, S. 149.
1134 Ebenda.
1135 Paul KENNEDY, *Aufstieg und Fall der großen Mächte*, aaO. (Anm. 943), S. 643.
1136 Ekkehart KRIPPENHOFF u. Michael LUCAS, »›Eines Tages werden wir Amerikaner über die Zerstörung Europas nachdenken müssen‹ – Die USA und Westeuropa«, in: *Weltpolitk – Jahrbuch für Internationale Beziehungen* 1, Frankfurt/M. 1981, S. 10–29, hier S. 16.
1137 Zit. nach: Paul KENNEDY, *Aufstieg und Fall der großen Mächte*, aaO. (Anm. 943), S. 614.
1138 »›Eines Tages werden wir Amerikaner über die Zerstörung Europas nachdenken müssen‹« aaO. (Anm. 1136), S. 10–29, hier S. 12 f.
1139 Henry A. KISSINGER, *Die Vernunft der Nationen – Über das Wesen der Außenpolitik*, Berlin 1994, S. 812.
1140 Ders., *Memoiren 1968–1973*, München 1979, S. 565.
1141 So Lorenz KNORR, aaO. (Anm. 1133), S. 150.
1142 In: *Newsweek*, New York, 24. 4. 1972, zit. aus: Lorenz KNORR, ebenda, S. 150.
1143 So Henry A. KISSINGER, »Handeln, als wäre Amerika unsterblich«, in: *Die Zeit*, 2. 7. 1976, zit. aus: Bernd GREINER, aaO. (Anm. 351), S. 103.
1144 Bernd GREINER, ebenda, S. 112.
1145 Ebenda, S. 108 f.
1146 Ebenda, S. 100 f.
1147 Ekkehart KRIPPENHOFF u. Michael LUCAS, aaO. (Anm. 1136), S. 23.
1148 Gary ALLEN, *Die Rockefeller-Papiere*, aaO., S. 153.
1149 Ekkehart KRIPPENHOFF u. Michael LUCAS, aaO. (Anm. 1136), S. 23.
1150 Ebenda.
1151 F. William ENGDAHL, *Mit der Ölwaffe zur Weltmacht*, aaO. (Anm. 807), S. 276 f.
1152 Ekkehart KRIPPENHOFF u. Michael LUCAS, aaO. (Anm. 1136), S. 24 f.
1153 F. William ENGDAHL, *Mit der Ölwaffe zur Weltmacht*, aaO. (Anm. 807), S. 239.
1154 Mohssen MASSARRAT, »Britisch-amerikanischer Ölimperialismus und die Folgen für den Mittleren und Nahen Osten«, in: Mohssen MASSARAT (Hg.), *Mittlerer und Naher Osten – Geschichte und Gegenwart*, Münster 1996, S. 280–302 (S. 289).
1155 Ekkehart KRIPPENHOFF u. Michael LUCAS, aaO. (Anm. 1136), S. 17.
1156 Ebenda, S. 25.
1157 Ebenda, S. 25.
1158 *Der Spiegel*, 19. 11. 1984; zit. aus: Hans-Jürgen SCHULZ, *Auf dem Weg zum Atomkrieg. US-amerikanische Militärstrategie*, isp-pocket 13, Frankfurt/M. 1985, S. 20.
1159 *Die Zeit*, 3. 8. 1979; zit. aus: Hans-Jürgen SCHULZ, *Auf dem Weg zum Atomkrieg*, ebenda, S. 21.
1160 F. William ENGDAHL, *Mit der Ölwaffe zur Weltmacht*, aaO. (Anm. 807), S. 206 f.
1161 Lawrence H. SHOUP u. William MINTER, aaO. (Anm. 153), S. 168.
1162 Ebenda, S. 170.
1163 Ebenda.
1164 Zbigniew BRZEZINSKI, Interview mit: *Die Weltwoche*, 8. 6. 1977, zit. aus: Bernd GREINER, aaO. (Anm. 351), S. 164.
1165 Ebenda.
1166 Zit. aus: Gregor SCHÖLLGEN, *Der Auftritt – Deutschlands Rückkehr auf die Weltbühne*, Berlin 2004, S. 125.
1167 Lawrence H. SHOUP u. William MINTER, aaO. (Anm. 153), S. 170.
1168 Henry A. KISSINGER, *Amerikanische Außenpolitik – Analysen und Tendenzen*, Gütersloh 1969, S. 123.
1169 Bernd GREINER, aaO. (Anm. 351), S. 95.
1170 Ebenda, S. 185.
1171 Ekkehart KRIPPENHOFF u. Michael LUCAS, aaO., S. 15.
1172 Ebenda, S. 14.
1173 Bernd GREINER, aaO. (Anm. 351), S. 85 f.

[1174] Lothar RÜHL, *Rußlands Weg zur Weltmacht*, aaO. (Anm. 877), S. 434.
[1175] Henry A. KISSINGER, *Die Vernunft der Nationen*, aaO. (Anm. 1139), S. 798.
[1176] Ebenda.
[1177] Ebenda, S. 800: »Die ostentative Weigerung, sich zum Komplizen eines der kommunistischen Giganten zu machen, diente beiden als Aufforderung, die Beziehungen zu Washington zu verbessern, und war jedem eine Warnung vor den Konsequenzen fortgesetzter Feindseligkeiten.« Mit der Aufrechterhaltung eines sowjetisch-chinesischen Gegensatzes hatten die USA die Möglichkeit, die eurasischen Mächte im Bedarfsfall gegenseitig auszuspielen, was KISSINGER hier andeutete.
[1178] Ebenda, S. 800.
[1179] Ebenda, S. 804.
[1180] Ebenda.
[1181] Ebenda, S. 806.
[1182] Ebenda.
[1183] F. William ENGDAHL, *Mit der Ölwaffe zur Weltmacht*, aaO. (Anm. 807), S. 269 f.
[1184] Zit. aus: *Der Spiegel*, 21. 2. 1983; zit. aus: Hans-Jürgen SCHULZ, *Auf dem Weg zum Atomkrieg*, aaO. (Anm. 1158), S. 27.
[1185] F. William ENGDAHL, aaO. (Anm. 807), S. 257 f.
[1186] Peter MERSEBURGER, *Die unberechenbare Vormacht – Wohin steuern die USA?*, München 1985, S. 71.
[1187] Jürgen BRUHN, *Der Kalte Krieg*, aaO. (Anm. 911), S. 187.
[1188] Jürgen BRUHN, ebenda, S. 187 f.
[1189] Karl D. BREDTHAUER (Hg.), *Sage niemand, er habe es nicht wissen können – Auf welche Weise und wozu die USA den nuklearen Erstschlag vorbereiten, welche Rolle die »Nachrüstung« in Wirklichkeit spielt und warum die Deutschen die Hauptbetroffenen sind*, Köln 1984, S. 27.
[1190] Ebenda, S. 92.
[1191] Colin S. GRAY u. Keith PAYNE, »Sieg ist möglich«, in: *Blätter für deutsche und internationale Politik*, 12/1980, S. 1502 (S. 1506); zit. aus: Karl D. BREDTHAUER (Hg.), ebenda, S. 76.
[1192] Ebenda.
[1193] Robert C. ALDRIDGE, *Erstschlag! Die Strategie des Pentagon für den Atomkrieg*, München 1984, S. 42.
[1194] Zit. in: Karl D. BREDTHAUER (Hg.), aaO. (Anm. 1189), S. 85.
[1195] Zit. nach: Wilhelm BITTORF, »Raketen töten nicht – Menschen töten«, Teil I, in : *Der Spiegel*, 8/1983, S. 146 f.; zit. aus: Karl D. BREDTHAUER (Hg.), ebenda, S. 84.
[1196] Gary L. GUERTNER, »Strategic Vulnerability of a Multinational State: Deterring the Soviet Union«, in *Political Science Quaterly*, Sommer 1981, Vol. 96, Nr. 2, hier, S. 213; zit. in: Karl D. BREDTHAUER (Hg.), aaO. (Anm. 1189), S. 84.
[1197] Gerhard KADE, *Wer bedroht uns?*, aaO. (Anm. 1085), S. 47.
[1198] Ebenda, S. 48.
[1199] Jürgen BRUHN, *Schlachtfeld Europa. . .*, aaO. (Anm. 125), S. 142.
[1200] Ebenda, S. 142.
[1201] Karl D. BREDTHAUER (Hg.), aaO. (Anm. 1189), S. 104 f.
[1202] John STEINBRUNER, Direktor des Foreign Studies Program der Brookings Insitution, zit. aus: *Blätter für deutsche und internationale Politik*, 11/1982, S. 1307.
[1203] Colin S. GRAY u. Keith PAYNE, »Sieg ist möglich«, in: *Blätter für deutsche und internationale Politik*, 12/1980, S. 1502; zit. aus: Karl D. BREDHAUER (Hg.), aaO., S. 76; ebenfalls erwähnt in: Wilhelm BITTORF (Hg.), *Nachrüstung. Der Atomkrieg rückt näher*, Hamburg 1981, S. 193–198 (S. 194).
[1204] Jürgen BRUHN, *Schlachtfeld Europa. . .*, aaO. (Anm. 125), S. 146.
[1205] Jürgen BRUHN, *Schlachtfeld Europa. . .*, ebenda, S. 147.
[1206] Bernt ENGELMANN, *Weißbuch Frieden*, aaO. (Anm. 1084), S. 114.
[1207] Lothar RÜHL, *Rußlands Weg zur Weltmacht*, aaO. (Anm. 877), S. 464.
[1208] Bernd GREINER, aaO. (Anm. 351), S. 117.
[1209] Dieser Essayband existiert nur in französischer Sprache: *Guerres contre l'Europe. Bosnie – Kosovo – Tchétschénie*, Essai. Edition des Syrtes, Paris 2000.
[1210] Alexandre del VALLE, »Aggression der Supermacht USA gegen Europa – Teil 2«, in: *Zeit-Fragen* Nr. 75b/2000.
[1211] Alexandre del VALLE, »Aggression der Supermacht USA gegen Europa – Teil 1«, in: *Zeit-Fragen* Nr. 75a/2000.
[1212] Henriette Hanke GÜTTINGER, »Teuflisches Spiel – Devil's Game – Wie die USA halfen, den fundamentalistischen Islam zu entfesseln«, in: *Zeit-Fragen* 1/2007. Dieser Artikel faßt die Analysen von Robert DREYFUSS in dessen Studie *Devil's Game*, aaO. (Anm. 1241), zusammen.
[1213] Ebenda.
[1214] Ebenda.
[1215] Ebenda.
[1216] Michal POHLY u. Kahlid DURÁN, *Osama bin Laden*

und der internationale Terrorismus, München 2001, S. 88.
[1217] Henriette Hanke GÜTTINGER, »Teuflisches Spiel«, aaO. (Anm. 1212).
[1218] Ebenda.
[1219] E. R. CARMIN, *Das schwarze Reich – Geheimgesellschaften und Politik im 20. Jahrhundert*, München 1994.
[1220] Ebenda, S. 487.
[1221] Peter BLACKWOOD, *Das ABC der Insider*, Leonberg 1992, S. 410
[1222] F. William ENGDAHL, *Mit der Ölwaffe zur Weltmacht*, aaO. (Anm. 807), S. 263 f.
[1223] E. R. CARMIN, aaO. (Anm. 1219), S. 493.
[1224] Ebenda, S. 492.
[1225] EIRNA-Studie *11. September*, aaO. (Anm. 265), S. 68.
[1226] Ebenda, S. 68.
[1227] F. William ENGDAHL, *Mit der Ölwaffe zur Weltmacht*, aaO. (Anm. 807), S. 265.
[1228] Peter BLACKWOOD, *Das ABC der Insider*, aaO. (Anm. 1221), S. 304.
[1229] F. William ENGDAHL, *Mit der Ölwaffe zur Weltmacht*, aaO. (Anm. 807), S. 265 f.
[1230] EIRNA-Studie, aaO. (Anm. 265), S. 68.
[1231] Ebenda, S. 68 f.
[1232] Ebenda, S. 69.
[1233] F. William ENGDAHL, *Mit der Ölwaffe zur Weltmacht*, aaO. (Anm. 807), S. 269.
[1234] Ebenda, S. 265.
[1235] E. R. CARMIN, aaO. (Anm. 1219), S. 495.
[1236] *Washington Post*, 23. 1. 1979, zit. nach: E. R. CARMIN, ebenda, S. 496.
[1237] E. R. CARMIN, ebenda, S. 501.
[1238] Vgl. *World Business Weekly*, 29. 1. 1979, zit. nach: E. R. CARMIN, ebenda, S. 501.
[1239] E. R. CARMIN, ebenda, S. 497.
[1240] Peter MERSEBURGER, *Die unberechenbare Vormacht*, aaO. (Anm. 1186), S. 75.
[1241] Robert DREYFUSS, *Devil's Game – How the United States helped unleash Fundamentalist Islam*, New York 2005, S. 241.
[1242] Ebenda, S. 243; Übersetzung durch den Verfasser.
[1243] E. R. CARMIN, aaO. (Anm. 1219), S. 503.
[1244] Ahmed RASHID, *Taliban – Afghanistans Gotteskrieger und der Dschihad*, München 2002, S. 302 f.
[1245] Ebenda, S. 303.
[1246] Wilhelm DIETL, *Heiliger Krieg für Allah – Als Augenzeuge bei den geheimen Kommandos des Islam*, München 1983, S. 104 u. 106.
[1247] E. R. CARMIN, aaO. (Anm. 1219), S. 491.
[1248] Wilhelm DIETL, *Heiliger Krieg für Allah*, aaO. (Anm. 1246), S. 108.
[1249] E. R. CARMIN, aaO. (Anm. 1219), S. 494.
[1250] F. William ENGDAHL, aaO. (Anm. 807), S. 253 f.
[1251] Wilhelm DIETL, *Heiliger Krieg für Allah*, aaO. (Anm. 1246), S. 395.
[1252] Ahmed RASHID, aaO. (Anm. 1244), S. 304.
[1253] *Out of Afghanistan, The Inside Story of the Soviet Withdrawal*, New York 1995.
[1254] Ebenda, zit. nach: Michel CHOSSUDOVSKY, *Global Brutal*, aaO. (Anm. 647), S. 363.
[1255] Eric LAURENT, *9/11/01 – Die Wahrheit*, München 2005, S. 199.
[1256] Ahmed RASHID, aaO. aaO. (Anm. 1244), S. 48.
[1257] Ebenda, S. 49.
[1258] Zit. nach: Wilhelm DIETL, *Brückenkopf Afghanistan – Machtpolitik im Mittleren Osten*, München 1984, S. 35.
[1259] Zit. nach: ebenda, S. 37.
[1260] Ebenda, S. 36 f.
[1261] Ahmed RASHID, aaO. (Anm. 1244), S. 50.
[1262] Wilhelm DIETL, *Brückenkopf Afghanistan*, aaO. (Anm. 1258), S. 38.
[1263] Bolko Freiherr von RICHTHOFEN u. Reinhold OHEIM, *Weltherrschaft – Die Entwicklung Rußlands zur Großmacht – Ziel und Weg des Sowjetkommunismus*, Preußisch Oldendorf 1981, S. 192.
[1264] Ebenda, S. 192 f.
[1265] Wilhelm DIETL, *Brückenkopf Afghanistan*, aaO. (Anm. 1258), S. 42.
[1266] Robert DREYFUSS, aaO. (Anm. 1241), S. 257.
[1267] Ebenda, S. 257.
[1268] Ebenda.
[1269] Ebenda, S. 258.
[1270] Ebenda, S. 259.
[1271] Ebenda.
[1272] Ebenda, S. 260.
[1273] Ebenda.
[1274] Ebenda, S. 260; Übersetzung durch den Verfasser.
[1275] Zit. aus: ebenda, S. 260 f.
[1276] Zit. aus: Robert DREYFUSS, ebenda, S. 261; Übersetzung durch den Verfasser.
[1277] So Diego CORDOVEZ u. Selig HARRISON, *Out of Afghanistan*, Oxford 1995, S. 15, zit. aus: Robert DREYFUSS, ebenda, S. 261; Übersetzung durch den Verfasser.
[1278] So Diego CORDOVEZ u. Selig HARRISON, *Out of Afghanistan*, ebenda, S. 15, zit. aus: Robert DREYFUSS, ebenda, S. 261; Übersetzung durch den Verfasser.

1279 Wilhelm DIETL, *Schwarzbuch Weißes Haus – Außenpolitik mit dem Sturmgewehr*, Erftstadt 2004, S. 154.
1280 Robert DREYFUSS, aaO. (Anm. 1241), S. 262.
1281 Ebenda, S. 263; Übersetzung durch den Verfasser.
1282 Wilhelm DIETL, *Schwarzbuch Weißes Haus*, aaO. (Anm. 1279), S. 155.
1283 Ebenda, S. 156.
1284 Ebenda.
1285 Mária HUBER, *Moskau, 11. März 1985*, aaO. (Anm. 389), S. 47.
1286 Robert DREYFUSS, aaO. (Anm. 1241), S. 263.
1287 Ebenda, S. 263, Übersetzung durch den Verfasser.
1288 Ebenda.
1289 In Deutschland unter dem Titel *Risse im roten Imperium – Das Nationalitätenproblem in der Sowjetunion*, Wien–München–Zürich–Innsbruck 1979, erschienen.
1290 Vgl. ebenda, die Zusammenfassung im Klappentext.
1291 Gerhard KONZELMANN, *Die islamische Herausforderung*, Hamburg 1980, S. 99 f.
1292 Robert DREYFUSS, aaO. (Anm. 1241), S. 249; Übersetzung durch den Verfasser.
1293 Ebenda, S. 255.
1294 Ebenda, S. 250.
1295 Ebenda, S. 251, Übersetzung durch den Verfasser.
1296 Ebenda, S. 252.
1297 Ebenda, S. 253.
1298 Ebenda, S. 254.
1299 Zit. aus: ebenda, S. 254; Übersetzung durch den Verfasser.
1300 Mária HUBER, *Moskau, 11. März 1985*, aaO. (Anm. 389), S. 47 f.
1301 Ebenda, S. 48.
1302 Robert DREYFUSS, aaO. (Anm. 1241), S. 264; Übersetzung durch den Verfasser.
1303 Matin BARAKI, *Kampffeld Naher und Mittlerer Osten*, Heilbronn 2004, S. 38.
1304 Tariq ALI, *Fundamentalismus im Kampf um die Weltordnung – Die Krisenherde unserer Zeit und ihre historischen Wurzeln*, München 2003, S. 300.
1305 Wilhelm DIETL, *Schwarzbuch Weißes Haus*, aaO. (Anm. 1279), S. 158.
1306 Robert DREYFUSS, aaO. (Anm. 1241), S. 264; Übersetzung durch den Verfasser.
1307 Ebenda, S. 264; Übersetzung durch den Verfasser.
1308 Matin BARAKI, *Kampffeld Naher und Mittlerer Osten*, aaO. (Anm. 1303), S. 39; Manfred SAPPER, *Die Auswirkungen des Afghanistan-Krieges auf die Sowjetgesellschaft*, Münster 1994, S. 68.
1309 Matin BARAKI, ebenda, S. 39.
1310 Wilhelm DIETL, *Brückenkopf Afghanistan*, aaO., S. 65.
1311 Mária HUBER, aaO. (Anm. 389), S. 48 f.
1312 Gregor SCHÖLLGEN, *Geschichte der Weltpolitik von Hitler bis Gorbatschow 1941–1991*, München 1996, S. 350.
1313 Mária HUBER, aaO. (Anm. 389), S. 49; zit. nach: Diego CORDOVEZ u. Selig HARRISON, *Out of Afghanistan*, aaO. (Anm. 1277), S. 36 f.
1314 Gregor SCHÖLLGEN, aaO. (Anm. 1312), S. 350.
1315 Zit. in: Robert DREYFUSS, aaO. (Anm. 1241), S. 265; Übersetzung durch den Verfasser.
1316 Ebenda.
1317 Mária HUBER, aaO. (Anm. 389), S. 49.
1318 Zit. aus: Tariq ALI, aaO. (Anm. 1304), S. 300 f.
1319 Alfred W. MCCOY, *Die CIA und das Heroin – Weltpolitik durch Drogenhandel*, Frankfurt/M. 2003, S. 615.
1320 Ebenda, S. 615 f.
1321 Ebenda, S. 616.
1322 Ebenda, S. 615.
1323 Mária HUBER, aaO. (Anm. 389), S. 50.
1324 Robert DREYFUSS, aaO. (Anm. 1241), S. 268; Übersetzung durch den Verfasser.
1325 Mária HUBER, aaO. (Anm. 389), S. 50.
1326 Wilhelm DIETL, *Schwarzbuch Weißes Haus*, aaO. (Anm. 1279), S. 161.
1327 Mária HUBER, aaO. (Anm. 389), S. 50.
1328 Diego CORDOVEZ u. Selig S. HARRISON, *Out of Afghanistan*, aaO. (Anm. 1277), S. 43 ff., wiedergegeben in: Mária HUBER, aaO., S. 50 f.
1329 Mária HUBER, aaO. (Anm. 389), S. 51.
1330 Horst BACIA, »Das Vietnam der Sowjetunion«, in: *Frankfurter Allgemeine Zeitung*, 28. 12. 2009.
1331 Ebenda.
1332 Ebenda.
1333 Tariq ALI, aaO. (Anm. 1304), S. 302.
1334 Mária HUBER, aaO. (Anm. 389), S. 51.
1335 Horst BACIA, »Das Vietnam der Sowjetunion«, in: *Frankfurter Allgemeine Zeitung*, 28. 12. 2009.
1336 Ebenda.
1337 Mária HUBER, aaO. (Anm. 389), S. 51.
1338 Horst BACIA, »Das Vietnam der Sowjetunion«, in: *Frankfurter Allgemeine Zeitung*, 28. 12. 2009.
1339 »Pakt mit dem Teufel«, in: *Der Spiegel* 4/2010, S. 78–88 (S. 84).

1340 Horst BACIA, »Das Vietnam der Sowjetunion«, in: *Frankfurter Allgemeine Zeitung*, 28. 12. 2009.
1341 Peter MERSEBURGER, aaO. (Anm. 1186), S. 83.
1342 Jürgen BRUHN, *Der Kalte Krieg*, aaO. (Anm. 911), S. 190.
1343 Ebenda, S. 190.
1344 Ernst-Otto CZEMPIEL, *Machtprobe*, aaO. (Anm. 359), S. 134 f.
1345 Jürgen BRUHN, aaO. (Anm. 911), S. 196.
1346 Colin S. GRAY u. Keith PAYNE, »Sieg ist möglich«, in: *Blätter für deutsche und internationale Politik*, 12/1980, S. 1502 (S. 1506); zit. in: Karl D. BREDTHAUER (Hg.), aaO. (Anm. 1189), S. 76.
1347 Zit. in: Karl D. BREDTHAUER, ebenda, S. 82.
1348 Colin S. GRAY u. Keith PAYNE, »Sieg ist möglich«, in: *Blätter für deutsche und internationale Politik*, 12/1980, S. 1502 (S. 1506); zit. in: Karl D. BREDTHAUER (Hg.), ebenda, S. 83.
1349 Ernst-Otto CZEMPIEL, *Machtprobe*, aaO. (Anm. 359), S. 135.
1350 Ebenda, S. 136.
1351 Jürgen BRUHN, aaO. (Anm. 911), S. 194.
1352 Hervorhebung durch den Verfasser.
1353 Peter MERSEBURGER, aaO. (Anm. 1186), S. 225 f.
1354 Ebenda, S. 226.
1355 Ebenda, S. 226 f.
1356 Ebenda, S. 227.
1357 So der Bericht *National Security Strategy of the United States*, Washington D.C. 1987, zit. aus: Ernst-Otto CZEMPIEL, *Machtprobe*, aaO. (Anm. 359), S. 263.
1358 Ernst-Otto CZEMPIEL, *Machtprobe*, ebenda, S. 140.
1359 Ebenda.
1360 Ebenda, S. 141.
1361 So der Sicherheitsberater REAGANS William P. CLARK, der die Verteidigungspolitischen Richtlinien in einer Rede vor dem Georgetown University Center for Strategic and International Studies darstellte, vgl. Ernst-Otto CZEMPIEL, aaO., S. 141.
1362 Peter SCHWEITZER, *Reagan's War*, New York 2002, S. 141.
1363 Ebenda.
1364 Ebenda, S. 155.
1365 Ebenda, S. 155; Übersetzung durch d. Verfasser.
1366 Ebenda, S. 156; Übersetzung durch d. Verfasser.
1367 Ebenda, S. 157; Übersetzung durch d. Verfasser.
1368 Ebenda, S. 157, S. 158; Übersetzung durch d. Verfasser.
1369 Ebenda, S. 158; Übersetzung durch d. Verfasser.
1370 Jürgen BRUHN, *Der Kalte Krieg*, aaO. (Anm. 911), S. 206.
1371 Ebenda.
1372 Peter SCHWEITZER, aaO. (Anm. 1362), S. 141; Übersetzung durch den Verfasser.
1373 Zit. in: ebenda; Übersetzung durch d. Verfasser.
1374 »›Leitliniendokument‹ des Pentagon«, in: *Blätter für deutsche und internationale Politik* 8/1982, S. 1015; zit. in: Karl D. BREDTHAUER (Hg.), *Sage niemand, er habe es nicht wissen können*, aaO. (Anm. 1189), S. 77 f.
1375 Ebenda, S. 78.
1376 Ebenda.
1377 Zit. in: Peter SCHWEITZER, aaO. (Anm. 1362), S. 154 f.; Übersetzung durch d. Verfasser.
1378 Ernst-Otto CZEMPIEL, *Machtprobe*, aaO. (Anm. 359), S. 141 f.
1379 Ebenda, S. 142.
1380 Ebenda.
1381 Zit. in: Peter SCHWEITZER, aaO. (Anm. 1362), S. 142; Übersetzung durch d. Verfasser.
1382 Ebenda, S. 142; Übersetzung durch d. Verfasser
1383 »›Leitliniendokument‹ des Pentagon«, in: *Blätter für deutsche und internationale Politik* 8/1982, S. 1015; zit. in: Karl D. BREDTHAUER (Hg.), *Sage niemand, er habe es nicht wissen können*, aaO. (Anm. 1189), S. 78 f.
1384 Peter SCHWEITZER, aaO. (Anm. 1362), S. 142.
1385 Ebenda
1386 Jürgen BRUHN, *Der Kalte Krieg*, aaO. (Anm. 911), S. 209.
1387 Peter SCHWEITZER, aaO. (Anm. 1362), S. 156.
1388 »›Leitliniendokument‹ des Pentagon«, in: *Blätter für deutsche und internationale Politik* 8/1982, S. 1015; zit. in: Karl D. BREDTHAUER (Hg.), aaO. (Anm. 1189), S. 78.
1389 Zit. in: Jürgen BRUHN, *Der Kalte Krieg*, aaO. (Anm. 911), S. 207.
1390 Egon BAHR, in: *Die neue Gesellschaft* 2/1983, zit. aus: Klaus BREDTHAUER (Hg.), aaO. (Anm. 1189), S. 79.
1391 Zit. aus: Jürgen BRUHN, *Der Kalte Krieg*, aaO. (Anm. 911), S. 227.
1392 Henry KISSINGER, *Die Vernunft der Nationen*, aaO. (Anm. 1139), S. 859.
1393 Wilhelm DIETL, *Schwarzbuch Weißes Haus*, aaO. (Anm. 1279), S. 185 f.
1394 Jürgen BRUHN, *Der Kalte Krieg*, aaO. (Anm. 911), S. 208.
1395 Ernst-Otto CZEMPIEL, *Machtprobe*, aaO. (Anm. 359), S. 157.
1396 Ebenda, S. 157.
1397 Ebenda.
1398 Wilhelm DIETL, *Schwarzbuch Weißes Haus*, aaO. (Anm. 1279), S. 189.

1399 Mária HUBER, *Moskau, 11. März 1985*, aaO. (Anm. 389), S. 54; auch: Wilhelm DIETL, *Schwarzbuch Weißes Haus*, aaO. (Anm. 1279), S. 190.
1400 Mária HUBER, *Moskau, 11. März 1985*, ebenda, S. 54.
1401 Ebenda, S. 62.
1402 Ebenda.
1403 Wilhelm DIETL, *Schwarzbuch Weißes Haus*, aaO. (Anm. 1279), S. 190.
1404 Ernst-Otto CZEMPIEL, *Machtprobe*, aaO. (Anm. 359), S. 163.
1405 Ebenda, S. 164.
1406 Ebenda, S. 164 f.
1407 Ebenda, S. 165.
1408 Ebenda, S. 169.
1409 Ebenda, S. 262.
1410 Ebenda, S. 277.
1411 Ebenda, S. 279.
1412 Adalbert BÄRWOLF, *Die Geheimfabrik – Amerikas Sieg im technologischen Krieg*, München 1994, S. 118 u. 124.
1413 Ebenda, S. 213 u. 215.
1414 Jürgen BRUHN, *Der Kalte Krieg*, aaO. (Anm. 911), S. 212.
1415 Jochen HIPPLER, *Die neue Weltordnung*, aaO. (Anm. 1123), S. 56.
1416 Ebenda.
1417 Mária HUBER, *Moskau, 11. März 1985*, aaO. (Anm. 389), S. 57.
1418 Ebenda, S. 60 f.
1419 Christian SCHMIDT-HÄUER, »Die Rüstung verschlingt das Imperium«, in: *Die Zeit*, 1. 1. 1982, zit. in: Mária HUBER, *Moskau, 11. März 1985*, aaO. (Anm. 389), S. 64.
1420 Ebenda.
1421 Jochen HIPPLER, *Die neue Weltordnung*, aaO. (Anm. 1123), S. 60.
1422 Jürgen BRUHN, *Der Kalte Krieg*, aaO. (Anm. 911), S. 229.
1423 Ebenda, S. 229.
1424 Ebenda.
1425 Ernst-Otto CZEMPIEL, *Machtprobe*, aaO. (Anm. 359), S. 282.
1426 Ebenda, S. 284.
1427 Ebenda.
1428 Ebenda, S. 289.
1429 Ebenda, S. 296.
1430 Ebenda, S. 294 f.
1431 Ebenda, S. 301.
1432 Ebenda, S. 301 f.
1433 Ebenda, S. 302.
1434 Ebenda.
1435 Ebenda.
1436 Jochen HIPPLER, *Die neue Weltordnung*, aaO. (Anm. 1123), S. 61.
1437 Ebenda.
1438 Zbigniew BRZEZINSKI, *Planspiel*, aaO. (Anm. 224), S. 64 f.
1439 Mária HUBER, *Moskau 11. März 1985*, aaO. (Anm. 389), S. 77.
1440 Ebenda.
1441 Ebenda, S. 77 f.
1442 Ebenda, S. 78.
1443 Ferdinand KROH, *Wendemanöver*, München 1995, S. 28.
1444 Ebenda
1445 Mária HUBER, *Moskau, 11. März 1985*, aaO. (Anm. 389), S. 77.
1446 Ferdinand KROH, *Wendemanöver*, aaO. (Anm. 1443), S. 29.
1447 Peter SCHWEITZER, aaO. (Anm. 1362), S. 162 f.
1448 Zit. in: Peter SCHWEITZER, ebenda, S. 162; Übersetzung durch d. Verfasser.
1449 Ebenda, S. 164; Übersetzung durch d. Verfasser.
1450 Ebenda; Übersetzung durch d. Verfasser.
1451 Ebenda; Übersetzung durch d. Verfasser.
1452 Ebenda, S. 170; Übersetzung durch d. Verfasser.
1453 Ebenda.
1454 Ferdinand KROH, aaO. (Anm. 1443), S. 29.
1455 Mária HUBER, aaO. (Anm. 389), S. 77.
1456 Ebenda.
1457 Ferdinand KROH, aaO. (Anm. 1443), S. 29 f.
1458 Peter SCHWEITZER, aaO. (Anm. 1362), S. 173.
1459 Ebenda, S. 177; Übersetzung durch d. Verfasser.
1460 Heribert BLONDIAU u. Udo GÜMPEL, *Der Vatikan heiligt die Mittel. Mord am Bankier Gottes*, Düsseldorf 1999, S. 9 f.
1461 Ebenda, S. 208.
1462 Ebenda, S. 209.
1463 Valeska von ROQUES, *Verschwörung gegen den Papst. Warum Ali Agca auf Papst Johannes Paul II. schoß*, München 2001, S. 230.
1464 Ebenda, S. 228.
1465 Ebenda, S. 202 ff.
1466 Ebenda, S. 18.
1467 Jochen HIPPLER, *Die neue Weltordnung*, aaO. (Anm. 1123), S. 75.
1468 Bob WOODWARD, *Reagan und die geheimen Kriege der CIA*, München 1987, S. 168.
1469 Peter SCHWEITZER, aaO. (Anm. 1362), S. 231 f.
1470 Craig UNGER, *Die Bushs und die Sauds – Öl macht und Terror*, München–Zürich 2004, S. 122

[1471] Michel CHOSSUDOWSKY, *Global brutal*, aaO. (Anm. 647), S. 359.
[1472] »Chamäleon &. Co.«, in: *Der Spiegel* 39/2001, S. 14–19 (S. 16).
[1473] Michel CHOSSUDOVSKY, *Global Brutal*, aaO. (Anm. 647), S. 362.
[1474] Ahmed RASHID, *Taliban*, aaO. (Anm. 1244), S. 222.
[1475] Ebenda.
[1476] Ebenda, S. 222 f.
[1477] Craig UNGER, aaO. (Anm. 1477), S. 127.
[1478] Ebenda.
[1479] Robert DREYFUSS, aaO. (Anm. 1241), S. 280.
[1480] Ebenda, S. 275.
[1481] Ebenda, S. 277; Übersetzung durch d. Verfasser.
[1482] Ebenda, S. 282.
[1483] Ebenda, S. 283.
[1484] Ebenda, S. 285.
[1485] Ebenda; Übersetzung durch d. Verfasser.
[1486] Peter SCHWEITZER, aaO. (Anm. 1362), S. 234.
[1487] Robert DREYFUSS, aaO. (Anm. 1241), S. 285.
[1488] Ebenda, S. 286.
[1489] Ebenda.
[1490] Peter SCHWEITZER, aaO. (Anm. 1362), S. 235.
[1491] Craig UNGER, aaO. (Anm. 1477), S. 130.
[1492] Ebenda.
[1493] Zit. aus: Wolfgang VON ERFFA, *Das Vermächtnis des Eiseren Emirs – Afghanistans Schicksal*, Böblingen 1989, S. 130.
[1494] Ebenda.
[1495] Ebenda, S. 130 f.
[1496] Ebenda, S. 124.
[1497] Ebenda, S. 125.
[1498] Ebenda, S. 125.
[1499] Ebenda, S. 126.
[1500] Ebenda, S. 132.
[1501] Mária HUBER, *Moskau, 11. März 1985*, aaO. (Anm. 389), S. 55.
[1502] Ebenda.
[1503] Ebenda.
[1504] Ebenda.
[1505] Ebenda.
[1506] Craig UNGER, aaO. (Anm. 1477), S. 129.
[1507] Ebenda.
[1508] Ebenda, S. 130.
[1509] Michel CHOSSUDOVSKY, *Global brutal*, aaO. (Anm. 647), S. 361.
[1510] Ebenda.
[1511] Zit. aus: ebenda, S. 363.
[1512] Jochen HIPPLER, *Die neue Weltordnung*, aaO. (Anm. 1123), S. 59.
[1513] Ebenda.
[1514] Wolfgang VON ERFFA, aaO. (Anm. 1493), S. 80.
[1515] Jochen HIPPLER, aaO. (Anm. 1123), S. 54.
[1516] Ebenda.
[1517] Peter SCHWEITZER, aaO. (Anm. 1362), S. 236.
[1518] Anatoli TSCHERNAJEW, *Die letzten Jahre einer Weltmacht – Der Kreml von innen*, Stuttgart 1993, S. 113.
[1519] Jochen HIPPLER, *Die neue Weltordnung*, aaO. (Anm. 1123), S. 76.
[1520] Ebenda, S. 77 f.
[1521] Ebenda, S. 77.
[1522] Ebenda.
[1523] Ebenda.
[1524] Nafeez M. AHMED, *Geheimsache 09/11 – Hintergründe über den 11. September und die Logik amerikanischer Machtpolitik*, München 2003, S. 69.
[1525] Rainer RUPP, Burchard BRENTJES u. Siegwart-Horst GÜNTHER, *Vor dem dritten Golfkrieg*, Berlin 2002, S. 133.
[1526] Nafeez M. AHMED, aaO. (Anm. 1524), S. 69.
[1527] Michel CHOSSUDOVSKY, *Global brutal*, aaO. (Anm. 647), S. 365.
[1528] Ahmed RASHID, *Taliban*, aaO. (Anm. 1244), S. 58.
[1529] Michel CHOSSUDOVSKY, *Global brutal*, aaO. (Anm. 647), S. 366.
[1530] Leonid L. FITUNI, aaO. (Anm. 463), S. 46.
[1531] Mária HUBER, *Moskau, 11. März 1985*, aaO. (Anm. 389), S. 75.
[1532] Henry A. KISSINGER, *Amerikanische Außenpolitik*, aaO. (Anm. 1168), S. 123.
[1533] Mária HUBER, *Moskau, 11. März 1985*, aaO. (Anm. 389), S. 76.
[1534] Ebenda, S. 78.
[1535] Ebenda, S. 74. Mária HUBER führt aus, daß JACKSON »sich intensiv für die militärische Stärkung Israels« engagierte.
[1536] Ebenda.
[1537] Ebenda, S. 75.
[1538] Ebenda.
[1539] Ebenda, S. 78.
[1540] Ebenda.
[1541] Ebenda, S. 79.
[1542] Peter SCHWEITZER, aaO. (Anm. 1362), S. 238.
[1543] Ebenda, S. 239.
[1544] Ebenda, S. 240; Übersetzung durch d. Verfasser.
[1545] Robert DREYFUSS, aaO. (Anm. 1241), S. 282; Übersetzung durch d. Verfasser.
[1546] Peter SCHWEITZER, aaO. (Anm. 1362), S. 240 f.; Übersetzung durch d. Verfasser.
[1547] Ebenda, S. 241; Übersetzung durch d. Verfasser.
[1548] Ebenda; Übersetzung durch d. Verfasser.

1549 Mária HUBER, *Moskau, 11. März 1985*, aaO. (Anm. 389), S. 79.
1550 Ebenda.
1551 Viktor TIMTSCHENKO, aaO. (Anm. 707), S. 159.
1552 Mária HUBER, *Moskau, 11. März 1985*, aaO. (Anm. 389), S. 61.
1553 Ebenda, S. 89.
1554 Ebenda, S. 275.
1555 Ebenda, S. 278.
1556 Zbigniew BRZEZINSKI, *Planspiel*, aaO. (Anm. 224), S. 134.
1557 Lothar RÜHL, *Aufstieg und Untergang des Russischen Reiches*, aaO. (Anm. 367), S. 589.
1558 Ebenda, S. 589 f.
1559 Ebenda, S. 544.
1560 Mária HUBER, *Moskau, 11. März 1985*, aaO. (Anm. 389), S. 153.
1561 Ebenda.
1562 Ebenda, S. 156.
1563 Ebenda
1564 Ebenda, S. 159
1565 Zbigniew BRZEZINSKI, »Post-Communist Nationalism«, in: *Foreign Affairs*, Winter 1989/1990, S. 20 ff., zit. aus: Mária HUBER, *Moskau, 11. März 1985*, ebenda, S. 164.
1566 Klaus EICHNER, »Frontkader – Stippenzieher«, in: *Junge Welt*, 29. 6. 2010.
1567 Ebenda.
1568 Ebenda.
1569 Ebenda.
1570 Mária HUBER, *Moskau, 11. März 1989*, aaO. (Anm. 389), S. 164 f.
1571 Ebenda, S. 164.
1572 Ebenda, S. 170.
1573 Lothar RÜHL, *Aufstieg und Niedergang des Russischen Reiches*, aaO. (Anm. 367), S. 590.
1574 Ebenda, S. 553.
1575 Ebenda, S. 572.
1576 Mária HUBER, *Moskau, 11. März 1985*, aaO. (Anm. 389), S. 197.
1577 Ebenda, S. 198.
1578 Ebenda.
1579 Ebenda.
1580 Ebenda, S. 203.
1581 Ebenda, S. 267.
1582 Lothar RÜHL, *Aufstieg und Niedergang des Russischen Reiches*, aaO. (Anm. 367), S. 554 f.
1583 Mária HUBER, *Moskau, 11. März 1985*, aaO. (Anm. 389), S. 263.
1584 Ebenda, S. 264.
1585 Ebenda.
1586 Ebenda, S. 263.
1587 *Foreign Affairs*, »Chronology 1991«, S. 204, zit. nach: Mária HUBER, *Moskau, 11. März 1985*, ebenda, S. 265.
1588 So bezeichnet der Historiker Günther STÖCKL die Ukraine, in: Günther STÖCKL, *Russische Geschichte*, 6., erweiterte Auflage, Stuttgart 1997, S. 892.
1589 Alfred MENDES, *Geopolitics of the Ukrainian Breadbasket*, December 5, 2004, unter: http://www.globalresearch.ca/index.php?context=va&aid=281
1590 Ole DIEHL, »Kiew und Moskau«, in: Karl KAISER u. Hans-Peter SCHWARZ (Hg.), *Die Außenpolitik der Neuen Republiken im Östlichen Europa*, Bonn 1994, S. 83–104, hier S. 87.
1591 Alfred MENDES, *Geopolitics of the Ukrainian Breadbasket*, December 5, 2004, unter: http://www.globalresearch.ca/index.php?context=va&aid=281
1592 Ebenda.
1593 Ole DIEHL, aaO. (Anm. 1590), S. 98.
1594 Ebenda, S. 99.
1595 Alfred MENDES, *Geopolitics of the Ukrainian Breadbasket, aaO.* (Anm. 1591); Übersetzung durch d. Verfasser.
1596 Michel CHOSSUDOVSKY, *IMF sponsored ›Democracy‹ in the Ukraine*, November 28, 2004, unter: http://www.globalresearch.ca/articles/CHO411D.html
1597 Ebenda; Übersetzung durch den Verfasser.
1598 Ebenda,
1599 Ebenda.
1600 Ole DIEHL, aaO. (Anm. 1590), S. 98.
1601 F. William ENGDAHL, *Mit der Ölwaffe zur Weltmacht*, 2. erweiterte Auflage, Rottenburg 2006, S. 340.
1602 Zbigniew BRZEZINSKI, *Die einzige Weltmacht*, aaO. (Anm. 227), S. 136 f.
1603 Ebenda, S. 166.
1604 Ebenda.
1605 Ebenda, S. 202.
1606 Mária HUBER, *Moskau, 11. März 1985*, aaO. (Anm. 389), S. 130.
1607 Ebenda, S. 131.
1608 Ebenda, S. 110.
1609 Ebenda.
1610 Jochen HIPPLER, *Die Neue Weltordnung*, aaO. (Anm. 1123), S. 67.
1611 Paul KENNEDY, *Aufstieg und Fall der großen Mächte*, aaO. (Anm. 943), S. 756–758.
1612 Jochen HIPPLER, *Die Neue Weltordnung*, aaO. (Anm. 1123), S. 69.

1613 Ebenda, S. 68.
1614 Paul KENNEDY, *Aufstieg und Fall der großen Mächte*, aaO. (Anm. 943), S. 758.
1615 Mária HUBER, *Moskau, 11. März 1985*, aaO. (Anm. 389), S. 278.
1616 Jochen HIPPLER, *Die Neue Weltordnung*, aaO. (Anm. 1123), S. 65.
1617 Ebenda, S. 64.
1618 Mária HUBER, *Moskau, 11. März 1985*, aaO. (Anm. 389), S. 279.
1619 Ebenda, S. 284.
1620 Graham ALLISON u. Robert BLACKWILL, »America's Stake in the Soviet Future«, in: *Foreign Affairs* 70, No. 3, S. 77 f. (S. 90); zit. aus: Mária HUBER, *Moskau, 11. März 1985*, ebenda, S. 279 f.
1621 Jochen HIPPLER, *Die Neue Weltordnung*, aaO. (Anm. 1123), S. 66.
1622 Zit. aus: ebenda, S. 96.
1623 Ebenda.
1624 Mária HUBER, *Moskau, 11. März 1985*, aaO. (Anm. 389), S. 278.
1625 Ebenda, S. 279.
1626 Ebenda.
1627 Ebenda.
1628 Ebenda, S. 281 f.
1629 Ebenda, S. 282 f.
1630 Anatoli TSCHERNAJEW, aaO. (Anm. 1518), S. 376.
1631 Ebenda, S. 376 f.
1632 Mária HUBER, *Moskau, 11. März 1985*, aaO. (Anm. 389), S. 283.
1633 Ebenda.
1634 Anatoli TSCHERNAJEW, aaO. (Anm. 1518), S. 383.
1635 Mária HUBER, *Moskau, 11. März 1985*, aaO. (Anm. 389), S. 283.
1636 Ebenda.
1637 Roshan DHUNJIBHOY u. Karl L. HÜBENER (Hg.), *Unterwanderung – Die Destabilisierungsstrategie der USA von Angola bis Nicaragua*, Wuppertal 1983, S. 12.
1638 Anatoli TSCHERNAJEW, aaO. (Anm. 1518), S. 377.
1639 Mária HUBER, *Moskau, 11. März 1985*, aaO. (Anm. 389), S. 281 f.
1640 Zit. aus: ebenda, S. 284.
1641 Ebenda.
1642 Ebenda, S. 285.
1643 Ebenda.
1644 Peter BACHMAIER, »Soft Power – der kulturelle Krieg der USA gegen Rußland 1991–2010«, in: *Zeit-Fragen* Nr. 41, 19. 10. 2010.
1645 Ebenda.
1646 Ebenda; Zitate BRZEZINSKIS unter: V. I. JAKUNIN, BAGDASARJAN u. S. S. SULAKSCHIN, *Neue Technologien des Kampfes gegen den russischen Staat*, Moskau 2009.
1647 Ebenda.
1648 Ebenda.
1649 Ebenda.
1650 Ebenda.
1651 Mária HUBER, *Moskau, 11. März 1985*, aaO. (Anm. 389), S. 288.
1652 Zbigniew BRZEZINSKI, *Die einzige Weltmacht*, Berlin 1997, S. 15, zit. aus: Mária HUBER, *Moskau, 11. März 1985*, ebenda, S. 289 f.
1653 F. William ENGDAHL, *Mit der Ölwaffe zur Weltmacht*, aaO. (Anm. 1601), S. 334 f.
1654 Ebenda, S. 335.
1655 Christian HACKE, *Zur Weltmacht verdammt*, aaO. (Anm. 315), S. 548.
1656 Ebenda.
1657 Ebenda.
1658 Ebenda.
1659 Ebenda.
1660 Ebenda, S. 550.
1661 Ebenda.
1662 Ebenda, S. 550 f.
1663 So die *Wirtschaftswoche*, 14. 10. 1993, S. 106.
1664 David LUX, *Geld & Macht – George Soros, Karl Popper und die ›offene Gesellschaft‹*, Wien 1994, S. 5.
1665 Ebenda, S. 31.
1666 Klaus BRILL, »Der Milliardenzocker, dem der Kapitalismus zu kalt ist – George SOROS, bestverdienender Marktwirtschaftskritiker des Erdballs, pumpt viel Geld in die Demokratisierung der Welt«, in: *Süddeutsche Zeitung*, 12. 2. 2008.
1667 Ebenda.
1668 George SOROS, *Die Vorherrschaft der USA – eine Seifenblase*, München 2004, S. 134 f. u. 140.
1669 David LUX, aaO. (Anm. 1664), S. 37.
1670 Eric LAURENT, aaO., S. 122.
1671 Michel CHOSSUDOVSKY, *Global brutal*, aaO. (Anm. 647), S. 32.
1672 Ebenda, S. 33.
1673 Chalmers JOHNSON, *Der Selbstmord der amerikanischen Demokratie*, München 2004, S. 354.
1674 Ebenda, S. 357.
1675 Ebenda, S. 354 f.
1676 Jean ZIEGLER, *Die neuen Herrscher der Welt und ihre Widersacher*, aaO. (Anm. 4), S. 51.
1677 Chalmers JOHNSON, aaO. (Anm. 1673), S. 355.
1678 Ebenda, S. 355 f.
1679 Ebenda, S. 356.
1680 Ebenda.

1681 Michel CHOSSUDOVSKY, *Global brutal*, aaO. (Anm. 647), S. 33.
1682 Ebenda.
1683 Ebenda, S. 39 f.
1684 Ebenda, S. 261.
1685 Joseph STIGLITZ, *Die Schatten der Globalisierung*, Berlin 2002, S. 158
1686 F. William ENGDAHL, *Mit der Ölwaffe zur Weltmacht*, aaO. (Anm. 1601), S. 337.
1687 Joseph STIGLITZ, aaO. (Anm. 1685), S. 167.
1688 F. William ENGDAHL, *Mit der Ölwaffe zur Weltmacht*, aaO. (Anm. 1601), S. 337.
1689 Michel CHOSSUDOVSKY, *Global brutal*, aaO. (Anm. 647), S. 271.
1690 Ebenda, S. 29.
1691 Ebenda, S. 261 f.
1692 Stephan BIERLING, »Weder Partner noch Gegner: Die Rußlandpolitik der USA«, in: Peter RUDOLF u. Jürgen WILZEWSKI, *Weltmacht ohne Gegner*, Baden-Baden 2000, S. 125–147, hier S. 129.
1693 Ebenda.
1694 Joseph STIGLITZ, aaO. (Anm. 1685), S. 197.
1695 Ebenda.
1696 Michel CHOSSUDOVSKY, *Global brutal*, aaO., S. 263.
1697 F. Willam ENGDAHL, *Mit der Ölwaffe zur Weltmacht*, aaO. (Anm. 1601), S. 337 f.
1698 Vadim BELOTSERKOVSKY (mit Friedrich HITZER), *Was geschieht mit Rußland? Demokraten gegen Kremldiktatur, Krieg und Chaos*, Bergisch Gladbach 1996, S. 185.
1699 Ebenda, S. 185 f.
1700 Ebenda, S. 186.
1701 Ebenda.
1702 F. Willam ENGDAHL, *Mit der Ölwaffe zur Weltmacht*, aaO. (Anm. 1601), S. 338.
1703 Ebenda.
1704 Paul KLEBNIKOW, *Der Pate des Kreml – Boris Beresowski und die Macht der Oligarchen*, München 2001, S. 112.
1705 Michel CHOSSUDOVSKY, *Global brutal*, aaO. (Anm. 647), S. 263.
1706 Vadim BELOTSERKOVSKY, *Was geschieht mit Rußland?*, aaO. (Anm. 1698), S. 193.
1707 Ebenda, S. 193 f.
1708 Joseph STIGLITZ, aaO. (Anm. 1685), S. 170 f.
1709 Paul KLEBNIKOW, aaO. (Anm. 1704), S. 113.
1710 Ebenda.
1711 Ebenda, S. 168.
1712 des Staatskomitees für Eigentum, das von TSCHUBAIS geleitet wurde und die Privatisierung einleiten sollte.
1713 Ebenda (Anm. 1711).
1714 Ebenda, S. 156 f.
1715 Ebenda, S. 169.
1716 Vadim BELOTSERKOVSKY, *Was geschieht mit Rußland?*, aaO. (Anm. 1698), S. 190.
1717 Ebenda, S. 189.
1718 Joseph STIGLITZ, aaO. (Anm. 1685), S. 169.
1719 Paul KLEBNIKOW, aaO. (Anm. 1704), S. 170.
1720 Ebenda, S. 173 f.
1721 Ebenda, S. 181.
1722 Ebenda, S. 174.
1723 Ebenda.
1724 Ebenda, S. 131.
1725 Ebenda, S. 132.
1726 Ebenda, S. 133.
1727 Ebenda.
1728 Ebenda, S. 136.
1729 Ebenda, S. 138 f.
1730 Jürgen ROTH, *Der Oligarch – Der ukrainische Finanzmagnat Vadim Rabinovich bricht das Schweigen*, Hamburg 2002, S. 179.
1731 Michel CHOSSUDOVSKY, *Global brutal*, aaO. (Anm. 647), S. 266 f.
1732 Ebenda, S. 267.
1733 Paul KLEBNIKOW, *Der Pate des Kreml*, aaO. (Anm. 1704), S. 155.
1734 Ebenda, S. 156.
1735 Jürgen ROTH, *Der Oligarch*, aaO. (Anm. 1730), S. 272.
1736 Werner RAITH, *Das neue Mafia-Kartell – Wie die Syndikate den Osten erobern*, Hamburg 1996, S. 135.
1737 Ebenda, S. 136.
1738 Ebenda, S. 155 f.
1739 Ebenda, S. 136.
1740 Ebenda.
1741 Zit. aus: ebenda, S. 167.
1742 Jürgen ROTH, *Der Oligarch*, aaO. (Anm. 1730), S. 319.
1743 Ebenda.
1744 Frédéric F. CLAIRMONT, *Die Internationale der Plünderer, Sektion Rußland – Die globale Finanzkrise und wer davon profitiert*, unter: http://www.eurozine.com/articles/1999-04-13-clairmont-de.html
1745 Jürgen ROTH, *Der Oligarch*, aaO. (Anm. 1730), S. 319 f.
1746 Paul KLEBNIKOW, aaO. aaO. (Anm. 1704), S. 255.
1747 Ebenda, S. 271.
1748 Ebenda.
1749 Ebenda, S. 51.
1750 Ebenda, S. 270.
1751 *Der Selbstbedienungsladen wird geschlossen,*

unter: http://www.zeitschrift.com/magazin/41-Rußland.ihtml

[1752] Jürgen Roth, *Der Oligarch*, aaO. (Anm. 1730), S. 319.

[1753] *Boris Berezovski, the smuggler*, unter: http://www.voltairenet.org/article30030.html; Übersetzung durch den Verfasser

[1754] Paul Klebnikow, aaO. (Anm. 1704), S. 32; siehe auch: *Boris Berezovski, the smuggler*, ebenda.

[1755] Ebenda, S. 15.

[1756] Jürgen Roth, *Der Oligarch*, aaO. (Anm. 1730), S. 302.

[1757] Zit. aus: ebenda.

[1758] Ebenda.

[1759] *Boris Berezovski, the smuggler*, aaO. (Anm. 1753), Übersetzung durch d. Verfasser.

[1760] Frédéric F. Clairmont, *Die Internationale der Plünderer*, aaO. (Anm. 1744).

[1761] Jürgen Roth, *Der Oligarch*, aaO. (Anm. 1730), S. 302 f.

[1762] *Western Secret Serviceman of Putin's Main Rival*, unter: http://www.axisglobe.com/article.asp? article =1176, 28. 12. 2006; Übersetzung durch d. Verfasser.

[1763] Frédéric F. Clairmont, aaO. (Anm. 1744).

[1764] Paul Klebnikow, aaO. (Anm. 1704), S. 16.

[1765] Die Hintergründe des Tschetschenienkrieges werden in einem späteren Kapitel näher dargestellt.

[1766] Boris Reitschuster, *Wladimir Putin – Wohin steuert er Rußland?*, aaO. (Anm. 695), S. 63 f.

[1767] Ebenda, S. 64.

[1768] Paul Klebnikow, aaO. (Anm. 1704), S. 328.

[1769] Ebenda.

[1770] Boris Reitschuster, aaO. (Anm. 695), S. 64.

[1771] Paul Klebnikow, aaO. (Anm. 1704), S. 329.

[1772] Ebenda, S. 17.

[1773] Ebenda, S. 16.

[1774] Ebenda, S. 17.

[1775] »Boris Beresowski«, unter: http://www.netstudien.de/Rußland/beresowski.htm

[1776] Paul Klebnikow, aaO. (Anm. 1704), S. 17.

[1777] »Jelzin und die Oligarchen«, unter: http://www.netstudien.de/Rußland/jelzin.htm

[1778] Paul Klebnikow, aaO. (Anm. 1704), S. 17 f.

[1779] Frédéric F. Clairmont, *Die Internationale der Plünderer*, aaO. (Anm. 1744).

[1780] Werner Raith, aaO. (Anm. 1736), S. 80.

[1781] Ebenda.

[1782] Ebenda, S. 81.

[1783] Ebenda, S. 82.

[1784] Ebenda, S. 83 f.

[1785] Ebenda, S. 84.

[1786] »Von Clearstream bis Yukos (Teil III): War Yukos wirklich heiße und kalte Kriege wert? Das US-Großkapital machte Rechnung ohne Wirt«, in: *Saar-Echo*, 1. 2. 2005.

[1787] »Triumph der Doppelmoral«, in: *Der Spiegel* 46/2003, S. 136–139 (S. 139).

[1788] Paul Klebnikow, aaO. (Anm. 1704), S. 261.

[1789] Ebenda, S. 262 f.

[1790] »Duell um den Kreml«, in: *Der Spiegel* 45/2003, S. 130–145 (S. 135).

[1791] »Von Clearstream bis Yukos (Teil II): Mikhail Chodorkovsky verlor gegen US-Amerika und die US-Profis unterlagen gegen Wladimir Putin«, in: *Saar-Echo*, 31. 1. 2005.

[1792] »Triumph der Doppelmoral«, aaO. (Anm. 1787), S. 136–139 (S. 139).

[1793] Nina Baschkatow, »Putin, Yukos und die Wahlen in Rußland – Patrioten und Oligarchen«, in: *Le Monde diplomatique*, Dezember 2003, S. 12 f. (S. 13).

[1794] Eberhard Schneider, *Putin und die Oligarchen*, Studie der Stiftung Wissenschaft und Politik, Berlin, September 2004, S. 12.

[1795] Ebenda, S. 16.

[1796] Nina Baschkatow, aaO. (Anm. 1793), S. 12.

[1797] Eberhard Schneider, *Putin und die Oligarchen*, aaO. (Anm. 1794), S. 17.

[1798] Ebenda, S. 18.

[1799] Ebenda, S. 17.

[1800] »Von Clearstream bis Yukos (Teil II), aaO. (Anm. 1791).

[1801] F. William Engdahl, *Öl, wirtschaftliche Sicherheit und geopolitsche Risiken von heute*, Vortrag vor der Interpremeco Convention, München 13.–15. Oktober 2006; unter: http://www.engdahl. oilgeopolitics.net/AufDeutsch/Rußland/Rußland.html

[1802] Ebenda.

[1803] »Von Clearstream bis Yukos (Teil III), aaO. (Anm. 1786).

[1804] Ebenda.

[1805] Ebenda.

[1806] Nina Baschkatow, »Putin, Yukos und die Wahlen in Rußland – Patrioten und Oligarchen«, aaO. (Anm. 1793), S.12.

[1807] »Von Clearstream bis Yukos (Teil III), aaO. (Anm. 1786).

[1808] Ebenda.

[1809] Ebenda.

[1810] Ebenda.

[1811] Ebenda.

[1812] »Von Clearstream bis Yukos (V): Gerät das kapitalistische Abenteuer Yukos zum Ausgangspunkt einer geopolitischen Korrektur?« in: *Saar-Echo,* 3. 2. 2005.
[1813] Paul KLEBNIKOW, aaO. (Anm. 1704), S. 141.
[1814] Ebenda, S. 141 f.
[1815] Michel CHOSSUDOVSKY, *Global brutal*, aaO. (Anm. 647), S. 271.
[1816] Paul KLEBNIKOW, aaO. (Anm. 1704), S. 162.
[1817] Ebenda.
[1818] Ebenda, S. 163.
[1819] Ebenda.
[1820] Ebenda.
[1821] Ebenda, S. 168.
[1822] Michel CHOSSUDOVSKY, *Global brutal*, aaO. (Anm. 647), S. 271.
[1823] Ebenda, S. 272.
[1824] Paul KLEBNIKOW, aaO. (Anm. 1704), S. 164.
[1825] Ebenda, S. 165.
[1826] Michel CHOSSUDOVSKY, *Global brutal*, aaO. (Anm. 647), S. 272.
[1827] Ebenda.
[1828] Paul KLEBNIKOW, aaO. (Anm. 1704), S. 166.
[1829] Ebenda, S. 167.
[1830] Ebenda, S. 166 f.
[1831] Vadim BELOTSERKOVSKY, *Was geschieht mit Rußland?*, aaO. (Anm. 1698), S. 133.
[1832] Michel CHOSSUDOVSKY, *Global brutal*, aaO. (Anm. 647), S. 273.
[1833] Ebenda.
[1834] Ebenda.
[1835] Ebenda.
[1836] Ebenda.
[1837] Ebenda, S. 274.
[1838] Ebenda.
[1839] Ebenda, S. 275.
[1840] Stephan BIERLING, »Weder Partner noch Gegner: Die Rußlandpolitik der USA«, in: Peter RUDOLF u. Jürgen WILZEWSKI, *Weltmacht ohne Gegner*, aaO. (Anm. 1692), S. 128.
[1841] Ebenda, S. 131, ebenso Michel CHOSSUDOVSKY, *Global brutal*, aaO. (Anm. 647), S. 275.
[1842] Joseph STIGLITZ, (Anm. 1685), aaO., S. 202.
[1843] Michel CHOSSUDOVSKY, *Global brutal*, aaO. (Anm. 647), S. 274 f.
[1844] Michael THUMANN, *Das Lied von der russischen Erde*, aaO. (Anm. 37), S. 94.
[1845] Ebenda, S. 101.
[1846] Ebenda, S. 100 f.
[1847] Ebenda, S. 104.
[1848] »Duell um den Kreml«, in: *Der Spiegel* 45/2003, S. 130–145 (S. 135).
[1849] Paul KLEBNIKOW, aaO. (Anm. 1704), S. 276.
[1850] Dominic MIDGLEY u. Chris HUTCHINS, *Der Milliardär aus dem Nichts – Roman Abramowitsch*, Hamburg 2005, S. 65.
[1851] Paul KLEBNIKOW, aaO., S. 274
[1852] Dominic MIDGLEY u. Chris HUTCHINS, aaO. (Anm. 1850), S. 65.
[1853] Paul KLEBNIKOW, aaO. (Anm. 1704), S. 275.
[1854] Joseph STIGLITZ, aaO. (Anm. 1685), S. 200 f.
[1855] Jürgen ROTH, *Der Oligarch*, aaO. (Anm. 1730), S. 314.
[1856] Paul KLEBNIKOW, aaO. (Anm. 1704), S. 290 f.
[1857] Gerald SUSSMAN, *The Myths of ›Democracy Assistance‹: U.S. Political Intervention in Post-Soviet Eastern Europe*, unter: http://www.monthlyreview.org/1206sussman.htm
[1858] Ebenda.
[1859] Paul KLEBNIKOW, aaO. (Anm. 1704), S. 291.
[1860] Ebenda, S. 292.
[1861] Ebenda, S. 293.
[1862] Man sprach dabei von einer Summe von 12 Milliarden Dollar; und US-Regierungsvertreter sagten aus, es habe sich hier um die größte Geldwaschangelegenheit gehandelt, die das FBI je untersuchte (vgl. Jürgen ROTH, *Der Oligarch*, aaO. (Anm. 1730), S. 310 f.).
[1863] Jürgen ROTH, *Der Oligarch*, aaO. (Anm. 1730), S. 311.
[1864] Ebenda.
[1865] Ebenda, S. 312.
[1866] Paul KLEBNIKOW, aaO. (Anm. 1704), S. 293.
[1867] Ebenda.
[1868] Ebenda, S. 283 f.
[1869] ebenda, S. 284.
[1870] Alexander RAHR, *Wladimir Putin*, aaO. (Anm. 688), S. 123.
[1871] Paul KLEBNIKOW, aaO. (Anm. 1704), S. 285.
[1872] Ebenda, S. 288 f.
[1873] Ebenda, S. 290.
[1874] Ebenda, S. 289.
[1875] Alexander RAHR, *Wladimir Putin*, aaO. (Anm. 688), S. 125.
[1876] Ebenda, S. 123.
[1877] Paul KLEBNIKOW, aaO. (Anm. 1704), S. 289.
[1878] »Duell um den Kreml«, in: *Der Spiegel* 45/2003, S. 130–145 (S. 135).
[1879] Alexander RAHR, *Wladimir Putin*, aaO. (Anm. 688), S. 124.
[1880] Ebenda, S. 126.

[1881] Ebenda, S. 127.
[1882] F. William ENGDAHL, *Mit der Ölwaffe zur Weltmacht*, aaO. (Anm. 1653).
[1884] Paul KLEBNIKOW, aaO. (Anm. 1704), S. 322.
[1885] Alexander RAHR, *Wladimir Putin*, aaO. (Anm. 688), S. 138.
[1886] Jelzin und die Oligarchen, unter: http://www.netstudien.de/Rußland/jelzin.htm
[1887] Alexander RAHR, *Wladimir Putin*, aaO. (Anm. 688), S. 150.
[1888] Paul KLEBNIKOW, aaO. (Anm. 1704), S. 326.
[1889] Ebenda.
[1890] *Western Secret Serviceman of Putin's Main Rival*, unter: http://www.axisglobe.com/article.asp?article=1176; Übersetzung durch d. Verfasser.
[1891] Ebenda; Übersetzung durch d. Verfasser.
[1892] Alexander RAHR, *Wladimir Putin*, aaO. (Anm. 688), S. 155.
[1893] F. William ENGDAHL, *Mit der Ölwaffe zur Weltmacht*, aaO. (Anm. 1653), S. 341 f.
[1894] Alexander RAHR, *Wladimir Putin*, aaO. (Anm. 688), S. 158.
[1895] Ebenda, S. 159.
[1896] Ebenda, S. 160.
[1897] Michel CHOSSUDOVSKY, *Global brutal*, aaO. (Anm. 647), S. 269 f.
[1898] Ebenda, S. 278 (Kasten 16.3).
[1899] Alexander RAHR, *Wladimir Putin*, aaO. (Anm. 688), S. 149.
[1900] Ebenda.
[1901] Ebenda, S. 169.
[1902] Ebenda, S. 147.
[1903] Ebenda, S. 146.
[1904] Ebenda.
[1905] Michel CHOSSUDOVSKY, *Global brutal*, aaO. (Anm. 647), S. 275.
[1906] Alexander RAHR, *Wladimir Putin*, aaO. (Anm. 688), S. 169 f.
[1907] Joseph STIGLITZ, aaO. (Anm. 1685), S. 160.
[1908] Christiane OPPERMANN, *Schwarzbuch Banken*, München 2002, S. 257.
[1909] Ebenda, S. 256.
[1910] Ebenda, S. 258.
[1911] Ebenda, S. 256.
[1912] Joseph STIGLITZ, aaO. (Anm. 1685), S. 173.
[1913] Ebenda.
[1914] Ebenda, S. 160.
[1915] Christiane OPPERMANN, aaO. (Anm. 1908), S. 258.
[1916] Joseph STIGLITZ, aaO. (Anm. 1685), S. 160.
[1917] A. RAHR, *Wladimir Putin*, aaO. (Anm. 688), S. 170.
[1918] Christiane OPPERMANN, aaO. (Anm. 1908), S. 258.
[1919] Ebenda.
[1920] Ebenda.
[1921] Ebenda.
[1922] Joseph STIGLITZ, aaO. (Anm. 1685), S. 179.
[1923] Alexander RAHR, *Wladimir Putin*, aaO. (Anm. 688), S. 170.
[1924] Michael THUMANN, aaO. (Anm. 37), S. 140 f.
[1925] Ebenda, S. 138 f.
[1926] Ebenda, S. 138.
[1927] Wjatscheslaw DASCHITSCHEW, »Rußland in geopolitischen Plänen der USA«, unter: http://www.fpoe.at/fileadmin/Contentpool/Portal/PDFs/Dokumente/Vortrag.doc
[1928] Albrecht ROTHACHER, »Das neue ›Große Spiel‹ – Zentralasien und der Kampf der Großmächte«, in: *Blätter für deutsche und internationale Politik* 1/2007, S. 101–109 (S. 101 f.).
[1929] Wjatscheslaw DASCHITSCHEW, *Moskaus Griff nach der Weltmacht – die bitteren Früchte hegemonialer Politik*, aaO. (Anm. 1), S. 530.
[1930] Ebenda, S. 536.
[1931] Detlef BIMBOES, *Von Kabul bis Baku und Skopije – Interessen, Mächte und Bündnisse*, unter: http://www.uni-kassel.de/fb5/frieden/regionen/Kaukasus/bimboes2.html
[1932] Sherman W. GARNETT, Alexander RAHR u. Koji WATANABE, *Der Kaspische Raum vor den Herausforderungen der Globalisierung – Die Verantwortung der Trilateralen Staaten für die Stabilität der Region*, Opladen 2001, S. 26.
[1933] Detlef BIMBOES, aaO. (Anm. 1931).
[1934] Sherman W. GARNETT, Alexander RAHR u. Koji WATANABE, aaO. (Anm. 1932), S. 28.
[1935] Ebenda, S. 28.
[1936] Ebenda, S. 29 f.
[1937] Ahmed RASHID, »Ein neuer globaler Ölmulti. Chinas strategische Rolle in Zentralasien«, in: *Internationale Politik*, März 1998, S. 31; zit. in: Savas GENC, *Das neue ›Great Game‹ in Zentralasien um das Erdöl – Eine Region im Fadenkreuz der internationalen Interessen*, Heidelberg 2006, S. 155
[1938] Reinhard STRUTH, »Wettbewerb um Macht und Einfluß in Zentralasien«, in: *Internationale Politik*, März 1998, S. 42; zit. in: Savas GENC, aaO., S. 157.
[1939] Sherman W. GARNETT, Alexander RAHR u. Koji WATANABE, aaO. (Anm. 1932), S. 30.
[1940] Savas GENC, *Das neue ›Great Game‹ in Zentralasien um das Erdöl*, aaO. (Anm. 1937), S. 151.
[1941] Ahmed RASHID, *Taliban*, aaO. (Anm. 1244), S. 263.

[1942] Johannes REISSNER, »Iran: Beziehungen zu Zentral- und Südasien«, in: Klaus LANGE (Hg.) *Sicherheit in Zentral- und Südasien,* aaO. (Anm. 463), S. 58.
[1943] Ahmed RASHID, *Taliban*, aaO. (Anm. 1244), S. 263.
[1944] Das Thema der geheimen Liaison zwischen der US-Machtelite und den Taliban wird geschildert in: Ahmed RASHID, *Taliban,* aaO. (Anm. 1244); Jean-Charles BRISARD u. Guillaume DASQUIÉ, *Die verbotene Wahrheit – Die Verstrickungen der USA mit Osama bin Laden*, Zürich–München 2001; Nafeez M. AHMED, *Geheimsache 09/11,* aaO. (Anm. 1524).
[1945] Johannes REISSNER, »Iran: Beziehungen zu Zentral- und Südasien«, in: Klaus LANGE (Hg.) *Sicherheit in Zentral- und Südasien,* aaO. (Anm. 463), S. 58.
[1946] Sh. T. HUNTER, »Central Asia and the Middle East – Patterns of Interaction and Influence«, in: *Central Asian Monitor*, 1992, Nr. 6, S. 10–18 ff.
[1947] Ahmed RASHID, *Taliban*, aaO. (Anm. 1244), S. 315.
[1948] Sherman W. GARNETT, Alexander RAHR u. Koji WATANABE, aaO. (Anm. 1932), S. 31.
[1949] Michael W. WEITHMANN, *Atatürks Erben auf dem Weg nach Westen – Die Türkei im Spannungsfeld zwischen Nahost und Europa*, München 1997, S. 359.
[1950] Albrecht ROTHACHER, aaO. (Anm. 1928), S. 104.
[1951] Alexander RAHR, »Europa im neuen Zentralasien«, in: Sherman W. GARNETT, Alexander RAHR u. Koji WATANABE, aaO. (Anm. 1932), S. 77–96 (S. 94).
[1952] Michael W. WEITHMANN, aaO. (Anm. 1949), S. 348.
[1953] Savas GENC, aaO. (Anm. 1937), S. 87.
[1954] Michael W. WEITHMANN, aaO. (Anm. 1949), S. 354.
[1955] Savas GENC, aaO. (Anm. 1937), S. 87.
[1956] Lothar RÜHL, *Aufstieg und Niedergang des Russischen Reiches*, aaO. (Anm. 367), S. 577 f.
[1957] Savas GENC, aaO. (Anm. 1937), S. 164.
[1958] Ebenda.
[1959] Alexander RAHR, »Europa im neuen Zentralasien«, in: Sherman W. GARNETT, Alexander RAHR, Koji WATANABE, aaO. (Anm. 1932), S. 77–96 (S. 84).
[1960] Savas GENC, aaO. (Anm. 1937), S. 164.
[1961] Alexander RAHR, »Europa im neuen Zentralasien«, aaO., S. 84
[1962] Albrecht ROTHACHER, aaO. (Anm. 1928), S. 104.
[1963] Stephan BIERLING, »Weder Partner noch Gegner: Die Rußlandpolitik der USA«, in: Peter RUDOLF u. Jürgen WILZEWSKI, *Weltmacht ohne Gegner*, aaO. (Anm. 1692), S. 125 f.
[1964] So der damalige Außenminister James BAKER am 12. Dezember 1991 in einer Rede an der Princeton University, zit. aus: Stephan BIERLING, ebenda, S. 126.
[1965] Zbigniew BRZEZINSKI, *Die einzige Weltmacht*, aaO. Anm. 227), S. 91.
[1966] Ebenda.
[1967] Stephan BIERLING, aaO. (Anm. 1692), S. 129.
[1968] Ebenda, S. 134.
[1969] Sherman W. GARNETT, »Die USA und das Kaspische Becken«, in: Sherman W. GARNETT, Alexander RAHR u. Koji WATANABE, aaO. (Anm. 1932), S. 43–62 (S. 43).
[1970] Ebenda, S. 44.
[1971] Stephan BIERLING, aaO. (Anm. 1692), S. 135.
[1972] Ebenda, S. 136.
[1973] Ebenda, S. 138.
[1974] Ebenda, S. 139.
[1975] Ebenda, S. 138.
[1976] Ebenda, S. 139.
[1977] Sherman W. GARNETT, »Die USA und das Kaspische Becken«, aaO. (Anm. 1969), S. 45.
[1978] Rizvan NABIYEV, *Erdöl- und Erdgaspolitik in der kaspischen Region*, aaO. (Anm. 478), S. 348.
[1979] Sherman W. GARNETT, aaO. (Anm. 1969), S. 49 f.
[1980] Ebenda, S. 50
[1981] Rizvan NABIYEV, *Erdöl- und Erdgaspolitik in der kaspischen Region*, aaO. (Anm. 478), S. 349.
[1982] Zit. aus: Henry KISSINGER, *Die Vernunft der Nationen*, aaO. (Anm. 1139), S. 894.
[1983] Ebenda.
[1984] »Die Rolle eines Ersatz-Rom«, Interview mit Chalmers JOHNSON, in: *Der Spiegel*, Nr. 45/2000, S. 252–256, zit. aus: Rizvan NABIYEV, *Erdöl- und Erdgaspolitik in der kaspischen Region*, aaO. (Anm. 478), S. 350.
[1985] Sherman W. GARNETT, aaO. (Anm. 1969), S. 53.
[1986] Ebenda, S. 54.
[1987] Henry KISSINGER, *Die Vernunft der Nationen*, aaO. (Anm. 1139), S. 899.
[1988] Rizvan NABIYEV, *Erdöl- und Erdgaspolitik in der kaspischen Region*, aaO. (Anm. 478), S. 350.
[1989] Matthias GEORGE, »Geostrategische Interessen und Öl in Eurasien«, in: *Zeit-Fragen*, Nr. 81b, 2. 7. 2001.
[1990] Ebenda.
[1991] Michel CHOSSUDOVSKY, *Global Brutal*, aaO. (Anm. 647), S. 391.
[1992] US Kongress, *Transcript of the House of Representatives*, HR 1152, 19. März 2001, zit. aus: Michel CHOSSUDOVSKY, *Global Brutal*, ebenda, S. 391 f.
[1993] Anhörung über US-Interessen in den zentralasiatischen Republiken am 12. Februar 1998, House of Representatives, Subcommittee on Asia and the Pacific, Committee on International Relations, zit. aus:

Michel CHOSSUDOVSKY, *Global brutal*, aaO. (Anm. 647), S. 392.
[1994] Ebenda, S. 392 f.
[1995] Ebenda, S. 393.
[1996] Ebenda.
[1997] Ebenda.
[1998] Rizvan NABIYEV, *Erdöl- und Erdgaspolitik in der kaspischen Region*, aaO. (Anm. 478), S. 349.
[1999] Matthias GEORGE, »Geostrategische Interessen und Öl in Eurasien«, aaO. (Anm. 1989).
[2000] Ebenda.
[2001] Ebenda.
[2002] http://www.globalsecurity.org/military/world/int/guuam.htm
[2003] *Yalta GUUAM Charter*, Yalta, 7. 6. 2001, unter: http://www.guuam.org/doc/browse.html
[2004] Rainer FREITAG-WIRMINGHAUS, »Politische Konstellationen im Südkaukasus«, in: *Aus Politik und Zeitgeschichte*, B42/99, S. 21–31 (S. 25).
[2005] Ebenda, S. 25.
[2006] So Kaukasus-Experte Uwe HALBACH, in: »Staatenbund GUUAM soll neu belebt werden«, unter: http://www.dw-world.de/dw/article/0,1564,1560133,00.html
[2007] Ebenda.
[2008] Alexander WARKOTSCH, »Rußlands Rolle in Zentralasien«, unter: http://www.bundestag.de/cgi-bin/druck.pl?N=parlament
[2009] Leonid L. FITUNI, aaO. (Anm. 463), S. 45.
[2010] Rainer FREITAG-WIRMINGHAUS, »Politische Konstellationen im Südkaukasus«, aaO. (Anm. 2004), S. 25.
[2011] »Staatenbund GUUAM soll neu belebt werden«, aaO. (Anm. 2006.
[2012] Savas GENC, aaO. (Anm. 1937), S. 181.
[2013] Zit. nach Igor TUBARKOV, »GUUAM's loss in Russia's gain«, in: *Eurasia Insight*, 18. 4. 2001, http://www.eurasianet.org/departments/insight/articles/eav041801.shtml, zit. aus: Savas GENC, ebenda, S. 182.
[2014] Rainer FREITAG-WIRMINGHAUS, »Politische Konstellationen im Südkaukasus«, aaO. (Anm. 2004), S. 25.
[2015] Michel CHOSSUDOVSKY, *Global brutal*, aaO. (Anm. 647), S. 390 f.
[2016] Rainer FREITAG-WIRMINGHAUS, »Politische Konstellationen im Südkaukasus«, aaO. (Anm. 2004), S. 25.
[2017] Michel CHOSSUDOVSKY, *Global Brutal*, aaO. (Anm. 647), S. 393.
[2018] Rainer FREITAG-WIRMINGHAUS, »Politische Konstellationen im Südkaukasus«, aaO. (Anm. 2004), S. 25.
[2019] Michel CHOSSUDOVSKY, *Global Brutal*, aaO. (Anm. 647), S. 391.
[2020] Rainer FREITAG-WIRMINGHAUS, »Politische Konstellationen im Südkaukasus«, aaO. (Anm. 2004), S. 25.
[2021] Ebenda, S. 26.
[2022] Ebenda.
[2023] Ebenda.
[2024] Ebenda.
[2025] Sherman W. GARNETT, aaO. (Anm. 1969), S. 52.
[2026] Rachel BRONSON, »NATO's Expanding Presence in the Caucasus and Central Asia«, in: Stephen J. BLANK (Hg.), *NATO after Enlargement: New Challenges, New Missions, New forces*, Carlisle, P.A.: Strategic Studies Institute, U.S. Army War College, September 1998, S. 229–258 (S. 236); Übersetzung durch d. Verfasser.
[2027] Zit. aus: Alfred MECHTERSHEIMER, *Friedensmacht Deutschland*, Frankfurt/M.–Berlin 1993, S. 324.
[2028] Otfried NASSAUER, »Neue NATO-Strategie«, in: Erich SCHMIDT-EENBOOM u. Jo ANGERER (Hg.), *Siegermacht NATO – Dachverband der neuen Weltordnung*, Berg am Starnberger See 1993, S. 37–114 (S. 48 f.); vgl. auch: Alfred MECHTERSHEIMER, ebenda, S. 324–326.
[2029] Alfred MECHTERSHEIMER, ebenda, S. 326.
[2030] Hans-Georg EHRHART u. Oliver THRÄNERT, »Die Rolle von NATO, EU und OSZE in der Kaspischen Region«, in: *Aus Politik und Zeitgeschichte* B 43–44/98, S. 37–44 (S. 38).
[2031] Ebenda, S. 38.
[2032] Ebenda.
[2033] Ebenda.
[2034] Ebenda, S. 39.
[2035] Ebenda.
[2036] Rachel BRONSON, »NATO's Expanding Presence in the Caucasus and Central Asia«, aaO. (Anm. 2026), S. 235; Übersetzung durch d. Verfasser.
[2037] Ebenda, S. 235; Übersetzung durch d. Verfasser.
[2038] Ebenda; Übersetzung durch d. Verfasser.
[2039] Ebenda, S. 235 f.; Übersetzung durch d. Verfasser.
[2040] Hans-Georg EHRHART u. Oliver THRÄNERT, aaO. (Anm. 2030), S. 39 f.
[2041] Ebenda, S. 40.
[2042] Ebenda, S. 39.
[2043] http://www.bits.de/NRANEU/RussiaCaucasus.html
[2044] Rachel BRONSON, »NATO's Expanding Presence in the Caucasus and Central Asia«, aaO. (Anm. 2026), S. 238; Übersetzung durch d. Verfasser.
[2045] Ebenda, S. 240; Übersetzung durch d. Verfasser.
[2046] Ebenda; Übersetzung durch d. Verfasser.
[2047] Zit. aus: Rachel BRONSON, ebenda, S. 240; Übersetzung durch d. Verfasser.

[2048] Hannes HOFBAUER, *Balkankrieg – Zehn Jahre Zerstörung Jugoslawiens*, Wien 2001, S. 191.
[2049] Michel CHOSSUDOVSKY, »Die USA auf Kriegspfad in Mazedonien«, unter: http://www.zmag.de/arikel.php?id=164
[2050] Matthias GEORGE, »War Europa das Ziel bei der Bombardierung Serbiens?« in: *Zeit-Fragen*, 20. 8. 2001.
[2051] Ebenda.
[2052] Michel CHOSSUDOVSKY, »Die USA auf Kriegspfad in Mazedonien«, unter: http://www.zmag.de/arikel.php?id=164
[2053] George MONBIOT, »A Descreet Deal in the Pipeline«, *The Guardian*, 15. 2. 2001, zit aus: Michel CHOSSUDOVSKY, »Die USA auf Kriegspfad in Mazedonien«, ebenda.
[2054] Rainer RUPP, »NATO-Krieg gegen Jugoslawien sollte Fehlentscheidung Eisenhowers korrigieren«, in: *Junge Welt*, 23. 6. 2001.
[2055] Ebenda.
[2056] Ebenda.
[2057] Ebenda.
[2058] Ebenda.
[2059] Ebenda.
[2060] Matthias GEORGE, »War Europa das Ziel bei der Bombardierung Serbiens?« aaO. (Anm. 2050).
[2061] Ebenda; ebenso: Matthias GEORGE, »Wo verläuft der VIII. Korridor? Die Paneuropäischen Netze (PAN) und die ökonomische Bedeutung Osteuropas und des Balkans«, in: *Zeit-Fragen* Nr. 32, 13. 8. 2001.
[2062] Ebenda.
[2063] Ebenda.
[2064] Ebenda.
[2065] Ebenda.
[2066] Michel CHOSSUDOVSKY, »Die USA auf Kriegspfad in Mazedonien«, aaO. (Anm. 2052).
[2067] Ebenda.
[2068] Ebenda.
[2069] Matthias GEORGE, »Wo verläuft der VIII. Korridor?« aaO. (Anm. 2061).
[2070] Ebenda.
[2071] Ebenda.
[2072] Ebenda.
[2073] Zit. aus: ebenda.
[2074] F. William ENGDAHL, *Öl, wirtschaftliche Sicherheit und geopolitsche Risiken von heute*, aaO. (Anm. 1801).
[2075] Ebenda.
[2076] Clemens VERENKOTTE, *Die Herren der Welt – Das amerikanische Imperium*, München 2003, S. 166 f.
[2077] Ebenda, S. 341, Fn. 37.
[2078] So der Radio-Kommentator von ›Radio Free Europe/Radio Liberty‹ Eugen TOMIUC vom 25. März 2002, nach Clemens VERENKOTTE, aaO. (Anm. 2076), S. 341, Fn. 37.
[2079] Ebenda.
[2080] Dieser Aufsatz ist erschienen in der Zeitschrift *Internationale Politik* 6/2004, S. 75–86.
[2081] Ebenda, S. 75.
[2082] Ebenda.
[2083] Ebenda, S. 77.
[2084] Ebenda, S. 78.
[2085] Ebenda, S. 79.
[2086] Ebenda, S. 78 f.
[2087] Ebenda, S. 81.
[2088] Ebenda, S. 80.
[2089] Ebenda, S. 82.
[2090] Ebenda.
[2091] Ebenda, S. 85.
[2092] Ebenda, S. 85.
[2093] Ebenda, S. 85 f.
[2094] Ebenda, S. 86.
[2095] Erschienen in dem Magazin *Backgrounder* vom 13. 12. 2006; unter: http://www.heritage.org/research/RussiaandEurasia/bg1990.qm
[2096] Ebenda, S. 3; Übersetzung durch d. Verfasser.
[2097] Ebenda; Übersetzung durch d. Verfasser.
[2098] Ebenda; Übersetzung durch d. Verfasser.
[2099] Ebenda, S. 10; Übersetzung durch d. Verfasser.
[2100] Ebenda; Übersetzung durch d. Verfasser.
[2101] Ebenda, S. 9; Übersetzung durch d. Verfasser.
[2102] Ebenda, S. 11; Übersetzung durch d. Verfasser.
[2103] Ebenda, S. 2; Übersetzung durch d. Verfasser.
[2104] S. Neil MAC FARLANE, »Amerikanische Politik in Zentralasien und im Transkaukaus«, in: *Aus Politik und Zeitgeschichte*, Nr. B-43–44/1998, S. 3–12 (S. 4).
[2105] Ebenda, S. 4 f.
[2106] Rizvan NABIYEV, *Erdöl- und Erdgaspolitik in der kaspischen Region*, aaO. (Anm. 478), S. 351.
[2107] S. Neil MAC FARLANE, aaO. (Anm. 2104), S. 5 f.
[2108] Rizvan NABIYEV, *Erdöl- und Erdgaspolitik in der kaspischen Region*, aaO. (Anm. 478), S. 351.
[2109] S. Neil MAC FARLANE, aaO. (Anm. 2104), S. 4.
[2110] Pierre SIMONITSCH, »Der Balkan als Teil eines politischen Erdbebengürtels – Für die Geostrategen wie für die Wirtschaft der USA ist ein stabiles Südosteuropa wichtig, weshalb bereits ein Marshallpla offeriert wird«, in: *Frankfurter Rundschau*, 27. 4. 1999.
[2111] Ebenda.
[2112] Ebenda.
[2113] Ebenda.
[2114] Ebenda.

[2115] Robert STEUCKERS, »Europa der Völker statt US-Globalisierung«, in: *Kongreß-Protokoll der Gesellschaft für Freie Publizistik 2004 ›Die neue Achse – Europas Chancen gegen Amerika‹*, S. 65–92 (S. 73 f.).
[2116] Robert LANSING, *Die Versailler Friedensverhandlungen*, Berlin 1921, S. 144, zit. aus: Helmut SÜNDERMANN, *Wie deutsch bleibt Österreich?*, Leoni am Starnberger See 1970, S. 46.
[2117] Rizvan NABIYEV, *Erdöl- und Erdgaspolitik in der kaspischen Region*, aaO. (Anm. 478), S. 25.
[2118] Leonid L. FITUNI, aaO. (Anm. 463), S. 43 f.
[2119] *Zentralasien*, Herausgegeben von Gavin HAMBLY (= Weltbild Weltgeschichte, Bd. 16), Augsburg 1998, S. 11 u. 15.
[2120] Rizvan NABIYEV, *Erdöl- und Erdgaspolitik in der kaspischen Region*, aaO. (Anm. 478), S. 25.
[2121] Halford MACKINDER, *Democratic Ideals and Reality*, New York 1962, S. 242 ff.; zit. aus: Rizvan NABIYEW, *Erdöl- und Erdgaspolitik in der kaspischen Region*, ebenda, S. 25 f.
[2122] Ebenda, S. 26.
[2123] Vgl. »Kaukasus im System der modernen Geopolitik«, in: Institut für GUS-Länder, www.zatulin.ru, Februar 2002; zit. aus: Rizvan NABIYEV, *Erdöl- und Erdgaspoltik in der kaspischen Region*, ebenda, S. 28.
[2124] Heinz BRILL, *Geopolitik heute*, aaO. (Anm. 8), S. 26.
[2125] Mahdi Darius NAZEMROAYA, »America's »Long War«: The Legacy of the Iraq-Iran and Soviet-Afghan Wars«, unter: http://www.globalresearch.ca/PrintArticlephp? articleId=6687; Übersetzung durch d. Verfasser.
[2126] Henry A. KISSINGER, *Memoiren 1973–1974*, München 1982, S. 795.
[2127] Zbigniew BRZEZINSKI, *Die einzige Weltmacht*, aaO. (Anm. 227), S. 41.
[2128] Ebenda, S. 54.
[2129] Ebenda, S. 64.
[2130] Ebenda, S. 16.
[2131] Ebenda.
[2132] Ebenda, S. 174.
[2133] Ebenda, S. 177 f.
[2134] Ebenda, S. 127.
[2135] Ebenda, S. 138 u. 178.
[2136] Ebenda S. 216.
[2137] Ebenda, S. 210 f.
[2138] Ebenda, S. 189.
[2139] Ebenda, S. 177.
[2140] Ebenda, S. 182.
[2141] Ebenda, S. 188.
[2142] Bis April 1999 wurden 20 ›production sharing‹-Verträge geschlossen mit insgesamt rund 50 Mrd. US-Dollar an Investitionen.
[2143] Rainer FREITAG-WIRMINGHAUS, »Politische Konstellationen im Südkaukasus«, aaO. (Anm. 2004), S. 23.
[2144] S. Neil MAC FARLANE, »Amerikanische Politik in Zentralasien und im Transkaukaus«, aaO. (Anm. 2104), S. 7.
[2145] Ebenda, S. 8.
[2146] Scott THOMPSON, »Eine ›ölige Familie‹: Die Brzezinskis und das ›Große Spiel‹ im Transkaukasus«, in: *Neue Solidarität*, 13. 10. 1999.
[2147] Zbigniew BRZEZINSKI, *Die einzige Weltmacht*, aaO. (Anm. 227), S. 208 f.
[2148] S. Neil MAC FARLANE, aaO. (Anm. 2104), S. 9.
[2149] Frank NIENHUYSEN, »Ein Despot am Ende seiner Träume – Aserbaidschans Präsident Alijew wird von Bush empfangen, sein Land ist strategisch wichtig«, in: *Süddeutsche Zeitung*, 27. 4. 2006.
[2150] Ebenda.
[2151] Udo ULFKOTTE, »Wie israelische und amerikanische Geheimdienste den Iran-Krieg vorbereiten«, unter: http://www.kopp-verlag.de/news/wie-israelische-und-amerikanische-geheimdienste-den-iran-krieg-vorbereiten.html vom 6. 7. 2008.
[2152] Ebenda.
[2153] Jack WHEELER, »There is no Such Country as Iran«, unter: www.ToThePoint.com vom 1. 6. 2006; Übersetzung durch d. Verfasser.
[2154] Ebenda; Übersetzung durch d. Verfasser.
[2155] Zbigniew BRZEZINSKI, *Die einzige Weltmacht*, aaO. (Anm. 227), S. 189.
[2156] Hanns W. MAULL, *Strategische Rohstoffe. Risiken für die wirtschaftliche Sicherheit des Westens*, Oldenburg 1988, S. 13.
[2157] Jürgen WAGNER, »Irak als Vorspiel – Die ›Logik‹ der US-Ölstrategie«, unter: http://www.imi-online.de/download/oelstudie.pdf, S. 2.
[2158] Ebenda; siehe auch: Catherine HOFFMANN u. Winand VON PETERSDORF, »Die Tage des billigen Öls sind gezählt«, in: *Frankfurter Allgemeine Sonntagszeitung*, Ausgabe 35/02.
[2159] Daniel YERGIN, *Der Preis – Die Jagd nach Öl, Geld und Macht*, Frankfurt/M. 1991, S. 964.
[2160] Zit. aus: Jürgen WAGNER, *Das ewige Imperium – Die US-Außenpolitik als Krisenfaktor*, Hamburg 2002, S. 61.
[2161] Ebenda, S. 61.
[2162] Zit. aus: Jürgen WAGNER, »Irak als Vorspiel – Die ›Logik‹ der US-Ölstrategie«, aaO. (Anm. 2157), S. 6.

2163 Jürgen WAGNER, »›Sehr guter Grund für einen Krieg‹ – Die US-Regierung arbeitet an einer neuen Welt(öl)ordnung/OPEC soll geschwächt werden«, in: *Neues Deutschland*, 1. 2. 2003; unter: http://www.imi-online.de/2003.php3?id=410
2164 Daniel YERGIN, *Der Preis – Die Jagd nach Öl, Geld und Macht*, aaO. (Anm. 2159), S. 945 f.
2165 Ebenda, S. 959.
2166 Rizvan NABIYEV, »Geopolitische Neuordnung im Kaukasus, im Mittleren Osten und in Zentralasien«, in: *Eurasisches Magazin*, 25.06.2003; unter: http.://www.eurasischesmagazin.de/artikel/?thema=Eurasien&artikelID=60503
2167 Rizvan NABIYEV, *Erdöl- und Erdgaspolitik in der kaspischen Region*, aaO. (Anm. 478), S. 78.
2168 Ebenda.
2169 Jürgen WAGNER, »›Sehr guter Grund für einen Krieg‹, aaO. (Anm. 2163).
2170 Zit. aus: Jürgen WAGNER, »Irak als Vorspiel – Die ›Logik‹ der US-Ölstrategie«, aaO. (Anm. 2157), S. 12.
2171 Detlef BIMBOES, »Konfliktregion Kaspisches Meer – Der Kaukasus und Mittelasien – zwischen Erdöl, Krieg und Krisen«, unter: http://www.uni-kassel.de/fb5/frieden/science/Kasp-Meer.html
2172 Rizvan NABIYEV, *Erdöl- und Erdgaspolitik in der kaspischen Region*, aaO. (Anm. 478), S. 80 f.
2173 Jürgen WAGNER, *Das ewige Imperium*, aaO. (Anm. 2160), S. 64.
2174 Ebenda, Fn. 72.
2175 Ebenda, S. 65.
2176 Matin BARAKI, »Interessenkonflikte um die reichen Erdöl- und Gasvorkommen am Kaspischen Meer«, unter: http://www.uni-kassel.de/fb5/frieden/regionen/Kaukaus/baraki.html
2177 Matin BARAKI, *Kampffeld Naher und Mittlerer Osten*, aaO. (Anm. 1303), S. 52 f.
2178 Ebenda, S. 53.
2179 S. Neil MAC FARLANE, aaO. (Anm. 2104), S. 5.
2180 Nafeez M. AHMED, *Geheimsache 09/11*, aaO. (Anm. 1524), S. 70.
2181 Zit. aus: ebenda, S. 71.
2182 Zit. aus: ebenda.
2183 Zit. aus: ebenda, S. 71 f.
2184 Zit. aus: ebenda, S. 72, »Silk Road Strategy Act«, 106. Kongress, unter: http://www.eurasianet.org/resource/regional/silkroad.html
2185 Zbigniew BRZEZINSKI, *Die einzige Weltmacht*, aaO. (Anm. 227), S. 182.
2186 Rainer RUPP, »›Das große Spiel‹ – Vor dem russisch-amerikanischen Gipfeltreffen: Im südlichen Kaukasus stehen ›vitale strategische Interessen‹ der USA jenen Rußlands gegenüber. Der Konflikt um Öl und Geld ist im vollen Gange«, in: *Die Tageszeitung*, 3./4. 6. 2000.
2187 Rizvan NABIYEV, *Erdöl- und Erdgaspolitik in der kaspischen Region*, aaO. (Anm. 478), S. 27.
2188 Ebenda, S. 51.
2189 Erich FOLLATH, »Jäger des Schwarzen Goldes«, in: *Der Spiegel* Nr. 52/2001, S. 148–159 (S. 150).
2190 Jürgen WAGNER, *Das ewige Imperium*, aaO. (Anm. 2160), S. 65.
2191 Zit. aus: ebenda.
2192 Rizvan NABIYEV, *Erdöl- und Erdgaspolitik in der kaspischen Region*, aaO. (Anm. 478), S. 69.
2193 Ebenda, S. 70
2194 Michel CHOSSUDOVSKY, *Global brutal*, aaO. (Anm. 647), S. 394.
2195 Nafeez M. AHMED, aaO. (Anm. 1524), S. 72.
2196 Winfried WOLF, *Afghanistan, der Krieg und die Neue Weltordnung*, Hamburg 2002, S. 69.
2197 Zit. aus: Nafeez M. AHMED, aaO. (Anm. 1524), S. 71.
2198 Ebenda, S. 74.
2199 Mortimer ZUCKERMAN, »The big game gets bitter«, in: *Jewish World Review*, 4. 5. 1999, zit. aus: Jürgen WAGNER, *Das ewige Imperium*, aaO. (Anm. 2160), S. 66.
2200 William DOWELL, »Getting Ready for the Central Asian Oil Rush«, *Global Beat Syndicate*, 13. 5. 2002, zit. aus: Jürgen WAGNER, *Das ewige Imperium*, ebenda, S. 66.
2201 Ilan BERMAN, »Russia's Capian Power Grab«, in: *Washington Times*, 11. 7. 2001, zit. aus: Jürgen WAGNER, *Das ewige Imperium*, ebenda, S. 66.
2202 Mortimer ZUCKERMAN, »The big game gets bigger«, aaO. (Anm. 2199), zit. aus: ebenda.
2203 Ebenda, S. 67.
2204 Winfried WOLF, *Afghanistan, der Krieg und die Neue Weltordnung*, aaO. (Anm. 2196), S. 69 f.
2205 J. M. NOWAKOWSI, »Putins Politik des 19. Jahrhunderts«, in: *Die Welt*, 2. 8. 2001.
2206 Zbigniew BRZEZINSKI, *Die einzige Weltmacht*, aaO. (Anm. 227), S. 173.
2207 Ebenda, S. 175.
2208 Ebenda, S. 173.
2209 Ebenda, S. 175.
2210 Ebenda, S. 177.
2211 Ebenda, S. 203.
2212 Ebenda, S. 207 f.
2213 Ebenda, S. 208 f.
2214 Ahmed RASHID, *Taliban*, aaO. (Anm. 1244), S. 242.

[2215] Zbigniew BRZEZINSKI, *Die einzige Weltmacht*, aaO. (Anm. 227), S. 203.
[2216] Ebenda, S. 203 f.
[2217] Zit. aus: Nafeez M. AHMED, aaO. (Anm. 1524), S. 70.
[2218] Zit. aus: Hans BRANDT, »Brisante Pipelines am Kaspischen Meer«, in: *Der Tages-Anzeiger*, 19. 4. 2002.
[2219] Ebenda.
[2220] Detlef BIMBOES, »Der Kaukasus und Mittelasien – Zwischen Erdöl, Krieg und Krisen«, unter: http://www.uni-kassel.de/fb5/frieden/science/Kasp-Meer.html
[2221] Savas GENC, aaO. (Anm. 1937), S. 107 f.
[2222] Zbigniew BRZEZINSKI, *Die einzige Weltmacht*, aaO. (Anm. 227), S. 203.
[2223] Ebenda, S. 215 f.
[2224] Nafeez M. AHMED, aaO. (Anm. 1524), S. 74.
[2225] Zit. aus: Wolfgang GRÜNDINGER, *Die Energiefalle*, München 2006, S. 151.
[2226] Nafeez M. AHMED, aaO. (Anm. 1524), S. 75 f.
[2227] Zit. aus: ebenda, S. 76
[2228] Wolfgang GRÜNDINGER, aaO. (Anm. 2225), S. 161.
[2229] Chalmers JOHNSON, *Die Zerstörung der amerikanischen Demokratie*, aaO., S. 235.
[2230] Zit. aus: Nafeez M. AHMED, aaO. (Anm. 1524), S. 76.
[2231] Jürgen WAGNER, *›Geburtswehen des Mittleren Ostens‹ – Die US-Strategie zur Transformation der Region* (= IMI-Analyse Nr. 2007/018, 28. 4. 2007), unter: http://www.imi-online.de
[2232] Michael LEDEEN, »The Real war... one more time«, in: *National Review Online*, 14. 8. 2006, zit. aus: Jürgen ELSÄSSER, »Der kommende Weltkrieg«, in: *Zeit-Fragen* Nr. 40, 5. 10. 2006.
[2233] Mahdi Darius NAZEMROAYA, »Die neuesten Töne des kriegführenden Monsters: ›Kreative Zerstörung als revolutionäre Kraft‹«, in: *Zeit-Fragen* Nr. 48, 27. 11. 2006.
[2234] So z. B. Prof. Andrej KREUTZ, »The Geopolitics of post Sowjet-Russia and the Middle East«, unter: http://www.findarticles.com/articles/mi_2501/is_1_24/ai_93458168/pg_1
[2235] Mahdi Darius NAZEMROAYA, »Die neuesten Töne des kriegführenden Monsters«, aaO. (Anm. 2233).
[2236] Leonid L. FITUNI, aaO. (Anm. 463), S. 44.
[2237] Ebenda, S. 47.
[2238] Ebenda.
[2239] Mahdi Darius NAZEMROAYA, »Die neuesten Töne des kriegführenden Monsters«, aaO. (Anm. 2233).
[2240] Jürgen WAGNER, *›Geburtswehen des Mittleren Ostens‹*, aaO. (Anm. 2231).
[2241] Ebenda.
[2242] Mahdi Darius NAZEMROAYA, »Die neuesten Töne des kriegführenden Monsters«, aaO. (Anm. 2233).
[2243] Ralph PETERS, »Blood Borders – How a better Middle East would look«, in: *Armed Forces Journal*, June 2006, unter: http://www.armedforcesjournal.com/2006/06/1833899
[2244] Jürgen WAGNER, *›Geburtswehen des Mittleren Ostens‹*, aaO. (Anm. 2231).
[2245] Ralph PETERS, aaO. (Anm. 2243).
[2246] Thomas Immanuel STEINBERG, »Der Neue Nahe Osten – Geopolitische Hintergründe des Nahostkonflikts«, unter: http://www.steinberg-recherche.com
[2247] Uwe SCHMITT, »US-Kommandoeinheiten bereiten das Schlachtfeld Iran – Enthüllung des US-Journalisten Seymour Hersh: Washington destabilisiert gezielt das Mullah-Regime«, in: *Die Welt*, 1. 7. 2008.
[2248] Zit. aus: Erich SCHMIDT-EENBOOM, *BND – Der deutsche Geheimdienst im Nahen Osten – Geheime Hintergründe und Fakten*, München 2007, S. 254.
[2249] Ebenda, S. 254.
[2250] Ebenda, S. 254 f.
[2251] Ebenda, S. 255.
[2252] Seymour HERSH, »Preparing the Battlefield: The Bush Administration steps up its secret moves against Iran«, in: *The New Yorker*, 30. 6. 2008.
[2253] Ebenda.
[2254] Ebenda.
[2255] Erich SCHMIDT-EENBOOM, *BND – Der deutsche Geheimdienst im Nahen Osten*, aaO. (Anm. 2248), S. 256.
[2256] Ferdinand Otto MIKSCHE, *Das Ende der Gegenwart – Europa ohne Blöcke*, München 1991, S. 224 f.
[2257] Winfried WOLF, *Afghanistan, der Krieg und die Neue Weltordnung*, aaO. (Anm. 2196), S. 70.
[2258] Zbigniew BRZEZINSKI, *Die einzige Weltmacht*, aaO. (Anm. 227), S. 194.
[2259] Walter LAQUEUR, *Die letzten Tage von Europa*, Berlin 2008, S. 177.
[2260] Alexander RAHR, *Wladimir Putin*, aaO. (Anm. 688), S. 260.
[2261] Wjatscheslaw DASCHITSCHEW, »Schlacht um Rußland – Die von den USA weitverbreitete These über die ›Rückkehr‹ Rußlands zum Kalten Krieg ist für Einfaltspinsel bestimmt«, unter http://www.zeit-fragen.ch/ausgaben/2007/nr.28-vom-1672007
[2262] Zit. aus: Hellmut DIWALD, *Der Kampf um die Weltmeere*, München–Zürich 1980, S. 302.
[2263] Ferner auch: Anton ZISCHKA, *Englands Bündnisse*, Leipzig 1940, S. 86–90.

[2264] David L. HOGGAN, *Meine Anmerkungen zu Deutschland – Der anglo-amerikanische Kreuzzugsgedanke im 20. Jahrhundert*, Tübingen 1990, S. 216.
[2265] Wilhelm TREUE, *Der Krimkrieg und seine Bedeutung für die Entstehung der modernen Flotten*, Herford 1980, S. 15.
[2266] Zit. aus: W. v. LOJEWKSI, *Aufmarsch im Orient*, Leipzig 1942, S. 5.
[2267] Ebenda.
[2268] David L. HOGGAN, *Meine Anmerkungen zu Deutschland*, aaO. (Anm. 2264), S. 217.
[2269] David L. HOGGAN, *Der unnötige Krieg*, Tübingen 1974, S. 87.
[2270] Anton ZISCHKA, aaO. (Anm. 2263), S. 98 f.
[2271] Lothar RÜHL, *Rußlands Weg zur Weltmacht*, aaO. (Anm. 877), S. 226.
[2272] Ebenda, S. 233.
[2273] Ebenda, S. 227 f.
[2274] Ebenda, S. 228.
[2275] Anton ZISCHKA, aaO. (Anm. 2263), S. 99.
[2276] Ebenda.
[2277] Zit. aus: Lothar RÜHL, *Rußlands Aufstieg zur Weltmacht*, aaO. (Anm. 877), S. 236.
[2278] Die Kolonialreiche seit dem 18. Jahrhundert (= *Fischer Weltgeschichte* Bd. 29), Frankfurt/M. 1965, S. 159.
[2279] Ebenda, S. 160.
[2280] Rizvan NABIYEV, *Erdöl- und Erdgaspolitik in der kaspischen Region*, aaO. (Anm. 478), S. 29.
[2281] Ahmed RASHID, *Taliban*, aaO. (Anm. 1244), S. 48.
[2282] Lothar RÜHL, *Rußlands Aufstieg zur Weltmacht*, aaO. (Anm. 877), S. 247.
[2283] Ebenda, S. 246.
[2284] Rizvan NABIYEV, *Erdöl- und Erdgaspolitik in der kaspischen Region*, aaO. (Anm. 478), S. 29.
[2285] Lothar RÜHL, *Rußlands Aufstieg zur Weltmacht*, aaO. (Anm. 877), S. 247.
[2286] Ahmed RASHID, *Heiliger Krieg am Hindukusch – Der Kampf um Macht und Glauben in Zentralasien*, München 2002, S. 232.
[2287] »David Urquharts ›Heiliger Krieg‹ – Zur Geschichte des ›Großen Spiels‹ der Briten im Kaukasus«, in: *Neue Solidarität*, Sonderdruck vom Dezember 1999, S. 1 ff. (S. 1).
[2288] Ebenda, S. 3.
[2289] Ebenda, S. 2.
[2290] »David Urquharts osmanische Legionen – Zur Geschichte des ›Großen Spiels‹ der Briten im Kaukasus«, in: *Neue Solidarität*, Sonderdruck vom Dezember 1999, S. 6 . (S. 6).
[2291] des Krimkrieges, der Verfasser.
[2292] Wilhelm TREUE, aaO. (Anm. 2265), S. 15 f.
[2293] »David Urquharts osmanische Legionen«, aaO. (Anm. 2290), S. 6.
[2294] der österreichische Gesandte in Konstantinopel.
[2295] Wihelm TREUE, aaO. (Anm. 2265), S. 16 f.
[2296] Ebenda, S. 17.
[2297] Ebenda.
[2298] Ebenda.
[2299] »David Urquharts osmanische Legionen«, aaO. (Anm. 2290), S. 6.
[2300] Ebenda.
[2301] Ebenda.
[2302] Ebenda.
[2303] Ebenda, S. 6 f.
[2304] »Londons ›Afghanzi‹ im 19. Jahrhundert – Die Panislamisten als Handlanger im Krieg gegen Rußland«, in: *Neue Solidarität*, Sonderdruck, Dezember 1999, S. 9 f.
[2305] Zit. aus: ebenda.
[2306] »David Urquharts osmanische Legionen«, aaO. (Anm. 2290), S. 6.
[2307] »Londons ›Afghanzi‹ im 19. Jahrhundert«, aaO. (Anm. 2304), S. 10.
[2308] Ebenda.
[2309] E. R. CARMIN, *Das schwarze Reich*, aaO., S. 489.
[2310] »Londons ›Afghanzi‹ im 19. Jahrhundert«, aaO. (Anm. 2304), S. 10.
[2311] Zit. aus: ebenda.
[2312] Ebenda.
[2313] »General Thomson und der Kampf um Berg-Karabach – Wie der Konflikt zwischen Armenien und Aserbaidschan geschürt wurde«, in: *Neue Solidarität*, Sonderdruck, Dezember 1999, S. 4 f. (S. 4).
[2314] Ebenda.
[2315] Anton ZISCHKA, *Weltmacht Öl*, Essen 1966, S. 56 f.
[2316] Ebenda, S. 59.
[2317] »General Thomson und der Kampf um Berg-Karabach«, aaO. (Anm. 2313), S. 5.
[2318] Ebenda.
[2319] Ebenda.
[2320] Anton ZISCHKA, *Weltmacht Öl*, aaO. (Anm. 2315), S. 59.
[2321] Ebenda, S. 59 f.
[2322] So der ehemalige deutsche Verteidigungsminister Volker RÜHE, zit. in: Rizvan NABIYEV, *Erdöl- und Erdgaspolitik in der kaspischen Region*, aaO. (Anm. 478), S. 32.
[2323] Savas GENC, aaO. (Anm. 1937), S. 26.
[2324] Uwe HALBACH, *Zentralasien: Eine Weltregion formiert sich neu*, unter: http://www.fes.de/fulltext/

stabsabteilung/00492toc.htm

[2325] Vgl. Detlef BIMBOES, *Von Kabul bis Baku und Skopje,* aaO. (Anm. 1931).

[2326] Tobias GREIFF, »The ›New‹ Great Game – Die kaspische Region, ein globaler Konfliktraum des 21. Jahrhunderts?« unter: http://www.politiklounge.de/essays/konflikt_kaspisches_oel.pdf

[2327] Hans KRONBERGER, *Blut für Öl,* Wien 1998, S. 142 f.

[2328] Savas GENC, aaO. (Anm. 1937), S. 102.

[2329] Nafeez M. AHMED, aaO. (Anm. 1524), S. 69.

[2330] Ebenda.

[2331] Rizvan NABIYEV, *Erdöl- und Erdgaspolitik,* aaO. (Anm. 478), S. 107 f.

[2332] Tobias GREIFF, *The ›New‹ Great Game,* aaO. (Anm. 2326).

[2333] Rizvan NABIYEV, *Erdöl- und Erdgaspolitik,* aaO. (Anm. 478), S. 61.

[2334] Ebenda, S. 108, Fn. 4.

[2335] Ebenda, S. 176.

[2336] Christian SCHMIDT-HÄUER, »Willkommen im Kalten Krieg«, in: *Die Zeit,* 2. 12. 1999, zit. aus: Rizvan NABIYEV, *Erdöl- und Erdgaspolitik,* ebenda, S. 177.

[2337] Friedemann MÜLLER, »Zugang und Ressourcensicherung: Die USA und Zentralasien«, in: Peter RUDOLF u. Jürgen WILZEWSKI, *Weltmacht ohne Gegner,* aaO. (Anm. 1692), S. 197–216, hier S. 198.

[2338] Tobias GREIFF, *The ›New‹ Great Game,*aaO. (Anm. 2326).

[2339] Kamalia BEUTEL, *Ölpolitik in Aserbaidschan, Politische und wirtschaftliche Geschichte nach dem Zusammenbruch der UdSSR,* Berlin 2004, S. 177–181.

[2340] Tobias GREIFF, aaO. (Anm. 2326)

[2341] Friedemann MÜLLER, »Zugang und Ressourcensicherung«, aaO. (Anm. 2337), S. 198.

[2342] Ebenda, S. 198 f.

[2343] Rizvan NABIYEV, *Erdöl- und Erdgaspolitik,* aaO. (Anm. 478), S. 111.

[2344] Ebenda.

[2345] Anna KREIKEMEYER u. Andrej ZAGORSKIJ, aaO. (Anm. 426), S. 103.

[2346] Ebenda.

[2347] Ebenda, S. 103 f.

[2348] Aschot MANUTSCHARJAN, »Der Kaukasus in den internationalen Beziehungen«, aaO. (Anm. 477), S. 199.

[2349] Ebenda, S. 173.

[2350] Rainer FREITAG-WIRMINGHAUS, »›Great Game‹ am Kaspischen Meer«, in: *Internationale Politik und Gesellschaft* 4/98, S. 388–402 (S. 393 f.).

[2351] Ebenda, S. 394.

[2352] Kurzgefaßt von Tobias GREIFF, aaO. (Anm. 2326).

[2353] Rainer FREITAG-WIRMINGHAUS, »Politische Konstellationen im Südkaukasus«, aaO. (Anm. 2004), S. 23.

[2354] Tobias GREIFF, aaO. (Anm. 2326).

[2355] Rainer FREITAG-WIRMINGHAUS, »›Great Game‹ am Kaspischen Meer«, aaO. (Anm. 2350), S. 395.

[2356] Ebenda, S. 395.

[2357] Alexander RAHR, »Europa im neuen Zentralasien«, in: Sherman W. GARNETT, Alexander RAHR u. Koji WATANABE, aaO., S. 77–96 (S. 94).

[2358] Rainer FREITAG-WIRMINGHAUS, »›Great Game‹ am Kaspischen Meer«, aaO. (Anm. 2350), S. 395.

[2359] Ebenda, S. 396.

[2360] Rizvan NABIYEV, *Erdöl- und Erdgaspolitik,* aaO. (Anm. 478), S. 109.

[2361] Ebenda, S. 109 f.

[2362] Friedemann MÜLLER, »Zugang und Ressourcensicherung«, aaO. (Anm. 2337), S. 199.

[2363] Rizvan NABIYEV, *Erdöl- und Erdgaspolitik,* aaO. (Anm. 478), S. 130 f.

[2364] Ebenda, S. 129.

[2365] Ebenda, S. 119 f.

[2366] So die Protestnote Rußlands bei der britischen Botschaft am 27. April 1993, in: ebenda, S. 118

[2367] Tobias GREIFF, aaO. (Anm. 2326).

[2368] Rizvan NABIYEV, *Erdöl- und Erdgaspolitik,* aaO. (Anm. 478), S. 120.

[2369] Tobias GREIFF, aaO. (Anm. 2326).

[2370] Rizvan NABIYEV, *Erdöl- und Erdgaspolitik,* aaO. (Anm. 478), S. 120.

[2371] Friedemann MÜLLER, »Zugang und Ressourcensicherung«, aaO. (Anm. 2337), S. 199.

[2372] Ebenda, S. 200.

[2373] Rizvan NABIYEV, *Erdöl- und Erdgaspolitik,* aaO. (Anm. 478), S. 135.

[2374] Winfried WOLF, *Afghanistan, der Krieg und die Neue Weltordnung,* aaO. (Anm. 2196), S. 69.

[2375] Friedemann MÜLLER, »Zugang und Ressourcensicherung«, aaO. (Anm. 2337), S. 200.

[2376] Tobias GREIFF, aaO. (Anm. 2326).

[2377] Rainer FREITAG-WIRMINGHAUS, »›Great Game‹ am Kaspischen Meer«, aaO. (Anm. 2350), S. 392.

[2378] Savas GENC, aaO. (Anm. 1937), S. 70.

[2379] Mortimer B. ZUCKERMAN, »The big game gets bigger«, *U.S. News & World Report* Vol. 126, Issue 18 (10 May 1999), S. 76; zit. aus: Savas GENC, aaO. (Anm. 1937), S. 107.

[2380] Ebenda, S. 107 f.

[2381] Johannes BAUR, *Kampf ums Öl? – Wirtschaftliche und sicherheitspolitische Interessen im Kaspi-Raum* (= Untersuchungen des FKKS 17/1998), Forschungsschwerpunkt Konflikt- und Kooperationsstrukturen in Osteuropa an der Universität Mannheim, Mannheim Juli 1998, S. 16, unter: http://www.uni-mannheim.de/fkks/fkks17.pdf

2382 Roland GÖTZ, »Energiegroßmacht Rußland? – Erdöl und Erdgas – Ursachen neuer Krisenherde«, in: *Internationale Politik* 10/1998, S. 33–38 (S. 36).

2383 Rizvan NABIYEV, *Erdöl- und Erdgaspolitik*, aaO. (Anm. 478), S. 195.

2384 Johannes BAUR, aaO. (Anm. 2381), S. 12.

2385 Rizvan NABIYEV, *Erdöl- und Erdgaspolitik*, aaO. (Anm. 478), S. 196.

2386 Savas GENC, aaO. (Anm. 1937), S. 73.

2387 Johannes BAUR, aaO. (Anm. 2381), S. 11.

2388 Ebenda.

2389 So eine Stellungnahme des türkischen Staatspräsidenten SEZER im Juni 2001, zit. in: Rizvan NABIYEV, aaO. (Anm. 478), S. 200.

2390 Ebenda.

2391 Ahmed RASHID, *Taliban*, aaO. (Anm. 1244), S. 268.

2392 »Eine ›ölige‹ Familie – Die Brzezinskis und das ›Große Spiel‹ im Transkaukasus«, in: *Neue Solidarität*, Sonderdruck Dezember 1999, S. 13–17 (S. 15).

2393 Ebenda, S. 15.

2394 Ebenda.

2395 Friedemann MÜLLER, »Zugang und Ressourcensicherung«, aaO. (Anm. 2337), S. 201.

2396 Ebenda.

2397 Winfried WOLF, *Afghanistan, der Krieg und die Neue Weltordnung*, aaO. (Anm. 2196), S. 74.

2398 Chalmers JOHNSON, *Der Selbstmord der amerikanischen Demokratie*, aaO. (Anm. 1673), S. 232.

2399 Friedemann MÜLLER, »Zugang und Ressourcensicherung«, aaO. (Anm. 2337), S. 202.

2400 Eine Zusammenfassung der Empfehlungen des U.S. State Department im *Caspian Region Energy Development Report*, Washington D.C., April 1997, von Z. BRZEZINSKI, Rosemarie FORSYTHE (ehemalige US-Diplomatin) u. Strobe TALBOTT; dargestellt in: Friedemann MÜLLER, »Zugang und Ressourcensicherung«, ebenda, S. 207.

2401 Ebenda, S. 209.

2402 Heiko FLOTTAU, *Vom Nil bis an den Hindukusch – Der Nahe Osten und die neue Weltordnung*, München 2004, S. 302

2403 Viktor TIMTSCHENKO, *Putin und das neue Rußland*, aaO. (Anm. 707), S. 313 f.

2404 Friedemann MÜLLER, »Zugang und Ressourcensicherung«, aaO. (Anm. 2337), 201 f.

2405 Chalmers JOHNSON, aaO. (Anm. 1673), S. 233 f.

2406 Ebenda, S. 234.

2407 Rizvan NABIYEV, *Erdöl- und Erdgaspolitik*, aaO. (Anm. 478), S. 190 f.

2408 Rainer FREITAG-WIRMINGHAUS, »Politische Konstellationen im Südkaukasus«, aaO. (Anm. 2004), S. 26.

2409 Ebenda.

2410 Savas GENC, aaO. (Anm. 1937), S. 76.

2411 So der ehemalige aserbaidschanische Präsidialberater GULUZADE in einem Interview, zit. aus: Rizvan NABIYEV, *Erdöl- und Erdgaspolitik*, aaO. (Anm. 478), S. 240 f.

2412 Chalmers JOHNSON, aaO. (Anm. 1673), S. 234.

2413 Rizvan NABIYEV, *Erdöl- und Erdgaspolitik*, aaO. (Anm. 478), S. 241.

2414 Ebenda, S. 242.

2415 Ebenda, S. 202.

2416 Ebenda.

2417 Daniel BRÖSSLER, »Die Röhre der Unabhängigkeit – Von diesem Mittwoch an kann die Erdöl von Aserbaidschan zum Mittelmeer fließen, vorbei an Rußland und Iran – der Weltpolitik wegen«, in: *Süddeutsche Zeitung*, 25. 5. 2005.

2418 Rainer HERMANN, »Der Kampf um den Kaukasus – Die Vereinigten Staaten und Iran sind die wichtigsten Konkurrenten«, in: *Frankfurter Allgemeine Zeitung*, 31. 5. 2005.

2419 Ebenda.

2420 Ebenda.

2421 Savas GENC, aaO. (Anm. 1937), S. 78.

2422 Rizvan NABIYEV, *Erdöl- und Erdgaspolitik*, aaO. (Anm. 478), S. 208.

2423 Ebenda, S. 190.

2424 Friedemann MÜLLER, »Zugang und Ressourcensicherung«, aaO. (Anm. 2337), S. 202.

2425 Rizvan NABIYEV, *Erdöl- und Erdgaspolitik*, aaO. (Anm. 478), S. 190.

2426 Ebenda, S. 191.

2427 Ebenda.

2428 Ebenda, S. 193.

2429 Rainer RUPP, »Rumsfelds ›Seerosen‹-Taktik und seine Pipeline – Ab Mittwoch soll Erdöl aus Baku ins türkische Ceyhan fließen«, in: *Junge Welt*, 24. 5. 2005

2430 Rizvan NABIYEV, *Erdöl- und Erdgaspolitik*, aaO. (Anm. 478), S. 192.

2431 Rainer RUPP, »Rumsfelds ›Seerosen‹«, aaO. (Anm. 2429).

2432 Rizvan NABIYEV, *Erdöl- und Erdgaspolitik*, aaO. (Anm. 478), S. 246.

2433 Marcus BENSMANN, »Schmierstoff für die Unabhängigkeit«, in: *tageszeitung*, 15./16. 7. 2006.

2434 Ebenda.
2435 Savas GENC, aaO. (Anm. 1937), S. 89.
2436 Ebenda.
2437 Frank NIENHUYSEN, »Kaukasiens Gold – Die Anrainerstaaten des Kaspischen Meers können Öl in den Westen liefern – an Rußland vorbei«, in: *Süddeutsche Zeitung*, 12. 7. 2006.
2438 Rizvan NABIYEV, *Erdöl- und Erdgaspolitik*, aaO. (Anm. 478), S. 246 f.
2439 Marcus BENSMANN, »Schmierstoff für die Unabhängigkeit«, in: *Die Tageszeitung*, 15./16. 7. 2006.
2440 Frank NIENHUYSEN, »Kaukasiens Gold«, aaO. (Anm. 2437).
2441 Savas GENC, aaO. (Anm. 1937), S. 91.
2442 Ebenda, S. 145.
2443 Rizvan NABIYEV, *Erdöl- und Erdgaspolitik*, aaO. (Anm. 478), S. 314 f.
2444 Savas GENC, aaO. (Anm. 1937), S. 146.
2445 Ebenda, S. 147.
2446 Vitaly NAUMKIN, »The Russian-Iranian Relations: Present Status and Prospects for the Future, Perceptions«, in: *Journal of International Affairs*, Vol. III, no. 1, März–Mai 1998; zit. aus: Savas GENC, aaO. (Anm. 1937), S. 148.
2447 Gregor M. MANOUSAKIS, »Iran – Das gestörte Verhältnis am Persischen Golf«, in: *Europäische Sicherheit*, Juni 1995, S. 48 ff. (S. 49).
2448 Friedemann MÜLLER, »Energiepolitische Interessen in Zentralasien«, in: *Aus Politik und Zeitgeschichte* B 8/2002, S. 23–31 (S. 27 f.).
2449 Ebenda, S. 30.
2450 Ebda, S. 29.
2451 Zit. aus: Ahmed RASHID, *Taliban*, aaO. (Anm. 1244), S. 285.
2452 Rainer FREITAG-WIRMINGHAUS, »Politische Konstellationen im Südkaukasus«, aaO. (Anm. 2004), S. 23.
2453 Ahmed RASHID, *Taliban*, aaO. (Anm. 1244), S. 269.
2454 Ebenda.
2455 Zit. aus: ebenda.
2456 Ebenda, S. 256.
2457 Ebenda.
2458 Ebenda, S. 258.
2459 Zit. aus: Nafeez M. AHMED, aaO. (Anm. 1524), S. 35.
2460 Zit aus: ebenda, S. 36.
2461 Ahmed RASHID, *Taliban*, aaO. (Anm. 1244), S. 252.
2462 Ebenda, S. 253.
2463 Ebenda, S. 263.
2464 Matin BARAKI, »Islamismus und Großmachtpolitik in Afghanistan«, in: *Aus Politik und Zeitgeschichte*, B 8/2002, S. 32–38 (S. 36).
2465 Ebenda.
2466 Zit. nach: ebenda, S. 36.
2467 Ebenda, S. 37.
2468 Winfried WOLF, *Afghanistan, der Krieg und die neue Weltordnung*, aaO. (Anm. 2196), S. 72 f.
2469 Zit. aus: Nafeez M. AHMED, aaO. (Anm. 1524), S. 44.
2470 Ebenda, S. 40.
2471 Jean-Charles BRISARD u. Guillaume DASQUIÉ, *Die verbotene Wahrheit*, aaO. (Anm. 1944), S. 31.
2472 Waleri PANJUSCHKIN u. Michail SYGAR, *Gazprom – Das Geschäft mit der Macht*, München 2008, S. 209.
2473 Zit. aus: Nafeez M. AHMED, aaO. (Anm. 1524), S. 37.
2474 Zit. aus: ebenda, S. 38 f.
2475 Jean-Charles BRISARD u. Guillaume DASQUIÉ, aaO. (Anm. 1944), S. 35.
2476 Ahmed RASHID, aaO. (Anm. 1244), S. 257.
2477 Ebenda, S. 277.
2478 Nafeez M. AHMED, aaO. (Anm. 1524), S. 43.
2479 Waleri PANJUSCHKIN u. Michail SYGAR, *Gazprom*, aaO. (Anm. 2472), S. 209.
2480 Jean-Charles BRISARD u. Guillaume DASQUIÉ, aaO. (Anm. 1944), S. 39.
2481 Ebenda, S. 24.
2482 Matin BARAKI, »Islamismus und Großmachtpolitik in Afghanistan«, aaO. (Anm. 2464), S. 37.
2483 Zit. nach Nafeez M. AHMED, aaO. (Anm. 1524), S. 43.
2484 Ahmed RASHID, aaO. (Anm. 1244), S. 294.
2485 Nafeez M. AHMED, aaO. (Anm. 1524), S. 46.
2486 Chalmers JOHNSON, aaO. (Anm. 1673), S. 239.
2487 Nafeez M. AHMED, aaO. (Anm. 1524), S. 449, Fn. 36.
2488 Zit. aus: ebenda, S. 53 f.
2489 Jean-Charles BRISARD u. Guillaume DASQUIÉ, aaO. (Anm. 1944), S. 63 f.
2490 Ebenda, S. 64.
2491 Ebenda, S. 64.
2492 Chalmers JOHNSON, aaO. (Anm. 1673), S. 241.
2493 Zit. aus: ebenda, S. 242.
2494 Matin BARAKI, »Islamismus und Großmachtpolitik in Afghanistan«, aaO. (Anm. 2464), S. 38. Das Konzept findet sich in den *Foreign Affairs* (January/February 2000), S. 180 f. mit dem Titel: »A Chance for Peace in Afghanistan: The Taliban's Days are numbered«.
2495 Chalmers JOHNSON, aaO. (Anm. 1673), S. 242 f.
2496 Jean-Charles BRISARD u. Guillaume DASQUIÉ, aaO. (Anm. 1944), S. 61 f.

2497 Jürgen WAGNER, *Das ewige Imperium*, aaO. (Anm. 2160), S. 79.
2498 Ebenda, S. 79 f.
2499 Ebenda, S. 80.
2500 Ebenda, S. 80 f.
2501 Zalmay KHALILZAD, Speech before the Los Angeles World Affairs Council, 9. 3. 2000, zit. aus: Jürgen WAGNER, *Das ewige Imperium*, ebenda, S. 81.
2502 Chalmers JOHNSON, aaO. (Anm. 1673), S. 243.
2503 Matin BARAKI, *Kampffeld Naher und Mittlerer Osten*, aaO. (Anm. 1303), S. 47.
2504 »Auf der Großen Versammlung zeigen sich erste Risse – Kaum verdeckte Einflußnahme der US-Regierung auf die Entwicklung in Afghanistan«, in: *Handelsblatt*, 13. 6. 2002.
2505 »USA behalten ihre Ölinteressen im Auge – Irak und Afghanistan von strategischer Bedeutung«, in: *Handelsblatt*, 30. 3. 2004.
2506 »Hamid Karzei – Übergangspräsident für Afghanistan«, *Orient* 1/2002, S. 9–19.
2507 Thierry MEYSSAN, *Der inszenierte Terrorismus – Auftakt zum Weltenbrand*, Kassel 2003, S. 145.
2508 So James RIDGEWAY, »The New Cold War: The U.S. Eyes Oil in Central Asia and Steps on Russia's Turf«, in: *The Village Voice*, 13. 1. 2001, zit. aus: Jürgen WAGNER, *Das ewige Imperium*, aaO. (Anm. 2160), S. 87.
2509 Ebenda.
2510 Berndt Georg THAMM, *Der Dschihad in Asien – Die islamistische Gefahr in Rußland und China*, München 2008.
2511 Ebenda, S. 48.
2512 Ebenda, S. 58.
2513 Zbigniew BRZEZINSKI, *Die einzige Weltmacht*, aaO. (Anm. 227), S. 291.
2514 »Läuft die Türkei in die neo-osmanische Falle?« in: *Neue Solidarität*, Sonderdruck Dezember 1999, S. 7 ff. (S. 8).
2515 Ebenda S. 8.
2516 Ebenda
2517 Michel CHOSSUDOVSKY, *Global brutal*, aaO. (Anm. 647), S. 365.
2518 Ebenda, S. 365.
2519 Berndt-Georg THAMM, aaO. (Anm. 2510), S. 133–139.
2520 Ahmed RASHID, *Taliban*, aaO. (Anm. 1244), S. 255.
2521 So Martin MALEK, »Geopolitische Veränderung auf den ›eurasischen Schachbrett‹: Rußland, Zentralasien und die USA nach dem 11. September 2001«, in: *Aus Politik und Zeitgeschichte*, B8/2002, S. 14–22 (S. 17).
2522 Ebenda, S. 17.
2523 Peter SCHOLL-LATOUR, *Den Gottlosen die Hölle – Der Islam im zerfallenden Sowjetreich*, aktualisierte Taschenbuchausgabe, München 1991, S. 184.
2524 Ebenda, S. 169.
2525 Berndt Georg THAMM, aaO. (Anm. 2510), S. 50 f.; Ahmed RASHID, *Heiliger Krieg am Hindukusch*, München 2002, S. 139.
2526 Wolfgang Günter LERCH, »Erdöl und die Geschichte vom ›schlafenden Scheich Mansur‹ – Der Krieg in Tschetschenien hat viele historische und politische Facetten«, in: *Frankfurter Allgemeine Zeitung*, 20. 12. 1994.
2527 Ebenda, Hervorhebung durch d. Verfasser.
2528 Michel CHOSSUDOVSKY, *Global brutal*, aaO. (Anm. 647), S. 397.
2529 Anna KREIKEMEYER u. Andrej ZAGORSKIJ, aaO. (Anm. 426), S. 159.
2530 *The NATO-Russia Archive – Russia and the Caucasus*, unter: http://www.bits.de/NRANEU/Russia Caucasus.html
2531 Anna KREIKEMEYER u. Andrej ZAGORSKIJ, aaO. (Anm. 426), S. 159.
2532 Paul KLEBNIKOW, aaO. (Anm. 1704), S. 63.
2533 Anna KREIKEMEYER u. Andrej ZAGORSKIJ, aaO. (Anm. 426), S. 157 f.
2534 Ebenda, S. 157.
2535 Wolfgang Günter LERCH, »Erdöl und die Geschichte vom ›schlafenden Scheich Mansur‹« aaO. (Anm. 2526).
2536 Ebenda.
2537 Anna KREIKEMEYER u. Andrej ZAGORSKIJ, aaO. (Anm. 426), S. 160.
2538 Ebenda, S. 160 f.
2539 Ebenda, S. 161.
2540 Jürgen ROTH, *Netzwerke des Terrors*, Hamburg–Wien 2001, S. 132.
2541 Aschot L. MANUTSCHARJAN, »Einführung in die Grundproblematik des Tschetschenienkonfliktes«, in: *Parameter bewaffneter Konflikte* (4/00): *Die Kriege um das Kosovo 1998/99 und in Tschetschenien seit 1999 im Vergleich*, unter:
http://www.bmlv.gv.at/wissen_forschung/publikationen/publikation.php?id=3, S. 5 f.
2542 Paul KLEBNIKOW, aaO. (Anm. 1704), S. 30.
2543 Ebenda, S. 31.
2544 Ebenda.
2545 Jürgen ROTH, *Netzwerke des Terrors*, aaO. (Anm. 2540), S. 128.
2546 Wolfgang Günter LERCH, »Erdöl und die Geschichte vom ›schlafenden Scheich Mansur‹« aaO. (Anm. 2526).

2547 Berndt Georg Thamm, aaO. (Anm. 2510), S. 114 f.
2548 Ebenda, S. 115
2549 Aschot L. Manutscharjan, »Einführung in die Grundproblematik des Tschetschenienkonfliktes«, aaO. (Anm. 2541), S. 8.
2550 Wolfgang Gründinger, *Die Energiefalle*, aaO. (Anm. 2225), S. 181.
2551 Ebenda, S. 181 f.
2552 Werner Adam, *Unheilige Kriege im Herzen Asiens*, Wien 2002, S. 137 f.
2553 Ebenda, S. 138.
2554 Christian Neef, *Der Kaukasus – Rußlands offene Wunde*, Berlin 1997, S. 61.
2555 Paul Klebnikow, aaO. (Anm. 1704), S. 63.
2556 Jürgen Roth, *Netzwerke des Terrors*, aaO. (Anm. 2540), S. 130.
2557 Ebenda, S. 129.
2558 Paul Klebnikow, aaO. (Anm. 1704), S. 63 f.
2559 Jürgen Roth, aaO. (Anm. 2540), S. 129.
2560 Ebenda, S. 130
2561 Paul Klebnikow, aaO. (Anm. 1704), S. 65.
2562 »Krieg im Kaukasus: Die Vorgeschichte – Die Hintergründe des heutigen Tschetschenienkonflikts, der zum Zünder eines neuen Weltkriegs zu werden droht«, in: *Neue Solidarität*, Sonderdruck Dezember 1999, S. 18–22 (S. 18).
2563 Ebenda, S. 18
2564 Jürgen Roth, *Netzwerke des Terrors*, aaO. (Anm. 2540), S. 135.
2565 Aschot L. Manutscharjan, »Einführung in die Grundproblematik des Tschetschenienkonfliktes«, aaO. (Anm. 2541), S. 4.
2566 »Steht Bassajew in pakistanischem Sold? – Pakistans Geheimdienst ISI wird die Koordinierung des weltweiten Islamismus zugeschrieben«, in: *Junge Welt*, 23. 11. 1999.
2567 Michel Chossudovsky, *Global brutal*, aaO. (Anm. 647), S. 397 f.
2568 Jürgen Roth, *Netzwerke des Terrors*, aaO. (Anm. 2540), S. 141.
2569 Christian Neef, aaO. (Anm. 2554), S. 61.
2570 Ebenda, S. 62.
2571 Ebenda.
2572 Ebenda.
2573 Michel Chossudovsky, *Global brutal*, aaO. (Anm. 647), S. 385.
2574 Levon Sevunts, »Who's Calling the Shots? Chechen conflict Finds Islamic Roots in Afghanistan and Pakistan«, in: *The Gazette*, 26. Oktober 1999; zit. aus: Michel Chossudowsky, *Global brutal*, aaO., S. 385 f.
2575 »Steht Bassajew in pakistanischem Sold? – Pakistans Geheimdienst ISI wird die Koordinierung des weltweiten Islamism zugeschrieben«, in: *Junge Welt*, 23. 11. 1999.
2576 Jürgen Roth, *Netzwerke des Terrors*, aaO. (Anm. 2540), S. 133.
2577 Michel Chossudovsky, *Global brutal*, aaO. (Anm. 647), S. 386.
2578 So eine Meldung der *BBC*, 29. 9. 1999, zit. in: Michel Chossudovsky, *Global brutal*, ebenda, S. 386.
2579 Jürgen Roth, *Netzwerke des Terrors*, aaO. (Anm. 2540), S. 135.
2580 Berndt Georg Thamm, aaO. (Anm. 2510), S. 117 f.
2581 Romy Klinkel, *Die Entwicklung des Tschetschenienkonfliktes: Der Kampf gegen den Terrorismus und die Folgen für die Zivilbevölkerung*, Studie der Informationsstelle Militarisierung e.V., Mai 2005 (= IMI-Studie 2005/02), S. 11
2582 Berndt Georg Thamm, aaO. (Anm. 2510), S. 119 f.
2583 Anna Kreikemeyer u. Andrej Zagorskij, aaO. (Anm. 426), S. 163.
2584 Paul Klebnikow, aaO. (Anm. 1704), S. 324.
2585 Ebenda.
2586 Aschot Manutscharjan, »Einführung in die Grundproblematik des Tschetschenienkonfliktes«, aaO. (Anm. 2541), S. 6.
2587 Berndt Georg Thamm, aaO. (Anm. 2510), S. 116.
2588 Aschot Manutscharjan, »Einführung in die Grundproblematik des Tschetschenienkonfliktes«, aaO. (Anm. 2541), S. 6.
2589 Berndt Georg Thamm, aaO. (Anm. 2510), S. 117.
2590 Ebenda, S. 125.
2591 Ebenda, S. 123.
2592 Ebenda, S. 125.
2593 Jürgen Roth, *Netzwerke des Terrors*, aaO. (Anm. 2540), S. 136.
2594 Berndt Georg Thamm, aaO. (Anm. 2510), S. 126.
2595 Jürgen Roth, *Netzwerke des Terrors*, aaO. (Anm. 2540), S. 136.
2596 Aschot Manutscharjan, »Einführung in die Grundproblematik des Tschetschenienkonfliktes«, aaO. (Anm. 2541), S. 6.
2597 Jürgen Roth, *Netzwerke des Terrors*, aaO. (Anm. 2540), S. 136.
2598 Ebenda, S. 141.
2599 Ebenda, S. 137.
2600 Berndt Georg Thamm, aaO. (Anm. 2510), S. 137.
2601 Jürgen Roth, *Netzwerke des Terrors*, aaO. (Anm. 2540), S. 141.
2602 Ebenda, S. 141 f.

[2603] »Krieg im Kaukasus: Die Vorgeschichte – Die Hintergründe des heutigen Tschetschenienkonflikts, der zum Zünder eines neuen Weltkriegs zu werden droht«, in: *Neue Solidarität*, Sonderdruck Dezember 1999, S. 18–22 (S. 19).
[2604] Jürgen ROTH, *Netzwerke des Terrors*, aaO. (Anm. 2540), S. 142.
[2605] »Krieg im Kaukasus: Die Vorgeschichte«, aaO. (Anm. 2603).
[2606] Jürgen ROTH, *Netzwerke des Terrors*, aaO. (Anm. 2540), S. 142.
[2607] »Krieg im Kaukasus: Die Vorgeschichte«, aaO. (Anm. 2603).
[2608] »Geopolitische Brandstifter führen Terrorkrieg gegen Rußland«, in: *Neue Solidarität* Nr. 38/1999.
[2609] Ebenda.
[2610] Jürgen ROTH, *Netzwerke des Terrors*, aaO. (Anm. 2540), S. 142
[2611] »Krieg im Kaukasus: Die Vorgeschichte«, aaO. (Anm. 2603).
[2612] Jürgen ROTH, *Netzwerke des Terrors*, aaO. (Anm. 2540), S. 142 f.
[2613] Ebenda, S. 137.
[2614] Detlef BIMBOES, *Zündstoff Öl und Gas*, Dossier Nr. 34, Wissenschaft und Frieden, Bonn 2000, S. 7, zit. aus: Jürgen ROTH, *Netzwerke des Terrors*, aaO. (Anm. 2540), S. 137.
[2615] Levon SEVUNTS, »Who's Calling the Shots? Chechen conflict Finds Islamic Roots in Afghanistan and Pakistan«, in: *The Gazette*, 26. 10. 1999; wiedergegeben in: Michel CHOSSUDOVSKY, *Global brutal*, aaO. (Anm. 647), S. 385.
[2616] Michel CHOSSUDOWSKY, *Global brutal*, ebenda, S. 385.
[2617] Loretta NAPOLEONI, *Die Ökonomie des Terrors – Auf den Spuren des Dollars hinter dem Terrorismus*, München 2004, S. 161.
[2618] Berndt Georg THAMM, aaO. (Anm. 2510), S. 126.
[2619] Ebenda.
[2620] Ebenda.
[2621] Ebenda.
[2622] Werner ADAM, *Unheilige Kriege im Herzen Asiens*, aaO. (Anm. 2552), S. 147.
[2623] »Krieg im Kaukasus: Die Vorgeschichte«, aaO. (Anm 2603), S. 19 f.
[2624] Rizvan NABIYEV, *Erdöl- und Erdgaspolitik*, aaO. (Anm. 478), S. 195.
[2625] Ebenda.
[2626] Hans KRONBERGER, *Blut für Öl*, aaO. (Anm. 2327), S. 155.
[2627] Ebenda, S. 156.
[2628] Rizvan NABIYEV, *Erdöl- und Erdgaspolitik*, aaO. (Anm. 478), S. 188.
[2629] Ebenda, S. 196.
[2630] Hans KRONBERGER, *Blut für Öl*, aaO. (Anm. 2327), S. 156.
[2631] »Krieg im Kaukasus: Die Vorgeschichte«, aaO. (Anm. 2603), S. 20.
[2632] Zit. in: ebenda, S. 20 f.
[2633] Ebenda, S. 21.
[2634] Ebenda.
[2635] Ebenda.
[2636] Ebenda, S. 22.
[2637] Berndt Georg THAMM, aaO. (Anm. 2510), S. 126.
[2638] Ebenda, S. 127.
[2639] Jef BOSSUYT, »Die Balkanisierung Rußlands – Tschetschenien ist ein Dominostein, der das postsowjetische Gefüge zugunsten des US-Hegemonismus verändern könnte«, in: *Junge Welt*, 20. 12. 1999.
[2640] *Exekutive Intelligence Review*, 21. Januar 2000; zit. aus: Jeffrey STEINBERG, »Neo-Cons Knee Deep in Caucasus Provocations«, in: *Executive Intelligence Review*, 17. 9. 2004; unter: http://www.larouchepub.com/other/2004/3136neocons_caucasus.html
[2641] Boris REITSCHUSTER, *Wladimir Putin*, aaO. (Anm. 695), S. 65 u. 79.
[2642] Ebenda, S. 80.
[2643] Ebenda, S. 64.
[2644] Paul KLEBNIKOW, aaO. (Anm. 1704), S. 328.
[2645] Zit. aus: ebenda.
[2646] Ebenda, S. 332.
[2647] »Krieg im Kaukasus: Die Vorgeschichte«, aaO. (Anm 2603), S. 21.
[2648] Paul KLEBNIKOW, aaO. (Anm. 1704), S. 370.
[2649] Ebenda, S. 385.
[2650] Ebenda, S. 385.
[2651] Rizvan NABIYEV, *Erdöl- und Erdgaspolitik*, aaO. (Anm. 478), S. 208.
[2652] Ebenda.
[2653] Paul STUART, »Camp Bondsteel and America's plans to control Caspian Oil«, 29. April 2002, unter: http://www.wsws.org/articles/2002/apr2002/oil-a29.shtml; Übersetzung durch d. Verfasser.
[2654] Ebenda; Übersetzung durch d. Verfasser.
[2655] W. SEIFFERT, *Wladimir W. Putin*, (Anm. 667), S. 70.
[2656] Scott THOMPSON, »Kriege vorprogrammiert: Kampf ums Öl am Kaspischen Meer«, in: *Neue Solidarität* 51/1999.
[2657] Zit aus: Bob WOODWARD, *Die Befehlshaber*, Köln 1991, S. 309.
[2658] Scott THOMPSON, »Kriege vorprogrammiert:

Kampf ums Öl am Kaspischen Meer«, aaO. (Anm. 2656).
2659 Zit. aus: ebenda.
2660 Zit. aus: ebenda.
2661 Ebenda.
2662 »Krieg im Kaukasus: Die Vorgeschichte«, aaO. (Anm. 2603), S. 22.
2663 Jeffrey STEINBERG, »Neo-Cons Knee Deep in Caucasus Provocations«, aaO. (Anm. 2640).
2664 Ebenda.
2665 »Putin: ›Geheimdienstkreise‹ stehen hinter Terrorismus«, in: *Neue Solidarität* Nr. 39/2004.
2666 Jeffrey STEINBERG, »Neo-Cons Knee-Deep in Caucasus Provocations«, aaO. (Anm. 2640); John LAUGHLAND, »The Chechen's American friends«, in: *The Guardian*, 8. 9. 2004.
2667 John LAUGHLAND, »The Chechen's American Friends«, aaO.
2668 Ebenda; Übersetzung durch d. Verfasser.
2669 »Maskhadov's death will Solidify Peace in Chechnya«, in: *News & Views*, 11. 3. 2005, unter: http://www.chroniclesmagazine.org/cgi-bin/newsviews.cgi/Russia
2670 Jeffrey STEINBERG, »Neo-Cons Knee-Deep in Caucasus Provocations«, aaO. (Anm. 2640)
2671 Kurt NIMMO, *Brzezinski´s Terror Doctrine strikes the Caucasus*, unter: http://kurtnimmo.com/?p=62
2672 Jeffrey STEINBERG, »Neo-Cons Knee-Deep in Caucasus Provocations«, aaO. (Anm. 2640); Übersetzung durch d. Verfasser.
2673 Thomas Immanuel STEINBERG, »Warum Tschetschenien?« in: *Junge Welt*, 25. 9. 2004.
2674 Zit. aus: ebenda.
2675 Zbigniew BRZEZINSKI, *Die einzige Weltmacht*, aaO. (Anm. 227), S. 142.
2676 Ebenda, S. 136.
2677 Ebenda, S. 138 f.
2678 Andrea SCHMITZ, *Partner aus Kalkül – Rußlands Politik in Zentralasien*, Studie der Stiftung Wissenschaft und Politik, Berlin, März 2008, S. 9.
2679 Ebenda.
2680 Ebenda.
2681 Ebenda.
2682 Ebenda.
2683 Ebenda, S. 9 f.
2684 Viktor TIMTSCHENKO, aaO. (Anm. 707), S. 48.
2685 Ebenda, S. 48 f.
2686 Ebenda, S. 50.
2687 Harald MÜLLER, *Supermacht in der Sackgasse – Die Weltordnung nach dem 11. September*, Bonn 2003, S. 31.
2688 Ebenda, S. 49.
2689 Karl-Heinz KAMP, »Das Neue Strategische Konzept der NATO«, in: *Aus Politik und Zeitgeschichte*, B 11/99, 12. März 1999, S. 19–25 (S. 22).
2690 Ebenda, S. 23.
2691 Zit. aus: Conrad C. STEIN, *Die Geheime Weltmacht – die schleichende Revolution gegen die Völker*, Tübingen 2001, S. 109 f.
2692 Karl-Heinz-KAMP, aaO. (Anm 2689), S. 23.
2693 So Ernst-Otto CZEMPIEL, *Weltpolitik im Umbruch – Die Pax Americana, der Terrorismus und die Zukunft der internationalen Beziehungen*, München 2002, S. 87.
2694 Ebenda, S. 86.
2695 Ebenda.
2696 Lothar RÜHL, »Kollektive Allianzen und Sicherheit«, in: Karl KAISER u. Hans-Peter SCHWARZ (Hg.), *Weltpolitik im neuen Jahrhundert*, Bonn 2000, S. 519–539.
2697 Ebenda, S. 524.
2698 Ebenda, S. 527.
2699 Ebenda.
2700 »NATO-Strategie – Schuken überall«, in: *Der Spiegel* Nr. 18/1999, S. 178 ff. (S. 178).
2701 Lothar RÜHL, »Kollektive Allianzen und Sicherheit«, aaO. (Anm. 2696), S. 531.
2702 Mohssen MASSARRAT, »Hegemonialpolitik durch Zugriff auf Ölquellen und Öltransportrouten«, in: Amy HOLMES, David SALOMON, Stefan SCHMALZ u. Guido SPECKMANN (Hg.), *Imperial Dschihad? – Über Fundamentalismus, Schurkenstaaten und neue Kriege*, Hamburg 2002, S. 71–84 (S. 75).
2703 Lothar RÜHL, »Kollektive Allianzen und Sicherheit«, aaO. (Anm. 2696), S. 530.
2704 »Enge Umarmung – Die westliche Allianz sucht Kontakt zu den ehemaligen Sowjetrepubliken im Kaukasus und in Zentralasien. Rußland fürchtet einen neuen Militärblock – vor der eigenen Haustür«, in: *Der Spiegel* 27/1999, S. 139 f. (S. 139 f.).
2705 Ebenda, S. 140.
2706 Ebenda.
2707 Ebenda.
2708 Ebenda.
2709 Ebenda.
2710 Peter RUDOLF, »Strategisches Denken – Präsident Bushs Außenpolitik ist geprägt von Realpolitik und nationalen Interessen«, in: *Frankfurter Allgemeine Zeitung*, 16. 6. 2001.
2711 F. William ENGDAHL, *Mit der Ölwaffe zur Weltmacht*, aaO. (Anm. 1653), S. 365.
2712 Harald MÜLLER, aaO. (Anm. 2687), S. 134 f.

[2713] Peter RUDOLF, »Strategisches Denken«, aaO. (Anm, 2710).
[2714] Michael STÜRMER, »Andrew Marshall entwirft Amerikas neues militärisches Gesicht – Er ist einer der unabhängigsten Denker der strategischen Profession«, in: *Die Welt*, 28. 3. 2001.
[2715] Otfried NASSAUER, »Asien im Visier – Macht, Märkte und Energie. Washington baut in erster Linie auf verstärkte militärische Präsenz«, unter: http://www.freitag.de/2001/35/01350901.php
[2716] Ebenda.
[2717] Ebenda.
[2718] Ebenda.
[2719] John GERSHMAN, »We have seen the Enemy, and it is China«, unter: http://www.fpif.org/commentary/0105chinaenemy_body.html
[2720] Thomas Immanuel STEINBERG, »Die eurasischen Transportkorridore und die USA«, unter: http://www.steinbergrecherche.com/askorridore.htm
[2721] Ebenda.
[2722] Ebenda.
[2723] Otfried NASSAUER, »Im Fadenkreuz der Geopolitik Washingtons – Anatomie einer Konfrontation«, in: *Neues Deutschland*, 17. 10. 2008.
[2724] Harald MÜLLER, aaO. (Anm. 2687), S. 141.
[2725] So Viktor MAUER, »Die geostrategischen Konsequenzen nach dem 11. September 2001«, in: *Aus Politik und Zeitgeschichte* B 3–4/2004, S. 18–25 (S. 19).
[2726] Ebenda, S. 19; siehe auch: Rajan MENON, »The New Grest Game in Central Asia«, in: *Survival* 45 (2003), S. 187–204.
[2727] »United States expands Anti-Terrorism – War to Georgia«, in: *Stratfor.com*, 22. 2. 2002, zit. aus: Jürgen WAGNER, *Das ewige Imperium*, aaO. (Anm. 2160), S. 71.
[2728] Stephen BLANK, »Instability in The Caucasus: new trends, old traits – Part One«, in: *Jane's Intelligence Review* 4/98, S. 14–17 (S. 16), zit. aus: Jürgen WAGNER, *Das ewige Imperium*, ebenda, S. 70.
[2729] »Gute Karten Rußlands im kaspischen Pipeline-Poker – Neue Erdöl- und Erdgasleitungen entsprechen den Interessen Moskaus«, in: *Neue Zürcher Zeitung*, 15. 8. 2001.
[2730] Ebenda.
[2731] Ebenda.
[2732] Michel CHOSSUDOVSKY, *Global brutal*, aaO. (Anm. 647), S. 395.
[2733] Rainer FREITAG-WIRMINGHAUS, »Zentralasien und der Kaukasus nach dem 11. September: Geopolitische Interessen und der Kampf gegen den Terrorismus«, in: *Aus Politik und Zeitgeschichte* B8/2002, S. 3–14 (S. 4).
[2734] Peter PILZ, *Mit Gott gegen alle – Amerikas Kampf um die Weltherrschaft*, Stuttgart–München 2003, S. 124 f.
[2735] »Ganz neue Landkarten – Zum Kampf gegen den Terror gehört auch die Sicherstellung der Ölströme«, in: *Wirtschaftswoche*, 4. 10. 2001, S. 32–37.
[2736] Ebenda, S. 34.
[2737] Ebenda, S. 32 f.
[2738] Michael MARTENS, »Brückenkopf Zentralasien«, in: *Frankfurter Allgemeine Zeitung*, 19. 2. 2002.
[2739] Markus WEHNER, »Amerikaner im Bogen der Instabilität – Neuer Einfluß in einstigen Sowjetrepubliken«, in: *Frankfurter Allgemeine Zeitung*, 23. 4. 2002.
[2740] Rainer FREITAG-WIRMINGHAUS, »Zentralasien und der Kaukasus nach dem 11. September«, aaO. (Anm. 2733), S. 7 f.
[2741] Andrea Schmitz, *Partner aus Kalkül*, aaO. (Anm. 2678), S. 11.
[2742] Albrecht ROTHACHER, »Das neue ›Große Spiel‹, aaO. (Anm. 1928), S. 105.
[2743] Winfried WOLF, *Afghanistan, der Krieg und die Neue Weltordnung*, aaO. (Anm. 2196), S. 60.
[2744] Rainer FREITAG-WIRMINGHAUS, »Zentralasien und der Kaukasus nach dem 11. September«, aaO. (Anm. 2733), S. 6.
[2745] Ebenda, S. 5 f.
[2746] Ebenda, S. 6.
[2747] Ebenda, S. 6.
[2748] Ahmed RASHID, *Taliban*, aaO. (Anm. 1244), S. 269.
[2749] Martin MALEK, »Geopolitische Veränderungen auf dem ›eurasischen Schachbrett‹: Rußland, Zentralasien und die USA nach dem 11. September 2001«, in: *Aus Politik und Zeitgeschichte*, B8/2002, S. 14–22 (S.15).
[2750] »Eine dauerhafte Präsenz«, in: *Der Spiegel* 7/2002, S. 132–135; »Das große Spiel – Seit dem 11. September dehnen sich die USA militärisch und wirtschaftlich im ehemaligen Sowjetreich aus – möglicherweise auf Dauer«, in: *Focus* 26/2002, S. 186–190.
[2751] Markus WEHNER, »Amerikaner im Bogen der Instabilität – Neuer Einfluß in einstigen Sowjetrepubliken«, in: *Frankfurter Allgemeine Zeitung*, 23. 4. 2002.
[2752] Andrea SCHMITZ, aaO. (Anm. 2678), S. 11.
[2753] »Das große Spiel«, aaO. (Anm. 2750), S. 189.
[2754] Ebenda, S. 190.
[2755] Lutz KLEVEMANN, »Der Kampf ums Kaspische Öl, Teil 4: Pipeline-Poker in der kasachischen Steppe«, unter: http://www.spiegel.de/politik/ausland/

0,1518,211586,00.html

2756 »Das große Spiel«, aaO. (Anm. 2750), S. 189.

2757 »Eine dauerhafte Präsenz«, aaO. (Anm. 2750), S. 133 f.

2758 Markus WEHNER, »Amerikaner im Bogen der Instabilität – Neuer Einfluß in einstigen Sowjetrepubliken«, in: *Frankfurter Allgemeine Zeitung*, 23. 4. 2002.

2759 Rainer FREITAG-WIRMINGHAUS, »Zentralasien und der Kaukasus nach dem 11. September«, aaO. (Anm. 2733), S. 7.

2760 Lutz KLEVEMANN, »Der Kampf ums Kaspische Öl«, aaO. (Anm. 2755).

2761 Rainer FREITAG-WIRMINGHAUS, »Zentralasien und der Kaukasus nach dem 11. September«, aaO. (Anm. 2733), S. 7.

2762 Ebenda; auch: »Eine dauerhafte Präsenz«, aaO. (Anm. 2750), S. 133.

2763 Ebenda.

2764 Ebenda, S. 133.

2765 Ebenda.

2766 Lutz KLEVEMANN, »Der Kampf ums Kaspische Öl, Teil 5: Pax Americana in Zentralasien«, unter: http://www.spiegel.de/politik/ausland/0,1518,212468,00.html

2767 »Eine dauerhafte Präsenz«, aaO. (Anm. 2750), S. 133.

2768 Martin MALEK, »Geopolitische Veränderungen auf dem ›eurasischen Schachbrett‹« aaO. (Anm. 2749), S. 18.

2769 »Eine dauerhafte Präsenz«, aaO. (Anm. 2750), S. 132.

2770 Ebenda, S. 132 f.

2771 Rainer FREITAG-WIRMINGHAUS, »Zentralasien und der Kaukasus nach dem 11. September«, aaO. (Anm. 2733), S. 7.

2772 Peter PILZ, aaO. (Anm. 2734), S. 127.

2773 Thomas I. Steinberg, »Hat der Krieg Gründe – oder ist Bush verrückt?« in: *Sozialismus* 1/2002, Januar 2002, S. 58, zit. aus: Mansur KHAN, *Der Zweite Golfkrieg (1990–1991): Verteidigung des Völkerrechts oder hegemoniales Bestreben – Eine Kriegsursachenforschung*, Diss. Kassel 2005, S. 321.

2774 »Zehn Jahre Krieg«, in: *Der Spiegel* 39/2001, S. 148–158 (S. 158).

2775 Rainer FREITAG-WIRMINGHAUS, »Zentralasien und der Kaukasus nach dem 11. September«, aaO. (Anm. 2733), S. 12.

2776 Mohssen MASSARRAT, »Hegemonialpolitik durch Zugriff auf Ölquellen und Öltransportrouten«, aaO. (Anm. 2702), S. 76.

2777 Mansur KHAN, aaO. (Anm. 2773), S. 318 f.

2778 »Eine dauerhafte Präsenz«, aaO. (Anm. 2750), S. 133.

2779 Savas GENC, aaO. (Anm. 1937), S. 142.

2780 Michel CHOSSUDOVSKY, »Der inszenierte Terrorismus: Die CIA und Al-Quaida«, unter: http://www.hintergrund.de/index.php/politik/welt/der-inszenierte-terrorismus-die-cia-und-al-quaida.html

2781 »›Es handelt sich um einen gemeinsamen Feind‹ – Moskaus sieht sich in seinen Warnungen vor dem Islamismus bestätigt«, in: *Frankfurter Allgemeine Zeitung*, 14. 9. 2001.

2782 Savas GENC, aaO. (Anm. 1937), S. 140.

2783 Ebenda, S. 141.

2784 zit. aus: ebenda, S. 140.

2785 Albrecht ROTHACHER, »Das neue ›Große Spiel‹, aaO. (Anm. 1928), S. 105.

2786 Andrea SCHMITZ, *Partner aus Kalkül*, aaO. (Anm. 2678), S. 10.

2787 »Zentralasien wehrt sich gegen die Islamisten«, in: *Handelsblatt*, 18. 9. 2001.

2788 »Eine dauerhafte Präsenz«, aaO. (Anm. 2750), S. 134.

2789 Andrea SCHMITZ, *Partner aus Kalkül*, aaO. (Anm. 2678), S. 10.

2790 »Eine dauerhafte Präsenz«, aaO. (Anm. 2750), S. 135.

2791 Rainer FREITAG-WIRMINGHAUS, »Zentralasien und der Kaukasus nach dem 11. September«, aaO. (Anm. 2733), S. 4.

2792 »Mittelasien mitten im Dilemma – Usbekistan, Turkmenistan, Tadschikistan – auch Afghanistans Nachbarn fühlen sich vom Islamismus bedroht«, in: *Süddeutsche Zeitung*, 20. 9. 2001.

2793 Andrea SCHMITZ, *Partner aus Kalkül*, aaO. (Anm. 2678), S. 10.

2794 Ebenda, S. 10.

2795 Ebenda.

2796 Ebenda, S. 10 f.

2797 *Reuters*, 5. 7. 2000, in: Rainer RUPP, »NATO-Lord steigt ein ins große Spiel – Generalsekretär Lord Robertson bereiste zentralasiatische Staaten«, in: *Junge Welt*, 19. 7. 2000.

2798 Ebenda.

2799 Ebenda.

2800 Albrecht ROTHACHER, »Das neue ›Große Spiel‹, aaO. (Anm. 1928), S. 105; Rainer FREITAG-WIRMINGHAUS, »Zentralasien und der Kaukasus nach dem 11. September«, aaO. (Anm. 2733), S. 4.

2801 »Das große Spiel«, aaO. (Anm. 2750), S. 189.

2802 Ebenda, S. 188
2803 So z. B. Harald MÜLLER, aaO., S. 139 f.
2804 Martin MALEK, »Geopolitische Veränderungen auf dem ›eurasischen Schachbrett‹« aaO. (Anm. 2749), S. 19.
2805 Ebenda, S. 19.
2806 Ebenda, Fn. 16; siehe auch: »Krieg im Schatten«, in: *Der Spiegel* 40/2001, S. 152–168 (S. 156).
2807 »Die Scharaden der Gotteskrieger«, in: *Der Spiegel* 39/2001, S. 166–169 (S. 169).
2808 Albrecht ROTHACHER, »Das neue ›Große Spiel‹, aaO. (Anm. 1928), S. 105.
2809 Andrea SCHMITZ, *Partner aus Kalkül*, aaO. (Anm. 2678), S. 11.
2810 »Eine dauerhafte Präsenz«, aaO. (Anm. 2750), S. 133.
2811 Ebenda, S. 134.
2812 Werner BIERMANN u. Arno KLÖNNE, *The Big Stick...*, aaO. (Anm. 279), S. 96.
2813 Ebenda.
2814 Ebenda, S. 95.
2815 Ebenda, S. 83.
2816 Alexander WARKOTSCH, »Zwischen Konfrontation und Kooperation – Die russische Zentralasienpolitik«, in: *Blätter für deutsche und internationale Politik*, 9/2004, S. 1112–1122 (S. 1113).
2817 Ebenda, S. 1113 f.
2818 »Moskau rügt US-Besuch von führendem Tschetschenen«, in: *Frankfurter Rundschau*, 25. 1. 2002, zit. aus: Mansur KAHN, »Afghanistan im Kreuzfeuer der amerikanischen Kriegspolitik«, in: Alain de BENOIST (Hg.), *Die Welt nach dem 11. September – der globale Terrorismus als Herausforderung des Westens*, Tübingen 2002, S. 55–111 (S. 100 f.)
2819 Alexander WARKOTSCH, »Zwischen Konfrontation und Kooperation«, aaO. (Anm. 2816), S. 1113.
2820 Alexander RAHR, »Der kalte Frieden, Putins Rußland und der Westen«, in: *Internationale Politik* 3/2004, S. 1–10 (S. 2).
2821 Ariel COHEN, »Ethnic Interests Threaten U.S. Interests in the Caucasus«, unter: http://www.heritage. org/Research/RussiaandEurasia/BG1222.cfm, 25. 9. 1998; Übersetzung durch d. Verfasser.
2822 Ebenda, Übersetzung durch d. Verfasser.
2823 Zit. aus: Sebastian MAYER, »Tbilisi, Washington und die NATO«, in: *Blätter für deutsche und internationale Politik*, 6/2003, S. 706–713 (S. 708).
2824 Aschot MANUTSCHARJAN, »Der Kaukasus in den internationalen Beziehungen«, aaO. (Anm. 477), S. 177.
2825 Ulrike GUSKA, *Separatismus in Georgien*, Arbeitspapier 1/2005 der Forschungsstelle ›Kriege, Rüstung und Entwicklung‹ der Universität Hamburg, S. 55.
2826 Aschot MANUTSCHARJAN, »Der Kaukasus in den internationalen Beziehungen«, aaO. (Anm. 477), S. 178 f.
2827 Ebenda, S. 180.
2828 Ebenda, S. 182.
2829 Ebenda.
2830 Ebenda, S. 183.
2831 Ebenda.
2832 Ebenda.
2833 Wolfgang LEONHARDT, aaO. (Anm. 383), S. 179.
2834 Ulrike GUSKA, *Separatismus in Georgien*, aaO. (Anm. 2825), S. 29.
2835 Christoph MOESKES, »Sonderbare Bündnisse in Abchasien«, in: *Frankfurter Allgemeine Zeitung*, 11. 10. 2001
2836 Detlef BIMBOES, *Von Kabul bis Baku und Skopije*, aaO. (Anm. 1931).
2837 Aschot MANUTSCHARJAN, »Der Kaukasus in den internationalen Beziehungen«, aaO. (Anm. 477), S. 181.
2838 Anna KREIKEMEYER u. Andrej ZARGORSKIJ, aaO. (Anm. 426), S. 119.
2839 Ebenda.
2840 Ebenda, S. 121.
2841 Aschot MANUTSCHARJAN, »Der Kaukasus in den internationalen Beziehungen«, aaO. (Anm. 477), S. 183.
2842 Ebenda.
2843 Ebenda, S. 184.
2844 Anna KREIKEMEYER u. Andrej ZARGORSKIJ, aaO. (Anm. 426), S. 127.
2845 Ebenda, S. 131.
2846 Aschot MANUTSCHARJAN, »Der Kaukasus in den internationalen Beziehungen«, aaO. (Anm. 477), S. 190.
2847 Ebenda, S. 191.
2848 Ebenda, S. 191 f.
2849 So Sergej MARKEDONOW, Abteilungsleiter ›Internationale Beziehungen‹ des Instituts für politische und militärische Analyse, *RIA Novosti*, 24. 7. 2006, unter: http://www.uni-kassel.de/fb5/frieden/regionen/Moldawien/Rußland.html
2850 »›Gudok‹: Für russisch-georgische Beziehungen schlimmer wäre nur Krieg«, *RIA Novosti*, 25. 9. 2006, unter: http://www.uni-kassel.de/fb5/frieden/regionen/Georgien/krieg.html
2851 Aschot MANUTSCHARJAN, »Der Kaukasus in den

internationalen Beziehungen«, aaO. (Anm. 477), S. 186, Fn. 52.
2852 Ebenda, S. 184.
2853 Ebenda, S. 185.
2854 Ebenda, S. 186, Fn. 52.
2855 Ebenda, S. 194.
2856 Ebenda, S. 194 f.
2857 Ebenda, S. 195.
2858 Ebenda, S. 196 f.
2859 Ebenda, S. 185 f.
2860 Rainer FREITAG-WIRMINGHAUS, »Politische Konstellationen im Südkaukasus«, aaO. (Anm. 2004), S. 28.
2861 Ebenda, S. 28.
2862 Ebenda.
2863 Ebenda.
2864 Sebastian MAYER, »Tbilisi, Washington und die NATO, aaO. (Anm. 2823), S. 709.
2865 Ebenda.
2866 Zit. aus: ebenda, S. 710.
2867 Ebenda, S. 710 f.
2868 Ebenda, S. 712.
2869 Ebenda.
2870 Karl GROBE, »Moskaus georgischer Dominostein«, in: *Frankfurter Rundschau*, 29. 2. 2002.
2871 Markus WEHNER, »Moskau und Tiflis streiten wegen tschetschenischer Kämpfer«, in: *Frankfurter Allgemeine Zeitung*, 31. 7. 2002.
2872 Tomas AVENARIUS, »Verstärkung aus der Pankisi-Schlucht«, in: *Süddeutsche Zeitung*, 30. 7. 2002.
2873 Markus WEHNER, »Moskau und Tiflis streiten wegen tschetschenischer Kämpfer«, aaO. (Anm. 2871).
2874 Tomas AVENARIUS, »Verstärkung aus der Pankisi-Schlucht«, aaO. (Anm. 2872).
2875 Martin EBBING, »Georgien als Brückenkopf«, in: *Blätter für deutsche und internationale Politik* 4/2002, S. 395 ff. (S. 396)
2876 Jürgen ROTH, *Netzwerke des Terrors*, aaO. (Anm. 2540), S. 41.
2877 Tomas AVENARIUS, »Verstärkung aus der Pankisi-Schlucht«, aaO. (Anm. 2872).
2878 Rizvan NABIYEV, *Erdöl- und Erdgaspolitik*, aaO. (Anm. 478), S. 363, Fn. 298.
2879 »Georgien geht gegen tschetschenische Rebellen vor«, in: *Süddeutsche Zeitung*, 26. 8. 2002.
2880 Markus WEHNER, »Moskau und Tiflis streiten wegen tschetschenischer Kämpfer«, aaO. (Anm. 2871).
2881 Manfred QUIRING, »Spannungen zwischen Moskau und Georgien nehmen zu«, in: *Die Welt*, 8. 8. 2002.
2882 Elfie SIEGEL, »Polizeitruppen gegen ›kriminelle Elemente‹ im Pankisi-Tal«, in: *Frankfurter Allgemeine Zeitung*, 27. 8. 2002.
2883 »USA weiten Einfluß auf Kosten Moskaus aus«, in: *Handelsblatt*, 28. 2. 2002.
2884 Tomas AVENARIUS, »Verstärkung aus der Pankisi-Schlucht«, aaO. (Anm. 2872).
2885 Ebenda.
2886 Martin EBBING, »Georgien als Brückenkopf«, aaO. (Anm. 2875), S. 397.
2887 »U.S. Assistance to Georgia – Fiscal Year 2002«, unter: http://www.state.gov/p/eur/rls/fs/11029.htm
2888 Rizvan NABIYEV, *Erdöl- und Erdgaspolitik*, aaO. (Anm. 478), S. 363.
2889 Knut MELLENTHIN, »Georgische Reconquista«, in: *Junge Welt*, 24. 7. 2004.
2890 Karl GROBE, »Moskaus georgischer Dominostein«, in: *Frankfurter Rundschau*, 29. 2. 2002.
2891 Sebastian MAYER, »Tbilisi, Washington und die NATO«, aaO. (Anm. 2823), S. 709.
2892 PUTIN ließ durchblicken, daß Rußland einer US-Intervention im Irak zustimmen würde, wenn Rußland seinerseits freie Hand im Kaukasus bekäme, vgl. Sebastian MAYER, ebenda, S. 709, Fn. 9.
2893 Sebastian MAYER, »Tbilisi, Washington und die NATO«, ebenda, S. 709 f.
2894 Ebda, S. 711.
2895 Ebenda.
2896 Ebenda, S. 711 f.
2897 zit. aus: ebenda, S. 712.
2898 Ebenda.
2899 »›Gudok‹: Für russisch-georgische Beziehungen schlimmer wäre nur ein Krieg«, aaO. (Anm. 2850).
2900 Andrea STRUNK, »US-Soldaten bald in Georgien – Moskau befürchtet permanenten amerikanischen Einfluß auf den Kaukasus«, in: *Die Welt*, 28. 2. 2002.
2901 Rizvan NABIYEV, *Erdöl- und Erdgaspolitik*, aaO. (Anm. 478), S. 356.
2902 »Nato gegen Freistil-Ringer«, in: *Der Spiegel* 14/2003, S. 172–175 (S. 175).
2903 Rizvan NABIYEV, *Erdöl- und Erdgaspolitik*, aaO. (Anm. 478), S. 367.
2904 Ebenda.
2905 Michel CHOSSUDOVSKY, *Global brutal*, aaO. (Anm. 647), S. 409.
2906 Martin MALEK, »Geopolitische Veränderungen auf dem ›eurasischen Schachbrett‹« aaO. (Anm. 2749), S. 18.
2907 Michel CHOSSUDOVSKY, *Global brutal*, aaO. (Anm. 647), S. 410.

2908 Hannes ADOMEIT, »Sicherheitskonzepte und Militärpolitik,« in: Hans-Hermann HÖHMANN u. Hans-Henning SCHRÖDER (Hg.), *Rußland unter neuer Führung – Politik, Wirtschaft und Gesellschaft am Beginn des 21. Jahrhunderts*, Münster 2001, S. 107–118 (S. 109).
2909 Johannes BAUR, »Zurück zur Großmacht – Ziele und Handlungsoptionen der Außenpolitik«, in: Hans-Hermann HÖHMANN u. Hans-Henning SCHRÖDER (Hg.), *Rußland unter neuer Führung*, ebenda, S. 97–106 (S. 104).
2910 Aschot MANUTSCHARJAN, *Die Putin-Doktrin: Eine Neuausrichtung der russischen Sicherheitspolitik*, Publikation der Konrad-Adenauer-Stiftung, (= *KAS-Auslandsinformation* 2/04), S. 4–34 (S. 9).
2911 Ebenda, S. 10.
2912 Ebenda, S. 22.
2913 Ebenda.
2914 Ebenda, S. 23.
2915 Ebenda, S. 15.
2916 Zit. aus: Dimitrij DANILOW, »Rußlands Interessen – Pragmantismus und Suche nach Balancen,« in: *Internationale Politik* 3/2004, S. 11–17 (S. 13).
2917 Vgl. Andrea SCHMITZ, *Partner aus Kalkül*, aaO. (Anm. 2678), S. 7 f.
2918 Ebenda, S. 8.
2919 Ebenda.
2920 Ebenda.
2921 Dimitri TRENIN, »Waldimir Putin verfolgt die ›Operation GUS‹« in: *Die Welt*, 3. 3. 2004.
2922 Andrea SCHMITZ, *Partner aus Kalkül*, aaO. (Anm. 2678), S. 20.
2923 Christian WIPPERFÜRTH, *Rußland und seine GUS-Nachbarn – Hintergründe, aktuelle Entwicklungen und Konflikte in einer ressourcenreichen Region*, Stuttgart 2007, S. 18.
2924 So Andrea SCHMITZ, *Partner aus Kalkül*, aaO. (Anm. 2678), S. 21.
2925 Rainer FREITAG-WIRMINGHAUS, »Zentralasien und der Kaukasus nach dem 11. September«, aaO. (Anm. 2733), S. 4.
2926 Ebenda
2927 Andrea SCHMITZ, *Partner aus Kalkül*, aaO. (Anm. 2678), S. 21.
2928 *Fünf Jahre Shanghai Cooperation Organisation – Der SCO-Gipfel in Shanghai*, Länderbericht der Konrad-Adenauer-Stifung, Juni 2006, S. 2.
2929 Rainer RUPP, »Geopolitische Partnerschaft«, in: *Junge Welt*, 4. 9. 2008.
2930 Gudrun WACKER, »Gipfeltreffen der ›Shanghaier Organisation für Zusammenarbeit‹ – Von Worten zu Taten?«, *SWP-Aktuell* 22, Juni 2002, S. 4.
2931 *Fünf Jahre Shanghai Cooperation Organisation*, aaO. (Anm. 2928), S. 4.
2932 Ebenda, S. 3.
2933 Alyson J. K. BAILES, Pál DUNAY, Pan GUANG u. Mikhail TROITSKIY, *The Shanghai Cooperation Organisation*, (= *SIPRI Policy Paper* No. 17), May 2007, S. 11 ff.
2934 Rainer RUPP, »Geopolitische Partnerschaft«, in: *Junge Welt*, 4. 9. 2008; letzter Satz durch Verfasser hervorgehoben
2935 Rainer FREITAG-WIRMINGHAUS, »Zentralasien und der Kaukasus nach dem 11. September«, aaO. (Anm. 2733), S. 8.
2936 Andrea SCHMITZ, *Partner aus Kalkül*, aaO. (Anm. 2678), S. 22.
2937 Alexander RAHR, »In Zentralasien läuft China Rußland den Rang ab«, in: *Die Welt*, 2. 8. 2005.
2938 Ebenda.
2939 »Erstes gemeinsames Manöver der früheren Feinde – Moskaus Marine im Gelben Meer«, in: *Süddeutsche Zeitung*, 18. 8. 2005.
2940 »Rußland und China schmieden eine neues Militärbündnis«, in: *Handelsblatt*, 18. 8. 2005.
2941 Zit. aus: »Erstes gemeinsames Manöver der früheren Feinde – Moskaus Marine im Gelben Meer«, in: *Süddeutsche Zeitung*, 18. 8. 2005.
2942 Andrea SCHMITZ, *Partner aus Kalkül*, aaO. (Anm. 2678), S. 23.
2943 *Fünf Jahre Shanghai Cooperation Organisation – Der SCO-Gipfel in Shanghai*, Länderbericht der Konrad-Adenauer-Stifung, Juni 2006, S. 4.
2944 Manfred HUTERER u. Arndt Freytag von LORINGHOVEN, »Wird Rußlands Ferner Osten chinesisch? – Unterschiedliche Dynamik und gemeinsame Interessen der beiden Nachbarn«, in: *Neue Zürcher Zeitung*, 8. 8. 2005.
2945 Ebenda.
2946 Rainer RUPP, »Geopolitische Partnerschaft«, in: *Junge Welt*, 4. 9. 2008.
2947 »Erstes gemeinsames Manöver der früheren Feinde – Moskaus Marine im Gelben Meer«, in: *Süddeutsche Zeitung*, 18. 8. 2005.
2948 Gudrun WACKER, »Gipfeltreffen der ›Shanghaier Organisation für Zusammenarbeit‹ – Von Worten zu Taten?« (= *SWP-Aktuell* 22), Juni 2002, S. 7
2949 Andrea SCHMITZ zufolge ist China für Rußland nicht nur Partner, sondern auch der mächtigste Rivale im Wettbewerb um den zentralasiatischen Energiemarkt; und sie sieht die Funktion der SCO in einem Instrument zur Verwaltung von Chinas Expansions- und Integrationsschritten im postsowjeti-

schen Raum. Vgl. *Partner aus Kalkül*, aaO. (Anm. 2678), S. 24 f.
[2950] So auch Andrea SCHMITZ, *Partner aus Kalkül*, ebenda, S. 23 ff.
[2951] Andrea SCHMITZ, *Partner aus Kalkül*, ebenda, S. 26.
[2952] *Die Putin-Doktrin*, aaO. (Anm. 2910), S. 4–34.
[2953] Zit. aus: »Die neue, alte Großmacht«, in: *Der Spiegel* 28/2006, S. 84–97 (S. 86).
[2954] Andrea SCHMITZ, *Partner aus Kalkül*, aaO. (Anm. 2678), S. 6.
[2955] Ebenda, S. 14.
[2956] Ebenda.
[2957] Behrooz ABDOLVAND, Matthias ADOLF u. Kaweh SADEGH-ZADEH, »Gas-Gigant Rußland – Garant der europäischen Energiesicherheit?« in: *Blätter für deutsche und internationale Politik* 4/2006, S. 469–482 (S. 473).
[2958] Ebenda, S. 474.
[2959] Ebenda.
[2960] Ebenda.
[2961] So F. William ENGDAHL: *Öl, wirtschaftliche Sicherheit und geopolitische Risiken von heute*, aaO. (Anm. 1801).
[2962] So Paul KLEBNIKOW, aaO. (Anm. 1704), S. 262.
[2963] Kai EHLERS, »Wem gehört Rußland – und wer benutzt Chodorkowski?« unter: http://www.uni-kassel.de/fb5/frieden/regionen/Rußland/jukos.html
[2964] Ebenda.
[2965] So die 15teilige Enthüllungsserie der Zeitung *Saar-Echo*, 31. 1. 2005 bis zum 23. 5. 2005.
[2966] »Von Clearstream bis Yukos (II): Mikahil Chodorkovsky verlor gegen US-Amerika«, aaO. (Anm. 1791).
[2967] Kai EHLERS, »Ruf aus der ›Matrosenstille‹ – Yukos-Affäre in Rußland: Der Kreml holte sich zurück, was er an strategischen Ressourcen braucht«, in: *Freitag*, 21. 10. 2005.
[2968] Aschot MANUTSCHARJAN, »Die Putin-Doktrin«, aaO. (Anm. 2910), S. 18.
[2969] »Von Clearstream bis Yukos (II): Mikhail Chodorkovsky verlor gegen US-Amerika«, aaO. (Anm. 1791).
[2970] »Von Clearstrema bis Yukos: Eine Hinführung – Der kalte russisch-amerikanische Ölkrieg«, in: *Saar-Echo*, 31. 1. 2005.
[2971] »Von Clearstream bis Yukos (II): Mikahil Chodorkovsky verlor gegen US-Amerika«, aaO. (Anm. 1791).
[2972] »Von Clearstream bis Yukos (III): War Yukos wirklich heiße und kalte Kriege wert?« aaO. (Anm. 1786).
[2973] Gernot ERLER, *Rußland kommt: Putins Staat – der Kampf um Macht und Modernisierung*, Freiburg i. Br. 2005, S. 72.
[2974] Ebenda, S. 74.
[2975] Ebenda.
[2976] Ebenda.
[2977] Ebenda, S. 151.
[2978] Alexander RAHR, *Rußland gibt Gas*, München 2008, S. 5 f.
[2979] Kai EHLERS, *Wem gehört Rußland – und wer benutzt Chodorkowski?*, aaO. (Anm. 2963).
[2980] Ders., »Ruf aus der ›Matrosenstille‹« aaO. (Anm. 2967).
[2981] Behrooz ABDOLVAND, Matthias ADOLF u. Kaweh SADEGH-ZADEH, »Gas-Gigant Rußland«, aaO. (Anm. 2957), S. 475).
[2982] »Von Clearstream bis Yukos (IV): Totalblamage für die Großmeister des Kapitals: Rußland und China gewinnen globale Zockerpartie«, in: *Saar-Echo*, 3. 2. 2005.
[2983] Das Nachrichtenmagazin *Der Spiegel* 46/2003, bezeichnet den Oligarchen CHODORKOWSKI als »den Mann, der Amerika Zutritt zum Rohstoffparadies Rußland versprach«, vgl. »Triumpf der Doppelmoral«, in: *Der Spiegel* 46/2003, S. 136–139 (S. 139).
[2984] Zit. aus: »Der Konzern des Zaren«, in: *Der Spiegel* 10/2007, S. 120–137 (S. 130).
[2985] Kai EHLERS, »Ruf aus der ›Matrosenstille‹« aaO. (Anm. 2967).
[2986] Karin KNEISSL, »Die Politik der Pipelines«, in: *Österreichische Militärzeitschrift* 3/2006; unter: http://www.bmlv.at/omz/ausgaben/artikel.php?id=395
[2987] Zit. aus: ebenda.
[2988] Andrea SCHMITZ, *Partner aus Kalkül*, aaO. (Anm. 2678), S. 16.
[2989] Savas GENC, aaO. (Anm. 1937), S. 131.
[2990] Igor KOVAL u. Valentin SEMENOV, »Rußland und die NATO, Thesen des Rates für Außen- und Verteidigungspolitik der Russischen Föderation«, in: *Ostmitteleuropa. Rußland und die Osterweiterung der NATO. Perzeption und Stategien im Spannungsfeld nationaler und europäischer Sicherheit*, hg., August PRADETTO, Opladen 1997, S. 161–178 (S. 168); zit. aus: Savas GENC, aaO. (Anm. 1937), S. 137.
[2991] Andrea SCHMITZ, aaO. (Anm. 2678), S. 12.
[2992] Savas GENC, aaO. (Anm. 1937), S. 135 f.
[2993] Ebenda, S. 137.
[2994] Alexander WARKOTSCH, »Zwischen Konfrontation und Kooperation«, aaO. (Anm. 2816), S. 1117.
[2995] Ebenda.

2996 Rizvan NABIYEV, *Erdöl- und Erdgaspolitik*, aaO. (Anm. 478), S. 297.
2997 Alexander WARKOTSCH, »Zwischen Konfrontation und Kooperation«, aaO. (Anm. 2816), S. 1118.
2998 Roland GÖTZ, »Energie- und Außenpolitik«, in: *Ost-West-Gegeninformationen* 2/2006, S. 12–18 (S. 17).
2999 Ders., *Ukraine, Turkmenistan und Rußland vor der Neuordnung ihrer Energiebeziehungen?* Diskussionspapier der Stiftung Wissenschaft und Politik, Berlin, Mai 2005, S. 5.
3000 Roland GÖTZ, *Gasproms Zukunftsstrategie: Marktbeherrschung und Expansion* (= *SWP-Aktuell* 39), Berlin, Juli 2007, S. 2.
3001 Ebenda, S. 2.
3002 Roland GÖTZ, *Ukraine, Turkmenistan und Rußland vor der Neuordnung ihrer Energiebeziehungen?*, aaO. (Anm. 2999), S. 5.
3003 Ders., »Energie- und Außenpolitik«, in: *Ost-West-Gegeninformationen* 2/2006, S. 12–18 (S. 17).
3004 Ders., »Zentralasiatische Energieexporte. Zwischen russischer Dominanz, Diversifizierungsplänen der EU und neuen Märkten in Asien«, in: *Rußland-Analysen* Nr. 137/07, 08.06.07, S. 1–6 (S. 3).
3005 Andrea SCHMITZ, *Partner aus Kalkül*, aaO. (Anm. 2678), S. 17.
3006 Uwe HALBACH, *Usbekistan als Herausforderung für westliche Zentralasienpolitik*, Studie der Stiftung Wissenschaft und Politik, Berlin, September 2006, S. 25.
3007 Ebenda, S. 26.
3008 Ebenda, S. 8.
3009 Ebenda, S. 26.
3010 Ebenda, S. 27.
3011 Ebenda, S. 30.
3012 Behrooz ABDOLVAND, Matthias ADOLF u. Kaweh SADEGH-ZADEH, »Gas-Gigant Rußland«, aaO. (Anm. 2957), S. 475.
3013 Vgl. Andrea SCHMITZ, *Partner aus Kalkül*, aaO. (Anm. 2678), S. 17.
3014 Ebenda.
3015 Ebenda.
3016 Ebenda, S. 17–20.
3017 Ebenda, S. 17–20.
3018 Christian WIPPERFÜRTH, *Rußland und seine GUS-Nachbarn*, aaO. (Anm. 2923), S. 77.
3019 Rizvan NABIYEV, *Erdöl- und Erdgaspolitik*, aaO. (Anm. 478), S. 264.
3020 Christian WIPPERFÜRTH, *Rußland und seine GUS-Nachbarn*, aaO. (Anm. 2923), S. 78 f.
3021 Vgl. Tomasz KONICZ, »Nase vorn im Energiepoker«, in: *Junge Welt*, 14. 2. 2008.
3022 Behrooz ABDOLVAND, Matthias ADOLF u. Kaweh SADEGH-ZADEH, »Gas-Gigant Rußland«, aaO. (Anm. 2957), S. 476.
3023 Ebenda.
3024 Rizvan NABIYEV, *Erdöl- und Erdgaspolitik*, aaO. (Anm. 478), S. 257.
3025 Behrooz ABDOLVAND, Matthias ADOLF u. Kaweh SADEGH-ZADEH, »Gas-Gigant Rußland«, aaO. (Anm. 2957), S. 476.
3026 Rizvan NABIYEV, *Erdöl- und Erdgaspolitik*, aaO. (Anm. 478), S. 258.
3027 Stephan HEIDBRINK, »Europas weiche Geopolitik im russischen Hinterhof«, unter: http://www.uni-kassel.de/fb5/frieden/themen/oel/eurasien.html
3028 So F. William ENGDAHL: *Öl, wirtschaftliche Sicherheit und geopolitische Risiken von heute*, aaO. (Anm. 1801).
3029 Tomasz KONICZ, »Nase vorn im Energiepoker«, aaO. (Anm. 3021).
3030 Ebenda.
3031 Rizvan NABIYEV, *Erdöl- und Erdgaspolitik*, aaO. (Anm. 478), S. 204.
3032 Tomasz KONICZ, »Nase vorn im Energiepoker«, aaO. (Anm. 3021).
3033 »Serbische Huldigung an Rußland – Energiegeschäft mit Moskau im Zeichen der Belgrader Innenpolitik«, in: *Neue Zürcher Zeitung*, 24. 1. 2008.
3034 Behrooz ABDOLVAND, Matthias ADOLF u. Kaweh SADEGH-ZADEH, »Gas-Gigant Rußland«, aaO. (Anm. 2957), S. 476 f.
3035 So Vladimir RYSHKOW, »Das neue Erdgaspipeline-Projekt Rußland-China löst Kritik aus«, in: *Rußland-Analysen* Nr. 137/07, 8. 6. 2007, S. 9 f. (S. 9).
3036 Ebenda.
3037 Alexander RAHR, *Rußland gibt Gas*, aaO. (Anm. 2978), S. 126.
3038 Alexander WARKOTSCH, »Zwischen Konfrontation und Kooperation«, aaO. (Anm. 2816), S. 1118.
3039 So Savas GENC, aaO. (Anm. 1937), S. 131.
3040 Roland GÖTZ, »Geopolitische Rivalen oder Partner? Rußland und China in der Region des Kaspischen Meers«, in: *Blätter für deutsche und internationale Politik* 10/1998; zit. aus: ebenda, S. 131
3041 Vgl. Wolfgang GRABOWSKI, »Ehemalige Weltmacht vor dem Comeback? Rußlands Asienpolitik bietet große Chancen, sich als Global Player zurückzumelden«, unter: http://www.uni-kassel.de/fb5/frieden/regionen/Rußland/asienpolitik.html
3042 Rizvan NABIJEW, *Erdöl- und Erdgaspolitik*, aaO. (Anm. 478), S. 298.

3043 F. William ENGDAHL, »USA out-flanked in Eurasia Energy Politics?« unter: http://www. globalresearch. ca/index.php?context= va&aid=2571, Übersetzung durch d. Verfasser.

3044 Eine gute Zusammenfassung formulierte F. William ENGDAHL in: *Öl, wirtschaftliche Sicherheit und geopolitische Risiken von heute*, aaO. (Anm. 1801).

3045 Zit. aus: F. William ENGDAHL, ebenda

3046 Alexander RAHR, »Geopolitischer Infantilismus. Europas Unsicherheit im Umgang mit Rußland nimmt zu«, in: *Internationale Politik*, Juli 2006, S. 14–20 (S. 16).

3047 Roland GÖTZ, »Energie- und Außenpolitik«, in: *Ost-West-Gegeninformationen* 2/2006, S. 12–18 (S. 12).

3048 Kai EHLERS, »Anmerkungen zum Prozeß gegen Chodorkowski«, unter: http://www.uni-kassel.de/fb5/frieden/regionen/Rußland/chodorkowski2.html

3049 Ebenda

3050 So Gernot ERLER, *Rußland kommt*, aaO. (Anm. 2973), S. 53.

3051 Eberhard SCHNEIDER, *Putin und die Oligarchen*, aaO. (Anm. 1794), S. 14.

3052 »Duell um den Kreml«, in: *Der Spiegel* 45/2003, S. 130–145 (S. 135).

3053 Eberhard SCHNEIDER, *Putin und die Oligarchen*, aaO. (Anm. 1794), S. 19.

3054 »Rußland schottet stratgische Industrien ab. Regierung erstellt Schutzliste/Der Einfluß ausländischer Investoren soll kontrolliert werden«, in: *Frankfurter Allgemeine Zeitung*, 17. 10. 2006.

3055 Ebenda.

3056 Ebenda.

3057 Kai EHLERS, »Der Fall Chodorkowski oder Rußlands neue Rolle im aktualisierten ›Great Game‹« unter: http://www.uni-kassel.de/fb5/frieden/rat/2005/ehlers.html

3058 Behrooz ABDOLVAND, Matthias ADOLF u. Kaweh SADEGH-ZADEH, »Gas-Gigant Rußland«, aaO. (Anm. 2957), S. 477.

3059 Rainer RUPP, »›Ernste Herausforderungen‹. CIA sieht neues russisches Selbstbewußtsein als Bedrohung für US-Interessen in Zentralasien«, in: *Junge Welt*, 18. 3. 2004.

3060 Ebenda.

3061 »Herzland und Supermacht. Die US-Außenpolitik sorgt sich um die Renaissance der eurasichen Geopolitik – insbesondere in Rußland«, in: *Jungle World*, 12. 5. 1999.

3062 Kai EHLERS, »Der Fall Chodorkowski«, aaO. (Anm. 3057).

3063 Karin KNEISSL, »Die Politik der Pipelines«, in: *Österreichische Militärzeitschrift* 3/2006; unter: http://www.bmlv.at/omz/ausgaben/artikel.php?id=395

3064 Konrad SCHULLER, »Der Westen und die Revolution im Osten«, in: *Frankfurter Allgemeine Zeitung*, 21. 9. 2005.

3065 F. William ENGDAHL, *Öl, wirtschaftliche Sicherheit und geopolitische Risiken von heute*, aaO. (Anm. 1801).

3066 Zit. aus: Anselm WEIDNER, »Diktatorensturz und Demokratieexport. Die ›Junge Internationale‹ als fünfte Kolonne?« in: *Blätter für deutsche und internationale Politik* 9/2007, S. 1088–1098 (S. 1095).

3067 Ebenda.

3068 Ebenda; vgl. auch: Willy BRANDT, *Erinnerungen*, Berlin 1992, S. 348.

3069 »Die Revolutions-GmbH«, Teil 1, in: *Der Spiegel* 46/2005, S. 178–198 (S. 182).

3070 Ebenda.

3071 Ebenda.

3072 Mária HUBER, »Demokratieexport nach Osteuropa: US-Strategien in der Ukraine«, in: *Blätter für deutsche und internationale Politik*, 12/2005, S. 1463–1472 (S. 1470).

3073 Klaus EICHNER, »Wie Demokratie funktioniert. US-Strategie für ›bunte‹ (Konter-)Revolutionen, Teil II: Ihre Durchsetzung durch regierungsgesteuerte Nichtregierungsorganisationen«, in: *Junge Welt*, 23. 11. 2006.

3074 Ebenda.

3075 Samuel P. HUNTINGTON, »How Countries Democratize«, in: *Political Science Quaterly*, 4/1991, S. 579–616 (S. 607 f.); zit aus: Mária HUBER, *Demokratieexport nach Osteuropa*, aaO. (Anm. 3072), S. 1470 f.

3076 Anselm WEIDNER, »Diktatorensturz und Demokratieexport«, aaO. (Anm. 3066), S. 1095.

3077 Mária HUBER, »Demokratieexport nach Osteuropa«, aaO. (Anm. 3072), S. 1471.

3078 Zit. aus: Klaus EICHNER, »Wie Demokratie funktioniert«, aaO. (Anm. 3073).

3079 »Die Revolutions-GmbH«, Teil 1, aaO. (Anm. 3069), S. 186.

3080 Anselm WEIDNER, »Diktatorensturz und Demokratieexport«, aaO. (Anm. 3066), S. 1095.

3081 Ebenda, S. 1096.

3082 Mária HUBER, »Demokratieexport nach Osteuropa«, aaO. (Anm. 3072), S. 1471.

3083 Anselm WEIDNER, (Anm. 3066), S. 1096.

3084 Zit. aus: ebenda.

3085 »Die Revolutions-GmbH«, Teil 1, aaO. (Anm. 3069), S. 192.

[3086] Ebenda.
[3087] Ebenda.
[3088] Klaus EICHNER, »Wie Demokratie funktioniert«, aaO. (Anm. 3073).
[3089] Ebenda.
[3090] Peter SCHWEITZER, *Reagan's War*, aaO. (Anm. 1362), S. 186; Übersetzung durch d. Verfasser.
[3091] Ebenda; Übersetzung durch d. Verfasser.
[3092] Knut MELLENTHIN, »Imperialistische Zivilgesellschaft. National Endowment for Democracy – NED: Die Fortsetzung der CIA mit anderen Mitteln«, in: *Junge Welt*, 28. 7. 2005.
[3093] Zit. aus: Gerald SUSSMAN, »The Myths of ›Democracy Assistance‹: U.S. political Intervention in Post-Soviet Eastern Europe«, unter: http://www. monthlyreview. org/1206sussman.htm; Übersetzung durch d. Verfasser.
[3094] Knut MELLENTHIN, »Imperialistische Zivilgesellschaft«, aaO. (Anm. 3092).
[3095] William BLUM, »Das Trojanische Pferd – ›The National Endowment für Democracy‹«, in: *Geheim* 22 (2007) 3, S. 24 ff. (S. 25).
[3096] Ebenda.
[3097] Gerald SUSSMAN, »The Myths of ›Democracy Assistance‹: U.S. political Intervention in Post-Soviet Eastern Europe«, aaO. (Anm. 3093); Übersetzung durch d. Verfasser.
[3098] William BLUM, »Das Trojanische Pferd«, aaO. (Anm. 3095), S. 24.
[3099] Ebenda, S. 25.
[3100] Klaus EICHNER, »Wie Demokratie funktioniert«, aaO. (Anm. 3073).
[3101] George SOROS, *Die Vorherrschaft der USA*, aaO. (Anm. 1668), S. 135.
[3102] Ebenda, S. 104.
[3103] Ebenda.
[3104] Ebenda, S. 116.
[3105] Ebenda, S. 117.
[3106] Ebenda, S. 135.
[3107] »Die Revolutions-GmbH«, Teil 1, aaO. (Anm. 3069), S. 188.
[3108] Konrad SCHULLER, »Der Westen und die Revolution im Osten«, aaO. (Anm. 3064).
[3109] Mária HUBER, »Demokratieexport nach Osteuropa«, aaO. (Anm. 3072), S. 1466.
[3110] So die Darstellung von Mária HUBER, ebenda, S. 1468 f. Dort ist auch das Zitat von Hans-Georg WIECK zu finden
[3111] »Die Revolutions-GmbH«, Teil 1, aaO. (Anm. 3069), S. 190.
[3112] Ebenda, S. 192.
[3113] Ebenda, S. 198 f.
[3114] Ebenda, S. 199.
[3115] Mária HUBER, »Demokratieexport nach Osteuropa«, aaO. (Anm. 3072), S. 1469.
[3116] »Die Revolutions-GmbH«, Teil 1, aaO. (Anm. 3069), S. 196.
[3117] Anselm WEIDNER, »Diktatorensturz und Demokratieexport«, aaO. (Anm. 3066), S. 1089.
[3118] Ebenda, S. 1090 f.
[3119] Ebenda, S. 1091.
[3120] Ebenda, S. 1093.
[3121] Ebenda.
[3122] Ebenda, S. 1093 f.
[3123] Ebenda, S. 1094.
[3124] Ebenda, S. 1097.
[3125] Ebenda, S. 1091.
[3126] Ebenda.
[3127] Ebenda, S. 1092.
[3128] »Die Revolutions-GmbH«, Teil 1, aaO. (Anm. 3069), S. 184.
[3129] Ebenda, S. 186.
[3130] Anselm WEIDNER, »Diktatorensturz und Demokratieexport«, aaO. (Anm. 3066), S. 1096.
[3131] Ebenda, S. 1092 f.
[3132] Ebenda, S. 1093.
[3133] »Die Revolutions-GmbH«, Teil 1, aaO. (Anm. 3069), S. 183.
[3134] Anselm WEIDNER, »Diktatorensturz und Demokratieexport«, aaO. (Anm. 3066), S. 1094.
[3135] Ebenda.
[3136] »Die Revolutions-GmbH«, Teil 1, aaO. (Anm. 3069), S. 188.
[3137] »Imperialistische Konkurrenz um den südlichen Kaukasus und Zentralasien. Der Fall Georgien«, in: *Gegenstandpunkt* 1/2004, S. 147–155.
[3138] »Müde und mit hängenden Schultern. Eduard Schewardnadse in Bedrängnis: Der ›kaukasische Fuchs‹ hat den eigenen Ruf und das ganze Land ruiniert«, in: *Süddeutsche Zeitung*, 24. 11. 2003.
[3139] »Das Volk übernimmt die Macht. Die ›samtene Revolution‹ von Prag als Vorbild: Wie die Opposition den Umsturz in Tiflis betrieb«, in: *Süddeutsche Zeitung*, 24. 11. 2003.
[3140] Anatol LIEVEN, »The West had a different Georgia on its mind«, in: *International Herald Tribune*, 26. 11. 2003; zit. aus: »Imperialistische Konkurrenz um den südlichen Kaukasus und Zentralasien. Der Fall Georgien«, aaO. (Anm. 3137), S. 152.
[3141] Markus WEHNER, »Die Einsamkeit des Eduard

Schewardnadse. Vetternwirtschaft, Wahlfälschung und ausbleibende Reformen: Die Georgier sind von ihrem Präsidenten enttäuscht«, in: *Frankfurter Allgemeine Zeitung*, 24. 11. 2003.

3142 »Von ›Garten der UdSSR‹ zum Transitland für Öl«, in: *Handelsblatt*, 6. 1. 2004.

3143 Markus WEHNER, »Die Einsamkeit des Eduard Schewardnadse«, aaO. (Anm. 3141).

3144 Ders., »Wie stabil wird Georgien? Washington, Moskau und das Ende der Ära Schewardnadse«, in: *Frankfurter Allgemeine Zeitung*, 12. 11. 2003.

3145 Ders., »Die Einsamkeit des Eduard Schewardnadse«, aaO. (Anm. 3141).

3146 Thomas URBAN, »Im Griff der Großmächte. Begehrte Rohstoffe im Kaukasus«, in: *Süddeutsche Zeitung*, 24. 11. 2003.

3147 »Der Traum der Drachentöter«, in: *Der Spiegel* 49/2003, S. 136 f. (S. 137).

3148 »Bricht Georgien jetzt auseinander?« in: *Handelsblatt*, 25. 11. 2003.

3149 Ebenda.

3150 Markus WEHNER, »Die Einsamkeit des Eduard Schewardnadse«, aaO. (Anm. 3141); ebenfalls: »Imperialistische Konkurrenz um den südlichen Kaukasus und Zentralasien. Der Fall Georgien«, aaO. (Anm. 3137), S. 148.

3151 Ebenda.

3152 »Polyglotter Kindergarten«, in: *Der Spiegel* 13/2004, S. 140 f. (S. 140).

3153 »Saakaschwilis erste Wahl. Georgiens designierter Präsident strebt Richtung Westen – noch aber ist er auf ein gutes Verhältnis zu Rußland angewiesen«, in: *Süddeutsche Zeitung*, 3./4. 1. 2004.

3154 »Georgien besteht Demokratietest«, in: *Handelsblatt*, 6. 1. 2004.

3155 »Der Traum der Drachentöter«, in: *Der Spiegel* 49/2003, S. 136 f. (S. 137).

3156 Markus WEHNER, »Die Einsamkeit des Eduard Schewardnadse«, aaO. (Anm. 3141).

3157 Ebenda.

3158 Ebenda.

3159 »Der Traum der Drachentöter«, in: *Der Spiegel* 49/2003, S. 136/137 (S. 137)

3160 Thomas URBAN, »Im Griff der Großmächte«, aaO. (Anm. 3146).

3161 Ebda; ebenso: Tomas AVENARIUS, »Im georgischen Teufelskreis. Nach dem Machtwechsel sucht Tiflis die Nähe zu Washington – sehr zum russischen Mißfallen«, in: *Süddeutsche Zeitung*, 7. 1. 2004.

3162 Tomas AVENARIUS, »Im georgischen Teufelskreis«, ebenda.

3163 Markus WEHNER, »Wie stabil wird Georgien?« aaO. (Anm. 3144); Tomas AVENARIUS, »Im georgischen Teufelskreis«, ebenda.

3164 »Imperialistische Konkurrenz um den südlichen Kaukasus und Zentralasien. Der Fall Georgien«, aaO. (Anm. 3137), S. 151.

3165 »Georgia: Smell of Russian Gas hangs over Election Campaign«, *RFE/RL.*, 13. 6. 2003; zit. aus: »Imperialistische Konkurrenz um den südlichen Kaukasus und Zentralasien. Der Fall Georgien«, ebenda, S. 151.

3166 »Die Revolutions-GmbH«, Teil 1, aaO. (Anm. 3069), S. 192.

3167 Amselm WEIDNER, »Diktatorensturz und Demokratieexport«, aaO. (Anm. 3066), S. 1092.

3168 Matthias RÜB, »Großmachtspiel am Kaukasus«, in: *Frankfurter Allgemeine Zeitung*, 25. 11. 2003.

3169 Markus WEHNER, »Wie stabil wird Georgien?« aaO. (Anm. 3144).

3170 »Generationswechsel in Georgien«, in: *Frankfurter Allgemeine Zeitung*, 6. 1. 2004.

3171 »Die Revolutions-GmbH«, Teil 1, aaO. (Anm. 3069), S. 190.

3172 Zit. aus: ebenda, S. 190.

3173 Ebenda.

3174 *Guardian Weekly*, 3.–10. 1. 2004; zit. in: »Imperialistische Konkurrenz um den südlichen Kaukasus und Zentralasien. Der Fall Georgien«, aaO. (Anm. 3137), S. 147.

3175 »Imperialistische Konkurrenz um den südlichen Kaukasus und Zentralasien. Der Fall Georgien«, ebenda, S. 147,

3176 »Die Revolutions-GmbH«, Teil 1, aaO. (Anm. 3069), S. 192.

3177 Ebenda, S. 190.

3178 Ebenda, S. 192.

3179 Markus WEHNER, »Wie stabil wird Georgien?« aaO. (Anm. 3144).

3180 Ebenda.

3181 Jürgen ELSÄSSER, »Putsch in Georgien«, in: *Junge Welt*, 24. 11. 2003.

3182 Markus WEHNER, »Wie stabil wird Georgien?« aaO. (Anm. 3144).

3183 »Georgien besteht Demokratietest«, aaO. (Anm. 3154).

3184 Stefan KOCH, »Die ›Rosenrevolutionäre‹ festigen ihre Macht«, in: *Frankfurter Rundschau*, 30. 3. 2004.

3185 Jürgen ELSÄSSER, »Putsch in Georgien«, aaO. (Anm. 3181).

3186 Markus WEHNER, »Wie stabil wird Georgien?« aaO. (Anm. 3144).

3187 Aschot MANUTSCHARJAN, *Die Putin-Doktrin*, aaO. (Anm. 2910), S. 31.

3188 Jürgen ELSÄSSER, »Putsch in Georgien«, aaO. (Anm. 3181).

3189 »Sanfter Putsch. Angeblich verhinderte Washington einen moskaufreundlichen Nachfolger Schewardnadses«, in: *Focus* 49/2003, S. 246.

3190 Tomas AVENARIUS, »Im georgischen Teufelskreis«, aaO. (Anm. 3161).

3191 Matthias RÜB, »Großmachtspiel am Kaukasus«, aaO. (Anm. 3168).

3192 Aschot MANUTSCHARJAN, *Die Putin-Doktrin*, aaO. (Anm. 2910), S. 29.

3193 Ebenda.

3194 Matthias RÜB, »Großmachtspiel am Kaukasus«, aaO. (Anm. 3168).

3195 Aschot MANUTSCHARJAN, *Die Putin-Doktrin*, aaO. (Anm. 2910), S. 30,

3196 »Die Revolutions-GmbH«, Teil 1, aaO. (Anm. 3069), S. 194.

3197 Aschot MANUTSCHARJAN, *Die Putin-Doktrin*, aaO. (Anm. 2910), S. 31.

3198 »Die Revolutions-GmbH«, Teil 1, aaO. (Anm. 3069), S. 194.

3199 Stefan KOCH, »Die ›Rosenrevolutionäre‹ festigen ihre Macht«, aaO. (Anm. 3184).

3200 »Georgien drängt in die EU und die Nato«, in: *Handelsblatt*, 2. 2. 2004.

3201 Aschot MANUTSCHARJAN, *Die Putin-Doktrin*, aaO. (Anm. 2910), S. 33.

3202 »Soros unterstützt Georgien. Amerikanischer Milliardär will neue Regierung teilweise finanzieren«, in: *Süddeutsche Zeitung*, 23. 1. 2004.

3203 »Polyglotter Kindergarten«, in: *Der Spiegel* 13/2004, S. 140 f. (S. 141)

3204 Stefan KOCH, »Die ›Rosenrevolutionäre‹ festigen ihre Macht«, aaO. (Anm. 3184).

3205 Aschot MANUTSCHARJAN, *Die Putin-Doktrin*, aaO. (Anm. 2910), S. 33.

3206 Christian WIPPERFÜRTH, *Rußland und seine GUS-Nachbarn*, aaO. (Anm. 2923), S. 96.

3207 Ebenda, S. 95.

3208 Ebenda, S. 96.

3209 Rainer FREITAG-WIRMINGHAUS, »Politische Konstellationen im Südkaukasus«, aaO. (Anm. 2004), S. 26 f.

3210 Thomas URBAN, »Im Griff der Großmächte«, aaO. (Anm. 3146).

3211 Aschot MANUTSCHARJAN, *Die Putin-Doktrin*, aaO. (Anm. 2910), S. 31.

3212 Ebenda, S. 31 f.

3213 So ebenda, S. 33.

3214 Ebenda.

3215 »Rußlands langer Arm reicht nicht bis Tiflis. Moskau verliert Einfluß im Kaukasus und Zentralasien«, in: *Handelsblatt*, 25. 11. 2003.

3216 So eine Darstellung Zbigniew BRZEZINSKIS in der *Neuen Zürcher Zeitung* vom 29. 10. 1999.

3217 Zbigniew BRZEZINSKI, *Die einzige Weltmacht*, aaO. (Anm. 227), S. 74.

3218 Ebenda, S. 75.

3219 Ebenda, S. 216.

3220 Ebenda, S. 137.

3221 Ebenda, S. 136 u. 138.

3222 Sonja MARGOLINA, »Das unsichtbare Dritte«, in: *Internationale Politik*, Januar 2005, S. 84–90 (S. 85 f.).

3223 Ebenda, S. 86.

3224 Rizvan NABIYEV, *Erdöl- und Erdgaspolitik*, aaO. (Anm. 478), S. 212.

3225 F. William ENGDAHL, »Demokratie oder Energie und Geopolitik? Washingtons Interesse an der Ukraine«, unter: http://www.engdahl.oilgeopolitics.net/print/Ukraine's%20Orange%20Revolution.htm

3226 Ebenda.

3227 Rizvan NABIYEV, *Erdöl- und Erdgaspolitik*, aaO. (Anm. 478), S. 214.

3228 Zit. aus: F. William ENGDAHL, »Demokratie oder Energie und Geopolitik?« aaO. (Anm. 3225).

3229 Ferdinand Christian WEHRSCHÜTZ, »Die Ukraine und die NATO. Gedanken zu einer komplexen Partnerschaft«, unter: http://www.bmlv.gv.at/pdf_pool/publikationen/14_sr2_11.werhr.pdf

3230 Ebenda.

3231 Ebenda.

3232 Ebenda.

3233 Zit. aus: ebenda.

3234 J. E. MROZ u. O. PAVLIK, »Ukraine: Europa's Linchpin«, in: *Foreign Affairs*, Mai/Juni 1996, S. 52 ff.; in: Henryk BINKOWSKI, »The Role and Position of Three Rimland States: Ukraine, Belarus and Slovakia«; unter: http://www.bmlv.gv.at/pdf_pool/publikationen/09_spd_07_bink.pdf; Übersetzung durch d. Verfasser.

3235 Henryk BINKOWSKI, »The Role and Position of Three Rimland States: Ukraine, Belarus and Slovakia«, ebenda.

3236 Rizvan NABIYEV, *Erdöl- und Erdgaspolitik*, aaO. (Anm. 478), S. 212.

3237 Michel CHOSSUDOVSKY, *War and Globalisation*, zit. aus: Larry CHIN, »Cold War Crisis in the Ukraine. Control of oil: Key Grand Chessboard ›Pivot‹ at stake«, unter: http://www.globalresearch.ca/Print Article.php?articleId=261

3238 Zit. aus: ebenda; Übersetzung durch d. Verfasser.

3239 Michel CHOSSUDOVSKY, »IMF Sponsored ›Democracy‹ in the Ukraine«, unter: http://www.globalresearch.ca/PrintArticle. php?articleId=208; Übersetzung durch den Verfasser.

3240 *The Ukrainian Elections: A Dangerous Fairy-Tale*, unter: http://www.globalresearch.ca/PrintArticle.pho?articleId=322

3241 Michel CHOSSUDOVSKY, »IMF Sponsored ›Democracy‹ in the Ukraine«, aaO. (Anm. 3239).

3242 Ebenda, siehe auch: Mária HUBER, »Demokratieexport nach Osteuropa«, aaO. (Anm. 3072), S. 1467.

3243 So eine Meldung der *ITAR TASS*-Agentur in Moskau vom 17. Dezember 1999

3244 Michel CHOSSUDOVSKY, »IMF Sponsored ›Democracy‹ in the Ukraine«, aaO. (Anm. 3239).

3245 Mária HUBER, »Demokratieexport nach Osteuropa«, aaO. (Anm. 3072), S. 1467.

3246 »Eine Einführung in die ukrainische Demokratie. Die demokratische Wende in der Ukraine: Der Ost-West-Gegensatz in seiner heutigen Fassung kommt voran«, in: *Gegenstandpunkt* 1/2005, S. 65–83 (S. 74).

3247 Ebenda.

3248 Vgl. hierzu: Samuel P. HUNTINGTON, *Kampf der Kulturen*, München–Wien 1996, S. 263–268.

3249 Christian WIPPERFÜRTH, *Rußland und seine GUS-Nachbarn*, aaO. (Anm. 2923), S. 28.

3250 Alexander RAHR, »Putin fühlt sich vom Westen mißverstanden. Der russische Präsident sucht sein Heil verstärkt in der Zusammenarbeit mit dem ›nahen Ausland‹, in: *Die Welt*, 26. 8. 2004.

3251 Konrad SCHULLER, »Ritt auf dem falschen Pferd. Welche Folgen die ›orangene Revolution‹ für das schwarze Gold hat«, in: *Frankfurter Allgemeine Zeitung*, 9. 5. 2005.

3252 »Eine Einführung in die ukrainische Demokratie«, aaO. (Anm. 3246), S. 75.

3253 Christian WIPPERFÜRTH, *Rußland und seine GUS-Nachbarn*, aaO. (Anm. 2923), S. 28 f.

3254 Anja FRANKE, »Ukrainische Katerstimmung«, in: *Blätter für deutsche und internationale Politik* 11/2005, S. 1302–1305 (S. 1304).

3255 Konrad SCHULLER, »Ritt auf dem falschen Pferd«, aaO. (Anm. 3251).

3256 Ebenda; siehe auch: Alexander RAHR, »Putin fühlt sich vom Westen mißverstanden«, aaO. (Anm. 3250); F. William ENGDAHL, »Demokratie oder Energie und Geopolitik?« aaO. (Anm. 3225).

3257 Alexander RAHR, »Putin fühlt sich vom Westen mißverstanden«, ebenda.

3258 »Eine Einführung in die ukrainische Demokratie«, aaO. (Anm. 3246), S. 76.

3259 So Margarita M. BALMACEDA, *Ukraine's Energy Policy and U.S. Strategic Interests in Eurasia*, Occasional Papers 291, Kennan Institute 2004, zit. aus: »Eine Einführung in die ukrainische Demokratie«, ebenda, S. 81 f.

3260 Sreeram CHAULIA, »Democratization, Colour Revolutions and the Role of the NGOs: Catalysts or Saboteurs?« unter: http://www.globalresearch.ca/index.php?context=va&aid=1638

3261 Mária HUBER, »Demokratieexport nach Osteuropa«, aaO. (Anm. 3072), S. 1467.

3262 »Moskau sichert sich Kiews Pipeline-Monopol«, in: *Handelsblatt*, 29. 11. 2004.

3263 Christian WIPPERFÜRTH, *Rußland und seine GUS-Nachbarn*, aaO. (Anm. 2923), S. 30.

3264 F. William ENGDAHL, »Demokratie oder Energie und Geopolitik?« aaO. (Anm. 3225).

3265 Mária HUBER, »Demokratieexport nach Osteuropa«, aaO. (Anm. 3072), S. 1465.

3266 Ebenda.

3267 Hans-J. FALKENHAGEN u. Brigitte QUECK, »Die Ukraine – Kettenglied der ›bunten Volkrevolutionen‹ einer erträumten US-Weltherrschaft«, in: *Geheim* 22 (2007) 3. S. 20–24 (S. 21).

3268 »Die Revolutions-GmbH«, Teil 1, aaO. (Anm. 3069), S. 196.

3269 Vgl. Michel CHOSSUDOVSKY, »IMF Sponsored ›Democracy‹ in the Ukraine«, aaO. (Anm. 3239).

3270 Ebenda.

3271 *Financial Times*, 27. 4. 2001, in: Michel CHOSSUDOVSKY, »IMF Sponsored ›Democracy‹ in the Ukraine«, ebenda.

3272 Ebenda.

3273 Mária HUBER, »Demokratieexport nach Osteuropa«, aaO. (Anm. 3072), S. 1467.

3274 Gerhard SIMON, »Neubeginn in der Ukraine. Vom Schwanken zur Revolution in Orange«, in: *Osteuropa* 1/2005, S. 16–33, hier S. 17; zit. aus: Mária HUBER, »Demokratieexport nach Osteuropa: US-Strategien in der Ukraine«, ebenda, S. 1467.

3275 Ebenda.

3276 Ebenda, S. 1466.

3277 Ebenda.

3278 Ebenda, S. 1468.

3279 Konrad SCHULLER, »Der Westen und die Revolution im Osten«, aaO. (Anm. 3064).

3280 Ebenda.
3281 Mária HUBER, »Demokratieexport nach Osteuropa«, aaO. (Anm. 3072), S. 1469; »Die Revolutions-GmbH«, Teil 1, aaO. (Anm. 3069), S. 194.
3282 Mária HUBER, »Demokratieexport nach Osteuropa«, ebenda, S. 1469.
3283 »Die Revolutions-GmbH«, Teil 1, aaO. (Anm. 3069), S. 196.
3284 Sreeram CHAULIA, »Democratization«, aaO. (Anm. 3260).
3285 »Die Revolutions-GmbH«, Teil 1, aaO. (Anm. 3069), S. 196.
3286 F. William ENGDAHL, »Demokratie oder Energie und Geopolitik?« aaO. (Anm. 3225).
3287 Konrad SCHULLER, »Der Westen und die Revolution im Osten«, aaO. (Anm. 3064).
3288 Mária HUBER, »Demokratieexport nach Osteuropa«, aaO. (Anm. 3072), S. 1470.
3289 F. William ENGDAHL, »Demokratie oder Energie und Geopolitik?« aaO. (Anm. 3225).
3290 Ebenda.
3291 Konrad SCHULLER, »Der Westen und die Revolution im Osten«, aaO. (Anm. 3064).
3292 Ebenda.
3293 Christian WIPPERFÜRTH, *Rußland und seine GUS-Nachbarn*, aaO. (Anm. 2923), S. 33.
3294 Sonja MARGOLINA, »Das unsichtbare Dritte«, in: *Internationale Politik* Januar 2005, S. 84–90 (S. 84).
3295 *The Guardian*, 26. 11. 2004, zit. aus: Sonja MARGOLINA, ebenda, S. 84.
3296 Ebenda.
3297 So John LAUGHLAND, »How the US and Britains are intervening in Ukraine's elections«, in: *The Spectator*, 28. 11. 2004.
3298 John LAUGHLAND, »How the US and Britains are intervening in Ukraine's elections«, ebenda; ebenso F. William ENGDAHL, »Demokratie oder Energie und Geopolitik?« aaO. (Anm. 3225).
3299 S. CHAULIA, »Democratization«, aaO. (Anm. 3260).
3300 Michel CHOSSUDOVSKY, »IMF Sponsored ›Democracy‹ in the Ukraine«, aaO. (Anm. 3239).
3301 Konrad SCHULLER, »Der Westen und die Revolution im Osten«, aaO. (Anm. 3064).
3302 Mária HUBER, »Demokratieexport nach Osteuropa«, aaO. (Anm. 3072), S. 1471.
3303 Ebenda, S. 1472.
3304 Ebenda.
3305 So Christian WIPPERFÜRTH, *Rußland und seine GUS-Nachbarn*, aaO. (Anm. 2923), S. 37.
3306 Ebenda, S. 39
3307 Konrad SCHULLER, »Ritt auf dem falschen Pferd«, aaO. (Anm. 3251).
3308 Savas GENC, aaO. (Anm. 1937), S. 157.
3309 Ebenda, S. 158.
3310 Ebenda.
3311 Ebenda, S. 154 f.
3312 Christian WIPPERFÜRTH, *Rußland und seine GUS-Nachbarn*, aaO. (Anm. 2923), S. 55.
3313 Sreeram CHAULIA, »Democratization«, aaO. (Anm. 3260).
3314 Christian WIPPERFÜRTH, *Rußland und seine GUS-Nachbarn*, aaO. (Anm. 2923), S. 56.
3315 »Die Supermächte Auge in Auge. In dem unwirtlichen Gebirgsland halten Amerikaner und Russen militärische Stützpunkte«, in: *Süddeutsche Zeitung*, 26./27./28. 3. 2005.
3316 Uwe HALBACH u. Franz EDER, »Regimewechsel in Kirgistan und Umsturzängste im GUS-Raum«, in: *SWP-Aktuell* 15, Berlin, April 2005, S. 7.
3317 Ebenda.
3318 Ebenda.
3319 »Die Supermächte Auge in Auge«, aaO. (Anm. 3315).
3320 Christian WIPPERFÜRTH, *Rußland und seine GUS-Nachbarn*, aaO. (Anm. 2923), S. 57.
3321 Ebenda, S. 56.
3322 Ebenda, S. 57.
3323 Sreeram CHAULIA, »Democratization«, aaO. (Anm. 3260).
3324 Christian WIPPERFÜRTH, *Rußland und seine GUS-Nachbarn*, aaO. (Anm. 2923), S. 57.
3325 Sreeram CHAULIA, »Democratization«, aaO. (Anm. 3260).
3326 M. BHADRAKUMAR, »Anatomy of a Revolution«, in: *The Hindu*, 29. 3. 2005.
3327 S. CHAULIA, »Democratization«, aaO. (Anm. 3260).
3328 Ebenda.
3329 Pepe ESCOBAR, »The Tulip Revolution takes Root«, in: *Asia Times online*, 26. 3. 2005; unter: http://www.atimes.com/atimes/Central_Asia/GC26Ag03. html; Übersetzung durch d. Verfasser.
3330 »Die Revolutions-GmbH«, Teil 2: »Traum vom Frühling«, in: *Der Spiegel* 47/2005, S. 184–194 (S. 185).
3331 Ebenda, S. 186.
3332 Ebenda.
3333 Ebenda.
3334 Ebenda.
3335 Steve GUTTERMAN, »U.S. Programs Aided Kyrgyz Opposition«, *Associated Press*, 1. 4. 2005, in: *San Francisco Chronicle*, 1. 4. 2005.

[3336] »Die Revolutions-GmbH«, Teil 2, aaO. (Anm. 3330), S. 185–188.
[3337] Sreeram CHAULIA, »Democratization«, aaO. (Anm. 3260).
[3338] Ebenda.
[3339] Ebenda.
[3340] Steve GUTTERMAN, »U.S. Programs Aided Kyrgyz Opposition«, *Associated Press*, 1. 4. 2005.
[3341] »Die Farbe der Nacht«, in: *Der Spiegel* 14/2005, S. 114–118 (S. 118).
[3342] Ebenda S. 116.
[3343] Uwe HALBACH u. Franz EDER, »Regimewechsel in Kirgistan«, aaO. (Anm. 3316), S. 2.
[3344] Sreeram CHAULIA, »Democratization«, aaO. (Anm. 3260); Steve GUTTERMAN, »U.S. Programs Aided Kyrgyz Opposition«, *Associated Press*, 1. 4. 2005; Übersetzung durch d. Verfasser.
[3345] Steve GUTTERMAN, »U.S. Programs Aided Kyrgyz Opposition«, ebenda, Übersetzung durch d. Verfasser.
[3346] Sreeram CHAULIA, *Democratization,* aaO. (Anm. 3260).
[3347] Ebenda.
[3348] Ebenda.
[3349] Steve GUTTERMAN, »U.S. Programs Aided Kyrgyz Opposition«, aaO. (Anm. 3344).
[3350] S. CHAULIA, »Democratization«, aaO. (Anm. 3260).
[3351] Jürgen ELSÄSSER, »Soros und die Clans. Erhielt die kirgisische Opposition massive Unterstützung aus Washington?« in: *Junge Welt*, 29. 3. 2005.
[3352] Ebenda.
[3353] So das SOROS-finanzierte Internetportal *Eurasianet*, zit. aus Jürgen ELSÄSSER, »Soros und die Clans«, ebenda.
[3354] »Die Farbe der Nacht«, aaO. (Anm. 3341), S. 118.
[3355] Uwe HALBACH u. Franz EDER, »Regimewechsel in Kirgistan«, aaO. (Anm. 3316), S. 5.
[3356] Ebenda, S. 5.
[3357] »Die Farbe der Nacht«, aaO. (Anm. 3341), S. 116.
[3358] Uwe HALBACH u. Franz EDER, »Regimewechsel in Kirgistan«, aaO. (Anm. 3316), S. 3.
[3359] »Die Farbe der Nacht«, aaO. (Anm. 3341), S. 116.
[3360] Uwe HALBACH u. Franz EDER, »Regimewechsel in Kirgistan«, aaO. (Anm. 3316), S. 3.
[3361] »Die Farbe der Nacht«, aaO. (Anm. 3341), S. 118.
[3362] Ebenda, S. 115
[3363] »Die Revolutions-GmbH«, Teil 2, aaO. (Anm. 3330), S. 189 f.
[3364] Ebenda, S. 190.
[3365] Ebenda.
[3366] »Ein Despot am Ende seiner Träume. Aserbaidschans Präsident Alijew wird von Bush empfangen, sein Land ist strategisch wichtig«, in: *Süddeutsche Zeitung*, 27. 4. 2006.
[3367] Ebenda.
[3368] Christian WIPPERFÜRTH, *Rußland und die GUS-Staaten,* aaO. (Anm. 2923), S. 86.
[3369] »Die Revolutions-GmbH«, Teil 2, aaO. (Anm. 3330), S. 190.
[3370] Klaus EICHNER, »Kampfansage an Rußland. US-Strategie für ›bunte‹ (Konter-)Revolutionen. Teil I: Durchsetzung eines ungehinderten finanziellen und wirtschaftlichen Zugangs zu Eurasien«, in: *Junge Welt*, 22. 11. 2006.
[3371] Zit. aus: ebenda.
[3372] Zit. aus: Anton LATZO, »Teilen und Herrschen. Zu den Hintergründen der gegenwärtigen Konflikte in der Region am Schwarzen Meer. Ehemalige Sowjetrepubliken im Visier von US- und EU-Strategen«, in: *Junge Welt*, 17. 6. 2005.
[3373] Ebenda.
[3374] Zit. aus: ebenda.
[3375] Ebenda.
[3376] Ebenda.
[3377] Ebenda.
[3378] Michel MARTENS, »Interessenverband gegen Rußland? Die Ukraine, Georgien, Aserbaidschan und Moldau wollen die GUUAM wiederbeleben«, in: *Franfurter Allgemeine Zeitung*, 22. 4. 2005.
[3379] »Moskaus Dominanz in Eurasien gerät in Gefahr. Kiew treibt Bündnis mit US-Hilfe voran«, in: *Handelsblatt*, 22. 4. 2005.
[3380] Ebenda
[3381] Heinrich SCHWABECHER, »Die Krise der GUS: Demokratisierung versus russische Dominanz«, in: *Analysen und Argumente der Konrad-Adenauer-Stiftung*, 20/2005, Mai 2005, S. 2.
[3382] »Moskaus Dominanz in Eurasien gerät in Gefahr«, aaO. (Anm. 3379).
[3383] Ebenda.
[3384] Heinrich SCHWABECHER, »Die Krise der GUS«, aaO. (Anm. 3381), S. 3 f.
[3385] Michel MARTENS, »Interessenverband gegen Rußland?« aaO. (Anm. 3378).
[3386] Ebenda.
[3387] Heinrich SCHWABECHER, »Die Krise der GUS«, aaO. (Anm. 3381) S. 4.
[3388] Tomasz KONICZ, »Bündnis gegen Moskau. GUUAM-Staaten fordern Rückzug russischer Truppen«, in: *Junge Welt*, 26. 4. 2005.

3389 »Moskaus Dominanz in Eurasien gerät in Gefahr«, aaO. (Anm. 3379).
3390 »Staatenbund GUUAM soll neu belebt werden«, *DW-Radio*, 21. 4. 2005, Fokus Ost-Südost, unter: http://www.dw-world.de/Dw/article/0,1564, 1560133,00.html
3391 Zit. in: Hans SPRINGSTEIN, »Kalter Krieg gegen Moskau. Geopolitischer Rollback in der Ukraine: Rußland soll die Rückkehr zu einer Großmachtrolle verwehrt werden«, in: *Junge Welt*, 24. 1. 2005.
3392 So Zbigniew BRZEZINSKI, zit. aus: Hans SPRINGSTEIN, »Kalter Krieg gegen Moskau«, ebenda.
3393 Anton LATZO, »Teilen und Herrschen«, aaO. (Anm. 3372).
3394 Ebenda.
3395 Erich REITER, »Die zweite NATO-Osterweiterung«, in: *Österreichische Militärzeitschrift* 1/2003, unter: http://www.bmlv.at/omz/ausgaben/artikel.php?id=59
3396 Ebenda.
3397 Alexander GRIESBACH, »Hinein ins geopolitische Pulverfaß. Außenpolitik: Die NATO soll nach US-Plänen zur Ordnungsmacht im Nahen und Mittleren Osten werden«, in: *Junge Freiheit*, 30. 1. 2004.
3398 »Neue Mission gesucht. Mit dem Ende des Kalten Krieges hat das Verteidigungsbündnis den gemeinsamen Feind verloren. Amerikas Kampf gegen den Terror wollen nicht alle Europäer folgen«, in: *Focus* 27/2004, S. 176–179 (S. 178).
3399 »NATO-Erweiterung abgeschlossen«, in: *IAP-Dienst*, April 2004, S. 3.
3400 Ebenda.
3401 Erich REITER, »Die zweite NATO-Osterweiterung«, aaO. (Anm. 3395).
3402 Anton LATZO, »EU-Osterweiterung und Kampf um Einflußzonen. Die osteuropäischen Länder: eine ›proamerikanische kritische Masse in der EU‹« unter: http://www.uni-kassel.de/fb5/frieden/themen/Europa/latzo.html
3403 Konrad SCHULLER, »Neue Dimensionen. In Ostmittel- und Osteuropa ist das geopolitische Großraumdenken wieder erwacht«, in: *Frankfurter Allgemeine Zeitung*, 3. 5. 2005.
3404 Ebenda.
3405 Ebenda.
3406 Ebenda.
3407 Hans ROOS, *Polen und Europa. Studien zur polnischen Außenpolitik 1931–1939*, Tübingen 1957, S. 222.
3408 Konrad SCHULLER, »Neue Dimensionen«, aaO. (Anm. 3403).
3409 Robert VON LUCIUS, »Von der Ostsee bis zum Schwarzen Meer. Unbehagen in Vilnius vor dem Deutschland-Besuch des litauischen Präsidenten Adamkus«, in: *Frankfurter Allgemeine Zeitung*, 24. 10. 2005.
3410 Ebenda.
3411 F. Stephen LARRABEE, *NATO's Eastern Agenda in a New Strategic Era*, Santa Monica 2003, S. 42; Übersetzung durch d. Verfasser.
3412 Ebenda, S. 43.
3413 Ebenda, S. 83.
3414 Ebenda, S. 83 f.
3415 Ebenda, S. XIV.
3416 »Polen macht sich in Brüssel für die Ukraine stark. Politik und Wirtschaft in Warschau profitieren von Demokratie im Nachbarland«, in: *Handelsblatt*, 2. 12. 2004.
3417 Robert VON LUCIUS, »Von der Ostsee bis zum Schwarzen Meer«, aaO. (Anm. 3409).
3418 Ebenda.
3419 Ebenda.
3420 Erich REITER, »Die zweite NATO-Osterweiterung«, aaO. (Anm. 3395).
3421 Ebenda.
3422 Ebenda.
3423 Wolfgang LEONHARDT, *Spiel mit dem Feuer*, aaO. (Anm. 383), S. 253.
3424 Philip ZELIKOW u. Condoleeza RICE, *Sternstunden der Diplomatie*, Berlin 1997, S. 257.
3425 Ebenda, S. 261.
3426 Erich REITER, »Die zweite NATO-Osterweiterung«, aaO. (Anm. 3395).
3427 Ebenda.
3428 Ebenda.
3429 Michael LUDWIG, »Rußlands Rückkehr. Der SCO-Gipfel in Kasachstan«, in: *Frankfurter Allgemeine Zeitung*, 7. 7. 2005.
3430 »Kamirow: Aufstand in Andischan von langer Hand vorbereitet«, in: *Frankfurter Allgemeine Zeitung*, 30. 6. 2005.
3431 »Die Strategie des Diktators«, in: *Süddeutsche Zeitung*, 17. 5. 2005.
3432 Boris REITSCHUSTER, »Den Rubikon überschritten. Mit seinem autoritären Führungsstil fördert Präsident Kamirow den Extremismus, den er bekämpft«, in: *Focus* 21/2005, S. 172 ff. (S. 174).
3433 »Schläfer im tiefen Tal« in: *Der Spiegel* 21/2005, S. 116 f. (S. 117).
3434 »Kamirow: Aufstand in Andischan von langer Hand vorbereitet«, aaO. (Anm. 3430).

[3435] Michael LUDWIG, »Rußlands Rückkehr«, aaO. (Anm. 3429).
[3436] »Schläfer im tiefen Tal« in: *Der Spiegel* 21/2005, S. 116 f. (S. 117).
[3437] Michael LUDWIG, »Rußlands Rückkehr«,aaO. (Anm. 3429).
[3438] Ebenda.
[3439] Manfred QUIRING, »›Wir befinden uns zwischen zwei Fronten‹ – Rußland und Usbekistan sind die US-Stützpunkte in Kirgisien eine Dorn im Auge«, in: *Die Welt*, 26. 7. 2005.
[3440] Ebenda.
[3441] Michael LUDWIG, »Rußlands Rückkehr«, aaO. (Anm. 3429).
[3442] Ebenda.
[3443] Karl GROBE, »Keine Chance für Oppositionelle in Zentralasien. Mitgliedsländer der Schanghai-Gruppe wollen Regimegegner aus Partnerstaaten nicht dulden/Uiguren und Usbeken betroffen«, in: *Frankfurter Rundschau*, 7. 7. 2005.
[3444] Ebenda.
[3445] Ebenda.
[3446] Michel CHOSSUDOVSKY, *Global brutal*, aaO. (Anm. 647), S. 388.
[3447] Michael LUDWIG, »Rußlands Rückkehr«, aaO. (Anm. 3429).
[3448] Ebenda.
[3449] Rainer RUPP u. Hilmar KÖNIG, »Begrenzter Aufenthalt. US-Luftwaffenbasen sollen aus Zentralasien verschwinden. Taschkent verschärft Bedingungen für Militärflüge. Russisch-chinesische Initiative«, in: *Junge Welt*, 11. 7. 2005.
[3450] Ebenda.
[3451] Uwe HALBACH, *Usbekistan als Herausforderung für westliche Zentralasienpolitik*, aaO. (Anm. 3006), S. 30.
[3452] »Kirgistan drängt auf Abzug von US-Truppen. Neuer Präsident stellt Militärbasis in Frage«, in: *Handelsblatt*, 12. 7. 2005.
[3453] Uwe HALBACH, *Usbekistan als Herausforderung für westliche Zentralasienpolitik*, aaO. (Anm. 3006), S. 30.
[3454] Ebenda, S. 29.
[3455] Tomasz KONICZ, »Nase vorn im Energiepoker«, aaO. (Anm. 3021).
[3456] Ebenda.
[3457] Ebenda.
[3458] Uwe HALBACH, *Usbekistan als Herausforderung für westliche Zentralasienpolitik*, aaO. (Anm. 3006), S. 30.
[3459] Ebenda.
[3460] Ebenda, S. 27.
[3461] Alexander RAHR, »Der kalte Frieden«, aaO. (Anm. 2820), S. 6.
[3462] Klaus EICHNER, »Kampfansage an Rußland«, aaO. (Anm. 3370).
[3463] Ebenda.
[3464] Jürgen WAGNER, »Der Russisch-Europäische Erdgaskrieg. NABUCCO, die Gas-OPEC und die Konturen des Neuen Kalten Krieges«, in: *Studien zur Militarisierung Europas* 30/2007, S. 1–20 (S. 2).
[3465] Ebenda, S. 2.
[3466] F. William ENGDAHL: *Öl, wirtschaftliche Sicherheit und geopolitische Risiken von heute*, aaO. (Anm. 1801).
[3467] »›Beziehung zum Kreml abkühlen‹. Interview mit Zbigniew Brzezinski«, in: *Handelsblatt*, 26./27./28. 11. 2004.
[3468] Zit. aus: Jürgen WAGNER: »Der Russisch-Europäische Erdgaskrieg«, aaO. (Anm. 3464), S. 5.
[3469] Franz-Lothar ALTMANN, *Südosteuropa und die Sicherung der Energieversorgung der EU*, Studie der Stiftung Wissenschaft und Politik, Berlin, Januar 2007, S. 7.
[3470] Ebenda, S. 7 f.
[3471] Roland GÖTZ, *Rußlands Erdgas und die Energiesicherheit der EU*, Studie der Stiftung Wissenschaft und Politik, Berlin, April 2002, S. 14.
[3472] Detlef BIMBOES, »Die Ostseepipeline. Das Erdgas aus dem Osten und der neue Kalte Krieg«, unter: http://www.uni-kassel.de/fb5/frieden/themen/oel/bimboes.html
[3473] Franz-Lothar ALTMANN, *Südosteuropa und die Sicherung der Energieversorgung der EU*, aaO. (Anm. 3469), S. 6.
[3474] Jürgen WAGNER: »Der Russisch-Europäische Erdgaskrieg«, aaO. (Anm. 3464), S. 6.
[3475] Franz-Lothar ALTMANN, *Südosteuropa und die Sicherung der Energieversorgung der EU*, aaO. (Anm. 3469), S. 6.
[3476] Ebenda, S. 22.
[3477] Zit. aus: Jürgen WAGNER, »Der Russisch-Europäische Erdgaskrieg«, aaO. (Anm. 3464), S. 3.
[3478] Detlef BIMBOES, *Die Ostseepipeline«*, aaO. (Anm 3472).
[3479] »Die Stunde der Strategen«, in: *Der Spiegel* 29/2004, S. 66–69 (S. 67).
[3480] Detlef BIMBOES, *Die Ostseepipeline*, aaO. (Anm 3472).
[3481] Ebenda.
[3482] Ebenda.
[3483] Alexander RAHR, »Putins Kronprinz – Weichenstellung für 2008«, in: *GUS-Barometer* Nr. 40, Januar 2006, S. 2; in: Detlef BIMBOES, *Die Ostseepipeline*, aaO. (Anm 3472).
[3484] Ebenda.

[3485] »Beben in der Ostsee? Great Game: Mit dem deutsch-russichen Pipeline-Bau von Wyborg nach Greifswald verlieren die US-Energiekonzerne in Osteuropa weiter an Boden«, in: *Freitag* 51, 23. 12. 2005.
[3486] »North Stream ignoriert Intervention der USA«, in: *Handelsblatt*, 12./13./14. 9. 2008.
[3487] »Amerikanischer Ausrutscher«, in: *Der Spiegel* 39/2008, S. 28.
[3488] »North Stream ignoriert Intervention der USA«, aaO. (Anm. 3486).
[3489] Jürgen WAGNER, »Der Russisch-Europäische Erdgaskrieg«, aaO. (Anm. 3464), S. 3.
[3490] Ebenda; siehe auch: Jürgen WAGNER, *Partner oder Gegner? Die Militarisierung der Europäischen Union und die Auswirkung auf die transatlantischen Beziehungen*, IMI-Studie 2004/01, S. 29.
[3491] John C. HULSMAN u. Cherry PICKING: *Preventing the Emergence of a Permanent Franco-German-Russian Alliance*, The Heritage Foundation, Backgrounder No. 1682, August 2003; zit. aus: Jürgen WAGNER, »Der Russisch-Europäische Erdgaskrieg«, aaO. (Anm. 3464), S. 3.
[3492] Zit. aus: ebenda, S. 4.
[3493] Joseph S. NYE, »The American National Interest and global public Goods«, in: *International Affairs*, vol. 78, No. 2 (2002), S. 233–244 (S. 243 f.), zit. aus: Jürgen WAGNEr, *Partner oder Gegner?*, aaO. (Anm. 3490), S. 26.
[3494] Zit. aus: ebenda, S. 28.
[3495] Samuel HUNTINGTON, »America's changing strategic Interests«, in: *Survival* 33 (1991), S. 3–17 (S. 13), zit. aus: Werner LINK, »Ordnungsentwürfe für Europa«, in: Karl KAISER u. Hans-Peter SCHWARZ (Hg.), *Weltpolitik im neuen Jahrhundert*, Bonn 2000, S. 559–575 (S. 565).
[3496] Ebenda.
[3497] Ebenda, S. 563.
[3498] Jacquelyn K. DAVIS, Charles M. PERRY u. Michael J. SWEENEY, *Strategic and Operational Implications of NATO-Enlargement in the Baltic Region*, An IFPA White Paper, June 2002, S. 1; zit. aus: Jürgen WAGNER, *Partner oder Gegner*, aaO. (Anm. 3490), S. 27 f.
[3499] Jürgen ELSÄSSER, *Der deutsche Sonderweg*, München 2003, S. 141.
[3500] Jürgen WAGNER, »Der Russisch-Europäische Erdgaskrieg«, aaO. (Anm. 3464), S. 4.
[3501] So auf dem europäischen Regionaltreffen der Trilateralen Kommission in Berlin im Oktober 2004, vgl.: »Merkel warnt vor Bindung an Rußland«, in: *Frankfurter Allgemeine Zeitung*, 25. 10. 2004.
[3502] Thierry MEYSSAN, »Operation Sarkozy. Wie die CIA einen ihrer Agenten zum Präsidenten Frankreichs machte«, in: *Zeit-Fragen* 34/2008.
[3503] Alexander RAHR, »Geopolitischer Infantilismus«, aaO. (Anm. 3046), S. 16; Roland GÖTZ, »Energie- und Außenpolitik«, in: *Ost-West-Gegeninformationen* 2/2006, S. 12–18 (S. 12).
[3504] Sabine FISCHER, »Die russische Politik gegenüber Ukraine und Weißrußland«, in: *Aus Politik und Zeitgeschichte* 08-09/2007, S. 16–23 (S. 20 f.)
[3505] Ebenda, S. 16.
[3506] »Putin ratlos. Rußlands strategische Partnerschaft mit dem Westen stößt an ihre Grenzen, doch die Achse mit China ist keine Alternative«, in: *Le Monde diplomatique*, November 2005, S. 6.
[3507] So auch Jürgen WAGNER, »Der Russisch-Europäische Erdgaskrieg« aaO. (Anm. 3464), S. 4.
[3508] Ariel COHEN, »The North European Gas Pipeline Threatens Europe's Energy Security«, *The Heritage Foundation*, Backgrounder No. 1980, 26. 10. 2006.
[3509] Jörg HIMMELREICH, »Putin zerschmettert die europäischen Illusionen«, in: *Die Welt*, 18. 5. 2007; zit. aus: Jürgen WAGNER, »Der Russisch-Europäische Erdgaskrieg«, aaO. (Anm. 3464), S. 5.
[3510] Hendrik KAFSACK, »Die Energiecharta. Vor dem Gipfeltreffen in Helsinki: Worüber die EU und Rußland streiten«, in: *Frankfurter Allgemeine Zeitung*, 24. 11. 2006.
[3511] Ebenda.
[3512] Ebenda.
[3513] Zit. aus: Jürgen WAGNER, »Der Russisch-Europäische Erdgaskrieg«, aaO. (Anm. 3464), S. 6.
[3514] Detlef BIMBOES u. Joachim H. SPANGENBERG, »Klimapolitik ist Friedenspolitik«, in: *Wissenschaft und Frieden* 03/2004, zit. aus: Jürgen WAGNER, »Der Russisch-Europäische Erdgaskrieg«, aaO., S. 6.
[3515] Jürgen WAGNER, »Der Russisch-Europäische Erdgaskrieg«, aaO. (Anm. 3464), S. 6.
[3516] Ebenda.
[3517] F. William ENGDAHL: *Öl, wirtschaftliche Sicherheit und geopolitische Risiken von heute*, aaO. (Anm. 1801).
[3518] Ebenda.
[3519] Zit. aus: Jürgen WAGNER, »Der Russisch-Europäische Erdgaskrieg«, aaO. (Anm. 3464), S. 7.
[3520] Ebenda; ferner: »Rußland schottet strategische Industrien ab. Regierung erstellt Schutzliste/Der Einfluß ausländischer Investoren soll kontrolliert werden«, in: *Frankfurter Allgemeine Zeitung*, 17. 10. 2006.
[3521] F. William ENGDAHL: *Öl, wirtschaftliche Sicherheit und geopolitische Risiken von heute*, aaO. (Anm. 1801).

3522 Ebenda.
3523 Jürgen Wagner, »Der Russisch-Europäische Erdgaskrieg«, aaO. (Anm. 3464), S. 7.
3524 F. William Engdahl: *Öl, wirtschaftliche Sicherheit und geopolitische Risiken von heute*, aaO. (Anm. 1801).
3525 So z. B. Daniel Brössler, »Verlängerter Arm der Kreml AG. Der russische Energiekonzern bestraft im Auftrag Putins die prowestliche Regierung der Ukraine«, in: *Süddeutsche Zeitung*, 3. 1. 2006.
3526 Christian Wipperfürth, *Rußland und seine GUS-Nachbarn*, aaO. (Anm. 2923), S. 135.
3527 Roland Götz, *Energietransit von Rußland durch die Ukraine und Belarus. Ein Risiko für die europäische Energiesicherheit?* Studie der Stiftung Wissenschaft und Politik, Berlin, Dezember 2006, S. 17.
3528 Reinhard Veser, »Wie Du mir, so ich Dir? Der russisch-ukrainische Streit über Energielieferungen währt schon lange«, in: *Frankfurter Allgemeine Zeitung*, 2. 1. 2006.
3529 Ebenda.
3530 Christian Wipperfürth, *Rußland und seine GUS-Nachbarn*, aaO. (Anm. 2923), S. 135.
3531 Roland Götz, *Energietransit von Rußland durch die Ukraine und Belarus*, aaO. (Anm. 3527), S. 19.
3532 Christian Wipperfürth, *Rußland und seine GUS-Nachbarn*, aaO. (Anm. 2923), S. 135.
3533 Ebenda, S. 135 f.
3534 Ebenda, S. 137.
3535 Ebenda, S. 135.
3536 Roland Götz, *Energietransit von Rußland durch die Ukraine und Belarus*, aaO. (Anm. 3527), S. 18.
3537 Ebenda.
3538 Ebenda.
3539 Jürgen Wagner, »Der Russisch-Europäische Erdgaskrieg«, aaO. (Anm. 3464), S. 7.
3540 Reinhard Veser, »Wie Du mir, so ich Dir?« aaO. (Anm. 3528).
3541 Christian Wipperfürth, *Rußland und seine GUS-Nachbarn*, aaO. (Anm. 2923), S. 137.
3542 Konrad Schuller, »Mal weich, mal hart. Kiew sucht nicht nur den Anschluß an den Westen, sondern sieht sich auch als regionale Führungsmacht«, in: *Frankfurter Allgemeine Zeitung*, 2. 12. 2005.
3543 Ebenda.
3544 Ebenda.
3545 Reinhard Veser, »Wie Du mir, so ich Dir?« aaO. (Anm. 3528).
3546 Ebenda.
3547 Ebenda.
3548 Ebenda.
3549 Christian Wipperfürth, *Rußland und seine GUS-Nachbarn*, aaO. (Anm. 2923), S. 138 f.
3550 »Streit zwischen Ukraine und Rußland wird schärfer«, in: *Frankfurter Allgemeine Zeitung*, 28. 12. 2005.
3551 Diese Einschätzung äußert die *Neue Zürcher Zeitung* in: »Russisch-ukranischer Erdgas-Streit beigelegt. Gesichtswahrende Lösung mit geheimnisvollen Details«, in: *Neue Zürcher Zeitung*, 5. 1. 2006.
3552 Christian Wipperfürth, *Rußland und seine GUS-Nachbarn*, aaO. (Anm. 2923), S. 140.
3553 »Russisch-ukranischer Erdgas-Streit beigelegt«, aaO. (Anm. 3551).
3554 Christian Wipperfürth, *Rußland und seine GUS-Nachbarn*, aaO. (Anm. 2923), S. 142 ff.
3555 »Russisch-ukranischer Erdgas-Streit beigelegt«, aaO. (Anm. 3551).
3556 Zit. aus: Matthias Kamann, »Machtlos im Osten«, in: *Die Welt*, 4. 1. 2006.
3557 »Rußland schwingt die Energie-Keule«, in: *Neue Zürcher Zeitung*, 3. 1. 2006.
3558 Roland Götz, *Gasproms Zukunftsstrategie*, aaO. (Anm. 3000), S. 4.
3559 Jürgen Wagner, »Der Russisch-Europäische Erdgaskrieg«, aaO. (Anm. 3464), S. 8.
3560 »Energiestreit erreicht Europa«, in: *Handelsblatt*, 9. 1. 2007.
3561 Roland Götz, *Gasproms Zukunftsstrategie*, aaO. (Anm. 3000), S. 1.
3562 Franz-Lothar Altmann, *Südosteuropa und die Sicherung der Energieversorgung der EU*, aaO. (Anm. 3469), S. 9.
3563 Roland Götz, »Nach dem Gaskonflikt. Wirtschaftliche Konsequenzen für Rußland, die Ukraine und die EU«, in: *SWP-Aktuell*, Berlin, Januar 2006, S. 4.
3564 »Rußland weitet Kontrolle über Gaslieferungen aus«, in: *Frankfurter Allgemeine Zeitung*, 31. 12. 2005.
3565 Roland Götz, *Ukraine, Turkmenistan und Rußland vor Neuordnung ihrer Energiebeziehungen*, SWP-Diskussionspapier, aaO. (Anm. 2999), S. 7.
3566 Ebenda.
3567 »Russisch-ukrainischer Erdgas-Streit beigelegt«, aaO. (Anm. 3551).
3568 Ebenda.
3569 »Duell ohne Leiche«, in: *Der Spiegel* 2/2006, S. 104 ff. (S. 105).
3570 Roland Götz, *Energietransit von Rußland durch die Ukraine und Belarus*, aaO. (Anm. 3527), S. 13.
3571 Werner Sturbeck, »Gasprom kann sich keinen Ruf als unsicherer Kantonist leisten«, in: *Frankfurter Allgemeine Zeitung*, 10. 1. 2007.

3572 Christian WIPPERFÜRTH, *Rußland und seine GUS-Nachbarn*, aaO. (Anm. 2923), S. 144.
3573 Ebenda.
3574 Ebenda.
3575 Ebenda, S. 145.
3576 Frank NIENHUYSEN, »Die Ärmsten leiden am stärksten. Moskau verlangt von fast allen Staaten der früheren Sowjetunion viel höhere Preise«, in: *Süddeutsche Zeitung*, 3. 1. 2006.
3577 So Christian WIPPERFÜRTH, *Rußland und seine GUS-Nachbarn*, aaO. (Anm. 2923), S. 145.
3578 Roland GÖTZ, *Gasproms Zukunftsstrategie*, aaO. (Anm. 3000), S. 3.
3579 Ders., »Nach dem Gaskonflikt«, aaO. (Anm. 3563), S. 3.
3580 Ders., *Europa und das Erdgas des kaspischen Raumes*, SWP-Diskussionspapier, Berlin, August 2007, S. 11.
3581 Ders., *Ukraine, Turkmenistan und Rußland vor Neuordnung ihrer Energiebeziehungen*, aaO. (Anm. 2999), S. 8.
3582 Karl GROBE, »Die politische Waffe des Kreml«, in: *Frankfurter Rundschau*, 9. 1. 2007.
3583 Roland GÖTZ, »Blockaden der ›Freundschaft‹« in: *SWP-Aktuell*, Berlin, Januar 2007, S. 1.
3584 Jürgen WAGNER, »Der Russisch-Europäische Erdgaskrieg«, aaO. (Anm. 3464), S. 8.
3585 Roland GÖTZ, *Energietransit von Rußland durch die Ukraine und Belarus*, aaO. (Anm. 3527), S. 27.
3586 Ebenda, S. 28.
3587 »Rußland weitet Kontrolle über Gaslieferungen aus«, aaO. (Anm. 3564).
3588 Roland GÖTZ, *Energietransit von Rußland durch die Ukraine und Belarus*, aaO. (Anm. 3527), S. 28.
3589 Ebenda.
3590 Rainer LINDNER, »Blockaden der ›Freundschaft‹« aaO. (Anm. 3583), S. 1.
3591 Michael LUDWIG, »Ausgerechnet Weißrußland. Gasprom setzt den treuesten Verbündeten des Kreml unter Druck – will Putin den Anschluß des Landes?« in: *Frankfurter Allgemeine Zeitung*, 30. 12. 2006.
3592 »Bangen in Deutschland um Öl-Versorgung«, in: *Süddeutsche Zeitung*, 9. 1. 2007.
3593 Stefanie BOLZEN, »›Zeitenwende‹ zwischen Moskau und Minsk. Die Beteiligung von Gazprom am weißrussischen Leitungssystem beeinträchtigen Lukaschenkos Macht«, in: *Die Welt*, 3. 1. 2007.
3594 »Minsk und Moskau einigen sich in letzter Minute«, in: *Frankfurter Allgemeine Zeitung*, 2. 1. 2007.
3595 »Druck auf Minsk öffnet die Pipeline«, in: *Die Tageszeitung*, 11. 1. 2007.
3596 Reinhard VESER, »Spiel mit hohem Einsatz. Der weißrussische Präsident Lukaschenka kämpft im Ölstreit um sein politisches Überleben«, in: *Frankfurter Allgemeine Zeitung*, 10. 1. 2009.
3597 »Weißrußland verkündet Kompromiß im Ölstreit«, in: *Süddeutsche Zeitung*, 11. 1. 2007.
3598 Daniel BRÖSSLER, »Von wegen Freundschaft. Streit zwischen Moskau und Minsk«, in: *Süddeutsche Zeitung*, 9. 1. 2007.
3599 Rainer LINDNER, »Blockaden der ›Freundschaft‹« aaO. (Anm. 3583), S. 2.
3600 Christian WIPPERFÜRTH, *Rußland und seine GUS-Nachbarn*, aaO. (Anm. 2923), S. 184 f.
3601 Rainer LINDNER, »Blockaden der ›Freundschaft‹« aaO. (Anm. 3583), S. 2.
3602 »Lukaschenko – kein seriöser Partner für Putin«, in: *Neue Zürcher Zeitung*, 10. 1. 2007.
3603 Rainer LINDNER, »Blockaden der ›Freundschaft‹« aaO. (Anm. 3583), S. 2 f.
3604 Jens HARTMANN, »Im Bruderzwist kämpfen Moskau und Minsk mit harten Bandagen«, in: *Die Welt*, 9. 1. 2007 – Bei »Druschba« handelt es sich um ein ganzes Netz von Leitungen, das seit den sechziger Jahren unter Federführung der UdSSR zur Versorgung der Ostblockstaaten errichtet worden war. Die parallel verlaufenden Trassen ›Druschba I‹ und ›Druschba II‹ beginnen westlich des Ural-Gebirges im europäischen Teil Rußlands, wo mehrere Leitungen aus verschiedenen Teilen des Landes zusammengefaßt werden. Ein Leitungsabzweig in Weißrußland führt über die Ukraine nach Ungarn sowie in die Slowakei und die Tschechische Republik. Der andere Arm führt von Weißrußland über Polen bis nach Schwedt, wo das Erdöl an das Petrochemische Kombinat und die Total-Raffinerie Mitteldeutschland bei Leuna verteilt wird.
3605 Rainer LINDNER, »Blockaden der ›Freundschaft‹« aaO. (Anm. 3583), S. 1.
3606 Sabine FISCHER, »Die russische Politik gegenüber der Ukraine und Weißrußland«, aaO. (Anm. 3504), S. 23.
3607 Ebenda, S. 20.
3608 Stefanie BOLZEN, »›Zeitenwende‹ zwischen Moskau und Minsk«, aaO. (Anm. 3793).
3609 Werner STURBECK, »Gasprom kann sich keinen Ruf als unsicherer Kantonist leisten«, aaO. (Anm. 3571).
3610 Stefanie BOLZEN, »›Zeitenwende‹ zwischen Moskau und Minsk«, aaO. (Anm. 3793).

3611 Alexander RAHR, »Rivale der EU«, in: *Die Welt*, 10. 1. 2007.
3612 »Minsk und Moskau einigen sich in letzter Minute«, aaO. (Anm. 3594).
3613 Mathias BRÜGGMANN, »Gazprom festigt seine Monopolisten-Rolle. Rußland wird zum harten Gegenspieler bei Europas Plänen zur Diversifizierung«, in: *Handelsblatt*, 2. 1. 2007.
3614 Karl GROBE, »Die politische Waffe des Kreml«, aaO. (Anm. 3582).
3615 Roland GÖTZ, *Gasproms Zukunftsstrategie*, aaO. (Anm. 3000), S. 2.
3616 Ebenda, S. 3.
3617 Ebenda.
3618 Roland GÖTZ, *Gasproms Diversifizierungsstrategie der Exportpipelines und Exportrichtungen*, SWP-Diskussionspapier, Berlin, Mai 2007, S. 1.
3619 So ebenda, S. 4 f.
3620 Ebda, S. 5.
3621 Ebenda, S. 5 f.
3622 Ebenda, S. 3.
3623 Franz-Lothar ALTMANN, *Südosteuropa und die Sicherung der Energieversorgung der EU*, aaO. (Anm. 3469), S. 8.
3624 Reinhard VESER, »In die andere Richtung. Nach Gasprom droht nun auch die russische Ölindustrie den Europäern«, in: *Frankfurter Allgemeine Zeitung*, 25. 4. 2006.
3625 So Roland GÖTZ, *Gasproms Diversifizierungsstrategie*, aaO. (Anm. 3618), S. 7.
3626 »Gasprom will alleine bestimmen. Ausländische Investoren sollen von Pipelines und Förderung ausgeschlossen werden«, in: *Frankfurter Rundschau*, 8. 6. 2006.
3627 Ebenda.
3628 »Putin dringt auf Gazprom-Expansion. E.on droht bei Einstieg in Gasfeld zu scheitern«, in: *Handelsblatt*, 11. 5. 2006.
3629 »EU fordert offene Märkte. Kritik an Expansionsplänen von Gazprom wegen Abschottung in Rußland«, in: *Handelsblatt*, 24. 4. 2006.
3630 »EU will unabhängiger von russischem Gas werden«, in: *Frankfurter Allgemeine Zeitung*, 22. 4. 2006.
3631 »Merkel betont Differenzen«, in: *Handelsblatt*, 28./ 29./30. 4. 2006.
3632 »Merkels und Putins strategische Partnerschaft«, in: *Neue Zürcher Zeitung*, 28. 4. 2006.
3633 so der CDU-Europaabgeordnete Elmar BROK, vgl.: »EU fordert offene Märkte. Kritik an Expansionsplänen von Gazprom wegen Abschottung in Rußland«, in: *Handelsblatt*, 24. 4. 2006.
3634 Jens HARTMANN, »Energieriese Gasprom beeinflußt die gesamte Wertschöpfungskette«, in: *Die Welt*, 28. 4. 2006.
3635 »Schwierige Konsultationen in Sibirien. Merkel und Putin tragen Meinungsverschiedenheiten aus – BASF-Konzern wird an großem russischem Erdgasfeld beteiligt«, in: *Die Welt*, 28. 4. 2006.
3636 Jens HARTMANN, »Energieriese Gasprom beeinflußt die gesamte Wertschöpfungskette«, aaO. (Anm. 3634).
3637 Stephan HEIDBRINK, *Europas weiche Geopolitik im russischen Hinterhof*, aaO. (Anm. 3027).
3638 Alexander RAHR, »Die Angst geht um vor einem unberechenbaren Rußland«, in: *Die Welt*, 28. 6. 2006.
3639 Christian WIPPERFÜRTH, *Rußland und seine GUS-Nachbarn*, aaO. (Anm. 2923), S. 156.
3640 Ebenda, S. 157.
3641 Tomasz KONICZ, »Stolpersteine für Kiew. Trotz der Ablehnung durch die Bevölkerung und anderer Rückschläge halten NATO und ukrainische Führung am Integrationskurs fest«, in: *Junge Welt*, 22. 6. 2006. Das Szenario des Manövers war eindeutig gegen Rußland gerichtet: Eine totalitäre, NATO-feindliche Macht destabilisiert ein demokratisches Nachbarland und läßt Terrorakte verüben, was von der Weltgemeinschaft zunächst ignoriert wird. Die Bewohner einer Halbinsel, die früher ein Teil des totalitären Landes gewesen ist, fordern die Vereinigung mit ihrem alten Mutterland und nehmen Angehörige von NATO-Staaten als Geiseln. Truppen unter NATO-Führung stellen die Ordnung wieder her – so Christian WIPPERFÜRTH, *Rußland und seine GUS-Nachbarn*, aaO. (Anm. 2923), S. 159.
3642 Alexander RAHR, »Die Angst geht um vor einem unberechenbaren Rußland«, aaO. (Anm. 3638).
3643 Ebenda.
3644 Ebenda.
3645 Wolfgang POMREHN, »Öl ist nicht alles. In Chinas Hauptstadt wurde bei der Tagung der Shanghai Cooperation Organisation über die wirtschaftliche Zukunft Zentralasiens verhandelt«, in: *Junge Welt*, 17. 6. 2006.
3646 »Ahmadinedschad wirbt mit Öl«, in: *Frankfurter Allgemeine Zeitung*, 16. 6. 2006.
3647 Irine WOLKOWA, »Ahmadinedschad spricht in Shanghai. Sechs-Staaten-Bündnis begeht Jubiläum«, in: *Neues Deutschland*, 15. 6. 2006.
3648 Ebenda.
3649 »›Kein Gegenstück zur NATO‹ – Steht Erweiterungsrunde bevor?« unter: http://www.uni-kassel.de/fb5/frieden/regionen/Asien/soz.html

[3650] Andrej GOLOWANOW, »Zuwachs für die Shanghaier Organisation. Indien, Pakistan, Iran und die Mongolei als Beobachter bei Gipfeltreffen in Moskau«, in: *Moskauer Deutsche Zeitung*, 8. 11. 2005.
[3651] »Iran strebt in Rußlands Energie-Club. Präsident Ahmadinedschad wirbt auf Schanghai-Gipfel um Partner in Asien und bietet China mehr Öllieferungen an«, in: *Handelsblatt*, 16. 6. 2006.
[3652] Zit. aus: Jürgen WAGNER, »Der Russisch-Europäische Erdgaskrieg«, aaO. (Anm. 3464), S. 18.
[3653] Robert McLEAN, »NATO's New Nemesis«, *Frontpage Magazine*, 3. 2. 2006, zit. in: Jürgen WAGNER, »Der Russisch-Europäische Erdgaskrieg«, ebenda, S. 18.
[3654] »›Kommersant‹: USA wollen ein Gegengewicht zu bisherigen Staatenvereinigungen in Zentralasien«, unter: http://www.uni-kassel.de/fb5/frieden/themen/SOZ/nato.html
[3655] Christian WIPPERFÜRTH, *Rußland und seine GUS-Nachbarn*, aaO. (Anm. 2923), S. 157.
[3656] Zit. aus: ebenda.
[3657] So Roland GÖTZ, *Gasproms Diversifizierungsstrategie*, aaO. (Anm. 3618), S. 7 f.
[3658] Thomas URBAN, »Atomkraft und Energiebrücken. Polen will im Verbund mit dem Baltikum und der Ukraine unabhängig vom Kreml werden«, in: *Süddeutsche Zeitung*, 10. 1. 2007.
[3659] Ebenda.
[3660] »Die Kaczynskis wollen sich Rußland entwinden. Auf Werbetour bei zentralasiatischen Energielieferanten«, in: *Neue Zürcher Zeitung*, 9. 5. 2007.
[3661] Ebenda.
[3662] Jürgen WAGNER, »Der Russisch-Europäische Erdgaskrieg«, aaO. (Anm. 3464), S. 17.
[3663] »Die Kaczynskis wollen sich Rußland entwinden. Auf Werbetour bei zentralasiatischen Energielieferanten«, aaO. (Anm. 3660).
[3664] »Putin entzieht dem polnischen Energie-Gipfel den Boden. Kaczynskis Pipeline-Pläne und EU-Ideen durch russisches Gegenprojekt gestört«, in: *Neue Zürcher Zeitung*, 14. 5. 2007.
[3665] »Rußland sichert sich die Erdgas-Pipeline aus Zentralasien«, in: *Neue Zürcher Zeitung*, 14. 5. 2007.
[3666] »Putin entzieht dem polnischen Energie-Gipfel den Boden«, aaO. (Anm. 3664).
[3667] Oliver GEDEN, Andreas GOLDTHAU u. Timo NOETZEL, *›Energie-NATO‹ und ›Energie-KSZE‹ – Instrumente der Versorgungssicherheit?*, SWP-Diskussionspapier, Berlin, Mai 2007, S. 4.
[3668] Ebenda.
[3669] Johannes LEITHÄUSER, »Entgegengesetzte Richtungen. Die polnischen Vorschläge für eine ›Energie-NATO‹ finden in Berlin keine Zustimmung«, in: *Frankfurter Allgemeine Zeitung*, 8. 3. 2006.
[3670] Ebenda.
[3671] Ebenda.
[3672] Oliver GEDEN, Andreas GOLDTHAU u. Timo NOETZEL, *›Energie-NATO‹ und ›Energie-KSZE‹*, aaO. (Anm. 3667), S. 6.
[3673] Ebenda.
[3674] Ebenda, S. 7.
[3675] Ebenda.
[3676] Vgl. Jürgen WAGNER, »Der russisch-europäische Erdgaskrieg«, aaO. (Anm. 3464), S. 21, Fn. 133.
[3677] Oliver GEDEN, Andreas GOLDTHAU u. Timo NOETZEL, *›Energie-NATO‹ und ›Energie-KSZE‹*, aaO. (Anm. 3667), S. 11.
[3678] »NATO soll Ölplattformen und Pipelines schützen. Konflikte im Nahen und Mittleren Osten lenken das Augenmerk stärker auf die Sicherheit der Energieversorgung«, in: *Süddeutsche Zeitung*, 6. 2. 2006.
[3679] Ebenda.
[3680] Andrew MONAGHAN, *Energy Security: NATO's limited, complentary Role*, Research Paper No. 36, May 2008, S. 2.
[3681] Ida GARIBALDI, *NATO and European Energy Security*, American Enterprise Institute for Public Policy Research, No. 1, March 2008, S. 1.
[3682] Ebenda.
[3683] Nils KREIMEIER u. Hubert WETZEL, »EU und USA zittern vor neuer ›Opec‹«, in: *Financial Times Deutschland*, 6. 3. 2007, zit. aus: Jürgen WAGNER, »Der russisch-europäische Erdgaskrieg«, aaO. (Anm. 3464), S. 16.
[3684] *Energiesicherheit und die amerikanisch-russischen Beziehungen*, Think Tank Update der Konrad-Adenauer-Stiftung Washington D.C., März 2007, S. 1.
[3685] Ebenda.
[3686] »Energy and NATO, Senator Lugar's keynote speech to the German Marshall Fund conference on Monday, November 27, 2006 in Riga, Latvia, in advance to the NATO Summit«, zit. aus: Jürgen WAGNER, »Der russisch-europäische Erdgaskrieg«, aaO. (Anm. 3464), S. 16.
[3687] *Energiesicherheit und die amerikanisch-russischen Beziehungen*, Think Tank Update der Konrad-Adenauer-Stiftung Washington D.C., März 2007, S. 1.
[3688] Jürgen WAGNER, »Der russisch-europäische Erdgaskrieg«, aaO. (Anm. 3464), S. 16.
[3689] Zit. aus: ebenda, S. 16; Ida GARIBALDI, *NATO and*

European Energy Security, American Enterprise Insitute for Public Policy Research, No. 1, March 2008, S. 4

[3690] Ebenda, S. 5

[3691] Jürgen WAGNER, »Der russisch-europäische Erdgaskrieg«, aaO. (Anm. 3464), S. 17.

[3692] Ida GARIBALDI, *NATO and European Energy Security*, aaO. (Anm. 3681), S. 4.

[3693] Mahdi Darius NAZEMROAYA, »The Globalization of Military Power: NATO Expansion«, unter: http://www.globalresearch.caPrintArticle.php?articleId=5677; Übersetzung durch d. Verfasser.

[3694] Ebenda.

[3695] Jürgen WAGNER, »Der russisch-europäische Erdgaskrieg«, aaO. (Anm. 3464), S. 10.

[3696] Ebenda, S. 10.

[3697] *Energiesicherheit und die amerikanisch-russischen Beziehungen*, aaO. (Anm. 3687), S. 2.

[3698] *Die ›Nabucco‹-Gaspipeline als Teil der EU-Außenpolitik*, Wissenschaftlicher Dienst des Deutschen Bundestages Nr. 22/07, 21. 6. 2007.

[3699] Ebenda.

[3700] Ebenda.

[3701] Zit. aus: Jürgen WAGNER, »Der russisch-europäische Erdgaskrieg«, aaO. (Anm. 3464), S. 11.

[3702] »Die Europäische Union bemüht sich um Zentralasien. Vage Strategien der Union im Wettbewerb mit Rußland und China«, in: *Neue Zürcher Zeitung*, 2. 4. 2007.

[3703] »Ein Bogen um Rußland. Der Westen will seine Energieabhängigkeit von Moskau verringern – und trifft im kaspischen Raum auf dankbare Lieferanten«, in: *Süddeutsche Zeitung*, 28. 6. 2006.

[3704] Roland GÖTZ, *Rußlands Erdgas und Europas Energiesicherheit*, SWP-Studie Berlin, August 2007, S. 24.

[3705] »Ein Bogen um Rußland«, aaO. (Anm. 3703).

[3706] Jürgen WAGNER, »Der russisch-Europäische Erdgaskrieg«, aaO. (Anm. 3464), S. 11.

[3707] Ebenda, S. 12.

[3708] »Ein Bogen um Rußland«, aaO. (Anm. 3703).

[3709] Ebenda.

[3710] Roland GÖTZ, *Rußlands Erdgas und Europas Energiesicherheit*, aaO. (Anm. 3704), S. 24.

[3711] Mathias BRÜGGMANN, »Konkurrenz für die Nabucco-Pipeline. Rußland durchkreuzt Europas Pläne für eine breitere Energieversorgung und legt neue Gasprojekte auf«, in: *Handelsblatt*, 26. 6. 2007.

[3712] Ariel COHEN, *The North European Gas Pipeline Threatens Europe's Energy Security*, aaO. (Anm. 3508).

[3713] »Ein Bogen um Rußland«, aaO. (Anm. 3703).

[3714] Franz-Lothar ALTMANN, *Südosteuropa und die Sicherung der Energieversorgung der EU*, aaO. (Anm. 3469), S. 6.

[3715] Ebenda.

[3716] Roland GÖTZ, *Ukraine, Turkmenistan und Rußland vor der Neuordnung ihrer Energiebeziehungen?*, aaO. (Anm. 2999), S. 8.

[3717] »Nabucco-Pipeline steckt in Schwierigkeiten. Konsortium verschiebt Baubeschluß – Lieferprobleme und ein russisches Konkurrenzprodukt entziehen dem Projekt die wirtschaftliche Grundlage«, in: *Handelsblatt*, 27. 12. 2007.

[3718] Mathias BRÜGGMANN, »Konkurrenz für die Nabucco-Pipeline«, aaO. (Anm. 3711).

[3719] Roland GÖTZ, *Rußlands Erdgas und Europas Energiesicherheit*, aaO. (Anm. 3704), S. 24.

[3720] Franz-Lothar ALTMANN, *Südosteuropa und die Sicherung der Energieversorgung der EU*, aaO. (Anm. 3469), S. 20 (Exkurs: »Russische Reaktionen auf das Nabucco-Projekt«)

[3721] Ebenda.

[3722] Ebenda.

[3723] Reinhard OLT, »Ungarisches Finale für ›Nabucco‹? Sonderbeziehungen Budapests zu Gasprom gefährden die Pläne für eine von der EU unterstützte Gasleitung«, in: *Frankfurter Allgemeine Zeitung*, 3. 4. 2007.

[3724] Ebenda.

[3725] Jürgen WAGNER, »Der russisch-europäische Erdgaskrieg«, aaO. (Anm. 3464), S. 13.

[3726] Ebenda.

[3727] Bernhard ODENAHL, »Ungarn geht auf Kuschelkurs mit Rußland«, *Tages-Anzeiger-Online*, 26. 3. 2007, zit aus: Jürgen WAGNER, »Der russisch-Europäische Erdgaskrieg«, ebenda, S. 13.

[3728] Reinhard OLT, »Ungarisches Finale für ›Nabucco‹?« aaO. (Anm. 3723).

[3729] Ebenda.

[3730] Franz-Lothar ALTMANN, *Südosteuropa und die Sicherung der Energieversorgung der EU*, aaO. (Anm. 3469), S. 16.

[3731] Ebenda, S. 17.

[3732] Ebenda.

[3733] Ebenda, S. 18.

[3734] Ebenda, S. 18 ff.

[3735] Ebenda, S. 9.

[3736] M. K. BHADRAKUMAR, »A Pipeline into the Heart of Europe«, *Asia Times Online*, 30. 6. 2007, unter: http//www.atimes.com/atimes/central_asia/if30ag01. html

3737 Ebenda.
3738 Ebenda.
3739 Ebenda.
3740 Michael LUDWIG, »Rückschlag für die Westeuropäer. Eine neue Leitung für turkmenisches Gas«, in: *Frankfurter Allgemeine Zeitung*, 14. 5. 2007.
3741 Jürgen WAGNER, »Der russisch-europäische Erdgaskrieg«, aaO. (Anm. 3464), S. 13.
3742 Michael LUDWIG, »Rückschlag für die Westeuropäer«, aaO. (Anm. 3740).
3743 Ebenda.
3744 Roland GÖTZ, *Europa und das Erdgas des kaspischen Raumes*, aaO. (Anm. 3580), S. 7.
3745 Frank NIENHUYSEN, »Rußland stärkt seinen Einfluß in Zentralasien. Auf seiner Reise durch Turkmenistan und Kasachstan verhandelt Präsident Putin über neue Energieverträge – und sticht dabei Europa aus«, in: *Süddeutsche Zeitung*, 12./13. 5. 2007.
3746 Michael LUDWIG, »Rückschlag für die Westeuropäer«, aaO. (Anm. 3740).
3747 Ebenda.
3748 Mathias BRÜGGMANN, »Konkurrenz für die Nabucco-Pipeline«, aaO. (Anm. 3711).
3749 Frank NIENHUYSEN, »Rußland stärkt seinen Einfluß in Zentralasien«, aaO. (Anm. 3745).
3750 Jürgen WAGNER, Der russisch-europäische Erdgaskrieg, aaO. (Anm. 3464), S. 13.
3751 Ebenda
3752 Igor TOMBERG, »Kaspi-Gaspipeline contra »Nabucco«. Der praktische Wert des Kaspi-Projekts liegt auf der Ebene der globalen Strategie«, unter: http//www.uni-kassel.de/fb5/frieden/themen/oel/kaspi.html
3753 Ebenda.
3754 »Nabucco-Pipeline steckt in Schwierigkeiten«, aaO. (Anm. 3717).
3755 Ebenda.
3756 Karl GROBE, »Rußlands Pipeline-Pakt klemmt Europa ab. Turkmenien und Kasachstan binden sich an Gazprom/Westliches Werben um Zentralasiens Diktatoren vergebens«, in: *Frankfurter Rundschau*, 24./25. 12. 2007.
3757 »Nabucco-Pipeline: Projekt mit vielen Fragezeichen«, unter: http://www.dw-world.de/dw/article/0,,2671202,00.html, *Focus Ost-Südost*, 5. 7. 2007.
3758 Ebenda.
3759 *Die ›Nabucco‹-Gaspipeline als Teil der EU-Außenpolitik*, aaO. (Anm. 3698).
3760 David SCHRAVEN, »EU sichert sich Zugang zu den Gasquellen Irans. Europäische Investitionsbank hilft bei Finanzierung des Nabucco-Pipeline – Störmanöver aus der Türkei«, in: *Welt-Online*, 24. 1. 2009; unter: http://www.welt.de/welt_print/article3081865/EU-sichert-sich-Zugang-zu-den- Gasquellen-Irans.html
3761 »Bypass für Europa«, in: *Handelsblatt*, 27. 1. 2009.
3762 Ebenda.
3763 Ebenda.
3764 *Nabucco-Pipeline: Projekt mit vielen Fragezeichen*, aaO. (Anm. 3757).
3765 Thomas WIEDE, »Anrainer-Streit behindert Investition«, in: *Handelsblatt*, 17. 10. 2007.
3766 Michael LUDWIG, »Rückschlag für die Westeuropäer. Eine neue Leitung für turkmenisches Gas«, in: *Frankfurter Allgemeine Zeitung*, 14. 5. 2007
3767 Jürgen WAGNER, »Der russisch-europäische Erdgaskrieg«, aaO. (Anm. 3464), S. 14.
3768 Zit.aus: ebenda, S. 14.
3769 Andreas GOLDTHAU, »Gasproduzenten rücken zusammen. Der GECF-Gipfel in Katar und die Erfolgsaussichten einer ›Gas-OPEC‹« *SWP-Aktuell*, Berlin, April 2007, S. 2.
3770 Ebenda.
3771 Jürgen WAGNER, »Der russisch-europäische Erdgaskrieg«, aaO. (Anm. 3464), S. 14 f.
3772 Andreas GOLDTHAU, »Gasproduzenten rücken zusammen«, aaO. (Anm. 3769), S. 1.
3773 Ebenda, S. 1.
3774 Jens HARTMANN, »Der große Traum vom Gas-Kartell«, in: *Die Welt*, 10. 4. 2007.
3775 Klaus-Helge DONATH, »Moskau provoziert mit Idee einer Gas-Opec«, in: *Die Tageszeitung*, 7. 4. 2007.
3776 Andreas GOLDTHAU, »Gasproduzenten rücken zusammen«, aaO. (Anm. 3769), S. 1.
3777 Klaus-Helge DONATH, »Moskau provoziert mit Idee einer Gas-Opec«, aaO. (Anm. 3775).
3778 Jens HARTMANN, »Der große Traum vom Gas-Kartell«, in: *Die Welt*, 10. 4. 2007.
3779 Andreas GOLDTHAU, »Gasproduzenten rücken zusammen«, aaO. (Anm. 3769), S. 2.
3780 »Gas-Exporteute auf dem Weg zum Kartell«, *RIA Novosti*, 13. 4. 2007, zit. aus: Jürgen WAGNER, »Der russisch-europäische Erdgaskrieg«, aaO. (Anm. 3464), S. 15.
3781 Klaus-Helge DONATH, »Moskau provoziert mit Idee einer Gas-Opec«, aaO. (Anm. 3775).
3782 Andreas GOLDTHAU, »Gasproduzenten rücken zusammen«, aaO. (Anm. 3769), S. 2.
3783 Michael LUDWIG, »Nur ein Hirngespinst?« in: *Frankfurter Allgemeine Zeitung*, 20. 4. 2007.

[3784] Ebenda.
[3785] Ebenda.
[3786] Andreas GOLDTHAU, »Gasproduzenten rücken zusammen«, aaO. (Anm. 3769), S. 4.
[3787] Ebenda.
[3788] Zit. aus: Jürgen WAGNER, »Der russisch-europäische Erdgaskrieg«, aaO. (Anm. 3464), S. 16.
[3789] Ebenda.
[3790] Ebenda, S. 17.
[3791] Klaus EICHNER, »Kampfansage an Rußland«, aaO. (Anm. 3370).
[3792] Zit. aus: Knut MELLENTHIN, »Sturmwolken am amerikanisch-russischen Himmel«, in: *Junge Welt*, 30. 3. 2006.
[3793] Zit. aus: ebenda.
[3794] Ebenda.
[3795] Werner BIERMANN u. Arno KLÖNNE, *Objekt der Gier*, aaO. (Anm. 627), S. 131.
[3796] Knut MELLENTHIN, »Sturmwolken am amerikanisch-russischen Himmel«, aaO. (Anm. 3792).
[3797] Council on Foreign Relations, *Russia's Wrong Direction: What the United States can an should do*, Independent Task Force Report 57, New York, März 2006, S. 52; Übersetzung durch d. Verfasser.
[3798] Ebenda, S. 6; Übersetzung durch d. Verfasser.
[3799] Ebenda, S. 55 f.
[3800] Ebenda, S. 6; Übersetzung durch d. Verfasser.
[3801] Knut MELLENTHIN, »Sturmwolken am amerikanisch-russischen Himmel«, aaO. (Anm. 3792).
[3802] Council on Foreign Relations, *Russia's Wrong Direction*, aaO. (Anm. 3797), S. f.
[3803] Ebenda, S. 5.
[3804] Ebenda, S. 8.
[3805] Ebenda, S. 7; Übersetzung durch den Verfasser.
[3806] Anders ASLUND, »Putin's Decline and America's response«, www.carnegieendowment.org.; zit. aus: Niels Peter AMMITZBOELL, »Wird in Rußland eine Birkenrevolution vorbereitet?« in: *Zeit-Fragen* 39/2005, 3. 10. 2005.
[3807] Niels Peter AMMITZBOELL, »Wird in Rußland eine Birkenrevolution vorbereitet?« in: ebenda.
[3808] http://www.carnegieendowment.org/files/pb41.aslund.FINAL1.pdf; zit. aus: Hans-Werner KLAUSEN, »Washingtons ›fünfte Kolonne‹ in Rußland. Schachgenie Garri Kasparow, seine Bundesgenossen und seine westlichen Gönner«, in: *Zeit-Fragen*, 7. 5. 2007.
[3809] *Supporting Human Rights an Democracy: The U.S. Record 2006*, Chapter: »Europe and Eurasia«, 5. 4. 2007.
[3810] Zit. aus: *Zeit-Fragen* 18/2007, 7. 5. 2007.
[3811] Hans-Werner KLAUSEN, »Washingtons ›fünfte Kolonne‹ in Rußland«, aaO. (Anm. 3808).
[3812] Ebenda.
[3813] Ebenda.
[3814] Ebenda.
[3815] Ebenda.
[3816] Hans-Werner KLAUSEN, »Auf dem Weg zur Querfront gegen Putin? Liberale, Nationalbolschewisten und westliche Demokratieexporteure als Teilnehmer einer Moskauer Anti-Putin-Konferenz«, in: *Berliner Umschau*, 13. 7. 2006.
[3817] Ebenda.
[3818] Hans-Werner KLAUSEN, »Für Lockheed, Chodorkowsky und die Menschenrechte. Mr. Bruce Jackson, seine Komittees und ein Offener Brief gegen Putin«, in: *Berliner Umschau*, 7. 10. 2006.
[3819] Ebenda.
[3820] Zit. aus: Hans-Werner KLAUSEN, »US-Politologe Richard Pipes: Rußland gefährlicher als Bin Laden. Ein Kalter Krieger meldet sich zurück: vom ›Team B‹ zur Anti-Putin-Kampagne«, in: *Berliner Umschau*, 24. 7. 2007.
[3821] Zit. aus: ebenda.
[3822] Ebenda.
[3823] Zit. aus: ebenda; dort im Original wiedergegeben, Übersetzung durch d. Verfasser.
[3824] Justin RAIMONDO, »Eine ungewöhnliche Allianz. Die USA unterstützen russische ›Liberale‹, Kommunisten und Neonazis gegen Putin«, in: *Zeit-Fragen* 18/2007, 7. 5. 2007.
[3825] Hans-Werner KLAUSEN, »Auf dem Weg zur Querfront gegen Putin?« aaO. (Anm. 3816).
[3826] *Washington Post*, Juli 2006, zit. aus: *Zeit-Fragen* 18/2007, 7. 5. 2007.
[3827] »Pate aller Oligarchen«, in: *Neue Zürcher Zeitung*, 10. 12. 2006.
[3828] Daniel BRÖSSLER u. Frank NIENHUYSEN, »Verwirrung um Ex-Oligarch Beresowskij. Der im Exil lebende Milliardär ruft angeblich zum gewaltsamen Sturz in Rußland auf«, in: *Süddeutsche Zeitung*, 14. 4. 2007.
[3829] Zit. aus: ebenda.
[3830] »Wirbel in Moskau um Beresowski. Der russische Magnat spricht im Exil von Putschplänen«, in: *Neue Zürcher Zeitung*, 14. 4. 2007.
[3831] Zit. aus: Hans-Werner KLAUSEN, »Auf dem Weg zur Querfront gegen Putin?« aaO. (Anm. 3816).
[3832] Rainer RUPP in: *Junge Welt*, 20. 12. 2006; zit. aus: Hans-Werner KLAUSEN, »US-Politologe Richard Pipes«, aaO. (Anm. 3820).

3833 Jürgen WAGNER, »Der Russisch-Europäische Erdgaskrieg«, aaO. (Anm. 3464), S. 2.
3834 »Illusion der Stärke«, in: *Die Zeit*, 5. 6. 2008, zit. aus: Jürgen WAGNER, »Globale NATO. Alternativ-UNO mit Lizenz zum Töten«, unter: http://www.imi-online.de/2009.php3?id=1881
3835 *America's Army: The Strength of the Nation, The Army Modernization Strategy 2008*, S. 5 f., zit. aus: Jürgen WAGNER, »Globale NATO«, ebenda.
3836 Will MARSHALL, *Taking NATO Global, Memo to the New President*, DLC, 15. 1. 2009; zit. aus: Jürgen WAGNER, »Globale NATO«, ebenda.
3837 Ebenda.
3838 Ebenda.
3839 Zit. aus: ebenda.
3840 Peter RUDOLF, »Ein ›Bund der Demokratien‹: Amerikas neuer Multilateralismus«, *SWP-Aktuell*, Berlin 2008, zit. aus: Jürgen WAGNER, »Globale NATO«, ebenda.
3841 Ebenda.
3842 »Amerika debattiert über seine Rolle in der Welt. Washington zwischen ›Empire‹, Renaissance des Nationalstaates und internationaler Kooperation«, in: *Handelsblatt*, 15. 1. 2002.
3843 Gilles KEPEL, *Die neuen Kreuzzüge. Die arabische Welt und die Zukunft des Westens*, München–Zürich 2005, S. 59.
3844 John PILGER, *Verdeckte Ziele. Über den modernen Imperialismus*, Frankfurt/M. 2004, S. 81.
3845 Gilles KEPEL, *Die neuen Kreuzzüge*, aaO. (Anm. 3843), S. 64 f.
3846 Ebenda, S. 66 f.
3847 Ebenda, S. 67.
3848 Ebenda, S. 69.
3849 Ebenda, S. 83.
3850 Ebenda, S. 84.
3851 Ebenda, S. 84 f.
3852 *Rebuilding America's Defenses. Strategy, Forces and Resources for a New Century. A Report of The Project for the New American Century*, Washington 2000, S. 8.
3853 So Ziffer 62 des Strategiepapiers vom 24. 4. 1999.
3854 »Angriff unter der Erde. Washington plant die Entwicklung neuer Atomwaffen und sucht die Vorbehalte von Russen und Chinesen zu zerstreuen«, in: *Focus* 12/2002, S. 292 ff. (S. 294).
3855 Ebenda.
3856 »Den Knüppel herausgeholt«, in: *Der Spiegel* 12/2002, S. 134–140 (S. 135).
3857 Ebenda, auch: »Angriff unter der Erde«, aaO. (Anm. 3854), S. 294.
3858 »Den Knüppel herausgeholt«, aaO. (Anm. 3856), S. 137 f.
3859 Ebenda, S. 138.
3860 Harald MÜLLER, *Supermacht in der Sackgasse*, aaO. (Anm. 2687), S. 130.
3861 »Den Knüppel herausgeholt«, (Anm. 3856), S. 140.
3862 Harald MÜLLER, *Supermacht in der Sackgasse*, aaO. (Anm. 2687), S. 130.
3863 Ebenda, S. 136.
3864 Ebenda, S. 137.
3865 Arne NEUBER, »Schild und Schwert: Aggressive Atompolitik und Raketenabwehr der NATO«, in: Informationsstelle Militarisierung (IMI) (Hg.), *Kein Frieden mit der NATO*, Tübingen 2009, S. 22–26 (S. 24).
3866 Harald MÜLLER, *Supermacht in der Sackgasse*, aaO. (Anm. 2687), S. 134 f.
3867 Zit. aus: Thomas MITSCH u. Jürgen WAGNER, *Erstschlag und Raketenabwehr: Die nukleare Dimension des Neuen Kalten Krieges und die Rolle der NATO*, IMI-Analyse Nr. 2007/019, 4. 5. 2007, S. 5, Fn. 12.
3868 *Rationale and Requirements for US Nuclear Forces and Arms Control*, National Institute for Public Policy, January 2001, S. 14, zit. aus: Thomas MITSCH u. Jürgen WAGNER, *Erstschlag und Raketenabwehr*, ebenda, S. 2.
3869 *Rationale and Requirements for US Nuclear Forces and Arms Control*, National Institute for Public Policy, January 2001, S. 9, zit. aus: Thomas MITSCH u. Jürgen WAGNER, *Erstschlag und Raketenabwehr*, ebenda, S. 2.
3870 *Nuclear Posture Review (Excerpts), Submitted to Congress on 31 December 2001*, URL: http://www.globalsecurity.org/wmd/library/policy/dod/npr.htm; zit. aus: Thomas MITSCH u. Jürgen WAGNER, *Erstschlag und Raketenabwehr*, ebenda, S. 2.
3871 Ebenda.
3872 Ebenda, S. 3.
3873 Ebenda.
3874 Ebenda.
3875 Ebenda.
3876 Kai EHLERS, »US-Raketen auch im Kaukasus: Unter den US-Schirm kriechen oder nicht?« unter: http:/www.Rußland.ru/analysen/morenews.php?iditem=43
3877 Kai EHLERS, »US-Raketen auch im Kaukasus«, unter: http://www.eurasisches-magazin.de/artikel/drucken.asp?artikelID=20070306
3878 Ebenda.
3879 »Im Schatten der Raketen«, in: *Der Spiegel* 10/2007, S. 20–24 (S. 23).

3880 Zit. aus: Thomas MITSCH u. Jürgen WAGNER, *Erstschlag und Raketenabwehr*, aaO. (Anm. 3867), S. 3.
3881 F. William ENGDAHL, *Öl, wirtschaftliche Sicherheit und geopolitsche Risiken von heute*, aaO. (Anm. 1801).
3882 Zit. aus: Thomas MITSCH u. Jürgen WAGNER, *Erstschlag und Raketenabwehr*, aaO. (Anm. 3867), S. 3.
3883 F. William ENGDAHL, *Öl, wirtschaftliche Sicherheit und geopolitsche Risiken von heute*, aaO. (Anm. 1801).
3884 So Atomexperte Jürgen ALTMANN, in: *Spiegel online*, 2. 4. 2007, zit. aus: Thomas MITSCH u. Jürgen WAGNER, *Erstschlag und Raketenabwehr*, aaO. (Anm. 3867), S. 3.
3885 Wolfgang KÖTTER, »Großer Lauschangriff auf den russischen Bären«, in: *Freitag* Nr. 43/2007, zit. aus: Arne NEUBER, »Schild und Schwert«, aaO. (Anm. 3865), S. 24.
3886 Ebenda.
3887 Irina WOLKOWA, »US-Raketenabwehr auch im Kaukasus. Moskau sieht Sicherheitsinteressen verletzt«, *Russische Nachrichtenagentur*, 5. 3. 2007.
3888 »Provokationen unter Freunden«, in: *Süddeutsche Zeitung*, 14. 3. 2007.
3889 »Meisterin des Ungefähren«, in: *Der Spiegel* 13/2007, S. 38–42 (S. 41 f.).
3890 Arne NEUBER, »Schild und Schwert«, aaO. (Anm. 3865), S. 24.
3891 Torsten KRAUEL, »Angriff – Erkennung – Abschuß. Wie Washington künftig iranische Raketen abschießen will – Standorte für Radar und Startrampen in Tschechien und Polen«, in: *Die Welt*, 20. 3. 2007.
3892 Ebenda.
3893 Otfried NASSAUER, »Ein US-General mit dem Musterkoffer«, in: *Frankfurter Rundschau*, 17. 3. 2007.
3894 Ebenda.
3895 »Raketenschirm bleibt nationales US-Projekt. US-General will aber auch Europa unter den Schutzschild stellen«, in: *Handelsblatt*, 16./17./18. 3. 2007.
3896 Ebenda.
3897 »›Die USA haben kein Interesse, die Raketenabwehr im Rahmen der NATO aufzubauen‹. SPD-Verteidigungsexperte Rainer Arnold erklärt, warum der amerikanische Raketenschild Europa wenig hilft und warum Deutschland ein eigenes Abwehrsystem braucht«, in: *Die Welt*, 29. 3. 2007.
3898 Otfried NASSAUER, »Das Raketenabwehrbündnis«, in: *Die Tageszeitung*, 27. 3. 2007.
3899 Ebenda.
3900 »›Wir umzingeln sie‹. Der US-Militärexperte Philip Coyle, 72, unter Clinton Chef der Abteilung Waffentests im Pentagon, über das Raketenabfangsystem«, in: *Der Spiegel* 13/2007, S. 40.
3901 Vgl. Lothar RÜHL, »Aus Partnerschaft wird Gegensatz. Moskau macht politisch Front gegen die Nato«, in: *Frankfurter Allgemeine Zeitung*, 22. 5. 2007.
3902 Ebenda.
3903 Ebenda.
3904 Ebenda.
3905 Ebenda.
3906 »Putin: Westen will Rußland die Selbständigkeit nehmen«, in: *Frankfurter Allgemeine Zeitung*, 27. 4. 2007.
3907 »Putin riskiert Ost-West-Konflikt«, in: *Handelsblatt*, 30. 4. 2007.
3908 Karl GROBE, »Rußland läßt die Muskeln spielen. Putin nutzt die ökonomische Stärke seines Landes und fordert von den EU-Staaten sowie den USA mehr Respekt«, in: *Frankfurter Rundschau*, 28. 4. 2007.
3909 Vgl. ebenda
3910 Vgl.: »Der KSE-Vertrag«, in: *Frankfurter Allgemeine Zeitung*, 27. 4. 2007.
3911 »Absurdes Theater und scharfe Töne. Beim NATO-Rat weist Rußlands Verteidigungsminister Lawrow die US-Pläne für ein Raketenschild brüsk zurück«, in: *Süddeutsche Zeitung*, 28/29. 4. 2007.
3912 »Putin legt Vertrag mit NATO auf Eis«, in: *Frankfurter Rundschau*, 27. 4. 2007.
3913 »Putin droht dem Westen im Raketenstreit«, in: *Süddeutsche Zeitung*, 27. 4. 2007.
3914 *Kommersant*, 3. 4. 2004, zit. aus: Matin BARAKI, *Kampffeld Naher und Mittlerer Osten*, aaO. (Anm. 1303), S. 55.
3915 Ebenda S. 55 f.
3916 Thomas KRÖTER, »Mangelnde Rücksichtnahme Washingtons gefährdet Rüstungskontrollen«, in: *Frankfurter Rundschau*, 28. 4. 2007.
3917 Manfred QUIRING, »Rußland modernisiert Atom-U-Boot-Flotte. Stapellauf der ›Jurij Dolgoruki‹ – Neues Langstrecken Raketensystem«, in: *Die Welt*, 17. 4. 2007.
3918 Ebenda.
3919 Tomasz KONICZ, »Rußlands Antwort. Putin: Stationierung von US-Raketen in Polen und Tschechien löst neuen Rüstungswettlauf aus«, in: *Junge Welt*, 5. 6. 2007.
3920 Inter-Continental Ballistic Missile (Interkontinentalrakete)
3921 Tomasz KONICZ, »Rußlands Antwort«, aaO. (Anm. 3919).
3922 Manfred QUIRING, »Russische Militärs sagen Krieg

mit den USA voraus. Rohstoffreserven könnten Grund für Angriff in zehn bis 15 Jahren sein – Drastische Töne sollen der Armee mehr Geld bescheren«, in: *Die Welt*, 18. 7. 2007.
3923 Ebenda.
3924 Ebenda.
3925 Ebenda.
3926 Ebenda.
3927 »Raketenschild wird zum Lackmustest«, in: *Handelsblatt*, 11. 6. 2007.
3928 Michael LUDWIG, »Schrille Drohungen, leise Vorarbeiten. Putins Raketen-Coup ist offenbar seit Wochen vorbereitet worden«, in: *Frankfurter Allgemeine Zeitung*, 9. 6. 2007.
3929 Frank NIENHUYSEN, »Ein Vorschlag mit mehreren Haken«, in: *Süddeutsche Zeitung*, 11. 6. 2009.
3930 Wolfgang KÖTTER, »Zwischen Erderwärmung und Eiszeit. USA: Mit der Brechstange Rußlands nukleare Parität aushebeln«, in: *Freitag* 24, 15. 6. 2007.
3931 »Raketenschild wird zum Lackmustest«, aaO. (Anm. 3927).
3932 »Atempause im Raketenstreit. Rußländ hält US-Plan für obsolet – aber Präsident Bush rückt nicht davon ab«, in: *Frankfurter Rundschau*, 11. 6. 2007.
3933 Michael LUDWIG, »Schrille Drohungen, leise Vorarbeiten. Putins Raketen-Coup ist offenbar seit Wochen vorbereitet worden«, in: *Frankfurter Allgemeine Zeitung*, 9. 6. 2007.
3934 Kai EHLERS, »Raketenstreit: Was will Putin?« unter: http://www.uni-kassel.de/fb5/frieden/themen/ABM-Vertrag/raketen-putin.html
3935 Frank NIENHUYSEN, »Ein Vorschlag mit mehreren Haken«, aaO. (Anm. 3929).
3936 »Der Westen vor dem Ende der Ära Putin«, in: *Neue Zürcher Zeitung*, 19. 6. 2007.
3937 »Feinde ins Feuer«, in: *Der Spiegel* 37/2008, S. 122
3938 Martin HANTKE, *»Alles wieder offen«: Georgienkrieg und imperiale Geopolitik*, Studie der Informationsstelle Militarisierung Nr. 10/2008, Tübingen 2008, S. 2.
3939 Martin HANTKE, »Imperiale Geopolitik: Ukraine, Georgien und der Neue Kalte Krieg zwischen der NATO und Rußland«, in: Informationsstelle Militarisierung (Hg.), *Kein Frieden mit der NATO*, Tübingen 2009, S. 52–56 (S. 53).
3940 Thomas Immanuel STEINBERG, »Pipeline-Schach. Der Kaukasus-Konflikt aus geopolitischer Sicht«, in: *Junge Welt*, 20. 8. 2008.
3941 Martin HANTKE, »Imperiale Geopolitik: Ukraine, Georgien und der Neue Kalte Krieg zwischen der NATO und Rußland«, aaO. (Anm. 3939), S. 53.
3942 Thomas Immanuel STEINBERG, »Pipeline-Schach«, aaO. (Anm. 3940).
3943 Ebenda.
3944 Zit. aus: http://www.kavkazcenter.com/eng/content/2008/06/13/9798.shtml; Übersetzung durch d. Verfasser.
3945 Martin HANTKE, *»Alles wieder offen«*, aaO. (Anm. 3938), S. 2.
3946 Hendrik LENK u. Jonathan RAUHUT, *Worum geht es in Zentralasien? Analyse der objektiven Gefahr einer kriegerischen Auseinandersetzung im Südkaukasus sowie Zentralasien, beispielhaft dargestellt an dem Konflikt zwischen Südossetien und Georgien*, Lüneburg 2004, S. 8.
3947 Ebenda, S. 8 f.
3948 W. KAUFMANN, »Georgien – ein ›failing state‹ im Südkaukasus zwölf Jahre nach der Auflösung der Sowjetunion?« in: *OST-WEST Europäische Perspektiven*, 2003, Heft 4, zit. aus: Hendrik LENK u. Jonathan RAUHUT, aaO. (Anm. 3946), S. 9.
3949 So die *Süddeutsche Zeitung*, 17. 3. 2004.
3950 Ulrike GUSKA, *Separatismus in Georgien*, aaO. (Anm. 2825), S. 37.
3951 Ebenda.
3952 Knut MELLENTHIN, »Kleiner Staat ganz groß. Georgiens Überfall auf Südossetien: Globale Folgen einer bestellten Kriegsprovokation«, in: *Junge Welt*, 29. 8. 2008.
3953 Jürgen ELSÄSSER, »Blühende Lügen. Georgien: Im Vorfeld der Neuwahlen wächst der Druck auf Rußland«, in: *Freitag* 51, 12. 12. 2003.
3954 Anton LATZO, »Georgien: Die Anziehungskraft des Schwarzen Meeres. USA und EU ringen um die Vormachtstellung in der Region«, in: *Junge Welt*, 11. 2. 2004.
3955 Knut MELLENTHIN, »Georgische Reconquista. Georgiens Präsident Michail Saakaschwili steuert die Rückeroberung Südossetiens an«, in: *Junge Welt*, 24. 6. 2004.
3956 Ebenda.
3957 Knut MELLENTHIN, »Spitzengehälter für Überläufer«, in: *Junge Welt*, 7. 5. 2004.
3958 Knut MELLENTHIN, »Kleiner Staat ganz groß«, aaO. (Anm. 3952).
3959 Siehe unter: http://www.uni-kassel.de/fb5/frieden/regionen/Georgien/adscharien.html
3960 Klaus-Helge DONATH, »Moskau verliert Einfluß«, in: *Die Tageszeitung*, 7. 5. 2004.
3961 Siehe: *Der Spiegel*, 21. 9. 2002, zit. aus: Ulrike GUSKA, *Separatismus in Georgien*, aaO. (Anm. 2825), S. 62.

3962 Reinhard VESER, »Sommerliche Eskalation in Georgien. Amerika fordert eine internationale Polizeitruppe für Abchasien«, in: *Frankfurter Allgemeine Zeitung*, 15. 8. 2006.
3963 Ulrike GUSKA, *Separatismus in Georgien*, aaO. (Anm. 2825), S. 63.
3964 Ebenda, S. 63.
3965 Ebenda, S. 62 f.
3966 Knut MELLENTHIN, »Krieg noch kalt. Georgiens Präsident droht vor der UNO Südossetien und Abchasien«, in: *Junge Welt*, 25. 9. 2006.
3967 Andreas RINKE, »Georgiens Präsident fordert russischen Abzug«, in: *Handelsblatt*, 25. 9. 2006.
3968 Christian WIPPERFÜRTH, *Rußland und seine GUS-Nachbarn*, aaO. (Anm. 2923), S. 108.
3969 Knut MELLENTHIN, »Krieg noch kalt«, aaO. (Anm. 3966).
3970 Christian WIPPERFÜRTH, *Rußland und seine GUS-Nachbarn*, aaO. (Anm. 2923), S. 104.
3971 Knut MELLENTHIN, »Schlagzeilen für Wortgeplänkel. Georgien hofft bei ›eingefrorenen Konflikten‹ auf Rückendeckung Washingtons gegenüber Rußland«, in: *Junge Welt*, 11. 3. 2006.
3972 Knut MELLENTHIN, »Krieg noch kalt«, aaO. (Anm. 3966).
3973 Ebenda.
3974 Knut MELLENTHIN, »Kleiner Staat ganz groß«, aaO. (Anm. 3952).
3975 Andreas RINKE, »Georgiens Präsident fordert russischen Abzug«, in: *Handelsblatt*, 25. 9. 2006.
3976 Bernhard CLASEN, »Warnung vor einem Bürgerkrieg in Georgien«, in: *Die Tageszeitung*, 31. 7. 2006.
3977 »Georgien investiert in seine Streitkräfte. Ungelöste Konflikte um separatistische Regionen – Ziel Nato-Beitritt«, in: *Neue Zürcher Zeitung*, 22. 6. 2007.
3978 Irina WOLKOWA, »Kämpfe in der Kodori-Schlucht«, in: *Neues Deutschland*, 27. 7. 2006.
3979 Daniel BRÖSSLER, »Abtrünniges Abchasien droht Georgien mit Krieg«, in: *Süddeutsche Zeitung*, 29./30. 7. 2006.
3980 Irina WOLKOWA, »Kämpfe in der Kodori-Schlucht«, in: *Neues Deutschland*, 27. 7. 2006.
3981 Ebenda.
3982 Bernhard CLASEN, »Warnung vor einem Bürgerkrieg in Georgien«, in: *Die Tageszeitung*, 31. 7. 2006.
3983 Florence MARDIROSSIAN, »Kaukasischer Teufelskreis«, in: *Le Monde diplomatique*, November 2006.
3984 Irina WOLKOWA, »Kämpfe in der Kodori-Schlucht«, aaO. (Anm. 3980).
3985 Rainer MATTHIAS, »Washington fest an Tbilissis Seite. USA unterstützen Georgien bezüglich der Republiken Abchasien und Südossetien«, in: *Junge Welt*, 14. 8. 2006.
3986 Reinhard VESER, »Sommerliche Eskalation in Georgien«, aaO. (Anm. 3962).
3987 Florence MARDIROSSIAN, »Kaukasischer Teufelskreis«, aaO. (Anm. 3983).
3988 Ebenda; ebenso: Christian WIPPERFÜRTH, *Rußland und seine GUS-Nachbarn*, aaO. (Anm. 2923), S. 113.
3989 Knut MELLENTHIN, »Brüchige Waffenruhe«, in: *Junge Welt*, 16. 8. 2004.
3990 Rainer MATTHIAS, »Kriegsdrohung. Die Spannungen zwischen Georgien und Südossetien haben sich mit dem Beschuß eines Hubschraubers verschärft«, in: *Junge Welt*, 6. 9. 2006.
3991 Vgl. Christian WIPPERFÜRTH, *Rußland und seine GUS-Nachbarn*, aaO. (Anm. 2923), S. 108.
3992 »Georgien wirft Russen Terrorakte vor«, in: *Handelsblatt*, 2. 10. 2006.
3993 Ebenda.
3994 Knut MELLENTHIN bestätigt in seinem Aufsatz »Kleiner Staat ganz groß«, aaO. (Anm. 3952), die Bemühungen der USA, georgische Ambitionen zu zügeln.
3995 »Georgien wirft Russen Terrorakte vor«, aaO. (Anm. 3992).
3996 Christian WIPPERFÜRTH, *Rußland und seine GUS-Nachbarn*, aaO. (Anm. 2923), S. 115.
3997 Florian HASSEL, »Rußland sperrt Wege nach Georgien«, in: *Frankfurter Rundschau*, 4. 10. 2006.
3998 Alexej MAKARKIN, »Eskalation im Streit mit Rußland ist ein durchdachter Schachzug des georgischen Präsidenten Michail Saakaschwili«, *RIA Novosti*, 30. 6. 2006, unter: http://www.uni-kassel.de/fb5/frieden/regionen/Georgien/eskalation.html
3999 Erwähnt in: Reinhard VESER, »Sommerliche Eskalation in Georgien«, aaO. (Anm. 3962).
4000 »Votum für Unabhängigkeit«, in: *Frankfurter Allgemeine Zeitung*, 13. 11. 2006.
4001 Zit. nach: *RIA Novosti*, 25. 9. 2006.
4002 Florence MARDIROSSIAN, »Kaukasischer Teufelskreis«, aaO. (Anm. 3983).
4003 Michael LUDWIG, »Tiflis im Würgegriff«, in: *Frankfurter Allgemeine Zeitung*, 4. 10. 2006.
4004 Zit. in: Thomas WIEDE, »Referendum spaltet Tiflis und Moskau«, in: *Handelsblatt*, 10./11./12. 11. 2006.
4005 »Rußlands Doppelspiel im Kaukasus«, in: *Neue Zürcher Zeitung*, 14. 11. 2006.
4006 Mitteilung der *RIA Novosti*, 13. 11. 2006.
4007 Irina WOLKOWA, »Ein Kosovo im Kaukasus«, in: *Neues Deutschland*, 14. 11. 2006.

4008 »Votum für die Unabhängigkeit«, in: *Frankfurter Allgemeine Zeitung*, 13. 11. 2006.
4009 Ebenda.
4010 Knut Mellenthin, »Kleiner Staat ganz groß«, aaO. (Anm. 3952).
4011 Christian Wipperfürth, *Rußland und seine GUS-Nachbarn*, aaO. (Anm. 2923), S. 99.
4012 Ebenda, S. 110.
4013 Ebenda, S. 112.
4014 Ebenda.
4015 »Georgien investiert in seine Streitkräfte. Ungelöste Konflikte um separatistische Regionen – Ziel Nato-Beitritt«, in: *Neue Zürcher Zeitung*, 22. 6. 2007.
4016 Ebenda.
4017 Ebenda.
4018 »›Für die NATO‹: Georgiens massive Aufrüstung«, in: *Frankfurter Allgemeine Zeitung*, 11. 8. 2008.
4019 Zit. aus: Martin Hantke, *»Alles wieder offen«*, aaO. (Anm. 3938), S. 6.
4020 »Treuer Verbündeter. Die USA bilden das georgische Militär aus und helfen mit Geld«, in: *Süddeutsche Zeitung*, 13. 8. 2008.
4021 »Georgien investiert in seine Streitkräfte. Ungelöste Konflikte um separatistische Regionen – Ziel Nato-Beitritt«, in: *Neue Zürcher Zeitung*, 22. 6. 2007.
4022 Martin Hantke, *»Alles wieder offen«*, aaO. (Anm. 3938), S. 6.
4023 Ebenda.
4024 »›Für die NATO‹: Georgiens massive Aufrüstung‹, in: *Frankfurter Allgemeine Zeitung*, 11. 8. 2008.
4025 »Chronik einer Tragödie«, in: *Der Spiegel* 35/2008, S. 126–131 (S. 129).
4026 Martin Hantke, *»Alles wieder offen«*, aaO. (Anm. 3938), S. 11, Fn. 39.
4027 Sonja Zekri, »Die Explosion der Gewalt«, in: *Süddeutsche Zeitung*, 9./10. 8. 2008.
4028 Ebenda.
4029 Christian Wipperfürth, *Rußland und seine GUS-Nachbarn*, aaO. (Anm. 2923), S. 113.
4030 Ebenda.
4031 Ebenda.
4032 Ebenda, S. 114.
4033 »Chronik einer Tragödie«, aaO. (Anm. 4025), S. 127.
4034 Ebenda, S. 127.
4035 Ebenda, S. 128.
4036 Reinhard Veser, »Eskalation nach bekannten Mustern«, in: *Frankfurter Allgemeine Zeitung*, 9. 8. 2008.
4037 Ders., »Die Eskalation begann im Frühjahr in Abchasien«, in: *Frankfurter Allgemeine Zeitung*, 11. 8. 2008.
4038 Ebenda.
4039 Ders., »Als die Scharmützel zum Krieg wurden«, in: *Frankfurter Allgemeine Zeitung*, 1. 9. 2008.
4040 Cathrin Kahlweit, »Krieg im Kaukasus«, in: *Süddeutsche Zeitung*, 9./10. 8. 2008.
4041 Ebenda.
4042 Stefan Kornelius, »Ein Fremdkörper stößt sich ab«, in: *Süddeutsche Zeitung*, 9. 10. 2008.
4043 Reinhard Veser, »Eskalation nach bekannten Mustern«, aaO. (Anm. 4036).
4044 Ebenda.
4045 Ebenda.
4046 Ebenda.
4047 Reinhard Veser, »Als die Scharmützel zum Krieg wurden«, aaO. (Anm. 4039).
4048 Ebenda.
4049 »Mutmaßungen über die Nacht des 8. August. Rußland und Georgien streiten um die Umstände des Kriegsbeginns«, in: *Neue Zürcher Zeitung*, 19. 9. 2008.
4050 Vgl. »›In diesem Krieg gibt es keinen Unschuldigen‹. Wer wollte, hätte den Krieg um Südossetien vorhersehen können. Wie Präsident Saakaschwili in Moskaus Falle tappte«, in: *Handelsblatt*, 15./16./17. 8. 2008.
4051 »Chronik einer Tragödie«, aaO. (Anm. 4025), S. 128.
4052 Christian Wipperfürth, *Rußland und seine GUS-Nachbarn*, aaO. (Anm. 2923), S. 115.
4053 »›In diesem Krieg gibt es keinen Unschuldigen‹« aaO. (Anm. 4050).
4054 Ebenda.
4055 »Chronik einer Tragödie«, aaO. (Anm. 4025), S. 129.
4056 Nikolas Busse, »Der Westen forscht nach Ursachen des Krieges in Georgien«, in: *Frankfurter Allgemeine Zeitung*, 6. 9. 2008.
4057 So die Darstellung der NATO-Experten, in: Nikolas Busse, »Der Westen forscht nach Ursachen des Krieges in Georgien«, ebenda.
4058 »Wettlauf zum Tunnel«, in: *Der Spiegel* 38/2008, S. 128–132 (S. 130).
4059 Ebenda.
4060 Ebenda.
4061 Ebenda.
4062 Ebenda, S. 132; ebenso: »Mutmaßungen über die Nacht des 8. August. Rußland und Georgien streiten um die Umstände des Kriegsbeginns«, aaO. (Anm. 4049).
4063 »Wettlauf zum Tunnel«, aaO. (Anm. 4058), S. 132.
4064 Michael Stürmer, »Präsident ohne Maß«, in: *Die Welt*, 13. 8. 2008.

4065 »Hasardspiel im Kaukasus«, in: *Neue Zürcher Zeitung*, 9./10. 8. 2008.
4066 Nikolas BUSSE, »Ein Schlag, der weh tun sollte. Nato und EU werden sich nicht leicht auf eine politische Bewertung des Südossetien-Krieges verständigen«, in: *Frankfurter Allgemeine Zeitung*, 12. 8. 2008.
4067 Ebenda.
4068 Ebenda.
4069 »Klare Warnung aus Moskau«, in: *Focus* 34/2008, S. 122 ff. (S. 124).
4070 Nikolas BUSSE, »»Ein Schlag, der weh tun sollte«« aaO. (Anm. 4066).
4071 Daniel BRÖSSLER, »Wein, Wasser, Wut. Georgien und die Ukraine fühlen sich von Rußland drangsaliert und wollen die GUS verlassen«, in: *Süddeutsche Zeitung*, 9. 5. 2006.
4072 Ebenda.
4073 Thomas WIEDE, »Georgien will der GUS den Rükken kehren«, in *Handelsblatt*, 4. 5. 2006.
4074 Reymer KLÜVER, »Trommeln und Schmeicheln«, in: *Süddeutsche Zeitung*, 9. 5. 2006.
4075 Markus ZIENER, »Die US-Kritik an Rußland wächst. Vizepräsident Cheney geht mit dem Gastgeber des G-8-Gipfels ins Gericht«, in: *Handelsblatt*, 9. 5. 2006.
4076 Zit. aus: ebenda.
4077 Zit. aus: ebenda.
4078 »Breitseite Cheneys gegen Rußland. Kritik an der Energiepolitik und den Demokratiedefiziten Moskaus«, in: *Neue Zürcher Zeitung*, 5. 5. 2006.
4079 Michael LUDWIG, »Treffer an empfindlichen Stellen. Rußland räumt seine Stützpunkte in Georgien/ Tiflis denkt über den Austritt aus der GUS nach«, in: *Frankfurter Allgemeine Zeitung*, 16. 5. 2006.
4080 Ebenda.
4081 Ebenda.
4082 »Angriff in den Bergen«, in: *Der Spiegel* 33/2008, S. 98 ff. (S. 99).
4083 Jürgen WAGNER, »Runderneuerung zum Kriegs- und Besatzungsbündnis. Der NATO-Gipfel in Bukarest«, in: *Ausdruck, IMI-Magazin*, April 2008, S. 25–30 (S. 27).
4084 Zit. aus: ebenda.
4085 Martin HANTKE, *»Alles wieder offen«*, aaO. (Anm. 3938), S. 6.
4086 Nikolas BUSSE, »Ein Schlag, der weh tun sollte«, aaO. (Anm. 4086).
4087 Florian HASSEL, »Countdown zum Krieg. Wie Putin und Saakaschwili den Kampf um Ossetien vorbereiteten«, in: *Frankfurter Rundschau*, 11. 9. 2008.
4088 Ebenda.
4089 »Angriff in den Bergen«, aaO. (Anm. 4082), S. 99 f.
4090 vgl.: ebenda, S. 99.
4091 Ebenda, S. 100.
4092 Ebenda.
4093 Ebenda, S. 99.
4094 Ebenda.
4095 »Konflikt im Südkaukasus. Rußland auf dem Weg in die »Selbstisolation«, in: *Gegenstandpunkt* 3/2008; unter: http://www.gegenstandpunkt.com/gs/08/3/gs20083153h1.html
4096 Ebenda.
4097 Jürgen GOTTSCHLICH, »Zu hoch gepokert«, in: *Die Tageszeitung*, 11. 8. 2008.
4098 »Georgien im Schnittpunkt der Geopolitik. Erdöl, Macht und Militär im südlichen Kaukasus«, in: *Neue Zürcher Zeitung*, 11. 8. 2008.
4099 Zit. aus: ebenda.
4100 Ebenda.
4101 Kalter Frieden, in: *Der Spiegel* 36/2008, S. 20–28 (S. 21 f.).
4102 Christian WERNICKE, »Schmach einer Supermacht«, in: *Süddeutsche Zeitung*, 13. 8. 2008.
4103 »Verhaltene Reaktion der Vereinigten Staaten«, in: *Neue Zürcher Zeitung*, 11. 8. 2008.
4104 Andreas ZUMACH, »Washington gab grünes Licht«, in: *Die Tageszeitung*, 13. 8. 2008.
4105 Ebenda.
4106 »Klare Warnung aus Moskau«, aaO. (Anm. 4069), S. 124.
4107 Christian WERNICKE, »Schmach einer Supermacht«, aaO. (Anm. 4102).
4108 Ebenda
4109 »Kalter Frieden«, aaO. (Anm. 4101), S. 23.
4110 Ebenda, S. 23 f.
4111 Robert MISK, »Die amerikanischen Freunde«, in: *Die Tageszeitung*, 13./14. 9. 2008.
4112 F. William ENGDAHL, »Haben Cheney und Bush Georgien zum Krieg ermuntert, um McCain groß ins Spiel zu bringen?« unter: http://www.kopp-verlag.de/news/haben-cheney-und-bush-georgien-zum-krieg-ermuntert-um-mccain-groß-ins-spiel-zu-bringen.html, 26. 8. 2008.
4113 Ebenda.
4114 Robert MISK, »Die amerikanischen Freunde«, aaO. (Anm. 4111).
4115 Ebenda.
4116 Knut MELLENTHIN, »Mit dem Segen der USA«, in: *Junge Welt*, 11. 8. 2008.
4117 »Putins Kalter Krieg«, in: *Der Spiegel* 34/2008, S. 80–90 (S. 85).

4118 So Knut MELLENTHIN, »Mit dem Segen der USA«, aaO. (Anm. 4116), ohne hierfür allerdings Belege anzuführen
4119 Ebenda; »Angriff in den Bergen«, aaO. (Anm. 4082), S. 100.
4120 »Angriff in den Bergen«, ebenda, S. 100.
4121 Florian HASSEL, »Der Sieger heißt Putin«, in: *Frankfurter Rundschau*, 11. 8. 2008.
4122 Clemens WERGIN, »Georgiens verlorener Kampf«, in: *Die Welt*, 11. 8. 2008.
4123 Matthias RÜB, »Kleine Luftbrücke und lautes Klagen. Die amerikanische Regierung und die Folgen des jüngsten Kaukasus-Krieges«, in: *Frankfurter Allgemeine Zeitung*, 13. 8. 2008.
4124 Martin HANTKE, *»Alles wieder offen«*, aaO. (Anm. 3938), S. 6.
4125 Matthias RÜB, »Kleine Luftbrücke und lautes Klagen«, aaO. (Anm. 4123).
4126 Martin HANTKE, *»Alles wieder offen«*, aaO. (Anm. 3938), S. 6.
4127 »›Das ähnelt Stalin und Hitler‹. Zbigniew Brzezinski, Ex-Sicherheitsberater von Präsident Carter, wirft Moskau imperiales Denken vor«, in: *Die Welt*, 12. 8. 2008.
4128 Alexander CHRAMTSCHICHIN, »Die Argumente des Westens sind lächerlich«, in: *Handelsblatt*, 8. 9. 2008.
4129 Ebenda.
4130 Reinhard VESER, »Die Eskalation begann im Frühjahr in Abchasien«, aaO. (Anm. 4037).
4131 »Putins Kalter Krieg«, aaO. (Anm. 4117), S. 85.
4132 Vgl. Jürgen WAGNER, »Europas erste Kolonie«, in: *Ausdruck – Magazin der Informationsstelle Militarisierung*, Dezember 2007, S. 11-18.
4133 Florian HASSEL, »Countdown zum Krieg«, aaO. (Anm. 4087).
4134 Jürgen WAGNER, »Runderneuerung zum Kriegs- und Besatzungsbündnis«, aaO. (Anm. 4083), S. 26.
4135 Zit. aus: Florian HASSEL, »Countdown zum Krieg«, aaO. (Anm. 4087).
4136 Ebenda.
4137 Jürgen WAGNER, »Runderneuerung zum Kriegs- und Besatzungsbündnis«, aaO. (Anm. 4083), S. 27.
4138 Zit. aus: Florian HASSEL, »Countdown zum Krieg«, aaO. (Anm. 4087).
4139 Jürgen WAGNER, »Runderneuerung zum Kriegs- und Besatzungsbündnis«, aaO. (Anm. 4083), S. 27.
4140 Zit. aus: ebenda, S. 27.
4141 Florian HASSEL, »Countdown zum Krieg«, aaO. (Anm. 4087).
4142 Vgl. Egbert LEMCKE, »Die zweite Hand des Potentaten. Das maritime Potential Rußlands im Kontext der eigenen Geopolitik«, in: *Arbeitspapiere der Dresdner Studiengemeinschaft Sicherheitspolitik*, Heft 77/ 2006, S. 79–100 (S. 83); unter: http://www. sicherheitspolitik-dss.de/autoren/lemcke/ap7706el. pdf
4143 Ebenda.
4144 Ebenda.
4145 Michael LUDWIG, »Mehr Macht, weniger Investitionen«, in: *Frankfurter Allgemeine Zeitung*, 11. 9. 2008.
4146 Stefan KORNELIUS, »Ein Fremdkörper stößt sich ab«, aaO. (Anm. 4042).
4147 Ebenda.
4148 Jürgen GOTTSCHLICH, »Zu hoch gepokert«, aaO. (Anm. 4097).
4149 Ebenda.
4150 Knut MELLENTHIN, »Politik der inszenierten Krise«, in: *Junge Welt*, 3. 5. 2008.
4151 Florian HASSEL, »Countdown zum Krieg«, aaO. (Anm. 4087).
4152 Reinhard VESER, »Die Eskalation begann im Frühjahr in Abchasien«, aaO. (Anm. 4037).
4153 »Abchasische Militärs präsentieren Trümmer von am Vortrag abgeschossener georgischer Drohne«, *RIA Novosti*, 8. 5. 2008, unter: http:/www.uni-kassel.de/f5/frieden/regionen/Georgien/abchasien 5. html
4154 Florian HASSEL, »Countdown zum Krieg«, aaO. (Anm. 4087).
4155 Ebenda.
4156 Jürgen GOTTSCHLICH, »Zu hoch gepokert«, aaO. (Anm. 4097).
4157 Reinhard VESER, »Grundrauschen der Gewalt. Waren die Gegner im Georgien-Krieg Handelnde oder Getriebene?« in: *Frankfurter Allgemeine Zeitung*, 18. 9. 2008.
4158 Ebenda.
4159 So *RIA Novosti*, 5. 7. 2008, zit. aus: Michel Chossudovsky, »The Eurasian Corridor: Pipeline Geopolitics and the New Cold War«, unter: http://www. globalresearch. ca/index.php?context=va&aid=9907
4160 Ebenda.
4161 »Chronik einer Tragödie«, aaO. (Anm. 4025), S. 128.
4162 Martin HANTKE, »Imperiale Geopolitik: Ukraine, Georgien und der Neue Kalte Krieg zwischen der NATO und Rußland«, aaO. (Anm. 3865), S. 54.
4163 Ebenda, S. 55.
4164 Frank NIENHUYSEN, »Der Präsident zelebriert den Triumph«, in: *Süddeutsche Zeitung*, 13. 8. 2008.

[4165] Ebenda.
[4166] Michel CHOSSUDOVSKY, »The Eurasian Corridor: Pipeline Geopolitics and the New Cold War«, aaO. (Anm. 4159).
[4167] Ebenda.
[4168] Ebenda.
[4169] Ebenda.
[4170] Ebenda, Übersetzung durch d. Verfasser.
[4171] Ebenda, Übersetzung durch d. Verfasser.
[4172] Franz-Lothar ALTMANN, »Machtkampf um die Kaukasus-Routen. Energiepolitik mit anderen Mitteln«, in: *Die Welt*, 12. 8. 2008.
[4173] Ebenda.
[4174] Hans-Willy BEIN u. Janek SCHMIDT, »Energie-Interessen des Westens im Visier«, in: *Süddeutsche Zeitung*, 12. 8. 2008.
[4175] Ebenda.
[4176] Ebenda.
[4177] Ebenda.
[4178] Clemens WERGIN, »Georgiens verlorener Kampf,« in: *Die Welt*, 11. 8. 2008.
[4179] Zit. aus: ebenda.
[4180] Ebenda.
[4181] »Georgien als As europäischen Energiepoker. Die Umgehung Rußlands als internationales Ziel«, in: *Neue Zürcher Zeitung*, 15. 8. 2008.
[4182] »Durch Georgien fließt das Öl für Europa«, in: *Handelsblatt*, 11. 8. 2008.
[4183] »Georgien im Schnittpunkt der Geopolitik. Erdöl, Macht und Militär im südlichen Kaukasus« in: *Neue Zürcher Zeitung*, 11. 8. 2008.
[4184] Reinhard VESER, »Die EU, der Krieg und das Öl. Trotz der Georgien-Krise soll die Nabucco-Pipeline gebaut werden«, in: *Frankfurter Allgemeine Zeitung*, 21. 8. 2008.
[4185] »Georgien als As im europäischen Energiepoker«, aaO. (Anm. 4181).
[4186] David SCHRAVEN, »Gaspipeline an Rußland vorbei in Gefahr. Wie der russisch-georgische Konflik die Pläne für Europas Energieversorgung durcheinanderbringt«, in: *Die Welt*, 21. 8. 2008.
[4187] Ebenda.
[4188] Ebenda.
[4189] Ebenda.
[4190] Reinhard VESER, »Die EU, der Krieg und das Öl. Trotz der Georgien-Krise soll die Nabucco-Pipeline gebaut werden«, aaO. (Anm. 4184).
[4191] Ebenda.
[4192] Ebenda.
[4193] Thomas Immanuel STEINBERG, »Pipeline-Schach«, aaO. (Anm. 3940).
[4194] Ebenda.
[4195] Martin HANTKE, *»Alles wieder offen«,* aaO. (Anm. 3938), S. 2.
[4196] »Nabucco: Projekt unrealistisch durch Georgien-Krise?« in: *euractiv*, 25. 8. 2008, in: Martin HANTKE, *»Alles wieder offen«*, ebenda, S. 2.
[4197] »Kalter Frieden«, aaO. (Anm. 4101), S. 24.
[4198] Ebenda.
[4199] Ebenda.
[4200] Robert MISK, »Die amerikanischen Freunde«, aaO. (Anm. 4111).
[4201] So die *Frankfurter Allgemeine Zeitung*, 15. 8. 2008, zit. aus: Lühr HENKEN, *Was will die NATO in Afghanistan und Georgien?*, Analyse der Informationsstelle Militarisierung 2008/028, unter: http://www.imi-online.de/2008.php3?id=1811
[4202] Ebenda.
[4203] Ebenda.
[4204] Torsten KRAUEL, »Die Vereinigten Staaten sind alarmiert«, in: *Die Welt*, 12. 8. 2009.
[4205] Ebenda.
[4206] Zit. aus: ebenda.
[4207] »Moskau mißfällt Cheneys Reise. Der amerikanische Vizepräsident markiert Präsenz im Südkaukasus«, in: *Neue Zürcher Zeitung*, 5. 9. 2008.
[4208] »Milliardenhilfe sollen Georgien an den Westen binden«, in: *Handelsblatt*, 5./6./7. 9. 2008.
[4209] »Cheney bringt Dollars mit. US-Vizepräsident besucht das Krisengebiet im Kaukasus«, in: *Süddeutsche Zeitung*, 4. 9. 2008.
[4210] »Moskau mißfällt Cheneys Reise«, aaO. (Anm. 4207).
[4211] Zit. aus: »Milliardenhilfe sollen Georgien an den Westen binden«, aaO. (Anm. 4208).
[4212] »Cheney bringt Dollars mit«, aaO. (Anm. 4209).
[4213] »Milliardenhilfe sollen Georgien an den Westen binden«, aaO. (Anm. 4208).
[4214] Ebenda.
[4215] Ebenda.
[4216] »Cheney bringt Dollars mit«, aaO. (Anm. 4209).
[4217] Zit aus: »Partner oder Gegner? Die europäischen Staaten ringen um die richtige Antwort auf den Bruch des Völkerrechts durch Moskau«, in: *Focus* 36/2008, S. 16–20 (S. 20).
[4218] Nikolas BUSSE, »Rußland eint die NATO«, in: *Frankfurter Allgemeine Zeitung*, 28. 8. 2009.
[4219] »Partner oder Gegner?« aaO. (Anm. 4217), S. 20.
[4220] »NATO plant Hilfe für Georgiens Wiederaufbau«, in: *Handelsblatt*, 3. 9. 2008.
[4221] »Westen will die Spaltung Georgiens verhindern«, in: *Süddeutsche Zeitung*, 16./17. 8. 2008.

4222 »Aus Partnern werden Gegner. Getrieben von Amerikas Konservativen, will sich die Bush-Regierung Moskau nun endlich entschlossen entgegenstellen«, in: *Süddeutsche Zeitung*, 16./17. 8. 2008.
4223 Ebenda.
4224 Hannelore CROLLY, »Washington setzt seine harte Linie durch«, in: *Die Welt*, 20. 8. 2008.
4225 »Die NATO stellt sich klar hinter Georgien«, in: *Neue Zürcher Zeitung*, 20. 8. 2008.
4226 »Rußland weist Kritik der NATO empört zurück«, in: *Handelsblatt*, 20. 8. 2008.
4227 »Die NATO stellt sich klar hinter Georgien«, aaO. (Anm. 4225).
4228 Dietmar OSTERMANN, »Washingtons Rhetorik. USA stehen auf seiten Georgiens – und sind unzufrieden mit der EU«, in: *Frankfurter Rundschau*, 15. 8. 2008; siehe auch: »Rußland weist Kritik der NATO empört zurück«, aaO. (Anm. 4226).
4229 Andreas ZUMACH, »NATO übertüncht Uneinigkeit«, in: *Die Tageszeitung*, 20. 8. 2008.
4230 Stefan KORNELIUS, »Kaukasische Wortgefechte«, in: *Süddeutsche Zeitung*, 16./17. 8. 2008.
4231 »Der ›Sechs-Punkte-Plan‹« in: *Frankfurter Allgemeine Zeitung*, 18. 8. 2008.
4232 »Moskaus Verständnis vom Rückzug«, in: *Süddeutsche Zeitung*, 25. 8. 2008.
4233 »Streit über Waffenstillstand in Georgien. Russische Armee will acht Kontrollposten außerhalb Südossetiens errichten«, in: *Frankfurter Allgemeine Zeitung*, 22. 8. 2008.
4234 Ebenda.
4235 Martin WINTER, »Streit über Sicherheitszone. EU und Moskau legen Georgien-Plan unterschiedlich aus«, in: *Süddeutsche Zeitung*, 3. 9. 2008.
4236 »Streit über Waffenstillstand in Georgien«, aaO. (Anm. 4233).
4237 Martin WINTER, »Streit über Sicherheitszone«, aaO. (Anm. 4235).
4238 »Streit über Waffenstillstand in Georgien«, aaO. (Anm. 4233).
4239 Martin HANTKE, »*Alles wieder offen*«, aaO. (Anm. 3938), S. 8.
4240 Martin WINTER, »Streit über Sicherheitszone«, aaO. (Anm. 4235).
4241 Cerstin GAMMELIN, »Eine Frage der Auslegung«, in: *Süddeutsche Zeitung*, 23./24. 8. 2008.
4242 Martin WINTER, »Streit über Sicherheitszone«, aaO. (Anm. 4235).
4243 »Streit über Waffenstillstand in Georgien«, aaO. (Anm. 4233).
4244 Cerstin GAMMELIN, »Eine Frage der Auslegung«, aaO. (Anm. 4241).
4245 Martin HANTKE, »*Alles wieder offen*«, aaO. (Anm. 3938), S. 9.
4246 Ebenda.
4247 Ebenda.
4248 »Lob und Tadel für Sarkozys Vermittlung. Der Sechs-Punkte-Plan ist vor allem ein russisches Dokument«, in: *Neue Zürcher Zeitung*, 14. 8. 2008.
4249 Ebenda.
4250 Dietmar OSTERMANN, »Washingtons Rhetorik. USA stehen auf der Seite Georgiens – und sind unzufrieden mit der EU«, in: *Frankfurter Rundschau*, 15. 8. 2008.
4251 Zit. aus: ebenda.
4252 Florian HASSEL, »Jetzt erst recht. Georgiens Regierung will militärisch und wirtschaftlich aufrüsten«, in: *Frankfurter Rundschau*, 27. 8. 2008.
4253 Ebenda.
4254 Ebenda.
4255 »Rußland wirft Georgien Vorbereitungen zu neuem Angriff vor«, in: *Frankfurter Allgemeine Zeitung*, 26. 8. 2008.
4256 »Rußland will Georgien teilen«, in: *Handelsblatt*, 22./23./24. 8. 2008.
4257 Sonja ZEKRI, »Anerkennung für die Abtrünnigen«, in: *Süddeutsche Zeitung*, 26. 8. 2008.
4258 Ebenda.
4259 Sonja ZEKRI u. Susanne HÖLL, »Moskau treibt Spaltung Georgiens voran«, in: *Süddeutsche Zeitung*, 26. 8. 2008.
4260 »Rußland treibt die Abspaltung Abchasiens und Südossetiens voran«, in: *Frankfurter Allgemeine Zeitung*, 26. 8. 2008.
4261 »Rußland willigt in Truppenabzug ein«, in: *Neue Zürcher Zeitung*, 9. 9. 2008.
4262 Ebenda.
4263 Ebenda.
4264 Ebenda.
4265 »Russen verlassen georgisches Kernland«, in: *Handelsblatt*, 9. 9. 2008.
4266 Eric BONSE, »EU geht auf Distanz zu Rußland«, in: *Handelsblatt*, 11. 8. 2008.
4267 Ebenda.
4268 Ebenda.
4269 »Russen verlassen georgisches Kernland«, aaO. (Anm. 4265).
4270 Helmut STEUER, »USA wollen Ostseepipeline stoppen«, in: *Handelsblatt*, 11. 9. 2008.
4271 Zit. aus: ebenda.
4272 Ebenda.

4273 Ebenda.
4274 Eric BONSE u. Andreas RINKE, »NATO-Treffen in Tiflis schürt Streit mit Rußland«, in: *Handelsblatt*, 15. 9. 2008.
4275 Ebenda.
4276 Ebenda.
4277 Zit. aus: ebenda.
4278 Reymer KLÜVER, »Strategie gegen Muskelspiele«, in: *Süddeutsche Zeitung*, 10. 9. 2008.
4279 Martin HANTKE, »*Alles wieder offen*«, aaO. (Anm. 3938), S. 10.
4280 Stefanie BOLZEN, »Rußlands Schwarzmeerflotte soll die Krim verlassen«, in: *Die Welt*, 22. 8. 2008.
4281 »Polen und die USA nahe an Raketen-Einigung. Der Konflikt im Kaukasus als Katalysator«, in: *Neue Zürcher Zeitung*, 15. 8. 2008.
4282 Konrad SCHULLER, »Vor dem Kriege las man's anders«, in: *Frankfurter Allgemeine Zeitung*, 20. 8. 2008.
4283 Ebenda.
4284 Ebenda.
4285 Karin DECKENBACH, »Reaktion auf russische Militäroperation«, in: *Die Tageszeitung*, 16./17. 8. 2008.
4286 Ebenda.
4287 »Polen und Amerika besiegeln den Raketenschild«, in: *Frankfurter Allgemeine Zeitung*, 21. 8. 2008.
4288 Zit. aus ebenda.
4289 Hauke RITZ, »Die Welt als Schachbrett. Der neue Kalte Krieg des Obama-Beraters Zbigniew Brzezinski«, unter: http://www.hintergrund.de/20080826235/politik/welt/die-welt-als-schachbrett-der-nene-kalte-krieg-des-obama-beraters-Zbigniew-brzezinski.html
4290 F. William ENGDAHL, »Rußland, Europa, die USA und die Grundsätze der Geopolitik«, unter: http://www.kopp-verlag.de/news/Rußland-europa-die-usa-und-die-grundsaetze-der-geopolitik.html
4291 Jürgen GOTTSCHLICH, »Die ›Lübeck‹, die ›Dallas‹ und die ›Moskwa‹«, in: *Die Tageszeitung*, 1. 9. 2008.
4292 »Kiew im Bannkreis des Georgien-Konflikts. Rußlands Schwarzmeerflotte als Stachel im Fleisch der Ukraine«, in: *Neue Zürcher Zeitung*, 22. 8. 2008.
4293 Ebenda.
4294 Pierre SIMONITSCH, »Neutralität« könnte das Zauberwort heißen«, in: *Frankfurter Rundschau*, 29. 8. 2008.
4295 Ebenda.
4296 Ebenda.
4297 Ebenda.
4298 Florian HASSEL, »Abchasien wird Rußlands Basis. Neuer Hafen für Schwarzmeerflotte geplant«, in: *Frankfurter Rundschau*, 29. 8. 2008.
4299 Ebenda.
4300 Ebenda.
4301 Zit. aus: ebenda.
4302 Ebenda.
4303 Jürgen GOTTSCHLICH, »Die ›Lübeck‹, die ›Dallas‹ und die ›Moskwa‹«, aaO. (Anm. 4291).
4304 Ebenda.
4305 Christoph ERHARDT u. Stephan LÖWENSTEIN, »Hilfsgüter, Manöver, Wassermessungen – und Präsenz. Warum Nato-Schiffe im Schwarzen Meer fahren«, in: *Frankfurter Allgemeine Zeitung*, 29. 8. 2008.
4306 Ebenda.
4307 Albert A. STAHEL, »Kaukasus Konflikt: Eine bewußte Eskalation durch die Bush-Administration?« in: *St. Galler Tagblatt*, 30. 8. 2008, zit. aus: *Zeit-Fragen* Nr. 37/2008.
4308 Christoph ERHARDT u. Stephan LÖWENSTEIN, »Hilfsgüter, Manöver, Wassermessungen – und Präsenz«, aaO. (Anm. 4305).
4309 Reinhard MÜLLER, »Kontrollierte Durchfahrt. Das Abkommen von Montreux und der Zugang zum Schwarzen Meer«, in: *Frankfurter Allgemeine Zeitung*, 5. 9. 2008.
4310 Ebenda.
4311 Christoph ERHARDT u. Stephan LÖWENSTEIN, »Hilfsgüter, Manöver, Wassermessungen – und Präsenz«, aaO. (Anm. 4305).
4312 Jürgen GOTTSCHLICH, »Die ›Lübeck‹, die ›Dallas‹ und die ›Moskwa‹« aaO. (Anm. 4291)
4313 Lothar RÜHL, »Unersetzlicher Partner. Der Kaukasus, die Nato und die Schlüsselstellung der Türkei«, in: *Frankfurter Allgemeine Zeitung*, 8. 9. 2008.
4314 Ebenda.
4315 So Lothar RÜHL, ebenda.
4316 Ebenda.
4317 Ebenda.
4318 »USA und Georgien sind jetzt strategische Partner«, unter: http://www.welt.de/welt_print/article 3009389/USA-und-Georgien-sind-jetzt-strategische-Partner.html, 12.01.2009
4319 Irina WOLKOWA, »Strategischer Schulterschluß. Vertrag zwischen USA und Georgien belastet Beziehungen zu Rußland«, in: *Neues Deutschland*, 7. 1. 2009.
4320 Christina SCHRENZENMEIR, »USA und Georgien schließen Partnerschaftsabkommen. Saakaschwili preist Abschied vom ›Vertrag von Georgijewsk‹«, in: *Berliner Umschau*, 6. 1. 2009.
4321 Knut MELLENTHIN. »Zur NATO durch die Hintertür. 2008 im Rückblick. Heute: Georgien. USA betreiben weitere Integration des Kaukasuslandes ins west-

liche Militärbündnis«, in: *Junge Welt*, 22. 12. 2008.
4322 Ebenda.
4323 F. William ENGDAHL, »Rußland, Europa, die USA und die Grundsätze der Geopolitik«, unter: http://www.kopp-verlag.de/news/Rußland-europa-die-usa-und-die-grundsaetze-der-geopolitik.html, 8. 9. 2008.
4324 Ebenda.
4325 Ebenda.
4326 Karl MÜLLER, »Welche Hintergründe hat der sogenannte ›Gas-Streit‹?« in: *Zeit-Fragen* Nr. 4/2009.
4327 *Gasstreit zwischen Rußland und der Ukraine. Ausweg gesucht*, unter: http://Rußland.ru/analysen/morenews.php?iditem=174
4328 Karl MÜLLER, »Welche Hintergründe hat der sogenannte ›Gas-Streit‹«? aaO. (Anm. 4326).
4329 F. William ENGDAHL, »Untersuchungsbericht: Kiew wollte die Gas-Krise«, unter: http://www.kopp-verlag.de/news/untersuchungsbericht-kiew-wollte-die-gaskrise.html, 13. 2. 2009.
4330 Karl MÜLLER, »Welche Hintergründe hat der sogenannte ›Gas-Streit‹?« aaO. (Anm. 4326).
4331 Zit. aus: »Stecken die USA hinter dem Gasstreit zwischen Rußland und der Ukraine«, unter: http://www. Rußland.ru/rupol0010/morenews.php? iditem =20949
4332 *RIA Novosti*, zit. aus: Karl MÜLLER, »Welche Hintergründe hat der sogenannte ›Gas-Streit‹?« aaO. (Anm. 4326).
4333 Knut MELLENTHIN, »Belohnung für Tbilissi. Nach Krieg gegen Südossetien wird Georgien ›strategischer Partner‹« der USA, in: *Junge Welt*, 6. 1. 2009.
4334 Klaus-Helge DONATH, »Cheney soll den Gasfluß sichern«, in: *Die Tageszeitung*, 4. 9. 2008.
4335 Ebenda.
4336 Zit. aus: Klaus-Helge DONATH, ebenda.
4337 Ebenda.
4338 Ebenda.
4339 Reinhard MÜLLER, »Großmächte und Großräume. Der Schutz vitaler Interessen und die Ordnung an den Rändern«, in: *Frankfurter Allgemeine Zeitung*, 2. 9. 2008.
4340 Christian SEMLER, »Die neuen Kalten Krieger«, in: *Die Tageszeitung*, 15. 8. 2008.
4341 Knut MELLENTHIN, »Für eine multipolare Welt«, in: *Junge Welt*, 3. 9. 2008.
4342 Joseph BIDEN, *We Need to Confront Russia's Oil Dominance with Aggressive, High Level Diplomacy*, 12. 6. 2008, URL: http://tinyurl.com/crjhol, zit. aus: Martin HANTKE, »Imperiale Geopolitik: Ukraine, Georgien und der Neue Kalte Krieg zwischen der NATO und Rußland«, in: Informationsstelle Militarisierung (Hg.), *Kein Frieden mit der NATO*, Tübingen 2009, S. 52–56 (S. 56).
4343 http://www.infowars.com?p=5731
4344 http://www.dailymail.co.uk/news/article-1081348/Can-black-Jesus-escape-assassins-bullet.html
4345 »Wofür Obama wirklich steht«, unter: http://www.wahrheitssuche.org/obama.html
4346 »Interview mit Webster G. Tarpley«, unter http://www.alles-schallundrauch.blogspot.com/2008/05/interview-mit-webster-g-tarpley.html
4347 *Economist*, 14. 3. 2007, aus: Webster Griffin TARPLEY, *The Postmodern Coup. Making of a Manchurian Candidate*, Joshua Tree 2008, S. 85.
4348 Rezension: Webster Griffin TARPLEY – *Barack Obama*, unter: http://www.schattenblick.de/infopool/buch/sachbuch/busar468.html
4349 Ebenda.
4350 Ebenda.
4351 http://www.opensecrets.org/pres08/contrib.php?cycle=2008&cid=N00009638
4352 »Wofür Obama wirklich steht«, unter: http://www.wahrheitssuche.org/obama.html
4353 Hauke RITZ, »Die Welt als Schachbrett – Der neue Kalte Krieg des Obama-Beraters Zbigniew Brzezinski«, unter: http://www.hintergrund.de/20080826235/politik/welt/die-welt-als-schachbrett-der-neue-kalte-krieg-des–obama-beraters-Zbigniew-brzezinski. html
4354 »Interview mit Webster G. Tarpley«, aaO. (Anm. 4346).
4355 Hauke RITZ, *»Die Welt als Schachbrett – Der neue Kalte Krieg des Obama-Beraters Zbigniew Brzezinski«*, aaO. (Anm. 4353).
4356 »Interview mit Webster G. Tarpley«, aaO. (Anm. 4346).
4357 Hauke RITZ, »Die Welt als Schachbrett«, aaO. (Anm. 4353).
4358 Ebenda
4359 Zbigniew BRZEZINSKI, *Die einzige Weltmacht*, aaO. (Anm. 227), S. 91.
4360 Hauke RITZ, »Die Welt als Schachbrett«, aaO. (Anm. 4353).
4361 Ebenda
4362 Gerd WEIDENHAUSEN, »Das Projekt der Zukunft: Der Kampf der Demokratien gegen die Autokratien«, in: *die Drei* 11/2008, S. 9–12 (S. 11).
4363 Ebenda.

4364 Ebenda.
4365 Robert KAGAN, *Die Demokratie und ihre Feinde. Wer gestaltet die neue Weltordnung?*, München 2008, S. 17, zit. aus: Armin PFAHL-TRAUGHBER, *Konkurrierende Ordnungmodelle* – Buchrezension, unter: http://www.hpd.de/node/4931, 3. 7. 2008.
4366 Robert KAGAN, *Die gespaltene Welt*, unter: http://www.cicero.de/839.php?ausgabe=11/2007
4367 Ebenda.
4368 Robert KAGAN, *Die Demokratie und ihre Feinde. Wer gestaltet die neue Weltordnung?*, aaO. (Anm. 4365).
4369 Robert KAGAN, *Die gespaltene Welt*, aaO. (Anm. 4366).
4370 Ebenda.
4371 Ebenda.
4372 Ebenda.
4373 Ebenda.
4374 Ebenda.
4375 Robert KAGAN, *Die Demokratie und ihre Feinde. Wer gestaltet die neue Weltordnung?*, aaO. (Anm. 4365).
4376 Ders., *Die gespaltene Welt*, aaO. (Anm. 4366).
4377 Gerd WEIDENHAUSEN, »Das Projekt der Zukunft«, aaO. (Anm. 4362), S. 12.
4378 Ebenda.
4379 Peter RUDOLF, »Ein ›Bund der Demokratien‹: Amerikas neuer globaler Multilateralismus?« aaO. (Anm. 3840).
4380 Ebenda, S. 1.
4381 Ebenda, S. 2.
4382 Marc OPRACH, »Amerikas Rückkehr zum Multilateralismus«, in: *pmg-Denkwürdigkeiten, Journal der Politisch-Militärischen Gesellschaft*, Nr. 48, November 2008, S. 4–9 (S. 4 f.).
4383 Peter RUDOLF, »Ein ›Bund der Demokratien‹: Amerikas neuer globaler Multilateralismus?« aaO. (Anm. 3840), S. 2 f.
4384 Ebenda, S. 5.
4385 Barack OBAMA, *Hoffnung wagen. Gedanken zur Rückbesinnung auf den American Dream*, München 2007, S. 396, zit. aus: Marc OPRACH, »Amerikas Rückkehr zum Multilateralismus«, aaO. (Anm. 4382), S. 5.
4386 Charles KRAUTHAMMER, »Special Report with Brit Hume«, *Fox News Network*, 26. 3. 2008, zit. aus: Jürgen WAGNER, »Globale NATO – Alternativ-UNO mit der Lizenz zum Töten«, in: Informationsstelle Militarisierung (Hg.), *Kein Frieden mit der NATO*, Tübingen 2009, S. 27 ff. (S. 28).
4387 John ICKENBERRY u. Anne-Marie SLAUGHTER, »Forging a World of Liberty under Law«, September 2006, S. 7, zit. aus: Jürgen WAGNER, »Globale NATO – Alternativ-UNO mit der Lizenz zum Töten«, ebenda, S. 28.
4388 Peter RUDOLF, »Ein ›Bund der Demokratien‹: Amerikas neuer globaler Multilateralismus?« aaO. (Anm. 3840), S. 5.
4389 Marc OPRACH, »Amerikas Rückkehr zum Multilateralismus«, aaO. (Anm. 4382), S. 5.
4390 Ebenda, S. 7.
4391 Henning RIECKE u. Simon KOSCHUT, »Globale NATO – aber wie?« in: *Internationale Politik*, März 2008, S. 63 ff. (S. 63).
4392 Ebenda.
4393 Ebenda.
4394 Klaus NAUMANN u.a., »Towards a Grand Strategy for an Uncertain World«, URL: http://www.tinyurl.com/5bujl9 (21. 1. 2008), S. 6, zit. aus: Jürgen WAGNER, »Globale NATO – Alternativ-UNO mit der Lizenz zum Töten«, aaO. (Anm. 4386), S. 28.
4395 *Bucharest Summit Declaration*, April 2008, Ziffer 35, zit. aus: Jürgen WAGNER, »Globale NATO – Alternativ-UNO mit der Lizenz zum Töten«, ebenda, S. 28.
4396 Henning RIECKE u. Simon KOSCHUT, »Globale NATO – aber wie?« aaO. (Anm. 4391), S. 63.
4397 *NIC: Global Trends 2025: A Transformed World*, November 2008, in: Jürgen WAGNER, »Globale NATO – Alternativ-UNO mit der Lizenz zum Töten«, aaO. (Anm. 3834), S. 27.
4398 Dietmar OSTERMANN, »Düstere Zukunft. Geheimdienste prophezeien bis 2025 einen Aufstieg Chinas und sehen die USA nur noch als einen Akteur unter vielen/Konflikte um Ressourcen«, in: *Frankfurter Rundschau*, 22./23. 11. 2008.
4399 Ebenda.
4400 Ebenda.
4401 Jürgen WAGNER, »Globale NATO – Alternativ-UNO mit der Lizenz zum Töten«, aaO. (Anm. 3834), S. 27; Siehe auch: *Strategic Leadership: A Framework for a 21st Century National Security Strategy*, Center for a New American Century, July 2008.
4402 Matthias RÜB, »›AfPak‹ in Trümmern‹, in: *Frankfurter Allgemeine Zeitung*, 24. 4. 2009.
4403 F. William ENGDAHL, »Rußland und China halten gemeinsame Militärmanöver ab«, unter: http://www. kopp-verlag.de/news/Rußland-und-china-halten-gemeinsame-militärmanoever-ab.html, vom 21. 3. 2009.
4404 M. K. BHADRAKUMAR, »›The Great Game‹ comes to South Asia«, unter; http://www.atimes.com/atimes/South_Asia/HE24Df04.html, 24. 5. 2006; Übersetzung durch d. Verfasser.

4405 Ebenda; Übersetzung durch d. Verfasser.
4406 M. K. BHADRAKUMAR, »Moscow making Central Asia its own«, unter: http://www.atimes.com/atimes/Central_Asia/HH25Ag01.html; Übersetzung durch d. Verfasser.
4407 Ebenda.
4408 Ebenda.
4409 S. Frederick STARR, *A ›Greater Central Asia Partnership‹ for Afghanistan and its Neighbours, Silk Road Paper*, Washington D.C., Central Asia-Caucasus Institute, March 2005.
4410 Charles FAIRBANKS et al., *Strategic Assessment of Central Eurasia, Washington D.C.*, Atlantic Council of the United States and Central Asia and Caucasus-Institute, 2001
4411 Selbi HANOVA, *Shifting Role of the US foreign policy in Central Asia: Greater Central Asia Partnership Doctrine*, Social Research Center, American University of Central Asia, S. 20.
4412 Ebenda, S. 23.
4413 Ebenda, S. 25 f.
4414 Aftab A. KAZI, *Pivotal Pakistan: GCAP and the Geopolinomics of Central Asia's Traditional Indus Basin Corridor*, Paper presented during the International Conference on ›Partnership, Trade and Development in Greater Central Asia‹, Kabul, Afghanistan, 1–2 April 2006, p. 8, zit. aus: Selbi HANOVA, aaO. (Anm. 4411), S. 26 f.
4415 Ebenda, S. 28.
4416 S. Frederick STARR, *A ›Greater Central Asia Partnership‹ for Afghanistan and its Neighbours, Silk Road Paper*, aaO. (Anm. 4409).
4417 F. William ENGDAHL, »Moskau reagiert auf Verstärkung der amerikanischen Truppen in Afghanistan«, unter: http://www.kopp-verlag.de/news/moskau-reagiert-auf-verstaerkung-der-amerikanischen-truppen- in-afghanistan.html, 7. 2. 2009.
4418 Andrea SCHMITZ u. Uwe HALBACH, »Planspiele am Hindukusch«, in: *SWP-Aktuell*, Berlin, Februar 2009, S. 1.
4419 Ebenda, S. 2.
4420 Ebenda.
4421 Ebenda, S. 3.
4422 Selbi HANOVA, *Shifting Role of the US foreign policy in Central Asia: Greater Central Asia Partnership Doctrine*, aaO. (Anm. 4411), S. 33.
4423 F. William ENGDAHL, »Rußland und China halten gemeinsame Militärmanöver ab«, unter: http://www.kopp-verlag.de/news/Rußland-und-china-halten-gemeinsame-militärmanöver-ab.html, vom 21. 3. 2009.
4424 Stephen J. BLANK, *U.S. Interests in Central Asia and the Challenges to them*, March 2007, S. 17, unter: http://www.StrategicStudiesInstitute.army.mil/
4425 Andrea SCHMITZ u. Uwe HALBACH, »Planspiele am Hindukusch«, aaO. (Anm. 4418), S. 3.
4426 Ebenda.
4427 Ebenda.
4428 »Kirgistan sucht Hilfe bei Rußland. Schließung des amerikanischen Stützpunktes angekündigt«, in: *Neue Zürcher Zeitung*, 4. 2. 2009.
4429 »Russischer Etappensieg in Zentralasien«, in: *Neue Zürcher Zeitung*, 5. 2. 2009.
4430 »Kirgistan sucht Hilfe bei Rußland«, aaO. (Anm. 4428).
4431 »Ende für amerikanischen Stützpunkt«, in: *Frankfurter Allgemeine Zeitung*, 5. 2. 2009.
4432 »Kirgistan sucht Hilfe bei Rußland. Schliessung des amerikanischen Stützpunktes angekündigt«, in: *Neue Zürcher Zeitung*, 4. 2. 2009.
4433 Sascha ZASTIRAL, »Islamisten blockieren US-Nachschub«, in: *Die Tageszeitung*, 4. 2. 2009.
4434 Ebenda.
4435 Andrea SCHMITZ u. Uwe HALBACH, »Planspiele am Hindukusch«, aaO. (Anm. 4418), S. 4.
4436 Ebenda, S. 4.
4437 Sonja ZEKRI, »Kirgistan will US-Militärbasis schließen«, in: *Süddeutsche Zeitung*, 5. 2. 2009.
4438 »Ende für amerikanischen Stützpunkt«, aaO. (Anm. 4431).
4439 F. William ENGDAHL, »Moskau reagiert auf Verstärkung der amerikanischen Truppen in Afghanistan«, aaO. (Anm. 4417).
4440 Ebenda.
4441 »Wie Obama mit viel Geld Bakijew umstimmte: Amerikas Stützpunkt Manas in Kirgistan«, in: *Frankfurter Allgemeine Zeitung*, 9. 4. 2010.
4442 Lothar RÜHL, »Neue Strategie und alte Probleme. Afghanistan und Pakistan im Zentrum des südwestasiatischen Gleichgewichts«, in: *Frankfurter Allgemeine Zeitung*, 26. 2. 2010.
4443 Ebenda.
4444 Sven HANSEN, »Taliban-Gespräche sabotiert«, in: *Die Tageszeitung*, 20./21. 3. 2010.
4445 Seit 2002 beteiligt sich Neu-Delhi auch aktiv am internationalen Aufbau Afghanistans; es liegt in der Rangliste der Geberländer an sechster Stelle und ist damit eines der wichtigsten Geberländer, vgl. Isabelle SAINT-MÉZARD, »Dreieck des Mißtrauens. Afghanistan als Schauplatz des indisch-pakistanischen Konflikts«, in: *Le Monde diplomatique*, Januar 2010.

4446 Christine MÖLLHOFF, »Karzai verhandelt«, in: *Frankfurter Rundschau*, 23. 3. 2010.
4447 Pakistans Botschafter in London bestätigte, daß die Festnahmen der Talibanführer mit Beteiligung und Wissen der USA erfolgte, vgl. Sven HANSEN, »Taliban-Gespräche sabotiert«, aaO. (Anm. 4444).
4448 Christine MÖLLHOFF, »Vorspiel für Gespräche. US-Militäroffensive soll den Boden für Verhandlungen mit afghanischen Taliban bereiten«, in: *Frankfurter Rundschau*, 15. 3. 2010.
4449 Ebenda.
4450 Ebenda.
4451 Ebenda.
4452 Ebenda.
4453 Ebenda.
4454 Christine MÖLLHOFF, »Ränkespiele um die Macht im Mittleren Osten«, in: *Frankfurter Rundschau*, 6. 4. 2010.
4455 Ebenda.
4456 »Großer Wurf im Großen Spiel«, in: *Der Spiegel* 42/2010, S. 146–152 (S. 152).
4457 Gerhard MANGOTT, »Gasversorgung aus Zentralasien: In den Fängen der Geopolitik«, erschienen in: *Energy 2.0*, September 2008, S. 3, unter: http://www.energy20.net/pi/index.php?StoryID=317&articleID=145141
4458 »Neue Fronten am Gasmarkt. Gazprom muß zurückstecken – Nabucco quo vadis?«, Auszug aus dem *Erdöldienst* Nr. 9/2009, unter: http://portal.wko.at/wk/format_detail.wk?AnglD=1&StID=442704&DstID=
4459 Gerhard MANGOTT, »Gasversorgung aus Zentralasien: In den Fängen der Geopolitik«, aaO. (Anm. 4457).
4460 Ebenda.
4461 *Turkmenistan, Gasprom und die neue Sympathie für Iran*, unter: http://www.usacontrol.wordpress.com/2008/08/01/turkmenistan-gasprom-und-die-neue-sympathie-für-iran.html
4462 *Die Nabucco-Pipeline*, unter: http://www.tagesschau.de/wirtschaft/nabucco100.html
4463 Zit. aus: »Gazprom verzichtet auf Nabucco – South Stream hat Vorrang«, unter: http://www.wirtschaftsblatt.at/home/international/osteuropa/366483/print.do
4464 Gerhard MANGOTT, »Gasversorgung aus Zentralasien: In den Fängen der Geopolitik«, aaO. (Anm. 4457).
4465 F. William ENGDAHL, »Hitzige Schlacht in Bezug auf südeuropäische Gaspipelines«, unter: http://www.kopp-verlag.de/news/hitzige-schlacht-in-bezug-auf-suedeuropaeische-gaspipelines.html, 4. 3. 2008.
4466 John C.K. DALY, *Analysis: Turkmenistan and Gazprom*, unter: http://www.spacedaily.com/reports/Analysis_Turkmenistan_and_Gazprom_999.html
4467 Gerhard MANGOTT, »Gasversorgung aus Zentralasien: In den Fängen der Geopolitik«, aaO. (Anm. 4457).
4468 *Turkmenistan, Gasprom und die neue Sympathie für Iran*, aaO. (Anm. 4461).
4469 »Neue Fronten am Gasmarkt. Gazprom muß zurückstecken – Nabucco quo vadis?«, Auszug aus dem *Erdöldienst* Nr. 9/2009, unter: http://portal.wko.at/wk/format_detail.wk?AnglD =1&StID=442704&DstID=
4470 M. K. BHADRAKUMAR, »Russia takes control of Turkmen (World?) Gas«, in: *Asia Times*, 30. 7. 2008; unter: http://www.atimes.com/atimes/Central_Asia/JG30Ag01.html
4471 Zit. aus: F. William ENGDAHL, »Erdgasvertrag mit Turkmenistan – Das ›Great Game‹ um Energie in Eurasien«, unter: http://www.kopp-verlag.de/news/erdgasvertrag-mit-turkmenistan-das-great-game-um-energie-in-eurasien.html, 6. 8. 2008.
4472 M. K. BHADRAKUMAR, »Russia takes control of Turkmen (World?) Gas«, aaO. (Anm. 4470).
4473 *Turkmenistan, Gasprom und die neue Sympathie für Iran*, aaO. (Anm. 4461).
4474 Ebenda.
4475 F. William ENGDAHL, »Erdgasvertrag mit Turkmenistan – Das ›Great Game‹ um Energie in Eurasien«, aaO. (Anm. 4471); siehe auch: M. K. BHADRAKUMAR, »Russia takes control of Turkmen (World?) Gas«, aaO. (Anm. 4470).
4476 Ebenda.
4477 Zit. aus: F. William ENGDAHL, »Erdgasvertrag mit Turkmenistan – Das ›Great Game‹ um Energie in Eurasien«, aaO. (Anm. 4471).
4478 Ebenda.
4479 Eduard STEINER, »Gazprom gerät ins Wanken«, in: *Die Welt*, 18. 4. 2009.
4480 Ebenda.
4481 »Neue Fronten am Gasmarkt. Gazprom muß zurückstecken – Nabucco quo vadis?« aaO. (Anm. 4469).
4482 Ebenda
4483 »Schwere Vorwürfe – Turkmenistan macht russische Gazprom für Pipeline-Explosion verantwortlich«, unter: http://www.focus.de/politik/aus-

land/schwere-vorwuerfe-turkmenistan-macht-russische-gazprom-fuer-pipeline-explosion-verantwortlich_aid_ 389147.html, 10.04.2009

4484 »Chancen für Nabucco steigen«, unter: http://derstandard.at/druck/?id=1240297952394, 22. 4. 2009.

4485 Ebenda.

4486 »Neue Fronten am Gasmarkt. Gazprom muß zurückstecken – Nabucco quo vadis?« aaO. (Anm. 4469).

4487 Gerhard MANGOTT, »Gasversorgung aus Zentralasien: In den Fängen der Geopolitik«, aaO. (Anm. 4457).

4488 *Chancen für Nabucco steigen*, aaO. (Anm. 4484).

4489 Georg WATZLAWEK, »Obama: ›Türkei ist wichtiger Teil Europas‹« in: *Handelsblatt*, 7. 4. 2009.

4490 »Neue Fronten am Gasmarkt. Gazprom muß zurückstecken – Nabucco quo vadis?« aaO. (Anm. 4469).

4491 »Obama verspricht in der Türkei einen ›neuen Dialog‹ mit dem Islam«, in: *Frankfurter Allgemeine Zeitung*, 7. 4. 2009.

4492 Georg WATZLAWEK, »Obama: ›Türkei ist wichtiger Teil Europas‹« aaO. (Anm. 4489).

4493 Ebenda.

4494 F. William ENGDAHL, »Pipeline-Politik zwischen Armenien und den USA«, unter: http://www.kopp-verlag.de/news/pipeline-politik-zwischen-armenien-und-den-usa.html, 1. 5. 2009.

4495 Michael MARTENS, »Im kaukasischen Labyrinth. Die Annäherung zwischen der Türkei an Armenien verärgert Aserbaidschan«, in: *Frankfurter Allgemeine Zeitung*, 17. 4. 2009.

4496 Ebenda.

4497 Manfred QUIRING, »Rußland unterstützt Annäherung Armeniens an die Türkei«, in: *Die Welt*, 24. 4. 2009.

4498 F. William ENGDAHL, »Die geopolitische Bedeutung des Energiegipfels in Sofia«, unter: http://www.kopp-verlag.de/news/die-geopolitische-bedeutung-des-energiegipfels-in-sofia.html, 27. 4. 2009.

4499 Klaus BRILL, »Europa will sich gegen Engpässe bei Gas-Lieferungen wappnen«, in: *Süddeutsche Zeitung*, 27. 4. 2009.

4500 F. William ENGDAHL, »Die geopolitische Bedeutung des Energiegipfels in Sofia«, aaO. (Anm. 4498).

4501 Mathias BRÜGGMANN, »Sofia taktiert zwischen Moskau und Brüssel«, in: *Handelsblatt*, 29. 5. 2009.

4502 Klaus BRILL, »Europa will sich gegen Engpässe bei Gas-Lieferungen wappnen«, aaO. (Anm. 4499).

4503 Ebenda.

4504 Mathias BRÜGGMANN, »Sofia taktiert zwischen Moskau und Brüssel«, aaO. (Anm. 4501).

4505 Sonja ZEKRI, »Wettlauf um die Pipelin nach Europa. Rußland treibt seine Pläne für die Erdgas-Röhre ›South Stream‹ voran, in Konkurrenz zum EU-Projekt ›Nabucco‹«, in: *Süddeutsche Zeitung*, 16./17. 5. 2009.

4506 F. William ENGDAHL, »Die geopolitische Bedeutung des Energiegipfels in Sofia«, aaO. (Anm. 4498).

4507 Thorsten KNUF, »Sarkozy, Brown und Zapatero bleiben daheim. Moskau warnt davor, neue ›Einflußzonen‹ aufzubauen/Brüssel will die politische Stabilität in der Region fördern«, in: *Frankfurter Rundschau*, 6. 5. 2009.

4508 Stefan BOLZEN u. Christoph B. SCHILTZ, »Drahtseilakt mit dem Osten«, in: *Die Welt*, 7. 5. 2009.

4509 Susan STEWART, »Rußland und die Östliche Partnerschaft«, in: *SWP-Aktuell*, Berlin, April 2009, S. 1.

4510 Uwe SATTLER, »Gasgeruch über dem Gipfel. EU-Ostpartnerschaft soll Energiesicherheit für den Westen schaffen«, in: *Neues Deutschland*, 7. 5. 2009.

4511 Eric BONSE, »Prominente Absagen und Streit überschatten neue Ostpartnerschaft. EU will sechs Ex-Sowjetrepubliken einbinden – Wirtschaftskooperation im Zentrum«, in: *Handelsblatt*, 7. 5. 2009.

4512 Uwe SATTLER, »Gasgeruch über dem Gipfel«, aaO. (Anm. 4510).

4513 »EU stärkt Pipelineprojekt Nabucco. Gipfeltreffen in Prag mit Gaslieferanten aus dem kaspischen Raum«, in: *Frankfurter Allgemeine Zeitung*, 9. 5. 2009.

4514 Ebenda.

4515 Ebenda.

4516 »EU schaut beim Pipeline-Projekt in die Röhre«, in: *Die Tageszeitung*, 9./10. 5. 2009.

4517 Ebenda.

4518 Martin WINTER, »Erdgas aus dem Osten. Auf einem Energiegipfel ebnet die EU den Weg für die umstrittene Nabucco-Pipeline«, in: *Süddeutsche Zeitung*, 9./10. 5. 2009.

4519 Ebenda.

4520 Ebenda.

4521 Ebenda.

4522 »EU schaut beim Pipeline-Projekt in die Röhre«, aaO. (Anm. 4516).

4523 Tomasz KONICZ, »Kein Sieg für Nabucco. Russisch-italienischer Konter: Trotz Brüsseler Offensive bleibt Rennen um Belieferung der EU mit Erdgas aus Mittelasien offen«, in: *Junge Welt*, 20. 5. 2009.

4524 Martin WINTER, »Erdgas aus dem Osten«, aaO. (Anm. 4518).

4525 Tomasz Konicz, »Kein Sieg für Nabucco«, aaO. (Anm. 4523).
4526 Martin Winter, »Aufbruch ins Ungewisse. Die EU lädt sechs östliche Länder zur Partnerschaft ein«, in: *Süddeutsche Zeitung*, 7. 5. 2009.
4527 Thorsten Knuf, »Sarkozy, Brown und Zapatero bleiben daheim«, aaO. (Anm. 4507).
4528 Eric Bonse u. Mathias Brüggmann, »EU hilft Ukraine bei Gasnetzausbau. Rußland reagiert verärgert auf Konferenz in Brüssel«, in: *Handelsblatt*, 21. 3. 2009.
4529 Ebenda.
4530 Jürgen Wagner, »EUropas Östliche Partnerschaft: Neoliberales Expansionsprojekt mit Energiedimension«, in: *Ausdruck* – IMI-Magazin, August 2009, S. 6–12 (S. 6).
4531 Mark Leonard u. Nico Popescu: *A Power Audit of EU-Russia Relations*, ECFR Policy Report, November 2007, S. 1 ff.; zit. aus: Jürgen Wagner, »EUropas Östliche Partnerschaft«, aaO. (Anm. 4530), S. 9.
4532 Sonja Zekri, »Wettlauf um die Pipeline nach Europa«, aaO. (Anm. 4505).
4533 Ebenda.
4534 Tomasz Konicz, »Kein Sieg für Nabucco«, aaO. (Anm. 4523).
4535 Ebenda.
4536 Rick Rozoff, »Eurasian Corridors: The Caucasus in US-NATO War Plans«, unter: http://www.globalresearch. ca/index.php?context= va&aid= 13101, 8. 4. 2009.
4537 Ebenda.
4538 Ebenda.
4539 Ebenda.
4540 Ebenda.
4541 So die Meldungen der *Itar-Tass*, 10. 3. 2009, und des Nachrichtenmagazins *The Messenger*, 1. 4. 2009, zit. aus: ebenda.
4542 Ebenda.
4543 Zit. aus: ebenda; Übersetzung durch d. Verfasser.
4544 So die Meldungen der *Trend News Agency*, 4. 4. 2009, und der *Azeri Press Agency*, 3. 4. 2009, zit. aus: ebenda; Übersetzung durch d. Verfasser.
4545 Frank Nienhuysen, »Georgien wirft Rußland Putschversuche vor«, in: *Süddeutsche Zeitung*, 6. 5. 2009.
4546 Olaf Standke, »Nicht nur Theaterdonner«, in: *Neues Deutschland*, 7. 5. 2009 (Kommentar).
4547 Frank Nienhuysen, »Georgien wirft Rußland Putschversuche vor«, aaO. (Anm. 4545).
4548 Irina Wolkowa, »›Wirre Fieberphantasien‹ in Tbilissi«, in: *Neues Deutschland*, 7. 5. 2009.
4549 »Neue Krise im Kaukasus. Angeblich Putsch des Militärs in Georgien gescheitert – Opposition widerspricht Präsident Saakaschwili«, in: *Die Welt*, 6. 5. 2009.
4550 Irina Wolkowa, »›Wirre Fieberphantasien‹ in Tbilissi«, aaO. (Anm. 4548).
4551 Ebenda.
4552 Ebenda.
4553 »Tiflis wirft Moskau Umsturzpläne vor. Kreml: Saakaschwili muß zum Arzt/Meuterei in Kaserne«, in: *Frankfurter Allgemeine Zeitung*, 6. 5. 2009.
4554 Irina Wolkowa, »›Wirre Fieberphantasien‹ in Tbilissi«, aaO. (Anm. 4548).
4555 »Neue Krise im Kaukasus«, aaO. (Anm. 4549).
4556 »Letztes Gefecht. Kurz vor dem Ende überrascht die Bush-Regierung ihre Verbündeten: Sie will den NATO-Beitritt der Ukraine und Georgien forcieren«, in: *Der Spiegel* 49/2008, S. 142.
4557 »Die NATO-Außenminister als Streitschlichter. Kompromiß über Georgien und Ukraine«, in: *Neue Zürcher Zeitung*, 3. 12. 2008.
4558 Eric Bonse u. Andreas Rinke, »US-Plan für Georgien spaltet NATO. Deuschland und Frankreich lehnen schnelle Annäherung an das Bündnis ab«, in: *Handelsblatt*, 1. 12. 2008.
4559 »Letztes Gefecht«, aaO. (Anm. 4556), S. 142.
4560 Hannelore Crolly, »Für Ukraine und Georgien bleibt die NATO-Tür verschlossen«, in: *Die Welt*, 2. 12. 2008.
4561 »Die NATO-Außenminister als Streitschlichter«, aaO. (Anm. 4557).
4562 »USA kassieren eine Niederlage. NATO hält an Aktionsplan für Georgien und Ukraine fest«, in: *Süddeutsche Zeitung*, 3. 12. 2008.
4563 F. William Engdahl, »NATO-Beitritt Georgiens und der Ukraine auf unbestimmte Zeit vom Tisch«, unter: http://www.kopp-verlag.de/news/nato-beitritt-georgiens-und-der-ukraine-auf-unbestimmte-zeit-vom-tisch.html, 05.12.2008
4564 »Die NATO-Außenminister als Streitschlichter«, aaO. (Anm. 4557).
4565 »USA setzen sich mit neuem NATO-Beitrittsverfahren nicht durch«, in: *Die Welt*, 3. 12. 2008
4566 F. William Engdahl, »NATO-Beitritt Georgiens und der Ukraine auf unbestimmte Zeit vom Tisch«, aaO. (Anm. 4563).
4567 Eric Bonse, »Georgien – Offene Fragen«, in: *Handelsblatt*, 3. 12. 2008.
4568 F. William Engdahl, »NATO-Beitritt Georgiens und der Ukraine auf unbestimmte Zeit vom Tisch«, aaO. (Anm. 4563).

4569 Vgl. »Welke Rosen«, in: *Der Spiegel* 13/2009, S. 98 f. (S. 98).
4570 Ebenda, S. 99.
4571 Ebenda.
4572 So F. William ENGDAHL, »NATO-Beitritt Georgiens und der Ukraine auf unbestimmte Zeit vom Tisch«, aaO. (Anm. 4563).
4573 Martin GEHLEN, »Voller Respekt. Obamas Rede in Kairo«, in: *Der Tagesspiegel*, 5. 6. 2009.
4574 »Irakisch-Kurdistan exportiert erstmals Erdöl«, in: *Frankfurter Allgemeine Zeitung*, 4. 6. 2009.
4575 »Turkmenistan, Gasprom und die neue Sympathie für Iran«, aaO. (Anm. 4461).
4576 »Neues Gas-Kartell will Preise erhöhen«, in: *Süddeutsche Zeitung*, 24./25./26. 12. 2008.
4577 »Turkmenistan, Gasprom und die neue Sympathie für Iran«, aaO. (Anm. 4461).
4578 Knut MELLENTHIN, »Obamas ›Welt ohne Atomwaffen‹ ist eine Mogelpackung«, in: *Junge Welt*, 9. 4. 2009.
4579 »Ein schöner Traum«, in: *Der Spiegel* 27/2009, S. 86 f. (S. 86).
4580 Markus ZIENER u. Thomas WIEDE, »USA und Rußland reden wieder über Abrüstung. Experten suchen Nachfolgevertrag für Abkommen über strategische Waffen – Moskau: ›Wir treten dem Westen auf Augenhöhe gegenüber‹« in: *Handelsblatt*, 18. 5. 2009.
4581 »Ein schöner Traum«, aaO. (Anm. 4579), S. 86.
4582 Zit. aus: Markus ZIENER u. Thomas WIEDE, »USA und Rußland reden wieder über Abrüstung«, aaO. (Anm. 4580).
4583 »Ein schöner Traum«, aaO. (Anm. 4579), S. 87.
4584 Ebenda.
4585 Zit. aus: ebenda.
4586 Ebenda.
4587 Otfried NASSAUER, *Aus alt mach neu: Die Raketenabwehrpläne der USA. Ein Beitrag aus der NDR-Sendung »Streitkräfte und Strategien«*, Manuskript unter: http:/www.uni-kassel.de/fb5/frieden/themen/Raketen/obama4.html
4588 Ebenda.
4589 Stephan FRÜHLING u. Svenja SINJEN, »Obamas Raketenabwehr«, in: *Internationale Politik*, Januar/Februar 2010, S. 82–88 (S. 83).
4590 Zusammenfassende Darstellung unter: Markus BECKER, »Obamas neue Atomdoktrin: Aufmotzen statt abrüsten«, unter: http://www.spiegel.de/wissenschaft/rechnik/0,1518,druck-687619,00.html
4591 Otfried NASSAUER, »Obama in der Ab-Aufrüstungsfalle«, unter: http://www.bits.de/public/articles/friedensforum/ff01-10.htm
4592 Markus BECKER, »Obamas neue Atomdoktrin: Aufmotzen statt abrüsten«, aaO. (Anm. 4590).
4593 Ebenda.
4594 Sonja ZEKRI, »Moldawien gibt Rumänien Schuld an Krawallen«, in: *Süddeutsche Zeitung*, 9./10. 4. 2009.
4595 Frank NIENHUYSEN, »Moskau versucht sich als friedlicher Makler«, in: *Süddeutsche Zeitung*, 27./28. 9. 2008.
4596 Christian WIPPERFÜRTH, *Rußland und seine GUS-Nachbarn*, aaO. (Anm. 2923), S. 174.
4597 Irina WOLKOWA, »Moldawa geht auf Distanz zu GUAM«, in: *Neues Deutschland*, 3. 7. 2008.
4598 Tomasz KONICZ, »Moldawien schert aus«, in: *Junge Welt*, 2. 7. 2008.
4599 Werner PIRKER, »Schlechte Karten. Krawalle in Moldawien«, in: *Junge Welt*, 9. 4. 2009.
4600 Michael MARTENS, »Jetzt noch effizienter. Moskau wirbt in Moldau für ein neues Rußland und kauft unterdessen das Land auf«, in: *Frankfurter Allgemeine Zeitung*, 22. 10. 2008.
4601 Tomasz KONICZ, »Moldawien schert aus«, aaO. (Anm. 4598).
4602 José Miguel Alonso TRABANCO, »Who is behind Moldawa's Twitter Revolution?« unter: http://www.globalresearch.ca/PrintArticle.php? articleId=13147
4603 Ebenda.
4604 Rudolf HERMANN, »Gezwitscher der Unzufriedenheit in der Republik Moldau«, in: *Neue Zürcher Zeitung*, 18./19. 4. 2009.
4605 Sonja ZEKRI, »Moldawien gibt Rumänien Schuld an Krawallen«, aaO. (Anm. 4594).
4606 Zum Machtkampf innerhalb der iranischen Machtelite siehe: Miriam LAU, »Kampf der Giganten«, in: *Die Welt* vom 23. 6. 2009; Michael BACKFISCH, »Milliardär, Stippenzieher – und gewaltig unter Druck«, in: *Handelsblatt*, 23. 6. 2009; Wolfgang Günter LERCH, »Strippenzieher«, in: *Frankfurter Allgemeine Zeitung*, 19. 6. 2009, Rainer HERMANN, »Chameneis größte Angst. Der Revolutionsführer fürchtet sich vor Rafsandschani mehr als vor der ›Straße‹, in: *Frankfurter Allgemeine Zeitung*, 22. 6. 2009.
4607 Michael BACKFISCH, »Milliardär, Stippenzieher – und gewaltig unter Druck«, ebenda.
4608 Ebenda.
4609 Paul Craig ROBERTS, »Are the Iranian Election Protests another orchestrated ›Color Revolution‹?« unter: http://www.vdare.com/roberts/090619_iran.htm
4610 Vgl. Seymour HERSH, »Preparing the battlefield«,

in: *The New Yorker*, 7. 7. 2008.
[4611] Zit. nach: Paul Craig ROBERTS, »Are the Iranian Election Protests another orchestrated ›Color Revolution‹?« aaO. (Anm. 4609).
[4612] Zit. nach: ebenda.
[4613] Zit. nach: Paul Craig ROBERTS, »Sind wir bereit für eine Krieg gegen den dämonisierten Iran? Warum die USA den iranischen Wahlen die Rechtmäßigkeit absprechen wollen«, in: *Zeit-Fragen* 25/2009.
[4614] Jürgen Cain KÜLBEL, »Mäßigung und Protest«, in: *Junge Welt*, 17. 6. 2009.
[4615] Kenneth R. TIMMERMAN, »State Department Backs ›Reformists‹ in Wild Iranian Election«, unter: http://www.newsmax.com/printTemplate.html, 11. 6. 2009.
[4616] Zit. aus: *Zeit-Fragen* 25/2009.
[4617] Eva GOLINGER, »US-State Department plant ›Twitter-Revolutionen‹. Wie Washington die Jugend und ihre Begeisterung für Elektronik nutzt, um Regime-Wechsel zu erzwingen, ohne daß man die Hand der CIA zu sehen bekommt«, in: *Zeit-Fragen* Nr. 45/46/2009.
[4618] F. William ENGDAHL, »Wurde US-General in Afghanistan wegen einer Indiskretion über Geheimdienstaktivitäten gefeuert?« unter: http://www.kopp-verlag. de/hintergruende/geostrategie/f-william-engdahl/wurde-us-general-in-afghanistan-wegen-einer-indiskretion-ueber-geheimdienstaktivitaeten-gefeuert-.html, 8. 7. 2010.
[4619] Ebenda.
[4620] Behrooz ABDOLVAND u. Nima Feyzi SHANDI, »Sponsoren des Terrors«, in: *Blätter für deutsche und internationale Politik* 9/2007, S. 1051 ff. (S. 1051).
[4621] Ebenda, S. 1051.
[4622] Ebenda, S. 1052.
[4623] Ebenda, S. 1053.
[4624] »Gratulationen in Rußland«, in: *Frankfurter Allgemeine Zeitung*, 17. 6. 2009.
[4625] Gerd HÖHLER u. Eric BONSE, »Kleiner Schritt nach vorn, Info-Kasten ›Ohne Teheran läuft nichts‹« in: *Handelsblatt*, 14. 7. 2009.
[4626] Ebenda.
[4627] Ebenda.
[4628] Irina WOLKOWA, »Spott und Tadel aus Moskau. Rußland hat ganz andere Pläne für die Rohstoffe des Kaspischen Meeres«, in: *Neues Deutschland*, 13. 7. 2009.
[4629] Gerd HÖHLER, »Putin wirbt für Energieporjekte. Die Türkei bekommt als Drehscheibe für Rußlands Exporte wachsende Bedeutung«, in: *Frankfurter Rundschau*, 7. 8. 2009.
[4630] »Ein türkischer Freund. Im Wettstreit zwischen South-Stream- und Nabucco-Pipeline hat Ankara eine Schlüsselposition«, in: *Süddeutsche Zeitung*, 7. 8. 2009.
[4631] Ebenda.
[4632] »›Nabucco‹ erhält Konkurrenz – Rußland und die Türkei einigen sich«, in: *Frankfurter Allgemeine Zeitung*, 7. 8. 2009.
[4633] Micheal MARTENS, »Mit schwerem energiepolitischem Gepäck«, in: *Frankfurter Allgemeine Zeitung*, 7. 8. 2009.
[4634] F. William ENGDAHL, »China, Öl-Geopolitik und der Aufstand der Uiguren«, unter: http://www.kopp-verlag.de/news/china-oel-geopolitik-und-der-aufstand-der-uiguren.html, 21. 7. 2009.
[4635] Ebenda.
[4636] Ebenda.
[4637] Ebenda.
[4638] Gudrun WACKER, »Unruhen in China. Ethnische Konflikte und ihr sozialer Kontext«, in: *SWP-Aktuell*, Berlin, Juli 2009, S. 1.
[4639] F. William ENGDAHL, *China, Öl-Geopolitik und der Aufstand der Uiguren*, aaO. (Anm. 4634).
[4640] »Rückkehr der Amerikaner«, in: *Der Spiegel* 30/2009, S. 84.
[4641] Ebenda.
[4642] »Medwedjew kündigt Modernisierung der Armee an. ›Rußland muß darauf reagieren, daß die NATO an seine Grenzen vorrückt‹«, in: *Frankfurter Allgemeine Zeitung*, 18. 3. 2009.
[4643] Peter STRUTYNSKI, »Das ›neue Europa‹ macht mobil gegen Rußland. Polen, Litauen und die Ukraine gründen eine gemeinsame Brigade: NATO-Osterweiterung durch die Hintertür«, unter: http://www.uni-kassel.de/fb5/frieden/regionen/Ukraine/pol-lit-stru.html
[4644] Ilja KRAMNIK, »Polen, Litauen und Ukraine wollen gemeinsame Armee«, aus: *RIA Novosti*, 18. 11. 2009, unter: http://www.uni-kassel.de/fb5/frieden/regionen/Ukraine/pol-lit.html
[4645] »Nato-Verteidigungsplan für das Baltikum und Polen«, in: *Frankfurter Allgemeine Zeitung*, 8. 12. 2010.
[4646] Frank NIENHUYSEN, »Neun Divisionen für das Baltikum«, in: *Süddeutsche Zeitung*, 8. 12. 2010.
[4647] Zit. aus: ebenda.
[4648] Michael LUDWIG, »Im Interesse der Kirgisen. Gefährliche Nachbarn: In Bischkek setzt man auf Russen und Amerikaner« in: *Frankfurter Allgemeine Zeitung*, 25. 7. 2009.
[4649] Ebenda.

4650 Michel CHOSSUDOVSKY, »Obama and the Nobel Prize: When War becomes Peace, When the Lie becomes the Truth«, unter: http://www. globalresearch. ca/index.php?aid=15622&context=va
4651 Konrad SCHULLER, »Mehr Distanz zum Westen. Der Verlierer von 2004 ist Favorit bei der Präsidentenwahl in der Ukraine«, in: *Frankfurter Allgemeine Zeitung*, 15. 1. 2010.
4652 F. William ENGDAHL, »Die geopolitische Bedeutung der Ukraine heute«, unter: http://www.kopp-verlag.de/news/die-geopolitische-bedeutung-der-ukraine-heute.html, 25. 3. 2010.
4653 Sonja ZEKRI, »Aus für Orange. Der Präsidentenwahl kann Rußland diesmal mit Gelassenheit entgegensehen«, in: *Süddeutsche Zeitung*, 16./17. 1. 2010.
4654 Konrad SCHULLER, »Mehr Distanz zum Westen«, aaO. (Anm. 4651).
4655 Ebenda.
4656 Ebenda.
4657 F. William ENGDAHL, »Die geopolitische Bedeutung der Ukraine heute«, aaO. (Anm. 4652).
4658 Konrad SCHULLER, »Mehr Distanz zum Westen«, aaO. (Anm. 4651).
4659 Sonja ZEKRI, »Aus für Orange«, aaO. (Anm. 4653).
4660 Ebenda.
4661 Konrad SCHULLER, »Mehr Distanz zum Westen«, aaO. (Anm. 4651).
4662 Ebenda.
4663 Gerhard GNAUCK, »Comeback eines Geläuterten in der Ukraine. Janukowytsch ist neuer Präsident – Er wandelte sich seit Oranger Revolution vom Europa-Gegner zum Pragmatiker«, in: *Die Welt*, 9. 2. 2010.
4664 Thomas URBAN, »Früherer Finanzminister wird Regierungschef der Ukraine«, in: *Süddeutsche Zeitung*, 12. 3. 2010.
4665 Ebenda.
4666 »Ein halber Sieger. Der pro-russische Oppositionsführer Janukowitsch wird Präsident der Ukraine«, in: *Frankfurter Rundschau*, 9. 2. 2010.
4667 F. William ENGDAHL, »Die geopolitische Bedeutung der Ukraine heute«, aaO. (Anm. 4652).
4668 »Annäherung Moskau – Kiew«, in: *Neue Zürcher Zeitung*, 24. 4. 2010.
4669 »Der Friede von Moskau«, in: *Süddeutsche Zeitung*, 22. 4. 2010.
4670 Reinhard VESER, »Kiew zahlt den politischen Preis. Moskau gibt der Ukraine billiges Gas und macht dabei einen großen Gewinn«, in: *Frankfurter Allgemeine Zeitung*, 24. 4. 2010.
4671 Ebenda.
4672 Ebenda.
4673 Thomas URBAN, »Der Grenzgänger aus Donezk. Viktor Janukowitsch, neuer ukrainischer Präsident, sucht die Nähe zu Moskau – viele seiner Landsleute fühlen sich verraten«, in: *Süddeutsche Zeitung*, 17. 5. 2010.
4674 Alexander RAHR, »Schweiz des Ostens – Blockfreiheit als Überlebensstrategie? Die Ukraine zwischen Ost und West«, in: *Internationale Politik*, Mai/Juni 2010, S. 84–89 (S. 84).
4675 Ebenda, S. 86.
4676 Ebenda, S. 87.
4677 Ebenda.
4678 »Korruption: Pentagon-Deal mit Bakijew-Klan«, in: *Junge Welt*, 4. 5. 2010.
4679 Ebenda.
4680 Tomasz KONICZ, »Zwischen den Großen«, in: *Junge Welt*, 25. 7. 2009.
4681 »Triumph der Autokraten«, in: *Der Spiegel* 35/2010, S. 106 f. (S. 107).
4682 Tomasz KONICZ, »Zwischen den Großen«, aaO. (Anm. 4680).
4683 Irina WOLKOWA, »Wie sich die Bilder gleichen«, in: *Neues Deutschland*, 9. 4. 2010.
4684 Dies., »In Kirgistan wächst die Wut. Fünf Jahre nach der ›Tulpenrevolution‹«, in: *Neues Deutschland*, 26. 3. 2010.
4685 Michael LUDWIG, »Süden gegen Norden? Die Lage in Kirgistan ist längst noch nicht unter Kontrolle«, in: *Frankfurter Allgemeine Zeitung*, 12. 4. 2010.
4686 Sonja ZEKRI, »Tote bei Unruhen in Kirgistan«, in: *Süddeutsche Zeitung*, 8. 4. 2010.
4687 »Mißglückte Schaukelpolitik zwischen Rußland und Amerika«, in: *Neue Zürcher Zeitung*, 10. 4. 2010.
4688 Ebenda.
4689 Bernhard CLASEN, »Putschisten danken Premier Putin«, in: *Die Tageszeitung*, 10./11. 4. 2010.
4690 Ebenda.
4691 Markus ACKERET, »Prekäre Ruhe in Kirgistan. Warten auf die weiteren Schritte des gestürzten Präsidenten«, in: *Neue Zürcher Zeitung*, 10. 4. 2010.
4692 Markus ACKERET, »Kirgistans Führung unter Druck von innen und außen«, in: *Neue Zürcher Zeitung*, 19. 3. 2010.
4693 Ebenda.
4694 Ebenda.
4695 Michael LUDWIG, »Keine Angst mehr vor den Bakijews«, in: *Frankfurter Allgemeine Zeitung*, 10. 4. 2010.
4696 Markus ACKERET, »Rußlands Zaudern in Zentralasien«, in: *Neue Zürcher Zeitung*, 18. 6. 2010.

4697 Ebenda.
4698 Manfred QUIRING, »Eine Welle des Zorns«, in: *Die Welt*, 9. 4. 2010.
4699 »Mißglückte Schaukelpolitik zwischen Rußland und Amerika. Kirgistans Bedeutung als Standort ausländischer Militärstützpunkte«, in: *Neue Zürcher Zeitung*, 10. 4. 2010.
4700 F. William ENGDAHL, »Kirgisistan: eine ›umgekehrte‹ Farbenrevolution«, unter: http://www.kopp-verlag.de/news/kirgisistan-eine-umgekehrte-farbenrevolution.html, 14. 4. 2010.
4701 Eduard STEINER, »Rußlands freche Töchter. Die ehemaligen Sowjetrepubliken wenden sich zunehmend von Moskau ab – und geraten in den Sog Chinas«, in: *Die Welt*, 13. 3. 2010.
4702 B. REITSCHUSTER u. M. ZESLAWSKI, »Kirgistan«, in: *Focus* 25/2010, S. 118 f. (S. 118).
4703 Reinhard VESER, »Wer vom Chaos profitiert – In Kirgistan gibt es eine Symbiose von Kriminalität und Politik«, in: *Frankfurter Allgemeine Zeitung*, 18. 6. 2010.
4704 Peter Dale SCOTT, »Kyrgystan, America and the Global Drug Trade: Deep Forces, Coups d'Etat, Narcotics and Terror«, unter: http://www. globalresearch. ca/index.php?context=va&aid=20126
4705 Reinhard VESER, »Wer vom Chaos profitiert«, aaO. (Anm. 4703).
4706 Marcus BENSMANN, »Eruption der Gewalt im Süden Kirgistans«, in: *Neue Zürcher Zeitung*, 14. 6. 2010.
4707 »Auseinandersetzungen in Kirgistan eskalieren«, in: *Frankfurter Allgemeine Zeitung*, 14. 6. 2010.
4708 Michael LUDWIG, »Fruchtbarer Boden für Tod und Gewalt«, in: *Frankfurter Allgemeine Zeitung*, 15. 6. 2010.
4709 Marcus BENSMANN, »Die Zutaten eines Konflikts. Spannungen zwischen Kirgisen und Usbeken haben eine lange Vorgeschichte«, in: *Die Tageszeitung*, 14. 6. 2010.
4710 Sonja ZEKRI, »Der Haß stirbt zuletzt. Kirgisen und Usbeken, vereint in tödlicher Feindschaft: Eindrükke aus Osch, einer Stadt in Pogromstimmung«, in: *Süddeutsche Zeitung*, 16. 6. 2010.
4711 Christian ESCH, »Gedungene Islamisten. Geheimdienst in Kirgistan macht Schuldige aus«, in: *Frankfurter Rundschau*, 26./27. 6. 2010.
4712 Eric WALBERG, *Kyrgyzstan: Picking up the Pieces*, unter: http://www.globalresearch.ca/index.php?context=va&aid=19892
4713 Ebenda,
4714 F. William ENGDAHL, »Stecken von der NATO gedeckte Drogenkriege hinter der jüngsten Instabilität in Kirgisistan?« unter: http:/info.kopp-verlag.de/hintergruende/geostrategie/f-william-engdahl/stecken-von-der-nato-gedeckte-drogenkriege-hinter-der-juengsten-instabilitaet-in-kirgisistan-.html
4715 Wayne MADSEN, zit. in: Peter CHAMBERLAIN, »America's Islamists Go Where Oilmen Fear to Tread«, *News Central Asia*, 24. 3. 2010, unter: http://www.newscentralasia.net/moreNews. php?nID=586, zit. in: F. William ENGDAHL, »Warum Afghanistan, Teil IV: Washington und Kirgisistan: den Dreh- und Angelpunkt sichern«, unter: http://www.kopp-verlag.de/hintergruende/geostrategie/f-william-engdahl/warum-afghanistan-teil-iv-washington-und-kirgisistan-den-dreh-und-angelpunkt-sichern.html.
4716 Ebenda.
4717 »Die USA, der Mohn und der Tod«, in: *Handelsblatt*, 20. 7. 2010.
4718 Ebenda.
4719 Zit. in: F. William ENGDAHL, »Warum Afghanistan? Teil VI: Opium im Zentralasienkrieg«, aaO. (Anm. 4715).
4720 Viktor IWANOW, »Rußlands Drogentote gehen aufs Konto der Nato«, in: *Handelsblatt*, 9. 6. 2010.
4721 »Fruchtbarer Boden für Tod und Gewalt«, aaO. (Anm. 4708).
4722 Klaus Helge DONATH, »Das russische Dilemma – Kreml zögert mit der Entsendung einer Eingreiftruppe«, in: *Die Tageszeitung*, 16. 6. 2010.
4723 Markus ACKERET, »Rußlands Zaudern in Zentralasien – Moskau läßt sich die Gelegenheit entgehen, als Ordnungsmacht in Kirgistan aufzutreten«, in: *Neue Zürcher Zeitung*, 18. 6. 2010.
4724 Frank NIENHUYSEN, »Angst vor der eigenen Courage. Warum sich die Regierung in Moskau scheut, aktiv in den Konflikt einzugreifen, obwohl die Kirgisen Rußland um Hilfe gebeten haben«, in: *Süddeutsche Zeitung*, 16. 6. 2010.
4725 Christian ESCH, »Rußland wird eingreifen«, in: *Frankfurter Rundschau*, 16. 6. 2010.
4726 Sonja ZEKRI, »Hilferufe aus Osch«, in: *Süddeutsche Zeitung*, 15. 6. 2010.
4727 Manfred QUIRING, »Moskau steht machtlos vor dem Brand in Kirgistan«, in: *Die Welt*, 16. 6. 2010.
4728 Ebenda.
4729 Frank NIENHUYSEN, »Angst vor der eigenen Courage«, aaO. (Anm. 4724).
4730 Marcus BENSMANN, »Die Präsidentin fühlt sich sicher«, in: *Die Tageszeitung*, 16. 6. 2010.
4731 Michael LUDWIG, »Eine Abstimmung unter wid-

rigen Bedingungen«, in: *Frankfurter Allgemeine Zeitung*, 29. 6. 2010.
4732 »Klares Votum für Kirgistans neue Verfassung«, in: *Neues Deutschland*, 29. 6. 2010.
4733 »Isaf: Operationen durch Angriffe auf den Nachschub nicht beeinträchtigt«, in: *Frankfurter Allgemeine Zeitung*, 8. 10. 2010.
4734 Michael LUDWIG, »Zentralasiatisches Kronjuwel. Warum das Transitzentrum Manas bei Bischkek für den Krieg in Afghanistan so wichtig ist«, in: *Frankfurter Allgemeine Zeitung*, 12. 10. 2010.
4735 Ebenda.
4736 Ebenda.
4737 Ebenda.
4738 Ebenda.
4739 Jürgen WAGNER, »Rußlands Roll Back. Ukraine, Kirgisien und die Auseinandersetzungen um den postsowjetischen Raum«, in: *Ausdruck* – Magazin der Informationsstelle Militarisierung e.V., Oktober 2010, S. 18–23 (S. 21).
4740 Ebenda, S. 23. Fn. 43.
4741 Rainer RUPP, »Alarm in Washington. Parlamentswahlen in Kirgistan stellen US-Airbase in Frage«, unter: http://www.ag-friedensforschung.de/regionen/Kirgistan/us-basis6.html
4742 Michael LUDWIG, »Zentralasiatisches Kronjuwel«, aaO. (Anm. 4734).
4743 Kai EHLERS, »›Reset‹ im ›Great Game‹? Vom Kaukasuskrieg zum ›Northern Distribution Network‹ – Anmerkungen zur Annäherung zwischen NATO und Rußland«, unter: http://www.ag-friedensforschung.de/Themen/NATO/Rußland6.html
4744 Ebenda.
4745 Zit. aus: ebenda.
4746 Ebenda.
4747 Jürgen WAGNER, »Rußlands Roll Back«, aaO. (Anm. 4739), S. 22.
4748 Ebenda.
4749 »SOZ-Manöver – Vorbereitung auf ›Reifeprüfung‹« *RIA Novosti*, 17. 9. 2010, zit. aus: ebenda, S. 22.
4750 Mathias BRÜGGMANN u. Florian WILLERSHAUSEN, »Medwedjew scheitert mit Energiefusion in der Ukraine«, in: *Handelsblatt*, 19. 5. 2010.
4751 F. William ENGDAHL, »Rußlands Energie-Strategie für Nord- und Westeuropa«, unter: http://www.kopp-verlag.de/news/Rußlands-energie-strategie-fuer-nord-und-westeuropa.html, 26. 3. 2010.
4752 Jens HARTMANN u. Eduard STEINER, »Rußlands Rohr zum Westen«, in: *Die Welt*, 8. 4. 2010.
4753 Cerstin GAMMELIN, »Nabucco-Pipeline verzögert sich«, in: *Süddeutsche Zeitung*, 25. 3. 2010.
4754 Stefan MENZEL, »Nabucco-Baubeginn ist alles andere als gesichert«, in: *Handelsblatt*, 21. 5. 2010.
4755 Cerstin GAMMELIN, »Nabucco-Pipeline verzögert sich«, aaO. (Anm. 4753).
4756 F. William ENGDAHL, »›South Stream‹: Rußlands Pipeline-Strategie gegenüber der Türkei«, unter: http://www.kopp-verlag.de/news/south-stream-Rußlands-pipeline-strategie-gegenueber-der-tuerkei.html, 31. 3. 2010.
4757 Markus BALSER, »Gazprom auf dem Weg nach Westen. Das russische Energie-Unternehmen will seinen Einfluß in Europa ausbauen«, in: *Süddeutsche Zeitung*, 9. 7. 2010.
4758 »Russen ködern RWE«, in: *Handelsblatt*, 12. 7. 2010.
4759 Ebenda.
4760 Ebenda.
4761 »Amerikaner mischen kräftig mit«, in: *Handelsblatt*, 13. 7. 2010.
4762 Jakob SCHLANDT, »Gazproms Pipeline-Poker. Der russische Gasriese will RWE zum Ausstieg aus einem Konkurrenzprojekt bewegen«, in: *Frankfurter Rundschau*, 13. 7. 2010.
4763 »Gazprom verteidigt sein Monopol«, in: *Handelsblatt*, 13. 7. 2010.
4764 »Amerikaner mischen kräftig mit«, aaO. (Anm. 4761).
4765 Jakob SCHLANDT, »Gazproms Pipeline-Poker«, aaO. (Anm. 4762).
4766 Ebenda.
4767 »Russen ködern RWE«, aaO. (Anm. 4758).
4768 »Merkel drängt auf Klärung«, in: *Handelsblatt*, 14. 7. 2010.
4769 »Brüderle und Merkel machen sich für Nabucco stark«, in: *Handelsblatt*, 14. 7. 2010.
4770 Florian WILLERSHAUSEN, »Gazprom überschätzt seine Macht«, in: *Handelsblatt*, 14. 7. 2010.
4771 Ebenda.
4772 »Nabucco-Gesellschafter kurz vor Lieferabschlüssen«, in: *Frankfurter Allgemeine Zeitung*, 19. 8. 2010.
4773 Jakob SCHLANDT, »Gazproms Pipeline-Poker«, aaO. (Anm. 4762).
4774 »Brüderle und Merkel machen sich für Nabucco stark«, aaO. (Anm. 4769).
4775 Florian WILLERSHAUSEN, »Gazprom überschätzt seine Macht«, aaO. (Anm. 4770).
4776 »Großer Wurf im Großen Spiel«, in: *Der Spiegel* 42/2010, S. 146–152 (S. 149).
4777 »China und Rußland besiegeln Energiepartnerschaft«, in: *Frankfurter Allgemeine Zeitung*, 28. 9. 2010.
4778 Frank NIENHUYSEN, »Höflichkeiten und eine Preis-

frage. China und Rußland unterzeichnen Liefervertrag über Gas und Öl. Gazprom braucht dringend Großabnehmer wie Peking«, in: *Süddeutsche Zeitung*, 28. 9. 2010.

4779 »Bär sucht Drachen, Drache sucht Bären«, in: *Handelsblatt*, 28. 9. 2010.

4780 Ebenda.

4781 Daniel WETZEL, »Konkurrenz im Osten«, in: *Die Welt*, 28. 9. 2010.

4782 »Rußland und China schmieden Energiebündnis«, in: *Die Welt*, 28. 9. 2010.

4783 So F. William ENGDAHL, »Rußlands Energie-Strategie für Nord- und Westeuropa«, unter: http://www.kopp-verlag.de/news/Rußlands-energie-strategie-fuer-nord-und-westeuropa.html, 26. 3. 2010.

4784 Vgl. Kenneth CONBOY u. James MORRISON, *The CIA's Secret War in Tibet*, April 2002, Modern War Studies; John Kenneth KNAUS, *Orphans of the Cold War – America and the Tibetan Struggle für Survival*, Public Affairs, New York 1999. KNAUS arbeitete für die CIA und spielte eine wichtige Rolle in den Tibet-Operationen der CIA.

4785 »›Kaukasus-Plan‹ aufgedeckt. Russische Fernsehdokumentation thematisiert westliche Unterstützung der tschetschenischen Separatisten in 1990er Jahren«, in: *Junge Welt*, 28. 4. 2008.

4786 Ebenda.

4787 Moritz KOCH, »Wachsende Zweifel an der Finanzkraft Amerikas«, in: *Süddeutsche Zeitung*, 15. 7. 2009.

4788 Hauke RITZ, »Der BND und die Welt von morgen«, in: *Blätter für deutsche und internationale Politik* 8/2009, S. 31–34 (S. 31).

4789 Zit. aus: Markus ZIENER, »Die Supermacht der Schulden«, in: *Handelsblatt*, 7. 4. 2010.

4790 F. William ENGDAHL, »Still und heimlich löst China seine Bindung an den US-Dollar«, unter: http://www.kopp-verlag.de/news/still-und-heimlich-loest-china-seine-bindung-an-den-dollar.html, 10. 4. 2009.

4791 Jürgen WAGNER, »USA – Erlaßjahr 2015? Washingtons erodierende Vorherrschaft und der Kreuzzug zum Erhalt der Dollarhegemonie«, Teil I, in: *Ausdruck – Magazin der Informationsstelle Militarisierung*, Juni 2006, S. 26–32 (S. 27).

4792 Ebenda.

4793 Ebenda, S. 30.

4794 Henry LIU, »US Dollar Hegemony has got to go«, in: *Asia Times Online*, 11. 4. 2002, zit. aus: Jürgen WAGNER, »USA-Erlaßjahr 2015?« ebenda, S. 30.

4795 »Was hat China mit dem Dollar vor?« unter: http://www.focus.de/finanzen/boerse/devisen/waehrungskrise-was-hat-china-mit-dem-dollar-vor_aid_384394.html

4796 »Mit der Ölwaffe zur Weltmacht. Ein Gespräch mit F. William Engdahl«, in: *Zeit-Fragen* Nr. 20/2003.

4797 »China schichtet Dollar-Reserven in Gold um – Droht eine US-Dollar-Abwertung?« unter: http://www. shortnews.de/start.cfm?id=772786

4798 Christoph ROTTWILM, »Warum China gegen den Dollar schießt«, in: *Spiegel online*, 26. 3. 2008, unter: http:/www.spiegel.de/wirtschaft/0,1518,druck-615575,00.html

4799 Simone BOEHRINGER, »Attacken gegen den Dollar«, in: *Süddeutsche Zeitung*, 17. 6. 2009.

4800 F. William ENGDAHL, »Steigen Rußland und China aus dem Dollar aus?« unter: http://www.kopp-verlag.de/news/steigen-Rußland-und-china-aus-dem-dollar-aus.html, 26. 3. 2009.

4801 Simone BOEHRINGER, »Weg vom Dollar. Die Zeit ist reif für ein neues Weltwährungssystem«, in: *Süddeutsche Zeitung*, 17. 6. 2009.

4802 F. William ENGDAHL, »Steigen Rußland und China aus dem Dollar aus?« aaO. (Anm. 4800).

4803 Simone BOEHRINGER, »Weg vom Dollar. Die Zeit ist reif für ein neues Weltwährungssystem«, in: *Süddeutsche Zeitung*, 17. 6. 2009.

4804 F. William ENGDAHL, »Still und heimlich löst China seine Bindung an den US-Dollar«, aaO. (Anm. 4790).

4805 Ebenda.

4806 Simone BOEHRINGER, »Weg vom Dollar. Die Zeit ist reif für ein neues Weltwährungssystem«, in: *Süddeutsche Zeitung*, 17. 6. 2009.

4807 Dies., »Attacken gegen den Dollar«, in: *Süddeutsche Zeitung*, 17. 6. 2009.

4808 Ebenda.

4809 Ebenda.

4810 »Börsen der Bric-Länder zeigen sich von starker Seite«, in: *Frankfurter Allgemeine Zeitung*, 16. 6. 2009.

4811 »Schulterschluß der Schwellenländer. Rußland, China, Indien und Brasilien treffen sich zum ersten Mal zu einem Sondergipfel«, in: *Handelsblatt*, 16. 6. 2009.

4812 Ebenda.

4813 Daniel ECKERT u. Holger ZSCHÄPITZ, »Führende Schwellenländer streben neue Weltordnung an«, in: *Die Welt*, 17. 6. 2009.

4814 Ebenda.

4815 Zit. aus: F. William ENGDAHL, »Läuft Washington gegen die ›BRIC-Wall‹?« unter: http://www.

engdahl.oilgeopolitics.net/print/Washington %20gegen%20BRIC.htm

4816 Hauke RITZ, »Der BND und die Welt von morgen«, aaO. (Anm. 4788).

4817 »Schulterschluß der Schwellenländer«, aaO. (Anm. 4811).

4818 Rainer RUPP, »Quadratur des Kreises. BRIC-Gipfel in Jekatarinburg demonstriert wachsendes Selbstbewußtsein der Mitgliedsstaaten«, in: *Junge Welt*, 17. 6. 2009.

4819 Manfred QUIRING, »Moskaus Machtspiele in Asien«, in: *Die Welt*, 15. 6. 2009.

4820 Ebenda.

4821 Ebenda.

4822 Ebenda.

4823 »China und Rußland beschwören ihre Nähe«, in: *Neue Zürcher Zeitung*, 18. 6. 2009.

4824 Rainer RUPP, »Quadratur des Kreises«, aaO. (Anm. 4818).

4825 »Schulterschluß der Schwellenländer«, aaO. (Anm. 4811).

4826 Wjatscheslaw DASCHITSCHEW, *Moskaus Griff nach der Weltmacht*, aaO. (Anm. 1), S. 85.

4827 Werner LINK, *Die Neuordnung der Weltpolitik...*, aaO. (Anm. 56), S. 127.

4828 Sandra WEISS, »Steht Lateinamerika vor einem neuen Kalten Krieg?« in: *Die Welt*, 13. 9. 2008.

4829 »Russische Armada vor der US-Küste. Gemeinsames See-Manöver mit Venezuela folgt auf Besuch von Präsident Medwedjew«, in: *Süddeutsche Zeitung*, 27. 11. 2008.

4830 »Moskau gewährt Venezuela Milliardenkredit für Aufrüstung«, in: *Die Welt*, 27. 9. 2008.

4831 Klaus EHRINGFELD, »Rußland macht sich breit in Lateinamerika«, in: *Handelsblatt*, 24. 11. 2008.

4832 »Fuß fassen am Südrand der USA. China und Rußland hofieren Kuba und Venezuela und dringen damit in den Interessensbereich Washingtons vor«, in: *Süddeutsche Zeitung*, 20. 11. 2008.

4833 Katja GELINSKY, »Unordnung im Hinterhof. Washington und lateinamerikanische Kooperationen mit Moskau«, in: *Frankfurter Allgemeine Zeitung*, 20. 9. 2008.

4834 Hauke RITZ, »Der BND und die Welt von morgen«, aaO. (Anm. 4788).

4836 Ebenda, S. 33.

4837 Vgl. Jean-François SUSBIELLE, *China-USA. Der programmierte Krieg*, Berlin 2009.

4838 Vgl. ebenda, Zusammenfassung auf S. 2 des Buches.

4839 Henry KISSINGER, *Die Herausforderung Amerikas...*, aaO. (Anm. 50), S. 155.

4840 Till FÄHNDERS, »Haltet unsere Stärken verborgen und wartet ab«, in: *Frankfurter Allgemeine Zeitung*, 19. 8. 2010.

4841 Finn MAYER-KUCKUCK, »Peking redet seine militärische Macht klein«, in: *Handelsblatt*, 19. 8. 2010.

4842 Till FÄHNDERS, »Haltet unsere Stärken verborgen und wartet ab«, aaO. (Anm. 4840).

4843 Jochen BUCHSTEINER, »Mit Washington und Moskau gegen Peking«, in: *Frankfurter Allgemeine Zeitung*, 28. 7. 2010.

4844 Helen CALDICOTT, *Atomgefahr USA. Die nukleare Aufrüstung der Supermacht*, München 2003, S. 295.

4845 Friedbert PFLÜGER, »Eine neue Ära des Energieimperialismus«, in: *Internationale Politik*, Mai/Juni 2010, S. 76–83 (S. 78).

4846 Ebenda, S. 79 f.

4847 Ebenda, S. 80.

4848 Ebenda, S. 76.

4849 Wolfgang HIRN, *Angriff aus Asien. Wie uns die neuen Wirtschaftsmächte überholen*, Frankfurt/M. 2007, S. 12.

4850 Jochen BUCHSTEINER, *Die Stunde der Asiaten. Wie Europa verdrängt wird*, Hamburg 2008, S. 128–144.

4851 Ebenda, S. 138.

4852 Frank SIEREN, *Der China-Code. Wie das boomende Reich der Mitte Deutschland verändert*, Berlin 2006, S. 355.

4853 Ebenda, S. 344.

4854 Stefan KORNELIUS, »Strategie: Chaos«, in: *Süddeutsche Zeitung*, 24. 6. 2010.

4855 »Währung als Waffe«, in: *Der Spiegel* 40/2010, S. 82–85 (S. 83).

4856 Ebenda.

4857 Marc PITZKE, »Amerika schlittert in die Schulden-Katastrophe«, unter: http://www.spiegel.de/wirtschaft/soziales/0,1518,druck-694153,00.html

4858 Frank STOCKER, »Weltweiter Aufstand gegen die Politik des schwachen Dollar«, in: *Die Welt*, 7. 10. 2010.

4859 »Fed soll Gelddruckmaschine anwerfen«, in: *Handelsblatt*, 13. 7. 2010.

4860 »Währung als Waffe«, aaO. (Anm. 4855), S. 83.

4861 Stephan KAUFMANN, »Schlechte Botschaft aus Amerika«, in: *Frankfurter Rundschau*, 3./4. 7. 2010.

4862 Frank STOCKER, »Weltweiter Aufstand gegen die Politik des schwachen Dollar«, aaO. (Anm. 4858).

4863 F. William ENGDAHL, »Wird Asien den Dollar aufgeben?« unter: http://www.engdahl. oilgeopolitics. net/print/ASEAN%20&%20Dollar-System.htm

[4864] Markus ZIENER, »Die Supermacht der Schulden«, aaO. (Anm. 4789).
[4865] »Währung als Waffe«, aaO. (Anm. 4855), S. 85.
[4866] Takotoshi ITO, »China zieht die Lehre aus Japans Misere«, Gastkommentar im *Handelsblatt*, 7. 10. 2010.
[4867] Zit. aus: F. William ENGDAHL, »*Wird Asien den Dollar aufgeben?*« aaO. (Anm. 4863).
[4868] Chalmers JOHNSON, *Ein Imperium verfällt. Ist die Weltmacht USA am Ende?*, München 2001, S. 277 f.
[4869] Yu YONGDING, »China hat keine andere Wahl«, in: *Handelsblatt*, 6. 10. 2010.
[4870] »China: Wen verteidigt sein Wachstumsmodell«, in: *Handelsblatt*, 6. 10. 2010.
[4871] John J. MEARSHEIMER, *The Tragedy of Great Power Politics*, New York 2001, S. 402, zit. aus: Jürgen WAGNER, »Eskalation mit Ansage. Nordkorea und die US-Ziele in Ostasien«, in: *Ausdruck – Magazin der Informationsstelle Militarisierung (IMI) e.V.*, Dezember 2006, S. 19–24 (S. 21).
[4872] Zalmay KHALILZAD, »U.S. Strategy Toward China«, in: Frank CARLUCCI, Robert HUNTER u. Zalmay KHALILZAD, *Taking Charge: A Bipartisan Report to the President Elect on Foreign Policy and National Security – Discussion Papers*, Santa Monica 2001, S. 60–67 (S. 64), zit. aus: Jürgen WAGNER, »Eskalation mit Ansage«, ebenda, S. 21 f.
[4873] Frank STOCKER, »Weltweiter Aufstand gegen die Politik des schwachen Dollar«, in: *Die Welt*, 7. 10. 2010.
[4874] Yu YONGDING, »China hat keine andere Wahl«, in: *Handelsblatt*, 6. 10. 2010.
[4875] »Staatliche chinesische Denkfabrik warnt USA vor Bondabwurf«, unter: http://www.wirtschaftsfacts.de/?p=8572
[4876] Joscha SCHMIERER, »Chimerica oder das prekäre Verhältnis von Amerika und China«, unter: http://www.boell.de/weltweit/europa-transatlantik-6201.html
[4877] Ebenda.
[4878] »Währungen als Waffen«, in: *Frankfurter Allgemeine Zeitung*, 7. 10. 2010.
[4879] »Historiker warnt vor dem plötzlichen Zusammenbruch des ›US-Imperiums‹« in: *Luftpost. Friedenspolitische Mitteilungen aus der US-Militärregion Kaiserslautern/Ramstein*, LP 155/10, 22. 7. 2010.
[4880] Noam CHOMSKY, »China und die neue Weltordnung«, in: *Focus* 41/2010, S. 82 f.
[4881] Gabor STEINGART, »Supermacht mit Superschulden«, unter: http://www.spiegel.de/politik/ausland/0,1518,druck-676983,00.html
[4882] Emmanuel TODD, *Weltmacht USA – Ein Nachruf*, aaO. (Anm. 19), S. 243.
[4883] Parag KHANNA, »Die USA auf dem Weg nach unten«, in: *Frankfurter Rundschau*, 25. 4. 2008.
[4884] Ebenda
[4885] Wjatscheslaw DASCHITSCHEW, *Moskaus Griff nach der Weltmacht*, aaO. (Anm. 1), S. 86.

Literaturverzeichnis

A. Bücher und Buchbeiträge

ADAM, Werner, *Unheilige Kriege im Herzen Asiens*, Holzhausen Verlag, Wien 2002.

AHMED, Nafeez M., *Geheimsache 09/11 – Hintergründe über den 11. September und die Logik amerikanischer Machtpolitik*, Riemann One Earth Spirit, München 2003.

ALDRIDGE, Robert C., *Erstschlag! Die Strategie des Pentagon für den Atomkrieg*, Werkhaus Verlag, München 1984.

ALI, Tariq, *Fundamentalismus im Kampf um die Weltordnung – Die Krisenherde unserer Zeit und ihre historischen Wurzeln*, Diederichs, München 2003.

ALLEN, Gary, *Die Rockefeller-Papiere*, VAP, Wiesbaden 1976.

ALLEN, Gary, *Die Insider – Wohltäter oder Diktatoren?*, VAP, Wiesbaden 1974.

AMBROSE, Stephen E., *Rise to Globalism – American Foreign Policy since 1938*, Penguin Books, New York 1985.

ANGERMANN, Erich, *Die Vereinigten Staaten von Amerika seit 1917*, dtv, München 1983.

ARBATOW, Georgij A., u. Wilhelm OLTMANS, *Der sowjetische Standpunkt – Über die Westpolitik der UdSSR*, Rogner und Bernhard, München 1981

ARON, Raymond, *Frieden und Krieg. Eine Theorie der Staatenwelt*, S. Fischer Verlag, Oldenburg 1963.

BARAKI, Matin, *Kampffeld Naher und Mittlerer Osten*, Distel Verlag, Heilbronn 2004.

BARNETT, Thomas P. M., *The Pentagon's New Map – War and peace in the 21st. Century*, Berkley Books, New York 2004.

BÄRWOLF, Adalbert, *Die Geheimfabrik – Amerikas Sieg im technologischen Krieg*, Herbig, München 1994.

BAVENDAMM, Dirk, *Roosevelts Weg zum Krieg – Amerikanische Politik von 1914 bis 1939*, Herbig, München–Berlin 1983.

BEARD, Charles A. u. Mary R., *A Basic History of the United States*, The New Home Library, Philadelphia 1944.

BELOTSERKOVSKY, Vadim (mit Friedrich HITZER), *Was geschieht mit Russland? Demokraten gegen Kremldiktatur, Krieg und Chaos*, Lübbe, Bergisch Gladbach 1996.

BENOIST, Alain de (Hg.), *Die Welt nach dem 11. September – der globale Terrorismus als Herausforderung des Westens*, Hohenrain, Tübingen 2002.

BERNSTEIN, Richard, u. Ross M. MUNRO, *Der kommende Konflikt mit China – Das Reich der Mitte auf dem Weg zur neuen Weltmacht*, Heyne, München 1997.

BEUTEL, Kamalia, *Ölpolitik in Aserbaidschan. Politische und wirtschaftliche Geschichte nach dem Zusammenbruch der UdSSR*, Berlin 2004.

BIERLING, Stephan, »Weder Partner noch Gegner: Die Rußlandpolitik der USA«, in: Peter RUDOLF u. Jürgen WILZEWSKI, *Weltmacht ohne Gegner*, Nomos Verlagsgesellschaft, Baden-Baden 2000, S. 125–147.

BIERMANN, Werner, u. Arno KLÖNNE, *Objekt der Gier – Der Iran, der Nahe und Mittlere Osten und Zentralasien*, Papyrossa, Köln 2006.

Biermann, Werner, u. Arno KLÖNNE, *The Big Stick – Imperiale Strategie und globaler Militarismus – Die USA als Megamacht*, Papyrossa, Köln 2003.

BISCHOFF, Rainer, *Entmachtung der Hochfinanz*, Verlag Freiland, Süderbrarup 2002.

BITTORF, Wilhelm (Hg.), *Nachrüstung. Der Atomkrieg rückt näher*, Rowohlt, Hamburg 1981.

BLACKWOOD, Peter, *Das ABC der Insider*, Verlag Diagnosen, Leonberg 1992.

BLONDIAU, Heribert, u. Udo Gümpel, *Der Vatikan heiligt die Mittel. Mord am Bankier Gottes*, Patmos Verlag, Düsseldorf 1999.

Böttiger, H. (Hg.), *Die Neocons – Wer treibt die USA in die imperiale Falle?*, Dr. Böttiger Verlag, Wiesbaden 2004.

BREDTHAUER, Karl D. (Hg.), *Sage niemand, er habe es nicht wissen können – Auf welche Weise und wozu die USA den nuklearen Erstschlag vorbereiten, welche Rolle die »Nachrüstung« in Wirklichkeit spielt und warum die Deutschen die Hauptbetroffenen sind*, prv-aktuell, Köln 1984.

BRILL, Heinz, *Geopolitik heute. Deutschlands Chance?*, Ullstein, Berlin 1994.

BRISARD, Jean-Charles, u. Guillaume DASQUIÉ, *Die verbotene Wahrheit – Die Verstrickungen der USA mit Osama bin Laden*, Pendo-Verlag, Zürich 2002.

BRONSON, Rachel, »NATO's Expanding Presence in the Caucasus and Central Asia«, in: Stephen J. BLANK (Hg.), *NATO after Enlargement: New Challenges, New Missions, New forces, Carlisle*, P.A.: Strategic Studies Institute, U.S. Army War College, September 1998, S. 229–258.

BRUHN, Jürgen, *Schlachtfeld Europa oder Amerikas letztes Gefecht – Gewalt und Wirtschaftsimperialismus in der US-Außenpolitik seit 1840*, Dietz, Berlin 1983.

BRUHN, Jürgen, *Der Kalte Krieg oder die Totrüstung der Sowjetunion – Der US-militär-industrielle Komplex und seine Bedrohung durch Frieden*, Focus, Gießen 1995.

BRZEZINSKI, Zbigniew, *Planspiel – Das Ringen der Supermächte um die Welt*, Straube, Erlangen–Bonn–Wien 1989.

BRZEZINSKI, Zbigniew, *Die einzige Weltmacht*, Fischer, Frankfurt/M. 1999.

BRZEZINSKI, Zbigniew, *The Grand Chessboard. American Primacy and its geostrategic Imperatives*, Basic Books, New York 1997.

BUCHSTEINER, Jochen, *Die Stunde der Asiaten. Wie Europa verdrängt wird*, Rowohlt, Hamburg 2008.

CALDICOTT, Jochen, *Atomgefahr USA. Die nukleare Aufrüstung der Supermacht*, Diederichs, München 2003.

CARMIN, E. R., *Das schwarze Reich – Geheimgesellschaften und Politik im 20. Jahrhundert*, Heyne, München 1994.

CHOMSKY, Jochen, *Hybris – Die endgültige Sicherung der globalen Vormachtstellung der USA*, Europa, Hamburg–Wien 2003.

CHOSSUDOVSKY, Michel, *Global brutal – Der entfesselte Weltmarkt, die Armut und der Krieg*, Zweitausendeins, Frankfurt/M. 2002.

CZEMPIEL, Ernst-Otto, *Machtprobe – Die USA und die Sowjetunion in den achtziger Jahren*, C. H. Beck, München 1989

CZEMPIEL, Ernst-Otto, *Weltpolitik im Umbruch – Die Pax Americana, der Terrorismus und die Zukunft der internationalen Beziehungen*, C. H. Beck, München 2002.

CZEMPIEL, Ernst-Otto, u. Carl-Christoph Schweizer, *Weltpolitik der USA nach 1945. Einführung und Dokumente*, Bundeszentrale für Politische Bildung, Bonn 1989

DANESCH, Mostafa, *Wer Allahs Wort mißbraucht. Krisenherd islamische Welt*, Hoffmann und Campe, Hamburg 2002.

DASCHITSCHEW, Wjatscheslaw, *Moskaus Griff nach der Weltmacht – Die bitteren Früchte hegemonialer Politik*, Mittler, Berlin–Bonn 2002.

DASCHITSCHEW, Wjatscheslaw, »Rußlands neue Außenpolitik«, in: Karl KAISER u. Hans Peter SCHWARZ (Hg.), *Die Außenpolitik der neuen Republiken im östlichen Europa – Rußland und die Nachfolgestaaten der Sowjetunion in Europa*, Europa Union Verlag, Bonn 1994, S. 15–32.

DESCHNER, Karlheinz, *Der Moloch – Zur Amerikanisierung der Welt*, Heyne, Stuttgart–Wien 1992.

DIEHL, Ole, »Kiew und Moskau«, in: Karl KAISER u. Hans-Peter SCHWARZ (Hg.), *Die Außenpolitik der neuen Republiken im östlichen Europa*, Europa Union Verlag, Bonn 1994, S. 83–104.

DIETL, Wilhelm, *Heiliger Krieg für Allah – Als Augenzeuge bei den geheimen Kommandos des Islam*, Kindler Verlag, München 1983.

DIETL, Wilhelm, *Brückenkopf Afghanistan – Machtpolitik im Mittleren Osten*, Kindler Verlag, München 1984.

DIETL, Wilhelm, *Schwarzbuch Weißes Haus – Außenpolitik mit dem Sturmgewehr*, Area, Erftstadt 2004.

DIWALD, Hellmut, *Seemachtpolitik im 20. Jahrhundert*, Droemersche Verlagsanstalt, München 1984.

DOCKRILL, Saki, »Ungarn 1956. Amerikanische Befreiung – Mythos oder Versagen?« in: Winfried HEINEMANN u. Norbert WIGGERSHAUS (Hg.) *Das Internationale Krisenjahr 1956. Polen, Ungarn, Suez*, Oldenbourg, München 1999, S. 533–552.

DREYFUSS, Robert, *Devil's Game – How the United States helped unleash Fundamentalist Islam*, Owl Books, New York 2005.

EIRNA-Studie: *11. September – Die Lüge aus Staatsräson und ihre verhängnisvollen Konsequenzen*, »Executive Intelligence Review« Nachrichtenagentur, Wiesbaden 2003.

ELSÄSSER, Jürgen, *Der deutsche Sonderweg*, Diederichs, München 2003

ELSÄSSER, Jürgen (Hg.), *Nie wieder Krieg ohne uns. Das Kosovo und die neue deutsche Geopolitik*, Konkret Texte 22, Hamburg 1999.

ENGDAHL, Jürgen, *Mit der Ölwaffe zur Weltmacht – Der Weg zur neuen Weltordnung*, Dr. Böttiger, Wiesbaden 1992

ENGDAHL, F. William, *Mit der Ölwaffe zur Weltmacht*, 2. erweiterte Auflage, Kopp, Rottenburg 2006.

ENGELMANN, Bernt, *Weissbuch Frieden*, Kiepenheuer & Witsch, Köln 1982.

ERFFA, Wolfgang von, *Das Vermächtnis des Eisernen Emirs – Afghanistans Schicksal*, Tykve, Böblingen 1989.

ERLER, Gernot, *Russland kommt: Putins Staat – der Kampf um Macht und Modernisierung*, Herder spektrum, Freiburg i. Br. 2005.

FEINER, Sabine, *Weltordnung durch US-Leadership? – Die Konzeption Zbigniew Brzezinskis*, Westdeutscher

Verlag, Wiesbaden 2000.

Fischer Weltgeschichte Band 29: *Die Kolonialreiche seit dem 18. Jahrhundert*, Fischer, Frankfurt/M. 1965.

FITUNI, Leonid L., »Rußland und seine Interessenlage in Zentral- und Südasien«, in : Klaus LANGE (Hg.), *Sicherheit in Zentral- und Südasien – Determinanten eines Krisenherdes*, Hanns Seidel Stiftung, München 1999, S. 43–50 (S. 43).

FLOTTAU, Heiko, *Vom Nil bis an den Hindukusch – Der Nahe Osten und die neue Weltordnung*, Droemer, München 2004.

FRÖHLICH, Stefan, *Amerikanische Geopolitik – Von den Anfängen bis zum Zweiten Weltkrieg*, Olzog, Landsberg am Lech 1998.

GARNETT, Sherman W., Alexander RAHR u. Koji WATANABE, *Der Kaspische Raum vor den Herausforderungen der Globalisierung – Die Verantwortung der Trilateralen Staaten für die Stabilität der Region*, Leske & Budrich, Opladen 2001.

GARRISON, Jim, u. Pyare SHIVPURI, *Die russische Bedrohung. Mythos oder Realität*, C. Bertelsmann, München 1985.

GARTEN, Jeffrey E., *Der kalte Frieden. Amerika, Japan und Deutschland im Wettstreit um die Hegemonie*, Fischer, Frankfurt/M. 1995.

GERVASI, Tom, *Moskaus Übermacht – Eine amerikanische Legende*, Rowohlt, Hamburg 1986.

GORTSCHKOW, Sergej G., *Seemacht Sowjetunion*, Hoffmann und Campe, Hamburg 1978.

GREINER, Bernd, *Amerikanische Außenpolitik von Truman bis heute*, Pahl-Rugenstein, Köln 1982.

GREINER, Bernd, u. Kurt STEINHAUS, *Auf dem Weg zum Dritten Weltkrieg? – Amerikanische Kriegspläne gegen die UdSSR. Eine Dokumentation*, Pahl-Rugenstein, Köln 1980.

GROSSER, Alfred, *Das Bündnis – Die westeuropäischen Länder und die USA seit dem Krieg*, dtv, München 1978.

GRUCHMANN, Lothar, *Nationalsozialistische Großraumordnung. Die Konstruktion einer »deutschen Monroe-Doktrin«*. Schriftenreihe der Vierteljahreshefte für Zeitgeschichte Nummer 4, Stuttgart 1962, S. 22.

GRÜNDINGER, Wolfgang, *Die Energiefalle*, C. H. Beck, München 2006.

HACKE, Christian, *Die Außenpolitik der Bundesrepublik Deutschland. Von Konrad Adenauer bis Gerhard Schröder*, Ullstein, Frankfurt/M.–Berlin 2003.

HACKE, Christian, *Zur Weltmacht verdammt, Die amerikanische Außenpolitik von John F. Kennedy bis G.W. Bush*, Ullstein, München 2002.

HENLE, Hans, *Der neue Nahe Osten*, Suhrkamp, Frankfurt/M. 1972.

HENNING, Richard, u. Leo KÖRHOLZ, *Einführung in die Geopolitik*, B. G. Teubner, Leipzig–Berlin 1938.

HIPPLER, Jochen, *Die Neue Weltordnung*, Konkret Literatur Verlag, Hamburg 1991.

HIRN, Wolfgang, *Angriff aus Asien. Wie uns die neuen Wirtschaftsmächte überholen*, Fischer, Frankfurt/M. 2007.

HOFBAUER, Hannes, *Balkankrieg – Zehn Jahre Zerstörung Jugoslawiens*, Promedia, Wien 2001.

HOGGAN, David L., *Meine Anmerkungen zu Deutschland – Der anglo-amerikanische Kreuzzugsgedanke im 20. Jahrhundert*, Grabert, Tübingen 1990.

HOGGAN, David L., *Der unnötige Krieg*, Grabert, Tübingen 1974.

HÖHMANN, Hans-Hermann, u. Hans-Hennig-SCHRÖDER (Hg.), *Russland unter neuer Führung – Politik, Wirtschaft und Gesellschaft am Beginn des 21. Jahrhunderts*, Agenda, Münster 2001

HOROWITZ, David (Hg.), *Big Business und Kalter Krieg*, März, Frankfurt/M. 1971.

HUBER, Mária, *Moskau, 11.März 1985 – Die Auflösung des sowjetischen Imperiums*, dtv, München 2002.

IWANOW, Igor, *Die neue russische Diplomatie – Rückblick und Visionen*, Econ, München 2002.

JAKSCH, Wenzel, *Europas Weg nach Potsdam*, Verlag Wissenschaft und Politik, Köln 1970.

JOHNSON, Chalmers, *Der Selbstmord der amerikanischen Demokratie*, Goldmann, München 2004.

KADE, Gerhard, *Wer bedroht wen? SS-20 oder Pershing II, Cruise-Missiles?*, Pahl-Rugenstein, Köln 1981.

KAGAN, Robert, *Die Demokratie und ihre Feinde. Wer gestaltet die neue Weltordnung?*, Siedler, München 2008.

KAISER, Karl, u. Hans Peter SCHWARZ (Hg.), *Die Außenpolitik der neuen Republiken im östlichen Europa – Rußland und die Nachfolgestaaten der Sowjetunion in Europa*, Europa Union, Bonn 1994.

KENNAN, George F., *Amerika und die Sowjetmacht – Der Sieg der Revolution*, Steingrüben, Stuttgart 1956.

KENNEDY, Paul, *Aufstieg und Verfall der britischen Seemacht*, Mittler, Herford–Bonn 1978.

KENNEDY, Paul, *Aufstieg und Fall der großen Mächte – Ökonomischer Wandel und militärischer Konflikt von 1500 bis 2000*, Fischer, Frankfurt/M. 1991.

KEPEL, Gilles, *Die neuen Kreuzzüge. Dia arabische Welt und die Zukunft des Westens*, Piper, München–Zürich 2005.

KHANNA, Parag, *Der Kampf um die Zweite Welt. Impe-*

rien und Einfluß in der neuen Weltordnung, Europa Verlag, Berlin 2008.

KISSINGER, Henry A., *Amerikanische Außenpolitik – Analysen und Tendenzen*, Ullstein, Gütersloh 1969.

KISSINGER, Henry A., *Die Herausforderung Amerikas – Weltpolitik im 21. Jahrhundert*, Goldmann, Berlin 2003.

KISSINGER, Henry A., *Memoiren 1968–1973*, Bertelsmann, München 1979.

KISSINGER, Henry A., *Memoiren 1973–1974*, Bertelsmann, München 1982.

KISSINGER, Henry A., *Die sechs Säulen der Weltordnung*, Siedler bei Goldmann, Berlin 1994.

KISSINGER, Henry A., *Die Vernunft der Nationen – Über das Wesen der Außenpolitik*, Siedler, Berlin 1994.

KLEBNIKOW, Paul, *Der Pate des Kreml – Boris Beresowski und die Macht der Oligarchen*, Econ, München 2001.

KNORR, Lorenz, *NATO – Geschichte, Strategie, Atomkriegsplanung*, Verlag Marxistische Blätter, Frankfurt/M. 1985.

KONZELMANN, Gerhard, *Die islamische Herausforderung*, Moewig, Hamburg 1980.

KREIKEMEYER, Anna, u. Andrej V. ZAGORSKIJ, *Rußlands Politik in bewaffneten Konflikten der GUS*, Nomos, Baden-Baden 1997.

KROH, Ferdinand, *Wendemanöver*, Hanser, München 2005.

KRONBERGER, Hans, *Blut für Öl*, Uranus, Wien 1998.

LANGE, Klaus (Hg.), *Sicherheit in Zentral- und Südasien – Determinanten eines Krisenherdes*, Hanns Seidel Stiftung, München 1999.

LAQUEUR, Walter, *Die letzten Tage von Europa*, List, Berlin 2008.

LAURENT, Eric, *9/11/01 – Die Wahrheit*, Piper, München 2005.

LAURENT, Eric, *Der Strick wird mitgeliefert – Wie Kapitalisten mit Kommunisten seit 1917 gute Geschäfte machen*, Bonn Aktuell, Bonn 1986.

LEA, Homer, *Vergessene weltpolitische Einsichten* (Deutsche Übersetzung von *The day of the Saxon*), Hecht, Zürich 1980.

Le Monde diplomatique (Hg.), *Atlas der Globalisierung*, Berlin 2003.

LENK, Hendrik, u. Jonathan RAUHUT, *Worum geht es in Zentralasien? Analyse der objektiven Gefahr einer kriegerischen Auseinandersetzung im Südkaukasus sowie Zentralasien, beispielhaft dargestellt an dem Konflikt zwischen Südossetien und Georgien*, Lüneburg 2004.

LEONHARDT, Wolfgang, *Spiel mit dem Feuer – Rußlands schmerzhafter Weg zur Demokratie*, Lübbe, Bergisch-Gladbach 1998.

LERCH, Wolfgang Günter, *Der Kaukasus. Nationalitäten, Religionen und Großmächte im Widerstreit*, Europa Verlag, Hamburg–Wien 2000.

LINK, Werner, *Die Neuordnung der Weltpolitik – Grundprobleme globaler Politik an der Schwelle zum 21. Jahrhundert*, C. H. Beck, München 1999.

LINK, Werner, »Ordnungsentwürfe für Europa«, in: Karl KAISER u. Hans-Peter SCHWARZ (Hg.), *Weltpolitik im neuen Jahrhundert*, Bundeszentrale für Politische Bildung, Bonn 2000, S. 559–575.

LOHAUSEN, Heinrich Jordis von, *Mut zur Macht – Denken in Kontinenten*, Vowinckel, Berg am See 1979.

LOJEWSKI, W. v., *Aufmarsch im Orient*, Goldmann, Leipzig 1942.

LOTH, Wilfried, *Die Teilung der Welt 1941–1955*, dtv-Weltgeschichte des 20. Jahrhunderts, München 1987.

LUX, David, *Geld & Macht – George Soros, Karl Popper und die »offene Gesellschaft«*, Reihe Verschwörungspraxis – Buch 1, Verlag der Kritischen Studentenzeitung, Wien 1994.

MANN, Michael, *Die ohnmächtige Supermacht – Warum die USA die Welt nicht regieren können*, Campus, Frankfurt/M. 2003.

MANUTSCHARJAN, Aschot, »Der Kaukasus in den internationalen Beziehungen (1991–1994)«, in: Karl KAISER u. Hans-Peter SCHWARZ, *Die Außenpolitik der neuen Republiken im östlichen Europa*, Europa Union Verlag, Bonn 1994, S. 157–214.

MASSARRAT, Mohssen, »Britisch-amerikanischer Ölimperialismus und die Folgen für den Mittleren und Nahen Osten«, in: Mohssen MASSARAT (Hg.), *Mittlerer und Naher Osten – Geschichte und Gegenwart*, Agenda, Münster 1996, S. 280–302

MASSARRAT, Mohssen, »Hegemonialpolitik durch Zugriff auf Ölquellen und Öltransportrouten«, in: Amy HOLMES, David SALOMON, Stefan SCHMALZ u. Guido SPECKMANN (Hg.), *Imperial Dschihad? – Über Fundamentalismus, Schurkenstaaten und neue Kriege*, VSA, Hamburg 2002, S. 71–84.

MATTHIAS, L. L., *Die Kehrseite der USA*, Fischer, Hamburg 1971.

MCCOY, Alfred W., *Die CIA und das Heroin – Weltpolitik durch Drogenhandel*, Zweitausendeins, Frankfurt/M. 2003.

MECHTERSHEIMER, Alfred, *Friedensmacht Deutschland*, Ullstein Report, Frankfurt/M.–Berlin 1993.

MEISSNER, Boris, u. Gotthold RHODE (Hg.), *Die Grundfragen sowjetischer Außenpolitik*, Stuttgart-Berlin–Köln–Mainz 1970.

MEISSNER, Boris, »Die Außenpolitik der Sowjetunion – Grundlagen und Strategien«, in: Karl KAISER u. Hans-Peter SCHWARZ (Hg.), Weltpolitik – Strukturen-Akteure-Perspektiven, Bundeszentrale für Politische Bildung, Bonn 1987, S. 435–460.

MEISSNER, Boris, »Die zwei Grundlinien der Außenpolitik Rußlands«, in: *Vom Sowjetimperium zum eurasischen Staatensystem – Die russische Außenpolitik im Wandel und in der Wechselbeziehung zur Innenpolitik*, Duncker & Humblot, Berlin 1995, S. 135–173 (zitiert als MEISSNER II).

MEISSNER, Boris, *Russland, die Westmächte und Deutschland – Die sowjetische Deutschlandpolitik 1943–1955*, Nölke, Hamburg 1954.

MERSEBURGER, Peter, *Die unberechenbare Vormacht – Wohin steuern die USA?*, dtv, München 1985.

MEYSSAN, Thierry, *Der inszenierte Terrorismus – Auftakt zum Weltenbrand*, editio de facto, Kassel 2003

MIDGLEY, Dominic, u. Chris HUTCHINS, *Der Milliardär aus dem Nichts – Roman Abramowitsch*, Murmann, Hamburg 2005.

MIKSCHE, Ferdinand Otto, *Moskaus indirekte Strategie*, Seewald, Stuttgart 1983.

MIKSCHE, Ferdinand Otto, *Das Ende der Gegenwart – Europa ohne Blöcke*, Herbig, München 1991.

MÜLLER, Friedemann, »Zugang und Ressourcensicherung: Die USA und Zentralasien«, in: Peter RUDOLF u. Jürgen WILZEWSKI, *Weltmacht ohne Gegner*, Nomos, Baden-Baden 2000, S. 197–216.

MÜLLER, Harald, *Supermacht in der Sackgasse – Die Weltordnung nach dem 11. September*, Fischer, Bonn 2003.

MÜNKLER, Herfried, *Imperien*, Rowohlt, Berlin 2005.

NAPOLEONI, Loretta, *Die Ökonomie des Terrors – Auf den Spuren des Dollars hinter dem Terrorismus*, Büchergilde Gutenberg, München 2004.

NASSAUER, Otfried, »Neue NATO-Strategie«, in: Erich SCHMIDT-EENBOOM u. Jo ANGERER (Hg.), Siegermacht NATO – *Dachverband der neuen Weltordnung*, Berg am Starnberger See 1993, S. 37–114.

NAUMANN, Friedrich, *Mitteleuropa*, Georg Reimer, Berlin 1915.

NEEF, Christian, *Der Kaukasus – Rußlands offene Wunde*, Aufbau Taschenbuch Verlag, Berlin 1997.

NOLYWAIKA, Joachim, *Die Abrechnung. Die inneren und äußeren Feinde Deutschlands im Spiegel des 20. Jahrhunderts*, DS-Verlag, Riesa 2000.

OGLESBY, Carl, u. Richard SHAULL, *Amerikanische Ideologie – Zwei Studien über Politik und Gesellschaft in den USA*, Edition Suhrkamp, Frankfurt/M. 1969.

OPPERMANN, Christiane, *Schwarzbuch Banken*, Diederichs, München 2002

OSTERMANN, Christian F., »Das Ende der ›Rollback‹-Politik. Eisenhower, die amerikanische Osteuropapolitik und der Ungarnaufstand von 1956«, in: Winfried HEINEMANN u. Norbert WIGGERSHAUS (Hg.) *Das Internationale Krisenjahr 1956. Polen, Ungarn, Suez*, Oldenbourg, München 1999, S. 515–532-

PANJUSCHKIN, Waleri, u. Michail SYGAR, *Gazprom. Das Geschäft mit der Macht*, Droemer, München 2008.

PILGER, John, *Verdeckte Ziele. Über den modernen Imperialismus*, Zweitausendeins, Frankfurt/M. 2004.

PILZ, Peter, *Mit Gott gegen alle – Amerikas Kampf um die Weltherrschaft*, DVA, Stuttgart–München 2003.

RAHR, Alexander, *Wladimir Putin – Der »Deutsche« im Kreml*, Universitas, München 2000.

RAHR, Alexander, *Russland gibt Gas*, Hanser, München 2008.

RAITH, Werner, *Das neue Mafia-Kartell – Wie die Syndikate den Osten erobern*, Rowohlt, Hamburg 1996.

RASHID, Ahmed, *Taliban – Afghanistans Gotteskrieger und der Dschihad*, Droemer, Taschenbuchausgabe, München 2002.

RASHID, Ahmed, *Heiliger Krieg am Hindukusch – Der Kampf um Macht und Glauben in Zentralasien*, Droemer, München 2002.

REISSNER, Johannes, »Iran: Beziehungen zu Zentral- und Südasien«, in: Klaus LANGE (Hg.), *Sicherheit in Zentral- und Südasien – Determinanten eines Krisenherdes*, S. 51–63, Hanns Seidel Stiftung, München 1999.

REITSCHUSTER, Boris, *Wladimir Putin – Wohin steuert er Russland?*, Rowohlt, Berlin 2004.

RICHTHOFEN, Bolko Freiherr von, u. Reinhold OHEIM, *Weltherrschaft – Die Entwicklung Rußlands zur Großmacht – Ziel und Weg des Sowjetkommunismus*, Schütz, Preußisch Oldendorf 1981.

RÖDER, Karl-Heinz (Hg.), *Das politische System der USA – Geschichte und Gegenwart*, Pahl-Rugenstein, Köln 1980.

ROOS, Hans, *Polen und Europa. Studien zur polnischen Außenpolitik 1931–1939*, Mohr, Tübingen 1957.

ROTH, Jürgen, *Der Oligarch – Der ukrainische Finanzmagnat Vadim Rabinovich bricht das Schweigen*, Rowohlt, Hamburg 2002.

ROTH, Jürgen, *Netzwerke des Terrors*, Europa Verlag, Hamburg–Wien 2001.

RUDOLF, Peter, u. Jürgen WILZEWSKI, *Weltmacht ohne Gegner*, Nomos, Baden-Baden 2000
RÜHL, Lothar, *Rußlands Weg zur Weltmacht*, Econ, Düsseldorf–Wien 1981.
RÜHL, Lothar, *Aufstieg und Niedergang des Russischen Reiches*, DVA, Stuttgart 1992.
RÜHL, Lothar, *Das Reich des Guten – Machtpolitik und globale Strategie Amerikas*, Klett Cotta, Stuttgart 2005.
RÜHL, Lothar, »Kollekive Sicherheit und Allianzen«, in: Karl KAISER u. Hans-Peter SCHWARZ (Hg.), *Weltpolitik im neuen Jahrhundert*, Bundeszentrale für Politische Bildung, Bonn 2000, S. 519–539.
RUPP, Rainer, Burchard BRENTJES u. Siegwart-Horst GÜNTHER, *Vor dem dritten Golfkrieg*, Edition Ost, Berlin 2002.
SCHMID, Alex P., *Churchills privater Krieg – Intervention und Konterrevolution im russischen Bürgerkrieg November 1918–März 1920*, Atlantis, Zürich–Freiburg i.Br. 1974.
SCHMIDT-EENBOOM, Erich, *BND – Der deutsche Geheimdienst im Nahen Osten – Geheime Hintergründe und Fakten*, Herbig, München 2007.
SCHMIDT-EENBOOM, Erich, *Schnüffler ohne Nase. Der BND – Die unheimliche Macht im Staate, Econ*, Düsseldorf–Wien–New York–Moskau 1993.
SCHMITT, Carl, »Großraum gegen Universalismus – Der völkerrechtliche Kampf um die Monroe-Doktrin«, in: *Positionen und Begriffe im Kampf mit Weimar – Genf – Versailles*, Duncker & Humblot, Berlin 1940, S. 295 ff.
SCHMITT, Carl, *Der Nomos der Erde im Völkerrecht des Jus Publicum Europaeum*, Köln 1950.
SCHMITT, Carl, »Staatliche Souveränität und freies Meer«, in: *Das Reich und Europa*, Köhler & Amelang, Leipzig 1941, S. 91–118.
SCHMITT, Carl, *Die Wendung zum diskriminierenden Kriegsbegriff*, Duncker & Humblot, Berlin 1938.
SCHMITT, Carl, *Völkerrechtliche Großraumordnung mit Interventionsverbot für raumfremde Mächte*, Duncker & Humblot, Berlin 1941.
SCHOENTHAL, Klaus, *Amerikanische Außenpolitik – Eine Einführung*, Kiepenheuer & Witsch, Köln–Berlin 1964.
SCHÖLLGEN, Gregor, *Der Auftritt – Deutschlands Rückkehr auf die Weltbühne*, Ullstein, Berlin 2004.
SCHÖLLGEN, Gregor, Geschichte der Weltpolitik von Hitler bis Gorbatschow 1941–1991, C. H. Beck, München 1996.
SCHOLL-LATOUR, Peter, *Der Fluch des neuen Jahrtausends*, Bertelsmann, München 2002.
SCHOLL-LATOUR, Peter, *Den Gottlosen die Hölle – Der Islam im zerfallenden Sowjetreich*, aktualisierte Taschenbuchausgabe, Goldmann, München 1991.
SCHOLL-LATOUR, Peter, *Rußland im Zangengriff. Putins Imperium zwischen Nato, China und Islam*, Propyläen, Berlin 2006.
SCHOLL-LATOUR, Peter, *Der Weg in den neuen Kalten Krieg*, Propyläen, Berlin 2008.
SCHULZ, Hans-Jürgen, *Auf dem Weg zum Atomkrieg. US-amerikanische Militärstrategie*, isp-pocket 13, isp-Verlag, Frankfurt/M. 1985.
SCHWEITZER, Peter, *Reagan's War*, Anchor Books, New York 2002.
SEIFFERT, Wolfgang, *Die Deutschen und Gorbartschow – Chancen für einen Interessenausgleich*, Straube, Erlangen–Bonn–Wien 1989.
SEIFFERT, Wolfgang, *Wladimir W. Putin – Wiedergeburt einer Weltmacht?*, Langen Müller, München 2000.
SHOUP, Lawrence H., u. William MINTER, *Kulissenschieber e.V. – Der Council on Foreign Relations und die Außenpolitik der USA*, Roter Funke/Freunde der Erde/adebar, Bremen 1981.
SIEREN, Frank, *Der China-Code. Wie das boomende Reich der Mitte Deutschland verändert*, Ullstein, Berlin 2006.
SIMPSON, Christopher, *Der amerikanische Bumerang – NS-Kriegsverbrecher im Sold der USA*, Ueberreuter, Wien 1988.
SOROS, George, *Die Vorherrschaft der USA – eine Seifenblase*, Blessing, München 2004.
STEEL, Ronald, *Pax Americana*, Melzer, Darmstadt 1968
STEIN, Conrad C., *Die Geheime Weltmacht – die schleichende Revolution gegen die Völker*, Hohenrain, Tübingen 2001.
STIGLITZ, Joseph, *Die Schatten der Globalisierung*, Siedler, Berlin 2002
STÖCKL, Günther, *Russische Geschichte*, 6., erweiterte Auflage, Kröner, Stuttgart 1997.
STRAUSS, Wolfgang, *Rußland wird leben – Vom roten Stern zur Zarenfahne*, Herbig, München 1992.
SUSBIELLE, Jean-François, *China–USA. Der programmierte Krieg*, List, Berlin 2009
TANSILL, Charles C. , *Amerika geht in den Krieg*, Pour le Mérite, Selent 2001
THAMM, Berndt Georg, *Der Dschihad in Asien – Die islamistische Gefahr in Rußland und China*, dtv, München 2008.
THUMANN, Michael, *Das Lied von der russischen Erde*

– *Moskaus Ringen um Einheit und Größe*, DVA, Stuttgart–München 2002.
TIMTSCHENKO, Viktor, *Putin und das neue Rußland*, Diederichs, München 2003.
TODD, Emmanuel, *Weltmacht USA – Ein Nachruf*, Piper, München–Zürich 2004.
TREUE, Wilhelm, *Der Krimkrieg und seine Bedeutung für die Entstehung der modernen Flotten*, Mittler, Herford 1980.
TSCHERNAJEW, Anatoli, *Die letzten Jahre einer Weltmacht – Der Kreml von innen*, DVA, Stuttgart 1993.
UNGER, Craig, *Die Bushs und die Sauds – Öl, Macht und Terror*, Piper, München–Zürich 2004.
Vad, Erich, *Strategie und Sicherheitspolitik. Perspektiven im Werk von Carl Schmitt*, Westdeutscher Verlag, Opladen 1996.
VERENKOTTE, Clemens, *Die Herren der Welt – Das amerikanische Imperium*, Knaur, München 2003.
VALESKA VON ROQUES, *Verschwörung gegen den Papst. Warum Ali Agca auf Papst Johannes Paul II. schoss*, Blessing, München 2001.
WAGNER, Jürgen, *Das ewige Imperium – Die US-Außenpolitik als Krisenfaktor*, VSA, Hamburg 2002.
WEDEMEYER, Albert C., *Der verwaltete Krieg*, Sigbert Mohn, Düsseldorf 1960.
WEITHMANN, Michael W., *Atatürks Erben auf dem Weg nach Westen – Die Türkei im Spannungsfeld zwischen Nahost und Europa*, Heyne, München 1997.
Weltbild Weltgeschichte, Band 16: *Zentralasien*, Herausgegeben von Gavin HAMBLY, Weltbild, Augsburg 1998.
WILLIAMS, William A., *Die Tragödie der amerikanischen Diplomatie*, Suhrkamp, Frankfurt/M. 1973.
WINTER, Rolf, *Die amerikanische Zumutung, Heyne*, München 1991.
WINTER, Rolf, *Gottes eigenes Land – Werte, Ziele und Realitäten der Vereinigten Staaten von Amerika*, Rasch und Röhring, Hamburg 1991.
WIPPERFÜRTH, Christian, *Rußland und seine GUS-Nachbarn – Hintergründe, aktuelle Entwicklungen und Konflikte in einer ressourcenreichen Region*, ibidem, Stuttgart 2007.
WIRSING, Giselher, *Der maßlose Kontinent*, Diederichs, Jena 1943.
WOLF, Winfried, *Bombengeschäfte – Zur politischen Ökonomie des Kosovo-Krieges*, Konkret Literatur Verlag, Hamburg 1999.
WOLF, Winfried, *Afghanistan, der Krieg und die Neue Weltordnung*, Konkret Literatur Verlag, Hamburg 2002.
WOODWARD, Bob, *Reagan und die geheimen Kriege der CIA*, Droemer/Knaur, München 1987.
YERGIN, Daniel, *Der Preis – Die Jagd nach Öl, Geld und Macht*, S. Fischer, Frankfurt/M. 1991.
ZÄNKER, Alfred, *Epoche der Entscheidungen – Deutschland, Eurasien und die Welt von morgen*, Mut, Asendorf 1992.
ZELIKOW, Philip, u. Condoleeza RICE, *Sternstunden der Diplomatie*, Propyläen, Berlin 1997.
ZIEGLER, Jean, *Die neuen Herrscher der Welt und ihre globalen Widersacher*, Goldmann, München 2005.
ZIMMERMANN, Markus, *Die wahren Machthaber in Washington – Wer steckt hinter Bush u. Co.?*, FZ, München 2004.
ZIOLKOWSKI, Andrzej, *Die NATO – Instrument der US-Politik in Europa*, Agenda Verlag, Münster 1999.
ZISCHKA, Anton,*Weltmacht Öl*, Scharioth'sche Buchhandlung, Essen 1966.
ZISCHKA, Anton, *Englands Bündnisse*, Goldmann, Leipzig 1940.

B. Dissertationen

GENC, Savas, *Das neue »Great Game« in Zentralasien um das Erdöl – Eine Region im Fadenkreuz der internationalen Interessen*, Heidelberg 2006.
KHAN, Mansur, *Der Zweite Golfkrieg (1990–1991): Verteidigung des Völkerrechts oder hegemoniales Bestreben – Eine Kriegsursachenforschung*, Dissertation, Kassel 2005.
NABIYEV, Rizvan, *Erdöl- und Erdgaspolitik in der kaspischen Region. Ressourcen, Verträge, Transportfragen und machtpolitische Interessen*, Verlag Dr. Köster, Berlin 2003.

C. Grundlegende Zeitungs-, Zeitschriften- und Onlinebeiträge, Dossiers, Arbeitspapiere und Schriftenreihen

ABDOLVAND, Behrooz, Matthias ADOLF u. Kaweh SADEGH-ZADEH, »Gas-Gigant Russland – Garant der europäischen Energiesicherheit?« in: *Blätter für deutsche und internationale Politik* 4/2006, S. 469–482.
ABDOLVAND, Behrooz, u. Nima Feyzi SHANDI, »Sponsoren des Terrors«, in: *Blätter für deutsche und internationale Politik* 9/2007, S. 1051–1053.
ADOMEIT, Hannes, »Russische Außen- und Sicherheitspolitik zwischen Großmachtanspruch und Wirtschaftsmisere«, in: Erich REITER (Hg.), *Jahrbuch*

für internationale Sicherheitspolitik, Dezember 2000, unter: http://www.bmlv.gv.at/pdf_pool_publikationen/03_jb00_27.pdf.

ADOMEIT, Hannes, »Russische Außen- und Sicherheitspolitik unter Putin«, in: Erich REITER (Hg.), *Krisengebiete in Europa. Forschungen zur Sicherheitspolitik*, Bd. 5, Juli 2001, unter: http://www.bmlv.gv. at/pdf_pool/publikationen/14_sr5_10.pdf

ALTMANN, Franz-Lothar, *Südosteuropa und die Sicherung der Energieversorgung der EU*, Studie der Stiftung Wissenschaft und Politik, Berlin, Januar 2007.

ALTMANN, Franz-Lothar, »Machtkampf um die Kaukasus-Routen. Energiepolitik mit anderen Mitteln«, in: *Die Welt* v. 12. 8. 2008.

BACHMAIER, Peter, »Soft Power – der kulturelle Krieg der USA gegen Rußland 1991–2010. Die neue Strategie und ihre Zentren«, in: *Zeit-Fragen*, Nr. 41 v. 19. 10. 2010.

BACIA, Horst, »Das Vietnam der Sowjetunion«, in: *Frankfurter Allgemeine Zeitung* v. 28. 12. 2009.

BARAKI, Matin, »Interessenkonflikte um die reichen Erdöl- und Gasvorkommen am Kaspischen Meer«, unter: http://www.uni-kassel.de/fb5/frieden/regionen/Kaukaus/baraki.html

BARAKI, Matin, »Islamismus und Großmachtpolitik in Afghanistan«, in: *Aus Politik und Zeitgeschichte*, B 8/2002, S. 32–38.

BARNETT, Thomas P.M., »Die neue Weltkarte des Pentagon – Mit einer Liste künftiger Konfliktherde und Interventionspunkte«, in: *Blätter für deutsche und internationale Politik* 5/2003, S. 554–564.

BASCHKATOW, Nina, »Putin, Yukos und die Wahlen in Russland – Patrioten und Oligarchen«, in: *Le Monde diplomatique*, Dezember 2003, S. 12 f.

BAUR, Johannes, »Kampf ums Öl ? – Wirtschaftliche und sicherheitspolitische Interessen im Kaspi-Raum, Untersuchungen des FKKS 17/1998, Forschungsschwerpunkt Konflikt- und Kooperationsstrukturen in Osteuropa an der Universität Mannheim«, Mannheim Juli 1998, unter: http://www.uni-mannheim.de/fkks/fkks17.pdf

BHADRAKUMAR, M. K., »A Pipeline into the Heart of Europe«, in: *Asia Times Online* v. 30. 6. 2007, unter: http//www.atimes.com/atimes/central_ asia/if30ag01.html

BHADRAKUMAR, M. K., »The Great Game' comes to South Asia«, unter: http://www.atimes.com/atimes/South_Asia/HE24Df04.html v. 24. 5. 2006.

BHADRAKUMAR, M. K., »Moscow making Central Asia its own«, unter: http://www.atimes.com/atimes/Central_Asia/HH25Ag01.html

BHADRAKUMAR, M. K., »Russia takes control of Turkmen (World ?) Gas«, in: *Asia Times* v. 30. 7. 2008; unter: http://www.atimes.com/atimes/Central_Asia/JG30Ag01.html

BIMBOES, Detlef, »Von Kabul bis Baku und Skopije – Interessen, Mächte und Bündnisse«, unter: http://www.uni-kassel.de/fb5/frieden/regionen/Kaukasus/bimboes2.html

BIMBOES, Detlef, »Konfliktregion Kaspisches Meer – Der Kaukasus und Mittelasien – zwischen Erdöl, Krieg und Krisen«, unter: http://www.uni-kassel.de/fb5/frieden/science/Kasp-Meer.html

BIMBOES, Detlef, »Die Ostseepipeline. Das Erdgas aus dem Osten und der neue Kalte Krieg«, unter: http://www.uni-kassel.de/fb5/frieden/themen/oel/bimboes.html

BINKOWSKI, Henryk, »The Role and Position of Three Rimland States: Ukraine, Belarus and Slovakia«, unter: http://www.bmlv.gv.at/pdf_pool/publikationen/09_spd_07_bink.pdf

BLUM, William, »Das Trojanische Pferd – ›The National Endowment für Democracy‹« in: *Geheim* 22 (2007) 3, S. 24 ff.

CHAULIA, Sreeram, »Democratization, Colour Revolutions and the Role of the NGOs: Catalysts or Saboteurs ?«, unter: http:// www. global research.ca /index.php?contxt=va&aid=1638

CHOSSUDOVSKY, Michel, »Die USA auf Kriegspfad in Mazedonien«, unter: http://www.zmag.de/arikel.php?id=164

CHOSSUDOVSKY, Michel, »Der inszenierte Terrorismus: Die CIA und Al-Quaida«, unter: http://www. hintergrund.de/index.php/politik/welt/der-inszenierte-terrorismus-die-cia-und-al-quaida.html

CHOSSUDOVSKY, Michel, »The Eurasian Corridor: Pipeline Geopolitics and the New Cold War«, unter: http://www.globalresearch.ca/index. php?context=va&aid=9907

CHOSSUDOVSKY, Michel, »IMF sponsored ‚Democracy' in the Ukraine, November 28, 2004«, unter: http://www.globalresearch.ca/articles/CHO411D.html

CLAIRMONT, Frédéric F., »Die Internationale der Plünderer, Sektion Russland – Die globale Finanzkrise und wer davon profitiert«, unter: http://www.eurozine.com/articles/1999-04-13-clairmont-de.html

COHEN, Ariel, »The North European Gas Pipeline

Threatens Europe's Energy Security«, in: *The Heritage Foundation Backgrounder* No. 1980 v. 26. 10. 2006.

DASCHITSCHEW, Wjatscheslaw, »Rußland in geopolitischen Plänen der USA«, unter: http://www.fpoe.at/fileadmin/Contentpool/Portal/PDFs/Dokumente/Vortrag.doc

DASCHITSCHEW, Wjatscheslaw, »Schlacht um Russland – Die von den USA weitverbreitete These über die ›Rückkehr‹ Rußlands zum Kalten Krieg ist für Einfaltspinsel bestimmt«, unter: http://www.zeit-fragen.ch/ausgaben/2007/nr.28-vom-1672007

»David Urquharts ›Heiliger Krieg‹ – Zur Geschichte des ›Großen Spiels‹ der Briten im Kaukasus«, in: *Neue Solidarität*, Sonderdruck vom Dezember 1999, S. 1 ff.

EHLERS, Kai, »Domino im Kaukasus – über Filetstücke auf dem ›eurasischen Schachbrett‹«, unter: http://www.uni-kassel.de/fb5/frieden/rat/2004/ehlers.html

EHLERS, Kai, »Wem gehört Rußland – und wer benutzt Chodorkowski?« unter: http://www.uni-kassel.de/fb5/frieden/regionen/Russland/jukos.html

EHLERS, Kai, »Anmerkungen zum Prozeß gegen Chodorkowski«, unter: http://www.uni-kassel.de/fb5/frieden/regionen/Russland/chodorkowski2.html

EHLERS, Kai, »Der Fall Chodorkowski oder Russlands neue Rolle im aktualisierten ›Great Game‹« unter: http://www.uni-kassel.de/fb5/frieden/rat/2005/ehlers.html

EHLERS, Kai, »›Reset‹ im ›Great Game‹? Vom Kaukasuskrieg zum ›Northern Distribution Network‹ – Anmerkungen zur Annäherung zwischen NATO und Rußland«, unter: http://www.ag-friedensforschung.de/themen/NATO/russland6.html

EHRHART, Hans-Georg, u. Oliver THRÄNERT, »Die Rolle von NATO, EU und OSZE in der Kaspischen Region«, in: *Aus Politik und Zeitgeschichte* B 43–44/98, S. 37–44.

EICHNER, Klaus, »Kampfansage an Rußland. US-Strategie für ›bunte‹ (Konter-)Revolutionen. Teil I: Durchsetzung eines ungehinderten finanziellen und wirtschaftlichen Zugangs zu Eurasien«, in: *Junge Welt* v. 22. 11. 2006.

EICHNER, Klaus, »Wie Demokratie funktioniert. US-Strategie für ›bunte‹ (Konter-)Revolutionen, Teil II: Ihre Durchsetzung durch regierungsgesteuerte Nichtregierungsorganisationen«, in: *Junge Welt* v. 23. 11. 2006.

»Eine Einführung in die ukrainische Demokratie«, in: *Gegenstandpunkt* 1/2005, S. 65–83.

»Energiesicherheit und die amerikanisch-russischen Beziehungen«, Think Tank Update der Konrad-Adenauer-Stiftung Washington D.C. v. März 2007.

ENGDAHL, F. William, »Öl, wirtschaftliche Sicherheit und geopolitsche Risiken von heute«, Vortrag vor der Interpremeco Convention, München 13.–15. Oktober 2006; unter: http://www.engdahl.oilgeopolitics.net/AufDeutsch/Russland/russland.html

ENGDAHL, F. William, »USA out-flanked in Eurasia Energy Politics?« unter: http://www. global research.ca/index.php.context= va&aid =2571

ENGDAHL, F. William, »Demokratie oder Energie und Geopolitik? Washingtons Interesse an der Ukraine«, unter: http://www.engdahl. oilgeopolitics.net/print/Ukraine's%20 Orange %20Revolution.htm

ENGDAHL, F. William, »Haben Cheney und Bush Georgien zum Krieg ermuntert, um McCain groß ins Spiel zu bringen?« unter: http://www.kopp-verlag.de/news/haben-cheney-und-bush-georgien-zum-krieg-ermuntert-um-mccain-groß-ins-spiel-zu-bringen.html, v. 26. 8. 2008.

ENGDAHL, F. William, »Rußland, Europa, die USA und die Grundsätze der Geopolitik«, unter: http://www.kopp-verlag.de/news/russland-europa-die-usa-und-die-grundsaetze-der-geopolitik.html

ENGDAHL, F. William, »Untersuchungsbericht: Kiew wollte die Gas-Krise«, unter: http://www.kopp-verlag.de/news/untersuchungsbericht-kiew-wollte-die-gaskrise.html v. 13. 2. 2009.

ENGDAHL, F. William, »Rußland und China halten gemeinsame Militärmanöver ab«, unter: http://www.kopp-verlag.de/news/russland-und-china-halten-gemeinsame-militärmanoever-ab.html, vom 21. 3. 2009.

ENGDAHL, F. William, »Moskau reagiert auf Verstärkung der amerikanischen Truppen in Afghanistan«, unter: http://www.kopp-verlag.de/news/moskau-reagiert-auf-verstaerkung-der-amerikanischen-truppen-in-afghanistan.html v. 7. 2. 2009.

ENGDAHL, F. William, »Hitzige Schlacht in Bezug auf südeuropäische Gaspipelines«, unter: http://www.kopp-verlag.de/news/hitzige-schlacht-in-bezug-auf-suedeuropaeische-gaspipelines. html v. 4. 3. 2008.

ENGDAHL, F. William, »Erdgasvertrag mit Turkmenistan – Das ›Great Game‹ um Energie in Eurasien«, unter: http://www.kopp-verlag.de/news/erdgasvertrag-mit-turkmenistan-das-great-game-um-energie-in-eurasien.html v. 6. 8. 2008.

ENGDAHL, F. William, »Pipeline-Politik zwischen Armenien und den USA«, unter: http://www.kopp-verlag.de/news/pipeline-politik-zwischen-armenien-und-den-usa.html v. 1. 5. 2009.

ENGDAHL, F. William, »Die geopolitische Bedeutung des Energiegipfels in Sofia«, unter: http://www.kopp-verlag.de/news/die-geopolitische-bedeutung-des-energiegipfels-in-sofia.html v. 27. 4. 2009.

ENGDAHL, F. William, »NATO-Beitritt Georgiens und der Ukraine auf unbestimmte Zeit vom Tisch«, unter: http://www.kopp-verlag.de/news/nato-beitritt-georgiens-und-der-ukraine-auf-unbestimmte-zeit-vom-tisch.html v. 5. 12. 2008.

ENGDAHL, F. William, »China, Öl-Geopolitik und der Aufstand der Uiguren«, unter: http://www.kopp-verlag.de/news/china-oel-geopolitik-und-der-aufstand-der-uiguren.html v. 21. 7. 2009.

ENGDAHL, F. William, »Still und heimlich löst China seine Bindung an den US-Dollar«, unter: http://www.kopp-verlag.de/news/still-und-heimlich-loest-china-seine-bindung-an-den-dollar.html v. 10. 04. 2009.

ENGDAHL, F. William, »Steigen Rußland und China aus dem Dollar aus?« unter: http://www.kopp-verlag.de/news/steigen-russland-und-china-aus-dem-dollar-aus.html v. 26. 3. 2009.

ENGDAHL, F. William, »Läuft Washington gegen die ›BRIC-Wall‹?« unter: http://www.engdahl.oilgeopolitics.net/print/Washington%20gegen%20BRIC.htm

ENGDAHL, F. William, »Kirgisistan: eine ›umgekehrte‹ Farbenrevolution«, unter:http://www.kopp-verlag.de/news/kirgisistan-eine-umgekehrte-farbenrevolution.html v. 14. 4. 2010.

ENGDAHL, F. William, »Rußlands Energie-Strategie für Nord- und Westeuropa«, unter: http://www.kopp-verlag.de/news/russlands-energie-strategie-fuer-nord-und-westeuropa.html v. 26. 3. 2010.

ENGDAHL, F. William, »›South Stream‹: Rußlands Pipeline-Strategie gegenüber der Türkei«, unter: http://www.kopp-verlag.de/news/south-stream-russlands-pipeline-strategie-gegenueber-der-tuerkei.html v. 31. 3. 2010.

ENGDAHL, F. William, »Wird Asien den Dollar aufgeben?« unter: http://www.engdahl. oilgeopolitics.net/print/ASEAN%20&%20 Dollar-System.htm

ENGDAHL, F. William, »Warum Afghanistan? Teil VI: Opium im Zentralasienkrieg«, unter: http://www.kopp-verlag.de/hintergruende/geostrategie/f-william-engdahl/warum-afghanistan-teil-vi-opium-im-zentralasienkrieg.html

ENGDAHL, F. William, »Stecken von der NATO gedeckte Drogenkriege hinter der jüngsten Instabilität in Kirgisistan?« unter: http:/info.kopp-verlag. de/hintergruende/geostrategie/f-william-engdahl/stecken-von-der-nato-gedeckte-drogenkriege-hinter-der-juengsten-instabilitaet-in-kirgisistan-.html

ENGDAHL, F. William, »Warum Afghanistan, Teil IV: Washington und Kirgisistan: den Dreh- und Angelpunkt sichern«, unter: http://www.kopp-verlag.de/hintergruende/geostrategie/f-william-engdahl/warum-afghanistan- teil-iv-washington- und-kirgisistan-den-dreh-und- angelpunkt-sichern.html.

ENGDAHL, F. William, »Die geopolitische Bedeutung der Ukraine heute«, unter: http://www. kopp-verlag.de/news/die-geopolitsche-bedeutung-der-ukraine-heute.html v. 25. 3. 2010.

ENGDAHL, F. William, »Wurde US-General in Afghanistan wegen einer Indiskretion über Geheimdienstaktivitäten gefeuert?« unter: http://www.kopp-verlag.de/hintergruende/geostrategie/f-william-engdahl/wurde-us-general-in-afghanistan-wegen-einer-indiskretion-ueber-geheimdienstaktivitaeten-gefeuert-.html v. 8. 7. 2010.

FAIRBANKS, Charles, u. a., »Strategic Assessment of Central Eurasia«, Washington D.C., Atlantic Council of the United States and Central Asia and Caucasus-Institute, 2001.

FALKENHAGEN, Hans-J., u. Brigitte QUECK, »Die Ukraine – Kettenglied der ›bunten Volkrevolutionen‹ einer erträumten US-Weltherrschaft«, in: *Geheim* 22 (2007) 3. S. 20–24.

FETTWEIS, Christopher J., »Sir Halford Mackinder, Geopolitics, and Policymaking in the 21. Century«, unter: http://www.carlisle.army.mil/usawc/Parameters/00summer/fettweis.htm

FISCHER, Sabine, Die russische Politik gegenüber Ukraine und Weißrussland«, in: *Aus Politik und Zeitgeschichte* 08–09/2007, S. 16–23.

FRANK, Susanne K., »Eurasianismus: Projekt eines russischen ›dritten Weges‹ 1921 und heute«, in:

Karl KASER, Dagmar GRAMSHAMMER-HOHL u. Robert PICHLER, *Europa und die Grenzen im Kopf. Wieser Enzyklopädie des europäischen Ostens* 11, Klagenfurt 2003, S. 197–224, unter: http://wwwg.uni-klu.ac.at/eeo/Frank_ eurasianismus.pdf

FRANKE, Anja, »Ukrainische Katerstimmung«, in: *Blätter für deutsche und internationale Politik* 11/2005, S. 1302–1305.

FREITAG-WIRMINGHAUS, Rainer, »›Great Game‹ am Kaspischen Meer«, in: *Internationale Politik und Gesellschaft* 4/98, S. 388–402.

FREITAG-WIRMINGHAUS, Rainer, »Politische Konstellationen im Südkaukasus«, in: *Aus Politik und Zeitgeschichte* B 42/99, S. 21–31.

FREITAG-WIRMINGHAUS, Rainer, »Zentralasien und der Kaukasus nach dem 11. September: Geopolitische Interessen und der Kampf gegen den Terrorismus«, in: *Aus Politik und Zeitgeschichte* B8/2002, S. 3–14.

»Fünf Jahre Shanghai Cooperation Organisation – Der SCO-Gipfel in Shanghai«, Länderbericht der Konrad-Adenauer-Stifung, Juni 2006.

Garibaldi, Ida, »NATO and European Energy Security«, *American Enterprise Institute for Public Policy Research*, No. 1, March 2008.

GEDEN, Oliver, Andreas GOLDTHAU u. Timo NOETZEL, »›Energie-NATO‹ und ›Energie-KSZE‹ – Instrumente der Versorgungssicherheit?«, SWP-Diskussionspapier, Berlin 2007

»General Thomson und der Kampf um Berg-Karabach – Wie der Konflikt zwischen Armenien und Aserbaidschan geschürt wurde«, in: *Neue Solidarität*, Sonderdruck, Dezember 1999, S. 4 f.

GEORGE, Matthias, » Geostrategische Interessen und Öl in Eurasien«, in: *Zeit-Fragen*, Nr. 81b vom 2. 7. 2001.

GEORGE, Matthias, „War Europa das Ziel bei der Bombardierung Serbiens?« in: *Zeit-Fragen* v. 20. 8. 2001.

GEORGE, Matthias, »Wo verläuft der VIII. Korridor? Die Paneuropäischen Netze (PAN) und die ökonomische Bedeutung Osteuropas und des Balkans«, in: *Zeit-Fragen*, Nr. 32 v. 13. 8. 2001.

GOLDTHAU, Andreas, »Gasproduzenten rücken zusammen. Der GECF-Gipfel in Katar und die Erfolgsaussichten einer ›Gas-OPEC‹«, in: *SWP-Aktuell*, Berlin, April 2007.

GOLINGER, Eva, »US-State Department plant ›Twitter-Revolutionen‹. Wie Washington die Jugend und ihre Begeisterung für Elektronik nutzt, um Regime-Wechsel zu erzwingen, ohne daß man die Hand der CIA zu sehen bekommt«, in: *Zeit-Fragen* Nr. 45/46/2009.

GÖTZ, Roland, »Ukraine, Turkmenistan und Rußland vor der Neuordnung ihrer Energiebeziehungen?« Diskussionspapier der Stiftung Wissenschaft und Politik, Mai 2005.

GÖTZ, Roland, »Gasproms Zukunftsstrategie: Marktbeherrschung und Expansion«, in: *SWP-Aktuell* 39, Berlin, Juli 2007.

GÖTZ, Roland, »Energie- und Außenpolitik«, in: *Ost-West-Gegeninformationen* 2/2006, S. 12–18.

GÖTZ, Roland, »Zentralasiatische Energieexporte. Zwischen russischer Dominanz, Diversifizierungsplänen der EU und neuen Märkten in Asien«, in: *Russland-Analysen* Nr. 137/07 v. 8. 6. 2007, S. 1–6.

GÖTZ, Roland, *Ukraine, Turkmenistan und Rußland vor der Neuordnung ihrer Energiebeziehungen?*, Diskussionspapier der Stiftung Wissenschaft und Politik, Berlin, Mai 2005.

GÖTZ, Roland, *Rußlands Erdgas und die Energiesicherheit der EU*, Studie der Stiftung Wissenschaft und Politik, Berlin, April 2002.

GÖTZ, Roland, *Energietransit von Russland durch die Ukraine und Belarus. Ein Risiko für die europäische Energiesicherheit?*, Studie der Stiftung Wissenschaft und Politik, Berlin, Dezember 2006.

GÖTZ, Roland, »Nach dem Gaskonflikt. Wirtschaftliche Konsequenzen für Russland, die Ukraine und die EU«, in: *SWP-Aktuell*, Berlin, Januar 2006.

Götz, Roland, *Gasproms Diversifizierungsstrategie der Exportpipelines und Exportrichtungen*, SWP-Diskussionspapier, Berlin, Mai 2007.

GRABOWSKI, Wolfgang, »Ehemalige Weltmacht vor dem Comeback? Rußlands Asienpolitik bietet große Chancen, sich als Global Player zurückzumelden«, unter: http://www.uni-kassel.de/fb5/frieden/regionen/Russland/asienpolitik. html

GREIFF, Tobias, »The ›New‹ Great Game – Die kaspische Region, ein globaler Konfliktraum des 21. Jahrhunderts?« unter: http://www. politik lounge.de/essays/konflikt_kaspisches_oel.pdf

GROSSMANN, Horst, »Geopolitik in der Russischen Föderation«, in: Geopolitisches und militärstrategisches Denken in der Russischen Föderation, *DSS-Arbeitspapiere* Heft 77, Dresden 2005, S. 65–78; unter: http://www.sicherheitspolitik-dss.de/person/groszmann/ap7705hg.htm

GROSSMANN, Horst, »Eurasien – geopolitischer Angelpunkt«, unter: http://www. sicherheitspolitik-dss.de/person/groszmann/hg208111.htm

GUSKA, Ulrike, *Separatismus in Georgien*, Arbeitspapier 1/2005 der Forschungsstelle ›Kriege, Rüstung und Entwicklung‹ der Universität Hamburg.

GÜTTINGER, Henriette Hanke, »Teuflisches Spiel – Devil's Game – Wie die USA halfen, den fundamentalistischen Islam zu entfesseln«, in: *Zeit-Fragen* 1/2007.

HALBACH, Uwe, *Usbekistan als Herausforderung für westliche Zentralasienpolitik*, Studie der Stiftung Wissenschaft und Politik, Berlin, September 2006.

HALBACH, Uwe, u. Franz EDER, »Regimewechsel in Kirgistan und Umsturzängste im GUS-Raum«, in: *SWP-Aktuell* 15, Berlin, April 2005.

HANOVA, Selbi, »Shifting Role of the US foreign policy in Central Asia: Greater Central Asia Partnership Doctrine«, Social Research Center, American University of Central Asia.

HANTKE, Martin, *›Alles wieder offen‹: Georgienkrieg und imperiale Geopolitik*, Studie der Informationsstelle Militarisierung Nr. 10/2008, Tübingen 2008.

Hantke, Martin, »Imperiale Geopolitik: Ukraine, Georgien und der Neue Kalte Krieg zwischen der NATO und Rußland«, in: Informationsstelle Militarisierung (Hg.), *Kein Frieden mit der NATO*, Tübingen 2009, S. 52–56.

HEIDBRINK, Stephan, »Europas weiche Geopolitik im russischen Hinterhof«, unter: http://www.uni-kassel.de/fb5/frieden/themen/oel/eurasien.html

HENKEN, Lühr, *Was will die NATO in Afghanistan und Georgien?*, Analyse der Informationsstelle Militarisierung 2008/028, unter: http://www.imi-online.de/2008.php3?id=1811

HERSH, Seymour, »Preparing the Battlefield: The Bush Administration steps up its secret moves against Iran«, in: *The New Yorker* v. 30. 6. 2008.

HUBER, Mária, »Demokratieexport nach Osteuropa: US-Strategien in der Ukraine«, in: *Blätter für deutsche und internationale Politik*, 12/2005, S. 1463–1472.

JUNKER, Detlef, »Die ›revisionistische‹ Schule in der amerikanischen Historiographie und die Anfänge des Ost-West-Konflikts«, in: *Studien zur Deutschlandfrage*, Bd. 7: *Die Deutschlandfrage und die Anfänge des Ost-West-Konflikts 1945–1949*, Berlin 1984, S. 25–40.

KAGAN, Robert, »Die gespaltene Welt«, unter: http://www.cicero.de/839.php?ausgabe=11/2007.

KAMP, Karl-Heinz, »Das Neue Strategische Konzept der NATO«, in: *Aus Politik und Zeitgeschichte*, B 11/99 v. 12. 3. 1999, S. 19–25.

KLAUSEN, Hans-Werner, »Washingtons ›fünfte Kolonne‹ in Rußland. Schachgenie Garri Kasparow, seine Bundesgenossen und seine westlichen Gönner«, in: *Zeit-Fragen* 18/2007 v. 7. 5. 2007.

KLEVEMANN, Lutz , »Der Kampf ums Kaspische Öl, Teil 4: Pipeline-Poker in der kasachischen Steppe«, unter: http://www.spiegel.de/politik/ausland/0,1518,211586,00.html

KLEVEMANN, Lutz, »Der Kampf ums Kaspische Öl, Teil 5: Pax Americana in Zentralasien«, unter: http://www.spiegel.de/politik/ausland/0,1518,212468,00.html

KLINKEL, Romy, *Die Entwicklung des Tschetschenienkonfliktes: Der Kampf gegen den Terrorismus und die Folgen für die Zivilbevölkerung*, Studie der Informationsstelle Militarisierung e.V. v. Mai 2005 (IMI-Studie2005/02).

KNEISSL, Karin, »Die Politik der Pipelines«, in: *Österreichische Militärzeitschrift* 3/2006; unter: http://www.bmlv.at/omz/ausgaben/artikel. php?id=395

»Konflikt im Südkaukasus. Rußland auf dem Weg in die ›Selbstisolation‹« in: *Gegenstandpunkt* 3/2008; unter: http://www.gegenstandpunkt. com/gs/08/3/gs20083153h1.html

KONICZ, Tomasz, »Nase vorn im Energiepoker«, in: *Junge Welt* v. 14. 2. 2008.

KRASNER, Stephen D., »Alternativen zur Souveränität – Neue Institutionen für kollabierte und scheiternde Staaten«, in: *Internationale Politik*, September 2005, S. 44–53.

KREITOR, Nikolaj-Klaus von, »Rußland, Europa und Washingtons ›Neue Weltordnung‹ – Das geopolitische Projekt einer Pax eurasiatica«, in: *ETAPPE*, Heft 12/Juni 1996, S. 18–55.

KREUTZ, Andrej, »The Geopolitics of post Sowjet-Russia and the Middle East«, unter: http://www.findarticles.com/articles/mi_2501/is_1_24/ai_93458168/pg_1

»Krieg im Kaukasus: Die Vorgeschichte – Die Hintergründe des heutigen Tschetschenienkonflikts, der zum Zünder eines neuen Weltkriegs zu werden droht«, in: *Neue Solidarität*, Sonderdruck Dezember 1999, S. 18–22.

KRIPPENHOFF, Ekkehart, u. Michael LUCAS, »Eines Tages werden wir Amerikaner über die Zerstörung Europas nachdenken müssen. – Die USA und Westeuropa, in: Weltpolitk«, in: *Jahrbuch für Internationale Beziehungen* 1, Frankfurt/M. 1981, S. 10–29.

LARRABEE, F. Stephen, »NATO's Eastern Agenda in a

New Strategic Era«, Santa Monica 2003.

LATZO, Anton, »Teilen und Herrschen. Zu den Hintergründen der gegenwärtigen Konflikte in der Region am Schwarzen Meer. Ehemalige Sowjetrepubliken im Visier von US- und EU-Strategen«, in: *Junge Welt* v. 17. 6. 2005.

LATZO, Anton, »U-Osterweiterung und Kampf um Einflußzonen. Die osteuropäischen Länder: eine ›proamerikanische kritische Masse in der EU‹« unter: http://www.uni-kassel.de/fb5/frieden/themen/Europa/latzo.html

»Läuft die Türkei in die neo-osmanische Falle?« in: *Neue Solidarität*, Sonderdruck Dezember 1999, S. 7 ff.

LEMCKE, Egbert, Die zweite Hand des Potentaten. Das maritime Potential Rußlands im Kontext der eigenen Geopolitik«, in: *Arbeitspapiere der Dresdner Studiengemeinschaft Sicherheitspolitik*, Heft 77/2006, S. 79–100 (S. 83); unter: http://www.sicherheitspolitik-dss.de/autoren/lemcke/ap7706el.pdf

LINDNER, Rainer, »Blockaden der ›Freundschaft‹« in: *SWP-Aktuell*, Berlin 2007.

»Londons ›Afghanzi‹ im 19. Jahrhundert – Die Panislamisten als Handlanger im Krieg gegen Rußland«, in: *Neue Solidarität*, Sonderdruck, Dezember 1999, S. 9 f.

MAC FARLANE, S. Neil, »Amerikanische Politik in Zentralasien und im Transkaukaus«, in: *Aus Politik und Zeitgeschichte*, Nr. B-43–44/1998, S. 3–12.

MALEK, Martin, »Rußlands Politik im ›postsowjetischen Raum‹ – Aktuelle Entwicklungen und Szenarien künftiger Konflikte«, in: Erich REITER (Hg.), *Österreich und die NATO*, April 1998, unter: http://www.bmlv.gv.at/pdf_pool/publikationen/14_sr2_23_malek.pdf

MALEK, Martin, »Rußland – Eine Großmacht ? Bestandsaufnahmen und Zukunftsperspektiven«, in: *Studien und Berichte zur Sicherheitspolitik* 4/2003, S. 25, Schriftenreihe der Landesverteidigungsakademie Wien, unter: http://www. bmlv.gv.at/pdf_pool/publikationen/stb4_03.pdf

MALEK, Martin, »Rußland und die NATO vor der Osterweiterung: Konfrontation oder Kooperation?« in: Erich REITER (Hg.), *Jahrbuch für internationale Sicherheitspolitik*, Dezember 1999, unter: http://www.bmlv.gv.at/pdf_pool/publikationen/03_jb99_15.pdf

MALEK, Martin, »Rußland und die Osterweiterung der NATO – ›Neue Trennungslinien‹ oder ›Export von Stabilität‹?« in: Erich REITER (Hg.), *Österreich und die NATO*, April 1998, unter: http://www.bmlv.gv.at/pdf_pool/publikationen/14_sr2_09_malek.pdf

MALEK, Martin, »Geopolitische Veränderungen auf dem ›eurasischen Schachbrett‹: Rußland, Zentralasien und die USA nach dem 11. September 2001«, in: *Aus Politik und Zeitgeschichte*, B8/2002, S. 14-22

MANGOTT, Gerhard, »Gasversorgung aus Zentralasien: In den Fängen der Geopolitik«, in: Energy 2.0 v. September 2008«, unter: http://www.energy20.net/pi/index.php? StoryID =317&articleID=145141

MANUTSCHARJAN, Aschot L., »Einführung in die Grundproblematik des Tschetschenienkonfliktes«, in: *Parameter bewaffneter Konflikte (4/00): Die Kriege um das Kosovo 1998/99 und in Tschetschenien seit 1999 im Vergleich*, unter: http://www.bmlv.gv.at/wissen_forschung/publikationen/publikation.php?id=3

MANUTSCHARJAN, Aschot, »Die Putin-Doktrin: Eine Neuausrichtung der russischen Sicherheitspolitik«, Publikation der Konrad-Adenauer-Stiftung, *KAS-Auslandsinformation* 2/04, S. 4–34.

MARGOLINA, Sonja, »Das unsichtbare Dritte«, in: *Internationale Politik*, Januar 2005, S. 84–90.

MAYER, Sebastian, »Tbilisi, Washington und die NATO – Perspektiven der georgischen Außen- und Sicherheitspolitik«, in: *Blätter für deutsche und internationale Politik*, 6/2003, S. 706–713.

MELLENTHIN, Knut, »Imperialistische Zivilgesellschaft. National Endowment for Democracy – NED: Die Fortsetzung der CIA mit anderen Mitteln«, in: *Junge Welt* v. 28. 7. 2005.

MELLENTHIN, Knut, »Kleiner Staat ganz groß. Georgiens Überfall auf Südossetien: Globale Folgen einer bestellten Kriegsprovokation«, in: *Junge Welt* v. 29. 8. 2008.

MENDES, Alfred, »Geopolitics of the Ukrainian Breadbasket«, December 5, 2004, unter: http://www.globalresearch.ca/index.php? context=va&aid=281

MEYER, Tilman, »Konfliktlinien in der Atlantischen Allianz«, in: *Aus Politik und Zeitgeschichte* B 29-30/99, S. 22–29.

MEYSSAN, Thierry, »Operation Sarkozy. Wie die CIA einen ihrer Agenten zum Präsidenten Frankreichs machte«, in: *Zeit-Fragen* 34/2008.

MITSCH, Thomas, u. Jürgen WAGNER, *Erstschlag und Raketenabwehr: Die nukleare Dimension des Neuen Kalten Krieges und die Rolle der NATO, IMI-Analyse* Nr. 2007/019 v. 4. 5. 2007.

MONAGHAN, Andrew, »Energy Security: NATO's limited, complentary Role«, *Research Paper* No. 36, May 2008.

MÜLLER, Karl, »Welche Hintergründe hat der sogenannte ›Gas-Streit‹?« in: *Zeit-Fragen* Nr. 4/2009.

NABIYEV, Rizvan, »Geopolitische Neuordnung im Kaukasus, im Mittleren Osten und in Zentralasien«, in: *Eurasisches Magazin* v. 25. 6. 2003; unter: http.://www.eurasischesmagazin.de/artikel/?thema=Eurasien&artikelID=60503

NASSAUER, Otfried, »Asien im Visier – Macht, Märkte und Energie. Washington baut in erster Linie auf verstärkte militärische Präsenz«, unter: http://www.freitag.de/2001/35/01350901.php

NAZEMROAYA, Mahdi Darius, »America's ›Long War‹: The Legacy of the Iraq-Iran and Soviet-Afghan Wars«, unter: http://www. globalresearch.ca/PrintArticlephp? article Id=6687

NAZEMROAYA, Mahdi Darius, »Die neuesten Töne des kriegführenden Monsters: ›Kreative Zerstörung als revolutionäre Kraft‹« in: *Zeit-Fragen* Nr. 48 v. 27. 11. 2006.

NEUBER, Arne, »Schild und Schwert: Aggressive Atompolitik und Raketenabwehr der NATO«, in: Informationsstelle Militarisierung (IMI) (Hg.), *Kein Frieden mit der NATO*, Tübingen 2009, S. 22–26.

OPRACH, Marc, »Amerikas Rückkehr zum Multilateralismus«, in: *pmg-Denkwürdigkeiten, Journal der Politisch-Militärischen Gesellschaft*, Nr. 48 v. November 2008, S. 4–9.

PFLÜGER, Friedbert, »Eine neue Ära des Energieimperialismus«, in: *Internationale Politik*, Mai/Juni 2010, S. 76–83.

RAHR, Alexander, »Die Angst geht um vor einem unberechenbaren Rußland«, in: *Die Welt* v. 28. 6. 2006.

RAHR, Alexander, »Geopolitischer Infantilismus. Europas Unsicherheit im Umgang mit Rußland nimmt zu«, in: *Internationale Politik*, Juli 2006, S. 14–20.

RAHR, Alexander, »In Zentralasien läuft China Rußland den Rang ab«, in: *Die Welt* v. 2. 8. 2005.

RAHR, Alexander, »Der kalte Frieden, Putins Russland und der Westen«, in: *Internationale Politik* 3/2004, S. 1–10.

RAHR, Alexander, »Putin fühlt sich vom Westen mißverstanden. Der russische Präsident sucht sein Heil verstärkt in der Zusammenarbeit mit dem ›nahen Ausland‹« in: *Die Welt* v. 26. 8. 2004.

RAHR, Alexander, »Rivale der EU«, in: *Die Welt* v. 10. 1. 2007.

RAHR, Alexander, »Schweiz des Ostens. Blockfreiheit oder Überlebensstrategie? Die Ukraine zwischen Ost und West«, in: *Internationale Politik*, Mai/Juni 2010, S. 84–89.

RAIMONDO, Justin, »Eine ungewöhnliche Allianz. Die USA unterstützen russische ›Liberale‹, Kommunisten und Neonazis gegen Putin«, in: *Zeit-Fragen* 18/2007 v. 7. 5. 2007.

REITER, Erich, »Die zweite NATO-Osterweiterung«, in: *Österreichische Militärzeitschrift* 1/2003, unter: http://www.bmlv.at/omz/ausgaben/artikel.php?id=59

RIECKE, Henning, u. Simon KOSCHUT, »Globale NATO – aber wie?« in: *Internationale Politik*, März 2008, S. 63 ff.

RITZ, Hauke, »Die Welt als Schachbrett. Der neue Kalte Krieg des Obama-Beraters Zbigniew Brzezinski«, unter: http://www.hintergrund.de/20080826235/politik/welt/die-welt-als-schachbrett-der-nene-kalte-krieg-des-obama-beraters-zbigniew-brzezinski.html

RITZ, Hauke, »Der BND und die Welt von morgen«, in: *Blätter für deutsche und internationale Politik* 8/2009, S. 31–34.

ROTHACHER, Albrecht, ›Das neue „Große Spiel‹ – Zentralasien und der Kampf der Großmächte, in: *Blätter für deutsche und internationale Politik* 1/2007, S. 101–109.

ROZOFF, Rick, »Eurasian Corridors: The Caucasus in US-NATO War Plans«, unter: http://www.globalresearch.ca/index.php? context= va&aid=13101 v. 8. 4. 2009.

RUDOLF, Peter, »Ein ›Bund der Demokratien‹: Amerikas neuer Multilateralismus«, in: *SWP-Aktuell*, Berlin 2008.

RUDOLF, Peter, »Strategisches Denken – Präsident Bushs Außenpolitik ist geprägt von Realpolitik und nationalen Interessen«, in: *Frankfurter Allgemeine Zeitung* v. 16. 6. 2001.

RÜHL, Lothar, »Die Rolle Rußlands für die Entwicklung der Europäischen Sicherheitsordnung«, in: *Österreich und die NATO*, April 1998, unter: http://www.bmlv.gv.at/pdf_pool/publikationen/14_sr2_08_ruehl.pdf

RUPP, Rainer, »NATO-Krieg gegen Jugoslawien sollte Fehlentscheidung Eisenhowers korrigieren«, in: *Junge Welt* vom 23. 6. 2001.

RYKIN, Viktor S., »Konflikte in Rußland und der Gemeinschaft Unabhängiger Staaten (GUS) und Wege zu ihrer Vermeidung«, in: Erich Reiter (H.), *Informationen zur Sicherheitspolitik* Nr. 9 (August 1998): »Die Gemeinschaft Unabhängiger Staaten zwischen Konflikten und russischer Dominanz«; unter:http://www.bmlv.gv.at/pdf_pool/publikationen/01_gus_02_krg.pdf

Ryshkow, Vladimir, »Das neue Erdgaspipeline-Projekt Rußland-China löst Kritik aus, in: *Rußland-Analysen* Nr. 137/07 v. 8. 6. 2007, S. 9 f.

Schmitz, Andrea, »Partner aus Kalkül – Rußlands Politik in Zentralasien«, Studie der Stiftung Wissenschaft und Politik, Berlin, März 2008.

Schmitz, Andreas, u. Uwe Halbach, »Planspiele am Hindukusch«, in: *SWP-Aktuell*, Berlin, Februar 2009.

Schneider, Eberhard, »Putin und die Oligarchen«, Studie der Stiftung Wissenschaft und Politik, Berlin, September 2004

Schneider, Eberhard, u. Heinrich Vogel, »Strukturschwächen der russischen Innenpolitik«, in: *Aus Politik und Zeitgeschichte* B 42/99, S. 3–13.

Schuller, Konrad, »Der Westen und die Revolution im Osten«, in: *Frankfurter Allgemeine Zeitung* v. 21. 9. 2005.

Schwabecher, Heinrich, »Die Krise der GUS: Demokratisierung versus russische Dominanz«, in: *Analysen und Argumente aus der Konrad-Adenauer-Stiftung,* 20/2005, Mai 2005.

Starr, S. Frederick, »A ›Greater Central Asia Partnership‹ for Afghanistan and its Neighbours«, *Silk Road Paper*, Washington D.C., Central Asia – Caucasus Institute, March 2005, unter: http://www.stimson.org/newcentury/pdf/Strategy. pdf

Steinberg, Thomas Immanuel, »Die eurasischen Transportkorridore und die USA«, unter: http://www.steinbergrecherche.com/askorridore. htm

Steinberg, Thomas Immanuel, »Oipeline-Schach. Der Kaukasus-Konflikt aus geopolitischer Sicht«, in: *Junge Welt* v. 20. 8. 2008.

Steuckers, Robert, »Europa der Völker statt US-Globalisierung«, in: Kongreß-Protokoll der Gesellschaft für Freie Publizistik 2004: *Die neue Achse – Europas Chancen gegen Amerika*, S. 65–92.

Stewart, Susan, »Rußland und die östliche Partnerschaft«, in: *SWP-Aktuell*, Berlin, April 2009.

Sussman,Gerald, »The Myths of ›Democracy Assistance‹: U.S. Political Intervention in Post-Soviet Eastern Europe«, unter: http://www. monthlyreview. org/1206sussman.htm

Thompson, Scott, »Eine ›ölige Familie‹: Die Brzezinskis und das ›Große Spiel‹ im Transkaukasus«, in: *Neue Solidarität* vom 13. 10. 1999.

Ulfkotte, Udo, »Wie israelische und amerikanische Geheimdienste den Iran-Krieg vorbereiten«, unter: http://www.kopp-verlag.de/news/wie-israelische-und-amerikanische-geheimdienste-den-iran-krieg-vorbereiten.html vom 6. 7. 2008.

Valle, Alexandre del, »Amerikanische Strategie in Eurasien und Folgen des Kosovokrieges«, 5. 3. 2001, unter: http://www.alexandredelvalle. com/publications

Valle, Alexandre del, »Aggression der Supermacht USA gegen Europa – Teil 1«, in: *Zeit-Fragen* Nr. 75a/2000.

Valle, Alexandre del, »Aggression der Supermacht USA gegen Europa – Teil 2«, in: *Zeit-Fragen* Nr. 75b/2000.

Wacker, Gudrun, »Gipfeltreffen der ›Shanghaier Organisation für Zusammenarbeit‹ – Von Worten zu Taten?«, in: *SWP-Aktuell* 22, Berlin, Juni 2002

Wagner, Jürgen, »Demokratischer Imperialismus – US-Geopolitik zur Rekolonialisierung der Welt«, in: *Blätter für deutsche und internationale Politik* 9/2006, S. 1097–1103.

Wagner, Jürgen, »EUropas Östliche Partnerschaft: Neoliberales Expansionsprojekt mit Energiedimension«, in: *Ausdruck, Magazin der Informationsstelle Militarisierung* (IMI), August 2009, S. 6– 12.

Wagner, Jürgen, »›Geburtswehen des Mittleren Ostens‹ – Die US-Strategie zur Transformation der Region«, *IMI-Analyse* Nr. 2007/018 v. 28. 4. 2007, unter: http://www.imi-online.de

Wagner, Jürgen, »Globale NATO. Alternativ-UNO mit Lizenz zum Töten«, unter: http://www.imi-online.de/2009.php3?id=1881

Wagner, Jürgen, »Irak als Vorspiel – Die ›Logik‹ der US-Ölstrategie«, unter: http://www.imi-online. de/download/oelstudie.pdf

Wagner, Jürgen, »Neoliberaler Kolonialismus – Die USA und die militärische Absicherung der Globalisierung«, unter: http://www. uni-kassel.de/fb5/frieden/regionenUSA/wagner. html

Wagner, Jürgen, »Partner oder Gegner? Die Militarisierung der Europäischen Union und die Auswirkung auf die transatlantischen Beziehungen«, Studie der Informationsstelle Militarisierung (IMI) 2004/01.

Wagner, Jürgen, »Runderneuerung zum Kriegs- und Besatzungsbündnis. Der NATO-Gipfel in Buka-

rest«, in: *Ausdruck, Magazin der Informationsstelle Militarisierung*, April 2008, S. 25–30.
WAGNER, Jürgen, »Der Russisch-Europäische Erdgaskrieg. NABUCCO, die Gas-OPEC und die Konturen des Neuen Kalten Krieges«, in: *Studien zur Militarisierung Europas* 30/2007, S. 1–20.
WAGNER, Jürgen, »USA – Erlaßjahr 2015? Washingtons erodierende Vorherrschaft und der Kreuzzug zum Erhalt der Dollarhegemonie«, Teil I, in: *Ausdruck – Magazin der Infomationsstelle Militarisierung (IMI) e.V.*, Juni 2006, S. 26–32.
WAGNER, Jürgen, »Eskalation mit Ansage. Nordkorea und die US-Ziele in Ostasien«, in: *Ausdruck – Magazin der Informationsstelle Militarisierung (IMI) e.V.*, Dezember 2006, S. 19–24..
WAGNER, Jürgen, »Rußlands Roll Back. Ukraine, Kirgisien und die Auseinandersetzungen um den postsowjetischen Raum«, in: *Ausdruck – Magazin der Informationsstelle Militarisierung e.V.*, Oktober 2010, S. 18–23.
WARKOTSCH, Alexander, »Rußlands Rolle in Zentralasien«, in: *Aus Politik und Zeitgeschichte* 4/2006 »Zentralasien«, S. 19–25.
WARKOTSCH, Alexander, »Zwischen Konfrontation und Kooperation – Die russische Zentralasienpolitik«, in: *Blätter für deutsche und internationale Politik* 9/2004, S. 1112-1122.
WEHRSCHÜTZ, Ferdinand Christian, »Die Ukraine und die NATO. Gedanken zu einer komplexen Partnerschaft«, unter: http://www.bmlv.gv.at/pdf_pool/publikationen/14_sr2_11.werhr.pdf
WEIDNER, Anselm, »Diktatorensturz und Demokratieexport. Die ›Junge Internationale‹ als fünfte Kolonne?« in: *Blätter für deutsche und internationale Politik* 9/2007. S. 1088–1098.

C. Nachrichtenmagazine

»Ein neuer Rivale?« in: *Der Spiegel* 12/1992, S. 18–21.
»NATO-Strategie – Schurken überall«, in: *Der Spiegel* Nr. 18/1999, S. 178 ff.
»Enge Umarmung – Die westliche Allianz sucht Kontakt zu den ehemaligen Sowjetrepubliken im Kaukasus und in Zentralasien. Rußland fürchtet einen neuen Militärblock – vor der eigenen Haustür«, in: *Der Spiegel* 27/1999, S. 139 f.
»Chamäleon &. Co.«, in: *Der Spiegel* 39/2001, S. 14–19.
»Zehn Jahre Krieg«, in: *Der Spiegel* 39/2001, S. 148–158.
»Die Scharaden der Gotteskrieger«, in: *Der Spiegel* 39/2001, S. 166–169.
»Krieg im Schatten«, in: *Der Spiegel* 40/2001, S. 152–168.
FOLLATH, Erich, »Jäger des Schwarzen Goldes«, in: *Der Spiegel* Nr. 52/2001, S. 148–159.
»Eine dauerhafte Präsenz«, in: *Der Spiegel* 7/2002, S. 132–135.
»Den Knüppel herausgeholt«, in: *Der Spiegel* 12/2002, S. 134–140.
»Nato gegen Freistil-Ringer«, in: *Der Spiegel* 14/2003, S. 172–175.
»Duell um den Kreml«, in: *Der Spiegel* 45/2003, S. 130–145.
»Triumph der Doppelmoral«, in: *Der Spiegel* 46/2003, S. 136–139.
»Der Traum der Drachentöter«, in: *Der Spiegel* 49/2003, S. 136 f.
»Polyglotter Kindergarten«, in: *Der Spiegel* 13/2004, S. 140 f.
»Die Stunde der Strategen«, in: *Der Spiegel* 29/2004, S. 66–69.
»Die Farbe der Nacht«, in: *Der Spiegel* 14/2005, S. 114–118.
»Schläfer im tiefen Tal«, in: *Der Spiegel* 21/2005, S. 116 f.
»Die Revolutions-GmbH«, Teil 1, in: *Der Spiegel* 46/2005, S. 178–198.
»Die Revolutions-GmbH«, Teil 2: »Traum vom Frühling«, in: *Der Spiegel* 47/2005, S. 184–194.
»Duell ohne Leiche«, in: *Der Spiegel* 2/2006, S. 104 ff.
»Die neue, alte Großmacht«, in: *Der Spiegel* 28/2006, S. 84–97.
»Der Konzern des Zaren«, in: *Der Spiegel* 10/2007, S. 120–137.
»Im Schatten der Raketen«, in: *Der Spiegel* 10/2007, S. 20–24.
»Meisterin des Ungefähren«, in: *Der Spiegel* 13/2007, S. 38–42.
»Angriff in den Bergen«, in: *Der Spiegel* 33/2008, S. 98 ff.
»Putins Kalter Krieg«, in: *Der Spiegel* 34/2008, S. 80–90.
»Chronik einer Tragödie«, in: *Der Spiegel* 35/2008, S. 126–131.
»Kalter Frieden«, in: *Der Spiegel* 36/2008, S. 20–28.
»Feinde ins Feuer«, in: *Der Spiegel* 37/2008, S. 122.

»Wettlauf zum Tunnel«, in: *Der Spiegel* 38/2008, S. 128–132.
»Amerikanischer Ausrutscher«, in: *Der Spiegel* 39/2008, S. 28
»Letztes Gefecht. Kurz vor dem Ende überrascht die Bush-Regierung ihre Verbündeten: Sie will den NATO-Beitritt der Ukraine und Georgien forcieren«, in: *Der Spiegel* 49/2008, S. 142.
»Welke Rosen«, in: *Der Spiegel* 13/2009, S. 98 f.
»Ein schöner Traum«, in: *Der Spiegel* 27/2009, S. 86 f.
»Rückkehr der Amerikaner«, in: *Der Spiegel* 30/2009, S. 84.
»Kult der Stärke«, in: *Der Spiegel* 32/2009, S. 82–86
»Währung als Waffe«, in: *Der Spiegel* 40/2010, S. 82–85.
»Großer Wurf im Großen Spiel«, in: *Der Spiegel* 42/2010, S. 146–152.
»Angriff unter der Erde. Washington plant die Entwicklung neuer Atomwaffen und sucht die Vorbehalte von Russen und Chinesen zu zerstreuen«, in: *Focus* 12/2002, S. 292 ff.
»Das große Spiel – Seit dem 11. September dehnen sich die USA militärisch und wirtschaftlich im ehemaligen Sowjetreich aus – möglicherweise auf Dauer«, in: *Focus* 26/2002, S. 186–190.
»Sanfter Putsch. Angeblich verhinderte Washington einen moskaufreundlichen Nachfolger Schewardnadses«, in: *Focus* 49/2003, S. 246.
»Neue Mission gesucht. Mit dem Ende des Kalten Krieges hat das Verteidigungsbündnis den gemeinsamen Feind verloren. Amerikas Kampf gegen den Terror wollen nicht alle Europäer folgen«, in: *Focus* 27/2004, S. 176–179.
REITSCHUSTER, Boris, »Den Rubikon überschritten. Mit seinem autoritären Führungsstil fördert Präsident Kamirow den Extremismus, den er bekämpft«, in: *Focus* 21/2005, S. 172 ff.
»Klare Warnung aus Moskau«, in: *Focus* 34/2008, S. 122 ff.
»Partner oder Gegner? Die europäischen Staaten ringen um die richtige Antwort auf den Bruch des Völkerrechts durch Moskau«, in: *Focus* 36/2008, S. 16–20.#

D. Zeitungen

Bezüglich der im einzelnen verwendeten Fundstellen sei auf den Text verwiesen:

Frankfurter Allgemeine Zeitung,
Frankfurter Rundschau,
Gegenstandpunkt,
Handelsblatt,
Junge Welt,
Neues Deutschland,
Neue Zürcher Zeitung,
Saar-Echo,
Süddeutsche Zeitung,
Die Tageszeitung,
Die Welt.

Personenverzeichnis

C

M

P

Q

R

S

T

U

V

Der menschenverachtende Raubzug der Finanzelite

Die letzte Chance zum Ausstieg aus der Globalisierung

»Die glücklichen Sklaven sind die erbittersten Feinde der Freiheit.« (Marie von Ebner-Eschenbach, 1830–1916) Richard Melisch zeigt auf, wie dies besonders auf das Zeitalter der Globalisierung zutrifft.

Richard Melisch
Das Schweigem der glücklichen Sklaven
480 S., Br., Abb. € 19.80 ISBN 978-3-89180-090-4

Preisfrage: Was haben die US-amerikanische ›Fed‹, die Offiziere auf der Brücke der untergehenden ›Titanic‹, die Brüsseler EU-Kommission und globale Bankinstitute wie Goldmann Sachs oder die Deutsche Bank gemeinsam? Antwort: Hier wie dort ist es eine kleine, extrem profitgierige Minderheit von Drahtziehern und Lobbyisten, die über Leben, Gesundheit und Zukunftsperspektiven ihrer weniger begüterten Mitmenschen entscheiden.

Für Richard Melisch steht fest: Die heutige Globalisierung – die Herstellung weltweiter Wirtschafts-, Waren-, Kapital- und Dienstleistungskreisläufe – hat das Zeug zu einem weltweiten Mega-Crash, der nicht nur ganze Volkswirtschaften, sondern auch Millionen von Menschen in den Abgrund reißen kann. Das Schlimme daran: Die Globalisierung, die mit geradezu verbrecherischen Manipulationen der Volkswirtschaften, Währungen und gewachsenen Völker einhergeht, ist weder Zufall noch Naturgesetz, sondern das eiskalte Machtprogramm einer skrupellosen, schwerreichen Finanzclique, für die der Rest der Menschheit nur Objekt einer immer irrwitzigeren Ausbeutung ist.

Hohenrain-Verlag-Tübingen
Postfach 1611 · 72006 Tübingen
www.hohenrainverlag.de

Grundlagen für eine neue Wirtschaftsordnung

Kündigt sich der Zusammenbruch des Kapitalismus an?

»Eine Umkehrung der Hierarchie unserer Werte-Ordnung ist erforderlich: Der politische Wille – die Umsetzung des Staatszwecks oder -ziels – soll die Wirtschaftspolitik bestimmen, und nicht umgekehrt wie heute, die Wirtschaft der Politik, die hier als Gesellschaftswillen verstanden wird, diktieren.«

Gerhoch Reisegger

Gerhoch Reisegger

Wege aus dem Globalisierungschaos

496 S., Ln., Abb. € 22.80 ISBN 978-3-89180-085-0

Täglich erscheinen neue Schreckensmeldungen zur Welt-Finanzkrise. Fachleute sprechen schon vom Zusammenbruch des Kapitalismus. Was waren die auslösenden Gründe für diese Entwicklung? Haben alle Steuerungsmittel der modernen Finanztheorien versagt? War das Bankensterben notwendig vorherprogrammiert? Welche Kräfte bewirkten das Platzen der mit virtuellem Geld gefüllten Spekulationsblasen? Wer hat an diesen ungeheuren Umverteilungen von Kapital verdient? Dient diese Entwicklung der Globalisierung?

Diese und weitere Fragen beantwortet der Verfasser in dem vorliegenden Werk. Er gibt einen – auch durch Definition aller Fachausdrücke für Laien verständlichen – Überblick über die Entwicklung des modernen Finanzwesens, beschreibt den unglaublichen privaten Status der Federal Reserve Bank (FED) in Washington, das Bretton Woods-Abkommen und den modernen Mißbrauch mit den ›Derivaten‹. Abschließend legt er Gedanken für eine neue ganzheitliche, organische Finanz- und Wirtschaftsordnung vor, die in Zukunft die Gefahren des bindungslosen Raubtierkapitalismus verhindern kann.

Hohenrain-Verlag-Tübingen

Postfach 1611 · 72006 Tübingen

www.hohenrainverlag.de

Die ›Westliche Werte-Gemeinschaft‹

Der Liberalkapitalismus und sein Wertesystem zerstören jegliche Identität

»Die Untergangsstimmung, die uns heute in der Bundesrepublik Deutschland überall entgegenschlägt, scheint weniger mit den vorhandenen Potentialen zu tun zu haben als mit der gegenwärtigen Lage, die von kulturellem und wirtschaftlichem Niedergang sowie von allgemeiner Dekadenz geprägt ist.«

Jürgen Schwab

Jürgen Schwab

Die ›Westliche Werte-Gemeinschaft‹

416 S., Br., Abb. € 19.50 ISBN 978-3-89180-079-9

Der westliche Kapitalismus zeigt sich seit dem Niedergang von Sowjetunion und Ostblock, da er nun von jeder Systemkonkurrenz befreit ist, von seiner ›besten‹ Seite: Um konkurrenzfähig zu bleiben, sind die Herstellungskosten zu senken und keine neuen Geschenke zu verteilen. Die Kosten lassen sich senken durch ausländische Lohndrücker im Inland und durch Arbeitsplatzverlagerung ins Ausland. Sozialabbau und Lohnsenkungen stehen auf dem Programm, während die Kapitalrendite weitersteigt und die Managergehälter eine schwindelerregende Höhe erreichen. Das Primat des Profits hat die Vorrangstellung der Politik längst abgelöst.

Auf den Prüfstand, so lautet Schwabs Befund, sind sämtliche ›westlichen Werte‹ zu stellen, die u. a. heißen: bürgerliche Aufklärung und Fortschrittsglaube, Individualismus und Privateigentum, Menschenrechte und multikulturelle Gesellschaft. Das Konzept, das der Autor entwickelt, sieht die Wiedergewinnung eines souveränen deutschen Nationalstaats vor, der in eine europäische Großraumordnung einzubinden ist, was den Sturz der Globalisierung zur Voraussetzung hat.

Hohenrain-Verlag-Tübingen
Postfach 1611 · 72006 Tübingen
www.hohenrainverlag.de